Symbole applicable
pour tout, ou partie
des documents microfilmés

Texte détérioré — reliure défectueuse

NF Z 43-120-11

Symbole applicable
pour tout, ou partie
des documents microfilmés

Original illisible

NF Z 43-120-10

LOIX
MUNICIPALES ET ÉCONOMIQUES
DE LANGUEDOC.

TOME TROISIEME.

LOIX

MUNICIPALES ET ÉCONOMIQUES DE LANGUEDOC,

OU

RECUEIL des Ordonnances, Édits, Déclarations, Lettres-Patentes, Arrêts du Conseil, du Parlement de Toulouse & de la Cour des Aides de Montpellier ; Actes, Titres & Mémoires concernant la Constitution politique de cette Province, son Administration municipale & économique, ses Priviléges, & Usages particuliers, relativement à ses Impositions, ses Ouvrages publics, son Agriculture, son Commerce, ses Manufactures, ses Loix civiles, &c. &c.

TOME TROISIEME.

Mens omnibus una est.

VIRGIL.

A MONTPELLIER,

Chez RIGAUD & PONS, Libraires, rue de l'Aiguillerie.

M. DCC. LXXXII.

AVEC APPROBATION ET PRIVILÉGE DU ROI.

Ut in fidibus, ac tibiis; atque cantu ipso & vocibus, concentus est quidam tenendus ex distinctis sonis, isque concentus ex dissimillimarum vocum moderatione concors tamen efficitur & congruens : sic, ex summis, & infimis, & mediis interjectis ordinibus, ut sonis, moderata ratione civitas consensu dissimillimorum concinit : & quæ harmonia à musicis dicitur in cantu, ea est in civitate concordia, arctissimum atque optimum omni in republica vinculum incolumitatis; quæ sine justitia nullo pacto esse potest. *CICER. de Repub. II. apud AUGUSTIN. de Civit. Dei, lib. II. cap. 21.*

*FAUTE remarquée après l'impression de l'*Errata.

Pages. 274, 276, 278, 280, 282, 284, 286, 288, 290, 292, 294, 296, & 298, à la ligne de titre : *Pieces relatives au Canal Royal de Carcassonne.* Corrigez *Projet de rapprocher le Canal Royal de Carcassonne.*

LOIX
MUNICIPALES ET ÉCONOMIQUES DE LANGUEDOC.

SUITE DE LA PREMIERE PARTIE.

DIVISION PREMIERE.

LIVRE QUATRIEME.

Des Ouvrages publics de la Province.

TITRE QUATORZIEME.

Des Ouvrages faits dans la Province pour faciliter le commerce intérieur par eau, entre le Rhône & la Garonne.

LEs communications intérieures par terre ſe ſont tellement multipliées dans la province, depuis le milieu de ce ſiecle, qu'il faudroit un grand nombre de volumes pour raſſembler toutes les pieces qui y ont rapport; & comme ces ſortes de communications ne préſentent d'ailleurs, relativement au but de cette collection, que l'application de quelques réglemens généraux qui ont été déjà imprimés dans le volume précédent, il en ſeroit réſulté très-peu de choſe pour l'inſtruction.

Il n'en eſt pas de même des communications par eau. Ces ouvrages, qui offrent au commerce des moyens de circulation & de débouché plus vaſtes, plus commodes, & moins diſpendieux que les routes de terre, méritent, par leur importance, d'être traités avec plus de détail, & forment en outre une partie eſſentielle de la légiſlation économique de Languedoc, par les rapports qu'ils établiſſent entre les propriétaires des canaux, la province, les dioceſes & communautés que ces canaux traverſent, & les propriétaires riverains.

Les communications par eau, depuis la Garonne juſqu'au Rhône, parcourent une ligne d'environ 65 lieues, à travers les montagnes du Languedoc depuis Toulouſe juſqu'à Agde, les étangs de Thau, Frontignan, Villeneuve, Pérols & Mauguio, & les marais d'Aigues-mortes, de Saint-Laurent, du Caylar, de Vauvert, de Saint-Gilles, de Bellegarde, & de Beaucaire.

Le canal royal occupe ſeul dans cet eſpace plus de 40 lieues de longueur, & préſente partout le ſpectacle impoſant de l'induſtrie humaine triomphant des plus grands obſtacles, & forçant la nature à ſe plier à ſes beſoins. Là, c'eſt une montagne qui s'ouvre, ou des terres qui s'abaiſſent, pour donner paſſage au meſſager de l'abondance & de la proſpérité publique, & lui épargner un trop grand détour, ou un pas dangereux. Ici, ce ſont les eaux mêmes qui s'élevent à la voix du voyageur, & franchiſſent avec lui des hauteurs juſques-là inacceſſibles même aux voitures de terre. La prévoyance & l'obſervation veillent continuellement à la conſervation de ce précieux ouvrage, & le garantiſſent des efforts réunis des torrens & des rivieres voiſines qui l'attaquent ou le menacent ſans ceſſe. Les eaux ennemies ou dangereuſes ſont contenues ou détournées par des ouvrages ſavans qui ſe multiplient & ſe perfectionnent chaque jour, & qui procurent à la navigation un volume d'eau toujours égal, toujours tranquille, à l'abri des irruptions, & des enſablemens qui en ſont la ſuite.

Tandis que l'art déploie ici toutes ſes reſſources contre l'activité déſordonnée des eaux, il faut qu'il lutte ailleurs contre leur inaction, & qu'il faſſe ſortir le mouvement & la vie du ſein de l'inertie & de la mort. Des terres détrempées pendant des ſiecles par des eaux ſtagnantes qui n'avoient d'autre circulation qu'une évaporation meurtriere, ſont deſſéchées & aſſainies par des canaux ſalutaires. Elles s'épurent par le travail d'une végétation nouvelle qui couvre de fruits, de grains, & de fourrages, une contrée jusques-là hérissée de joncs & de roseaux, & change en un ciel pur & serein, une atmosphere chargée nagueres de brouillards fétides. Au milieu de tant de travaux utiles, coule déjà en partie un canal de navigation qui s'avance chaque année vers son terme, & qui consommera cette grande révolution par les débouchés qu'il fournira à la surabondance des productions nouvelles.

Ce volume est destiné principalement à rassembler les pieces relatives à la construction, à l'entretien, & à la perfection de ces ouvrages. On s'est pourtant borné à celles qui ont paru les plus essentielles, & qui suffisent pour donner des idées précises du but de chaque ouvrage particulier, de ses progrès, des changemens qu'il a éprouvés, des vues proposées pour en augmenter ou étendre l'utilité, & des obligations respectives qu'impose la nécessité de son entretien.

Les travaux commencés depuis environ quinze ans, & continués avec succès pour contenir la riviere d'Aude, & la contraindre à rehausser & améliorer douze lieues de terrein qu'elle creusoit & dévastoit depuis long-tems, feront la matiere d'un titre particulier. La nature, l'utilité, & la difficulté de ces ouvrages, les tirent de la classe ordinaire, & les rendent si intéressans qu'il étoit indispensable d'en donner une connoissance détaillée.

Il sera traité dans le dernier titre des ouvrages relatifs à l'entretien & à la conservation du pont du Saint-Esprit, ouvrages qui ont leurs regles particulieres, tant par rapport à leur direction & administration, que pour la contribution des provinces voisines aux dépenses qu'ils exigent, le cas y échéant.

Ce troisieme Volume acheve la premiere Division de la premiere Partie, celle qui traite de la constitution politique de la municipalité provinciale, ou des Etats généraux de Languedoc, & de leur administration. Le quatrieme, qui va être mis sous presse, commencera la Division seconde, qui doit traiter de la constitution politique, & de l'administration intérieure & économique des municipalités diocésaines.

SECTION PREMIERE.

Du Canal de communication des deux Mers, & des Ouvrages exécutés ou projettés depuis sa construction pour en augmenter ou étendre l'utilité.

LE canal de communication des mers, ou canal royal, est un des plus glorieux monumens du regne de Louis XIV, & a immortalisé le nom de M. Riquet de Bonrepos, qui sut joindre à la gloire de l'invention, la gloire encore plus grande de l'exécution. Nous avons donné dans la notice précédente une idée de cet ouvrage qui mérita d'être chanté par le grand Corneille, & que les savans & les artistes ont toujours admiré comme *l'entreprise la plus hardie & la plus étonnante que les hommes ayent exécutée*. C'est ainsi qu'en parle M. de la Lande, qui en a fait l'histoire & l'itinéraire, dans son Traité des Canaux de navigation, & auquel il faut avoir recours pour une foule de détails qui ne peuvent trouver place dans cette collection.

Notre dessein est de réunir les principaux monumens de la construction, entretien, & amélioration de ce grand ouvrage; de la part que le Languedoc y a prise & continue d'y prendre par ses dépenses & par son inspection; des obligations respectives de MM. les propriétaires, de la province, des dioceses & communautés intéressées, & des propriétaires riverains, par rapport à sa conservation; des opérations faites en dernier lieu pour le bornage du canal, de ses francs-bords, & des ouvrages accessoires, &c.

Nous parlerons ensuite, dans des articles particuliers, des ouvrages projettés ou exécutés pour augmenter l'utilité du canal royal, tels que le nouveau canal de Cette à Agde, la jonction du canal ou robine de Narbonne, le rapprochement du canal royal de la ville de Carcassonne, le nouveau canal de Saint-Pierre à Toulouse, & les travaux commencés pour faciliter la navigation de la Garonne.

Il a paru inutile de rapporter les devis qui furent faits en 1666 & 1668 par M. le chevalier de Clerville, commissaire général des fortifications de France, & sur lesquels les ouvrages du canal furent adjugés, en exécution de deux arrêts du conseil des premier

mier Octobre 1666 & 20 Août 1668, parce que M. de Riquet fut obligé d'y changer bien des choses dans l'exécution, ainsi qu'il étoit autorisé à le faire. Mais on n'a pu se dispenser de même de rapporter le procès-verbal de réception des ouvrages fait en 1684 par M. d'Aguesseau, parce qu'il fixe l'état de l'ouvrage à cette époque, & que, sous ce point de vue, il regle quelle doit être actuellement la largeur du canal & de ses francs-bords dans quelques parties, conformément à une délibération des Etats, du 25 Janvier 1766.

N°. I.

I.

ÉDIT DU ROI,

Pour la construction d'un canal de communication des deux mers, Océane & Méditerranée.

Du mois d'Octobre 1666.

LOUIS, PAR LA GRACE DE DIEU, ROI DE FRANCE ET DE NAVARRE: A tous présens & à venir, SALUT. Bien que la proposition qui nous a été faite, pour joindre la mer Océane à la Méditerranée par un canal de transnavigation, & d'ouvrir un nouveau port en la Méditerranée, sur les côtes de notre province de Languedoc, ait paru si extraordinaire aux siecles passés que les princes les plus courageux, & les nations qui ont laissé les plus belles marques à la postérité d'un infatigable travail, ayent été étonnées de la grandeur de l'entreprise, & n'en ayent pu concevoir la possibilité; néanmoins comme les desseins élevés sont les plus dignes des courages magnanimes, & qu'étant considérés avec prudence, ils sont ordinairement exécutés avec succès; aussi la réputation de l'entreprise, & les avantages infinis que l'on nous a représentés pouvoir revenir au commerce de la jonction des deux mers, nous a persuadés que c'étoit un grand ouvrage de paix, bien digne de notre application & de nos soins, capable de perpétuer aux siecles à venir la mémoire de son auteur, & d'y bien marquer la grandeur, l'abondance & la félicité de notre regne. En effet, nous avons connu que la communication des deux mers donneroit aux nations de toutes les parties du monde, ainsi qu'à nos propres sujets, la facilité de faire en peu de jours d'une navigation assurée par le trajet d'un canal, au travers des terres de notre obéissance, & à peu de frais, ce que l'on ne peut entreprendre aujourd'hui qu'en passant au détroit de Gibraltar avec de très-grandes dépenses, en beaucoup de tems, & au hasard de la piraterie & des naufrages: Ainsi dans le dessein de rendre le commerce florissant dans notre royaume par de si considérables avantages, & néanmoins ne rien entreprendre que dans la vue d'un succès certain: Nous avons, après une discussion fort exacte des propositions qui nous ont été faites, pour raison de la construction du canal qui doit faire la jonction des deux mers, député des commissaires tirés du corps des gens des Trois-états de ladite province de Languedoc, pour, conjointement avec les commissaires présidens pour nous esdits Etats, se transporter sur les lieux avec les personnes intelligentes & nécessaires pour la construction dudit canal, & nous donner leur avis sur la possibilité de l'entreprise. Ce qui ayant été exécuté par lesdits commissaires, avec beau-

N°. I. coup de circonſpection & de connoiſſance, ils nous auroient donné leur avis ſur la poſſibilité de l'exécution des ſuſdites propoſitions, & ſur la forme & maniere en laquelle la conſtruction dudit canal pourroit être faite. Mais pour agir avec plus de ſureté dans un ouvrage ſi important, nous aurions réſolu d'en faire l'épreuve; & à cet effet, de faire tirer par forme d'eſſai un petit canal tranché & conduit par les mêmes lieux où la conſtruction du grand canal eſt projettée. Ce qui auroit été ſi adroitement conduit, & ſi heureuſement exécuté par l'application du ſieur de Riquet, que nous avons tout ſujet de nous en promettre avec certitude un fort heureux ſuccès. Mais comme un ouvrage de cette importance ne peut être fait ſans une dépenſe fort conſidérable, nous avons fait examiner en notre conſeil les diverſes propoſitions qui nous ont été faites, pour trouver des fonds, ſans charger nos ſujets de nos provinces de Languedoc & de Guienne de nouvelles impoſitions, quoiqu'ils fuſſent plus obligés d'y contribuer, puiſqu'ils en recevront les premiers & plus conſidérables avantages; & nous nous ſommes arrêtés à celles qui nous ont paru les plus ſupportables & les plus innocentes, à l'exécution deſquelles étant néceſſaire de pourvoir. A CES CAUSES, & autres conſidérations à ce nous mouvant, de l'avis de notre conſeil, & de notre certaine ſcience, pleine puiſſance & autorité royale, nous avons dit & ordonné, & par ces préſentes ſignées de notre main, diſons & ordonnons, voulons & nous plaît, qu'il ſoit inceſſamment procédé à la conſtruction du canal de navigation, & communication des deux mers, Océane & Méditerranée, ſuivant & conformément au devis fait par le chevalier de Clerville, & par nous arrêté, ci-attaché ſous le contre-ſcel de notre chancellerie; & qu'à cet effet l'entrepreneur puiſſe prendre toutes les terres & héritages néceſſaires pour la conſtruction dudit canal; enſemble pour les rigoles de dérivation, magaſins de réſerve, bords, chauſſées, écluſes; leſquelles terres & héritages ſeront par nous payées aux particuliers propriétaires, ſuivant l'eſtimation qui en ſera faite par experts, qui ſeront nommés par les commiſſaires qui ſeront par nous députés. Seront pareillement les ſeigneurs particuliers des fiefs & juſtices, dans le reſſort deſquelles leſdites terres & héritages ſeront ſitués, par nous indemniſés des droits de juſtice & mouvance, & autres droits ſeigneuriaux qui leur appartiendront ſur leſdites terres & héritages; comme auſſi de toutes autres redevances, ſuivant pareille eſtimation, qui ſera faite par experts & gens à ce connoiſſans: Quoi faiſant, leſdites terres & héritages ſeront à perpétuité diſtraits de leurs fiefs & juriſdictions, pour en compoſer un fief. Et à cet effet, nous avons créé & érigé, & par ceſdites préſentes, créons & érigeons en plein fief, avec toute juſtice, haute, moyenne, baſſe & mixte, ledit canal de communication des mers, ſes rigoles, magaſins de réſerve, leurs bords de largeur de ſix toiſes de chaque côté, chauſſées, écluſes & digues d'iceux, depuis la riviere de Garonne juſqu'à ſon dégorgement dans la mer Méditerranée; en ce compris le canal de dérivation, depuis la montagne Noire juſques aux pierres de Naurouſe, ſans en rien réſerver ni excepter; relevant ledit fief & ſes dépendances immédiatement de notre couronne, ſous la foi & hommage d'un louis d'or, qui ſera payé, en chaque mutation, ès mains du tréſorier de notre domaine en la ſénéchauſſée de Carcaſſonne, avec pouvoir au ſeigneur poſſeſſeur dudit fief de faire bâtir & conſtruire ſur leſ- N°. I.

N°. I. dits canaux un château & autres bâtimens nécessaires pour son logement, avec tours & creneaux, & nombre suffisant de moulins à moudre bled. Comme aussi de faire construire sur les bords dudit canal des maisons & magasins, pour servir de logement à ceux qui seront employés à la navigation, & pour l'entrepôt & sureté des marchandises & denrées, à l'exclusion de tous autres, & aux lieux qui seront jugés propres, sans incommoder la navigation, ni porter préjudice auxdits ouvrages; desquels châteaux, maisons, magasins & moulins, ledit propriétaire, ses héritiers, successeurs ou ayans cause, jouiront à perpétuité incommutablement & noblement, ensemble desdits canaux, magasins de réserve & leurs bords, quittes & francs de toutes tailles & impositions ordinaires, extraordinaires, municipales, & de logement des gens de guerre. Et aura ledit propriétaire droit de chasse & de pêche dans ledit fief, à l'exclusion de tous autres; faisant défenses à tous nos sujets, de quelque qualité ou condition qu'ils soient, de faire construire aucuns bâtimens & magasins près les bords desdits canaux; de chasser ni aller à la pêche dans ledit fief, à peine de 500 livres d'amende pour chacune contravention. Pourra pareillement ledit propriétaire, à l'exclusion de tous autres, établir sur ledit canal, aux lieux qu'il sera jugé nécessaire, des bateaux pour le transport, voiture & conduite des personnes, marchandises & denrées; révoquant à ces fins tous dons, concessions & permissions que nous pouvons ci-devant avoir accordées à aucuns de nos sujets; leur faisant défenses de s'en servir, à peine de 1000 livres d'amende & confiscation desdits bateaux, sans que néanmoins les propriétaires puissent mettre le prix aux voitures, mais sera réglé par les commissaires par nous députés; Et pourra faire construire dans ledit fief des fourches patibulaires aux lieux qu'il jugera à propos. N°. I. Aura ledit propriétaire la faculté de nommer & établir des officiers pour administrer la justice civile, criminelle & mixte dans l'étendue dudit fief, & pour la liberté de la navigation, commerce & conservation desdits ouvrages: Et à ces fins, d'établir en la ville de Castelnaudary, ou tel autre lieu qui sera trouvé plus commode, un siége de justice, qui sera composé d'un capitaine châtelain, d'un lieutenant, d'un procureur de seigneurie, & autres officiers, pour connoître & juger en premiere instance de tous différends qui pourroient naître, tant en matiere civile, criminelle que mixte, soit pour les dégradations & délits qui pourroient être commis en tous lesdits ouvrages, que de tous différends à raison de la navigation & perception des droits, lesquels châtelain & lieutenant pourront juger par provision des matieres de leur compétence, nonobstant & à la charge de l'appel, jusques à la somme de 200 livres. Les appellations duquel siége seront relevées directement en notre cour de parlement de Toulouse, & traitées en la grand'chambre, ou en notre cour des comptes, aydes & finances de Montpellier, suivant la qualité des affaires. Et pour la conservation des ouvrages, & faire en sorte que la justice soit administrée aux justiciables avec plus de commodité, Nous avons permis & permettons audit propriétaire dudit fief d'établir deux lieutenans dudit juge châtelain, & deux procureurs de seigneurie dans les villes de Villefranche de Lauragais, & de Trebes, ou en tels autres lieux qui seront jugés nécessaires; lesquels lieutenans y feront leur résidence, administreront la justice, & tiendront la main à la conservation desdits ouvrages. Lui

N°. I. avons aussi permis & permettons d'établir & entretenir, à ses frais, douze gardes pour veiller à la conservation desdits ouvrages & aux réparations qu'il y conviendra faire journellement; lesquels gardes porteront nos livrées, & pourront mettre à exécution tous mandemens & actes de justice qui concerneront ledit canal, dans toute l'étendue de notre royaume. Ordonnons en outre, que par les commissaires qui seront par nous députés, il soit procédé à la maniere accoutumée à la vente dudit fief & choses ci-dessus spécifiées, pour en jouir par l'adjudicataire aux droits ci-dessus déclarés, sans en pouvoir être dépossédé qu'en le remboursant de la finance qu'il aura payée, bâtimens, impenses, méliorations, frais & loyaux-coûts, en un seul & même payement, sans aucun retranchement ni diminution, suivant les contrats d'adjudication & quittances, pour être les deniers qui proviendront desdites ventes employés à la construction desdits ouvrages. Et d'autant que pour entretenir ledit canal de communication des mers, rigoles de dérivation, magasins, écluses & chaussées, en état de navigation, il est nécessaire de faire un fonds perpétuel & certain, non sujet à divertissement: Nous avons dit & ordonné, & par ces mêmes présentes, disons & ordonnons, voulons & nous plaît, qu'il soit pris & perçu à perpétuité un péage sur toutes les marchandises, denrées, & autres choses qui seront voiturées sur ledit canal de communication; à savoir, six deniers pour chaque cent pesant des marchandises de valeur de cent sols le cent & au-dessous: douze deniers pour chaque cent pesant de celles qui seront appréciées depuis lesdits cent sols jusqu'à trente livres: vingt-quatre deniers pour chaque cent pesant de celles qui seront au-dessus dudit prix: pour chaque minot de sel six deniers, & pour chaque charge de bled douze deniers: pour chaque charge d'avoine, millet, orge, & autres grains, six deniers; & pour l'ouverture de chaque écluse cinq sols; le tout ainsi qu'il sera réglé & porté par le tarif & évaluation qui sera arrêtée en notre conseil. Pour sureté duquel péage voulons & ordonnons, que tous ceux qui négocieront sur ledit canal, & conduiront les voitures des marchandises & denrées, payent ledit péage aux lieux où les bureaux de recette seront établis, à peine de confiscation desdites marchandises & bateaux, de cinq cent livres d'amende, & autres peines portées par les réglemens, contre ceux qui fraudent les droits de nos cinq grosses fermes; lequel péage sera levé à perpétuité en la forme qui sera prescrite par ledit tarif, sans pouvoir être augmenté ni diminué, ni autre droit établi sur ledit canal pour quelque cause & occasion que ce puisse être. Ordonnons que par nosdits commissaires il soit procédé en la maniere accoutumée à la vente dudit péage; l'acquéreur duquel sera chargé de faire faire à perpétuité toutes les réparations qu'il conviendra faire pour tenir ledit canal en état de navigation à ses frais, & de payer le salaire de ceux qui seront employés pour ouvrir les écluses; duquel péage & droits l'adjudicataire jouira, sa veuve, héritiers, enfans & ayans cause, à perpétuité, aux conditions susdites, sans en pouvoir être dépossédés, pour quelque cause & occasion que ce puisse être, qu'en les remboursant en un seul & actuel payement de leur finance, frais & loyaux-coûts, pour être les deniers procédans de l'adjudication, employés à la construction desdits ouvrages sans aucun divertissement. Et sera en outre par nosdits commissaires procédé à la revente des offices de regrattiers & revendeurs de sel

à

N°. I. à petites mesures, créés & établis dans l'étendue de notre ferme des gabelles de Languedoc, par édits des mois de Novembre 1576, Mars 1598, Juillet 1604, & autres. Comme aussi à semblable revente de pareils offices qui ont été créés & établis dans l'étendue de notre ferme des gabelles de Roussillon, Conflans & Sardaigne, par notre édit du mois de Décembre 1661, desquels offices les Acquéreurs jouiront héréditairement, & des droits y attribués, tels & semblables, dont ils jouissent présentement, à eux attribués & réglés par les officiers des lieux, sans qu'iceux puissent être diminués pour quelque cause & occasion que ce puisse être. Et jouiront les pourvus desdits offices, ensemble ceux qui les prendront à ferme, ou les exerceront par commission, des mêmes priviléges, exemptions, franchises & libertés accordées & attribuées aux pourvus desdits offices de regrattiers & revendeurs de sel, par les édits de création, lesquels, en tant que besoin seroit, nous les leur avons attribués & attribuons par ces présentes : lesquels acquéreurs seront chargés par nosdits commissaires de payer en un seul payement, outre le prix de leur adjudication, à Me. Nicolas Langlois, fermier desdites gabelles de Languedoc, la somme de deux cent quatre mille huit cent quatre-vingt-dix-huit livres, à laquelle a été liquidée la finance & loyaux-coûts desdits offices de regrattiers dans l'étendue de ladite ferme des gabelles de Languedoc, par l'arrêt de notre conseil du 29 Juillet 1665, dont ledit Langlois a fait le remboursement en exécution de l'article LXXVIII de son bail, qui lui accorde la jouissance desdits offices & la faculté de rembourser ladite finance, & qu'en outre ils payeront à Me. Alexandre Belleguise, fermier de nos gabelles de Roussillon, Conflans & Sardaigne, la somme de treize mille livres pour le remboursement de la finance desdits offices de regrattiers établis en l'étendue de ladite ferme, à la charge par lesdits Langlois & Belleguise, ou leurs cautions, de remettre auxdits acquéreurs les lettres de provision & quittances de finance desdits offices, jusques à la concurrence des susdites sommes. Quoi faisant lesdits offices de regrattiers & revendeurs de sel à petites mesures, soient & demeurent distraits & separés de nosdites fermes des gabelles de Languedoc, Roussillon, Conflans & Sardaigne à perpétuité ; sans qu'ils y puissent être réunis pour quelque cause & occasion que ce puisse être, dérogeant pour ce regard aux articles des baux desdits Langlois & Belleguise, desquels offices & de leurs droits, les acquéreurs jouiront, ensemble de la faculté de rembourser la finance de pareils offices qui restent à rembourser dans l'étendue de notredite ferme des gabelles de Languedoc, que nous leur avons accordé & accordons, pour en jouir héréditairement eux, leurs enfans, héritiers & ayans cause, en vertu du contrat d'adjudication qui leur en sera faite par nosdits commissaires, & quittances des finances, sans qu'ils en puissent être dépossédés qu'en les remboursant en un seul payement, tant de la finance qu'ils auront remboursée auxdits Langlois & Belleguise, & autres particuliers, que de celle du prix de leur adjudication, frais & loyaux-coûts ; & sans que lesdites finances puissent être augmentées, pour quelque cause & occasion que ce soit ; pour commencer par les acquéreurs desdits offices, leur jouissance, au premier d'Octobre 1666. Et en attendant ladite vente, voulons que le porteur des quittances de finance en jouisse, avec pouvoir de commettre à l'exercice d'iceux, sans être tenu ni obligé de continuer les baux des fer- N°. I.

N°. I. mes, qui ont été ci-devant faits par les propriétaires desdits offices, si bon ne lui semble : Et au payement desdits baux les débiteurs seront contraints par les voies qu'ils y sont obligés. VOULONS aussi que par nosdits commissaires il soit procédé en la maniere accoutumée à la revente du droit de septain des sels qui se saunent en nos salins de Peccais, & à nous appartenant, ci-devant aliéné par nos commissaires au château du Louvre ; la finance de laquelle aliénation nous nous chargeons de rembourser à l'engagiste dudit droit, suivant la liquidation qui en sera faite en notre conseil. Et à ces fins ordonnons qu'il représentera incessamment les titres de son adjudication ; duquel droit de septain nosdits commissaires feront l'adjudication à faculté de rachat perpétuel, pour en jouir par les adjudicataires héréditairement, en vertu de leur contrat d'adjudication & quittance de finance, sans qu'ils en puissent être dépossédés que par un seul & actuel payement de leurdite finance, frais & loyaux-coûts. Duquel droit de septain les acquéreurs jouiront, à commencer dudit jour premier Octobre 1666. Et en attendant la vente d'icelui, voulons que le porteur de la quittance de finance en jouisse ; faisant défenses à nos gardes & contre-gardes de nos salins de Peccais, de charger & expédier leur police de voiture des sels pour ledit septain, qu'au préalable le prix n'en ait été payé à l'acquéreur ou au porteur de la quittance de finance. Et nous étant fait représenter l'édit du mois de Mars 1627, portant attribution de quatre sols à divers officiers de nos greniers & chambres dépendantes de notre ferme des gabelles de Languedoc, à prendre & percevoir sur chaque minot de sel qui s'y débite, outre & par-dessus le prix à nous appartenant ; savoir, trois sols à nos receveurs & contrôleurs desdits greniers ; six deniers à nos avocats & procureurs, & six deniers à nos pallieurs de Peccais ; avec autre édit du mois de Février 1634, par lequel lesdites attributions auroient été réunies à ladite ferme des gabelles de Languedoc ; & ordonné que les particuliers acquéreurs seront remboursés de leur finance en rentes au denier dix-huit ; comme aussi l'édit du mois de Mars 1640, portant création des offices de tiseracs dans les greniers & chambres de notre ferme des gabelles de Languedoc, avec attribution de douze deniers sur chaque minot de sel, outre & par-dessus le prix à nous appartenant. Plus l'édit du mois de Juin 1657, par lequel nous aurions ordonné l'exécution de celui dudit mois de Février 1634, & à ces fins ordonné que les particuliers acquéreurs desdites attributions de quatre sols, ensemble des douze deniers des tiresacs seroient remboursés en rentes, & lesdits droits & attributions vendues à notre profit ; & les arrêts de notre conseil des dix-septieme Mars & trentieme Juin 1661, portant qu'il seroit procédé en icelui à la vérification & liquidation de leur finance. Ce qui n'ayant encore été exécuté, Nous voulons, conformément auxdits édits & arrêts de notre conseil, que les particuliers possesseurs des susdites attributions soient remboursés actuellement de leurs finances & loyaux-coûts, après la liquidation d'icelle qui sera faite en notre conseil ; sur laquelle déduction sera faite auxdits engagistes de la jouissance des deux quartiers par eux perçus depuis le retranchement qui en a été par nous ordonné, & qu'à ces fins ils représenteront incessamment leurs quittances de finance ; ce faisant, que par nosdits commissaires il soit procédé en la maniere accoutumée à la revente des susdites attributions, revenant ensemble à cinq sols qui se perçoivent sur chaque minot de sel qui se

N°. I. débite dans les greniers & chambres de notre ferme des gabelles de Languedoc & salins de Peccais, outre & par-dessus le prix à nous appartenant, sous le nom de nos receveurs, contrôleurs, avocats & procureurs, tiresacs des greniers de Peccais. Desquelles attributions les acquéreurs jouiront en vertu de leur contrat d'adjudication & quittance de finance, à commencer au premier Octobre 1666, sans en pouvoir être dépossédés qu'en les remboursant en un seul payement de la finance qu'ils auront payée avec leurs frais & loyaux-coûts: faisant défenses au fermier de nos gabelles de Languedoc, ses directeurs & commis, de payer lesdites attributions à autres personnes qu'aux acquéreurs d'icelles, ou aux porteurs des quittances de finance, leurs procureurs ou ayans cause, à peine de payer deux fois, pour être les deniers provenans des susdites ventes employés à la construction des ouvrages dudit canal, sans aucun divertissement. SI DONNONS EN MANDEMENT à nos amés & féaux conseillers les gens tenant notre cour de parlement de Toulouse, & cour des comptes, aydes & finances de Montpellier, que ces présentes ils fassent lire, publier & registrer, pour être icelles exécutées selon leur forme & teneur; cessant & faisant cesser tous troubles & empêchemens qui pourroient être donnés, nonobstant tous édits, déclarations, arrêts, réglemens & autres choses à ce contraires, à quoi nous avons dérogé & dérogeons par ces présentes. Mandons en outre aux présidens & trésoriers généraux de France, aux bureaux des finances de Toulouse & Montpellier, & à tous nos autres juges, chacun à leur égard, de tenir la main à l'exécution des présentes: CAR tel est notre plaisir. Et afin que ce soit chose ferme & stable à toujours, Nous avons fait mettre notre scel à cesdites présentes. DONNÉES à Saint-Germain-en-Laye au mois d'Octobre, l'an de grace mil six cent soixante-six, & de notre règne le vingt-quatrieme. *Signé*, LOUIS. *Et plus bas*: Par le Roi, PHÉLYPEAUX; & scellées en cire verte en lacs de soie rouge & verte. N°. I.

I I.

ARRÊT DU CONSEIL D'ÉTAT ET LETTRES-PATENTES,

En interprétation de l'édit de la construction du canal de communication des mers en Languedoc.

Du 7 Octobre 1666.

LE Roi en son conseil royal, s'étant fait représenter l'édit de ce mois d'Octobre, par lequel Sa Majesté auroit ordonné qu'il seroit procédé à la construction du canal de communication des mers Océane & Méditerranée en la province de Languedoc, & à cet effet ledit canal, par le même édit, ses bords, écluses, magasins & rigoles, auroient été érigés en fief avec toute justice; comme aussi qu'il seroit levé un péage sur ledit canal, pour le tout demeurer affecté aux réparations à faire pour entretenir à perpétuité ledit canal en état de navigation; & quoique l'intention de Sa Majesté ait été qu'en procédant par les commissaires qui seroient à ce députés à l'adjudication desdits fiefs & péage, que ceux qui s'en rendroient adjudicataires en seroient & demeureroient propriétaires incommutables, pour en jouir eux & leurs ayans cause pleinement & paisiblement comme de leur chose propre & non domaniale, vrai & loyal acquêt non rachetable, sans qu'ils en puissent être dépossédés à l'avenir ni autrement. Néanmoins sous prétexte que dans l'édit il a été employé une clause qui ordonne que les choses ven-

N°. II. dues par lesdits sieurs commissaires seront sujettes à rachat perpétuel, l'on pourroit ci-après prétendre lesdits fiefs, & péage, être domaniaux, & en contester aux adjudicataires le droit de la propriété incommutable, & qu'elles seroient sujettes à rachat, ce qui en diminueroit beaucoup le prix; à quoi étant nécessaire de pourvoir pour faciliter la construction dudit canal; LE ROI EN SON CONSEIL, en interprétant en tant que besoin seroit ledit édit du présent mois d'Octobre, a ordonné & ordonne que les adjudicataires desdits fiefs & péage, leurs héritiers ou ayans cause, en jouiront en toute propriété pleinement & incommutablement, sans qu'ils puissent être censés ni réputés domaniaux, ni sujets à rachat, ou qu'ils en puissent être dépossédés à l'avenir par vente, revente ni autrement, dont Sa Majesté les a déchargés, en satisfaisant par eux à l'entretien du canal à perpétuité, & autres charges, clauses & conditions portées par ledit édit, & qu'à cet effet toutes lettres seront expédiées. FAIT au conseil royal des finances, tenu à Vincennes le septieme jour d'Octobre mil sept cent soixante-six. BECHAMEIL, *signé*.

LOUIS, PAR LA GRACE DE DIEU, ROI DE FRANCE ET DE NAVARRE: A tous présens & à venir, SALUT. Nous étant fait représenter en notre conseil royal notre édit du présent mois d'Octobre, par lequel, pour les causes & considérations y contenues, Nous aurions ordonné qu'il seroit procédé à la construction du canal des communications des mers Océane & Méditerranée, en notre province de Languedoc, & par le même édit érigé ledit canal, ses bords, écluses, magasins & rigoles, en fief, avec toute justice; comme aussi qu'il seroit levé un péage sur ledit canal, pour le tout demeurer affecté aux réparations à faire pour entretenir à perpétuité ledit canal en état de navigation; & quoique notre intention ait été qu'en procédant par les commissaires qui seroient par Nous à ce députés à l'adjudication desdits fiefs & péage, ceux qui s'en rendroient adjudicataires en seroient & demeureroient propriétaires incommutables, pour en jouir eux & leurs ayans cause pleinement & paisiblement comme de leur chose propre & non domaniale, vrai & loyal acquêt non rachetable, sans qu'ils en puissent être dépossédés à l'avenir par revente ni autrement. Néanmoins sous prétexte que dans notredit Edit il a été employé une clause qui ordonne que les choses vendues par lesdits sieurs commissaires seront sujettes à rachat perpétuel, l'on pourroit ci-après prétendre ledit fief & péage être domaniaux, & en contester aux adjudicataires le droit de la propriété incommutable, & qu'elles seroient sujettes à rachat, ce qui en diminueroit beaucoup le prix; à quoi desirant pourvoir, pour faciliter la construction dudit canal. A CES CAUSES; savoir faisons, qu'ayant fait voir notredit édit en notre conseil royal, suivant l'arrêt rendu en icelui le 7 du présent mois ci attaché, de l'avis de notredit conseil & de notre certaine science, pleine puissance & autorité royale, nous avons par ces présentes, signées de notre main, dit & ordonné, disons & ordonnons, voulons & nous plaît, en interprétant en tant que besoin est ou seroit notre édit du présent mois d'Octobre, que les adjudicataires desdits fiefs & péage, leurs héritiers ou ayans cause en jouiront en toute propriété pleinement & incommutablement, sans qu'ils puissent être censés ni réputés domaniaux, ni sujets à rachat, ou qu'ils en puissent être dépossédés à N°. II.

N°. II. l'avenir par vente, revente ni autrement, dont nous les avons déchargés & déchargeons par cesdites présentes, en satisfaisant par eux à l'entretien dudit canal à perpétuité, & autres charges, clauses & conditions portées par notredit édit. SI DONNONS EN MANDEMENT à nos amés & féaux les gens tenans nos cours de parlement de Toulouse, cour des comptes, aides & finances de Montpellier, présidens, trésoriers généraux de France au bureau de nos Finances auxdits lieux, de faire regiſtrer chacun en droit soi ledit arrêt & cesdites présentes purement & simplement, & faire jouir les adjudicataires desdits fiefs & péage de l'effet & contenu en iceux, pleinement & incommutablement, cessant & faisant cesser tous troubles & empêchemens au contraire; nonobstant la clause apposée à notredit Edit, & tous autres édits, déclarations, arrêts & lettres à ce contraires, auxquelles & aux dérogatoires des dérogatoires y contenues, nous avons dérogé & dérogeons par cesdites présentes, auxquelles, afin que ce soit chose ferme & stable à toujours, nous avons fait mettre notre scel, sauf en notre chose, notre droit & l'autrui en tout. Voulons qu'aux copies dudit arrêt & des présentes, collationnées par l'un de nos amés & féaux conseillers & secrétaires, foi soit ajoutée comme aux originaux; CAR tel est notre plaisir. DONNÉ à Vincennes au mois d'Octobre, l'an de grace mil six cent soixante-six, & de notre regne le vingt-quatrieme. *Signé*, LOUIS: Par le Roi, PHELYPEAUX.

Les présentes avec l'arrêt du conseil d'état attaché sous le contre-scel, ont été regiſtrés ès regiſtres de la cour du parlement de Toulouse, pour être le contenu en iceux gardé & observé suivant sa forme & teneur, oui le procureur général du Roi suivant l'arrêt de ce jourd'hui. DONNÉ *par ladite cour, les chambres assemblées audit Toulouse, le 16 Mars 1667.* N°. II.

Regiſtré ès regiſtres du bureau des finances de la généralité de Toulouse, avec l'arrêt du conseil attaché au contre-scel, pour être le contenu en iceux gardé & observé suivant & conformément à la volonté de Sa Majesté, & l'ordonnance des regiſtres de ce jourd'hui, oui & requérant le procureur du Roi. A Toulouse audit bureau, le 27 Mars 1667.

III.

PROCÈS-VERBAL

De M. d'Aguesseau, intendant en Languedoc, sur la réception des travaux du canal de communication des mers.

Du 13 Juillet 1684 & jours suivans.

L'AN mil six cent quatre vingt-quatre, le treizieme jour de Juillet, pardevant nous Henri d'Aguesseau, chevalier, conseiller du Roi en ses conseils d'état, intendant de justice, police & finances en la province de Languedoc. En notre hôtel, à Montpellier, est comparu le sieur Gilade, bourgeois de Narbonne, directeur général du canal royal de la jonction des mers Océane & Méditerranée, pour & ayant charge du sieur Riquet de Bonrepos, président à mortier au parlement de Toulouse, fils de défunt Pierre-Paul Riquet, ayant entrepris la construction du canal de communication des mers, depuis la Garonne près de Toulouse, jusqu'à l'étang de Thau, ensemble la construction des jettées & autres ouvrages nécessaires pour former un port au cap de Cette, suivant les contrats & adjudications qui lui en ont été faites le 14 Oc-

N°. III. tobre 1666, 23 Janvier 1669, & 2 Avril 1677 : il auroit travaillé avec tant de succès & de bonheur, qu'après avoir établi la navigation aux deux extrémités dudit canal, savoir, depuis Toulouse jusqu'à Castelnaudary, & depuis Beziers jusqu'à l'étang de Thau, suivant que nous l'aurions reconnu en diverses visites que nous avons faites, il auroit enfin achevé au commencement de l'année 1681 de joindre ces deux parties & de rendre le canal navigable dans toute son étendue, ce qui nous auroit obligé, en ladite année, & à la réquisition dudit sieur de Bonrepos, de nous transporter sur ledit canal afin d'en faire la visite ; & pour en mieux connoître les ouvrages & travaux, nous aurions commencé ladite visite à sec, depuis la riviere de Beziers jusqu'à Castelnaudary, ensuite de quoi ayant fait mettre l'eau dans ladite partie du canal, nous en aurions commencé la visite, & de tous les ouvrages dont ledit sieur Riquet étoit tenu depuis l'embouchure dudit canal dans la Garonne jusqu'au port de Cette, suivant notre procès-verbal du premier Mai de ladite année 1681. Mais quoique nous eussions fait heureusement l'essai de la navigation sur ledit canal, néanmoins l'effort des eaux ayant emporté quelques ouvrages qui n'avoient pas été faits assez solidement, il auroit fallu les refaire de nouveau suivant que l'expérience l'avoit indiqué ; & d'ailleurs que nous aurions trouvé dans la même visite plusieurs ouvrages & réparations à faire en divers endroits, tant audit canal & terrein, qu'aux bâtimens, chaussées & écluses, ainsi qu'il est porté par notredit procès-verbal, sur lequel, & sur les requêtes présentées au Roi par ledit sieur de Bonrepos, seroit intervenu arrêt au conseil le 14 Mars 1682, par lequel, entr'autres choses, Sa Majesté l'auroit déchargé de tous les travaux & ouvrages restans à faire au port de Cette, & ordonné qu'il acheveroit incessamment ceux qui restoient à faire audit canal de communication des mers, suivant ledit procès-verbal, en exécution duquel arrêt, & de nos ordonnances particulieres, il auroit continuellement fait travailler aux ouvrages les plus pressans & nécessaires pour rétablir la navigation ; en sorte que par plusieurs visites particulieres que nous avons faites sur ledit canal depuis ladite année 1681, nous avons pu reconnoître qu'il avoit été de nouveau navigable, de maniere qu'il s'y étoit établi un commerce considérable, & qu'il y passoit journellement, d'une mer à l'autre, diverses barques chargées de toutes sortes de marchandises & denrées, ce qui auroit donné lieu, audit sieur de Bonrepos, de se pourvoir pardevant le Roi, & de lui demander qu'il lui plût de faire procéder à la réception desdits ouvrages du canal, aux offres de faire, par ledit sieur Riquet, sa soumission d'achever incessamment ceux qui restoient à faire pour mettre cette entreprise dans l'état de perfection ; sur quoi Sa Majesté a eu la bonté de faire expédier audit sieur de Bonrepos un arrêt de son conseil le 10 Janvier dernier, par lequel Elle a ordonné qu'il seroit par nous fait visite générale, & dressé procès-verbal de l'état des ouvrages dudit canal, pour être ensuite donné acte audit sieur Riquet de la réception desdits ouvrages qui seroient trouvés en leur entiere perfection ; comme aussi qu'il seroit par nous dressé un procès-verbal particulier, contenant la description & estimation des ouvrages qui restent à faire pour mettre ledit canal dans l'état qu'il doit être, conformément audit arrêt du conseil du 14 Mars 1682, au pied duquel est notredit procès-verbal, où il est dit que ledit sieur Riquet sera tenu de faire sa soumission, N°. III

N°. III. d'achever les ouvrages qui seront mentionnés pendant le courant de la présente année ; mais qu'à peine ledit arrêt fut rendu, que dans le même mois de Janvier il arriva des inondations si extraordinaires & si prodigieuses, qu'elles emporterent une partie des chaussées & autres principaux ouvrages, & en comblerent le lit en beaucoup d'endroits de sable & de limon, en sorte que quoique lesdits ouvrages fussent dès-lors achevé & en état de réception, néanmoins nous y trouverons quelques restes de ces désordres qui n'ont pas pu être entierement réparés ; cependant comme il est important audit sieur de Bonrepos de faire faire ladite réception, ledit Gilade, audit nom, nous a remis ledit arrêt, & prié de procéder en exécution d'icelui. A l'effet de quoi nous étant fait représenter l'édit du Roi du mois d'Octobre 1666 pour la construction dudit canal de communication des mers, les devis, adjudications & marchés faits audit sieur Riquet, savoir, celui du 14 Octobre 1666 fait au conseil, des ouvrages qui étoient à faire pour la construction dudit canal, depuis la Garonne jusqu'à la riviere d'Aude près Trebes, les devis & adjudications faits audit défunt sieur Riquet le 23 Janvier 1669, par feu M. de Besons, lors intendant en Languedoc, des autres ouvrages à faire audit canal depuis ladite riviere d'Aude près Trebes jusqu'à l'étang de Thau, & des ouvrages nécessaires pour la construction des jettées & port de Cette ; l'adjudication faite par nous audit sieur Riquet le 10 Avril 1677, d'autres nouveaux ouvrages à faire audit port de Cette, avec notre procès-verbal de visite du mois de Mai 1681, & ledit arrêt du conseil du 14 Mars 1682 ; & après avoir examiné lesdits édits, adjudications faites audit sieur Riquet, notredit procès-verbal de 1681 & arrêts du conseil ; nous serions partis ledit jour, 13 Juillet, de la ville de Montpellier, & nous serions rendus au port de Cette, où après avoir séjourné jusqu'au Dimanche 16 dudit mois de Juillet, pour vaquer à la visite des travaux & ouvrages dudit port, & y mettre les ordres que nous aurions trouvés nécessaires, nous serions montés en barque ledit jour 16 Juillet, accompagné du P. Mathieu de Mourgues, jésuite, chargé par Sa Majesté de l'inspection dudit canal royal de communication des mers & port de Cette, & des autres personnes nécessaires que nous aurions prises avec nous pour sonder, toiser & examiner lesdits ouvrages. Après quoi ayant traversé l'étang de Thau, nous serions arrivés à l'embouchure dudit canal près de Marseillan, & voulant procéder à ladite visite générale, ledit Gilade nous auroit supplié d'observer que ledit défunt sieur Riquet, ayant voulu entreprendre la construction dudit canal de communication des mers, jugea qu'il n'y avoit point de meilleur expédient, pour en venir à bout que de ramasser les eaux de divers ruisseaux nommés Alzau & Coudiere, de Cantemerle, Bernasonne, Lampy, Lampillon, de Rieutort & de Sort, qui ont leur source dans la montagne noire aux dioceses de Carcassonne, Castres & Lavaur, & qui se jettoient partie dans la riviere d'Aude, & partie dans la riviere de Lagout ; lesquels ruisseaux seroient réunis & conduits par une rigole excavée partie dans la montagne, & partie dans la plaine jusqu'à Naurouse, où on établiroit le point de partage, c'est-à-dire, d'où les eaux se diviseroient pour descendre d'un côté dans la Garonne près de Toulouse & delà à l'Océan, & de l'autre dans la mer Méditerranée. Que ledit lieu de Naurouse, ou point de partage, est élevé de cent toises au-dessus de l'une

N°. III.

& de l'autre mer, ainsi qu'il a été vérifié par le nivelage qui en a été fait, & que pour descendre de part & d'autre, & former la navigation, il falloit excaver un canal, & y construire les écluses que l'on trouveroit nécessaires; & que comme il eût été inutile de faire aboutir le canal à la mer Méditerranée, si on n'eût fait à même-tems un port sur la même mer, auquel les barques, venant dudit canal ou y allant, pussent aborder; on désigna de former ledit port au cap de Cette qui communiqueroit audit canal par le moyen de l'étang de Thau, dans lequel ledit canal se déchargeroit. Que sur ce projet il fut dressé, de l'ordre du Roi, par le feu sieur chevalier de Clerville, ingénieur de Sa Majesté, un devis qui, quoique fait avec beaucoup de soin & d'exactitude, n'a pu néanmoins, dans une si grande & si difficile entreprise, en régler tellement l'exécution qui dépendoit principalement du travail & de l'expérience, qu'on n'ait été obligé de laisser beaucoup de choses à la prudence de l'entrepreneur & de celui qui seroit chargé par le Roi de l'inspection de ces ouvrages; & que des choses même qui étoient réglées par ce devis, on a été obligé d'en changer beaucoup selon que la nécessité du travail l'a indiqué par l'avis dudit inspecteur & avec l'agrément de Sa Majesté; ainsi qu'il nous sera remarqué dans le cours de notre visite. Que ce devis ayant été publié, ledit feu sieur Riquet, après les formalités ordinaires, s'en seroit rendu adjudicataire au conseil, ledit jour 14 Octobre 1666, des ouvrages de la rigole qui devoit être construite dans la montagne, & continuée ensuite dans la plaine jusqu'à Naurouse, des magasins & réservoirs nécessaires pour la conservation des eaux, de l'excavation dudit canal depuis la riviere de Garonne, près de Toulouse, jusqu'à celle d'Aude, près Trebes, & des écluses qui devoient être bâties dans cet intervalle, & pardevant feu M. de Besons, intendant de cette province, ledit jour 23 Janvier 1669, de l'excavation du canal depuis Trebes jusqu'à l'étang de Thau au-dessus de Marseillan, des écluses, chaussées & autres bâtimens à faire en cet espace, & de la jettée qui devoit être attachée au cap de Cette pour y former un port. Que ledit sieur Riquet ayant commencé de travailler à l'exécution & sur les mesures & dimensions portées par ledit devis, trouva qu'il étoit absolument nécessaire d'y faire plusieurs changemens.

Premierement, dans la forme des excavations, en ce que la rigole de la montagne qui ne devoit avoir, suivant le devis, que neuf pieds d'ouverture, cinq de base & neuf de hauteur, a présentement le double de largeur, qu'on a jugé nécessaire de lui donner, pour qu'elle reçût assez d'eau, & en fournît assez à celle de la plaine, outre que ladite rigole de la montagne se trouve avoir 1400 toises courantes en longueur plus qu'il n'est porté par le devis.

Semblablement la rigole de la plaine ne devoit avoir, suivant le devis, que deux toises d'ouverture, sept pieds de base & neuf pieds de profondeur, & on lui a donné quatre toises d'ouverture & deux toises de base sur les mêmes neuf pieds de profondeur, avec cinq cent cinquante toises courante en longueur d'augmentation au-delà des devis.

Et enfin, le canal devoit avoir, suivant le devis, huit toises d'ouverture, cinq toises deux pieds de base & huit pieds de profondeur; mais après avoir commencé l'excavation proche de Toulouse, suivant cette maniere, on a jugé qu'il lui falloit donner une autre forme qui seroit plus belle, plus durable & plus commode pour la navigation,

N°. III.

N°. III. gation, qui a été de lui donner dix toises & au-delà d'ouverture sur cinq toises de base, avec la profondeur, suivant les terreins, en sorte que dans les moins profonds il y ait toujours six pieds d'eau.

Secondement, dans le nombre des écluses que ledit sieur de Clerville avoit fixé à quarante écluses dans l'étendue de la premiere entreprise, & à trente dans la deuxieme, revenant en tout à soixante-dix écluses, au lieu duquel nombre ledit feu sieur Riquet avoit été obligé de construire jusqu'à cent deux corps d'écluses, dont quelques-unes ont été accollées pour la commodité de la navigation, & pour s'accommoder à la pente du terrein qui se trouvoit fort roide en certains endroits; la raison de cette multiplication d'écluses a été que depuis Naurouse à la Garonne près Toulouse il y a trente-deux toises de pente, & que depuis Naurouse jusqu'à la Méditerranée il y a cent toises & demie de pente, en sorte que si on n'eût fait que soixante-dix écluses, suivant le devis, il eût fallu que la plate-forme de chaque écluse eût eu près de douze pieds de hauteur, ce qui eût été impraticable à cause de la disposition des terreins, & dangereux pour les portes basses qui auroient été chargées de dix-huit à vingt pieds d'eau.

Troisiemement, dans la forme des écluses, dont les jouyeres ne doivent avoir, suivant le devis, que vingt toises de long, six pieds d'épaisseur & douze pieds d'hauteur, & n'être éloignées dans les endroits des portes que de quinze pieds; on a trouvé dans l'exécution que ces écluses étoient trop petites, & on les a faites de vingt-sept toises de long, de dix-sept pieds de hauteur, & la plupart beaucoup davantage, de neuf ou dix pieds réduits d'épaisseur, & de dix-huit pieds deux pouces de distance aux portes; on les a faites aussi en ligne courbe pour leur donner plus de capacité, & pour les rendre plus fortes & plus agréables, en sorte qu'elles ont cinq toises de distance au milieu des deux lignes courbes. N°. III.

Quatriemement, dans la route du canal qui devoit, suivant le devis, entrer dans la riviere d'Aude, & ensuite dans l'étang de Vendres, & de là remonter vers Beziers, pour ensuite se venir décharger dans l'étang de Thau, proche de Marseillan. Mais on a considéré qu'on pouvoit prendre une route plus courte en suivant celle que l'on a tenue, & que d'ailleurs le canal n'auroit pas été assuré en le portant dans la riviere d'Aude, à cause des fréquentes inondations de cette riviere, auxquelles les ouvrages du canal n'auroient pu résister: mais quoique la route que l'on a prise soit plus courte que celle marquée par le devis, néanmoins les excavations de cette nouvelle route ont été faites dans un terrein si plein de montagnes & de rochers, qu'en la comparant avec celle du devis qui ne couroit presque que dans des plaines, suivant la vérification qui en fut faite par nos ordres en l'année 1675, il se trouva qu'il y avoit dans la nouvelle route un nombre beaucoup plus considérable de toises cubes à excaver, & d'un ouvrage beaucoup plus rude & plus difficile que dans la route du devis.

Sur tous lesquels changemens généraux & autres particuliers qui auroient causé de très-grandes augmentations d'ouvrages & de dépenses, ledit feu sieur Riquet s'étant pourvu pardevers le Roi, Sa Majesté auroit approuvé lesdits changemens & réglé lesdites augmentations à la somme de 200,50,68 livres par ledit arrêt du 14 Mars 1682, & partant ledit Gilade nous auroit représenté, que dans la vérification que nous

N°. III. allions faire desdits ouvrages du canal, nous ne les devions pas seulement considérer par rapport aux devis sur lesquels les baux & marchés en ont été passés, mais encore par rapport aux changemens qui y ont été faits & qui sont exprimés plus particulierement dans ledit Arrêt du 14 Mars 1682. GILADE, *signé*.

Sur quoi nous avons donné acte audit Gilade, audit nom, desdites observations, remontrances, dires & réquisitions, & ordonné qu'elles seront insérées dans notre présent procès verbal pour lui servir & valoir ainsi qu'il appartiendra; & qu'il sera par nous procédé à ladite visite & réception, suivant ledit arrêt du conseil du 20 Janvier dernier.

Procédant à laquelle visite, nous serions entrés dans ledit canal par l'embouchure d'icelui du côté de l'étang, proche Marseillan, & après en avoir fait prendre les dimensions en notre présence par ledit P. Mourgues, inspecteur susdit, nous avons trouvé cinq toises de base & dix toises d'ouverture à la surface de l'eau, & l'ayant fait sonder, nous y aurions trouvé six pieds d'eau, laquelle étant salée jusqu'à la premiere écluse, appellée l'écluse *du Bagnas* à cause de la communication de la mer, change plusieurs fois d'état par jour, se haussant & se baissant selon la hauteur des étangs de la mer; & aurions remarqué qu'à ladite embouchure il y a eu deux batardeaux pour séparer l'étang du canal dont il est resté les deux tiers, ce qu'il faut tirer incessamment pour rendre l'entrée dudit canal plus libre, les bords & terriers duquel, du côté du foible, y sont élevés de plusieurs pieds au-dessus de l'eau, avec un talus de deux pieds & demi de glacis pour chaque pied d'élévation. Mais que le batillage des vagues de l'étang a un peu mangé les terres en plusieurs endroits; & nous a N°. II ledit Gilade remontré, que suivant l'article 23 du devis de la seconde entreprise du canal faite par le sieur Riquet, il devoit y avoir une écluse à l'entrée dudit canal à l'étang de Thau; mais que ladite écluse n'a point été construite, & ne l'a pu être, parce que depuis la riviere de l'Héraut jusqu'à l'étang de Thau, il ne s'est trouvé que six pieds de pente, pour lesquels l'écluse du Bagnas, que nous allions trouver ci-après, est plus que suffisante.

Et ayant interpellé ledit P. Mourgues de nous dire son sentiment sur l'observation dudit Gilade, il nous auroit dit, que véritablement il étoit inutile de faire deux écluses depuis la riviere de l'Héraut jusques à l'étang de Thau, & qu'il falloit que quand on avoit dressé le devis on se fût trompé dans le nivelage; qu'ainsi ladite écluse qu'on avoit destinée par ledit devis, de construire à l'entrée de l'étang, a été transférée plus utilement ailleurs. MOURGUES, *signé*.

En continuant ladite visite durant 2758 toises courantes, & jusqu'à l'écluse du Bagnas inclusivement, avons trouvé ledit canal de la même largeur que dessus, de la même base & du même fond d'eau, excepté qu'il y a environ quatre cent toises proche ladite écluse, où nous n'avons trouvé que quatre pieds d'eau, étant nécessaire de nettoyer deux pieds dans tout cet espace.

Et ledit Gilade nous a dit que la cause pour laquelle il n'y a en cet espace que quatre pieds d'eau, provient de ce que la riviere de l'Héraut, qui tombe en cet endroit, ayant percé les terriers y a amené de la vase & du sable; & nous a remontré que dans ce même endroit, & dans tout le reste de l'étendue dudit canal, le creusement a été fait de maniere que dans les en-

N°. III. droits les moins profonds il y puisse avoir au moins six pieds d'eau ; mais que les inondations des rivieres & des ruisseaux qui entrent dans le canal, & dont on prend les eaux pour servir à la navigation, y jettant journellement des sables, il est impossible, quelque soin que l'on prenne, de les nettoyer, qu'il n'y ait toujours quelque partie dans laquelle la juste profondeur de six pieds ne se trouve pas ; qu'ainsi si on s'arrêtoit à cela, le canal ne seroit jamais en état de réception ; mais qu'il suffit qu'il y ait eu une fois la profondeur nécessaire, ainsi que nous le savons, & que tant nous que le P. Mourgues, inspecteur, l'avons souvent vérifié dans les différentes visites que nous avons faites audit canal ; ajoutant que ledit sieur de Bonrepos a fait le dessein de divers travaux à l'embouchure des rivieres, par le moyen desquels il empêchera ou diminuera très-considérablement l'entrée des sables ; en sorte qu'après qu'on aura nettoyé ces endroits, cet inconvénient n'arrivera que très-rarement ; joint que ce que nous trouvons manquer de profondeur en cet espace du canal où se décharge ladite riviere de l'Héraut n'empêche pas la navigation ; requérant, en tant que de besoin, interpellant ledit P. de Mourgues nous certifier la vérité sur le fait du creusement dudit canal. GILADE, *signé*.

Sur quoi ledit P. Mourgues nous a dit être véritable, que dans toutes les fréquentes visites qu'il a faites audit canal, tant lorsque les excavations s'y faisoient, & depuis qu'elles sont faites, que dans le tems que le canal a été sec, il a toujours reconnu qu'il y avoit pour mettre six pieds d'eau dans toute l'étendue du canal aux endroits les moins profonds ; qu'effectivement la plupart des endroits où nous ne trouverons pas six pieds d'eau, se trouvant aux environs des rivieres & ruisseaux qui tombent dans le canal, on ne doit pas l'imputer à l'entrepreneur ; mais aux sables & limons qu'entraînent lesdites rivieres & ruisseaux, à quoi néanmoins il est nécessaire que ledit sieur Riquet fasse travailler pour y mettre le fond de six pieds, de laquelle déclaration dudit P. Mourgues, ledit Gilade audit nom nous a requis acte, que nous lui avons octroyé. MOURGUES, GILADE, *signés*.

Nous sommes ensuite entrés dans l'écluse du Bagnas d'une forme presque ovale, laquelle ayant été examinée, mesurée & toisée par ledit P. Mourgues, il s'est trouvé que ladite écluse a vingt-huit toises de long sur cinq toises de large au milieu du bassin, & dix-huit pieds deux pouces d'ouverture aux portes ; que la plate-forme a six pieds de hauteur, les deux côtés de l'écluse dix-huit pieds de hauteur chacun, sur neuf pieds réduits d'épaisseur, qu'elle est revêtue de pierres de taille très-dures, & très-solidement bâtie, que les éperons & portes sont de bois de chêne armés d'une bonne ferrure, joignant laquelle écluse il y a une maison pour le garde, qui a soin de fermer & d'ouvrir lesdites portes & écluse pour faire passer les barques qui montent & descendent sur ledit canal.

Poursuivant notre visite depuis ladite écluse dans laquelle nous nous sommes élevés de six pieds jusqu'à la riviere de l'Héraut, qui en est éloignée de mille cinq cent vingt-deux toises, nous avons trouvé par-tout que le canal a la même base, la même ouverture, & le même talus & le même fond d'eau comme il a été dit ci-dessus, à la réserve de trois cent toises ou environ, durant lesquelles il faut faire un nettoyement de deux pieds réduits.

Nous avons trouvé dans la même distance, & à trois cent vingt-cinq

N°. III. toises de la riviere de l'Héraut, une demi-écluse nommée *de Marseillan*, de trois toises de haut sur cinq toises de long, & neuf pieds d'épaisseur de chaque côté; cette derniere écluse a des portes de défense fort hautes pour arrêter les inondations de ladite riviere, & les empêcher d'entrer plus avant dans le canal du côté de l'écluse du Bagnas, qu'elles ruineroient, avec le tems; le bâtiment, & les portes de cette demi-écluse sont construits avec les mêmes mesures, les mêmes matériaux & la même solidité qu'à l'écluse du Bagnas : il y a pareillement une maison en bon état pour le garde qui a soin de fermer les portes dans les inondations, laquelle demi-écluse n'est point comprise dans le devis des deux entreprises du canal, mais a été une augmentation d'ouvrages dont il est fait mention dans l'arrêt du conseil du 14 Mars 1682.

Ayant ensuite traversé & suivi le lit de ladite riviere de l'Héraut, durant cinq cent trente toises, sur un fonds de plus de quinze pieds, lequel est soutenu par la chaussée du moulin de l'écluse d'Agde, nous avons passé de ladite riviere dans l'autre embouchure du canal, & après cent soixante toises de navigation, où il y a un nettoyement à faire de deux pieds & demi durant soixante toises, nous sommes arrivés à l'écluse d'Agde. Cette écluse qui est composée d'un bassin rond, & de trois issues, a quatorze toises de diametre, & est environnée de murailles de neuf pieds d'épaisseur à la fondation, & de six pieds au couronnement; celle qui est du côté d'Héraut, & par laquelle nous sommes entrés, a deux piles attachées aux murs du bassin, de vingt-six pieds de longueur & de neuf pieds d'épaisseur chacune, auxquelles piles sont joints deux épaulemens de cinq toises de longueur de chaque côté sur cinq pieds réduits de largeur, & entre N°. I les deux piles il y a une porte semblable à celle des autres écluses, & assez haute pour soutenir les inondations de la riviere de l'Héraut; l'autre issue qui est vis-à-vis sert à passer dans la partie du canal qui va de ladite écluse de Beziers, & a six toises deux pieds de longueur à chaque pile, avec la même épaisseur; cette seconde issue a les mêmes épaulemens qui soutiennent un pont de bois; mais au lieu qu'il n'y a qu'une porte à la premiere issue, celle-ci en a deux, dont l'une est opposée au bassin pour soutenir les eaux de la riviere de l'Héraut lorsqu'elles sont plus hautes que celles du canal qui va de ladite écluse à Beziers; & l'autre porte est opposée au canal venant de Beziers pour en soutenir les eaux lorsque les barques veulent passer du côté d'Agde; la troisieme issue aboutit à un canal qui va dans la riviere de l'Héraut, vis-à-vis la ville d'Agde; cette troisieme issue a cinq toises de longueur à chaque pile avec la même épaisseur & épaulement que les précédentes, & une porte entre les deux piles, étant à remarquer que le canal qui va à Agde est plus bas de six pieds que le canal de communication des mers, comme devant être de même niveau que la riviere de l'Héraut qui est aussi basse devant Agde que la mer; & comme pour cet effet il a été creusé au milieu du bassin de ladite écluse, une autre bassin en ovale plus bas des mêmes six pieds, dans lequel les barques qui veulent aller à Agde descendent pour entrer dans ledit canal d'Agde, auquel ledit bassin en ovale aboutit, lesquelles murailles du bassin rond, & piles desdites issues, ont vingt-quatre pieds de hauteur & sont bâties de pierre de taille noire très-dure; le fond des deux bassins rond & ovale étant d'un massif de maçonnerie de quatre pieds d'épaisseur,

N°. III. toute ladite éclufe, tant bâtimens que portes, éperons & autres ouvrages, étant bien conditionnés & en bon état, y ayant proche d'icelle un bâtiment tant pour le garde qui fert lad. éclufe que pour un magafin & bureau de recette.

Et nous a ledit Gilade repréfenté que par l'article vingt-quatre du devis de la feconde entreprife du canal il étoit porté qu'il feroit fait une éclufe à travers la chauffée du moulin de l'évêque d'Agde; mais qu'il n'a pas été jugé à propos de conftruire cette éclufe à caufe des inondations fréquentes de cette riviere, auxquelles cette éclufe auroit été expofée, & que d'ailleurs fe jettant dans le canal de communication des mers, où elles n'euffent point trouvé d'obftacle, elles auroient couvert les plaines de Vias, & Pourquiraignes, & autres communautés; que ces mêmes raifons obligerent le feu fieur Riquet à conftruire ladite éclufe ronde d'Agde, & à creufer le canal de communication d'icelle avec la ville d'Agde, quoiqu'il n'y fût pas obligé par le devis, pour mettre ladite éclufe à couvert defdites inondations de ladite riviere, & pour en défendre auffi le canal de communication des mers, & les plaines circonvoifines par ladite éclufe ronde, dont la conftruction, enfemble celle dudit canal ont été approuvées & la dépenfe allouée parmi les autres augmentations d'ouvrages, par l'arrêt du 14 Mars 1682: de laquelle repréfentation nous lui avons donné acte. GILADE, *figné*.

Ce fait, ferions fortis de ladite éclufe par la porte du canal de communication à Agde étant de deux cent foixante-douze toifes de longueur, fur douze toifes de largeur à la fuperficie de l'eau, lequel nous avons trouvé devoir être nettoyé de trois pieds dans toute fon étendue; & d'icelui étant entrés dans la riviere de l'Héraut, nous avons traverfé icelle & mis pied à terre fur le quai de la riviere d'Agde, où nous nous ferions arrêtés pour coucher. MOURGUES, GILADE, *fignés*. N°. III.

Et le lendemain, 17 dudit mois de Juillet audit an, nous ferions partis d'Agde, accompagnés comme ci-devant, & ferions montés en barque joignant l'éclufe ronde, & continuant notre vifite, nous aurions pris notre route du côté de Beziers, naviguant jufqu'à l'éclufe de Pourquiraignes, éloignée de fix mille fix cent trente-fept toifes de celle d'Agde; nous avons trouvé & reconnu dans ce long efpace le canal en bon état, avec la bafe, l'ouverture, les talus & le fond d'eau ci-deffus, n'y ayant pas de nettoyement à faire: les épanchoirs de l'Averdiffe, de d'Ardaillon & de Livron qui font dans cette reculade, & qui ont chacun feize toifes de long, font en bon état, de même que les ponts qui font au-deffus; ces épanchoirs font des chauffées de charpente, avec une plate-forme à fleur-d'eau du canal, & des épaulemens aux deux bouts, & un pont de bois au-deffus pour faire paffer le tirage des barques; on les a conftruits dans les lits des rivieres dont ils portent le nom, pour donner cours à leurs eaux, fur-tout dans les inondations; mais nous avons obfervé que n'étant pas fuffifans pour cela, ces mêmes inondations ont fait plufieurs ouvertures dans les terriers voifins, qu'il faudra réparer.

Nous fommes enfuite entrés dans l'éclufe fimple de Pourquiraignes, dans laquelle nous nous fommes élevés de fix pieds, comme dans celle du Bagnas, laquelle nous avons trouvée entierement femblable, foit pour les mêmes mefures, foit pour le bâtiment, foit enfin pour les portes & la ferrure; il y a une maifon pour le garde de l'éclufe qui eft en bon état.

N°. III. Etant entrés dans le canal au dessus de l'écluse de Pourquiraignes, lequel est de deux mille deux cent cinquante-trois toises jusqu'à l'écluse de Villeneuve inclusivement, nous l'avons trouvé en bon état, ayant par-tout l'ouverture de dix toises, la base de cinq, les talus fort couchés & les fonds d'eau de six pieds.

L'écluse de Villeneuve est simple, & ressemble en toutes choses à celle du Bagnas; nous l'avons passée facilement, & nous nous y sommes élevés de six pieds & demi; la maison du garde est en bon état.

Le canal depuis l'écluse de Villeneuve, jusqu'à celle d'Ariége, a six cent quatre-vingt-sept toises de longueur; nous l'avons trouvé avec la base, l'ouverture, les talus & les fonds ordinaires, à la réserve de trente toises vis-à-vis du ruisseau de Saint-Victor, où il y a deux pieds de sable à nettoyer.

Nous avons ensuite trouvé l'écluse d'Ariége en bon état, & pareille en tout aux écluses précédentes; nous nous y sommes élevés de sept pieds, & avons vu que la maison du garde n'avoit pas besoin de réparations.

Depuis cette écluse jusqu'à la riviere d'Orb, qui passe à Beziers, il y a dix-huit cent soixante toises courantes de canal, que nous avons trouvé avoir les mêmes mesures pour la base, l'ouverture, les talus, & pour les fonds que ci-devant; excepté que la riviere d'Orb y ayant jetté beaucoup de vase & de sable, il y faut faire un nettoyement de trois pieds réduits de profondeur, durant huit cent toises courantes; nous avons observé qu'il y avoit à deux cent soixante dix-huit toises de la riviere d'Orb, un pont, & demi-écluse avec des portes de défense contre les inondations, & une maison pour le garde, le tout en bon état, dans les mêmes mesures que la demi-écluse près la riviere de l'Héraut. N°. III.

Etant entrés dans la riviere d'Orb, le sieur Gilade nous auroit représenté que cette riviere étant ordinairement basse en été, M. le président de Bonrepos, pour en élever & soutenir les eaux de cinq pieds, auroit fait construire l'été dernier une chaussée avec bois & pierres, de quarante toises de long au travers de ladite riviere, un peu au-dessous de l'embouchure du canal, sans y être obligé par le devis ni par l'arrêt du conseil du 14 Mars 1682; mais que les inondations extraordinaires du mois de Janvier dernier en ayant emporté la plus grande partie, il auroit fait recommencer le travail de ladite chaussée d'une telle maniere qu'elle étoit d'un tiers plus grande & plus forte, espérant d'y apporter de telles précautions qu'elle seroit désormais très-solide; & partant, il nous requéroit de visiter l'ouvrage, protestant de se pourvoir pardevers qui il jugeroit à propos pour en obtenir son remboursement; sur quoi nous serions descendus de la barque; & aurions visité & fait visiter par le P. de Mourgues, les ouvrages de ladite chaussée, que nous aurions trouvés conformes à l'exposition dudit Gilade, de quoi nous lui aurions octroyé acte, de même que de ses protestations. MOURGUES, GILADE, *signés*.

Etant entrés ensuite dans notre barque, nous sommes remontés le long de la riviere d'Orb, sur un fond de trois à quatre pieds, durant quatre cent vingt-quatre toises, au bout desquelles nous avons trouvé l'autre embouchure du canal, où étant entrés, & ayant navigué dans l'espace de soixante toises, qui doivent toutes être nettoyées de trois pieds de profondeur, nous sommes arrivés à l'écluse double, appellée *de Notre-Dame*, qui est un bâtiment de cinquante toises de long, ayant deux

N°. III. baſſins, trois portes & deux plates-formes de ſix pieds de haut chacune, comme celle de l'écluſe du Bagnas ; nous nous ſommes élevés de douze pieds dans cette écluſe, & nous l'avons trouvée entierement conforme pour le bâtiment, les portes, éperons & maiſon du garde, aux précédentes écluſes.

Le canal au-deſſus des écluſes de Notre-Dame a trois cent cinquante toiſes de long juſqu'aux huit écluſes accollées que l'on nomme de Beziers ou de Foncerane ; il y a par-tout le fond d'eau de ſix pieds, la baſe, l'ouverture & les talus ordinaires.

Sortant de ce canal, nous ſommes entrés dans la plus baſſe de ces huit écluſes accollées, leſquelles ſont bâtie ſur un penchant de rocher durant cent cinquante-ſix toiſes de longueur ; il y a dans ce bâtiment huit baſſins, neuf portes & huit plates-formes, qui toutes enſemble ſont de ſoixante-ſix pieds de hauteur ; ſi bien que depuis la riviere de Beziers juſqu'aux épaulemens de la derniere des huit écluſes, on s'éleve de onze toiſes ; toutes leſquelles écluſes ſont bâties avec beaucoup de propreté & de ſolidité, étant revêtues d'une très-belle pierre de taille, & ayant les portes, les éperons & les ferrures en bon état, de même que deux maiſons pour deux gardes ſervant auxdites écluſes ; & après avoir monté leſdites écluſes de Beziers, nous ſerions deſcendus, & retournés à Beziers pour y coucher. MOURGUES, GILADE, *ſignés*.

Et le Mardi 18 deſdits mois & an, continuant notre viſite, ſerions montés dans notre barque au-deſſus deſdites écluſes de Beziers ou de Foncerane, auquel lieu ledit Gilade, audit nom, nous auroit fait obſerver que la partie du canal dans laquelle nous ſommes entrés au ſortir de la riviere d'Orb, eſt la nouvelle route, laquelle il nous a dit ci-devant avoir été priſe par ledit défunt ſieur Riquet, juſqu'au moulin de Roubiac, au lieu de la route portée par le devis, laquelle depuis ledit moulin de Roubiac devoit aller, côtoyant toujours la riviere d'Aude, juſqu'à l'étang de Vendres, & delà remonter à Beziers, ayant été jugé à propos, ſuivant la faculté que ledit ſieur Riquet s'étoit réſervée par le bail de la ſeconde entrepriſe, de quitter cette route dans laquelle le canal auroit été trop expoſé aux inondations de la riviere d'Aude, & n'auroit pas pu ſubſiſter, ainſi qu'il nous a été expliqué ci-devant. GILADE, *ſigné*. N°. III.

Ce qu'entendu par ledit P. de Mourgues, il nous auroit dit, qu'il eſtimoit que la nouvelle route priſe par ledit feu ſieur Riquet étoit beaucoup plus ſûre que celle portée par le devis, outre qu'étant plus courte, elle eſt par conſéquent plus avantageuſe pour la navigation ; duquel dire & déclaration nous avons donné acte audit Gilade, audit nom. MOURGUES, *ſigné*.

Et enſuite continuant notre route nous avons obſervé que le canal étoit excavé dans un rocher dur, appellé *de Foncerane* de quatre toiſes réduites de profondeur, durant ſoixante-dix toiſes de long, dans lequel eſpace le canal n'a que ſix toiſes d'ouverture à la ſuperficie de l'eau, & guere plus de ſept à la hauteur de l'excavation.

Ledit Gilade nous auroit repréſenté, que ſi l'on n'a pas donné au canal excavé dans ces rochers dix toiſes d'ouverture à la ſuperficie de l'eau, ni un talus pareil à celui du canal excavé dans les terres, c'eſt que l'on n'a pas dû craindre que leſdits rochers s'éboulaſſent, & que cette largeur de ſix toiſes à la ſuperficie de l'eau, au lieu de huit, portées par le devis, eſt plus que ſuffiſante pour que deux des plus grandes barques du canal venant à ſe rencontrer dans cet endroit puiſſent

N°. III. passer commodément, & sans se heurter; qu'au surplus, ledit feu sieur Riquet ayant donné au Roi un état de ses augmentations d'ouvrages & dépenses extraordinaires, & employé au huitieme article d'icelui la somme de 720,000 livres pour l'excavation de plus de cent quatre-vingt-une toises cubes de rocher, & autres mauvais terreins qu'il a fallu creuser depuis Trebes jusqu'à Beziers, plus qu'il n'avoit fallu creuser de même qualité de rocher & mauvais terrein dans la route du devis, Sa Majesté auroit par ledit arrêt du conseil du 14 Mars 1682 réduit ladite somme de 200,000 livres; & partant que si ledit sieur Riquet avoit donné une plus grande largeur aux excavations faites dans lesdits rochers, il en auroit coûté beaucoup davantage à Sa Majesté. GILADE, *signé*.

Ledit P. Mourgues a dit qu'il est vrai que les plus grandes barques du canal venant à se rencontrer dans cet endroit & dans les autres qui lui sont semblables, elles y passent commodément sans s'investir, & que si on eût donné dans ces endroits-là toute l'ouverture & le talus que l'on a donné ailleurs, il en auroit coûté quatre ou cinq fois autant au Roi, sans qu'il en revînt aucune utilité à l'ouvrage. MOURGUES, *signé*.

Desquels dire & déclarations, tant dudit Gilade que du P. Mourgues, nous avons donné acte pour servir & valoir ce qu'il appartiendra.

Et continuant notre navigation jusqu'au pont du grand chemin de Narbonne, distant des huit écluses de deux cent quatre-vingt-cinq toises & demie, nous avons laissé à cent vingt toises des écluses une martelliere à fond de trois toises de large sur cinq toises de long, avec un double empellement pour vider les eaux superflues du canal dans le besoin; cette martelliere est construite sur le ferme avec une bonne maçonnerie revêtue de pierre de taille, & dans toute la distance desdites huit écluses jusqu'audit pont, le fond est par-tout de six pieds d'eau au moins, & les bases, talus & ouvertures hors du rocher sont à l'ordinaire. N°. III.

Et ayant passé ledit pont avons trouvé, jusqu'à Ginestet, dans la longueur de quinze cent quatre-vingt-quatre toises, le canal excavé dans de grands enfoncemens, avec sa base, son talus, & son ouverture ordinaire, ayant même par-tout plus de six pieds d'eau, & jusqu'à sept & huit en quelques endroits; dans cet espace, près la métairie de Lagourgasse, il y a deux cent cinquante toises de canal excavé presque à plomb dans le roc, de vingt pieds de profondeur.

Continuant notre navigation depuis Ginestet jusqu'au pont de Colombiers, dans la longueur de douze cent quinze toises, nous avons trouvé le canal en état de perfection, & nous avons observé que joignant ledit pont il a été bâti une demi-écluse, laquelle est aussi en état de perfection, avec ses portes, qui soutiennent les eaux du canal venant du côté du Malpas.

Depuis ledit pont de Colombiers jusqu'au commencement de la montagne du Malpas, distant de six cent quatre-vingt-trois toises avons trouvé le canal en état de perfection, y ayant par-tout six pieds d'eau, & les fond, base & talus à l'ordinaire.

De-là nous sommes entrés dans la montagne du Malpas qui est toute de tap, ayant treize toises de haut au sommet, sur trois cent soixante-sept toises de longueur en l'endroit où passe le canal, de laquelle longueur il y en a cent quarante d'un côté, & cent quarante-deux de l'autre, qui ont été excavées à jour, sur la hauteur depuis dix pieds jusqu'à cinquante, & les quatre-vingt-cinq toises qui sont au milieu, sous la plus

N°. III. plus haute élévation de la montagne ; ont été percées en droite ligne, en formé de voûte en tiers point ; cette voûte a quatre toises & deux pieds de large, sur quatre toises & demie de haut depuis la base du canal jusqu'au plus haut de la voûte ; le canal sous cette voûte n'a que trois toises de large, ayant à chacun de ses deux côtés une banquette élevée de trois pieds sur la superficie de l'eau, & large de quatre pieds, & avons trouvé sur toute l'étendue desdites trois cent soixante-sept toises de longueur le fonds d'eau de six pieds.

Depuis ladite montagne du Malpas, nous aurions continué notre route en barque sur la longueur de deux mille deux cent trente-neuf toises, jusqu'à l'épanchoir commencé à Poylhes, & trouvé le canal avoir dans tout cet espace, les base, talus & superficie ordinaires, à la réserve de trois cent cinquante toises ou environ à l'endroit des rochers de Poylhes, & proche l'écluse du même lieu, où le canal est taillé à plomb en divers endroits desdits rochers, qui ont depuis dix jusqu'à dix-huit pieds de hauteur.

L'épanchoir de Poylhes n'a point été achevé d'excaver dans le roc, & ledit Gilade nous a dit que la raison pour laquelle il est demeuré imparfait, est que les eaux qu'il auroit versé auroient gâté plusieurs terres avant que de se rendre à l'étang de Capestan ; c'est pourquoi on a jugé à propos de le laisser en l'état où il est, & qu'au lieu de cela on en a construit deux fort grands, près de Capestan, qui suffisent pour l'évacuation des eaux superflues de toute cette étendue de canal. GILADE, *signé*.

Et ledit P. Mourgues nous a dit que ce projet étoit raisonnable, & qu'effectivement cet épanchoir dans ledit endroit de Poylhes ne pourroit causer que du dégât dans les terres voisines jusqu'à l'étang de Capestan, & que les deux épanchoirs auxquels ledit Gilade nous a dit que l'on travaille, sont suffisans pour l'évacuation des eaux superflues dans cette partie de canal, dont nous avons donné acte audit Gilade. N°. III.
MOURGUES, *signé*.

Avons continué notre navigation depuis ledit épanchoir de Poylhes jusqu'à celui de Lalle, durant quatre mille cinq toises & demie, dans l'étendue de laquelle nous avons passé sous les ponts de Beziers à Capestan ; l'un est appellé le pont *du grand chemin*, & les deux autres les ponts *de Piettat* & *Soisse*, les derniers situés vis-à-vis Capestan ; dans toute cette étendue nous avons trouvé le canal en bon état, & avec ses mesures ordinaires, à la réserve d'environ deux cent toises proche le vieux chemin de Capestan à Quarante, qu'il faut nettoyer d'un pied & demi, ledit épanchoir de Lalle étant à superficie d'eau de la largeur de douze toises.

Depuis l'épanchoir de Lalle jusqu'à l'épanchoir del Rey, qui est pareillement à fleur d'eau, nous avons navigué la longueur de douze cent cinquante-deux toises y compris l'épanchoir, lequel a été réduit à douze toises au lieu de trente, que l'on avoit destiné de lui donner, parce que l'on n'a pas trouvé en creusant que le rocher fût bon ni ferme au-delà de douze toises, & que cette ouverture avec celle de Lalle est suffisante pour l'évacuation des eaux, ainsi que le P. Mourgues en est convenu ; cette partie du canal est en bon état, & a le fond, même talus & superficie à l'ordinaire, à la réserve de deux cent toises auxquelles, quoique recreusées, il doit être fait un nettoyement de deux pieds, partie au ruisseau Blanc, & partie au ruisseau de Roviolas.

Depuis ledit épanchoir jusqu'à l'aiguille ou petit canal de vidange de l'e-

N°. III. tang de Quarante, nous avons navigué sur la longueur de deux mille neuf cent soixante-dix toises, dans lequel espace nous avons trouvé la chaussée & épanchoir de la riviere de Quarante, qui est à fleur d'eau de la longueur de douze toises & demie sur quatre pieds réduits de large, & dix-huit pieds de haut depuis sa fondation; avec un pont de bois de chêne par-dessus pour le tirage.

Ledit Gilade nous a fait observer que cette chaussée sera désormais inutile, parce que la riviere de Quarante ayant une fois comblé de sable le canal, on a jugé devoir la détourner, & la faire jetter dans l'étang de Quarante, par un nouveau canal de plus de deux cent toises, lequel est en état de perfection depuis trois mois; en sorte que cette riviere ne donnera plus de sable au canal, parce qu'il restera désormais dans l'étang; laquelle diversion de riviere a été approuvée par ledit P. Mourgues, comme ayant été faite par son avis, & pour le plus grand avantage du canal. MOURGUES, GILADE, *signés*.

Avons aussi observé que le canal a ses dimensions ordinaires dans tout cet espace, à la réserve que durant les dernieres mille toises, il faut le nettoyer de deux pieds de profondeur, & lui rendre son ouverture de six toises, & sa base de cinq, qui lui manque durant six cent toises comprises dans les mille toises susdites; ledit Gilade nous ayant observé que cet élargissement avoit été fait auparavant dans sa perfection lorsque l'on a excavé le canal; mais que les inondations de la riviere de Quarante l'avoient diminué de chaque côté. GILADE, *signé*.

Avons aussi observé que près ladite aiguille on a construit une demi-écluse semblable à celle qui est à Colombiers, auquel ouvrage ledit Gilade nous a représenté que l'entrepreneur n'est point tenu par le devis, mais qu'on l'a jugé nécessaire. N°. III.

De ladite aiguille jusqu'à la chaussée de la riviere de Cesse, nous avons navigué durant six mille cinq cent soixante toises courantes de canal, & trouvé qu'il avoit par-tout la base de cinq toises, l'ouverture de dix, les talus fort couchés & bien faits, & le fond d'eau de six pieds dans l'endroit le moins profond, à la réserve de cent toises au détour de Seriege, & autres cent toises au détour de Fernicoupe qu'il faut nettoyer sur l'enfoncement d'un pied. Nous avons aussi observé dans cet espace, qu'entre plusieurs grands enfoncemens qui se trouvent dans cette longueur, il y en a un extraordinaire pendant les deux dernieres mille toises, joignant ladite chaussée de Cesse, où le canal est excavé presque en droite ligne de dix-huit pieds de profondeur dans un rocher très-dur, composé de petits cailloux glacés les uns contre les autres, & ledit Gilade nous a dit que ce travail n'avoit été fait qu'avec la poudre & les pétards, que l'on enfermoit dans des boîtes de fer-blanc à cause des veines d'eau qui se trouvoient fréquentes entre ces cailloux, & que la dureté extraordinaire de ce rocher & cailloutage a été la cause qu'on n'a donné que six toises d'ouverture au canal, à la superficie de l'eau, l'excavant à plomb de six à sept pieds de profondeur, & que l'on n'a commencé le talus de part & d'autre qu'à la surface de l'eau seulement.

Nous avons trouvé presque au bout de ce travail, & à cent toises de la chaussée de Cesse, un grand épanchoir de vingt toises à fleur d'eau, & de cinq toises à fond de base du canal, garni de quatre grands empellemens à visses sans fin, avec des épaulemens, glacis & plate-forme, revêtus de grosses planches arrêtées avec des chevilles de fer sur des dormans pilotés dans le ferme,

N°. III. & garni de bonne maçonnerie au-dessous ; cet épanchoir & un pont qui est au-dessus pour le tirage, sont en état de perfection.

La chaussée de Cesse est un bâtiment de maçonnerie de cent douze toises de long en ligne courbe opposé au fil de l'eau, ayant sept toises & demie de base, durant quarante-cinq toises dans l'endroit le plus profond de la fondation où la riviere avoit son lit, sur quatre toises deux pieds de hauteur & neuf pieds de couronnement ; dans les soixante-sept toises restantes, elle n'a que quatre toises & demie de base sur dix-huit pieds de haut réduits avec le même couronnement ; si bien qu'il y a dix-huit cent toises cubes de maçonnerie dans cet ouvrage, que l'on a été obligé de faire pour prendre les eaux de la riviere de Cesse, qui étoient nécessaires au canal ; & parce que cette riviere est beaucoup plus basse que la base du canal, on l'a fait regonfler par le moyen de ladite chaussée durant sept à huit cent toises ; en sorte que les eaux sont remontées de dix-huit ou vingt pieds. Ce regonflement forme une espece de lac que les barques traversent pour passer dans l'autre partie du canal. Quoique cet ouvrage soit très-solidement bâti, nous l'avons pourtant trouvé entamé par les inondations extraordinaires de l'hiver dernier, qui ont fait une breche de vingt toises au même endroit où la riviere passoit auparavant ; pour couvrir cette breche, & rétablir la navigation en soutenant les eaux, on a fait un batardeau d'environ trente-deux toises de long, ayant quinze toises de base, & trois toises de couronnement, sur quatre toises de haut réduites, en sorte que l'on ne laisse pas d'y passer en barque ainsi que la nôtre a fait ; & avons vu sur les lieux une grande quantité de matériaux pour rétablir cette breche, à quoi ledit Gilade nous a dit que l'on va travailler incessamment, & qu'on prépare aussi les matériaux pour construire joignant cette chaussée un épanchoir de trois pieds plus profond que la base du canal, sur dix toises de longueur, pour en évacuer les eaux & empêcher que dans les crues extraordinaires il n'arrive plus d'accidens à ladite chaussée, auquel épanchoir il y aura huit grands empellemens à fond de neuf pieds de haut, lesquels auront quatre pieds de large chacun, & seront élevés par de grosses visses sans fin jusqu'à la hauteur de six pieds. GILADE, *signé*. N°. III.

Depuis la chaussée de Cesse jusqu'au pont de Repudre inclusivement, nous avons navigué sur cinq mille deux cent soixante-quatre toises de canal, & l'avons par-tout trouvé en bon état, tant pour la base, ouverture & talus que pour le fond d'eau ; dans cette distance, & à quatorze cent trente-six toises de l'épanchoir joignant la chaussée, nous avons trouvé la demi-écluse du Sommail bâtie conformément, & pour les mêmes fins que celle de Colombiers, dont il a été ci-devant parlé. Joignant cette demi-écluse il y a un quai qui forme un port, avec de grands magasins & une hôtellerie, ce port est à l'endroit du canal qui est le plus près de Narbonne & sert au commerce de cette ville-là, qui n'en est éloignée que de deux lieues. Ledit Gilade nous ayant fait observer que les demi-écluse, port, magasin, hôtellerie, n'ont été construites que pour une plus grande utilité du commerce, sans aucune obligation de l'entrepreneur, aux termes du devis. Et sans nous arrêter à l'épanchoir de Saint-Nazaire, que ledit Gilade nous a dit avoir été supprimé comme dommageable aux terres voisines, ce qui nous a été confirmé par le P. Mourgues, nous avons navigué jusqu'au pont de Repudre, sur lequel nous avons passé

N°. III. dans notre barque, y ayant trouvé sept pieds d'eau. Et ensuite serions descendus de notre barque pour visiter ledit pont qui a soixante-huit toises & demie de longueur sur treize de largeur dans œuvre, sans les épaulemens, & quinze dans les mêmes épaulemens hors d'œuvre; la voûte qui porte le canal, & sous laquelle le torrent de Repudre passe, a huit toises de long, quatre & demie de large, sur douze pieds d'élévation au-dessus de l'eau: depuis le haut de la voûte de ladite arche jusqu'à la base du canal il y a sept pieds de massif, & sur ce massif on a encore bâti des épaulemens de six pieds de hauteur. Le canal sur cette voûte a quatre toises & demie de large; l'épaulement sur lequel se fait le tirage ayant neuf pieds de largeur, & l'épaulement opposé une toise seulement; tout ce bâtiment est fondé solidement jusqu'au ferme, le dessous même du lit du torrent entre les deux piles est rempli d'un massif de maçonnerie avec des dormans sur lesquels on a boisé avec de bonnes planches de chêne; les piles, la voûte & les épaulemens sont bâtis de pierre de taille très-dure & fort proprement piquée; dans le restant des épaulemens, on s'est contenté de mettre d'espace en espace des chaînes de pierres de taille garnissant les panneaux avec du moilon piqué & foumillé, posé par assise égale; il ne manque à ce bâtiment, pour le mettre dans sa perfection, que d'achever une partie du couronnement qui lui manque, & de couvrir la maison du garde qui est joignante.

Ledit Gilade nous a fait observer que l'on a été obligé de bâtir ce pont pour y faire passer le canal dessus, & par ce moyen éviter de recevoir un torrent qui passe présentement au-dessous, qui auroit comblé le canal à chaque inondation; outre que pour l'arrêter il auroit fallu bâtir une chaussée beaucoup plus longue & plus forte que celle de Cesse, ce qui nous a été confirmé par le P. de Mourgues, qui fut présent lorsque le feu sieur Riquet prit la résolution de faire cet ouvrage, & qu'il l'approuva extrêmement. MOURGUES, GILADE, *signés.*

Et après avoir remonté dans notre barque au bout du pont de Repudre, nous avons continué notre navigation durant dix-neuf cent soixante-treize toises jusqu'au pont de Roubiac, & avons trouvé le canal dans cet espace en état de perfection pour toutes choses, à la réserve de cent cinquante toises près les ruisseaux de Roubiac, où l'on doit faire un nettoyement de deux pieds; l'épanchoir à fond vis-à-vis le plus grand de l'un desdits ruisseaux est en bon état; après la visite duquel épanchoir nous sommes descendus de notre barque pour aller coucher audit Roubiac. MOURGUES, *signé.*

Et le lendemain, Mercredi, dix-neuf dudit mois de Juillet audit an, six heures du matin, assisté comme dessus, serions remontés dans notre barque, & aurions continué notre navigation jusqu'à l'écluse d'Argens inclusivement, dans la distance de treize cent cinquante-trois toises, & trouvé que ledit canal avoit par-tout les base, talus, ouvertures & fond ordinaires, excepté aux rochers du moulin de Roubiac, auquel endroit il n'a que cinq toises de large, étang excavé à-plomb dans ce rocher durant cent trente-trois toises sur la hauteur réduite de quatre toises; qui a été un travail d'une très-grande difficulté.

Ledit Gilade nous a dit, que c'est à l'endroit de ce moulin de Roubiac, que la premiere partie de la nouvelle route que le canal a tenue depuis Beziers, finit pour suivre l'ancienne route du canal portée par le devis, jusques

N°. III. proche des éclufes de Picheric. GILADE, *figné*.

Et étant entré dans ladite éclufe d'Argens, ledit Gilade nous auroit fait obferver que c'eft en cet endroit le bout de la plus grande reculade du canal, qui eft de trente mille fept cent quatre-vingt toifes, fur un même niveau depuis les huit éclufes de Beziers jufqu'à l'éclufe d'Argens, dans laquelle nous nous fommes élevés de fept pieds & demi; cette éclufe a vingt-fept toifes de long, & pour toutes les autres mefures, revêtement & folidité, eft en bon état & femblable aux autres éclufes, ainfi que la maifon du garde, qui eft pareillement en bon état.

Depuis l'éclufe d'Argens jufqu'à celle de Puech-Laurier, inclufivement, il y a treize cent fept toifes : nous avons trouvé le canal dans cet efpace avec fon ouverture, fa bafe & fon talus ordinaires pour le fond; il y a fix cent toifes à nettoyer d'un pied, & fix cent toifes à nettoyer de deux. Nous nous fommes élevés de quinze pieds & demi dans cette éclufe qui eft double, ayant trois portes, lefquelles font en bon état, de même que les trois éperons, les deux plates-formes & tout le refte du bâtiment. Nous avons encore remarqué en entrant dans cette éclufe, qu'il y a à côté un épanchoir à fond d'un feul empellement, lequel eft en bon état & très-utile pour évacuer les eaux fuperflues du canal dans la riviere d'Aude, qui n'en eft éloignée que d'environ cinquante toifes; vis-à-vis cet épanchoir nous avons trouvé que pour faire un paffage affuré au canal contre les inondations de la riviere d'Aude, il a fallu efcarper le rocher de Puech-Laurier d'environ quinze toifes de haut, fur foixante réduites de long; la maifon du garde eft en bon état.

Depuis l'éclufe de Puech-Laurier jufqu'à l'éclufe double d'Oignon, inclufivement, il y a quatorze cent toifes, dans lequel efpace le canal a toutes fes dimenfions, & pour les fonds il faut faire un nettoyement de deux pieds durant mille toifes, fes enfablemens étant provenus des inondations de la riviere d'Oignon : pour en délivrer le canal à l'avenir, on a bâti une demi-éclufe & des portes de défenfes joignant la chauffée d'Oignon; ce travail eft en bon état & fera fort utile au canal. A côté de cette demi-éclufe, il y a au travers de la riviere d'Oignon une chauffée de trente-neuf toifes de long, fes épaulemens compris, elle eft bâtie fur le roc & toute revêtue de pierres de taille avec une grande folidité; elle a au milieu une martelliere avec un grand empellement. Nous avons trouvé la double éclufe d'Oignon en très-bon état pour toutes chofes, elle a quarante-huit toifes & demie de longueur, & nous nous y fommes élevés de vingt-trois pieds; la maifon du garde eft en bon état. N°. III.

Depuis ladite éclufe double d'Oignon jufqu'à celle Domps, inclufivement, il y a trois cent trente-cinq toifes de canal, que nous avons trouvées en bon état pour toutes chofes, de même que l'éclufe Domps de vingt-fept toifes de long, dans laquelle nous nous fommes élevés de onze pieds; la maifon du garde étant en bon état.

Depuis l'éclufe Domps jufqu'à celle de Jouarres, inclufivement, il y a dix-neuf cent vingt-fix toifes, dont il en faut nettoyer mille d'un pied, le reftant du canal ayant fon fond & fes mefures. Près de l'éclufe de Jouarres il y a un aqueduc bien bâti fous le canal, de fix pieds de large entre les deux murs, huit pieds de haut & feize toifes de long, avec deux grands épaulemens de chaque côté; les eaux de l'étang de Jouarres qui font plus baffes que le canal, s'écoulent par cet aqueduc dans la riviere d'Aude; l'éclufe de

N°. III. Jouarres de vingt-sept toises de long est simple & en bon état pour toutes choses, & nous nous y sommes élevés de onze pieds & demi; la maison du garde est en bon état.

De l'écluse de Jouarres jusqu'à l'écluse double de Picheric, il y a trois mille trois cent trente-sept toises, sur lesquelles nous avons navigué, trouvant le canal en bon état avec ses mesures ordinaires, & avec son fond de six pieds, à la réserve de quatre cent toises qu'il faut nettoyer d'un grand pied & demi: nous avons rencontré environ le milieu de cet espace, la chaussée de la riviere d'Argendouble, ayant quarante toises de long, ses épaulemens compris; cette chaussée est bâtie avec la même solidité & les mêmes matériaux que celle d'Oignon. Elle a pareillement une martelliere avec deux empellemens pour évacuer les eaux de la riviere qu'elle fait regonfler; joignant cette chaussée, il y a un roc de soixante toises de long qu'il a fallu escarper à plomb de trois toises & demie réduites de haut, sur toute la largeur du canal, auquel il a fallu donner passage dans ce roc. Nous avons peu après rencontré l'épanchoir du ruisseau de Ribausel, de seize toises de long à fleur d'eau, avec deux empellemens à fond au milieu; en cet endroit ledit Gilade nous a fait observer que le canal quittoit l'ancienne route, qu'au lieu de traverser la riviere d'Aude près de Picheric, pour l'aller repasser au-dessus de Trebes, il prend un nouveau chemin quoiqu'extrêmement difficile, pour éviter cette riviere; & après cette observation étant entrés dans ladite écluse double de Picheric, de quarante-sept toises de long, que nous avons trouvée en bon état pour toutes choses, nous nous y sommes élevés de quinze pieds, après quoi nous serions descendus de notre barque, & sommes allés coucher à Picheric; ayant aussi observé que la maison du garde est en bon état. MOURGUES, GILADE, *signés*. N°. III.

Et le lendemain, vingtieme jour desdits mois & an, six heures du matin, sommes remontés dans notre barque, assistés comme dessus, à la sortie de ladite écluse double de Picheric, & continué notre navigation pendant quinze cent cinquante-neuf toises de canal jusqu'à l'écluse double de l'Aiguille, trouvant par-tout le canal avec sa base de cinq toises, l'ouverture de dix toises, les talus fort couchés, & le fond d'eau de six pieds, à la réserve de cent toises qu'il faut nettoyer d'un pied; l'aqueduc par lequel l'étang de Marseillette s'écoule sous le canal pour aller à la riviere d'Aude, est de la même longueur, largeur & hauteur, & avec les mêmes épaulemens que celui de Jouarres dont nous avons ci-devant parlé. Nous avons encore trouvé que l'écluse double de l'Aiguille, dans laquelle nos barques se sont élevées de dix-huit pieds, est très-solide & en très-bon état pour toutes choses, & qu'elle a quarante-sept toises de long; la maison du garde est aussi en bon état.

De l'écluse double de l'Aiguille à l'écluse double de Saint-Martin, il y a neuf cent treize toises, où nous avons reconnu que le canal a ses dimensions ordinaires, & son fond de six pieds par-tout. Il y a dans cet espace un petit épanchoir à fond d'un seul empellement en bon état; la maison du garde & la double écluse de Saint-Martin y est pareillement, ayant quarante-sept toises de long comme la précédente, & nous nous y sommes élevés de seize pieds trois pouces.

Depuis ladite écluse double de Saint-Martin jusqu'à l'écluse triple de Font-fille, il y a six cent cinquante toises; cette portion de canal a les mesures or-

N°. III. dinaires pour la base, les talus & l'ouverture; mais pour le fond il faut y faire un nettoyement d'un pied durant quatre cent toises. Nous avons observé que l'écluse triple de Fontfille a soixante-quatre toises de long, qu'elle a quatre portes, trois plates-formes, & que l'on s'y éleve de vingt-cinq pieds, & qu'elle est en très-bon état.

De l'écluse triple de Fontfille jusqu'à l'écluse de Marseillette, il y a dix-sept cent vingt-sept toises, durant lesquelles le canal est en bon état pour ses mesures & pour son fond, à la réserve de trois cent toises qu'il faut nettoyer d'un pied; dans cet espace le canal est excavé dans les rochers de Ranchin & de l'Aiguille, de la hauteur de quatre toises réduites durant deux cent vingt-cinq toises; l'écluse de Marseillette a vingt-sept toises de long; nous l'avons trouvée très-solide en toutes choses, & nous nous y sommes élevés d'environ douze pieds.

Depuis l'écluse de Marseillette jusqu'à l'écluse triple de Trebes, il y a quatre mille neuf cent cinquante-six toises; nous avons trouvé dans ce grand espace, que le canal avoit par-tout son fond & ses mesures ordinaires; au commencement du rideau de Marseillette, il y a un grand épanchoir excavé dans le roc de douze toises, dont les neuf sont à fleur d'eau, & les trois à fond. Le rideau de Marseillette est un rocher de cinq cent toises de long sur environ huit toises de haut réduites, & comme l'on vouloit éviter la riviere d'Aude qui passe au pied de ce rocher, on l'a excavé de toute cette hauteur, & l'on y a fait passer le canal, lequel n'a dans ce travail extraordinaire que cinq toises d'ouverture. Nous avons trouvé peu après que le canal étoit excavé durant deux cent cinquante toises dans le rocher de Millegrand sur la hauteur de trois toises réduites. Nous avons ensuite rencontré le rocher de Saint-Julia, dans lequel il a fallu aussi excaver le canal durant trois cent vingt toises, sur la profondeur de huit toises, pour éviter encore la riviere d'Aude; sommes entrés ensuite dans l'écluse triple de Trebes, qui a la même longueur de soixante-quatre toises, & toutes les autres choses que nous avons observées dans celle de Fontfille, à la réserve que dans celle-ci nous nous y sommes élevés de vingt-cinq pieds & demi. N°. III.

Depuis les trois écluses de Trebes jusqu'à l'écluse de Villedubert, il y a trois mille quatre-vingt-dix-huit toises de canal, lequel nous avons trouvé avoir les dimensions & le fond ordinaires, excepté mille toises qu'il faut nettoyer de deux pieds de profondeur. En cet endroit ledit Gilade nous a fait observer que pour empêcher que le canal ne passât point au travers de la ville de Trebes, il a fallu lui faire faire le tour hors des murailles, & percer un coussin de cent toises sur plus de vingt-deux pieds de profondeur; peu après nous avons rencontré un épanchoir taillé dans le roc, de huit toises de long, dont les sept premieres sont à fleur d'eau & les trois suivantes à fond du canal. Nous avons rencontré ensuite la chaussée qui arrête la riviere d'Orbiel, elle a dix-neuf toises de long avec ses épaulemens; joignant cette chaussée il y a un épanchoir à fond du canal, le tout en bon état, aussi-bien qu'un épanchoir à fleur d'eau d'environ trente toises, qui est ensuite du premier. MOURGUES, GILADE, *signés*.

Après avoir visité cet épanchoir, ledit sieur Gilade nous a encore fait observer que c'étoit en cet endroit que la nouvelle route du canal finissoit, que désormais le canal marcheroit jusqu'à Toulouse sur la route marquée par le devis de la premiere entreprise.

Depuis cet épanchoir jusqu'à ladite

N°. III. éclufe de Villedubert, le canal eſt excavé au travers de plufieurs rochers; le plus confidérable defquels eft le rocher nommé Dejean, de deux cent quarante toifes de long fur la hauteur de plus de fix toifes réduites. Après avoir vu ce rocher efcarpé, nous fommes entrés dans l'éclufe de Villedubert, & l'ayant trouvée de vingt-fept toifes de long, & en bon état pour toutes chofes, nous nous y fommes élevés de fept pieds.

De l'éclufe de Villedubert à celle de l'Evêque, il y a trois cent quatre-vingt-quinze toifes de canal, que nous avons trouvé en bon état pour les mefures & pour le fond, qu'il faut nettoyer d'un pied durant trois cent toifes. Nous avons auffi trouvé que ladite éclufe de l'Evêque étoit de vingt-fept toifes de long, & dans laquelle nous nous fommes élevés de neuf pieds fix pouces.

Depuis ladite éclufe de l'Evêque, jufqu'à celle de Frefquel, il y a dix-neuf cent trente toifes. Nous avons obfervé dans cet efpace, que le canal avoit fes mefures & fon fond ordinaire, à la réferve de huit cent toifes qu'il faut nettoyer d'un pied & demi. Avons trouvé l'épanchoir de Trapel & celui de Bafiés en bon état; le premier eft de trois toifes à fond, & le fecond eft de dix-fept toifes, dont les quatre premieres toifes font à fond & le refte à fleur d'eau. Depuis cet épanchoir jufqu'à la riviere de Frefquel, le canal eft excavé dans le roc durant fix cent toifes fur la profondeur d'environ quatre toifes réduites de haut; nous avons trouvé enfuite, que la chauffée qui arrête la riviere de Frefquel eft bâtie par encaiffemens faits avec pilotis & paltois, & bâtie de gros moilons de grès rangés proprement & à fec; ledit fieur Gilade nous ayant dit que cette chauffée n'avoit ci-devant que vingt-huit toifes de long, mais qu'elle avoit été prolongée jufqu'à quarante toifes, & qu'on l'a bien courroyée pardevant pour empêcher qu'elle ne perdît l'eau comme elle faifoit ci-devant; en forte que maintenant elle eft en bon état, de quoi le P. Mourgues eft convenu, ne jugeant pas qu'il foit néceffaire de la refaire à neuf; ladite éclufe de Frefquel, de vingt-fept toifes de long eft très-bien en toutes chofes, & nous nous y fommes élevés de fix pieds. N°. III.

Depuis l'éclufe de Frefquel jufqu'à l'éclufe double de Villaudy, il y a fept cent cinquante-cinq toifes, dans lequel efpace le canal eft en très-bon état pour toutes chofes, de même que l'éclufe double de Villaudy de quarante-fept toifes de long, dans laquelle nos barques fe font élevées de quatorze pieds huit pouces.

Depuis l'éclufe double de Villaudy jufqu'à l'éclufe triple de Foucaut, il y a dix-huit cent dix toifes courantes de canal, que nous avons trouvées en très-bon état pour les dimenfions, avec un fond de plus de fix pieds, de même que l'épanchoir à fond qui eft auprès defdites éclufes de Villaudy, & qui eft bâti dans le roc de la longueur de trois toifes. Et étant arrivés au pont du grand chemin allant de Carcaffonne à Pennautier, lequel eft éloigné de deux cent trente-quatre toifes de l'éclufe triple de Foucaut, nous ferions defcendus de notre barque pour aller coucher à Carcaffonne. MOURGUES, *figné*.

Diverfes affaires, concernant le fervice du Roi, nous ayant obligé de refter le lendemain Vendredi vingt-unieme audit Carcaffonne, nous en ferions partis le Samedi vingt-deuxieme, & nous étant rendus audit pont de Pennautier, nous ferions rentrés dans notre barque, & enfuite dans l'éclufe triple de Foucaut de foixante-trois toifes & demie de long, & femblable pour tout le refte à celles de Trebes & de Fontfille, à la réferve que nos

barques

N°. III. barques s'y sont élevées de vingt-un pieds.

Depuis l'éclufe triple de Foucaut jufqu'à l'éclufe de la Douce, il y a huit cent quatre-vingt-cinq toifes de canal, que nous avons trouvé avoir la bafe de cinq toifes, l'ouverture de dix, le talus & le fond d'eau de fix pieds. L'épanchoir à fond au-deffus defdites éclufes de Foucaut eft en bon état, de même que l'éclufe de la Douce, de vingt-fept toifes de long, dans laquelle on s'éleve de neuf pieds fix pouces.

De l'éclufe fimple de la Douce à celle d'Armenis, il y a fix cent quatre-ving-dix-neuf toifes, fur lefquelles nous avons navigué, trouvant le canal pour le fond & pour les mefures en très-bon état, de même que l'éclufe d'Armenis de vingt-fept toifes, de long, dans laquelle nos barques fe font élevées de onze pieds.

De l'éclufe fimple d'Armenis, à l'éclufe double de la Lande, il y a cent foixante-une toifes de canal, prefque tout de quinze toifes de large, & de douze pieds de profondeur; l'éclufe double de la Lande a quarante-fept toifes de longueur, & l'on s'y éleve de dix-neuf pieds.

De l'éclufe double de la Lande jufqu'à l'éclufe fimple de Villefeque, il y a deux mille cinq cent cinquante-quatre toifes & demie de canal, que nous avons trouvé avec fa bafe, fon talus, fon ouverture ordinaire; le fonds y eft de fix pieds d'eau, à la réferve de fix cent toifes qu'il faut nettoyer d'un pied; l'éclufe de Villefeque de ving fept toifes de long eft en bon état, on s'y éleve de fix pieds fix pouces.

Depuis l'éclufe de Villefeque jufqu'à celle de Beteil, il y a quatre mille deux cent foixante-cinq toifes, durant lefquelles nous avons trouvé le canal bien fait, & avec fes mefures ordinaires, ayant le fond de fix pieds, à la réferve de quinze cent toifes qu'il faut nettoyer de deux pieds; l'épanchoir à fond de Villefeque de quatre toifes de long, & le fuivant à fleur d'eau de huit toifes de long font en bon état, de même que l'éclufe de Beteil de vingt-fept toifes de long, dans laquelle nous nous fommes élevés de neuf pieds. N°. III.

Depuis l'éclufe de Beteil jufqu'à celle de Bram, il y a deux mille huit cent cinquante-quatre toifes courantes de canal, que nous avons trouvé bien fait & avec fes mefures ordinaires, & le fond d'eau de fix pieds, à la réferve de douze cent toifes, qu'il faut nettoyer d'un pied de profondeur; l'épanchoir de Rebenty a treize toifes de long, dont il y en a neuf à fleur d'eau, le refte à fond de canal eft en bon état; cet épanchoir a été bâti dans le lit du torrent de Rebenty, du côté du foible du canal; & du côté du fort à l'endroit où le Rebenty entre dans le canal, on a bâti une cale de fept toifes de long, qui eft une efpece de chauffée de bonne maçonnerie, revêtue de boifage, qui forme un grand réfervoir dans le lit du torrent, dont il fait regonfler les eaux, pour qu'il puiffe dépofer des fables dans ce réfervoir, devant que d'entrer dans le canal; on a foin après les inondations de vider les fables qui font fort abondans: il y a encore dans la même reculade au ruiffeau de Bram, une cale de cinq toifes & demie, qui eft en fort bon état, de même que l'éclufe de Bram, dans laquelle nous nous fommes élevés de fept pieds quatre pouces.

Depuis l'éclufe de Bram jufqu'à celle de Sauzens, il y a fix cent vingt-deux toifes de canal, dont l'excavation, les mefures & le fond font en bon état, de même que l'éclufe de Sauzens, dans laquelle nous nous fommes élevés de fept pieds.

Depuis l'éclufe de Sauzens jufqu'à

N°. III. celle de Villepinte, il y a huit cent quatre-vingt-dix-huit toises; le canal dans cet espace est en très-bon état pour toutes choses, de même que l'écluse de Villepinte, à la réserve de trois quarts du couronnement qu'il y manque; nous nous sommes élevés de neuf pieds dans cette écluse.

Depuis l'écluse de Villepinte jusqu'à celle de Treboul ou de Pechsieura, il y a dix-neuf cent cinquante-une toises; cette partie du canal a l'excavation & les mesures ordinaires, ainsi que nous l'avons reconnu en naviguant dessus; le fond y est partout de six pieds, à la réserve de deux cent toises qu'il faut nettoyer de deux pieds. L'épanchoir à fond de Villepinte de quatre toises de long, & l'épanchoir à fleur d'eau ensuite de huit toises de long, la cale du ruisseau de Treboul de six toises de long, de même que l'écluse de Trèboul ou de Pechsieura sont en très-bon état pour toutes choses, excepté les trois quarts du couronnement qui manquent à l'écluse; ladite écluse a vingt-sept toises de long, & nous nous y sommes élevés de neuf pieds, après quoi descendus de notre barque, nous sommes allés coucher à Pechsieura. MOURGUES, *signé.*

Et le Dimanche vingt-trois desdits mois & an, nous sommes partis dudit Pechsieura, & remontés dans notre barque au dessus de ladite écluse de Pechsieura, étant accompagnés comme ci-devant, & nous aurions navigué durant sept cent deux toises, jusqu'à l'écluse de la Criminelle; le canal dans cet espace a ses mesures ordinaires, c'est-à-dire, qu'il a sa base de cinq toises, son ouverture de dix, son talus fort bien fait, & son fond de plus de six pieds; l'écluse de la Criminelle de vingt-sept toises de long est en bon état, à la réserve de trois quarts du couronnement qui lui manquent, nos barques en la passant s'y sont élevées de dix pieds.

Depuis l'écluse de la Criminelle jusqu'à celle de la Peyruque, il y a deux cent soixante-une toises de canal que nous avons trouvées en bon état pour toutes choses, de même que l'écluse de la Peyruque, de vingt-sept toises de long, dans laquelle nous nous sommes élevés de sept pieds; les trois quarts du couronnement manquent à cette écluse.

Depuis l'écluse de la Peyruque jusqu'à celle de Guerre, il y a cinq cent soixante-cinq toises courantes de canal, qui a les mesures ordinaires, & le fond d'eau de six à neuf pieds; l'écluse de Guerre de vingt-sept toises de long, est en bon état, à la réserve de trois quarts de la derniere assise au couronnement qui lui manquent; l'on s'y éleve de sept pieds & six pouces; la maison du Garde est en bon état, de même que toutes les autres maisons des garde-écluses, depuis l'écluse de l'Aiguille, quoique nous n'en ayons rien dit dans notre procès-verbal.

Depuis l'écluse de Guerre jusqu'à celle de Saint-Sernin, il y a quatre cent quatre-vingt-six toises de canal, que nous avons trouvé avec ses mêmes fond & talus ordinaires; cette écluse en bon état, à la réserve de treize toises du couronnement qui lui manquent, nous nous y sommes élevés de sept pieds six pouces; la maison du garde est en bon état.

Depuis l'écluse de Saint-Sernin jusqu'à celle de Guillermy, il y a trois cent deux toises courantes de canal en très-bon état, de même que l'écluse de Guillermy, qui est de vingt-sept toises de long; elle manque de trois quarts du couronnement, & nous nous y sommes élevés de huit pieds six pouces; il y a près de cette écluse une grange qui sert de maison pour le garde.

Depuis l'écluse de Guillermy jusqu'à l'écluse triple du Vivier, il y

N°. III. a deux cent cinquante-six toises de canal, excavé avec les dimensions ordinaires; nous y avons trouvé le fond d'eau de plus de six pieds, la maison du garde & l'écluse triple du Vivier en bon état, à la réserve de trois quarts du couronnement qui lui manquent; elle a soixante-neuf toises de long, & nos barques s'y sont élevées de vingt-deux pieds.

Depuis l'écluse triple du Vivier jusqu'à l'écluse double de Gay, il y a huit cent vingt-huit toises courantes du canal en très-bon état pour toutes les mesures, le talus & le fond d'eau; la maison du garde, l'écluse double de Gay y est aussi, hors les trois quarts du couronnement, elle a quarante-sept toises de long, & nous nous y sommes élevés de seize pieds.

Depuis l'écluse double de Gay jusqu'aux quatre écluses accollées de Saint-Roc, il y a huit cent quarante-deux toises de canal, que nous avons trouvées en état de perfection, pour l'excavation & pour le fond d'eau; l'écluse quatruple de Saint-Roc est achevée, elle est en bon état pour toutes choses, même pour le couronnement; elle a quatre-vingt-six toises de long, & nos barques s'y sont élevées de vingt-neuf pieds; & en sortant de cette écluse, nous aurions peu après traversé le bassin de Castelnaudary, qui est d'une figure presque ronde de deux cent toises de diametre, & de près de six cent toises de circonférence, laquelle n'est pas revêtue, ce bassin a été formé naturellement, & ensuite achevé par une petite chaussée que l'on a faite dans le commencement du vallon; cette chaussée a encore besoin d'un peu de terrassement, & de quelque petit jet de pierre, le fond d'eau est de dix-huit pieds dans le milieu du bassin; en sortant de ce bassin, nous serions abordé au port de Castelnaudary, & nous serions ensuite allés coucher à Saint-Papoul. MOURGUES, *signé*. N°. III.

Diverses affaires nous ayant obligé d'y rester le vingt-quatre, nous en serions partis le vingt-cinq, & nous serions transportés à la montagne noire, pour y visiter la rigole, que l'on appelle *de la Montagne*, & étant parvenus à la petite riviere d'Alzau, un peu au dessous le lieu nommé *la Ressegue de Calz*, éloigné de quatre lieues de Saint-Papoul, auquel endroit ladite rigole commence; nous y aurions pareillement commencé notre visite, suivant le cours de ladite rigole, & l'ayant fait mesurer par le P. de Mourgues, nous aurions trouvé qu'elle a dix pieds de base, trois toises d'ouverture, sur l'excavation de neuf à dix pieds, dans laquelle excavation il y avoit environ trois pieds d'eau coulante assez rapidement; & nous avons observé qu'il y en pourroit couler beaucoup davantage, parce qu'on ne prenoit pas la moitié des eaux de la riviere d'Alzau, l'autre moitié n'étant nécessaire que dans les grandes sécheresses, pendant lesquelles, ni Alzau ni Bernassonne, ni Lampy ne tarissent jamais.

Depuis ladite riviere jusqu'au ruisseau de Bernassonne, il y a trois mille deux cent soixante-dix-sept toises courantes de rigole, que nous avons trouvées excavées pour la plupart au-delà des mesures susdites, & en bon état, à la réserve de quelques éboulemens de rochers qu'il faudra retirer du lit de ladite rigole où ils sont tombés; nous avons observé dans cet espace de rigole que la chaussée qui arrête la riviere d'Alzau a huit toises de long, que celles qui arrêtent ensuite les ruisseaux de Coudiere & de Cantemerle en ont dix chacune, que celle qui arrête le ruisseau de Bonnet en a trente; toutes lesquelles chaussées sont bien bâties de pierre froide avec les mesures requises par le devis, & au-delà, & de plus,

E 2

N°. III. en bon état, à quelques petites réparations près; nous avons encore observé que la rigole est excavée dans le roc vif durant plus de mille toises, dont le tiers est fait avec de grands escarpemens, parce qu'auparavant les travaux, ces lieux escarpés n'étoient que des précipices.

Depuis le ruisseau de Bernassonne jusqu'à celui de Lampy, il y a trois mille cinq cent soixante-six toises courantes de rigole, que nous avons trouvé au même état que la précédente; la chaussée de Bernassonne de quarante-cinq toises de long, celle de la Falguette de vingt-cinq, celle du Niguier de vingt-une toises, sont en bon état: dans cette partie de la rigole, il y a treize cent quarante-cinq toises courantes de travail fait dans le roc, & de plus un coussin d'environ huit toises de haut qu'il a fallu percer durant quatre-vingt toises.

Depuis Lampy jusqu'à la chute des eaux de la rigole dans la riviere de Sor, il y a deux mille six cent soixante-seize toises courantes de rigole, que nous avons trouvées, comme ci-devant, y compris le travail & l'excavation de Lampy & de l'Alquier; la chaussée & aqueduc de Lampy, est un bâtiment de pierre très-dure maçonnée avec mortier de chaux & sable, ayant trois toises réduites de haut, six de base, & deux de couronnement, au milieu duquel il y a un canal d'une toise de large, & d'une toise de profondeur, revêtu de bois; cet ouvrage, dans lequel il y a six cent soixante-deux toises cubes de maçonnerie a été fait pour éviter un grand détour de la rigole, & pour la garder des inondations de Lampy, & de Lampillon, qui passent par un arc sous l'aqueduc de Lampy, lequel a besoin de quelque réparation, parce qu'il perd de l'eau de la rigole. Il y a dans ce dernier espace de la rigole de la montagne, environ cinq cent toises courantes d'excavation dans le roc, & quatre coussins qu'il a fallu percer; le premier est de cinquante toises de long sur trois toises de hauteur, le second de cinquante-huit toises de long sur quatre toises & demie de haut, le troisieme de cent vingt-six toises de long sur neuf toises & demie de haut, le quatrieme de cent huit toises de long sur sept toises & demie de hauteur réduites; il y a encore dans cette derniere partie de la rigole quatre chaussées en bon état, celle de Lampillon de six toises, & les trois autres qui n'ont pas de nom ont, la premiere sept toises, la seconde huit & la troisieme, treize de longueur, la rigole a en tout neuf mille cinq cent dix-neuf toises courantes.

Ayant achevé la visite de la rigole de la montagne, nous nous serions transportés au magasin ou réservoir de Saint-Ferriol, que l'on a construit pour avoir un grand amas d'eau de réserve dans les tems de sécheresse; ce magasin est éloigné de deux lieues du bas bout de ladite rigole de la montagne, & y étant arrivés nous l'aurions trouvé rempli à la hauteur de quinze toises & demie, c'est-à-dire, qu'il y avoit quatre-vingt-treize pieds de profondeur d'eau, venant du ruisseau de Laudot, laquelle est soutenue dans un grand vallon, entre deux montagnes, par une forte chaussée de seize toises & deux pieds de hauteur sur soixante de large à sa base. Cette chaussée est composée, premierement, de trois grandes murailles, dont celle du milieu a cent soixante-dix-huit toises de longueur sur quinze pieds cinq pouces d'épaisseur au couronnement & de deux voûtes, faisant en tout cinq mille quatre cent soixante-dix-huit toises cubes de maçonnerie; la voûte haute sert pour aller donner l'eau, & la basse sert pour la conduire; l'espace qui est en-

N°. III. tre ces voûtes & ces murailles est rempli d'un terrassement de seize mille toises cubes avec un bon courroi par-tout où il a été nécessaire ; le talus intérieur de la chaussée est couvert d'un gros pavé de pierre d'un pied d'épaisseur pour résister au batillage des vagues de la reculade du réservoir, qui s'étend au-delà de sept cent toises ; la superficie de l'eau occupe présentement plus de cent quatorze mille toises quarrées ; & l'on peut compter sur ce pied que le réservoir contient plus de huit cent mille toises cubes d'eau, ainsi qu'il a été jugé par les mesures qui en ont été prises plus exactement que dans nos précédentes visites, où l'on s'étoit contenté de le faire par estimation ; nous l'avons trouvé en bon état à la réserve d'environ cent toises cubes qui manquent à la grande muraille, de quelque peu de réparations qu'il faut faire aux tuyaux qui sont au bout de la voûte haute, & qui donnent l'eau lorsque l'on ouvre le réservoir. Quand on l'a ouvert les eaux qui sortent par la voûte basse ont leur cours dans le vallon de Vaudreuille, & se rendent dans la rigole de la plaine, joignant l'épanchoir de Languedoc. Et après avoir fini la visite du réservoir, nous serions descendus de la montagne & nous serions allés coucher à Revel éloigné de demi-lieue du magasin de Saint-Ferriol. MOURGUES, GILADE, *signés.*

Et le lendemain vingt-six, nous serions partis dudit Revel accompagnés, comme ci-devant, & nous serions transportés demi-lieue au-dessus de ladite ville de Revel sur le bord de la riviere de Sor, en l'endroit nommé *Pont-Crouzet* ; cette riviere ayant reçu trois lieues au-dessus les eaux de la rigole de la montagne est arrêtée par la chaussée de Pont-Crouzet de huit toises de long, & c'est en cet endroit que la rigole de la plaine commence, laquelle a deux toises de base, quatre toises d'ouverture sur neuf & dix pieds de profondeur, ce que nous avons reconnu après l'avoir fait mesurer par le P. de Mourgues, qui auroit trouvé par la sonde qu'il y avoit trois pieds d'eau courante, ce qui n'est pas la moitié de l'eau qu'elle peut avoir.

Nous l'avons ensuite visitée, suivant ses bords jusqu'à Naurouse, & nous l'avons trouvée par-tout en bon état, à quelques nettoyemens près qu'il faudra faire en huit ou dix endroits, depuis Pont-Crouzet jusqu'au port de Revel, elle a quatorze cent neuf toises & demie ; ce port où il y a six pieds d'eau, est un carré revêtu de pierre de taille dont chaque côté a vingt-une toises de long, avec deux escaliers à six marches du côté du Nord pour descendre jusqu'à l'eau.

Depuis le port jusqu'à l'endroit où le ruisseau de Laudot se jette dans la rigole avec les eaux du réservoir, il y a quatre mille trois cent quinze toises, & depuis ledit endroit jusqu'au bassin de Naurouse, comprenant l'excavation de Monçaussou, il y a dix-sept mille cent quarante-trois toises & demie, faisant en tout vingt-deux mille huit cent soixante-huit toises courantes de rigole en bon état & de réception. Nous avons observé en la suivant que pour la rendre navigable on y avoit construit vingt-quatre petites écluses ou sas qui arrêtoient ses eaux dans les endroits où elles ont trop de rapidité ; mais ces écluses sont pour la plupart ruinées ; ledit Gilade nous ayant dit qu'on les a abandonnées, parce que l'expérience a fait connoître que l'on n'y sauroit établir une navigation sans y arrêter les eaux au-dessus des écluses, ce qui nuiroit à la navigation du canal, auquel la rigole cesseroit par ce moyen de fournir les eaux nécessaires qu'il faudroit souvent perdre par des épanchoirs ; que

N°. III. néanmoins l'élargissement que l'on a fait de ladite rigole est d'une grande utilité au canal, auquel elle fournit beaucoup plus d'eau à cause de sa double largeur, de quoi le P. Mourgues a convenu.

Nous avons observé que la rigole de la plaine descend dans le bassin de Naurouse, par deux écluses de pierre semblables à celles du canal, excepté que leur bassin est en ligne droite, & les portes ont deux pieds moins que celles du canal; & après avoir vu ces deux écluses, nous aurions repris notre chemin vers Castelnaudary, où nous serions allé coucher pour y reprendre la visite du canal. MOURGUES, GILADE, *signés*.

Et le lendemain Jeudi vingt-sept desdits mois & an, serions partis de Castelnaudary, accompagnés comme dessus, & étant remontés en barque au port, nous aurions continué notre visite du côté de l'écluse de la Planque; cette écluse est éloignée des quatre écluses de Saint-Roch, de deux mille trois cent soixante-une toises, dans laquelle étendue est compris le bassin de Castelnaudary; le restant du canal a la base de cinq toises, & le fond d'eau de plus de six pieds; la maison du garde & l'écluse de la Planque, de trente toises de long, est en bon état, l'on s'y éleve de huit pieds; l'épanchoir qui étoit joignant le bassin de Castelnaudary a été condamné, comme inutile, & on l'a réuni au bassin sur le Roc.

Depuis l'écluse de la Planque jusqu'à l'écluse de la Domergue inclusivement, il y a six cent trente-sept toises courantes de canal, que nous avons trouvées en bon état pour les mesures de l'excavation, & pour le fond d'eau; l'écluse de la Domergue de vingt-neuf toises de long est en bon état, & nous nous y sommes élevés de huit pieds; la maison du garde y est pareillement en bon état.

Depuis l'écluse de la Domergue jusqu'à l'écluse triple du Laurent, il y a six cent trente-une toises de canal, sur lequel nous avons navigué, le trouvant avec toutes ses mesures, & son fond d'eau ordinaire de six pieds; l'écluse triple du Laurent de soixante-neuf toises de long est en bon état, & nos barques s'y sont élevées de vingt-un pieds: il y a une maison pour le garde de cette écluse qui est en bon état. N°. III.

Depuis l'écluse triple du Laurent, jusqu'à l'écluse double du Roc, il y a six cent quarante-cinq toises inclusivement; l'excavation, le fond d'eau & l'écluse double du Roc sont en bon état, de même que la maison du garde: cette écluse a quarante-sept toises de long, & nous nous y sommes élevés de seize pieds.

Depuis l'écluse double du Roc jusqu'à celle de Medicis inclusivement, il y a trois cent quatre-vingt-dix-huit toises, nous y avons trouvé le canal avec ses mesures & le fond d'eau ordinaire: l'écluse de Medicis & la maison du garde sont en bon état, & nous nous sommes élevés dans cette écluse de sept pieds.

Depuis l'écluse de Medicis jusqu'à l'écluse de la Méditerranée, par laquelle on entre dans le bassin de Naurouse, il y a deux mille quatre cent vingt-neuf toises; nous avons trouvé le canal dans cet espace en état de perfection pour toutes choses; l'écluse de la Méditerranée de vingt-quatre toises de long, a besoin de quelques réparations aux murailles, couronnement, éperons & plate-forme; les portes ont besoin d'être refaites: nos barques se sont élevées de sept pieds dans cette écluse, & sont entrées dans le bassin de Naurouse.

Le bassin de Naurouse est le point le plus haut du canal d'où les eaux se partagent, moitié du côté de la Méditerranée & moitié du côté de l'Océan, il est presque tout excavé dans la pierre de taille, & est de figure octogone oblongue de deux cent toises de long, de cent cinquante de large, de soixante-huit à chaque face & de cinq cent quarante-quatre de pourtour sur neuf pieds de profondeur : il est tout revêtu de pierre de taille ; mais les revêtissemens & couronnemens du quai de ce bassin sont présentement fort ruinés, particulierement dans trois de ses côtés exposés au levant, parce que la pierre de taille battue par les vagues a souvent gelé & s'est fendue ; il y a toujours six pieds d'eau dans ce bassin, quoiqu'il en fournisse abondamment aux deux parties du canal, par les deux écluses de la Méditerranée & de l'Océan, qui aboutissent à ses deux angles, en sorte que ce bassin contiendra vingt-un mille deux cent soixante-quatre toises cubes d'eau, après que l'on aura nettoyé un grand banc de sable que la rigole y a amené, lequel est environ de cinq mille toises cubes.

Du bassin de Naurouse, nous serions entrés dans l'écluse de l'Océan, prenant notre route du côté de Toulouse, & de la Garonne : depuis ladite écluse de l'Océan jusqu'à l'écluse de Montferrand, comprenant les deux écluses, il y a cent trente-neuf toises de canal excavé dans la pierre de taille, n'ayant que cinq toises d'ouverture, sur le fond ordinaire de six pieds d'eau : l'écluse de l'Océan a vingt-quatre toises de long & celle de Montferrand vingt-neuf ; ces deux écluses doivent être réparées, pour la maçonnerie & pour le revêtissement de pierre de taille ; les plates-formes, les éperons & les portes doivent être refaites à neuf : nos barques sont descendues par ces deux écluses de quatorze pieds : il y a une maison servant pour le garde de ces deux écluses, & de celle de la Méditerranée, laquelle a besoin de réparations. N°. III.

Depuis l'écluse de Montferrand jusqu'à celle de la Bourelle inclusivement, il y a deux mille cent cinquante-cinq toises sur lesquelles nous avons navigué, observant que le canal avoit ses mesures & son fond ordinaire, à la réserve du nettoyement d'un pied & demi qu'il faut faire durant douze cent toises ; l'épanchoir de la Masquiere de sept toises de long, est en bon état ; la maçonnerie de l'écluse de la Bourelle qui a vingt-sept toises de long est à réparer ; les portes, plate-forme & éperons sont à refaire à neuf : nous sommes descendus dans l'écluse de la Bourelle, de sept pieds six pouces : la maison du garde est en bon état.

Depuis l'écluse de la Bourelle jusqu'à l'écluse double d'Ancassan inclusivement, il y a huit cent quatre-vingt-quinze toises ; l'excavation & les mesures du canal sont bonnes & recevables ; le fond d'eau y est de six pieds ; l'écluse double d'Ancassan a quarante-deux toises de long ; il faut en faire refaire à neuf les portes, plate-forme & éperons, & en réparer la maçonnerie & revêtissement en quelques endroits : nous sommes descendus par ces deux écluses de douze pieds six pouces, & avons observé que la maison du garde est en bon état.

Depuis l'écluse double d'Ancassan jusqu'à celle de Reneville inclusivement, il y a quatorze cent quatre-vingt-une toises courantes de canal en bon état, pour les mesures & pour le fonds ; l'épanchoir de l'Obit est bouché, comme inutile : il faut réparer le revêtissement de l'écluse de Reneville en quelques endroits, & refaire à neuf les portes, plates-formes & éperons : nos barques sont descendues par cette écluse, qui est de trente toises de long,

No. III. de sept pieds six pouces ; la maison du garde est en bon état.

Depuis l'écluse de Reneville jusqu'à celle de Gardouch, il y a deux mille cinq cent quatre-vingt toises courantes de canal, que nous avons trouvé en assez bon état pour les mesures, & pour le fond, à la réserve d'un nettoyement d'un pied de profondeur qu'il faut faire durant douze cent toises ; les épanchoirs de Geriers, de la Combe & de Mons, chacun de sept toises de long, la cale de la riviere de Lers de quatre toises, & l'épanchoir de la même riviere de vingt toises de long sont en bon état ; le revêtissement de l'écluse de Gardouch, qui a vingt huit toises de long doit être réparé en peu d'endroits ; mais il faut refaire à neuf les portes, plates-formes & éperons ; nous sommes descendus de sept pieds dans l'écluse de Gardouch ; la maison du garde est en bon état.

Depuis l'écluse de Gardouch jusqu'à l'écluse double de Laval inclusivement, il y a sept cent quarante-huit toises ; le canal dans cet espace a les mesures ordinaires, & à l'égard du fond d'eau, il faut faire un nettoyement d'un pied pendant 700 toises. La Ica du Gardyol de 4 toises de long, & la chaussée du même ruisseau de huit toises de long sont en bon état ; le revêtissement de cette double écluse de canal, qui est moitié pierre de taille, & moitié brique doit être réparé en peu d'endroits ; elle a quarante-huit toises de longueur; il faut refaire à neuf les portes, plates-formes & éperons : nous barques sont descendues par cette écluse de treize pieds : la maison du garde est en bon état.

Depuis l'écluse double de Laval jusqu'à l'écluse de Montesquiou ou de Negra inclusivement, il y a deux mille deux cent quatre-vingt-treize toises qu'il faut nettoyer d'un pied & demi durant deux mille toises ; le restant du canal, pour ses mesures, est en bon état, l'épanchoir de la Borde-Neuve de douze toises de long, la chaussée du ruisseau de Tezauque de huit toises & la cale du même ruisseau de Tezauque, de quatre toises, sont en assez bon état ; & aussi la maçonnerie de Negra ; elle est toute de brique, de même que le revêtissement : les portes hautes de cette écluse, les plates-formes & les éperons doivent être refaits à neuf, les portes basses étant en bon état ; elle a vingt-huit toises de long, & nous y sommes descendus d'environ onze pieds. No. III.

Depuis l'écluse de Montesquiou ou de Negra, jusqu'à l'écluse double du Sanglier inclusivement, il y a dix-neuf cent quatre toises courantes de canal, que nous avons trouvé avoir les mesures ordinaires pour l'excavation, & le fond d'eau de six pieds, à la réserve de mille toises qu'il faut nettoyer de deux pieds de profondeur : la maçonnerie des deux écluses du Sanglier est bien ; mais les portes, plate-forme & éperons sont à refaire à neuf, elle a quarante-cinq toises de longueur, & nos barques y sont descendues de treize pieds ; la maison du garde est en bon état, de même que l'épanchoir de Cousse, qui est de six toises de longueur.

Depuis l'écluse double du Sanglier jusqu'à l'écluse double d'Aigues-vives, il y a sept cent quatre-vingt-douze toises de canal, auquel nous avons trouvé les mêmes mesures que ci-devant pour l'excavation, & six pieds d'eau pour le fond, à la réserve de cinq cent toises qu'il faudra nettoyer d'un pied & demi ; les épanchoirs du ruisseau d'Aigues-vives, l'un de douze toises & l'autre de sept toises de long, sont en bon état, de même que les cales, dont l'une est de quatre toises & l'autre

N°. III. l'autre de trois ; nous avons trouvé que l'écluse double d'Aigues-vives a quarante-sept toises de long, & qu'elle étoit en bon état pour la maçonnerie & revêtissement ; mais qu'il falloit refaire à neuf les portes, éperons & plates-formes : nos barques sont descendues par cette écluse double de treize pieds : la maison du garde est en bon état.

Depuis l'écluse double d'Aigues-vives jusqu'à l'écluse double de Montgiscard inclusivement, il y a cinq cent quarante-trois toises de canal, que nous avons trouvé avoir les mesures, & le fond ordinaire de six pieds, à huit cent toises près, qu'il faut nettoyer d'un pied & demi ; la cale du ruisseau de Notre-Seigneur, de trois toises, & l'épanchoir de Montgiscard de quatre toises de long sont en bon état, de même que la maison du garde, & le bâtiment de la double écluse, dont il faut refaire les plates-formes, éperons & portes hautes, les basses étant bonnes ; cette écluse a cinquante toises de long ; nous y sommes descendus de treize pieds ; après quoi étant sortis de notre barque serions allés coucher audit Montgiscard. MOURGUES, GILADE, *signés*.

Et le lendemain, Vendredi, vingt-huit desdits mois & an, nous nous serions rembarqués pour continuer notre visite, & aurions trouvé que le canal, depuis l'écluse double de Montgiscard jusqu'à l'écluse de Vic inclusivement, a trois mille huit cent quatre-vingt-dix-huit toises de longueur ; en naviguant sur ce long espace, ledit Gilade nous a fait observer que le canal depuis cet endroit, jusqu'à la Garonne, qui est la partie par où on a commencé les creusemens, a été excavé en la premiere maniere portée par le devis, avec un franc-bord, & très-peu de talus, ce qui a fait que l'eau ayant sapé les bords des deux côtés il s'est élargi ; en sorte qu'il n'a pas présentement guere moins que les dix toises à la superficie, à la réserve de quelques endroits, particulierement vers Toulouse, où il a conservé sa premiere largeur.

En effet, aurions trouvé que le canal, moins large que ci-devant, a néanmoins les dimensions portées par le devis, & au delà, avec le fond d'eau de six pieds, à la réserve de quinze cent toises qu'il faut nettoyer de deux pieds réduits ; les cales des ruisseaux de Pontpertusat, Deymes & de Donneville, chacun de trois toises, les épanchoirs de Pelue de cinq toises, de Mirande de quatre toises, de Rieumory de cinq toises, & de Vic pareillement de cinq toises, sont en bon état, de même que la maison du garde, & que le bâtiment de l'écluse de Vic, dont il faut refaire les portes, les plates-formes & éperons à neuf ; cette écluse a trente toises, & nos barques y sont descendues de sept pieds.

Depuis l'écluse de Vic jusqu'à l'écluse double du Perrier, il y a neuf cent cinq toises de canal, qui a les dimensions du devis, le fond ordinaire de six pieds ; l'épanchoir du Perrier de trois toises de long, la maison du garde, & l'écluse dite du Perrier, sont en bon état ; mais il en faut refaire les portes, les éperons & plates-formes à neuf ; cette écluse a quarante-neuf toises de long, & nos barques y sont descendues de quinze pieds.

De l'écluse double du Perrier jusqu'à l'écluse double du Bayard, il y a six mille huit cent quatorze toises ; l'excavation & le fond de six pieds sont en bon état, suivant le devis ; l'autre épanchoir appellé *du Perrier*, la maison du garde & ladite écluse double du Bayard sont en bon état, de même que l'éperon, & que les portes hautes de l'écluse d'en haut ; les deux d'en bas avec leurs

N°. III. éperons, & leur plate-forme doivent être refaits : cette double écluse a quarante-huit toises de long, & nous y sommes descendus de treize pieds six pouces.

Depuis l'écluse double du Bayard jusqu'à l'écluse de Matebiou, il y a cent quarante-quatre toises de canal en état de perfection, pour les mesures & pour le fond, suivant le devis; la maison du garde & l'écluse de Matebiou est en bon état, à la réserve de la porte, éperons & plate-forme d'en bas qu'il faut refaire : cette écluse, qui a le bassin en ligne droite, a trente toises de long, & nous y sommes descendus de sept pieds.

Depuis l'écluse de Matebiou jusqu'à l'écluse double de Roquetz, il y a six cent soixante-quatorze toises de canal bien excavé, conformément au devis, y ayant le fond de six pieds, la maison du garde de l'écluse double de Roquetz, dont les bassins sont en ligne droite, se trouve en bon état, à la réserve des portes, plate-forme & éperons qu'il faut refaire à neuf: cette écluse a quarante-six toises de long, & nous y sommes descendus de treize pieds huit pouces.

Depuis l'écluse de Roquetz jusqu'à l'écluse simple du Béarnois, qui a le bassin en ligne droite, il y a quatre cent quatre-vingt-treize toises de canal, que nous avons trouvé avec les mesures, suivant le devis, & le fond ordinaire de six pieds : la bâtisse de cette écluse est bonne; mais il en faut refaire les portes, éperons & plates-formes; elle a vingt-sept toises de long, & nos barques y sont descendues de sept pieds cinq pouces : la maison du garde est aussi en bon état.

Depuis l'écluse du Béarnois jusqu'à l'écluse double de la Garonne, dont les bassins sont pareillement en ligne droite, il y a cinq cent treize toises de long, le canal dans cet espace a l'excavation suivant le devis, & le fond en bon état; on doit seulement refaire les portes, éperons & plates-formes de ladite écluse double de la Garonne, dont le bâtiment est en bon état & dont les jouyeres dans les bassins ne sont éloignées, l'une de l'autre, que de trois toises deux pouces, ce qui est aussi dans les écluses du Béarnois, de Roquetz, de Matebiou & du Bayard; cette écluse a quarante-sept toises de longueur, & est toute bâtie de brique, ainsi que celles qui sont au-dessus, depuis celles de Negra ou de Montesquiou, & nos barques y sont descendues de quatorze pieds huit pouces : il y a joignant cette écluse une maison pour le garde, & un grand magasin pour recevoir les marchandises qui vont & viennent de Bordeaux, qui sont en bon état. N°. III.

De cette écluse jusqu'à la Garonne, il y a trente-cinq toises de canal, au milieu duquel il y a un petit bassin de vingt-trois toises de long sur douze de large, qui n'est pas revêtu; le P. de Mourgues nous a remontré en cet endroit, qu'au lieu d'une seule jettée, portée par le devis de la premiere entreprise, qui n'a pas été faite, il faudra revêtir les deux côtés de l'embouchure du canal dans la Garonne par deux quais de maçonnerie revêtus qui défendent cette embouchure des éboulemens causés par les inondations de cette riviere. MOURGUES, *signé*.

Nous avons trouvé dans cette partie de canal & bassin le fond ordinaire, & nos barques étant sorties du canal par cette embouchure, que nous avons trouvée revêtue d'une espece de quai de bois de chêne tout usé, nous sommes entrés dans la riviere de Garonne.

Et ayant achevé ladite visite, après être sortis de la riviere de Garonne, ledit Gilade, audit nom, nous auroit

N°. III. remontré que ledit feu sieur Riquet, & ledit sieur président de Bonrepos, son fils, ont satisfait entierement aux deux entreprises faites par ledit feu sieur Riquet, pour la construction du canal de communication des mers, depuis la Garonne jusqu'à l'étang de Thau, ayant fait toutes les excavations, écluses, chaussées, épanchoirs, magasins & autres bâtimens, & ouvrages portés par le devis, avec les changemens qu'il a été jugé à propos d'y faire, & qui ont été approuvés par ledit arrêt du conseil du quatorzieme Mars 1682, ainsi que nous avons reconnu & vérifié par la visite que nous venons de faire dudit canal & rigoles, & par le grand nombre de barques chargées de bled, sucre, étoffes & autres denrées & marchandises; & que si nous avons trouvé quelques nettoyemens à faire en divers endroits, des portes à refaire à quelques écluses, & autres réparations, elles ne doivent pas empêcher la réception de ces ouvrages; attendu qu'il nous a paru, tant par la visite que nous venons de faire, que par toutes les précédentes, par nous ci-devant faites, que tous lesdits ouvrages ont été faits & mis en la perfection qu'ils doivent être; en sorte que les accidens qui y sont arrivés, ou par les sables, que les ruisseaux ont jettés dans le canal, ou par l'injure des tems, ou par le fréquent usage des portes des écluses pour le passage des barques & bateaux, ne doivent être considérés que comme des choses d'entretien; d'autant que par le devis (p. 123) il est porté, que si avant la perfection de tous les travaux nécessaires à faire à l'entiere communication des deux mers, & même à celle de Toulouse à Trebes, on se peut servir de quelques-unes des parties dudit canal, avant que les autres soient achevées, & que l'on puisse naviguer en icelles en attendant que toutes les autres soient en état, ledit sieur Riquet sera déchargé de l'entretenement des ouvrages qui y seront faits, un an après qu'elles seroient en telle forme, que quelques bateaux y auroient pratiqué, ou du moins y auroient pu pratiquer: or que nous savons & qu'il est de notoriété publique, que dans la partie du canal qui est depuis Toulouse jusqu'à Castelnaudary, où il y a le plus de réparations à faire, on y navigue depuis plus de dix années, & qu'il y a tous les jours un bateau de poste, allant de l'une à l'autre de ces deux villes, pour la commodité publique; & par conséquent, que ledit sieur de Bonrepos doit être déchargé de ces ouvrages, n'étant tenu des réparations qui y sont à faire, que parce que ledit feu sieur Riquet s'est chargé de l'entretien du canal, moyennant les droits qui y ont été établis par un traité séparé dudit devis, lequel se trouve entierement consommé, & que néanmoins, en conséquence de l'obligation, où ledit sieur de Bonrepos est, pour raison dudit entretien, il les fera incessamment faire, en ayant été empêché jusqu'à présent, à cause qu'il a été occupé à la construction des ouvrages, ou aux réparations des grands désordres causés par les dernieres inondations, & n'a pas pu y pourvoir, ayant été obligé d'aller au plus pressé. Et quant aux ouvrages du port de Cette, mentionnés tant dans le devis de la seconde entreprise, du 23 Janvier 1669, que dans l'adjudication à lui par nous faite le 2 Avril 1677, il ne nous en a demandé aucune réception, ni vérification, attendu que ledit sieur président de Bonrepos en a été déchargé par ledit arrêt du conseil du 14 Mars 1682, & partant requéroit qu'il nous plaise recevoir purement & simplement lesdits ouvrages, & le décharger des obligations contenues en ces traités,

N°. III. pour raison dudit canal, réservoirs & rigoles. GILADE, *signé.*

Et par le P. Mourgues, nous auroit été dit qu'il a trouvé par la vérification qui vient d'être faite de l'ouvrage dudit canal, & par les fréquentes visites que l'on a faites depuis plusieurs années, que ledit sieur Riquet a non-seulement satisfait aux conditions portées par le devis des premieres entreprises, en ce qui concerne le canal, les rigoles & toutes les écluses, chaussées, magasins, réservoirs & bâtimens en dépendans; mais encore qu'il a fait divers ouvrages en plus grand nombre, de plus grande dépense, & dans une forme beaucoup meilleure que celle portée par le devis; lesquels il a rectifiés dans les endroits où ils se trouvoient défectueux; ainsi que Sa Majesté l'a jugé par l'arrêt du 14 Mars 1682; & partant qu'il estime qu'il y a lieu de recevoir lesdits ouvrages, comme étant bien & duement faits; à la réserve néanmoins de la chaussée de Cesse, dont il faut rétablir la breche, du pont de Repudre, & des douze écluses depuis celle de Villepinte jusqu'à celle de Gay, dont il reste à achever le couronnement; de cent toises cubes ou environ, qui manquent à la grande muraille du magasin de Saint-Ferriol, du revêtissement & couronnement du quai du bassin de Naurouse, qui doit être rétabli, & la jettée de pierre à faire à l'entrée du canal dans la Garonne; lesquels ouvrages doivent être faits par ledit sieur de Bonrepos, pour satisfaire entierement aux obligations desdits devis. Et à l'égard des nettoyemens à faire aux endroits portés par notre présent procès verbal, & du renouvellement & rétablissement des portes, plates-formes & éperons, & de quelques endroits des murs des écluses depuis celles qui sont attachées au bassin de Naurouse jusqu'à la Garonne, qu'encore que ces sortes de réparations ne doivent pas empêcher la réception de ces ouvrages, qui ont été mis une fois en leur perfection, & qui ont servi même longtems à la navigation; néanmoins que ledit sieur président de Bonrepos doit y faire travailler incessamment, à cause de l'obligation où il est d'entretenir le canal, & les ouvrages en dépendans, en bon état. MOURGUES, *signé.* N°. III.

Sur quoi nous avons audit Gilade, audit nom, donné acte de ses dires, déclarations & réquisitions ci-dessus, & des dires & déclarations dudit P. de Mourgues; sur lesquelles nous ordonnons que ledit sieur président de Bonrepos se retirera pardevers Sa Majesté, pour lui être pourvu ainsi qu'il appartiendra. Fait les an & jour que dessus. D'AGUESSEAU, signé. *Collationné.* GUERIGNON.

IV.

ARRÊT

DU CONSEIL D'ÉTAT DU ROI,

Qui regle les droits de voiture qui doivent être perçus, par les propriétaires, sur le canal de communication des mers en Languedoc.

Du 26 Septembre 1684.

EXTRAIT des Registres du Conseil d'Etat.

LE Roi, s'étant fait représenter en son conseil, l'édit du mois d'Octobre 1666 pour la construction du canal de communication des mers Océane & Méditerranée en la province de Languedoc, par lequel Sa Majesté auroit accordé à l'acquéreur du fief dudit canal, la faculté d'y établir, à l'exclusion de tous autres, des bateaux pour le transport, voiture, & conduite des personnes, marchandises

N°. IV. & denrées, suivant le réglement qui en seroit fait par les commissaires qui seroient nommés par Sa Majesté, qui auroit aussi, par le même édit, ordonné qu'il seroit perçu, à perpétuité, un péage sur toutes les marchandises, denrées & autres choses qui seroient voiturées sur ledit canal; savoir, six deniers pour chaque cent pesant de marchandises de valeur de cent sols le cent, & au-dessous; douze deniers pour chaque cent pesant de celles qui seroient appréciées depuis lesdits cent sols jusqu'à trente livres; vingt-quatre deniers pour chaque cent pesant de celles qui seroient au-dessus dudit prix; six deniers pour chaque minot de sel; & pour chaque charge de bled, douze deniers; pour chaque charge d'avoine, millet & autres grains, six deniers; & cinq sols pour l'ouverture de chaque écluse; sans qu'aucun autre droit pût être établi sur ledit canal pour quelque cause & occasion que ce pût être. L'arrêt du conseil du 7 Novembre 1682, par lequel Sa Majesté auroit commis le sieur d'Aguesseau, conseiller d'état, intendant de la province du Languedoc, pour faire le tarif des droits qui doivent être pris, tant pour toute l'étendue, que pour chacune lieue dudit canal, pour le transport, voiture, & conduite qui se font sur ledit canal, des personnes, marchandises & denrées dans les bâteaux établis à cet effet par le sieur Riquet de Bonrepos, président à mortier au parlement de Toulouse, fils, & associé de M^re^. Pierre-Paul Riquet de Bonrepos, qui a fait la construction dudit canal, & qui en a acquis de Sa Majesté le droit & la seigneurie; pour ledit tarif vu au conseil, être ordonné ce qu'il appartiendroit. L'arrêt du conseil du 27 Mars 1683, contenant le tarif provisionnel des droits qui seroient pris sur ledit canal, arrêté par Sa Majesté en attendant que l'on pût connoître par expérience la qualité du commerce par terre qui se feroit sur ledit canal, la qualité des marchandises & denrées qui y passeroient, & les dépenses qu'il y conviendroit faire pour son entretenement. Et voulant Sa Majesté régler définitivement les droits qui doivent être perçus sur ledit canal, tant pour le prix des voitures, & conduite des personnes, marchandises & denrées qui passent sur ledit canal, que pour les droits d'icelles, Elle auroit ordonné au sieur d'Aguesseau de s'informer des voitures qui se peuvent faire sur ledit canal, du prix des voitures par terre des marchandises & denrées qui y passoient, & des droits qui pouvoient être mis sur lesdites marchandises & denrées, passant sur ledit canal. Vu aussi les états des marchandises & denrées qui ont été voiturées sur ledit canal, mois par mois, depuis ledit tarif provisionnel; les mémoires & certificats des marchands, & des agens du commerce de la province de Languedoc, sur la qualité du commerce, & voitures par terre qui se faisoient avant la construction dudit canal; avec les requêtes & mémoires dudit sieur Bonrepos, & l'avis dudit sieur d'Aguesseau. Oui le rapport du sieur commissaire à ce député, & tout considéré, SA MAJESTÉ ÉTANT EN SON CONSEIL, conformément à l'avis dudit sieur d'Aguesseau, a ordonné & ordonne, du consentement dudit sieur Riquet de Bonrepos, qu'au lieu du privilége accordé par ledit édit du mois d'Octobre 1666, pour l'établissement des bateaux de voiture, ensemble du péage ordonné être levé sur toutes les marchandises & denrées voiturées sur ledit canal de communication des mers Océane & Méditerranée, & des cinq sols accordés pour l'ouverture de chaque écluse, il sera levé un seul droit de péage sur les marchandises, denrées, N°. IV.

& autres choses qui seront transportées sur ledit canal, pour chacun quintal pesant cent livres poids de marc, & pour chacune lieue, ainsi qu'il en suit; savoir, le quintal de toutes sortes de grains, farines & légumes, payera par lieue six deniers. La barrique de toutes sortes de vins, de six quintaux poids de marc, ou de sept quintaux poids de table, trois sols. Le quintal de fer, plomb & autres matériaux, artillerie & munitions de guerre, six deniers. Le quintal de sucre, cassonnade, drogueries, épiceries & tabac, six deniers. Le quintal de toutes sortes d'huiles, savon, miel, cire, chandelles & suif, six deniers. Le quintal de morue, harengs, sardines, anchois, saumons, & autres poissons frais, sec & salé, six deniers. Les oranges, citrons, & autres fruits, verds & secs, & confitures, par quintal, six deniers. Le lard, les chairs salées & fraîches, par quintal, six deniers. Le quintal ou minot de sel, six deniers. Merceries, toiles, chanvres, lin, fil, cordages, coton, cuirs & pelleterie, par quintal, six deniers. Meubles, hardes, batterie de cuisine & vaisselle, par quintal, six deniers. Etoffes d'or & d'argent, de soie & de laine, par quintal, six deniers. Le quintal de toutes autres sortes de marchandises & denrées, six deniers. La fayance & verrerie, par quintal, huit deniers. La poterie de terre, par quintal, six deniers. Le marbre taillé ou non taillé, de quelque grandeur qu'il soit, payera à raison de huit deniers par pied cube. La pierre de taille aussi taillée ou non taillée, de quelque grandeur qu'elle soit, payera à raison de six deniers par pied cube. La tuile, brique, ardoise, chaux, & autres matériaux, bois à brûler, charbons, foins & paille, à raison de quatre deniers par quintal. Le bois à bâtir que l'on voudra voiturer par bateaux, par quintal, six deniers. Les bois à brûler conduits par radeaux, par quintal, trois deniers. Les bois à bâtir venant par radeaux flottans, payeront; savoir, les pitrons, ou poutres de sept à huit cannes, par lieue, un sol. Les pitrons de cinq à six cannes, huit deniers, & les plus grands & les plus courts à proportion. Les rasals ou bâtardes de sept à huit cannes, huit deniers. Les rasals ou bâtardes de cinq à six cannes, six deniers. Ceux de quatre cannes, quatre deniers. Les pujals de sept à huit cannes, six deniers, & ceux de moindre longueur à proportion. Les chevrons de cinq à six cannes, deux deniers. La douzaine de planches de sapin ou faulx prises à Toulouse, deux deniers. La douzaine de planches de sapin de Quillan, un denier. La douzaine de planches de chêne ou bois de noyer, quatre deniers. Toutes sortes de personnes qui s'embarqueront sur les bateaux de poste, trente sols par jour, & trois sols par lieue; & les valets, ensemble les soldats & matelots, la moitié moins. Lesquels droits seront payés par ceux auxquels les marchandises & denrées ci-dessus appartiendront, & par les personnes qui seront embarquées sur les bateaux de poste pour chacune lieue, suivant le réglement qui sera fait desdites lieues par ledit sieur d'Aguesseau; à quoi faire ils seront contraints par les voies ordinaires & accoutumées; & moyennant lesdits droits, Sa Majesté ordonne que ledit Riquet de Bonrepos sera tenu d'entretenir en tout tems, en bon état de navigation, ledit canal, écluses, magasins, réservoirs, rigoles, chaussées, & autres ouvrages dudit canal; comme aussi de payer le salaire de ceux qui seront employés pour ouvrir les écluses, & de fournir des barques, bateaux, & autres voitures nécessaires pour le transport, sur ledit canal, des marchandises & denrées pour lesquelles les droits se-

N°. IV. ront payés, & de rendre lesdites marchandises en bon état, & non endommagées, au lieu où elles devront être remises, suivant les us & coutumes de la navigation, à peine de tous dépens, dommages & intérêts. Fait défenses audit Riquet, & aux commis qui seront par lui établis pour la perception desdits droits ci-dessus, d'en exiger d'autres ni plus grands, sous prétexte des voitures qu'il fournira, du péage porté par ledit édit du mois d'Octobre 1666, & des cinq sols accordés par icelui pour l'ouverture de chaque écluse, ni sous quelque prétexte que ce soit; auquel effet copies collationnées du présent arrêt seront affichées, en lieu éminent & élevé, aux bureaux qui seront établis pour la perception desdits droits, dans lesquels bureaux ledit Riquet sera obligé de tenir des poids-romains, & balances duement vérifiées & étalonnées pour le poids des marchandises. Permet Sa Majesté aux habitans & communautés, situées le long du canal, de pouvoir tenir de petits bateaux pour le transport de leurs denrées, d'un bord à l'autre, dans l'étendue d'une même communauté, sans payer aucuns droits: & pour l'exécution du présent arrêt, seront toutes lettres-patentes, arrêts, & autres expéditions nécessaires délivrées audit Riquet. FAIT au conseil d'état du Roi, Sa Majesté y étant, tenu à Chambord le vingt-sixieme jour de Septembre mil six cent quatre-vingt-quatre.

Signé, PHELYPEAUX.

V.

ÉDIT DU ROI,

N°. V. *Portant attribution aux seigneurs péagers, qui ont des terres le long du canal de communication des mers en Languedoc, de six deniers par quintal, poids de marc, des marchandises qui passeront sur ledit canal.*

Du mois de Mars 1685.

LOUIS, PAR LA GRACE DE DIEU, ROI DE FRANCE ET DE NAVARRE: A tous présens & à venir, SALUT. Ayant par notre édit du mois d'Octobre mil six cent soixante-six, ordonné la construction du canal de communication des mers Océane & Méditerranée dans notre province de Languedoc, avec érection de fief & justice dans toute l'étendue dudit canal, & six toises de chaque côté, qui seroient distraites & démembrées des fiefs & jurisdictions des seigneurs particuliers dont elles dépendoient; comme aussi avec faculté au propriétaire dudit canal, d'y tenir seul des bateaux, même d'y percevoir un péage sur toutes les marchandises & denrées qui y seroient voiturées, sans qu'il y pût être établi ni levé aucun autre droit, à la charge par ledit propriétaire d'entretenir ledit canal; lequel, après plusieurs années de travail, ayant été mis en état de navigation, divers seigneurs particuliers qui avoient droit de péage dans leurs terres auroient prétendu les lever sur les marchandises & denrées qui passent sur ledit canal, sous prétexte qu'il a été excavé dans leurs terres & seigneuries; mais comme par notredit édit Nous aurions défendu de lever aucuns autres droits sur ledit canal, que ceux qui seroient établis au profit du propriétaire pour l'entretien d'icelui, Nous aurions par un premier arrêt de notre conseil du 25 Mars mil six cent quatre-vingt trois, réglé provisionnellement les droits dudit entretien, & fait défenses auxdits seigneurs péagers de lever, ni exiger lesdits péages sur les marchandises & denrées qui seroient voiturées sur ledit canal; cependant comme il étoit juste de pourvoir à leur indemnité, & que pour cela il

N°. V.

étoit nécessaire que Nous fussions informés de la qualité desdits péages, & de la validité des titres desdits seigneurs, Nous aurions par un autre arrêt de notre conseil du 17 Août ensuivant, ordonné qu'ils représenteroient leurs titres pardevant le sieur d'Aguesseau conseiller en notre conseil d'état, intendant de notre province de Languedoc, à quoi ils auroient satisfait, & ledit sieur d'Aguesseau en auroit dressé son procès verbal, sur lequel & sur les très-humbles remontrances qui Nous auroient été faites par lesdits seigneurs, que lesdits droits de péage étoient un des plus beaux droits, qui fussent attachés à leurs terres, & qu'ils ne pouvoient en être privés, quelque dédommagement qu'on leur en donnât en argent, sans leur causer un préjudice considérable, Nous aurions trouvé à propos de conserver en quelque sorte auxdits seigneurs leurs péages sur les marchandises & denrées qui seroient voiturées sur ledit canal; mais comme la diversité des droits portés par leurs tarifs & pancartes auroient pu troubler le commerce, & que d'ailleurs il n'étoit pas juste, qu'en conservant les péages desdits seineurs, ils profitassent de l'augmentation du commerce, qui arrivera par la facilité de la navigation, Nous aurions trouvé à propos de leur attribuer certains droits payables sur les mêmes marchandises & denrées sur lesquelles ceux dudit propriétaire sont établis, en sorte que le revenu qu'ils en retireroient pût égaler le dommage qu'ils souffrent par la diminution des péages qu'ils avoient coutume de lever par terre, & à cet effet nous aurions par autre arrêt dudit conseil du 26 Septembre dernier, commis ledit sieur d'Aguesseau, lequel s'étant fait représenter les baux à ferme passés par lesdits seigneurs de leurs péages par terre, ensemble les états des marchandises qui ont passé sur ledit canal depuis qu'il est navigable, auroit jugé que la perte que souffroient lesdits propriétaires sur leursdits péages par terre pouvoit être suffisamment réparée, en établissant à leur profit six deniers par quintal poids de marc sur les denrées & marchandises qui passeront dans l'étendue dudit canal, & auroit fait le régalement desdits six deniers entre tous lesdits propriétaires, chacun à proportion de la valeur de son péage par terre & de la diminution qu'il a soufferte à cause dudit canal. A CES CAUSES, savoir faisons, que Nous pour ces causes & considérations & autres à ce nous mouvans, après avoir fait mettre l'affaire en délibération & fait examiner en notre conseil l'avis dudit sieur d'Aguesseau, notre édit du mois d'Octobre mil six cent soixante-six, les arrêts de notre conseil des vingt-septieme Mars, dix-septieme Août mil six cent quatre-vingt-trois & vingt-sixieme Septembre dernier, ensemble celui de notredit conseil dudit jour vingt-sixieme Septembre par lequel Nous avons réglé définitivement les droits payables au propriétaire dudit canal pour la voiture des denrées & marchandises, & les procès-verbaux faits en exécution desdits arrêts par ledit sieur d'Aguesseau, contenant entre autres choses le consentement du sieur Riquet de Bonrepos, à l'effet de l'établissement de tel droit qu'il Nous plairoit sur ledit canal, pour le dédommagement desdits seigneurs péagers, de notre certaine science, pleine puissance & autorité royale, avons dit, statué & ordonné, disons, statuons & ordonnons par ces présentes signées de notre main, Voulons & Nous plaît, que lesdits seigneurs péagers levent & perçoivent, savoir; le seigneur de la terre de Gardouch, une pite; le seigneur de la terre de Pechioura, une pite & demie; le seigneur de la terre de Bram un denier une obole;

le

N°. V. le seigneur de la terre d'Alzonne un denier une obole ; le seigneur de Pennautier, une pite & demie ; le seigneur de la terre de Campendu, un denier une pite ; le seigneur de la terre de Saint-Valliere, une pite ; & le sieur évêque de Beziers pour le tiers qui lui appartient par indivis avec Nous dans le péage de Beziers, une obole ; revenant en tout à six deniers, à prendre sur chacun quintal poids de marc de toutes les marchandises & denrées qui passeront sur ledit canal & dont le propriétaire prend le droit suivant ledit arrêt de notre conseil du vingt-sixieme Septembre dernier ; à l'exception néanmoins des bois qui passeront par radeaux sur ledit canal, pour lesquels lesdits seigneurs péagers ne prendront aucune chose, non plus que pour les poudres, bombes & autres munitions de guerre, bleds, avoines & autres denrées destinées pour nos armées, & pour lesquelles il sera expédié des passeports signés de Nous, lesquels droits de péage par Nous ci-dessus réglés ne pourront être levés par chacun desdits seigneurs particuliers que sur les marchandises & denrées qui auront été voiturées sur ledit canal dans l'étendue de sa terre, en sorte que quand elles n'auront passé que dans la terre d'un desdits seigneurs, il n'y aura que lui qui puisse percevoir la portion à lui appartenant dans lesdits six deniers, sans que les autres seigneurs dans l'étendue des terres desquels lesdites marchandises & denrées n'auront pas été voiturées, y puissent rien prétendre : Et pour éviter la multiplicité des bureaux qui pourroient être à charge au commerce, ordonnons que lesdits seigneurs péagers ne pourront faire la levée de leursdites portions esdits six deniers que dans les bureaux établis pour la levée des droits dudit sieur Riquet, plus prochains de leurs terres & sur les mêmes poids que ceux qui seront tenus par ses commis, auquel effet lesdits seigneurs péagers pourront établir auxdits bureaux à leurs frais & dépens tels commis que bon leur semblera pour la perception de leursdits droits : Permettons néanmoins auxdits seigneurs péagers de continuer la levée des droits portés par leurs titres & pancartes sur les denrées & marchandises qui seront voiturées par terre dans l'étendue de leurs seigneuries, pourvu que lesdites marchandises & denrées ne passent point sur ledit canal, auquel cas ils ne pourront prendre aucun autre droit par terre ni autrement, que leur portion desdits six deniers, à peine de concussion, & sans que, sous prétexte de l'établissement desdits six deniers au profit desdits seigneurs péagers, ils puissent prétendre aucune part & portion en la justice & seigneurie du canal, dont Nous avons ci-devant fait vente audit sieur Riquet. Voulons que lesdits droits de péage soient perçus & levés par lesdits seigneurs péagers sur lesdites marchandises & denrées qui seront voiturées sur ledit canal de communication des mers, ainsi qu'il est dit ci-dessus, nonobstant tous édits & arrêts à ce contraires, auxquels nous avons dérogé & dérogeons par ces présentes pour ce regard seulement, & lesquels au surplus seront exécutés selon leur forme & teneur. SI DONNONS EN MANDEMENT à nos amés & féaux conseillers les gens tenans notre cour de parlement de Toulouse, que ces présentes ils aient à faire publier, lire & enregistrer, & du contenu en icelles jouir lesdits seigneurs péagers comme il appartient, cessant & faisant cesser tous troubles & empêchemens qui pourroient leur être donnés. CAR tel est notre plaisir. Et afin que ce soit chose ferme & stable à toujours, Nous y avons fait mettre notre scel. DONNÉ à Versailles au mois de Mars, l'an de

N°. V. grace mil six cent quatre-vingt-cinq, & de notre regne le quarante-deuxieme. *Signé*, LOUIS. *Et plus bas*; Par le Roi : COLBERT, & scellé de cire verte, & à côté, *visa*, LE TELLIER.

Registré, oui & ce requérant le procureur général du Roi, pour être exécuté selon sa forme & teneur, & copies collationnées d'icelui envoyées aux sénéchaussées, bailliages & judicatures du ressort, pour y être publiées & registrées à la diligence des substituts du procureur général du Roi, qui en certifiera la cour dans le mois. A Toulouse en parlement, les chambres assemblées, le 9 Mai 1685. Signé, BERNADOU.

HENRI D'AGUESSEAU, chevalier, conseiller d'état, intendant en la province de Languedoc.

VU l'édit du mois de Mars 1685 & l'arrêt du parlement portant enregistrement dudit édit : NOUS ordonnons que ledit édit sera exécuté selon sa forme & teneur. Mandons au premier huissier ou sergent de faire tous exploits. FAIT à Montpellier, ce vingt Septembre mil six cent quatre-vingt cinq. *Signé*, D'AGUESSEAU : *Et plus bas*; Par mondit sieur, GUERIGNON.

VI.

ARRÊT

DU CONSEIL D'ÉTAT DU ROI,

Qui défend la levée du doublement des droits sur le canal royal de Languedoc, & ordonne la restitution de ce qui a été payé depuis le premier Octobre 1714.

Du 16 Juillet 1715.

EXTRAIT des Registres du Conseil d'État.

LE Roi étant informé qu'au préjudice de l'édit du mois d'Août 1714, par lequel Sa Majesté a éteint & supprimé, à commencer du premier Octobre dernier, le doublement de tous les droits de péages, bacs, passages, pontonages, riverages, chausséages, canaux, pertuis & autres de cette qualité, tant par eau que par terre, dont la levée avoit été ordonnée par les déclarations du Roi des 29 Décembre 1708, 30 Avril 1709, 15 Décembre 1711 & 22 Mars 1712, le propriétaite du canal royal de Languedoc, ses commis & préposés, continuent d'exiger l'augmentation des droits établis depuis les susdites déclarations, sous prétexte que ce ne sont pas des droits de péages, mais de voiture pour lesquels il a payé une finance à Sa Majesté, quoique par ledit édit il soit fait défenses à toutes personnes de s'immiscer à la perception desdits droits après le dernier jour de Septembre lors prochain, à peine de concussion, nonobstant toutes adjudications, traités, abonnemens & conventions qui peuvent avoir été faites pour la jouissance desdits droits. Et d'autant que Sa Majesté ne les a supprimés que pour le soulagement de ses sujets, & pour le bien du commerce, ayant pourvu par ledit édit au remboursement de la finance payée par les adjudicataires; que par ledit édit qui supprime ledit doublement des droits, ceux du canal royal de Languedoc ne sont pas exceptés, & qu'ils ont été augmentés en conséquence desdits édits & déclarations portant ledit doublement; Oui le rapport du sieur Desmarets, conseiller ordinaire au conseil royal, contrôleur général des finances; SA MAJESTÉ EN SON CONSEIL, a fait très-expresses inhibitions & défenses aux propriétaires du canal royal de Languedoc, ses commis & préposés, d'exiger de plus grands droits sur les denrées & marchandises passant par ledit canal, que ceux qui

N°. VI.

avoient accoutumé d'être perçus avant les déclarations des 29 Décembre 1708, 30 Avril 1709, 15 Décembre 1711 & 22 Mars 1712 pour l'établissement & continuation de la levée du doublement des droits de péage, à peine de concussion, & de tous dépens, dommages & intérêts; sauf au propriétaire dudit canal de faire procéder à la liquidation de la finance par lui payée, pour en être remboursé sur le produit des droits sur les huiles, en la forme portée par ledit édit. Veut & ordonne Sa Majesté que toutes les sommes qui auront été payées pour l'augmentation desdits droits, depuis le mois d'Octobre dernier, par forme de consignation ou autrement, soient restituées, à ce faire contraints. Enjoint Sa Majesté au sieur de Lamoignon de Basville, conseiller d'état ordinaire, intendant de justice, police & finances en la province de Languedoc, de tenir la main à l'exécution du présent arrêt. FAIT au conseil d'état du Roi tenu à Marly le seizieme jour de Juillet mil sept cent quinze. Collationné.

Signé, RANCHIN.

LOUIS, PAR LA GRACE DE DIEU, ROI DE FRANCE ET DE NAVARRE: A notre amé & féal conseiller en nos conseils & en notre conseil d'état, le sieur de Lamoignon de Basville, intendant & commissaire départi pour l'exécution de nos ordres en la province de Languedoc, SALUT. Nous vous mandons & enjoignons de tenir la main à l'exécution de l'arrêt dont l'extrait est ci-attaché sous le contre-scel de notre chancellerie, ce jourd'hui donné en notre conseil d'état, pour les causes y contenues: Commandons au premier notre huissier ou sergent sur ce requis, de signifier ledit arrêt aux y dénommés & à tous autres qu'il appartiendra à ce qu'aucun n'en ignore, & de faire pour l'entiere exécution dudit arrêt, tous commandemens, sommations, défenses y contenues, sur les peines y portées, contraintes & tous autres exploits nécessaires: CAR tel est notre plaisir. DONNÉ à Marly le seizieme jour de Juillet l'an de grace mil sept cent quinze, & de notre regne le soixante-treizieme. Par le Roi en son conseil. *Signé*, RANCHIN. Et scellé.

VII.

ARRÊT

DU CONSEIL D'ETAT DU ROI,

Qui ordonne l'exécution de celui du 16 Juillet 1715, au sujet de l'augmentation des droits du canal, & de la restitution de ce qui a été exigé depuis le premier Octobre 1714.

Du 17 Décembre 1715.

EXTRAIT des Registres du Conseil d'Etat.

VU au conseil d'état du Roi l'arrêt rendu en icelui le 24 Août 1715, sur la requête des propriétaires du canal de Languedoc, pour la communication des deux mers, tendante à ce qu'il plût à Sa Majesté les recevoir opposans à l'arrêt du conseil du 16 Juillet précédent, par lequel Sa Majesté leur fait défenses, à peine de concussion, d'exiger de plus grands droits sur les denrées & marchandises passant par ledit canal, que ceux qui avoient accoutumé d'être perçus avant l'établissement de la levée du doublement des droits de péage, & les condamne à la restitution depuis le premier Octobre 1714, des sommes qui avoient été payées pour l'augmentation desdits droits, par forme de consignation ou autrement; & sur leur opposition, ordonner que la déclaration du 6 Mai

N°. VII. 1710 sera exécutée selon sa forme & teneur, & qu'ils continueront de recevoir le droit de six sols huit deniers qui leur a été attribué par augmentation de voitures, pendant le restant des dix années portées par ladite déclaration; par lequel arrêt Sa Majesté ordonne que sur les fins & conclusions de ladite requête les parties seront entendues devant le sieur de Basville, conseiller d'état ordinaire, intendant de justice, police & finances en la province de Languedoc, pour le procès verbal, qui sera par lui dressé, vu & rapporté avec son avis, être par Sa Majesté ordonné ce qu'il appartiendra; ledit arrêt signifié au syndic général de la province: l'arrêt du conseil du 16 Juillet 1715: le procès-verbal dudit sieur de Basville avec son avis: Oui le rapport & tout considéré; LE ROI EN SON CONSEIL, a débouté les propriétaires du canal de Languedoc de leur opposition à l'arrêt du conseil du 16 Juillet 1715, qui sera exécuté selon sa forme & teneur; & en conséquence, a ordonné & ordonne qu'il sera incessamment procédé à la liquidation des sommes qui doivent être restituées en exécution d'icelui, à compter du premier Octobre 1714 jusqu'au jour de la signification du présent arrêt, soit qu'elles ayent été payées par forme de consignation ou autrement; auquel effet tous les registres de la recette qui a été faite de l'augmentation desdits droits seront remis pardevant le sieur de Lamoignon de Basville, intendant de Languedoc, que Sa Majesté a commis pour procéder à ladite liquidation, lui en attribuant à cet effet toute cour, jurisdiction & connoissance, & icelle interdisant à tous autres cours & juges. Enjoint audit sieur de Basville de tenir la main à l'exécution du présent arrêt. FAIT au conseil d'état du Roi tenu à Vincennes le dix-septieme jour de Décembre l'an de grace mil sept cent quinze. Collationné. N°. VII.

Signé, DELAISTRE.

LOUIS, PAR LA GRACE DE DIEU, ROI DE FRANCE ET DE NAVARRE: A notre amé & féal conseiller en nos conseils, le sieur de Lamoignon de Basville, intendant & commissaire départi pour l'exécution de nos ordres dans la province de Languedoc, SALUT. Nous vous mandons & enjoignons de procéder & tenir la main à l'exécution de l'arrêt dont l'extrait est attaché sous le contre-scel de notre chancellerie, ce jourd'hui donné en notre conseil d'état, pour les causes y contenues; vous attribuons à cet effet toute jurisdiction & connoissance, & icelle interdisons à tous nos autres cours & juges. Commandons au premier notre huissier ou sergent sur ce requis de signifier ledit arrêt à tous qu'il appartiendra à ce que personne n'en ignore, & de faire en outre pour l'entiere exécution d'icelui, tous commandemens, sommations, & autres actes & exploits nécessaires, sans autre permission: Car tel est notre plaisir. DONNÉ à Vincennes le dix-septieme jour de Décembre mil sept cent quinze & de notre regne le premier. Par le Roi en son conseil, le Duc d'ORLÉANS régent, présent.

Signé, DELAISTRE.

NICOLAS DE LAMOIGNON, chevalier, comte de Launay-Courson, seigneur de Bris, Vaugrigneuse, marquis de Lamothe-Chandenier, Beuxe & autres lieux, conseiller d'état ordinaire, intendant de justice, police & finances en la province de Languedoc.

VU l'arrêt du conseil d'état & commission ci-dessus, NOUS ORDONNONS que ledit arrêt du Roi sera exé-

N°. VII. cuté selon sa forme & teneur, lu, publié & affiché partout où besoin sera. FAIT à Montpellier le deuxieme Janvier mil sept cent seize. *Signé*, DE LAMOIGNON : *Et plus bas*; Par Monseigneur. SIRIÉ.

VIII.

ÉDIT DU ROI,

Portant création d'offices de collecteurs des tailles dans les communautés, pour le produit desdits offices être employés à la construction du canal de communication des mers.

Du mois de Novembre 1666.

LOUIS, PAR LA GRACE DE DIEU, ROI DE FRANCE ET DE NAVARRE: A tous présens & à venir, SALUT. Après avoir glorieusement donné la paix à toute l'Europe, Nous avons converti nos principaux soins à faire recueillir à nos sujets les fruits d'une tranquillité bien établie. Et comme le rétablissement du commerce est le moyen le plus assuré pour apporter l'abondance dans les états, aussi nous n'avons rien omis de ce qui peut servir à le rendre plus florissant, en recevant les propositions qui nous sont faites à cet effet, & conviant un chacun par différentes graces à contribuer à l'exécution d'un dessein si avantageux au public & si utile à un chacun de nos sujets. Aussi Nous aurions reçu avec grande satisfaction les propositions qui nous ont été faites pour la construction d'un canal pour la communication des deux mers & l'ouverture d'un port sur la Méditerranée aux côtes de notre province de Languedoc ; & les ayant vues & fait examiner en notre conseil, elles auroient été jugées si universellement avantageuses, tant à nos sujets qu'aux autres peuples de l'Europe, que pour connoître la possibilité d'un ouvrage si grand & si important, Nous aurions député des commissaires tirés du corps des gens des Trois-états de ladite province, pour, conjointement avec les commissaires présidens desdits états, se transporter sur les lieux avec les personnes intelligentes & nécessaires pour la construction dudit canal, & nous donner leur avis sur la possibilité de l'entreprise, ce qui ayant été exécuté par lesdits commissaires, avec beaucoup de circonspection & de connoissance, ils nous auroient donné leur avis sur la possibilité de l'entreprise, & sur la forme & la maniere en laquelle la construction dudit canal pouvoit être faite. Mais pour agir avec plus de sureté dans une entreprise si importante, nous aurions résolu de faire faire l'épreuve du succès qu'elle pourroit avoir, & aurions fait tirer, par forme d'essai, un petit canal tranché & conduit par les mêmes lieux où la construction du grand canal est projettée, ce qui auroit été exécuté avec tant de succès, que nous pouvons nous en promettre avec certitude un fort heureux pour l'exécution de cette entreprise qui assurera la navigation, & rendra la liberté toute entiere au commerce. Mais comme un ouvrage de cette qualité ne peut être fait sans une dépense très-considérable, Nous aurions fait examiner en notre conseil les diverses propositions qui nous ont été faites pour trouver des fonds, sans charger nos sujets de nos provinces de Languedoc & de Guienne de nouvelles impositions, & n'en aurions point trouvé de plus supportable & de plus innocente que celle de créer en titre d'office les commissions des collecteurs des tailles des villes & paroisses qui composent les vingt-deux dioceses de notredite province N°. VIII.

N°. VIII.

de Languedoc, pour jouir par ceux qui en seront adjudicataires, des mêmes droits que ceux dont jouissent les commis préposés à ladite collecte; à quoi nous nous sommes d'autant plus conviés, qu'outre que de la vente & adjudication qui sera faite desdites charges il pourra provenir un fonds considérable pour subvenir à une grande partie de la dépense qu'il conviendra faire pour la construction dudit canal, d'ailleurs la même proposition ayant été ci-devant faite, elle fut reçue & lesdites provisions créées en titre d'office par édit de l'année 1631, ce qui est même d'autant plus convenable que ledit canal fera son principal effet & produira ses plus considérables avantages en notredite province de Languedoc. A CES CAUSES, après avoir fait mettre cette affaire en délibération en notre conseil où étoient notre très-cher & unique frere le Duc d'Orléans & autres princes de notre sang & officiers de notre couronne, de l'avis d'icelui, & de notre certaine science, pleine puissance & autorité royale, & en conséquence du susdit édit du mois d'Octobre 1631, avons de nouveau créé & érigé, & par ces présentes signées de notre main, créons & érigeons en titre d'offices formés & héréditaires, en chaque ville & paroisse de notre province de Languedoc, deux offices de collecteurs des tailles, dont l'un aura le titre d'ancien & l'autre d'alternatif, les pourvus desquels, chacun en l'année de leur exercice, feront la levée de toutes les sommes de deniers qui seront imposées en la forme ordinaire par les consuls & officiers des lieux, soit pour les deniers ordinaires, extraordinaires, & municipaux, & de quelle nature qu'ils puissent être, sans en rien réserver; auxquels collecteurs, pour tous gages, droits & salaires, nous avons attribué les vingt deniers pour livre que ladite province a accoutumé d'imposer, suivant les arrêts de réglement sur ce donnés, sur toutes les sommes qui seront imposées, lequel droit de recette sera compris dans les impositions qui seront faites avec les autres sommes qui seront imposées, faisant défenses aux consuls & officiers desdites villes & lieux d'imposer plus grande somme pour raison de ce, à peine de concussion & de 1000 livres d'amende payables en leurs propres & privés noms. Et jouiront les pourvus desdits offices de collecteurs des tailles des mêmes priviléges, franchises & libertés dont ont ci-devant bien & duement joui les commis à la recette des tailles. Voulons en outre que les pourvus délivrent les deniers procédant de leur maniement dans les mêmes-tems & en la même forme & maniere qu'il a été jusques à présent usité, & qu'ils soient tenus de compter trois mois après qu'ils seront sortis de charge, pardevant les auditeurs ordinaires des communautés & suivant l'usage, sans que jusques à ce ils puissent directement ni indirectement faire aucun maniement. Et pour remédier aux abus pratiqués jusques à présent par plusieurs des particuliers qui ont été commis à ladite collecte, voulons qu'à l'avenir il ne soit pourvu auxdites charges que personnes intelligentes & capables qui écrivent & signent les quittances de leur main, quoi faisant elles seront autant valables & auront même force en justice que si elles étoient reçues par notaires & personnes publiques; pour lesquelles quittances Nous leur défendons très-expressément de prendre plus grand droit que de douze deniers pour chaque quittance fournie aux particuliers cotisés, à peine de concussion. Et d'autant que les deniers qui proviendront de la vente desdits offices sont destinés pour être em-

N°. VIII. ployés à la construction du canal de communication des deux mers dont notredite province de Languedoc recevra le plus grand avantage, Nous voulons & ordonnons que lesdits offices soient vendus par les commissaires qui seront par Nous députés du corps des gens des Trois-états de notredite province de Languedoc, lesquels procéderont à la vente desdits offices en la maniere accoutumée; Permettons à nos sujets, même aux communautés d'acquérir un ou plusieurs desdits offices & de commettre à l'exercice d'iceux telles personnes capables que bon leur semblera, à la charge par les commis de prêter serment devant nos officiers des lieux, & de demeurer par les acquéreurs cautions de leur maniement, desquels offices ils jouiront en hérédité, comme aussi leurs enfans, leurs héritiers & ayant cause, sans pouvoir être dépossédés d'iceux que par le remboursement de leurs finances, frais, loyaux-coûts & des deux sols pour livre qu'ils auront payés, lesquels pourvus seront tenus de remettre les deniers provenant des adjudications de leurs offices entre les mains du commis qui sera par Nous ordonné, pour le payement des travaux desdits ouvrages, sur les quittances du garde de notre trésor-royal, & ce faisant, qu'ils en demeureront bien & valablement quittes & déchargés. SI DONNONS EN MANDEMENT à nos amés & féaux conseillers les gens tenant notre cour des comptes, aides & finances de Montpellier, trésoriers généraux de finance de Toulouse & Montpellier, que ces présentes ils ayent à vérifier & régistrer purement & simplemnnt, sans aucune restriction ni modification, & du contenu en icelles fassent jouir les pourvus auxdits offices, faisant cesser tous troubles & empêchemens au contraire, nonobstant tous édits, arrêts, coutumes & autres choses à ce contraires, auxquelles Nous avons dérogé & dérogeons par ces présentes, & aux dérogatoires y contenues, sauf en autres choses notre droit & l'autrui en toutes. Et afin que ce soit chose ferme & stable à toujours, Nous avons fait mettre notre scel à cesdites présentes, aux copies desquelles collationnées par l'un de nos amés & féaux conseillers & secrétaires foi sera ajoutée comme aux originaux : CAR tel est notre plaisir. DONNÉ à Saint-Germain-en-Laye au mois de Novembre, l'an de grace mil six cent soixante-six & de notre regne le vingt-quatrieme. *Signé*, LOUIS : *Et plus bas*; Par le Roi. PHELYPEAUX. N°. VIII.

IX.

ÉDIT DU ROI,

Portant création d'offices d'auditeurs des comptes des administrateurs & collecteurs des communautés, pour le produit de la vente desdits offices être employé à la construction du canal de communication des mers.

Du mois de Novembre 1666.

LOUIS, PAR LA GRACE DE DIEU, ROI DE FRANCE ET DE NAVARRE: A tous présens & à venir, SALUT. L'une de nos principales occupations depuis qu'il a plu à Dieu donner la paix à nos sujets, ayant été de pourvoir au rétablissement du commerce, nous aurions fait examiner en notre conseil royal les propositions qui nous ont été faites pour la construction d'un canal pour la communication des deux mers & l'ouverture d'un port sur la Méditerranée aux côtes de notre province de Languedoc, lesquelles auroient été jugées si avantageuses, tant à nosdits sujets qu'aux autres peuples de l'Europe, qu'ayant connu la possibilité de cet ou-

N°. IX. vrage par le rapport des commissaires que nous avons députés du corps des gens des Trois-états de notredite province, nous n'avons pas cru devoir retarder un ouvrage si considérable. Mais, comme il ne se peut faire sans une très-grande dépense, sur les diverses propositions qui nous ont été faites pour trouver un fonds sans charger nos sujets de nos provinces de nouvelles impositions, nous aurions jugé qu'il n'y en avoit point de moins à charge que la création en titre d'office de trois offices d'auditeurs des comptes des administrateurs des deniers qui s'imposent, & des rentes & revenus des villes & paroisses de notredite province de Languedoc, en chacune des villes & communautés d'icelle, au lieu & place des nominations qui sont faites par chacune année par les consuls desdites villes & paroisses; de la vente desquels offices nous tirerions un fonds considérable pour employer à la construction desdits ouvrages dont le plus grand profit revient à nos sujets de notredite province de Languedoc. A CES CAUSES, de l'avis de notre conseil, & de notre certaine science, pleine puissance & autorité royale, nous avons créé & érigé, & par ces présentes signées de notre main créons & érigeons en titre d'offices formés & héréditaires, en chacune ville & paroisse de notre province de Languedoc, trois offices d'auditeurs des comptes des administrations des consuls & collecteurs desdites villes & paroisses, tant des deniers ordinaires, extraordinaires, & municipaux, que des rentes & revenus de nosdites villes & communautés, dont les consuls, collecteurs & autres administrateurs ont accoutumé de compter devant ceux qui sont commis par lesdites villes & communautés, auxquels offices nous avons attribué & attribuous les mêmes exemptions, priviléges, franchises, & libertés dont jouissent les collecteurs des tailles & revendeurs de sel à petites mesures dans notredite province de Languedoc, pour, par les pourvus desdits offices d'auditeurs des comptes, procéder à l'audition & clôture des comptes en la forme & maniere accoutumée, devant lesquels lesdits administrateurs seront tenus de compter trois mois après être sortis de charge; &, à leur refus, ils y seront contraints comme pour nos propres deniers & affaires, permettant à cet effet aux pourvus desdits offices de décerner leurs contraintes pour la reddition desdits comptes, à l'audition & clôture desquels ils procéderont incessamment; & ladite clôture faite, remettront iceux, avec les acquits, dans les archives desdites villes & paroisses, ainsi qu'il est accoutumé faire; lors de laquelle audition & clôture des comptes les consuls desdites villes & lieux pourront y assister, si bon leur semble, pour les impugner & débattre; auxquels trois offices d'auditeurs des comptes nous avons attribué & attribuons, pour tous gages & droits, deux deniers pour livre de toutes les sommes qui s'imposeront en chacune desdites villes & paroisses, de quelle nature de deniers que ce soit; lesquels deux deniers seront imposés avec les autres sommes en vertu du présent édit, & payés auxdits auditeurs des comptes des communautés par les administrateurs d'icelles lors de la clôture de leurs comptes, sur leurs simples quittances, sans qu'ils puissent prétendre autre salaire pour quelque cause & occasion que ce puisse être, à peine de concussion & de 1000 livres d'amende. Et d'autant que les sommes qui doivent provenir de la vente desdits offices sont destinées pour être employées à la construction du canal de communication des deux mers, dont notre province N°. IX.

N°. IX. vince de Languedoç reçoit un très-grand avantage, nous voulons & ordonnons que lesdits offices soient vendus par les commissaires qui seront par nous députés du corps des gens des Trois-états de notredite province de Languedoc; lesquels procéderont à la vente desdits offices en la maniere accoutumée; lesquels acquéreurs jouiront desdits offices & de leurs attributions, ensemble des privilèges & exemptions à eux attribués en hérédité, sans pouvoir être dépossédés d'iceux que par un remboursement effectif, tant de leurs finances, frais, loyaux-coûts, que des deux sols pour livre de leur finance qu'ils auront payés pour les frais de nos commissaires; ce faisant, voulons & nous plaît que les sommes provenant desdites ventes seront remises ès mains de celui qui sera par nous commis pour le payement des travaux desdits ouvrages sur les quittances du garde de notre trésor royal. Voulons aussi que lesdits auditeurs des comptes entrent dans la fonction & jouissance de leurs charges à commencer au premier Janvier prochain, pour tous les comptes qui sont à rendre, & jouissent de leurs attributions de deux deniers pour livre; & que cependant le porteur des quittances de finance puisse commettre à la fonction & jouissance d'iceux, & que lesdites attributions lui soient payées sur ses simples quittances, & à ce faire les débiteurs contraints comme pour nos propres deniers & affaires. SI DONNONS EN MANDEMENT à nos amés & féaux conseillers les gens tenant notre cour des comptes, aides & finances de Montpellier, trésoriers généraux de France aux bureaux de finance de Toulouse & Montpellier, que ces présentes ils ayent à vérifier & registrer purement & simplement, sans aucune restriction ni modification, & du contenu en icelles faire jouir les pourvus auxdits offices, cessant & faisant cesser tous troubles & empêchemens, nonobstant tous édits, arrêts, coutumes & autres choses à ce contraires, à quoi nous avons dérogé & dérogeons par ces présentes & aux dérogatoires y contenues, sauf en autres choses notre droit & l'autrui en toutes. Et afin que ce soit chose ferme & stable à toujours, nous avons fait mettre notre scel à cesdites présentes, aux copies desquelles collationnées par l'un de nos amés & féaux conseillers & secrétaires foi sera ajoutée comme aux originaux: CAR tel est notre plaisir. DONNÉ à Saint-Germain-en-Laye au mois de Novembre, l'an de grace mil six cent soixante-six, & de notre regne le vingt-quatrieme. *Signé*, LOUIS. *Et plus bas:* Par le Roi, PHELYPEAUX.

X.

EXTRAIT du registre des délibérations des Etats généraux de Languedoc, assemblés par mandement du Roi en la ville de Carcassonne au mois de Novembre 1666.

Du Mercredi 2 Mars 1667, président Mgr. l'archevêque de Toulouse.

LES Etats délibérant sur la demande à eux faite de la part du Roi par MM. ses commissaires de la somme de 2,400,000 livres payable en huit années, pour tous les ouvrages que Sa Majesté a résolu de faire au canal de communication des deux mers & à celui de dérivation & pour la jonction des étangs & les ports nécessaires à cet effet, soit aussi pour l'indemnité des intéressés aux terres qui seront prises par les entrepreneurs desdits ouvrages, & pour l'exécution des baux qui ont été ou seront sur ce passés, ont résolu d'accorder au Roi pour cette année

No. X. 1667 la somme de 300,000 livres qui sera payée par le trésorier de la bourse dans le tems & ainsi qu'il lui sera ordonné, & d'aider Sa Majesté pour toutes les susdites dépenses & construction dudit canal, durant le cours des sept années suivantes, de 300,000 livres chaque année, dont il sera fait fonds par lesdits Etats de chacune desdites années par imposition ou emprunt, ou par tels effets dont ils croiroient se devoir servir pour le soulagement de la province, sous les clauses & conditions suivantes, & non autrement, sans lesquelles lesdits Etats n'auroient pas eu le moyen de secourir Sa Majesté d'une somme si considérable.

PREMIEREMENT, que la somme de 300,000 livres accordée au Roi pour cette année 1667, ne sera payée par le trésorier de la bourse que dans le dernier terme des impositions de la présente année, & par les ordres des Etats prochains seulement, lesquels députeront des commissaires sans frais sur les lieux pour vérifier l'état desdits travaux, afin que, sur leur rapport, l'assemblée puisse ordonner le payement de ladite somme à celui ou ceux qui en auront la direction, lesquels seront porteurs des quittances de l'épargne à la décharge de la province, ce qui sera observé dans les années suivantes jusques à la fin des huit années pour le payement du fonds qui en sera fait en chacune d'icelles, si le cas y échoit.

R. Accordé, à condition que le payement de la somme de 300,000 livres se fera en trois termes & payemens égaux dont le premier sera au premier du mois de Juin, le second au premier du mois de Septembre, & le troisieme au premier du mois de Décembre de la présente année, & ainsi dans les années suivantes, lesquels payemens cesseront par l'ordre des commissaires députés aux Etats, en cas que le travail cesse.

II. No. X.

Que les Etats accordent ledit secours, en plusieurs années pour l'entiere perfection de tous lesdits ouvrages; & Sa Majesté ne leur pourra demander plus grande somme pour raison d'iceux sous quelque prétexte que ce soit, quand même ils ne seroient point achevés dans le cours desdites huit années, à quelle somme que toutes les dépenses qu'il conviendra faire pour raison de ce puissent monter.

R. Accordé.

III.

Que si par quelque cas non prévu lesdits ouvrages n'étoient point continués, les payemens qui resteront à faire cesseront aussi dans le même-tems; & les Etats seront déchargés d'en faire le fonds, ainsi qu'il a été dit ci-dessus.

R. Accordé.

IV.

Que les Etats ne seront point tenus directement ni indirectement de contribuer à l'avenir, sous quelque prétexte que ce puisse être, à l'entretien & aux réparations nécessaires pour la conservation desdits ouvrages.

R. Accordé.

V.

Que les propriétaires des terres qui ont été ou seront prises pour la construction desdits ouvrages, seront remboursés du prix d'icelles; les ecclésiastiques, les seigneurs particuliers, les communautés, indemnisés pour les dixmes, les droits seigneuriaux, & pour toutes les impositions généralement quelconques, suivant l'estimation qui en sera faite par les commissaires du Roi, de concert avec les commissaires des Etats qui seront nommés à l'ouverture des assemblées de chacune desdites huit années, & ledit dédommagement pris par préférence & des

N°. X. premiers deniers ; savoir, la présente année, de la somme de 300,000 livres qui a été accordée, & dans les suivantes, année par année, du fonds qui sera fait par imposition ou emprunt, ou par les moyens & effets que les Etats jugeront les plus avantageux pour la province ; sans que les Etats puissent être tenus d'aucune garantie envers lesdites communautés & particuliers pour raison de ce. C. D'ANGLURE, Archev. de Thoul. Président. Du mandement de nosseigneurs des Etats, GUILLEMINET, *ainsi signés.*

R. Accordé pour le remboursement des propriétaires des terres qui serviront à la construction dudit canal & pour l'exécution des baux qui ont été ou pourront être sur ce passés, & pour l'indemnité des intéressés aux droits seigneuriaux & décimaux, lesquels dommages seront estimés par les commissaires du Roi, de concert avec les commissaires des Etats, & payés par leurs ordres sur le fonds contenu au présent article. Et à l'égard des tailles & impositions desdites communautés pour lesdites terres, la valeur en sera estimée par les mêmes commissaires pour être pourvu à leur indemnité par les voies qui seront convenues. Et cependant par provision ladite indemnité sera prise l'année présente sur les fonds contenus au présent article ; & ainsi dans les années suivantes, jusques à ce qu'il y ait été pourvu.

LES COMMISSAIRES PRÉSIDENS pour le Roi en l'assemblée des gens des Trois-états du pays de Languedoc, convoqués par mandement de Sa Majesté en la ville de Carcassonne au mois de Novembre 1666.

VU la délibération des Etats ci-dessus écrite, ensemble les conditions qui y ont été apposées : NOUS, au nom de Sa Majesté, AVONS accepté le don de 2,400,000 livres pour la construction du canal de la communication des mers payable en huit années dont le premier huitieme commence l'année courante 1667, & promettons de faire exécuter le contenu en ladite délibération, conformément aux apostilles par nous mises aux marges desdites conditions. FAIT à Carcassonne pendant la tenue des Etats le troisieme jour de Mars mil six cent soixante-sept. HENRY, duc DE VERNEUIL, GRIGNAN, BAZIN, DE MAUSE. *Signés : Et plus bas* ; Par Messeigneurs, PUJOL. N°. X.

XI.

ÉDIT DU ROI,

Portant suppression des offices d'auditeurs des comptes & de collecteurs des communautés créés par édit de Novembre 1666.

Du mois d'Octobre 1667.

LOUIS, PAR LA GRACE DE DIEU, ROI DE FRANCE ET DE NAVARRE : A tous présens & à venir, SALUT. Les propositions qui nous ont été faites pour la construction d'un canal de communication des deux mers, & l'ouverture d'un port sur la Méditerranée aux côtes de notre province de Languedoc, ayant été reçues en notre conseil, nous aurions en même-tems pourvu aux moyens d'en faire la dépense, & examiné ceux qui nous ont été proposés, parmi lesquels n'en ayant point trouvé de plus supportable ni de plus innocent que celui de créer en titre d'offices formés & héréditaires en chaque ville & paroisse de notre province de Languedoc, deux offices de collecteurs des tailles, dont l'un auroit le titre d'ancien & l'autre d'alternatif, avec attribution, pour leur droit de levée de vingt deniers pour livre sur

N°. XI. toutes les impositions ordinaires & extraordinaires, & sur les deniers municipaux, ensemble de douze deniers pour chaque quittance qu'ils fourniroient aux particuliers contribuables & cotisés; & de trois offices d'auditeurs des comptes des administrations des consuls & collecteurs desdites villes & paroisses, tant des deniers ordinaires, extraordinaires, & municipaux, que des rentes & revenus de nosdites villes & communautés, dont les consuls & autres administrateurs avoient accoutumé de compter devant ceux qui étoient commis à cet effet par lesdites villes, avec attribution auxdits auditeurs de deux deniers pour livre de toutes les susdites impositions, nous aurions fait expédier deux divers édits portant les susdites créations & attributions, au mois de Novembre dernier 1666, que nous aurions adressés à notre cour des comptes, aides & finances de Montpellier & trésoriers généraux de France aux bureaux de nos finances de Toulouse & Montpellier. Et d'autant qu'avant l'enregistrement & la vérification desdits édits, & la vente des susdits offices que nous aurions ordonné être faite par les commissaires qui seroient par nous députés du corps des Trois-états de notredite province, il nous auroit été remontré par l'assemblée desdits Etats convoqués en dernier lieu dans la ville de Carcassonne, que lesdits édits étoient contraires à leurs droits, libertés, & priviléges; savoir, celui des collecteurs, en ce que les villes & communautés de notredite province ont la faculté de mettre tous les ans à la moins-dite la levée de toutes les susdites impositions, qui ne peuvent être délivrées qu'au moins-disant & au-dessous de quatorze deniers pour livre, sans aucun droit de quittance sur les particuliers contribuables; & que par notredit édit nous établissions un droit nécessaire de vingt deniers & une nouvelle attribution d'un droit de quittance dans les communautés qui ne se leve pas dans notredite province, ce qui faisoit une imposition nouvelle qu'ils n'avoient pas consentie: Comme aussi que la création desdits collecteurs faite par notre très-honoré seigneur & pere en l'année 1631, & énoncée dans notredit édit avoit été en même-tems révoquée; & à l'égard de celui des auditeurs, qu'il étoit aussi contraire à leurs droits, libertés, & priviléges, soit par l'attribution de deux deniers pour livre de toutes les sommes qui seroient imposées pour leurs gages & droits, soit parce que la création desdits offices établissoit des auditeurs fixes, lesquels ne pouvant pas être changés par la communauté, auroient été souvent, & principalement dans les petits lieux, parens & affidés des comptables, au lieu que, par l'ancien usage de la province, ce doivent être des personnes sans soupçon & nommées tous les ans par la communauté, sans même que les officiers qui ont droit d'autoriser les délibérations portant nomination desdits auditeurs, puissent assister auxdits comptes pour y faire fonction: de sorte que, par toutes ces raisons & plusieurs autres qu'ils nous ont fait remontrer par les commissaires présidens pour nous en ladite assemblée, nous aurions reconnu que ces propositions & ces moyens n'étoient pas recevables, qu'ils étoient à charge à nos sujets de ladite province, & contraires à leurs priviléges dans lesquels nous voulons les maintenir. Et en même-tems desirant l'avancement desdits ouvrages que nous avons résolu de faire en notredite province, nous aurions mieux aimé demander à ladite assemblée des gens des Trois-états un secours par imposition ou autrement, en la maniere qu'ils avise- N°. XI.

Nº. XI. roient, pour nous aider à faire la dépense qu'il nous conviendra faire ; que de chercher d'autres moyens. A CES CAUSES & autres considérations à ce nous mouvant, après avoir fait mettre cette affaire en délibération en notre conseil où étoient notre très-cher & unique frere le duc d'Orléans, notre très-cher & très-amé cousin le prince de Condé, & autres grands & notables personnages de notredit conseil, de l'avis d'icelui, & de notre certaine science, pleine puissance & autorité royale, Nous avons, par notre présent édit perpétuel & irrévocable révoqué, éteint & supprimé, révoquons, éteignons & supprimons les susdits édits du mois de Novembre 1666, portant création, en titre d'offices formés & héréditaires, en chaque ville & paroisse de notre province de Languedoc ; savoir, de deux collecteurs des tailles dont l'un devoit avoir le titre d'ancien & l'autre d'alternatif, avec attribution, pour droit de levée de vingt deniers pour livre & pour le droit de quittance de chaque particulier contribuable de douze deniers ; & de trois offices d'auditeurs des comptes des administrations des consuls & collecteurs desdites villes & paroisses, tant des deniers ordinaires, extraordinaires, & municipaux, que des rentes & revenus d'icelles, sans qu'à l'avenir ils puissent être rétablis pour quelque cause, prétexte, & occasion que ce pût être. Voulons & nous plaît que le droit de levée de toutes les impositions qui seront faites dans les villes & communautés de notredite province de Languedoc, soit baillée à la moins-dite en la maniere accoutumée & que les auditeurs des comptes des administrations des consuls & collecteurs desdites villes & communautés, tant des deniers ordinaires, extraordinaires, & municipaux, que des rentes & revenus d'icelles, soient pris du corps de la communauté, choisis & nommés tous les ans par les habitans, pour être procédé par eux à l'audition desdits comptes, en la forme & ainsi qu'il s'est pratiqué par le passé, sans que le nombre en puisse être augmenté, ni que les officiers des lieux, qui ont droit d'autoriser les délibérations pour la nomination desdits auditeurs, puissent assister à l'audition desdits comptes pour y faire fonction. SI DONNONS EN MANDEMENT à nos amés & féaux conseillers les gens tenant notre cour des comptes, aides & finances de Montpellier, présidens, trésoriers généraux de France ès généralités de Toulouse & Montpellier, chacun en droit soi, que le présent édit ils fassent lire, publier & registrer, & le contenu en icelui garder & observer, selon sa forme & teneur, sans y contrevenir, nonobstant toutes oppositions ou appellations quelconques, édits, réglemens, déclarations, arrêts, défenses & autres choses à ce contraires, auxquelles & aux dérogatoires des dérogatoires y contenues nous avons dérogé & dérogeons par ces présentes. Et d'autant que d'icelles on pourroit avoir à faire en divers lieux, nous voulons qu'aux copies d'icelles duement collationnées par l'un de nos amés & féaux conseillers & secrétaires foi soit ajoutée comme à l'original. Et afin que ce soit chose ferme & stable à toujours, nous y avons fait mettre notre scel, sauf entre autres choses notre droit & l'autrui en toutes : CAR tel est notre plaisir. DONNÉ à Saint-Germain-en-Laye au mois d'Octobre, l'an de grace mil six cent soixante-sept, & de notre regne le vingt-cinquieme. *Signé*, LOUIS : *Et plus bas* ; Par le Roi, PHELYPEAUX. Nº. XI.

N°. XII.

XII.
ÉDIT DU ROI,

Portant établissement d'un droit annuel sur les hôtes, cabaretiers, & taverniers de la province de Languedoc, pour le produit dudit droit être employé à la construction du canal.

Du mois de Septembre 1668.

LOUIS, PAR LA GRACE DE DIEU, ROI DE FRANCE ET DE NAVARRE: A tous présens & à venir; SALUT. La construction du canal de communication des deux mers Océane & Méditerranée, & d'un mole & port au cap de Cette en Languedoc, étant une entreprise autant avantageuse à la réputation de notre regne qu'utile au commerce & au général & particulier de nos sujets, nous n'avons rien omis de ce qui a dépendu de notre autorité & de nos soins pour en avancer les travaux, ce qui a si bien réussi que nous avons tout sujet d'espérer de voir dans peu d'années ce grand ouvrage dans sa derniere perfection. Mais comme la dépense en est excessive, & qu'il en survient toujours d'imprévues qui ne peuvent être soutenues que par des moyens extraordinaires, nous avons été obligés d'écouter diverses propositions qui nous ont été faites, par l'exécution desquelles nous pourrions trouver les fonds nécessaires pour l'entiere & parfaite construction dudit canal, lesquelles propositions ayant fait examiner en notre conseil, nous avons reçu celles qui ont été jugées les plus innocentes, & dont nos sujets pourroient même recevoir quelque sorte d'avantage & d'utilité. Et en effet nous ayant été représenté que par d'anciens édits, même par celui du mois de Mars 1577, & déclaration rendue en conséquence au mois de Février 1581, registré où besoin a été, défenses ont été faites à tous hôtelliers, cabaretiers & marchands de vin, de tenir hôtelleries, cabarets ou tavernes, ni de pendre bouchon, sans en avoir préalablement obtenu notre permission par lettres, & prêté serment pardevant les juges des lieux, avec exemption de toutes charges personnelles; & que par autre édit du mois de Janvier 1627, il est ordonné que lesdits hôtelliers, cabaretiers, taverniers, & marchands de vin jouiroient à titre d'hérédité de lad. permission en payant par chacun d'eux les sommes auxquelles ils seroient modérément taxés; lesquelles taxes ordonnées être faites ont été depuis commuées, suivant l'édit du mois de Décembre 1632 registré en la cour des aides de Paris en l'année 1634, en certains droits réglés, ordonnés être payés annuellement par tous hôtelliers, cabaretiers, & marchands de vin différemment, suivant la qualité & étendue des villes, bourgs, villages, & autres lieux de leur établissement, lequel droit n'étant pas considérable & ne pouvant être à charge à nos sujets, ayant d'ailleurs été établi dans la plus grande partie des villes de notre royaume, & la perception en étant faite par les fermiers de nos aides, nous avons estimé qu'il pourroit être indistinctement établi dans toute l'étendue de notre royaume pour être les deniers qui en proviendront employés à la construction du canal de communication des deux mers. A CES CAUSES, de l'avis de notre conseil, & de notre certaine science, pleine puissance & autorité royale, nous avons dit & ordonné, & par ces présentes signées de notre main disons & ordonnons, voulons & nous plaît que, suivant & conformément audit édit du mois de Décembre 1632, toutes personnes qui voudront tenir hô-

N°. XII. telleries, tavernes, cabarets, & vendre vin dans toute l'étendue de la province de Languedoc & généralités de Toulouse, Montauban & Montpellier, seront tenus de payer entre les mains des commis qui seront préposés à cet effet, savoir, ceux qui auront leur résidence, & qui voudront tenir hôtellerie, cabaret, & vendre vin dans les villes & chefs des dioceses de ladite province de Languedoc, & généralités de Toulouse, Montpellier & Montaubun, dix livres chacun; ceux qui auront leur résidence & feront semblable commerce de vin ès villes chefs des vigueries, châtellenies, baronnies ou ayant entrée aux Etats de la province, & maisons situées sur les grands chemins, huit livres chacun; & ceux des villages & paroisses, six livres chacun; dont ils seront tenus de prendre quittance pour ce droit, de laquelle sera par eux payé un sol pour livre au commissaire à ce préposé. Et en conséquence seront lesdits cabaretiers, hôtelliers, & marchands de vin, conformément audit édit & déclaration des mois de Mars 1577 & Février 1581, exempts de tutelle, curatelle, guet & garde de ville, même de logement des gens de guerre & de toutes autres charges personnelles. Et au moyen de ce, faisons défenses à toutes personnes de tenir hôtelleries, cabarets, tavernes, ni vendre vin en gros ou en détail, sans avoir payé ledit droit annuel, à peine de confiscation de leur vin & de 300 livres d'amende, applicable moitié à nous, l'autre moitié à l'hôpital-général des lieux. Voulons en outre que ledit droit de vendre vin soit censé & réputé, comme nous le réputons, domanial, & qu'il soit aliéné par les commissaires qui seront par nous députés du corps des Trois-états de la province de Languedoc ou autres officiers qui seront par nous commis & préposés à cet effet, laquelle vente sera faite à faculté de rachat perpétuel, pour jouir dudit droit annuel par les adjudicataires en hérédité sur la quittance de finance du trésor royal & contrat d'adjudication, pour raison de quoi lesdits adjudicataires payeront douze deniers pour livre pour les frais à nosdits commissaires qui leur tiendront lieu de finance, sans qu'ils puissent être dépossédés de la jouissance dudit droit annuel, qu'ils n'ayent été préalablement remboursés de leur finance & des douze deniers pour livre qu'ils auront payés. Et seront les deniers provenant de l'aliénation dudit droit annuel employés à la dépense & frais nécessaires de la construction dudit canal. SI DONNONS EN MANDEMENT à nos amés & féaux conseillers les gens tenant notre cour des comptes, aides & finances à Montpellier, que ces présentes ils ayent à registrer, & le contenu en icelles garder & observer selon sa forme & teneur, cessant & faisant cesser tous troubles & empêchemens au contraire: CAR tel est notre plaisir. Et afin que ce soit chose ferme & stable à toujours, nous avons fait mettre notre scel à cesdites présentes. DONNÉES à Saint-Germain-en-Laye au mois de Septembre, l'an de grace mil six cent soixante-huit, & de notre regne le vingt-sixieme. *Signé*, LOUIS: *Et plus bas*; Par le Roi, PHELYPEAUX.

Registré ès registres de la cour des comptes, aides & finances, pour le contenu en icelui être gardé & observé selon sa forme & teneur; oui, & ce requérant le procureur général du Roi, suivant l'arrêt ce jourd'hui donné par ladite cour, les chambres & semestres assemblés. A Montpellier le vingt-quatrieme Novembre mil six cent soixante-huit. Signé, PUJOL.

N°. XIII.

XIII.

EDIT DU ROI,

Portant création d'offices de greffiers consulaires en chacune viguerie, ville & communauté de la province de Languedoc, pour le produit de la vente desdits offices être employé à la construction du canal.

Du mois de Septembre 1668.

LOUIS, PAR LA GRACE DE DIEU, ROI DE FRANCE ET DE NAVARRE; A tous présens & à venir, SALUT. La construction du canal de communication des deux mers Océane & Méditerranée, & d'un mole & port au cap de Cette en Languedoc, étant une entreprise autant avantageuse à la réputation de notre regne qu'utile au commerce & au général & particulier de nos sujets, nous n'avons rien omis de ce qui a dépendu de notre autorité & de nos soins pour en avancer les travaux, ce qui a si bien réussi que nous avons tout sujet d'espérer de voir dans peu d'années ce grand ouvrage dans sa derniere perfection. Mais comme la dépense en est excessive & qu'il en survient toujours d'imprévues qui ne peuvent être soutenues que par des moyens extraordinaires, nous avons été obligés d'écouter diverses propositions qui nous ont été faites par l'exécution desquelles nous pourrions trouver les fonds nécessaires pour l'entiere & parfaite construction dudit canal, lesquelles propositions ayant fait examiner en notre conseil, nous avons reçu celles qui ont été jugées les plus innocentes, & qui même pourroient apporter à nos sujets quelque sorte d'avantage; & à cet effet nous a été représenté que, par l'usage de notre province de Languedoc, les offices de greffiers des villes & communautés de ladite province dépendant de la nomination des consuls, ils font choix, incontinent après leur élection, de personnes affidées, telles que bon leur semble, pour faire les fonctions de greffiers qui sont appellés consulaires, lesquels, en conséquence de leur nomination, tiennent registre & reçoivent les délibérations des villes, assistent à la reddition des comptes, & en écrivent les apostilles & les arrêtés, & reçoivent tous autres actes qui se passent dans lesdites communautés dont ils se rendent dépositaires, ensemble du compoix & autres actes & titres de communauté: Mais d'autant que lesdits greffiers consulaires n'exercent leurs commissions que pendant le tems du consulat des consuls qui les ont établis, & que par ces fréquens changemens d'officiers les registres publics desdites communautés se perdent & se dissipent, ce qui cause aux communautés de grands désordres & confusions, qui peuvent être prévenues en établissant dans chacune d'icelles, en titre d'office formé des charges de greffiers, dont elles recevroient d'autant mois de préjudice, que cette création n'apporteroit aucune innovation, & que les droits qui sont perçus par les commis à l'exercice desdites charges pourroient suffire aux officiers qui seroient créés en titre; que d'ailleurs il importe au bien du public que les registres, titres, & papiers desdites communautés soient bien tenus & conservés par des officiers particuliers qui ayent le caractere de notre autorité, & en cette qualité serment en justice, A CES CAUSES, de l'avis de notre conseil, & de notre certaine science, pleine puissance & autorité royale, nous avons créé, érigé, & établi, & par ces présentes signées de notre main créons, érigeons, & établissons en chacune des vigueries, villes, & communautés de notre province de Languedoc,

N°. XIII. guedoc, un office de greffier consulaire, pour assister, en chacun des hôtels-de-ville & maisons communes desdites villes & communautés, aux assemblées qui se feront & tiendront en icelles, en recevoir & enregistrer les délibérations, assister à l'audition & clôture des comptes des administrateurs des biens des communautés & des sommes imposées, mettre les apostilles & clôtures sur iceux, pour demeurer du tout dépositaires & être remis ès archives des communautés, bon & fidel inventaire préalablement fait d'iceux, au pied duquel ils se chargeront desdits titres & actes; comme aussi pourront lesdits greffiers recevoir tous contrats & autres actes de particulier à particulier, tout ainsi & en la même forme & maniere que font les autres notaires royaux desdites villes & communautés; en conséquence de quoi leur avons attribué la qualité de notaires & gardes notes royaux, pour en faire les fonctions dans chacune des villes & lieux de leur établissement; & à cet effet, voulons qu'ils soient reçus & prêtent serment pardevant nos juges des lieux, en leur représentant les contrats des adjudications qui leur seront faites desdits offices & la quittance de la finance qui en aura été par eux payée, & faisant leur soumission de rapporter dans trois mois nos lettres de provision sur ce nécessaires, à peine de nullité de leurs réceptions. Voulons que les pourvus desdits offices de greffiers consulaires & notaires royaux qui seront établis dans les villes principales ayant entrée aux Etats de notredite province, & ceux des villes chefs des vigueries ou baronnies, jouissent de soixante-quinze livres de gages que nous leur avons attribué par chacun an, & ceux des autres lieux de trente livres de gages seulement, ensemble des autres droits & émolumens

dont jouissent les particuliers commis par les consuls à l'exercice desdits offices de greffiers consulaires, ensemble des mêmes droits & émolumens dont jouissent les autres notaires royaux des villes & communautés de la province, pour raison des contrats & actes qu'ils passent; & en conséquence nous avons fait & faisons très-expresses inhibitions & défenses auxdits consuls de nommer & commettre ci-après à l'exercice desdites charges de greffiers consulaires, & auxdits commis d'en faire les fonctions, à peine de faux; tous lesquels offices créés par le présent édit seront censés & réputés domaniaux & héréditaires, & en cette qualité vendus & adjugés en la maniere accoutumée par les commissaires qui seront par nous à ce députés, pour les droits desquels les acquéreurs seront tenus de payer, outre le prix de leurs adjudications, les deux sols pour livre d'icelles, sans qu'ils puissent être dépossédés qu'en leur remboursant actuellement, en un même payement, le principal de leurs adjudications & les deux sols pour livre d'icelles, le tout à la charge que les deniers provenant de la création desdits offices seront employés aux dépenses des ouvrages de communication des mers. SI DONNON EN MANDEMENT à nos amés & féaux conseillers les gens tenant notre cour des comptes, aides & finances de Montpellier que ces présentes ils ayent à registrer & le contenu en icelles faire exécuter selon sa forme & teneur, cessant & faisant cesser tous troubles & empêchemens qui pourroient être donnés, nonobstant tous édits, déclarations, arrêts, réglemens & autres choses à ce contraires, auxquelles nous avons dérogé & dérogeons par ces présentes: CAR tel est notre plaisir. Et afin que ce soit chose ferme & stable à toujours, nous y avons fait mettre N°. XIII

N°. XIII. notre scel. DONNÉ à Saint-Germain-en-Laye au mois de Septembre, l'an de grace mil six cent soixante-huit, & de notre regne le vingt-sixieme. *Signé*, LOUIS : *Et plus bas*; Par le Roi, DE LIONNE.

Le présent édit a été regîtré ès registres de la cour des comptes, aides & finances, pour le contenu en icelui être gardé & observé suivant sa forme & teneur; oui & ce requérant le procureur général du Roi, suivant l'arrêt de ce jourd'hui donné par ladite cour, les chambres & semestres assemblés. A Montpellier le vingt-quatrieme Novembre mil six cent soixante-huit. Signé, *PUJOL.*

XIV.

ÉDIT DU ROI,

Portant création d'offices de commissaires prud'hommes & experts jurés, pour le produit de la vente desdits offices être employé à la construction du canal.

Du mois de Septembre 1668.

LOUIS, PAR LA GRACE DE DIEU, ROI DE FRANCE ET DE NAVARRE: A tous présens & à venir, SALUT. La construction du canal de communication des deux mers Océane & Méditerranée, & d'un mole & port au cap de Cette en Languedoc, étant une entreprise autant avantageuse à la réputation de notre regne qu'utile au commerce, & au général & particulier de nos sujets, nous n'avons rien omis de ce qui a dépendu de notre autorité & de nos soins pour en avancer les travaux, ce qui a si bien réussi que nous avons tout sujet d'espérer de voir dans peu d'années ce grand ouvrage dans sa derniere perfection. Mais comme la dépense en est excessive & qu'il en survient tous les jours d'imprévues qui ne peuvent être soutenues que par des moyens extraordinaires, nous avons été obligés d'écouter diverses propositions qui nous ont été faites, par l'exécution desquelles nous pourrions trouver les fonds nécessaires pour l'entiere & parfaite construction dudit canal, lesquelles propositions ayant fait examiner en notre conseil, nous avons reçu celles qui ont été jugées les plus innocentes & dont nos sujets pourroient même tirer quelque sorte d'avantage & d'utilité. Et à cet effet nous a été représenté que par édit du mois de Mars 1609, regîstré en notre cour de parlement de Toulouse il a été créé des offices d'auditeurs des comptes de tutelle, curatelle & deniers pupillaires, lesquels offices ayant été établis dans le ressort & étendue d'aucunes de nos cours de parlement par divers arrêts, les officiers en font la fonction avec d'autant plus de satisfaction du public, que par le renvoi qui se fait pardevant lesdits officiers de l'audition & clôture desdits comptes, les parties se trouvent soulagées de la multiplication des degrés de jurisdiction, du tems & des frais. Mais comme les sénéchaux, présidiaux & autres premiers juges se trouvent privés par cet établissement de quelques avantages qu'ils tiroient de l'audition desdits comptes, il a été jusques ici par eux traversé. Et nous a été aussi pareillement représenté que dans toute l'étendue du ressort de cour de parlement de Toulouse, les consuls des villes & lieux sont en possession de nommer & établir, incontinent après le serment par eux prêté & prise de possession, plusieurs officiers appellés politiques, & entre autres des prud'hommes & experts qui sont par eux commis pour procéder à l'estimation des dégâts, dommages & dégradations qui peuvent avoir été faits dans les héritages des particuliers qui N°. XIV.

N°. XIV. s'en plaignent, lesquels experts en dressent leur rapport qu'ils remettent pardevant les juges ordinaires des lieux. Comme aussi nous a été représenté que dans l'étendue du ressort du parlement de Provence, il est de l'usage que le créancier fasse estimer par prud'hommes & experts les immeubles de son débiteur incontinent qu'il en a fait faire la saisie, auparavant qu'il en puisse poursuivre l'adjudication, lequel usage est d'autant plus au soulagement du débiteur qu'il ne se trouve dépossédé que jusques à la concurrence de la somme pour laquelle la saisie se trouve faite. Et néanmoins encore que la province de Toulouse soit régie par le droit écrit, aussi bien que le pays de Provence, toutefois l'usage s'y trouve en cela contraire, étant permis à un créancier de saisir indéfiniment tous les héritages & biens de son débiteur, lequel étant entierement dépossédé se trouve hors d'état de se libérer, &, par l'accablement des poursuites & la rigueur d'un créancier, dépouillé de tout son bien, quoiqu'il soit d'une plus grande valeur que la dette pour laquelle la saisie a été conçue. A quoi étant nécessaire de pourvoir en rendant les usages uniformes dans lesdites provinces de Languedoc & Provence; & pouvant en même tems retirer des sommes considérables de la création des offices de prud'hommes experts, pour faire lesdits rapports & les fonctions des commis préposés par les consuls des villes pour en employer le provenu à la construction dudit canal, à la dépense duquel nos sujets des provinces de Languedoc & de Provence sont d'autant plus obligés de contribuer qu'ils en reçoivent les principaux avantages. A CES CAUSES, de l'avis de notre conseil, & de notre certaine science, pleine puissance & autorité royale, nous avons créé & érigé, & par ces présentes signées de notre main créons & érigeons en chacune ville du ressort de notre cour du parlement de Toulouse, trois offices de commissaires prud'hommes & experts jurés, pour procéder, chacun dans leur ressort, à la vérification & estimation des biens & héritages qui seront saisis réellement, dont lesdits experts prud'hommes remettront leurs verbaux aux greffes des juges d'autorité desquels les saisies auront été faites, pour être, sur l'estimation procédé à la vente des biens, s'il y échoit. Comme aussi pourront lesdits experts procéder à la vérification & liquidation des dégâts, pertes, dégradations & des dommages & intérêts que les parties prétendront avoir souffert en leurs héritages, & faire toutes vérifications, estimations & liquidations qui seront ordonnées par les juges être faites par prud'hommes experts, sans que lesdits juges ni autres que lesdits experts se puissent immiscer d'y procéder, à peine de nullité, cassation de procédures, 500 livres d'amende, & de tous dépens, dommages & intérêts. Voulons en outre & nous plaît que lesdits prud'hommes & experts puissent procéder à l'audition & clôture des comptes des tutelles & curatelles, & autres administrations pupillaires, conformément à l'édit du mois de Mars 1609, dont ils connoîtront privativement à tous autres juges, sauf l'appel de la clôture de leurs comptes en notre cour de parlement de Toulouse; & en conséquence sera loisible auxdits auditeurs des comptes de contraindre par condamnation d'amende & saisie des biens les tuteurs, curateurs à rendre compte de leur administration & maniement. Et pour donner moyen aux pourvus desdites charges de les exercer avec honneur & intégrité, nous leur avons attribué & attribuons les mêmes droits que perçoivent ceux qui exercent présentement par com- N°. XIV.

N°. XIV.

mission lesdites charges ; & en outre avons attribué à chacun desdits prud'hommes & experts qui feront leurs fonctions dans les villes principales, chefs des diocefes ou vigueries, ou qui ont entrée aux Etats de la province, 25 livres par forme de gages par chacun an, & à ceux des autres villes, lieux & paroisses 10 livres, pour en jouir par les pourvus à commencer du premier Janvier prochain, sans qu'ils puissent prétendre autres plus grands gages & droits, sur les deniers extraordinaires & municipaux qui s'imposent; au payement desquelles sommes ci-dessus réglées les consuls seront contraints par les voies accoutumées sur les simples quittances des pourvus. Et desirant les traiter d'autant plus favorablement, voulons & nous plaît qu'ils soient & demeurent exempts de tutelle, curatelle, guet & garde de ville, collecte des tailles & logement des gens de guerre, & que les acquéreurs desdits offices soient reçus & prêtent serment pardevant les juges des lieux, pour cette fois seulement, sur la quittance de finance jointe à l'extrait collationné des présentes, à la charge d'obtenir nos lettres de provision dans trois mois, & d'en passer soumission, à peine de nullité de leur réception. Et seront les deniers provenant de la vente desdites charges employés aux ouvrages dudit canal, sans aucun divertissement. Si donnons en mandement à nos amés & féaux conseillers les gens tenant notre cour des comptes, aides & finances à Montpellier que ces présentes ils aient à registrer, & le contenu en icelles exécuter, selon sa forme & teneur, cessant & faisant cesser tous troubles & empêchemens qui pourroient être mis & donnés, nonobstant tous édits, déclarations, ordonnances, arrêts, réglemens, & autres choses à ce contraires, auxquelles nous avons dérogé & dérogeons par ces présentes. Car tel est notre plaisir. Et afin que ce soit chose ferme & stable à toujours, nous avons fait mettre notre scel à cesdites présentes. Données à Saint-Germain-en-Laye, au mois de Septembre, l'an de grace mil six cent soixante-huit, & de notre regne le vingt-sixieme. *Signé*, LOUIS. *Et plus bas* : par le Roi, Phelypeaux.

Les présentes en forme d'édit ont été regiſtrées ès regiſtres de la cour des comptes, aides & finances, pour le contenu en icelles être gardé & observé, selon leur forme & teneur; oui le procureur général du Roi, suivant l'arrêt ce jourd'hui donné par ladite cour, les chambres & semestres assemblés. A Montpellier le vingt-quatrieme Novembre mil six cent soixante-huit. Signé, *Pujol.*

X V.

Extrait *du registre des délibérations des Etats généraux de Languedoc, assemblés par mandement du Roi en la ville de Montpellier au mois de Novembre 1670.*

Du Jeudi 5 Février 1671, président Mgr. l'évêque de Viviers.

Les Etats délibérant sur la demande à eux faite de la part du Roi par MM. les commissaires de Sa Majesté, de la somme de deux millions quatre cent mille livres pour la révocation des édits du mois de Septembre 1668 portant création d'un greffier consulaire & de trois prud'hommes experts dans chacune des communautés de la province, & une taxe mise sur les hotelliers, bouchons & cabaretiers, dont la finance étoit destinée & affectée pour la construction du canal de communication des mers & d'un mole

N°. XV.

au cap de Cette, ONT accordé à Sa Majesté la somme de deux millions de livres pour la révocation & extinction entiere des susdits édits, ladite somme payable en cinq années égales, aux termes ordinaires des impositions, sur les conditions suivantes & non autrement.

I.

Que la somme de deux millions de livres est accordée en cinq années pour l'entiere perfection du canal, port de Cette, & communication d'étangs que Sa Majesté fait ou pourra faire dans la province, sans qu'elle puisse demander aux Etats aucune autre somme pour raison d'iceux, soit en argent ou par affaires, de quelle nature qu'elles soient, ni sous quelque prétexte que ce puisse être, quand même lesdits ouvrages ne seroient point achevés dans le cours desdites cinq années, & à quelques sommes que toutes les dépenses qu'il conviendra faire pour raison de ce puissent monter; & que les propriétaires des terres, ecclésiastiques pour raison des dixmes, & seigneurs pour leurs droits, si aucuns en sont dus, seront payés sur ce qui reste dû au Roi du don qui fut fait à Sa Majasté à Carcassonne, en principal & intérêts; & en cas d'insuffisance, les susdits payemens seront pris sur les derniers payemens que la province devra faire des deux millions de livres qu'elle accorde cette année, suivant l'état d'estimation qui en sera fait par les commissaires députés par Sa Majesté, de concert avec ceux des Etats.

R. Accordé.

II.

Que le Roi ayant acquis & acquérant journellement, sur divers particuliers les terres nécessaires pour l'ouverture du canal, dont partie sont nobles & d'autres rurales, Sa Majesté fera un fonds, tant pour le passé que pour l'avenir, pour le payement de la taille & impositions auxquelles celles qui sont rurales se trouveront sujettes, n'étant pas juste qu'en Languedoc où les tailles sont réelles, les communautés & particuliers payent la taille des terres qu'ils ne possedent plus; si mieux Sa Majesté n'aime les faire rembourser sur le même pied que celles qui sont nobles, Sadite Majesté l'ayant préjugé par le don qu'elle a fait à l'entrepreneur desdits ouvrages d'une certaine quantité de terre de chaque côté du canal & dans toute son étendue pour en jouir noblement.

R. Accordé que les terres seront estimées, ainsi qu'il a été ci-devant fait, par les experts qui seront nommés de concert par Messieurs les commissaires du Roi & des Etats, conformément à la délibération du 2 Mars 1667, & que les terres, bien que rurales, seront estimées comme nobles tant pour le passé que pour l'avenir, à la charge que distraction sera faite du noble au roturier, pour les deniers en provenans servir de fonds au payement des tailles pour l'avenir à la décharge des communautés; & à cet effet les syndics généraux feront employer ledit fonds au profit desdites communautés dont il sera annuellement remis un état desdits payemens tant au greffe du Roi que des Etats, moyennant quoi Sadite Majesté demeurera déchargée de ladite indemnité.

III.

Que si par quelque cas imprévu lesdits ouvrages n'étoient point continués, les payemens qui resteront à faire cesseront aussi dans le même tems, & lesdits Etats déchargés d'en faire le fonds.

R. Accordé.

IV.

Que les Etats ne seront point tenus directement ni indirectement de contri-

N°. XV.

buer à l'avenir, sous quelque prétexte que ce soit, aux réparations nécessaires pour la conservation desdits ouvrages, construction, ou entretien des ponts faits ou à faire sur le canal & rigole.

R. Accordé.

V.

Que les villes & communautés qui ont éteint les droits de marque qui se lèvent dans lesdits lieux seront déchargées des assignations à elles données à la requête du nommé Boucherat pour la remise de leurs titres, & ce faisant que lesdits droits demeureront éteints & supprimés comme ils l'étoient auparavant; & qu'à l'égard des autres communautés qui n'ont point remboursé, il plaise à Sa Majesté subroger les Etats au lieu & place de ceux qui possedent lesdits droits, à la charge de rembourser les engagistes, pour par lesdits Etats disposer desdits droits ainsi qu'ils aviseront bon être, & les sommes qui en proviendront employées à partie du payement des sommes accordées pour lesdits ouvrages, & ce faisant que lesdits droits seront tirés du bail dudit Boucherat comme n'étant point domaniaux.

R. Accordé que les communautés qui ont fait le remboursement dudit droit demeureront déchargées des assignations à elles données, & à l'égard des particuliers qui sont propriétaires dudit droit il sera procédé à la liquidation de leur finance, & pourvu ensuite à leur remboursement; l'intention de Sa Majesté étant de supprimer ledit droit à la décharge du peuple, conformément à l'arrêt du conseil du mois de Juillet dernier & à l'ordonnance donnée en conséquence.

VI.

N°. XV

Et que pour l'exécution des susdites conditions les édits de création & de révocation d'iceux & autres arrêts & provisions nécessaires, ensemble les quittances de finance desdits offices de greffiers consulaires & prud'hommes experts seront mis sans frais, dans deux mois, ès mains des syndics généraux. L. DE SUZE, évêque de Viviers, président, *signé. Et plus bas*: Du mandement de mesdits seigneurs des Etats, GUILLEMINET, *signé.*

R. Accordé.

LES COMMISSAIRES PRÉSIDENS pour le Roi en l'assemblée des Trois-états du pays de Languedoc convoqués par mandement du Roi en la ville de Montpellier au mois de Novembre 1670.

VU la délibération prise par les Etats ci-dessus, ensemble les conditions qui y ont été apposées, NOUS, au nom de Sa Majesté, AVONS accepté la somme de deux millions accordée pour la révocation & extinction des susdits édits pour être payée aux termes des impositions en cinq années consécutives, & promettons de faire exécuter le contenu en ladite délibération conformément aux apostilles par nous mises aux marges des articles desdites conditions. FAIT à Montpellier, pendant la tenue des Etats, le sept Février mil six cent septante-un. Le duc DE VERNEUIL, LE ROURE, BAZIN, CAILLON DE BONNET, *signés. Et plus bas*: Par Messeigneurs, PUJOL, *signé.*

N°. XVI. N°. XVI.

XVI.

ÉDIT DU ROI,

Qui révoque les édits du mois de Septembre 1668, portant création des offices de greffiers consulaires & prud'hommes experts, & d'un droit annuel sur les hôtes & cabaretiers.

Du mois de Novembre 1671.

LOUIS, PAR LA GRACE DE DIEU, ROI DE FRANCE ET DE NAVARRE: A tous présens & à venir, SALUT. Les grandes dépenses que nous avons faites depuis quelques années pour la construction du canal de communication des deux mers Océane & Méditerranée, nous ayant consommé des fonds très-considérables, outre les 2,400,000 livres que notre province de Languedoc a volontairement contribué pour concourir de sa part au succès d'une si glorieuse entreprise & dont elle doit retirer la principale utilité, nous aurions été obligés d'avoir recours à des moyens extraordinaires pour fournir aux suites de cette dépense; & entre ceux qui nous avoient été proposés, nous n'en aurions point trouvé de plus innocent & qui fût moins à charge à nos sujets, que d'ériger en titre d'office, ainsi que nous fîmes par nos édits du mois de Septembre 1668, un greffier consulaire & trois prud'hommes experts en chacune ville & communauté de ladite province, & d'établir un droit sur les hôtes & cabaretiers, payable annuellement, pour employer les deniers qui en proviendroient à la continuation desdits ouvrages. Mais nos très-chers & bien amés les gens des Trois-états de notredite province de Languedoc, assemblés en notre ville de Montpellier au mois de Janvier dernier, nous ont fait remontrer par nos commissaires qui ont présidé à l'assemblée, que l'exécution desdits édits seroit ruineuse à ladite province, notamment de celui qui ordonne la levée du droit sur les hôtes & cabaretiers, en ce qu'il diminueroit le prix de la ferme de l'équivalent dont elle jouit depuis plusieurs siecles; & qu'il lui seroit beaucoup plus avantageux de donner une somme proportionnée à celle que l'exécution de ces édits auroit pu produire; ce qui les auroit obligés de nous faire offrir la somme de deux millions de livres, payable en cinq années, sans diminution des autres sommes, pour obtenir la révocation desdits édits. A quoi nous aurions volontiers consenti pour leur donner des marques de notre affection & du desir que nous avons de procurer en toutes choses les avantages & le soulagement de nos sujets de ladite province. A CES CAUSES, de l'avis de notre conseil, & de notre certaine science, pleine puissance & autorité royale, ayant égard à leurs offres & icelles acceptant, Nous avons par notre présent édit, révoqué & révoquons les édits du mois de Septembre 1668 portant création des offices de greffiers consulaires & prud'hommes experts, en chacune ville & communauté de notre province de Languedoc, & en conséquence les éteignons & supprimons; comme aussi le droit ordonné être levé sur les hôtes & cabaretiers ès généralités de Toulouse & Montpellier, sans que ci-après, pour quelque cause & occasion que ce soit, lesdits offices puissent être rétablis ni ledit droit perçu; le tout à la charge de nous payer dans ledit tems de cinq années ladite somme de deux millions de livres. Voulons en conséquence, que notredite province jouisse pleinement & paisiblement de son droit d'équivalent, conformément aux édits de 1632, 1634, 1649, & 1659; & seront lesdits édits du mois de Septembre 1668, ensemble les quittances de finance des-

N°. XVI. dits greffiers & experts, remises ès mains des syndics généraux de ladite province avec le présent édit, conformément à l'article VI du cahier de l'assemblée desdits Etats du 7 Février 1671. SI DONNONS EN MANDEMENT à nos amés & féaux les gens tenant notre cour de parlement de Toulouse, cour des comptes, aides & finances de Montpellier, que ces présentes ils ayent à registrer & du contenu en icelles faire jouir & user pleinement & paisiblement notredite province de Languedoc, cessant & faisant cesser tous troubles & empêchemens qui pourroient être donnés, nonobstant tous édits, déclarations, arrêts, & autres choses à ce contraires, auxquelles nous avons dérogé & dérogeons par ces présentes: CAR tel est notre plaisir. Et afin que ce soit chose ferme & stable à toujours, nous avons fait mettre notre scel à cesdites présentes. DONNÉ à Saint-Germain-en-Laye au mois de Novembre, l'an de grace mil six cent soixante-onze, & de notre regne le vingt-neuvieme. *Signé*, LOUIS. *Et plus bas:* Par le Roi, PHELYPEAUX.

Registré ès registres des édits & déclarations du Roi, de la cour de parlement de Toulouse, pour le contenu au présent édit être gardé & observé, suivant l'arrêt du 6 Juillet 1672.

Signé, *VILLETE.*

Le présent édit de Sa Majesté a été registré ès registres de la cour des comptes, aides & finances de Montpellier, pour le contenu audit édit être gardé & observé selon sa forme & teneur & volonté de Sa Majesté, conformément à l'arrêt donné par ladite cour; oui & ce requérant le procureur général du Roi, ce jourd'hui les chambres & semestres assemblés le 14 Mai 1672.

Signé, *POUGET.*

N°. XVII.

XVII.

ÉDIT DU ROI,

Portant extinction & suppression des offices de vérificateurs, examinateurs, & calculeurs des rôles & départemens des tailles dans les villes & communautés de Languedoc, créés par édit du mois de Novembre 1674, moyennant une finance de 1,600,000 livres accordée par les Etats pour achever les ouvrages qui restent à faire tant au canal de communication des mers, qu'au port de Cette.

Du mois de Janvier 1676.

LOUIS, PAR LA GRACE DE DIEU, ROI DE FRANCE ET DE NAVARRE: A tous présens & à venir, SALUT. Par un édit du mois de Novembre 1674, Nous avons créé & établi dans l'étendue de notre province de Languedoc des offices de vérificateurs, examinateurs & calculeurs des rôles & départemens des tailles & autres impositions qui seront faites dans toutes les villes, lieux, & communautés de notredite province, au nombre qui sera jugé nécessaire, pour employer la finance qui proviendra de la vente desdits offices à achever les travaux qui restent à faire au port de Cette; mais les députés des Trois-états de notredite province de Languedoc, assemblés au mois de Décembre dernier en notre ville de Montpellier, ayant accordé & consenti sur l'instance qui leur a été faite de notre part de lever sur la province en quatre années la somme de 1,600,000 livres pour employer aux ouvrages qui restent à faire, tant au canal de communication des mers Océane & Méditerranée, qu'audit port de Cette, ils nous ont très-humblement fait supplier de leur vouloir accorder la révocation dudit

édit,

No. XVII. édit dont l'exécution seroit désavantageuse à ladite province, ce que Nous leur avons accordé d'autant plus volontiers que nous sommes bien-aise de leur témoigner la satisfaction que Nous avons de leur zele pour notre service, & de la soumission qu'ils font paroître en toutes occasions pour tout ce qui leur est proposé de notre part. A CES CAUSES, de l'avis de notre conseil & de notre certaine science, pleine puissance, & autorité royale, Nous avons, par le présent édit, révoqué & révoquons ledit édit du mois de Novembre 1674, portant création des offices de vérificateurs, examinateurs & calculeurs des rôles & départemens des tailles, & autres impositions qui seront faites dans toutes les villes, lieux & communautés de notredite province de Languedoc, & en conséquence les éteignons & supprimons, sans que ci-après, pour quelque cause & occasion que ce soit, lesdits offices puissent être rétablis. SI DONNONS EN MANDEMENT à nos amés & féaux les gens tenant notre cour des comptes, aides & finances de Montpellier que le présent édit ils ayent à faire registrer, & le contenu en icelui garder & observer selon sa forme & teneur, cessant, & faisant cesser tous troubles & empêchemens, nonobstant tous édits, déclarations, & choses à ce contraires, auxquelles nous avons dérogé & dérogeons par ces présentes : CAR tel est notre plaisir : Et afin que ce soit chose ferme & stable à toujours, nous avons fait mettre notre scel à cesdites présentes. DONNÉ à Saint-Germain-en-Laye au mois de Janvier l'an de grace mil six cent soixante-seize, & de notre regne le trente-troisieme. *Signé*, LOUIS : *Et plus bas*; Par le Roi, PHELYPEAUX.

Le présent édit a été registré ès registres de la cour des comptes, aides & finances de Montpellier pour le contenu en icelui être gardé & observé selon sa forme & teneur; suivant la volonté de Sa Majesté & l'arrêt ce-jourd'hui donné par ladite cour, les chambres & semestres assemblés; Oui & ce requérant le procureur général du Roi, audit Montpellier le vingt-quatre Décembre mil six cent soixante-seize.

Signé, POUGET.

XVIII.

EXTRAIT du registre des délibérations des Etats généraux de Languedoc, assemblés par mandement du Roi en la ville de Montpellier, au mois de Novembre 1680.

Du Jeudi 19 Décembre suivant, président Mgr. le cardinal de Bonzy, archevêque de Narbonne.

MONSEIGNEUR l'évêque de Beziers a dit, que s'étant rendu chez Mgr. le cardinal de Bonzy, président, avec M. le baron de Villeneuve & les officiers de la province, pour examiner, en présence de S. E. & de celle de M. d'Aguesseau qui s'y étoit aussi rendu, les requêtes présentées par plusieurs personnes qui souffrent du dommage en leurs terres ou en leurs moulins à l'occasion du canal de communication des mers, & pour voir si toutes les terres que l'entrepreneur dudit canal a pris ont été estimées, & quel fonds la province doit faire pour secourir les propriétaires desdites terres; comme aussi pour examiner ce qui a été fait en exécution de la délibération qui fut prise l'année derniere pour la construction des ponts que l'assemblée ordonna être faits sur le canal aux endroits où il coupe le grand chemin; que les officiers de la province ont remis sur le bureau la

N°. XVIII. procédure qu'ils ont fait faire au mois de Septembre dernier contenant une estimation, par les experts ci-devant nommés, des terres que le canal occupe dans les consulats de Marseillette, & de Picherie, & qui n'avoient pas été estimées jusqu'à présent, parce que l'excavation n'en étoit pas faite; que cette dépense revient, tant pour le prix des terres, que pour l'indemnité des droits de tasque due aux seigneurs fonciers & directs, l'indemnité due aux ecclésiastiques pour leurs dîmes, & celle qui est due aux communautés pour la taille qu'elles payeront à l'avenir desdites terres, à la somme de 20,706 livres 16 sols 8 deniers, laquelle jointe à celle de 488,110 livres 15 sols qui fut trouvée être due l'année derniere en capital pour le prix des terres ci-devant estimées dans le haut & dans le bas Languedoc, & pour de pareilles indemnités de tailles & de dîmes, revient en tout à 508,817 livres 11 sols 8 deniers. Et que MM. les commissaires ont été d'avis d'imposer en faveur des propriétaires desdites terres & autres qui souffrent lesdits dommages, l'intérêt au denier 18 pour l'année 1681 des sommes à eux dues, chacun comme le concerne, revenant lesdits intérêts à 28,267 liv. 12 sols 5 deniers; que les récoltes perdues par les propriétaires des terres qui ont été estimées au mois de Septembre dernier montent, suivant l'estimation des experts, à compter du tems que l'excavation a été faite desdites terres jusques au dernier Décembre 1680, à la somme de 2244 livres 13 sols 2 deniers dont MM. les commissaires ont été d'avis de faire les fonds dans l'imposition de l'année 1681. Qu'il est dû aussi aux propriétaires d'aucuns moulins qui souffrent de la diminution dans leur revenu depuis que l'entrepreneur du canal en a diverti les eaux, l'indemnité de ladite diminution pour l'année prochaine 1681, suivant la liquidation qui en a été faite par les experts au quart du revenu; que cette indemnité est due à des particuliers propriétaires de quelques moulins pour six années, comme il fut accordé l'année derniere à chacun des autres intéressés, & ce pour toute la chome qu'ils ont souffert par le passé; que dans cet état particulier de l'imposition qui est à faire en faveur des propriétaires des moulins, il est compris quelques autres dommages, & la seconde moitié du prix des maisons qui ont été abattues au lieu de Poilles & à celui de Colombiés, suivant la délibération qui fut prise l'année derniere, lequel état revient à 9850 livres 11 sols 4 deniers; qu'il ne reste à ajouter à cette imposition que les frais de la derniere estimation & de plusieurs voyages que les experts & arpenteurs ont faits en divers tems par l'ordre de MM. les commissaires, dont l'état arrêté & signé par eux revient à 5450 livres; au moyen de quoi tout ce qui est à imposer pour l'année 1681, revient à 45,812 livres 16 sols 11 deniers; qu'ayant vérifié les états d'estimation, ils ont trouvé que toutes les terres qui sont occupées par le canal, depuis l'étang de Marseillan jusques à l'embouchure dudit canal dans la Garonne, ont été estimées, & qu'il ne reste pour ce regard qu'à voir ce que la province doit faire en faveur des propriétaires desdites terres estimées & qui ne sont pas payées, MM. les commissaires ayant cru que depuis que l'état des affaires du Roi ne lui permettoit pas de pourvoir à leur dédommagement, & que MM. les députés qui ont fait toutes les années des instances pour cela n'ont pu l'obtenir de Sa Majesté, il sembloit que cette compagnie, qui a accoutumé de tendre la main, par un esprit de charité, aux

N°. XVIII. diocefes qui fouffrent, devoit fe porter d'autant plus volontiers à aider ceux que la proximité du canal a incommodés que l'avantage qui en doit revenir au commerce fera commun à toute la province, & que fi l'affemblée entroit dans leurs fentimens, elle pouvoit donner pouvoir aux fyndics généraux d'emprunter jufques à la fomme de 300,000 livres pour payer les petites parties par préférence, à ceux qui voudront être payés dès à préfent des fommes qui leur font dues, afin qu'ils puiffent les mettre dans leur commerce, ou s'en fervir à leurs affaires; & qu'à l'égard de ce qu'il refteroit dû auxdits propriétaires, il feroit auffi donné pouvoir aux fyndics généraux d'emprunter les fommes néceffaires pour payer ceux qui voudroient être payés pendant l'année, fans que pour raifon dudit emprunt, & des changemens qui pourroient être faits, la province fût tenue de payer de plus grands intérêts que ceux dont l'affemblée fera le fonds pour l'année 1681. Et comme Sa Majefté a eu la bonté de promettre par divers traités faits avec MM. les commiffaires préfidens en cette affemblée de payer toutes les fufdites fommes, & que la province a fujet d'efpérer d'en être rembourfée lorfque les affaires de Sa Majefté le lui pourront permettre, ils font auffi d'avis que MM. les députés qui porteront dans les années prochaines le cahier des doléances à la cour, continuent leurs inftances pour tâcher d'obtenir de Sa Majefté un fonds pour payer toutes les fufdites fommes: & cependant, pour ne pas confondre fes dettes avec celles de la province, qu'il fera fait un état particulier dans lequel il ne fera compris que les dettes contractées pour raifon defdites indemnités.

MM. les commiffaires ont encore rapporté qu'il leur a été préfenté diverfes requêtes par des propriétaires de quelques autres moulins que ceux qui ont été eftimés, lefquels fe plaignent que l'entrepreneur a diverti leurs eaux pour les jetter dans ledit canal ou dans la rigole. Sur quoi l'avis de MM. les commiffaires a été que les officiers de la province doivent fe tranfporter fur les lieux pour faire faire la vérification defdits dommages par les mêmes experts qu'ils ont employés jufques à préfent, pour y être pourvu fur le rapport qu'ils feront aux Etats prochains.

Qu'à l'égard des dommages qui font caufés par l'épanchement des eaux du canal fur les terres voifines, & auxquels il peut être remédié en faifant des épanchoirs de diftance en diftance, MM. les commiffaires ont prié M. d'Agueffeau d'obliger l'entrepreneur du canal de faire lefdits épanchoirs inceffamment, pour prévenir la perte entiere qui pourroit arriver defdites terres par le féjour des eaux; à quoi M. d'Agueffeau a promis qu'il pourvoira, & que le fieur Lafeuille, infpecteur du Roi aux ouvrages du canal fe tranfportera fur les lieux pour convenir avec les officiers de la province des endroits où lefdits épanchoirs pourront être placés, ayant été néanmoins jugé par les commiffaires qu'il n'y a lieu d'entrer en confidération des demandes qu'aucuns particuliers font, fous prétexte d'irruption ou de tranfpiration des eaux du canal, fauf le cas que les terres foient hors d'état de pouvoir être jamais cultivées, à quoi il fera délibéré par l'affemblée des Etats prochains fur le rapport des experts qui en auront fait la vérification.

Que pour ce qui regarde les ponts qui peuvent être néceffaires fur le canal, MM. les commiffaires avoient jugé qu'il y en avoit de quatre fortes; la premiere, à laquelle il avoit été déjà pourvu en l'année derniere étoient

MDCLXXVIII. situés sur le grand chemin qui conduit de Beziers en la ville de Toulouse, tant par le chemin de la poste que par celui de Cabezac & de Pouzols, & que de ceux-ci il y en avoit encore deux à faire, savoir, à Montgiscard & proche les peres Minimes à Toulouse : La seconde étoient les ponts que l'on appelle de traverse, & qui communiquent les provinces voisines & plusieurs diocèses aux villes de Carcassonne, Narbonne, Agde, Castelnaudary & autres qui sont dans cette même situation, lesquels sont aussi nécessaires pour le commerce que ceux du chemin de la poste : La troisieme sont les ponts qui doivent faciliter le commerce de quelques communautés voisines du canal de part & d'autre : Et la quatrieme, les ponts des communautés qui doivent servir pour la ménagerie des contribuables, soit pour le pâturage de leurs bestiaux, ou pour la culture de leurs terres. Et là-dessus ils avoient été d'avis que la province devoit faire les ponts de Montgiscard & des Minimes, suivant l'esprit de la délibération de l'année derniere, & qu'elle pourvoiroit aussi à faire les fonds nécessaires pour les ponts de traverse qui communiquent les diocèses voisins aux villes de Carcassonne, Narbonne, & autres. Sur quoi ils étoient obligés de dire à l'assemblée qu'il avoit été donné pouvoir aux syndics généraux d'emprunter jusques à la somme de 60,000 livres, pour la dépense des ponts qui ont été faits sur le grand chemin, & qu'il n'y a pas de nouveaux fonds à faire, au cas que l'assemblée veuille faire la dépense desdits ponts de traverse, parce que les huit ponts qui ont été faits sur ledit grand chemin ne reviennent qu'à la somme de vingt-neuf mille & tant de livres, & qu'ainsi il se pourra faire que la somme de 60,000 livres qui avoit été destinée pour lesdits ponts sera suffisante tant pour lesdits ponts de Montgiscard & des Minimes que pour les ponts de traverse ; & qu'à l'égard des autres ponts ils avoient été d'avis que les diocèses, chacun en droit soi, en devoient faire la dépense, & que l'on en pouvoit faire sur chaque écluse en prenant les précautions nécessaires afin que la navigation n'en fût pas incommodée ; desquels ponts, & des lieux où ils doivent être placés il seroit fait vérification par les commissaires ordinaires des diocèses, les consuls des lieux, & l'inspecteur du canal appellés ; afin qu'en examinant les endroits où lesdits ponts peuvent être placés, on pût en même-tems les disposer de maniere qu'un même pont serve à plusieurs communautés, & qu'outre la dépense que les diocèses feront tant pour lesdits ponts que pour ceux qui seront construits sur les écluses, les communautés dans le district desquelles ils seront situés contribueront chacune de son préciput, & seront chargées de l'entretenement desdits ponts à l'avenir. OUI ledit rapport, LES ÉTATS ONT DÉLIBÉRÉ que l'avis de MM. les commissaires sera suivi & exécuté en tous ses chefs, ce faisant, qu'il sera imposé en l'année 1681, la somme de 45,812 livres 16 sols 11 deniers pour l'intérêt d'une année au denier dix-huit des sommes dues aux propriétaires des terres occupées par le canal, suivant la liquidation qui en a été faite par MM. les commissaires ; que l'état des dettes de la province sera chargé de toutes les susdites sommes, & qu'il sera donné pouvoir aux syndics généraux pour emprunter jusques à la somme de 300,000 livres pour être employée, jusques à concurrence d'icelle au payement des plus petites parties qui sont dues aux propriétaires desdites terres & de ceux qui voudront être payés, pour leur donner moyen

N°. XVIII. d'en faire quelque commerce ; que les officiers de la province tiendront la main que lesdits payemens soient faits avec connoissance de cause, en sorte que les ecclésiastiques & les communautés employent sans divertissement les sommes capitales qui leur sont ordonnées, à l'achat d'un fonds portant un revenu certain au profit des églises & communautés, & que les consuls des lieux déchargent sur leur compoix l'allivrement de ceux auxquels l'entrepreneur du canal a pris des terres, ce que les officiers de la province auront aussi le soin de faire quand ils seront sur les lieux, les chargeant de faire compte général tant en recette que dépense de tous les fonds qui ont été remis ès mains du trésorier de la bourse & des sommes qu'il a payées.

Il faut joindre à cette délibération celle du 14 Novembre 1684, & l'arrêt du conseil qui l'autorise, qui se trouvent l'un & l'autre parmi les pieces du titre XI précédent, N°. III & IV.

XIX.

EXTRAIT *du regiſtre des délibérations des Etats généraux de Languedoc, assemblés par mandement du Roi en la ville de Narbonne au mois de Décembre 1735.*

Du Lundi 16 Janvier 1736, président Mgr. l'archevêque & primat de Narbonne.

MONSEIGNEUR l'évêque d'Alais a dit, que l'assemblée ayant eu égard aux représentations des communautés de Deyme, Donneville, Pontpertuzat, & autres, dont le terroir étoit inondé par le défaut d'un aqueduc, il fut délibéré, il y a trois années, de faire construire ledit aqueduc dans l'endroit appellé la Joncasse, & d'imposer 10,000 livres par année jusques à concurrence de 30,000 livres, pour fournir à la dépense de cet ouvrage ; qu'en conséquence l'entrepreneur, auquel le bail fut passé par MM. les commissaires, a travaillé avec toute la diligence possible pendant l'année derniere, pour profiter du tems où le canal étoit à sec, & pouvoir passer la voûte de l'aqueduc ; ce qui a été parfaitement exécuté, les eaux y coulant actuellement, & tout le terrein précédemment inondé étant présentement en culture ; mais cet ouvrage en ayant occasionné plusieurs, qu'on n'avoit pu prévoir, & dont l'entrepreneur n'étoit point chargé à forfait, tels que des bâtardeaux & épuisemens d'eau, se trouve monter beaucoup au-delà de l'estimation & des sommes qui ont été imposées, ce qui a mis l'entrepreneur dans des avances très-considérables dont il demande avec instance le payement ; qu'il y a même encore un canal à faire dans le terroir de la communauté de Donneville, d'environ quatre cent toises de longueur qui coûtera cinq ou six mille livres ; en sorte qu'il est absolument indispensable de faire la présente année un fonds de 30,000 livres pour servir à achever le canal qui reste à faire, & payer des à-comptes à l'entrepreneur sur ce qui se trouvera lui être dû, après que la réception des ouvrages aura été faite, que le compte des dépenses non comprises au bail aura été arrêté, & que toutes les avances faites par ledit entrepreneur seront liquidées ; ce qui ne peut être mis en regle que dans le courant de l'année & à l'assemblée prochaine des Etats. N°. XIX.

Que l'objet de cette dépense a paru à MM. les commissaires d'une grande conséquence, y ayant surtout lieu de craindre qu'elle deviendra inutile dans quelques années, si les communautés ou particuliers n'entretiennent lesdits ouvrages, précaution absolument nécessaire, non-seulement pour celui qui

No. XIX. vient d'être fait, mais même pour tous les autres aqueducs, canaux & rigoles servant à l'usage du canal, & qui, par la négligence de ceux qui sont chargés de les entretenir, se détruisent peu-à-peu & causent tous les dommages qui donnent lieu aux plaintes continuelles des communautés voisines, & occasionnent des dépenses qui deviendroient ruineuses, si elles étoient multipliées; ce qui a engagé MM. les commissaires à proposer à l'assemblée de charger les syndics généraux & notamment celui de la sénéchaussée de Toulouse, de tenir la main, à ce que tous les canaux, aqueducs & rigoles soient mis & entretenus dans l'état où ils doivent être, tant par les propriétaires du canal que les particuliers riverains, chacun comme le concerne, & de faire pour raison de ce toutes les diligences nécessaires tant devant M. l'intendant qu'au conseil.

Sur quoi il a été délibéré d'imposer la somme de 30,000 livres, pour servir au payement des ouvrages qui restent à faire à l'occasion de l'aqueduc de la Joncasse & de partie des sommes dues à l'entrepreneur dont la liquidation sera faite par le sieur de Clapiers, & rapportée aux Etats prochains avec la réception de tous les ouvrages; & le syndic général de la sénéchaussée de Toulouse a été expressément chargé de se pourvoir partout où besoin sera & contre qui il appartiendra, pour faire mettre & entretenir en bon état les canaux, rigoles & aqueducs qui avoisinent le canal, pour prévenir les dommages que la négligence de ceux qui sont chargés de cet entretien, occasionnent continuellement.

X X.

EXTRAIT *du registre des délibérations des Etats généraux de Languedoc, assemblés par mandement du Roi en la ville de Montpellier au mois de Décembre 1736.* No. XX.

Du Mercredi 30 Janvier 1737, présidant Mgr. l'archevêque & primat de Narbonne.

MONSEIGNEUR l'évêque d'Alais a dit, que les syndics généraux ayant été chargés par délibération du 16 Janvier 1736, d'obliger dans le cours de l'année les propriétaires du canal royal & les riverains, chacun en droit soi, d'entretenir les aqueducs & rigoles, & de poursuivre à cet effet tous arrêts & ordonnances nécessaires, ils avoient cru devoir auparavant déterminer quels étoient les engagemens des uns & des autres.

Qu'il auroit été fait à cette occasion une recherche exacte & un examen de toutes les délibérations qui ont été prises tant sur la construction des épanchoirs, des aqueducs, & des rigoles, que pour leur entretien, & notamment de la délibération du 20 Février 1732; & que le mémoire qui a été fait sur cette matiere ayant été communiqué au sieur de la Feuillade, il y avoit répondu par un mémoire opposé. Que cette affaire ayant aussi été discutée de vive voix dans la commission avec ledit sieur la Feuillade, il n'avoit pas été possible de convenir également de tous les articles, tant sur les différentes natures d'ouvrages dont il s'agit, que sur l'utilité desdits ouvrages, & qu'il avoit paru indispensable de faire vérifier par le Sr. de Clapiers les épanchoirs, aqueducs, rigoles & autres ouvrages qui peuvent avoir été faits, soit pour l'écoulement des eaux surabondantes du canal, soit pour donner un cours aux eaux des ruisseaux & rivieres, & autres eaux ramassées dans les plaines au travers desquelles passe le canal royal, afin que, sur le rapport dudit sieur Clapiers, contenant son avis sur la nature desdits ou-

N°. XX. vrages & sur leur utilité, les Etats puissent, de concert avec les propriétaires dudit canal, déterminer par forme de réglement comme il doit être pourvu à leur entretien.

Que cette proposition a été acceptée par ledit sieur de la Feuillade ; & qu'il s'agit aujourd'hui de délibérer, si l'assemblée le juge à propos, de charger le sieur de Clapiers de cette vérification.

Que cependant, sans préjudice de ce qui sera déterminé sur cette matiere après ladite vérification, il a paru à MM. les commissaires qu'on devoit autoriser les communautés de Donneville & Deyme, à imposer les sommes nécessaires pour l'entretien de la rigole qui a été faite pour conduire les eaux au sortir de l'aqueduc de la Joncasse, à condition que le bail dudit entretien sera passé par MM. les commissaires du diocese de Toulouse, lesquels régleront pour quelle somme lesdites communautés doivent y contribuer, & que le syndic du diocese sera chargé d'y tenir la main.

SUR QUOI il a été délibéré qu'il sera procédé par le sieur de Clapiers aux susdites vérifications, conformément à l'avis de MM. les commissaires, & que les communautés de Deyme & de Donneville imposeront provisoirement, & sans préjudice de ce qui pourra être déterminé par rapport à l'entretien des rigoles, les sommes qui seront jugées nécessaires par MM. les commissaires ordinaires du diocese de Toulouse pour l'entretien de la rigole qui conduit les eaux au sortir de l'aqueduc de la Joncasse construit nouvellement ; que le bail dudit entretien sera passé par lesdits sieurs commissaires qui n'en feront délivrer le prix que lorsque l'entrepreneur y aura satisfait ; & qu'ils régleront en même-tems la somme pour laquelle chacune desdites communautés doit y contribuer.

XXI. N°. XXI.

EXTRAIT du registre des délibérations prises par les gens des Trois-états du pays de Languedoc, assemblés par mandement du Roi en la ville de Montpellier au mois de Décembre 1738.

Du Jeudi 29 Janvier 1739, présidènt Mgr. l'archevèque & primat de Narbonne.

MONSEIGNEUR l'évêque d'Alais a dit, que plusieurs communautés du diocese de Lavaur, au nombre de dix-neuf, ayant porté plainte aux Etats des dommages auxquels elles étoient exposées par les eaux surabondantes de la rigole de dérivation qui conduit les eaux au canal royal, la communauté de Saint-Felix au diocese de Toulouse porta la même plainte, & que plusieurs communautés du diocese de Saint-Papoul étoient aussi sur le point de présenter un mémoire sur le même sujet ; ce qui donna lieu de délibérer le 30 Janvier 1737, de charger le sieur de Clapiers de vérifier en présence des syndics des dioceses de Lavaur & de Toulouse, & du sieur la Feuillade, ou autres personnes préposées par MM. les propriétaires du canal, si les dommages dont lesdites communautés se plaignoient proviennent du défaut d'entretien de ladite rigole, & ce que lesdits sieurs propriétaires doivent faire en ce cas pour les prévenir.

Qu'il paroît aussi par la même délibération, que les syndics généraux ayant été chargés l'année précédente d'obliger les propriétaires du canal, & les riverains, chacun en droit soi, d'entretenir les aqueducs, rigoles & contre-canaux, & de poursuivre à cet effet tous arrêts & ordonnances nécessaires, ils avoient cru devoir, auparavant déterminer, quels étoient les en-

N°. XXI. gagemens des uns & des autres; & que, comme malgré les recherches qui avoient été faites à ce sujet, & communiquées au sieur la Feuillade, il n'avoit pas été possible de convenir également avec lui de tous les articles, il fut aussi résolu de faire vérifier en même-tems par le sieur de Clapiers les épanchoirs, aqueducs, rigoles, & autres ouvrages qui peuvent avoir été faits pour donner un écoulement aux eaux surabondantes du canal, & à celles des ruisseaux & rivieres dont il interrompt le cours, afin que sur le rapport dudit sieur de Clapiers, contenant son avis sur la nature des ouvrages, & sur leur utilité, les Etats puissent, de concert avec MM. les propriétaires du canal, déterminer par forme de réglement comment il doit être pourvu à leur entretien.

Que cette vérification n'ayant pu être faite dans le cours de l'année 1737, il fut délibéré de nouveau le 2 Décembre de la même année, qu'elle le seroit dans le cours de l'année 1738, en présence du sieur Joubert syndic général; ce qui a été exécuté: Que le sieur de Guilleminet a aussi assisté à cette vérification, en conséquence des ordres de Mgr. l'archevêque de Narbonne; & que les syndics des dioceses y ont pareillement été appellés, après avoir été chargés de donner connoissance aux communautés de ce qui en devoit faire l'objet.

Que suivant le compte qui en a été rendu à MM. les commissaires, il paroît qu'indépendamment des aqueducs, épanchoirs, rigoles, & contre-canaux, il a été porté beaucoup de plaintes de la part des communautés & des particuliers dans toute l'étendue du canal depuis Agde jusqu'à Toulouse, sur les transpirations auxquelles les terres voisines étoient exposées, & qui les rendoient incultes; sur le rehaussement du canal, qui rendoit ces transpirations plus abondantes, & faisoient quelquefois verser les eaux dans les terres lors des grandes inondations; sur la culture des francs-bords, & sur plusieurs autres articles dont le détail seroit trop étendu; & que lesdits sieurs Joubert, Guilleminet, & Clapiers ont cru être obligés de recevoir toutes ces plaintes, & de les vérifier autant qu'il a été possible, comme il paroît par le procès-verbal dans lequel ils en ont fait mention. N°. XXI.

Qu'indépendamment de ce procès-verbal, qui contient les dires des parties & leurs réquisitions, il a été dressé par le sieur de Clapiers un rapport particulier de l'état des aqueducs, rigoles & contre-canaux, & de la rigole de dérivation; qu'il a été donné copie du procès-verbal & du rapport à MM. les propriétaires du canal; qu'il en a été fait aussi lecture à la commission; & que c'est ce qui l'a mise en état de se déterminer sur les différens chefs de cette grande affaire, &c.

Sur quoi, lecture faite des conventions passées entre les députés des dioceses de Lavaur & de Saint-Papoul, & les propriétaires du canal, & des articles convenus entre les députés des Etats & lesdits propriétaires, lesquelles conventions & articles seront transcrits ci-après dans le présent procès-verbal, il a été délibéré,

1°. D'autoriser lesdites conventions passées entre les députés des dioceses de Lavaur & de Saint-Papoul, & les propriétaires du canal, en tout ce qui concerne les dommages dont lesdits dioceses s'étoient plaints par rapport à la rigole de la montagne, à celle de la plaine, & autres articles contenus dans leurs mémoires; & qu'il sera poursuivi à la diligence du syndic général, un arrêt du conseil pour autoriser lesdites conventions.

2°.

N°. XXI.

2°. Qu'il sera pourvu dans la suite, sur les plans & projets qui seront proposés, aux moyens de conserver le pont de Beziers, sauf à examiner en même-tems qui en doit supporter la dépense; auquel effet le sieur de Clapiers a été chargé de vérifier, de concert avec M. de la Blottiere, en présence du sieur Joubert syndic général, & du sieur de Guilleminet greffier des Etats, l'état dudit pont, du lit de la riviere, & les ouvrages qui ont été faits par MM. les propriétaires du canal pour entretenir la navigation, par comparaison avec ceux dont il est fait mention dans le procès-verbal de M. d'Aguesseau, pour être ensuite, sur leur rapport, délibéré ce qu'il appartiendra: Et en ce qui concerne la démolition de la chaussée qui a été construite auprès du pont de Notre-Dame, à laquelle démolition les propriétaires du canal donnent leur consentement, pourvu qu'il paroisse qu'elle ait été faite par les ordres des Etats, les syndics généraux sont chargés d'examiner si la province peut être exposée à quelque recours ou garantie à raison de ladite démolition.

3°. Que le réglement proposé par MM. les commissaires, & qui a été agréé par les propriétaires du canal, sur l'entretien des épanchoirs, aqueducs, rigoles & contre-canaux, & sur plusieurs autres articles, sera exécuté selon sa forme & teneur; auquel effet il sera poursuivi à la diligence des syndics généraux un arrêt du conseil pour en ordonner l'autorisation; & que ledit réglement sera envoyé aux syndics des dioceses dans l'étendue desquels passe le canal royal, avec une copie du rapport du sieur de Clapiers pour ce qui concerne lesdits dioceses, à l'effet d'être pourvu, en conformité dudit réglement, au recreusement des rigoles & contre-canaux dont il est fait mention, & que les syndics des dioceses seront obligés de certifier les syndics généraux de leurs diligences.

4°. Qu'attendu les ordres donnés par les sieurs propriétaires du canal, de ne pas cultiver les francs-bords du canal & de la rigole, il ne sera rien inséré à ce sujet dans les articles du réglement dont il a été parlé ci-dessus.

5°. Qu'à l'égard des transpirations & filtrations dont plusieurs communautés se plaignent, & qu'elles attribuent au rehaussement du canal, ou au comblement de son lit, il sera vérifié, suivant ce qui a été convenu avec lesdits propriétaires, si le lit du canal est en effet relevé, ou comblé dans les parties voisines des fonds sujets auxdites transpirations, & qu'audit cas il sera recreusé jusqu'au ferme, c'est-à-dire, jusqu'à sa premiere base, suivant les toises qui en seront donnés par M. de la Blottiere, laquelle vérification sera par lui faite en présence des parties intéressées, du syndic du diocese, & du syndic général du département, dans le tems que lesdites parties du canal seront mises à sec; & que pour ce qui concerne en particulier les dommages causés par les filtrations, ou transpirations dans le terroir de Capestan, le sieur de Clapiers vérifiera de nouveau ce terroir, à l'effet de chercher les moyens de le garantir.

6°. Qu'au cas que les sieurs députés du diocese d'Agde ne puissent pas convenir avec les propriétaires du canal, au sujet des articles concernant les communautés de Vias & d'Agde, le rapport du sieur de Clapiers doit être exécuté en ce point comme dans tous les autres, sur lesquels il n'est pas pourvu expressément par la présente délibération.

7°. Que M. de la Blottiere sera prié de vérifier, avec le sieur de Clapiers, les faits exposés dans le mémoire des

N°. XXI. communautés de Cesseras, Olonzac, Siran, Pepieux & Azillanet, sur le dommage qu'elles reçoivent du rehaussement du lit de la riviere d'Ognon, & des torrens qui s'y déchargent, afin d'être ensuite délibéré ce qu'il appartiendra, sur la maniere de pourvoir auxdits dommages.

8°. Qu'il sera aussi fait par le sieur de Clapiers une vérification du lit de la riviere de Sor, & du ruisseau de Laudot, & des moyens qui pourront être proposés par le diocese de Lavaur pour empêcher les dommages causés par les inondations desdites riviere & ruisseau, pour être ensuite délibéré ce qu'il appartiendra.

XXII.

ARRÊT

DU CONSEIL D'ETAT DU ROI,

Qui autorise les conventions passées entre les députés des dioceses de Lavaur, & de Saint-Papoul, & les propriétaires du canal royal, concernant les ouvrages projettés dans le cours des rigoles de la montagne & de la plaine, pour éviter les dommages causés par les eaux surabondantes.

Du 11 Mai 1739.

EXTRAIT des Regîstres du Conseil d'Etat.

SUR la requête présentée au Roi, étant en son conseil, par le syndic général de la province de Languedoc; CONTENANT, que l'attention que les Etats de ladite province donnent à tout ce qui peut intéresser les dioceses & communautés, les auroit portés à terminer à l'amiable les contestations qui s'étoient élevées depuis plusieurs années, entre les dioceses de Lavaur, & de Saint-Papoul, & les propriétaires du canal royal de communication des mers, au sujet des dommages que ces dioceses prétendoient être causés à leur terroir, par le défaut de certaines réparations dudit canal. Qu'ils ont eu la satisfaction de voir, que les députés de ces deux dioceses, sont convenus avec lesdits propriétaires, des moyens de faire cesser leurs différends; & que ces conventions, après avoir été rédigées & signées le 28 Janvier 1739, ont été approuvées par l'assemblée des Etats, lesquels, par la délibération prise à ce sujet le 29 dudit mois de Janvier 1739, ont chargé le suppliant de demander à Sa Majesté l'autorisation desdites conventions, portant. N°. XXII.

ARTICLE PREMIER.

Que les propriétaires du canal consentent de faire construire un réservoir à fleur d'eau, ainsi qu'il sera réglé par l'ingénieur du Roi, à la place de l'épanchoir à fond qui se trouve près du pont de Conquet, lequel épanchoir sera fermé. Ils feront encore construire deux épanchoirs à fond, dans les endroits les plus convenables; l'un vers le ruisseau de Lampy, & l'autre vers Entrargues, de la capacité requise, pour vuider les eaux de la montagne, & les jetter dans les anciens lits des ruisseaux qui coulent dans le diocese de Carcassonne; lesquels épanchoirs seront ouverts dans les tems des grandes pluies, à l'endroit où le ruisseau de Laudot a été détourné de son ancien lit dans la plaine de Revel, pour en conduire les eaux à Naurouse.

Lesdits propriétaires feront construire des empellemens semblables à ceux du pont de Creuset, pour fermer, lors des inondations, le lit de la rigole, & laisser couler les eaux dans le lit de la riviere de Laudot; mais en cas que dans la suite des tems, on voulût rendre la rigole navigable, ces empellemens étant nuisibles, seront détruits, sauf à pourvoir à la sureté du diocese de Saint-Papoul, en la maniere qui sera jugée convenable.

Mais comme les susdits ouvrages demandés aux propriétaires du canal, sont nouveaux, & qu'ils ne touchent en rien à leur utilité, ni à la navigation, & que les anciens ouvrages qu'on veut changer sont de la création du canal, & faits en vertu des ordres du Roi, & des arrêts du conseil, les propriétaires n'étant pas en droit de les changer de leur autorité; il a été convenu, que le présent accord seroit approuvé par les Etats, & autorisé par un arrêt du conseil.

Lorsqu'on voudra vuider les eaux du bassin de Saint-Ferriol, les gardes auront soin de ne les évacuer, qu'à proportion qu'elles pourront couler dans la rigole. Que si les eaux sont trop abondantes, & qu'il faille les rejetter, on tâchera de les évacuer avec la prudence nécessaire, pour qu'elles n'incommodent point, s'il est possible, les terres situées sur l'ancien lit de Laudot, où il faut nécessairement qu'elles passent, en les partageant aussi également que l'on pourra entre les deux dioceses.

ART. II.

Que lesdits propriétaires feront recreuser la rigole dans l'étendue desdits dioceses, dans tous les endroits où elle pourra en avoir besoin, suivant l'état qui en sera dressé par l'ingénieur du Roi chargé des ouvrages du canal, en présence des commissaires des dioceses, & des propriétaires du canal; & s'il est jugé nécessaire d'y faire quelques nouveaux épanchoirs, pour empêcher que les eaux surabondantes ne se répandent par-dessus les terriers, les propriétaires les feront faire aux endroits qui seront marqués par l'ingénieur du Roi.

ART. III.

Qu'à l'égard des cales qui ont été faites pour empêcher les sables d'entrer dans le canal, il en sera fait une visite dans le cours de cette année, en présence desdits commissaires, & propriétaires du canal, & de l'ingénieur du Roi, pour examiner celles qui sont nuisibles, & s'il en faut diminuer la hauteur, ou pratiquer des moyens plus faciles pour donner le cours aux eaux qui aboutissent auxdites cales, sans préjudicier aux héritages voisins, ni au canal; & sur le tout, les parties s'en rapporteront à ce qui sera réglé par les ingénieurs du Roi préposés pour cela.

ART. IV.

Qu'il a été accordé par les propriétaires du canal, de laisser un chemin libre sur les terriers de la rigole & du canal, dans les endroits seulement où lesdits chemins seront nécessaires, n'y en ayant point d'autre à portée, soit pour la culture des héritages voisins, soit pour le commerce des communautés.

ART. V.

Que l'état du moulin de Naurouse sera examiné à l'amiable, pour convenir s'il porte préjudice aux héritages voisins, & y remédier de la maniere la plus convenable. Requéroit, A CES CAUSES, ledit syndic général, qu'il plût à Sa Majesté, autoriser & homologuer lesdites conventions, & ordonner qu'elles seront exécutées selon leur forme & teneur. Vu ladite requête; la copie collationnée par le greffier des Etats, desdites conventions, en date du 28 Janvier 1739, signées l'évêque de Lavaur, le comte de Lordat de Bram, Riquet de Caraman, Riquet de Bonrepos, Bauduco; & la délibération desdits Etats du 29 du même

N°. XXII. mois. Oui le rapport du sieur Orry, conseiller d'état, & conseiller ordinaire au conseil royal, contrôleur général des finances; SA MAJESTÉ ÉTANT EN SON CONSEL, a autorisé & homologué lesdites conventions passées entre les députés des dioceses de Lavaur & Saint-Papoul, & les propriétaires du canal royal de communication des mers, le 28 Janvier de la présente année, ainsi que la délibération des Etats de la province de Languedoc, du 29 dudit mois; & en conséquence, ordonne Sa Majesté que lesdites conventions seront exécutées selon leur forme & teneur. FAIT au conseil d'état du Roi, Sa Majesté y étant, tenu à Marly le onzieme jour de Mai mil sept cent trente-neuf.

Signé, PHELYPEAUX.

XXIII.

ARRÊT

DU CONSEIL D'ETAT DU ROI,

Qui autorise les conventions passées entre les Etats & les propriétaires du canal royal, au sujet de l'entretien des épanchoirs, aqueducs, rigoles, contre-canaux, & autres ouvrages y dénommés.

Du 24 Avril 1739.

EXTRAIT *des Registres du Conseil d'Etat.*

SUR la requête présentée au Roi, étant en son conseil, par le syndic général de la province de Languedoc; CONTENANT, que plusieurs communautés des dioceses de Lavaur, Saint-Papoul, Toulouse, Agde, & autres, sur le terroir desquelles passe le canal de communication des mers, ayant porté leurs plaintes aux Etats de ladite province, des dommages auxquels elles étoient exposées par les eaux surabondantes de la rigole de dérivation, N°. XXIII qui conduit les eaux audit canal royal, il fut délibéré par l'assemblée desdits Etats le 30 Janvier 1737, de faire vérifier si lesdites plaintes étoient fondées, si les dommages dont il étoit fait mention provenoient du défaut d'entretien de ladite rigole, & ce que les propriétaires du canal devoient faire en ce cas pour y remédier. Que comme il s'élevoit aussi tous les jours des contestations entre lesdits propriétaires du canal, & les riverains, par rapport à l'entretien des aqueducs, rigoles & contre-canaux, il avoit encore été résolu par la même délibération, de charger les syndics généraux de prendre, de concert avec les sieurs propriétaires du canal, tous les éclaircissemens pour constater leurs engagemens, & ceux des riverains, par rapport audit entretien, & déterminer ensuite, par forme de réglement, à quoi chacun devoit être tenu en droit soi; ce qui ne pouvoit être fait aussi, qu'après une vérification, à laquelle le sieur de Clapiers fut chargé de procéder, & qu'il a fait pendant le cours de l'année 1738, en présence des officiers de la province, des syndics des dioceses, de l'ingénieur chargé des ouvrages du canal, & des directeurs dudit canal, faisant pour les sieurs propriétaires. Que le procès-verbal de cette vérification ayant été communiqué aux sieurs propriétaires, a été ensuite porté à l'assemblée des sieurs commissaires nommés par les Etats pour la direction des travaux publics, lesquels, après avoir murement examiné tous les différens chefs de cette affaire, sont convenus avec les sieurs propriétaires du canal des articles suivans.

ARTICLE PREMIER.

Que les épanchoirs du canal royal,

N°. XXIII. quels qu'ils puissent être, seront entretenus aux dépens desdits propriétaires du canal, ce qui comprend non-seulement la maçonnerie & charpente desdits épanchoirs, qui font partie dudit canal, mais encore les rigoles, ou fossés servant à la conduite des eaux dans les ruisseaux, ou rivieres voisines, lesquelles rigoles ou fossés seront creusées, & entretenues dans les dimensions nécessaires pour contenir les eaux qui sont vuidées par ces épanchoirs, sans qu'elles puissent causer aucun dommage aux héritages voisins.

Lorsque lesdites eaux seront conduites à un ruisseau qui ne pourra les contenir, le lit dudit ruisseau sera creusé & entretenu, pour la moitié, aux dépens des propriétaires dudit canal, depuis l'endroit où les eaux y auront été reçues, jusqu'à son embouchure dans une riviere capable de les contenir, telle que le Lers, Fresquel, & autres semblables; & pour l'autre moitié, aux dépens de la communauté dans le terroir de laquelle le lit dudit ruisseau est situé, conformément à ce qui sera réglé ci-après par rapport aux rigoles & contre-canaux.

Les vingt-un épanchoirs à fleur d'eau, qui sont dans la retenue de Portiragnes, seront néanmoins entretenus par les communautés de Vias & d'Agde, chacune dans l'étendue de leur terroir, en y faisant contribuer les possesseurs des fonds nobles, conformément à la déclaration du mois d'Octobre 1684, attendu qu'il s'agit de la conservation du terroir.

Il ne sera permis aux propriétaires du canal de fermer aucun épanchoir pour donner un autre écoulement aux eaux, ni d'en construire de nouveaux, ni d'augmenter l'ouverture de ceux qui sont déjà faits, qu'en vertu d'un ordre par écrit de l'ingénieur du Roi chargé de la direction du canal, après avoir entendu les possesseurs des fonds voisins, & le syndic du diocese, & après avoir creusé, dans les deux derniers cas, une rigole ou fossé capable de contenir les eaux qui seront vuidées par cet épanchoir. N°. XXIII.

ART. II.

Que les aqueducs seront entretenus aux dépens des propriétaires du canal, non-seulement par rapport à l'entiere maçonnerie, mais encore pour donner un libre écoulement aux eaux, dans la largeur du canal, & des francs-bords.

ART. III.

Que les rigoles creusées dans les terres incultes, & sur les hauteurs, seront entretenues par les propriétaires du canal.

Les autres rigoles, quelles qu'elles puissent être, & les contre-canaux ou rigoles paralleles au canal, servant à conduire les eaux à un aqueduc, seront aussi creusées & entretenues par les propriétaires pour la moitié, & l'autre moitié par les communautés dans le terroir desquelles elles sont situées, en y faisant aussi contribuer les possesseurs des fonds nobles.

Les rigoles de sortie seront creusées & entretenues en entier par les communautés dans les terroirs desquelles elles seront situées, en y faisant contribuer les possesseurs des fonds nobles.

Si cependant les eaux venant de quelque épanchoir, étoient conduites dans une rigole de sortie, les propriétaires du canal seront obligés de creuser & entretenir par moitié ladite rigole.

Les baux d'entretien desdites rigoles, ou contre-canaux, dont les communautés sont chargées, seront passés par les sieurs commissaires du diocese; & le prix desdits baux, qui ne sera

N°. XXIII. payé que sur leur ordre par le receveur du diocese, sera compris dans la mande desdites communautés qui en feront remettre le montant audit receveur.

Les anciens lits des ruisseaux ou ravins, dans lesquels on n'a pas rejetté ou détourné d'autres eaux, seront entretenus, tant à l'entrée qu'à la sortie des aqueducs, par les particuliers riverains, sauf, au cas où ils reçoivent les eaux vuidées par quelque épanchoir, à y être pourvu en la maniere qui a été expliquée ci-dessus au sujet des épanchoirs.

Les arbres qui ont été plantés dans le lit des rigoles d'entrée ou de sortie, dans les contre-canaux, & dans les anciens lits des ruisseaux, seront arrachés, aussi-bien que les broussailles, à la diligence du syndic du diocese, par les propriétaires à qui les arbres appartiennent; & faute par eux d'y satisfaire huitaine après la premiere sommation qui leur en sera faite, lesdits arbres & broussailles seront arrachés, à la diligence dudit syndic, qui se remboursera des frais par lui exposés, sur le prix de la vente qui sera faite desdits arbres & broussailles.

Il sera défendu de planter aucun arbre dans le lit des rigoles d'entrée ou de sortie, dans les contre-canaux, & dans les anciens lits des ruisseaux, ou ravins, sous peine à ceux qui en auront planté, de demeurer responsables des dommages causés par le retrécissement & atterrissement desdites rigoles, &c. & du recreusement qu'il en faudra faire.

ART. IV.

Qu'à l'égard des cales qui ont été construites aux endroits où les eaux de quelque ruisseau sont reçues dans le canal, leur élévation au-dessus de la hauteur des eaux ordinaires du canal, sera déterminée de concert par l'ingénieur du Roi, en présence du syndic du diocese, & après avoir entendu les possesseurs des fonds voisins, de maniere qu'ils ne puissent en recevoir aucun dommage; ce qui sera pareillement observé au cas qu'il soit question d'en construire de nouvelles. N°. XXIII.

Les ouvertures ou coupures des terriers qui servent à faire écouler dans le canal les eaux de quelque ruisseau, ou même les eaux pluviales, pourront être fermées en vertu d'un ordre par écrit donné par l'ingénieur, après avoir entendu les parties intéressées, & le syndic du diocese, de quoi il sera fait mention dans ledit ordre, dont il leur sera donné copie; & avant de fermer lesdites ouvertures, il sera pourvu à l'écoulement des eaux, au moyen d'une rigole ou contre-canal qui sera creusée & entretenue conformément à ce qui a été réglé au sujet des rigoles & contre-canaux.

Il sera au choix desdits propriétaires de faire ouvrir les coupures qui ont été fermées dans les terroirs de Donneville, de Montgiscard, de Castanet & autres, ou de laisser les terriers dans l'état où ils sont, en donnant, au dernier cas, un écoulement aux eaux, au moyen d'une rigole qui sera creusée & entretenue comme ci-dessus.

ART. V.

Qu'il sera défendu de faire abreuver les bestiaux dans le canal, ailleurs qu'aux endroits qui seront déterminés de concert par l'ingénieur du Roi, & le syndic du diocese, pour la commodité des habitans des communautés; & il y sera construit un pavé ou calada pour empêcher l'éboulement des terres, lequel calada sera construit, & entretenu aux dépens des communautés.

ART. VI.

Qu'il sera posé sur les francs-bords,

N°. XXIII. aux frais & dépens des propriétaires du canal, des pierres, ou bornes, dans telle distance qu'ils jugeront à propos, à l'effet d'empêcher les bestiaux & les voitures d'y passer, sauf dans le cas où il n'y a pas d'autre chemin pour aller aux possessions voisines, ou à un pont sur le canal; ce qui sera réglé de concert par le syndic du diocese, & par la personne qui sera préposée à cet effet par les propriétaires du canal.

Il sera procédé à l'arpentement général des francs-bords pour en déterminer la largeur; & il sera posé des bornes pour les séparer des terres des particuliers, le tout aux frais de la province, & des propriétaires du canal, par moitié.

ART. VII.

Que la délibération des Etats du 19 Décembre 1680, concernant la construction, & l'entretien des ponts du canal, & de la rigole, sera exécutée selon sa forme & teneur; & en conséquence, les ponts qui seront situés sur le grand chemin qui conduit de Toulouse à Beziers, seront entretenus aux frais & dépens de la province: ceux qui sont construits, ou qui pourront l'être dans la suite sur les chemins de traverse, pour servir à la communication des dioceses voisins, seront entretenus ou construits par ceux desdits dioceses qui en retirent la commodité, & l'avantage pour le commerce; ceux qui ont été établis pour la communication des villes & lieux, seront entretenus aux frais des communautés qui se trouvent de part & d'autre du canal: & finalement ceux qui sont situés sur les écluses, ou qui doivent servir pour la ménagerie des contribuables, pour le pâturage de leurs bestiaux, ou pour la culture de leurs terres, seront entretenus par les communautés dans le consulat desquelles ils sont situés, & les syndics des dioceses seront obligés d'y tenir la main, & d'en informer le syndic général du département. N°. XXIII.

ART. VIII.

Que pour éviter qu'il y ait dans la suite des transpirations des eaux du canal, causées par le rehaussement ou comblement de son lit, il a été convenu que les recreusemens qui sont faits toutes les années dans les différentes parties du canal où ils sont jugés nécessaires par l'ingénieur du Roi qui en a la direction, seront faits jusqu'au ferme, excepté dans les terroirs de pur gravier, où ledit ingénieur estimera qu'il doit être laissé quelques terres sur les talus, ou sur le fond du canal.

Lesquels articles ont été signés par lesdits sieurs commissaires, & les sieurs propriétaires, & approuvés par délibération desdits Etats du 29 Janvier 1739; par laquelle le syndic général a été chargé de demander à Sa Majesté l'autorisation de ladite délibération & desdits articles, pour qu'on ne puisse en éluder à l'avenir l'exécution. Requéroit, A CES CAUSES, ledit syndic général, qu'il plût à Sa Majesté autoriser & homologuer, tant ladite délibération, que les articles convenus entre les sieurs commissaires des Etats, & les sieurs Riquet de Caraman, & Riquet de Bonrepos, propriétaires du canal, en date du 28 Janvier 1739, & ordonner que le tout sera exécuté selon sa forme & teneur. Vu ladite requête, la copie collationnée par le greffier des Etats, des articles convenus entre les députés desdits Etats, & les propriétaires du canal royal, en date du 28 Janvier 1739; & la délibération desdits Etats, du 29 du même mois. Oui le rapport du sieur

N°. XXIII. Orry, conseiller d'état, & conseiller ordinaire au conseil royal, contrôleur général des finances. LE ROI ÉTANT EN SON CONSEIL, a autorisé & homologué, tant ladite délibération des Etats de la province de Languedoc, du 29 Janvier de la présente année, que lesdits articles convenus entre les députés desdits Etats, & les propriétaires du canal royal de ladite province, le 28 dudit mois; & en conséquence, ordonne Sa Majesté, qu'ils seront exécutés selon leur forme & teneur. FAIT au conseil d'état du Roi, Sa Majesté y étant, tenu à Versailles le vingt-quatrieme jour d'Avril mil sept cent trente-neuf.

Signé, PHELYPEAUX.

XXIV.

EXTRAIT du registre des délibérations des Etats généraux de la province de Languedoc; convoqués par mandement du Roi en la ville de Montpellier, au mois de Décembre 1739.

Du Mardi 19 Janvier 1740, président Mgr. l'archevêque & primat de Narbonne.

MONSEIGNEUR l'évêque d'Alais a dit, que le sieur Joubert, syndic général, a rendu compte à la commission, de ce qui a été fait dans le cours de l'année 1739, en exécution de la délibération du 29 Janvier de ladite année, par rapport au canal royal, & aux conventions passées entre les Etats & les propriétaires dudit canal; comme aussi, entre lesdits propriétaires & les députés des dioceses de Lavaur & de Saint-Papoul.

Qu'il a été obtenu deux arrêts du conseil, le 24 Avril & 11 Mai dernier, pour autoriser lesdites conventions & la délibération du 29 Janvier: mais, qu'avant d'en donner connoissance dans les dioceses dans l'étendue desquels passe le canal, ledit sieur Joubert, syndic général, a cru devoir dresser un mémoire instructif, sur la maniere d'exécuter les conventions passées entre les Etats & lesdits propriétaires. N°. XXIV.

Que l'objet de ce mémoire est d'entrer dans le détail, par rapport à chaque article desdites conventions, des différentes opérations qui doivent être faites pour en exécuter le contenu, & pour distinguer, relativement aux obligations imposées aux dioceses & auxdits propriétaires, ce qui doit être à la charge des uns & des autres.

Que ce mémoire a été envoyé dans les dioceses, avec un exemplaire de la délibération des Etats, dudit jour 29 Janvier, & de l'arrêt du conseil qui autorise les conventions; mais, qu'il n'a pas été possible, au moins dans la plupart des dioceses, de commencer à en faire usage.

Qu'au surplus, il n'a été porté, dans le cours de l'année 1739, aucune nouvelle plainte de la part des communautés & des particuliers riverains du canal: mais que cependant, comme il est d'une grande conséquence de suivre l'objet que les Etats se sont proposés, de remédier aux dommages causés par le défaut d'entretien des aqueducs, rigoles, contre-canaux, & autres ouvrages semblables, MM. les commissaires ont cru devoir s'attacher principalement à prendre des mesures, pour que les conventions ayent leur effet: Que les propriétaires du canal y ont paru très-disposés, & qu'ils ont déja cessé de faire cultiver les francs-bords ou terriers, suivant la parole qu'ils en avoient donnée: Que les dioceses ne se porteront pas sans doute avec moins d'empressement, à remplir les engagemens qui les concernent; & que MM. les commissaires ont cru en conséquence, après avoir examiné le mémoire instructif dont il a été déja fait mention,

XXIV. tion, qu'il étoit indispensable de s'y conformer ; auquel effet il doit être envoyé de nouveau dans les dioceses, avec une copie de la délibération qui sera prise.

Qu'ils ont cru devoir aller plus loin, en proposant de déterminer un délai jusqu'au premier Juillet prochain ; dans lequel délai, les vérifications, toisés & autres opérations semblables, comme aussi les baux ou marchés pour le creusement ou l'entretien des rigoles & contre-canaux, doivent être faits & arrêtés : Qu'ils ont cru, dans les mêmes vues & par les mêmes motifs, devoir proposer à l'assemblée, de consentir que les dioceses imposent l'année prochaine, sur chaque communauté riveraine du canal, la somme qui sera jugée convenable, par estimation ; sauf à régler précisément, après que lesdites vérifications & marchés auront été faits & arrêtés, la somme à laquelle doit revenir le contingent desdites communautés, conformément aux conventions.

Que de plus, leur exécution étant le seul moyen de remédier aux différens dommages dont on a connu la cause & l'étendue, par la vérification qui fut faite en 1738, les dioceses & les propriétaires du canal doivent sans doute être responsables des dommages auxquels les particuliers riverains pourroient être exposés par le défaut d'exécution desdites conventions, chacun toutefois pour ce qui le concerne, & relativement à leurs engagemens respectifs.

Qu'au reste, MM. les commissaires ont fait réflexion, par rapport aux contre canaux & rigoles qui seront dans le cas d'être creusées & entretenues à frais communs par les dioceses & les propriétaires du canal, que les baux ou marchés en devoient être faits & arrêtés conjointement, pour éviter toute espece de contestations ; & que les sieurs propriétaires ont eux-mêmes reconnu, que cet arrangement étoit le N°. XXIV. plus convenable.

Enfin, pour ce qui est des transpirations qui proviennent, au moins en partie, du défaut du creusement du canal, lesdits propriétaires s'étant soumis à l'avenir de faire lesdits creusemens jusqu'au ferme, il avoit paru nécessaire, pour s'assurer de l'exécution de cet article, de vérifier chaque année, en présence des personnes préposées par les commissaires du diocese, & du syndic général du département, si les parties auxquelles on aura travaillé, auront été recreusées jusqu'au ferme, c'est-à-dire, jusqu'à la premiere base du canal.

Que cette vérification étant la seule maniere de pourvoir à l'exécution d'un article aussi juste & aussi important, la commission n'auroit pas hésité de la proposer à l'assemblée ; & que les propriétaires du canal y ont pareillement acquiescé : mais que, comme tous les terreins dans lesquels le canal a été excavé, n'étoient pas les mêmes, & qu'il y en avoit de marécageux, & des terres labourables, dans lesquels le canal ne paroîtroit jamais être recreusé à son ancienne base, il sera nécessaire, pour éviter toute contestation, de prendre des repaires plus certains, tels que sur les rochers qui ont été excavés, & sur le tuf, qui forment en bien des endroits la base du canal.

Qu'après avoir ainsi parlé de ce qui regarde l'exécution de ces conventions passées entre les Etats & lesdits propriétaires, il suffisoit de dire, à l'égard de celles qui avoient été passées entre lesdits propriétaires & les députés des dioceses de Lavaur & de Saint-Papoul, que ces dioceses devoient également s'attacher à les mettre à exécution dans un certain délai, afin de faire cesser les dommages auxquels on s'est pro-

N°. XXIV. posé de remédier ; & que le syndic général du département, devoit être autorisé à faire, en cas de besoin, pour l'exécution desdites conventions, tous les actes & démarches nécessaires.

Monseigneur l'évêque d'Alais a ajouté, qu'il doit encore informer l'assemblée, que MM. de Caraman & de Bonrepos ayant été instruits par MM. les commissaires, des dispositions qui viennent d'être proposées pour assurer l'exécution des conventions, ils ont déclaré, en présence de la commission, qu'ils y acquiesçoient, & qu'ils n'avoient garde d'en réclamer.

SUR QUOI il a été délibéré, 1°. Que les conventions passées entre les Etats & lesdits propriétaires, au sujet de l'entretien desdits aqueducs, rigoles, contre-canaux, & autres ouvrages y mentionnés, & autorisées par arrêt du conseil du 24 Avril 1739, seront exécutées dans toutes les dispositions qu'elles renferment ; & qu'à cet effet on se conformera au mémoire instructif qui a été dressé pour l'exécution desdites conventions, & envoyé aux dioceses dans l'étendue desquels passe le canal; lequel mémoire sera inséré dans le présent procès verbal, & adressé de nouveau auxdits dioceses, avec la premiere délibération.

2°. Que pour éviter dans la suite toute espece de contestation, les vérifications, toisés, & autres opérations indiquées dans ledit mémoire, seront faites conjointement, & d'un commun accord, par les personnes qui seront préposées par MM. les commissaires des dioceses & par MM. les propriétaires du canal; de quoi il sera dressé un double procès verbal, & que l'un des syndics généraux y sera présent.

3°. Qu'après que lesdites vérifications, toisés & autres opérations seront achevées, il sera fait des marchés par MM. les commissaires des dioceses & par MM. les propriétaires du canal, chacun pour les ouvrages qui les concernent ; & qu'à l'égard de ceux dont la dépense doit être supportée à frais communs, les marchés en seront passés conjointement, à un seul & même entrepreneur. N°. XXIV.

4°. Que pour fournir aux frais desdites vérifications, toisés, &c. & au payement du prix des baux ou marchés, les Etats consentent qu'il soit imposé par les dioceses, à l'assiette prochaine, sur les communautés riveraines du canal, telle somme qui sera jugée convenable, par estimation ; sauf à régler l'année suivante, le contingent de chacune desdites communautés, relativement à ce qui est porté par lesdites conventions.

5°. Que lesdites vérifications, toisés, &c. ensemble les baux ou marchés énoncés aux articles ci-dessus, seront faits & arrêtés avant le premier Juillet de la présente année ; à quoi les syndics généraux seront obligés de tenir la main: leur donnant pouvoir de faire, à cette occasion, tous les actes & démarches nécessaires ; auquel effet les syndics des dioceses seront tenus de les certifier, dans le même délai, des diligences qu'ils auront faites.

6°. Que lesdits dioceses & les propriétaires du canal, demeureront responsables, chacun en droit soi, des dommages qui peuvent être causés par le défaut d'exécution desdites conventions, dans le délai ci-dessus marqué, chacun pour les articles qui les concernent, & relativement à leurs engagemens respectifs.

7°. Que pour assurer l'exécution de l'article des conventions, par lequel les recreusemens doivent être faits jusqu'au ferme, pour éviter la transpiration des eaux du canal, il sera vérifié chaque année, par l'ingénieur commis par le Roi, en présence des syndics des dioceses, ou de telle autre personne ayant pouvoir de MM. les commissaires or-

N°. XXIV. dinaires; si lesdits recreusémens auront été faits jusqu'à l'ancienne base du canal, de laquelle on trouvera des repaires certains sur les rochers dans lesquels il a été excavé en quelques endroits, ou sur le tuf qui lui a servi de base; auquel effet MM. les propriétaires seront tenus de dénoncer & indiquer au syndic de chacun desdits dioceses, les parties du canal qui auront été recreusées; & le syndic général du département pourra être présent à ladite vérification, sur l'avis qui lui en sera donné par les syndics desdits dioceses.

8°. Que les conventions passées entre les députés des dioceses de Lavaur & de Saint-Papoul & les propriétaires du canal, & autorisées par l'arrêt du du conseil du 11 Mai 1739, seront exécutées avant le mois de Novembre prochain, à la diligence des syndics desdits dioceses, qui seront tenus d'en certifier le syndic général du département; auquel il est donné pouvoir de faire, à leur défaut, toutes les démarches & actes nécessaires pour l'exécution desdites conventions.

9°. Qu'il sera procédé dans le cours de l'année, à l'arpentement général des francs-bords & terriers du canal, & au plantement des bornes, conformément auxdites conventions.

Enfin, que copies de la présente délibération & du mémoire, seront remis à M. de Caraman & à M. de Bonrepos, propriétaires du canal; & que le syndic général poursuivra un arrêt du conseil, pour autoriser ladite délibération.

XXV.

MÉMOIRE INSTRUCTIF

Sur la maniere d'exécuter les conventions passées entre les Etats & les propriétaires du canal royal, au sujet de l'entretien des aqueducs, rigoles, contre-canaux, épanchoirs, &c. & autorisées par arrêt du conseil du 24 Avril 1739. N°. XXV.

COMME l'utilité qu'on s'est proposé de retirer des conventions passées le 28 Janvier 1739, entre les Etats & les propriétaires du canal royal, sur les différens chefs y contenus, dépend de leur exécution; il a paru nécessaire, pour s'en assurer, d'entrer dans le détail de ce qui doit être fait sur chacun des articles.

OBSERVATION PRÉLIMINAIRE.

Mais auparavant, on observera en général, que dans chaque diocese où passe le canal royal, le syndic du diocese, & un des commissaires ordinaires, doivent parcourir la partie du canal qui est dans son étendue, conjointement avec le directeur du département, ou telle autre personne qui sera préposée par MM. les propriétaires du canal, afin de dresser un état exact & détaillé de chaque nature d'ouvrages dont il est parlé dans les conventions; & cet état doit contenir ce qui sera marqué ci-après sur chacun des articles suivans.

ARTICLE PREMIER,

Concernant les épanchoirs & les rigoles, servant à conduire les eaux qu'ils rejettent.

1°. Il faut faire mention dans ledit état, de tous les épanchoirs qui servent actuellement à rejetter les eaux surabondantes du canal, en observant de faire mention du nom de chacun desdits épanchoirs, & de distinguer ceux qui sont à fleur d'eau, ou à fond, ceux qui n'ont qu'un empellement, ou ceux qui en ont plusieurs. Epanchoirs.

2°. Il faut déterminer, à l'égard de chacune des rigoles, le cours, les ali- Rigoles desdits épanchoirs.

N°. XXV.

gnemens, & les dimensions qu'elle a ou qu'elle doit avoir, depuis l'épanchoir dont elle reçoit les eaux, jusqu'à la riviere, ruisseau, ou rigole de sortie où elle aboutit; dans laquelle étendue elle doit être entretenue en entier par MM. les propriétaires du canal; & les dimensions desdites rigoles doivent être réglées de maniere qu'elles ne puissent causer aucun dommage aux héritages voisins.

Il faut aussi marquer le nom de la riviere, ruisseau, ou rigole de sortie, & l'endroit où les eaux provenant desdits épanchoirs, y sont reçues.

Rigoles qui conduisent les eaux à un ruisseau.

3°. A l'égard desdites rigoles qui conduisent les eaux à un ruisseau, il faut examiner si le lit dudit ruisseau est capable de les contenir: Et au cas que lesdits sieurs commissaires, ou le directeur du département, ou autre personne préposée par MM. les propriétaires du canal, ne puissent pas en convenir, le directeur des fortifications dans la province, sera prié de le déterminer.

Dans le cas où le lit desdits ruisseaux ne pourra pas contenir les eaux qui y sont conduites, il faudra déterminer le cours & les alignemens du lit dudit ruisseau, & les dimensions qu'il conviendra de lui donner, depuis l'endroit où il reçoit les eaux de la rigole, jusqu'à la riviere la plus prochaine, telle que le Lers, Fresquel & autres semblables, à l'effet d'être pourvu, moitié par MM. les propriétaires, & moitié par la communauté dont ledit ruisseau traverse le terroir, à l'entretien de son lit dans ladite étendue, suivant les dimensions qui auront été déterminées.

Rigoles qui aboutissent à une rigole de sortie.

4°. A l'égard de celles desdites rigoles qui aboutissent à une rigole de sortie, il faut, de la même maniere, déterminer le cours, les alignemens, & les dimensions de ladite rigole de sortie, depuis l'endroit où elle reçoit les eaux provenant dudit épanchoir, jusqu'à la riviere ou étang le plus prochain; dans laquelle étendue la rigole de sortie doit être entretenue, moitié par les propriétaires du canal, & moitié par les communautés dont elle traverse les terroirs.

Il faut aussi marquer le nom de ladite rigole de sortie, & l'endroit où elle reçoit les eaux venant de l'épanchoir, le nom de la riviere ou étang, & l'endroit où les eaux de ladite rigole de sortie y sont reçues.

Epanchoirs dans la retenue de Portiragnes.

5°. A l'égard des vingt-un épanchoirs à fleur d'eau qui sont dans la retenue de Portiragnes, il faudra déterminer, en la même forme, le cours, les alignemens, & les dimensions des rigoles qui reçoivent les eaux desdits épanchoirs, afin que les communautés de Vias & d'Agde, pourvoyent à leur entretien, en la maniere qui sera réglée ci-après, chacune pour ce qui les concerne, depuis le commencement desdites rigoles, jusqu'à leur embouchure.

Nouveaux épanchoirs ou changemens à faire à ceux qui existent aujourd'hui.

Il n'y a rien à remarquer sur les autres dispositions de cet article, si ce n'est que, dans le cas où l'ingénieur du Roi, chargé de la direction du canal, croira dans la suite, après avoir entendu le syndic du diocese & les possesseurs des fonds voisins, qu'on doit faire un nouvel épanchoir, ou augmenter l'ouverture de ceux qui sont déjà faits, il doit en donner l'ordre par écrit.

Qu'auparavant de donner ce nouvel écoulement aux eaux, MM. les propriétaires du canal doivent faire creuser une rigole capable de les contenir.

Et que les alignemens de la nouvelle rigole, doivent être déterminés conformément à ce qui a été dit ci-dessus, par rapport aux rigoles des épanchoirs qui sont déjà faits.

ART. II.

Concernant les Aqueducs.

Cet article, qui pourvoit à l'entretien de la maçonnerie des aqueducs, & à l'écoulement des eaux dans l'étendue de l'aqueduc & des francs-bords, n'a besoin d'aucune instruction.

ART. III.

Concernant les rigoles d'entrée ou contre-canaux, & les rigoles de sortie.

Les rigoles d'entrée sont celles qui conduisent les eaux sous les aqueducs.

Et les rigoles de sortie sont celles qui les conduisent depuis les aqueducs jusqu'aux ruisseaux ou rivieres où elles aboutissent.

[Rigoles d'entrée dans les terres incultes & sur les hauteurs.]

A l'égard des rigoles d'entrée, il faut 1°. Déterminer celles qui sont dans les terres incultes & sur les hauteurs, lesquelles doivent être entretenues par MM. les propriétaires du canal, & la marque & le nom de chacune desdites rigoles.

Il faut aussi en déterminer le cours, les alignemens, & les dimensions.

[Autres rigoles d'entrée & contre-canaux.]

2°. Il faut déterminer également le cours, les alignemens, & les dimensions des autres rigoles, quelles qu'elles puissent être, & des contre-canaux ou rigoles paralleles au canal, depuis le commencement jusqu'à l'entrée de l'aqueduc, distraction faite de la largeur des francs-bords; desquelles rigoles & contre-canaux, la moitié doit être entretenue par MM. les propriétaires du canal, & l'autre moitié, par les communautés dans les terroirs desquelles elles sont situées.

[Rigoles de sortie.]

A l'égard des rigoles de sortie, il faut aussi en déterminer le cours, les alignemens, & les dimensions, depuis le commencement, au sortir de l'aqueduc, distraction faite de la largeur des francs-bords, jusqu'à la riviere ou étang où elles conduisent les eaux: & les communautés dont elles traversent les terroirs, pourvoiront en entier à leur entretien, en la maniere qui sera expliquée ci-après, si ce n'est dans le cas où on y a conduit des eaux provenant de quelque épanchoir: & on n'ajoutera rien à ce qui a été dit au sujet de l'article premier.

On observera seulement que pour faciliter l'écoulement des eaux & prévenir tous dommages, il faut toujours commencer par le recreusement des rigoles de sortie, en remontant, depuis leur embouchure dans la riviere ou ruisseau, jusqu'à l'aqueduc où elles prennent naissance; & de-là, en suivant les contre-canaux & rigoles d'entrée, jusqu'à l'endroit où elles commencent.

[Anciens lits des ruisseaux, ou ravins.]

A l'égard des anciens lits des ruisseaux ou ravins, dont les eaux passent sous les aqueducs, sans qu'on en ait détourné d'autres dans leurs lits, on n'a rien à dire de particulier, les riverains demeurant toujours chargés de leur entretien, comme ils y sont obligés par le droit commun: & au cas qu'on y ait conduit les eaux provenant de quelque épanchoir, il faut se conformer à ce qui a été dit sur ce sujet à l'article premier.

[Devis & adjudication du creusement & entretien des rigoles & contre-canaux.]

Quant à la maniere de pourvoir à l'entretien desdites rigoles & des contre-canaux, dans le cas où les communautés en sont chargées, en tout ou en partie, suivant les articles des conventions qu'on a rappellées ci-dessus, il faut, sur ce qui aura été déterminé, par rapport aux alignemens & aux dimensions desdites rigoles, faire dresser un devis du creusement qui doit en être fait à présent, & de leur entretien; sur lequel devis il doit être fait des publications & affiches pour indiquer l'adjudication qui doit en être faite par MM. les commissaires du diocese, à tant la toise.

N°. XXV. Mais, comme ce creusement doit être fait en plusieurs endroits à frais communs, par MM. les propriétaires du canal royal, il convient que le même entrepreneur travaille pour les uns & pour les autres; & MM. les propriétaires doivent être priés d'envoyer quelqu'un de leur part, pour assister à ces adjudications.

Arbres plantés dans les rigoles d'entrée & de sortie. Le reste du contenu en cet article, concernant les arbres qui ont été plantés dans les rigoles d'entrée & de sortie, dans les contre-canaux & dans les anciens lits des ruisseaux, & qui doivent être arrachés, ne demande aucune instruction particuliere; & il suffit de recommander d'exécuter littéralement, & sans aucun égard ou considération, ce qui a été déterminé à ce sujet. Comme le plantement de ces arbres, dans les terreins dont il s'agit, est une entreprise préjudiciable au public, il est indispensable de la faire cesser sans ménagement; & les syndics des dioceses sont exhortés à y tenir la main, avec une attention particuliere.

ART. IV.

Concernant les eaux des ruisseaux & les eaux pluviales ramassées qui sont reçues dans le canal.

Lesdites eaux sont reçues dans le canal, ou par dessus une cale ou mur de maçonnerie qui est élevé à une certaine hauteur, & au devant duquel il y a un réservoir pour le dépôt du limon, ou par une simple ouverture faite dans les terriers.

Cales. 1°. Pour ce qui concerne les cales, il faut faire déterminer, à l'égard de chacune en particulier, par l'ingénieur du Roi, chargé de la direction du canal, l'élévation qu'elle doit avoir au dessus de la hauteur ordinaire des eaux du canal; & cette élévation doit être déterminée de concert par l'ingénieur du Roi, en présence du syndic du diocese, & après avoir entendu les parties intéressées, de maniere qu'elles n'en puissent recevoir aucun dommage. N°. XX

Si ledit ingénieur juge à propos de faire construire dans la suite des cales où murs de maçonnerie, aux endroits où il n'y a aujourd'hui que de simples ouvertures ou coupures dans les terriers ou dans d'autres endroits, il faudra déterminer, en la même forme & maniere, l'élévation qu'il conviendra de leur donner.

2°. Pour ce qui concerne les ouvertures dans les terriers, ou coupures, il en doit être fait mention, en marquant leur nom & celui du ruisseau dont elles font écouler les eaux dans le canal. Ouvertures dans les terriers, ou coupures.

Si dans la suite l'ingénieur du Roi croit que ces mêmes ouvertures doivent être fermées, il faudra qu'il en donne un ordre par écrit, après avoir entendu les parties intéressées & le syndic du diocese; & que cet ordre, dont il doit leur être donné copie, en fasse mention.

Il faudra aussi déterminer les alignemens, & les dimensions de la rigole ou contre-canal qui doit conduire les eaux à l'aqueduc le plus voisin; & cette rigole ou contre-canal, seront creusés & entretenus conformément à ce qui a été dit sur l'article III.

Mais, l'ouverture qu'on voudra fermer ne pourra l'être qu'après que ladite rigole ou contre-canal auront été mis en état de recevoir les eaux.

A l'égard des ouvertures ou coupures qui ont été fermées ci-devant dans les terroirs des communautés de Donneville, de Montgiscard, de Castanet, & autres, il faut pareillement déterminer s'il convient de les ouvrir.

Mais, au cas elles doivent être fermées, comme elles le sont, il faut aujourd'hui déterminer les alignemens &

les dimensions des rigoles ou contre-canaux qui doivent conduire les eaux à l'aqueduc le plus prochain ; après quoi il sera pourvu à leur creusement & à leur entretien, suivant ce qui a été dit ci-dessus.

ART. V.

Concernant les abreuvoirs.

Abreuvoirs.

Il n'y a autre chose à observer sur cet article, si ce n'est qu'il doit être convenu des lieux où il doit être construit des abreuvoirs pour l'utilité des possesseurs des fonds voisins du canal.

Il faut aussi déterminer la largeur desdits abreuvoirs & des caladas qui doivent y être construits.

Il sera pourvu à la construction & à l'entretien desdits caladas par le diocese ; & la dépense en sera payée par les communautés, en la maniere qui a été réglée par l'article III, à l'égard des creusemens & de l'entretien desdites rigoles & contre-canaux.

ART. VI.

Concernant le passage sur les francs-bords ou terriers.

Passage sur les francs-bords ou terriers.

Il faut déterminer, en la maniere énoncée en cet article, les endroits où il sera permis aux bestiaux & aux voitures, de passer sur les francs-bords ou terriers, par le défaut d'autre chemin, pour aller aux possessions voisines, ou à un pont sur le canal ; & l'étendue desdits francs-bords ou terriers sur lesquels le passage est permis, doit être marquée de maniere qu'il ne puisse y avoir aucune contestation dans la suite à ce sujet.

On n'ajoute rien sur l'arpentement général des francs-bords dont il est parlé à la fin de cet article, parce qu'il y sera procédé séparément, aux frais de la province, & de MM. les propriétaires du canal.

ART. VII.

Concernant la construction & l'entretien des ponts sur le canal.

Il faudra faire mention de tous les ponts qui sont actuellement construits sur le canal dans chaque diocese, en marquant le nom desdits ponts, & distinguant, — Ponts sur le canal.

Ceux qui sont situés sur le grand chemin de Toulouse à Beziers.

Ceux qui sont construits sur les chemins de traverse, pour servir à la communication des dioceses voisins.

Ceux qui ont été établis pour la communication des villes & lieux.

Et ceux qui sont situés sur les écluses, ou qui doivent servir pour la ménagerie des contribuables, pour le pâturage de leurs bestiaux ou pour la culture de leurs terres.

Au moyen de quoi il sera pourvu à l'entretien desdits ponts, en la maniere qui est énoncée dans cet article ; & les syndics des dioceses doivent y tenir la main.

ART. VIII.

Concernant le creusement qui doit être fait jusqu'au ferme dans toute l'étendue du canal.

L'objet de cet article, est d'entretenir le canal dans sa premiere base, afin de remédier aux transpirations qui pourroient être causées par le rehaussement de son lit dans certaines parties. — Creusement du canal jusqu'au ferme.

Les syndics des dioceses doivent donc informer les directeurs de chaque département, & l'ingénieur chargé par le Roi de la direction du canal, des transpirations causées par ses eaux dans les terres voisines, afin qu'il y soit remédié sur le champ lorsqu'elles sont sensibles ; & à l'égard des autres, il y sera pourvu autant qu'il sera possible,

N°. XXV. au moyen du creusement qui doit être fait jusqu'au ferme.

Comme toutes les années Mrs. les propriétaires du canal en font recreuser plusieurs parties, ils donneront avis aux syndics des dioceses, de celles qui doivent être recreusées, & il sera vérifié en présence dudit syndic, ou de telle autre personne ayant pouvoir de MM. les commissaires ordinaires, si lesdits recreusemens auront été faits jusqu'à l'ancienne base du canal.

Mais, attendu que dans lesdites vérifications il sera nécessaire de prendre des repaires certains de ladite base, on les prendra sur les rochers dans lesquels le canal a été excavé, & sur le tuf, qui a formé en bien des endroits la base du canal.

OBSERVATION générale servant de conclusion à ce mémoire.

L'état dont il a été parlé au commencement de cette instruction, doit contenir en détail tout ce qui vient d'être marqué ci-dessus sur les articles I, III, IV, V, VI, & VII. Il doit être dressé un double original pour être remis, l'un à Mrs. les propriétaires du canal, & l'autre aux archives de chaque diocese.

Lorsque dans la suite il sera fait quelque nouvel ouvrage, de la nature de ceux dont on a parlé, ou qu'il sera fait quelque changement à ceux qui existent déjà, il doit en être fait mention dans ledit état, afin qu'il contienne toujours au vrai le détail de chaque nature d'ouvrages dont il a été parlé dans les conventions.

Mais, indépendamment de cet état, il doit aussi être dressé une carte dans chaque diocese, contenant en détail le cours du canal, suivant ses différens alignemens, dans l'étendue sur laquelle il le traverse, & tous les ouvrages dont il est parlé ci-dessus; savoir,

Les Epanchoirs à fleur-d'eau, ou à fond; à un seul ou à plusieurs empellemens. N°. XXV.

Les rigoles qui reçoivent les eaux provenant desdits épanchoirs; les rivieres, ruisseaux, &c. auxquelles lesdites rigoles desdits épanchoirs aboutissent.

Les aqueducs simples ou à plusieurs arches; avec un puits d'entrée, ou sans puits; à siphon, ou sans siphon.

Les rigoles d'entrée qui conduisent les eaux, & celles de sortie qui les reçoivent pour les conduire à une riviere voisine ou à un étang.

Les cales ou murs de maçonnerie, construits aux endroits où les eaux de certains ruisseaux entrent dans le canal.

Les ouvertures des terres par lesquelles les eaux de quelques ruisseaux ou les eaux pluviales y sont reçues, & le cours desdites eaux ou ruisseaux.

Les abreuvoirs qui auront été construits pour les bestiaux.

Les endroits des francs-bords sur lesquels les bestiaux & les voitures pourront passer.

Et finalement, les ponts construits sur le canal.

Cette carte doit aussi être faite en double original, comme l'état ci-dessus, pour être remis, l'un à Mrs. les propriétaires du canal, & l'autre aux archives du diocese.

XXVI.

ARRÊT

DU CONSEIL D'ETAT DU ROI,

Qui autorise la délibération des états du 19 Janvier 1740, & le mémoire instructif dressé sur l'exécution des conventions passées entre lesdits Etats & les propriétaires du canal royal, au sujet de l'étendue des épanchoirs, aqueducs, rigoles, contre-canaux, & autres ouvrages y dénommés.

Du

XXVI. Du 5 Juillet 1740.

EXTRAIT des Regiſtres du Conſeil d'Etat.

VU par le Roi, étant en ſon conſeil, la requête préſentée en icelui par le ſyndic général de la province de Languedoc, tendante à ce qu'il plaiſe à Sa Majeſté, autoriſer & homologuer la délibération priſe le dix-neuf Janvier dernier, par les Etats de ladite province, pour aſſurer, de concert avec les propriétaires du canal royal, l'exécution des conventions paſſées le 28 Janvier 1739, entre les députés des Etats de Languedoc & les propriétaires dudit canal, & celles du même jour, d'entre leſdits propriétaires & les députés des dioceſes de Lavaur & de Saint-Papoul : ladite délibération du 19 Janvier de la préſente année ; CONTENANT, 1°. Que les conventions paſſées entre leſdits Etats & les propriétaires du canal royal, au ſujet de l'entretien des aqueducs, rigoles, contre-canaux, & autres ouvrages y mentionnés, autoriſées par arrêt du conſeil du 24 Avril 1739, ſeront exécutées dans toutes les diſpoſitions qu'elles renferment ; & qu'à cet effet on ſe conformera au mémoire inſtructif qui a été dreſſé pour l'exécution deſdites conventions, & envoyé aux dioceſes dans l'étendue deſquels paſſe le canal royal. 2°. Que pour éviter dans la ſuite toute eſpece de conteſtation, les vérifications, toiſés, & autres opérations indiquées dans ledit mémoire, ſeront faites conjointement & d'un commun accord, par les perſonnes qui ſeront prépoſées par les commiſſaires des dioceſes & par les propriétaires du canal ; de quoi il ſera dreſſé un double procès-verbal en préſence de l'un des ſyndics généraux de la province. 3°. Qu'après que leſdites vérifications, toiſés, & autres opérations ſeront achevées, il ſera fait des marchés par les commiſſaires des dioceſes & par les propriétaires du canal, chacun pour les ouvrages qui les concernent : Et qu'à l'égard de ceux dont la dépenſe doit être ſupportée à frais communs, les marchés en ſeront paſſés conjointement, à un ſeul & même entrepreneur. 4°. Que pour fournir aux frais deſdites vérifications, toiſés, &c. & au payement du prix des baux ou marchés, les Etats conſentent qu'il ſoit impoſé par les dioceſes, à l'aſſiette prochaine, ſur les communautés riveraines du canal, telle ſomme qui ſera jugée convenable, par eſtimation ; ſauf à régler l'année ſuivante, le contingent de chacune deſdites communautés, relativement à ce qui eſt porté par leſdites conventions. 5°. Que leſdites vérifications, toiſés, & autres opérations indiquées dans le mémoire inſtructif, enſemble les baux ou marchés énoncés aux articles ci-deſſus, ſeront faits & arrêtés avant le premier Juillet de la préſente année ; à quoi les ſyndics généraux ſeront obligés de tenir la main ; les Etats leur donnant pouvoir de faire à cette occaſion, tous les actes & démarches néceſſaires ; auquel effet les ſyndics des dioceſes ſeront tenus de les certifier dans le même délai, des diligences qu'ils auront faites. 6°. Que leſdits dioceſes & les propriétaires du canal, demeureront reſponſables, chacun en droit ſoi, des dommages qui pourront être cauſés par le défaut d'exécution deſdites conventions, dans le délai ci-deſſus marqué, chacun pour les articles qui les concernent, & relativement à leurs engagemens reſpectifs. 7°. Que pour aſſurer l'exécution de l'article des conventions, par lequel les recreuſemens doivent être faits juſqu'au ferme, pour éviter la tranſpiration des eaux du canal, il ſera vérifié chaque année, par N°. XXVI.

N°. XXVI. l'ingénieur commis par le Roi, en présence du syndic de chaque diocese, ou de telle autre personne ayant pouvoir des commissaires ordinaires, si lesdits recreusemens auront été faits jusqu'à l'ancienne base du canal, de laquelle on trouvera des repaires certains sur les rochers dans lesquels il a été excavé en quelques endroits, ou sur le tuf qui lui a servi de base; auquel effet les propriétaires seront tenus de dénoncer & indiquer au syndic de chacun desdits dioceses, les parties du canal qui auront été recreusées; & le syndic général du département, pourra être présent à ladite vérification, sur l'avis qui lui en sera donné par les syndics desdits dioceses. 8°. Que les conventions passées entre les députés des dioceses de Lavaur & de Saint-Papoul, & les propriétaires du canal, & autorisées par l'arrêt du conseil du 11 Mai 1739, seront exécutées avant le mois de Novembre prochain, à la diligence des syndics desdits dioceses, qui seront tenus d'en certifier le syndic général du département; auquel il est donné pouvoir de faire à leur défaut, toutes les démarches & actes nécessaires pour l'exécution desdites conventions. 9°. Qu'il sera procédé dans le cours de l'année, à l'arpentement général des francs-bords & terriers du canal, & au plantement des bornes, conformément auxdites conventions: Qu'enfin, il sera remis une copie de la présente délibération des Etats & du mémoire instructif aux sieurs de Caraman & de Bonrepos, propriétaires du canal; & que le syndic général poursuivra un arrêt du conseil, pour autoriser ladite délibération. Vu aussi le mémoire énoncé dans la susdite délibération, servant d'instruction sur la maniere d'exécuter les conventions passées entre les Etats & lesdits propriétaires du canal: La déclaration des sieurs de Caraman & de Bonrepos, propriétaires du canal, en date du 22 Mai dernier; contenant, N°. XXVI. qu'ils ont donné leur consentement verbal à ladite délibération, en tant qu'elle est conforme auxdites conventions, & qu'elle ne souffrira aucune explication qui puisse y ajouter aucunes nouvelles obligations, auxquelles ils n'entendent rien ajouter ni diminuer; sous lesquelles réservations ils consentent que ladite délibération soit autorisée par arrêt du conseil, avec la clause, sans prétendre rien ajouter ni diminuer auxdites conventions du mois de Janvier 1739, lesquelles seront exécutées suivant leur forme & teneur. Vu pareillement les conventions passées entre les députés desdits Etats & lesdits propriétaires du canal royal, le 28 Janvier 1739, référées dans le mémoire instructif, ci-dessus mentionné, au sujet de l'entretien des épanchoirs, aqueducs, rigoles, contre-canaux, & autres ouvrages y dénommés: Autres conventions passées entre les députés des dioceses de Lavaur & de Saint-Papoul, & lesdits propriétaires du canal royal; ledit jour 28 Janvier de l'année derniere, insérées dans l'arrêt du conseil du 12 Mai 1739, au sujet des ouvrages projettés dans le cours des rigoles de la montagne & de la plaine, pour éviter les dommages causés par les eaux surabondantes dans les terroirs de ces deux dioceses, & des réparations que lesdits propriétaires doivent faire pour y remédier: L'arrêt du conseil du 24 Avril 1739, & celui du 12 Mai de ladite année, qui autorisent, tant les conventions passées par les Etats & par les députés des dioceses de Lavaur & de Saint-Papoul, avec les propriétaires du canal royal, ledit jour 28 Janvier de l'année derniere, que la délibération prise par les Etats le lendemain, 29 dudit mois; & ordonnent qu'elles seront exécutées selon leur for-

No. XXVI. me & teneur : Oui le rapport du sieur Orry, conseiller d'état & conseiller ordinaire au conseil royal, contrôleur général des finances; LE ROI ÉTANT EN SON CONSEIL, a autorisé & homologué la délibération en forme de réglement, prise par les Etats de la province de Languedoc, le 19 Janvier de la présente année, pour tout ce qui concerne l'exécution des conventions passées entre lesdits Etats & lesdits propriétaires du canal royal, & le mémoire instructif énoncé dans ladite délibération; & en conséquence, a ordonné & ordonne, que la délibération & ledit mémoire seront exécutés dans toutes les dispositions qu'ils contiennent, tant de la part des dioceses & communautés dans l'étendue desquelles passe ledit canal royal, que de celle des propriétaires dudit canal, sans rien ajouter ni diminuer aux engagemens respectifs des parties, énoncés dans les conventions du 28 Janvier 1739, lesquelles seront exécutées suivant leur forme & teneur. FAIT au conseil d'état du Roi, Sa Majesté y étant, tenu à Versailles le cinquieme jour de Juillet mil sept cent quarante.

Signé, PHELYPEAUX.

XXVII.

ORDONNANCE

DE M. L'INTENDANT,

Concernant l'entretien des ponts du canal royal.

Du 28 Septembre 1734.

A MONSEIGNEUR DE BERNAGE, intendant en Languedoc.

SUPPLIE humblement le syndic général de la province de Languedoc; DISANT, que les Etats par leur délibération du 19 Décembre 1680, prise à l'occasion des ponts qui doivent être construits sur le canal de communication des mers, ont arrêté, que ceux desdits ponts qui sont situés sur le grand chemin qui conduit de Toulouse à Beziers, seroient entretenus aux frais & dépens de la province; mais que ceux qui seroient établis sur les chemins de traverse, pour servir à la communication des dioceses voisins, seroient conservés & réparés par ceux desdits dioceses qui retirent la commodité & l'avantage du commerce : que les ponts situés dans le district desdites communautés, seroient réparés aux dépens des lieux qui se trouvent de part & d'autre du canal, & que ceux qui sont situés sur les écluses, ou qui doivent servir pour la ménagerie des contribuables, pour le pâturage de leurs bestiaux, ou pour la clôture de leurs terres, seront entretenus par les communautés dans le consulat desquelles ils seront situés, & qu'elles contribueroient chacune de son préciput, & seroient chargées de l'entretenement desdits ponts à l'avenir, en prenant les précautions nécessaires pour que la navigation ne fût pas interrompue : que les attentions & les soins pris jusqu'à présent pour obliger les communautés de satisfaire à ce réglement, n'ont pu empêcher que plusieurs desdits ponts construits n'ayent été abandonnés, sans qu'il ait été pourvu audit entretien; & que les dégradations considérables donnent lieu aux propriétaires du canal, de porter souvent leurs plaintes, & de demander qu'il y soit pourvu aux dépens de qui il appartiendra, afin que le canal ne soit pas comblé par les matériaux & décombres de ces bâtimens qui tombent en ruine. No. XXVII.

A CES CAUSES, il vous plaira, MONSEIGNEUR, ordonner à MM. les commissaires ordinaires, & à ceux qui dirigent les affaires desdits dioceses pendant l'année, qu'ils ayent à tenir la

N 2

N°. XXVII. main à l'exécution des délibérations prises par les Etats, au sujet de l'entretien & réparation des ponts situés sur le canal de communication des mers, en sorte qu'au moyen du préciput destiné pour lesdites réparations publiques, il soit pourvu au rétablissement, tant de leur fondation, que des arceaux qui ont souffert des dégradations considérables : à savoir, pour ceux qui donnent la communication d'un diocese à l'autre, par les soins & à la diligence des syndics particuliers; & pour ceux qui ont été établis pour la communication des villes & lieux, par les consuls & officiers municipaux : & faute par eux de satisfaire audit réglement, il y soit pourvu, & les avances faites, à la diligence du syndic général de la province, pour être lesdites avances remboursées par emprunt ou imposition, tant par les dioceses que par les communautés, ainsi qu'il sera par vous ordonné, & ferez justice. GROS, *signé*.

VU la présente requête, & la délibération desdits Etats du 19 Décembre 1680 : NOUS ORDONNONS que ladite délibération sera exécutée selon sa forme & teneur : Enjoignons aux commissaires ordinaires, & à ceux qui dirigent les affaires des dioceses pendant le cours de l'année, d'y tenir la main, & de veiller à ce qu'il soit procédé aux entretiens & réparations nécessaires aux ponts construits sur le canal : savoir, à ceux qui communiquent d'un diocese à l'autre, par les soins & à la diligence des syndics particuliers, & à ceux qui ont été établis pour la communication particuliere des villes & lieux, par les soins des consuls & officiers municipaux; & faute par lesdits syndics, consuls & officiers municipaux d'y satisfaire, permettons au suppliant d'y pourvoir, à l'effet de quoi les avances qui seront faites à sa diligence, seront remboursées par emprunt ou par imposition sur les dioceses, & communautés, suivant qu'il sera par nous ordonné. FAIT à Montpellier le vingt-huit Septembre mil sept cent trente-quatre. *Signé*, DE BERNAGE : *Et plus bas*; Par Monseigneur, GRASSET, *signé*. N°. XXVII.

XXVIII.

EXTRAIT du registre des délibérations des Etats généraux de Languedoc, assemblés par mandement du Roi en la ville de Montpellier au mois de Décembre 1740.

Du Mardi 31 Janvier 1741, président Mgr. l'archevêque & primat de Narbonne.

MONSEIGNEUR l'évêque d'Alais a dit, que le sieur la Fage, syndic général, a informé la commission d'une contestation entre la ville de Toulouse, les propriétaires du canal royal, & le nommé Peclavel patron de barque sur ledit canal qui a été portée devant M. l'intendant, tant sur les réparations nécessaires à cinq ponts construits sur le canal dans le gardiage de Toulouse, que sur le dédommagement dû audit patron à raison d'une barque qui a été fracassée par l'écroulement de l'aile de l'un de ces ponts.

Que les contestations dont s'agit proviennent de ce que la nuit du 24 au 25 Janvier 1740, l'aile du pont de Guillemery situé dans le gardiage de Toulouse, croula sur la barque dudit patron Peclavel, qui fut considérablement endommagée, à raison de quoi il fit des actes aux propriétaires du canal, qui les notifierent aux capitouls & syndic de la ville de Toulouse, avec sommation de rendre taisant ce patron, ainsi qu'ils aviseroient.

Que les protestations du patron furent suivies d'une assignation aux pro-

N°. XVIII. priétaires du canal, devant le ſénéchal de Toulouſe pour être condamnés, tant à faire les réparations de la barque en queſtion qu'aux dommages & intérêts par lui ſoufferts & à ſouffrir, par rapport à l'interruption de la navigation depuis le 25 Janvier, juſques au jour que la barque ſeroit miſe en état, le tout ſuivant l'eſtimation qui en ſeroit faite par experts.

Que les propriétaires du canal ayant prétendu que le ſénéchal étoit incompétent, firent aſſigner le patron devant M. l'intendant en évocation de l'inſtance & déboutement de ſes demandes; & en cas de difficulté, que les capitouls & ſyndic de la ville de Toulouſe fuſſent tenus de les garantir des condamnations qui pourroient être prononcées contre eux, & en outre condamnés à faire faire inceſſamment les réparations néceſſaires aux ponts de Guillemery & autres du gardiage qui menacent une ruine prochaine.

Qu'en conſéquence de cette aſſignation toutes les parties ſe ſont retirées devers M. l'intendant, devant lequel le patron Peclavel & les propriétaires du canal ont demandé par leurs requêtes les mêmes concluſions qu'ils ont ci-devant priſes; & le ſyndic de la ville de Toulouſe a, en conſéquence d'une délibération du 27 Juillet, qui lui a donné pouvoir de défendre, donné requête de ſon chef, dans laquelle il expoſe que les ponts qui ſont ſitués ſur le canal hors le fauxbourg de la ville ont été conſtruits aux dépens de la province, & par elle entretenus, au moyen de quoi la communauté n'eſt point dans le cas porté par l'ordonnance du 28 Septembre 1734 concernant l'entretien des ponts ſur le canal, ni dans la diſpoſition de l'article 7 de l'arrêt du conſeil du 24 Avril 1739 rendu entre la province & les propriétaires du canal; que la queſtion de l'entretien des ponts eſt notamment décidée par la délibération des Etats du 11 Janvier 1700; & ſur ce fondement, il demande que la communauté ſoit déchargée des fins & concluſions contre elle priſes. N°. XXVIII.

Que les propriétaires du canal, par une ſeconde requête en réponſe à celle du ſyndic de la ville, ont expoſé qu'il leur étoit indifférent que ce fût la province, ou la ville qui fût tenue de faire faire les réparations, étant ſeulement de leur intérêt qu'elles fuſſent inceſſamment faites pour rendre libre la navigation du canal, & ils ont demandé que le ſyndic général intervînt pour voir ordonner que la province ou la ville feroient faire à leurs frais les réparations néceſſaires aux ponts, ſur laquelle requête il a été rendu par M. l'intendant une ordonnance de ſoit communiqué, & le ſyndic général a été mis en cauſe par exploit du 5 dudit mois d'Avril.

Que la commiſſion s'étant fait repréſenter toutes les délibérations priſes par les Etats ſur cette matiere, a trouvé que celle du 19 Décembre 1680 qui eſt la plus ancienne, & qui ſert de réglement pour la conſtruction & entretien des ponts ſur le canal, porte que ceux qui ſont ſur le grand chemin qui conduit de Toulouſe à Beziers, ſeront entretenus aux frais & dépens de la province; que les ponts qui ſont conſtruits ou pourront l'être dans la ſuite ſur les chemins de traverſe pour ſervir à la communication des dioceſes voiſins, ſeront entretenus ou conſtruits par ceux des dioceſes qui en retirent la commodité & l'avantage pour le commerce; que ceux qui ont été établis pour la communication des villes & lieux ſeront entretenus aux frais des communautés qui ſe trouveront de part & d'autre du canal, & finalement ceux qui ſont ſitués ſur les écluſes ou qui doivent ſervir pour la ménagerie des contribua-

N°. XXVIII. bles, pour les pâturages de leurs bestiaux, ou pour la culture de leurs terres, seront entretenus par les communautés dans le consulat desquelles ils sont situés.

Que cette même délibération a été renouvellée par les conventions passées entre les Etats & les propriétaires du canal le 28 Janvier 1739 duement autorisées par arrêt du conseil du 24 Avril de la même année, auxquelles toutes les autres villes & communautés de la province se sont conformées, & que la délibération des Etats du 11 Janvier 1700 que le syndic de la ville de Toulouse oppose à celle de 1680 & auxdites conventions, n'y a pas du tout dérogé.

Qu'il paroît d'ailleurs par les pieces produites dans les contestations, que le pont de Guillemery dont est question a été construit pour l'usage des habitans du faubourg Saint-Etienne & de Guillemery qui sont traversés par le canal, & que la ville de Toulouse a acquiescé aux réglemens ci-dessus énoncés, puisqu'elle délibéra le 30 Août 1735 de faire les réparations alors nécessaires auxdits ponts, sur le devis qui en avoit été dressé, en sorte que la commission a été d'avis de proposer à l'assemblée de délibérer que la délibération des Etats du 19 Décembre 1680, & l'article 7 des conventions passées entre les Etats, & les propriétaires du canal le 28 Janvier 1739, autorisées par arrêt du conseil du 24 Avril de la même année, seront exécutées dans toutes les dispositions qu'elles renferment, & en conséquence que la ville de Toulouse sera chargée de l'entretien des ponts situés sur le canal dans le gardiage ou banlieue de ladite ville.

SUR QUOI il a été délibéré, conformément à l'avis de MM. les commissaires.

XXIX. N°. XXIX.

EXTRAIT du registre des délibérations des Etats généraux de Languedoc, assemblés par mandement du Roi en la ville de Montpellier au mois de Décembre 1741.

Du Samedi 13 Janvier 1742, président Mgr. l'archevêque & primat de Narbonne.

MONSEIGNEUR l'évêque de Viviers a dit, que la province ou la sénéchaussée de Carcassonne étant dans l'usage de faire une petite imposition annuelle pour l'entretien de plusieurs ponts situés sur le canal royal, le sieur de Carney en en faisant la vérification, s'est apperçu que tous lesdits ponts ne sont pas sur la grande route, & que par conséquent, suivant la délibération des Etats du 19 Décembre 1680, & l'article 7 de l'arrêt du conseil du 24 Avril 1739, ceux qui sont construits sur les chemins de traverse pour servir à la communication des dioceses voisins, doivent être entretenus aux dépens desdits dioceses. Que pour se conformer à ces réglemens, ledit sieur de Carney a rapporté à la commission un mémoire dans lequel il distingue les ponts qui doivent être à la charge de la province, d'avec ceux qui doivent regarder les dioceses, ou communautés sur le terroir desquels ils sont situés. Qu'il remarque en même tems que, si d'un côté la province se décharge de l'entretien de quelques-uns desdits ponts, elle doit nécessairement pourvoir à l'entretien des trois autres qui méritent grande attention, & qui ont été presque abandonnés, lesquels sont les ponts d'Argeliers, de Cabezac, & Trebes; que comme les polices des entrepreneurs desdits entretiens sont déjà finies, ou doivent l'être dans le courant de la présente année, ledit sieur de Carney a, sous le bon plaisir de

N°. XXIX.

l'assemblée, chargé lesdits entrepreneurs de l'entretien desdits ponts, jusqu'à ce qu'il en soit passé un nouveau bail, par MM. les commissaires des travaux publics pour l'année prochaine, & qu'il ne s'agit présentement que de déterminer, suivant les observations dudit sieur de Carney, les ponts qui, suivant les réglemens, doivent être à la charge de la province, & ceux qui doivent être à celles des dioceses & communautés, pour que, dans le courant de l'année, MM. les commissaires des travaux publics puissent en adjuger l'entretien. Que par l'examen qu'a fait la commission du mémoire dudit sieur de Carney, elle a reconnu que les ponts que la province doit entretenir sont ceux de Foucault, de Trebes, de Marseillette, d'Oignon, de Trezilhe, d'Argeliers & de Cabezac, sur la riviere d'Aude; & que ceux qui doivent être entretenus par les dioceses ou communautés, sont les ponts dit du Diable, attenant Negra, de Sauzens, Villody, Conques, la Redorte, Jouaires, le Sommail & Pigasse; que ce nouvel arrangement a paru très-nécessaire pour mettre les choses en regle, conformément aux délibérations des Etats, & pour éviter les dépenses de la nouvelle construction desdits ponts, en les faisant mieux entretenir qu'ils n'ont été par le passé.

SUR QUOI les Etats ont approuvé ce qui a été fait provisoirement par le sieur de Carney à l'égard de l'entretien des ponts d'Argeliers, Cabezac & Trebes, & il a été délibéré qu'à commencer de l'année prochaine 1743, la province sera chargée de l'entretien des ponts de Foucault, Trebes, sur le canal, Marseillette, Oignon, Tresilhe, Argeliers, Cabezac & Trebes sur la riviere d'Aude, faisant en tout le nombre de huit, & que ceux de Negra, Sauzens, Villody, Conques, la Redorte, Jouaires, le Sommail & Pigasse seront entretenus par les dioceses, ou communautés, sur le terroir desquels ils sont situés, conformément à l'article 7 de l'arrêt du conseil du 24 Avril 1739, qui a autorisé les conventions passées entre les Etats, & les propriétaires du canal royal. Et que MM. les commissaires des travaux publics passeront pendant le cours de l'année le bail de l'entretien des ponts qui doivent être à la charge de la province, sur les devis dudit sieur de Carney.

N°. XXIX

XXX.

EXTRAIT du registre des délibérations des Etats généraux de Languedoc, assemblés par mandement du Roi en la ville de Montpellier, au mois de Novembre 1760.

Du Samedi 20 Décembre suivant, président Mgr. l'archevêque & primat de Narbonne, grand aumônier de France, commandeur de l'ordre du Saint-Esprit.

MONSEIGNEUR l'évêque de Montpellier a dit, que le sieur de Montferrier a rapporté à la commission un mémoire présenté par MM. les propriétaires du canal de communication des mers, au sujet de l'exécution de l'article VI des conventions de 1739 concernant l'arpentement des francs-bords.

Que l'objet de ce mémoire est de faire connoître quelles ont été les vues & les motifs de ces articles des conventions que MM. les propriétaires veulent expliquer relativement au systeme dans lequel ils sont, que toutes les terres qui ont été acquises de divers particuliers, & payées par la province avant ou après la construction du canal, à l'occasion de ce grand & important ouvrage, appartiennent en entier auxdits sieurs propriétaires, lesquels demandent en conséquence que, pour mettre

N°. XXX. fin aux contestations qu'ils ont actuellement avec quelques particuliers riverains du canal, & en prévenir de semblables à l'avenir, il soit procédé, en exécution dudit article des conventions, à l'arpentement général du canal, qui n'est & ne peut être autre chose, selon eux, que l'arpentement des terres acquises pour le canal, pour en fixer la contenance, & les dimensions, & poser des bornes pour séparer les terres du canal de celles des particuliers, entre lesquelles il ne doit y avoir aucun intervalle, au lieu qu'il y en auroit un, si partie des terres acquises & payées par la province n'appartenoient pas au canal.

Qu'après la lecture de ce mémoire, le sieur de Montferrier ayant remis sous les yeux de la commission ce qui s'est passé avant la rédaction des conventions & postérieurement à ce traité, au sujet de la même question, on a vu, dans un mémoire qui fut lu aux Etats en 1739 pour les mettre à même de délibérer en connoissance de cause sur le résultat d'une vérification solemnellement faite en 1738, & sur le projet dressé en conséquence des conventions faites en 1739, que plusieurs communautés des dioceses de Carcassonne & de Saint-Papoul s'étoient plaintes des discussions qui s'élevoient entre les directeurs du canal & les propriétaires des fonds voisins, au sujet de l'étendue des francs-bords, que les particuliers restreignoient à six toises, & que les directeurs étendoient quelquefois au-delà, attendu que les terres acquises par les Etats n'avoient pas toujours eu précisément la même étendue.

Que la demande que faisoient ces communautés, à ce qu'il fût procédé à l'arpentement des six toises de francs-bords, & qu'il fût placé des bornes pour les séparer d'avec les fonds des particuliers, paroissoit juste, puisqu'elle ne tendoit qu'à prévenir des contestations qui pouvoient avoir des suites; N°. XXX mais qu'il étoit à remarquer que quand on auroit procédé à l'arpentement des terriers ou francs-bords, & mis des bornes à l'extrémité des six toises, les terres qui seroient au-delà, & qu'on prétendoit alors être possédées par les directeurs du canal, ne seroient pas pour cela censées appartenir aux particuliers, mais qu'il faudroit faire l'application & l'adaptation de la contenance des terres qui ont été achetées dans l'origine de la construction du canal, & que ce qui resteroit au-delà des six toises des francs-bords, après avoir fait ladite adaptation, pourroit être adjugé par la province, si fait n'avoit été, à ceux qui feroient la condition meilleure, en préférant néanmoins les propriétaires des fonds qui aboutissent auxdites terres, lesquels pourroient être reçus à les acheter au prix courant de celles de la même qualité dans le terroir des communautés où elles seroient situées.

Que cette maniere de présenter la chose aux Etats qui ne fut point contredite, & qui fut au contraire suivie par les conventions, où il est dit qu'il sera procédé à l'arpentement général des francs-bords du canal, pour en déterminer la largeur, semble faire présumer qu'on n'avoit point eu alors en vue d'adopter la prétention que renferme la demande faite aujourd'hui par MM. les propriétaires, mais que cette demande se trouve encore formellement contraire à celles que contient un mémoire instructif présenté aux Etats en 1745, au nom de MM. les propriétaires, sur la maniere dont (porte le titre de ce mémoire) il semble convenir d'opérer pour terminer six toises de francs-bords de chaque côté du canal de communication des mers, & douze toises d'ouverture d'excavation d'icelui.

Que

N°. XXX. Que ce mémoire dont il a été aussi fait lecture à la commission, indique en effet, dans plusieurs articles, que l'arpentement aura pour objet de fixer l'étendue de la surface du canal y compris ses bords, & digues à vingt-quatre toises en tout.

Que ce mémoire ayant été envoyé dans tous les dioceses riverains du canal, en conséquence d'une délibération des Etats du 12 Février 1746, pour avoir les observations & l'avis de MM. les commissaires desdits dioceses, sur les différens articles qu'il renfermoit, & être ensuite sur le tout délibéré par les Etats ce qu'il appartiendroit, les réponses faites par chaque diocese furent rapportées aux Etats de l'année d'après; mais qu'il paroît par leur délibération du 16 Décembre de la même année qu'ils jugerent à propos de renvoyer à un autre tems l'examen de cette affaire.

Que s'il n'avoit été question présentement que de reprendre les derniers erremens de cette affaire, la commission se seroit occupée de l'examen des diverses observations faites par les dioceses sur les propositions de MM. les propriétaires qui se trouvent combattues dans lesdites observations, la plupart desquelles tendent à contester que la largeur de l'emplacement du canal avec ses bords & digues, doive être même de vingt-quatre toises, les uns prétendant la réduire à vingt, & les autres à vingt-deux toises seulement.

Que MM. les commissaires auroient en même tems donné toute l'attention nécessaire à la discussion des titres & des moyens employés dans le nouveau mémoire de MM. les propriétaires; mais qu'ayant vu à la fin dudit mémoire qu'on rétracte formellement le précédent, comme peu réfléchi, & qu'on demande qu'il soit regardé comme non avenu, pour s'en tenir à la derniere prétention des terres acquises par la province, à l'occasion de la construction du canal comme lui appartenant, & qu'il ne seroit ni régulier ni possible de se décider sur cette nouvelle proposition avant de l'avoir communiquée aux dioceses où passe le canal, & avoir fait aux archives de la province les recherches des anciennes procédures & autres pieces qui peuvent servir à l'éclaircissement d'une affaire de si grande conséquence. N°. XXX.

MM. les commissaires ont été d'avis de proposer à l'assemblée de renvoyer à l'année prochaine pour prendre une résolution définitive à ce sujet; & cependant de charger les syndics généraux d'envoyer dans tous les dioceses où passe le canal, des copies du nouveau mémoire présenté & signé par M. de Bonrepos agissant pour tous les propriétaires, en priant MM. les commissaires des dioceses de prendre dans le cours de l'année tous les renseignemens qu'ils jugeront à propos sur le contenu audit mémoire & de les envoyer avec leurs observations & leur avis, trois mois avant la tenue des prochains Etats, auxdits syndics généraux, lesquels feront de leur côté, soit aux archives de la province, ou ailleurs, la recherche & l'examen de tous les actes, qui pourront donner de plus grandes lumieres sur l'affaire dont il s'agit, pour, sur le rapport qui sera fait aux Etats, être par eux délibéré ce qu'il appartiendra.

Ce qui a été délibéré, conformément à l'avis de MM. les commissaires.

N°. XXXI.

XXXI.

Extrait du registre des délibérations des Etats généraux de Languedoc, assemblés par mandement du Roi en la ville de Montpellier, au mois d'Octobre 1761.

Du Mercredi 18 Novembre suivant, président Mgr. l'archevêque & primat de Narbonne, grand aumônier de France, commandeur de l'ordre du St. Esprit.

Monseigneur l'évêque de Montpellier a dit, que sur le rapport qui fut fait à la derniere assemblée des Etats du mémoire présenté par MM. les propriétaires du canal de communication des mers, au sujet de l'exécution de l'article VI des conventions de 1739, concernant l'arpentement des francs-bords, il fut délibéré le 20 Décembre 1760 de renvoyer à cette année pour prendre une résolution définitive à ce sujet, en chargeant cependant les syndics généraux d'envoyer dans tous les dioceses où passe le canal, des copies du nouveau mémoire présenté & signé par M. de Bonrepos, & de prier MM. les commissaires des dioceses de prendre dans le cours de l'année tous les renseignemens qu'ils jugeroient à propos sur le contenu audit mémoire, pour les envoyer avec leurs observations & leur avis auxdits syndics généraux, lesquels feroient de leur côté la recherche & l'examen de tous les actes qui pourroient donner de plus grandes lumieres sur l'affaire dont il s'agissoit, pour, sur le rapport qui seroit fait du tout aux Etats, être délibéré ce qu'il appartiendroit.

Que le sieur de Montferrier a rendu compte à la commission de ce qui avoit été fait pour remplir les intentions & les vues des Etats dans un mémoire qui contient l'analyse la plus exacte de toutes les pieces fournies, tant en 1745 lorsqu'il fut question de la même affaire, par MM. les propriétaires, & par les dioceses riverains du canal, que depuis la derniere délibération des Etats.

Que la commission ayant entendu la lecture dudit mémoire, oui l'agent de MM. les propriétaires, & vérifié toutes les pieces dont il y est fait mention, a vu qu'il en résulte de la maniere la plus claire 1°. que, par l'édit de création du canal, les francs-bords en sont fixés à six toises, & que l'érection de cet ouvrage en fief noble ne doit point s'étendre au-delà.

2°. Que, soit pendant le tems qu'on travailla à l'ouvrage, soit après qu'il fut fini, MM. les propriétaires n'ont réclamé que six toises de francs-bords, & qu'il n'a jamais été question d'une plus grande étendue pour aucune partie du canal.

3°. Que, pendant le cours des ouvrages, & après les ouvrages finis, les Etats ont pris plusieurs délibérations pour vendre & aliéner au profit de la province toutes les portions qui restoient des terres qu'elle avoit acquises excédant les six toises de francs-bords de chaque côté.

4°. Qu'il y a eu nombre d'aliénations faites en conséquence, au vu & su de MM. les propriétaires, sans réclamation de leur part, & sans qu'ils aient jamais prétendu que ces terres dussent leur appartenir, ni par droit, ni par convenance.

5°. Que, suivant le mémoire dressé par le sieur de Joubert syndic général, qui fut lu aux Etats, & d'après lequel ils consentirent aux conventions passées au mois de Janvier 1739, il fut alors si peu question d'abandonner à MM. les propriétaires du canal l'excédent des terres acquises, qu'il est dit dans ce mémoire que ce qui restera desdites terres au-delà des six toises pourra être

adjugé par la province, si fait n'a été.
N°. XXXI. Enfin, que MM. les propriétaires desdites terres avoient si peu prétendu eux-mêmes, avant & après les conventions, que les Etats leur eussent cédé ou abandonné les excédens en question, que, par leur mémoire de 1745, non-seulement ils ne réclamerent que six toises, mais demanderent de plus d'être autorisés à acquérir à leurs dépens la portion de terrein qui leur manquera pour avoir cette étendue dans les parties où le canal s'est élargi, en prenant sur les francs-bords.

Qu'on a examiné avec la plus grande attention le mémoire imprimé donné par l'agent de MM. les propriétaires, qui est le même que celui qui fut présenté aux Etats l'année derniere, avec quelques additions & un dernier précis des moyens sur lesquels mesdits sieurs les propriétaires fondent la demande de l'arpentement général des terres acquises pour le canal & ses francs-bords, en prétendant qu'ils ne doivent point être bornés à six toises, & qu'ils doivent être plus étendus suivant les inductions qu'ils tirent du devis du canal, de l'édit de sa création, du procès-verbal de sa réception fait par M. d'Aguesseau, & de quelques extraits informes des procès-verbaux d'arpentement & estimation des terres prises en 1674 & 1676.

Mais que tous ces moyens ont été trouvés solidement réfutés par les observations faites dans le mémoire du sieur de Montferrier qui contient l'extrait de cette contestation, dont la lecture, si l'assemblée juge à propos de l'entendre, l'instruira mieux qu'un rapport dans lequel on ne sauroit exposer le détail des motifs qui ont déterminé l'avis dont MM. les commissaires auront l'honneur de lui faire part.

Après quoi les Etats ayant entendu la lecture dudit mémoire, Mgr. l'évêque de Montpellier leur a proposé de
délibérer conformément aux arrêtés N°. XXXI.
faits par la commission.

1°. Que lorsqu'il sera procédé à l'arpentement des francs-bords du canal, aux frais de la province & de MM. les propriétaires du canal, par moitié, conformément aux véritables intentions des Etats exprimées dans l'article VI des conventions, & constamment reconnues dans leurs précédentes délibérations, suivant même la lettre ou l'explication la plus naturelle des titres de MM. les propriétaires, & leur propre aveu consigné dans plusieurs des pieces rapportées, ledit arpentement n'aura pour objet que de placer des bornes à l'extrémité des six toises que doivent avoir les francs-bords du canal de chaque côté, au-delà des douze toises d'ouverture dudit canal à la surface des eaux, à laquelle dimension demeurera fixée la plus grande largeur, dans les endroits seulement où il a actuellement une plus grande étendue, de maniere que dans lesdits endroits la surface en largeur dudit canal & de ses francs-bords, qui comprennent les digues, ne soit en tout que de vingt-quatre toises dont douze de chaque côté, en comptant du milieu de l'ouverture actuelle du canal.

2°. Que dans les endroits où le canal n'a actuellement qu'une largeur de douze toises; comme il a été reconnu suivant le procès-verbal de M. d'Aguesseau, que huit toises & même six pourroient suffire pour la navigation, & qu'on pourroit tout au plus étendre à dix toises son ouverture, la largeur dudit canal avec ses francs-bords & digues demeurera fixée à vingt-deux toises en tout, & que les bornes seront posées à l'extrémité de cet espace.

3°. Que dans le cas où par la situation du terrein, le canal n'auroit eu jusques à présent des francs-bords que

N°. XXXI. d'un côté, l'expérience ayant fait connoître que l'étendue qu'occupe actuellement ledit franc-bord unique au-delà des douze ou dix toises de largeur que doit avoir le canal, suivant les deux articles ci-dessus, a été suffisante, les bornes seront posées à l'extrémité actuelle dudit franc-bord, dont la largeur sera alors fixée telle qu'elle sera trouvée.

4°. Que, suivant le mémoire d'après lequel les Etats se sont déterminés à signer les conventions, l'arpentement & l'emplacement des terres acquises par la province pouvant seulement servir à faire connoître aux Etats les portions superflues desdites terres appartenant à la province & nullement à MM. les propriétaires, les Etats se réservent de faire procéder, ainsi & quand ils aviseront, à cette opération particuliere qui n'intéresse qu'eux, pour disposer ensuite desdites portions de terres, par qui qu'elles soient possédées, de la maniere qu'ils jugeront le plus convenable.

Enfin, que ce qui est déterminé dans les articles ci-dessus n'ayant rapport qu'à la maniere d'exécuter le plantement des bornes convenu dans l'article VI des conventions de 1739, il n'est dérogé en aucune maniere à tout ce que portent lesdites conventions qui continueront d'être réciproquement exécutées selon leur forme & teneur, & que la présente délibération sera communiquée à MM. les propriétaires du canal.

Ce qui a été délibéré, conformément à l'avis de MM. les commissaires.

XXXII.

EXTRAIT du registre des délibérations des états généraux de Languedoc, assemblés par mandement du Roi, en la ville de Montpellier au mois de Janvier 1764. N°. XXXII.

Du Jeudi 23 Février suivant, président Mgr. l'archevêque & primat de Narbonne.

MONSEIGNEUR l'évêque de Montpellier a dit, que MM. les commissaires des travaux publics ayant continué de s'assembler pour l'examen du mémoire qu'ont présenté aux Etats MM. les propriétaires du canal de communication des mers, au sujet de l'arpentement des francs-bords, le sieur de Montferrier, après avoir fait la lecture dudit mémoire, avoit remis sous les yeux de la commission la délibération des Etats du 18 Novembre 1761 sur la même affaire, & les pieces sur lesquelles elle fut prise.

Que ce syndic général a aussi rapporté à la commission un autre mémoire présenté par MM. les propriétaires en 1762, à Mgr. l'archevêque de Narbonne, sur l'exécution de cette délibération, & l'extrait des observations faites par les dioceses auxquels il fut communiqué par ordre de ce prélat.

Que sur l'examen de toutes ces pieces, la commission a aisément reconnu que ledit mémoire de MM. les propriétaires tend principalement au nouvel examen des mêmes prétentions sur lesquelles les Etats ont déjà pris un parti définitif; ce qui pourroit les porter à rejetter simplement la demande, qu'on leur fait aujourd'hui; mais qu'en considérant la nouvelle face sous laquelle on les présente, l'importance de la matiere & l'attention que doivent avoir les Etats pour ne rien négliger de ce qui peut leur procurer tous les éclaircissemens possibles & nécessaires pour rendre encore plus stable la détermination qu'ils ont déjà prise, en en faisant l'application invariable d'après des connoissances locales, & certains faits qui, pouvant n'avoir pas été suffisamment

No. XXXII.

éclaircis sur les actes, ne sauroient l'être, que sur un plan exact & bien détaillé du cours du canal, avec ses rigoles, bords, & contre-canaux, MM. les commissaires avoient regardé la levée de cette carte, comme un préalable absolument indispensable, puisqu'en donnant aux Etats des nouvelles lumieres sur l'importante affaire dont il s'agit, elle leur fournira les moyens aisés de faire procéder au plantement des bornes, & remplira d'avance l'objet qu'on s'est proposé de constater d'une maniere fixe, & pour toujours, cette opération dont les frais seront d'autant diminués.

Que MM. les commissaires se sont réduits conséquemment à proposer aux Etats, sans déroger en rien à leur délibération du 18 Novembre 1761, de charger le sieur Garipuy, inspecteur pour la province du canal, de lever incessamment le plan exact de son cours avec ses bords, digues, écluses, contre-canaux, rigoles, bâtimens, & autres ouvrages qui y ont rapport dans leur état actuel, en y joignant des profils d'espace en espace, pour faire connoître la hauteur des eaux des digues, & des terreins limitrophes, d'employer à cette opération toutes les personnes dont il aura besoin, pour que cette carte puisse être présentée à la prochaine assemblée des Etats, & d'autoriser le sieur trésorier de la bourse à payer sur les ordres de Mgr. l'archevêque de Narbonne les sommes qu'il jugera nécessaires pour les frais dudit travail.

Ce qui a été délibéré, conformément à l'avis de MM. les commissaires.

XXXIII.

No. XXXIII.

EXTRAIT du registre des délibérations des Etats généraux de Languedoc, assemblés par mandement du Roi en la ville de Montpellier au mois de Décembre 1765.

Du Samedi 25 Janvier 1766, président Mgr. l'archevêque & primat de Narbonne.

MONSEIGNEUR l'évêque de Saint-Papoul a dit, que la commission des travaux publics renforcée s'étant assemblée chez Mgr. l'archevêque de Narbonne, le sieur de Montferrier a rappellé sommairement à MM. les commissaires, tout ce qui s'étoit passé avant l'année 1761, au sujet de l'exécution de l'un des articles des conventions faites avec MM. les propriétaires du canal de communication des mers, concernant la limitation des francs-bords dudit canal.

Que tous les faits, & les mémoires fournis jusques à cette époque, sur cette matiere, ayant été parfaitement analysés dans un premier mémoire de ce syndic général, qui fut lu aux Etats, & qui a été de nouveau rapporté à la commission, il fut déterminé par la délibération du 18 Novembre de ladite année 1761, que lorsqu'il seroit procédé à l'arpentement des francs-bords du canal, conformément à l'article VI des conventions passées en 1739, ledit arpentement n'auroit pour objet que de placer des bornes, à l'extrémité des six toises, que doivent avoir les francs-bords de chaque côté, en sorte 1°. que dans les endroits où le canal a douze toises d'ouverture ou au-delà, sa largeur, & celle de ses francs-bords, qui comprennent les digues, ne soit en tout que de vingt-quatre toises.

2°. Que dans les endroits où le canal n'a actuellement, qu'une largeur moindre de douze toises, la largeur dudit canal avec ses digues & francs-bords, demeurera fixée à vingt-deux toises en tout.

3°. Que dans le cas où, par la su-

N°. XXXIII.

tuation du terrein, le canal n'auroit eu jusques à présent des francs-bords que d'un côté, les bornes seront posées à l'extrémité actuelle desdits francs-bords dont la largeur sera alors fixée telle qu'elle sera trouvée.

Que cette délibération ayant été communiquée à MM. les propriétaires du canal, ils présenterent un nouveau mémoire, contenant diverses réflexions, lequel ayant été communiqué à MM. les commissaires des dioceses comme l'avoient été les précédens, leurs observations, ainsi que les prétentions, & raisons de MM. les propriétaires furent mises une seconde fois, sous les yeux des Etats, dans un second mémoire du sieur de Montferrier, & qu'après un mûr examen de tout ce qui avoit été produit, les Etats délibérerent le 23 Février 1764, qu'ayant déjà pris, par leurs délibérations précédentes, un parti définitif sur toutes les demandes qu'on renouvelloit, ils pourroient simplement les rejetter, mais qu'en considérant la nouvelle face sous laquelle on les présentoit, l'importance de la matiere, & l'attention que doivent avoir les Etats à ne rien négliger de ce qui peut leur procurer tous les éclaircissemens possibles, pour rendre plus stable la détermination qu'ils avoient déjà prise le 18 Novembre 1761, & sans entendre y déroger en rien, le sieur Garipuy seroit chargé de lever incessamment le plan exact du cours du canal avec ses bords, digues, éclusses, contre-canaux, rigoles, bâtimens, & autres ouvrages qui y ont rapport, dans leur état actuel, en y joignant les profils d'espace en espace, pour faire connoître la hauteur des écluses, des digues, & des terreins limitrophes; les Etats ayant regardé la levée de cette carte, comme un préalable indispensable, pour leur donner de nouvelles lumieres sur cette importante affaire, & leur fournir le moyen aisé de procéder au plantement des bornes, & constater cette réparation d'une maniere fixe & invariable.

Que cette carte, qui fut commencée au mois d'Avril 1764 ayant été achevée, pour tout ce qui concerne le canal, depuis son embouchure dans la Garonne, jusqu'à l'étang de Thau, a été portée sur le bureau, & vue avec grande satisfaction par MM. les commissaires; qu'elle comprend tout ce qui est ordonné par la délibération du 23 Février 1764; & afin qu'on pût prendre les mesures de tout ce qu'elle renferme avec la précision qu'on peut desirer; elle a été faite sur une échelle de de trois lignes par toise, & on a eu soin de coter en chiffres les mesures les plus essentielles; que la grandeur de cette échelle, & le nombre des sinuosités que fait le canal, ont obligé de la diviser en trois cent trente-trois feuilles, mais que ces cartes séparées ne pouvant donner une idée de l'ensemble à cause de leur trop grand volume, le sieur Garipuy en a fait faire une premiere réduction sur une échelle de cinq lignes pour cent toises, laquelle comprend toute l'étendue du canal sur quatre feuilles seulement, sur lesquelles il se propose de tracer le cours des rigoles d'entrée & de sortie de tous les aqueducs jusqu'à leur débouché dans les rivieres voisines, de Lers, de Fresquel, & d'Aude.

Qu'il a encore fait commencer une seconde réduction de ces cartes sur une échelle d'une ligne pour cent toises, afin de pouvoir comprendre tout le canal dans une feuille, & de pouvoir montrer, d'un seul point de vue, l'endroit dont il tire les eaux, & la maniere dont il établit la communication, entre la Garonne & la mer Méditerranée.

Qu'il ne reste donc à présent pour

N°. XXXIII. achever de remplir tout ce qui a été porté par la délibération du 23 Février 1764, qu'à lever la carte des rigoles qui fournissent l'eau au canal, depuis la prise d'eau des ruisseaux qu'on a détournés, jusqu'à Naurouze, où elles la versent dans le canal, & à joindre aux cartes réduites à cinq lignes, pour cent toises, celles de toutes les rigoles d'entrée & de sortie des aqueducs, ouvrages auxquels il sera travaillé cette année.

Que cependant, comme la carte du canal même étoit la principale partie de l'opération qui avoit été ordonnée, & la seule nécessaire pour fixer d'une maniere invariable les limites de ses francs-bords; MM. les commissaires avoient cru pouvoir s'occuper dès-à-présent des moyens de terminer une opération qui traîne depuis plusieurs années, malgré les desirs réciproques de toutes les parties; & que, dans cette vue, après avoir entendu la lecture d'un mémoire du sieur Garipuy, & examiné dans un assez grand détail les cartes, ils ont reconnu qu'il résulte des mesures qui y sont constatées que les francs-bords ont presque partout plus de largeur qu'ils n'en devoient avoir, & qu'il y a en même-tems quelques parties qui n'en ont pas assez; de maniere qu'en se conformant aux délibérations déjà prises à ce sujet, & notamment à celle du 18 Novembre 1761, qui fixent la largeur des francs-bords à six toises, & en expliquant leurs dispositions d'après les renseignemens fournis par cette carte, on pourroit statuer.

1°. Que, suivant le procès-verbal de réception de M. d'Aguesseau du mois de Juillet 1684, partout où l'ouverture du canal n'a été que de huit toises, conformément au devis de M. le chevalier de Clerville, ce qui comprend tout ce qui se trouve dans la plaine entre Montgiscard & la Garonne, aux endroits où il coulera dans ladite plaine sans traverser aucune monticule, ou coussin, c'est-à-dire, partout où ses deux bords, tels qu'ils étoient avant l'excavation, sont sensiblement de niveau, & élevés de moins de quatre pieds au-dessus de la surface des eaux ou de dix pieds au-dessus de l'éperon de la porte de défense de la retenue, la largeur totale dudit canal, & de ses francs-bords, sera de vingt-deux toises, dont onze toises de chaque côté à prendre du milieu du canal. N°. XXXIII.

2°. Que cette largeur sera de vingt-quatre toises partout où, suivant le même procès-verbal, l'ouverture du canal a été portée à dix toises dans tout ce qui se trouve en plaine & dans les terres depuis Montgiscard jusqu'à l'étang de Thau, en observant, comme dans la premiere partie, de donner une égale largeur à chacun des francs-bords.

3°. Que, dans les endroits où le canal se trouve traverser quelque monticule, ou coussin de terre, on prendra le niveau des anciens terreins, & lorsque la surface des eaux se trouvera auxdits endroits plus basse de quatre pieds que la ligne dudit niveau, on ajoutera à la largeur du lit du canal deux pieds & demi de chaque côté, pour chaque pied de hauteur excédant les quatre pieds, jusques à la ligne de niveau, & de plus les six toises de francs-bords, & ce dans les parties qui se trouveront dans le cas de cette plus grande excavation depuis Montgiscard jusques à l'étang de Thau.

Et à l'égard des parties depuis Montgiscard jusques à la Garonne, il ne sera ajouté qu'un pied seulement de chaque côté, pour chaque pied de hauteur au-delà des quatre, comme il est dit ci-dessus.

4°. Que, dans les parties où le canal est sur un penchant, en sorte qu'é-

N°. XXXIII. tant dominé par le terrein qui est à l'un de ses bords, il se trouve fort élevé au-dessus de celui qui est à l'autre, les deux francs-bords ayant souvent dans ces endroits une largeur inégale, afin de fortifier le côté foible, & éviter par-là les transpirations, on leur conservera ledit largeur actuelle, que l'expérience a fait reconnoître être suffisante.

5°. Que dans les endroits, où le canal a été excavé dans le rocher, & où par cette raison on lui a donné une largeur moindre que celles, qui sont marquées ci-dessus dans l'étendue de chaque partie des deux côtés de Montgiscard, & dont les talus ont aussi une couche moindre, les bords du canal étant sensiblement marqués, la largeur totale sera fixée par cette ouverture, en ajoutant six toises de part & d'autre pour celle des francs-bords, ce qui fera au plus vingt-quatre toises, dont douze de chaque côté, en comptant du milieu.

6°. Qu'il n'y aura point de francs-bords du côté fort du bassin de Castelnaudary, & que celui du côté foible, se trouvant dans le cas de l'article IV, il sera borné, tel qu'il se trouve aujourd'hui.

7°. Qu'aux endroits où les bâtimens dépendans du canal, & bâtis sur ses bords, tels que les maisons des gardes, écluses, magasins, & autres, n'occuperont pas l'entier espace de six toises, les bornes seront posées à l'endroit du terrein où finira ledit espace; & dans le cas où les bâtimens occuperont un plus grand espace, ils resteront en l'état actuel; & les bornes seront placées à l'extrémité des terreins non contestés, où sont situés lesdits bâtimens.

8°. Qu'en ce qui concerne les prétentions de MM. les propriétaires au sujet des francs-bords des rigoles des rivieres de Cesse, & d'Orviel, depuis les chaussées faites pour en rehausser les eaux jusques au canal, des chemins de tirage sur les bords des rivieres d'Orb & d'Hérault, dans les parties que les barques du canal sont obligées de parcourir, & des francs-bords des rigoles qui porte leurs eaux à Naurouze, on attendra que la carte de ces rigoles ait été levée pour délibérer, s'il y a lieu, ce qu'il appartiendra. N°. XXXIII.

9°. Que l'opération du plantement des bornes sera faite sur le terrein, & marquée à mesure sur les cartes par le sieur Garipuy, avec les préposés de MM. les propriétaires, en présence de l'un des syndics généraux de la province, le syndic particulier de chaque diocèse où on procédera duement appellé, à laquelle opération il commencera d'être procédé le plutôt qu'il sera possible, en la continuant de même aussi promptement, que faire se pourra, & à frais communs, conformément aux conventions de 1739, qui seront pour tout le surplus exécutées suivant leur forme & teneur.

10°. Qu'au cas il survint quelque contestation ou difficulté dans l'exécution de ce qui est prescrit par les articles ci-dessus, qui ne pût être décidée d'accord sur les lieux par le syndic général, il dressera procès-verbal des dires respectifs, pour, sur le compte qui en sera rendu aux Etats, être par eux délibéré ce qu'il appartiendra.

Que tel a été l'avis de la commission & ce qu'elle a cru devoir proposer à l'assemblée, en y ajoutant qu'il convient de prier Mgr. l'archevêque de Narbonne de vouloir bien continuer à donner ses ordres, pour que ce qui reste à faire pour la perfection de la carte soit incessamment achevé, & faire payer les frais de ce dernier travail, comme l'ont été ceux déjà faits, qui montent à environ vingt mille livres.

Qu'à l'égard de ceux de l'opération du plantement des bornes, qui doivent être

N°. XXXIII. être supportés également par MM. les propriétaires & par la province, il doit être également pourvu au payement de la moitié la concernant sur les ordres de Mgr. l'archevêque, pour le tout être alloué dans le compte du trésorier des Etats, conformément aux précédentes délibérations sur ce prises par l'assemblée.

Qu'enfin il paroît juste d'accorder au sieur Garipuy la même gratification de deux mille livres qui lui fut donnée l'année derniere, à raison des peines & soins, qu'il a pris pour la levée de ladite carte.

SUR QUOI il a été délibéré, conformément à l'avis de MM. les commissaires, sur tous les articles énoncés dans le rapport ci-dessus.

XXXIV.

EXTRAIT du registre des délibérations des Etats généraux de Languedoc, assemblés par mandement du Roi en la ville de Montpellier au mois de Novembre 1766.

Du Mardi 23 Décembre suivant, président Mgr. l'archevêque & primat de Narbonne.

MONSEIGNEUR l'évêque de Nîmes a dit, que le sieur de Montferrier, pour rendre compte de l'exécution de la délibération prise par les Etats le 25 Janvier de cette année, au sujet de la levée de la carte du canal, & des limites de ses francs-bords, a rapporté à la commission un mémoire du sieur Garipuy, dans lequel ce directeur expose que, d'abord après la séparation des Etats, il avoit travaillé à faire mettre dans un meilleur ordre les cartes qui avoient déjà été levées, ce qui a obligé d'en recopier plusieurs, pour les diviser en plusieurs feuilles, & en a augmenté le nombre d'une cinquantaine, de maniere qu'il y en a actuellement trois cent quatre-vingt-trois. N°. XXXIV.

Que dès que la belle saison l'a permis, on a travaillé à la campagne pour faire planter des piquets de bois aux endroits où il a été estimé que devroient être posées les bornes, pour limiter d'une maniere invariable l'étendue du canal avec ses francs-bords, conformément à ce qui a été réglé à ce sujet par les précédentes délibérations des Etats; que cette opération préliminaire a été marquée sur les cartes & a été faite depuis l'étang de Thau, jusques au Sommail; qu'alors elle fut interrompue par l'absence que fut obligé de faire le sieur Garipuy pour se rendre à Agde, où il avoit été appellé par MM. les commissaires, à l'occasion de la vérification des ouvrages du Grau; qu'on s'étoit proposé de commencer ensuite le plantement définitif des bornes de pierre; mais que le mauvais tems survenu quelques jours après a suspendu l'exécution de cette opération, qu'on reprendra l'année prochaine, dès qu'on aura le tems de s'en occuper.

Qu'on a travaillé d'un autre côté aux cartes des rigoles d'entrée, & de sortie des aqueducs qui comprendront un espace d'environ trois mille toises, & qu'on marquera sur ces cartes non-seulement lesdites rigoles avec les rivieres dans lesquelles elles se dégorgent, mais encore les chemins, les villages, & les terres qui se rencontrent dans cet espace, ce qui sera d'une très-grande utilité; que celles qui ont été faites cette année, embrassent les parties depuis l'étang de Thau jusques à Capestan, & depuis la Garonne jusques à Villepinte, & qu'on n'a pu pousser plus loin cet ouvrage à cause du tems qu'il a fallu mettre au piquetement provisoire du bornage des francs-bords, & à la levée de la carte

N°. XXXIV.

de la plaine que la riviere d'Aude couvre dans ses inondations; qu'aussi les frais ont-ils été beaucoup moindres, puisqu'ils ne se portent qu'à cinq mille quatre-vingt quatorze livres huit sols six deniers, laquelle somme a été payée sur les ordres de Mgr. l'archevêque de Narbonne, qui a bien voulu se charger, sur la priere que lui en ont fait les Etats, de donner ses soins pour l'exécution de cet ouvrage, qui pourra être bien avancé dans le cours de l'année prochaine.

Que MM. les commissaires n'ont aucune délibération à proposer aux Etats sur cet objet, si ce n'est qu'il leur a paru juste d'accorder au sieur Garipuy la même gratification de deux mille livres qui lui a été donnée l'année derniere pour les peines & soins qu'il prend pour la levée de la carte.

Que pour ce qui concerne le plantement des bornes, il n'y a aussi rien à ajouter à ce qui a été déjà prescrit par les Etats; mais que la commission ayant été informée, que quelques-uns des propriétaires des fonds riverains du canal avoient déjà commencé d'empiéter sur les terres appartenant à la province au-delà des bornes des francs-bords, ce qui est très-contraire à l'intention où sont les Etats de disposer dudit terrein ainsi qu'ils aviseront, après que le plantement des bornes sera fini, en donnant même la préférence à MM. les propriétaires du canal sur tout autre particulier, pour prendre les terres dont ils jugeront à propos de faire l'acquisition pour l'utilité du canal, en en payant le prix sur l'estimation qui en sera faite par des experts, MM. les commissaires ont cru qu'il convenoit de prohiber expressément à tous les propriétaires des fonds limitrophes avec les terres non contestées qui pourront se trouver actuellement au-delà des bornes qu'on doit poser, ainsi qu'il a été dit ci-dessus, de s'emparer sous aucun prétexte desdites terres appartenant à la province, ni d'étendre leurs possessions au-delà des limites qu'elles ont actuellement, jusques à ce que les Etats en ayent disposé.

N°. XXXIV

Que MM. les commissaires se sont ensuite occupés de ce qui regarde l'exécution de l'article VI des conventions faites en 1739 avec MM. les propriétaires du canal, par lequel il leur est permis de poser sur les francs-bords des pierres ou bornes dans telle distance qu'ils jugeront à propos, à l'effet d'empêcher les bestiaux, & les voitures d'y passer, sauf dans le cas où il n'y auroit pas d'autre chemin pour aller aux possessions voisines, ou à un pont sur le canal, ce qui sera réglé de concert par le syndic du diocese, & par la personne préposée à cet effet par MM. les propriétaires.

Que ce réglement n'ayant pas encore eu lieu, MM. les propriétaires ont représenté que le retranchement fait par le plantement des bornes aux terreins dont ils étoient en possession, les mettant dans la nécessité d'avoir plus de besoin des francs-bords qui leur restent pour le service du canal, ou le dépôt des recreusemens, il paroîtroit convenable d'établir lesdits chemins, dans les endroits où ils seront jugés nécessaires, d'après les termes de l'article VI des conventions, sur les terres qui restent au-delà des bornes, autant que faire se pourra, sauf dans le cas où elles seroient insuffisantes, à y être pourvu par MM. les propriétaires sur les francs-bords du canal, la largeur desquels chemins doit être fixée aux dimensions portées par le dernier réglement, suivant l'usage auquel doit servir chaque partie.

Que cette proposition ayant paru très-raisonnable, & propre à prévenir bien des difficultés, MM. les commis-

No. XXXIV. faires n'ont pas hésité à être d'avis que les Etats devoient adopter cet arrangement.

Qu'enfin MM. les propriétaires ont encore représenté que lorsqu'ils se sont prêtés aux vues des Etats, en défendant eux-mêmes la culture des francs-bords du canal & rigoles, ils ne l'ont fait que parce que cette précaution paroissoit alors nécessaire, principalement pour prévenir l'inconvénient qu'on croyoit pouvoir résulter de la culture, en supposant qu'elle pouvoit donner lieu à des filtrations préjudiciables aux terres des particuliers riverains, mais qu'aujourd'hui que les contre-canaux qui ont été faits depuis, mettent entierement à l'abri de pareille crainte, ils esperent que les États ne s'opposeront point à l'exercice d'une faculté que donne le droit commun à tout propriétaire de faire valoir à son gré ses possessions, sans porter toutefois aucun préjudice au public, ni aux particuliers.

Que cette demande ayant été duement discutée, MM. les commissaires considérant d'une part qu'on ne sauroit sans injustice s'opposer à une liberté que donne le droit des gens, lorsqu'on n'a aucun motif apparent de le faire, & que d'un autre côté il importe au bien public que toute espece de terrein soit mis, autant qu'il est possible, en culture, & que dans celle que se proposent de faire MM. les propriétaires, avec l'agrément des États, des francs-bords du canal, ils reconnoissent & s'imposent eux-mêmes l'obligation de ne nuire ni au public ni aux particuliers; la commission a estimé que les Etats ne pouvoient se refuser à donner leur consentement à cette culture.

SUR QUOI il a été délibéré, conformément à l'avis de MM. les commissaires, 1°. que la somme de cinq mille quatre-vingt-quatorze livres huit sols six deniers, employée aux frais de la levée de la carte des rigoles & contre-canaux du canal, sera allouée en dépense extraordinaire dans le compte du sieur trésorier de la bourse; que Mgr. l'archevêque de Narbonne sera supplié de vouloir bien continuer à donner ses ordres pour la perfection de cet ouvrage, & qu'il sera payé au sieur Garipuy une somme de deux mille livres pour les peines & soins qu'il a pris à cette occasion pendant la présente année 1766, laquelle somme sera pareillement portée en dépense extraordinaire.

2°. Qu'il sera procédé le plutôt qu'il sera possible au plantement des bornes, pour déterminer l'étendue du canal, & ses francs-bords, ainsi qu'il a été prescrit par les précédentes délibérations des Etats, & notamment par celle du 25 Janvier 1766.

3°. Que l'intention des Etats est qu'aucun propriétaire des terres limitrophes à celles qui, appartenant à la province, peuvent rester dans l'état actuel au delà desdites bornes, ne puissent empiéter, sous aucun prétexte, sur lesdites terres, ni étendre leurs possessions au delà de leur état actuel, jusques à ce que les Etats ayent disposé, ainsi qu'ils aviseront, desdits terreins appartenant à la province, compris entre les bornes immuables des francs-bords qui seront placées, & les possessions des riverains; les Etats se réservant de délibérer ce qu'ils jugeront le plus convenable sur les conditions desdites ventes, d'après le nouvel examen qui en sera fait par la commission renforcée.

4°. Qu'il sera procédé en même-tems qu'au plantement des bornes, & en la même forme, à l'indication des chemins dont il est fait mention, dans l'article VI des conventions de 1739: lesquels chemins seront placés, autant

No. XXXIV. que faire se pourra, d'après les termes de l'article VI desdites conventions de 1739; sur lesdits terreins appartenant à la province, rèstant au delà des bornes des francs-bords, sauf dans le cas où lesdits terreins seroient insuffisans, à y être pourvu par MM. les propriétaires sur les francs-bords du canal, conformément audit article des conventions, la largeur desquels chemins sera & demeurera fixée aux dimensions prescrites par le dernier réglement, relativement à l'usage auquel doit servir chaque chemin.

Enfin, que les Etats n'empêchent que MM. les propriétaires mettent en culture les francs-bords limités, sans nuire toutefois au public ni aux particuliers, de quoi lesdits sieurs propriétaires demeurent garans & responsables.

X X X V.

EXTRAIT du Registre des délibérations des Etats généraux de Languedoc, assemblés par mandement du Roi en la ville de Montpellier au mois de Novembre 1766.

Du Lundi 29 Décembre suivant, président Mgr. l'archevêque & primat de Narbonne.

MONSEIGNEUR l'évêque de Nîmes a dit, que la commission des travaux publics renforcée, s'est assemblée chez Mgr. l'archevêque de Narbonne, pour examiner de nouveau, suivant les intentions des Etats, la demande faite par MM. les propriétaires du canal de communication des mers, d'avoir la préférence pour acquérir, à dire d'experts, les terres anciennement achetées par la province pour l'emplacement du canal, qui se trouveront au delà des limites des francs-bords, après le plantement des bornes, & les conditions auxquelles pourroit être faite l'aliénation desdites terres pour en tirer le parti le plus avantageux. No. XXXV

Que pour mettre MM. les commissaires plus en état de se décider avec entiere connoissance de cause, le sieur de Montferrier leur avoit rappellé dans un rapport très-étendu, ce qui avoit donné lieu aux conventions faites en 1739, avec MM. les propriétaires du canal, tout ce qui avoit été fait depuis pour leur entiere exécution, les diverses prétentions formées par MM. les propriétaires, principalement sur la propriété, qu'ils avoient soutenu leur appartenir, de toutes les terres acquises par les Etats, & les délibérations par eux prises pour terminer les difficultés qui se sont élevées à ce sujet, notamment celle du 25 Janvier 1766, qui a réglé définitivement les principes sur le plantement des bornes, & la maniere précise & invariable de fixer les limites dudit canal, y compris ses digues, & francs-bords, en les séparant du reste des terres appartenant à la province, dont MM. les propriétaires avoient joui jusqu'à présent.

Que le plus mur examen de cette affaire avoit fait connoître, que l'intention des Etats avoit toujours été principalement de terminer sans retour toutes les contestations avec MM. les propriétaires, & d'éviter de même celles qu'avoit occasionné, & auroit perpétué l'incertitude des véritables limites de leurs possessions légitimes, attenant aux terres des riverains.

Qu'on avoit ensuite discuté avec la même attention les inconvéniens & les avantages que pouvoient présenter les différens partis à prendre pour parvenir à ce but, dans l'aliénation des terres en question, soit en les donnant par préférence à MM. les propriétaires, comme ils l'ont demandé, soit en les mettant aux encheres, & que le premier parti fondé sur des motifs de con-

No. XXXV. venance, pris du besoin que pourroient avoir MM. les propriétaires de ces terres, pour une plus grande facilité dans l'entretien, & manutention du canal, avoit été regardé comme le meilleur. No. XXXV.

Qu'à l'égard des conditions à mettre à cette aliénation, tous les suffrages se sont également réunis à vendre lesdites terres telles que la province a droit d'en jouir, & qu'il a seulement paru essentiel d'avoir attention, en procédant à cette vente en faveur de MM. les propriétaires, de prendre dans le fait toutes les précautions les plus propres à ne plus laisser entr'eux & les possesseurs des fonds limitrophes aux terreins qui leur seront cédés, aucun sujet ni prétexte de discussion.

Que c'est dans cette vue que MM. les commissaires ont été d'avis de proposer aux Etats de délibérer.

1°. Que toutes les terres appartenant à la province au delà des bornes des francs-bords du canal qui seront placées conformément à la délibération du 25 Janvier 1766, dont MM. les propriétaires voudront faire l'acquisition, leur seront cédées & aliénées par préférence sur tous autres particuliers, au prix qui sera réglé à dire d'experts.

2°. Que cette aliénation n'aura lieu qu'après que le bornement des limites du canal, y compris ses francs-bords, aura été entierement fini.

3°. Qu'avant de passer aucun acte d'aliénation, les possesseurs des fonds limitrophes aux terreins demandés par MM. les propriétaires seront appellés à l'effet d'être convenu, & réglé à l'amiable avec eux, jusques où s'étendent actuellement ou doivent s'étendre légitimement leursdites possessions, après lequel accord fait entre lesdits particuliers, & la province, il sera procédé à l'arpentement ou toisé desdits terreins non contestés, pour en constater les dimensions & contenance actuelle, sur laquelle sera réglée par les experts leur juste valeur, & passé ensuite l'acte de leur cession à MM. les propriétaires du canal.

Enfin que les chemins que les Etats ont bien voulu laisser établir sur les terres appartenant à la province par leur précédente délibération, seront placés, autant que faire se pourra, du côté des terres des riverains, pour leur servir de confront permanent.

Ce qui a été approuvé sur tous les chefs, & ainsi délibéré par les Etats.

XXXVI.

EXTRAIT du registre des délibérations des Etats généraux de Languedoc, assemblés par mandement du Roi en la ville de Montpellier au mois de Novembre 1768.

Du Jeudi 22 Décembre suivant, président Mgr. l'archevèque & primat de Narbonne.

MONSEIGNEUR l'évêque de Nîmes a dit, que le sieur de Montferrier, syndic général, a rendu compte à la commission des travaux publics, de la suite des diverses délibérations prises par les Etats, depuis l'année 1767, au sujet du bornage du canal de jonction des mers, en exécution de la derniere desquelles le sieur de la Fage, syndic général & le sieur Garipuy, directeur des travaux publics, ont procédé à ce bornage dans les mois de Février & Mars de la présente année 1768 avec le sieur Besaucele, procureur fondé de MM. les propriétaires du canal & les directeurs de leurs ouvrages, en présence des syndics des dioceses, des consuls des communautés & de plusieurs propriétaires des possessions riveraines; qu'ils ont commencé cette opération à l'extrémité du canal dans l'étang de Thau, & qu'ils l'ont

N°. XXXVI. terminée à cent toises de distance de la riviere d'Orb.

Que les difficultés qui se sont élevées peuvent être divisées en trois classes, dont la premiere a pour objet le bornage du fief en lui-même, la seconde, la quantité des terres excédentes, & la troisieme, l'emplacement des chemins sur les francs-bords.

Que pour ce qui concerne le bornage du fief, les agens de MM. les propriétaires ont prétendu.

1°. Que non-seulement les bâtimens construits près de l'écluse ronde, doivent être compris en entier dans le fief du canal, lors-même qu'ils dépassent les limites du franc-bord fixées par les délibérations des Etats, mais encore que les jardins qui y sont contigus, doivent aussi faire partie du fief, quoique la plus grande partie soit au-delà de ces limites.

2°. Que dans les endroits où le canal est bordé par un chemin qui occupe une partie de la largeur de l'un des francs-bords, les bornes du fief soient posées sur le bord du chemin vers le canal, & que le franc-bord opposé soit élargi de tout l'espace que le chemin occupe sur le premier terrier; en sorte que la largeur totale des francs-bords & du canal, soit toujours la même sans rien prendre sur le chemin.

3°. Que vis-à-vis la prairie de la Mauvinede près l'écluse de Portiragnes, & à Costeseque, près le pont de Capiscol, les francs-bords fussent bornés tels qu'ils étoient lors de la levée de la carte, suivant ce qui est porté par l'article IV de la délibération des Etats du 25 Janvier 1766, pour le bornage du canal dans les endroits où il est situé sur un penchant.

Que le sieur de la Fage & le sieur Garipuy ont estimé que les deux premieres demandes étoient contraires à ce qui a été décidé par les Etats; la premiere, parce que l'article VII de la délibération du 25 Janvier 1766, ne fait mention que des bâtimens qui dépassent les francs-bords & non des jardins qui sont dans le même cas; & la seconde, parce qu'il est porté expressément par la délibération du 25 Janvier 1766, que la largeur du canal & de ses francs-bords sera égale de part & d'autre, à prendre du milieu de l'eau, & que suivant l'article IV de la délibération du 25 Janvier 1766 les chemins doivent être établis sur les francs-bords toutes les fois qu'il n'y a point de terres excédentes. N°. XXXVI.

Et quant à la troisieme demande, ils estiment que la pente du terrein tant à la Mauvinede, qu'à la Costeseque, n'étant que d'environ six pouces par toise, & la base du canal étant plus basse que la surface des terres du côté foible, on ne sauroit y appliquer ce qui est statué par l'article IV de la délibération du 25 Janvier 1766 qui ne doit s'entendre que des endroits où le canal est sur un penchant assez rapide pour être dominé par le terrein qui est à l'un de ses bords, & fort élevé au-dessus de celui qui est du côté opposé.

Que les difficultés de la seconde classe ont un objet encore plus essentiel; que les agens de MM. les propriétaires du canal ont prétendu qu'il doit y avoir beaucoup de terres excédentes dans toute la longueur qui a été bornée, & que la preuve en est aisée, si on compare l'étendue des terres acquises à celle de l'espace occupé par le fief du canal; que pour constater un fait d'une aussi grande conséquence, on ne doit pas s'en tenir à la carte faite d'autorité des Etats, dont ils ont démandé la rejection, comme ne pouvant servir tout au plus qu'à constater quelles étoient les limites du canal au tems où elle a été levée; qu'on doit encore moins ajouter foi aux réclama-

N°. XXXVI. tions des riverains, lesquelles sont destituées de toute preuve, & que le seul moyen légitime qu'on puisse employer pour borner les francs-bords, est d'en faire l'arpentement général relativement aux acquisitions faites lors de la construction du canal.

Que les syndics des dioceses, les consuls des communautés, & les propriétaires des possessions riveraines, ont soutenu au contraire que le canal & ses francs-bords n'ont jamais occupé au-delà de vingt-quatre toises dans les parties en plaine, & tout au plus six toises de franc-bord de chaque côté au-delà de la largeur de l'excavation dans les coussins où cette ouverture est de plus de douze toises, à quoi les habitans de Vias, & le prieur de Saint Jacques ont ajouté, que ce n'est que depuis que les directeurs du canal ont fait cultiver les terriers, que les riverains ont été troublés dans leur possession; ce qui est prouvé par les enquêtes que les syndiqués ont fait faire pour constater les voyes de fait exercées par les directeurs sur les fonds riverains; que MM. les propriétaires du canal n'ont aucun droit pour réclamer les terres contentieuses, puisque la demande qu'ils ont faite de les acheter contient l'aveu le plus formel qu'elles ne leur appartiennent pas; enfin que le syndic du diocese de Beziers a dit, que le seul prétexte allégué par MM. les propriétaires pour demander l'acquisition des possessions situées au-delà des francs-bords est pour y déposer les terres des recreusemens dans les endroits où les francs-bords n'ont pas une largeur suffisante; que les riverains n'ont jamais refusé de recevoir ces dépôts, & qu'il offre, à leur nom, de les recevoir à l'avenir, à condition qu'on les aplanira de maniere à ne pas empêcher la culture des terres sur lesquelles ils auront été jettés.

Que le sieur de la Fage & Garipuy, se sont contentés de procéder au bornage du fief, ainsi qu'il avoit été ordonné par les délibérations des Etats prises à ce sujet, de constater la largeur des terres excédentes, telles qu'elles étoient lorsque la carte a été levée, & de faire mention des diverses réquisitions des parties sur lesquelles ils estiment en premier lieu, que la voye proposée de la part de MM. les propriétaires du canal pour en fixer les limites par l'arpentement de toutes les terres acquises, entraîneroit des longueurs, une procédure, & des discuscussions de détail que les Etats ont toujours voulu éviter, & expressément rejetté; en second lieu, que le seul moyen conforme aux vues des Etats, est de borner les terres excédentes, telles qu'elles étoient lorsque la carte a été levée, par-tout où avant ce terme, les riverains n'avoient rien réclamé au-delà des terres dont ils jouissoient, & en exceptant seulement ceux qui avoient formé des instances à ce sujet; en troisieme lieu, vu que les franc-bords, quelque largeur qu'on leur assignât dans le moment présent, ne sauroient contenir à l'avenir toutes les terres de recreusemens qui s'accumulent tous les jours, surtout dans le voisinage des rivieres, où les dépôts sont les plus fréquens, qu'il étoit d'une nécessité absolue d'autoriser les propriétaires du canal à déposer les terres provenant du recreusement sur les fonds riverains, à la charge de les aplanir pour ne pas en empêcher la culture.

4°. Enfin qu'au moyen de cette permission, lesdits propriétaires n'auroient plus aucun intérêt à réclamer les terres qui excedent les limites du fief fixées par l'édit de création; & que le meilleur usage qu'on puisse faire de ces terres, est d'en faire des chemins pour le service des possessions riveraines, en y ajou-

N°. XXXVI. tant au besoin la portion des francs-bords nécessaire pour leur donner une largeur suffisante; que par ce moyen, la troisieme question qui a pour objet l'emplacement des chemins sur les francs-bords se trouveroit aussi décidée, toutes les raisons que les parties ont données de part & d'autre pour en fixer l'emplacement, ayant déjà été déduites dans les deux premiers articles.

Que tel est le résultat de tout ce qui a été dit & observé pendant les opérations faites par lesdits sieurs de la Fage & Garipuy, suivant les procès-verbaux qu'ils en ont dressés, lesquels ont été mis sous les yeux de la commission, ainsi qu'un acte fait par MM. les propriétaires pour se rendre opposans à tout ce qui pourroit être fait au préjudice des dires de leur procureur fondé.

Qu'il y auroit sur le tout plusieurs observations à faire, d'après un plus mur examen, si l'acquisition délibérée par les Etats, du canal, (*a*) ne faisoit changer de face le dernier état des choses, mais que ne pouvant plus être question d'aucune contestation avec ceux qui en étoient propriétaires, la seule délibération que la commission avoit cru devoir proposer aux Etats de prendre, consistoit à déterminer que le plantement des bornes sera continué ainsi qu'il a été commencé, en limitant le fief & les terres qui sont au-delà, conformément à ce qui a été précédemment réglé par les Etats, & s'en rapportant à la prudence de MM. les commissaires nommés pour veiller pendant l'année à tout ce qui a rapport à l'administration de cet important ouvrage, sur les précautions qu'il y aura à prendre pour que les riverains n'empietent en aucune façon sur les terres excedant les francs-bords qui appartiennent à la province, telles qu'elles étoient lorsque le bornement en a été déterminé, ainsi que sur les arrangemens à faire avec lesdits riverains, tant pour qu'ils se chargent des déblais provenant du recreusement du canal, que pour l'emplacement des chemins dans les endroits où il sera jugé nécessaire d'en former, pour la communication indispensable des possessions voisines. N°. XXXVI.

Ce qui a été délibéré, conformément à l'avis de MM. les commissaires.

XXXVII.

EXTRAIT du registre des délibérations des Etats généraux de Languedoc, assemblés par mandement du Roi en la ville de Montpellier au mois de Novembre 1770.

Du Lundi 31 Décembre suivant, président Mgr. l'archevêque & primat de Narbonne.

MONSEIGNEUR l'évêque de Nîmes a dit, que lorsque les Etats arrêterent de faire exécuter le bornage porté par les conventions passées en 1739 avec MM. les propriétaires du canal, ils déterminerent la maniere en laquelle ce bornage devoit être fait, & la largeur que les francs-bords du canal devoient avoir, suivant la diverse disposition des lieux où il a été excavé.

Qu'ils ordonnerent en même-tems qu'il seroit levé une carte détaillée de tout le canal sur une échelle de trois lignes par toise, afin qu'on pût y fixer d'une maniere sensible la position des bornes destinées à séparer les francs-bords des possessions riveraines.

(*a*) Voyez plus bas, N°. LXI, la délibération du 13 Décembre 1768, la premiere de celles qui traitent de cette acquisition.

Et

N°. XVII. Et attendu que cette premiere carte, vu la grandeur de son échelle, ne pouvoit comprendre qu'une très-petite partie des terres qui bordent le canal, il fut délibéré aussi qu'on leveroit le plan du cours de tous les ruisseaux qui traversent le canal, depuis leurs sources jusques aux rivieres où ils portent leurs eaux, & qu'on en dresseroit deux cartes, l'une à cinq lignes pour cent toises divisée en plusieurs feuilles, & l'autre comprendroit dans une seule feuille toute l'étendue du canal à l'échelle d'une ligne pour cent toises, la même que celle de la carte générale du Royaume.

Que par le compte qui a été rendu chaque année aux Etats du progrès de ces opérations, ils ont été instruits que la carte, à trois lignes par toise, fut achevée en 1768; & qu'on perfectionna l'année derniere les autres cartes sur une plus petite échelle, ainsi que les plans nécessaires pour connoître la capacité du bassin de Saint-Ferriol, la maniere d'y soutenir les eaux, & celle de les vuider.

Que les Etats ont été aussi informés que le bornage du canal a été fait en 1768, depuis l'étang de Thau jusqu'à la riviere d'Orb, & des difficultés qui se sont présentées en faisant ce bornage, surtout relativement aux terres excédentes, pour l'achat desquelles les Etats avoient bien voulu donner la préférence à MM. les propriétaires du canal.

Que les Etats, pour accélérer la conclusion d'une affaire aussi importante, délibérerent l'année derniere que le sieur Garipuy continueroit de faire planter des bornes provisoires dans toute l'étendue du canal, depuis la riviere d'Orb jusqu'à Toulouse, & rapporteroit à cette assemblée les différentes difficultés qui se seroient présentées, afin que, d'après la décision que les Etats prononceront, tant sur ces difficultés, que sur celles qui s'éleverent en 1768, on puisse clorre l'année prochaine la procédure du bornage, & en dresser des procès-verbaux pareils à ceux qui ont été déjà faits. N°. XXXVII.

Qu'ils chargerent aussi le sieur Garipuy de faire faire des copies de toutes les cartes qui avoient été levées, afin que, dès que le bornage sera achevé, les originaux duement paraphés soient déposés aux archives de la province, pour y être conservés soigneusement, & afin qu'on puisse faire graver les cartes dressées sur les échelles d'une, & de cinq lignes pour cent toises.

Qu'en exécution de ces délibérations, le sieur Garipuy a d'abord fait planter des piquets dans toute l'étendue du canal, aux places où les bornes doivent être mises, & il leur a substitué ensuite les bornes en pierre sur plus de la moitié de sa longueur; que la durée des pluyes de l'hiver dernier n'ayant pas permis de commencer cette opération de bonne-heure, on n'a pu achever de placer toutes les bornes avant le tems auquel la navigation a été suspendue, mais que ce retardement n'en causera point à la procédure du bornage, attendu qu'elle sera commencée par la partie où les bornes sont déjà placées, & qu'on achevera, durant ce tems-là, de mettre en place celles qui n'y sont pas encore.

Enfin, que le sieur Garipuy a présenté à la commission les copies qu'il a fait faire pendant l'année de la carte du canal à trois lignes par toise en 573 feuilles, sur lesquelles on a marqué dans le plus grand détail, tous les ouvrages & les bâtimens qui dépendent du canal, & de ses rigoles, ainsi que le nom de tous les propriétaires riverains & l'étendue de leurs possessions; qu'il a rapporté aussi la copie de la carte à cinq lignes pour cent toises, en

N°. XXXVII.

cinq feuilles, dont quatre comprennent tout le canal, & la cinquieme, les deux rigoles qui y portent les eaux de la montagne Noire; à quoi il a ajouté une nouvelle carte qu'il a dressée de tout le canal sur une seule feuille, à l'échelle d'une ligne pour cent toises dans laquelle, après avoir placé les principaux lieux qui bordent le canal, d'après les opérations géométriques qui ont été faites pour la carte de la province, il en a rempli tout le détail par les opérations qui lui sont propres; l'accord entre le résultat de ces deux méthodes extrêmement différentes entre elles, étant la preuve la plus certaine de l'exactitude de ces opérations.

Que les frais faits à l'occasion de ces ouvrages pendant cette année par le sieur Garipuy & par les personnes employées sous lui, tant pour la copie des cartes, que pour le bornage du canal, montent suivant les états rapportés à la commission, savoir, le premier à la somme de 5768 livres 19 sols, & le second à celle de 8332 livres 5 sols, lesquelles deux sommes revenant à 14,101 livres 4 sols ont été payées sur les ordres de Mgr. l'archevêque de Narbonne & doivent être allouées dans le compte de M. le trésorier de la bourse.

Que le sieur de Montferrier ayant fait ensuite part à la commission des diverses difficultés qui se sont présentées cette année, ainsi qu'en 1768, lors du bornage du canal, on a reconnu que les plus essentielles se réduisent à deux objets; savoir, d'une part, à un grand nombre de chemins que les riverains réclament sur les francs-bords, & de l'autre, au surplus de largeur desdits francs-bords au delà de celle fixée par l'édit de création, que MM. les propriétaires du canal ont demandé en divers endroits, & auquel les propriétaires des fonds riverains s'opposent.

Que la commission, après avoir vu les délibérations antérieures, prises à ce sujet, a pris connoissance d'un mémoire remis à Mgr. l'archevêque de Narbonne par le sieur Besaucele procureur-fondé de MM. les propriétaires du canal, dans lequel il expose que pour accélérer l'accomplissement du bornage, tel qu'il a été déterminé par la délibération des Etats en 1768, ils consentent à se désister de la préférence que la province avoit bien voulu leur donner pour l'acquisition des terres excédentes, à condition qu'il lui plaise assujettir les riverains à recevoir sur leurs possessions, les terres des recreusemens dans les parties où leur dépôt exhausseroit trop les francs-bords, sous l'offre faite par lesdits propriétaires d'indemniser les riverains s'il leur est causé quelque dommage, ce qui ne peut arriver que par la mauvaise qualité des dépôts, ou parce que les déblais seroient portés sur les vignes, ou sur des champs en récolte, à quoi le sieur Besaucele ajoute que ces deux cas doivent être très-rares, & qu'au moyen du désistement qu'il fait, les chemins qui, selon les conditions du bornage, doivent être établis sur les terres excédentes, ne souffriront plus aucune difficulté.

Mais que l'obligation à imposer aux particuliers riverains de recevoir des déblais qu'on prévoit pouvoir leur être nuisibles en certains cas, paroissant une innovation & un assujettissement contraire au droit de propriété, qui ne peut être conséquemment établi que de gré à gré, comme on l'a déjà fait à l'égard du diocese de Beziers, MM. les commissaires ont cru plus convenable de suivre la même forme dans les autres dioceses, en examinant pendant le cours de la procédure du bornage, ce qui pourra être proposé à ce sujet par les riverains du canal, ou les syndics des dioceses agissant pour eux, &

N°. XXXVII.

No. XXVII. de suspendre jusques après le compte qui sera rendu aux Etats de la suite de ladite procédure, l'acceptation du désistement offert par MM. les propriétaires de la préférence qui leur avoit été accordée pour l'acquisition des terres appartenant à la province au-delà des limites des francs-bords du canal.

Que, quoique la commission ait aussi estimé que le désistement fait par le sieur de Besaucele à raison des terres excédentes, s'il étoit accepté, dût faciliter la solution des difficultés qui se sont élevées au sujet des chemins qui bordent le canal, elle a cru devoir observer qu'il y a plusieurs chemins de toutes les classes, faits & entretenus sur les francs-bords, qui ne doivent pas être déplacés, & qu'il en est d'autres que les communautés réclament sur les francs-bords, dans les autres endroits où il n'y a pas d'excédent, ou bien dans d'autres où ils n'ont pas une largeur suffisante, & que si ces chemins sont jugés nécessaires, il est indispensable d'y assujettir les francs-bords, ce qui ne peut être réglé, pour chaque cas particulier, que sur les lieux, & lors de la procédure du bornage.

Qu'après avoir murement réfléchi sur ces objets, la commission a été d'avis de proposer à l'assemblée de délibérer 1°. De surseoir à prendre une détermination sur l'acceptation du désistement fait par le sieur Besaucele, pour & au nom de MM. les propriétaires du canal, de la préférence que les Etats leur avoient accordée pour l'acquisition des terres qui appartiennent à la province joignant les francs-bords, jusques à ce que, dans le cours de l'opération du bornage, après avoir entendu les particuliers riverains du canal & les syndics des dioceses sur la proposition de les assujettir à recevoir dans leurs possessions les terres des recreusemens, à condition toutefois qu'ils seroient indemnisés par MM. les propriétaires du canal des dommages de toute espece qui pourront leur être causés, s'il y a lieu, on ait pris leur consentement, ou rendu compte aux Etats des motifs de leur refus, pour être par les Etats délibéré alors, avec plus de connoissance de cause, ce qu'il appartiendra. No. XXXVII.

2°. Que dans tous les endroits où il est nécessaire qu'il y ait des chemins sur le bord du canal, ils seront établis de préférence sur ces terres excédentes, & qu'à leur défaut ils seront placés en tout ou en partie sur les francs-bords du canal.

3°. Qu'il sera fait un état de toutes les terres excédentes qui resteront, après en avoir retranché ce qui sera nécessaire pour l'emplacement des chemins, afin que, sur cet état rapporté aux Etats prochains, ils puissent statuer ce qui conviendra à cet égard.

4°. Que la procédure du bornage sera continuée l'année prochaine par le sieur de la Fage depuis Beziers jusqu'à Toulouse, de la même maniere qu'elle a été faite en 1768 depuis l'étang de Thau jusqu'à Beziers.

5°. Que dès que cette procédure sera faite, & qu'on aura marqué sur le double exemplaire des cartes à trois lignes par toise, l'emplacement de toutes les bornes, les originaux de ces cartes, après avoir été paraphés par Mgr. l'archevêque de Narbonne, seront déposés aux archives de la province, pour y avoir recours au besoin; comme aussi que le sieur de Montferrier, qui va à Paris, remettra à un bon graveur la copie des cartes à une, & à cinq lignes pour cent toises, pour être gravées incessamment, suivant le marché qu'il en fera avec l'approbation de Mgr. l'archevêque de Narbonne.

6°. Enfin que les sommes payées pour les frais tant de la levée des car-

N°. XXXVII. tes, que pour ceux du bornage pendant l'année 1770, seront alloués dans le compte du sieur trésorier de la bourse.

Ce qui a été ainsi délibéré sur tous les chefs, conformément à l'avis de MM. les commissaires.

XXXVIII.

Extrait du registre des délibérations des Etats généraux de Languedoc, assemblés par mandement du Roi en la ville de Montpellier au mois d'Octobre 1771.

Du Mardi 12 Novembre suivant, présidant Mgr. l'archevêque & primat de Narbonne.

MONSEIGNEUR l'évêque de Nîmes a dit, que, sur le compte qui fut rendu l'année derniere aux Etats des opérations faites pour le bornage, & pour les cartes, ainsi que du désistement fait par MM. les propriétaires de la préférence que les Etats leur avoient donnée pour l'achat des terres comprises entre les francs-bords du canal, & les terres riveraines, il fut arrêté, après avoir accepté ce désistement aux conditions énoncées dans la délibération prise à ce sujet, que la procédure du bornage seroit continuée depuis Beziers jusqu'à Toulouse en la maniere qu'elle a été faite depuis l'étang de Thau jusqu'à Beziers; que lorsque cette procédure seroit achevée, les originaux des cartes à trois lignes par toise seroient remis aux archives de la province, & que les cartes générales du canal à une & à trois lignes pour cent toises seroient incessamment gravées à Paris, suivant le marché qui en seroit fait par le sieur de Montferrier avec l'approbation de Mgr. l'archevêque de Narbonne.

Qu'en exécution de cette délibération on a achevé de planter toutes les bornes de pierre qui restoient à mettre en place jusqu'à l'embouchure du canal dans la Garonne; mais que cette opération préliminaire n'ayant pu être achevée avant le mois d'Août, les chaleurs excessives qu'il faisoit alors, n'ont pas permis d'entreprendre la procédure du bornage avant le tems auquel la navigation a été interrompue, & que l'intervalle entre son rétablissement & l'ouverture des Etats a été trop court pour qu'il ait été possible d'en profiter.

N°. XXXVIII. Qu'il n'en sera pas de même l'année prochaine; toutes les bornes étant placées, on pourra continuer cette procédure de bonne heure, & la continuer dans la belle saison.

Que d'abord après les Etats, le sieur Garipuy fit travailler à perfectionner les originaux & les copies des cartes à une & cinq lignes pour cent toises; que cet ouvrage n'ayant pu être achevé que dans le mois de Mai, ce directeur envoya tout de suite un exemplaire de ces cartes au sieur de Montferrier, qui fit d'abord après un traité avec le sieur Chalmandrier l'un des plus habiles graveurs de Paris, après avoir pris l'avis des personnes les plus entendues à ces sortes d'ouvrages, dont les principales conditions sont de faire ladite gravure en fournissant les vingt planches de cuivre à ce nécessaires, le papier & le tirage, & d'en fournir & délivrer deux cens exemplaires de la carte générale, & autant de la carte des rigoles en quatre feuilles dans tout le présent mois de Novembre, &, à la fin de 1773, pareil nombre d'exemplaires de la grande carte de tout le cours du canal divisée en quatorze planches, & ce moyennant le prix de 1200 livres par planche; lequel traité ayant déjà été autorisé par Mgr. l'archevêque de Narbonne conformément à la précédente délibération des Etats, sera exactement

No. XXVIII. exécuté, les graveurs ayant assuré ledit sieur de Montferrier, avant son départ de Paris, qu'il recevroit avant la fin de cette assemblée les premieres esquisses desdites gravures pour être comparées avec le double des originaux des cartes qu'a gardé le sieur Garipuy & qu'il a représenté à la commission, à l'effet qu'avant que le graveur mette la derniere main à cet ouvrage, on puisse reconnoître s'il a copié fidellement, & corriger les omissions, ou les fautes qu'il pourroit y avoir faites.

Que les frais exposés cette année par le sieur Garipuy & par les personnes employées sous lui, tant pour les cartes, que pour le bornage, y compris la valeur & la pose des bornes, montent, suivant les états rapportés à la commission, savoir, pour le bornage, à la somme de 10,794 livres 12 sols, & pour les cartes, à celle de 850 livres 14 sols, lesquelles deux sommes revenant ensemble à celle de 11,645 livres 6 sols, ont été payées sur les ordres de Mgr. l'archevêque de Narbonne, & doivent être allouées dans le compte du sieur trésorier de la bourse.

SUR QUOI la commission a cru devoir proposer à l'assemblée de délibérer conformément aux délibérations prises les années précédentes.

1°. Que la procédure du bornage sera continuée l'année prochaine par les sieurs de la Fage & Garipuy, depuis Beziers jusqu'à Toulouse, en la même maniere qu'elle a été faite depuis l'étang de Thau jusqu'à Beziers.

2°. Que dès que cette procédure sera faite, & qu'on aura marqué sur le double exemplaire des cartes à trois lignes par toise l'emplacement de toutes les bornes, les originaux de ces cartes, préalablement paraphés, seront déposés aux archives de la province, pour y avoir recours au besoin.

3°. Que conformément au marché, qui a été fait par le sieur de Montferrier pour la gravure des deux cartes en plusieurs feuilles, les sommes à payer au graveur, seront allouées dans le compte du sieur trésorier de la bourse, ainsi que celles qui ont été payées pour les frais du bornage. No. XXXVIII.

Ce qui a été délibéré, conformément à l'avis de MM. les commissaires.

XXXIX.

EXTRAIT du registre des délibérations des Etats généraux de Languedoc, assemblés par mandement du Roi en la ville de Montpellier au mois de Novembre 1772.

Du Samedi 28 dudit mois, président Mgr. l'archevêque & primat de Narbonne.

MONSEIGNEUR l'évêque de Nîmes a dit, que le sieur de la Fage, syndic général, après avoir rappellé à la commission la suite des délibérations prises par les Etats les 14 Décembre 1769, 29 Décembre 1770 & 12 Novembre 1771, au sujet du bornage du canal de jonction des mers, ainsi que le compte qui leur fut rendu le 22 Décembre 1768 de la partie de ce bornage qui avoit été faite au commencement de la même année depuis l'embouchure du canal dans l'étang de Thau jusqu'à environ cent toises de distance de la riviere d'Orb près de Beziers, a rapporté le procès-verbal que le sieur Garipuy, directeur des travaux publics, a dressé cette année en sa présence pour la suite du bornage du canal, depuis l'endroit où il fut discontinué en 1768 jusqu'à son embouchure dans la Garonne.

Que par ce bornage, qui a été fait avec le plus grand soin, on a divisé le canal sur sa longueur en un très-grand nombre de parties, dont chacune est

N°. XXXIX. N°. XXXIX.

ſenſiblement alignée, & qui, par cette raiſon, ſont plus longues dans les endroits où le canal eſt bien aligné, & plus courtes dans ceux où l'on a multiplié les contours pour le ſoutenir de niveau; qu'aux bouts de chacune de ces parties, on a planté deux bornes, l'une vis-à-vis de l'autre, une à chaque extrémité des francs-bords, & que pour en fixer la poſition, on a marqué dans le procès-verbal, non-ſeulement la diſtance de chacune d'elles à celle qui lui répond ſur le bord oppoſé, en énonçant la hauteur des terres riveraines, ſur les eaux du canal de laquelle dépend cette diſtance entre les bornes oppoſées, mais qu'on y a rapporté auſſi la diſtance de chaque borne à ſes deux voiſines ſur le même bord, ainſi que l'angle que font avec la méridienne les lignes qui les joignent; qu'on a pris auſſi la précaution de marquer ſur les cartes toutes ces meſures, avec l'emplacement de chaque borne, & que par cet ordre les cartes & le procès-verbal du bornage ſe correſpondent en telle ſorte, que ces deux opérations s'éclairciſſent réciproquement, & que chacune d'elles pourroit au beſoin ſuppléer l'autre.

Que dans toute l'étendue du canal on a eu la plus grande attention de fixer ſa largeur & celle de ſes francs-bords, conformément à ce qui eſt porté par l'édit de création, & en la maniere expliquée par les délibérations des Etats, relativement à la poſition du canal dans la plaine, ou ſur le penchant des coteaux, & ſuivant la profondeur de ſes eaux au-deſſous des terres riveraines; & que pour ce qui concerne les bâtimens, on a obſervé de comprendre dans le fief du canal tous ceux qui dépendent du canal, quoiqu'ils dépaſſent la largeur du franc-bord, & pareillement d'exclure du fief les bâtimens appartenans aux riverains, quoiqu'ils avancent vers le franc-bord au-delà de la ligne qui devroit les terminer.

Que le ſieur de la Fage a rapporté auſſi un ſecond verbal qui contient les diverſes réquiſitions faites pendant le cours des opérations, tant de la part de MM. les propriétaires du canal, que par les poſſeſſeurs des fonds riverains, les conſuls des communautés, & les ſyndics des dioceſes que le canal traverſe.

Qu'une partie de ces réquiſitions, qui ſe rapporte directement au bornage, a pour objet quelques cas particuliers qui n'avoient pas été prévus, ou quelques légeres exceptions aux regles générales que la ſituation des lieux ou les circonſtances ont rendues néceſſaires, & que la ſeconde partie concerne l'établiſſement ou l'entretien de quelques rigoles & des autres ouvrages deſtinés à écouler les eaux des poſſeſſions riveraines dont la déciſion avoit été renvoyée au procès-verbal du bornage.

Que quoique ces deux eſpeces de réquiſitions ſoient couchées dans le procès-verbal dreſſé ſur les lieux indiſtinctement, ſuivant le jour auquel elles ont été faites, le ſieur de la Fage a cru cependant devoir les ſéparer dans le compte qu'il en a rendu à la commiſſion, en commençant par celles qui ſont eſſentiellement liées au bornage.

Que par la premiere de ces réquiſitions, MM. les propriétaires du canal ont demandé d'être maintenus dans la jouiſſance de toutes les terres compriſes entre le canal & la riviere d'Orb près le Pont-Rouge, afin d'y établir les ouvrages néceſſaires pour défendre le canal contre les irruptions de cette riviere, ſous l'offre qu'ils ont fait de payer la valeur de tout ce qui ſe trouvera hors du fief.

Qu'il réſulte du procès-verbal de bornage que tout l'eſpace compris entre le canal & la riviere d'Orb, depuis

la cent quarante-quatrieme borne & le
N°. XXIX. Pont-Rouge, doit faire partie du fief; que les terres qui excedent le fief, avant la cent quarante-quatrieme borne, vers le marin, n'ont que vingt toises de longueur, avec une contenance de trois quarts de seterée; & que le sieur de la Fage estime qu'il convient d'accorder à MM. les propriétaires la préférence qu'ils demandent pour l'acquisition de ce terrein.

Que MM. les propriétaires du canal qui ont déjà acquis de la dame Vaissiere & de M. Gautier de Seissan, sur la rive gauche de la riviere d'Orb, au-dessus du Pont rouge, un chemin de tirage de 21 pieds de largeur sur 180 toises de longueur, ont demandé en second lieu d'être autorisés à acquérir du nommé Jaussan & de l'abbaye de Saint-Jacques, le terrein nécessaire pour former un chemin de même largeur sur 234 toises de longueur, pour border en entier la partie de la riviere que les barques parcourent.

Que cette demande a d'abord paru juste au sieur de la Fage; mais comme son exécution deviendroit inutile, si l'on exécute le projet qui a été formé pour traverser directement la riviere d'Orb, il estime qu'il n'y a rien à statuer aujourd'hui à cet égard.

Que MM. les propriétaires du canal demandent par leur troisieme réquisition d'être autorisés à creuser au-delà de leur fief, sur le penchant de la montagne d'Enserune ou du Malpas, comme ils l'ont fait par le passé, les fossés nécessaires pour détourner du canal les eaux sauvages qui descendent de cette montagne, afin d'éviter les dépôts qu'elles entraîneroient dans le canal; ce qui n'a paru au sieur de la Fage devoir souffrir aucune difficulté, vu que ces fossés ne traversent que des terres incultes.

En quatrieme lieu, que les habitans de Capestan ayant demandé le payement d'un ancien chemin qui sert de N°. XXXIX.
rigole de fuite aux eaux du nouveau réservoir de Piétal fait en 1766, MM. les propriétaires ont répondu que ce vieux chemin n'a jamais servi qu'à la dépaissance des bestiaux, & que ce réservoir ne vuidant des eaux que dans le tems des grandes crues, durant lesquelles les bestiaux ne sauroient dépaître, les habitans de Capestan ne sont privés par le nouveau réservoir d'aucune des facultés dont ils jouissoient auparavant; qu'ils déclarent d'ailleurs ne prétendre aucune propriété sur ladite rigole, & qu'ils renouvellent l'offre qu'ils ont déjà faite de construire un pont à l'endroit où son prolongement coupera le chemin de l'étape, & une gondole sur le chemin de Poilhes, dès que l'emplacement de ces deux chemins sera fixé, comme aussi de prolonger cette rigole dans l'étang, si besoin est: & les habitans s'étant désistés de leur demande, au moyen des susdites déclarations pour être acceptées, le syndic général leur en a donné acte pour le tout être exécuté réciproquement.

Que la cinquieme réquisition avoit aussi été faite par les habitans de Capestan, pour obtenir le payement des terres prises à divers particuliers pour l'ouverture d'un contre-canal fait dans leurs fonds au nord du canal, à laquelle demande ils ajoutoient celle du payement des récoltes dont ils avoient été privés & le remboursement des charges qu'ils ont payées depuis la faction de ce contre-canal.

Que les sieurs de la Fage & Garipuy s'étant transportés sur les lieux, ils reconnurent, en comparant leur état présent à ce qui est porté dans la vérification faite par le sieur Garipuy en 1740, que depuis cette époque il a été creusé un large contre-canal, depuis la mu-

Nº. XXXIX.

raille qui est vis-à-vis l'épanchoir de Piétal jusqu'à un ponceau qui est avant l'aqueduc de Saisse; que la grandeur de ce contre-canal & la hauteur du déblai des terres qu'on a tirées, ayant rendu impraticable le chemin qui étoit sur le franc-bord, il a été établi depuis sur les terres des riverains, lesquels doivent être dédommagés des non-jouissances passées; & quant à l'avenir, le syndic général estime qu'il convient de laisser le choix à MM. les propriétaires du canal, ou de laisser le chemin dans son emplacement actuel, en payant la valeur du sol qu'il occupe à ceux à qui il appartient, ou bien de se décharger de ce payement, en rétablissant le chemin sur le franc-bord, après l'avoir aplani, arrangement auquel toutes les parties intéressées ont acquiescé, quoique MM. les propriétaires du canal ne se soient pas encore décidés sur l'alternative qui leur a été offerte.

Qu'une petite saussaye appellée le bois de Barral, située entre le canal & la riviere d'Aude, immédiatement au-dessus de l'aqueduc d'Argens, fait l'objet de la sixieme réquisition : que les consuls de la communauté d'Argens se sont d'abord plaints de ce que MM. les propriétaires du canal s'opposoient qu'on passât dans ce bois, quoiqu'il ne leur appartienne pas, à quoi MM. les propriétaires ont répondu qu'ils ne se sont jamais opposés au passage de ce bois, mais seulement à ce que les troupeaux broutassent les saussayes qu'ils ont eu le soin d'y planter pour défendre le franc-bord des irruptions de la riviere d'Aude qui le menacent, ayant déjà fait des épis considérables au pied de ce terrein pour le même objet, & qu'à cet effet ils demandent d'être autorisés à acheter le terrein dont il s'agit, ou du moins à y faire les ouvrages qui seront jugés nécessaires pour sa conservation & celle du canal, même les plantations, sans que les propriétaires de ce terrein puissent le détruire.

Que le sieur de la Fage, après avoir vérifié avec le sieur Garipuy les ouvrages déjà faits, & la nécessité de conserver le terrein qu'ils protegent nommé le bois de Barral, dont la longueur est de 250 toises, depuis l'aqueduc d'Argens jusqu'à l'écluse de Pechlaurier, estime qu'il est de l'intérêt public que MM. les propriétaires du canal puissent y faire les ouvrages nécessaires à sa conservation, si mieux les propriétaires desdits petits bois n'aiment leur en faire la vente, en payant dans chacun des cas une indemnité proportionnée.

En septieme lieu, que MM. les propriétaires du canal ont demandé qu'un fossé ouvert par M. de Saint Laurent, au midi du canal, depuis le pont de Marseillette jusqu'à l'épanchoir du même nom, soit éloigné du pied du franc-bord, attendu que le talus du canal étant fort droit dans cette partie & dans un terrein de peu de consistance, il convient de prendre toute sorte de précautions pour prévenir les brêches qui pourroient s'y former.

Qu'après l'examen des lieux, M. de Saint Laurent a consenti à éloigner du franc-bord le fossé qu'il avoit fait ouvrir, mais à condition que le nouveau sera fait & entretenu à frais communs par MM. les propriétaires du canal & lui, & qu'il continuera de jouir du terrein qui demeurera entre ce contre-canal & les bornes qui viennent d'être plantées; conditions qui ont été acceptées par MM. les propriétaires, & qui ont paru justes au syndic général.

Que la huitieme & la neuvieme réquisitions faites par MM. les propriétaires du canal avoient un objet semblable, savoir, le déplacement des bornes qui avoient été plantées pour limiter leur fief; d'abord, depuis l'épanchoir

N°. XXXIX.

choir de Marseillette dont il vient d'être parlé, jusqu'à l'extrémité des rochers du même nom, & ensuite depuis le château de Saint-Julien jusqu'à l'épi construit sur la riviere d'Aude vis-à-vis la cale de la Baisse; que dans l'étendue de ces deux parties, il ne reste qu'une langue de terre fort étroite entre le pied du franc-bord du canal & la riviere d'Aude; que la conservation de cette langue de terre est nécessaire pour assurer la conservation du canal; que MM. les propriétaires ont déjà fait divers ouvrages dans ce dessein, & que pour n'être pas gênés dans la construction de ceux qu'il leur reste à faire, & dans l'entretien des uns & des autres, ils avoient demandé que ces deux langues de terre fussent comprises dans leur fief.

Que le sieur de la Fage estime que le bornage ayant été fait conformément à l'édit de création du canal, qui fixe d'une maniere irrévocable la largeur du canal & de ses francs-bords, il n'y a pas lieu d'y faire aucun changement; que cependant la conservation des deux langues de terre qui séparent le pied du franc-bord de la riviere d'Aude, dont la premiere a 360 toises de longueur, & la seconde 420, étant nécessaires pour la sureté du canal, il convient que les possesseurs de ces terreins, qui sont de peu de valeur, parce qu'ils ont très-peu de largeur, & parce qu'ils sont dégradés dans toute leur longueur par la riviere d'Aude, en fassent la vente à MM. les propriétaires du canal, suivant l'estimation qui en sera faite, au cas que les parties ne convien-droient pas du prix de gré à gré.

Que par la dixieme réquisition MM. les propriétaires du canal, après avoir exposé qu'ils ont été obligés de construire plusieurs épis sur le bord de la riviere d'Aude pour l'éloigner du canal, entre l'écluse de l'Evêque & celle de Villedubert, demandent d'être autorisés à continuer de faire sur ce terrein les ouvrages nécessaires à sa conservation, sans que ceux à qui il appartient puissent s'y opposer, ni détruire les travaux & les plantations qui auront été faites, & ce d'autant que la position des lieux exige une attention continuelle, parce que les eaux de la riviere d'Aude sont dirigées vers le canal par les coteaux qui sont sur le bord opposé.

Que les sieurs de la Fage & Garipuy, après s'être transportés sur les lieux & avoir vérifié les ouvrages déjà faits, ont été persuadés de la nécessité qu'il y a de les entretenir & de les continuer pour la sureté du canal; & qu'ainsi le syndic général estime qu'il convient d'autoriser MM. les propriétaires du canal à le faire, sauf à indemniser les possesseurs des fonds, s'il y a lieu.

Que la onzieme réquisition a été faite par le sieur Miran, l'aîné, lequel a exposé que son pere a fait construire depuis environ 60 ans une maison au port de Foucaud, entre le canal & le contre-canal de l'Arnouse, au couchant du terrein, lequel, suivant le bornage qui vient d'être fait, appartient à MM. les propriétaires du canal, pour l'emplacement des maisons, magasins & chapelle situés sur le port de Foucaud; que, suivant le même bornage, la maison bâtie par son pere est bordée par le franc-bord du canal au nord, & qu'elle est située sur les terres excédentes, comprises entre les précédentes limites, le contre-canal de l'Arnouse au midi, & le grand chemin au couchant; à quoi il a ajouté que ces terres excédentes faisoient autrefois partie d'un champ qu'il a acheté depuis quelques années à M. Poulhariés, & qui fut traversé par le contre-canal de l'Arnouse lors de sa construction; que par ces

N°. XXXIX.

raisons il demande d'être maintenu dans la jouissance de ladite maison & du reste des terres excédentes qui lui sont contiguës, au midi, entre le canal de l'Arnouse, & au couchant jusques au grand chemin.

Que les sieurs de la Fage & Garipuy se sont transportés sur les lieux & ont examiné d'abord le local occupé par la maison dont il s'agit, lequel a quatorze toises & demie de longueur le long du franc-bord, sur huit toises de largeur, entre le susdit franc-bord & le lit de l'Arnouse; qu'ils ont vérifié ensuite les terres excédentes qui bordent ladite maison au couchant, dont la longueur est de vingt toises jusqu'au pont du grand chemin sur l'Arnouse, & de six toises de largeur réduite entre le franc-bord & le lit de l'Arnouse.

Que venant ensuite à la discussion du droit, il a été observé que le sieur Miran ne rapporte aucun acte de propriété, ni de la susdite maison, ni du terrein qui lui est contigu, l'achat qu'il a fait depuis du champ qui est de l'autre côté de l'Arnouse, & sa possession quoique de plus de trente années, ne pouvant pas lui servir de titre contre la province, surtout à cause du litige qu'il y avoit à raison de la propriété des terres excédentes. Sur quoi le sieur de la Fage estime que, dans la rigueur de droit, la province peut exiger du sieur Miran le délaissement de ladite maison & du terrein qui lui est contigu; mais, attendu que le pere du sieur Miran paroît avoir bâti de bonne foi, sur une permission verbale qu'il dit avoir reçue de MM. les propriétaires du canal, il a pensé qu'il est conforme aux principes d'équité de l'assemblée des Etats que la province inféode audit sieur Miran, tant la susdite maison que la portion du terrein qui lui est contigu vers le couchant, & qui n'est point nécessaire pour descendre sur le port, & ce sous une albergue telle que les Etats ou les commissaires qu'ils nommeront pour faire cette inféodation, jugeront convenable: Et attendu que le passage qui mene du grand chemin sur le port doit avoir une largeur considérable, à cause de la fréquentation de ce port, il estime que le terrein qui sera adjugé audit sieur Miran au couchant de sa maison, ne doit avoir que dix toises de longueur, laquelle ajoutée à celle que ladite maison occupe aujourd'hui, fera une longueur totale de vingt-quatre toises & demie, parallele au franc-bord.

N°. XXXIX.

Qu'enfin il estime que la susdite maison & le terrein qui en dépendra doivent être compris dans le compoix de la ville de Carcassonne, pour supporter à l'avenir les mêmes charges & les mêmes impositions que les autres terres rurales de cette communauté relativement à leur valeur.

Que la douzieme réquisition a été faite par le sieur Martin syndic du diocese de Saint-Papoul, lequel a représenté, pour & au nom des riverains du bassin de Castelnaudary, que ce bassin occupoit autrefois un espace beaucoup moins grand que celui qu'il renferme aujourd'hui, parce que le barilage des eaux en a rongé les bords qui sont d'une terre meuble; que les propriétaires des terres qui ont été détruites ou submergées par cet élargissement du bassin en payent encore les charges; à raison de quoi ils demandent que MM. les propriétaires du canal soient tenus de les rembourser de tout ce qu'ils ont payé à ce sujet depuis la destruction de ces terres, comme aussi de leur payer la valeur du terrein qu'ils ont perdu, si mieux ils n'aiment leur rendre l'espace qui a été rétabli depuis peu par le mur de soutenement & par les caladas dont le bassin a été bordé.

Que MM. les propriétaires du canal ayant consenti que le bassin de Castel-

No. XXXIX.

naudary fût borné relativement audit mur de soutenement & aux susdits caladas, ce bornage a été fait relativement à ces acquiescemens respectifs des parties, ce qui est d'ailleurs conforme aux délibérations des Etats sur cet objet.

Que par la treizieme réquisition MM. les propriétaires du canal, après avoir exposé les dommages que leur ont déjà causé les eaux sauvages qui descendent du côteau de Guillemery au-dessous du pont, malgré les murs qu'ils ont fait construire en divers tems pour soutenir le franc-bord en cette partie, & notamment les deux dernieres années, se sont plaints de ce qu'une des causes de la destruction de ce franc-bord vient de son peu de largeur, occasionnée par le contre-canal dont il est bordé vers le nord; à raison de quoi ils ont demandé que les bornes qui ont été plantées joignant l'enclos de M. Dupont, soient éloignées de la quantité nécessaire pour donner au franc-bord une largeur qui le mette en état de résister aux eaux sauvages, & que dans le cas où il y auroit quelque difficulté à changer le bornage, ils soient autorisés à acquérir le terrein nécessaire pour porter le contre-canal à une distance suffisante.

Que le sieur Dupuy syndic de la ville de Toulouse, s'étant opposé au déplacement des bornes, & ayant consenti à l'acquisition demandée par MM. les propriétaires, le sieur Garipuy étant d'ailleurs persuadé de la nécessité qu'il y a d'élargir le franc-bord dans cette partie, on a estimé qu'il convient d'autoriser MM. les propriétaires du canal à faire l'acquisition du terrein nécessaire pour le susdit élargissement, à la charge d'en payer la valeur de gré à gré ou à dire d'experts, & que la largeur du terrein à acquérir sera fixée par le directeur des travaux publics de la province chargé du département du canal.

Que par la quatorzieme réquisition MM. les propriétaires du canal ont demandé à chacun des syndics des dioceses que le canal traverse, s'ils vouloient faire au nom des riverains une offre pareille à celle que fit en 1768 le syndic du diocese de Beziers, pour recevoir dans les possessions qui bordent le canal, les dépôts provenant de son recreusement, & ce sous les mêmes conditions exprimées dans le verbal du bornage qui fut fait alors; à quoi chacun des syndics de ces dioceses a répondu qu'ils offrent, au nom de ces riverains, de recevoir dans leurs possessions les dépôts provenant du canal, aux mêmes conditions portées par l'offre que fit en 1768, le syndic du diocese de Beziers, portant que les susdits déblais seroient aplanis, de maniere à ne point gêner la culture, & en outre de payer une indemnité proportionnée aux dommages qu'ils pourroient causer, dans le cas où ces déblais seroient d'une mauvaise qualité de terrein, tel que le gravier ou le rocher, ou bien dans le cas que ces dépôts fussent portés sur une vigne, sur une prairie, ou sur d'autres terres en récolte.

Que M. le comte de Caraman a depuis ajouté, par un mémoire particulier, qu'il consent à l'abandon total des terres excédentes au bornage qui vient d'être fait, quoique possédées sans discussion par lui ou par ses auteurs, à condition que les riverains seront obligés, ainsi que tous les syndics des dioceses l'ont offert, en leurs noms, de recevoir les déblais du canal dans leurs terres, sauf les indemnités convenables.

Que l'acquiescement respectif des parties répondant au préalable ordonné par la délibération des Etats du 31 Décembre 1770, le sieur de la Fage estime qu'il y a lieu aujourd'hui de déterminer 1°. Que les propriétaires des

N°. XXXIX.

fonds riverains seront tenus de recevoir les déblais provenant du recreusement du canal, sauf à être indemnisés des dommages qui pourroient leur être causés, s'il y a lieu, relativement aux offres rapportées ci-dessus. 2°. Que toutes les terres excédentes qui restent après le retranchement qui en a été fait, seront vendues aux encheres en la forme ordinaire.

Que M. le comte de Caraman a encore demandé que la province lui cede, suivant l'estimation qui en sera faite, deux toises de terrein sur le côté extérieur des bâtimens destinés au service du canal, & sur les terres excédentes, à raison des issues & du jour nécessaires à ses bâtimens, & conserve à MM. les propriétaires les jardins occupés par leurs employés, tels qu'ils se trouvent dans l'état actuel.

Que le sieur de la Fage a estimé que les Etats ayant consenti ci-devant à accorder à MM. les propriétaires le privilége exclusif d'acheter toutes les terres excédentes, faculté à laquelle ils ont renoncé depuis volontairement, la demande qu'ils forment aujourd'hui à ce sujet, pour la petite partie du terrein occupé par les jardins de leurs employés, & par les deux toises qui bordent leurs bâtimens du côté opposé au canal, ne sauroit leur être refusée dans tous les endroits où il y a des terres excédentes au-delà desdits bâtimens, la province ne pouvant pas s'engager à fournir ces deux toises aux dépens des voisins dans tous les endroits où les excédens n'ont pas une largeur suffisante, & n'entendant point accorder cette faculté pour les bâtimens que MM. les propriétaires du canal pourroient vouloir construire dans la suite; à quoi le syndic général ajoute qu'il doit être statué pareillement que les propriétaires des maisons & autres bâtimens qui bordent les francs-bords du canal, continueront de jouir sans trouble des issues & des vues qu'ils ont déjà ou qu'ils pourroient faire à l'avenir sur la partie du franc-bord comprise entre lesdits bâtimens & le canal.

Que M. le comte de Caraman a demandé encore par son mémoire que les Etats veuillent bien délibérer sur les moyens de consommer entierement le bornage, de façon qu'il puisse être autorisé en 1774 par un arrêt du conseil, & ordonner, à cet effet, que les rigoles de la plaine & de la montagne, ainsi que celles d'Orbiel & de Cesse, soient bornées pendant le cours de l'année 1773; que cette opération est très-simple, puisque l'édit de création, & le procès-verbal de M. d'Aguesseau, fixent la largeur & le bord de ces rigoles, d'une façon claire & uniforme, & que ce bornage peut se faire à la chaîne; que les bornes provisoires de ces rigoles pourroient être placées au printems prochain, & le bornage arrêté l'automne suivante, de façon que l'arrêt du conseil pourroit être demandé en 1774.

Qu'il a paru ne devoir point y avoir lieu de procéder conjointement au bornage proposé des rigoles de la plaine & de la montagne, & de celles d'Orbiel & de Cesse, sauf à M. le comte de Caraman à faire lui-même ce bornage, ainsi qu'il avisera, sans préjudice toutefois des droits des riverains, mais de déterminer de poursuivre dans le cours de l'année prochaine un arrêt du conseil pour autoriser le bornage du canal qui est déjà fait & agréé par toutes les parties.

Qu'il a été enfin rapporté, qu'une des opérations des plus essentielles dépendantes du bornage, est la fixation de divers chemins établis sur les francs-bords en tout ou en partie, & qui ont été reconnus nécessaires, les uns pour

N°. XXXIX. le service du public, & les autres pour l'exploitation des terres riveraines; que le nombre de ces chemins qui se porte jusqu'à cent six, depuis la riviere d'Orb jusqu'à celle de Garonne, est trop considérable pour qu'il convienne d'en faire ici l'énumération; qu'on observe seulement à leur égard, qu'on a eu soin de les placer sur les terres excédentes, autant qu'il a été possible, que lorsqu'elles n'ont pas suffi à leurs emplacemens, on les a rendu communs avec ceux du tirage, lorsqu'ils se sont trouvés du même côté.

Enfin que MM. les propriétaires ayant demandé en plusieurs endroits que ces chemins fussent entretenus par ceux qui doivent en jouir; ils offrent d'y contribuer pour leur part dans les endroits, où ils seroient communs au tirage des barques, & aux communautés riveraines.

Qu'il a été estimé que MM. les propriétaires du canal ne peuvent pas être tenus à l'entretien des chemins établis sur leur franc-bord, & dont ils ne font aucun usage, mais aussi qu'ils ne peuvent pas contraindre les communautés ou les particuliers qui ont le droit de s'en servir, de les graveler, ou d'y faire d'autres ouvrages de cette espece, pourvu qu'en y passant, ils ne causent point des éboulis dans le canal ou dans les rigoles qui le bordent, Et quant aux chemins qui servent en même-tems au tirage des barques & aux communautés riveraines, & qui se trouvent situés dans des terres grasses & bourbeuses, les communautés riveraines ne peuvent être tenues à les entretenir, conjointement avec MM. les propriétaires du canal, qu'autant que ces derniers leur donneront la largeur prescrite par le réglement, à chacun suivant son espece.

Que la commission qui dans l'examen de la procédure du bornage du canal, ne s'est encore occupée que du bornage en lui-même, & des réquisitions qui y sont nécessairement relatives, a cru que les Etats verroient avec satisfaction qu'une opération aussi étendue & susceptible d'autant de discussions est terminée au gré de toutes les parties qui ont été d'accord sur tous les points, ou qui ont acquiescé aux décisions que le sieur de la Fage a donné provisoirement sous le bon plaisir des Etats, suivant le compte qui vient de leur en être rendu.

Qu'ainsi MM. les commissaires ont été d'avis de proposer à l'assemblée d'approuver & d'autoriser tout ce qui a été fait par les sieurs de la Fage & Garipuy pour l'objet du bornage, & d'arrêter qu'un des originaux de chacun des deux procès-verbaux par eux dressés, sera déposé au greffe des Etats avec les originaux des cartes de tout le cours du canal & de ses environs, levées sur l'échelle de trois lignes par toise, sur lesquelles ont été marquées toutes les bornes, après que lesdites cartes auront été signées par le sieur Garipuy, & paraphées par Mgr. l'archevêque de Narbonne.

Ce qui a été unanimement délibéré, conformément à l'avis de MM. les commissaires.

X L.

EXTRAIT du registre des délibérations des Etats généraux de Languedoc, assemblés par mandement du Roi en la ville de Montpellier au mois de Novembre 1772.

Du Samedi 5 Décembre suivant, président Mgr. l'archevêque & primat de Narbonne.

MONSEIGNEUR l'évêque de Nîmes a dit, que sur la représentation qui a été faite à l'assemblée des Etats par MM. les propriétaires du canal, que le refus du bornage actuel des ri-

N°. XL.

goles étoit interprété, par différentes personnes, d'une façon contraire à l'esprit de cette délibération, & que quelques-unes même pouvoient penser que la province ne regardoit pas les rigoles comme faisant partie du fief & de la propriété du canal, la commission s'étant fait représenter ladite délibération en date du 28 du mois dernier, a proposé aux Etats de délibérer qu'ils n'ont point entendu par ladite délibération donner atteinte à aucun des titres qui concernent le fief & la propriété du canal, celle des rigoles, magasins de réserve & leurs six toises de bord de chaque côté, & nommément de la rigole de dérivation depuis la montagne Noire jusques aux pierres de Naurouse ; mais qu'ils ont pensé que le bornage du canal ne s'étant fait qu'à raison des contestations élevées entre MM. les propriétaires & les riverains, & ne s'en étant élevé aucune au sujet des bords des rigoles, il n'y avoit pas lieu de s'en occuper jusqu'à ce que l'intérêt des riverains y déterminât la province, comme il l'a déterminée au bornage du canal.

Ce qui a été délibéré par l'assemblée, conformément à l'avis de MM. les commissaires.

XLI.

ARRÊT

DU CONSEIL D'ETAT DU ROI,

Qui autorise la procédure du bornage du canal de communication des mers, & la délibération des Etats qui a approuvé tout ce qui a été fait relativement audit bornage.

Du 29 Octobre 1773.

EXTRAIT des Registres du Conseil d'Etat.

N°. XLI.

SUR la requête présentée au Roi, étant en son conseil, par le syndic général de la province de Languedoc ; CONTENANT, que les contestations qui s'étoient élevées depuis long-tems entre les propriétaires du canal de communication des mers, & les riverains dudit canal, avoient engagé les Etats de ladite province à prendre les moyens de les faire cesser, en déterminant un bornage, & en chargeant le syndic général d'entendre les parties, dresser procès-verbal de leurs réquisitions, & décider provisoirement leurs différends, pour en être référé à leur assemblée : Que cet objet important, qui n'avoit pas moins été le vœu des propriétaires du canal, que celui des Etats, a commencé à s'exécuter, à frais communs dès le commencement de l'année 1768, en vertu de leur délibération du 28 Décembre précédent, depuis l'embouchure du canal dans l'étang de Thau, jusqu'à la riviere d'Orb près de Beziers, & a été ensuite continué de Beziers à Toulouse, depuis le 16 Mars 1772 jusqu'au 30 Juin suivant : Que par le résultat de cette vérification contradictoire, à laquelle les communautés & particuliers riverains ont été appellés, le fief du canal se trouve irrévocablement fixé par des bornes immuables, les chemins de service déterminés, & les possesseurs des terres qui longent ses bords, à l'abri des attaques auxquelles l'incertitude des véritables limites avoit souvent donné lieu : de sorte que les Etats, sur le compte qui leur a été rendu, tant des opérations du bornage dont il s'agit, que des moyens de conciliation & de justice employés, au gré de toutes les parties, pour régler les points contentieux entre les riverains & les propriétaires dudit canal, ont délibéré le 28 Novembre dernier, d'approuver, sous le bon plaisir de Sa Majesté, tout ce qui avoit été fait relativement audit bornage, d'après les erremens des délibérations par eux précédemment

N°. XLI. prises. Requéroit, A CES CAUSES le suppliant, qu'il plût à Sa Majesté sur ce pourvoir. Vu ladite requête, les procès-verbaux concernant la procédure du bornage du canal de communication des mers en Languedoc, & des réquisitions & décisions qui y sont relatives, en date du 30 Juin 1772, ensemble la délibération des Etats du 28 Novembre de ladite année : Oui le rapport; LE ROI ÉTANT EN SON CONSEIL, a autorisé & autorise ladite procédure, circonstances & dépendances, ainsi que ladite délibération des Etats, pour être le tout exécuté suivant sa forme & teneur. FAIT au conseil d'état du Roi, Sa Majesté y étant, tenu à Fontainebleau le vingt-neuf Octobre mil sept cent soixante-treize. *Signé*, PHELYPEAUX.

XLII.

EXTRAIT du regiſtre des délibérations des Etats généraux de Languedoc, aſſemblés par mandement du Roi en la ville de Montpellier au mois de Novembre 1773.

Du Mardi 23 dudit mois de Novembre, président Mgr. l'archevêque & primat de Narbonne.

LE sieur de Montferrier, syndic général, a dit, qu'ayant reçu l'expédition de l'arrêt du conseil du 29 du mois dernier, qui autorise la procédure & les opérations du plantement des bornes du canal de communication des mers, ainsi que les délibérations prises par les Etats à ce sujet, il croit devoir proposer à l'assemblée d'ordonner que cet arrêt sera enregistré & déposé aux archives de la province avec toutes les pieces relatives audit bornage, & qu'il en sera donné connoissance, tant à MM. les propriétaires du canal qu'aux syndics des diocèses limitrophes, pour que chacun en droit soi ait à s'y conformer & à en assurer l'exécution. N°. XLII.

Ce qui a été ainsi délibéré, après lecture faite dudit arrêt.

XLIII.

EXTRAIT du regiſtre des délibérations des Etats généraux de Languedoc, aſſemblés par mandement du Roi en la ville de Montpellier au mois de Décembre 1774.

Du Samedi 7 Janvier 1775, président Mgr. l'archevêque & primat de Narbonne.

MONSEIGNEUR l'archevêque de Toulouse a dit, que le sieur de la Fage, syndic général, a fait le rapport à la commission d'un mémoire présenté aux Etats par MM. les propriétaires du canal de communication des mers, qui a pour objet, de leur part, la demande du bornage des rigoles comme une suite naturelle & nécessaire de celui du canal : qu'elle avoit été déjà formée en 1766, avant qu'il fût procédé au bornage du canal, &, après l'exécution de ce bornage, en 1772 ; mais que les Etats, quoiqu'ils eussent reconnu les rigoles faire partie de la propriété du canal, & le tout ensemble, aux termes de l'édit de 1666, ne former qu'un seul & même fief, auroient cependant par leur délibération du 5 Décembre 1772, délaissé cette opération aux soins de MM. les propriétaires, en se réservant d'y intervenir, si le cas le requéroit pour l'intérêt des riverains.

Que vouloir mettre une distinction entre les rigoles de dérivation & le canal, ce seroit en désunir sa partie principale, puisque le canal n'existe qu'au moyen des eaux que ces rigoles y portent, diviser une propriété, & perdre de vue les dispositions de l'article VI des conventions de 1739, qui, en indiquant l'arpentement général du canal

N°. XLIII. & le bornage de ses francs-bords à frais communs, l'étendent aussi sur les rigoles, par la raison que s'il en étoit autrement, cet arpentement cesseroit d'être général pour devenir partiel & incomplet; que la loi des parties contractantes ne seroit point exécutée, & qu'en vain il auroit été fait mention, dans le préambule des conventions de 1739, du diocese de Lavaur, dans l'étendue duquel le canal n'est point situé mais seulement la rigole, tous motifs qui engagent MM. les propriétaires à réclamer avec confiance d'une décision des Etats trop préjudiciable à leurs droits, pour ne devoir point en espérer une nouvelle, préjugée d'avance par leur délibération du 5 Décembre 1772, en ce qu'elle porte que le bornage du canal n'a été entrepris qu'à raison des contestations qui s'étoient élevées entre ses propriétaires & les possesseurs des terres voisines; & que s'en présentant aujourd'hui de la part de deux riverains pour le bornage des rigoles, & ces contestations pouvant se multiplier, il seroit de la sagesse des Etats de prendre les moyens les plus propres pour les éteindre, ce qui ne peut s'opérer que par un bornage.

Que MM. les commissaires ayant considéré le bornage des rigoles de dérivation, comme devant être une suite de celui du canal, auroient été d'avis de proposer à l'assemblée de délibérer que le bornage de ces rigoles sera exécuté d'après les mêmes principes, & de la même maniere dont il en a été usé pour le bornage du canal, & qu'il sera planté cette année en conséquence des bornes provisoires à cet effet, pour, sur le compte qui sera rendu à la prochaine assemblée des Etats de cette opération préalable, être par elle statué ce qu'il appartiendra.

Ce qui a été délibéré, conformément à l'avis de MM. les commissaires.

N°. XLIV.

XLIV.

EXTRAIT du registre des délibérations des Etats généraux de Languedoc, assemblés par mandement du Roi, en la ville de Montpellier au mois de Novembre 1779.

Du Samedi 11 du mois de Décembre suivant, président Mgr. l'archevêque & primat de Narbonne, commandeur de l'ordre du St. Esprit.

MONSEIGNEUR l'évêque de Montpellier a dit, que le sieur de Montferrier a rapporté à la commission le procès-verbal de la visite faite par le sieur Garipuy, du canal de communication des mers depuis la Garonne jusqu'à l'étang de Thau.

Que la commission y a vu le détail très-exact des ouvrages faits cette année, tant pour l'entretien que pour l'amélioration dudit canal, ainsi que tout ce qui a rapport à l'état des contre-canaux qui lui sont paralleles, des aqueducs & des rigoles qui portent dans les rivieres voisines les eaux qui passent dans ledit canal, & celles qui sont vuidées par ses épanchoirs.

Qu'il résulte de ce détail, &c.

Que le sieur Garipuy a rapporté, &c.

Que l'insistance des mêmes propriétaires sur le bornement des rigoles de la plaine & de la montagne, ainsi que de celles de Cesse & d'Orbiel, a donné lieu à MM. les commissaires de se faire rapporter les délibérations prises à ce sujet par les Etats les 28 Novembre & 5 Décembre 1772, & 7 Janvier 1775, qu'ils ont vu dans la premiere qu'on n'avoit pas cru qu'il convînt que les Etats procédassent conjointement avec MM. les propriétaires à ce bornage, sauf à ces derniers à le faire eux-mêmes ainsi qu'ils aviseroient, sans préjudice toutefois des droits des riverains, & qu'il suffiroit de poursuivre un arrêt

au

N°. XLIV.

au conseil pour autoriser le bornage du canal qui étoit déjà fait & agréé par toutes les parties.

Qu'après cette délibération, MM. les propriétaires ayant représenté que le refus du bornage des rigoles étoit interprété par différentes personnes d'une façon contraire à l'esprit de cette délibération, & que quelques-unes même pouvoient penser que la province ne regardoit pas les rigoles comme faisant partie du fief & de la propriété du canal, les Etats déterminerent par leur seconde délibération, qu'ils n'avoient point alors entendu donner atteinte à aucun des titres qui concernent le fief & la propriété du canal, celle des rigoles, magasins de réserve & leurs six toises de bord de chaque côté, & nommément la rigole de dérivation depuis la montagne Noire jusques aux pierres de Naurouse, mais qu'ils avoient pensé que le bornage du canal ne s'étant fait qu'à raison des contestations élevées entre MM. les propriétaires & les riverains, & ne s'en étant élevé aucune au sujet des bords des rigoles, il n'y avoit pas lieu de s'en occuper jusqu'à ce que l'intérêt des riverains y déterminât la province, comme il l'avoit déterminée au bornage du canal.

Enfin, qu'on lit dans la troisieme, que MM. les propriétaires exposerent, que, vouloir mettre une distinction entre les rigoles de dérivation & le canal, ce seroit en désunir sa partie principale, puisque le canal n'existe qu'au moyen des eaux que ces rigoles y portent; diviser une propriété, & perdre de vue les dispositions de l'article VI des conventions de 1739, qui, en indiquant l'arpentement général du canal & le bornage de ces francs-bords à frais communs l'étendent aussi sur les rigoles, par la raison que, s'il en étoit autrement, cet arpentement cesseroit d'être général pour devenir partiel & incomplet; que la loi des parties contractantes ne seroit point exécutée; & qu'en vain il auroit été fait mention, dans le préambule des conventions de 1739, du diocese de Lavaur, dans l'étendue duquel le canal n'est point situé, mais seulement la rigole: motifs qui engageoient MM. les propriétaires à réclamer avec confiance d'une décision des Etats, trop préjudiciable à leurs droits pour n'en devoir point espérer une nouvelle, préjugée d'avance par leur délibération du 5 Décembre 1772, en ce qu'elle portoit que le bornage du canal n'avoit été entrepris qu'à raison des contestations qui s'étoient élevées entre ses propriétaires & les possesseurs des terres voisines, & que s'en présentant de la part de deux riverains pour le bornage des rigoles, & ces contestations pouvant se multiplier, il seroit de la sagesse des Etats de prendre les moyens les plus propres pour les éteindre, ce qui ne peut s'opérer que par un bornage.

SUR QUOI les Etats ayant considéré le bornage des rigoles de dérivation, comme devant être une suite de celui du canal, délibérerent le 7 Janvier 1775, qu'il seroit exécuté d'après les mêmes principes, & de la même maniere dont il en avoit été usé pour le bornage du canal, & qu'il seroit planté ladite année en conséquence des bornes provisoires à cet effet, pour, sur le compte qui seroit rendu à l'assemblée lors prochaine des Etats, de cette opération préalable, être par elle statué ce qu'il appartiendroit.

Que l'inaction où on a demeuré depuis, a pu justement occasionner la demande de l'exécution de cette délibération que MM. les commissaires ont cru devoir proposer aux Etats d'ordonner, en chargeant le sieur de la Fage, de faire procéder audit bornage provisoire en la maniere portée par ladite

N°. XLIV. délibération, sauf à être ensuite statué ce qu'il appartiendra après le compte qui sera rendu aux Etats de cette opération préalable & de ses suites.

SUR QUOI il a été délibéré 1°. &c.

2°. En renouvellant les dispositions de la délibération des Etats du 7 Janvier 1775, au sujet du bornage des rigoles de la plaine & de la montagne, de charger le sieur de la Fage, syndic général, de faire procéder provisoirement audit bornage en la maniere portée par ladite délibération, sauf à être ensuite statué ce qu'il appartiendra pour le rendre définitif, après le compte qui sera rendu aux Etats de cette opération préalable & de ses suites.

3°. Que par l'inspecteur du diocese & le directeur du canal de chaque département, il sera procédé pendant l'année prochaine, au récolement général des bornes placées sur les bords dudit canal, à l'effet de découvrir, replacer ou remettre celles qui seront dans le cas, & que leurs opérations seront constatées par des procès-verbaux qui seront rapportés à la prochaine assemblée des Etats.

X L V.

EXTRAIT du registre des délibérations des Etats généraux de Languedoc assemblés par mandement du Roi en la ville de Montpellier au mois de Novembre 1780.

Du Mardi 12 Décembre suivant, président Mgr. l'archevêque & primat de Narbonne, commandeur de l'ordre du Saint-Esprit.

MONSEIGNEUR l'évêque de Montpellier a dit, que la commission ayant entendu la lecture du procès-verbal de la visite faite par le sieur Garipuy du canal de communication des mers, &c.

Que MM. les commissaires, après avoir donné toute leur attention aux différens objets de ce rapport, ont cru devoir proposer aux Etats de délibérer, 1°. &c. N°. XL

6°. Que pour parvenir à l'entiere exécution de la délibération des Etats du 11 Décembre 1779, sur le récolement des bornes qui limitent les francs-bords du canal, il sera fait incessamment une copie pour chaque diocese où est situé cet important ouvrage, de la partie du procès-verbal du bornage général qui en a été fait concernant ledit diocese, pour qu'au moyen de ces copies qui seront remises avant le mois de Mars prochain, aux syndics des dioceses, & de celles que MM. les propriétaires du canal feront aussi remettre de leur côté à leurs directeurs, il puisse être procédé sans autre délai, au récolement desdites bornes en la maniere déterminée par ladite délibération pour que cette opération étant ainsi achevée & rapportée à la prochaine assemblée des Etats, l'entier procès-verbal dudit bornage puisse être imprimé d'après leurs ordres, à l'effet que tous ceux qui auront intérêt de le connoître, puissent s'en procurer des exemplaires.

Ce qui a été délibéré sur tous les chefs, conformément à l'avis de MM. les commissaires.

X L V I.

EXTRAIT du registre des délibérations des Etats généraux de Languedoc, assemblés par mandement du Roi en la ville de Montpellier au mois de Novembre 1781.

Du Vendredi 4 du mois de Janvier 1782, président Mgr. l'archevêque de Toulouse.

MONSEIGNEUR l'évêque de Montpellier a dit, que le sieur de Montferrier fils, a rapporté à la commission le procès verbal de visite faite par le sieur Garipuy, du canal de communi-

cation des mers, depuis la Garonne
XLVI. jusqu'à l'étang de Thau,

Qu'il en résulte, &c.

Que le sieur Garipuy termine son rapport, en ajoutant que les Etats délibérerent en 1779 que le récolement général de toutes les bornes qui limitent les francs-bords du canal, seroit fait dans chaque département par les inspecteurs des dioceses, & par les directeurs du canal, qu'ils auroient soin de les faire découvrir, replacer ou remettre, & qu'ils dresseroient des verbaux de leurs opérations; que pour en faciliter l'exécution, il fut délibéré l'année derniere, qu'il seroit remis à chacun des inspecteurs des dioceses, l'extrait de la partie du procès-verbal du bornage qui les regarde, & que MM. les propriétaires du canal feroient aussi remettre à leurs directeurs, des extraits des parties correspondantes du même bornage; que le tems que ces copies ont exigé, n'a permis de procéder au récolement des bornes, qu'après la moisson, & que les travaux qu'on est obligé de faire dans ce tems-là, ont même retardé cette opération jusques vers la fin de l'année; que cependant elle a été faite dans tous les dioceses, quoiqu'avec des variations assez sensibles dans la maniere de procéder; que les uns s'en sont tenus rigoureusement aux termes du bornage, en marquant les remplacemens à faire toutes les fois que les bornes s'écartoient d'une différence sensible de la place qu'elles devoient occuper suivant le bornage; au lieu que les autres n'ont indiqué ce remplacement, que lorsque les bornes étoient écartées de leur vraie place d'environ quatre pieds.

Que malgré ces différences, il résulte des verbaux qui ont été remis au sieur Garipuy, 1°. Qu'il manque cent vingt bornes; 2°. Qu'il y en a trois cent quatre-vingt qui ont été déplacées;

3°. Enfin, qu'il y en a un très-grand
nombre qui ont été ou déchaussées ou N°. XLVI.
couvertes de terre; qu'un dérangement aussi considérable survenu dans un petit nombre d'années, fait voir qu'il est nécessaire de prendre à l'avenir de plus grandes précautions pour les prévenir; que l'opération qui a été faite cette année, ne peut être regardée que comme préparatoire, d'autant que le tems n'a point permis de faire replacer tout de suite les bornes déplacées, & encore moins de transporter sur les lieux celles qui manquoient: qu'il convient que cette double opération soit faite dans le cours de l'année prochaine, & qu'en se conformant au bornage, on fasse replacer toutes les bornes qui s'écartent de leur vraie place de plus de six pouces.

Que le sieur Garipuy pense aussi, que pour qu'on ne soit point obligé d'avoir recours à des mesures longues & difficiles à prendre pour reconnoître leur déplacement, il convient de poser chaque borne sur un petit massif de maçonnerie de moilon de l'épaisseur nécessaire, & de trois pieds en quarré, lequel embrassera ensuite la borne de tous les côtés jusqu'à la moitié de sa hauteur; à quoi ce directeur ajoute que cette opération seroit faite d'une maniere plus uniforme, & même plus exacte, si elle étoit exécutée par la même personne sur toute l'étendue du canal, & que les frais n'en seroient pas plus considérables; qu'enfin, il observe que la dépense des bornes qui sont déjà placées, & de celles qui restent à placer, doit être payée par égales portions par la province & par MM. les propriétaires du canal; & qu'il est nécessaire de pourvoir à leur payement dans le cours de l'année prochaine.

Que MM. les commissaires avoient cru devoir proposer aux Etats, 1°. &c.

6°. Enfin, que les opérations faites

N°. XLVI. cette année pour le bornage du canal, n'ayant pas été faites partout sur les mêmes principes, & ne pouvant être regardées que comme préparatoires, puisque les bornes déplacées ou qui manquent n'ont pas été suppléées, ce récolement doit être continué l'année prochaine, en se conformant exactement au premier bornage, & fait sur toute la longueur du canal, sous la direction du sieur Garipuy; que chaque borne sera enveloppée d'un dez de maçonnerie de moilon, & qu'il sera fait un fonds de six mille livres pour le payement, tant des opérations déjà faites que de celles qui restent à faire, à raison de la moitié concernant la province.

Ce qui a été délibéré sur tous les points, conformément à l'avis de MM. les commissaires.

XLVII.

EXTRAIT du registre des délibérations des Etats généraux de Languedoc, assemblés par mandement du Roi en la ville de Montpellier au mois de Novembre 1746.

Du Vendredi 16 Décembre suivant, président Mgr. l'archevêque & primat de Narbonne.

MONSEIGNEUR l'évêque de Viviers a dit, que le sieur de Montferrier avoit rapporté à la commission le procès-verbal de la visite qu'a fait le sieur Pitot, au mois de Novembre dernier, du canal de jonction des mers, duquel il résulte que les recreusemens faits dans différentes parties du canal font ensemble une longueur de 13,300 toises, & qu'on a aussi recreusé la rigole de la plaine sur 60,50 toises; que les propiétaires ont encore refait plusieurs portes d'écluses & construit divers ouvrages de maçonnerie dont le toisé va à 400 toises quarrées de pierre de taille, & 300 toises cubes de grosse maçonnerie; qu'il paroît par cette vérification que MM. les propriétaires continuent à travailler pour remettre le canal dans l'état de perfection où il doit être, & pour remplir les engagemens qu'ils ont pris dans les conventions qu'ils ont fait avec les Etats; mais que pour qu'on voie d'une maniere plus précise ce qui reste à faire pour remplir exactement cet objet si desiré, MM. les commissaires avoient cru qu'il convenoit de charger le sieur Pitot de rapporter dans son premier procès-verbal non-seulement la quantité des recreusemens qui auront été faits, mais même celle des dépôts qui resteront à enlever pour que le canal soit à la profondeur de sa premiere base; de faire mention aussi des ouvrages relatifs aux conventions qui auront été faits, & qui resteront encore à faire, soit de la part des propriétaires ou des dioceses riverains, & si lesdits ouvrages sont bien entretenus; auquel effet il lui sera remis une copie des conventions, vérifications, & autres pieces qui constatent les obligations respectives de chacun, & que pour avoir tous les éclaircissemens qui pourront lui être nécessaires, il avertira les syndics des dioceses où passe le canal, du tems de sa visite, afin qu'ils puissent lui faire part de leurs observations, & lui remettre les baux de l'entretien des ouvrages & les certificats des inspecteurs particuliers de chaque diocese sur le travail fait en conséquence par les entrepreneurs.

N°. XLVII. SUR QUOI il a été délibéré de charger le sieur Pitot de rapporter à l'avenir dans ses procès-verbaux non-seulement la quantité des recreusemens qui auront été faits chaque année, mais même celle des dépôts qui resteront à enlever, pour que le canal soit à la profondeur de sa premiere base; de faire

No. XLVII. mention aussi des ouvrages relatifs aux conventions qui auront été faits, & qui resteront encore à faire, soit de la part de MM. les propriétaires, ou des diocéses riverains, & de rapporter si lesdits ouvrages sont bien entretenus, auquel effet il lui sera remis une copie des conventions, vérifications, & autres pieces qui constatent les obligations respectives de chacun; & il avertira les syndics des dioceses où passe le canal, du tems de sa visite, afin qu'ils puissent lui faire part de leurs observations, & lui remettre les baux de l'entretien des ouvrages, & les certificats des inspecteurs de chaque diocese sur le travail fait par les entrepreneurs.

XLVIII.

EXTRAIT du registre des délibérations des Etats généraux de Languedoc, assemblés par mandement du Roi en la ville de Montpellier au mois de Novembre 1748.

Du Lundi 23 Décembre suivant, président Mgr. l'archevêque de Toulouse.

MONSEIGNEUR l'évêque de Montpellier a dit, que le sieur de Montferrier a rapporté à la commission le procès-verbal de la derniere visite qu'a fait le sieur Pitot du canal de communication des mers, duquel il résulte que les recreusemens faits l'année derniere ont une longueur de huit mille quatre cent quarante-deux toises, dont trois mille soixante-deux toises ont été faites à fond & jusques à l'ancienne base; qu'on a remis dix-sept paires de portes neuves aux écluses, & construit trois éperons en pierre de taille; qu'on a fait aussi plusieurs autres réparations en pilotages, plate-formes, gazonnages, logemens & magasins.

Qu'il paroît par le même procès-verbal que ledit sieur Pitot a vérifié, suivant les ordres des Etats, les rigoles, aqueducs & contre-canaux; qu'il a trouvé que le diocese de Toulouse continue à travailler, avec autant de diligence qu'il est possible, au recreusement de la riviere de Lers, & du ruisseau de la Tesauque, desquels recreusemens dépendent essentiellement les autres ouvrages nécessaires au lit du Gardiol, & le bon état de plusieurs aqueducs & rigoles qui doivent porter les eaux dans ladite riviere de Lers. No. XLVIII.

Que toutes les rigoles & contre-canaux du diocese de Saint-Papoul sont bien entretenus, à l'exception de la rigole de sortie de l'aqueduc de Bourel, à laquelle on ne sauroit travailler qu'après que le lit du Lers aura été recreusé, attendu qu'il reçoit les eaux du ruisseau de Vignonet dans lequel ladite rigole a son débouché.

Que le diocese de Carcassonne a achevé de recreuser les rigoles de l'aqueduc de Millegrand, & commencé à travailler à celle de l'aqueduc de Trapel & de l'Eguille.

Qu'enfin dans les dioceses de Narbonne, Beziers & Agde, toutes les rigoles & contre-canaux sont parfaitement recreusés & entretenus.

Que MM. les commissaires, après avoir entendu la lecture de ce procès-verbal, avoient cru qu'il étoit à propos de délibérer :

1°. Que les dioceses qui n'ont point fini leurs travaux seront tenus de les perfectionner incessamment, & de les faire bien entretenir, de même que ceux qui sont achevés.

2°. De charger de plus fort le sieur Pitot d'appeller les syndics des dioceses où passe le canal, lorsqu'il en fera la vérification, ainsi qu'il en a été chargé par la délibération des Etats du 16 Décembre 1746....

SUR QUOI il a été délibéré, 1°. Que les dioceses qui n'ont point fini leurs

N°. XLVIII. travaux seront tenus de les perfectionner incessamment, & de les faire bien entretenir, de même que ceux qui sont achevés.

2°. De charger de plus fort le sieur Pitot d'appeller les syndics des dioceses où passe le canal, lorsqu'il en fera la vérification, ainsi qu'il en a été chargé par la délibération des Etats du 16 Décembre 1746.

XLIX.

EXTRAIT du registre des délibérations des Etats généraux de Languedoc, assemblés par mandement du Roi en la ville de Montpellier au mois d'Octobre 1761.

Du Mardi 10 Novembre suivant, président Mgr. l'archevêque & primat de Narbonne, grand aumônier de France, commandeur de l'ordre du Saint-Esprit.

MONSEIGNEUR l'évêque de Montpellier a dit, que MM. les commissaires des travaux publics ayant continué de s'assembler chez lui, le sieur de Montferrier leur a rapporté le procès-verbal de la visite du canal de jonction des mers faite au mois d'Octobre dernier, par le sieur Pitot chargé de cette inspection, duquel il résulte, &c....

Que cette réflexion a donné lieu à MM. les commissaires de penser que pour mieux assurer à l'avenir l'exécution des délibérations & remplir les vues des Etats, il conviendroit qu'ils déterminassent que le sieur Pitot procédera à la vérification du canal, d'abord après que la navigation en sera rétablie & en commençant par Agde en remontant à Toulouse; & qu'après cette opération il procédera à la vérification particuliere dans chaque diocese des rigoles, contre-canaux, & autres ouvrages qui sont à la charge des dioceses & communautés relativement aux conventions; à laquelle vérification seront présens le syndic de chaque diocese, & le directeur du canal pour constater d'une maniere précise & authentique l'état où seront trouvés lesdits ouvrages, dont il fera mention en détail dans un procès-verbal, qui sera signé par lui, le syndic du diocese & le directeur du canal, s'il veut le faire, sauf, en cas de refus, d'en faire mention dans ledit procès-verbal, qui contiendra en même-tems tout ce que ledit syndic aura pu lui faire observer sur le défaut d'exécution des conventions faites avec MM. les propriétaires, pour que, sur le rapport & examen qui en sera fait aux Etats, il puisse être par eux déterminé ce qu'il appartiendra; indépendamment de laquelle visite, les syndics des dioceses pourront encore assister, s'ils le jugent nécessaire, à la vérification du canal....

Sur tous lesquels objets il a été délibéré conformément aux observations de MM. les commissaires, les Etats approuvant les moyens qu'ils ont proposé pour assurer l'exécution des précédentes délibérations, concernant celle des conventions faites avec MM. les propriétaires.

L. N°. XLIX.

EXTRAIT du registre des délibérations des Etats généraux de Languedoc, assemblés par mandement du Roi en la ville de Montpellier au mois de Novembre 1759.

Du Vendredi 28 Décembre suivant, président Mgr. l'archevêque & primat de Narbonne, commandeur de l'ordre du Saint-Esprit.

MONSEIGNEUR l'évêque de Montpellier a dit, que le sieur de Montferrier a rapporté à la commission un mémoire présenté aux Etats par MM. les propriétaires du canal de communication des mers, dans lequel, après avoir exposé les dommages aux-

N°. L. quels ils sont exposés par les inondations de la riviere de Libron, & le tort qui en résulte même pour le commerce, ils concluent à ce qu'il plaise aux Etats de nommer des commissaires pour vérifier le lieu le plus convenable, à tous égards, pour faire passer le ruisseau de Libron à travers le canal, & fixer relativement à la hauteur nécessaire pour la navigation, & le niveau de la mer, le seuil de l'entrée, & celui de la sortie desdites eaux de Libron, afin que, relativement au verbal que lesdits sieurs commissaires en dresseront, & dont l'autorisation sera demandée au conseil, ils puissent faire travailler avec succès & sureté, dès cette année, aux ouvrages qu'ils ont projetté de faire pour garantir la retenue de l'écluse Ronde des inondations dudit ruisseau dans toutes ses parties, autres que celle qui sera fixée pour le passage du ruisseau.

Que cette demande ayant paru avoir un rapport nécessaire avec ce qui a été réglé par les conventions faites en 1739 entre les Etats & MM. les propriétaires du canal, & par les vérifications qui ont précédé & suivi cette importante opération, & ne pouvoir conséquemment être accueillie sans un examen de ce qui peut déjà avoir été fait à ce sujet, dont il n'est pas possible qu'on puisse s'occuper dans le peu de tems qui reste d'ici à la séparation des Etats, & leur en rendre compte pour les mettre à même d'y délibérer en connoissance de cause, MM. les commissaires ont cru devoir se contenter de leur proposer de renvoyer cet examen à MM. les commissaires des travaux publics pendant le cours de l'année, pour, sur le rapport qu'ils feront aux Etats prochains des éclaircissemens qu'ils auront pris sur le fait dont il s'agit, être délibéré ce qu'il appartiendra.

Ce qui a été ainsi délibéré.

LI. N°. LI.

EXTRAIT du registre des délibérations des Etats généraux de Languedoc, assemblés par mandement du Roi en la ville de Montpellier, au mois de Novembre 1760.

Du Samedi 20 Décembre suivant, président Mgr. l'archevêque & primat de Narbonne, grand aumônier de France, commandeur de l'ordre du Saint-Esprit.

MONSEIGNEUR l'évêque de Montpellier a dit, que les Etats, par leur délibération du 28 Décembre 1759, renvoyerent à MM. les commissaires nommés pour la direction des travaux publics pendant l'année, l'examen d'un mémoire présenté par MM. les propriétaires du canal de communication des mers, dans lequel, après avoir exposé les dommages que leur causoient les inondations de la riviere du Libron, & les inconvéniens qui en résultoient pour le commerce, ils conclurent à ce qu'il plût aux Etats de vérifier le lieu le plus convenable pour faire passer toutes les eaux rassemblées de ce torrent à travers le canal dans un seul endroit, & fixer relativement à la hauteur nécessaire pour la navigation, & au niveau de la mer, le seuil de l'entrée & de la sortie de ce passage, afin que lesdits sieurs propriétaires pussent ensuite faire travailler aux ouvrages qu'ils avoient projettés pour garantir la retenue de l'écluse Ronde des inondations dudit torrent, dans toutes les parties autres que celle qui seroit destinée à leur passage.

Que MM. les commissaires ayant pris connoissance de cette affaire, jugerent à propos dans leur séance du 24 Mai dernier, de faire procéder, en leur présence, par les trois directeurs des travaux publics, à une vérification, à laquelle seroient appellées les parties

N°. LI.

intéressées, à l'effet de constater 1°. Si tous les ouvrages déterminés dans les conventions de 1739, ayant rapport à l'écoulement des eaux du Libron dans le terroir de Vias, avoient été duement faits & entretenus; 2°. S'ils étoient insuffisans; 3°. En quoi consistoient les nouveaux ouvrages proposés par MM. les propriétaires, & quels en pouvoient être les avantages & les inconvéniens.

Que les directeurs des travaux publics s'étant rendus en conséquence avec MM. les commissaires, à la fin du mois d'Octobre dernier, au château de M. le marquis de Villeneuve qui avoit bien voulu les y recevoir, il fut procédé sur les lieux en leur présence, & celle des agens de MM. les propriétaires du canal, de l'ingénieur du Roi qui est chargé de cet ouvrage, & des députés de la communauté de Vias qui s'y trouverent, à l'examen de tout ce qui pouvoit être allégué pour & contre le projet dont il est question, & des moyens de l'exécuter de la maniere la plus propre à concilier les différens intérêts des parties.

Que d'après ces éclaircissemens, & les mémoires respectifs des agens de MM. les propriétaires, & de la communauté de Vias, les sieurs directeurs des travaux publics ont dressé un procès-verbal le 15 de ce mois, contenant leur avis dont le sieur de Montferrier a fait le rapport à la commission, & duquel il résulte que les plaintes de MM. les propriétaires sont fondées; que les avantages qu'on doit attendre des ouvrages par eux projettés sont réels; & que les inconvéniens dont on pourroit craindre qu'ils fussent susceptibles ne tombant que sur la maniere de les exécuter, & pouvant être évités par les précautions que lesdits sieurs directeurs ont indiqué, on devoit se déterminer à l'exécution de ce projet, malgré la répugnance de la communauté de Vias, qui a insisté pour que les choses restassent dans l'état où elles sont, principalement par rapport à la dépense à laquelle elle croit ne devoir point participer.

N°. LI.

Que venant ensuite à ce qui concerne cette dépense, les sieurs directeurs évaluent celle du recreusement du nouveau lit du Libron, & des autres canaux qui y doivent aboutir, jusques à l'entrée du canal, à une somme d'environ 30,000 livres, & estiment qu'elle ne doit pas regarder MM. les propriétaires du canal.

Qu'à l'égard de celle du recreusement du nouveau lit du Libron, depuis la sortie du canal jusqu'à la mer, évaluée à environ huit mille livres, ils croyent qu'elle doit être supportée par MM. les propriétaires, attendu que les nouveaux ouvrages sont principalement faits pour assurer la navigation du canal.

Que la dépense de certains contre-canaux qu'il faudra aussi construire, & qui est estimée 3000 livres, doit être supportée à frais communs par lesdits sieurs propriétaires, & la communauté de Vias, conformément aux conventions de 1739.

Enfin qu'un pont qu'il pourra être nécessaire de construire, sur le nouveau lit du Libron, à la rencontre du chemin d'Agde à Beziers, ainsi que celui de Preignes, s'il y a lieu, seront refaits aux dépens des communautés, du diocese, & de la sénéchaussée, chacun pour son préciput, suivant les réglemens de la province.

Que la commission après avoir entendu la lecture de ce procès-verbal, du mémoire de MM. les propriétaires du canal, de la délibération de la communauté de Vias, des articles des anciennes vérifications, & des conventions de 1739, où il est fait mention du torrent du Libron, & des moyens qu'on

N°. LI. qu'on avoit cru devoir employer pour garantir le canal royal, & les terres riveraines des dommages que leur caufent fes inondations, & après avoir murement difcuté cette affaire, a cru qu'on ne pouvoit éviter d'adopter l'avis des directeurs des travaux publics, mais que l'exécution des ouvrages qu'ils propofent occafionnant une dépenfe qui ne fauroit être fupportée par la communauté de Vias, que pour ce qui concerne les nouveaux contre-canaux à conftruire à frais communs avec MM. les propriétaires, fuivant les conventions de 1739, il a paru indifpenfable d'avoir recours, en cette occafion, aux bontés de Sa Majefté, comme on le fit lors de l'exécution defdites conventions, pour obtenir les fommes néceffaires pour payer la dépenfe du creufement du nouveau lit de Libron jufques à fon débouché dans le canal, à l'endroit qui a été convenu & indiqué fur le plan fait par les directeurs des travaux publics de la province, & fauf à MM. les propriétaires du canal, à faire exécuter à leurs frais & dépens le refte des ouvrages propofés, tant dans l'intérieur du canal que pour la continuation du lit de Libron depuis fa fortie du canal jufques à la mer.

Que la commiffion a donc été d'avis de propofer aux Etats 1°. de confentir à l'exécution des ouvrages déterminés dans le procès-verbal de la vérification faite par les fieurs Pitot, Garipuy, & Saget, le 15 Décembre 1760, à condition que MM. les propriétaires du canal fe chargeront de faire à leurs dépens, non-feulement ceux qu'ils ont projettés dans l'intérieur dudit canal à l'endroit fixé fur le plan pour le paffage de Libron, mais encore la continuation du lit dudit ruiffeau depuis fa fortie du canal jufques à la mer, à quelque fomme que le tout puiffe monter.

2°. Que dans le cas où lefdits fieurs propriétaires acquiefceront à cet arrangement, MM. les députés à la cour feront chargés de pourfuivre auprès de Sa Majefté les fecours néceffaires, pour pourvoir à la dépenfe des ouvrages indiqués pour contenir & conduire les eaux de Libron jufques à leur entrée dans le canal, à l'endroit marqué pour leur paffage, defquels ouvrages l'adjudication fera faire par MM. les commiffaires des travaux publics. N°. LI.

3°. Que les contre-canaux auffi indiqués dans l'avis des directeurs des travaux publics, feront faits à frais communs, par MM. les propriétaires du canal, & la communauté de Vias, conformément aux conventions de 1739, & en la forme qui y fera prefcrite.

4°. Qu'il fera pourvu, le cas y échéant, aux réparations ou reconftructions des ponts fitués fur le nouveau lit de Libron, conformément aux réglemens de la province, & auxdites conventions.

5°. Que lorfque tous lefdits ouvrages auront été exécutés, ils feront entretenus; favoir, les parties du nouveau lit de Libron jufques à l'entrée du canal, par les communautés fur le terroir defquelles paffera ce nouveau lit, chacune pour la portion la concernant; & la partie depuis le canal jufques à la mer, par MM. les propriétaires; les contre-canaux, ainfi qu'il eft porté par les conventions de 1739; & les ponts, conformément aux réglemens.

Enfin qu'au cas MM. les propriétaires ne veuillent point exécuter ce plan, les chofes demeureront dans l'état où elles font, & on s'en tiendra à l'exécution littérale des différens articles des conventions de 1739.

Ce qui a été délibéré, conformément à l'avis de MM. les commiffaires.

N°. LII.

L I I.

EXTRAIT du registre des délibérations des Etats généraux de Languedoc, assemblés par mandement du Roi en la ville Montpellier au mois de Janvier 1764.

Du Samedi 3 Mars suivant, président Mgr. l'archevêque & primat de Narbonne.

MONSEIGNEUR l'évêque de Montpellier a dit, que les Etats, par leur délibération du 28 Décembre 1759, renvoyerent à MM. les commissaires nommés pour la direction des travaux publics pendant l'année, l'examen d'un mémoire présenté par MM. les propriétaires du canal de communication des mers, dans lequel, après avoir exposé que le trop grand nombre des embouchures du ruisseau de Libron dans le canal y causoient des dépôts, qui interrompoient souvent la navigation, ce qui portoient un préjudice notable au commerce, ils concluoient à ce qu'il plût aux Etats de faire vérifier le lieu le plus convenable pour faire passer à travers du canal toutes les eaux de ce torrent rassemblées dans un seul lit, & fixer, relativement à la hauteur nécessaire pour la navigation, & au niveau de la mer, le seuil de l'entrée & de la sortie de ce passage, afin qu'ils pussent ensuite faire travailler aux ouvrages qu'ils avoient projettés pour garantir le reste de la retenue, des dépôts que ce torrent y entraîne.

Que MM. les commissaires ayant pris connoissance de cette affaire, jugerent à propos, dans leur séance du 14 Mai 1760, de faire procéder en leur présence, par les trois directeurs des travaux publics à une vérification à laquelle seroient appellées les parties intéressées, à l'effet de constater, si les ouvrages déterminés par les conventions de 1739, relativement au Libron, avoient été faits & entretenus, s'ils étoient insuffisans, en quoi consistoient les nouveaux ouvrages proposés par MM. les propriétaires, & quels en pouvoient être les avantages, & les inconvéniens; que les directeurs des travaux publics se rendirent en conséquence avec MM. les commissaires à la fin du mois d'Octobre suivant, sur les lieux, où il fut procédé en leur présence, celle des agens de MM. les propriétaires, de l'ingénieur du Roi chargé du canal, & des députés de la communauté de Vias, à l'examen de tout ce qui pouvoit être allégué pour & contre le projet dont il étoit question; sur quoi les directeurs des travaux publics dresserent leur verbal en date du 15 Décembre 1760, duquel il résulte que les plaintes de MM. les propriétaires du canal étoient fondées; que les avantages des ouvrages par eux projettés étoient réels, & que les inconvéniens, dont on pouvoit craindre qu'ils fussent susceptibles, ne tombant que sur la maniere de les exécuter, pouvoient être évités par les précautions qu'ils indiquoient; & qu'ainsi il convenoit de les exécuter malgré la répugnance de la communauté de Vias, qui avoit toujours insisté à ce que les choses restassent dans l'état, où elles étoient, principalement par rapport à la dépense à laquelle elle croyoit ne devoir point participer, & qui avoit été évaluée à 30,000 livres pour les recreusemens à faire aux ruisseaux dans leur partie supérieure au canal, & que les directeurs avoient estimé devoir être à la charge de ladite communauté.

Qu'à l'égard du recreusement du nouveau lit de Libron depuis sa sortie du canal jusqu'à la mer, les directeurs l'avoient appréciée à 8000 livres, & qu'ils avoient estimé que la dépense devoit en être supportée par MM. les

N°. LII. propriétaires, attendu que les nouveaux ouvrages étoient faits principalement pour assurer la navigation ; qu'ils avoient estimé encore que la dépense de certains contre-canaux qu'il faudroit aussi construire, & qui étoit évaluée 3000 livres, devoit être supportée à frais communs par lesdits sieurs propriétaires & la communauté de Vias ; qu'enfin un pont, qu'il y auroit à construire sur le nouveau lit de Libron, à la rencontre du chemin d'Agde à Beziers, ainsi que celui de Preignes, s'il y avoit lieu, doivent être refaits aux dépens de la communauté, du diocese, & de la sénéchaussée, chacun pour son préciput.

Que les Etats, sur l'avis de la commission qui avoit pris connoissance de toutes les pieces & murement discuté toutes les raisons de toutes les parties, avoient arrêté, par leur délibération du 20 Décembre 1760, 1°. d'adopter l'avis des directeurs sur les ouvrages déterminés dans leur procès-verbal du 15 Décembre 1760, à condition que MM. les propriétaires du canal se chargeroient de faire à leurs dépens, non-seulement ceux qu'ils ont projetté dans l'intérieur dudit canal, à l'endroit fixé sur le plan pour le passage de Libron, mais encore la continuation du lit dudit ruisseau depuis sa sortie du canal jusqu'à la mer à quelque somme que le tout pût monter. 2°. Que dans le cas où lesdits sieurs propriétaires acquiesceroient à cet arrangement, MM. les députés à la cour seroient chargés de poursuivre, auprès de Sa Majesté, les secours nécessaires pour pourvoir à la dépense des ouvrages indiqués pour contenir & conduire les eaux de Libron à l'endroit marqué pour leur passage dans le canal, & que leur adjudication seroit faite par MM. les commissaires des travaux publics. 3°. Que les contre-canaux indiqués dans l'avis des directeurs des travaux publics seroient faits à frais communs, par MM. les propriétaires du canal & par la communauté de Vias, conformément aux conventions de 1739, & en la forme qui y est prescrite. 4°. Qu'il seroit pourvu, le cas y échéant, aux réparations & reconstructions des ponts situés sur le nouveau lit de Libron, conformément aux réglemens de la province, & aux conventions. 5°. Que, lorsque tous les ouvrages auroient été exécutés, ils seroient entretenus ; savoir, les parties du nouveau lit de Libron jusqu'à l'entrée du canal, par les communautés sur le terrein desquelles il passeroit, chacune pour la portion la concernant ; & la partie, depuis le canal jusqu'à la mer, par MM. les propriétaires ; les contre-canaux, ainsi qu'il est porté par les conventions de 1739 ; & les ponts, conformément aux réglemens : qu'enfin au cas MM. les propriétaires ne voulussent pas exécuter ce plan, les choses demeureroient en l'état, où elles étoient, & on s'en tiendroit à l'exécution littérale des différens articles des conventions de 1739. N°. LII

Que depuis cette délibération, il n'a plus été question de cette affaire jusques à présent, que M. le comte de Caraman ayant pris communication des arrêtés qu'elle contenoit, ainsi que du procès-verbal des sieurs directeurs & des plans qui y étoient joints, a reconnu, par une déclaration signée de lui en date du 29 Février dernier, que le projet contenu dans ce verbal est utile à la navigation du canal, & qu'il assurera le commerce contre la seule interruption qu'il y ait à craindre dans cette navigation, & il a déclaré tant en son nom qu'en celui des autres propriétaires du canal, qu'il se soumet à faire construire en même-tems que l'on travaillera à l'excavation du nouveau lit de Libron, un ouvrage composé de

No. LII. quatre portes de défenſe, d'un radier, d'une cale, & d'un réſervoir, ſelon les dimenſions qui ſeront fixées par le ſieur Garipuy, ingénieur de la province, dans les premiers mois de cette année; comme auſſi que leſdits propriétaires, pour concourir aux ſages vues de la province, & aſſurer d'une façon plus prompte l'exécution de cet ouvrage, s'engagent à donner une ſomme de 10,000 livres pour l'excavation de la rigole de ſortie de ce nouveau lit, depuis le canal juſqu'à la mer, quoique le devis ne la porte qu'à 8000 livres, & que par les conventions de 1739 ils ne ſoient obligés au redreſſement, ni entretien d'aucune rigole de ſortie des ruiſſeaux & rivieres, qui traverſent le canal, à moins qu'ils ne ſe ſervent de ce lit pour l'écoulement de leurs épanchoirs, ce qui n'a pas lieu dans le fait actuel; mais qu'ayant conſidéré à combien de diſcuſſions ils s'expoſeroient, s'ils étoient engagés à l'entretien de cette rigole de ſortie, même en partie, ils ne peuvent abſolument prendre cet engagement, ce qui ne tire à aucune conſéquence, puiſque les communautés ſont déjà chargées de cet entretien, & que bien loin d'augmenter, il diminuera ſenſiblement par l'alignement du lit qui augmentera l'attraction.

Que la commiſſion après avoir entendu la lecture des délibérations des 28 Décembre 1757 & 20 Décembre 1760, de même que de la déclaration de M. le comte de Caraman du 29 du mois dernier contenant ſes offres, & conſidérant les avantages qui doivent réſulter pour le commerce, de la prompte exécution des ouvrages projettés pour empêcher les enſablemens du canal cauſés par le ruiſſeau de Libron, & que l'offre de 10,000 livres faite par MM. les propriétaires, pour être déchargés du recreuſement du nouveau lit de ce ruiſſeau depuis ſa ſortie du canal juſqu'à la mer, excédant de 2000 livres l'eſtimation qui en a été faite par les ſieurs directeurs des travaux publics, ſemble remplir l'objet de l'obligation qui leur avoit été impoſée à cet égard, MM. les commiſſaires ont cru devoir propoſer aux Etats de délibérer 1°. d'accepter la ſuſdite offre de dix mille livres, pour le recreuſement de la partie de Libron inférieure au canal, moyennant le payement de laquelle ſomme, MM. les propriétaires du canal ſeront déchargés de la premiere conſtruction de ce nouveau lit. 2°. De renvoyer à l'année prochaine à délibérer aux frais de qui cette partie de Libron doit être entretenue, après avoir pris les renſeignemens néceſſaires ſur l'objet de la dépenſe, & ſur les inconvéniens que MM. les propriétaires du canal expoſent qu'il y auroit qu'ils en fuſſent chargés. 3°. Que le ſieur Garipuy, directeur du canal ſera chargé, ainſi que le deſirent MM. les propriétaires, de marquer, lorſqu'il en ſera requis, les dimenſions des cales & des réſervoirs où doivent paſſer les eaux de Libron, conformément au procès-verbal du 15 Décembre 1760. 4°. Qu'attendu que la communauté de Vias ſeroit hors d'état de ſupporter les dépenſes du recreuſement du lit de ce torrent dans les parties ſupérieures au canal, & que cet ouvrage doit être regardé comme faiſant partie du premier recreuſement des ruiſſeaux & rigoles voiſines du canal, pour les frais duquel le Roi a bien voulu accorder des ſommes très-conſidérables, MM. les députés à la cour ſeront chargés de ſupplier Sa Majeſté de faire prélever ſur le fonds des indemnités en deux années, à commencer la préſente, une ſomme de trente mille livres, pour fournir aux frais des ouvrages indiqués dans le rapport des directeurs, avec la ſomme de No. LII.

N°. LII. dix mille livres que fourniront, suivant leur offre, MM. les propriétaires du canal, & que sur les autres objets déterminés par la délibération du 20 Décembre 1760, on s'en tiendra à ce qu'elle contient.

Ce qui a été délibéré sur tous les points, conformément à la proposition de MM. les commissaires.

LIII.

EXTRAIT du registre des délibérations des Etats généraux de Languedoc, assemblés par mandement du Roi en la ville de Montpellier, au mois de Novembre 1764.

Du Samedi 29 du mois de Décembre, président Mgr. l'archevêque & primat de Narbonne.

MONSEIGNEUR l'évêque de Montpellier a dit, que MM. les commissaires des travaux publics s'étant assemblés chez lui, le sieur de Montferrier, syndic général, a rapporté, que les Etats ayant, par leur délibération du 3 Mars dernier, déterminé les ouvrages nécessaires pour remédier aux dommages que causent les inondations de la riviere de Libron, tant au terroir de la communauté de Vias qu'au canal de communication des mers, & ayant accepté en même tems l'offre faite par les sieurs propriétaires dudit canal, de contribuer à la dépense desdits ouvrages pour une somme de 10,000 livres, l'assemblée chargea MM. les députés à la cour de demander qu'il fût prélevé sur le fonds des indemnités, en deux années, à commencer de la présente, une somme de 30,000 livres pour fournir à la même dépense en confirmant pour le surplus la délibération prise sur le même objet le 20 Décembre 1760, par laquelle il avoit été donné pouvoir à MM. les commissaires des travaux publics de faire l'adjudication des ouvrages dont il s'agit. N°. LIII.

Qu'il n'a pas encore été procédé à cette adjudication, parce qu'on attendoit le résultat des démarches qu'auroient fait MM. les députés; mais que la commission ayant été informée qu'ils avoient l'assurance que le prélevement de la premiere moitié de la somme demandée au Roi auroit lieu l'année prochaine, & que MM. les propriétaires du canal, auxquels il importe que les travaux ne soient pas plus long-tems retardés, offroient de fournir dès-à-présent leur contingent, pour être employé le premier à mettre la main à l'œuvre, elle ne doutoit pas que les Etats n'autorisassent de plus fort MM. les commissaires qui seront nommés pour la direction des travaux publics pendant l'année, à procéder à ladite adjudication.

SUR QUOI il a été donné de plus fort pouvoir à MM. les commissaires des travaux publics de procéder, sans autre délai, à l'adjudication des ouvrages approuvés par les Etats pour garantir le terroir de Vias des inondations de la riviere de Libron, conformément aux précédentes délibérations, & sans y déroger en rien.

LIV.

EXTRAIT du registre des délibérations des Etats généraux de Languedoc, assemblés par mandement du Roi en la ville de Montpellier au mois de Décembre 1765.

Du Mardi 7 du mois de Janvier 1766, président Mgr. l'archevêque & primat de Narbonne.

MONSEIGNEUR l'évêque de Montpellier a dit, que le sieur de Montferrier a rapporté le procès-verbal de la visite du canal de jonction des mers faite dans le mois d'Octobre der-

N°. LIV.

nier, par le sieur Garipuy, chargé de la direction de cet ouvrage; que ce procès-verbal, dans lequel on n'a point répété les mesures des écluses, qui sont constamment les mêmes, contient d'ailleurs tout ce qui est nécessaire pour connoître l'état actuel du canal & des rigoles qui en dépendent, ou qui le traversent au moyen des sondes qui ont été faites pour en déterminer la profondeur, qu'il contient aussi l'état des ouvrages qui y ont été faits avec les observations du sieur Garipuy.

Qu'il en résulte, &c....

Que le sieur de Montferrier a rapporté de plus un mémoire que le sieur Garipuy a dressé depuis la susdite vérification à raison du ruisseau de Libron, & de l'aqueduc de Saint-Agne.

Qu'il résulte de ce mémoire, que M. le comte de Caraman propose de substituer une sorte de radeau aux portes de l'écluse, pour faciliter le passage des eaux de Libron à travers le canal, & pour les empêcher d'y répandre le limon qu'elles charient, en donnant cependant aux murs des épanchoirs la forme nécessaire, pour y placer des portes d'écluse, au cas l'expérience en fît reconnoître la nécessité, & qu'il a fait faire un modele en bois des épanchoirs & du radeau, pour en rendre le mécanisme plus sensible.

Que d'après l'examen que le sieur Garipuy a fait de cette machine, il estime qu'il ne peut être que très-avantageux d'en faire l'expérience en grand, ainsi que M. de Caraman propose de le faire, en se réservant toujours la facilité de placer des portes d'écluse au besoin, & qu'ainsi il paroît que les Etats peuvent donner leur consentement à l'exécution du nouveau projet de M. de Caraman; & attendu que les ouvrages à faire par la province au ruisseau de Libron ont été estimés à la somme de 30,000 livres, outre celle de 10,000 livres pour laquelle MM. les propriétaires du canal ont offert d'y contribuer, sous la clause & condition expresse qu'ils seront déchargés, pour le présent & l'avenir, de toute demande relative à la construction & entretien des lits d'entrée & de sortie du ruisseau de Libron, depuis la source jusques à la mer, laquelle somme de 30,000 livres a été accordée par la réponse du Roi au troisieme article du cahier, à raison de dix mille livres par année, à prendre sur le fonds des indemnités, à commencer par celui de l'année 1765, on pourra mettre dès cette année la main à l'ouvrage, en chargeant MM. les députés à la cour de tenir la main au prélevement du second tiers sur l'indemnité de la présente année 1766....

Sur quoi il a été délibéré, conformément à l'avis de MM. les commissaires, 1°. d'approuver & d'autoriser tout ce qui résulte du procès-verbal & du mémoire du sieur Garipuy, suivant le détail fait ci-dessus.

2°. D'accepter l'alternative offerte par M. le comte de Caraman de se charger de la construction de l'aqueduc de Saint-Agne, moyennant vingt-sept mille livres.

3°. D'approuver l'épreuve du radeau, qu'il se propose de faire faire pour le passage des eaux de Libron.

Cette épreuve ayant très-bien réussi, l'ouvrage a été exécuté en grand, & est aujourd'hui un des plus curieux morceaux du canal. M. de la Lande en a fait une description exacte, dans son traité des canaux navigables, chapitre III, nomb. 106, pag. 64.

N°. LV.

L V.

EXTRAIT du registre des délibérations des Etats généraux de Languedoc, assemblés par mandement du Roi en la ville de Montpellier au mois de Janvier 1776.

Du Mardi 6 du mois de Février, président Mgr. l'archevèque & primat de Narbonne, commandeur de l'ordre du Saint-Esprit.

MONSEIGNEUR l'évêque de Nîmes a dit, que le sieur de Montferrier, syndic général, a rapporté à la commission le procès verbal de visite du canal de communication des mers depuis la Garonne jusqu'à l'étang de Thau, fait par le sieur Garipuy.

Que cette vérification contient en détail tous les ouvrages faits en 1775 sur le canal, tant pour son entretien, que pour son amélioration, &c.....

Qu'il résulte aussi du rapport du sieur Garipuy, que la plus grande partie des réquisitions qui ont été faites par MM. les propriétaires du canal, ont pour objet l'avantage de la navigation, sans qu'il y ait aucune discussion avec les riverains.

Que par la premiere, ils exposent que les ouvrages faits cette année par les ordres de la province dans le biez de fuite du moulin du Bazacle à Toulouse & sur la rive gauche du grand lit joints à ceux que MM. les propriétaires ont fait à l'extrémité inférieure de l'isle qui sépare les deux bras de la riviere, ont déjà produit un bon effet, puisqu'il y avoit, lors de la visite du sieur Garipuy, environ quatre pieds & demi d'eau vis-à-vis l'embouchure du canal, tandis qu'il n'y en avoit qu'un pied en 1774.

Que cependant ils observent que les ouvrages faits pourroient devenir insuffisans dans la suite, si les eaux qui rongent les bords du biez du moulin venoient à lui donner une plus grande largeur; que pour prévenir cet accident, ils offrent de réparer à leurs frais, & même de redresser la partie inférieure de ce biez, sur environ cent toises de longueur, en remontant au-dessus de l'embouchure du canal, & qu'ils ont recours aux Etats pour qu'ils veuillent bien ordonner l'exécution des réparations qui restent à faire, comme une suite de celles qui ont été déjà faites par leur ordre.

A quoi ils ont ajouté que la nouvelle branche du canal faite par la province, & qui porte dans le grand canal une partie des eaux de la Garonne prises au-dessus du moulin du Bazacle, pouvant porter dans le tems des crues un volume d'eau plus considérable que celui qui pourroit être vuidé par les empellemens des écluses, ils demandent de pouvoir construire au-dessus de l'écluse du côté du nord, un déversoir à fleur d'eau, pour vuider ces eaux superflues dans un bas-fond d'où elles se rendront dans la partie inférieure de la Garonne.

Que le sieur Garipuy, après avoir rappellé, sur le premier article de cette réquisition, la délibération qui fut prise l'année derniere par les Etats au sujet de la navigation de la Garonne, par laquelle ils ordonnerent qu'il seroit travaillé avec toute la célérité possible, à la réparation du point de jonction du canal à la Garonne, rapporte que, conformément à cette délibération, le biez de fuite du moulin du Bazacle a été recreusé à la profondeur nécessaire pour y déterminer le passage de la moitié des eaux qui sortent du moulin; mais que cet ouvrage n'a pu être encore entierement achevé, soit parce que les eaux de la Garonne ont demeuré enflées pendant long-tems l'année derniere, soit parce que l'aqueduc de dessablement du nouveau canal n'étant pas

N°. LV.

encore fini, il a fallu laisser subsister le batardeau construit sur le biez du moulin au-dessus de l'embouchure de cet aqueduc, ce qui a empeché de pousser les recreusemens au-delà de ce terme; que la partie qui reste à faire ayant fort peu de longueur, son recreusement sera achevé bientôt après le tems des basses eaux, & que, quant aux autres ouvrages demandés par MM. les propriétaires du canal pour la conservation des bords du biez du moulin, & pour prévenir l'élargissement de ce canal, ils sont de peu de conséquence, & que, ne pouvant pas manquer d'être utiles, il paroît convenable d'en ordonner l'exécution, comme aussi de permettre à MM. les propriétaires de faire à leurs frais, dans la partie inférieure de ce biez, les ouvrages nécessaires pour en défendre & pour en redresser les bords.

Que, quant au second article, le sieur Garipuy estime pareillement qu'il convient de permettre à MM. les propriétaires du canal de construire un déversoir immédiatement au-dessus de la derniere écluse, pour vuider les eaux surabondantes que la nouvelle branche de canal pourroit fournir, & ce toutefois, à la charge d'ouvrir une rigole pour en porter les eaux dans le lit de la Garonne, & de payer au propriétaire du terrein dans lequel elle sera tracée, une indemnité proportionnée au dommage.

Que la seconde réquisition est une suite de celle qui fut faite l'année derniere par le sieur Pin, directeur général du canal, au sujet d'une lézarde qui est à la tête du pont de Bazieges au chemin de la poste, sur le canal; que ce directeur a dit cette année qu'il lui paroît que cette lézarde a fait quelques progrès, & que, si les Etats jugent à propos d'ordonner la réparation du pont, elle pourroit être faite cette année à moins de frais, la retenue sur laquelle il est placé devant être mise à sec. Sur quoi le sieur Garipuy estime qu'il convient de donner communication de la réquisition du sieur Pin au sieur de Saget, afin qu'il puisse prendre les mesures convenables, s'il y a lieu, soit pour la reconstruction, où pour la réparation de ce pont, du moins en ce qui concerne la fondation.

Que MM. les propriétaires observent en troisieme lieu, que, malgré toute leur attention, pour maintenir la rigole de la plaine en bon état, il y arrive souvent diverses breches occasionnées par le défaut d'ouverture de la plupart des ponts construits sur cette rigole, qui souvent n'est que de deux pieds, tandis que celle du canal est au moins de dix-huit, que ces retrécissemens retardent le cours des eaux, & sont la cause qu'elles passent pardessus les bords, dans le tems des inondations, ce qui cause des breches aux francs-bords, & des dommages aux terres riveraines; qu'ainsi les intérêts des riverains se réunissent à ceux de la navigation pour demander l'élargissement de ces ponts dont la plupart sont vieux & en mauvais état.

Que l'avis du sieur Garipuy sur cet article est que la demande de MM. les propriétaires du canal doit être communiquée au syndic du diocese de Saint-Papoul, qui n'assista point à la derniere visite à cause de la rigueur de la saison dans le tems qu'elle a été faite; que ce n'est qu'après qu'on aura déterminé, par une vérification faite avec ce syndic, la largeur actuelle des ponts & leur état, qu'il pourra être statué définitivement sur leur élargissement, & que cependant il paroît convenable de déterminer dès-à-présent, que ceux qu'on construira à l'avenir sur la rigole de la plaine, auront trois toises d'ouverture.

Qu'en

Qu'en quatrieme lieu, le ſieur Pin a ajouté, au ſujet de la rigole de la plaine, que MM. les propriétaires y ont fait conſtruire en 1775 une nouvelle ſorte de pont-aqueduc, à la rencontre du ruiſſeau de Saint-Felix, pour faire paſſer les eaux de ce ruiſſeau pardeſſus celle de la rigole, ſans qu'elles ſe mêlent enſemble; afin de prévenir les enſablemens & les débordemens cauſés par ce ruiſſeau; que ce pont plat formé de deux culées en maçonnerie, & d'une travée en madriers portés par des bandes de fer, avec un parapet en bois de chaque côté, a parfaitement bien réuſſi; & qu'ainſi MM. les propriétaires eſperent que les Etats, en donnant leur approbation à l'eſſai qui a été fait, conſentiront qu'il ſoit conſtruit un pont ſemblable ſur la rigole pour le ruiſſeau de Fonderet.

Que le ſieur Garipuy, en certifiant que le pont plat conſtruit ſur le ruiſſeau de Saint-Felix eſt également avantageux aux riverains & aux propriétaires du canal, eſtime qu'il y a lieu de conſentir qu'il en ſoit conſtruit un ſemblable ſur le ruiſſeau de Fonderet.

Que la cinquieme réquiſition faite par le ſieur Pin, a pour objet l'ouverture de deux contre-canaux à la confection deſquels MM. les propriétaires du canal offrent de contribuer pour la moitié; le premier de trois mille toiſes de longueur, depuis l'écluſe de Saint-Roch, juſqu'au contour du Caſſieu, déterminé par le procès-verbal de 1740, & cependant abandonné depuis, quoique les cales qui doivent en recevoir les eaux ayent été faites; le ſecond, de cinq cent toiſes de longueur, depuis la cale des Ramieres juſqu'à l'écluſe du Vivier, ce dernier n'étant pas moins néceſſaire que le précédent pour recevoir les eaux pluviales qui deſcendent des coteaux voiſins, & les empêcher d'entraîner dans le canal le limon qu'elles charient; MM. les propriétaires offrant de plus de faire conſtruire les cales néceſſaires pour recevoir les eaux de ce contre-canal. Sur quoi le ſieur Garipuy obſerve que la demande de MM. les propriétaires du canal étant conforme aux conventions paſſées avec eux en 1739, il y a lieu de conſentir à l'ouverture des deux contre-canaux dont ils offrent de payer la moitié, après toutefois en avoir convenu avec MM. les commiſſaires du dioceſe de Saint-Papoul, leſquels doivent être informés qu'il manque quelques quartiers de pierre à la retombée de l'arche du pont de Villepinte, afin qu'ils puiſſent donner les ordres néceſſaires pour les faire replacer.

Que la ſixieme demande faite par le ſieur Pin, a pour objet la conſtruction d'un nouveau déverſoir dans la retenue de Bram pour vuider du côté du nord les eaux que la plaine de Bram verſe dans le canal dans le tems des pluyes, & qui menacent de faire des breches au franc-bord. Que le ſieur Garipuy eſtime ſur cet article, comme ſur le précédent, que, quoique le déverſoir demandé paroiſſe ne pouvoir qu'être utile, MM. les propriétaires du canal ne doivent être autoriſés à l'exécuter qu'autant qu'ils ſeront d'accord avec MM. les commiſſaires du dioceſe de Saint-Papoul.

Que par la ſeptieme réquiſition, le ſieur Pin, après avoir rappellé, en premier lieu, ce qui fut déterminé l'année derniere au ſujet de l'aqueduc, & du ruiſſeau de Rebenty, entre le ſyndic du dioceſe de Saint-Papoul, celui de Carcaſſonne, & le canal, ajoute qu'il n'a été rien fait depuis, & qu'il offre de faire exécuter les ouvrages qui ſont à la charge de MM. les propriétaires, dès que le dioceſe de Carcaſſonne aura fait recreuſer la rigole de fuite. Qu'en ſecond lieu il a demandé le retabliſſe-

N°. LV. ment d'un ancien déverſoir placé dans la retenue de Villeſeque dont il ſubſiſte encore deux piles, & qui a été abandonné mal-à-propos, quoique néceſſaire pour vuider les eaux ſauvages qui viennent du midi, offrant de faire des cales pour recevoir les eaux qui deſcendent du nord.

Qu'en troiſieme lieu, le ſieur Pin s'eſt plaint du mauvais état des abreuvoirs ſitués dans le dioceſe de Carcaſſonne, & qu'à cet égard il a renouvellé l'offre faite par MM. les propriétaires, & autoriſée par les Etats, de ſe charger de l'entretien de ces abreuvoirs, moyennant trois livres par année pour chacun.

Que le ſieur Garipuy eſtime que chacune de ces trois demandes doit être communiquée au ſyndic du dioceſe de Carcaſſonne; la premiere, pour qu'il faſſe exécuter la délibération priſe l'année derniere par les Etats au ſujet du ruiſſeau de Rebenty; la ſeconde, pour qu'il propoſe ſes exceptions contre le rétabliſſement du déverſoir de Villeſeque; & la troiſieme, pour qu'il faſſe inceſſamment mettre en regle les abreuvoirs conſtruits ſur le canal, & pour qu'il pourvoie à leur entretien.

Que la huitieme réquiſition de MM. les propriétaires intéreſſe auſſi eſſentiellement le dioceſe de Carcaſſonne; qu'il s'agit des moyens de remédier aux dommages, auſſi conſidérables que nombreux, cauſés par les débordemens de la riviere de Freſquel, tant à la navigation, qu'aux poſſeſſions riveraines; que MM. les propriétaires occupés depuis long-tems de cet objet important, après avoir peſé les divers projets qui ont été faits pour cela, ont cru devoir donner la préférence à la conſtruction de deux portes d'écluſe conſtruites dans la retenue de l'Evêque, l'une au-deſſus du paſſage de Freſquel & l'autre au-deſſous, toutes les deux buſquées vers cette riviere, afin d'empêcher les eaux de ſe répandre dans le reſte du canal & d'y dépoſer leur limon. Que MM. les propriétaires ajoutent que ces ouvrages faits dans le canal, & à leurs frais ne ſauroient être d'aucune utilité, qu'autant que le dioceſe de Carcaſſonne voudra y concourir en faiſant recreuſer & élargir le lit de Freſquel des deux côtés du canal, depuis le pont de Foucaut juſqu'à ſon embouchure dans l'Aude. N°. LV.

Que le ſieur Garipuy obſerve à ce ſujet 1°. que MM. les commiſſaires du dioceſe de Carcaſſonne paroiſſent convaincus, ainſi que MM. les propriétaires du canal, de la néceſſité de remédier au dommage cauſé par la riviere de Freſquel, puiſqu'ils ſe ſont occupés conjointement des moyens d'y remédier. 2°. Que celui que MM. les propriétaires propoſent aujourd'hui, eſt de tous le plus ſimple, & le moins diſpendieux. 3°. Que le recreuſement du ruiſſeau de Freſquel qu'il exige eſt également néceſſaire, quelque parti qu'on prenne. 4°. Que cependant l'appréciation n'en ayant pas encore été faite, il convient d'ordonner qu'il y ſera procédé inceſſamment par l'inſpecteur du dioceſe de Carcaſſonne, & par le directeur du canal, afin que l'aſſemblée prochaine de l'aſſiette de ce dioceſe, inſtruite de l'objet de la dépenſe qui le concerne puiſſe délibérer ce qu'elle jugera convenable pour y parvenir, & pour demander au Roi des ſecours proportionnés au montant & à l'importance de l'ouvrage.

Que le ſieur Pin a obſervé en neuvieme lieu, que, malgré tous les ouvrages faits par MM. les propriétaires pour défendre les francs-bords du canal contre les eaux de l'Aude, vis-à-vis les rochers des Dejean, les eaux de cette riviere continuent toujours d'en ronger le pied, à cauſe de la proximité de la rigole de ſortie de l'aqueduc qui eſt au-

No. LV. dessus ; que le seul moyen de l'éviter, est d'éloigner cette rigole du franc-bord, & qu'il demande, qu'il leur soit permis de le faire, en ouvrant une nouvelle rigole au-delà de la rigole actuelle.

Que le sieur Garipuy estime à ce sujet, qu'avant de rien statuer sur cette demande, elle doit être communiquée au syndic du diocese de Carcassonne & au propriétaire du terrein dans lequel la nouvelle rigole doit être creusée.

Que le sieur Pin a représenté en dixieme lieu que les eaux pluviales de Marseillette & de Fontfile, jusqu'au chemin de l'Etape, se versent dans le canal avec tant d'abondance, qu'il est à craindre qu'elles ne fassent des breches au franc-bord du canal, dans un endroit où il a beaucoup de hauteur, & que, pour les prévenir, MM. les propriétaires demandent d'être autorisés à les vuider dans l'étang de Marseillette, au moyen d'un épanchoir construit près de l'écluse Saint-Martin, comme aussi de paver en forme de gondole les chemins creux voisins de l'écluse de Marseillette & de l'éguille, du côté du nord.

Sur quoi le sieur Garipuy estime que, vu la situation des lieux, il ne peut y avoir aucune difficulté de consentir aux constructions demandées, sauf à MM. les propriétaires de faire ouvrir une rigole de fuite à l'endroit qu'il sera convenu, & de payer au propriétaire du terrein l'indemnité qui devra lui revenir.

Qu'en onzieme lieu, MM. les propriétaires se sont plaints de ce que la rigole de fuite de l'aqueduc de Saint-Martin n'a pas été recreusée depuis long-tems, & de ce qu'elle est en mauvais état ; & que le sieur Garipuy observe à ce sujet que, quoique le recreusement de cette rigole ait été négligé depuis quelque tems, elle a une pente assez considérable pour qu'il n'y ait pas à craindre que les eaux s'y arrêtent ; que cependant, il convient d'y faire le recreusement nécessaire pour qu'elle ne se comble pas davantage. No. LV.

Que la douzieme réquisition faite par MM. les propriétaires, a pour objet la construction d'un nouveau déversoir vis-à-vis l'embouchure du ruisseau maire qui descend de la métairie de Pelletier, afin de prévenir les dommages que ses eaux causent au canal, au franc-bord duquel elles ont fait une breche au mois d'Octobre dernier, joignant l'épaulement droit du puits de sortie de l'aqueduc de l'éguille ; que le sieur Garipuy, en certifiant la nécessité de ce déversoir, estime qu'i convient d'autoriser MM. les propriétaires du canal à le construire à l'endroit par eux indiqué, à la charge par eux toutefois, d'ouvrir une rigole de décharge pour en porter les eaux dans la rigole de fuite de l'aqueduc de l'éguille, & de payer au propriétaire du terrein l'indemnité qui lui sera due.

Que par leur treizieme réquisition, MM. les propriétaires exposent qu'ils n'ont pu faire exécuter l'année derniere le déversoir près d'Argeliers, dont la construction leur avoit été permise ; qu'ils en ont été empêchés par d'autres ouvrages dont l'exécution étoit plus pressante, mais qu'ils se proposent d'y faire travailler cette année, & que même, étant persuadés que ce déversoir ne sauroit être suffisant, à cause de la longueur de la grande retenue, de son défaut de pente, & de l'abondance des eaux qu'elle reçoit, ils demandent qu'il leur soit permis d'en faire construire trois autres, le premier à environ trente toises au-dessus de l'aqueduc d'Elfieu, le second au contour des tontons, & le troisieme au contour appellé du fer-de-mulet.

Que le sieur Garipuy, après avoir

N°. LV.

observé qu'il n'y a aucune difficulté, quant à la construction du déversoir d'Argeliers qui a été déjà convenu, estime que la demande des trois autres doit être communiquée au syndic du diocese de Narbonne, avant de rien statuer sur ce qui les concerne.

Qu'en quatorzieme lieu, le sieur Pin a observé que la construction du pont du Sommail a exigé qu'on détournât un peu le lit du canal pour le placer d'équerre sous la direction du pont; que l'élargissement a été fait sur l'un des bords; mais qu'on n'a pas encore exécuté le comblement à faire sur le bord opposé pour redonner au canal sa premiere largeur, le surplus étant préjudiciable à cet endroit, parce qu'il augmente la difficulté du passage des barques sous le pont par le vent du nord.

Sur quoi le sieur Garipuy observe que l'entrepreneur est occupé au retrécissement demandé, & qu'ainsi il n'y a rien à délibérer à ce sujet.

Qu'en quinzieme lieu, MM. les propriétaires ont représenté que la riviere de Quarante se rend obliquement à l'aqueduc dans lequel elle passe sous le canal, ce qui fait que les eaux en attaquent l'épaulement, & y causent des affouillemens préjudiciables qu'on peut éviter en changeant la direction de la riviere sur environ soixante toises de longueur au-dessus de l'aqueduc, & en le transportant sur la gauche dans un terrein inculte, & formé par les dépôts de la riviere.

Que le sieur Garipuy estime que le changement demandé par MM. les propriétaires, ne pouvant qu'être avantageux, il n'y a aucune difficulté de consentir qu'ils le fassent exécuter à leurs frais.

Que le sieur Pin s'est plaint, en seizieme lieu, du mauvais état de plusieurs abreuvoirs situés dans le diocese de Narbonne, ainsi que des voûtes renversées des aqueducs de Serieges & de Roubialas qui servent de passage aux bestiaux. Il a demandé que le tout fût mis en état, & il a renouvellé l'offre faite par MM. les propriétaires, & acceptée par la délibération des Etats de 1767, de se charger de l'entretien, au prix de trois livres par année, de chaque abreuvoir.

N°. LV.

Sur quoi le sieur Garipuy estime qu'après que cette demande aura été communiquée au syndic du diocese de Narbonne, il convient que ces abreuvoirs soient mis en état, & donnés à l'entretien.

Que la dix-septieme réquisition faite par le syndic du diocese de Narbonne a trois objets : le premier, l'élargissement de la rigole de sortie de l'aqueduc de Poilhes; le second, la démolition des chaussées faites à travers la rigole de sortie de l'aqueduc de Jouarres, malgré les oppositions des forains de la métairie voisine, qui aiment mieux demeurer exposés au danger des inondations, que de détruire leur digue, comme aussi, que l'entretien de cette rigole soit fait à frais communs avec le canal depuis la construction du nouvel épanchoir qui y verse ses eaux. En troisieme lieu, que la rigole de sortie de l'aqueduc de Ribarel soit aussi entretenue à frais communs, depuis la construction du nouveau déversoir, & qu'elle soit élargie en proportion des nouvelles eaux qu'elle reçoit.

Que le sieur Pin a répondu, au premier article, que MM. les propriétaires se proposent de faire élargir cette année la rigole de sortie de l'aqueduc de Poilhes; quant au second, qu'il se réunit au syndic du diocese de Narbonne pour demander l'enlevement des chaussées qui barrent la rigole de sortie de l'aqueduc de Jouarres, & qu'à cette condition il offre de contribuer à son en-

N°. LV.

tretien. Enfin, sur le troisieme article, qu'il offre pareillement de contribuer à l'entretien de la rigole de sortie de l'aqueduc de Ribarel; mais qu'il est persuadé que son élargissement est inutile, vu la capacité actuelle de ce ruisseau, dans lequel on ne jette point de nouvelles eaux.

Sur quoi le sieur Garipuy estime que les parties étant d'accord sur presque tous les articles, il suffit d'en ordonner l'exécution; & quant à ce qui concerne l'élargissement de la rigole de sortie de l'aqueduc de Ribarel, de renvoyer à statuer, jusqu'à ce que l'expérience ait fait connoître si l'élargissement demandé & contesté est nécessaire.

Qu'en dix-huitieme lieu, le sieur Pin a observé que le diocese de Beziers a établi un chemin sur le franc-bord dans une grande longueur, & qu'il a fait ouvrir un fossé au bas du coteau de Capiscol pour conduire les eaux pluviales sous un ponteau d'où elles tombent dans la retenue d'Arieges, par une chute rapide, avec les sables qu'elles entraînent; qu'il a ajouté que cette retenue étant déjà exposée aux dépôts fréquens de la riviere d'Orb, ceux que ce nouveau fossé y introduira de plus, ne sauroient manquer d'y former des tocs nuisibles à la navigation; que le seul moyen de les éviter est de construire une cale qui arrête les dépôts du nouveau fossé, & que le diocese doit faire les frais de cette cale, qui n'est devenue nécessaire que par les nouveaux ouvrages qu'il a fait faire; qu'il a requis encore la construction d'un abreuvoir entre le pont & la cale de Cailus dans un endroit où l'on abreuve les bêtes de charge.

Que le sieur Garipuy estime sur ces divers objets, 1°. Que MM. les propriétaires du canal n'ont pas un sujet légitime de se plaindre de ce que le chemin de Beziers à Agde a été établi sur le franc-bord dans les endroits où la situation des lieux a paru l'exiger, puisqu'ils ont la liberté de déposer sur les possessions riveraines les terres provenant du recreusement du canal. 2°. Que toutes les cales étant à la charge de MM. les propriétaires du canal, il ne sauroit y avoir d'exception pour celle de Capiscol, mais qu'ils doivent être autorisés & même invités à la faire au plutôt. 3°. Que le diocese de Beziers doit faire construire l'abreuvoir demandé entre le pont & la cale de Cailus.

La derniere réquisition de MM. les propriétaires du canal a pour objet l'état actuel de plusieurs aqueducs & de divers ponts construits sur le canal; qu'ils observent en premier lieu, au sujet des aqueducs, qu'il conste, non-seulement par leur réquisition, mais encore par celle de plusieurs riverains, qu'un grand nombre d'aqueducs faits sur le canal n'ont pas une capacité proportionnée au volume des eaux qui s'y rendent, en sorte qu'elles regonflent au-dessus, ce qui inonde les possessions riveraines & cause souvent des breches au franc-bord; que le seul moyen d'éviter les dommages qui en résultent est de reconstruire les voûtes de ces aqueducs pour leur donner une ouverture proportionnée au volume des eaux qu'ils doivent recevoir.

Que MM. les propriétaires du canal n'ayant point fait construire les aqueducs, leur agrandissement ne sauroit être à leur charge; & que, vu les avantages qui doivent en résulter pour le commerce & pour les riverains, ils esperent que les Etats voudront bien accorder annuellement une somme telle qu'ils jugeront convenable, pour fournir aux frais de cette reconstruction, en commençant par les aqueducs où elle est la plus nécessaire.

N°. LV.

Qu'ils ont observé en second lieu, que les premiers ponts construits sur le canal sont si étroits & si bas, que les barques chargées de laine, ou autres marchandises d'un volume considérable, ont de la peine à passer dessous sans danger, surtout lorsqu'il fait du vent; que même les Génois sont obligés, pour y faire passer leurs barques, d'en enlever le couronnement de l'arriere; que d'ailleurs il y a plusieurs de ces ponts sous lesquels il n'y a point de banquette pour le tirage, ce qui rend leur passage toujours lent & pénible, & souvent périlleux, lorsque le vent est contraire : que les ponts qu'on construit aujourd'hui étant exempts de tous ces défauts, il est à desirer que les anciens soient tous reconstruits sur les nouvelles dimensions, commençant par ceux qui sont les plus étroits, les plus bas, & les moins solides.

Sur quoi le sieur Garipuy remarque que cette réquisition embrassant deux objets d'une grande conséquence, & dont la dépense doit être très-considérable, il lui paroît qu'avant d'y statuer, il convient d'ordonner une vérification des faits dont il s'agit, dans laquelle on exposeroit quels sont les aqueducs dont l'élargissement pourroit être nécessaire, en distinguant ceux où le défaut de largeur cause le plus de préjudice, & en énonçant pour chacun quel seroit l'objet de la dépense.

En second lieu, quels sont les ponts dont l'élargissement & l'exhaussement pourroient être nécessaires; quels sont les corps ou les particuliers qui sont chargés de leur construction & de leur entretien; & enfin à quoi se porteroient les réparations & les reconstructions qui devroient y être faites : que, quant à ce dernier article, le sieur Garipuy estime toutefois qu'on pourroit délibérer présentement, que, dans la reconstruction des anciens ponts, ou dans la construction de ceux qui seront faits à l'avenir, on se conformera à la forme des ouvrages de ce genre qui a été reconnue la plus commode, tant pour le passage des barques au-dessous, que pour celui des voitures par dessus, & qu'à cet effet les plans en seront communiqués, avant leur exécution, à l'ingénieur chargé par les Etats de l'inspection du canal.

Que la commission ne pouvant être éclairée sur tous les faits ci-dessus détaillés que par les lumieres du sieur Garipuy qui a mérité la confiance des Etats, a cru n'avoir rien de mieux à leur proposer que de s'en rapporter à son avis sur les différens objets des demandes de MM. les propriétaires, & du syndic du diocese de Narbonne.

Sur quoi il a été délibéré qu'en approuvant les observations du sieur Garipuy sur les différens articles du rapport fait par Mgr. l'évêque de Nîmes du procès-verbal de la visite du canal, les Etats consentent à l'exécution des ouvrages y mentionnés, conformément à l'avis dudit sieur Garipuy sur chaque article.

N°. LVI.

L V I.

Extrait du registre des délibérations des Etats généraux de Languedoc, assemblés par mandement du Roi en la ville de Montpellier, au mois de Janvier 1776.

Du Mardi 27 Février, président Mgr. l'archevêque & primat de Narbonne, commandeur de l'Ordre du St. Esprit.

Monseigneur l'évêque de Nîmes a dit, que le sieur de la Fage, syndic général, a mis sous les yeux de la commission un mémoire de MM. les propriétaires du canal de communication des mers, auquel est joint un plan qui représente l'état actuel du ca-

N°. LVI. nal près le pont Saint-Sauveur, & la direction que la province projette de donner à la rampe de ce pont en longeant le canal du côté de la ville de Toulouse, & le quai en maçonnerie revêtu de pierre de taille, que lesdits sieurs propriétaires ont commencé de faire construire en 1775 sur le bord du canal opposé.

Qu'ils exposent dans le mémoire, que le projet de la province touchant cette rampe leur a inspiré le dessein de redresser & élargir le lit du canal dans cette partie, de maniere qu'elle puisse servir de supplément au port actuel, qui dans beaucoup de circonstances est trop peu spacieux, & n'est pas susceptible d'être agrandi par rapport aux magasins que les commerçans ont fait construire sur son bord; mais que pour l'exécution de cet ouvrage, MM. les propriétaires du canal étant obligés de sacrifier le franc-bord actuel, demandent aux Etats de vouloir bien les en dédommager par la cession du terrein de la rampe projettée tel qu'il est limité sur le plan, en le faisant comprendre dans leur fief avec les formes requises.

Qu'il est, comme ils l'observent, d'autant plus nécessaire que ce terrein fasse partie de leur fief, que cette partie de canal formant un second port, il surviendroit journellement des contestations sur la jurisdiction entre eux & les capitouls, parce que les patrons étant sur leurs barques seroient justiciables du canal, tandis que les négocians ou les porte-faix restés sur la rampe du pont ressortiroient de la justice de la ville, ce qui occasionneroit un conflit tendant à l'impunité des délits qui pourroient se commettre, & que, s'il est besoin d'un franc-bord ou quai dans quelque partie du canal, c'est surtout dans celles où il y a un port; que d'ailleurs l'ouvrage proposé par MM. les propriétaires du canal n'a pour objet que le bien & l'embellissement public; ce qui doit rendre leur demande encore plus favorable. N°. LVI.

De sorte que d'après toutes ces considérations la commission a été d'avis de proposer à l'assemblée de déférer, pour ce qui les concerne, à la demande de MM. les propriétaires du canal, à la charge par eux de poursuivre à cet effet un arrêt du conseil avec le consentement des parties intéressées.

Ce qui a été délibéré, conformément à l'avis de MM. les commissaires.

LVII.

EXTRAIT du registre des délibérations des Etats généraux de Languedoc, assemblés par mandement du Roi en la ville de Montpellier dans le mois de Novembre 1776.

Du Mardi 10 Décembre, président Mgr. l'archevêque & primat de Narbonne, commandeur de l'ordre du St. Esprit.

MONSEIGNEUR l'évêque de Montpellier a dit, que le sieur de Montferrier, syndic général, a rapporté à la commission, le procès-verbal de visite faite par le sieur Garipuy, du canal de communication des mers, depuis la Garonne jusqu'à l'étang de Thau.

Que cette vérification a pour objet, de mettre chaque année sous les yeux des Etats, les divers ouvrages faits par MM. les propriétaires, pour l'entretien & la bonification dudit canal, ainsi que les plaintes des riverains sur les dommages qui peuvent leur être causés, & les moyens d'y remédier; & qu'en conséquence, le procès-verbal dudit sieur Garipuy contient en détail tous les travaux faits pendant cette année sur ledit canal, tant pour son entretien, que pour son amélioration, l'état des contre-canaux qui lui sont paralleles, & celui des rigoles qui le

No. LVII. traversent, comme aussi les diverses réquisitions qui lui ont été faites par les riverains, & de la part de MM. les propriétaires.

Qu'il en résulte, &c.....

Qu'il résulte pareillement du rapport du sieur Garipuy, que toutes les discussions entre les propriétaires du canal & les riverains, ont entierement pris fin; les réquisitions qui ont été faites cette année par les uns ou par les autres, n'ayant pour objet que l'avantage de la navigation, ou un plus libre écoulement des eaux pluviales qui tombent sur les terres riveraines.

Que par la premiere, le sieur Pin a observé, que la province ayant fait faire un nouveau canal depuis le port Saint-Pierre jusqu'à la retenue de Garonne, dont la plus grande partie est en ligne droite & dont les francs-bords doivent être plantés d'arbres; & la ville de Toulouse s'étant proposée de faire une plantation semblable dans la partie voisine des fossés de la ville, MM. les propriétaires du canal desireroient de contribuer aussi aux embellissemens des dehors de la ville de Toulouse; & qu'à cet effet ils offrent de donner une forme réguliere à la retenue du canal appellée de Garonne, dont la longueur est à-peu-près de cinq cent toises jusqu'à l'écluse de Béarnois, de rendre cette retenue & ses francs-bords semblables à ceux du canal de la province, autant que la situation des lieux & le produit des déblais du canal pourroient le permettre, & de planter sur les francs-bords des arbres de la qualité de ceux que les Etats feront mettre sur leur canal; à condition toutefois, que la province voudra bien acquérir le terrein qui pourra être nécessaire au-delà de celui que les francs-bords du canal occupent aujourd'hui, & consentir qu'il soit compris dans le fief du canal; MM. les propriétaires demeurant obligés de laisser en promenade, tout le terrein qui bordera cette retenue appellée de Garonne, sans pouvoir la mettre en culture & en retirer aucune utilité.

Que le sieur Garipuy, après avoir observé que l'objet de cette demande est d'assortir au canal de la province, la partie voisine du grand canal, & de contribuer par-là à leur embellissement commun, comme aussi que le terrein à acquérir, pour former cette promenade, est d'une petite contenance, & par conséquent d'une médiocre valeur, cet ingénieur estime, qu'il y a lieu d'accepter l'offre faite par MM. les propriétaires du canal aux conditions qu'ils y ont ajouté, & d'autoriser MM. les commissaires des travaux publics à Toulouse, de faire l'acquisition des terres nécessaires pour l'exécution de ce projet.

Que la commission a été extrêmement satisfaite des soins que prennent MM. les propriétaires du canal pour l'entretien & l'amélioration d'un aussi important ouvrage; & qu'ayant donné toute son attention aux observations du sieur Garipuy sur les différens objets dont son procès-verbal contient le détail, elle a cru devoir proposer aux Etats d'adopter l'avis de ce directeur.

Ce qui a été délibéré, conformément à l'avis de MM. les commissaires; & il a été donné pouvoir à ceux qui seront nommés pour la direction des travaux publics à Toulouse pendant l'année, d'acquérir le terrein nécessaire pour donner à la retenue du canal appellée de Garonne, & à ses francs-bords, la même forme qu'à ceux du nouveau canal qu'a fait faire la province, aux conditions & charges proposées par MM. les propriétaires, énoncées dans la premiere réquisition du sieur Pin, dont il est fait mention dans le procès-verbal du sieur Garipuy.

LVIII.

N°. LVIII.

L V I I I.

EXTRAIT du registre des délibérations des Etats généraux de Languedoc, assemblés par mandement du Roi en la ville de Montpellier au mois de Novembre 1780.

Du Mardi 2 Janvier 1781, président Mgr. l'archevêque & primat de Narbonne, commandeur de l'ordre du St. Esprit.

MONSEIGNEUR l'archevêque de Toulouse a dit, que le sieur de Montferrier, syndic général, a fait rapport à la commission de deux mémoires.

L'un, remis par les consuls de Beziers, tant en leur nom qu'en celui du syndic du diocese, dans lequel ils exposent que depuis la construction du canal de communication des mers, la partie de la riviere d'Orb qu'il traverse, s'est rehaussée de plus de huit pieds, comme le démontre le comblement du bassin inférieur à l'écluse de Notre-Dame : que ce rehaussement s'accroît chaque annnée par les travaux qu'on est obligé de multiplier dans le lit de cette riviere, pour se procurer un fond d'eau suffisant au passage des barques : que le lit n'étant plus capable d'en contenir toutes les eaux dans le tems des inondations, elles ravagent des possessions vastes & précieuses, sur lesquelles elles se répandent à une très-grande hauteur, & elles ébranlent le vieux pont du grand chemin qu'elles choquent avec force sur une grande surface : que tous ces faits ont été relevés & constatés par les procès-verbaux de la visite du canal, que les Etats font faire chaque année, & notamment par celui de la derniere visite, lors de laquelle lesdits consuls & syndic firent sur les lieux les mêmes représentations ; qu'ainsi, il est également important pour la conservation des terres riveraines, & pour celle de la communication des deux parties de la province séparées par la riviere d'Orb, qu'on détruise promptement tous les ouvrages qui contribuent au rehaussement de son lit, sauf à construire pour le passage des barques du canal, un aqueduc, ou tel autre ouvrage capable de produire le même effet sans causer de dommage.

Que le second mémoire est présenté & signé par le sieur Delrieu, receveur général du canal, à ce autorisé par les lettres de MM. les propriétaires, remises à Mgr. l'archevêque de Narbonne : que ce mémoire a deux objets ; le premier, de faire connoître aux Etats la nécessité pressante de construire ce pont-aqueduc, pour maintenir la navigation du canal à travers la riviere ; le second, d'indiquer les moyens de pourvoir à la dépense, surtout par l'effet d'un arrangement dont le projet est annexé au mémoire.

Qu'on y répete les faits exposés dans celui de la ville & du diocese de Beziers, en y ajoutant que, malgré tous les travaux que n'ont cessé de faire MM. les propriétaires, pour conserver à la riviere un fond d'eau suffisant ; & quoique ces travaux, qui n'en rehaussent les eaux que pendant le tems absolument nécessaire, ayent mérité les éloges des plus habiles ingénieurs, & qu'on n'ait épargné aucune dépense pour leur solidité ; néanmoins le comblement progressif de la riviere a forcé de les porter à une telle hauteur, que, non-seulement il n'est plus possible de l'augmenter, mais encore on ne sauroit répondre de leur durée ; & qu'ainsi, un accident imprévu pourroit suspendre tout-à-coup la navigation du canal, pour un tems indéterminé, ce qui porteroit, surtout en tems de guerre, le plus grand préjudice au royaume, & particuliérement à ses provinces méridionales.

N°. LVIII.

Qu'un pont-aqueduc pareil à ceux des rivieres de Cesse, de Répudre, d'Orbiel, de Lers, &c., mais d'un plus grand nombre d'arches, à cause de la plus grande largeur de la riviere, paroît à MM. les propriétaires le seul moyen d'y assurer la navigation du canal, & de redonner à son lit, avec son ancienne profondeur, une capacité qui en prévienne les débordemens.

Que ce projet fut formé en même tems que ceux de tous les autres aqueducs; qu'il a été souvent renouvellé, surtout lorsque le défaut de largeur & de solidité du pont sur le grand chemin, a fait craindre qu'on ne fût obligé d'en construire bientôt un nouveau, parce qu'on a été convaincu qu'en les adossant l'un à l'autre, ils seroient plus solides, & d'une moindre dépense que s'ils étoient séparés ou construits dans des tems différens.

Qu'après avoir exposé l'urgente nécessité de pourvoir à la sureté & à la continuité du passage par terre & par eau à Beziers, & après avoir indiqué la construction dudit pont-aqueduc, comme le seul ouvrage propre à remplir cet objet, MM. les propriétaires proposent un moyen pour en accélérer l'exécution, en fournissant à la dépense sans aucune imposition sur les peuples; & qu'ils exposent pour motif de ce moyen, que les négocians & les patrons de barque se sont plaints les uns & les autres de la variation du droit de voiture: que d'un côté, la chambre du commerce de Toulouse prit, le 9 Janvier 1780, une délibération portant que les patrons du canal exigent un droit de nolis excessif, qui, joint à la portion du droit payé dans les bureaux des propriétaires, fait revenir le prix entier de la voiture, à un taux plus haut qu'elle n'a été fixée par le tarif légal du canal de 1684, dont ces négocians réclament l'exécution; que de leur côté, quatre-vingt neuf patrons ont présenté un placet, portant que les négocians ne leur payent point habituellement le prix du nolis qu'ils ont droit de prétendre, & qu'ils demandent un prix fixe qui leur soit accordé sans variation.

N°. LVIII.

Que les plaintes respectives des négocians & des patrons, font connoître que le moyen le plus propre à les faire cesser, c'est d'abord de faire exécuter à la lettre le tarif des droits du canal fixés par l'arrêt du conseil du 26 Septembre 1684; & qu'en conséquence le prix des voitures soit payé par les négocians, dans les bureaux du canal, à raison de six deniers par quintal par lieue, & puis de faire tourner le quart de ce droit au profit des patrons, ce qui excédera la demande contenue dans leur placet.

Qu'il est vrai qu'il résultera de cette légere différence dans le droit du nolis, un petit bénéfice en faveur de MM. les propriétaires du canal; mais qu'ils offrent d'y joindre des sacrifices sur leurs revenus ordinaires, même en faisant les avances de ce qui ne peut leur revenir que dans un très-grand nombre d'années, & de verser en conséquence dans la caisse des Etats, une somme de deux millions, payable en douze payemens, & en douze ans, à compter d'un an après l'exécution de l'arrangement qu'ils se proposent de faire en usant d'un droit qu'on ne sauroit leur contester.

Que MM. les propriétaires ajoutent qu'ils n'entendent tirer de cet arrangement d'autre avantage que celui de la perfection du canal. Qu'ainsi, si on découvroit quelqu'autre moyen plus simple & moins dispendieux que le pont-aqueduc, pour la libre traversée de la riviere d'Orb, ou que ce pont coutât moins de deux millions, (ce qu'ils ne croyent pas) ils consentent que le sur-

N°. LVIII. plus, ou même la totalité, si elle pouvoit être inutile pour cet objet, fût employée, ainsi que les Etats le délibéreront, à quelqu'autre ouvrage d'amélioration sur le canal, dont le projet leur aura été communiqué.

Qu'ils esperent dans tous les cas, que la province, en recevant de leur part toutes les suretés possibles, voudra bien les aider de son crédit pour les emprunts qu'ils seront obligés de faire pour remplir leurs obligations aux termes prescrits; comme aussi que, si les nouveaux ouvrages changent quelque part le cours du canal, les nouvelles portions seront réunies à leur fief, en remplacement de celles qui seront abandonnées.

Qu'enfin, MM. les propriétaires observent que, si les deux millions par eux offerts étoient insuffisans pour assurer la communication du canal & des routes par terre à travers la riviere d'Orb, une augmentation des droits du canal, momentanée & infiniment légere, pourroit aisément fournir le surplus; & que, si cette augmentation étoit agréée par les Etats, ils offrent d'en faire faire la perception sans frais, & d'en verser le produit dans la caisse de la province.

Qu'ils terminent leur mémoire en s'en remettant, sur tout ce qu'il renferme, à la sagesse des Etats, & en leur témoignant combien ils seront toujours empressés de leur prouver par leur plus prompt acquiescement, la reconnoissance & le respect dont ils sont pénétrés pour cette auguste assemblée.

Que MM. les commissaires, après avoir entendu la lecture de ce mémoire, du projet d'arrangement qu'il contient, & de toutes les pieces qui y sont annexées, & tout mûrement examiné, n'ont pu qu'applaudir au désintéressement de MM. les propriétaires, & aux avantages réels que présente leur offre pour l'accomplissement du projet d'un ouvrage dont l'exécution est tôt ou tard indispensable, & paroît même assez urgente: que considérant en même-tems le très-grand intérêt qu'ont MM. les propriétaires, non-seulement à conserver, mais même à bonifier le commerce, qui est l'aliment de leur propriété, il n'étoit pas possible de craindre qu'ils pussent prendre aucun arrangement contraire à cet objet; & que d'ailleurs, celui qu'ils se proposent de faire n'étoit que l'exercice d'un droit qui leur étant acquis par leurs titres, ne paroissoit point contraire aux intérêts du commerce ni des patrons des barques; la commission avoit pensé que les Etats ne devoient pas y mettre obstacle; mais que s'il étoit question dans les suites de quelque réglement ou autre arrangement accessoire à celui dont il s'agit dans ce moment, comme il ne pourroit être rien déterminé à cet égard en pleine connoissance de cause, qu'après avoir consulté les chambres de commerce de la province, il étoit aussi régulier que nécessaire de remplir ce préalable.

Cependant, qu'étant indispensable de prendre le plutôt possible des mesures efficaces pour faire cesser les plaintes du diocese & de la ville de Beziers, & assurer la communication par terre & par eau à travers la riviere d'Orb, soit par la construction du pont-aqueduc, ou par tout autre moyen possible, les Etats ne devoient pas hésiter à accepter l'offre de deux millions faite par MM. les propriétaires, aux termes & conditions énoncées dans le mémoire présenté à leur nom, laquelle offre sera par eux incessamment ratifiée, & que la province leur prêtera son crédit pour les emprunts nécessaires, en prenant les suretés convenables.

Que MM. les commissaires ont éga- N°. LVIII.

X 2

N°. LVIII. lement pensé qu'avant de déterminer l'ouvrage à faire à la riviere d'Orb, & avant de rien statuer sur le moyen indiqué de pourvoir, s'il y échoit, à la dépense à faire au-delà de deux millions, il étoit de la prudence des Etats de se mettre à même de connoître la possibilité & les frais des travaux qui seront jugés les plus propres à parvenir au but qu'on a en vue, de la maniere la moins dispendieuse; qu'en conséquence il devoit être du bon plaisir des Etats, de charger les sieurs Garipuy pere & fils, de faire dans le cours de l'année, une vérification détaillée de l'état de cette riviere sur toute l'étendue relative à la navigation du canal, & d'y joindre tous les plans, nivellemens & profils nécessaires pour donner une parfaite intelligence de la maniere dont la navigation s'y fait aujourd'hui, des dangers qu'elle court, ainsi que le pont du grand chemin & les terres riveraines, d'aviser ensuite aux moyens qu'ils estimeront les plus simples & les plus sûrs pour les faire cesser, dont ils donneront pareillement tous les plans accompagnés du devis estimatif, & nommément du pont-aqueduc, & de tous les travaux relatifs à son exécution, pour, sur le rapport qui sera fait de toutes ces pieces aux prochains Etats, & sur ce qui en résultera, être par eux délibéré ce qu'il appartiendra.

SUR QUOI il a été délibéré 1°. que les Etats ne regardant point l'arrangement projetté par MM. les propriétaires du canal sur l'exercice de leurs droits, comme contraire aux intérêts du commerce, n'entendent mettre aucun obstacle à son exécution.

2°. Que s'il y avoit dans les suites d'autres arrangemens ou réglemens particuliers, qui pourroient être les accessoires ou les suites du premier, les Etats qui ont le plus grand intérêt à la bonne manutention de la navigation du canal, ce qui a été le motif de l'inspection qui leur a été accordée sur cet important ouvrage, se réservent de délibérer ce qui leur paroîtra le plus convenable, sur les observations & les avis des chambres de commerce de la province, qu'ils croient devoir être consultées à ce sujet, après qu'il leur en aura été donné connoissance. N°. LVIII.

3°. Que les Etats acceptent l'offre faite par MM. les propriétaires de la remise de deux millions dans la caisse de la province, aux termes & conditions énoncées dans le mémoire présenté à leur nom, lequel sera duement ratifié; & dont l'original sera déposé aux archives de la province, pour être ladite offre effectuée lorsqu'il en sera tems; & que cependant, les sieurs Garipuy pere & fils, exécuteront toutes les opérations indiquées dans le rapport ci-dessus, & telles autres qu'ils jugeront également propres à éclairer les Etats sur la détermination ultérieure qu'ils auront à prendre sur l'importante affaire qui fait l'objet de la présente délibération.

L I X.

EXTRAIT du registre des délibérations des Etats généraux de Languedoc, assemblés par mandement du Roi en la ville de Montpellier au mois de Novembre 1772.

Du Samedi 5 Décembre suivant, président Mgr. l'archevêque & primat de Narbonne.

MONSEIGNEUR l'évêque de Nîmes a dit, que le sieur de la Fage, syndic général, a mis sous les yeux de la commission un mémoire présenté aux Etats par MM. les propriétaires du canal de communication des mers, dans lequel ils donnent connoissance à cette assemblée d'une action intentée contre eux au conseil par une compagnie sous le nom de Jacques Sarrat,

N°. LIX. Que cette compagnie demande que Sa Majesté lui concède à titre d'inféodation la propriété & la haute justice de la rigole dite de la plaine, qui conduit les eaux de la riviere de Sor & celles du réservoir de Saint-Ferreol, dans le canal; qu'elle propose de rendre navigable cette rigole, & d'en dépouiller les propriétaires du canal des mers, à qui elle a été concédée par le titre même de la création de ce canal en 1666.

Que s'en rapportant à la prudence des Etats, pour juger s'il est de l'intérêt de la province de laisser entreprendre un ouvrage de cette espece, sans son concours, sans qu'elle ait été entendue, sans que ses ingénieurs aient vérifié par eux-mêmes les inconvéniens ou l'avantage d'une pareille entreprise; MM. les propriétaires croient devoir représenter que la rigole en question est la source de la navigation du canal, que les eaux y sont soigneusement conservées, qu'elle les rend dans la même intégrité qu'elle les reçoit du Bassin de Saint-Ferreol, & qu'il seroit nécessaire de fixer avec la plus grande réflexion les précautions à prendre pour l'élargir, changer son lit en quelques endroits, & la creuser plus profondément; qu'ayant exposé en général dans leur défense au conseil, les inconvéniens qu'ils redoutoient, & ne pouvant se résoudre à prendre sur eux les événemens, ils ont offert de rendre cette rigole navigable sans bénéfice quelconque, & avec le simple remboursement de leurs frais de construction & d'entretien, si Sa Majesté, après avoir fait prendre, conjointement avec les Etats & les communautés riveraines, les éclaircissemens nécessaires, jugeoit à propos d'ordonner l'établissement de cette navigation par un devis sagement combiné.

Que MM. les commissaires s'étant fait rendre compte d'une délibération prise par les Etats le 12 Mars 1754 sur l'objet de la navigation de la rigole de la plaine, ont été d'avis de proposer à l'assemblée de délibérer, que les Etats n'ayant d'autre intérêt à prendre dans les contestations présentes que relativement aux plus grands avantages qu'offre en général pour le commerce la multiplicité des routes, soit par terre, soit par eau, tant que les travaux qu'exigent ces communications ne peuvent être sujets à aucun inconvénient considérable, & n'entendant, sous ce rapport, porter du retardement à la décision que doit prononcer le conseil sur l'exécution du projet dont il s'agit, se bornent à supplier Sa Majesté de vouloir bien ordonner, lorsqu'il y aura été statué, qu'avant qu'on puisse entreprendre aucun ouvrage, les projets, plans & devis en seront communiqués aux Etats, pour, d'après l'examen qui en sera fait, être par eux pris telle délibération que pourra exiger la conciliation du bien public & de la navigation du canal, avec les intérêts des riverains, & ceux des particuliers chargés de l'entreprise du nouveau canal. N°. LIX.

Ce qui a été délibéré, conformément à l'avis de MM. les commissaires.

L X.

EXTRAIT du registre des délibérations des Etats généraux de Languedoc, assemblés par mandement du Roi, en la ville de Montpellier, au mois de Novembre 1774.

Du Samedi 7 Janvier 1775, président Mgr. l'archevêque & primat de Narbonne.

MONSEIGNEUR l'archevêque de Toulouse a dit, qu'il a été rendu compte du projet proposé par le sieur Sarrat, de rendre navigable la rigole entre Revel & Naurouse, pour lui en être en même-tems concédé la propriété & le fief.

Que cet objet qui vient d'être soumis à l'examen des Etats, mérite de leur part, ainsi que la commission l'a reconnu, une attention particuliere, puisqu'il intéresse essentiellement la navigation du canal de communication des mers, & qu'il tend à dépouiller ses propriétaires du droit qui leur est acquis d'entreprendre eux-mêmes cette navigation, si elle étoit jugée nécessaire.

Que, sans entrer dans le détail des avantages que pourroit procurer la rigole de Revel, devenue navigable, avantages que la nouvelle route de Revel à Castelnaudary rend aujourd'hui d'une bien foible considération, les Etats ne sauroient envisager le projet du sieur Sarrat que sous ses rapports d'injustice contre les droits sacrés de la propriété, & eu égard au préjudice qui résulteroit pour la navigation du canal qu'une telle entreprise passât dans des mains étrangeres; que ce préjudice sembleroit être d'autant plus à craindre que la conservation du canal dépend de la juste distribution des eaux qui l'alimentent, & qu'il seroit dangereux de la confier à celui qui n'auroit aucun intérêt à l'objet principal, ou qui pourroit même avoir un intérêt opposé dans des circonstances délicates, comme le rétablissement de la navigation du grand canal, & dans des cas assez fréquens où il s'agit, soit de conserver les eaux dans le réservoir de Saint-Ferreol, soit d'en accélérer le cours pour les rendre au canal, ce qui ne peut se faire que par une rigole libre de tout obstacle dans sa route.

Que telles sont les réflexions dont la commission a cru devoir faire part à l'assemblée, en lui proposant de délibérer que la demande formée par le sieur Sarrat ne sauroit être accueillie, par les motifs qui viennent d'être exposés, sauf aux Etats à se réserver néanmoins de faire constater de quelle utilité seroit pour le commerce la navigation de la rigole de Revel qui, dans aucun cas, ne doit être exécutée que par MM. les propriétaires du canal royal.

Ce qui a été délibéré, conformément à l'avis de MM. les commissaires.

LXI.

No. LXI.

Extrait du registre des délibérations des Etats généraux de Languedoc, assemblés par mandement du Roi en la ville de Montpellier au mois de Novembre 1768.

Du Mardi 13 Décembre suivant, président Mgr. l'archevêque & primat de Narbonne.

MONSEIGNEUR l'archevêque de Narbonne président a dit, que MM. de Bonrepos & de Caraman lui firent, dès l'année derniere, des propositions pour céder à la province tous les droits & facultés accordés à M. de Riquet leur auteur par l'édit du mois d'Octobre 1666, qui a ordonné la construction du canal de communication des mers, ainsi que par les lettres-patentes du même mois, & par les arrêts postérieurs.

Que ces propositions lui ayant été renouvellées cette année, il avoit cru, avant d'entreprendre une négociation à ce sujet, devoir s'assurer de l'approbation du Roi.

Qu'ayant en conséquence informé les ministres des propositions qui lui étoient faites, il a appris par leurs réponses que, sur le compte qu'ils en ont rendu au Roi, Sa Majesté a témoigné la plus grande satisfaction de voir passer dans les mains d'une administration aussi sage que celle des Etats, un ouvrage essentiellement destiné à l'utilité publique, dont l'objet ne peut être rempli dans toute son étendue, que

N°. LXI. par un corps qui n'a d'autre intérêt que celui du bien public.

Que les ministres lui ont même ajouté qu'il ne sauroit rien faire de plus agréable à Sa Majesté, que d'entreprendre cette négociation, & de porter les Etats à la conclure; & qu'il pouvoit le faire avec la plus entiere confiance, dans l'assurance que Sa Majesté les a chargés de lui donner de son approbation & de la disposition où elle est, de confirmer & maintenir par le sceau de son autorité la pleine & entiere exécution du traité qui aura été fait à ce sujet, lorsqu'il lui sera présenté.

Qu'ayant encore eu l'honneur d'en parler au Roi, Sa Majesté a bien voulu lui renouveller elle-même toutes les assurances qu'elle lui avoit fait donner par ses ministres.

Qu'étant par conséquent assuré de l'approbation du Roi, il a reçu les propositions par écrit qui lui ont été remises par M. de Bonrepos, & par les procureurs fondés de MM. de Caraman, qui sont en cette Ville, & que l'examen de ces propositions & des conditions du traité qui pourra être fait avec MM. de Bonrepos & de Caraman, devant être mûrement réfléchi, & demandant la plus sérieuse attention, il croit ne pouvoir mieux faire que de réunir la commission des affaires extraordinaires à celle des travaux publics, pour s'en occuper.

Mais attendu que plusieurs de MM. les commissaires sont employés dans les deux commissions, & qu'au moyen de leur réunion, la commission ne seroit pas complete, mondit seigneur l'archevêque a nommé pour renforcer ladite commission Mgr. l'évêque de St. Papoul, M. le baron de Tour du Vivarais, M. le baron de Ganges, M. le baron de Barjac, & les sieurs députés des villes d'Agde, Beziers & de Saint-Papoul.

Et mondit seigneur le président a prié MM. les commissaires de vouloir bien s'assembler chez lui aujourd'hui à cinq heures du soir. N°. LXI.

LXII.

EXTRAIT du registre des délibérations des Etats généraux de Languedoc, assemblés par mandement du Roi en la ville de Montpellier au mois de Novembre 1768.

Du Lundi 19 Décembre suivant, président Mgr. l'archevêque & primat de Narbonne.

MONSEIGNEUR l'archevêque de Toulouse a dit, que la commission des affaires extraordinaires & celle des travaux publics, s'étant assemblées chez Mgr. l'archevêque de Narbonne, pour examiner l'affaire de l'acquisition du canal de communication des mers, on s'étoit d'abord attaché à discuter les raisons qui peuvent engager les Etats à écouter les propositions déjà faites dès l'année derniere, par MM. les propriétaires, & par eux renouvellées à Paris, auprès de Mgr. l'archevêque de Narbonne, qui a cru devoir en faire part aux ministres, & au Roi lui-même, avant d'entrer à ce sujet dans aucune négociation à porter aux Etats.

Que la commission s'étant fait représenter les lettres écrites à ce sujet, par les ministres de la part du Roi, à Mgr. le président, dont l'assemblée a déjà entendu la lecture, y a reconnu le principal motif de la détermination qu'elle doit prendre, dans l'approbation de Sa Majesté, essentiellement fondée sur l'avantage de faire passer dans les mains des Etats un ouvrage aussi important pour le commerce, dont la conservation & l'amélioration ne peuvent être bien assurées qu'en réunissant sa manutention à une administration aussi sage & économique que l'est celle des Etats.

N°. LXII.

Que la commission a bien senti que, s'il étoit possible de se flatter que ce monument de la grandeur du regne de Louis XIV, unique dans son genre, & digne fruit des talens, du génie, & de l'application de Pierre-Paul de Riquet de Bonrepos, qui a eu le courage de l'entreprendre, & la force de surmonter tous les obstacles qui s'opposoient à son exécution, pût être toujours aussi bien régi qu'il l'a été, & l'est actuellement par les successeurs de ce grand homme, dont la mémoire & les services seront à jamais recommandables à l'état, & à cette province en particulier, MM. les propriétaires n'auroient pas songé eux-mêmes à s'en défaire, & les Etats n'auroient rien à craindre sur un avenir qui ne présenteroit que le même bien dont on jouit aujourd'hui; mais qu'en prévoyant au contraire, comme il est inévitable de le faire, les dangereuses suites de la négligence d'un autre propriétaire, surtout si un objet de cette espece venoit à être partagé dans une succession, & étoit alors confié à des gens d'affaires, on n'avoit pu se refuser à l'évidence de la nécessité de ne pas laisser échapper l'occasion de prévenir un mal dont le remede ne sauroit être que d'obliger alors la province à le réparer, en se chargeant de l'entretien de cet ouvrage, ce qui lui seroit plus à charge que ne sauroit être l'acquisition dont il s'agit présentement, comme il est aisé de s'en convaincre, en examinant le produit net du canal, années communes, & les conditions de la vente proposées par MM. les propriétaires.

Que c'est ce qui a fait le second objet de l'attention de la commission.

Qu'on a mis sous ses yeux les relevés des registres authentiques de la régie du canal depuis trente années, dont le résultat, en faisant une année commune sur les vingt dernieres, ce qui est la regle ordinaire, établit un produit de plus de 360,000 livres quitte de toutes charges & dépenses, prévues ou imprévues, ce qui donne la certitude la plus morale, non seulement du même produit pour l'avenir, mais même d'un accroissement proportionné à celui du commerce qui augmente chaque année & pourra s'accroître encore plus avantageusement au moyen des facilités qu'il trouvera dans les nouvelles branches de navigation que les Etats pourront ajouter au canal.

Que le revenu quitte ainsi constaté, étant équivalent à l'intérêt à quatre pour cent d'un capital de neuf millions, & MM. les propriétaires, qui avoient d'abord prétendu régler le prix de la vente au capital du revenu qu'ils justifieroient, sur le pied de l'intérêt au denier trente, s'étant enfin réduits à le fixer à huit millions quatre cent mille livres, dont huit millions pour le prix du canal avec ses dépendances & adjacences, tel qu'il étoit en 1730, & les 400,000 livres pour toutes les acquisitions faites depuis, qui en sont devenues les accessoires, ou pour les approvisionnemens des matériaux nécessaires à son entretien, MM. les commissaires n'avoient apperçu qu'un avantage réel pour la province dans cet accord, sous quelque rapport qu'on le considere.

Qu'ils n'ont aussi reconnu aucun inconvénient dans la distribution des termes du payement de cette somme, tels qu'ils sont déterminés dans les conventions, qui renferment d'ailleurs les plus grandes précautions pour la sureté desdits payemens, attendu les substitutions dont est grevée partie du total du canal, ainsi que les Etats le verront par la lecture qui leur sera faite du projet desdites conventions dont ce qui vient de leur en être exposé forme l'objet le plus essentiel.

Que

N°. LXII. Que ce projet, s'il est adopté par les Etats, devant avoir lieu dès le premier Janvier prochain, où la province entrera en jouissance, & se trouvera entierement au lieu & place des propriétaires actuels, la commission a cru devoir porter ses vues sur les arrangemens qu'il paroît nécessaire de prendre dès-à-présent pour régler, par provision, la maniere dont il sera pourvu à la manutention & régie d'un ouvrage aussi important, jusques à ce que par l'expérience, au moins de l'année prochaine, on ait acquis de plus grandes connoissances que celles qu'on a pu se procurer dans ce moment sur les détails d'une aussi grande régie, les défauts dont elle peut être susceptible & les moyens d'y remédier.

Qu'il a paru à MM. les commissaires indispensable de laisser subsister provisoirement sans aucun changement notable pendant la premiere année, la régie actuelle, qui ayant bien réussi auprès de MM. les propriétaires du canal, ne le fera sans doute pas moins vis-à-vis des Etats.

Mais que ce corps ne subsistant pas pendant l'année, & devant néanmoins par ses représentans être à la place desdits sieurs propriétaires, dont les principaux agens de cette manutention recevoient les ordres, il étoit également nécessaire & convenable que l'assemblée avisât aux mesures qu'elle jugera les plus propres à lier cette nouvelle branche d'administration avec les principes & les formes adoptées à l'égard des autres travaux publics dont celui-ci va devenir le plus essentiel & le plus intéressant.

Que c'est à quoi la commission a cru qu'on pourroit parvenir en déterminant 1°. Que des commissaires de tous les ordres qui seront nommés dès-à-présent, & puis, chaque année pendant les Etats, prendront connoissance de tout ce qui aura rapport à la navigation, entretien, réparations & améliorations du canal, sur le rapport qui leur sera fait par le sieur de Montferrier, syndic général, ou en son absence, par l'un de ses collégues, des mémoires, observations, devis & autres pieces qui leur seront remises par le directeur général des ouvrages, & le receveur général du canal, chacun pour ce qui le concerne. N°. LXII.

2°. Que les commissaires assistés du syndic général, & d'un des greffiers des Etats, se transporteront sur le canal au tems convenable pour en faire la visite, pourvoir à tout ce qui sera jugé convenable pour les réparations d'entretien, passer les baux des ouvrages, ou en faire des marchés sur les lieux & sans déplacer, ainsi qu'ils le jugeront plus convenable aux intérêts de la province, sur les devis, toisés, & estimation du directeur général des travaux; qu'ils expédieront les ordonnances pour leur payement, arrêteront les comptes de ce qui n'aura pu être fait que par économie, suivant l'exigence des cas, & feront généralement, sous le bon plaisir des Etats, tout ce qu'auroient fait ci-devant à cet égard MM. les propriétaires.

3°. Que le syndic général rendra un compte exact à Mgr. l'archevêque de Narbonne, de toutes les opérations de la commission pour profiter des lumieres de Mgr. le président, & qu'il soit bien instruit de tout ce qui se passera, de maniere qu'à la réserve des cas urgens, il ne soit rien fait dans cette affaire, comme dans toutes les autres de la province, sans son approbation, autant qu'on pourra l'avoir sans aucun retardement préjudiciable.

4°. Que le directeur général des travaux & le receveur général recevront les ordres de la commission, de la part du syndic général, avec lequel ils se-

N°. LXII. ront à cet effet dans une correspondance suivie.

5°. Que le directeur des travaux & le receveur général donneront, chacun pour ce qui le concerne, tous les ordres relatifs à ceux qu'ils auront reçus eux-mêmes, aux sous-directeurs, inspecteurs, receveurs particuliers, contrôleurs, visiteurs, gardes, & autres employés, veilleront immédiatement sur leur conduite, & s'ils s'apperçevoient de quelque négligence, abus, ou malversations, en donneront avis au syndic général pour en être rendu compte à la commission, & à Mgr. l'archevêque de Narbonne.

Enfin qu'il sera encore nommé chaque année, pendant la tenue des Etats, d'autres commissaires de tous les ordres, qui, avec ceux du courant de l'année, formeront une commission, à laquelle il sera rendu compte de tout ce qui aura été fait depuis la séparation des Etats, pour leur en être fait rapport par le président de ladite commission en la forme ordinaire, laquelle commission arrêtera en même-tems le compte du receveur général, dont la recette duement justifiée par pieces, sera formée par le produit des droits de la navigation, & des autres revenus produits par les moulins, francs-bords, & tous autres quelconques; Et la dépense contiendra le montant en détail de toutes les ordonnances & arrêtés particuliers de la commission; la clôture duquel compte sera rapportée aux Etats pour être par eux approuvée, & pourvu à l'emploi du reliquat, s'il y en a, ou au remplacement du débet ainsi qu'ils aviseront.

Que tel a été sur ces différens objets l'avis de la commission qui se réduit à proposer aux Etats de délibérer.

1°. Après avoir remercié Mgr. le président des soins qu'il a bien voulu se donner, à l'occasion de l'affaire dont il s'agit, & approuvé toutes ses démarches, qu'il y a lieu d'acquérir par la province le canal de communication des mers, ses adjacences, & appartenances, tel que le tout est actuellement possédé & joui par MM. de Caraman & de Bonrepos au prix de huit millions quatre cent mille livres. N°. LXII.

2°. Que les Etats approuvent en conséquence les conventions proposées & signées par lesdits sieurs propriétaires, ou leur procureur fondé, & donnent pouvoir à MM. les députés à la cour, & au syndic général, de les rédiger à Paris en acte public, en prenant toutes les autres précautions qui seront jugées nécessaires pour la validité de l'acte, & la sureté de la province.

3°. De charger lesdits sieurs députés & le syndic général de poursuivre au conseil les arrêts & lettres-patentes sur ce nécessaires, & pour faire décharger la province du payement de tous droits qui pourroient être prétendus à raison de cette acquisition, les Etats approuvant les précautions qu'a déjà prises à ce sujet Mgr. l'archevêque de Narbonne, lequel sera prié de suivre les premieres démarches qu'il a eu la bonté de faire par l'envoi du courrier par lui dépêché.

4°. De suivre en tous points ce qui a été proposé ci-dessus sur les arrangemens provisoires pour l'administration pendant l'année prochaine du canal.

Après quoi lecture faite des conventions, il a été délibéré, sur tous les chefs, conformément à l'avis de MM. les commissaires, & que lesdites conventions seront transcrites à la suite de la présente délibération; & Mgr. l'archevêque de Narbonne a nommé pour commissaires pendant l'année Mgr. l'évêque de Commenge, M. le baron de Mirepoix & les sieurs syndics des diocèses de Toulouse & Narbonne.

Mgr. l'archevêque de Narbonne a

N°. LXII. aussi chargé le sieur Garipuy de veiller, avec l'autorité de directeur général en cette partie, aux travaux dudit canal.

LXIII.

EXTRAIT du registre des délibérations des Etats généraux de Languedoc, assemblés par mandement du Roi en la ville de Montpellier au mois de Novembre 1768.

Du Vendredi 30 Décembre suivant, président Mgr. l'archevêque & primat de Narbonne.

MONSEIGNEUR l'archevêque de Narbonne président a dit, que l'assemblée est instruite, qu'il est porté par l'article XI des propositions signées par MM. les propriétaires du canal de communication des mers, au sujet de la vente de ce canal à la province, que si elle ne pouvoit obtenir la remise, ou décharge des droits de lods, centieme denier, amortissement, & autres qui pourroient être dus à raison de ladite vente, lesdites propositions demeureroient nulles & comme non avenues.

Que les Etats ayant accepté lesdites propositions & les conditions y contenues, par leur délibération du 19 de ce mois, ils furent en même-tems informés des démarches qui avoient été déjà faites auprès des ministres, pour obtenir la décharge des droits dont il s'agit.

Que les premieres réponses des ministres sur cette demande, n'ont pas été aussi satisfaisantes que les Etats pouvoient se le promettre; qu'il y a cependant lieu d'espérer que les motifs qui ont déterminé les Etats à accepter les propositions de MM. les propriétaires, & qui doivent faire desirer que ces propositions ayent leur effet, prévaudront sur les difficultés que la demande de la décharge des droits éprouve actuellement.

Mais que dans cet état, MM. les propriétaires demandent que les Etats veuillent bien fixer un délai, après lequel les engagemens conditionnels qu'ils ont pris avec eux demeureroient entierement sans effet, si, dans ledit délai, les Etats n'avoient pas pu obtenir la décharge ou remise des droits, & que ce délai soit de trois ou quatre mois. N°. LXIII.

Que la demande de MM. les propriétaires étant juste & raisonnable, l'assemblée se portera sans doute à l'accueillir favorablement.

SUR QUOI il a été délibéré, que, si dans les quatre premiers mois de l'année prochaine, les Etats n'ont pas obtenu la décharge des droits qui pourroient être dus à raison de l'acquisition qu'ils se proposoient de faire du canal, de maniere que le contrat de vente ne pût point en être passé; dans ce cas, dès le premier Mai prochain au plus tard, & même plutôt, si la décision définitive étoit contraire à la demande des Etats, MM. les propriétaires du canal seront & demeureront déchargés des engagemens qu'ils ont pris avec les Etats.

LXIV.

EXTRAIT du registre des délibérations des Etats généraux de Languedoc, assemblés par mandement du Roi en la ville de Montpellier au mois de Novembre 1768.

Du Lundi 2 Janvier 1769, président Mgr. l'archevêque de Toulouse.

MONSEIGNEUR l'archevêque de Toulouse a dit, que le courrier qui avoit été dépêché par Mgr. l'archevêque de Narbonne, pour prévenir les ministres contre toute demande qui pourroit être faite à la province du payement d'aucuns droits domaniaux, ou autres, à raison de l'acquisition du canal de communication des mers, ayant rencontré en revenant mondit seigneur l'archevêque, ce prélat lui avoit fait l'honneur de lui adresser la dépêche de M. le contrôleur général que portoit ledit courrier pour en faire part à l'assemblée; que la lecture qui va en être faite lui fera sans doute aisément connoître, que malgré les raisons solides qu'avoit déjà fait valoir Mgr. l'archevêque de Narbonne pour faire sentir à M. le contrôleur général que la province, ne pouvant être légitimement tenue du payement d'aucuns droits pour une acquisition de cette espece, elle devoit nécessairement en être, en tant que de besoin, déchargée, cette affaire, très-simple en elle-même, avoit été mal-entendue, puisque ce ministre a cru devoir la communiquer aux fermiers généraux, qui, de leur côté, l'ont traitée suivant des principes qui ne sauroient être applicables à un corps comme la province; qu'on ne peut cependant que se louer de leur procédé dans les modérations qu'ils ont proposé, & reconnoître dans la lettre de M. le contrôleur général les égards qu'il veut bien avoir pour les demandes des Etats, la persuasion où il est de l'utilité & de la convenance de l'acquisition dont il s'agit, & le desir qu'il a que rien ne mette obstacle à son accomplissement.

Que dans ces circonstances rien ne paroît plus naturel, en persévérant dans les précédentes délibérations, & notamment dans celle du 30 du mois dernier, que de s'en rapporter avec la plus entiere confiance, pour la conclusion de cette importante affaire, au zele, aux lumieres, & à la prudence, dont on a si souvent éprouvé les heureux effets, de Mgr. l'archevêque de Narbonne & de MM. les députés, qui feront à même d'appuyer de vive voix, mieux qu'on ne l'a d'abord fait par écrit, & par des motifs encore plus pressans, la demande des Etats.

SUR QUOI lecture faite de la lettre de M. le contrôleur général des finances à Mgr. l'archevêque de Narbonne, en date du 27 Décembre dernier.

Il a été délibéré, en persévérant dans les précédentes délibérations, & notamment dans celle du 30 du mois dernier, de s'en rapporter avec la plus entiere confiance aux lumieres, & à l'attachement pour les intérêts de la province, de Mgr. l'archevêque de Narbonne, & de MM. les députés, sur la conclusion de cette affaire, & qu'il sera par eux très-humblement représenté au Roi, que la province ne sauroit être regardée comme les mains-mortes ordinaires qui achetent sur le produit même de leurs biens, & pour l'augmenter par des jouissances utiles, tandis que la province n'acquiert que pour administrer, & pour l'utilité publique. Que cette vérité se montre d'une maniere encore plus sensible dans l'acquisition du canal de communication des mers, puisqu'elle tourne non-seulement au profit du commerce de la province, mais à celui du commerce en général de tout le royaume; Que si la province, en la faisant, laisse subsister les droits onéreux à ce commerce, ce n'est que pour fournir au payement des intérêts des sommes qu'elle ne peut se dispenser d'emprunter, ainsi qu'à l'entretien & à l'amélioration de cet important ouvrage, & non pour en retirer aucun profit; Que le desir des Etats est d'être à même de pouvoir rembourser un jour ces emprunts pour affranchir d'autant le commerce & augmenter, s'il est possible, la circulation; Qu'on ne sauroit raisonnablement assimiler le canal aux autres effets possédés par des particuliers, puisque ceux qui en sont actuellement propriétaires ne pouvoient en disposer sans

N°. LXIV. l'agrément du Roi, & que la vente n'en auroit pas même pu avoir lieu, si un corps, comme celui de la province, ne s'étoit porté pour l'acquérir; Qu'elle ne s'est déterminée à le faire qu'après l'autorisation & même l'invitation de Sa Majesté; Que pour concourir ainsi aux vues les plus louables du bien public, elle ne fera qu'ajouter huit millions quatre cent mille livres à plus de sept millions, qu'elle a déjà fourni pour l'acquisition des terreins qui forment le canal, & pour sa construction, ce qui n'est proprement que rentrer dans son propre bien; Qu'elle fait tous les jours des acquisitions pour des ouvrages publics ou pour des chemins, sans qu'on lui ait jamais demandé, ni centieme denier, ni amortissement, ni indemnité; Qu'on ne conçoit pas quelle pourroit être la différence entre un canal fait, ou un canal à faire, l'un & l'autre n'étant qu'un grand chemin par eau, qu'il est intéressant d'affranchir de tout droit qui ne sert qu'à le rendre moins utile; Que l'exemption générale dont a toujours joui la province à raison des ouvrages publics, qu'elle n'entreprend & ne dirige que pour le bien général, & sous le bon plaisir du Roi, résiste à tout payement envers la ferme générale de droits quelconques qui seroient un nouvel impôt; Que la province, en se déterminant à faire l'acquisition qui donne lieu à la prétention qu'on est obligé de combattre, a dû combiner ce qu'il étoit juste & possible d'accorder à MM. les propriétaires, sans aucune surcharge pour les peuples; Que si, d'un côté, un effet qui offroit de grandes ressources, ne pouvoit être acquis que pour une somme considérable, il falloit faire attention, d'un autre côté, que si l'intérêt de cette somme égaloit le produit total de cet effet, par les casualités qui s'y rencontrent, il deviendroit bientôt onéreux au peuple. Que c'est cette double considération, qui, ayant fait fixer à huit millions quatre cent mille livres le prix du canal, démontre en même-tems que toute addition à cette somme ne pourroit être supportée par le canal lui-même, dont la gestion exige une aisance sans laquelle on ne pourroit l'entretenir, & que n'étant ni juste, ni possible de demander aucune diminution de prix à MM. les propriétaires, il le seroit encore moins de faire supporter le prix additionnel d'aucuns droits aux peuples de Languedoc qui ne sont pas seuls intéressés aux bons effets de cette acquisition, & qui étant déjà accablés par le poids des impositions de toute espece trop multipliées, ne pourroient supporter cette surcharge, qu'en diminuant d'autant les secours qu'ils ne cessent d'accorder au Roi, ou en les mettant dans l'impossibilité de les fournir.

Qu'ainsi la qualité de la province qui doit jouir, sans aucun intérêt personnel, mais uniquement pour le bien général du commerce; l'extrême différence qui est entre elle, & les gens de main-morte; la nature du canal dont toute l'étendue, l'importance, & la gestion n'ont jamais dû faire présupposer sa vente; l'intention qu'a eu la province, en l'acquérant, de ne chercher qu'à en diminuer les droits; & une infinité d'autres réflexions qui n'échapperont pas aux lumieres de Mgr. l'archevêque de Narbonne & de MM. les députés, doivent porter Sa Majesté à donner, en cette occasion, à la province des marques de sa bienveillance & de la satisfaction qu'elle doit avoir de l'empressement des Etats à concourir à l'accomplissement de ses grandes vues pour l'accroissement du commerce.

No. LXV.

L X V.

Extrait du registre des délibérations des Etats généraux de Languedoc, assemblés par mandement du Roi en la ville de Montpellier, au mois de Novembre 1769.

Du Jeudi 14 Décembre suivant, président Mgr. l'archevêque de Toulouse.

Le sieur de Joubert, syndic général, a dit, que le premier objet qui a occupé MM. les députés, a été l'exemption des lods & de l'amortissement de l'acquisition du canal de communication des deux mers, que l'assemblée avoit regardé comme une condition sans laquelle cette grande & importante affaire ne pouvoit être consommée. Qu'ils ont joint à l'autorité des exemptions accordées à la ville de Paris & à d'autres villes considérables, à raison des acquisitions par elles faites & des ouvrages entrepris pour l'utilité publique, celles des principes les plus solides exposés dans un mémoire de Mgr. l'évêque de Lavaur, pour établir la justice d'une décharge entiere en faveur d'une acquisition faite par un corps d'états, sans autre avantage que celui de l'intérêt public, & pour faire voir que la propriété dont ces corps étoient susceptibles, ne tenoit en rien de la propriété privée.

Que l'obstacle qui a empêché le succès de cette demande a été l'intérêt des fermes revêtu de l'intérêt de l'état, que les fermiers généraux ont fait valoir, en l'appuyant par des exemples qui ne peuvent jamais prescrire contre la vérité & la justice du principe, mais qui servent plutôt à justifier & à augmenter la crainte des conséquences à l'égard d'une administration aussi étendue que celle des Etats.

De sorte qu'après avoir eu le mérite d'avoir adopté le projet qui a été formé & tracé par Mgr. l'archevêque de Narbonne, toujours animé du zele le plus constant pour le bien de la province, pour une acquisition qui avoit mérité l'approbation du public & des ministres, il reste aux Etats & à leur digne chef la satisfaction, de ne s'être pas laissé éblouir par le desir de son exécution, jusqu'à l'acheter au prix d'un assujettissement à des droits dont ils ont senti toutes les conséquences....

Mgr. l'archevêque de Toulouse a dit ensuite, que l'assemblée vient d'être informée, dans le plus grand détail, par le rapport du sieur de Joubert, des raisons légitimes qui ont mis un obstacle invincible à l'exécution du traité fait par les Etats, dans leur précédente assemblée avec MM. les propriétaires du canal de communication des mers pour l'acquisition de ce grand ouvrage; que l'une des conditions de ce traité étant qu'il ne tiendroit réciproquement qu'autant que les Etats auroient obtenu l'exemption de tous les droits prétendus par les fermiers du domaine, à raison de cette acquisition; & les Etats ayant ensuite fixé, par leur délibération du 30 Décembre 1768, au premier du mois de Mai suivant, l'époque de l'entiere conclusion, ou abandon de cette affaire, après ce délai fatal, les choses sont par-là restées dans leur même état, & les conventions doivent demeurer comme non avenues, de quoi il est nécessaire qu'il soit fait expressément mention dans les registres des Etats.

Sur quoi il a été délibéré que les conventions faites & signées le 18 Décembre 1768 avec MM. les propriétaires du canal de communication des mers pour son acquisition, demeureront nulles, sans effet, & comme non avenues; de quoi il est donné acte à MM. les propriétaires par la présente délibération dont il leur sera délivré à cet effet un extrait en forme.

LXVI.

L X V I.

EXTRAIT du registre des délibérations des états généraux de Languedoc, assemblés par mandement du Roi, en la ville de Montpellier au mois de Novembre 1779.

Du Lundi 3 Janvier 1780, président Mgr. l'archevêque & primat de Narbonne, commandeur de l'ordre du Saint-Esprit.

MONSEIGNEUR l'évêque de Montpellier a dit, que le sieur de Montferrier a rapporté à la commission une requête présentée aux Etats par les députés de la ville d'Agde, dans laquelle, après avoir exposé que les employés de MM. les propriétaires du canal des mers, au-lieu de jetter sur les francs-bords le limon provenant du recreusement de la partie dudit canal la plus voisine de la riviere d'Hérault, se sont avisés de charger ces vases sur des barques plates avec lesquelles ils les transportent dans le lit de la riviere, ils croyent devoir se plaindre avec raison d'une pareille démarche qui aboutiroit visiblement à former dans les parties de ladite riviere destinées à la navigation, des dépôts plus ou moins considérables, qui rendroient absolument inutiles les précautions qu'ont pris les Etats pour y faire enlever tout ce qui pourroit nuire au libre passage des bâtimens de commerce; d'où lesdits députés concluent à supplier les Etats de mettre ordre à un pareil abus. No. LXVI.

Que MM. les commissaires n'ont pas hésité à être d'avis de proposer aux Etats d'accueillir une aussi juste réclamation, en chargeant le sieur Garipuy, directeur pour la province dudit canal, de vérifier le fait dont il s'agit, & d'aviser aux moyens les plus propres pour obliger MM. les propriétaires à ne pas étendre les droits pour le transport des vases du canal au-delà de ses francs-bords, & notamment dans le lit de la riviere d'Hérault.

Ce qui a été ainsi délibéré.

ARTICLE PREMIER.

Du projet d'un nouveau Canal de Cette à Agde.

I.

EXTRAIT du registre des délibérations des Etats généraux de Languedoc, assemblés par mandement du Roi en la ville de Montpellier le premier jour de Décembre 1774.

Du Jeudi 22 dudit mois de Décembre, président Mgr. l'archevêque & primat de Narbonne.

MONSEIGNEUR l'évêque de Nîmes a dit, que la ville de Cette a présenté un mémoire, dans lequel on expose, combien il seroit intéressant & utile que le chemin de ladite ville à Agde, en passant par la plage, fût mis en état que toutes sortes de voitures y pussent rouler, attendu qu'il peut suppléer en partie au défaut d'un canal de communication de Cette à Agde par les étangs, jusqu'à ce que la province, qui a senti toute l'utilité de ce canal, se soit déterminée à en faire la dépense; qu'au moyen de ce chemin, les marchandises venues à Cette pour le haut Languedoc, ou les foires de Bordeaux, pourroient aller à leur destination sans difficulté, & sans éprouver les retards qu'occasionnent sur l'étang les vents contraires, ce qui auroit également lieu pour les marchandises, & denrées venant à Cette du même côté; que cette route n'ayant gueres

N°. I. que dix mille toiſes, les charrettes pourroient facilement faire l'aller & le retour dans un jour, qu'elle a exiſté autrefois, & ſert encore journellement, malgré les difficultés du mauvais état où elle eſt venue, & que ſa réparation paroît indiſpenſable à cauſe de l'intime communication qu'il y a actuellement de l'une de ces villes à l'autre, du tranſport des denrées qu'on en retire, & de l'augmentation de leur commerce réciproque; qu'au ſurplus la dépenſe des ouvrages qu'il faudroit y faire ne ſauroit être fort conſidérable, ſi l'on fait attention, comme le montrera l'inſpection plus particuliere des lieux, que le ſol ſera très-ferme ſur une aſſez longue étendue, qu'on aura la faculté d'avoir ſur la plage même tout le gravier néceſſaire, & la facilité de faire tranſporter par eau les autres matériaux qui pourront y manquer & qu'on ne ſera jamais obligé d'y porter de bien loin.

Que c'eſt d'après ces conſidérations qu'on ſupplie les Etats de vouloir bien ordonner, que ledit chemin de Cette à Agde, en paſſant par la plage, ſoit reconſtruit aux frais de la ſénéchauſſée, ou du dioceſe, ſi la province ne juge pas à propos de s'en charger; & que, ſi les circonſtances actuelles ne permettoient pas que cette entrepriſe fût commencée dès-à-préſent, il ſoit du moins du bon plaiſir des Etats, de déterminer qu'elle aura lieu par préférence à toute autre, lorſque les obſtacles qui pourroient en arrêter aujourd'hui l'exécution, ſeront levés.

Que la commiſſion, après avoir entendu la lecture de ce mémoire, a reconnu la vérité de ce qu'on y expoſe ſur les avantages du chemin dont il s'agit; mais que, conſidérant en même-tems qu'il en réſulteroit d'encore plus grands de la conſtruction de la branche du canal qui, longeant la plage, iroit aboutir au canal royal, ſoit parce que le commerce ſe fait toujours plus aiſément par eau que par terre, ſoit parce qu'une des digues de ce canal pourroit ſervir de chemin par terre, MM. les commiſſaires ont cru que, ſans donner la préférence à l'un ou à l'autre de ces projets; ni prendre, quant à préſent, aucun engagement pour leur exécution, il ſeroit convenable de ſe procurer des notions certaines & bien détaillées ſur la poſſibilité, la facilité, & la dépenſe de l'accompliſſement de chacun de ces projets, pour que les Etats fuſſent enſuite à même d'adopter, s'il y avoit lieu, & lorſque les circonſtances pourroient le permettre, celui qui réuniroit à tous égards le plus d'avantages réels; à quoi on pourroit parvenir en chargeant le ſieur Garipuy, de faire les plans, devis, & eſtimation bien détaillés, tant du chemin en queſtion, que du canal le long de la plage, pour, ſur le rapport qui en ſeroit fait à la prochaine aſſemblée, y être délibéré ce qu'il appartiendra. N°. I.

SUR QUOI il a été délibéré, que, ſans entendre rien préjuger ſur le choix du chemin, ou du canal dont il s'agit, ni prendre aucun engagement pour la conſtruction de l'un ou de l'autre, il ſera procédé par le ſieur Garipuy, à former les plans, devis, & eſtimation de ces deux ouvrages, de la maniere la plus exacte & la plus détaillée, pour être rapportés à la prochaine aſſemblée des Etats.

II.

(Cette délibération eſt commune au canal de Cette au pont de la Peyrade, & au canal de Cette à Agde. Mais comme il n'étoit pas poſſible de la morceler, on a eu l'attention de noter en marge les endroits qui ont rapport à chacun de ces ouvrages.)

EXTRAIT du regiſtre des délibérations des Etats généraux de Languedoc, aſſemblés par mandement du Roi en

N°. II. *en la ville de Montpellier au mois de Janvier 1776.*

Du Mardi 27 Février suivant, président Mgr. l'archevêque & primat de Narbonne, commandeur de l'ordre du St. Esprit.

MONSEIGNEUR l'évêque de Nîmes a dit, que les commerçans de la ville de Cette ayant fait connoître aux Etats la nécessité de construire à portée du canal qui va du port à l'étang de Thau, une darse ou petit port où pussent se ranger les petits bâtimens qui servent principalement au commerce par ledit étang, & qui demeurant actuellement dans le canal s'y accumulent & le retrécissent, & en embarrassent les bords au point d'en gêner extrêmement la navigation, les Etats chargerent par leur délibération du 17 Novembre 1772 le sieur Dasté, ingénieur à Cette, de faire le projet de ladite darse.

Que ce projet ayant été présenté à l'assemblée suivante, il fut approuvé, & MM. les commissaires des travaux publics furent autorisés à faire l'adjudication des ouvrages qu'il indiquoit, pour la dépense desquels il fut délibéré le 21 Novembre 1773 de faire un premier fonds de 25,000 livres.

I. *Canal de Cette au pont de la Peyrade.* Que cette adjudication ayant été faite en 1774, on s'apperçut, avant de mettre la main à l'œuvre, que les travaux indiqués ne seroient pas suffisans, & qu'il pourroit en résulter divers inconvéniens qui ne se rencontroient pas dans l'exécution d'une branche de canal, depuis celui du port à l'étang jusques à celui qui est actuellement établi dans l'étang au-dessous des chaussées & pont appellé de la Peyrade, qu'on proposa de substituer à la darse dont il tiendroit lieu pour remplir le premier objet qu'on avoit eu en vue & procureroit de bien plus grands avantages à la navigation & au commerce.

Que les Etats, convaincus de l'utilité de ce changement, n'hésiterent pas à l'adopter, en ordonnant le résiliement, auquel consentirent les entrepreneurs de la darse, du bail qui leur avoit été passé de cet ouvrage, & ils chargerent le sieur Dasté, de faire le projet de cette nouvelle branche de canal.

Que la ville de Cette représenta en même-tems combien il seroit utile & nécessaire de faire construire une autre branche de canal, dont le projet déjà présenté aux Etats par une compagnie qui offroit de l'exécuter, auroit été accueilli, si certaines des conditions que vouloit mettre ladite compagnie à son exécution, n'y avoient mis obstacle, ou bien un chemin sur la plage qui assurât en tout tems, & d'une maniere aisée, la communication par terre de ladite ville à celle d'Agde: Sur quoi les Etats chargerent le sieur Garipuy de faire le projet des travaux nécessaires tant pour la construction du chemin que pour celle du canal, avec leur appréciation, pour que sur ces pieces qui seroient rapportées à la présente assemblée, elle pût prendre le parti qui lui paroîtroit le plus convenable. II. *Canal de Cette à Agde.*

Que le sieur Dasté s'étant excusé de travailler au projet de la branche du petit canal près la Peyrade, MM. les commissaires des travaux publics chargerent le sieur Garipuy d'y suppléer, étant persuadés que les projets des deux canaux étant faits par la même personne, il résulteroit plus d'utilité de leur ensemble.

Que d'après cette nouvelle détermination le sieur Garipuy a fait les opérations nécessaires pour mettre les Etats à même de se déterminer avec la plus grande connoissance de cause sur l'exécution de l'un & l'autre de ces canaux, ensemble ou séparément.

Qu'il résulte du compte très-détaillé contenu dans sa vérification, dont le *Canal de Cette à Agde.*

N°. II. sieur de Montferrier a fait le rapport à la commission, ainsi que des plans desdits ouvrages, que la derniere partie du canal royal sur 1200 toises de longueur, se terminant dans l'étang de Thau, s'éloigne de la direction de Cette; & que, quoique le canal y soit beau & aligné, il est inévitable de l'abandonner, & de placer la réunion des deux canaux au contour de l'ancien le plus avancé dans la plage, au-dessus du pont & de la métairie des Ongloux; Qu'à partir de ce point, le bord de la plage s'écartant peu de la ligne droite jusqu'auprès du poste des gardes, nommé le Verderet, le nouveau canal formera un premier alignement d'environ 5200 toises; qu'au-delà du Verderet le retrécissement de la plage, & ensuite le prolongement du pied de la montagne de Cette jusqu'au hameau de Saint Joseph, obligent de diviser cette partie intermédiaire, dont la longueur est d'environ 3000 toises en deux alignemens raccordés, par des courbes fort rallongées; & qu'enfin la derniere partie qui se joint au canal de Cette au-delà du Bourdigue, a 1200 toises presque en ligne droite; en sorte que cette premiere branche de canal à faire est de 9400 toises de longueur.

Que la direction de ces deux alignemens place le canal dans le terrein dont l'excavation est la plus facile & la moins dispendieuse; & qu'en jettant tous les déblais sur le bord opposé à l'étang, depuis les Ongloux jusqu'à la montagne de Cette, on forme la base d'un chemin solide très-commode pour le tirage des barques, & on ne laisse nulle part des eaux croupissantes qui deviennent des mares infectes; qu'en employant les mêmes déblais à former des levées sur le bord opposé, entre les pointes de Negret & de Saint Joseph, on se procure un franc-bord contre les eaux de l'étang; qu'enfin une jettée construite sur la rive gauche, au-delà de Saint Joseph, & le comblement des petites parties de l'étang qui resteroient sur la droite, acheve de former les bords du nouveau canal; en sorte qu'il y aura par-tout un chemin ferme à la droite, & que le bord de la gauche n'aura rien à craindre des vagues de l'étang. N°. II.

Que le sieur Garipuy ne se borne point à déterminer, dans ce verbal, les ouvrages nécessaires pour former le canal, qu'il propose des moyens pour empêcher les eaux de s'y corrompre, & qu'elles n'infectent l'air; qu'il remarque que ce qui se présente d'abord seroit de ménager des ouvertures au nouveau canal pour y établir des communications avec l'étang, & qui serviroient en même-tems à rafraîchir les eaux du canal, & au passage des barques qui voudroient traverser l'étang pour se rendre aux villages qui le bordent au nord: mais que l'exécution de cette idée souffre deux difficultés; l'une, prise du peu de profondeur de l'étang jusqu'à une grande distance de la plage; & la seconde, de ce que les eaux de l'étang & du canal étant au même niveau, ces passages ne formeroient que des culs-de-sacs dans lesquels les eaux n'auroient point de courant: que l'insuffisance de ce premier moyen a déterminé le sieur Garipuy à en proposer un second, qui consiste à renouveller les eaux du canal projetté, au moyen de celles de l'Héraut qui nourrissent la partie inférieure du grand canal; que pour introduire les eaux de l'Héraut dans le nouveau canal, ce directeur propose deux partis; le premier, de soutenir les eaux dans la partie supérieure de la derniere retenue du grand canal, d'abord par une écluse qu'on construiroit dans cette retenue près des Ongloux, & ensuite par le rehaussement

N°. II. des francs-bords dans les endroits où ils se trouveront trop bas.

Que le second, plus coûteux que le précédent, mais qui introduiroit les eaux de l'Héraut d'une maniere plus assurée, seroit d'en établir la prise au premier contour, au-dessus de l'écluse du Bagnas, voisin de la métairie de la Raviniere, en sorte que l'écluse qu'il auroit fallu, dans le premier cas, construire sur l'ancien canal au-dessous de la prise, seroit placée sur le nouveau canal, & le surplus de la dépense se réduiroit à un prolongement d'environ 1200 toises de longueur.

Qu'enfin le sieur Garipuy indique dans le susdit verbal les principales dimensions des ouvrages à faire à cette premiere branche de canal.

Canal de Cette au Pont de la Peyrade.

Que la seconde branche de canal de Cette à la Peyrade n'auroit que 1580 toises de longueur, & qu'elle est divisée en deux alignemens rachetés par une courbe.

Que le premier alignement commence sur le bord du canal de Cette, à 160 toises au couchant du pont, au midi du chantier de la province, & joint à 400 toises le grand chemin qui vient de la ville, se soutenant ensuite parallelement à ce chemin du côté du nord, sur environ 900 toises de longueur, jusqu'à la rencontre de la redoute qui est à l'angle du chemin ; & que le second alignement parallele à la chaussée percée d'arceaux, n'a que 260 toises de longueur.

Que le sieur Garipuy a cru devoir préférer cet emplacement à tout autre, par diverses considérations. En premier lieu, la derniere partie de ce canal étant au-dessous de la chaussée ouverte par des arceaux, pourroit être construite de maniere à ne pas intercepter la communication entre les étangs durant la grosse mer, sans néanmoins empêcher le tirage des barques. 2°. Le grand chemin qui bordera la plus grande partie du premier alignement, contribuera à sa commodité & à son ornement. 3°. Enfin le reste du chemin qui se détourne pour gagner le pont actuel, laisse au levant du canal un espace libre, assez vaste pour fournir le sol d'une nouvelle ville, suivant le desir de la plupart des habitans de Cette ; & que le sieur Garipuy a annexé à la carte des deux branches de canal le plan de cette nouvelle ville, qui joindroit à l'agrément toutes les commodités qui peuvent favoriser le commerce ; que le sieur Garipuy faisant entrevoir la partie de cette branche comprise dans la ville, dont la longueur est d'environ 300 toises, comme pouvant dès à présent servir de darse & de port pour les bateaux, pouvant même devenir par la suite un port pour les navires, plus à l'abri que celui où ils s'arrêtent aujourd'hui, il estime que sa largeur doit être de 25 toises sur 9 pieds de profondeur, une plus grande profondeur étant inutile jusqu'à ce qu'on ait augmenté celle du canal de communication avec le port, ce qui ne peut être fait qu'après avoir pris les moyens nécessaires pour la sureté des quais qui bordent ce canal. N°. II.

Que le sieur Garipuy, après avoir fait connoître tout ce qui peut être intéressant pour la construction de ces deux branches de canal, dans la vue de remplir en entier la délibération des Etats, passe, dans son verbal, à la construction du chemin d'Agde à Cette.

Que cette route, véritablement intéressante, surtout si le canal n'avoit pas lieu, a en tout 11,670 toises de longueur.

Que la premiere partie, à la sortie de la ville, étant située sur un terrein ferme & élevé, éloigné du canal, en est absolument indépendante, mais que sa longueur varie, suivant l'emplace-

N°. II. ment de la prise d'eau de l'Hérault pour le nouveau canal : qu'elle seroit de 1180 toises, dans le cas où cette prise d'eau seroit au-dessus de l'écluse du Bagnas, & qu'elle se porteroit à 2370 toises, si la prise d'eau étoit placée au contour des Ongloux.

Que tout le reste du chemin jusqu'à Cette doit être placé sur le franc-bord opposé à l'étang, dans le cas où l'on fasse le canal, & que sa position ne doit changer que sur une petite partie près de Saint Joseph, quand même le canal n'auroit point lieu; que néanmoins les frais de construction de cette nouvelle route sont très-différens dans ces deux cas, suivant les appréciations qu'en a fait le sieur Garipuy; que si on ne faisoit point le canal, la dépense de la totalité du chemin se porteroit à 270,000 livres; que si on fait le canal, & que la prise d'eau soit aux Ongloux, le chemin ne coûtera que 220,000 livres; & dans le cas où la prise d'eau seroit portée au-dessus de l'écluse du Bagnas, la dépense seroit réduite à 200,000 livres.

Qu'enfin le sieur Garipuy termine son verbal sur tous les susdits objets, en donnant l'évaluation de la dépense à faire pour la construction des deux branches du canal; que la principale *Canal de Cette à Agde.* qui va vers Agde se porte à 620,000 livres, si la prise d'eau est au-dessus de l'écluse du Bagnas; que cette branche ne montera qu'à 520,000 livres, si on établit la prise d'eau au contour des Ongloux, & qu'on ne construise point d'écluse sur l'ancien canal pour rehausser ses eaux; qu'elle se portera à 560,000 livres, en ajoutant aux frais de recreusement la construction de l'écluse & des rehaussemens à faire aux francs-bords; qu'enfin l'ouverture de *Canal de Cette au Pont de la Peyrade.* la seconde branche vers la Peyrade ne monte qu'à 144,000 livres.

Que la commission, après avoir examiné dans le plus grand détail le verbal N°. II. dressé par le sieur Garipuy, & les plans qui ont été mis sous ses yeux de tous les ouvrages, a cru ne pouvoir mieux faire que d'approuver les projets qu'ils renferment, en arrêtant, à l'égard du canal de Cette à Agde, qu'on donne *Canal de Cette à Agde.* la préférence à celui de se servir des eaux de l'Hérault pour l'alimenter & le renouveller, ce parti étant le plus propre à remplir les vues des Etats pour assurer & pour faciliter la navigation entre l'extrémité du grand canal & celui des étangs, pour pourvoir à la salubrité de l'air, & pour procurer aux habitans de Cette, dans les nouveaux bâtimens qu'ils construiront sur les bords du nouveau canal, toutes les commodités des villes maritimes; que néanmoins les autres ouvrages que la province a déjà entrepris ne lui permettant pas de faire travailler en même tems aux deux branches de celui dont il s'agit, MM. les commissaires ont cru devoir proposer aux Etats de se borner maintenant à la construction de la seconde branche de canal entre Cette & *Canal de Cette au Pont de la Peyrade.* la Peyrade, telle qu'elle est tracée sur les plans du sieur Garipuy, tant pour ce qui concerne le canal, que pour la distribution des bâtimens qui doivent former la nouvelle ville; & qu'à cet effet, tous ceux qui voudront construire de nouvelles maisons, ou réparer les anciennes, dans tout l'espace que la nouvelle ville doit occuper, seront obligés de se conformer aux alignemens qui leur seront donnés par le sieur Garipuy; de destiner à cet ouvrage la somme de 25,000 livres qui a été déjà imposée pour la construction de la darse qui sera suppléée par la partie du nouveau canal enclavée dans la ville, ainsi que les autres fonds précédemment faits pour d'autres ouvrages du port de Cette auxquels ils n'ont pas été entierement employés; & en outre

de faire un nouveau fonds de 25,000 l.
II. pour accélérer l'exécution d'un ouvrage aussi utile; enfin de donner pouvoir à MM. les commissaires des travaux publics d'en faire l'adjudication pendant l'année, sur le devis qui en sera dressé par le sieur Garipuy.

Et, quant à ce qui concerne le chemin d'Agde à Cette, de charger le diocese d'Agde de faire faire, pendant le cours de l'année, le devis de la partie comprise entre Agde & la métairie de la Raviniere, en suivant les alignemens déterminés par le sieur Garipuy, & de renvoyer la suite de ce chemin jusqu'à ce qu'il ait été pris par la province une détermination définitive pour commencer les travaux de la branche du canal sur le franc-bord duquel ce chemin devroit être établi, en arrêtant toutefois dès à présent qu'on exécutera la prise des eaux de l'Hérault.

Ce qui a été délibéré, conformément à l'avis de MM. les commissaires.

III.

EXTRAIT du registre des délibérations des Etats généraux de Languedoc, assemblés par mandement du Roi, en la ville de Montpellier au mois d'Octobre 1778.

Du Samedi 5 Décembre suivant, président Mgr. l'archevêque & primat de Narbonne, commandeur de l'ordre du Saint-Esprit.

MONSEIGNEUR l'évêque de Lodeve a dit, que le sieur de Montferrier a rendu compte à la commission des affaires extraordinaires de ce qui concerne le renouvellement du projet anciennement formé d'établir des salins sur la plage qui s'étend depuis le bas de la montagne de Cette jusques à une certaine distance du côté d'Agde pour vendre le sel qui en proviendroit aux vaisseaux étrangers qui vont s'en pourvoir à Cagliary & à Ivice, & ouvrir par-là une nouvelle branche de commerce très-utile au port de Cette & à
la province, &c. N°. III.

Qu'à l'appui de ces observations, on a mis sous les yeux de la commission, un plan géométrique du terrein où a été tracé l'emplacement des salins projetés, pour montrer les ouvrages qui doivent les mettre à l'abri de toute entreprise de la part des contrebandiers, la facilité d'y établir un nombre plus que suffisant de postes pour empêcher toute espece de fraude, & la maniere de former cet établissement sans porter aucun préjudice à la construction du canal de navigation de Cette à Agde, dont le projet, approuvé par les Etats, peut aisément se concilier avec l'emplacement le plus naturel & indispensable des salins, par la simple transposition dudit canal du côté de la mer, au lieu de lui faire longer l'étang, ce qui ne présente rien de contraire aux vues des Etats, comme l'a certifié le sieur Garipuy, auteur du projet du canal, auquel celui de l'emplacement des salins a été communiqué.

Que MM. les commissaires ayant donné à l'examen de cette affaire la plus sérieuse attention, n'ont pu qu'être convaincus, non-seulement de l'utilité déjà reconnue par les Etats d'établir l'exportation du sel par le port de Cette, au moyen de la vente aux étrangers, & des avantages de cette nouvelle branche de commerce, mais encore de donner la préférence à la compagnie qui se présente, sur les offres des fermiers généraux, comme le seul moyen véritablement efficace de faire réussir l'objet d'utilité publique qu'on a en vue.

Que MM. les commissaires ont été conséquemment d'avis de proposer aux Etats de donner leur approbation au projet dont il s'agit, & de charger MM. les députés de solliciter une décision conforme.

Ce qui a été ainsi délibéré.

N°. IV.

IV.

Extrait *du Regiſtre des délibérations des Etats généraux de Languedoc, aſſemblés par mandement du Roi en la ville de Montpellier au mois de Novembre 1779.*

Du Vendredi 31 Décembre ſuivant, préſident Mgr. l'archevêque & primat de Narbonne, commandeur de l'ordre du Saint-Eſprit.

MONSEIGNEUR l'archevêque de Toulouſe a dit, qu'il fut rendu compte à la derniere aſſemblée de tout ce qui avoit été fait juſqu'alors à l'égard du projet d'établir des ſalins ſur la plage de Cette, & notamment du changement à faire de l'emplacement d'un canal de navigation projetté antérieurement depuis la premiere deſdites villes juſqu'à l'autre, en le tranſportant du côté de la mer, au lieu de celui de l'étang de Thau où il avoit été d'abord déterminé de le placer, ſuivant le plan du ſieur Garipuy fils; lequel changement n'étant qu'un moyen pour concilier l'exécution de l'établiſſement des ſalins avec celle dudit canal, ſans porter aucun préjudice à ſa conſtruction, les Etats, en l'approuvant, chargerent de plus fort MM. les députés à la cour, par leur délibération du 5 Décembre 1778, de ſolliciter une déciſion favorable à la demande des intéreſſés à cette importante entrepriſe.

Que cette déciſion ayant été prononcée par arrêt & lettres-patentes des 15 & 30 du mois de Juin dernier, conformément aux vues des Etats; & les entrepreneurs de l'établiſſement des ſalins ayant deſiré que la direction dudit canal fût tracée d'une maniere aſſez préciſe, pour qu'ils puſſent fixer eux-mêmes les travaux les concernant, le ſieur Garipuy fut chargé, en conſéquence des ordres de Mgr. l'archevêque de Narbonne, de ſe tranſporter ſur les lieux pour faire cette opération, laquelle a exigé, par les nivellemens & autres détails dont elle eſt ſuſceptible, un travail d'autant plus néceſſaire qu'on ne tarda pas à s'appercevoir des inconvéniens que préſentoit la conſtruction du canal le long de la plage de la mer, & que les entrepreneurs des ſalins, mieux inſtruits de leurs véritables intérêts, crurent devoir revenir à ſon emplacement du côté de l'étang, en le tranſportant un peu plus avant dans ſes eaux que ne l'avoit fait le ſieur Garipuy qui l'avoit placé, dans ſon premier projet, preſque en entier ſur le bord de la plage.

Que par ces conſidérations & celles qui pourroient réſulter de la différence de la dépenſe qu'exigeroit l'exécution du canal, ſuivant les divers projets de ſon emplacement, le ſieur Garipuy ayant pris tous les éclairciſſemens néceſſaires pour pouvoir ſe déterminer ſur le parti qui mériteroit la préférence, fit part de ſes obſervations & de ſes vues à MM. les commiſſaires des travaux publics, aſſemblés à Cette au mois d'Octobre dernier, pour la ſonde du port, leſquels, après un mûr examen fait en préſence des principaux intéreſſés à l'entrepriſe des ſalins, crurent devoir charger ce directeur de faire une eſtimation auſſi détaillée qu'exacte de la dépenſe du canal à conſtruire aux frais de la province, pour que cette eſtimation étant communiquée auxdits entrepreneurs, & rapportée à la préſente aſſemblée, elle pût déterminer en connoiſſance de cauſe, s'il ne ſeroit pas convenable, comme le penſerent MM. les commiſſaires, de laiſſer auxdits entrepreneurs la liberté de ſe charger, s'ils veulent le faire, à leurs périls, riſques, & fortunes, de la conſtruction dudit canal, au prix porté par l'eſtimation dudit ſieur Garipuy, en ſe conformant exactement au devis qu'il en dreſ-

N°. IV. seroit, & en le plaçant à l'endroit qu'ils trouveroient plus convenable à leurs intérêts, pourvu toutefois qu'ils remplissent également ceux du public & du commerce, que les Etats ont eu principalement en vue en projettant de se livrer à une dépense aussi considérable; & sous la condition expresse que tout ce qui pourroit excéder l'estimation dudit sieur Garipuy, demeureroit à la charge desdits entrepreneurs des salins, supposé que les Etats approuvassent cet arrangement, sur lequel MM. les commissaires n'entendoient rien préjuger.

Que le sieur Garipuy, pour remplir les intentions de MM. les commissaires, a remis au sieur de Montferrier, qui en a fait le rapport à la commission, un mémoire dans lequel il expose que, suivant le premier projet du canal en question, approuvé par les Etats en 1776, il devoit être établi sur la plage du côté de l'étang de Thau, 1°. Parce qu'on avoit voulu par-là s'éloigner des dunes de sables qui bordent la mer, dans la crainte qu'il ne fût bientôt comblé par lesdits sables que les vents y porteroient. 2°. Qu'en côtoyant l'étang on avoit voulu cependant s'en écarter assez pour que le canal eût de chaque côté un franc-bord solide dont l'un serviroit de grand chemin, & pour ne point laisser, entre ledit canal & la plage, des mares capables d'infecter l'air, comme on l'éprouve sur le canal des étangs. 3°. Parce qu'on avoit voulu soutenir le canal du côté d'Agde à une hauteur suffisante, pour que les eaux de l'Héraut qui devoient le nourrir, eussent un courant vers Cette, sans se mêler avec les eaux saumâtres, ce qui auroit pu procurer dans la suite une assez grande abondance d'eau douce à Cette où on en a grand besoin.

Que comme l'exécution d'un chemin sur l'un des francs-bords dudit canal, suivant ce premier projet, étoit nécessairement liée avec celle du canal, N°. IV pour éviter des frais superflus par un double remaniement de la chaussée sur laquelle ledit chemin doit être établi, il a cru devoir ajouter l'estimation de sa dépense à celle de l'exécution du canal, suivant les trois différens projets dont elle est susceptible.

Que suivant les calculs de ce directeur, la longueur du canal, en le plaçant le plus près de la mer, seroit de 19,900 toises, & sa dépense de 824,000 livres, à laquelle joignant celle du chemin évaluée à 261,600 livres, la dépense totale de ce premier projet reviendroit à 1,085,600 livres.

Qu'en plaçant ledit canal, suivant le premier projet, sur la plage le long de l'étang, sa longueur ne seroit que de 10,600 toises, sa dépense de 620,000 livres, & celle du chemin de 254,400 livres, ce qui ne reviendroit en total qu'à 874,400 livres.

Enfin qu'en le plaçant sur le bord de l'étang, comme le desire la compagnie de l'entreprise des salins, sa longueur ne sera que de 9050 toises, sa dépense de 580,000 livres; mais que celle du chemin se portant à 325,200 livres, la totalité reviendra à 905,200 livres, ce qui présente une augmentation de dépense sur celle du projet adopté en premier lieu par les Etats, de 30,800 livres.

Que le sieur Garipuy observe ensuite que l'espace à parcourir par les barques dans ce dernier projet, seroit à-peu-près de la même étendue que dans le second, parce que la différence de la partie à faire à neuf, vient de ce que par le dernier on profite du canal de M. de Riquet, sur 1500 toises de plus, ce qui fait qu'on est aussi dispensé de refaire l'écluse du Bagnas, au moyen de quoi le surplus de la dépense à faire, par la plus grande difficulté qu'il y a de former dans l'étang les francs-bords &

N°. IV.

le chemin qui doivent border le canal, se trouve à-peu-près compensé par la moindre longueur dudit canal, & par la conservation de l'écluse. Mais qu'en construisant ainsi le canal dans l'étang, on renonce aux eaux douces de l'Hérault, & on laisse entre le canal & la plage les mares d'eau qu'on éviteroit par l'autre projet. Que cependant les avantages qu'on doit attendre des salins, méritent sans doute qu'on facilite leur construction, tandis que ceux que doit procurer le canal de navigation n'exigent pas moins d'attention, puisque, par la difficulté qu'il y a aujourd'hui de traverser l'étang de Thau, le port d'un setier de bled d'Agde à Montpellier coûte 13 sols; tandis qu'il ne revient qu'à 11 sols de Toulouse à Agde, sur une distance quadruple, ce qui doit porter les Etats à faire en sorte que ces deux ouvrages ne se contrarient pas.

Que ces observations du sieur Garipuy ayant été communiquées à la compagnie de l'établissement des salins, elle a remis un mémoire, dont la commission a aussi entendu la lecture, dans lequel, sans chercher à approfondir ni à combattre les motifs qui déterminerent le choix du premier emplacement du canal dont il s'agit, on se borne à représenter qu'il suffit qu'il soit incompatible avec l'établissement des salins, pour qu'on ne doive point s'en occuper, surtout dès que les Etats ont bien voulu protéger & favoriser ce dernier établissement; que la vérité de cette incompatibilité est démontrée par la seule inspection du plan, puisque ledit canal coupant la plage presque par le milieu, ne laisseroit ni d'un côté ni de l'autre un espace suffisant pour les réservoirs & les tables nécessaires à la préparation des eaux, & à la fabrication des sels; que c'est ce qui fut représenté à MM. les commissaires des travaux publics lors de leur assemblée à Cette; qu'en convenant de la très-grande utilité du canal, on ne pouvoit disconvenir que celle des salins ne fût également assurée & digne de faveur. Qu'il étoit donc de la sagesse de l'administration de faire quadrer ensemble ces deux grands projets; & que le seul moyen d'y parvenir étoit d'établir le canal dans la partie basse de l'étang vulgairement appellé *Delgal*, où l'on ne trouve jamais au-delà d'un pied d'eau de profondeur. Que si la compagnie des salins parut se prêter à la transposition dudit canal le long des dunes de la mer, ce ne fut que dans la nécessité de ne pouvoir mieux faire, n'ayant pas encore eu le tems alors d'avoir les connoissances nécessaires pour combattre l'autre projet; mais que celles que ladite compagnie a acquises depuis, ainsi que le sieur Garipuy lui-même, ayant démontré les très-grands inconvéniens de cet emplacement, elle ne peut se dispenser de réitérer les représentations qu'elle avoit fait à MM. les commissaires des travaux publics à Cette, sur la préférence à donner à l'emplacement dudit canal dans la partie basse de l'étang.

Que ces représentations donnerent lieu à l'arrêté fait par MM. les commissaires, & aux opérations ultérieures du sieur Garipuy, dont le résultat communiqué à la compagnie de l'établissement des salins, montre que le canal dans l'étang se trouve le moins dispendieux, puisqu'il monte 244,000 livres de moins que celui qui devoit être fait le long des dunes, & 40,000 livres de moins que celui qui traverseroit la plage. Qu'il est vrai que le sieur Garipuy fait remarquer que le grand chemin dans l'exécution de l'emplacement sollicité par la compagnie entraînera plus de dépense; mais qu'on prend la liberté d'observer à cet égard qu'il

N°. IV.

qu'il ne paroît pas que ce chemin soit d'une utilité bien évidente, puisque les grands motifs d'utilité publique, tels que la facilité des voyageurs, du transport & du débouché des marchandises & denrées qui ont déterminé la construction des grandes routes, ne se rencontrent point dans le chemin proposé le long du nouveau canal, auquel on préférera surement la voiture par eau, attendu l'économie sur les frais & la sureté dans le transport qui ne permettent pas d'hésiter sur cette préférence.

Que ce ne seroit donc que pour la satisfaction de quelques voyageurs curieux qu'on sacrifieroit au-delà de 300,000 livres pour ce nouveau chemin, tandis qu'il existe déjà une autre grande route sûre & commode, qui n'est gueres plus longue, & qui passe par une ville considérable qui mérite de grands égards.

Qu'au surplus, si on vouloit absolument exécuter ce chemin, il ne seroit pas moins raisonnable de placer le canal dans l'étang, puisque la dépense totale monteroit 120,000 livres de moins que si l'on avoit fait passer le canal le long des dunes de la mer, & qu'elle ne se porteroit qu'à 30,800 livres de plus que si on le faisoit passer sur la plage de l'étang, différence trop modique pour entrer en parallele avec les avantages inappréciables qu'on recueillera des salins.

Que les autres inconvéniens qu'on oppose au seul emplacement du canal qui puisse s'accorder avec celui des salins, ne feront sans doute pas grande impression, si l'on considere, par rapport au projet de faire parvenir les eaux douces de la riviere d'Héraut jusqu'à la ville de Cette, qu'on trouve constamment les eaux salées à trois ou quatre pieds de profondeur dans toute l'étendue de la plage; & que dès-lors il ne paroît pas possible que des eaux douces, traversant cette plage, ne se mêlent pas avec les salées, & puissent conserver leur qualité primitive, d'autant mieux que les filtrations sont si abondantes dans ce terrein, qu'on pourroit à peine se flatter de les tarir, en revêtant le canal qui y seroit placé de la maçonnerie la plus solide.

Qu'il en est de même de la crainte des mauvaises exhalaisons que pourroient produire les mares & les flaches d'eau qui se trouveroient entre la plage & le canal placé dans l'étang, puisque, quand même ces exhalaisons seroient véritablement nuisibles, elles ne pourroient l'être au public, cette plage étant inhabitée & séparée des villes & lieux voisins par le reste d'un vaste étang, ou des montagnes élevées, très-propres à empêcher le prétendu mauvais air de se communiquer; mais que la cause même de cette crainte n'existera pas, attendu qu'il n'y aura des eaux véritablement stagnantes que celles qui seront destinées à la crystallisation des sels, qui ne produisent point d'infection, comme l'expérience le prouve.

Qu'enfin ce seroit aux concessionnaires des salins & à leurs travailleurs à se prémunir contre cet inconvénient, s'il existoit, qui n'a pas empêché l'établissement d'autres salins, & ne sauroit empêcher l'exécution d'un projet sollicité par les Etats, comme étant d'une utilité majeure.

D'après lesquelles observations, on conclut par les supplier de vouloir bien fixer dès-à-présent l'emplacement dudit nouveau canal, lorsqu'il devra avoir lieu, dans la partie de l'étang appellée *Delgal*.

Qu'à ce premier moyen cette compagnie vient d'en joindre un second, dans lequel persistant aux mêmes fins pour obtenir l'emplacement du canal dans la partie de l'étang appellée *Del-*

gal, & reconnoissant la convenance de la part des Etats de ne pas se livrer, dans les circonstances présentes, à une dépense aussi considérable que celle qu'exigent les travaux de cette entreprise à laquelle ils ont d'ailleurs déterminé de ne faire travailler qu'après la perfection du canal qu'ils font construire actuellement de Cette à la Peyrade ; & étant en même-tems pressée par son propre intérêt de voir accélérer l'accomplissement & la perfection de cette autre partie de canal, elle offre de s'en charger elle-même sur le prix qui sera convenu de gré à gré ; d'après l'estimation plus détaillée & le devis des ouvrages faits par le sieur Garipuy, dont il lui sera donné connoissance, & même sur le pied de l'estimation de ce directeur, si elle lui paroît réellement proportionnée à la dépense effective des travaux, suivant ce qui sera jugé le plus convenable par MM. les commissaires des Etats qu'ils voudront bien autoriser à convenir de cet arrangement, en s'obligeant de faire les avances de tous les fonds nécessaires, pour en être remboursés année par année, en autant de portions égales qu'il plaira aux Etats de régler, avec l'intérêt, tems pour tems, à cinq pour cent, exempt de retenue.

N°. IV.

Que la commission a ensuite vu la carte levée par le sieur Garipuy, de la plage entre Cette & Agde où ont été tracés les trois différens emplacemens du canal dont il s'agit ; & qu'après la plus sérieuse discussion de cette affaire, MM. les commissaires ont aisément reconnu que le seul objet sur lequel l'assemblée eût présentement à délibérer, étoit le choix de l'emplacement le plus convenable du canal dont il s'agit ; & que, pour prendre une sage détermination sur ce premier point, il n'y avoit qu'à comparer, 1°. Les avantages & les inconvéniens des trois projets. 2°. Les motifs qui avoient d'abord fait délibérer cet emplacement sur le bord de la plage le long de l'étang de Thau. 3°. Et surtout la différence de la dépense.

Que les obstacles que présente le rivage de la mer, & qui ont été suffisamment développés dans le rapport ci-dessus, devroient sans difficulté faire abandonner ce second projet pour revenir au premier, si, d'après l'examen plus circonstancié qui en a été fait, il ne présentoit une dépense plus considérable que celui qu'a adopté & sollicité la compagnie, en regardant l'autre comme absolument incompatible avec l'établissement des salins dont il partageroit les tables & intercepteroit la communication des eaux de l'étang propres à faire le sel ; à quoi les Etats ne sauroient se prêter après avoir sollicité & obtenu eux-mêmes l'établissement desdits salins.

Que ces deux projets ainsi exclus par d'aussi bonnes raisons, il faut nécessairement s'arrêter au troisieme qui ne présente aucune des mêmes difficultés, & se concilie parfaitement avec l'intérêt du commerce, & celui des propriétaires des salins, qu'il réunit.

Qu'en effet, le seul obstacle qu'on a relevé contre ce projet, est que l'exécution d'un chemin, également proposé dans les trois projets, augmenteroit la dépense pour la plus grande difficulté de travailler dans l'étang ; mais que MM. les commissaires ayant vu les trois estimations du sieur Garipuy, n'y ont apperçu qu'une différence de 30,800 livres que coûtera de plus que le premier ce dernier projet, en y joignant le chemin.

Qu'une aussi modique différence n'a pas paru à MM. les commissaires devoir être mise en considération vis-à-vis du mal irréparable qui résulteroit de l'abandon des salins ; mais qu'en agi-

N°. IV. tant ensuite la question de la nécessité de faire le chemin dont la dépense seule opere cette insensible différence, on a été convaincu que ce chemin ne seroit qu'une commodité superflue pour quelques voyageurs, qui porteroit préjudice à la grande route passant par Pezenas; tandis que le commerce préféreroit toujours, pour le transport des denrées & marchandises, la voie du canal.

Qu'en faisant attention ensuite aux appréciations des trois projets, on voit que celle de ce dernier, en suspendant, du moins quant à présent, les travaux du chemin qui sont évalués à 325,200 livres, ne va qu'à 580,000 livres; tandis que celle du premier projet, sans ledit chemin, monte à 620,000 livres, & celle du projet le long de la mer, d'ailleurs impraticable, comme on l'a déjà remarqué, iroit à 824,000 livres.

Qu'au surplus la commission n'a pas cru devoir s'arrêter au prétendu avantage de faire venir de l'eau douce à Cette, non plus qu'à la crainte du mauvais air produit par les eaux servant à la saunaison, par les solides raisons qu'ont opposé à ces idées les propriétaires des salins, qu'il seroit superflu de rappeller.

Que par ces considérations, MM. les commissaires ont été d'avis de proposer aux Etats de préférer l'emplacement sollicité par les propriétaires des salins dans l'étang de Thau, au lieu appellé *Delgal*, en chargeant le sieur Garipuy d'en faire incessamment le toisé & piquetement, pour que lesdits sieurs propriétaires puissent, de leur côté, commencer leurs travaux.

Qu'à l'égard de l'offre faite par lesdits sieurs propriétaires de se charger eux-mêmes de gré à gré, ou sur une estimation plus détaillée du sieur Garipuy qui leur sera communiquée, d'exécuter, à leurs périls, risques, & fortunes, les travaux qui seront indiqués dans le devis qu'en dressera ce directeur, & même de faire toutes les avances des fonds pour n'en être remboursés qu'aux termes que les Etats jugeront à propos de fixer, en leur en payant l'intérêt tems pour tems, sur le pied de cinq pour cent, exempt de toute retenue, MM. les commissaires ont pensé qu'il n'y avoit pas lieu de s'occuper présentement de cette offre, ni de rien préjuger à ce sujet; & qu'il suffisoit de charger le sieur Garipuy de faire ce devis & cette estimation, pour faire uniquement connoître aux Etats, d'une maniere plus précise, les travaux qu'exigera l'accomplissement de cette entreprise, & leur dépense lorsqu'elle pourra avoir lieu, conformément à la délibération sur ce prise en 1776. N°. IV.

SUR QUOI, il a été délibéré, conformément à l'avis de MM. les commissaires, 1°. Que les Etats consentent définitivement à ce que le canal projetté en 1776 soit placé dans l'étang de Thau, à la distance de 50 ou 60 toises de la plage.

2°. Que le sieur Garipuy en fera incessamment en présence de l'un des propriétaires des salins, le piquetement sur toute la longueur & la largeur qu'il doit avoir, en y comprenant les digues, francs-bords, & même l'emplacement du chemin, s'il en étoit question dans les suites.

3°. Que ce directeur dressera, pendant le cours de l'année, le devis détaillé & bien approfondi des travaux dudit canal, ainsi que l'appréciation de leur dépense, pour en être rendu compte aux Etats prochains.

Enfin, qu'il n'y a lieu de délibérer sur l'offre de MM. les propriétaires, de se charger eux-mêmes de la construction dudit canal.

No. V.

V.

Extrait du registre des délibérations des Etats généraux de Languedoc, assemblés par mandement du Roi en la ville de Montpellier au mois de Novembre 1780.

Du Jeudi 21 Décembre suivant, président Mgr. l'archevêque & primat de Narbonne, commandeur de l'ordre du Saint-Esprit.

Monseigneur l'archevêque de Toulouse a dit, que le sieur de Montferrier a fait le rapport à la commission d'un mémoire présenté aux Etats par les concessionnaires de l'établissement des salins sur la plage de Cette, tendant à obtenir la rétractation de la délibération prise dans la précédente assemblée le 31 Décembre 1779, en ce qu'elle a fixé l'emplacement du canal de navigation que les Etats se sont proposés de faire ouvrir dans l'étang de Thau jusques à Agde, à l'éloignement de soixante toises au plus du bord dudit étang du côté de la plage, & qu'il soit en conséquence du bon plaisir des Etats, de déterminer que l'emplacement dudit canal sera porté au-delà du fossé qu'ont déjà tracé & commencé de construire lesdits concessionnaires pour l'enceinte des salines.

Que pour mettre la commission à même de pouvoir former en connoissance de cause l'avis qu'elle doit porter à l'assemblée sur cette demande, ledit sieur syndic général lui a rappellé que les Etats ayant adopté en 1776 le projet de former une branche de canal, & en même-tems un chemin de Cette à Agde, en suivant la plage du côté de l'étang de Thau, les mêmes concessionnaires leur demanderent en 1778 que ce canal fût fait sur le bord de la mer; mais qu'ils ne tarderent pas à se rétracter, & à demander au contraire qu'il fût placé sur l'autre bord de la plage en se rapprochant davantage de l'étang; ce qui donna lieu aux estimations que le sieur Garipuy fit l'année derniere de ces différens projets, & que pour diminuer la dépense du dernier; il en diminua la longueur, en profitant, autant qu'il étoit possible, du canal de communication des mers; ce que les Etats adopterent par cette délibération du 31 Décembre 1779, dont on réclame.

Qu'elle porte, 1°. qu'ils consentent définitivement à ce que le canal projetté en 1776 soit placé dans l'étang de Thau, à la distance de cinquante ou soixante toises de la plage, à l'endroit appellé *Delgal*. 2°. Que le sieur Garipuy en feroit incessamment, en présence de l'un des propriétaires des salins, le piquetement sur toute la longueur & la largeur qu'il doit avoir, en y comprenant les digues, francs-bords, & même l'emplacement du chemin, s'il en étoit question dans les suites.

Que cette délibération, qui ne fut pas ignorée par les propriétaires du privilége, quoiqu'ils prétendent n'en avoir pas eu connoissance, auroit dû leur servir de regle; mais que sans attendre le piquetement qu'avoit été chargé de faire le sieur Garipuy, ils se hâterent de commencer leurs travaux en les avançant dans l'étang au-delà des bornes prescrites, de quoi l'inspecteur de la province s'étant apperçu, il les avertit tout de suite qu'ils dépassoient l'alignement qui avoit été ordonné; & que cet avis n'ayant pas arrêté les travaux, le sieur de Montferrier informé de cette entreprise, leur écrivit d'abord pour leur en faire connoître l'irrégularité, & leur fit même signifier le 27 Juillet un acte, où, en énonçant la délibération des Etats, ils furent sommés de s'y conformer, en suivant le piquetement qui alloit être fait conformément à leurs intentions: que cet acte fut suivi d'un

N°. V. autre de la part desdits sieurs propriétaires, par lequel ils exposerent que ce seroit mettre un obstacle invincible à l'établissement des salins, que de les empêcher de prendre dans l'étang les partemens, sans lesquels il étoit impossible de faire du sel; que ce fut par cette raison, qu'ils supplierent les Etats de fixer l'emplacement du canal de navigation à l'extrémité de la partie basse de l'étang appellé *Delgal*, où il n'y a que douze à dix-huit pouces de profondeur d'eau; que c'est mal-à-propos que les ingénieurs ont fixé la largeur de ce Delgal à cinquante ou soixante toises, puisqu'il s'étend en divers endroits, jusqu'à cinq cent toises; qu'ils n'ont jamais eu connoissance de cette fixation; qu'ils n'auroient pas manqué de la combattre, si elle leur eût été connue; qu'on ne leur a donné aucune communication des plans, profils & devis du canal de navigation, malgré leurs demandes réitérées; & qu'étant intéressés à accélérer l'exécution de leurs ouvrages, ils avoient commencé depuis plusieurs mois la construction de leur canal d'enceinte, en laissant dans le Delgal plus d'espace qu'il n'en faut pour celui de navigation; qu'il n'y avoit point eu de précipitation de leur part; que c'est la faute des préposés de la province de n'avoir pas fait plutôt le piquetement dont ils étoient chargés; que si les bornes eussent été plutôt déterminées, ils auroient fait leurs représentations aux Etats, & qu'ils se flattoient que cette auguste assemblée y auroit déféré; mais que, dès qu'on leur en donnoit connoissance, ils observoient, 1°. que la province n'a aucun préjudice à craindre en portant son canal au-delà de leur fossé d'enceinte, puisqu'il sera toujours placé dans le Delgal sur un fonds de même nature, & à la même profondeur d'eau. 2°. Que si cet emplacement expose la province à un surcroît de dépense, ils consentent & s'obligent de l'en indemniser: à quoi ils ajouterent; que, tenant leur offre, & sous la réserve de faire d'autres représentations, ils déclaroient qu'ils alloient continuer leur fossé d'enceinte, suivant l'alignement déjà tracé, attendu que cet ouvrage ne pouvoit pas être changé sans les obliger à renoncer à l'établissement des salins, ni renvoyé à un autre tems, sans leur faire manquer la saunaison de l'année prochaine, ce qui leur porteroit un préjudice irréparable. N°. V.

Que lesdits sieurs propriétaires rendirent compte de leur conduite à Monseigneur l'archevêque de Narbonne, en même-tems que le sieur de Montferrier informa ce prélat des démarches qu'il avoit cru devoir faire pour arrêter leurs travaux, en lui observant que l'offre que contenoit l'acte desdits sieurs propriétaires, de supporter tout l'excédent de la dépense que pourroit occasionner la transposition au-delà de leurs travaux, du canal de navigation, pouvoit être un motif légitime de ne pas arrêter ou détruire des ouvrages déjà poussés assez loin, dont la suspension devoit, suivant l'exposé desdits sieurs propriétaires, leur porter un préjudice irréparable.

Que la réponse de Monseigneur l'archevêque ayant été conforme à cette observation, on n'a pas donné d'autre suite à l'opposition déjà faite à la continuation des ouvrages qui ont été poussés encore plus loin, jusques à ce qu'ils ont été détruits à deux reprises, avant d'être achevés, par les vagues de l'étang, lors des orages survenus à la fin de l'été; expérience d'autant plus fâcheuse pour lesdits sieurs propriétaires, qu'elle les met dans l'obligation de reconstruire en jettées de pierre les bords de leur canal d'enceinte qui, formés premierement en terres, & puis en

N°. V. fascinages, n'ont pu résister au choc & au poids des eaux.

Que c'est dans ces circonstances, que lesdits sieurs propriétaires ont recours à l'indulgence des Etats, en exposant dans leur mémoire, comme ils l'avoient fait dans leur acte, que la fixation de l'emplacement du canal de navigation à soixante toises au plus de distance de la plage, n'étoit qu'une suite d'une erreur de fait dans l'opinion où on avoit été qu'en s'éloignant davantage de ladite plage, la construction du canal souffriroit plus de difficulté, & occasionneroit une plus grande dépense par la plus grande hauteur de l'eau sur le fond de l'étang, & les frais plus considérables des jettées; ce qui n'existoit réellement pas, suivant lesdits sieurs propriétaires, ou pouvoit être compensé par la nature même des différens travaux, de maniere qu'il n'en pouvoit résulter aucun préjudice pour la province; tandis que si les Etats n'avoient pas égard à leurs représentations, leur entreprise devenant impossible, leur privilége seroit inutile, & tous les avantages qu'on a cru devoir résulter de son exécution s'évanouiroient, au très-grand détriment de leur intérêt & de celui du public.

Que la détermination des Etats sur ces représentations devant essentiellement dépendre de l'examen des faits avancés par les sieurs propriétaires, Mgr. l'archevêque de Narbonne, qui l'avoit ainsi prévu, avoit ordonné audit sieur de Montferrier, de faire faire les sondes & autres opérations les plus exactes pour constater la véritable profondeur de l'eau, & la nature du fond de l'étang, tant à l'emplacement du canal de navigation piqueté à la distance fixée par la derniere délibération des Etats, que dans un emplacement plus éloigné, tracé au-delà des travaux déjà faits par lesdits sieurs propriétaires.

Que c'est à quoi ont travaillé avec la plus grande exactitude l'inspecteur du canal de la Peyrade, & celui des travaux de Cette, séparément l'un de l'autre; & qu'il résulte des plans & profils qu'ils ont remis audit sieur syndic général, & qu'ont vu MM. les commissaires, que la profondeur de l'eau, qui n'est que d'environ dix-huit pouces dans l'emplacement déterminé par les Etats, se trouve d'environ trente pouces au-delà des travaux desdits sieurs propriétaires, ce qui fait une différence d'environ un pied, qui doit naturellement augmenter la dépense, ce surplus de hauteur exigeant un revêtement en pierres plus élevé, & plus épais pour résister aux flots des eaux de l'étang, dont la masse, la vitesse & la force augmentent à raison de leur hauteur; dépense qui, suivant l'avis du sieur Garipuy, ne sauroit être compensée, comme le prétendent lesdits sieurs propriétaires, par la diminution des recreusemens.

Que ce fait, le plus essentiel de la différence de la profondeur des deux emplacemens, a été également reconnu par les sondes que firent faire MM. les commissaires des travaux publics en leur présence, lors de la derniere sonde du port de Cette, par le sieur Garipuy lui-même. Que d'ailleurs le fond de l'étang est, à une plus grande distance, le même qu'au bord de la plage, & que la profondeur de l'eau y varie en plus ou en moins.

Que dans les autres observations qu'a fourni sur le mémoire des sieurs propriétaires, ledit sieur Garipuy, il estime, comme il l'avoit fait en 1776, que l'emplacement adopté alors du canal de navigation, auroit été le plus favorable au tirage des barques, & à la salubrité de l'air, parce qu'il ne laissoit pas de flaque d'eau entre ses francs-bords & la plage, & qu'il eût été aussi N°. V.

N°. V. plus économique, dès que sa longueur n'auroit pas excédé celle du second projet approuvé en 1779.

A quoi il ajoute, que la dépense à faire pour construire ce canal, augmentera toujours à mesure qu'on s'avancera dans l'étang, & que les salins étant la seule cause de ce changement, il paroît juste que les actionnaires supportent le surplus de dépense qu'il exigera, suivant l'offre consignée dans leur acte du 8 Août, à moins que les Etats, en y renonçant, ne veuillent accorder cette nouvelle faveur à un établissement dont on leur promet les plus grands avantages. Enfin que le terrein que les Etats jugeront à propos de leur accorder, doit être borné d'une maniere fixe, avant qu'il leur soit permis de continuer leurs travaux; & que, si la compagnie abandonnoit son projet, le canal de navigation devroit être exécuté tel qu'il a été approuvé par les Etats en 1776.

Que MM. les commissaires se sont parfaitement rappellés les détails de tout ce qui est entré dans les différens examens de cette affaire, qui ont donné lieu aux précédentes délibérations des Etats, & les importans motifs qui les ont déterminés à protéger l'établissement desdits salins, & à faire lever les obstacles qu'on avoit opposé à son exécution; qu'ils ont considéré en même-tems, que, lorsque cette assemblée fixa par sa derniere délibération l'emplacement du canal projetté de navigation, à soixante toises de distance du bord de l'étang, elle n'avoit pu prévoir la nécessité absolue qu'ont rendu depuis les sieurs propriétaires du privilége dont il s'agit, d'employer cette étendue à-peu-près de l'étang, aux opérations préalables de la formation du sel; & qu'ils ont été persuadés que si les Etats avoient eu connoissance de ce fait, ils n'auroient pas hésité, en se prêtant à un pareil besoin, d'acquiescer au changement de l'emplacement dudit canal de navigation au-delà du fossé d'enceinte des salins, que lesdits sieurs propriétaires sollicitent aujourd'hui de leur justice, & de la protection qu'ils ont accordée à leur entreprise. N°. V.

Que ces considérations ont porté la commission à être d'avis qu'il devoit être du bon plaisir de l'assemblée d'accorder cette nouvelle faveur auxdits sieurs propriétaires, en faisant toutefois déterminer par un nouveau piquetement l'emplacement du canal de navigation, lorsqu'il pourra avoir lieu, au-delà du fossé déjà tracé, & de sa continuation pour l'enceinte des salins, auquel nouveau piquetement il sera procédé par le sieur Garipuy, dès que la rigueur de la saison permettra de faire cette opération.

SUR QUOI il a été délibéré, que les Etats, toujours disposés à favoriser & accélérer l'accomplissement du projet dont ils ont reconnu la très-grande utilité, consentent à ce que l'emplacement du canal projetté de navigation de Cette à Agde dans l'étang de Thau, soit tracé au delà des travaux qu'ont fait jusques à présent, & que pourront continuer les sieurs propriétaires des salins, pour en former l'enceinte dans ledit étang; & le sieur Garipuy a été de plus fort chargé de faire procéder en sa présence au piquetement des alignemens dudit canal de navigation, dès que la saison permettra de travailler à cette opération.

ARTICLE SECOND.

De la jonction du Canal & Robine de Narbonne, au Canal de communication des Mers.

LA Robine de Narbonne est un ancien canal construit par les Romains, qui traverse la ville de Narbonne, & après avoir coulé entre les étangs de Gruissan & de Sijean, va s'emboucher dans l'étang de Bages, qui communique à la mer par le grau de la Nouvelle.

La riviere d'Aude qui passoit anciennement tout près de la ville de Narbonne, & alimentoit directement sa Robine, ayant abandonné son ancien lit, dans le quatorzieme siecle, pour prendre la direction qu'elle a aujourd'hui à une lieue au nord de cette ville, les habitans, qui perdoient par-là tous les avantages de leur canal, en construisirent à grands frais un nouveau qui alla prendre les eaux de l'Aude au lieu de Moussoulens, à quatre milles de Narbonne, les porta dans la Robine, & entretint la navigation depuis l'Aude jusqu'au port de la Nouvelle.

Ce nouveau canal joint à la Robine forme une communication de 17,320 toises de longueur entre la riviere d'Aude & l'étang où elle aboutit. M. de la Lande ne lui donne que 12,000 toises; mais il est plus sûr de s'en tenir à la vérification faite par M. Garipuy le fils en 1777, lors de la remise que la ville de Narbonne en fit à la Province, en exécution de la cession qui avoit été consommée l'année précédente.

Lors de la construction du canal royal, on avoit d'abord projetté de le faire passer à Narbonne & de se servir du canal déjà existant; on pensa ensuite qu'il y auroit plus de sureté à le conduire par les plaines de Salleles & de Cuxac (*); mais on voit par le devis de M. le chevalier de Clerville, du 30 Juin 1668, qu'il s'étoit occupé en même-tems de la jonction du canal royal à celui de Narbonne, au moyen d'*une écluse faite dans la chaussée de la riviere de Cesse, pour entrer dans celle d'Aude, & de-là passer à Narbonne par la Robine.*

Ce projet n'eut d'abord aucune suite; mais en 1684, M. le Marquis de Seignelay, ministre de la marine, ayant jugé que

(*) On abandonna encore cette idée, pour lui faire prendre la route qu'il tient actuellement.

pour

pour maintenir & conserver le commerce ancien de la ville de Narbonne, & pour faciliter même dans les besoins, le passage des munitions de guerre d'une mer à l'autre, il étoit important de joindre le canal de Narbonne à celui de communication des mers, il fut rendu au conseil, le 19 Février 1685, un arrêt du propre mouvement du Roi, qui ordonne une vérification sur l'utilité du canal de jonction; & cette vérification ayant été faite, il fut ordonné par un second arrêt, du 2 Juillet 1686, qu'il seroit procédé à la construction de ce canal.

Les ouvrages qui furent faits en exécution de cet arrêt furent interrompus en 1689, par l'impuissance où se trouva la ville de Narbonne de les continuer; & il ne paroît pas que jusqu'en 1736 on ait pensé sérieusement à les reprendre.

On verra dans les pieces qui composent cet article & notamment dans les délibérations des Etats des 9 Mars 1754 & 17 Février 1776, Nos. III & VII, comment ce projet important, renouvellé en 1736, & suivi depuis avec ardeur par la ville de Narbonne, a été enfin unanimement adopté par les Etats, & MM. les propriétaires du canal; & quels progrès a fait cet ouvrage depuis que les Etats s'en sont chargés, en acceptant la cession que la ville de Narbonne leur a fait de tous ses droits.

No. I.

I.

ARRÊT

DU CONSEIL D'ETAT DU ROI,

Qui ordonne que les consuls de la ville de Narbonne, les propriétaires du canal royal, & autres parties intéressées, remettront dans le délai de trois mois, à compter du jour de la publication du présent arrêt, pardevant M. de Bernage de St. Maurice intendant en Languedoc, leurs mémoires & actes concernant la continuation du canal ou Robine de Narbonne, pour en faire la jonction avec le grand canal de communication des mers.

Du 17 Janvier 1737.

No. I.

EXTRAIT des Registres du Conseil d'Etat.

SUR la requête présentée au Roi étant en son conseil, par le syndic général de la province de Languedoc; contenant que Sa Majesté ayant fait communiquer aux Etats de ladite province un mémoire concernant le projet de la jonction du canal ou robine de Narbonne au canal de communication des mers, d'un autre canal pour communiquer de la ville de Narbonne dans le Roussillon, & d'un port à Canet, le nommé frere Bernardin Pons, religieux Carme, auteur dudit mémoire, en auroit donné un nouveau, par lequel sa compagnie se réduisoit au premier desdits ouvrages, & offroit de l'exécu-

No. I. ter; à moins que la ville de Narbonne n'aimât mieux reprendre la continuation dudit ouvrage, qu'elle avoit délibéré en mil six cent quatre-vingt-six, & dont la construction lui avoit été permise par un arrêt du conseil du mois de Juillet de la même année. Que cette proposition fut regardée par les Etats comme méritant un examen particulier, soit par rapport à toutes les parties qui pouvoient y être intéressées, & à la compagnie qui se présentoit pour exécuter l'ouvrage proposé, soit aussi par rapport à la discontinuation dudit ouvrage, commencé en mil six cent quatre-vingt-huit, & interrompu depuis, malgré les sommes considérables qui y avoient été déjà employées: Sur quoi il fut délibéré le trente Janvier mil sept cent trente-six, que les syndics généraux seroient chargés de se faire remettre pendant le cours de l'année, les mémoires, tant du frere Bernardin Pons, que de la ville de Narbonne, des propriétaires du canal royal, & autres qui pourroient avoir intérêt dans le projet en question, pour les examiner de concert avec le sieur de Bernage de Saint-Maurice, intendant en ladite province, & prendre tous les éclaircissemens nécessaires pour rendre compte de cette affaire à la prochaine assemblée des Etats. Que dans le cours de ladite année mil sept cent trente-six, la ville de Narbonne ayant cru être suffisamment autorisée par l'arrêt du deux Juillet mil six cent quatre-vingt-six, à reprendre la continuation des ouvrages commencés en mil six cent quatre-vingt-huit, avoit délibéré, sous le bon plaisir de Sa Majesté, de céder à ceux qui voudroient se charger de faire la jonction du canal & robine de Narbonne avec le canal royal, la propriété dudit canal & robine dont elle jouit, depuis la riviere d'Aude jusqu'au port de la Nouvelle, avec tous les ouvrages qui en dépendent, aux mêmes avantages & conditions sous lesquelles ladite ville en jouit; auquel effet ceux qui seroient autorisés à faire ladite jonction, feroient leur soumission de construire le canal qui reste à faire depuis le canal de communication des mers, jusqu'à la riviere d'Aude, & d'en assurer la navigation jusqu'au port de la Nouvelle, sans que ladite ville fût tenue d'y contribuer sous quelque prétexte que ce pût être, autrement que de la cession de ses droits. Qu'en conséquence de cette délibération, ladite ville a reçu des offres du sieur Mathieu Siau, lesquelles ont été acceptées par une seconde délibération du 24 Août, sous les conditions y exprimées: depuis lequel tems le sieur Bechard a fait de nouvelles offres dans les registres de ladite ville. Que cependant le syndic général de Languedoc ayant écrit aux maires & consuls des villes de Narbonne, Beziers, Agde, Cette, Carcassonne, Castelnaudary, & aux capitouls de Toulouse, comme aussi aux députés des chambres du commerce, des villes de Toulouse & de Montpellier, & aux propriétaires du canal de communication des mers, pour les informer du projet du frere Bernardin Pons, & leur demander des mémoires sur l'utilité ou les inconvéniens dudit projet en ce qui concerne le bien du commerce, il a reçu des mémoires de la part de quelques-unes desdites villes; & qu'après en avoir rendu compte aux Etats, il leur a paru que ce projet est regardé par plusieurs des villes auxquelles il a été communiqué, comme avantageux pour le bien du commerce de la ville & du diocese de Narbonne, & même de la province; & par plusieurs autres au contraire, comme préjudiciable au commerce de tout le bas Languedoc, & même à tout le commerce, tant intérieur qu'extérieur de

N°. I. la province. Que d'ailleurs les principales raisons relevées dans lesdits mémoires sur les avantages dudit canal de jonction, ou sur le préjudice qu'il peut causer au commerce, roulent sur des faits également importans & difficiles à déterminer autrement que par des vérifications particulieres. Que même les propriétaires du canal royal n'ont encore remis aucun mémoire : Et que dans la situation présente, il ne leur seroit pas possible de se déterminer définitivement sur une affaire aussi importante. Mais que comme il convient d'accélérer l'examen qui doit en être fait, conformément aux intentions de Sa Majesté, & de le rendre même aussi authentique qu'il pourra l'être ; ils ont délibéré le onze Janvier mil sept cent trente-sept, de supplier Sa Majesté qu'il lui plaise de renvoyer pardevant le sieur de Bernage de Saint-Maurice l'examen de toutes les contestations formées ou à former au sujet de la jonction dudit canal ; auquel effet toutes les parties intéressées quelles qu'elles puissent être, seront tenues de remettre pardevant lui leurs mémoires & actes dans le délai qu'il plaira à Sa Majesté de régler, pour être par lui procédé à l'instruction de l'utilité ou des inconvéniens dudit projet, en présence desdites parties & des syndics généraux de la province, & être tous les actes, mémoires & vérifications qui pourront être ordonnées par lui, communiqués aux prochains Etats, afin qu'ils puissent, en connoissance de cause, délibérer sur l'avantage de la province ; & ensuite sur leur délibération, & sur l'avis dudit sieur de Saint-Maurice, être ordonné par Sa Majesté ce qu'il appartiendra. Requéroit A CES CAUSES le suppliant, qu'il plût à Sa Majesté lui accorder les fins & conclusions énoncées dans ladite délibération. Vu ladite requête ; l'arrêt du conseil du deux Juillet mil six cent quatre-vingt-six ; le mémoire du frere Bernardin Pons, communiqué de la part de Sa Majesté aux Etats de ladite province assemblés à Narbonne au mois de Décembre mil sept cent trente-cinq, dans lequel il se réduit à la construction du canal de jonction de la robine de Narbonne avec le grand canal de communication des mers ; la délibération desdits Etats du trente Janvier mil sept cent trente-six ; la délibération prise par la ville de Narbonne le onze Juin de la même année ; autre délibération de la même ville du vingt-quatre Août suivant, contenant l'acceptation des offres du nommé Siaû ; & la délibération desdits Etats du onze Janvier mil sept cent trente-sept : Oui le rapport du sieur Orry, conseiller d'Etat, & conseiller ordinaire au conseil royal, contrôleur général des finances ; LE ROI ÉTANT EN SON CONSEIL, a ordonné & ordonne, que les consuls de la ville de Narbonne, les propriétaires du canal royal, & autres parties intéressées, quelles qu'elles puissent être, remettront dans le délai de trois mois, à compter du jour de la publication du présent arrêt, pardevant le sieur de Bernage de Saint-Maurice, conseiller d'état, intendant en Languedoc, leurs mémoires, & actes concernant la continuation du canal ou robine de Narbonne, pour en faire la jonction avec le grand canal de communication des mers ; Sa Majesté donnant pouvoir audit sieur de Bernage de Saint-Maurice de faire procéder par experts qui seront par lui commis à cet effet, & aux frais des parties intéressées, aux vérifications qui seront par lui jugées nécessaires, en présence desdites parties qui auront remis leurs mémoires, & du syndic général de la province de Languedoc ; Sa Majesté autorisant pareillement ledit sieur de Bernage de Saint-Maurice à prendre tous N°. I.

N°. I.

les autres éclairciſſémens convenables par rapport, tant aux ouvrages déjà faits en exécution de l'arrêt du conſeil du deux Juillet mil ſix cent quatre-vingt-ſix, qu'à ceux qui ſont propoſés; pour être le tout communiqué à la prochaine aſſemblée des Etats de ladite province, à l'effet d'être par eux délibéré ſur l'utilité dudit ouvrage; & ſur le tout rapporté au conſeil, avec le procès-verbal dudit ſieur de Bernage de Saint-Maurice, des dires & conteſtations des parties, enſemble ſon avis touchant le projet propoſé, être ordonné par Sa Majeſté ce qu'il appartiendra. Enjoint Sa Majeſté audit ſieur de Bernage de Saint-Maurice de tenir la main à l'exécution du préſent arrêt, lequel ſera exécuté nonobſtant oppoſitions ou appellations quelconques, & ſans y préjudicier, & ſera publié & affiché dans les principales villes de de ladite province, & partout où beſoin ſera. FAIT au conſeil d'état du Roi, Sa Majeſté y étant, tenu à Verſailles le dix-ſeptieme jour de Janvier mil ſept cent trente-ſept.

Signé, PHELYPEAUX.

LOUIS-BASILE DE BERNAGE, chevalier, ſeigneur de Saint-Maurice, Vaux, Chaſſy & autres lieux, conſeiller d'état, grand-croix de l'ordre royal & militaire de St. Louis, intendant de juſtice, police & finances en la province de Languedoc.

VU l'arrêt du conſeil d'état ci-deſſus: NOUS ORDONNONS qu'il ſera exécuté ſuivant ſa forme & teneur, lu, publié & affiché partout où beſoin ſera. Fait à Montpellier le vingt-ſeptieme Janvier mil ſept cent trente-ſept. *Signé* DE BERNAGE: *Et plus bas*; par Monſeigneur, GRASSET.

N°. II.

II.

EXTRAIT du regiſtre des délibérations des Etats généraux de Languedoc, aſſemblés par mandement du Roi en la ville de Montpellier, au mois d'Octobre 1752.

Du Mardi 14 Novembre ſuivant, préſident Mgr. l'archevêque & primat de Narbonne.

LE ſieur de Montferrier, ſyndic général, a dit, que le projet de la jonction de la robine de Narbonne au canal royal, ſur lequel les Etats ont pris diverſes délibérations en 1736, 1737 & 1738, & qui avoit reſté impourſuivi depuis ladite année, ayant été renouvellé après la ſéparation de la derniere aſſemblée des Etats, par M. le marquis de Crillon auquel la ville de Narbonne a cédé ſes droits, il fut rendu le 27 Avril 1751, ſur la requête dudit ſieur marquis de Crillon, un arrêt qui a commis de nouveau M. l'intendant de la province pour entendre toutes les parties intéreſſées dans cette affaire, dreſſer procès-verbal de leurs dires & réquiſitions, & faire faire telles vérifications qu'il jugera à propos, pour le tout envoyé au conſeil avec ſon avis, être ſtatué par Sa Majeſté, ainſi qu'il appartiendra.

Que M. l'intendant ayant jugé néceſſaire d'ordonner une vérification aux dépens du ſieur Marquis de Crillon, l'ordonnance qui a commis à cet effet le ſieur Daſté, ingénieur du Roi, portant en même-tems que le ſyndic général de la province ſeroit appellé à cette opération, elle a été faite en préſence du ſieur de la Fage au mois d'Août dernier.

Que ledit ſieur de la Fage qui avoit inſiſté auprès de M. l'intendant, avant que la vérification fût ordonnée, pour qu'il ne fût rien ſtatué au fonds ſur

N°. II. cette importante affaire, sans qu'elle fût de nouveau communiquée aux Etats, pour y être par eux délibéré ainsi qu'ils aviseroient, a cru devoir renouveller cette demande en écrivant à cet effet, après avoir pris les ordres de Mgr. l'archevêque de Narbonne, à M. Trudaine, intendant des finances, dans le département duquel sont les affaires de cette espece : mais que la réponse qu'il vient de recevoir de mondit sieur de Trudaine, portant que, s'il croit devoir insister pour que l'affaire dont il s'agit soit communiquée aux Etats, il doit lui adresser un mémoire à ce sujet dont il rendra compte à Mgr. le garde des sceaux, il paroît convenable que l'assemblée, informée de cette réponse, veuille bien l'autoriser à envoyer ledit mémoire au nom des Etats, s'ils jugent à propos, comme il n'en doute pas, de revendiquer la connoissance d'une affaire qui paroît aussi intéressante pour le bien public & pour le commerce, & qui ne sauroit leur être refusée, sans déroger expressément aux dispositions de l'arrêt du conseil du 17 Janvier 1737.

SUR QUOI, lecture faite du mémoire dressé à ces fins par ledit sieur de Montferrier, les Etats l'ont approuvé, & ils l'ont chargé de l'envoyer à M. Trudaine, & de le remettre à M. l'intendant, pour qu'il ne soit rien décidé, sur le projet dont il s'agit, qu'après que les Etats auront eu connoissance de tout ce qui a été fait depuis les dernieres délibérations par eux prises, à ce sujet, & qu'ils y auront de nouveau délibéré.

III.

EXTRAIT du registre des délibérations des Etats généraux de Languedoc, assemblés par mandement du Roi en la ville de Montpellier au mois de Janvier 1754.

Du Samedi 9 Mars suivant, président Mgr. l'archevêque & primat de Narbonne, commandeur de l'ordre du Saint-Esprit. N°. III.

MONSEIGNEUR l'évêque de Montpellier a dit, que MM. les commissaires des travaux publics se sont assemblés pendant plusieurs jours chez Mgr. l'archevêque de Narbonne pour examiner l'importante affaire concernant la jonction du canal royal, de celui qui est proposé depuis le Sommail jusqu'au grau de la Nouvelle par la robine de Narbonne. Le seul point dont conviennent les différentes parties intéressées dans cette affaire & les plus opposées entr'elles dans leurs prétentions, c'est de l'importance de cette affaire.

Selon M. le marquis de Crillon autorisé à entreprendre le nouveau canal de jonction par la cession des droits de la ville de Narbonne & en vertu d'un arrêt du conseil, le nouveau canal doit porter au dernier degré de perfection le grand ouvrage de la communication des mers, un des plus glorieux monumens du regne de Louis XIV, & la source féconde des grands avantages qu'a procuré à tout le royaume & à cette province en particulier la navigation de la Méditerranée à l'Océan par une route sûre & commode.

Selon M. le marquis de Crillon, le canal qui multipliera les branches de la navigation augmentera aussi les ressources & les débouchés pour le commerce, facilitera le transport des marchandises, préviendra les obstacles qui arrêtent souvent les bâtimens qui sont sur le canal royal, & diminuera considérablement les frets & les nolis des chargemens. Il soutient en même-tems que bien loin que l'exécution de son projet porte aucun préjudice au canal royal, il ne veut entreprendre le nouveau canal que sur les assurances les

N°. III.

plus précises, que non-seulement le canal royal n'en souffrira point, mais qu'il lui en reviendra même de grands avantages; & il s'appuie sur les différentes vérifications qui ont été faites par plusieurs ingénieurs.

MM. les propriétaires du canal royal opposent au contraire que le projet de ce nouveau canal est chimérique, si l'on prétend qu'il puisse avoir lieu sans assujettir le canal royal à des dégradations & des dérangemens inévitables; que la province est d'autant plus intéressée à empêcher l'exécution de ce projet, qu'il n'en reviendroit pas à beaucoup près assez d'utilité pour compenser les justes craintes qu'elle doit avoir du préjudice que le commerce en recevroit, & que ce seroit perdre dans un instant le fruit des dépenses immenses qu'elle a fait pour la construction du canal royal, & de l'attention continuelle qu'elle a eu pour l'entretenir, si elle fermoit les yeux sur un ouvrage capable de le détruire. L'une & l'autre partie ont appellé à leurs secours les différentes villes & les chambres du commerce, tant de cette province que des voisines, & rapportent plusieurs certificats favorables ou contraires au canal de jonction.

M. de Montferrier a fait un rapport fort étendu à la commission des raisons de toutes les parties, de tout ce qui s'est passé à ce sujet depuis les premiers tems où l'on a pensé à ce projet jusqu'à aujourd'hui.

Le canal royal étoit dans sa perfection, & le Roi l'avoit donné en toute propriété & à titre incommutable à M. de Riquet pour en jouir & ses successeurs à perpétuité avec un droit de péage sur tous les bâtimens & marchandises qui y passeroient en montant ou en descendant, à la chargo d'entretenir ledit canal depuis la Garonne jusqu'à Agde, & d'y faire toutes les réparations nécessaires. C'est en vertu de ce titre que M. de Caraman croit être en droit de s'opposer à tous les ouvrages qui ont du rapport à ce canal & qui peuvent en interrompre ou troubler la navigation.

N°. III.

En l'année 1685, le Roi permit par un arrêt de son conseil à la ville de Narbonne, de faire construire à ses dépens un canal de la robine au canal royal, & commit M. d'Aguesseau pour dresser un procès-verbal de l'utilité & avantage dudit canal & de ce à quoi reviendroit la dépense, suivant la visite & estimation des experts & gens connoisseurs. M. d'Aguesseau procéda en exécution de cet arrêt, & sur son procès-verbal & son avis, le Roi ordonna par un second arrêt du 2 Juillet 1686, qu'il seroit construit un canal de jonction à la robine de Narbonne qui aboutiroit au canal royal, & qu'il seroit procédé au bail au rabais desdits ouvrages par M. de Basville pour lors intendant. Le même arrêt assigna les fonds que la ville de Narbonne devoit employer à cet ouvrage. M. de Niquet reçut en même-tems un ordre de M. de Seignelay de faire un devis de ce travail, d'en évaluer la dépense; ce qui ayant été exécuté, le bail en fut passé au sieur Mathon, architecte de Lyon, pour la somme de 107,000 livres, & l'entrepreneur obligé de l'achever à la fin de Septembre 1689. Les ouvrages furent commencés pour lors; on creusa un canal; on construisit quatre écluses; il ne restoit plus que trois quarts de lieue de canal à creuser & d'en distribuer la pente jusqu'au canal royal en cinq écluses, lorsque l'ouvrage fut suspendu & il l'a été jusqu'à aujourd'hui.

En 1709 la ville de Narbonne fit quelques demandes pour qu'il lui fût permis de reprendre cet ouvrage, mais il ne paroît pas qu'elles ayent eu aucun

N°. III. effet ; ce ne fut qu'en 1736 que le frere Pons, religieux Carme, demanda aux Etats par un mémoire qu'il fût permis à la ville de Narbonne de reprendre la construction des ouvrages ordonnés par l'arrêt du conseil de 1686, si mieux elle n'aimoit en charger une compagnie que le frere Pons présentoit. Sur cette proposition, il fut délibéré le 30 Janvier 1736, qu'il convenoit d'examiner ce qui avoit donné lieu de discontinuer les ouvrages pendant si longtems, & après les dépenses considérables qui y avoient été faites : on chargea MM. les syndics généraux de prendre à ce sujet les éclaircissemens nécessaires pendant le cours de l'année ; de se faire remettre les mémoires, tant de la ville de Narbonne, que des propriétaires du canal royal, & autres qui pourroient avoir intérêt à ce projet, pour les examiner de concert avec M. de Bernage & en rendre compte aux Etats prochains.

La ville de Narbonne traita dans ce tems-là, sous le bon plaisir de Sa Majesté, avec le sieur Mathieu Siau de Gignac, & lui céda & à sa compagnie tous les droits qu'elle avoit sur le canal de jonction, avec les mêmes profits, avantages & charges qui lui compétoient, aux conditions énoncées. Cependant MM. les syndics en exécution de la délibération des Etats du 30 Janvier 1736, en firent part aux consuls de Narbonne, Cette, Agde, Beziers, Carcassonne & Castelnaudary, en les priant de les communiquer au conseil politique, & aux marchands & négocians, & d'envoyer les mémoires & observations qu'ils auroient fait sur ledit projet. On en fit part aussi aux chambres de commerce de Toulouse & de Montpellier, & aux propriétaires du canal royal.

Les consuls de Narbonne prétendirent être suffisamment autorisés à la continuation du canal de jonction en vertu de l'arrêt du conseil de 1686, & N°. III. qu'ils n'avoient aucun mémoire à donner pour justifier ce projet, dont ils faisoient d'ailleurs valoir les raisons qu'ils avoient de le soutenir ; ce canal étant le seul moyen que cette ville avoit pour se relever du triste état où elle se trouvoit, de rétablir son commerce dont la cessation la menaçoit d'une ruine prochaine ; & prétendant que le canal de la robine dans l'état présent lui étoit plus à charge qu'utile, & que les dépenses nécessaires pour son entretien, excédoient les droits qu'elle percevoit.

La ville de Castelnaudary exposa dans un mémoire les raisons qui la déterminoient à approuver ce projet.

Les habitans & négocians de Beziers, & Agde, & les députés de la chambre de Montpellier, s'opposérent à ce projet ; & les députés de la chambre du commerce de Toulouse ne l'approuverent qu'au cas que l'on ne prît pas dans le canal royal les eaux nécessaires pour le canal de jonction, attendu, disoient-ils, que comme les commerçans s'apperçoivent que dans le mois de Juillet & Août la navigation du canal est interrompue par l'insuffisance de l'eau, il seroit bien plus à propos de procurer une plus grande abondance d'eau à ce canal, que d'en construire de nouveaux à ses dépens, n'étant pas juste de porter le moindre préjudice à la navigation du canal royal qui procure un avantage inestimable aux provinces de Guienne & de Languedoc & à tout le commerce.

L'on rendit compte aux Etats suivans du contenu de ces différens mémoires, & par délibération du 11 Juin 1737, il fut délibéré de supplier Sa Majesté de renvoyer à M. de Bernage toutes les contestations formées ou à former à l'occasion de ce projet, pour

N°. III. être par lui procédé à l'instruction de l'utilité & des inconvéniens d'icelui, sur les dires & mémoires des parties, pour le tout rapporté aux Etats suivans, être délibéré ce qui conviendroit à l'avantage de la province.

Il fut rendu en conséquence le 17 Janvier un arrêt du conseil entierement conforme aux vues des Etats; & en exécution d'icelui toutes les parties y énoncées ou autres intéressées à l'ouvrage en question, eurent ordre de remettre leurs dires & mémoires; & on fit de plus publier & afficher cet arrêt dans les principales villes des sénéchaussées de Carcassonne, Toulouse & Beaucaire.

Sur les raisons respectivement alléguées par les parties, villes & chambres de commerce, les Etats délibérerent le 28 Novembre 1737 qu'avant qu'on pût rien déterminer sur le projet de la ville de Narbonne, il seroit procédé à la vérification par elle demandée, les parties intéressées duement appellées, & le 28 Septembre 1738 M. l'intendant commit le sieur Thiery, ingénieur en chef à Perpignan, pour procéder sur les lieux à l'examen & vérification des inconvéniens proposés par quelques-unes des parties contre le projet dont il est question, pour constater précisément si les eaux qui fournissent à la navigation du canal royal peuvent suffire pour fournir à celle du canal de jonction de la robine de Narbonne, sans que la navigation dudit canal royal puisse en souffrir aucun dommage ni interruption, & si, en cas d'insuffisance des eaux qui servent à la navigation dudit canal royal, celles qu'il seroit nécessaire d'en tirer pour rendre le canal de jonction navigable, peuvent y être remplacées avec assez d'abondance, de façon qu'il n'en résulte aucun inconvénient préjudiciable au canal royal, ou aux autres parties intéressées; entendre sur ce contradictoirement les dires & réquisitions des parties, en dresser un procès-verbal, & donner sur le tout son avis. N°. III

Cette ordonnance fut signifiée aux propriétaires du canal royal, à plusieurs villes & députés des chambres de commerce de la province, & en exécution d'icelle M. Thiery commença de travailler au fait de sa commission le 27 Octobre 1738.

M. de Bonrepos, un des propriétaires du canal royal, & les députés de la ville de Narbonne se présenterent; & M. de Clapiers, directeur des travaux de la province, fut nommé par M. l'archevêque de Narbonne pour assister à cette vérification en qualité de syndic général de la province, attendu que MM. les syndics étoient occupés ailleurs.

Il paroît que M. Thiery se proposa d'examiner dans cette vérification si les eaux du canal royal étoient suffisantes pour fournir durant tout le cours de l'année, à la navigation du canal royal, & du nouveau canal de jonction; si par la qualité du terrein dans lequel on devoit excaver le nouveau canal, l'on pouvoit connoître s'il y auroit de filtrations considérables & capables de diminuer notablement le volume d'eau qu'il faudroit y introduire pour la navigation; & si, dans le cas où les eaux du canal royal ne seroient pas suffisantes pour fournir à celui de la robine, l'on pourroit en introduire d'ailleurs dans le canal royal en assez grande quantité pour remplacer celles qu'il faudroit en faire sortir pour la navigation du canal de jonction.

M. Thiery fit à ce sujet divers examens & vérifications, la plupart en présence de M. de Bonrepos & des députés de la ville de Narbonne, qui firent chacun en droit soi bien des réquisitions & représentations; & M. Thiery termina

N°. III. termina enfin sa vérification, & donna son avis, en disant que la saison pluvieuse & trop avancée ne lui avoit pas permis en aucune façon de décider si les sources & rivieres qui fournissent des eaux au canal royal, pouvoient lui en fournir de superflues pendant les tems les plus secs de l'année, suffisantes pour la navigation du nouveau canal; qu'il ne croit pas cependant nécessaire de faire une nouvelle vérification l'été, pour mesurer les eaux des rivieres qui fournissent à la navigation du canal royal, & voir par-là si les eaux peuvent fournir en même-tems à celles du canal projetté. Une vérification faite en ce sens, ajoute ce commissaire, ne pourroit être utile que supposé qu'il n'y eût point ou peu d'eau superflue au canal royal, ou au contraire qu'il y en eût une très-grande quantité; celui qui seroit chargé, dans l'une ou dans l'autre de ces circonstances, d'une pareille vérification, ne pouvant mesurer avec la derniere exactitude les eaux que les rivieres pourront fournir, ni faire des estimations entierement justes de la quantité d'eau qui se perdroit par les joints des portes des écluses, & les filtrations qu'une infinité de causes peuvent faire varier; après avoir pris des peines infinies, ce vérificateur demeureroit dans le doute & suspendroit son jugement.

M. Thiery continue en disant; ces raisons nous auroient fait croire, après y avoir mûrement pensé, qu'il falloit avoir recours à une autre espece de vérification, étant assuré, comme nous l'avons ci-devant fait entendre, que l'on pourroit à certaines conditions remplacer à Trebes ou à Carcassonne, par la riviere d'Aude, les eaux que l'on prendroit au canal royal pour la navigation de celui projetté : Notre avis est que l'on construise ledit canal projetté, si des raisons de politique ou de commerce qui ne sont pas de notre ressort ne s'y opposent. N°. III.

Ce canal se trouvant dans un état de perfection, dans des tems de l'année où il y auroit évidemment des eaux superflues au canal royal, on pourroit les employer à celui de Narbonne.

Les tems les plus secs de l'année ayant succédé à ceux qui ne le sont pas, il faudroit alors prendre des mesures pour que toutes les eaux qui seroient superflues au canal royal, ou que les propriétaires négligeroient d'y introduire, fussent infailliblement tournées au profit du canal de Narbonne.

S'il paroissoit après plusieurs expériences, & après que les terriers auroient été abreuvés pendant un certain tems, que ces eaux ne fussent pas suffisantes, & que les filtrations qui se feroient dans le terrein, ou à travers les joints des portes, puissent nuire au canal royal, on masqueroit avec soin la premiere écluse du nouveau canal.

Alors on verroit si la petite riviere d'Argendouble, & les fontaines qui sont dans les campagnes voisines de la Redorte, pourroient fournir un supplément d'eau suffisant. Si on avoit lieu de l'espérer, on pourroit creuser en peu de tems & à peu de frais une rigole convenable pour ramasser toutes les eaux, & les conduire dans le canal des deux mers, au-dessous de l'écluse de Jouarre; en ouvrant ensuite de nouveau le canal de Narbonne, on expérimenteroit si on lui auroit procuré des eaux suffisantes.

Enfin, si cela ne suffisoit pas, on iroit prendre à Trebes ou à Carcassonne, ou en quelque autre endroit, toutes les eaux de la riviere d'Aude, qui seront jugées nécessaires au canal royal pour y remplacer abondamment celle qu'il fourniroit au canal projetté.

Il nous paroît que notre avis étant exécuté, les propriétaires du canal ro-

N°. III.

yal, ne pourront craindre que l'on usât de méprise, & que l'on regardât comme superflues au canal royal des eaux qui lui seroient nécessaires; & d'un autre côté la ville de Narbonne, ne pourroit se plaindre, si on la contraignoit d'aller chercher des eaux de remplacement dans la riviere d'Aude ou ailleurs, qu'on l'eût obligée de fournir au même canal des eaux inutiles, & dont il auroit pu se passer.

Il est vrai que la navigation du canal projetté, pourroit être suspendue pendant un certain tems depuis la construction dudit canal; mais pour diminuer cet inconvénient, on pourroit établir un réglement sur le tems où ce canal pourroit prendre des eaux dans celui des deux mers, sans porter préjudice aux propriétaires de ce dernier.

MM. les propriétaires du canal royal & M. de Crillon prétendent l'un & l'autre se prévaloir du procès-verbal de cet ingénieur.

L'objet de sa commission, dit ce dernier, étoit de décider si le canal de jonction étoit possible, sans préjudicier au canal de navigation; il conclut affirmativement, & marque en même-tems les opérations qui doivent être faites pour l'exécution du projet.

Mais plus la conclusion de M. Thiery est affirmative, disent les propriétaires, plus on est en droit de la combattre par les aveus qui la précedent, par les opérations énoncées dans le procès-verbal, & par le peu de conformité qui se trouve entre ce qu'il décide & ce sur quoi il devoit donner son avis, suivant l'ordonnance de M. de Bernage qui l'avoit commis. Cet ingénieur convient dès le commencement de sa conclusion, que la saison n'étoit pas favorable pour vérifier si les eaux qui entroient dans le canal royal, ou celles qui pouvoient s'y perdre par un défaut d'entretien, étoient suffisantes pour fournir dans tous les tems de l'année au canal royal & à celui de jonction; il reconnoît que selon la différente qualité de terrein dans lequel le nouveau canal sera excavé, il peut y avoir plus ou moins de filtrations. Ces filtrations peuvent continuer pendant plus ou moins d'années; mais il ne dit rien de positif à ce sujet; il ne parle que par conjectures; il fournit des sujets de doute & d'incertitude, & il est même surprenant qu'après avoir fait faire divers trous dans une partie du chemin que doit suivre le nouveau canal, il n'ait pas fait creuser ces ouvertures jusqu'à la base, & qu'il présume que quand on creusera plus bas, on y trouvera un terrain plus solide. D'ailleurs, ajoutent les propriétaires, peut-on assurer qu'il résulte du rapport de M. Thiery que le nouveau canal ne portera jamais aucun préjudice au canal royal, tandis que les opérations indiquées par cet ingénieur, supposent une parfaite correspondance entre les propriétaires des deux canaux? Si les différentes opérations qu'il indique dans tous les cas qu'il prévoit avoient lieu, ne seroient-elles pas une source continuelle de discorde & de procès entre les deux propriétaires? Dans combien d'occasions ceux du canal royal se croiroient en droit de refuser des eaux à celui du canal de jonction, sous prétexte qu'ils n'en auroient que pour entretenir la navigation du leur? Combien de fois le propriétaire du canal de jonction, se croiroit autorisé à se plaindre que les eaux manquent à son canal, par la négligence avec laquelle les propriétaires du canal royal laissent perdre une partie de leurs eaux? Ces contestations bien ou mal fondées ne troubleroient-elles pas la navigation? Et puisque en permettant le canal de jonction, le Roi a toujours eu en vue que cet ouvrage ne portât aucun préjudice au canal royal,

N°. III.

N°. III. résulte-t-il du procès-verbal de M. Thiery, que la navigation du canal royal ne recevra aucun préjudice de la construction du nouveau canal ? M. Thiery semble proposer plutôt un essai sur l'exécution du projet, que décider affirmativement que le canal royal ne souffrira rien de son exécution.

L'on ignore si ce furent ces réflexions, ou d'autres raisons qui ne sont pas parvenues jusqu'à nous, qui empêcherent la ville de Narbonne de faire usage de ce procès-verbal.

Mais peu de tems après M. de Beauvau, archevêque de Narbonne, pria M. de la Blottiere, directeur des fortifications en Languedoc, & M. de Guilleminet, greffier des Etats, de vouloir assister aux opérations qu'il avoit chargé M. de Clapiers, directeur des travaux de la province, de faire pour trouver les moyens possibles de remplacer dans le canal royal les eaux dont on pourra avoir besoin pour fournir à la navigation du canal de la ville de Narbonne ; desquelles opérations M. l'archevêque de Narbonne dit qu'il a été verbalement convenu en sa présence, entre M. de Caraman & les députés de la ville de Narbonne, ayant prévenu à ce sujet M. le maréchal d'Asfeld ; la lettre est du 23 Juillet 1739.

En conséquence de cette lettre, M. de Clapiers procéda au fait de sa commission, en présence de MM. de la Blottiere & de Guilleminet ; & il résulte de son procès-verbal que la riviere d'Argendouble peut être conduite facilement dans le grand canal ; qu'on peut y joindre trois fontaines qui sont entre le cabaret de la Redorte & l'écluse de Jouarre, & que cette riviere & ces trois fontaines peuvent fournir de l'eau pour la navigation du canal de Narbonne.

Ce procès-verbal n'est pas avoué par les propriétaires du canal, ils n'y ont pas été présens ni assignés. Nous ne pouvons cependant nous empêcher d'observer qu'il paroît surprenant que quelques mois après le procès-verbal de M. Thiery, qui décidoit si favorablement pour le canal projetté, M. l'archevêque de Narbonne en eût fait faire un autre d'office, & que M. de Clapiers, sans recourir aux eaux de la riviere d'Aude, & sans faire aucune comparaison entre les eaux nécessaires pour abreuver le nouveau canal, sans préjudicier à celui des deux mers, ait décidé que la riviere d'Argendouble pourroit remplacer dans le canal royal les eaux que l'on y prendroit pour le canal de jonction, & qu'il n'ait pas cru nécessaire de vérifier si dans le tems de sécheresse, les eaux de cette riviere diminuoient considérablement, ou si elles se soutenoient dans le même état.

La mort de M. de Beauvau suivit de près les opérations de M. de Clapiers ; elles furent oubliées, ou au moins négligées pendant l'épiscopat de M. de Crillon ; & ce n'a été qu'après sa mort que la ville de Narbonne, toujours occupée du canal de jonction qu'elle regarde comme son unique ressource, pour se relever de ses pertes, & à quoi elle n'a pas le moyen de travailler, a cédé à M. le Marquis de Crillon tous les droits qui lui sont attribués par l'arrêt du conseil de 1686 pour la construction de ce canal. Cette cession a été autorisée par un arrêt du conseil du 27 Avril 1751, qui commet M. l'intendant à l'effet d'entendre les parties dénommées en icelui & autres intéressées, dresser procès-verbal, tant de leurs dires & réquisitions, que de l'état des lieux, & pour faire faire par tels ingénieurs ou experts qu'il commettra, les plans, devis & vérifications, prendre tous les éclaircissemens nécessaires, pour, le tout envoyé au conseil avec N°. III.

N°. III.

son avis, être ordonné ce qu'il appartiendra.

En exécution de cet arrêt, M. l'intendant ordonna qu'il seroit signifié aux propriétaires du canal & autres parties intéressées; & après avoir accordé auxdits propriétaires un délai de plusieurs mois, il commit par son ordonnance du 19 Juillet 1752 M. Dasté l'aîné, ingénieur des villes & forts de Cette, pour, en présence du syndic général de la province & de toutes les parties intéressées, procéder sur les lieux, le 5 Août & jours suivans, à l'examen & vérification du canal de communication de la robine de Narbonne à celui des deux mers, à l'effet de constater précisément si les eaux qui fournissent à la navigation du canal royal peuvent suffire pour fournir à celles du canal de jonction, sans que la navigation du canal royal puisse en souffrir aucun dommage ni interruption; & si, en cas d'insuffisance des eaux qui servent actuellement à la navigation dudit canal royal, celles qu'il seroit nécessaire d'en tirer pour rendre le canal de jonction navigable, peuvent y être remplacées avec assez d'abondance par quelques moyens desquels il ne résulte aucun inconvénient préjudiciable à la navigation dudit canal royal, ou aux autres parties intéressées.

M. Dasté procéda à la vérification ordonnée en présence de M. de la Fage, syndic de la province, des députés de la ville & des marchands de Narbonne. Personne n'y parut de la part de MM. les propriétaires du canal royal; & ce ne fut que qulques jours après l'opération commencée, que les députés d'Agde & de Beziers y comparurent.

Il résulte du procès-verbal de M. Dasté qu'il se perd une assez grande quantité d'eau dans le canal royal, par le défaut d'entretien, ou parce qu'on en donne aux propriétaires riverains pour les arrosages de leurs fonds, surtout à la chaussée de la Roupille; qu'à la vérité on ne sauroit assurer que le volume d'eau, s'il étoit ramassé & conservé avec soin, pût suffire pour entretenir la navigation du grand canal & de celui de jonction; mais qu'il étoit aisé de conduire dans le canal royal les eaux de la riviere d'Argendouble, celles du ruisseau de Riversel & de plusieurs autres sources très-abondantes qui sont dans le voisinage, lesquelles réunies & conduites par une même rigole dans le canal royal fourniroient plus que du double des eaux nécessaires pour la navigation des deux canaux.

A cette opération M. l'intendant crut devoir joindre de plus grands éclaircissemens pris en secret, & il commit à cet effet le sieur Danisy pour examiner l'état du réservoir de Saint-Ferriol, des rivieres de Fresquel, Orbiel, Cesse & Argendouble, pour s'assurer si les eaux du réservoir, pouvoient seules suffire à la navigation de la grande retenue, & si celles desdites rivieres avoient manqué pendant la sécheresse; si elles avoient été retenues dans leurs cours, ou consommées avant d'arriver à ladite grande retenue.

Il résulte de cette vérification, commencée le 20 Novembre 1752, que la riviere d'Orbiel fournit au canal 2337 toises cubes d'eau, dans les 24 heures; que Fresquel peut en fournir environ 2672, celle de Cesse près de 20,000 toises; & que les eaux desdites rivieres avoient plus contribué à la navigation pendant la sécheresse que les eaux du réservoir de Saint-Ferriol.

Il ajoute que la riviere d'Argendouble a toujours été à sec dans les mois précédens; mais qu'il a appris du sieur Roger, qui a sur cette riviere le premier moulin, que ce moulin peut travailler dans tous les tems & malgré la sécheresse, à la faveur des eaux d'une

N°. III.

N°. III. fontaine intercalaire, qui donne abondamment & régulierement de l'eau chaque jour pour faire moudre dix septiers de bled, & que, quoiqu'il n'ait qu'une meule, l'eau est assez abondante pour en faire aller deux ; & sur ce qu'il témoigna audit Roger sa surprise de ce que l'eau de son moulin n'alloit pas dans l'aqueduc par où passent celles d'Argendouble quand elles coulent, ledit Roger répondit qu'il se servoit de ces eaux pour arroser ses prairies, & qu'il aimoit mieux les laisser perdre entierement, que de les laisser aller aux moulins inférieurs, pour s'assurer plus des pratiques ; & sur l'assertion du sieur Roger, M. Danisy conclut que les eaux de cette fontaine pourroient fournir 6666 toises cubes d'eau, si cette fontaine intercalaire peut faire aller tous les jours deux meules qui fassent moudre 20 septiers de bled.

Ce rapport contient plusieurs autres observations sur les filtrations & pertes d'eau du canal relatives aux observations des sieurs Thiery & Dasté.

Pendant que M. l'intendant prenoit tous ces éclaircissemens, les parties intéressées n'ont rien négligé pour soutenir leurs opinions.

M. de Caraman a remis divers certificats des administrateurs de huit ou dix communautés, desquels il résulte que le canal manquoit d'eau, & que les rivieres dont on voudroit en prendre pour y suppléer, avoient été elles-mêmes presque à sec.

M. de Crillon a rapporté de son côté d'autres délibérations ou certificats des villes de Castelnaudary, Villefranche, Lunel, Uzès & Montpellier, en faveur de la construction du canal ; & comme la ville de Montpellier s'y étoit précédemment opposée, elle rend compte des motifs de son changement, sur la connoissance qu'elle a eu des faits & des opérations qu'elle ignoroit.

A ces témoignages en faveur de l'utilité & de la nécessité du canal de Narbonne, M. de Crillon a joint ceux des manufactures royales, des échevins & députés de la chambre du commerce de Marseille, du bureau de la draperie de Carcassonne, des Négocians de Perpignan, de Saint-Chinian, de Saint-Pons, de Narbonne, de l'entrepreneur général des vivres pour les troupes du Roi dans le Roussillon, & de la chambre du commerce de Montpellier qui révoque l'avis contraire qu'elle avoit donné en 1737. N°. III.

Enfin, la chambre du commerce de Toulouse approuve aussi le nouveau canal, pourvu qu'il ne nuise pas à celui des deux mers, en suspendant son jugement sur ce dernier fait, jusqu'après les vérifications.

A ces preuves respectives, les parties ont ajouté diverses écritures, mémoires, ou observations, dont les principales ont été distribuées à tous les membres des Etats, & dont nous ferons cependant l'analyse, en rapportant les principales raisons des opposans & des adhérans au projet, sur les deux questions dont l'examen doit opérer la décision de cette grande contestation.

La premiere est de savoir si la jonction du canal projetté est possible sans nuire au canal royal ; la seconde, si, quand même elle seroit possible, elle ne seroit pas inutile & même préjudiciable au commerce.

Sur la premiere question, M. de Caraman soutient que l'arrêt de 1686 rendu à la requête de la ville de Narbonne, a été rendu sans que lui ni les villes de Languedoc aient été appellées ; que l'inexécution des ouvrages commencés à ce sujet à grands frais, & discontinués pendant plus de 40 ans, prouve ce que l'on dit par tradition, que M. de Niquet qui avoit dressé lui-même le devis de cet ouvrage, après l'avoir examiné de

N°. III. plus près, l'avoit reconnu impossible; que M. de Vauban en avoit porté le même jugement; & que si l'on n'en avoit pas été persuadé & reconnu les inconvéniens insurmontables de ce projet, M. le cardinal de Bonzy, & M. de la Berchere n'auroient pas refusé leur crédit à la ville de Narbonne, pour la mettre en état de l'achever; que ce ne fut que dans les dernieres années de la vie de M. de Beauvau, que ce prélat se donna quelque mouvement pour faire valoir ce projet; & que M. de Crillon son successeur, ne jugea jamais à propos de le faire valoir.

Il soutient que la vérification de M. Thiery, la seule qui a été faite avec plus d'attention, & en présence des parties intéressées, ne présente que des présomptions, des incertitudes, & propose plutôt des essais à faire, qu'il ne détermine des opérations sur lesquelles il y ait lieu de compter, & qu'il fournit lui-même une raison décisive pour rejetter sa vérification, en avouant qu'il a opéré dans une saison peu favorable pour constater les faits qu'il étoit chargé d'éclaircir, ce qui l'a mis hors d'état de prendre à ce sujet les connoissances nécessaires.

M. de Caraman ajoute enfin que la vérification du sieur Dasté a été faite légerement & à la hâte; qu'il n'a pas eu le tems de s'y trouver, à cause du court intervalle qu'il y a eu entre le jour de l'assignation & celui où le sieur Dasté a commencé ses opérations, qu'il prétend également insuffisantes pour l'éclaircissement des faits que cet ingénieur étoit chargé de vérifier.

Ce propriétaire du canal entre ensuite dans le détail des raisons sur lesquelles il établit qu'il n'est pas possible de faire le nouveau canal sans nuire au canal royal; il assure que lorsqu'il survient des sécheresses, le canal n'a d'autres ressources pour la navigation que les eaux du réservoir de Saint-Ferriol; qu'elles suffisent à peine pour le service du public, en les ménageant avec de grandes précautions; qu'il est de notoriété publique que les rivieres ou ruisseaux, qui fournissent de l'eau au canal, sont à sec pendant trois ou quatre mois de l'année; que dans de pareilles circonstances, il est évident que la navigation du grand canal seroit perdue, si on ôtoit la moindre partie de l'eau qui y coule; & qu'il résulte de toutes les vérifications, & les aveus de M. de Crillon, que l'on ne sauroit prendre des eaux du canal royal pour fournir à celui de Narbonne, sans les remplacer en y introduisant des eaux étrangeres; que c'est mal-à-propos que M. de Crillon lui reproche de laisser perdre des eaux considérables par le défaut d'entretien du grand canal, & surtout par la mauvaise construction de la chaussée de la Roupille; qu'il s'en rapporte au témoignage rendu par M. de Thorose, ingénieur du Roi, en 1738, par le procès-verbal que dresse chaque année sur l'état du canal M. Pitot, directeur des travaux de la province, & par ce qui résulte du procès-verbal de M. d'Aguesseau, au sujet de la chaussée de la Roupille, de l'augmentation du volume d'eau du bassin de Saint Ferriol, des frais immenses que l'on a fait pour ramasser les eaux des rivieres d'Alzau, Lampy & Bernassole, & de la nécessité où l'on a été de construire la chaussée de la Roupille en clayonnage, après que celle qui avoit été faite en pierre de taille a été emportée pendant deux fois.

Qu'en effet, le sieur de Clapiers, en convenant, en 1724, qu'il étoit possible de prendre les eaux de la riviere d'Aude, reconnut en même-tems les obstacles que ce moyen rencontroit, tels que sont ceux de pouvoir établir solidement une chaussée dans N°. III.

N°. III. cette riviere, si sujette aux plus grandes inondations; le danger où se trouveroit un des fauxbourgs de Carcassonne par le rehaussement des eaux qu'occasionneroit cette chaussée; les risques de l'ensablement du canal, causé par les eaux toujours troubles de cette riviere; inconvéniens qui obligerent de changer la route du canal lors de sa construction pour éviter des eaux aussi dangereuses; qu'inutilement M. de Crillon propose de garantir le canal royal des ravages de la riviere d'Aude, en offrant les eaux de la riviere d'Argendouble, qui ont fait le principal objet de la vérification des sieurs de Clapiers & Dasté, puisque ce torrent, dangereux lors de ses crues, est à sec une partie de l'année; mais que quand même cette riviere & d'autres ruisseaux ou fontaines pourroient fournir une quantité d'eau équivalente à celle que consommeroit le canal de Narbonne, il pourroit y avoir des circonstances où la navigation du canal royal n'en seroit pas moins interrompue, lors, par exemple, d'un grand passage, où les eaux de remplacement n'équivalant pas à la dépense, il faudroit que celles du réservoir de Saint-Ferriol fussent plutôt épuisées; qu'à ces difficultés se joignent celles 1°. de l'impossibilité de creuser un canal solide dans un terrein graveleux, où les eaux se perdroient par des filtrations continuelles; qu'en vain M. de Crillon dit que dans la suite des tems les dépôts des limons rendroient son canal étanché, puisque avant que cela arrivât, la navigation du grand canal, & conséquemment le public, auroient souffert des pertes irréparables. 2°. Qu'il surviendroit sans cesse des contestations entre les propriétaires des deux canaux, à la moindre interruption de la navigation dans l'un ou dans l'autre; & que ce seroient autant de procès pour déterminer quel des propriétaires en seroit la cause. 3°. Qu'il y auroit de l'injustice de prendre, malgré les propriétaires du grand canal, une partie des eaux qui font leur patrimoine, & de diminuer les droits qu'ils perçoivent sur toute l'étendue de leur canal, & qui servent à son entretien, en les partageant avec M. de Crillon, qui ne peut se faire par-là un revenu qu'aux dépens de celui des propriétaires; que ce revenu leur ayant été accordé à la charge de tous les ouvrages & réparations nécessaires pour l'entretien du canal royal depuis la Garonne jusqu'à Agde, ils auroient toujours les mêmes charges & ne percevroient plus les mêmes droits, ce qui les engageroit peut-être à négliger l'entretien de la partie du canal depuis le Sommail jusqu'à Agde, & causeroit un grand préjudice au public; d'où il résulte que le canal de jonction doit être regardé comme impossible, parce qu'il ne peut se faire sans nuire à la navigation du canal Royal. N°. III.

Après avoir établi que le canal de jonction est impossible, M. de Caraman prétend démontrer aussi clairement qu'il est inutile.

1°. Ce nouveau canal qui aboutit au grau de la Nouvelle, ne présente point un débouché facile, ni un avantage réel à quelques branches du commerce: les bâtimens ne peuvent entrer & sortir que très-difficilement du grau de la Nouvelle: ils essuyent souvent de grands retardemens à la rade: la profondeur de ce port n'est pas suffisante pour y recevoir des bâtimens qui ont une cargaison un peu forte: il n'y a ni magasins, ni aucune des commodités nécessaires pour le commerce; & il est aussi court de passer par Agde ou par Cette, quelle que soit la destination des marchandises.

Nul avantage pour le commerce, soit de l'intérieur de la province ou du dehors; & si la multiplication des canaux est regardée en soi comme avantageuse au commerce, cette considération n'a lieu que lorsqu'en multipliant les communications on peut attirer des marchandises du pays étranger, d'où on ne les recevoit pas auparavant; ou qu'on en facilite le transport dans les pays où elles n'abordoient pas. Mais le canal de jonction ne conduira au port de la Nouvelle, ou n'en fera sortir que les mêmes marchandises & les mêmes denrées qui passent à présent par Agde, ou par Cette, allant de Marseille à Bordeaux, ou venant de Bordeaux à Marseille: la ville de Narbonne, qui paroît avoir le principal intérêt à ce canal, n'en recevra jamais un grand avantage. Les productions de son terroir ne sont pas assez considérables pour être portées à l'étranger; & le commerce des bleds, qui est le seul qui se fait dans cette ville, n'a pas besoin d'un nouveau canal pour se soutenir. L'on dit que ce nouveau canal pourra faciliter le commerce avec l'Espagne; mais il ne vient de ce côté-là que des laines & des matieres propres pour la fabrication des savons; & ces sortes de marchandises seront débarquées plutôt à Cette ou à Agde, qu'à la Nouvelle, parce que la plus grande consommation des laines se fait à Clermont, Lodeve, Saint-Pons, & Saint-Chinian, dont on sera plus à portée à Agde & à Cette. Il en est de même des matieres propres à la fabrication des savons, dont on n'a pas besoin dans les villes qui sont au-dessus du Sommail.

Sur quoi, l'on ajoute que le seul avantage que pourroient trouver les commerçans dans le port de la Nouvelle, se réduiroit à épargner quelques frais de nolis, & quelques lieues de chemin, suivant la route de leur direction, ce qui ne devroit pas l'emporter sur ce que les villes de Cette & d'Agde pourroient souffrir de ce nouveau débouché s'il étoit trop fréquenté. L'attention que la province a toujours eue, & tous les frais qu'elle a fait pour rendre le commerce de Cette florissant, & le favoriser en toute occasion, ne permettent pas aux Etats, de consentir à un ouvrage qui nuiroit beaucoup à ce port de mer, si le succès du canal de jonction répondoit aux vues & aux espérances de M. de Crillon.

Mais, dit ce dernier, ne doit-on pas convenir au moins que le canal de jonction entretiendra la navigation continuelle du canal royal, dans les tems que les inondations de la riviere d'Orb, qui sont si fréquentes, l'interrompent pendant plusieurs jours du côté de Beziers? Le canal de jonction sera à couvert de toutes les inondations, & il n'y aura point de tems dans l'année où les barques qui partiront pour Toulouse ou pour Marseille, n'arrivent à leur destination, sans souffrir aucun retardement.

Les propriétaires du canal conviennent que les inondations de la riviere d'Orb retardent quelquefois la navigation; mais ils assurent qu'il est rare qu'elles soient assez considérables pour la retarder pendant long-tems; que la diligence dont on use dans ce cas-là rétablit ordinairement la navigation dans deux ou trois jours, & que l'expérience que l'on a des fréquens débordemens de la riviere d'Aude, où le canal de jonction doit passer, ne doit pas moins faire craindre l'interruption de la navigation de ce côté-là.

C'est sur toutes ces raisons, que M. de Caraman prétend établir que le canal de jonction est impossible, sans nuire au canal de navigation, & en même-tems inutile.

M. de Crillon soutient au contraire qu'il en résultera une grande utilité pour l'état, pour la province, & même pour les propriétaires du canal; mais

N°. III. avant que d'entreprendre cette preuve, il réfute les moyens des opposans contre les opérations des faits contestés; il dit que l'opposition à l'arrêt de 1686 n'est point admissible, parce que c'est un arrêt de pur mouvement; que le silence que les propriétaires du canal ont gardé, pendant si long-tems, ne peut être regardé que comme un acquiescement tacite de leur part; que ce projet n'a jamais été perdu de vue; qu'il n'a été que suspendu; & que la prescription n'a jamais lieu, lorsqu'il s'agit du bien public; que les différentes vérifications qui ont été faites prouvent de la maniere la plus authentique, la possibilité du projet, & que tout ce que les opposans relevent, soit sur le manque de forme, ou sur la suspicion des commissaires, ne sauroit détruire les éclaircissemens qui résultent de ces opérations, lesquelles ayant été faites dans les différens tems de l'année, les unes dans l'été, les autres dans l'hiver, celles-là lors de la plus grande sécheresse, & celles-ci après des pluies abondantes, il ne peut rester aucun doute sur ce qui en résulte.

M. de Crillon soutient avec les habitans de Narbonne, que M. de Niquet, qui avoit dressé le devis de ce canal, n'a jamais changé d'avis sur sa possibilité; & que l'inaction où l'on a resté après avoir fait une partie de l'ouvrage, n'a eu d'autre cause que l'impuissance où s'est trouvée la ville de Narbonne de le continuer; qu'en vain les propriétaires du canal royal s'efforcent de dire qu'il manque de l'eau au canal, & qu'il n'est possible ni de lui en prendre, ni de lui en remplacer; que si cette premiere proposition étoit vraie, ils devroient s'imputer ce défaut à eux-mêmes, par leur négligence à entretenir & à conserver les eaux; que ce ne sont pas les raisonnemens qui doivent décider sur un pareil fait, mais l'expérience & l'avis des gens de l'art, qui ont été commis pour le vérifier; & que c'est-là qu'il faut chercher la vérité des faits en question. N°. III.

Qu'il résulte des vérifications, que c'est par le défaut d'entretien qu'il se perd une partie des eaux du canal; & que les inconvéniens relevés contre l'introduction des eaux étrangeres, sont chimériques; que bien loin que les deux canaux se nuisent l'un à l'autre, ils s'aideront mutuellement; qu'il est aisé de trouver des moyens efficaces pour éviter les discussions que l'on craint entre les différens propriétaires; que c'est au contraire de leur attention respective, que résultera le bon entretien des deux canaux; que la diminution des revenus du canal royal ne doit pas prévaloir contre l'intérêt public, qui réclame le canal de jonction; & que cette diminution ne sauroit servir de prétexte aux propriétaires du canal royal, pour en négliger l'entretien jusqu'à Agde; ils y sont obligés; & s'ils étoient capables de manquer à cette obligation, la province ne manqueroit pas de moyens pour la leur faire remplir.

M. de Crillon ne parle pas avec moins d'assurance, sur l'utilité de son canal, par rapport à l'état, à la province, & aux propriétaires du canal royal; il fait valoir la maxime générale que la multiplicité des canaux & des débouchés, est toujours avantageuse à un pays. Il prouve les avantages qu'en retirera l'état par la facilité du transport des munitions de guerre & de bouche, en Catalogne, & en Espagne, en tems de guerre; par l'épargne sur les frais des voitures de sel, & en prévenant les dangers du faux-saunage, dans les versemens. Les bestiaux qui sont occupés aujourd'hui à transporter les marchandises par terre, du Gaillousti au Sommail, ne seront

N°. III. plus occupés qu'à la culture des terres. Le commerce en général profitera de la diminution des frais des voitures. Les marchandises arriveront par une route plus courte, & qui ne sera jamais interrompue ; & les propriétaires du canal, percevront plus de droits, lorsque les barques, qui n'auroient pu prendre leur route par le grand canal, à cause des inondations de la riviere d'Orb, * les percevront sur ces mêmes barques qui auront la facilité de continuer leur route par le nouveau canal, & profiteront en même-tems d'une partie des cargaisons des barques venant du Roussillon, qui n'ayant pu les vendre à Narbonne, en porteront l'excédent dans le haut Languedoc, en passant par le grand canal.

* Il manque ici quelque chose.

M. de Crillon réfute ensuite tous les inconvéniens qu'on lui oppose sur le grau de la Nouvelle ; il soutient qu'il y a une profondeur d'eau suffisante pour les barques du canal, & fait valoir pour l'appui de son droit, les vœux du plus grand nombre des villes qui ont été consultées, & qui doivent l'emporter sur tous les raisonnemens d'un particulier qui ne consulte que ses propres intérêts ; d'où M. de Crillon conclut que puisque le canal de jonction peut se faire sans nuire à la navigation du canal royal ; qu'il en résultera un avantage sensible pour le commerce en général, pour la province, & surtout pour la ville de Narbonne, il espere que les Etats voudront bien donner leur consentement à un ouvrage autorisé & commencé depuis long-tems, & qu'il est moins question d'entreprendre que de perfectionner.

La commission, après avoir entendu la lecture des mémoires & observations des parties, & des procès-verbaux des ingénieurs, & fait une sérieuse attention sur l'importance de cette affaire & la part que les Etats doivent prendre à la demande de M. le marquis de Crillon, ou aux oppositions qu'y forment MM. les propriétaires du canal, a reconnu que quoique la multiplicité des canaux qui fournissent ordinairement plus de débouchés à un pays, paroisse toujours utile, cette utilité ne mérite quelque attention que lorsque ces débouchés attirent dans un pays plus de marchandises & de denrées qu'il n'en recevoit auparavant, ou fournissent plus des moyens de faire repasser à l'étranger celles dont on ne trouve pas la consommation dans le pays, sur-tout si en multipliant les canaux * sans déranger un commerce essentiel.

* Il manque encor ici quelques mots

Sur ce principe, la commission ne trouve qu'un très-médiocre avantage pour le commerce, dans l'exécution du canal proposé, étant certain qu'on ne portera au grau de la Nouvelle que les marchandises & les denrées que l'on envoie par le canal royal, & qui prennent aujourd'hui la route d'Agde ou de Cette. Les laines & les matieres pour le savon, qui viennent d'Espagne ne forment qu'un très-petit objet & la plus grande partie est destinée pour des endroits plus à portée d'Agde & de Cette, que de la Nouvelle. La commission, a été foiblement touchée des raisons que l'on a fait valoir touchant les profits que feront les négocians en prenant une route plus courte & épargnant les frais des nolis ; la distance est si petite de Cette & Agde au grau de la Nouvelle, que quelques lieues de plus ou de moins par eau ne sauroient être regardées comme un objet intéressant, soit par rapport au trajet, soit par rapport aux frais des nolis ; & pour peu que cette prétendue utilité se trouve balancée par des inconvéniens un peu considérables, il ne convient pas d'y avoir égard.

Avant que d'entrer dans l'examen de ces inconvéniens, la commission a

N°. III. fait quelques réflexions sur les avantages que le nouveau canal procureroit à la ville de Narbonne, & ils lui ont paru très-médiocres.

La ville de Narbonne se trouve à trois lieues du grau de la Nouvelle, & par conséquent les bâtimens qui passeroient par le canal ne s'arrêteroient pas à Narbonne, & n'en augmenteroient pas le commerce. Les productions de son terroir ne sont pas assez abondantes pour avoir besoin d'un nouveau canal qui les transporte chez l'étranger. Sans ce secours, elle pourra continuer son commerce pour les bleds, & si elle a des laines & de salicors à débiter, elle peut aisément les faire passer au canal royal, depuis le Gaillousti jusqu'au Sommail, par les charrettes: d'ailleurs la province est une mere commune, qui doit peser les intérêts de toutes les parties qui la composent, secourir les uns sans préjudicier aux autres, & prendre ses arrangemens avec assez de sagesse & de précaution pour que le bien qu'elle fait d'un côté ne produise pas du mal de l'autre. La commission a été persuadée qu'on ne pouvoit seconder les vœux de Narbonne, & lui procurer les avantages qu'elle espere de ce nouveau canal, sans préjudicier beaucoup aux villes d'Agde, de Beziers, & peut-être même de Cette; & elle ne pense pas qu'il faille favoriser un projet qui enrichiroit une ville & en appauvriroit trois. La commission ne s'est pas dissimulée qu'il y a des tems où les inondations de la riviere d'Orb, rendent le canal royal du côté de Beziers impraticable; que la navigation est pour lors interrompue, & que l'on pourroit procurer au canal royal une navigation sûre & à couvert de toute sorte d'obstacles, en ouvrant le nouveau canal de jonction, par lequel on éviteroit la route de Beziers, & les bâtimens arriveroient à leur destination, sans retardement. Il est certain que les ensablémens que procure la riviere d'Orb, arrêtent quelquefois la navigation jusqu'à ce que par un travail assidu & extraordinaire, on ait rétabli le canal dans son état ordinaire; mais il est rare que ces inconvéniens ne soient pas réparés dans deux ou trois jours. Le canal de jonction en essuyeroit de plus grands & de plus fréquens par les eaux de la riviere d'Aude, dont tous les riverains font une triste expérience, des pertes que leur cause la crue de ses eaux; & comme les grandes inondations de la riviere d'Orb, sont causées par les pluies longues & abondantes, il y a lieu de présumer que celles de la riviere d'Aude viendroient dans le même tems, & la navigation du canal seroit également interrompue de deux côtés. N°. III.

Mais quand on supposeroit que le canal projetté n'est que d'une très-petite utilité pour la province en général, pour les négocians, & même pour la ville de Narbonne, si ce canal est possible, s'il n'en résulte aucun inconvénient pour le canal royal, s'il doit être exécuté aux frais d'un particulier qui veut courir le risque de faire une dépense inutile, quelles raisons auroit la province de l'empêcher? C'est cette question qui a fait le principal objet du travail de la commission, & des réflexions qui l'ont déterminée à l'avis qu'elle m'a chargé de vous proposer.

Si le canal projetté n'avoit aucun rapport au canal royal, s'il ne devoit influer en rien sur ce qui doit le soutenir ou le déranger, les Etats n'auroient point de délibération à prendre; & ils laisseroient à M. de Crillon la liberté de suivre son projet jusqu'à sa perfection: mais si ce nouvel ouvrage peut porter quelque préjudice au canal royal; si ce préjudice paroît sensible aux Etats;

si tous les raisonnemens que l'on a faits,
N° IIII. toutes les vérifications que l'on rapporte pour les rassurer, ne dissipent pas les craintes, & ne présentent tout au plus que des doutes & des incertitudes; la commission ne pense pas que cette assemblée puisse garder le silence, ni se refuser aux mouvemens les plus vifs pour qu'on ne donne aucune atteinte à un ouvrage qui a toujours été l'objet de l'attention la plus grande, de la part des Etats, & que l'on doit regarder comme le bien le plus solide de cette province, & la ressource la plus sûre de la fortune de ses habitans. Ce n'est pas l'intérêt personnel des propriétaires du canal royal, ni la perte qu'ils peuvent faire de la perception de leurs droits, qui ont frappé la commission, quoiqu'elle pense que ces MM. souffriroient une espece d'injustice, si, après avoir reçu du feu Roi l'usage du canal en toute propriété & à titre incommutable, depuis Toulouse jusqu'à Agde; avec le droit de percevoir sur toutes les marchandises, de montée & de descente qui y passeront, le péage réglé par le tarif, & à la charge par eux de fournir à l'entretien & réparations dudit canal dans toute son étendue; ce seroit, dis-je, une espece d'injustice de permettre à un étranger de se rendre maître d'une partie des eaux de ce canal, de les dériver à son profit, & de percevoir sur ces eaux les droits qui auroient appartenu aux propriétaires, si elles suivoient leur ancien cours; mais quel préjudice ne souffrira pas le canal en lui-même, si l'on fait passer ailleurs les eaux nécessaires à sa navigation? Il est de notoriété publique, que MM. les propriétaires sont obligés d'avoir une attention continuelle pour se précautionner également contre la disette des eaux nécessaires à la navigation, & leur trop grande abondance qui la dérange. Il n'est pas moins certain, que malgré leurs précautions & leurs soins il y a certains mois de l'an- N° IIII.
née où le canal souffre beaucoup par la disette des eaux, & que même la navigation est entierement interrompue, & qu'elle ne se soutient dans ce tems-là qu'en ne donnant les eaux qu'avec beaucoup de ménagement & d'économie. Il résulte à la vérité des vérifications des ingénieurs, que l'on pourroit mieux ménager les eaux du canal, qu'il s'en perd beaucoup qui serviroient à la navigation, si elles étoient retenues, & surtout celles de la chaussée de la Roupille; mais peut-on imaginer qu'un canal de cette étendue, & si compliqué de différens ouvrages, puisse être construit & entretenu de façon qu'il n'y ait ni filtration, ni transpiration, ni autres pertes d'eau? Et puisque la chaussée de la Roupille n'a pu être faite qu'en clayonnage, après que celle qui étoit construite en pierres de taille, a été emportée pendant deux fois; on doit regarder ces pertes d'eau plutôt comme des défauts inévitables, que comme une faute des propriétaires qui ont d'ailleurs trop d'intérêt de ménager leurs eaux, & qui souffrent les premiers de leur pénurie, pour qu'on leur puisse imputer la perte de celles qu'ils ne retiennent pas. D'ailleurs si les propriétaires du canal manquoient d'attention à ce sujet, l'ingénieur du Roi établi sur le canal, & M. Pitot chargé d'en faire la visite toutes les années seroient en état de faire réparer les suites de ce défaut d'attention, & M. de Crillon n'est point partie légitime pour le relever. L'usage des eaux du canal, appartient aux propriétaires à l'exclusion de tout autre; ils doivent les ménager de façon que la navigation du canal royal n'en souffre pas. C'est la seule charge qui leur est imposée. Le Roi, la province, le public, seroient en droit

No. III. de se plaindre, s'ils négligeoient de s'en acquitter : mais s'ils la remplissent avec exactitude, l'on n'a rien de plus à exiger d'eux ; ils sont à couvert de tout reproche.

Mais, quand on supposeroit que ces eaux ne se perdent que par leur défaut d'attention, & qu'on les conserveroit soigneusement, elles ne suffiroient pas à beaucoup près pour fournir suffisamment dans certain tems de l'année au canal de jonction. Les ingénieurs en conviennent, & la commission a reconnu, sur ce témoignage, que ce seroit un grand inconvénient d'ouvrir un nouveau canal de navigation, & d'y destiner des eaux nécessaires pour le grand canal.

Il est vrai que M. de Crillon offre de donner au canal royal des eaux en abondance pour remplacer celles qu'il prendra dans le canal royal, pour fournir à son canal de jonction ; mais où prendra-t-il ces eaux de remplacement? Et seront-elles suffisantes pour rendre au canal royal toutes celles qui auront passé au canal de jonction? Après avoir entendu la lecture des procès-verbaux des quatre différens ingénieurs, qui se sont principalement attachés à reconnoître & à déterminer les eaux de remplacement, la commission n'a trouvé dans aucun des preuves suffisantes de ce qui y est avancé. Le procès-verbal de M. Thiery est celui de tous qui est le plus détaillé, qui a été fait contradictoirement avec toutes les parties, & dont les opérations ont été plus multipliées ; mais cet ingénieur détruit la foi qu'on pourroit ajouter à ses opérations, en disant dès le commencement de son verbal, que la saison n'étoit pas convenable pour la vérification dont il étoit chargé ; parce que la variété des saisons & l'inégalité des rivieres, dont on voudroit rendre les eaux au grand canal, empêchent qu'on ne puisse évaluer la quantité qu'elles pourroient fournir ; parce qu'on ne peut pas non plus estimer les pertes infinies qui seroient occasionnées par le terrein graveleux du canal de jonction, ni par conséquent apprécier par une opération juste les eaux que le canal de jonction tireroit du grand canal ni celles qu'on pourroit rendre à celui-ci. No. III.

Après cet aveu, que peut-on conclure de tout ce que dit M. Thiery dans son procès-verbal, sur les différentes eaux qu'on pourroit conduire dans le canal royal, en remplacement de celles qui seroient prises pour le canal de jonction. On en tirera des présomptions & vraisemblances, des doutes & des possibilités ; mais sur de tels garans peut on faire une ouverture au canal royal, pour donner de l'eau au canal de jonction ? Il est vrai que M. Thiery paroît ne pas douter qu'on ne puisse introduire dans le canal royal, des eaux étrangeres, pour remplacer celles qu'on en feroit sortir pour le canal de jonction ; il indique divers moyens dont on pourroit faire usage ; mais bien loin de déterminer celui qu'il croit le plus convenable, il pense qu'on doit les employer successivement les uns au défaut des autres, & assujettir par-là le canal royal à plusieurs ouvertures différentes, qui seroient à la disposition de M. le marquis de Crillon.

Il est à observer que M. Thiery est le seul qui ait pensé de conduire les eaux de la riviere d'Aude, en remplacement. M. de Clapiers, M. Dasté, & M. Danisy proposent de se servir de celles de la riviere d'Argendouble, & marquent avec autant de certitude, que M. Thiery laissoit de doute dans sa vérification. Mais les éclaircissemens que la commission a pris au sujet de la riviere d'Argendouble, relativement à ce que disent les ingénieurs, ne lui ont pas permis d'adopter leur idée. M. de

N°. III. Clapiers, qui vérifia l'état de cette riviere à la fin de Juillet 1739, dit qu'elles faisoient aller les moulins de M. de la Redorte, & juge que l'eau qui passoit dans ce canal pouvoit donner environ 1451 toises cubes d'eau dans vingt-quatre heures, que cette riviere étoit entierement à sec, au-dessus & au-dessous du village de la Redorte, & qu'à moitié distance, entre le village & l'aqueduc d'Argendouble, elles couloient dans un canal assez régulier, & que ces eaux pouvoient donner environ 971 toises cubes d'eau, dans vingt-quatre heures; cet ingénieur ne dit pas si ces eaux se soutiennent dans l'été, ou si elles diminuent, & si celles qu'il a vu paroître entre le village de la Redorte & l'aqueduc de la riviere d'Argendouble, sont les mêmes que celles qu'il a vu dans le canal du moulin; mais M. de la Redorte qui se trouve ici, nous a assuré que son moulin chome trois ou quatre mois de l'été. On ne sauroit donc compter sur les 1451 toises cubes d'eau que M. de Clapiers a mesuré dans le canal du moulin, ni sur celles qu'il a vu reparoître entre le village de la Redorte & l'aqueduc, lesquelles n'étoient vraisemblablement que les mêmes sorties du canal du moulin, & qui après s'être enfoncées dans des souterreins, avoient réparu.

M. Dasté s'est beaucoup attaché, dans sa vérification faite le 22 Juillet 1752, aux eaux de la riviere d'Argendouble; il a marqué qu'elles se partagent en trois differens endroits, & par la supputation qu'il en a fait, il juge que les trois parties réunies peuvent fournir, dans 24 heures, environ 2600 toises cubes d'eau, & il ajoute dans son procès-verbal, que les habitans d'Azille, & de Caunes l'ont assuré que depuis le mois de Mars les pluies avoient été fort rares, & n'avoient pu grossir le lit des rivieres.

M. Danisy, qui visita cette même riviere d'Argendouble, le 20 Novembre 1752, dit que les eaux de cette riviere ont été toujours à sec, dans ces derniers tems de sécheresse, mais que le sieur Roger, qui a le premier moulin situé sur les bords de cette riviere, lui a dit que quelque sécheresse qu'il y ait, son moulin ne chome jamais, parce qu'il prend l'eau d'une fontaine intercalaire, qui fait toujours aller son moulin, jusques à moudre 10 septiers de bled par jour; que s'il vouloit mettre une seconde meule, l'eau est assez abondante pour la faire aller; au moyen de quoi, il pourroit moudre 20 septiers de bled par jour: sur quoi M. Danisy a fait un calcul de *6666* toises cubes d'eau; à quoi le sieur Roger a ajouté, que pour que les eaux de son moulin n'aillent aux moulins inférieurs, ce qui lui feroit perdre ses pratiques, il les détourne entierement, & les fait servir à l'arrosage de ses prés; & il finit en disant, que dix moulins qui sont au-dessous de celui du sieur Roger ont chomé très-souvent. N°. III.

Il ne faut qu'examiner ces trois différentes vérifications, pour s'assurer combien peu il y a à compter sur les eaux de la riviere d'Argendouble, dans les tems de sécheresse, pour remplacer celles que le canal royal donneroit au canal de jonction.

M. de Clapiers a trouvé 1400 toises cubes d'eau au canal du moulin de la Redorte, dans le mois de Juillet, & 900 quelques toises à celles qui reparoissoient au-dessous du canal de la Redorte, & qui se jettoient dans les épanchoirs de l'aqueduc. Que deviennent ces eaux dans les mois que le moulin de la Redorte chome?

M. Dasté en a trouvé, le 22 Août 1752, 2600 toises; mais il n'a pas pris la précaution de s'informer si dans

N°. III. des années de sécheresse les eaux de cette riviere diminuoient.

M. Danisy, dans son procès-verbal du mois de Novembre 1753, assure que les eaux de cette riviere ont toujours été à sec dans les derniers tems de sécheresse; que dix moulins qui sont sur ses bords, ont chomé très-souvent, & que celui du sieur Roger n'a été en état de travailler, dans la plus grande sécheresse, que par le secours des eaux d'une fontaine intercalaire. Le calcul que fait M. Danisy sur l'abondance des eaux de cette fontaine est fondé sur le seul témoignage du propriétaire du moulin, auquel il n'est pas permis de s'en rapporter entierement, pour en conclure que les eaux d'Argendouble sont plus que suffisantes pour remplacer, dans le canal royal, celles qui seront nécessaires au canal de Narbonne, d'autant plus que ce témoignage renferme des circonstances peu vraisemblables. Le sieur Roger est-il assez maître des eaux de cette fontaine, pour en priver les propriétaires des moulins inférieurs, quand elles ont servi pour le sien? Et si ces eaux sont aussi abondantes que le sieur Roger l'assure, n'inonderoient-elles pas les possessions du sieur Roger & celles de ses voisins, s'il les faisoit couler dans les terres, au lieu de les rejetter dans le lit de la riviere?

Il a paru à la commission que l'on ne pouvoit point ajouter foi aux procès-verbaux de MM. de Clapiers, Dasté & Danisy, qui proposent les eaux de la riviere d'Argendouble comme suffisantes pour remplacer, dans le canal royal, celles qui passeront dans le canal de jonction, parce qu'aucun de ces ingénieurs ne s'est attaché à éclaircir si les eaux qu'ils ont trouvé dans la riviere d'Argendouble, s'y soutiennent dans le même état d'abondance dans les grandes sécheresses. Ce fait étoit pourtant décisif, & ce n'est qu'autant que l'on peut compter sur le remplacement des eaux d'Argendouble, dans les tems de sécheresse, qu'on a lieu de s'assurer que le canal royal sera en état de fournir au canal de jonction, sans y rien perdre. N°. III.

M. de Clapiers n'a rien dit à ce sujet, mais il paroît d'une part s'être trompé dans son calcul, en ajoutant aux eaux qu'il a vû dans le canal du moulin de la Redorte, celles qui reparoissent à une demi-lieue au-dessous du village, puisqu'il paroît certain que c'étoient les mêmes eaux. D'ailleurs, c'est un fait constant avoué par M. de la Redorte, qui se trouve à Montpellier, que son moulin est ordinairement à sec deux ou trois mois de l'année, d'où la commission a conclu que l'eau que M. de Clapiers a vû dans le canal du moulin de la Redorte, au mois de Juillet 1739, n'est point une eau sûre pour le remplacement de celle du canal.

Le procès-verbal de M. Dasté renferme le même défaut. Cet ingénieur se contente de faire mention des eaux qu'il a trouvé dans cette riviere, d'en faire le calcul; mais il n'a pas pensé à s'éclaircir si dans toute sorte de tems ces eaux étoient également abondantes. Il rapporte seulement le témoignage de quelques particuliers, qui lui ont dit que depuis le mois de Mars les pluies avoient été rares & n'avoient pas pu faire grossir le lit de la riviere. Il s'en faut de beaucoup que la commission ait cru voir dans cette vérification le principal fait que M. Dasté devoit vérifier. Quoiqu'il y ait trouvé beaucoup d'eau, il peut y en manquer dans d'autres tems: mais indépendamment des réflexions qu'a fait la commission sur ce que M. de Clapiers & M. Dasté auroient dû vérifier, & ce qu'ils n'ont pas fait, le procès-verbal de M. Danisy renferme la preuve la plus complete de

N°. III.

la disette des eaux de la riviere d'Argendouble, dans certains tems de l'année. Cet ingénieur, dans son procès-verbal du mois de Novembre 1753, dit que la riviere d'Argendouble étoit à sec depuis quelque tems. La commission a cru devoir conclure sans hésiter, que les eaux que MM. de Clapiers & Dasté y ont trouvé manquent souvent, & qu'on ne sauroit y compter pour le remplacement en question. Il est vrai que M. Danisy a découvert une fontaine intercalaire dont les autres ingénieurs n'avoient pas paru faire grand cas; mais peut-on regarder comme sûres les eaux d'une fontaine intercalaire, & ajouter foi au calcul de M. Danisy touchant le volume des eaux de cette fontaine sur le témoignage d'un particulier?

Ces réflexions, qui paroissent si naturelles & si justes, ont persuadé à la commission que la riviere d'Argendouble n'est point une ressource sûre pour le remplacement des eaux dans le canal royal, & lui a fait sentir les justes raisons qu'avoient eu les propriétaires du canal de ne point y introduire les eaux de cette riviere, & de faire une dépense de 80,000 livres pour les faire passer dans un aqueduc à travers le canal. Peut-on penser que les propriétaires ne se fussent pas mis en état de se procurer ces eaux pour les tems de sécheresse, s'ils ne les avoient regardées comme préjudiciables plutôt qu'utiles? Et conviendroit-il que, pour l'intérêt de M. de Crillon, on les obligeât de recevoir des eaux que leurs intérêts & celui du canal les ont obligés de rejetter?

Mais en supposant que les eaux de cette riviere fussent sûres dans les tems de sécheresse & en état de fournir au remplacement, il auroit fallu faire le calcul, non-seulement du volume de ces eaux, mais encore du volume de celles nécessaires pour fournir au canal de jonction, en y comprenant celles qui se perdroient à travers les joints des portes, des écluses & par les filtrations qui se feroient dans le nouveau canal, afin de faire une comparaison juste entre le volume d'eau qui sortiroit par le canal de jonction & celui qui entreroit dans le canal royal pour le remplacer. M. Thiery avoit jugé que ce calcul étoit nécessaire; & il avoit regardé ses opérations comme défectueuses, parce que le tems ne lui avoit pas permis de le faire. On ne le trouve ce calcul dans aucune des vérifications des autres ingénieurs. Ce défaut suffiroit pour en établir l'irrégularité & l'insuffisance, quand d'ailleurs on auroit autant de lieu de compter sur les eaux d'Argendouble, qu'il paroît évident qu'elles manquent une partie de l'été. Ce n'est donc ni des eaux du canal royal qui se perdent, ni de celles de la riviere d'Argendouble qu'on peut se promettre un remplacement suffisant des eaux nécessaires au canal de jonction. Les ingénieurs n'en présentent pourtant pas d'autres, & M. de Crillon ne peut parler que d'après eux.

A toutes ces réflexions la commission en a ajouté une qui l'a frappée extrêmement, & qui seule l'auroit déterminée à rejetter le canal de jonction.

S'il étoit constant que M. de Crillon en fût le maître, qu'il eût à sa disposition des portes pour introduire des eaux dans le canal royal & pour en faire sortir, que de discussions, de débats, & de procès n'en résulteroit-il pas entre les propriétaires du canal & lui? Tantôt il demanderoit l'eau pour introduire les barques dans son canal, & on lui répondroit qu'à peine y en a-t-il pour la navigation de celles qui continuent leur route sur le leur: dès que l'eau manqueroit pour son canal, il s'en prendroit à eux sur le défaut d'entretien

N°. III. d'entretien de leur part; & à tort ou avec raison ils entreroient en contestation. Si M. de Crillon étoit le maître d'introduire dans le canal royal par des rigoles de dérivation qu'il feroit faire, des eaux dans le canal royal, quand & comment il jugeroit à propos, les propriétaires se plaindroient souvent qu'on les amene à contre-tems & qu'elles leur sont nuisibles. Il pourroit même arriver que dans certaines occasions les eaux des rigoles de dérivation causeroient du ravage dans le canal, interromproient la navigation, & exposeroient les propriétaires à demander des indemnités à M. de Crillon. Ces inconvéniens, inévitables quelques mesures que l'on puisse prendre, quelque réglement dont on convienne, ont paru à la commission plus que suffisans pour empêcher un ouvrage dont on ne peut se promettre qu'un avantage très-modique, & dont on doit craindre un préjudice considérable. Il convient à la province de veiller de près sur la conduite des propriétaires du canal, & de prévenir les dérangemens & les abus qui pourroient naître de leur négligence, au sujet de l'entretien & des réparations du canal; & c'est à quoi elle a pourvu en chargeant un de ses directeurs des travaux publics d'aller faire tous les ans la visite du canal, & de dresser un procès-verbal qui mette les Etats à portée de connoître son état actuel, les réparations qu'on y a faites & les réparations qui sont à faire. Mais en même tems il convient que la province assure aux propriétaires du canal la tranquillité & la paix; qu'elle les mette à couvert d'un événement qui les exposeroit à des altercations & des disputes sans fin & qui influeroient encore plus sur l'intérêt public inséparable de la sureté de la navigation sur le canal royal.

M. de Crillon ne croit pas qu'il faille avoir égard aux représentations que fait M. de Caraman sur la perte qu'il souffriroit dans le cas où le canal de jonction seroit plus fréquenté. Je suis obligé, dit M. de Caraman, d'entretenir le canal dans toute son étendue; la partie de Beziers est souvent celle qui m'expose à de plus grandes dépenses; la surcharge deviendroit bien forte pour moi, si, ne percevant plus de droits sur cette partie du canal, j'étois obligé aux mêmes dépenses pour son entretien; & si les choses en venoient au point qu'il y eût une grande disproportion entre les dépenses & la perception des droits, ne serois-je pas fondé à abandonner l'entretien de cette partie? N°. III.

Sans examiner ce qui pourroit résulter dans le cas prévu, la commission croit qu'il convient que M. de Caraman jouisse des droits que le Roi lui a donnés sur le canal dans toute son étendue; qu'il ne partage avec personne les eaux dont l'usage lui a été accordé exclusivement à tout autre, à la charge seulement d'entretenir bien & duement le canal. On ne doit point lui envier les profits qu'il peut en retirer; ils sont la récompense du génie supérieur & de l'habileté de ses ancêtres; & il est de l'intérêt de la province que les revenus du canal ne soient point diminués, afin que les propriétaires ayent plus de facilités & de ressources pour fournir à l'entretien & aux réparations nécessaires, surtout dans certains cas qui demandent des dépenses très-considérables.

La commission a cru se conformer dans cette façon de penser à celle qu'ont eu les personnes qui avoient le plus d'intérêt à favoriser le canal de jonction, & à ne pas laisser inutiles les grandes dépenses qu'on avoit fait pour avancer cet ouvrage, lorsqu'il n'y avoit plus que trois quarts de lieues à faire pour l'achever. Le procès-verbal qu'avoit fait

No. III. M. d'Agueſſeau au ſujet de ce canal; les ordres donnés par M. d'Agueſſeau pour qu'on y travaillât; le devis dreſſé par M. de Niquet en conſéquence; l'empreſſement avec lequel on l'avoit commencé & continué dans l'eſpace de pluſieurs lieues, ne permettent pas de douter qu'on n'eût extrêmement à cœur cet ouvrage : & à quoi peut-on attribuer l'interruption, ou pour mieux dire, l'abandon total pendant près de 50 ans? Ce ne ſauroit être que la ſuite des inconvéniens que l'on découvrit & la perſuaſion où l'on fut qu'il étoit impoſſible de joindre ce nouveau canal à celui de la communication des mers, ſans nuire beaucoup à ce dernier. Ce n'eſt pas dans cette ſeule occaſion que de grands hommes, à la faveur de nouvelles réflexions qu'ils ont faites ſur leurs projets, y ont découvert des difficultés qu'ils n'avoient pas prévues d'abord, & qui les leur ont fait abandonner. En vain MM. de Narbonne veulent perſuader qu'ils ne s'arrêterent que par l'impuiſſance où ils étoient de le commencer; M. le cardinal de Bonzy, M. de la Berchere, MM. de Beauvau & de Grillon, leurs archevêques, ne manquoient pas de crédit & de bonne volonté, pour fournir des reſſources à leur impuiſſance & leur procurer les moyens d'achever un ouvrage qui devoit leur être ſi avantageux. Par toutes ces réflexions, la commiſſion a cru que les Etats devoient délibérer qu'ils ne pouvoient ni ne devoient conſentir à la conſtruction de ce canal; & de charger leurs députés à la cour de faire toutes les repréſentations & les démarches néceſſaires pour l'empêcher.

Sur quoi il a été délibéré que les Etats ne peuvent ni ne doivent donner aucune eſpece de conſentement au canal projetté pour la jonction de la robine de Narbonne au canal de communication des mers; & MM. les députés à la cour ont été chargés de faire connoître à Sa Majeſté & à ſon conſeil les juſtes craintes & les alarmes de la province ſur un ouvrage qui pourroit être auſſi préjudiciable au canal de de communication des mers, qu'il paroît peu utile à l'état; comme auſſi de charger les mêmes députés de faire toutes les démarches convenables à l'appui de la préſente délibération. No. III.

IV.

ARRÊT

Du Conseil d'Etat du Roi,

Qui annulle la délibération priſe par la ville de Narbonne, & la ceſſion par elle faite à M. le marquis de Crillon de ſon droit pour l'exécution du projet de jonction du canal de Narbonne au canal royal & preſcrit à ladite ville les formalités qu'elle doit obſerver dans le cas où elle voudra ſuivre l'exécution dudit projet.

Du 19 Juillet 1757.

Extrait *des Regiſtres du Conſeil d'Etat.*

VU au conſeil d'état du Roi les arrêts rendus en icelui les dix-neuf Février mil ſix cent quatre-vingt-cinq, deux Juillet mil ſix cent quatre-vingt-ſix, & dix-ſept Janvier mil ſept cent trente-ſept, par le premier deſquels Sa Majeſté auroit commis le feu ſieur d'Agueſſeau, lors intendant de la province de Languedoc, pour dreſſer procès-verbal & donner ſon avis ſur l'utilité & l'avantage d'un canal de jonction de la robine de Narbonne au canal royal des deux mers en Languedoc, dont le projet avoit été préſenté à Sa Majeſté, & pour entendre la ville de Narbonne & autres parties intéreſſées

N°. IV. à la confection de ce nouveau canal; Celui du deux Juillet mil six cent quatre-vingt-six, par lequel Sa Majesté, conformément à l'avis du feu sieur d'Aguesseau, auroit ordonné à ladite ville de Narbonne de procéder, suivant ses offres, à la construction dudit canal de jonction; aux charges, clauses & conditions portées par ledit arrêt, & auroit nommé le sieur Niquet, ingénieur du Roi, pour dresser procès-verbal & devis estimatif des ouvrages qui étoient à faire audit canal; Celui du dix-sept Janvier mil sept cent trente-sept, rendu sur la requête du syndic des Etats de ladite province, par lequel Sa Majesté auroit ordonné que dans le délai de trois mois, à compter du jour de sa publication, les propriétaires dudit canal royal, les consuls de ladite ville de Narbonne & autres parties intéressées, seroient tenus de remettre pardevant le sieur Bernage de Saint-Maurice, lors intendant de Languedoc, les mémoires & actes concernant la construction dudit canal ou robine de Narbonne, pour faire la jonction avec le grand canal de communication des mers. La délibération de ladite ville de Narbonne du vingt-cinq Février mil sept cent cinquante-un, par laquelle elle auroit accepté la proposition à elle faite de la part du sieur marquis de Crillon, maréchal des camps & armées du Roi; en conséquence, de lui céder, sous le bon plaisir de Sa Majesté, les droits que la communauté avoit sur le canal & robine, depuis la riviere d'Aude jusqu'au port de la Nouvelle, avec tous les ouvrages qui en dépendent, les droits qu'elle a sur le canal qui reste à construire depuis la riviere d'Aude jusqu'au canal de communication des mers, & ce, aux mêmes droits, avantages, charges & conditions dont ladite ville jouit, soit que ces avantages & charges regardent le public ou des particuliers, au moyen de quoi ledit sieur de Crillon demeureroit subrogé à l'utilité de l'arrêt du conseil du deux Juillet mil six cent quatre-vingt-six & autres, laquelle cession des droits actifs & passifs de ladite communauté auroit été faite aux conditions suivantes: 1°. Que le sieur marquis de Crillon obtiendroit dans un an, à compter du jour de ladite délibération, les arrêts & lettres-patentes nécessaires pour la jonction projettée, dont il remettroit des extraits en forme à ladite communauté. 2°. Qu'immédiatement après l'obtention desdites lettres-patentes, ledit sieur marquis de Crillon feroit sa soumission envers la ville, pour assurer à perpétuité la navigation du canal de jonction à construire depuis le canal royal juqu'à la riviere d'Aude, & de celui qui est déjà construit depuis la riviere d'Aude jusqu'au port de la Nouvelle. 3°. Qu'il seroit soumis au payement du prix des terres qui seroient prises pour ladite jonction, & tenu d'en indemniser les propriétaires & seigneurs. 4°. Qu'il entretiendroit ledit canal dans toute son étendue & les ouvrages en dépendans, &c. & enfin, que par l'inexécution d'aucune des clauses & conditions ci-dessus, ladite délibération demeureroit nulle. L'arrêt du conseil du vingt-sept Avril mil sept cent cinquante-un, rendu sur la requête dudit sieur Louis Balbis Bertons de Crillon, maréchal-des-camps & armées du Roi, tendante à ce qu'il plût à Sa Majesté homologuer, approuver & ratifier ladite délibération prise par les officiers municipaux de ladite ville de Narbonne le vingt-cinq Février de ladite année mil sept cent cinquante-un, ordonner qu'elle seroit exécutée; & en conséquence, que ledit sieur marquis de Crillon & les siens, seroient subrogés à perpétuité dans tous les droits de ladite ville de Narbonne, N°. IV.

N°. IV.

résultans de l'arrêt du deux Juillet mil six cent quatre-vingt-six, & autres rendus en conséquence, ordonnant que ledit sieur de Crillon jouiroit dans toute l'étendue dudit canal des mêmes droits, honneurs, prérogatives, priviléges, profits & émolumens dont jouissoient les propriétaires dudit canal royal; aux charges, clauses & conditions portées par ladite délibération: Par lequel arrêt auroit été ordonné, que ladite requête dudit sieur de Crillon seroit communiquée aux maires & consuls de Narbonne, Beziers, Agde, Cette, Carcassonne, Castelnaudary, aux capitouls de Toulouse, & aux propriétaires du canal royal de Languedoc, ainsi qu'à toutes les parties intéressées, lesquelles seroient tenues dans trois mois, à compter du jour de la signification qui leur seroit faite dudit arrêt, de remettre leurs pieces & mémoires au sieur intendant & commissaire départi en Languedoc, que Sa Majesté auroit commis pour les entendre & dresser procès-verbal, tant de leurs dires & réquisitions, que de l'état des lieux, & pour faire faire par tels juges & experts qu'il commettroit à cet effet, aux frais & dépens dudit sieur de Crillon, les plans, devis & vérifications, & prendre d'ailleurs, par ledit sieur intendant, tous les éclaircissemens qui seront nécessaires, pour, le tout renvoyé au conseil avec son avis, être ensuite statué par Sa Majesté ainsi qu'il appartiendroit: Permis audit sieur intendant de subdéléguer telle personne qu'il aviseroit bon être pour l'exécution dudit arrêt du vingt-sept Avril mil sept cent cinquante-un; Les exploits de signification d'icelui aux maires & consuls de Narbonne, Beziers, Agde, Cette, Carcassonne, Castelnaudary, Montpellier, & au sieur de Caraman, des douze, treize, quinze, seize, dix-huit & vingt-un Juillet de ladite année mil sept cent cinquante-un. Vu aussi les plans, devis, cartes figuratives desdits canaux & rivieres, devis, procès-verbaux de vérification, & rapports faits par des ingénieurs experts, tant contradictoirement qu'autrement, & pris ou nommés d'office par lesdits sieurs intendans & commissaires départis pour l'exécution des ordres de Sa Majesté dans ladite province de Languedoc, en exécution desdits arrêts du conseil des dix-neuf Février mil six cent quatre-vingt-cinq, deux Juillet mil six cent quatre-vingt-six, dix-sept Janvier mil sept cent trente-sept, & vingt-sept Avril mil sept cent cinquante-un; savoir: La copie imprimée du devis fait par ledit sieur de Niquet, dudit canal de jonction de la robine de Narbonne au canal royal, du deux Février mil six cent quatre-vingt-huit; La copie étant ensuite de la précédente, de l'adjudication faite par le sieur de Lamoignon, lors intendant de Languedoc, des ouvrages mentionnés audit devis au sieur Mathon, architecte & bourgeois de Lyon, moyennant la somme de cent sept mille livres, du sept dudit mois de Février mil six cent quatre-vingt-huit: Le procès-verbal de vérification, rapport & avis du sieur Thierry, ingénieur du Roi à Perpignan, le 27 Octobre mil sept cent trente-huit: Le rapport & avis du sieur de Clapiers, de l'académie des sciences, & directeur des travaux du Roi en Languedoc, du dix-neuf Janvier mil sept cent quarante: Autre rapport & avis du sieur Dasté, ingénieur en chef des ville & fort de Cette, du vingt-deux Août mil sept cent cinquante-deux: Le rapport & avis du sieur Danisy, de l'académie des sciences, du treize Janvier mil sept cent cinquante-trois; Toutes les requêtes & mémoires, tant imprimés que manuscrits, fournis par lesdits sieurs marquis de Crillon, le maire & consuls de Nar-

N°. IV.

N°. IV. bonne, & les propriétaires dudit canal royal des deux mers, tant à l'intendance de Languedoc qu'au conseil, en exécution desdits arrêts des dix-sept Janvier mil sept cent trente-sept, & vingt-sept Avril mil sept cent cinquante-un, du nombre desquels est un mémoire imprimé des propriétaires du canal de communication des mers, signé Riquet, marquis de Caraman, par lequel ils auroient conclu à la révocation des arrêts du conseil des deux Juillet mil six cent quatre-vingt six, & vingt-sept Avril mil sept cent cinquante-un : La requête présentée au sieur de Saint-Priest, intendant de Languedoc, par les maire & consuls de Narbonne, & d'eux signée, par laquelle, en conséquence de leur délibération y attachée du vingt-trois Août mil sept cent cinquante-deux, ils auroient demandé l'homologation de leur délibération du vingt-cinq Février mil sept cent cinquante-un, par laquelle ils avoient subrogé ledit sieur marquis de Crillon en leur lieu & place à l'utilité de l'arrêt du deux Juillet mil six cent quatre-vingt-six : Les délibérations prises par les villes de Castelnaudary, Lunel, Montpellier, Villefranche du Laugarais & d'Uzès des huit Août, dix-sept, dix-neuf, & vingt-cinq Octobre & seize Novembre mil sept cent cinquante-un, qui attestent l'utilité de la construction du canal de jonction de la robine de Narbonne à celui des deux mers ; Plusieurs autres certificats qui assurent le même fait, délivrés par les propriétaires des manufactures royales du Languedoc, les députés du commerce de Marseille, le bureau de la draperie de Carcassonne, les négocians de Perpignan, les marchands fabricans & négocians de Saint-Chinian, ceux de Saint-Pons, le corps & communauté des négocians de Narbonne, l'entrepreneur général des vivres pour les troupes du Roi dans le Roussillon, portant que la multiplicité des canaux ne peut être qu'avantageuse, & que celui de Narbonne ouvrira un débouché de plus : Plusieurs délibérations, requêtes & mémoires, contenant les oppositions à la construction dudit canal, des villes d'Agde, Cette, Saint-Marcel, Lavaur, Carcassonne, Pezenas, Marseillan, & des commerçans de Beziers, des dix-huit & vingt-cinq Mai mil sept cent cinquante-un, huit Août mil sept cent cinquante-deux, vingt-huit Décembre mil sept cent cinquante-trois, dix Janvier, quatorze & dix-sept Février mil sept cent cinquante-quatre : L'avis de la chambre du commerce de Bordeaux, portant, qu'il importe beaucoup à l'intérêt du commerce que les eaux du canal de communication des deux mers ne soient pas diminuées, & que d'ailleurs le canal de la robine est inutile au commerce de Bordeaux, du trente-un Janvier mil sept cent cinquante-quatre : Un certificat des commerçans de Beziers, portant, qu'il en coûtera plus pour voiturer les marchandises du Bas-Languedoc par le canal projetté, que par terre, du treize Février mil sept cent cinquante-quatre : Les mémoires présentés par le sieur maréchal duc de Belle-isle & le sieur duc de Brancas, par lesquels ils s'opposent à l'exécution du canal en question, tant pour leur intérêt particulier que pour celui du commerce ; ledit sieur maréchal de Belle-isle prétendant à son égard, que si le canal avoit lieu, le produit du droit de péage d'Auvillar qui lui a été cédé en contre-échange de Belle-isle en l'année mil sept cent dix-huit, diminueroit considérablement ; & ledit sieur de Brancas prétendant, de son côté, que si ce projet avoit lieu, & que l'on prît par conséquent des eaux du canal royal, diminuant le volume de celles qui menent à Castelnaudary, & in- N°. IV.

N°. IV. diquant une autre route pour le commerce des grains & autres denrées, celui de Castelnaudary tomberoit à rien; par conséquent ledit sieur de Brancas seroit privé de la plus grande partie de son droit de coupe & de leude, principal revenu de son domaine acquis à prix d'argent: Trois certificats étant ensuite l'un de l'autre, du même jour seize Février mil sept cent cinquante-quatre; le premier, des maîtres, capitaines ou patrons des barques de la ville d'Agde; le second, du sieur Bourgates, commissaire aux classes de la marine, chef du département de ladite ville; & le troisieme, du sieur Goltis, lieutenant-général de l'amirauté de la même ville, & du procureur du Roi, qui attestent que les bâtimens de mer qui sont de portée de trois mille jusqu'à cinq mille quintaux, entrent & sortent librement, entierement chargés, par le grau de la ville d'Agde, où il y a de quatorze à quinze pans d'eau, sans aucun danger, & que lesdits capitaines & patrons n'ont jamais eu ni n'auront jamais la même liberté au grau de la Nouvelle, dans lequel il ne peut entrer que des petits bâtimens; que l'embouchure de ce grau est d'ailleurs si dangereuse, qu'on ne peut y porter aucunes marchandises lorsqu'on y est obligé par une force majeure, sans courir de risques, comme il est souvent arrivé. Vu aussi l'avis du sieur de Saint-Priest, intendant & commissaire départi pour l'exécution des ordres de Sa Majesté en ladite province de Languedoc du trois Juillet mil sept cent cinquante-trois, donné en exécution dudit arrêt du conseil du vingt-sept Avril mil sept cent cinquante-un; Copie d'une délibération des Etats de ladite province de Languedoc, au sujet dudit projet de jonction de ladite robine de Narbonne au canal royal, du neuf Mars mil sept cent cinquante-quatre; L'avis du sieur Camus de l'académie des sciences, & celui des députés au bureau du commerce; Et vu généralement tout ce qui a été dit, écrit & produit par lesdites parties: Oui le rapport du sieur Peirenc de Moras, conseiller ordinaire au conseil royal, contrôleur général des finances; LE ROI EN SON CONSEIL, faisant droit sur lesdites instances introduites par lesdits arrêts du conseil des dix-sept Janvier mil sept cent trente-sept & vingt-sept Avril mil sept cent cinquante-un, sans avoir égard à la demande du sieur de Crillon, ni à celle de ladite ville de Narbonne, en homologation de ladite délibération, du vingt-cinq Février mil sept cent cinquante-un, dont Sa Majesté les a débouté, déclare ladite délibération & la cession faite par icelle nulle & de nul effet, sauf aux maire & consuls de ladite ville de Narbonne à suivre l'exécution dudit arrêt du conseil, du deux Juillet mil six cent quatre-vingt-six, & à remettre à cet effet audit sieur intendant & commissaire départi en la province de Languedoc, leurs mémoires & pieces, afin de constater à quelle somme pourra monter la dépense de la partie du canal qui reste à faire depuis le Gaillousti jusqu'au Sommail, & les moyens qu'ils auront à proposer pour payer ladite dépense; comme aussi, ce que pourront produire les droits qui seront perçus au profit de ladite ville, & l'augmentation du revenu qui résultera en sa faveur de la construction dudit canal: & avant que la jonction dudit canal au canal royal puisse être exécutée, Ordonne Sa Majesté qu'en présence des propriétaires dudit canal royal, ou eux duement appellés, il sera fait un nouveau rapport par trois experts, dont l'un sera nommé par lesdits propriétaires, l'autre par les maire & consuls de Narbonne, & le troisieme d'office par ledit sieur in-

N°. IV. tendant & commissaire départi, à l'effet de vérifier si ladite jonction peut préjudicier à la navigation dudit canal royal, pour, le tout communiqué aux Etats de ladite province de Languedoc, & ensuite sur l'avis dudit sieur intendant & commissaire départi, être statué par Sa Majesté ce qu'il appartiendra, se réservant Sa Majesté de pourvoir ainsi qu'elle avisera bon être au dédommagement dudit sieur Crillon, dans le cas seulement où le canal auroit lieu; & sur le surplus des demandes & conclusions des parties, Sa Majesté les a mis hors de cour. FAIT au conseil d'état du Roi, tenu à Compiegne le dix-neuf Juillet mil sept cent cinquante-sept. Collationné,

Signé, DE VOUGNY.

V.

EXTRAIT du registre des délibérations des Etats généraux de Languedoc, assemblés par mandement du Roi en la ville de Montpellier au mois de Décembre 1774.

Du Samedi 31 dudit mois de Décembre; président Mgr. l'archevêque & primat de Narbonne.

MONSEIGNEUR l'archevêque de Toulouse a dit, que le sieur de Montferrier, a rapporté à la commission une délibération de la ville de Narbonne, dans laquelle, après avoir rappellé le dernier état de l'affaire qu'a ladite ville avec MM. les propriétaires du canal de jonction des mers, au sujet de la branche de jonction à la robine dudit Narbonne, dont cette communauté sollicite depuis si long-tems la construction, on expose, que pour lever la plus grande difficulté qu'on a opposé à cette entreprise, au sujet du remplacement, dans le grand canal, des eaux qu'il fourniroit à l'autre branche, sans porter aucun préjudice au premier, MM. les propriétaires, qui, en soutenant leur opposition, ne s'occupoient pas moins des moyens de terminer leurs différends d'une maniere propre à concilier les intérêts respectifs de tous ceux qui en ont à l'accomplissement d'un projet aussi important, avoient cru trouver cet expédient dans la construction d'un nouveau réservoir qu'ils jugent pouvoir être fait dans la montagne Noire. N°. V.

Qu'ils ont en conséquence remis à Mgr. l'archevêque de Narbonne, un mémoire où ils établissent la possibilité de la construction de ce réservoir, & d'y rassembler une quantité d'eau suffisante pour fournir à la nouvelle navigation, suivant les plans & devis qu'ils en ont fait dresser; qu'ils offrent de se charger de la construction dudit ouvrage, & d'en supporter le tiers de la dépense lorsqu'elle aura été évaluée, de l'avoir fini dans trois ans, & de se charger de son entretien, pourvu qu'on leur paye comptant les deux autres tiers de la dépense, en trois payemens, chacune desdites trois années; moyennant quoi lesdits sieurs propriétaires se désisteront de toutes leurs oppositions, & mettront la main à l'œuvre, à quelques autres conditions qui, ne regardant que la bonne harmonie entre les deux navigations, ne sont susceptibles d'aucune difficulté.

Que la ville de Narbonne, satisfaite de ces propositions, n'a cependant pas cru possible de se déterminer à y adhérer, qu'autant que ce moyen auroit été examiné & approuvé, de maniere qu'on pût se flatter de son succès; qu'il lui a paru également nécessaire de connoître, tant l'objet de cette dépense, que celui des autres ouvrages déterminés par M. Gendrier, afin d'en faire la comparaison, & afin d'être également instruite de la totalité des

N°. V.

frais de la construction du canal de jonction, & en particulier de la premiere écluse où sera la prise d'eau.

Que la communauté ne pouvant se procurer par elle-même ces connoissances, elle espéroit encore de la protection de Mgr. l'archevêque auprès des Etats, qu'ils voudroient bien charger le sieur Garipuy, de faire cette vérification & estimation & de remettre son rapport à la ville, afin qu'elle pût prendre une résolution définitive sur cette affaire qui l'intéresse si essentiellement.

Que telles sont les conclusions de la délibération, & que d'après l'examen qu'en ont fait MM. les commissaires, ils n'ont trouvé aucun inconvénient à accorder cette demande, & ont ainsi été d'avis de proposer aux Etats de charger le sieur Garipuy : 1°. De vérifier & examiner les plans que MM. les propriétaires ont fait lever, & le devis qu'ils ont fait dresser du nouveau réservoir qu'ils offrent de faire construire au-dessus de celui de St. Ferriol, afin de s'assurer s'il est praticable, & s'il rassemblera une quantité d'eau suffisante pour fournir à la navigation du canal de jonction, & d'en évaluer la dépense. 2°. D'évaluer aussi celle des ouvrages déterminés par le sieur Gendrier pour introduire les eaux de la riviere d'Aude dans le grand canal, ou pour prévenir les désordres que leur rehaussement pourroit causer. 3°. Enfin d'évaluer encore la dépense de tous les ouvrages du canal de jonction, & de faire connoître en particulier celle de la premiere écluse, par laquelle la prise d'eau se fera, pour, sur le rapport du sieur Garipuy, communiqué à la ville de Narbonne, être par elle pris telle détermination qu'elle jugera à propos, & ensuite délibéré par les Etats ce qu'ils jugeront le plus convenable pour l'intérêt général de la province & en particulier celui de ladite ville, dans l'exécution du projet dont il s'agit.

Ce qui a été délibéré, conformément à l'avis de MM. les commissaires.

N°. V.

VI.

EXTRAIT du registre des délibérations de la ville de Narbonne.

L'AN mil sept cent soixante-seize & le onzieme jour du mois de Février, trois heures après-midi, dans le grand consistoire de l'hôtel-de-ville de Narbonne, pardevant M. de Girard maire, président, assisté de MM. Falguiere, Guilhaumat, Roqueyrol & Riviere consuls de ladite ville; présent Me. Tapié, procureur du Roi de ladite ville & communauté, & MM. de Rouch, Barthés avocat, Ferrier docteur en médecine, du Rivage l'aîné seigneur du Rivage, Castan avocat, Dureau, Pailhiés le pere négociant, Sabatié bourgeois, Landes, Antoine Bouisset, la Forgue le pere négocians, Azeau procureur, Benausse le pere, Cathalan, Fajon, Champolion, Gaches, Curet l'aîné, marchands, François-Martin habitant, Peyrotes marchand, Joseph Alibert maître chirurgien, Jacques Bernadet ménager & Graniés fabricant, conseillers politiques ordinaires dudit hôtel-de-ville. Présens aussi MM. de Mengau seigneur de Celeyran, Gept seigneur de Villeseque, conseillers à la cour des aides de Montpellier, de Viguier seigneur de l'Estagnol, chevalier d'honneur de MM. les trésoriers de France, d'Auderic d'Alcoynés seigneur de Lastours, le chevalier Tapié ancien brigadier des gardes du corps du Roi & chevalier de l'ordre militaire de Saint-Louis, d'Exéa l'aîné écuyer ancien officier de dragons, de Revial ancien capitaine d'infanterie, de Leonnard juge royal visiteur

N°. VI. visiteur des gabelles, Dangles avocat subdélégué de Mgr. l'intendant, Berre avocat, Robert de Belveze, Gillabert, docteurs en médecine, Conil directeur des travaux publics de ladite ville, Brel bourgeois, Domergue receveur des décimes, Pascal & Viard négocians, conseillers politiques renforcés, nommés par délibération du conseil de la même ville & communauté du jour d'hier; en conséquence de l'ordonnance de Mgr. l'intendant du huitieme Février courant, absens MM. les autres conseillers ordinaires & renforcés; auxquelsdits sieurs consuls & conseillers susnommés a été représenté par M. de Girard maire, président, les avoir fait assembler en conseil général de ville au son de trois trompêtes, & autres formes accoutumées, pour délibérer sur ce qu'il va proposer.

M. de Girard maire, président, a dit, que MM. les propriétaires du canal des deux mers, desirant de concilier leurs intérêts avec ceux de la ville, avoient cherché le moyen de remplir cet objet à la satisfaction de toutes les parties; que pour cet effet, ils présenterent en 1774 un mémoire à Mgr. l'archevêque de Narbonne, dans lequel ils exposent qu'après avoir pris les connoissances les plus détaillées de la situation des vallons qui se trouvent dans la montagne Noire au-dessus du bassin de Saint-Ferriol, & des ouvrages qu'ils y pourroient construire pour y rassembler une quantité d'eau suffisante pour fournir à la navigation du canal de jonction, ils en ont fait lever le plan & dresser le devis.

Qu'ils offrent de se charger de la construction de l'ouvrage projetté & de supporter le tiers de la somme à laquelle la dépense de cette construction sera évaluée, même tout l'entretien qui sera nécessaire, & de faire ledit ouvrage dans trois ans, si la somme à laquelle se porteront les deux tiers restans, suivant l'évaluation qui en sera faite, leur est payée comptant, un tiers d'avance, & ainsi consécutivement pendant les trois années, moyennant laquelle somme lesdits sieurs propriétaires demeureront chargés personnellement de fournir le surplus, même l'excédent, s'il y en avoit, à quelque somme qu'il pût monter, & de l'entretien à jamais de ce nouveau réservoir. N°. VI.

Que si cette proposition est agréée, MM. les propriétaires se désisteront de toutes les oppositions qu'ils peuvent avoir fait à la construction du canal de jonction, & s'engageront de lui fournir toutes les eaux qui seront nécessaires à sa navigation, aux conditions suivantes.

1°. Qu'ils ne seront tenus de fournir des eaux au nouveau canal que pendant la durée de la navigation du grand canal, & qu'ils ne pourront être recherchés en aucune maniere sur les interruptions du canal de jonction, lorsque celle du grand canal sera également interrompue, soit pour y faire les réparations ordinaires & d'usage, soit pour celles que des accidens extraordinaires auront occasionné.

2°. Que la premiere écluse du canal de jonction par laquelle se fera la prise d'eau, sera ajoutée & comprise dans le fief & propriété du grand canal, & que lesdits sieurs propriétaires seront chargés de son entretien, ainsi que du manœuvrage à leurs dépens & par un employé à leurs ordres.

3°. Qu'attendu qu'il est essentiel pour la conservation des eaux, que cette premiere écluse soit construite sur les principes qui dirigent les ouvrages du grand canal, lesdits sieurs propriétaires seront aussi chargés de sa construction dont les frais seront cependant payés par les entrepreneurs du canal de jonction.

N°. VI.

Que Mgr. l'archevêque de Narbonne jugea à propos de faire communiquer à la ville le susdit mémoire de MM. les propriétaires, pour qu'elle eût à prendre telle délibération qu'elle jugeroit convenable à ses intérêts. Qu'en conséquence le susdit mémoire fut remis à MM. les consuls qui convoquerent le conseil ordinaire de la communauté le 27 Décembre 1774, dans lequel il fut unanimement délibéré de charger MM. les consuls de témoigner à Mgr. l'archevêque que la ville est pénétrée de reconnoissance de la protection qu'il veut bien lui accorder; qu'elle le supplie de la lui continuer, en appuyant de son crédit auprès de Nosseigneurs des Etats la demande que la ville prend la liberté de faire qu'ils veuillent bien charger M. Garipuy 1°. De vérifier & examiner les plans que MM. les propriétaires ont fait lever, & le devis qu'ils ont fait dresser du nouveau réservoir qu'ils offrent de faire construire au-dessus de celui de Saint-Ferriol, afin de s'assurer s'il est praticable, & s'il rassemblera une quantité d'eau suffisante pour fournir à la navigation du canal de jonction, & d'en évaluer la dépense. 2°. D'évaluer aussi la dépense des ouvrages déterminés par M. Gendrier pour introduire les eaux de la riviere d'Aude dans le grand canal, ou pour prévenir les désordres que leur rehaussement pourroit causer. 3°. Enfin d'évaluer encore la dépense de tous les ouvrages du canal de jonction, & de faire connoître en particulier celle de la premiere écluse par laquelle la prise d'eau se fera.

Que la délibération de la ville fut remise à Nosseigneurs des Etats, d'après laquelle ils délibérerent le 31 Décembre 1774 d'accueillir la priere de la ville & de charger en conséquence M. Garipuy de faire une vérification, & estimation qui portât sur tous les points énoncés dans la délibération de la ville, & de lui remettre son rapport, afin qu'elle pût prendre une résolution définitive sur cette affaire qui l'intéresse si essentiellement.

N°. VI.

Que M. Garipuy, en se conformant aux ordres des Etats, nous a remis son rapport en deux parties, accompagné de tous les plans nécessaires pour son intelligence; qu'il le présente au conseil; qu'il a été fait de suite lecture de l'entier rapport, après laquelle M. de Girard maire président a encore dit, qu'il est persuadé qu'elle doit avoir fait sur tous les délibérans la même impression qu'elle a fait sur lui, après y avoir réfléchi avec toute l'attention dont il puisse être capable; qu'il a été surtout frappé de la nécessité qu'il y a d'adopter les changemens proposés par M. Garipuy au projet de M. de Niquet, soit qu'on considere le danger qu'il y auroit eu d'établir une partie de ce canal dans les lits de l'Aude & de Cesse, soit à raison de la différence des nivellemens, soit enfin parce que les eaux s'élevent aujourd'hui à une plus grande hauteur; que l'exposition de cet ouvrage important est présentée avec une clarté & une justesse de raisonnement qui mettent dans le plus grand jour l'étendue des lumieres & des ressources de cet habile ingénieur.

Que réfléchissant enfin sur chacun des points soumis à l'examen de M. Garipuy, en suivant l'ordre qu'il leur a donné, & en les discutant, il pense que le réservoir que MM. les propriétaires desirent de faire construire sur le ruisseau de Lampy, offre à la ville tous les avantages dont elle a intérêt de s'assurer. 1°. Il peut être exécuté avec la solidité convenable. 2°. Il sera en état de contenir les eaux plus que suffisantes pour fournir au remplacement de celles que le grand canal fournira à celui de jonction; que la dépense de

N°. VI. cet ouvrage est fixée à 240,000 livres.

Que le second point concerne les ouvrages déterminés par M. Gendrier dont M. Garipuy évalue la dépense à 300,000 livres ; qu'il résulte de cette double appréciation que la ville doit s'empresser de donner la préférence à la construction du nouveau réservoir, comme le moyen le plus économique & en même-tems le plus avantageux pour la navigation du grand canal.

Que le troisieme point a pour objet les ouvrages nécessaires pour l'exécution du canal de jonction, dont M. Garipuy évalue la dépense à 650,000 livres, somme évidemment trop forte pour une ville épuisée par les dépenses qu'elle a été obligée de faire pour la partie du canal déjà faite, & pour réparer les dommages que les fréquentes inondations de la riviere d'Aude ont causé à ses ponts, à ses quais, & à ses chaussées.

Que dans cette circonstance importante, la ville ne peut qu'implorer la protection de Mgr. l'archevêque auprès du Roi & des Etats, pour qu'ils daignent ordonner l'exécution de cet ouvrage, comme faisant partie du grand canal, & fournir aux frais de cette dépense.

Que la ville doit mettre toute sa confiance dans les bontés & le crédit de Mgr. l'archevêque, qui, par l'étendue de ses lumieres, est déjà parvenu à éclairer MM. les propriétaires sur leurs vrais intérêts, & qui a la gloire d'avoir vaincu leur résistance par la force de la persuasion.

Que la ville peut espérer que les Etats voudront bien prendre en considération les raisons également fortes & solides qu'elle va exposer ici, pour demander & pour obtenir leur protection & leur secours.

1°. Lorsque Louis XIV forma le grand projet du canal royal, l'état de ses finances ne lui permettant d'y contribuer que pour cinq millions, & l'entiere dépense se portant à quatorze, l'excédent en fut fourni par la province, qui ne crut pas acheter trop cher des avantages aussi précieux pour le commerce. N°. VI.

2°. La ville de Narbonne, par sa position, devoit en profiter d'une maniere plus directe que les autres villes de la province, parce que son canal, connu sous le nom de la Robine, devoit être joint au canal royal, comme il est aisé de le justifier par le propre devis de ce canal. Dès-lors la ville de Narbonne étoit en droit d'en attendre l'exécution. La province s'en seroit sans doute occupée, si le port de Cette, qu'elle fit construire, ne lui avoit fait perdre de vue cette autre branche du canal royal.

3°. Les ministres de Louis XIV, toujours frappés de l'utilité du canal royal, déterminerent ce prince à rendre un arrêt de mouvement, qui enjoignit à la ville de Narbonne d'employer tous les fonds dont elle pouvoit disposer, pour joindre sa robine au canal royal. Sans doute qu'on présuma trop des forces de la ville : Sans doute qu'on n'imaginoit pas alors qu'elle dût éprouver toutes les contradictions qu'elle a souffertes ; quoi qu'il en soit, il est certain que le gouvernement n'avoit pas de meilleur parti à prendre à cet égard que de charger la province de l'exécution de cet ouvrage, comme faisant partie du canal royal, & comme un point de perfection qui lui manquoit, ainsi qu'on s'en est expliqué dans le tems qu'on confioit les plus grands intérêts aux foibles ressources de la ville de Narbonne.

4°. Le conseil en a jugé bien différemment en 1758, lorsqu'il exigea que la ville de Narbonne feroit connoître les moyens qu'elle avoit pour subvenir

N°. VI.

à cette dépense. Cette disposition permet de présumer que le conseil, mieux instruit de la situation de la ville de Narbonne, ne faisoit plus un grand fonds sur le revenu de cette ville, & qu'il jugeoit au contraire qu'un corps puissant, comme les Etats, pouvoit & devoit seul se charger de l'exécution d'un canal dont le revenu ne peut jamais balancer la dépense. Le canal royal en fournit la preuve. Cette conjecture sur la façon de penser du conseil n'est pas légerement hasardée, dès qu'on est instruit que lorsque l'arrêt du conseil fut rendu, tous les intérêts furent discutés, & quoique la ville de Narbonne fût maintenue dans le droit de joindre sa robine au canal royal, néanmoins le ministre des finances fut chargé par le conseil d'écrire à Mgr. l'archevêque de Narbonne pour inviter les Etats à prendre cette ville sous leur protection. D'après cette lettre, est-il permis de douter que le conseil étoit convaincu que cet ouvrage ne pouvoit être exécuté qu'avec le secours de la Province?

5°. Si le canal de jonction a été reconnu par les Etats comme très-utile au Royaume & à la province en particulier, par la facilité qu'il donnera au commerce, en offrant au canal royal un nouveau débouché à la Méditerranée, la ville ne doit-elle pas avoir la plus grande confiance que les Etats accueilleront favorablement sa supplique, & qu'ils prendront sous leur protection cette nouvelle branche du canal royal, comme ils l'ont fait pour la totalité de cet ouvrage, pour lequel ils ont d'abord employé une somme immense à laquelle ils ont cru même devoir ajouter dans les suites, pour sa conservation, son amélioration & son extension, lorsqu'ils ont jugé convenable de donner de de nouvelles communications au canal royal avec la Garonne & avec le Rhône.

6°. Les Etats, toujours occupés de l'agrandissement & de la prospérité du commerce dont les mouvemens ont la plus grande influence sur la valeur des fonds de terre, ne craignent pas d'en augmenter les charges dans la conviction où ils sont que ces mêmes charges tournent plus au profit des propriétaires qu'à celui de ces hommes habiles & industrieux qui assurent par le commerce une juste valeur aux productions de la terre.

7°. La ville, en implorant les secours de la province, n'est pourtant pas dans le cas de réclamer sa bienfaisance à titre purement gratuit. Malgré sa mauvaise position, elle peut encore lui offrir des objets de dédommagement; elle peut lui céder, non-seulement les droits qu'elle a pour la construction du nouveau canal, mais encore la partie déjà faite entre la riviere d'Aude & la ville de Narbonne. Elle peut aller plus loin, en cédant à la province son ancien patrimoine, connu sous le nom du Canal de la Robine, qu'elle possédoit avant qu'elle fît partie de la monarchie Françoise, puisque cet ouvrage a été construit par les Romains, lorsque Narbonne étoit une des plus florissantes colonies de leur empire; Canal d'autant plus précieux qu'il aboutit au port de la Nouvelle dont la navigation est entretenue à peu de frais; Canal enfin sans écluses, qui se ressent encore de la solidité & de la perfection que ces maîtres du monde donnoient à leurs ouvrages publics. Nous ne devons pas nous dissimuler l'importance d'une pareille cession; mais vous devez sentir aussi qu'il n'est point de sacrifices que la ville ne doive faire en faveur de l'Etat, & pour l'agrandissement du commerce de cette province dont elle profitera sans doute plus qu'aucune autre par l'avantage de sa position. Aussi doit-elle espérer que de pareilles offres seront favorablement accueillies par les

N°. VI. Etats. Ils apprécieront un désintéressement inspiré par l'amour du bien public.

8°. Nous estimons que la ville, pénétrée de la plus respectueuse confiance pour les Etats, dont elle connoît la sagesse & la justice, ne doit pas proposer des conditions pour traiter avec eux sur les objets de sa cession; mais s'ils jugent digne de leur magnanimité de trouver bon qu'elle discute ses intérêts & ses besoins auprès d'eux, dans ce cas elle profitera de leur générosité. Le porteur de votre procuration se rendra auprès de Mgr. l'archevêque de Narbonne & de Nosseigneurs des Etats, moins pour former des demandes, que pour recevoir des loix que nous nous ferons un devoir de respecter; & dans des circonstances aussi intéressantes, la ville doit s'empresser d'offrir à Mgr. l'archevêque de Narbonne les hommages de sa vive & respectueuse reconnoissance. Redevable à ses bontés, à ses lumieres, & à son crédit, de l'exécution des ouvrages les plus utiles & les plus nécessaires sur la riviere d'Aude, dont on ressent déjà les plus heureux effets; assurée de son amour pour le bien public, elle se flatte qu'il les fera continuer jusqu'à leur entiere perfection; entreprise d'autant plus glorieuse, qu'en homme d'état, Mgr. l'archevêque a su vaincre les contradictions les plus fortes & les plus opiniâtres; ouvrages liés par leur position avec ceux du canal de jonction, dont la ville & le diocese ressentiront un double avantage: ceux-là fertilisent déjà leurs plaines, & ceux-ci leur offrent les espérances les mieux fondées pour la prospérité de leur commerce. Des bienfaits aussi précieux que multipliés assurent à jamais à ce prélat éclairé & bienfaisant notre amour & notre reconnoissance.

SUR QUOI le conseil, après avoir pris une parfaite connoissance du rapport de M. Garipuy, & bien réfléchi sur tout le proposé, a délibéré unanimement; 1°. de charger MM. les consuls & en particulier M. de Girard, maire de la présente ville, qui sera le porteur de la procuration de la ville, d'offrir à Mgr. l'archevêque les hommages de la respectueuse reconnoissance de tous les citoyens; de supplier ce pere de la patrie de continuer à l'honorer de sa protection auprès du Roi & des Etats, pour qu'ils daignent accorder à la ville les graces qu'elle prend la liberté de solliciter. N°. VI.

2°. De consentir à la constriction du réservoir de Lampy, comme le moyen le plus avantageux & le plus économique, puisque la dépense ne doit se porter qu'à 240,000 livres, sur laquelle il y a un tiers dont MM. les propriétaires offrent de se charger, la ville voyant même avec plaisir, qu'il sera plus utile à la navigation de leur canal; & de lui donner par ce double motif la préférence sur la prise d'eau à Trebes proposée par M. Gendrier.

3°. Vu l'impuissance de la ville, qui ne lui permet pas de fournir les sommes nécessaires pour l'exécution du canal de jonction, & conserver par-là, comme elle le desireroit, ses propriétés, voulant néanmoins en hâter le succès par tous les moyens qui sont en son pouvoir, & satisfaire aux vœux de tous les citoyens, il a été délibéré de céder & transporter à la province, 1°. Le droit qu'elle a, en vertu des arrêts du conseil, d'achever son canal depuis la riviere d'Aude jusqu'au grand canal. 2°. Le canal qu'elle a exécuté en vertu des susdits arrêts, depuis la riviere d'Aude jusques à la ville. 3°. Son ancien canal, connu sous le nom de Robine, depuis Narbonne jusques au port de la Nouvelle. 4°. Les droits qu'elle perçoit, tant sur le canal que sur la Robine, sous la réservation de tous les droits & facultés dont jouissent

N°. VI.

les habitans & les riverains du canal & de la robine, qui consistent, premierement, aux prises d'eau accordées par la ville pour l'arrosage des jardins, des prairies, & pour l'abreuvage des bestiaux, même en plus grand nombre, si le besoin l'exigeoit, sans nuire à la navigation, attendu la suffisance des eaux de la riviere d'Aude. Secondement, à l'exemption de tous droits sur les sels des propriétaires des salins de Narbonne, Peyriac & Sejean, qui sont voiturés sur la robine, pour être enfermés dans les entrepôts de Narbonne, exemption dont lesdits propriétaires ont toujours joui. Troisiemement, au droit qu'a la ville de faire construire des moulins à l'écluse de Raonel, & à toutes autres où il n'y en a point, ainsi qu'elle y est autorisée par des arrêts du conseil. Quatriemement, à ce qu'il ne soit rien innové sur les droits établis tant sur la robine que sur la partie du canal exécutée en vertu des arrêts du conseil. Cinquiemement, de consentir que la province fasse établir & perçoive à son profit tel droit qu'elle jugera à propos sur la partie du canal qui reste à faire.

4°. En offrant ces grands objets de dédommagement, de supplier les Etats, en acceptant ces offres, de faire exécuter incessamment les ouvrages nécessaires pour le canal de jonction.

5°. La ville, connoissant les lumieres & le zele de M. de Girard pour ses intérêts, veut & délibere que la procuration qui sera fournie en sa faveur, porte par exprès le pouvoir & consentement de former telles demandes qu'il jugera convenables, en lui permettant d'adhérer à toutes les résolutions qui seront prises à ce sujet par les Etats, quand elles ne seroient pas exprimées en tout ou en partie dans la susdité procuration, s'en remettant avec une entiere confiance à la magnanimité de Nosseigneurs des Etats.

Il a encore été unanimement délibéré, que MM. les consuls, le procureur du Roi de ladite communauté, & MM. de Mengau, d'Exéa, Rouch, Dangles, Castan & Barthés sont priés & nommés de, conjointement & les uns en l'absence des autres, fournir, au nom du conseil, la procuration nécessaire; ayant encore été délibéré, que tous MM. nos concitoyens qui se trouvent actuellement à Montpellier, sont priés de se joindre à M. de Girard député, pour présenter la présente délibération à Mgr. l'archevêque & à Nosseigneurs des Etats.

Et à mondit sieur de Girard, maire, président, signé avec les conseillers politiques renforcés susnommés, & le secrétaire-greffier. GIRARD, maire, président. FALGUIERE, consul. GUILHAUMAT, consul. ROQUEYROL, consul. RIVIERE, consul. TAPIÉ, procureur du Roi. MENGAU. VILLESEQUE. Le chevalier DE VIGUIER. D'AUDERIC DE LASTOURS. ANGLES. LEONNARD. D'EXÉA. REVIAL. ROUCH. ROBERT BELVEZE. TAPIÉ, officier. DOMERGUE. BERRE. CONIL. VIARD. GILLABERT. PASCAL. BREL. CASTAN. BARTHÉS. FERRIER. DUREAU. LANDES. PAILHIEZ. ANTOINE BOUISSET, cadet. DU RIVAGE. LAFORGUE. AZEAU. SABATIER. BENAUSSE, pere. CATHALAN. FAJON. GACHES. B. CHAMPOLION. CURET, aîné. MARTIN. PEYROTTES. ALIBERT. BERNADET. GRANIÉS. LAGARDE, secrétaire-greffier. *Ainsi signés.*

N°. VII.

VII.

EXTRAIT du registre des délibérations des Etats généraux de Languedoc, assemblés par mandement du Roi, en la ville de Montpellier au mois de Janvier 1776.

Du Samedi 17 Février suivant, président Mgr. l'archevêque & primat de Narbonne, commandeur de l'ordre du Saint-Esprit.

MONSEIGNEUR l'évêque de Nîmes a dit, que les deux commissions des travaux publics réunies, s'étant assemblées chez Mgr. l'archevêque de Narbonne président, le sieur de Montferrier leur avoit rappellé tout ce qui avoit rapport au projet formé dès l'origine du canal de communication des mers, de sa jonction à l'ancienne robine de Narbonne, par un embranchement qui fut dès-lors regardé comme une partie nécessaire de ce grand ouvrage; toutes les contestations qui se sont élevées à ce sujet entre la ville de Narbonne & MM. les propriétaires dudit canal, principalement à raison de la prise des eaux qui devoient en être tirées pour alimenter cet embranchement; ainsi que les différentes délibérations prises par les Etats sur lesdites contestations; par la derniere desquelles du 21 Décembre 1767, l'assemblée ayant reconnu que la vérification ordonnée par Sa Majesté levoit tous les doutes qui avoient déterminé l'opposition qu'elle avoit formée en 1754, cette opposition ne devoit plus avoir lieu, & qu'au contraire Sa Majesté devoit être suppliée de faire jouir la ville de Narbonne d'un droit qui lui avoit été accordé en 1686; & dans lequel elle avoit été maintenue de plus fort en 1757 par un arrêt du conseil.

Que malgré cet acquiescement, d'après lequel il devoit être prononcé définitivement par le conseil, les sieurs propriétaires du canal ayant toujours opposé la même résistance au projet de jonction, Mgr. l'archevêque de Narbonne, aux lumieres & au zele duquel la province est redevable de tant de grandes entreprises dignes de la magnificence & de la sagesse de l'ancienne Rome, qui éterniseront la mémoire de cet illustre prélat & la juste reconnoissance de ses habitans, n'a point cessé de s'occuper des moyens de concilier les intérêts desdits sieurs propriétaires avec ceux de la ville de Narbonne & du bien général du commerce qui doit résulter de l'accomplissement de la jonction dont il s'agissoit.

Que Mgr. le président étoit enfin parvenu à déterminer les sieurs propriétaires du canal à chercher eux-mêmes le parti qui leur paroîtroit le plus propre à parvenir à un but aussi desiré; de maniere que lesdits sieurs propriétaires étant enfin convaincus de la justice de la demande de cette ville, se porterent à lui offrir leur consentement à l'exécution de la branche de jonction si long-tems contestée, à certaines conditions énoncées dans la délibération prise pour les accepter par ladite ville de Narbonne le 27 Décembre 1774, lesquelles conditions sont qu'il sera construit un nouveau réservoir dans la montagne noire au-dessus du bassin de Saint-Ferriol, capable de contenir une quantité d'eau suffisante, pour remplacer dans le grand canal celle que consommera la branche de jonction.

Qu'ils se chargeront de la construction de cet ouvrage, & de supporter le tiers de la somme à laquelle la dépense de cette construction sera évaluée, même de l'entretien qui sera nécessaire, & de faire ledit ouvrage dans trois ans, si la somme à laquelle se porteront les deux tiers restans, suivant l'évaluation qui en sera faite, leur est payée comptant, un tiers d'avance, &

N°. VII.

ainsi consécutivement pendant lesdites trois années, moyennant laquelle somme lesdits sieurs propriétaires demeureront chargés personnellement de fournir le surplus, même l'excédent, s'il y en avoit, à quelque somme qu'il pût monter, & de l'entretien à jamais de ce nouveau réservoir.

Que si cette proposition est agréée, lesdits sieurs propriétaires se désisteront de toutes les oppositions qu'ils peuvent avoir fait à la construction du canal de jonction, & s'engageront de lui fournir toutes les eaux qui seront nécessaires à sa navigation.

Qu'ils ne seront tenus de fournir des eaux au nouveau canal que pendant la durée de la navigation du grand canal, & qu'ils ne pourront être recherchés en aucune façon sur les interruptions de la navigation du canal de jonction, lorsque celle du grand canal sera également interrompue, soit pour y faire les réparations ordinaires & d'usage, soit pour celles que des accidens extraordinaires auroient occasionné.

Que la premiere écluse du canal de jonction, par laquelle se fera la prise des eaux, sera ajoutée & comprise dans le fief & propriété du grand canal, & que lesdits sieurs propriétaires seront chargés de son entretien, ainsi que du manœuvrage, à leurs dépens, & par un employé à leurs ordres.

Qu'attendu qu'il est essentiel pour la conservation des eaux, que cette premiere écluse soit construite sur les principes qui dirigent les ouvrages du grand canal, lesdits sieurs propriétaires seront aussi chargés de sa construction, dont les frais seront cependant payés par les entrepreneurs du canal de jonction.

Que cette délibération contenant ce projet de conciliation & la demande aux Etats de vouloir bien faire vérifier les ouvrages présentés par les sieurs propriétaires, d'en faire évaluer la dépense, ainsi que celle des travaux déterminés par le sieur Gendrier, dans la vérification ordonnée par le Roi, ayant été rapportée aux Etats dans leur derniere assemblée, il y fut délibéré le 31 Décembre 1774 de charger le sieur Garipuy 1°. de vérifier & examiner les plans que les sieurs propriétaires ont fait lever & le devis qu'ils ont fait dresser du nouveau réservoir qu'ils offrent de faire construire au-dessus de celui de Saint-Ferriol, afin de s'assurer s'il est praticable, & s'il rassemblera une quantité d'eau suffisante, pour fournir à la navigation du canal de jonction, & d'en évaluer la dépense.

2°. D'évaluer aussi celle des ouvrages déterminés par le sieur Gendrier, pour introduire les eaux de la riviere d'Aude dans le grand canal, ou pour prévenir les désordres que leur rehaussement pourroit causer.

Enfin d'évaluer encore la dépense de tous les ouvrages du canal de jonction, & de faire connoître en particulier celle de la premiere écluse par laquelle la prise d'eau se fera, pour, sur le rapport dudit sieur Garipuy, communiqué à la ville de Narbonne, être par elle pris telle détermination qu'elle jugeroit à propos, & ensuite délibéré par les Etats ce qu'ils jugeroient le plus convenable pour l'intérêt général de la province, & en particulier celui de ladite ville dans l'exécution du projet dont il s'agit.

Que pour remplir les vues & les intentions des Etats, ce directeur a remis au sieur de Montferrier qui en a rendu compte à la commission, le procès-verbal de la vérification qu'il a fait, tant sur ce qui regarde la construction du réservoir, que sur ce qui concerne la construction de l'embranchement du canal avec la robine de Narbonne, ainsi que les plans & estimations de ces deux articles.

Que-

N°. VII. Que ledit sieur syndic général a en même-tems présenté une nouvelle délibération prise par la ville de Narbonne, sur le vu de ces pieces, le onze du présent mois, de laquelle ainsi que desdites pieces, MM. les commissaires ayant entendu la lecture, ont vu 1°. qu'il en résulte clairement la très-grande facilité de construire dans la montagne Noire, à environ trois lieues au-dessus du bassin de Saint-Ferriol à l'endroit où le ruisseau de Lampy verse ses eaux dans la rigole de la montagne, un réservoir que la nature semble avoir formé dans un endroit d'un vallon situé à trois cent toises au-dessus de ladite rigole, où deux montagnes opposées ne laissent à leur pied qu'un intervalle de vingt-cinq toises, & de soixante à la hauteur de cinquante pieds, en sorte que les eaux qui pourroient y être retenues à cette hauteur par la construction d'un mur dont ce directeur rapporte les plans & dimensions, leur volume iroit à environ cinq cent mille toises cubes, quantité plus que suffisante pour remplir l'objet de MM. les propriétaires.

2°. Que la dépense de cet ouvrage n'est évaluée qu'à 240,000 livres, tandis que les travaux indiqués dans le rapport du sieur Gendrier devoient se porter à 300,000 livres.

3°. Que les nouvelles opérations qu'a fait ledit sieur Garipuy pour estimer les divers ouvrages de la branche de jonction, lui ayant fait connoître la nécessité d'abandonner l'emplacement qui lui avoit été donné anciennement, pour éviter en entier le danger d'établir la navigation du nouveau canal sur environ sept cent toises de longueur dans les rivieres d'Aude & de Cesse, il a indiqué sa nouvelle position, en rapprochant son embouchure de la chaussée de Moussoulens, ce qui réunit à l'avantage d'éviter les rivieres d'Aude & de Cesse, celui de protéger par les mêmes digues qui seront construites sur les bords de l'Aude jusqu'à la hauteur de Salleles, la partie supérieure de la rigole d'atterrissement, & la derniere retenue du canal. N°. VII.

4°. Que suivant le détail des différentes parties de ce nouveau canal, sa longueur totale sera de 2600 toises, au lieu qu'il ne devoit en avoir, suivant l'ancien projet, que 2200; mais que cette petite différence est avantageusement compensée par les inconvéniens auxquels on pare par ce changement.

Enfin que tous les travaux se porteront à une somme de 650,000 livres, dans laquelle ceux de la prise d'eau en particulier se trouvant compris, font un objet de 45,000 livres.

Qu'il paroît par l'exposé de la délibération sur ce prise par la ville de Narbonne, qu'après le plus mûr examen des différentes opérations du sieur Garipuy, & de son avis, tous les délibérans, dont le nombre avoit été renforcé de tout ce qu'il y a de plus notables & plus forts contribuables habitans, avoient accueilli avec applaudissement le projet de ce directeur, & déterminé, de leur représenter très-humblement les raisons, également fortes & solides, qui doivent les porter à venir au secours d'une ville qui seroit par elle-même absolument hors d'état de fournir à une dépense aussi considérable, & au-dessus de ses forces, que l'est celle dont il est question.

Que ces représentations sont appuyées par des réflexions si solides, qu'on peut voir dans cette délibération, & qu'il seroit conséquemment superflu de rappeller à l'assemblée; que MM. les commissaires n'ont pas hésité à penser qu'elles devoient être favorablement accueillies, surtout étant suivies de l'offre que fait la ville de Narbonne, dans le cas où les Etats voudront bien,

N°. VII. comme elle l'espere, charger la province des frais de l'entiere exécution dudit embranchement, & du réservoir dans la montagne, de lui céder 1°. le droit qu'elle a en vertu des arrêts du conseil d'achever son canal, depuis la riviere d'Aude jusqu'à celui de communication des mers.

2°. Le canal qu'elle a exécuté à ses frais, en vertu des susdits arrêts depuis la riviere d'Aude jusqu'à ladite ville.

3°. Son ancien canal connu sous le nom de Robine, qui va depuis ladite ville jusqu'au port de la Nouvelle.

4°. Les droits qu'elle perçoit tant sur son canal que sur ladite robine sous la réservation de tous les droits & facultés dont jouissent les habitans & riverains du canal & de la robine.

Enfin de consentir que la province fasse établir & perçoive à son profit, tels droits qu'elle jugera à propos sur la partie du canal qui reste à faire, pour rendre complet cet embranchement.

Que MM. les commissaires en pensant ainsi, ont considéré qu'il n'étoit pas possible en effet que la ville de Narbonne, ni aucune compagnie à laquelle elle auroit pu céder ses droits, fussent en état d'exécuter une pareille entreprise dont la dépense excéderoit infiniment, comme on l'a toujours prévu, le produit à retirer des droits les plus onéreux qu'on pourroit vouloir établir sur la navigation de ce canal.

Que des ouvrages de cette importance dans lesquels on doit ne s'attacher essentiellement qu'à l'utilité publique qui doit en résulter, ne sauroient conséquemment être entrepris qu'aux dépens de l'entier corps politique, qui doit en retirer les avantages, surtout lorsque ce corps peut avoir des ressources, comme les a la province, pour fournir à la dépense, sans surcharger les contribuables aux impositions.

Que MM. les commissaires ont cru trouver cette ressource dans le fonds de 150,060 livres cédé par Sa Majesté aux Etats sur le produit des dernieres crues mises sur le prix du sel pour faire face aux frais du desséchement des marais & de la construction du canal de Beaucaire à Aigues-mortes, attendu que les travaux déjà commencés, n'ayant point consommé les sommes versées dans la caisse du trésorier des Etats, & ne pouvant absorber annuellement les sommes qui y seront remises de la même maniere, les Etats peuvent, sans inconvénient, & sans s'écarter des vues de Sa Majesté qui n'ont été que de concourir à l'accomplissement de toute entreprise utile au commerce, la supplier de trouver bon qu'ils employent une partie de ce secours aux frais d'une branche de canal qui ne produira pas moins d'utilité, que celui d'Aigues-mortes, & doit même être regardé comme un accessoire plus ancien & autant privilégié que l'est ledit canal d'Aigues-mortes, de celui de la jonction des mers. N°. VII.

Qu'en résumant donc tout ce qui a été exposé ci-dessus, la commission a été d'avis qu'il devoit être du bon plaisir des Etats, en approuvant les projets du sieur Garipuy sur la construction du réservoir dans la montagne Noire, & des ouvrages relatifs à la perfection de l'embranchement du canal de robine de Narbonne, jusques à la jonction du canal de communication des mers, de délibérer.

1°. Que lesdits ouvrages seront exécutés aux frais de la province.

2°. D'acquiescer aux propositions faites par MM. les propriétaires du canal de communication des mers insérées dans les délibérations de la ville de Narbonne, notamment sur l'article de la construction & entretien perpétuel du nouveau réservoir, à raison desquelles dépenses évaluées à la somme

N°. VII. de 240,000 livres, la province ne sera tenue qu'à payer auxdits sieurs propriétaires la somme de 160,000 livres tout excédent de la dépense, à quelque somme qu'elle puisse monter, demeurant à la charge desdits sieurs propriétaires; au moyen de quoi ils donneront leur désistement de toutes les oppositions par eux ci-devant formées contre l'exécution du projet de jonction dont il s'agit, & leur plein & entier consentement à celle de l'arrangement par eux proposé & adopté par la ville de Narbonne, & ce dans la meilleure forme requise.

3°. D'accepter pareillement les offres, délaissemens & cessions détaillés & consignés dans la derniere délibération de la ville de Narbonne du onze de ce mois.

4°. De supplier Sa Majesté de vouloir bien autoriser ledit arrangement, & de permettre aux Etats de l'accomplir en y employant partie de la somme de 150,000 livres qui doit être versée annuellement dans la caisse de la province, suivant l'arrêt du conseil du 7 Août 1772, pour servir aux dépenses des travaux du desséchement des marais, & construction du canal de navigation de Beaucaire à Aigues-mortes, ou autres grandes entreprises ayant également pour objet l'utilité publique.

Ce qui a été délibéré sur tous les points, conformément à l'avis de MM. les commissaires, & les syndics généraux ont été chargés de suivre l'exécution de la présente délibération, & de l'arrêt du conseil qui doit l'autoriser.

VIII.

ARRÊT

DU CONSEIL D'ETAT DU ROI,

Qui autorise les accords passés entre les Etats de la province, la ville de Narbonne, & les propriétaires du canal royal, au sujet de la jonction du canal de Narbonne audit canal royal. N°. VIII.

Et ordonne que le nouveau réservoir de Lampy, ses francs-bords & dépendances, ensemble la premiere écluse pour la prise d'eau du canal, demeureront incorporés au fief du canal royal, pour en jouir par lesdits sieurs propriétaires aux mêmes honneurs, droits & priviléges qui y sont attachés.

Du 18 Novembre 1776.

EXTRAIT des Registres du Conseil d'Etat.

VU par le Roi, étant en son conseil, l'arrêt rendu en icelui le 19 Juillet 1757, portant permission à la ville de Narbonne, de suivre l'exécution de celui du 2 Juillet 1686, concernant la construction d'une branche de canal de jonction de celui de ladite ville, appellé la Robine, au canal de communication des deux mers, à la charge de se conformer à tous les préalables ordonnés par ledit arrêt; les procédures faites en conséquence, ainsi que les diverses délibérations, pieces & mémoires produits depuis sur l'exécution dudit projet, & notamment les délibérations prises par ladite ville de Narbonne, les 27 Décembre 1774, & 11 Février 1776; & par les Etats de la province de Languedoc, les 31 Décembre 1774, & 17 Février 1776, sur les dernieres propositions faites par les sieurs propriétaires dudit canal de jonction des mers, pour terminer toutes les contestations qui avoient mis obstacle à l'exécution d'un aussi important ouvrage; ensemble l'accord fait entre le syndic général de ladite province, agissant pour & au nom desdits Etats, en vertu de leur derniere déli-

N°. VIII.

bération du 17 Février de la présente année, & le sieur Besaucele, procureur fondé desdits sieurs propriétaires; ledit accord par eux duement ratifié, portant; 1°. Que lesdits sieurs propriétaires renouvellent en faveur desdits Etats, non-seulement la renonciation à toutes les oppositions qu'ils avoient ci-devant formées contre ledit canal de jonction, & leur consentement à l'exécution de ladite nouvelle branche de canal, mais encore, qu'ils s'obligent de fournir à perpétuité l'eau qui sera nécessaire à sa navigation, depuis le point de jonction jusqu'à la riviere d'Aude, & ce, moyennant une somme de cent soixante mille livres que les Etats leur feront payer en trois payemens égaux; savoir, un tiers un mois après le présent arrêt; le second à pareil jour de l'année suivante; & le troisieme un an après. 2°. Que la construction du réservoir projetté à Lampy, suivant les plans qui en ont été présentés aux Etats & agréés par eux, ayant paru le moyen le plus propre, non-seulement pour remplacer dans le grand canal les eaux qu'il fournira à celui de Narbonne, mais encore pour les besoins du grand canal, lesdits sieurs propriétaires s'obligent de faire construire ce réservoir, de fournir toutes les sommes qui seront nécessaires pour cette construction, au-delà de celle de cent soixante mille livres fournie par la province, d'avoir achevé ce réservoir dans quatre années, à compter du jour de la date du présent arrêt, & de fournir l'eau nécessaire au canal de Narbonne, à compter de l'expiration desdites quatre années, quand même ledit réservoir ne seroit pas entierement fini; sans toutefois qu'à raison de l'interruption ou de l'abandon de la nouvelle branche du canal qui doit être faite, les Etats puissent répéter ladite somme de cent soixante mille livres, en tout ou en partie, exiger des eaux pour aucun autre usage que le canal de Narbonne, ni prétendre aucune propriété sur le réservoir de Lampy; sans lesquelles conditions lesdits sieurs propriétaires n'eussent pas contracté l'obligation ci-dessus. 3°. Que les Etats voudront bien leur procurer les arrêts du conseil & lettres-patentes nécessaires pour les autoriser à la construction du nouveau réservoir, ainsi qu'à l'acquisition des terreins qui seront occupés par ce bassin & par ses dépendances, & pour incorporer le tout à leur fief, afin qu'ils en jouissent avec les mêmes honneurs, droits & priviléges qui y sont attachés, lesquels arrêts & lettres-patentes attribueront au sieur intendant de la province, le jugement de toutes les contestations qni pourroient s'élever au sujet de la construction de ce réservoir. 4°. Que conformément aux conditions énoncées dans le mémoire présenté par lesdits sieurs propriétaires du canal, au mois de Décembre 1774, la premiere écluse du canal de jonction, par laquelle se fera la prise d'eau, sera ajoutée & comprise dans le fief & propriété du grand canal; que lesdits sieurs propriétaires, qui ont connoissance de l'emplacement du nouveau canal, suivant le projet du sieur Garipuy, adopté par les Etats, ainsi que de la forme de la premiere écluse qui en fait partie, la feront construire sur les fonds destinés au nouveau canal, & seront chargés ensuite, tant de son entretien que du manœuvrage, lequel sera fait à leurs dépens, par un employé à leurs ordres; étant essentiel pour la conservation des eaux, que cette premiere écluse soit dirigée ainsi que les autres du canal; à la charge néanmoins de faire ouvrir cette porte toutes les fois que la navigation du nouveau canal l'exigera. 5°. Qu'après

N°. VIII.

N°. VIII. l'entiere exécution du réservoir de Lampy, & de l'écluse à la prise d'eau du canal de Narbonne, il sera procédé au bornage du surplus du fief, en la même maniere en laquelle le reste du canal a été borné. 6°. Que lesdits sieurs propriétaires du canal des mers, ne seront tenus de fournir des eaux au nouveau canal, & qu'ils ne pourront être recherchés en aucune façon sur les interruptions de la navigation du nouveau canal, lorsque celle du grand sera également interrompue, soit pour y faire les réparations ordinaires & d'usage, soit pour celles que les accidens extraordinaires auroient occasionnées, & dont lesdits sieurs propriétaires abrégeront la durée autant qu'il se pourra. Vu aussi les plans, devis & estimations, tant dudit réservoir à construire par lesdits sieurs propriétaires, que des autres ouvrages relatifs à la branche du canal de jonction, dressés par le sieur Garipuy, l'un des directeurs des travaux publics de la province, & chargé par les Etats de l'inspection particuliere dudit canal de jonction des mers, en date du 15 Décembre 1775. Oui le rapport du sieur Taboureau, conseiller d'état, & ordinaire au conseil royal, contrôleur général des finances; LE ROI ÉTANT EN SON CONSEIL, a autorisé & homologué, autorise & homologue, tant lesdites délibérations de la ville de Narbonne & des Etats de Languedoc, que l'accord passé en vertu d'icelles, entre le syndic général de ladite province, & les sieurs propriétaires du canal de jonction des mers, pour être exécutés en tout leur contenu, conformément aux plans & devis dudit sieur Garipuy; Approuve en conséquence Sa Majesté, la cession faite par la ville de Narbonne à ladite province, tant de ses droits sur la construction de ladite branche de jonction, que de sa propriété sur la robine, & autres parties déjà faites, sous les réserves énoncées dans la délibération du 11 Février 1776; Au moyen de laquelle cession, Permet Sa Majesté auxdits Etats de faire construire tous les ouvrages relatifs audit embranchement, suivant les adjudications qui en seront faites par leurs commissaires des travaux-publics, en la forme accoutumée pour les autres ouvrages de ladite province, & d'employer à leur dépense, partie des fonds destinés au desséchement des marais d'Aigues-mortes, & du canal de navigation depuis Beaucaire jusqu'à ladite ville: Permet pareillement Sa Majesté auxdits sieurs propriétaires du canal de communication des mers, d'acquérir les fonds nécessaires pour l'emplacement du nouveau réservoir à établir dans la montagne Noire, à l'embouchure du ruisseau de Lampy, & d'y faire construire ledit réservoir, conformément aux plans & devis du sieur Garipuy, & à leurs frais & dépens, à quelque somme qu'en puisse monter la dépense, sauf la somme de cent soixante mille livres qui leur sera payée par la province, ainsi qu'il est porté par le traité fait entr'eux; lequel réservoir ainsi construit, sera entretenu à perpétuité par lesdits sieurs propriétaires à leurs frais & dépens; & demeurera, de même que ses francs-bords & dépendances, ensemble la premiere écluse pour la prise d'eau du canal, incorporé au fief du canal de jonction des mers, pour en jouir par lesdits sieurs propriétaires, aux mêmes honneurs, droits & priviléges qui y sont attachés. Veut Sa Majesté, que toutes les contestations qui pourront s'élever au sujet de la construction dudit réservoir, circonstances & dépendances, soient portées devant ledit sieur intendant de la province, pour être par lui jugées, sauf l'appel au conseil; attribuant à cet effet Sa Majesté N°. VIII

VIII. audit sieur inteudant, toute cour & jurisdiction, icelle interdisant à toutes ses cours & autres juges: Et seront sur le présent arrêt, toutes lettres nécessaires expédiées & registrées sans frais, partout où besoin sera. FAIT au conseil d'état du Roi, Sa Majesté y étant, tenu à Versailles le dix-huitieme jour du mois de Novembre mil sept cent soixante-seize. *Signé*, AMELOT.

IX.

LETTRES-PATENTES

Sur l'arrêt précédent.

Du 18 Novembre 1776.

Registrées au Parlement de Toulouse le 26 Février suivant.

LOUIS, PAR LA GRACE DE DIEU, ROI DE FRANCE ET DE NAVARRE: A nos amés & féaux les gens tenant notre cour de parlement à Toulouse, SALUT. Nous étant fait représenter en notre conseil, l'arrêt rendu en icelui le 19 Juillet 1757, portant permission à notre ville de Narbonne, de suivre l'exécution de celui du 2 Juillet 1686, concernant la construction d'une branche du canal de jonction de celui de ladite ville appellé la Robine, au canal de communication des deux mers, à la charge de se conformer à tous les préalables ordonnés par ledit arrêt; les procédures faites en conséquence, ainsi que les diverses délibérations, pieces & mémoires produits depuis sur l'exécution dudit projet, & notamment les délibérations prises par ladite ville de Narbonne, les 27 Décembre 1774, & 11 Février 1776, & par les Etats de notre province de Languedoc, les 31 Décembre 1774, & 17 Février 1776, sur les dernieres propositions faites par les sieurs propriétaires dudit canal de jonction des mers, pour terminer toutes les contestations qui avoient mis obstacle à l'exécution d'un aussi important ouvrage; ensemble l'accord fait entre le syndic général de notredite province, agissant pour & au nom desdits Etats, en vertu de leur derniere délibération du 17 Février de la présente année; & le sieur Besaucele, procureur fondé desdits sieurs propriétaires, ledit accord par eux duement ratifié, portant; No. IX.
1°. Que lesdits sieurs propriétaires renouvellent en faveur desdits Etats, non-seulement la renonciation à toutes les oppositions qu'ils avoient ci-devant formé contre le canal de jonction, & leur consentement à l'exécution de ladite nouvelle branche du canal, mais encore qu'ils s'obligent de fournir à perpétuité l'eau qui sera nécessaire à sa navigation, depuis le point de jonction, jusqu'à la riviere d'Aude, & ce, moyennant une somme de cent soixante mille livres que les Etats leur feront payer en trois payemens égaux; savoir, un tiers un mois après les présentes; le second à pareil jour de l'année suivante; & le troisieme un an après. 2°. Que la construction du réservoir projetté à Lampy, suivant les plans qui en ont été présentés aux Etats, & agréés par eux, ayant paru le moyen le plus propre, non-seulement pour remplacer dans le grand canal les eaux qu'il fournira à celui de Narbonne, mais encore pour les besoins casuels du grand canal, lesdits sieurs propriétaires s'obligent de faire construire ce réservoir; de fournir toutes les sommes qui seront nécessaires pour cette construction, au delà de celle de cent soixante mille livres fournie par la province, d'avoir achevé ce réservoir dans quatre années, à compter du jour de la date des présentes, & de fournir l'eau nécessaire au canal de Narbonne, à compter de l'expiration desdites quatre années, quand même ledit réservoir ne seroit pas entierement fini; sans toutefois qu'à raison de l'interruption ou de l'abandon de la

N°. IX. nouvelle branche du canal qui doit être faite, les Etats puissent répéter ladite somme de cent soixante mille livres, en tout ou en partie, exiger des eaux pour aucun autre usage que le canal de Narbonne, ni prétendre aucune propriété sur le réservoir de Lampy; sans lesquelles conditions, lesdits sieurs propriétaires n'eussent pas contracté l'obligation ci-dessus. 3°. Que les Etats voudront bien leur procurer les lettres-patentes nécessaires pour les autoriser à la construction du nouveau réservoir, ainsi qu'à l'acquisition des terreins qui seront occupés par ce bassin & par ses dépendances, & pour incorporer le tout à leur fief, afin qu'ils en jouissent avec les mêmes honneurs, droits & priviléges qui y sont attachés. 4°. Que conformément aux conditions énoncées dans le mémoire présenté par lesdits sieurs propriétaires du canal, au mois de Décembre 1774, la premiere écluse du canal de jonction, par laquelle se fera la prise d'eau, sera ajoutée & comprise dans le fief & propriété du grand canal; que lesdits sieurs propriétaires, qui ont connoissance de l'emplacement du nouveau canal, suivant le projet du sieur Garipuy, adopté par les Etats, ainsi que de la forme de la premiere écluse qui en fait partie, la feront construire sur les fonds destinés au nouveau canal, & seront chargés ensuite, tant de son entretien, que du manœuvrage, lequel sera fait à leurs dépens, par un employé à leurs ordres, étant essentiel pour la conservation des eaux, que cette premiere écluse soit dirigée ainsi que les autres du canal; à la charge néanmoins de faire ouvrir cette porte toutes les fois que la navigation du nouveau canal l'exigera. 5°. Qu'après l'entiere exécution du réservoir de Lampy & de l'écluse à la prise d'eau du canal de Narbonne, il sera procédé au bornage de ce surplus du fief, en la même maniere en laquelle le reste du canal a été borné. 6°. Que lesdits sieurs propriétaires du canal des mers ne seront tenus de fournir des eaux au nouveau canal, que pendant la durée de la navigation du grand canal, & qu'ils ne pourront être recherchés en aucune façon, sur les interruptions de la navigation du nouveau canal, lorsque celle du grand sera également interrompue, soit pour y faire les réparations ordinaires & d'usage, soit pour celles que des accidens extraordinaires auroient occasionnées, & dont lesdits sieurs propriétaires abrégeront la durée autant qu'il se pourra. Vu aussi par nous les plans, devis & estimations, tant dudit réservoir à construire par lesdits sieurs propriétaires, que des autres ouvrages relatifs à la branche du canal de jonction, dressés par le sieur Garipuy, l'un des directeurs des travaux publics de ladite province, & chargé par les Etats de l'inspection particuliere dudit canal de jonction des mers, en date du 15 Décembre 1775: Et voulant expliquer nos intentions sur les objets ci-dessus, A CES CAUSES, & autres à ce nous mouvant, de l'avis de notre conseil & de notre certaine science, pleine puissance & autorité royale, nous avons autorisé & homologué, & par ces présentes, signées de notre main, autorisons & homologons, tant lesdites délibérations de la ville de Narbonne & des Etats de Languedoc, que l'accord passé en vertu d'icelles entre le syndic général de ladite province, & les sieurs propriétaires du canal de jonction des mers, pour être exécutés en tout leur contenu, conformément aux plans & devis dudit sieur Garipuy; approuvons en conséquence la cession faite par la ville de Narbonne à notredite province, de tous ses droits sur la construction de ladite branche de jonction, & N°. IX.

N°. IX. de sa propriété sur la robine, & autres parties déjà faites, sous les réservations énoncées dans sa délibération du 11 Février 1776, au moyen de laquelle cession, permettons auxdits Etats de faire construire tous les ouvrages relatifs audit embranchement, suivant les adjudications qui en seront faites par leurs commissaires des travaux publics, en la forme accoutumée pour les autres ouvrages de ladite province, & d'employer à leur dépense, partie des fonds destinés aux ouvrages du desséchement des marais d'Aigues-mortes, & du canal de navigation depuis Beaucaire jusqu'à ladite ville : permettons pareillement aux sieurs propriétaires du canal de communication des mers, d'acquérir les fonds nécessaires pour l'emplacement du nouveau réservoir à établir dans la montagne Noire, à l'embouchure du ruisseau de Lampy, & d'y faire construire ledit réservoir, conformément aux plans & devis dudit sieur Garipuy, & à leurs frais & dépens, à quelque somme qu'en puisse monter la dépense, sauf la somme de cent soixante mille livres qui leur sera payée par notredite province, ainsi qu'il est porté par le traité fait entr'eux ; lequel réservoir ainsi construit, sera entretenu à perpétuité par lesdits sieurs propriétaires à leurs frais & dépens, & demeurera, de même que ses francs-bords & dépendances, ensemble la premiere écluse pour la prise d'eau du canal, incorporé au fief du canal de jonction des mers, pour en jouir par lesdits sieurs propriétaires, aux mêmes honneurs, droits & priviléges qui y sont attachés : Dispensons de tous droits & frais, pour raison de l'expédition & de l'enregistrement des présentes. SI VOUS MANDONS, que ces présentes, vous ayez à faire registrer, & le contenu en icelles, garder, observer & exécuter selon leur forme & teneur, nonobstant toutes choses à ce contraires : CAR tel est notre plaisir. DONNÉ à Versailles le dix-huitieme jour de Novembre, l'an de grace mil sept cent soixante-seize, & de notre regne le troisieme. *Signé*, LOUIS : *Et plus bas*; Par le Roi. AMELOT, *signé*. Vu au conseil. TABOUREAU, *signé*. N°. IX.

EXTRAIT des Registres du Parlement de Toulouse.

VU les lettres-patentes données à Versailles le 18 Novembre 1776, *signées*, LOUIS : *Et plus bas*; Par le Roi, AMELOT. Vu au conseil. TABOUREAU, *signé*, scellées du grand sceau de cire jaune, qui autorisent & homologuent, tant les délibérations de la ville de Narbonne & des Etats de Languedoc y énoncées, que l'accord passé en vertu d'icelles, entre le syndic général de ladite province, & les sieurs propriétaires du canal de jonction des mers, relativement à l'entiere construction d'une branche du canal de jonction de celui de ladite ville de Narbonne appellé la Robine, au canal de communication des deux mers. Vu aussi la requête & ordonnance de soit-montré du 21 dudit mois, aux fins du registre desdites lettres-patentes, & les conclusions du procureur général du Roi.

LA COUR ordonne que les lettres-patentes du 18 Novembre 1776, qui autorisent & homologuent, tant les délibérations de la ville de Narbonne & des Etats de Languedoc, que l'accord passé en vertu d'icelles, entre le syndic-général de ladite province, & les propriétaires du canal de jonction des mers, pour être exécutés en tout leur contenu, conformément aux plans & devis de Garipuy, l'un des directeurs des travaux publics de ladite province, approuvent en conséquence la cession faite

N°. IX. faite par la ville de Narbonne à ladite province, de tous ses droits sur la construction de ladite branche de jonction, & de sa propriété sur la robine & autres parties déjà faites, sous les réservations énoncées dans sa délibération du 11 Février 1776; au moyen de laquelle cession, Sa Majesté permet auxdits Etats de faire construire tous les ouvrages relatifs audit embranchement, suivant les adjudications qui en seront faites par leurs commissaires des travaux publics, en la forme accoutumée pour les autres ouvrages de ladite province & d'employer à leur dépense, partie des fonds destinés aux ouvrages du desséchement des marais d'Aigues-mortes, & du canal de navigation depuis Beaucaire, jusques à ladite ville: permet pareillement Sa majesté auxdits propriétaires du canal de communication des mers, d'acquérir les fonds nécessaires du nouveau réservoir à établir dans la montagne Noire, à l'embouchure du ruisseau de Lampy, & d'y faire construire ledit réservoir, conformément aux plans & devis dudit Garipuy, & à leurs frais & dépens, à quelque somme qu'en puisse monter la dépense, sauf la somme de cent soixante mille livres qui leur sera payée par ladite province, ainsi qu'il est porté par le traité fait entr'eux; lequel réservoir ainsi construit, sera entretenu à perpétuité par lesdits propriétaires à leurs frais & dépens, & demeurera, de même que ses francs-bords & dépendances, ensemble la premiere écluse pour la prise d'eau du canal, incorporé au fief du canal de jonction des mers, pour en jouir par lesdits propriétaires, aux mêmes honneurs, droits & privilèges qui y sont attachés, seront enregistrées dans les registres de ladite cour, pour, par lesdits propriétaires du canal de jonction des deux mers, jouir de l'effet du contenu en icelles, selon leur forme & teneur. PRONONCÉ à Toulouse en parlement, le vingt-sixieme Février, l'an de grace mil sept cent soixante-dix-sept. Monsieur DE BASTARD, Doyen, Rapporteur. Collationné, NAVERES. N°. IX.

X.

EXTRAIT du registre des délibérations des Etats généraux de Languedoc, assemblés par mandement du Roi en la ville de Montpellier au mois de Novembre 1776.

Du Samedi 28 Décembre suivant, président Mgr. l'archevêque & primat de Narbonne, commandeur de l'ordre du Saint-Esprit.

MONSEIGNEUR l'évêque de Montpellier a dit, que le sieur de Montferrier a mis sous les yeux de la commission, la délibération prise par les Etats, le 17 Février dernier, sur l'important projet de la jonction du canal de communication des mers à la robine de Narbonne, par laquelle, d'après le plus mûr examen & la discussion la plus réfléchie des dernieres propositions de MM. les propriétaires du canal & de la ville de Narbonne, sur les moyens d'exécuter d'un commun accord cette grande entreprise, ainsi que des opérations faites par le sieur Garipuy relativement à cet objet, il fut déterminé, 1°. D'approuver les conditions offertes par MM. les propriétaires du canal, notamment sur l'article de la construction & de l'entretien à perpétuité d'un nouveau réservoir évalué deux cent quarante mille livres, à raison duquel la province ne seroit tenue de leur payer que cent soixante mille livres, l'excédent de la dépense, à quelque somme qu'elle pût monter, demeurant à leur charge. 2°. En acceptant en même-tems la cession faite par la ville de Narbonne

N°. X.

de sa robine & de tous les droits qui y ont rapport, appartenant à cette communauté, suivant le détail qui en étoit fait dans sa délibération du 11 Février, que les ouvrages projettés par le sieur Garipuy, pour la construction dudit réservoir, appellé de Lampy, & du nouveau canal de jonction jusqu'à ladite robine de Narbonne seroient exécutés aux frais de la province; comme aussi, que Sa Majesté seroit suppliée d'autoriser cet arrangement, & de permettre aux Etats de l'accomplir, en y employant partie de la somme de cent cinquante mille livres destinée par Sa Majesté, suivant l'arrêt du conseil du 7 Août 1772, à servir aux dépenses du desséchement des marais & du canal de navigation de Beaucaire à Aigues-mortes, & autres grandes entreprises ayant également pour objet l'utilité publique.

Que le sieur de Montferrier a ensuite informé la commission, qu'en conséquence de cette délibération, il avoit passé au nom des Etats & sous les yeux de Mgr. l'archevêque de Narbonne, avec le sieur Besaucele, procureur fondé de MM. les propriétaires du canal, assisté de M. Riquet de Bonrepos, ancien procureur général du parlement de Toulouse, des conventions relatives aux conditions qu'elle renferme, lesquelles ont été ratifiées depuis par M. le comte & M. le marquis de Caraman, & autorisées par un arrêt du conseil dont l'expédition en forme doit arriver incessamment.

Que cet arrêt fait non-seulement le vu desdites conventions, mais qu'elles y sont insérées en entier, de même que la renonciation des sieurs propriétaires à toutes les oppositions qu'ils avoient ci-devant formées contre l'entreprise dudit canal de jonction, & leur consentement à son exécution, & l'obligation de fournir à perpétuité l'eau qui sera nécessaire à sa navigation, depuis le point de jonction jusqu'à la riviere d'Aude, moyennant le payement, dont il a été déjà fait mention, de la somme de cent soixante mille livres, qui doit leur être fait en trois termes; savoir, un tiers un mois après l'arrêt du conseil qui autorise les conventions; le second à pareil jour de l'année suivante; & le tiers restant un an après.

Que Sa Majesté y approuve aussi la cession faite par la ville de Narbonne à la province de tous ses droits, tant pour la construction de ladite branche de jonction, que de sa propriété sur la robine, & autres parties déjà faites, sous les réservations énoncées dans sa délibération du 11 Février 1776; & enfin, permet aux Etats de faire construire tous les ouvrages relatifs audit embranchement, suivant les adjudications qui en seront faites par les commissaires des travaux publics, en la forme accoutumée pour les autres ouvrages de la province, & d'employer à leur dépense, suivant le desir des Etats, partie des fonds destinés aux ouvrages du desséchement des marais d'Aigues-mortes, & du canal de navigation depuis Beaucaire jusqu'à ladite ville.

Que toutes les difficultés qui ont retardé pendant long-tems la conclusion de cette affaire, étant présentement ainsi levées, la commission n'a eu à s'occuper que de la maniere d'accélérer l'exécution d'un ouvrage aussi desiré & aussi utile; & qu'ayant voulu connoître d'abord l'ordre dans lequel les diverses parties de ce canal doivent être entreprises, & celles qui, devant être faites les premieres, peuvent être entreprises l'année prochaine, le sieur Garipuy a observé à ce sujet, que pour que les eaux portent moins d'obstacle aux travaux à faire dans les canaux & dans les rivieres, on les commence toujours par

N°. X. la partie inférieure, du moins ceux qui consistent en recreusemens; que dans le cas particulier dont il s'agit, cet ordre est d'autant plus nécessaire, que la partie comprise entre Salleles & l'Aude, est extrêmement exposée aux inondations de cette riviere & de celle de Cesse; que suivant le projet qui fut approuvé par les derniers Etats, on doit former des levées des deux côtés de cette partie de canal depuis Salleles jusqu'à la derniere écluse, & donner à ces chaussées une hauteur supérieure à celles des plus grandes eaux; ce qui servira non-seulement à défendre cette derniere retenue, mais encore la partie supérieure de la rigole d'atterrissement, en telle sorte que les eaux ne pouvant y entrer que par l'épanchoir destiné à les introduire, on sera le maître d'en garder le volume à volonté; à quoi il a ajouté, que les ouvrages inférieurs à Salleles, qu'il propose d'entreprendre l'année prochaine, se bornent au recreusement du canal, & à la formation des chaussées, mais qu'ils comprennent encore la construction de la derniere écluse qui doit lier & faire un même corps avec l'épanchoir qui sera fait à la tête du canal d'atterrissement.

Que la commission ne pouvant que s'en rapporter aux lumieres de ce directeur, a approuvé l'ordre de travail qu'il lui a proposé; & qu'avisant ensuite à la dépense des travaux, pour user de la maniere la plus sage des fonds accordés par le Roi pour le canal de Beaucaire à Aigues-mortes, dont Sa Majesté a bien voulu permettre qu'une partie fût employée auxdits travaux, MM. les commissaires ont reconnu par le compte qui leur a été rendu de ces fonds restans dans la caisse de la province, au-delà du montant des ouvrages faits dans les marais du côté d'Aigues-mortes, qu'ils se portent à cinq cent quatre-vingt-huit mille quatre cent cinquante-trois livres quatre sols; que la somme que le Roi fait verser tous les ans dans cette caisse, étant de cent cinquante mille livres, & celle qu'on peut employer chaque année aux travaux de Beaucaire à Aigues-mortes n'excédant pas cent vingt mille livres, on peut, sans épuiser lesdits fonds, prélever pendant six ans, pour le canal de Narbonne, une pareille somme; laquelle, durant les trois premieres années, sera divisée en deux parties; la premiere de cinquante-trois mille cent trente-trois livres six sols huit deniers pour payer à MM. les propriétaires du canal les cent soixante mille livres convenues à raison de la construction du réservoir de Lampy, qu'ils doivent achever dans quatre années; & la seconde de soixante-six mille six cent soixante-six livres treize sols quatre deniers pour être employée à l'exécution des travaux du canal de jonction; de sorte qu'après l'expiration de ces trois premieres années, l'entiere somme de cent vingt mille livres y étant employée en entier, ils pourront être perfectionnés, sans porter aucun préjudice à ceux du desséchement & du canal de Beaucaire. N°. X.

Que la commission a cru également convenable de prendre de bonne-heure les précautions nécessaires pour prévenir les difficultés qui pourroient s'élever dans la suite, tant pour les limites du canal dont il s'agit & de ses francs-bords, qu'à raison du jugement des différends qui pourroient naître entre les patrons & les autres personnes qui y navigueront, depuis le grand canal jusqu'à la mer; & qu'étant instruite que les lettres-patentes annexées à l'érection du canal de MM. de Riquet, en l'érigeant en fief sur toute sa longueur & sur la largeur occupée par le canal & ses francs-bords, contiennent les moyens qu'on a jugé les plus propres à remplir ces objets, ce qu'a confirmé

No. X.

l'expérience, MM. les commissaires ont pensé qu'il seroit à propos de demander des lettres-patentes portant érection en fief du nouveau canal & de ses francs-bords, tels qu'ils auront été limités & bornés sur toute sa longueur, ainsi qu'il en a été usé pour le grand canal, & aux mêmes honneurs, clauses & conditions.

Que le résultat du détail qui vient d'être fait des observations de la commission, a été de proposer à l'assemblée de délibérer; 1°. De faire commencer l'année prochaine le nouveau canal par la partie inférieure comprise entre la riviere d'Aude & Sallelles, en suivant les devis particuliers qui seront dressés par le sieur Garipuy, & de donner pouvoir à MM. les commissaires des travaux publics d'en faire l'adjudication en la maniere accoutumée.

2°. Qu'il sera prélevé chaque année pendant six années, sur les fonds accordés par le Roi pour le canal de Beaucaire, la somme de cent vingt mille livres, pour être employée à celui de Narbonne, ainsi qu'il a été dit.

3°. De solliciter des lettres-patentes sur l'arrêt qui vient d'être rendu, portant érection du nouveau canal & de ses francs-bords en fief, sur toute son étendue jusqu'à la mer, ainsi qu'il en a été usé pour le grand canal, & avec les mêmes droits, honneurs & priviléges.

Ce qui a été ainsi délibéré, & les syndics généraux ont été chargés de solliciter les lettres-patentes proposées par par MM. les commissaires.

X I.

Extrait du registre des délibérations des Etats généraux de Languedoc, assemblés par mandement du Roi en la ville de Montpellier au mois de Novembre 1776.

No. XI.

Du Vendredi 3 Janvier 1777, président Mgr. l'archevêque & primat de Narbonne, commandeur de l'ordre du St. Esprit.

Monseigneur l'archevêque de Narbonne a dit, que M. le contrôleur général, en lui adressant l'expédition en forme de l'arrêt du conseil du 18 Novembre dernier, qui autorise, comme les Etats en ont été déjà informés, leurs délibérations pour l'exécution de la branche du canal de jonction de celui de communication des mers à la robine de Narbonne, lui fait observer, qu'il est convenable de désintéresser M. le duc de Crillon, sur l'indemnité des dépenses qu'il prétend avoir faites à raison de la même entreprise, en conséquence de la cession qui lui avoit été faite par la ville de Narbonne en 1751; cette indemnité étant préjugée par l'arrêt du conseil du 19 Juillet 1757, dans lequel Sa Majesté s'est réservée de pourvoir, ainsi qu'elle aviseroit bon être, au dédommagement dudit sieur de Crillon, dans le cas seulement où le canal auroit lieu; à quoi le ministre ajoute, que cette réserve n'a pu avoir d'autre objet que de charger de l'indemnité de M. de Crillon, ceux qui obtiendroient la concession du canal, & qu'il est persuadé que les Etats se porteront sans peine à le dédommager de ses avances d'une maniere convenable; les dépenses qu'il a fait pour constater la possibilité & l'utilité du canal dont il s'agit, tournant, par l'événement, au profit de la province.

Qu'il est vrai en effet, que M. le duc de Crillon a toujours insisté sur son dédommagement, dont il est fait mention dans l'arrêt de 1757, & que les égards dus à un nom aussi cher que l'est le sien à la province, par les services importans que lui a rendus M. son oncle, pendant qu'il a été à la tête de cette assemblée, seroient un nou-

N°. XI. veau motif d'en témoigner dans cette occasion une juste reconnoissance à M. le duc de Crillon, lorsqu'il aura justifié les sommes qu'il croira lui être légitimement dues ; ce qui exigeant des éclaircissemens, & un examen qui ne peut être fait dans ce moment, il croit devoir proposer à l'assemblée de charger les syndics généraux de se faire remettre, par M. le duc de Crillon, un état des sommes qu'il croit être en droit de répéter, & de prendre en même-tems tous les éclaircissemens nécessaires pour constater ce qui peut lui être légitimement dû, pour, après avoir discuté le tout avec mondit sieur le duc de Crillon, en être rendu compte aux Etats dans leur prochaine assemblée, & y être par eux délibéré ce qu'il appartiendra.

Ce qui a été ainsi délibéré.

XII.

EXTRAIT du registre des délibérations des Etats généraux de Languedoc, assemblés par mandement du Roi, en la ville de Montpellier, au mois de Novembre 1777.

Du Mardi 23 Décembre suivant, président Mgr. l'archevêque & primat de Narbonne, commandeur de l'ordre du Saint-Esprit.

MONSEIGNEUR l'évêque de Lodeve a dit, que les Etats furent informés dans leur séance du 3 Janvier dernier, de l'arrêt du conseil qui avoit autorisé les conventions & délibérations de l'assemblée, concernant l'exécution de la branche du canal de jonction de celui des mers à la robine de Narbonne ; & de la lettre de M. le contrôleur général des finances, par laquelle ce ministre observoit qu'il étoit convenable de désintéresser M. le duc de Crillon sur l'indemnité des dépenses qu'il prétendoit avoir faites à raison de la même entreprise, en conséquence de la cession qui lui avoit été faite en 1751, par la ville de Narbonne de tous ses droits ; cette indemnité étant préjugée par l'arrêt du conseil du 19 Juillet 1757, dans lequel Sa Majesté s'étoit réservée de pourvoir, ainsi qu'elle aviseroit bon être, au dédommagement dudit sieur duc de Crillon, dans le cas seulement où le canal auroit lieu ; à quoi le ministre ajoutoit, que cette réserve n'avoit pu avoir d'autre objet que de charger de ladite indemnité ceux qui obtiendroient la concession du canal, & qu'il étoit persuadé que les Etats se porteroient sans peine à dédommager M. le duc de Crillon, d'une maniere convenable, de ses avances, les dépenses qu'il avoit faites pour constater la possibilité & l'utilité du canal dont il s'agissoit, tournant, par l'évenement, au profit de la province. N°. XII.

Que sur cet exposé, il fut délibéré qu'attendu que M. de Crillon avoit toujours insisté sur son dédommagement, & que les égards dus à un nom aussi cher que l'est le sien à la province, par les services importans que lui avoit rendus M. son oncle pendant qu'il avoit été à la tête de cette assemblée, seroient un nouveau motif d'en témoigner dans cette occasion une juste reconnoissance à M. son neveu, lorsqu'il auroit justifié des sommes qu'il croiroit lui être légitimement dues, les syndics généraux seroient chargés de se faire remettre par M. le duc de Crillon, un état des sommes qu'il croiroit être en droit de répéter, pour en être rendu compte aux Etats dans la présente assemblée, & y être par eux délibéré ce qu'il appartiendroit.

Que M. le duc de Crillon ayant eu connoissance de cette délibération, avoit cru devoir présenter au conseil une requête dont MM. les commissaires du Roi ont été chargés, par l'arti-

N°. XII. cle XXI de leurs instructions, de donner connoissance à l'assemblée, en lui déclarant que Sa Majesté a entendu, en autorisant les Etats à exécuter ledit canal de jonction, qu'ils seroient chargés de l'indemnité dont il s'agit; qu'elle a vu avec satisfaction les dispositions favorables qu'ils avoient témoigné à cet égard par la délibération dont on vient de parler; mais que M. de Crillon, après avoir exposé dans cette requête les moyens sur lesquels il fonde ses demandes, & ceux d'après lesquels il ne se croit pas dans le cas de justifier des diverses dépenses qu'il a faites anciennement & en différens tems pour l'entreprise dudit canal, dont il se regardoit alors comme propriétaire, ayant demandé en conséquence d'être dispensé de rapporter les comptes & pieces probantes qu'il ne pouvoit se procurer, & que les Etats avoient paru exiger, Sa Majesté avoit chargé MM. ses commissaires de s'employer pour que la fixation du dédommagement dont il s'agit soit faite définitivement dans la présente assemblée, de la maniere qui sera estimée la plus juste & la plus convenable pour les Etats & pour M. le duc de Crillon.

Que le sieur de Montferrier a fait lecture à la commission de la précédente délibération des Etats, de cet article des instructions du Roi, & de la requête qui en fait l'objet; qu'on y a vu le détail de tout ce qui s'étoit passé depuis la cession faite par la ville de Narbonne de ses droits à M. de Crillon, jusqu'à l'arrêt du 19 Juillet 1757 qui la rendit nulle, & qui porte en effet la réserve de la part de Sa Majesté, de pourvoir au dédommagement dudit sieur de Crillon.

Que d'après cet exposé historique des faits, on y représente que cette indemnité doit être proportionnée 1°. à la perte d'une propriété immense due aux recherches, aux peines, & aux dépenses de M. le duc de Crillon; 2°. à l'objet desdites dépenses faites depuis plus de vingt années, se portant à plus de cent mille livres; 3°. à la perte des intérêts de ladite avance; 4°. à la privation de la jouissance annuelle de ces intérêts; 5°. aux risques qu'il a courus jusqu'à ce jour, de perdre en entier une avance aussi considérable, sacrifiée à l'utilité publique, dans le moment qu'on l'a privé de sa propriété. N°. XII.

Que les Etats, en exigeant le rapport de l'état des dépenses faites par M. le duc de Crillon, n'ont pas fait attention à ses droits de propriété, qui avoient dû naturellement le dispenser de tenir un compte exact de ces dépenses, comme le font des régisseurs ou des entrepreneurs; qu'il ne devoit ce compte à personne, parce qu'il ne pouvoit pas prévoir d'être privé de sa propriété; que la discussion d'un tel compte étoit peu faite pour lui, qui devoit en être cru lorsqu'il a affirmé avoir dépensé plus de cent mille livres, somme qu'on trouvera modique, si l'on considere tout ce qu'il a fait, le long intervalle des tems, & les distances des lieux, les pertes qu'il a essuyées, les risques qu'il a courus, & enfin la privation d'une propriété dont les revenus ne pouvant être que fort considérables par les exemples de l'avantage de pareilles propriétés en Languedoc, présentent un dommage irréparable pour lui & ses descendans.

Que M. le duc de Crillon conclut de ces moyens, que pour lui rendre une portion de la justice qui lui est due d'une maniere convenable à la justice de Sa Majesté, à la dignité des Etats, à son état, & à la position des choses, on ne peut que lui donner un intérêt du quart des bénéfices de l'entreprise, indépendamment du remboursement de cent mille livres, à laquelle somme il a fixé ses avances.

N°. XII. Que MM. les commiſſaires, après avoir donné à cette demande toute l'attention qu'elle mérite, à la maniere dont elle eſt appuyée par les termes des inſtructions de Sa Majeſté, & par l'inſiſtance de MM. ſes commiſſaires, conſidérant d'ailleurs que les Etats ont déjà reconnu la juſtice de l'indemnité réclamée en elle-même, ont cru devoir abandonner toute diſcuſſion ſur ſa fixation, dès qu'il paroît que Sa Majeſté a trouvé juſte de diſpenſer M. le duc de Crillon d'en faire connoître les détails qui auroient pu ſervir à la déterminer.

Que la commiſſion s'eſt ſeulement arrêtée à la demande de l'intérêt d'un quart des bénéfices que M. de Crillon croit devoir être produits par le canal, cette prétention tombant d'elle-même, ſi l'on conſidere que le principal motif qui a déterminé le Roi à ordonner que cette entrepriſe ſeroit faite par la ville de Narbonne, & puis par la province, a été la conviction parfaite qu'elle ne pouvoit être exécutée par aucun particulier ou compagnie, par l'énorme & évidente diſproportion des revenus eſtimés ſur le plus haut pied dudit canal, avec les ſommes conſidérables auxquelles doit monter la dépenſe des travaux qu'exige ſa conſtruction; de maniere, qu'on peut raiſonnablement prévoir que le produit quelconque de cet important ouvrage, ne fournira pas à ſon entretien; & que d'ailleurs les vues des Etats, en ſe conformant à celles de l'adminiſtration générale, ſont principalement de rendre cette nouvelle branche de navigation eſſentiellement utile au commerce, & par là au bien public, en l'affranchiſſant, le plus qu'il ſe pourra, de tout aſſujettiſſement qui peut lui être onéreux.

Que par ces conſidérations, MM. les commiſſaires ſe ſont déterminés à propoſer aux Etats, d'accorder à M. le duc de Crillon, pour tout dédommagement, une ſomme de cent mille livres; laquelle devant être priſe ſur les fonds deſtinés aux dépenſes de la conſtruction du canal, pourra, pour ne pas en trop diminuer les travaux, être partagée, ſi l'aſſemblée l'approuve, en quatre portions de vingt-cinq mille livres chacune, payables en pareil nombre d'années à M. le duc de Crillon, ſans intérêt. N°. XII.

Ce qui a été délibéré, conformément à l'avis de MM. les commiſſaires.

XIII.

EXTRAIT du regiſtre des délibérations des Etats généraux de Languedoc, aſſemblés par mandement du Roi en la ville de Montpellier au mois de Novembre 1777.

Du Lundi 29 Décembre ſuivant, préſident Mgr. l'archevêque & primat de Narbonne, commandeur de l'ordre du Saint-Eſprit.

MONSEIGNEUR l'évêque de Montpellier a dit, que les Etats, après avoir eu connoiſſance dans leur précédente aſſemblée de tout ce qui avoit rapport à l'exécution du projet de jonction de la robine de Narbonne au canal des mers, ainſi que de l'arrêt du conſeil du 18 Novembre 1776, qui a autoriſé la réſolution par eux priſe à ce ſujet; & s'étant occupés des moyens d'accélérer un ouvrage auſſi utile & auſſi deſiré, délibérerent, ſur l'avis du ſieur Garipuy, de l'entreprendre par la partie inférieure joignant la riviere d'Aude en remontant juſques près de Salleles, & donnerent pouvoir à MM. les commiſſaires d'en paſſer le bail, ſur le devis particulier qui en ſeroit dreſſé par ce directeur.

Qu'en vertu de ce pouvoir, leſdits ſieurs commiſſaires ont adjugé le 20 Août dernier, ceux de la partie inférieure énoncée ci-dessus, aux sieurs Bruguiere & Faure, à la toise pour chaque nature d'ouvrage; que celui de ces travaux qui étoit le plus urgent, consistoit en une chaussée qui enveloppe tant la portion inférieure du canal, que l'écluse qui en fait partie, & l'épanchoir contigu qui doit être fait à la tête d'un autre canal destiné à porter les eaux troubles de la riviere d'Aude dans l'étang de Capestan pour l'atterrir; qu'on a travaillé à cette digue avec tant de diligence, qu'elle est achevée sur la moitié inférieure de sa longueur, & que l'autre moitié a été assez avancée dès les premiers jours d'Octobre pour résister aux inondations de l'automne, quoiqu'elles se soient élevées jusqu'à six pouces du couronnement des bajoyers de l'écluse de Moussoulens.

Qu'elle a été formée, partie par les déblais provenant de l'excavation du canal de navigation & de ses écluses, partie par ceux de l'épanchoir & de la portion voisine du canal d'atterrissement, sur les cent soixante premieres toises.

Qu'au moyen de ces recreusemens, on a ouvert la retenue inférieure du canal sur toute sa longueur, qui est de six cent toises, & sur la moitié de sa largeur vers le couchant; que la partie voisine de l'épanchoir sur cent quarante toises de longueur, a toute la profondeur déterminée par les nivellemens, qui est de onze pieds, & que le restant du canal n'a été encore approfondi que de six pieds; que l'emplacement de l'écluse & de l'épanchoir d'atterrissement, qui doit être recreusé jusqu'au terrein ferme, sur lequel leurs fondemens doivent être établis à vingt-trois pieds de profondeur, en a déjà quinze; mais que les eaux de pluie & celles des filtrations empêchent de descendre plus bas, jusques à ce que la cuvette de la rigole d'atterrissement qui doit servir à les évacuer, soit entierement achevée.

Que les ouvrages faits n'étant pas encore en état d'être toisés & reçus à cause de leur imperfection, le toisé définitif ne peut être rapporté que l'année prochaine; & que sur les toisés provisionnels, ils se portent à environ trente mille livres, à compte desquelles l'entrepreneur a reçu vingt-quatre mille livres; que ces travaux n'ayant pu être commencés que tard, & ayant un peu langui pendant les semailles, on n'a pas fait cette année beaucoup d'ouvrage; mais, qu'étant aujourd'hui en bon train, & ayant été repris avec vigueur depuis la fin de Novembre, on espere de jetter dans le mois d'Avril les fondemens de l'écluse & de l'épanchoir, d'avoir fait avant les Etats prochains la plus grande partie des maçonneries, & d'avoir perfectionné, dans le même terme, tous les recreusemens de la derniere retenue, ainsi que les chaussées dont elles doivent être bordées des deux côtés.

Que le sieur Garipuy a fait procéder à l'estimation des indemnités dues, tant pour l'emplacement du canal, de ses francs-bords, & de ses écluses, que pour celui où on a déposé les matériaux, laquelle se porte à la somme de dix-neuf mille quatre-vingt dix-huit livres neuf sols onze deniers.

Enfin, que d'abord après les Etats de l'année derniere, il fut payé à MM. les propriétaires du canal, la somme de cinquante-trois mille trois cent trente-trois livres six sols huit deniers pour le premier terme de celle de cent soixante mille livres, moyennant laquelle ils se sont obligés de fournir toute l'eau nécessaire au canal de Narbonne, & de construire un nouveau réservoir sur la partie du ruisseau de Lampy, supérieure à la rigole qui conduit dans le canal les eaux de la montagne Noire; qu'il résulte du procès-verbal de visite du

N°. XIII. du canal, dressé par le sieur Garipuy, que MM. les propriétaires ont déjà fait une partie des approvisionnemens nécessaires pour la construction de ce réservoir qu'ils doivent commencer l'année prochaine.

A quoi Mgr. l'évêque de Montpellier a ajouté; que l'arrêt du conseil du 18 Novembre 1776 ayant autorisé la cession faite par la ville de Narbonne à la province de la robine & de ses dépendances, la remise en a été faite le premier du mois de Mars dernier, jour de l'expiration du bail passé par la ville pour la ferme des droits établis sur ladite robine; que pour constater l'état où elle étoit pour lors, il a été fait par le sieur Garipuy fils, en exécution d'une délibération de MM. les commissaires des travaux publics, une vérification générale de la robine & de ses dépendances, depuis sa prise d'eau à la riviere d'Aude, au lieu de Moussoulens, jusqu'à son embouchure dans l'étang de Bages; qu'il a été procédé à cette visite en présence de MM. les maire, consuls, & commissaires de la ville de Narbonne, qui firent la remise de la robine, & en celle de MM. les commissaires du diocese qui l'accepterent, ainsi qu'il conste du procès-verbal du sieur Garipuy signé de toutes les parties en date du 16 Mars, que le sieur de Montferrier a rapporté à la commission.

Qu'il résulte de ce verbal 1°. que la robine a dix-sept mille trois cent vingt toises de longueur, & qu'elle est divisée en deux par la ville de Narbonne.

2°. Que dans la partie supérieure, dont la longueur est de six mille cinq cent soixante-onze toises, il y a quatre écluses; la premiere, qui forme la prise d'eau au lieu de Moussoulens sur la rive droite de l'Aude, immédiatement au-dessus d'une digue de deux cent vingt-cinq toises de longueur, qui barre diagonalement le lit de la riviere; la seconde, nommée de Roanel; la troisieme appellée du Gua; & enfin la quatrieme, dans la ville de Narbonne près le moulin. N°. XIII.

3°. Que sur la partie de la robine inférieure à la ville, il n'y a point d'écluse, en sorte qu'il y a un courant assez sensible, qui le seroit encore davantage sans les nombreuses sinuosités qu'elle fait.

4°. Que ce canal manque en plusieurs endroits de largeur & de profondeur; que les francs-bords n'ont pas une largeur uniforme & réguliere, & qu'ils sont coupés par diverses prises d'eau sur lesquelles il n'y a point de pont, ce qui rend le tirage difficile.

5°. Que les parties apparentes des écluses sont en assez bon état, à la réserve de celle du Gua; qu'il y a encore quatre éperons en bois, & que ceux des quatre portes basses doivent être rehaussés au moins de trois pieds.

6°. Que les portes d'écluse pouvoient encore servir, mais qu'il y en avoit deux fort vieilles, & que les ferrures de toutes sont de beaucoup trop foibles.

7°. Que les pales des tambours de toutes les écluses étoient en mauvais état.

8°. Que plusieurs murs du quay, tant dans l'intérieur de la ville, que dehors, ont besoin de réparations & reconstructions, qui pourroient néanmoins être différées sans danger.

Que le sieur Garipuy, après avoir reconnu qu'elles étoient les réparations les plus urgentes, en dressa ensuite le devis, sur lequel MM. les commissaires en passerent le bail le 19 Août aux sieurs Faure & Bruguiere, qui les ont exécutées dans le mois d'Octobre, tems destiné à ces ouvrages comme le plus convenable pour la chôme de la navigation de la robine.

N°. XIII. Que ces réparations consistent à la réfection en pierre de taille de l'éperon haut de l'écluse de Roanel ; à la réfection des pales de quatre tambours ; au rabillage général de toutes les portes d'écluse, tant pour la charpente que pour la ferrure ; en plusieurs ouvrages en terre notamment deux batardeaux, l'un à Moussoulens, & l'autre à Roanel ; & au déblais de quelques rocs qui gênoient la navigation ; enfin en plusieurs autres petits ouvrages en dépendans ; tous lesquels travaux, suivant les toisés qui en ont été dressés par le sieur Garipuy, ont formé un objet de dépense, y compris les gages des garde-écluses, de la somme de deux mille deux cent soixante-une livres quinze sols un denier.

Qu'à l'égard des ouvrages d'entretien qu'il y aura à faire l'année prochaine ; le sieur Garipuy observe qu'il n'est pas possible de les déterminer maintenant d'une maniere précise ; à cause des dégradations qui peuvent survenir jusqu'à leur exécution, qu'il estime cependant qu'elles se porteront, comme cette année, à environ 2000 livres, sans à ce comprendre la construction à neuf d'une porte d'écluse qu'il croit nécessaire ; attendu qu'il y a deux portes qui sont fort usées, & qui pourroient venir à manquer dans le cours de l'année, & qu'il estime à la somme de dix-huit cent livres, tant pour le bois, que pour les ferrures, sans à ce comprendre la construction de l'éperon en pierre.

Qu'enfin, la ferme des droits établis sur la robine devant prendre fin le premier de Mars, MM. les commissaires des Etats, par leur délibération du 19 Février précédent, donnerent pouvoir, sous le bon plaisir des Etats, à MM. les commissaires du diocese de Narbonne de procéder à une nouvelle adjudication desdits droits ; & qu'après avoir rempli toutes les formalités requises, lesdits commissaires du diocese de Narbonne firent ladite adjudication le 10 Mars aux sieurs Balthazar & Jean Taillevigne, freres, marchands de la ville de Narbonne, pour le terme de trois années qui finiront le premier Mars 1780, & au prix de trois mille sept cent livres pour chaque année, payables de six en six mois, terme échu, en deux payemens égaux, & aux autres clauses & conditions plus amplement détaillées dans ledit bail, pour ladite somme être versée dans la caisse du trésorier de la bourse, ou du receveur particulier qui sera nommé à cet effet. N°. XIII.

Que sur ces différens objets, la commission a cru devoir proposer à l'assemblée, en premier lieu, d'approuver les devis dressés par le sieur Garipuy fils, tant pour les ouvrages neufs du canal, que pour les réparations de la robine, & d'autoriser les baux qui ont été passés pour ce double objet par MM. les commissaires des travaux publics, ainsi que les ouvrages qui ont été faits en conséquence.

2°. D'ordonner que ces ouvrages seront continués ainsi qu'il a été rapporté ci-dessus.

3°. D'autoriser pareillement le bail des droits de la robine, passé par MM. les commissaires du diocese de Narbonne, & d'ordonner que le prix dudit bail sera versé dans la caisse de la province, pour servir de fonds aux réparations de ladite robine, & le surplus, aux travaux du nouveau canal.

4°. Que le second payement de cinquante-trois mille trois cent trente-trois livres six sols huit deniers, sera fait à MM. les propriétaires du canal, conformément aux conventions passées avec eux.

Ce qui a été délibéré conformément ; & il a été donné pouvoir à MM. les commissaires des travaux publics pen-

N°. XIII. dant l'année de passer le bail des nouvelles réparations à faire à ladite robine.

N°. XIV.

X I V.

EXTRAIT du registre des délibérations des Etats généraux de Languedoc, assemblés par mandement du Roi en la ville de Montpellier, au mois d'Octobre 1778.

Du Mardi 17 Novembre suivant, président Mgr. l'archevêque & primat de Narbonne, commandeur de l'ordre du St. Esprit.

MONSEIGNEUR l'évêque de Montpellier a dit, que le sieur de Montferrier, après avoir rappellé à la commission les précédentes délibérations prises par les Etats, relativement à la jonction de la robine de Narbonne au canal des mers, & les ouvrages préparatoires faits l'année derniere dans la partie inférieure du nouveau canal qui doit procurer cette jonction, a ajouté que les travaux ont été continués cette année, dès que la cessation des pluies de l'hiver a permis d'y travailler; qu'on a achevé d'abord le recreusement de la partie supérieure de la rigole d'atterrissement, sur environ cent soixante toises de longueur, & ensuite dans le milieu de la base de cette rigole, celui d'une cuvette de six cent toises de longueur sur deux toises de largeur & quatre pieds de profondeur.

Que la hauteur des eaux dans l'emplacement de l'épanchoir & de l'écluse, ayant été diminuée par cette cuvette, autant qu'il étoit possible de le faire sans épuisemens, on a approfondi sans difficulté les fondations sur toute leur étendue jusqu'à la base de la cuvette, qui est à cinq pieds de profondeur au-dessous du niveau des basses-eaux de la riviere d'Aude. Que lorsqu'on a voulu porter les fouilles plus bas, il a fallu employer les épuisemens pour se délivrer des filtrations; & que par ce moyen on a augmenté de trois pieds la profondeur des fondations dans la partie supérieure de l'écluse, sur environ cinquante toises quarrées.

Qu'on a rencontré pour lors une couche d'un limon argileux, très-compacte, que les eaux ne pénétroient point, & sur lequel on a établi un premier batardeau d'enceinte, afin d'arrêter toutes les eaux supérieures, & les obliger à s'écouler par la cuvette de la rigole d'atterrissement.

Que les diverses sondes faites avant le commencement de l'ouvrage, n'ayant pénétré dans ce limon que d'environ deux pieds, on avoit espéré d'abord qu'il avoit une épaisseur suffisante pour y asseoir solidement les fondemens de l'écluse & de l'épanchoir, mais qu'étant de la plus grande importance de ne rien hasarder sur cet article, on avoit fait avec la tariere divers trous dans ce limon pour en connoître l'épaisseur.

Que dès que ces trous ont dépassé trois pieds de profondeur, il est sorti de chacun d'eux des surgens qui jaillissoient à deux pieds de hauteur, & qui étoient chargés de sablon; qu'il restoit à savoir quelle est la qualité du terrein au-dessous de la couche de limon; qu'on y est parvenu en plantant des pilots dans les trous déjà faits, & en les faisant battre au refus du mouton; qu'ils sont tous entrés de dix-huit pieds plus bas que le dessus de la couche de limon, & que par conséquent le terrein ferme ne se trouve qu'à vingt-six pieds au-dessous du niveau des basses eaux de la riviere d'Aude.

Que cette grande profondeur exigeant des précautions beaucoup plus grandes que celles qu'on avoit cru devoir prendre, d'après le résultat des premieres sondes, on s'est borné cette

N°. XIV. année à fonder l'épaulement droit de la partie supérieure de l'écluse, en profitant du limon argileux qui s'y trouve à une profondeur suffisante pour cette partie élevée de la maçonnerie, en ayant eu soin toutefois de s'y encastrer d'environ dix-huit pouces, & qu'on a été obligé de différer le surplus des fondations jusqu'à ce qu'on ait fait les approvisionnemens nécessaires de pilots & de machines.

Que vu la profondeur du terrein ferme, & la grande dépense qu'exigeroient les batardeaux & les épuisemens nécessaires pour bâtir à sec l'épanchoir d'atterrissement & la partie basse de l'écluse, le sieur Garipuy propose de dégravoyer d'abord jusqu'à la profondeur connue du ferme, tout l'espace que ces fondations doivent occuper, de l'enceindre par un batardeau dont les pilots pénétreront dans le terrein solide, de bâtir l'intérieur sans épuisement, avec du giron, sur environ douze pieds d'épaisseur; & lorsque cette maçonnerie aura fait sa prise, d'épuiser les eaux supérieures pour bâtir le surplus à sec.

Que le dégravoyement qui est indispensable, ne peut être fait d'une maniere plus prompte & plus économique, qu'au moyen d'un ponton pareil à ceux dont on se sert pour le recreusement du port de Cette, ainsi qu'on l'a éprouvé sur les travaux de l'Aude, & sur ceux de la Garonne à Toulouse; que MM. les commissaires des travaux publics, sur le rapport qui leur en fut fait lors de la derniere sonde du port de Cette, autoriserent le sieur Garipuy à acheter du sieur Migniot un ponton d'une grandeur convenable pour être amené par eau sur l'ouvrage, en remontant la robine de Narbonne, tous les pontons appartenant à la province étant trop larges pour passer dans les écluses de ce canal; qu'on attend un vent favorable pour faire passer ce ponton à la Nouvelle, & que dès qu'il sera rendu dans la riviere d'Aude à Moussoulens, on ouvrira un petit canal nécessaire pour l'amener sur l'ouvrage, après quoi on refermera la chaussée d'enveloppe, ainsi qu'elle est aujourd'hui, pour n'avoir rien à craindre des crues de Cesse & de l'Aude. N°. XIV.

Que l'entrepreneur, de son côté, fait l'approvisionnement des pilots & des autres bois nécessaires pour la construction du batardeau, afin de le commencer dès que les excavations le lui permettront.

Que la plus grande partie de la pierre de taille, du moilon, & de la chaux, est déjà à pied d'œuvre, & qu'il ne manque pour faire la maçonnerie, qu'une provision de pozzolane nécessaire pour donner plus de solidité au giron, & aux paremens de toute la maçonnerie exposée à l'action des eaux; & qu'au moyen des arrangemens que le sieur Garipuy propose, il espere de faire tous les fondemens de ce grand ouvrage dans le cours de l'année prochaine.

Que pour ce qui concerne le creusement de la retenue, formée par la derniere écluse, & qui se termine près le village de Salleles, il est achevé; en sorte qu'il ne reste que les ragréages des talus, qui ne doivent être faits qu'après que tous les autres ouvrages seront entierement finis.

Que le sieur Garipuy observe, au sujet de cette retenue, qu'on n'a pu parvenir à lui donner toute la profondeur nécessaire qu'en vuidant des sources abondantes qui s'y rendoient, surtout à travers un banc de sable mouvant d'environ deux cent toises de longueur dans lequel on s'est enfoncé d'environ trois pieds: que la facilité avec laquelle les eaux souterraines traversent aujourd'hui le sable pour se rendre

N°. XIV. N°. XIV

dans le canal, vers lequel elles ont une pente, tandis qu'il n'y a point d'eau, fait craindre que la pente devenant dans un sens contraire, lorsque la retenue sera pleine, elle ne se vuidât pour lors à travers ce même sable; & que pour prévenir cet accident, il convient d'en enlever une couche de trois pieds d'épaisseur, tant dans le fond du canal que sur ses côtés, & de la remplacer par une couche égale de terre forte, ou d'argile qu'on trouve au bord du canal, sur la hauteur de Salleles.

Que la digue d'enveloppe du côté de Cesse commencée en 1777, a été achevée cette année; que la digue opposée est à la moitié de la hauteur qu'elle doit avoir, & que le surplus sera fini dans le cours de l'année en grande partie, avec les déblais à faire pour les fondations de l'écluse & de l'épanchoir.

Que les sommes employées pendant le cours de l'année aux diverses parties de ces travaux, d'après les toisés provisionnels qui en ont été faits, se portent à la somme de 53,000 livres; mais que l'état actuel des ouvrages ne permettant pas d'en arrêter définitivement le toisé, on y procédera dès que l'état des travaux le permettra.

Que quant à la continuation des ouvrages, le sieur Garipuy observe que ceux de maçonnerie à faire, ne peuvent occuper qu'un petit nombre de travailleurs du pays; que le surplus peut être employé très-utilement à continuer le creusement du nouveau canal au-dessus de Salleles suivant les niveaux de pente déjà déterminés, pourvu qu'on n'intercepte pas les chemins d'Ouveillan & d'Argeliers, & que par ce moyen on accéléreroit la confection du canal, en procurant un travail utile aux paysans; qu'il a déjà fait procéder à l'arpentement des terres que ce prolongement traverse sur huit cent toises de longueur; & que l'estimation qui y est jointe se porte à neuf mille trois cent quarante une livres deux sols.

Enfin, qu'en exécution des conventions passées avec MM. les propriétaires du canal, au sujet de celui de Narbonne, ils se sont obligés de fournir à ce dernier toute l'eau nécessaire, & de construire un nouveau réservoir sur le ruisseau de Lampy, moyennant une somme de 160,000 livres, payable en trois années & en trois payemens égaux; que les deux premiers ont été faits en 1776 & 1777; que le dernier terme échoit cette année, & qu'il résulte du procès-verbal de visite du canal, dressé par le sieur Garipuy, que MM. les propriétaires ont fait de très-grands approvisionnemens pour la construction de ce réservoir; qu'ils ont fait procéder à l'estimation du sol, & qu'ils n'attendent pour mettre la main à l'œuvre, que d'avoir convenu du prix.

A quoi Mgr. l'évêque de Montpellier a ajouté: que la robine de Narbonne appartenant à la province en vertu de la cession faite par la ville, autorisée par un arrêt du conseil du 18 Novembre 1776, les Etats font faire depuis, à ce canal les réparations nécessaires, pour la facilité & pour la sureté de la navigation.

Qu'il fut passé un premier bail de ces ouvrages par MM. les commissaires des travaux publics le 19 Août 1777, sur le devis du sieur Garipuy; & qu'il fut rendu compte aux Etats derniers de ceux qui furent exécutés en conséquence l'année derniere; qu'au commencement de cette année, les entrepreneurs, pour faciliter la traite des sels, ont fait aussi quelques réparations urgentes, tant au chemin du tirage qu'aux fermetures des portes d'écluse, lesquelles se portent à la somme de 571 liv. 10 sols.

Qu'ensuite le sieur Garipuy a dressé

N°. XIV.

le devis des ouvrages à faire cette année à la Robine, & que l'adjudication en a été faite le 3 Juin aux nommés Bruguiere & Faure, à tant la toise pour chaque nature d'ouvrages; que la robine a été mise à sec à la fin de Septembre, suivant l'usage, le mois d'Octobre étant le plus convenable pour la chôme de ce canal.

Que les travaux faits cette année consistent, 1°. au rehaussement du sol du logement du garde-écluse de Moussoulens, pour le porter au-dessus des inondations de l'Aude, & à une chaussée en terre d'environ cent toises de longueur, élevée au même niveau, depuis le pied de la hauteur voisine jusqu'à ce logement, pour établir une communication assurée, & pour prévenir les excavations qui auroient pu isoler l'écluse.

2°. A avoir fait à neuf en pierre de taille de Roucaute, l'éperon bas de l'écluse de Roanel, & avoir fait aussi en bois de chêne, la fermeture de cette écluse.

3°. En une ligne de pilots de bois de chêne, de quinze toises de longueur au-dessous de l'écluse de la ville, pour empêcher la formation d'un ensablement causé dans le trajet des barques par le remoux des eaux des moulins voisins.

4°. A avoir enlevé les dépôts qui se font chaque année vis à-vis les cales, celui qui étoit au-dessus du moulin de Gua, & enfin, un autre plus considérable à l'entrée de la ville de Narbonne, entre le pont de Lescoute & celui des Carmes.

Et qu'il résulte du toisé dressé par le sieur Garipuy, que ces ouvrages se portent, y compris les gages des gardes-écluses, à la somme de 10,421 livres 19 sols 1 denier, laquelle jointe à celle qui a été payée au premier entrepreneur, tous les ouvrages faits à la robine, la présente année, montent à celle de dix mille neuf cent quatre-vingt-treize livres, neuf sols, un denier, qui a été payée; savoir, 6121 livres 10 sols sur le produit de la ferme des droits de la robine, & 4871 livres 19 sols un denier sur les fonds du canal.

Que le sieur Garipuy observe au sujet des ouvrages à faire l'année prochaine, que, quoiqu'il ne soit pas possible de déterminer exactement à l'avance le montant de ces entretiens, il estime cependant qu'ils ne sauroient excéder une somme de 2000 livres; mais il ajoute que l'éperon de la porte basse de l'écluse de la ville, qui est en bois, est en fort mauvais état, & qu'ainsi il est indispensable de le refaire avec la fermeture de la porte, en la même maniere qu'on a refait cette année l'éperon & la porte de l'écluse de Roanel. Que cette réfaction sera un peu plus dispendieuse, parce qu'elle exige la construction d'un batardeau assez considérable pour détourner dans les fossés de la ville les eaux du ruisseau de Lamairal, qui se jettent dans la robine à environ 500 toises au dessus.

Que sur tous ces différens objets la commission a cru devoir proposer à l'assemblée,

1°. D'approuver les ouvrages qui ont été faits jusqu'à ce jour, tant au nouveau canal que sur la robine, d'après les devis dressés par le sieur Garipuy, & sur les baux passés pour ce double objet.

2°. D'ordonner que les ouvrages seront continués dans l'ordre & la maniere détaillée ci-dessus.

3°. Que le dernier payement de la somme de 53,333 livres 6 sols 8 deniers sera fait à MM. les propriétaires du canal, conformément aux conventions passées avec eux.

4°. Qu'il sera procédé par MM. les commissaires des travaux publics, pen-

N°. XIV. dant l'année, à l'adjudication des nouveaux ouvrages du canal, sur les devis qui en seront dressés par le sieur Garipuy, & que les réparations de la robine continueront d'être faites par l'entrepreneur actuel.

Ce qui a été délibéré, conformément à l'avis de MM. les Commissaires.

XV.

EXTRAIT du registre des délibérations des Etats généraux de Languedoc, assemblés par mandement du Roi en la ville de Montpellier au mois de Novembre 1779.

Du Mardi 14 Décembre suivant, président Mgr. l'archevêque & primat de Narbonne, commandeur de l'ordre du Saint-Esprit.

MONSEIGNEUR l'évêque de Montpellier a dit, que les Etats furent informés l'année derniere des difficultés qui se présentoient dans la fondation commune à la derniere écluse du canal de Narbonne, près la riviere d'Aude, & à l'épanchoir qui devoit être construit à la tête du canal d'atterrissement de l'étang de Capestan, attendu que les dernieres sondes faites dans cet emplacement, avoient appris que le terrein ferme étoit à plus de vingt pieds au dessous du niveau des eaux de l'Aude.

Que vu cette grande profondeur, les Etats délibérerent, sur le rapport du sieur Garipuy, que l'emplacement de l'écluse & de l'épanchoir seroit dégravoyé au moyen d'un ponton appartenant à la province.

Que dès que le vent fut favorable, on fit passer cette machine par mer de Cette à la Nouvelle, d'où elle remonta par la robine jusques dans la riviere d'Aude, au dessus de l'écluse de Moussoulens : Qu'il fallut ensuite lui faire traverser le terrein qui sépare la riviere d'Aude de l'épanchoir & de l'écluse, sur environ 100 toises de longueur; ce qui fut exécuté en la faisant glisser sur des plateaux, & en la conduisant avec des cabestans & des moufles : Qu'on avoit achevé auparavant de creuser dans les fondations un espace d'une grandeur & d'une profondeur suffisante pour mettre ce ponton à flot, & pour lui permettre de manœuvrer. N°. XV.

Que ces dispositions ayant été achevées au mois de Décembre, on fit travailler le ponton tout de suite au dégravoyement de l'espace que les fondemens & les batardeaux d'enceinte devoient occuper : Que ce travail commençoit dès le point du jour, & étoit continué jusqu'à la nuit sans interruption, au moyen d'un nombre double d'ouvriers qui se relevoient de quatre en quatre heures; & comme malgré cette précaution, un seul ponton n'auroit pas suffi pour achever toutes les fouilles dans le cours de l'année, on prit le parti, dès le mois de Mai, de faire travailler jour & nuit sans aucune interruption.

Que les déblais provenant de ces recreusemens, étoient de deux especes; les uns en terre qu'on portoit tout de suite sur le franc-bord du côté du levant de la retenue du canal pour la rehausser, tandis que les déblais du gravier étoient déposés aussi près qu'il étoit possible pour être employés dans la suite au giron avec lequel les fondemens devoient être faits.

Qu'on commença ces déblais par la partie supérieure de l'écluse, où ils ont été portés à vingt-trois pieds de profondeur au dessous du niveau de l'Aude, & jusqu'à ce que l'on a été arrêté par un rocher très-dur qui occupe tout le sol de la fondation, & qui se releve même un peu en se rapprochant de la riviere.

Que lorsqu'on eut déblayé la partie

N°. XV. qui répond à l'éclufe, on s'empressa de la couvrir d'une couche de giron, ou de béton, composé de chaux, de sable, de pozzolane, de gravier & de cailloux : Que ce massif qui occupoit l'emplacement de l'éclufe & celui des batardeaux, fut élevé par assises réglées à environ six pieds de hauteur : Qu'on établit sur ses bords les batardeaux d'enceinte qui furent faits; savoir, ceux des deux bouts en giron, comme plus propres à se lier avec les maçonneries qu'il faudroit dans la suite construire à leur place, & les deux latéraux en glaise & en mousse de mer, soutenue par des pilots & des pieux, dont une partie servoit à porter les échaffaudages : Qu'on prit les précautions nécessaires pour arcbouter ces batardeaux, & pour les rendre étanches, après quoi on épuisa tout l'espace qu'ils renfermoient, & on commença le 26 Juillet de bâtir l'éclufe à la main.

Que le ponton n'avoit jamais discontinué de travailler au dégravoyement de la partie inférieure à l'éclufe, où l'épanchoir d'atterrissement, & le bassin qui en fait partie, devoient être construits : que quoique ces dégravoyemens aient été poussés avec toute la vigueur possible, ils n'ont été achevés que le 24 Septembre ; mais que par l'attention qu'on avoit eu de couler le giron dans la fondation à fur & à mesure que le rocher avoit été mis à découvert, le gironnage fut entierement achevé le 10 Octobre : qu'alors ses bords se relevoient au-dessus du niveau des plus hautes eaux, afin de servir de batardeau.

Que la saison étoit déjà avancée, & les pluies fréquentes suspendoient les travaux, soit en écartant les ouvriers, soit en retardant la prise du giron : Que celui qui formoit le batardeau n'ayant pas beaucoup d'épaisseur, le poids des eaux extérieures y fit diverses ouvertures, ce qui obligea de le redoubler par un courroi de glaise mêlée de mousse de mer. Que le batardeau construit de cette maniere, n'eut pas besoin d'étançonnement, & que les eaux contenues dans l'espace qu'il renfermoit, furent épuisées vers la fin d'Octobre. N°. XV.

Que le massif de giron étant pour lors à découvert, on s'apperçut que les pluies d'orage survenues depuis la mi-Septembre, y avoient entraîné beaucoup de limon, dont une partie s'étoit mêlée avec le giron : Qu'on enleva tout ce qui étoit défectueux ; on y substitua une bonne maçonnerie bâtie en gros libages ; & dès que le massif intérieur eut été dressé sur toute son étendue, on éleva les murs d'enceinte jusqu'au niveau des eaux de l'Aude, afin de n'avoir plus aucune filtration à craindre.

Que les fondemens de l'éclufe & de l'épanchoir, ont ensemble huit cent toises de surface, sans compter deux toises d'empâtement sur tout le pourtour, qui donnent trois cent toises quarrées de plus ; que les ouvrages supérieurs ont toujours été continués depuis que la fondation est faite ; que maintenant l'éperon bas de l'éclufe & le carrellement du bassin sont finis ; les bajoyers sont élevés d'environ six pieds au-dessus du carrellement ; les premieres assises de l'éperon de défense sont posées ; les murs d'enceinte de l'épanchoir & du bassin qui en fait partie sont élevés jusqu'au niveau des eaux de l'Aude ; la moitié du carrellement de ce bassin est faite ; on a posé les seuils extérieurs de trois ouvertures les plus basses de l'épanchoir ; & la maçonnerie a été élevée de chaque côté à deux pieds de hauteur ; que la saison des gelées obligera bientôt de suspendre les maçonneries ; mais qu'on en profitera pour presser les approvisionnemens des matériaux de toute espece, sans quoi

il

N°. XV. il feroit impoffible d'achever l'éclufe & l'épanchoir dans le cours de l'année prochaine.

Qu'indépendamment de ces ouvrages de maçonnerie, on a encore travaillé à prolonger l'ouverture du canal au-delà de Salleles, d'après le bail qui en a été paffé le 6 Juin dernier, fur le devis du fieur Garipuy; mais, comme ce travail étoit fubordonné au précédent, on ne s'en eft occupé qu'autant qu'il ne retardoit pas celui de la maçonnerie, & le canal n'a été creufé que fur une longueur d'environ trois cent toifes.

Qu'aucun des travaux dont on vient de rendre compte n'étant arrêté à des repaires fixes, il n'a pas été poffible d'en faire encore le toifé définitif; que le toifé provifionnel de ce qui a été fait cette année, fe porte à la fomme de cent foixante-deux mille livres, laquelle a été payée aux entrepreneurs, & que les travaux à faire l'année prochaine font évalués à celle de cent trente mille livres, ce qui a excédé cette année de quarante-deux mille livres, la fomme de cent vingt mille livres deftinée annuellement auxdits travaux par la délibération du 28 Décembre 1776, & excédera, fi les Etats l'approuvent, de dix mille livres le même fonds de l'année prochaine.

Que MM. les commiffaires ont cru devoir faire obferver à cet égard aux Etats, que dans les ouvrages de la nature de ceux dont il s'agit, il n'eft pas poffible de s'arrêter au feul emploi des fonds qui leur ont été deftinés; & qu'il feroit même dangereux de le faire, parce qu'on eft forcé d'en perfectionner fans délai certaines parties, dont le retardement feroit très-préjudiciable.

Que cette circonftance fe préfente précifément pour les travaux à continuer tout de fuite, attendu que pour mettre hors de tout danger la maçonnerie de la derniere éclufe du canal, & celle de l'épanchoir d'atterriffement dont on vient de finir les fondemens, il eft effentiel d'achever toute la maçonnerie qui refte à faire dans le cours de l'année prochaine: Que cet ouvrage étant encore très-confidérable, comme on peut en juger par la fomme à laquelle il a été évalué, il ne peut être fini dans le terme ci-deffus, qu'autant qu'il fera continué fans interruption; & que les entrepreneurs actuels ayant porté la maçonnerie à la hauteur prefcrite par leurs obligations, il convient de deux chofes l'une, ou qu'on les engage à continuer fur le prix de leur bail actuel, ou bien d'ordonner qu'il fera fait, avant la fin des Etats, une nouvelle adjudication de tous les ouvrages de maçonnerie & de charpente qui reftent à faire pour achever l'éclufe & l'épanchoir du Gailloufti, fous la condition expreffe, dans l'un & dans l'autre cas, qu'ils feront achevés avant le premier Novembre 1780.

Sur quoi les Etats, en approuvant tout ce qui a été fait pendant le cours de l'année, fuivant le rapport de Mgr. l'évêque de Montpellier, aux travaux du canal de Narbonne, & ceux qui doivent être exécutés pour perfectionner pendant l'année prochaine l'éclufe & l'épanchoir du Gailloufti, & l'emploi qui doit y être fait de la fomme de cent trente mille livres, ont donné pouvoir à MM. les commiffaires des travaux publics, de procéder à l'adjudication defdits ouvrages en la forme ordinaire & à la moinfdite, le plutôt qu'il fera poffible, après la féparation des Etats, pour qu'ils puiffent être achevés avant la fin de ladite année.

XVI.

EXTRAIT du regiſtre des délibérations des Etats généraux de Languedoc, aſſemblés par mandement du Roi en la ville de Montpellier au mois de Novembre 1779.

Du Mardi 14 Décembre ſuivant, préſident Mgr. l'archevêque & primat de Narbonne, commandeur de l'ordre du Saint-Eſprit.

MONSEIGNEUR l'évêque de Montpellier a dit, que la robine de Narbonne appartenant à la province depuis 1776, les Etats y font faire depuis les travaux néceſſaires pour la ſureté de la navigation; que ces travaux ſont de deux eſpeces, les premiers conſiſtant dans la réfaction des anciens ouvrages qui menacent ruine, ſoit par vétuſté, ſoit par défaut de leur conſtruction, & les autres de ſimples réparations d'entretien inévitables ſur tous les canaux.

Que les ouvrages de la premiere eſpece faits cette année ſont la réfaction à neuf de l'éperon bas de l'écluſe de la ville, ainſi qu'il avoit été délibéré par les Etats l'année derniere; que les ouvrages preſſans du Gailloufti ayant occupé pendant long-tems tous les ouvriers des environs dont on pouvoit diſpoſer, ce n'a été que le 4 Novembre qu'on a pu entreprendre ceux de l'écluſe de Narbonne; qu'on a commencé par détourner de la robine les eaux de l'Aude, en faiſant les batardeaux ordinaires à l'écluſe de Mouſſoulens; & enſuite, au lieu de faire un batardeau diſpendieux pour forcer les eaux de la Mayral de paſſer dans le foſſé de la ville, on s'eſt borné à les écouler par les courſiers du moulin, & à les éloigner de l'écluſe au moyen de deux petits batardeaux en terre, l'un en-deſſus, l'autre en-deſſous; que l'eſpace compris entre les deux batardeaux ayant été mis & entretenu à ſec au moyen de deux limaces, on a démoli le vieux éperon qui étoit en bois, on a arraſé la maçonnerie ſur laquelle il avoit été établi, & on a conſtruit au-deſſus un radier en gros quartiers de pierre de taille dure aſſemblés en coupe.

Que la maçonnerie a été achevée le premier de ce mois; qu'on eſt occupé maintenant à poſer les ventaux de la porte en bois, & on eſpere qu'elles ſeront en place le 15.

Qu'on a profité du tems où le baſſin de l'écluſe a été à ſec pour enlever un dépôt conſidérable de terre & de cailloux qui s'y étoit formé, que les cailloux ont ſervi à combler un enfouillement qui étoit au-deſſous de l'écluſe, & la terre a été dépoſée ſur le quai, en attendant de la tranſporter hors la ville.

Que les autres réparations d'entretien conſiſtent à avoir enlevé pluſieurs tocs ou dépôts faits dans le canal, notamment au-devant du ſéminaire, à la ſortie du moulin du Gua à la chute des cales qui verſent dans la robine les eaux des ruiſſeaux voiſins; & enfin à diverſes petites réparations faites aux fermetures en bois des portes d'écluſe.

Que ces ouvrages ayant été commencés fort tard, ainſi qu'il a été dit, ils ne ſont pas encore achevés, & il n'a pas été poſſible d'en faire les toiſés, mais qu'on peut aſſurer qu'ils ne monteront pas au-delà de ceux qui furent faits l'année derniere.

Que l'eſtimation des terres qui furent priſes en 1778 pour l'emplacement & pour la conſtruction de la chauſſée, en arrêtant les grandes eaux de l'Aude, aſſure la communication de l'écluſe de Mouſſoulens avec le chemin de Narbonne, ſe porte à 846 livres 15 ſols.

Qu'il y a quatre écluſes ſur la robine

N°. XVI. de Narbonne, dont les éperons & les planchers des baſſins avoient été faits en bois; que pour les rendre plus durables, on y ſubſtitue de la pierre de taille, lorſqu'ils ſont hors de ſervice; que le plancher du baſſin de l'écluſe de Roanel eſt dans le cas, & que le ſieur Garipuy eſtime qu'il doit être remplacé l'année prochaine par un carrellement en pierre de taille.

Qu'il y a auprès de cette écluſe, ſur la gauche, un canal de dérivation dont l'entrée étoit ci-devant fermée par un épanchoir en maçonnerie; que cet ouvrage fut renverſé par l'inondation de 1766; que depuis cette époque, cette ouverture n'a été maſquée que par des batardeaux en terre qui ſont emportés à chaque inondation, & dont le rétabliſſement cauſe toujours de nouveaux frais; qu'il eſt convenable de rétablir l'épanchoir en maçonnerie; comme auſſi, de faire au logement du garde-écluſe les réparations néceſſaires pour le rendre habitable, ce garde étant obligé maintenant de loger à une diſtance de l'écluſe trop grande pour être à portée d'y veiller & d'en faire la manœuvre à propos; qu'il ſuffira d'ajouter à ces ouvrages les réparations annuelles d'entretien, & que toutes ces dépenſes ſont évaluées par le ſieur Garipuy à la ſomme de 6000 livres, ce qui excédera de 2300 livres le produit des droits perçus ſur le canal, montant, ſuivant le dernier bail, à 3700 livres, mais que cette augmentation de dépenſe, qui paroît indiſpenſable, pourra être priſe, ſi les Etats le jugent à propos, ſur le fonds deſtiné aux autres travaux du grand canal dont celui-ci fait partie.

A quoi Mgr. l'évêque de Montpellier a ajouté que le bail des droits perçus au profit de la province ſur cette robine devant expirer le dernier Février prochain, l'aſſemblée jugera ſans doute à propos d'autoriſer MM. les commiſſaires du dioceſe de Narbonne à le renouveller. N°. XVI.

SUR QUOI il a été délibéré, 1°. d'approuver les ouvrages faits cette année à la robine de Narbonne & ceux qui ſont propoſés par le ſieur Garipuy, leſquels ſeront payés, ainſi que le montant des terres priſes en 1778, ſur le produit de la ferme des droits de ladite robine, & le ſurplus ſur les fonds du canal de Narbonne.

2°. De donner pouvoir à MM. les commiſſaires du dioceſe de Narbonne, de renouveller en la forme ordinaire, le bail des droits établis ſur la robine.

XVII.

ARRÊT

DU CONSEIL D'ETAT DU ROI,

Qui autoriſe les conſuls de la ville de Narbonne, à percevoir le droit de robinage ſur les ſels qui paſſeront ſur la robine de Narbonne, à raiſon de trois deniers par minot, & condamne Jacques Forceville, adjudicataire des fermes, & le ſieur Leblanc, au payement dudit droit, pour tous les ſels qui ont été voiturés par ladite robine, pour le Gévaudan, depuis l'année 1737.

Du 10 Décembre 1743.

EXTRAIT des Regiſtres du Conſeil d'Etat.

VU par le Roi en ſon conſeil, l'arrêt rendu en icelui le 20 Février 1742, ſur la requête de Jacques Forceville, adjudicataire général des fermes, par lequel Sa Majeſté a évoqué à elle & à ſon conſeil l'inſtance pendante en la cour des comptes, aides & finances de Montpellier, entre les nommés Pérouze ci-devant commis du ſieur Leblanc, entrepreneur de la voiture des

N°. XVII.

sels, & Tallavigne fermier du droit de robinage de la ville de Narbonne, les consuls de ladite ville, & ledit sieur Leblanc, pour raison du droit de robinage perçu par ledit Tallavigne, sur la quantité de douze mille minots de sel voiturés par la robine, qui communique à la mer, pour sur ladite instance, circonstances & dépendances, être par Sa Majesté, au rapport du sieur contrôleur général des finances, fait droit auxdites parties ainsi qu'il appartiendra: Quittance du 11 Septembre 1738, signée Tallavigne, par laquelle il a reconnu avoir reçu du sieur Pérouze commis principal des voitures des sels, la somme de cent vingt-huit livres onze sols six deniers, pour droits de robinage sur la quantité de douze mille minots de sel envoyés en Gévaudan : Requête présentée au sieur de Bernage conseiller d'état, intendant en Languedoc, par Etienne Pérouze commis principal des voitures des sels au département de Narbonne, tendante à ce qu'il fût ordonné que ledit Tallavigne restitueroit ladite somme de cent vingt-huit livres onze sols six deniers, par lui exigée pour droit de robinage, qui n'étoit pas dû sur lesdits douze mille minots de sel qu'il avoit fait voiturer en Gévaudan; au bas de laquelle requête est l'ordonnance du sieur de Bernage du 19 Février 1739, par laquelle il a renvoyé ledit Pérouze à se pourvoir, pour raison du fait dont il s'agit, pardevant les juges à qui la connoissance en appartient: Requête présentée à la cour des comptes, aides & finances de Montpellier, le 24 Juillet 1739, par ledit Pérouze, à ce qu'il plût à ladite cour ordonner que l'article 207 du bail des fermes seroit exécuté suivant sa forme & teneur; ce faisant, que ledit Tallavigne seroit condamné à lui restituer ladite somme de cent vingt-huit livres onze sols six deniers par lui exigée pour le droit de robinage sur douze mille minots de sel que ledit Pérouze a fait voiturer en Gévaudan : Requête présentée à ladite cour des aides de Montpellier le 4 Juin 1740, par les consuls de la ville de Narbonne, à ce qu'il fût ordonné que le sieur Leblanc entrepreneur de la voiture des sels, seroit assigné en ladite cour, pour assister en cause, voir débouter ledit Pérouze de ses demandes; ce faisant, que l'arrêt qui interviendroit demeureroit commun avec ledit Leblanc : Autre requête présentée à ladite cour des comptes, aides & finances de Montpellier, le 18 Juillet 1741, par Charles-Gabriel Leblanc, chargé par l'adjudicataire des fermes du fournissement des sels du haut & bas Languedoc, Roussillon, Rouergue & haute Auvergne, tendante à ce qu'il fût ordonné que sur la demande dudit Pérouze contre ledit Tallavigne, ledit Leblanc fût renvoyé hors de cour & de procès; & sur la demande des consuls de Narbonne en établissement du droit dont il s'agit, inconnu sur les sels, que l'adjudicataire des fermes fût appellé en cause, pour y relever, assister & garantir ledit Leblanc contre lesdits consuls de Narbonne : La requête présentée à Sa Majesté par lesdits consuls de la ville de Narbonne, employée pour satisfaire audit arrêt du 20 Février 1742, & pour moyens contre les différentes demandes des parties; & tendante à ce qu'il plût à Sa Majesté, faisant droit, débouter Etienne Pérouze de sa demande en restitution de la somme de cent vingt-huit livres onze sols six deniers, par lui payée au sieur Tallavigne pour le droit de robinage des douze mille minots de sel dont est question; débouter pareillement Jacques Forceville adjudicataire général des fermes, de la même demande; & sans avoir égard à celle par lui formée, tendante à ce qu'il soit fait défenses aux sup-

N°. XVII. plians & à leurs fermiers du droit de robinage, d'exiger aucun droit sur les sels qui se transportent sur le canal de la robine de Narbonne, ordonner l'exécution du brevet de don du droit de robinage, accordé à ladite ville de Narbonne par le Roi Henri IV le 10 Avril 1604, de l'arrêt de la cour des aides de Montpellier du 12 Mars 1611, des lettres-patentes de confirmation dudit droit du 15 Juillet 1659, & autres subséquentes, & des lettres d'amortissement d'icelui du mois d'Octobre 1688; en conséquence, conformément au dernier article du tarif inséré au susdit arrêt de 1611, ordonner que les supplians seront & demeureront autorisés à percevoir le droit de robinage sur les sels qui passeront sur la robine de Narbonne, à raison d'un denier par livre de leur valeur, ou sur tel autre pied qu'il plaira à Sa Majesté de fixer, suivant lequel ledit Forceville & Charles Leblanc, entrepreneur des voitures des sels, payeront un droit pour tous les sels qui ont été pris dans les entrepôts de Narbonne, & voiturés par la susdite robine pour le Gévaudan depuis l'année 1737, pour être les deniers provenant de la perception dudit droit, employés à l'entretien de ladite robine & dépendances; sur les autres demandes des parties les mettre hors de cour, & condamner lesdits Forceville, Leblanc, Pérouze & Tallavigne aux dépens, tant de la présente instance, qu'en ceux faits en la cour des aides de Montpellier, chacun en ce qui les concerne; comme aussi, en tout événement, débouter ledit Tallavigne de sa demande en garantie & indemnité par lui formée contre les supplians, avec dépens; ladite requête signifiée les 11, 22 Octobre & 12 Novembre 1742: Mémoire de Jacques Forceville, adjudicataire des fermes, du 4 Décembre 1742, servant de réponse à la requête des consuls ci-dessus de la ville de Narbonne, & tendante à ce qu'il plût à Sa Majesté ordonner, conformément à l'article 201 du bail général des fermes, que les sels qui passent par la robine de Narbonne pour le fournissement des greniers de Sa Majesté, seront exempts du droit de robinage, avec défenses auxdits consuls ou à leurs fermiers de l'exiger à l'avenir, à peine de concussion; & en conséquence, que la somme de cent vingt-huit livres onze sols six deniers, répétée par Pérouze, lui sera restituée par Tallavigne, comme ayant été exigée contre la disposition du susdit article, & l'entrepreneur des voitures des sels déchargé de toute demande: La requête présentée à Sa Majesté, le 11 Juin 1743, par Balthazard Tallavigne, fermier du droit de Robinage de la ville de Narbonne, employée pour satisfaire de sa part audit arrêt du conseil du 20 Février 1742, & pour défenses & moyens contre les différentes demandes des parties, & tendante à ce qu'il plût à Sa Majesté débouter ledit Etienne Pérouze de la demande par lui formée contre lui Tallavigne, par sa requête présentée en la cour des aides de Montpellier le 24 Juillet 1739, en restitution de la somme de cent vingt-huit livres onze sols six deniers; en conséquence, sans s'arrêter ni avoir égard aux interventions & demandes desdits sieurs Leblanc & Forceville, dans lesquelles ils seront déclarés non-recevables, & dont en tout cas ils seront déboutés, les condamner solidairement avec ledit Pérouze, à lui payer le droit de robinage sur tous les sels qu'ils ont fait passer sur la robine qui descend de la ville de Narbonne à la mer pendant le cours de son bail, & ce à raison d'un denier pour livre de la valeur desdits sels, conformément au tarif autorisé

N°. XVII. par l'arrêt de la cour des aides de Montpellier du 12 Mars 1611, sur le montant desquelles sommes ledit Tallavigne offre de tenir compte de celle de cent vingt-huit livres onze sols six deniers par lui reçue dudit Pérouze; & où Sa Majesté feroit difficulté, non-seulement de prononcer lesdites condamnations contre lesdits sieurs Leblanc, Forceville & Pérouze, mais encore condamneroit le suppliant à leur restituer ladite somme de cent vingt-huit livres onze sols six deniers, en ce cas condamner lesdits consuls de la ville de Narbonne à l'acquitter, garantir & indemniser desdites condamnations, en principal, intérêts & dépens; ordonner qu'à cet effet il lui sera fait déduction sur le prix de son bail, tant de la somme de cent vingt-huit livres onze sols six deniers, que des autres sommes auxquelles se trouvera monter le droit de robinage, pour tous les sels qui ont passé sur la robine pendant le cours du bail à lui fait, ou que toutes lesdites sommes lui seront restituées par lesdits consuls, en cas que le prix du bail soit entierement payé: Mémoire dudit Forceville du 2 Juillet 1743, en réponse à la requête ci-dessus dudit Tallavigne: Autre requête desdits consuls de la ville de Narbonne du 9 Juillet 1743, employée pour réponses au mémoire dudit Forceville du 4 Décembre 1742, ensemble à la requête dudit Tallavigne du 11 Juin 1743, & tendant à ce qu'il plût à Sa Majesté, sans s'arrêter aux demandes, fins & conclusions ci-devant prises par ledit Forceville, non plus qu'à celles dudit Tallavigne en ce qui concerne la garantie contre lesdits consuls, dans lesquelles ils seront déclarés non-recevables & mal-fondés, & dont en tout cas ils seront déboutés, adjuger aux supplians les conclusions par eux prises, avec dépens: Autre mémoire dudit Forceville du 6 Août 1743, servant de réponse à la requête ci-dessus desdits consuls de Narbonne, & tendant à ce qu'il plût à Sa Majesté, ordonner que la somme de cent vingt-huit livres onze sols six deniers qui a été perçue par le fermier de la ville de Narbonne, sur les sels voiturés par la robine de cette ville en 1737, sera restituée au commis du sieur Leblanc, entrepreneur de la voiture des sels, comme ayant été induement exigée contre les défenses portées par l'article 201 du bail général des fermes; & en outre, que les sels qui passeront à l'avenir par ladite robine pour le fournissement des greniers de Sa Majesté, seront déclarés exempts de tous droits, attendu le droit de canal qui se paye sur ces mêmes sels; que ce canal étant le même que la partie appellée Robine, ce seroit exiger deux droits sur le même canal, & que d'ailleurs la robine ayant été navigable dans tous les tems, ainsi que les consuls de Narbonne en sont convenus dans leur premiere requête, elle ne sauroit exiger les mêmes dépenses d'entretien que le canal. Vu aussi copie collationnée des lettres-patentes du 10 Avril 1604, par lesquelles le Roi Henri IV a continué aux consuls & habitans de Narbonne, pour dix années à compter dudit jour, la liberté de prendre & lever le droit de robinage ou péage sur les navires, denrées & marchandises, arrivées, chargées & amenées, tant sur la riviere d'Aude qui passe dans ladite ville, qu'au lieu de Capelle, pour les deniers provenant dudit droit être employés aux réparations des chaussées, fossés, levées, & autres choses nécessaires pour l'entretien de ladite riviere, depuis ladite ville jusqu'à l'embouchure de la mer: Copie collationnée d'un arrêt de la cour des aides de Montpellier du 12 Mars 1611, par lequel il a été ordonné que les droits N°. XVII.

N°. XVII. de leude & robinage de la ville de Narbonne, seront levés & exigés sur le pied des tarifs, étant ensuite dudit arrêt de la leude ou robinage, appellée de Quadre-Soule pour les articles du sel, bled & autres grains, & des marchandises & denrées sujettes au quarantain, & à dix sols par charge close pour ledit droit de leude, & de l'article d'un denier par livre des marchandises & denrées non-spécifiées au tarif dudit droit de robinage, les droits desquels seront reçus & exigés, suivant les appréciations insérées dans lesdits tarifs : Copie collationnée d'autres lettres-patentes du 15 Juillet 1659, par lesquelles ledit droit de robinage a été continué aux consuls & habitans de Narbonne pour neuf années : Autre copie collationnée d'autres lettres-patentes du mois d'Octobre 1688, portant amortissement, entre autres choses, dudit droit de robinage possédé par les consuls de Narbonne; ensemble toutes les autres pieces respectivement produites par lesdites parties : Oui le rapport du sieur Orry, conseiller d'état ordinaire, & au conseil royal, contrôleur-général des finances : LE ROI EN SON CONSEIL, faisant droit sur l'instance, a débouté lesdits Etienne Pérouze, Charles-Gabriel Leblanc & Jacques Forceville, adjudicataire des fermes, de toutes leurs demandes; en conséquence, autorise Sa Majesté lesdits consuls de Narbonne, à percevoir le droit de robinage sur les sels qui passeront sur la robine de Narbonne, à raison de trois deniers par minot; condamne Sa Majesté ledit adjudicataire des fermes & ledit Leblanc, à payer ledit droit de robinage pour tous les sels qui ont été pris dans les entrepôts de Narbonne, & voiturés par ladite robine pour le Gévaudan, depuis l'année 1737, pour être les deniers provenant de la perception dudit droit, employés à l'entretien de ladite robine & dépendances. FAIT au conseil d'état du Roi, tenu à Versailles le dixieme jour du mois de Décembre mil sept cent quarante-trois. Collationné. *Signé*, EYNARD. N°. XVII.

LOUIS, PAR LA GRACE DE DIEU, ROI DE FRANCE ET DE NAVARRE: Au premier notre huissier ou sergent sur ce requis. Nous te mandons & commandons que l'arrêt, dont l'extrait est ci-attaché sous le contre-scel de notre chancellerie, ce jourd'hui rendu en notre conseil d'état pour les causes y contenues, tu signifies à tous qu'il appartiendra, à ce qu'aucun n'en ignore; & fais en outre pour son entiere exécution, à la requête des consuls de la ville de Narbonne, y dénommés, tous commandemens, sommations & autres actes & exploits nécessaires, sans autre permission; CAR tel est notre plaisir. DONNÉ à Versailles le dixieme jour de Décembre, l'an de grace mil sept cent quarante-trois, & de notre regne le vingt-neuvieme. Par le Roi en son conseil. *Signé*, EYNARD.

XVIII.

ARRÊT

DE LA COUR DES COMPTES, AIDES & finances de Montpellier.

Qui ordonne l'exécution du tarif du droit de robinage de Narbonne, arrêté le 17 Mai 1652.

Du 24 Mai 1780.

EXTRAIT des Registres de la Cour des Comptes, Aides & Finances.

VU la requête du syndic-général de la Province; tendante à ce qu'il plaise à la cour ordonner que le tarif du 17 Mai 1652, pour le droit de robinage à Narbonne, sera exécuté

No. XVIII. selon sa forme & teneur; & en conséquence, que tous marchands, commettans, patrons, & autres qui conduiront ou porteront, tant par eau que par terre, les marchandises sujettes au droit de robinage, seront tenus, avant de les charger ou décharger, de venir déclarer & raisonner en détail la quantité, qualité & condition desdites marchandises au fermier dudit droit; ou à ses commis dans le bureau établi à ces fins, & de porter, lors de ladite déclaration, au fermier ou à ses commis, les polices de chargement, lettres de voiture & & passeports, à peine, faute de ce faire, ou dans le cas de fausse déclaration, de vingt-cinq livres d'amende, & de confiscation des marchandises, & ordonner que l'arrêt qui interviendra sera imprimé, lu, publié & affiché par-tout où besoin sera; ladite requête répondue ce jourd'hui d'une ordonnance de soit-montré au procureur-général. Vu aussi un exemplaire imprimé du tarif arrêté le 17 Mai 1652 par le sieur Decœur de Chêne, conseiller en la cour, en exécution d'un arrêt de la cour du 30 Avril précédent: Extrait de délibération de la ville de Narbonne du 11 Février 1776, contenant cession dudit droit de robinage en faveur des Etats du Languedoc; un exemplaire imprimé de l'arrêt du conseil du 18 Novembre 1776, qui autorise, tant la susdite délibération dudit jour 11 Février, que celle prise par les Etats le 17 du même mois; le bail dudit droit de courtage, passé à Barthelemi Vieules le 26 Février dernier; ensemble les conclusions du procureur-général du Roi. La COUR, ayant égard à la requête dudit syndic-général, a ordonné & ordonne, que le tarif dudit jour 17 Mai 1652 sera exécuté selon sa forme & teneur; & en conséquence, que tous marchands, commettans, patrons & autres, qui conduiront ou porteront, tant par eau que par terre, des marchandises sujettes audit droit de robinage, seront tenus, avant de les charger ou décharger, de déclarer & raisonner en détail la quantité, qualité & condition desdites marchandises au fermier dudit droit, ou à ses commis, & de porter lors de ladite déclaration, audit fermier ou à ses commis, les polices de chargement, lettres de voitures & passeports, à peine, faute de ce faire, ou dans le cas de fausse déclaration, de vingt-cinq livres d'amende, & de confiscation des marchandises: Ordonne que le présent arrêt sera imprimé, lu, publié & affiché par-tout où besoin sera, afin que personne n'en prétende cause d'ignorance. FAIT & donné à Montpellier en ladite cour le vingt-quatrieme Mai mil sept cent quatre-vingt. *Collationné.* DEVÉS, greffier, *signé.*

Monsieur VASSAL, Rapporteur.

XIX.

ARRÊT

DU CONSEIL D'ÉTAT DU ROI,

Qui casse & annulle une ordonnance du bureau des finances de la généralité de Montpellier, du 23 Janvier 1782, qui ordonnoit à ceux qui ont des moulins sur la robine de Narbonne, de rapporter leurs titres devant ledit bureau; avec défenses de prendre de l'eau de ladite robine, soit pour l'arrosage de leurs jardins, soit pour tout autre objet, jusqu'à ce qu'ils eussent satisfait à la remise de leurs titres.

Fait défenses au procureur de Sa Majesté audit bureau d'en poursuivre, &

N°. XIX. *& audit bureau d'en rendre de semblables à l'avenir.* N°. XIX.

Ordonne que les sommes qui pourroient avoir été exigées à titre de dépens ou autrement, en exécution de ladite ordonnance, des particuliers auxquels elle aura été signifiée, leur seront rendues & restituées à l'instant du commandement, par ceux qui les auront exigées.

Du 2 Août 1782.

EXTRAIT des Registres du Conseil d'Etat.

SUR la requête présentée au Roi, étant en son conseil, par le syndic-général de la province de Languedoc, CONTENANT, Qu'il est obligé de recourir à la justice de Sa Majesté, pour faire anéantir une ordonnance du bureau des finances de la généralité de Montpellier, attentatoire à l'autorité du conseil de Sa Majesté, contraire à l'ordonnance même qui lui a servi de prétexte, & tendante à susciter une foule de procès contre la ville de Narbonne & contre les Etats, à qui cette ville a cédé la propriété de sa robine. Pour prouver la justice & la nécessité de sa réclamation, le syndic-général doit observer, que le canal particulier, connu sous le nom de *Robine de Narbonne*, a appartenu dans tous les tems à titre de propriété à cette ville. Ce canal est formé d'une partie des eaux de la riviere d'Aude, qui passe à près d'une lieue au nord de ladite ville, & se jette dans la mer au grau de Vendres à trois lieues au-delà, entre l'étang de Vendres, & l'étang de Fleury. La prise d'eau de la riviere d'Aude, est éloignée d'environ quatre mille toises de la ville de Narbonne; & le canal ou robine qu'elle alimente, après avoir parcouru plus de six mille toises de terrein, depuis la prise d'eau jusqu'à ladite ville qu'il traverse, passe dans la direction du midi, entre les étangs de Gruissan & de Sijean, & va s'emboucher dans ce dernier, qui communique à la mer par le port de la Nouvelle, à plus de quatre lieues de l'embouchure de l'Aude dans le grau de Vendres. Ce canal, commencé du tems des Romains pour rendre l'Aude navigable depuis Narbonne jusqu'à la mer, a été considérablement augmenté depuis, & constamment entretenu à grands frais par ladite ville. La riviere d'Aude, qui passoit anciennement tout près de cette ville, abandonna son ancien lit dans le quatorzieme siecle, pour prendre la direction qu'elle a aujourd'hui, à près d'une lieue au nord; & les habitans, qui perdoient tout leur commerce par cette révolution, firent à cette époque d'immenses travaux pour attirer une partie de ses eaux dans un nouveau canal qui joignît l'ancien canal des Romains, en traversant la ville de Narbonne; & ce nouveau canal, qui fut perfectionné vers la fin du dernier siecle, coûta dès-lors à ladite ville plus de deux cent cinquante mille livres; aussi n'a-t-elle pas cessé de jouir patrimonialement de son entiere robine, sous l'autorité & du consentement des Rois de France, qui l'ont maintenue dans cette propriété par diverses lettres-patentes énoncées dans les hommages & dénombremens qu'elle en a rendus, & par l'autorisation de plusieurs tarifs pour la perception des droits de canal. Lors de la construction du canal de communication des deux mers, la ville de Narbonne fut autorisée à faire de nouveaux travaux pour joindre sa robine à ce grand canal, & augmenter par-là l'utilité de l'un & de l'autre; mais après une dépense considérable, elle fut arrêtée par les oppositions des propriétaires du canal royal. Ces oppositions ont fait pendant long-tems la matière d'une instance au conseil de Sa Majesté, où il intervint en 1757 un arrêt qui ordonna de nouvelles vérifications. Ces vérifications ayant enfin dissipé tous les doutes qui avoient suspendu jusques-là l'exécution du canal d'embranchement, & les propriétaires du canal royal, après s'être désistés de leurs oppositions, ayant présenté un nouveau projet, qui, à l'avantage de l'économie, joignoit celui d'assurer également & à perpétuité la nouvelle navigation sans exposer l'ancienne; ce nouveau projet fut agréé par une délibération de la ville de Narbonne du vingt-sept Décembre mil sept cent soixante-quatorze. Mais cette ville se trouvant dans l'impuissance de faire les dépenses nécessaires pour l'exécution du canal de jonction, & desirant cependant en accélérer le succès par tous les moyens qui étoient à sa disposition, délibéra le 11 Février 1776, de proposer aux Etats de se charger de cette dépense, & de leur offrir en dédommagement la cession & transport de tous ses droits, tant pour l'exécution du canal de jonction, que sur le canal par elle exécuté depuis la riviere d'Aude jusqu'à ladite ville, & son ancien canal, connu sous le nom de Robine, depuis ladite ville jusqu'au port de la Nouvelle, ensemble ce qu'elle étoit en droit & en possession de percevoir, tant sur le canal que sur la robine. Elle réserva cependant par exprès, *tous les droits & facultés dont jouissent les habitans & les riverains du canal de la robine, consistant aux prises d'eaux accordées par la ville pour l'arrosage des jardins, des prairies, & pour l'abreuvage des bestiaux, même en plus grand nombre, si le besoin l'exigeoit, sans nuire à la navigation, attendu la suffisance des eaux de la riviere d'Aude, & au droit qu'a la ville de faire construire des moulins à l'écluse de Roanel, & à toutes autres où il n'y en a point, ainsi qu'elle y est autorisée par des arrêts du conseil.* Les Etats accepterent cette offre avec les réserves qui l'accompagnoient, par une délibération du dix-sept Février mil sept cent soixante-seize, & le tout a été autorisé par un arrêt du conseil du dix-huit Novembre de la même année, par lequel Sa Majesté » autorise & homologue lesdites délibérations de la ville de Narbonne & » des Etats de Languedoc; approuve » en conséquence Sa Majesté la cession » faite par la ville de Narbonne à la- » dite province, tant de ses droits sur » la construction de ladite branche de » jonction, que *de sa propriété* sur la » robine, & autres parties déjà fai- » tes, *sous les réserves énoncées dans » la délibération du onze Février mil » sept cent soixante-seize.* « C'est en cet état que le procureur de Sa Majesté au bureau des finances de la généralité de Montpellier, a présenté une requête audit bureau, contenant » que » *les rivieres navigables* appartenant » incontestablement à Sa Majesté, per- » sonne n'a le droit d'en détourner le » cours, d'y faire des prises d'eau, ni » de construire aucun ouvrage sur leurs » bords, sans une concession expresse » du Roi, ou des officiers qui sont » chargés de la conservation de son » domaine; qu'il est cependant infor- » mé que plusieurs particuliers qui ont » des jardins sur *les bords de la riviere » d'Aude, qui traverse la ville de » Narbonne*, ont entrepris de faire » des saignées à cette riviere pour » l'arrosage de leurs jardins; que les » uns se sont permis d'établir sur la- » dite riviere un bateau attaché à une » corde, dont ils se servent pour pas-

N°. XIX. » ſer ladite riviere ; que les autres » ont conſtruit ſur les bords de ladite » riviere pluſieurs moulins fariniers , » *communément appellés moulins de la* » *ville* , & qu'il ſe commet enfin jour- » nellement pluſieurs entrepriſes tou- » tes préjudiciables aux intérêts du » domaine. REQUÉROIT à ce qu'il » plût audit bureau ordonner que tous » ceux qui ont fait des ſaignées dans » la riviere d'Aude , qui ont établi des » bateaux ſur ſes bords , qui ont conſ- » truit ou fait conſtruire les moulins » fariniers , appellés *les moulins de la* » *ville* , & tous ceux enfin qui ont » fait quelque ouvrage ſur les bords » de ladite riviere , rapporteront dans » un mois pour tout délai , devant le » bureau , les baux à cens , à rentes , » ou autres titres en vertu deſquels ils » jouiſſent deſdits droits ; & faute » par leſdits particuliers d'en avoir juſ- » tifié dans le mois , ſeront leſdits » moulins & autres ouvrages réunis » au domaine de Sa Majeſté , & ad- » jugés à ſa requête à titre d'accen- » ſement & de propriété incommuta- » ble , au plus offrant & dernier en- » chériſſeur ; faire auſſi très-expreſſes » inhibitions & défenſes à ceux qui » font des ſaignées à ladite riviere pour » l'arroſage de leurs jardins , ou pour » tout autre objet , de continuer leurs » entrepriſes juſqu'à ce qu'ils aient ſa- » tisfait à la juſtification de leurs ti- » tres , à peine de l'amende , *& con-* » *damner leſdits particuliers aux dé-* » *pens.* » Sur cette requête , le bureau des finances a rendu le 23 Janvier dernier , une ordonnance conforme en tous points à la requête du procureur de Sa Majeſté , même pour la condamnation des dépens ; & cette ordonnance imprimée a été affichée & répandue dans la ville de Narbonne , avec tant d'éclat & de profuſion , qu'elle a excité l'alarme de tous les particuliers qui jouiſſent de quelqu'une des facultés énoncées dans ladite ordonnance , & qui pouvoient ſe flatter d'en jouir ſans trouble après les conceſſions qui leur en avoient été faites par la communauté propriétaire de la robine , & après la ſanction que l'arrêt du conſeil du 18 Novembre 1776 , avoit donné à ces conceſſions. Il eſt du devoir du ſuppliant de dénoncer une telle entrepriſe à Sa Majeſté : 1°. Parce qu'elle eſt contraire à l'ordonnance même du mois d'Août 1669. 2°. Parce qu'elle attente évidemment à l'autorité ſouveraine , ſoit comme attaquant des droits qu'elle a expreſſément approuvés & maintenus , ſoit comme tendant à attribuer au bureau des finances , par rapport à la conſervation des ouvrages publics de la province , une juriſdiction que le ſieur intendant de Languedoc peut ſeul exercer ſous l'autorité de Sa Majeſté. Chacun de ces points ſera facile à établir. 1°. Dans ſa requête au bureau des finances de Montpellier , le procureur de Sa Majeſté obſerve , que les rivieres navigables appartiennent inconteſtablement à Sa Majeſté ; & ce principe ne lui ſera en effet conteſté par perſonne : mais il eût dû y ajouter en même tems l'exception que la loi y met elle-même : *Déclarons la propriété de tous les fleuves & rivieres portant bateau* DE LEUR FOND , SANS ARTIFICE ET OUVRAGE DE MAINS *dans notre royaume & terres de notre obéiſſance , faire partie du domaine de notre couronne.* (Ordonnance du mois d'Août 1669 , tit. 27 , art. 41.) Le procureur de Sa Majeſté ajoute , qu'il eſt informé que pluſieurs particuliers qui ont des jardins ſur les bords *de la riviere d'Aude , qui traverſe la ville de Narbonne* , ont entrepris , &c. Mais cet officier a été mal informé de la ſitua- N°. XIX

N°. XIX. tion des lieux sur lesquels porte sa réquisition. *La riviere d'Aude*, qui fait l'objet de cette réquisition, ne *traverse* point *la ville de Narbonne*, elle passe à une lieue au moins de cette ville; & il ne falloit, pour s'assurer de ce fait, que consulter une carte du diocese de Narbonne. Ce qui traverse cette ville, est un canal construit *par artifice, & ouvrage de mains*, & entretenu à très-grands frais, dont la prise d'eau est éloignée de Narbonne d'environ quatre mille toises, & qui n'est navigable qu'au moyen de plusieurs écluses pratiquées dans une longueur de plus de six mille toises. Ce n'est donc qu'en confondant ce canal avec la riviere qui l'alimente, que le procureur de Sa Majesté a donné un prétexte à sa réquisition, & qu'il l'a travesti *en riviere navigable appartenant à Sa Majesté*. Dès-lors, le principe qui fait la base de sa réquisition, tombe de lui-même, & entraîne avec lui; & la réquisition, & le jugement qui l'a accueillie; puisque l'ordonnance de 1669 ne déclare appartenir à Sa Majesté que *les rivieres navigables portant bateau de leur fond*, *sans artifice ni ouvrage de mains*, & qu'il s'agit ici, non d'une riviere navigable, mais d'un canal construit par artifice & ouvrage de mains, & ne portant point bateau de son fond. Cette propriété que la loi n'attribue pas à Sa Majesté, les titres les plus anciens, les plus respectables, & les plus multipliés, l'accordent à la ville de Narbonne. La partie de ce canal qui part de Narbonne pour se rendre dans la mer, en passant par les étangs de Sijean & de Gruissan, appartenoit déjà à cette ville pendant qu'elle étoit sous la domination des Romains; & elle a acquis celle qui commence à la prise d'eau de la riviere d'Aude, & vient joindre l'ancienne au dessous de Narbonne, par la construction très-dispendieuse qu'elle en fit dans le quatorzieme siecle, lorsque la riviere d'Aude changeant de lit, s'éloigna d'elle de plus d'une lieue en prenant sa direction au nord. Cette propriété si légitimement acquise, a été confirmée par d'énormes dépenses de réparation, d'amélioration & d'entretien, & par une possession qui n'a jamais été ni troublée ni interrompue. Elle a été solemnellement reconnue & autorisée par la concession de plusieurs tarifs que les Rois de France lui ont accordés pour la perception des droits de navigation; par une foule de lettres-patentes énoncées dans les hommages & dénombremens que la ville de Narbonne a rendus en différens tems à raison de cette propriété; & enfin, par la réception de ces mêmes hommages & dénombremens. Ainsi, le droit naturel, la loi générale du royaume, & les titres particuliers de la ville de Narbonne, se réunissent pour lui assurer une propriété qui n'ayant jamais reçu la moindre atteinte, est attaquée aujourd'hui très-mal à propos par le procureur de Sa Majesté au bureau des finances de Montpellier, & par l'ordonnance qu'il a obtenu. Mais ce qui rend cette attaque plus étonnante, c'est que cette propriété a été tout récemment reconnue & consacrée de la maniere la plus précise & la plus solemnelle, par l'arrêt du conseil du 18 Novembre 1776, qui a été revêtu de lettres-patentes duement enregistrées au parlement de Toulouse le 26 Février 1777; arrêt du conseil & lettres-patentes insérées tout au long dans le recueil imprimé de la province de Languedoc pour l'année 1777, & qui ne pouvoient être ignorées ni du procureur de Sa Majesté, ni du bureau des fi-

N°. XIX. nances de Montpellier. Par cet arrêt, Sa Majesté *approuve la cession faite par la ville de Narbonne aux Etats de la province de Languedoc, tant de ses droits sur la construction de la branche de jonction, que* DE SA PROPRIÉTÉ SUR LA ROBINE ET AUTRES PARTIES DÉJA FAITES. Il est donc évident que la réquisition du procureur de Sa Majesté, & l'ordonnance qui l'a suivie, ne portent que sur une fausse application du principe d'ailleurs incontestable, que toutes les rivieres navigables appartiennent à Sa Majesté; puisque d'une part, quand il s'agiroit de la riviere d'Aude, il est certain que l'ordonnance de 1669 restreint l'application du principe au cas où les rivieres navigables portent bateau de leur fond, sans artifice ni ouvrage de mains, tandis qu'il s'agit ici d'un canal alimenté, il est vrai, par la riviere d'Aude, mais ne portant point bateau de son fond, & qui n'a été ouvert à la navigation que par artifice & ouvrages de mains, & à force de dépenses; puisque d'autre part, la propriété du canal qui traverse la ville de Narbonne vers le milieu de son étendue, & sur lequel porte spécialement la réquisition du procureur de Sa Majesté & l'ordonnance du bureau des finances, a appartenu dans tous les tems à la ville de Narbonne; qu'elle lui a été confirmée aussi dans tous les tems par les Rois prédécesseurs de Sa Majesté, & que Sa Majesté elle-même l'a solemnellement consacrée par l'arrêt de son conseil du 18 Novembre 1776. 2°. Mais si le principe allégué par le procureur de Sa Majesté étoit inapplicable au canal, les conséquences qu'il en a tirées, & qui tomberoient dès-lors d'elles-mêmes faute de base, sont en outre attentatoires à l'autorité de Sa Majesté. L'arrêt du conseil du 18 Novembre 1776, approuve la cession faite par la ville de Narbonne à la province de Languedoc, *sous les réserves énoncées dans la délibération de la ville de Narbonne du 11 Février 1776.* Mais, quelles sont ces réserves? *Sous la réservation*, est-il dit dans cette délibération, *de tous les droits & facultés dont jouissent les habitans & les riverains du canal & de la robine, qui consistent premierement, aux prises d'eau accordées par la ville pour l'arrosage des jardins, des prairies, & pour l'abreuvage des bestiaux, même en plus grand nombre si le besoin l'exigeoit, sans nuire à la navigation, attendu la suffisance des eaux de la riviere d'Aude.... Troisiemement, au droit qu'a la ville de faire construire des moulins à l'écluse de Roanel, & à toutes autres où il n'y en a point, ainsi qu'elle y est autorisée par des arrêts du conseil.* Or, ce sont précisément ces droits & facultés dont l'arrêt du conseil du 18 Novembre 1776 autorise expressément la réserve, & qu'il confirme par-là de la maniere la plus précise & la plus authentique, que le procureur de Sa Majesté attaque par sa réquisition, & dont le bureau des finances de Montpellier défend de jouir par son ordonnance. ORDONNONS, *que tous ceux qui ont fait des saignées dans la riviere d'Aude, établi des bateaux sur ses bords, construit ou fait construire des moulins fariniers appellés moulins de la ville, & fait quelques ouvrages de quelque nature qu'ils soient sur les bords de ladite riviere, rapporteront dans le délai d'un mois devant le bureau, les baux à cens, à rentes, ou autres titres en vertu desquels ils jouissent desdits droits; & faute par lesdits particuliers d'en avoir justifié dans le délai, & icelui passé, seront lesdits moulins & ouvrages réunis au domaine* N°. XIX

N°. XIX. *de Sa Majesté, & à la requête du procureur du Roi, adjugés au plus offrant & dernier enchérisseur à titre d'accensement & de propriété incommutable. Comme aussi, avons fait défenses à toutes personnes de faire des saignées à ladite riviere pour l'arrosage de leurs jardins, & pour tout autre objet, jusqu'à ce qu'ils aient justifié de leurs titres, à peine de l'amende & d'enquis.* Ainsi, cette ordonnance attente non-seulement aux droits de la propriété privée, qui est sous la sauve-garde des loix, & à raison de laquelle le bureau des finances ne peut même, en aucun cas, former des prétentions de jurisdiction. Elle est encore doublement attentatoire à l'arrêt du conseil du 18 Novembre 1776, en ce qu'elle attaque une propriété nommément consacrée par cet arrêt, & en ce qu'elle défend la jouissance des droits & facultés dérivant de cette propriété, quoique l'arrêt du conseil prononce formellement la maintenue de cette jouissance, en autorisant la réserve que la ville de Narbonne en avoit faite lors de la cession de sa propriété. Il y a plus, & cette ordonnance attente encore, sous un autre point de vue, à l'autorité de Sa Majesté. Depuis la cession que la ville de Narbonne a fait aux Etats de la province de son canal & de sa robine, & d'après l'arrêt du conseil qui l'autorise, ce canal & cette robine sont devenus des ouvrages publics de la province. Dès-lors ces ouvrages ont été sous la direction & administration des Etats ; & la jurisdiction relative à leur manutention & conservation, a été dévolue à Sa Majesté, & n'a pu être exercée que par le sieur intendant de la province, à l'exclusion de toutes autres cours & juges. Telles sont les dispositions de la déclaration du 20 Janvier 1736, article LVIII des lettres-patentes du 19 Septembre 1727, & d'une foule d'autres réglemens : Or, le bureau des finances n'a pu, sous ce nouveau rapport, s'attribuer jurisdiction ni connoissance sur les ouvrages du canal & de la robine, sans s'arroger une autorité que Sa Majesté s'est réservée, & sans empiéter sur la jurisdiction qu'elle a autorisée au sieur intendant. Ainsi, tous les vices les plus propres à opérer la destruction d'un jugement se rencontrent dans l'ordonnance du bureau des finances de Montpellier ; cette ordonnance doit donc être anéantie ; & cela est d'autant plus nécessaire, qu'elle n'auroit au fond d'autre effet que de susciter devant le bureau des finances autant de procès qu'il y a des particuliers auxquels la ville de Narbonne a concédé des droits & facultés sur les eaux du canal ; procès qui deviendroient infiniment considérables par la complication des garanties & contre-garanties auxquelles ils donneroient lieu. Enfin, il est dans l'ordonnance dont il s'agit une autre disposition contre laquelle le syndic-général ne peut encore s'empêcher de s'élever, c'est celle qui condamne aux dépens les particuliers compris dans les défenses ci-dessus rappellées ; condamnation qui y a été ajoutée par réflexion, puisqu'elle est écrite à la main, & souscrite par le greffier, en marge de l'imprimé, tant dans la réquisition du procureur de Sa Majesté, que dans l'ordonnance qui l'a suivie, & qu'une telle affectation semble annoncer un but qu'il est difficile de concevoir. Cette disposition est d'abord contraire au droit commun du royaume, qui ne permet pas d'adjuger des dépens au ministere public, comme il ne permet pas de l'y condamner. *Les procureurs du Roi ou des seigneurs*, dit Loisel, *ne payent aucuns dépens ni n'en re-*

N°. XIX. *çoivent*. C'est dans le même esprit que l'avocat-général Talon, disoit au parlement de Paris en 1659, *qu'il étoit inoui de condamner aux dépens envers le procureur-général; & que comme on ne le condamnoit jamais aux dépens envers les particuliers, les choses devoient être égales & réciproques*; & c'est aussi ce que le parlement jugea, en infirmant la sentence dont étoit appel, *en ce qu'elle condamnoit aux dépens envers le substitut du procureur-général*. Cette disposition est encore contraire à l'ordonnance de 1667, qui ne permet de condamner aux dépens que *la partie qui aura succombé*, & qui défend par conséquent d'en adjuger dans les cas où il n'y a ni instance ni citation, & où l'on ne peut imputer ni mauvaise foi, ni témérité, ni humeur, ni inaction. Mais, quels sont donc ces dépens auxquels ces particuliers sont condamnés? Ce ne sont pas ceux de l'exposition de la requête, puisqu'elle est donnée au nom du procureur de Sa Majesté; ce ne sont pas les droits de greffe, puisque le ministere public n'en paye pas; ce ne sont pas ceux de la signification, puisque les huissiers doivent exploiter gratuitement pour les procureurs de Sa Majesté, & que ceux-ci ne payent pas les droits de contrôle. La condamnation aux dépens prononcée par le bureau des finances, est donc non-seulement contraire au droit commun du royaume, & à l'ordonnance de 1667, elle est encore sans objet apparent, & elle ne peut avoir d'effet, qu'autant que, contre l'intention du bureau des finances, elle fourniroit à des subalternes un prétexte de vexation; abus qu'il importe encore au syndic-général de prévenir: Et pour justifier du contenu en la présente requête, il y joindra, 1°. Un extrait de la délibération prise par la ville de Narbonne le 11 Février 1776. 2°. Un extrait de la délibération prise par les Etats de la province le 17 du même mois. 3°. Un imprimé de l'arrêt du conseil du 18 Novembre suivant, & des lettres-patentes expédiées sur icelui le même jour. 4°. Enfin, un exemplaire imprimé de l'ordonnance du bureau des finances de Montpellier du 23 Janvier 1782. Requéroit, A CES CAUSES, le suppliant qu'il plût à Sa Majesté casser & annuller, comme attentatoire à son autorité, l'ordonnance du bureau des finances de Montpellier du 23 Janvier dernier, ainsi que tout ce qui pourroit s'en être ensuivi; faire défenses à son procureur audit bureau d'en poursuivre, & audit bureau d'en rendre de pareilles à l'avenir. Ordonner que les sommes qui pourroient avoir été exigées à titre de dépens ou autrement, en exécution de ladite ordonnance, des particuliers auxquels elle aura été signifiée, leur seront rendues & restituées à l'instant du commandement, par ceux qui les auront exigées. Enjoindre au sieur intendant & commissaire départi en la province de Languedoc, de tenir la main à l'exécution de l'arrêt à intervenir, lequel sera exécuté nonobstant toutes oppositions quelconques dont, si aucunes interviennent, Sa Majesté voudra bien se réserver la connoissance, & icelle interdire à toutes ses cours & juges. Vu ladite requête, signée Bocquet de Chanterenne, avec un paraphe, avocat du suppliant: Oui le rapport; LE ROI ÉTANT EN SON CONSEIL, a cassé & annullé, casse & annulle ladite ordonnance du bureau des finances de Montpellier, du 23 Janvier dernier, ainsi que tout ce qui s'en est ensuivi ou auroit pu s'ensuivre, faisant défenses à son procureur audit bureau d'en poursuivre, N°. XIX.

N°. XIX. & audit bureau d'en rendre de semblables à l'avenir. ORDONNE Sa Majesté, que les sommes qui pourroient avoir été exigées à titre de dépens ou autrement, en exécution de ladite ordonnance, des particuliers auxquels elle aura été signifiée, leur seront rendues & restituées à l'instant du commandement par ceux qui les auront exigées. MANDE Sa Majesté au sieur intendant & commissaire départi en Languedoc, de tenir la main à l'exécution du présent arrêt, lequel sera exécuté nonobstant toutes oppositions, dont si aucunes interviennent, Sa Majesté se réserve la connoissance, & icelle interdit à toutes ses cours & autres juges. FAIT au conseil d'état du Roi, Sa Majesté y étant, tenu à à Versailles le deux Août mil sept cent quatre-vingt-deux.

Signé, AMELOT.

LOUIS, PAR LA GRACE DE DIEU, ROI DE FRANCE ET DE NAVARRE: Au premier notre huissier ou sergent sur ce requis; nous te commandons par ces présentes, signées de notre main, de signifier à tous ceux qu'il appartiendra, à ce qu'ils n'en ignorent, l'arrêt ci attaché sous le contre-scel de notre chancellerie, ce jourd'hui donné en notre conseil d'état, Nous y étant, pour les causes y mentionnées; de ce faire te donnons pouvoir, commission & mandement spécial, & de faire en outre, pour l'entiere exécution dudit arrêt, tous exploits, significations, & autres actes de justice que besoin sera, sans pour ce demander d'autre permission; CAR tel est notre plaisir. DONNÉ à Versailles le deuxieme jour d'Août l'an de grace mil sept cent quatre-vingt-deux, & de notre regne le neuvieme. *Signé*, LOUIS: *Et plus bas*; Par le Roi, *signé*, AMELOT. N°. XIX.

JEAN-EMMANUEL DE GUIGNARD, chevalier, vicomte de Saint-Priest, conseiller d'état ordinaire, intendant de justice, police, & finances en la province de Languedoc.

VU le présent arrêt, en date du 2 du mois dernier: NOUS ORDONNONS qu'il sera exécuté selon sa forme & teneur, & signifié à qui il appartiendra. FAIT à Montpellier le quatorze Septembre mil sept cent quatre-vingt-deux. *Signé*, DE SAINT-PRIEST, *Et plus bas*; Par Monseigneur, SOEFVE.

ARTICLE

ARTICLE TROISIEME.

Pieces relatives au projet de rapprocher le Canal Royal de la ville de Carcassonne.

N°. I.

I.

EXTRAIT du registre des délibérations des Etats généraux de Languedoc, assemblés par mandement du Roi en la ville de Montpellier, au mois de Novembre 1777.

Du Mardi 16 Décembre suivant, président, Mgr. l'archevêque & primat de Narbonne, commandeur de l'ordre du Saint-Esprit.

MONSEIGNEUR l'évêque de Montpellier a dit, que les sieurs consuls de Carcassonne, conjointement avec les commerçans de cette ville, instruits du projet proposé aux Etats pour conduire les eaux de la riviere de Fresqueil à travers le canal de communication des mers, au moyen d'un aqueduc, pour éviter les dépôts qu'y font les inondations de ce torrent dans l'état actuel des choses, ont remis à Mgr. l'archevêque de Narbonne, un mémoire dont le sieur de Montferrier a fait le rapport à la commission, par lequel ils proposent de faire rapprocher ledit canal des murs de ladite ville, & d'y établir un port pour faciliter leur commerce.

Qu'ils exposent à cet effet, que si lors de la construction de cet important ouvrage, on négligea, par des intérêts particuliers, de le faire passer à Carcassonne, on ne tarda pas à s'appercevoir du préjudice qu'on avoit porté par-là, non-seulement au commerce particulier de cette ville, mais encore à celui de toute la province, ainsi que l'a relevé M. de Basville en 1697, dans un mémoire où cet illustre intendant dit expressément, qu'on avoit fait une faute principale dans la construction du canal, en ne le faisant pas passer dans les fossés de la ville de Carcassonne. N°. I.

Qu'on a tenté depuis plus d'une fois d'y remédier, mais sans aucun succès; que le mal devient tous les jours plus urgent par l'état languissant des fabriques; & que les ouvrages projettés pour le passage des eaux de Fresqueil, fournissent aujourd'hui l'occasion la plus favorable pour faire au reste de la partie du canal qui doit être changée jusqu'à l'écluse de Foucaud, les réconstructions nécessaires pour le rapprocher de leur ville, & pour y établir un port nécessaire à leur commerce.

Qu'à l'appui de ces faits, ils observent que les habitans de Carcassonne étant presque tous commerçans, & ne pouvant faire aucun autre usage de leurs fonds, sont obligés, par l'éloignement du canal, de se borner à la seule fabrique des draps; tandis que d'autres villes moins considérables, mais plus voisines du canal, où le commerce étoit ignoré avant sa construction, se sont considérablement accrues par celui qu'elles ont fait depuis, surtout sur les grains.

Qu'il seroit juste que la ville de Carcassonne pût profiter des mêmes avantages: que la fabrique des draps, bien loin d'en souffrir, ne pourroit qu'y gagner, parce que les commerçans ayant plus d'une maniere de faire valoir leurs fonds, pourroient choisir, suivant les circonstances, celle qui leur seroit la

N°. I.

plus avantageuse, & rapporter ensuite dans leur fabrique, des fonds plus considérables pour les faire valoir.

Que toute la province partageroit avec la ville de Carcassonne les avantages de l'accroissement de son commerce, parce qu'ils sont toujours proportionnés au nombre des commerçans, à leur fortune, & à leur intelligence.

Que pour connoître l'étendue & le prix des ouvrages à faire pour l'exécution de ce projet, on a fait faire un devis estimatif, accompagné de la carte des lieux, d'après le vu desquelles pieces, qui ont été mises sous les yeux de la commission, & suivant le projet tracé sur le plan, il paroît qu'on abandonne le lit actuel du canal, sur deux mille quatre cent toises de longueur, depuis le dessus de l'écluse de Foucaud, jusques près de celle de Frésqueil; & on doit ouvrir un nouveau canal de trois mille cinq cent toises, qui joindra ces deux termes, en se détournant au midi, pour passer sous les murs de la ville de Carcassonne.

Que si les Etats se déterminent, comme il y a apparence, à faire construire un aqueduc sous le canal pour le passage des eaux de Fresqueil, l'exécution de ce projet important exige qu'on dérive le cours actuel du canal sur un espace de six cent soixante-dix toises qui font partie du nouveau lit à former pour passer à Carcassonne, ce qui exige qu'on se détermine en même-tems sur ces deux objets, pour ne pas risquer de faire un travail inutile.

Que l'exécution du canal projetté, occasionne la construction de trois bassins d'écluses pour remplacer ceux de Foucaud; celle de deux murs de soutenement pour franchir un bas-fond où coule le ruisseau de l'Arnouse; celle de deux petits aqueducs; & enfin, des recreusemens & autres ouvrages de la même nature que ceux qui se sont présentés dans la confection du reste du canal, & dont l'appréciation faite avec le plus grand détail & au plus haut prix, se porte à quatre cent vingt-huit mille livres, y compris l'achat de soixante-neuf séterées de terre pour son emplacement, & sans faire mention de la vente du vieux lit, évalué à la somme de vingt mille livres, qui serviroit à l'acquit des droits auxquels les terres à acheter se trouveront sujettes.

N°. I.

Qu'on expose encore dans le mémoire de la ville de Carcassonne, que le projet qu'elle propose ne peut qu'être avantageux à MM. les propriétaires du canal, puisqu'il doit contribuer à l'accroissement du commerce; en sorte que M. le comte de Caraman, à qui on en a donné connoissance, a répondu qu'il se prêteroit à son exécution, quand même il devroit se gêner.

Que la ville & le commerce de Carcassonne, pour faciliter l'exécution d'un ouvrage aussi avantageux, offrent de contribuer à la dépense pour une portion proportionnée à leurs moyens, telle qu'elle seroit fixée par les Etats, la ville par un emprunt, & le commerce en se soumettant pour un tems fixe, à un droit qu'on établiroit sur toutes les denrées & marchandises portées & exportées par le port de Carcassonne.

Qu'enfin, le mémoire est terminé par supplier les Etats d'ordonner que par le directeur des travaux publics de la province, chargé du canal, il soit incessamment procédé à la vérification sur les lieux, des plans, profils & devis présentés, pour le tout être rapporté à leur prochaine assemblée, & être ordonné pour lors ce qu'ils jugeront convenable pour le bien de la ville, des pays voisins, de la province & du commerce en général.

Que MM. les commissaires, après

N°. I. avoir examiné avec toute l'attention qu'il mérite, un projet aussi important, ainsi que les plans, profils & devis qui y sont relatifs, n'ont pu que reconnoître l'avantage qu'il y auroit de multiplier, autant qu'il seroit possible, les communications du canal avec les principales villes de la province, & surtout avec celles qui font valoir avec le plus de succès les fabriques & le commerce, & que la liaison que doit avoir le canal proposé avec la construction de l'aqueduc de Fresqueil, demandé par le diocese, étant évidente, il leur a paru que ces deux objets devoient être réunis, & qu'ils ont cru par cette raison devoir proposer aux Etats de charger le sieur Garipuy de vérifier dans le cours de l'année, tout ce qui est relatif, tant à la construction du nouveau canal, qu'à celle de l'aqueduc de Fresqueil, de déterminer la nature & le prix de tous les ouvrages à faire pour l'exécution de ces deux projets, & de séparer ce qu'ils ont de commun d'avec ce qui est particulier à chacun d'eux, pour, sur son rapport, être ensuite statué par les Etats ce qu'ils jugeront convenable.

Ce qui a été délibéré, conformément à l'avis de la commission.

I I.

EXTRAIT du registre des délibérations des Etats généraux de Languedoc, assemblés par mandement du Roi en la ville de Montpellier au mois d'Octobre 1778.

Du Jeudi 12 Novembre suivant, président Mgr. l'archevêque & primat de Narbonne, commandeur de l'ordre du Saint-Esprit.

MONSEIGNEUR l'évêque de Montpellier a dit, que le sieur de Montferrier a rapporté à la commission le procès-verbal de la visite, faite par le sieur Garipuy, du canal de communication des mers, depuis la Garonne jusqu'à l'étang de Thau. N°. II.

Que ce procès-verbal présente le détail des ouvrages faits cette année sur le canal, tant pour son entretien, que pour son amélioration; l'état des contre-canaux qui lui sont paralleles; celui des aqueducs; & celui des rigoles qui portent dans les rivieres voisines les eaux qui passent sous le canal, & celles qui sont vuidées par ses épanchoirs.

Qu'il contient aussi les réquisitions faites par les syndics des dioceses riverains, ou par les agens de MM. les propriétaires du canal, & l'avis dudit sieur Garipuy sur chacune.

Qu'il en résulte, &c.

Que le 16 du mois de Décembre dernier, les consuls de Carcassonne, conjointement avec les commerçans de cette ville, instruits des projets proposés pour le passage de la riviere du Fresqueil à travers le canal, présenterent un mémoire aux Etats pour demander qu'on profitât de cette occasion pour rapprocher le canal des murs de leur ville; qu'ils y exposerent que, si, lors de la construction du canal, on négligea de le faire passer à Carcassonne, on ne tarda pas à s'appercevoir du préjudice qu'on avoit porté par-là au commerce de cette ville & à celui de toute la province, ainsi que l'avoit observé M. de Basville en 1697; qu'ils ajouterent que l'état languissant de leur fabrique les obligeoit d'employer leurs fonds à d'autres objets, & que leur éloignement du canal les privoit de l'usage le plus avantageux qu'ils pourroient en faire, tandis que d'autres villes moins considérables s'étoient beaucoup accrues par le commerce qu'elles ont fait depuis la construction du canal, par la seule raison qu'elles en étoient plus proches.

Que le changement à faire à l'em-

N°. II. placement du canal pour la construction de l'aqueduc de Fresquel faisoit partie des ouvrages nécessaires pour l'exécution du projet qu'ils sollicitoient, & qu'ainsi il y auroit de l'économie à les exécuter tous les deux en même-tems ; que pour fixer l'objet de la dépense, ils en avoient fait faire un devis estimatif, accompagné de la carte des lieux ; qu'il résultoit de l'un & de l'autre, qu'on devoit abandonner le lit actuel du canal sur deux mille quatre cent toises de longueur, depuis l'écluse de Foucaud jusqu'à celle de Fresquel, & qu'on devoit ouvrir un nouveau canal de trois mille cinq cent toises qui joindroit ces deux termes en se rapprochant de la ville de Carcassonne ; qu'enfin l'estimation de tous les ouvrages à faire pour remplir cet objet, ne se portoit qu'à la somme de quatre cent vingt-huit mille livres, à laquelle la ville & le commerce de Carcassonne offroient de contribuer pour un contingent proportionné à leurs moyens, tel qu'il seroit fixé par les Etats ; savoir, la ville par emprunt, & le commerce en se soumettant, pour un tems fixe, à un droit sur toutes les denrées & marchandises portées & exportées par le port de Carcassonne.

Que les Etats persuadés de l'avantage qu'il y a de multiplier les communications du canal avec les principales villes de la province, & de la liaison du canal proposé avec l'aqueduc de Fresquel, délibérerent le 16 Décembre, que ces deux objets devoient être réunis ; qu'il seroit fait pour cela dans le cours de l'année une vérification de tout ce qui y est relatif, en déterminant la nature & le prix de tous les ouvrages à faire pour leur exécution, & en séparant ce qui leur est commun d'avec ce qui est particulier à chacun d'eux.

Qu'enfin, sur la demande formée par le syndic du diocese de Carcassonne, pour être autorisé à acquérir & à faire démolir trois moulins situés sur la riviere de Fresquel, les Etats délibérerent le 20 dudit mois de consentir à l'acquisition des susdits trois moulins, sans toutefois que la démolition pût en être faite qu'après avoir été statué sur le projet de l'aqueduc, & sur celui du nouveau canal près la ville de Carcassonne. N°. II.

Qu'en exécution de ces diverses délibérations, le sieur Garipuy a commencé par examiner le plan & le devis présentés par les consuls & négocians de la ville de Carcassonne, pour rapprocher le canal de leur ville, & pour construire un port dans l'endroit le plus voisin de ses murs ; que cet examen lui a fait reconnoître, en premier lieu, que le projet est entierement le même que celui qui fut fait en 1754 par le sieur Pelissier, & dont il avoit une copie. En second lieu, qu'il y a une différence sensible entre le plan topographique des lieux, & celui de la partie correspondante du canal, qu'il a fait faire il y a quelques années. En troisieme lieu, que la pente marquée dans ce projet, depuis l'écluse de Foucaud jusqu'à la retenue de l'Evêque, est moindre d'environ deux pieds que celle qui résulte de la chute des écluses intermédiaires.

Que ces différences ayant fait connoître audit sieur Garipuy qu'il ne pouvoit pas compter sur les opérations antérieures, il a fait faire un nouveau plan des lieux, sur lequel il a tracé la ligne que le canal projetté doit parcourir, dont la longueur est de trois mille sept cent quatre toises ; qu'il a fait faire sur cette ligne un nivellement détaillé du terrein sur lequel la pente totale, depuis le couronnement de l'écluse de Foucaud jusqu'à celui de l'écluse de Fresquel, est de trente-quatre pieds dix pouces & demi ; ce qui s'accorde

N°. II. avec la hauteur des écluses de Foucaud & de Villaudry ; déduite de plusieurs opérations. N°. II.

Que le canal projetté commenceroit à vingt-cinq toises au-dessus de l'écluse de Foucaud ; & que de suite, par un contour développé, afin de se soutenir à la hauteur de la retenue dont il recevroit les eaux, & quelques petits alignemens rachetés par des courbes, l'on joindroit le grand chemin à l'extrémité de seize cent trente-cinq toises ; cette ligne traversant d'abord le bas-fond ou ruisseau de l'Arnouse, sur lequel il devroit être construit un aqueduc pareil à celui sous lequel ce ruisseau passe aujourd'hui sous le canal ; & ensuite, avant d'arriver au grand chemin, un terrein élevé, dans lequel les excavations auroient, à la partie la plus élevée, trente-six pieds de hauteur au dessus de la surface des eaux du canal.

Que depuis le grand chemin jusqu'à celui qui répond à la porte de la ville de Carcassonne, appellée des Carmes, sur une étendue d'environ deux cent toises, le terrein est peu élevé : Et comme cette partie est d'ailleurs fort proche de la ville, c'est à cet endroit où l'on se propose de creuser un bassin de cinquante toises de longueur sur trente de largeur, pour servir de port.

Que depuis ladite porte des Carmes jusqu'au-delà de la métairie de Saint-Jean, sur la longueur d'environ quinze cent dix toises, le canal feroit d'abord au pied du coteau, & ensuite entaillé à mi-côte, au niveau de la retenue de Foucaud, dans un terrein assez ferme pour que le côté foible de la droite ne fût point renversé, ni par le poids constant des eaux dormantes du canal, ni par l'action des eaux sauvages qui descendront des coteaux de la gauche ; que cette partie seroit formée de quelques petits alignemens & par plusieurs contours, pour conserver le même niveau, malgré les inégalités du sol ; & qu'il devroit y être fait deux aqueducs dans les principales gorges, au moyen desquels & des contre-canaux creusés vers la montagne, au-delà du franc-bord, on feroit passer sous le canal toutes les eaux des hauteurs supérieures.

Que le terrein s'abaisse sensiblement au-delà de la métairie de Saint-Jean, & qu'on profiteroit de cette chute pour y placer un corps d'écluse formé de trois bassins semblables à celui de Foucaud.

Qu'il ne resteroit qu'environ trois cent soixante toises, y compris les écluses dont il vient d'être parlé, jusqu'à la rencontre de ce nouveau canal avec celui qui avoit été projetté l'année derniere pour la construction de l'aqueduc de Fresquel, & que c'est au-dessous de cette réunion que devroit être placé l'aqueduc, ainsi que l'écluse à deux bassins, nécessaires pour remplacer celle de Villaudry.

Que ledit sieur Garipuy ajoute, qu'il devoit être fait sur ce nouveau canal trois ou quatre ponts à la rencontre des principaux chemins qu'il traverseroit ; qu'il faudroit même changer une partie du chemin de la poste sur environ trois cent toises de longueur, afin que les avenues du pont qui y seroit fait, fussent plus commodes, & à-peu-près perpendiculaires au contour que le canal feroit à cet endroit.

Qu'il seroit aussi nécessaire de ménager sur le nouveau canal deux épanchoirs ; le premier, près l'aqueduc de l'Arnouse, & le second près l'un des deux autres aqueducs ; que ces épanchoirs seroient nécessaires pour vuider une partie de la retenue, sans être obligés de la mettre à sec sur toute sa longueur, & bien plus, pour verser les eaux étrangeres qui pourroient entrer

N°. II. dans le canal malgré les précautions dont on a parlé ci-dessus.

Qu'il résulte du nivellement fait sur toute la longueur du canal, & de plusieurs profils faits en travers dans les endroits où il y a un changement sensible, soit dans la hauteur, soit dans la pente du terrein, que les déblais & les remblais à faire, tant pour le canal principal, que pour les écluses, les aqueducs, les ponts, les épanchoirs & les contre-canaux, se portent ensemble à cent trente-quatre mille toises cubes, & montgroient, eu égard à la quantité de roc qu'il y auroit à couper, & la distance où il faudroit porter les déblais & les remblais, à la somme d'un million cinq mille livres.

Que les trois aqueducs à construire, l'écluse à trois bassins, les quatre ponts, les deux épanchoirs, & le bassin près la porte des Carmes, sont évalués ensemble à la somme de deux cent quatre-vingt-quinze mille livres.

Que l'emplacement du nouveau canal a été estimé, déduction faite de ce qu'on pourroit retirer de la vente de l'emplacement actuel, trente mille livres.

Que ces trois sommes réunies font ensemble celle d'un million trois cent trente mille livres, à laquelle a été évaluée la construction du nouveau canal, indépendamment de la petite partie relative à l'aqueduc de Fresquell.

Que le sieur Garipuy a rapporté l'année derniere, que tous les ouvrages à faire pour la construction de cet aqueduc, montoient à la somme de cinq cent cinquante-quatre mille livres, & qu'il ne reste, pour remplir les vues des Etats, qu'à distraire de cette estimation le montant de la partie de canal comprise entre l'aqueduc projetté & l'écluse de Villaudry qui deviendroit inutile en faisant passer le canal près la ville de Carcassonne; que cette partie à distraire, se porte à cent cinquante mille livres; & que par cet ordre, la dépense à faire à raison de l'aqueduc de Fresqueil, est réduite à trois cent quatre-vingt-seize mille livres; savoir, deux cent trente-trois mille livres pour la construction de l'aqueduc, des deux bassins d'écluse qui y sont joints, & de la petite partie de canal qui leur est contiguë; cent six mille livres pour l'alignement de la riviere de Fresqueil que l'aqueduc rend nécessaire: Et enfin, cinquante-sept mille livres pour la construction des deux ponts. N°. II.

Qu'enfin, l'entiere dépense à faire pour rapprocher le canal de la ville de Carcassonne, & pour faire passer la riviere de Fresqueil sous le canal, d'après les évaluations ci-dessus, se porte à la somme d'un million six cent vingt-six mille livres, qui peut être réduite à un million quatre cent soixante-trois mille livres, si on n'a point égard à l'alignement de Fresqueil & à la construction des deux ponts, parce que ces ouvrages sont d'ailleurs indispensables.

Qu'il a été rapporté précédemment quelles étoient les opérations que le syndic du diocese de Carcassonne devoit faire pendant le cours de l'année, pour mettre les Etats à même de délibérer avec une entiere connoissance de cause; que pour y satisfaire, ce syndic a remis une carte de la riviere de Fresqueil, depuis le pont de Bram jusqu'à son embouchure dans l'Aude, au-dessous du canal, sur laquelle sont tracés les divers alignemens à faire pour redresser le cours de cette riviere, dont l'exécution a été évaluée trois cent mille livres.

Qu'on voit d'après cette carte, qu'il y a six moulins à détruire sur la riviere de Fresqueil; trois de ces moulins, dont le diocese a déjà demandé la démolition, ayant été évalués à soixante

N°. II. mille livres, on a lieu de présumer que les trois autres sont d'une valeur à-peu-près égale.

Que le Roi accorde annuellement depuis quelque tems au diocese de Carcassonne, une somme de quatre mille livres pour fournir à une partie de cette dépense; que ce diocese demande des secours plus considérables qu'il espere d'obtenir; & que quant au surplus de la dépense, il se propose d'y pourvoir par la voie de l'emprunt.

Que ce diocese s'étoit flatté que MM. les propriétaires du canal contribueroient à la construction de l'aqueduc de Fresqueil; que cependant il lui a été signifié de leur part un acte le 19 Mars dernier, par lequel ils lui dénoncent qu'ils n'ont aucun contingent à fournir pour un ouvrage qu'ils n'ont jamais demandé; comme aussi, qu'ils ne renonceront jamais & ne peuvent jamais renoncer à la prise des eaux de Fresquei; & quant à ce dernier objet, outre les raisons qu'ils avoient données précédemment, ils ont ajouté, durant la vérification faite par le sieur Garipuy, que les eaux du nouveau réservoir de Lampy, n'auront que trois lieues à faire pour arriver au canal, en suivant le lit de Fresquei; au lieu qu'en leur interdisant cette route, il leur faudroit faire parcourir onze lieues de rigole pour les porter à Naurouse, & environ douze lieues de canal pour les faire arriver à l'écluse de Fresquei; ce qui causeroit une perte d'eau & de tems, très-préjudiciable lors du rétablissement de la navigation.

Que sur tous les objets exposés ci-dessus, le sieur Garipuy estime,

En premier lieu, que quelque avantage que la ville, le diocese de Carcassonne, & le commerce doivent retirer du voisinage du canal & de la construction de l'aqueduc de Fresquei, les dépenses nécessaires pour l'exécution de ces deux ouvrages, qui ne sauroient être séparés, sont trop considérables pour les entreprendre avant que les autres ouvrages de même genre, qui sont déjà délibérés & commencés, soient achevés, ou du moins bien avancés. N°. II.

En second lieu, que les plans, le nivellement, & toutes les autres opérations qui ont été faites à raison du canal demandé par la ville de Carcassonne, doivent être préalablement communiqués à MM. les propriétaires du canal, puisque le nouveau, lorsqu'il sera exécuté, doit leur appartenir; & qu'ils doivent être chargés de son entretien, de la même maniere qu'ils possedent & entretiennent aujourd'hui la portion de leur canal que celui-ci doit remplacer; & que l'objet de cette communication doit être que MM. les Propriétaires du canal prennent à l'avance une connoissance détaillée du projet, afin de prévenir les difficultés qui pourroient s'élever lorsqu'ils devront s'en charger après leur exécution.

En troisieme lieu, que le syndic du diocese de Carcassonne, les administrateurs de la ville, & ceux du commerce, instruits de la somme à laquelle la confection du canal qu'ils sollicitent doit monter, doivent rapporter des délibérations de leurs corps respectifs, qui fixent les contingens pour lesquels ils offrent d'y contribuer.

En quatrieme lieu, que le rehaussement des eaux de Fresquei, formé par les digues des moulins, étant la principale cause des débordemens de cette riviere, le syndic du diocese de Carcassonne doit être autorisé à faire détruire ceux qui ont déjà été estimés; mais que cependant il ne pourra faire travailler à cette démolition, qu'après avoir fait procéder à l'estimation de tous ceux qui doivent être démolis, afin que la démolition antérieure des

No. II. premiers, n'augmente pas la valeur des autres.

Sur quoi il a été délibéré, 1°. d'ordonner que les plans, nivellemens & toutes les autres opérations faites à raison du canal demandé par la ville de Carcassonne, seront communiqués à MM. les propriétaires du canal de communication des mers.

2°. Que le syndic du diocese de Carcassonne, les administrateurs de la ville, & ceux du commerce, rapporteront aux Etats prochains, des délibérations de leurs corps respectifs, qui fixent les contingens pour lesquels ils offrent de contribuer à la confection du canal qu'ils sollicitent.

3°. D'autoriser le syndic du même diocese à faire démolir tant les moulins situés sur la riviere de Fresqueil, & qui ont été déjà estimés, que tous les autres dont l'estimation sera préalablement faite, pour que, d'après l'expérience de l'effet que produira la destruction des retenues desdits moulins, les Etats puissent prendre en plus grande connoissance de cause, &, s'il y a lieu, le parti qui paroîtra le plus convenable sur le choix des autres moyens proposés pour remédier aux inconvéniens des inondations de la riviere de Fresqueil.

III.

Extrait du registre des délibérations des Etats généraux de Languedoc, assemblés par mandement du Roi en la ville de Montpellier au mois de Novembre 1779.

Du Samedi 11 Décembre suivant, président Mgr. l'archevêque & primat de Narbonne, commandeur de l'ordre du Saint-Esprit.

MONSEIGNEUR l'évêque de Montpellier a dit, que le sieur de Montferrier a rapporté à la commission le procès-verbal de la visite faite par le sieur Garipuy du canal de communication des mers depuis la Garonne jusqu'à l'étang de Thau, &c. No. II.

Que le sieur Garipuy a rapporté en même-tems, &c.

Qu'après ces observations, le sieur Garipuy fait mention des réquisitions qui lui ont été faites, dont la principale regarde le projet de changer le cours du canal pour le faire passer auprès de la ville de Carcassonne.

Sur quoi il expose que les dommages causés par les inondations de la riviere de Fresqueil aux terres riveraines situées dans le diocese de Carcassonne, & au canal qu'il traverse, après y avoir versé ses eaux, ont donné lieu à divers projets pour tâcher de les prévenir.

Que MM. les propriétaires vouloient se borner à renfermer par des portes busquées vers les eaux de Fresquell, la portion du canal qu'elles traversent. & que le syndic du diocese de Carcassonne, opposé à la construction de ces portes, sollicitoit celle d'un aqueduc sous le canal où toutes les eaux de Fresquell trouvassent un libre écoulement sans aucun regonflement.

Que tandis qu'on agitoit les avantages & les inconvéniens de chacun de ces deux moyens, le diocese & la ville de Carcassonne représenterent que la construction de l'aqueduc exigeoit le changement d'une partie du lit actuel du canal, dont la direction devroit être différente, si on exécutoit le dessein de rapprocher le canal de la ville de Carcassonne; que l'utilité reconnue de ce dernier projet ne pouvoit laisser des doutes que sur le tems de son exécution; & que celui de construire l'aqueduc de Fresquell, étoit le plus favorable, puisqu'il épargneroit la réfaction de cette partie de canal.

Que sur ces représentations, le sieur Garipuy fut chargé par les Etats le 16 Décembre 1776, de faire une vérification

cation relative, en distinguant la nature & le prix des ouvrages à faire pour l'exécution de chacun des projets proposés; Qu'il fit dans le cours de l'année derniere toutes les opérations dont il avoit été chargé; & que son rapport indique en détail la ligne que la nouvelle branche du canal doit suivre pour passer sous les murs de la ville de Carcassonne, les inégalités du sol qu'elle traverse, les recreusemens & les ouvrages à faire pour y conduire les eaux, & pour y établir une navigation assurée, avec une estimation de toute la dépense nécessaire qui se porte à la somme de 1,626,000 livres, y compris les ponts, l'aqueduc, & le recreusement de la partie de Fresqueil voisine de l'aqueduc.

Qu'il avoit déjà rapporté l'année précédente, que la construction de l'aqueduc, y compris la partie contiguë du recreusement de Fresqueil, avoit été évaluée à 554,000 livres; & les portes busquées, avec les autres ouvrages en dépendant, à 75,000 livres.

Sur quoi les Etats délibérerent le 12 Novembre 1778, 1°. que malgré les avantages du canal demandé par la ville de Carcassonne, les dépenses qu'il exige ne pouvant pas être séparées, elles étoient trop considérables pour les entreprendre avant que les autres ouvrages de même genre déjà commencés, fussent finis ou bien avancés.

2°. Que les plans, nivellemens & autres opérations faites à raison du canal de Carcassonne, seroient préalablement communiquées à MM. les propriétaires du canal des deux mers, afin de prévenir les difficultés qui pourroient s'élever après son exécution, au sujet de l'entretien de cette nouvelle branche dont ils devront se charger.

3°. Que le syndic du diocese de Carcassonne, les administrateurs de la ville, & ceux du commerce, rapporteroient des délibérations de leurs corps respectifs, qui fixent le contingent pour lequel ils offrent de contribuer à la dépense nécessaire.

N° III.

4°. Que le syndic du diocese de Carcassonne feroit estimer tous les moulins établis sur la riviere de Fresqueil, qui doivent être détruits, & qu'il feroit procéder à leur démolition, parce que les moulins sont la principale cause des dommages dont il se plaint; & qu'il est nécessaire d'éprouver les bons effets de la cessation de cette cause, pour connoître s'il est encore besoin de recourir à quelqu'un des autres moyens proposés.

Qu'en se conformant à cette délibération, le sieur Garipuy a remis au sieur Pin, directeur général des travaux du canal pour MM. les propriétaires, toutes les opérations rapportées ci-devant aux Etats, relativement à la construction des portes busquées de l'aqueduc de Fresqueil, & de la nouvelle branche du canal près les murs de la ville de Carcassonne.

Que ce directeur, après en avoir pris connoissance, lui a remis un mémoire signé de lui, en date du 24 Octobre dernier, qui renferme les conditions auxquelles MM. les propriétaires du canal consentent à celui demandé par la ville de Carcassonne, & se charger ensuite à perpétuité de son entretien, avec toutes ses dépendances.

Que par ces conditions, ils offrent, en premier lieu, de contribuer à la confection du nouveau canal, pour une somme de 40,000 livres, pareille à celle à laquelle se porte leur estimation des portes busquées, déduction faite du redressement de Fresqueil.

Qu'en second lieu, ils offrent aux articles 2, 8, 9, 10, 13 & 14, de faire construire tous les ouvrages de maçonnerie, tels que les écluses, les bureaux, pour remplacer ceux de Trebes & de

N°. III. Foucaud, les logemens des éclusiers & des gardes-épanchoirs, les aqueducs & les épanchoirs nécessaires; le tout sur les prix qui seront convenus, dont le montant leur sera payé par la province.

Que la troisieme condition est, qu'ils ne seront point chargés des ouvrages en terre, parce que des irrégularités inconnues font que l'estimation n'en sauroit être précise.

Qu'ils demandent, en quatrieme lieu, que les écluses & les profils du canal, soient conformes aux nouveaux plans arrêtés pour le canal des deux mers.

Que la cinquieme condition est, que la nouvelle branche du canal devant être plus longue que l'ancienne d'environ 800 toises, ou d'un quart de lieue, & les droits du canal ayant été fixés par quintal pour chaque lieue à six deniers, dont deux ont été abandonnés aux patrons, les droits des propriétaires du canal soient augmentés d'un denier, à raison de ce surplus de longueur.

Que les sixieme & septieme conditions portent, qu'il sera construit à travers le lit de Fresquеil, une digue solide & basse, susceptible d'un rehaussement mobile en bois ou en gravier, tel qu'il puisse être emporté par une inondation, si on avoit négligé de le baisser; qu'il sera creusé une rigole de trois toises de large, depuis le lit de Fresqueil au-dessus de cette digue, jusqu'au canal, pour y porter les eaux de cette riviere; & qu'il sera construit à la tête de cette rigole, deux épanchoirs placés dans un massif de maçonnerie solide.

Qu'il est dit par le onzieme article, que le terrein du canal abandonné, ses francs-bords, bâtimens, & tout ce qui en dépend, cédera au profit de la province.

Que le douzieme article porte, que le ruisseau de l'Arnouse sera détourné du canal, & jetté dans l'Aude, mais que le sieur Pin a ajouté depuis verbalement, que les administrateurs de Carcassonne l'avoient porté à faire cette proposition; que les uns & les autres en ont reconnu ensuite l'impossibilité; & qu'ainsi cet article doit être regardé comme non avenu. N°. III.

Qu'il est dit dans le quinzieme article & dans le dix-huitieme, que les contre-canaux, ainsi que les rigoles d'entrée & de fuite, seront creusés & remis aux propriétaires en bon état, & qu'ils seront entretenus ensuite suivant les conventions passées en 1739.

Que la seizieme condition est, que le nouveau canal au-dessous de Carcassonne vers Saint-Jean, sera placé au-dessus des inondations do l'Aude.

Qu'enfin, par la dix-septieme condition, le nouveau canal limité suivant les principes du dernier bornage avec toutes ses dépendances, sera compris dans la seigneurie du canal des mers, pour en faire partie comme faisoit le canal abandonné.

Que le sieur Garipuy a reçu depuis une addition à ce premier mémoire, faite par M. de Bonrepos, par laquelle il confirme ce que le sieur Pin avoit dit verbalement au sujet du ruisseau de l'Arnouse, dont il n'exige pas qu'on détourne le cours: & en insistant sur la conclusion du premier mémoire, relative à l'intérêt qu'ont MM. les propriétaires d'obtenir une prompte décision sur le choix entre l'aqueduc & les portes busquées, il ajoute qu'il convient de fixer un terme à cette décision; & que dans le cas où les travaux adoptés ne seroient pas commencés au mois d'Août 1782, il doit être permis à MM. les propriétaires du canal de faire les portes busquées, comme le seul moyen qui est en leur pouvoir pour se délivrer des sables de Fresqueil; auquel cas ils ne seront plus tenus au payement de la somme de 40,000 livres, qu'ils n'ont offerte que pour se dispenser de faire ces portes.

N°. III.

Que pour satisfaire à la seconde partie de la délibération prise par les Etats l'année derniere sur cette affaire, l'assiette du diocese de Carcassonne, le corps-de-ville, & celui du commerce, ont pris des délibérations contenant leurs offres du contingent qu'ils se proposent de fournir pour l'exécution du projet qui rapprocheroit le canal de la ville de Carcassonne.

Que l'assiette a délibéré le 14 Avril dernier, de fournir la somme de 200,000 livres en huit années, au moyen d'une imposition sur le diocese de 25,000 livres par an.

Que la ville de Carcassonne, par sa délibération du 21 Mai 1779, autorisée par M. l'intendant, a offert d'y contribuer pour une somme de 80,000 livres, qui sera empruntée, & dont les intérêts & le capital seront payés sur le produit libre de la subvention, dont les Etats seront suppliés de solliciter la continuation.

Et que les commerçans, divisés en cinq corps; savoir, les fabricans, les marchands détailleurs, les droguistes, les marchands teinturiers, & les marchands commissionnaires, par leurs délibérations des 26 Juin, 13 & 23 Juillet, 4 Août & 3 Septembre 1779, ont également offert de contribuer pour une pareille somme de 80,000 livres, dont la province voudra bien faire l'avance, & dont le payement en intérêts & en capital lui sera fait au moyen d'un droit de deux sols par quintal poids de marc, qui sera établi sur toutes les marchandises qui seront importées & exportées par le port de Carcassonne, la régie de ce droit, jusqu'au remboursement de ladite somme en capital & intérêts, devant être faite sous les ordres des Etats, si mieux ils n'aiment en confier la perception au corps du commerce. N°. III.

Que le dernier article de la délibération des Etats du 12 Novembre 1778, portoit que le syndic du diocese de Carcassonne feroit estimer tous les moulins situés sur la riviere de Fresquel, qui doivent être détruits, & qu'il feroit procéder à leur démolition.

Qu'en conséquence, ce syndic rapporte une délibération de l'assiette du 14 Avril dernier, dans laquelle il est exposé qu'il y avoit ci-devant huit moulins sur Fresquel dans le diocese de Carcassonne; que les deux nommés de Rousilles & de Peirinade ont été détruits en vertu d'un arrêt du conseil du 7 Août 1775; qu'il en reste encore six; que la destruction de quatre paroît ne devoir point souffrir de difficulté; mais que pour les deux autres, situés dans les communautés de Voisins & de Pennautier, les seigneurs qui les possedent ont demandé qu'ils ne fussent point estimés, parce qu'ils ne sont pas dans le cas d'être détruits; que pour appuyer leur demande ils font valoir la banalité de ces moulins; leur droit de propriété dont ils ne peuvent être dépouillés que par une absolue nécessité; le besoin que ces deux communautés très-peuplées ont d'avoir des moulins peu éloignés; & l'offre qu'ils font de baisser à leurs dépens ces moulins & leurs digues à la profondeur nécessaire pour donner aux eaux un cours libre & une pente suffisante, ce qui sera encore plus facile après la destruction des autres moulins.

Que l'assemblée de l'assiette, persuadée de la solidité de ces raisons, a cru nécessaire de conserver les deux moulins de Voisins & de Pennautier; & qu'en déterminant en conséquence de supplier les Etats d'interpréter à cet égard leur délibération, elle n'a point fait procéder à leur estimation, mais

N°. III. seulement à celles des quatre autres moulins, qui se porte à cinquante-quatre mille huit cent livres; & que le diocese n'ayant pour l'acquit de cette somme, même du prix d'un cinquieme moulin qui n'est pas encore payé, qu'environ 33,000 livres, & un secours annuel de 4000 livres accordé par le Roi, MM. les commissaires ont délibéré le 20 du mois dernier, de réclamer la protection des Etats, pour obtenir de Sa Majesté des secours plus proportionnés à l'objet de la dépense.

Que le sieur Garipuy ajoute, que lorsque le syndic du diocese de Carcassonne a eu connoissance des propositions faites par MM. les propriétaires du canal, rapportées ci-dessus, il a réclamé de trois articles; le premier, parce que la somme de 40,000 livres par eux offerte, n'est pas suffisante, n'étant pas proportionnée à l'avantage qu'ils retireront de l'aqueduc de Fresqueil, puisque après sa construction, le canal sera entierement délivré des limons de cette riviere, ce que les portes busquées ne sauroient produire; & qu'au surplus, ils seroient obligés de faire à leurs frais des travaux sur Fresqueil, auxquels le diocese se refuseroit, & d'entretenir les portes busquées & les épanchoirs dont elles supposent la construction.

Que le second objet de la réclamation du diocese de Carcassonne est l'augmentation demandée d'un denier par quintal sur les marchandises qui passeroient dans cette nouvelle partie de canal, à raison du surplus de longueur. Qu'il la fonde sur ce que la nouvelle branche du canal, quoique un peu plus longue que l'ancienne, sera sujette à un moindre entretien, parce qu'elle sera dans un emplacement plus ferme, construite à neuf, plus solidement & sur de meilleurs principes; & qu'en outre l'augmentation de commerce produit par le voisinage de la ville de Carcassonne, sera un dédommagement plus que suffisant de ce surplus de longueur. N°. III.

Que ce syndic observe en troisieme lieu, qu'on ne doit pas construire de nouveaux bâtimens en remplacement de ceux qui sont à Trebes, puisque la partie du canal voisine de Trebes, doit être conservée, étant fort éloignée de celle dont on propose le changement; & qu'à l'égard des bâtimens qu'il est nécessaire de construire, en abandonnant les anciens, il seroit naturel que MM. les propriétaires, en conservant la propriété des matériaux des anciens bâtimens, se chargeassent de cette construction pour une somme en bloc, au moyen de laquelle ils donneroient aux nouveaux bâtimens la forme & l'étendue qu'ils jugeroient leur être la plus convenable, &c.

Que MM. les commissaires n'ont pu qu'être satisfaits, comme le sera l'assemblée, de l'attention que donnent MM. les propriétaires du canal, à l'entretien & amélioration de cet important ouvrage, ainsi que de l'exactitude du sieur Garipuy à suivre l'exécution des différens objets des délibérations prises par les Etats sur les diverses observations contenues dans la vérification par lui faite l'année derniere dudit canal.

Que parmi celles que présente son procès-verbal, dont l'assemblée vient d'entendre l'extrait, l'article concernant le projet d'approcher le canal de la ville de Carcassonne, a le plus occupé MM. les commissaires, par l'intérêt que prennent à son exécution ce diocese, cette ville, & tous ses habitans, & l'utilité qui en doit résulter, non-seulement pour ces corps en particulier, mais même pour le général de la province.

Que s'étant fait représenter la délibération prise sur cet objet l'année der-

N°. III. niere, ils ont reconnu, soit par le rapport du sieur Garipuy, ou par les autres pieces dont ils ont entendu la lecture, que tous les interlocutoires portés par cette délibération, ont été exactement remplis, à l'exception de celui concernant la démolition des moulins situés sur la riviere de Fresqueil.

Qu'il paroît à cet égard que les Etats avoient autorisé le syndic du diocese de Carcassonne à faire détruire, tant ceux desdits moulins qui avoient déjà été estimés, que tous les autres dont l'estimation seroit préalablement faite, pour que, d'après l'expérience de l'effet que produiroit la destruction de leur retenue, les Etats pussent prendre en plus grande connoissance de cause, & s'il y avoit lieu, le parti qui paroîtroit le plus convenable sur le choix des autres moyens proposés pour remédier aux inconvéniens des inondations de la riviere de Fresqueil; ce qui avoit été le premier motif des précédentes délibérations, & n'avoit donné lieu que subsidiairement à la proposition du changement du lit du canal auprès de Carcassonne.

Mais que suivant le mémoire du syndic de ce diocese, on s'est contenté de faire les démarches nécessaires pour consommer la destruction du moulin de Rousille, & de faire procéder à l'estimation de quatre autres appellés de Rives, de Ventenac, de Lasseigne & de Villandi, dont l'évaluation se porte à 54,000 livres, en laissant à l'écart, comme pouvant subsister, ceux des villages de Voisins & de Pennautier, qu'on prétend devoir être conservés pour l'utilité de ces deux communautés qui sont très-considérables, sans être d'ailleurs aussi préjudiciables que les autres, pourvu que leurs jeux & leurs digues soient mis à une profondeur qui évitera le regonflement des eaux sur les fonds supérieurs, & qu'on donne aux épanchoirs une assez grande largeur, pour que lesdites eaux y coulent avec rapidité, ainsi que l'a vérifié & estimé le sieur Echau, dont le rapport est joint à ce mémoire. N°. III.

Qu'on voit en effet dans le dire de cet expert, qu'il regarde comme certain que par la destruction de la digue du moulin de Ventenac, les eaux qui viennent de celui de Voisins auront un cours plus rapide, & se creuseront un lit plus profond; ce qui donnera le moyen au propriétaire de baisser de plus de trois pieds la digue & le jeu de son moulin, sans qu'il en résulte pour lui le moindre inconvénient; & qu'alors la digue étant plus basse d'une toise que les possessions riveraines, il n'y a pas de doute qu'elles ne soient à l'abri des inondations, en ajoutant un épanchoir à fond de quinze pieds d'ouverture, & le conduit nécessaire pour faire évacuer partie des eaux entre les cuves des meules; que les mêmes opérations, à-peu-près, peuvent être pratiquées au moulin de Pennautier, qui pourra alors être également conservé; que cependant il ne donne pas à ces moyens une certitude absolue de leur réussite; & qu'il pense qu'il faut nécessairement avoir recours à l'expérience; ce qui le fait conclure que, pour plus grande sureté, on ne doit rien faire à ces moulins, que tous les autres ne soient détruits, & qu'il ne soit survenu une crue abondante après leur destruction.

Que tel est le vœu du diocese, suivant la délibération du 14 Avril dernier, & le mémoire de son syndic.

Que MM. les commissaires ont ensuite entendu les représentations que leur ont fait M. le vicaire-général de Carcassonne & les députés de cette ville, pour soutenir les délibérations dont on a fait ci-dessus l'analyse, &

N°. III. ensuite la lecture du mémoire présenté aux mêmes fins par les seigneurs de Voisins & de Pennautier, propriétaires desdits moulins, dans lequel, après avoir rappellé les premieres réclamations du diocese de Carcassonne & des riverains de la riviere de Fresqueil, sur les dommages causés par ses inondations, les travaux faits d'abord pour y remédier, & le précis des délibérations prises par les Etats sur cet objet intéressant, & sur la destruction des moulins qu'on a regardé comme le moyen le plus efficace pour parvenir à ce but, ainsi que les divers réglemens & ordonnances rendues dans les mêmes vues, pour fixer en général la hauteur des retenues des moulins situés sur toutes les rivieres : après avoir soutenu que s'y étant conformés exactement, ils devroient être à l'abri de toute recherche ; & après avoir cependant convenu qu'il est des cas extraordinaires où l'utilité publique doit l'emporter sur l'intérêt particulier, & même sur le droit sacré de propriété qui est la base essentielle & le but de toutes les loix, ils soutiennent que cette rigueur ne doit être employée qu'autant que ce bien public l'exige évidemment ; circonstance qui n'existe pas dans l'espece particuliere dont il s'agit à l'égard de leurs moulins, puisque la destruction des autres qui sont au-dessous doit suffire pour leur donner une fuite assez considérable, & le moyen de rabaisser en proportion leurs digues, & ouvrir des épanchoirs à fond, moyens reconnus, par le diocese, & par les experts, comme suffisans pour prévenir le mal qui a donné lieu à tant de plaintes.

Que dès-lors l'intérêt du bien public cessant d'un côté, il est de l'autre applicable à la conservation de leurs moulins par le besoin qu'ont les habitans de ce canton, d'en avoir à leur portée ; à quoi le droit de banalité ajoute une nouvelle force par l'obligation qu'a le seigneur propriétaire de ce droit d'entretenir le moulin en bon état pour l'usage desdits habitans, & l'avantage qu'ont ceux-ci d'y avoir la préférence sur les étrangers. N°. III.

Que ces considérations s'appliquent évidemment aux villages de Voisins & de Pennautier, puisque le premier seroit obligé d'aller moudre aux moulins de la riviere d'Alzau, qui, manquant d'eau dans le tems des sécheresses, ne pourroient assurer sa subsistance ; & que celui de Pennautier n'auroit d'autre ressource que le moulin du Roi situé dans un faubourg de Carcassonne, qui peut à peine suffire aux habitans de cette ville. Que néanmoins ces deux villages sont très-considérables & peuplés de beaucoup d'artisans, auxquels la moindre perte de tems est très-préjudiciable, comme le seroit celle d'être obligés d'aller au loin pour pouvoir faire de la farine.

Qu'on ne sauroit suppléer aux moulins à eau par des moulins à vent, dont la différence & l'insuffisance sont notoires.

Enfin, que l'administration générale devroit s'en rapporter à celle du diocese, dont l'avis ne peut être que du plus grand poids en pareille matiere, par la connoissance locale qu'elle a, ainsi que des intérêts respectifs.

Qu'à ces raisons d'opposition à la destruction de leurs moulins, que font valoir lesdits sieurs propriétaires, ils en ajoutent d'autres contre la disposition de la délibération des Etats, portant que le syndic du diocese de Carcassonne, avant de consommer l'acquisition d'aucun moulin, sera obligé de faire faire l'estimation de tous. Qu'ils représentent que si elle étoit exécutée elle léseroit infiniment les propriétaires des moulins qui ne seroient détruits que dans les suites ; que quoique dictée par

N°. III. le desir louable d'économiser l'argent du public, ce motif ne peut avoir lieu dès qu'il seroit cause d'une injustice, & que c'en seroit une véritable que de diminuer l'indemnité raisonnable qui est due à tout particulier dont le public prend les possessions.

Que c'est une maxime constante, que lorsque le public a besoin du bien du particulier, celui-ci doit être pleinement indemnisé en proportion du dommage qu'il souffre, ainsi que l'a si bien observé le fameux auteur de l'Esprit des loix.

Que d'après ce principe, on ne doit régler l'indemnité due à un propriétaire qu'au moment où l'on prend sa propriété, seul instant qui puisse en fixer avec justice l'estimation, & qu'il est évident, dans l'espece présente, que le prix des denrées, qui constituent les revenus, variant toujours & augmentant sans cesse, toute appréciation faite dans le moment présent, seroit insuffisante pour le tems à venir, surtout à l'égard des deux moulins dont il s'agit, dont le travail sera nécessairement augmenté par la destruction des autres.

Qu'on doit également mettre en considération l'augmentation de la population des villages de Voisins & de Pennautier qui fera augmenter en proportion le revenu des moulins, & conséquemment leur valeur en capital. Qu'enfin, si on estime dès-à-présent tous les moulins de Fresqueil, dans la crainte que ceux qui seroient les derniers détruits, n'eussent profité de l'avantage d'une augmentation de pratique qui en accroîtroit le prix, il faut raisonner de même pour tous ceux des rivieres voisines qu'on pourroit dans les suites être aussi dans le cas de détruire, & de proche en proche pour toute la contrée; & que tant de considérations réunies leur font espérer que les Etats voudront bien révoquer cette partie de leur délibération; & en assurant ainsi l'existence pour l'avenir de leurs moulins, favoriser l'empressement qu'ils ont d'y faire toutes les réparations nécessaires pour sauver des inondations les possessions riveraines, & en même tems pour mieux faire le service du public. N°. III.

Que quoique la commission ait longuement & mûrement discuté cette affaire, elle n'a pas trouvé les opérations & éclaircissemens qui ont été les motifs des précédentes délibérations suffisans pour pouvoir proposer aux Etats une détermination définitive.

Mais que quelque parti qu'ils prennent sur cet article, le diocese de Carcassonne insistant sur une augmentation des secours qu'il a plu au Roi de lui accorder jusques à présent, pour fournir aux dépenses necessaires pour prévenir les dommages des inondations de cette riviere, il a paru à MM. les commissaires que l'assemblée ne pouvoit se refuser de lui accorder ses bons offices auprès de Sa Majesté, en chargeant MM. les députés à la cour de la supplier de vouloir bien porter à une plus forte somme que celle de 4000 livres la grace qui lui a été faite jusqu'à présent.

Qu'à l'égard des autres interlocutoires prononcés par la délibération du 12 Novembre de l'année derniere, auxquels il a été déjà dit qu'il avoit été satisfait, MM. les commissaires ont cru devoir faire observer aux Etats, comme l'a relevé le sieur Garipuy dans son rapport, que le diocese de Carcassonne n'est point entierement d'accord avec MM. les propriétaires du canal, sur plusieurs des conditions qu'ils ont mis à leur acquiescement au nouveau cours qu'on propose de lui donner pour l'approcher de ladite ville, & que dès-lors les Etats ne sauroient prendre aucun parti à ce sujet, sans avoir de nouveaux éclaircissemens, dont on pourra leur rendre compte dans une autre assemblée.

Que les contributions à la dépense de l'entiere exécution de ce projet offertes par le diocese, par la ville, & par les différens corps du commerce de cette ville, quoiqu'assez considérables pourront donner lieu à quelque variation dont il suffira de s'occuper, lorsqu'il sera question de prendre une détermination ultérieure pour mettre la main à l'œuvre de cette grande entreprise; mais qu'en attendant, il seroit précoce d'autoriser la demande que font ces corps, de commencer à faire dès-à-présent une partie des fonds qu'ils ont délibéré d'y employer, ce qui les exposeroit inutilement à laisser dans leurs caisses des fonds morts, ou dont l'intérêt seroit pour eux une surcharge qu'une sage administration doit éviter.

Qu'à l'égard de la demande de MM. les propriétaires du canal, à ce qu'il leur soit permis d'y établir au mois d'Août 1782, des portes busquées pour le passage des eaux de Fresqueil, dans le cas où les Etats n'auroient pas fait commencer alors les travaux qu'ils auroient adoptés, MM. les commissaires l'ayant considérée comme une dépendance de la résolution ultérieure des Etats, sur les différentes branches des projets dont il est question, ont cru ne devoir rien proposer de préalable à l'assemblée, &c...

SUR QUOI il a été délibéré, 1°. Qu'en persistant dans les délais ordonnés par la délibération de l'année précédente, & en applaudissant, sans y consentir encore, aux offres du diocese, de la communauté, & des corps de commerce de Carcassonne, le sieur Garipuy vérifiera dans le cours de l'année prochaine, la nécessité d'un nouvel aqueduc, pour faire passer les eaux du Fresqueil sous le canal, & quelle peut être l'influence de cet aqueduc sur les inondations supérieures de cette riviere, de surseoir en attendant à l'estimation, comme à la destruction des moulins, & néanmoins de charger MM. les députés à la cour de supplier Sa Majesté de vouloir bien porter à une plus forte somme que celle de 4000 livres, la grace qui a été faite jusqu'à présent au diocese de Carcassonne, pour l'aider à supporter les dépenses qu'occasionneront les travaux nécessaires pour garantir les terres riveraines de la riviere de Fresqueil des dommages de ses inondations, parce que, quelque parti qui puisse être pris à ce sujet, la dépense ne peut qu'être très-considérable.

IV.

EXTRAIT du registre des délibérations des Etats généraux de Languedoc, assemblés par mandement du Roi en la ville de Montpellier au mois de Novembre 1780.

Du Samedi 16 Décembre suivant, président Mgr. l'archevêque & primat de Narbonne, commandeur de l'ordre du Saint-Esprit.

MONSEIGNEUR l'évêque de Montpellier a dit, que la commission s'étant particulierement occupée, comme il l'avoit déjà annoncé à cette assemblée, de l'examen des nouvelles réquisitions du syndic du diocese de Carcassonne, insérées dans le rapport de la visite du canal de communication des mers, faite par le sieur Garipuy, sur le projet de rapprocher le lit dudit canal de la ville de Carcassonne, MM. les commissaires se sont fait représenter les précédentes délibérations prises par les Etats sur cet important objet.

Qu'il paroît par la premiere du 6 Février 1776, que les dommages que causoient les débordemens de la riviere

viere de Fresqueil, tant audit canal par les ensablemens qu'ils y occasionnoient, qu'aux possessions riveraines inondées par ses eaux, & les moyens de remédier à ces inconvéniens, ayant occupé depuis long-tems MM. les propriétaires & MM. les administrateurs du diocese de Carcassonne, ils se réunirent à proposer aux Etats la construction de deux portes busquées pour faire passer debout, à travers le canal, les eaux de cette riviere dont le lit seroit recreusé & élargi depuis le pont de Foucaud jusqu'à son embouchure dans l'Aude; à quoi le sieur Garipuy ajouta que ces derniers travaux étoient réellement indispensables; mais que l'appréciation n'en ayant pas encore été faite, il convenoit d'ordonner qu'il y seroit procédé incessamment par l'inspecteur du diocese de Carcassonne, & par le directeur du canal, ce qui fut approuvé par les Etats.

Qu'on voit dans la seconde délibération du 10 Décembre de la même année, qu'à la construction des portes busquées, on ajouta l'alternative de celle d'un aqueduc qui fit passer les eaux de ladite riviere sous le canal; que la comparaison de la dépense de ces deux projets, avoit fait d'abord adopter celui des portes busquées; mais qu'ensuite MM. les commissaires du diocese crurent devoir s'y opposer, en soutenant que ce moyen qui laisseroit toujours les eaux de Fresqueil à la même hauteur, à leurs passages à travers du canal, occasionneroit des inondations dans la partie supérieure, & ne remédieroit pas aux ravages qu'essuyent les riverains.

Que pour porter les Etats à adopter ces représentations, le diocese offrit de contribuer à la dépense de l'aqueduc pour une somme de soixante mille livres, indépendamment de ce qu'il avoit déjà dépensé pour le prix de deux moulins dont la démolition avoit été ordonnée sur sa demande, par un arrêt du conseil du 7 Août 1775; sur quoi le sieur Garipuy estima que la construction de l'aqueduc étoit certainement préférable, & qu'il ne pouvoit y avoir que la grande différence dans la dépense des deux projets, qui pût faire hésiter sur la préférence à donner à ce dernier; mais que le directeur du canal & l'inspecteur du diocese, ne rapportant, ni le plan, ni les estimations précédemment ordonnées de ces travaux, il n'étoit pas possible que les Etats pussent rien statuer dans cette assemblée; & qu'ainsi, il étoit indispensable de renvoyer leur détermination à l'assemblée suivante; ce qui fut ainsi arrêté.

Qu'il résulte de la troisieme délibération prise le 13 Décembre 1777, qu'on rapporta aux Etats le plan & l'estimation détaillée de l'un & de l'autre des projets dont on s'étoit occupé.

Que ces opérations firent connoître que la dépense des portes busquées avoit été évaluée à soixante quinze mille livres, & celle de l'aqueduc à 554,000 livres, y compris le recreusement du nouveau lit de Fresqueil sur douze cent toises de longueur, & la construction de deux ponts, l'un sur ce nouveau lit, & l'autre sur celui du canal qui se portoient ensemble à 155,000 livres.

Que MM. les propriétaires du canal ayant eu connoissance de ces opérations, avoient soutenu, contre la construction de l'aqueduc, que les eaux de Fresqueil leur appartenoient, & leur étoient d'une nécessité absolue; que le syndic du diocese de Carcassonne soutenoit le contraire, en assurant que, si on conservoit cette eau au canal, il retireroit seul l'avantage de la construction de l'aqueduc, tandis que le diocese souffriroit toujours les mêmes dommages par le rehaussement des eaux de la chaussée de la prise d'eau ; ce que soutenoient de même toutes les communautés voisines, en s'opposant à la construction des portes busquées, & insistant sur celle de l'aqueduc.

Que cette différence d'opinions exigeant nécessairement des opérations qui ne pouvoient être faites que par le sieur Garipuy, & des renseignemens qui ne pouvoient être fournis que par MM. les propriétaires du canal, & le syndic du diocese de Carcassonne, les Etats déterminerent de savoir de MM. les propriétaires du canal si, vu les avantages qu'ils retireroient de la construction de l'aqueduc, ils vouloient y contribuer & pour quelle somme, & notamment s'ils renonceroient à la prise des eaux de cette riviere, ce que le syndic du diocese de Carcassonne seroit chargé de négocier avec eux. 2°. Que la chaussée du canal n'étant pas la seule cause des inondations sur toute l'étendue des communautés plaignantes, dans les terroirs desquelles il y avoit plusieurs moulins qui par leur rehaussement devoient aussi y contribuer, le syndic du diocese feroit connoître les travaux qu'il se proposoit de faire pour prévenir lesdites inondations ; tant par le redressement du lit de Fresquueil, que par la destruction des moulins.

Que cette délibération fut suivie de celle du 16 du même mois de Décembre, par laquelle il paroît que les consuls de la ville de Carcassonne, instruits du dessein où on étoit de conduire les eaux de la riviere de Fresquueil à travers ledit canal, au moyen d'un aqueduc pour éviter les dépôts qu'y font les inondations de ce torrent dans l'état actuel des choses, présenterent aux Etats un mémoire qui contenoit la premiere proposition de rapprocher le lit du canal des murs de ladite ville, & d'y établir un port pour faciliter son commerce.

Qu'ils exposerent alors les motifs les plus propres à appuyer cette demande, dont le principal étoit pris de la connexité de la construction de l'aqueduc, avec les travaux qu'exigeroit la transposition du cours actuel du canal, & la différence peu considérable de la dépense de l'exécution de ces deux ouvrages réunis ensemble, avec celle qu'occasionneroit la construction de l'aqueduc seul.

Que ces représentations ayant été mûrement examinées, les Etats reconnoissant l'avantage qu'il y auroit de multiplier autant qu'il seroit possible les communications dudit canal avec les principales villes, & surtout avec celles qui, comme Carcassonne, font valoir avec le plus de succès les fabriques & le commerce, comme aussi la liaison que devoit avoir la transposition proposée dudit canal, avec la construction de l'aqueduc de Fresquueil demandée par le diocese ; & jugeant que ces deux objets devoient être réunis, chargerent le sieur Garipuy de vérifier dans le cours de l'année suivante, tout ce qui pouvoit être relatif, tant à la construction de cette partie du nouveau canal, qu'à celle de l'aqueduc de Fresquueil ; de déterminer la nature & le prix de tous les ouvrages à faire pour l'exécution de ces deux projets, & de séparer ce qu'ils ont de commun avec ce qui est particulier à chacun d'eux, pour, sur son rapport être ensuite statué ce qui seroit jugé le plus convenable.

Qu'après cette délibération, il en fut pris dans la même assemblée des Etats une autre le 20 du même mois, par laquelle, sur les représentations que fit le même diocese de la nécessité de détruire les moulins appellés de Rives, de Ventenac, & du Chapitre, ainsi

N°. IV. qu'on l'avoit fait à l'égard de ceux de Peirinade & de Rousilles, en vertu de l'arrêt du conseil du 7 Août 1775, attendu que leurs chaussées en rehaussant les eaux de ladite riviere de Fresqueil étoient la principale cause des dommages qu'occasionnoient aux riverains ses inondations, les Etats donnerent leur consentement à l'acquisition desdits moulins, sans toutefois que la démolition en pût être exécutée, qu'après que les Etats auroient délibéré sur l'exécution des projets de l'aqueduc à construire pour faire passer les eaux de ladite riviere à travers le canal, & de diriger le cours dudit canal auprès de la ville de Carcassonne; dans lequel examen entreroit celui de l'utilité ou des inconvéniens de la destruction desdits moulins.

Qu'il fut rendu compte aux Etats assemblés l'année suivante, de ce qui avoit été fait en exécution de ces délibérations; & qu'on exposa dans celle qui fut prise le 12 Novembre 1778, que le syndic du diocese continuoit de s'opposer à l'établissement des portes busquées, & insistoit pour la construction de l'aqueduc, tandis que MM. les propriétaires du canal, persistant dans leur prétention sur la propriété des eaux de la riviere, & soutenant qu'elles leur étoient encore plus nécessaires pour alimenter leur canal, depuis qu'ils s'étoient obligés de fournir des eaux pour celui de Narbonne, avoient déclaré ne pouvoir consentir à la construction de l'aqueduc qu'autant qu'on leur conserveroit une prise des eaux de ladite riviere, au moyen d'une chaussée supérieure, ainsi qu'on en avoit usé pour les rivieres de Cesse & d'Orbiel.

Qu'en même-tems les consuls de Carcassonne insistoient toujours sur le rapprochement du canal des murs de cette ville; que le sieur Garipuy ayant examiné le plan & le devis par eux présentés sur ce rapprochement du canal, avoit reconnu en premier lieu, que ce projet étoit entierement le même que celui qui fut fait en 1754; qu'il y avoit une différence sensible entre le plan topographique des lieux, & celui de la partie correspondante du canal, qu'il avoit fait faire quelques années auparavant; qu'enfin, la pente marquée dans ce projet, depuis l'écluse de Foucaud jusques à la retenue de l'Evêque, étoit moindre d'environ deux pieds que celle qui résultoit de la chute des écluses intermédiaires. N°. IV.

Que ces différences avoient engagé ce directeur à faire lever un nouveau plan des lieux, sur lequel, & dans le mémoire qui y étoit joint, étoient parfaitement détaillées la route & la pente du nouveau canal projetté, & tous les travaux qu'exigeoit sa construction, dont la dépense pour les seuls déblais & remblais, fut évaluée à la somme d'un million cinq mille livres, & celle des autres travaux à trois cent trente mille livres, indépendamment de la petite partie relative à l'aqueduc de Fresqueil, dont la construction en particulier avoit déjà été évaluée à la somme de cinq cent cinquante-quatre mille livres, de laquelle on n'auroit à distraire que cent cinquante mille livres pour le montant de la partie du canal comprise entre cet aqueduc & l'écluse de Villandi, qui deviendroit inutile en faisant passer le canal près la ville de Carcassonne.

Que cette délibération fait aussi mention des dépenses relatives au redressement du cours de la riviere de Fresqueil, regardé comme indispensable, & d'un acte fait au diocese de la part de MN. les propriétaires, pour lui dénoncer qu'ils n'entendoient fournir aucun contingent pour un ouvrage qu'ils n'avoient jamais demandé, & qu'ils ne

N°. IV. renonceroient jamais aux eaux de Fresqueil.

Que le sieur Garipuy estima sur tous ces objets, que les dépenses nécessaires pour l'exécution de ces divers ouvrages, étoient trop considérables pour les entreprendre avant que d'autres travaux également utiles & déjà commencés, fussent achevés ; que cependant les plans, les nivellemens, & toutes les opérations auxquelles avoit donné lieu la demande de la ville de Carcassonne devoient être communiquées à MM. les propriétaires du canal ; qu'on devoit faire rapporter des délibérations, tant du diocese de Carcassonne, que de la ville & des membres de son commerce, qui fixassent le contingent pour lequel chacun voudroit contribuer à une aussi grande dépense ; enfin, que le rehaussement des eaux de Fresqueil formé par les digues des moulins, étant la principale cause des débordemens de cette riviere, le syndic du diocese de Carcassonne devoit être autorisé à faire détruire ceux qui avoient été déjà estimés, sans néanmoins commencer leur démolition qu'après avoir fait procéder à l'estimation de tous ceux qui doivent être démolis, afin que la destruction antérieure des premiers, n'augmentât pas la valeur des autres.

Que cette délibération est terminée par une réflexion de MM. les commissaires sur l'avis du sieur Garipuy, auquel ils crurent qu'il étoit à propos d'ajouter, à l'article de l'interlocutoire proposé par ce directeur sur le projet du changement de l'emplacement du canal, un préalable qui paroissoit encore plus nécessaire, qui étoit la destruction des moulins, dont les retenues formoient un rehaussement des eaux de la riviere qu'on pouvoit regarder comme la premiere & la plus apparente cause des dommages occasionnés par ses inondations, ce qui avoit donné lieu aux premieres plaintes des riverains, & à la proposition de la construction d'un aqueduc, ou au déplacement du canal ; ouvrage dont la dépense effrayante exigeoit de la prudence des Etats, qu'avant de se déterminer à entreprendre l'un ou l'autre, ils vissent par l'expérience quel auroit été l'effet de la cessation de la premiere cause du mal auquel on vouloit remédier. N°. IV.

Que les Etats, en adoptant l'avis du sieur Garipuy, déterminerent en outre, d'après les réflexions ci-dessus, d'autoriser le syndic du diocese de Carcassonne à faire démolir tant les moulins situés sur la riviere de Fresqueil, & qui avoient été déjà estimés, que tous les autres dont l'estimation seroit préalablement faite, pour que, d'après l'expérience de l'effet que produiroit la destruction des retenues desdits moulins, ils pussent prendre en plus grande connoissance de cause, & s'il y avoit lieu, le parti qui paroîtroit le plus convenable sur le choix des autres moyens proposés pour remédier aux inconvéniens des inondations de la riviere de Fresqueil.

Qu'enfin, la derniere délibération prise le 11 Décembre 1779, sur le même article de la visite du canal faite par le sieur Garipuy, contient la répétition de tout ce qui avoit été exposé ci-dessus, & avoit été faite en conséquence des précédentes délibérations.

Qu'on y voit ensuite les conditions sous lesquelles MM. les propriétaires du canal entendoient consentir à l'exécution de sa transposition près de la ville de Carcassonne, dont les plus afférentes sont leur offre de contribuer à la dépense pour une somme de quarante mille livres, l'augmentation d'un denier par quintal pour chaque lieue, à raison de la plus grande longueur qu'auroit le nouveau canal, la construction à travers le lit de Fresqueil d'une digue so-

N°. IV. lide & basse, susceptible d'un rehaussement mobile en bois ou en gravier, & le creusement d'une rigole de trois toises de largeur depuis le lit de cette riviere au-dessus de cette digue, jusques à celui du canal pour y porter ses eaux, & la fixation d'un terme au-delà duquel ne puisse être différée la décision sur le choix des travaux, pour que dans le cas où ceux qui seroient adoptés, ne fussent pas commencés au mois d'Août 1782, il fût permis à MM. les propriétaires du canal d'y établir des portes busquées, comme ils l'avoient toujours eu en vue, pour se délivrer des sables de Fresqueil.

Qu'on y fait aussi mention du contingent du diocese, déterminé à deux cent mille livres; de celui de la ville fixé à quatre-vingt mille livres; & de la contribution du commerce pour une pareille somme.

Qu'on y expose encore, que de huit moulins qu'il y avoit sur ladite riviere de Fresqueil, les deux nommés de Rousilles & de Peirinade, avoient été détruits, ainsi qu'on l'avoit rapporté précédemment; qu'il en restoit encore six; que la destruction de quatre paroissant ne devoir souffrir aucune difficulté, l'estimation en avoit été faite à cinquante quatre mille livres; mais qu'il étoit important de laisser subsister les deux autres situés dans les communautés de Voisins & de Pennautier; ce qui avoit été cause qu'on n'avoit point procédé à leur estimation, & avoit porté le diocese à supplier les Etats de vouloir bien interpréter à ce sujet leur précédente délibération; que cette assertion fut soutenue par une foule de motifs qu'on peut voir dans cette délibération, ainsi que les nouvelles réclamations du diocese sur plusieurs articles des conditions offertes par MM. les propriétaires.

Que le tout ayant été mûrement examiné alors, MM. les commissaires n'avoient pas trouvé les opérations & éclaircissemens qui avoient été les motifs des précédentes délibérations des Etats, suffisans pour pouvoir leur proposer une détermination definitive, & qu'ils s'étoient réduits à estimer que, quelque parti qu'on pût prendre, il étoit également juste de demander au Roi un secours pour le diocese de Carcassonne, plus fort que celui de quatre mille livres qui lui avoit été accordé jusqu'à présent; que d'ailleurs le diocese de Carcassonne ne paroissant pas encore d'accord avec MM. les propriétaires sur plusieurs des conditions de leur acquiescement à la transposition du canal, l'assemblée ne sauroit prendre aucun parti à ce sujet, sans avoir de nouveaux éclaircissemens: Que les contributions à la totalité de la dépense de cette grande entreprise, offertes par le diocese, la ville, & les différens corps de son commerce, quoique assez considérables, pouvant donner lieu à quelque variation dont il suffiroit de s'occuper lorsqu'il seroit question de mettre la main à l'œuvre, il seroit en attendant précoce d'autoriser la demande que faisoient ces corps de commencer dès-lors à faire une partie de leurs fonds; & qu'à l'égard de l'insistance de MM. les propriétaires du canal pour qu'il leur soit permis d'y établir au mois d'Août 1782, des portes busquées, dans le cas où les travaux adoptés par les Etats n'auroient pas été alors commencés, on ne pouvoit la considérer que comme une dépendance de la résolution ultérieure des Etats sur les différentes branches des projets dont il étoit question; & conséquemment la commission avoit cru ne devoir rien proposer de préalable à l'assemblée.

Que sur tous ces différens objets, il fut délibéré qu'en persistant dans les dé- N°. IV.

N°. IV.

lais ordonnés par la délibération de l'année précédente & en applaudissant, sans y consentir encore, aux offres du diocese de la communauté, & des corps du commerce de Carcassonne, le sieur Garipuy vérifieroit dans le cours de cette année, la nécessité du nouvel aqueduc pour faire passer les eaux de Fresquеil sous le canal, & quelle pourroit être l'influence de cet aqueduc sur les inondations supérieures de cette riviere; de surseoir en attendant à l'estimation, comme à la destruction des moulins; & néanmoins de charger les députés à la cour, de solliciter de plus grands secours, dont le diocese de Carcassonne ne pouvoit se passer; quelque parti qu'on prît pour préserver les terres de la riviere de Fresquеil des dommages que leur causoient ses inondations.

Que MM. les commissaires, après s'être ainsi parfaitement instruits de tout ce qui avoit été dit & fait sur cette importante affaire, ont entendu la lecture de la nouvelle réquisition du syndic du diocese de Carcassonne insérée dans le dernier procès-verbal de la visite du canal faite par le sieur Garipuy, où ce diocese, en insistant sur les réquisitions par lui faites les années précédentes, pour rapprocher le canal de la ville de Carcassonne, & pour prévenir les inondations de la riviere de Fresquеil, a représenté que l'ouvrage le plus pressant pour la conservation des terres riveraines, est la destruction des quatre moulins situés sur la riviere de Fresquеil, dont l'estimation a été déjà faite; qu'ainsi, il demande d'être autorisé à y faire procéder, conformément à la délibération des Etats du 12 Novembre 1778; & qu'attendu que la somme de cinquante-quatre mille huit cent livres à laquelle ces moulins ont été estimés, excede de beaucoup celles dont le Diocese peut disposer pour leur acquisition, ce syndic supplie les Etats de vouloir bien solliciter de nouveaux secours du Roi pour y pourvoir: Qu'il observe ensuite, que les Etats ayant arrêté par leur délibération du 11 Décembre 1779, de faire constater la nécessité d'un aqueduc pour faire passer sous le canal les eaux de Fresquеil; il a fait lever la carte du cours de cette riviere, depuis son embouchure dans l'Aude, jusqu'à l'extrémité supérieure du diocese, & qu'il en a fait faire le nivellement; Que l'inspection de cette carte suffit pour faire voir que le canal a traversé la riviere de Fresquеil tout près de son embouchure, & dans un endroit où les nombreuses sinuosités de son lit retardent beaucoup le cours de ses eaux; qu'ainsi, la digue qui les a encore rehaussées au niveau de celles du canal, ne peut qu'être très-préjudiciable à toutes les terres supérieures.

Que les travaux qu'on fait pour faciliter l'écoulement des petites rivieres, devant toujours commencer par le bas, la destruction de cette digue devroit précéder celle des chaussées des moulins, & que si des considérations particulieres y portent obstacle aujourd'hui, il n'en est pas moins vrai que l'intérêt public exige qu'elle soit exécutée le plutôt qu'il sera possible.

Que le syndic du diocese de Carcassonne a ajouté; qu'il a lieu de croire que MM. les propriétaires du canal se désisteront de la demande qu'ils avoient formée d'une augmentation des droits du canal, proportionnée au surplus de longueur de la ligne qui le rapprochera de la ville de Carcassonne, & qu'ainsi les principales difficultés étant levées, & les contributions du diocese, de la ville de Carcassonne, & du corps de ses négocians, étant fixées, il sollicite avec confiance le secours de la province pour un ouvrage aussi utile au commerce & à l'agriculture, & qu'il espere

N°. IV. que les Etats voudront bien en ordonner d'hors & déjà l'exécution, sauf à ne commencer d'y mettre la main que lorsque ceux de même espece qui sont commencés toucheront à leur fin.

A quoi le sieur Garipuy ajoute; que, d'après l'inspection des lieux, & l'examen de la carte & du nivellement que le diocese de Carcassonne a fait faire du cours de Fresqueil, depuis son embouchure jusqu'aux limites de ce diocese avec celui de Saint-Papoul, & après avoir aussi examiné de nouveau les plans précédemment faits pour la construction d'un aqueduc capable de procurer aux eaux de Fresqueil un écoulement libre sous le canal, il estime qu'il n'y a aucun doute que la construction de cet aqueduc ne soit l'ouvrage le plus propre à éviter les ensablemens du canal, & à faciliter l'écoulement des eaux de Fresqueil auprès de son embouchure; mais que cependant chaque moulin produisant un rehaussement égal à celui de la digue du pont Rouge, & la plupart étant situés à des endroits où la plaine a plus de largeur que dans les environs de cette digue, la destruction des moulins sera encore plus avantageuse à la conservation des fonds riverains que la construction de l'aqueduc, pourvu qu'on fasse en même tems le redressement de Fresqueil dans les endroits où les sinuosités de son lit actuel sont trop multipliées.

Que la commission ayant donné toute son attention à la discussion des faits & des raisons que contiennent les différentes délibérations dont l'assemblée vient d'entendre l'analyse la plus exacte, MM. les commissaires y ont aisément reconnu que les plaintes, soit de MM. les propriétaires du canal, ou des communautés riveraines de Fresqueil, sur les dommages que leur causoient les débordemens de ses eaux, avoient été la premiere origine de l'affaire dont les Etats s'occupent depuis si longtems, & qui étant très-simple dans son principe, est devenue depuis aussi compliquée. N°. IV.

Que l'établissement dans le canal de portes busquées, pour y faire passer debout les eaux de la riviere, fut d'abord le premier & le seul moyen que proposerent de concert toutes les parties pour faire cesser leurs plaintes; mais que bientôt après, on mit en parallele avec ce premier expédient, l'alternative de la construction d'un aqueduc qui fit passer lesdites eaux sous le canal.

Que la comparaison de la dépense de ces deux projets, avoit fait pencher la balance du côté des portes busquées; mais que l'opposition de MM. les commissaires du diocese de Carcassonne à leur établissement, qui suivit de près, laissa encore les choses dans l'indétermination, quoique ce diocese offrît de contribuer à la dépense de l'aqueduc pour une somme assez considérable, indépendamment de la dépense qu'il avoit déjà faite pour la démolition de deux moulins, dont la destruction a toujours continué d'être regardée comme nécessaire, même avec la construction de l'aqueduc.

Que les Etats ayant voulu connoître d'une maniere précise quel seroit l'objet de la dépense de cette construction, ordonnerent plusieurs vérifications & autres opérations dont il leur fut rendu compte, en même tems que des prétentions de MM. les propriétaires du canal sur la propriété des eaux de Fresqueil, & la résolution où ils étoient de ne pas s'en départir; & que ce ne fut qu'alors que la ville de Carcassonne, instruite de cette espece de litige, s'avisa de former la demande du rapprochement du lit du canal auprès de ses murs.

Que cette demande fit changer l'af-

N°. IV. faire de face, attendu l'importance du changement du lit du canal, soit par la grandeur des frais que devoit occasionner un aussi grand ouvrage, soit par les avantages qu'on assuroit devoir en résulter pour le commerce; considérations essentielles qui porterent les Etats à prendre de nouveaux renseignemens sur la liaison que pouvoit avoir ce projet avec la construction de l'aqueduc, ces deux objets leur ayant paru devoir être réunis, & à charger en conséquence le sieur Garipuy de faire à ce sujet toutes les opérations les plus propres à les mettre à même de prendre avec connoissance de cause le parti le plus convenable, en déterminant cependant, d'après les nouvelles représentations du diocese de Carcassonne, de consentir à l'acquisition qu'il entendoit faire de quelques autres moulins, qu'on regardoit toujours comme la principale cause des dommages occasionnés par les inondations de la riviere, dont toutefois la démolition seroit suspendue jusques après que les Etats auroient délibéré définitivement sur l'exécution des projets de la transposition du canal, & de la construction de l'aqueduc.

Que les Etats se sont longuement occupés ensuite de la discussion de tout ce qui a été mis sous leurs yeux à ce sujet; que l'excessive dépense évaluée, quelque parti qu'on prenne, à plus de quinze cent mille livres, les a essentiellement arrêtés, & qu'ils crurent néanmoins, d'après l'avis de leurs commissaires, devoir autoriser, comme ils le firent par la délibération du 12 Novembre 1778, le diocese de Carcassonne à faire détruire les moulins, en regardant ce préalable comme d'autant plus nécessaire, qu'on ne pouvoit se dissimuler que leurs retenues formoient un rehaussement qui étoit la premiere & la plus apparente cause des dommages dont on avoit tant réclamé.

Qu'enfin, après un nouvel examen fait dans la derniere assemblée, en applaudissant, sans y consentir encore, aux efforts qu'offroient de faire le diocese, la ville, & le corps du commerce de Carcassonne, ont cru devoir insister sur une nouvelle vérification de la nécessité de la construction de l'aqueduc, & son influence sur les inondations supérieures de cette riviere, & qu'il seroit cependant sursis à l'estimation, comme à la destruction des moulins. N°. IV.

Que c'est donc de ce qui résulte du rapport du sieur Garipuy sur ces derniers objets, que doit émaner la résolution qu'ont à prendre présentement les Etats sur l'insistance du diocese & de la ville de Carcassonne.

Qu'il paroît par le dire de ce directeur, comme on l'a déjà rapporté, que la construction de l'aqueduc seroit certainement l'ouvrage le plus propre à éviter les ensablemens du canal, & à faciliter l'écoulement des eaux de Fresqueil auprès de son embouchure; mais qu'aussi la destruction des moulins sera encore plus avantageuse à la conservation des fonds riverains, que la construction de cet aqueduc.

Que c'est en effet le parti qui a paru à MM. les commissaires le plus conforme aux vues & aux intentions des Etats, & conséquemment le plus convenable de prendre, & qu'ainsi la commission avoit été d'avis de proposer à l'assemblée de délibérer qu'en reconnoissant, comme elle l'a déjà fait, l'utilité du changement du lit du canal pour le rapprocher des murs de la ville de Carcassonne, & sans entendre rien préjuger, quant à présent, ni pour, ni contre l'exécution de cet important projet, ni de la construction de l'aqueduc qui doit nécessairement précéder, quelque parti qu'on prenne, l'expérience de ce qu'aura produit la destruction des quatre

N°. IV. tre moulins sur laquelle insiste le diocèse de Carcassonne, ledit diocese est définitivement autorisé à faire procéder à la démolition desdits moulins, en remboursant les propriétaires de leur valeur sur le pied de l'estimation qui en a été déjà faite; qu'il sera aussi travailler au recreusement & redressement du lit de la riviere; & que le sieur Garipuy déterminera ensuite par un nivellement exact, à quelle hauteur & distance relativement à la hauteur du canal, pourront s'étendre dans les terres riveraines les eaux de ladite riviere lors de ses inondations, & qu'il n'y a lieu de rien statuer à présent sur la destruction ou conservation des autres moulins, pour être ensuite d'après les nouvelles connoissances qu'auront procuré ces opérations, & dans des circonstances plus favorables, pris par les Etats telle résolution ultérieure qu'il appartiendra sur l'exécution des autres travaux qu'exigent les différens projets qui leur ont été présentés.

Comme aussi, que le diocese de Carcassonne avisera aux moyens de pourvoir incessamment au redressement & recreusement de la riviere de Fresqueil, en déterminant les fonds pour lesquels il entend contribuer à cette dépense, & que MM. les députés seront chargés de solliciter auprès du Roi des secours plus abondans que ceux qui ont été accordés jusqu'à présent pour le même objet.

Ce qui a été délibéré, conformément à l'avis de MM. les commissaires.

V.

EXTRAIT du registre des délibérations des Etats généraux de Languedoc, assemblés par mandement du Roi en la ville de Montpellier au mois de Novembre 1781.

N°. V. Du Vendredi 4 Janvier 1782, président Mgr. l'archevêque de Toulouse.

MONSEIGNEUR l'évêque de Montpellier a dit, que le sieur de Montferrier fils a rapporté à la commission le procès-verbal de visite faite par le sieur Garipuy du canal de communication des mers, depuis la Garonne jusqu'à l'étang de Thau. . . . . . .

Que le sieur Garipuy rapporte, en second lieu, le dire du syndic du diocese de Carcassonne sur le projet de rapprocher le canal de cette ville, & sur la construction d'un aqueduc pour faire passer sous le canal les eaux du Fresquel.

Que les Etats ont été informés les années précédentes, des demandes respectives formées par le diocese de Carcassonne, & par MM. les propriétaires du canal, au sujet du passage des eaux de la riviere de Fresqueil, à travers le canal, & du dommage qu'elles causent, tant à la navigation, qu'aux terres riveraines; que la construction d'un aqueduc sous le canal pour le passage de ces eaux, ayant paru le moyen le plus sûr pour assurer la navigation, & pour diminuer la hauteur des inondations sur les terres voisines, le diocese de Carcassonne l'auroit adopté; qu'ensuite ayant reconnu que l'exécution de cet aqueduc exige le changement du canal sur une assez grande longueur, ce diocèse, ainsi que la ville de Carcassonne, & les divers corps de commerce qui y sont établis, auroient représenté que ce changement devroit déterminer de rapprocher en même-tems le canal de la ville de Carcassonne, afin de ne pas faire une dépense superflue, en séparant ces ouvrages qui doivent avoir une partie commune; & que pour l'entiere exécution de ce projet, le diocese de Carcassonne, la ville & les divers corps de commerce offrirent d'y contribuer, en fournissant chacun une somme relative à leurs moyens.

Que cette année, après avoir fait connoître, que le diocese de Carcassonne se conformoit aux intentions des Etats, en procédant à l'acquisition & destruction des moulins établis sur la riviere de Fresqueil, dont deux sont détruits, le troisieme acheté, se proposant d'acheter & détruire les trois autres, le syndic représente que le diocese de Carcassonne espere que les Etats seront persuadés qu'il ne peut retirer des dépenses auxquelles il se livre, soit pour le redressement du lit de Fresqueil, soit pour la démolition des moulins, le fruit qu'il a lieu d'en attendre, sans la construction de l'aqueduc pour le passage des eaux de cette riviere. Que d'après ces espérances fondées sur la justice de cette assemblée & les grandes vues qui la dirigent, le diocese persiste à supplier les Etats de vouloir bien déterminer la construction de l'aqueduc, & le rapprochement du canal de la ville de Carcassonne.

Sur quoi le sieur Garipuy observe, 1°. Que la construction d'un aqueduc pour faire passer sous le canal les eaux de Fresqueil, est le seul moyen capable d'empêcher que la navigation soit interrompue par cette riviere, & de diminuer la hauteur de ses inondations près le canal. 2°. Qu'il convient que le diocese de Carcassonne achete & fasse détruire les trois autres moulins dont il a délibéré la démolition, & qu'il fasse travailler au redressement des principales sinuosités de la riviere de Fresqueil, dans tout ce qui est au-dessus des alignemens qui dépendent de la construction de l'aqueduc.

A quoi le sieur de Montferrier a ajouté ; qu'il paroît que le rapprochement du canal de la ville de Carcassonne sera de la plus grande utilité pour cette ville & pour le commerce en général, & que cet ouvrage & la construction de l'aqueduc, dont l'exécution ne doit point être séparée, ne pouvant être exécuté qu'autant qu'il plaira au Roi d'accorder des secours proportionnés à leur utilité & à la dépense qu'ils exigent, il est à desirer que les Etats veuillent bien renouveller leurs sollicitations sur cet objet. . . . .

Qu'il devoit s'empresser d'annoncer à la commission, de la part de Mgr. l'archevêque de Narbonne, qu'un concours de circonstances heureuses procurées par l'activité & l'intérêt du prélat qui présidoit cette année la députation, & qui avoit joint les plus vives sollicitations aux siennes pour le succès d'une affaire qui intéresse la ville épiscopale de son diocese, avoit donné le plus grand espoir de succès dans les démarches de MM. les députés ; que le ministre des finances leur avoit paru convaincu de l'utilité du rapprochement du canal près la ville de Carcassonne, & très-porté à accorder un secours proportionné à l'étendue de ce projet ; qu'ainsi, il étoit essentiel de profiter des dispositions favorables de ce ministre, pour obtenir de lui un secours annuel sur le produit de la crue du sel. . . . . . .

Que MM. les commissaires, après avoir examiné de nouveau les demandes formées par le diocese & par la ville de Carcassonne, ainsi que par les divers corps de commerce de cette ville, au sujet de la construction d'un aqueduc pour le passage des eaux de la riviere de Fresqueil, & le rapprochement du canal de la ville de Carcassonne, ont été persuadés, comme les années précédentes, des avantages que ces ouvrages procureroient aux possessions riveraines de Fresqueil, & au commerce en général ; mais que la dépense étoit trop considérable pour pouvoir être entreprise dans des momens aussi malheureux, qui ôtent à la province le moyen d'y contribuer ; Qu'ain-

N°. V. si, ils avoient cru devoir proposer aux Etats, 1°. De persister dans la délibération qu'ils ont prise dans leur derniere assemblée, en renvoyant à des tems plus heureux, à prendre telle résolution ultérieure qu'il appartiendra sur l'exécution de l'aqueduc, & le rapprochement du canal près Carcassonne; & cependant, de prier Mgr. l'archevêque de Narbonne de vouloir bien appuyer de son puissant crédit, les démarches de MM. les députés, en les chargeant de suivre l'année prochaine, les dispositions favorables du ministre des finances; de le convaincre de plus en plus de l'utilité du projet, & de solliciter pour qu'il accorde un secours considérable sur la crue du sel; grace que les Etats ont lieu d'attendre, puisqu'ils sont dans la possession constante d'obtenir à toutes les crues du sel, un secours particulier de Sa Majesté, & que celui qu'ils sollicitent seroit destiné à faire un fonds capable de soulager la province, lorsqu'elle pourra entreprendre un projet aussi important & aussi étendu.

2°. Que le diocese de Carcassonne continuera d'acheter & de faire détruire les trois autres moulins dont il a délibéré la démolition; comme aussi, qu'il fera travailler au redressement des principales sinuosités de la riviere de Fresqueil, dans tout ce qui est au-dessus des alignemens à faire pour la construction de l'aqueduc.....

Ce qui a été délibéré sur tous les points, conformément à l'avis de MM. les commissaires.

ARTICLE QUATRIEME.

Du Canal de Saint-Pierre à Toulouse.

Pour se faire une idée juste de l'utilité & de l'importance de cet Ouvrage, il est indispensable de recourir au mémoire présenté au Roi par les Etats en 1780, & qui a été imprimé dans le second volume de cette collection, N°. XXXIV du Titre I du Livre IV. §. *des Canaux & Rivieres*, pag. 359.

N°. I.

I.

EXTRAIT du registre des délibérations des Etats généraux de Languedoc, assemblés par mandement du Roi en la ville de Montpellier au mois de Novembre 1776.

Du Lundi 23 Décembre suivant, président Mgr. l'archevêque & primat de Narbonne, commandeur de l'ordre du Saint-Esprit.

MONSEIGNEUR l'évêque de Montpellier a dit, que le sieur de la Fage, syndic général, a rappellé à la commission, que les Etats, par leur délibération du 27 Février 1776, concernant le quai de la Daurade à Toulouse, déterminerent que les commissaires qui seroient nommés pour les travaux publics du haut Languedoc, prendroient tous les moyens nécessaires pour faire cesser les différends qui s'étoient élevés à raison de l'acquisition de la maison de la Dlle. Fournier; qu'ils statueroient sur les demandes formées par l'hôpital de Toulouse & par le sieur abbé Bonnaure, de même que sur toutes les autres demandes en indemnité qui pourroient être formées à raison des ouvrages dudit quai; qu'ils examineroient en quoi consistent les ouvrages déjà faits, & ceux qui restent à faire, suivant le projet général, en distinguant les ouvrages d'absolue nécessité d'avec ceux dont l'exécution pourroit être différée; qu'ils se feroient rendre compte du montant des dépenses déjà faites, tant en construction d'ouvrages, qu'en acquisition de maisons ou autrement, & de celles qui restent à faire pour l'exécution du projet; qu'ils assisteroient à la réception des ouvrages du canal; qu'ils constateroient si le prolongement des murs du quai, au-dessus & au-dessous de la prise d'eau, sont nécessaires; qu'ils se feroient rendre compte de la dépense à faire, tant pour leur construction, que pour l'acquisition des maisons dont lesdits murs nécessiteront la démolition; & qu'à raison du prix desdites maisons, ils prendroient de leurs propriétaires des soumissions conditionnelles qui en fixeroient la valeur d'une maniere irrévocable, pour sur le rapport qui seroit fait à la présente assemblée des Etats, de tous ces objets, être par elle statué ce qu'il appartiendroit.

Que ledit sieur de la Fage a dit ensuite à la commission, que le canal ayant été rendu navigable avant que tous les ouvrages qui en dépendent fussent achevés, Mgr. l'archevêque de Narbonne, assisté d'une partie des commissaires des travaux publics du haut Languedoc, avoit fait l'ouverture de sa navigation, le Dimanche de *Quasimodo* 14 Avril 1776; que le concours

N°. I. des habitans qui accoururent pour être témoins de cette cérémonie fut très-grand, & que les acclamations continuelles furent autant de démonstrations de la juste reconnoissance dont la ville de Toulouse est pénétrée pour les bienfaits qu'elle reçoit des Etats.

Que postérieurement à l'époque de l'ouverture de la navigation, & dans les premiers jours du mois de Juin, MM. les commissaires s'assemblerent à Toulouse, pour s'occuper des objets qui leur avoient été renvoyés par la délibération des Etats du 27 Février 1776; qu'ils commencerent alors à vérifier les ouvrages, ainsi que les états des fonds & des dépenses, & les estimations des maisons qu'il faut acquérir pour l'achevement des quais, & à raison des avenues de la nouvelle porte Saint-Cyprien.

Que n'ayant pu constater d'une maniere invariable le prix desdites maisons, parce que les propriétaires n'avoient point encore consenti de les céder sur le pied des estimations, ils chargerent les sieurs Besaucele & de Saget, de traiter avec lesdits particuliers, & renvoyerent la continuation de leurs séances aux premiers jours de Novembre; époque à laquelle ils ont statué, d'une maniere définitive, sur tous les objets dont la connoissance leur avoit été renvoyée.

Qu'il résulte du verbal de leurs séances, que les Etats déterminerent le 23 Février 1764, la construction du quai de la Daurade, ainsi que le démasquement de la premiere arche du pont, comme une suite des réparations qu'ils venoient de faire faire à cet édifice.

Que s'étant élevé des doutes sur la nécessité & sur le prix de ces ouvrages, il fut délibéré le 3 Janvier 1765, que les directeurs des travaux publics procéderoient à une vérification des lieux, en présence du sieur de la Fage, & de quatre commissaires de la ville de Toulouse. N°. I.

Que sur le rapport de cette vérification, à laquelle lesdits directeurs avoient procédé dans le mois d'Août 1765, les Etats prirent le 16 Janvier 1766 une délibération motivée, par laquelle ils déciderent, pour la conservation de la seconde pile du pont du côté de la ville, qui menaçoit d'être affouillée, la destruction des atterrissemens dans le lit de la riviere, tant au-dessus qu'au-dessous de la premiere arche du pont, la construction d'un quai sous la terrasse des Bénédictins, la construction d'une digue depuis l'isle de Thounis jusqu'à l'avant-bec de la premiere pile du pont, l'ouverture d'un canal dans les Ramiers de Virbès, & le rehaussement du cours.

Que le bail de ces ouvrages fut passé le 19 Mars 1766, au nommé Maury, qui les commença le lendemain des fêtes de Pâques de la même année, & qui travailla d'abord avec assez d'activité pour faire croire qu'il les auroit bientôt achevés; mais qu'il se ralentit ensuite, au point que n'y ayant pas lieu d'espérer qu'il les teminât, Mgr. l'archevêque de Toulouse lui fit consentir le résiliement de son bail pour les ouvrages qui restoient à faire; que ces ouvrages, à la réserve de ceux relatifs aux Ramiers de Virbès, & au rehaussement du cours, furent adjugés à deux nouveaux entrepreneurs, qui les conduisirent à leur perfection.

Que les Etats ordonnerent par la même délibération du 16 Janvier 1766, qu'on constateroit, par une nouvelle vérification l'objet & l'utilité d'un port que la chambre du commerce de Toulouse demandoit dans la partie de la Garonne qui traverse la ville de Toulouse.

Que les directeurs des travaux publics procéderent à cette vérification dans le mois d'Octobre 1766; que sur

No. I. le rapport qui en fut fait, les Etats délibérerent le 16 Décembre suivant, de faire les ouvrages nécessaires pour former le port, & pour faciliter aux barques le moyen d'y aborder, & que le sieur de Saget dresseroit le projet de ces ouvrages.

Que ces projets furent présentés aux Etats le 2 Janvier 1768, & qu'ils donnerent lieu à cette assemblée de délibérer, 1°. La construction d'une écluse au-dessus du moulin du château, pour communiquer de la partie supérieure de la Garonne avec la partie renfermée dans l'enceinte de la ville de Toulouse. 2°. La construction d'un canal qui, prenant les eaux au-dessus du moulin du Bazacle, & les introduisant dans le canal de Languedoc, près le pont du petit Graniague, devoit établir la communication de la partie de la Garonne renfermée dans l'enceinte de la ville, avec la partie inférieure de cette riviere. 3°. La construction de deux atterrissemens, l'un au port de Bidou, & l'autre à la Daurade, avec des passages ménagés dans toute la longueur au bord de la riviere, pour communiquer de l'un à l'autre atterrissement. 4°. De commencer l'exécution de ces ouvrages, par la construction du canal dont Mgr. l'archevêque de Toulouse fut prié de passer le bail conjointement avec MM. les commissaires de son diocese.

Que ce bail fut passé le premier Août 1768 au sieur Sabatier, au prix en bloc de 330,000 livres; qu'une des conditions du marché fut que l'entrepreneur finiroit l'ouvrage dans quatre années, & qu'il n'en recevroit l'entier payement que dans sept, l'intérêt des avances lui devant être payé à quatre pour cent.

Que les Etats jugerent ensuite utile à l'accélération de l'ouvrage, de ne pas charger l'entrepreneur d'autre avance que de celle de douze mille livres qu'il étoit tenu par son bail d'avancer en ouvrages faits, & qu'ils délibérerent le 5 Janvier 1771, de pourvoir au payement du surplus de ces avances, au moyen d'un emprunt dont les intérêts, & ensuite les capitaux seroient payés sur les impositions destinées aux ouvrages du canal, & que la permission de faire cet emprunt fut accordée par arrêt du conseil du 24 Mars 1771. No. I.

Que l'entrepreneur ayant fait des réclamations à raison des augmentations qu'il disoit avoir faites, & à raison du surplus de valeur que les matériaux avoient acquis depuis le commencement de l'ouvrage, les Etats délibérerent le 25 Janvier 1775, que les commissaires nommés pour procéder aux adjudications du haut Languedoc, feroient constater en leur présence ces augmentations, & que, le cas y échéant, ils en feroient payer une partie aux entrepreneurs, sauf à être statué par les Etats pour le reste.

Qu'il résulte de cette vérification, dont le rapport fut fait à la derniere assemblée des Etats, que les ouvrages faits revenoient à 390,865 liv. 12 sols 5 deniers; que cet entrepreneur n'avoit reçu que 313,000 livres; & que par conséquent il lui restoit dû 77,865 livres 12 sols 5 deniers, à compte de laquelle somme MM. les commissaires lui firent payer 65,865 livres 12 sols 5 deniers en retenant les 12,000 livres qu'il devoit, suivant son bail, avancer en ouvrages faits.

Que lors de cette vérification, MM. les commissaires déterminerent divers ouvrages pour donner une plus grande perfection au canal, & que ces ouvrages, dont on rendit compte aux Etats derniers, tendent à leur fin.

Que pendant qu'on travailloit au canal, les Etats s'occuperent du port où devoient aborder les barques qui arriveroient dans l'enceinte de la ville, & qu'ils délibérerent le 5 Janvier 1771,

N°. I. de construire à cet effet l'atterrissement de la Daurade, compris dans les projets délibérés le 16 Décembre 1766; d'acquérir les maisons qui se trouvoient dans l'emplacement de ce port, au prix de 182,250 livres fixé par Raymond expert, & de payer ces acquisitions sur un emprunt dont les intérêts, & ensuite le remboursement des capitaux, seroient pris sur les fonds que la province fait annuellement pour les ouvrages du quai.

Que le même arrêt du conseil du 24 Mars 1771 qui permet l'emprunt des sommes nécessaires pour le payement de l'entrepreneur du canal, permet aussi l'emprunt du prix desdites maisons.

Que la difficulté de se procurer des fonds suffisans, n'ayant pu permettre d'acquérir les maisons immédiatement après l'obtention de cet arrêt du conseil, elles augmenterent de valeur relativement au surhaussement général du prix des maisons de la ville, & de la cherté des loyers de celles du quartier de la Daurade, occasionnée par la destruction des premieres qu'on avoit acquises; que cette plus-value fut constatée par une nouvelle estimation à laquelle procéda le sieur Bressole, & qu'elle a été payée, partie sur les impositions, & partie sur les emprunts, suivant la nature de ces fonds qui se sont trouvés en caisse lors des payemens.

Que le 7 Décembre 1772, les Etats assurés de devenir propriétaires des maisons nécessaires pour l'emplacement du port de la Daurade, & voyant les ouvrages du quai de la Daurade tendre à leur fin, chargerent leurs commissaires de passer le bail de la construction de ce port; ce qu'ils firent le 13 Mai 1773.

Que par la même délibération du 7 Décembre 1772, les Etats ordonnerent la démolition des maisons acquises, & qu'on vendroit les matériaux inutiles aux nouvelles constructions; qu'ils chargerent aussi le sieur de Saget de donner les alignemens, même les décorations des façades à ceux qui voudroient s'y conformer, & de faire procéder à l'estimation qui leur seroit légitimement due à raison du terrein qu'on prendroit, pour être pourvu à leur payement en la forme ordinaire. N°. I.

Que la construction des ouvrages du quai, a donné lieu à des représentations de la part des Bénédictins, & de quelques particuliers propriétaires des maisons voisines, dont la plupart ont été terminées, & qu'il en restoit encore quelques-unes dont l'arrangement avoit été renvoyé auxdits sieurs commissaires, ainsi qu'il résulte de la délibération du 27 Février 1776 déjà citée.

Que le sieur de la Fage a ajouté; que MM. les commissaires, après avoir ainsi constaté ce qui a donné lieu aux ouvrages du quai de la Daurade & du canal de Saint-Pierre, & ce qui s'est passé depuis le moment où ils ont été entrepris jusqu'à ce jour, se sont occupés à reconnoître l'état actuel desdits ouvrages, & ce qui reste à faire pour les conduire à leur perfection.

Qu'il résulte des renseignemens qu'ils ont pris relativement au quai, qu'on a achevé le quai de la Daurade, depuis les maisons voisines du pont relevant de la ville, jusques au port de la Daurade, & que la construction de ce port est bien avancée.

Que pour achever ces ouvrages, il reste, en premier lieu, à ouvrir le quai de la Daurade vers le pont, en détruisant à cet effet trois maisons, & en en morcelant trois autres relevant toutes de la ville, dont le prix a été convenu avec les propriétaires à 55,860 livres, lesdits propriétaires ayant réservé qu'ils demeureroient libérés de payer les rentes convenues par les actes d'inféo-

N°. I. dation, sauf à la province à s'arranger avec la ville, sans aucune diminution des prix fixés par leur soumission, & que les ouvrages à faire pour former cette partie du quai coûteront 24,000 livres.

En second lieu, qu'il faut continuer le quai depuis le port de la Daurade jusques au Bazacle; dont la construction coûtera 633,000 livres; & qu'il faut à cet effet acquérir plusieurs maisons.

Que dans le nombre des trente-sept propriétaires à qui appartiennent lesdites maisons, il y en a vingt-six qui ont signé leur soumission pour les céder à la province, deux avec lesquels on n'a pu encore traiter à raison de leur absence, & neuf avec lesquels on n'a pu être d'accord: que les soumissions des vingt-six propriétaires portent le prix total de leurs maisons à 203,240 livres, tandis que l'estimation qui en avoit été faite par Raymond, expert, ne le porte qu'à 195,620 livres, ce qui fait une différence de 7620 livres au-dessus de l'estimation; que les deux maisons pour lesquelles on n'a pu encore traiter avec les propriétaires, sont estimées 25,900 livres, & que celles à raison desquelles on n'a pu être d'accord avec ceux à qui elles appartiennent, sont estimées 41,900 livres, & qu'il y a lieu de présumer, d'après les demandes par eux faites qu'ils esperent en avoir environ 30,000 livres de plus; en sorte qu'en ayant égard aux augmentations portées par les soumissions, & à celles qu'on présume que desirent les propriétaires avec lesquels on n'a pu encore traiter, le prix total des maisons à acquérir pour achever le quai depuis le port de la Daurade jusques au Bazacle, ne pourra jamais se porter au-dessus de 300,000 livres.

En troisieme lieu, qu'il faut, pour rendre les banquettes inférieures au quai commodes au tirage des barques, les porter, ainsi que le desire la chambre du commerce, à la hauteur du port de la Daurade; ce qui forme un objet de dépense de 31,000 livres. N°. I.

En quatrieme lieu, & enfin, que pour retirer bientôt un avantage des ouvrages déjà faits, il est indispensable de commencer ceux qui restent à faire pour la construction de la partie du quai qui est entre le canal & le port de Bidou, qui est absolument nécessaire pour faciliter aux barques la communication du canal avec la Garonne; comme aussi, de faire travailler en même-tems à la construction des fondations du mur de quai, entre les deux atterrissemens dont l'empâtement est nécessaire pour la remonte des barques.

Qu'il résulte en outre des renseignemens que MM. les commissaires ont pris relativement au canal de Saint-Pierre, qu'il reste pour le conduire à sa perfection 1°. à achever les déblais, les élargissemens, les applanissemens, & les gravelages des chemins, ainsi que les contre-canaux. 2°. A mettre une grille à l'entrée de l'aqueduc à Siphon. 3°. A placer les couvertures sur les regards de l'aqueduc de dégravoyement, & les empellemens qui doivent en fermer l'issue. 4°. A construire le pont pour la communication des chemins du tour de la ville. 5°. A achever la maison du garde-écluse, & du commis qui sera chargé de percevoir les droits sur le canal. 6°. A planter les arbres le long des chemins latéraux du canal, & que tous ces ouvrages forment un objet d'environ 58,000 livres.

Que MM. les commissaires ayant été instruits qu'il y avoit quelques-uns de ces ouvrages à raison desquels il n'avoit pas été fait de prix, ont traité avec l'entrepreneur, auquel ils ont accordé quinze livres par toise cube de gravelage, vingt livres pour chaque borne

N°. I. borne avec son enveloppe de maçonnerie, & trois livres pour chaque toise quarrée de gazonnage.

Qu'ils ont traité aussi avec le nommé Plantier pour la plantation des arbres, dont cet arboriste s'est chargé au prix de trente-six sols piece, sur lequel prix il s'est obligé de fournir des ormeaux de la grande feuille de neuf pieds de hauteur de tige, & de quatre pouces de circonférence, de les planter, & de les munir de tuteurs & de buissons.

Qu'ils ont déterminé en même-tems, qu'on acquéreroit les pieces de bois pour les batardeaux à placer au canal lors des crues de la Garonne, & lors des diverses réparations, ainsi que la barque, les grappins, & les autres outils nécessaires aux diverses manœuvres du canal.

Qu'ils ont approuvé de plus, qu'en se conformant à une ordonnance de police nouvellement rendue à Toulouse, on eût substitué des arceaux de décharge aux pieces de bois qui doivent couronner les ouvertures des portes & des fenêtres de la maison du garde-écluse.

Qu'enfin, pour ne laisser rien à mettre en regle, ils ont fait payer au garde-écluse trente livres par mois, jusqu'à ce que les Etats ayent statué sur le traitement qui doit lui être fait.

Que MM. les commissaires, s'occupant ensuite des réclamations & des demandes de divers particuliers, en se conformant à la délibération des Etats du 27 Février 1766, ont fait, 1°. acquérir au prix de huit mille livres, fixé par l'estimation de Raimond, du 4 Mars 1775, une des deux maisons dont l'hôtel-Dieu Saint-Jacques, & le sieur Bonnaure ont hérité des demoiselles Bonne, sœurs, de laquelle une partie est nécessaire pour donner au quai son entiere largeur, & une autre partie doit être retranchée pour élargir l'issue du quai vers la rue des Lanterniers. N°. I.

2°. Qu'ils ont aussi fait acquérir au prix de six cent livres un terrein vacant près de la rue de la Vache, qui se trouve compris dans les alignemens des ouvrages de la province, & sur lequel le nommé Carrel alloit construire une maison.

3°. Qu'ils ont autorisé le sieur Deschamps à retenir six mille livres sur les six mille sept cent soixante-quatorze livres dix sols provenant des ventes des matériaux qu'il avoit en main, & qu'il devoit, suivant la délibération des Etats du 27 Février 1776, remettre dans la caisse du trésorier de la province, sur laquelle somme ils lui ont accordé 2000 livres pour le loyer de quatre années de la maison qu'il occupe, ayant été forcé de quitter celle que la province avoit acquise de la veuve Beraud avant d'avoir achevé la sienne; huit cent livres pour les deux déménagemens de ses meubles & marchandises; deux mille quatre cent livres en indemnité des dommages que les diverses constructions de la province lui ont occasionné dans son commerce; & huit cent livres pour les soins qu'il s'est donnés à raison de la vente des matériaux appartenans à la province, & de la recette des fonds desdites ventes, à la charge par lui de se donner les mêmes soins pour leur continuation sans nouvelle rétribution.

4°. Qu'ils ont fait payer huit cent livres au sieur abbé Bonnaure, pour lui tenir lieu de toute indemnité à raison des dommages qui lui ont été occasionnés par la suspension des travaux de sa maison, dont les discussions de la province avec les propriétaires des maisons voisines ont été cause.

5°. Qu'ils ont aussi fait payer au sieur Escouboué 2400 livres, & qu'ils lui ont accordé en outre une petite portion

N°. I. de terrein à prendre sur la maison acquise par la province du sieur Ferradou pere, pour lui tenir lieu de supplément des dommages, à raison du retranchement de sa maison.

6°. Qu'ils ont déterminé qu'on payeroit aux héritiers du nommé Tournier, la somme de cent livres par année à compter du jour où on les a empêchés de réédifier leur maison, jusqu'à celui où on l'acquérera, en représentation du loyer qu'ils sont obligés de payer pour leur logement.

7°. Qu'ils ont fait payer au nommé Milan, charpentier, deux mille livres pour le dédommager des pertes qu'une inondation survenue dans le mois d'Avril 1775 lui a causé, en emportant tous les bois & les échafaudages, & en comblant les encaissemens de la fondation du quai & du port qu'il avoit dégravoyé.

8°. Qu'ils ont accordé au sieur Lucas, cinq mille livres au dessus des quinze mille livres du prix qui avoit été fait avec lui pour la construction du bas relief entre les ponts du petit Graniague, à raison des augmentations qui lui ont été demandées, ayant reconnu par un compte appuyé des pieces justificatives, que ses déboursés se portoient à dix-sept mille sept cent livres.

9°. Que sur la demande que les propriétaires du moulin du Bazacle ont fait en indemnité du droit du radeau placé au port de Bidou, & qui est affermé 325 livres, & en construction du mur de quai entre le canal & le moulin, MM. les commissaires ont statué qu'on pourvoira, ou par remplacement, ou par indemnité, à la perte du radeau lorsqu'on construira la partie des ouvrages qui en exigera la suppression, & qu'on statuera sur la seconde demande, après qu'on aura connu exactement ce qui peut être accordé aux propriétaires du moulin, sans nuire au public ni aux propriétaires des maisons voisines. N°. I.

10°. Que lesdits sieurs commissaires ont décidé, qu'attendu que les alignemens qui fixent les bornes des possessions des Bénédictins le long des quais, & des ouvrages que fait la province, n'ont été donnés auxdits religieux que le 2 Janvier 1773, le délai de six années, dans lequel ils se sont obligés de construire la maison presbytérale, ne doit courir que dudit jour, & qu'en conséquence la province doit payer encore aux paroissiens de la Daurade, le loyer de la maison de leur curé jusqu'au 2 Janvier 1779, passé lequel délai, le loyer de ladite maison sera payé par les religieux Bénédictins, dans le cas qu'ils n'ayent point achevé de construire la maison presbytérale, dont ils se sont chargés vis-à-vis de la province.

11°. Qu'ils ont réduit à 6400 livres le mandement de 10,000 livres expédié en faveur des religieux Bénédictins, à raison des retranchemens à faire aux deux maisons qui sont à l'extrémité de leur terrasse, ayant reconnu d'après les éclaircissemens qu'ils ont pris avec le nommé Raimond, expert de la province, que le prix de 10,000 livres étoit celui des entieres maisons, & que celui de la partie à retrancher n'étoit que de 6400 livres; & qu'ils ont en même-tems chargé les sieurs Besaucele & de Saget de traiter avec lesdits religieux pour qu'en reconstruisant le mur de face, ils le fassent conforme à celui dont la commission a agréé le plan, & que les propriétaires des maisons voisines vers le pont doivent construire.

12°. Qu'après avoir tenté inutilement toutes les voies de conciliation possibles vis-à-vis de la demoiselle Fournier, à raison de l'acquisition que la province doit faire des deux maisons qu'elle possede dans le quartier de la

N°. I. Daurade, MM. les commissaires ont déterminé qu'il seroit fait des diligences pour contraindre cette demoiselle à céder ses deux maisons au prix de 6032 livres porté par l'estimation de Bressoles, & ce, sur la considération qu'on ne pouvoit lui accorder les fins de ses demandes sans exposer la province de payer sur un plus haut prix que celui de la vraie valeur, les possessions des propriétaires dont l'obstination deviendroit des plus fortes, & qu'il n'est pas de l'équité que ceux qui mettent les plus grands obstacles à l'accélération des ouvrages soient traités plus favorablement que ceux qui, en se conformant aux regles, cedent de suite leurs possessions sur les prix fixés par les estimations des experts de la province.

13°. Que MM. les commissaires ont renvoyé jusqu'à ce que les Etats eussent pris des arrangemens à raison de l'acquisition des maisons à détruire pour statuer sur les demandes que plusieurs particuliers ont faites, afin qu'on acquît de suite les leurs, dont ils se proposoient d'employer le prix à l'acquisition d'autres maisons à leur bienséance.

14°. Qu'ils ont accordé à la ville de Toulouse, pour élargir la rue, une partie du terrein de la maison que la province a acquise du sieur Ferradou, & fait marché avec le nommé Barthe, maçon, pour faire clore le reste de ce terrein jusqu'à la hauteur du premier étage des maisons voisines, sauf ensuite à vendre ce terrein ainsi clos, à celui qui se présentera pour faire la condition de la province meilleure.

Qu'enfin, MM. les commissaires ont arrêté qu'on céderoit aux propriétaires du moulin du Bazacle, & aux autres propriétaires des maisons qui sont dans la même isle près le moulin, le terrein qui est derriere leurs jardins & bâtimens, en représentation des portions d'indemnité des dommages qu'on leur cause par les démolitions de leurs maisons, avec clause que, dans le cas qu'ils veuillent bâtir près du canal, relativement aux alignemens tracés sur le plan par la commission, ils laisseront neuf toises de largeur au chemin, depuis son bord du côté du canal, jusques auxdites maisons, & seront assujettis à se conformer aux décorations des façades qui leur seront données du côté du canal; & que dans le cas où les propriétaires desdites maisons & jardins contigus ne voulussent pas ledit terrein, il sera délivré sous les mêmes clauses, à ceux qui feront la condition meilleure. N°. I.

Qu'après avoir ainsi statué sur toutes les demandes des particuliers, & sur tous les objets susceptibles de quelque discussion, MM. les commissaires sont entrés dans l'examen du montant de la dépense faite à raison des ouvrages du quai & du canal, & de celle qui reste à faire pour les conduire à leur perfection.

Qu'il résulte d'un recueil d'états de recette & de dépense qu'ils ont annexé au verbal de leurs séances, que les fonds faits pour le quai de Toulouse, consistent; savoir, à l'imposition de 397,425 liv. 10 s.; en produit de vente de matériaux à 13,602 liv. 7 s.; & à l'emprunt de 232,267 liv. 6 s. 6 d.; ce qui forme un fonds total de 643,295 liv. 3 s. 6 d.; que sur ce fonds il a été dépensé 635,195 liv. 10 s. 2 d., dont 255,263 liv. 7 s. 11 d. en ouvrages, & 379,932 liv. 2 s. 3 d. en acquisition de maisons & autres objets; & que par conséquent, il reste en caisse 8099 liv. 13 s. 4 d.

Que les dépenses qui restent à faire se montent; savoir, pour les sommes que MM. les commissaires ont accordées aux particuliers réclamans, ainsi qu'ils y étoient autorisés par les Etats, 17,400 liv.; pour payer ce qui reste

N°. I.

dû sur les maisons acquises, 12,671 liv. 19 f.; pour la continuation des ouvrages, 759,600 liv.; pour les maisons acquises, suivant les prix portés par les soumissions des propriétaires qui ont acquiescé aux estimations, 259,100 liv.; pour les maisons à acquérir, à raison desquelles on n'a point reçu des soumissions, en supposant les prix portés par l'estimation, 67,800 liv. 13 f. 4 d.; & en supposant qu'on en paye l'augmentation sur les prix demandés par les propriétaires 29,899 liv. 6 f. 8 d. de plus; ce qui donne pour total de la dépense qui reste à faire 1,145,871 liv. 10 f.; & attendu qu'il ne reste, ainsi qu'il vient d'être observé, que 8099 liv. 13 f. 4 d., il manque pour achever de fournir à cette dépense, 1,137,771 liv. 16 f. 8 d.

Qu'il résulte du même recueil, que les fonds faits pour le canal consistent; savoir, en imposition, à 253,374 liv. 9 f. 11 d.; en produit de vente des matériaux, à 3000 liv.; & en emprunt, à 361,047 liv. 13 f. 6 d.; ce qui forme un fonds total de 617,422 liv. 3 f. 5 d.; qu'il a été dépensé sur ce fonds, en ouvrages faits par Sabatier, 508,781 liv. 8 f. 3 d.; en indemnités & autres objets, 82,389 liv. 4 f. 7 d.; ce qui porte la dépense totale à 591,170 liv. 12 f. 10 d.; en sorte qu'il reste en caisse 26,251 liv. 10 f. 7 d.

Que les dépenses qui restent à faire se montent; savoir, pour ouvrages, à 58,388 liv. 13 f. 4. d.; pour achat de bois, batardeaux & autres objets, à 10,506 liv. 12 f.; ce qui forme un total de dépense de 68,895 liv. 3 f. 4 d.; & que ce qui reste en caisse étant de 26,251 liv. 10 f. 7 d., il manque, pour fournir aux dépenses qui restent à faire au canal, 42,643 liv. 12 f. 9 d.

Que lesdits sieurs commissaires ont estimé, qu'on ne pouvoit retirer des ouvrages déjà faits les avantages qu'on s'en est promis, qu'autant qu'on conduira ceux qui restent à faire à leur perfection; qu'en conséquence, ils proposent de faire travailler incessamment à la partie du quai qui est entre le canal & le port de Bidou, comme étant nécessaire pour faciliter la communication du canal avec la Garonne, & de faire travailler en même-tems à la fondation du mur de quai entre les deux atterrissemens dont l'empatement est nécessaire pour la remonte des barques.

N°. II.

Qu'ils proposent de plus, d'acquérir dans le cours de l'année prochaine les maisons nécessaires à la construction de la totalité des quais & du port de Bidou, afin de ne point s'exposer aux inconvéniens éprouvés du retard après l'estimation; de prendre pour le payement de ces maisons, les sommes qui peuvent se trouver en caisse provenant de la remise annuelle de 50,000 livres faite par Sa Majesté sur la derniere crue du sel, pour la navigation supérieure de la Garonne; sauf, lorsqu'on travaillera à ladite navigation, à remplacer ladite somme, ainsi qu'il sera convenable; & dans le cas d'insuffisance desdites sommes, d'emprunter celles qui seront nécessaires pour parfaire le montant du payement desdites maisons.

Que relativement aux fonds, MM. les commissaires ont cru qu'il conviendroit de continuer pendant deux années l'imposition annuelle de 25,000 livres destinée au canal, pour fournir aux ouvrages qui restent à faire; & de la proroger ensuite pour fournir au remboursement des sommes empruntées pour les ouvrages du canal, jusqu'à l'extinction des capitaux; qu'il conviendroit aussi d'augmenter de 24,000 livres l'imposition annuelle de 36,000 livres destinée au quai, en la portant à 60,000 livres pour hâter l'exécution de l'ouvrage, & pour fournir, après sa perfection, au remboursement des fonds qui auront été empruntés, ou qui pourront l'être pour les maisons qui restent à acquérir. No. I.

Que MM. les commissaires ayant reconnu qu'on a excédé de 54,817 liv. 6 s. 6 d. les fonds qu'il étoit permis d'emprunter par l'arrêt du conseil du 24 Mars 1771 pour l'acquisition des maisons, ont cru que les Etats, se faisant autoriser pour le nouvel emprunt, devoient faire comprendre dans l'arrêt du conseil qui sera rendu, l'autorisation de cet excédent, comme aussi la permission de se libérer, même vis-à-vis des gens de main morte, des rentes, pensions, obits, & hypotheques provenant des acquisitions desdites maisons, & la faculté d'acquérir des mineurs, en retenant les capitaux, & payant les intérêts jusqu'à leur majorité.

Qu'au surplus, il a été observé à la Commission, que les ouvrages délibérés par les Etats le 16 Janvier 1766, pour arrêter l'agrandissement du Ramier de Virbès, n'ayant pas été exécutés, il seroit convenable de faire ceux qui dans les circonstances présentes seront nécessaires pour arrêter les dommages que peut occasionner l'agrandissement de ce Ramier.

Que la commission ayant pris connoissance du verbal des séances qu'ont tenu à Toulouse, MM. les commissaires des travaux publics du haut Languedoc, ainsi que du recueil des états de recette & de dépense annexés audit verbal, a reconnu qu'on ne pouvoit rien ajouter à l'exactitude des détails dans lesquels lesdits sieurs commissaires sont entrés, & que les Etats devoient adopter en tous points leurs propositions à raison de la continuation des ouvrages du quai & du canal de Toulouse; qu'en conséquence, elle a été d'avis de proposer à l'assemblée de délibérer.

1°. Qu'on achevera les ouvrages qui restent à faire au canal de Saint-Pierre, suivant l'état compris dans le recueil joint au procès-verbal de MM. les commissaires; & que pour fournir à ces ouvrages, on continuera pendant les années 1777 & 1778, le fonds ordinaire de 25,000 livres destiné audit canal. No. I.

2°. Qu'en se conformant à ce qui est prescrit par l'arrêt du conseil du 24 Mars 1771, on continuera, après l'année 1778, l'imposition de 25,000 livres destinée au canal, pour fournir au remboursement des sommes empruntées pour les ouvrages dudit canal, & ce, jusques à ce que ledit remboursement soit effectué.

3°. Qu'on poursuivra incessamment l'arrêt du conseil & les lettres-patentes nécessaires pour la perception des droits sur ledit canal, afin de procurer aux Etats le moyen de fournir à son entretien & même au remboursement des sommes qu'ils ont avancées pour sa construction, en statuant que pour ne point gêner le commerce par des innovations sur la maniere de percevoir les droits; lesdits droits seront perçus à raison de deux deniers par quintal pour tout l'espace à parcourir sur le nouveau canal de Saint-Pierre.

4°. Qu'on acquérera, ainsi que MM. les commissaires l'ont jugé nécessaire, les pieces de bois dont on a besoin pour le vannage, comme aussi les trueils, cordages, & autres effets nécessaires aux manœuvres du canal, & que tous ces effets seront enfermés dans un magasin à portée, pour qu'on puisse les avoir promptement lorsque le cas le requérera.

5°. Qu'on continuera tous les ouvrages relatifs au quai de Toulouse, depuis le pont jusqu'au Bazacle, en commençant par la partie qui est entre le canal & le port de Bidou, comme

N°. I. étant la plus instante pour faciliter la communication du canal avec la Garonne, & en faisant travailler en même tems à la fondation du mur de quai entre les deux atterrissemens dont l'empatement nécessaire pour la remonte des barques sera, ainsi que celui du reste de la longueur des quais, porté à la hauteur desirée par la chambre du commerce.

6°. D'acquérir dans le cours de l'année prochaine, les maisons nécessaires à la construction de la totalité des quais & du port de Bidou, afin de ne point s'exposer aux inconvéniens éprouvés du retard après l'estimation, en déterminant qu'on payera celles à raison desquelles on a reçu des soumissions, sur les prix portés par lesdites soumissions; & les autres, sur les prix portés par les estimations qui en ont été faites, ou sur ceux qui seront réglés par MM. les commissaires des travaux publics du haut Languedoc, en observant, relativement aux maisons relevant de ladite ville de Toulouse entre la place du Pont & le quai de la Daurade, d'engager la ville à renoncer gratuitement aux rentes & droits établis sur lesdites maisons, ses députés aux états étant chargés de lui faire connoître les intentions de l'assemblée à cet égard.

7°. Que pour fournir au payement, tant de ces maisons que de ce qui reste dû sur celles qu'on a déjà acquises, on prendra les sommes qui sont en caisse, provenant de la remise annuelle de 50,000 livres faite par Sa Majesté, sur la derniere crue du sel pour la navigation supérieure de la Garonne; sauf, lorsqu'on travaillera à ladite navigation, à remplacer lesdites sommes ainsi qu'il sera jugé convenable.

8°. Que l'excédent des sommes accordées par Sa Majesté sur la derniere crue du sel, nécessaire pour parfaire le payement des acquisitions, sera emprunté jusques & à concurrence de la somme de 130,000 livres, & qu'on fera comprendre dans l'arrêt du conseil qui autorisera ledit emprunt, l'autorisation de l'emprunt de la somme de 54,817 livres 6 sols 6 deniers dont on a excédé celle de 182,250 livres, qu'il étoit permis d'emprunter par l'arrêt du conseil du 24 Mars 1771, comme aussi la faculté de se libérer des rentes & obits dont la province s'est chargée ou pourroit se charger à l'avenir, même vis-à-vis des gens de main-morte, & celle d'acquérir des mineurs, en retenant les capitaux, & en payant les intérêts jusqu'à leur majorité. N°. I.

9°. Qu'on fera de nouvelles tentatives vis-à-vis des propriétaires des maisons, avec lesquels on n'a pu être encore d'accord; & qu'au cas il s'en trouve quelques-uns avec lesquels il seroit impossible à MM. les commissaires de s'arranger relativement à la vente de leurs maisons, tels que la demoiselle Fournier & les sieurs Sancerre, les sieurs & demoiselle Peyronnet & le sieur Abbé Dufaur, les syndics-généraux feront les diligences nécessaires pour, en conformité des anciens réglemens, les contraindre de les céder aux prix des estimations déjà faites par l'expert de la province, & poursuivront même, si besoin est, un nouvel arrêt du conseil à cet effet, afin que l'obstination desdits particuliers, ne puisse en aucune maniere apporter du retardement à l'ouvrage.

10°. Qu'il sera ajouté 24,000 livres à l'imposition de 36,000 livres qu'on fait annuellement pour le quai, en la portant à 60,000 livres, pour hâter l'exécution de l'ouvrage, & pour fournir, après sa perfection, au remboursement des fonds qui ont été empruntés, & de ceux qui le seront encore; de maniere que la province

N°. I. puisse, au moyen de la prorogation de cette seule imposition au-delà du terme des ouvrages, rembourser toutes les sommes qu'elle aura empruntées pour le quai.

11°. Qu'en se conformant à ce qui a été pratiqué jusqu'à présent, à raison des intérêts des sommes empruntées pour le quai & pour le canal, on continuera d'imposer les sommes nécessaires pour payer les intérêts, tant des capitaux déjà empruntés, que de ceux qu'il faudra encore emprunter.

12°. Que les arrangemens que MM. les commissaires des travaux publics du haut Languedoc ont pris pour mettre fin aux contestations qui s'étoient élevées, & aux demandes qu'on avoit formées à raison desdits ouvrages, seront approuvées de même que pour les autres objets dont il est fait mention dans le verbal de leurs séances, en leur témoignant la reconnoissance dont les Etats sont pénétrés à raison des soins qu'ils ont bien voulu se donner pour dépouiller cette affaire, & la présenter d'une maniere aussi précise.

13°. Que MM. les commissaires qui seront nommés pour la direction des travaux publics du haut Languedoc, procéderont aux adjudications relatives à la continuation desdits ouvrages, ainsi qu'à celle des ouvrages déterminés par la délibération des Etats du 16 Janvier 1766, à l'effet d'arrêter les progrès du Ramier de Virbès; & qu'ils comprendront dans les adjudications à faire pour la continuation des fondations du quai, ou feront construire par un marché séparé, le ponton nécessaire à l'accélération des ouvrages; le tout suivant que lesdits sieurs commissaires arbitreront être le plus avantageux aux intérêts de la province.

14°. Qu'il leur sera donné pouvoir de traiter pour l'aliénation des restes des maisons acquises ou à acquérir, qui sont hors des alignements des ouvrages, ainsi que pour celles des autres terreins qui longent lesdits quai & canal, & qui sont hors des alignemens. N°. I.

15°. Que lesdits sieurs commissaires termineront toutes les contestations, demandes & réclamations qui pourront avoir lieu à raison desdits ouvrages, même vis-à-vis des Bénédictins, de maniere que rien ne puisse en retarder l'exécution.

16°. Qu'on continuera de procéder à la vente des matériaux des maisons à démolir, qui seront inutiles aux nouvelles constructions.

17°. Que le sieur de Saget sera chargé de vérifier la dépense à laquelle pourroit se porter la prolongation du quai en ligne droite, dans l'espace que doit occuper le port de la Daurade, pour, sur le rapport qui en sera fait à la prochaine assemblée des Etats, être par eux délibéré sur cet objet ainsi qu'ils le jugeront convenable; n'entendant néanmoins la commission rien préjuger par cette vérification, qui puisse engager les Etats.

18°. D'accorder aux sieurs Besaucele & de Saget, une somme de 1000 livres à chacun, moins comme une récompense pécuniaire, que comme un témoignage de la reconnoissance de l'assemblée, de leurs soins & du travail extraordinaire dont ils ont été chargés.

Ce qui a été délibéré sur tous les chefs, conformément à l'avis de MM. les commissaires.

Cette délibération a été autorisée par un arrêt du conseil du 15 Juin 1777, déjà employé dans le second volume de cette collection, page 112, sous le titre des emprunts faits pour le port, quai, & canal de Toulouse.

V. plus bas N°. VII, l'arrêt du conseil, & les lettres-patentes des 14

Février & mois de Mars 1777, rendus pour la perception des droits sur le canal.

N°. II.

II.

EXTRAIT *du registre des délibérations des Etats généraux de Languedoc, assemblés par mandement du Roi en la ville de Montpellier au mois de Novembre 1777.*

Du Jeudi 18 Décembre suivant, président Mgr. l'archevêque & primat de Narbonne, commandeur de l'ordre du Saint-Esprit.

MONSEIGNEUR l'évêque de Montpellier a dit, que la maison que la province a fait construire pour les commis & les gardes du canal de Saint-Pierre à Toulouse est achevée, & a été reçue le 15 Novembre dernier par MM. les commissaires des travaux publics du haut Languedoc ; & que d'après la vérification qui en a été faite, ils auroient reconnu des augmentations qui avoient été par eux autorisées, & qui en portent le prix de 200 livres en sus de celui de 10,000 livres fixé par le bail.

Que les ouvrages du canal de Saint-Pierre, compris dans le bail du sieur Sabatier, sont aussi achevés, & ont été reçus ledit jour 15 Novembre par les mêmes commissaires, qu'il a été dressé trois toisés de ces ouvrages, dont le premier, fait le 30 Mars 1775 sous les yeux de la commission, se porte à 390,860 livres 2 sols 5 deniers ; Que le second fut dressé le 31 Mai 1776 pour fixer, ainsi que les Etats l'avoient desiré, le montant des ouvrages exécutés jusqu'à cette époque, lequel toisé les évalue à 115,058 livres 15 sols 10 deniers ; Que le troisieme toisé, en date du 13 Novembre dernier, est définitif, & porte lesdits ouvrages à 66,137 livres 3 sols 11 deniers ; de sorte que la totalité de la dépense faite au canal de Saint-Pierre en vertu du bail passé audit Sabatier, comprise dans les trois toisés dont on vient de parler, se monte à 572,056 livres 2 sols 2 deniers ; Que sur cette somme il a été payé audit Sabatier 529,657 livres 11 sols 9 deniers ; & qu'ainsi il lui reste encore dû 42,398 livres 10 sols 5 deniers; Que n'y ayant en caisse que 898 livres 4 sols, il manque donc pour payer cet entrepreneur, 41,500 livres 6 sols 5 deniers ; Qu'il faut encore 2200 livres pour payer ce qui reste dû à l'entrepreneur de la maison du garde-écluse, 2000 livres pour achever la plantation des arbres ; & 4000 livres pour l'acquisition des barques, cordages & bois nécessaire pour les batardeaux déterminés par la délibération des Etats du 23 Décembre 1776 ; Que par cet ordre, il manqueroit 49,700 livres 6 sols 5 deniers, pour achever les payemens relatifs aux ouvrages du canal ; & que si le fonds à faire en 1778 n'étoit que de 25,000 livres, comme il a été déterminé par la même délibération des Etats, il manqueroit encore 24,700 livres 6 sols 5 deniers.

Que cette différence provient, 1°. De ce que dans le compte rendu aux Etats derniers, on n'a point compris dans le montant des sommes à payer, celle de 12,000 livres due à l'entrepreneur, en vertu d'une délibération de MM. les commissaires des travaux publics du haut Languedoc du 30 Mars 1775, portant que lesdits 12,000 livres lui seront retenus jusqu'à la fin de l'ouvrage. 2°. De ce qu'on n'a point porté dans le même état les 2200 livres dus pour fin de paye aux entrepreneurs de la maison du garde-écluse. 3°. De ce qu'il a fallu payer 3221 livres 1 sol 10 deniers pour acquisition de terrein à raison de l'élargissement des francs-bords du canal de communication

No. II. cation des mers sur la longueur de la retenue de l'embouchure, déterminé par la délibération des Etats du 10 Décembre 1776. 4°. De ce que cet élargissement des francs-bords du canal ayant nécessité de donner une plus grande largeur aux rampes du pont du petit-Graniague, a en même tems occasionné un remblai plus considérable que celui qui devoit être exécuté; objets qui ont coûté 11,700 livres; 5°. De ce qu'on a payé 4973 livres 11 sols 7 deniers, pour les dépenses faites cette année, soit pour faciliter un passage plus commode à Monsieur, frere du Roi, sur les bords du canal de Saint-Pierre, soit pour les frais d'enregistrement des lettres-patentes qui autorisent la perception des droits; ensemble pour ceux des dégravoyemens & entretien dudit canal; 6°. De ce qu'on a payé 2072 livres 10 sols pour les honoraires de l'inspecteur & appointemens des gardes, qui n'avoient pas été compris dans l'état de dépense présenté l'année derniere; de sorte que si ces objets de payement n'eussent pas eu lieu, il y auroit un résidu d'environ 10,000 livres sur les fonds que les Etats derniers déterminerent d'appliquer au canal.

Que MM. les commissaires des travaux publics du haut Languedoc, ont examiné le détail des dépenses faites audit canal de Saint-Pierre, en le comparant avec les états remis l'année derniere sous les yeux de l'assemblée; Que par cet examen ils ont reconnu qu'on avoit réellement omis de comprendre dans les états de dépense à faire, la somme de 12,000 livres retenue au nommé Sabatier, en vertu de la délibération de MM. les commissaires du 30 Mars 1775, ainsi que celle de 2200 livres due pour fin de paye aux entrepreneurs de la maison du garde-écluse, & qu'on n'avoit pu prévoir les dépenses qui ont été la suite de la délibération des Etats du 10 Décembre 1776; No. II.

Qu'en conséquence, vu la nécessité qu'il y avoit de faire lesdites dépenses, MM. les commissaires ont délibéré le 15 Novembre dernier, de proposer aux Etats d'appliquer à leur payement le fonds de 25,000 livres qui doit être imposé en 1779 pour le canal, & de renvoyer jusqu'en 1780 à appliquer l'imposition annuelle de 25,000 livres au remboursement des capitaux empruntés pour cet ouvrage.

Que ce fonds a été jugé suffisant pour l'entier payement des sommes dues à raison du canal; mais que n'étant pas juste de retarder jusqu'en 1779 les payemens des entrepreneurs des sommes dont ils sont en avance, MM. les commissaires ont pensé qu'on pourroit prendre pour fournir à ces payemens, une somme de 23,705 livres 16 sols qui reste en caisse, sur les fonds faits pour le pont de Cazeres, en déterminant qu'elle seroit remplacée sur les 25,000 livres qui seront imposées en 1779 pour le canal de Saint-Pierre à Toulouse.

Que le sieur de la Fage a ajouté: Qu'il a fait enregistrer les lettres-patentes relatives à la perception des droits sur ledit canal; mais qu'on ne peut encore percevoir ces droits par les difficultés qu'il y a d'entrer dans le canal, jusqu'à ce qu'on ait construit les banquettes des quais; & que MM. les commissaires ayant vu par eux-mêmes cette difficulté, auroient délibéré de proposer aux Etats de suspendre pour quelque tems cette perception; mais, attendu que le produit des droits dont il s'agit, doit fournir à l'entretien du canal de Saint-Pierre, qui ne sauroit être négligé, sans s'exposer à de plus fortes dépenses, ils auroient cru devoir leur représenter qu'il seroit convenable, en attendant le moment fa-

No. II. vorable pour ladite perception, d'imposer 4000 livres pour fournir à cet entretien & au payement des gardes.

Qu'à l'époque de l'ouverture de la navigation dudit canal, il fut établi un garde-écluse, & que MM. les commissaires en ont nommé un cette année, portant une bandouliere aux armes de la province, pour veiller tant à la conservation du canal, que pour empêcher l'enlevement des matériaux provenant des démolitions; que les gages de ce garde ont été fixés à vingt-cinq sols par jour, & indépendamment de son habillement dont la province est chargée.

En sorte que d'après cet exposé, la commission a pensé ne pouvoir mieux faire que de s'en rapporter à ce qui a été déterminé par MM. les commissaires nommés pour la direction des travaux publics du haut Languedoc, qui qui ont été à portée de connoître la vérité des faits exposés, & qu'elle a été en conséquence d'avis de proposer à l'assemblée.

1°. D'approuver les réceptions des ouvrages du canal de Saint-Pierre, exécutés par Sabatier, ainsi que de ceux de la maison du garde-écluse; ensemble les arrangemens pris par les mêmes commissaires relativement à l'établissement des gardes.

2°. De déterminer que pour fournir à ce qui manque pour achever de payer les dépenses du canal de Saint-Pierre, il y sera employé outre l'imposition de 25,000 livres qui sera faite en 1778, & qui lui étoit destinée suivant la délibération des Etats du 23 Décembre dernier, les 23,705 livres 16 sols qui sont en caisse provenant des fonds du pont de Cazeres.

3°. D'employer l'imposition de 25,000 livres qui sera faite en 1779 pour le canal, au remplacement du reste des fonds du pont de Cazeres, & de renvoyer jusqu'en 1780, à appliquer le fonds annuel de 25,000 livres au remboursement des capitaux empruntés pour ledit canal. No. II.

4°. Enfin, que sans perdre de vue la perception des droits sur le canal de Saint-Pierre, qui sera établie avec le plus de célérité possible, néanmoins, attendu les difficultés qui s'opposent à cette perception, il sera imposé par estimation pour l'entretien dudit canal, un fonds de quatre mille livres dont il sera rendu compte.

Ce qui a été délibéré sur tous les points, conformément à l'avis de MM. les commissaires.

III.

Extrait du registre des délibérations des Etats généraux de Languedoc, assemblés par mandement du Roi, en la ville de Montpellier au mois d'Octobre 1778.

Du Samedi 21 Novembre suivant, président Mgr. l'archevêque & primat de Narbonne, commandeur de l'ordre du Saint-Esprit.

Monseigneur l'évêque de Montpellier a dit, que le sieur de la Fage, syndic général, a rappellé à la commission, que par une délibération des Etats du 18 Décembre 1777, il fut arrêté que pour fournir à ce qui manquoit pour achever les dépenses du canal de Saint-Pierre, il y seroit employé, outre l'imposition de vingt-cinq mille livres qui seroit faite en 1778, les fonds destinés à la construction du pont de Cazeres qui étoient en caisse, & qu'on employeroit l'imposition à faire en 1779 pour le canal, au remplacement des fonds dudit pont de Cazeres, en renvoyant jusques en 1780 à appliquer le fonds annuel de vingt-cinq mille livres au remboursement des capitaux empruntés pour ledit canal; qu'enfin il

N°. III. fut fait un fonds de quatre mille livres pour son entretien.

Qu'en vertu de cette délibération, on a achevé de payer les ouvrages relatifs à la construction dudit canal de Saint-Pierre, & qu'ainsi, il ne reste qu'à déterminer de comprendre le fonds ordinaire de vingt-cinq mille livres dans la prochaine imposition, pour fournir au remboursement des sommes empruntées pour la construction de ce canal, étant inutile de la réserver pour le pont de Cazeres, dont la construction est encore renvoyée.

Que sur la somme de quatre mille livres délibérée pour l'entretien dudit canal, il a été payé trois cent soixante-quinze livres au garde à bandouliere établi pour sa sureté, quatre cent cinquante livres au garde-écluse, deux cent soixante-deux livres, dix-sept sols six deniers pour l'entretien des arbres de ses avenues, suivant le bail qui en fut passé dans le mois de Février dernier par MM. les commissaires des travaux publics, pour six années au nommé Plantier, à raison de dix sols par arbre pour chaque année, & dix-sept cent cinquante-cinq livres quinze sols pour le montant des recreusemens du canal, des réparations des chemins latéraux, des batardeaux, & de quelques autres menus articles d'entretien, dont l'état, appuyé de pieces justificatives, a été mis sous les yeux de MM. les commissaires des travaux publics du haut Languedoc; que ces sommes, qui se portent ensemble à deux mille huit cent quarante-trois livres douze sols six deniers, déduites des quatre mille livres du montant de l'imposition, il reste onze cent cinquante-six livres sept sols six deniers, qu'on employoit peu de jours avant l'ouverture des Etats, & dont le compte ne peut être rendu que lors de leur prochaine assemblée.

Qu'il seroit à desirer de n'avoir point à leur proposer l'imposition d'un nouveau fonds pour l'entretien du canal de Saint-Pierre; mais que la perception des droits n'y étant pas encore établie, & étant d'ailleurs à présumer que dans les premiers momens où on l'établira, leur produit ne sera pas suffisant pour fournir à cet entretien, il devroit être du bon plaisir de l'assemblée, de continuer encore au moins une partie de cette imposition. N°. III.

Que sur cet exposé, la commission a cru devoir proposer aux Etats de délibérer,

1°. D'approuver le bail passé au nommé Plantier par MM. les commissaires des travaux publics du haut Languedoc, pour l'entretien des arbres du canal de Saint-Pierre, ainsi que les dépenses d'entretien faites audit canal.

2°. De charger lesdits sieurs commissaires de faire percevoir le plutôt possible sur ledit canal, les droits qui y sont établis par l'arrêt du conseil & lettres-patentes, en date des 14 Février & Mars 1777, duement enregistrés, & de s'en remettre néanmoins à leur sagesse & à leur zele, pour la fixation de l'époque de cette perception.

3°. D'imposer en 1779, 1°. la somme de vingt-cinq mille livres, qui sera employée à commencer le remboursement des sommes empruntées pour le canal de Saint-Pierre. 2°. De comprendre dans la prochaine imposition, la somme de deux mille livres dont il sera rendu compte, pour fournir aux ouvrages d'entretien dudit canal, en attendant que le produit de la perception des droits puisse subvenir à cette dépense.

Ce qui a été délibéré en tous points, conformément à l'avis de MM. les commissaires.

No. IV.

I V.

EXTRAIT du registre des délibérations des Etats généraux de Languedoc, assemblés par mandement du Roi en la ville de Montpellier au mois de Novembre 1779.

Du Mardi 21 Décembre suivant, président Mgr. l'archevêque & primat de Narbonne, commandeur de l'ordre du Saint-Esprit.

MONSEIGNEUR l'évêque de Montpellier a dit, que le sieur de la Fage a rappellé à la commission qu'en vertu de la délibération des Etats du 21 Novembre 1778, il a été fait à la derniere imposition un fonds de 25,000 livres pour fournir au remboursement des sommes empruntées pour la construction du canal de Saint-Pierre à Toulouse, & un fonds de 2000 livres pour les ouvrages d'entretien dont ce canal pourroit avoir besoin en 1779.

Que cette somme de 2000 livres a dû être jointe à celle de 1156 livres 7 sols 6 deniers qui restoit en caisse sur les 4000 livres imposées en 1778 pour ledit entretien, & aux 1189 livres 13 sols 3 deniers, qui restoient en caisse du fonds des 25,000 livres imposées en 1778 pour les ouvrages dudit canal; qu'ainsi, la totalité des fonds qu'on a pu dépenser pour l'entretien en 1779, se porte à 4346 livres 0 sols 9 deniers.

Qu'il résulte du compte qui a été rendu à MM. les commissaires des travaux publics du haut Languedoc, que sur cette somme il a été payé 900 livres pour les gages du garde-à-bandouliere & du garde-écluse, 374 livres 15 sols pour l'entretien des arbres, 12 livres pour les réparations du couvert de la maison du garde-écluse, & 2785 livres 4 sols 5 deniers pour le montant des ouvrages d'entretien faits dans le cours de l'année 1779, suivant l'état qui en a été dressé le 6 Novembre dernier par le sieur de Saget.

Qu'au moyen de ce, toutes les dépenses faites en 1779, pour ledit canal, se portent à 4071 livres 19 sols 5 deniers, & qu'ainsi il y a en caisse un résidu de 274 livres 1 sol 4 deniers, presque absorbé pour les ouvrages qui sont commencés.

Que les ouvrages faits sur ce fonds consistent en empierremens & gravelages des chemins latéraux; en gazonnades, en reconstruction des rampes pour descendre de dessus les chemins latéraux sur les banquettes, lesquelles rampes, qui n'étoient précédemment qu'en terre, ont été construites en parois, défendues par des murs en brique.

Que sur cet exposé, la commission a cru devoir proposer aux Etats d'approuver les dépenses faites relativement à l'entretien du canal de Saint-Pierre pendant l'année 1779, & d'imposer en 1780, 1°. 25,000 livres pour le remboursement des sommes empruntées pour la construction dudit canal. 2°. 2000 livres pour fournir en 1780 aux ouvrages de son entretien.

Ce qui a été délibéré, conformément à l'avis de MM. les commissaires.

V.

EXTRAIT du registre des délibérations des Etats généraux de Languedoc, assemblés par mandement du Roi en la ville de Montpellier, au mois de Novembre 1780.

Du Jeudi 14 Décembre suivant, président Mgr. l'archevêque & primat de Narbonne, commandeur de l'Ordre du St. Esprit.

MONSEIGNEUR l'évêque de Montpellier a dit, que le sieur de la Fage, syndic général, a exposé à la commission, que les Etats délibérerent le 21 Décembre 1779, de faire un

N°. V. fonds de 25,000 livres, pour fournir au remboursement des sommes empruntées pour la construction du canal de Saint-Pierre à Toulouse, & un fonds de 2000 livres pour les ouvrages d'entretien de ce canal : Que ces fonds furent réduits, ainsi que ceux des autres ouvrages de la province, par la délibération du 31 Décembre dernier (*a*); en sorte qu'il n'a resté pour le remboursement que 22,500 livres, & 1800 livres pour les entretiens : Que cette somme de 1800 livres jointe à celle de 274 livres 1 sol 3 deniers qui restoit de l'imposition faite en 1779, suivant le compte qui en fut rendu aux Etats derniers, a porté le fonds destiné aux entretiens en 1780, à 2074 livres 1 sol 3 deniers; que d'après le compte qui a été rendu, on voit qu'il a été pris sur cette somme 900 livres pour les gages du garde-à-bandouliere & du garde-écluse; 350 livres 10 sols pour l'entretien des arbres qui longent le canal; 4 livres pour l'entrepreneur de l'entretien du couvert de la maison des gardes, & 852 livres 5 sols 4 deniers pour le montant des ouvrages d'entretien qui ont été faits depuis le 6 Novembre 1779, suivant l'état qui en a été dressé le 7 Novembre 1780, & qui a été présenté à la commission; en sorte que la totalité de ces dépenses se porte à une somme de 2106 livres 15 sols 4 deniers, qui excede de 32 livres 14 sols 1 denier, les fonds destinés au canal; & que cette somme de 32 livres 14 sols 1 denier pourra être payée sur les nouveaux fonds que les Etats jugeront à propos de faire en 1781.

Mgr. l'évêque de Montpellier a ajouté, que le sieur de la Fage a observé que les ouvrages faits sur ce fonds, consistent en recreusement de l'écluse de la prise d'eau, enlevement des herbes, réparations des taluds, & en construction & réfaction des pavés sur les banquettes. N°. V.

Que sur cet exposé, la commission a cru devoir proposer aux Etats d'approuver les dépenses faites relativement au canal de Saint-Pierre pendant l'année 1780, & d'imposer en 1781 :

1°. 25,000 livres pour continuer le remboursement des sommes empruntées pour la construction dudit canal de Saint-Pierre.

2°. 2000 livres pour fournir aux ouvrages de son entretien.

Ce qui a été délibéré, conformément à l'avis de MM. les Commissaires.

VI.

EXTRAIT du registre des délibérations des Etats généraux de Languedoc, assemblés par mandement du Roi, en la ville de Montpellier au mois de Novembre 1781.

Du Mardi 18 Décembre suivant, président Mgr. l'archevêque & primat de Narbonne, commandeur de l'ordre du St. Esprit.

MONSEIGNEUR l'évêque de Montpellier a dit : qu'en vertu de la délibération du 18 Décembre 1777, on fait chaque année un fonds de 25,000 livres pour fournir au remboursement des emprunts faits pour la construction du canal de Saint-Pierre à Toulouse; que cette imposition a été faite en 1781, & qu'on a imposé en outre dans la même année 2000 livres pour fournir aux ouvrages d'entretien de ce canal.

Que sur les 2000 livres imposées

(*a*) Délibération qui avoit diminué d'un dixieme les impositions à faire en 1780 pour les travaux publics étant à la charge de la province.

N°. VI. pour l'entretien, il a fallu prélever 32 livres 14 sols 1 denier pour achever les ouvrages qui avoient été faits en 1780, ainsi qu'il en fut rendu compte aux Etats derniers; qu'ainsi le fonds de cette année se réduit à 1960 livres 5 sols 11 deniers; qu'il faut ajouter à cette somme, en premier lieu, 24 livres pour le produit de la vente d'une charrettée de foin qu'on a recueilli sur les francs-bords; en second lieu 60 livres pour le montant d'un reste de terrein qui appartenoit à la province dont le syndic général a fait la vente en vertu d'une délibération de MM. les commissaires des travaux publics du haut Languedoc; que ces sommes réunies forment celle de 2051 livres 5 sols 11 deniers qui a pu être employée aux ouvrages d'entretien de 1781.

Qu'il résulte du compte qui a été rendu qu'il a été dépensé 2333 livres 9 sols 6 deniers, dont 900 livres pour le payement des gages du garde-à-bandouliere & du garde-écluse, 295 livres pour l'entretien des ormeaux, 441 livres pour le prix des arbres qu'il a fallu remplacer, & 697 livres 9 sols 6 deniers pour le montant des ouvrages d'entretien faits depuis le 7 Novembre 1780, jusques au 24 Octobre 1781, dont l'état, appuyé de pieces justificatives, a été présenté à la commission.

Que d'après cet exposé on peut s'appercevoir qu'il a manqué 282 livres 3 sols 7 deniers pour achever de payer les dépenses faites en 1781, & que cette somme pourra être prélevée sur le fonds qui sera imposé en 1782, pour les entretiens de ce canal.

Mgr. l'évêque de Montpellier a ajouté: que le sieur de la Fage, syndic général, a instruit de plus la commission qu'une forte inondation de la Garonne, survenue le 21 Juin dernier, avoit porté dans le canal beaucoup de limon, qui, joint aux dépôts qui s'y étoient formés depuis sa construction, pouvoient intercepter la navigation; que MM. les commissaires des travaux publics avoient ordonné l'enlevement de ces dépôts; & attendu l'insuffisance des fonds destinés au canal, ils ont fait payer la somme de 2910 livres 14 sols 7 deniers à laquelle s'est portée cette dépense, sur le fonds de 60,000 livres imposé en 1781, pour le quai de Toulouse. N°. VI.

Que MM. les commissaires ont fait payer de plus, sur le même fonds, une somme de 808 livres 5 sols 1 denier, à laquelle s'est portée la construction d'un petit chemin qui a été réclamé pour rendre au nouveau cimetiere de Saint-Pierre, & à plusieurs possessions voisines, des communications que la construction du canal avoit interceptées.

Que d'après ces résultats, la commission a cru devoir proposer aux Etats d'approuver les dépenses faites relativement au canal de Saint-Pierre, ainsi que les payemens que MM. les commissaires des travaux publics du haut Languedoc ont fait faire sur les fonds destinés au quai, à raison des dépenses imprévues dudit canal; & d'imposer en 1782, 1°. 25,000 livres pour continuer le remboursement des sommes empruntées pour la construction dudit canal, lequel remboursement, au moyen de cette imposition, se trouvera effectué jusqu'à concurrence de 97,500 livres.

2°. 2000 livres pour fournir aux ouvrages d'entretien dudit canal.

Ce qui a été délibéré, conformément à l'avis de MM. les commissaires.

N°. VII.

VII.

ARRÊT

DU CONSEIL D'ETAT DU ROI,

Et Lettres-patentes sur icelui,

Qui en réformant le tarif annexé aux lettres-patentes du 25 Juin 1768, fixent les droits qui doivent être perçus au profit de la province sur le canal de Saint-Pierre à Toulouse.

Des 14 Février & mois de Mars 1777.

Registrés au parlement de Toulouse le 7 Juin suivant.

EXTRAIT des Registres du Conseil d'Etat.

SUR la requête présentée au Roi, étant en son conseil, par le syndic-général du Languedoc; CONTENANT, Que Sa Majesté, informée des avantages que le commerce doit retirer de la construction d'un quai & d'un port dans la partie du lit de la Garonne qui traverse la ville de Toulouse; ainsi que d'un canal de navigation & autres ouvrages pour parvenir à ce port en franchissant les obstacles que présentoient les sauts des chaussées des moulins du Château & du Bazacle, auroit, par arrêt de son conseil & lettres-patentes sur icelui du vingt-cinq Juin mil sept cent soixante-huit, autorisé les Etats à faire exécuter lesdits ouvrages, & à percevoir sur ledit canal des droits qui pussent dédommager en partie la province des dépenses considérables que ces ouvrages auroient nécessités: Que ces droits, fixés par un tarif annexé audit arrêt du conseil du vingt-cinq Juin mil sept cent soixante-huit, ayant paru susceptibles de quelques difficultés dans leur perception, le suppliant auroit suspendu les poursuites qu'il avoit déjà commencées devant le parlement de Toulouse, à l'effet de l'enregistrement desdites-lettres-patentes; mais que ce canal, appellé de Saint-Pierre, & établi depuis le bassin de la Garonne, près du moulin du Bazacle, jusqu'au dessus des écluses de l'embouchure du canal royal de Languedoc, étant aujourd'hui dans sa perfection & navigable depuis le quatorze Avril mil sept cent soixante-seize, les Etats auroient délibéré, entr'autres choses, le vingt-trois Décembre dernier, que pour ne point gêner le commerce par des innovations sur la maniere de percevoir les droits, ils seront perçus à raison de deux deniers par quintal pour tout l'espace à parcourir sur le nouveau canal, ce qui fait la moitié de ceux qui sont perçus sur le canal des mers pour une lieue de trajet. Requéroit, A CES CAUSES, le suppliant, qu'il plût à Sa Majesté, en conformité de la susdite délibération des Etats, sur ce pourvoir; comme aussi à la fixation d'un droit de quinze sols pour chaque radeau qui entrera dans le canal de Saint-Pierre, sa charge non comprise; ensemble à l'établissement de deux gardes à bandouliere pour la conservation des ouvrages & sureté dudit canal, lesquels auront serment en justice, & dresseront tous procès-verbaux nécessaires. Vu ladite requête; l'arrêt du conseil du vingt-cinq Juin mil sept cent soixante-huit; le tarif des droits y annexé, & les lettres-patentes expédiées sur ledit arrêt le même jour: Vu aussi la délibération des Etats du vingt-trois Décembre mil sept cent soixante-seize, ensemble l'avis du sieur intendant & commissaire départi en Languedoc: Oui le rapport du sieur Taboureau, conseiller d'Etat & ordinaire au conseil royal, contrôleur-général des finances; LE ROI ETANT EN SON CONSEIL, ayant égard à la délibération desdits Etats du vingt-trois Décembre dernier, & voulant leur témoigner de nouveau sa satisfaction

No. VII.

des soins qu'ils se donnent pour animer & étendre le commerce dans la ville de Toulouse, a ordonné & ordonne que le tarif annexé à l'arrêt du conseil du vingt-cinq Juin mil sept cent soixante-huit, & aux lettres-patentes expédiées sur icelui le même jour, lesquels seront exécutés pour le surplus selon leur forme & teneur, sera & demeurera supprimé; en conséquence, Sa Majesté a permis & permet auxdits Etats, de faire lever au profit de la province, dans tout l'espace à parcourir sur le canal de Saint-Pierre à Toulouse, savoir; sur toutes les marchandises qui seront voiturées sur ledit canal, deux deniers par quintal; sur tous autres objets, à l'exception toutefois de ceux qui y passeront en vertu des passeports ou ordres du sieur contrôleur-général des finances, pour le service personnel de Sa Majesté, ou pour celui de ses troupes, armées & marine, lesquels seront exempts de tous droits, la moitié des droits qui seront perçus sur le canal de communication des mers, pour une lieue de trajet; & quinze sols pour chaque radeau, sans distinction, sa charge non comprise. Ordonne Sa Majesté, que la perception desdits droits sera faite dès que les barques & radeaux entreront dans le canal de Saint-Pierre par une de ses extrémités, & le montant employé tant à son entretien, que pour soulager la province de Languedoc d'une partie des dépenses relatives aux ouvrages que l'intérêt du commerce l'ont portée d'entreprendre dans la ville de Toulouse; se réservant Sa Majesté, de diminuer dans la suite lesdits droits, si Elle le juge nécessaire. Permet Sa Majesté aux Etats, d'établir sur le canal de Saint-Pierre, pour la conservation des ouvrages & sureté d'icelui, deux gardes à bandouliere duement assermentés, que Sa Majesté a autorisé & autorise à mettre à exécution tous mandemens & actes de justice concernant ledit canal. Enjoint Sa Majesté au sieur intendant & commissaire départi en Languedoc, de tenir la main à l'exécution du présent arrêt; sur lequel toutes lettres nécessaires seront expédiées. FAIT au conseil d'état du Roi, Sa Majesté y étant, tenu à Versailles le quatorze Février mil sept cent soixante-dix-sept.

Signé, AMELOT.

No. VII.

LETTRES-PATENTES.

LOUIS, PAR LA GRACE DE DIEU, ROI DE FRANCE ET DE NAVARRE: A nos amés & féaux conseillers les gens tenant notre parlement de Toulouse à Toulouse, & à tous autres nos officiers & justiciers qu'il appartiendra, SALUT. Le syndic général de notre province de Languedoc, Nous a très-humblement fait représenter, que nous étant fait informer des avantages que le commerce doit retirer de la construction d'un quai & d'un port dans la partie du lit de la Garonne qui traverse la ville de Toulouse, ainsi que d'un canal de navigation & autres ouvrages pour parvenir à ce port, en franchissant les obstacles que présentoient les sauts des chaussées des moulins du Château & du Bazacle, Nous aurions, par arrêt de notre conseil & lettres-patentes sur icelui, du vingt-trois Juin mil sept cent soixante-huit, autorisé les Etats à faire exécuter lesdits ouvrages, & à percevoir sur ledit canal des droits qui pussent dédommager en partie la province des dépenses considérables que ces ouvrages auroient nécessités: Que ces droits, fixés par un tarif annexé audit arrêt du conseil du vingt-cinq Juin mil sept cent soixante-huit, ayant paru susceptibles de quelques difficultés dans leur perception, l'exposant auroit suspendu

N°. VII. N°. VII.

pendu les poursuites qu'il avoit déjà commencées devant notre parlement de Toulouse, à l'effet de l'enregistrement desdites lettres-patentes; mais que ce canal appellé de Saint-Pierre, établi depuis le bassin de la Garonne, près du moulin du Bazacle, jusqu'au dessus des écluses de l'embouchure du canal royal de Languedoc, étant aujourd'hui dans sa perfection, & navigable depuis le quatorze Avril mil sept cent soixante-seize, les Etats auroient délibéré, entr'autres choses, le vingt-trois Décembre dernier, que pour ne point gêner le commerce par des innovations sur la maniere de percevoir les droits, ils seroient perçus à raison de deux deniers par quintal pour tout l'espace à parcourir sur le nouveau canal, ce qui fait la moitié de ceux qui sont perçus sur le canal des mers pour une lieue de trajet; A quoi Nous aurions pourvu par l'arrêt rendu en notre conseil d'état, Nous y étant, le quatorze Février dernier, pour l'exécution duquel nous aurions ordonné que toutes lettres nécessaires seroient expédiées. A CES CAUSES, de l'avis de notre conseil, qui a vu ledit arrêt ci-attaché sous le contre-scel de notre chancellerie, Nous avons, conformément à icelui, ayant égard à la délibération desdits Etats du vingt-trois Décembre dernier, & voulant leur témoigner de nouveau notre satisfaction des soins qu'ils se donnent pour animer & étendre le commerce dans la ville de Toulouse, ordonné & ordonnons, que le tarif annexé à l'arrêt de notre conseil du vingt-cinq Juin mil sept cent soixante-huit, & aux lettres-patentes expédiées sur icelui le même jour, lesquels seront exécutés pour le surplus selon leur forme & teneur, sera & demeurera supprimé; en conséquence, Nous avons permis & permettons auxdits Etats de faire lever au profit de la province, dans tout l'espace à parcourir sur le canal de Saint-Pierre à Toulouse; savoir, sur toutes les marchandises qui seront voiturées sur ledit canal, deux deniers par quintal; sur tous autres objets, à l'exception toutefois de ceux qui y passeront en vertu de passeports ou ordres de notre contrôleur-général des finances, pour notre service personnel, ou pour celui de nos troupes, armées & marine, lesquels seront exempts de tous droits, la moitié des droits qui seront perçus sur le canal de communication des mers, pour une lieue de trajet; & quinze sols pour chaque radeau, sans distinction, sa charge non comprise: Ordonnons que la perception desdits droits sera faite, dès que les barques & radeaux entreront dans le canal de Saint-Pierre, par une de ses extrémités, & que le montant sera employé, tant à son entretien que pour soulager la province de Languedoc d'une partie des dépenses relatives aux ouvrages que l'intérêt du commerce l'ont portée d'entreprendre dans la ville de Toulouse; nous réservant de diminuer dans la suite lesdits droits, si nous le jugeons nécessaire: Permettons aux Etats d'établir sur le canal de Saint-Pierre, pour la conservation des ouvrages & sureté d'icelui, deux gardes à bandouliere, duement assermentés, que nous avons autorisé & autorisons à mettre à exécution tous mandemens & actes de justice concernant ledit canal. SI VOUS MANDONS que ces présentes vous ayez à faire registrer, & le contenu en icelles exécuter selon sa forme & teneur, cessant & faisant cesser tous troubles & empêchemens contraires; Car tel est notre plaisir. DONNÉ à Versailles au mois de Mars, l'an de grace mil sept cent soixante-dix-sept; & de notre regne le troisieme. *Signé*, LOUIS: *Et plus bas*; Par le Roi, AMELOT.

N°. VII. N°. VII.

EXTRAIT DES REGISTRES DU PARLEMENT.

VU l'arrêt du conseil d'état du Roi, tenu à Marly le vingt-cinq Juin mil sept cent soixante-huit, par lequel Sa Majesté autorise la délibération des Etats de Languedoc, du second Janvier mil sept cent soixante-huit; ensemble le consentement des propriétaires du canal royal, du vingt-cinq Décembre mil sept cent soixante-sept; & l'accord fait entre le sieur archevêque de Toulouse, & lesdits propriétaires, le second Février mil sept cent soixante-huit, ordonne que, tant ladite délibération que lesdits consentemens, sortiront leur plein & entier effet. Veut Sa Majesté qu'il soit perçu au passage de l'écluse au-dessus du moulin du Château, & à l'entrée dans le nouveau canal, les droits énoncés dans le tarif annexé audit arrêt, se réservant de réformer ledit tarif, & comme plus au long il est porté par ledit arrêt. Vu aussi les lettres-patentes, conformes audit arrêt, données à Marly le vingt-cinq Juin mil sept cent soixante-huit, signées LOUIS. Et plus bas; Par le Roi, PHELYPEAUX; scellées du grand sceau de cire jaune, ledit tarif fait au conseil d'état du Roi, tenu à Marly le vingt-six dudit mois de Juin; l'arrêt du conseil d'Etat qui réforme ledit tarif, du quatorze Février mil sept cent soixante dix-sept, signé, AMELOT; les lettres-patentes conformes audit arrêt, données à Versailles au mois de Mars suivant, signées LOUIS. Et plus bas; Par le Roi, AMELOT, scellées du grand sceau de cire jaune; la requête & ordonnance de soit-montré, du six du présent mois de Juin, aux fins du registre dudit arrêt du conseil, & lettres-patentes du quatorze Février & mois de Mars dernier, & surabondammenr les arrêts & lettres-patentes du vingt-cinq Juin mil sept cent soixante-huit, pour ce à quoi il n'est point dérogé par ledit arrêt & lettres-patentes dudit jour quatorze Février & mois de Mars dernier, ensemble les conclusions du procureur-général du Roi. LA COUR ordonne que l'arrêt du conseil & les lettres-patentes du quatorze Février & du mois de Mars mil sept cent soixante-dix-sept, qui ordonnent que le tarif annexé à l'arrêt du conseil du vingt-cinq Juin mil sept cent soixante-huit, & aux lettres-patentes du même jour, lesquels seront exécutés pour le surplus, sera & demeurera supprimé. En conséquence, Sa Majesté permet aux Etats de Languedoc de faire lever au profit de la province, dans tout l'espace à parcourir sur le canal de Saint-Pierre à Toulouse; savoir, sur toutes les marchandises qui seront voiturées sur ledit canal, deux deniers par quintal; sur tous autres objets, à l'exception toutefois de ceux qui y passeront en vertu des passeports ou ordres du contrôleur-général des finances, pour le service personnel de Sa Majesté, ou pour celui de ses troupes, armées & marine, lesquels seront exempts de tous droits, la moitié des droits qui seront perçus sur le canal de communication des mers, pour une lieue de trajet; & quinze sols pour chaque radeau, sans distinction, sa charge non comprise: Ordonne que la perception desdits droits sera faite dès que les barques & radeaux entreront dans le canal de Saint-Pierre par une de ses extrémités, & que le montant sera employé, tant à son entretien que pour soulager ladite province de Languedoc, d'une partie des dépenses relatives aux ouvrages que l'intérêt du commerce l'ont portée d'entreprendre dans la ville de Toulouse; Sa Majesté se réservant de diminuer dans la suite lesdits droits, si Elle le juge nécessaire. Permet auxdits Etats d'établir sur le canal de Saint-Pierre, pour la conservation des ouvrages & sureté d'icelui, deux gardes à bandouliere, duement assermentés, qu'Elle autorise à mettre à exécution tous mandemens & actes de justice concernant ledit canal; Surabondamment les arrêts & lettres-patentes du vingt-cinq Juin mil sept cent soixante-huit, pour ce à quoi il n'est point dérogé par lesdits arrêts du conseil, & lettres-patentes du quatorze Février & du mois de Mars dernier, le tout sera enregistré dans les registres de ladite cour, pour par le syndic-général desdits Etats de Languedoc, jouir de l'effet du contenu en icelles, selon leur forme & teneur. PRONONCÉ à Toulouse, en parlement, le septieme Juin mil sept cent soixante-dix-sept. Collationné, PRATVIEL. *Monsieur* DE BASTARD, *Rapporteur*, Contrôlé, VERLHAC.

VIII.

ARRÊT

DU CONSEIL D'ETAT DU ROI,

Qui regle les droits que les Etats peuvent percevoir à l'entrée du canal de Saint-Pierre, Sa Majesté se réservant d'en réformer le tarif relativement aux circonstances, après qu'on aura connu par la levée desdits droits ce à quoi ils peuvent se porter.

Du 25 Juin 1768.

EXTRAIT des Registres du Conseil d'Etat.

SUR la requête présentée au Roi, étant en son conseil, par le syndic général de Languedoc, CONTENANT que les Etats généraux de cette province déterminerent il y a deux ans la construction d'un quai le long de la rive droite de la Garonne au-dessous du pont de Toulouse pour arrêter les entreprises que faisoient divers particuliers sur le lit de cette riviere au préjudice dudit pont, des hôpitaux & de deux moulins nécessaires pour la subsistance de la ville; que la chambre du commerce & le corps de la bourse consulaire de ladite ville ayant vu commencer ces ouvrages, avoient représenté qu'on en étendroit les avantages si l'on formoit en même tems au-devant de ce quai un port qui, traversant la ville dans la meilleure partie de sa longueur & dans le lieu le plus fréquenté, diminueroit les frais d'importation & d'exportation, & feroit naître dans l'esprit des habitans une émulation pour des objets d'utilité que l'éloignement des ports actuels de la ville ne leur permet pas de connoître; que les Etats touchés de ces considérations avoient cru entrevoir dans la demande qui leur a été faite par ces deux corps une occasion favorable de faire jouir la capitale du Languedoc des avantages dont sa position à la réunion du canal & de la Garonne la rend susceptible; mais que n'ayant point voulu s'engager sans un mûr examen dans des ouvrages d'une aussi grande importance, ils avoient chargé les directeurs des travaux publics de la province de vérifier leur utilité & leur possibilité; que cette vérification faite en présence des commissaires de la ville de Toulouse & des députés de la chambre du commerce, il résulta que la construction du port demandé étoit le vœu général de la ville; que ce port seroit utile tant par la diminution qu'il procureroit sur les frais d'exportation & d'importation des denrées & marchandises qu'on est obligé de voiturer à plus d'un quart de lieue de la ville, que par la facilité qu'auroient les négocians de veiller eux-mêmes aux embarquemens & aux

N°. VIII. débarquemens, & de prévenir ainsi une partie des avaries auxquelles ils sont exposés; que pour faire ce port, il étoit nécessaire de continuer, jusqu'au moulin appellé du Bazacle, le quai déjà commencé au-dessous du pont en y ménageant deux atterrissemens, l'un auprès de la Daurade & l'autre auprès de Saint-Pierre pour former des abords aux barques; qu'il falloit aussi procurer une libre communication de la partie supérieure de la riviere avec l'inférieure en donnant le moyen de franchir les chaussées des deux moulins du Château & du Bazacle qui la barrent en entier, l'une au-dessus, & l'autre au-dessous de la ville; que pour remplir cet objet, on ne pourra se dispenser de faire une écluse au-dessus du moulin du Château; qu'il seroit aussi nécessaire d'en faire une seconde au-dessus du moulin du Bazacle; mais qu'attendu que la riviere n'est pas navigable depuis ce moulin jusqu'à l'embouchure du canal de jonction des mers, il seroit inévitable d'ouvrir au-dessous de cette derniere écluse un canal qui pourroit communiquer, ou au canal de jonction des mers, ou dans la riviere de Garonne au-dessus de l'embouchure dudit canal, suivant que les Etats jugeroient le plus convenable, relativement aux difficultés qui pourroient se présenter; que les sieurs propriétaires du canal de communication des mers instruits du résultat de cette vérification avoient offert, pour le bien de la ville de Toulouse, & pour celui du commerce en général, de lever tous les obstacles qui pourroient naître de leur part, tant à raison de la réception des eaux de la Garonne dans la partie inférieure de leur canal, qu'à raison des droits qu'ils seroient autorisés à percevoir sur la petite étendue de leurdit canal qu'on seroit obligé de parcourir pour communiquer au nouveau port; que dans cette vue ils signerent le 25 Décembre 1767 une déclaration par laquelle ils renoncent à toute indemnité tant à raison du trajet des barques à leur canal, qu'à raison de l'entretien des portes d'écluse de l'embouchure qu'ils seroient obligés d'ouvrir plus souvent & des recuremens que les eaux de la Garonne pourroient occasionner plus fréquemment dans la retenue de ce nom, se bornant à demander, dans le cas où il se formeroit à l'embouchure du canal dans la Garonne quelque atterrissement qui empêchât le débouché des deux canaux réunis dans le lit navigable de cette riviere, que ces atterrissemens seroient enlevés à frais communs entre la province & les propriétaires; que les Etats après s'être fait représenter le projet de ces ouvrages, & en avoir mûrement discuté l'objet & l'utilité, avoient cru devoir, en se prêtant aux desirs de la ville & de la chambre du commerce de Toulouse, saisir une occasion favorable pour mettre journellement sous les yeux de ses habitans le spectacle avantageux du commerce, & les porter par-là à profiter du bien qu'ils peuvent retirer d'une situation heureuse que bien d'autres villes pourroient leur envier; qu'ils ont pris en conséquence le 2 Janvier 1768 une délibération par laquelle ils ont déterminé l'exécution de ces ouvrages & ont donné pouvoir au sieur archevêque de Toulouse de traiter avec les sieurs propriétaires du canal des mers à raison de ce qu'ils pourroient prétendre, tant pour l'introduction des eaux de la Garonne dans leur canal, que pour la suppression des droits qu'ils seroient autorisés à percevoir pour la petite partie de leur canal qu'on sera obligé de parcourir; que par cette délibération ils ont aussi arrêté de supplier Sa Majesté de vouloir autoriser ledit projet, de même que les conventions qui seront faites à cet égard avec les sieurs proprié- N°. VIII.

N°. VIII. taires du canal royal ; de permettre en conséquence la démolition des bâtimens, notamment des parties des murs de la ville & des tours qui se trouvent faire partie dudit projet, & vu l'utilité desdits ouvrages pour le commerce, d'accorder à la province les mêmes priviléges & les mêmes franchises dont jouissent les propriétaires du canal de Languedoc pour tout le trajet que feront les marchandises dans le nouveau canal & sur la riviere de Garonne dans l'étendue du gardiage de Toulouse ; d'accorder en outre au passage de l'écluse au-dessus du moulin du Château & sur le nouveau canal, un droit qui sans gêner le commerce, mette la province à portée de se rembourser des avances qu'elle est obligée de faire pour cet objet, duquel droit Sa Majesté seroit suppliée de vouloir régler le tarif & la maniere dont il sera perçu ; que depuis ladite délibération, le sieur archevêque de Toulouse & les propriétaires du canal royal ont signé le premier Février 1768 un accord duquel il résulte que n'y ayant d'autre difficulté qu'à raison des droits que lesdits sieurs propriétaires auroient été autorisés de percevoir sur la partie du canal à parcourir pour communiquer au nouveau port, cette difficulté se trouvoit résolue par l'abandon que font lesdits sieurs propriétaires desdits droits & par leur renonciation à toute indemnité à cet égard, à la charge que relativement au consentement qu'ils avoient donné le 25 Décembre 1767, on leur garantira tous les dommages qui pourroient résulter de l'ouverture du nouveau canal & de l'introduction des eaux de la Garonne dans le leur, aux cas exprimés dans ledit consentement, & répétés dans la délibération des Etats, de même que ceux qui n'auroient pas été prévus & qui proviendroient de la même cause ; comme aussi que les autres clauses que renferme ledit consentement du 25 Décembre 1767 par eux donné à la province, & à la délibération des Etats prise en conséquence seront exécutés. Requéroit à ces causes le suppliant qu'il plût à Sa Majesté sur ce pourvoir ; Vu ladite requête ; Le consentement donné par les propriétaires du canal royal de Languedoc le 25 Décembre 1767 ; Le projet général desdits ouvrages ; La délibération des Etats du 2 Janvier 1768 ; L'accord fait entre le sieur archevêque de Toulouse & les propriétaires du canal royal du premier Février 1768. Oui le rapport du sieur de Laverdy, conseiller ordinaire & au conseil royal, contrôleur général des finances, LE ROI ÉTANT EN SON CONSEIL, Voulant donner aux Etats de Languedoc de nouvelles marques de la protection que Sa Majesté accorde au commerce, & de la satisfaction qu'elle a de l'empressement avec lequel les Etats se portent à l'encourager & à l'étendre dans la capitale de cette province dont la position avantageuse semble exiger l'attention la plus particuliere du gouvernement pour tourner le génie des habitans de cette ville vers un objet d'une aussi grande utilité, a autorisé & autorise la délibération des Etats du 2 Janvier 1768, ensemble le consentement des propriétaires du canal royal du 25 Décembre 1767 & l'accord fait entre le sieur archevêque de Toulouse & lesdits propriétaires le 2 Février 1768 ; Ordonne Sa Majesté que tant ladite délibération que ledit consentement sortiront leur plein & entier effet ; Permet en conséquence aux Etats de faire démolir les parties des murs, les tours & les portes qui forment la clôture de la ville de Toulouse, de même que tous les édifices tant publics que particuliers qui se trouveront dans l'emplacement desdits ouvrages projettés & tous autres qu'il sera nécessaire de démolir à N°. VIII.

N°. VIII. raison desdits ouvrages pour en former les abords, en faciliter la construction ou de toute autre maniere, à la charge par lesdits Etats de payer ainsi qu'ils sont dans l'usage de le faire, aux particuliers auxquels on prendra des maisons ou toute autre nature de possessions le prix desdites maisons & desdites possessions sur l'estimation qui en sera faite par l'expert qui sera nommé par ladite province, conformément à ses réglemens & usages particuliers; Veut Sa Majesté que pour dédommager ladite province des dépenses que lui occasionnera un objet aussi intéressant pour le commerce, demeurant la renonciation faite par les propriétaires du canal royal de Languedoc de percevoir des droits sur ce qui entrera ou sortira du nouveau canal par le leur, que Sa Majesté autorise de plus fort & ratifie en tant que de besoin, il soit perçu au passage de l'écluse au-dessus du moulin du Château & à l'entrée dans le nouveau canal, les droits énoncés dans le tarif annexé au présent arrêt; se réservant Sa Majesté de réformer ledit tarif relativement aux circonstances, après qu'on aura connu par la levée dudit droit ce à quoi il peut se porter. Enjoint Sa Majesté au sieur intendant & commissaire départi dans la province de Languedoc de tenir la main à l'exécution du présent arrêt sur lequel toutes lettres nécessaires seront expédiées. FAIT au conseil d'état du Roi, Sa Majesté y étant, tenu à Marly le vingt-cinq Juin mil sept cent soixante-huit: PHELYPEAUX, *signé*.

Le présent arrêt du conseil d'état a été enregistré ès registres de la cour de parlement de Toulouse par nous greffier soussigné, en conséquence de l'arrêt du sept Juin mil sept cent soixante-dix-sept. PRATVIEL, *signé*.

N°. IX.

IX.

LETTRES-PATENTES SUR L'ARRÊT PRÉCÉDENT.

Du 25 Juin 1768.

LOUIS, PAR LA GRACE DE DIEU, ROI DE FRANCE ET DE NAVARRE: A nos amés & féaux les gens tenant notre cour de parlement à Toulouse, SALUT. Sur ce qui nous a été représenté en notre conseil par le syndic général de Languedoc, que les Etats généraux de cette province déterminerent, il y a deux ans, la construction d'un quai le long de la rive droite de la Garonne au-dessous du pont de Toulouse, pour arrêter les entreprises que faisoient divers particuliers sur le lit de cette riviere au préjudice dudit pont, des hôpitaux, & de deux moulins nécessaires pour la subsistance de la ville: que la chambre du commerce & le corps de la bourse consulaire de ladite ville ayant vu commencer ces ouvrages, avoient représenté qu'on en étendroit les avantages si l'on formoit en même-tems au-devant de ce quai un port qui, traversant la ville dans la meilleure partie de sa longueur & dans le lieu le plus fréquenté, diminueroit les frais d'importation & d'exportation, & feroit naître dans l'esprit des habitans une émulation pour des objets d'utilité que l'éloignement des ports actuels de la ville ne leur permet pas de connoître; que les Etats touchés de ces considérations, avoient cru entrevoir dans la demande qui leur a été faite par ces deux corps une occasion favorable de faire jouir la capitale du Languedoc des avantages dont sa position & la réunion du canal & de la Garonne la rend susceptible; mais que n'ayant pas voulu s'engager sans un mûr examen dans des ouvra-

No. IX. ges d'une aussi grande importance, ils avoient chargé les directeurs des travaux publics de la province de vérifier leur utilité & leur possibilité; que cette vérification faite, en présence des commissaires de la ville de Toulouse & des députés de la chambre du commerce, il résulta que la construction du port demandé étoit le vœu général de la ville; que ce port seroit utile, tant par la diminution qu'il procureroit sur les frais d'exportation & d'importation des denrées & marchandises qu'on est obligé de voiturer à plus d'un quart de lieue de la ville, que par la facilité qu'auroient les négocians de veiller eux-mêmes aux embarquemens & débarquemens, & de prévenir ainsi une partie des avaries auxquelles ils sont exposés: Que pour faire ce port, il étoit nécessaire de continuer jusqu'au moulin appellé du Bazacle, le quai déjà commencé au-dessous du pont, en y ménageant deux atterrissemens, l'un auprès de la Daurade & l'autre auprès de St. Pierre, pour former des abords aux barques; qu'il falloit aussi procurer une libre communication de la partie supérieure de la riviere avec l'inférieure, en donnant le moyen de franchir les chaussées des deux moulins du Château & du Bazacle qui la barrent en entier, l'une au-dessus, & l'autre au-dessous de la ville; que pour remplir cet objet on ne pourroit se dispenser de faire une écluse au-dessus du moulin du Château; qu'il seroit aussi nécessaire d'en faire une seconde au-dessus du moulin du Bazacle; mais qu'attendu que la riviere n'est pas navigable depuis ce moulin jusqu'à l'embouchure du canal de jonction des mers, il seroit inévitable d'ouvrir au-dessous de cette derniere écluse un canal qui pourroit communiquer, ou au canal de jonction des mers, ou dans la riviere de Garonne au-dessus de l'embouchure dudit canal, suivant que les Etats jugeroient le plus convenable, relativement aux difficultés qui pourroient se présenter; Que les sieurs propriétaires du canal de communication des mers instruits du résultat de cette vérification, avoient offert, pour le bien de la ville de Toulouse & pour celui du commerce en général, de lever tous les obstacles qui pourroient naître de leur part, tant à raison de la réception des eaux de la Garonne dans la partie inférieure de leur canal, qu'à raison des droits qu'ils seroient intéressés à percevoir sur la petite étendue de leurdit canal qu'on seroit obligé de parcourir pour communiquer au nouveau port; que dans cette vue ils signerent le 25 Décembre 1767 une déclaration par laquelle ils renoncent à toute indemnité, tant à raison du trajet des barques à leur canal qu'à raison de l'entretien des portes d'écluses de l'embouchure qu'ils seroient obligés d'ouvrir plus souvent, & des recuremens que les eaux de la Garonne pourroient occasionner plus fréquemment dans la retenue de Garonne, se bornant à demander, dans le cas où il se formeroit à l'embouchure du canal dans la Garonne, quelque atterrissement qui empêchât le débouché des deux canaux réunis dans le lit navigable de cette riviere, que ces atterrissemens soient enlevés à frais communs entre la province & les propriétaires; Que les Etats, après s'être fait représenter le projet de ces ouvrages, & en avoir mûrement discuté l'objet & l'utilité, avoient cru devoir, en se prêtant aux desirs de la ville & de la chambre du commerce de Toulouse, saisir une occasion favorable pour mettre journellement sous les yeux de ses habitans le spectacle avantageux du commerce, & les porter par-là à profiter du bien qu'ils peuvent retirer d'une situation heureuse que bien d'autres villes pourroient leur No. IX.

N°. IX.

envier ; qu'ils ont pris en conséquence le 2 Janvier 1768 une délibération par laquelle ils ont déterminé l'exécution de ces ouvrages, & ont donné pouvoir au sieur archevêque de Toulouse de traiter avec les sieurs propriétaires du canal des mers, à raison de ce qu'ils pourroient prétendre tant pour l'introduction des eaux de la Garonne dans leur canal que pour la suppression des droits qu'ils seroient autorisés à percevoir pour la petite partie de leur canal qu'on seroit obligé de parcourir : Que par cette délibération ils ont aussi arrêté de nous supplier de vouloir autoriser ledit projet, de même que les conventions qui seront faites à cet égard avec les sieurs propriétaires du canal royal ; de permettre en conséquence la démolition des bâtimens, notamment des parties des murs de la ville & des tours qui se trouvent faire partie dudit projet ; &, vu l'utilité desdits ouvrages pour le commerce, d'accorder à la province les mêmes priviléges & les mêmes franchises dont jouissent les propriétaires du canal de Languedoc, pour tout le trajet que feront les marchandises dans le nouveau canal & sur la riviere de Garonne, dans l'étendue du Gardiage de Toulouse ; d'accorder en outre au passage de l'écluse au-dessus du moulin du Château & sur le nouveau canal, un droit qui, sans gêner le commerce, mette la province à portée de se rembourser des avances qu'elle est obligée de faire pour cet objet ; duquel droit nous serions suppliés de vouloir bien régler le tarif & la maniere dont il sera perçu ; que depuis ladite délibération le sieur archevêque de Toulouse & les propriétaires du canal royal ont signé le premier Février 1768 un accord, duquel il résulte que n'y ayant d'autre difficulté qu'à raison des droits que lesdits sieurs propriétaires auroient été autorisés de percevoir sur la partie du canal à parcourir pour communiquer au nouveau port, cette difficulté se trouvoit résolue par l'abandon que font lesdits sieurs propriétaires desdits droits, & par leur renonciation à toute indemnité à cet égard, à la charge que, relativement au consentement qu'ils avoient donné le 25 Décembre 1767, on leur garantira tous les dommages qui pourroient résulter de l'ouverture du nouveau canal & de l'introduction des eaux de la Garonne dans le leur, aux cas exprimés dans ledit consentement & répétés dans la délibération des Etats, de même que ceux qui n'auroient pas été prévus & qui proviendroient de la même cause ; comme aussi que les autres clauses que renferme ledit consentement du 25 Décembre 1767 par eux donné à la province & à la délibération des Etats prise en conséquence, seront exécutées ; A quoi nous avons pourvu par l'arrêt ce jourd'hui rendu en notre conseil d'état, nous y étant, pour l'exécution duquel nous avons ordonné que toutes lettres nécessaires seroient expédiées. A CES CAUSES, après nous être fait représenter la requête contenant les demandes ci-dessus énoncées, le consentement donné par les propriétaires du canal royal de Languedoc le 25 Décembre 1767, le projet général desdits ouvrages, la délibération des Etats du 2 Janvier 1768, l'accord fait entre le sieur archevêque de Toulouse & les propriétaires du canal royal du premier Février 1768, de l'avis de notre conseil qui a vu l'arrêt de ce jour dont l'expédition est ci-attachée sous le contre-scel de notre chancellerie, & conformément à icelui, voulant donner aux Etats de notre province de Languedoc de nouvelles marques de la protection que nous accordons au commerce, & de la satisfaction que nous avons de l'empressement avec lequel

N°. IX. quel les Etats se portent à l'encourager & à l'étendre dans la capitale de cette province dont la position avantageuse semble exiger notre attention la plus particuliere pour tourner le génie des habitans de cette ville vers un objet d'une aussi grande utilité, Nous avons autorisé, & par ces présentes signées de notre main, autorisons la délibération des Etats du 2 Janvier 1768, ensemble le consentement des propriétaires du canal royal du 25 Décembre 1767, & l'accord fait entre le sieur archevêque de Toulouse & lesdits propriétaires le 2 Février 1768. ORDONNONS que tant ladite délibération que ledit consentement sortiront leur plein & entier effet; Permettons en conséquence aux Etats de faire démolir les parties des murs, les tours, & les portes qui forment la clôture de la ville de Toulouse, de même que tous les édifices tant publics que particuliers qui se trouveront dans l'emplacement desdits ouvrages projettés & tous autres qu'il sera nécessaire de démolir à raison desdits ouvrages, pour en former les abords, en faciliter la construction ou de toute autre maniere, à la charge par lesdits Etats de payer, ainsi qu'ils sont dans l'usage de le faire, aux particuliers auxquels on prendra des maisons ou toute autre nature de possessions, le prix desdites maisons & desdites possessions sur l'estimation qui en sera faite par l'expert qui sera nommé par ladite province, conformément à ses réglemens & usages particuliers. Voulons que pour dédommager notredite province des dépenses que lui occasionnera un objet aussi intéressant pour le commerce, demeurant la renonciation faite par les propriétaires du canal royal de Languedoc, de percevoir des droits sur ce qui entrera ou sortira du nouveau canal par leur, que nous autorisons de plus fort & ratifions en tant que de besoin, il soit perçu au passage de l'écluse au-dessus du moulin du Château & à l'entrée dans le nouveau canal, les droits énoncés dans le tarif arrêté en notre conseil ci-attaché sous le contre-scel des présentes; Nous réservant de réformer ledit tarif relativement aux circonstances, après qu'on aura connu par la levée dudit droit ce à quoi il peut se porter. SI VOUS MANDONS que ces présentes vous ayez à faire registrer, & le contenu en icelles, ensemble ledit arrêt, exécuter, selon leur forme & teneur: CAR tel est notre plaisir. DONNÉ à Marly le vingt-cinquieme jour de Juin, l'an de grace mil sept cent soixante-huit, & de notre regne le cinquante-troisieme. *Signé*, LOUIS: *Et plus bas*; Par le Roi, PHELYPEAUX.

Les présentes ont été registrées ès régistres de la cour de parlement de Toulouse, par nous greffier soussigné, en conséquence de l'arrêt de ladite cour le 7 Juin 1777. Signé, *PRATVIEL.*

X.

TARIF des droits que Sa Majesté veut être perçus au profit de la province de Languedoc au passage de l'écluse au-dessus du moulin du Château & à l'entrée dans le nouveau canal au-dessus du moulin du Bazacle jusqu'au canal royal de communication des mers.

Droits à percevoir au passage de l'écluse au-dessus du moulin du Château.

I.

CHAQUE bateau descendant de la partie supérieure de la Garonne ou venant de l'Ariege, s'il est chargé, payera . . . . 1 l. 0 f. 0 d.

Si ledit bateau n'est point chargé, il ne payera au passage de ladite écluse que . . . . 0 l. 5 f. 0 d.

No. X.

II.

Les bateaux venant de la partie inférieure de la Garonne payeront, s'ils sont chargés, à leur passage à l'écluse,

Savoir,

Chaque grand bateau 12 l. o s. o d.
Chaque bateau moyen 6 o o
Et chaque petit bateau, vulgairement appellé garrabot . . 1 l. 10 s. o d.

Si les bateaux ne sont point chargés, ils payeront,

Savoir,

Chaque grand bateau 2 l. 10 o d.
Chaque bateau moyen 1 5 o
Chaque petit, dit garrabot . . . . o 5 o

III.

Chaque barque de canal, si elle est chargée, payera au passage de ladite écluse, ci . . . . . 12 l. o s. o d.

Si elle n'est point chargée, elle ne payera que . . . . 2 l. 10 s. o d.

IV.

Les bateaux neufs descendant de la Garonne étant regardés comme marchandises, payeront au passage de ladite écluse, indépendamment de la charge qu'ils porteront,

Savoir,

Les grands . . . . . 1 l. 10 s. o d.
Les moyens . . . . . 15 o
Et les petits . . . . . 10 o

On payera en outre pour leurs charges, s'ils en portent,

Savoir,

Pour celle des grands bateaux . . . . . . 1 l. 5 s. o d.
Pour celle des moyens 1 l. o s. o d.
Et pour celle des petits o 15 o

No. X.

V.

Chaque radeau non chargé payera au passage de l'écluse pour chacun des trames dont il sera composé . . . . . o l. 10 s. o d.

Et s'il est chargé, on payera pour la charge un second droit de dix sols par trame . . . . o l. 10 s. o d.

Droits à percevoir à l'entrée dans le nouveau canal.

Les droits à percevoir à l'entrée dans le nouveau canal seront les mêmes que ceux du passage à l'écluse au-dessus du moulin du Château, en sorte que les barques qui auront payé un droit au passage de l'écluse en payeront un second pareil à leur entrée dans le nouveau canal, & réciproquement les barques qui auront payé un droit à leur entrée dans le nouveau canal, en payeront un second pareil au premier à leur passage à l'écluse au-dessus du moulin du Château.

Le droit sera dû sur le nouveau canal par les barques qui descendront, dès qu'elles auront passé l'écluse qui sera au bord de la riviere & par les barques qui remonteront, dès qu'elles auront passé le pont qui sera placé à la partie inférieure dudit canal.

Le droit des barques chargées sera le même, de quelque nature & de quelque poids que soit leur charge.

Il en sera de même pour le droit des radeaux, bateaux, &c. qui porteront quelque charge.

FAIT au conseil d'état du Roi, tenu à Marly le 26 Juin 1768. *Signé*, LOUIS. *Et plus bas* : PHELYPEAUX.

ARTICLE CINQUIEME.

Des Ouvrages faits pour faciliter la navigation de la Garonne, & sa communication avec le Canal Royal.

ON sent assez l'utilité de ces Ouvrages qui sont destinés à perfectionner & assurer la communication des deux mers. Leur nécessité étoit devenue urgente, ainsi qu'on le verra dans l'exposé de la délibération des Etats du 5 Janvier 1775, qui est la premiere piece de cet Article. Mais comme, depuis la vallée d'Aran jusqu'à Bordeaux, la Garonne baigne les limites de quatre généralités dont l'administration & les principes ne sont pas les mêmes, sa navigation avoit besoin d'un réglement général qui sans blesser la constitution & les formes particulieres de chacun de ces départemens, fixât leurs contributions respectives, prévînt les conflits, & soumît à un plan général toutes les opérations nécessaires pour établir la sureté & la liberté du flottage & de la navigation: & c'est ce qui vient d'être exécuté par un arrêt du conseil du 17 Juillet 1782, qui formera le dernier numéro de cet Article.

N°. I.

I.

EXTRAIT du registre des délibérations des Etats généraux de Languedoc, assemblés par mandement du Roi en la ville de Montpellier au mois de Décembre 1774.

Du Jeudi 5 Janvier 1775, président Mgr. l'archevêque & primat de Narbonne.

MONSEIGNEUR l'archevêque de Toulouse a dit, que le sieur de la Fage, syndic général, a rendu compte à la commission d'un mémoire présenté par la chambre de commerce de Toulouse, dans lequel elle expose, que la communication intérieure de la Méditerranée à l'Océan qui se fait par le canal de Languedoc, & pour l'établissement de laquelle il a été fait des dépenses si considérables, est presque entierement interceptée; que si ce canal est bien entretenu, & sa manutention bien dirigée, il n'en est pas de même de la navigation de la riviere de Garonne, qui éprouve un état d'abandon & de péril, constaté par un rapport détaillé des écueils & des obstacles que cette navigation dégradée rencontre; que les naufrages y sont devenus si communs, que lorsque les négocians ne peuvent éviter de se servir de ce trajet, aujourd'hui si lent, si cher, & si périlleux, ils font faire des assurances qui leur coûtent deux pour cent, & qu'on est même à la veille de ne pouvoir plus absolument communiquer, puisqu'il n'y a pas plus d'un pied d'eau au point de jonction du canal & de la Garonne.

Qu'il n'a point été pourvu jusques

N°. I. à présent d'une maniere expresse à l'entretien de la communication des deux mers, pour la partie de la Garonne, quoique cet objet demandât, par ses conséquences, une régie & une attention plus particuliere que pour les autres rivieres.

Que la partie défectueuse de cette communication, s'étend de Toulouse à la Réole, sur plus de trente lieues de longueur, & que cet espace est morcelé, entre la généralité d'Auch & la province de Languedoc, dont les dépendances sont entremêlées; & comme les principes, & les officiers des deux généralités sont différens, il en résulte un défaut d'unité dans les projets & dans les ordres, très-préjudiciable à l'administration.

Qu'il existe, pour la généralité d'Auch, un arrêt du conseil du 13 Janvier 1733, portant réglement pour la navigation de toutes les rivieres navigables de cette généralité, qui ordonne même une imposition annuelle de dix mille livres pour les entretiens; mais que ce réglement est sans exécution pour la police, & les fonds insuffisans pour des besoins aussi étendus; que ces fonds sont d'ailleurs absorbés en très-grande partie, pour les frais des bureaux, appointemens d'ingénieurs, & déboursés de leurs voyages, & ce qui reste, sans emploi qui produise quelque effet.

Que pour la partie du Languedoc, Sa Majesté accorde depuis plusieurs années, sur le fonds des indemnités, une somme annuelle, tantôt de quinze, tantôt de dix mille livres, réduite en 1774 à cinq mille; qu'elle est destinée aux réparations des bords de la riviere du côté de Languedoc, pour défendre ses possessions des ouvrages qui pourroient être faits sur le bord opposé situé dans la Guienne, & que ce qu'on a employé de ces fonds, l'a été sans projet suivi, & sur un systeme pernicieux, & étranger à la navigation. N°. I.

Que le lit de la Garonne depuis Toulouse jusqu'à la Réole, compris dans les deux généralités, & dont les réparations sont urgentes, relativement à la communication des deux mers, est fort large & fort plat, sur un fond de gravier très-profond, quelquefois parsemé de rochers, & que l'avidité des particuliers riverains les a de tous tems portés, chacun en droit soi, & comme à l'envi, à faire des ouvrages pour rejetter les eaux sur la rive opposée, ouvrages qui dans les différentes crues, ont emporté ceux du côté le plus foible vers lequel elles ont pris leur courant, & que ce côté étant ensuite plus fortifié, a occasionné à la premiere crue la destruction des ouvrages qui avoient auparavant résisté à la précédente; que ces travaux faits de part & d'autre, & emportés tour-à-tour, ont laissé dans le lit de la riviere un nombre infini de piquets plus ou moins élevés, qui rendent la navigation d'autant plus périlleuse, que le changement du cours des eaux occasionné par les ouvrages respectifs, en creusant de nouveaux lits, a découvert des bancs de rochers qui forment des écueils, dont le danger est augmenté par des moulins à nef que les propriétaires placent au milieu du courant, & qui achevent de barrer le passage.

Qu'enfin il a été reconnu par des personnes entendues, sans intérêt à la chose, qu'il étoit chimérique de vouloir resserrer par des ouvrages ou aligner le lit de la Garonne dans ce fond de gravier si large, que chacun cherche à s'approprier, & que la riviere parcourt alternativement, selon les effets des nouvelles crues; qu'aucun des ouvrages faits depuis tant de siecles, n'a pu résister, & qu'ils n'ont servi qu'à hérisser, tantôt d'un côté, tantôt de

N°. I. l'autre, un terrein immense avec des piquets inutiles à leur destination, & devenus l'écueil des navigateurs.

Que MM. les commissaires auroient pensé, que le mémoire de la chambre du commerce de Toulouse méritoit d'autant plus toute l'attention des Etats, qu'ils ont déjà pris connoissance des plaintes de MM. les propriétaires du canal royal, sur les obstacles que la navigation de la Garonne éprouve chaque année dans le tems des basses eaux, surtout dans le mois d'Octobre, aux approches de la foire de Bordeaux, les Etats ayant déjà été informés, par la réquisition de MM. les propriétaires, comme ils le sont aujourd'hui par la chambre de commerce de Toulouse, que la profondeur de cette riviere joignant l'embouchure du canal, n'étoit cette année que d'un pied, lors de la visite du sieur Garipuy, directeur des travaux publics de la province, malgré les ouvrages que MM. les propriétaires du canal ont fait en divers tems, pour y entretenir un fond d'eau.

Qu'ainsi, d'après toutes ces considérations, dont MM. les commissaires n'ont pu se dissimuler l'importance, ils ont été d'avis de proposer à l'assemblée de délibérer, 1°. Que les mesures prises jusqu'ici pour entretenir la navigation de la Garonne ayant été infructueuses, & les secours accordés par le Roi, insuffisans, sans que l'état des finances permette d'en espérer dans le moment de plus considérables, les Etats se chargeront de l'entretien de la riviere de Garonne, afin que la navigation n'en puisse être suspendue, ou arrêtée.

2°. Qu'à cet effet il sera fait chaque année les fonds nécessaires pour remplir cet objet important, & cette année seulement un fonds de quinze mille livres pour travailler à la réparation du point de jonction du canal royal & de la Garonne, indépendamment du prolongement des ouvrages que MM. les propriétaires du canal ont été autorisés à faire par la délibération des Etats du 15 de ce mois, depuis son embouchure jusqu'au de-là de la barre qui en masque l'entrée. N°. I.

3°. Qu'il sera donné pouvoir à MM. les commissaires qui seront nommés pour l'adjudication des travaux publics du haut Languedoc, de faire dresser, aussitôt après les Etats, le devis des ouvrages qu'exige cette partie, d'en passer le bail, & d'y faire travailler avec toute la célérité possible.

4°. Que pour étendre les mêmes soins aux autres parties de la Garonne, & en assurer la navigation, celui des directeurs des travaux publics que l'assemblée voudra nommer, sera chargé de constater les parties souffrantes, & qui ont un besoin plus pressant de réparations, & de rapporter aux prochains Etats, le devis desdites réparations, & ce, dans toute l'étendue du cours de la riviere de Garonne le long de la province de Languedoc, soit que les rives des deux côtés soient de ladite province, soit qu'elle ne s'étende que d'un côté de ladite riviere, & que Sa Majesté sera suppliée de vouloir bien donner ses ordres pour que cette différence ne puisse arrêter la vérification, & les ouvrages que les Etats auront jugés nécessaires.

5°. Que pour empêcher les riverains & les insulaires de nuire à la navigation & aux ouvrages que la province fera pour l'entretenir, il sera fait des réglemens au moyen desquels la sureté de la navigation sera maintenue, les entreprises réciproques des riverains arrêtées, lesquels réglemens contiendront non-seulement les regles auxquelles les propriétaires seront assujettis, mais encore la police à observer, pour qu'ils ne puissent s'y soustraire, à l'effet

N°. I. de quoi, les syndics généraux seront chargés de recueillir tous les mémoires & renseignemens nécessaires, pour que lesdits réglemens puissent être dressés aux prochains Etats, présentés à Sa Majesté, & être par elle, si elle le juge convenable, autorisés.

6°. Enfin que Sa Majesté sera également suppliée de vouloir bien étendre les mêmes précautions à la partie de la Garonne qui est entiérement hors de la province, afin que cette grande entreprise de la communication des deux mers ne vienne pas à être interrompue, & le commerce à languir, faute des communications & des correspondances nécessaires.

Ce qui a été délibéré sur tous les chefs, conformément à l'avis de MM. les commissaires, & les Etats ont nommé pour la direction des ouvrages déterminés, & des vérifications indiquées, le sieur Garipuy, directeur des travaux publics de la province, les ouvrages dont il s'agit étant comme une suite de ceux du canal dont il est déjà chargé.

II.

EXTRAIT du registre des délibérations des Etats généraux de Languedoc, assemblés par mandement du Roi, en la ville de Montpellier, au mois de Janvier 1776.

Du Jeudi 29 Février suivant, président Mgr. l'archevêque & primat de Narbonne, commandeur de l'ordre du Saint-Esprit.

MONSEIGNEUR l'évêque de Nîmes a dit, que le sieur de la Fage, syndic général, a mis sous les yeux de MM. les commissaires, la délibération au sujet de la navigation de la Garonne prise l'année derniere par les Etats, sur un mémoire qui leur avoit été présenté par la chambre de commerce de Toulouse, & par lequel cette compagnie, après avoir exposé les obstacles, les dangers, la lenteur & les frais de cette navigation, réclamoit les secours, & la protection des Etats pour le rétablissement d'une route aussi importante, non-seulement au Languedoc, mais encore à tout le royaume. N°. I.

Que les Etats ayant jugé que l'intérêt du commerce exigeoit que la province se chargeât de l'entretien de la Garonne, afin que la navigation n'en puisse être arrêtée ni suspendue, ils délibérerent le 5 Janvier 1775, 1°. qu'il seroit fait à l'avenir chaque année le fonds nécessaire pour remplir cet objet important. 2°. De destiner la premiere année une somme de quinze mille livres à la réparation du point de jonction du canal royal, & de la Garonne, indépendamment des ouvrages que MM. les propriétaires du canal avoient été autorisés de faire. 3°. De donner pouvoir à MM. les commissaires des travaux publics pour le haut Languedoc, de faire dresser le devis de la réparation ordonnée, d'en passer le bail, & d'y faire travailler avec toute la célérité possible. 4°. Que pour étendre les mêmes soins sur le reste de la Garonne, le directeur chargé de cette partie rapporteroit aux prochains Etats, le devis des réparations à faire dans toute l'étendue du cours de cette riviere, qui borde le Languedoc, soit que les rives des deux côtés soient de la province, ou non, & que Sa Majesté seroit suppliée d'ordonner que cette différence n'arrêtât ni les vérifications ni les ouvrages à faire. 5°. Que pour empêcher les riverains de nuire à la navigation, & aux ouvrages destinés à l'entretenir, il seroit fait des réglemens pour y pourvoir, lesquels contiendroient, non-seulement les regles auxquelles les riverains seroient assujettis, mais encore la police à observer

N°. II. pour qu'ils ne puissent s'y soustraire ; à l'effet de quoi les syndics généraux seroient chargés de recueillir tous les mémoires & les renseignemens nécessaires, pour que lesdits réglemens puissent être dressés aux prochains Etats, présentés à Sa Majesté, & par Elle autorisés, si Elle le jugeoit convenable. 6°. Enfin, que Sa Majesté seroit également suppliée de vouloir bien étendre les mêmes précautions à la partie de la Garonne qui est entierement hors du Languedoc, afin que cette grande entreprise de la communication des deux mers, ne vienne pas être interrompue.

Qu'en exécution de cette délibération le sieur Garipuy chargé de la navigation de la Garonne, comme une suite de celle du canal de jonction des mers, a fait durant le cours de l'année plusieurs visites de la Garonne dans la partie du Languedoc, la premiere le 6 Février 1775 sous les yeux de Monseigneur l'archevêque de Toulouse, par laquelle il fut constaté que la riviere au-devant de l'embouchure du canal n'avoit que quinze à dix-huit pouces de profondeur, & que pour lui donner le fond d'eau nécessaire au passage des barques, il falloit 1°. empêcher la continuation de quelques traînées & autres ouvrages semblables, que MM. les propriétaires du moulin du Bazacle faisoient faire sur la rive gauche de l'isle Sainte-Catherine qui sépare du grand lit de la riviere, les fuyans de leur moulin. 2°. Détruire un épi en charpente fait depuis quelques années par MM. les propriétaires du canal à l'extrémité inférieure de l'isle Sainte-Catherine, dans la vue de mettre à couvert des inondations les écluses & les autres ouvrages construits à l'embouchure du canal. 3°. Creuser le fuyant du moulin du Bazacle à une profondeur suffisante pour y appeller toutes les eaux des huit meules qui y répondent, & qui par le défaut de profondeur de ce fuyant étoient obligées de se détourner au dessous du moulin, pour rentrer dans le grand lit de la riviere. 4°. Enfin de construire sur la rive gauche du grand lit de la Garonne quelques épis, pour en éloigner le courant, & le diriger vers l'embouchure du canal à l'extrémité inférieure de l'isle Sainte-Catherine. N°. II.

Qu'on travailla de suite à remplir tous ces objets, & quoiqu'on n'ait pas encore achevé, ce qu'il y a de fait a suffi pour donner au-devant de l'embouchure du canal une profondeur de quatre pieds & demi, là où elle n'étoit auparavant que de quinze ou dix-huit pouces : que les ouvrages faits consistent à la destruction de l'épi qui étoit à l'extrémité inférieure de l'isle Sainte-Catherine, à la construction de trois épis sur la rive gauche du grand lit de la Garonne, & au recreusement du biez du moulin sur sept cent toises de longueur depuis l'embouchure du canal, en remontant jusqu'à celle de la rigole de fuite commune aux deux aqueducs construits pour la nouvelle branche de canal ; que le fuyant de ces aqueducs n'étant pas achevé, il a fallu laisser subsister le batardeau construit sur le biez du moulin au dessus de son embouchure ; & il n'a pas été possible de continuer les recreusemens au dessus du batardeau jusqu'au moulin sur la longueur de soixante-dix toises ; & que cette petite partie sera achevée cette année dans très-peu de tems, dès que les eaux seront basses.

Que tandis qu'on exécutoit les ouvrages mentionnés ci-dessus près de l'embouchure du canal, le sieur Garipuy informé qu'il y avoit divers passages difficiles sur la Garonne entre Toulouse & Verdun, fit au commencement du mois d'Avril dernier la vi-

N°. II. site de cette partie de la riviere, dans la vue d'en constater l'état, & les ouvrages à y faire, pour en faciliter la navigation; mais qu'ayant trouvé près de Verdun que le nommé Macary, patron de la navigation, faisoit travailler depuis peu de jours à écrêter quelques rochers qui s'élevoient du fond de la riviere, ce qu'il faisoit en exécution d'une ordonnance de M. l'intendant d'Auch du mois de Décembre 1774 rendue sur un procès-verbal de visite du sieur Aubert, sous-ingénieur, accompagné du visiteur, en date du mois de Septembre précédent, il crut devoir s'arrêter en cet endroit, après avoir reconnu l'état de la riviere dans toute la partie supérieure jusqu'à Toulouse, & qu'il se détermina d'autant plus volontiers à prendre ce parti, qu'il avoit été instruit par Monseigneur l'archevêque de Toulouse, que M. le contrôleur-général se proposoit d'envoyer bientôt un des inspecteurs généraux des ponts & chaussées, pour faire conjointement avec le sieur Garipuy une visite générale de la riviere, & pour déterminer ce qui devoit être fait pour en assurer la navigation.

Que ce ne fut cependant qu'à la fin du mois de Septembre que M. de Voglie chargé par M. le contrôleur-général de cette commission, se rendit à Toulouse; qu'alors cet inspecteur général n'étant plus le maître d'y donner tout le tems qu'elle exigeoit, après avoir vu chez le sieur Garipuy les cartes du cours de la Garonne depuis Toulouse jusqu'à l'embouchure du Tarn qu'il faisoit dessiner d'après celle qui avoit été faite, il y a environ dix ans, & d'après les nouvelles opérations faites l'année derniere pour déterminer tous les changemens survenus depuis, dans le cours de la riviere, & après avoir conféré ensemble sur les moyens à prendre pour ne pas retarder les bons effets de la délibération des Etats & des vues de M. le contrôleur général sur un objet aussi important, ils passerent sous le bon plaisir de ce ministre & des Etats une convention en double original, signée de chacun d'eux, dont la lecture a été faite à la commission. N°. II.

Qu'il résulte de cet écrit 1°. que tandis que le sieur Garipuy fera achever les cartes de la Garonne de Toulouse à Moissac, M. de Voglie fera lever celles du reste de cette riviere, jusqu'à Bordeaux avec assez de diligence pour qu'elles puissent être achevées le premier Août prochain.

2°. Que pour lors, M. de Voglie, MM. les ingénieurs d'Auch & de Bordeaux, & le sieur Garipuy partiront ensemble de Toulouse en bateau, pour vérifier le cours de la Garonne jusqu'à Bordeaux, pour déterminer les ouvrages destinés à en assurer la navigation & pour les tracer sur les cartes.

3°. Que les ouvrages à faire, tant dans le lit de la riviere, que sur les bords opposés, devant toujours concourir au même but, sans se contrarier, il convient qu'ils soient dirigés par la même personne, sous la même autorité, & qu'ils soient exécutés sur les mêmes fonds; & que d'après ce principe, on pourroit diviser le cours de la Garonne au dessous de Toulouse, en trois parties, dont la premiere jusqu'au Tarn regarderoit le Languedoc, la seconde jusqu'au port Sainte-Marie seroit à la charge de la généralité d'Auch, & la derniere seroit sur le compte de la généralité de Bordeaux.

4°. Enfin que l'ordre à établir pouvant exiger quelque discussion, & la vérification générale étant différée jusqu'au mois d'Août prochain, pour ne pas retarder les reparations de quelques passages dangereux entre Toulouse & le Tarn, le sieur Garipuy feroit au plutôt la visite de cette premiere partie, qu'il

N°. II. qu'il détermineroit ce qui doit y être fait pour la fureté de la navigation, & qu'il y feroit travailler à concurrence des fonds qui ont été déjà faits par le Languedoc, ou qui pourroient l'être avant la vérification générale, le tout fans préjudice de ce qui fera ordonné d'après cette opération.

Que le fieur Garipuy procéda bientôt après à la vérification convenue depuis Toulouſe jufqu'à l'embouchure du Tarn. Son procès-verbal contient d'abord le détail de tous les ouvrages à faire dans cette étendue, en fuppofant qu'il ne furvienne point de changemens confidérables dans l'état du lit de la riviere jufqu'à leur exécution, & il eft terminé par des obfervations générales relatives à trois objets principaux; favoir, la défenfe des bords de la riviere, le halage des barques & les moulins flottans.

Que le fieur de la Fage, pour exécuter ce qui eft porté par l'article V de la délibération prife l'année derniere, a recueilli divers arrêts du confeil & mémoires relatifs à la navigation des rivieres, aux ouvrages à faire, & à la police à obferver pour l'établir, pour la faciliter, & pour l'entretenir; que les réglemens déjà faits au fujet des rivieres navigables, & ceux qui pourroient y être ajoutés pour la navigation particuliere de la Garonne au deffous de Toulouſe peuvent être divifés en quatre objets principaux.

1°. La conftruction des travaux & leur entretien. 2°. Les obligations des riverains. 3°. Celles des feigneurs péagers. 4°. Celles des meuniers ou des propriétaires des moulins flottans, n'y en ayant point d'autres dans cette partie de la Garonne.

Que quoiqu'il eût divers projets de réglement à propofer à l'affemblée fur tous ces objets, il feroit cependant prématuré de s'occuper de leur examen, jufqu'après la vifite générale du cours de la Garonne qui doit être faite dans le mois d'Août, & durant laquelle les ingénieurs par qui elle doit être faite difcuteront fur les lieux, avec plus de connoiffance de caufe, non feulement les anciens réglemens faits à ce fujet, mais encore les changemens ou les augmentations qui pourroient y être faits, le tout relativement à l'adminiftration actuelle. Que le procès-verbal qu'ils en drefferont conjointement devant être rapporté l'année prochaine par le fieur Garipuy aux Etats, tous les points fur lefquels il conviendra de ftatuer ayant été examinés d'avance à loifir, même avec le Miniftre, s'il y a lieu, il pourra être fait alors une loi générale fur cet objet important qui fera auffi utile qu'immuable. N°. II.

Que pour achever de rendre compte aux Etats de tout ce qui a été fait, en vertu de leur précédente délibération, le fieur de la Fage a ajouté qu'indépendamment des ouvrages dont il a été fait mention ci-deffus, voifins de l'embouchure du canal, on a détruit auffi, conformément à la premiere vifite faite fous les yeux de Monfeigneur l'archevêque de Toulouſe, quelques traînées conftruites fur la rive droite de la riviere; parce qu'elles dirigeoient les eaux avec trop de force fur le bord oppofé; & que depuis la derniere vifite du cours de la Garonne jufqu'au Tarn faite par le fieur Garipuy, ce directeur ayant reconnu que les eaux fe portoient avec beaucoup de rapidité contre les rochers de Fenouillet, à la droite de la riviere; que les bateaux étoient en danger de fe brifer contre ces rochers; que le feul moyen pour y remédier, étoit de conftruire plufieurs traînées dans les ramiers, ou crémens fupérieurs à ces rochers; & que, pour faciliter le tirage, il convenoit d'éta-

N°. II. blir un petit bateau sur la gaure ou lône qui sépare les rochers des crémens qui sont au dessus; il fit mettre la main tout de suite à ces ouvrages qui furent bien avancés avant son départ pour les Etats, en sorte que le commerce commence à jouir de leurs bons effets.

Que les ouvrages auxquels on a travaillé depuis les derniers Etats n'ayant pu encore être achevés par les raisons rapportées ci-dessus, le toisé définitif, & la réception n'ont pu en être faits, mais qu'il résulte des toisés provisionnels qui en ont été tenus, qu'ils absorbent le fonds de quinze mille livres qui fût fait l'année derniere pour cet objet; & que les ouvrages qui doivent être entrepris cette année, d'après les visites du sieur Garipuy, pour faire cesser au plutôt les dangers de la navigation, devant être beaucoup plus étendus & plus considérables, ce directeur propose d'y destiner cette année une somme de vingt-cinq mille livres, sur laquelle il faudra prélever celle d'environ deux mille livres, pour la construction d'un bateau couvert, destiné aux visites de la Garonne dans le département du Languedoc, & pareil à ceux qui servent au même usage dans la généralité d'Auch & dans celle de Bordeaux.

Que d'après tout le détail dont il vient d'être rendu compte, la commission a reconnu qu'il ne pouvoit que remplir les vues des Etats, & auroit en conséquence été d'avis de proposer à l'assemblée de délibérer. 1°. D'approuver ce qui a été fait l'année derniere relativement à la sureté de la navigation du canal de communication des mers à son embouchure, & de la navigation de la Garonne aux environs de Toulouse, ainsi que les conventions passées entre le sieur de Voglie, inspecteur général des ponts & chaussées, & le sieur Garipuy.

2°. De donner pouvoir à MM. les commissaires qui seront nommés pour les adjudications du haut Languedoc, de passer le bail des ouvrages les plus urgens, qui pourront être exécutés pendant l'année, soit qu'ils fassent partie de ceux qui sont compris dans la visite faite par le sieur Garipuy le 17 Octobre dernier, soit qu'ils soient proposés par ce directeur, d'après les nouvelles visites de la Garonne qu'il fera dans le cours de cette année. N°. II.

3°. De renvoyer à statuer après ladite vérification sur les réglemens nécessaires pour cet objet important.

4°. Enfin, qu'il sera imposé la présente année une somme de vingt-cinq mille livres pour la continuation des ouvrages de la Garonne, sur laquelle il sera prélevé environ deux mille livres, pour faire construire un bateau couvert, destiné aux visites de cette riviere.

Ce qui a été délibéré, conformément à l'avis de MM. les commissaires.

III.

Extrait du registre des délibérations des Etats généraux de Languedoc, assemblés par mandement du Roi en la ville de Montpellier au mois de Novembre 1776.

Du Mardi 24 Décembre suivant, président Mgr. l'archevêque & primat de Narbonne, commandeur de l'ordre du Saint-Esprit.

MONSEIGNEUR l'évêque de Montpellier a dit, que le sieur de la Fage, syndic-général, après avoir rappellé à la commission, les deux délibérations prises les années précédentes par les Etats, au sujet de la navigation de la Garonne, a ajouté, que la vérification générale de cette riviere depuis Toulouse jusqu'à Bordeaux, qui devoit être faite cette année par le

No. III. sieur de Voglie, inspecteur-général des ponts & chaussées, & par les ingénieurs d'Auch & de Bordeaux, conjointement avec le sieur Garipuy, n'a pu avoir lieu, soit à cause des dérangemens survenus dans l'administration des ponts & chaussées, soit à cause d'une maladie dudit sieur de Voglie; que le défaut de cette vérification a tenu en suspens tous les réglements projettés pour pourvoir à la sureté de la navigation de cette riviere, & que le sieur Garipuy a été obligé de se borner à vérifier la partie de la Garonne, comprise depuis la ville de Toulouse jusqu'à l'embouchure de la riviere de Tarn, & à faire faire sur les bords dépendans du Languedoc dans cette partie, les ouvrages nécessaires pour faciliter la navigation.

Que ces ouvrages consistent, en premier lieu, à avoir achevé le recreusement & l'élargissement du biez de fuite du moulin du Bazacle sur environ 850 toises de longueur, depuis ledit moulin jusqu'à l'embouchure du canal, afin d'obliger la moitié des eaux du moulin de passer dans ce biez & de recreuser par leur rapidité le lit de la Garonne au devant de l'embouchure du canal, ce qui a parfaitement réussi; en sorte qu'il y a aujourd'hui plus de cinq pieds d'eau au devant de cette embouchure, là où il n'y en avoit au commencement de 1775 qu'environ 18 pouces.

2°. Qu'on a construit en même tems divers épis sur la rive gauche de la Garonne, au devant de l'embouchure du canal, depuis le moulin de Bourassol jusqu'auprès de Blagnac, ces ouvrages ayant pour objet de rejetter les eaux vers la rive droite de la riviere, sur laquelle on est obligé de faire le tirage des barques, parce que l'embouchure du canal s'y trouve située, sans compter qu'il est nécessaire de resserrer les eaux de la riviere vis-à-vis le village de Blagnac, parce que la trop grande largeur qu'elles occupent, fait qu'elles n'ont en cet endroit que très-peu de profondeur. No. III

3°. Qu'on travaille actuellement à construire de nouvelles traînées au dessous du village de Blagnac & près du moulin, pour rejetter de même les eaux sur la droite & éviter une anse considérable où la navigation est difficile.

4°. Qu'on est occupé aussi à former des traînées sur la rive droite, entre la communauté de Blagnac & celle de Bauzelle, dans la vue, en dirigeant les eaux sur les graviers avancés de la gauche, de concourir avec les ouvrages précédens à redresser cette partie du lit de la riviere.

5°. Qu'on avoit déjà commencé l'année derniere de construire quelques traînées sur la droite au dessus des rochers de Fenouillet, contre lesquels les bateaux étoient en danger de se briser; que quoique ces ouvrages eussent déjà diminué le péril de ce passage, le sieur Garipuy avoit estimé devoir les prolonger à concurrence des graviers qui s'étoient formés à la suite des premieres traînées; que ces ouvrages sont aujourd'hui fort avancés; qu'ils produisent tout l'effet qu'on s'en étoit proposé; & qu'il suffira à l'avenir de faire en cet endroit quelques nouvelles traînées relatives aux changemens qui seront survenus dans le cours des eaux.

6°. Que pour arrêter les progrès des graviers de Percin, qui s'avancent toujours de la gauche à la droite, on avoit déjà construit l'année derniere deux traînées au-dessous du château de Gagnac; qu'il en a été fait cinq autres cette année, les trois premieres pour former une gaure voisine du cabaret, & les deux autres supérieures au moulin de Saint-Martial pour diriger les

N°. III. eaux vers le bord opposé ; qu'on travaille actuellement à une sixieme inférieure au moulin, qui est principalement destinée à protéger les terres meubles qui sont au-dessous, pour prévenir le contour que les eaux menacent de faire en cet endroit.

7°. Que le premier ouvrage auquel on se propose de travailler, après qu'on aura achevé ceux dont nous venons de parler, consiste en divers épis à faire sur la rive droite & dans la partie supérieure de la terre de Saint-Jory, pour masquer l'entrée d'un bas-fond ou d'une grande gaure d'environ 1800 toises de longueur, appellée le Clot d'Embure, vers lequel les eaux se portent avec force, & où leur passage seroit préjudiciable à la navigation, en appauvrissant le lit principal de la riviere.

8°. Que le sieur Garipuy a déterminé aussi un grand nombre d'autres ouvrages de même nature, qui ont tous pour objet de réunir les eaux de la Garonne dans un seul lit, & d'empêcher qu'elles ne fassent des contours trop brusques, où la navigation est toujours pénible & souvent dangereuse.

9°. Qu'il a déterminé aussi l'enlevement de plusieurs piquets, & de divers troncs d'arbres qui forment autant d'écueils contre lesquels les bateaux risquent de se briser ; mais que ces ouvrages ne pouvant être faits que dans la belle saison, il a été obligé d'en différer l'exécution jusqu'alors.

10°. Qu'indépendamment des ouvrages mentionnés ci-dessus & qui sont tous situés dans la partie de la Garonne comprise entre la ville de Toulouse & la communauté de Saint-Jory, on travaille aussi dans le Bas, & dans celle de Castel-Sarrasin, à quelques traînées situées sur la rive droite, les unes près la métairie de Prades, & les autres au-dessus de Bordebasse, dont l'exécution étoit des plus urgentes pour éviter les progrès de deux détours considérables que les eaux commencent de faire en ces deux endroits, & qui sont aussi préjudiciables à la navigation qu'aux terres riveraines. N°. III.

Que la plupart des ouvrages dont on vient de rendre compte, n'étant pas encore finis, il n'a pas été possible d'en faire le toisé définitif, lequel ne peut être dressé que l'année prochaine dans le tems des basses eaux ; mais qu'on aura soin de le faire pour lors, & de le porter aux Etats prochains ; avec celui des autres ouvrages qui auront été achevés ; que cependant les travaux déjà faits, y compris le bateau destiné à la visite de la Garonne, qui fut délibéré l'année derniere, se portent à une somme d'environ 33,000 livres, suivant les toisés provisionnels qui en ont été dressés ; en sorte que, sur la somme de 40,000 livres qui a été imposée en deux années pour la navigation de la Garonne, il ne reste aujourd'hui de libre que 7000 livres qui seront épuisées avant l'imposition prochaine.

Que le procès-verbal du sieur Garipuy contient plusieurs réflexions générales sur la maniere de fortifier les bords de la Garonne, pour les mettre en état de résister aux crues de cette riviere dans les endroits bas, & où le terrein est extrêmement meuble ; sur les moyens de faciliter le halage ou tirage des barques, qui est extrêmement pénible par-tout où la riviere ayant une grande largeur, le courant y fait des contours considérables ; enfin sur les dangers que les moulins flottans causent à la navigation, parce qu'ils ne peuvent être placés qu'aux endroits où les eaux ont plus de fond & de rapidité.

Que ces observations tendent à faire

N°. III. désirer la prompte exécution de la visite générale, qui fut convenue l'année dernière & qui a été retardée par des causes étrangeres.

Que d'après tout le détail dont il vient d'être rendu compte, la commission a cru devoir proposer à l'assemblée, 1°. d'approuver ce qui a été fait cette année sur la Garonne, en exécution de ses précédentes délibérations, dont les toisés seront rapportés aux prochains Etats.

2°. D'ordonner l'exécution des autres ouvrages contenus dans le procès-verbal du sieur Garipuy, pour être exécutés par ordre, à concurrence des fonds qui y seront destinés.

3°. Qu'il sera imposé l'année prochaine une somme de 25,000 livres pour cet objet.

4°. Que MM. les députés à la cour seront priés de solliciter le Ministre pour accélérer la vérification générale du cours de la Garonne, qui a déjà été convenue.

5°. Que d'après cette vérification, & ce qui aura été convenu avec le sieur de Voglie, il sera dressé un projet de réglement concernant la police à observer sur la Garonne, pour que les riverains ne puissent rien faire de contraire aux intérêts de la navigation; que ces réglemens seront présentés aux prochains Etats, & qu'après l'examen qui en aura été fait, Sa Majesté sera suppliée de les autoriser & d'étendre les mêmes précautions sur les parties de la Garonne dont le Languedoc ne sera point chargé.

Ce qui a été délibéré sur tous les chefs, conformément à l'avis de MM. les commissaires.

IV.

N°. IV. *EXTRAIT du registre des délibérations des Etats généraux de Languedoc, assemblés par mandement du Roi en la ville de Montpellier au mois de Novembre* 1777.

Du Mardi 30 Décembre suivant, président Mgr. l'archevêque & primat de Narbonne, commandeur de l'ordre du Saint-Esprit.

MONSEIGNEUR l'évêque de Montpellier a dit, que le sieur de la Fage, syndic général, après avoir rappellé à la commission les délibérations prises les années précédentes au sujet de la navigation de la Garonne, a ajouté, que la vérification générale de cette riviere depuis Toulouse jusqu'à Bordeaux, qui devoit être faite l'année derniere par le sieur de Voglie, inspecteur-général des ponts & chaussées, & par les ingénieurs particuliers d'Auch & de Bordeaux, conjointement avec le sieur Garipuy, n'a pu encore avoir lieu cette année, à cause de la longue maladie du sieur de Voglie, qui a été suivie de sa mort, & parce que le Ministre n'a pas encore nommé celui des inspecteurs généraux qui doit suppléer le sieur de Voglie dans cette visite.

Que cette opération préliminaire n'ayant pu être faite, les réglemens projettés pour faciliter & assurer la navigation de la Garonne, ont demeuré en suspens, & le sieur Garipuy a été obligé de se borner à vérifier la partie de cette riviere comprise entre Toulouse & le Tarn, & à faire travailler seulement aux portions qui sont situées dans le Languedoc.

Que les ouvrages faits cette année, consistent surtout en épis ou clayonnages destinés à réunir toutes les eaux de la Garonne dans un seul lit, enfermant les divers bras qu'elle a déjà creusés, ou qu'elle menace d'ouvrir, à resserrer son lit lorsqu'il est trop large, ou à éloigner le courant des roches contre lesquelles les bateaux risquent de se briser.

N°. IV. Qu'il n'est pas moins essentiel pour la sureté de la navigation de faire écrêter les rochers que les eaux découvrent quelquefois lorsque leur courant change ; qu'il est encore d'autres écueils moins dangereux, mais beaucoup plus multipliés, formés par les troncs d'arbres que les grandes eaux charrient, qu'elles déposent au hasard, & qu'il faut faire enlever pour que les bateaux ne risquent pas d'y heurter.

Que tous les ouvrages faits cette année pour ces différens objets consistent, 1°. à avoir réparé toutes les dégradations faites par les eaux à ceux qui avoient été exécutés les années précédentes.

2°. A avoir prolongé les anciens épis faits sur la rive gauche de la Garonne au-dessous du moulin de Bourassol, & d'y en avoir ajouté un nouveau.

3°. A avoir enlevé un atterrissement qui s'étoit formé dans le milieu de la riviere, & qui gênoit le passage des barques à la sortie du canal.

4°. En une longue traînée & quelques petites entre le château & le village de Blagnac, pour rejetter les eaux sur la droite, & pour les obliger d'approfondir leur lit dans un gravier où il n'y avoit pas assez de fond dès qu'elles étoient basses.

5°. En une nouvelle traînée attachée au terrein de la gauche, vis-à-vis le moulin de Blagnac, pour défendre le terrein inférieur rongé par la riviere, & à avoir enlevé les rochers en divers endroits au-dessus de Blagnac, dans la nouvelle direction que les eaux avoient prise depuis les crues du printems, & contre lesquelles divers bateaux avoient déjà heurté avant qu'elles eussent entierement baissé.

6°. En plusieurs traînées sur la droite, depuis les métairies de Puges & de St. Jacques, jusqu'aux graviers de Fenouillet, pour réunir les eaux dans un seul lit, pour en redresser le cours, & pour les éloigner des rochers avancés contre lesquels les bateaux risquoient de se briser. N°. IV.

7°. En six épis & deux traînées aussi sur la droite, pour remplir le même objet dans les communautés de Gagnac & de Saint-Jory, & pour servir d'attache à d'autres traînées à construire pour masquer une gaure de 1800 toises de longueur, appellée le Clot d'Embure, qui appauvrit le lit principal, & dans laquelle la riviere menace de se changer.

8°. En plusieurs traînées faites sur la droite, dans la communauté de Castel-Sarrasin, vis-à-vis la métairie de Prades & celle qu'on nomme Bordebasse, pour diriger le cours des eaux & les amener dans un seul lit.

Enfin, à l'enlevement de plusieurs troncs d'arbres répandus en divers endroits de la Garonne.

Qu'il résulte du procès-verbal de visite dressé par le sieur Garipuy, dont la lecture a été faite à la commission, qu'il y a encore plusieurs autres ouvrages de même espece à faire entre Toulouse & l'embouchure du Tarn, & qu'il n'a pu faire travailler à ceux qui sont les plus urgens, parce qu'ils sont situés, en tout ou en partie, hors des limites du Languedoc ; que ce directeur, en remontant la Garonne dans sa derniere visite, a été témoin qu'une barque chargée qui descendoit pour se rendre à la foire de Bordeaux, heurta si rudement contre les rochers de Verdun, qu'elle s'ouvrit, & qu'elle étoit en danger de périr s'il ne lui eût fait donner un prompt secours.

Que des accidens de cette espece, qui malheureusement sont trop fréquens, joints aux dangers causés par les moulins flottans, & aux grandes difficultés du halage dans l'état actuel des bords de la riviere, ainsi qu'il est exposé dans les procès-verbaux de vi-

N°. IV. site faite par le sieur Garipuy, sont desirer que la vérification générale dans laquelle on doit convenir des moyens propres à y remédier, soit bientôt exécutée, & que le Ministre qui a approuvé le projet de cette vérification, veuille bien nommer celui des inspecteurs généraux qui doit remplacer le sieur de Voglie dans cette fonction, assez-tôt pour qu'elle puisse être faite dans le mois de Juillet prochain.

Que le sieur Garipuy a rapporté le toisé de divers travaux faits sur la Garonne durant les trois années 1775, 1776 & 1777, lequel se porte à la somme de 50,074 livres 4 sols 6 deniers, sans à ce comprendre 4500 livres pour les appointemens des inspecteurs; que les fonds faits par la province pour cet objet pendant ces trois années, montent à 65,000 livres, & qu'ainsi il reste 10,425 livres 15 sols 6 deniers, pour fournir au payement des ouvrages faits depuis le premier Novembre.

Que d'après les faits rapportés ci-dessus, qui font connoître combien il importe d'accélérer les travaux nécessaires pour assurer la navigation de la Garonne, la commission a cru devoir proposer à l'assemblée de délibérer,

1°. D'approuver ce qui a été fait jusqu'à présent sur cette riviere, en exécution des précédentes délibérations.

2°. D'ordonner l'exécution des autres ouvrages contenus dans le dernier procès-verbal du sieur Garipuy, pour être exécutés par ordre à concurrence des fonds qui y seront destinés.

3°. Qu'il sera imposé l'année prochaine à cet effet une somme de 25,000 livres.

4°. Que MM. les députés à la cour seront chargés de solliciter le Ministre d'accélérer la vérification générale, en nommant celui des inspecteurs-généraux qui doit y remplacer le sieur de Voglie. N°. IV.

5°. Que d'après cette vérification, il sera dressé un projet de réglement concernant la police à observer sur la Garonne, pour que les riverains & les propriétaires des moulins ne puissent rien faire qui y soit contraire; que ces réglemens seront présentés aux prochains Etats, & qu'après avoir été approuvés par eux, s'il y a lieu, Sa Majesté sera suppliée de les autoriser, & d'étendre les mêmes précautions sur les parties de la Garonne dont le Languedoc ne sera point chargé.

Ce qui a été délibéré sur tous les chefs, conformément à l'avis de MM. les commissaires.

Il a été pareillement délibéré d'accorder au sieur Garipuy, directeur pour les travaux du canal, qui a été chargé aussi de ceux de la Garonne, la même gratification de 2500 livres, qui lui a été donnée les années précédentes, laquelle somme sera prise sur les fonds destinés aux ouvrages de la Garonne.

V.

EXTRAIT du registre des délibérations des Etats généraux de Languedoc, assemblés par mandement du Roi en la ville de Montpellier au mois d'Octobre 1778.

Du Mardi Ier. Décembre suivant, président Mgr. l'archevêque & primat de Narbonne, commandeur de l'ordre du Saint-Esprit.

MONSEIGNEUR l'évêque de Montpellier a dit, que le sieur de la Fage, syndic général, en rappellant à la commission les précédentes délibérations prises au sujet de la navigation de la Garonne, a rapporté que les Etats informés combien cette navigation étoit difficile & périlleuse, délibérerent le 5

No. V. Janvier 1775 d'y pourvoir, en faisant les fonds nécessaires pour remplir cet objet dans le Languedoc, & en suppliant Sa Majesté d'étendre les mêmes précautions aux parties de la Garonne situées hors de la province; comme aussi, en sollicitant un réglement capable de prévenir les difficultés qui pourroient naître, tant de la part des seigneurs péagers, que des propriétaires des moulins, des riverains, ou de tous autres.

Que M. le contrôleur général, instruit de la délibération des Etats, avant de rien statuer sur un objet aussi important, avoit jugé convenable d'envoyer sur les lieux un des inspecteurs généraux des ponts & chaussées, pour faire une visite générale de la Garonne, conjointement avec le sieur Garipuy, chargé par les Etats de la navigation de cette riviere, comme une suite de celle du canal.

Que M. de Voglie, chargé de cette commission, ne s'étant rendu à Toulouse qu'à la fin du mois de Septembre, tems auquel ses autres occupations ne lui permettoient plus de donner à la visite de la Garonne le tems qu'elle exigeoit, il se borna à voir chez le sieur Garipuy les cartes que ce directeur avoit fait lever du cours de la Garonne depuis Toulouse jusqu'à l'embouchure du Tarn; & pour ne pas retarder les bons effets des vues des Etats & de M. le contrôleur général, ils passerent le 30 Septembre 1775 une convention pour être exécutée provisoirement sous le bon plaisir de ce ministre & des Etats, jusqu'à ce qu'il seroit statué définitivement d'après la visite générale.

Cette convention, dont il fut rendu compte aux Etats le 29 Février 1776, porte, en premier lieu, qu'on leveroit des cartes du reste de la Garonne, pareilles à celles qui étoient déjà faites pour la partie de Toulouse au Tarn. No. V.

2°. Que ces cartes seroient achevées avant le premier Août 1776, & qu'il seroit fait pour lors une visite générale de la Garonne depuis Toulouse jusqu'à Bordeaux, par M. de Voglie, par le sieur Garipuy, & par les ingénieurs des autres provinces riveraines.

3°. Que les ouvrages à faire, tant dans le lit de la riviere que sur ses bords opposés, devant toujours concourir au même but sans se contrarier, il convient qu'ils soient dirigés par la même personne, sous la même autorité, & qu'ils soient exécutés sur les mêmes fonds.

4°. Que d'après ce principe, on pourroit diviser le cours de la Garonne au-dessous de Toulouse, en trois départemens; le premier jusqu'au Tarn pour le Languedoc; le second jusqu'au port Sainte-Marie pour la généralité d'Auch, & le reste pour celle de Bordeaux.

Enfin, que l'ordre à établir pouvant exiger quelque discussion, & la vérification générale étant différée; pour ne pas retarder la réparation de quelques passages dangereux entre Toulouse & le Tarn, le sieur Garipuy y feroit travailler jusqu'à la vérification générale, & sans préjudice de ce qui seroit ordonné ensuite.

Qu'une longue maladie du sieur de Voglie, suivie de sa mort, & les premieres occupations du sieur Tresaguet, qui l'a remplacé, ont retardé cette vérification de deux années; que cependant le Ministre ayant pris cet objet en considération, sur les représentations de MM. les députés des Etats à la cour, M. de Cotte envoya au sieur Garipuy le 22 Janvier dernier, deux projets de démarcation pour les limites des départemens de la Garonne; qu'il lui demanda ses observations sur ces projets, & qu'il le chargea de tenir prêtes les cartes

N°. V. cartes des parties situées dans le Languedoc.

Que chacun de ces projets comprenoit toute l'étendue de la Garonne depuis Saint-Béat jusqu'à Bordeaux, tandis qu'on n'avoit eu d'abord en vue que la partie de cette riviere au-dessous de Toulouse; mais que, suivant le premier projet, le Languedoc ne devoit avoir que l'espace compris depuis l'Auriege jusqu'à Verdun, évalué à huit lieues de Paris; & que suivant le second, le département de cette province, outre cette premiere partie, en renfermoit une seconde de trois lieues depuis Saint-Julien jusqu'à Noé.

Qu'en reconnoissant les avantages que le nouveau plan du Ministre devoit procurer par son étendue, on ne pouvoit pas néanmoins se dissimuler que les limites qu'il assignoit au Languedoc, en terminant son administration à Verdun, s'éloignoient sensiblement du dessein formé par les Etats, d'assurer la navigation de la Garonne dans la partie la plus importante à notre commerce, qui s'étend depuis Toulouse jusqu'à l'embouchure du Tarn.

Que par cette considération, le sieur Garipuy dans la réponse qu'il fit à M. de Cotte, après avoir consulté MM. les commissaires des travaux publics du haut Languedoc, insista pour que le département de la province s'étendît depuis l'embouchure de l'Ariége jusqu'à celle du Tarn; & que sur ces observations, M. de Cotte dans sa seconde lettre au sieur Garipuy, lui marque que le premier arrangement proposé est susceptible de tous les changemens qu'on croira convenables sur les lieux; qu'ils seront arrêtés avec M. Tresaguet dans sa prochaine visite, & qu'ils seront ensuite autorisés par un arrêt du conseil pour les rendre invariables.

Que M. l'intendant ayant communiqué bientôt après au syndic général une lettre qu'il avoit reçue sur le même objet, de M. le directeur général des finances, pour lui demander son avis sur les mêmes projets de démarcation, le sieur de la Fage y répondit par un mémoire qui faisoit connoître d'une maniere détaillée les raisons des Etats pour demander que le département de la province s'étende jusqu'à l'embouchure du Tarn. N°. V.

Que ce ne fut cependant qu'à la fin du mois de Septembre que le sieur Tresaguet se rendit à Toulouse avec le sieur Desfirmins, ingénieur de la généralité d'Auch, celui de Bordeaux n'ayant pas été appellé, parce que la Garonne est toujours navigable dans cette généralité.

Que le sieur Tresaguet & le sieur Desfirmins procéderent d'abord avec le sieur Garipuy, à l'examen des plans du cours de la Garonne, tant dans le Languedoc que dans la Guienne, depuis l'embouchure de l'Ariége au-dessus de Toulouse, jusqu'à l'extrémité inférieure du département d'Auch au-dessous d'Agen, le surplus des cartes du cours de la Garonne, tant en dessus qu'en dessous, n'étant pas encore levé; qu'ils firent aussi lecture des visites de la Garonne faites jusqu'alors par le sieur Garipuy, depuis Toulouse jusqu'à l'embouchure du Tarn; & qu'après avoir pris par cet examen une connoissance générale de la position des lieux, de l'état du lit de la Garonne, des obstacles que la navigation y éprouve, & des moyens à prendre pour les détruire, ils s'embarquerent sur cette riviere à l'embouchure du canal, & ils descendirent jusqu'à celle du Tarn.

Que ces ingénieurs, dans le cours de leur visite, dresserent un arrêté, clos le 22 Septembre 1778, dont il a été fait lecture à la commission, & dans

N°. V. lequel, après avoir exposé les inconvéniens qui résultent de ce que les deux rives opposées dépendent souvent de deux départemens différens, de ce qu'ils sont trop morcelés, de ce que les ouvrages des riverains tendent toujours à augmenter les sinuosités de la riviere, de la gêne que causent les moulins à nef, & de la négligence des seigneurs péagers à enlever les obstacles de la navigation, pour exécuter les ordres par lesquels ils sont chargés d'assigner les moyens d'y remédier, comme n'y ayant pas été suffisamment pourvu par les arrêts rendus à ce sujet, proposent, en premier lieu, que les deux bords dépendent toujours de la même administration.

En second lieu, que la généralité d'Auch ait dans son attribution la partie supérieure de la Garonne depuis la vallée d'Aran jusqu'à l'embouchure de l'Ariége, y compris la Neste, depuis son embouchure de la Garonne jusqu'à Arreau, & encore la partie de la Garonne depuis le Tarn jusqu'au confluent du Gers au-dessous d'Agen.

Que la partie attribuée au Languedoc, comprenne depuis l'embouchure de l'Ariége jusqu'à celle du Tarn.

Et enfin, que l'attribution de Bordeaux renferme tout le reste de la Garonne, depuis le Gers jusqu'à la mer.

En troisieme lieu, que les motifs qui ont déterminé d'assigner au Languedoc les limites marquées ci-dessus, sont que la rive gauche de la Garonne vers la Guienne, étant défendue par les coteaux qui la bordent, tandis que le bord opposé est bas & d'une terre meuble, le Languedoc a un double intérêt aux ouvrages à faire depuis Toulouse jusqu'au Tarn, les uns relatifs à la conservation du terrein, & les autres à la navigation dans cette partie de la Garonne, comme faisant une suite de celle qui traverse cette province. N°. VI.

En quatrieme lieu, que les ouvrages à faire pour faciliter la navigation de la Garonne, étant très-nombreux & très-dispendieux, puisqu'en divers endroits les bords sont dévastés, les eaux sont divisées en plusieurs bras, & il y a souvent moins d'un pied d'eau dans le canal principal de la navigation, les fonds qui y ont été destinés, tant dans le Languedoc que dans la Guienne, ne sont pas suffisans; & vu l'étendue attribuée au Languedoc, jointe à l'importance de la navigation dans cette partie, il convient que cette province y destine annuellement une somme d'environ soixante mille livres, jusqu'à ce que la riviere ait acquis une profondeur suffisante.

En cinquieme lieu, que les moulins flottans gênant toujours la navigation, & la rendant souvent très-périlleuse, il convient d'autoriser les généralités dans lesquelles ils sont situés, à les faire estimer, suivant leur valeur présente, & à ordonner qu'elles en feront successivement l'acquisition, en commençant par ceux qui sont les plus nuisibles.

En sixieme lieu, que vu les difficultés qu'il y a d'obliger les seigneurs péagers de faire à propos les travaux auxquels ils sont tenus pour le bien de la navigation, & vu l'impossibilité qu'il y a que ces travaux concourent avec ceux qu'exige un projet général, les péagers doivent en être déchargés, & qu'il doit être fait incessamment une appréciation du montant annuel des travaux qu'ils sont obligés de faire, pour que, cette somme une fois fixée, ils soient tenus de la remettre annuellement entre les mains du receveur des fonds destinés aux travaux de la Garonne, ou bien le tarif de leurs droits sera diminué dans la proportion de cette som-

N°. V. me au produit de leur péage, & ce, jusqu'à ce qu'il plaise à Sa Majesté d'en ordonner la suppression & le remboursement.

En septieme lieu, qu'attendu que les terres riveraines cultivées sont presque toutes rongées par les eaux, tandis que celles qui sont en prairies ou en plantations, s'accroissent sensiblement, l'intérêt des riverains se joint à celui de la navigation, pour qu'ils soient exhortés à convertir les bords de la Garonne en prairies ou en plantations, sur cent toises de largeur, étant reconnu que si par ce changement, le revenu annuel de ces terres devient moindre, il sera plus certain; sans compter que leur étendue s'accroîtra par le retrécissement du lit de la riviere.

Et enfin, qu'en terminant leur rapport, les ingénieurs proposent, pour assurer l'exécution d'un projet aussi étendu & aussi intéressant pour le commerce, surtout en tems de guerre, de défendre à toutes sortes de jurisdictions, & notamment à celle des eaux & forêts, de s'immiscer dans tout ce qui peut y avoir rapport, & d'en réserver l'attribution à MM. les intendans d'Auch, de Languedoc & de Bordeaux, chacun pour la partie qui le concerne, désignée ci-dessus.

Que MM. les commissaires, après avoir mûrement examiné tous les articles des susdits réglemens, qui ont pour objet les limites de l'administration de la Guienne & du Languedoc sur la Garonne, la destruction des moulins flottans, la maniere de suppléer aux obligations des seigneurs péagers, la nécessité de convertir en prairies ou en plantations les rives de la Garonne sur une largeur de cent toises, & enfin, l'attribution des différends qui pourroient s'élever à MM. les intendans des provinces riveraines, chacun pour sa partie qui le concerne, à l'exclusion de tous autres juges; persuadés par l'examen qu'ils en ont fait, que ces réglemens contiennent les dispositions les plus propres à faciliter & à assurer une navigation des plus intéressantes pour le commerce des provinces voisines, & surtout pour la communication des deux mers, ont cru devoir proposer aux Etats d'en adopter les différens articles. N°. V.

Qu'à l'égard des observations faites par les ingénieurs sur l'insuffisance des fonds destinés jusqu'à présent à la Garonne, par la Guienne & par le Languedoc, MM. les commissaires auroient estimé que Sa Majesté doit être suppliée, en autorisant par arrêt de son conseil le réglement dont il s'agit, d'ordonner que la province de Guienne employera annuellement aux travaux de cette riviere, des sommes aussi considérables que le Languedoc; ce qui est d'autant plus nécessaire, que le département de la Guienne est beaucoup plus étendu, & exige des ouvrages plus dispendieux.

Ce qui a été délibéré sur tous les chefs par les Etats, conformément à l'avis de MM. les commissaires.

VI.

EXTRAIT du registre des délibérations des Etats généraux de Languedoc, assemblés par mandement du Roi en la ville de Montpellier, au mois de Novembre 1779.

Du Mardi 28 Décembre suivant, président Mgr. l'archevêque & primat de Narbonne, commandeur de l'ordre du St. Esprit.

MONSEIGNEUR l'évêque de Montpellier a dit, que le sieur de la Fage, syndic général, a rappellé à la commission, la délibération du premier Décembre 1778, où l'on trouve ramenées toutes les délibérations anté-

N°. VI. rieures prises par les Etats au sujet de la navigation de la Garonne ; qu'elles avoient plusieurs objets essentiels, tels que la fixation des parties de ce fleuve qui doit être attribuée à chacune des provinces riveraines, le plan général des travaux à faire pour la sureté de la navigation, & les réglemens relatifs aux difficultés qui pourroient naître, tant de la part des seigneurs péagers, que des propriétaires des moulins, des riverains, & de tous autres ; qu'après plusieurs délais provenant des maladies & du nombre des affaires des deux inspecteurs généraux des ponts & chaussées, qui ont été successivement chargés de travailler à ce projet avec le directeur des travaux publics de la province, il fut fait enfin dans le mois de Septembre 1778, une vérification de la Garonne depuis Toulouse jusqu'à l'embouchure du Tarn, par le sieur Tresaguet, inspecteur général, par le sieur Desfirmins, ingénieur de la Guienne, (a) & par le sieur Garipuy, chargé de la navigation de la Garonne, comme une suite de celle du canal.

Que d'après cette vérification, l'examen des cartes du cours de la Garonne, & la lecture des précédentes vérifications faites par le sieur Garipuy, ces ingénieurs dresserent un arrêté motivé, rapporté dans la délibération de l'année derniere, suivant lequel les deux bords de la Garonne doivent toujours être sous la même administration, & celle du Languedoc comprendre depuis l'Ariége jusqu'au Tarn.

Que cet arrêté contient plusieurs autres dispositions relatives à la destruction des moulins flottans qui rendent la navigation périlleuse, aux moyens à prendre pour réunir les eaux de la Garonne dans un seul lit d'une largeur convenable, aux obligations des seigneurs péagers, & aux modifications qui doivent y être faites, pour qu'elles concourent à l'exécution d'un plan général, jusqu'à ce qu'il plaise au Roi d'ordonner la suppression des péages ; & enfin, à ce que, pour assurer l'exécution d'un projet aussi intéressant pour le commerce, les jugemens de tous les différends qui pourroient s'élever à ce sujet, soient attribués à MM. les intendans des provinces riveraines, chacun pour la partie qui lui est adjugée. N°. VI.

Que ce projet de réglement, fait d'après les pouvoirs qui avoient été donnés, d'une part par le Ministre, & de l'autre par les Etats, ayant été approuvé l'année derniere par leur délibération du premier Décembre, on avoit lieu de penser qu'il seroit autorisé par le conseil, sans aucun délai, afin que l'exécution des réglemens qu'il renferme sur un objet aussi intéressant, ne pût souffrir aucune difficulté ; que cependant M. de Cotte ayant jugé à propos de consulter de nouveau MM. les intendans des provinces riveraines, & ensuite le sieur Tresaguet, l'arrêt d'autorisation du conseil n'a pas encore été rendu ; & que les Etats n'étant point informés s'il a été fait quelque changement à l'arrêté qu'ils ont adopté, il convient en sollicitant l'expédition de cette affaire, de demander que le projet de l'arrêt qui doit intervenir, sera communiqué aux députés des Etats à la cour, pour, au cas il contînt quelque nouvelle disposition contraire aux intérêts de la province, ils pussent faire à ce sujet les représentations convenables : Qu'enfin, il est constaté par l'article VII du verbal de la visite de la Garonne que le sieur Garipuy a fait cette année au commencement d'Octobre, que M. l'Abbé de Percin a fait construire un nouveau moulin flottant,

(a) De la généralité d'Auch.

N°. VI. & qu'il l'a placé, dans le lit de la Garonne, vis-à-vis ses possessions, à l'endroit où le courant est le plus rapide, & où il gêne beaucoup la navigation, tant en montant qu'en descendant : Qu'il paroît avoir fait cette entreprise de son chef, & sans avoir demandé, ni la permission d'établir le moulin, ni son emplacement : Que de pareils établissemens étant très - nuisibles, sont contraires au projet de réglement approuvé par les Etats, suivant lequel on se propose de faire détruire les moulins flottans qui existent déjà.

Que l'attente de l'arrêt du conseil qui doit fixer les limites des jurisdictions de chaque province, est la seule cause qui a empêché d'actionner ledit sieur abbé de Percin pour l'obliger à retirer son moulin ; & qu'ainsi, tout concourt à faire desirer la prompte expédition du réglement projetté ; d'autant mieux qu'il a été fait il y a déjà deux ans, une entreprise semblable dans la communauté de Castel-Sarrasin.

Mgr. l'évêque de Montpellier a ensuite dit : Que le sieur de la Fage, en continuant son rapport, a ajouté, que le retardement de l'expédition de l'arrêt, n'a pas empêché de continuer les ouvrages nécessaires pour la sureté & la facilité de la navigation de la Garonne : Que ceux qui ont été faits cette année consistent, 1°. à avoir réparé & entretenu les épis, clayonnages, traînées, & autres ouvrages précédemment faits, notamment pour fortifier ceux qui masquent la grande gaure, ou lône appellée le Clot d'Embure, dans laquelle la Garonne menaçoit de se jetter, en traversant les terres de la communauté de Saint-Jory.

2°. En trois nouveaux épis sur la rive gauche près le moulin de Bourassol.

3°. A avoir fait plusieurs traînées en cailloux & clayonnages dans les communautés de Blagnac, Bauzelle, Fenouillet, Gagnac & Saint-Jory.

4°. A avoir écrêté au-dessous des eaux plusieurs rochers auxquels les barques touchoient, & à les avoir transportés hors du lit de la Garonne, ainsi que plusieurs troncs d'arbres chariés par les grandes eaux, qui forment des écueils dangereux, dès qu'elles baissent. N°. VI.

Qu'au moyen de ces divers travaux, la navigation a été cette année, lors de la foire de Bordeaux, du mois d'Octobre, moins difficile & plus sûre que les années précédentes, ainsi qu'il est prouvé par les procès-verbaux de visite du sieur Garipuy : qu'il résulte cependant de ces verbaux, que la navigation est encore très-pénible en remontant, & même dangereuse en descendant, aux endroits où le lit de la Garonne est encore divisé en plusieurs bras, & qu'on ne peut y remédier, que par une suite de travaux dirigés sur le même principe pendant quelques années.

Enfin, que les ouvrages faits en 1779, y compris les appointemens de l'inspecteur, montent, suivant les toisés dressés par le sieur Garipuy, à vingt-trois mille deux cent soixante-quatorze livres deux sols huit deniers : A quoi il faut ajouter quatre mille huit cent soixante - dix - neuf livres dix-huit sols onze deniers pour la gratification du directeur, & pour ce qui étoit dû à l'entrepreneur sur les travaux de 1778 ; en sorte que ces dépenses réunies se portent à vingt-huit mille cent cinquante-quatre livres un sol sept deniers, ce qui excede les fonds faits en 1779, de la somme de trois mille cent cinquante-quatre livres un sol sept deniers, laquelle sera payée sur ceux de 1780.

Sur quoi la commission a cru devoir proposer aux Etats, 1°. de charger MM. les députés à la cour, en sollicitant l'expédition de l'arrêt de réglement au sujet de la navigation de la Ga-

N°. VI. ronne, de demander une communication préalable du projet de cet arrêt, pour, au cas il contînt quelques dispositions contraires à la délibération des Etats du Ier. Décembre 1778, pouvoir faire les représentations convenables.

2°. De charger le syndic général de faire les démarches nécessaires contre le sieur abbé de Percin, au sujet du moulin flottant qu'il a placé de son chef dans le lit de la Garonne, & ce pour faire détruire ce moulin, s'il n'a point de titre; & dans le cas où il en auroit, pour l'obliger à suivre les formalités ordinaires pour placer son moulin de la maniere la moins préjudiciable à la navigation.

3°. D'approuver les ouvrages faits sur la riviere de Garonne, de délibérer qu'ils seront continués l'année prochaine, & d'imposer à cet effet une somme de vingt-cinq mille livres.

4°. Enfin, de continuer au sieur Garipuy, directeur pour les travaux du canal, chargé aussi de ceux de la Garonne, la même gratification de deux mille cinq cent livres qui lui a été accordée les années précédentes, laquelle sera prise sur les fonds destinés aux travaux de cette riviere.

Ce qui a été délibéré, conformément à l'avis de MM. les commissaires.

VII.

Extrait du registre des délibérations des Etats généraux de Languedoc, assemblés par mandement du Roi en la ville de Montpellier au mois de Novembre 1779.

Du Lundi 3 du mois de Janvier 1780, président Mgr. l'archevêque & primat de Narbonne, commandeur de l'ordre du St. Esprit.

MONSEIGNEUR l'évêque de Montpellier a dit, que la ville de Toulouse alarmée pour un de ses principaux fauxbourgs, qui se trouve menacé d'une submersion prochaine par les eaux de la Garonne, & desirant jouir des avantages d'une navigation libre, a délibéré le 20 Novembre dernier, de supplier les Etats de s'occuper du moyen proposé par le sieur Berdoulat, de la délivrer de ses entraves en supprimant le moulin du Château, & faisant rentrer la riviere dans son ancien lit; & pour mieux constater la nécessité d'obvier aux dégradations qu'elle cause sur un terrein meuble qui fait toute la défense du faubourg Saint-Michel, elle a préalablement ordonné une nouvelle vérification sur les lieux. N°. VII.

Qu'il résulte d'un mémoire remis à l'appui de cette délibération, qu'à une si importante considération, se joint celle de faire fleurir le commerce, objet que les Etats n'ont jamais perdu de vue dans l'exécution des grands ouvrages entrepris sur la rive droite de la Garonne; qu'ainsi par une suite des bienfaits de leur administration, la ville de Toulouse ose se flatter de voir assurer l'utilité de son quai & de son canal, par une communication libre, sûre & permanênte de la partie supérieure & inférieure de cette riviere.

Que le desir de procurer cette liberté, auroit engagé plusieurs citoyens, animés du bien public, à chercher différens moyens; & que de ce concours de vues & de lumieres, auroit résulté quatre projets, dont la discussion doit conduire les Etats à la connoissance du vrai.

Que le premier consiste à construire une écluse près du moulin du Château qui reçoive les eaux du canal de ce moulin, pour les verser dans son canal de fuite au-dessus du jardin des religieuses de Sainte-Claire; & qu'à ce premier projet s'en joint un autre, qui seroit d'attacher une écluse à la chauf-

N°. VII. ſée même du moulin, à l'une de ſes extrémités.

Que le troiſieme a pour objet l'exécution d'un canal depuis Portet juſqu'au-deſſus ou au-deſſous du pont de Toulouſe, qui, ſur une longueur d'environ deux lieues, en deux alignemens peu différens, ſeroit bordé de chaque côté d'une allée d'arbres, ſur lequel on pourroit placer pluſieurs moulins; & que le quatrieme conſiſte à détruire le moulin du Château & toutes ſes digues pour faire rentrer la Garonne dans ſon lit naturel, en rendant à la navigation ſon ancienne liberté.

Que le premier projet de conſtruire une écluſe près du moulin du Château, pourroit occaſionner une forte dépenſe, en ce qu'il néceſſiteroit l'acquiſition d'environ quarante maiſons, des déblais, des excavations conſidérables de terreins, un pont de communication de la ville au moulin; enfin, l'élargiſſement du canal de fuite, appellé la petite Garonne; que cependant cette dépenſe ne devroit point arrêter l'exécution de ce projet, s'il aſſuroit une navigation ſtable ou commode; mais que bien loin de procurer cet avantage, il n'offre qu'une navigation précaire, entierement dépendante des accidens qui pourroient arriver à l'écluſe, ainſi qu'aux différentes digues conſtruites ſur une longueur de mille toiſes pour contenir les eaux, & les conduire au moulin; & qu'il ne préſente encore pour l'avenir à la province, que des frais énormes d'entretien.

Que le ſecond projet d'attacher une écluſe à la chauſſée du moulin du Château, ſeroit dans ſon exécution ſuſceptible des mêmes inconvéniens que le premier, & n'apporteroit aucune économie dans la dépenſe, attendu la difficulté des fondations, la force à donner au mur d'appui de l'écluſe, & la reconſtruction inévitable en maçonnerie de preſque toute la digue. N°. VII.

Que le troiſieme, celui du canal de Portet, en réuniſſant l'agréable à l'utile, mériteroit ſans doute la préférence ſur tout autre, s'il étoit poſſible de renoncer gratuitement, pour un canal, à une belle riviere qu'il eſt ſi facile de rendre libre; mais qu'indépendamment de cette conſidération & de la grande dépenſe qu'entraîneroit ſa conſtruction & ſes acceſſoires, on ne peut ſe diſſimuler que la navigation de ce canal ſeroit quelquefois ſuſpendue par les ravages de la Garonne, qui, dans ſes inondations, entraîneroit une quantité conſidérable de graviers & de cailloux, briſeroit les portes des écluſes & en combleroit les baſſins; que d'ailleurs, ce canal en éloignant entierement le commerce du port Garaud, ne remédieroit point au danger du faubourg Saint-Michel, & rendroit toujours néceſſaire, comme les deux premiers projets, la conſtruction diſpendieuſe du pont de Pinſaguel.

Que la deſtruction du moulin du Château préſente au contraire les plus grands avantages, puiſqu'en rendant ſur le champ la Garonne à ſon ancien lit, elle reſtitueroit à la culture, à l'impôt plus de deux cent arpens de terrein, aujourd'hui couverts par les eaux, & feroit rentrer dans l'allivrement primitif de la ville, tous les fonds acquis par alluvion, à raiſon deſquels les actionnaires du moulin ne ſont aſſujettis qu'à la plus modique contribution, en vertu d'un ancien abonnement fixé depuis près de deux ſiecles, à trente livres par année pour vingt-ſix arpens ſeulement dont ils étoient alors propriétaires.

Que le public recouvreroit par le rétabliſſement du chemin de la Croix, emporté par la Garonne, une communication plus courte d'une lieue & demie avec le haut Lauragais, la plaine d'Auterive, le dioceſe de Mirepoix, &

le pays de Foix ; que dès-lors la province se verroit dispensée des frais énormes de l'entreprise du pont de Pinsaguel sur la Garonne, un autre pont infiniment moins cher, que l'on construiroit sur l'Ariége au lieu de la Croix, devant suffire à cette communication.

Que ce projet assureroit encore aux propriétaires riverains, le peu de terrein qui leur reste sur les fonds entraînés par le courant dans la largeur de plus de quatre cent toises, & la longueur de plus de quinze cent, en préservant d'une ruine inévitable le fauxbourg Saint-Michel, séparé seulement de la Garonne par un espace d'environ trente toises d'une terre meuble que cette riviere sappe tous les jours.

Qu'enfin, les eaux baissant de quinze pieds, & s'éloignant de près de quatre cent toises des chantiers du port Garaud, agrandiroient d'autant ce port si intéressant pour la ville de Toulouse, & que les bois de construction, les bois à brûler, les merrains qu'on y dépose ne coureroient plus le risque d'être entraînés, comme en 1772, époque de la funeste inondation qui occasionna aux marchands de bois une perte de plus 400,000 livres.

Qu'au surplus, le prix de l'acquisition du moulin du Château & de ses appartenances, en y comprenant les frais du transport & de la reconstruction du moulin à poudre, seroit, suivant le premier apperçu, un objet de 860,000 livres ; sur quoi, en en distraisant 300,000 livres qui proviendroient de la revente des bois des digues, de quelques maisons, & de deux cent soixante arpens de terrein en isles & ramiers d'un très-grand produit, il ne resteroit que 560,000 livres à payer.

Que ces avantages réunis auroient déterminé la ville de Toulouse à faire connoître son vœu aux Etats en faveur de ce dernier projet, malgré les inconvéniens présentés dans différentes objections, qui, s'ils étoient aussi réels qu'on semble affecter de le craindre, seroient sans doute capables d'arrêter l'administration ; & qu'il est dès-lors intéressant pour elle de les discuter & de les approfondir.

Qu'on oppose d'abord, que la Garonne rendue en entier à son ancien lit, & formant un plus grand volume d'eau sous les arches du pont de Toulouse, les eaux dégraderoient davantage ses piles, contre lesquelles elles agiroient en tout sens, avec plus ou moins de force, en proportion de leur hauteur ; tandis que, suivant l'opinion contraire, les eaux n'auroient plus sous le pont que leur volume ordinaire ; & que leur courant n'étant plus accéléré par leur chute du haut de la digue, elles couleront plus paisiblement & attaqueront ses piles avec moins d'impétuosité.

Que, suivant la seconde objection, la Garonne ne passant plus par le canal du moulin, ne fournira plus d'eau à la petite Garonne ; que la premiere arche du pont deviendra inutile & s'obstruera de nouveau ; que les atterrissemens formés le long du cours seront emportés, & que les eaux abandonnant la rive droite reflueront sur les hôpitaux, en laissant à sec les ports construits par la province avec tant de dépense pour la commodité du commerce ; tandis qu'on soutient au contraire que la pente naturelle de la riviere attire ses eaux vers l'isle de Tounis ; & qu'en supposant même son courant dirigé vers la rive gauche, de simples traînées suffiroient pour la repousser ; que d'ailleurs, le mur du cours opposera toujours aux écarts de la Garonne une barriere insurmontable, & qu'il sera facile de faire passer ses eaux, s'il est nécessaire, sous la premiere arche du pont, comme elles y passent aujourd'hui, ou par le lit de la petite riviere,

N°. VII. riviere, en coupant le chaufferon qui lie l'isle de Tounis au moulin, ou par le grand lit de la Garonne, en coupant celui qui l'attache à la premiere pile du pont.

Que la troisieme objection porte sur ce que les eaux s'étendant sur une grande surface, formeront des maigres qui gêneront la navigation, l'interrompront même pendant une partie de l'année.

Mais, qu'en répondant à cette objection, on assure que ces maigres, supposé qu'il s'en formât, seroient bientôt recouverts par la réunion des eaux que des traînées forceroient à se ramasser; & qu'en effet, l'expérience a suffisamment prouvé qu'ils ne sont point à craindre, puisqu'ils n'ont pas existé en 1770, lors de la rupture de la chaussée de Bracqueville.

Que la quatrieme objection a pour objet l'antiquité du moulin, donné à fief en 1182 à divers particuliers, par Raymond V comte de Toulouse, & qu'on ne voit point de titre plus légitime qu'une concession émanée de l'autorité souveraine, & de présomption plus favorable que six siecles d'ancienneté; tandis qu'on soutient contre cette objection, que l'ancienneté d'un privilége n'est dans l'ordre public qu'une simple présomption, qui exige seulement plus de discussion & d'examen quand on l'attaque; & qu'un abus, pour être invétéré, n'en sauroit être plus légitime, l'utilité étant le seul titre que les établissemens publics aient le droit de faire valoir : que le moulin du Château est un reste des entraves données à la navigation, dans un tems où ses avantages étoient nuls ou méconnus; & que si l'intérêt & le préjugé sont parvenus à conserver ce moulin, malgré les progrès des lumieres sur ce point important de l'administration, ce n'est pas que la ville n'ait souvent réclamé contre les gênes qui en résultoient pour l'abord libre des marchandises, & contre les dégradations qu'il occasionnoit. N°. VII.

Qu'enfin, la cinquieme & derniere objection est fondée sur le danger qu'il y auroit pour la ville, de voir par la destruction du moulin du Château, une denrée de premiere nécessité dépendre du seul moulin du Bazacle, dont la digue pouvant être emportée, exposeroit tout-à-coup soixante mille habitans aux horreurs de la famine; mais qu'un pareil malheur n'est pas à redouter pour la ville de Toulouse; dont la situation avantageuse offre mille moyens de remplacer le moulin qu'on détruiroit; qu'à des moulins à nef qu'il seroit facile de placer sur la rive gauche de la Garonne, depuis le dessous de la chaussée du Bazacle, jusques vis-à-vis l'embouchure du canal royal, se joindroient ceux qu'une compagnie veut établir sur le fossé qui entoure le fauxbourg Saint-Cyprien; que d'ailleurs le canal de Saint-Pierre est susceptible de l'établissement d'un moulin à quatre meules; que les propriétaires du moulin du Bazacle sont prêts à augmenter le nombre des leurs, de quatre ou de huit, & qu'indépendamment de toutes ces ressources, les coteaux de Pech-David seroient bientôt couverts de moulins à vent; qu'en supposant même la digue du moulin du Bazacle emportée, ce moulin pourroit encore continuer de moudre, au moyen des eaux du canal de communication des mers, contenues à leur entrée dans la Garonne par un batardeau qui les dirigeroit vers le moulin : que cependant les mêmes objections viennent d'être renouvellées dans un mémoire publié par les actionnaires du moulin du Château, dans lequel ils se plaignent du peu de solemnité de la délibération de la ville, tenue dans un tems de vacances par des commissions désertes, & de

N°. VII. la clandestinité du rapport fait en 1773 sur l'état de la navigation supérieure de la Garonne, par le sieur Bouchet ingénieur des turcies & levées, envoyé pour cet objet à Toulouse par le feu Roi; qu'ils s'élevent encore contre les différentes évaluations, tant de l'indemnité qui leur seroit due, que de la reconstruction du chemin de la Croix, & présentent au contraire comme modique la dépense de la construction de l'écluse, & comme essentielle à la navigation la conservation de leur moulin; qu'ils observent au surplus que malgré son utilité dont ils sont convaincus, ils seront toujours disposés à en faire le sacrifice, si l'intérêt général demande sa destruction.

Que MM. les commissaires, après avoir mûrement discuté ces divers combats d'opinion, d'après les mémoires dont le sieur de la Fage, syndic général, leur a fait le rapport, auroient envisagé, que quelque préférence que parût mériter le moyen indiqué par la ville de Toulouse, pour la plus grande sureté de la navigation, & la conservation d'un de ses principaux faubourgs, ii étoit néanmoins de la sagesse des Etats, vu l'importance des objections faites contre ce projet, & la destruction qu'il entraîne du moulin à poudre; vu d'ailleurs la nécessité qu'il y a de connoître d'une maniere précise la totalité de sa dépense, & celle des autres projets présentés, de renvoyer à statuer définitivement à cet égard, après une vérification faite sur les lieux par les directeurs des travaux publics; mais considérant en outre que quelque projet qu'il plaise aux Etats d'adopter d'après cette vérification, son exécution devant toujours être très-dispendieuse pour la province, si Sa Majesté ne daigne continuer pour la perfection des ouvrages de la haute Garonne, la remise qu'elle a bien voulu leur accorder sur la derniere crue du sel, imposition à raison de laquelle les Etats délibérerent en 1772 & dont la destination fut faite par Sa Majesté pour des objets essentiels d'utilité publique, ils ont été d'avis de proposer à l'assemblée de délibérer. N°. VII.

1°. De supplier Sa Majesté de vouloir continuer pendant vingt années la remise qu'il lui a plû de faire aux Etats sur la derniere crue du sel pour les ouvrages de la partie supérieure de la Garonne.

2°. Que MM. les députés à la cour seront chargés de solliciter auprès du Ministre du département de la guerre, son agrément pour le transport & la reconstruction, s'il y a lieu, du moulin à poudre.

3°. Qu'ils seront également chargés de se procurer le rapport fait en 1773 par le sieur Bouchet, sur l'état de la navigation supérieure de la Garonne.

4°. D'autoriser MM. les commissaires des travaux publics de prendre avec MM. les propriétaires du moulin du Château, tous les renseignemens nécessaires sur les indemnités qu'ils croiroient leur être dues à raison dudit moulin, & des propriétés en dépendantes, au cas il fallût le détruire.

5°. Enfin que les trois directeurs des travaux publics seront chargés de constater, en présence de MM. les commissaires, & de telles personnes qu'il plaira auxdits sieurs commissaires de nommer, 1°. le danger dont le faubourg Saint-Michel paroît menacé, & de présenter les moyens les plus propres pour le garantir des ravages de la Garonne.

2°. De vérifier les avantages & les inconvéniens qui pourroient provenir, tant de la destruction du moulin du Château, que de la construction des écluses & du canal de Portet, en donnant à connoître quel a été l'état de la

No. VII. navigation lors de la rupture de la chaussée de Bracqueville.

3°. De déterminer l'emplacement le plus avantageux pour la reconstruction du moulin à poudre, & d'indiquer les situations les plus commodes aux environs de la ville de Toulouse, pour l'établissement de divers moulins à farine, qui devroient remplacer le moulin du Château, si l'on prenoit le parti de sa destruction.

4°. D'apprécier les dépenses qu'occasionneroient le rétablissement du chemin de la Croix, la construction d'un pont sur l'Ariége, & celle d'un pont sur la Garonne à Pinsaguel, & généralement toutes les dépenses quelconques de chacun des projets présentés, en rapportant leurs plans, profils & devis, pour le tout mis sous les yeux de la prochaine assemblée des Etats, être par eux pris telle résolution qu'il appartiendra.

Ce qui a été délibéré sur tous les chefs, conformément à l'avis de MM. es commissaires.

VIII.

EXTRAIT du registre des délibérations des Etats généraux de Languedoc, assemblés par mandement du Roi en la ville de Montpellier, au mois de Novembre 1780.

Du Lundi 8 du mois de Janvier 1781, président Mgr. l'archevêque & primat de Narbonne, commandeur de l'ordre du St. Esprit.

MONSEIGNEUR l'évêque de Montpellier a dit, que le sieur de la Fage, syndic général, a rappellé à la commission la délibération prise le 28 Décembre 1779 par les Etats au sujet de la navigation de la Garonne; que par cette délibération MM. les députés à la cour furent chargés, en sollicitant l'expédition de l'arrêt de réglement au sujet de cette navigation, de demander la communication préalable du projet de cet arrêt, pour au cas il contînt quelques dispositions contraires à leurs vues, pouvoir faire les représentations convenables; que d'après les démarches de MM. les députés, Mgr. l'archevêque de Narbonne a reçu un projet d'arrêt qui est conforme, pour la plus grande partie, à celui qui fut approuvé par la délibération des Etats du premier Décembre 1778; que cependant un de ces articles paroît contraire à cette délibération, & deux autres exigent un peu plus de développement; qu'aucun des changemens à faire à ce projet, ne paroît devoir souffrir de difficulté, & qu'il est néanmoins convenable de charger MM. les députés à la cour de faire les représentations nécessaires à cet égard. No. VIII.

Monseigneur l'évêque de Montpellier a dit ensuite, que le sieur de la Fage, en continuant son rapport, a ajouté que le sieur Garipuy a fait cette année comme la précédente, la visite de la Garonne dans les parties situées en Languedoc au-dessous de Toulouse: qu'il fait chaque année dans ses rapports les mêmes divisions pour le cours de cette riviere, afin de rendre plus sensibles les changemens qui y surviennent, les causes qui les ont produits, & les nouveaux ouvrages qu'il convient de faire pour les favoriser s'ils sont utiles, ou pour en arrêter les progrès s'ils sont nuisibles.

Que les principaux ouvrages de cette année sont les clayonnages faits dans les communautés de Blagnac, de Fenouillet, de Gagnac & de Saint-Jory, pour resserrer le lit de la riviere dans les endroits où la trop grande largeur fait qu'elle n'a pas assez de fond pour la réunir en un seul lit quand elle se divise en plusieurs bras, & sans chercher à aligner le cours des eaux, pour leur donner du moins la direction la plus uniforme & la plus réguliere; que les autres travaux consistent à avoir enlevé plusieurs troncs d'arbres que les grandes eaux avoient charié & déposé sur le passage des bateaux, même à avoir écrêté les rochers que le changement du cours des eaux avoient rendus apparens.

Qu'au moyen de travaux semblables, continués depuis quelques années, la navigation de la Garonne a été en 1780 plus prompte & plus sûre que les années précédentes, quoiqu'il reste encore quelques endroits où elle n'est pas sans danger à la descente, & où elle est très-pénible quand on remonte.

Que les ouvrages faits en 1779 excédoient les fonds faits par la province, de 3154 livres 1 sol 7 deniers; que l'entrepreneur a reçu sur cette somme celle de 1155 livres 4 sols sur les fonds accordés par le Roi pour la Garonne en 1770; que le surplus qui est de 1998 livres 17 sols 7 deniers lui a été payé, ainsi que la gratification du directeur, sur l'imposition de 1780, qui n'a été que de 22,500 livres, à cause de la déduction du dixieme; en sorte qu'il ne restoit de libre que 18,001 liv. 2 sols 5 deniers; que les travaux de cette année, suivant le toisé remis par le sieur Garipuy, montent, avec les appointemens de l'inspecteur, à 15,482 livres 10 sols 10 deniers qui ont été entierement payées; en sorte qu'il ne reste en caisse que 2518 livres 11 sols 7 deniers.

Enfin que le sieur de la Fage a demandé au sieur abbé de Percin, les titres en vertu desquels il a placé un moulin flottant dans la Garonne sur les bords de ces possessions; que ces titres ont été remis, mais que l'examen en sera fait d'une maniere plus particuliere pour en être rendu compte aux Etats, après qu'ils auront obtenu l'arrêt du conseil portant réglement pour la navigation de la Garonne.

Sur quoi MM. les commissaires ont cru devoir proposer aux Etats de délibérer, 1°. De charger MM. les députés à la cour de faire les représentations nécessaires pour obtenir le changement de l'article du projet d'arrêt en ce en quoi il est contraire à la délibération des Etats du premier Décembre 1778, & le développement de deux autres; comme aussi de solliciter la prompte expédition d'un arrêt conforme à cette délibération.

2°. D'approuver les ouvrages faits sur la Garonne, de délibérer qu'ils seront continués, & d'imposer à cet effet en 1781 une somme de 25,000 l.

Enfin, de continuer au sieur Garipuy, chargé de la navigation de la Garonne, comme une suite de celle du canal, la gratification de 2500 livres, qui sera prise sur les fonds destinés à cette riviere.

Ce qui a été délibéré, conformément à l'avis de MM. les commissaires.

I X.

Extrait du regiſtre des délibérations des Etats généraux de Languedoc, aſſemblés par mandement du Roi en la ville de Montpellier au mois de Novembre 1780.

Du Lundi 8 du mois de Janvier 1781, présidant Mgr. l'archevêque & primat de Narbonne, commandeur de l'ordre du Saint-Esprit.

Monseigneur l'évêque de Montpellier a dit, que par la délibération des Etats du 3 Janvier 1778, MM. les commissaires des travaux publics du haut Languedoc, furent autorisés à prendre avec les propriétaires du moulin du Château tous les renseignemens nécessaires sur les indemnités qu'ils croiroient leur être dues à raison

N°. IX. dudit moulin & des propriétés en dépendantes, au cas il fallut le détruire; & que par cette délibération les trois directeurs des travaux publics furent chargés de constater en présence desdits commissaires, & en celle de telles personnes qu'il leur plairoit de nommer, 1°. Le danger dont le faubourg Saint-Michel paroît menacé par les eaux de la Garonne, & de présenter les moyens les plus propres pour le garantir des ravages de cette riviere.

2°. Les avantages & les inconvéniens qui pourroient provenir, tant de la destruction du moulin du Château que de la construction des écluses indiquées dans des projets antérieurs, & de celle du canal de Portet, en donnant à connoître quel a été l'état de la navigation lors de la rupture de la chaussée de Bracqueville.

3°. De déterminer l'emplacement le plus avantageux pour la reconstruction du moulin à poudre, & indiquer les situations les plus commodes aux environs de la ville de Toulouse pour l'établissement de divers moulins à farine qui devroient remplacer le moulin du Château, si l'on prenoit le parti de le détruire.

4°. Enfin, que les directeurs des travaux publics furent chargés d'apprécier les dépenses qu'occasionneroient le chemin de la croix, la construction d'un pont sur l'Ariege près de ce village, & celle d'un pont sur la Garonne à Pinsaguel, & généralement toutes les dépenses quelconques de chacun des projets présentés, en rapportant leurs plans, profils & devis, pour le tout mis sous les yeux de la présente assemblée des Etats, être pris telle résolution qu'il appartiendroit.

Que MM. les commissaires des travaux publics du haut Languedoc, afin de pouvoir traiter cette importante affaire avec plus grande connoissance de cause, auroient délibéré le 16 Janvier 1780, de faire lever une nouvelle carte qui contiendroit l'état actuel du local; qu'à cette carte, levée par le sieur Baric, a été joint l'arpentement des possessions du moulin du Château; & qu'en outre, pour remplir ce qui est prescrit par l'un des points de la délibération des Etats, il a été fait une appréciation du prix du moulin du Château dont il seroit maintenant superflu de rendre compte. N°. IX.

Que MM. les commissaires des travaux publics ont vérifié les lieux où les ponts sur la Garonne ou sur l'Ariége pourroient être le plus surement placés, ainsi que l'état où se trouve le chemin de la Croix, en présence de MM. les commissaires de la ville de Toulouse, & assistés des deux directeurs des travaux de la province, le sieur Garipuy s'étant excusé comme actionnaire du moulin du Château; mais que le tems qui s'est écoulé depuis l'époque de la vérification jusqu'à la tenue des Etats, a été trop court pour que les directeurs ayent pu remplir tous les objets dont ils ont été chargés.

De sorte que dans l'état des choses, la commission a cru devoir se borner à proposer à l'assemblée d'ordonner qu'on continuera dans le cours de cette année à s'occuper de l'exécution de la délibération des Etats du 3 Janvier 1780, concernant la navigation supérieure de la Garonne.

Ce qui a été délibéré, conformément à l'avis de MM. les commissaires.

N°. X.

X.

EXTRAIT du registre des délibérations des Etats généraux de Languedoc, assemblés par mandement du Roi en la ville de Montpellier au mois de Novembre 1780.

Du Lundi 8 du mois de Janvier 1781, présidant Mgr. l'archevêque & primat de Narbonne, commandeur de l'ordre du Saint-Esprit.

MONSEIGNEUR l'évêque de Montpellier a dit, qu'en conséquence du renvoi qui fut fait à la commission par la délibération des Etats du 28 du mois dernier, de l'examen des titres de M. de Casteras de la Riviere, en ce qu'ils pourroient préjudicier aux intérêts de la ville de Toulouse, & aux projets de la province concernant la navigation supérieure de la Garonne près de ladite ville, MM. les commissaires se seroient occupés, conjointement avec MM. les capitouls de Toulouse, députés à la présente assemblée, de cet objet important.

Que les titres de M. de Casteras consistent, 1°. en une inféodation qui lui a été faite par deux jugemens du bureau des finances de Toulouse, des 12 Juin 1773 & 8 Février 1774, du fossé de la ville, depuis la porte de Muret jusqu'à celle de Saint-Cyprien, ensemble des tours, murs & remparts qui regnent depuis ladite porte de Muret jusqu'à celle de Saint-Cyprien, ainsi que de la partie du fossé au-delà de ladite porte jusqu'à la riviere de Garonne, joignant l'hôpital de la Grave, enfin des douze pans, ou chemin des rondes intérieures, à la partie des murs de la ville, qui est depuis le pied droit de la porte de Muret, jusqu'au pied droit de celle de Saint-Cyprien; le tout comme appartenant au domaine du Roi.

2°. En un arrêt du conseil du 20 Juillet 1779, qui permet à M. de Casteras de faire creuser un canal de deux toises & demie de largeur sur huit pieds de profondeur, dans la partie des fossés dont il vient d'être fait mention, à la charge de faire revêtir les côtés de ce canal dans toute la longueur d'une banquette en maçonnerie; & à cet effet, de prendre dans la riviere de Garonne, en y construisant une écluse, la quantité de quatre-vingt pieds cubes d'eau dans toute la longueur dudit canal, à la charge par le sieur de Casteras, 1°. De faire construire depuis la porte de Muret jusqu'à celle de Saint-Cyprien des maisons de forme & d'élévation égales, toutes en ligne droite, pour les différens fabricans qui desireroient y habiter, & du côté du canal, le long du mur de la ville, des ateliers & étendoirs pour le service desdits fabricans, avec faculté de réparer ses tours, & de les convertir en moulins & autres usines; comme aussi de bâtir des écuries, greniers, magasins, & autres objets nécessaires pour cet établissement, enfin d'établir un corps de moulins à farine de huit meules, qui sera appuyé à la tour de force de l'hôpital de la Grave; ladite concession étant faite sous une redevance au Roi, annuelle & perpétuelle de cent vingt liv. emportant droits seigneurieux aux mutations. N°. X.

Qu'à raison desdites inféodations & concessions faites à M. de Casteras de la Riviere, les députés de la ville de Toulouse ont présenté un mémoire capable de les combattre, dans lequel sont énoncés des titres anciens & géminés qui ont paru à MM. les commissaires devoir mériter une attention particuliere; mais qu'ils ont cru cependant devoir se borner, quant à présent, à proposer aux Etats de charger MM. les commissaires des travaux publics du haut Languedoc, d'examiner si les inféodations & concessions faites à M.

N°. X. de Casteras, peuvent en rien contrarier les projets de la province, relativement à la navigation supérieure de la Garonne, à l'effet d'en être par eux rendu compte aux Etats prochains, & sur leur rapport statué à l'assemblée ce qu'il appartiendra.

Ce qui a été délibéré, conformément à l'avis de MM. les commissaires.

X.

EXTRAIT du registre des délibérations des Etats généraux de Languedoc, assemblés par mandement du Roi en la ville de Montpellier, au mois de Novembre 1781.

Du Lundi 7 Janvier 1782, président Mgr. l'archevêque & primat de Narbonne, commandeur de l'Ordre du St. Esprit.

MONSEIGNEUR l'évêque de Montpellier a dit, que le sieur de la Fage, en continuant son napport, a ajouté que le sieur Garipuy a fait cette année, comme les précédentes, la visite de la Garonne dans les parties situées en Languedoc au-dessous de Toulouse; que son verbal contient chaque année les mêmes divisions du cours de cette riviere, afin de rendre plus sensibles les changemens qui y surviennent, & quels sont les ouvrages à faire pour favoriser la navigation.

Que le sieur Garipuy rapporte aussi dans ce verbal, que plusieurs bateaux ont couru de grands risques auprès de divers moulins flottans, & surtout à la rencontre de celui de Bauzelle, contre lequel deux radeaux se sont brisés, le bateau de poste de Bordeaux a risqué d'être submergé, & un homme a été noyé à chacun de ces accidens.

Que le conseil, instruit précédemment des dangers auxquels les moulins à nef exposent la navigation, a rendu un arrêt le 15 du mois de Février 1781, par lequel il est porté que les propriétaires de ces moulins construits sur la Garonne, depuis Portet jusqu'à Grisolles, seront tenus de les démolir dans le délai de trois mois, faute par eux d'avoir remis leurs titres, ainsi qu'il étoit ordonné par un précédent arrêt du 5 Août 1777. N°. XI.

Que les propriétaires de ces moulins à qui ces arrêts ont été signifiés à la diligence du subdélégué de M. l'intendant, se sont pourvus en opposition, attendu qu'ils n'avoient eu aucune connoissance du premier arrêt du 5 Août 1777. Que quelques-uns ont remis les titres sur lesquels ils fondent l'établissement de leurs moulins, & ils ont demandé qu'il plût au Roi de leur en conserver la propriété, ou subsidiairement qu'il leur soit payé une indemnité proportionnée à leur valeur.

Que cet arrêt est conforme au projet de réglement agréé par les Etats; mais comme il ne s'étend qu'à une partie du département de cette province, il ne sauroit être relatif à ce réglement.

Que les naufrages dont il a été fait mention, ont donné lieu à une ordonnance rendue par M. le Moine, commissaire de la marine de Bordeaux, qui renouvelle celle de M. la Porte son prédécesseur du 16 Février 1773, portant que les bateliers laisseront toujours au moins un pied entre la ligne de la flottaison & le plat bord du bateau; & enjoint aux syndics des classes d'y veiller, ce qui n'a eu encore aucune exécution, attendu que les syndics dont il s'agit n'ont aucun salaire pour remplir les fonctions dont ils sont chargés.

A quoi le sieur Garipuy a ajouté, que tous les accidens dont il a été fait mention, n'ont été causés que par les moulins à nef, & que d'ailleurs le lit de la Garonne est dans un meilleur état qu'il n'a jamais été dans toute l'étendue des travaux que la province a fait faire, surtout depuis l'inondation du mois de

N°. XI.

Juin dernier, le tems des crues étant celui auquel les travaux de cette espece doivent produire le plus d'effet.

Enfin, que tous les ouvrages faits cette année, situés dans les communautés de Blagnac, Fenouillet, Bauzelle, Gagnac & Saint-Jory, consistent en un grand nombre de traînées à plusieurs rangs de piquets, soit pour l'entretien des anciens épis, soit pour en construire de nouveaux; à l'enlevement de tous les troncs d'arbres que les crues avoient déposés dans le cours des eaux, & à l'écrêtement des rochers découvers par les inondations; lesquels ouvrages achevés avant le premier Novembre se portent ensemble, suivant le toisé dressé par le sieur Garipuy, à la somme de 13,139 liv. 13 s. 11 d., sans à ce comprendre ceux auxquels on a travaillé depuis pour profiter du tems des basses eaux.

Que le montant des travaux compris dans le toisé ci-dessus, ainsi que les appointemens de l'inspecteur, ont été payés sur le fonds de 25,000 livres qui avoit été fait l'année derniere pour cet objet; en sorte qu'il reste en caisse la somme de 10,960 liv. 6 s. 1 d. qui suffira pour le payement des ouvrages qui ont été faits depuis.

Sur tous lesquels objets, MM. les commissaires ont cru devoir proposer aux Etats de délibérer. 1°. &c.

2°. D'approuver les ouvrages faits sur la Garonne, de délibérer qu'ils seront continués, & d'imposer à cet effet en 1782, une somme de vingt-cinq mille livres.

3°. Enfin, de continuer au sieur Garipuy, chargé de la navigation de la Garonne, comme une suite de celle du canal, la gratification de deux mille cinq cent livres, qui sera prise sur les fonds destinés à cette riviere.

Ce qui a été délibéré, conformément à l'avis de MM. les commissaires.

N°. XII.

XII.

EXTRAIT du registre des délibérations des Etats généraux de Languedoc, assemblés par mandement du Roi en la ville de Montpellier au mois de Novembre 1781.

Du Lundi 7 Janvier 1782, président Mgr. l'archevêque & primat de Narbonne, commandeur de l'ordre du Saint-Esprit.

MONSEIGNEUR l'évêque de Montpellier a dit, que le sieur de la Fage, syndic-général, a rappellé à la commission les précédentes délibérations des Etats au sujet de la navigation de la Garonne: que par la premiere, du 5 Janvier 1775, prise sur les représentations faites par la chambre du commerce de Toulouse, au sujet des périls de la navigation sur cette partie de la communication des deux mers, ils délibérerent d'y pourvoir, en faisant les fonds nécessaires pour remplir cet objet dans le Languedoc, & en suppliant Sa Majesté d'étendre les mêmes précautions aux parties de la Garonne situées hors de la province; comme aussi en sollicitant un réglement capable de prévenir les difficultés qui pourroient naître tant de la part des seigneurs péagers, que des riverains, des propriétaires des moulins, & de tous autres.

Que M. le contrôleur général, instruit de la délibération des Etats, avant de rien statuer sur un objet aussi important, avoit jugé convenable d'envoyer sur les lieux le sieur de Voglie, l'un des inspecteurs-généraux des ponts & chaussées, pour faire la visite de la Garonne, conjointement avec le sieur Garipuy, chargé par les Etats de la navigation de cette riviere, comme une suite de celle du canal; que M. de Voglie ne s'étant rendu à Toulouse qu'à la fin du mois de Septembre 1775,

tems

N°. XII. tems auquel ses autres occupations ne lui permettoient plus de donner à la visite de la Garonne le tems qu'elle exigeoit, il se borna à voir chez le sieur Garipuy les cartes que ce directeur avoit fait lever du cours de la Garonne, depuis Toulouse jusques à l'embouchure du Tarn; & pour ne pas retarder les bons effets des vues des Etats & de M. le contrôleur général, ils passerent le 30 Septembre une convention pour être exécutée provisoirement, sous le bon plaisir de ce ministre & des Etats, jusqu'à ce qu'il seroit statué définitivement d'après la visite générale.

Cette convention porte en premier lieu, qu'on leveroit des cartes du reste de la Garonne, pareilles à celles qui étoient déjà faites pour la partie de Toulouse au Tarn, & qu'elles seroient achevées avant le tems de la visite générale.

2°. Que les ouvrages à faire, tant dans le lit de la riviere que sur ses bords opposés, devant toujours concourir au même but, il convient qu'ils soient dirigés par la même personne, sous la même autorité, & qu'ils soient exécutés sur le même fonds.

3°. Que d'après ce principe, on pourroit diviser le cours de la Garonne au-dessous de Toulouse en trois départemens; le premier jusqu'au Tarn pour le Languedoc; le second jusqu'au port Sainte-Marie pour la généralité d'Auch, & le reste pour celle de Bordeaux.

Enfin, que l'ordre à établir pouvant exiger quelque discussion, & la vérification générale étant différée; pour ne pas retarder les réparations de quelques passages dangereux entre Toulouse & le Tarn, le sieur Garipuy y feroit travailler jusqu'à la vérification générale, & sans préjudice de ce qui seroit ordonné ensuite.

Qu'une longue maladie du sieur de Voglie, suivie de sa mort, & les premieres occupations du sieur Tresaguet qui le remplaça, retarderent cette vérification de deux années; que cependant le Ministre ayant pris cet objet en considération, communiqua au sieur de la Fage & au sieur Garipuy, deux projets de démarcation pour les limites des départemens de la Garonne, sur lesquels il leur demanda leurs observations. N°. XII.

Que chacun de ces projets comprenoit toute l'étendue de la Garonne, depuis Saint-Béat jusqu'à Bordeaux, tandis qu'on n'avoit eu d'abord en vue que la partie de cette riviere au-dessous de Toulouse; mais qu'ils paroissoient l'un & l'autre contraires aux vues des Etats & de la premiere convention, en ce qu'ils morceloient le département du Languedoc, & qu'ils ne le faisoient descendre que jusqu'à Verdun.

Que le sieur Garipuy ayant fait à ce sujet à M. de Cotte, des observations approuvées par MM. les commissaires des travaux publics du haut Languedoc, le Ministre répondit que les arrangemens proposés étoient susceptibles de tous les changemens qu'on croiroit convenables, qui seroient arrêtés avec M. Tresaguet dans sa prochaine visite, & ensuite autorisés par un arrêt du conseil.

Que le sieur Tresaguet se rendit à Toulouse à la fin du mois de Septembre 1778 avec le sieur Desfirmins, ingénieur de la généralité d'Auch; qu'ils procéderent d'abord avec le sieur Garipuy, à l'examen des plans du cours de la Garonne, tant dans le Languedoc que dans la Guienne, depuis l'embouchure de l'Ariége, jusqu'à l'extrémité inférieure de la généralité d'Auch, au-dessous d'Agen, & qu'ils firent lecture de diverses visites de la

N°. XII. Garonne, faites jusqu'alors par le sieur Garipuy, depuis Toulouse jusqu'à l'embouchure du Tarn; & après avoir pris une connoissance générale de l'état du lit de la Garonne, des obstacles que la navigation y éprouve, & des moyens à prendre pour les détruire, ils s'embarquerent sur cette riviere à l'embouchure du canal, & descendirent jusqu'à celle du Tarn.

Que ces ingénieurs, dans le cours de leurs visites, dresserent un arrêté, clos le 22 Septembre 1778, dans lequel, après avoir exposé les divers inconvéniens auxquels la navigation de la Garonne est exposée, ils proposent pour y remédier, en premier lieu, que les deux bords dépendent toujours de la même administration.

2°. Que la généralité d'Auch ait dans son administration la partie supérieure de la Garonne jusqu'à l'Ariége, & celles comprises depuis le Tarn jusqu'au Gers au-dessous d'Agen; que la partie attribuée au Languedoc comprenne depuis l'Ariége jusqu'au Tarn, & que l'attribution de Bordeaux renferme le reste de la Garonne depuis le Gers jusqu'à la mer.

3°. Que le Languedoc étant doublement intéressé à l'entretien de la Garonne depuis Toulouse jusqu'au Tarn, soit pour la conservation du terrein de cette province, qui est bas & meuble, soit parce que la navigation de cette partie fait une suite nécessaire de celle qui traverse le Languedoc; que les ouvrages qui doivent y être faits étant considérables & nombreux, il conviendroit qu'il y fût employé annuellement une somme d'environ soixante mille livres, jusqu'à ce que la riviere ait acquis une profondeur suffisante.

4°. Que les moulins flottans gênant toujours la navigation & la rendant même périlleuse, il conviendroit de les faire estimer & d'en ordonner ensuite la destruction, en commençant par ceux qui sont les plus nuisibles. N°. XII.

5°. Que vu les difficultés d'obliger les seigneurs péagers à faire les travaux nécessaires auxquels ils sont tenus, & l'impossibilité que ces ouvrages concourent avec un projet général, il convient de les en décharger, d'en apprécier le montant, & que les péagers soient tenus de les faire remettre annuellement entre les mains des receveurs des fonds destinés aux travaux de la Garonne, ou bien de diminuer, au prorata, le tarif de leurs droits, jusqu'à ce qu'il plaise à Sa Majesté d'ordonner l'entiere suppression de ces péages; & enfin, ces ingénieurs proposent de réserver l'attribution des contestations qui pourroient naître au sujet du réglement qui interviendra à MM. les intendans d'Auch, de Languedoc & de Bordeaux, chacun pour la partie qui les concerne, ainsi qu'elle a été désignée.

Que les Etats, après avoir pris connoissance de tous les articles de l'avis des ingénieurs rapportés ci-dessus, persuadés qu'ils contiennent les dispositions les plus propres à assurer une navigation des plus intéressantes pour le commerce, surtout à raison de la communication des deux mers, crurent devoir les adopter par leur délibération du premier Décembre 1778; & ils observerent seulement que le département de la Guienne étant beaucoup plus étendu que celui du Languedoc, & exigeant des ouvrages beaucoup plus dispendieux, Sa Majesté seroit suppliée d'ordonner que la Guienne employeroit annuellement à ces travaux des sommes proportionnées à celle du Languedoc.

Que ce projet de réglement ayant été fait, d'après les pouvoirs donnés, d'une part par le Ministre, & de l'au-

N°. XII. tre, par les Etats, & ayant été approuvé par eux, ils avoient eu lieu d'espérer qu'il seroit autorisé par le conseil sans aucun délai, vu l'importance de son objet; que cependant M. de Cotte, ayant jugé à propos de consulter de nouveau MM. les intendans des provinces riveraines, & ensuite le sieur Tresaguet, l'expédition de l'arrêt fut différée; & les Etats ayant lieu de craindre qu'il n'eût été fait quelques changemens à l'arrêté qu'ils avoient adopté, ils délibérerent le 28 Décembre 1779, de charger MM. leurs députés à la cour, de demander communication du projet de cet arrêt, pour, au cas il contînt quelque disposition contraire aux intérêts de la province, ils pussent faire les représentations convenables.

Que d'après les sollicitations de MM. les députés à la cour, il fut remis l'année d'après, à Mgr. l'archevêque de Narbonne un projet d'arrêt, dont les Etats ayant pris connoissance dans leur assemblée du 8 Janvier 1781, ils le trouverent conforme pour la plus grande partie, à celui qu'ils avoient approuvé le premier Décembre 1778; que cependant un des articles paroissant contraire au premier projet, & deux autres exigeant un peu plus de développement, sans qu'aucun des changemens à faire parût devoir souffrir de difficulté, MM. les députés à la cour furent chargés de faire les représentations nécessaires pour les obtenir.

Que dans le cours de cette année ils ont eu, ainsi que Mgr. l'archevêque de Narbonne, diverses conférences avec le Ministre, & que tous les articles ayant été discutés & convenus, ils avoient lieu d'espérer l'expédition d'un arrêt conforme; que cependant, il leur a été adressé depuis de sa part un nouveau projet d'arrêt, contenant plusieurs dispositions entiérement nouvelles qui sont contraires aux intérêts de la province, & qui l'exposeroient à des dépenses superflues. N°. XII

Que d'après ces faits, MM. les commissaires ont cru devoir proposer aux Etats de charger de nouveau MM. leurs députés à la cour, de poursuivre l'expédition de l'arrêt de réglement que la province sollicite depuis si longtems; de faire les plus vives instances pour qu'il soit conforme aux projets ci-devant proposés aux Etats, & notamment à celui qui avoit été arrêté l'année derniere, & de faire observer que les Etats de Languedoc doivent être d'autant plus favorables dans leurs demandes sur la navigation de la Garonne, qu'ils ont déjà dépensé des sommes considérables pour l'améliorer, tandis que les autres provinces n'ont encore rien fait, & que l'expérience acquise par les travaux déjà faits, leur a appris ce qui peut être le plus avantageux pour assurer une navigation aussi importante.

Sur quoi il a été délibéré de charger MM. les députés à la cour de faire toutes les représentations nécessaires pour obtenir un arrêt du conseil qui autorise le réglement pour la navigation de la Garonne, tel qu'il a été approuvé par les Etats, & arrêté l'année derniere avec le Ministre, sans aucun changement, & de prier Mgr. l'archevêque de Narbonne de vouloir bien appuyer de son puissant crédit les démarches de MM. les députés.

N°. XIII.

XIII.

ARRÊT

DU CONSEIL D'ÉTAT DU ROI,

Contenant réglement pour la navigation de la Garonne.

Du 17 Juillet 1782.

EXTRAIT des Registres du Conseil d'Etat.

LE Roi s'étant fait représenter les arrêts rendus en son conseil les 13 Janvier 1733, 13 Mars 1736, 13 Mars 1752, & 8 Août 1770, concernant la navigation de la Garonne, Sa Majesté a reconnu qu'en ordonnant les ouvrages jugés nécessaires pour faciliter le flottage & la navigation sur cette riviere, il n'étoit pas moins important de rassembler les dispositions des précédens réglemens, & d'y ajouter celles qui ont paru les plus capables de maintenir la police qui doit être observée pour le bien du commerce; à quoi voulant pourvoir. Vu les délibérations prises par les Etats de Languedoc, dans leurs assemblées des années 1775, 1777 & 1778, le procès-verbal de visite & reconnoissance faite par un inspecteur général des ponts & chaussées, & le directeur des travaux publics du Languedoc, le 21 Septembre 1778 & jours suivans, & l'avis des sieurs intendans & commissaires départis des généralités d'Auch, Toulouse, Montauban & Bordeaux: Oui le rapport du sieur Joly de Fleury, conseiller d'état ordinaire & au conseil royal des finances; LE ROI ETANT EN SON CONSEIL, a ordonné & ordonne ce qui suit.

TITRE PREMIER.

Article premier.

Le cours de la Garonne formera quatre départemens: le premier, depuis la vallée d'Aran jusqu'à l'embouchure de l'Ariége, & depuis les limites de la généralité de Montauban jusqu'au confluent du Gers: le second, depuis l'embouchure de l'Ariége jusqu'à l'embouchure du Tarn: le troisieme, depuis l'embouchure du Tarn jusqu'aux limites de la généralité de Montauban: & le quatrieme, depuis l'embouchure du Gers jusqu'à la mer.

Les deux bords de la riviere dépendront du même département; & les ouvrages seront exécutés sur les mêmes fonds, quoique l'un des bords, & même tous les deux, soient situés dans une autre généralité.

Art. II.

Les cartes, visites, plans & devis nécessaires pour la sureté & la liberté du flottage & de la navigation dans tout le cours de la Garonne, seront concertés entre les quatre départemens; le Roi se réservant d'en faire arrêter dans son conseil un plan général, & d'ordonner chaque année, & d'autoriser, suivant l'exigence des cas, ceux des ouvrages qui devront être faits l'année suivante dans le lit & sur les bords de ladite riviere.

Art. III.

Il y sera employé chaque année, tant que le lit de la riviere n'aura pas la largeur & la profondeur requises, une somme de cent vingt mille livres, dont la moitié demeurera à la charge de Sa Majesté, & sera employée dans les limites du premier, du troisieme & du quatrieme département. La somme de soixante mille livres, qui doit être fournie par les Etats de Languedoc, sera employée depuis l'embouchure de l'Ariége jusqu'à l'embouchure du Tarn; & il y sera pourvu par lesdits Etats, ainsi qu'il en est usé pour les autres travaux publics de la province.

TITRE SECOND.

Article premier.

Les intendans, commissaires départis du conseil dans les généralités d'Auch, Toulouse, Montauban & Bordeaux, connoîtront seuls, & privativement à tous autres juges, de l'exécution des réglemens généraux & particuliers concernant la police pour la liberté & la sureté du flottage & de la navigation dans tout le cours de la Garonne, savoir; l'intendant d'Auch, dans le premier département; l'intendant de Montpellier & Toulouse, dans le second; l'intendant de Montauban, dans le troisieme, & l'intendant de Bordeaux, dans le quatrieme.

Art. II.

Les statuts, réglemens & ordonnances concernant la police de la navigation dans lesdites généralités d'Auch, Toulouse, Montauban & Bordeaux, & notamment l'art. I. de l'arrêt du 13 Janvier 1733, seront exécutés selon leur forme & teneur; & en conséquence, il sera établi un conservateur général de la navigation de la Garonne, cinq syndics & cinq patrons jurés de ladite navigation.

Le conservateur général sera sous les ordres des sieurs intendans commissaires départis des quatre généralités; & les syndics & patrons seront attachés, savoir; deux syndics, & deux patrons, à la généralité d'Auch; un syndic, & un patron, à celles de Toulouse & Montpellier; & un syndic, & un patron, à chacune des généralités de Montauban & Bordeaux.

Le conservateur général sera nommé par le Roi, les syndics & patrons seront choisis par l'intendant du département, sur les certificats de capacité du conservateur; & après l'examen qu'ils auront subi devant lui, l'intendant recevra leur serment, & leur prescrira leurs devoirs & fonctions pour la police de la navigation & du flottage, & l'exécution des articles qui les concernent dans le présent réglement.

Art. III.

Le Roi voulant bien prendre à sa charge les appointemens & gages desdits officiers de la navigation, ils ne pourront exiger ou recevoir, directement ni indirectement aucune somme des mariniers, navigateurs, ou propriétaires, sous quelque dénomination & sous quelque prétexte que ce soit.

Art. IV.

Le conservateur général ne pourra prendre la qualité d'ingénieur ou d'inspecteur, ni s'immiscer en aucune maniere dans les fonctions des inspecteurs généraux, ingénieurs des ponts & chaussées, ou directeurs des travaux publics; dérogeant à cet effet, en tant que de besoin, audit arrêt du 13 Janvier 1733, & autres arrêts & réglemens.

Art. V.

Le conservateur & les autres officiers de la navigation, jouiront au surplus des exemptions & priviléges à eux accordés par l'article XXI de l'arrêt du 13 Janvier 1733.

Art. VI.

Le conservateur général aura soin de fixer chaque année dans le tems des basses eaux à chaque syndic & patron juré, le tems auquel il fera sa visite pour procéder au nettoyement de la riviere. Pour cet effet, le syndic & le patron fréteront un bateau monté d'un nombre suffisant d'hommes & d'équipages, suivant le besoin, avec haches, coignées, pelles, pioches, cordages, planches, & autres choses nécessaires; ils descendront, sonderont la riviere

N°. XIII.

dans toute l'étendue de leur département ; & lorsqu'ils trouveront quelques empêchemens, ils y feront travailler jusqu'à ce que le passage des bateaux soit libre : si le chemin de terre se trouve embarrassé d'arbres ou autres choses, ils les feront couper sur le champ, sans que les particuliers puissent répéter le bois coupé contre les officiers ni l'équipage, à la charge toutefois d'en tenir un journal exact en forme de procès-verbal, qui indiquera le lieu, la nécessité, & la qualité des travaux, ensemble la dépense de chaque jour, afin de pouvoir répéter contre les communautés ou particuliers, ce qu'il écherra de mettre à leur charge en vertu du présent arrêt.

Art. VII.

Les maires, échevins, consuls, jurats & syndics des villes & communautés voisines de la Garonne, seront tenus de donner main-forte, secours & assistance aux officiers de la navigation, lorsqu'ils en seront par eux requis pour le service.

Art. VIII.

Enjoint Sa Majesté à tous riverains, meuniers, pêcheurs, fermiers, mariniers & autres, de faire enlever & transporter dans des lieux où les grandes eaux ne pourront atteindre, & dans le délai de trois mois après la publication du présent arrêt, les terres, bois, pieux, débris de bateaux, & autres empêchemens étant de leur fait ou à leur charge, dans le lit de la Garonne, ou sur les bords, à peine de trois cent livres d'amende, confiscation desdits matériaux & débris, & d'être en outre contraints au payement des ouvriers qui seront employés par le conservateur général ou le syndic, auxdits enlevemens & nettoyemens.

Art. IX.

Défend Sa Majesté, sous les mêmes peines, à tous riverains & autres, de jetter dans le lit de la riviere ni sur les bords, aucuns bois, graviers, pierres, ni rien qui puisse en embarrasser, ni altérer le lit, d'en affoiblir ou changer le cours par aucune tranchée ou autrement, d'y mettre rouir des chanvres, & de tirer de la riviere aucunes pierres, terres, sables & autres matériaux plus près des bords que de dix toises.

Art. X.

Fait défenses Sa Majesté à toutes sortes de personnes, de quelque condition & qualité qu'elles soient, & sous quelque prétexte que ce puisse être, de planter ni faire planter des arbres, haies ou buissons, pieux, piquets & autres empêchemens sur les *accolins* ou amas de terre, sables, cailloux & pierrailles formés le long des bords ou dans le lit de la Garonne ; & au cas qu'il parût convenable de faire sur lesdits amas quelques plantations, elles ne pourront être faites qu'avec la permission de l'intendant & commissaire départi, après que le conservateur général les aura vérifiées & marquées, & sur son certificat motivé ; à l'effet de quoi, il sera par ledit conservateur général, assisté des syndics & patrons jurés, chacun dans leur département, dressé procès-verbal de toutes les isles & accolins formés dans la Garonne, & qui peuvent subsister en favorisant la navigation. Lesdits accolins seront plantés de bois blanc pour fascinages, clayonnages, & autres ouvrages relatifs à l'entretien de la riviere ; & les officiers de la navigation seront tenus de veiller soigneusement à la conservation desdites plantations, pour en rendre compte journellement au sieur intendant & commissaire départi, qui en ordonnera l'emploi ou la vente au profit de Sa Majesté.

Art. XI.

Les propriétaires des digues & moulins, paissieres & nasses construites sur la Garonne, seront tenus de veiller & empêcher à ce qu'il ne s'y forme, à la distance de cinquante toises au-dessus & au-dessous de leurs établissemens, aucun banc de sable ou gravier dans le courant de ladite riviere, qui puisse nuire à la liberté du passage des bateaux, à peine de tous dépens, dommages & intérêts.

Art. XII.

Les peines encourues pour contravention aux articles VIII, IX, X & XI, seront prononcées sans autre forme de procès, par le sieur intendant & commissaire départi, sur le procès-verbal qui aura été dressé & affirmé par le conservateur général, ou en son absence, par le syndic du département.

TITRE TROISIEME.

Article premier.

Les ordonnances des mois d'Août 1669, & Décembre 1672, & autres réglemens sur le fait de la navigation seront exécutés; & en conséquence, Sa Majesté fait défenses à toutes personnes, de quelque qualité & condition qu'elles soient, de faire sans sa permission aucuns moulins, pertuis, vannes, écluses, arches, bouchis, gords & pêcheries, ni autres constructions ou établissemens quelconques, sur, ou au bord de la Garonne.

Art. II.

Il ne sera accordé aucune permission pour des établissemens ou constructions désignées en l'article précédent, que par des arrêts du conseil rendus sur l'avis du sieur intendant & commissaire départi, après qu'il aura fait constater que les établissemens proposés ne peuvent nuire au plan général qui aura été arrêté pour la navigation.

Art. III.

Tous propriétaires & possesseurs de moulins, pertuis, vannes, écluses, bouchis, gords, ou pêcheries, digues, péages, bacs, ou autres établissemens, ou droits quelconques dans toute l'étendue du cours de la Garonne, seront tenus de rapporter dans deux mois, à compter du jour de la publication du présent arrêt, leurs titres de propriété & de possession pardevant le sieur intendant & commissaire départi, pour être par lui adressés avec son avis au ministre des finances, & y être statué par Sa Majesté en son conseil, ainsi qu'il appartiendra; dérogeant à cet effet Sa Majesté à l'arrêt du conseil du 5 Août 1777, en ce qu'il auroit ordonné que lesdits titres seroient produits au greffe de la commission des péages.

Art. IV.

Ceux desdits moulins, pertuis, vannes, écluses, arches, bouchis, gords, ou pêcheries, digues, & autres constructions & établissemens quelconques qui seront jugés nuisibles à la navigation, seront enlevés & détruits par les propriétaires, dans le délai de deux mois, du jour de la signification de l'arrêt du conseil qui l'aura ainsi ordonné, sauf à être, dans ce cas, pourvu à l'indemnité desdits propriétaires, s'il y a lieu, sur les titres qu'ils auront produits.

Art. V.

Les indemnités acquises aux propriétaires légitimes, depuis l'embouchure de l'Ariége jusqu'à l'embouchure du Tarn, seront payées par les Etats de Languedoc; à l'effet de quoi, les titres desdits propriétaires seront communiqués aux syndics des Etats, pour être par eux fait telles réquisitions, & par les Etats pris tels arrangemens & délibérations qu'il appartiendra, le tout conformément aux usages de ladite province, que Sa Majesté entend être suivis, dans tout ce qui peut avoir rapport à l'exécution du présent réglement.

Art. VI.

Fait Sa Majesté très-expresses inhibitions & défenses à tous ceux qui ont des moulins sur bateaux, nommés vulgairement moulins à nefs, de placer lesdits moulins, sous quelque prétexte que ce soit, dans le courant de la riviere, servant à la navigation, à peine de cinq cent livres d'amende contre les propriétaires, & de châtiment exemplaire contre les meuniers ayant la conduite desdits moulins. Voulant S. M. qu'au cas qu'il y ait quelques moulins à nefs dont les propriétaires n'auront point l'ordonnance d'emplacement prescrite par les réglemens, ils ayent à en prendre une dans deux mois après la publication du présent arrêt, qui les autorise à les établir dans l'emplacement qui leur aura été marqué; sinon, & faute par lesdits propriétaires de prendre ladite ordonnance, & ledit délai passé, lesdits moulins seront détachés & déchirés, pour les débris en être portés sur le rivage où les grandes eaux ne pourront atteindre, & ce, à la diligence des officiers de la navigation, après y avoir été autorisés par le sieur intendant & commissaire départi.

Art. VII.

Lorsque les moulins à nefs auront été une fois placés, les propriétaires & meuniers ne pourront les changer hors de l'emplacement, ni dans l'étendue d'icelui à la premiere attache, sans permission du conservateur général de la navigation, & vérification préalablement faite par le patron juré, sous les mêmes peines que dessus, & de tous dépens, dommages & intérêts envers les marchands & bateliers, & au cas d'échouement, ou d'autres inconvéniens occasionnés par lesdits moulins non emplacés.

Art. VIII.

Les propriétaires des moulins à nefs seront tenus de remettre & de laisser ès mains des meuniers, les ordonnances d'emplacement, dont une copie sera affichée à la porte du moulin, afin que le conservateur général, & le syndic, ou le patron juré, faisant leurs visites, puissent reconnoître s'ils ont été changés; défenses seront faites auxdits meuniers de servir auxdits moulins sans être saisis de ladite ordonnance, à peine de cinq cent livres d'amende, perte & retardement des bateaux & marchandises, dommages & intérêts & autres inconvéniens; & contre les fermiers, meuniers & leurs valets, de punition corporelle.

Art. IX.

Tous particuliers, de quelque qualité & condition qu'ils soient, & toutes communautés laïques ou ecclésiastiques qui auront titres suffisans pour conserver les digues & moulins fixes ou arches dont ils sont en possession, seront tenus de les entretenir en bon état, ainsi que les passelis, pertuis & champoirs, trépoirs ou ponts de communication: Les pertuis & passelis devront avoir vingt-quatre pieds de largeur, pour la remonte & la descente des bateaux & radeaux: Les propriétaires en établiront où il n'y en a point dans les emplacemens, ou sur les directions qui leur auront été indiquées, s'il est jugé nécessaire pour la commodité, la sureté, & l'augmentation de la navigation, en rétablissant par préférence

ceux

No. XIII. ceux qu'ils ont supprimé de leur autorité privée ; sinon & faute de ce faire, les revenus desdits moulins seront saisis, pour être les deniers qui en proviendront, employés sur les ordres des sieurs intendans & commissaires départis, & à la diligence du conservateur général de la navigation, aux constructions, reconstructions & réparations ci-dessus ordonnées.

Art. X.

Les propriétaires des digues & moulins, seront tenus, conformément aux anciens réglemens, & notamment à l'arrêt du 13 Janvier 1733, de fournir, poser & entretenir des tours, trépoirs, ou galeries pour monter & descendre les bateaux & radeaux, des chaînes de fer ou cables, lesquelles n'auront pas moins de cent brassées de longueur, avec tous autres cables & cordages nécessaires : chaque moulin sera pourvu du nombre suffisant d'hommes, pour la remonte & descente des bateaux & radeaux, aussitôt que lesdits bateaux ou radeaux seront arrivés aux pertuis ou passelis ; faute de tout quoi, & en cas de retard, seront lesdits propriétaires tenus des dommages & intérêts envers les marchands, & maîtres des bateaux ou radeaux, & même demeureront responsables de la perte des bestiaux & marchandises, naufrage arrivant faute de bon travail.

Art. XI.

Tous propriétaires qui auront justifié par des titres en bonne forme du droit d'établir des nasses & pêcheries, seront tenus de laisser une libre ouverture de trente-six pieds de largeur, pour le passage des bateaux & radeaux ; défenses leur sont faites, ainsi qu'aux meuniers, pêcheurs & autres, de planter des piquets, de jetter des pierres, de poser des fascines, de placer des bois en saillies, ni rien faire qui puisse obstruer ou gêner du haut en bas ladite ouverture, de même que de tendre des filets, nasses, ni autres piéges quelconques qu'à nuit close, & à charge de les retirer ou enlever à la pointe du jour ; à peine de cinq cent livres d'amende contre les propriétaires, & de peine corporelle contre les meuniers, pêcheurs ou leurs domestiques : pourront au surplus les mariniers, lever & couper les filets & autres piéges qui se trouveroient tendus, lorsqu'ils se présenteront pour passer par lesdites ouvertures, du lever au coucher du soleil, sans qu'ils puissent être poursuivis en dépens, dommages & intérêts.

Art. XII.

Tous les passelis ou pertuis appartenant aux particuliers & communautés, auront le dessus de leurs seuils supérieurs à deux pieds & demi au moins au-dessous de la ligne des basses eaux. Les seuils supérieurs seront mis à la même profondeur, & les radiers ou planches intermédiaires auront au moins deux toises de longueur par pied de hauteur de chute. Les ingénieurs des ponts & chaussées seront tenus de donner tous les renseignemens nécessaires pour que les opérations essentielles à la navigation soient bien exécutées.

Art. XIII.

Ne pourront aucuns meuniers & pêcheurs poser dans le tems des basses eaux, des chevalets & fascines sur le haut des radiers, des passelis, ou pertuis, pour arrêter les eaux, sous peine de trois cent livres d'amende contre les propriétaires, & de tous dépens, dommages & intérêts envers les maîtres des bateaux, batoliers, & marchands, & de punition corporelle contre les meuniers & pêcheurs.

Art. XIV.

Par-tout où il sera nécessaire de faire

N°. XIII. des chemins de hallage, soit d'un bord ou de l'autre des rivieres navigables, lesdits chemins de hallage auront vingt-quatre pieds de largeur, à compter du bord supérieur des berges. Enjoint Sa Majesté à tous propriétaires riverains, de livrer le terrein nécessaire pour ledit chemin, sans pouvoir planter arbres, haies, pieux, paux, piquets, tirer fossés ni clôture plus près desdits bords que de trente pieds du côté que les bateaux se tirent, & dix pieds à l'autre bord; & où il se trouveroit aucuns arbres, haies, clôtures, fossés ou autres empêchemens dans ladite largeur, Ordonne Sa Majesté qu'ils seront détruits par les propriétaires dans le terme de six mois, à compter de la publication du présent arrêt, à peine de demeurer garans des événemens & retards, de cinq cent livres d'amende, & d'y être contraints à leurs dépens. Autorise Sa Majesté tous voituriers par eau & mariniers fréquentant ladite riviere, ledit délai expiré, d'abattre & enlever lesdits obstacles, après en avoir obtenu la permission du sieur intendant & commissaire départi, ou de son subdélégué; laquelle ne pourra être accordée que sur l'avis du conservateur général ou du syndic, à qui lesdits voituriers ou mariniers seront tenus de dénoncer les ouvrages nuisibles à la navigation; & pour dédommager lesdits voituriers & mariniers, les objets qu'ils auront abattus leur appartiendront, pour en disposer comme bon leur semblera.

Art. XV.

Veut Sa Majesté, que désormais les propriétaires des péages valablement établis & confirmés sur la Garonne, dans tout son cours, soient déchargés de faire exécuter les travaux de construction & d'entretien dont ils sont tenus, en payant par eux annuellement une contribution en argent, qui sera arrêtée par le conseil de Sa Majesté, après que le sieur intendant & commissaire départi aura fait constater, à la diligence des officiers de la navigation, par un procès-verbal d'experts, sur lequel il donnera son avis, l'étendue de riviere comprise dans chaque péage, son état actuel, & la nature des travaux dont le seigneur péager est chargé; & seront les contributions des péages établis sur la partie de la Garonne, comprises dans l'attribution du sieur intendant de Languedoc, remises au trésorier des Etats de ladite province. N°. XIII.

Art. XVI.

Tous propriétaires de péages seront tenus de faire afficher sur un poteau qui sera à cet effet planté en lieu éminent, au port où lesdits droits s'exigent, copie entiere du tarif contenant la qualité du droit dû sur chaque espece de marchandises, à peine de privation desdits droits de péages.

Art. XVII.

Les propriétaires des péages tiendront leurs ports commodes pour aborder, & en iceux, des gens idoines & capables, âgés au moins de vingt-cinq ans, sachant lire & écrire, pour faire la levée du péage, & donner les quittances au détail de ce qu'ils auront pris sur chaque nature de marchandise.

Art. XVIII.

En cas que les péagers se trouvent absens, négligeant ou refusant de prendre leurs droits, pourront les mariniers & bateliers passer outre, après néanmoins avoir crié trois fois, & à la charge de payer au retour, si mieux ils n'aiment, consigner le droit en présence de deux témoins.

Art. XIX.

Fait défenses Sa Majesté aux péa-

N°. XIII.

gers, d'arrêter les mariniers, sous prétexte de vérifier leurs marchandises, sur la quantité & qualité desquelles lesdits marchands & mariniers seront crus à leur serment & déclaration, à peine contre les propriétaires des péages, de cinq cent livres d'amende, & de déchéance de leurs droits, & contre les fermiers & commis de punition exemplaire; sauf à eux à suivre les bateaux jusqu'au lieu de leur plus prochaine station; & dans le cas où lesdits marchands, mariniers, patrons & bateliers, seroient trouvés en fraude, ils seront condamnés, outre lesdits droits de péage, en deux cent livres d'amende au profit du péager, & aux dépens.

Art. XX.

Ordonne Sa Majesté, que toutes barrieres, digues, chaînes, & autres empêchemens aux ponts, passages, écluses, & pertuis, pour la perception des péages soient ôtés & rompus.

Art. XXI.

Enjoint Sa Majesté à tous propriétaires & fermiers de bacs établis sur la Garonne, de rendre les abords & chaussées desdits bacs faciles & praticables pour la navigation & pour les passagers, d'entretenir leurs bacs & nacelles en bon état, de les pourvoir de gens habiles à la manœuvre, & d'avoir toujours un tarif de leurs droits affiché sur une plaque exposée à la vue du public; & où le service desdits bacs se feroit à corde tendue, Sa Majesté entend que ceux qui les exploitent, livrent le passage aux bateaux sans leur faire éprouver le moindre retard ou empêchement, à peine d'en demeurer garans & responsables.

Art. XXII.

Sa Majesté déclare tous ponts, chaussées, pertuis, digues, hollandages, pieux, balises, & autres ouvrages publics qui sont ou seront par la suite construits pour la sureté & facilité de la navigation & du hallage sur & le long de la Garonne, faire partie des ouvrages royaux, & les prendre en conséquence sous protection & sauvegarde royale: Enjoint Sa Majesté aux maires, échevins, consuls, jurats, & syndics des villes & communautés voisines de la Garonne, de veiller & empêcher que lesdits ouvrages ne soient dégradés, détruits ni enlevés. Ordonne que tous ceux qui feroient ou occasionneroient lesdites dégradations ou destructions, seront poursuivis extraordinairement, & condamnés en telle amende qu'il appartiendra, & tenus de réparer le dommage.

Art. XXIII.

Enjoint Sa Majesté auxdits sieurs intendans & commissaires départis dans les généralités d'Auch, Montpellier & Toulouse, Montauban & Bordeaux, chacun dans le département qui lui est attribué par le présent arrêt, de faire exécuter les dispositions y contenues, ensemble celles des réglemens généraux & particuliers concernant la liberté & sureté de la navigation; de réprimer les contraventions auxdits réglemens, à l'effet de quoi ils connoîtront, tant des contraventions qui pourroient en être la suite, que de celles qui pourroient s'élever au sujet des travaux qui seront ordonnés ou autorisés en suite du présent arrêt, circonstances & dépendances; leur attribuant & confirmant à cet effet toute cour & jurisdiction, que Sa Majesté a interdit à tous autres juges: Et seront les ordonnances qui seront rendues par lesdits sieurs intendans exécutées provisoirement & nonobstant oppositions ou appellations quelconques, dont si aucunes interviennent, Sa Majesté se réserve la connoissanee & à son conseil:

N°. XIII. Et sera le présent arrêt imprimé, publié & affiché par-tout où il appartiendra. FAIT au conseil d'État du Roi, Sa Majesté y étant, tenu à Versailles le dix-septieme Juillet mil sept cent quatre-vingt-deux.

Signé, AMELOT.

LOUIS, PAR LA GRACE DE DIEU, ROI DE FRANCE ET DE NAVARRE: A notre amé & féal conseiller en nos conseils, le sieur intendant & commissaire départi pour l'exécution de nos ordres en la province de Languedoc, SALUT. Nous vous mandons & ordonnons par ces présentes signées de nous, de tenir la main à l'exécution de l'arrêt ci-attaché sous le contre-scel de notre chancellerie, ce jourd'hui donné en notre conseil d'état, Nous y étant, pour les causes y contenues; de ce faire vous donnons pouvoir, autorité, commission & mandement spécial: commandons au premier notre huissier ou sergent sur ce requis, de faire pour l'exécution d'icelui, & de ce que vous ordonnerez en conséquence, tous exploits & actes de justice que besoin sera, sans pour ce demander autre permission. CAR tel est notre plaisir. DONNÉ à Versailles le dix-septieme jour de Juillet, l'an de grace mil sept cent quatre-vingt-deux, & de notre regne le neuvieme. *Signé*, LOUIS: *Et plus bas*; Par le Roi, AMELOT. N°. XIII.

JEAN-EMMANUEL DE GUIGNARD, chevalier, vicomte de Saint-Priest, conseiller d'état ordinaire, intendant de justice, police, & finances en la province de Languedoc.

VU le présent arrêt, ensemble la commission particuliere à Nous adressée sur icelui: NOUS ORDONNONS que le présent arrêt sera exécuté selon sa forme & teneur, en ce qui concerne le pouvoir qui nous est accordé, & les opérations à faire en conséquence, lu, publié & affiché par-tout où besoin sera dans cette province. FAIT à Montpellier le dix-sept Septembre mil sept cent quatre-vingt-deux. *Signé*, DE SAINT-PRIEST: *Et plus bas*; Par Monseigneur, SOEFVE.

SECTION SECONDE.

Des Canaux de navigation exécutés ou projettés entre le port de Cette & le Rhône.

LEs communications intérieures par eau, entre la Garonne & le Rhône, ont un principal débouché commun, à l'extérieur, dans le port de Cette, qu'on peut en regarder comme le centre & le point de réunion, & dont nous nous occuperons dans la partie de cette collection où il sera traité du commerce du Languedoc. Nous parlerons aussi dans la même partie des *Graux* qui offrent à la navigation intérieure d'autres débouchés dans la Méditerranée, & qui, soit sous ce rapport, soit comme contribuant à la salubrité des côtes, ont naturellement leur place parmi les encouragemens donnés aux moyens naturels d'aisance & de prospérité communes.

La Section précédente & les Articles qui en dépendent ont été employés à faire connoître les communications exécutées ou projettées entre la Garonne & le port de Cette, & il s'agira dans celle-ci des communications exécutées ou projettées entre le port de Cette & le Rhône.

Le canal le plus long qui se trouve aujourd'hui entre ces deux points, est celui des Etangs, qui commence dans l'étang de Thau, à environ 800 toises ouest du pont de la Peyrade, & finit à l'entrée de l'étang de Mauguio, après avoir formé, à travers les étangs intermédiaires, une route sûre & commode d'environ 28,200 toises.

Ce canal commencé lors de la construction de celui de communication des mers, n'aboutissoit immédiatement ni au port de Cette, ni au Canal Royal, & laissoit, dans cette partie, la navigation exposée aux orages de l'étang de Thau dont le trajet est souvent très-périlleux. Ces risques vont cesser au moyen des nouveaux canaux d'Agde à Cette, & de Cette au pont de la Peyrade, dont le dernier sera incessamment achevé.

La communication du Canal des Etangs à la ville d'Aigues-mortes se fait par l'étang de Mauguio qui a environ 5200 toises de longueur, depuis l'embouchure du Canal des Etangs, jusqu'à celle du Canal de la Radelle, qui se joint à la Robine d'Aigues-mortes & forme avec elle une route d'environ 5000 toises entre cette derniere ville & l'étang de Mauguio.

La ville d'Aigues-mortes a depuis long-tems, pour le transport des sels de Peccais, une communication par eau, avec le Rhône, par le Canal du Bourgidou, qui, après avoir parcouru une ligne d'environ 5400 toises, se joint, près du fort de Peccais, vers le midi d'Aigues-mortes, au Canal de Sylveréal, ou de la Brassiere, qui prend ses eaux de la petite branche du Rhône, au coude qu'elle forme à Sylveréal, d'où les barques & les trains de sel remontent jusqu'à Fourques, qui est le point de division des deux branches du Rhône.

Le nouveau Canal de navigation de Beaucaire à Aigues-mortes, ouvert au nord-est de cette derniere ville, & qui est déjà à-peu-près perfectionné sur une longueur d'environ 7600 toises, formera une route beaucoup plus abrégée, plus sûre, plus commode & plus propre au commerce, & qui réunira à tous ces avantages celui de contribuer au desséchement des marais. Nous donnerons plus de détail à l'histoire & au progrès de ces deux grands ouvrages dans la notice de l'Article qui y sera destiné spécialement.

ARTICLE PREMIER.

Du Canal de Cette au Pont de la Peyrade.

N°. I.

I.

EXTRAIT du registre des délibérations des Etats généraux de Languedoc, assemblés par mandement du Roi, en la ville de Montpellier au mois de Novembre 1776.

Du Mardi 10 Décembre suivant, président Mgr. l'archevêque & primat de Narbonne, commandeur de l'ordre du Saint-Esprit.

MONSEIGNEUR l'évêque de Montpellier a dit : que les Etats ayant déterminé par leur délibération du 27 Février dernier (*a*), de faire travailler à un nouveau canal prenant son embouchure dans celui qui va du port de Cette à l'étang de Thau, auprès du chantier de la province, & aboutissant par son autre extrémité au canal déjà construit dans les étangs auprès du pont de la Peyrade, suivant les plans du sieur Garipuy qui furent présentés à l'assemblée & par elle approuvés, MM. les commissaires des travaux publics pendant l'année furent chargés de faire l'adjudication des ouvrages relatifs à cette entreprise, suivant le devis qui en seroit dressé par le sieur Garipuy ; & il fut en même tems délibéré d'emplo-

(*a*) Il faut voir cette délibération qui forme le N°. II de l'article I de la Section précédente, page 177.

N°. I. yer à la dépense de cet ouvrage un fonds de 25,000 livres précédemment fait pour la construction d'une darse, à laquelle ce canal a été substitué comme plus avantageux pour le commerce, & une pareille somme de 25,000 livres qui seroit imposée la présente année.

Qu'en conséquence de cette délibération, MM. les commissaires des travaux publics adjugerent le 10 Juillet dernier, après les formalités en tel cas requises, cette entreprise au sieur Esteve, qui fit la condition meilleure, & sous un cautionnement suffisant, à tant par toise de chaque nature d'ouvrages.

Que cet entrepreneur a travaillé depuis avec beaucoup de diligence, de maniere que lorsque MM. les commissaires se sont rendus à Cette au mois d'Octobre dernier, pour y faire la sonde du port, ils ont vu que la partie du canal comprise dans l'agrandissement projetté de la ville, avoit été ouverte sur toute sa longueur, qui est d'environ 300 toises; & sur environ un pied & demi de profondeur au-dessous des basses eaux; que depuis cette époque, suivant le témoignage du sieur Garipuy, la suite dudit canal a été entamée dans la partie parallele au chemin qui se termine près de la redoute située à l'une des extrémités de la chaussée de la Peyrade, & qu'on en continue le recreusement, autant que la saison peut le permettre.

Qu'il n'a pas été encore possible de présenter un toisé exact du travail déjà fait, à cause de l'irrégularité indispensable des ateliers; mais qu'on peut juger qu'il monte beaucoup au-delà des douze mille livres qu'a reçu à compte l'entrepreneur.

Qu'il a été en même tems procédé, suivant l'intention des Etats, à l'estimation de toutes les terres nécessaires pour l'emplacement dudit canal & de ses francs-bords, dans toute leur étendue, laquelle se porte à la somme de 13,784 livres 4 sols 4 deniers, qui doit être payée sans difficulté aux particuliers propriétaires desdites terres. N°. I.

Qu'il ne s'agit donc, en approuvant ce qui a été fait par MM. les commissaires, que d'ordonner que ce qui a été payé à l'entrepreneur, sera alloué en dépense dans le compte du sieur trésorier des Etats, ainsi que la somme de 13,784 livres, qui sera pareillement payée aux particuliers propriétaires des terres, suivant le procès-verbal de l'estimation qui en a été faite; & de délibérer, comme MM. les commissaires ont cru devoir le proposer à l'assemblée, une nouvelle imposition de 25,000 livres pour accélérer ledit ouvrage.

A quoi Mgr. l'évêque de Montpellier a ajouté: que le projet du sieur Garipuy devoit donner lieu à la construction d'un pont-levis à l'embouchure du nouveau canal dans l'ancien; mais que ce directeur avoit proposé depuis, dans la vue de diminuer la dépense actuelle, de faire construire provisoirement une barque pontonnée, sur laquelle toutes les voitures pourroient le traverser, & qu'on rangeroit de côté, pour laisser passer les autres bâtimens.

Que ce passage ne pouvant être sitôt nécessaire, MM. les commissaires avoient cru devoir ne pas comprendre la construction de cette barque pontonnée, dans l'adjudication des travaux du canal, cet ouvrage accessoire pouvant être différé sans inconvénient, jusqu'à ce que les Etats eussent délibéré sur le choix de l'établissement de cette barque, ou de la construction du pont-levis.

Qu'il est bon d'observer à cet égard, que la dépense dudit pont-levis étant évaluée à environ 20,000 livres, & la barque pontonnée ne devant coûter que 3000 livres, & pouvant rendre le même service que le pont pendant plu-

N°. 1. sieurs années ; même jusqu'à l'agrandissement de la nouvelle ville ; dans la partie comprise entre le nouveau canal & l'étang de Thau, il seroit peut-être convenable de prendre ce dernier parti provisoire ; sur quoi la commission a cru ne pouvoir mieux faire que de s'en rapporter à ce que les Etats jugeront à propos de statuer.

Que l'assemblée doit au surplus être informée que peu de tems après que l'entrepreneur eut mis la main à l'œuvre, le sieur Dasté, ingénieur en chef à Cette, s'avisa, en conséquence des ordres de ses supérieurs, de lui faire signifier le 17 Septembre un acte dans lequel, en qualifiant le sieur Esteve de soi-disant entrepreneur, il lui dénonçoit qu'il ne sauroit ignorer qu'il n'est permis à personne d'entreprendre aucun travail de la nature de celui dont il s'agissoit, sans y être duement autorisé par le directeur des fortifications, ports & canaux de la province, & l'ingénieur de Sa Majesté audit port ; que les ingénieurs du Roi sont parties d'autant plus légitimes pour connoître seuls du canal projetté dont il est question, que ce canal devient un accessoire du port de Cette, à la conservation duquel ils sont expressément chargés de veiller, & qu'il s'approche encore par sa direction, de certaines fortifications établies ; qu'enfin, ledit ouvrage étoit tracé de maniere à contrarier les dispositions des projets formés sur les plans des ville & port de Cette ; projets depuis long-tems approuvés par la cour ; pour raison de quoi, ledit sieur Dasté déclaroit audit Esteve, qu'il ne pouvoit continuer l'ouvrage auquel il avoit commencé de travailler, sans contrevenir aux ordres du Roi, & se rendre coupable de désobéissance envers ses officiers chargés de veiller à leur maintien & exécution ; & qu'en conséquence, il eût à cesser dès-lors, tout travail afférent à l'objet de son entreprise, avec défenses de passer outre, à peine de tous dépens, dommages & intérêts, & de punition. N°. 1.

Que MM. les commissaires des travaux publics, ayant eu connoissance de cette démarche, ne purent qu'en être aussi surpris que choqués ; 1°. parce que le sieur Dasté, qui avoit été parfaitement instruit de la substitution du canal à la darse qu'il avoit proposé lui-même, qui ayant été d'abord chargé par les Etats de faire le devis dudit canal, & s'en étoit excusé, & qui avoit vu commencer les travaux compris dans le devis du sieur Garipuy, sans en réclamer, n'avoit plus lieu de s'en formaliser, comme il l'avoit induement fait après coup.

2°. Parce que les Etats n'ont jamais reconnu la prétendue surinspection du directeur général des fortifications, ni de ses subalternes, sur les canaux & autres ouvrages publics dont la province fait la dépense ; & que si les ingénieurs du Roi ont été employés à quelques ouvrages de cette espece, c'est parce qu'autrefois la province n'avoit aucun ingénieur particulier, spécialement préposé à la direction de ses ponts, chaussées & autres ouvrages publics, & que les Etats avoient bien voulu se servir de ceux des ingénieurs du Roi qui avoient mérité leur confiance.

3°. Parce que les fonctions de ces officiers ne sauroient regarder que ce qui a trait aux fortifications proprement dites des places ; que c'est à quoi elles se bornent dans toutes les autres provinces du royaume, & que quoiqu'on ait affecté d'alléguer, sur le fait dont il s'agit, que le canal projetté & commencé, pouvoit nuire au plan d'agrandissement de la ville & de ses fortifications, prétendu approuvé par le Roi, ce qu'on ne justifioit point, ce n'étoit qu'un prétexte illusoire, puisque rien

N°. I. rien n'empêcheroit qu'on ne fît tels changemens qu'on jugeroit à propos au projet d'une nouvelle ville présenté par le sieur Garipuy, lorsqu'il en seroit question, & qu'on n'y ajoutât les mêmes fortifications, sans nuire à celles qui sont déjà établies, dont le nouveau canal seroit au contraire très-propre à augmenter la force & la défense, comme on l'a reconnu dans les places les plus fortes où passent les rivieres.

Que ces considérations, & le danger de discontinuer les ouvrages commencés, dans le tems le plus propre à les perfectionner, en s'exposant à la détérioration de ce qui étoit fait, & à une juste demande en indemnité de la part de l'entrepreneur, déterminerent MM. les commissaires de lui ordonner de ne point s'arrêter à l'acte qui lui avoit été signifié, & d'y répondre d'une maniere propre à faire connoître au sieur Dasté l'inconséquence & les dangereuses suites des défenses qui lui avoient été faites, le requérant de lui exhiber les prétendus ordres du Roi qu'il pouvoit avoir pour l'autoriser à faire cesser ces travaux, & lui protestant de tout ce que de droit, s'il étoit forcé par voie de fait de les abandonner.

Que le sieur de Montferrier fut en même tems chargé d'informer ledit sieur Dasté de la résolution de MM. les commissaires, & d'en rendre compte à Mgr. l'archevêque de Narbonne, & à MM. les députés à la cour, pour qu'ils voulussent bien faire connoître au Roi, le respect & la soumission que les représentans des Etats auront toujours, comme eux, aux volontés de Sa Majesté, les motifs qu'ils ont eu, sans croire s'écarter de ce sentiment, pour devoir faire continuer les travaux dont il s'agit, & le supplier de donner les ordres nécessaires pour que l'administration des Etats, dans la partie des travaux publics qui sont à leur charge, & très-indépendans, comme l'est le canal en question, de la fortification des places, ne soit point troublée mal-à-propos par les ingénieurs, qui n'ont aucun droit de s'en mêler. N°. I.

Que des représentations aussi justes, & appuyées par le crédit de Mgr. l'archevêque, ont sans doute eu l'effet qu'on avoit lieu d'en attendre, puisque le sieur Dasté n'a donné aucune suite à sa premiere réclamation.

Qu'au surplus, MM. les commissaires n'ont pas pensé que les Etats, en approuvant, comme ils l'ont fait, le projet du sieur Garipuy, même en ce qui concerne l'agrandissement de la ville de Cette aux environs du nouveau canal, ayent entendu définitivement que ce projet fût suivi, ni prendre part à son exécution, quand même elle seroit adoptée par la ville de Cette, & approuvée par Sa Majesté, ce qui engageroit la province dans des dépenses auxquelles les Etats n'ont sans doute pas en vue de la faire contribuer, paroissant que leur intention a été seulement de se charger de la construction du canal, en donnant de justes éloges au projet du sieur Garipuy, en ce qui concerne son projet d'agrandissement de la ville de Cette aux environs dudit canal.

Que si cette façon de penser de MM. les commissaires est conforme à celle de l'assemblée, il paroît convenable qu'elle veuille bien expliquer, en tant que de besoin, ses intentions à ce sujet.

Mgr. l'évêque de Montpellier a encore dit : qu'à l'occasion de ce projet, & de celui de l'autre branche du canal de Cette à Agde, il fut délibéré de charger ce diocese de faire dresser pendant le cours de l'année, le devis de la partie du chemin comprise entre Agde & la métairie de la Raviniere, en suivant les alignemens déterminés par le sieur Garipuy, & de renvoyer

N°. I. la suite de ce chemin, jusqu'à ce qu'il fût pris par la province, une détermination définitive pour commencer les travaux de cette branche du canal, sur le franc-bord duquel ledit chemin devoit être établi.

Que la derniere assemblée de l'assiette du diocese d'Agde, pour se conformer aux intentions des Etats, a chargé son syndic de rapporter à la présente assemblée, les plans, profils, devis & toisés estimatifs qu'il a fait dresser par le sieur Billoin, & qui sont visés par le sieur Garipuy, dont l'exécution suivant l'appréciation, est un objet de dépense de 21,500 livres, sur une longueur de mille trente toises; mais qu'attendu que cette partie ne peut avoir toute son utilité qu'autant qu'on exécutera le reste de cette route jusqu'à Cette, & que d'ailleurs, le diocese d'Agde dépense annuellement cinquante mille livres pour les autres chemins qu'il a entrepris, MM. les commissaires ont cru devoir proposer aux Etats, en donnant leur consentement à l'exécution de ladite partie de chemin, pour être achevée en deux années, de déterminer qu'on ne commencera d'y travailler qu'en l'année 1778.

Sur quoi il a été délibéré, 1°. en autorisant l'adjudication faite par MM. les commissaires des travaux publics, de la branche de canal allant joindre le canal des Etangs près le pont de la Peyrade, que les sommes payées à l'entrepreneur, & celles à payer aux particuliers propriétaires des terres prises pour son emplacement, suivant l'estimation qui en a été faite, seront allouées dans le compte du sieur trésorier de la bourse, sur les fonds déjà faits pour cet ouvrage; & qu'il sera imposé pour leur continuation, dans le département des dettes & affaires, une somme de 25,000 livres. N°. I.

2°. D'adopter la construction de la barque pontonnée, pour servir provisoirement au passage des voitures, jusqu'à ce que les Etats aient pris une résolution ultérieure sur celle d'un pont-levis à l'embouchure dudit nouveau canal dans celui de Cette, & de donner pouvoir à MM. les commissaires des travaux publics, de faire le marché pour la construction de ladite barque, sur le devis du sieur Garipuy, avec les entrepreneurs actuels du dessablement du port, ou tels autres constructeurs qui feront la condition de la province meilleure.

3°. En approuvant ce qui a été fait par mesdits sieurs les commissaires, à l'occasion de l'acte signifié par le sieur Dasté, de charger MM. les députés à la cour de soutenir, en tant que de besoin, les représentations déjà faites à ce sujet *(a)*, & de prier Mgr. l'archevêque de Narbonne, de vouloir bien les appuyer de son puissant crédit.

4°. Que les Etats, en agréant les plans & projets présentés par le sieur Garipuy à leur précédente assemblée, n'ont entendu charger la province que de la construction des deux branches de canal de Cette à la Peyrade, & de Cette à Agde, qui y sont détaillées; & que leur intention n'a point été de prendre aucune part à ce qui regarde en particulier l'agrandissement & les fortifications de la ville de Cette; & qu'en conséquence, le sieur Garipuy ne s'occupera que des travaux & alignemens relatifs à la branche déjà commencée depuis Cette jusqu'au pont de la Peyrade, avec ses francs-bords, sans que la province puisse être tenue, à cette occasion, qu'au seul dédomma-

(a) Voyez dans le second volume, page 390, le réglement arrêté par le Roi le 22 Juillet 1778, article premier.

gement des particuliers dont les terres
Nº. I. ont été priſes pour l'emplacement dudit canal & de ſes francs-bords, ſuivant l'eſtimation qui en a été faite & rapportée dans l'expoſé de la préſente délibération.

I I.

EXTRAIT du regiſtre des délibérations des Etats généraux de Languedoc, aſſemblés par mandement du Roi en la ville de Montpellier au mois de Novembre 1777.

Du Samedi 13 Décembre ſuivant, préſident Mgr. l'archevêque & primat de Narbonne, commandeur de l'ordre du Saint-Eſprit.

MONSEIGNEUR l'évêque de Montpellier a dit, que le ſieur de Montferrier fils, pour informer la commiſſion des ſuites du travail fait par le ſieur Eſteve, pour l'ouverture de la nouvelle branche de canal ſur la plage de Cette, du côté de la Peyrade, dont l'adjudication lui avoit été faite le 10 Juillet 1776 ſur le devis dreſſé par le ſieur Garipuy, a rapporté que cet entrepreneur avoit fait d'abord aſſez de diligence; mais qu'il n'a pas eu la même activité cette année, malgré les inſtances réitérées du directeur & de l'inſpecteur, en ſorte que le canal eſt ſeulement ouvert juſqu'au niveau des baſſes eaux dans ſa plus grande longueur, occupé par le premier alignement, à la réſerve de quelques endroits où la profondeur eſt un peu plus grande.

Qu'il réſulte des avant-toiſés faits par le ſieur Garipuy dans le mois de Novembre dernier, que tous les ouvrages faits depuis le bail, ne ſe portent qu'à la ſomme de 54,000 livres, à compte de laquelle l'entrepreneur a déjà reçu quarante-trois mille livres; laquelle jointe à celle de treize mille ſept cent quatre-vingt quatre livres qua-

tre ſols quatre deniers pour le montant
des indemnités qui furent payées l'an- Nº. II.
née derniere, à raiſon des terres priſes pour l'emplacement du canal & de ſes francs-bords, la totalité des ſommes qui ont été dépenſées juſqu'à préſent pour cet ouvrage, eſt de cinquante-ſix mille ſept cent quatre-vingt-quatre livres quatre ſols quatre deniers, dont le payement a été fait ſur les fonds deſtinés audit ouvrage montant à ſoixante-quinze mille livres; & qu'ainſi, il reſte en caiſſe une ſomme de dix-huit mille deux cent quinze livres quinze ſols huit deniers, qui pourra être employée l'année prochaine avec le nouveau fonds que les Etats jugeront à propos de faire pour la continuation de cette importante entrepriſe.

Que pendant le cours de l'année l'entrepreneur a eu diverſes diſcuſſions avec les propriétaires des fonds riverains du nouveau canal, au ſujet des détériorations qu'il y avoit faites, ſoit par le paſſage des voitures qui tranſportent les déblais ſur le bord de l'étang, ſoit à cauſe des dépôts qu'il avoit formé ſur les deux bords, & qu'il prétend n'être tenu par ſon bail au payement d'aucune indemnité, ce qui ſeroit juſte, ſuivant l'avis du ſieur Garipuy, s'il s'étoit exactement conformé à ce qui eſt porté par le devis, & aux ordres particuliers qu'il a reçus dans le tems pour l'emplacement des déblais du canal, d'après leſquels il n'auroit dû y en avoir qu'aux endroits bas & marécageux, au lieu qu'il les a dépoſé ſur des terres cultivées, parce qu'elles étoient plus à portée, & qu'ainſi, s'étant expoſé par ſa faute à ſupporter les dédommagemens réclamés, il ne peut avoir aucun recours légitime ſur la province; mais qu'il n'en eſt pas de même de quelques autres dégradations qu'il ſera indiſpenſable de faire à l'avenir pour le tranſport des nouveaux déblais, qui cepen-

N°. II. dant ne sauroient être bien considérables, comme en a convenu l'entrepreneur, en offrant de s'en charger à ses périls, risques & fortunes, moyennant une somme de trois cent cinquante livres une fois payée, avec quoi il rendra taisans tous les riverains de la partie étroite du canal.

Que cette soumission, en date du 29 Novembre dernier, a paru à la commission devoir être acceptée pour éviter toute discussion à l'avenir.

Que le sieur Garipuy a observé dans sa derniere visite dudit canal, que ses levées interceptent en quelques endroits l'écoulement des eaux des terres voisines du côté de la mer, ce qui porteroit un préjudice à ces possessions, si on ne faisoit pas des ouvertures aux chaussées pour les vuider; qu'il faut seulement avoir attention de creuser des cales au devant de chacun de ces égouts, ainsi qu'on le pratique avec succès dans le grand canal, pour arrêter les sables & prévenir les dépôts.

Que, s'étant apperçu dans le commencement de l'année, que les vents de terre entraînoient dans le canal une partie des sables qu'ils soulevoient, il avoit essayé d'y remédier par une plantation de tamarins, faite sur la division de ses francs-bords avec les terres voisines; que ces tamarins auroient produit l'effet qu'on en attendoit, s'ils eussent bien pris, mais que n'ayant pu être plantés dans la saison la plus propre & dans des terres dépouillées de leur sel, il en a manqué une grande partie qu'il est nécessaire de remplacer, en profitant de la bonne saison.

A quoi le sieur de Montferrier a ajouté : que l'assemblée délibéra l'année derniere, pour accélérer le recreusement du canal, en diminuant les dépenses accessoires, & laisser subsister la libre communication, d'y établir une barque pontonnée évaluée à trois mille livres, à la place d'un pont-levis qu'on avoit d'abord projetté. N°. II.

Que les mêmes motifs d'économie ont déterminé le sieur Garipuy à se borner à la construction d'un pont de bois assez solide pour subsister jusqu'à la construction dudit pont-levis.

D'après lequel rapport, la commission a cru devoir proposer aux Etats, en approuvant les ouvrages déjà faits, de délibérer, 1°. que les sommes payées à l'entrepreneur du canal de Cette à la Peyrade, seront allouées dans le compte du sieur trésorier de la bourse, sur les fonds déjà faits pour cet ouvrage, & qu'il sera imposé pour leur continuation dans le département des dettes & affaires, une somme de vingt-cinq mille livres; 2°. que l'entrepreneur sera tenu de presser l'année prochaine les ouvrages avec assez de diligence, pour employer les sommes qui y sont destinées, au-delà de celles dont il doit être en avance; 3°. d'accepter sa soumission pour être chargé de tous les dommages qu'il pourra causer aux riverains, moyennant la somme de trois cent cinquante livres qui lui sera payée une fois par la province.

Ce qui a été ainsi délibéré.

III.

EXTRAIT du registre des délibérations des Etats généraux de Languedoc, assemblés par mandement du Roi en la ville de Montpellier, au mois d'Octobre 1778.

Du Jeudi 12 Novembre suivant, président Mgr. l'archevêque & primat de Narbonne, commandeur de l'ordre du St. Esprit.

MONSEIGNEUR l'évêque de Montpellier a dit, que le sieur de Montferrier a informé la commission des travaux faits depuis les Etats derniers au canal de la Peyrade.

Qu'il paroît que ce canal a été

N°. III. creusé dans toute la longueur du premier alignement qui est de 960 toises, jusqu'à 3 pieds de profondeur moyenne, au moyen des épuisemens ; & que pour lui donner la profondeur prescrite par le devis du sieur Garipuy fils, l'entrepreneur a construit un ponton dont il va se servir incessamment pour achever ledit recreusement.

Que les Etats furent instruits dans leur précédente assemblée que pour arrêter les sables qui étoient entraînés dans le canal par les vents du couchant, le sieur Garipuy avoit fait planter des bordures de tamaris qui formoient en même-tems la division des francs-bords d'avec les terres des riverains ; que ces plantations qui n'avoient pas d'abord bien pris, ont parfaitement réussi cette année, & que les tamaris qui ont presque par-tout un doigt de hauteur, ont commencé d'arrêter les sables extérieurs ; mais que par leur position entre les francs-bords & les terres riveraines, ils ne peuvent empêcher les sables du franc-bord d'être enlevés par le vent ; & que pour les fixer, le sieur Garipuy propose de semer en gazon le bord du canal sur deux toises de largeur, & de recouvrir en pierraille le reste du franc-bord qui doit servir de chemin de tirage ; que ce directeur rapporte en même-tems une soumission du nommé Carriere, jardinier, entrepreneur de la plantation des tamaris, par laquelle il s'oblige, moyennant quatre sols par toise quarrée, de semer les francs-bords en luzerne, sainfoin & chiendent, à mesure que l'entrepreneur perfectionnera les bords du canal ; & en outre d'entretenir lesdits francs-bords semés pendant l'espace de cinq années.

Qu'il résulte des avant-toisés faits au mois d'Octobre dernier, que les travaux faits jusques à cette époque, montent à la somme de 78,615 livres 10 sols, sur laquelle l'entrepreneur a reçu à compte celle de 73,000 livres. N°. III.

Que le sieur Coulet ayant réclamé cette année la valeur d'un mur de clôture situé sur les francs-bords du canal, comme n'ayant pas été compris dans l'estimation des terres prises pour son emplacement, le sieur Garipuy, après avoir reconnu la justice de sa demande, a fait procéder, par le même expert qui avoit fait les précédentes estimations, à celle dudit mur qui se porte à la somme de 163 livres.

Qu'en ajoutant aux sommes payées à l'entrepreneur les appointemens de l'inspecteur, & la somme de 15,531 liv. 0 sols 2 deniers, à quoi se portent les indemnités des terres prises pour l'emplacement du canal, la totalité des sommes employées à cet objet, monte à celle de 92,731 livres 0 sols 2 deniers, qui a été prise sur la somme de 100,000 livres, à laquelle se portent les impositions faites pour cet ouvrage, en sorte qu'il reste en caisse 7268 livres 19 sols 10 deniers, pour fournir à la continuation des travaux jusqu'au recouvrement des impositions qu'il plaira aux Etats d'affecter encore l'année prochaine, pour l'exécution de cet important ouvrage.

Sur quoi, la commission a cru devoir proposer aux Etats, en premier lieu, d'allouer dans le compte du sieur trésorier de la bourse toutes les sommes qui ont été payées à raison des travaux de ce canal. En second lieu, d'ordonner l'exécution des moyens proposés par le sieur Garipuy pour arrêter les ensablemens, en acceptant la soumission du nommé Carriere, jardinier. En troisieme lieu, de continuer l'imposition de 25,000 livres pour la continuation dudit ouvrage,

Ce qui a été ainsi délibéré.

N°. IV.

I V.

EXTRAIT du registre des délibérations des Etats généraux de Languedoc, assemblés par mandement du Roi en la ville de Montpellier au mois de Novembre 1779.

Du Samedi 11 Décembre suivant, président Mgr. l'archevêque & primat de Narbonne, commandeur de l'ordre du St. Esprit.

MONSEIGNEUR l'évêque de Montpellier a dit, que les Etats furent instruits l'année derniere que le sieur Esteve, entrepreneur du canal de la Peyrade, en avoit creusé d'environ trois pieds de profondeur le premier alignement qui est de 1200 toises; qu'il avoit fait le recreusement à la main, au moyen des épuisemens, & que cet entrepreneur avoit fait construire un ponton pour donner au canal le surplus de la profondeur prescrite par le devis.

Que depuis les Etats derniers, on a fait un pont provisoire en bois, à l'entrée du nouveau canal pour rétablir la communication du chantier de la province avec la ville; qu'on a construit aussi une chaussée en sable de 92 toises de longueur, placée entre les Dunes, & fortifiée avec des tamarins, afin de fermer un petit grau par où les eaux des hautes mers entroient dans le nouveau canal après avoir traversé le grand chemin, & pour prévenir les éboulis qu'elles y causoient.

Que ces ouvrages ont été faits avant le printems; mais que depuis cette époque, le recreusement du canal a été très-négligé, malgré les instances réitérées du directeur & de l'inspecteur, l'entrepreneur n'ayant travaillé que dans deux parties; savoir, dans la partie courbe à la réunion des deux alignemens, qu'il a ouvert à la main de deux pieds de profondeur sur environ 200 toises de longueur; & dans la partie étroite, qui est la plus voisine de la ville, dont il a achevé les déblais sur 100 toises de longueur, mais dont les banquettes ne sont pas encore perfectionnées; en sorte qu'il n'a pas été possible de recouvrir en pierraille ou de semer en gazon les bords & talus dudit canal, pour éviter les dégradations que le vent ou le barillage pourra occasionner.

Que la dépense desdits travaux exécutés cette année, ne se porte qu'à environ 6000 livres, suivant les toisés & les avant-toisés qui en ont été faits, laquelle somme lui a été payée sur le reste des fonds précédemment faits, de maniere que l'imposition de 25,000 livres faite la présente année 1779, reste presque en entier.

Que l'entrepreneur prétend excuser sa lenteur sous le prétexte du procès qu'il a eu à essuyer pour la construction d'un ponton, & du malheur qu'il a eu ensuite de le voir couler bas par le fait de la méchanceté de gens inconnus qui l'avoient percé pendant la nuit; que ces raisons ont pu faire différer l'exécution d'une des clauses de son traité, portant que faute par lui d'avoir achevé les travaux dont il s'est chargé, dans le courant de trois années qui sont expirées au mois de Juillet dernier, il y sera pourvu en y faisant travailler à ses frais & dépens, après une seule sommation préalable, sans qu'il soit nécessaire d'aucun autre acte ni condamnation en justice; mais qu'elles ne sauroient faire tolérer plus long-tems une inaction très-préjudiciable à l'ouvrage même & aux bons effets que son entiere exécution doit produire pour le commerce.

Ce qui a déterminé MM. les commissaires à proposer à l'assemblée de charger expressément le syndic général d'user contre ledit entrepreneur de toute la rigueur de la condition qu'on lui a imposée, pour parvenir à faire em-

N°. IV. ployer audit ouvrage pendant l'année prochaine, non-seulement les fonds qui sont déjà en caisse, mais encore celui que les Etats jugeront sans doute à propos de délibérer de pareille somme de 25,000 livres.

Monseigneur l'évêque de Montpellier a ajouté, à propos de cet ouvrage, que le sieur Arnaud Rousson, habitant de la ville de Cette, a présenté un placet aux Etats, dans lequel il expose que l'entrepreneur dudit canal ayant répandu beaucoup de mauvaise terre & de sable provenant de son recreusement, sur un champ & une vigne que ledit Rousson possede sur la plage, croyant qu'il étoit obligé en son propre de l'indemniser des dommages que lui causoient ces dépôts, il s'étoit d'abord adressé à M. l'intendant pour le faire condamner au payement de cette indemnité.

Qu'il fut fait en conséquence une premiere estimation qui ne la porta qu'à 310 livres ; mais que cette somme n'étant pas proportionnée à la perte réelle qu'il avoit éprouvé, il eut de nouveau recours à M. l'intendant qui ordonna une seconde vérification, laquelle a été faite le 5 Novembre dernier par le sieur Ducros, inspecteur de la province, aidé des lumieres du sieur Esteve, ménager, & par laquelle les dommages ont été évaluées à 570 livres ; qu'il a résulté en outre de cette seconde opération, que l'indemnité ne doit point être à la charge de l'entrepreneur, mais bien à celle de la province : en sorte que M. l'intendant n'étant pas compétent pour prononcer contre elle, a ordonné que ledit Rousson auroit recours aux Etats pour obtenir de leur délibération le payement de ce qui peut lui être légitimement dû ; que c'est ce qu'il réclame par le placet qui a été mis sous les yeux de la commission, en demandant même une plus forte somme que celle de la derniere estimation. N°. IV.

Mais que MM. les commissaires, persuadés que l'évaluation du sieur Ducros a été faite avec connoissance de cause à 570 livres, & le sieur Rousson bornant subsidiairement sa demande à cette somme, ils ont cru devoir proposer à l'assemblée d'en ordonner le payement, dès qu'il ne sauroit être sur le compte de l'entrepreneur, attendu qu'il a été déposer ces déblais à l'endroit qui lui avoit été indiqué.

Sur quoi il a été délibéré, 1°. de faire un nouveau fonds de 25,000 livres pour la continuation des ouvrages du canal de la Peyrade, en obligeant l'entrepreneur à employer, dans le cours de l'année prochaine, non-seulement ledit fonds, mais encore le résidu de celui de 1779, à quoi le syndic général tiendra la main, en employant, s'il le faut, contre lui toute la rigueur de la condition de son marché à laquelle il s'est soumis.

2°. De faire payer au sieur Rousson la somme de 570 livres pour l'indemnité des dommages que les travaux dudit canal lui ont causé.

V.

EXTRAIT du registre des délibérations des Etats généraux de Languedoc, assemblés par mandement du Roi, en la ville de Montpellier au mois de Novembre 1780.

Du Mardi 12 Décembre suivant, président Mgr. l'archevêque & primat de Narbonne, commandeur de l'ordre du St. Esprit.

MONSEIGNEUR l'évêque de Montpellier a dit, que les Etats ayant déterminé par leur délibération de l'année derniere, que l'entrepreneur des travaux du canal entrepris depuis celui de Cette jusques à celui des Etangs auprès du pont de la Peyrade seroit vive-

N°. V. ment pressé de mettre assez d'activité dans ses opérations, pour employer à cet ouvrage pendant le courant de la présente année, non-seulement la somme qui restoit en caisse de l'imposition faite l'année précédente, mais encore celle de 22,500 livres imposée celle-ci; les intentions de l'assemblée ont commencé d'être exécutées par un nouveau régisseur, qui ayant d'abord travaillé au recreusement dudit canal à la pelle, mais infructueusement, parce que les terres imbibées des eaux qui avoient séjourné dans les ateliers, s'ébouloient à mesure qu'on les épuisoit, a eu recours à l'emploi du ponton, dont le travail étant plus lent, on n'a pu perfectionner qu'une partie d'environ 200 toises de longueur; mais que l'entrepreneur s'étant maintenant procuré deux pontons au lieu d'un, on peut se flatter que l'ouvrage qui sera fait l'année prochaine sera beaucoup plus considérable.

Que les Etats ayant déterminé par leur délibération du 12 Novembre 1778 de faire semer les francs-bords de ce canal en sainfoin ou en chiendent, & d'en revêtir les talus en pierraille, pour en prévenir les éboulemens, on s'étoit occupé de l'une & de l'autre de ces précautions; mais que les semences qui avoient réussi dans le printems ont ensuite péri par la sécheresse, & que l'entrepreneur qui étoit chargé de leur entretien, se dispose à remplir ses obligations en en faisant de nouvelles, ayant eu soin d'ailleurs d'entretenir les plantations de tamaris faites les années précédentes.

Qu'on a fait d'un autre côté l'essai sur environ 20 toises de longueur, du revêtement du talus dudit canal en pierraille, mais que le sieur Garipuy ayant reconnu qu'on ne trouvoit cette espece de matériaux qu'à une très-grande distance, & que dès-lors son emploi seroit presque aussi cher qu'un calada, quoique beaucoup moins solide, ce directeur a cru devoir faire un autre essai du revêtement en pierre seche sur une pareille longueur de 20 toises, & qu'il en a résulté que chaque toise coûteroit 13 livres 10 sols, au lieu de 12 livres à quoi reviendroit la pierraille. N°. V.

Que MM. les commissaires s'étant transportés sur les lieux lors de la derniere sonde du port, n'ont pu se refuser à la préférence que paroît mériter ce dernier parti, malgré l'augmentation qu'il présente d'une dépense qui ne peut être que très-modique.

Enfin que la somme d'environ 30,000 livres qui reste en caisse sur les fonds précédemment faits, pourra être surement employée à pousser, avec toute l'activité possible, les travaux de l'année prochaine, avec le même fonds de 25,000 livres dont MM. les commissaires ont cru devoir proposer aux Etats de délibérer l'imposition.

Sur quoi, il a été délibéré d'approuver que le revêtement des talus de ce canal soit continué en pierre seche, à raison de 13 livres 10 sols la toise longue, & d'imposer 25,000 liv. pour être employées pendant l'année prochaine avec le reste des fonds précédemment faits, aux différens travaux dudit canal.

VI.

Extrait du registre des délibérations des Etats généraux de Languedoc, assemblés par mandement du Roi en la ville de Montpellier au mois de Novembre 1781.

Du Jeudi 13 Décembre suivant, président Mgr. l'archevêque & primat de Narbonne, commandeur de l'ordre du St. Esprit.

MONSEIGNEUR l'évêque de Montpellier a dit, que la commission s'est occupée du compte que lui a rendu le sieur de Montferrier, des ouvrages du canal de la Peyrade, qui ont été exécutés

N°. VI. exécutés cette année avec la plus grande activité. N°. VI.

Que les recreusemens ont été faits avec deux pontons dans la partie étroite du grand alignement, qui est perfectionné sur 600 toises de longueur, & qu'on a fait à la main, au moyen des épuisemens, la partie parallele au pont de la Peyrade, sur la longueur d'environ 250 toises.

Que l'entrepreneur a revêtu les talus de ce canal en calada & pierraille pour soutenir les sables qui forment les bords dudit canal, sur toutes les parties où ils ont été dressés, & qu'il s'est occupé principalement du franc-bord qui sépare le canal de l'étang dans la partie parallele au pont de la Peyrade, parce qu'il est le plus exposé à être dégradé; qu'il continue de perfectionner & mettre en état de réception les parties des susdits travaux qui sont dans le cas d'être toisées dans le courant de l'année prochaine.

Que MM. les commissaires des travaux publics pendant l'année, avoient reçu des représentations du syndic du diocese de Montpellier & des consuls de Frontignan, sur la maniere dont étoit construit le nouveau canal qui alloit achever de dépeupler ladite communauté de Frontignan, attendu que par les nouveaux ouvrages on n'établissoit aucune communication des eaux du canal avec celles de l'étang de Frontignan, & que même on avoit bouché le petit nombre d'ouvertures qui subsistoient anciennement; que ce défaut de communication laissoit les bords de l'étang à sec, & qu'il s'en élevoit des vapeurs infectes qui corrompoient l'air & produisoient des maladies; qu'on pouvoit aisément remédier à ce mal, en faisant des ouvertures de distance en distance aux digues qui forment le canal, & à la jettée sur laquelle est construit le pont de la Peyrade.

Que ces réclamations porterent MM. les commissaires à arrêter qu'il seroit fait autant d'ouvertures qu'il seroit possible, non-seulement aux digues du nouveau canal, mais aussi à la chaussée en pierre des arceaux de la Peyrade, pour que les habitans de Frontignan ne pussent se plaindre des travaux de la province, & que la dépense seroit prise sur les fonds faits pour le canal.

Qu'on a formé en conséquence des ouvertures sous les arches du pont de la Peyrade; mais que le sieur Garipuy a fait suspendre de pareilles ouvertures au franc-bord du canal opposé, attendu que les vents d'ouest qui élevent les vagues de l'étang de Thau à une grande hauteur, jetteroient dans le canal les vagues qu'elles soulevent.

Que ce directeur observe que pour renouveller les eaux de l'étang de Frontignan, il seroit plus avantageux de faire des ouvertures au bord du canal des étangs, au-dessus de la vieille Peyrade; que la profondeur d'eau y étant beaucoup plus grande, il y auroit par les ouvertures qu'il propose, des courans en tout tems, ce qui ne peut avoir lieu à celles de la nouvelle Peyrade que dans le tems des grandes eaux, époque où les courans sont moins nécessaires; qu'il est enfin persuadé que les maladies épidémiques de Frontignan, ne peuvent être occasionnées par les travaux du canal de la Peyrade & par la fermeture des anciennes ouvertures dudit pont, attendu 1°. que les eaux des étangs se renouvelloient très-foiblement par ces ouvertures, puisque la partie de l'étang comprise entre la vieille Peyrade & le pont, est presque à sec dans le tems des basses eaux. 2°. Parce que les eaux qui passent dans ces ouvertures ne communiquent point avec les étangs pernicieux à la ville de Frontignan. 3°. Que les maladies épidémiques ont été répandues cette année sur

No. VI. toute la côte, & qu'il n'est point étonnant que Frontignan en ait été infecté.

Qu'outre les susdits travaux, le nommé Carrier, jardinier, entrepreneur des plantations de tamarins, en a fait le printems dernier 260 toises courantes sur la ligne qui fait la division des francs-bords du canal; & qu'il continue à mesure que les francs-bords sont élevés à la hauteur prescrite.

Que c'est à tous les ouvrages détaillés ci-dessus qu'ont été employés à peu de chose près, un fonds de 30,000 livres qui restoit en caisse des années précédentes; & celui de 25,000 livres déterminé par les Etats dans leur derniere assemblée.

Qu'en résumant tous ces objets de délibération, la commission avoit été d'avis de proposer aux Etats 1°. d'approuver ce que MM. les commissaires des travaux publics ont déterminé pour les ouvertures des digues du pont de la Peyrade, sur la demande des habitans de Frontignan, & de leur donner pouvoir de faire les ouvertures proposées par le sieur Garipuy au canal des étangs, & d'y faire travailler, s'il y a lieu, dans l'année prochaine. No. VI.

2°. De faire, ainsi que les années précédentes, un fonds de 25,000 livres pour la continuation des ouvrages du canal.

Ce qui a été délibéré, conformément à l'avis de MM. les commissaires.

ARTICLE SECOND.

Du Canal des Etangs.

OUtre les sommes que la province impose annuellement depuis très-long-tems pour la continuation & l'entretien des ouvrages du Canal des Etangs, & qui depuis 1761, ont été portées à 30,000 livres par année, elle a emprunté 200,000 livres en 1758 & autres 200,000 livres en 1761 pour l'accélération de ces ouvrages, ainsi qu'on l'a déjà vu dans le volume précédent Livre III, Titre I, Section I, §. XIII, où sont rapportés les délibérations & arrêts du Conseil relatifs à ces deux emprunts.

Les arrérages dûs à raison de ces emprunts sont acquittés, & une partie des capitaux remboursée, avec ce qui reste de l'imposition annuelle de 30,000 livres, après qu'on en a distrait les sommes employées pendant l'année aux dépenses de réparation & d'entretien; & il eût été inutile de rapporter ici les délibérations qui sont prises chaque année à ce sujet.

On s'est donc borné à faire connoître les mesures prises par les Etats en 1752 sur l'offre qui leur fut faite par une compagnie de se charger de la perfection & de l'entretien du Canal des Etangs, & de la construction de celui de Beaucaire à Aiguesmortes & à l'étang de Mauguio, moyennant la cession des droits de la province sur ces deux canaux; & les délibérations qui furent prises depuis cette époque jusqu'en 1757 où il fut décidé que cette cession n'auroit pas lieu.

N°. I. I. N°. I.

EXTRAIT du regiſtre des délibérations des Etats généraux de Languedoc, aſſemblés par mandement du Roi en la ville de Montpellier au mois d'Octobre 1752.

Du Jeudi 30 Novembre ſuivant, préſident Mgr. l'archevêque & primat de Narbonne.

MONSEIGNEUR l'évêque de Montpellier a dit, que MM. les commiſſaires des travaux publics s'étant aſſemblés chez lui, le ſieur de Joubert, ſyndic général, y a fait le rapport d'une affaire qui a paru mériter la plus grande attention par rapport aux grands objets qu'elle préſente. Qu'il s'agit du projet d'un canal de navigation depuis le Rhône au-deſſus de Beaucaire juſqu'à Aigues-mortes & à l'étang de Mauguio en paſſant par la ville de Nîmes, ce qui acheve & perfectionne le grand ouvrage de la communication des deux mers dont celui-ci fait néceſſairement partie.

Que M. le Maréchal de Richelieu, en propoſant ce projet aux Etats, eſt en même-tems aſſuré d'une compagnie pour laquelle il eſpere d'obtenir l'agrément de Sa Majeſté, qui ſe charge de l'exécuter à ſes frais, & qui ne demande aux Etats leur conſentement qu'à des conditions qui n'expoſent la province à aucune dépenſe; que la poſſibilité de la conſtruction de ce canal eſt prouvée par l'avis de M. Maréchal, directeur des fortifications & par toutes les opérations qu'il a faites pour s'en aſſurer dans la partie la plus difficile qui eſt depuis Nîmes juſqu'à Aigues-mortes & à l'étang de Mauguio, & que celle qui eſt depuis le lieu de Comps où l'on compte faire la priſe des eaux du Rhône juſqu'à Nîmes, ne préſente pas les mêmes difficultés, puiſqu'on eſt aſſuré de la pente, & qu'on ne peut pas être en peine ſur la quantité d'eau néceſſaire, dès qu'on ſe ſert de celle du Rhône.

Que l'utilité de ce canal pour l'état & pour la province ſe fait ſentir d'elle-même, & qu'elle eſt encore établie par l'avis de la chambre de commerce de Montpellier en date du 20 de ce mois; que la délibération de MM. les commiſſaires du dioceſe de Nîmes, du 21, fait auſſi connoître les avantages que ce dioceſe en particulier en retirera; que le conſentement donné par MM. les propriétaires du canal de communication des mers, du 15 de ce même mois, juſtifie également que le canal projetté leur procurera une prolongation de navigation très-avantageuſe qui leur donne lieu, non-ſeulement de conſentir à l'exécution de ce nouveau canal, mais encore de la deſirer; de ſorte que tout paroît concourir à donner une idée avantageuſe de ce projet.

Qu'il eſt d'ailleurs bien aiſé de s'en convaincre, lorſqu'on fait attention aux faits dont la vérité eſt atteſtée par la chambre de commerce; que toutes les marchandiſes & denrées qu'on voiture par le canal de communication des mers dont la deſtination eſt pour Nîmes, Beaucaire & les environs pourront y être tranſportées au moyen de ce canal, au lieu qu'elles ne le pouvoient être que juſqu'à Lunel. Que les vins de la côte du Rhône deſtinés au commerce que l'on en fait par le port de Cette, ſeront auſſi voiturés par ce canal ſans être expoſés à aucun tranſport par terre; que les marchandiſes expédiées de Lyon par le Rhône & deſtinées pour le haut Languedoc ou pour la Guienne, ſeront auſſi voiturées par ce canal, & ne ſeront point ſujettes aux frais de commiſſion & de magaſin dans les villes & lieux où il faut néceſſairement les adreſſer lorqu'elles changent de voitures; qu'il en ſera de même de tous les bois de ſervice que l'on tire du Dauphiné par l'Iſere, des blés de Bourgogne auxquels on a eu quelquefois recours pour la ſubſiſtance des habitans du Bas Languedoc, & du tranſport des grains de la province à Lyon ou dans le Dauphiné, dans les cas où il eſt néceſſaire de procurer ce ſecours à l'une ou à l'autre. Que le canal de Sylveréal, bien loin de procurer ces avantages, ne ſert qu'à peine à la voiture des ſels pour laquelle il a été fait. Que pendant le tems deſtiné à ces voitures, c'eſt-à-dire, pendant l'été, les trains ſur leſquels les ſels ſont voiturés arrêtent fréquemment les barques de commerce, parce que ce canal eſt trop étroit pour que deux barques puiſſent y paſſer à la fois, & que dans le tems où il ſeroit le plus néceſſaire au commerce, c'eſt-à-dire, pendant les mois de Novembre, Décembre, Janvier & Février, les barques marchandes ne peuvent y paſſer, parce qu'on en fait alors le recreuſement pour le mettre en état de ſervir la campagne ſuivante; de ſorte qu'il eſt vrai de dire que le peu d'utilité qu'on retire de ce canal fait encore mieux ſentir la néceſſité d'y ſuppléer par une autre voie, & que celle qui eſt propoſée paroît remplir d'autant mieux cet objet qu'elle établit la communication de Cette au Rhône en tout tems, & épargne la peine de remonter le Rhône depuis Sylveréal juſqu'au lieu de Comps où le canal doit commencer.

Que comme le produit qu'on eſpere retirer de cette grande entrepriſe, quelque utile qu'elle ſoit, ne ſeroit point proportionné aux frais qu'elle occaſionneroit, on a cru devoir propoſer à la province un moyen de venir au ſecours de ceux qui pourroient l'entreprendre, ſans néanmoins la conſtituer en aucune dépenſe, & que ce moyen conſiſte à céder le canal qu'elle a fait conſtruire ſur les étangs à deux conditions; la premiere, qu'il ſera fini aux frais & dépens des ceſſionnaires, ce qui décharge la province d'une dépenſe de 500,000 livres, ſuivant le devis des ingénieurs; & la ſeconde, que ceux-ci s'engageront à faire le canal projetté, du Rhône à Aigues-mortes, en paſſant par la ville de Nîmes.

Qu'au ſurplus, comme, ſuivant le mémoire dreſſé par M. Maréchal, le canal projetté doit paſſer depuis l'étang de Mauguio juſqu'au Cailar dans quelques parties des marais, on demande la préférence ſur toute autre perſonne pour acheter toutes les parties des marais qui ſe trouveront tant à la droite qu'à la gauche de la route du canal, ou à dire d'experts à défaut des autres offres, & que cette demande a pour motif, 1°. que les ouvrages du canal ne ſoient point incommodés par ceux qu'on pourroit faire dans les parties des marais qui le domineroient ſur la gauche. 2°. Pour que les poſſeſſeurs des marais de la droite au-deſſous du canal ne prétendiſſent pas que les tranſpirations les incommodent, précaution d'autant plus néceſſaire qu'elle tend à prévenir les difficultés & les procès auxquels les propriétaires du canal de communication des mers ſont journellement expoſés à cette occaſion.

Que MM. les commiſſaires, après avoir pris une idée générale du projet dont on vient de parler, ont fait faire lecture du mémoire contenant les demandes dont on vient de parler, celui qui contient l'avis de M. Maréchal, l'avis de la chambre de commerce de Montpellier, la délibération de MM. les commiſſaires du dioceſe de Nîmes, & le conſentement de MM. les propriétaires du canal de communication des mers. Qu'ils ont auſſi examiné le plan qui a été dreſſé pour indiquer les lieux où ce canal devoit être conduit; & qu'après avoir fait de ſérieuſes ré-

N°. I. flexions sur le projet en lui-même & sur les conditions proposées, ils ont cru devoir se fixer à certains chefs qui leur ont paru décisifs dans cette affaire.

Le premier, que ce projet est très-avantageux en lui-même, puisqu'il assure la libre communication & transport de toute sorte de denrées, marchandises, munitions de guerre, pour l'Italie & pour l'Espagne, &c. depuis le Rhône au-dessus de Beaucaire jusqu'à Bordeaux, ce qui intéresse également le service du Roi, le commerce en général, & celui de la province en particulier.

Le second, que la province travaille depuis long-tems à se procurer une partie de cet avantage par les ouvrages du canal des étangs commencé depuis les premieres années de ce siecle; mais que lors même qu'ils seront achevés, ils ne rempliront qu'une partie du projet, puisqu'il manqueroit toujours la communication au Rhône au-dessus de Beaucaire.

Le troisieme, qu'il paroît avantageux à la province de se décharger de l'obligation & de la dépense de la construction du reste du canal des étangs; surtout dès que ceux qui rempliront cette obligation, s'obligeront en même-tems d'exécuter le canal projetté depuis l'étang de Mauguio jusqu'au-dessus de Beaucaire, en passant par Nîmes.

Le quatrieme, que la cession du canal des étangs dans les parties qui sont déjà faites, n'expose la province à aucune perte, puisqu'elle n'en retire aucun revenu, & qu'elle se décharge au contraire de la dépense inévitable de l'entretien.

Le cinquieme, que le commerce pourroit seul se plaindre de cette cession, attendu l'établissement des droits auxquels elle donnera lieu dans l'étendue des étangs où il n'en a été jusqu'ici exigé aucun; mais qu'il a paru que le commerce en étoit suffisamment dédommagé par l'avantage qu'il retireroit d'une communication au Rhône au-dessus de Beaucaire, & que l'unique précaution qu'on a cru devoir prendre pour veiller, quant à ce point, aux intérêts du commerce, étoit de proposer de fixer les droits qui seroient établis, tant sur le canal des étangs que sur le nouveau canal, sur le même pied que ceux du canal de communication des mers. N°. I.

Le sixieme, que l'offre faite d'acquérir les portions des marais qui se trouveroient dans la route du canal, assure à la province un moyen de tirer quelque avantage du don des marais qui lui a été fait par l'arrêt du conseil & lettres-patentes du 8 Novembre 1746, & de remplir en partie l'objet du desséchement: mais que la province ne peut faire autre chose à cet égard que de céder elle-même, sur les parties dont il s'agit, le droit qu'elle a acquis, & aux mêmes clauses & conditions, en convenant du prix, ou suivant l'estimation qui en sera faite, ou à proportion de celui qu'elle a elle-même payé, ce qui diminueroit d'autant la dette qu'elle a contractée, & les intérêts qu'elle impose.

Que ces différens chefs ont paru à MM. les commissaires se réunir pour prouver que les Etats doivent consentir à l'exécution du projet dont il s'agit, aux conditions dont on a parlé ci-dessus, & en y ajoutant, comme le diocese de Nîmes l'a fait dans sa délibération, qu'à raison de ce consentement il ne pourra être fait directement ni indirectement aucune demande à la province pour contribuer à la dépense des ouvrages projettés, & qu'elle ne pourra pareillement être recherchée sous aucun prétexte à raison des indemnités qui pourroient être prétendues tant de la part

N°. I. des communautés que de celle des particuliers. Qu'enfin MM. les commissaires ont cru devoir encore observer que la province doit être également déchargée des demandes en indemnité qui ont été formées ou qui pourroient l'être à l'avenir à raison des ouvrages déjà faits pour le canal des étangs, notamment par les héritiers du sieur Montréal, M. le marquis d'Aubaix, & plusieurs autres parties, auxquelles indemnités la compagnie qui doit être chargée de la continuation du canal des étangs & du nouveau canal projetté, sera obligée de pourvoir à ses périls & risques, & sans que la province puisse être recherchée à cet égard.

De sorte que MM. les commissaires ont été d'avis de proposer à l'assemblée de délibérer de donner son consentement aux ouvrages du canal projetté depuis le lieu de Comps au-dessus de Beaucaire jusqu'à Aigues-mortes & à l'étang de Mauguio en passant par Nîmes, & de céder à cet effet à la compagnie qui se chargera de ces ouvrages le canal que la province a fait construire dans les étangs, comme aussi de céder à la même compagnie les parties des marais qui se trouveront dans la route du nouveau canal, lequel consentement & cession auront leur effet aux conditions suivantes.

1°. Que ladite compagnie se chargera de continuer & achever à ses frais les ouvrages du canal des étangs, & d'entretenir aussi à ses frais ledit canal, tant dans les parties déjà faites, que dans celles qui restent à faire.

2°. Qu'elle s'obligera également de faire à ses frais le canal projetté depuis le Rhône au-dessus de Beaucaire jusqu'à Aigues-mortes & à l'étang de Mauguio en passant par la ville de Nîmes.

3°. Que les droits qui seront établis au profit de ladite compagnie, tant sur le canal des étangs, que sur celui qui est projetté, ne pourront excéder ceux qui sont établis & perçus sur le canal de communication des mers. N°. I.

4°. Qu'à l'égard des parties des marais qui se trouveront sur la route du nouveau canal, les Etats céderont les droits qu'ils ont sur lesdits marais, en la maniere qu'ils les ont acquis par l'arrêt du conseil & lettres-patentes du 8 Novembre 1746, & aux mêmes clauses & conditions, auxquelles les Etats subrogeront ladite compagnie pour les susdites parties seulement, moyennant le prix qui sera réglé par proportion à la somme par eux payée aux sieurs du Brocard & Barrillon, suivant ledit arrêt du conseil & lettres-patentes, sans que les Etats puissent être tenus à aucune garantie à raison de ladite cession & subrogation.

5°. Qu'il ne pourra être rien demandé aux Etats, sous quelque prétexte que ce soit, pour raison des ouvrages dont ladite compagnie demeure chargée & l'entretien d'iceux, tant par rapport au canal des étangs, que par rapport au nouveau canal projetté depuis le Rhône au-dessus de Beaucaire jusqu'à Aigues-mortes ou à l'étang de Mauguio en passant par Nîmes.

6°. Que ladite compagnie se chargera de pourvoir, à ses frais, aux indemnités qui ont été demandées par les héritiers du sieur Montréal, Mgr. l'évêque de Montpellier, M. le marquis d'Aubaix, & autres parties, ou qui pourroient l'être dans la suite, à raison des parties du canal des étangs qui sont déjà faites ou qui sont à faire, comme aussi aux indemnités qui pourroient être demandées par les dioceses, communautés laïques ou ecclésiastiques, séculieres ou régulieres, & par les particuliers, de quelque état & condition qu'ils puissent être, à raison des ouvrages que ladite compagnie s'obligera

N°. I. d'exécuter, même par l'entrepreneur actuel du canal des étangs; & que la province ne pourra jamais, sous aucun prétexte, être recherchée à cet égard.

7°. Enfin, que dans le cas où ladite compagnie n'auroit pas obtenu dans le cours de l'année prochaine 1753 les lettres-patentes nécessaires pour l'exécution des ouvrages dont elle se charge, la province ne fera aucune imposition à raison du canal des étangs, ou que si elle étoit obligée d'en faire par la volonté expresse de Sa Majesté, le montant des sommes imposées lui sera restitué par ladite compagnie.

Ce qui a été délibéré, conformément à l'avis de MM. les commissaires.

I I.

EXTRAIT du registre des délibérations des Etats généraux de Languedoc, assemblés par mandement du Roi en la ville de Montpellier au mois de Janvier 1754.

Du Mercredi 13 Février suivant, président Mgr. l'archevêque & primat de Narbonne, commandeur de l'ordre du Saint-Esprit.

MONSEIGNEUR l'évêque de Montpellier a dit, que la somme de 26,000 livres qui fut imposée l'année derniere pour la continuation des ouvrages du canal des étangs, a été employée suivant sa destination à continuer le canal dans l'étang de Grins, à réparer plusieurs autres parties qui ne sont point encore perfectionnées, à continuer les digues contiguës à l'embouchure du Lez, & à enlever les herbes dans l'étendue du canal; & qu'en conséquence de la demande expresse qui en est faite par un article des instructions de Sa Majesté, MM. les commissaires ont été d'avis d'imposer la somme de 26,000 livres à raison des mêmes ouvrages, en observant relativement à une des conditions de la délibération qui fut prise le 30 Novembre 1752, au sujet du canal projetté depuis Aigues-mortes jusques au-dessus de Beaucaire en passant par Nîmes, que la somme de 26,000 livres qui sera imposée la présente année, & celles qui pourront être imposées les années suivantes, doivent être restituées aux Etats, le cas y échéant, par la compagnie qui s'est chargée d'exécuter lesdits ouvrages, moyennant la cession du canal des étangs & les autres conditions énoncées dans cette délibération. N°. II.

Monseigneur l'évêque de Montpellier a ajouté, que MM. les commissaires nommés pour la direction des travaux publics pendant l'année ont accepté, suivant le pouvoir qui leur en a été donné par la délibération du 14 Novembre 1752, la soumission qui a été faite par l'entrepreneur desdits ouvrages du canal des étangs de se pourvoir d'un second ponton, à l'effet d'enlever les dépôts des sables qui se forment à l'embouchure de la riviere du Lez, au prix porté par son bail pour les autres creusemens, & qu'ils ont promis en même-tems d'obliger le nouvel entrepreneur qui pourra lui succéder, de se charger de ce ponton de gré à gré, ou suivant l'estimation qui en sera faite par experts, ce qui aura lieu également suivant la lettre qui a été écrite par Mgr. le maréchal de Richelieu au sieur de Joubert, syndic général, le 19 Avril dernier, à l'égard de la compagnie à laquelle les Etats ont délibéré, ledit jour 30 Novembre 1752, de céder ledit canal des étangs, comme il a été dit ci-dessus.

Sur quoi il a été délibéré d'imposer, la présente année 1754, la somme de 26,000 livres pour les ouvrages du canal des étangs, laquelle somme sera restituée à la province, le cas y échéant, par la compagnie qui s'est

N°. II. chargée d'exécuter les ouvrages du canal de navigation, depuis Aigues-mortes jusques à Beaucaire, en passant par la ville de Nîmes, conformément à l'article VII de la délibération du 30 Novembre 1752; il a été aussi délibéré d'approuver l'acceptation, faite par MM. les commissaires des travaux publics pendant l'année, le 27 Mai dernier, de la soumission du sieur Boyer, entrepreneur des ouvrages du canal des étangs, de se pourvoir d'un second ponton aux conditions exprimées, tant dans ladite soumission, que dans l'ordonnance d'acceptation; & que lesdites conditions auront lieu, le cas y échéant, tant à l'égard du nouvel entrepreneur du canal des étangs, que de la compagnie à laquelle les Etats ont cédé ledit canal.

III.

EXTRAIT du régistre des délibérations des Etats généraux de Languedoc, assemblés par mandement du Roi en la ville de Montpellier au mois de Novembre 1754.

Du Samedi 28 Décembre suivant, président Mgr. l'archevêque & primat de Narbonne, commandeur de l'ordre du Saint-Esprit.

MONSEIGNEUR l'évêque de Montpellier a dit, que la somme de 26,000 livres qui a été imposée la présente année pour la continuation des ouvrages du canal des étangs, a été employée, suivant sa destination, à continuer ce canal dans l'étang de Grins, comme aussi dans la partie qui va aboutir au grau de Palavas, & à rétablir plusieurs autres parties depuis l'embouchure du Lez en allant vers Maguelonne, & finalement à enlever les herbes dans plusieurs parties dudit canal, & qu'attendu la demande faite par Sa Majesté dans ses instructions à MM. ses commissaires, d'un nouveau fonds de 26,000 livres pour la continuation desdits ouvrages, MM. les commissaires ont été d'avis de proposer à l'assemblée d'imposer cette même somme l'année prochaine, en observant seulement qu'elle doit être restituée à la province, le cas y échéant, aussi-bien que celle qui a été imposée la présente année, par la compagnie qui s'est chargée d'exécuter les ouvrages du canal projetté depuis Beaucaire jusqu'à Aigues-mortes, conformément aux délibérations prises à ce sujet aux Etats derniers & aux précédens. A quoi Mgr. l'évêque de Montpellier a ajouté, qu'il seroit à desirer que les Etats sussent bientôt à quoi s'en tenir au sujet de l'exécution des ouvrages dudit canal, soit par rapport aux sommes que la province doit répéter sur ladite compagnie, pour l'imposition faite la présente année & celle qui doit être faite l'année prochaine, soit aussi parce que le bail des ouvrages dudit canal doit expirer à la fin de l'année prochaine; & que MM. les députés pourroient être chargés en conséquence de solliciter une décision, au sujet des offres faites par ladite compagnie d'exécuter le canal projetté. N°. III.

Sur quoi il a été délibéré d'imposer l'année prochaine 1755, la somme de 26,000 livres pour la continuation des ouvrages du canal des étangs, laquelle somme sera restituée à la province, le cas y échéant, par la compagnie qui s'est chargée d'exécuter les ouvrages du canal de navigation depuis Beaucaire jusqu'à Aigues-mortes; comme aussi pareille somme de 26,000 livres imposée la présente année, conformément aux délibérations prises à ce sujet les 30 Novembre 1752 & 13 Février dernier. Il a été aussi délibéré MM. les députés à la cour seront chargés de solliciter une décision sur les offres

N°. III. fres faites pour l'exécution des ouvrages du canal projetté.

IV.

EXTRAIT du registre des délibérations des Etats généraux de Languedoc, assemblés par mandement du Roi en la ville de Montpellier au mois de Janvier 1756.

Du Mardi 24 Février suivant, président Mgr. l'archevêque & primat de Narbonne, commandeur de l'ordre du St. Esprit.

MONSEIGNEUR l'évêque de Montpellier a dit, que le fonds qui a été fait en 1755 de la somme de vingt-six mille livres pour la continuation des ouvrages du canal des étangs & l'enlevement des herbes dudit canal, a été entierement employé à sa destination, & que, suivant un article des instructions de MM. les commissaires du Roi, Sa Majesté demande qu'il soit fait un pareil fonds de vingt-six mille livres pour les ouvrages dudit canal, y compris mille livres pour l'enlevement des herbes; que MM. les commissaires ont été d'avis de proposer à l'assemblée d'ordonner l'imposition de cette somme, en renouvellant toutefois les réserves précédemment faites dans le cas où la compagnie qui avoit offert de se charger des ouvrages dudit canal & de celui de Beaucaire à Aigues-mortes, seroit autorisée à exécuter ses offres; qu'ils ont été aussi d'avis de proposer à l'assemblée de charger MM. les députés à la cour de faire leurs instances pour faire accepter les offres de ladite compagnie.

Sur quoi il a été délibéré d'imposer la somme de vingt-six mille livres pour la continuation des ouvrages du canal des étangs, en renouvellant les réservées portées dans les délibérations précédentes, conformément à l'avis de MM. les commissaires, & de charger MM. les députés à la cour, de renouveller les instances qui ont été déja faites, pour faire accepter les offres de la compagnie, qui veut se charger de la continuation du canal des étangs, & de la construction du canal de Beaucaire à Aigues-mortes, aux conditions portées par les délibérations précédemment prises à ce sujet.

V.

N°. IV.

EXTRAIT du registre des délibérations des Etats généraux de Languedoc, assemblés par mandement du Roi en la ville de Montpellier au mois d'Octobre 1756.

Du Mercredi 10 Novembre suivant, président Mgr. l'archevêque & primat de Narbonne, commandeur de l'ordre du St. Esprit.

MONSEIGNEUR l'évêque de Montpellier a dit, que le sieur de Joubert, syndic-général, ayant fait connoître que les fonds qui ont été faits la présente année pour la continuation du canal des étangs, ont été employés suivant leur destination, il reste à pourvoir, suivant ce qui est porté par un article des instructions, à l'imposition de la somme de vingt-six mille livres pour la continuation des mêmes ouvrages pendant l'année 1757, y compris mille livres pour l'enlevement des herbes; & que MM. les commissaires ont cru devoir proposer de renouveller, en ordonnant l'imposition de cette somme, les réserves précédemment faites dans le cas où la compagnie qui avoit offert de se charger des ouvrages de ce canal, & de celui de Beaucaire à Aigues-mortes, seroit autorisée à exécuter ses offres. A quoi, Mgr. l'évêque de Montpellier a ajouté que comme la derniere année du bail

N°. V. de ces ouvrages est expirée, il doit être passé un nouveau bail, auquel effet l'assemblée doit donner, à MM. les commissaires, le pouvoir de le passer conjointement avec MM. les commissaires du Roi, avant la séparation des Etats.

Sur quoi il a été délibéré d'imposer la somme de vingt-six mille livres pour la continuation des ouvrages du canal des étangs, y compris mille livres pour l'enlevement des herbes, aux conditions & réserves énoncées dans l'avis de MM. les commissaires, auxquels il a été donné pouvoir de passer un nouveau bail des ouvrages, conjointement avec MM. les commissaires de Sa Majesté.

V I.

Extrait du registre des délibérations des Etats généraux de Languedoc, assemblés par mandement du Roi, en la ville de Montpellier, au mois de Décembre 1757.

Du Mardi 10 Janvier 1758, président Mgr. l'archevêque & primat de Narbonne, commandeur de l'ordre du Saint-Esprit.

MONSEIGNEUR l'évêque de Montpellier a dit, que le sieur de Joubert, syndic général, a fait part à MM. les commissaires de la demande formée par un des articles des instructions de Sa Majesté, de la somme de 25,000 livres pour la continuation des ouvrages du canal des étangs, & 1000 livres pour l'enlevement des herbes, ce qui revient en tout à 26,000 livres, comme les années précédentes.

Mais qu'indépendamment de cette imposition, Sa Majesté avoit chargé MM. les commissaires de faire connoître combien il seroit à desirer, pour le bien de la province, & l'accroissement de son commerce, que les Etats augmentassent le fonds de 26,000 livres qu'ils destinent chaque année à cet ouvrage, ou du moins que la province fit actuellement un emprunt d'une somme suffisante pour l'exécution des ouvrages proposés, tant pour le canal des étangs, que pour celui de Beaucaire à Aigues-mortes, & que cet emprunt pourroit être porté à la somme de 150,000 livres ou même 200,000 livres, s'il est nécessaire, sans causer aucun dérangement ni aucune charge extraordinaire, puisqu'au moyen du fonds annuel de 26,000 livres un emprunt de 200,000 livres seroit acquitté en capital & intérêts en dix années, & avanceroit d'autant la jouissance qu'elle doit retirer de ces canaux. N°. VI.

Qu'il a été aussi fait lecture à la commission d'une lettre écrite le 6 Août dernier par M. de Moras alors contrôleur général à Mgr. l'archevêque de Narbonne, par laquelle après lui avoir fait part de l'arrêt qui avoit été donné sur le projet de continuer le canal de la robine de Narbonne depuis le Gaillousti jusqu'au Sommail, il lui recommandoit avec la plus vive instance l'exécution du canal des étangs, & de celui de Beaucaire à Aigues-mortes, ajoutant qu'il seroit à desirer, autant que les circonstances actuelles le permettroient, que la province pût augmenter le fonds de 26,000 livres qu'elle fait annuellement pour le premier de ces ouvrages, ou que l'on fit un emprunt pour accélérer l'exécution des ouvrages proposés pour l'un & l'autre de ces canaux, lequel emprunt se rembourseroit successivement avec les arrérages sur le fonds fait par la province.

Que MM. les commissaires n'ont pu révoquer en doute l'utilité de ces deux canaux dont ils ont témoigné desirer l'exécution en acceptant sous les conditions exprimées par leur délibération du 30 Novembre 1752, les offres qui leur

N°. VII. avoient été faites par une compagnie de l'exécuter ; mais que, comme il paroît, soit par la décision qui a été donnée pour cette compagnie, soit par l'arrêt du conseil du 19 Juillet dernier, concernant le projet de jonction de la robine de Narbonne, que le conseil est très-éloigné de mettre ces sortes d'ouvrages au pouvoir des particuliers, il paroissoit aussi que les Etats ne pouvoient se dispenser, pour se conformer aux intentions de Sa Majesté, de s'occuper de l'exécution du canal des étangs, & de celui de Beaucaire à Aigues-mortes.

Que cependant il y avoit une différence à faire entre ces deux ouvrages, en ce que l'exécution du canal des étangs étoit non-seulement certaine, mais encore d'un objet déterminé ; au lieu que les Etats n'ayant connoissance d'aucun devis qui ait été fait pour les ouvrages du canal de Beaucaire à Aigues-mortes, ils ne connoissent pas aussi le détail des ouvrages à faire pour l'exécution de ce canal, ni les difficultés dont il peut être susceptible, & qu'au milieu de l'incertitude qui résulte du défaut de ces connoissances, il paroissoit cependant bien certain que la dépense seroit très-considérable, ce qui devenoit encore un nouveau motif de ne point l'entreprendre sans avoir pris toutes les précautions nécessaires pour en déterminer l'objet.

Que pour entrer autant qu'il est possible dans les vues du conseil, il a paru nécessaire d'autoriser MM. les commissaires des travaux publics, & les syndics généraux, de prendre toutes les connoissances qu'ils jugeront convenables pour s'assurer des moyens d'exécuter ces ouvrages, & pour en déterminer la dépense, afin que sur leur rapport il pût être pris une délibération par les Etats dans leur prochaine assemblée.

Qu'à l'égard du canal des étangs, il a paru à MM. les commissaires qu'il étoit aisé, en se conformant aux intentions de Sa Majesté, de suppléer au défaut de fonds par un emprunt de la somme de 100,000 livres ; mais que comme cette somme ne pourroit être employée que successivement dans le cours de plusieurs années, il paroît qu'en se déterminant à faire cet emprunt, on devoit en même-tems délibérer qu'il ne seroit fait qu'à fur & mesure des progrès des ouvrages, ce qui diminueroit d'autant les intérêts ; & que lorsque ce canal seroit achevé, l'imposition de 26,000 livres seroit continuée jusqu'au parfait remboursement de ce même emprunt.

Que MM. les commissaires ont aussi remarqué qu'attendu ce qui est contenu dans les instructions de Sa Majesté, & dans la lettre de M. de Moras sur l'éloignement qu'a le conseil de mettre de pareils ouvrages au pouvoir des particuliers, & sur les décisions & arrêts donnés en conséquence, il paroissoit inutile de renouveller les réserves qu'on avoit fait les années précédentes lors de l'imposition du fonds de 26,000 livres, relativement aux offres de la compagnie qui vouloit se charger des ouvrages du canal des étangs & de celui de Beaucaire à Aigues-mortes ; mais que de plus les Etats ne faisant qu'exécuter les intentions de Sa Majesté, ne peuvent en aucune maniere préjudicier aux droits qu'ils auroient à exercer, le cas y échéant, à l'égard de cette compagnie, & qui sont une suite nécessaire de la délibération du 30 Novembre 1752, dans le cas où elle auroit son effet.

De sorte que par toutes ces considérations, MM. les commissaires ont été d'avis de proposer à l'assemblée de délibérer de faire un fonds de 25,000 livres pour la continuation des ouvrages du canal des étangs, & 1000 livres pour l'enlevement journalier des herbes du canal, conformément aux intentions

Nº. VI. de Sa Majesté, suivant lesquelles il sera aussi donné pouvoir aux syndics généraux d'emprunter, pour la continuation & perfection desdits ouvrages, jusques & à concurrence de la somme de 200,000 livres, en observant toutefois de ne faire ledit emprunt qu'à proportion du travail qui pourra être fait, sauf à être pourvu au remboursement dudit emprunt en continuant l'imposition de 26,000 livres jusqu'à l'entiere extinction d'iceux.

Sur quoi il a été délibéré, conformément à l'avis de MM. les commissaires, que, pour se conformer aux intentions de Sa Majesté, 1°. il sera imposé la présente année 1758, une somme de 26,000 livres tant pour les ouvrages du canal des étangs que pour l'enlevement journalier des herbes. 2°. Que les syndics généraux seront autorisés à emprunter la somme de 200,000 livres pour achever la continuation & perfection des ouvrages du canal des étangs, lequel emprunt ne sera néanmoins fait qu'à concurrence de l'emploi des deniers auxdits ouvrages; & à la charge, lorsqu'ils seront achevés, de continuer l'imposition de 26,000 livres jusques au parfait & entier remboursement des capitaux dudit emprunt. Nº. VI.

ARTICLE TROISIEME.

Du Canal de navigation de Beaucaire à Aigues-mortes, & du desséchement des Marais dans cette partie.

Nous sommes obligés de réunir ici, à plusieurs égards, ces deux grands Ouvrages, qui ont été joints dans leur principe, & qui doivent l'être, & le sont en effet dans leur exécution; en nous bornant néanmoins, quant au desséchement des Marais, à ce qui concerne les procédures faites & les conventions passées avec les prétendans droits auxdits Marais, pour séparer leurs propriétés de celle des Etats; & nous réservant de donner ailleurs l'histoire des travaux conçus & exécutés pour parvenir au desséchement, lorsque cette grande entreprise sera plus avancée.

Henri IV avoit formé le projet de faire dessécher & mettre en culture tous les Marais & Palus du Royaume. Il ne trouva personne en France qui voulût se charger d'une telle entreprise; & se vit forcé de recourir à un nommé Hunfroi Bradley, maître des digues de Berg-op-zoom en Brabant, à qui il céda la moitié des Palus & Marais dépendans du domaine, & attribua la moitié de ceux qui appartenoient à des propriétaires qui refuseroient de les dessécher eux-mêmes. Cette cession & cette attribution furent confirmées par un Edit du 8 Avril 1599, qui se trouve dans le Recueil de Fontanon.

Les traverses que Bradley eut à essuyer l'empêcherent d'exécuter son entreprise; un nommé Siette, qui lui fut subrogé par des Lettres-patentes de 1612 & 1613, ne fut pas plus heureux, & les grands projets d'Henri IV s'évanouirent.

En 1645 Jacques Brun de la ville de Brignoles, obtint la concession des Marais de Languedoc avec les conditions & privilèges accordés à Bradley, & la faculté de faire construire un Canal de navigation depuis Beaucaire jusqu'à Aigues-mortes; mais ses procédés arbitraires ayant soulevé contre lui les Communautés & les Seigneurs intéressés, les Etats furent obligés de s'opposer à l'exercice de son privilége, qu'il fut d'ailleurs obligé d'abandonner lui-même, faute de moyens suffisans pour exécuter une entreprise dans laquelle il s'étoit engagé sans la connoître.

Marc Poullet, Bourgeois de Paris, lui succéda en 1660, & abandonna comme lui cette entreprise qui étoit au-dessus de ses forces.

Les choses resterent dans cet état pendant quarante ans; mais en 1701 M. le Maréchal de Noailles, qui avoit commandé dans la province pendant onze ans, jaloux de lui procurer les avantages qu'elle devoit retirer du desséchement de ses Marais, & du Canal projetté par Jacques Brun, offrit au Roi de se charger à ses dépens de cette double entreprise, & de dédommager tous les propriétaires & usagers des Marais, moyennant la concession des droits & privilèges déjà accordés à ceux qui avoient été chargés précédemment de ces importans ouvrages.

Sur cette offre, il fut ordonné par un premier Arrêt du Conseil du 29 Mars 1701, que les Communautés ecclésiastiques & laïques, & les Seigneurs propriétaires des Marais, seroient assignés devant M. de Basville, Intendant de la Province, pour former leurs demandes; & cet Arrêt ayant été exécuté, & M. de Noailles s'étant accordé avec la plus grande partie des intéressés, il fut rendu le 20 Décembre 1701 un Arrêt du Conseil revêtu de Lettres-patentes du mois de Janvier suivant, qu'on trouvera à la tête de cet article N°. I & II, par lesquelles il est permis à M. le Maréchal de Noailles, de faire dessécher les Marais & de construire un Canal de navigation depuis Beaucaire jusqu'à Aigues-mortes.

Cet Arrêt ne fut suivi que de quelques procédures ou poursuites relatives au bornage des Marais, à la vérification des titres des propriétaires & usagers, &c.; & en 1738, Louis-Alexandre du Brocard de Barrillon, & Jean-Gédéon de la Salle furent subrogés aux droits de M. le Maréchal de Noailles.

Ces nouveaux concessionnaires ne firent gueres que consommer la procédure de bornage ; ils firent bientôt la remise de leurs droits entre les mains du Roi qui l'accepta par un Arrêt de son Conseil du 7 Novembre 1746 ; & par un autre Arrêt du 8 du même mois, suivi de Lettres-patentes du même jour, Sa Majesté accorda aux Etats de la Province la propriété des Marais du bas Languedoc, depuis Beaucaire jusqu'à Aigues-mortes & à l'étang de Pérols, avec permission de les dessécher, & de faire un Canal de navigation, conformément aux facultés qui en avoient été accordées à M. le Maréchal de Noailles par l'Arrêt du Conseil & les Lettres-patentes de 1701 & 1702, à la charge par eux de payer, suivant leurs offres, au sieur du Brocard de Barrillon la somme de 410,000 livres pour le prix desdits Marais & pour tout dédommagement. C'est dans l'exposé de l'Arrêt du Conseil du 8 Mars 1746 rapporté sous le N°. IX, qu'il faut voir les motifs qui avoient dirigé les Etats dans les vérifications qu'ils avoient demandées, avant qu'il fût permis aux concessionnaires d'entreprendre les desséchemens, & ceux qui les porterent à se charger eux-mêmes de cette entreprise.

C'est d'après les mêmes motifs que le premier soin des Etats fut de perfectionner la procédure de bornage, & de préparer & mûrir, par la discussion d'une quantité immense de titres, le jugement des prétentions élevées ou annoncées par des Communautés, Seigneurs, & autres particuliers qui réclamoient des droits de propriété ou d'usage dans les Marais.

Lorsque ces opérations furent assez avancées pour qu'on pût espérer d'en voir bientôt la fin, les Etats s'occuperent des travaux nécessaires pour le desséchement des Marais & la construction du Canal de navigation ; & en 1768, le sieur Garipuy, Directeur des travaux publics de la Province, fit, par ordre de M. de Dillon, Archevêque de Narbonne, un voyage en Hollande, pour y conférer avec les plus célebres Hydrauliciens de la nation, sur les moyens qu'ils se proposoient pour dessécher la *mer d'Harlem*, vaste étang situé entre la ville d'Harlem & celle d'Amsterdam.

Depuis ce moment, chaque année a été marquée par quelque progrès sensible, soit dans la fixation de la propriété respective des Etats & des parties intéressées, soit dans l'avancement des ouvrages relatifs au desséchement des terres & à la construction du canal ; & il y a lieu d'espérer que dans peu d'années la Province jouira de tous les avantages qu'elle a droit d'en attendre.

C'est ainsi qu'en conciliant le respect dû aux droits de propriété avec les plus grandes vues d'utilité publique, les Etats auront la gloire d'avoir consommé avec l'applaudissement général, dans une quarantaine d'années, une des plus grandes & des plus utiles révolutions qui pût se faire dans le Languedoc, & qui avoit été tentée inutilement pendant près de cent cinquante ans.

N°. I.

I.

ARRÊT

DU CONSEIL D'ÉTAT DU ROI,

Qui permet à M. le maréchal duc de Noailles de faire dessécher les étangs, palus, marais, coustieres, lais & relais de la mer, rivieres, & étangs, & terres inondées du bas Languedoc, depuis Beaucaire jusqu'à Aigues-mortes & à l'étang de Pérols, &c. & de faire un canal de navigation à travers les terres desséchées depuis Beaucaire jusqu'à Aigues-mortes.

Du 20 Décembre 1701.

EXTRAIT *des Registres du Conseil d'Etat.*

VU au conseil d'état du Roi, Sa Majesté y étant, l'arrêt rendu en icelui, le vingt-neuvieme Mars 1701, sur la requête du sieur maréchal duc de Noailles, tendante à ce qu'il plût à Sa Majesté, lui accorder la faculté de faire faire le desséchement de tous les marais qui sont depuis Beaucaire jusques à Aigues-mortes, & à Pérols, par lequel Sa Majesté auroit ordonné que les communautés ecclésiastiques & séculieres, & les seigneurs propriétaires desdits marais, seroient assignés devant le sieur de Basville, conseiller d'état, intendant en Languedoc, pour faire leurs demandes pour les indemnités qu'ils prétendoient leur être dues, ou recevoir les offres qui leur seroient faites de la part dudit sieur de Noailles, & donner sur le tout son avis, lequel envoyé, vu, & rapporté au conseil, seroit par Sa Majesté ordonné ce qu'il appartiendroit, par raison; Le procès-verbal dudit sieur de Basville du premier Mai suivant, contenant les assignations données en conséquence, pardevant ledit sieur de Basville, à l'abbé, au chapitre, & communauté de Saint-Gilles, aux communautés d'Aigues-mortes, Saint-Laurent d'Aigouse, Vauvert, Aymargues, le Caylar, au sieur duc d'Uzès, au sieur évêque d'Alais & son chapitre, au sieur abbé de Franquevaux, aux communautés de Beaucaire, Bellegarde, Lunel, au sieur grand-prieur de Saint-Gilles, & tous autres intéressés au desséchement desdits marais, des 4, 5, 6, 7, 8 & 11 dudit mois de Mai; Les dires & contestations des parties; Les acquiescemens donnés par tous lesdits propriétaires, à la réserve dudit sieur duc d'Uzès, audit desséchement; & l'avis dudit sieur de Basville du 26 Août audit an, par lequel il auroit estimé qu'il y auroit lieu, sous le bon plaisir de Sa Majesté, d'accorder audit sieur maréchal duc de Noailles, le don desdits marais, aux conditions portées par ledit procès-verbal, & même de lui permettre de faire un canal de navigation depuis Beaucaire, jusques à un autre canal qui se fait dans les étangs, depuis le port de Cette jusques à Aigues-mortes, au moyen duquel il y auroit une communication entiere du canal royal avec le Rhône, ce qui rendroit la navigation plus facile, & assurée depuis Bordeaux jus-

N°. I. quiès à Lyon; Contrat passé entre ledit sieur maréchal duc de Noailles, & ledit sieur duc d'Uzès, par lequel ils sont convenus du dédommagement dû audit sieur duc d'Uzès, à cause dudit desséchement du 13 Octobre dernier; Requête dudit sieur maréchal duc de Noailles, tendante à ce qu'il plût à Sa Majesté, en cas qu'il jugeât ci-après à propos, en faisant ledit desséchement, d'entreprendre ledit canal, lui accorder, & à ceux qu'il associeroit avec lui, les priviléges qui avoient été accordés au nommé Brun en 1644, & depuis au nommé Poullet pour la même entreprise, ou ceux accordés au sieur Riquet pour le canal royal de communication des deux mers; Autre avis dudit sieur de Basville du 21 Novembre dernier, au sujet desdits priviléges; Oui le rapport du sieur Fleuriau d'Armenonville, conseiller ordinaire au conseil royal, directeur des finances, LE ROI ÉTANT EN SON CONSEIL, conformément à l'avis dudit sieur de Basville, a permis & permet, au sieur maréchal duc de Noailles, ses successeurs, & ayans cause, de faire dessécher tous & chacuns les étangs, palus, marais, coustieres, lais & relais de la mer, des rivieres, & des étangs, & terres inondées du bas Languedoc, depuis Beaucaire jusques à Aigues-mortes, & à l'étang de Pérols, soit que lesdits étangs, palus, marais, & terres inondées, appartiennent à Sa Majesté, ou à des communautés ecclésiastiques ou particulieres, & ce suivant & conformément aux conventions faites entre lui & tous les propriétaires desdits fonds, ainsi qu'elles sont énoncées au procès-verbal dudit sieur de Basville du premier Mai dernier, lesquelles Sa Majesté a à cet effet homologuées & confirmées, homologue & confirme, ensemble le contrat passé avec ledit sieur duc d'Uzès, le 23 Octobre dernier, pour être exécutées selon leur forme & teneur, & jouir par ledit sieur maréchal duc de Noailles, ses successeurs, & ayans cause, à perpétuité, des fonds qui seront desséchés, en pleine propriété, à titre de châtellenie, & les tenir pour ce qui en appartient présentement à Sa Majesté, sous la mouvance immédiate de la couronne de France, avec tout droit de justice haute, moyenne, & basse, & droits en dépendans, & pour les marais situés dans les terres dont la mouvance & la justice appartiennent à des seigneurs particuliers, ledit sieur maréchal duc de Noailles, & ses ayans cause, les tiendront en fief franc & honoraire, sous la justice & mouvance desdits seigneurs particuliers, & sous les redevances convenues avec lesdits seigneurs, suivant le procès-verbal dudit sieur de Basville, & autres droits, si aucuns y a légitimement établis, au profit desdits seigneurs, & les lods & ventes aux mutations, conformément auxdites conventions, ou à raison du vingtieme du prix desdites ventes, en cas qu'ils n'ayent pas été réglés par ledit procès-verbal, desquels droits de lods & ventes, lesdites terres desséchées demeureront exemptes pour la premiere mutation qui arrivera, après le desséchement; Fait Sa Majesté don & cession audit sieur duc de Noailles de tout & tel droit qui peut lui appartenir, dans lesdits marais, & révoque à cet effet, tous dons & concessions qu'elle ou les Rois ses prédécesseurs en pouvoient avoir fait ci-devant; Permet Sa Majesté, audit sieur maréchal duc de Noailles, & ses ayans cause, de mettre en culture & terre de labour ou en prairies, & pâturages, suivant qu'il leur conviendra, les fonds qui seront par eux desséchés, à la charge toutefois, que les ouvrages qui seront faits pour ledit desséchement, ne pourront N°. I.

N°. I. ront apporter aucun préjudice aux salins du sieur évêque d'Alais ; & des autres propriétaires des salins de Peccais ; comme aussi, de prendre la quantité des terres & héritages appartenant à des particuliers ou communautés dont ils auront besoin, pour faire les bâtimens, canaux, & autres ouvrages convenables, entrer, passer, & repasser en tout tems, par lesdits héritages, soit pour niveler les marais à dessécher, dresser les plans & les figures, & faire les alignemens & toutes autres choses nécessaires sans qu'il leur soit donné aucun empêchement, à la charge néanmoins de dédommager les propriétaires de gré à gré, ou au dire d'experts qui seront convenus ou nommés d'office, par les commissaires qui seront à cet effet députés par Sa Majesté ; Permet aussi Sa Majesté, audit sieur maréchal duc de Noailles, ses successeurs, ou ayans cause, d'associer en ladite entreprise toutes personnes ecclésiastiques, nobles, officiers tant des cours que des bureaux des finances, & autres, sans qu'ils dérogent pour ce à leur noblesse, ou dignité de leurs charges, auquel effet Sa Majesté a dérogé à cet égard à la rigueur de ses ordonnances. Ne seront ledit sieur maréchal duc de Noailles, ses successeurs & ayans cause, tenus de payer le prix des terres des particuliers, qu'ils auront prises pour lesdits ouvrages qu'un an après qu'ils les auront prises & occupées, en payant l'intérêt du prix desdits héritages à raison du denier vingt ; & afin qu'ils ne puissent y être inquiétés par les créanciers des propriétaires desdits héritages, lesdits créanciers seront tenus de s'opposer, pendant ladite année, à la délivrance du prix dudit dédommagement, & de faire vuider leurs oppositions, sinon & à faute de ce faire, dans ledit tems, ledit sieur maréchal duc de Noailles, & ses ayans cause, pourront consigner le prix desdits héritages ès mains du receveur des consignations du siége royal des lieux, quoi faisant ils en demeureront pleinement déchargés, sans que sous prétexte de minorité, absence, ou autrement, on puisse ci-après s'adresser à eux n'y prétendre aucun droit sur les héritages par eux pris & occupés ; leur permet en outre Sa Majesté, pour éviter les inondations auxquelles lesdites terres desséchées, pourroient être exposées par les débordemens ordinaires des rivieres du Rhône, du Vistre, & du Vidourle, de faire dans lesdites rivieres tous les ouvrages qu'il conviendra, bâtimens, écluses, chaussées, digues, paillers, & bouchemens, aux endroits qu'ils aviseront, pourvu que lesdits ouvrages ne préjudicient point à la navigation desdites rivieres, ni aux héritages voisins, sinon en dédommageant les propriétaires. Veut Sa Majesté que lesdites terres desséchées soient & demeurent exemptes & déchargées de toutes dîmes pendant les dix premieres années qu'elles auront été mises en culture, ou prairies, après lesquelles les dîmes demeureront réduites au cinquantieme des fruits sujets à dîmes, s'il n'a été autrement convenu avec les décimateurs, par le procès-verbal dudit sieur de Basville, auquel cas, lesdites conventions seront entretenues & observées selon leur forme & teneur ; demeureront pareillement les ayans cause dudit sieur maréchal duc de Noailles, qui seront de condition roturiere, & les communautés qui pourront être à ses droits, exempts & déchargés de tous droits de franc-fiefs, & nouvel acquêt, pour raison desdites terres desséchées, & dépendances ; Veut Sa Majesté, qu'attendu le profit qui lui reviendra dudit dessèchement, les frais

N°. L.

qu'ils y employeront, leur tiennent lieu de finance pour l'exemption desdits droits de francs-fiefs & nouvel acquêt; Ordonne en outre Sa Majesté, que pendant les six premieres années qui seront employées audit desséchement, la chair, le vin, & le poisson qui seront consommés sur les lieux, par les ouvriers & travailleurs, soient exempts du droit d'équivalent qui se leve en la province, dans le tems qu'ils travailleront effectivement auxdits ouvrages, sans que les fermiers dudit droit, puissent rien prétendre pour raison de ce; Fait Sa Majesté défenses à toutes personnes de quelque qualité & condition qu'elles soient, & pour quelque cause & prétexte que ce puisse être, d'entreprendre de faire aucuns desséchemens desdits étangs, palus, marais, lais & relais, & terres inondées, dans ladite étendue que par la permission ou subrogation dudit sieur maréchal de Noailles, ou de ses héritiers & ayans cause, à peine de tous dépens, dommages & intérêts; & attendu qu'au moyen dudit desséchement qui sera fait aux dépens, risques & fortunes dudit sieur maréchal duc de Noailles, & ses ayans cause, tous lesdits marais & fonds inondés seront améliorés, & qu'il ne seroit pas juste qu'après avoir employé beaucoup de peines & de frais, pour les mettre en état, ils pussent être évincés par les créanciers des propriétaires; Ordonne Sa Majesté, conformément à l'édit du mois de Janvier 1607, que la portion qui leur en appartiendra, sera & demeurera franche, libre, & quitte de toutes dettes, douaires, engagemens, hypotheques, donations, substitutions, & autres charges généralement quelconques dont lesdits fonds pouvoient être auparavant tenus envers qui que ce soit, sauf à ceux qui prétendront quelques droits d'hypotheques, ou autres, d'avoir leur recours sur la partie, qui sera restée auxdits propriétaires, ou sur les droits & devoirs qu'ils se sont réservés, sur lesquels les privilèges & hypotheques des créanciers demeureront conservés; Permet aussi Sa Majesté, audit sieur maréchal duc de Noailles & ses ayans cause, de faire faire un canal de navigation au travers desdites terres desséchées, depuis Beaucaire jusques à un autre canal qui se fait actuellement dans les étangs, depuis le port de Cette jusques à Aigues-mortes, comme aussi de prendre les terres & héritages des particuliers nécessaires pour la construction dudit canal ou pour les rigoles de dérivation, écluses, chaussées, & bords, de trois toises de largeur de chaque côté pour pouvoir faire aller les voitures, & ce suivant l'estimation qui en sera faite par les experts qui seront convenus entre les parties, ou qui faute d'en convenir seront nommés d'office par lesdits commissaires, pour par ledit sieur duc de Noailles, ses hoirs, ses successeurs, & ayans cause, posséder ledit canal, terres, & héritages, en pleine propriété & titre de châtellenie, avec toute justice, droit de pêche & de chasse, & autres dépendances de fief & justice, avec faculté d'établir les officiers nécessaires pour l'exercice de ladite justice, lesquels connoîtront de tout ce qui concernera le fait de navigation sur ledit canal, sauf l'appel de leurs sentences en la sénéchaussée & siége présidial de Nîmes, auquel Sa Majesté en attribue la connoissance & l'interdit à tous autres juges, & à la charge de tenir le tout immédiatement de la couronne de France, à une seule foi & hommage, avec une albergue d'un louis d'or à chaque mutation, & en outre d'indemniser les seigneurs parti-

N°. L.

N°. I. culiers suivant l'estimation qui en sera pareillement faite par lesdits experts ; Permet pareillement Sa Majesté, audit sieur maréchal duc de Noailles, ses successeurs, & ayans cause, d'établir sur ledit canal à l'exclusion de tous autres, des bateaux & de faire des ponts, pour le transport, voiture, & conduite des personnes, denrées, & marchandises, comme aussi de prendre & lever, sur ledit canal, mêmes droits de péage ou de navigation qui sont perçus sur le canal royal, conformément à l'arrêt du conseil servant de tarif du 26 Septembre 1684 ; Permet aussi Sa Majesté, d'établir des foires & marchés dans les villages qui pourront se former à l'avenir dans lesdits marais, pourvu qu'il n'y ait point d'autres foires & marchés dans les mêmes jours à quatre lieues à la ronde ; Permet en outre Sa Majesté, audit sieur maréchal duc de Noailles, & à la dame duchesse de Noailles son épouse, & au survivant d'eux, de disposer des choses ci-dessus en faveur de leurs enfans, ou de tels desdits enfans que bon leur semblera, librement, ou sous telles charges, clauses, & conditions qu'ils trouveront à propos, par actes entre-vifs, ou par testament, sans être par lesdits enfans tenus de les rapporter, ni suppléer à aucune légitime, le tout comme étant la condition sous laquelle Sa Majesté leur accorde cette grace, & seront toutes lettres à ce nécessaires expédiées. FAIT au conseil d'état du Roi, Sa Majesté y étant, tenu à Versailles le vingt Décembre mil sept cent un.

Signé, PHELYPEAUX.

Le présent arrêt du conseil, lettres-patentes sur icelui, & verbal y énoncé, ont été registrés ès registres de la cour des comptes, aides & finances de Montpellier, pour jouir par ledit sieur duc de Noailles, de l'effet y contenu, selon leur forme & teneur, suivant l'arrêt de ce jourd'hui 21 Février 1702. Signé, LEFEBVRE. N°. I.

II.

LETTRES-PATENTES.

Sur l'Arrêt du Conseil précédent.

Du mois de Janvier 1702.

LOUIS, PAR LA GRACE DE DIEU, ROI DE FRANCE ET DE NAVARRE, A tous présens & à venir, SALUT. Le desséchement des marais, palus, & terres inondées qui sont le long des mers & rivieres en divers lieux de notre royaume ayant été de tout tems regardé comme un moyen pour y apporter l'abondance en rendant fertiles des lieux auparavant incultes & inutiles, les Rois nos prédécesseurs ont favorablement reçu tous ceux qui se sont présentés pour un dessein si profitable au public & aux particuliers. Hunfroi Bradley de la ville de Bergues s'étant offert pour ce sujet dans le siecle passé, le Roi Henri IV, notre aïeul d'heureuse mémoire, lui fit connoître la satisfaction qu'il recevoit de son entreprise, & pour l'obliger d'autant plus à la mettre à effet lui accorda plusieurs prérogatives & plusieurs priviléges contenus aux édits donnés en sa faveur des mois d'Avril 1599, & Janvier 1607, confirmés par Louis XIII audit Bradley & ses associés, & après eux au nommé Siette par des lettres-patentes & ses déclarations des mois de Février 1612, Juillet 1613, & Avril 1639; mais entre toutes nos provinces, il n'en est point où ce desséchement puisse apporter plus de commodité à nous & à nos sujets qu'en celle de Languedoc, laquelle ayant en elle-même de quoi pourvoir à ses autres besoins, manque néanmoins de bestiaux, soit pour la culture des terres, ou pour la nourriture des habitans, ce qui provient de

N°. II. la disette des fourrages, & de ce que les lieux qui en pourroient donner le plus abondamment étant occupés par les eaux & demeurant en nature de marécages, ne produisent que des roseaux peu convenables à la pâture des troupeaux; mais étant desséchés, il s'en feroit des pâturages & des prairies qui fourniroient aux habitans de quoi nourrir grand nombre de bestiaux pour cultiver commodément leurs terres & pour en faire même un commerce avantageux; nos sujets y trouveroient d'ailleurs de quoi subsister aisément par le secours du laitage & du beurre desquels ils manquent entièrement & pourroient fournir des laines nécessaires pour l'entretien des manufactures de draps qui ont fait de tout tems le principal commerce de notredite province: c'est par ces considérations, & par plusieurs autres avantages qu'on tireroit du desséchement desdites terres inondées qu'à notre avenement à la couronne, Jacques Brun de la ville de Brignoles en Provence, ayant offert d'entreprendre à ses frais de dessécher lesdits marais & pays inondés de notredite province de Languedoc, nous lui avions par notre édit du mois de Mars 1645 continué non-seulement les privileges accordés audit Bradley & ses associés; mais nous y en avions ajouté de nouveaux & plus considérables dont nous voulumes le gratifier pour le porter par une récompense proportionnée au mérite de son travail à le conduire à sa perfection; mais les obstacles qu'il y rencontra de la part des communautés & des seigneurs particuliers, même du syndic des Etats de ladite province, son impuissance de fournir aux frais auxquels il s'étoit engagé sans les connoître & son décès arrivé dans cet intervalle ayant empêché l'exécution de son entreprise, & Marc Poullet, bourgeois de Paris subrogé à la place & aux droits dudit Brun par nos lettres-patentes données à Aix au mois de Mars 1660 n'ayant aussi pu l'accomplir; notre cher & bien-amé cousin le duc de Noailles, pair & maréchal de France, commandeur de nos ordres, capitaine de la première compagnie de nos gardes, gouverneur & lieutenant général des comtés & vigueries de Roussillon, Conflans, & Cerdagne, ci-devant viceroi de Catalogne, qui s'est affectionné à ce qui est du bien de ladite province de Languedoc où il a commandé en chef onze années pour nous; nous auroit proposé qu'il feroit faire à ses propres dépens le desséchement des marais dudit pays de Languedoc, depuis la ville de Beaucaire jusqu'à celle d'Aigues-mortes & à l'étang de Pérols, s'il nous plaisoit l'agréer & lui accorder pour les grands frais qu'il auroit à fournir les mêmes droits & priviléges dont nos prédécesseurs & nous, avions favorisé tous ceux qui jusques ici s'étoient chargés de la même entreprise, offrant encore de sa part d'indemniser tous les propriétaires & usagers desdits marais, afin que le bien qu'il vouloit leur procurer fût sans aucun mélange de préjudice & d'intérêt particulier pour aucun d'eux. Sur quoi & en exécution de l'arrêt de notre conseil du 29 de Mars dernier rendu sur la proposition de notredit cousin le maréchal duc de Noailles, tous les intéressés, soit pour des droits de propriété, ou d'usage, à eux appartenans esdits marais, ayant été appellés & ouis devant le sieur de Basville, conseiller en notre conseil d'état, intendant de ladite province de Languedoc pour ce commis par ledit arrêt, y ont tous unanimement acquiescé & consenti, & dès à présent délaissé à notredit cousin chacun à leur égard l'entiere disposition desdits marais pour être desséchés aux

N°. II. conditions & réservations portées par le procès-verbal dudit sieur de Basville ; après tous lesquels acquiescemens & les indemnités desdits propriétaires & usagers volontairement convenues & réglées avec eux, tout intérêt particulier cessant, il ne restoit que la considération du bien & de l'utilité commune qui même prévaudroit à tous ces intérêts particuliers, quand ils y seroient encore opposés. A CES CAUSES, desirant procurer le bien de nos sujets dudit pays de Languedoc, & traiter favorablement notre cousin le maréchal duc de Noailles, en considération de ses services près de notre personne & dans le commandement de nos armées, même de ceux de feu notre cousin le duc de Noailles son pere, capitaine de nos gardes & général de nos armées en Catalogne, où il nous a donné des preuves de son zele & de l'attachement que ceux de sa famille ont toujours eu au bien de notre Etat, de notre certaine science, pleine puissance & autorité royale, avons par ces présentes signées de notre main, conformément à l'arrêt de notre conseil rendu nous y étant le 20 Décembre dernier, dont l'extrait est ci-attaché sous le contre-scel de notre chancellerie, permis & permettons à notredit cousin le maréchal duc de Noailles, ses successeurs, & ayans cause, de faire dessécher tous & chacun les étangs, palus, marais, coustieres, lais & relais de la mer, des rivieres, & des étangs, & terres inondées du bas Languedoc, depuis la ville de Beaucaire jusqu'à celle d'Aigues-mortes & à l'étang de Pérols, soit que lesdits étangs, palus, marais, & terres inondées nous appartiennent, ou à des ecclésiastiques, communautés, & particuliers, suivant & conformément aux conventions faites entre notredit cousin & les propriétaires desdits fonds énoncées au procès dudit sieur de Basville du premier Mai dernier que nous avons homologuées & confirmées, homologuons & confirmons ; ensemble le contrat passé le 23 Octobre aussi dernier avec notre cousin le duc d'Uzès, propriétaire & possesseur d'aucuns desdits marais à cause de ses terres & seigneuries de Bellegarde, Aymargues, & Broussan, pour être le tout exécuté selon sa forme & teneur, & jouir par le sieur maréchal duc de Noailles, ses successeurs, & ayans cause, à perpétuité, des fonds qui seront desséchés en pleine propriété, à titre de châtellenie, & les tenir, pour ce qui nous en appartient présentement, sous la mouvance immédiate de notre couronne, avec tout droit de justice haute, moyenne, & basse, & droits en dépendans, & quant aux marais situés dans les terres dont la mouvance & la justice appartiennent à des seigneurs particuliers, notre cousin maréchal duc de Noailles, & ses ayans cause, les tiendront en fief franc & honoraire sous la mouvance & justice desdits seigneurs particuliers, & sous les redevances convenues avec eux, suivant le procès-verbal du sieur de Basville, & autres droits, si aucuns il y a légitimement établis au profit desdits seigneurs avec les lods & ventes aux mutations conformément auxdites conventions, ou à raison du vingtieme du prix desdites ventes au cas que par ledit procès-verbal ils n'ayent été réglés & convenus ; desquels droits de lods & ventes lesdites terres desséchées demeureront exemptes pour la premiere mutation qui arrivera après que le desséchement en aura été fait ; Faisons don & cession à notredit cousin le maréchal duc de Noailles, ses successeurs, & ayans cause, de tout & tel droit qui nous peut appartenir esdits marais, & révoquons à cet effet tous autres dons & concessions que les Rois nos prédé- N°. II.

N°. II. cesseurs & nous, pourrions en avoir ci-devant faits desdits marais; Permettons à notredit cousin & ses ayans cause, de mettre en culture & terres de labour ou en prairies & pâturages, selon & ainsi qu'il leur conviendra, les fonds qui seront par eux desséchés, à la charge toutefois que les ouvrages qui seront faits pour ledit desséchement ne pourront apporter aucun préjudice aux salins du sieur évêque d'Alais, & des autres propriétaires des salins de Peccais; comme aussi leur avons permis de prendre la quantité de terres & héritages appartenans à des particuliers ou communautés dont ils auront besoin pour faire les bâtimens, canaux, & autres ouvrages convenables, entrer, passer, & repasser, en tout tems, par lesdits héritages, soit pour niveler les marais à dessécher, dresser les plans & les figures, faire les alignemens & autres choses nécessaires, sans qu'il leur soit donné aucun empêchement, à la charge néanmoins de dédommager les propriétaires de gré à gré, ou au dire d'experts, qui seront convenus ou nommés d'office par les commissaires qui seront par nous députés à cet effet; Permettons audit sieur maréchal duc de Noailles, ses successeurs, & ayans cause, d'associer en ladite entreprise toutes personnes, soit ecclésiastiques, nobles, ou officiers, tant de nos cours que bureaux des finances, & autres, sans que, pour ce, lesdits associés dérogent à leur noblesse & dignité de leurs charges, auquel effet nous avons dérogé à cet égard à la rigueur de nos ordonnances. Ne seront ledit sieur maréchal duc de Noailles, ses héritiers, & ayans cause, tenus de payer le prix des terres des particuliers qu'ils auront prises pour lesdits ouvrages qu'un an après qu'ils les auront prises & occupées, en payant l'intérêt du prix desdits héritages à raison du denier vingt; & afin qu'ils ne puissent y être inquiétés par les créanciers des propriétaires desdits héritages, lesdits créanciers seront tenus de s'opposer pendant ladite année à la délivrance du prix dudit dédommagement, & de faire vuider leurs oppositions, sinon & à faute de ce faire dans ledit tems, ledit sieur maréchal duc de Noailles, ou ses ayans cause, pourront le consigner ès mains du receveur des consignations du siége royal des lieux, quoi faisant ils en demeureront pleinement déchargés, sans que, sous prétexte de minorité, absence, ou autrement, on puisse ci-après s'adresser à eux, ni prétendre aucun droit sur les fonds & héritages par eux pris & occupés; leur permettons aussi pour éviter les inondations auxquelles lesdites terres desséchées pourroient être exposées par les débordemens ordinaires du Rhône, du Vistre, & du Vidourle, de faire dans lesdites rivieres tous les ouvrages qu'il conviendra, bâtimens, écluses, chaussées, digues, paillers, & bouchemens, aux endroits qu'ils aviseront, pourvu que lesdits ouvrages ne fassent préjudice à la navigation desdites rivieres, ni aux héritages voisins, sinon en dédommageant les propriétaires. Voulons que lesdites terres desséchées soient & demeurent exemptes & déchargées de toutes dîmes pendant les dix premieres années qu'elles auront été mises en culture ou prairies, après lesquelles dix années lesdites dîmes demeureront réduites au cinquantieme des fruits sujets à dîmes, s'il n'a été autrement convenu avec les décimateurs par le procès-verbal dudit sieur de Basville, auquel cas lesdites conventions seront entretenues & observées selon leur forme & teneur; Demeureront pareillement les ayans cause de notredit cousin le maréchal duc de Noailles, qui seront de condition ro- N°. II.

N°. II. turiere, & les communautés qui pourroient être à ses droits, exempts & déchargés de tous droits de franc-fief, & nouvel acquêt, pour raison desdites terres desséchées & leurs dépendances. Voulons qu'attendu le profit qui nous reviendra dudit desséchement, les frais qu'ils y employeront leur tiennent lieu de finance suffisante pour l'extinction dudit droit de franc-fief & nouvel acquêt. Voulons en outre & ordonnons que pendant les six premieres années qui seront employées audit desséchement, la chair, le vin, & le poisson qui seront consommés sur les lieux, par les ouvriers & travailleurs, dans le tems qu'ils travailleront effectivement auxdits ouvrages, soient & demeurent exempts du droit d'équivalent qui se leve en ladite province, sans que les fermiers dudit droit puisse rien prétendre pour raison de ce. Faisons défense à toutes personnes de quelque qualité & condition qu'elles soient, & pour quelque cause & prétexte que ce puisse être, d'entreprendre de faire aucun desséchement desdits étangs, palus, marais, lais & relais de la mer, & terres inondées dans ladite étendue que par la permission ou subrogation de notredit cousin le maréchal duc de Noailles, ou de ses héritiers, & ayans cause, à peine de tous dépens, dommages & intérêts ; & attendu que par ledit desséchement qui sera fait aux dépens, risques, & fortunes du sieur maréchal duc de Noailles, ou de ses ayans cause, tous lesdits fonds & marais inondés seront considérablement améliorés, & qu'il ne seroit pas juste qu'après beaucoup de dépense & de frais employés pour les mettre en état, ils en pussent être évincés par les créanciers des propriétaires ; nous ordonnons que, conformément à l'édit du mois de Janvier 1607, la portion qui leur appartiendra desdits marais & lieux qu'ils auront desséchés sera & demeurera franche, libre, & quitte de toutes dettes, douaires, engagemens, hypotheques, donations, substitutions, & autres charges généralement quelconques dont lesdits fonds pouvoient être auparavant tenus envers qui que ce soit, sauf à ceux qui y prétendront quelque droit d'hypotheque, ou d'autre, d'avoir recours sur la portion qui sera restée auxdits propriétaires, ou sur les droits & devoirs qu'ils s'y sont réservés, sur lesquels les privileges & hypotheques desdits créanciers demeureront conservés ; & d'autant que pour dessécher lesdites terres & marais inondés, il conviendra de faire des canaux servant à recevoir les eaux des marais, ce qui pourroit donner au sieur maréchal duc de Noailles l'occasion & le moyen, en procédant audit desséchement, de faire faire un canal de navigation pour achever la communication de la Garonne au Rhône, qui apportant à nos sujets dudit pays de Languedoc une facilité avantageuse à leur commerce, & l'augmentant pour eux, augmenteroit pour nous nos droits de douane & foraine, & serviroient même au transport de nos sels de Peccais qui ne se fait qu'avec beaucoup de dépense & de frais, même de risque & de péril, par les embouchures du Rhône, à cause des courans & de la contrariété des vents, au lieu que par ledit canal il se feroit avec diligence & sureté, & le public & nous en serions mieux servis, dont étant informés par les avis dudit sieur de Basville des 26 Août & 21 Novembre dernier & des privileges & octrois qui sont à accorder en considération de l'entreprise de ce canal, en cas que le sieur duc de Noailles en veuille faire la dépense, Nous permettons à notredit cousin le maréchal duc de Noailles, ses successeurs, & ayans cause, de faire faire N°. II.

N°. II. au travers des marais & terres qu'ils dessécheront, un canal de navigation depuis la ville de Beaucaire jusqu'au canal qui se fait actuellement dans les étangs, depuis le port de Cette jusqu'à Aigues-mortes; comme aussi de prendre les terres & héritages des particuliers dont il sera besoin pour la conduite & construction dudit canal, rigoles de dérivation, écluses, chaussées, & bords de trois toises de large de chaque côté pour faire aller les voitures, & ce, suivant la prisée & l'estimation qu'en feront les experts dont les parties conviendront ou qui, faute d'en convenir, seront nommés par lesdits commissaires pour par ledit sieur maréchal duc de Noailles, ses hoirs, successeurs, & ayans cause, posséder ledit canal, terres & héritages en pleine propriété & titre de châtellenie, avec toute justice, droit de pêche, & de chasse, & autres dépendances de fief & de justice, & faculté d'établir les officiers nécessaires pour l'exercice & administration de ladite justice, lesquels connoîtront de tout ce qui concernera le fait de navigation sur ledit canal, sauf l'appel de leurs jugemens en la sénéchaussée & siége présidial de Nîmes, auquel nous en attribuons la connoissance, & l'interdisons à tous autres juges, & à la charge de tenir le tout par notredit cousin, ses successeurs, & ayans cause, immédiatement de notre couronne, à une seule foi & hommage, & avec une albergue d'un louis d'or à chaque mutation, & en outre d'indemniser les seigneurs particuliers, suivant l'estimation qui en sera pareillement faite par lesdits experts. Permettons en outre à notredit cousin le maréchal duc de Noailles, ses héritiers, & successeurs, ou ayans cause, d'établir, à l'exclusion de tous autres, des bateaux sur ledit canal, & y faire des ponts pour le transport, voiture & conduite des personnes, denrées & marchandises, & prendre & lever sur ledit canal mêmes droits de péage & de navigation qui sont perçus sur le canal royal de la jonction des mers, conformément à l'arrêt de notre conseil servant de tarif du 26 Septembre 1684; comme aussi d'établir des foires & marchés dans les villages qui pourront à l'avenir se former dans lesdits marais; pourvu qu'il n'y ait point d'autres foires ni marchés dans les mêmes jours à quatre lieues à la ronde. Permettons au surplus à notredit cousin le maréchal duc de Noailles, & à la dame duchesse de Noailles son épouse, & au survivant d'eux, de disposer des choses ci-dessus en faveur de leurs enfans, ou de tels desdits enfans que bon leur semblera, librement, ou sous telles charges, clauses & conditions qu'ils trouveront à propos, par actes entre-vifs, ou par testament, sans être lesdits enfans tenus de les rapporter ni suppléer à aucunes légitimes, le tout comme étant la condition sous laquelle nous leur avons accordé cette grace. Si donnons en mandement à nos amés & féaux les gens tenant notre cour de parlement à Toulouse, chambre des comptes, aides & finances de Montpellier, & autres qu'il appartiendra, chacun en droit soi, que ces présentes ils ayent à faire lire, publier & registrer purement & simplement, & du contenu en icelles jouir & user pleinement & paisiblement notre cousin le maréchal duc de Noailles, ses successeurs, & ayans cause, à perpétuité, sans faire, ni souffrir qu'il y soit contrevenu, fait & donné aucun trouble & empêchement, nonobstant tous édits, lettres, & autres choses à ce contraires, auxquelles nous avons dérogé par ces présentes & aux dérogatoires des dérogatoires. Et d'autant que d'icelles notredit cousin, ses successeurs, & ayans N°. II.

N°. II. ayans cause, pourroient avoir besoin en divers lieux, voulons qu'aux copies duement collationnées par l'un de nos amés & féaux conseillers secrétaires, il soit ajouté foi, comme à leur propre original; CAR tel est notre plaisir. Et afin que ce soit chose ferme & stable à toujours, nous avons fait mettre notre scel à cesdites présentes. DONNÉ à Versailles au mois de Janvier l'an de grace mil sept cent deux, & de notre regne le cinquante-neuvieme. *Signé*, LOUIS: *Et plus bas*, Par le Roi, PHELYPEAUX. *Et à côté est encore écrit*, Visa, PHELYPEAUX. *Et au-dessous*, Vu au conseil, CHAMILLARD.

Les présentes lettres-patentes, l'arrêt du conseil d'état, & procès-verbal ci-attachés sous le contre-scel de la grande chancellerie, ont été enregistrées ès registres des édits & ordonnances royaux, suivant l'arrêt de la cour du huitieme jour de Mars mil sept cent deux.

Signé, DE BESIS.

III.

ARRÊT

DU CONSEIL D'ETAT DU ROI,

Qui ordonne une vérification à l'effet de constater si les ouvrages à faire pour le desséchement des marais, & le canal de navigation, peuvent préjudicier aux salins de Peccais, aux propriétaires des marais, &c.

Du 30 Juin 1739.

EXTRAIT des Registres du Conseil d'État.

VU par le Roi en son conseil l'arrêt rendu en icelui le 4 Mars 1738, par lequel Sa Majesté a subrogé les sieurs Louis-Alexandre du Brocard de Barrillon, & Jean-Gédéon de la Salle, en tous les droits du feu sieur maréchal de Noailles, pour le desséchement des marais du bas Languedoc depuis Beaucaire jusqu'à Aigues-mortes & à l'étang de Pérols, & pour la construction d'un canal de navigation: La délibération des Etats de la province de Languedoc du 24 Janvier de la présente année 1739, tendante à supplier Sa Majesté de pourvoir à la conservation des salins de Peccais, & de suspendre l'exécution des ouvrages tant pour le desséchement des marais, que pour la construction du canal ci-dessus mentionné, jusqu'à ce qu'elle soit pleinement assurée que ces ouvrages ne pourront causer aucun préjudice auxdits salins; à supplier aussi Sa Majesté de se faire rendre compte des oppositions formées ou à former de la part des communautés & particuliers à l'exécution de ces mêmes ouvrages, soit qu'ils y eussent donné leur consentement lors du procès-verbal du sieur de Basville conseiller d'état, pour lors intendant en Languedoc, du mois de Mai 1701, soit qu'ils n'eussent pas alors été assignés devant ledit sieur de Basville; & d'ordonner qu'il sera pareillement sursis à l'exécution desdits ouvrages jusqu'à ce qu'il ait été prononcé sur ces oppositions, & enfin ladite délibération tendant pareillement à charger les syndics généraux de la province de prendre les connoissances nécessaires pour mettre les Etats en situation de pouvoir se déterminer dans la suite à former un avis sur le fonds même du projet des sieurs de Barrillon & de la Salle: Mémoire du syndic général de la province de Languedoc, tendant à mêmes fins, & contenant les motifs de ladite délibération: Requêtes des sieurs de Barrillon & de la Salle, par lesquelles ne proposant rien de contraire à ladite délibération des Etats, ils demandent en premier lieu, qu'il plaise à Sa Majesté de commettre tels ingénieurs qu'Elle jugera à propos N°. III.

N°. III.

de nommer pour faire la visite des marais dont il s'agit, & pour examiner si le desséchement desdits marais peut faire ou non quelque préjudice aux salins de Peccais, soit à ceux qui appartiennent au sieur évêque d'Alais, ou à d'autres propriétaires s'il s'en trouve aux environs; si les inconvéniens que des particuliers ont prétendu devoir procéder desdits ouvrages, & dont il est fait mention dans le mémoire du syndic général de Languedoc qui a donné lieu à ladite délibération des Etats, sont bien ou mal fondés; & si la province de Languedoc pourra souffrir quelque dommage, tant du desséchement des marais, que de la construction du canal en question; en dresser par lesdits ingénieurs leur procès-verbal, & donner leur avis, pour sur le tout être ensuite par Sa Majesté ordonné ce qu'il appartiendra; en second lieu, qu'il plaise aussi à Sa Majesté d'ordonner que dans deux mois pour tout délai, à compter du jour de la signification de l'arrêt qui interviendra, les communautés & particuliers qui prétendent avoir droit de s'opposer au desséchement desdits marais, & à la construction dudit canal, seront tenus de remettre pardevant le sieur contrôleur général des finances, leurs mémoires, & les pieces dont ils entendent se servir pour soutenir leur opposition aux arrêts du conseil qui ont permis le desséchement des marais, & la construction du canal dont il s'agit, sauf aux supplians à proposer leurs défenses, passé lequel délai lesdites communautés & particuliers demeureront déchus pour toujours de toutes oppositions. Oui le rapport du sieur Orry conseiller d'état, & ordinaire au conseil royal, contrôleur général des finances; LE ROI EN SON CONSEIL, a commis & commet le sieur de la Blottiere, maréchal de ses camps & armées, directeur général des fortifications dans la province de Languedoc, pour, avec le sieur de Senés ingénieur en chef, & en présence des syndics généraux de la province, ou de l'un d'eux au moins, du sieur de Clapiers directeur des travaux publics de la province, des propriétaires des salins de Peccais, ou de leurs syndics, ou lesdites parties duement appellées, & en présence aussi des entrepreneurs du desséchement des marais & de la construction du canal de navigation dont il s'agit, ou de telles personnes qui seront par eux chargées de leur procuration, faire la visite des marais que les sieurs de Barrillon & de la Salle se proposent de dessécher, en conséquence de l'arrêt du conseil du quatre Mars mil sept cent trente-huit, qui les a subrogés aux droits & priviléges qui en avoient été ci-devant accordés au feu sieur maréchal de Noailles, pour examiner si les ouvrages à faire pour le desséchement desdits marais, & pour la construction d'un canal de navigation, en conséquence de la même subrogation, peuvent causer quelque dommage aux salins de Peccais, & aux particuliers propriétaires desdits salins, & si lesdits ouvrages peuvent aussi préjudicier à la province de Languedoc; & du tout être par ledit sieur de la Blottiere, & ledit sieur de Senés, en présence des parties ci-dessus mentionnées, ou elles duement appellées, dressé procès-verbal, ainsi que des réquisitions, dires & contestations des parties, pour être ledit procès-verbal, avec l'avis desdits sieurs de la Blottiere & de Senés, remis au sieur contrôleur général des finances dans le courant du mois d'Octobre prochain : Ordonnant en outre Sa Majesté, que dans deux mois pour tout délai, à compter du jour de la signification du présent arrêt, les communautés & particuliers qui prétendent avoir droit de s'opposer au

N°. III. desséchement desdits marais, & à la construction dudit canal, seront tenus de remettre pareillement ès mains dudit sieur contrôleur général des finances, leurs mémoires, & les pieces dont ils entendent se servir pour soutenir leurs oppositions à l'exécution des arrêts du conseil qui ont permis le desséchement & la construction dudit canal, pour, après avoir été communiqués auxdits entrepreneurs, & au rapport dudit sieur contrôleur général des finances, être par Sa Majesté ordonné ce qu'il appartiendra, tant sur lesdites oppositions, que sur ledit procès-verbal : Et cependant ordonne Sa Majesté qu'il sera sursis à tous ouvrages de la part desdits entrepreneurs. FAIT au conseil d'état du Roi, tenu à Compiegne le trentieme jour du mois de Juin mil sept cent trente-neuf. Collationné. *Signé*, DE VOUGNY, *avec paraphe*.

LOUIS, PAR LA GRACE DE DIEU, ROI DE FRANCE ET DE NAVARRE : A nos amés & féaux les sieurs de la Blottiere, maréchal de nos camps & armées, directeur général des fortifications dans la province de Languedoc, & de Senés ingénieur en chef, SALUT. Nous vous mandons de procéder à l'exécution de l'arrêt dont l'extrait est ci-attaché sous le contre-scel de notre chancellerie, ce jourd'hui rendu en notre conseil d'état pour les causes y contenues : Commandons au premier notre huissier ou sergent sur ce requis, de signifier ledit arrêt à tous qu'il appartiendra, à ce qu'aucun n'en ignore, & de faire en outre pour son entiere exécution, à la requête des sieurs Louis-Alexandre de Brocard de Barrillon, & Jean-Gédéon de la Salle y dénommés, tous commandemens, sommations, & autres actes & exploits requis & nécessaires, sans autre permission ; CAR tel est notre plaisir. DONNÉ à Compiegne le trentieme jour de Juin, l'an de grace mil sept cent trente-neuf, & de notre regne le vingt-quatrieme. Par le Roi en son conseil. *Signé*, DE VOUGNY, *avec grille & paraphe*. N°. III.

IV.

ARRÊT DU CONSEIL D'ETAT DU ROI,

Qui commet MM. de Pontmartin & Durand, ingénieurs du Roi, pour procéder, conjointement avec MM. de la Blottiere & de Senés, à la vérification des marais à dessécher, ordonnée par l'arrêt du conseil du 30 Juin 1739.

Du 22 Septembre 1739.

EXTRAIT des Registres du Conseil d'Etat.

SUR la requête présentée au Roi, en son conseil, par Louis-Alexandre du Brocard de Barrillon & Jean Gédéon de la Salle, subrogés aux droits du feu sieur maréchal duc de Noailles, pour le desséchement des marais de Languedoc, & la construction d'un canal de navigation ; CONTENANT, que par arrêt du conseil d'état, du 30 Juin dernier, Sa Majesté a commis le sieur de la Blottiere, maréchal de camp, directeur général des fortifications en Languedoc, & le sieur de Senés, ingénieur en chef, pour, en présence de ceux qui y sont dénommés, faire la visite des marais que les supplians se proposent de dessécher ; pour examiner si les ouvrages à faire, tant au sujet du desséchement des marais, que de la construction du canal, peuvent causer quelque dommage, soit aux salins de Peccais, soit aux propriétaires de ces salins, soit à la province ; en dresser par lesdits sieurs de la Blot-

N°. IV. tiere & de Senés, leur procès-verbal, ainsi que des réquisitions, dires & contestations des parties, pour être ledit procès-verbal, avec leur avis, remis au sieur contrôleur général des finances, dans le courant du mois d'Octobre prochain : mais, comme dans une affaire aussi étendue & d'autant de détail, il pourroit arriver que les deux ingénieurs que Sa Majesté a nommés par l'arrêt du 30 Juin dernier, ne seroient pas du même avis, sur tous les points qui font l'objet de la vérification ordonnée, & que la diversité de leurs sentimens, demanderoit nécessairement que l'on eût recours à Sa Majesté, pour la supplier très-humblement de nommer un tiers ; ce qui apporteroit un retardement considérable à cette vérification, surtout si cet incident n'arrivoit qu'après la vérification commencée, ou lors même qu'elle seroit fort avancée, puisqu'en ce cas, le troisieme ingénieur que Sa Majesté nommeroit, ne pourroit se dispenser d'y procéder de nouveau. A CES CAUSES, requéroient les supplians, qu'il plût à Sa Majesté, commettre encore deux ingénieurs, tels qu'Elle voudra choisir, pour, conjointement avec lesdits sieurs de la Blottiere & de Senés, ou séparément, au nombre de trois, en cas d'empêchement légitime de la part de quelqu'un d'eux, procéder à l'exécution de l'arrêt du 30 Juin dernier. Vu ladite requête, & ledit arrêt du conseil du 30 de Juin de la présente année : OUI le rapport du sieur Orry, conseiller d'état ordinaire & au conseil royal, contrôleur général des finances ; SA MAJESTÉ EN SON CONSEIL, ayant égard à ladite requête, a commis & commet le sieur de Pontmartin, directeur des fortifications de Roussillon, & le sieur Durand, ingénieur à Saint-Hipolyte, pour, conjointement avec les sieurs de la Blottiere & de Senés, ou séparément, au nombre de trois au moins, en cas d'empêchement légitime de quelqu'un d'eux, procéder à la vérification ordonnée, & conformément à icelui, en ce qui n'est contraire au présent arrêt, qui sera exécuté, nonobstant oppositions ou autres empêchemens quelconques, pour lesquels ne sera différé, & dont, si aucuns interviennent, Sa Majesté s'est réservée & à son conseil, la connoissance. FAIT au conseil d'état, tenu à Versailles le vingt-deux Septembre mil sept cent trente-neuf. N°. IV.

Signé, GUYOT.

LOUIS, PAR LA GRACE DE DIEU, ROI DE FRANCE ET DE NAVARRE : Au premier notre huissier ou sergent sur ce requis. Nous te mandons & commandons, que l'arrêt, dont l'extrait est ci-attaché sous le contre-scel de notre chancellerie, ce jourd'hui rendu en notre conseil d'état, sur la requête à Nous présentée en icelui, par les sieurs Louis-Alexandre du Brocard de Barrillon & Jean Gédéon de la Salle, subrogés aux droits du feu sieur maréchal duc de Noailles, pour le desséchement des marais de Languedoc, & la construction d'un canal de navigation, tu signifies à tous qu'il appartiendra, à ce que personne n'en ignore ; & fais en outre, pour son entiere exécution, tous commandemens, sommations, & autres actes & exploits nécessaires, sans autre permission, nonobstant oppositions & autres empêchemens quelconques, pour lesquels ne sera différé, & dont, si aucuns interviennent, Nous nous en réservons & à notre conseil, la connoissance ; CAR tel est notre plaisir. DONNÉ à Versailles le vingt-deuxieme jour de Septembre, l'an de grace mil sept cent trente-neuf, & de notre regne le vingt-cinquieme. Par le Roi en son conseil ; GUYOT, *signé*.

V.

ARRÊT

DU CONSEIL D'ETAT DU ROI,

Qui commet M. Maréchal, directeur des fortifications de la province, & M. Dasté, ingénieur en chef du port de Cette, pour procéder à la vérification des marais, conjointement avec MM. de Senés, de Pontmartin & Durand, Ingénieurs.

Du 23 Février 1740.

EXTRAIT des Registres du Conseil d'Etat.

SUR la requête présentée au Roi en son conseil, par Louis-Alexandre de Barrillon, & Jean-Gédéon de la Salle, subrogés aux droits du feu sieur maréchal duc de Noailles, pour le desséchement des marais de Languedoc, & la construction du canal de navigation; CONTENANT, que par arrêt du conseil d'état, du 30 Juin de l'année derniere 1739, Sa Majesté auroit commis le sieur de la Blottiere, maréchal-de-camp, directeur général des fortifications en Languedoc, & le sieur de Senés, ingénieur en chef, pour, en présence de ceux qui y sont dénommés, faire la visite des marais que les supplians se proposent de dessécher: Que par un autre arrêt du 22 Septembre de ladite année derniere, Sa Majesté, pour prévenir les inconvéniens qui pourroient naître de la diversité des sentimens de deux ingénieurs, dans une affaire d'une si grande étendue & d'un si grand détail, auroit commis le sieur de Pontmartin, directeur des fortifications de Roussillon, & le sieur Durand, ingénieur à Saint-Hipolyte, pour, conjointement avec les sieurs de la Blottiere & de Senés, ou séparément, au nombre de trois au moins, en cas d'empêchement légitime de la part de quelqu'un d'eux, procéder à la vérification ordonnée par ledit arrêt du 30 Juin de l'année derniere 1739, & conformément à icelui; Que malgré ces précautions, l'exécution desdits arrêts, & la vérification ordonnée, ont été différées par diverses causes, que l'on ne pouvoit ni prévoir ni prévenir, & notamment par la maladie de quelques-uns des commissaires nommés, dont le premier, qui étoit le sieur de la Blottiere, est décédé, & le deuxieme, qui est le sieur de Senés, est actuellement malade, & fait douter que sa santé lui permette sitôt de vaquer à cette commission: Que lesdits sieurs de Barrillon & de la Salle ont cependant un intérêt urgent & sensible, de ne pas différer davantage cette importante opération. A CES CAUSES, requéroient les supplians, qu'afin que rien ne retardât plus ce préliminaire, il plût à Sa Majesté commettre à la place du feu sieur de la Blottiere, tel ingénieur qu'elle jugera à propos, & pour plus grande sureté, y en joindre encore un autre, pour, conjointement avec ceux déjà nommés, ou séparément, au nombre de trois au moins, en cas d'empêchement légitime de quelqu'un d'eux, procéder à ladite vérification, & profiter des premiers jours favorables pour la faire: Ordonner en outre, que lesdits ingénieurs y procéderont avec maturité & sans rien négliger, mais aussi avec la promptitude & la diligence requise; & au surplus, que lesdits arrêts du 30 Juin & du 22 Septembre, seront exécutés selon leur forme & teneur. Vu ladite requête, & lesdits arrêts du conseil des 30 Juin & 22 Septembre de l'année derniere 1739: Oui le rapport du sieur Orry, conseiller d'état, & conseiller ordinaire au conseil royal, contrôleur général des finances; SA MA-

N°. V.

JESTÉ EN SON CONSEIL, a commis & commet le sieur Maréchal, directeur des fortifications des places dans la province de Languedoc, & des ouvrages publics de ladite province, au lieu & place dudit feu sieur de la Blottiere, & le sieur Dasté l'aîné, ingénieur en chef du port de Cette, pour, avec le sieur de Senés, ingénieur en chef, le sieur de Pontmartin, directeur des fortifications de Roussillon, & le sieur Durand, ingénieur de Saint-Hipolyte, nommés par les arrêts du conseil des 30 Juin & 22 Septembre 1739, procéder incessamment, & conjointement, ou séparément, au nombre de trois au moins, en cas d'empêchement légitime de la part de quelqu'un d'eux, à la vérification ordonnée par lesdits arrêts, qui seront au surplus exécutés selon leur forme & teneur. FAIT au conseil d'état du Roi, tenu à Versailles le vingt-trois Février mil sept cent quarante. Collationné. *Signé*, DE VOUGNY.

LOUIS, PAR LA GRACE DE DIEU, ROI DE FRANCE ET DE NAVARRE: Au premier notre huissier ou sergent sur ce requis. Nous te mandons & commandons, que l'arrêt dont l'extrait est ci-attaché sous le contre-scel de notre chancellerie, ce jourd'hui rendu en notre conseil d'état, sur la requête à nous présentée en icelui, par Louis-Alexandre de Barrillon, & Jean-Gédéon de la Salle, subrogés aux droits du feu sieur maréchal duc de Noailles, pour le desséchement des marais de Languedoc, & la construction d'un canal de navigation, tu signifies à tous qu'il appartiendra, à ce qu'aucun n'en ignore; & fais en outre, pour son entiere exécution, à la requête desdits sieurs de Barrillon & Gédéon de la Salle, tous commandemens, sommations, & autres actes & exploits nécessaires, sans autre permission; CAR tel est notre plaisir. DONNÉ à Versailles le vingt-troisieme jour de Février, l'an de grace mil sept cent quarante, & de notre regne le vingt-cinquieme. Par le Roi en son conseil. *Signé*, DE VOUGNY.

VI.

JUGEMENT

Qui ordonne que dans un mois toutes les parties prétendant à la propriété desdits Marais, représenteront les titres de leurs droits, & que dans huitaine, celles à qui il a été fait des offres & dont les indemnités n'ont pas été réglées, formeront leurs demandes en dédommagement, ou accepteront lesdites offres.

Du 8 Août 1741.

Les commissaires nommés par le Roi, pour juger définitivement, & en dernier ressort, les contestations concernant le bornement & séparation des terres & marais à dessécher dans le bas Languedoc, circonstances & dépendances, suivant les arrêts du conseil des 5 Août & 9 Décembre 1738, & les commissions expédiées en conséquence les mêmes jours.

VU l'arrêt du conseil d'état du Roi, du 30 Juin 1739, qui commet le feu sieur de la Blottiere & de Senés, pour faire la visite des Marais à dessécher, & vérifier si les ouvrages à faire pour ledit desséchement & pour ledit canal de navigation, peuvent préjudicier aux salins de Peccais, ou à sa province, & qui ordonne en outre, que dans deux mois pour tout délai, à compter du jour de la signification dudit arrêt, les communautés & particuliers qui prétendent avoir droit de s'opposer audit desséchement & audit canal, seront tenus de remettre ès

N°. VI. mains de M. le contrôleur-général des finances, leurs mémoires, & les pieces dont ils entendent se servir pour soutenir leurs oppositions à l'exécution des arrêts du conseil qui ont permis ledit desséchement & ledit canal, pour, après avoir été communiqué auxdits entrepreneurs; & au rapport dudit sieur contrôleur-général des finances, être par Sa Majesté ordonné ce qu'il appartiendra; & cependant ordonne Sa Majesté, qu'il sera sursis à tous ouvrages de la part desdits entrepreneurs.

Le jugement par nous rendu le 29 Août 1739, par lequel il est ordonné, que sur les oppositions au desséchement des marais dont il s'agit, à la construction du canal de navigation, & aux arrêts du conseil rendus à ce sujet, ensemble sur les contestations concernant les nouvelles propositions faites aux sieurs de Barrillon & de la Salle, & par le sieur abbé de Franquevaux, & par le syndic des religieux de ladite abbaye, les parties se pourvoiront au conseil de Sa Majesté, pour leur être fait droit, ainsi qu'il appartiendra; & néanmoins sans préjudice desdites oppositions & du droit des parties, & sans avoir égard aux demandes en sursis formées par aucunes desdites parties, il est ordonné que les arrêts du conseil du 12 Mai 1716, 5 Août & 9 Décembre 1738, seront exécutés avec toutes les parties assignées, tant comparantes que défaillantes; & encore sans avoir égard à la demande du sieur grand-prieur de Saint-Gilles, en cassation de l'assignation à lui donnée à la requête desdits sieurs Barrillon & de la Salle, le 12 Mars dernier, tenant les consentemens donnés par le sieur Leblon dans sa requête du 14 Mai aussi dernier, par les héritiers du sieur de Saint-Côme, dans leur requête du 2 de Juin suivant, par le sieur de Vauvert, le prieur de Vauvert, & la communauté de Beaucaire, dans le procès-verbal de M. de Bernage, du 7 Mars dernier & jours suivans, ensemble la nomination faite dans ledit procès-verbal par ledit sieur de Vauvert, de Tempier pour son expert, celle faite par la communauté de Beaucaire, de Brunel pour expert de ladite communauté, & la déclaration dudit prieur de Vauvert, qu'il ne nommera point d'expert, & qu'il s'en rapporte au sujet du bornage, à tout ce qui sera fait par ledit sieur de Vauvert, & par la communauté dudit lieu, rejettant la nomination faite dans ledit procès-verbal, par ladite communauté de Beaucaire, de Moulin pour son arpenteur, il est ordonné que tous les assignés, tant comparans que défaillans, autres que le sieur de Vauvert, le prieur de Vauvert, & la communauté de Beaucaire, seront tenus de nommer leur expert dans huitaine, à compter du jour de la signification dudit jugement, pardevant le sieur Baudouin, l'un de nous, qui est à ce commis & député, sinon, qu'il en sera pour eux nommé d'office par ledit sieur commissaire, & en présence dudit commissaire, au plantement des bornes, pour servir de séparation entre les terres & marais qui doivent appartenir pour le tout, ou pour partie, auxdits sieurs de Barrillon & de la Salle, & les prés & coustieres des propriétaires & usagers desdits marais, conformément auxdits arrêts du conseil, en conséquence que lesdits propriétaires & usagers desdits marais & terres à dessécher, représenteront dans le même délai de huitaine, les titres & pieces justificatives de leurs droits, permet auxdits de Barrillon & de la Salle, de prendre leurs avantages du défaut de remise; & sur la demande desdits de Barrillon & de la Salle, tendante à ce N°. VI.

que faute par ledit sieur évêque d'Alais, le sieur grand-prieur de Saint-Gilles, & autres intéressés au desséchement desdits marais, dont les indemnités n'ont point été réglées par le procès-verbal de 1701, d'avoir formé leurs demandes en dédommagement, il soit procédé par les mêmes experts qui auront fait ledit bornement, à l'estimation dudit dédommagement qu'ils peuvent prétendre, il est ordonné que les parties instruiront plus amplement, diront & produiront tout ce que bon leur semblera dans quinzaine, pendant lequel délai ledit sieur grand-prieur de Saint-Gilles, sera tenu d'accepter ou rejetter les offres qui lui ont été faites par ledit sieur de Barrillon & de la Salle, & lesdits de Barrillon & de la Salle feront, si bon leur semble, leurs offres audit sieur évêque d'Alais, & autres intéressés au desséchement, dont les indemnités n'ont point été réglées par ledit procès-verbal de 1701, dépens compensés; significations dudit jugement aux procureurs des parties, des 20 & 21 Septembre 1739; Vingt-trois exploits des 22, 23, 24, 25, 26, 27, 28, 29 & 30 du mois de Septembre, & premier du mois d'Octobre 1739, contenant signification dudit jugement & des offres faites de la part desdits sieurs de Barrillon & de la Salle, à la communauté de Fourques, au sieur évêque d'Alais, à la communauté de Saint-Laurent, aux sieurs de Calviere, de Calvisson, Desports, & de Candillargues, aux consuls des communautés de Massillargues, Mauguio, Mudazon, & Candillargues, avec assignation à comparoir dans quinzaine pardevant nous, à l'effet d'accepter lesdites offres, ou former leurs demandes en dédommagement; & en refus, voir ordonner qu'il sera procédé à l'estimation dudit dédommagement, par experts convenus ou pris d'office; ledit exploit contenant en outre assignation au sieur évêque d'Alais, au chapitre d'Alais, au sieur duc d'Uzès, au sieur Causse, prieur de Vauvert, aux consuls & communauté de Beaucaire, au sieur commandeur du petit mas d'Argence, aux consuls & communauté de Bellegarde & de Saint-Gilles, au sieur évêque du Puy, abbé de Saint-Gilles, au chapitre de Saint-Gilles, au doyen, au capiscol & à l'ouvrier dudit chapitre de Saint-Gilles, au sieur grand-prieur de Saint-Gilles, aux hoirs du sieur de Saint-Côme, au sieur abbé Leblon, aux sieurs commandeurs de Capette, de Liviers, du Plan de la Peyre, & de la Vernede, aux consuls & communauté d'Aigues-mortes & de Saint-Laurent, au sieur de Calviere, aux consuls de la communauté du Caylar, au sieur évêque de Saint-Brieux, abbé de Franquevaux, aux religieux de Franquevaux, aux sieurs de Vauvert, de Calvisson, & Desports, aux consuls des communautés de Vauvert, d'Aimargues, de Villette, Saint-Series, Saturargues, Verargues, Lunel-la-Ville, Massilliargues, Lunel-Viel, Montels, Saint-Just, Saint-Nazaire, Lansargues, Valergues, Sainte-Colombe, Saint-Brès, Mauguio, Mudazon & Candillargues, & au sieur de Candillargues, à comparoir sommairement le 12 du mois d'Octobre lors prochain, pardevant ledit sieur Baudouin, l'un de nous; savoir, ladite communauté de Beaucaire, ledit sieur de Vauvert, & ledit sieur Causse, prieur de Vauvert, pour convenir d'un arpenteur avec toutes les autres parties, ou en voir nommer d'office, & faire la remise de leurs titres; & les autres communautés & particuliers pour nommer un expert de leur part, & convenir d'un arpenteur avec toutes les autres parties,

N°. VI. parties, ou en voir nommer d'office, & faire la remiſe des titres; Copie d'un acte ſignifié le 5 Octobre 1739, de la part du chapitre de Saint-Gilles auxdits ſubrogés, contenant qu'à cauſe de l'arrêt du 30 Juin 1739, il remettroit ſes titres à M. le contrôleur-général, qu'il n'avoit pas d'expert à nommer en l'état, & qu'il proteſtoit de la nullité des pourſuites. Trois exploits des 8, 9 & 11 Octobre, contenant ſignification des arrêts du conſeil & des commiſſions expédiées en conſéquence, concernant le deſſéchement deſdits marais, avec aſſignation à la dame de Beaurepaire, au ſieur de Bornier, ancien juge-mage, & au ſieur marquis d'Aubais, à comparoir pardevant M. de Bernage, pour accepter l'offre qui leur eſt faite, ou former leurs demandes en dédommagement, ſinon voir ordonner qu'il ſera procédé à l'eſtimation dudit dédommagement par experts convenus ou pris d'office; & à cet effet nommer un expert de leur part, & convenir d'un arpenteur, ou en voir nommer d'office pour procéder à ladite eſtimation & au plantement des bornes pour ſéparer les prés & couſtieres d'avec les marais. Copie d'un acte fait à la requête des conſuls de Fourques, le 11 Octobre 1739, contenant dénonce, que ladite communauté conſtituoit Grenier pour ſon procureur, à la place d'Albiſſon; Procès-verbal dreſſé en conſéquence de ladite aſſignation ſommaire par ledit ſieur Baudouin, ledit jour 12 Octobre 1739, dans lequel Chalier, procureur pour leſdits ſieurs de Barrillon & de la Salle, conclud aux fins deſdits exploits; Perette, pour les conſuls & communauté d'Aigues-mortes, perſiſte en l'oppoſition formée par ladite communauté au deſſéchement des marais & conſtruction du canal de navigation, & dit qu'il eſt préalable que la vérification ordonnée par l'arrêt du 20 Juin 1739, ſoit faite, & que les oppoſitions à l'exécution des arrêts du conſeil qui ont permis le deſſéchement & ledit canal ſoient jugées; d'autant plus que ledit arrêt du conſeil du 30 Juin 1739, porte qu'il ſera ſurſis aux ouvrages, & proteſte de la nullité de tout ce qui pourra être fait; Alletz, pour les maire & conſuls de Saint-Laurent d'Aigouſe, dit que ſes parties ſont oppoſantes envers le jugement par nous rendu le 29 Août lors dernier, la procédure du bornement étant prématurée & contraire audit arrêt du 30 Juin 1739, ainſi que la remiſe des titres qui, aux termes de cet arrêt, doit être faite entre les mains de M. le contrôleur-général, & que ledit ſieur de Barrillon & de la Salle pourront en prendre communication à ſon bureau; ledit Alletz, pour les communautés de Lunel & les autres compoſant la baronnie de Lunel, formé pareille oppoſition à notre jugement, ſur le fondement dudit arrêt, & conclud à ce que ledit ſieur Baudouin renvoie les parties devant nous, pour être dit droit à ſon oppoſition, proteſtant de la caſſation de ce qui a été fait & pourra ſe faire à l'avenir au préjudice de l'arrêt qui ordonne le ſurſis; ledit Alletz, pour le ſieur André Deſpiere, ſeigneur Deſports, demande ſon relaxe de l'aſſignation comme prématurée & contraire à la diſpoſition du ſuſdit arrêt, & proteſte de la nullité & caſſation de tout ce qui a été fait & pourroit être fait à l'avenir au préjudice dudit arrêt; déclarant qu'il eſt oppoſant audit deſſéchement; Doux, pour les maire & conſuls de la ville d'Aigues-mortes, aſſiſté du premier conſul & député, dit que ladite communauté eſt oppoſante à la nomination d'un expert & d'un arpenteur, & qu'il n'y a lieu à aucune vérification, arpentement ni N°. VI.

bornement, jusques à ce que les oppositions au desséchement ayent été jugées au conseil, suivant ledit arrêt du conseil, signifié le 18 Août lors dernier, requérant qu'il soit accordé un délai convenable à ladite communauté, pour faire extraire ses actes & titres, attendu même que le délai de deux mois accordé par ledit arrêt, pour la remise des titres & mémoires, n'est pas encore expiré, & proteste de toute nullité; Bouisson, pour le sieur grand-prieur de Saint-Gilles; & les sieurs commandeurs du petit mas d'Argence, Capette, Barbantannes, plan de la Peyre & la Vernede, dit que c'est au susdit arrêt du conseil dudit jour 30 Juin, qu'il faut se conformer; qu'il est préalable que tout ce qui a été ordonné par ledit arrêt soit exécuté, qu'ils remettront incessamment à M. le contrôleur-général leurs mémoires & leurs pieces; & qu'en l'état ils ne peuvent accepter l'offre faite par lesdits sieurs de Barrillon & de la Salle, ni nommer un expert & un arpenteur, sauf à le faire dans la suite en cas il y ait lieu, d'autant plus que lesdits sieurs de Barrillon & de la Salle, n'ont point communiqué un plan exact des ouvrages à faire pour ledit desséchement & ledit canal, renouvelle les oppositions ci-devant formées, & proteste de la nullité & cassation de tout ce qui sera poursuivi sur l'assignation à eux donnée, & de se pourvoir pour raison de ce devant qui il appartiendra; Grenier, pour ledit sieur duc d'Uzès, a dit qu'il forme en son nom opposition à l'exécution des arrêts du conseil qui ont permis le desséchement des marais & ledit canal, en la même forme que feu M. son pere l'avoit fait, & par les mêmes raisons & celles qu'il déduira au conseil où elle doit être jugée, suivant ledit arrêt du conseil du 30 Juin 1739; qu'il est préalable que la vérification ordonnée par cet arrêt soit faite, & que les oppositions soient jugées, attendu que ledit arrêt porte, qu'il sera sursis aux ouvrages, & que ce sursis comprend les procédures à faire pour y parvenir, & proteste de tout ce qui pourra être fait au préjudice desdites oppositions & dudit arrêt; ledit Grenier, pour les consuls & communauté de Bellegarde, dit que par les mêmes raisons ladite communauté proteste de la nullité de tout ce qui pourroit être fait au préjudice desdites oppositions & dudit arrêt; ledit Grenier, pour les consuls & communauté de Fourques, dit que ladite communauté révoquant ses précédens procureurs, & le constituant, lui persiste dans son opposition au desséchement & audit canal; qu'il est préalable que ledit arrêt du conseil du 30 Juin soit exécuté, & proteste de nullité de tout ce qui pourroit être fait, & déclare qu'elle n'a aucune contestation à porter, quant à présent; Durand, pour les consuls & communauté de Candillargues, a dit, qu'ils sont opposans envers notre jugemenr du 29 Août 1739, parce que ledit bornement est prématuré, & la remise des titres mal fondée jusques à ce que ledit arrêt du conseil ait été exécuté; & qu'à l'égard de la remise des titres, ils doivent, aux termes dudit arrêt, être remis à M. le contrôleur-général, & non auxdits sieurs de Barrillon & de la Salle; auquel effet, lesdits consuls ont donné leur requête en opposition devant nous envers notre susdit jugement, comme contraire audit arrêt du conseil, & concluent à être renvoyés devant nous, pour être dit droit sur leur requête, sans préjudice de leurs autres oppositions; ledit Durand, pour le sieur de Candillargues, dit, que sa partie prend les mêmes conclusions que ladite communauté de Candillar-

N°. VI.

gues, par les mêmes raisons; Castan, pour les consuls & communauté de Saint-Gilles, dit, que ses parties persistent en l'opposition qu'ils ont formée audit desséchement, & au bornage; qu'ils ne sont point en état de produire, dans le délai qui leur a été accordé, les titres de propriété desdits marais, outre que quand il seroit question un jour, de faire ledit desséchement, la communauté ne seroit tenue de nommer son expert & arpenteur, qu'après le desséchement fait, attendu que par l'accord fait en 1701, elle a droit de choisir 325 salmées de terre, de l'entier terrein desséché, ce qu'elle représente dans sa délibération du 26 Septembre lors dernier, demande le sursis au bornage & à l'arpentement, jusqu'à ce que Sa Majesté aura dit droit sur son opposition; & cependant, leur accorder un délai de six mois pour recouvrer & remettre leurs titres de propriété sur lesdits marais, attendu qu'ils ne sont pas dans les archives de la communauté; ledit Castan, pour le sieur de la Boissiere de Saint-Côme, demande un délai de trois mois pour recouvrer & remettre ses titres; ledit Chalier, pour lesdits sieurs de Barrillon & de la Salle, répliquant, dit que ledit Allerz se présente sans aucun pouvoir de la baronnie de Lunel, qui s'est désistée de son opposition par délibération prise à la pluralité des voix le 11 dudit mois d'Octobre; qu'à l'égard des autres parties comparantes, leurs oppositions & demandes en sursis au bornement des marais, & à la remise des titres, ont été condamnées par notre jugement dudit jour 29 Août 1739, rendu en contradictoire défense, que la vérification ordonnée par l'arrêt du conseil du 30 Juin 1739, n'a rien de commun avec le bornement des marais, & que la remise des mémoires & actes pour soutenir leurs oppositions ordonnée par cet arrêt, est aussi totalement distincte de la représentation des titres, la premiere ayant pour objet les oppositions au desséchement, & la derniere tendant à justifier la propriété des marais, & en fixer les limites; que d'ailleurs, les propriétaires peuvent remettre leurs titres entre les mains de M. le contrôleur-général, après en avoir donné des copies collationnées, auxdits sieurs de Barrillon & de la Salle, en conformité de notredit jugement; qu'enfin, le sursis ordonné par ledit arrêt du conseil, ne tombe que sur les ouvrages à faire pour le desséchement des marais & pour ledit canal, au lieu que le bornement des marais, est une procédure qui ne fait aucun changement à l'état des lieux, qui ne tend qu'à distinguer les prés & coustieres, d'avec les marais, qui ne peut porter aucun préjudice, & qui peut leur être au contraire très-avantageux pour assurer & fixer leurs limites; Requérant, à faute par les parties défaillantes, de s'être présentées, & par les comparantes d'avoir nommé leurs experts, qu'il soit nommé un expert d'office pour toutes les parties qui n'en ont point nommé, & un arpenteur; qu'il soit accordé acte du refus & défaut de représentation des titres, protestent d'en prendre leurs avantages, & de tous leurs dépens, dommages & intérêts. Ordonnance dudit sieur Baudouin dudit jour, 12 Octobre 1739, qui donne acte aux parties, de leurs dires, comparutions, réquisitions, oppositions & protestations, & faute par les parties comparantes de nommer un expert, & de convenir d'un arpenteur, & faute par les défaillantes de s'être présentées pour nommer un expert & convenir d'un arpenteur, Nomme d'office pour les parties, tant comparantes que défaillantes, autres que le sieur de Vauvert, le prieur de Vauvert, & la communauté de Beaucaire, Antoine Péridier, notaire-royal de Montpellier, pour leur expert, & pour toutes les parties, tant comparantes que défaillantes, Mathieu Verdier, arpenteur, habitant de la même ville, pour arpenteur, sauf les causes de soupçon & récusation à proposer dans le délai de huitaine, passé lequel, ordonne que lesdits experts & arpenteur; ensemble les sieurs Aguier, Brunel & Tempier, experts déjà nommés dans le procès-verbal de M. de Bernage, du 7 Mars 1739 & jours suivans, seront assignés pour faire le serment requis, & les parties intéressées pour le voir recevoir, & ce fait, procéder en conformité de notre jugement; & au surplus, donne acte du refus & de défaut de représentation des titres; & sur la demande en délai de la communauté de Saint-Gilles & du sieur de Saint-Côme, pour la remise & représentation de leurs titres, renvoye les parties pardevant nous pour leur être fait droit : L'acte signifié le 13 dudit mois d'Octobre, audit chapitre de Saint-Gilles, de la part desdits subrogés, en réponse à celui dudit chapitre, signifié auxdits subrogés ledit jour 5 Octobre. Copie de l'acte signifié ledit jour 13 Octobre, de la part dudit chapitre d'Alais auxdits subrogés, contenant qu'il est de plus fort opposant envers les arrêts du conseil qui ont permis le desséchement, & envers notredit jugement; qu'il alloit se pourvoir devers Sa Majesté pour faire dire droit sur son opposition. Copie de l'inventaire de production dudit sieur de Calviere, signifié le 18 Octobre 1739, dans lequel sont énoncés les titres dudit sieur de Calviere sur le tenement de la Muzette, la Jasse dudit sieur de Calviere & la Palusselle : & persiste dans son opposition. Copie du comparant signifiée le 20 Octobre 1739, de la part des consuls de Vauvert, par lequel il est dit que ladite communauté a révoqué la délibération du premier Mars 1739, qui tendoit à opposition audit desséchement, par autre délibération du 20 Septembre 1739, par laquelle ladite communauté a consenti audit desséchement sous huit conditions y énoncées par déférence pour les arrêts du conseil. Copie de délibération & de requête communiquée le 21 dudit mois d'Octobre auxdits subrogés, de la part des consuls des communautés qui composent la baronnie de Lunel, où ils concluent que les subrogés soient tenus de leur donner une copie entiere dudit jugement dudit jour 29 Août 1739; que ce jugement soit rétracté, & les parties mises au même état où elles étoient auparavant, & que l'arrêt du conseil du 30 Juin soit exécuté. Procès-verbal dressé par M. de Bernage ledit jour 21 dudit mois d'Octobre, dans lequel ledit Chalier pour lesdits subrogés, conclud aux fins desdits exploits d'assignation desdits jours 8, 9 & 11 dudit mois d'Octobre, Tesses, pour ledit sieur de Bornier dit, qu'il n'a garde de s'opposer au desséchement ni audit canal; mais qu'il ne possede aucun domaine qui soit dans le cas dudit desséchement; qu'il ne veut point nommer d'expert de sa part, qu'il s'en rapporte à ceux qui seront nommés d'office, & demande qu'il soit mandé aux experts plusieurs faits énoncés dans ledit procès-verbal; Allerz, pour le sieur marquis d'Aubais, seigneur du Caylar, dit qu'il consent au desséchement des marais lui appartenant, situés au Caylar; mais il requiert un délai pour accepter ou refuser l'offre qui lui a été faite de la part des subrogés, & pour former sa demande en dédommagement; & à l'égard du bornement des marais, il nomme pour son expert le

N°. VI. sieur Mirabaud, notaire d'Aigues-vives, & consent que l'arpenteur qui sera nommé d'office, procede à l'arpentement nécessaire pour le plantement des bornes; ledit Chalier repliquant, requiert défaut contre la dame de Beaurepaire, consent qu'il soit accordé un brief délai au sieur d'Aubais pour traiter & pour remettre ses titres, sinon que ses parties prendront leurs avantages; consent encore à la nomination dudit Mirabaud, & requiert qu'il soit tenu de prêter serment avec les autres experts & arpenteurs; qu'à l'égard du sieur de Bornier, il n'y a qu'un fait à mander aux experts, savoir, s'il possede un terrein qui soit marais ou inondé de sa nature ou par sa situation, & non par accident, & s'il persiste à vouloir faire mander aux experts les faits par lui allégués, lesdits subrogés protestent de le rendre responsable des frais, dépens, dommages & intérêts, & demandent qu'il soit tenu de remettre tous ses titres. Ordonnance dudit jour 21 Octobre 1739, par laquelle ledit sieur de Bernage donne acte auxdits procureurs de leurs comparutions, dires & réquisitions, & du consentement prêté par lesdits sieurs d'Aubais & de Bornier audit desséchement & audit canal, & de la nomination d'Aguier pour expert desdits subrogés, & dudit Mirabaud pour expert dudit sieur d'Aubais; & tenant son consentement que l'arpenteur qui sera nommé d'office, fasse les arpentemens nécessaires, & la déclaration faite par ledit sieur de Bornier, qu'il s'en rapporte à ceux qui seront nommés, donne défaut contre la dame de Beaurepaire; & pour le profit, nomme d'office le sieur Péridier, notaire de Montpellier pour expert, ledit Verdier, de ladite ville, pour arpenteur, sauf causes de soupçon & récusation à proposer dans huitaine de la signification; passé lequel délai lesdits experts & arpenteur se présenteront pardevant ledit sieur Baudouin, à l'effet de prêter le serment requis; pour ce fait, être procédé, en présence dudit commissaire, par lesdits Aguier & Mirabaud, experts, & Verdier, arpenteur, audit bornement des marais dudit sieur d'Aubais; & qu'en présence du même commissaire, il sera procédé par lesdits Aguier, Péridier, & Verdier, arpenteur, au bornement des marais de ladite dame de Beaurepaire & dudit sieur de Bornier, dont ils dresseront leur rapport, dans lequel ils rapporteront les faits exprimés, tant dans la comparution dudit sieur de Bornier, & dans la réplique desdits subrogés, aux frais & dépens de qui il appartiendra; auquel effet lesdites parties seront tenues, chacune en droit soi, de faire dans huitaine la remise de leurs titres, & que dans le même délai de huitaine, elles seront également tenues d'accepter ou rejetter les offres qui leur ont été faites, sinon permis auxdits subrogés de prendre leurs avantages. Copie du comparant signifiée auxdits subrogés le 25 dudit mois d'Octobre, de la part des consuls du Caylar, tendant à ce qu'il leur soit accordé un délai de six mois pour recouvrer les actes de la communauté, en faire des extraits, & les remettre: Signification de ladite ordonnance dudit jour 21 Octobre 1739, aux procureurs des parties les 23, 24 & 25 dudit mois d'Octobre. Vingt-quatre exploits des 28, 29, 30 & 31 Octobre, 2, 3, 4, 5, 6 & 7 Novembre 1739, contenant signification de ladite ordonnance à toutes les parties intéressées, avec sommation de proposer dans le délai de huitaine, les moyens de soupçon & récusation contre les experts & arpenteur; sinon, tant lesdits experts & arpenteur, que lesdites parties, sont assignées par lesdits exploits, à comparoir séparément de- N°. VI.

vant ledit sieur commissaire ; savoir, lesdits experts & arpenteur, pour faire le serment requis ; & lesdites parties pour le voir recevoir ; lesdits exploits contenant en outre, qu'attendu que les parties dont les indemnités n'ont point été réglées par le procès-verbal de 1701, n'ont pas accepté ni rejetté les offres qui leur ont été faites par lesdits sieurs de Barrillon & de la Salle, ni formé leurs demandes en dédommagement ; & que tant lesdites parties, que celles dont l'indemnité fut réglée en 1701, n'ont point fait la remise & représentation de leurs titres prétendus en conformité des arrêts du conseil & de notredit jugement, ce qui prouve qu'ils n'ont aucun droit de propriété ni d'usage sur les marais qu'ils ont déclaré leur appartenir, & que ces marais appartiennent à Sa Majesté, & sont compris dans le don qu'il a fait à M. le duc de Noailles, auxquels les sieurs de Barrillon & de la Salle sont subrogés, toutes les parties ont été sommées à comparoir incessamment pardevant nous, pour voir permettre auxdits subrogés d'en faire le bornement, ainsi que des autres marais appartenant à Sa Majesté, pour ensuite être desséchés, conformément aux arrêts du conseil, & appartenir en entier auxdits subrogés en toute propriété, avec défenses de les y troubler ; & pour se voir en outre condamner en tous les dépens & aux dommages & intérêts. Procès-verbal dressé sur ladite assignation sommaire par ledit sieur Baudouin le 16 Novembre 1739, dans lequel ledit Chalier pour lesdits subrogés, conclud aux fins de l'assignation sommaire contenue dans lesdits exploits ; Grenier, pour ledit sieur duc d'Uzès, dit, qu'à cause du sursis ordonné par ledit arrêt du conseil du 30 Juin 1739, tout doit rester dans l'état jusqu'à ce qu'il ait été exécuté ; que toutes procédures seroient inutiles & frustratoires, & attentatoires audit arrêt du conseil ; que les subrogés n'ont fait paroître qu'après notre jugement du 29 Août ; qu'ils ne l'ont pas produit ; & que s'il avoit été connu, ledit jugement n'auroit pas été rendu ; qu'il persiste dans ses oppositions, & proteste de la nullité ; déclarant qu'il n'a rien à dire jusqu'à ce qu'il ait plû au Roi de statuer ; ledit Grenier, pour la communauté de Bellegarde, a dit, qu'il persiste dans ses oppositions, par les mêmes raisons ci-dessus ; ledit Grenier, pour la communauté de Fourques, proteste de la nullité de la procédure & des attentats, par les mêmes raisons ci-dessus ; Guillaumat, pour la communauté de Vauvert, assisté du sieur Boissier, député, a dit, que par délibération prise en conseil général le 8 du même mois, les habitans s'opposent de plus fort au desséchement, & qu'il ne consent point à la prestation de serment ; ledit Chalier répliquant, dit, que ce qui est allégué n'étant qu'une répétition de ce qu'on avoit déjà relevé lors dudit jugement & de l'ordonnance dudit sieur Baudouin, ne mérite aucune attention, & qu'il proteste de la nullité de la nouvelle délibération prise par la communauté de Vauvert, attendu qu'elle est contraire à celle qui avoit été ci-devant prise le 20 Septembre 1739, & requiert la réception du serment des experts, lesdits Aguier, Péridier, Tempier, Brunel, experts & Verdier, arpenteur, ont dit qu'ils offrent de prêter le serment requis, & de procéder au fait de leur commission. Ordonnance du sieur Baudouin dudit jour 16 Novembre 1739, qui donne acte auxdits procureurs de leurs comparutions, dires & réquisitions, & faute par les parties défaillantes d'avoir comparu, ordonne que les experts & arpenteur prêteront serment, ce qu'ils ont fait, &

N°. VI. juré de bien & duement procéder au fait de leur commission. Copie d'un comparant signifiée le 16 Nov. 1739, de la part du sieur Desports, par lequel il persiste en son opposition, & proteste de nullité contre la nomination d'experts, & le plantement des bornes, sur le fondement dudit arrêt du conseil du 30 Juin 1739, qu'il ne remettra ses titres qu'en cas il soit troublé; que le seul accommodement dans lequel il peut entrer, est qu'on lui achete sa terre de Desports de gré à gré, & qu'au reste ses prés & herbages ne sont point dans le cas du desséchement. Copie de requête signifiée le 17 Novembre 1739, auxdits subrogés de la part des consuls d'Aimargues, tendante à ce qu'il leur soit accordé un délai pour faire extraire leurs titres; qu'il soit ordonné que lesdits subrogés en payeront les frais, & que si nous trouvons que la communauté en doive faire l'avance, qu'il leur soit accordé un délai pour obtenir la permission d'emprunter l'argent nécessaire. Copie d'un comparant signifiée le même jour 17 Novembre 1739, auxdits subrogés de la part des consuls de Saint-Laurent d'Aigouse, dans lequel ils persistent à demander la cassation de la procédure. Autre copie de comparant signifiée le même jour auxdits subrogés, de la part du sieur abbé Leblon, par lequel il persiste en la comparution, portée ci-devant par lui. Copie de délibération signifiée aussi le même jour, de la part des consuls de Vauvert, prise par la communauté le 8 du même mois de Novembre, contenant révocation de celle prise le 20 Septembre précédent, par laquelle ladite communauté avoit consenti au desséchement, & que ladite communauté s'y oppose de plus fort. Copie du comparant signifiée le 18 dudit mois de Novembre auxdits subrogés de la part des consuls & communautés qui composent la Baronnie de Lunel, par lequel ils persistent dans leurs oppositions au desséchement, & envers notre jugement du 29 Août précédent, & qu'ils s'opposent encore à la prestation de serment des experts & arpenteur, dont la nomination est frustratoire & inutile. Copie de requête signifiée le 20 Novembre 1739, auxdits subrogés de la part des communautés de la Baronnie de Lunel, tendante à ce qu'il nous plaise rejetter la copie informe & tronquée, qui leur a été donnée du jugement du 29 Août 1739; ce faisant ordonner qu'il leur en sera donné une autre en bonne & due forme, & en outre, que disant droit à ladite opposition, ledit jugement soit rétracté, & qu'en conséquence, il soit ordonné que les parties seront remises au même état qu'elles étoient auparavant, comme aussi que l'arrêt du conseil du 30 Juin 1739 sera exécuté, & que jusques à son entiere exécution, il sera sursis à toute sorte d'ouvrages, à peine de nullité, & de tous dépens, dommages & intérêts. Autre copie de requête & ordonnance de soit-communiqué, signifiée le 23 Novembre 1739, de la part des sieurs Jacques Chabaud & Elie Peyriere du lieu de Vauvert, ladite requête tendante à ce qu'il leur soit donné acte de l'opposition qu'ils forment audit desséchement, par rapport à certaines terres & palus dont ils sont en possession depuis un tems immémorial. Copie d'une autre requête & d'une ordonnance de soit-communiqué, signifiées le même jour de la part des consuls dudit lieu de Vauvert, ladite requête tendante à ce qu'il leur soit donné acte de leur opposition audit desséchement; ce faisant annuller & rejetter la délibération, prise par la même communauté le 20 Septembre précédent, contenant consentement audit desséchement. Requête desdits subrogés, adressée audit sieur Bau- N°. VI.

N°. VI.

douin, commissaire, tendante à requérir ledit sieur commissaire de se transporter sur les marais, & de donner jour certain aux parties pour s'y trouver. Ordonnance dudit sieur Baudouin, au pied de ladite requête du 28 dudit mois de Novembre 1739, portant que les parties seront sommairement assignées pardevant lui, pour voir donner un jour certain pour se trouver sur les lieux, à l'effet de procéder au bornement desdits marais. Quatre exploits contenant signification de ladite requête & ordonnance les 1, 2 & 3 Décembre 1739, aux parties défaillantes, & aux procureurs des parties comparantes, avec sommation, à comparoître le 4 du même mois, pardevant ledit commissaire auxdites fins. Procès-verbal dressé par ledit sieur Baudouin ledit jour 4 Décembre 1739, dans lequel Chalier pour lesdits subrogés, conclud aux fins de ladite requête; Rouel, pour la communauté du Caylar, demande un délai pour recouvrer & rapporter ses titres, & proteste, en cas il soit passé outre, de la nullité; Allerz, pour les communautés de la Baronnie de Lunel, proteste de la nullité & cassation de la procédure, disant que s'il étoit question d'indiquer le jour du départ, il auroit fallu assigner en personne ou domicile toutes les parties intéressées, suivant l'ordonnance de 1667, titre des descentes sur les lieux, article VI, qu'ils se sont pourvus par deux requêtes en opposition envers notre jugement dudit jour 29 Août 1739, sur le fondement de l'arrêt du conseil du 30 Juin 1739, & conclud au renvoi devant nous pour le jugement desdites requêtes en opposition, sans préjudice de la cassation de tout ce qui a été fait; Doux, pour la communauté d'Aimargues, proteste de la nullité de tout ce qui sera fait au préjudice de l'opposition de ladite communauté; dans laquelle elle persiste, & à l'adjudication des fins de leur requête, communiquée le 17 Novembre précédent; Bousquet, pour le sieur abbé & les religieux de l'abbaye de Franquevaux & du chapitre de Saint Gilles, dit, qu'il proteste de la nullité de ladite assignation, attendu que s'agissant de donner un jour & lieu certain pour le départ, c'est un fait des parties, qu'on doit faire assigner en personne ou domicile, ledit Chalier persiste, requiert défaut contre les parties défaillantes, & offre de consigner les frais ordinaires pour la descente. Ordonnance dudit sieur Baudouin dudit jour 4 Décembre 1739, qui donne acte auxdits procureurs de leurs comparutions, dires, réquisitions & protestations, & renvoie la demande en délai de Rouel, procureur de la communauté du Caylar, auxdits sieurs commissaires, pour y être fait droit; & cependant faute par les défaillans de s'être présentés, ordonne qu'il sera par lui fait descente sur les lieux contentieux avec son greffier, & à ces fins indique son départ au 28 du même mois de Décembre heure de sept du matin, pour se rendre à Saint-Laurent, enjoint aux parties & aux experts & arpenteur de s'y trouver, sinon qu'il sera passé outre, à la charge par lesdits subrogés de consigner les frais ordinaires. Procès-verbal dressé par ledit sieur Baudouin le 19 dudit mois de Décembre, dans lequel Chalier pour lesdits subrogés, dit qu'au moment qu'ils ont voulu faire signifier aux parties intéressées audit desséchement, le procès-verbal dressé par ledit sieur Baudouin le 4 dudit mois de Décembre, qui indique le jour de son départ, ils ont appris que par arrêt du conseil, Sa Majesté fait défenses de faire aucune procédure contre ceux qui composent les Etats de la province de Languedoc, 15 jours avant l'ouverture d'iceux, pendant

N°. VI. pendant leur tenue, & 15 jours après leur séparation, à peine de nullité; & comme l'ouverture des Etats est déjà faite, & qu'il y a plusieurs de ceux qui y assistent, qui se trouvent intéressés au dessèchement & bornement desdits marais, lesdits subrogés requierent qu'il lui plaise vouloir indiquer son départ à un autre jour. Ordonnance du sieur Baudouin dudit jour 19 Décembre 1739, qui donne acte audit Chalier de ses comparutions, dires & réquisitions, & ordonne qu'à la diligence desdits subrogés, les parties intéressées seront sommairement assignées pardevant lui. Requête desdits subrogés avec une ordonnance au pied de soit-communiqué du 2 Juin 1740, rendue par ledit sieur Affier, ladite requête tendante à ce qu'en jugement, l'interlocutoire porté par ledit jugement du 29 Août 1739, & le renvoi fait par le procès verbal dudit sieur Baudouin du 12 Octobre suivant, adjuger aux supplians les fins & conclusions prises dans leurs exploits desdits jours 28, 29, 30 & 31 Octobre, 2, 3, 4, 5, 6 & 7 Novembre, ce faisant, attendu que ceux dont les indemnités n'ont point été réglées, n'ont point accepté les offres qui leur ont été faites par les supplians, ni formé leurs demandes en dédommagement, & que tant lesdites parties que celles dont l'indemnité fut reglée en 1701 & 1702, n'ont point fait la remise de leurs titres, permettre aux supplians de faire procéder au bornement des marais que lesdites parties ont déclaré, ou qu'elles prétendent leur appartenir, ainsi que des autres marais appartenant à Sa Majesté, pour ensuite être desséchés, conformément aux arrêts du conseil, & appartenir en entier aux supplians en toute propriété, avec défenses de les y troubler, & condamner lesdites parties aux dépens, & aux dommages & intérêts soufferts & à souffrir par les supplians. Signification de la requête aux procureurs des parties, le 7 dudit mois de Juin. Acte signifié aussi le même jour aux procureurs des parties, par lequel il leur est dénoncé que la production & pieces desdits subrogés ont été remises audit sieur Affier, rapporteur, avec sommation de remettre, lier & joindre tout ce que bon leur semblera, dans le délai de trois jours, sinon forclos, & que les contestations seront jugées en l'état. Requête adressée audit sieur Baudouin, à ce qu'il lui plaise se transporter sur lesdits marais, & donner aux parties un jour & lieu certain pour s'y trouver. Ordonnance dudit sieur Baudouin, au pied de ladite requête du 25 Juin 1740, portant que les parties seront assignées pardevant lui pour voir donner un jour certain. Trois exploits des 25 & 27 dudit mois de Juin, contenant signification de ladite requête & de ladite ordonnance, avec assignation aux parties défaillantes & aux parties comparantes, en la personne de leurs procureurs, à comparoître le 30 du même mois par-devant ledit sieur Baudouin, aux fins de ladite requête & ordonnance. Procès-verbal dressé par ledit sieur Baudouin le 30 dudit mois de Juin, dans lequel ledit Chalier conclud aux fins de ladite requête; Alletz, pour les communautés de la baronnie de Lunel, dit qu'il y a lieu de casser la procédure déjà faite, & tout ce qui reste à y faire, tant par nullités, que autres moyens de droit; ledit Alletz, pour le sieur abbé Leblon conclud aux mêmes fins de cassation; ledit Alletz, pour les consuls de Saint-Laurent, aussi à ladite cassation; ledit Alletz, pour le sieur Desports dit que s'il n'a point remis ses titres, c'est parce qu'il ne possede aucun fonds qui soit marais ou terre inondée, que la procédure du bornement est prématurée, & contraire aux

N°. VI. arrêts du conseil, & proteste de faire casser la procédure faite & à faire; Abauzit, pour la communauté de Lansargues, a dit qu'elle s'oppose au plantement des bornes, étant préalable de vuider l'opposition déjà formée par ladite communauté, dans laquelle elle persiste; le Roi ayant sursis à tous ouvrages par son arrêt du conseil du 30 Juin 1739, protestant, en cas il soit passé outre, de tous ses dépens, dommages & intérêts; Parlier, pour le sieur évêque du Puy, abbé de Saint-Gilles, dit que sa partie s'est désistée de l'opposition par lui formée envers le desséchement des marais, & qu'il consent, tant audit desséchement, qu'au plantement des bornes requis, ledit Chalier répliquant, persiste aux conclusions de sa requête, requiert défaut contre les défaillans, & offre de consigner les frais ordinaires pour la descente. Ordonnance dudit sieur Baudouin dudit jour trente Juin mil sept cent quarante, qui donne acte auxdits procureurs de leur comparution, dires & réquisitions, protestations & consentement; & cependant faute par les parties défaillantes & par les procureurs des comparantes de s'être présentés, octroie défaut, & ordonne qu'il sera par lui fait descente sur les lieux, & indique son départ au 24 du mois de Juillet suivant, pour se rendre audit Saint-Laurent d'Aigouse où il fera ses premieres assises, sauf à être pourvu sur les lieux pour l'indication des autres endroits; enjoint aux experts & arpenteurs de s'y trouver à l'effet de procéder le lendemain à l'exécution dudit jugement, & ordonne que lesdites parties seront tenues d'y comparoître pour être présentes si bon leur semble, sinon qu'il sera passé outre, à la charge par lesdits subrogés de consigner les frais ordinaires. Quinze exploits des 12, 13, 14 & 15 dudit mois de Juillet, contenant signification dudit verbal & ordonnance au sieur de Calvisson, à la communauté de Massillargues, au sieur de Calviere, aux communautés de Saint-Laurent & du Caylar, au capiscol, & à l'ouvrier du chapitre de Saint-Gilles, à la dame de Beaurepaire, Aguier expert, au sieur duc d'Uzès, au sieur évêque d'Alais, au chapitre d'Alais, au sieur de Bornier, au sieur de Candillargues, aux communautés de Mauguio, Mudazon & Candillargues, au sieur Mirabaud & Péridier experts, & au sieur Verdier arpenteur, & audit procureur du Roi; savoir, lesdits experts & arpenteur pour prêter serment, le sieur d'Aubais, la dame de Beaurepaire & le sieur de Bornier pour le voir prêter, & être ensuite procédé audit bornement, & tant lesdites parties que les autres assignées en la personne de leurs procureurs, avec sommation au procureur du Roi pour se trouver aux jours & lieux indiqués, & voir procéder audit bornement, à commencer par les marais de Saint-Laurent; & à cet effet que lesdites parties indiquent les limites de leur séparation, & qu'il sera passé outre, tant en présence qu'absence, lesdits exploits donnés audit sieur d'Aubais & de Bornier & à la dame de Beaurepaire, & aux experts & arpenteur, contenant en outre signification du verbal & de l'ordonnance dudit sieur de Bernage dudit jour 21 Octobre 1739. Procès-verbal dressé par ledit sieur Baudouin, le 9 Juillet 1740, dans lequel Chalier, procureur pour lesdits subrogés, demande acte de la consignation faite par ses parties de la somme de quinze cent livres pour les frais de la descente. Ordonnance dudit sieur Baudouin dudit jour 9 Juillet 1740, qui octroie acte de ladite consignation; Autre procès-verbal dressé par ledit sieur Baudouin, le 24 Juillet 1740, contenant son départ de la ville N°. VI.

N°. VI. de Montpellier avec son greffier, pour se rendre audit Saint-Laurent, accompagné du procureur du Roi, & son arrivée audit Saint-Laurent. Autre procès-verbal dressé par ledit sieur Baudouin le 25 dudit mois de Juillet 1740, dans lequel ledit Chalier pour lesdits subrogés demande acte de sa comparution, & de celle des experts & des parties, défaut contre les défaillans, la réception du serment des experts; & en conséquence requiert ledit sieur commissaire de se transporter avec eux & les parties sur les marais dudit Saint-Laurent à l'endroit appellé la Ponche de Cairons. M. Fontanés, avocat, maire dudit Saint-Laurent pour ladite communauté, dit qu'il ne connoît aucun droit aux parties requérantes sur le terrein de Saint-Laurent, qu'il offre de se transporter sur les lieux sans approbation, & sous les réserves de tous les droits de la communauté, & qu'il dira ce qu'il appartiendra. Pierre Mathieu habitant du Caylar, fermier du sieur marquis d'Aubais pour ledit sieur d'Aubais, demande acte de sa comparution & de ce qu'il n'entend que le consentement qu'il donne à ce que les experts soient assermentés, puisse faire aucun préjudice au sieur marquis d'Aubais, à raison des demandes qu'il formera en tems & lieu pour les dédommagemens qu'il sera en droit de demander, lorsque ledit bornement aura été fait; déclarant qu'il se transportera aux endroits qui seront indiqués; Le procureur du Roi dit qu'en conséquence de la dénonciation & réquisition qui lui auroit été faite de la part des subrogés, il seroit arrivé le jour précédent audit Saint-Laurent, offrant de se transporter avec ledit sieur commissaire sur lesdits marais, à l'effet de voir procéder audit bornement, & faire les réquisitions nécessaires pour les intérêts du Roi & des communautés ecclésiastiques & laïques; Aguier, Péridier, Mirabaud experts, & Verdier arpenteur ont dit qu'ils offrent de prêter le serment requis, & de procéder ensuite au fait de leur commission. Ledit Chalier répliquant, requiert qu'il soit enjoint à ceux qui ont comparu pour ladite communauté de Saint-Laurent, & pour le sieur marquis d'Aubais de se transporter à l'endroit indiqué pour faire la montrée des limites de leurs marais, & remettre leurs titres auxdits experts & arpenteur. Ledit M. Fontanés pour ladite communauté répliquant, dit que ladite communauté n'a aucun marais dans la Ponche de Cairons, que ce sont des herbages, où on admet, & d'où l'on retire les eaux; que leurs limites du terrein en question, sont la fin de la terre de Port appartenant à M. de Calvisson, qu'ainsi il seroit hors de propos de faire droit à la réquisition dudit Chalier. Ordonnance dudit sieur commissaire, dudit jour 25 Juillet 1740, qui donne acte aux parties comparantes de leurs dires & réquisitions, & de la comparution des experts, octroie défaut contre le sieur de Bornier & la dame de Beaurepaire, ordonne que lesdits experts & arpenteur prêteront le serment requis, & de son injonction lesdits experts & arpenteur ont juré de bien & duement procéder au fait de leur commission : & faute par les autres parties assignées par les susdits exploits, ou en la personne de leurs procureurs, d'avoir comparu, ordonne qu'il se transportera heure de quatre après midi sur les marais du présent lieu, à l'endroit appellé la Ponche de Cairons, qui confronte le devois appellé la terre de Port; enjoint aux experts & arpenteur de s'y rendre pour procéder audit bornement & séparer, quant à présent, lesdits marais de long en long, & dans le pourtour, d'avec les prés & coustieres de proche N°. VI

N°. VI.

en proche ; auquel effet les arrêts du conseil, jugement & ordonnances, contenant leur commission, & autres pieces nécessaires, leur seront remis ; enjoint à ladite communauté de Saint-Laurent de représenter ses titres, l'ayant déclaré aux parties présentes, & qu'il sera procédé, tant en présence qu'absence. Procès-verbaux dressés par ledit sieur Baudouin, les 25, 26, 27, 28, 29 & 30 Juillet, 1, 2, 3, 4, 5, 6, 8 & 9 Août 1740, contenant la procédure du bornement des marais enclavés dans le territoire & jurisdiction de Saint-Laurent d'Aigouse, y compris ceux appartenant au sieur de Calviere : les dires, réquisitions & protestations du sieur Fontanés, avocat, maire de Saint-Laurent, pour ladite communauté de Saint-Laurent, dans neuf différentes comparutions, ensemble les réponses, réquisitions, dires & réservations de Chalier, procureur desdits subrogés, & Astruc assisté du sieur de la Salle Saint-Bois, procureur fondé desdits subrogés, dans 15 différentes comparutions ; les dires, réquisitions & protestations de Virgille, agent du sieur marquis de Calviere, dans deux différentes comparutions ; les dire & réservation dudit procureur du Roi ; les ordonnances dudit sieur commissaire, qui donne acte aux parties de leurs comparutions, dires, réquisitions, réservations & protestations, & le changement des assises dudit sieur commissaire, dudit Saint-Laurent dans la ville d'Aigues-mortes. Deux exploits des 29 Juillet, 2 Août, premier & 10 Septembre 1740, signifiés de la part desdits subrogés, contenant assignation aux consuls & communauté d'Aigues-mortes, & au sieur de Calviere, à comparoir pardevant ledit sieur commissaire pour voir procéder audit bornement, faire les montrées nécessaires, & remettre leurs titres aux experts, avec réserve de faire borner tout ce qui pourra être omis. Autres procès-verbaux dressés par ledit sieur Baudouin commissaire, les 11, 12 & 13 Août, 1, 2, 3, 4 & 5 Septembre de ladite année 1740, contenant la procédure du bornement des marais situés dans le terroir & jurisdiction d'Aigues-mortes ; les réquisitions, dires & réservations dudit Astruc pour lesdits subrogés dans huit différentes comparutions ; l'opposition au bornement, dires & protestations des sieurs Gautier juge, & Teulon premier consul de la ville d'Aigues-mortes, pour la communauté dudit Aigues-mortes ; les conclusions dudit procureur du Roi sur ladite opposition, à ce qu'il soit passé outre audit bornement ; les ordonnances dudit sieur commissaire, qui donnent acte aux parties de leur comparution, dires, réquisitions, oppositions & protestations, & qui portent qu'il sera procédé audit bornement ; le départ dudit sieur commissaire, dudit procureur du Roi, des parties & des experts & arpenteur, ledit jour 13 Août, dudit Aigues-mortes pour se rendre à Montpellier à cause des fêtes, & leur retour audit Aigues-mortes ledit jour premier Septembre. Trois exploits des 5, 21 & 22 Septembre 1740, signifiés de la part desdits subrogés, contenant assignation au sieur grand-prieur de Saint-Gilles, aux sieurs commandeurs de la Vernede, de Liviers, de Sylveréal & de Capette, au sieur abbé Leblon, au sieur abbé & religieux de Franquevaux, à comparoir pardevant ledit sieur commissaire, pour voir procéder audit bornement, faire les montrées nécessaires, & remettre leurs titres aux experts, avec réserve de faire borner ce qui aura été omis. Autres procès-verbaux dressés par le sieur Baudouin commissaire, les 6, 7, 9, 10, 12, 13, 14, 15, 16, 17, 19, 20, 21, 22, 23, 24, 26

N°. VI. & 27 Septembre, & 12 Octobre 1740, contenant la procédure du bornement des marais possédés par le sieur grand-prieur de Saint-Gilles, lesdits sieurs commandeurs, le sieur abbé Leblon & le sieur abbé & les religieux de l'abbaye de Franquevaux; les réquisitions, dires & réservations dudit Astruc pour lesdits subrogés, dans sept différentes comparutions; les dires, déclarations & protestations de dom Alphonse de la Roque-Bouillac, religieux de l'abbaye de Franquevaux, pour l'abbé & religieux de ladite abbaye dans sa comparution dudit jour 22 Septembre; les conclusions dudit procureur du Roi du même jour; les ordonnances dudit sieur commissaire, qui donnent acte aux parties de leurs comparutions, dires, déclarations & protestations, octroient défaut contre lesdits sieurs grand-prieur & commandeurs, & contre le sieur abbé Leblon, & qui portent que ledit bornement sera continué, avec déclaration du changement des assises dudit sieur commissaire de la ville d'Aigues-mortes au château d'Espeiran. Deux exploits des 27 & 28 Septembre 1740, signifiés de la part desdits subrogés au sieur évêque du Puy, abbé de Saint-Gilles, & aux consuls & communauté de Saint-Gilles, contenant assignation à comparoir devant ledit sieur commissaire, pour voir procéder audit bornement, faire les montrées nécessaires, & remettre leur titres aux experts, avec réserve de borner ce qui aura été omis. Autres procès-verbaux dressés par ledit sieur Baudouin, commissaire, les 28, 29 & 30 dudit mois de Septembre, contenant la procédure du bornement des marais possédés par ledit sieur abbé de Saint-Gilles, y compris ceux de Saint-André, appartenant au sieur de Saint-Côme; les réservations, dires & réquisitions dudit Astruc pour lesdits subrogés, dans cinq différentes comparutions; les ordonnances dudit sieur commissaire, qui donnent acte audit Astruc, de ses réservations, dires & réquisitions, octroyent défaut contre ledit sieur abbé de Saint-Gilles, & lesdits consuls de Saint-Gilles, & qui portent que ledit bornement sera continué; avec déclaration du changement des assises dudit sieur commissaire, du château d'Espeiran, à la ville de Saint-Gilles. Exploits des premier & 3 Octobre 1740, signifiés de la part desdits subrogés, aux consuls & communautés de Bellegarde & de Beaucaire, contenant assignation à comparoir devant ledit sieur commissaire, pour voir procéder audit bornement, faire les montrées nécessaires, & remettre leurs titres aux experts, avec réserve de faire borner ce qui aura été omis; l'un desdits exploits contenant en outre sommation à Brunel, expert de ladite communauté de Beaucaire, de se trouver au jour & lieu indiqués pour procéder audit bornement, conjointement avec les autres experts & l'arpenteur. Autres procès-verbaux dressés par ledit sieur commissaire les 1, 3, 4, 5, 6, 7 & 8 dudit mois d'Octobre, contenant la procédure du bornement des marais de Bellegarde & Beaucaire, ensemble de celui du Contrat joui en commun par lesdites communautés; les réservations, dires & réquisitions dudit Astruc & dudit Chalier pour lesdits subrogés, dans huit différentes comparutions, ensemble les dires & réservations des sieurs Lafon, consul de Beaucaire, & Pagés, secrétaire pour ladite communauté de Beaucaire, dans quatre différentes comparutions: la comparution dudit Brunel, expert de ladite communauté de Beaucaire, pour procéder au fait de sa commission; les conclusions dudit procureur du Roi, du même jour, tendantes à ce qu'attendu que ladite communauté de N°. VI.

N°. VI. Bellegarde est défaillante, & qu'elle jouit par indivis avec celle de Beaucaire, du marais du Contrat, ledit Péridier, expert d'office pour les défaillans, procédera conjointement avec ledit Brunel, expert de la communauté de Beaucaire, à condition que lesdits Brunel & Péridier ne pourront former qu'un avis : les ordonnances dudit sieur commissaire, qui donnent acte aux parties de leurs comparutions, dires, réquisitions, réservations & protestations, octroient défaut contre la communauté de Bellegarde; & qui portent que ledit bornement sera continué, & qu'il y sera procédé conjointement par ledit Péridier & ledit Brunel, qui ne pourront former qu'un avis, & qu'en cas de discord, il y sera pourvu, avec déclaration du changement des assises dudit sieur commissaire, de la ville de Saint-Gilles au lieu de Bellegarde, & ensuite du lieu de Bellegarde à celui de Fourques. Deux exploits des 7 & 8 dudit mois d'Octobre, signifiés de la part desdits subrogés à la communauté de Fourques, & au sieur duc d'Uzès, contenant assignation à comparoir pardevant ledit sieur commissaire, pour voir procéder audit bornement, faire les montrées nécessaires, & remettre leurs titres aux experts, avec réserve de borner ce qui a été omis. Autres procès-verbaux dressés par ledit sieur Baudouin commissaire, les 7, 8, 10 & 11 dudit mois d'Octobre, contenant la procédure du bornement des marais de Fourques, de ceux de Bellegarde, & du sieur duc d'Uzès, les réservations, dires & réquisitions dudit Chalier pour lesdits subrogés, dans cinq différentes comparutions : la comparution dudit Pagés, secrétaire de ladite communauté de Fourques, pour ladite communauté, dudit jour 7 Octobre, dans laquelle il persiste dans l'opposition déjà formée par ladite communauté : les conclusions dudit procureur du Roi, du même jour : les ordonnances dudit sieur commissaire, qui donne acte aux parties de leur comparution, dires, réquisitions & réservations, & de l'opposition de ladite communauté, octroyant défaut contre ledit sieur duc d'Uzès, & portant que ledit bornement sera continué, avec déclaration du changement des assises dudit sieur commissaire, dudit lieu de Fourques en celui de Bellegarde, & ensuite dudit Bellegarde en la ville de Saint-Gilles. Deux exploits des 11 & 12 Octobre 1740, signifiés de la part desdits subrogés, au chapitre de St. Gilles, & aux consuls & communauté de Vauvert, & au sieur baron de Vauvert, contenant assignation à comparoir pardevant ledit sieur commissaire, pour voir procéder audit bornement, faire les montrées nécessaires, & remettre leurs titres aux experts, avec réserve de faire borner ce qui aura été omis, l'un desdits exploits contenant en outre sommation au sieur Tempier, expert dudit sieur baron de Vauvert, de se trouver au jour & lieux indiqués, pour procéder audit bornement, conjointement avec les autres experts & l'arpenteur. Autres procès-verbaux dressés par ledit sieur Baudouin commissaire, les 11, 12 & 13 dudit mois d'Octobre, contenant la procédure du bornement des marais dudit chapitre de Saint-Gilles, de partie de ceux de ladite abbaye de Franquevaux, & de ladite communauté de Vauvert; les réservations, dires & réquisitions dudit Chalier, & dudit Astruc, pour les subrogés, dans six différentes comparutions : l'opposition renouvellée de la part de ladite communauté de Vauvert par le sieur de Sarrazignac, premier consul dudit Vauvert, dans sa comparution dudit jour 12 Octobre; la présence dudit Tempier, expert, les conclusions dudit procureur du Roi du mê- N°. VI.

N°. VI. me jour, tendant à ce qu'il soit passé outre audit bornement; & qu'attendu que ladite communauté de Vauvert a autant de droit sur les marais de Vauvert, que ledit sieur baron de Vauvert, que ledit Péridier, expert d'office pour les défaillans; procede conjointement avec ledit Tempier, expert dudit sieur baron de Vauvert, à condition que lesdits Péridier & Tempier ne pourront former qu'un avis. Ordonnance dudit sieur commissaire qui donne acte aux parties de leurs comparutions, dires & réquisitions, & de l'opposition de ladite communauté de Vauvert, octroyant défaut contre ledit sieur baron de Vauvert, & portant que ledit bornement sera continué, auquel lesdits Péridier & Tempier procéderont conjointement, qu'ils ne pourront former qu'un avis, & qu'en cas de discord, il y seroit pourvu, avec déclaration du changement des assises dudit sieur commissaire dudit Saint-Gilles à l'abbaye de Franquevaux, de cette abbaye à la métairie de St. Sebastien, & de ladite métairie au lieu de Vauvert. Trois exploits des 13, 14 & 15 dudit mois d'Octobre, signifiés de la part desdits subrogés aux consuls & communautés du Caylar & d'Aimargues, au sieur d'Aubais, à la dame de Beaurepaire & au sieur duc d'Uzès, à comparoir pardevant ledit sieur commissaire pour voir procéder audit bornement, faire les montrées nécessaires, & remettre leurs titres aux experts, avec réserve de faire borner ce qui aura été omis. L'un desdits exploits contenant en outre sommation à Mirabaud, expert du sieur d'Aubais de se trouver au jour & lieux indiqués, pour procéder audit bornement, conjointement avec ledit Aguier, expert, & ledit Verdier, arpenteur. Autres procès-verbaux dressés par ledit sieur Baudouin, commissaire, les 14, 15, 17 & 18 dudit mois d'Octobre, contenant la procédure du bornement des marais du sieur d'Aubais & de la dame de Beaurepaire, des parties des marais des communautés du Caylar & d'Aimargues, & la vérification d'un tenement de la métairie du Bousquet, appartenant au sieur duc d'Uzès, les dires, réquisitions & réservations dudit Astruc pour lesdits subrogés, dans cinq différentes comparutions, & la présence dudit Mirabaud, expert. Ordonnances dudit sieur commissaire qui donnent acte audit Astruc de ses comparutions, dires & réquisitions, octroyent défaut contre lesdites parties assignées, & portent qu'il sera procédé audit bornement avec lesdits experts & arpenteur, avec déclaration du changement des assises dudit sieur commissaire, dudit Vauvert au lieu de Saint-Laurent d'Aigouse. Exploit du 18 dudit mois d'Octobre, signifié de la part desdits subrogés aux consuls & communauté de Massiliargues, & au sieur marquis de Calvisson, à comparoir pardevant ledit sieur commissaire, pour voir procéder audit bornement, faire les montrées nécessaires, & remettre leurs titres aux experts, avec réserve de faire borner ce qui aura été omis. Autres procès-verbaux dressés par ledit sieur Baudouin, commissaire, le 19 dudit mois d'Octobre, contenant que lesdits experts & arpenteur ont procédé au fait de leur commission; les dires, réquisitions & réservations dudit Astruc pour lesdits subrogés, dans quatre différentes comparutions, & les oppositions formées audit bornement, de la part dudit sieur marquis de Calvisson, par Daumas son fermier, & de ladite communauté de Massiliargues, par le sieur Héraud, greffier de ladite communauté dans leur comparution du même jour; les conclusions dudit procureur du Roi, données à la séance du matin, & celles données à la séance de relevée du même jour, portant qu'il N°. VI.

N°. VI.

doit être passé outre audit bornement. Ordonnances dudit sieur commissaire, qui donnent acte aux parties de leurs réquisitions, dires, réservations & oppositions, & portent qu'il sera procédé audit bornement, avec déclaration du changement des assises dudit sieur commissaire, dudit lieu de Saint-Laurent en la ville de Lunel; la première desdites ordonnances octroyant en outre défaut contre les consuls & communauté de Massiliargues. Trois exploits des 19 & 20 dudit mois d'Octobre, contenant assignation au sieur Desports & aux consuls & communauté de Lunel-la-ville, & Villettes de la baronnie dudit Lunel, à comparoir pardevant ledit sieur commissaire pour voir procéder audit bornement, faire les montrées nécessaires, & remettre leurs titres aux experts, avec réserve de faire borner ce qui aura été omis. Autres procès-verbaux, dressés par ledit sieur Baudouin, des 20, 21, 22 & 24 dudit mois d'Octobre, contenant la procédure du bornement des marais de la baronnie de Lunel, les dires, réquisitions & réservations dudit Astruc pour lesdits subrogés, dans huit différentes comparutions; les oppositions dudit bornement, formées de la part de la communauté de la ville de Lunel, par le sieur Deleuse, maire de ladite ville de Lunel, de la part de ladite communauté de Lansargues, par le sieur Granier premier consul dudit Lansargues, & de la part du sieur Desports; la déclaration faite de la part de la communauté de Valergues, par Auterac, consul de ladite communauté, qu'elle s'en rapporte à ce que le corps de la baronnie de Lunel décidera sur le fait du desséchement & bornement; les conclusions dudit procureur du Roi, données à la séance du matin dudit jour 20 Octobre; celles données à la séance de relevée du même jour, & celles données le lendemain 21, portant qu'il doit être passé outre audit bornement. Ordonnances dudit sieur commissaire qui donnent acte auxdites parties de leurs réquisitions, dires, réservations, déclarations & oppositions, octroyent défaut contre les parties défaillantes, & portent qu'il sera procédé audit bornement, & que ledit commissaire s'est transporté au lieu de Lansargues, pour y recevoir les comparans & réquisitions des parties, & ensuite au lieu de Mauguio pour y faire ses assises. Exploit du 19 dudit mois d'Octobre, contenant assignation aux consuls & communautés de Mauguio, Mudazon & Candillargues, & au sieur de Candillargues, à comparoir pardevant ledit commissaire, pour voir procéder audit bornement, faire les montrées nécessaires, & remettre leurs titres aux experts, avec réserve de faire borner ce qui aura été omis. Autres procès-verbaux dressés par ledit sieur Baudouin, les 22, 25, 26, 27 & 28 dudit mois d'Octobre, contenant la procédure du bornement de partie des marais de la communauté de Mauguio, les réquisitions, dires & réservations dudit Astruc pour lesdits subrogés, dans quatre différentes comparutions: la déclaration faite de la part de la communauté de Mudazon, par le sieur Theron, consul de ladite communauté de Mudazon, qu'elle ne s'oppose point au desséchement, ni au bornement des marais, se réservant tous ses droits; la protestation faite de la part de la communauté de Mauguio, par le sieur Larose premier consul, les conclusions dudit procureur du Roi dudit jour 26 Octobre, la réquisition dudit Astruc, à ce que lesdits experts & arpenteur soient tenus de remettre leur rapport, pour être transcrit dans le procès-verbal dudit sieur commissaire; la demande desdits experts à ce qu'il leur soit accordé

N°. VI. accordé un délai pour rédiger leur rapport. Ordonnances dudit sieur commissaire, qui donnent acte auxdites parties de leurs dires, réservations, déclarations & protestations, octroyent défaut contre les parties défaillantes, & portent qu'il sera procédé audit bornement, que les experts & arpenteur remettront incessamment leurs rapports, pour être annexé à la procédure, & transcrit dans son procès-verbal, avec déclaration du départ dudit sieur commissaire dudit Mauguio pour retourner à Montpellier. Autre procès-verbal dudit sieur Baudouin du 9 Janvier 1741, dans lequel Aguier & Péridier experts, tant pour eux que pour Brunel, Tempier & Mirabaud, demandent acte de la remise qu'ils font de leurs rapports, & qu'il leur soit accordé taxe pour leurs vacations employées sur les lieux pendant deux mois dix-neuf jours, & audit Montpellier pendant vingt-un jours, pour la dresse de leurs rapports, sans à ce comprendre les jours employés par aucun des experts pour la prestation du serment, & qu'à cet effet le greffier sera tenu de leur délivrer ladite taxe sur les sommes consignées entre ses mains. Ordonnance dudit sieur commissaire du même jour, qui octroye acte auxdits experts de la remise de leursdits rapports ; ordonne qu'ils seront transcrits dans son procès-verbal, & taxe auxdits experts & arpenteur onze livres par jour, & en outre, quatre cent cinquante livres audit Aguier, Péridier & Verdier pour la dresse de leurs rapports, papier & contrôle ; & qu'ils seront payés desdites taxes par ledit greffier, à concurrence des sommes consignées en ses mains. Transcriptions desdits rapports à la suite dudit verbal avec la taxe dudit sieur commissaire & dudit greffier à la fin dudit verbal. Originaux desdits rapports en nombre de cinq, des 6, 15, 18 dudit mois d'Octobre 1740, & 7 Janvier 1741, contenant ; savoir, le premier du 6 Octobre le bornement particulier du marais du Contrat, fait par lesdits Aguier, Péridier & Brunel experts, & Verdier arpenteur ; le second aussi dudit jour 6 Octobre, le bornement des marais de Beaucaire fait par lesdits Aguier & Brunel experts, & Verdier arpenteur, le troisieme dudit jour 15 Octobre, le bornement des marais de Vauvert fait par lesdits Aguier, Péridier & Tempier experts, & Verdier arpenteur ; le quatrieme, le bornement des marais dudit sieur d'Aubais fait par ledit Aguier, Mirabaud experts, & Verdier arpenteur ; & le cinquieme, le bornement des marais de Saint-Laurent, y compris partie de ceux du sieur de Calviere, & la vérification du -enement de la Muzette, & le partage d'avis desdits Aguier & Péridier experts, le premier, étant d'avis que ledit tenement est marais pour la plus grande partie ; & le second, le contraire, qu'il n'est du tout point marais, ni dans le cas du bornement, de ceux d'Aigues-mortes, de l'ordre de Malthe, du sieur abbé Leblon, de l'abbaye de Franquevaux, de l'abbaye de Saint-Gilles, des communautés de Saint-Gilles, de Bellegarde & de Fourques, du sieur duc d'Uzès, du chapitre de Saint-Gilles, des communautés du Caylar, d'Aimargues, de la dame de Beaurepaire ; La descente sur les marais de Massillargues & du sieur de Calvisson, qui n'ont pas pû être bornés à cause des eaux, ensemble le bornement des marais possédés par la baronnie de Lunel & celui de partie des marais possédés par les communautés de Mauguio, Mudazon, Candillargues, lesdits bornemens ayant commencé ledit jour 26 Juillet 1740, ayant été discontinués à cause des fêtes le 13 Août suivant, ensuite repris & continués depuis le 2 Septembre d'a- N°. VI.

N°. VI. N°. VI.

près, jusqu'au 27 Octobre de la même année. Originaux des offres faites le 21 Septembre & 8 Octobre 1739, aux consuls & communautés de Saint-Laurent, Fourques, Massiliargues, Mauguio, Mudazon & Candillargues, au chapitre d'Alais, au sieur évêque d'Alais, aux sieurs commandeurs du petit mas d'Argence, de Capette, de Liviers, de Sylveréal & de la Vernede, aux sieurs de Calviere, de Calvisson, Desports, d'Aubais, de Bornier & de Candillargues. Requête desdits subrogés adressée auxdits sieurs commissaires; avec une ordonnance dudit sieur Assier du 24 Mars 1741, portant que ladite requête sera jointe & signifiée; ladite requête tendant à ce qu'en jugeant l'interlocutoire porté par notre jugement du 29 Août 1739; & le renvoi fait par le procès-verbal dudit sieur Baudouin du 12 Octobre : Il nous plaise, sans nous arrêter aux instances, requêtes & autres pieces des parties opposantes au desséchement des marais dont il s'agit, autoriser les rapports des experts & arpenteur qui ont procédé depuis le 24 Juillet 1740, jusqu'au 27 Octobre suivant, au plantement des bornes nécessaires pour séparer lesdits marais & terres inondées d'avec les prés & cousstieres, ensemble toute la procédure qui a été faite pour ledit bornement, le tout en conformité des réserves énoncées dans les procès-verbaux dudit sieur Baudouin; & attendu le discord desdits experts, au sujet du marais de la Muzette, ordonner que ledit sieur de Calviere qui le possede sera assigné pardevant l'un desdits commissaires, pour convenir d'un expert tiers, ou en voir nommer un d'office, pour, conjointement avec lesdits experts & arpenteur, procéder au bornement du marais de la Muzette, sans préjudice aux supplians de continuer ladite procédure pour borner tous les autres marais qui ne l'ont pas été encore, soit en tout ou en partie, conformément à leurs réserves; & au surplus, attendu que le sieur grand-prieur de Saint-Gilles, le sieur évêque d'Alais, le chapitre d'Alais, la communauté de Saint-Laurent, les commandeurs du petit mas d'Argence, de Capette, de Liviers, de Sylveréal & de la Vernede, la communauté de Fourques, les sieurs de Calviere, de Calvisson, Desports & de Candillargues, & les communautés de Mauguio, Mudazon, Candillargues & Massiliargues, & autres intéressés au desséchement des marais, dont les indemnités ne furent point réglées en 1701, n'ont point contesté les offres qui leur ont été faites par les supplians, ni formé leurs demandes en dédommagement, corrigeant en tant que de besoin leurs précédentes conclusions, en ce qu'elles tendent à demander que par experts convenus ou pris d'office, il seroit procédé à l'estimation du dédommagement des possesseurs des marais, dont les indemnités n'ont point été réglées, autoriser & valider les offres à eux faites de la part des supplians; ce faisant ordonner que lesdits possesseurs des marais jouiront après le desséchement fait, des portions des marais, facultés & droits à eux offerts sur les marais desséchés qu'ils justifieront leur appartenir conformément auxdites offres, & en défaut par eux d'en justifier, ordonner que les supplians jouiront & disposeront desdits marais desséchés en entier, comme appartenant à Sa Majesté, avec défenses de les y troubler, sous les peines de droit. Trois exploits des 27 & 28 du mois de Mars & 1 Avril de ladite année 1741, contenant signification aux héritiers & successeurs de défunte dame de Beaurepaire de la ville de Nîmes, aux consuls & communauté de Saint-Gilles, aux successeurs du sieur de Saint-

N°. VI. Côme dudit Saint-Gilles, au sieur Escudier, capiscol du chapitre de Saint-Gilles, au sieur Valentin, ouvrier dudit chapitre, défaillans, & aux procureurs des autres parties comparantes. Les procès-verbaux dressés par ledit sieur Baudouin contenant la prestation de serment d'experts nommés entre parties pour le bornement des marais, & de ceux dressés sur le bornement desdits marais, ensemble du rapport desdits experts & arpenteur qui ont procédé audit bornement, & de ladite requête & ordonnance y répondue, avec déclaration que les originaux desdites pieces seront joints dans trois jours avec les autres pieces déjà remises entre les mains du sieur Assier, rapporteur, & sommation de lui produire, lier & joindre tout ce qu'ils trouveront bon, dans le délai de l'ordonnance, sinon que les conclusions prises par lesdits subrogés seront jugées en l'état. Les exploits de signification faite auxdits consuls de Saint-Gilles, & aux héritiers du sieur de Saint-Côme, contenant en outre assignation en constitution de nouveau procureur à la place dudit Castan décédé. Autre exploit du 28 dudit mois de Mars 1741, contenant signification au sieur marquis de Calvisson, & aux consuls & communauté de Massiliargues de ladite requête & ordonnance, avec sommation de produire, lier & joindre tout ce qu'ils trouveront bon, entre les mains dudit sieur Assier. Autre exploit du 6 dudit mois d'Avril 1741, contenant signification au sieur de Candillargues, & aux consuls & communauté de Mauguio, Mudazon & Candillargues, de ladite requête & ordonnance avec déclaration que lesdits subrogés n'entendent point acquiescer au bornement des marais qui a été fait dans les marais desdites communautés de Mauguio, Mudazon & Candillargues, & qu'ils protestent de plus fort, comme ils ont déjà fait dans le procès-verbal dudit sieur Baudouin, contre tout ce qui a été fait à cet égard par les experts & arpenteur qui n'ont borné que l'étang au lieu de borner les marais, & en interprétant ou corrigeant, en tant que de besoin, l'offre qu'ils ont fait auxdites communautés & audit sieur de Candillargues, déclarent encore qu'ils n'entendent point abandonner le terrein que lesdits experts ont laissé à l'écart, comme coustiere, quoiqu'il soit réellement marais, étant inondé une grande partie de l'année, du propre aveu de ladite communauté de Mauguio dans son comparant inséré dans le procès-verbal dudit sieur Baudouin, & par conséquent dans le cas du desséchement, quand même il seroit coustiere, les subrogés étant en droit de faire le desséchement des coustieres, suivant les lettres-patentes du mois de Janvier 1702, en indemnisant les propriétaires & usagers, & en conséquence lesdits subrogés offrent de faire, à leurs frais, le desséchement dudit terrein qualifié coustiere, qui s'étend depuis l'étang jusqu'au terrein culte, & qui n'a point été borné, en laissant auxdites communautés & audit sieur de Candillargues la sixieme partie du terrein desséché, & à condition que les cinq parties restant appartiendront auxdits subrogés en fief franc & honoraire, avec sommation d'accepter lesdites offres, sinon proteste que l'autorisation & validation en sera par nous prononcée, auquel effet ladite offre sera signée par leur procureur, avec déclaration aussi, qu'elle sera jointe avec ladite requête & ordonnance aux autres pieces déjà remises ès mains dudit sieur Assier, rapporteur, & sommation de lui remettre, lier & joindre tout ce que bon leur semblera dans le délai de l'ordonnance, sinon proteste N°. VI.

N°. VI. que les conclusions prises par lesdits subrogés seront jugés en l'état. Inventaire de production desdits subrogés, premiere & seconde continuation d'inventaire, communiqués aux procureurs des parties le 7 Juin 1740 & 14 Avril 1741. Les défauts pris devers le greffe de la commission le 24 Avril dernier par lesdits subrogés. La copie de la requête dudit sieur Desports, avec l'induction des pieces en date du 10 Mai 1741, ladite requête tendante en cassation de la procédure de vérification faite sur le plantement des bornes, & de tout ce qui s'en est ensuivi, le décharger de toutes les demandes à lui faites de la part desdits subrogés, jusqu'à ce qu'il en ait été autrement ordonné par Sa Majesté ; & subsidiairement en cas de difficulté sur la cassation de la procédure, qu'il nous plaise lui réserver les preuves qu'il offre de faire après que ledit desséchement aura été ordonné par Sa Majesté ; que les prairies & herbages de la terre Desports, comprises dans les bornes données auxdits marais, ne peuvent être pas comprises dans la concession faite par le Roi à M. le duc de Noailles, & qu'elles ne sont pas dans le cas du desséchement, & qu'elles appartiennent en pleine propriété & à titre onéreux audit sieur Desports. Requête du sieur abbé & religieux de l'abbaye de Franquevaux du 28 Avril 1741, tendant à ce qu'il leur soit donné acte de leur opposition audit desséchement, que les subrogés soient déboutés de leurs demandes en autorisation de la procédure de bornement, sans préjudice des nullités à proposer en tems & lieu contre ladite procédure, si mieux les subrogés n'aiment accepter les conditions & offres contenues dans leurs requêtes des 5 Mars & 18 Mai 1739, & comparant du 7 du même mois de Mars, ce qu'ils seront tenus de déclarer dans huitaine pour tout délai ; & en refus qu'il nous plaise statuer sur leurs requêtes desdits jours 5 Mars & 19 Mai 1739, & leur en adjuger les fins, comme aussi ordonner que le comparant du 7 dudit mois de Mars sera inséré dans le procès-verbal du même jour. Autre requête desdits sieurs abbé & religieux de l'abbaye de Franquevaux du 16 dudit mois de Mai 1741, dans laquelle ils concluent à ce qu'il nous plaise, faute par lesdits sieurs de Barrillon & de la Salle d'avoir déclaré s'ils acceptent les conditions auxquelles les supplians consentent audit desséchement, leur donner de plus fort acte de leur opposition; sans avoir égard à la requête desdits subrogés du 24 Mars dernier, tendante en autorisation du plantement des bornes qu'ils ont fait faire, renvoyer les parties devant Sa Majesté & son conseil pour être fait droit sur leur opposition ; avec défenses de rien faire au sujet dudit desséchement que par Sa Majesté, il ait été autrement ordonné, tenant l'offre qu'ils ont toujours fait en cas d'acceptation des conditions par eux proposées dans leur requête du 5 Mars 1739, de convenir d'experts pour procéder au plantement des bornes des marais de leur abbaye, & de leur délivrer des extraits des titres de propriété desdits marais, aux frais & dépens desdits subrogés. Copie de requête signifiée auxdits subrogés le 20 Juillet 1741, de la part du chapitre de Saint-Gilles, par laquelle il demande d'être reçu de plus fort opposant envers ledit desséchement & procédure de bornement qui a été faite, à la rejection des conventions faites en 1701, & conclud à ce qu'il lui soit donné acte de son opposition audit desséchement, & sans avoir égard à la demande desdits subrogés en autorisation de la procédure de bornement, renvoyer les parties devers Sa Majesté & son conseil, pour être sta- N°. VI.

N°. VI. tué sur son opposition, avec défenses de rien faire au sujet dudit desséchement que par Sa Majesté il en ait été autrement ordonné. Copie de délibération de la communauté de Saint-Gilles du 3 Avril 1741, signifiée le 16 Mai suivant, par laquelle Castan fils est constitué procureur à la place de son pere. Copie des délibérations de la communauté du Caylar des 5 & 20 Mars 1741, signifiée le 12 Juin suivant, par lesquelles ladite communauté révoque Rouel pour procureur & constitue Prunet à sa place. Conclusions du procureur du Roi en la commission des 20 Avril, 1 & 25 Juillet 1741, & icelui oui sur le bureau.

NOus commissaires susdits, juges en dernier ressort, avons donné défaut contre les parties défaillantes, & faisant droit, tant sur l'utilité d'icelui, que sur les autres fins & demandes des parties, avons donné acte auxdits Jacques Chabaud & Elie Periere de leurs oppositions au desséchement des marais & construction du canal de navigation, à la communauté de Vauvert, au syndic du chapitre de Saint-Gilles, & à l'abbé & religieux de l'abbaye de Franquevaux, de leurs nouvelles oppositions audit desséchement & construction dudit canal. Ordonnons que sur lesdites oppositions, sur la demande de la communauté de Vauvert en cassation de la délibération du 20 Septembre 1739, contenant consentement audit desséchement, & sur celle dudit chapitre de Saint-Gilles, en réjection des conventions par lui faites en 1701 avec le feu sieur maréchal de Noailles, ensemble sur les contestations concernant les nouvelles propositions faites auxdits sieurs de Barrillon & de la Salle, par l'abbé & religieux de l'abbaye de Franquevaux, les parties se pourvoiront au conseil de Sa Majesté, pour leur être fait droit ainsi qu'il appartiendra; & néanmoins, sans préjudice desdites oppositions & du droit des parties à cet égard; & sans nous arrêter à la demande de la Baronnie de Lunel, en rejection de la copie du jugement du 29 Août 1739, ni à celles de ladite baronnie, du sieur Desports, & de la communauté de Saint-Laurent, en retractement dudit jugement & cassation de ladite procédure de bornement faite en conséquence, ni aux instances & requêtes des autres parties contre ladite procédure; faisant, quant à ce, droit sur la requête desdits sieurs de Barrillon & de la Salle, du 24 Mars dernier, avons autorisé le rapport des experts & arpenteur, des 6, 15 & 18 Octobre 1740, & 7 Janvier 1741, ensemble la procédure qui a été faite pour ledit bornement, sans préjudice audit sieur de Barrillon & de la Salle, de faire procéder au bornement des marais qui n'ont pas encore été bornés, en tout ou en partie, en conformité de leurs réservations; & sur la demande desdits sieurs de Barrillon & de la Salle, tendante à ce qu'attendu le discord d'Aguier, & Péridier, experts sur la vérification & bornement du terroir de la Muzette, appartenant au sieur de Calviere, il soit procédé à la nomination d'un tiers expert, Ordonnons que ledit sieur de Calviere sera assigné pardevant le sieur commissaire député, pour voir nommer par ledit sieur commissaire un tiers-expert, à l'effet d'être par lui procédé conjointement avec lesdits Aguier & Péridier, & avec Verdier, arpenteur, à la vérification dudit tenement de la Muzette, & ensuite au bornement dudit tenement, s'il y a lieu. Tenant la remise des titres faite par ledit sieur de Calviere, & l'offre contenue dans son inventaire de production signifié le 19 Octobre 1739, N°. VI.

N°. VI. avant faire droit sur les requêtes desdits sieurs de Barrillon & de la Salle, des 2 Juin 1740, & 24 Mars dernier, en ce qu'elles tendent à ce qu'il soit ordonné que faute par les parties assignées d'avoir fait la remise de leurs titres, les marais desséchés leur appartiendront en entier, comme étant aux droits de Sa Majesté; Ordonnons que dans un mois, à compter du jour de la signification de notre présent jugement, toutes lesdites parties, tant comparantes que défaillantes, autres que ledit sieur de Calviere, représenteront les titres & pieces justificatives de leur droit sur les marais à dessécher, pour être délivrés aux sieurs Barrillon & la Salle, ou leur en être fourni des copies collationnées, pardevant ledit sieur commissaire; & à faute par lesdites parties de représenter lesdits titres & pieces justificatives dans ledit délai, sera fait droit ainsi qu'il appartiendra. Ayant aucunement égard à la demande desdits sieurs de Barrillon & de la Salle, en autorisation & validation des offres par eux faites aux parties dont les indemnités n'ont point été réglées par le procès-verbal de mil sept cent un, tenant les corrections, contenues dans leur requête du 24 Mars dernier, & dans l'exploit signifié de leur part le 6 Avril suivant, aux communautés de Mauguio, Mudazon, Candillargues & au sieur de Candillargues, Ordonnons que dans huitaine, à compter du jour de la signification du présent jugement, le sieur grand prieur de Saint-Gilles, les sieurs commandeurs du petit mas d'Argence, de Capette, de Sylveréal, de Liviers & de la Vernede, le sieur évêque d'Alais, le chapitre d'Alais, les communautés de Saint-Laurent, de Fourques, de Massilliargues, de Mudazon, Mauguio & Candillargues, les sieurs de Calvisson, de Calviere, d'Aubais, Desports, de Bornier & de Candillargues, & la dame de Beaurepaire dont les indemnités n'ont point été réglées dans le procès-verbal de 1701, seront tenus de former leurs demandes en dédommagement, ou d'accepter les offres à eux faites & signifiées de la part desdits sieurs de Barrillon & de la Salle les 22, 25, 27, 28, 29 & 30 Septembre & 1 Octobre 1739, sinon, & à faute de ce faire, ledit délai passé en vertu du présent jugement, & sans qu'il en soit besoin d'autre, lesdites offres demeureront définitivement autorisées & validées; & en conséquence lesdites parties jouiront chacune en droit soi, après le desséchement fait des portions des marais desséchés, facultés & droits à eux offerts sur lesdits marais & terres desséchées leur appartenant, & les autres portions desdits marais appartiendront auxdits sieurs de Barrillon & de la Salle, conformément aux lettres-patentes du mois de Janvier 1702, & arrêts du conseil rendus en conséquence. Et sur la demande de la communauté d'Aimargues, à ce que lesdits sieurs de Barrillon & de la Salle soient tenus de payer les frais de l'extraction des titres que ladite communauté doit remettre, ensemble sur les autres demandes, fins & conclusions des parties, les avons mises hors de cour & de procès, condamnons toutes les parties assignées, tant comparantes, que défaillantes, aux dépens envers lesdits sieurs de Barrillon & de la Salle, autres que ceux de la procédure de bornement qui seront supportés par ledit sieur de Barrillon & de la Salle, lesquels dépens nous avons modérés à six livres pour chacune desdites parties, sauf lesdits Chabaud & Elie Periere, à l'égard desquels nous les avons compensés, & ledit sieur de Calviere, à l'égard duquel nous les avons modérés à trois livres. Condam- N°. VI.

N°. VI. nons en outre lesdites parties au coût du présent jugement. FAIT à Montpellier le huitieme Août mil sept cent quarante - un. *Signés*, DE BERNAGE, FONBON, BONNIER D'ALCO, ADAM DE MONCLAR, BAUDOUIN, ASSIER, *Rapp.* Collationné. ANGRAVE, *Signé.*

VII.

ARRÊT

DU CONSEIL D'ETAT DU ROI,

Qui commet le sieur Pené & le sieur Thiery ingénieurs, pour, avec le sieur Maréchal, directeur des fortifications, & le sieur Dasté ingénieur, procéder à une nouvelle vérification des ouvrages à faire pour le dessèchement des marais du bas Languedoc, sur certains points y énoncés.

Du 12 Septembre 1741.

EXTRAIT des Regiſtres du Conſeil d'Etat.

VU par le Roi, étant en son conseil, l'arrêt rendu en icelui, le 30 Juin 1739, sur les mémoires respectifs présentés, tant par le syndic général de la province de Languedoc, en conséquence de la délibération des Etats de ladite province, du 24 Janvier de la même année, que par les sieurs Louis-Alexandre du Brocard de Barrillon, & Jean Gédéon de la Salle, subrogés par autre arrêt du 4 Mars 1738, en tous les droits du feu sieur maréchal de Noailles, pour le dessèchement des marais du bas Languedoc, depuis Beaucaire jusqu'à Aiguesmortes & à l'étang de Pérols, & pour la construction d'un canal de navigation; par lequel arrêt du 30 Juin 1739, Sa Majesté a commis le sieur de la Blottiere, maréchal de ses camps & armées, directeur général des fortifications de la province de Languedoc, pour, avec le sieur de Senés, ingénieur en chef, & en présence des syndics généraux de la province, ou de l'un d'eux au moins, du sieur de Clapiers, directeur des travaux publics de ladite province, des propriétaires des Salins de Peccais, ou de leurs syndics, ou lesdites parties duement appellées, & en présence aussi des entrepreneurs du dessèchement des marais, & de la construction du canal de navigation dont il s'agit, ou de telles personnes qui seront par eux chargées de leur procuration, faire la visite des marais que les sieurs de Barrillon & de la Salle se proposent de dessécher, en conséquence de l'arrêt du conseil, du 4 Mars 1738, qui les a subrogés aux droits & priviléges qui avoient été ci-devant accordés au feu sieur maréchal duc de Noailles, & pour examiner si les ouvrages à faire pour le dessèchement desdits marais, & pour la construction d'un canal de navigation, en conséquence de la même subrogation, peuvent causer quelque dommage aux salins de Peccais, & aux propriétaires desdits salins, & si lesdits ouvrages peuvent aussi préjudicier à la province de Languedoc, & du tout être par ledit sieur de la Blottiere & ledit sieur de Senés, en présence des parties ci-dessus mentionnées, ou elles duement appellées, dressé procès-verbal, ainsi que des réquisitions, dires & contestations des parties, pour être ledit procès-verbal, avec l'avis desdits sieurs de la Blottiere & de Senés, remis au sieur contrôleur général des finances dans le courant du mois d'Octobre prochain : A ordonné en outre Sa Majesté, que dans deux mois pour tout délai, à compter du jour de la signification dudit arrêt, les communautés & particuliers qui prétendoient avoir droit de s'opposer au dessèchement desdits marais, & à la construction dudit

N°. VII. canal, seroient tenus de remettre pareillement ès mains dudit sieur contrôleur général des finances, leurs mémoires, & les pieces dont ils entendoient se servir pour soutenir leurs oppositions à l'exécution des arrêts qui ont permis le desséchement & la construction dudit canal, pour, après avoir été communiquée auxdits entrepreneurs, & au rapport dudit sieur contrôleur général des finances, être par Sa Majesté ordonné ce qu'il appartiendroit, tant sur lesdites oppositions, que sur ledit procès-verbal, & cependant a ordonné Sa Majesté qu'il seroit sursis à tous ouvrages de la part desdits entrepreneurs : La commission obtenue sur ledit arrêt par lesdits sieurs de Barrillon & de la Salle ledit jour 30 Juin 1739, adressée audits sieurs de la Blottiere & de Senés : Les exploits de significations faites à la requête desdits sieurs de Barrillon & de la Salle, tant dudit arrêt, que de ladite commission étant ensuite de l'expédition d'icelui des 18, 19 & 22 du mois d'Août 1739, aux communautés de Mauguio & Candillargues, de Lansargues, de St. Nazaire, de St. Just, de Lunel-la-Ville, au sieur Desports, à la communauté de Massillargues, au sieur marquis de Calvisson, à la communauté d'Aimargues, au sieur marquis d'Aubais, à la communauté de Villetelle, à celle de St. Seriés, de Saturarges, de Verargues, de Ste. Colombe, de Montels, de Lunel-Viel, de Valergues, de Mudazon, de St. Brès, aux syndics généraux de la province de Languedoc, au syndic du diocese de Montpellier, au sieur évêque de Montpellier, aux propriétaires des salins de Peccais, au sieur de Candillargues, au sieur de Bornier, ancien juge-mage, aux propriétaires du canal de Lunel, au sieur président de Belleval, syndic de quelques habitans de Beaucaire, au sieur de Montréal ayant eu cause des sieurs de Launay & de Laroche, & aux sieurs intendans, syndics & recteurs de l'hôpital général de Montpellier, comme parties dans les marais des sieurs de Launay & de Laroche : Autres exploits de signification desdits arrêts & commission, ensuite d'imprimés d'iceux, des 20, 21, 23 & 25 dudit mois d'Août 1739, & 13 du mois de Septembre suivant, au sieur évêque de Nîmes, au syndic du chapitre de Nîmes, au sieur prévôt du même chapitre de Nîmes, prieur de Vauvert, au syndic du diocese de Nîmes, à dame Magdelaine de Cournon, épouse du sieur de Marmiés, à demoiselle Gabrielle de Cournon sa sœur, à la communauté d'Aigues-mortes, aux sieurs commandeurs de la Vernede, du Plan de la Peyre ou Sylveréal, de Barbantane autrement Mas de Liviers, de Capette, au sieur abbé Leblon, seigneur de la terre de la Mothe, au sieur évê que de St. Brieux, abbé de Franquevaux, au syndic des religieux de ladite abbaye, à la communauté de Vauvert, à celle du Caylar, à la dame marquise de Beaurepaire, au sieur marquis de Calviere, à la communauté de St. Laurens, au sieur grand-prieur de St. Gilles, au sieur évêque du Puy, abbé de St. Gilles, aux syndics du chapitre de St. Gilles, au sieur doyen dudit chapitre, au sieur capiscol, au sieur ouvrier, à la communauté de St. Gilles, au sieur commandeur de la Petite-Argence, aux communautés de Bellegarde & Fourques, au sieur évêque d'Alais, aux sieurs du chapitre d'Alais, au sieur duc d'Uzès, aux sieurs propriétaires du canal royal, au sieur de la Fage, syndic général de la province de Languedoc, au sieur Vianés l'aîné, & au sieur Bon, premier président de la cour des comptes, aides & finances dudit Montpellier : L'arrêt du conseil d'état N°. VII.

N°. VII. d'état, du 22 Septembre 1739, rendu sur la requête desdits sieurs de Barrillon & de la Salle, par lequel Sa Majesté a commis le sieur de Pontmartin, directeur des fortifications de Roussillon, & le sieur Durand, ingénieur à St. Hipolyte, pour, conjointement avec les sieurs de la Blottiere & de Senés, ou séparément, au nombre de trois au moins, en cas d'empêchement légitime de la part de quelqu'un d'eux, procéder à la vérification ordonnée par ledit arrêt du 30 Juin précédent, & conformément à icelui : La commission obtenue sur icelui ledit jour 22 Septembre : La délibération prise sur ce sujet par les Etats de la province de Languedoc le 22 Janvier 1740 : Deux exploits du même jour 16 Février 1740, faits à la requête desdits sieurs de Barrillon & de la Salle, portant déclaration aux syndics généraux de la province de Languedoc, & aux syndics & propriétaires des salins de Peccais, & aux consuls & communauté de la ville d'Aigues-mortes, de la remise par eux faite de leurs pieces, à l'effet d'être procédé à la vérification ordonnée par ledit arrêt du 30 Juin précédent, entre les mains du sieur de Senés un des commissaires nommés par ledit arrêt, ainsi que de la réponse au mémoire des consuls de la communauté d'Aigues-mortes : L'arrêt du conseil d'état du 23 Février 1740, rendu sur la requête desdits sieurs de Barrillon & de la Salle, par lequel Sa Majesté a commis le sieur Maréchal, directeur des fortifications des places dans la province de Languedoc, & des ouvrages publics de ladite province, au lieu & place du feu sieur de la Blottiere, & le sieur Dasté l'aîné, ingénieur en chef du port de Cette, pour, avec ledit sieur de Senés, ingénieur en chef, le sienr de Pontmartin, directeur des fortifications de Roussillon, & le sieur Durand, ingénieur à St. Hipolyte, nommé par les arrêts du conseil des 30 Juin & 22 Septembre 1739, procéder incessamment & conjointement ou séparément, au nombre de trois au moins, en cas d'empêchement légitime de la part de quelqu'un d'eux, à la vérification ordonnée par lesd. arrêts : La commission obtenue sur ledit arrêt, ledit jour 23 Février : La requête présentée par lesdits sieurs de Barrillon & de la Salle auxdits sieurs commissaires, au bas de laquelle est l'ordonnance du 28 Avril 1740, portant qu'ils se transporteroient en la ville d'Aigues-mortes le 16 Mai suivant, pour procéder au fait de leur commission : L'exploit fait le 6 Mai 1740, à la requête desdits sieurs de Barrillon & de la Salle, portant signification aux sieurs de Montferrier & de Joubert, syndics généraux de la province de Languedoc, & au sieur Pitot, membre de l'académie royale des sciences, nommé à la place du feu sieur de Clapiers, directeur des travaux publics de ladite province, dudit arrêt du conseil d'état du 23 Février 1740, ensemble de la requête présentée par lesdits sieurs de Barrillon & de la Salle auxdits sieurs ingénieurs-commissaires, & de l'ordonnance par eux rendue sur ladite requête, le 28 Avril précédent, à ce qu'ils ayent à se trouver, si bon leur semble, ledit jour 16 Mai en ladite ville d'Aigues-mortes, pour voir procéder lesdits sieurs commissaires, qui delà se transporteront auxdits salins, à l'exécution desdits arrêts, avec protestation qu'il sera procédé tant en leur absence que présence : La requête présentée par lesdits sieurs de Barrillon & de la Salle auxdits sieurs commissaires, au bas de laquelle est l'ordonnance du 12 Juin 1740, portant qu'ils se transporteront au salin de St. Jean, le 17 dudit mois de Juin, pour procéder à l'examen particulier des ouvrages N°. VII.

No. VII.

que lesdits sieurs de Barrillon & de la Salle se proposent de faire à côté dudit salin, en présence du sieur grand-prieur de St. Gilles, duement appellé, ou de telles personnes qu'il jugera à propos de nommer, & qu'il y sera par eux procédé, tant en présence qu'absence: L'exploit du 13 dudit mois de Juin, étant ensuite de ladite ordonnance, fait à la requête desdits sieurs de Barrillon & de la Salle, portant signification des arrêts du conseil des 30 Juin & 22 Septembre 1739, & 23 Février 1740, & des commissions obtenues sur iceux, ensemble de ladite requête & ordonnance au sieur Vincent Sauveur de Gaillard, chevalier de l'ordre de St. Jean de Jérusalem, grand-prieur de St. Gilles, à ce qu'il n'en ignore, & qu'il ait à se trouver, si bon lui semble, audit salin de St. Jean, pour voir procéder lesdits sieurs commissaires à la vérification particuliere qui doit être par eux faite de la partie du canal projetté, qui doit être construit à côté du même salin, & dont la position a été marquée dans la carte qui a été remise aux agens dudit sieur grand-prieur de la part desdits sieurs de Barrillon & de la Salle, avec protestation qu'il sera, tant en absence que présence, procédé par lesdits sieurs commissaires: Le procès-verbal dressé par lesd. sieurs ingénieurs-commissaires, des comparutions, dires, réquisitions, réserves, protestations, oppositions & consentemens des parties intéressées au desséchement desdits marais, daté au commencement du 16 Mai, & clos le 19 Novembre 1740, dans lequel est inséré le procès-verbal du 10 Novembre 1739, fait par le lieutenant des gabelles d'Aigues-mortes & salins de Peccais, à la requête des propriétaires desdits salins, pour constater l'inondation lors présente: Un autre procès-verbal du 12 dudit mois de Novembre 1739, fait par le juge ordinaire en la cour royale de la ville & viguerie d'Aigues-mortes, lieutenant civil & criminel au siége de la marine & amirauté de ladite ville, & à la réquisition des consuls de ladite ville, au sujet de ladite inondation lors présente: Un autre procès-verbal du 17 Février 1740, fait par le sieur Jacques Durand de la Roque, ingénieur en chef en Languedoc, de résidence à la ville de St. Hipolyte, à la réquisition dudit sieur du Brocard, fondé du pouvoir des propriétaires des marais, en présence du sieur de Montferrier, syndic général de la province de Languedoc, du sieur de Serres, président en la cour des aides, & syndic des propriétaires des salins de Peccais, du sieur Deydé, conseiller en ladite cour, l'un desdits propriétaires, & du sieur Guidais faisant pour ledit sieur du Brocard; ledit procès-verbal servant de vérification & contre-visite, à cause de ceux des 10 & 12 Novembre 1739, & encore le rapport & avis des experts agriculteurs nommés par l'ordonnance desdits sieurs ingénieurs-commissaires, du 27 Juin 1740, contenant leurs diverses opérations; ledit rapport clos le 10 Septembre 1740, & le procès-verbal arrêté le 20 Octobre 1740, des opérations faites sur les lieux par lesdits sieurs ingénieurs depuis le 17 Mai jusqu'audit jour 20 Octobre. Vu pareillement les rapports particuliers desdits sieurs Maréchal, de Pontmartin & Dasté, des 9, 13 & 19 Décembre 1740: L'avis général desdits sieurs Maréchal, de Pontmartin, Dasté & Durand de la Roque, du 20 Décembre 1740, & le mémoire des observations, nivellemens & opérations faites par ledit sieur Pitot, ensuite duquel est son avis particulier. Vu aussi la délibération desdits Etats de Languedoc, du 30 Janvier de la présente année 1741, concernant ledit desséchement: Oui le rapport du

N°. VII. ſieur Orry, conſeiller d'état & conſeiller ordinaire au conſeil royal, contrôleur général des finances; SA MAJESTÉ ÉTANT EN SON CONSEIL, ayant aucunement égard à ladite délibération des Etats de Languedoc, du 30 du mois de Janvier de la préſente année 1741, a commis & commet le ſieur Pene, ingénieur en chef de la citadelle de Montpellier, du canal de communication de Cette au Rhône, du grau d'Agde, & du fort de Breſcou, & le ſieur Thiery, ingénieur en chef de Perpignan, pour, avec le ſieur Maréchal, directeur des fortifications des places dans la province de Languedoc & des ouvrages publics de ladite province, & le ſieur Daſté l'aîné, ingénieur en chef du port de Cette, procéder à la vérification des opérations mentionnées dans les procès-verbaux dreſſés par ledit ſieur Maréchal, le ſieur Durand de la Roque & Pontmartin, & ledit ſieur Daſté, en exécution des arrêts du conſeil des 30 Juin & 22 Septembre 1739, & du 23 Février 1740, leſquels procès-verbaux ſeront remis par le ſieur de Bernage, conſeiller d'état, intendant en Languedoc, auxdits ingénieurs nommés par le préſent arrêt, à l'effet d'être par eux leſdites opérations de nouveau vérifiées, par rapport aux ſurgens, naiſſans ou tranſpirations que l'on ſuppoſe ſe trouver, tant dans l'intérieur des ſalins de Peccais, que dans les différens marais à deſſécher, & aux effets qu'ils peuvent produire, par rapport auſſi aux ſuites du projet de rejetter la plus grande partie des eaux du Vidourle dans l'étang de Mauguio, & au moyen d'aſſurer l'entretien de l'embouchure de cette riviere, ſans nuire à la navigation du canal de Lunel, du canal des étangs, & de la Radelle, & principalement à tout ce qui peut regarder & intéreſſer la ſureté deſdits ſalins; Ordonne Sa Majeſté qu'il ſera inceſſamment procédé par leſd. ſieurs Maréchal, Daſté, Pene & Thiery, à ladite vérification, en ſorte qu'elle ſoit achevée entre ci & le premier du mois de Décembre prochain: Pourront les ſyndics des propriétaires des ſalins de Peccais, remettre auxdits ingénieurs dans un mois, à compter du jour de la ſignification du préſent arrêt, tels mémoires & inſtructions qu'ils aviſeront bon être, ſur la communication qui leur ſera donnée par le ſyndic général de la province de Languedoc, de l'expédition qui lui a été remiſe du procès verbal, contenant le rapport & l'avis des ingénieurs nommés par leſdits arrêts du conſeil, du 30 Juin & 22 Septembre 1739, & du 23 Février 1740; paſſé lequel tems d'un mois, leſdits ſyndics des propriétaires deſdits ſalins n'y ſeront plus reçus; deſquels mémoires & inſtructions leſdits ingénieurs feront mention dans le procès-verbal de leur vérification, qui ſera remis dans le courant dudit mois de Décembre prochain au plus tard, au ſieur contrôleur général des finances, pour, à ſon rapport être par Sa Majeſté ordonné ce qu'il appartiendra; Et ſera le préſent arrêt ſignifié à la diligence deſdits ſieurs de Barrillon & de la Salle, auxdits ſyndics des propriétaires des ſalins de Peccais, & à tous qu'il appartiendra, à ce qu'ils n'en ignorent. FAIT au conſeil d'état du Roi, Sa Majeſté y étant, tenu à Verſailles le douzieme jour de Septembre mil ſept cent quarante-un. N°. VII.

Signé, PHELYPEAUX.

LOUIS, PAR LA GRACE DE DIEU, ROI DE FRANCE ET DE NAVARRE: A nos chers & bien-amés le ſieur Maréchal, directeur des fortifications des places dans notre province de Languedoc, & des ouvrages publics de ladite province, ſieur Daſté l'aîné, ingénieur

N°. VII. en chef du port de Cette, sieur Pené, ingénieur en chef de la citadelle de Montpellier, du canal de communication de Cette au Rhône, du grau d'Agde & du fort de Brescou, & sieur Thiery, ingénieur en chef de Perpignan, SALUT. Nous vous mandons & ordonnons par ces présentes signées de notre main, de procéder à l'exécution de l'arrêt dont extrait est ci-attaché sous le contre-scel de notre chancellerie, ce jourd'hui rendu en notre conseil d'état, nous y étant, pour les causes y contenues: Commandons au premier notre huissier ou sergent sur ce requis, de signifier ledit arrêt à tous qu'il appartiendra, à ce qu'aucun n'en ignore, & de faire en outre pour son entiere exécution, à la requête des sieurs Louis-Alexandre du Brocard de Barrillon, & Jean Gédéon de la Salle y dénommés, tous commandemens, sommations & autres actes & exploits requis & nécessaires, sans autre permission; CAR tel est notre plaisir. DONNÉ à Versailles le douzieme jour de Septembre, l'an de grace mil sept cent quarante-un, & de notre regne le vingt-septieme. *Signé*, LOUIS: *Et plus bas*; Par le Roi, PHELYPEAUX. Scellé le 28 Septembre 1741.

VIII.

ARRÊT

DU CONSEIL D'ETAT DU ROI,

Qui accepte la remise faite par le sieur Louis-Alexandre du Brocard de Barrillon, entre les mains du Roi, du don fait à M. le maréchal de Noailles, par arrêt du conseil du 20 Décembre 1701, & lettres-patentes du mois de Janvier 1702, des étangs, palus & marais, depuis Beaucaire jusqu'à Aigues-mortes, & à l'étang de Pérols, sauf à être pourvu au dédommagement dudit sieur de Barrillon, suivant la liquidation & fixation qui en sera faite par Sa Majesté. N°. VIII

Du 7 Novembre 1746.

EXTRAIT des Registres du Conseil d'Etat.

SUR la requête présentée au Roi, étant en son conseil, par Louis-Alexandre du Brocard de Barrillon, écuyer; contenant, que par arrêt du conseil du 20 Décembre 1701, suivi de lettres-patentes du mois de Janvier 1702, enregistrées au parlement de Toulouse, & à la chambre des comptes de Montpellier, le feu Roi auroit accordé à Anne-Jules, duc de Noailles, pair & maréchal de France, le don des étangs, palus, marais, coustieres, lais & relais de la mer, des rivieres & étangs, & terres inondées dans le bas Languedoc, depuis Beaucaire jusqu'à Aigues-mortes, & à l'étang de Pérols, avec faculté de faire dessécher lesdits étangs & marais, & de faire construire un canal de navigation, aux conditions portées par lesdits arrêt & lettres-patentes: Que la propriété dudit don a depuis été transmise à Adrien-Maurice, duc de Noailles, fils dudit sieur Maréchal, lequel en a disposé dans la suite, par donation entre-vifs, au profit du prince Charles de Lorraine, grand-écuyer de France, & de Magdelaine-Françoise Adélaïde de Noailles, fille aînée dudit sieur duc de Noailles, en faveur de leur mariage; & ledit sieur prince Charles de Lorraine a, du consentement de la dame son épouse, & suivant la faculté contenue dans leur contrat de mariage, cédé & transporté la propriété du don desdits marais, à Réné Boutin, receveur-général des finances d'Amiens, & à Antoine Paris, receveur-général des finances de Grenoble, par acte du

N°. VIII. 28 Mai 1717, lesquels associerent depuis à leur acquisition, le sieur Antoine Boisson, secrétaire du Roi : mais, que ces trois associés étant décédés avant d'avoir pu commencer ledit dessèchement, le suppliant forma le dessein de se charger de cette entreprise ; & que pour cet effet il acquit, conjointement avec le sieur Jean-Gédéon de la Salle, les portions desdits trois associés (de leurs héritiers ou représentans), suivant les actes des 13 & 18 Novembre, & 18 Décembre 1737, & 19 Février 1738, confirmés par arrêt du conseil du 4 Mars suivant ; qu'enfin, le suppliant a depuis réuni sur sa tête la totalité dudit don, par l'acquisition qu'il a faite des droits dudit sieur de la Salle, par acte du 16 Novembre 1741 : Et comme l'ordre de Saint-Lazare avoit des prétentions sur les marais dont il s'agit, en conséquence d'une donation qui lui avoit été faite par les sieurs Boutin & Boisson, pour la fondation de quatre commanderies dudit ordre, le 22 Novembre 1723, le suppliant auroit composé pour raison de cette prétention, par un traité fait avec le conseil de l'ordre de Saint-Lazare, le 10 Septembre 1746 : Mais, quoique le suppliant eût fait, depuis plusieurs années, les arrangemens convenables & de très-grandes dépenses, pour se mettre en état de faire ledit desséchement, & qu'il eût lieu d'espérer un heureux succès de cette entreprise, il n'a pu cependant parvenir jusqu'ici, à commencer ce desséchement, par les obstacles imprévus qu'il a trouvé, à cause des oppositions qui ont été faites audit desséchement, par les seigneurs, communautés & particuliers voisins desdits marais, ce qui a exposé le suppliant à des frais très-considérables pour lever ces difficultés ; que ces obstacles subsistent encore, quelque diligence qu'il ait apporté pour faire prononcer sur lesdites contestations. Dans ces circonstances, le suppliant a cru que le parti le plus convenable, étoit de remettre la propriété dudit don entre les mains de Sa Majesté, pour en disposer ainsi qu'elle jugera à propos, la suppliant de pourvoir à son dédommagement, d'une maniere convenable & proportionnée aux sommes qu'il a payées pour l'acquisition des droits des différentes parties intéressées, & des frais & dépenses considérables qu'il a été obligé de faire pour se mettre en état de faire ledit desséchement ; & qu'en supposant que la somme à laquelle il aura plu à Sa Majesté de fixer & liquider ledit remboursement, fût payée en contrats, ils seront exempts de la retenue du dixieme. Requéroit, A CES CAUSES, le suppliant, qu'il plût à Sa Majesté, lui donner acte de ce qu'il remet entre ses mains, le don fait par le feu Roi, au sieur maréchal duc de Noailles, par l'arrêt du conseil du 20 Décembre 1701, & les lettres-patentes du mois de Janvier 1702, des étangs, palus & marais du bas Languedoc, depuis Beaucaire jusqu'à Aigues-mortes, & à l'étang de Pérols, lequel don appartient au suppliant, au moyen de l'acquisition qu'il en a fait des successeurs & ayans cause du feu sieur maréchal duc de Noailles, pour en disposer par Sa Majesté, ainsi qu'elle jugera à propos, ordonner qu'il sera pourvu au remboursement & au dédommagement du suppliant, d'une maniere proportionnée aux sommes qu'il a payées pour l'acquisition des droits des propriétaires dudit don, intérêts, frais & loyaux-coûts, & des frais & dépenses considérables qu'il a fait, pour se mettre en état de parvenir audit desséchement, suivant la liquidation & la fixation qui en seront faites par N°. VIII.

N°. VIII. Sa Majesté. Vu ladite requête, signée du Brocard de Barrillon, l'arrêt du conseil du 20 Décembre 1701, & les lettres-patentes expédiées sur icelui, au mois de Janvier 1702, par lesquels le feu Roi auroit, entr'autres choses, permis au sieur maréchal duc de Noailles, ses successeurs & ayans cause, de faire dessécher tous & chacuns les étangs, palus, marais, coustieres, lais & relais de la mer, des rivieres & des étangs, & terres inondées du bas languedoc, depuis la ville de Beaucaire jusqu'à celle d'Aigues-mortes, & à l'étang de Pérols, soit que lesdits étangs, palus, marais, & terres inondées appartinssent à Sa Majesté, ou à des ecclésiastiques, communautés & particuliers, suivant & conformément aux conventions faites entre ledit sieur maréchal duc de Noailles, & les propriétaires desdits fonds, énoncées au procès-verbal du sieur de Basville, pour lors intendant en Languedoc, du premier Mai 1701, que Sa Majesté auroit homologuées & confirmées, ainsi que le contrat passé le 23 Octobre de ladite année, avec le sieur duc d'Uzès, propriétaire & possesseur d'aucuns desdits marais, à cause de ses terres & seigneuries de Bellegarde, Aimargues, & Broussan, pour être le tout exécuté selon sa forme & teneur, & jouir par ledit sieur maréchal duc de Noailles, ses successeurs & ayans cause, à perpétuité, des fonds qui seroient desséchés, en pleine propriété, à titre de châtellenie, & les tenir, pour ce qui en appartenoit alors à Sa Majesté, sous la mouvance immédiate de la couronne de France, avec tout droit de justice, haute, moyenne, & basse, & droits en dépendans; & quant aux marais situés dans les terres dont la mouvance & la justice appartenoient à des seigneurs particuliers, ledit sieur maréchal duc de Noailles & ses ayans cause, les tiendroient en fief-franc honoraire, sous la mouvance & justice desdits seigneurs particuliers, & sous les redevances convenues avec eux, suivant ledit procès-verbal du sieur de Basville, & autres droits, si aucuns y avoient légitimement établis au profit desdits seigneurs, avec lods & ventes aux mutations, conformément auxdites conventions, ou à raison du vingtieme du prix desdites ventes, au cas que par ledit procès-verbal ils n'eussent été réglés & convenus, desquels droits de lods & ventes, lesdites terres desséchées demeureroient exemptes, pour la premiere mutation qui arriveroit après le desséchement fait, Sa Majesté faisant don & cession audit sieur maréchal duc de Noailles, ses successeurs & ayans cause, de mettre en culture & terres de labour, ou en prairies, & pâturages, selon & ainsi qu'il leur conviendroit, les fonds qui seroient par eux desséchés; leur permettant de faire faire au travers des marais, & terres qu'ils dessécheroient, un canal de navigation, depuis la ville de Beaucaire, jusqu'au canal qui se faisoit pour lors dans les étangs, depuis le port de Cette, jusques à Aigues-mortes, à la charge par ledit sieur maréchal duc de Noailles, ses successeurs & ayans cause, de tenir le tout immédiatement de la couronne, à une seule foi & hommage, avec une albergue d'un louis d'or à chaque mutation; & en outre, d'indemniser les seigneurs particuliers, suivant l'estimation qui en seroit faite par experts; Permettant au surplus Sa Majesté, audit sieur maréchal duc de Noailles, & à la dame maréchale duchesse de Noailles son épouse, & au survivant d'eux, de disposer des choses ci-dessus en faveur de leurs enfans, ou de tel desdits enfans que bon leur sembleroit, librement ou sous telles charges,

N°. VIII. clauses & conditions qu'ils trouveroient à propos, par actes entre vifs, ou par testament, sans être lesdits enfans tenus de les rapporter, ni suppléer à aucune légitime, le tout comme étant la condition sous laquelle Sa Majesté leur auroit accordé cette grace, & aux autres clauses, charges & conditions portées par lesdits arrêt du 20 Décembre 1701, & lettres-patentes du mois de Janvier 1702 : Copie collationnée de l'arrêt du parlement de Toulouse, du 8 Mars 1702, portant que lesdits arrêt du conseil du 20 Décembre 1701, & lettres-patentes du mois de Janvier 1702, seroient enregistrés dans les registres dudit parlement, pour jouir par ledit sieur maréchal duc de Noailles, du contenu auxdits arrêts & lettres-patentes : Autre copie collationnée d'arrêt de la cour des comptes, aides & finances de Montpellier, du 21 Février 1702, portant que lesdits arrêt du conseil & lettres-patentes, ensemble le procès-verbal du sieur de Basville y mentionné, seroient enregistrés ès registres de ladite cour, pour jouir pareillement par ledit sieur maréchal duc de Noailles, de l'effet desdits arrêt & lettres-patentes : Extraits collationnés & délivrés par Patu & son confrere, notaires à Paris, sur les expéditions à eux représentées le 5 Novembre 1746. 1°. D'un acte passé devant Lefebvre & son confrere, aussi notaires à Paris, le 30 Juillet 1715, insinué à Paris le 6 Décembre; & publié ès registres des sénéchaux de Nîmes & de Montpellier, les 25 Octobre & 20 Décembre 1718, par lequel, dame Marie-Françoise de Bournonville, veuve du feu sieur maréchal duc de Noailles, auroit fait donation entre-vifs, à Adrien-Maurice, duc de Noailles, pair de France, leur fils aîné, de tout ce que le feu Roi avoit donné audit sieur maréchal duc de Noailles, par les susdits arrêt du conseil, & lettres-patentes du 20 Décembre 1701, & du mois de Janvier 1702, & de tout ce qui en pourroit provenir généralement quelconque, sans aucune exception ni réserve, pour, par ledit sieur duc de Noailles, en jouir & disposer en pleine propriété, aux mêmes charges, clauses & conditions que ledit sieur maréchal duc de Noailles son pere, & autres conditions particulieres énoncées dans ledit extrait de l'acte du 30 Juillet 1715. 2°. Du contrat de mariage d'entre le prince Charles de Lorraine, grand-écuyer de France, & demoiselle Françoise-Adélaïde de Noailles, fille aînée dudit sieur duc de Noailles, & de dame Françoise-Charlotte-Amable Daubigné, son épouse, passé devant ledit Lefebvre & son confrere, notaires à Paris, le 11 Mai 1717, par lequel ledit sieur duc de Noailles, en présence de la dame maréchale duchesse de Noailles sa mere, auroit donné & délaissé, en faveur dudit mariage, à ladite demoiselle de Noailles sa fille, lors future épouse, tout ce qui appartenoit audit sieur duc de Noailles, dans les étangs, palus, marais, coustieres, lais & relais de la mer, des rivieres & des étangs, & terres inondées dans le bas Languedoc, depuis Beaucaire jusqu'à Aigues-mortes, & à l'étang de Pérols, avec le droit de faire un canal de navigation au travers des terres desséchées, en conséquence desdits arrêt du 20 Décembre 1701, & lettres-patentes du mois de Janvier 1702, & de l'acte de donation dont l'extrait est ci-dessus énoncé, sans, par ledit sieur duc de Noailles, en rien retenir ni réserver, pour en jouir par ledit sieur prince Charles de Lorraine, & demoiselle de Noailles, lors futurs époux, du jour de la célébration du mariage, aux conditions, entr'autres, d'exécuter N°. VIII.

N°. VIII. toutes les charges auxquelles le feu sieur maréchal duc de Noailles étoit obligé, laquelle donation ladite dame maréchale de Noailles auroit eu agréable, & en auroit consenti l'exécution, & même déchargé les choses données, de l'affectation au parfournissement de la substitution & de la garantie de l'usufruit dont étoit question dans ledit acte ci-dessus énoncé, du 30 Juillet 1715, avec faculté auxdits futurs époux, de vendre les choses données, même pendant la minorité de ladite future épouse, sans avoir besoin d'avis des parens, ni du consentement dudit sieur duc de Noailles, pourvu que le prix soit de trois cent mille livres, & qu'il en soit fait emploi en acquisition de terres, héritages ou rentes, en la présence dudit sieur duc de Noailles : Autres extraits collationnés & délivrés par ledit Patu & son confrere, sur les expéditions & originaux à eux représentés le 4 Novembre 1746, 1°. d'un contrat passé devant Junot & son confrere, notaires à Paris, le 28 Mai 1717, par lequel le prince Charles de Lorraine, grand-écuyer de France, auroit, en vertu de la faculté à lui accordée par son contrat de mariage avec la dame son épouse, y daté & énoncé, cédé & transporté aux sieurs Réné Boutin, receveur général des finances d'Amiens, & Antoine Paris, receveur général des finances de Grenoble, tout ce qui lui appartenoit, & à ladite dame son épouse, dans lesdits étangs, palus, marais, coustieres, lais & relais de la mer, rivieres, étangs, & terres inondées dans le bas Languedoc, depuis Beaucaire jusqu'à Aigues-mortes, & à l'étang de Pérols, ensemble au droit de faire faire un canal de navigation au travers des terres desséchées, sans aucunes choses retenir de ce qui est compris dans l'arrêt du conseil du 20 Décembre 1701, & lettres-patentes du mois de Janvier 1702, ladite cession faite moyennant le prix stipulé audit acte, & aux charges & conditions y portées; 2°. d'un autre acte passé devant ledit Junot & son confrere, le 29 Septembre 1720, entre ledit sieur Boutin, d'une part, Pierre-François Bergeret, secrétaire du Roi, fondé de procuration dudit sieur Antoine Paris, d'autre part, & Antoine Boisson, aussi secrétaire du Roi, encore d'autre part, ledit acte portant association, aux clauses & conditions y énoncées, dudit sieur Boisson pour un tiers, dans le délaissement fait par le prince Charles de Lorraine, dans l'acte ci-dessus du 28 Mai 1717; 3°. de l'acte de ratification de l'association ci-dessus, par ledit sieur Paris, du 21 Avril 1721 : Copie collationnée de l'arrêt du conseil du 22 Septembre 1722, & des lettres-patentes expédiées sur icelui le 5 Octobre suivant, portant homologation dudit acte d'association : Extrait à la suite des précédens, d'autre acte passé devant Lefebvre & son confrere, notaires à Paris, le 22 Novembre 1723, ledit acte portant donation à l'ordre de St. Lazare, par lesdits sieurs Boutin & Boisson, de mille arpens de marais, à prendre dans les deux tiers qui leur appartenoient dans la totalité desdits étangs, palus, marais, coustieres, lais & relais de la mer, rivieres, étangs, & terres inondées dans le bas Languedoc, depuis Beaucaire jusqu'à Aigues-mortes, & à l'étang de Pérols, ladite donation faite pour la fondation de quatre commanderies dudit ordre, ainsi & aux conditions qui y sont énoncées : Copie collationnée de l'arrêt du conseil du 21 Novembre 1724, & des lettres-patentes expédiées sur icelui le 16 Décembre suivant, portant, entre autres choses, homologation de ladite donation : Extrait étant à la suite des précédens, N°. VIII.

N°. VIII. précédens, d'un contrat passé devant Sylvestre & son confrere, notaires à Paris, le 13 Novembre 1737, par lequel Isaac Guidais auroit vendu à Louis Duchemin, le tiers dans lesdits marais, étangs, palus, coustieres, lais & relais de la mer, rivieres, étangs, & terres inondées, & dans le droit de desséchement d'iceux, & de la construction du canal de navigation, lequel tiers appartenoit audit sieur Guidais, comme l'ayant acquis des créanciers dudit Boisson, par contrat ci-dessus mentionné : Extrait de la déclaration faite par ledit Duchemin, le même jour 13 Novembre 1737, & pardevant les mêmes notaires, que ladite vente étoit pour & au profit des sieurs Jean-Gédéon de la Salle, & Louis-Alexandre du Brocard de Barrillon, auxquels il n'avoit fait que prêter son nom : Extrait d'autre contrat passé devant Sylvestre & son confrere, notaires à Paris, le 18 dudit mois de Novembre, par lequel dame Antoinette-Justine Paris, épouse non-commune en bien du sieur Jean Paris de Montmartel, fille & héritiere, sous bénéfice d'inventaire, du sieur Antoine Paris, auroit vendu audit Duchemin, les cinq sixiemes qui lui appartenoient, dans un tiers de la totalité desdits marais; ensuite est l'extrait de la déclaration faite le même jour 18 Novembre 1737, par ledit Duchemin, que ladite vente étoit pour & au profit desdits sieurs de la Salle & de Barrillon : Extrait d'autre contrat passé devant Bontems & son confrere, notaires à Paris, le 18 Décembre 1737, par les enfans & héritiers du sieur Réné Boutin, de la vente par eux faite audit sieur de la Salle, du tiers qui leur appartenoit dans tout ce qui compose & dépend desdits étangs, palus, marais, coustieres, lais & relais de la mer, rivieres, étangs, & terres inondées dans le bas Languedoc, & dans le droit de faire un canal de navigation : Extrait de la déclaration faite ledit jour 18 Décembre 1737, devant les mêmes notaires, par ledit sieur de la Salle, que dans l'acquisition dudit tiers desdits marais & dépendances, il en appartenoit moitié audit sieur de Barrillon : Extrait d'autre contrat passé devant ledit Sylvestre & son confrere, le 18 Février 1738, par lequel Jacques Masson, au nom & comme procureur de Pierre Babaud de la Chaussade, & de Marie-Anne-Jacqueline Masson son épouse, de lui autorisée, auroit vendu auxdits sieurs de la Salle & de Barrillon, le sixieme appartenant auxdits sieurs & dame de la Chaussade, comme étant aux droits dudit sieur Jacques Masson, qui les avoit du sieur Antoine Paris, dans un tiers en la totalité desdits marais & dépendances, ci-dessus rapportées. Vu aussi l'arrêt du conseil du 4 Mars 1738, rendu sur la requête desdits sieurs Louis-Alexandre du Brocard de Barrillon, & Jean-Gédéon de la Salle, par lequel il a été ordonné que lesdits arrêt du 20 Décembre 1701, & lettres-patentes expédiées sur icelui au mois de Janvier 1702, ensemble lesdits contrats des 13 & 18 Novembre, & 18 Décembre 1717, & 19 Février 1738, seroient exécutés selon leur forme & teneur; & en conséquence, lesdits sieurs du Brocard de Barrillon & de la Salle, ont été subrogés aux droits, privileges & prérogatives accordés au feu maréchal duc de Noailles, par lesdits arrêt & lettres-patentes, pour les exercer & en jouir, conformément aux mêmes arrêt & lettres-patentes, & auxdits contrats, & autres pieces justificatives de l'acquisition qu'ils en avoient faite : Extrait de l'acte passé devant ledit Patu & son confrere, notaires à Paris, le 16 Novembre 1741, par lequel ledit sieur de la Salle auroit, du consentement de ses créan-

No. VIII. ciers, cédé & transporté audit sieur du Brocard de Barrillon, tout & tel droit qui appartenoit audit sieur de la Salle, dans l'entreprise du desséchement desdits étangs, palus, marais, coustieres, lais & relais de la mer, rivieres, étangs, & terres inondées du bas Languedoc, depuis Beaucaire jusqu'à Aigues-mortes & à l'étang de Pérols, & pour la construction du canal de navigation au travers desdites terres, après le desséchement, pour, par ledit sieur de Barrillon, réunissant à ce moyen la totalité du droit desdits marais, en faire & disposer à sa volonté, comme de chose lui appartenant, moyennant la somme stipulée audit acte, & à la charge d'exécuter les engagemens dans lesquels ledit sieur de la Salle étoit entré à ce sujet. Vu pareillement l'extrait de désistement de l'ordre de St. Lazare, passé devant Doyen & son confrere, notaires à Paris, le 10 Septembre de la présente année 1746, de la donation ci-dessus mentionnée, qui lui avoit été faite par les sieurs Boutin & Boisson, le 22 Novembre 1723, de mille arpens des marais qui seroient desséchés, ledit désistement fait, moyennant l'indemnité convenue entre ledit ordre de St. Lazare & ledit sieur de Barrillon : Oui le rapport du sieur de Machault, conseiller ordinaire au conseil royal, contrôleur général des finances ; LE ROI ÉTANT EN SON CONSEIL, ayant égard à la requête dudit sieur du Brocard de Barrillon, a accepté & accepte la remise par lui faite entre les mains de Sa Majesté, du don que le feu Roi avoit fait au sieur maréchal duc de Noailles, par arrêt du conseil du 20 de Décembre de l'année 1701, & lettres-patentes du mois de Janvier 1702, des étangs, palus & marais du bas Languedoc, depuis Beaucaire jusqu'à Aigues-mortes & à l'étang de Pérols, lequel don appartenoit audit sieur du Brocard de Barrillon, au moyen de l'acquisition qu'il en avoit faite des successeurs & ayans cause dudit feu sieur maréchal duc de Noailles, ladite remise faite par ledit sieur de Barrillon à Sa Majesté, pour en disposer par elle, ainsi qu'elle le jugera à propos : Ordonne Sa Majesté, qu'il sera pourvu au remboursement & au dédommagement dudit sieur de Barrillon, tant des sommes qu'il a payées pour l'acquisition des droits des précédens propriétaires dudit don, intérêts, frais & loyaux-coûts, que des frais & dépenses par lui faites pour raison du desséchement desdits étangs, palus & marais, suivant la liquidation & fixation qui en seront faites par Sa Majesté : & sur le présent arrêt, seront toutes lettres nécessaires expédiées. FAIT au conseil d'état du Roi, Sa Majesté y étant, tenu à Fontainebleau le septieme jour de Novembre mil sept cent quarante-six. No. VIII.

Signé, PHELYPEAUX.

IX.

ARRÊT

DU CONSEIL D'ETAT DU ROI,

Et Lettres-patentes.

Qui accordent aux Etats de la Province de Languedoc, la propriété des marais du bas Languedoc, depuis Beaucaire jusqu'à Aigues-mortes, & à l'étang de Pérols ; Permettent auxdits Etats de faire dessécher lesdits marais, & de faire un canal de navigation, le tout conformément aux facultés qui en avoient été accordées à feu M. le maréchal de Noailles, par l'arrêt du conseil du 20 Décembre 1701, & les lettres-patentes du mois de Janvier 1702, à la charge par lesdits Etats de payer,

N°. IX. *suivant leurs offres, au sieur du Brocard de Barrillon, comme étant aux droits dudit sieur maréchal de Noailles, la somme de quatre cent dix mille livres, pour le prix desdits marais, & le dédommagement des dépenses & avances par lui faites pour les dessécher.*

Du 8 Novembre 1746.

EXTRAIT des Registres du Conseil d'Etat.

SUR la requête présentée au Roi, étant en son conseil, par les députés & le syndic général des Etats de la province de Languedoc, CONTENANT qu'il est venu à leur connoissance, que le sieur de Barrillon, qui, par différentes subrogations, étoit parvenu à réunir en sa personne tous les droits ayant appartenu au feu sieur maréchal de Noailles, sur les marais de ladite province, depuis Beaucaire jusqu'à Aigues-mortes, & à l'étang de Pérols, en vertu du don fait audit feu sieur de Noailles, par arrêt du conseil du 20 Décembre 1701, & lettres-patentes du mois de Janvier 1702, en avoit fait le désistement pur & simple entre les mains de Sa Majesté, s'en remettant à sa bonté & à sa justice, tant sur le remboursement des sommes par lui payées, pour l'acquisition desdits droits, que sur le dédommagement qu'il avoit lieu d'espérer, à raison des frais qu'il avoit faits pour se mettre en état d'exécuter le desséchement desdits marais: Que cette entreprise, dont il est question depuis si long-tems dans la province, y a toujours paru également importante; & qu'enfin, le don des marais ayant passé au sieur de Barrillon en 1738, le grand nombre d'oppositions qui furent formées de la part des Seigneurs, des communautés, & des particuliers, déterminerent les Etats à prendre la part qu'ils devoient prendre à cette affaire, c'est-à-dire, à l'examiner & à la connoître, avant d'y donner un consentement exprès, ou d'y former leur opposition: Qu'il fut donné en conséquence sur leur requête, un arrêt du conseil, le 30 Juin 1739, par lequel il fut ordonné qu'il seroit procédé à une vérification par les ingénieurs que Sa Majesté commit à cet effet, en présence des syndics généraux, & du sieur de Clapiers, directeur des ouvrages de la province; que les communautés & particuliers seroient tenus de remettre leurs titres & moyens d'oppositions entre les mains du sieur contrôleur général des finances, dans le mois, pour y être fait droit, & cependant qu'il seroit sursis à tous ouvrages: Que la premiere vérification qui fut faite en conséquence de cet arrêt, ayant donné lieu à une seconde, celle-ci a fait naître de nouveaux doutes; & que lorsque les Etats ont cherché les moyens de les dissiper, en demandant de nouveaux éclaircissemens, ils n'ont fait que ce qu'on devoit attendre de la sagesse de leur administration: Que ces considérations, qui ont servi de motifs à la conduite des Etats, ont toujours la même vérité & la même force; mais qu'elles ne sont pas contraires au desir de parvenir, s'il est possible, à faire cultiver les marais dont il s'agit, & qu'ils ont reconnu qu'ils ne pouvoient y reussir, qu'en se chargeant eux-mêmes de cette entreprise, parce qu'ils seroient alors les maîtres de l'exécuter avec la prudence d'un pere de famille, qui ne calcule pas les momens d'une exécution plus prompte ou plus éloignée, mais qui cherche uniquement à s'assurer du succès, & à se mettre à l'abri des inconvéniens: Que c'est ce qui leur a fait penser dans leur derniere assemblée, qu'il pourroit leur convenir de demander à Sa Majesté la subrogation au don qui a été fait de

N°. IX. l'étendue des marais, au feu sieur maréchal de Noailles, & à la faculté de dessécher les marais, pour exécuter ledit desséchement, dans le tems & en la maniere qui leur paroîtroient le plus convenables : Que dans ces circonstances, & au moment où les supplians devoient présenter leur requête, pour obtenir cette subrogation, à la charge d'être pourvu au remboursement & dédommagement dudit sieur de Barrillon, le désistement par lui fait entre les mains de Sa Majesté, a donné une nouvelle face à cette affaire, & autorise une demande qui devient plus simple & plus favorable, puisqu'au lieu de la subrogation au don accordé au feu sieur maréchal de Noailles, & qui a été réuni en la personne du sieur de Barrillon, il s'agit aujourd'hui de supplier Sa Majesté, de vouloir bien renouveller le même don en faveur des Etats, sous l'offre qu'ils font de pourvoir au remboursement & dédommagemennt demandé par ledit sieur de Barrillon, ainsi qu'il sera réglé par Sa Majesté : Que les mêmes motifs qui ont déterminé à accorder ce don à des particuliers, sont aussi pressans en leur faveur, soit qu'on les tire de l'utilité publique, qui doit faire desirer l'augmentation des productions, soit qu'on voulût aussi les tirer des services précédemment rendus à l'Etat ; mais, qu'ils le sont encore bien davantage, en ce que c'est le seul moyen d'écarter les obstacles de toute espece qui se présentent dans l'exécution d'un projet aussi étendu & aussi compliqué : Qu'il est bien aisé de se former une idée de ces obstacles, par les exemples réitérés de pareilles entreprises, qui ont toujours été accompagnées de toutes sortes de discussions & de procès, soit pour instruire les oppositions, soit pour faire exécuter les jugemens rendus pour les terminer, ou même pour l'exécution des conventions passées avec les parties ; & que cet inconvénient est d'autant plus sensible, dans le cas présent, que les marais à dessécher étant fort étendus, un grand nombre de communautés, de seigneurs ecclésiastiques & laïques, de bénéficiers & de particuliers y ont intérêt : Qu'ils doivent aussi représenter à Sa Majesté, comme un nouveau motif d'accorder aux Etats le don qu'ils demandent, que les Rois ses prédécesseurs ont, par différens édits, maintenu & confirmé les habitans de ladite province de Languedoc, dans la jouissance & usage des palus & marais de ladite province : Que les communautés ayant été troublées dans cette possession en 1555, par les officiers de Sa Majesté, il fut fait un traité entre les commissaires du Roi Henri II & ceux des Etats de ladite province, par lequel il fut convenu, que les gens des Trois-Etats, habitans & communautés dudit pays, seroient conservés en tous & chacuns les droits qu'ils ont de tenir & posséder les patis, palus, garrigues, bruyeres, ramiers & pâturages en commun, comme ils en ont & leurs prédécesseurs, par ci-devant joui & usé, quoiqu'ils eussent été représentés comme terres vacantes, & comme tels, pris, saisis, & mis sous la main du Roi, & que ce traité a été expressément confirmé par un édit donné par le feu Roi de glorieuse mémoire, au mois de Décembre 1659 ; en sorte que les Etats sont, à proprement parler, les seuls qui puissent jouir de l'effet du don des marais à dessécher, puisqu'ils seroient fondés à réclamer contre toute autre jouissance desdits marais, qui leur est acquise à titre onéreux, en faveur des habitans de la province, & que le don qu'ils esperent obtenir de Sa Majesté, ne fera que joindre la propriété aux facultés & usages dans lesquels ils ne pouvoient être troublés : Que toutes

N°. IX. sortes de motifs concourant à favoriser la demande des Etats, les supplians ont lieu d'espérer que Sa Majesté voudra bien accorder auxdits Etats, le don desdits marais, avec la faculté de les dessécher, ainsi & de la même maniere que ledit don avoit été fait, & ladite faculté accordée au feu sieur maréchal de Noailles, par l'arrêt du 20 Décembre 1701, & lettres-patentes du mois de Janvier 1702, & comme les cessionnaires dudit feu sieur maréchal de Noailles auroient pu l'exercer, pour être ledit desséchement fait dans le tems & en la maniere que lesdits Etats jugeront convenables, & disposer des fonds de terre desséchés, en pleine propriété; mais, que les Etats ne pourroient retirer aucune utilité de ce don, ni remplir les vues qui les engagent à le demander, s'ils demeuroient exposés aux recherches de ceux qui prétendroient avoir quelque droit de propriété ou d'hypotheque sur lesdits marais, tant du chef dudit sieur de Barrillon, que des précédens propriétaires de la concession qui en a été faite par lesdits arrêt & lettres-patentes: Que les supplians sont informés que ledit sieur de Barrillon vient de se régler avec l'ordre de Saint-Lazare, pour rapporter le désistement d'une donation faite audit ordre, par les sieurs Boutin & Boisson, le 22 Novembre 1723, de mille arpens de terre desséchés, pour en être fait quatre commanderies, suivant ce qui est plus amplement expliqué audit acte, laquelle donation se trouvoit confirmée par lettres-patentes du 16 Décembre 1724; qu'ils supplient en conséquence Sa Majesté, de vouloir bien, en recevant ledit désistement, ordonner que lesdites lettres-patentes seront rapportées; & que cette demande est d'autant plus juste, que la révocation desdites lettres ne peut porter aucun préjudice audit ordre, puisqu'il s'agit d'une donation purement gratuite, qui lui a été jusqu'ici infructueuse, & qui deviendroit caduque entre ses mains, qui n'a pas même été insinuée, & à raison de laquelle ledit ordre ne l'ayant pas fait insinuer, n'avoit obtenu aucunes lettres d'amortissement: Qu'à l'égard des autres prétendans droits sur lesdits marais, quoiqu'il soit vrai de dire que les terres desséchées changent de nature par le desséchement, qui produit, en quelque maniere, la création d'un nouveau fonds, & que ces nouvelles terres doivent par leur nature être libres & affranchies de toutes hypotheques, & autres charges, il paroît néanmoins nécessaire, pour une plus grande sureté, & pour ôter à ceux qui se présenteroient pour acquérir lesdites terres, tous sujets d'inquiétude, que Sa Majesté ait la bonté de prescrire une procédure réguliere, & en même tems très-simple, pour obliger ceux qui pourroient prétendre quelque droit sur lesdits marais, tant du chef dudit sieur de Barrillon, que des précédens propriétaires de la concession qui en a été faite audit feu sieur maréchal de Noailles, à se faire connoître, & à former leurs oppositions dans un tems limité, lesquelles oppositions n'auront leur effet que sur la somme que ledit sieur de Barrillon supplie Sa Majesté de lui accorder pour son remboursement & dédommagement: Que suivant l'édit du Roi Henri IV du mois de Janvier 1607, au sujet du desséchement des marais, la portion des terres desséchées qui appartiendra aux entrepreneurs, demeurera libre, franche & quitte de toutes dettes, dots, douaires, augmens, engagemens, hypotheque, donation, substitution & autres charges généralement quelconques, dont lesdits fonds pouvoient être auparavant tenus envers qui que ce soit, sauf à ceux qui préten- N°. IX.

N°. IX.

dront quelques droits, hypotheques, ou autres, d'agir sur la portion qui sera restée aux propriétaires, ou sur les droits & devoirs qu'ils se seront réservés : Que cette disposition se trouve confirmée & renouvellée par les lettres-patentes accordées au feu sieur maréchal de Noailles, au mois de Janvier 1702, & que pour en faire l'application au cas présent, il doit être ordonné que les oppositions de ceux qui peuvent prétendre avoir des droits de propriété ou d'hypotheque sur lesdits marais, ne pourront avoir lieu que sur la somme à laquelle Sa Majesté aura réglé le remboursement & dédommagement dudit sieur de Barrillon ; auquel effet, ils seront tenus de se pourvoir dans le délai qui sera réglé, passé lequel, ils en demeureront déchus purement & simplement, sans qu'il leur soit permis, en aucun cas, d'agir sur lesdits marais, ni sur les contrats qui auront été passés au profit dudit sieur de Barrillon : Qu'après avoir ainsi pourvu à assurer aux Etats la totalité du don des marais, les supplians ont encore l'honneur de supplier Sa Majesté, de vouloir bien confirmer les privilèges, exemptions & immunités contenues dans l'arrêt du 20 Décembre 1701, & lettres-patentes du mois de Janvier 1702, soit par rapport à l'exemption des lods & ventes, jusqu'à la consommation du desséchement, & même à la premiere mutation qui arrivera après ledit desséchement, soit par rapport à l'exemption de la dîme pendant dix années, & à la fixation de ladite dîme au cinquantieme, pour les années suivantes, s'il n'en a été autrement convenu avec les décimateurs ; comme aussi, permettre auxdits Etats de disposer des terres desséchées en fief ou autrement, sous telles redevances qu'ils trouveront convenables, même avec exemption & immunité des tailles, pendant le tems qu'ils jugeront à propos, & de déclarer que les acquéreurs desdites terres desséchées, qui seront de condition roturiere, seront exempts & affranchis de tous droits de franc-fiefs, & les communautés, du droit d'amortissement & nouveaux acquêts : Qu'enfin, comme la concession a été faite audit feu sieur maréchal de Noailles, à titre de propriété incommutable, ils esperent qu'elle sera renouvellée aux Etats, à cette même condition, & que ceux auxquels ils en transmettront la possession, en jouiront au même titre ; de sorte que ni les uns ni les autres ne pourront être conséquemment recherchés, pour être confirmés dans leur droit & possession : Que la justice de toutes les demandes des supplians, est bien sensible, puisqu'elles ne tendent qu'à assurer aux Etats de ladite province, le don & concession faits au feu sieur maréchal de Noailles, dans toute son étendue, & avec toutes les conditions y attachées ; ce qui est d'autant plus favorable, qu'ils offrent de pourvoir, ainsi qu'il sera ordonné, au remboursement & dédommagement demandé par ledit sieur de Barrillon : Qu'il leur reste seulement à représenter, que quoiqu'ils ne puissent pas craindre d'être recherchés à raison de ce même don & concession, pour le payement d'aucuns droits, de quelque nature que ce puisse être, il est cependant de la justice de Sa Majesté, de déclarer par exprès qu'il n'en est dû aucun ; & en conséquence, de décharger les Etats de tous droits de contrôle, insinuation, centieme denier, lods & ventes, indemnité, amortissement, & autres droits, de quelque nature qu'ils puissent être : Qu'il doit suffire d'observer pour établir cette exemption, que les Etats, en demandant la même concession & le même don qui furent faits au feu sieur maréchal de Noailles, les tiendront de

N°. IX. Sa Majesté, ce qui éloigne absolument toute idée de contrôle & d'insinuation, puisque les dons & concessions émanés du Roi, au lieu d'avoir besoin de cette formalité, sont revêtus de l'autorité des lettres-patentes & de l'enregistrement qui en est fait dans les cours supérieures : Que ces dons & concessions sont aussi exempts par leur nature, de toute autre espece de droits ; mais, qu'indépendamment de cette premiere considération, il est également hors de doute, qu'on ne pourroit demander aux Etats, ni le droit de centieme denier, puisque ce n'est pas ici un immeuble ordinaire, & que jusqu'à ce que le desséchement soit fait, on ne peut le regarder que comme une simple faculté, ni le droit de lods & ventes, puisque, suivant les lettres-patentes de 1702, il n'en est pas même dû pour les premieres mutations après le desséchement fait ; ce qui prouve, à plus forte raison, qu'il ne peut pas en être dû jusqu'à sa consommation ; ni le droit d'indemnité, puisque ce droit n'est dû qu'autant que le lods peut l'être, attendu que c'en est la représentation & le dédommagement ; ni l'amortissement, puisque bien loin de mettre des fonds de terre hors du commerce, il s'agit au contraire de les mettre en état d'y entrer ; ce qui donne même lieu de relever, que les fermes du Roi ne peuvent retirer aucun avantage des marais, qu'autant que le desséchement donnera lieu à des mutations, à raison desquelles il sera dû des droits : Que par toutes ces raisons & considérations, lesdits députés & le syndic général requéroient très-humblement Sa Majesté, qu'il lui plût, 1°. Accorder auxdits Etats, la propriété de tous les étangs, palus, marais, coustieres, lais & relais de la mer, rivieres & étangs, depuis Beaucaire jusqu'à Aigues-mortes, & à l'étang de Pérols, appartenant à Sa Majesté, laquelle fera don & cession auxdits Etats, de tous & tels droits qui peuvent lui appartenir, révoquant tous dons & concessions que Sa Majesté & les Rois ses prédécesseurs pourroient en avoir faits ci-devant ; en conséquence de quoi, lesdits Etats pourront faire dessécher lesdits marais & étangs, ainsi & de la maniere que ladite faculté en avoit été accordée au feu sieur maréchal de Noailles, par ledit arrêt du conseil d'état du 20 Décembre 1701, & par lesdites lettres-patentes du mois de Janvier 1702. 2°. Accorder aussi auxdits Etats, la faculté de faire dessécher les étangs, palus, marais, lais & relais de la mer, rivieres & étangs, & terres inondées qui peuvent appartenir à des communautés ecclésiastiques ou laïques, bénéficiers, seigneurs ou particuliers, depuis ladite ville de Beaucaire jusqu'à celle d'Aigues-mortes, & à l'étang de Pérols, ensemble la faculté de faire un canal de navigation, le tout aussi conformément aux facultés qui en avoient été accordées audit feu sieur maréchal de Noailles, par lesdits arrêts & lettres-patentes, lesquels desséchement & construction du canal, pourront être exécutés dans le tems & de la maniere que lesdits Etats le jugeront convenable. 3°. Donner acte auxdits députés & syndic général, des offres faites par lesdits Etats, de payer audit sieur de Barrillon, jusqu'à concurrence de la somme de quatre cent dix mille livres, si Sa Majesté l'ordonne ainsi, & non au-delà, & ce, pour tenir lieu de remboursement du prix des acquisitions faites par ledit sieur de Barrillon, & dédommagement pour les frais & avances qu'il a faites à cause dudit desséchement, ladite somme payable en contrats de constitution de rente sur ladite province, desquels contrats de rente, les Etats consentent que les arréra-

N°. IX. N°. IX.

ges soient exempts de la retenue du dixieme; moyennant quoi, ledit sieur de Barrillon sera tenu de garantir lesdits palus, étangs, marais, coustieres, lais & relais, de tous droits de propriété, hypotheques, engagemens, dots, augmens, douaires, substitutions, donations, & autres, tant du chef dudit sieur de Barrillon, que de ceux auxquels il a succédé auxdites acquisitions, & du chef dudit feu sieur maréchal de Noailles, de laquelle garantie il sera fait mention dans lesdits contrats de constitution, lesquels demeureront affectés & hypothéqués par privilége, à ladite garantie, jusqu'à ce qu'ils en ayent été déchargés, en la maniere qui sera expliquée ci-après. 4°. Que la donation de mille arpens de terre desséchés, faite à l'ordre de Saint-Lazare, par les sieurs Boutin & Boisson, par acte du 22 Novembre 1723, & de laquelle ledit ordre s'est désisté par acte du 10 Septembre 1746, demeurera nulle & comme non-avenue; & en conséquence, que les lettres-patentes du 16 Décembre 1724, confirmatives de ladite donation, seront rapportées. 5°. Ordonner que pour purger lesdits palus, marais, étangs, & autres terres y énoncées, de tous autres droits de propriété, hypotheques, engagemens, dots, augmens, douaires, donations, substitutions, & autres, il sera, à la diligence desdits syndics généraux, & aux frais de ladite province, fait des affiches & publications de l'arrêt qui interviendra, pendant trois Dimanches consécutifs, de quinzaine en quinzaine, à l'issue des messes paroissiales des églises circonvoisines desdits marais, au nombre de six au moins, comme aussi aux foires & marchés desdites paroisses, s'il y en en a, dans le délai desdites publications: Que lesdites affiches seront mises aux portes des églises desdites paroisses, comme aussi aux portes des églises paroissiales & des hôtels-de-ville des villes de Montpellier & de Nîmes, & à la porte de l'hôtel du sieur intendant de ladite province, desquelles publications & affiches, il sera dressé des procès-verbaux par les huissiers ou sergens qui les auront faites: Que quinze jours après la derniere desdites publications & affiches, il en sera fait une derniere par le greffier de la sénéchaussée de Montpellier, & par le greffier de la sénéchaussée de Nîmes, l'audience tenant, de laquelle publication lesdits greffiers donneront leur certificat; & que dans le délai de six mois, après la derniere desdites publications, tous prétendans droits sur lesdits étangs, marais, & autres terres ci-dessus énoncées, soit pour raison de la propriété, soit pour cause d'engagemens, hypotheques, dots, augmens, douaires, donations, substitutions, ou autres, à quelque titre que ce puisse être, soit du chef du sieur de Barrillon, ou de ceux auxquels il a succédé, soit du chef dudit sieur maréchal de Noailles, seront tenus de former leur opposition au greffe dudit sieur intendant & commissaire départi dans ladite province de Languedoc; passé lequel délai de six mois, il ne pourra plus être formé d'opposition, nonobstant la minorité, absence ou priviléges des prétendans droits, ni sous quelque prétexte que ce soit, & lesdits prétendans droits qui n'auront pas formé d'opposition, ne pourront exercer aucune action ni droit sur lesdits marais, étangs, palus, & autres terres mentionnées ci-dessus, ni sur les contrats qui auront été passés par lesdits Etats au profit dudit sieur de Barrillon, sauf à eux d'agir sur ses autres biens, ainsi qu'ils verront être à faire. 6°. Déclarer que les oppositions qui seront formées dans ledit délai, pour quelque cause que ce soit, pour raison de la

propriété

N°. IX. propriété ou autre droit quelconque, ne pourront avoir leur effet que sur les contrats qui auront été passés par lesdits Etats audit sieur de Barrillon, & que lesdits palus, marais, étangs, & autres terres énoncées ci-dessus, en seront & demeureront entierement purgés, sans que lesdits opposans puissent y avoir aucun droit, sauf à eux d'agir sur lesdits contrats. 7°. Ordonner pareillement, que ceux dont les oppositions auront été formées dans ledit délai de six mois, & dont ledit sieur de Barrillon ne rapportera pas la main-levée, seront tenus de les faire juger dans tel délai qu'il plaira à Sa Majesté de fixer, & que jusqu'à l'expiration dudit délai, lesdits contrats demeureront affectés & hypothéqués, pour raison desdites oppositions qui se trouveront subsistantes, jusqu'à concurrence seulement des sommes ou de la valeur des choses pour raison desquelles lesdites oppositions auront été formées. 8°. Qu'après l'expiration du délai qui sera accordé pour faire juger lesdites oppositions, ledit sieur de Barrillon pourra disposer desdits contrats comme bon lui semblera, ou en recevoir le remboursement, si lesdits Etats trouvent à propos de le faire. 9°. Que lesdits Etats & leurs ayans cause, jouiront de tous les droits, priviléges, immunités, franchises & prérogatives contenues en l'arrêt du conseil d'état du 20 Décembre 1701, & lettres-patentes du mois de Janvier 1702; en conséquence, que lesdits Etats pourront disposer des terres desséchées, soit en fief ou autrement, & sous telles redevances que lesdits Etats trouveront convenables, & même avec exemption & immunité des tailles, pendant le tems qu'ils jugeront à propos: Qu'à l'égard des fonds inondés qui sont situés en la justice & mouvance des seigneurs particuliers, les terres desséchées demeureront sous ladite justice & mouvance, & les possesseurs tenus de payer les redevances convenues avec lesdits seigneurs, par les procès-verbaux des sieurs de Basville & de Bernage, des premier Mai 1701, 15 Juillet 1716, & 7 Mars 1739, & les lods & ventes aux mutations, conformément aux conventions contenues dans lesdits procès-verbaux, ou sur le pied du vingtieme, s'il n'y a aucune convention à cet égard, desquels lods & ventes lesdites terres desséchées demeureront exemptes à la premiere mutation après ledit dessèchement. 10°. Que les terres desséchées demeureront exemptes de dîmes pendant dix années après ledit dessèchement, & que les dîmes demeureront ensuite réduites au cinquantieme des fruits sujets à dîme, s'il n'en a été autrement convenu avec les décimateurs, par lesdits procès-verbaux desdits sieurs de Basville & de Bernage: Que lesdites terres desséchées, qui pourront être acquises par les communautés, seront exemptes d'amortissement & de nouveaux acquêts, & que les possesseurs desdites terres, qui sont de condition roturiere, seront exempts du droit de franc-fiefs. 11°. Qu'il plaise aussi à Sa Majesté de déclarer, que pour raison de la concession qui sera faite auxdits Etats, desdits marais, étangs & terres inondées, il n'est dû aucuns droits de centieme denier, de lods & ventes, indemnité, amortissement ou autre, de quelque espece que ce puisse être, & que lesdits Etats en demeureront exempts & déchargés, avec défenses aux fermiers de Sa Majesté, & à tous autres, de faire, pour raison de ce, aucunes poursuites; comme aussi, qu'il lui plaise déclarer que les Etats ne pourront être recherchés, sous prétexte du droit de confirmation, à raison des marais & du canal de navigation ci- N°. IX.

N°. IX. dessus énoncés, desquels ils jouiront, ainsi que le feu sieur maréchal de Noailles avoit droit d'en jouir, en plein fief & à titre de propriété incommutable. 12°. Qu'il lui plaise enfin, faire défenses à toutes personnes, de quelque qualité & condition qu'elles soient, & pour quelque cause & prétexte que ce puisse être, d'entreprendre de faire aucun desséchement desdits étangs, palus, marais, lais & relais, & terres inondées dans ladite étendue, que par la permission ou la subrogation desdits Etats, à peine de tous dépens, dommages & intérêts : Que le contenu aux procès-verbaux desdits sieurs de Basville & de Bernage, concernant ledit desséchement, & les arrêts du conseil obtenus, tant par le feu sieur maréchal de Noailles, que par ceux qui lui ont succédé auxdits don & facultés, & par le sieur de Barrillon, ensemble les jugemens rendus par les commissaires nommés par les arrêts du conseil des 5 Août & 9 Décembre 1738, seront exécutés au profit desdits Etats, & qu'à l'effet des présentes, toutes lettres-patentes sur ce nécessaires seront expédiées. Vu ladite requête, signée par lesdits sieurs députés des Etats & syndic général de ladite province de Languedoc; Lesdits arrêt du conseil du 21 Décembre 1701, & lettres-patentes expédiés sur icelui au mois de Janvier 1702, par lesquels le feu Roi auroit, entr'autres choses, permis au sieur maréchal duc de Noailles, ses successeurs & ayans cause, de faire dessécher tous & chacuns les étangs, palus, marais, coustieres, lais & relais de la mer, des rivieres & des étangs, & terres inondées du bas Languedoc, depuis Beaucaire jusqu'à Aigues-mortes, & à l'étang de Pérols, soit que lesdits étangs, palus, marais, & terres inondées, appartinssent à Sa Majesté, ou à des ecclésiastiques, communautés & particuliers, pour jouir par ledit sieur maréchal de Noailles, ses successeurs & ayans cause, à perpétuité & en pleine propriété des fonds qui seroient desséchés, avec faculté de faire faire au travers des marais & terres qu'ils dessécheront, un canal de navigation, depuis la ville de Beaucaire jusqu'au canal qui se faisoit pour-lors dans les étangs, depuis le port de Cette jusqu'à Aigues-mortes; Permettant Sa Majesté audit sieur maréchal duc de Noailles, & à la dame maréchale duchesse de Noailles son épouse, & au survivant d'eux, de disposer des choses ci-dessus en faveur de leurs enfans, ou de tel desdits enfans que bon leur sembleroit, le tout aux charges, clauses & conditions portées par lesdits arrêt & lettres-patentes; Les titres & pieces justificatives de la translation du don & facultés ci-dessus, en la personne du sieur Louis-Alexandre du Brocard de Barrillon, & l'arrêt du conseil du 7 du présent mois de Novembre, par lequel Sa Majesté auroit, entr'autres choses, accepté la remise faite entre ses mains, par ledit sieur du Brocard de Barrillon, desdits don & facultés, pour en disposer par Sa Majesté, ainsi qu'elle le jugeroit à propos, & aux clauses portées par ledit arrêt. Vu aussi l'extrait collationné & délivré par Patu & son confrere, notaires à Paris, le 4 du présent mois de Novembre, d'un acte passé devant Lefebvre & son confrere, aussi notaires à Paris, le 22 Novembre 1723, par lequel les sieurs Boutin & Boisson, pour lors intéressés pour deux tiers dans lesdits don & facultés, auroient fait donation à l'ordre de Saint-Lazare de mille arpens desdits marais desséchés, à prendre dans lesdits deux tiers à eux appartenans dans la totalité desdits étangs, palus, marais, coustieres, lais & relais de la mer, rivieres, étangs, & terres inondées, pour la fondation

N°. IX. de quatre commanderies dudit ordre, ainsi & aux conditions énoncées dans ledit acte de donation : Copies collationnées de l'arrêt du conseil du 21 Novembre 1724, & des lettres-patentes expédiées sur icelui le 16 Décembre suivant, portant, entr'autres choses, homologation de ladite donation : Extrait d'acte passé devant Doyen & son confrere, notaires à Paris, le 10 Septembre 1746, portant désistement par l'ordre de Saint Lazare, de la donation ci-dessus mentionnée de mille arpens de marais qui seroient desséchés, & autres pieces jointes : Oui le rapport du sieur de Machault, conseiller ordinaire au conseil royal, contrôleur général des finances ; LE ROI ÉTANT EN SON CONSEIL, ayant égard à la requête desdits députés & syndic général des Etats de la province de Languedoc, a accordé & accorde aux Etats de ladite province, la propriété de tous les étangs, palus, marais, coustieres, lais & relais de la mer, rivieres & étangs, depuis Beaucaire jusqu'à Aigues-mortes, & à l'étang de Pérols, & généralement de tous & tels droits qui peuvent appartenir à Sa Majesté, de la maniere qu'ils avoient été accordés au feu sieur maréchal duc de Noailles, par l'arrêt du conseil du 20 Décembre 1701, & lettres-patentes du mois de Janvier 1702, révoquant à cet effet tous dons & concessions qui pourroient en avoir été ci-devant faits par Sa Majesté & les Rois ses prédécesseurs : Permet en conséquence Sa Majesté auxdits Etats, de faire dessécher lesdits étangs, palus, marais, lais & relais, & terres inondées, ainsi & de la même maniere que la faculté en avoit été accordée au feu sieur maréchal de Noailles, par lesdits arrêt du conseil du 20 Décembre 1701, & lettres-patentes du mois de Janvier 1702 : Permet aussi Sa Majesté auxdits Etats de faire dessécher les étangs, palus, marais, lais & relais de la mer, rivieres & étangs, & terres inondées qui peuvent appartenir à des communautés ecclésiastiques ou laïques, bénéficiers, seigneurs ou particuliers, depuis la ville de Beaucaire jusqu'à celle d'Aigues-mortes, & à l'étang de Pérols ; comme aussi, de faire un canal de navigation, le tout conformément aux facultés qui en avoient été accordées audit feu sieur maréchal de Noailles, par lesdits arrêt & lettres-patentes, lesquels desséchement & construction du canal, pourront être exécutés dans le tems & de la maniere que les Etats de Languedoc le jugeront convenable, à la charge par lesdits Etats de payer au sieur de Barrillon, suivant leurs offres, la somme de quatre cent dix mille livres, à laquelle Sa Majesté a liquidé & fixé le remboursement du prix des acquisitions faites par ledit sieur de Barrillon, & le dédommagement des frais & avances par lui faits à cause dudit desséchement ; le payement de laquelle somme de quatre cent dix mille livres, sera fait en contrats de constitution de vingt mille cinq cent livres de rente sur ladite province, dont les arrérages seront exempts de la retenue du dixieme, conformément au consentement desdits Etats ; au moyen de quoi, ledit sieur de Barrillon sera tenu de garantir lesdits étangs, palus, marais, coustieres, lais & relais, & terres inondées, de tous droits de propriété, hypotheques, engagemens, dots, augmens, douaires, substitutions & autres charges, tant de son chef, que du chef de ceux auxquels il a succédé auxdites acquisitions, & du chef du feu sieur maréchal duc de Noailles, de laquelle garantie il sera fait mention dans lesdits contrats de constitution, qui demeureront affectés & hypothéqués par privilége à ladite N°. IX.

N°. IX. garantie, jusqu'à ce qu'ils en ayent été déchargés en la maniere ci-après déclarée : Ordonne Sa Majesté, que la donation de mille arpens de terre dessséchés desdits marais, faite à l'ordre de Saint Lazare, par les sieurs Boutin & Boisson, par acte du 22 Novembre 1723, & de laquelle ledit ordre s'est désisté par acte du 10 Septembre de la présente année 1746, demeurera nulle & comme non-avenue, & que les lettres-patentes du 16 Décembre 1724, confirmatives de ladite donation, seront rapportées : Ordonne aussi Sa Majesté, que pour purger lesdits palus, marais, étangs, & terres inondées, énoncées dans lesdits arrêt & lettres-patentes, des 20 Décembre 1701, & Janvier 1702, de tous autres droits de propriété, hypotheques, engagemens, dots, augmens, douaires, donations, substitutions, & autres, il sera, à la diligence des syndics généraux, & aux frais des Etats de ladite province de Languedoc, fait des affiches & publications du présent arrêt, pendant trois Dimanches consécutifs, de quinzaine en quinzaine, à l'issue des messes paroissiales des églises circonvoisines desdits marais, au nombre de six au moins, comme aussi aux foires & marchés desdites paroisses, s'il y en a, dans le délai desdites publications : Que lesdites affiches seront mises aux portes des églises desdites paroisses, ainsi qu'aux portes des églises paroissiales & des hôtels-de-ville des villes de Montpellier & de Nîmes, & à la porte de l'hôtel du sieur intendant de la province, desquelles publications & affiches, il sera dressé des procès-verbaux par les huissiers ou sergens qui les auront faites : Que quinze jours après la derniere desd. publications & affiches, il sera fait une derniere publication par le greffier de la sénéchaussée de Montpellier, & par le greffier de la sénéchaussée de Nîmes, l'audience tenant, de laquelle publication lesdits greffiers donneront leur certificat ; & que dans le délai de six mois après la derniere desdites publications, tous prétendans droits sur lesdits étangs, marais, & autres terres ci-dessus énoncées, soit pour raison de la propriété, ou pour cause d'engagement, hypotheque, dots, augmens, douaires, donations, substitutions, ou autres, à quelque titre que ce puisse être, soit du chef dudit sieur de Barrillon, ou de ceux auxquels il a succédé, soit du chef du feu sieur maréchal duc de Noailles, seront tenus de former leur opposition au greffe du sieur Intendant & commissaire départi dans la province de Languedoc, passé lequel délai de six mois, il ne pourra plus être formé d'opposition, nonobstant la minorité, absence ou privilége des prétendans droits, ni sous quelque prétexte que ce soit ; & lesdits prétendans droits qui n'auront point formé d'opposition, ne pourront exercer aucune action ni droit sur lesdits marais, étangs, palus, & autres terres mentionnées ci-dessus, ni sur les contrats qui auront été passés par les Etats au profit dudit sieur de Barrillon, sauf aux prétendans droits d'agir sur ses autres biens, ainsi qu'ils verront être à faire ; & à l'égard de ceux qui formeront leurs oppositions dans ledit délai, pour raison de la propriété ou autre droit quelconque, lesdites oppositions n'auront leur effet que sur lesdits contrats qui auront été passés audit sieur de Barrillon, & lesdits palus, marais, étangs, & autres terres énoncées ci-dessus, en seront & demeureront entierement déchargés, sans que lesdits opposans puissent y avoir aucun droit, sauf à eux à exercer leurs droits sur lesdits contrats : Ordonne en outre Sa Majesté, que ceux dont les oppositions auront été formées dans ledit délai de N°. IX.

No. IX. six mois, & dont ledit sieur de Barrillon ne rapportera pas la main - levée, seront tenus de les faire juger six mois après la sommation qui leur en aura été faite par ledit sieur de Barrillon, en conséquence du présent arrêt; & jusqu'à l'expiration dudit délai, lesdits contrats demeureront affectés & hypothéqués, pour raison desdites oppositions qui se trouveront subsistantes, jusqu'à concurrence seulement des sommes ou de la valeur des choses pour raison desquelles lesdites oppositions auront été formées; & après l'expiration du délai ci - dessus accordé pour faire juger lesdites oppositions, ledit sieur de Barrillon pourra disposer desdits contrats, comme bon lui semblera, ou en recevoir le remboursement, si les Etats trouvent à propos de le faire : Ordonne Sa Majesté, que lesdits Etats & leurs ayans cause, jouiront de tous droits, privileges, immunités, franchises & prérogatives contenues dans l'arrêt du conseil du 20 Décembre 1701, & dans les lettres-patentes du mois de Janvier 1702; en conséquence, que lesdits Etats pourront disposer des terres desséchées, soit en fief ou autrement, & sous telles redevances qu'ils trouveront convenables, même avec exemption & immunité des tailles, pendant le tems qu'ils jugeront à propos; comme aussi, qu'à l'égard des fonds inondés, qui sont situés en la justice & mouvance des seigneurs particuliers, les terres desséchées demeureront sous ladite justice & mouvance, & les possesseurs tenus de payer les redevances convenues avec lesdits seigneurs, par les procès - verbaux des sieurs de Basville & de Bernage, des premier Mai 1701, 15 Juillet 1716, & 7 Mars 1739, & les lods & ventes aux mutations, conformément aux conventions contenues dans lesdites procès-verbaux, ou sur le pied du vingtieme, s'il n'y a aucune convention à cet égard; desquels lods & ventes, lesdites terres desséchées demeureront exemptes à la premiere mutation après le desséchement : Ordonne en outre Sa Majesté, que lesdites terres desséchées demeureront exemptes de dîmes pendant dix années après le desséchement, & que les dîmes demeureront ensuite réduites au cinquantieme des fruits sujets à dîmes, s'il n'en a été autrement convenu avec les décimateurs, par lesdits procès-verbaux desdits sieurs de Basville & de Bernage : Ordonne pareillement Sa Majesté, que lesdites terres desséchées, qui pourront être acquises par les communautés, seront exemptes des droits d'amortissement & de nouveaux acquêts, & que les possesseurs desdites terres, qui seront de condition roturiere, seront exempts du droit de franc-fiefs. Veut Sa Majesté que pour raison de la présente concession, il ne puisse être demandé auxdits Etats aucun droit de centieme denier, lods & ventes, indemnité, amortissement, ou autre, de quelque espece que ce puisse être, dont lesdits Etats demeureront exempts & déchargés; Faisant Sa Majesté défenses à ses fermiers, & à tous autres, de faire contre lesdits Etats, pour raison de ce, aucunes poursuites. Veut aussi Sa Majesté, que lesdits Etats ne puissent être recherchés, sous prétexte du droit de confirmation, à raison des marais & du canal de navigation ci - dessus énoncés, desquels ils jouiront, ainsi que le feu sieur maréchal duc de Noailles avoit droit d'en jouir en plein fief & à titre de propriété incommutable; Faisant Sa Majesté défenses à toutes personnes, de quelque qualité & condition qu'elles soient, & pour quelque cause & prétexte que ce puisse être, d'entreprendre de faire aucun desséchement desdits étangs, palus, ma- No. IX.

N°. IX. rais, lais & relais, & terres inondées, que par la permission ou subrogation desdits Etats, à peine de tous dépens, dommages & intérêts : Ordonne Sa Majesté, que le contenu auxdits procès-verbaux desdits sieurs de Basville & de Bernage, concernant ledit desséchement, & les arrêts du conseil obtenus, tant par le feu sieur maréchal duc de Noailles, que par ceux qui lui ont succédé auxdits don & facultés, & par ledit sieur de Barrillon, ensemble les jugemens rendus par les commissaires nommés par les arrêts du conseil des 5 Août & 9 Décembre 1738, seront exécutés au profit desdits Etats. Enjoint Sa Majesté audit sieur intendant & commissaire départi dans la province de Languedoc, de tenir la main à l'exécution du présent arrêt, sur lequel toutes lettres nécessaires seront expédiées. FAIT au conseil d'état du Roi, Sa Majesté y étant, tenu à Fontainebleau le huitieme jour de Novembre mil sept cent quarante-six. *Signé*, PHELYPEAUX. *Avec paraphe.*

X.

LETTRES-PATENTES

SUR L'ARRÊT PRÉCÉDENT.

Du 8 Novembre 1746.

LOUIS, PAR LA GRACE DE DIEU, ROI DE FRANCE ET DE NAVARRE : A nos amés & féaux conseillers, les gens tenant notre cour de parlement à Toulouse ; SALUT. Nos très-chers & bien-amés, les gens des trois-états de notre province de Languedoc, nous ont fait représenter par leurs députés, qu'il est venu à leur connoissance, que le sieur de Barrillon, qui, par différentes subrogations, étoit parvenu à réunir en sa personne tous les droits ayant appartenu au feu sieur maréchal de Noailles, sur les marais de ladite province, depuis Beaucaire jusqu'à Aigues-mortes, & à l'étang de Pérols, en vertu du don fait audit feu sieur de Noailles, par arrêt du conseil du 20 Décembre 1701, & lettres-patentes du mois de Janvier 1702, en avoit fait le désistement pur & simple entre nos mains, s'en remettant à notre bonté & à notre justice, tant sur le remboursement des sommes par lui payées pour l'acquisition desdits droits, que sur le dédommagement qu'il avoit lieu d'espérer, à raison des frais qu'il avoit faits pour se mettre en état d'exécuter le desséchement desdits marais : Que cette entreprise, dont il est question depuis si long-tems dans la province, y a toujours paru également importante ; & qu'enfin, le don des marais ayant passé au sieur de Barrillon en 1738, le grand nombre d'oppositions qui furent formées de la part des seigneurs, des communautés, & des particuliers, déterminerent les Etats à prendre la part qu'ils devoient prendre à cette affaire, c'est-à-dire, à l'examiner & à la connoître avant d'y donner un consentement exprès, ou d'y former leur opposition : Qu'il fut donné en conséquence sur leur requête, un arrêt du conseil le 30 Juin 1739, par lequel il fut ordonné qu'il seroit procédé à une vérification par les ingénieurs qui furent par nous commis à cet effet, en présence des syndics généraux, & du sieur de Clapiers, directeur des ouvrages de la province ; que les communautés & particuliers seroient tenus de remettre leurs titres & moyens d'opposition entre les mains du sieur contrôleur général des finances, dans le mois, pour y être fait droit, & cependant qu'il seroit sursis à tous ouvrages : Que la premiere vérification qui fut faite en conséquence de cet arrêt, ayant donné lieu à une seconde, celle- N°. X.

N°. X. ci a fait naître de nouveaux doutes ; & que lorsque les Etats ont cherché les moyens de les dissiper, en demandant de nouveaux éclaircissemens, ils n'ont fait que ce qu'on devoit attendre de la sagesse de leur administration : Que ces considérations, qui ont servi de motifs à la conduite des Etats, ont toujours la même vérité & la même force ; mais, qu'elles ne sont pas contraires au desir de parvenir, s'il est possible, à faire cultiver les marais dont il s'agit, & qu'ils ont reconnu qu'ils ne pouvoient y réussir, qu'en se chargeant eux-mêmes de cette entreprise, parce qu'ils seroient alors les maîtres de l'exécuter avec la prudence d'un pere de famille, qui ne calcule pas les momens d'une exécution plus prompte ou plus éloignée, mais qui cherche uniquement à s'assurer du succès, & à se mettre à l'abri des inconvéniens : Que c'est ce qui leur a fait penser dans leur derniere assemblée, qu'il pourroit leur convenir de nous demander la subrogation au don qui a été fait de l'étendue des marais, au feu sieur maréchal de Noailles, & à la faculté de dessécher les marais, pour exécuter ledit desséchement, dans le tems & en la maniere qui leur paroîtroient les plus convenables : Que dans ces circonstances, & au moment où les Etats devoient présenter leur requête pour obtenir cette subrogation, à la charge d'être pourvu au remboursement & dédommagement dudit sieur de Barrillon, le désistement par lui fait entre nos mains, a donné une nouvelle face à cette affaire, & autorise une demande qui devient plus simple & plus favorable, puisqu'au lieu de la subrogation au don accordé au feu sieur maréchal de Noailles, & qui a été réuni en la personne du sieur de Barrillon, il s'agit aujourd'hui de renouveller le même don en faveur des Etats, sous l'offre qu'ils font de pourvoir au remboursement & dédommagement demandé par ledit sieur de Barrillon, ainsi qu'il sera par nous réglé : Que les mêmes motifs qui ont déterminé à accorder ce don à des particuliers, sont aussi pressans en leur faveur, soit qu'on les tire de l'utilité publique, qui doit faire desirer l'augmentation des productions ; soit qu'on voulût aussi les tirer des services précédemment rendus à l'Etat ; mais, qu'ils le sont encore bien davantage, en ce que c'est le seul moyen d'écarter les obstacles de toute espece qui se présentent dans l'exécution d'un projet aussi étendu & aussi compliqué : Qu'il est bien aisé de se former une idée de ces obstacles, par les exemples réitérés de pareilles entreprises, qui ont toujours été accompagnées de toute sorte de discussions & de procès, soit pour instruire les oppositions, soit pour faire exécuter les jugemens rendus pour les terminer, ou même pour l'exécution des conventions passées avec les parties ; & que cet inconvénient est d'autant plus sensible, dans le cas présent, que les marais à dessécher étant fort étendus, un grand nombre de communautés, de seigneurs ecclésiastiques & laïques, de bénéficiers & de particuliers y ont intérêt : Ils nous ont aussi représenté, comme un nouveau motif d'accorder aux Etats le don qu'ils demandent, que les Rois nos prédécesseurs ont, par différens édits, maintenu & confirmé les habitans de ladite province de Languedoc, dans la jouissance & usage des palus & marais de ladite province : Que les communautés ayant été troublées dans cette possession en 1555, par les officiers royaux, il fut fait un traité entre les commissaires du Roi Henri II & ceux des Etats de ladite province, par lequel il fut convenu, que les gens des trois-états, habitans & communautés N°. X.

dudit pays, seroient conservés en tous & chacuns les droits qu'ils ont de tenir & posséder les patis, palus, garrigues, bruyeres, ramiers, & pâturages en commun, comme ils en ont & leurs prédécesseurs, par ci-devant joui & usé, quoiqu'ils eussent été représentés comme terres vacantes, & comme tels, pris, saisis, & mis sous la main du Roi, & que ce traité a été expressément confirmé par un édit donné par le feu Roi de glorieuse mémoire, au mois de Décembre 1659; en sorte que les Etats sont, à proprement parler, les seuls qui puissent jouir de l'effet du don des marais à dessécher, puisqu'ils seroient fondés à réclamer contre toute autre, la jouissance desdits marais, qui leur est acquise à titre onéreux, en faveur des habitans de la province, & que le don qu'ils esperent obtenir de nous, ne fera que joindre la propriété aux facultés & usages dans lesquels il ne pouvoient être troublés: Que toutes sortes de motifs concourant à favoriser la demande des Etats, ils avoient lieu d'espérer que nous voudrions bien leur accorder le don desdits marais, avec la faculté de les dessécher, ainsi & de la même maniere que ledit don avoit été fait, & ladite faculté accordée au feu sieur maréchal de Noailles, par l'arrêt du 20 Décembre 1701, & lettres-patentes du mois de Janvier 1702, & comme les cessionnaires dudit feu sieur maréchal de Noailles auroient pu l'exercer, pour être ledit desséchement fait dans le tems & en la maniere que lesdits Etats jugeront convenables, & disposer des fonds de terre desséchés, en pleine propriété; mais, que les Etats ne pourroient retirer aucune utilité de ce don, ni remplir les vues qui les engagent à le demander, s'ils demeuroient exposés aux recherches de ceux qui prétendroient avoir quelque droit de propriété ou d'hypotheque sur lesdits marais, tant du chef dudit sieur de Barrillon, que des précédens propriétaires de la concession qui en a été faite par lesdits arrêt & lettres-patentes: Que les Etats sont informés que ledit sieur de Barrillon vient de se régler avec l'ordre de Saint Lazare, pour rapporter le désistement d'une donation faite audit ordre, par les sieurs Boutin & Boisson, le 22 Novembre 1723, de mille arpens de terre desséchés, pour en être fait quatre commanderies, suivant ce qui est plus amplement expliqué audit acte, laquelle donation se trouvoit confirmée par lettres-patentes du 16 Décembre 1724; qu'ils nous supplient en conséquence, de vouloir bien, en recevant ledit désistement, ordonner que lesdites lettres-patentes seront rapportées; & que cette demande est d'autant plus juste, que la révocation desdites lettres ne peut porter aucun préjudice audit ordre, puisqu'il s'agit d'une donation purement gratuite, qui lui a été jusqu'ici infructueuse, & qui deviendroit caduque entre ses mains, qui n'a pas même été insinuée, & à raison de laquelle ledit ordre ne l'ayant pas fait insinuer, n'avoit obtenu aucunes lettres d'amortissement: Qu'à l'égard des autres prétendans droits sur lesdits marais, quoiqu'il soit vrai de dire que les terres deséchées changent de nature par le desséchement, qui produit, en quelque maniere, la création d'un nouveau fonds, & que ces nouvelles terres doivent par leur nature être libres & affranchies de toutes hypotheques, & autres charges, il paroît néanmoins nécessaire, pour une plus grande sureté, & pour ôter à ceux qui se présenteroient pour acquérir lesdites terres, tous sujets d'inquiétude, que nous prescrivions une procédure réguliere, & en même-tems très-simple, pour

N°. X. pour obliger ceux qui pourroient prétendre quelque droit sur lesdits marais, tant du chef dudit sieur de Barrillon, que des précédens propriétaires de la concession qui en a été faite audit feu sieur maréchal de Noailles, à se faire connoître, & à former leurs oppositions dans un tems limité, lesquelles oppositions n'auront leur effet que sur la somme que ledit sieur de Barrillon nous a supplié de lui accorder pour son remboursement & dédommagement: Que suivant l'édit du Roi Henri IV du mois de Janvier 1607, au sujet du desséchement des marais, la portion des terres desséchées qui appartiendra aux entrepreneurs, demeurera libre, franche & quitte de toutes dettes, dots, douaires, augmens, engagemens, hypotheques, donations, substitutions, & autres charges généralement quelconques, dont lesdits fonds pouvoient être auparavant tenus envers qui que ce soit, sauf à ceux qui prétendront quelques droits, hypotheques, ou autres, d'agir sur la portion qui sera restée aux propriétaires, ou sur les droits & devoirs qu'ils se seront réservés: Que cette disposition se trouve confirmée & renouvellée par les lettres-patentes accordées au feu sieur maréchal de Noailles, au mois de Janvier 1702, & que pour en faire l'application au cas présent, il doit être ordonné que les oppositions de ceux qui peuvent prétendre avoir des droits de propriété ou d'hypotheque sur lesdits marais, ne pourront avoir lieu que sur la somme à laquelle nous aurons réglé le remboursement & dédommagement dudit sieur de Barrillon; auquel effet, ils seront tenus de se pourvoir dans le délai qui sera réglé, passé lequel, ils en demeureront déchus purement & simplement, sans qu'il leur soit permis, en aucun cas, d'agir sur lesdits marais, ni sur les contrats qui auront été passés au profit dudit sieur de Barrillon: Qu'après avoir ainsi pourvu à assurer aux Etats la totalité du don des marais, les Etats nous ont encore supplié, de vouloir bien confirmer les privileges, exemptions & immunités contenues dans l'arrêt du conseil du 20 Décembre 1701, & lettres-patentes du mois de Janvier 1702, soit par rapport à l'exemption des lods & vente, jusqu'à la consommation du desséchement, & même à la premiere mutation qui arrivera après ledit desséchement, soit par rapport à l'exemption de la dîme pendant dix années, & à la fixation de ladite dîme au cinquantieme, pour les années suivantes, s'il n'en a été autrement convenu avec les décimateurs; comme aussi, permettre auxdits Etats de disposer des terres desséchées en fief ou autrement, sous telles redevances qu'ils trouveront convenables, même avec exemption & immunité des tailles, pendant le tems qu'ils jugeront à propos, & déclarer que les acquéreurs desdites terres desséchées, qui seront de condition roturiere, seront exempts & affranchis de tous droits de francs-fiefs, & les communautés, du droit d'amortissement & nouveaux acquêts: Qu'enfin, comme la concession a été faite audit feu sieur maréchal de Noailles, à titre de propriété incommutable, ils esperent qu'elle sera renouvellée aux Etats, à cette même condition, & que ceux auxquels ils en transmettront la possession, en jouiront au même titre; de sorte que ni les uns ni les autres ne pourront être conséquemment recherchés, pour être confirmés dans leur droit & possession: Que la justice de toutes les demandes de Etats, est bien sensible, puisqu'elles ne tendent qu'à assurer auxdits Etats, le don & concession faite au feu sieur maréchal de Noailles, dans toute N°. X.

N°. X. son étendue, & avec toutes les conditions y attachées; ce qui est d'autant plus favorable, qu'ils offrent de pourvoir ainsi qu'il sera ordonné, au remboursement & dédommagement demandé par led. sieur de Barrillon : Qu'il leur reste seulement à représenter, que quoiqu'ils ne puissent pas craindre d'être recherchés à raison de ce même don & concession, pour le payement d'aucuns droits, de quelque nature que ce puisse être, il est cependant de notre justice, de déclarer par exprès qu'il n'en est dû aucun; & en conséquence, de décharger les Etats de tous droits de contrôle, insinuation, centieme denier, lods & vente, indemnité, amortissement, & autres droits de quelque nature qu'il puissent être : Qu'il doit suffire d'observer pour établir cette exemption, que les Etats, en demandant la même concession & le même don qui furent faits au feu sieur maréchal de Noailles, les tiendront de nous, ce qui éloigne absolument toute idée de contrôle & d'insinuation, puisque les dons & concessions émanés de nous, au lieu d'avoir besoin de cette formalité, sont revêtus de l'autorité des lettres-patentes & de l'enregistrement qui en est fait dans les cours supérieures : Que ces dons & concessions sont aussi exempts par leur nature, de toute autre espece de droits; mais, qu'indépendamment de cette premiere considération, il est également hors de doute, qu'on ne pourroit demander aux Etats, ni le droit de centieme denier, puisque ce n'est pas ici un immeuble ordinaire, & que jusqu'à ce que le desséchement soit fait, on ne peut le regarder que comme une simple faculté, ni le droit de lods & vente, puisque, suivant les lettres-patentes de 1702, il n'en est pas même dû pour les premieres mutations après le desséchement fait; ce qui prouve, à plus forte raison, qu'il ne peut pas en être dû jusqu'à sa consommation; ni le droit d'indemnité, puisque ce droit n'est dû qu'autant que le lods peut l'être, attendu que c'en est la représentation & le dédommagement; ni l'amortissement, puisque bien loin de mettre des fonds de terre hors du commerce, il s'agit au contraire de les mettre en état d'y entrer; ce qui donne même lieu de relever, que nos fermes ne peuvent retirer aucun avantage des marais, qu'autant que le desséchement donnera lieu à des mutations, à raison desquelles il sera dû des droits : Que par toutes ces raisons & considérations, lesdits Etats nous auroient très-humblement supplié, qu'il nous plût, 1°. Accorder auxdits Etats, la propriété de tous les étangs, palus, marais, coustieres, lais & relais de la mer, rivieres & étangs, depuis Beaucaire jusqu'à Aigues-mortes, & à l'étang de Pérols, à nous appartenant, & que nous fassions don & cession auxdits Etats, de tous & tels droits qui peuvent nous appartenir, révoquant tous dons & concessions que nous & les Rois nos prédécesseurs pourroient en avoir faits ci-devant; en conséquence de quoi, lesdits Etats pourront faire dessécher lesdits marais & étangs, ainsi & de la maniere que ladite faculté en avoit été accordée au feu sieur maréchal de Noailles, par ledit arrêt du conseil d'état du 20 Décembre 1701, & par lesdites lettres-patentes du mois de Janvier 1702. 2°. Accorder aussi auxdits Etats, la faculté de faire dessécher les étangs, palus, marais, lais & relais de la mer, rivieres & étangs, & terres inondées qui peuvent appartenir à des communautés ecclésiastiques ou laïques, bénéficiers, seigneurs ou particuliers, depuis ladite ville de Beaucaire jusqu'à celle d'Aigues-mortes, & à l'étang de Pérols, ensemble la faculté de faire N°. X.

N°. X. un canal de navigation, le tout aussi conformément aux facultés qui en avoient été accordées audit feu sieur maréchal de Noailles, par lesdits arrêt & lettres-patentes; lesquels desséchement & construction du canal, pourront être exécutés dans le tems & de la maniere que lesdits Etats le jugeront convenable. 3°. Donner acte auxdits Etats, des offres par eux faites de payer audit sieur de Barrillon, jusqu'à concurrence de la somme de quatre cent dix mille livres, si nous l'ordonnons ainsi, & non au-delà, & ce, pour tenir lieu de remboursement du prix des acquisitions faites par ledit sieur de Barrillon, & dédommagement pour les frais & avances qu'il a faites à cause dudit desséchement, lad. somme payable en contrat de constitution de rente sur lad. province, desquels contrats de rente, les Etats consentent que les arrérages soient exempts de la retenue du dixieme; moyennant quoi, ledit sieur de Barrillon sera tenu de garantir lesdits palus, étangs, marais, coustieres, lais & relais, de tous droits de propriété, hypotheques, engagemens, dots, augmens, douaires, substitutions, donations, & autres, tant du chef dudit sieur de Barrillon, que de ceux auxquels il a succédé auxdites acquisitions, & du chef dudit feu sieur maréchal de Noailles, de laquelle garantie il sera fait mention dans lesdits contrats de constitution, lesquels demeureront affectés & hypothéqués par privilége, à ladite garantie, jusqu'à ce qu'ils en ayent été déchargés, en la maniere qui sera expliquée ci-après. 4°. Que la donation de mille arpens de terres desséchées, faite à l'ordre de Saint Lazare, par les sieurs Boutin & Boisson, par acte du 22 Novembre 1723, & de laquelle ledit ordre s'est désisté par acte du 10 Septembre 1746, demeurera nulle & comme non-avenue; & en conséquence, que les lettres-patentes du 16 Décembre 1724, confirmatives de ladite donation, seront rapportées. 5°. Ordonner que pour purger lesdits palus, marais, étangs, & autres terres y énoncées, de tous autres droits de propriété, hypotheques, engagemens, dots, augmens, douaires, donations, substitutions & autres, il sera, à la diligence desdits syndics généraux, & aux frais des Etats de ladite province, fait des affiches & publications de l'arrêt qui interviendra, pendant trois Dimanches consécutifs, de quinzaine en quinzaine, à l'issue des messes paroissiales des églises circonvoisines desdits marais, au nombre de six au moins, comme aussi aux foires & marchés desdites paroisses, s'il y en a, dans le délai desdites publications: Que lesdites affiches seront mises aux portes des églises desdites paroisses, comme aussi aux portes des églises paroissiales & des hôtels-de-ville des villes de Montpellier & de Nîmes, & à la porte de l'hôtel du sieur intendant de ladite province, desquelles publications & affiches, il sera dressé des procès-verbaux par les huissiers ou sergens qui les auront faites: Que quinze jours après la derniere desdites publications & affiches, il en sera fait une derniere par le greffier de la sénéchaussée de Montpellier, & par le greffier de la sénéchaussée de Nîmes, l'audience tenant, de laquelle publication lesdits greffiers donneront leur certificat; & que dans le délai de six mois, après la derniere desdites publications, tous prétendans droits sur lesdits étangs, marais & autres terres ci-dessus énoncées, soit pour raison de la propriété, soit pour cause d'engagemens, hypotheques, dots, augmens, douaires, donations, substitutions, ou autres, à quelque titre que ce puisse être, soit du chef dudit sieur de Barrillon, ou de ceux auxquels N°. X.

il a succédé, soit du chef dudit sieur maréchal de Noailles; seront tenus de former leur opposition au greffe dudit sieur intendant & commissaire départi dans ladite province de Languedoc, passé lequel délai de six mois, il ne pourra plus être formé d'opposition, nonobstant la minorité, absence ou privilége des prétendans droits, ni sous quelque prétexte que ce soit, & lesdits prétendans droits qui n'auront point formé d'opposition, ne pourront exercer aucune action ni droit sur lesdits marais, étangs, palus, & autres terres mentionnées ci-dessus, ni sur les contrats qui auront été passés par lesdits Etats au profit dudit sieur de Barrillon, sauf à eux d'agir sur ses autres biens, ainsi qu'ils verront être à faire. 6°. Déclarer que les oppositions qui seront formées dans ledit délai, pour quelque cause que ce soit, pour raison de la propriété ou autre droit quelconque, ne pourront avoir leur effet que sur les contrats qui auront été passés par lesdits Etats audit sieur de Barrillon, & que lesdits palus, marais, étangs, & autres terres énoncées ci-dessus, en seront & demeureront entierement purgés, sans que lesdits opposans puissent y avoir aucun droit; sauf à eux d'agir sur lesdits contrats. 7°. Ordonner pareillement, que ceux dont les oppositions auront été formées dans ledit délai de six mois, & dont ledit sieur de Barrillon ne rapportera pas la main-levée, seront tenus de les faire juger dans tel délai qu'il nous plaira de fixer, & que jusqu'à l'expiration dudit délai, lesdits contrats demeureront affectés & hypothéqués, pour raison desdites oppositions qui se trouveront subsistantes, jusqu'à concurrence seulement des sommes ou de la valeur des choses pour raison desquelles lesdites oppositions auront été formées. 8°. Qu'après l'expiration du délai qui sera accordé pour faire juger lesdites oppositions, ledit sieur de Barrillon pourra disposer desdits contrats comme bon lui semblera, ou en recevoir le remboursement, si lesdits Etats trouvent à propos de le faire. 9°. Que lesdits Etats & leurs ayans cause, jouiront de tous les droits, priviléges, immunités, franchises & prérogatives contenues en l'arrêt du conseil d'état du 20 Décembre 1701, & lettres-patentes du mois de Janvier 1702; en conséquence, que lesdits Etats pourront disposer des terres desséchées, soit en fief ou autrement, & sous telles redevances que lesdits Etats trouveront convenables, & même avec exemption & immunité des tailles, pendant le tems qu'ils jugeront à-propos: Qu'à l'égard des fonds inondés qui sont situés en la justice & mouvance des seigneurs particuliers, les terres desséchées demeureront sous ladite justice & mouvance, & les possesseurs tenus de payer les redevances convenues avec lesdits seigneurs, par les procès-verbaux des sieurs de Basville & de Bernage, des premier Mai 1701, 15 Juillet 1716, & 7 Mars 1739, & les lods & vente aux mutations, conformément aux conventions contenues dans lesdits procès-verbaux, ou sur le pied du vingtieme, s'il n'y a aucune convention à cet égard, desquels lods & vente lesdites terres desséchées demeureront exemptes à la premiere mutation après ledit desséchement. 10°. Que les terres desséchées demeureront exemptes de dîmes pendant dix années après ledit desséchement, & que les dîmes demeureront ensuite réduites au cinquantieme des fruits sujets à dîme, s'il n'en a été autrement convenu avec les décimateurs, par lesdits procès-verbaux desdits sieurs de Basville & de Bernage: Que lesdites terres desséchées, qui pourront être acquises par les communautés, seront

N°. X. exemptes d'amortissement & de nouveaux acquêts, & que les possesseurs desdites terres, qui sont de condition roturiere, seront exempts du droit de franc-fiefs. 11°. Qu'il nous plaise aussi de déclarer, que pour raison de la concession qui sera faite auxdits Etats, desdits marais, étangs & terres inondées, il n'est dû aucuns droits de centieme denier, de lods & vente, indemnité, amortissement ou autre, de quelque espece que ce puisse être, & que lesdits Etats en demeureront exempts & déchargés, avec défenses à nos fermiers, & à tous autres, de faire, pour raison de ce, aucunes poursuites; comme aussi, qu'il nous plaise déclarer que les Etats ne pourront être recherchés, sous prétexte du droit de confirmation, à raison des marais & du canal de navigation ci-dessus énoncés, desquels ils jouiront, ainsi que le feu sieur maréchal de Noailles avoit droit d'en jouir, en plein fief & à titre de propriété incommutable. 12°. Qu'il nous plaise enfin, faire défenses à toutes personnes, de quelque qualité & condition qu'elles soient, & pour quelque cause & prétexte que ce puisse être, d'entreprendre de faire aucun desséchement desdits étangs, palus, marais, lais & relais, & terres inondées dans ladite étendue, que par la permission ou la subrogation desdits Etats, à peine de tous dépens, dommages & intérêts : Que le contenu aux procès-verbaux desdits sieurs de Basville & de Bernage, concernant ledit desséchement, & les arrêts du conseil obtenus, tant par le feu sieur maréchal de Noailles, que par ceux qui lui ont succédé auxdits don & facultés, & par le sieur de Barrillon, ensemble les jugemens rendus par les commissaires nommés par les arrêts du conseil des 5 Août & 9 Décembre 1738, seront exécutés au profit desdits Etats : A quoi nous avons pourvu par arrêt de ce jour, rendu en notre conseil, Nous y étant, pour l'exécution duquel nous avons ordonné que toutes lettres nécessaires seront expédiées. A CES CAUSES, nous avons, conformément audit arrêt de notre conseil, ci-attaché sous le contre-scel de notre chancellerie, de notre grace spéciale, pleine puissance & autorité royale, accordé, & par ces présentes, signées de notre main, accordons aux gens des trois Etats de notre province de Languedoc, la propriété de tous les étangs, palus, marais, coustieres, lais & relais de la mer, rivieres & étangs, depuis Beaucaire jusqu'à Aigues-mortes, & à l'étang de Pérols, & généralement de tous & tels droits qui peuvent nous appartenir, de la maniere qu'ils avoient été accordés au feu sieur maréchal duc de Noailles, par l'arrêt du conseil du 20 Décembre 1701, & lettres-patentes du mois de Janvier 1702; Révoquant à cet effet, tous dons & concessions qui pourroient en avoir été ci-devant faits par nous & les Rois nos prédécesseurs : Permettons en conséquence auxdits Etats, de faire dessécher lesdits étangs, palus, marais, lais & relais, & terres inondées, ainsi & de la même maniere que la faculté en avoit été accordée au feu sieur maréchal de Noailles, par lesdits arrêt du conseil du 20 Décembre 1701, & lettres-patentes du mois de Janvier 1702 : Permettons aussi auxdits Etats, de faire dessécher les étangs, palus, marais, lais & relais de la mer, rivieres & étangs, & terres inondées qui peuvent appartenir à des communautés ecclésiastiques ou laïques, bénéficiers, seigneurs ou particuliers, depuis la ville de Beaucaire jusqu'à celle d'Aigues-mortes, & à l'étang de Pérols; comme aussi, de faire un canal de navigation, le tout conformément aux facultés qui en avoient été accordées audit N°. X.

N°. X.

feu sieur maréchal de Noailles, par lesdits arrêt & lettres-patentes, lesquels desséchement & construction du canal, pourront être exécutés dans le tems & de la maniere que lesdits Etats de Languedoc le jugeront convenable, à la charge par lesdits Etats de payer au sieur de Barrillon, suivant leurs offres, la somme de quatre cent dix mille livres, à laquelle nous avons liquidé & fixé le remboursement du prix des acquisitions faites par ledit sieur de Barrillon, & le dédommagement des frais & avances par lui faits à cause dudit desséchement; le payement de laquelle somme de quatre cent dix mille livres, sera fait en contrats de constitution de vingt mille cinq cent livres de rente sur ladite province, dont les arrérages seront exempts de la retenue du dixieme, conformément au consentement desdits Etats; au moyen de quoi, ledit sieur de Barrillon sera tenu de garantir lesdits étangs, palus, marais, coustieres, lais & relais, & terres inondées, de tous droits de propriété, hypotheques, engagemens, dots, augmens, douaires, substitutions, & autres charges, tant de son chef, que du chef de ceux auxquels il a succedé auxdites acquisitions, & du chef du feu sieur maréchal duc de Noailles, de laquelle garantie il sera fait mention dans lesdits contrats de constitution, qui demeureront affectés & hypothéqués par privilége à ladite garantie, jusqu'à ce qu'ils en ayent été déchargés en la maniere ci-après déclarée: Ordonnons, que la donation de mille arpens de terre desséchés desdits marais, faite à l'ordre de Saint Lazare, par les sieurs Boutin & Boisson, par acte du 22 Novembre 1723, & de laquelle ledit ordre s'est désisté par acte du 10 Septembre de la présente année 1746, demeurera nulle & comme non avenue, & que les lettres-patentes du 16 Decembre 1724, confirmatives de ladite donation, seront rapportées: Ordonnons aussi, que pour purger lesdits palus, marais, étangs, & terres inondées, énoncées dans lesdits arrêt & lettres-patentes des 20 Decembre 1701, & Janvier 1702, de tous autres droits de propriété, hypotheques, engagemens, dots, augmens, douaires, donations, substitutions, & autres, il sera, à la diligence des syndics généraux, & aux frais des Etats de ladite province de Languedoc, fait des affiches & publications dudit arrêt & des présentes, pendant trois Dimanches consécutifs, de quinzaine en quinzaine, à l'issue des messes paroissiales des églises circonvoisines desdits marais, au nombre de six au moins, comme aussi aux foires & marchés desdites paroisses, s'il y en a, dans le délai desdites publications: Que lesdites affiches seront mises aux portes des églises desdites paroisses, ainsi qu'aux portes des églises paroissiales & des hôtels-de-ville des villes de Montpellier & de Nîmes, & à la porte de l'hôtel du sieur intendant de la province, desquelles publications & affiches, il sera dressé des procès-verbaux par les huissiers ou sergens qui les auront faites: Que quinze jours après la derniere desdites publications & affiches, il sera fait une derniere publication par le greffier de la sénéchaussée de Montpellier, & par le greffier de la sénéchaussée de Nîmes, l'audience tenant, de laquelle publication lesdits greffiers donneront leur certificat; & que dans le délai de six mois après la derniere desdites publications, tous prétendans droits sur lesdits étangs, marais, & autres terres ci-dessus énoncées, soit pour raison de la propriété, ou pour cause d'engagement, hypotheques, dots, augmens, douaires, donations, substitutions, ou autres, à quelque titre que ce puisse être, soit

N°. X. du chef dudit sieur de Barrillon, ou de ceux auxquels il a succédé, soit du chef du feu sieur maréchal duc de Noailles, seront tenus de former leur opposition au greffe du sieur intendant & commissaire départi dans la province de Languedoc; passé lequel délai de six mois, il ne pourra plus être formé d'opposition, nonobstant la minorité, absence ou privilége des prétendans droits, ni sous quelque prétexte que ce soit; & lesdits prétendans droits qui n'auront point formé d'opposition, ne pourront exercer aucune action ni droit sur lesdits marais, étangs, palus, & autres terres mentionnées ci-dessus, ni sur les contrats qui auront été passés par les Etats au profit dudit sieur de Barrillon, sauf aux prétendans droits d'agir sur ses autres biens, ainsi qu'ils verront être à faire; & à l'égard de ceux qui formeront leurs oppositions dans ledit délai, pour raison de la propriété ou autre droit quelconque, lesdites oppositions n'auront leur effet que sur lesdits contrats qui auront été passés audit sieur de Barrillon, & lesdits palus, marais, étangs, & autres terres énoncées ci-dessus, en seront & demeureront entierement déchargés, sans que lesdits opposans puissent y avoir aucun droit, sauf à eux à exercer leurs droits sur lesdits contrats: Ordonnons en outre, que ceux dont les oppositions auront été formées dans ledit délai de six mois, & dont ledit sieur de Barrillon ne rapportera pas la main-levée, seront tenus de les faire juger six mois après la sommation qui leur en aura été faite par ledit sieur de Barrillon, en conséquence dudit Arrêt; & jusqu'à l'expiration dudit délai, lesdits contrats demeureront affectés & hypothéqués, pour raison desdites oppositions qui se trouveront subsistantes, jusqu'à concurrence seulement des sommes ou de la valeur des choses pour raison desquelles lesdites oppositions auront été formées; & après l'expiration du délai ci-dessus accordé pour faire juger lesdites oppositions, ledit sieur de Barrillon pourra disposer desdits contrats, comme bon lui semblera, ou en recevoir le remboursement, si les Etats trouvent à-propos de le faire: Ordonnons, que lesdits Etats & leurs ayans cause, jouiront de tous droits, priviléges, immunités, franchises & prérogatives contenues dans l'arrêt du conseil du 20 Décembre 1701, & dans les lettres-patentes du mois de Janvier 1702; en conséquence, que lesdits Etats pourront disposer des terres desséchées, soit en fief ou autrement, & sous telles redevances qu'ils trouveront convenables, même avec exemption & immunité des tailles, pendant le tems qu'ils jugeront à propos; comme aussi, qu'à l'égard des fonds inondés, qui sont situés en la justice & mouvance des seigneurs particuliers, les terres desséchées demeureront sous ladite justice & mouvance, & les possesseurs tenus de payer les redevances convenues avec lesdits seigneurs, par les procès-verbaux des sieurs de Basville & de Bernage, des premier Mai 1701, 15 Juillet 1716, & 7 Mars 1739, & les lods & vente aux mutations, conformément aux conventions contenues dans lesdits procès-verbaux, ou sur le pied du vingtieme, s'il n'y a aucune convention à cet égard, desquels lods & ventes lesdites terres desséchées demeureront exemptes à la premiere mutation après le desséchement: Ordonnons en outre, que lesdites terres desséchées demeureront exemptes de dîmes pendant dix années après le desséchement, & que les dîmes demeureront ensuite réduites au cinquantieme des fruits sujets à dîmes, s'il n'en a été autrement convenu avec les décimateurs, par lesdits N°. X.

N°. X.

procès-verbaux desdits sieurs de Basville & de Bernage : Ordonnons pareillement, que lesdites terres desséchées, qui pourront être acquises par les communautés seront exemptes des droits d'amortissement & de nouveaux acquêts, & que les possesseurs desdites terres, qui seront de condition roturiere, seront exempts du droit de franc-fiefs. Voulons que pour raison de la présente concession, il ne puisse être demandé auxdits Etats aucun droit de centieme denier, lods & vente, indemnité, amortissement, ou autre, de quelque espece que ce puisse être, dont lesdits Etats demeureront exempts & déchargés ; Faisons défenses à nos fermiers, & à tous autres, de faire contre lesdits Etats, pour raison de ce, aucunes poursuites. Voulons aussi, que lesdits Etats ne puissent être recherchés, sous prétexte du droit de confirmation, à raison des marais & du canal de navigation ci-dessus énoncés, desquels ils jouiront, ainsi que le feu sieur maréchal duc de Noailles avoit droit d'en jouir en plein fief & à titre de propriété incommutable ; Faisant défenses à toutes personnes, de quelque qualité & condition qu'elles soient, & pour quelque cause & prétexte que ce puisse être, d'entreprendre de faire aucun desséchement desdits étangs, palus, marais, lais & relais, & terres inondées, que par la permission ou subrogation desdits Etats, à peine de tous dépens, dommages & intérêts : Ordonnons que le contenu auxdits procès-verbaux desdits sieurs de Basville & de Bernage, concernant lesdit desséchement, & les arrêts du conseil obtenus, tant par le feu sieur maréchal duc de Noailles, que par ceux qui lui ont succédé auxdits don & facultés, & par ledit sieur de Barrillon, ensemble les jugemens rendus par les commissaires nommés par les arrêts du conseil des 5 Août & 9 Décembre 1738, seront exécutés au profit desdits Etats. SI VOUS MANDONS ET ENJOIGNONS, que ces présentes vous ayez à faire registrer, pour être exécutées selon leur forme & teneur ; CAR tel est notre plaisir. DONNÉ à Fontainebleau le huitieme jour de Novembre, l'an de grace mil sept cent quarante-six, & de notre regne le trente-deuxieme. *Signé*, LOUIS : *Et plus bas*, Par le Roi, PHELYPEAUX. Et scellé.

N°. XI.

EXTRAIT des Registres du Parlement.

VU par la cour, l'arrêt rendu au conseil, & lettres-patentes de Sa Majesté sur icelui, le tout du 8 Novembre dernier ; ledit arrêt du conseil, signé PHELYPEAUX, *& lesdites lettres-patentes*, LOUIS : Et plus bas ; *Par le Roi* PHELYPEAUX, *scellées du grand-sceau de cire jaune, ledit arrêt & lettres-patentes contenant don en faveur des Etats de la province de Languedoc, de la propriété de tous les étangs, palus, marais, coustieres, lais, relais de la mer, rivieres & étangs, depuis Beaucaire jusqu'à Aigues-mortes, & à l'étang de Pérols, & généralement de tous & tels droits qui peuvent appartenir à Sa Majesté aux clauses, charges & conditions, & ainsi & de la maniere qu'est audit arrêt & lettres-patentes : & Oui sur ce le procureur général du Roi.*

LA COUR *a ordonné & ordonne, que ledit arrêt & lettres-patentes seront enregistrés en ses registres, pour le contenu en iceux être gardé, observé & exécuté suivant leur forme & teneur : Ordonne ladite cour, que copies dudit arrêt & lettres-patentes, duement collationnées, seront envoyés dans toutes les senéchaussées du ressort de la cour, ou par-tout ailleurs où besoin sera, pour qu'on n'en puisse prétendre cause d'ignorance.*

No. X. *d'ignorance. PRONONCÉ à Toulouse en parlement, le seizieme Décembre mil sept cent quarante-six. Collationné, VERLHAC. Contrôlé, COURDURIER, Monsieur DE CHALVET Rapporteur.*

XI.

ARRÊT

DU CONSEIL D'ETAT DU ROI,

Qui décharge le sieur de Barrillon, du Droit de centieme denier qui lui étoit demandé par les fermiers du domaine, pour raison des ventes faites audit sieur de Barrillon par M. le maréchal de Noailles, du don des marais situés dans le bas Languedoc.

Du 8 Novembre 1746.

EXTRAIT des Registres du Conseil d'Etat.

VU au conseil d'état du Roi, les mémoires respectivement présentés en icelui, par le sieur de Barrillon, & Nicolas l'Abbé, sous-fermier des domaines, contrôle des actes & des exploits, insinuations laïques, centieme denier, & autres droits y joints du Languedoc; ceux du sieur de Barrillon, contenant, que ledit l'Abbé, tant en son nom, que comme ayant les droits de Jacques Forceville, subrogé à Nicolas Desboves, adjudicataire général des domaines de France, lui auroit fait demande de différens droits de centieme denier, qu'il prétend lui être dus par ledit sieur de Barrillon, comme propriétaire des marais du bas Languedoc, par acquisition qu'il suppose en avoir été par lui faite des représentans de M. le maréchal de Noailles, à qui le Roi a fait don par arrêt du 20 Décembre 1701; mais, que cette donation n'étant qu'une faculté de faire faire le desséchement desdits marais, à condition de dédommager les propriétaires, un privilége de construire un canal de navigation, & un don des marais, lais & relais, appartenant à Sa Majesté, il ne se trouve rien de nature à être sujet au centieme denier, tant parce qu'il n'y a eu jusqu'à présent aucun desséchement fait desdits marais, qui ait pu procurer une jouissance, que parce que les propriétaires d'iceux n'ont fait aucune tradition réelle de leurs fonds, dont ils sont restés en possession, & pour lesquels ils n'ont reçu aucun payement, soit de M. le duc de Noailles, soit de ses ayans cause; & qu'à l'égard des marais, lais & relais donnés par le Roi, ils sont encore dans le même état que lors de la donation, sans qu'il puisse en être fait l'usage destiné par Sa Majesté, qu'apres le desséchement; en sorte que le sieur de Barrillon n'ayant eu jusqu'à présent, ni véritable propriété de fonds, ni jouissance, puisque l'un & l'autre dépend du desséchement, qui n'est pas même commencé, il ne peut être tenu de payer le centieme denier, qui n'est dû qu'aux mutations réelles des immeubles, par ceux qui sont véritablement propriétaires; ce qui ne se trouvant pas dans l'espece présente, il requiert que le sous-fermier soit débouté de sa prétention: Ceux dudit l'Abbé, contenant que sa demande est fondée, non sur l'arrêt du 20 Décembre 1701, mais sur le procès-verbal du premier Mai de ladite année, dressé par M. l'intendant de Languedoc, sur la sommation faite à la requête de M. le duc de Noailles, aux propriétaires des marais y énoncés, de déclarer les quantités qu'ils possedent desdits fonds, duquel procès-verbal il résulte, que lesdits propriétaires ont consenti que ledit sieur duc de Noailles s'emparât des fonds par eux déclarés, moyennant une rente & une albergue, & autres conditions

No. XI.

N°. XI.

portées audit procès-verbal : Que c'eſt enſuite dudit procès-verbal, que le Roi a rendu l'arrêt du 20 Décembre, qui permet à M. le duc de Noailles, ſes ſucceſſeurs & ayans cauſe, de faire deſſécher leſdits fonds, ſuivant & conformément aux conventions faites avec les propriétaires, ce qui eſt une homologation & confirmation de ce traité ; ſuivant lequel M. le maréchal de Noailles, ſes ſucceſſeurs & ayans cauſe, jouiront à perpétuité & en pleine propriété des fonds qui ſeront deſſéchés, aux clauſes & conditions énoncées audit arrêt : Que les particuliers qui ont parlé dans ce procès-verbal, ne ſe ſont pas réſervé la propriété des marais, mais s'en ſont démis de façon à ne pouvoir plus en diſpoſer, & ce qu'on peut inférer de ce que leſdits propriétaires jouiſſent encore des fonds par eux cédés, eſt que les ayans cauſe de M. le maréchal de Noailles, n'en ont actuellement que la nue propriété, mais que c'eſt cette nue propriété & non l'uſufruit qui donne ouverture au droit de centieme denier, parce qu'il y a au moins engagement de fonds, & que tout engagement y eſt ſujet, ainſi que les ventes pures & ſimples, ſuivant l'article VI de la déclaration de mil ſept cent huit : Que le privilége cédé par M. le maréchal de Noailles à ceux qui le repréſentent, de s'emparer en vertu du procès-verbal des terres dont ils auront beſoin pour creuſer le canal, eſt un droit immobilier, & par conſéquent ſujet, en mutation, au centieme denier ; ce qui a été reconnu par l'inſinuation qui a été faite de la vente de la portion qui appartenoit au ſieur Boiſſon : Que le don fait à M. le maréchal de Noailles, de tout ce qui peut appartenir à Sa Majeſté dans les fonds en queſtion, eſt pur & ſimple, ſans qu'il ſoit fait mention de la condition du deſſéchement, & que par conſéquent cette partie de fonds eſt ſujette au centieme denier pour toutes les mutations arrivées poſtérieurement à ce don : Qu'enfin les ayans cauſe de M. le maréchal de Noailles, repréſentés par le ſieur de Barrillon, ont commencé à ſe mettre en poſſeſſion par des travaux particuliers, & des bornemens de terreins ; ce qui eſt une preuve qu'il eſt queſtion de fonds réels, dont les mutations ſont ſujettes au centieme denier ; pour quoi il requiert à ce qu'il ſoit ordonné que ſes contraintes ſeront exécutées ; La réplique du ſieur de Barrillon, contenant que la lecture du procès-verbal même du premier Mai 1701, ſur lequel le ſous-fermier ſe fonde, prouve qu'il n'y a au plus, de la part des propriétaires des marais, qu'un conſentement de les céder pour être deſſéchés, & que, ſans cette condition accomplie, ils ont ſtipulé que ce conſentement ſeroit de nul effet, ce qui leur a été accordé ; & comme ce deſſéchement n'a pas été fait, il n'y a par conſéquent aucune mutation de fonds, & il reſte pour conſtant, qu'il ne s'agit que d'un droit incorporel, qui ne peut jamais être ſujet à celui du centieme denier ; Que les prétendus travaux faits par le ſieur de Barrillon, l'ont été en vertu d'arrêts du conſeil qu'il a été obligé d'exécuter, & dont l'objet a été de conſtater la poſſibilité du deſſéchement, ce qui n'a rien de ſemblable à une jouiſſance, ni aux ouvrages que feroit un propriétaire de fonds par lui acquis ; Enfin, qu'il eſt conſtant que le ſieur Boiſſon n'a jamais payé de centieme denier pour la portion qu'il avoit dans leſdits marais, & que l'inſinuation citée par le ſous-fermier a été requiſe ſans néceſſité par Fontanier, notaire, pour raiſon de l'adjudication faite de cette portion des marais, par les créanciers dudit ſieur Boiſſon, mais que cette erreur ne peut lui préjudicier ; pour quoi

N°. XI. il persiste dans sa demande en décharge. Vu aussi les contraintes du 12 Décembre 1738, signifiées le 29 dudit mois; les deux commandemens du lendemain 30; le procès-verbal du sieur de Basville, intendant en Languedoc, commencé le premier Mai 1701; l'arrêt du conseil du 20 Décembre suivant, & autres pieces jointes; ensemble la déclaration de 1708 : Oui le rapport du sieur de Machault, conseiller ordinaire au conseil Royal, contrôleur-général des finances; LE ROI EN SON CONSEIL, a ordonné & ordonne, que ledit sieur de Barrillon sera & demeurera déchargé, tant des demandes contre lui formées par Nicolas l'Abbé, fermier des domaines & droits y joints du Languedoc, que de l'exécution des contraintes décernées par Jacques Forceville, contre le sieur Jean-Gédéon de la Salle, ses associés, & Louis Duchemin, pour le centieme denier par eux prétendu, pour raison des ventes successivement faites par le sieur maréchal de Noailles, & ses ayans cause, du privilége de faire dessécher les marais du bas Languedoc, & de construire un canal de navigation, ensemble du don fait par Sa Majesté audit sieur maréchal de Noailles, des marais, lais & relais à elle appartenans dans ladite province. FAIT au conseil d'état du Roi, tenu à Fontainebleau le 8 du mois de Novembre 1746. *Signé*, EYNARD, *avec paraphe.*

XII.

ARRÊT

DU CONSEIL D'ETAT DU ROI,

Portant attribution à des commissaires, pour juger toutes les contestations qui pourront survenir au sujet du don des marais fait par le Roi aux Etats généraux de la province de Languedoc. N°. XII.

Du 15 Novembre 1746.

EXTRAIT des Registres du Conseil d'Etat.

VU par le Roi étant en son conseil, l'arrêt rendu en icelui le 8 du présent mois de Novembre, par lequel Sa Majesté a accordé aux Etats de la province de Languedoc, le don des étangs, palus, marais, coustieres, lais & relais de la mer, rivieres & étangs, & terres inondées du bas Languedoc, depuis Beaucaire jusqu'à Aigues-mortes, & à l'étang de Pérols, avec faculté de les dessécher, & de construire un canal de navigation, ainsi & de la même maniere que lesdits don & facultés avoient été accordés au feu sieur maréchal duc de Noailles, par arrêt du conseil du 20 Décembre 1701, & lettres-patentes du mois de Janvier 1702, ledit arrêt du 8 Novembre, portant, entre autres choses, qu'à la diligence des syndics généraux de ladite province, & aux frais desdits Etats, il en sera fait des affiches & publications pendant trois Dimanches consécutifs, de quinzaine en quinzaine, à l'issue des messes paroissiales des paroisses circonvoisines desdits marais, au nombre de six au moins, comme aussi aux foires & marchés desdites paroisses, s'il y en a, lesquelles affiches seront mises aux portes des églises desdites paroisses, & autres lieux désignés dans ledit arrêt, & que six mois après la derniere desdites publications, tous prétendans droits sur lesdits étangs, palus, marais, coustieres, rivieres & terres inondées du bas Languedoc, soit pour raison de la propriété, ou pour cause d'engagemens, hypotheques, dots, augmens, douaires, donations, substitutions, ou autres, à quelque titre que ce puisse être, tant du chef du sieur de Barrillon,

N°. XII. ou de ceux auxquels il a succédé, que du chef du feu sieur maréchal duc de Noailles, seront tenus de former leur opposition au greffe du sieur intendant, & commissaire departi dans la province de Languedoc; passé lequel délai de six mois, il ne pourra plus être formé d'oppositions; & d'autant que si les contestations auxquelles lesdites oppositions pourroient donner lieu, étoient portées devant les juges ordinaires, ou devant les tribunaux auxquels plusieurs des opposans prétendroient avoir leurs causes commises, elles seroient extrêmement dispendieuses, & qu'étant même portées en différens tribunaux, elles pourroient occasionner des conflits de jurisdictions, au lieu qu'il doit être également avantageux à toutes les parties qu'il y ait un tribunal certain, devant lequel toutes lesdites contestations puissent être portées; A quoi Sa Majesté voulant pourvoir. Oui le rapport du sieur de Machault, conseiller ordinaire au conseil royal, contrôleur général des finances: LE ROI ETANT EN SON CONSEIL, a évoqué & évoque à soi & à sondit conseil, les procès & différends, concernant les oppositions formées & à former par les prétendans droits auxdits marais, à raison de toutes dettes, hypotheques, dots, douaires, augmens, engagemens, substitutions, donations, & autres charges, de quelque nature qu'elles soient, auxquelles lesdits marais pourroient avoir été assujettis, tant par ledit feu sieur maréchal duc de Noailles, que par ses ayans cause, & ceux qui ont été subrogés à ses droits, & généralement toutes les contestations nées & à naître à l'occasion desdits marais, desséchement d'iceux, & construction du canal de navigation, & a Sa Majesté, lesdites contestations, procès & différends, circonstances & dépendances, renvoyé & renvoie pardevant le sieur le Nain, conseiller du Roi en ses conseils, maître des requêtes ordinaire de son hôtel, N°. XIII intendant en Languedoc, & pardevant les sieurs Joubert & d'Alco, présidens en la cour des comptes, aides & finances de Montpellier, de Montclar, Rosset, Vassal & Rolland, conseillers en ladite cour, Fermaud, lieutenant principal au présidial de Montpellier, Lagarde & Nadal, conseillers audit présidial, & Assier & Baudouin, avocats, pour être lesdites contestations jugées en dernier ressort par lesdits sieurs commissaires, au nombre de cinq au moins, Sa Majesté leur attribuant à cet effet toute cour, jurisdiction & connoissance, & icelle interdisant à toutes ses cours & autres juges. Permet Sa Majesté au sieur le Nain de commettre pour procureur du Roi, & pour greffier de ladite commission, telles personnes capables qu'il avisera bon être. FAIT au conseil d'état du Roi, Sa Majesté y étant, tenu à Fontainebleau le 15. Novembre 1746.

Signé, PHELYPEAUX.

LOUIS, PAR LA GRACE DE DIEU, ROI DE FRANCE ET DE NAVARRE: A notre amé & féal conseiller en nos conseils, maître des requêtes ordinaire de notre hôtel, le sieur le Nain, intendant en notre province de Languedoc, & aux sieurs Joubert & d'Alco, présidens en notre cour des comptes, aides & finances de Montpellier, de Montclar, Rosset, Vassal & Rolland, conseillers en ladite cour, Fermaud, lieutenant principal au présidial de Montpellier, Lagarde & Nadal, conseillers audit présidial, & Assier & Baudouin, avocats; SALUT. Nous vous mandons & ordonnons, par ces présentes signées de notre main, de procéder à l'exécution de l'arrêt ci-attaché sous le contre-scel de notre chancellerie, ce jourd'hui donné en notre conseil d'état, Nous y,

N°. XII. étant, pour les causes y contenues, vous en attribuant toute cour, jurisdiction & connoissance, icelle interdisant à toutes nos cours & autres Juges. Commandons au premier notre huissier ou sergent sur ce requis, de signifier ledit arrêt à tous qu'il appartiendra, à ce que personne n'en ignore, & de faire pour l'entiere exécution d'icelui, tous actes & exploits nécessaires, sans autre permission; CAR tel est notre plaisir. DONNÉ à Fontainebleau le quinzieme jour de Novembre, l'an de grace mil sept cent quarante-six, & de notre regne le trente-deuxieme. *Signé*, LOUIS: *Et plus bas*: Par le Roi, PHELYPEAUX.

JEAN LE NAIN, Chevalier, Baron d'Asfeld, conseiller du Roi en ses conseils, Maître des requêtes ordinaire de son hôtel, intendant de justice, police & finances en la province de Languedoc.

VU l'arrêt du conseil d'état ci-dessus, en date du 15 Novembre dernier; ensemble la commission expédiée en conséquence le même jour: NOUS ORDONNONS que ledit arrêt du conseil sera exécuté selon sa forme & teneur; & en vertu du pouvoir à nous donné par Sa Majesté, avons nommé le sieur Coulomb, avocat, pour faire les fonctions de procureur du Roi en la commission, & pour greffier de la commission, le sieur Dheur. FAIT à Montpellier le treizieme Décembre mil sept cent quarante-six. *Signé*, LE NAIN.

LES COMMISSAIRES NOMMÉS par l'arrêt du conseil du 15 Novembre dernier, pour juger en dernier ressort les contestations concernant le traité fait entre la province & le sieur de Barrillon, au sujet des marais du bas Languedoc.

VU ledit arrêt du conseil du 15 Novembre dernier; ensemble la commission expédiée en conséquence le même jour: Oui & ce requérant le procureur du Roi en la commission: NOUS ORDONNONS que ledit arrêt du conseil sera enregistré au greffe de la commission, pour être exécuté selon sa forme & teneur, & à cet effet, signifié à qui il appartiendra. FAIT à Montpellier le 13 Décembre 1746. *Signés*, LE NAIN. DE JOUBERT. D'ALCO. MONTCLAR. ROSSET. VASSAL. ROLLAND. FERMAUD. LAGARDE. NADAL. ASSIER, & BAUDOUIN. Collationné, DHEUR.

XIII.

EXTRAIT du registre des délibérations des Etats généraux de Languedoc, assemblés par mandement du Roi en la ville de Montpellier au mois de Novembre 1748.

Du Vendredi 3 Janvier 1749, président Mgr. l'archevêque de Toulouse.

MONSEIGNEUR l'évêque de Montpellier a dit, que MM. les commissaires nommés pour examiner ce qui a rapport au desséchement des marais s'étant assemblés chez lui, il a été fait lecture de la délibération qui avoit été prise le 11 Janvier 1748 sur cette matiere, & que le sieur de Joubert, syndic général, a rendu compte de ce qui a été fait en conséquence dans le cours de l'année.

Qu'il a été procédé aux publications & affiches ordonnées par l'arrêt du conseil & lettres-patentes pour purger les hypotheques des prétendans droit sur les marais, comme ayant droit de feu M. le maréchal duc de Noailles & de ceux qui lui ont été subrogés; qu'on a désigné dans lesdites affiches & publications l'étendue des marais dans les mêmes termes qu'elle l'a été par Sa

N°. XIII. Majesté dans les lettres-patentes accordées à feu M. le maréchal duc de Noailles en 1701, & dans celles qui ont été expédiées en faveur de la province au mois de Novembre 1746.

Qu'il n'a pû encore être satisfait à ce qui regarde le rapport des lettres-patentes qui autorisoient la donation faite à l'ordre de St. Lazare, ni à la remise de l'expédition en forme de l'acte qui a dû être passé par le sieur de Barrillon avec ledit ordre pour le payement de la somme de 20,000 livres, moyennant laquelle cet ordre s'est désisté de ladite donation.

Que sur la déclaration faite par les syndics généraux au nom des Etats, qu'ils n'entendoient empêcher que le diocese de Nîmes fit recreuser la robine de Beaucaire jusqu'à l'étang d'Escamandre, aux dépens des communautés riveraînes, sans préjudice toutefois des droits acquis aux Etats par les lettres-patentes du mois de Novembre 1746, il a été donné un arrêt du conseil le...... qui ordonne ledit recreusement, & que l'adjudication desdits ouvrages a été faite par M. l'intendant au mois de Novembre dernier.

Enfin, que le sieur Pitot a fait une nouvelle vérification des marais dans le cours de l'année, afin d'indiquer les portions des marais supérieures & inférieures qui peuvent être desséchées, & les moyens dont on peut se servir pour y réussir; & que le procès-verbal de cette vérification donne des idées plus précises que celles qu'on a pu se former jusqu'ici sur les vérifications précédentes; de sorte qu'il ne reste à y ajouter que le détail qui sera nécessaire pour l'exécution des moyens qui auront été approuvés.

Qu'il a été fait ensuite lecture à la commission d'un mémoire dans lequel on propose de dédommager en partie la province de la rente qu'elle s'est imposée, en rejettant une partie sur les possesseurs des marais, eu égard à la contenance, à la qualité des fonds, & à la facilité de les dessécher: que le motif de ce rejet est pris de ce que ces possesseurs se trouvent confirmés dans la jouissance & propriété de ce qu'ils possedent, sans être exposés à aucune recherche, & qu'il est juste qu'ils achetent cet avantage en se soumettant à une espece de redevance qui n'empêche pas néanmoins que la province en corps ne supporte une partie de la rente portée par les contrats qu'elle a passés. N°. XIII.

Que d'un autre côté ce mémoire a aussi pour objet de faire voir qu'il convient que la province, bien loin de négliger & de perdre de vue le projet du desséchement, cherche les moyens de l'exécuter dans les portions des marais qui en sont susceptibles; mais qu'on observe en même-tems, 1°. Que la dépense doit être supportée par les communautés & particuliers qui en retireroient l'avantage, & non par la province. 2°. Qu'on peut à cet effet convenir avec des particuliers qui se chargeroient de dessécher les portions des marais qui leur seroient indiquées, & traiter avec eux, ou sur le pied des conventions passées ci-devant avec les donataires, ou en en faisant de nouvelles. 3°. Que les Etats doivent se réserver l'examen de ces conventions, parce que c'est le seul moyen de réunir un grand nombre de particuliers qui, sans cela, ne pourroient jamais se concilier dans une entreprise qui devroit leur être commune; qu'enfin ils doivent aussi par le même motif, & par une suite des vues qu'ils ont pour le bien public, se réserver & le choix des moyens qui pourront être mis en usage pour exécuter le desséchement, & la direction de ce qui pourra être entrepris avec leur approbation.

N°. XIII. Que la commission auroit souhaité d'être en état de se déterminer sur le double objet de ce mémoire ; mais que l'affaire est d'une trop grande conséquence & demande un examen trop sérieux pour être décidée avant la séparation des Etats, & que quand même on auroit fait part, dès le commencement de la séance des vûes & des réflexions proposées dans ce mémoire, il auroit paru indispensable de différer toute détermination jusqu'à l'année prochaine, sauf à examiner dans le cours de l'année les avantages ou les inconvéniens qui peuvent en résulter.

Qu'il a paru seulement que pour être plus en état de prendre un parti l'année prochaine & pour acquérir des connoissances plus assurées, on pourroit, en renvoyant à MM. les commissaires des travaux publics l'examen de ce mémoire, les autoriser de plus à faire pendant le cours de l'année un essai sur l'exécution des projets qui leur seroient présentés, à condition toutefois que la dépense de cet essai sera supportée par ceux qui se chargeroient de l'exécuter au moyen du traité qui sera fait avec eux & sous l'approbation de MM. les commissaires des travaux publics par les communautés ou particuliers possesseurs des portions des marais où l'on aura résolu de les faire.

A quoi Mgr. l'évêque de Montpellier a ajouté que MM. les commissaires étoient d'avis d'accorder au sieur Pitot la somme de 300 livres en considération des frais de la vérification qu'il a faite pendant le cours de l'année derniere.

SUR QUOI il a été délibéré, 1°. Que les syndics généraux continueront les diligences qu'ils ont commencées pour obliger l'ordre de St. Lazare à rapporter les lettres-patentes expédiées sur la donation faite audit ordre par les sieurs Boutin & Boisson, & pour se faire remettre une expédition en forme de l'acte qui a dû ou qui doit être passé avec ledit ordre pour le payement qui doit être fait par le sieur de Barrillon de la somme de 10,000 livres, à raison du désistement qu'il a fait de cette même donation. N°. XIII.

2°. De donner pouvoir à MM. les commissaires des travaux publics d'examiner pendant l'année les différens objets dont il a été parlé ci-dessus, tant pour procurer à la province les dédommagemens qui seront jugés convenables à raison des sommes qu'elle a payées audit sieur de Barrillon, que pour parvenir à l'exécution du desséchement des marais dans les parties qui en sont le plus susceptibles ; auquel effet il a été donné pouvoir aux mêmes commissaires de faire tels essais qu'ils jugeront convenables sur l'exécution des projets qui leur seront remis pour exécuter ledit desséchement, & de faire procéder à cet effet, s'ils le jugent ainsi à propos, à des publications & affiches, à condition néanmoins que la dépense de ces essais sera supportée par ceux qui se chargeront de les exécuter, au moyen du traité qui sera fait avec eux par les particuliers possesseurs des marais où l'on aura résolu de faire ces essais, lequel traité ne pourra avoir son effet qu'autant qu'il sera approuvé par MM. les commissaires des travaux publics, pour, sur le compte qui en sera rendu dans la prochaine assemblée des Etats, être délibéré ce qu'il appartiendra.

3°. Enfin, d'accorder au sieur Pitot la somme de 300 livres pour les frais de la vérification des marais qu'il a faite pendant le cours de l'année.

XIV.

ORDONNANCE

Portant que par les sieurs Vidal, Lenfant & Péreve, il sera incessamment procédé au récolement général du rapport des experts, sur le plantement des bornes fait précédemment d'autorité de la commission, & à la levée du plan figuratif des marais: Fait défenses à toutes personnes de renverser aucunes desdites bornes, à peine d'en être enquis; & enjoint aux consuls des communautés, dans le terroir desquelles lesdites bornes ont été ou seront plantées, de veiller à leur conservation.

Du 11 Février 1749.

LES COMMISSAIRES NOMMÉS *par le Roi, pour juger définitivement & en dernier ressort, les contestations concernant le bornement & séparation des terres & marais à dessécher dans le bas Languedoc, circonstances & dépendances.*

SUR ce qui nous a été représenté par le syndic général de la province de Languedoc; Que les Etats ayant chargé par une délibération prise dans leurs dernieres séances, MM. les commissaires nommés pour la direction des travaux publics pendant l'année, d'examiner les moyens qu'on pourroit prendre pour tirer quelques avantages des marais depuis Beaucaire jusqu'à Aigues-mortes, qui appartiennent à la province, suivant les lettres-patentes de Sa Majesté du 7 Novembre 1746; & lesdits sieurs commissaires s'étant assemblés pour concerter les premieres opérations à faire en conséquence de la délibération, pour remplir les vues des Etats, ils auroient reconnu qu'on ne pouvoit se dispenser, avant toutes choses, de déterminer l'étendue des marais, leur contenance, & leurs limites: Qu'il a été déjà procédé d'autorité de la commission en 1739, au plantement des bornes desdits marais, & que le rapport des Experts qui procéderent audit plantement, fut autorisé par jugement de nosseigneurs les commissaires du 8 Janvier 1741; Qu'attendu qu'un grand nombre desdites bornes ont été enlevées, il a paru nécessaire de faire procéder au récolement du rapport desdits experts, & de remplacer les bornes qui ont été enlevées: Comme aussi, de faire lever un plan exact & figuratif de l'étendue des marais renfermée dans lesdites limites; pour l'exécution de laquelle opération, MM. les commissaires auroient jetté les yeux sur les sieurs Vidal, Lenfant & Péreve, géometres très-experts dans ce genre de travail; à raison de quoi, ils auroient chargé le suppliant de se pourvoir devant la commission: comme aussi, pour demander qu'il soit pourvu à la conservation des bornes qui auront été nouvellement rétablies.

Requéroit, à ces causes, le suppliant, qu'il vous plaise NOSSEIGNEURS, ordonner que par les sieurs Vidal, Lenfant & Péreve, lesquels seront commis à cet effet, il sera incessamment procédé au récolement général du rapport des experts, sur le plantement des bornes fait précédemment d'autorité de la commission, & à la levée du plan figuratif des marais, pour être annexé au rapport desdits experts, & servir à la province, ainsi qu'il appartiendra: Enjoindre en conséquence aux consuls des communautés, dans lesquelles sont situés lesdits marais, de fournir auxdits sieurs Vidal, Lenfant & Péreve, les personnes & voitures dont ils auront besoin pour leurs opérations, en les payant de gré à gré; Comme aussi, faire défenses à toutes personnes, de renverser

renverser aucunes desdites bornes, à peine d'en être enquis devant le premier juge royal, ou à son défaut, devant le premier gradué requis : Enjoindre aux consuls des communautés, dans les terroirs desquelles lesdites bornes ont été ou seront plantées, de veiller à leur conservation, à peine de répondre envers la province, du remplacement desdites bornes, & de tous dépens, dommages & intérêts; Et ferez justice. DAUMAS, *signé*.

Soit montré au sieur Coulomb, avocat, que nous avons commis pour procureur du Roi en cette partie. FAIT à Monpellier le 9 Février 1749.

LE NAIN, *signé*.

Le procureur du Roi en la commission, qui a vu la présente requête, avec l'ordonnance qui est au pied, n'empêche l'adjudication des fins de ladite requête. Délibéré à Montpellier le 10 Février 1749. COULOMB, procureur du Roi, *signé*.

VU la présente requête; l'arrêt du conseil du 21 Février 1747, & les autres pieces y mentionnées; l'ordonnance de soit-montré au procureur du Roi en la commission du 9 du présent mois, & les conclusions dudit procureur du Roi du 10 :

NOUS COMMISSAIRES, ordonnons que par les sieurs Vidal, Lenfant & Péreve, que nous avons commis à cet effet, il sera incessamment procédé au récolement général du rapport des experts, sur le plantement des bornes fait précédemment d'autorité de la commission, & à la levée du plan figuratif des marais, pour être annexé au rapport desdits experts, & servir à la province, ainsi qu'il appartiendra. Enjoignons aux consuls des communautés, dans lesquelles sont situés lesdits marais, de fournir auxdits sieurs Vidal, Lenfant & Péreve, les personnes & voitures dont ils auront besoin pour leurs opérations, en les payant de gré à gré; Comme aussi, faisons défenses à toutes personnes, de renverser aucunes desdites bornes, à peine d'en être enquis devant le premier juge royal, ou à son défaut, devant le premier gradué requis; Enjoignons en outre aux consuls des communautés, dans le terroir desquelles lesdites bornes ont été ou seront plantées, de veiller à leur conservation, à peine de répondre envers la province, du remplacement desdites bornes, & de tous dépens, dommages & intérêts. FAIT à Montpellier le 11 Février 1749. JOUBERT. BONNIER D'ALCO. ADAM DE MONTCLAR. ROSSET. VASSAL. ROLLAND. ASSIER. BAUDOUIN, *signés*.

X V.

JUGEMENT SOUVERAIN,

Qui autorise la procédure faite en exécution des arrêts du conseil & lettres-patentes des 7 & 8 Novembre 1746, qui accordent aux Etats de la province de Languedoc, la propriété des marais, depuis Beaucaire jusqu'à Aigues-mortes, & déclare en conséquence lesdits marais, étangs & palus, exempts, libres & purgés de tous droits & hypotheques, soit du chef du sieur du Brocard de Barrillon, ou de ceux qui lui ont succédé, soit du chef de feu M. le maréchal duc de Noailles.

Du 14 Avril 1750.

LES COMMISSAIRES NOMMÉS PAR arrêt du conseil d'état du 15 Novembre 1746, pour juger souverainement & en dernier ressort, les contestations mues & à mouvoir, concernant la propriété des palus & terres inondées du bas Languedoc.

N°. XV.

VU la requête présentée à la commission par sieur Louis-Alexandre du Brocard de Barrillon, écuyer, demeurant à Paris, étant aux droits du feu sieur maréchal duc de Noailles, au moyen de l'acquisition faite par le suppliant, des successeurs & ayans cause dudit feu sieur duc de Noailles, du don que Sa Majesté lui avoit fait, par arrêt de son conseil du 20 Décembre 1701, & lettres-patentes du mois de Janvier 1702, des étangs, palus & marais du bas Languedoc, depuis Beaucaire jusques à Aigues-mortes, & à l'étang de Pérols; CONTENANT, que par arrêt du conseil d'état du Roi du 7 Novembre 1746, Sa Majesté, en acceptant la remise que le suppliant lui fit desdits étangs, palus & marais, pour en disposer par Elle, ainsi qu'Elle le jugeroit à propos, ordonna qu'il seroit pourvu au remboursement & dédommagement du suppliant, tant des sommes par lui payées pour l'acquisition du droit des précédens propriétaires dudit don, intérêts, frais & loyaux-coûts, que des frais & dépenses par lui faites pour raison du desséchement desdits étangs, palus & marais, suivant la liquidation & fixation qui en seroient faites par Sa Majesté. Par autre arrêt du conseil d'état du Roi du 8 Novembre 1746, suivi de lettres-patentes du même jour, Sa Majesté, en accordant aux Etats de la province de Languedoc, la propriété desdits étangs, palus & marais, à la charge par lesdits Etats de payer au suppliant, suivant ses offres, la somme de quatre cent dix mille livres à laquelle Sa Majesté a fixé & liquidé le remboursement du prix des acquisitions faites par le suppliant, & le dédommagement de ses frais & avances, à cause du desséchement desdits marais, dont le payement doit être fait en contrats de constitution de rente sur ladite province, au moyen de quoi le suppliant sera tenu de garantir lesdits étangs, palus, marais, & autres terres inondées, de tous droits de propriété, hypotheques, engagemens, dots, augmens, douaires, substitutions, & autres charges, tant de son chef, que du chef de ceux auxquels il a succédé auxdites acquisitions, & du chef dudit feu sieur maréchal duc de Noailles, de laquelle garantie lesdits contrats doivent faire mention, & demeurer affectés & hypothéqués par privilége à ladite garantie, jusques à ce qu'ils en aient été déchargés; Sa Majesté, pour purger lesdits étangs, palus, marais, de tous autres droits de propriété, ordonne qu'il sera fait à la diligence des syndics généraux, & aux frais & dépens de la province, des affiches & publications dudit arrêt, pendant trois Dimanches consécutifs, de quinzaine en quinzaine, à l'issue des messes paroissiales des églises circonvoisines desdits marais, au nombre de six au moins, comme aussi, aux foires & marchés desdites paroisses, s'il y en a, dans le délai desdites publications; que lesdites affiches seront mises aux portes des églises desdites paroisses, ainsi qu'aux portes des églises paroissiales & des hôtels-de-ville de Montpellier & Nîmes, & à la porte de M. l'intendant de la province, desquelles publications & affiches, il sera dressé des procès-verbaux par les huissiers ou sergens qui les auront faites; que quinze jours après la derniere desdites publications & affiches, il sera fait une derniere publication par le greffier de la sénéchaussée de Montpellier, & par le greffier de la sénéchaussée de Nîmes, l'audience tenant, dont les greffiers donneront leurs certificats, & que dans le délai de six mois après la derniere desdites publications, tous prétendans droits sur lesdits étangs, marais, & autres terres ci-dessus énoncées, à quelque titre que ce puisse être, seront tenus de former leurs oppositions au greffe de la commission, passé lequel délai de six mois, il ne pourra plus être formé d'opposition, nonobstant la minorité, absence ou privilége des prétendans droits, ni sous quelque prétexte que ce soit, & lesdits prétendans droits, qui n'auront point formé d'opposition, ne pourront exercer aucune action ni droits sur lesdits marais, étangs, palus, & autres terres mentionnées ci-dessus, ni sur les contrats qui auront été passés par les Etats au profit du suppliant, sauf aux prétendans droits d'agir sur ses autres biens, ainsi qu'ils verront être à faire, ainsi qu'il est plus au long expliqué dans lesdits arrêt & lettres-patentes : Et comme le suppliant est informé que toutes les formalités prescrites par lesdits arrêt & lettres-patentes ont été remplies, & qu'il s'est passé beaucoup plus de six mois du délai fixé pour les remplir, à compter depuis la derniere desdites publications, sans que personne ait daigné former opposition devers le greffe de la commission, ni faire aucune déclaration de propriété ou dénonce d'hypotheque sur lesdits marais & contrats, le suppliant requiert, qu'il plaise à la commission, ordonner que lesdits Arrêt du conseil & lettres-patentes de Sa Majesté desdits jours 7 & 8 Novembre 1746, sortiront à effet, & seront exécutés selon leur forme & teneur ; ce faisant, déclarer lesdits étangs, palus, & marais, dont il s'agit, exempts, libres & purgés de tous droits, soit pour raison de la propriété, ou pour cause d'engagement, hypotheques, dots, augmens, douaires, donations, substitutions, ou autres, à quelque titre que ce puisse être, soit du chef du suppliant, ou de ceux auxquels il a succédé, soit du chef du feu sieur maréchal duc de Noailles, nonobstant la minorité, absence ou privilége des prétendans droits, ni sous quelque prétexte que ce soit, en sorte qu'il ne pourra plus être formé d'opposition ni exercé aucune action ni droits sur lesdits marais, étangs, palus, & autres terres ci-dessus mentionnées, ni sur les contrats qui ont été passés par les Etats de Languedoc, au profit du suppliant, sauf aux prétendans droits d'agir sur les autres biens, ainsi qu'ils aviseront ; & en conséquence, permettre aux Etats de la province de disposer desdits marais, étangs, & autres terres en question, & au suppliant de disposer des contrats qui lui ont été passés par lesdits Etats, chacun en droit soi, ainsi & de la maniere qu'ils aviseront, le tout suivant & conformément aux susdits arrêt & lettres-patentes ; Ladite requête répondue d'une ordonnance de soit communiqué aux syndics généraux de la province, & au procureur du Roi en la commission, pour y répondre dans huitaine, en date du 22 Octobre 1749 ; La réponse fournie sur le dossier de ladite requête, par les syndics généraux de la province, du lendemain, contenant que les conclusions de la requête du sieur de Barrillon, étant conformes aux arrêts du conseil y énoncés, & étant de l'intérêt de la province, autant que dudit sieur de Barrillon, que la possession desdits marais demeure libre & bien établie, sans que les Etats puissent être attaqués dans les suites à ce sujet, sous aucune cause & prétexte que ce puisse être ; & pour parvenir à ce but, les syndics généraux ayant, pour ce qui les concerne, rempli toutes les formalités prescrites par l'arrêt du conseil, ils n'empêchent l'adjudication des fins de la requête : L'arrêt du conseil d'état du Roi, du 8 Novembre 1746, qui, en accordant aux Etats de la province de Languedoc, la propriété des marais, palus, étangs, & terres inondées du bas Languedoc,

N°. XV. depuis Beaucaire jusques à Aigues-mortes, & à l'étang de Pérols, ordonne, pour les purger de tous droits de propriété, d'hypotheques, engagemens, & autres, qu'il sera à la diligence des syndics généraux, & aux frais de la province, fait des affiches & publications dudit arrêt, pendant trois Dimanches consécutifs, de quinzaine en quinzaine, à l'issue des messes paroissiales des églises circonvoisines desdits marais, au nombre de six au moins, comme aussi, aux foires & marchés desdites paroisses, s'il y en a, dans le délai desdites publications; que lesdites affiches seront mises aux portes des églises desdites paroisses, ainsi qu'aux portes des églises paroissiales & des hôtels-de-ville de Montpellier & Nîmes, & à la porte de l'hôtel du sieur intendant de la province, desquelles publications & affiches il sera dressé des procès-verbaux par les huissiers & sergens qui les auront faites; que quinze jours après la derniere desdites publications & affiches, il sera fait une derniere publication par le greffier de la sénéchaussée de Montpellier, & par le greffier de la sénéchaussée de Nîmes, l'audience tenant, dont les greffiers donneront leur certificat, & que dans le délai de six mois, après la derniere desdites publications, tous prétendans droits sur lesdits étangs, marais, & autres terres ci-dessus énoncées, à quelque titre que ce puisse être, seront tenus de former leurs oppositions aux greffes de la commission, sinon déchus, le tout suivant & ainsi qu'il est plus au long expliqué par lesdits arrêt & lettres-patentes sur ce expédiées, du même jour, étant en forme, duement registrées au parlement de Toulouse, & cour des aides de Montpellier, selon leurs arrêts des 26 Décembre & . . . . 1746 : L'arrêt du conseil d'état du Roi dudit jour 15 Novembre 1746, & lettres-patentes expédiées sur icelui, contenant évocation à soi & à son conseil, de toutes les contestations mues & à mouvoir au sujet desdits marais; & renvoie la connoissance à M. l'intendant, & autres commissaires y dénommés, pour les juger souverainement en dernier ressort, avec pouvoir audit seigneur intendant, de nommer un procureur du Roi, & un greffier pour ladite commission : L'ordonnance rendue par M. l'intendant, du 13 Décembre de ladite année, qui, en ordonnant l'exécution dudit arrêt, contient la nomination de M. Coulomb pour procureur du Roi, de même que celle du sieur Dheur pour greffier de la commission : Le jugement rendu par les commissaires le même jour, qui ordonne l'exécution dudit arrêt : L'ordonnance rendue par la commission sur la requête des syndics généraux de la province, du 6 Mars 1748, qui accorde la permission de déposer au greffe de la commission, l'original de l'affiche dressée en exécution desdits arrêt & lettres-patentes, avec le certificat dudit dépôt, signé, Dheur, greffier de la commission, du même jour : Six extraits de ladite affiche imprimés en placard, avec neuf exploits ou procès-verbaux, couchés au pied, en date des 24 & 26 Mai, 7, 9, 21 & 23 Juin 1748, signés par Odierne, huissier royal de Montpellier, assisté de Bourreli, trompette de l'hôtel commun de ladite ville, & par Bonnier, huissier royal de ladite ville, duement contrôlés en ladite ville, contenant premiere, seconde, troisieme & derniere apposition de ladite affiche sur la grande porte de l'hôtel de l'intendance, sur celle de l'hôtel commun de ladite ville, & sur celles des églises des quatre paroisses, nommées Saint-Pierre, Notre-Dame, Sainte-Anne, & Saint-Denis dudit Montpellier, avec la lecture & N°. XV.

Nº. XV. publication faites desdites affiches, arrêts & lettres-patentes, de quinzaine en quinzaine, tant au-devant desdites portes de l'intendance & hôtel-de-ville, que devant celles desdites églises paroissiales, à l'issue des messes de paroisse, les paroissiens sortans, les jours de Dimanches y énoncés : Trois autres extraits de ladite affiche, imprimés en placard avec six exploits ou procès-verbaux, couchés au pied, en date des 17, 19 & 31 Mai, 2, 4 & 16 Juin 1748, signés par Casse, huissier royal d'Aigues-mortes, duement contrôlés en ladite ville, contenant la premiere, seconde, troisieme & derniere apposition de ladite affiche, sur la porte principale de l'église paroissiale dudit Aigues-mortes, premiere, seconde, troisieme & derniere lecture & publication faites desdites affiches au-devant de la porte de ladite église, issue des messes paroissiales, les paroissiens sortans, les Dimanches y énoncés : Trois autres extraits de ladite affiche, imprimés en placard, avec six exploits ou procès-verbaux de Dupré, huissier royal à Nîmes, des 18 & 19 Mai, 1, 2, 15 & 16 Juin 1748, duement contrôlés à Nîmes, contenant premiere, seconde, troisieme & derniere apposition desdites affiches, sur la porte principale de l'église paroissiale du lieu de Vauvert, avec lecture & publication desdites affiches, arrêt & lettres-patentes, devant ladite porte, & encore à l'issue des messes de paroisse, le peuple sortant de les ouir, les Dimanches y dénommés : Autres trois extraits imprimés de ladite affiche, avec six exploits ou procès-verbaux dudit Dupré, huissier royal, en date des 25 & 26 Mai, 8, 9, 22 & 23 Juin 1748, duement contrôlés à Nîmes, contenant premiere, seconde, troisieme & derniere apposition d'affiche sur la porte principale de l'église paroissiale de Saint-Laurent d'Aigouse, avec la lecture & publication desdites affiches, arrêt & lettres-patentes, au-devant de ladite porte; & encore à l'issue des messes de paroisse, le peuple sortant, les Dimanches marqués dans lesdits exploits : Trois autres extraits de ladite affiche, imprimés en placard, avec neuf exploits ou procès-verbaux de Bernard, huissier de Lunel, des 27 Mai, 2, 3, 10, 16, 17, 24 & 30 Juin, & premier Juillet 1748, duement contrôlés à Lunel, contenant premiere, seconde, troisieme & derniere apposition desdites affiches, sur la porte de l'entrée principale de l'église paroissiale, & sur un poteau à la place publique de Lunel, avec la lecture & publication faite desdites affiches, arrêt & lettres-patentes, tant au-devant de ladite porte & à ladite place, qu'au-devant de ladite église, à l'issue des messes de paroisse, le peuple sortant, ès Dimanches indiqués par lesdits exploits : Trois autres extraits de ladite affiche, imprimés en placard, avec neuf exploits ou procès-verbaux de Héraud, huissier royal à Beaucaire, des 8, 9, 20, 22, 23 & 27 Juin, 4, 6 & 7 Juillet 1748, duement contrôlés à Beaucaire, contenant premiere, seconde, troisieme & derniere apposition desdites affiches sur la porte principale de l'église paroissiale de Beaucaire, & sur un poteau à la place publique dudit Beaucaire, avec la lecture & publication faite desdites affiches, arrêt & lettres-patentes, tant au-devant de ladite porte, qu'à ladite place, & encore au-devant de ladite église paroissiale, issue des messes de paroisse, le peuple sortant de les ouir, ès Dimanches indiqués par lesdits exploits : Trois autres extraits de ladite affiche, imprimés en placard, avec six exploits ou procès-verbaux de Dupré, huissier royal de Nîmes, des 13, 14, 27 & 28 Juillet, 9 & 11 Août 1748, duement Nº. XV.

contrôlés à Nîmes, contenant premiere, seconde, troisieme & derniere apposition desdites affiches sur la porte principale de l'église paroissiale de Saint-Gilles, avec la lecture & publication desdites affiches, arrêt & lettres-patentes, au-devant de ladite porte, issue des messes de paroisse, le peuple sortant, ès dimanches indiqués par lesdits exploits: Trois autres extraits de ladite affiche, imprimés en placard, avec six exploits ou procès-verbaux de Palat, huissier de Nîmes, des 20 & 21 Juillet, 3, 4, 17 & 18 Août 1748, duement contrôlés à Nîmes, contenant premiere, seconde, troisieme & derniere apposition de ladite affiche sur la porte principale de l'église paroissiale de Fourques, avec la lecture & publication desdites affiches, arrêt & lettres-patentes, au-devant de ladite porte, à l'issue des messes de paroisse, le peuple sortant de les ouir, les Dimanches désignés dans lesdits exploits: Enfin, neuf autres extraits de ladite affiche, imprimés en placard, avec autant d'exploits ou procès-verbaux de Dupré, Paysard & Auzeby, huissiers royaux de Nîmes, des 3, 4, 17, 18 & 31 Août, & premier Septembre 1748, duement contrôlés à Nîmes, contenant premiere, seconde, troisieme & derniere apposition desdites affiches à la porte principale de l'hôtel-de-ville, & aux portes principales des églises paroissiales de Saint-Castor & de Saint-Bauzely de Nîmes, avec la lecture & publication desdites affiches, arrêt & lettres-patentes, au-devant desdites portes, à l'issue des messes de paroisse desdites églises, le peuple sortant, ès Dimanches indiqués par lesdits exploits, avec déclaration dans tous les susdits procès-verbaux d'affiches & publication, que s'il y a quelqu'un qui prétende avoir sur les marais, & autres choses énoncées en ladite affiche, quelque droit de propriété, engagement, hypotheques, dots, augmens, douaires, donations, substitutions, & autres charges, de quelle nature qu'elles soient, venant tant du chef du sieur de Barrillon, & de ceux auxquels il a succédé auxdites acquisitions, que du chef de M. le maréchal duc de Noailles, ils eussent à le déclarer, & faire leurs oppositions au greffe de la commission, dans l'espace de six mois, sinon, faute par eux de le faire, ils n'y seroient plus reçus, & seroient déchus de tous droits & prétentions: Extrait d'appointement rendu par le sénéchal de Nîmes, du 22 Novembre 1748, qui octroye acte de la lecture & publication faite à l'audience, les plaids tenans, de l'arrêt du conseil du 18 Novembre 1746, lettres-patentes du même jour, & des affiches en conséquence, & ordonne que le greffier délivrera un certificat au pied dudit appointement, collationné par Auvellier, avec le certificat dudit greffier, contenant attestation desdites lecture & publication, signé, Auvellier, greffier, du même jour: Autre appointement rendu par le sénéchal de Montpellier, du 10 Décembre 1748, qui ordonne la lecture & publication desdits arrêt, lettres-patentes & affiches, & donne acte desdites lecture & publication qui en ont été faites en la même audience, les plaids tenans, collationné par Castan, greffier, à ce que nul n'en prétende cause d'ignorance: Le certificat du sieur Dheur, greffier en la commission, du 25 Novembre dernier, contenant qu'il n'a été fait dans ledit greffe, depuis lesdits arrêt & lettres-patentes, aucune déclaration ni dénonce d'hypotheque, ou autres droits & prétentions, de la part de qui que ce soit, sur les étangs, marais, & autres choses énoncées dans lesdits arrêt & lettres-patentes: Les conclusions du procureur du Roi de la commission

N°. XV. du premier Décembre 1749 : Oui le rapport du sieur Lagarde, l'un de nous, & tout considéré :

NOUSDITS COMMISSAIRES, juges en dernier ressort, faisant droit sur la requête du sieur de Barrillon, demeurant le consentement des syndics généraux de la province de Languedoc, & les conclusions du procureur du Roi de la commission, AVONS ordonné & ordonnons, que les arrêt du conseil & lettres-patentes de Sa Majesté, desdits jours 7 & 8 Novembre 1746, sortiront à effet, & seront exécutés selon leur forme & teneur ; ce faisant, autorisant la procédure d'apposition d'affiches, lecture & publication desdits arrêt & lettres-patentes, résultant des procès-verbaux ci-dessus datés, attendu qu'il s'est passé plus de six mois, à compter depuis le 8 Décembre 1748, jour de la derniere publication, sans que personne ait daigné former opposition devers le greffe de la commission, ni faire aucune déclaration ni dénonce d'hypotheque ; déclarons les étangs, palus & marais dont il s'agit, exempts, libres & purgés de tous droits, soit pour raison de la propriété, ou pour cause d'engagement, hypotheques, dots, augmens, douaires, donations, substitutions, ou autres, à quelque titre que ce puisse être, soit du chef dudit sieur de Barrillon, ou de ceux auxquels il a succédé, soit du chef du feu sieur maréchal duc de Noailles, nonobstant la minorité, absence ou privilége des prétendans droits, ni sous quelqu'autre prétexte que ce soit, en sorte qu'il ne pourra être formé d'opposition, ni exercé aucune action ni droit sur lesdits marais, étangs, palus, & autres terres ci-dessus mentionnées, ni sur les contrats qui ont été passés par les Etats de Languedoc, au profit dudit sieur de Barrillon, sauf aux prétendans droits d'agir sur les autres biens, ainsi qu'ils verront être à faire ; & en conséquence, permettons aux Etats de la province, de disposer desdits marais, étangs, & autres terres en question, & au sieur de Barrillon, de disposer des contrats qui lui ont été passés par les Etats, chacun en droit soi, ainsi & de la maniere qu'ils aviseront, suivant & conformément aux susdits arrêts. DONNÉ à Montpellier le quatorze Avril mil sept cent cinquante. *Signés*, LE NAIN, JOUBERT, VASSAL, LAGARDE, rapporteur. NADAL, ADAM DE MONTCLAR, FERMAUD, ASSIER, BAUDOUIN. N°. XV.

Collationné. *Signé*, SOEFVE.

XVI.

JUGEMENT SOUVERAIN,

Qui ordonne, attendu le désistement fait par le sieur Marc-Antoine Boisson, de la demande par lui formée contre l'ordre de St. Lazare, au sujet d'une partie de marais du bas Languedoc, & le consentement par lui donné, qu'il ait son entier effet ; que l'ordre de Notre-Dame de Mont-Carmel & de Saint Lazare de Jérusalem, sera déchargé de toutes les demandes dudit sieur Boisson, & que M. du Brocard de Barrillon remettra audit ordre des contrats sur la province de Languedoc, au principal de 20,000 livres sur ceux qui ont été remis audit sieur de Barrillon par ladite province.

Du 25 Juin 1751.

LES COMMISSAIRES NOMMÉS par arrêt du conseil, du 15 Novembre 1746 & 20 Avril dernier, pour juger souverainement les contestations concernant le traité fait entre la province de Languedoc & le sieur de Barrillon, au sujet des ma-

N°. XVI.

rais de ladite province, circonstances & dépendances, au premier huissier ou sergent requis, a été rendu le jugement qui suit.

ENTRE les grand-maître & commandeurs des ordres royaux, militaires & hospitaliers de Notre-Dame de Mont-Carmel & de St. Lazare de Jérusalem, demandeurs par requête, du 8 Juillet 1750, à ce que tenant le désistement fait par le sieur Marc-Antoine Boisson, par acte du 25 Avril dernier, & par exploit du 15 Mai suivant, l'ordre de Notre-Dame de Mont-Carmel & de St. Lazare de Jérusalem, soit relaxé de toute demande relative à la donation, du 22 Novembre 1723, tant au sujet de la nomination & provisions aux commanderies érigées par ledit acte de donation, qu'au sujet du payement du revenu desdites commanderies, d'une part; & les sieurs de Boisson & de Barrillon, défendeurs, chacun comme les concerne, d'autre: Et entre noble Marc-Antoine de Boisson, demandeur par requête du premier Septembre 1750, à ce que tenant le désistement qu'il a fait par acte du 25 Avril dernier, & le consentement qu'il donne, qu'il sorte son plein & entier effet, & qu'il n'empêche l'adjudication des fins & conclusions prises dans la requête de l'ordre de St. Lazare, ledit ordre soit condamné aux dépens, d'une part; Et les grand-maître & commandeurs de l'ordre de Notre-Dame de Mont-Carmel, & de St. Lazare de Jérusalem, défendeurs, d'autre: Et entre le sieur Louis-Alexandre du Brocard de Barrillon, habitant de Paris, demandeur par requête, du 2 Septembre 1750, à ce qu'il lui soit donné acte du consentement qu'il donne, que le désistement fait par ledit sieur de Boisson, soit reçu, avec dépens, & que l'ordre de Notre-Dame de Mont-Carmel & de St. Lazare de Jérusalem, retire les vingt mille livres qui doivent lui revenir, avec les arrérages de ladite somme, le tout en conformité des actes que le suppliant a passé avec ledit ordre, d'une part; Et lesdits sieurs de Boisson, & l'ordre de Notre-Dame de Mont-Carmel & de St. Lazare de Jérusalem, défendeurs, chacun comme les concerne, d'autre: Et entre les grand-maître & commandeurs de l'ordre de Notre-Dame de Mont-Carmel & de St. Lazare de Jérusalem, demandeurs par requête du même jour 2 Septembre 1750, en adjudication des fins & conclusions prises dans leur précédente requête du huitieme Juillet dernier, & à ce que ledit sieur de Boisson soit condamné aux dépens, & ordonné que ledit sieur du Brocard de Barrillon sera tenu de remettre aux demandeurs, des contrats sur la province de Languedoc, affranchis du droit d'amortissement, & autres droits, au principal de vingt mille livres, sur ceux qui lui ont été remis par la province en dédommagement de ses impenses, la remise desquels contrats sera faite en payement de la somme de vingt mille livres, stipulée dans l'acte 6 Septembre 1746, avec dépens, d'une part; Et lesdits sieurs de Boisson & de Barrillon, défendeurs, chacun comme les concerne, d'autre. Vu les requêtes ci-dessus mises en qualité; L'acte de donation faite par les sieurs Boutin & Boisson, en faveur de l'ordre de Notre-Dame de Mont-Carmel & de St. Lazare de Jérusalem, de mille arpens de marais dans le bas Languedoc, du 22 Novembre 1723; Le contrat de vente faite par sieur Isaac Guidais, entrepreneur des ouvrages publics, au sieur Louis Duchemin, bourgeois, pour lui ou ses ayans cause, du tiers desdits marais, comme étant aux droits du sieur de Boisson, du 13 Novembre

1737;

N°. XVI. 1737; L'acte de vente faite par la dame de Boutin, & ses enfans au sieur de la Salle, d'un tiers desdits marais, appartenans audit sieur de Boutin, du 17 Décembre 1737; L'arrêt du conseil d'état du Roi, qui subroge lesdits sieurs de Barrillon & de la Salle, aux droits du premier propriétaire desdits marais, du 4 Mars 1738; L'acte d'accord passé entre le grand-maître & commandeurs des ordres royaux, militaires & hospitaliers de Notre-Dame de Mont-Carmel & de St. Lazare de Jérusalem, & ledit sieur de Barrillon, au sujet desdits marais, du 10 Septembre 1746; L'acte de soumission faite en faveur dudit ordre par ledit sieur de Barrillon, du même jour 10 Septembre 1746; La copie d'assignation donnée à la requête dudit sieur Marc-Antoine Boisson à l'ordre de Notre-Dame de Mont-Carmel & de St. Lazare de Jérusalem, devant le Châtelet de Paris, par exploit du 9 Septembre 1747, avec la requête présentée par ledit ordre de Notre-Dame de Mont-Carmel & de St. Lazare de Jérusalem au grand conseil du Roi, en évocation de ladite instance, du 14 Septembre 1747; Ensemble l'exploit d'assignation donnée audit sieur de Boisson, & les autres pieces attachées à ladite requête; Autre requête présentée par ledit ordre de Notre-Dame de Mont-Carmel & de St. Lazare de Jérusalem au grand conseil du Roi, du 5 Décembre 1747, avec l'exploit d'assignation donnée audit sieur de Barrillon en assistance de cause, du 22 Décembre suivant, & les autres pieces attachées à ladite requête; L'arrêt du conseil d'état du Roi, du 23 Juillet 1748, qui évoque à soi & à sondit conseil la demande formée par ledit sieur de Boisson contre l'ordre de St. Lazare, par exploit du 9 Septembre 1747, & pendante au grand conseil, ensemble la dénonciation que ledit ordre en a faite au sieur de Barrillon, le 22 Décembre 1747, & les renvoie, avec leurs circonstances & dépendances, devant nous, pour être jugées définitivement & en dernier ressort, avec la copie de signification qui en a été faite à la requête dudit sieur de Barrillon audit ordre, du 26 Juillet 1748; L'acte de désistement fait par ledit sieur de Boisson, de la demande par lui formée contre l'ordre de St. Lazare devant le Châtelet de Paris, par exploit du 9 Septembre 1747, ensemble de toutes ses prétentions, circonstances & dépendances, du 25 Avril 1750; Les inventaires de production fournis par ledit ordre de St. Lazare, & par ledit Boisson, en date du 2 Septembre 1750, avec les autres pieces cotées dans lesdits inventaires; Ensemble les conclusions données par le procureur du Roi en la commission, du 21 dudit mois de Septembre : Oui le rapport du sieur Lagarde, l'un de nous, & tout considéré : N°. XVI.

NOUSDITS COMMISSAIRES, juges en dernier ressort, attendu le désistement du sieur Marc-Antoine de Boisson, par acte du 25 Avril 1750, & par exploit du 15 Mai suivant, & le consentement donné par sa requête du premier Septembre dernier, avons relaxé & relaxons l'ordre de Notre-Dame de Mont-Carmel & de St. Lazare de Jérusalem, de toutes les demandes dudit Boisson, relatives à la donation du 22 Novembre 1723, tant au sujet de la nomination & provision aux deux commanderies érigées par ladite donation, qu'au sujet du payement du revenu desdites commanderies; & demeurant le consentement donné par ledit sieur de Barrillon dans sa requête du 2 Septembre dernier, ordonnons qu'il remettra dans un mois à l'ordre de Notre-Dame de Mont-Carmel & de St. Lazare de Jérusalem des

N°. XVI.

contrats sur la province de Languedoc, affranchis du droit d'amortissement, & de tous autres droits; au principal de vingt mille livres sur ceux qui ont été remis audit sieur de Barrillon par la province, avec les arrérages de ladite somme, légitimement dus en conformité des actes d'accord & soumission entr'eux passés le 10 Septembre 1746; condamnons ledit sieur Boisson aux dépens. DONNÉ à Montpellier le vingt-cinq Juin mil sept cent cinquante-un. *Signés*, DE SAINT-PRIEST. JOUBERT. ADAM DE MONTCLAR. FERMAUD. ASSIER. NADAL. LAGARDE, rapporteur. Collationné. *Signé*, SOEFVE.

XVII.

EXTRAIT du registre des délibérations des États généraux de Languedoc, assemblés par mandement du Roi en la ville de Montpellier au mois d'Octobre 1752.

Du Samedi 2 Décembre, président Mgr. l'archevêque & primat de Narbonne.

MONSEIGNEUR l'évêque de Montpellier a dit, que MM. les commissaires nommés pour examiner ce qui concerne le desséchement des marais s'étant assemblés chez lui, le sieur de Joubert, syndic général, leur a rendu compte de ce qui a été fait depuis la derniere délibération des Etats du 3 Janvier 1749, au sujet dudit desséchement; que MM. les commissaires des travaux publics ayant été nommés pour examiner pendant l'année ce qu'il convenoit de faire, tant pour prouver à la province un juste dédommagement à raison des sommes dont elle est redevable envers le sieur de Barrillon, que pour parvenir à l'exécution du desséchement des marais dans les parties qui en sont le plus susceptibles, & de faire à cet effet tels essais qu'ils jugeroient à propos, même de procéder à des publications & affiches, lesdits commissaires s'assemblerent dès le commencement du mois de Février suivant, & qu'ils crurent ne pouvoir mieux remplir les vues des Etats qu'en faisant déterminer, avant toutes choses l'étendue des marais, leur contenance, & leurs limites, afin de déterminer aussi d'une maniere précise l'objet du don qui leur a été fait par Sa Majesté; & que pour y parvenir, il leur a paru nécessaire de faire procéder au récolement du plantement des bornes fait en 1739, d'autorité de la commission établie par le conseil, & à la levée d'un plan exact & figuratif de l'étendue des marais renfermés dans lesdites bornes, en remplaçant celles qui pouvoient avoir été enlevées, & chargeant les communautés dans le terroir desquelles elles ont été ou seront plantées de veiller à leur conservation; que le syndic général présenta en conséquence une requête aux commissaires nommés par l'arrêt du conseil du 15 Novembre 1746, à l'effet d'être procédé à ces différentes opérations par les experts que MM. les commissaires des travaux publics avoient choisis, & d'enjoindre aux consuls de veiller à la conservation des bornes, à peine de répondre envers la province des frais de leur remplacement & de tous dépens, dommages & intérêts; qu'il fut rendu sur cette requête, le 11 Février de la même année, une ordonnance conforme aux conclusions qui y avoient été prises; qu'il fut passé en conséquence avec lesdits experts des conventions le 18 Mai suivant, pour déterminer la forme du travail qu'ils devoient faire pour exécuter leur commission, & pour fixer leur honoraire à la somme de 3500 livres dont la moitié étoit payable au commencement de l'ouvrage, & l'autre après

N°. XVII.

N°. XVII. qu'il auroit été rapporté à MM. les commissaires & approuvé par eux ; que lesdits experts ont bien avancé leurs opérations, soit pour le récolement du plantement des bornes, soit pour la levée du plan, mais qu'ils ne purent achever de remplir leur commission dans le cours de l'année 1749, attendu qu'on ne peut pas y vaquer dans toute sorte de tems, & que les circonstances qui ont suivi en ont encore suspendu l'exécution ; que MM. les commissaires déterminerent pareillement de faire faire des affiches contenant que toutes les personnes qui voudroient se charger de dessécher & mettre en culture, en tout ou en partie, les marais du bas Languedoc, depuis Beaucaire jusqu'à Aigues-mortes, n'auroient qu'à remettre aux syndics généraux les mémoires contenant leurs offres, en y énonçant les parties desdits marais qu'ils entendroient dessécher, avec leurs contenances & confronts, par qui ils sont possédés, à quelles conditions, & de quelle maniere ils entendent exécuter ledit desséchement, pour être sur lesdites offres pris telles conclusions qu'il appartiendroit.

Que lesdites affiches ont été faites dans les principales villes de la province, ce qui a été justifié par les placards imprimés qui en ont été représentés, & qu'il n'a été fait qu'une seule offre le 7 Janvier 1750 par les sieurs Pierre Tavernel & Pierre Dassat, habitans de Beaucaire, de prendre la quantité de 75 salmées de marais situées dans le terroir de la même ville, avec les confronts y exprimés, moyennant la somme une fois payée de 1125 livres, qui est à raison de 15 livres par salmée, mais qu'il est aisé de comprendre qu'une pareille offre ne mérite pas une grande attention, attendu la modicité de la somme y énontée, par rapport à la contenance, & plus encore par rapport à la qualité des fonds qui étant situés dans les marais supérieurs, sont plus aisés à dessécher que les autres. N°. XVII.

Que la commission, après avoir examiné ce qu'il convenoit de faire dans ces circonstances, a cru qu'on ne pouvoit se dispenser d'achever les opérations qui avoient été commencées pour le récolement des bornes & pour la levée du plan dont on a parlé ; & que pour ce qui est du dédommagement que les Etats paroissent desirer à raison des sommes qu'ils doivent au sieur de Barrillon, comme aussi de parvenir au desséchement des marais, ce double objet paroît rempli en partie, au moyen des offres de la compagnie qui s'est présentée pour faire un canal de navigation depuis Beaucaire, & même au-dessus jusqu'à Aigues-mortes & à l'étang de Mauguio en passant par Nîmes, & par les conditions sous lesquelles les Etats les ont acceptées.

Qu'il reste à prendre un parti par rapport aux autres parties des marais ; & que MM. les commissaires n'ont pas cru pouvoir en proposer d'autre, que d'exécuter à cet égard la délibération des Etats du 3 Janvier 1749 ; d'approuver en conséquence ce qui a été fait par MM. les commissaires des travaux publics, en vertu du pouvoir à eux donné par cette délibération ; d'ordonner que les opérations commencées pour le récolement des bornes & la levée du plan des marais renfermés dans leurs limites, seront continuées ; & de renouveller les pouvoirs donnés aux mêmes commissaires par cette délibération.

Sur quoi il a été délibéré d'approuver ce qui a été fait par MM. les commissaires des travaux publics pendant l'année 1749, en exécution de la dé-

N°. XVII. libération prise le 3 Janvier de la même année, nommément pour le récolement du plantement des bornes des marais, la levée de la carte de l'étendue des marais qui se trouvent renfermés dans lesdites bornes, & le marché fait en conséquence avec les sieurs Vidal & Lenfant pour lesdites opérations, lorsqu'elles seront continuées; & il a été donné pouvoir à MM. les commissaires qui ont été nommés pour la direction des travaux publics pendant l'année de faire ce qu'ils jugeront nécessaire pour achever de remplir les deux objets de la délibération des Etats du 3 Janvier 1749, sur ce qui concerne le dédommagement des sommes payées à M. du Brocard de Barrillon; & sur les moyens de parvenir au desséchement des marais pour les parties qui en sont susceptibles, & nommément de renouveller les affiches déjà faites à ce sujet.

XVIII.

EXTRAIT du registre des délibérations des Etats généraux de Languedoc, assemblés par mandement du Roi en la ville de Montpellier, au mois de Janvier 1764.

Du Lundi 5 Mars 1764, président Mgr. l'archevêque & primat de Narbonne.

MONSEIGNEUR l'évêque de Montpellier a dit, que MM. les commissaires des travaux publics s'étant assemblés chez lui, le sieur de Joubert, syndic général, leur a rendu compte de ce qui a été fait pendant le cours de l'année 1763, au sujet du desséchement des marais depuis Beaucaire jusques à Aigues-mortes & à l'étang de Pérols.

Que l'assemblée est instruite du don que Sa Majesté fit aux Etats par lettres-patentes du 8 Novembre 1746, de ces marais & étangs avec la faculté de les dessécher, & d'y faire construire N°. XVII. un canal de navigation; & qu'elle l'est aussi des offres qu'ils firent à Sa Majesté de pourvoir au remboursement & dédommagement demandé par le sieur de Barrillon qui étoit subrogé à feu M. le maréchal de Noailles auquel le même don avoit été fait en 1701.

Que les besoins pressans de l'Etat qui ont donné lieu d'augmenter successivement les impositions & les charges, n'ont pas permis aux Etats de s'occuper jusqu'ici d'une maniere suivie de l'objet du desséchement; mais que les motifs qui les ont déterminés à demander à Sa Majesté le don des marais, doivent leur faire desirer de parvenir à les dessécher avec les précautions que de sages administrateurs ne doivent jamais perdre de vue; & qu'il a paru à Mgr. l'archevêque de Narbonne que les premiers momens de la paix devoient annoncer la résolutiou où sont les Etats de se procurer les avantages qu'ils peuvent en retirer.

Que dans cette vue il a cru devoir s'adresser au sieur Laurent, déjà connu par son expérience & ses lumieres dans l'hydraulique, & par les desséchemens qu'il a faits en Flandres, en le priant de vérifier par lui-même l'étendue des marais & étangs, dont la faculté exclusive du desséchement fait partie du don fait aux Etats, afin qu'il pût juger de la possibilité & de l'utilité de cette entreprise, comme aussi de vérifier ce qui avoit rapport à la construction du canal depuis Beaucaire jusques à Aigues-mortes.

Que le sieur Laurent s'est rendu en conséquence en Languedoc au mois de Septembre dernier; & qu'après avoir exactement parcouru les marais dans toute leur étendue avec le sieur Lenfant qui lui fut donné pour indicateur, comme en ayant levé la carte, il a

N°. XVIII. dressé à son retour à Paris ; d'après les connoissances qu'il avoit prises sur les lieux, deux mémoires, l'un, au sujet du canal de navigation, l'autre au sujet du desséchement, dans lesquels il expose son avis sur l'un & sur l'autre objet.

Qu'à l'égard du canal, après avoir fait quelques observations générales sur l'utilité de ces sortes d'ouvrages par rapport à la facilité & à l'économie du commerce, qui en procurent toujours l'étendue, il expose les avantages qui doivent résulter du canal de Beaucaire à Aigues-mortes, soit par rapport à la province, soit par rapport au Roi, pour la voiture des sels, & les transports de munitions en tems de guerre.

Qu'il donne aussi une idée des ouvrages à faire pour le former, & qui consistent principalement à deux écluses, l'une pour la prise des eaux à Beaucaire, l'autre à une lieue au-dessous, & à cinq ou six ponts, qui seroient nécessaires dans son étendue : Enfin qu'il en évalue la dépense à 800,000 livres, non comprises les indemnités des terres qui auront été prises pour son emplacement.

Qu'à l'égard du desséchement, en mettant à l'écart l'obstacle qu'on a prétendu y trouver dans les surgens & dans ce qu'on a voulu appeller des isles flottantes, il en assure la possibilité, non seulement par quelques exemples particuliers, mais encore parce que le fonds du terrein est capable de culture; mais qu'attendu que le niveau des eaux de la mer se trouve supérieur à celui du terrein submergé, si l'on veut parvenir au desséchement total, il sera nécessaire d'avoir recours à des moyens artificiels ; à moins que, réservant cette satisfaction à la postérité, on n'attende que la suite des tems, les travaux particuliers, & les atterrissemens continuels des rivieres, élevent ces marais au-dessus du niveau de la mer. N°. XVIII.

Qu'un des obstacles qui se présente, selon le sieur Laurent, au desséchement, est la rareté des ouvriers dans cette partie du bas Languedoc qui rend leurs journées si cheres, mais que cette cherté venant de celle du prix des grains, l'augmentation du prix des productions des marais desséchés dédommageroit de la dépense double de la main-d'œuvre, sans compter qu'il seroit possible, dans le cours des travaux, de peupler d'ouvriers les bords de ces marais, & d'en faire venir des provinces voisines.

Qu'il estime que préalablement à toutes choses, il faut travailler au canal de navigation depuis la tour Carboniere au-dessus d'Aigues-mortes en allant toujours en remontant, afin que la troisieme & quatrieme année on puisse s'attacher au desséchement de la partie supérieure des marais, en travaillant ensuite de proche en proche ; & que, sans s'exposer à des dépenses superflues, on trouvera par ce moyen, dans les avantages qui résulteront de ces premieres opérations, des motifs décisifs pour tout ce qui seroit à faire par la suite.

D'où il conclud que les Etats ne peuvent se dispenser de faire travailler à un ouvrage qui doit être aussi utile, & qu'en l'entreprenant ils doivent chercher les moyens de se procurer au moins un fonds annuel de 200,000 livres applicable d'abord au canal à ouvrir depuis Beaucaire jusqu'à Aigues-mortes, & ensuite aux opérations nécessaires pour le desséchement.

Que MM. les commissaires, après avoir pris connoissance de ces deux mémoires dont lecture leur a été faite, n'ont pu se refuser aux grandes vues qu'ils renferment sur des objets aussi intéressans à l'administration des Etats,

N°. XVIII. que l'augmentation des productions & du commerce ; & qu'en suivant ces vues, les Etats doivent s'occuper sérieusement des moyens de se procurer les fonds nécessaires, tant pour la construction du canal que pour le desséchement.

Mais que comme, dans l'étendue des marais & étangs à dessécher, il y a des parties, qui appartiennent au Roi, & conséquemment à la province, à laquelle il en a fait le don, ce qui ne peut être éclairci que par la représentation des titres de propriété de ceux qui en jouissent, & que cette représentation peut être sujette à des discussions de plus d'une espece, il a paru qu'on devoit aussi s'occuper des moyens de concilier, autant qu'il seroit possible, le droit qui est acquis aux Etats par le don de Sa Majesté avec celui des propriétaires ou possesseurs.

Qu'enfin il avoit été remarqué qu'on avoit besoin pour l'exécution de ce projet des devis particuliers du sieur Laurent, lequel devoit être prié de les donner.

Que cependant comme il étoit juste de reconnoître ses peines & ses soins, il avoit paru qu'on ne pouvoit que s'en rapporter à ce que Mgr. l'archevêque de Narbonne jugeroit à propos de lui offrir de la part des Etats, en y comprenant ses débourses.

De sorte qu'en résumant tout ce qu'on vient de dire, MM. les commissaires ont été d'avis de proposer aux Etats, 1°. de prier Mgr. l'archevêque de Narbonne, & MM. les députés à la cour de vouloir bien conférer avec les ministres sur la construction du canal de navigation depuis Beaucaire jusqu'à Aigues-mortes, & sur le desséchement des marais dans l'étendue du don fait aux Etats par Sa Majesté, à l'effet de se procurer les fonds qui leur seront nécessaires pour ces deux grandes entreprises.

2°. De chercher les moyens de se régler avec les propriétaires des marais à dessécher à l'égard des parties qui appartiennent aux Etats, comme donataires de Sa Majesté, en conciliant, autant qu'il sera possible, les droits de la province & l'utilité du desséchement, avec l'intérêt desdits propriétaires.

3°. Que Mgr. l'archevêque de Narbonne sera prié d'engager le sieur Laurent à donner ses devis, & les instructions nécessaires pour l'exécution du canal de navigation, & du desséchement.

4°. Que les Etats s'en rapportent à Mgr. l'archevêque de Narbonne, sur la maniere de reconnoître les soins dudit sieur Laurent en lui faisant compter la somme qu'il jugera à propos de régler, dans laquelle seront compris ses débourses.

Enfin de faire payer au sieur Lenfant la somme de trois cent livres, pour avoir servi d'indicateur audit sieur Laurent dans la visite qu'il a faite des marais depuis Beaucaire jusqu'à Aigues-mortes.

Ce qui a été ainsi délibéré, conformément à l'avis de MM. les commissaires.

XIX.

EXTRAIT du registre des délibérations des Etats généraux de Languedoc, assemblés par mandement du Roi, en la ville de Montpellier au mois de Novembre 1764.

Du Lundi 7 Janvier 1765, président Mgr. l'archevêque de Toulouse.

MONSEIGNEUR l'évêque du Puy a dit, que MM. les commissaires nommés pour ce qui regarde l'agriculture, se sont assemblés chez Mgr. l'ar- N°. XVIII.

N°. XIX. [ar]chevêque de Toulouse, qui se trouvant aujourd'hui présider à l'assemblée, ne peut par cette raison lui rendre compte des différens objets dont la commission s'est occupée ; & que ce prélat ayant desiré qu'il le suppléât, il a l'honneur d'informer l'assemblée que MM. les commissaires ont entendu le compte qui leur a été rendu par le sieur de Joubert, syndic général, de ce qui a été fait en conséquence de la délibération du 5 Mars 1764, au sujet du canal de navigation & du desséchement des marais.

Que sur la connoissance qui fut donnée aux Etats du résultat de la vérification faite par le sieur Laurent sur ces deux objets il fut délibéré, 1°. de prier Mgr. l'archevêque de Narbonne & MM. les députés à la cour de vouloir bien en conférer avec les ministres, à l'effet de se procurer les fonds qui leur seront nécessaires pour ces deux entreprises.

2°. De chercher les moyens de se régler avec les propriétaires des marais à dessécher, par rapport aux parties qui appartiennent aux Etats comme donataires de Sa Majesté, en conciliant, autant qu'il seroit possible, les droits de la province & l'utilité du desséchement avec l'intérêt des propriétaires.

3°. Que Mgr. l'archevêque de Narbonne seroit prié d'engager le sieur Laurent à donner les devis & les instructions nécessaires pour l'exécution du canal de navigation & du desséchement.

4°. Que les Etats s'en rapportent à Mgr. l'archevêque de Narbonne sur la maniere de reconnoître les soins du sieur Laurent.

Que Mgr. l'archevêque de Narbonne & MM. les députés ont fait part au ministre des vues des Etats par rapport à ces deux grandes entreprises, en insistant sur l'utilité que Sa Majesté devoit retirer du canal de navigation, N°. XIX. soit par rapport aux voitures des sels de Peccais, soit par rapport aux approvisionnemens de ses armées en cas de guerre, & sur celle que l'état retireroit aussi d'une plus grande culture, si le desséchement avoit lieu.

Mais que les circonstances présentes n'étoient pas favorables pour obtenir les secours qui seroient nécessaires, ce qui n'empêchoit pas qu'on ne dût remettre sous les yeux du ministre des objets aussi importans, & même espérer de le faire avec succès dans des tems plus heureux.

Que cependant, sur l'indication qui a été donnée par rapport au canal de navigation, de plusieurs sources sur le coteau de Bellegarde, le sieur Grangent directeur avoit été chargé de mesurer le volume d'eau qu'elles pouvoient donner : Que cette opération fut faite à la fin du mois de Juillet dernier, & par conséquent pendant la sécheresse qui a été grande l'année derniere, & que, suivant ce qui résulte de son rapport qui contient en détail les expériences par lui faites sur chacune de ces sources, toutes celles qu'il a vérifiées au-dessus & au-dessous de Bellegarde, & celles qui tombent dans le vallon, donnent par minute 141 pieds 2 lignes d'eau, faisant 352 pouces & demi d'eau, ce qui forme un volume d'eau très-considérable & doit faire juger de celui qu'elles peuvent donner dans les tems ordinaires : Que l'opération déjà faite sera réitérée à la fin de l'hiver pour s'en assurer d'une maniere encore plus précise & juger de l'usage qu'on en pourra faire pour le canal de navigation.

Qu'il seroit fort à souhaiter qu'elles pussent suffire pour entretenir la navigation, en formant un bassin dans lequel les eaux de ces sources seroient

N°. XIX. rassemblées pour être conduites dans le canal ; & qu'il paroît nécessaire de s'en assurer pendant le cours de cette année.

Que cependant il conviendroit, en suivant l'esprit de la délibération des Etats, d'engager le sieur Laurent à déterminer, d'après les opérations dont on vient de parler sur les sources de Bellegarde & les connoissances qu'il a déjà prises ou qu'il pourroit prendre encore, en se transportant sur les lieux, par où le canal pourroit être conduit, & à donner les devis détaillés & estimatifs de sa construction.

Mais que s'il n'est pas possible d'engager le sieur Laurent à revenir en Languedoc, il paroît que le sieur Grangent & les autres directeurs des travaux publics de la province doivent être chargés d'y suppléer, afin de remplir l'objet de la construction du canal de navigation de Beaucaire à Aigues-mortes & delà au canal des étangs, qui mérite avec raison que les Etats prennent toutes les mesures possibles pour l'exécuter.

Qu'il est d'autant plus important de ne pas différer l'exécution de cet ouvrage, qu'il doit précéder le desséchement, suivant ce qui résulte de la vérification du sieur Laurent qui estime qu'il faut y travailler préalablement à toutes choses, afin que la troisieme ou quatrieme année on puisse travailler au desséchement de la partie supérieure des marais ; & ensuite de proche en proche, afin que, sans s'exposer à des dépenses superflues, on trouve dans les avantages qu'on retirera de ces premieres opérations des raisons décisives pour tout ce qui seroit à faire dans la suite.

Qu'on n'a pas aussi perdu de vue le second objet de la délibération des Etats qui consiste à chercher les moyens de se régler avec les propriétaires des marais à dessécher, à l'égard des parties qui appartiennent aux Etats en vertu du don à eux fait par Sa Majesté, & qu'il a paru nécessaire de commencer par se mettre au fait des conditions qui leur avoient été offertes par feu M. le maréchal de Noailles en 1701, par M. le maréchal de Noailles son frere en 1716, & finalement par les sieurs de Barrillon & de la Salle en 1739, & des conditions sous lesquelles elles avoient été acceptées. N°. XIX.

Qu'il a été fait en conséquence un dépouillement exact de tous les procès-verbaux dressés à ce sujet par MM. de Basville & de Bernage, & qu'il en résulte que le plus grand nombre des propriétaires des marais avoient consenti au desséchement en 1701, sous les conditions dont il seroit trop long de rapporter le détail, & qui consistent en général à se réserver une certaine portion des terres desséchées, comme aussi la justice & la directe sur celles qui resteroient au donataire, & autres semblables ; mais qu'il est à remarquer que plusieurs de ceux qui avoient donné ce consentement en 1701, le rétracterent en 1716, & un plus grand nombre en 1739 ; & qu'à la réserve de la communauté d'Aimargues, il n'y a eu aucun particulier ni communauté qui ait satisfait à la remise de ses titres qui avoit été expressément ordonnée.

Qu'il avoit cependant été procédé par experts d'autorité des commissaires nommés pour connoître de tout ce qui avoit rapport au desséchement, au plantement des bornes pour séparer l'étendue des marais à dessécher, d'avec les autres prés & coustieres appartenant aux particuliers, laquelle procédure fut faite contradictoirement, parties présentes ou duement appellées.

Qu'enfin après bien des contestations, il fut donné le 8 Août 1741 par les mêmes commissaires, un jugement qui,

N°. XIX. qui, en donnant acte des oppositions qui étoient formées, ordonne que les parties se pourvoiront au conseil pour y être fait droit.

Autorise le rapport des experts sur le plantement des bornes, sans préjudice aux donataires de faire borner les marais qui ne l'avoient pas encore été.

Ordonne de plus fort la représentation des titres & des pieces justificatives dans le mois, passé lequel il y sera pourvu, ainsi qu'il appartiendra.

Ordonne enfin que les parties dont les indemnités n'avoient pas été réglées en 1701 seront tenues de former leur demande en dédommagement dans le délai porté par ledit réglement, ou d'accepter les offres à eux faites par les donataires, sinon ledit délai passé, que ces offres seront définitivement autorisées & validées sans qu'il soit besoin d'un autre jugement.

Que tel étoit le dernier état de cette affaire, lorsque le sieur de Barrillon se trouvant seul aux droits des autres donataires, remit entre les mains du Roi le don des marais, & qu'en conséquence de cette remise, S. M. le renouvella en faveur des Etats, aux conditions portées par l'arrêt du conseil & lettres-patentes des 7 & 8 Novembre 1746.

Qu'il a été fait aussi un relevé des délibérations prises par les Etats, & des démarches par eux faites depuis ce don, lesquelles furent suspendues en 1750 lors de la séparation des Etats, & n'ont pu être reprises depuis qu'ils furent rassemblés par rapport à la guerre & aux impositions extraordinaires auxquelles elle a donné lieu.

De sorte que dans ces circonstances & d'après les connoissances résultant des différens dépouillemens dont il a été parlé, il semble que les Etats doivent s'occuper des moyens, ou de convenir de gré à gré avec les propriétaires des marais, ou de reprendre à leur égard l'exécution du jugement dont les dispositions ont été rapportées. N°. XIX.

Que cependant il a été présenté aux Etats un mémoire par le sieur de Portalés, qui possede dans le terroir de Mauguio, diocese de Montpellier, un tenement appellé la Motte situé entre les plages de l'étang de Mauguio & le chemin allant à Aigues-mortes; qu'une partie de ce tenement étant restée en friche pour le pâturage des troupeaux, il a acquis certaines portions de la plage du même étang qui forme comme une espece de marais qu'il voudroit dessécher, mais que comme une partie de ce terrein est comprise dans l'étendue des bornes des marais à dessécher, suivant la procédure dont on a parlé, & que la communauté d'Aigues-mortes le lui dispute également, il demande aux Etats la permission de faire dessécher la portion de terrein comprise dans ladite procédure, avec tous les honneurs, privilèges & avantages dont elle jouiroit si elle faisoit elle-même dessécher ce terrein, en payant un droit qui seroit réglé par les Etats; auquel effet il propose de donner pouvoir aux syndics généraux de vérifier ses titres & de passer avec lui toutes les conventions qu'ils jugeront nécessaires, & qu'il a paru à MM. les commissaires que cette demande pouvoit être acceptée.

De sorte qu'en résumant tout ce qu'on vient de dire, MM. les commissaires ont été d'avis de proposer à l'assemblée de délibérer, 1°. de prier Mgr. l'archevêque de Narbonne & MM. les députés à la cour, de vouloir bien remettre sous les yeux des ministres le double objet de la construction du canal de navigation depuis Beaucaire jusqu'à Aigues-mortes & du desséchement des marais dans la même étendue, à l'effet de procurer aux Etats des fonds qui puissent les mettre en état d'exécuter ces deux entreprises.

N°. XIX. 2°. De prier Mgr. l'archevêque de Narbonne d'engager le sieur Laurent à donner, d'après les opérations qui ont été faites & qui le seront encore par rapport aux eaux des sources de Bellegarde, le devis détaillé & estimatif de la construction de canal, avec les instructions nécessaires pour son exécution, & que dans le cas où il ne pourroit pas venir dans la province, le sieur Grangent & les autres directeurs des travaux publics, doivent être chargés d'y suppléer.

3°. Que les Etats devant s'occuper des moyens de convenir de gré à gré avec les propriétaires des marais, ou de reprendre l'exécution du jugement du 8 Août 1741, ils doivent en conséquence donner, sur ce double objet, les pouvoirs nécessaires à MM. les commissaires qui feront nommés & qui doivent prendre tous les renseignemens qui leur seront nécessaires dans les relevés dont il a été parlé dans ce rapport.

4°. Enfin de donner pouvoir aux mêmes commissaires de vérifier les titres du sieur de Portalés & de former le projet des conventions qui pourront être passées avec lui, après avoir pris connoissance de ce qui peut intéresser la communauté d'Aigues-mortes, pour, sur le compte qui en sera rendu aux Etats prochains, être pris telle délibération qu'il appartiendra.

Ce qui a été ainsi délibéré, conformément à l'avis de MM. les commissaires.

X X.

EXTRAIT du régistre des délibérations des Etats généraux de Languedoc, assemblés par mandement du Roi en la ville de Montpellier au mois de Décembre 1765.

N°. XX. Du Mardi 21 Janvier 1766, président Mgr. l'archevêque & primat de Narbonne.

MONSEIGNEUR l'évêque de Nîmes a dit, que les mêmes commissaires qui avoient été nommés pour ce qui regarde les archives, & les états des dettes de la province, comme aussi pour la correction des comptes du sieur Mazadé de Saint Bresson, trésorier des Etats, ayant été aussi nommés par délibération des Etats du 7 Janvier 1765 pour s'occuper pendant l'année de ce qui regarde le canal de navigation depuis Beaucaire jusqu'à Aigues-mortes, & le desséchement des marais dans la même étendue, relativement aux objets déterminés par ladite délibération, ils se sont assemblés plusieurs fois pour remplir les vues des Etats, & qu'il leur a d'abord été rendu compte de la nouvelle vérification qui avoit été faite par le sieur Grangent des sources de Bellegarde au-dessous de Beaucaire le 26 Mars dernier, après les pluies qui avoient été fort abondantes pendant l'hiver.

Que suivant ce qui résulte de cette vérification, ces sources ont donné un produit de 948 pieds cubes 8 pouces & une ligne d'eau par minute, lequel volume d'eau réduit en pouces à raison de 14 pintes par pouce d'eau, donne 2400 pouces d'eau par minute; que les mêmes sources en avoient donné au mois de Juillet 1764 dans la plus grande sécheresse 362, ce qui fait une différence en augmentation de 2375 pouces, & qu'en réunissant ces deux quantités dans un même bassin, elles donneroient la somme moyenne de mille trois cent quatre-vingt dix-neuf pouces & demi par minute.

Que le sieur Grangent observe néanmoins que les sources qu'il a vérifiées & qui sont très-abondantes en hiver, le sont beaucoup moins dans le tems où les eaux seroient le plus nécessaires

N°. XX. à raison de la foire de Beaucaire, & qu'il paroît difficile d'en faire d'autre usage pour le canal de navigation que de les y conduire par une rigole vis-à-vis de Bellegarde; ce qui n'empêcheroit pas qu'on ne fût toujours obligé de se servir des eaux du Rhône pour fournir à la navigation.

Que comme, suivant l'avis du sieur Laurent on doit commencer par la construction du canal de navigation avant d'en venir au desséchement, il a paru à MM. les commissaires que les Etats ne devoient pas différer davantage d'en faire dresser le devis; & que comme le sieur Laurent ne peut point se rendre dans la province, malgré le desir que les Etats en ont témoigné, ils ont cru qu'il convenoit de charger les trois directeurs des travaux publics de vérifier par eux-mêmes dans le cours de l'année quel pouvoit être l'emplacement le plus convenable du canal, & la meilleure forme de le construire; auquel effet ils en dresseroient le devis, en entrant dans le détail de toutes les parties dudit canal depuis la prise d'eau à Beaucaire jusqu'à la robine d'Aigues-mortes, & y joignant les plans du canal & des lieux qu'il doit traverser; comme aussi ceux des différentes natures d'ouvrages à y faire, avec tous les profils, le tout accompagné d'une estimation détaillée qui puisse faire connoître l'objet total de la dépense.

Qu'à l'égard du desséchement MM. les commissaires sont entrés dans le plus grand détail de ce qui avoit été fait du tems de MM. de Basville, & de Bernage, de la part de M. le maréchal de Noailles, premier donataire & de M. son fils, comme aussi de la part des sieurs de Barrillon & de la Salle, qui leur avoient été subrogés, pour se régler avec les propriétaires des marais à dessécher, à l'égard des parties qui appartiennent aux donataires en vertu du don de Sa Majesté, & qu'ils ont été pleinement convaincus qu'il n'étoit pas possible de se régler avec eux de gré à gré, soit par la multiplicité & la nature des conditions par eux proposées, soit par les oppositions formées par un grand nombre desdits propriétaires au desséchement; ce qui a déterminé MM. les commissaires à croire qu'on ne pouvoit pas se dispenser de reprendre l'exécution du jugement en dernier ressort rendu le 8 Août 1741 par les commissaires juges d'attribution, qui, sur les oppositions formées au desséchement, ordonne que les parties se pourvoiront au conseil pour y être fait droit; ordonne aussi de plus fort la représentation des titres de propriété dans le mois, passé lequel il y sera pourvu; & qui ordonne enfin que les parties dont les indemnités n'avoient pas été réglées, seroient tenues de former leurs demandes en dédommagement dans le délai marqué, ou d'accepter les offres à eux faites par les donataires, passé lequel délai ces offres seroient définitivement réglées & validées, sans qu'il fût besoin d'un autre jugement. N°. XX.

Que l'exécution de ce jugement paroît en effet le seul moyen de parvenir à se régler avec les propriétaires des marais à dessécher, soit pour faire prononcer sur les oppositions que plusieurs d'entre eux ont formées, soit pour obliger les autres à la représentation des titres dans un délai préfix, soit enfin pour qu'ils soient tenus de s'expliquer sur les dédommagemens offerts par les donataires; mais que comme on ne peut pas justifier de la signification qui a dû être faite de ce jugement, quoique le procureur des donataires assure qu'il l'a été, on ne pourra pas se dispenser de le faire signifier de nouveau à toutes ces parties qui sont en grand nombre, mais qui sont toutes connues; ce qui demandera du tems, & donne-

N°. XX.

ra lieu à des frais, mais qui a paru indispensable.

Que MM. les commissaires ont aussi remarqué que le même jugement du 8 Août 1741, en autorisant le rapport des experts sur le plantement des bornes des marais à dessécher, réserve aux donataires de faire borner les marais qui ne l'avoient point encore été; & que cette opération a paru d'autant plus indispensable pour achever de déterminer le don de Sa Majesté, que les parties des marais qui n'ont point encore été bornées paroissent plus susceptibles d'être desséchées que beaucoup d'autres.

Que par rapport aux dépenses à faire pour la construction du canal de navigation & pour le desséchement, les Etats ayant par leurs précédentes délibérations des 5 Mars 1764 & 7 Janvier 1765, prié Mgr. l'archevêque de Narbonne & MM. les députés de conférer avec les ministres sur les moyens de procurer aux Etats les fonds qui leur seroient nécessaires pour l'exécution de ces deux entreprises, les circonstances n'ont point été encore assez favorables pour espérer de la part du gouvernement les secours proportionnés à l'objet de ces dépenses; & qu'il a paru que les Etats devoient cependant proposer d'appliquer à des ouvrages aussi utiles le produit de plusieurs crues sur le sel, dont la destination est remplie presque en entier & solliciter les arrêts nécessaires à cet effet.

Qu'enfin les Etats sur le rapport qui leur fut fait du mémoire présenté par le sieur de Portalés pour dessécher un tenement qui lui appartient appellé la Motte, situé entre les plages de l'étang de Mauguio & le chemin allant à Aigues-mortes, ayant donné pouvoir aux mêmes commissaires de vérifier les titres dudit sieur de Portalés & de former le projet des conventions qui pourroient être passées avec lui pour en être rendu compte aux Etats, MM. les commissaires, après avoir examiné les titres que le sieur de Portalés leur avoit remis, ont fait dresser un projet de conventions qui lui a été communiqué, suivant lequel il lui étoit permis de faire dessécher les terres qu'il prétend lui appartenir, sauf à lui à faire valoir ses droits à ses périls & risques contre ceux qui les lui contesteroient, comme aussi de faire exécuter le desséchement de cette partie des marais à ses frais & dépens sans espoir de répétition, avec la condition que dans le cas où la province feroit faire des ouvrages, soit pour le desséchement général des marais ou de partie d'iceux, soit pour la construction d'un canal de navigation, ledit sieur de Portalés seroit tenu de souffrir que ces ouvrages fussent exécutés dans la partie des marais le concernant, sans qu'il pût prétendre aucune indemnité, dans le cas même où ils lui seroient préjudiciables; mais que les représentations faites par le sieur de Portalés ayant paru dénaturer sa premiere offre, soit par rapport à l'étendue du terrein sur lequel il demande que les Etats lui cedent leurs droits, soit par rapport aux réserves par lui proposées pour demander un dédommagement dans les cas par lui exprimés, MM. les commissaires n'ont pas été en état de proposer un parti définitif sur ces offres qui leur ont paru demander un nouvel examen.

Que le sieur de la Reyranglade a aussi présenté à la fin du mois de Novembre un mémoire par lequel il demande que la province lui cede le droit exclusif, qu'elle a de faire le desséchement sur une portion des marais situés au terroir de Fourques dont il donne les confronts, à condition d'en jouir à titre de fief & de propriété incommutable, comme la province a droit d'en

N°. XX. jouir, sous la réserve de l'hommage & d'une albergue d'un louis d'or à chaque mutation; qu'il demande de plus l'exemption pendant vingt ans de toutes charges royales ou autres & de la dixme qui après ce tems demeurera réduite à la cinquantieme gerbe, comme aussi l'exemption à perpétuité de toute imposition pour les chaussées du Rhône; attendu qu'il seroit fort heureux, selon lui, qu'il n'y en eût point; offrant moyennant ces conditions de payer à la province une rente annuelle de vingt sols par chaque salmée de terre mesure de Saint-Gilles dans l'étendue des confronts désignés, priant néanmoins les Etats, en considération des gros frais qu'il aura à faire, de surseoir pendant plusieurs années au payement de cette rente, qui sera rachetable sur le pied du denier vingt.

Mais que comme le mémoire contenant cette offre n'a été remis que peu de jours avant les Etats, MM. les commissaires n'ont pas été en état de leur proposer de prendre dans ce moment aucun parti sur cette offre qui leur a paru mériter un examen particulier.

De sorte que MM. les commissaires ont été d'avis sur les différens chefs dont il vient d'être parlé, de proposer à l'assemblée de délibérer.

1°. De charger les trois directeurs des travaux publics de la province de vérifier par eux-mêmes dans le cours de cette année quel pouvoit être l'emplacement le plus convenable du canal de navigation depuis Beaucaire jusqu'à Aigues-mortes & la meilleure forme de le construire en se servant des eaux des sources de Bellegarde, & en examinant la maniere d'en faire usage, soit en les conduisant audit canal par une rigole, soit en les rassemblant, s'il est possible, dans un réservoir pour fournir ensuite à la navigation; auquel effet les directeurs dresseront le devis des ouvrages du canal en entrant dans le détail de toutes ses parties depuis la prise d'eau à Beaucaire jusqu'à la robine d'Aigues-mortes & delà à la mer, & ils y joindront le plan général du canal, ceux de ses différentes parties, & des lieux qu'il doit traverser; comme aussi tous les profils desdits ouvrages, le tout accompagné d'une estimation détaillée qui fasse connoître l'objet total de la dépense des ouvrages à laquelle ils joindront, au moins par approximation, celle des indemnités des terres qui auront été prises. N°. XX.

2°. De faire signifier à toutes les parties intéressées au desséchement des marais le jugement rendu par MM. les commissaires juges d'attribution le 8 Août 1741, en les sommant de satisfaire pour ce qui les concerne aux dispositions y contenues & leur déclarant que faute d'y satisfaire il sera passé outre.

3°. De faire exécuter le même jugement par rapport au bornage des marais, qui ne l'ont point encore été, & qu'il y sera procédé à la diligence du syndic général, les parties intéressées audit bornage présentes ou duement appellées.

4°. Que Mgr. l'archevêque de Narbonne sera prié, ainsi que MM. les députés à la cour, de faire toutes les représentations nécessaires pour obtenir que le produit de plusieurs crues sur le sel destinées à différens ouvrages, dont l'objet est presque entierement rempli, sera destiné à servir de fonds à la dépense des ouvrages du canal de navigation & du desséchement.

5°. Enfin de donner pouvoir aux mêmes commissaires qui seront nommés pour tout ce qui pourra concerner l'exécution de la délibération qui sera prise, d'examiner les représentations qui ont été faites par le sieur de Portalés, l'offre du sieur de la Reyranglade

No. XX. & de toutes celles qui pourroient être faites par d'autres particuliers, comme aussi de convenir avec eux du projet des conventions qu'ils jugeront les plus convenables pour les intérêts de la province, nommément par rapport à l'objet du canal de navigation & du desséchement, lesquels projets de conventions seront rapportés aux Etats prochains pour y être autorisés, ainsi qu'il appartiendra.

Ce qui a été ainsi délibéré, conformément à l'avis de MM. les commissaires.

XXI.

EXTRAIT du registre des délibérations des Etats généraux de Languedoc, assemblés par mandement du Roi en la ville de Montpellier au mois de Novembre 1766.

Du Lundi 29 Décembre suivant, président Mgr. l'archevêque & primat de Narbonne.

MONSEIGNEUR l'évêque de Nîmes a dit, que par la délibération des Etats prise le 21 Janvier 1766 à raison du desséchement des marais, il fut déterminé 1°. de charger les trois directeurs des travaux publics de la province de vérifier par eux-mêmes dans le cours de l'année quel pourroit être l'emplacement le plus convenable du canal de navigation depuis Beaucaire jusques à Aigues-mortes, & la meilleure forme de le construire, en se servant des eaux des sources de Bellegarde, & en examinant la maniere d'en faire usage, soit en les conduisant audit canal par une rigole, soit en les rassemblant, s'il est possible, dans un réservoir pour fournir ensuite à la navigation, auquel effet les directeurs dresseroient le devis des ouvrages du canal, en entrant dans le détail de toutes ses parties depuis la prise d'eau à Beaucaire jusques à la robine d'Aigues-mortes & delà à la mer, en y joignant le plan général dudit canal, ceux de ses différentes parties, & des lieux qu'il doit traverser, ainsi que tous les profils desdits ouvrages, le tout accompagné d'une estimation détaillée qui fasse connoître l'objet total de la dépense des ouvrages, à laquelle ils joindroient celle des indemnités des terres qui auront été prises. No. XXI.

2°. De faire signifier à toutes les parties intéressées au desséchement des marais le jugement rendu par MM. les commissaires juges d'attribution le 8 Août 1741, en les sommant de satisfaire chacun pour ce qui le concerne aux dispositions y contenues & leur déclarant que faute par eux de le faire, il seroit passé outre.

3°. De faire exécuter le même jugement par rapport au bornage des marais qui ne l'ont point encore été, auquel il seroit procédé à la diligence du syndic général, les parties intéressées audit bornage présentes ou duement appellées.

4°. De prier Mgr. l'archevêque de Narbonne avec MM. les députés à la cour de faire toutes les représentations nécessaires pour obtenir que le produit de plusieurs crues sur le sel destiné à différens ouvrages dont l'objet est presque entierement rempli, seroit destiné à servir de fonds à la dépense des ouvrages du canal de navigation & du desséchement.

5°. Enfin, il fut donné pouvoir aux mêmes commissaires qui seroient nommés pour tout ce qui concerne l'exécution de la délibération qui seroit prise, d'examiner les représentations qui ont été ou qui pourroient être faites par le sieur de Portalés, & l'offre du sieur de la Reyranglade, & de passer avec eux les conventions qu'ils jugeroient les plus convenables pour les in-

N°. XXI. térêts de la province, nommément par rapport à l'objet du canal de navigation ou du desséchement.

Qu'en exécution de cette délibération les directeurs des travaux publics de la province se sont transportés sur les lieux; que leur procès-verbal dont le sieur de Montferrier a fait le rapport à la commission contient la description des marais depuis Beaucaire jusques à Aigues-mortes, des réflexions sur les inconvéniens des projets déjà faits pour le desséchement, & la construction d'un canal de navigation, enfin les vues desdits sieurs directeurs sur un nouveau plan qu'ils croyent le plus propre à remplir l'objet qu'on se propose depuis long-tems; mais que l'entiere exécution des opérations qui leur avoient été prescrites par les Etats, demandant un travail plus assidu & un tems beaucoup plus considérable, ils n'avoient pu satisfaire entierement leurs desirs, à quoi ils se sont proposés de travailler pendant le cours de l'année 1767.

Que cependant ces opérations ne devant point arrêter les poursuites sur l'exécution du jugement du 8 Août 1741; le syndic général s'est pourvu devant MM. les commissaires juges d'attribution, & y a présenté requête le 22 Juillet dernier pour demander que toutes les parties intéressées au desséchement comprises dans les procès-verbaux tenus à ce sujet, fussent assignées pour voir ordonner que les arrêts du conseil & lettres-patentes du 8 Novembre 1746 contenant don des marais en faveur de la province, ensemble le jugement du 8 Août 1741 fussent exécutés, & en conséquence ceux qui se prétendent propriétaires desdits marais, tenus de rapporter leurs titres de propriété dans le délai de quinzaine, sinon déchus de tout droit de propriété, & autres droits & facultés sur lesdits marais, & généralement de toutes leurs prétentions, auquel effet que silence perpétuel leur seroit imposé, sans préjudice de former d'autres demandes dans le cours de l'instance. N°. XXI.

Qu'en vertu de l'ordonnance de soit communiqué rendue sur ladite requête, le syndic général l'a faite signifier à toutes les parties intéressées, avec assignation aux fins y contenues, lors desquelles assignations on a donné copie tant des arrêts du conseil contenant don des marais en faveur de la province pour justifier de son droit, que du jugement du 8 Août 1741.

Que partie des assignés se sont présentés & ont donné des défenses; savoir, M. l'abbé, le syndic, & le doyen du chapitre de Saint-Gilles, ainsi que la communauté dudit lieu.

M. l'abbé & la communauté de Saint-Gilles ont communiqué certains titres pour établir leur propriété sur partie des marais, & conclu par leurs défenses à être reçus opposans au desséchement, & maintenus dans la propriété desdits marais.

Le doyen & le syndic dudit chapitre Saint-Gilles ont requis la communication des derniers erremens de l'instance & un délai pour recouvrer leurs titres qu'ils soutiennent avoir été envoyés à M. le contrôleur général d'abord après le jugement du 8 Août 1741 pour faire juger leur opposition.

L'abbé & les religieux de Franquevaux ont pris de semblables conclusions.

M. le baron de Vauvert & les consuls dudit lieu ont dit, qu'ils devoient être maintenus dans la propriété des marais qu'ils se sont réservés de justifier; les consuls de Vauvert ont ajouté, qu'ils persistoient en leur opposition au desséchement.

MM. le marquis d'Aubaix & du Caylar, & les consuls de cette derniere communauté ont également persisté aux oppositions qu'ils avoient précédemment formées au desséchement.

M. l'évêque d'Alais & son chapitre ont requis délai pour rapporter leurs titres ; le syndic du chapitre a obtenu une ordonnance de M. l'intendant, l'un des commissaires d'attribution, le 10 Novembre dernier, pour faire extraire ses titres devant Me. Tastevin, avocat à Alais, en exécution de laquelle le syndic général a été assigné devant le commissaire le 11 Décembre pour voir procéder à cette extraction.

Les consuls de Lansargues & ceux de Lunel ont persisté dans les oppositions par eux formées au desséchement dans leur comparant de 1739.

Ceux de Beaucaire, & Mme. la Marquise de Rochemore ont conclu à être maintenus dans la propriété des marais leur appartenant.

Les communautés de Massiliargues, de Saint Laurent d'Aigouse & de Mudazon, & Mme. de Nigry, veuve de M. Desports, ont déclaré qu'en jugement elles proposeroient leurs exceptions.

Les autres parties assignées n'ont point encore défendu.

L'ordre de Malte, l'une des principales parties intéressées au desséchement, a fait demander un délai au syndic général pour concerter sa défense & y être autorisé par le grand maître.

Qu'on n'a pu dans le cours de cette année faire procéder au bornage des marais qui ne l'ont pas été, faute de connoissance des marais non bornés, connoissance qu'on se met en état de prendre pour faire faire ce bornage incessamment.

Que les plans, devis, & autres opérations des directeurs des travaux publics n'ayant pas été faits, & que l'objet de la dépense pour la construction du canal ou pour le desséchement ne pouvant être connu que par ces devis, Mgr. l'archevêque de Narbonne ni MM. les députés à la cour n'ont pu faire les représentations dont il étoit parlé dans la délibération du 21 Janvier 1766.

Que MM. les commissaires auxquels l'examen des mémoires des sieurs de Portalés & de la Reyranglade avoit été renvoyé avec pouvoir de traiter avec eux, se sont occupés des demandes formées par ces deux particuliers ; ils ont déterminé par leur arrêté du 22 Mai 1766, qu'il seroit sursis à toute détermination même provisoire sur lesdites demandes jusques à ce qu'il en eût été délibéré par les Etats, attendu que la propriété des marais que l'un & l'autre de ces particuliers demandoit, leur étoit contestée ; savoir, au sieur de Portalés par les communautés de Mauguio & d'Aigues-mortes, & au sieur de la Reyranglade par celle de Saint-Gilles ; que d'ailleurs le traité qui devoit être fait avec ces parties, devant servir de préjugé pour toutes les autres, on auroit couru risque en traitant avec elles, sans connoître la totalité de l'objet, de prendre des engagemens dont on pourroit avoir lieu de se repentir ou qui ne seroient pas solides.

A quoi Mgr. l'évêque de Nîmes a ajouté, qu'il a été fait lecture à la commission d'un mémoire imprimé sur le même objet du desséchement où on propose d'ouvrir par des martelieres les chaussées du Rhône dans plusieurs endroits pour en tirer les eaux bourbeuses & les répandre sur les terres marécageuses, ce qu'on regarde non-seulement comme le plus sûr moyen de les dessécher par atterrissement, mais encore de garantir le canal de navigation des irruptions des eaux du Rhône, ce qui a paru à MM. les commissaires mériter d'être examiné par les sieurs directeurs

N°. XXI. directeurs dans le cours des opérations demandes conformément à celui rendu N°. XXI.
qu'ils feront encore. le 8 Août 1741.

Qu'en résumant ce qui vient d'être observé, MM. les commissaires ont été d'avis de proposer aux Etats.

1°. D'ordonner que les directeurs des travaux publics continueront leurs opérations & les accéléreront autant qu'il sera possible, afin de rapporter les plans & devis des différens projets du canal, ainsi que de celui auquel ils entendent donner la préférence avec l'estimation, du moins approximative, de la dépense, pour que les Etats puissent, sur une comparaison faite avec connoissance de cause, se déterminer pour le parti qui leur paroîtra le plus avantageux; qu'ils examineront aussi le projet proposé dans le mémoire imprimé lu à la commission, & donneront leur avis sur ce qu'il contient.

2°. Qu'il sera procédé à la continuation du bornage des marais en exécution du jugement des commissaires d'attribution du 8 Août 1741 & en y appellant les parties intéressées.

3°. Qu'attendu que par l'arrêt du conseil du 15 Novembre 1746 Sa Majesté a renvoyé devant les commissaires nommés par cet arrêt pour juger souverainement tant les oppositions au desséchement, que toutes les contestations nées & à naître, à raison du canal de navigation depuis Beaucaire à Aigues-mortes, & du desséchement des marais, il doit être donné pouvoir au syndic général de faire devant ladite commission toutes les démarches qu'il jugera convenables pour l'exécution du don fait aux Etats par Sa Majesté, & en conséquence qu'il sera pris défaut contre toutes les parties assignées non comparantes devant lesdits sieurs commissaires d'attribution, en exécution du susdit jugement, pour l'utilité duquel il sera poursuivi un jugement qui les déclarera déchus de toutes leurs demandes conformément à celui rendu le 8 Août 1741.

4°. Qu'à l'égard des parties qui se sont présentées & qui ont requis des délais pour la représentation de leurs titres, il sera présenté une requête par le syndic général aux susdits commissaires pour demander que ce délai soit fixé tout au plus à un mois, passé lequel & faute de rapporter lesdits titres, ils soient définitivement déchus de tous leurs droits & prétentions sur lesdits marais.

5°. Qu'il en sera de même à l'égard des parties qui ont déclaré persister dans leurs oppositions au desséchement, dans lequel délai elles seront tenues de fournir leurs moyens d'opposition, passé lequel elles en seront déchues en vertu du jugement qui interviendra, sans qu'il en soit besoin d'autre, & sans encore que ce délai puisse être réputé comminatoire.

6°. D'approuver les déterminations prises par MM. les commissaires des travaux publics sur les offres des sieurs de Portalés & de la Reyranglade, & en conséquence déclarer n'y avoir lieu, quant à présent, de statuer sur leurs demandes ni sur pareilles qui pourroient être formées par d'autres particuliers ayant le même objet, sauf à y délibérer lorsque les questions sur la propriété desdits marais & l'acceptation des offres faites à ceux qui prétendent à ladite propriété, auront été jugées; & donner pouvoir aux mêmes commissaires de s'occuper des moyens qui leur paroîtront les plus propres à mettre fin aux oppositions & autres demandes déjà formées au desséchement des marais, pour en être rendu compte aux Etats prochains.

Et cependant que Mgr. l'archevêque de Narbonne & MM. les députés à la cour seront priés de faire les représentations déterminées par l'article IV de

N°. XXI. la délibération du 21 Janvier 1766, & de demander de plus que Sa Majesté veuille bien aider les Etats de son autorité pour faciliter l'exécution d'une entreprise dont le succès intéresse le bien général & l'utilité publique.

Ce qui a été délibéré sur tous les chefs, conformément à l'avis de MM. les commissaires.

XXII.

JUGEMENT

Qui ordonne que les Particuliers qui ont entrepris de placer des batardeaux ou levadons, au travers de l'intérieur des marais, dans les communautés de Vauvert, le Caylar & Saint-Laurent, seront tenus de les faire enlever dans le mois; avec défenses, tant auxdits particuliers, qu'à tous autres, de faire aucuns ouvrages ni pécheries auxdits marais, qui puissent empêcher l'écoulement des eaux.

Du 25 Avril 1767.

LES COMMISSAIRES NOMMÉS *par arrêts du conseil des 15 Novembre 1746 & 11 Avril 1761, pour juger souverainement & en dernier ressort, toutes les contestations qui pourront survenir au sujet du don des marais, fait par Sa Majesté aux Etats généraux de la province de Languedoc, ont rendu le jugement qui suit.*

VU la requête à nous présentée par le syndic général de ladite province; CONTENANT, que, quoiqu'au moyen de la propriété accordée à la province, des marais du bas Languedoc, depuis Beaucaire jusqu'à Aigues-mortes, & à l'étang de Pérols, avec pouvoir de les faire dessécher, & de faire un canal de navigation, il ne soit permis à aucun particulier de faire des ouvrages qui puissent retarder le dessèchement ou y former obstacle; néanmoins, certains particuliers exerçant la profession de pêcheurs dans lesdits marais, ont entrepris d'arrêter l'écoulement des eaux supérieures, en plaçant une chaîne de batardeaux ou levadons au travers de l'intérieur desdits marais dans les communautés de Vauvert, le Caylar & Saint-Laurent, qui se répetent sur une longueur de plus de trois lieues, dans l'objet de retenir les eaux dans des réservoirs propres à conserver le poisson, & à tenir lieu de pêcheries; que cette entreprise, en empêchant l'écoulement des eaux, forme l'obstacle le plus sensible au dessèchement que la province se propose de faire faire desdits marais, puisqu'avant la construction desdits batardeaux ou levadons, on a vu les eaux de la grande inondation du Rhône prendre leur écoulement par les marais, & laisser dans peu de jours, par le vent du nord, tout le terroir à sec, au lieu que les eaux étant retenues dans les marais, elles y restent fort élevées, même dans le tems où elles se trouvent les plus basses dans la grande robine d'Aigues-mortes: Qu'à ce grand objet du dessèchement, qu'on peut regarder comme formant un intérêt général pour la province & même pour l'état, on peut joindre encore le préjudice que de pareilles entreprises causent aux récoltes des terres riveraines des marais, parce que les eaux en refluant sur elles-mêmes au point de ne pouvoir y être contenues, se répandent sur ces terres, submergent les semences ou empêchent la culture, & leur séjour continuel sur la surface des prairies, en fait périr le foin, ainsi que les roseaux, dont on fait usage pour la subsistance des bestiaux. Que des dommages aussi multipliés ont donné lieu à differentes plain-

N°. XXII. tés portées par plusieurs communautés aux commissaires du diocèse de Nîmes; & que comme ces entreprises ne peuvent être trop promptement réprimées, ledit syndic général requiert qu'il nous plaise pour les faire cesser, ordonner que les particuliers qui ont entrepris de placer des batardeaux ou levadons, au travers de l'intérieur des marais, seront tenus de les faire enlever dans trois jours, à compter du commandement qui leur en sera fait; autrement, & faute de ce faire, ledit délai passé, lui permettre de faire détruire lesdits ouvrages, aux frais & dépens de ceux qui ont commis lesdites entreprises; & faire défenses, tant auxdits particuliers qu'à tous autres, de faire aucuns ouvrages auxdits marais, pour arrêter l'écoulement des eaux, ni de former des pêcheries, à peine de trois mille livres d'amende, de tous dépens, dommages & intérêts, & d'en être enquis; ordonner qu'on laissera aux eaux desdits marais leur cours libre, pour en faciliter le desséchement; avec défenses à toute personne d'y mettre obstacle en les arrêtant de quelque maniere que ce soit, sous les mêmes peines, & enjoindre au syndic du diocèse de Nîmes, de tenir la main à l'exécution du jugement qui interviendra, lequel sera exécuté nonobstant oppositions quelconques, lu, publié, & affiché par-tout où besoin sera, afin que personne n'en prétende cause d'ignorance; l'ordonnance rendue sur ladite requête de soit-communiqué au procureur du Roi en la commission, pour, sur ses conclusions, être ordonné ce qu'il appartiendra, en date du dix du présent mois d'Avril; ensemble les conclusions du sieur Coulomb, procureur du Roi: Oui le rapport du sieur Vassal, N°. XXII.
l'un de nous; & tout considéré.

NOUS COMMISSAIRES, Juges en dernier ressort, ayant égard à ladite requête, avons ordonné & ordonnons, que les particuliers qui ont entrepris de placer des batardeaux ou levadons au travers de l'intérieur des marais dont il s'agit, seront tenus de les faire enlever dans le mois, à compter du jour du commandement qui leur en sera fait; autrement, & faute de ce faire, permettons audit syndic général de faire détruire lesdits ouvrages, aux frais & dépens desdits particuliers. Ordonnons qu'on laissera aux eaux desdits marais leur cours libre pour en faciliter le desséchement; avec défenses, tant aux susdits particuliers qu'à tous autres, d'y faire aucuns ouvrages ni pêcheries, ni de mettre aucun obstacle pour arrêter l'écoulement desdites eaux, de quelque maniere que ce soit, à peine de trois mille livres d'amende, & de tous dépens, dommages & intérêts. Enjoignons au syndic du diocese de Nîmes, de tenir la main à l'exécution de notre présent jugement, lequel sera exécuté nonobstant toutes oppositions quelconques, & sans préjudice d'icelles, lu, publié & affiché par-tout où besoin sera, afin que personne n'en prétende cause d'ignorance. DONNÉ à Montpellier, le vingt-cinquieme jour du mois d'Avril mil sept cent soixante-sept. *Signés*, DE SAINT-PRIEST, JOUBERT, BONNIER D'ALCO, ROSSET, VASSAL, *rapporteur*, FERMAUD DE LA BANQUIERE, NADAL.

N°. XXIII.

XXIII.

JUGEMENT

Qui ordonne que les arrêts du conseil sur le bornage desdits marais seront exécutés ; & en conséquence, que les marais qui n'ont pas été bornés, le seront.

Du 1 Juillet 1767.

LES COMMISSAIRES NOMMÉS *par le Roi, pour juger souverainement & en dernier ressort, les contestations nées & à naître, à l'occasion du don des marais du bas Languedoc, desséchement desdits marais, construction du canal de navigation, oppositions audit desséchement, circonstances & dépendances, suivant les arrêts du conseil des 15 Novembre 1746 & 11 Avril 1761.*

VU l'arrêt du conseil du 7 Novembre 1746, & les lettres-patentes expédiées sur icelui le 8 du même mois, par lesquelles Sa Majesté accorde aux Etats de la province de Languedoc, la propriété de tous les étangs, palus, marais, coustieres, lais & relais de la mer, rivieres & étangs, depuis Beaucaire jusques à Aigues-mortes, & à l'étang de Pérols ; & généralement de tous & tels droits qui peuvent appartenir à Sa Majesté, de la maniere qu'ils avoient été accordés au feu sieur maréchal duc de Noailles, révoquant tous dons & concessions qui pourroient en avoir été ci-devant faits par Sa Majesté, & les Rois ses prédécesseurs ; permettant en conséquence de faire dessécher lesdits étangs, palus, marais, lais & relais, & terres inondées, ainsi & de la même maniere que la faculté en avoit été accordée au feu sieur maréchal duc de Noailles, par les arrêt du conseil du 20 Décembre 1701 & lettres-patentes du mois de Janvier 1702 ; Sa Majesté permettant aussi auxdits Etats, de faire dessécher les étangs, palus, marais, lais & relais de la mer, rivieres & étangs, & terres inondées qui peuvent appartenir à des communautés ecclésiastiques ou laïques, bénéficiers, seigneurs ou particuliers, depuis Beaucaire jusques à Aigues-mortes & à l'étang de Pérols, & de faire faire un canal de navigation ; le tout conformément aux facultés qui en avoient été accordées audit feu sieur maréchal de Noailles par lesdits arrêt & lettres-patentes ; lesquels desséchement & construction du canal pourront être exécutés dans le tems & de la maniere que les Etats de Languedoc le jugeront convenable, suivant ce qui est plus amplement contenu auxdites lettres du 8 Novembre 1746, lesquelles portent aussi que lesdits Etats jouiront de tous les droits, priviléges, immunités & prérogatives contenues dans ledit arrêt du conseil du 20 Décembre 1701, & lettres-patentes du mois de Janvier 1702 ; & que le contenu aux procès-verbaux des sieurs de Basville & de Bernage, concernant le desséchement, les arrêts du conseil obtenus par ledit feu sieur maréchal duc de Noailles, par ceux qui lui ont succédé audit don, & par le sieur de Barrillon, seront exécutés en faveur desdits Etats, ensemble les jugemens rendus par les sieurs commissaires nommés par les arrêts du conseil des 5 Août & 9 Décembre 1738. Vu aussi l'arrêt du conseil du 15 Novembre 1746, & la commission expédiée sur icelui, par lesquels Sa Majesté nous commet pour juger souverainement & en dernier ressort toutes les contestations nées & à naître, à raison dudit don fait aux Etats, & du desséchement desdits marais, leurs circonstances & dépendances, avec pouvoir au sieur le Nain, pour lors intendant, de commettre pour procureur

N°. XXIII. du Roi & pour greffier de la commission, telles personnes qu'il aviseroit ; L'ordonnance du sieur le Nain du 13 Décembre 1766, portant que ledit arrêt sera exécuté, & qui nomme le sieur Coulomb, avocat, pour faire les fonctions de procureur du Roi en la commission, & le sieur Dheur pour greffier principal ; Le jugement par nous rendu le même jour 13 Décembre 1746, sur la réception dudit arrêt, portant qu'il sera registré ès registres de la commission, & signifié à qui il appartiendra. Autre arrêt du conseil du 11 Avril 1761, qui commet le sieur de Saint-Priest, l'un de nous, intendant de la province, pour, au lieu & place dudit feu sieur le Nain, & conjointement avec nous, au nombre de cinq au moins, juger souverainement & en dernier ressort, toutes les contestations évoquées par l'arrêt du 15 Novembre 1746, & renvoyées devant la commission, avec pouvoir audit sieur de Saint-Priest de commettre pour procureur du Roi & pour greffier, telles personnes capables qu'il avisera. L'ordonnance du sieur de Saint-Priest du 15 Mai suivant, qui reçoit la commission, & qui commet le sieur Coulomb, avocat, son subdélégué, pour procureur du Roi en la commission, & le sieur Soefve pour greffier principal ; Notre jugement du même jour 15 Mai 1761, portant que ledit arrêt sera exécuté, enregistré au greffe de la commission, & signifié à qui il appartiendra ; La requête du syndic général de la province, par laquelle il demande que toutes les parties intéressées au desséchement, soient assignées devant nous, pour voir ordonner l'exécution des arrêt du conseil & lettres-patentes des 7 & 8 Novembre 1746, ensemble du jugement rendu le 8 Août 1741 ; & que faute d'avoir satisfait audit jugement, ceux qui sont en demeure, soient déclarés déchus de toutes leurs prétentions sur les marais, & que silence perpétuel leur soit imposé, sans préjudice de former d'autres demandes dans le cours de l'instance ; L'ordonnance rendue sur ladite requête par le sieur de Rosset, l'un de nous, le 21 Juillet 1766, portant que lesdites parties seroient assignées aux fins d'icelle ; les assignations données en conséquence aux parties intéressées au desséchement, & notamment aux sieurs évêque de Montpellier, marquis de Calvisson, de Calviere & d'Aubaix, aux consuls de Lunel, de Massillargues, de Mauguio, & à la dame de Bornier, épouse du sieur de Crouzet, les 28 Juillet, 1, 4, 5 & 26 Août 1766, lors desquelles il fut donné copie à chacune desdites parties, de l'arrêt du conseil du 7 Novembre 1746, des lettres-patentes expédiées sur ledit arrêt, du 8 du même mois, & du jugement rendu le 8 Août 1741 ; dont l'exécution étoit demandée ; Les copies des défenses fournies par ces derniers ; Celles du sieur évêque de Montpellier, renfermées dans une requête du 5 Février dernier, pour conclure à la communication des derniers actes & erremens de l'instance faits avec ses prédécesseurs : Autre requête présentée par le syndic général, pour demander que pardevant tel commissaire qu'il plaira à la commission de commettre, au lieu & place de feu Me. Baudouin, il seroit, en présence dudit sieur commissaire, procédé à la vérification & au plantement des bornes des marais qui ne l'ont pas été, & qui sont désignés dans ladite requête, parties présentes ou duement appellées ; auquel effet, que lesdites parties intéressées seroient assignées devant ledit sieur commissaire, pour convenir d'experts, sinon en voir nommer d'office, même un tiers, pour procéder à ladite vérification & plantement de N°. XXIII.

N°. XXIII. bornes ; & qu'attendu le discord d'Aguier & Péridier, experts, sur le bornage du tenement de la Muzette, appartenant au sieur de Calviere, il fût par ledit sieur commissaire nommé un tiers-expert ; L'ordonnance rendue sur ladite requête, par le sieur de Saint-Priest, l'un de nous, le 11 Juin dernier, portant qu'elle seroit signifiée aux parties intéressées, & au procureur du Roi en la commission, pour y répondre dans huitaine ; L'exploit de signification de ladite requête & ordonnance aux procureurs présentés pour les parties, dont les marais n'ont pas été bornés ; savoir, à Ricard, procureur du sieur évêque de Montpellier, à Léotard, procureur de la dame de Bornier de Crouzet, à Montels, procureur de la ville & baronnie de Lunel, à Chamand, procureur du sieur de Calviere, à Chivaud, procureur du sieur d'Aubaïx, à Benoit, procureur du sieur marquis de Calvisson, à B. Durand, procureur des consuls de Massiliargues, & à Gas, procureur de ceux de Mauguio, ledit exploit en date du 13 dudit mois de Juin. Vu encore les autres pieces jointes à ladite requête, consistant en l'arrêt du conseil du 16 Mai 1716, qui ordonne qu'il sera planté des bornes à l'effet de servir de séparation entre les terres & marais, qui devoient appartenir pour le tout ou en partie au sieur duc de Noailles, & les prés & coustieres que les propriétaires s'étoient réservés par le procès-verbal du feu sieur de Basville : Autre arrêt du conseil du 8 Mai 1717, portant que celui du 12 Mai 1716 seroit exécuté, & que par experts convenus ou pris d'office devant ledit sieur de Basville, il seroit procédé à la vérification de l'état des marais & étangs, & des commodités & revenus que les propriétaires & usagers, évêques, laïques & communautés en retiroient, & des commodités qu'ils pourroient retirer après le desséchement, des revenus des prés, coustieres, portions des marais desséchés, & facultés accordées & convenues ; lequel arrêt ordonne encore l'arpentement des étangs, palus & marais & terres inondées, & permet audit sieur de Basville, de nommer un ou plusieurs commissaires subdélégués pour se transporter sur les lieux, assister au plantement des bornes & autres procédures des experts & arpenteur ; Les arrêts du conseil des 5 Août & 9 Décembre 1738, le premier établissant une commission en cette ville, pour juger souverainement & en dernier ressort les contestations sur la propriété des prés, coustieres, ou sur le bornement des marais, circonstances & dépendances ; Celui du 9 Décembre, portant que le précédent seroit exécuté avec le sieur évêque d'Alais, le grand-prieur de Saint-Gilles, les agens de l'ordre de Malte, & autres intéressés au desséchement, dont les indemnités n'avoient pas été réglées par le procès-verbal de 1701 ; ordonne en conséquence, qu'ils seront assignés devant le sieur de Bernage pour former leurs demandes en dédommagement, ou recevoir les offres qui seront faites par les sieurs de Barrillon & de la Salle, subrogés au don des marais, & en cas de contestation sur ces objets, renvoie devant la commission établie par l'arrêt du 5 Août précédent, pour les juger en dernier ressort ; Le jugement rendu par ladite commission le 29 Août 1739, qui, entr'autres choses, ordonne l'exécution des arrêts du conseil des 12 Mai 1716, 5 Août & 9 Décembre 1738, & qu'en conséquence, les parties nommeront des experts devant le sieur Baudouin, à l'effet d'être procédé, avec l'arpenteur qui sera convenu ou nommé d'office, en présence du sieur commissaire, au plantement des bornes. Autre

jugement rendu par la même commis-
XXIII. sion le 8 Août 1741, qui, entre autres dispositions, autorise la procédure du bornage de partie desdits marais, & réserve aux subrogés au don desdits marais, de faire borner ceux qui ne l'ont pas été; ordonne que le sieur de Calviere sera assigné devant le sieur Baudouin, commissaire, pour voir nommer un tiers-expert pour vuider le discord sur le tenement de la Muzette, & procéder au bornement dudit tenement, s'il y a lieu. Vu enfin l'acte à produire, signifié le 20 Juin dernier aux procureurs, auxquels la requête du 11 du même mois avoit été notifiée, à l'effet de les obliger à remettre leurs productions avec les pieces au sieur Coulomb, procureur du Roi, & au sieur de Rosset, rapporteur, pour le jugement de l'incident, ledit exploit de signification auxdits procureurs pour leurs parties, en date du 29 dudit mois de Juillet, auxquels il a été en même-tems donné copie des arrêts du conseil des 15 Novembre 1746 & 11 Avril 1761 qui établissent le tribunal de la commission, & des jugemens qui reçoivent lesdits arrêts; L'inventaire de production du syndic général, & celui des consuls de Massiliargues, ensemble les conclusions du sieur Coulomb, procureur du Roi en la commission, du 30 Juin dernier. Oui le rapport du sieur de Rosset, l'un de nous :

NOUS COMMISSAIRES susdits, juges en dernier ressort, avons ordonné & ordonnons que les arrêts du conseil sur le bornage desdits marais, seront exécutés avec le sieur évêque de Montpellier & autres parties intéressées; & en conséquence, disant droit à la requête du syndic général, du 11 Juin dernier, ordonnons que, par experts dont les parties conviendront
pardevant le sieur Vassal, l'un de nous, N°. XXIII.
que nous avons à ce commis & député, ou qu'en défaut seront par ledit sieur commissaire pris & nommés d'office, même un tiers, si besoin est, il sera procédé par lesdits experts, conjointement avec Verdier, arpenteur, déjà nommé, en présence dudit sieur commissaire & du procureur du Roi en la commission, ou icelui duement appellé à la vérification des marais, & au plantement des bornes, pour servir de séparation entre les terres & marais qui doivent appartenir pour le tout ou en partie aux Etats de la province, à ce non compris ceux déjà bornés, & les prés & coustieres des propriétaires & usagers desdits marais, conformément auxdits arrêts du conseil; & vu le discord d'Aguier & Péridier, experts, sur la vérification & bornement du terroir de la Muzette, appartenant au sieur de Calviere, attendu le décès desdits experts, ordonnons que ledit sieur de Calviere sera assigné devant ledit sieur commissaire, pour voir nommer un tiers-expert par ledit sieur commissaire, à l'effet d'être par ledit tiers-expert procédé en présence dudit sieur commissaire & du procureur du Roi, ou icelui duement appellé, conjointement avec ledit Verdier, arpenteur, & sur les rapports desdits Aguier & Péridier, qui seront remis audit tiers, à la vérification dudit tenement de la Muzette, & au bornement d'icelui, s'il y a lieu, dépens réservés. DONNÉ à Montpellier, le premier jour du mois de Juillet 1767. *Signés*, DE SAINT-PRIEST. JOUBERT. BONNIER D'ALCO. ROSSET, *Rapporteur*. VASSAL. FERMAUD DE LA BANQUIERE, & NADAL. Collationné, SOEFVE, Greffier, *signé*.

N°. XXIV.

XXIV.

ARRÊT

DU CONSEIL D'ÉTAT DU ROI,

Contenant une ampliation du pouvoir donné par Sa Majesté aux commissaires nommés pour connoître de toutes contestations & différends ayant rapport au desséchement des marais & au canal de navigation.

Du 19 Novembre 1767.

EXTRAIT des Registres du Conseil d'Etat.

VU par le Roi étant en son conseil, l'arrêt rendu en icelui le 8 Novembre 1746, & lettres-patentes du même jour expédiées sur ledit arrêt, registrées en la cour de parlement de Toulouse le 16 Décembre suivant, par lequel arrêt & lettres-patentes Sa Majesté accorde aux Etats de sa province de Languedoc, la propriété de tous les étangs, palus, marais, coussieres, lais & relais de la mer, rivieres & étangs depuis Beaucaire jusqu'à Aigues-mortes & à l'étang de Pérols, & généralement de tous & tels droits qui peuvent appartenir à Sa Majesté, de la maniere qu'ils auroient été accordés au feu sieur maréchal duc de Noailles par arrêt du conseil du 20 Décembre 1701, & lettres-patentes du mois de Janvier 1702; permet en conséquence Sa Majesté auxdits Etats de faire dessécher, tant lesdites terres qui lui appartiennent, que celles de même nature qui peuvent appartenir à des communautés ecclésiastiques ou laïques, bénéficiers, seigneurs ou particuliers, situées dans la même étendue; comme aussi de faire un canal de navigation, le tout conformément aux facultés qui en avoient été accordées par lesdit arrêts & lettres-patentes audit feu sieur maréchal de Noailles: ordonne aussi Sa Majesté, que le contenu aux procès-verbaux des feu sieurs de Basville & de Bernage, intendans en ladite province, concernant ledit desséchement, & les arrêts du conseil obtenus, tant par ledit feu sieur maréchal duc de Noailles, que par ses successeurs & subrogés, ensemble les jugemens rendus par les commissaires nommés en ladite province par les arrêts du conseil des 5 Août & 9 Décembre 1738, seront exécutés au profit desdits Etats: Vu aussi le jugement rendu par lesdits sieurs commissaires le 8 Août 1741, lequel, entre autres dispositions, renvoie devers Sa Majesté les oppositions formées par aucunes desdites communautés, bénéficiers, seigneurs ou particuliers, soit audit desséchement, soit à raison du dédommagement qui peut leur être dû; l'arrêt du conseil du quinze Novembre mil sept cent quarante-six, par lequel Sa Majesté évoque à elle & à son conseil, les procès & différends, concernant les oppositions formées & à former par les prétendans droits auxdits marais, à raison de toutes dettes, hypotheques & charges, de quelque nature qu'elles soient, auxquelles lesdits marais pourroient avoir été assujettis, & généralement toutes les contestations nées & à naître à l'occasion desdits marais, desséchement d'iceux, & construction du canal de navigation, lesquelles contestations, procès & différends, circonstances & dépendances, Sa Majesté a renvoyé pardevant le feu sieur le Nain, lors intendant en ladite province, & pardevant les autres sieurs commissaires nommés par ledit arrêt, pour être, lesdites contestations, jugées en dernier ressort par lesdits sieurs commissaires, au nombre de cinq au moins, Sa Majesté leur attribuant à cet effet toute cour,

N°. XXIV. cour, jurisdiction & connoissance; & icelle interdisant à toutes ses cours & autres juges; Autre arrêt du conseil du 11 Avril 1761, qui subroge audit feu sieur le Nain, le sieur de Saint-Priest, intendant en ladite province: & Sa Majesté étant informée que quoique par lesdits arrêts d'évocation elle n'ait réservé à Elle & à son conseil, aucune partie desdites contestations, ni limité le pouvoir donné auxdits sieurs commissaires de les juger, il n'a pas laissé d'être mis en doute dans le cours des diligences qui sont faites par lesdits Etats, pour terminer lesdites contestations, à l'effet d'entreprendre ledit desséchement, si les différends évoqués par Sa Majesté, & renvoyés auxdits sieurs commissaires pour être par eux jugés en dernier ressort, comprennent les oppositions aux arrêts du conseil obtenus par ledit feu sieur de Noailles, ses successeurs ou subrogés, & les autres contestations & différends renvoyés au conseil de Sa Majesté, tant par le jugement dudit jour 8 Août 1741, que par les procès-verbaux desdits feu sieurs de Basville & de Bernage; & Sa Majesté voulant faire cesser toutes difficultés à cet égard, de maniere qu'il ne reste plus aucun doute qui puisse retarder la décision de toute espece de différends relatifs audit desséchement, & au don fait auxdits Etats : OUI le rapport du sieur de Laverdy, conseiller ordinaire & au conseil royal, contrôleur général des finances, SA MAJESTÉ ETANT EN SON CONSEIL, a ordonné & ordonne, que les arrêts rendus en icelui lesdits jours 15 Novembre 1746 & 16 Avril 1761, seront exécutés selon leur forme & teneur; & y ajoutant, en tant que de besoin seroit, a renvoyé & renvoie pardevant les sieurs de Guignard pere & fils, intendans & commissaires départis en ladite province, pour procéder conjointement, ou l'un à défaut de l'autre, & les autres commissaires nommés par lesdits arrêts, la connoissance de toutes & chacunes des contestations mues & à mouvoir concernant ledit desséchement & la construction dudit canal de navigation, sans en excepter aucune, même celles qui pourroient avoir été portées au conseil de Sa Majesté par aucune des parties, en conséquence du renvoi fait par les procès-verbaux desdits feu sieurs de Basville & de Bernage, intendans en ladite province, ou des jugemens des commissaires nommés par les arrêts du conseil des 5 Août & 9 Décembre 1738, & de quelqu'autre maniere que ce puisse être, même les oppositions formées ou à former envers les arrêts du conseil obtenus par ledit feu sieur de Noailles, ses successeurs ou subrogés; Voulant Sa Majesté que lesdites contestations, oppositions, circonstances & dépendances, soient jugées en dernier ressort par lesdits commissaires, suivant & conformément auxdits arrêts, & de la même maniere qu'elles auroient pu l'être par Sa Majesté, en sondit conseil, leur en attribuant de nouveau Sa Majesté, en tant que de besoin seroit, toute cour, jurisdiction & connoissance. Et sera le présent arrêt exécuté nonobstant toutes autres oppositions & empêchemens quelconques, pour lesquels il ne sera différé. FAIT au conseil d'état du Roi, Sa Majesté y étant, tenu à Versailles, le 29 Novembre 1767. *Signé*, PHELYPEAUX.

LES COMMISSAIRES NOMMÉS PAR les arrêts du conseil des 15 Novembre 1746, & 11 Avril 1761, pour connoître de toutes les contestations nées & à naître au sujet du desséchement des marais du bas Languedoc, dont le privilége a été accordé à la province, cessionnaire des droits de feu M. le maréchal duc de Noailles.

N°. XXIV. NOUS ORDONNONS qu'il sera exécuté selon sa forme & teneur, & signifié à qui il appartiendra. FAIT à Montpellier, le 13 Décembre 1767. *Signés*, DE SAINT-PRIEST. JOUBERT. ROSSET. VASSAL. FERMAUD DE LA BLANQUIERE. NADAL. ASSIER.

XXV.

JUGEMENT

Qui autorise les rapports faits par les sieurs Parlier, Baude & Abauzit, experts & tiers, & l'entiere procédure du bornage des marais, faite depuis le 20 Août jusqu'au 17 Octobre 1767, en présence de M. Vassal, commissaire, avec défenses à toutes personnes de toucher audit bornage, d'enlever ni changer les bornes, & de faire aucuns ouvrages auxdits marais, tendant au dessséchement & défrichement d'iceux, sans la permission expresse des Etats de la province de Languedoc.

Du 22 Décembre 1767.

LES COMMISSAIRES NOMMÉS *par le Roi pour juger souverainement en dernier ressort, les contestations nées & à naître à raison du don des marais du bas Languedoc, desséchement desdits marais, construction du canal de navigation, oppositions audit desséchement, circonstances & dépendances, suivant les arrêts du conseil des 15 Novembre 1746, & 11 Avril 1761.*

VU le jugement par nous rendu le premier Juillet 1767, portant que les arrêts du conseil sur le bornage des marais, seront exécutés avec le sieur évêque de Montpellier, & autres parties intéressées; & en conséquence, ordonne que par experts, dont les parties conviendront, pardevant le sieur Vassal, l'un de nous, commis & député à cet effet, ou qui en défaut, seront par ledit sieur commissaire, pris & nommés d'office, même un tiers, si besoin est, il sera procédé par lesdits experts, conjointement avec Verdier, arpenteur déjà nommé, en présence dudit sieur commissaire & du procureur du Roi en la commission, ou icelui duement appellé; à la vérification des marais & au plantement des bornes, pour servir de séparation entre les terres & marais qui doivent appartenir, pour le tout ou en partie, aux Etats de la province de Languedoc, à ce non compris ceux déja bornés, & les prés & coustieres des propriétaires & usagers desdits marais conformément auxdits arrêts du conseil; & qui vu le discord d'Aguier & Péridier, experts, sur la vérification & bornage du terroir de la Muzette, appartenant au sieur de Calviere, attendu le décès desdits experts, ordonne que ledit sieur de Calviere sera assigné devant ledit sieur commissaire, pour lui voir nommer un tiers-expert, à l'effet de vuider, en présence dudit sieur commissaire & du procureur du Roi, le discord, conjointement avec Verdier, arpenteur; & sur le rapport desdits Aguier & Péridier, qui seroit remis audit tiers, procéder au bornage dudit tenement de la Muzette, s'il y a lieu, dépens réservés. La production & pieces sur lesquelles ledit jugement a été rendu; L'exploit de signification dudit jugement, faite le dixieme dudit mois de Juillet, à Ricard, procureur du sieur évêque de Montpellier, Chamand, procureur du sieur de Calviere, Benoît, du sieur de Calvisson, Chivaud, du sieur d'Aubaix, Léotard, procureur de la dame de Bornier, épouse du sieur président de Crouzet, A. Montels, des consuls de la ville & baronnie de Lunel, B. Durand, des consuls de Massillargues, N°. XXV.

N°. XXV. & Gas de ceux de la ville & comté de Mauguio : Trois exploits de signification dudit jugement, faite aux susdites parties, les 11, 14 & 15 dudit mois de Juillet, contenant assignation, tant audit sieur évêque de montpellier, aux sieurs de Calvisson, d'Aubaix, à ladite dame de Bornier de Crouzet, aux consuls de Lunel, à ceux de Mauguio & de Massiliargues, à comparoir le 25 du même mois, pardevant ledit sieur Vassal, commissaire, & dans son hôtel à Montpellier, huit heures du matin ; savoir, audit sieur de Calviere, pour voir nommer un tiers-expert d'office, & aux autres parties, pour convenir d'experts, sinon en voir nommer d'office par ledit sieur commissaire, à l'effet de la vérification & bornage de leurs marais, lesquels exploits contiennent déclaration que la province nomme pour son expert, Me. François Parlier, ancien procureur au bureau des finances, présidial & sénéchal ; L'acte de sommation fait au sieur Coulomb, procureur du Roi en la commission, de se trouver devant ledit sieur commissaire, ledit jour 25 Juillet, pour voir nommer les experts & tiers, avec déclaration qu'il seroit procédé, tant en sa présence qu'absence ; La même sommation faite aux autres parties intéressées dans lesdits exploits ; Le procès-verbal tenu ledit jour 25 Juillet 1767, devant le sieur Vassal, commissaire, contenant les comparans faits pour le sieur évêque de Montpellier, les sieurs de Calviere, de Calvisson, pour la dame de Bornier de Crouzet, & pour les consuls de Massiliargues ; Le dire dudit sieur procureur du Roi ; Ensemble l'Ordonnance rendue le même jour par ledit sieur commissaire, qui octroie défaut contre ledit sieur marquis d'Aubaix, les consuls de Lunel, & ceux de Mauguio, pour l'utilité duquel donne acte des dires & réquisitions des procureurs des parties, reçoit le jugement dudit N°. XXV. jour premier Juillet, avec l'honneur dû & offre de procéder ; ordonne que ce jugement sera exécuté sans préjudice des droits, actions & exceptions des parties ; donne acte de la remise des pieces faites par Palat, procureur de la province, ès mains de C. Durand, greffier dudit sieur commissaire, & de la nomination de François Parlier, ancien procureur, pour expert de la province, à Benoît, procureur du sieur marquis de Calvisson, B. Durand, des consuls de Massiliargues, & Léotard, de la dame Bornier de Crouzet, des nominations par eux faites pour leurs experts, des personnes de Jean-Baptiste Tissier, géometre, pour ledit sieur de Calvisson & les consuls de Massiliargues, & d'Auziere, arpenteur, pour ladite dame de Crouzet ; & faute par le sieur d'Aubaix, les consuls de Lunel, & ceux de Mauguio, d'avoir comparu pour nommer des experts ; faute encore par le sieur évêque de Montpellier d'en vouloir nommer un, nomme d'office pour experts desdits sieurs d'Aubaix & des consuls de la ville de Lunel, Me. Mathieu Baude, avocat, & pour le sieur évêque de Montpellier, & les consuls de Mauguio, Me. François Abauzit, procureur en la chambre des comptes de Montpellier ; nomme aussi d'office pour tiers-expert, à l'effet de vuider le discord sur le tenement de la Muzette, ledit Me. Baude, avocat, sauf causes de soupçon & récusation à proposer contre lesdits experts & tiers, & contre Verdier, arpenteur, à proposer dans le délai de huitaine ; passé lequel, ordonne que lesdits expert, tiers-expert & arpenteur, seront assignés pour prêter serment, & les parties pour le leur voir prêter, & pour voir indiquer par

N° XXV.

ledit sieur commissaire le jour de sa descente sur les lieux contentieux, à l'effet de l'exécution du jugement dudit jour premier Juillet dernier; L'exploit de signification dudit procès-verbal & ordonnance faite le 27 dudit mois de Juillet, aux procureurs des parties comprises & nommées en icelui: Quatre autres exploits de signification desdits verbal & ordonnance faite auxdits sieurs évêque de Montpellier, de Calviere, de Calvisson, d'Aubaix, de Bornier de Crouzet, aux consuls de Lunel, à ceux de Massillargues & de Mauguio, & aux sieurs Baude, Parlier, Tissier, Auziere, experts, & Verdier, arpenteur; ces exploits, en date des 28 & 29 Juillet dernier, contenant assignation aux susdites parties devant ledit sieur commissaire, au Samedi 8 Août dernier, pour voir prêter serment auxdits experts, au tiers-expert, & à l'arpenteur, & à ces derniers pour prêter ledit serment, & voir indiquer le jour du départ. Vu aussi le jugement par nous rendu, le 29 dudit mois de Juillet, sur la requête présentée par le syndic général de la province, le 12 dudit mois, par lequel il est permis audit sieur Vassal, commissaire, de loger & manger avec le sieur procureur du Roi, avec les parties intéressées à la procédure, leurs procureurs, & avec les experts, tiers-experts & l'arpenteur; ledit jugement signifié aux procureurs desdites parties intéressées, le 6 Août suivant; La requête sur laquelle est intervenu ce jugement, dudit jour 12 Juillet, avec l'exploit de signification d'icelle, & les conclusions du procureur du Roi; ces deux actes sous les dates des 15 & 29 dudit mois de Juillet; L'acte de sommation faite, le 4 Août dernier, au sieur Coulomb, procureur du Roi, de se trouver devant ledit sieur Vassal, commissaire, pour voir prêter serment aux experts, tiers-expert & arpenteur, & voir indiquer le départ: Autre acte de sommation faite aux procureurs des parties intéressées, le 6 dudit mois d'Août, de se trouver ledit jour, 8 Août dernier, devant ledit sieur Vassal, commissaire, à huit heures du matin, pour lui voir recevoir le serment dudit jour 29 Juillet, & voir en même-tems prêter serment auxdits experts, tiers-expert & arpenteur; Le procès-verbal tenu devant ledit sieur commissaire ledit jour 8 Août dernier; L'ordonnance rendue le même jour, qui octroye défaut contre le sieur évêque de Montpellier, les sieurs de Calvisson, d'Aubaix, la dame de Crouzet, les consuls de Lunel & de Mauguio, pour l'utilité duquel reçoit le serment des experts, du tiers-expert, & de l'arpenteur, dans laquelle ledit sieur commissaire indique au 20 dudit mois d'Août, le jour de son départ pour la ville d'Aigues-mortes, & la maison du sieur Bastide pour y faire ses premieres assises, sauf à être pourvu sur les lieux, pour l'indication des autres endroits. Enjoint aux experts & arpenteur de s'y trouver, pour procéder le lendemain 21 Août, heure de cinq du matin, parties présentes ou duement appellées; L'exploit de signification desdits verbal & ordonnance, faite aux procureurs des parties intéressées, le 13 du même mois d'Août; L'acte de sommation faite auxdites parties intéressées, le 13 dudit mois, de se trouver chez ledit sieur commissaire le 20, pour le voir partir pour se transporter à ladite ville d'Aigues-mortes: Autre acte, du 17 dudit mois, contenant sommation à M. le procureur du Roi, de se trouver, ledit jour 20 Août, chez ledit sieur commissaire, pour partir avec lui, si bon lui semble, & se transporter sur les lieux contentieux; L'as-

N°. XXV. assignation donnée à Parlier & Verdier, expert & arpenteur, le même jour 17 Août, aux mêmes fins; Autre assignation donnée ledit jour à la dame de Bornier de Crouzet à comparoir le susdit jour 20 Août devant ledit sieur commissaire, pour le voir partir, se trouver à la ville d'Aigues-mortes le même jour, & dans la maison dudit sieur Bastide, & le lendemain 21 sur les marais de ladite dame, à l'endroit appellé le Pavillon de Bornier, pour les voir vérifier & borner; Autre assignation donnée à Auziere, expert de ladite dame, aux fins de se trouver devant ledit sieur commissaire, ledit jour 20 Août, & le lendemain 21, pour procéder au fait de sa commission: Procès-verbal tenu devant ledit sieur Vassal ledit jour 20 Août dernier, avec son ordonnance du même jour, portant qu'il se transportera de suite à ladite ville d'Aigues-mortes, avec son greffier, le sieur procureur du Roi, Parlier & Verdier, expert & arpenteur, & le procureur requérant pour la province; Autre ordonnance rendue par ledit sieur commissaire le même jour, & après son arrivée à la ville d'Aigues-mortes, qui donne acte de la comparution d'Auziere, expert de la dame de Bornier de Crouzet, & octroye défaut contre ladite dame, pour l'utilité duquel, ordonne qu'il se transportera, le lendemain à cinq heures du matin, sur les marais de ladite dame de Crouzet; Les procès-verbaux dudit sieur commissaire des 21 & 22 dudit mois d'Août, dans lesquelles journées il fut, par les experts & arpenteur, procédé, en présence dudit sieur Vassal & du sieur Coulomb, procureur du Roi, à la vérification desdits marais, lors duquel procès-verbal, les experts déclarerent à la séance du 22 de relevée, qu'ils étoient en discord, & qu'ils remettroient incessamment leur rapport; Procès-verbal dudit sieur commissaire à la séance du 24, de relevée, avec l'ordonnance par lui rendue le même jour, qui donne acte de la remise du rapport dressé par lesdits Parlier & Auziere, experts; & attendu le discord qui en résultoit, ordonne que la dame de Crouzet sera assignée pour voir nommer un tiers-expert; Exploit de signification de ladite ordonnance, faite à ladite dame de Crouzet le 25 dudit mois d'Août, avec assignation à comparoir le Samedi 29 devant ledit sieur commissaire, pour lui voir nommer un tiers-expert; Les assignations données à Me. Baude, tiers-expert, & au sieur marquis de Calviere, les 22 & 24 dudit mois d'Août, pour se trouver l'un & l'autre le 25, pardevant ledit sieur commissaire, & lui voir faire descente sur le tenement de la Muzette, à l'effet de vuider & voir vuider le discord sur ledit tenement; L'ordonnance rendue ledit jour 25 Août par ledit sieur Vassal, commissaire, contenant son transport sur ledit tenement, accompagné du sieur procureur du Roi, de son greffier, du sieur Baude, tiers-expert, & du procureur du syndic général de la province; Les comparans fournis sur ledit tenement, tant par le syndic général, que par ledit sieur de Calviere, ledit jour 25 Août, avec l'ordonnance dudit sieur Vassal, portant qu'il sera fait lecture par son greffier, en présence dudit sieur de Calviere; des arrêts du conseil, jugemens & autres pieces mentionnées en ladite ordonnance; & qui enjoint audit tiers-expert de procéder de suite en sa présence & celle dudit sieur de Calviere, à la vérification dudit tenement de la Muzette, ce qui fut exécuté; Les comparans faits dans le même procès-verbal, aux séances des 26 & 27 dudit mois, & les ordonnances rendues lesdits jours par ledit sieur commissaire qui constatent que la vérification dudit tenement & le bornage des portions que ledit Me. Baude, tiers-expert a jugé marais, ont été faits en présence dudit sieur commissaire & du procureur du Roi en la commission; L'ordonnance rendue par ledit sieur Vassal le 29 dudit mois, qui donne acte à Me. Baude, tiers-expert, & à Verdier, arpenteur, de la remise de leur rapport sur le bornage de partie dudit tenement de la Muzette; Copie d'acte signifiée audit syndic général, à la requête de ladite dame de Bornier de Crouzet, pour renoncer à la nomination d'un tiers-expert, & déclarer qu'elle s'en tient au rapport du sieur Parlier, expert de la province; Le procès-verbal tenu devant ledit sieur commissaire, le même jour, contenant les comparans faits, tant par le procureur du syndic général, que par celui faisant pour la dame de Crouzet; ensemble l'ordonnance rendue ledit jour, par ledit sieur commissaire, qui donne acte des dires & réquisitions desdits procureurs; nomme d'office pour tiers expert ledit Abauzit, pour vuider le discord fait sur les marais de ladite dame, si mieux elle n'aime avouer dans quinzaine le comparant fait pour elle, par le sieur Malbois, procureur à Aigues-mortes; auquel cas, ladite nomination deviendroit comme non-avenue, avec l'exploit de signification dudit procès-verbal, & ordonnance faite à ladite dame le 31 du même mois d'Août; L'assignation donnée au sieur marquis d'Aubaix le 29 dudit mois, à comparoir le 31 devant ledit sieur commissaire, pour lui voir faire descente sur les marais dudit sieur d'Aubaix, appellés le grand & petit Serpanten, & les voir vérifier & borner; L'ordonnance rendue par ledit sieur commissaire, ledit jour 29 Août, portant qu'il se transportera à la ville de Lunel, comme plus à portée pour la procédure de vérification & bornage des autres marais; Le procès-verbal dudit sieur Vassal, à la séance du 31 Août, & son ordonnance du même jour, qui octroie défaut contre ledit sieur d'Aubaix; & pour l'utilité, ordonne qu'il se transportera sur lesdits marais, à l'effet d'être vérifiés en sa présence par les experts & arpenteur; Vu encore le même procès-verbal aux séances des premier & 2 Septembre, lors desquelles lesdits marais du sieur d'Aubaix furent vérifiés & bornés; L'assignation donnée le 2 dudit mois de Septembre, aux consuls de la ville & baronnie de Lunel, à comparoir le lendemain 3, devant ledit sieur commissaire, pour lui voir faire descente sur les marais de ladite baronnie de Lunel, situés au levant du canal de ladite ville, & les voir vérifier & borner, avec déclaration qu'il seroit passé outre, tant en leur présence qu'absence: Procès-verbal dudit sieur commissaire aux séances desdits jours 3 & 4 Septembre, lors desquelles lesdits Parlier & Baude, experts, vérifierent & bornerent les marais de ladite baronnie de Lunel, & promirent de remettre incessamment leurs rapports, tant pour lesdits marais, que pour ceux du sieur marquis d'Aubaix; L'ordonnance rendue par ledit sieur commissaire, le 9 du même mois de Septembre, qui donne acte auxdits experts de la remise desdits rapports; Les assignations données le 5 dudit mois, tant au sieur marquis de Calvisson, qu'aux consuls & communauté de Massiliargues, à comparoir le 9 devant ledit sieur Vassal, pour lui voir faire descente le même jour sur les marais de la communauté, & dont ledit sieur de Calvisson lui a concédé certaine faculté, les voir vérifier & borner, avec déclaration qu'il seroit procédé, tant ledit jour que les suivans, soit en leur présence ou absence : voir faire les montrées, & les voir vé-

N°. XXV. Autre assignation donnée le même jour au sieur Teissier, expert desdites parties ; pour se trouver chez ledit sieur commissaire à Lunel, & l'accompagner dans sa descente, pour procéder au fait de sa commission ; Le procès-verbal tenu devant ledit sieur commissaire, aux séances des 9 & 10 dudit mois de Septembre, lors desquelles les marais de ladite communauté de Massiliargues furent vérifiés, tant en présence dudit sieur commissaire, qu'en celle du sieur Deshors, premier consul de la communauté, de Fontanier, agent & procureur fondé dudit sieur de Calvisson, & du procureur du Roi en la commission, par les experts & arpenteur nommés ; L'ordonnance rendue par ledit sieur commissaire, le 12 dudit mois de Septembre, qui donne acte aux experts de la remise de leur rapport, contenant vérification des tenemens jouis en palus, marais ou terres inondées, par ladite communauté de Massiliargues, appellés la Plaine, le pré de l'Etoile & la Palus ; & attendu le discord résultant dudit rapport, ordonne que les parties seront assignées pour voir nommer un tiers-expert d'office, à l'effet de vuider ce discord, & qui renvoie au Lundi suivant pour la vérification des marais jouis par ledit sieur de Calvisson ; L'exploit de signification dudit procès-verbal & ordonnance, fait, tant auxdits consuls de Massiliargues, qu'audit sieur de Calvisson, le 13 dudit mois, avec assignation au Lundi 14 du même mois, pardevant ledit sieur commissaire, pour lui voir nommer un tiers-expert, ledit exploit contenant encore sommation audit sieur marquis de Calvisson de se trouver ledit jour 14 Septembre, sept heures du matin, sur les tenemens en marais dont il jouit dans ses terres de Tamariguieres & Desports, pour en voir faire les montrées, & les voir vérifier & borner ; L'ordonnance rendue par ledit sieur Vassal ledit jour 14 Septembre, contenant nomination dudit Abauzit pour tiers-expert, à l'effet de vuider le discord sur les susdits tenemens possédés par la communaté de Massiliargues, sauf causes de soupçon & récusation à proposer, dans trois jours de la signification ; Le procès-verbal dudit sieur commissaire du même jour 14 Septembre & des 15, 16 & 17 dudit mois, lors desquels les experts & arpenteur vérifierent en présence dudit sieur commissaire du procureur du Roi & du procureur fondé dudit sieur de Calvisson, les tenemens des marais jouis par ce dernier, consistant ; savoir, ceux dans la terre de Tamariguieres, au pré & devois appellés du Marquis, les Rajols & le Destrech, & ceux de la terre Desports, aux tenemens appellés la Palus du Cogul, & la Briande, qui avoient été montrés par le procureur du syndic général ; L'ordonnance rendue par ledit sieur Vassal, le 19 dudit mois de Septembre, qui donne acte aux sieurs Parlier & Teissier, experts, de la remise de leur rapport sur lesdits tenemens ; & vu le discord qui en résultoit, ordonne que ledit sieur de Calvisson sera assigné, pour voir nommer un tiers-expert ; L'exploit de signification de cette ordonnance du même jour 19 Septembre, faite à ce dernier, avec assignation au Lundi 21 dudit mois, pour voir nommer un tiers-expert, & voir transporter le même jour ledit sieur commissaire sur les marais de la communauté de Massiliargues, pour faire vuider le discord à raison desdits marais ; L'ordonnance rendue ledit jour 21 Septembre, portant nomination de Me. Abauzit, pour tiers-expert, pour vuider le discord sur les tenemens en marais jouis par ledit sieur de Calvis-

N°. XXV. fon, fauf caufe de foupçon & récufation à propofer par le jour de la fignification de ladite ordonnance; L'exploit de fignification de ladite ordonnance du même jour, qui contient affignation audit fieur de Calviffon au Mercredi 23, pour voir prêter ferment audit expert tiers, & le voir procéder au fait à lui mandé, conjointement avec Verdier, arpenteur, tant ledit jour 23 Septembre que les fuivans; Le procès-verbal dudit fieur commiffaire, aux féances des 21 & 22 Septembre, lors defquelles le tiers-expert vérifia les tenemens en marais poffédés par ladite communauté de Maffillargues, conjontement avec Verdier, arpenteur, & avec l'affiftance de Parlier & Teiffier, experts, en préfence dudit fieur commiffaire & du procureur du Roi; L'affignation donnée le 22 Septembre audit Abauzit, tiers-expert, pour les marais du fieur de Calviffon, pour prêter ferment le 23, & procéder de fuite; Le procès-verbal du fieur Vaffal, commiffaire, aux féances defdits jours 23, 24, 25, 28, 29, 30 Septembre, 1, 2 & 3 Octobre; dans lefquelles journées ledit Abauzit, tiers-expert, vérifia & borna les tenemens en marais jouis par le fieur de Calviffon, conjointement avec Verdier, arpenteur, en préfence dudit fieur commiffaire, du procureur du Roi, & avec l'affiftance de Parlier & Teiffier, experts; lefquels tenemens font défignés & confrontés dans le rapport des experts; L'affignation donnée le 3 d'Octobre audit fieur de Calviffon, & aux confuls & communauté de Maffiliargues, pour voir procéder le 5 dudit mois, au bornage des marais de ladite communauté, par Abauzit, tiers-expert, & Verdier, arpenteur, avec l'affiftance defdits Parlier & Teiffier, experts; Le procès-verbal du fieur Vaffal, commiffaire, aux féances des 5 & 6 Octobre, lors defquelles lefdits Abauzit & Verdier bornerent, en préfence dudit fieur commiffaire & du procureur du Roi, lefdits marais de Maffiliargues; L'affignation donnée le 3 dudit mois d'Octobre à la dame de Crouzet, pour voir prêter ferment au tiers-expert nommé par l'ordonnance dudit fieur commiffaire, du 29 Août précédent, & le voir procéder; fi mieux ladite dame n'aimoit avouer le comparant fait pour elle par Malbois, procureur à Aigues-mortes, ledit jour 29 Août 1767; avec déclaration que dans le cas d'aveu dudit comparant, il fera procédé au bornage le 7 dudit mois d'Octobre, fur le rapport dudit Parlier: Autre affignation donnée audit Abauzit le même jour 5 Octobre, pour prêter ferment & procéder: Copie d'acte fait par ladite dame de Crouzet, pardevant Vallon, notaire à Gap en Dauphiné, le 13 Septembre dernier, par lequel ladite dame a avoué le comparant dudit Malbois, & déclare qu'elle s'en tient au rapport de Parlier, expert de la province, avec l'exploit de fignification dudit acte du 4 dudit mois d'Octobre: Autre affignation donnée à Auziere, expert de la dame de Crouzet le 5 du même mois, à comparoir ledit jour 7 Octobre, devant ledit fieur Vaffal, commiffaire, fur les lieux contentieux, pour être préfent & affifter, fi bon lui femble, au bornage des marais de ladite dame, fur le rapport dudit Parlier, & conformément au confentement par elle donné; Le procès-verbal dudit fieur commiffaire, dudit jour 7 Octobre, avec fon ordonnance, qui octroye défaut contre ladite dame; & tenant fon confentement, ordonne qu'il fera procédé au bornage de fes marais, fur le rapport dudit Parlier; auquel bornage il fera procédé ledit jour par ledit Parlier, conjointement avec Verdier, arpenteur, & en préfence dudit Auziere; Autre ordonnance

No. XXV. nance rendue par ledit sieur Vassal le 8 dudit mois d'Octobre, qui donne acte auxdits Parlier, Verdier & Auziere, de la remise de leurs rapports, sur la vérification & bornage des marais de ladite dame de Crouzet; Le procès-verbal dudit sieur commissaire du 10, avec les ordonnances par lui rendues le même jour, l'une desquelles donne acte à Abauzit & Verdier, de la remise de leur rapport sur le discord desdits Parlier & Teissier, pour le bornage des marais jouis, tant par le sieur de Calvisson que par la communauté de Massiliargues; & la deuxieme, portant que ledit sieur commissaire se transportera à Mauguio pour la continuation de la procédure & la vérification des marais & palus dudit comté de Mauguio; L'assignation donnée au sieur évêque de Montpellier le 8 dudit mois d'Octobre, à comparoir le Lundi suivant 12 dudit mois, devant ledit sieur Vassal, commissaire, à la ville de Mauguio & dans la maison du sieur Bastide Lacroix, où il feroit ses assises, pour lui voir faire le même jour descente sur les marais dudit comté de Mauguio, le même jour & les suivans, & les voir vérifier & borner par les sieurs Parlier, Abauzit, experts, & Verdier, arpenteur, en présence dudit sieur commissaire & du procureur du Roi, avec déclaration qu'il seroit procédé en sa présence ou absence: Autre assignation donnée aux consuls de Mauguio, le 9 dudit mois, aux mêmes fins: Une troisieme assignation donnée, le 10 dudit mois, à Abauzit, expert, nommé d'office pour ledit sieur évêque, & pour les consuls dudit Mauguio, pour procéder ledit jour 12 Octobre: L'ordonnance rendue par ledit sieur Vassal ledit jour 12 Octobre, qui octroye défaut contre ces deux parties, donne acte de la comparution de Parlier, Abauzit & Verdier, experts & arpenteur; & pour l'utilité, ordonne qu'il fera de suite fait descente sur les marais dudit comté de Mauguio: Le procès-verbal dudit sieur commissaire des 12, 13, 14, 15, 16 & 17 dudit mois d'Octobre, auxquelles séances les experts & arpenteur vérifierent & bornerent lesdits marais, en présence dudit sieur commissaire & du procureur du Roi: L'ordonnance dudit sieur commissaire, dudit jour 17 Octobre, portant qu'il s'en retournera en la présente ville, où les experts & arpenteur remettront leur rapport: Autre ordonnance rendue le 21 dudit mois d'Octobre, qui donne acte auxdits experts & arpenteur, de la remise de leur rapport, contenant vérification & bornage des marais dudit comté de Mauguio: Vu aussi l'entier procès-verbal dudit sieur commissaire, tenu le 25 Juillet, 8 Août, & depuis & compris le 20 dudit mois d'Août jusques & inclus le 18 du mois d'Octobre dernier, à suite duquel procès-verbal est la transcription des différens rapports desdits experts: Vu encore lesdits rapports en nombre de sept; Le premier dressé par lesdits Parlier & Auziere, experts, le 24 Août dernier, pour les marais jouis par la dame de Bornier de Crouzet, consistant en trois tenemens, l'un appellé le Claux ou mas de Bornier, confrontant du levant le marais appellé Laloua, joui par la ville d'Aigues-mortes, fossé entre deux; du couchant, l'étang de Mauguio où ledit enclos se termine en pointe; du midi, le tenement en marais de ladite dame de Crouzet, appellé la Cantonade des patus de Cabanes, jouis par la même ville, & le susdit étang; & du nord, le canal de la Radelle: le deuxieme tenement, appellé l'Inféodation, confrontant du levant lesdits patus ou marais d'Aigues-mortes; du couchant, la Cantonade desdits patus; du midi les patus joignant Laloua, n'en étant di-

N°. XXV.

visé que par une borne ; & du nord, ledit enclos ou mas de Bornier ; & le troisieme, l'enclos de la Vernhe, confrontant du levant les prés de la métairie de Tamariguieres, appellés les Rajols, appartenant au sieur de Calvisson; du couchant, l'étang de Mauguio ; du nord, le même étang ; & du midi, le canal de la Radelle, à suite duquel rapport est celui dressé le 8 Octobre dernier, par lesdits Verdier & Parlier, signé par ledit Auziere, en déclarant qu'il persiste dans son premier rapport, contenant le bornage des susdits marais & tenemens ; Le deuxieme desdits rapports dressé par le sieur Baude, tiers-expert, pour vuider le discord sur le tenement de la Muzette, contenant vérification dudit tenement, & le bornage d'icelui, situé d'un bout à autre au midi du fossé appellé Carbonnier, immédiatement au-dessus de deux martelieres, construites à chaque extrémité ; lesdites parties comprenant ce qu'on appelle les enclos de Caudiniere, de Fourniquier, le grand Claux, celui appellé de trois cent Pas, & celui appellé la Culasse, déclarés marais, & bornés par ledit rapport ; la troisieme relation dressée par lesdits Parlier, Baude, experts, & Verdier, arpenteur, nommés pour la vérification & bornage des marais de la baronnie de Lunel, & de ceux appartenant ou jouis par le sieur d'Aubaix ; lesquels marais, suivant ledit rapport, confrontent ; savoir, ceux dudit sieur d'Aubaix, appellés le grand & petit Sarpantole ; du levant, la riviere du Vistre ; du couchant & vent droit, les marais de la communauté d'Aimargues, bornés en 1740, & les prairies appellées Noves, appartenant audit sieur d'Aubaix ; du midi, un grand fossé & une chaussée ou levadon, qui sépare lesdits tenemens du grand & petit serpanten ; d'un autre appellé le grand Bagarel ; ceux de la baronnie de Lunel, confrontant du levant une coustiere ou prairie, dépendante du domaine Desports ; le marais appellé claux Desports, borné en 1740, fossé & levadon entre deux, & un tenement appellé Patus, joui par la communauté de Massiliargues ; du couchant le canal de Lunel ; du midi, le devois appellé de Tamariguieres, appartenant au sieur de Calvisson, fossé & levadon entre deux ; & du nord, uno prairie ou coustiere appellée pré de la Roubine, dépendante dudit domaine Desports : Le troisieme rapport fait & remis par lesdits Parlier & Teissier, le 12 du mois de Septembre, contenant leur discord sur les marais jouis par la communauté de Massiliargues, consistant en trois tenemens appellés de la Plaine, le pré de l'Estelle, & la palus de Massiliargues, confrontant, savoir, le tenement de la plaine ; du levant, les terres cultes de la métairie de Tournefort, appartenant au sieur d'Aumelas, celui de la métairie de Ducros, appartenant au sieur Bouquet, & autres de différens particuliers ; du couchant, la ligne divisoire où il fut planté des bornes sur les marais de la baronnie de Lunel, désignés & confrontés dans le rapport desdits Parlier & Baude, dudit jour 9 Septembre, & le levadon du devois, appellé de Tamariguieres ou du Marquis ; du nord, le claux Desports, le pré de l'Estelle, & les terres du sieur Martin, le pont appellé de la Cadaule, entre ledit pré de l'Estelle & lesdites terres de Martin ; & du midi, les terres cultes & le susdit devois, séparé par une chaussée ou levadon, le pré ou devois appellé de l'Estelle, confrontant du levant les prairies des sieurs Mourgues, Bouquet, Martin, Sibille & d'autres particuliers ; du couchant, l'enclos Desports, levadon & fossé entre deux ; du nord, un tenement appellé pré de Tail-

N°. XXV. lan, fossé entre deux; & du midi, le susdit tenement de la plaine, le tenement de la palus de Massiliargues, confrontant du levant le grand devois, appellé du Marquis; du couchant, le canal de Lunel & les étangs; du nord, les marais de la baronnie de Lunel, bornés au mois de Septembre dernier; & du midi, le tenement des Rajols, appartenant audit sieur de Calvisson: Autre rapport dressé le 19 dudit mois de Décembre, par lesdits Parlier & Teissier sur les tenemens en marais, jouis par le sieur de Calvisson, & qui constate le discord fait par lesdits experts sur la qualité desdits tenemens, appellés, le premier, le grand devois & le pré du Marquis, contigus, confrontant du levant les terres cultes de Tamariguieres & le tenement de la plaine de Massiliargues; du couchant, la palus de ladite communauté de Massiliargues, levadon & fossé entre deux; du nord ladite plaine; & du midi le tenement des Rajols & partie de la palus de Massiliargues: Le second, appellé les Rajols & Destrech, ayant pour confronts, du levant & du nord, ledit grand devois du Marquis & la riviere du Vidourle; du couchant, ladite palus de Massiliargues; & du midi, l'enclos de la Vernhe, joui par la dame de Crouzet, les étangs & le canal de la Radelle: Le troisieme desdits tenemens, appellé la Palus de Cougul, confrontant du levant les terres nouvellement défrichées dans ledit tenement; du couchant, d'autres terres aussi nouvellement défrichées, qui aboutissent au Vidourle; du midi, le canal de la Radelle; & du nord, des terres aussi nouvellement défrichées: & le quatrieme desdits tenemens dénommés, la palus de Briande, confrontant du levant lesdits marais de la communauté de St. Laurens, bornés en mil sept cent quarante; du couchant, le tenement appellé de Cougul; du midi, le canal de la Radelle, N°. XXV. en commençant à l'angle formé par le Vistre & la grande robine d'Aigues-mortes; & du nord la brêche qu'on trouve dans la terre Desports, & qui aboutit aux terres cultes: Autre rapport dressé & remis le 10 Octobre suivant par Abauzit, tiers-expert, & Verdier, arpenteur, qui vuide le discord formé par lesdits Parlier & Teissier, experts, sur les marais de la communauté de Massiliargues, & sur ceux dudit sieur de Calvisson: lequel rapport contient encore le bornage desdits marais, tenement par tenement, en adaptant les confrontations desdits tenemens indiquées par lesdits Parlier & Teissier, & sur lesquelles le discord n'avoit pas tombé: Autre rapport dressé & remis le 21 dudit mois d'Octobre, contenant vérification & bornage des palus, marais & terres inondées du comté de Mauguio, consistant en plusieurs tenemens, dont l'un appellé la Paluzette, le second la grande Palus de Mauguio, la Paluzelle, la Palus de las Pouches, celle du lac de l'Eveillé de Ventenac, des Fournieux & de la Conarche; lesdits palus désignés & confrontés dans ledit rapport; Les exploits de signification desdits rapports, mis à suite de chacun d'iceux, & faite aux procureurs des parties intéressées le 17 Novembre dernier: Vu aussi la requête du syndic général de la province, du 16 dudit mois de Novembre, tendante en autorisation des rapports desdits Parlier, Baude, Abauzit & Verdier, experts & arpenteur; ensemble du procès-verbal tenu devant ledit sieur Vassal, commissaire, & de l'entiere procédure de vérification & bornage desdits marais, palus, étangs & terres inondées, sans préjudice à la province de faire borner les marais, palus & autres terres

N°. XXV. inondées qui ne l'étoient pas ; & en outre, faire défenses à toutes personnes de quelque qualité & condition qu'elles soient, d'enlever les bornes plantées, de toucher ni rien changer au bornage, à peine d'enquis & de 20,000 livres de dommages & intérêts; ordonner que les arrêts du conseil & lettres-patentes des 7 & 8 Novembre, seront exécutés suivant leur forme & teneur : & en conséquence, faire pareilles défenses à toutes personnes, pour quelque cause & sous quelque prétexte que ce soit, d'entreprendre de faire aucuns ouvrages tendans au desséchement ou défrichement desdits étangs, palus, marais & terres inondées, compris dans les procédures de bornage faites en 1740, ou dans celle qu'il s'agit d'autoriser, sans la permission expresse ou la subrogation des Etats de la province, sous les mêmes peines, même de plus considérables s'il y échoit ; leur enjoindre de laisser les choses en l'état ; ordonner que le jugement qui interviendra, sera imprimé, lu & affiché partout où besoin sera, afin que personne n'en prétende cause d'ignorance ; l'ordonnance rendue sur ladite requête ledit jour 16 Novembre, portant qu'elle sera communiquée aux parties intéressées, & au procureur du Roi en la commission, à l'effet d'y répondre dans huitaine, pour, sur le rapport du sieur de Rosset, l'un de nous, être statué ce qu'il appartiendra ; l'exploit de signification, tant de ladite requête, que du verbal dudit sieur commissaire, faite aux procureurs des sieurs évêque de Montpellier, de Calvisson, de Calviere, d'Aubaix, de la dame de Crouzet, des consuls de Lunel, de ceux de Massillargues & de Mauguio, ledit jour 17 Novembre 1767 ; L'acte à produire & remettre, fait le même jour auxdites parties ou à leurs procureurs, pour le jugement de ladite requête ; Conclusions du sieur Coulomb, procureur du Roi en la commission du 10 de ce mois, & Oui le rapport du sieur de Rosset, l'un de nous. N°. XX

NOUS COMMISSAIRES susdits, juges en dernier ressort, disant droit à la requête du syndic général de la province, du 16 Novembre dernier, avons autorisé & autorisons les rapports de Parlier, Baude, Abauzit, experts & tiers-expert, & de Verdier, arpenteur, des 24, 29 Août, 9, 12 & 19 Septembre, 8, 10 & 21 Octobre 1767 ; ensemble la procédure faite devant ledit sieur Vassal, l'un de nous, pour le bornage des marais, palus, & étangs y mentionnés, sans préjudice aux Etats de la province de Languedoc, de faire borner les marais, palus, étangs & terres inondées qui ne l'ont pas encore été, en conformité de leurs réservations : Ordonnons que l'arrêt du conseil du 7 Novembre 1746, & les lettres-patentes du 8 du même mois, contenant la concession des marais, palus, étangs & terres inondées, & la faculté exclusive de les dessécher en faveur desdits Etats, seront exécutés suivant leur forme & teneur ; & en conséquence, faisons défenses à toutes personnes, de quelque qualité & condition qu'elles soient, & pour quelque cause & prétexte que ce soit, de faire aucuns ouvrages tendant au desséchement ou défrichement desdits marais, palus, étangs & terres inondées, depuis Beaucaire jusques à Pérols, ni d'enlever les terres desdits marais & palus, pour les transporter dans leurs possessions, sans la permission expresse desdits Etats ; Faisons aussi défenses à qui que ce soit, d'enlever, charger ou déplacer les bornes posées, soit lors de la procédure faite en 1740, soit lors de celle autorisée par notre pré-

N°. XXV. ſent jugement, ſous les peines de droit. Ordonnons que le préſent jugement ſera imprimé, lu, publié & affiché partout où beſoin ſera, afin que perſonne n'en prétende cauſe d'ignorance, & qu'on ait à s'y conformer, ſous leſdites peines de droit, ſans dépens. FAIT à Montpellier le vingt-deuxieme Décembre mil ſept cent ſoixante-ſept. *Signés*, DE SAINT-PRIEST. JOUBERT. ROSSET, *rapporteur*. VASSAL. NADAL. Collationné. SOEFVE, *ſigné*.

XXVI.

EXTRAIT du regiſtre des délibérations des Etats généraux de Languedoc, aſſemblés par mandement du Roi en la ville de Montpellier au mois de Novembre 1767.

Du Samedi 2 Janvier 1768, préſident Mgr. l'archevêque & primat de Narbonne.

MONSEIGNEUR l'évêque de Nîmes a dit, que MM. les commiſſaires des travaux publics s'étant aſſemblés chez Mgr. l'archevêque de Narbonne, avec MM. les autres commiſſaires nommés pour le renforcement de cette commiſſion, il a été rendu compte de ce qui s'eſt paſſé, dans le cours de l'année 1767, au ſujet du deſſéchement des marais, & du canal de navigation, dont la conceſſion a été accordée aux Etats par lettres-patentes du 8 Novembre 1746, comme elle l'avoit été en 1702, à feu M. le maréchal de Noailles.

Que cette grande affaire peut être regardée ſous deux rapports principaux; l'un de l'ordre des procédures, qui doivent être faites devant les commiſſaires juges d'attribution, comme une ſuite de celles qui ont été commencées par le premier donataire, & continuées par les ſubrogés à ſes droits, & l'autre des moyens à prendre pour les conſtructions du canal de navigation & le deſſéchement. N°. XXVI.

Que par rapport à ce dernier objet, on ſe contentera de dire dans ce moment, que les directeurs des travaux publics ont continué les opérations & vérifications qu'ils avoient commencées en 1766, en ſe réſervant d'expoſer ce qui réſulte de leur procès-verbal, tant pour les vérifications qu'ils ont été chargés de faire, que pour les plans & projets concernant l'exécution de cette double entrepriſe.

Que pour ce qui regarde l'ordre des procédures, la commiſſion en a été inſtruite par un mémoire, dans lequel le ſieur de Joubert, ſyndic général, en a expoſé la ſuite; & qu'avant de s'engager dans aucun détail à ce ſujet, il eſt néceſſaire de remarquer que MM. les commiſſaires du dioceſe de Nîmes ayant délibéré le 14 Mars dernier de ſe pourvoir aux Etats pour arrêter les entrepriſes de certains pêcheurs ou autres particuliers qui avoient entrepris d'arrêter l'écoulement des eaux des marais, en y conſtruiſant un grand nombre de batardeaux, ou petites chauſſées appellées Levadons, à l'effet de retenir les eaux, & de ſervir de réſervoir pour des pêcheries, le ſyndic général ſe pourvût devant MM. les commiſſaires juges d'attribution pour tout ce qui concerne le deſſéchement des marais, & que ſur ſa requête il intervint un jugement le 25 Avril dernier, par lequel il fut ordonné, conformément aux concluſions du procureur du Roi en la même commiſſion, que ceux qui avoient entrepris de placer ces batardeaux, ou levadons, ſeroient tenus de les faire enlever dans le mois à compter du jour du commandement qui leur en ſeroit fait, ſinon que le ſyndic général les feroit détruire aux frais & dépens de ceux qui les ont faits, avec défenſe de mettre à l'avenir aucun obſtacle à l'é-

N°. XXVI. coulement des eaux ; & qu'il fut enjoint au syndic du diocese de Nîmes de tenir la main à l'exécution de ce jugement.

Qu'il a été signifié aux pêcheurs, & autres particuliers qu'il concerne ; mais qu'aucune des parties n'y a encore satisfait ; que MM. les commissaires des travaux publics, sur le compte qui leur en a été rendu, ont arrêté, sous le bon plaisir des Etats, de suivre son exécution, & que les Etats détermineront à ce sujet ce qu'il convient de faire.

Qu'on s'est ensuite occupé d'un objet encore plus essentiel, qui est le bornage des marais, qui ne l'avoient pas été, & qu'il a été donné par MM. les commissaires juges d'attribution le premier Juillet dernier un jugement qui ordonne que les parties intéressées seroient assignées devant le commissaire nommé à cet effet, pour convenir d'experts, sinon en voir nommer d'office, même un tiers, à l'effet de procéder à la vérification & bornage des marais qui ne l'avoient pas été.

Que ce jugement ayant été signifié à toutes les parties intéressées, il a été procédé au bornage ; que cette procédure a duré un mois, à raison des discords que les experts de quelques parties ont formé, & des tiers-experts qu'il a fallu nommer pour les vuider, & que sur la communication qui en a été donnée aux parties, & après avoir rempli les formalités accoutumées en pareil cas, il a été donné un jugement le 22 Décembre dernier, qui autorise définitivement cette procédure.

Que pendant sa durée, on a reconnu d'autres parties de marais, qui n'avoient pas été bornées, & dont les propriétaires ou possesseurs n'avoient pu être assignés faute de les connoître ; qu'on a été pareillement instruit que plusieurs autres particuliers, qui possedent des marais bornés en l'année 1740, n'avoient pas été encore parties dans l'instance, ce qui a obligé de présenter requête pour demander qu'ils fussent assignés à l'effet de représenter leurs titres de propriété, & de former dans le cas où ils en justifieroient leurs demandes en dédommagement, s'ils n'aimoient mieux accepter les offres qui leur seroient faites au nom des Etats. N°. XXVI.

Qu'il a été indispensable de remplir tous ces préliminaires pour mettre l'instance principale en état de pouvoir être jugée avec toutes les parties, qu'on n'a pu connoître que successivement, & pour éviter la multiplicité des instances, qui multiplient aussi toujours les délais, & les frais.

Que la requête dans laquelle le syndic général doit prendre des conclusions, à l'égard de toutes les parties intéressées au desséchement, devant former le dernier état des contestations dont le jugement doit être poursuivi avec toutes les parties, il a paru nécessaire de mettre ces conclusions sous les yeux des Etats, & qu'en mettant à l'écart ce qui est purement de forme, on peut les réduire à trois chefs principaux ; savoir, les oppositions au desséchement, le dédommagement des parties intéressées dans le cas où elles auront justifié de leur propriété, & le rapport de ses titres.

Que les oppositions au desséchement ne peuvent souffrir aucune difficulté dans la forme, par rapport à la compétence des commissaires, puisque quand même il y auroit eu quelque doute sur l'étendue de l'attribution qui leur avoit été donnée, il a été entierement levé par un arrêt du conseil, donné du propre mouvement de Sa Majesté le 29 Novembre dernier ; par lequel, en tant que de besoin, le jugement de toutes les oppositions est renvoyé aux mêmes commissaires.

N°. XXVI. Qu'au fonds, de quelque part qu'elles viennent, elles ne peuvent jamais empêcher l'exécution d'une entreprise qui intéresse le public, & qui ne sera jamais plus utile que lorsqu'elle sera conduite par les vues sages & désintéressées des Etats.

Qu'à l'égard de la remise des titres, cet objet peut être aisément rempli par les parties; que les Etats n'ont pas eu en vue, en faisant valoir le don du Roi, ni de dépouiller les possesseurs des marais, en leur disputant une propriété qu'ils justifieroient leur être acquise, ni d'entrer avec eux dans les mêmes discussions que les particuliers uniquement occupés de leur intérêt personnel auroient pu faire naître sur la valeur, & l'effet de ces titres; mais que si, faute de les rapporter, après tous les délais qui ont été accordés & celui qui le sera encore, ils sont privés d'en faire usage, ils ne pourront l'imputer qu'à eux-mêmes.

Que pour ce qui est enfin des dédommagemens, cet objet peut être regardé comme une source de contestations, qui peuvent former autant de procès qu'il y a de parties intéressées au desséchement, & qui dès-lors peuvent former obstacle à cette entreprise.

Que parmi ces parties, il y en a avec lesquelles on est convenu du dédommagement qui leur est dû, & qu'on est autorisé à en demander l'exécution, sauf à elles à en réclamer, si elles croyent pouvoir & devoir le faire.

Qu'il y en a d'autres auxquelles il a été fait des offres sur lesquelles elles ne se sont pas encore expliquées, mais que, comme le délai dans lequel elles doivent le faire, en vertu du jugement des commissaires du 8 Août 1741, est expiré, depuis la signification qui leur a été faite de ce jugement, à la requête des Etats, on est autorisé, à leur égard, à demander l'effet de ce jugement.

Qu'enfin à l'égard de celles auxquelles il n'a point été fait d'offres, parce qu'elles n'étoient pas encore parties au procès, il paroît naturel de leur en faire de pareilles à celles qui ont été déjà faites aux autres parties, sauf à elles à les accepter ou à les refuser dans le délai qui sera marqué. N°. XXVI.

Que cependant, comme il est aisé de prévoir que les contestations auxquelles les demandes en dédommagement donneront lieu, peuvent mettre dans la nécessité d'avoir recours à l'autorité du Roi, à l'effet d'y être pourvu d'une maniere générale, on a cru qu'il convenoit de surseoir à ce qui regarde les demandes en dédommagement, jusqu'à ce qu'il eût été prononcé sur les oppositions au desséchement & sur le rapport des titres.

Qu'on peut donc réduire aux articles suivans les différens chefs sur lesquels les Etats ont à délibérer, tant par rapport à ce qui a été fait, qu'à ce qui reste à faire devant les commissaires juges d'attribution.

1°. D'approuver tout ce qui a été fait dans le cours de l'année devant ces commissaires, en exécution de la délibération prise par les Etats dans leur derniere assemblée le 29 Décembre 1766; comme aussi le projet des conclusions à prendre dans la requête qui doit leur être présentée, & qui rassemble tous les différens objets des contestations, sur lesquels les commissaires juges d'attribution ont à prononcer.

2°. Demander en conséquence le déboutement des oppositions formées au desséchement, comme ne pouvant, sous aucun prétexte, avoir l'effet de l'empêcher.

3°. Demander qu'il soit fixé un dernier délai pour la remise des titres de propriété, passé lequel les parties qui n'y auront point satisfait en demeure-

N°. XXVI. ront déchues, sans que ce dernier délai puisse être réputé comminatoire, attendu tous ceux qui ont précédé.

4°. D'arrêter que le bornement sera conduit à sa perfection dans les parties où il ne l'a pas été faute d'en connoître le détail; comme aussi que les parties qu'on pourra découvrir n'avoir pas encore été mises en cause, & qui ont intérêt au desséchement, y seront mises au plutôt.

5°. Dans le cas où les contestations sur les oppositions au desséchement & sur le rapport des titres, seroient jugées dans quelques mois, de présenter une requête au sujet des dédommagemens des parties intéressées, auxquelles il sera fait des offres, qui n'engagent point les Etats à suivre celles qui ont été déjà faites.

6°. De renouveller le pouvoir déjà donné à MM. les commissaires des travaux publics, de prendre les moyens & de faire les démarches qu'ils croiront les plus propres à faire juger les contestations formées à raison du desséchement des marais, & nommément pour la requête à présenter à raison des susdits dédommagemens, suivant ce qui est énoncé dans l'article précédent.

7°. D'approuver ce qui a été fait par rapport à la démolition des batardeaux & levadons construits dans l'étendue des marais, & de s'en rapporter aux mêmes commissaires sur la maniere de faire exécuter cette démolition, relativement à ce que les Etats auront déterminé sur la maniere d'exécuter le desséchement.

8°. Enfin, qu'il sera pourvu aux frais à faire, tant pour le bornement des marais qui ne l'ont pas encore été, que pour l'exécution du jugement concernant la démolition des batardeaux & levadons sur les ordres de Mgr. l'archevêque de Narbonne.

Ce qui a été délibéré, conformément à l'avis de MM. les commissaires. N°. XXVII.

XXVII.

Extrait du registre des délibérations des Etats généraux de Languedoc assemblés par mandement du Roi en la ville de Montpellier au mois de Novembre 1767.

Du Samedi 2 Janvier 1768, président Mgr. l'archevêque & primat de Narbonne.

Monseigneur l'évêque de Nîmes a dit, qu'il a été rendu compte de trois mémoires ayant rapport au desséchement des marais.

Que le premier, qui a été présenté par M. de Portalés, est la suite de la demande qu'il avoit formée pour qu'il lui fût permis de faire procéder au desséchement d'un terrein à lui appartenant, & que quoiqu'il déclare accepter aujourd'hui les conditions qu'il avoit ci-devant refusées, il paroît que les Etats ne pouvant prendre, quant à present, un parti définitif sur sa demande, ils doivent seulement déclarer qu'ils n'entendent point l'empêcher de dessécher les possessions qui lui appartiennent, pourvu que ce desséchement particulier ne porte ni empêchement ni préjudice au desséchement général & au canal de navigation, & sans que dans ce cas, ni sous aucun autre prétexte, il puisse prétendre aucune espece de dédommagement.

Que le second mémoire, présenté par M. de Calviere, tend à demander que la partie du tenement de la Muzette, qui a été comprise dans le bornement qui en a été fait en dernier lieu, soit distraite de l'étendue des marais, & déclarée n'en faire point partie; mais qu'il ne feroit pas possible d'avoir égard à sa demande, sans donner lieu aux autres parties de réclamer du bornement

No. XXVII. nement qui a été fait de leurs possessions, & de demander qu'elles fussent distraites de l'étendue des marais à dessécher, de sorte que tout ce qu'on peut faire à son égard, est de déclarer n'entendre empêcher qu'il fasse procéder, s'il le juge ainsi à propos, au dessèchement de cette partie, aux mêmes conditions énoncées ci-dessus par rapport à M. de Portalés.

Que le troisieme mémoire a été présenté par le syndic des propriétaires des salins, & qu'il tend à engager les Etats à reconnoître par une délibération solemnelle, la garantie de tous les dommages généraux & particuliers, directs & indirects, que les salins pourront souffrir à raison des ouvrages qui seront faits pour le dessèchement & le canal de navigation.

Que MM. les commissaires ont remarqué, à cette occasion, que le Roi & l'Etat ayant le premier & principal intérêt à la conservation des salins, cet intérêt veille en faveur des propriétaires & leur tient lieu de la garantie la plus assurée; qu'il ne sera causé aucun préjudice à un effet aussi précieux; mais que de plus le dessèchement ne devant être exécuté, suivant la premiere concession, que sous la condition de leur conservation, les Etats qui en sont pleinement instruits, & qui ont toujours veillé à leur sureté vis-à-vis des subrogés aux droits de M. le maréchal de Noailles, étant également disposés à remplir eux-mêmes cette condition, qui a été renouvellée dans les lettres-patentes qu'ils ont obtenues, il semble qu'ils n'ayent rien à ajouter à l'engagement qu'elle forme entre les Etats & les propriétaires des salins, à raison des dommages qui peuvent résulter du dessèchement, ni aucune nouvelle délibération à prendre à ce sujet.

Que par toutes ces raisons MM. les commissaires proposent à l'assemblée de délibérer 1°. à l'égard de M. de Portalés, que les Etats ne pouvant prendre une détermination définitive sur l'offre par lui faite de dessécher les marais qui lui appartiennent, n'entendent pas néanmoins l'empêcher de dessécher lesdits marais, pourvu que les ouvrages qu'il fera pour ce dessèchement, ne portent aucun préjudice à ceux qui seront faits pour le dessèchement général & la construction du canal de navigation, & sans que dans ce cas, & sous quelqu'autre prétexte que ce puisse être, il puisse prétendre aucune espece de dédommagement.

2°. Qu'il n'y a pas lieu d'accorder à M. le marquis de Calviere la distraction qu'il demande de la partie du terroir de la Muzette, que le tiers-expert a déclaré être marais, & dont le rapport a été autorisé avec le reste de la procédure, sauf à lui à faire procéder, s'il le juge ainsi à propos, au dessèchement de cette partie, aux mêmes conditions énoncées ci-dessus à l'égard de M. de Portalés.

3°. Enfin, pour ce qui concerne les salins, toute sortes de motifs concourant à la nécessité de veiller à leur conservation, & les Etats ayant toujours donné des preuves de leur attention pour faire exécuter par les subrogés au feu sieur maréchal de Noailles, la condition sous laquelle la concession du dessèchement & du canal de navigation lui avoit été faite, ne sont pas moins disposés à remplir cette même condition, qui a été renouvellée dans les lettres-patentes qu'ils ont obtenues le 8 Novembre 1746, & que bien loin de la méconnoître dans l'exécution d'une entreprise dont les propriétaires eux-mêmes reconnoissent l'avantage, ils sont toujours également disposés à la remplir par rapport aux dommages auxquels les salins pourroient être exposés par l'exécution des ouvrages à faire pour le desséchement & le canal de navigation, autres toutefois que ceux qui sont indépendans de l'exécution de cette double entreprise, sans qu'il soit nécessaire de prendre une délibération nouvelle à ce sujet.

Ce qui a été ainsi délibéré, conformément à l'avis de MM. les commissaires.

XXVIII.

Extrait du registre des délibérations des Etats généraux de Languedoc, assemblés par mandement du Roi en la ville de Montpellier, au mois de Novembre 1767.

Du Samedi 2 Janvier 1768, président Mgr. l'archevêque & primat de Narbonne.

Monseigneur l'évêque de Nîmes a dit, que MM. les commissaires, après s'être occupés de ce qui regarde l'ordre des procédures qu'on est obligé de suivre à l'égard des parties intéressées au desséchement, & avoir examiné les différens mémoires dont il vient d'être rendu compte, sont entrés dans la discussion, & le détail des moyens proposés par les trois directeurs pour exécuter le canal de navigation & le desséchement, en conséquence des opérations & vérifications qu'ils ont faites dans le cours de cette année, & qui ont été la suite de celles qu'ils avoient commencé en 1766.

Que suivant le mémoire qu'ils ont remis, ils déterminerent l'emplacement de la prise d'eau du Rhône à trente-deux toises au-dessus de l'extrémité du mur de quai de Beaucaire, & que, suivant la pente qu'ils ont trouvé depuis ce point jusqu'à la mer, de quinze pieds trois pouces six lignes, ils se sont proposés de distribuer cette pente en trois écluses, dont la plus haute sera placée environ à cinq cent toises au-dessous de Beaucaire, la moyenne auprès de Saint-Gilles, & la plus basse au-dessous d'Espéiran.

Que la variation dans l'élévation des eaux du Rhône leur a fait connoître la nécessité de faire, indépendamment de ces trois écluses, des ouvrages propres à soutenir l'excédent de la hauteur des eaux, au-dessus des eaux ordinaires; qu'ils déterminent ensuite ces ouvrages au moyen de mesures & de calculs qu'il n'est pas possible d'insérer dans ce rapport, & qui consistent principalement en une nouvelle écluse supérieure aux trois autres, qui sera placée à 84 toises au-dessous de la prise d'eau.

Qu'ils ont aussi cherché à prévenir l'ensablement du bassin de l'écluse la plus haute dans le cas des inondations du Rhône, & que les précautions qu'ils indiquent leur paroissent suffisantes pour rassurer sur la crainte que les eaux du Rhône puissent nuire au nouveau canal, ni qu'il puisse être ensablé dans le tems d'inondations.

Qu'attendu les plans qu'ils ont remis avec leur mémoire, ils ne sont point entrés dans le détail des formes & des proportions qu'ils donneront à ces divers ouvrages, & qu'on y verra qu'au dessous de l'écluse destinée à la variation des eaux, il a été ménagé un port de 334 toises de longueur sur 17 de largeur, dans lequel les barques pourront se mettre à l'abri des crues du Rhône.

Que le canal doit être creusé suivant la carte générale, sur dix lieues de longueur, en douze alignemens rachetés par des courbes, qui, depuis la tour de Maillane jusqu'au-dessous du mas de Villars, se rapproche le plus qu'il est possible du pied de la hauteur. Qu'un alignement de 5000 toises de long, dirigé à la tour de Constance, doit conduire à Aigues-mortes, d'où on ira

N°. XXVIII. aboutir à la partie méridionale de l'étang de Mauguio par un second alignement de 5100 toises de long, qui conservera toujours la tour de Constance pour un des termes de sa direction.

Que la largeur du canal sera de dix toises à son ouverture, & de six toises à sa base; que ses francs-bords seront de chaque côté de huit toises, & que par delà des francs-bords on ouvrira des contre-canaux de douze pieds de large, qui seront destinés à écouler les eaux sauvages & celles des filtrations du canal.

Que Saint-Gilles étant le lieu le plus considérable que l'on trouve dans le cours du canal, & à une distance égale de Beaucaire & d'Aigues-mortes, paroît devoir être un lieu d'entrepôt, & qu'on n'a pu éviter de proposer d'y construire un port, auquel il faudra donner cent toises de longueur sur dix-huit de largeur; mais qu'on peut se dispenser d'en construire un autre à l'extrémité du canal près d'Aigues-mortes, parce que la grande robine y supplée amplement.

Que le canal traversant dans la plus grande partie de sa longueur un terrein qui seroit submergé par les eaux du Rhône, sans les digues qui bordent ce fleuve, les trois directeurs estiment qu'il est inévitable de s'assurer de l'entretien de ces digues, & de veiller avec le plus d'attention à leur conservation.

Qu'en passant ensuite à ce qui concerne le desséchement des marais, ils regardent le bon entretien des digues du Rhône, & la disposition qu'ils proposent de donner au canal, comme favorables à son exécution; mais que l'écoulement des marais inférieurs vers la mer, n'étant pas suffisant pour les dessécher, parce que leur sol est trop bas, il faudra pour parvenir à leur entier desséchement, les atterrir, en y introduisant les eaux limoneuses du Rhône, du Vistre, & du Vidourle, qu'on en retirera ensuite par les contre-canaux, lorsqu'elles se seront clarifiées; que celles du Rhône pourront rehausser tout l'espace compris entre cette riviere & le canal; & celles du Vistre & du Vidourle, la partie des marais, qui se trouvera du côté opposé. N°. XXVIII

Que pour introduire les eaux limoneuses du Rhône dans les marais, il faudra construire des martelieres, de maniere à verser directement les eaux dans la plaine; qu'ils déterminent les endroits, où elles doivent être placées, & la façon dont elles doivent être construites, comme aussi la maniere de recevoir les eaux, & de les porter jusques dans les parties les plus éloignées des marais: Qu'ils indiquent pareillement les lieux, où l'on doit construire des ponts au nombre de douze au moins, & que ce nombre doit être augmenté dans la suite, à mesure que les progrès du desséchement rendront l'accès des terres nécessaire pour les cultiver.

Qu'il faut joindre à cette construction les bâtimens des gardes-écluses, & gardes-martelieres, & de plus deux moulins, qu'ils proposent de construire, l'un à la chute de la premiere écluse, & l'autre à la chute de la seconde; que ces moulins seront d'un bon revenu, étant préférables aux moulins-à-vent, ou à nef, qui sont les seuls en usage dans le pays; ils terminent leur mémoire par la comparaison du projet qu'ils proposent aujourd'hui pour la direction du canal avec les vues dont ils avoient fait part aux Etats l'année derniere, & qu'ils en expliquent les motifs, qui sont pris du changement de la prise des eaux du Rhône.

Qu'ils avoient pensé à faire usage

N°. XXVIII. des sources de Bellegarde, pour suppléer à la prise d'eau inférieure à Beaucaire; mais qu'attendu la qualité du terrein, dans lequel il auroit fallu creuser leur rigole, qui a fait craindre beaucoup de pertes, ils ont jugé qu'il en arriveroit à Beaucaire une trop petite quantité, pour nourrir le canal & pour en dessabler l'entrée, à moins qu'on ne prît la précaution de construire un aqueduc sur la longueur d'environ six mille toises, dont la dépense seroit trop considérable.

Qu'enfin ils évaluent la dépense des ouvrages du canal de navigation à 1,800,000 livres, & celle du dessèchement à 300,000 livres, non compris les indemnités des terres.

Que MM. les commissaires, après avoir pris connoissance des projets proposés, tant pour la construction du canal de navigation, que pour le dessèchement, & après avoir examiné les plans qui servent à en donner l'explication, ont remarqué que les directeurs avoient donné la plus grande attention à ce qui regarde la prise des eaux du Rhône, qui est en effet la partie des ouvrages de ce canal la plus importante, & qui demande le plus d'habileté & le plus de connoissances : Que la direction qui lui a été donnée pour aboutir à Aigues-mortes, & delà à l'étang de Mauguio, a paru devoir être également approuvée, & que les directeurs ont prévenu en ce point le vœu de la ville d'Aigues-mortes, qui a présenté un mémoire aux Etats pour demander que le canal fût conduit à la grande robine.

Que par rapport à ce qui regarde le dessèchement, le projet de le faire par atterrissement, est sans doute le plus assuré, le moins dispendieux, & le moins sujet à inconvéniens; & qu'indépendamment de ce que ces avantages peuvent bien compenser le plus long-tems qu'il demande pour son exécution, les moyens proposés par les directeurs pour conduire les eaux du Rhône, d'une part, & celles du Vidourle & du Vistre, de l'autre, dans toutes les parties des marais, paroissent promettre des atterrissemens plus prompts.

Qu'à l'égard de la dépense, l'évaluation des ouvrages du canal de navigation à la somme de dix-huit cent mille livres, l'indemnité des terres non comprises, présente un objet qui seroit capable d'éloigner son exécution, mais que son utilité qui intéresse la province & l'état, par les avantages de cette nouvelle navigation, doivent animer les Etats à chercher les moyens de fournir à cette dépense, sans avoir recours toutefois à une nouvelle imposition, que les contribuables ne pourroient supporter : Que les crues déja établies sur le sel, & dont le produit est employé à la construction de plusieurs chemins, paroîtroient plus naturellement destinées à une dépense qui intéresse essentiellement la voiture des sels, & le service de Sa Majesté, & que la destination qui seroit faite, sur la demande des Etats, du produit de ces crues aux ouvrages du nouveau canal, les feroit rentrer dans l'ordre naturel & primitif des priviléges de la province, suivant lesquels elles n'ont pû être établies sans leur consentement. N°. XXVIII.

Que les dépenses à faire pour l'exécution du dessèchement par la voie des atterrissemens qui est proposée, ne mettroient pas seules les Etats dans la nécessité de demander au Roi des secours extraordinaires, puisque la somme de trois cent mille livres, à laquelle l'évaluation en a été faite, pourroit être payée par différens moyens, qu'il seroit inutile & prématuré d'indiquer.

No. XXVIII. Et que ces différentes considérations ont déterminé MM. les commissaires à proposer à l'assemblée de délibérer. 1°. D'approuver les projets proposés par les trois directeurs dans le mémoire par eux signé du 15 du mois dernier, & les plans qui y sont joints, tant sur la construction du canal de navigation que sur le dessèchement des marais, & d'ordonner qu'ils dresseront dans le cours de l'année un devis des ouvrages dudit canal, avec une estimation détaillée & séparée desdits ouvrages, ainsi que des martelieres, & autres ouvrages proposés pour parvenir au dessèchement des marais.

Et, 2°. que Mgr. l'archevêque de Narbonne & MM. les députés, seront priés, en communiquant les projets & les plans desdits ouvrages au ministre des finances, de renouveller leurs instances pour obtenir de Sa Majesté des secours proportionnés à la dépense suivant l'évaluation qui en a été faite, nommément au moyen du produit de plusieurs crues sur les sels destinées à différens ouvrages, dont l'objet est presque entierement rempli.

Ce qui a été ainsi délibéré, conformément à l'avis de MM. les commissaires.

XXIX.

JUGEMENT

Qui autorise les rapports des experts & arpenteur & la procédure faite devant M. Vassal, commissaire, sur le bornage de partie des marais du bas Languedoc, concédés aux Etats de ladite province.

Du 15 Novembre 1768.

LES COMMISSAIRES NOMMÉS PAR arrêts du conseil des 15 Novembre 1746, 11 Avril 1761 & 19 Novembre 1767, pour juger souverainement & en dernier ressort les contestations nées & à naître à raison de No. XXIX *la concession des marais du bas Languedoc, depuis Beaucaire jusques à Aigues-mortes & à Pérols, desséchemens desdits marais, palus, étangs, lais & relais de la mer & terres inondées, oppositions audit desséchement, construction du canal de navigation, circonstances & dépendances, a été par Nous rendu le jugement qui suit.*

VU le jugement par nous rendu le 11 Avril 1768, par lequel, attendu la communication faite aux sieurs Perié freres & Roussellier, de la procédure contenant bornage des marais de la terre du Mole & de ceux du domaine de las Tombes, ainsi que des rapports des experts & arpenteurs qui procéderent audit bornage en l'année 1740, ordonne que lesdits Perié freres & Roussellier déclareront dans huitaine, s'ils acquiescent à ladite procédure de bornage à eux signifiée, ou s'ils entendent en réclamer, autrement, faute de ce faire, ledit délai passé, en vertu dudit jugement, & sans qu'il en soit besoin d'autre, déclare ladite procédure & rapports définitivement autorisés à leur égard, sans qu'ils puissent en réclamer; ordonne aussi que l'arrêt du conseil du 12 Mai 1716, & les jugemens par nous rendus sur le bornage desdits marais du bas Languedoc, seront exécutés suivant leur forme & teneur; & en conséquence, que tous les marais depuis Beaucaire jusques à Aigues-mortes & à Pérols, concédés par Sa Majesté aux Etats généraux du Languedoc, qui n'ont pas été bornés, le seront à la diligence du syndic général; auquel effet, que par experts, dont les possesseurs des marais non-bornés, qui sont actuellement en cause, ou qui pourront dans les suites y être appellés,

N°. XXIX. conviendront avec ledit syndic général, pardevant le sieur Vassal, l'un de nous, commissaire jà député, même un tiers, si besoin est, ou qui, en défaut, seront par ledit sieur commissaire pris & nommés d'office, ainsi que ledit tiers-expert, il sera procédé par lesdits experts & tiers, conjointement avec Verdier, arpenteur déjà nommé d'office, en présence dudit sieur Vassal, commissaire, & du sieur Coulomb, procureur du Roi en la commission, ou icelui duement appellé, lesdits possesseurs aussi présens ou duement appellés, à la vérification desdits marais, palus, étangs, & terres inondées, lesquels experts rapporteront si les fonds qui leur seront montrés lors de ladite procédure, ne sont réellement marais, palus, étangs ou terres inondées, dans le cas du dessèchement & du bornage ordonnés par le susdit arrêt du conseil du 12 Mai 1716, desquels fonds, & pour les portions qu'ils estimeront être marais, palus, étangs & terres inondées, ils rapporteront la situation & les confronts, & procéderont de suite au bornage d'iceux en présence dudit sieur commissaire, dépens réservés; La production & pieces sur lesquelles ledit jugement a été rendu; L'exploit de signification dudit jugement, faite le 15 dudit mois d'Avril à Ricard, procureur du sieur Daurel, commandeur de Montpellier, Chamand, procureur des dames de Cournon, du sieur d'Azemar & de la dame de Montoulieu son épouse, Moureau, des consuls de Beaucaire, Montels, de la dame Desports & de la dame veuve Souliet, Chivaud, du sieur Roussellier, & Bourgoing, des sieurs Perié; Six autres exploits de signification du même jugement, faite aux susdites parties les 15, 17 & 18 dudit mois d'Avril, avec assignation au 22 du même mois, pardevant ledit sieur Vassal, commissaire, dans son hôtel à Montpellier, huit heures de matin, pour convenir d'experts, sinon en voir nommer d'office par ledit sieur commissaire, à l'effet de la vérification & bornage de leurs marais, palus, étangs & terres inondées; Deux autres exploits d'assignation donnée le 19 dudit mois au sieur évêque de Montpellier, & aux consuls & communautés du comté de Mauguio, à comparoir le même jour 22 Avril, devant ledit sieur Vassal, pour voir nommer, par ledit syndic général, un expert au lieu & place de Me. Parlier qui avoit déjà procédé, à l'effet de la continuation de la procédure de bornage des marais dudit comté de Mauguio, en nommer un de leur part, si bon leur sembloit, sinon, & faute de faire ladite nomination, il leur est protesté que Me. Abauzit, déjà nommé d'office pour eux, continuera de procéder avec l'expert que ledit syndic général nommera; L'acte de sommation fait le 20 dudit mois au sieur Coulomb, procureur du Roi en la commission, de se trouver ledit jour 22 Avril chez ledit sieur Vassal, commissaire, pour voir faire lesdites nominations; lesdits exploits & sommation contenant en outre, qu'il seroit procédé par ledit sieur commissaire, tant en la présence, qu'en l'absence desdites parties, que dudit sieur procureur du Roi; Le procès-verbal tenu ledit jour devant ledit sieur Vassal, contenant les comparans faits par le syndic général, par lesdites dames Desports & veuve Souliet, par les consuls de Beaucaire & par ledit sieur d'Azemar & la dame son épouse, ou par les procureurs desdites parties, & le dire dudit sieur procureur du Roi; Extrait de la délibération prise le 18 dudit mois d'Avril par la communauté de Beaucaire, contenant nomination de l'expert de ladite communauté, ledit extrait remis pour être annexé audit procès-

N°. XXIX. verbal; L'ordonnance rendue ledit jour 22 Avril par ledit sieur Vassal, commissaire, qui octroie défaut contre les sieurs Perié freres & Roussellier pour servir au syndic général, ainsi qu'il appartiendra, octroie également défaut contre les dames de Cournon, l'une veuve du sieur de Marmier, & l'autre épouse du sieur Plauchut, le sieur évêque de Montpellier & le sieur Daurel, commandeur, pour l'utilité duquel donne acte aux procureurs des parties comparantes, de leurs dires & réquisitions, au syndic général de la nomination qu'il fait de Jean-Paul Viela, féodiste, habitant de Montpellier pour son expert, à la dame de Nigry, de celle de Jean Fermaud pour le sien, & aux consuls de Beaucaire de Jean-Jacques Cambon aussi pour leur expert; & faute par lesdites dames de Marmier & de Plauchut, d'avoir comparu pour nommer un expert, faute encore par la dame Souliet & par le sieur d'Azemar & son épouse, d'en vouloir nommer de leur part, nomme d'office pour expert desdites parties, Me. Mathieu Baude de la Plane, avocat, habitant de Montpellier, ordonne que la procédure ordonnée par le jugement du premier Juillet 1767 & commencée avec le sieur évêque de Montpellier & les consuls du comté de Mauguio, sera continuée & parachevée par le sieur Abauzit, expert nommé d'office pour lesdites parties, & par le sieur Viela, expert nommé par le syndic général, au lieu & place du sieur Parlier, conjointement avec Verdier, arpenteur nommé d'office, & que dans trois jours de la signification de ladite ordonnance, les parties proposeront leurs causes de soupçon & récusation contre lesdits experts & arpenteur, passé lequel délai, lesdits experts & arpenteur seront assignés pour prêter serment, & les parties pour le leur voir prêter, & indiquer le jour du départ dudit sieur commissaire; L'exploit de signification dudit procès-verbal & ordonnance du 23 dudit mois d'Avril aux procureurs desdites parties; Cinq autres exploits de signification dudit verbal & ordonnance, faits les 23, 25 & 26 du même mois d'Avril, audit sieur évêque de Montpellier, aux consuls de Mauguio, à ceux de Beaucaire, au commandeur de Montpellier, aux dames Desports, de Marmier & de Plauchut, veuve Souliet, au sieur d'Azemar & à la dame son épouse, avec assignation au Lundi 2 Mai suivant, devant ledit sieur commissaire, pour voir prêter serment auxdits experts & à l'arpenteur, & voir indiquer le jour que ledit sieur commissaire fera descente sur les lieux; Autre assignation donnée le 27 Avril auxdits Viela, Baude, experts, & au sieur Verdier, arpenteur, audit jour 2 Mai, pour prêter serment; L'acte de sommation faite aux procureurs desdites parties, le même jour 27 Avril, d'en venir devant ledit sieur commissaire, pour voir prêter serment auxdits experts & arpenteur, & voir indiquer le jour de la descente sur les lieux; Autre acte de sommation au procureur du Roi aux mêmes fins, du 30 dudit mois d'Avril; Le procès-verbal tenu devant ledit sieur commissaire, ledit jour 2 Mai dernier, lors duquel lesdites dames de Marmier & de Plauchut firent déclarer par Chamand leur procureur, que ne pouvant contester que les 1150 salmées du tenement appellé le Partisan par elles joui, ne fussent, pour la plus grande partie, marais ou terres inondées, puisque ce tenement n'avoit été concédé à leurs auteurs que sous cette dénomination, elles renonçoient à avoir un expert, & consentoient que le bornage dudit tenement fût fait par Viela, expert du syndic général, & par Verdier, arpenteur, se réservant de faire rap- N°. XXIX.

N°. XXIX. porter par lesdits expert & arpenteur, lors de la vérification, les faits énoncés audit comparant ; le syndic général ayant aussi fait déclarer dans ledit verbal, que sur les informations par lui prises, & en résultant que le tenement appellé Prétalon, joui par la veuve Souliet, & pour lequel elle avoit été assignée, n'étoit point marais à cause des ouvrages qu'on y avoit fait faire, qui le garantissoient des eaux, il ne suivroit point la procédure contre ladite veuve Souliet, abandonnant la demande contre elle formée ; L'ordonnance rendue par ledit sieur Vassal, commissaire, à suite dudit procès-verbal, ledit jour 2 Mai 1768, qui octroie défaut contre le sieur évêque de Montpellier, les consuls de Mauguio, le commandeur de Montpellier, la dame Desports & les consuls de Beaucaire ; & pour l'utilité, donne acte des comparutions, dires & réquisitions ; & tenant le consentement desdites dames de Marmier & de Plauchut, ordonne que le bornage du tenement en marais, appellé le Partisan, sera fait par Viela, expert du syndic général de la province, & par Verdier, arpenteur ; tenant la déclaration dudit syndic général en ce qui concerne la veuve Souliet, ordonne que la nomination faite du sieur Baude, d'office, pour expert de ladite veuve, du sieur Daurel, commandeur, des dames de Marmier & de Plauchut, & desdits d'Azemar & Montoulieu mariés, tiendra seulement pour ledit sieur Daurel & pour lesdits d'Azemar & Montoulieu ; Ordonne encore que les experts & arpenteur qui étoient présens, prêteroient serment, & reçoit ledit serment, indique la descente ou le départ pour aller sur les lieux contentieux, au Vendredi six dudit mois de Mai, pour faire ses premieres assises au lieu de Bellegarde, & dans la maison de la veuve Larnac, sauf à être pourvu sur les lieux pour l'indication des autres endroits ; Enjoint aux experts & arpenteur de s'y trouver pour procéder le Lundi suivant neuvieme dudit mois de Mai, heure de quatre du matin ; L'exploit de signification dudit verbal, & ordonnance aux procureurs des parties intéressées du 3 dudit mois de Mai ; Autres exploits d'assignation donnés les 30 Avril & premier Mai dernier, aux sieurs Mourgues, bourgeois, habitant à Montpellier, au sieur marquis de Calvisson, au sieur Sibille, de Lunel, & à Daumas de Massiliargues, jouissant des parties des marais au levant de l'enclos Desports près Lunel, à comparoir le 5 dudit mois de Mai, devant ledit sieur Vassal, commissaire, pour convenir d'experts à l'effet de la vérification & bornage desdites parties de marais ; L'acte fait au procureur du Roi en la commission le 3 du même mois, d'en venir le 5 devant ledit sieur commissaire, pour voir nommer lesdits experts ; Le procès-verbal tenu devant ledit sieur Vassal ledit jour 5 Mai, à suite duquel est l'ordonnance rendue par ledit sieur commissaire ledit jour, qui octroie défaut contre lesd. Daumas & Mourgues, donne acte des comparutions faites pour le syndic général, pour le sieur de Calvisson & pour le sieur Sibille, de la nomination de Jean-Paul Viela, féodiste, pour expert du syndic général, & de Dominique Fermaud, habitant à Lunel, pour expert dudit Sibille ; Nomme d'office, pour les sieurs de Calvisson, Daumas & Mourgues, Me. Mathieu Baude de la Plane, avocat, à l'effet de la procédure de vérification & bornage dont s'agit, sauf cause de soupçon & récusation à proposer dans trois jours de la signification, passé lequel délai, ordonne que lesdits experts & Verdier, arpenteur, seront assignés devant lui pour prêter serment, & les parties pour

pour le leur voir prêter ; L'assignation donnée auxdits Viela & Verdier, expert & arpenteur, le 3 dudit mois de Mai, pour se trouver chez le sieur Vassal, commissaire, le 6 du même mois, pour partir & se rendre avec lui sur les lieux indiqués par son ordonnance du 2 Mai ; L'acte de sommation fait le même jour 3 Mai au sieur Coulomb, procureur du Roi, aux mêmes fins : Autre acte de sommation du même jour aux procureurs du sieur évêque de Montpellier, du sieur commandeur de ladite ville, de la dame Desports, du sieur d'Azemar & de la dame son épouse, & des consuls de Mauguio, de se trouver ledit jour 6 Mai, devant ledit sieur commissaire, pour le voir partir à l'effet de faire descente sur les marais, & l'accompagner si bon leur sembloit. Vu aussi le procès-verbal & ordonnance rendus par ledit sieur commissaire ledit jour 6 Mai, qui constatent son départ ; l'assignation donnée le même jour aux dames de Marmier & de Plauchut, à comparoir le 9 au lieu de Bellegarde pardevant ledit sieur Vassal, pour lui voir faire descente sur le marais dénommé le Partisan, par elles joui, le voir vérifier & borner, tant ledit jour que les suivans, jusqu'à entiere perfection de la procédure, avec déclaration qu'il seroit procédé, tant en leur présence qu'absence ; Le procès-verbal dudit sieur commissaire aux séances des 9, 10, 11 & 14 dudit mois de Mai, lors desquelles la vérification & bornage dudit marais, dénommé le Partisan, furent faits en présence dudit sieur commissaire & du procureur du Roi, & le rapport dudit bornage remis : Vu en outre le rapport desdits Viela & Verdier, expert & arpenteur, contenant vérification & bornage de 1125 salmées marais, sur la contenance de 1150 du tenement appellé le Partisan, joui par lesdites dames de Marmier & de Plauchut, à suite duquel rapport est l'exploit de signification qui en a été faite au procureur desdites dames le 28 Septembre suivant ; L'assignation donnée aux consuls & communauté de Beaucaire, & à Cambon leur expert, le 12 Mai dernier, pour comparoir devant ledit sieur Vassal, commissaire, le Lundi 16 dudit mois, au lieu de Bellegarde & dans la maison de la veuve Larnac, où il faisoit ses assises, à l'effet de voir prêter serment audit Cambon leur expert ; & à celui-ci pour jurer, & de suite aller sur les 550 salmées du marais, attenantes aux 1150 du marais dénommé le Partisan, pour en voir faire la vérification & bornage, tant ledit jour que les suivans, jusqu'à ce qu'il soit parachevé ; Le procès-verbal dudit sieur commissaire à la séance dudit jour 16 Mai, lors de laquelle Brunel, greffier de la ville de Beaucaire, remit extrait de la délibération prise par ladite communauté le 14 du même mois, qui députe les sieurs de Tieuloi & Sucard, consuls, & ledit Brunel, pour comparoir devant ledit sieur Vassal le 16, être présens à la prestation du serment dudit Cambon, expert de ladite ville, & se rendre sur les lieux contentieux, pour le voir procéder conjointement avec l'expert du syndic général, & Verdier, arpenteur, à la vérification & bornage desdites 550 salmées de marais, dans laquelle délibération lesdits deputés sont chargés d'observer que ce bornage ne devoit être fait que pour séparer lesdites 550 salmées des 1150 restantes, attendu que les 550 salmées devoient rester à ladite communauté, sans qu'il en fût rien retranché, ni qu'elle fût tenue de contribuer aux frais du desséchement, suivant le traité fait avec M. de Noailles en 1701. Vu aussi l'extrait de ladite délibération, & le com-

N°. XXIX.

parant fait par lesdits députés ledit jour 16 Mai, relatif aux pouvoirs donnés; La réplique faite audit comparant par le procureur du syndic général, dans laquelle il requiert qu'il soit enjoint auxdit députés de déclarer si les 550 salmées convenues être marais par ladite communauté, ne confrontoient; sçavoir, du levant partie des 800 salmées marais, concédées par Louis XIII à ladite ville en 1632; les possessions du sieur de Fressieux, présentement jouies par le sieur président de Belleval, son petit-fils; celles du sieur de Forton & de Troupenas, propriétaires de la métairie appellée de Patis, & autres prises dudit corps de 800 salmées; du couchant, les 1150 salmées en marais, possédées par les dames de Marmier & de Plauchut, & bornées les 10 & 11 dudit mois devant ledit sieur commissaire; du nord, le pré appellé de Gailhan, présentement joui par le sieur Fourmaud, propriétaire de la métairie de la tour de Malliane, & le marais dénommé le Contrat, joui en commun par les communautés de Beaucaire & de Bellegarde, la robine royale entre deux, & du midi, les palus ou marais du terroir de Fourques; La réponse faite à ladite réplique par lesdits députés de Beaucaire, contenant que les 550 salmées marais jouies par ladite ville, sont enclavées dans les confrontations & désignations insérées dans ladite réplique; Le verbal dudit sieur Vassal, commissaire, du 17 dudit mois, lors duquel Palat, procureur du syndic général, requit que demeurant l'aveu fait par la ville de Beaucaire ou par ses députés, de la qualité en marais desdites 550 salmées, de leur situation & emplacement, des confrontations dans lesquelles ledit tenement étoit enclavé, vu que ces aveux indiquoient parfaitement lesdites 550 salmées marais, il paroissoit inutile de les borner, l'étant suffisamment par lesdites designations, contenances & par lesdites confrontations; L'ordonnance rendue ledit jour par ledit sieur commissaire, qui donne acte des dires & réquisitions desdites parties; L'assignation donnée le 18 dudit mois de Mai à la dame de Nigry, veuve du sieur Pierre Desports, & à Fermaud son expert, pour comparoir devant ledit sieur commissaire à la ville de Lunel, & dans la maison de la dame veuve Souliet, où il faisoit ses assises; sçavoir, audit Fermaud, expert, pour prêter serment & procéder, & à ladite dame Desports, pour voir jurer ledit expert & le voir procéder, tant le lendemain 19 Mai, que les jours suivans, jusqu'à l'entiere perfection de la procédure de bornage des marais jouis par ladite dame, désignés dans ledit exploit d'assignation; L'ordonnance dudit sieur commissaire, dudit jour 19 Mai, qui reçoit le serment dudit Fermaud, expert, ordonne qu'il se transportera de suite sur lesdits marais, pour procéder en sa présence, conjointement avec l'expert du syndic général & Verdier arpenteur; Le procès-verbal dudit sieur Vassal, commissaire, aux séances des 19 & 20 Mai dernier, lors desquelles les experts & arpenteur vérifierent & bornerent, en présence dudit sieur commissaire & du procureur du Roi, les trois tenemens en marais, jouis par ladite dame Desports, qui leur avoient été montrés ledit jour 19 Mai; l'un desdits tenemens dénommé le prés des Anes, le second, le pré de la Dispute, & le troisieme, le pré Neuf; Le rapport contenant vérification & bornage desdits trois tenemens, comme étant marais ou terres inondées; ledit rapport remis devant ledit sieur Vassal, commissaire, le lendemain 21 Mai, à suite duquel est l'exploit de signification faite au procureur de ladite dame

N°. XXIX

N°. XXIX. Desports. {Vu de plus les assignations données les 19 & 20 dudit mois de Mai audit Viela, expert du syndic général, Baude, expert nommé d'office pour le sieur marquis de Calvisson, le sieur Mourgues, le sieur d'Azemar & la dame de Montoulieu mariés, & à Verdier arpenteur, à l'effet de comparoir le 21 dudit mois devant ledit sieur commissaire, pour prêter serment & procéder à la vérification & bornage des marais desdites parties; Autre assignation donnée le même jour 20 Mai auxdits sieurs de Calvisson & Mourgues, pour ledit jour 21 Mai, à l'effet de voir prêter serment auxdits experts & arpenteur; & les voir procéder; Le procès-verbal & ordonnance dudit sieur Vassal, commissaire, dudit jour 21 Mai, contenant la réception du serment desdits experts & arpenteur, & sa descente avec eux & le procureur du Roi, sur les tenemens en marais desdits sieurs de Calvisson & Mourgues, tant ledit jour 21 Mai, que le 24 dudit mois, lesquels jours les experts vérifierent & bornerent lesdits tenemens en marais, jouis par lesdits sieurs de Calvisson & Mourgues, l'un appellé le pré des Demoiselles, & l'autre le pré d'Aujargues; Le rapport desdits experts & arpenteur, contenant ladite vérification & bornage du 24 dudit mois, remis le même jour devant ledit sieur commissaire, ledit rapport duement signifié auxdits sieurs de Calvisson & Mourgues; L'assignation donnée ledit jour 24 Mai auxdits d'Azemar & de Montoulieu mariés, pour comparoir devant ledit sieur Vassal le lendemain 25, à l'effet de lui voir faire descente sur le tenement en marais par eux joui, appellé le pré Teillan, & le voir vérifier & borner, tant ledit jour que les suivans; Procès-verbal & ordonnance rendus par ledit sieur commissaire les 25 & 26 dudit mois, jours auxquels les experts & arpenteur verifierent & bornerent ledit marais; le rapport desdits experts, contenant ladite vérification & bornage du lendemain 27 Mai, remis le même jour devant ledit sieur Vassal, ledit rapport signifié au procureur desdits d'Azemar & de Montoulieu: Vu encore le comparant fait par Palat, procureur du syndic général, lors de ladite remise, dans lequel il déclare que c'étoit par erreur que les sieurs Sibille & Daumas avoient été mis en cause, sur des indications peu exactes, tandis qu'il avoit été vérifié qu'ils ne jouissoient point des marais pour raison desquels ils avoient été appellés, mais bien le sieur Mourgues, dont Daumas n'étoit que le fermier, & la dame Sibille, veuve du sieur de Fourques de Lunel, lesquelles erreurs reconnues sur les lieux, il n'avoit pas donné suite à la procédure commencée contre lesdits Sibille & Daumas, qui demeureroit abandonnés à l'égard desdites parties: Vu aussi les assignations données au sieur évêque de Montpellier, au commandeur de ladite ville & aux consuls des communautés du comté de Mauguio, les 31 Août & 12 Septembre dernier, à l'effet de comparoir devant ledit sieur commissaire pour lui voir faire descente sur les marais par eux jouis, & les voir vérifier & borner; Pareille assignation donnée auxdits Viela & Baude, le premier, expert de la province, & le second, nommé d'office pour ledit sieur commandeur, à Abauzit, expert aussi nommé d'office pour ledit sieur évêque de Montpellier, & pour lesdites communautés du comté de Mauguio, & à Verdier, arpenteur, pris aussi d'office, à l'effet de se rendre sur les lieux, pour procéder à la vérification & bornage à eux commis; Le procès-verbal & ordonnance rendus par le- N°. XXIX.

N°. XXIX. dit sieur Vassal, commissaire, les 5, 6, 7, 9, 10, 12, 13, 14, 15 & 17 dudit mois de Septembre, jours auxquels lesdits experts & arpenteur vérifierent & bornerent en présence dudit commissaire & du procureur du Roi, les marais jouis par lesdits sieurs évêque & commandeur de Montpellier, & par lesdites communautés du comté de Mauguio; Les rapports desdits experts & arpenteur contenant ladite vérification & bornage, celui concernant le marais dénommé l'Estagnol de Vauguieres, joui par ledit sieur commandeur, en date du 12 du même mois de Septembre, & celui des marais attenant audit Estagnol de Vauguieres, faisant partie de ceux dudit comté de Mauguio, du 17 dudit mois, lesdits rapports remis devant ledit sieur Vassal, commissaire: Vu encore l'entier procès-verbal dudit sieur commissaire, à suite duquel les rapports ci-devant visés ont été transcrits, & l'exploit de signification dudit procès-verbal, faite à chacune des parties y denommées, ou à leurs procureurs dans l'instance, par exploit du 28 dudit mois de Septembre; Requête du syndic général de la province du 24 du même mois, tendante à ce que tenant les aveux faits par la communauté de Beaucaire dans ses déliberations des 18 Avril & 14 Mai 1768, & par les députés de ladite communauté, dans les comparans faits pour elle devant ledit sieur commissaire, les 16 & 17 dudit mois de Mai, sur la qualité, contenance, confrontations & emplacement des 550 salmées reconnues marais, jouies par ladite ville de Beaucaire, déclarer lesdites 550 salmées marais suffisamment bornées, au moyen desdites désignations, emplacemens & confrontations, autoriser les rapports desdits Viela, Baude, Fermaud, Abauzit, experts, & dudit Verdier, arpenteur, ensemble le procès-verbal dudit sieur commissaire, & l'entiere procédure faite N°. XXIX. devant lui, contenant vérification & bornage des marais, palus, étangs & terres inondées y mentionnés, sans préjudice aux Etats de Languedoc de faire vérifier & borner les marais, palus, étangs, lais & relais de la mer & terres inondées qui peuvent avoir été omis; Faire défenses à toutes personnes, d'enlever ni de déplacer les bornes placées lors de ladite procédure, ni de faire aucuns ouvrages tendant au desséchement des marais ou terres inondées compris dans cette derniere procédure, sans la permission expresse desdits Etats, sous les peines de droit; L'ordonnance mise sur ladite requête ledit jour 24 Septembre par le sieur de Saint-Priest, fils, l'un de nous, portant qu'elle sera communiquée aux parties intéressées ou à leurs procureurs, & au procureur du Roi en la commission, pour y répondre dans huitaine; L'exploit de signification de ladite requête aux procureurs desdites parties intéressées, le 28 du même mois; L'acte à produire & remettre pour le jugement de ladite requête, faite auxdites parties ou à leurs procureurs le même jour; L'inventaire de production & continuation dudit syndic général, avec les exploits de signification aux procureurs des parties intéressées, dudit jour 28 Septembre; Conclusions du sieur Coulomb, procureur du Roi en la commission, du 8 Octobre, & Oui le rapport du sieur de Rosset, l'un de nous, tout considéré.

NOUS COMMISSAIRES susdits, juges en dernier ressort, faisant droit à la requête du syndic général de la province de Languedoc, du 24 Septembre dernier, avons autorisé & autorisons les rapports de Viela, Baude, Fermaud, Abauzit, experts, &

N°. XXIX. de Verdier, arpenteur, des 14, 21, 27 Mai, 12 & 17 Septembre 1768, ensemble le procès-verbal & entiere procédure faite devant ledit sieur Vassal, l'un de nous, pour le bornage des marais, palus & étangs y mentionnés, sans préjudice au syndic général de faire borner les marais, palus & étangs depuis Beaucaire jusques à Aigues-mortes & à Pérols, qu'il pourra découvrir avoir été omis, demeurant l'aveu fait par la communauté de Beaucaire dans ses délibérations des 18 Avril & 14 Mai 1768, & dans les comparans faits par les députés de ladite ville, devant le sieur Vassal, commissaire, aux séances des 16 & 17 Mai dernier, déclaré & déclarons les cinq cent cinquante salmées marais énoncées dans lesdites délibérations & comparans, & dans celui fait par le procureur du syndic général, ledit jour 16 Mai dernier suffisamment bornées, par l'emplacement, désignation & confrontations énoncées dans lesdits comparans; Faisons défenses à toutes personnes d'enlever, changer, ni déplacer les bornes posées lors de ladite procédure, ni de faire aucuns ouvrages tendant au desséchement des marais, palus & étangs y mentionnés, sans la permission expresse des Etats, conformément à l'arrêt du conseil & lettres-patentes des 7 & 8 Novembre 1746, sous les peines de droit : Ordonnons que le présent jugement sera imprimé, lu, publié & affiché par-tout où besoin sera, afin que personne n'en prétende cause d'ignorance, & qu'on ait à s'y conformer sous les mêmes peines, sans dépens. FAIT à Montpellier le quinze Novembre mil sept cent soixante-huit. *Signés*, DE SAINT-PRIEST. DE SAINT-PRIEST fils. JOUBERT. BONNIER D'ALCO. ROSSET, rapporteur. VASSAL. FERMAUD DE LA BANQUIERE. NADAL.

XXX. N°. XXX.

REQUÊTE

Du syndic général de Languedoc, contre les possesseurs des marais depuis Beaucaire jusqu'à Aigues-mortes & à Pérols.

A NOSSEIGNEURS LES COMMISSAIRES nommés par arrêt du Conseil pour juger souverainement & en dernier ressort, les contestations concernant le desséchement des marais du bas Languedoc, circonstances & dépendances.

SUPPLIE humblement le syndic général de la province de Languedoc, & vous représente, Que Sa Majesté ayant fait don des marais du bas Languedoc, depuis Beaucaire jusqu'à Aigues-mortes & à l'étang de Pérols, à feu M. le maréchal duc de Noailles, à l'effet d'en faire le desséchement, & d'y faire construire un canal de navigation : Comme partie de ces marais pouvoit appartenir à des seigneurs ou à des communautés ecclésiastiques ou laïques, il fut ordonné par un arrêt du conseil du 29 Mars 1701, que tous ceux qui avoient intérêt audit desséchement, formeroient leurs demandes dans quinzaine pardevant M. de Basville, pour lors intendant de la province, à raison du droit de propriété ou d'usage par eux prétendus sur ces marais, pour icelles être communiquées aux procureurs de M. de Noailles, à l'effet par M. de Basville de les faire convenir à l'amiable de l'indemnité à eux due; & faute d'en convenir à l'amiable, d'être dressé par lui procès-verbal des demandes & des offres qui pourroient être faites par les préposés de M. de Noailles, pour, sur son avis, être pourvu par Sa Majesté à l'indemnité qui pourroit être due.

N°. XXX. L'abbé & le chapitre de Saint-Gilles, le capiscol dudit chapitre, & les communautés de Saint-Gilles, l'abbé de Franquevaux, le sieur de Saint-Côme, la communauté d'Aigues-mortes, M. le baron de Vauvert, & les consuls dudit lieu; la communauté de Beaucaire, celles du Caylar & d'Aimargues; M. le comte de Calvisson, la communauté de Bellegarde, M. le grand-prieur de Saint-Gilles, M. l'évêque d'Alais, M. le duc d'Uzès, comme jouissans de la plus grande partie des marais, furent, en conséquence de cet arrêt, assignés devant M. de Basville : ils comparurent; & toutes ces parties, à l'exception du grand-prieur de Saint-Gilles, consentirent au desséchement, aux conditions énoncées au procès-verbal tenu devant ledit sieur de Basville en 1701.

Il fut expédié en conséquence, des lettres-patentes au mois de Janvier 1702, par lesquelles le feu Roi permit à M. le maréchal duc de Noailles, ses successeurs & ayans cause, de faire dessécher tous & chacuns les étangs, palus, marais, coustieres, lais & relais de la mer, depuis Beaucaire jusqu'à Aigues-mortes & à l'étang de Pérols, & terres inondées, appartenant à Sa Majesté, ou à des ecclésiastiques, communautés & particuliers, suivant & conformément aux conventions faites entre mondit sieur le maréchal duc de Noailles & les propriétaires desdits fonds, énoncées au procès-verbal dudit sieur de Basville du premier Mai 1701, & jours suivans, que Sa Majesté homologue & confirme; ensemble le contrat passé le 23 Octobre précédent, entre M. le duc d'Uzès, propriétaire & possesseur d'aucuns desdits marais, à cause de ses terres & seigneuries de Bellegarde, Aymargues & Broussan, pour être le tout exécuté selon sa forme & teneur, & jouir par ledit sieur maréchal de Noailles, ses successeurs & ayans cause, à perpétuité, des fonds qui seront desséchés, conformément à ce qui est porté plus au long par lesdites lettres-patentes; lesquelles lui permettent aussi de faire un canal de navigation depuis Beaucaire jusqu'au canal qui se faisoit pour lors dans les étangs, depuis le port de Cette jusqu'à Aigues-mortes. N°. XXX

M. le duc de Noailles son fils, depuis maréchal de France, ayant exposé à Sa Majesté en 1716, que les guerres qui étoient survenues depuis 1701, ayant fait différer l'entreprise de ces ouvrages, il étoit dans le dessein, comme étant aux droits de feu sieur maréchal de Noailles, de faire travailler au desséchement; mais qu'il avoit remarqué que suivant le procès-verbal du sieur de Basville, beaucoup de propriétaires s'étoient réservés les prés & coustieres dont ils jouissoient, sans néanmoins les désigner & limiter plus particuliérement : Que d'autres s'étoient dits propriétaires, & auroient fait l'abandonnement des marais qui ne leur appartenoient pas, & dont la propriété leur étoit contestée, & que plusieurs autres s'étoient réservés de prendre de l'eau du canal de navigation, qui, par l'événement, ne se trouveroit peut-être pas nécessaire; & que le feu sieur maréchal de Noailles ne s'étoit pas obligé de le faire faire, en ayant seulement demandé & obtenu la faculté, il fut ordonné par arrêt du conseil du 12 Mai 1716.

1°. Que par experts, dont les parties conviendroient devant ledit sieur de Basville, ou qui seroient par lui nommés d'office, il seroit planté des bornes pour séparer les terres & les marais qui doivent lui appartenir pour le tout ou pour partie, d'avec les prés & coustieres que les propriétaires se sont réservés par le procès-verbal dudit sieur de Basville du premier Mai 1701.

N°. XXX. 2°. Qu'en conséquence, les propriétaires ou usagers des marais & terres à dessécher en question, seroient tenus de représenter devant le sieur de Basville, les titres & pieces justificatives de leur droit de propriété, pour lui être délivrés, ou lui en être fourni des copies collationnées devant ledit sieur de Basville.

3°. Qu'en fournissant par ledit sieur duc de Noailles, aux propriétaires des prés, coustieres, terres & marais réservés, de l'eau des canaux qui seront faits pour le desséchement des marais les plus près de leurs héritages, pour les faire arroser, il seroit déchargé de fournir de l'eau du canal de navigation qu'il est à son choix de faire ou de ne pas faire.

En exécution de cet arrêt, les parties intéressées ayant été assignées devant M. de Basville, elles comparurent; les religieux de Franquevaux qui n'avoient pas été appellés lors du procès-verbal de 1701, consentirent au desséchement, à des conditions que M. de Noailles n'accepta point; M. de Basville rendit ordonnance le 15 Juillet 1716, qui donna acte des dires des parties & de la nomination d'un expert faite de la part de M. de Noailles; ordonna que les autres parties nommeroient de leur part un expert dans quinzaine, sinon qu'il en seroit nommé d'office; & que dans le même délai on représenteroit les titres de propriété, pour être délivrés à M. de Noailles, ou lui en être fourni des copies, en conformité du susdit arrêt.

Les intéressés au desséchement furent de nouveau assignés en vertu de cette ordonnance. Ils comparurent en partie, & requirent délai pour remettre leurs titres. Les communautés de Saint-Laurent d'Aigouse, & celle de Massiliargues s'opposerent au desséchement; sur quoi M. de Basville rendit ordonnance le 30 Septembre 1716, qui donna acte des nominations d'experts, & renvoya au conseil sur les oppositions au desséchement. N°. XXX.

En cet état, M. le duc de Noailles ayant cédé à M. le prince Charles de Lorraine le don des marais, celui-ci obtint un arrêt du conseil le 16 Décembre 1719, qui ordonna l'exécution des précédens, & subrogea M. de Bernage le pere, au lieu & place de M. de Basville.

Les choses resterent dans cette situation, jusques en l'année 1728 que les sieurs de Barrillon & de la Salle subrogés aux droits de M. le prince Charles de Lorraine, obtinrent un arrêt du conseil le 4 Mars de ladite année, qui les subrogeoit aux droits de M. le maréchal de Noailles. Ils en obtinrent un autre le 5 Août de la même année, portant que celui du 12 Mai 1716, seroit exécuté à leur diligence, & subroge M. de Bernage de Saint-Maurice, au lieu & place de M. de Bernage son pere, pour procéder, conformément audit arrêt, tant à la nomination des experts pour le bornement & séparation des terres & marais qui doivent leur appartenir, d'avec les prés & coustieres que les propriétaires se sont réservés par le procès-verbal du sieur de Basville du mois de Mai 1701, qu'à la représentation des titres & pieces justificatives des droits desdits propriétaires; & en cas de contestation sur la propriété des prés & coustieres ou sur le bornement des marais, renvoie devant des commissaires à Montpellier, pour juger lesdites contestations souverainement & en dernier ressort.

Ensuite & le 9 Décembre 1738, lesdits sieurs de Barrillon & de la Salle obtinrent un troisieme arrêt du conseil, portant que celui du 5 Août précédent seroit exécuté avec M. l'évêque d'Alais, le grand-prieur de Saint-Gilles, l'ordre

N°. XXX. de Malte, & autres parties intéressées au desséchement, dont les indemnités pouvoient n'avoir pas été réglées dans le procès-verbal du mois de Mai 1701; & en conséquence que lesdites parties seroient assignées, pour former leurs demandes en dédommagement, ou recevoir les offres qui leur seroient faites; & en cas de contestation sur cet objet, ou sur le bornement, ordonne qu'elles seront jugées par les commissaires nommés par ledit arrêt du conseil du 5 Août 1738.

En exécution de cet arrêt, les sieurs de Barrillon & de la Salle firent assigner lesdites parties intéressées devant M. de Bernage de Saint-Maurice, pour former leurs demandes en dédommagement, ou accepter les offres qui leur seroient faites, convenir d'experts, & d'un arpenteur, sinon en voir nommer d'office, & rapporter leurs titres de propriété.

Une partie des assignés comparut devant lui le 7 Mars 1739, & l'autre les 17 & 20 dudit mois, & le 2 Avril suivant. Plusieurs nommerent des experts, d'autres formerent différentes demandes; & il fut rendu à chaque séance, des ordonnances qui, en donnant acte des dires, réquisitions & propositions des parties, ensemble des nominations d'experts, ordonnent qu'ils prêteront serment devant le sieur Baudouin, l'un des commissaires, & que les parties instruiront plus amplement devant lui, pour, sur son rapport, être ordonné ce qu'il appartiendroit.

Les parties ayant ensuite formé leurs demandes respectives, il intervint jugement le 29 Août 1739, qui, sur les oppositions au desséchement & aux arrêts du conseil qui l'avoient ordonné, & sur les nouvelles propositions faites aux sieurs de Barrillon & de la Salle par le sieur abbé de Franquevaux, & par le syndic des religieux de ladite abbaye, ordonna que les parties se pourvoiroient au conseil de Sa Majesté; N°. XXX. & néanmoins ordonna l'exécution des arrêts du conseil du 12 Mai 1716, 5 Août & 19 Décembre 1738, avec toutes les parties assignées, tant comparantes que défaillantes; & en conséquence débouta le grand-prieur de St. Gilles de sa demande en cassation de l'assignation; ordonna que lesdites parties qui n'avoient point nommé d'experts en conviendroient devant ledit sieur Baudouin dans huitaine, sinon qu'il en seroit par lui nommé d'office; que par lesdits experts & par l'arpenteur qui seroit convenu par toutes les parties, sinon nommé d'office, il seroit, en présence dudit sieur Baudouin, procédé à la vérification & au plantement des bornes, conformément auxdits arrêts du conseil; comme aussi que dans huitaine les propriétaires ou usagers des marais représenteroient leurs titres devant ledit sieur Baudouin pour en être remis des extraits aux subrogés; autrement, & faute de faire ladite remise, il fût permis à ces derniers de prendre leurs avantages; & sur leur demande, à ce que faute par le grand-prieur de Saint-Gilles & autres parties intéressées dont les indemnités ne furent point réglées en 1701, d'avoir formé leurs demandes en dédommagement, il fût par les mêmes experts, procédé à l'estimation dudit dédommagement, il fût ordonné que les parties instruiront plus amplement dans quinzaine, pendant lequel délai, le grand-prieur de Saint-Gilles seroit tenu d'accepter ou de refuser les offres à lui faites par les sieurs de Barrillon & de la Salle; & que ceux-ci feroient, si bon leur semble, leurs offres au sieur évêque d'Alais & autres intéressés au desséchement, dont les indemnités n'avoient point été réglées en 1701.

Postérieurement à ce jugement, & le

le 21 Septembre 1739, lesdits sieurs de Barrillon & de la Salle firent des offres en dédommagement aux communautés de Mauguio, Mudazon, Candillargues, Massiliargues & Fourques, à M. l'évêque d'Alais & à son chapitre, à M. le marquis de Calviere, à M. le marquis de Calvisson, à MM. Desports & de Candillargues, & aux commandeurs du mas d'Argence, de Capette, de Liviers, de Sylveréal & de la Vernede; le 8 Octobre suivant, ils en firent à M. le marquis d'Aubaix, à Mme. de Beaurepaire, & à M. de Bornier; & le 14 Décembre de la même année, ils en firent à M. l'évêque de Montpellier, en sa qualité de Comte de Mauguio, à M. le marquis de Bon, seigneur de Fourques, à Mme. de Rochemore, aux sieurs Chabaud & Peyrie, & à MM. les commandeurs de l'ordre de Malte; mais celles faites à M. l'évêque de Montpellier ni à M. de Bon, ne furent pas notifiées, du moins on n'a pu recouvrer les exploits de signification.

Il fut ensuite procédé en 1740 & 1741 à la vérification & au plantement des bornes, pour séparer les terres & marais qui devoient appartenir auxdits sieurs de Barrillon & de la Salle, d'avec les prés & coustieres des propriétaires & usagers desdits marais.

Les sieurs de Barrillon & de la Salle demanderent l'autorisation de cette procédure & la nomination d'un tiers-expert pour vuider le discord formé sur le tenement de la Muzette, sans préjudice de continuer la procédure pour borner les autres marais qui ne l'avoient pas été en tout ou en partie; & attendu que les parties dont les indemnités n'avoient pas été réglées en 1701, & auxquelles il avoit fait des offres en dédommagement, ne les avoient pas contestées, ni formé leurs demandes en indemnité, ils demanderent, en corrigeant leurs précédentes conclusions, en ce qu'elles tendoient à demander que par experts, il seroit procédé à l'estimation du dédommagement desdites parties, que les offres à elles faites, fussent validées; ce faisant, qu'il fût ordonné que les possesseurs des marais jouiroient, après le desséchement fait, du contenu auxdites offres, à la charge par eux de justifier de leurs droits, & qu'à défaut par eux d'en justifier, les subrogés disposeroient des entiers marais, comme appartenans à Sa Majesté, avec défenses de les y troubler.

Cette requête fut signifiée à toutes les parties intéressées, & notamment à M. de Candillargues, aux consuls de sa communauté, & à ceux de Mauguio & de Mudazon, le 6 Avril 1741, avec déclaration que les subrogés n'entendoient pas acquiescer au bornement des marais fait dans leurs communautés, par les raisons y énoncées, & qu'ils interprétoient conséquemment l'offre par eux faite auxdites communautés.

Il n'y eut que le sieur Desports, l'abbé & les religieux de Franquevaux, & le chapitre de Saint Gilles, qui donnerent des requêtes pour s'opposer à ces demandes, & notamment pour s'opposer au desséchement; sur quoi intervint le jugement du 8 Août 1741, qui a été signifié à toutes les parties intéressées, & dont on rappellera ci-après les dispositions.

Les sieurs de Barrillon & de la Salle ayant remis ensuite le don des marais à Sa Majesté, il fut rendu un arrêt du conseil le 8 Novembre 1746, par lequel le Roi a fait don aux Etats de la province, desdits marais, avec pouvoir de les faire dessécher, ainsi que ceux qui peuvent appartenir aux seigneurs, communautés ecclésiastiques ou laïques, & d'y faire construire un canal de navigation; le tout conformément aux facultés qui avoient été accordées au feu sieur maréchal de Noailles ; Ordonne que le contenu aux procès-verbaux de MM. de Basville & de Bernage, les arrêts du conseil & les jugemens rendus en faveur de M. de Noailles & de ses subrogés, seront exécutés au profit des Etats : cet arrêt fut revêtu des lettres-patentes, qui ont été duement registrées.

Ensuite, & le 15 du même mois de Novembre, il fut rendu un autre arrêt du conseil, par lequel Sa Majesté évoqua à elle & à son conseil, les procès & différends concernant les oppositions formées par les prétendans droits auxdits marais, & généralement toutes les contestations nées & à naître à l'occasion desdits marais, desséchement d'iceux, & construction du canal de navigation ; & icelles, circonstances & dépendances furent renvoyées devant la commission, pour les juger souverainement & en dernier ressort, au nombre de cinq au moins ; avec pouvoir à M. le Nain, alors intendant de cette province, & président de ladite commission, de commettre pour procureur du Roi & pour greffier, telles personnes qu'il avisera. Cet arrêt fut reçu par feu M. le Nain, qui nomma par son ordonnance du 13 Décembre 1746, Me. Coulomb avocat, pour faire les fonctions de procureur du Roi, & Me. Dheur pour greffier. Vous reçutes, NOSSEIGNEURS, le même arrêt, & en ordonnates l'exécution par votre jugement du 13 Décembre 1748.

M. le Nain étant décédé en 1750, M. le vicomte de Saint-Priest, intendant de cette province, lui fut subrogé par arrêt du conseil du 11 Avril 1761 ; & comme Me. Dheur greffier, étoit décédé, M. de Saint-Priest nomma à sa place M. Soefve.

Les Etats ayant délibéré de poursuivre l'exécution des arrêts du conseil & des jugemens rendus à raison du desséchement des marais à eux donnés, le suppliant se pourvut devant la commission, au mois de Juillet 1766, & y donna une requête pour demander que les parties intéressées audit desséchement, avec lesquelles lesdits jugemens avoient été rendus, & autres prétendus propriétaires des marais fussent assignées devant elle, pour voir ordonner l'exécution de l'arrêt du conseil & lettres-patentes du 8 Novembre 1746, ensemble du jugement du 8 Août 1741 ; autrement, & faute de ce faire, déclarer ceux qui sont en demeure, déchus de tout droit de propriété, & autres droits & facultés sur lesdits marais, & généralement de toutes leurs prétentions : auquel effet, qu'il leur fût imposé silence perpétuel ; sans préjudice de former d'autres demandes dans le cours de l'instance. Cette requête ayant été répondue d'une ordonnance pour faire assigner les parties intéressées, elles l'ont été par différens exploits.

Tous les assignés se sont présentés, à l'exception des sieurs Chabaud & Peyrie, des consuls de Saint-Just, des héritiers de Mme. de Beaurepaire, de ceux de M. l'abbé Leblon, des consuls de Saturargues, de ceux de Villetelle, du sieur Joly, ou du sieur Perier qui le représente, des héritiers du sieur de Saint-Côme, de la dame de Montaulieu, & du prévôt de l'église cathédrale de Nîmes, comme prieur de Vauvert ; le suppliant a fait prendre défaut contre eux devers le greffe de la commission.

Parmi les parties qui se sont présentées, les communautés de Saint-Laurent d'Aigouse, de Mudazon, de Massiliargues, d'Aimargues & de Fourques, M. le marquis de Calvisson, Mme. de Nigry, veuve de M. Desports,

N°. XXX. & Mme. de Bornier, épouse de M. le président de Crouzet, ont donné des défenses, portant qu'en jugement elles proposeroient leurs exceptions.

Les consuls de Lansargues, de Lunel-viel, de Saint-Brés, de Lunel-ville, & de Montels, ont formé opposition au desséchement, & conclu à leur relaxe, jusques à ce que leurs oppositions eussent été vuidées.

M. le marquis d'Aubaix, seigneur du Caylar, les consuls dudit lieu, M. de Coriolis, abbé de Saint-Gilles, & le syndic clavaire de la ville, ont dit dans leurs défenses, qu'ils se réservoient de faire valoir leurs oppositions au desséchement.

M. l'évêque d'Alais, & les syndics du chapitre de son église cathédrale, ont requis délai pour recouvrer leurs titres; ils ont ensuite poursuivi une ordonnance qui leur a permis de faire extraire ces titres pardevant un commissaire, le suppliant appellé; & cette extraction ayant été faite devant Me. Champetier à Alais, on a communiqué au procureur du suppliant, par copie, les titres extraits.

M. l'évêque de Montpellier, M. le marquis de Bon, seigneur de Fourques, M. le duc d'Uzès, les consuls de Bellegarde, ceux de Mauguio, les doyen & syndic du chapitre de Saint-Gilles, M. l'abbé de Franquevaux, & le syndic de ladite abbaye, ont demandé la communication des derniers actes & erremens de l'instance; & de plus l'abbé & le syndic de Franquevaux, les doyen & syndic du chapitre de Saint-Gilles, ont demandé un délai pour rapporter leurs titres.

Mme. de Rochemore, les communautés de Beaucaire & de Vauvert ont soutenu avoir la propriété des marais dans l'étendue de leurs terres ou taillables; & ils ont demandé d'y être maintenus.

M. de Calviere a dit qu'il s'en rapportoit à la remise des titres, constatée par le jugement de 1741, se réservant ses droits & exceptions. M. le grand-prieur de Saint-Gilles & les commandeurs de Malte, ont conclu par leurs défenses, à être reçus opposans au desséchement, & ont requis délai pour être autorisés par l'ordre dans leurs défenses, & pour remettre leurs titres; soutenant qu'ils ont été mal assignés personnellement, puisque n'étant qu'usufruitiers, il auroit fallu assigner l'ordre, qui a la propriété des marais.

En cet état, le suppliant observe que comme les différentes défenses fournies par les parties assignées tendent à éluder le jugement des contestations qui ont retardé jusqu'ici le desséchement, il importe à la province de faire prononcer sur lesdites contestations.

Or, les parties ayant été ci-devant réglées par un jugement rendu en contradictoire défense, le 8 Août 1741, c'est de ce jugement qu'il faut partir, puisqu'il n'est point attaqué, & qu'il ne peut pas l'être, ayant acquis la force de la chose jugée.

Ce jugement renferme plusieurs dispositions qu'il importe de rappeller.

Par la premiere, sur les oppositions des parties y dénommées au desséchement & la construction du canal de navigation, sur la demande de la communauté de Vauvert en cassation de la délibération du 20 Septembre 1739, contenant consentement audit desséchement, sur celle du chapitre Saint-Gilles en rejection des conventions par lui faites avec M. le maréchal de Noailles en 1701, ensemble sur les contestations concernant les nouvelles propositions faites aux subrógés par l'abbé & les religieux de l'abbaye de Franquevaux, il est ordonné que les parties se pourvoiront au conseil de Sa Majesté N°. XXX.

N°. XXX. pour leur être fait droit ainsi qu'il appartiendra.

Par la seconde, sans préjudice desdites oppositions, & du droit des parties; & sans s'arrêter à la demande de la baronnie de Lunel, en rejection de la copie du jugement du 29 Août 1739, ni à celle de ladite baronnie, de M. Desports & de la communauté de Saint-Laurent en rétractement dudit jugement, & cassation de ladite procédure de bornement faite en conséquence, ni aux instances & requêtes des autres parties contre ladite procédure, le rapport des experts, & la procédure faite pardevant feu Me. Baudouin sur la vérification des marais & le plantement des bornes sont autorisés; sans préjudice aux subrogés, de faire procéder au bornement des marais qui ne l'ont pas été en tout ou en partie; & à l'égard du tenement de la Muzette, il est ordonné que le discord fait par les experts, pour savoir si ce tenement est marais ou ne l'est pas, sera vuidé par un tiers-expert dont les parties conviendront, ou qui sera nommé d'office.

La troisieme disposition porte, que tenant la remise des titres faite par ledit sieur de Calviere, & l'offre contenue dans son inventaire de production, signifié le 19 Octobre 1739, toutes les parties tant comparantes que défaillantes, autres que ledit sieur de Calviere, représenteront dans un mois, à compter du jour de la signification dudit jugement, leurs titres & pieces justificatives de leurs droits sur les marais à dessécher, pardevant ledit Me. Baudoin, pour être délivrés auxdits sieurs de Barrillon & de la Salle, subrogés à M. de Noailles, ou leur en être fourni des copies collationnées pardevant lesdits sieurs commissaires; & que faute de représenter lesdits titres & pieces justificatives dans ledit délai, il sera fait droit ainsi qu'il appartiendra.

La quatrieme ordonne, ayant aucunement égard à la demande des subrogés, en autorisation & validation des offres par eux faites aux parties dont les indemnités n'avoient pas été réglées par le procès-verbal de 1701, & tenant les corrections contenues dans leur requête du 24 Mars précédent, & dans l'exploit signifié de leur part le 6 Avril suivant aux communautés de Mauguio, Mudazon, Candillargues & au sieur de Candillargues, que dans huitaine, à compter de la signification dudit jugement, M. le grand-prieur de Saint Gilles, les commandeurs du petit mas d'Argence, de Capette, de Sylveréal, de Liviers & de la Vernede, M. l'évêque d'Alais, le chapitre d'Alais, les communautés de Saint-Laurent, celle de Fourques, de Massiliargues, de Mudazon, Mauguio & de Candillargues, MM. de Calvisson, de Calviere, d'Aubaix, Desports, de Bornier, de Candillargues & la dame de Beaurepaire dont les indemnités ne furent point réglées en 1701, seront tenus de former leurs demandes en dédommagement, ou d'accepter les offres à eux faites par les sieurs de Barrillon & de la Salle; sinon & faute de ce faire, ledit délai passé, en vertu dudit jugement, & sans qu'il en soit besoin d'autre, lesdites offres demeureront définitivement autorisées & validées; & en conséquence que lesdites parties jouiront chacune en droit soi, après le desséchement, des portions des marais desséchés, facultés & droits à eux offerts sur les marais & terres desséchées leur appartenant, & que les autres portions desdits marais appartiendront auxdits subrogés, conformément aux lettres patentes du mois de Janvier 1701, & arrêts du conseil rendus en conséquence. N°. XXX.

Ce jugement fut signifié dans le tems

N°. XXX. à toutes les parties intéressées, à la requête desdits subrogés ; le suppliant le leur a cependant fait encore signifier depuis le mois d'Août 1766; quelques parties en petit nombre, comme on l'a vu, ont fait défaut, & aucune de celles qui se sont présentées, ne s'est mise en état d'y satisfaire.

Dans ces circonstances, le syndic général observe, 1°. à l'égard de M. le grand-prieur de Saint-Gilles & de MM. les commandeurs de l'ordre de Malte, que c'est en vain qu'ils ont fait revivre, par leurs défenses, une question de forme, condamnée par le jugement du 29 Août 1739, qui fournit au suppliant une fin de non-recevoir qu'il n'est pas possible d'éluder.

Ils prétendent que n'ayant que la jouissance des biens de leurs commanderies, & que la propriété en appartenant à l'ordre, ils n'ont pu être assignés sur la propriété des marais, qu'il auroit fallu attaquer l'ordre en la personne de son ministre ou de son procureur général & receveur qui réside à Marseille, seules personnes légitimes, pour défendre, pour faire valoir ses droits, & traiter, s'il y avoit lieu, sur l'objet dont il s'agit, suivant les intentions de M. le grand-maître & de son conseil, qui auroient pu nommer un défenseur, comme il fut pratiqué dans les deux époques où il fut question du projet qu'on veut faire revivre; qu'ils ne se présentent que pour éviter qu'on prenne avantage de l'inaction & du silence de l'ordre, & pour la conservation de ses droits, en déclarant qu'il est opposant au desséchement des marais, requérant d'ailleurs un délai suffisant pour avoir des pouvoirs, & être autorisés par le grand-maître dudit ordre & de son conseil, & pour rechercher les titres établissant la propriété des marais.

Il est à remarquer à ce sujet, que lors du procès-verbal tenu devant feu M. de Basville, à la séance du 13 Août 1701, M. le commandeur de Glandevès d'Aubignot, receveur pour son ordre au grand prieuré de Saint-Gilles, & M. de Clement, économe pour ledit ordre au même prieuré, déclarerent qu'ils n'avoient pas de pouvoir suffisant pour traiter avec le procureur de M. le maréchal de Noailles; qu'ils se contenterent de représenter que l'intérêt de l'ordre est très-considérable dans cette affaire, soit par rapport à la grande étendue des marais qu'il possede, soit par rapport au revenu qu'il en retire ; & qu'ils ne manqueroient pas de donner connoissance à M. le grand-maître, de toutes les propositions qui leur seront faites ; après quoi le procureur de M. le maréchal de Noailles, ayant expliqué le détail des offres qu'il faisoit à l'ordre, lesquelles étoient plus avantageuses que toutes celles qui avoient été proposées à d'autres, MM. les commandeurs susnommés répliquant, dire que s'ils avoient pouvoir de leurs supérieurs, ils répondroient aux offres obligeantes qui leur étoient faites, & qu'ils se chargeoient de faire savoir à son Eminence, & à MM. du commun trésor, lesdites propositions, pour qu'ensuite des résolutions qu'ils prendront, ils donnent leurs ordres. N°. XXX.

Or, l'énoncé de ce procès-verbal, suivant lequel, les officiers de l'ordre se chargent de lui communiquer ces propositions qui lui sont faites, est d'autant plus important, qu'il établit que l'assignation donnée aux administrateurs du grand-prieuré étoit valable : Que l'ordre a été informé par eux, des propositions qui lui ont été faites, & qu'il a contesté au fonds en conséquence, comme on le verra ci-après ; & il ne faut pas être surpris si le contenu en ce procès-verbal, fut autorisé sans aucune exception ni limitation dans cette partie, comme dans toutes les autres, par l'arrêt du conseil du 20 Décembre 1701, sur lequel furent expédiées les lettres-patentes du mois de Janvier 1702.

On voit en effet qu'en 1718 MM. de Barbantane, d'Aguiere & de Beaumettre commandeurs, administrateurs du grand-prieuré de Saint Gilles, ayant été assignés à la requête de M. le duc de Noailles, en conséquence de l'arrêt du conseil par lui obtenu le 8 Mai 1717, ils formerent opposition à cet arrêt & aux ordonnances rendues par M. de Basville; attendu que si le desséchement avoit lieu, les fonds du grand-prieuré seroient ruinés par la privation des pâturages, formant un revenu de plus de quatre mille livres pour les six cent bœufs ou vaches qui s'y nourrissent, & de deux mille livres pour deux cent jumens qui s'y nourrissent aussi; avec protestation, dans le cas où il seroit passé outre; mais il ne fut pas question de réclamer de l'invalidité de l'assignation par rapport à l'ordre, au nom duquel on ne peut douter que les défenses dont on vient de parler ne fussent portées, en conséquence de la connoissance qui lui avoit été donnée des offres faites par M. le maréchal de Noailles en 1701.

M. le grand-prieur de Saint Gilles renouvella aussi son opposition au desséchement, dans la séance du procès-verbal de M. de Bernage de Saint-Maurice, du 17 Mars 1739, sur l'assignation à lui donnée à la requête du subrogé à M. le maréchal de Noailles.

On ne peut donc qu'être surpris de voir que Me. Bouisson, procureur au sénéchal, ait voulu renouveller cette question devant le même M. de Bernage de Saint-Maurice, lorsqu'il comparut au nom de M. le grand-prieur de Saint Gilles, dans les séances de son procès-verbal des 20 Mars & 2 Avril 1739; ce qui ne l'empêcha pas néanmoins, reconnoissant le peu de solidité d'une pareille instance, de requérir délai, tant pour lesdits sieurs grand-prieur, que pour les autres commandeurs assignés, pour avoir des pouvoirs de l'ordre sur les défenses qu'il convenoit de porter.

Mais, comme on l'a vu, l'ordre n'avoit-il pas été instruit dès 1701, des offres qui lui avoient été faites? & l'opposition formée en 1718, par les administrateurs du grand-prieuré de Saint Gilles, & en 1739 par M. le grand-prieur, n'étoit-elle pas une suite de la connoissance de ces offres?

Aussi la demande en cassation des assignations, fut-elle proscrite par le jugement du 29 Août 1739, qui voulut bien, par rapport aux offres qui avoient été faites en dédommagement, accorder un nouveau délai de quinzaine à M. le grand-prieur de Saint Gilles pour les accepter ou les rejetter: Or, après un jugement, aussi respectable qu'il est juste & régulier, & dont l'ordre de Malte, qui n'en a pas réclamé jusqu'ici, ne peut pas réclamer maintenant, puisqu'il a été rendu contradictoirement avec cet ordre, & qu'il a d'ailleurs acquis la force de la chose jugée, comment a-t-il fait renaître une question qui a été déjà jugée & condamnée? Les regles de l'ordre judiciaire ne permettent donc pas de s'y arrêter.

En un mot, l'ordre de Malte a contesté au fonds, ainsi qu'il vient d'être établi; & cela seul le rendroit non-recevable à quereller les assignations données en 1766, quand même la question n'auroit pas été jugée.

D'ailleurs, M. le grand-prieur de Saint Gilles & MM. les commandeurs de Malte ayant été assignés de nouveau depuis plus de dix-huit mois à la

N°. XXX. requête des Etats, s'il leur eût fallu de nouveaux ordres de leurs supérieurs pour fixer leurs défenses, ce dernier délai auroit été sans doute plus que suffisant pour se les procurer & recouvrer leurs titres; ainsi, il est juste que le jugement qui interviendra, mette fin à leurs contestations, en rejettant par fins de non-recevoir, celles qui ont rapport à la validité des assignations, en les déboutant au fonds, de leur opposition au desséchement, & en ordonnant qu'ils satisferont à la remise des titres servans à justifier de leur propriété & autres droits, conformément à ce qui est porté par le jugement du 8 Août 1741, & aux conclusions qui seront prises à ce sujet.

2°. La commission ne fera pas non plus difficulté de débouter les consuls de Vauvert de leur demande en cassation de la délibération que cette communauté avoit prise le 20 Septembre 1739, pour consentir au desséchement. Ce consentement n'étant pas le premier qu'elle avoit donné à cette entreprise, puisqu'elle y avoit déjà consenti en 1701, sous les conditions par elle proposées à M. le maréchal de Noailles, & acceptées par son procureur fondé, avec la seule différence du sixieme des terres desséchées, qui lui étoit offert, au lieu du cinquieme qu'elle avoit demandé; sur quoi ledit procureur fondé s'en remit à ce qu'il plairoit à M. de Basville d'ordonner. Cette communauté se rendit ensuite opposante au desséchement, par délibération du premier Mars 1739; mais elle révoqua cette délibération par une autre, prise le 20 Septembre suivant, pour y consentir, sous huit conditions y énoncées, par déférence pour les arrêts du conseil; & c'est de cette derniere délibération qu'elle demande la cassation.

Les Etats n'entreront quant à présent dans aucune discussion sur les variations si réitérées de cette communauté, par rapport aux conditions par elle proposées en 1701, & ensuite en 1739, pour consentir au desséchement, & révoquées par elle si peu de tems après, ni sur la demande du chapitre de Saint Gilles, en rejection des conventions faites par ce corps avec feu M. le maréchal de Noailles en 1701, non plus que sur les offres faites aux sieurs de Barrillon & de la Salle, par l'abbé & religieux de Franquevaux, au préjudice des conventions passées en 1701, par celui qui étoit alors pourvu de ladite abbaye, avec feu M. le maréchal de Noailles; ni sur celles qui ont été faites par les sieurs de Barrillon & de la Salle, comme on l'a dit ci-dessus; les Etats se réservant de prendre, à l'égard desdites conventions, & desdites offres en dédommagement, telles conclusions qu'il appartiendra.

3°. Mais en laissant ces questions à l'écart dans ce moment, les Etats insisteront sur ce que les oppositions formées au desséchement par l'ordre de Malte, & par plusieurs des parties intéressées, soient jugées par la commission, & qu'elles en soient déboutées.

Opposeroit-on par rapport à la compétence, que les jugemens des 29 Août 1739 & 8 Août 1741, ayant ordonné que les parties se pourvoiroient au conseil du Roi, sur les oppositions formées au desséchement, & aux arrêts du conseil qui l'avoient ordonné, la commission ne s'est pas cru autorisée à prononcer sur ces différentes demande?

Il est évident, par les termes de l'arrêt du 9 Août 1738, que l'attribution qu'il donnoit à la commission, ne portoit que sur les contestations concernant la propriété des prés & coustieres, ou sur le bornement, circonstances & dépendances; & celle qui

N°. XXX.

lui fut ensuite donnée par l'arrêt du 9 Décembre, comprenoit les contestations, tant sur les dédommagemens, que sur le bornement & séparation des terres & des marais qui devoient appartenir aux subrogés, d'avec les prés & coustieres que les parties intéressées s'étoient réservés.

Au lieu que l'attribution donnée à la commission par l'arrêt du conseil du 15 Novembre 1746, renferme généralement toutes les contestations nées & à naître à l'occasion desdits marais, desséchement d'iceux, & construction du canal de navigation, circonstances & dépendances, pour les juger en dernier ressort; de sorte que ces expressions, qui sont les plus générales qu'on puisse imaginer, renfermant toute espece de contestations qui ont rapport au desséchement, tant celles qui sont déjà nées, que celles qui peuvent naître, la commission est autorisée à connoître des oppositions déjà formées, comme de celles qui pourroient l'être au desséchement, & de toutes les autres demandes qui y ont rapport, circonstances & dépendances.

Mais s'il étoit possible qu'il fût resté quelque doute à ce sujet, l'arrêt du conseil du 29 Novembre 1767, donné du propre mouvement de Sa Majesté, l'auroit levé en entier, puisqu'il renvoie aux mêmes commissaires, auxquels il joint M. le vicomte de Saint-Priest, » la connoissance de toutes & » chacunes les contestations mues & à » mouvoir, concernant le desséche» ment & le canal de navigation, sans » en excepter aucune, même celles qui » pourroient avoir été portées au con» seil de Sa Majesté, par aucune des » parties, en conséquence du renvoi » desdits feu sieurs de Basville & de » Bernage, & des jugemens des com» missaires nommés par les arrêts des » 5 Août & 9 Décembre 1738, & » de quelque autre maniere que ce » puisse être, même les oppositions » formées & à former envers les ar» rêts du conseil obtenus par ledit feu » sieur maréchal de Noailles, ses suc» cesseurs ou subrogés, Sa Majesté » voulant que lesdites contestations, » oppositions, circonstances & dépen» dances soient jugées en dernier res» sort par lesdits sieurs commissaires, » suivant & conformément auxdits ar» rêts, & de la même maniere qu'elles » auroient pu l'être par Sa Majesté & » sondit conseil, leur en attribuant de » nouveau Sa Majesté, en tant que de » besoin seroit, toute cour, jurisdic» tion & connoissance. »

Ainsi, point de doute sur la compétence de la commission, en ce qui touche les oppositions de quelque nature qu'elles puissent être; au fonds, les Etats observent que sur quelques motifs qu'elles puissent avoir été fondées, elles ne sauroient aujourd'hui être admises. En effet, si elles ont pour objet le desséchement en lui-même, & la construction du canal de navigation, la volonté du souverain est trop clairement marquée sur l'un & sur l'autre objet, par les différens arrêts du conseil, & lettres-patentes accordées à M. le maréchal de Noailles, à ceux qui ont ensuite exercé ses droits, & enfin aux Etats, pour que cette volonté puisse être révoquée en doute, ni conséquemment éludée.

Cette double entreprise, dont les Etats ont toujours reconnu l'importance, leur a paru susceptible de représentation, quant à la maniere de les exécuter, par rapport à des intérêts généraux, dont il étoit juste qu'ils fussent occupés, & dont ils avoient lieu de craindre que des particuliers ne le fissent pas également; & si la requête qu'ils ont présentée à Sa Majesté, pour obtenir le don des marais, à l'effet l'effet de les faire dessécher, & d'y construire un canal de navigation, renferme d'une maniere sensible le vœu de cette assemblée, pour l'exécution de ce double projet; les motifs qui l'ont déterminée à s'en charger, *pour les exécuter dans le tems, & en la maniere qu'ils jugeront convenables*, sont une preuve non équivoque de leur attention pour conserver au public les avantages qu'il en doit attendre, & pour en écarter les inconvéniens; en conservant aussi aux particuliers les droits qui émanent de leur propriété.

4°. Ces droits qui doivent toujours être respectés en pareille matiere, & qui l'ont toujours été dans cette province plus que dans toute autre, à l'égard des ouvrages qui intéressent l'utilité publique, ne peut avoir d'autre effet que celui d'assurer un dédommagement qui doit être réglé, ou par les parties, ou par l'autorité publique.

Mais tout dédommagement, lors même qu'en pareil cas il donneroit lieu à une contestation, ne pourroit jamais devenir un moyen d'opposition. Il est, en effet, de l'essence de l'intérêt public, dans des entreprises de cette nature, que les intérêts particuliers ne puissent en empêcher l'exécution; de la même maniere qu'on ne peut se dispenser d'accorder à cet intérêt particulier un juste dédommagement.

Mais pour donner à l'intérêt particulier tout ce qu'il est en droit de prétendre, il est nécessaire que ceux qui le font valoir, justifient de leur droit par la remise de leurs titres. Le jugement du 8 Août 1741, n'est pas le seul qui l'ait ordonné; l'arrêt du conseil du 12 Mai 1716, dont l'exécution fut ordonnée par celui du 5 Août 1738, & par le jugement du 29 Août 1739, l'avoient ordonné déjà précédemment, on a poursuivi cette remise depuis ces différentes époques, sans qu'aucune des parties y ait satisfait, si on en excepte M. le marquis de Calviere, le chapitre d'Alais, la communauté d'Aigues-mortes, l'abbé de Saint-Gilles, & le syndic clavaire de ladite ville. Mais en faisant donner copie de quelques actes qu'ils produisent pour établir leur propriété & leurs droits sur les marais, ils n'ont pas rempli la disposition des jugemens qui portent par exprès, qu'on remettra des extraits des titres devant un commissaire; on doit même remarquer à l'égard de M. de Calviere, qu'il avoit remis ses titres dans la production qu'il fournit lors du jugement de 1741, mais qu'il n'en a point fourni d'extrait, suivant ce qui est ordonné par les arrêts du conseil, & les jugemens intervenus en conséquence pour ordonner cette remise. Il doit donc remettre ces extraits, rien ne peut l'en dispenser.

Le suppliant pourroit sans doute demander que faute par les propriétaires & usagers d'y avoir satisfait, ils fussent déchus en l'état de toutes prétentions sur les marais. Les dispositions du jugement du 8 Août 1741, mettroient cette demande hors d'atteinte. Mais il ne s'oppose pas que la commission leur accorde un dernier délai, tel qu'elle jugera à propos de le régler, afin qu'ils se mettent en regle à cet égard; passé lequel, & faute par lesdits propriétaires ou usagers, de s'y être mis dans ce délai, ils seront déclarés déchus de tous droits & prétentions sur lesdits marais, sans que ce délai puisse être regardé comme comminatoire, attendu tous ceux qui l'ont précédé, mais de rigueur & définitif, sans qu'on puisse en attendre d'autre, étant juste que cette affaire finisse.

5°. Quant à ce qui regarde les dédommagemens, le suppliant ayant déclaré que les Etats n'entendoient pas entrer, quant à présent, dans aucune discussion au sujet de ceux qui peuvent être prétendus par les parties qui auront justifié de leurs droits, il n'a rien à ajouter à cet égard, si ce n'est que cet objet donnant lieu à un détail inévitable, soit à l'égard des parties qui avoient traité en 1701 avec feu M. le maréchal de Noailles, soit à l'égard de celles qui ont prétendu pouvoir revenir contre ces traités, soit encore à l'égard de celles qui n'avoient point traité avec lui, mais auxquelles il a été fait des offres par les subrogés au don des marais, ou qui leur en ont fait, sans que les unes ni les autres ayent été acceptées, les Etats se réservent à l'égard de toutes lesdites parties, tant celles qui sont dénommées dans le jugement du 8 Août 1741, que celles qui ont été ou seront mises en cause depuis, de prendre telles conclusions qu'il appartiendra, à raison desdits dédommagemens; de pareilles conclusions qui ne pourroient qu'éloigner le jugement de celles que le suppliant se propose de prendre, feront le sujet d'une requête particuliere, dont l'objet deviendra plus simple, lorsque d'une part la procédure du plantement des bornes des marais à dessécher, sera achevée, que de l'autre les opposans au desséchement auront été déboutés de leurs oppositions, & que les prétendans droits aux marais auront justifié de leurs droits par la remise de leurs titres.

6°. Enfin, pour ce qui est des parties qui ont demandé la communication des derniers erremens de l'instance, tels que M. le duc d'Uzès, les consuls de Bellegarde & de Mauguio, les doyen & syndic du chapitre de Saint-Gilles, M. l'abbé & les religieux de Franquevaux, & autres parties, la signification qui a été faite à chacune d'elles de la part du suppliant du jugement du 8 Août 1741, leur donne toute la connoissance qu'elles peuvent desirer sur le dernier état de l'instance; puisqu'elles y trouvent en qualité toutes les requêtes présentées par les différentes parties, leurs mémoires, dires & raisons par elles exposées, soit dans les différens procès-verbaux tenus en mil sept cent trente-neuf devant M. de Bernage de Saint-Maurice, soit lors de la procédure de bornement des marais; de sorte que ne pouvant dès-lors ignorer quelles ont été leurs demandes, quelles étoient leurs contestations & les exceptions qu'on leur a opposé, ils ont par la notification de ce jugement la connoissance la plus parfaite des derniers actes & erremens de l'instance que les Etats ont repris en réclamant l'exécution des arrêts du conseil & des jugemens rendus par la commission, ordonnés en leur faveur; le suppliant n'est donc pas tenu de leur communiquer d'autres actes. Il est en regle, dès qu'il leur a fait signifier le susdit jugement.

A CES CAUSES, il vous plaira, NOSSEIGNEURS, tenant les conclusions prises par le suppliant dans les requêtes par lui présentées concernant M. l'évêque de Montpellier, les dames Marmier & Plauchut, & autres parties qui ont été nouvellement mises en cause, déclarer les défauts pris devers le greffe de la commission contre les sieurs Chabaud, Peyrie, les consuls de Saint-Just, les héritiers de la dame Beaurepaire, les consuls de Saturargues, ceux de Villetelle, les héritiers du sieur de Saint-Côme, le sieur Joly ou le sieur Périer qui le représente, & contre le prévôt de l'église cathédrale de Nîmes, prieur de Vauvert, bien & duement obtenus; & en conséquence, disant droit à l'utilité desdits défauts.

Sans s'arrêter aux insistances de M. le

grand-prieur de Saint-Gilles & des N°. XXX. commandeurs de l'ordre de Malte, sur l'invalidité de l'assignation à eux donnée, les en demettre par fins de non-recevoir prises du jugement du 29 Août 1739, & de ce qu'ils ont ci-devant contesté au fonds.

Comme aussi, attendu le renvoi fait à la commission, tant par l'arrêt & lettres-patentes du 15 Novembre 1746, que par l'arrêt du conseil du 29 Novembre 1767, de toutes les contestations nées & à naître par rapport au desséchement, & à la construction du canal de navigation, circonstances & dépendances, sans s'arrêter à la demande de la communauté de Vauvert en cassation de la délibération par elle prise en 1739, pour consentir au desséchement; & sans avoir égard aux oppositions au desséchement, formées par M. le grand-prieur de Saint-Gilles, & les commandeurs de l'ordre de Malte, au nom dudit ordre, ni à celles qui ont été formées par Jacques Chabaud & Elie Peyrie, par l'abbé & les religieux de Franquevaux & autres parties, & les en déboutant, ordonner que les arrêts du conseil & lettres-patentes du mois de Janvier 1702, 12 Mai 1716, 5 Août & 9 Décembre 1738, & 8 Novembre 1746, ensemble les jugemens des 29 Août 1739 & 8 Août 1741, sortiront à effet, & seront exécutés suivant leur forme & teneur, tant contre les parties défaillantes que contre celles qui se sont présentées; & en conséquence que les marais qui ont été déjà bornés en 1740 & 1767, ensemble ceux qui restent encore à borner, seront desséchés, & qu'il sera construit un canal de navigation, ainsi qu'il est porté par lesdits arrêts du conseil & lettres-patentes, avec défenses à toutes personnes de donner aucun trouble ni empêchement audit desséchement & construction dudit canal, à peine de 3000 livres d'amende, & de tous dépens, dommages & intérêts. N° XXX.

Ordonner que dans tel délai que la commission jugera à propos de régler, toutes les parties assignées, tant comparantes que défaillantes, seront tenues, conformément à l'arrêt du conseil du 12 Mai 1716, & au jugement du 8 Août 1741, de remettre les titres justifiant de la propriété, ou des droits qu'ils prétendent avoir sur lesdits marais, devant M. le Rapporteur du procès, ou devant tel autre commissaire qu'il vous plaira de nommer, pour être lesdits titres examinés devant ledit sieur commissaire, & en être remis au suppliant des extraits en forme; sinon, & faute de ce faire dans ledit délai, & icelui passé, attendu les différens arrêts du conseil, & jugement rendus en conséquence pour ordonner la remise desdits titres, déclarer qu'en vertu du jugement qui interviendra, & sans qu'il en soit besoin d'autre, tous les prétendans droits aux marais, demeureront déchus de tous leurs droits & de toute prétention sur lesdits marais; & en conséquence que silence perpétuel leur sera imposé à cet égard après ledit délai passé, lequel délai ne sera point censé comminatoire, mais bien absolu & de rigueur, sans espoir d'autre, sous quelque prétexte que ce soit.

Le suppliant se réservant au nom des Etats, de prendre telles conclusions qu'il appartiendra au sujet des dédommagemens que pourront prétendre les propriétaires des portions & usagers des marais qui auront été compris dans les procédures de bornement faites & à faire, & qui auront justifié de leurs droits par la remise de leurs titres.

Et qu'à l'effet d'être prononcé sur les conclusions prises dans la présente requête, elle sera jointe au procès

principal & signifiée à toutes les par-
XXX. ties intéressées audit procès, ou à leurs procureurs. Sur lequel procès il vous plaira encore, NOSSEIGNEURS, ordonner que lesdites parties instruiront, produiront & défendront dans huitaine. Nommer aussi l'un d'entre vous, NOSSEIGNEURS, pour rapporteur du procès, pour, sur son rapport, & les conclusions de M. Coulomb, procureur du Roi, être ordonné ce qu'il appartiendra, avec dépens; Et ferez bien. PALAT, *signé*.

DONNÉ acte & soit signifié aux parties ou à leurs procureurs. Ordonnons que sur le procès principal lesdites parties instruiront, produiront & défendront dans quinzaine. Commettons pour rapporteur dudit procès, M. de Rosset, l'un de nous, pour, sur son rapport & les conclusions du sieur Coulomb, procureur du Roi, être ordonné ce qu'il appartiendra. FAIT à Montpellier, ce 9 Février 1768. *Signé*, DE SAINT-PRIEST.

XXXI.

JUGEMENT

Qui déboute le sieur grand prieur de Saint-Gilles, le commandeur du grand & petit Saint Jean de Montpellier, ceux de Sylveréal, Capette & autres commandeurs de l'ordre de Malte, de leurs demandes en cassation des assignations à eux données; déboute aussi des oppositions formées au desséchement des marais, palus, étangs & terres inondées, & à la construction du canal de navigation; ordonne que les arrêts du conseil & les jugemens rendus à raison du desséchement desdits marais, palus, étangs & terres inondées sortiront à effet, & seront exécutés; & en conséquence, qu'il sera procédé audit desséchement & construction de canal; N°. XXXI.
ordonne que les propriétaires & usagers des marais seront tenus de remettre leurs titres de propriété devant M. de Rosset, rapporteur, dans le délai fixé, à peine d'être déclarés déchus de tous droits, pour, sur la représentation & remise desdits titres, être ordonné ce qu'il appartiendra.

Du 19 Novembre 1768.

LES COMMISSAIRES NOMMÉS par arrêts du conseil des 15 Novembre 1746, 11 Avril 1761, & 19 Novembre 1767, pour juger souverainement & en dernier ressort les contestations nées & à naître à raison de la concession des marais du bas Languedoc, depuis Beaucaire jusqu'à Aigues-mortes & à Pérols, desséchement desdits marais, palus, étangs & terres inondées, construction du canal de navigation, opposition audit desséchement & construction de canal, leurs circonstances & dépendances: Au premier huissier ou sergent requis.

VU l'arrêt du conseil du 29 Mars 1701, par lequel le feu Roi, informé des avantages que le desséchement des marais du bas Languedoc, depuis Beaucaire jusqu'à Aigues-mortes & à Pérols, pouvoit procurer aux habitans de ladite province & des provinces voisines, il reçoit les propositions qui lui avoient été faites pour ce desséchement, par le sieur maréchal duc de Noailles, ordonne que tous les seigneurs & communautés qui auroient intérêt audit desséchement, formeroient dans quinzaine, devant le feu sieur de Basville, pour lors intendant de ladite province, leurs demandes à raison de leurs droits de propriété ou d'usage sur lesdits marais, lesquelles seroient communiquées aux procureurs

No. XXXI. ou préposés dudit sieur de Noailles, à l'effet, par ledit sieur de Basville, de les faire convenir à l'amiable; & faute d'en convenir, dresser procès-verbal des demandes desdites parties, & des offres qui leur seroient faites par ledit sieur de Noailles, pour, sur l'avis du sieur de Basville, être pourvu par Sa Majesté à l'indemnité qui pourroit être due auxdits propriétaires & usagers desdits marais; L'ordonnance rendue par ledit sieur de Basville sur l'exécution de cet arrêt le premier Mai 1701; Le procès-verbal tenu devant ledit sieur de Basville, les 23, 28 Mai, 7, 22 Juin, 7, 8, 13, 16, 21, 30 Juillet, 1, 3, 13 & 23 Août de ladite année 1701, qui contient les traités & conditions sous lesquelles le feu sieur de Saint-Côme, le chapitre de Saint-Gilles, la communauté d'Aigues-mortes, les sieurs abbés de Saint-Gilles, de Franquevaux, la communauté de Saint-Gilles, le sieur baron de Vauvert, la communauté dudit Vauvert, les doyen, capiscol & ouvrier dudit chapitre Saint-Gilles, la communauté de Beaucaire, celles du Caylar & d'Aimargues, le prévôt de l'église de Nîmes, le sieur duc d'Uzès, le sieur comte de Calvisson, & le sieur évêque d'Alais, la communauté de Bellegarde, les offres faites aux commandeurs de l'ordre de Malte & aux communautés composant la baronnie de Lunel, & les réservations du procureur dudit sieur de Noailles, sur partie desdits traités ou conditions; L'arrêt du conseil & lettres-patentes des 20 Décembre 1701, & mois de Janvier 1702, par lesquelles ledit procès-verbal & entiere procédure faite devant ledit sieur de Basville en 1701, furent autorisés; & en conséquence, Sa Majesté permit audit sieur de Noailles, ses successeurs & ayans cause, de faire dessécher tous & chacuns les étangs, palus, marais, coustieres, lais & relais de la mer, des rivieres, des étangs & des terres inondées, au bas Languedoc, depuis Beaucaire jusqu'à Aigues-mortes & à l'étang de Pérols, soit que lesdits étangs, palus, marais & terres inondées appartinssent à Sa Majesté ou à des communautés, évêques ou particuliers, suivant les conventions portées par le procès-verbal du sieur de Basville, avec faculté de faire faire un canal de navigation à travers des terres desséchées, depuis Beaucaire jusqu'à un autre canal qui se faisoit alors dans les étangs; L'arrêt du conseil du 12 Mai 1716, obtenu par le sieur duc de Noailles fils, & succédant à son pere, portant que par experts, dont les parties conviendroient devant ledit sieur de Basville, ou qui seroient par lui nommés d'office, il seroit planté des bornes pour servir de séparation entre les terres & les marais qui devoient appartenir, pour le tout ou en partie, audit sieur de Noailles, & les prés & coustieres que les propriétaires & usagers des marais s'étoient réservés lors du procès-verbal de 1701; & en conséquence, que lesdits propriétaires & usagers seroient tenus de représenter, devant ledit sieur de Basville, les titres & pieces justificatifs de leurs droits, pour être délivrés audit sieur de Noailles, ou lui en être fourni des copies devant ledit sieur de Basville; Le procès-verbal dudit sieur de Basville sur l'exécution dudit arrêt, des 15 Juillet & 30 Septembre 1716, 28 Octobre 1717, 7 Février & 5 Mai 1718; L'arrêt du conseil du 8 Mai 1717, portant que celui du 12 Mai 1716 seroit exécuté: Autre arrêt du conseil du 16 Décembre 1719, portant que les précédens rendus en faveur du sieur de Noailles, à raison du desséchement des marais, seront exécutés en faveur du sieur prince Charles de Lorraine, grand écuyer de No. XXXI.

N°. XXXI.

France, cessionnaire des droits de M. de Noailles : Autre arrêt du conseil du 4 Mars 1738, portant que celui du vingt Décembre 1701 & lettres-patentes sur icelui du mois de Janvier 1702, ensemble les contrats des 13, 18 Novembre, 18 Décembre 1737 & 19 Février 1738, contenant acquisition faite par les sieurs de Brocard de Barrillon & de la Salle, des droits & priviléges accordés audit sieur de Noailles & à ses subrogés, seront exécutés suivant leur forme & teneur, & subroge lesdits de Barrillon & de la Salle auxdits droits, priviléges & prérogatives, pour les exercer & en jouir, conformément auxdits arrêts & lettres-patentes : Autre arrêt du conseil du 5 Août de la même année 1738, portant que celui du 12 Mai 1716 seroit exécuté à la diligence desdits sieurs de Barrillon & de la Salle, subroge le sieur de Bernage de Saint-Maurice au lieu & place des sieurs de Basville & de Bernage pere, pour procéder conformément audit arrêt ; & en cas de contestations sur la propriété des prés & coustieres, ou sur le bornement des marais, circonstances & dépendances, ordonne qu'elles seront portées devant ledit sieur de Bernage de Saint-Maurice, de Fonbon & Bonnier d'Alco, présidens en la cour des comptes de Montpellier, de Monclar, conseiller en ladite cour, Moustelon, lieutenant particulier au sénéchal de ladite ville, Solier, avocat du Roi, & Baudouin, avocat, pour les juger souverainement & en dernier ressort, au nombre de cinq au moins ; Les lettres-patentes expédiées sur ledit arrêt ; Le jugement rendu par lesdits sieurs commissaires, juges d'attribution, le 22 Octobre 1738, qui reçoit ledit arrêt du conseil, & ordonne qu'il sera exécuté : Autre arrêt du conseil du 6 Décembre de ladite année 1738, portant que celui du 5 Août précédent sera exécuté avec le sieur évêque d'Alais, le grand prieur de Saint-Gilles, les agens de l'ordre de Malte & autres intéressés au desséchement, dont les indemnités n'avoient pas été réglées par le procès-verbal de 1701 ; & en conséquence, ordonne qu'ils seront assignés devant le sieur de Bernage, pour former leurs demandes en dédommagement ou recevoir les offres qui leur seront faites ; & en cas de contestation, soit sur cet objet, soit le bornement & séparation des terres & marais qui devoient appartenir aux sieurs de Barrillon & de la Salle, & des prés & coustieres réservés, ordonne qu'elles seront jugées souverainement par les commissaires nommés par l'arrêt du 5 Août précédent, au nombre de cinq au moins ; Commet le sieur Solier, avocat du Roi au sénéchal de Montpellier, pour faire les fonctions de procureur du Roi en la commission : Les lettres-patentes expédiées sur ledit arrêt ; ensemble le jugement desdits sieurs commissaires du 17 Janvier 1739, qui en ordonne l'exécution : Vu encore le procès-verbal tenu devant ledit sieur de Bernage de Saint-Maurice, en exécution dudit arrêt les 7, 17, 20 Mars & 2 Avril 1739, sur les assignations données auxdits intéressés, à l'effet de former leurs demandes en indemnité ou recevoir les offres qui leur seront faites, & en remise desdits titres, pouvant servir à justifier de leurs droits sur lesdits marais, & pour voir nommer des experts par lesdits de Barrillon & de la Salle, & en nommer, de la part desdits propriétaires & usagers, pour le plantement des bornes : Les ordonnances rendues par ledit sieur de Bernage de Saint-Maurice lors dudit procès-verbal, les 7, 17, 20 Mars & 20 Avril 1739, qui, entr'autres choses, donnent acte de la nomination des experts, ordonnent qu'ils prêteront serment devant le sieur Baudouin, l'un des commissaires, & que leurs contestations, plus amplement instruites devant le sieur Baudouin, il y sera statué par la commission pour lors établie, sur son rapport, ainsi qu'il appartiendra. Vu encore le jugement rendu par lesdits sieurs commissaires le 29 Août 1739, par lequel, sur les oppositions aux arrêts du conseil concernant le desséchement & la construction du canal de navigation, ensemble sur les contestations à raison des nouvelles propositions faites par l'abbé & les religieux de Franquevaux, renvoie au conseil de Sa Majesté; & néanmoins sans préjudice de ces oppositions & du droit des parties, sans s'arrêter aux demandes en sursis, ordonne l'exécution des arrêts du conseil des 22 Mai 1716, 5 Août & 9 Décembre 1738, avec toutes les parties assignées, comparantes ou défaillantes; sans s'arrêter aux demandes en cassation de l'assignation donnée au grand prieur de Saint-Gilles, tenant le consentement donné par le sieur abbé Leblon dans sa requête du 14 Mai 1739, par les héritiers du sieur de Saint-Côme, dans celle du 2 Juin suivant, par le sieur de Vauvert, le prieur dudit lieu, & la communauté de Beaucaire, dans le procès-verbal dudit sieur de Bernage du 7 Mars 1739 & jours suivans, & la nomination des experts faite dans ledit procès-verbal, ordonne que tous les assignés, autres que le sieur de Vauvert, le prieur dudit lieu & la communauté de Beaucaire nommeront leurs experts & un arpenteur, sinon qu'il en sera nommé d'office par le sieur Baudouin, à l'effet d'être procédé à la procédure de bornage des marais; devant lequel commissaire les propriétaires & usagers desdits marais & terres à dessécher, représenteroient leurs titres dans le délai de huitaine, pour justifier de leurs droits, lesquels titres seroient délivrés auxdits de Barrillon & de la Salle, ou qu'il leur en seroit fourni des copies collationnées devant ledit sieur commissaire; & faute de représenter lesdits titres & pieces, permet à ces derniers de prendre leurs avantages du défaut de remise, sur la demande contre le sieur évêque d'Alais, le grand prieur de Saint-Gilles & autres intéressés au desséchement, dont les indemnités n'avoient pas été réglées en 1701, à ce qu'à faute par lesdites parties d'avoir formé leurs demandes en dédommagement, ils fussent tenus d'accepter les offres qui leur feroient faites, ou qu'il fût procédé à l'estimation dudit dédommagement par les mêmes experts, ordonne que lesdites parties instruiront plus amplement dans quinzaine, pendant lequel délai, ledit sieur grand prieur de Saint-Gilles seroit tenu d'accepter les offres à lui faites ou de les rejetter, & lesdits de Barrillon & de la Salle autorisés, si bon leur sembloit, à faire leurs offres audit sieur évêque d'Alais & autres intéressés au desséchement, dont les indemnités n'avoient pas été réglées: Vu aussi seize différentes offres en dédommagement, faites par lesdits de Barrillon & de la Salle, en exécution du susdit jugement, huit desquelles offres en date du 21 Septembre 1739, deux du 8 Octobre suivant & six du 14 Décembre de la même année, les huit premieres faites le 21 Septembre au sieur évêque d'Alais, à son chapitre, à la communauté de Saint-Laurent d'Aigouse, aux communautés de Mauguio, Mudazon, Candillargues, Massiliargues & de Fourques, aux sieurs de Calvisson, Desports & de Candillargues, aux commandeurs du petit mas d'Argence, de Capette, de Liviers, de Sylveréal & de la Vernede, & au sieur de Calviere;

N°. XXXI. celles du 8 Octobre suivant, faites au sieur de Bornier, ancien juge mage de Montpellier, au sieur marquis d'Aubaix & à la dame marquise de Beaurepaire; & celles du 14 Décembre même année, faites à la dame de Rochemore, à Jacques Chauvaud & Elie Peyrier du lieu de Vauvert, aux sieurs commandeurs de Launac, de Cavales, au sieur évêque de Montpellier & au sieur de Bon, seigneur de Fourques: Procès-verbal tenu devant ledit sieur de Bernage le 21 Octobre 1739, contenant les dires desdits sieurs d'Aubaix & de Bornier, & l'ordonnance rendue par ledit sieur de Bernage ledit jour; Le cahier contenant extrait des rapports faits par les experts & arpenteur nommés, ces rapports portant vérification & bornage des marais, palus & étangs, faits devant ledit sieur Baudouin, commissaire, suivant son procès-verbal commencé le 12 Octobre 1739, & fini le 19 Janvier 1741. Vu aussi ledit procès-verbal, le jugement du 8 Août 1741, qui donne acte des oppositions au desséchement, octroie défaut contre les parties non-comparantes; ordonne que sur lesdites oppositions, & sur la demande en cassation de la délibération prise par la communauté de Vauvert le 20 Septembre 1739, & sur celles du chapitre de Saint-Gilles, en rejection des conventions faites en 1701, ensemble sur les contestations à raison des nouvelles propositions faites par l'abbé & les religieux de Franquevaux, les parties se pourvoiront au conseil de Sa Majesté pour leur être fait droit, ainsi qu'il appartiendroit; autorise les rapports des experts & arpenteur des 6, 15 & 18 Octobre 1740, & 7 Janvier 1741, & la procédure faite pour lesdits bornemens, sans préjudice de faire borner les marais qui ne l'avoient pas été: sur le discord formé par lesdits experts, à raison de la qualité du tenement de la Muzette joui par le sieur de Calviere, ordonne que les parties conviendront d'un tiers-expert, ou que ledit tiers sera nommé par le sieur Baudouin, commissaire, pour procéder, conjointement avec lesdits experts & arpenteur, à la vérification dudit tenement de la Muzette, & au bornage dudit tenement s'il y a lieu; tenant la remise des titres faite par ledit sieur de Calviere, & l'offre consignée dans son inventaire de production, ordonne que dans un mois, à compter du jour de la signification dudit jugement, toutes les parties, autres que ledit sieur de Calviere, représenteront les titres & pieces justificatives de leurs droits sur les marais à dessécher, pour être délivrés auxdits de Barrillon & de la Salle ou leur en être fourni des copies collationnées pardevant ledit sieur Baudouin; & faute de représenter lesdits titres & pieces justificatives dans ledit délai, qu'il y seroit fait droit sur la demande en autorisation & validation des offres faites aux parties dont les indemnités n'avoient pas été réglées par le procès-verbal de 1701, ordonne que dans huitaine de la signification, le sieur grand-prieur de Saint-Gilles, les commandeurs du petit mas d'Argence, de Capette, de Sylveréal, de Liviers & de la Vernede, le sieur évêque d'Alais, le chapitre d'Alais, les communautés de Saint-Laurent, de Fourques, de Massiliargues, de Mudazon, de Mauguio & de Candillargues, les sieurs de Calvisson, de Calviere, d'Aubaix, Desports, de Bornier & de Candillargues, & la dame de Beaurepaire, dont les indemnités n'ont pas été réglées par ledit procès-verbal de 1701, seront tenus de former leurs demandes en dédommagement, ou d'accepter les offres à eux faites & signifiées de la part desdits de Barrillon & de la Salle, les 22, 25, 28, N°. XXXI.

29

N°. XXXI. 29 & 30 Septembre & premier Octobre 1739, sinon, faute de ce faire, ledit délai passé, en vertu dudit jugement, & sans qu'il en soit besoin d'autre, lesdites offres demeurent définitivement autorisées & validées; & en conséquence, que les parties jouiront, chacune en droit soi, après le desséchement fait, des portions de marais desséchés, facultés & droits offerts: Vu encore l'arrêt du conseil du 7 Novembre 1746, qui accepte la remise faite par le sieur de Brocard de Barrillon entre les mains du Roi, du don fait au sieur de Noailles, des étangs, palus & marais du bas Languedoc: Autre arrêt du conseil du 8 dudit mois de Novembre 1746, & lettres-patentes expédiées sur icelui le même jour, contenant la concession faite par Sa Majesté en faveur des Etats de la province de Languedoc, des marais, palus & étangs du bas Languedoc, avec pouvoir auxdits Etats de les faire dessécher & de construire un canal de navigation, le tout conformément aux facultés qui en avoient été accordées au feu sieur de Noailles par les arrêts du conseil & lettres-patentes des 20 Décembre 1701 & mois de Janvier 1702, dont l'exécution, ainsi que celle des autres arrêts du conseil rendus en faveur dudit sieur de Noailles, des sieurs de Barrillon & de la Salle, & des jugemens rendus par la commission établie en 1738, est ordonnée au profit des Etats qui demeurent en entier subrogés aux droits dudit sieur de Noailles; Les arrêts de registre desdites patentes tant au parlement de Toulouse qu'à la cour des comptes, aides & finances de Montpellier: Autre arrêt du conseil & lettres-patentes du 15 dudit mois de Novembre 1746, par lesquels Sa Majesté évoque à elle & à son conseil les procès & différends concernant les oppositions formées par les prétendans droits auxdits marais, & généralement toutes les contestations nées & à naître à l'occasion des marais, desséchement d'iceux & construction du canal de navigation, & lesdites contestations, procès & différends; leurs circonstances & dépendances, renvoyés devant nous pour les juger souverainement & en dernier ressort, au nombre de cinq au moins, nous attribuant à cet effet toute cour, jurisdiction & connoissance, qui demeure interdite à toutes les autres cours & juges; lequel arrêt permet au feu sieur le Nain, pour lors intendant, de commettre pour procureur du Roi & pour greffier de la commission, telles personnes qu'il avisera; L'ordonnance mise à suite dudit arrêt par ledit sieur le Nain le 13 Décembre suivant, portant qu'il sera exécuté, qui commet, en vertu du pouvoir à lui donné, le sieur Coulomb, avocat, pour faire les fonctions de procureur du Roi en la commission, & le sieur Soefve pour greffier; Le jugement par nous rendu le même jour 13 Décembre 1746, portant que ledit arrêt sera registré au greffe de la commission, pour être exécuté suivant sa forme & teneur, & signifié à qui il appartiendra: Autre jugement par nous rendu le 11 Février 1749, portant que par Vidal, Lenfant & Péreve, il seroit procédé au récolement général des rapports des experts sur le plantement des bornes, avec défenses d'en renverser aucunes; Le procès-verbal de récolement dressé par lesdits Vidal, Lenfant & Péreve du premier Décembre 1758, avec le jugement par nous rendu, portant autorisation des rapports & plans dressés par lesdits experts, qui demeureront joints au procès, après avoir été paraphés par le sieur de Rosset, l'un de nous, commissaire à ce député; Le verbal de paraphe dressé en conséquen-

N°. XXXI. ce par ledit sieur de Rosset : Vu encore l'arrêt du conseil du 11 Avril 1761, qui commet le sieur de Saint-Priest, intendant de cette province, l'un de nous, au lieu & place du feu sieur le Nain, pour, conjointement avec nous, juger au nombre de cinq en dernier ressort toutes les contestations évoquées & renvoyées devant nous par l'arrêt du conseil du 15 Novembre 1746, ainsi & de la même maniere qu'auroit pu faire ledit sieur le Nain, avec pouvoir audit sieur de Saint-Priest de commettre pour procureur du Roi & pour greffier de ladite commission, telles personnes qu'il avisera; L'ordonnance dudit sieur de Saint-Priest du 15 Mai suivant, par laquelle, en acceptant la commission à lui adressée, ordonne l'exécution dudit arrêt, commet le sieur Coulomb, avocat, son subdélégué, pour continuer les fonctions de procureur du Roi, & pour greffier le sieur Soefve, licencié ès loix; Le jugement par nous rendu le même jour 15 Mai, portant que ledit arrêt sera exécuté & signifié à qui il appartiendra : Requête du syndic général du 22 Juillet 1766 pour demander que toutes les parties intéressées au desséchement, comprises dans les différens procès-verbaux & dans les jugemens par nous rendus, soient assignées devant nous pour voir ordonner que les arrêts du conseil & le jugement de la commission du 8 Août 1741, seroient exécutés suivant leur forme & teneur, autrement, faute de ce faire, déclarer ceux qui seront en demeure déchus de tout droit de propriété & autres droits & facultés sur les marais concédés aux Etats de la province; auquel effet, leur imposer silence perpétuel, sans préjudice de former d'autres demandes dans le cours de l'instance; L'ordonnance mise sur ladite requête ledit jour 22 Juillet 1766, portant que les parties seroient assignées : Dix-huit exploits de signification, tant de ladite requête, de l'arrêt du conseil & lettres-patentes du 8 Novembre 1746, du jugement rendu le 8 Août 1741 aux différentes parties intéressées; savoir, celui contre le prévôt de l'église cathédrale de Nîmes, en date du 25 dudit mois de Juillet; celui contre les sieurs évêque d'Alais, duc d'Uzès, marquis de Calviere & le syndic du chapitre d'Alais, du 28 du même mois; le troisieme, contre les consuls de Beaucaire, de Bellegarde, de Fourques, & contre le sieur de Bon, du 29 dudit mois; le quatrieme, contre le doyen du chapitre abbatial de Saint-Gilles, le grand-prieur de Saint-Gilles, les consuls de ladite communauté de Saint-Gilles, le sieur abbé de Saint-Gilles, Joly, de Vauvert, le sieur Baron dudit lieu de Vauvert, les consuls du même lieu, le sieur abbé & les religieux de l'abbaye de Franquevaux, en date du 30 dudit mois; le cinquieme, du premier Août suivant, contre les consuls d'Aigues-mortes & ceux de Saint-Laurent d'Aigouse; le sixieme, du même jour premier Août, contre la dame veuve du sieur Pierre Desports, les consuls de Lunel, ceux de Massillargues & le sieur marquis de Calvisson; le septieme, du 2 dudit mois d'Août, contre les sieurs commandeurs de Capette & de la Vernede; le huitieme, du 3 du même mois, contre le sieur commandeur de Cavales; le neuvieme, du 4 Août 1766, contre les sieurs commandeur du mas de Liviers, du plan de la Peyre & de la petite Argence; le dixieme, dudit jour 4 Août, contre les consuls de Mudazon, Mauguio, Candillargues, Lansargues & Saint-Nazaire; le onzieme, du 5 dudit mois, contre le sieur marquis d'Aubaix, la dame de Rochemore, les consuls du Caylar & ceux d'Aimargues; le douzieme, du 10 dudit mois, contre

N°. XXXI. les consuls de Saint-Brés, de Valergues, de Lunel-viel, de Verargues, de Saturargues & de Saint-Seriés; le treizieme, du même jour 10 Août; contre les consuls de Saint-Just, le sieur commandeur de Sylveréal & le sieur Chabaud de Vauvert; le quatorzieme, contre le sieur Peyrie, les consuls de Sainte-Colombe & ceux de Montels, du 11 dudit mois; le quinzieme, du 26 du même mois d'Août, contre le sieur évêque de Montpellier, le sieur commandeur de Launac ou de Montpellier, le sieur de Candillargues & la dame de Crouzet; le seizieme, contre les héritiers, successeurs & biens-tenans de la dame de Beaurepaire, du 13 Juin 1767; le dix-septième, du 6 Août suivant, contre les héritiers du sieur de Saint-Côme; & le dix-huitieme, du 5 dudit mois d'Août 1767, contre les consuls de Villetelle: Les défauts pris devers le greffe de la commission, le 10 Janvier 1768, contre le prévôt de l'église cathédrale de Nîmes, les consuls de Saturargues, ceux de Saint-Just, le sieur Chabaud, Peyrie, les héritiers de la dame de Beaurepaire, ceux du sieur de Saint-Côme & les consuls de Villetelle: Les copies des défenses fournies sur les susdites assignations par le sieur évêque de Montpellier, les consuls de Mauguio, ceux de Fourques, ceux de Mudazon & de Candillargues; par le sieur de la Croix de Candillargues, les consuls de Lunel-ville, ceux de Lunel-viel, de Montels, de Saint-Nazaire, de Saint-Brés, de Sainte-Colombe, de Lansargues, de Verargues, de Saint-Seriés; par le doyen du chapitre Saint-Gilles, le syndic de l'abbaye ou chapitre dudit Saint-Gilles; par le sieur abbé de Saint-Gilles & par celui de Franquevaux, par le syndic clavaire de Saint-Gilles, le sieur de Vauvert, les consuls dudit lieu, tant de leur chef, que comme représentant le sieur Joly; par le sieur duc d'Uzès, marquis de Calvisson, consuls de Bellegarde & ceux de Massillargues; par le sieur de Piolenc, grand-prieur de Saint-Gilles, les sieurs commandeurs de Sylveréal, de Capette, de la Vernede, de Cavales, du plan de la Peyre, de Liviers, d'Argence & de Montpellier; par les consuls de Saint-Laurent-d'Aigouse, les dames de Crouzet & Desports, les consuls d'Aimargues; le sieur marquis d'Aubaix; par les consuls du Caylar, le sieur évêque d'Alais & le syndic du chapitre d'Alais; par les sieurs de Calvieré, de Bon, la dame de Rochemore, les consuls de Beaucaire, ceux d'Aigues-mortes, celles des consuls de Saturargues & du prévôt de l'église de Nîmes, fournies postérieurement au défaut pris contre ces deux parties: Vu aussi la copie de requête présentée le cinq Février mil sept cent soixante-sept par le sieur de Durfort, évêque de Montpellier, tendante à ce que le syndic général soit tenu de lui communiquer les derniers actes & errémens de l'instance faits avec ses prédécesseurs en l'évêché, sinon déchargé de l'assignation à lui donnée; l'ordonnance mise sur ladite requête le même jour 5 Février 1767, qui la joint au procès: Requête du syndic général du 25 Juin suivant, tendante à ce que tenant la communication faite audit sieur évêque de Montpellier de l'acte d'offre en dédommagement fait au sieur de Charenci, l'un de ses prédécesseurs, le 14 Décembre 1739, & la déclaration dudit syndic général qu'il ne demande pas contre ledit sieur évêque, l'exécution du jugement du 8 Août 1741, comme n'ayant pas été rendu avec les évêques de Montpellier ses prédécesseurs, ordonner que les arrêts du conseil & lettres-patentes qui ordonnent le dessèchement des marais depuis Beaucaire jus- N°. XXX ques à Aigues-mortes & à l'étang de Pérols, & qui ordonnent aussi le bornage desdits marais & la remise des titres de la part de ceux qui prétendent à la propriété desdits marais, sortiront à effet, & seront exécutés avec ledit sieur évêque de Montpellier; & en conséquence, qu'il sera tenu, conformément à l'arrêt du conseil, du 12 Mai 1716, qui ordonne ledit bornement & la remise des titres servant à justifier de la propriété ou des droits que les seigneurs laïques ou ecclésiastiques & les communautés prétendent avoir sur certaines portions desdits marais, de remettre dans le mois les titres servant à justifier de sa propriété ou des droits qu'il prétend avoir sur les marais du comté de Mauguio, devant tel commissaire qui sera à cet effet nommé, pour être lesdits titres examinés devant ledit sieur commissaire, & en être remis au syndic général des extraits en forme; sinon, faute de ce faire dans ledit délai, & icelui passé, permettre audit syndic de prendre telles conclusions qu'il appartiendra sur le défaut de remise; ordonner que dans le mois après le jugement qui interviendra, ledit sieur évêque de Montpellier sera tenu d'accepter ou de refuser l'offre faite au feu sieur de Charenci, l'un de ses prédécesseurs, le 14 Décembre 1739; & en cas qu'il la refusât, tenu de former sa demande en indemnité dans le même délai, ou de convenir de gré à gré avec les Etats sur son dédommagement; & faute d'avoir accepté ladite offre, formé sa demande en dédommagement, ou convenu avec les Etats, déclarer que l'offre faite audit sieur de Charenci sera censée acquiescée; l'ordonnance mise sur ladite requête ledit jour 25 Juin 1767 qui la joint au procès; Le jugement par nous rendu le premier Juillet suivant, portant que les arrêts du conseil sur le bornage des marais seront exécutés avec ledit sieur évêque de Montpellier & autres parties intéressées, & en conséquence, que les marais non bornés, le seront à la diligence du syndic général par experts & arpenteur convenus ou pris d'office, pardevant le sieur Vassal, l'un de nous, lesquels procéderont en présence dudit sieur Vassal & du procureur du Roi en la commission, les parties intéressées présentes ou duement appellées à la vérification & bornage desdits marais; ordonne aussi qu'il sera nommé un tiers-expert pour vuider le discord formé entre Aguier & Péridier, experts, sur le tenement de la Muzette; Le procès-verbal tenu devant ledit sieur Vassal, commissaire, commencé le 25 Juillet 1767, & fini le 28 Octobre suivant, contenant 459 pages, lors duquel le discord sur le tenement de la Muzette fut vuidé par le sieur Baude, tiers-expert nommé d'office, partie dudit tenement déclaré marais, & les autres marais montrés, vérifiés & bornés en présence dudit sieur commissaire & du procureur du Roi en la commission; L'exploit de signification dudit procès-verbal faite aux procureurs des parties dont les marais avoient été bornés, ledit exploit du 17 Novembre 1767. Vu encore les rapports dressés lors de ladite procédure, par Parlier, Baude, Abauzit, experts & tiers-expert, & par Verdier, arpenteur, les 24, 29 Août; 9, 12 & 19 Septembre; 8, 10 & 21 Octobre 1767, avec les exploits de signification à suite de chacun desdits rapports faits aux procureurs des parties intéressées; Le jugement par nous rendu le 22 Décembre suivant, portant autorisation desdits rapports & de l'entiere procédure faite devant le sieur Vassal, l'un de nous, pour le bornage des marais, palus & étangs y mentionnés, sans préjudice aux Etats de la province, de faire borner les marais, palus, étangs & terres inondées qui ne l'ont pas été; ledit jugement faisant défenses à toutes personnes d'entreprendre de faire aucuns ouvrages tendant au desséchement des marais bornés, d'en changer ni déplacer les bornes & d'en enlever les terres: Vu de même toutes les pièces sur lesquelles ledit jugement a été rendu, & qui y sont visées; L'exploit de signification dudit jugement, fait le 14 Janvier 1768 aux procureurs des sieurs évêque de Montpellier, marquis de Calvisson, de Calviere, d'Aubaix, de la dame de Crouzet, des consuls de Massiliargues, de Lunel & de Mauguio, parties avec lesquelles ledit jugement avoit été rendu: Quatre autres exploits de signification dudit jugement, faite aux susdites parties par Bonjean, huissier à la cour des aides, les 21, 23 & 25 Janvier 1768: Copie de la requête présentée par le sieur évêque de Montpellier le 3 Juillet 1767, aux fins y contenues: Requête du syndic général, du 19 Novembre 1767, pour demander que les sieurs de Portalés, de Belleval, Roussellier, Viguier à Aimargues, Reboul, trésorier de France, les dames de Marmier & de Plauchut, & autres parties possédant des marais faisant partie de ceux concédés aux Etats, soient assignés devant nous pour voir ordonner que les arrêts du conseil, lettres-patentes du 7 & 8 Novembre 1746, seront exécutés suivant leur forme & teneur; & en conséquence, voir maintenir les Etats de la province dans la propriété desdits étangs, palus, marais, lais & relais de la mer & terres inondées à eux concédés; ce faisant, se voir lesdits particuliers jouissant desdits marais, condamner à représenter & remettre dans le mois, pardevant le rapporteur du procès ou tel autre commissaire qu'il nous plaira de députer, les titres & actes justifiant de leur propriété sur lesdits marais, & en remettre des extraits audit syndic général, sinon, & faute de ce faire, ledit délai passé, déclarer, en vertu du jugement qui interviendra, & sans qu'il en soit besoin d'autre, qu'ils seront déchus de toute propriété & jouissance desdits marais; & dans le cas qu'ils établiroient leur propriété, voir ordonner que dans le même délai ils formeront leurs demandes en dédommagement, ou accepteront les offres qui leur seront faites par le syndic général dans huitaine, passé lequel délai, lesdites offres seront définitivement acquiescées & autorisées en vertu du même jugement & sans qu'il en soit besoin d'autre, & les Etats maintenus définitivement en la propriété & jouissance desdits marais, aux conditions desdites offres; & lesdites dames de Marmier & de Plauchut, pour se voir condamner à rapporter les lettres-patentes du mois de Janvier 1678, & autres titres établissant leur propriété sur les 1150 salmées de marais y mentionnées, & se voir lesdites dames déclarer déchues de tout droit de propriété sur lesdites 1150 salmées de marais, faute par elles d'avoir rempli les conditions sous lesquelles le don ou inféodation en furent faits; & attendu d'ailleurs que lesdits don & inféodation ont été révoqués, ainsi que tout autre, par celui fait en faveur des Etats de Languedoc, ordonner que lesdites dames en délaisseront la jouissance auxdits Etats, sans pouvoir prétendre aucune indemnité, conformément aux conditions desdites lettres-patentes du mois de Juin 1678; ledit syndic général se réservant de faire borner lesdites parties des marais, avec dépens: L'ordonnance mise sur ladite requête par le sieur de Saint-Priest pere, l'un de nous, ledit jour 19 Novembre 1767, portant soient les parties assignées pour y répondre dans le délai

N°. XXXI.

de l'ordonnance : Cinq exploits contenant signification, tant de ladite requête & ordonnance, que des arrêts du conseil des 7, 8 & 15 Novembre mil sept cent quarante-six, & 11 Avril mil sept cent soixante-un, ceux du 8 Novembre, contenant concession des marais en faveur des Etats, & ceux des 15 dudit mois & 11 Avril 1761 établissant la commission, avec assignation devant nous, aux fins de ladite requête ; le premier desdits exploits en date du 23 dudit mois de Novembre, contre le sieur Reboul, trésorier de France de Montpellier, & les sieurs Périer freres ; le deuxième du 24 dudit mois, contre les dames de Cournon, l'une veuve du sieur de Marmier, & l'autre épouse du sieur Plauchut ; le troisieme du 25 Fevrier 1768, contre les sieurs de Portalés & de Belleval ; le quatrieme du 30 Avril suivant, contre les sieurs Mourgues ; & le cinquieme contre les sieurs marquis de Calvisson, le sieur Sibille de Lunel, & le sieur Daumas, de Massiliargues, du premier Mai dernier ; ces trois dernieres assignations contenant encore signification de l'arrêt du conseil du 19 Novembre 1767 : Vu aussi ledit arrêt du conseil du 19 Novembre 1767, portant que ceux des 15 Novembre 1746 & 11 Avril 1761, seront exécutés suivant leur forme & teneur ; & y ajoutant, en tant que besoin, renvoie pardevant les sieurs de Guignard pere & fils, intendans & commissaires départis en cette province, pour procéder conjointement, ou l'un à défaut de l'autre, & les autres commissaires nommés par lesdits arrêts, à la connoissance de toutes & chacunes les contestations mues & à mouvoir concernant ledit desséchement des marais & la construction du canal de navigation, sans en excepter aucune, même celles qui pourrroient avoir été portées au conseil de S. M. par aucunes des parties, en conséquence du renvoi fait par les procès-verbaux desdits feu sieurs de Basville & de Bernage, intendans en ladite province, ou des jugemens des commissaires nommés par les arrêts du conseil des 5 Août & 9 Décembre 1738, & de quelqu'autre maniere que ce puisse être, même les oppositions formées ou à former envers les arrêts du conseil obtenus par le feu sieur de Noailles, ses successeurs & subrogés, S. M. voulant que lesdites contestations, oppositions, circonstances & dépendances, soient par nous jugés en dernier ressort, suivant & conformément auxdits arrêts ; & de la même maniere qu'elles auroient pu l'être par Sa Majesté en son conseil, nous en attribuant, en tant que de besoin seroit, toute cour, jurisdiction & connoissance : Le jugement par nous rendu le 13 Décembre 1767, portant que cet arrêt seroit exécuté & signifié à qui il appartiendroit : Exploit de signification des arrêts du conseil des 15 Novembre 1746, 11 Avril 1761, faite aux sieurs évêque de Montpellier, marquis de Calvisson, au sieur d'Aubaix, au sieur de Calviere, à la dame de Crouzet, aux consuls de Lunel, de Mauguio & de Massiliargues, ou à leurs procureurs en la cause ; cette signification en date du 29 Juin 1767 : La copie des défenses fournies par les sieurs Jacques & François Périer freres : Copie de l'arrêt rendu par le parlement de Toulouse le premier Février 1768, qui adjuge auxdits Périer le décret des biens saisis à Louis Fontanés, avocat : Acte fait aux sieurs Périer le 23 Février 1768, contenant signification du rapport des experts, & du procès-verbal du sieur Baudouin, commissaire, des 2 & 3 Septembre 1740, sur le bornage de l'isle Sainte-Marguerite du Mole, dans le terroir d'Aigues-mortes ; avec som-

No. XXXI. mation auxdits Périer, de, moyennant cette notification, défendre au fonds aux demandes du syndic général : Exploit de signification dudit acte à Bourgoin, procureur desdits Périer dudit jour 23 Février ; Les copies de défenses fournies par les dames de Plauchut & de Marmier ; par le sieur Reboul, trésorier de France en la généralité de Montpellier, & par le sieur Rousselier, Viguier à Aimargues ; ces défenses signifiées les 20, 22 & 28 Décembre 1767 ; L'exploit d'assignation donnée à la requête du syndic général le 22 Janvier 1768, aux héritiers, successeurs & biens-tenans du sieur abbé Leblon, propriétaires de la terre de la Motte, aux fins de la requête du 22 Juillet 1766, lors de laquelle assignation il fut donné copie auxdits héritiers, des arrêts du conseil des sept, huit & quinze Novembre 1746, onze Avril 1761, & de celui du 19 Novembre 1767, ainsi que de ladite requête : Le défaut pris le 15 Août dernier devers le greffe de la commission, contre lesdits héritiers, successeurs & biens-tenans du sieur abbé Leblon : La requête présentée par le syndic général le 15 Janvier dernier, pour demander que les dames de Montoulieu, épouse du sieur d'Azemar, veuve Souliet, de Lunel & autres particuliers possédant des marais dans le terroir de Massiliargues ou de Lunel, fussent assignés devant nous pour voir ordonner l'exécution des susdits arrêts du conseil des 7, 8 Novembre 1746, voir maintenir les Etats de Languedoc en la propriété des étangs, palus & marais à eux concédés, & se voir condamner à représenter & remettre dans trois mois, pardevant le rapporteur du procès, ou tel autre commissaire, les titres & actes justifiant de leur propriété des marais par eux jouis, & en remettre des extraits audit syndic général, sinon, faute de ce faire, ledit délai passé, en vertu du jugement qui interviendroit, & sans qu'il en fût besoin d'autre, se voir déclarer déchus de toute propriété & jouissance desdits marais ; & dans le cas où ils établiroient leur propriété, ordonner qu'ils formeront leurs demandes en dédommagement, ou qu'elles accepteront les offres qui leur seront faites par le syndic général dans huitaine : L'ordonnance rendue sur ladite requête ledit jour 15 Janvier 1768, par le sieur de Saint-Priest pere, l'un de nous, portant que les parties seront assignées dans le délai de l'ordonnance : L'exploit de signification, tant de ladite requête & ordonnance, que des arrêts du conseil des 7, 8 & 15 Novembre 1746, des 11 Avril 1761 & 19 Novembre 1767, & assignations pardevant nous auxdites dames de Montoulieu & veuve Souliet, des 21 & 23 dudit mois de Janvier : Copie de requête à nous présentée par Jean Brun, notaire, Antoine de Lasval-Soulages, bourgeois, Jean-Mathieu & Jean Roux, marchands à Lunel, pour demander d'être reçus parties intervenantes dans l'instance pendante à raison du desséchement des marais ; ce faisant, vu les actes dont ils feront la communication avec ladite requête, ordonner, au cas le desséchement ait lieu sur les parties des marais compris dans l'acte d'inféodation à eux faite par les religieuses de la visitation Sainte-Marie de Montpellier, qu'ils seront indemnisés, comme tous les autres propriétaires, proportionnément à ce qui sera desséché desdits palus ou marais : L'ordonnance mise sur ladite requête par le sieur de Saint-Priest pere, l'un de nous, le 11 Avril 1767, portant qu'elle sera communiquée au syndic général de la province, lors de la signification de laquelle lesdits Brun, Soulages, Mathieu & Roux, firent

N°. XXXI. donner copie d'un acte du 6 Mars 1214, contenant donation faite par Raymond Gaussélin, seigneur & baron de Lunel, au monastere d'Arboras, de certains biens dans l'étendue du terroir de Valergues & Verargues; du testament dudit Raymond Gaussellin du neuf Avril mil deux cent quinze; d'une sentence rendue par le sénéchal de Montpellier le vingt-six Mars mil six cent soixante, en faveur desdites religieuses de la Visitation de Montpellier, étant aux droits dudit monastere d'Arboras, qui maintenoit lesdites religieuses en la possession & jouissance des garrigues, bois de Rocan, herbages, terres cultes & incultes, & autres droits compris dans la susdite donation, suivant la vérification qui en seroit faite par experts; d'un jugement rendu par les sieurs commissaires du domaine à Montpellier le 23 Août 1688, contenant jugement du dénombrement rendu au Roi par lesdites religieuses; de la délibération capitulairement prise par ledit monastere de la Visitation Sainte-Marie de Montpellier le 23 Avril 1762, qui détermine d'inféoder tous les droits & facultés donnés par Raymond Gaussélin par l'acte du 6 Mars 1214; de l'acte d'inféodation faite en conséquence de ladite délibération, auxdits Brun, Soulages & autres, le 23 Août 1762; d'un acte du 11 Août 1765, contenant cession faite par les sieurs Fabre & Thomas de leurs droits sur ladite inféodation, en faveur desdits Brun, Mathieu & autres inféodataires, & de la quittance de l'Albergue sous laquelle l'inféodation avoit été faite, consentie par lesdites religieuses de la Visitation en leur faveur le 2 Juillet 1766: Vu aussi les copies des susdits actes remises dans la production du syndic général, sous lettres IIIII. Requête du syndic général de Languedoc du 9 Février 1768, tendante à ce que tenant les conclusions par lui prises dans celles par lui présentées contre le sieur évêque de Montpellier, les dames de Marmier, de Plauchut, & autres parties nouvellement mises en cause, il nous plaise déclarer les défauts pris devers le greffe de la commission, contre les sieurs Chabaud, Peyrie, les héritiers de la dame Beaurepaire, ceux du sieur de Saint-Côme, les consuls de Saturargues, ceux de Villetelle, & contre le prévôt de l'église de Nîmes, bien & duement obtenus; & disant droit à l'utilité desdits défauts, sans s'arrêter aux insistances du sieur grand-prieur de Saint-Gilles & des sieurs commandeurs de l'ordre de Malte, sur l'invalidité des assignations à eux données, les en démettre par fins de non-recevoir prises du jugement du 29 Août 1739, & de ce qu'ils ont ci-devant contesté au fonds, attendu le renvoi fait à la commission, tant par l'arrêt du conseil & lettres-patentes du 15 Novembre 1746, que par l'arrêt du conseil du 19 Novembre 1767, de toutes les contestations nées & à naître par rapport au desséchement & à la construction du canal de navigation, circonstances & dépendances; sans s'arrêter à la demande de la communauté de Vauvert, en cassation de la délibération par elle prise en 1739, pour consentir au desséchement, sans avoir égard aux oppositions audit desséchement, formées par les sieurs grand-prieur de Saint-Gilles, & par les commandeurs de l'ordre de Malte, au nom dudit ordre, ni à celles formées par Jacques Chabaud, Elie Peyrie, par l'abbé & les religieux de Franquevaux & autres parties, & les en déboutant, ordonner que les arrêts du conseil & lettres-patentes du mois de Janvier 1702, 12 Mai 1716, 5 Août, 9 Décembre 1738 & 8 Novembre 1746, ensemble N°. XXXI.

N°. XXXI. ble les jugemens des 29 Août 1739 & 8 Août 1741, sortiront à effet & seront exécutés suivant leur forme & teneur, tant contre les parties défaillantes, que contre celles qui se sont présentées; & en conséquence, que les marais bornés en 1740 & en 1767, ensemble ceux qui restent encore à borner, seront desséchés, & qu'il sera construit un canal de navigation, ainsi qu'il est porté par lesdits arrêts du conseil & lettres-patentes, avec défenses à toutes personnes de donner aucun trouble ni empêchement audit desséchement & construction du canal, à peine de trois mille livres d'amende, & de tous dépens, dommages & intérêts; ordonner que dans tel délai que la commission jugera à propos de régler, toutes les parties assignées, tant comparantes que défaillantes, seront tenues, conformément à l'arrêt du conseil du 12 Mai 1716, & au jugement du 8 Août 1741, de remettre les titres justifiant de la propriété ou des droits qu'ils prétendent avoir sur lesdits marais, devant le sieur rapporteur du procès, ou devant tel autre commissaire qu'il nous plaira de nommer, pour être, lesdits titres, examinés devant ledit sieur commissaire, & en être remis audit syndic général des extraits en forme; sinon & faute de ce faire dans ledit délai, & icelui passé, attendu les différens arrêts du conseil & jugemens rendus en conséquence, pour ordonner la remise desdits titres, déclarer qu'en vertu du jugement qui interviendra, & sans qu'il en soit besoin d'autre, tous les prétendans droits aux marais, demeureront déchus de tous leurs droits, & de toute prétention sur lesdits marais; & en conséquence, que silence perpétuel leur sera imposé à cet égard, après ledit délai passé, lequel délai ne sera point censé comminatoire, mais bien absolu & de rigueur, sans espoir d'autre, sous quelque prétexte que ce soit, se réservant, ledit syndic général, au nom des Etats, de prendre telles conclusions qu'il appartiendra au sujet des dédommagemens que pourront prétendre les propriétaires des portions & usagers des marais qui auront été compris dans les procédures de bornement faites & à faire, & qui auront justifié de leurs droits par la remise de leurs titres: L'ordonnance rendue sur ladite requête ledit jour 9 Février 1768, par le sieur de Saint-Priest pere, l'un de nous, portant qu'elle sera signifiée aux parties ou à leurs procureurs; que sur le procès principal lesdites parties instruiront, produiront & défendront dans quinzaine; commet pour rapporteur dudit procès, le sieur de Rosset l'un de nous, pour, sur son rapport, & les conclusions du sieur Coulomb, procureur du Roi, être ordonné ce qu'il appartiendra: L'exploit de signification de ladite requête & ordonnance faite le 20 dudit mois de Février, à Ricard, procureur des sieurs évêques de Montpellier & d'Alais, du syndic du chapitre d'Alais, du sieur grand-prieur de Saint-Gilles, des sieurs commandeurs de Capette, de la Vernede, de Cavales, du Mas de Liviers, du plan de la Peyre, de la petite Argence, de Sylveréal & de Montpellier, des consuls de Lansargues, & desdits Brun, Soulages & autres, lors duquel exploit il fut baillé audit Ricard quatorze copies de ladite requête, l'une pour chacune de ses parties; à Bonnal, procureur des consuls de Lunel-viel, & de ceux de Montels, auquel il fut remis deux copies; à Bourgoin, procureur des sieurs de Candillargues, des consuls dudit lieu, de ceux de Sainte-Colombe, du sieur Reboul, trésorier de France, & des sieurs Périer freres, auquel il fut remis cinq copies de ladite requête; à Bertrand, procureur des consuls de Saint-Brés; à Castan, N°. XXXI.

N°. XXXI. procureur du sieur abbé de Saint-Gilles, & du syndic clavaire de ladite ville, à qui il fut remis deux copies; à Bousquet, procureur du sieur abbé & des religieux de l'abbaye de Franquevaux, du syndic du chapitre de St. Gilles, & du doyen dudit chapitre Saint Gilles, ayant été baillé quatre copies audit Bousquet de ladite requête & ordonnance; à Moreau, procureur des consuls de Beaucaire, de ceux de Saint-Seriés, de ceux de Verargues, de Vauvert & de la dame de Rochemore, à qui on remit cinq copies, l'une pour chacune desdites parties; à Chamand, procureur des sieurs duc d'Uzès, marquis de Calviere, des dames de Marmier & de Plauchut, à qui il fut baillé trois copies; à Montels, procureur des consuls de Lunel-ville, du sieur de Vauvert, de la dame de Nigry, veuve du sieur Pierre Desports, & de la veuve Souliet, à qui il fut baillé quatre copies; à Chivaud, procureur du sieur marquis d'Aubaix, des consuls du Caylar & du sieur Roussellier, à qui il fut laissé trois copies; à Léotard, procureur de la dame de Crouset; Benoît, du sieur de Calvisson; Gas, des consuls de Mauguio; B. Durand, de ceux de Massiliargues; à Roumieu, de ceux d'Aigues-mortes; à Grenier, du sieur de Bon; Daumas, des consuls de St. Nazaire; à Pralon, de ceux d'Aimargues; à Fiérard, de ceux de St. Laurent d'Aigouse & de Mudazon; à Claris, des consuls de Bellegarde, & à Cabanes, de ceux de Fourques: Autre exploit de signification faite aux susdits procureurs, le même jour 23 Février 1768, des arrêts du conseil des 15 Novembre 1746, 11 Avril 1761 & 19 Novembre 1767, contenant établissement de la commission & l'attribution à elle donnée: Requête du syndic général du 5 Mars 1768, contenant défenses à l'intervention demandée par les sieurs Brun, Soulages, Matthieu & Roux, & dans laquelle il conclud à la rejection des extraits des actes des 6 Mars 1214, 9 Avril 1215, comme informes, extrajudiciaires & indignes de foi; que la demande desdites parties soit également rejettée, ou qu'ils soient démis de leur requête; subsidiairement, ordonner que lesdits particuliers se régleront, à raison de leurs prétentions, avec les consuls & habitans de la baronnie de Lunel, sur la propriété desdits marais dont il s'agit, & que jusqu'au jugement de l'instance entr'eux pendante devant le sénéchal de Montpellier sur ladite propriété, il sera sursis à la demande desdits Brun & autres, avec dépens: L'ordonnance mise sur ladite requête le 5 dudit mois de Mars, par le sieur de Rosset, l'un de nous, rapporteur du procès, portant qu'elle sera jointe au procès, & signifiée: L'exploit de signification faite à Ricard, procureur desdits Brun, Soulages & autres le 9 dudit mois de Mars: Les copies des défenses fournies par la dame de Montoulieu & le sieur d'Azemar son mari, par le sieur Peyrie représentant les héritiers, successeurs & biens-tenans du sieur de St. Côme, par la veuve du sieur Souliet, & par le sieur de Belleval: L'acte à produire & remettre fait le 20 Février dernier, à la requête du syndic général, aux procureurs des sieurs évêques de Montpellier & d'Alais, à celui du syndic du chapitre d'Alais, aux sieurs grand-prieur de Saint-Gilles, & des commandeurs de l'ordre de Malte susnommés, à celui des consuls de Lansargues, desdits Brun, Soulages & autres, des consuls de Lunel, de Montels, de Candillargues, de Sainte Colombe, de Saint Brés, des sieurs de Candillargues, Reboul & Périer freres, à ceux du sieur abbé de Saint-Gilles, du trésorier clavaire de ladite N°. XXXI.

N°. XXXI. ville, du syndic du chapitre de ladite ville, du doyen dudit chapitre, du sieur abbé & des religieux de l'abbaye de Franquevaux, à ceux des consuls de Beaucaire, de St. Seriés, de Verargues, de Vauvert, de la dame de Rochemore, du sieur duc d'Uzès, des sieurs marquis de Calviere, d'Aubaix, de Calvisson, des dames de Marmiet & de Plauchut, à ceux des consuls de Lunel-ville, & aux autres procureurs occupant dans l'instance, pour les parties présentées, ou assignées lors dudit acte, lequel contient encore sommation auxdits procureurs de remettre leurs défenses, mémoires, instructions & requêtes, au sieur Coulomb, procureur du Roi, & ensuite au sieur de Rosset, l'un de nous, rapporteur du procès, dans le délai du réglement; autrement qu'ils en seront forclos, & le procès jugé en l'état : Requête des consuls de Massiliargues, pour demander que tenant leur consentement au desséchement des marais, & leur offre de remettre tous leurs titres sous la réserve de leurs droits, il nous plaise les maintenir en la possession du tenement de la plaine de Massiliargues, dont partie fut bornée comme marais de la baronnie de Lunel, située depuis l'enclos Desports, qui est du côté du nord en tirant au midi & au couchant, jusqu'à la cabane appellée du Varlet, près le canal de la Radelle, avec défenses, tant aux consuls de la communauté de Lunel qu'à tous autres, de, en la possession du tenement, leur donner aucun trouble ni empêchement, à peine d'enquis; ladite requête répondue le 15 Mars dernier par ledit sieur de Rosset, rapporteur, d'une ordonnance portant qu'elle sera jointe au procès, signifiée & communiquée, tant au procureur du syndic général, qu'à celui des consuls de Lunel, le 19 du même mois : L'acte à produire fait à la requête desdits consuls de Massiliargues, aux consuls de Lunel, ledit jour 19 Mars 1768; Autre requête desdits consuls de Massiliargues, jointe au procès par ordonnance dudit sieur de Rosset, du 29 Septembre dernier, tendante à ce qu'il soit déclaré n'y avoir lieu de statuer, quant à présent, & jusqu'à la remise des titres demandés par le syndic général, sur la question de propriété du tenement de la plaine, appellée de Massiliargues, élevée entre lesdits consuls & ceux de Lunel, ou ordonner que les parties seront plus amplement ouies sur cet objet; ladite requête signifiée le 30 du même mois, tant au procureur du syndic général, qu'à celui des consuls de Lunel : L'inventaire de production fourni par lesdits consuls de Massiliargues, & signifié auxdits procureurs le même jour 30 Septembre dernier, avec les copies des actes remis dans ledit inventaire : Autre inventaire de production fourni par les sieurs de Piolenc, grand-prieur de St. Gilles, Daurel, commandeur de Montpellier, de Gautier, commandeur de Cavales, de Grille d'Estoubloh, commandeur d'Argence, de Lupé Garanné, commandeur de la commanderie du plan de la Peyre, de Sade Mazan, commandeur de la Vernede, de Veynes, commandeur de Capette, & par les commandeurs de Liviers & de Sylveréal, avec les pieces remises dans ledit inventaire, parmi lesquelles est une requête présentée au nom desdits sieurs grand-prieur & commandeurs, pour demander que sans avoir égard à celle du syndic général & l'en déboutant, décharger lesdits grand-prieur & commandeurs des assignations à eux données par fins de non-valoir, si mieux la commission n'aime leur accorder un délai suffisant, afin qu'ils puissent recevoir les ordres & pouvoirs nécessaires de l'ordre de Malte, ou bien ordonner

N°. XXXI. que ledit ordre sera régulierement appellé dans l'instance : L'ordonnance de joint mise sur ladite requête par le sieur de Rosset, rapporteur du procès, du 30 Mars 1768, communiquée le 31 dudit mois : Copie d'autre inventaire de production fourni par ledit sieur Daurel ; commandeur de Montpellier, & d'une requête présentée par ledit commandeur de Montpellier, jointe au procès par ordonnance du 31 dudit mois de Mars, par laquelle il demande que sans s'arrêter à l'acte du syndic général, & l'en déboutant, le relaxer de l'assignation à lui donnée, par fins de non-valoir, si mieux nous n'aimons lui accorder un délai suffisant pour qu'il puisse recevoir les ordres & pouvoirs nécessaires de l'ordre de Malte, ou bien ordonner que ledit ordre sera régulierement appellé dans l'instance : Copie de l'inventaire de production fourni par les consuls de Lansargues, & d'une requête présentée par cette communauté le 30 Mars 1768, tendante à ce qu'elle soit reçue à s'aider des titres qui seront rapportés par la communauté de Lunel, chef de ladite baronnie de Lunel, comme communs à celle de Lansargues, l'une de celles composant ladite baronnie ; ce faisant, vu les lettres d'amortissement par lesquelles cette communauté est maintenue dans les propriétés & autres droits inféodés, tant par le seigneur baron de Lunel, que par les religieuses du monastere d'Arboras, présentement uni à celui de la Visitation de Montpellier, & vendu par les chapelains du palais royal de ladite ville aux habitans de ladite baronnie, ordonner que la province sera tenue d'indemniser ladite communauté de toutes ses propriétés & autres droits, dont elle sera dépouillée au moyen du desséchement des marais, proportionnellement aux avantages qu'elle en retire : Autres copies d'inventaire & de requête présentée par Brun, Soulages, Matthieu & Roux, habitans de Lunel, jointe au procès par ordonnance dudit jour 30 Mars 1768, par laquelle ces particuliers demandent, que sans s'arrêter à celle du syndic général, & l'en déboutant, les fins de leur précédente leur soient adjugées ; subsidiairement, en cas de difficulté en l'état, les recevoir à s'aider des titres rapportés par la communauté de Lunel ; & en tout événement, leur permettre de faire compulser les titres dont le syndic général demande la rejection, pardevant tel commissaire qu'il nous plaira commettre, avec dépens : Copie des défenses fournies par le sieur de Portalés, marquis de Vignoles, sur l'assignation à lui donnée à la requête du syndic général, communiquées le 5 Mars 1768, lors de laquelle communication, ledit sieur de Portalés fit donner copie d'un bail à ferme du château & terres de la Motte, près Mauguio, passé le 14 Novembre 1644, d'une inféodation faite au sieur Baude le 5 Avril 1727, par le sieur de Colbert, évêque de Montpellier, comte de Mauguio, d'un espace de terrein marais, eaux, plage & rivage de l'étang, près les terres dudit château de la Motte, sous l'albergue d'un cierge de cire blanche du poids de demi-livre, de l'hommage dudit terrein marais & eaux, prêté au sieur de Villeneuve, évêque de Montpellier, par le sieur Baude, avocat, le 19 Mars 1755, & de la quittance des impositions dudit sieur de Portalés, à Mauguio, pour l'année 1764 : Vu encore le jugement par nous rendu le 11 Avril 1768, par lequel tenant la communication faite aux sieurs Périer freres & au sieur Rousselier, de la procédure, contenant bornage des marais par eux jouis, & des rapports des experts & arpenteur qui procéderent à ce bornage en 1740 : N°. XXXI.

N°. XXXI. Ordonne que lesdits Périer freres & Rousselier, déclareront dans huitaine, s'ils acquiescent à ladite procédure, ou s'ils entendent en réclamer; & faute de ce faire, ledit délai passé, en vertu dudit jugement, & sans qu'il en soit besoin d'autre, déclare ladite procédure & rapport d'experts définitivement autorisés, sans qu'ils puissent en réclamer; ordonne encore que les marais non-bornés, faisant partie de ceux concédés aux Etats de Languedoc, le seront à la diligence du syndic général, en présence du sieur Vassal, l'un de nous, commissaire à ce député, & du sieur Coulomb, procureur du Roi, ou lui duement appellé, par experts convenus ou pris d'office, & par Verdier, arpenteur, déjà nommé d'office: L'exploit de signification dudit jugement fait aux procureurs des sieurs Périer freres, Rousselier, & des autres parties, avec lesquelles il avoit été rendu, cet exploit en date du 15 dudit mois d'Avril: Deux autres exploits de signification du même jugement, faits les 15 & 17 du même mois d'Avril, auxdits Périer, freres, & Rousselier, avec sommation d'y satisfaire: La requête présentée par lesdits Périer, freres, le 19 dudit mois d'Avril, tendante à ce que sans avoir égard à la prétendue procédure de bornage des 2 & 3 Septembre 1740, pour ce qui concerne le terrein de l'isle du Mole, à eux appartenant, & la rejettant, déclarer n'y avoir lieu de dessécher aucune partie du terrein de ladite isle; subsidiairement, ordonner qu'il sera procédé par experts à la vérification de ladite isle, & par eux rapporté s'il y a quelques parties dudit terrein sujettes au desséchement; & au cas il y en ait, demeurant leur offre, les admettre à faire faire eux-mêmes ledit desséchement; & attendu la communication de leurs titres de propriété, les décharger de toutes les demandes, fins & conclusions contre eux prises par le syndic général avec dépens: La production fournie par le sieur marquis de Calvisson, avec la requête par lui présentée, jointe au procès par ordonnance du 5 Mai 1768, par laquelle il demande qu'il lui soit donné acte de la remise par lui faite dans ladite production, des titres, actes de propriété & des droits qu'il a sur les marais, soit en originaux ou par extraits, cotés dans ladite production, depuis lettre X jusques à double lettre K; ce qui forme seize pieces, signifiées au procureur du syndic général; & au cas il fût fait difficulté d'ajouter foi auxdits extraits, d'en remettre les originaux, consentant que lesdits titres & actes soient vus & examinés pardevant tel commissaire qu'il nous plaira de commettre, & qu'il en soit remis des extraits en forme au syndic général, s'il trouve à propos d'en prendre à ses frais & dépens, sans répétition contre ledit sieur marquis de Calvisson; ce faisant, tenant ladite remise, le maintenir dans la propriété, prérogatives, émolumens, possession & jouissance qu'il a sur les marais lui appartenant en propre, avec défenses à toutes personnes, de quelque qualité & condition qu'elles soient, de, en ladite propriété, possession & jouissance, lui donner aucun trouble ni empêchement à peine d'enquis, & de tous dépens, dommages & intérêts: Vu aussi les titres & actes joints à la production dudit sieur de Calvisson, consistant, 1°. en un extrait de l'inféodation faite le 11 des calendes de Novembre 1291, par Rosselin de Lunel à Guillaume de Nogaret, du Mas de Tamerlet. 2°. En une copie informe de la donation faite par Philippe le Bel, à Guillaume de Nogaret, le mois de Juillet 1304, des choses énoncées audit acte. 3°. En deux autres copies informes de deux actes, l'un du 18 Mai 1306, & l'autre du 19 Juillet 1323, 4°. En un extrait de lettres-patentes du Roi Charles VII du 28 Janvier 1448 : Autre extrait des lettres-patentes du Roi Philippe du 9 Juillet 1305 : Extrait de la transaction passée entre Raymond de Nogaret & les habitans de Lunel le 24 Mars 1314, à raison des terroirs appellés l'Alberguiere & l'Arcoa : Acte en parchemin, passé entre les co-seigneurs de Port le 18 Juillet 1323 : Extrait de transaction passée le 10 Septembre 1332, entre le sieur de Calvisson & les habitans de Massiliargues : Autre extrait de transaction passée le 15 Mai 1373, entre les seigneurs Desports & les habitans de Lunel : Autre extrait de transaction passée entre ledit sieur de Calvisson & les habitans de Lunel, le 27 Juillet 1678 ; Extrait d'acte du 22 Août suivant, contenant ratification de ladite transaction : Extrait d'autre transaction passée entre ledit sieur de Calvisson & les consuls de Saint-Just, le 16 Octobre 1679 : Autre extrait de la transaction passée entre ledit sieur de Calvisson & les consuls & communauté de Massiliargues, le 23 Décembre 1683 : Extrait de l'hommage & dénombrement rendu au sieur Jean-Louis de Louet de Nogaret de certaines portions de la terre Desports, du 18 Juillet 1698 : Extrait de la transaction passée le 26 Février 1702, entre la communauté de Massiliargues & les sieurs de Calvisson & Desports : L'inventaire de production fourni par la dame de Bornier, épouse du sieur de Crouzet, avec la requête par elle présentée, jointe au procès par ordonnance du 18 Juin dernier, par laquelle elle demande, que tenant la déclaration faite par le feu sieur de Bornier son pere, lors du verbal tenu devant le sieur de Bernage le 21 Octobre 1739, & qu'elle réitere, comme elle ne s'oppose pas à l'exécution des arrêts du conseil concernant le dessèchement des marais & la construction d'un canal de navigation, & la remise faite dans sa production des titres justifiant sa propriété sur les domaines, palus, & eaux dont elle jouit dans le terroir de Mauguio, lui permettre de faire dessécher à son profit toutes les parties des susdites possessions & droits qui seront dans le cas de l'être ; & en cas de difficulté, sans nous arrêter au jugement du 8 Août 1741 pour ce qui la concerne, renvoyer après la construction du canal & le dessèchement faits, pour être statué sur le dédommagement qui devra lui être accordé à raison des possessions & droits qui lui seront pris pour la construction dudit canal, & pour le dessèchement, avec dépens ; les pieces jointes à ladite production : L'exploit de signification faite le 12 Juillet 1768 à Castan, procureur du sieur de Coriolis, abbé de St. Gilles, & du trésorier clavaire de ladite ville, des traités faits entre le feu sieur maréchal duc de Noailles, entre lesdits sieurs abbé de St. Gilles, ou l'un de ses prédécesseurs en ladite abbaye, & la communauté dudit Saint-Gilles, devant le feu sieur de Basville, intendant, les 22 Juin & 8 Juillet 1701 ; lesdits traités contenant consentement au dessèchement des marais, aux conditions y énoncées : Requête du syndic général de la province, jointe au procès par ordonnance dudit sieur de Rosset, du 18 du même mois de Juillet 1768, contenant réponse à celles des sieurs grand-prieur & commandeurs de l'ordre de Malte, parties en l'instance, & dans laquelle le syndic général conclud à ce que sans avoir égard auxdites requêtes, & en déboutant lesdits sieurs grand-prieur & commandeurs, par fins de non-recevoir, les conclusions qu'il a ci-devant prises contre lesdites parties lui soient adjugées ; ladite requête signifiée le lendemain, 19 Juillet, à Ricard, procureur desdites parties : Six exploits des 27 Février & 2 Mars 1739, faits à la requête des sieurs de Barrillon & de la Salle, contenant signification faite auxdits sieurs grand-prieur de Saint-Gilles, commandeurs de Capette, de la Vernede, du petit Mas d'Argence, de Sylveréal & du Mas de Liviers, des arrêts du conseil & lettres-patentes des 20 Décembre 1701, mois de Janvier 1702, 12 Mai 1716, 30 Mars, 5 Août & 9 Décembre 1738, avec assignation pour procéder, conformément auxdits arrêts & lettres-patentes, pardevant les sieurs commissaires établis par celui du 5 Août 1738 : Quatre autres exploits de signification faite les 13, 14 & 15 Juillet dernier, à la requête du syndic général, de la requête & ordonnance par lui obtenue le 9 Février dernier, & de l'inventaire de production qu'il a fourni dans l'instance, tant aux sieurs Mourgues, bourgeois de Montpellier, qu'aux consuls de Saint-Just, de Saturargues, de Villetelle, aux héritiers, successeurs & biens-tenans du sieur abbé Leblon & de la dame de Beaurepaire, à ceux de Peyrie & de Chabaud, avec sommation de dire, produire & remettre dans quinzaine tout ce que bon leur semblera, tant pour le jugement de ladite requête, que pour celle du 22 Juillet 1766, passé lequel délai, il poursuivra contre eux le jugement de l'instance : La copie des défenses fournies par ledit Mourgues le 23 dudit mois de Juillet, celle des défenses aussi fournies par les héritiers dudit Chabaud, le 27 Août suivant : Vu encore le procès-verbal tenu devant le sieur Vassal, l'un de nous, à raison du bornage des marais jouis par lesdites dames de Marmier & de Plauchut, les consuls de Beaucaire, la dame veuve Desports, les sieurs de Calvisson, d'Azemar & Montoulieu, mariés, le sieur Mourgues, le sieur commandeur de Montpellier, le sieur évêque de ladite ville & les consuls de Mauguio, à suite duquel procès-verbal ont été transcrits les rapports contenant ledit bornage fait les mois de Mai & Septembre derniers : Vu aussi les comparans faits par Palat, procureur du syndic général, lors dudit procès-verbal, aux séances des 2 & 27 Mai dernier, dans lesquels comparans il fut déclaré que la dame veuve Souliet, les sieurs Sibille & Daumas, qui avoient été mis en cause dans la supposition qu'ils jouissoient des marais près de Lunel, n'en possédant point, ainsi qu'il l'avoit reconnu sur les lieux, il ne suivroit point la procédure commencée avec lesdites parties, abandonnant les assignations qui leur avoient été données : Vu aussi les originaux des rapports des experts transcrits à suite du susdit procès-verbal ; les exploits de signification, tant dudit verbal, que lesdits rapports, à chacun des procureurs des parties intéressées dans ladite procédure ; le jugement par nous rendu le 15 de ce mois de Novembre, qui autorise lesdits rapports : procès-verbal & entiere procédure faite devant ledit sieur Vassal, déclare les 550 salmées marais jouies par la communauté de Beaucaire, suffisamment bornées par les désignations, emplacemens & confrontations convenus par la communauté ; les pieces sur lesquelles ledit jugement a été rendu ; les exploits de signification dudit jugement, tant aux procureurs des parties intéressées, qu'auxdites parties ; ces exploits en date des 21, 22 & 23 de ce mois : Copie de la requête présentée par François & Jacques Périer freres, négocians à Montpellier, & de l'ordonnance du 16 Mai 1768 qui la joint au procès, dans laquelle requête lesdits Périer demandent d'être reçus à corriger les fins par eux prises dans leur précédente du 18 Avril dernier, & se réduisent à conclure, que tenant leur déclaration comme ils n'entendent point réclamer de la procédure de bornage de partie de l'isle du Mole dans le terroir d'Aigues-mortes, & dont ils ont la propriété, suivant l'arrêt du parlement de Toulouse du 9 Février 1758, & l'arrêt du conseil revêtu de lettres-patentes, du 17 Avril 1768, ladite partie bornée comme marais en 1740, suivant la procédure à eux communiquée, il plaise à la commission les maintenir en la propriété & jouissance de ce qui a été borné comme marais, demeurant leur offre de contribuer aux frais du desséchement général que les Etats de Languedoc entendent faire faire des marais, eu égard à la contenance de la partie de l'isle reconnue marais & bornée comme telle ladite année 1740, si mieux la commission n'aime les renvoyer à se pourvoir aux Etats de Languedoc, à l'effet de se faire concéder la faculté de faire eux-mêmes dessécher lesdites portions d'isle reconnues marais ou terres inondées : L'inventaire de production fourni par le sieur du Buisson de Beauteville, évêque d'Alais, avec la requête par lui présentée jointe au procès par ordonnance du 4 Août dernier, par laquelle il conclud à ce que tenant la remise des titres qui constatent les droits dépendans de l'abbaye de Psalmodi, réunie audit évêché, & sa déclaration qu'il n'entend point s'opposer au desséchement des marais ni à la construction du canal de navigation, le maintenir dans la possession du droit de champart, lods, censives & autres droits sur les fonds qui seront desséchés, dépendans de ladite abbaye, dont le desséchement sera fait ; ordonner que la province ou ses ayans cause, seront tenus de l'indemniser de toutes les parties de ses possessions qui seront employées au canal de navigation, avec dépens : Les actes ou titres remis dans la production dudit sieur évêque d'Alais consistant en un extrait des lettres du Roi Charles de l'année 1203, contenant *vidimus* des donations faites au monastere de Psalmodi par l'Empereur Charlemagne, Roi de France : Copie informe d'un autre acte de *vidimus* desdites donations, du 12 Novembre 1370, & de la confirmation des donations faite par Raymond, Comte de Toulouse, au mois de Septembre 1303 : Extrait d'acte de vente fait par Bermond de Nozet, des bois, palus, pêcheries, pâturages, patus, lieux cultes & incultes depuis le monastere de Psalmodi jusques au Rhône & à la mer ; cet acte, du 3 des ides de Décembre 1256 : Un rouleau en parchemin contenant transaction passée en 1384, entre l'abbé de Psalmodi & les habitans de Saint-Laurent à raison de la dîme du bétail : Extrait d'autre transaction passée le 25 Juillet 1388, entre lesdits habitans de Saint-Laurent d'Aigouse & le célérier dudit monastere de Psalmodi ; Extrait d'hommage ou dénombrement rendu au Roi le 10 Juin 1439 par l'abbé de Psalmodi pour la terre de Saint-Laurent : Autre extrait de la procédure faite le 11 Mai 1447 sur la sauve-garde du Roi Charles, accordée à l'abbaye de Psalmodi, pour la maintenir en ce dont cette abbaye jouissoit suivant ses lettres-patentes du 22 Avril 1440 : Un cahier des reconnoissances de la seigneurie de Saint-Laurent des années 1535 & 1536 : Expédition du jugement des requêtes de Toulouse du 12 Août 1645, rendu entre Louis de Calviere, abbé de Psalmodi, & plusieurs habitans de Saint-Laurent, qui condamne lesdits habitans à passer nouvelle reconnoissance en faveur dudit abbé, sous l'usage & redevances portées par ledit jugement : Extrait

XXXI. Extrait d'une transaction passée le 13 Novembre 1648, entre sieur Antoine de Calviere, abbé de Psalmodi, le sieur Marc de Calviere, sieur de Saint-Césaire, conseiller au parlement de Toulouse, & les habitans de Saint-Laurent, à raison de la propriété de partie des palus & marais dans la terre de Saint-Laurent d'Aigouse: Expédition de l'arrêt du conseil d'état, du 21 Mai 1691, obtenu par le sieur abbé de Sault, premier évêque d'Alais, abbé de Psalmodi, formant la mense dudit évêché, portant que tous les procès mus & à mouvoir entre ledit sieur évêque, l'économe de l'abbaye de Psalmodi & les habitans de Saint-Laurent, pour les droits de ladite abbaye, seront jugés en dernier ressort par les commissaires nommés par ledit arrêt: Collationné du jugement rendu par les sieurs commissaires juges d'attribution, entre les susdites parties, le 27 Octobre 1692: L'inventaire de production fourni par le syndic du chapitre cathédral d'Alais, dans léquel sont les requêtes présentées par ledit syndic; la premiere jointe au procès par ordonnance du 27 Mars 1767, tendante à ce qu'il plaise à la commission maintenir ledit chapitre en la possession & jouissance du tenement appellé le petit Courtet, affermé 1475 livres par année, outre la somme de 948 livres une fois payée pour employer en réparations audit tenement, en celle des pêcheries de la Reclause & de la Gaze-Duvert, affermées au prix de 3000 livres par année, & de plusieurs autres inféodées dont ledit chapitre donnera la note, au droit de sixain sur l'étang d'Aigues-mortes, dit de l'Abbat, affermé 350 livres par année, au droit de chauffage sur la Pinette, dite de l'Abbé, consistant en 70 gros pins que le chapitre y fait couper annuellement, & dont il retire la somme de 336 livres, outre le droit d'y nourrir 50 grosses bêtes; le maintenir encore dans toutes les réserves N°. XXXI. faites par le célérier de l'ancien monastere de Psalmodi que ledit chapitre représente, dans les palus de Saint-Laurent, par la transaction du 28 Juin 1388, ordonner que dans la distribution desdits palus, en faveur de ladite communauté de Saint-Laurent, il en sera fait part audit chapitre, au prorata des fonds dont il se trouve propriétaire dans ladite communauté par la métairie de Psalmodi, & le tenement du petit Courtet, situés dans ledit terroir de Saint-Laurent; & en conséquence des donations de nos Rois, qu'il lui sera cédé partie des fonds que la province fera défricher dans les palus & marais d'Aigues-mortes; maintenir encore ledit chapitre, comme prieur d'Aigues-mortes, au droit de dîme des fruits qui proviendront sur tous les fonds qui seront desséchés dans les palus & marais du terroir de ladite ville; & dans le cas que les susdites possessions soient comprises dans le desséchement, ordonner que la province ou ses ayans cause, seront tenus de payer audit chapitre les mêmes revenus qu'ils lui portent; enfin, maintenir ledit chapitre dans la jouissance des lods & censives, tant des susdits effets que de ceux qui sont actuellement marais ou palus lui appartenant, avec dépens: La deuxieme requête dudit chapitre, jointe aussi au procès, par ordonnance du premier Décembre 1767, tendante à être reçu bien opposant envers notre jugement du 25 Avril précédent; ce faisant, lui permettre de faire exploiter ses fermes des pêcheries, ainsi qu'il a toujours été pratiqué par ses fermiers, suivant les concessions accordées au monastere de Psalmodi qu'il représente, sous l'offre qu'il fait de veiller à ce que ses fermiers laissent les ouvertures en l'état prescrit par les baux, pour éviter le refluement des eaux, &

N°. XXXI. laisser leur cours libre, & de les détruire, au cas elles portassent obstacle au dessèchement des marais, suivant la vérification qui en sera faite lorsqu'on y travaillera, sous la réservation de s'arranger en ce cas avec la province; lui permettre de défricher & mettre en culture, le pacage dépendant de l'ancienne dotation dudit monastere, nommé le petit Courtet, qui n'est point marais: La troisieme requête dudit chapitre, jointe également au procès par ordonnance du 4 Août dernier, tendante en adjudication des fins par lui ci-devant prises; ce faisant, le maintenir en la possession & jouissance des droits lui appartenant, consistant en la métairie & domaine de Psalmodi, avec la faculté de l'isle & des marais situés autour dudit domaine, composé d'environ quatre cent carterades terre labourable, dont environ cent dans l'enceinte de l'isle, & trois cent dans le terroir de Saint-Laurent, le tout affermé quatre mille cent cinquante livres de rente annuelle; du tenement appellé le petit Courtet, affermé onze cent livres, outre les droits seigneuriaux des pêcheries de la Reclausę, & de la Gaze-Duvert, affermés trois mille livres; au droit de sixain sur l'étang d'Aigues-mortes, dit de l'Abbat, affermé trois cent cinquante livres; au droit de chauffage sur la Pinette, dite de l'Abbé, consistant en soixante-dix gros pins que le chapitre a droit de faire couper annuellement, dont il retire trois cent trente-six livres, outre le droit d'y nourrir cinquante grosses bêtes, & dans toutes les réserves faites par le célérier de l'ancien monastere de Psalmodi, que ledit chapitre représente; dans les palus de Saint-Laurent, ordonner qu'il lui sera fait part dans la distribution desdites palus, qui pourra être faite en faveur de ladite communauté de Saint-Laurent, au prorata des fonds dont il se trouve propriétaire dans ladite communauté, par la métairie de Psalmodi, & le tenement du petit Courtet, dans le terroir dudit Saint-Laurent; & en conséquence des donations de nos Rois, qu'il lui sera cédé partie des fonds que la province fera défricher dans les palus & marais d'Aigues-mortes; maintenir encore ledit chapitre, en qualité de prieur d'Aigues-mortes, au droit de dîme des fruits, & en la jouissance des droits de lods, ainsi qu'il est demandé par leur requête du 27 Mars 1767, lui permettre de faire défricher & mettre en culture le pacage appellé le petit Courtet, qui n'est point marais; & disant droit à son opposition envers le jugement du 25 Avril 1767, lui permettre de faire exploiter ses fermes des pêcheries, & autres fins de ladite requête conformes à celles de leur précédente, dudit jour 27 Mars 1767: Les autres pieces remises dans la production dudit chapitre, consistant en l'ordonnance par lui obtenue le 10 Novembre 1766, du sieur de Saint-Priest pere, l'un de nous, qui, sur la demande dudit chapitre, commet le sieur Tastevin, avocat à Alais, pour procéder au collationnement & extraits des titres requis par le syndic du même chapitre: Les lettres ajournatoires délivrées par le sieur Tastevin, commissaire nommé par ladite ordonnance, avec l'assignation donnée au syndic général le 11 Décembre 1767, pour voir procéder au collationnement requis: Le procès-verbal tenu par ledit sieur Tastevin, les 5 & 16 dudit mois de Décembre: Copie informe de la transaction passée le 21 Décembre 1540, entre les chanoines de l'église collégiale Saint-Pierre & Notre-Dame d'Aigues-mortes, & différens particuliers, co-propriétaires avec ledit chapitre, du valat des Catalhiaux, sur l'étang appellé de l'Abbat: Extrait

N°. XXXI. d'un acte intitulé, Priviléges donnés par Charles le Chauve, Roi de France & Empereur, à l'abbé & monastere de Psalmodi, du 11 des calendes de Juillet, indiction septieme, *anno* 11 *Regni Caroli* : Autre extrait d'un acte, intitulé, Donations faites à l'abbé & monastere de Psalmodi, par le Roi Charles le Simple, des nones de Juin, indiction douzieme : Autre extrait d'un acte intitulé, Echange du terroir où est bâtie la ville d'Aigues-mortes, du mois d'Août 1248 : Autre extrait d'un acte, intitulé, Arrentemens des pêcheries de l'étang de l'Abbé, du 4 des nones de Janvier 1301 : Autre extrait d'arrentement fait par l'abbé & monastere de Psalmodi, des revenus des eaux de la mer, des palus, de la robine, levade, & des valats qui appartiennent audit monastere, du 1 Décembre 1314 : Extrait de transaction passée le 24 Août 1384, entre l'abbé de Psalmodi & les habitans de Saint-Laurent, touchant la dîme sur le bétail : Extrait d'autre transaction passée entre le célérier dudit monastere de Psalmodi & les habitans de Saint-Laurent, le 24 Juillet 1388, à raison de la pêche & chasse aux eaux & palus de Heyram, Boulcan & Bannoser : Autre extrait d'acte du mois d'Octobre 1405, portant confirmation par le Roi Charles VI, des donations faites par ses prédécesseurs au monastere de Psalmodi, du terroir, droits & priviléges dudit monastere : Autre extrait d'acte, intitulé, Requête ou Placet présenté au Roi de France par les évêques de Sisteron, de Nîmes & d'Uzès, pour la confirmation de l'étendue du terroir & des droits & priviléges du monastere de Psalmodi, ledit acte sans date : Transaction passée entre le grand-prieur de Saint-Gilles & le syndic dudit chapitre le 17 Juin 1610, par lequel le grand-prieur abandonne audit chapitre 912 carterées, sur les 4603 carterées dont est composé le grand & petit Courtet, autrefois appellé terroir de Ribayrés : Extrait du jugement des requêtes du palais à Toulouse du 20 Juillet 1646, rendu entre le chapitre & le sieur de Calviere, abbé de Psalmodi, par lequel ledit chapitre est maintenu en la faculté & jouissance des herbages des terroirs & palus dénommés Boulcan, Leyrna, la Bannouse, & autres jusqu'au mois de Mai, & aux pêcheries, chasse & pêche dans lesdits palus : Extrait du jugement rendu par les commissaires, juges souverains pour la réformation des eaux & forêts, le 8 Mai 1670, qui maintient ledit chapitre en la jouissance de l'étang de la ville & des maniguieres y mentionnés, les susdits extraits ou expéditions collationnés par ledit sieur Tastevin, commissaire par nous député : Certificat du greffier des sieurs commissaires du conseil, pour la vérification des droits maritimes, du 4 Février 1754 : Extrait de reconnoissance de trois valats & pêcheries à la Gaze-Duvert, en faveur dudit chapitre du 6 Octobre mil six cent quatre-vingt dix-neuf : Quatre extraits de plusieurs baux à ferme des pêcheries dudit chapitre : L'inventaire de production fourni par le sieur duc d'Uzès, dans lequel est l'expédition du traité par lui fait avec le feu sieur maréchal duc de Noailles, le 17 Octobre 1701, contenant consentement au desséchement des marais, aux conditions y mentionnées : La requête présentée par ledit sieur duc d'Uzès, jointe au procès par ordonnance du 29 Août dernier, par laquelle il demande acte de ce qu'il rétracte les oppositions que son ayeul avoit formées au desséchement des marais en 1739, & consent au desséchement des marais demandé par les Etats de la province, aux clauses & conditions des susdites conven- N°. XXXI.

N°. XXXI. tions homologuées par arrêt du conseil du 20 Décembre 1701, & lettres-patentes du mois de Janvier 1702, autorisées encore par l'arrêt du conseil du 8 Novembre 1746; ce faisant, vu qu'il est & a toujours été reconnu pour vrai propriétaire des terres & marais compris dans lesdites conventions & arrêts du conseil, le décharger des demandes du syndic général, quant à la représentation des titres pour les objets énoncés auxdites conventions, ordonner qu'elles seront de plus fort exécutées selon leur forme & teneur, avec les Etats de Languedoc qui sont au lieu & place dudit sieur de Noailles, sans qu'il y soit rien innové ni contrevenu, avec dépens : Requête présentée par Brun, Soulages, Roux & Matthieu, habitans à Lunel, jointe au procès par ordonnance du 4 Août dernier, dans laquelle ils concluent qu'il nous plaise les recevoir à la correction de leurs précédentes, en tout ce qui pourroit être contraire à l'exposé & aux conclusions qu'ils vont prendre; ce faisant, les recevoir parties intervenantes au procès d'entre le syndic général du Languedoc & les propriétaires ou prétendans droit sur les marais donnés par le Roi; & en conséquence, sans avoir égard à la demande en rejection des extraits des actes par eux produits, tenant le compulsoire qui en a été fait par le sieur Fermaud de la Banquiere, lieutenant principal en la sénéchaussée de Montpellier, l'un de nous, dans le procès contre la communauté de Lunel, pendant devant ledit sénéchal, & qui sera remis ès mains dudit syndic général lors du jugement de cette instance, débouter ce dernier de sa demande en rejection; subsidiairement & en cas de difficulté, ordonner préalablement, que pardevant tel de nous qui sera commis, il sera procédé au compulsoire desdits actes, parties présentes ou duement appellées, pour, le procès-verbal rapporté, être, sur les nouvelles conclusions des parties, ou faute par elles d'en prendre, ordonné ce qu'il appartiendra; & vu ce qui résulte des actes de donation & testament de Raymond Gausselin, seigneur de Lunel, des années 1214, 1215, de la sentence du sénéchal de Montpellier du 3 Novembre 1648, du dénombrement du 23 Août 1688, & de l'acte d'inféodation à eux faite le 23 Avril 1762, déclarer les terres, palus & marais à eux inféodés par ledit acte, ne point faire partie de ceux donnés par le Roi à la province; & en conséquence, les maintenir dans la possession & jouissance d'iceux, ainsi que le monastere de la Visitation dont ils ont le droit, y a été maintenu par lesdites sentences du sénéchal de 1648 & jugement sur le dénombrement de 1688, avec défenses à toutes personnes de, en ladite possession & jouissance, leur porter aucun trouble ni empêchement, à peine de tous dépens, dommages & intérêts, tenant leur offre de faire dessécher lesdits marais, ou de contribuer aux frais du desséchement; au cas ils ne puissent l'être que par les personnes à qui la province inféodera ceux dont elle a eu le don du Roi, ordonner qu'ils jouiront des priviléges, franchises, immunités & autres droits attribués par l'arrêt du conseil & lettres-patentes qui ont permis le desséchement général; qu'à cet effet, il sera procédé à la vérification, arpentement & bornage des palus & marais à eux inféodés, par tels experts & devant tel commissaire qu'il nous plaira de commettre, parties présentes ou duement appellées, à l'effet de faire leur séparation d'avec ceux donnés par le Roi, auxquels ils sont contigus, pour, sur la relation & procès-verbal de vérifica-

N°. XXXI. tion, arpentement & bornage, être, sur les conclusions des parties, ou faute par elles d'en prendre, ordonné ce qu'il appartiendra; délaisser en conséquence les supplians à se pourvoir devers le Roi ou les Etats, pour obtenir, si besoin est, la permission de faire ledit desséchement pour ce qui les concerne, & condamner les opposans en leurs demandes aux dépens: Requête des syndics des Villettes de la baronnie de Lunel, jointe au procès par ordonnance du 30 dudit mois d'Août, en rejection de l'intervention & des demandes formées par lesdits Brun, Soulages, Matthieu & Roux, tant par nullité que par toutes les autres voies & moyens de droit, subsidiairement & en cas de difficulté en l'état, ordonner qu'il sera sursis aux demandes desdits Brun & autres, jusqu'à ce que l'instance pendante devant le sénéchal, au sujet de la complainte formée par lesdits syndics, y aura été jugée: Requête du syndic général, jointe au procès par ordonnance du 7 Septembre 1768, contenant réponse à celle desdits Brun, Soulages & autres, du 4 Août précédent, & dans laquelle ledit syndic général demande d'être reçu à corriger les conclusions prises contre lesdites parties dans celle par lui présentée le 5 Mars 1768, en ce qui concerne les fins subsidiaires qu'il y avoit pris; ce faisant, déclarer lesdits Brun, Matthieu, Soulages & Roux, non-recevables en leur intervention par les moyens employés en ladite requête, avec dépens: L'inventaire de production fourni par les consuls de la ville de Lunel, dans lequel est remise la requête présentée par les syndics des habitans de la baronnie dudit Lunel, du 30 Août précédent, ci-devant visée, & une autre requête présentée par les consuls de ladite ville de Lunel, jointe au procès par ordonnance du 15 Septembre dernier, tendante à ce qu'en disant droit à leur opposition au desséchement des marais, déclarer n'y avoir lieu de procéder audit desséchement pour les marais & palus appartenant à ladite baronnie de Lunel; subsidiairement, tenant leur offre de rapporter & remettre leurs titres de propriété, ordonner qu'ils seront indemnisés des palus & marais qui seront desséchés, suivant l'estimation d'Experts, avant que le desséchement puisse en être fait; disant droit à leur précédente contre lesdits Brun, Soulages, Matthieu & Roux, leur en adjuger les fins; & en outre, débouter les consuls de Massiliargues de leur demande en maintenue en la propriété & jouissance de la partie du tenement appellé la plaine de la Tamaniguiere, formée par la requête à eux signifiée de la part desdits consuls de Massiliargues; & attendu que ce tenement appartient à la baronnie de Lunel, & que les habitans en ont toujours eu la possession & jouissance, les maintenir en la propriété, possession & jouissance dudit tenement, & les relaxer des demandes des consuls de Massiliargues, avec dépens: Vu aussi les autres actes produits par lesdits consuls de Lunel, consistant principalement en leur production & pieces dans l'instance jugée le 8 Août 1741: Six extraits d'actes remis par lesdits consuls sous le N°. 24 de leur nouvelle production le premier du 5 des ides d'Avril 1238, le second du 11 des calendes d'Août 1252, le troisieme du 4 des calendes de Juin 1267, le quatrieme du 5 des calendes de Juin 1285, le cinquieme du 1 Avril 1338, contenant; savoir, les quatre premiers, les concessions faites par les seigneurs de Lunel aux habitans de la baronnie & à ceux dudit Lunel; le cinquieme, apposition des panonceaux mis en exécution des lettres de Sauve-garde accordées auxdits habitans par le Roi Philippe, le 24 Juillet 1332; & le sixieme, une sentence rendue par le sénéchal de Montpellier, entre les mêmes habitans, le sieur de Calvisson & autres; le mémoire fourni par lesdits consuls de Lunel signifié le 14 Septembre dernier; l'acte à produire & remettre, fait le 30 Août dernier, à la requête du syndic général, aux procureurs des sieurs de Belleval, de Portalés, du sieur Peyrie, représentant les hoirs du sieur de Saint-Côme, du sieur Mourgues, & des héritiers de Chabaud: Exploit de signification de l'arrêt du conseil du 11 Avril 1761, fait aux héritiers, successeurs & biens-tenans de la dame de Beaurepaire: La production fournie par les consuls d'Aigues-mortes, signifiée le 30 Septembre dernier, dans laquelle est la requête présentée par lesdits consuls, jointe au procès par ordonnance du 28 du même mois, par laquelle ils demandent que, tenant leur consentement au desséchement des palus & marais appartenant à leur communauté, & à la construction d'un canal de navigation, sous les réservations & conditions contenues dans la délibération du 1 Mars 1739, ordonner, 1°. que conformément auxdites réserves & conditions, ledit canal sera fait depuis Beaucaire jusques à Aigues-mortes, qu'il aura au moins sept toises de largeur & cinq pieds de profondeur, qu'il passera sous le pont de pierre d'Aigues-mortes, appellé le pont d'Artois, qui joint les fauxbourgs de ladite ville, sans qu'on puisse détourner le commerce & la navigation à ladite ville par aucun canal oblique & de traverse; à la construction duquel pont & canal ladite communauté ne contribuera en rien, directement ni indirectement; que les entrepreneurs seront tenus de procurer la perfection du grau du Roi, par les raisons employées dans ladite délibération. 2°. Que tous les pâturages & herbages qui ne sont ni palus ni marais, appartiendront à la communauté, qui continuera d'en jouir comme elle a toujours fait. 3°. Qu'il sera laissé deux chemins de six toises ou environ chacun, à trois cent toises de distance l'un de l'autre, aux endroits indiqués par la communauté, le plus à la bienséance des habitans pour faire passer le bétail du pâturage commun, appellé le Boudres, jusqu'à la riviere du Vidourle, & au canal de la Radelle, pour y pouvoir abreuver, afin d'éviter que ledit bétail ne se mêle en passant & repassant, comme il feroit s'il n'y avoit qu'un seul chemin. 4°. Que la portion des marais qui ne pourra être desséchée, restera en propriété à la communauté & à l'usage des habitans domiciliés audit Aigues-mortes. 5°. Que la communauté aura, comme elle a toujours eu, les droits de chauffage, de chasse, d'eau & de pêche, & de couper les roseaux, appellés Rauset, pour la nourriture du bétail pendant l'hiver, dans le canal de navigation, contre-canaux & francs-bords. 6°. Que l'entrepreneur sera tenu de délaisser en propriété à ladite communauté le huitieme des terres desséchées. 7°. Que le droit d'octroi de quatre deniers pour livre, appartenant à ladite communauté, qui s'exige sur les marchandises passant & repassant sur le canal du Bourgidou, continuera d'être perçu & levé au profit de ladite communauté, sur les marchandises qui passeront & repasseront sur le canal de navigation, que les entrepreneurs feront construire depuis Beaucaire jusqu'à Aigues-mortes. 8°. Que la communauté sera exempte, conformément à ses priviléges, des droits de péage, de navigation établis en faveur desdits entrepreneurs, par arrêt du conseil du 20 Décembre 1701, pour les denrées & marchandises qui passeront sur ledit canal, pour l'usage & consommation desdits habitans. 9°. Que si pour l'emplacement dudit canal de navigation, contre-canaux & francs bords, les entrepreneurs prennent des terres des particuliers habitans d'Aigues-mortes, ils seront tenus de dédommager lesdits habitans, ainsi qu'il sera entre eux convenu, la communauté ne faisant délaissement de ses palus ou communaux qu'à ces conditions; que dans le cas que le dessèchement & canal ne fussent point faits ou ne pussent pas réussir, la communauté rentrera dans tous ses droits, dont elle jouit actuellement, le tout enfin à condition que les salins de Peccais seront en sureté; & pour parvenir audit dessèchement & construction dudit canal, ordonner que par experts convenus ou pris d'office, il sera procédé à l'arpentement des terres & marais qui devront appartenir pour le tout ou pour partie aux entrepreneurs, & celles que la communauté se réserve par les conditions ci-dessus, que le tout sera fait aux dépens de la province, avec dépens; Les autres actes & pieces jointes à ladite production, consistant en une expédition des lettres-patentes contenant les priviléges accordés à ladite communauté par le Roi Philippe le Bel au mois d'Août 1279: Autre expédition du jugement rendu par les sieurs commissaires du domaine à Montpellier le 31 Octobre 1670, qui maintient les consuls & habitans d'Aigues-mortes en la possession & jouissance des quartiers appellés Boudres, Mol, Merle & Malemousque de ladite ville, & en la piece de Plage, tenant au territoire d'Aigues-mortes, joignant la mer, & de certaines pêcheries: Autre expédition des lettres-patentes du 9 Novembre 1744, par lesquelles Sa Majesté accorde aux habitans d'Aigues-mortes l'exemption de toutes charges & une foire à la Saint-André: Requête présentée par les consuls de Lunel-viel, jointe au procès par ordonnance du 3 Octobre 1768, par laquelle ils demandent d'être reçus à adhérer aux conclusions qui ont été prises par la communauté de Lunel, comme chef-lieu de la baronnie, observant que si le dessèchement a lieu, il ne pourra, à cause du remuement des terres & des mauvaises exhalaisons, que causer de grandes maladies & beaucoup de mortalité des habitans; que ceux qui resteroient seroient obligés de déguerpir, ou ne pourroient pas cultiver leurs terres & entieres possessions, ni payer les impositions, faute de jouir de la faculté de faire dépaître leur bétail gros & menu, formant leur seule ressource pour cultiver leur fonds & le bonnifier; que ce bétail leur deviendroit d'ailleurs inutile faute de pouvoir les nourrir dans les marais: Autre requête présentée par les consuls de Montels, jointe au procès par ordonnance du même jour 3 Octobre, contenant les mêmes conclusions & observations que celles des consuls de Lunel-viel: Requête du sieur Demerets, prévôt de l'église de Nîmes, prieur du lieu de Vauvert, jointe au procès par ordonnance du 13 Octobre 1768, pour demander qu'il lui soit donné acte de sa déclaration, qu'il s'en rapporte, au sujet du bornage, à toutes les opérations relatives au dessèchement des marais & à la construction du canal de navigation, à ce qui sera fait par le sieur de Vauvert, avec dépens: L'inventaire de production fourni par le sieur Demerets: Autre requête présentée par le sieur Mourgues, bourgeois de Montpellier, tendante à ce qu'il lui soit donné acte de la remise de son titre de propriété du

N°. XXXI.

7 Septembre 1717, reçu Héraud, notaire à Massiliargues, consenti par feu le sieur marquis de Calvisson au sieur Jean Mourgues son grand-pere, d'un pré noble au terroir & taillable de Massiliargues; ce faisant, le maintenir à jouir dudit pré noblement, comme ses auteurs, sans en payer albergue, pensions, censives ni redevances; & en cas ledit pré fût déclaré marais, & qu'il en fût dépossédé, il soit indemnisé à l'amiable avec les Etats, ou bien par estimation d'experts, avec dépens; ladite requête jointe au procès par ordonnance dudit jour 13 Octobre 1768: L'inventaire de production fourni par ledit Mourgues: L'inventaire de production du sieur François-Jacques Pieyre, seigneur de Saint-André de Camarignan, représentant les hoirs du sieur de Saint-Côme, avec sa requête jointe au procès par ordonnance du 21 dudit mois d'Octobre, tendante à ce que tenant sa déclaration comme il ne s'oppose point au desséchement des marais, & son offre de remettre ses titres de propriété dans le délai qu'il nous plaira de fixer, sans avoir égard au traité fait en 1701, par le sieur de Saint-Côme son auteur, avec le sieur maréchal de Noailles, attendu son inexécution depuis plus de 66 ans, le déclarer nul & comme non-avenu; ordonner que la province l'indemnisera de la partie du terrein en marais qu'elle pourra prendre pour le desséchement ou pour la construction du canal de navigation, à raison de la valeur actuelle des biens acquis, offrant de convenir de gré à gré avec la province, sur ladite indemnité, si mieux elle n'aime sur l'estimation qui en sera faite par experts, avec dépens; La production & pieces du sieur de Rochemaure, abbé de Franquevaux, & du syndic des religieux de ladite abbaye, avec la requête présentée par lesdites parties, jointe au procès par ordonnance du 21 dudit mois d'Octobre, dans laquelle ils demandent l'adjudication des fins qu'ils avoient pris dans leur requête du 5 Mars 1739; ce faisant, la rejection des offres & conditions faites par le feu sieur de Crouzet, abbé commendataire dudit Franquevaux, énoncées au procès-verbal de feu M. de Basville du premier Mai 1701, lors duquel le syndic de ladite abbaye ne fut ni oui ni appellé, quoiqu'il fût partie nécessaire; attendu que les marais appartiennent en commun à l'abbé & à l'abbaye, & cependant leur donner acte de l'offre qu'ils font de consentir au desséchement des marais & palus appartenant à ladite abbaye, aux conditions & sous la réserve, 1°. des prés, coustieres & pâturages qui sont dans les terroirs de Franquevaux & des isles qui ne sont pas ordinairement inondés, & de nature de palus, pour appartenir, comme ils appartiennent, à ladite abbaye distincts & séparés des marais. 2°. Que le desséchement sera fait dans six années; sinon la convention nulle. 3°. Qu'après ledit délai, tout le terrein qui n'aura pas été desséché, soit faute de travail, ou par sa situation, appartiendra à ladite abbaye. 4°. Que de tout le terrein desséché & propre à être mis en culture, il en appartiendra la quatrieme partie à ladite abbaye, à sa bienséance & contiguë. 5°. Que les autres portions seront tenues en fief franc & honoraire, toute jurisdiction, droit de lods, selon la coutume de ladite abbaye, sous l'albergue, pour chaque séterée de terre que Sa Majesté accordera aux autres seigneurs. 6°. Que les possesseurs des trois possessions payeront à ladite abbaye, la dîme grosse & menue, de tous les fruits & bétail. 7°. Que les habitans qui resteront dans lesdites trois portions, dans les métairies

N°. XXXI. ries ou villages qu'on pourra y construire, seront tenus de venir recevoir les sacremens à ladite abbaye, auxquels elle s'oblige de les administrer, conformément à leurs priviléges. 8°. Que ladite abbaye aura droit de faire dépaître les bestiaux dans lesdites trois portions, après les fruits levés, en concurrence avec les propriétaires, sans que pour cela ils puissent mettre les leurs dans la portion de ladite abbaye qui sera par elle jouie en devois & défense. 9°. Qu'elle aura droit de prendre de l'eau des canaux, soit de navigation ou autres pour arroser sa portion. 10°. Que les ravines & fossés qui se trouveront enclavés ou contigus dans la portion de ladite abbaye, lui appartiendront, avec leurs eaux, pour en user à sa volonté. 11°. Que dans tous les autres canaux qui seront enclavés dans les trois portions qui appartiendront à la province, l'abbaye y aura droit de pêche. 12°. Que la province fera construire, à ses frais & dépens, & à une distance convenable, pour la culture des terres, des ponts pour traverser les canaux qui seront dans la portion de l'abbaye, ainsi que des chemins convenables. 13°. Que les travaux & ouvrages à faire seront solides & de durée, pour le fait proposé, & qu'ils ne seront réputés tels; & le desséchement effectif, qu'après cinq années; de maniere que les terres portent leurs fruits pendant ledit tems; autrement la convention comme non-avenue, & l'abbaye remise dans tous ses droits, & réintégrée de son bien, en l'état qu'il se trouvera. 14°. Que si pendant lesdites six années, & avant qu'il ait été procédé à la division & partage entre l'abbaye & la province, partie du terrein vient à être desséchée, & à produire de nouveaux fruits, la quatrieme partie des fruits appartiendra à ladite abbaye, & les trois autres à la province, & les baux à ferme desdites parties, passés par la province & par ladite abbaye. 15°. Que pendant les six années que le desséchement doit être fait, les fruits des terres non desséchées, appartiendront à ladite abbaye en seul. 16°. Comme l'abbaye a été évincée d'un plus grand tenement en marais, qu'elle ne jouit actuellement, en vertu des arrêts de provision, elle fera son possible pour terminer au plutôt les différends qu'elle a avec le seigneur & la communauté de Vauvert, le chapitre de Saint-Gilles & autres, au sujet de la propriété de ces marais, soit par accommodement ou autrement; & elle cédera dès-à-présent à la province les marais qui lui sont contestés, & dont elle n'a pas la jouissance, aux mêmes conditions & réserves qu'elle lui cede ceux dont elle jouit actuellement, & ce, en la même qualité qu'ils lui parviendront par accommodement ou par jugement. 17°. Soit que le desséchement réussisse ou non, la province ne pourra rien demander à l'abbaye, à raison des frais & dépenses dudit desséchement, ni pour quelque prétexte que ce soit. 18°. Que dans les fossés ou ravines qui se trouveront dans la portion de la province, outre le droit de pêche, l'abbaye y aura le droit de levade des poissons & oiseaux une fois la semaine. 19°. Que si le desséchement ne réussit pas, en tout ou en partie considérable, l'abbaye pourra demander aux cessionnaires, les dommages & intérêts auxquels les travaux du desséchement l'auront exposée. 20°. Que la province sera tenue de faire un canal de navigation, sur quoi elle s'expliquera par un préalable, & que de ce canal elle sera tenue de fournir une quantité suffisante d'eau du Rhône, pour arroser convenablement les marais desséchés, tant ceux qui lui appartiendront, que la N°. XXXI.

N°. XXXI.

portion qui proviendra à l'abbaye, & encore pour arroser le terroir ou coustieres des isles que ladite abbaye se réserve, comme non comprise dans le desséchement; & qu'à cet effet elle sera tenue de faire tous les ouvrages & canaux nécessaires, afin que les terres desséchées soient commodément arrosées. 21°. Que ladite abbaye sera pour toujours franche & exempte de tous droits, quels qu'ils puissent être, sur le canal de navigation, & dans toute sa longueur, pour ses denrées & autres choses qu'elle fera transporter & passer par led.t canal, & pour toutes les choses qu'elle fera venir pour son usage. 22°. Que la province sera tenue d'entretenir en bon état, tous les canaux & fossés qu'elle aura faits, de même que tous les ouvrages servant au desséchement ou à l'arrosage, & ce, à ses frais & dépens, soit que les canaux & ouvrages soient dans les marais qui lui appartiendront, ou dans la partie qui sera cédée à ladite abbaye. 23°. Que pendant l'exécution du desséchement, la province sera tenue de tous les dommages & intérêts que l'abbaye souffrira, soit par rapport aux ouvrages, ou à défaut de pacage pour la nourriture des bestiaux qu'elle a accoutumé de mettre dans ses biens, pour la culture & bonification de son terroir, & pour les roseaux qu'elle a accoutumé de vendre; qu'elle sera encore garante de toutes les demandes en dommages & intérêts que ses fermiers pourroient former à raison du trouble dans la jouissance, à l'occasion du desséchement. 24°. Que la province sera encore tenue de fournir généralement aux frais de toutes les procédures & opérations qu'il conviendra faire, soit pour le bornage des coustieres réservées dans les marais à dessécher, division & partage des portions laissées à l'abbaye, prisée & estimation du terrein pour la construction du canal de navigation, canaux de vuidange, de traverse, digues & francs bords d'iceux, & autres quelconques, même aux frais des experts, arpenteurs & autres personnes prises par l'abbaye pour la conservation de ses droits, & ce, sans espoir de répétition sur ladite abbaye; offrant au surplus de remettre leurs titres de propriété, dans tel délai qu'il plaira à la commission de fixer; sans préjudice de faire vuider, pardevant qui de droit, les contestations avec la communauté de Vauvert & autres, à raison des usurpations faites sur les marais de ladite abbaye: La production & pieces du sieur d'Azemar & la dame de Montoulieu son épouse, avec leur requête, jointe au procès par ordonnance dudit jour 21 Octobre dernier, tendante à ce qu'il leur soit donné acte du consentement qu'ils donnent, de céder à la province, le pré vérifié & borné par les experts, leur appartenant, contenant 25 carterades, situé dans le taillable de Massiliargues, pour servir au desséchement, à la construction du canal & aux autres ouvrages que les Etats se proposent de faire faire aux marais; à la charge, toutefois par les Etats, de les indemniser de la valeur dudit fonds, ainsi qu'il appartiendra, attendu que ledit fonds, cultivé & en bon état, provient & fait partie de ceux donnés par le Roi Philippe le Bel, à Guillaume de Nogaret: Les productions fournies par ledit sieur prévôt de l'église de Nîmes, & par le sieur Mourgues, avec les pieces y jointes: L'inventaire de production des consuls de Saint-Brés avec leur requête, jointe au procès par ordonnance du 21 dudit mois d'Octobre, par laquelle ils demandent qu'au cas le procès fût trouvé en état d'être jugé, nonobstant l'intervention judicielle des sieurs Brun, Sou-

N°. XXXI. lages. Mathieu & Roux, les recevoir à adhérer à l'opposition du syndic de la baronnie de Lunel, & à s'aider des titres par lui produits; & disant droit à la cause renvoyée par les arrêts du conseil des 15 Novembre 1746, & 19 Novembre 1767, & à ladite opposition, leur adjuger les fins & conclusions prises par le syndic de ladite baronnie, relativement à ladite opposition; subsidiairement & en cas de difficulté, ordonner qu'il sera affecté à la communauté de saint Brés, à titre d'indemnité, des pâturages suffisans sur la partie des marais la plus prochaine de son terroir, avec dépens: La production des consuls de Beaucaire avec leur requête, jointe au procès par ordonnance du 26 dudit mois d'Octobre, tendante à ce que tenant le rapport des experts, sur le bornage des marais, & la déclaration par eux faite dans les comparans, devant le sieur Vassal, commissaire, sur les confrontations des 550 salmées; tenant aussi la remise déjà faite des titres de propriété des marais, & celle qu'on fait de ceux qui restoient à remettre, maintenir la communauté en la propriété 1°. des 550 salmées, qui furent accordées par l'arrêt de la cour des comptes, aides & finances de Montpellier du 12 Mai 1682, dont les confrontations sont convenues; lequel arrêt fut remis devant le sieur de Basville le 13 Septembre 1716. 2°. Aux 800 salmées de terre permises d'ouvrir par lettres-patentes de Louis XIII du 13 Septembre 1632, dont extrait fut aussi remis devant le sieur de Bernage. 3°. Sur 217 salmées une émine cinq picotins, mesure de Beaucaire, à quoi reviennent les vingt muids de marais que la communauté a acquis du prévôt du chapitre d'Uzès, par transaction du 14 Juillet 1739, autorisée & confirmée par arrêt du conseil & lettres-patentes, lesquelles 217 salmées une émine cinq picotins, ledit prévôt & chapitre avoient acquis des comtes de Toulouse. 4°. Pour la moitié du marais appellé le Contrat, situé dans le terroir de Bellegarde, l'autre moitié appartenant à ladite communauté de Bellegarde; l'entier corps joui en commun de toute ancienneté, ainsi qu'il est justifié par l'arrêt du parlement de Toulouse de 1525; enfin, en la propriété de 1150 salmées de marais, restantes des 1700 salmées qui avoient été données aux sieurs de Launay & de la Roche en 1678, sous la condition de les dessécher, & d'y faire un canal navigable, ce qui n'eut pas lieu; & ledit don rétracté de droit, attendu que ladite communauté a la propriété desdits marais, en vertu du contrat passé entre le Roi & la province en 1555, avec dépens: Vu aussi les pieces remises dans ladite production, consistant en une expédition des lettres-patentes du Roi Louis XIII du mois de Septembre 1632, par lesquelles il permet aux habitans de ladite ville d'ouvrir & mettre en culture 800 salmées de terre, palus & marécage dans le terroir de ladite ville, & en disposer le plus utilement qu'il leur sera possible: Autre expédition de la transaction passée le 14 Juillet 1739, entre le chapitre d'Uzès & lesdits consuls de Beaucaire, par laquelle ledit chapitre cede & abandonne à ladite ville 117 salmées de marais, mesure de Saint-Gilles, à la charge d'une rente fonciere & annuelle de deux cent douze livres, & aux autres conditions énoncées en ladite transaction: Expédition de l'arrêt du conseil du 9 Mai 1741, qui homologue ladite transaction: L'inventaire de production fourni par les consuls de Vauvert avec leur requête, jointe au procès par ordonnance du même jour 26 Octobre dernier, tendante à ce que tenant le consentement N°. XXXI.

N°. XXXI. donné au desséchement des marais ; par la délibération du conseil de ladite communauté du 24 Juillet 1768, aux conditions y énoncées, acceptées, tant par ladite communauté, que par M. le duc de Noailles ; & en outre, vu que depuis ledit consentement la communauté a le droit de Joly, lui accorder le tiers des marais dudit Joly à titre d'indemnité, ledit tiers à la bienséance & au choix de ladite communauté, pour lui être délivré après le desséchement, sans contribuer aux frais d'icelui ; comme aussi, qu'elle pourra prendre de l'eau des canaux du desséchement & de celui de navigation, tant pour arroser cette portion, que pour l'abreuvage des bestiaux ; & que pour cette partie de marais acquis de Joly, elle jouira des mêmes droits que sur ses autres marais, conformément aux susdites conventions, avec dépens ; Les pieces remises dans ladite production, consistant en une expédition de trois actes, portant confirmation des priviléges accordés à ladite communauté ; le premier, par Rostang de Posquieres, du quatre des calendes d'Avril mil deux cent trente-cinq ; le second, par Pons de Montlaur, seigneur dudit Posquieres, de la veille des nones de Juin 1259 ; & le troisieme par Guiguon de Roca, seigneur dudit Posquieres, des nones de Décembre 1279 : Autre expédition d'un Bail à fief passé le 10 Mars 1690, par le chapitre collégial d'Aigues-mortes, à François Joly de Lunel, d'un tenement de terrein en marais situé dans le terroir de Vauvert, sous l'albergue de 50 livres de poisson, évaluées à 3 livres ; Expédition de la sentence rendue par le sénéchal de Nîmes le 6 Juin 1715, qui maintient ledit Joly en la possession & jouissance dudit tenement en marais : Expédition de la transaction, passée entre lesdits consuls de Vauvert & le sieur de Laugier de Saint-Germain, héritier de la dame de Joly sa mere, par laquelle ledit de Saint-Germain baille auxdits consuls & habitans le susdit terrein en marais, sous la rente fonciere, annuelle & perpétuelle de 65 livres : Expéditions des deux délibérations prises par ladite communauté de Vauvert, les 20 Décembre 1739, & 20 Juillet 1768, pour consentir au desséchement des marais : L'inventaire de production fourni par la dame du Fayn de Rochepierre, marquise de Rochemore, avec sa requête jointe au procès par ordonnance dudit jour 26 Octobre dernier, pour demander d'être maintenue en la propriété & jouissance des marais par elle jouis ; tenant la remise qu'elle fait de ses titres, & vu d'ailleurs sa possession ; Les titres produits par ladite dame, consistant en une expédition de l'hommage de la terre de Tartuguieres, & des pêcheries & palus qui en font partie ; cet hommage rendu au Roi par noble Ermengaud de Rochemore, le 14 Mars 1425 : Autre expédition d'un dénombrement rendu le 27 Novembre 1552 au sieur de Gadaigne, pour lors baron de Lunel, par François de Rochemore des Bordes, de ladite terre de Tartuguieres & des marais & palus y mentionnés : L'inventaire de production & requête des héritiers & succédans de Jacques Chabaud, de Vauvert ; ladite requête tendante à ce que tenant leur déclaration comme ils consentent au desséchement des marais, & leur offre de délaisser la propriété de ceux qu'ils possedent, ils soient dédommagés de la valeur desdits marais : L'ordonnance du 26 Octobre dernier, qui joint ladite requête au procès : Deux quittances des tailles payées par lesdits héritiers aux collecteurs de la communauté de Saint-Gilles, pour un fonds appellé les Isles ; ces quittances pour les années 1763 & 1764 : L'inventaire N°. XXXI.

de production fourni par les consuls de Fourques, avec leur requête jointe au procès par ordonnance du 28 dudit mois d'Octobre, par laquelle ils demandent que tenant leur consentement au desséchement des marais & à la construction du canal de navigation, & leur offre de remettre les titres justifiant de leur propriété sur les tenemens en marais appellés les Pebriers & les Soles, bornés avec eux en 1740, comme appartenant à ladite communauté, il nous plaise les maintenir en la possession & jouissance desdits marais, comme leur étant d'une nécessité absolue pour la nourriture de leurs bestiaux; subsidiairement, au cas les états les fissent dessécher & mettre en culture, demeurant encore leur offre de contribuer aux frais du desséchement, les maintenir dans ladite propriété, ou bien les en dédommager à dire d'experts, ou sur les conventions qu'ils offrent de faire avec les Etats; tenant encore leur offre de contribuer aux frais du desséchement, eu égard à la contenance des marais dont ils jouissent, & à l'avantage que le desséchement leur procurera, avec dépens: L'expédition des lettres-patentes accordées à cette communauté par le feu Roi, le mois de Septembre 1688, par lesquelles il lui est permis de tenir & posséder les héritages, droits & facultés y mentionnés, notamment en la faculté de faire dépaître leurs bestiaux, de lignérer & chasser dans les palus & marais, terres vaines & vagues dudit terroir, à la charge d'une albergue annuelle de 10 livres payable au domaine de Sa Majesté: Requête du syndic général, jointe au procès par ordonnance du 2 de ce mois, tendante en adjudication des fins par lui prises dans ses précédentes requêtes, & en outre, qu'en remettant par les possesseurs ou usagers des marais, les titres justifiant de la propriété ou des droits & facultés qu'ils ont sur lesdits marais, pardevant le commissaire qui sera à cet effet député, ils soient tenus de déclarer, lors de ladite remise, en présence du procureur du Roi en la commission & du syndic général, ou eux duement appellés, les différens tenemens en marais dont ils jouissent, & de donner les quatre confronts de chacun desdits tenemens; autrement & faute de faire lesdites déclarations, permettre audit syndic général de prendre, du défaut ou négligence, tels avantages que de droit: La production & pieces desdits Brun, Mathieu, Soulages & Roux, dans lesquelles sont les expéditions des actes dont ils firent donner copie au syndic général, avec leur requête du 11 Avril 1767, ci-devant visés, & plusieurs autres expéditions d'actes; le premier du 6 des ides de Juin 1248; le second, du 4 des calendes de Juin 1267; le troisieme, des calendes de Juillet 1285; ces trois actes contenant concession de divers droits ou facultés par les seigneurs de Lunel en faveur de ladite ville de Lunel, ou des autres communautés qui en composent la baronnie; le quatrieme, de la transaction passée entre ladite ville de Lunel & le sieur marquis de Calvisson, le 27 Juillet 1678; le cinquieme, d'un acte fait à la requête du syndic des religieuses du monastere de la Visitation Sainte-Marie de Montpellier, aux consuls de Lansargues, le 4 Avril 1704; le sixieme, des lettres d'amortissement accordées à ladite communauté de Lansargues, au mois d'Août 1688, de quatre reconnoissances consenties en faveur dudit monastere les 1 & 3 Septembre 1660, de certains fonds situés à Valergues: Requête desdits Brun, Mathieu, Soulages & Roux, jointe au procès par ordonnance du 5 de ce mois, pour demander qu'il leur soit donné acte de la remise qu'ils font au procès, des actes & titres prouvant la propriété & possession que le monastere de l'Arboras, celui de la Visitation, & lesdits Brun & ses consorts ont eu & ont du bois de Rocan, & des palus qui sont depuis le port Dur jusques à la riviere du Berange; ce qui comprend les palus qui sont depuis le port Dur jusques à la riviere du Berange, dénommées de Mourrelong, du Cairel, Peirefiche & le Toc; lesquels titres, compulsés devant le sieur Fermaud de la Banquiere, lieutenant principal en la sénéchaussée de Montpellier, l'un de nous, consistent en la donation de Raymond Gausselin, baron & seigneur de Lunel, en faveur du monastere de l'Arboras, le 16 des nones de Mars 1214; en la sentence du sénéchal de Montpellier, du 3 Novembre 1648; au dénombrement des religieuses de la Visitation du 23 Août 1688; au testament de Raymond Gausselin de 1214; aux lettres d'amortissement du mois d'Août 1688; en un acte de protestation du 4 Août 1704; aux reconnoissances féodales les 1 & 3 Septembre 1660; en la délibération prise par lesdites religieuses le 23 Avril 1762; au bail d'inféodation fait aux supplians le même jour; & en l'acte de société du 11 Août 1765; leur donner encore acte de la remise des titres & actes établissant que la baronnie de Lunel n'a plus la propriété des tenemens de l'Arco, l'Arcoa & l'Alberguiere, & que sur les autres palus elle n'avoit qu'une possession précaire, qui cesse dès le moment que lesdits palus seront mis en culture; ces nouveaux actes consistant en la transaction du 27 Juillet 1678, par laquelle les consuls de Lunel céderent au sieur de Calvisson les tenemens de l'Alberguiere & l'Arco; aux actes du 6 des ides de Juin 1248, justifiant la possession précaire de la baronnie sur les palus dont la simple dépaissance leur est accordée; de celui des calendes de Juin 1267; & d'un autre des calendes de Juillet 1285, justifiant aussi ladite possession précaire; ensemble du plan qui a été fait de la véritable situation, position & confrontation des terres & palus inféodés aux supplians; ce faisant, vu ce qui résulte desdits actes & titres, débouter les consuls de Lunel, & le syndic général de la province, de leurs requêtes, par fins de non-valoir & de non-recevoir, & leur adjuger les fins & conclusions qu'ils ont prises dans leur précédente du 4 Août, avec dépens, tant contre lesdits consuls, que contre le syndic général. Vu aussi les autres requêtes desdits Brun & ses consorts, ci-devant visées: Les productions fournies par les consuls de Saint-Seriés, ceux de Saturargues & ceux de Verargues, avec les trois requêtes présentées par lesdits consuls, jointes au procès par ordonnance du 8 de ce mois, lesdites requêtes, contenant les mêmes conclusions, & tendantes également à ce que lesdits consuls de Saturargues, Verargues & Saint-Seriés, soient reçus à s'aider de la remise des titres faite par les consuls de ladite ville de Lunel, chef de la baronnie, dont lesdites trois communautés font partie, justifiant la propriété des marais, & à adhérer aux fins & conclusions qui ont été prises par lesdits consuls de Lunel, avec dépens: L'inventaire de production fourni par les sieurs Perié, freres, avec les requêtes par eux présentées, ci-devant visées: Un exemplaire imprimé de l'arrêt du parlement de Toulouse du 9 Janvier 1758; & une expédition de l'arrêt du conseil & lettres-patentes du 3 Mars 1761, signifiés au syndic général: Autre inventaire de production, fourni par les consuls de Saint-Laurent d'Aigouse, avec les pieces y jointes,

N°. XXXI. consistant en une expédition d'acte du 12 Septembre 1316, par lequel l'abbé de Psalmodi permet aux habitans de Saint-Laurent d'user du bois, & autres choses nécessaires, dans les palus dudit Saint-Laurent & dudit monastere de Psalmodi : Copie informe de la transaction passée entre l'abbé de Psalmodi & les habitans dudit Saint-Laurent le 24 Août 1384 : Expédition d'autre transaction du 25 Juillet 1683, passée entre le célérier dudit monastere de Psalmodi & les habitans de Saint-Laurent, sur la pêche, la chasse & le roseau : Copie informe de la transaction passée entre Pons de Montlaur, seigneur de Vauvert & autres places, & lesdits habitans de Saint-Laurent, le 12 des calendes de Juin 1258; d'autre acte du 9 Mars 1565, & de l'arrêt du parlement de Toulouse du 25 Mai suivant, contenant autorisation desdits deux actes : Autre copie informe des lettres royaux obtenues de la cour des aides de Montpellier le premier Mai 1585, par ledit abbé de Psalmodi contre lesdits consuls de Saint Laurent, en appel & cassation du compésiement & allivrement des palus de ladite abbaye, & pour les voir déclarer nobles & exemptes de contribuer aux impositions : Expédition de la sentence rendue par le sénéchal gouverneur de Montpellier, le 13 Avril 1585, entre ledit sieur abbé de Psalmodi & lesdits consuls & syndics de ladite communauté : Copie informe d'un arrêt rendu par la cour des aides de Montpellier le 5 Mars 1610, portant que les consuls & habitans de Saint-Laurent payeront les tailles pour raison des patus, palus & pâturages dudit terroir de Saint-Laurent, suivant la recherche faite par le sieur de Ricard, & que les habitans jouiront de la faculté de faire dépaître leurs bestiaux auxdits palus & patus : Expédition de la transaction passée le 12 Octobre 1619, entre ledit sieur abbé de Psalmodi & les habitans dudit Saint-Laurent : Copie d'arrêt du conseil du 18 Novembre 1633, rendu entre ledit sieur abbé de Psalmodi & lesdits habitans de Saint-Laurent : Enquête & procédure faite devant le sieur de Trinquere, juge-mage de Montpellier, à la requête des consuls dudit Saint-Laurent, en 1634 : Expédition de l'arrêt du conseil du 22 Août 1636, rendu entre ledit sieur abbé de Psalmodi & lesdits consuls de Saint-Laurent : Autre expédition sur parchemin d'un arrêt du conseil du 16 Juin 1645, portant que ledit sieur abbé de Psalmodi & le sieur de Saint-Césaire y seront assignés : Copie informe de la transaction passée entre lesdits consuls, ledit sieur abbé, & ledit sieur de Saint-Césaire, le 13 Novembre 1648 : Autre copie informe d'une transaction passée entre le chapitre d'Aigues-mortes & lesdits consuls de Saint-Laurent, le 16 Juin 1675 : Expédition sur parchemin de la transaction du 12 des calendes de Juin 1258, avec l'ordonnance rendue par le sénéchal de Nîmes, qui en contient l'homologation; ladite transaction ayant trait au pâturage sur le terroir dénommé la Selve-Goudesque : Expédition en forme de l'arrêt rendu par la cour des aides de Montpellier, le 8 Janvier 1767, qui décharge les habitans de Saint-Laurent, y dénommés, de contribuer au compoix cabaliste de Vauvert, à raison de la dépaissance de leurs bestiaux dans ledit terroir de la Selve-Goudesque : Expéditions des délibérations prises par ladite communauté de Saint-Laurent d'Aigouse, les 10 Août 1766 & 9 Octobre 1768, par lesquelles il est donné pouvoir aux consuls, de défendre aux demandes du syndic général, faire valoir les titres de ladite communauté, son domaine utile des marais, & con- N°. XXXI.

N°. XXXI. sentir à la construction du canal de navigation, aux conditions mentionnées dans celle dudit jour 10 Août 1766 : La requête desdits consuls de Saint-Laurent, jointe au procès par ordonnance du 4 de ce mois, pour demander d'être maintenus en la possession & jouissance des palus, marais, herbages, pâturages, coustieres & entiers terreins vacans de tout le terroir & jurisdiction desdits Saint-Laurent & Saint-Pierre de Psalmodi, avec défenses, tant au syndic général de la province, qu'au sieur évêque & au chapitre d'Alais, mense d'Aigues-mortes & à tous autres, de donner aucun trouble ni empêchement à ladite communauté, à peine d'enquis, 3000 livres d'amende, & de tous dépens, dommages & intérêts, demeurant le consentement qu'ils donnent à la construction du canal royal de navigation, sur les palus, marais & terroir dudit Saint-Laurent, le syndic général soit condamné à indemniser ladite communauté, tant à raison du terrein qui sera pris, que pour les autres dommages, suivant l'estimation qui en sera faite par experts, & sous la condition que ladite communauté aura la franchise de tous droits sur ledit canal, pour tous les produits de son terroir, & faculté d'y faire porter tout ce qui sera nécessaire à l'usage des habitans; celle de la prise d'eau douce dudit canal pour l'arrosage du terroir & abreuvage des bestiaux; & demeurant l'offre de ladite communauté de faire faire à ses frais & dépens, & à son profit, tous les ouvrages qui seront nécessaires pour la bonification & desséchement desdits marais, conformément à la déclaration du Roi du 14 Juillet 1764, débouter le syndic général de la province, le sieur évêque & le chapitre d'Alais, des conclusions par eux prises à l'occasion des palus & marais du terroir de Saint-Laurent; subsidiairement, au cas la province fût admise à faire le desséchement, débouter ledit sieur évêque d'Alais & son chapitre, de toutes les demandes & prétentions par eux formées à raison dudit desséchement, sur les palus & marais dudit Saint-Laurent; décharger ladite communauté du payement de toutes les charges seigneuriales auxquelles les habitans peuvent être assujettis envers le sieur évêque d'Alais, pour les terres mises en culture, & leur réserver leur demande en indemnité, relativement à la valeur des palus & marais dont ils seront privés, en cas de desséchement de la part de la province; décharger encore ladite communauté, au cas le desséchement ait lieu, du montant de l'allivrement dont elle fut chargée lors de la recherche faite par le sieur de Ricard en 1555, & les arrêts de la cour des aides de Montpellier, des 13 Septembre 1585 & 5 Mars 1610; lequel allivrement sera diminué sur le total de celui imposé actuellement sur ladite communauté, sans préjudice des autres demandes, & notamment contre le syndic du chapitre d'Alais, à raison de la retenue qu'il fait des titres de ladite communauté, sur la remise desquelles les parties sont en procès au parlement de Toulouse; & tenant encore la déclaration desdits consuls, comme ils s'en remettent sur le desséchement du terroir de la Selve-Goudesque, appartenant au grand-prieur de Saint-Gilles de l'ordre de Malte; maintenir ladite communauté en la faculté de faire dépaître ses bestiaux dans tout le terroir de la Selve-Goudesque; & au cas il soit desséché & mis en culture, ordonner que ladite communauté sera indemnisée de la privation de ladite faculté, au dire d'experts, avec dépens : L'inventaire de production fourni par les consuls de Sainte Colombe, avec les pieces y remises, & la requête N°. XXXI.

requête desdits consuls, jointe au procès par ordonnance du 7 dudit mois, tendante à ce qu'au cas le procès fût trouvé en état d'être jugé, nonobstant l'intervention indécise des sieurs Brun & autres, & le défaut de signification de leurs requêtes, les recevoir à adhérer à l'opposition du syndic de la baronnie de Lunel, & à s'aider & servir des titres par lui produits; & disant droit à la cause renvoyée par les arrêts du conseil des 15 Novembre 1746 & 19 Novembre 1767, & à ladite opposition, leur adjuger les fins prises par ledit syndic, relativement à ladite opposition; subsidiairement, & en cas de difficulté, ordonner qu'il sera affecté à ladite communauté de Sainte-Colombe, à titre d'indemnité, des pâturages suffisans, sur la partie des marais la plus prochaine de son terroir, avec dépens: Requête des consuls de Lunel, chef-lieu de la baronnie, jointe au procès par ordonnance du 12 de ce mois, à ce que sans s'arrêter à l'instruction imprimée, ni à la requête signifiée le 7 de ce mois, de la part de Brun, Soulages, Mathieu & Roux, & les en déboutant, rejettant le plan & actes joints à ladite instruction, tant par informité que par toutes autres voies & moyens de droit, adjuger auxdits consuls les fins de leurs précédentes requêtes; ce faisant, rejetter l'intervention & demandes desdits Brun & autres, avec dépens: L'inventaire de production fourni par sieur Etienne-François de Portalés, marquis de Vignoles, & sa requête, jointe au procès par ordonnance dudit jour 12 de ce mois, à ce que demeurant le traité qu'il a fait avec les Etats, qui lui permet de dessécher & mettre en culture, les parties de ses possessions qui se trouvent en marais, & dans le cas du desséchement, avec cession & subrogation au droit & place de la province, pour les droits qu'elle a de faire dessécher les marais, & avec les mêmes priviléges, facultés & avantages dont elle a droit de jouir, suivant le don à elle fait par Sa Majesté, relaxer le suppliant de l'assignation qui lui a été donnée, & ordonner qu'il sera tiré d'instance, avec dépens: L'expédition du bail à ferme du château de la Motte, & domaines en dépendans, du 14 Novembre 1644: Copie informe de l'inféodation faite par le sieur évêque de Montpellier, comte de Mauguio, de certain espace de terrein, eaux & étang de Mauguio: Expédition de l'hommage des effets inféodés, rendu audit sieur évêque de Montpellier, le 19 Mars 1755: Inventaire de production fourni par le sieur Reboul, trésorier de France de la généralité de Montpellier, avec les pieces y remises, consistant en l'expédition d'une sentence arbitrale déposée devers Péridier, notaire à Montpellier, du 20 Avril 1763: Copie d'arrêt du parlement de Toulouse du 3 Mars 1768, contenant autorisation de ladite sentence arbitrale: Requête dudit sieur Reboul, jointe au procès par ordonnance du 14 de ce mois, tendante à ce que demeurant sa déclaration, comme il ne s'oppose pas au desséchement des marais, & à la construction du canal de navigation, le maintenir dans la propriété, possession & jouissance du marais ou palus dénommé le Faugassier, de contenance de quarante-quatre carterées cent vingt-neuf dextres, qui confronte avec la grande robine & le canal de la Radelle, demeurant son offre de contribuer aux frais du desséchement général que la province de Languedoc entend faire faire desdits marais, eu égard à la contenance dont il jouit, avec dépens: L'inventaire de production fourni par dame Honorée-Louise-Elisabeth de la

N°. XXXI. Croix, dame de Candillargues, Sainte-Colombe & autres lieux, épouse du sieur de Gardiés de Montpeiroux, comme représentant le feu sieur de Candillargues son pere : les actes remis dans ledit inventaire, consistant en trois expéditions des actes contenant hommage rendu par les possesseurs de la terre de Candillargues aux évêques de Maguelonne, de ladite terre de Candillargues, le premier, du 8 Mai 1340, le second, du 13 Janvier 1397, & le troisieme, du 4 Décembre 1473 ; La requête de ladite dame, jointe au procès par ordonnance du 15 de ce mois ; tendante à ce que demeurant sa déclaration, comme elle ne s'oppose pas au desséchement des marais & à la construction du canal de navigation, la maintenir en la propriété, possession & jouissance des marais lui appartenant, situés dans le terroir de Candillargues, & qui se trouvent limités & confrontés dans les hommages & dénombremens des 8 Mai 1340, 13 Janvier 1397, & 4 Décembre 1473, demeurant son offre de contribuer aux frais du desséchement général que la province de Languedoc entend faire faire des marais, depuis Beaucaire jusqu'à Aigues-mortes & à Pérols, eu égard à sa contenance, avec dépens : Copie de l'inventaire de production fourni par le sieur de Calviere, lors du jugement du 8 Août 1741 : L'inventaire de production des consuls de Mudazon, avec les titres y remis, consistant en un collationné de la transaction passée entre les consuls des communautés de Mauguio, Mudazon & Candillargues, formant les trois communautés du comté de Mauguio, le troisieme Avril 1353, acte reçu, Raymond Roux, notaire à Mauguio : Collationné d'autre transaction passée entre sieur Pierre de Fenoulhet, évêque de Montpellier, & les consuls, manans & habitans de la ville, jurisdiction & territoire de Mauguio, le 13 Novembre 1618, acte reçu, Fages, notaire à Montpellier : Requête desdits consuls de Mudazon, jointe au procès par ordonnance du 17 du présent mois, à ce qu'ils soient reçus à exercer les actions des communautés de Mauguio, Candillargues & Mudazon, formant le comté de Mauguio ; ce faisant, demeurant leur consentement à la construction du canal de navigation, maintenir lesdites communautés dans tous les droits du domaine utile des palus, marais, étangs dudit comté de Mauguio, avec défense au sieur évêque de Montpellier & à tous autres, de leur donner aucun trouble ; & en conséquence, ordonner que lesdites communautés seront indemnisées de la partie du terrein qui sera pris des marais dudit comté, pour ledit canal, sur les offres qui seront faites & acceptées ; & en défaut, sur l'estimation d'experts, faire défenses à la province & à tous autres, de donner auxdites communautés, aucun trouble ni empêchement en la possession & jouissance du domaine utile, rivages, coustieres, prairies & autres palus communs, qui seront fixés & déterminés pour la dépaissance & nourriture des bestiaux aratoires & autres, qui seront employés à la culture & bonification des terres cultes desdites communautés ; & quant au surplus desdits palus, marais & plages desdites communautés, ordonner que la province s'expliquera précisément, dans tel délai qui sera déterminé, sur l'acceptation desdites offres, ou sur la permission de faire faire elle-même ledit desséchement, avec dépens ; subsidiairement, ordonner que lesdits dépens seront supportés par les trois communautés formant le comté de Mauguio, conformément à la répartition réglée par la transaction

N°. XXXI. du 3 Avril 1353 : Production des consuls de Candillargues, avec leur requête, jointe au procès par ordonnance dudit jour 18 du présent mois, tendante à être reçus à exercer les droits & actions des trois communautés composant le comté de Mauguio ; ce faisant, demeurant leur consentement à la construction du canal de navigation, maintenir lesdites communautés de Mudazon, Mauguio & Candillargues, dans tous les droits du domaine utile des palus, marais, plages & communaux dudit comté de Mauguio, avec défenses au sieur évêque de Montpellier & à tous autres, de, à ce, leur donner aucun trouble ni empêchement ; ordonner que lesdites communautés seront indemnisées de la valeur du terroir qui sera employé pour ledit canal, sur les palus & marais dudit comté, sur les offres qui seront faites, & l'acceptation, & en défaut sur l'estimation ; faire défenses aux Etats de la province & à tous autres, de donner aucun trouble ni empêchement à aucunes desdites communautés, en la possession & jouissance du domaine utile, rivages, coustieres, prairies & autres palus communs, qui seront fixés pour la nourriture & dépaissance des bestiaux aratoires & autres qui seront employés à la culture & bonification des terres cultes desdites communautés ; & quant au surplus des marais, palus & plages desdites communautés, ordonner que la province s'expliquera précisément, dans tel délai qui sera déterminé, sur les offres qu'elle entend faire, sur lesquelles lesdites communautés s'assembleront pour délibérer sur l'acceptation desdites offres, sur la permission de faire faire elles-mêmes le desséchement, avec dépens ; subsidiairement, que lesdits dépens seront supportés par les trois communautés du comté de Mauguio, conformément à la répartition réglée par la transaction du 3 Avril 1353 : Requête desdits Brun, Soulages, Mathieu & Roux, jointe au procès le même jour 18 du présent mois, en démis de celle des consuls de Lunel, & adjudication des fins par eux prises dans leurs précédentes : Autre requête des consuls de la ville de Lunel, comme chef-lieu de la baronnie dudit Lunel, tendante en adjudication des conclusions prises dans leurs précédentes, avec dépens ; ladite requête jointe au procès par ordonnance de ce jourd'hui : Les exploits de signification des requêtes ci-devant visées : Inventaire de production des consuls de Lunel-viel & de ceux de Montels : Inventaire de production & continuations du syndic général, avec les exploits de signification : Mémoires des consuls de Saint-Laurent d'Aigouse, desdits Brun, Soulages & Mathieu, & autres productions & pieces des parties : Conclusions du sieur Coulomb, procureur du Roi en la commission, des 30 Septembre, 2 Octobre, 5, 14 & 19 du présent mois : Ledit procureur du Roi ouï sur le bureau, & Ouï le rapport du sieur de Rosset, l'un de nous, tout considéré :

NOUS COMMISSAIRES susdits, juges en dernier ressort, faisant droit aux parties sur le tout, avons déclaré & déclarons les défauts pris devers le greffe de la commission contre Chabaud ou ses héritiers, Elie Peyrie ou ses héritiers, ceux de l'abbé Leblon, les consuls de Saint-Just, ceux de Saturargues, ceux de Villetelle, les héritiers de la dame de Beaurepaire, ceux du sieur de Saint-Cosme, ceux de Joly, & le prévôt de l'église cathédrale de Nîmes, bien & duement obtenus : Tenant les défenses fournies depuis par les héritiers dudit Chabaud, François-Jacques Pleyre, représentant les héritiers dudit de Saint-Cosme; les consuls de Saturargues, ceux de Vauvert, représentant ledit Joly, & le prévôt de l'église cathédrale de Nîmes; déclarons n'y avoir lieu de prononcer sur l'utilité des défauts pris contre eux; Avons reçu & recevons les parties aux corrections par elles demandées : Tenant les indications faites par le syndic général de la province de Languedoc, dans son comparant du vingt-cinq Juillet mil sept cent soixante-sept, pardevant le sieur Vassal, l'un de nous, & les procédures de vérification & bornage des marais du comté de Mauguio, autorisées par nos jugemens des vingt-deux Décembre mil sept cent soixante-sept & quinze du présent mois, déclarons n'y avoir lieu de prononcer sur la requête de l'évêque de Montpellier, du trois Juillet mil sept cent soixante-sept: Faisant droit sur l'utilité des défauts pris contre ledit Peyrie ou ses héritiers, ceux de l'abbé Leblon, ceux de la dame de Beaurepaire, les consuls de Saint-Just & ceux de Villetelle; sans avoir égard aux fins de non-valoir du grand-prieur de Malte au prieuré de Saint-Gilles, des commandeurs de Montpellier, de Sylveréal, de Capette, de la Vernede, d'Argence, du Mas de Liviers, du plan de la Peyre & de Cavales; ayant égard aux fins de non-recevoir dudit syndic général, & quant à ce, à ses requêtes, avons débouté lesdits grand-prieur & commandeurs de Malte, de leurs demandes en cassation des assignations à eux données, & de leurs demandes en sursis : Tenant la communication du jugement du huit Août mil sept cent quarante-un, avons débouté le duc d'Uzès, les consuls de Bellegarde, ceux de Mauguio, le doyen & syndic du chapitre de Saint-Gilles, l'abbé & religieux de Franquevaux, & le sieur de Bon, de leurs demandes en communication des derniers actes & erremens de l'instance; sans avoir égard aux oppositions formées dans les comparans faits pardevant les sieurs de Basville, de Bernage de Saint-Maurice, en mil sept cent seize, mil sept cent dix-sept, mil sept cent dix-huit, mil sept cent trente-neuf, ni à celles formées lors des comparans tenus dans la procédure faite devant le sieur Baudouin en mil sept cent trente-neuf & mil sept cent quarante, par lesdits grand-prieur & commandeurs de Malte, le marquis de Calvisson, les communautés de Candillargues, Mudazon, Saint-Gilles, Fourques, Sainte-Colombe & Aigues-mortes, l'évêque & chapitre cathédral d'Alais, la communauté & ville de Lunel, & tous les autres lieux ou villettes composant la baronnie dudit Lunel, l'abbé de Saint-Gilles, le duc d'Uzès & autres, tant envers les arrêts du conseil qui ont ordonné le desséchement des marais du bas Languedoc, depuis Beaucaire jusqu'à Aigues-mortes & à l'étang de Pérols, & la construction du canal de navigation, qu'envers ledit desséchement & construction dudit canal; comme aussi, sans avoir égard aux oppositions des communautés de Massiliargues, Vauvert, Bellegarde, Aimargues & le Caylar, du chapitre & doyen de Saint-Gilles, de l'abbé & religieux de Franquevaux, du prévôt du chapitre cathédral de Nîmes, du marquis de Calvisson, du sieur Desports, de Chabaud, d'Elie Peyrie, & autres, envers ledit desséchement & construction du canal de navigation; sans nous arrêter à la demande formée par la communauté de Vauvert, dans son comparant signifié le vingt Octobre mil sept cent trente-neuf, en cassation de sa délibération du vingt Septembre précédent, par laquelle elle avoit con-

N°. XXXI. senti au dessèchement & à la construction du canal de navigation ; & sans nous arrêter aux oppositions formées depuis l'instance introduite au nom dudit syndic général, par la communauté de Lunel & autres lieux ou villettes composant la baronnie dudit Lunel, ledit grand-prieur de Saint-Gilles & commandeurs de Malte, le sieur de Coriolis, abbé de Saint-Gilles, le marquis d'Aubaix & la communauté du Caylar ; tenant la rétractation de l'opposition du duc d'Uzès, dans sa requête du vingt-neuf Août dernier, & son consentement audit dessèchement & construction du canal de navigation ; demeurant aussi le même consentement donné par l'évêque & le chapitre d'Alais, les consuls de Massillargues, ceux de Lansargues, la dame de Bornier de Crouzet, Perié freres, les consuls d'Aigues-mortes, le prévôt du chapitre cathédral de Nîmes, d'Azemar & Montoulieu, mariés, François-Jacques Pieyre, les consuls de Fourques, le sieur Reboul, trésorier de France, la dame de Montpeiroux, dame de Candillargues, les consuls de Saint-Laurent d'Aigouse, ceux de Mudazon, ceux de Candillargues, dans leurs requêtes des vingt-sept Mars mil sept cent soixante sept, quinze, trente Mars, dix-huit Avril, seize Mai, dix-huit Juin, quatre, vingt-neuf Août, vingt-huit Septembre, treize, vingt-un, vingt-six, vingt-huit Octobre dernier, quatre, douze, quinze, dix sept & dix-huit du présent mois ; sans nous arrêter à la requête dudit sieur de Portalés du 12 dudit mois, ORDONNONS que lesdits arrêts du conseil & lettres-patentes des vingt Décembre mil sept cent un, Janvier mil sept cent deux, douze Mai mil sept cent seize, cinq Août, neuf Décembre mil sept cent trente-huit, & huit Novembre mil sept cent quarante-six, ensemble les jugemens des vingt-neuf Août mil sept cent trente-neuf & huit Août mil sept cent quarante-un, seront exécutés suivant leur forme & teneur contre toutes les parties comparantes & défaillantes ; en conséquence, que les marais, palus, étangs, lais & relais de la mer & terres inondées concédés par Sa Majesté aux Etats de la province de Languedoc par l'arrêt du conseil & lettres-patentes du huit Novembre mil sept cent quarante-six, bornés pardevant le feu sieur Baudouin en mil sept cent quarante, & pardevant le sieur Vassal, l'un de nous, en mil sept cent soixante & sept & mil sept cent soixante-huit, sur le rapport des experts & arpenteur, & les procédures faites pardevant lesdits sieurs commissaires, autorisées par les jugemens rendus les huit Août mil sept cent quarante-un, vingt-huit Décembre mil sept cent soixante-sept, & quinze du présent mois, & autres palus, marais, étangs & terres inondées depuis Beaucaire jusqu'à Aigues-mortes, & à l'étang de Pérols, faisant partie de ladite concession, qui n'auroient point été bornées, & dont le syndic général pourra requérir le bornage, seront desséchés, & qu'il sera construit un canal de navigation, conformément auxdits arrêts du conseil & lettres-patentes : Faisons défenses à toutes personnes, de quelque qualité & condition qu'elles soient, & pour quelque cause & prétexte que ce puisse être, d'entreprendre de faire aucun dessèchement desdits étangs, palus, marais, lais & relais & terres inondées, sans la permission ou subrogation desdits Etats ; comme aussi, de leur donner aucun trouble ni empêchement dans ledit dessèchement & dans la construction dudit canal de navigation, à peine de trois mille livres d'amende, & de tous dépens, domma-

N°. XXXI. ges & intérêts : Ordonnons, conformément à l'arrêt du conseil du douze Mai mil sept cent seize, & aux jugemens des vingt-neuf Août mil sept cent trente-neuf & huit Août mil sept cent quarante-un, que toutes les parties qui prétendent avoir droit de propriété, d'usages ou facultés sur lesdits marais, palus, étangs & terres inondées, même celles qui ont déjà remis dans leurs productions leurs titres communiqués par copie audit syndic général; celles encore qui avoient passé des traités ou conventions avec le feu sieur maréchal duc de Noailles, suivant le procès-verbal dudit feu sieur de Basville de l'année mil sept cent un; comme aussi le duc d'Uzès, ou les parties qui auroient fait des propositions audit maréchal duc, ou auxquelles il auroit fait des offres en dédommagement; & enfin, celles à qui il avoit été fait des offres en dédommagement par les sieurs de Barrillon & de la Salle, subrogés aux droits dudit feu sieur maréchal duc de Noailles, représenteront dans deux mois, pour toute préfixion de délai, les titres & pieces justificatives de leurs droits de propriété, d'usages & facultés, pardevant le sieur Rosset, rapporteur, le procureur du Roi en la commission, & ledit syndic général, présens ou duement appellés, pour, lesdits titres & pieces justificatives, être délivrés audit syndic général, ou lui en être fourni des copies collationnées pardevant ledit commissaire, par les parties qui en feront la représentation; desquelles représentation, remise & collationnement, ainsi que des dires des parties & du procureur du Roi, il sera, par ledit commissaire, dressé procès-verbal, pour servir & valoir auxdites parties & procureur du Roi, ainsi qu'il appartiendra. Sera aussi tenu, ledit marquis de Calviere, de représenter & remettre, dans le même délai, pardevant ledit commissaire, les copies & expéditions en forme, mentionnées dans sa production fournie lors du jugement du huit Août mil sept cent quarante-un, & autres titres le concernant, suivant l'offre qu'il en a faite dans son dit inventaire de production, pour, lesdites copies, expéditions & titres, être remis au syndic général, ou des expéditions collationnées pardevant ledit commissaire, ledit syndic général & le procureur du Roi présens ou duement appellés; à peine, contre celles qui ne satisferont pas à ladite représentation & remise dans ledit délai, d'être déclarées déchues de leurs droits. Faisant droit sur la requête dudit syndic général, du 2 du présent mois, ordonnons que lors de la remise des susdits titres & pieces justificatives, chacune desdites parties déclarera, pardevant ledit commissaire, qui en chargera son procès-verbal, les différens tenemens en marais dont elles jouissent, avec les quatre confronts de chacun desdits tenemens; autrement, & en refus ou défaut de faire ladite déclaration, permettons audit syndic général de prendre ses avantages. Sur les demandes en exécution ou réclamation des traités ou conventions passées par aucunes des parties, avec ledit feu sieur maréchal duc de Noailles, celles en maintenue dans la propriété, usages & facultés, celles en indemnités, dédommagemens & autres droits & prétentions, autres demandes, fins & conclusions desdites parties, ordonnons qu'il y sera fait droit après la remise de leurs titres & pieces justificatives, ainsi qu'il appartiendra : Avant faire droit sur la demande en intervention de Mathieu, Brun, Soulages & Roux, ordonnons que les parties seront plus amplement ouies dans le mois, sans dépens du jugé; ceux des

N°. XXXI. interlocutoires réservés : Condamnons les défaillans aux dépens des défauts, iceux modérés à huit livres pour chacun : Ordonnons que le présent jugement sera imprimé, publié & affiché par-tout où besoin sera, afin que personne n'en prétende cause d'ignorance, & qu'on ait à s'y conformer, sous les peines de droit. FAIT à Montpellier le dix-neuf Novembre mil sept cent soixante-huit. *Signés*, DE SAINT-PRIEST. JOUBERT. ROSSET, Rapporteur. VASSAL. FERMAUD DE LA BANQUIERE. NADAL. ASSIER.

XXXII.

EXTRAIT du registre des délibérations des Etats généraux de Languedoc, assemblés par mandement du Roi en la ville de Montpellier au mois de Novembre 1768.

Du Jeudi 29 Décembre suivant, président Mgr. l'archevêque & primat de Narbonne.

MONSEIGNEUR l'évêque de Nîmes a dit, que MM. les commissaires des travaux publics s'étant assemblés chez lui, le sieur de Joubert, syndic général, leur a fait le rapport de ce qui s'est passé dans le cours de cette année sur l'affaire du desséchement des marais.

Que les Etats ayant approuvé par leur délibération du 2 Janvier dernier ce qui avoit été fait dans le cours de l'année 1767, nommément pour procéder au bornement des parties des marais qui ne l'avoient pas été en 1740, & le projet des conclusions à prendre dans une nouvelle requête pour le déboutement des oppositions formées au desséchement par quelques-unes des parties intéressées & pour faire ordonner la remise de leurs titres, il fût déterminé que le bornement des marais seroit continué dans les parties où il n'avoit pas été fait : Qu'en conséquence il a été procédé à ce bornement pendant le mois de Mai, & ensuite pendant une partie du mois de Septembre de cette année ; que cette procédure est parfaite, puisqu'on ne connoît plus de marais faisant partie de ceux dont la concession a été faite aux Etats, qui n'ayent été bornés, & qu'elle a été autorisée par jugement du 15 Novembre 1768, qui a été signifié à toutes les parties, le syndic général s'étant réservé, lors de cette signification de faire borner les marais qui pourroient avoir été omis faisant partie de la concession de Sa Majesté s'il venoit à en découvrir dans les suites ; de sorte qu'à moins de nouvelles découvertes qu'il ne peut prévoir, il n'y a plus lieu à de nouvelles procédures de cette espece. N°. XXXII.

Que le syndic général ayant présenté dès le mois de Février dernier, une requête pour demander entre autres choses, que les parties qui avoient formé opposition au desséchement en fussent déboutées, & qu'il fût fixé un dernier délai pour la remise des titres servant à justifier la propriété, usages, ou facultés des possesseurs des marais, passé lequel les parties qui n'y auroient pas satisfait, en demeureroient déchues, sans que ce délai pût être réputé comminatoire, attendu tous ceux qui l'avoient précédé, MM. les commissaires juges d'attribution ont par leur jugement du 19 Novembre dernier débouté le grand-prieur de St. Gilles & les commandeurs de l'ordre de Malte qui avoient été mis en cause, de leur demande en cassation de l'assignation qui leur avoit été donnée ; qu'ils ont aussi débouté de leur opposition les parties qui en avoient formé, soit envers les lettres-patentes & arrêts du conseil qui ont été donnés depuis 1701, au sujet du desséchement, soit envers le desséchement même & le canal de na-

N°. XXXII.

vigation, lesquels seront exécutés conformément à ce qui est porté par les lettres-patentes & arrêts, avec défenses à toutes personnes d'entreprendre aucun dessèchement desdits étangs, palus, marais, lais & relais de la mer, sans permission & subrogation des Etats, sous les peines y énoncées.

Que le même jugement porte aussi, conformément à l'arrêt du conseil, du 12 Mai 1716 & autres jugemens de la commission des 29 Août 1739 & 8 Août 1741; que toutes les parties qui prétendent avoir droit de propriété, d'usage ou de faculté sur les marais, même celles qui ont déjà remis dans leurs productions leurs titres communiqués par copie, celles encore qui avoient passé des traités ou conventions avec feu M. le maréchal de Noailles, représenteront dans deux mois pour tout délai les titres & pieces justificatives de leurs droits de propriété, usages, & facultés, passé lequel délai elles demeureront déchues de leurs droits: que suivant le même jugement, cette remise doit être faite devant un commissaire nommé à cet effet, en présence du procureur du Roi en la commission & du syndic général, ou eux duement appellés, & que lors de la remise de ces titres chacune des parties déclarera suivant la demande qui en avoit été formée par le syndic général, les différens tenemens en marais dont elles jouissent, autrement & faute de ce faire, il est permis au syndic général de prendre ses avantages.

Que ce jugement a été signifié aux procureurs des parties & aux parties elles-mêmes avec sommation d'y satisfaire, & que les parties opposantes ayant été déboutées définitivement de leur opposition au dessèchement, ce qui ne peut plus donner lieu à aucune discussion, il reste seulement à examiner ce qu'il y a à faire pour l'exécution du jugement dont on vient de parler, quant à la remise des titres, & la route que le syndic général doit suivre par rapport à cette remise.

Que c'est ce qui a fait le premier objet du mémoire qui a été lu à la commission; & que la premiere observation qui se présente à ce sujet est que MM. les commissaires juges d'attribution ont douté, en fixant à deux mois le délai de la remise des titres, qu'ils eussent le pouvoir de rendre ce délai fatal conformément à la demande qui en avoit été faite.

Qu'il y a lieu d'espérer, vu le grand nombre des parties qui ont joint à leurs productions des copies de leurs titres, que les autres ne tarderont pas à le faire, & qu'elles profiteront toutes du délai qui leur a été accordé; mais que cependant, supposé qu'il y eût quelques parties qui négligeassent de profiter de ce délai, les Etats ne pourroient dès-lors se dispenser de représenter à Sa Majesté que si elle desire d'assurer & d'accélérer l'exécution du dessèchement & du canal de navigation, il est de sa justice de fixer elle-même un dernier délai pour cette remise, après lequel il n'en sera point accordé d'autre.

Qu'il a été inévitable d'ordonner qu'elle sera faite en présence du procureur du Roi en la commission, puisque toutes les portions des marais dont la propriété ne sera pas justifiée par ceux qui en jouissent, seront censées appartenir à Sa Majesté & conséquemment aux Etats qui exercent ses droits; d'où il suit que la remise des titres n'a pu être valablement ordonnée qu'en présence de la partie publique qui est chargée de défendre les droits de Sa Majesté.

Que d'ailleurs son ministere n'est pas moins nécessaire par rapport à la qualité d'un grand nombre de propriétaires & usagers des marais, tels que les seigneurs

N°. XXII. seigneurs ecclésiastiques, l'ordre de Malte & les communautés laïques, à l'égard desquelles il ne peut être rien ordonné valablement, sans le concours du ministere public.

Qu'enfin il n'est pas moins de l'intérêt des autres parties que leur propriété & autres droits sur les marais soient discutés & jugés avec le procureur du Roi, de maniere qu'ayant été reconnue par des jugemens qui seront contradictoires avec lui, elles ne puissent plus être recherchées à ce sujet.

Que quant à la forme de cette remise, quoique l'arrêt du conseil du 12 Mai 1716 paroisse, suivant la signification étroite des termes, autoriser M. le maréchal de Noailles, & aujourd'hui les Etats à se faire remettre par les propriétaires les originaux de leurs titres, les Etats jugeront sans doute à propos de se contenter de ces expéditions, pourvu qu'elles soient revêtues de la meilleure forme qui pourra les rendre également authentiques.

Qu'à l'égard des frais, MM. les commissaires juges d'attribution décideront si les Etats doivent payer ceux des expéditions qui leur seront remises, ou s'ils doivent être payés par les propriétaires; mais qu'à l'égard des frais de la procédure qui sera faite devant le commissaire, il paroît que les Etats doivent en faire l'avance, sauf à les répéter, s'il y a lieu, en fin de cause, dans le cas où les titres ne seroient pas jugés suffisans, & autres semblables, suivant les contestations des parties.

Que pour ce qui concerne la nature des titres que les propriétaires ou usagers doivent rapporter pour justifier de leur propriété ou autres droits, il semble que les seigneurs justiciers, en rapportant des actes féodaux, tels que des hommages & des dénombremens reçus & jugés, seront fondés à faire valoir les droits attachés à leurs justices & à leurs directes. N°. XXXII.

Qu'à l'égard des particuliers & de tous autres possesseurs qui se prétendent propriétaires sans aucun titre de seigneurie, ils doivent justifier de leur propriété par des actes d'acquisition, de partage ou autres semblables; & supposé qu'ils n'alléguassent qu'une simple possession, il faudroit au moins qu'elle fût immémoriale & établie par des baux ou par une jouissance personnelle qui ne fût ni précaire, ni équivoque, ni contredite.

Qu'enfin à l'égard de ceux qui ne prétendent que des droits d'usage ou facultés, si ce sont des particuliers, ils doivent en justifier par titres, & que si ce sont des communautés, elles peuvent faire valoir les droits qu'elles ont sur l'usage des vacans & pâturages communs, soit par les titres particuliers qu'elles peuvent en avoir, soit par le traité passé par les Etats en 1555 avec le Roi Henri II sur la libre dépaissance dans tous les patus, patis, pâturages, &c.

Que du reste, il n'y a d'autre démarche à faire de la part du syndic général, pour l'exécution du jugement de MM. les commissaires, que la signification qui en a été déjà faite aux parties avec sommation d'y satisfaire, moyennant quoi ce sera à elles à remettre leurs titres devant le commissaire qui a été nommé à cet effet, en appellant lors de cette remise, comme on l'a déjà dit, le procureur du Roi & le syndic général.

Que MM. les commissaires ont remarqué que l'application qui sera faite des principes qu'on a exposés sur la nature des titres qui doivent être rapportés pour justifier de la propriété des marais, ou des usages ou facultés sur iceux, pourra réduire & diminuer l'objet du don fait à la province, des portions des marais qui appartiennent à Sa Majesté ; mais qu'en le supposant ainsi, les Etats ne devroient pas moins s'occuper des avantages qu'ils peuvent procurer à la province & à l'état, au moyen de la double entreprise du desséchement & du canal de navigation, ni moins empressés à l'exécuter.

Qu'à l'égard de la disposition du jugement qui porte que les possesseurs des marais, en remettant leurs titres, déclareront les différens tenemens dont ils jouissent avec leurs confronts, le motif de la demande qui en a été faite par le syndic général, a été que ces tenemens & ces confronts n'ayant pas été énoncés dans la procédure de bornage faite en 1740, comme ils l'ont été dans celles de 1767 & 1768, on auroit beaucoup de peine à les distinguer pour en venir à une division ou partage ; & que le jugement qui a eu égard à cette demande permettant au syndic général, faute par les parties de faire cette déclaration, de prendre ses avantages, ils consisteront à demander que dans le cas où le défaut d'indication donneroit lieu de procéder à un arpentement, il y sera procédé aux frais de ces parties.

Qu'il est aussi absolument nécessaire de remarquer que dans le cours de l'instance introduite au nom des Etats devant les commissaires juges d'attribution, il s'est élevé des contestations entre quelques parties prétendant droit sur les marais, qui se contestent la propriété de certaines portions qu'elles réclament respectivement ; que de ce nombre sont le sieur Brun & quelques autres habitans de Lunel qui ont demandé d'être reçus parties intervenantes comme ayant la propriété de certaines portions des marais dans l'étendue de la baronnie, & à raison desquelles il y a une instance pendante devant le sénéchal de Montpellier ; mais que MM. les commissaires ayant douté s'ils avoient le pouvoir de connoître de ces contestations, au lieu de prononcer sur l'intervention demandée & les exceptions contraires, se sont contentés d'ordonner, sans rien préjuger à ce sujet, que les parties instruiroient plus amplement.

Que quoique les Etats ne prennent pas un intérêt direct à ces contestations, ils en ont cependant un réel qu'elles soient promptement terminées pour qu'ils puissent connoître avec certitude les véritables propriétaires des marais, & pourvoir ensuite à leur dédommagement ; ce qui prouve évidemment la nécessité d'empêcher qu'elles soient portées dans un autre tribunal que celui des commissaires juges d'attribution.

Que c'est une suite du pouvoir qui leur a été donné par les lettres-patentes du 8 Novembre 1746 & par l'arrêt du conseil du 28 Octobre 1767 qui contient, en tant que de besoin, une ampliation de pouvoir assez étendue pour qu'ils en prissent connoissance ; que cependant comme il pourroit se faire que parmi le nombre des parties qui se contestent la propriété de certaines portions de marais, ou de celles qui pourroient faire naître des contestations pareilles, il y en auroit qui formeroient leurs demandes devant les juges ordinaires, soit qu'ils les regardassent comme compétens, soit pour éloigner l'exécution du desséchement, il a paru qu'il étoit nécessaire de représenter à Sa Majesté la nécessité, pour remplir l'objet qu'elle se propose conjointement avec les Etats, d'attribuer, en tant que de besoin, aux mêmes commissaires, tout pouvoir & jurisdiction de connoître de ces contestations, & de toutes autres qui pourroient s'élever, tant au sujet de la propriété de certaines portions de marais, que de tous autres droits respectifs sur iceux, sous quelque dénomination que ce soit, & de

N°. XXXII. quelque nature qu'ils puissent être ; qu'un pareil arrêt ne feroit qu'expliquer les précédens, & dissiper les doutes que la mauvaise volonté de quelques parties mal conseillées, & la délicatesse des juges peuvent faire naître.

Que de tout ce qu'on vient de dire, il résulte que l'exécution du jugement qui a été rendu pour la remise des titres de propriété des marais, doit attirer la principale attention des Etats ; que l'examen & la discussion de ces titres, tant par le procureur du Roi en la commission, que par le syndic général forment un objet assez étendu, vu le nombre de soixante-sept parties qu'il y a dans l'instance, & qu'il est indispensable de le suivre avec l'attention & l'équité qu'il mérite, soit pour parvenir à connoître quelles sont les portions des marais qui appartiennent au Roi, & qui forment l'objet du don fait aux Etats par Sa Majesté, soit pour être plus en état de pourvoir au dédommagement qui est dû aux parties qui auront justifié de cette propriété.

Que cette derniere réflexion a donné lieu à MM. les commissaires d'examiner de nouveau ce qui regarde les dédommagemens ; & que d'après les différentes réflexions contenues au mémoire dont il a été déjà parlé, ils ont cru, par les mêmes motifs qui ont suspendu sur ce point la délibération des Etats dans leur derniere assemblée, qu'il convenoit de la surseoir encore, ayant lieu d'espérer qu'ils seront plus en état de la prendre, lorsque les droits des propriétaires & usagers des marais auront été déterminés sur la remise & l'examen de leurs titres, & que les Etats auront aussi pris un parti définitif sur la maniere d'exécuter le desséchement.

Qu'il reste enfin à observer que les frais de la procédure qui a été continuée cette année pour achever le bornage des marais, reviennent à la somme de cinq mille deux cent quarante-cinq livres ; & que les épices & expéditions des jugemens qui ont été rendus le 15 Novembre dernier, pour autoriser cette procédure, & le 19 du même mois sur l'instance principale, reviennent à quatre mille livres, lesquelles sommes ont été payées, conformément à la délibération des Etats, sur les mandemens de Mgr. l'archevêque de Narbonne. N°. XXXII.

Qu'au surplus, les Etats s'en étant rapportés à MM. les commissaires des travaux publics, sur la maniere de faire exécuter le jugement qui avoit ordonné la démolition des batardeaux & levadons construits dans l'étendue des marais, le chapitre d'Alais a formé opposition à l'exécution de ce jugement, sur le fondement des pêcheries, dont il jouit depuis plusieurs siecles, dans une partie des marais, sur la riviere du Vistre, en vertu de titres fort anciens ; & que MM. les commissaires, sans entrer dans l'examen de ces titres ont cru qu'il devoit être sursis à l'exécution de ce jugement, attendu qu'on ne jugera jamais avec plus de certitude du préjudice que ces batardeaux & levadons peuvent causer au desséchement que lorsque les devis qui doivent être dressés des ouvrages à faire pour l'exécuter, auront été mis sous les yeux des Etats & approuvés par eux.

De sorte qu'en résumant tout ce qu'on vient de dire sur les différens chefs qui ont fait le sujet de ce rapport, & sur lesquels les Etats ont à délibérer, MM. les commissaires ont été d'avis de proposer.

1°. D'approuver tout ce qui a été fait dans le cours de l'année 1768, en exécution de la délibération des Etats du 2 Janvier de la même année, tant pour la procédure de bornage des parties des marais qui ne l'avoient point été, & qui a été autorisée par le juge-

N°. XXXII. ment de la commission du 15 Novembre dernier, que pour ce qui regarde l'instance principale & les conclusions qui y ont été prises par le syndic général, sur lesquelles & sur celles des parties est intervenu le jugement des mêmes commissaires du 19 du même mois, lesquels jugemens ont été signifiés à toutes les parties intéressées, à l'effet de recevoir leur entiere exécution.

2°. Qu'à l'égard de la remise des titres de propriété, usages, facultés, ou autres droits sur les marais, & des pieces justificatives, les Etats se contenteront des expéditions qui leur en seront remises, pourvu qu'elles soient revêtues de la meilleure forme qui pourra les rendre aussi authentiques que les originaux.

3°. Que les frais auxquels la remise de ces titres devant le commissaire nommé à cet effet, donnera lieu, pour la dresse des procès-verbaux, tant sur cette remise, que sur les dires & prétentions respectives des parties, seront avancés, s'il est nécessaire, par les Etats, sauf à les répéter en fin de cause, s'il y a lieu, suivant ce qui sera ordonné par les commissaires juges d'attribution.

4°. Que dans l'examen & discussion des titres qui auront été remis, les Etats n'entendent point s'écarter des principes établis par les loix, sur les droits dépendans de la haute justice des seigneurs qui auront justifié valablement en jouir, ni des regles suivant lesquelles les autres possesseurs des marais qui prétendent en avoir la propriété, doivent justifier qu'elle leur est acquise.

5°. Qu'il en sera de même à l'égard de ceux qui doivent justifier des droits d'usage & autres facultés dont ils prétendent jouir sur les marais; & qu'à l'égard des communautés qui sont dans ce même cas, elles pourront faire valoir, indépendamment des titres particuliers qu'elles peuvent en avoir obtenus, le traité passé en 1555 entre les Etats & le Roi Henri II, au sujet de la libre dépaissance dans tous les patus, garrigues & bruguieres, ramiers, &c.

6°. Que conformément au jugement du 19 Novembre dernier, les propriétaires & usagers des marais déclareront, en remettant leurs titres de propriété, les différens tenemens en marais dont ils ont la propriété ou l'usage avec leurs confronts; & que dans le cas où par le défaut de cette déclaration on seroit obligé de procéder à un arpentement, le syndic général conclura, à ce qu'il y soit procédé aux frais de ces parties.

7°. Que dans le cas où, après l'échéance du délai accordé par le jugement du 19 Novembre dernier pour la remise des titres, quelques-unes des parties auront négligé de les rapporter, Sa Majesté sera suppliée de fixer un dernier délai, pendant lequel elles pourront le faire, & après lequel elles n'y seront plus reçues.

8°. Que Sa Majesté sera également suppliée de donner, en tant que de besoin, aux commissaires juges d'attribution les pouvoirs nécessaires pour juger les contestations qui se sont élevées ou qui pourroient s'élever entre plusieurs des parties assignées dans l'instance, ou qu'on découvriroit devoir y être assignées, sur la propriété de certaines portions des marais qu'elles se contesteroient respectivement, ou sur les droits dépendans de cette propriété, pour être lesdites contestations instruites devant les commissaires juges d'attribution & par eux jugées.

9°. Que par les mêmes motifs énoncés dans la délibération du 2 Janvier 1768, les Etats croyent devoir différer de se déterminer sur la maniere de

No. XXXII. pourvoir au dédommagement des propriétaires & usagers des marais, jusqu'à ce qu'il ait été satisfait par eux à la remise de leurs titres, conformément aux arrêts du conseil & jugemens de la commission, & notamment à celui du 19 Novembre dernier, & qu'il sera pareillement sursis jusqu'après ladite remise, à l'exécution du jugement rendu en 1767, pour la destruction des batardeaux & levadons.

10°. Enfin que les sommes qui ont été payées sur les ordres de Mgr. l'archevêque de Narbonne, pour la continuation de la procédure de bornage, & pour les épices & expéditions des jugemens de la commission, revenant à neuf mille deux cent quarante-cinq livres quatorze sols, seront allouées dans la dépense extraordinaire du compte du sieur trésorier de la bourse, & qu'il sera également pourvu sur les ordres de mondit seigneur l'archevêque, aux frais à faire dans le cours de l'année prochaine, à raison des susdites poursuites.

Ce qui a été délibéré, sur tous les chefs, conformément à l'avis de MM. les commissaires.

XXXIII.

EXTRAIT du registre des délibérations des Etats généraux de Languedoc, assemblés par mandement du Roi en la ville de Montpellier au mois de Novembre 1768.

Du Jeudi 29 Décembre suivant, président Mgr. l'archevêque & primat de Narbonne.

MONSEIGNEUR l'évêque de Nîmes a dit, que MM. les commissaires, après avoir été instruits de tout ce qui a été fait dans le cours de cette année, en conséquence de leur délibération du 2 Janvier dernier, devant les commissaires juges d'attribution, & des jugemens par eux rendus, ont été également informés des démarches qui ont été faites en conséquence d'une autre délibération du même jour, pour présenter au ministre, les plans & projets du canal de navigation, depuis Beaucaire jusques à Aigues-mortes, & pour procurer aux Etats les secours nécessaires, pour l'exécution de ce grand ouvrage. No. XXXIII.

Que Mgr. l'archevêque de Narbonne & MM. les députés n'ont pas manqué de présenter au ministre des finances, les plans & projets de ce canal, dont il leur a été aisé de faire connoître les avantages, & dont on ne sauroit conséquemment trop desirer l'exécution: Que ces plans & ces projets ont paru mériter l'approbation du ministre, mais que les circonstances présentes n'ont pu permettre d'obtenir encore les secours & les facilités qui doivent mettre en état d'entreprendre un ouvrage de cette conséquence; de sorte qu'il paroît inévitable de renouveller les mêmes représentations, & de prier Mgr. l'archevêque de Narbonne, & MM. les députés d'employer les plus fortes sollicitations sur le même objet, auprès du ministre des finances.

Que sur le rapport qui fut fait aux Etats, du projet des directeurs des travaux publics sur la maniere d'exécuter le desséchement des marais, il fut déterminé qu'ils dresseroient dans le cours de l'année, un devis des ouvrages du canal, avec une estimation détaillée & séparée des mêmes ouvrages, ainsi que des martelieres & autres ouvrages proposés par eux, pour parvenir au desséchement des marais.

Que cette délibération n'a pu encore avoir son effet, attendu le voyage du sieur Garipuy, l'un des directeurs des ouvrages publics, pour la députation à la cour; mais que ce retardement se

N°. XXXIII.

trouve bien compensé par les avantages qu'on peut retirer des connoissances qu'il a acquises, dans le voyage qu'il a fait en Hollande en conséquence des ordres de Mgr. l'archevêque de Narbonne & des Etats, sur les canaux qui ont été ouverts dans la Flandre & dans la Hollande, sur les digues & les écluses qui y sont construites pour ménager la pente des eaux, ou pour résister aux vagues de la mer, comme aussi sur les diverses machines qu'on a employées pour dessécher les marais dont ce pays étoit couvert; qu'il a même conféré avec les plus célebres hydrauliciens de la nation, sur les moyens qu'ils se proposent d'employer pour dessécher un grand étang situé entre la ville d'Harlem & celle d'Amsterdam, connu sous le nom de *Mer d'Harlem*, dont le desséchement paroît d'autant plus difficile, que le fonds de cet étang, comme ceux de plusieurs autres d'où l'on retire depuis long-tems des fourrages abondans, est plus bas que la surface de la basse mer; tandis que le desséchement des marais depuis Beaucaire jusques à Aigues-mortes, ne présente pas, à beaucoup près, les mêmes difficultés, puisque le fonds de la plus grande partie est plus haut que la mer, & que le reste est sensiblement au même niveau.

Que ces connoissances ne pourront qu'être fort utiles pour mettre le sieur Garipuy, & les autres directeurs en état de dresser un devis détaillé, tant de ce qui regarde les ouvrages nécessaires pour l'exécution du canal de navigation, depuis Beaucaire jusqu'à Aigues-mortes, que ceux qui leur paroîtront les plus propres & les plus assurés pour le desséchement des marais.

De sorte que d'après ces considérations, MM. les commissaires n'ont eu autre chose à proposer que de renouveller la délibération qui fut prise le 2 Janvier dernier, & en conséquence, 1°. de charger les sieurs directeurs des travaux publics de dresser dans le cours de l'année, un devis & une estimation détaillée des ouvrages du canal dont les plans & projets avoient été proposés & approuvés, & qu'ils dresseront pareillement un devis détaillé & estimatif des martelieres & de tous les autres ouvrages qu'ils jugeront les plus convenables pour parvenir au desséchement des marais.

Et 2°. de prier Monseigneur l'archevêque de Narbonne & MM. les députés, en communiquant les plans & projets des susdits ouvrages au nouveau ministre des finances, de ne rien oublier pour obtenir de Sa Majesté des secours proportionnés à la dépense, suivant l'évaluation qui en a été faite, nommément, au moyen du produit de plusieurs crues sur le sel, destinées à différens ouvrages dont l'objet est presque entierement rempli.

Ce qui a été ainsi délibéré, conformément à l'avis de MM. les commissaires.

N°. XXXIV.

XXXIV.

ARRÊT

DU CONSEIL D'ÉTAT DU ROI,

Contenant nouvelle attribution & ampliation des pouvoirs donnés par Sa Majesté, aux commissaires par elle nommés pour juger en dernier ressort toutes les contestations ayant rapport au desséchement des marais & construction d'un canal de navigation.

Du 13 Juillet 1769.

EXTRAIT des Regiſtres du Conſeil d'Etat.

VU par le Roi, étant en son conseil, l'arrêt rendu en icelui le 12 Mai 1716, sur la requête du sieur ma-

N°. XXXIV.

réchal duc de Noailles, portant, entre autres choses, que les propriétaires des marais concédés au feu sieur maréchal duc de Noailles son pere, par arrêt du conseil du 20 Décembre 1701, remettroient les titres & pieces justificatives de leurs droits de propriété, devant le feu sieur de Basville, pour lors intendant du Languedoc : Autre arrêt du conseil du 4 Mars 1738, portant que les susdits arrêts & lettres-patentes seroient exécutés suivant leur forme & teneur, ainsi que le contrat de cession dudit don fait par les ayans cause du sieur maréchal duc de Noailles, en faveur des sieurs de Barrillon & de la Salle, pour jouir par ces derniers, des droits, prérogatives, & priviléges accordés audit feu sieur maréchal duc de Noailles : Autre arrêt du conseil du 5 Août 1758, qui subroge le sieur de Bernage de Saint-Maurice, pour lors intendant de ladite province, au lieu & place du sieur de Bernage son pere, pour l'exécution des arrêts, pour, conjointement avec les autres commissaires nommés par lesdits arrêts, juger souverainement & en dernier ressort, les contestations qui pourroient s'élever sur la propriété des prés & coustieres que les propriétaires des marais s'étoient réservés lors du procès-verbal du sieur de Basville en 1701, & sur le bornement des marais, circonstances & dépendances : Autre arrêt du conseil du 9 Décembre 1768, qui ordonne que celui du 5 Août précédent sera exécuté selon sa forme & teneur avec le sieur évêque d'Alais, le sieur grand-prieur de Saint-Gilles, les agens de l'ordre de Malte, & autres intéressés, dont les indemnités auroient pu n'avoir pas été réglées par le procès-verbal du sieur de Basville du mois de Mai 1701 : L'arrêt du conseil du 8 Novembre 1746, & les lettres-patentes du même jour expédiées sur ledit arrêt, registrées au parlement de Toulouse le 16 Décembre suivant, par lequel Sa Majesté a accordé aux Etats de Languedoc, la propriété de tous les étangs, palus, marais, coustieres, lais & relais de la mer, rivieres, étangs, depuis Beaucaire jusques à Aigues-mortes & à l'étang de Pérols, & permis aux Etats de faire dessécher lesdites terres, de faire un canal de navigation, le tout conformément aux facultés qui en avoient été accordées au sieur maréchal duc de Noailles, par l'arrêt du conseil du 20 Décembre 1701, & lettres-patentes expédiées sur ledit arrêt au mois de Janvier 1702 ; voulant Sa Majesté que ledit arrêt du conseil & lettres-patentes, ensemble les jugemens rendus par lesdits sieurs commissaires, fussent exécutés suivant leur forme & teneur en faveur desdits Etats ; L'arrêt du conseil du 15 Novembre 1746, par lequel Sa Majesté auroit évoqué à elle & à son conseil, les procès & différends concernant les oppositions formées au desséchement des marais, palus & étangs, par les prétendans droits auxdits marais, palus & étangs, à raison de toutes dettes, hypotheques & charges, de quelque nature qu'elles soient, auxquels lesdits marais pourroient avoir été assujettis, & généralement toutes les contestations nées & à naître à l'occasion desdits marais, du desséchement d'iceux, & construction d'un canal de navigation, lesquelles contestations, procès & différends, Sa Majesté auroit renvoyé devant le feu sieur le Nain, lors intendant de ladite province, & pardevant les autres commissaires nommés par ledit arrêt, pour être lesdites contestations jugées souverainement & en dernier ressort par lesdits sieurs commissaires, au nombre de cinq au moins, leur attribuant à cet effet, toute cour, jurisdiction & connoissance, & icelle interdisant à toutes ses autres cours &

N°. XXXIV.

autres juges : Autre arrêt du conseil du 11 Avril 1761, qui a subrogé au sieur le Nain, le sieur Guignard de Saint-Priest, intendant en ladite province : Autre arrêt du conseil du 19 Novembre 1767, portant que ceux des 15 Novembre 1746, & 11 Avril 1761, seroient exécutés suivant leur forme & teneur, par lequel Sa Majesté, en y ajoutant, en tant que besoin seroit, a renvoyé les parties pardevant les sieurs Guignard, pere & fils, intendans & commissaires départis dans ladite province, pour procéder conjointement, ou l'un à défaut de l'autre, avec les autres commissaires nommés par lesdits arrêts, au jugement de toutes les contestations mues & à mouvoir concernant les desséchemens & la construction dudit canal de navigation, sans en excepter aucune, même celles qui pourroient avoir été portées au conseil de Sa Majesté par aucune des parties, en conséquence du renvoi fait par les procès-verbaux desdits sieurs de Basville & de Bernage, ou jugemens des commissaires nommés par les arrêts du conseil des 5 Août & 9 Décembre 1738, & les oppositions au desséchement & construction du canal, qui auroient pu y avoir été formées ; voulant Sa Majesté que lesdites contestations, oppositions, circonstances & dépendances, fussent jugées en dernier ressort par lesdits sieurs commissaires, suivant & conformément auxdits arrêts, de la maniere qu'ils auroient pu l'être par Sa Majesté en sondit conseil, leur en attribuant, en tant que de besoin seroit, de nouveau toute cour & jurisdiction : Et Sa Majesté étant informée que dans l'instance introduite par le syndic général de ladite province, devant lesdits sieurs commissaires, à raison des contestations mues sur l'exécution des lettres-patentes contenant la concession faite auxdits Etats, & notamment sur la propriété desdits marais, palus & étangs, sur les indemnités ou dédommagemens prétendus par ceux qui justifieront de ladite propriété, ou des facultés, usages, & autres droits sur iceux, il s'est élevé des contestations entre quelques-uns de ceux qui se prétendent propriétaires & usagers des marais, & d'autres particuliers qui leur contestent ladite propriété, & qui réclament, chacun en droit soi, ces dédommagemens pour raison des parties des marais dont ils se prétendent propriétaires : que de ce nombre sont les sieurs Soulages, Mathieu & Roux, habitans de Lunel, qui se prétendent propriétaires de la plus grande partie des marais situés dans l'étendue de la baronnie de Lunel, ainsi que d'un tenement en garrigue, appellé le bois de Rocan, ont formé devant le Sénéchal de Montpellier, une demande contre les communautés qui composent ladite baronnie, en maintenue tant desdits marais & palus, que dudit tenement du bois de Rocan, & qu'ils se sont aussi pourvus devant lesdits sieurs commissaires juges d'attribution, pour contester auxdits Etats partie desdits marais & palus, ainsi que la communauté de Saint-Laurent d'Aigouse, qui par la requête présentée auxdits sieurs commissaires juges d'attribution, le 4 Novembre 1768, a demandé la pleine maintenue de tous les marais, herbages, pâturages, coustieres & entiers terrains vacans de tout le terroir & jurisdiction dudit lieu de Saint-Laurent & de Saint-Pierre de Psalmodi, avec défenses, tant au syndic général de ladite province, qu'au sieur évêque & audit chapitre d'Alais, qui se prétendent propriétaires desdits palus, herbages, pâturages & vacans, de leur donner aucun trouble ni empêchement en la possession & jouissance d'iceux, & d'être déchargés de toutes les

charges

N°. XXIV. charges seigneuriales auxquelles les habitans dudit lieu peuvent être soumis envers ledit sieur évêque d'Alais, & dont lesdites propriétés, usages, droits & facultés leur sont contestés, tant par les Etats de ladite province, que par ledit sieur évêque & chapitre d'Alais, qui sont en procès à ce sujet avec ladite communauté au parlement de Toulouse, sur l'appel d'une sentence arbitrale; qu'enfin, plusieurs autres juges sont nantis de contestations élevées entre certains possesseurs desdits marais, sur l'étendue de leurs limites, les droits seigneuriaux, usages, & autres droits réclamés sur lesdits marais; & quoique par lesdits arrêts d'évocation & d'attribution aux sieurs commissaires du desséchement, Sa Majesté n'ait réservé aucune partie des contestations, à raison de la concession des marais par elle faite auxdits états, ni limité le pouvoir donné auxdits sieurs commissaires de les juger, il a été mis en doute si lesdites évocations & le renvoi desdites contestations fait auxdits commissaires pour les juger en dernier ressort, comprennent les questions de propriété desdits marais, soit entre les Etats & ceux qui se prétendent possesseurs & usagers desdits marais, soit entre lesdits possesseurs & usagers eux-mêmes, pour se contester leur propriété & droits respectifs, facultés & usages sur lesdits marais tant devant lesdits commissaires juges d'attribution, que devant les juges ordinaires, le parlement de Toulouse, ou devant autres tribunaux; mais attendu que si les Etats étoient obligés de suivre les instances de cette espece, ou même d'attendre l'événement de celles qu'ils ont déjà commencées, ou qui pourroient l'être devant d'autres juges que lesdits sieurs commissaires nommés par Sa Majesté, il en résulteroit des contestations dont la durée devant différens tribunaux, éluderoit l'effet de l'attribution par laquelle Sa Majesté a voulu mettre une prompte fin à tous obstacles qui pourroient retarder l'exécution d'un projet aussi utile que celui du desséchement des marais, & la construction du canal de navigation; & Sa Majesté desirant au contraire procurer auxdits Etats la facilité d'accélérer le commencement & la perfection de ces ouvrages, qu'elle regarde comme également importans pour le bien public, & abréger, autant qu'il est en son pouvoir, tout litige qui pourroit en suspendre l'exécution, elle se seroit déterminée à cet effet, à faire cesser toute difficulté sur l'étendue du pouvoir donné auxdits sieurs commissaires juges d'attribution, de maniere que rien ne puisse plus retarder la décision de toute espece de differends ayant rapport directement à l'exécution du don qui a été fait par Sa Majesté auxdits Etats, & de la faculté qui leur a été donnée pour le desséchement desdits marais, & construction du canal de navigation, circonstances & dépendances: OUI le rapport du sieur Maynon d'Invau, conseiller ordinaire & au conseil Royal, contrôleur général des finances: SA MAJESTÉ ÉTANT EN SON CONSEIL, a ordonné & ordonne, que les arrêts rendus en icelui 12 Mai 1716, 4 Mars & 5 Décembre mil sept cent quarante-six, 11 Avril 1761, & 19 Novembre 1767, seront exécutés selon leur forme & teneur; & y ajoutant, en tant que de besoin seroit, a Sa Majesté, de plus fort évoqué à elle & à son conseil, tous les procès mus & à mouvoir sur la propriété, usages, droits de justice, albergues & redevances, facultés, partages, divisions, indemnités, ou dédommagemens, également & généralement toutes autres prétentions quelconques, à raison des marais, palus & étangs depuis N°. XXXIV.

No. XXXIV. Beaucaire jusqu'à Aigues-mortes & à l'étang de Pérols, concédés auxdits Etats de Languedoc, soit que lesdits procès soient entre les Etats & ladite province, & les prétendus propriétaires & usagers desdits marais, palus & étangs, ou entre aucun de ceux qui se disputeroient ladite propriété, usages, droits & facultés, & généralement toute espece de contestation ayant trait, directement ou indirectement auxdits marais, palus & étangs, notamment les contestations portées devant le Sénéchal de Montpellier, & par appel au parlement de Toulouse, entre lesdites communautés composant ladite baronnie de Lunel, & lesdits Brun, Mathieu, Soulages & Roux, à raison de la propriété prétendue de partie desdits marais & du bois de Rocan, ensemble les contestations pendantes au parlement de Toulouse, entre ledit sieur évêque & chapitre d'Alais, & les consuls de Saint-Laurent d'Aigouse, sur la propriété, usages, facultés & droits sur lesdits marais de Saint-Laurent & de Psalmodi, & droits de seigneurie fonciere prétendue par le sieur évêque d'Alais; tous lesquels procès, différends, de quelque nature qu'ils soient nés & à naître, exprimés ou non-exprimés, par quelques parties privilégiées ou non privilégiées qu'ils aient été formés, & devant quelques juges & cours qu'ils soient actuellement pendans ou puissent être portés dans les suites, circonstances & dépendances, Sa Majesté a renvoyé & renvoie pardevant lesdits sieurs Guignard de Saint-Priest, pere & fils, & autres commissaires nommés par les arrêts du conseil des 4 Mars & 5 Décembre 1738, 8 & 20 Novembre 1746, 11 Avril 1761, & 19 Novembre 1767, pour les juger souverainement & en dernier ressort, au nombre de cinq au moins, leur attribuant à cet effet toute cour, jurisdiction & connoissance, & icelle interdisant à toutes ses cours & autres juges. Et sera le présent arrêt exécuté nonobstant oppositions & empêchemens quelconques, pour lesquels il ne sera différé. FAIT au conseil d'Etat du Roi, Sa Majesté y étant, tenu à Compiegne le treize Juillet mil sept cent soixante-neuf. *Signé*, PHELYPEAUX. No. XXXIV.

LES COMMISSAIRES NOMMÉS par arrêts du conseil des 15 Octobre 1746, 11 Avril 1761, & 19 Novembre 1767, pour connoître & juger en dernier ressort, toutes les contestations nées & à naître à raison du desséchement des marais du bas Languedoc, & construction du canal de navigation, suivant la concession faite aux Etats de ladite province par lettres-patentes du 8 Novembre 1766.

VU l'arrêt du conseil d'état du Roi ci-dessus, en date du 13 Juillet 1769. NOUS ORDONNONS qu'il sera exécuté suivant sa forme & teneur, & signifié à qui il appartiendra. FAIT à Montpellier le 26 Août 1769. *Signés*, JOUBERT. BONNIER D'ALCO. ROSSET. FERMAUD DE LA BANQUIERE. NADAL. ASSIER.

XXXV.

EXTRAIT du registre des délibérations des Etats généraux de Languedoc, assemblés par mandement du Roi en la ville de Montpellier au mois de Novembre 1769.

Du Jeudi 4 Janvier 1770, président Mgr. l'archevêque de Toulouse.

MONSEIGNEUR l'évêque de Nîmes a dit, que les Etats ayant renouvellé, par leur délibération du 29

N°. XXXV. Décembre 1768, celle qu'ils avoient prise le 2 Janvier précédent, au sujet du projet des directeurs des travaux publics sur la maniere d'exécuter un canal de navigation depuis Beaucaire jusques à Aigues-mortes & le desséchement des marais, il fut délibéré qu'ils dresseroient dans le cours de l'année un devis des ouvrages dudit canal avec une estimation détaillée & séparée de ces mêmes ouvrages, ainsi que des martelieres & autres ouvrages proposés par eux pour parvenir audit desséchement.

Qu'en conséquence de cette délibération, ils se sont portés sur les lieux au mois de Juin dernier, & que, pendant le séjour qu'ils y ont fait, ils se sont occupés à connoître de la maniere la plus exacte la pente qu'il y a depuis les plus basses eaux du Rhône à Beaucaire jusques à celles de la mer à Aigues-mortes, ce qui n'a pu se faire que par des nivellemens réitérés qui leur ont donné à connoître que cette pente est de 12 pieds à compter de 14 pieds au-dessous de la surface du quai de la ville de Beaucaire vis-à-vis la porte du sieur Sucard : que cette pente a été divisée en trois parties à chacune desquelles ils ont placé une écluse dont la chute est de quatre pieds : qu'ils ont aussi déterminé des contre-canaux à droite & à gauche du canal de navigation, dont celui de la droite doit servir à recevoir les eaux qui, dans les tems des orages descendent des montagnes voisines, & les empêcher par ce moyen de tomber dans le canal, & le second à donner un écoulement aux eaux du Rhône après qu'elles auront été introduites dans les marais ; & qu'ils ont observé de tenir le canal sur le bord des marais du côté de la montagne, afin de laisser leur vaste étendue du côté du Rhône qui doit les rehausser par ses dépôts.

Qu'ils ont également imaginé divers ouvrages pour la prise d'eau à la ville de Beaucaire, dont les principaux sont deux bassins dont le premier en se vuidant par des aqueducs doit nettoyer l'entrée du canal & en relever les sables que le Rhône pourroit y déposer, & le second est destiné pour le commerce. N°. XXXV.

Qu'entre ces deux bassins ils ont placé une écluse pour la variation des eaux, qui doit servir à deux usages ; l'un à contenir lesdites eaux dans le premier bassin & les empêcher de verser dans le canal lorsqu'elles seront élevées au point auquel le Rhône n'est plus navigable ; & le second, pour que la navigation ne soit pas interrompue, lorsque ses eaux seront à une moindre hauteur : que pour mettre ledit canal à l'abri des grandes inondations de ce fleuve, dont les eaux se sont élevées en 1755 jusques à 21 pieds au-dessus des plus basses, outre la porte de défense qui est placée à l'entrée du canal, on pourra placer des vannes, suivant le besoin, au-dessus de cette porte : qu'à peu de distance il y en a une autre busquée dans le sens contraire pour contenir les eaux dans le premier bassin lorsqu'elles viendront à baisser dans le Rhône, & les y conserver jusques au moment qu'on voudra s'en servir pour nettoyer l'entrée du canal, comme on l'a expliqué ci-dessus.

Que tous ces ouvrages sont les mêmes que ceux que les directeurs avoient ci-devant proposé, à quelques changement près relatifs aux opérations qu'ils ont faites cette année, au moyen desquels ils paroissent être aujourd'hui dans leur entiere perfection.

Qu'ils se sont également occupés des ouvrages du desséchement des marais qui consistent 1°. dans des levées de ceinture qui les entourent & qui se réu-

N°. XXXV. nissent avec celles du contre-canal de la gauche pour ne faire qu'une même enceinte. 2°. Dans des martelieres placées aux chaussées du Rhône, au nombre de dix pour les marais supérieurs & douze pour les inférieurs : que ces martelieres doivent être à plusieurs vannes & relatives à la quantité d'eau qu'elles doivent introduire dans les marais : que ces eaux y seront portées par des rigoles qui se terminent auxdites levées de ceinture au-dessus desquelles elles doivent passer sur de petits ponts ; & qu'après y avoir fait leur dépôt elles s'échapperont dans le contre-canal par d'autres petites martelieres, d'où elles se rendront ensuite à la mer.

Que la situation du canal dont l'étendue est de dix lieues depuis Beaucaire jusqu'à son embouchure dans l'étang de Mauguio, exige que l'on détourne le cours du Vistre, & conséquemment celui du Rhony & de la Cubelle qui se jettent dans cette premiere riviere, & qu'on se propose de leur creuser un nouveau lit dans une certaine étendue jusques à leur embouchure dans la grande robine d'Aigues-mortes à Vireventre.

Qu'enfin on doit faire divers ponts, tant sur le canal que sur les contre-canaux, sur les rigoles & sur la riviere du Vistre, pour rétablir la communication ; & qu'on doit construire des logemens, tant pour le garde-écluse que pour les gardes-martelieres.

Que tous ces différens ouvrages dont on vient de parler sont exposés dans le plus grand détail dans le devis qui en a été dressé par les directeurs & dans les plans qu'ils ont remis ; que le devis contient non-seulement la maniere dont les ouvrages doivent être construits, mais encore l'ordre suivant lequel ils doivent être conduits, & qu'ils en font connoître la dépense qui se porte d'après le toisé estimatif qu'ils en ont fait, à la somme de 3,340,000 livres ; savoir, pour le canal 2,700,000 livres, pour le desséchement 460,000 livres, & pour le nouveau lit du Vistre 180,000 livres. N°. XXXV.

Que dans le cas où les Etats voudroient s'occuper dans ce moment de ce qui concerne le desséchement des marais, les directeurs ont cru devoir leur faire connoître en particulier quel seroit l'objet de la dépense du contre-canal de la gauche qui pourroit être fait dès aujourd'hui depuis Beaucaire jusques à la rencontre du lit actuel de la riviere du Vistre dans une étendue de sept lieues & demie, & qui contribueroit beaucoup à ce desséchement par l'écoulement des eaux des marais supérieurs, laquelle dépense se porte à la somme de 300,000 livres, y compris les ponts de communication.

Que MM. les commissaires ont ensuite été informés des démarches qui ont été faites par Mgr. l'archevêque de Narbonne & MM. les députés, auprès de M. d'Invau, contrôleur général, pour lui faire connoître l'utilité des deux grands ouvrages dont il vient d'être parlé, soit pour le bien du commerce par rapport au canal de navigation qu'on doit regarder comme la suite & la perfection du canal de communication des deux mers & de celui que les Etats ont fait construire à travers des étangs, soit aussi pour mettre en production une grande étendue de terrein aujourd'hui inculte ; & que la considération de ce double avantage que l'Etat partagera avec la province, devoit engager Sa Majesté à procurer aux Etats des secours qui pussent les déterminer à entreprendre sans témérité des ouvrages d'une aussi grande dépense.

Mais que les circonstances présentes n'ayant pas été assez favorables pour donner à des représentations aussi justes

N°. XXXV.

le ſuccès qu'on devoit deſirer, les Etats jugeront ſans doute à propos, en faiſant valoir les mêmes conſidérations auprès du nouveau miniſtre des finances, d'inſiſter pour obtenir par les voies qui paroîtront les plus convenables à la haute ſageſſe de Sa Majeſté & aux lumieres de ſon miniſtre, des ſecours qui puiſſent mettre la province en état de pourvoir au rembourſement des emprunts que l'exécution de ces grands ouvrages rendra indiſpenſables.

Qu'on ne peut pas en effet imaginer d'avoir recours à la voie de l'impoſition des ſommes qui ſeroient néceſſaires, tandis que les peuples ſont accablés par le poids des charges actuelles, ſurtout après l'engagement que les Etats ont pris depuis peu, ſur la demande de Sa Majeſté pour la continuation des ouvrages de la grande route de communication avec l'Auvergne, ce qui leur ôte, ainſi que l'aſſignation de l'abonnement des dons gratuits des villes ſur le prix de la ferme de l'équivalent, toute eſpérance de rien réſerver ſur le prix de cette ferme; & que ces réflexions ſur la néceſſité des ſecours à obtenir de Sa Majeſté ſont d'autant plus juſtes que la conſtruction du canal de navigation, quoique indépendante du deſſéchement, doit néanmoins attirer toute l'attention des Etats, comme étant la plus capable d'animer la culture des terres inondées en attirant de nouveaux habitans dans un pays qui ſera vivifié par le commerce.

De ſorte que dans ces circonſtances, MM. les commiſſaires ont cru devoir propoſer à l'aſſemblée de délibérer, 1°. de renouveller auprès de Sa Majeſté & du nouveau miniſtre des finances, les inſtances qui ont été déjà faites pour obtenir des ſecours proportionnés à la dépenſe de la double entrepriſe du canal de navigation & du deſſéchement, & à l'utilité qui doit en réſulter pour l'Etat & pour la province, & de charger ſpécialement MM. les députés de ſolliciter des ſecours, en ſuppliant Mgr. l'archevêque de Narbonne de vouloir bien appuyer leurs démarches de tout ſon crédit.

Et 2°. qu'attendu les nouvelles charges que les Etats ſe ſont déjà impoſées dans le cours de cette ſéance, en conſéquence des demandes de Sa Majeſté, & l'impoſſibilité d'entreprendre l'exécution deſdits ouvrages, ſans être aſſurés des reſſources néceſſaires pour le rembourſement des emprunts qu'il ſera inévitable de faire à cette occaſion, il ſera ſurſis à l'exécution deſdits ouvrages que les Etats ne ſauroient entreprendre ſans être aſſurés des reſſources qu'ils ont lieu d'attendre de l'attention favorable de Sa Majeſté pour tout ce qui peut contribuer au bien de l'agriculture & du commerce, qui méritent de ſa part une protection ſinguliere, & qui ſeuls ont pu déterminer les Etats à accepter la conceſſion qui leur a été faite par Sa Majeſté, qui auroit été inutile & ſans effet, comme l'expérience l'a fait voir, ſi elle étoit demeurée entre les mains des particuliers qui l'avoient précédemment obtenue.

Ce qui a été ainſi délibéré, conformément à l'avis de MM. les commiſſaires.

N°. XXXVI.

XXXVI.

ARRÊT

DU CONSEIL D'ETAT DU ROI,

Qui fixe un dernier délai, pendant lequel ceux qui prétendent avoir la propriété, usages ou autres droits sur les marais du bas Languedoc, seront tenus de remettre leurs titres de propriété & autres droits, après lequel ils sont déclarés déchus de tous droits sur lesdits marais.

Du 23 Septembre 1770.

EXTRAIT des Registres du Conseil d'Etat.

VU par le Roi, étant en son conseil, l'arrêt rendu en icelui le 12 Mai 1716, par lequel Sa Majesté a, entr'autres choses, ordonné que les propriétaires & usagers des marais, palus, étangs & terres inondées du bas Languedoc, depuis Beaucaire jusqu'à Aigues-mortes & à l'étang de Pérols, seroient tenus de représenter devant le feu sieur de Basville, pour lors intendant & commissaire départi pour l'exécution des ordres de Sa Majesté dans ladite province, les titres & pieces justificatives de leurs droits de propriété, pour être délivrés au feu sieur de Noailles, ou lui en être fourni des copies collationnées devant M. de Basville; L'arrêt du conseil & lettres-patentes du 7 Août 1746, contenant concession desdits marais & palus aux Etats de ladite province, en faveur duquel veut Sa Majesté que les arrêts rendus au profit du feu sieur duc de Noailles, soient exécutés; Les arrêts des 30 Août 1738, & 15 Novembre 1746, par lesquels Sa Majesté a renvoyé pardevant les commissaires y nommés, le jugement de toutes les contestations nées & à naître à raison de ladite concession des marais, propriété d'iceux, leurs circonstances & dépendances, pour y prononcer définitivement & en dernier ressort; Les jugemens rendus par lesdits commissaires, juges d'attribution, les 29 Août 1737, 8 Août 1741, & 19 Novembre 1768, portant que les propriétaires & usagers desdits marais remettroient, en exécution des arrêts du conseil dudit jour 12 Mai 1716, devant les commissaires y nommés, les titres & pieces justificatives de leurs droits de propriété, usages & facultés sur lesdits marais, dans les délais portés par ces jugemens, à peine d'être déclarés déchus de tous droits de propriété, usages & facultés sur lesdits marais, palus, étangs & terres inondées, faisant partie de la concession faite aux Etats: Sa Majesté étant informée, que malgré cet arrêt, & les jugemens qui en ont ordonné l'exécution, plusieurs de ceux qui prétendent à la propriété, usages & facultés sur lesdits marais, palus & étangs, parties dans l'instance sur le desséchement devant lesdits commissaires, juges d'attribution, sont en demeure de représenter leurs titres, & de remettre des copies collationnées au syndic général de ladite province, ainsi qu'il est porté par le jugement dudit jour 19 Novembre 1768; ce qui, en arrêtant le jugement de l'instance, suspend l'exécution des ouvrages du desséchement desdits marais, du canal de navigation qui doit y être construit, & porte un préjudice notable au bien & à l'avantage que l'état & les habitans de ladite province doivent en retirer: & Sa Majesté desirant de faire cesser les obstacles qui peuvent retarder l'exécution de ces ouvrages: Ouï le rapport du sieur abbé Terray, conseiller ordinaire, & au conseil royal, contrôleur général des finances; SA MAJESTÉ ÉTANT EN SON CON-

N°. XXIV. SEIL, a ordonné & ordonne que les arrêts rendus en icelui le 12 Mai 1716, ensemble le jugement rendu par lesdits sieurs commissaires juges d'attribution, le 19 Novembre 1768, sortiront à effet, & seront exécutés selon leur forme & teneur; & y ajoutant en tant que de besoin, veut & ordonne Sa Majesté que tous ceux qui prétendent avoir droit de propriété, usages ou facultés sur les marais, palus, étangs & terres inondées du bas Languedoc, depuis Beaucaire jusqu'à Aigues-mortes & à l'étang de Pérols, & qui n'ont pas satisfait à la remise de leurs titres ordonnée par ledit jugement, dans le délai porté par icelui, depuis les significations qui leur ont été faites, seront tenus de remettre dans un dernier délai, que Sa Majesté a bien voulu fixer à deux mois, sans espoir d'aucun autre, & sans que la présente disposition puisse être réputée comminatoire, pardevant celui desdits commissaires commis à cet effet par le susdit jugement du 19 Novembre 1768, ou à commettre, le cas y échéant, par un autre jugement de la commission, les titres & pieces justificatives de leurs droits de propriété, usages ou facultés sur lesdits marais, palus, étangs & terres inondées; sinon & faute de ce faire dans ledit délai, & icelui passé, en vertu du présent arrêt, & sans qu'il en soit besoin d'autre, a Sa Majesté déclaré & déclare lesdits prétendans droits aux marais, palus, étangs & terres inondées déchus de tous droits & prétentions sur iceux, sans qu'ils puissent en réclamer en aucun tems, leur imposant, après le délai échu, silence perpétuel, & leur interdisant toute action à ce sujet: Enjoint Sa Majesté auxdits sieurs commissaires juges d'attribution, de statuer sur les prétentions desdits prétendans droits, relativement au présent arrêt, sur lequel toutes lettres seront expédiées. Veut néanmoins Sa Majesté que le délai ci-dessus fixé, ne commencera à courir que du jour de la signification du présent arrêt, qui sera faite aux susdits prétendans droits auxdits marais, en personne ou domicile, ou au domicile de leurs procureurs dans ladite instance du desséchement. FAIT au conseil d'état du Roi, Sa Majesté y étant, tenu à Versailles le vingt-trois Septembre mil sept cent soixante-dix. *Signé*, PHELYPEAUX.

N°. XXXVI.

LES COMMISSAIRES NOMMÉS PAR les arrêts du conseil des 25 Novembre 1746, 11 Avril 1761 & 15 Novembre 1767, pour juger souverainement & en dernier ressort les contestations nées & à naître à raison de la concession des marais du bas Languedoc, depuis Beaucaire jusqu'à Aigues-mormortes & à Pérols, desséchement desdits marais, palus, étangs & terres inondées, construction du canal de navigation, leurs circonstances & dépendances.

VU l'arrêt du conseil, en date du 23 Septembe dernier: NOUS ORDONNONS que ledit arrêt sera exécuté suivant sa forme & teneur, & signifié à qui il appartiendra. FAIT à Montpellier le 15 Novembre mil sept cent soixante-dix. *Signé*, DE SAINT-PRIEST. JOUBERT. ROSSET. VASSAL. NADAL. ASSIER. Collationné. SOEFVE, Greffier en chef de la commission, *signé*.

Nº. XXXVII.

XXXVII.

EXTRAIT du regiſtre des délibérations des Etats généraux de Languedoc, aſſemblés par mandement du Roi en la ville de Montpellier au mois de Novembre 1770.

Du Jeudi 3 Janvier 1771, préſident Mgr. l'archevêque & primat de Narbonne.

MONSEIGNEUR l'évêque de Nîmes a dit, que par la délibération des Etats du 4 Janvier 1770, au ſujet du deſſéchement des marais il fut donné pouvoir aux ſyndics généraux de former devant MM. les commiſſaires juges d'attribution les demandes qu'ils eſtimeroient néceſſaires, ſoit pour parvenir à connoître quelques poſſeſſeurs des marais qu'on ne connoiſſoit pas encore, tels que ceux qui ont acquis de la ville de Beaucaire en 1671, les huit cent ſalmées des marais que le Roi Louis XIII avoit concédés à cette ville en 1632, ſoit pour faire procéder, s'il étoit néceſſaire, au bornage de certaines portions de marais qui ne l'ont pas encore été, ſoit enfin pour obliger toutes les parties qui ſont en demeure de fournir la déclaration des tenemens qu'elles poſſedent en marais & de leurs confronts, à ſatisfaire au jugement du 19 Novembre 1768 qui l'ordonne, & demander que faute par ces parties de le faire, il ſoit permis de faire prendre ces renſeignemens à leurs frais & dépens.

Que les ſyndics généraux furent auſſi chargés, après tous ces préalables, de pourſuivre l'autoriſation de la procédure faite devant M. de Roſſet, commiſſaire, ſur la remiſe des titres, en reconnoiſſant la validité de ceux qu'on peut regarder comme établiſſant la propriété ou les droits d'uſage, & celle des actes poſſeſſoires, en ſe conformant aux principes établis dans la conſultation donnée ſur l'examen des mêmes titres, les Etats s'en rapportant au ſurplus aux concluſions & réquiſitions du procureur du Roi en la commiſſion, & à ce qui ſeroit décidé par MM. les commiſſaires juges d'attribution.

Enfin, que quant à ce qui concerne les indemnités à régler avec les parties qui auroient ſuffiſamment juſtifié de leurs droits, comme cet objet préſente des difficultés de plus d'une eſpece, ſoit en la forme, ſoit au fonds, les Etats qui ne cherchent qu'à concilier les intérêts des propriétaires ou uſagers avec le bien général, deſirant auſſi chercher la voie la plus aſſurée d'y parvenir, ils crurent devoir ſuſpendre toute détermination juſqu'à ce qu'ils euſſent pris de plus grands éclairciſſemens.

Qu'en exécution de cette délibération, le ſyndic général a préſenté une premiere requête le 9 Juin dernier, pour mettre le procès en regle, ſoit de la part de quelques parties qui n'avoient pas encore remis leurs titres, ſoit de la part de quelques autres qui les ayant remis, n'avoient pas juſtifié qu'elles fuſſent aux droits de ceux qu'elles prétendoient repréſenter, ſoit auſſi de la part de ceux qui n'avoient pas déclaré les tenemens en marais dont elles jouiſſent, ni les confronts deſdits tenemens.

Qu'on n'entrera pas dans le détail de ces demandes qui ſont rappellées dans un mémoire dreſſé à cet effet, & qu'on ſe contentera de parler de la prétention élevée par M. le grand-prieur de Saint-Gilles & MM. les commandeurs de Malte, de n'être pas obligés de déclarer les tenemens en marais dont ils jouiſſent ni les juſtices dans leſquelles ils ſont ſitués, attendu les procédures qu'ils ont remiſes d'arpentemens de leurs entieres commanderies, au moyen de quoi ils prétendent avoir ſatisfait

No. XXVII. fait au jugement du 19 Novembre 1768, ajoutant que s'il y a d'autres éclaircissemens à donner, c'est au syndic général à les prendre ainsi qu'il avisera, & qu'ils soutiennent aussi n'être point obligés de remettre de titres de propriété, le parlement de Paris & le grand conseil l'ayant ainsi jugé, selon eux, par les arrêts que ces deux tribunaux ont rendus & qu'ils ont fait communiquer.

Que la requête de ces parties ayant été signifiée le 9 Novembre dernier au syndic général, il y répondit par une autre du lendemain, dans laquelle il a fait voir que les arrêts opposés par l'ordre de Malte n'avoient point de rapport à la remise de ses titres de propriété, mais seulement aux hommages que chaque commandeur en particulier étoit dispensé de rendre au moyen de ceux qui étoient rendus par les grands-prieurs, chacun pour leur grand-prieuré : que d'ailleurs ces arrêts n'étant point rendus avec Sa Majesté, ne pouvoient être opposés aux Etats qui en exerçoient les droits : que les actes possessoires par eux remis ne pouvoient avoir leur effet qu'au cas que les marais dont ils jouissent seroient situés dans les justices des seigneurs à l'égard desquels la prescription peut avoir lieu ; qu'enfin le jugement du 19 Décembre 1768 ayant été rendu contradictoirement avec l'ordre de Malte, & le délai pour en réclamer étant passé, il devoit avoir son entiere éxécution à son égard.

Que d'un autre côté, l'arrêt du conseil que les Etats avoient délibéré de solliciter, à l'effet de fixer un dernier délai pour la représentation des titres, a été rendu dans le mois de Septembre dernier, & qu'il fixe ce délai à deux mois à compter du jour de la signification qui en sera faite aux parties ; passé lequel délai celles qui n'y auront pas satisfait n'y seront pas reçues, & que cet arrêt a été signifié au petit nombre de celles qui sont dans ce cas. No. XXXVII.

Que dans le cours des diligences faites par le syndic général pour mettre ce grand procès en regle avec toutes les parties intéressées, il a aussi pris dans une requête, présentée à cet effet le 22 Septembre dernier, des conclusions définitives sur la validité des titres qui ont été rapportés, en distinguant.

1°. Les parties qui ont justifié avoir la haute justice & conséquemment la propriété des marais dans leur étendue.

2°. Celles qui, sans avoir la justice, ont rapporté les actes de propriété ou d'une possession ancienne des marais dans l'étendue des justices des seigneurs, laquelle possession leur en assure la propriété.

3°. Les communautés qui ont justifié des droits d'usage dans les marais relativement aux actes qu'elles ont rapportés, ou qui y ont un simple droit de dépaissance en vertu du traité fait avec le Roi Henri II & les Etats en 1555, dans le cas où elles sont situées dans la justice du Roi.

4°. Enfin les corps & particuliers qui sont dans le cas d'avoir le droit de dépaissance dans certaines portions des marais.

Que les requêtes qui ont été présentées pour mettre le procès en regle sur les différens préalables qui ont été indiqués, ont été remises au procureur du Roi en la commission, & qu'elles ne tarderont pas à être jugées.

Qu'il restera ensuite à prononcer sur la validité des titres remis par les parties, & sur la prétention de l'ordre de Malte, de n'être pas tenu d'en représenter d'autres que les procès-verbaux d'arpentement qui ont été produits ; & qu'il y sera statué dans le cours de l'année 1771.

Qu'il sera alors nécessaire de pren-

No. XXXVII. dre un parti sur la maniere de régler les indemnités & d'y pourvoir ; & que cet article est sans doute le plus important & le plus difficile.

Mais qu'en attendant, rien ne paroît devoir différer l'exécution du canal de navigation qui est indépendant de l'objet des indemnités relatives au desséchement, & pour lequel celles qui seront dues pour les terres qui formeront son emplacement, seront réglées comme pour tous les ouvrages publics.

Que l'unique chose qui puisse en suspendre l'exécution, est la nécessité de se procurer des fonds pour payer les intérêts de l'emprunt qu'on ne pourra éviter de faire, & successivement les capitaux, & qu'on ne peut se dispenser conséquemment de prier Mgr. l'archevêque de Narbonne & MM. les députés de vouloir bien traiter cet objet vraiment important, même pour l'état, avec M. le contrôleur général, qui est déjà prévenu sur l'utilité & le montant de la dépense de ce grand ouvrage.

Que par ces considérations MM. les commissaires se sont déterminés à proposer à l'assemblée de délibérer.

1°. D'accélérer autant qu'il sera possible, le jugement des commissaires juges d'attribution, tant sur ce qui a rapport à l'ordre de la procédure, que sur la validité des titres qui ont été produits ; à l'effet de connoître & de déterminer l'objet du don fait aux Etats par Sa Majesté.

2°. De charger de nouveau MM. les commissaires des travaux publics de s'occuper pendant l'année des moyens de regler les indemnités qui seront dues aux propriétaires, & usagers des marais, relativement aux droits dans lesquels ils auront été maintenus en vertu des titres par eux rapportés, pour en être rendu compte aux Etats dans leur prochaine assemblée.

3°. Attendu les avantages qui doivent résulter en particulier du canal de navigation, & qui doivent faire desirer d'en accélérer l'exécution, de prier Mgr. l'archevêque de Narbonne & MM. les députés de solliciter auprès de M. le contrôleur général les ressources qui sont nécessaires pour mettre la province en état de payer les intérêts des emprunts qui seront faits pour les ouvrages de ce canal, & successivement les capitaux des mêmes emprunts ; & cependant de faire procéder à l'estimation des terres qui doivent servir à l'emplacement dudit canal, à laquelle estimation il sera procédé en la forme accoutumée pour les ouvrages publics. No. XXXVII.

4°. De les prier aussi de représenter à ce ministre l'objet de l'utilité générale qui doit résulter du desséchement des marais, comme un motif capable de déterminer Sa Majesté à accorder sa protection & ses secours en faveur d'une entreprise aussi étendue qui a été jusques ici inutilement tentée, & qui ne peut être utilement exécutée que par les Etats.

5°. Enfin que les frais des jugemens de MM. les commissaires juges d'attribution qui seront rendus pendant le cours de l'année 1771 & autres, s'il y en a, relatifs au desséchement des marais & au canal de navigation, seront payés sur les ordres de Mgr. l'archevêque de Narbonne.

Ce qui a été ainsi délibéré, sur tous les chefs, conformément à l'avis de MM. les commissaires.

XXXVIII.

Extrait du registre des délibérations des Etats généraux de Languedoc, assemblés par mandement du Roi en la ville de Montpellier au mois d'Octobre 1771.

N°. XXVIII. Du Samedi 30 Novembre suivant, président Mgr. l'archevêque & primat de Narbonne.

MONSEIGNEUR l'évêque de Nîmes a dit, que par la délibération prise par les Etats du 3 Janvier dernier au sujet du desséchement des marais, il fut déterminé, 1°. d'accélérer le jugement des contestations pendantes devant MM. les commissaires juges d'attribution, tant sur l'ordre de la procédure, que sur la validité des titres produits par les parties qui prétendent avoir la propriété ou des usages sur les marais, à l'effet de connoître & de déterminer l'objet du don qui a été fait aux Etats par Sa Majesté.

2°. De charger de nouveau MM. les commissaires des travaux publics de s'occuper pendant l'année des moyens de régler les indemnités qui seroient dues aux propriétaires & usagers des marais, relativement aux droits dans lesquels ils auroient été maintenus, en vertu de leurs titres, pour en être rendu compte à la présente assemblée des Etats.

3°. De prier Mgr. l'archevêque de Narbonne & MM. les députés à la cour de solliciter auprès de M. le contrôleur général les ressources nécessaires pour mettre la province en état de payer les intérêts des emprunts qui seront faits pour les ouvrages du canal de navigation, & successivement les capitaux des mêmes emprunts.

4°. De les prier aussi de représenter à ce ministre l'objet de l'utilité générale qui doit résulter du desséchement des marais, comme un motif capable de déterminer Sa Majesté à accorder sa protection & ses secours à une entreprise aussi étendue qui a été jusques ici inutilement tentée, & qui ne peut être utilement exécutée que par les Etats.

Enfin que les frais des jugemens & autres qui seroient faits pendant l'année 1771 pour ces différens objets, seront payés sur les ordres de Mgr. l'archevêque de Narbonne. N°. XXXVIII.

Que, suivant le compte qui en a été rendu par le sieur de Joubert, syndic général, il a fait appeller dans l'instance, dès le mois de Janvier 1771, vingt-six particuliers indiqués par les consuls de Beaucaire, comme étant les possesseurs des 800 salmées de marais concédées par le Roi Louis XIII à cette communauté en 1632, en faveur desquels ladite communauté aliéna cette même contenance en 1671.

Que ces nouvelles parties se sont toutes présentées; que les autres se disposent à le faire; que celles qui ont remis ont chacune donné des requêtes pour demander d'être maintenues dans la propriété qu'elles ont établie; & que lorsque celles qui restent auront satisfait, ce qui ne sauroit tarder si leur propriété est bien établie, la question se réduira, comme à l'égard de toutes les autres, à la maniere de pourvoir à leur dédommagement.

Que d'un autre côté, sur les soixante-sept parties qui, dès l'introduction de l'instance, étoient dans la cause, les commandeurs de l'ordre de Malte & quelques autres en petit nombre, n'ont pas encore remis les titres de propriété des marais sur lesquels ils prétendent des droits, & que les commandeurs s'étant bornés à représenter de simples actes de possession, sans vouloir même déclarer leurs tenemens en marais & leurs confronts, le syndic général n'a rien oublié, en se conformant aux vues des Etats, pour faire mettre les parties en regle.

Que sans entrer dans le détail des dispositions des jugemens qui ont été poursuivis à ce sujet par le syndic général dans le cours de l'année, il est vrai de dire, à proprement parler,

N°. XXVIII.

qu'on est parvenu à obliger toutes les parties de l'instance à remettre les titres de leurs propriétés ou des autres droits qu'elles ont sur les marais & étangs concédés aux Etats.

Qu'il ne reste donc que deux choses à faire dans l'ordre de la procédure ; la premiere, de faire statuer sur le jugement des titres qui ont été représentés, ce qui sera bientôt en état d'être jugé, puisque les productions, & pieces des parties qui ont été fournies, ont été déjà remises au procureur du Roi en la commission qui s'en instruit pour donner ses conclusions.

Et la seconde, de pourvoir, lorsque les questions sur la propriété auront été jugées, aux conclusions à prendre sur les indemnités ou dédommagemens, objet qui paroît le plus difficile à remplir, & sur lequel les Etats se réserverent par leur délibération du 2 Janvier 1768 de déterminer celles qui leur paroîtroient convenables, après un examen plus particulier & après avoir acquis de nouvelles connoissances.

Qu'il auroit été difficile de s'occuper de ce qu'il convenoit de faire sur ces indemnités ou dédommagemens jusqu'à ce que les titres établissant les propriétés & les facultés sur les marais, eussent été représentés, ces dédommagemens ne pouvant être dûs, qu'à ceux qui auroient valablement constaté leurs droits.

Mais que quoiqu'il n'ait pas encore été prononcé sur les questions de propriété, comme les Etats la reconnoissent à l'égard du très-grand nombre des parties de l'instance, suivant la requête par eux présentée le 22 Septembre 1770, & celles que le syndic général doit donner sur les titres, qui ont été remis depuis par différentes parties, il paroit qu'on ne doit pas différer de prendre un parti sur ce sujet, & que, pour être en état de le faire, on doit commencer par se rappeller les dispositions des lettres-patentes qui contiennent les concessions des marais faite à M. de Noailles en 1701, & ce qui a été fait tant par lui que par les subrogés à ses droits.

Que ces lettres-patentes mettent pour condition expresse de la concession qu'elles renferment, de dédommager les propriétaires de gré à gré, ou à dire d'experts qui seront convenus ou nommés d'office par les commissaires députés à cet effet, & que celles qui renouvellerent la même concession en faveur des Etats en 1746, portent par exprès que c'est aux mêmes clauses & conditions.

Que M. de Noailles traita avec un petit nombre de parties, mais que le desséchement & le canal de navigation n'ayant eu aucun effet, ces traités n'en eurent aucun aussi, & que M. le duc de Noailles son fils, ayant traité en 1719 avec quelques autres parties, ces démarches n'eurent aucune suite par la même raison.

Que les subrogés à leur droit en 1738 obtinrent le 9 Décembre un arrêt du conseil qui portoit, que les parties intéressées dont les indemnités n'avoient pas été réglées en 1701, formeroient leurs demandes en dédommagement, ou recevroient les offres qui leur seroient faites, & qu'en cas de contestation, elles seroient jugées par les commissaires qui avoient été nommés, lequel arrêt a été déclaré commun avec les Etats.

Qu'ainsi, en suivant la loi établie dans l'origine & dans la suite de cette grande affaire, & qui a été observée par M. de Noailles & par les subrogés à ses droits, il faudroit aujourd'hui, 1°. exécuter les conditions réglées en 1701, si les parties avec lesquelles elles ont été faites étoient dans le dessein de les tenir ; 2°. avoir recours aux

N°. XXXVIII.

commissaires pour obliger les parties auxquelles les subrogés ont fait des offres, à s'expliquer sur ce qu'elles contiennent, & 3°. sommer les parties qui depuis ont été mises en cause de former leur demande ou de recevoir les offres qui leur seroient faites.

Que le syndic général a déjà observé lors des précédéntes délibérations, que les offres qui avoient été faites, consistoient à laisser aux propriétaires & usagers la sixieme, dixieme, ou douzieme partie de leurs marais desséchés, suivant leur situation & leur étendue, qui en rendoient le desséchement plus ou moins avantageux & plus ou moins facile, sans qu'ils fussent tenus de contribuer à aucuns frais, en accordant même à ceux qui seroient à portée du canal de navigation, la faculté d'en prendre l'eau pour l'arrosage des terreins réservés ou pour abreuver les bestiaux.

Que la crainte de voir multiplier les contestations qui s'éleveroient sur ces offres & le desir de les prévenir, a fait déjà proposer aux Etats de laisser à chaque possesseur qui auroit justifié de sa propriété, l'avantage de jouir de l'effet du desséchement de ses possessions, en les faisant contribuer aux frais du desséchement, à proportion de son entiere contenance en marais, & de l'avantage qu'il en retireroit, suivant une espece d'allivrement de la totalité des marais à dessécher dans l'étendue du bornage qui en a été fait.

Que cet arrangement avoit l'avantage de ne rien présenter d'arbitraire, qu'il ménageoit les droits de la propriété au point de la laisser toute entiere à ceux qui en auroient justifié, & qu'il étoit en même tems conforme à la justice, au moyen d'une contribution proportionnée à l'utilité de chaque propriétaire.

Mais que l'impossibilité de déterminer l'objet total de cette contribution & sa durée qu'après le desséchement fini, & la difficulté d'exécuter un pareil recouvrement, ne permirent pas d'adopter cette idée.

Qu'il a donc paru naturel d'en venir à une forme de contribution qui, en conservant l'avantage de ne rien avoir d'arbitraire, pût être regardée comme une compensation des frais du desséchement, & le prix des avantages qu'il assure aux propriétaires.

Mais que pour y parvenir il paroît indispensable de déterminer une juste proportion entre les différentes parties des marais, eu égard à leur état actuel & eu égard aussi aux avantages qu'elles doivent retirer du desséchement & aux ouvrages plus ou moins considérables à faire pour son exécution.

Que l'expérience de l'inutilité des offres faites par M. de Noailles & ses subrogés, inutilité qui résulte nécessairement de ce qu'elles doivent être ou convenues avec les parties ou réglées par les commissaires juges d'attribution, qui ne peuvent les déterminer que d'après les connoissances qu'ils auront prises par des experts, forme une espece de démonstration, qu'en suivant la même route on ne parviendra jamais à fixer l'objet des dédommagemens, qui forme cependant un préalable à l'exécution de l'entreprise.

Et que dès-lors rien ne paroît plus conforme aux vues du gouvernement & aux principes d'une sage administration, que de faire connoître à Sa Majesté l'impossibilité de parvenir en la forme qui a été indiquée par les lettres-patentes de 1701, au dédommagement des propriétaires des marais à dessécher, & de la supplier en conséquence de vouloir bien faire procéder en la forme qu'elle jugera convenable & par telles personnes qu'elle

N°. XXXVIII. croira devoir commettre, à l'estimation des portions de marais à dessécher comprises dans le bornage qui aura été fait, eu égard à leur situation & à leur état actuel, comme aussi à l'estimation des mêmes portions de marais, eu égard aux avantages qui doivent résulter du desséchement & aux ouvrages plus ou moins considérables à faire pour y parvenir, à l'effet par Sa Majesté de déterminer elle-même la proportion qui doit servir de regle pour les indemnités desdites propriétés & usages.

Que MM. les commissaires se sont ensuite occupés de ce qui regarde le canal de navigation, & que les Etats se trouvant assurés du fonds annuel de 150,000 livres sur la crue du sel pour l'exécution des ouvrages de ce canal, laquelle somme doit servir au payement des intérêts des emprunts qu'ils feront à cette occasion, & au remboursement des capitaux, ils doivent s'occuper des moyens d'en accélérer l'exécution, lorsque l'arrêt du conseil que les Etats ont délibéré de poursuivre, aura assuré le payement annuel & la destination de cette somme pour être employée, suivant les usages observés par la province, à l'égard des autres ouvrages publics.

Qu'il paroît en conséquence que pour y parvenir, il faudroit partager ce grand ouvrage en différentes parties, dont il seroit fait des adjudications particulieres, en commençant par celles qui paroîtroient les plus pressées & plus propres à en assurer le succès, & que comme le devis en a été dressé dans sa totalité, il sera aisé de le diviser en autant de parties qu'on aura cru devoir diviser les ouvrages.

Sur quoi il a été délibéré, 1°. d'approuver ce qui a été fait dans le cours de l'année pour achever de mettre en regle ce qui regarde la remise des titres de propriété ou d'usages sur les marais, & les déclarations de ceux qui en sont propriétaires ou usagers, des tenemens qu'ils possedent en marais & de leurs confronts, en conformité des jugemens qui l'ont ainsi ordonné, comme aussi de poursuivre le jugement définitif de MM. les commissaires juges d'attribution sur la validité desdits titres. N°. XXXVIII.

2°. De supplier Sa Majesté, attendu l'impossibilité de parvenir en la forme qui a été indiquée par les lettres-patentes de 1701 & de 1702, au dédommagement des propriétaires ou usagers des marais, qu'elle veuille bien ordonner qu'il sera procédé, en la forme qu'elle jugera à propos de prescrire & par telles personnes qu'elle croira devoir commettre, à l'estimation des portions des marais à dessécher comprises dans le bornage qui en a été fait eu égard à leur situation & état actuel; comme aussi à l'estimation des mêmes portions des marais, eu égard aux avantages qui doivent résulter du desséchement, & aux ouvrages plus ou moins considérables à faire pour y parvenir, à l'effet de déterminer ensuite elle-même la proportion qui devra servir de regle pour lesdites indemnités.

3°. Que lorsque l'arrêt du conseil que les Etats ont délibéré de poursuivre, aura assuré le payement annuel & la destination de la somme de cent cinquante mille livres, sur le produit de la crue du sel, pour être employée à la construction du canal de navigation, suivant les usages observés par la province à l'égard des autres ouvrages publics, il sera procédé par MM. les commissaires qui seront nommés pour la direction des travaux publics à la division des différentes parties des ouvrages dudit canal, à l'effet d'être passé des baux & adjudications particulieres de celles dont l'exécution paroîtra plus pressée & plus propre à

N°. XXXVIII. assurer le succès de ce grand ouvrage, auquel effet le devis qui en a été dressé pour leur totalité, sera divisé en autant de parties qu'on aura cru devoir diviser les ouvrages.

4°. Enfin qu'il sera pourvu sur les ordres de Mgr. l'archevêque de Narbonne, au payement des frais des jugemens qui seront rendus & autres frais à faire, relatifs au desséchement des marais & au canal de navigation.

XXXIX.

EXTRAIT du registre des délibérations des Etats généraux de Languedoc, assemblés par mandement du Roi en la ville de Montpellier au mois de Novembre 1772.

Du Samedi 12 Décembre suivant, président Mgr. l'archevêque & primat de Narbonne.

MONSEIGNEUR l'évêque de Nîmes a dit, que par la délibération qui fut prise au sujet du desséchement le 30 Novembre 1771, il fut déterminé, 1°. en approuvant ce qui avoit été fait dans le cours de l'année pour achever de mettre en regle ce qui concerne la remise des titres de propriété ou d'usages sur les marais, de poursuivre le jugement définitif de MM. les commissaires juges d'attribution sur la validité des titres remis ou à remettre.

2°. De supplier Sa Majesté, attendu l'impossibilité de parvenir en la forme indiquée par les lettres-patentes de 1701 & de 1702, au dédommagement des propriétaires & usagers des marais, d'ordonner qu'il sera procédé en la forme qu'elle jugera à propos de prescrire & par telles personnes qu'elle croira devoir commettre, à l'estimation des portions des marais à dessécher, comprises dans le bornage qui en a été fait, eu égard à leur situation & état actuel, ainsi qu'à l'estimation des mêmes portions des marais, eu égard aux avantages qui doivent résulter du desséchement, & aux ouvrages plus ou moins considérables à faire pour y parvenir, à l'effet de déterminer ensuite elle-même la proportion qui devra servir de regle pour lesdites indemnités ou dédommagemens. N°. XXXIX.

3°. Que lorsque l'arrêt du conseil que les Etats ont délibéré de poursuivre le 26 Novembre 1771, auroit assuré le payement annuel & la destination de la somme de cent cinquante mille livres sur le produit de la crue du sel, pour être employée à la construction du canal de navigation, suivant les usages observés par la province à l'égard des autres ouvrages publics, il seroit procédé par MM. les commissaires qui seroient nommés pour la direction des travaux publics, à la division des différentes parties des ouvrages du canal, à l'effet d'être passé des baux & adjudications particulieres de celles dont l'exécution paroîtra plus pressée, & plus propre à assurer le succès de ce grand ouvrage; auquel effet le devis qui en avoit été dressé pour la totalité, seroit divisé en autant de parties qu'on aura cru devoir diviser les ouvrages.

Enfin qu'il seroit pourvu sur les ordres de Mgr. l'archevêque de Narbonne au payement des frais, des jugemens qui seront rendus & autres frais à faire relativement au desséchement des marais & au canal de navigation.

Qu'en exécution de cette délibération, il a été fait à la requête du syndic général les diligences nécessaires pour obliger ceux des propriétaires des marais qui étoient en demeure de remettre leurs titres de propriété devant le commissaire à ce député, de se mettre en regle, & qu'ils l'ont tous fait, à l'exception seulement de MM. les commandeurs de Malte qui sont parties

No. XXIX. dans l'instance, lesquels n'ayant représenté que des actes de possession, s'obstinent à soutenir qu'ils ne sont point tenus de remettre d'autres actes pour prouver leur propriété : que le syndic général qui soutient le contraire, d'après les arrêts du conseil & les jugemens de la commission, a consenti qu'il leur fût accordé un dernier délai d'un mois pour la représentation des titres de propriété & la remise des copies ; mais qu'il a conclu en même-tems à ce que faute de cette remise dans ce délai, ils fussent déchus de toute propriété sur les marais, conformément à l'arrêt du conseil du 22 Septembre 1770, qui a été signifié à toutes les parties de l'instance.

Qu'il paroît d'un autre côté que l'ordre de Malte ne cherche qu'à rendre inutiles les dispositions des arrêts du conseil concernant l'attribution faite par Sa Majesté aux commissaires qu'elle a établis pour décider les contestations nées & à naître à raison du desséchement des marais ; en formant des conflits qui ne tendent qu'à perpétuer les contestations, quoique Sa Majesté ait eu en vue d'en accélérer le jugement autant qu'il sera possible.

Que M. le grand-prieur de Saint-Gilles est en contestation depuis plusieurs années avec la communauté de Vauvert, sur des usages prétendus par cette communauté sur un tenement en marais compris dans la concession faite aux Etats ; que ces contestations ayant été portées par lui d'abord au grand conseil, & ensuite au parlement de Paris, qui a été subrogé à ce tribunal, la communauté de Vauvert demanda, en vertu de l'arrêt du conseil du 13 Juillet 1769, qui contient une ampliation de pouvoir à la commission, l'évocation de l'instance & fit assigner devant elle M. le grand-prieur.

Que malgré la compétence la mieux établie, il déclina sa jurisdiction, & qu'ayant été débouté de son déclinatoire, il a réclamé de ce jugement en obtenant des lettres en réglement des juges, en vertu desquelles le syndic général a été assigné au conseil de Sa Majesté ; qu'il y a fait voir la nécessité de maintenir la compétence des commissaires juges d'attribution, & que l'intérêt des Etats qui ne peut être séparé dans le fait présent de celui du public, exige qu'on sollicite avec instance le jugement de ce conflit dans lequel le sieur grand-prieur ne sauroit avoir l'avantage. No. XXXIX.

Que cependant le syndic général a discuté tous les titres nouvellement représentés pendant le cours de cette année ; qu'après l'examen le plus scrupuleux, il en a reconnu la légitimité dans une requête qu'il a présentée le 10 Juillet 1772 ; qu'il a consenti à la maintenue dans la propriété en faveur des parties y dénommées ; qu'il discute dans la même requête les prétentions des communautés de Beaucaire, d'Aigues-mortes & de Lunel qui réclament des propriétés sur les marais dans l'étendue de leurs terroirs, tandis qu'elles n'ont que de simples facultés ; & qu'il y a pareillement discuté les prétentions des inféodataires du monastere de la Visitation Sainte-Marie de Montpellier, qui réclament la propriété de presque tous les marais de la baronnie de Lunel, quoiqu'il résulte de leurs titres qu'ils n'ont que des facultés.

Que toutes les parties de l'instance, au nombre de quatre-vingt-trois, ayant remis leurs productions, le procès a été remis au procureur général en la commission qui a donné ses conclusions, & ensuite au rapporteur qui en a dû commencer le rapport ; qu'il auroit déja achevé, si sa santé le lui avoit permis.

Que MM. les députés à la cour & le syndic général ont cependant obtenu,

N°. XXXIX. nu, comme l'assemblée en est déjà instruite, un arrêt du conseil qui assure le payement de la remise annuelle de cent cinquante mille livres à commencer de la présente année sur le produit de la crue du sel.

Qu'ils en ont aussi obtenu un autre pour régler la forme en laquelle il sera procédé à l'estimation des marais qui ont été bornés, eu égard à leur état actuel & à leur valeur après le dessèchement, conformément à la susdite délibération du 30 Novembre 1771, lequel arrêt contient aussi les dispositions les plus propres à rendre cette estimation contradictoire avec les parties intéressées, & en même-tems définitive, de maniere que rien ne puisse retarder le réglement que Sa Majesté doit faire en conséquence de la délibération qui aura été prise par les Etats, sur la proportion qui devra servir de regle pour déterminer les indemnités qui seront dues à raison des propriétés & usages dont les titres auront été reconnus & admis par le jugement des commissaires juges d'attribution.

Qu'au moyen de ces deux arrêts, MM. les commissaires qui seront nommés pour les travaux publics, pourront en vertu du pouvoir qui leur en sera donné, exécuter la délibération qui avoit été déjà prise l'année derniere pour passer les baux des différens ouvrages du canal de navigation, en les divisant en autant de parties qu'il sera jugé nécessaire, & en commençant par celles qui pourront paroître plus pressées.

Qu'il pourra être aussi procédé, dans le cours de l'année, à l'estimation des terreins qui composent les marais, dont le bornage a été fait, de maniere que la procédure des experts qui auront été nommés pour cette estimation puisse être rapportée aux Etats dans leur prochaine assemblée.

Que MM. les commissaires ont été d'avis en conséquence de proposer à l'assemblée de délibérer, 1°. d'approuver ce qui a été fait dans le cours de l'année pour mettre MM. les commissaires juges d'attribution, en état de rendre un jugement définitif sur la validité des titres de propriété ou d'usages qui ont été remis en la forme prescrite à cet égard; comme aussi d'approuver les conclusions qui ont été prises à l'égard de l'ordre de Malte, soit pour ce qui concerne la représentation de ses titres de propriété, soit par rapport au conflit formé par M. le grand-prieur de Saint-Gilles. N°. XXXIX.

2°. De poursuivre le jugement définitif de MM. les commissaires juges d'attribution, sur la validité des susdits titres, de le faire signifier à toutes les parties intéressées, & de faire toutes les diligences nécessaires pour son exécution, à l'égard des chefs sur lesquels il ne seroit pas définitif; comme aussi pour l'entiere exécution de l'arrêt du conseil du 13 du mois passé, concernant l'estimation qui doit être faite en la forme prescrite par ledit arrêt, des terreins en marais, compris dans le bornage qui en a été fait; de maniere que ladite estimation & la procédure à laquelle elle aura donné lieu puissent être rapportées aux Etats dans leur prochaine assemblée, à l'effet d'y être par eux délibéré, & que Sa Majesté puisse être ensuite suppliée de vouloir bien statuer sur la proportion qui devra servir de regle pour les indemnités qui se trouveront légitimement dues.

3°. Qu'attendu l'arrêt du conseil du 7 Août dernier, qui assure la remise de cent cinquante mille livres sur le produit de la crue du sel à commencer de la présente année pour être employée aux ouvrages du canal de navigation de Beaucaire à Aigues-mortes, & au dessèchement des marais dans la même

N°. XXXIX. étendue, il sera procédé par MM. les commissaires qui seront nommés pour la direction des travaux publics, à la division des différentes parties des ouvrages dudit canal, à l'effet d'être passé des baux & adjudications séparées de celles dont l'exécution paroîtra plus pressée; auquel effet le devis qui en a été dressé pour leur totalité sera divisé en autant de parties qu'on aura cru devoir diviser les ouvrages, & d'autoriser les syndics généraux à emprunter, jusqu'à concurrence de trois millions, les sommes qui seront nécessaires à proportion de l'avancement des ouvrages & de la nécessité de pourvoir à leur payement.

4°. Enfin qu'il sera pourvu sur les ordres de Mgr. l'archevêque de Narbonne au payement des frais du jugement qui doit être rendu sur la validité des titres de propriété & d'usages qui ont été représentés, & des autres jugemens qui pourront l'être dans le cours de l'année prochaine, comme aussi des frais à faire, nommément pour la procédure d'estimation ordonnée par l'arrêt du conseil du 13 du mois passé, & autres frais relatifs au desséchement des marais & au canal de navigation.

Ce qui a été ainsi délibéré, conformément à l'avis de MM. les commissaires.

X L.

REQUÊTE

A Nosseigneurs les Commissaires *nommés par arrêt du Conseil pour juger souverainement & en dernier ressort, les contestations à raison du desséchement des marais du bas Languedoc, & de la construction du canal de navigation.*

Supplie humblement le syndic général de la province de Languedoc; & vous remontre, Nosseigneurs, que sur les contestations pendantes devant vous, entre le suppliant & ceux qui prétendent à la propriété, à des usages ou facultés sur les marais, vous avez rendu un jugement le 19 Novembre 1768, qui déclare, 1°. les défauts obtenus contre les héritiers de Chabaud, ceux d'Elie Peyrie, ceux de l'abbé Leblon, les consuls de Saint-Just, ceux de Saturargues & de Villetelle; les héritiers de la dame de Beaurepaire, ceux du sieur de Saint-Cosme, ceux de Joly, & le prévôt de l'église cathédrale de Nîmes, bien & duement obtenus; & comme les héritiers de Chabaud, ceux du sieur de Saint-Cosme, les consuls de Saturargues, & le prévôt de l'église de Nîmes, s'étoient présentés & avoient fourni des défenses depuis ces défauts; que d'ailleurs les consuls de Vauvert, comme fermiers à locaterie perpétuelle du marais appartenant aux héritiers de Joly, avoient fourni des défenses pour eux, le même jugement déclare n'y avoir lieu de prononcer sur l'utilité des défauts pris contre ces dernieres parties; & faisant droit sur l'utilité de ceux pris contre les héritiers de Peyrie, ceux de l'abbé Leblon, ceux de la dame de Beaurepaire, les consuls de Villetelle & ceux de Saint-Just, sans avoir égard aux fins de non-valoir du grand-prieur de Malte, au prieuré de Saint-Gilles, du commandeur de Montpellier, & autres commandeurs dudit ordre, parties dans l'instance, ayant égard aux fins de non-recevoir du suppliant, & quant à ce, à ses requêtes, déboute lesdits grand-prieur & commandeurs, de leurs demandes en cassation des assignations à eux données, & de celle en sursis. N°. XL.

2°. Sans avoir aussi égard aux oppositions formées par lesdits grand prieur & commandeurs de Malte, & par les autres parties dénommées audit juge-

N°. XL. ment, tant envers les arrêts du conseil qui ont ordonné le desséchement des marais concédés aux Etats, & la construction du canal de navigation, dans quelque tems que les oppositions eussent été formées, ce même jugement ordonne que les arrêts du conseil & lettres-patentes des 20 Décembre 1701, Janvier 1702, 12 Mai 1716, 5 Août, 9 Décembre 1738, & 8 Novembre 1746, ensemble les jugemens des 29 Août 1739 & 8 Août 1741, seront exécutés suivant leur forme & teneur, contre toutes les parties, tant comparantes que défaillantes; & en conséquence, que les marais, palus, étangs, lais & relais de la mer & terres inondées, concédées auxdits Etats, bornés devant feu Me. Baudouin & devant M. Vassal, commissaires, & autres qui n'auroient pas été bornés, & dont le suppliant pourra requérir le bornage, seront desséchés, & qu'il sera construit un canal de navigation, avec défenses à toutes personnes d'entreprendre de faire aucun desséchement desdits palus & marais, sans la permission ou subrogation desdits Etats.

3°. Que conformément à l'arrêt du conseil du 12 Mai 1716, & aux jugemens des 29 Août 1739 & 8 Août 1741, toutes les parties qui prétendent avoir droit de propriété, d'usages ou facultés sur lesdits marais, représenteroient dans deux mois les titres & pieces justificatives de leurs droits de propriété, d'usages & facultés, devant M. de Rosset, l'un de vous, NOSSEIGNEURS, le procureur du Roi en la commission & le suppliant, présens ou duement appellés, pour lesdits titres & pieces justificatives être délivrés au suppliant, ou lui en être fourni des copies collationnées pardevant ledit sieur commissaire, par les parties qui en feroient la représentation, desquelles représentations, remise & collationnement, ainsi que des dires des parties & du procureur du Roi, il seroit par led. sieur commissaire dressé procès-verbal, à peine contre les parties qui n'y satisferoient pas dans ledit délai, d'être déclarées déchues de leurs droits. N°. XL.

4°. Que lors de la remise des susdits titres & pieces, chacune des parties déclareroit devant ledit sieur commissaire, qui en chargeroit son procès-verbal, les différens tenemens en marais dont elles jouissent, avec les quatre confronts de chacun desdits tenemens; sinon permet au suppliant de prendre ses avantages, du refus ou défaut de faire lesdites déclarations.

5°. Sur les demandes en exécution, ou réclamation des traités ou conventions passées par aucunes des parties, avec le feu sieur maréchal de Noailles, celles en maintenue dans la propriété, usages & facultés, celles en indemnités, dédommagemens, autres droits & prétentions, & autres demandes, fins & conclusions desdites parties, ordonne qu'il y sera fait droit après la remise de leurs titres, ainsi qu'il appartiendra.

Et sur la demande en intervention de Mathieu, Brun, Soulages & Roux, ordonne que les parties seront plus amplement ouies dans le mois, sans dépens du jugé, ceux des interlocutoires réservés.

Ce jugement ayant été signifié à toutes les parties de l'instance, tant comparantes que défaillantes, elles se sont mises successivement en état d'y satisfaire quant à la remise des titres; la procédure qui a été faite à cette occasion, & qui a commencé le 24 Décembre 1768, n'ayant fini qu'au mois de Novembre de l'année suivante, toutes les parties, à la réserve d'un très-petit nombre, ont représenté leurs titres de propriété ou actes possessoires;

les unes en rapportant les originaux, les autres en rapportant des expéditions en bonne forme, dont les copies ont été remises aux Etats, après avoir été collationnées par M. le commissaire, en présence du procureur du Roi en la commission, & du suppliant.

Sur trois cent trente-deux titres qui ont été représentés, il ne s'est élevé de contestations principales, qu'à raison des expéditions produites par M. le grand-prieur de Saint-Gilles, M. le commandeur de Montpellier, & les autres commandeurs de l'ordre de Malte, qui n'ont remis que des expéditions de baux à ferme, & des procédures de bornages de différentes commanderies; ce qui donna lieu au suppliant de représenter, qu'aux termes de l'arrêt du conseil du 12 Mai 1716, & du jugement du 19 Novembre 1768, il ne suffisoit pas de produire de simples actes possessoires, qu'il falloit encore rapporter des titres de propriété, & que l'ordre de Malte y étant tenu ainsi que les autres parties, le suppliant ne pouvoit éviter de protester de l'insuffisance des titres qui étoient rapportés; auxquelles réquisitions le procureur du Roi adhéra, & le commissaire en donna acte. Mais ces parties ayant persisté à ne pas représenter d'autres actes, les copies en furent paraphées par le commissaire, & remises au procureur du suppliant, sans préjudice du droit des Etats, & de ceux de Sa Majesté sur l'insuffisance de ces actes.

D'un autre côté, le suppliant a poursuivi, & obtenu un arrêt du conseil le 13 Juillet 1769, portant que ceux des 12 Mai 1716, 4 Mars & 5 Décembre 1738, 15 Novembre 1746, 11 Avril 1761, & 19 Novembre 1767, seroient exécutés selon leur forme & teneur; & y ajoutant, en tant que de besoin seroit, Sa Majesté évoque de plus fort à elle & à son conseil, tous les procès mus & à mouvoir sur la propriété, usages, droits de justice, albergues & redevances, facultés, partages, divisions, indemnités ou dédommagemens, & généralement toutes autres prétentions quelconques, à raison des marais, palus & étangs, depuis Beaucaire jusques à Aigues-mortes, & à l'étang de Pérols, concédés auxdits Etats, soit que lesdits procès soient entre lesdits Etats & les prétendus propriétaires & usagers desdits marais, palus & étangs, ou entre aucuns de ceux qui se disputeroient ladite propriété, usages, droits & facultés, & généralement toute espece de contestation ayant trait, directement ou indirectement, auxdits marais, palus & étangs, notamment les contestations portées devant le sénéchal de Montpellier, & par appel au parlement de Toulouse, d'entre les communautés composant la baronnie de Lunel, & lesdits Brun, Mathieu, Soulages & Roux, à raison de la propriété prétendue de partie desdits marais, & du bois de Rocan, ensemble les contestations pendantes au parlement de Toulouse, entre le sieur évêque & le chapitre d'Alais, & les consuls de Saint-Laurent d'Aigouse, sur la propriété, usages, facultés & droits sur lesdits marais de Saint-Laurent & de Psalmodi, & droit de seigneurie fonciere prétendue par ledit sieur évêque d'Alais; tous lesquels procès & différends, de quelque nature qu'ils soient, nés & à naître, exprimés & non exprimés par quelques parties privilégiées ou non privilégiées qu'ils ayent été formés, & devant quelques juges & cours qu'ils soient pendans ou puissent être portés dans les suites, leurs circonstances & dépendances, Sa Majesté renvoie devant vous, NOSSEIGNEURS, pour les juger souverainement & en dernier res-

N°. XL. fort, au nombre de cinq au moins. Cet arrêt a été reçu par la commiſſion, & ſignifié à toutes les parties intéreſſées.

Dès le 16 Décembre 1768, M. le marquis de Calviſſon, une des parties de l'inſtance, vous avoit préſenté une requête, pour demander que les conſuls de Lunel fuſſent tenus de déclarer, 1°. S'ils entendoient ſe ſervir du bornage fait le 4 Septembre 1767, par les ſieur Parlier & Baude, experts. 2°. De convenir ſi le terrein compris dans ce bornage, comme faiſant partie des marais de la baronnie de Lunel, n'eſt pas de la terre des Ports à lui appartenant; & s'ils ſoutiennent au contraire qu'il eſt de la terre de Lunel, qu'ils ſoient tenus d'en juſtifier. 3°. Que le ſuppliant déclarera s'il adhere aux prétentions deſdits conſuls de Lunel, ou s'il regarde la diſcuſſion des limites de la terre des Ports comme indifférente à la province, en faiſant déclarer que les marais au levant du canal de Lunel, bornés ledit jour 4 Septembre 1767, ſont de la terre & juriſdiction des Ports, ſi mieux le ſuppliant n'aime faire procéder à une vérification deſdites limites, aux frais des Etats, comme une ſuite du deſſéchement; & dans le cas où il n'entendroit entrer en diſcuſſion ſur leſdites limites, renvoyer ledit ſieur de Calviſſon & leſdits conſuls de Lunel à procéder ſur ce chef, pardevant les juges ordinaires pour régler leſdites parties, ainſi qu'il appartiendra.

Le 19 Janvier 1769, le ſieur Henri Hiacynthe de Moynier, écuyer, capitaine de cavalerie, héritier de la dame Anne de Mazade de Silles, & Demoiſelles Suzanne & Marguerite de Silles, ſe prétendant proprietaires d'un terrein en marais appellé les Iſcles ou Iſles de Souteyrane, ſitué dans les marais de Vauvert, ont préſenté une requête pour être reçus parties intervenantes dans l'inſtance; ce faiſant, qu'il ſoit ordonné que le ſuppliant leur communiquera la procédure de bornage qui a été faite dudit tenement, afin qu'ils puiſſent voir & examiner ſi ledit tenement y eſt compris, ou ſeulement partie d'icelui, & s'il a été déclaré marais en tout ou en partie, pour être enſuite par eux pris telles concluſions qu'ils aviſeront. N°. XL.

Le 18 Septembre 1769, le ſieur Leblon, l'une des parties défaillantes lors du jugement du 19 Novembre 1768, s'eſt préſenté, & a fourni ſes défenſes.

D'autre part, les conſuls de Bellegarde ont fourni leur inventaire de production, & ont donné une requête le 6 Octobre 1769, pour demander que tenant la remiſe par eux faite en exécution du ſuſdit jugement, de leurs titres juſtifiant l'uſage ou facultés ſur les marais de leur terroir, ils fuſſent maintenus dans la propriété, facultés & jouiſſances deſdits marais, offrant néanmoins de céder aux Etats, la partie des marais qui peut leur être néceſſaire pour la conſtruction du canal de navigation, & autres ouvrages qu'ils ſe propoſent de faire faire, relativement au conſentement donné par ladite communauté en 1701, & aux réſerves faites alors, de partie du petit marais appartenant à cette communauté en toute propriété, de même que des patus & liſieres d'iceux, ſuivant la tranſaction de 1673, s'en rapportant à la juſtice de la commiſſion, & acquieſçant à tout ce qui ſera réglé par les Etats pour le deſſéchement & la conſtruction dudit canal; s'en remettant à leur prudence, à leur ſageſſe & à leur équité, pour la conſervation des propriétés & des facultés de ladite communauté.

Le ſieur Rouſſelier a également fourni un inventaire de production, & donné une requête le 13 Janvier dernier, pour demander que tenant sa déclaration comme il n'entend point attaquer les procédures de bornage des marais, il soit ordonné, attendu la remise de ses titres, que les Etats l'indemniseront pour la partie qu'ils pourront prendre de ses fonds, soit pour le desséchement, soit pour la construction du canal de navigation, à raison de la valeur actuelle desdits fonds, ou sur l'estimation qui en sera faite, par experts.

Telle est, NOSSEIGNEURS, la situation actuelle des contestations, & le récit exact de tout ce qui s'est passé depuis le jugement du 19 Novembre 1768.

Le suppliant n'entrera point, quant à présent, dans l'examen & la discussion des titres qui ont été rapportés pour justifier des droits de propriété, d'usage, ou de facultés sur les marais, & il croit devoir par un préalable, prendre des conclusions sur quelques chefs ayant rapport à la procédure, qu'il s'agit de mettre en regle avant de s'occuper du fonds.

Le premier regarde les parties en petit nombre qui n'ont pas satisfait à la représentation de leurs titres. Ces parties sont les héritiers de la dame de Beaurepaire, représentés par le sieur Dalléon, ceux d'Elie Peyrie, ceux de Joly, le sieur de Moynier, les Dlles. de Silles, & le prévôt de l'église de Nîmes.

Les héritiers de la dame de Beaurepaire & ceux d'Elie Peyrie, ne sauroient être excusés dans ce retardement, étant dans l'instance depuis l'année 1738, depuis lequel tems il a été rendu trois différens jugemens, les 29 Août 1739, 8 Août 1741, & 19 Novembre 1768, pour les obliger à justifier de leurs droits de propriété, usages ou facultés sur les marais.

Ces trois jugemens leur ont été notifiés à différentes époques, avec sommation d'y satisfaire; & comme malgré ces sommations réitérées, ils restent dans une entiere inaction, il seroit juste de les déclarer déchus de toute espece de droit sur les parties des marais dont ils jouissent, & de leur imposer silence perpétuel, à moins que la commission ne trouve à propos de leur accorder un dernier délai; auquel cas, il est juste qu'il soit péremptoire & définitif sans aucun espoir d'autre.

Le sieur de Moynier & les Dlles. de Silles, & les héritiers de Joly, ne sont pas dans le même cas; les premiers, parce que le jugement du 19 Novembre 1768, n'a pas été rendu avec eux, ces parties n'ayant été connues comme prétendant avoir droit de jouir de partie des marais, que par leur requête en intervention; & le second, parce que ce même jugement ne leur a pas été signifié.

Sur quoi le syndic général observe, que les consuls de Vauvert ayant défendu pour les héritiers de Joly, & prétendant avoir la propriété du marais possédé par lesdits héritiers, cette prétention fut cause que la commission déclara par ledit jugement, que tenant les défenses fournies par lesdits consuls, tant pour eux que pour lesdits héritiers, il n'y avoit pas lieu de prononcer sur l'utilité du défaut pris contre lesdits héritiers.

On pourroit en effet regarder ces héritiers comme non-nécessaires dans l'instance, si les consuls de Vauvert avoient, ainsi qu'ils le prétendoient dans le cours de l'instance, justifié que ces héritiers leur ont transmis la propriété de leur marais; mais au lieu que les titres par eux remis prouvent cette translation de propriété, ils établissent au contraire qu'elle a toujours resté sur la tête de ces héritiers.

N°. XL. En effet, pour établir la propriété de la partie du marais appellé de Saint-Sebastien, possédé par lesdits héritiers de Joly, les consuls de Vauvert ont remis une transaction passée le 9 Mars 1735, entre eux & noble Etienne de Laugier de Saint-Germain, habitant de la ville d'Arles, en qualité de pere & légitime administrateur de Pierre de Laugier de Saint-Germain son fils, & de dame de Joly sa femme; par laquelle transaction, pour terminer les contestations que ladite communauté avoit avec ledit sieur de Saint-Germain, il est convenu que ce dernier baille ledit marais à locaterie perpétuelle auxdits consuls, moyennant la rente annuelle de 65 livres & à la charge en outre par lesdits consuls, de payer en sus l'albergue due au chapitre d'Alais pour raison de l'inféodation dudit marais; ledit sieur de Saint-Germain déclarant dans l'acte, qu'il se réserve la propriété dudit terrein, le droit de chasse & de pêche sur icelui, & de rendre les devoirs féodaux aux seigneurs du terrein.

Cet acte établissant ainsi, que les héritiers de Joly, ou le sieur de Saint-Germain qui les représente, ont encore la propriété du marais dit de Saint-Sebastien dans le terroir de Vauvert, la communauté a eu tort de soutenir qu'elle l'avoit; & bien loin d'en donner la preuve, tout ce qu'elle a produit se réduit à justifier qu'elle le tenoit à locatairie perpétuelle; d'où il suit, qu'on ne peut traiter valablement avec elle, pour l'indemnité ou dédommagement de ce terrein, & qu'on doit appeller en cause les héritiers du sieur Joly, en la personne dudit sieur de Saint-Germain, afin qu'ils justifient de leur propriété pour pouvoir traiter avec eux, ainsi qu'avec les autres propriétaires ou usagers.

Quant au sieur de Moynier & aux Dlles. de Silles, la communication qu'ils demandent de la procédure du bornage des marais, pour pouvoir ensuite prendre leurs conclusions, est prématurée. Ils ne peuvent requérir cette communication, qu'autant qu'ils auront été reçus parties intervenantes dans l'instance; jusques alors ils ne sont point parties légitimes, & ils ne peuvent être regardés comme tels, qu'autant qu'ils justifieront avoir la propriété de partie des marais. Suivant ce qu'ils exposent dans leur requête en intervention, ils se disposoient à remettre leurs titres pour en justifier devant M. de Rosset, commissaire; mais ne l'ayant pas encore fait, lorsqu'ils seront en regle, le suppliant consentira ou s'opposera à leur intervention, suivant ce qui résultera de leurs titres & de leur authenticité. N° XL.

Au surplus, le suppliant n'est pas en état de justifier que la partie des marais dont ils prétendent jouir a été bornée; il a même reconnu qu'elle ne l'avoit pas été, lors des différentes procédures faites pardevant feu Me. Baudouin & M. Vassal; mais cette omission ne sauroit priver les Etats de faire borner, s'il est nécessaire, cette partie de marais, faisant partie de ceux de la terre de Vauvert.

On pourroit cependant éviter cette procédure, si le sieur de Moynier & les Dlles. de Silles convenoient, comme ils l'ont déjà fait dans leur requête, que leur terrein est marais; auquel cas, il resteroit à les obliger à en donner la contenance avec les confrontations; moyennant quoi, les Etats ayant une connoissance légale de la qualité du terrein, de sa situation, de sa contenance, & qu'il fait partie de la concession à eux faite par Sa Majesté, des marais, palus & terres inondées du bas Languedoc, ils pourroient valablement traiter avec lesdites parties.

Le suppliant a déjà dit que le prévôt de l'église de Nîmes étoit un de ceux qui n'avoient pas remis de titres pour établir qu'il eût la propriété de partie des marais situés dans la terre de Vauvert, dont il est prieur.

Cette partie, qui a été appellée dans l'instance dès l'année 1701, avoit déclaré devant M. de Basville, lors du procès-verbal tenu par ce magistrat le 3 Août de la même année, que par considération pour M. le maréchal duc de Noailles, il consentoit au desséchement pour ce qui le concernoit, sous la réserve de la dixme sur les fonds qui seroient desséchés, au quarantieme des fruits.

Cette déclaration sembloit annoncer quelque propriété de partie des marais, sans laquelle le consentement paroissoit indifférent, puisque la quotité de la dixme étoit réglée au cinquantieme par l'arrêt du conseil de 1701, & les lettres-patentes du mois de Janvier 1702; auquel cas le prévôt de l'église de Nîmes étoit une partie inutile dans l'instance, où il n'étoit nécessaire, qu'au cas qu'il eût établi avoir la propriété ou des droits d'usage sur les marais.

Cette partie, qui ne s'étoit pas expliquée sur ce point, soit en 1701, soit postérieurement, a déclaré bien expressément dans son comparant devant M. de Rosset, commissaire pour la remise des titres, à la séance du 14 Juin 1769, qu'il n'avoit aucuns marais en propriété, & que tous ses droits se réduisoient à celui de percevoir la dixme sur les fruits excroissans dans la dixmerie du prieuré de Vauvert. Or, au moyen de cette déclaration, il est évident que le prévôt de Nîmes n'a aucun intérêt dans l'instance; en effet, quoiqu'il se soit réservé la dixme au quarantieme, cette réservation a été rendue inutile par les lettres-patentes de 1702, qui la fixent au cinquantieme des fruits. Ainsi, tenant la susdite déclaration, ledit sieur prévôt de l'église de Nîmes, doit être tiré de l'instance.

Le second chef que le suppliant doit traiter dans cette requête, regarde certaines parties qui ayant remis leurs titres pour justifier de leur propriété, usages ou facultés sur les marais, n'ont pas prouvé qu'elles fussent aux droits de ceux en faveur de qui s'expliquent les titres qu'elles ont rapportés. Ces parties sont les dames de Marmier & de Plauchut, M. le président de Belleval, M. le marquis de Calviere, M. d'Azémar, & la dame de Montoulieu son épouse, Mme. de Rochemore, & Mme. de Candillargues de Montpeyroux.

Les dames de Marmier & de Plauchut ont prouvé que le feu Roi avoit concédé aux sieurs de Launay & de la Roche en 1678, 1700 salmées de marais, dans l'étendue de ceux situés dans le terroir de Beaucaire, & que cette concession avoit été réduite à 1150 salmées par l'arrêt de la cour des aides du 30 Mars 1688; mais elles n'ont pas établi qu'elles fussent aux droits desdits sieurs de la Roche & de Launay; ainsi, elles doivent en justifier en rapportant les titres qui leur ont transmis la propriété de ces terreins, & les quittances annuelles de l'albergue qui est due à S. M. à raison de cette concession.

M. le président de Belleval a établi qu'en 1671, M. de Fressieux, son ayeul maternel, avoit acquis 93 salmées 5 émines 5 picotins de terre en marais de la communauté de Beaucaire, sur les 800 salmées que le Roi Louis XIII avoit concédé à cette communauté en 1632; mais la notoriété qu'il est aux droits de M. de Fressieux, ne sauroit le dispenser d'en rapporter la preuve légale.

M. le marquis de Calviere a aussi établi par la remise de ses titres, qu'en 1601

No. XL. 1601 les commissaires députés par le Roi pour l'aliénation du temporel du clergé, avoit vendu au sieur Gautier le tenement en marais appellé le Cousfou de Bermond; qu'en 1615, le sieur de Calviere, abbé de Psalmodi, avoit inféodé une partie de marais dans le terroir de Saint-Laurent d'Aigouse, en faveur de Guillaume Coulomb, de qui sieur Jean de Calviere avoit droit; que cette inféodation avoit été réduite à 450 carterées de marais, par une transaction du ... Juillet 1654, passée entre ledit sieur Jean de Calviere, l'abbé de Psalmodi, & les habitans dudit Saint-Laurent; mais il reste à prouver qu'il est aux droits desdits sieurs Gautier & Jean de Calviere, & qu'il les représente.

Le sieur d'Azemar & la dame de Montoulieu mariés, ont établi qu'en 1644 M. le marquis de Calvisson avoit inféodé à noble Simeon de Bornier 25 carterées de la palus appellée de l'Estelle, située dans la terre des Ports; mais ils doivent justifier qu'ils sont aux droits dudit sieur de Bornier inféodataire.

Les dames de Rochemaure & de Candillargues ont enfin prouvé la propriété; savoir, la premiere en faveur d'Hermengaud & François de Rochemaure, du domaine de Tartuguieres, & de celui du Grès dans l'étendue de la baronnie de Lunel. La seconde, que la terre de Candillargues étoit possédée en 1340 par Bertrand Monachi, & en 1397, par Béranger Dalmaci, qui l'hommagerent, & la dénombrerent aux évêques de Maguelonne; mais ces dames n'ont pas établi qu'elles fussent aux droits de ceux qui rendirent ces hommages, & elles doivent en justifier pour que les Etats puissent traiter valablement avec elles & avec les autres parties dont on vient de parler, qui sont dans le même cas.

Indépendamment des moyens dont on vient de parler, qui ne tombent que sur la forme, pour obliger ceux qui ont représenté leurs titres, à représenter les actes servant à établir leurs qualités, le suppliant doit observer à l'égard de M. de Vauvert, qui a remis une infinité de titres pour justifier qu'il a la propriété des marais dans sa terre, que si ces titres servent à établir sa propriété pour cet objet, il doit, pour établir celle qu'il prétend avoir de l'étang de Scamandre, obtenir un jugement qui l'y maintienne. En effet, le jugement des commissaires du conseil, chargés de l'examen & vérification des droits maritimes, qui est rapporté par M. de Vauvert, en date du 3 Mai 1754, le maintient dans la possession d'un droit de levade des poissons qui se prennent dans cet étang, ainsi que sur la chasse des oiseaux qui s'y fait: mais quant à la propriété de l'étang, il ordonne que dans trois mois il en justifiera plus amplement.

Il doit donc faire vuider cet interlocutoire, ou justifier devant la commission, & faire juger par elle sa propriété; il parviendra peut-être à se la faire accorder, au moyen des pieces qu'il a remis, & qu'il n'avoit pas produit au conseil, telles que le dénombrement du 22 Décembre 1390, & l'ordonnance d'un commissaire du parlement de Toulouse du 15 Octobre 1515; mais jusques à ce que cette propriété soit définitivement jugée, les Etats ne sauroient le regarder comme véritable propriétaire des cinq huitiemes de ce même étang, le chapitre de St. Gilles, & l'abbaye de Franquevaux, jouissant les trois huitiemes restans, suivant les titres par eux remis.

Parmi les titres produits devant M. de Rosset, commissaire, par la communauté de Beaucaire, il y en a un qui sert à établir qu'elle a la propriété

N°. XL. de 800 salmées de terres vaines, concédées par le Roi Louis XIII aux habitans de cette ville en 1632 ; & un autre, qu'elle a la propriété de 170 salmées de marais, mesure de Saint-Gilles, qui lui furent vendues par le chapitre d'Uzès en 1739. Cette communauté a prétendu posséder, conjointement avec la communauté de Bellegarde, un tenement en marais appellé le Contrat, situé dans l'étendue du terroir de Bellegarde ; mais comme elle n'a rapporté aucun acte pour justifier de la propriété de ce marais, les consuls de Bellegarde n'en ayant pas non plus produit pour le même objet, ces deux communautés doivent se mettre en regle à cet égard.

D'autre part, les 800 salmées données à la communauté de Beaucaire par le Roi Louis XIII en 1632, sont en marais, au moins en partie, & elles furent bornées comme telles en 1740, pardevant feu M. Baudouin, commissaire, contradictoirement avec les consuls de cette ville.

On a prétendu qu'elle ne possédoit plus ces 800 salmées, qu'elle s'en étoit dépouillée en 1671, en faveur de ses créanciers, à qui elle les avoit baillées en payement de ce qu'elle leur devoit ; & M. le président de Belleval a établi que le sieur de Fressieux, qu'il prétend représenter, en avoit acquis quatre-vingt-treize salmées, cinq émines, cinq picotins.

Une bonne partie des 800 salmées étant encore en marais, & ayant été bornée en 1740, il importe d'en connoître les possesseurs, afin de les mettre en cause, pour qu'ils établissent leur propriété. On en connoît une partie, tels que les héritiers du sieur de Forton, de Beaucaire, & Troupenas, hôte à Nîmes, propriétaire de la métairie appellée des Patis dans le terroir de Beaucaire ; mais les consuls de cette ville doivent donner à connoître les noms de ceux en faveur desquels la communauté a aliéné lesdites 800 salmées, & quels en sont les possesseurs actuels, pour pouvoir les appeller dans l'instance, & traiter avec eux, après qu'ils auront justifié de leur propriété. N°. XL.

Rien ne peut les dispenser ni les empêcher de donner cette connoissance. Ils négligerent d'indiquer ces possesseurs lors de la procédure de bornage faite en 1740 ; & faute de la donner dans le délai d'un mois, qu'il plaira à la commission de leur accorder, il doit être de sa justice de permettre au suppliant de la faire prendre aux frais & dépens desdits consuls, en envoyant sur les lieux à cet effet.

Le troisieme chef enfin, regarde les propriétaires & possesseurs des marais qui sont parties dans l'instance, par rapport à la déclaration des tenemens en marais dont ils jouissent, & des quatre confronts de chacun de ces tenemens ; le jugement du 19 Novembre 1768, l'ordonne par exprès ; & faute de faire ces déclarations, il permet au suppliant de prendre ses avantages.

Les parties qui sont en demeure sur ces déclarations, sont les sieurs de Portalés, Pieyre, Roussellier, M. l'évêque d'Alais, Mme. de Candillargues, les consuls de Mudazon, ceux de Massillargues, d'Aimargues, de Saint-Laurent d'Aigouse, MM. les grand-prieur de Saint-Gilles, ordre de Malte, & les commandeurs dudit ordre, toutes ces parties doivent être tenues de fournir ces déclarations dans un nouveau délai que la commission leur fixera ; ce point de forme est indispensable, afin de connoîte dans quelle justice les marais sont situés, & si les titres remis pour en établir la propriété, y sont applicables.

MM. les grand-prieur & commandeurs de l'ordre de Malte, prétendront

N°. XL. peût-être avoir satisfait à cette disposition du jugement, en remettant les procédures d'arpentement de leurs commanderies, qui en contiennent les confrontations, & en partie les noms des tenemens qui les composent; mais cette prétention ne seroit pas fondée; en effet, les procédures d'arpentement par eux remises, sont pour la totalité des fonds composans les commanderies; elles en indiquent les limites par les confronts qu'on y donne, quelques-unes de ces procédures portent les noms de partie des tenemens qui y sont renfermés; mais le suppliant n'a point d'intérêt à connoître l'étendue des différentes possessions qui composent chaque commanderie; l'intérêt des Etats se réduit à connoître les différens tenemens en marais, faisant partie de la concession à eux faite par Sa Majesté; les déclarations des tenemens, & de leurs confronts, exigée des possesseurs, se réduit à ce qui est marais, parce que c'est uniquement à cette qualité de fonds, que les droits des Etats s'appliquent.

MM. les grand-prieur & commandeurs de Malte doivent donc se mettre en regle à cet égard; & ces déclarations sont même d'autant plus nécessaires de leur part, qu'ils n'ont remis pour justifier de leur propriété, que des actes possessoires, comme des baux à ferme, & des procédures d'arpentement du bornage; cependant la situation des portions de marais dont ils jouissent, ou dans la justice du Roi, ou dans celle d'un seigneur, ne peut qu'influer dans la validité ou invalidité des actes possessoires qu'ils rapportent. Or, on ne peut parvenir à distinguer les justices dans l'étendue desquelles ces portions de marais de M. le grand-prieur & des commandeurs sont situés, que par la déclaration des tenemens desdits marais, & des confronts particuliers à chaque tenement; & dès-lors on ne peut se dispenser d'ordonner qu'ils satisferont à cet égard à la disposition du jugement du 19 Novembre 1768, de la même maniere que les autres parties. N°. XL.

Faute par ces différentes parties de faire ces déclarations dans le délai que la commission pourra fixer à un mois, à compter du jour de la signification du jugement qui interviendra, il doit être de sa justice de permettre au suppliant de faire faire une descente sur les lieux par M. Vassal, commissaire jà député, pour, en sa présence, & celle de M. le procureur du Roi en la commission, & par un expert qui sera nommé d'office par le même commissaire, parties présentes ou duement appellées, à l'effet de prendre les noms desdits tenemens en marais, & de désigner leurs confronts, comme aussi la justice dans l'étendue de laquelle ils sont situés, le tout aux frais & dépens desdites parties, & sans espoir de répétition, lesquels frais elles seront tenues de payer sur l'exécutoire qui en sera délivré par ledit sieur commissaire.

Tels sont les différens chefs sur lesquels le suppliant ne sauroit se dispenser de prendre des conclusions, pour achever de mettre en regle ce qui regarde la procédure commencée depuis si long-tems, concernant le bornage des marais, & la représentation des titres de propriété ou d'usage de ceux qui les possedent. Il observera seulement, par rapport à la requête présentée par M. le marquis de Calvisson, le 16 Décembre 1768, dont les conclusions ont été rappellées plus haut, que ce qui avoit été dit au nom des Etats, lors de la procédure de bornage faite devant M. Vassal, commissaire, à la séance du 9 Septembre 1767, dont la copie fut signifiée au procureur de M. de Calvisson, le 17 Novembre

No. XL. suivant, suffisoit sans doute pour faire connoître quelles avoient été les vues des Etats, en faisant borner la partie des marais situés au levant du canal de Lunel, avec les communautés de cette baronnie.

Il avoit été déclaré par exprès, que le bornage n'avoit pour objet, que de constater que les fonds bornés avec lesdites communautés étoient marais, sans entendre préjudicier aux droits de ceux qui s'en prétendoient propriétaires, qui devoient les discuter entre eux, à quoi le suppliant n'avoit nul intérêt. Si les agens de M. de Calvisson eussent fait attention à cette déclaration, ils ne lui auroient pas fait demander que le suppliant soit tenu de déclarer s'il adhere aux prétentions des consuls de Lunel. Il a déjà déclaré qu'il n'entroit en aucune contestation sur la propriété des parties de marais dont il s'agit; c'est donc à ces parties à se régler à cet égard, les Etats ne pouvant avoir d'autre intérêt que de connoître valablement les parties avec lesquelles ils doivent traiter.

Le suppliant observe au surplus, quant aux contestations qui pourroient s'élever entre ces parties, qu'elles ne peuvent être portées que devant la commission, conformément aux arrêts du conseil rendus à ce sujet, & notamment à celui du 13 Juillet 1769.

A ces causes, il vous plaira, NOSSEIGNEURS, tenant la déclaration faite par le sieur Demerés, prévôt de l'église de Nîmes, & en cette qualité prieur de Vauvert, dans son comparant devant M. de Rosset, commissaire, lors de son procès-verbal du 14 Juin 1769, qu'il n'a point de marais en propriété dans l'étendue de ceux concédés aux Etats, & que ses droits se réduisent à ceux de dîmer sur lesdits marais; sans s'arrêter au consentement donné par le sieur de Cohon, l'un de ses prédécesseurs audit prieuré, devant M. de Basville le 3 Août 1701, rejettant ledit consentement comme inutile, ainsi que la réservation qui fut par lui faite de la dîme au quarantieme, ordonner que les lettres-patentes du feu Roi, du mois de Janvier 1702, seront exécutées suivant leur forme & teneur; & en conséquence, que ledit sieur prévôt de l'église de Nîmes ne pourra exiger la dîme sur les fonds desséchés, que sur le pied du cinquantieme des fruits, avec l'exemption de la dîme pendant dix années, relativement auxdites lettres-patentes; & moyennant ce, attendu qu'il reconnoît n'avoir point de propriété, ni des usages ou facultés sur lesdits marais, ordonner qu'il sera tiré de l'instance, avec dépens. No. XL.

Ordonner aussi que les héritiers du sieur Joly, représentés par le sieur Pierre de Laugier de Saint-Germain, seront de nouveau appellés dans l'instance; & que tant lesdits héritiers, que ceux de la dame de Beaurepaire, représentés par le sieur d'Alléon, ceux d'Elie Peyrie, le sieur Moynier & les Dlles. de Silles seront tenus de satisfaire au jugement du 19 Novembre 1768, qui sera déclaré commun & exécutoire contre lesdits sieurs de Moynier & Dlles. de Silles, & contre les héritiers de Joly; auquel effet, les susdites parties représenteront dans deux mois pour toute préfixion de délai, leurs titres de propriété, d'usages ou facultés sur les marais dont ils prétendent jouir, pardevant M. de Rosset, commissaire jà député, en présence de M. Coulomb, procureur du Roi en la commission, & du suppliant, ou eux duement appellés, & qu'ils remettront au suppliant des copies collationnées desdits titres; sinon & faute de ce faire, ledit délai passé, déclarer lesdites parties définitivement déchues de leurs droits de propriété, usages ou facultés sur lesdits marais;

N°. XL. fans préjudice, dans le cas où il fera justifié de ladite propriété, usages ou facultés, de faire borner, tant les marais dont lesdites parties jouissent, que ceux qui peuvent être possédés par d'autres, & qui ne l'auroient pas encore été lors des différentes procédures faites devant feu Me. Baudouin, & M. Vassal, commissaire.

Ordonner que le sieur de Vauvert justifiera dans trois mois pour toute préfixion de délai, de la propriété de l'étang de Scamandre, ou des cinq huitiemes dudit étang; autrement & faute de ce faire, ledit délai passé, le déclarer déchu de tout droit de propriété sur ledit étang, le suppliant se réservant dans tous les cas de le faire borner.

Ordonner aussi que dans le mois pour tout délai, les dames de Marmier & de Plauchut, justifieront qu'elles sont aux droits des sieurs de Launay & de la Roche, qu'elles prétendent représenter pour la propriété des 1150 salmées de marais, dans le terroir de Beaucaire; que M. le président de Belleval, le sieur d'Azemar & la dame de Montoulieu, mariés, M. le marquis de Calviere, Mme. la marquise de Rochemaure, & Mme. de Montpeyroux, comme seigneuresse de Candillargues, établiront dans le même délai, qu'ils sont aux droits de ceux au profit desquels ont été passés les titres de propriété que ces parties ont représenté devant M. de Rosset, commissaire.

Comme aussi, que dans le mois, les consuls de Beaucaire indiqueront les possesseurs de la partie des 800 salmées de terre concédées à cette communauté par le Roi Louis XIII en 1632, & que cette communauté aliéna en 1671; lesquelles parties sont en marais & ont été bornées comme fonds de cette qualité en 1740, n'y ayant que trois des acquéreurs de cette contenance qui soient connus; savoir, M. le président de Belleval, le sieur de Forton, ou ses héritiers, & Troupenas, hôte à Nîmes; N°. XL. sinon & faute par lesdits consuls de donner cette indication dans le susdit délai, permettre au suppliant de la faire prendre aux frais & dépens desdits consuls, en envoyant sur les lieux, pour, après ladite indication, appeller en cause les propriétaires ou possesseurs des parties des 800 salmées qui restent en marais, à l'effet de justifier de leurs droits de propriété & d'usages sur lesdites portions de marais.

Ordonner enfin, que le sieur grand-prieur de Malte, au prieuré de Saint-Gilles, les commandeurs de Sylveréal, de Cavales, du Mas de Liviers, du Plan de la Peyre, de la petite Argence, de la Vernede, de Capette, M. l'évêque d'Alais, le sieur de Portalés, Mme. de Montpeyroux en la susdite qualité, les sieurs Roussélier, viguier d'Aimargues, le sieur Pieyre, de Nîmes, les consuls de Mudazon, ceux de Candillargues, ceux de Massillargues, ceux d'Aimargues, & ceux de Saint-Laurent d'Aigouse, satisferont chacun en droit soi, dans un mois pour tout délai, au jugement dudit jour 19 Novembre 1768, en ce qui concerne la déclaration des tenemens de marais par eux possédés; & en conséquence, que chacune de ces parties sera tenue de déclarer quels sont les différens tenemens en marais par elles possédés, les quatre confronts de chacun desdits tenemens, & dans quelle justice ils sont situés, autrement, faute de ce faire, ledit délai passé, il sera fait en vertu du jugement qui interviendra, & sans qu'il en soit besoin d'autre, descente sur les lieux, par M. Vassal, commissaire jà député, avec M. le procureur du Roi en la commission, & un expert qui sera nommé d'office par ledit sieur commissaire, sur les réquisitions du suppliant, lesdites parties présentes ou duement appellées,

N°. XL.

à l'effet de prendre par ledit expert l'état desdits tenemens, avec les confronts de chacun d'iceux, & la déclaration des consuls des lieux sur la justice dans l'étendue de laquelle ils sont situés, le tout aux frais & dépens desdites parties, chacune pour ce qui pourra les concerner, sans espoir de répétition, qu'elles seront tenues de payer sur l'exécutoire qui en sera de suite délivré par ledit sieur commissaire; se réservant, le suppliant, de prendre telles conclusions que de droit sur la validité des titres qui ont été représentés devant M. de Rosset, commissaire, & l'autorisation de la procédure faite à cet égard, après que les préalables ci-dessus auront été remplis.

Enfin, tenant la déclaration du suppliant, consignée dans le comparant fait devant M. Vassal, commissaire, par le procureur des Etats, le 9 Septembre 1767, déclarer n'y avoir lieu de statuer sur la requête de M. le marquis de Calvisson du 16 Décembre 1768, sauf à lui à se régler avec les habitans de la baronnie de Lunel sur la propriété des marais situés au levant du canal de ladite ville, bornés devant ledit sieur Vassal, les 3 & 4 Septembre 1767, à quoi les Etats n'ont aucun intérêt, offrant de traiter sur l'indemnité avec celle desdites parties à qui ladite propriété sera adjugée. Débouter en outre, M. le marquis de Calvisson de la demande en renvoi, ou du déclinatoire inséré dans ladite requête, & ordonner qu'à raison de la propriété desdites parties de marais, les parties contesteront devant la commission, avec défenses de se pourvoir ailleurs, à peine de nullité; Auquel effet, & pour être dit droit aux conclusions prises par le suppliant dans la présente requête, il vous plaira, NOSSEIGNEURS, ordonner qu'elle sera communiquée aux parties intéressées ou à leurs procureurs, pour y répondre dans quinzaine, pour, sur leurs réponses, ou faute d'en fournir, sur les conclusions du procureur du Roi en la commission, & sur le rapport qui en sera fait à la commission par M. de Rosset, rapporteur déjà nommé, être ordonné, conformément aux susdites conclusions, avec dépens; Et ferez bien, PALAT, *signé*.

Soit communiqué aux parties intéressées pour y répondre dans quinzaine. A Montpellier le 9 Juin 1770.

ROSSET, rapporteur, *signé*.

N°. XLI.

XLI.

REQUÊTE

A NOSSEIGNEURS LES COMMISSAIRES *nommés par arrêt du conseil, pour juger souverainement & en dernier ressort, les contestations à raison du desséchement des marais du bas Languedoc, & de la construction du canal de navigation.*

SUPPLIE humblement le syndic général de la province de Languedoc; & vous remontre, NOSSEIGNEURS, que dans la requête qu'il a présenté le 9 Juin dernier à la commission, il s'est borné à prendre des conclusions qui tendent à obliger certaines des parties de l'instance, à satisfaire aux dispositions du jugement rendu le 19 Novembre 1768, soit sur la remise des titres pouvant servir à établir la propriété, usages ou facultés, sur les marais concédés aux Etats, & dont un très-petit nombre desdites parties est encore en demeure de les remettre; soit sur les déclarations à fournir des tenemens en marais, & de leurs confronts; soit enfin, pour faire établir par d'autres parties dénommées dans la même requête, qu'elles représentent, ou qu'elles sont aux droits de

N°. XLI. ceux en faveur desquels s'expliquent les titres qu'elles ont rapportés devant M. de Rosset l'un de vous, commissaire député pour cette représentation.

Le suppliant n'a rien dit dans cette requête qui eût trait aux titres remis par les parties qui peuvent avoir intérêt dans l'instance, à raison des marais qu'elles prétendent posséder; il s'y est réservé de prendre telles conclusions que de droit, sur la validité ou insuffisance de ces titres, & sur l'autorisation de la procédure faite à cet égard devant le même commissaire.

C'est donc dans la présente requête, que le suppliant se propose de traiter ces deux objets, afin de faire juger quels sont les véritables propriétaires de certaines portions des marais qu'il a plu à Sa Majesté de concéder aux Etats, & s'il en est dont les titres soient insuffisans pour prouver la propriété, les usages ou les facultés qu'ils réclament; & on ne peut disconvenir que cet objet ne mérite l'attention la plus sérieuse.

Avant d'entrer dans cette discussion, il est nécessaire d'observer que les intéressés dans l'instance, sont des seigneurs ecclésiastiques ou laïques, ou de simples particuliers.

Les premiers réclament une propriété fonciere, comme seigneurs des terres dans lesquelles les marais sont situés.

Les autres sont de simples propriétaires, qui, sans avoir de justice, peuvent prouver leur propriété par des titres d'acquisition, par des hommages ou des dénombremens rendus aux seigneurs de qui relevent les portions de marais qu'ils possedent, ou par des reconnoissances pour les marais baillés à cens.

Enfin, il y a des parties, soit communautés, soit particuliers, qui ne réclament que des usages & facultés sur les marais, sans aucune propriété.

Les seigneurs haut justiciers n'ont besoin que du titre de leur seigneurie pour établir leur propriété fonciere; ce titre s'étend sur tous les marais de leur territoire, comme sur les autres vacans; *Biens vacans*, *Terres vaines & vagues*, dit Loisel, *appartiennent au haut justicier*; cette regle est certaine, & elle forme le droit commun. N°. XLI.

Pour établir la qualité de haut justicier, les meilleurs titres sont sans contredit les titres primordiaux, & à leur défaut les hommages & les dénombremens; mais si aucun de ces titres ne paroît, on peut prouver qu'on a la justice par une possession immémoriale, *Baquet des Droits de Justice*, *chap.* 5; & cette preuve peut se faire ou par des procédures faites dans des cas appartenant à la haute justice, ou par des monumens anciens qui en attestent la possession.

Ceux qui n'ont point des titres de seigneurie, peuvent, ainsi que le suppliant l'a déjà observé, prouver la propriété par des titres d'acquisitions, tels que des ventes, des échanges, des donations, des testamens, &c. Si c'est pour des fonds nobles, ils peuvent rapporter des hommages & des dénombremens; & si c'est pour des fonds ruraux, des reconnoissances faites aux seigneurs.

Mais s'ils ne rapportent pas de ces sortes de titres, & qu'ils n'en ayent d'autres que leur possession, on doit distinguer, s'ils possedent dans l'étendue d'une justice seigneuriale ou dans celle du Roi; au premier cas, une possession trentenaire, constatée par des actes qui tiennent de la propriété, tels que des baux à ferme, des ventes des fruits, &c., doit être regardée comme un titre de propriété.

Il en seroit autrement, si on n'établissoit qu'une jouissance des pâturages ou des autres productions, parce

N°. XLI.

qu'une telle jouissance devroit plutôt être attribuée à la tolérance du seigneur, qu'à un abandon de ses droits.

Au second cas, nulle possession de quelque caractere de propriété qu'elle fût accompagnée, ne pourroit être opposée comme un titre suffisant, parce que le domaine du Roi est imprescriptible, & que les Etats du Languedoc, qui sont aux droits de Sa Majesté par rapport aux marais, peuvent faire valoir à leur profit toutes les exceptions que le Roi pourroit opposer.

Ces maximes s'appliquent indistinctement aux communautés & aux particuliers, qui, n'ayant aucun titre de seigneurie, se prétendent propriétaires d'une partie des marais.

A l'égard des simples usages & facultés réclamés par quelques particuliers, & surtout par les communautés qui sont parties dans l'instance, ces usages & facultés doivent être établis par titres, tels que des concessions ou autres actes passés avec des seigneurs, à l'égard des marais dépendans de leurs justices; mais à l'égard des marais situés dans l'étendue des justices de Sa Majesté, le traité fait entre les commissaires du Roi Henri II & ceux des Etats de la province le 29 Septembre 1555, fournit à ces communautés & à leurs habitans, un titre général qui paroît devoir suffire pour leur assurer ces usages, & conséquemment pour en être dédommagés par les Etats, ainsi qu'il sera jugé convenable, dans le cas où les ouvrages du desséchement ou du canal de navigation diminueront l'étendue de ces usages & facultés; le tout conformément à la délibération des Etats, du 29 Décembre 1768.

Il faut encore observer, que comme parmi les titres qui ont été produits, il y en a qui peuvent servir à restreindre, amplifier & expliquer les droits d'une partie, autre que celle qui les a produits, on ne sauroit éviter de les rapprocher, & de s'en servir pour ou contre la partie qu'ils favorisent ou qu'ils combattent, quoiqu'ils n'ayent pas été produits par elle, attendu que l'instance étant liée avec toutes les parties, les titres produits par elles sont devenus communs, & que chaque partie peut en prendre les avantages qu'ils sont capables de lui procurer.

N°. XLI.

Telles sont les réflexions qui doivent servir de regle dans l'examen des titres qui ont été produits.

Et en conséquence, le suppliant observe que les parties qui ont établi avoir la seigneurie & la haute justice dans l'étendue de leurs terres, ont établi en même tems avoir la propriété des marais situés dans cette étendue.

Tels sont M. de Bon pour la seigneurie de Fourques.

M. l'abbé & le chapitre de Saint-Gilles pour le terroir du même lieu.

M. l'évêque d'Alais pour le terroir de Psalmodi & de Saint-Laurent d'Aigouse.

M. de Genas, seigneur de Vauvert, pour la seigneurie de Vauvert, sauf à justifier de ses droits sur l'étang de Scamandre, conformément à ce qui a été relevé dans la requête du suppliant du 9 Juin dernier, & à ce qui sera dit encore ci-après.

M. le duc d'Uzès pour la seigneurie d'Aimargues, de Bellegarde & de Broussan.

M. le marquis d'Aubaix pour la seigneurie du Caylar.

M. le marquis de Calvisson pour les seigneuries de Massillargues, de Saint-Julien & de Saint-Pierre d'Asports.

M. Leblon pour la terre de la Mote.

M. l'évêque de Montpellier pour le comté de Mauguio.

Madame de Candillargues, veuve de M. le comte de Montpeyroux, pour

la

N°. XLI. la terre de Candillargues, en justifiant par elle qu'elle est aux droits de Bertrand Monachi & Arnaud Delmas, dont elle rapporte les hommages faits en 1340 à l'évêque de Maguelonne, & le dénombrement remis en 1387.

Le sieur Pieyre, qui a justifié représenter le sieur de Saint-Cosme, prétend avoir la justice haute, moyenne & basse du terroir de Saint-André de Camarignan, dans lequel sont situés les marais qu'il soutient posséder; mais attendu que suivant l'acte de 1687, passé entre le prieur de Saint-André & les auteurs du sieur Pieyre, il n'a que la moyenne & basse justice que ses auteurs tenoient, ainsi qu'une partie du terroir du prieur de Saint-André de Camarignan, & de l'abbé de Saint-Gilles, c'est à lui à prouver qu'il a l'entiere justice, ce qui n'empêchera pas d'examiner dans la seconde partie de cette requête, les actes qu'il rapporte pour justifier la propriété des terres qu'il possede en marais dans le terroir de Saint-André de Camarignan.

Enfin, M. le comte de Bernis, seigneur des Ports, n'ayant point de part à la haute-justice de cette terre, mais seulement trois vingtiemes de la moyenne & basse-justice, le suppliant se réserve d'examiner dans la suite de cette requête, les titres qu'il rapporte pour justifier de la propriété des terres en marais qu'il possede dans l'étendue de cette terre.

Que parmi les parties qui n'ont point la justice, & qui établissent par les titres qu'elles rapportent, qu'elles ont la propriété de certaines portions des marais, la communauté de Beaucaire a justifié avoir la propriété de 800 salmées de terres vaines & vagues qui lui ont été concédées par le Roi Louis XIII en 1632, contenance que cette communauté ne possede plus, & qui est composée en partie des fonds en marais qui furent aliénés en 1671 en faveur des créanciers de cette communauté. N°. XLI

La propriété de la portion des marais faisant partie de la susdite contenance de 800 salmées, est bien établie, soit en faveur de la ville de Beaucaire, soit en faveur des possesseurs qui la représentent; mais il reste à connoître quels sont les acquéreurs de ces fonds en marais, & c'est aux consuls de Beaucaire à les indiquer, ainsi que le suppliant l'a demandé par sa requête dudit jour 9 Juin dernier.

Cette indication faite, le suppliant mettra en cause les propriétaires actuels desdits fonds en marais auxquels il suffira de rapporter les actes d'aliénation consentis en leur faveur par la communauté pour faire reconnoître leur propriété.

Parmi ces particuliers, M. le président de Belleval jouit de 93 salmées, faisant partie des 800 concédées à cette communauté; & il a suffisamment justifié en avoir la propriété, en communiquant, comme il a fait, au suppliant, le testament du sieur de Fressieux, son aïeul maternel, qui avoit acquis en 1671 cette contenance de marais de la communauté; testament qui contient substitution des biens dudit sieur de Fressieux en faveur dudit sieur président de Belleval, en vertu duquel il en est devenu propriétaire depuis le decès de la dame sa mere; ainsi, il ne reste plus de doute sur sa propriété & sur sa qualité.

La ville de Beaucaire a encore justifié avoir la propriété de 170 salmées de marais, mesure de Saint-Gilles, qu'elle a acquis en 1739 du chapitre de l'église cathédrale d'Uzès ou du prévôt de ce chapitre, & on ne sauroit disconvenir des droits de cette communauté, par rapport à cette contenance; elle a encore des usages ou facultés sur d'autres parties de marais dont on parlera lorsqu'on en viendra à la classe des usages.

Les dames de Cournon sœurs, l'une épouse de M. Plauchut, procureur du Roi en la sénéchaussée & siége présidial de Nîmes, & l'autre, veuve de M. de Marmier, commissaire des guerres, prétendant à la propriété d'un tenement de 1150 salmées en marais, dénommé le Partisan, situé dans le terroir de Beaucaire.

Pour prouver cette propriété, elles ont remis, entr'autres titres, des lettres-patentes du feu Roi du 27 Mai 1678, contenant don aux sieurs de Launay & de la Roche, de 1700 salmées de marais & palus restant à dessécher dans le terroir de Beaucaire, pour les tenir à foi & hommage de Sa Majesté, sous l'albergue annuelle de 300 livres, à la charge par les donataires de faire dessécher en entier cette contenance, & d'y faire construire au milieu un canal de navigation à leurs frais & dépens, dans l'espace de six années, à peine de nullité de ce don, lequel a été restreint, par un arrêt de la cour des comptes, aides & finances de Montpellier, à 1150 salmées, les 550 salmées du surplus étant restées en la propriété de Sa Majesté, afin que les habitans de Beaucaire eussent la faculté d'y faire dépaître leur bétail.

Indépendamment de ce que la condition de ce don n'a pas été remplie en entier par rapport au desséchement, ni en aucune partie, par rapport au canal de navigation, depuis la date de la concession, qui remonte à près d'un siecle, lesdites parties n'ont pas justifié être aux droits des sieurs de Launay & de la Roche, donataires.

Supposé qu'elles satisfassent à cet égard aux conclusions prises par le suppliant dans sa requête du 9 Juin dernier, comme le payement par elles fait du droit de confirmation & de l'albergue annuelle, peut, en faisant veiller leurs titres, rendre leur possession légitime, ce que le suppliant n'examine pas, quant à présent; & que d'ailleurs, elles ont offert de contribuer aux frais de la construction du canal de navigation, & à ceux du desséchement des marais; le suppliant déclare n'avoir aucunes conclusions à prendre à leur égard, jusques à ce qu'elles se soient réglées avec les Etats sur ces mêmes offres.

Mais, il est surprenant que la communauté de Beaucaire regarde comme un titre de propriété, l'arrêt de la cour des comptes, aides & finances de Montpellier, du 16 Mai 1682, dont on vient de parler, tant pour les 1150 salmées concédées aux sieurs de Launay & de la Roche, que pour les 550 salmées que cet arrêt sépara du don qui leur en avoit été fait, tandis que ce même arrêt prouve au contraire, qu'elle ne peut en avoir aucune sur l'une ni sur l'autre contenance.

En effet, le Roi, comme seul seigneur de tout le terroir de Beaucaire, avoit la propriété de l'entiere contenance des marais situés dans ce terroir, dont les 1700 salmées qu'il voulut bien accorder auxdits sieurs de Launay & de la Roche faisoient partie; & si la ville de Beaucaire forma opposition à ce don, ce fut sur l'unique fondement des usages & facultés dont elle avoit droit de jouir en vertu du traité passé en 1555, entre le Roi Henri II & les Etats, dont on a déjà parlé, & dont on parlera encore lorsqu'on en viendra à discuter les titres des parties qui n'ont que des usages & des facultés sur les marais.

Elle fit valoir en la cour des aides, lorsqu'elle s'opposa à l'enregistrement des lettres-patentes contenant ce don, que cette quantité de 1700 salmées

étoit absolument nécessaire pour la
.XLI. dépaissance des bestiaux de ses habitans, sans lesquels ils ne pouvoient ni cultiver les autres fonds, ni en payer les charges.

Les Etats vinrent même au secours de cette communauté, afin de la faire maintenir aux droits d'usage sur les marais dont ils pouvoient avoir besoin; on voit par la requête du syndic général, insérée dans l'arrêt de 1682, qu'il y conclut à ce qu'en exécution du traité de 1555, il fût laissé à cette communauté la quantité de terres qui lui seroient nécessaires pour ses usages; la cour des aides ordonna une vérification pour connoître quelle étoit cette quantité; & ce ne fut qu'après cette vérification, que la même cour ordonna par le susdit arrêt, que sur le don de 1700 salmées, il en seroit distrait 550.

Ainsi, bien loin que cet arrêt forme un titre de propriété pour les habitans de Beaucaire, soit sur les 1150 salmées pour lesquelles le même arrêt confirme le don en faveur des sieurs de Launay & de la Roche, soit sur les 550 qui furent distraites du don, il prouve au contraire, qu'ils n'en ont aucune, ni sur les 1150 salmées pour lesquelles le don fut confirmé sous les conditions y exprimées, puisque la propriété en fut transférée aux donataires sous ces conditions, ni sur les 550 salmées qui furent distraites de ce don. Et comment cet arrêt auroit-il pu leur transmettre la propriété des 550 salmées, puisqu'il n'avoit eu pour objet que de lui laisser, d'après la vérification qui l'avoit précédé, la contenance des marais qui lui seroit nécessaire pour la dépaissance de ses bestiaux, conformément au traité de 1555, dont le syndic général, conjointement avec elle, avoit réclamé l'exécution?

Il n'y a donc que les Etats, comme étant aux droits du Roi, qui puissent avoir la propriété de l'entiere contenance des marais de Beaucaire, à la réserve des parties dont cette communauté a justifié avoir la propriété. Il n'y a qu'eux qui puissent réclamer d'une part les 1150 salmées du don fait aux sieurs de Launay & de la Roche, possédées aujourd'hui par les dames de Marnier & de Plauchut, & de l'autre, les 550 salmées qui avoient été distraites de ce don, sauf à la communauté de Beaucaire à faire valoir les droits d'usage & de dépaissance dont il sera parlé dans la suite. N°.LXI.

Le sieur Pieyre, qui a justifié par les actes qu'il a rapportés, la propriété de plusieurs possessions situées dans le terroir de Saint-André de Camarignan, n'ayant point de titre qui s'étende à la totalité du terroir, & étant au contraire borné à des possessions par les actes qu'il rapporte, il doit en déclarer les différens tenemens qu'il possede en marais, avec les quatre confronts de chacun de ces tenemens, conformément au jugement du 19 Novembre 1768, & aux conclusions que le suppliant a prises dans sa requête du 9 Juin dernier; jusques auquel tems, sa propriété reste en suspens: quant à l'objet des marais, il ne peut en avoir en effet, qu'autant qu'il établira qu'il y en a dans la portion du terroir de Saint-André de Camarignan, qui a été inféodée à ses auteurs par le prieur dudit lieu, par acte du 10 Mai 1558, & confirmée par l'abbé de Saint-Gilles, collateur dudit prieuré, par autre acte du 17 Mars 1559, puisque ce n'est que d'après ces indications qu'on pourra adopter les titres qu'il rapporte.

Le chapitre d'Alais a justifié avoir dans le terroir de Psalmodi, la propriété du huitieme du tenement appellé le grand & petit Courtet, dont les sept huitiemes appartiennent à M. le grand-

N°. XLI. prieur, suivant une transaction du 17 Juin 1610, qui a été rapportée.

2°. Il a aussi rapporté un jugement des commissaires réformateurs des eaux & forêts, du 8 Mai 1670, qui maintient le chapitre d'Aigues-mortes, qu'il représente, en la propriété & jouissance de l'étang appellé de la Ville, dans le terroir d'Aigues-mortes & des Martiguieres, appellés la Resclause & d'Avern.

Il a produit un bail à ferme du 10 Mars 1769, du droit de sixieme des poissons & oiseaux qui se prennent dans les eaux de cet étang, auquel il faudroit joindre sans doute des actes de possession plus anciens, & un jugement de maintenue.

Enfin, il prétend représenter le cellerier de Psalmodi, par rapport à certains droits dont il est inutile de faire mention en détail, attendu que cette question est indifférente aux Etats, puisque s'ils n'appartiennent pas au chapitre, ils appartiennent à M. l'évêque d'Alais, comme seigneur justicier & foncier; d'où il suit, que ces parties doivent se régler entr'elles à ce sujet.

M. le marquis de Calviere, lieutenant général des armées du Roi, a aussi rapporté des actes qui établissent la propriété de deux tenemens en marais situés dans le terroir de St. Laurent d'Aigouse, l'un appellé aujourd'hui la Muzette, & l'autre le Cousson de Bermond; & il ne lui reste qu'à établir qu'il est aux droits du sieur Gautier, auquel le marais appellé le Cousson de Bermond, fut vendu en 1601 par les commissaires députés par le Roi pour l'aliénation du temporel du clergé, & qu'il est pareillement aux droits du sieur Jean de Calviere, avec lequel la transaction qu'il rapporte du 3 Juillet 1654 fut passée, à raison du tenement en marais inféodé en 1615 par l'abbé de Psalmodi.

L'abbaye de Franquevaux jouit, 1°. dans le terroir de Vauvert, d'une isle ou atterrissement, & de plusieurs marais dont la possession lui fut confirmée ou cédée par le seigneur de Vauvert, dans une transaction du 3 des ides de Mars 1256, qui a été produite par cette abbaye & par M. de Vauvert. Elle a aussi rapporté plusieurs actes, comme sentences, procédures de bornage, & arrêts, qui la maintiennent dans la possession des terres & palus mentionnés dans cet acte de 1256. N°. XLI.

2°. Elle a encore plusieurs possessions dans le terroir de Beauvoisin, qu'elle a acquises dans les 12 & 13e. siecles, suivant les actes de 1197, 1218, & 1227 qu'elle a produits; mais il n'y a aucune preuve qu'elle ait quelque jurisdiction dans ces domaines; l'acte de 1197 fait seulement mention d'une mouvance, & de quelques droits seigneuriaux sur un terrein limité.

Elle a aussi une portion dans l'étang de Scamandre, dont on aura occasion de parler dans la suite.

Elle a enfin un droit de dépaissance dans la Silve-Godesque, dont il sera parlé dans la derniere partie de cette requête, où il ne sera question que de simples usages ou facultés.

Les héritiers de Jacques Chabaud n'ont rapporté aucun titre de propriété, mais seulement des extraits de compoix & des quittances de tailles, qui ne peuvent servir qu'à prouver leur possession, relativement à l'action du collecteur pour le payement de la taille; ainsi, le suppliant ne sauroit reconnoître leur propriété, sauf à eux à établir que leur possession, à raison des portions de marais dont il s'agit, situés dans le terroir de Vauvert, a pu leur en acquérir la propriété.

Les communautés d'Aimargues & du Caylar, ont aussi prouvé qu'elles tenoient du seigneur du Caylar, sui-

N°. XLI. vant une transaction du 15 Janvier 1669, l'ancien tenement en marais appellé de la Souteyrane, dans laquelle sont comprises les deux montilles faisant partie dudit tenement, & la petite palus, située entre le grand enclos & la terre de Vauvert, & la moitié du tenement d'Yvernon.

Mais de plus, la communauté du Caylar a justifié qu'elle avoit en particulier, & indépendamment de celle d'Aimargues, la propriété de quatre autres tenemens en marais dans la terre du Caylar, appellés 1°. La Clapiere, 2°. Sous les Patus. 3°. Le pré dit les Palus, & 4°. Un autre pré ayant appartenu au seigneur dudit lieu, lesquels fonds lui furent cédés & abandonnés par le seigneur du Caylar, par transaction du 2 Décembre 1614, pour être tenus en fief franc & noble; & il accorda en même-tems à cette communauté, certains usages ou facultés sur les marais dont il avoit la propriété. Au moyen de quoi, le suppliant ne sauroit méconnoître la propriété de ces communautés sur les marais énoncés dans les actes qu'elles ont rapportés.

Les sieurs Perié ont pareillement justifié de leur propriété des marais dans l'isle de Sainte-Marguerite ou du Mol, située dans le terroir d'Aigues-mortes.

Le sieur Roussélier, viguier d'Aimargues; M. Reboul, trésorier de France; M. le comte de Bernis, seigneur des Ports; le sieur Mourgues, bourgeois de Montpellier; le sieur d'Azemar & la dame de Montoulieu son épouse, ont également prouvé la propriété des marais dont ils jouissent.

Savoir, le sieur Roussélier dans le terroir d'Aigues-mortes.

M. Reboul dans le même terroir.

M. le comte de Bernis, seigneur des Ports dans la terre des Ports.

Le sieur Mourgues dans la même terre. N°. XLI.

Le sieur d'Azemar & la dame son épouse aussi dans la même terre. En observant toutefois que ledit sieur d'Azemar & la dame de Montoulieu doivent justifier qu'ils représentent Siméon de Bornier, inféodataire des 25 carterades de marais qu'ils possedent, suivant l'acte du 27 Juillet 1644 par eux rapporté.

La communauté de Massillargues a justifié pareillement avoir la propriété, 1°. De cent carterées du pré de l'Estelle, jurisdiction des Ports, 2°. De 123 carterées de palus rehaussés de Tamerlet, 3°. De 40 séterées dont la situation n'est pas indiquée dans les actes qui ont été rapportés, mais que cette communauté pourra indiquer en rapportant les délibérations de 1711 & 1715, citées dans la transaction du 6 Août 1717, que cette communauté a produite. 4°. Enfin de 35 carterées à prendre sur la quantité de 565 dont M. le marquis de Calvisson avoit cédé l'usage aux consuls de cette communauté par les transactions des 23 Décembre 1687, & 10 Décembre 1701, qui sont également rapportées.

Le suppliant seroit en état de prendre des conclusions sur les titres remis par les communautés qui composent la baronnie de Lunel; mais les contestations qu'elles ont avec les sieurs Brun, Mathieu, Soulages & Roux, ne lui permettent pas de le faire quant à présent.

Elles ont pour objet la propriété de partie des marais de cette baronnie, nommément ceux depuis le Port-Dur jusqu'au Bérange, sous prétexte d'une inféodation à eux faite le 23 Avril 1762, par les dames religieuses de la Visitation de Montpellier, comme étant elles-mêmes aux droits du monastere d'Arboras; sur le fondement de laquelle

N°. XLI.

inféodation, ils ont demandé d'être reçus parties intervenantes dans l'instance.

Le suppliant s'est d'abord opposé à ce que cette intervention fût admise, attendu les vices que renferme l'inféodation qui leur a été faite; il s'en est ensuite remis à ce qu'il plaira à la commission d'ordonner pour rejetter l'intervention ou l'admettre; mais il a déclaré en même-tems, par sa requête du 23 Juin dernier, donnée uniquement à l'égard de ces parties, qu'il n'entendoit reconnoître aucune propriété en vertu de leurs titres de partie des marais qu'ils réclament dans l'étendue de la baronnie de Lunel; & il se réserve de discuter les titres des communautés qui composent cette baronnie, ensemble ceux des dames de la Visitation, & des inféodataires qui prétendent les représenter, lorsque la commission aura établi les qualités des parties, en prononçant sur leurs contestations avec ladite baronnie.

Les hommages & dénombremens remis par Mme. la marquise de Rochemaure, à raison des marais situés dans les terroirs de Tartuguieres & du Grès, sont des titres valables de propriété, autant qu'elle justifiera qu'elle est aux droits d'Ermengaud, & François de Rochemaure, qui ont rendu ces hommages & dénombremens en 1435 & 1552, dans le terroir de St. Nazaire, dépendant de la baronnie de Lunel.

Mme. de Bornier, épouse de M. le président de Crouzet, a aussi prouvé la propriété des trois tenemens en marais bornés avec elle en 1767, dont deux dans le terroir d'Aigues-mortes, appellés le Mas de Bornier & le Clos de l'Inféodation, & l'autre dans la terre de Lunel, dénommé le Clos de la Verahe, ensemble de 25 séterées de marais dans les palus de Mauguio.

M. de Portalés a justifié avoir la propriété de l'étendue du terrein & marais qui avoit été inféodé au sieur Baude en 1727, par feu M. de Colbert, évêque de Montpellier, dans le terroir de Mauguio, en rapportant le contrat de vente qui lui en a été passé en 1762, & l'hommage que le sieur Baude en avoit prêté en 1755.

Quant au bail à ferme qu'il a rapporté, passé en 1644 par dame Jacquette de Portalés, du château de la Motte, appartenant à ses enfans, cet acte, qui suppose la propriété, n'en donne pas la preuve, mais seulement d'une possession utile, qui peut opérer la prescription, parce que le château de la Motte est situé dans la justice d'un seigneur, c'est-à-dire, dans le comté de Mauguio, possédé par M. l'évêque de Montpellier, & non dans la justice du Roi.

MM. le grand-prieur de Saint-Gilles, les commandeurs de Montpellier, de Sylveréal, de Capette, d'Argence, du Mas de Liviers, du plan de la Peyre, de la Vernede & de Cavales, ont représenté devant M. de Rosset, commissaire, des actes qu'ils prétendent établir leur propriété dans l'étendue du grand-prieuré & de leurs commanderies; mais ces actes ne peuvent être regardés comme des titres de propriété, puisqu'ils ne consistent qu'en des baux à ferme & en des procès-verbaux sur des procédures de bornage qu'ils ont eux-mêmes fait faire de leurs commanderies; actes purement possessoires, qui peuvent seulement établir leur jouissance, mais qui seuls, ne peuvent pas établir la propriété; ce qui a obligé le suppliant à protester contre cette remise, comme ne remplissant pas les dispositions de l'arrêt du conseil du 12 Mai 1716, & du jugement de la commission du 19 Novembre 1768.

Malgré cette protestation, M. le grand-prieur de Saint-Gilles & MM. les commandeurs susnommés n'ont point rapporté d'autres actes ; ils n'ont pas même trouvé à propos d'indiquer, ni les différens tenemens en marais qui forment partie des fonds de leurs commanderies, ni les confronts de ces tenemens, ni les justices dans lesquelles ils sont situés.

Ce n'est pourtant que par une déclaration de ces tenemens, de leurs confronts, & des justices dont ils relevent, qu'on pourra se déterminer à reconnoître comme suffisans les baux à ferme & autres actes de possession qui ont été produits. Ils le seront en effet, si les marais dont cet ordre jouit, étoient situés dans l'étendue de la justice des seigneurs.

On trouve dans les actes produits par M. de Vauvert, qu'en 1505, le seigneur de ce lieu inféoda à ce grand-prieur de Saint-Gilles, la Silve-Godesque avec toute la justice. On voit aussi dans les actes produits par le chapitre d'Alais, que suivant une transaction passée le 13 Juin 1610, entre le grand-prieur de Saint-Gilles & ce chapitre, il lui appartient dans le terroir de Psalmodi, les sept huitiemes du tenement de Ribayrés, appellé grand & petit Courtet, la huitieme partie appartenant audit chapitre.

Si tous les autres tenemens des marais possédés par l'ordre de Malte, sont dans le même cas, s'ils sont également situés dans les justices des seigneurs, le suppliant n'hésitera pas à reconnoître que la possession qui en est acquise à M. le grand-prieur & à MM. les commandeurs, suivant les actes qui ont été rapportés, suffit pour leur en assurer la propriété.

Mais s'ils sont situés, en tout ou en partie, dans des justices du Roi, les actes de possession ne pouvant faire perdre au Roi sa propriété, il faut nécessairement rapporter des titres de concession, des hommages ou dénombremens, conformément aux réflexions générales exposées au commencement de cette requête.

Ce ne sera donc qu'après que M. le grand-prieur & MM. les commandeurs de l'ordre de Malte auront remis les déclarations qu'ils doivent fournir, conformément au jugement du 19 Novembre 1768, que le suppliant prendra telles conclusions que de droit à l'égard de ces parties, pour reconnoître ou contester la propriété des marais à laquelle ils prétendent.

Au surplus, le suppliant n'a rien à relever quant à présent, contre les héritiers de Mme. de Beaurepaire, ceux d'Elie Peyrie, représentés par le sieur d'Alléon, du lieu de Saint-Laurent d'Aigouse, contre ceux de Joly, représentés par le sieur de Laugier de Saint-Germain, résidant à Arles en Provence, ni contre les Dlles. de Silles, & le sieur de Moynier ; aucune de ces parties n'a représenté ni remis ses titres de propriété ; le suppliant a pris des conclusions pour les y obliger, & il espere que le dernier délai qui leur sera accordé par la commission pour cette remise, sera péremptoire, définitif, & sans espoir d'autre, afin que cette discussion, qui est indispensable pour parvenir au desséchement, puisse être conduite à sa fin, & que les Etats puissent remplir, à l'égard de Sa Majesté & du public, l'objet de la concession qu'elle leur a faite.

Avant de passer à la discussion des actes remis par les parties qui n'ont que des usages ou facultés sur les marais, il reste encore à examiner la propriété prétendue par M. de Vauvert, sur l'étang de Scamandre.

Cet étang est incontestablement compris dans la concession faite aux Etats, puisqu'elle renferme non-seulement les palus & marais, mais encore les étangs, lais & relais de la mer & des rivieres,

& qu'il eſt dans les limites énoncées depuis Beaucaire juſques à Aigues-mortes, & à l'étang de Pérols; ſi cet étang n'a pas été compris dans les procédures qui ont été faites pour le bornement des marais, le ſuppliant s'eſt toujours réſervé de le requérir; & le retardement de cette procédure ne peut rien faire perdre aux Etats du droit qui leur eſt acquis par le don de Sa Majeſté.

M. de Vauvert prétend être propriétaire de cet étang, dont M. l'abbé & le chapitre de Saint-Gilles ont prouvé qu'ils ont la propriété pour certaines parties. Ses prédéceſſeurs en ont même concédé 100 cannes à l'abbé de Franquevaux; les habitans de Saint-Gilles & ceux de Vauvert, ont également des facultés qu'ils tiennent des ſeigneurs de Vauvert, ſans doute parce qu'ils avoient l'uſage en entier deſdites eaux; & ce fut ſur la preuve de cet uſage, qu'intervint le jugement rendu le 3 Mai 1754 par MM. les commiſſaires nommés pour la vérification des titres des droits maritimes, qui maintient M. de Vauvert dans la poſſeſſion & jouiſſance du droit de levade ſur les poiſſons & les oiſeaux qui ſe prennent dans ledit étang; mais quant à la propriété, le même jugement ordonne qu'il en juſtifiera plus amplement dans trois mois; & conſéquemment, il faut que M. de Vauvert établiſſe par des titres exprès, que Sa Majeſté avoit concédé cet étang à ſes auteurs; ſans quoi il ne ſauroit, ſuivant ledit jugement, en prétendre la propriété.

C'eſt auſſi par ces motifs que le ſuppliant a conclu dans ſa précédente requête, à ce que M. de Vauvert ſera tenu de juſtifier de cette propriété dans trois mois; & ces concluſions ſont également juſtes & régulieres, puiſqu'elles ſont la ſuite & l'exécution du jugement rendu ſur la repréſentation de ſes titres devant la commiſſion établie pour la vérification des droits maritimes.

Mais, quand même M. de Vauvert auroit obtenu & rapporté ce jugement, il ne pourroit pas prétendre aujourd'hui l'entier étang de Scamandre; les titres qu'il a rapportés ne lui en donnent que cinq huitiemes. Il eſt d'ailleurs prouvé par les actes produits par le chapitre de Saint-Gilles, que cet étang lui appartient en partie, & à l'abbé de Franquevaux; de ſorte que les Etats ne peuvent reconnoître, quant à préſent, d'autre propriété ſur l'étang de Scamandre, que celle du chapitre de Saint-Gilles & de l'abbé de Franquevaux, dont les portions ſont réglées par un arrêt contradictoire du parlement de Grenoble du 15 Septembre 1680, produit par le chapitre de Saint-Gilles; ſans néanmoins que les Etats entendent prendre intérêt dans les conteſtations qui peuvent s'élever entre ces parties & M. de Vauvert ſur cette propriété, ſur laquelle ils ſe réſervent de faire valoir leurs droits, ainſi qu'il appartiendra.

Pour en venir maintenant à la diſcuſſion des titres concernant la troiſieme claſſe des parties de l'inſtance, c'eſt-à-dire, de celles qui n'ont aucune eſpece de propriété, mais ſeulement des uſages & facultés ſur les marais concédés aux Etats, on remarque que ce ſont principalement les communautés ſituées dans leur étendue, qui réclament ces uſages; & parmi ces communautés, il faut diſtinguer celles qui ſont dans les juſtices du Roi, d'avec celles qui ſont dans les juſtices des ſeigneurs.

Les communautés de Beaucaire, d'Aigues-mortes, & de la baronnie de Lunel, ſont dans le premier cas, & elles ſont fondées à faire valoir, indépendamment des titres qui leur ſeroient particuliers, le traité qui fut fait en 1555, entre MM. les commiſſaires du Roi

N°. XLI. Roi Henri II & les Etats de cette province, par lequel les communautés sont maintenues dans l'usage & faculté des patis, palus, & pâturages dans leurs terroirs, pour y faire de l'herbe, du bois, & y faire dépaître leurs bestiaux; titre qui ne peut en aucun cas leur attribuer une propriété, mais de simples facultés.

Il ne s'agit donc pas de rappeller par rapport à la communauté de Beaucaire, ce qui a été dit plus haut au sujet des propriétés dont elle a justifié, & que le suppliant a reconnues, ni de celles qu'elle a prétendu avoir, & dont elle doit être déboutée, mais seulement des droits d'usage qui lui sont acquis sur les marais situés dans son terroir, conformément au traité de 1555; & les Etats qui en ont toujours réclamé l'exécution, sont bien éloignés de la contester.

Le suppliant observera seulement par rapport aux conclusions que la communauté de Beaucaire a prises dans une requête par elle présentée le 26 Octobre 1768, pour être maintenue dans la moitié du marais appellé le Contrat, qu'elle prétend posséder en commun de toute ancienneté avec la communauté de Bellegarde, suivant l'arrêt du parlement de Toulouse de 1535; qu'elle n'a rapporté ni cet arrêt, ni aucun autre titre pour justifier de son droit, & que la communauté de Bellegarde, dont il sera parlé ci-après, n'en a aussi rapporté aucun; ce qui ne permet pas au suppliant de reconnoître cette propriété.

La communauté d'Aigues-mortes est dans le cas de celle de Beaucaire; elle n'a que des usages & facultés sur les marais de son terroir; facultés qui dérivent plutôt du traité de 1555, que des titres par elle produits.

En effet, les deux lettres-patentes de Charles VII du 6 Avril 1434, & 13 Juillet 1440, & celles de Louis XI du premier Novembre 1468, ne font qu'enjoindre au sénéchal de Beaucaire, de maintenir les habitans d'Aigues-mortes dans le droit & possession qu'ils réclamoient, s'il lui apparoissoit de la vérité de leur exposé. N°. XLI.

Par cet exposé, qu'on trouve dans les mêmes lettres, les consuls d'Aigues-mortes disoient que parmi plusieurs priviléges accordés par Saint Louis à leur ville, dont les titres avoient été brûlés ou enlevés pendant la révolte des Bourguignons, ils jouissoient d'une robine située dans le terroir de Peccais, appellée Rosemort, d'un étang appellé Lamarette, avec le droit de chasse & de pêche sur ledit étang, de plusieurs herbages, pâturages, chasses, robine, pêcheries, auprès de la ville, & faculté de vendre & affermer ces diverses jouissances, pour employer le prix aux nécessités de leur ville.

On doit d'abord remarquer, que cet exposé que les habitans d'Aigues-mortes ne sauroient méconnoître, puisque c'est leur ouvrage, ne fait mention d'aucune propriété, mais seulement de jouissance; de sorte que quand même ces lettres-patentes leur auroient accordé tout ce qu'ils demandoient, l'avantage que les consuls pouvoient en tirer pour lors, & qu'ils peuvent en tirer aujourd'hui, se réduiroit à de simples facultés sur les marais, & non à en avoir la propriété.

Mais de plus, si tous leurs droits devoient être réduits à des usages, dans le cas même où ils y auroient été définitivement confirmés, combien n'est-on pas plus fondé à leur contester l'effet de ces lettres-patentes, dès qu'elles ne font qu'enjoindre au sénéchal d'en accorder la maintenue, s'il lui apparoissoit de la vérité de l'exposé, & qu'ils ne rapportent, ni ordonnance dudit sénéchal de Beaucaire, ni procédure de vérification faite sur cet exposé; d'où il suit, que ces lettres-patentes étant restées sans effet, la communauté d'Aigues-mortes ne peut en aucune maniere s'en servir pour établir même les usages & facultés dont il y est fait mention.

Il en est de même de l'extrait intitulé *Sumptum* des priviléges d'Aigues-mortes; la collection dont cet extrait est tiré, n'a aucune authenticité, & le particulier qui avoit, dit-on, compilé les titres contenant ces priviléges, est peu exact dans sa compilation, puisqu'il y suppose des lettres du Roi Louis, du premier Novembre 1363, tandis qu'il n'y avoit pas eu de Roi de ce nom sur le trône depuis 1316, époque de la mort de Louis Hutin, jusqu'en 1461, que Louis XI parvint à la couronne, & que c'étoit Philippe VI qui régnoit au mois de Novembre 1363, ou si l'auteur a entendu parler des lettres de Louis XI du premier Novembre 1463, on en a déjà prouvé l'insuffisance, pour assurer à la communauté d'Aigues-mortes la propriété qu'elle réclame.

Enfin, le jugement des commissaires du domaine du 30 Octobre 1670, n'est point un titre plus avantageux à cette communauté; car, quoiqu'il la confirme, ainsi que ses habitans, dans la possession & jouissance des herbages des quartiers appellés Boudres, Mol, Merle, & Malemousque, & en une piece de plage tenant au territoire de ladite ville, joignant à la mer; ce jugement ajoutant que ce n'est que conformément aux lettres-patentes de Charles VII des années 1434 & 1436, qui, comme on l'a déja observé, ne contiennent que des dispositions préparatoires, & non définitives, surtout les premieres ne pouvant être employées pour justifier d'aucune propriété sur les marais.

Quant aux lettres de 1436, les consuls ne les ayant point représentées, on ne les connoît que par l'énonciation qui en est faite dans le susdit jugement; mais si elles contiennent ce qui en est énoncé, on ne voit pas pourquoi les consuls d'Aigues-mortes négligeoient d'en faire usage dans la requête qu'ils présenterent au même Roi en 1440, ni comment ces dernieres lettres mirent en question, comme elles avoient fait en 1434, des droits qui auroient été accordés & reconnus depuis si peu de tems? Il seroit aisé aux consuls d'Aigues-mortes de dissiper ces doutes, & de détruire ces présomptions, en rapportant ces lettres de 1436, tandis qu'ils en ont remis tant d'autres qui ne font mention que des droits dont ils exposent être en possession.

Ces réflexions acquierent une nouvelle force, lorsqu'on les rapproche des véritables priviléges de la ville d'Aigues-mortes, accordés d'abord par Philippe I, confirmés ensuite par Saint Louis & par le Roi Jean, recueillis par *Galand* dans son traité du franc-alleu, & insérés dans la collection du Louvre, tom. 4, page 44, suivant lesquels il est dit à l'article XXIX, que les juges donneront aux habitans, un pâturage commun hors de la ville; ce qui suppose qu'elle n'avoit point de propriété, ni autres droits dans son territoire.

Ces réflexions conduisent aussi à dire que cette ville n'a aucun titre pour réclamer la propriété des marais situés dans son terroir; & on a eu raison d'observer, qu'elle est dans le cas des autres communautés qui sont dans la justice du Roi, dont le seul titre se réduit par rapport aux marais, au traité de 1555, dont les Etats n'ont jamais entendu contester l'exécution.

Le suppliant ne rappellera point par rapport aux communautés qui composent la baronnie de Lunel, ce qu'il a dit plus haut au sujet des contestations qui l'empêchent de prendre quant à présent, aucunes conclusions à l'égard de ces parties; & il lui suffit de se référer à celles qu'il a prises dans la requête qu'il a présentée à ce sujet le 23 Juin dernier.

Quant aux communautés qui sont situées dans les justices des Seigneurs, celle de Fourques établit son droit de dépaissance dans les marais, sur des lettres d'amortissement accordées par le feu Roi, au mois de Septembre 1688, qui maintiennent cette communauté en la faculté de dépaissance & de lignerage dans les palus & marais; & sans entrer dans aucune discussion sur l'effet de ces lettres, il suffit que cette communauté jouisse de cette dépaissance, qui ne pourroit lui être contestée que par son seigneur, comme ayant la haute justice dans l'étendue de cette terre.

Les consuls de Bellegarde ont conclu dans une requête, à être maintenus, conjointement avec la communauté de Beaucaire, à jouir en commun d'un tenement en marais dénommé le Contrat, situé dans le terroir de l'une ou de l'autre de ces communautés; mais sans rappeller ce qui a été déjà dit à ce sujet, en parlant de la communauté de Beaucaire, il suffit qu'elles n'ayent remis aucuns titres pour établir leurs prétentions sur ce tenement, pour qu'elles doivent en être déchues.

Au reste, la communauté de Bellegarde a des facultés sur les palus appellés les Franchises de son terroir; facultés qu'elle tient de M. le duc d'Uzès, seigneur dudit lieu, suivant les transactions par elle rapportées.

Quant aux communautés de Saint-Gilles, de Saint-Laurent d'Aigouse, de Vauvert, du Caylar, d'Aimargues, de Massillargues, de Mauguio, Mudazon & Candillargues; comme les droits de ces différentes communautés se réduisent à des facultés sur les marais à elles concédées par leurs seigneurs hauts-justiciers, tels que M. l'abbé & le chapitre de Saint-Gilles, pour la communauté du même nom; par M. l'évêque d'Alais, pour celle de Saint-Laurent d'Aigouse; par M. le baron de Vauvert, pour la communauté du même nom; par M. le marquis d'Aubaix, pour celle du Caylar; par M. le duc d'Uzès, pour celle d'Aimargues; par M. le marquis de Calvisson, pour celle de Massillargues; & par M. l'évêque de Montpellier, pour les communautés qui composent le comté de Mauguio, ces communautés doivent jouir des facultés à elles concédées par ces seigneurs; & bien loin par les Etats de s'y opposer, ils se porteront sans doute à traiter avec elles pour le dédommagement de ces facultés, si le desséchement des marais, & la construction du canal de navigation leur en faisoit perdre une partie.

Indépendamment des communautés dont on a parlé, l'abbaye de Franquevaux a justifié avoir un droit de dépaissance dans la Sylve-Godesque, terroir de Vauvert, suivant une transaction du 3 Mai 1315, produite par M. de Vauvert.

M. le comte de Bernis, seigneur des Ports, comme on l'a déjà dit, pour trois vingtiemes de la moyenne & basse justice de la terre des Ports a aussi la dépaissance pour ses bestiaux dans toute cette terre, suivant les mêmes titres que la communauté de Massillargues a rapportés pour justifier de ses propriétés & de ses usages; & le suppliant ne sauroit contester la validité des titres qui assurent ces dépaissances, à l'une & l'autre de ces parties.

A ces causes, il vous plaira, Nos-

N°. XLI. SEIGNEURS, adjuger au ſuppliant les fins de ſa requête du 9 Juin dernier; & en outre, autoriſant le procès-verbal, & entiere procédure faite devant M. de Roſſet, l'un de vous, commiſſaire à ce député, ſur la remiſe des titres faite en exécution du jugement du 9 Novembre 1768, donner acte au ſuppliant,

1°. De ſa déclaration comme il reconnoît la légitimité des titres remis, par M. de Bon, ſeigneur de Fourques, par M. l'abbé & le chapitre de Saint-Gilles, par M. l'évêque d'Alais, par M. de Genas, ſeigneur de Vauvert, par M. le duc d'Uzès, par M. le marquis d'Aubaix, par M. le marquis de Calviſſon, par M. Leblon, pour la terre de la Motte, par M. l'évêque de Montpellier, pour le comté de Mauguio, & par Mme. de Candillargues, veuve de M. le comte de Montpeyroux, pour la ſeigneurie de Candillargues.

A l'effet d'être leſdites parties maintenues en leur qualité de ſeigneurs juſticiers, dans la propriété des parties des palus & marais ſitués dans l'étendue deſdites juſtices.

Sauf néanmoins à l'égard de M. de Vauvert, à juſtifier de la propriété qu'il prétend avoir de l'étang de Scamandre, de laquelle il ſera tenu de juſtifier pour les portions qui le concernent, dans trois mois, conformément aux concluſions ſur ce priſes par le ſuppliant dans ſa requête du 9 Juin dernier; & ſauf à être ſtatué en même-tems ſur la propriété des portions dudit étang, que le chapitre de Saint-Gilles & l'abbaye de Franquevaux ont juſtifié leur appartenir, ſuivant les actes produits par ces parties.

Comme auſſi, pour ce qui concerne Mme. de Candillargues, à la charge de juſtifier dans le mois, qu'elle eſt aux droits de Bertrand Monachi, & d'Arnaud Dalmas, qui ont rendu l'hommage, & remis le dénombrement par elle produit, conformément à la ſuſdite requête, & à indiquer les tenemens & les confronts des marais, qu'elle prétend faire partie de ladite terre. N°. XLI.

2°. Donner pareillement acte au ſuppliant de ſa déclaration qu'il reconnoît la légitimité des titres produits par la communauté de Beaucaire pour prouver ſa propriété des 800 ſalmées de terres vaines à elle concédées en 1732, par le Roi Louis XIII, & celle de M. le préſident de Belleval, ayant droit de ladite communauté, pour 93 ſalmées en marais, faiſant partie du ſuſdit corps de 800 ſalmées; comme auſſi, la propriété de ladite communauté de Beaucaire de 170 ſalmées de marais, meſure de Saint-Gilles, par elle acquiſes en 1739, du chapitre de l'égliſe cathédrale d'Uzès; & moyennant ce, ſans avoir égard aux demandes de ladite communauté en maintenue de la propriété des 1700 ſalmées de marais & terres vaines concédées par le feu Roi en 1678, aux ſieurs de Launay & de la Roche, dont 1150 ſalmées poſſédées préſentement par les dames de Marmier & de Plauchut qui prétendent être aux droits deſdits ſieurs de Launay & de la Roche, & les 550 ſalmées reſtantes ſont réſervées pour la dépaiſſance des beſtiaux des habitans de Beaucaire, par l'arrêt de la chambre des comptes de Montpellier, du 16 Mai 1682, les débouter de leurs prétentions de propriété ſur leſdites 1700 ſalmées de marais, & fixer les droits que peut avoir cette communauté ſur les 550 ſalmées réſervées par ledit arrêt, aux ſeules facultés de dépaiſſance; débouter encore, tant leſdits conſuls de Beaucaire, que ceux de Bellegarde, de leurs demandes en propriété du marais appellé le Contrat, & déclarer

N°. XLI.

ledit marais faire partie de la concession faite aux Etats par les lettres-patentes de S. M. sans qu'ils puissent être troublés par lesdites communautés, sous les peines de droit.

Comme aussi, avant faire droit sur la propriété prétendue par les dames de Cournon, sœurs, l'une veuve du sieur de Marmier, & l'autre, épouse de M. Plauchut, procureur du Roi en la sénéchaussée de Nîmes, des 1150 salmées de marais dans le terroir de Beaucaire, faisant partie de 1700 salmées concédées auxdits sieurs de Launay & de la Roche, par le feu Roi en 1678, ordonner que lesdites dames justifieront qu'elles sont aux droits desdits de Launay & de la Roche; & ce fait, qu'elles se retireront devers les Etats pour traiter avec eux, soit à raison de la propriété desdites 1150 salmées de marais, s'il y a lieu, soit à raison de l'acceptation ou rejection des offres par elles faites de contribuer aux frais de la construction du canal de navigation, & à ceux du desséchement des marais, ainsi qu'il appartiendra, relativement aux conditions du don fait auxdits de Launay & de la Roche, qu'elles prétendent représenter; & faute de pouvoir traiter ou convenir à ce sujet, être par le suppliant pris telles autres conclusions qu'il appartiendra.

Avant faire droit sur la demande formée par le sieur Pieyre en maintenue sur la propriété des marais situés dans le terroir de Saint-André de Camarignan, taillable de Saint-Gilles, ordonner qu'il satisfera aux conclusions que le suppliant a prises contre lui dans sa requête dudit jour 9 Juin dernier; & en conséquence, qu'il déclarera les tenemens en marais par lui prétendus possédés dans l'étendue dudit terroir de Saint-André de Camarignan, avec les quatre confronts de chacun desdits tenemens, & qu'il indiquera & fera connoître si ces marais sont partie du terrein inféodé à ses auteurs par le prieur dudit Saint-André, par l'acte du 10 Mars 1558, dans le délai fixé par ladite requête; passé lequel, il sera déclaré déchu de toute propriété sur lesdits marais.

Déclarer aussi les titres remis par le chapitre d'Alais, par M. le marquis de Calviere, par l'abbaye de Franquevaux, par les héritiers de Jacques Chabaud, du lieu de Vauvert, par MM. Perié freres, par M. Rousselier, viguier d'Aimargues, par M. Reboul, trésorier de France, par M. le comte de Bernis, seigneur des Ports, par M. Mourgues, bourgeois de Montpellier, par le sieur d'Azemar & la dame de Montoulieu son épouse, par Mme. de Rochepierre, veuve de M. le marquis de Rochemaure, par Mme. de Bornier, épouse de M. le président de Crouzet, & par M. de Portalés, suffisans pour justifier de leur propriété; savoir, le chapitre d'Alais, du huitieme du tenement du Ribayrés, appellé le grand & petit Courtet, dans le terroir de Psalmodi, de l'étang appellé de l'Abbat ou de la Ville, dans le terroir d'Aigues-mortes, des maniguieres de la Resclause & du Vern, du droit du sixieme de tous les poissons qui se prennent dans cet étang, à la charge toutefois de rapporter des actes possessoires plus anciens que le bail-à-ferme du 10 Mars 1764, ou un jugement de maintenue; & en ce qui concerne les droits & propriétés prétendus par ledit chapitre, comme représentant le cellerier de Psalmodi, donner acte au suppliant qu'il déclare n'avoir aucunes conclusions à prendre à l'égard dudit chapitre, à raison desdits droits & propriétés, jusqu'à ce qu'il se soit réglé à cet égard avec M. l'évêque d'Alais.

M. le marquis de Calviere pour la propriété de deux tenemens de la Muzette & du Couſſou de Bermond dans le terroir de Saint-Laurent d'Aigouſe.

L'abbaye de Franquevaux pour la propriété d'une iſle ou atterriſſemens, & de pluſieurs portions de marais dans le terroir de Vauvert, énoncés dans la tranſaction du 3 des ides de Mars 1256, & dans pluſieurs procédures & arrêts ſubſéquens, ainſi que de pluſieurs poſſeſſions dans le terroir de Beauvoiſin, énoncées aux actes rapportés par cette abbaye.

Les héritiers de Jacques Chabaud pour la propriété de 10 carterées de marais dans les iſcles de Vauvert, à la charge par eux de juſtifier que leur poſſeſſion a pu leur en acquérir la propriété.

Les ſieurs Perié freres, pour celle de l'iſle de Sainte-Marguerite du Mol dans le terroir d'Aigues-mortes.

Le ſieur Rouſſelier pour celle du marais de las Tombes dans le même terroir.

M. Reboul, tréſorier de France, pour celle du marais appellé le Fangaſſier, dans le même terroir, de contenance de 44 ſéterées 129 dextres, conformément à la ſentence arbitrale du 12 Août 1763, homologuée par arrêt du parlement de Toulouſe du 3 Mars 1768.

M. le comte de Bernis, ſeigneur des Ports, pour 456 carterées du pré de l'Eſtelle, dans la terre des Ports, dont 125 ſont en pâturage commun avec la communauté de Maſſillargues, pour le pré appellé des Anes, de contenance de 17 carterées, pour celui appellé pré Neuf, contenant 22 carterées, & pour un troiſieme pré appellé de la Diſpute, de contenance de 10 carterées, le tout ſitué dans ladite terre des Ports.

Le ſieur Mourgues pour celle de 10 carterées de marais dans la même terre. Le ſieur d'Azemar & la dame de Montoulieu ſon épouſe, pour celle de 25 carterées de marais, auſſi dans la terre des Ports. Madame de Rochemaure pour la propriété des marais faiſant partie des domaines de Tartuguieres & du Grès dans la juriſdiction de Lunel. Madame de Bornier, épouſe de M. le préſident de Crouzet, pour la propriété des tenemens dits le Mas de Bornier, & le claux de l'Inféodation, dans le terroir d'Aigues-mortes, du claux de la Vernhe dans le terroir de Lunel, & de 25 ſéterées de marais dans les palus de Mauguio. M. de Portalés, pour celle de l'étendue du Terrein inféodé en 1727 au ſieur Baude ſon auteur, par feu M. de Colbert, évêque de Montpellier, & pour le château de la Motte, dont il a rapporté un bail à ferme paſſé par dame Jacquette de Portalés, en 1644, au nom de ſes enfans, autant que la poſſeſſion prouvée par cet acte aura été continuée pour preſcrire la propriété, ledit château étant ſitué ſur la partie de la plage qui dépend du comté de Mauguio. Déclarer pareillement les titres remis par les communautés d'Aimargues, du Caylar & de Maſſillargues, ſuffiſans pour juſtifier des propriétés ſuivantes; ſavoir, la communauté d'Aimargues & celle du Caylar, conjointement & par indivis, pour la propriété de l'entier tenement en marais appellé de la Souteyrane, de la moitié de celui dénommé Yvernon, des deux montilles faiſant partie dudit tenement de la Souteyrane, & de la petite palus, ſituée entre le grand enclos du Caylar, & la terre de Vauvert, le tout ſitué dans la terre du Caylar, & tenu par ces communautés du ſeigneur dudit lieu.

La communauté du Caylar en ſon

N°. XLI. particulier pour la propriété de quatre autres tenemens en marais dans ladite terre du Caylar, appellés la Clapiere, sous les Patus, le pré dit les Patus, & un autre ayant appartenu au seigneur dudit lieu du Caylar, désignés & confrontés dans la transaction du 2 Décembre 1624.

La communauté de Massillargues pour la propriété de 100 séterées du pré de l'Estelle, dans la jurisdiction des Ports, de 123 carterées des palus rehaussés de Tamerlet; de 40 carterées énoncées en la transaction du 6 Avril 1717, & de 35 carterées à prendre sur une plus grande contenance dont la communauté avoit simplement l'usage.

Esquelles propriétés le suppliant consent que les susdites parties soient maintenues, sauf à être pourvu à leur dédommagement, en cas de dépossession, conformément aux lettres-patentes contenant concession desdits marais en faveur des Etats; à la charge néanmoins par M. de Calviere, par le sieur d'Azemar & la dame de Montoulieu, mariés, & par Mme. de Rochemaure, de justifier pardevant M. de Rosset, commissaire, qu'ils sont aux droits de ceux au profit desquels ont été passés les titres qu'ils ont rapportés pour établir leurs propriétés, & ce dans un mois pour tout délai; passé lequel il sera pris par le suppliant telles conclusions qu'il appartiendra.

En ce qui concerne la propriété prétendue par les communautés composant la baronnie de Lunel sur les marais situés dans l'étendue de ladite baronnie, ensemble sur celle qui est prétendue par les dames de la Visitation Sainte-Marie de Montpellier, & par les inféodataires qui les représentent, ordonner qu'il y sera fait droit, après qu'il aura été prononcé sur les fins & conclusions prises par lesdites parties, relativement à leurs droits respectifs sur lesdits marais; déclarant de plus fort le suppliant, conformément aux conclusions par lui prises dans sa requête du 23 Juin dernier, qu'il n'entend reconnoître dans lesdites parties, aucune propriété sur les portions de marais qu'elles réclament dans l'étendue de ladite baronnie, se réservant de discuter leurs titres, après le jugement de leurs contestations particulieres.

3°. Quant aux parties qui réclament des usages & facultés sur les marais, donner acte au suppliant de la déclaration qu'il fait n'entendre empêcher que la communauté de Beaucaire jouisse des droits de dépaissance dans l'étendue des marais situés dans son terroir, en conséquence du traité de 1555, autres que ceux dont elle a la propriété, & les 1150 salmées réclamées par les dames de Marmier & de Plauchut, conformément à ce qui a été expliqué ci-dessus.

Et attendu que les actes & titres remis par la communauté d'Aigues-mortes, réduisent les droits de cette communauté à de simples usages & facultés sur les marais de son terroir, la déclarer non recevable à réclamer la propriété desdits marais, lesquels doivent être déclarés appartenir en toute propriété aux Etats, en vertu de la concession qui leur en a été faite par Sa Majesté, sauf pour les portions dont les parties énoncées ci-dessus ont justifié avoir la propriété.

Sauf aussi aux habitans de cette communauté à exercer sur lesdits marais faisant partie du don qui a été fait aux Etats, les droits de dépaissance qui leur sont acquis en vertu du traité passé entre les commissaires de Sa Majesté & ceux des Etats en 1555, & à être pourvu à leur dédommagement, à raison de ladite dépaissance, dans le

N°. XLI.

cas où ils seroient desséchés, conformément à ce qui est porté par les lettres-patentes contenant ledit don.

Fixer également les droits prétendus par les communautés de Fourques, de Saint-Gilles, de Saint-Laurent d'Aigouse, de Vauvert, de Bellegarde, de Massillargues, de Mauguio, de Mudazon & de Candillargues, sur les marais situés dans l'étendue des terroirs desdites communautés, à de simples usages & facultés de dépaissance, pêche, chasse & lignerage, relativement aux transactions que ces communautés ont passées avec leurs seigneurs, ou autres actes de concession qu'elles tiennent d'eux, sauf à elles à se faire maintenir auxdits droits vis-à-vis desdits seigneurs, & à être pourvu à leur dédommagement, s'il en est dû après le desséchement, & la construction du canal de navigation; en remplaçant par lesdits seigneurs les pâturages dont le desséchement & ledit canal pourront les priver.

Maintenir pareillement l'abbaye de Franquevaux, & les habitans de Saint-Laurent d'Aigouse au droit de dépaissance qu'ils ont justifié avoir dans la Silve-Godesque, marais joui par le grand-prieur de Saint-Gilles; & M. le comte de Bernis, seigneur des Ports, a un pareil droit de dépaissance dans l'étendue de ladite terre des Ports.

Se réservant le suppliant de prendre telles conclusions que de droit, concernant le sieur Laugier de Saint-Germain, les héritiers de la dame de Beaurepaire, ceux d'Élie Peyrie, le sieur de Moynier, & les demoiselles de Silles, après que lesdites parties auront fait la remise des titres qui peuvent servir à établir leur propriété des portions de marais qu'elles prétendent posséder.

Se réservant encore le suppliant, de prendre aussi telles conclusions que de droit, à raison des indemnités & dédommagemens qui peuvent être prétendus par les parties qui auront été reconnues avoir la propriété de certaines portions des marais, palus & étangs concédés aux Etats, & des usages & facultés sur iceux, après qu'il aura été délibéré par lesdits Etats sur lesdites indemnités.

Auquel effet, & pour être dit droit à la présente requête, ordonner qu'elle sera communiquée aux parties intéressées & jointe au procès, pour, en jugeant y avoir tel égard que de raison, avec dépens; & ferez justice. PALAT, *signé*.

XLII.

JUGEMENT

Qui ordonne que ceux qui prétendent à la propriété des marais du bas Languedoc, & qui n'ont pas remis les titres pour justifier de cette propriété, seront tenus d'en faire la remise dans un dernier délai de deux mois; rejette l'acte signifié à la requête du grand-prieur de Saint-Gilles, & de plusieurs commandeurs de l'ordre de Malte, le 27 Septembre dernier; ordonne que lesdites parties, & autres y dénommées, satisferont au jugement du 19 Novembre 1768; & en conséquence, déclareront les différens tenemens en marais dont ils jouissent, avec les quatre confronts desdits tenemens, & les justices dans lesquelles ils sont situés; déboute les consuls du Caylar de leur opposition au desséchement; ordonne à cet égard l'exécution des arrêts du conseil & du jugement du 19 Novembre 1768.

Du 20 Avril 1771.

LES COMMISSAIRES NOMMÉS par arrêts du conseil des 15 Novembre

vembre 1746, 11 Avril 1761, 19 Novembre 1767, 13 Juillet 1769, & 23 Septembre 1770, pour juger souverainement & en dernier ressort, les contestations formées & à former à raison de la concession des marais du bas Languedoc faite aux Etats de ladite province, du desséchement desdits marais, de la construction du canal de navigation, & autres contestations mues & à mouvoir à raison de ce, leurs circonstances & dépendances, ainsi qu'il est porté par les susdits arrêts: Au premier huissier ou sergent requis.

VU le jugement par nous rendu le 19 Novembre 1768, par lequel, entr'autres choses, les opposans au desséchement des marais, & à la construction du canal de navigation, sont démis de leurs oppositions; l'exécution des arrêts du conseil & lettres-patentes des 20 Décembre 1701, & Janvier 1702, 12 Mai 1716 & autres, ensemble des jugemens des 29 Avril 1739, & 8 Août 1741, est ordonnée, & en conséquence, le desséchement des palus, marais, étangs, lais & relais de la mer, & des terres inondées concédées auxdits Etats est aussi ordonné; avec défenses à toutes personnes d'y donner aucun trouble, non plus qu'à la construction du canal de navigation; ordonne que toutes les parties qui prétendent avoir droit de propriété, d'usages ou facultés sur lesdits marais, palus, étangs ou terres inondées, représenteront dans deux mois pour toute préfixion de délai, les titres & pieces justificatives de leurs droits de propriété, d'usage & facultés, devant le sieur de Rosset, l'un de nous, rapporteur du procès, le procureur du Roi en la commission, & le syndic général présens ou duement appellés, pour en être délivré des copies collationnées pardevant ledit sieur commissaire audit syndic général, à peine contre les parties qui ne satisferont pas, d'être déclarées déchues de tous droits sur lesdits marais: ordonne enfin, que lors de la remise desdits titres, chacune desdites parties déclarera pardevant ledit sieur commissaire, qui en chargera son procès-verbal, les différens tenemens en marais dont elle jouit, avec les quatre confronts de chacun desdits tenemens, sinon permet au syndic général de prendre ses avantages: L'exploit de signification dudit jugement, faite le 2 Décembre suivant, aux procureurs des parties présentées dans l'instance: Requête du syndic général du 3 du même mois de Décembre, en permission d'exécuter ledit jugement contre les héritiers du sieur de Pierre des Ports, & contre ceux de la dame de Nigry sa veuve, & en reprise de l'instance avec lesdits héritiers; L'ordonnance rendue par la commission sur ladite requête ledit jour, qui permet l'exécution requise; & sur la reprise demandée, ordonne que les parties seront assignées: Treize exploits de signification du susdit jugement, faite en personne ou domicile aux parties intéressées dans l'instance, les 3, 6, 7, 8, 9, 10, 12, 13 & 15 dudit mois de Décembre 1768; celui fait aux héritiers, successeurs & biens-tenans desdits sieur & dame des Ports, contenant assignation en reprise d'instance, en vertu de l'ordonnance sus-énoncées; Les copies des sommations faites par les différentes parties de l'instance, tant au syndic général, qu'au procureur du Roi en la commission, pour en venir devant ledit sieur de Rosset, commissaire, au jour, lieu & heure indiqués dans lesdits actes, à l'effet de leur voir, en exécution dudit jugement, représenter leurs titres de propriété, d'usages ou facultés, & en voir remettre des copies qui seroient collationnées sur les

N°. XLII.

originaux desdits titres par ledit sieur commissaire; Celle des sieurs Périé, freres, en date du 24 Décembre 1768; Celle du sieur d'Azemar & de la dame de Montoulieu son épouse, du 6 Janvier 1769; Celles des dames de Cournon du 11 dudit mois de Janvier; Celle de l'abbé & des religieux de l'abbaye de Franquevaux du 24 du même mois; Celle du doyen & du syndic du chapitre de Saint-Gilles du 28 dudit mois de Janvier; Celle de la dame présidente de Crouzet du 2 Février suivant; Celle du sieur Portalés du lendemain 3 Février; Celle des consuls de Vauvert du 8 dudit mois; Celle du syndic clavaire de Saint-Gilles du 14 du même mois; Celle du sieur abbé de Saint-Gilles du même jour; Celles du syndic du chapitre cathédral d'Alais du 15 dudit mois & 8 Juillet suivant; Celle des consuls d'Aigues-mortes du 26 du mois de Février; Celles du sieur Rousselier, de la dame de Candillargues, des consuls de Mudaizon, de la dame marquise de Rochemore, des consuls de Beaucaire, du sieur de Vauvert, du sieur évêque de Montpellier, des 2, 3, 4, 6, 7, 8, 9, 12, 15, 18 & 30 Mars 1769; Celles du sieur comte de Bernis, héritier du sieur Pierre des Ports & de la dame de Nigry sa mere; des consuls & syndics de la baronnie de Lunel, du sieur marquis de Calvisson, des consuls de Massillargues des 10, 14, 19 & 28 Avril suivant; Celles du sieur Reboul, des consuls d'Aimargues, de ceux de Fourques, & du sieur Pieyre des 2, 4, 7 & 15 Mai de ladite année; L'acte de sommation faite aux sieurs grand-prieur de Saint-Gilles, & aux autres commandeurs de l'ordre de Malte, parties dans l'instance, en la personne de Ricard leur procureur, d'en venir devant ledit sieur commissaire, le 29 dudit mois de Mai, pour y représenter leurs titres de propriété des marais, & en remettre au syndic général des copies collationnées; Les copies des actes de sommation pour voir faire pareilles remises, faites audit syndic général par le sieur duc d'Uzès, le sieur marquis de Calviere, le sieur Mourgues, le sieur évêque d'Alais, les consuls de Saint-Laurent d'Aigouse, le sieur président de Belleval, les consuls du Caylar, le sieur marquis d'Aubaix, le sieur Leblon, les consuls de Bellegarde les 19 & 26 Juin, 4 & 12 Juillet, 20, 22 Août, 14 Septembre & 3 Octobre 1769. Vu aussi la requête présentée par le sieur marquis de Calvisson, à ce que les consuls de Lunel soient tenus de déclarer, 1°. S'ils entendent se servir du plantement de bornes fait par les sieurs Parlier & Baude, experts, devant le sieur Vassal, commissaire, le 4 Septembre 1767. 2°. S'ils n'entendent que le terroir borné soit & dépende de la terre & jurisdiction de Lunel. 3°. Si au contraire ils ne reconnoissent ce terroir de la jurisdiction de la terre des Ports appartenant audit sieur de Calvisson; comme aussi, s'ils en prétendent le domaine utile ou quelques droits d'usage; & dans ce dernier cas, qu'ils soient tenus d'en justifier par titres; ordonner aussi, que le syndic général déclarera s'il adhere aux prétentions des consuls de Lunel, ou s'il regarde la discussion des limites de la terre des Ports comme indifférente à la province; ce faisant, déclarer que le terrein borné comme marais de Lunel, au levant du canal de ladite ville, ledit jour 4 Septembre 1767, est de la terre & jurisdiction des Ports, appartenant audit sieur de Calvisson, qui s'étend jusques au-delà de la robine de Lunel, si mieux ledit syndic général n'aime faire procéder à une vérification desdites limites aux frais de la province; & dans le cas que ledit syndic n'entendroit entrer dans la dis-

XLII. cussion desdites limites, renvoyer ledit sieur de Calvisson & lesdits consuls de Lunel pardevant les juges ordinaires, ou déclarer n'y avoir lieu d'être prononcé par la commission sur lesdites limites, ni sur les prétendus droits de dépaissance ou d'usage, sauf aux parties à se régler comme elles aviseront, avec dépens; L'ordonnance rendue sur ladite requête le 16 Décembre 1768, portant qu'elle seroit communiquée aux parties intéressées pour y répondre dans huitaine, avec l'exploit de signification auxdites parties ou à leurs procureurs. Autre requête du sieur Henri Hiacinte de Moynier, écuyer, capitaine de cavalerie, habitant à Aimargues, héritier de dame Anne Mazade de Silles, & des Dlles. Suzanne & Marguerite de Silles, pour être reçus parties intervenantes dans l'instance; ce faisant, ordonner que le syndic général leur communiquera la procédure de bornage qui a été faite des marais, afin d'examiner si le tenement en marais des iscles & Souteyrane dont ils jouissent à Vauvert, a été compris dans ladite procédure, en tout ou en partie, & s'il a été déclaré marais, pour être ensuite par eux pris telles conclusions que de droit, avec dépens; Ladite requête répondue le 19 Janvier 1769, d'une ordonnance de soit-communiqué à partie, avec l'exploit de signification du 20 dudit mois de Janvier. Autre requête du sieur Roussellier, viguier à Aimargues, tendante à ce que tenant sa déclaration comme il n'entend point attaquer les procédures contenant le bornage des marais, ni s'opposer à leur desséchement, demeurant la remise de ses titres de propriété du domaine de las Tombes, situé dans le terroir d'Aigues-mortes, ordonner que les Etats l'indemniseront pour la partie de marais & autres terres qu'ils pourront prendre pour le desséchement, & pour la construction du canal de navigation à raison de la valeur actuelle de ses fonds, offrant de convenir de gré à gré avec lesdits Etats, si mieux ils n'aiment sur l'estimation qui en sera faite par experts, sans préjudice de sa garantie contre son vendeur s'il y a lieu, avec dépens: Ordonnance du 23 Février 1769, qui joint ladite requête au procès, avec l'exploit de signification. Vu aussi la requête des dames de Marmier & de Plauchut, à ce que tenant la représentation par elles faite des titres de leur propriété, & la remise des copies collationnées faite devant le sieur de Rosset, commissaire, la déclaration des confronts de 1150 salmées des terres par elles jouies, comprises dans la procédure de bornage faite devant le sieur Vassal, commissaire, maintenir & garder lesdites dames dans la propriété & jouissance desdites 1150 salmées de terrein faisant partie du don fait par Sa Majesté aux sieurs de la Roche & de Launay leurs auteurs, au mois de Juin 1678, lequel terrein a été défriché aux frais & dépens desdites dames ou de leurs auteurs, demeurant néanmoins leur offre de céder aux Etats la partie des 1250 salmées qui pourra leur être nécessaire pour la construction du canal de navigation, & autres ouvrages qu'ils se proposent de faire faire, ainsi qu'il sera convenu de gré à gré, & au moyen des traités qu'elles offrent de faire amiablement, avec dépens; L'ordonnance rendue sur la requête le 16 Septembre 1769, qui la joint au procès, duement communiquée. Autre requête des consuls de Bellegarde, jointe au procès par ordonnance du 6 Octobre 1769, tendante à ce que tenant la remise par eux faite des extraits en forme des deux transactions des 15 Janvier 1544, & 5 Juin 1673, devant le sieur de Rosset, commissaire, & la déclaration des tenemens en marais & de leurs confronts, N°. XLII.

N°. XLII.

maintenir & garder lesdits consuls dans la propriété & jouissance des marais leur appartenant; offrant néanmoins de céder aux Etats de la province, la partie desdits marais qui peut leur être nécessaire pour la construction du canal de navigation, & autres ouvrages qu'ils se proposent de faire faire, relativement au consentement donné par ladite communauté en 1701, & aux réserves faites alors de partie du petit marais appartenant à ladite communauté en toute propriété, de même que des patus & lisieres d'iceux, suivant la transaction dudit jour 5 Juin 1663, le tout contigu, dans les franchises inféodées à ladite communauté par le sieur duc d'Uzès, pour servir de pâturages au bétail nécessaire à la culture & bonification des terres des habitans, s'en rapportant à la justice de la commission, & acquiesçant pour ce qui les concerne, à tout ce qui sera réglé pour raison dudit desséchement & construction du canal, pour les propres intérêts de la communauté, & à la conservation de ses propriétés & de ses facultés, ainsi qu'aux lumieres, à la sagesse & à l'équité des Etats. La requête du syndic général du 9 Juin 1770, tendante à ce que tenant la déclaration faite par le sieur Demerés, prévôt de l'église de Nîmes, & en cette qualité prieur de Vauvert, dans son comparant devant le sieur de Rosset, commissaire, lors de son procès-verbal du 14 Juin 1769, qu'il n'a point de marais en propriété dans l'étendue de ceux concédés aux Etats, & que ses droits se réduisent à ceux de dîmer sur lesdits marais; sans s'arrêter au consentement donné par le sieur de Cohon, l'un de ses prédécesseurs audit prieuré, devant M. de Basville le 3 Août 1701, rejettant ledit consentement comme inutile, ainsi que la réservation qu'il contient de la dîme au quarantieme, ordonner que les lettres-patentes du feu Roi, du mois de Janvier 1702, seront exécutées suivant leur forme & teneur; & en conséquence, que ledit sieur prévôt de l'église de Nîmes, ne pourra exiger la dîme sur les fonds desséchés que sur le pied du cinquantieme des fruits, avec l'exemption de la dîme pendant dix années, relativement auxdites lettres-patentes; & moyennant ce, attendu qu'il reconnoît n'avoir point de propriété ni des usages ou facultés sur lesdits marais, ordonner qu'il sera tiré de l'instance; ordonner aussi, que les héritiers du sieur Joly, représentés par le sieur de Laugier de Saint-Germain, seront de nouveau appellés dans l'instance; que tant lesdits héritiers, ceux d'Elie Peyrie, le sieur Moynier, & les demoiselles de Silles, seront tenus de satisfaire au jugement du 19 Novembre 1768, qui sera déclaré commun avec ledit sieur de Moynier, les demoiselles de Silles & lesdits héritiers de Joly, & exécutoire contre eux; auquel effet, que dans deux mois pour toute préfixion de délai, lesdites parties représenteront leurs titres de propriété, d'usages ou facultés sur les marais dont ils prétendent jouir, pardevant le sieur de Rosset, commissaire jà député, en présence du procureur du Roi en la commission, & dudit syndic général, ou eux duement appellés, & qu'ils remettront audit syndic général, des copies collationnées desdits titres, sinon faute de ce faire, ledit délai passé, déclarer lesdites parties définitivement déchues de leurs droits de propriété, usages ou facultés sur lesdits marais, sans préjudice, dans le cas où il sera justifié de ladite propriété, usages ou facultés, de faire borner, tant les marais dont ces parties jouissent, que ceux qui peuvent être possédés par d'autres, qui ne l'auroient pas été lors des

N°. XLII. procédures faites devant feu le sieur Baudouin & le sieur Vassal, commissaires; ordonner que le sieur de Vauvert justifiera aussi dans trois mois pour toute préfixion de délai, de sa propriété de l'étang de Scamandre, ou des cinq huitiemes dudit étang; autrement faute de ce faire, ledit délai passé, le déclarer déchu de tout droit de propriété sur ledit étang, que le syndic général se réserve de faire borner dans tous les cas; que dans les mois pour tout délai, les dames de Marmier & de Plauchut justifieront qu'elles sont aux droits des sieurs de Launay & de la Roche qu'elles prétendent représenter, pour la propriété des 1150 salmées de marais dans le terroir de Beaucaire; que le sieur président de Belleval, le sieur d'Azemar & la dame de Montoulieu son épouse, le sieur marquis de Calviere, les dames marquises de Rochemore & de Montpeyroux, cette derniere comme seigneuresse de Candillargues, établiront dans le même délai, qu'ils sont aux droits de ceux au profit desquels ont été passés les titres que ces parties ont représenté devant le susdit commissaire; que dans le même délai les consuls de Beaucaire indiqueront les possesseurs de la partie des 800 salmées de terre concédées à cette communauté par Louis XIII en 1632, lesquelles sont en marais, & furent bornées en 1740; sinon faute de ce faire, permettre audit syndic général de faire prendre cette indication aux frais & dépens desdits consuls, en envoyant sur les lieux; que les sieurs grand-prieur de Saint-Gilles, les commandeurs de Sylveréal, de Cavales, du Mas de Liviers, du plan de la Peyre, de la petite Argence, de la Vernede, de Capette, le sieur évêque d'Alais, le sieur de Portalés, la dame de Montpeyroux, les sieurs Rousselier & Pieyre, les consuls de Mudazon, ceux de Candillargues, ceux de Massillargues, & ceux de St. Laurent d'Aigouse, satisferont, chacun en droit soi, dans un mois pour tout délai, au jugement dudit jour 19 Novembre 1768, en ce qui concerne la déclaration des tenemens en marais par eux possédés, de de leurs confronts & des justices dans lesquelles ils sont situés; autrement faute de ce faire, ledit délai passé, en vertu du jugement qui interviendra, il sera fait descente sur les lieux par le sieur Vassal, commissaire jà député, avec le procureur du Roi en la commission, & un expert qui sera nommé d'office par ledit sieur commissaire, sur les réquisitions dudit syndic général, parties présentes ou duement appellées, à l'effet de prendre par ledit expert l'état desdits tenemens, avec les confronts de chacun d'iceux, & la déclaration des consuls des lieux, sur la justice dans l'étendue de laquelle ils sont situés, le tout aux frais & dépens desdites parties chacune pour ce qui les concerne, sans espoir de répétition, qu'elles seront tenues de payer sur l'exécutoire qui en sera délivré de suite par ledit sieur commissaire, sans préjudice de prendre telles conclusions que de droit, sur la validité des titres représentés, & sur l'autorisation de la procédure à cet égard, lorsque lesdits préalables auront été remplis; tenant le comparant fait par le procureur des Etats devant le sieur Vassal, commissaire, le 9 Septembre 1767, déclarer n'y avoir lieu de statuer sur la requête du sieur marquis de Calvisson du 16 Décembre 1768, sauf à lui à se régler avec les habitans de la baronnie de Lunel, sur la propriété des marais situés au levant du canal de ladite ville, bornés les 3 & 4 Septembre 1767, à quoi les Etats n'ont aucun intérêt, offrant de traiter sur l'indemnité, avec celles desdites parties à qui la propriété N°. XLII.

sera adjugée ; débouter en outre ledit sieur de Calvisson, de la demande en renvoi ou du déclinatoire inséré dans ladite requête, & ordonner qu'à raison de la propriété desdites parties de marais, les parties contesteront devant la commission, avec défenses de se pourvoir ailleurs ; L'ordonnance intervenue sur ladite requête ledit jour 9 Juin 1770, portant qu'elle seroit communiquée aux parties intéressées pour y répondre dans quinzaine, avec l'exploit de signification faite le 12 du même mois aux procureurs des parties présentées ; Deux autres exploits de signification faite aux héritiers dudit Joly, représentés par le sieur de Laugier de Saint-Germain, aux héritiers de la dame de Beaurepaire, & à ceux d'Elie Peyrie, tant de ladite requête, du jugement du 19 Novembre 1768, que de l'arrêt du conseil du 13 Juillet 1769, avec assignations devant la commission, aux fins de la requête des 18 & 19 dudit mois de Juin : Copie d'acte signifié au syndic général le 17 Août suivant, à la requête dudit de Laugier de Saint-Germain : L'expédition ou copie du testament du sieur Fressieux, aïeul du sieur président de Belleval, communiqué audit syndic général. La requête du sieur marquis de Calvisson, tendante à ce que tenant la déclaration faite par le syndic général, il soit reçu à corriger les conclusions qu'il avoit prises dans sa requête du 16 Décembre 1768 ; ce faisant ordonner que les consuls de Lunel déclareront dans huitaine, s'ils entendent se servir du bornage fait par les sieurs Parlier & Baude le 4 Septembre 1767, devant le sieur Vassal, commissaire, pour prétendre que le terrein borné soit & dépende de la terre de Lunel ; s'ils ne le reconnoissent au contraire faire partie de la terre des Ports, s'ils en prétendent le domaine utile ou quelque droit d'usage ; auquel cas, qu'ils soient tenus de justifier de leurs droits par titres ; & faute par lesdits consuls & communauté de faire la déclaration, & de justifier de leurs droits, déclarer ledit terrein borné comme marais de Lunel au levant du canal de la ville, ledit jour 4 Septembre 1767, de ladite terre & jurisdiction des Ports appartenant audit sieur de Calvisson ; L'ordonnance rendue sur ladite requête le 18 Juin dernier, portant qu'elle sera communiquée aux parties & au procureur du Roi en la commission, avec l'exploit de signification du 20 du même mois. Requête des consuls de Massillargues, jointe au procès par ordonnance du 23 Juillet suivant, contenant la déclaration des tenemens en marais dont ils ont la propriété, ou sur lesquels ils ont des facultés, avec les confronts de chacun des tenemens ; moyennant laquelle déclaration, dont ils requierent acte, ils concluent à l'adjudication des fins prises dans leurs précédentes requêtes ; L'exploit de signification de ladite requête du même jour. Requête du sieur duc d'Uzès, jointe au procès par ordonnance du 9 Septembre 1770, tendante à ce que tenant la représentation par lui faite de ses titres de propriété des marais dont il jouit, & la remise des copies collationnées, faite devant ledit sieur de Rosset, commissaire, ainsi que la déclaration des tenemens & de leurs confronts, il plaise à la commission lui adjuger ses précédentes conclusions ; ce faisant, ordonner que le traité du 23 Octobre 1701, passé entre le sieur duc d'Uzès son aïeul, & le sieur maréchal duc de Noailles, homologué par l'arrêt du conseil du 20 Décembre 1701, & lettres-patentes intervenues sur ledit arrêt, sera exécuté suivant sa forme & teneur avec les Etats de Languedoc, qui sont aux droits du sieur maréchal

N°. XLII. duc de Noailles, sans qu'il y soit rien innové ni contrevenu, avec dépens; L'exploit de signification du même jour. Autre requête du syndic général du Languedoc, du 15 dudit mois de Septembre, à ce que tenant les déclarations des tenemens en marais & de leurs confronts, faites par les consuls de Massillargues, par les sieurs Perié freres, par le sieur d'Azemar & la dame de Montoulieu son épouse, par les dames de Marmier & de Plauchut, par les abbé & les religieux de l'abbaye de Franquevaux, par les doyen & syndics du chapitre abbatial de St. Gilles, par le sieur duc d'Uzès, par la dame de Boraier, épouse du sieur de Crouzet, par les communautés de Vauvert, de Saint-Gilles, d'Aiguesmortes, de Beaucaire & de Mauguio, par les différentes communautés composant la baronnie de Lunel, par celles de Fourques & du Caylar, par le sieur abbé de Saint-Gilles, par le sieur évêque de Montpellier, par la dame de Rochemore, par le sieur de Pierre des Ports, par le sieur de Vauvert, par les sieurs marquis de Calvisson, d'Aubaix, de Bon, & de Calviere, par le sieur Reboul, trésorier de France, le sieur Mourgues, le sieur président de Belleval, le sieur Leblon, le sieur & Dlles. Bouzon, représentant les héritiers de Jacques Chabaud, attendu que les tenemens en marais jouis par la communauté d'Aimargues, & leurs confronts, sont indiqués dans les titres remis par cette communauté devant ledit sieur de Rosset, commissaire, que ceux des marais sur lesquels la communauté de Bellegarde a des facultés, ont été également indiqués par le duc d'Uzès, seigneur de ladite communauté, déclarer que toutes lesdites parties ont satisfait au jugement dudit jour 19 Novembre 1768, en ce qui concerne les déclarations desdits tenemens en marais, & de leurs confronts; & faute par la dame de Candillargues, par les sieurs grand-prieur de Saint-Gilles, les commandeurs de Sylveréal, de Cavales, du Mas de Liviers, du plan de la Peyre, de la petite Argence, de la Vernede, & de Capette, par le sieur évêque d'Alais, par le sieur de Portalés, par le sieur Rousselier, par le sieur Pieyre, par les consuls de Mudazon, par ceux de Candillargues, & par ceux de Saint-Laurent d'Aigouse, d'avoir fait pareilles déclarations en exécution du susdit jugement, ordonner que dans huitaine pour tout délai, ils satisferont audit jugement, pour le chef desdites déclarations; sinon & en refus, qu'il sera pourvu ainsi que ledit syndic général l'a demandé par sa requête du 9 Juin dernier, les fins de laquelle pour le surplus lui seront adjugées; donner acte audit syndic général, de ce qu'au moyen de la notification à lui faite du testament du sieur de Fressieux, il reconnoît le sieur président de Belleval, petit-fils dudit de Fressieux, pour propriétaire des 93 salnées de marais dont il jouit dans le terroir de Beaucaire, avec dépens; l'ordonnance qui joint ladite requête au procès, du même jour 15 Septembre dernier, avec l'exploit de signification dudit jour. Requête dudit sieur président de Belleval, tendante à ce qu'attendu que sa qualité ne lui a pas été contestée, le syndic général soit débouté des conclusions qu'il a prises contre ledit sieur de Belleval dans sa requête du 9 Juin dernier: & en tout événement, déclarer qu'il a satisfait au jugement du 9 Novembre 1768, avec dépens de l'incident; l'ordonnance rendue sur ladite requête le 22 dudit mois de Septembre, qui la joint au procès, & l'exploit de signification du même jour. Requête du syndic général jointe au procès par ordonnance du même jour 22 Septembre 1770, en adjudication des fins de sa précédente du 9 Juin précédent; & en outre, autorisant le procès-verbal & entiere procédure faite devant M. de Rosset, l'un de nous, commissaire député, sur la remise des titres faite en exécution du jugement du 19 Novembre 1768, donner acte audit syndic général de sa déclaration comme il reconnoît la légitimité des titres remis par le sieur de Bon, seigneur de Fourques, par l'abbé & le chapitre de Saint-Gilles, par le sieur évêque d'Alais, par le sieur de Genas, seigneur de Vauvert, par le sieur duc d'Uzès, les sieurs marquis d'Aubaix, de Calvisson, par le sieur Leblon pour sa terre de la Mothe, par le sieur évêque de Montpellier pour le comté de Mauguio, & par la dame de Candillargues, veuve du sieur comte de Montpeyroux, pour la seigneurie de Candillargues, à l'effet d'être les susdites parties, maintenues en leur qualité de seigneurs justiciers, dans la propriété des parties des palus & marais situés dans l'étendue desdites justices, sauf néanmoins à l'égard dudit sieur de Vauvert, à établir la propriété qu'il prétend avoir de l'étang de Scamandre, de laquelle il sera tenu justifier pour les portions dudit étang qui le concernent, dans trois mois, conformément aux conclusions prises par le syndic général dans sa requête dudit jour 9 Juin dernier, & sauf à être statué en même-tems, sur la propriété des portions dudit étang, que le chapitre de Saint-Gilles & l'abbaye de Franquevaux ont justifié leur appartenir, suivant les actes produits par ces parties, comme aussi pour ce qui concerne la dame de Candillargues, à la charge par elle de justifier dans le mois, qu'elle est aux droits de Bertrand Monachi & d'Arnaud Delmas, qui ont rendu l'hommage & remis le dénombrement par elle produit, conformément à la susdite requête du 9 Juin dernier, & à indiquer les tenemens & les confronts des marais qu'elle prétend faire partie de ladite terre; donner pareillement acte audit syndic général, de sa déclaration comme il reconnoît la légitimité des titres produits par la communauté de Beaucaire pour prouver sa propriété des 800 salmées des terres vaines à elle concédées par le Roi Louis XIII en 1632, & celle du sieur président de Belleval, ayant droit, de ladite communauté, pour 93 salmées en marais faisant partie du susdit corps de 800 salmées, comme aussi la propriété de ladite communauté de Beaucaire des 170 salmées de marais, mesure de Saint-Gilles, par elle acquise en 1739, du chapitre de l'église cathédrale d'Uzès, & moyennant ce, sans avoir égard aux demandes de ladite communauté en maintenue de la propriété des 1700 salmées de marais & terres vaines, concédées par le feu Roi en 1678, aux sieurs de Launay & de la Roche, dont 1150 salmées possédées présentement par les dames de Marmier & de Plauchut, qui prétendent être aux droits desdits de Launay & de la Roche, & les 550 salmées restantes, réservées pour la dépaissance des bestiaux des habitans de Beaucaire, par l'arrêt de la chambre des comptes de Montpellier du 16 Mai 1682, débouter lesdits consuls de leur prétention de propriété sur lesdites 1700 salmées de marais, & fixer les droits que peut avoir cette communauté sur les 550 salmées réservées par ledit arrêt; aux seules facultés de dépaissance, débouter encore tant lesdits consuls de Beaucaire, que ceux de Bellegarde, de leurs demandes en propriété du marais appellé le Contrat, & déclarer ledit marais faire partie de la concession faite aux Etats par les lettres-patentes de Sa Majesté de de 1746, sans qu'ils puissent être troublés par lesdites communautés, sous les peines de droit; avant faire droit sur la propriété prétendue par les dames de Cournon sœurs, l'une veuve du sieur de Marmier, & l'autre épouse du sieur Plauchut, des 1150 salmées de marais dans le terroir de Beaucaire, faisant partie des 1700 salmées concédées audit de Launay & de la Roche par le feu Roi en 1678, ordonner que lesdites dames justifieront qu'elles sont aux droits desdits de Launay & de la Roche, & ce fait, qu'elles se retireront devers les Etats pour traiter avec eux, soit à raison de la propriété desdites 1150 salmées de marais, s'il y a lieu, soit à raison de l'acceptation ou rejection des offres par elles faites de contribuer aux frais de la construction du canal de navigation, & à ceux du desséchement des marais, ainsi qu'il appartiendra, relativement aux conditions du don fait auxdits de Launay & de la Roche, qu'elles prétendent représenter; & faute de pouvoir traiter ou convenir à ce sujet, être par ledit syndic général pris telles conclusions qu'il appartiendra; avant faire droit sur la demande du sieur Pieyre en maintenue sur la propriété des marais situés dans le terroir de St. André de Camarignan, taillable de Saint-Gilles, ordonner qu'il satisfera aux conclusions prises par ledit syndic général dans sa requête dudit jour 9 Juin dernier; & en conséquence, qu'il déclarera les tenemens en marais par lui possédés dans l'étendue du terroir de Saint-André de Camarignan, avec les quatre confronts de chacun desdits tenemens, & qu'il indiquera & fera connoître si ces marais font partie du terrein inféodé à ses auteurs par le prieur dudit Saint-André, par l'acte du 10 Mars 1558, dans le délai fixé par ladite requête; passé lequel il sera déclaré déchu de toute propriété sur lesdits marais; déclarer aussi les titres remis par le chapitre d'Alais, par le sieur marquis de Calviere, par l'abbaye de Franquevaux, par les héritiers de Jacques Chabaud, du lieu de Vauvert, par les sieurs Perié freres, par le sieur Rousselier, viguier d'Aimargues, par le sieur Reboul, trésorier de France, par le sieur comte de Bernis, seigneur des Ports, par le sieur Mourgues, de Montpellier, par le sieur d'Azemar & la dame de Montoulieu son épouse, par la dame de Rochepierre, veuve du sieur marquis de Rochemore, par la dame de Bornier, épouse du sieur de Crouzet, & par le sieur de Portalés, suffisans pour justifier de leur propriété; savoir, le chapitre d'Alais du huitieme du tenement du Ribayrés, appellé le grand & petit Courtet, dans le terroir de Psalmodi, de l'étang appellé de l'Abbat ou de la ville, dans le terroir d'Aigues-mortes, des Maniguieres de la Reclause & du Vern, du droit de sixieme de tous les poissons qui se prennent dans cet étang, à la charge toutefois de rapporter des actes possessoires plus anciens que le bail à ferme du dixieme Mars 1764, ou un jugement de maintenue; & en ce qui concerne les droits & propriétés prétendus par ledit chapitre, comme représentant le cellerier de Psalmodi, donner acte audit syndic général de sa déclaration comme il n'a aucunes conclusions à prendre à l'égard dudit chapitre à raison desdits droits & propriétés, jusques à ce qu'il se soit réglé à cet égard avec le sieur évêque d'Alais; le sieur marquis de Calviere pour la propriété de deux tenemens de la Muzette & du Cousson de Bermond, dans le terroir de Saint-Laurent d'Aigouse; l'abbaye de Franquevaux pour la propriété d'une isle ou atterrissemens, & de plusieurs portions de marais dans le terroir de Vauvert,

N°. XLII. énoncés dans la transaction du 3 des ides de Mars 1256, & dans plusieurs procédures & arrêts subséquens, ainsi que de plusieurs possessions dans le terroir de Beauvoisin, énoncées aux actes rapportés par cette abbaye; les héritiers de Jacques Chabaud, pour la propriété de dix carterées de marais dans les iscles de Vauvert, à la charge par eux de justifier que leur possession a pu leur en acquérir la propriété; les sieurs Perié freres, pour celle de l'isle de Sainte-Marguerite du Mol, dans le terroir d'Aigues-mortes; le sieur Rousselier, pour celle du marais de las Tombes dans le même terroir; le sieur Reboul, trésorier de France, pour celle du marais appellé le Fangassier, dans le même terroir, de contenance de quarante-quatre séterées cent vingt-neuf dextres, conformément à la sentence arbitrale du 12 Août 1763, homologuée par arrêt du parlement de Toulouse du 3 Mars 1768; le sieur comte de Bernis, seigneur des Ports pour quatre cent cinquante-six carterées du pré de l'Estelle, dans ladite terre des Ports, dont cent vingt-cinq sont en pâturage commun avec la communauté de Massillargues, pour le pré appellé des Anes, de contenance de dix-sept carterées, pour celui appellé Pré neuf, contenant vingt-deux carterées, & pour un troisieme pré appellé de la Dispute, de contenance de dix séterées, le tout situé dans ladite terre des Ports; le sieur d'Azemar & la dame de Montoulieu son épouse, pour celle de vingt-cinq carterées de marais, aussi dans ladite terre des Ports; le sieur Mourgues, pour celle de dix carterées de marais dans la même terre; la dame de Rochemore, pour la propriété des marais faisant partie des domaines de Tartuyeres & du Grès dans la jurisdiction de Lunel; la dame de Bornier, épouse du sieur président de Crouzet, pour la propriété des tenemens dits le Mas de Bornier, & le claux de l'Inféodation N°. XLII. dans le terroir d'Aigues-mortes, du claux de Lavernhe dans le terroir de Lunel, & de vingt cinq séterées de marais dans les palus de Mauguio; le sieur de Portalés, pour celle de l'étendue du terrein inféodé en 1727 au sieur Baude son auteur, par le feu sieur de Colbert, évêque de Montpellier, & pour le château de la Mothe, dont il a rapporté un bail à ferme passé par dame Jacquette de Portalés en 1644, au nom de ses enfans, autant que la possession prouvée par cet acte aura été continuée pour prescrire la propriété, ledit château étant situé sur la partie de la plage qui dépend du côté de Mauguio; déclarer pareillement les titres remis par les communautés d'Aimargues, du Caylar & de Massillargues, suffisans pour justifier des propriétés; savoir, aux communautés d'Aimargues & du Caylar par indivis pour la propriété de l'entier tenement en marais appellé de la Souteyrane, de la moitié de celui dénommé Yvernon, des deux montilles faisant partie dudit tenement de la Souteyrane, & de la petite palus situé entre le grand enclos du Caylar & la terre de Vauvert, le tout situé dans la terre du Caylar, & tenu par ces communautés du seigneur dudit lieu; la communauté du Caylar en son particulier, pour la propriété de quatre autres tenemens en marais dans ladite terre du Caylar, appellés la Clapiere, sous les Patus, le pré dit les Patus, & un autre ayant appartenu au seigneur dudit lieu du Caylar, désignés & confrontés dans la transaction du 2 Décembre 1624; la communauté de Massillargues pour la propriété de cent séterées du pré de l'Estelle dans la jurisdiction des Ports, de cent vingt-trois carterées des palus rehaussées de Tamerlet, de 40 carterées énoncées en

N°. XLII. la transaction du 6 Avril 1717, & de trente-cinq carterées à prendre sur une plus grande contenance, dont la communauté avoit simplement l'usage, dans lesquelles propriétés ledit syndic général consent que les susdites parties soient maintenues, sauf à être pourvu à leur dédommagement en cas de dépossession, conformément aux lettres-patentes contenant concession desdits marais en faveur des Etats, à la charge néanmoins par ledit sieur de Calviere, par le sieur d'Azemar & la dame de Montoulieu mariés, & par la dame de Rochemore, de justifier pardevant ledit sieur de Rosset, commissaire, qu'ils sont aux droits de ceux au profit desquels ont été passés les titres qu'ils ont rapportés pour établir leurs propriétés, & ce dans un mois pour tout délai, passé lequel il sera pris par ledit syndic général, telles conclusions qu'il appartiendra. En ce qui concerne la propriété prétendue par les communautés composant la baronnie de Lunel, sur les marais situés dans l'étendue de ladite baronnie, ensemble sur celle qui est prétendue par les dames de la Visitation Sainte-Marie de Montpellier, & par les inféodataires qui les représentent, ordonner qu'il y sera fait droit, après qu'il aura été prononcé sur les fins & conclusions prises par lesdites parties, relativement à leurs droits respectifs sur lesdits marais; déclarant ledit syndic général, conformément aux conclusions qu'il a prises dans sa requête du 23 Juin dernier, qu'il n'entend reconnoître dans lesdites parties aucune propriété sur les portions des marais qu'elles réclament dans l'étendue de ladite baronnie, se réservant de discuter leurs titres après le jugement de leurs contestations particulieres; & quant aux parties qui réclament des usages & facultés sur les marais, donner acte audit syndic général de sa déclaration comme il n'entend empêcher que la communauté de Beaucaire jouisse des droits de dépaissance dans l'étendue des marais situés dans son terroir, en conséquence du traité de 1555, autres que ceux dont elle a la propriété, & les 1150 salmées réclamées par les dames de Marmier & de Plauchut, conformément à ce qu'il a ci-devant expliqué, attendu que les titres remis par la communauté d'Aigues-mortes, réduisent les droits de cette communauté à de simples usages & facultés sur les marais de son terroir, la déclarer non recevable à réclamer la propriété desdits marais, les déclarer au contraire appartenir en toute propriété aux Etats, en vertu de la concession à eux faite par Sa Majesté, sauf pour les portions dont les parties ci-dessus énoncées ont justifié avoir la propriété, sauf encore aux habitans de ladite communauté, à exercer sur lesdits marais faisant partie du don fait aux Etats, les droits de dépaissance qui leur sont acquis en vertu du traité passé entre les commissaires de Sa Majesté & ceux des Etats en 1555, & à être pourvu à leur dédommagement à raison de ladite dépaissance, dans le cas où ils seroient desséchés, conformément à ce qui est porté par les lettres-patentes contenant ledit don; fixer pareillement les droits prétendus par les communautés de Fourques, de Saint-Gilles, de Saint-Laurent d'Aigouse, de Vauvert, de Bellegarde, de Massillargues, de Mauguio, de Mudazon & de Candillargues, sur les marais situés dans l'étendue des terroirs desdites communautés, à de simples usages & facultés de dépaissance, pêche, chasse & lignerage, relativement aux transactions que ces communautés ont passées avec leurs seigneurs, ou autres actes de concession qu elles tiennent d'eux, sauf à elles à se faire maintenir auxdits N°. XLII.

No. XLII. droits vis-à-vis desdits seigneurs, & à être pourvu à leur dédommagement, s'il en est dû, après le desséchement & la construction du canal de navigation, en remplaçant par les susdits seigneurs les pâturages dont le desséchement & ledit canal pourront les priver; maintenir pareillement l'abbaye de Franquevaux & les habitans de Saint-Laurent d'Aigouse, au droit de dépaissance qu'ils ont justifié avoir dans la Silve-Godesque, marais joui par le grand-prieur de Saint-Gilles & le sieur comte de Bernis, seigneur des Ports, à un pareil droit de dépaissance dans l'étendue de la terre des Ports, se réservant le syndic général, de prendre telles conclusions que de droit contre le sieur Laugier de Saint Germain, les héritiers de la dame de Beaurepaire, ceux d'Elie Peyrie, le sieur de Moynier & les demoiselles de Silles; après que lesdites parties auront fait la remise de leurs titres de propriété sur les portions des marais qu'elles prétendent posséder; se réservant encore de prendre aussi telles conclusions que de droit à raison des indemnités & dédommagemens qui peuvent être prétendus par les parties qui auront été reconnues propriétaires de certaines portions des marais, palus & étangs concédés aux Etats, & des usages & facultés sur iceux, après qu'il aura été délibéré par les Etats sur lesdites indemnités; L'exploit de signification de ladite requête faite aux procureurs des parties intéressées le même jour 22 Septembre; Copie d'acte fait au syndic général, à la requête du sieur grand-prieur de Saint Gilles, & des autres commandeurs de l'ordre de Malte, le 27 dudit mois de Septembre. Requête des consuls de Beaucaire, contenant l'indication des possesseurs des 820 salmées de marais concédés à cette communauté par Louis XIII en 1632, & par elle aliénés auxdits possesseurs en 1671, & pour demander No. XLII. acte de ladite indication, sauf au syndic général à appeller en cause lesdits particuliers, si bon lui semble; L'ordonnance qui joint ladite requête au procès du 2 Octobre dernier, avec l'exploit de signification du 3 du même mois. Requête du syndic général, tendante à ce que le sieur abbé de Saint-Gilles & les consuls & communauté de Saint-Gilles soient assignés en constitution de nouveau procureur, au lieu & place de feu André Castan, qui occupoit pour lesdites parties, & en reprise de l'instance avec lesdites parties, hors de droit à leur égard par le décès dudit Castan; L'ordonnance rendue sur ladite requête le 3 dudit mois d'Octobre, portant que lesdites parties seroient assignées, avec les assignations données en conséquence le 5 du même mois; Les copies des défenses fournies par ledit sieur abbé de Saint-Gilles & par le trésorier clavaire de la ville, les 15 & 26 du même mois, contenant constitution de nouveau procureur au lieu & place dudit Castan. Requête du sieur marquis de Rochemore, à ce qu'attendu le décès de la dame sa mere, partie dans l'instance, & la reprise d'instance faite avec lui, il soit déclaré n'y avoir lieu de dire droit aux conclusions prises contre ladite dame par le syndic général dans sa requête du 9 Juin dernier, avec dépens; L'ordonnance qui joint la requête au procès, du 17 dudit mois d'Octobre, avec l'exploit de signification du 19 du même mois. Requête du chapitre cathédral d'Alais, à ce que tenant l'aveu fait par le syndic général, que les titres remis par ledit chapitre, sont suffisans pour établir sa propriété du huitieme du tenement du Ribayrés, appellé le grand & petit Courtet dans le terroir de Psalmodi, du tenement appellé de l'Abbat ou de la Ville dans le terroir d'Aigues-mortes, des Mani-

N°. XLII. guieres, de la Reclause & du Vern, & l'offre qu'il fait de rapporter incessamment des actes possessoires du droit du sixieme des oiseaux & poissons qui se prennent sur l'étang appellé de l'Abbat ou de la Ville, plus anciens que le bail-à-ferme de 1761, sans avoir égard aux requêtes des consuls de Saint-Laurent d'Aigouse, & les en déboutant pour ce qui concerne ledit chapitre, maintenir le chapitre en la possession & jouissance des droits lui appartenant, consistant, 1°. en la métairie & domaine composé d'environ quatre cent carterades terre labourable, dont environ cent dans l'enceinte de l'isle, & trois cent dans le terroir culte de Saint-Laurent, le tout affermé par acte du 10 Février 1766, au prix de 4150 livres de rente annuelle. 2°. Au tenement appellé le petit Courtet, qui représente la huitieme partie du tenement de Ribayrés, appellé présentement le grand & petit Courtet, parvenu audit chapitre par la transaction du 17 Juin 1610, dont la contenance est réglée par ladite transaction à neuf cent douze carterées affermées par bail du 14 Juin 1767, au prix de 1100 livres de rente annuelle, outre les droits seigneuriaux. 3°. Aux pêcheries de la Reclause & Gaze du Vern affermés par bail du 4 Mai 1766, au prix de 3000 livres annuellement. 4°. Au droit de sixain sur l'étang d'Aigues-mortes, dit de l'Abbat, affermé par bail du 10 Mars 1768, sous la rente de 350 livres. 5°. Au droit de chauffage sur la Pinette dite de l'Abbé, consistant en soixante-dix gros arbres de Pin que le chapitre y fait couper, & dont il retire 336 livres outre le droit d'y nourrir cinquante grosses bêtes, & en outre dans toutes les réserves faites par le cellerier de l'ancien monastere de Psalmodi, qu'il représente, dans les palus de Saint-Laurent, par la transaction de 1388; ordonner qu'il sera fait part audit chapitre dans la distribution desdites palus qui pourra être faite en faveur de la communauté de Saint-Laurent, au prorata des fonds dont il se trouve propriétaire dans ladite communauté par la métairie de Psalmodi & le tenement du petit Courtet, situés dans le terroir de Saint-Laurent, & qu'en conséquence, il lui sera cédé en exécution des donations de nos Rois, partie des fonds que la province fera défricher dans les palus & marais d'Aigues-mortes; comme aussi, le maintenir en qualité de prieur d'Aigues-mortes, au droit du dixieme des fruits qui proviendront sur tous les fonds qui seront défrichés dans les palus & marais du terroir de ladite ville; & dans le cas que les susdites possessions soient comprises dans le desséchement, ordonner que la province, ou ses ayans-cause, seront tenus de payer audit chapitre les mêmes revenus qu'ils lui portent; maintenir encore ledit chapitre dans la jouissance des droits de lods & censives, tant des susdits effets que de ceux qui sont actuellement en marais ou palus lui appartenant; lui permettre de défricher & mettre en culture le pacage dépendant de l'ancienne dotation dudit monastere, appellé le petit Courtet, qui n'est point marais; & disant droit à l'opposition dudit syndic envers les jugemens du 25 Avril 1768, lui permettre de faire exploiter ses fermes des pêcheries comme il l'a toujours pratiqué, demeurant son offre de faire veiller à ce que les fermiers tiennent les ouvertures en l'état prescrit par les baux, pour éviter le refluement des eaux, & laisser leur cours libre, & de les détruire, au cas elles portassent quelque obstacle au desséchement des marais, sous la réservation de s'arranger en ce cas avec la province, avec dépens; L'ordonnance qui joint ladite requête au procès du N°. XLII.

N°. XLII. 18 dudit mois d'Octobre. Requête du sieur évêque d'Alais, jointe au procès par ordonnance du 25 dudit mois d'Octobre, contenant la déclaration des tenemens en marais jouis par ce prélat, avec les confronts desdits tenemens; moyennant laquelle déclaration il conclud, attendu encore la remise de ses titres faite devant ledit sieur de Rosset, qu'il soit déclaré qu'il a satisfait au jugement du 19 Novembre 1768, sans préjudice de prendre d'autres conclusions; L'exploit de signification de ladite requête du 2 Novembre suivant. Requête du sieur Rousselier, à ce qu'il lui soit donné acte de la déclaration qu'il a fait dans ses défenses signifiées le 17 Juillet dernier, des confronts de son domaine de las Tombes; & moyennant ce, débouter le syndic général de ses requêtes, avec depens; L'ordonnance qui joint ladite requête au procès du 31 dudit mois d'Octobre, avec l'exploit de signification du 2 Novembre suivant. Requête des sieurs de Piolenc, grand-prieur de Saint-Gilles, de Veines, commandeur de la commanderie de Montpellier; de Gautier, commandeur de Cavales; de Grille d'Estoublon, de celle d'Argence; de Sade Mazan, de celle de la Vernede; Joseph de Veine, de celle de Capette; Pierre-Paul de Piolenc, de celle de Liviers, & de Luppé de Garané, commandeur de celle du plan de la Peyre & de Sylveréal, en démis de celle du syndic général du 9 Juin dernier, sauf à lui à faire à ses frais & dépens, telles opérations que bon lui semblera, à quoi ils déclarent ne pas s'opposer, sous les protestations de droit dudit ordre de Malte; L'ordonnance qui joint ladite requête au procès. Signification de ladite requête du 9 Novembre 1770. Autre requête du syndic général, tendante à ce que tenant la communication de la procuration fournie par le sieur marquis de Rochemore, & sa requête du 17 Octobre 1770, lui donner acte comme il reconnoît ledit sieur de Rochemore, partie légitime dans l'instance, en abandonnant les conclusions qu'il avoit pris contre la dame de Rochepierre sa mere; tenant aussi les déclarations faites par le sieur évêque d'Alais & par les consuls de Massillargues, déclarer qu'ils ont satisfait aux dispositions du jugement du 19 Novembre 1768, en ce qui concerne les déclarations des tenemens en marais & de leurs confronts; donner aussi acte aux consuls de Beaucaire, de l'indication par eux faite dans leur requête du 2 Octobre dernier, des possesseurs des 800 salmées de marais concédés à ladite communauté en 1632; & moyennant cette indication, déclarer n'y avoir lieu de prononcer sur les conclusions prises par ledit syndic général contre lesdits consuls dans sa requête du 9 Juin dernier, qui, à cet égard, demeureront comme non-avenues, déclarer le défaut pris vers le greffe contre le sieur de Laugier de Saint-Germain, bien & duement obtenu; disant droit à l'utilité dudit défaut, sans s'arrêter à l'acte dudit de Saint-Germain du 17 Août dernier, & le rejettant, ordonner que dans deux mois pour tout délai, il satisfera au Jugement dudit jour 19 Novembre 1768, en représentant ses titres de propriété ainsi que ledit syndic général l'a demandé dans sa requête dudit jour 9 Juin dernier, aux fins de laquelle il persiste à cet égard; sans s'arrêter aussi à l'acte signifié le 27 Septembre dernier, à la requête des sieurs grand-prieur de Saint-Gilles, & autres commandeurs de l'ordre de Malte, ni à leur requête du 29 dudit mois de Septembre, rejettant ledit acte, ordonner qu'ils satisferont au susdit jugement, sous les peines contr'eux requises dans N°. XLII.

la susdite requête du 9 Juin dernier : ordonner enfin, que le sieur Rousselier satisfera audit jugement quant à la déclaration des tenemens en marais dont il jouit, si mieux il n'aime déclarer que son entier domaine dit de las Tombes, est en marais, palus, ou terre inondée, & pour le surplus, adjuger audit syndic général les fins de sadite requête du 9 Juin dernier, avec dépens ; ladite requête jointe au procès par ordonnance du 10 dudit mois de Novembre & signifiée aux procureurs des parties y dénommées. Requête des consuls & communauté du Caylar, du 24 Novembre dernier, jointe au procès par ordonnance du même jour, pour demander d'être reçus en tant que de besoin, bien opposans envers le jugement du 19 Novembre 1768, en ce qu'il ordonne le dessèchement des marais dans le terroir du Caylar, tant de ceux qui peuvent appartenir à ladite communauté que de ceux appartenant à autrui, & sur lesquels elle a des facultés ; subsidiairement, & en cas que ce terrein seroit desséché, tenant la déclaration du syndic général comme les titres remis par ladite communauté sont suffisans pour justifier de la propriété & des facultés qu'elle a sur les tenemens en marais énoncés en ses titres, la maintenir avec celle d'Aimargues, en la propriété du tenement marais dit la Souteyrane, dans lequel est compris la petite palus qui est entre le grand clos & la terre de Vauvert, avec les deux montilles, & de la moitié de celui d'Ivernon, mentionné, limité & confronté dans la transaction du 13 Janvier 1669 ; comme aussi, maintenir les habitans dudit lieu du Caylar dans la faculté de pêcher & chasser toute l'année, faire dépaître leurs bestiaux, les abreuver, & user de l'abandon des fourrages & herbages après les fruits levés, tant dans ledit tenement que dans ceux qui peuvent appartenir au seigneur & à d'autres particuliers, conformément auxdits titres, & autres droits dans le surplus du terroir & jurisdiction du Caylar ; & en conséquence, faire défenses au syndic général de la province & à tous autres, de donner aucun trouble auxdits habitans dans lesdites propriétés & facultés, à peine d'enquis, de 1000 livres d'amende, & de tous dépens, dommages & intérêts ; ce faisant, condamner les Etats de Languedoc à indemniser ladite communauté des fonds qui lui seront pris, & de la privation desdites facultés, suivant l'estimation qui en sera faite par experts, sur l'état qu'elle en donnera ; condamner encore lesdits Etats à faire élargir suffisamment les lits des rivieres du Vidourle, du Vistre, du Rhosni, & de la Cubelle, pour tenir les eaux & les conduire ; savoir, celles du Vidourle, dans l'étang de Mauguio, & celles du Vistre dans le canal d'Aigues-mortes, former & élever des chaussées solides capables de contenir les eaux desdites rivieres, entretenir lesdits lits & chaussées à perpétuité, à peine de répondre des dommages & intérêts que ladite communauté pourroit souffrir ; ordonner que le syndic général de la province sera tenu de communiquer le devis & plan du canal à faire depuis Beaucaire jusques à Aigues-mortes, pour en donner vision à ladite communauté, à l'effet d'examiner si ce canal peut lui porter quelque préjudice, pour ensuite former telles autres demandes qu'il appartiendra, avec dépens ; L'exploit de signification de ladite requête du 27 dudit mois de Novembre. Requête du syndic général, jointe au procès par ordonnance du 4 Décembre dernier, tendante à ce que sans avoir égard à celle des consuls du Caylar dudit jour 10 Novembre dernier, en ce qu'elle tend

N°. XLII.

en opposition envers le jugement du 19 Novembre 1768, pour le chef concernant le dessèchement des marais dans le terroir dudit lieu, ordonné par ledit jugement, & les déboutant de cette opposition par fins de non-recevoir prises dudit jugement, & de l'exécution qu'en ont fait lesdits consuls en remettant leurs titres de propriété de ladite communauté, ordonner que le même jugement sera exécuté suivant sa forme & teneur; & sur le surplus des demandes formées par lesdits consuls, ordonner qu'il y sera statué en jugeant la validité des titres, ou lorsqu'il sera question de régler les indemnités ou dédommagemens qui peuvent être dus à ceux qui ont établi la propriété des marais dans l'étendue de ceux concédés aux Etats, si mieux la commission n'aime ordonner que sur ces demandes les parties seront plus amplement ouies avec dépens. Autre requête du sieur de Bachi d'Aubaix & du Caylar, jointe au procès & signifiée au syndic général le 13 Janvier 1771, à ce qu'il lui soit donné acte de la déclaration faite par le syndic général dans sa requête du 22 Septembre dernier; & en conséquence, maintenir ledit sieur d'Aubaix dans le droit de seigneurie qu'il a sur tous les marais, palus & terres inondées situées dans le terroir & jurisdiction du Caylar, sans préjudice de tous ses droits & exceptions qu'il se réserve de proposer, avec dépens; L'acte fait le 27 Septembre 1770, à la requête du sieur grand-prieur de Saint-Gilles & commandeurs de l'ordre de Malte, pour les commanderies de Montpellier, de Cavales, du plan de la Peyre, de la Vernede, de Capette, du Mas de Liviers, & de Sylveréal, au syndic général de la province, & la réponse du procureur de ce dernier au bas dudit acte: Copie d'un arrêt du grand conseil du dernier Mars 1643, rendu entre la dame marquise de Gremian, le sieur de la Bastie, commandeur de Beaulieu, le seigneur de Congoulin, le commandeur de Valence, & autres: Autre copie d'un arrêt rendu par le parlement de Paris le 12 Mars 1617, entre le sieur de Guerchy, grand-prieur de France, & Paul de Lafaye, & la dame sa veuve: Copie de la procédure de bornage faite devant le sieur Baudouin, commissaire, pour la partie des marais du domaine de las Tombes: Délibération de la communauté du Caylar du 5 Mars 1769: Acte d'échange du mois d'Août 1248, passé entre le Roi & Bermon de Sommières: Testament de noble Philibert-Joseph de Fressieux, du 14 Août 1720; L'arrêt du conseil du 13 Juillet 1769, contenant ampliation de pouvoir & jurisdiction pour la commission, & les exploits de signification du 26 Août de ladite année, 18 & 19 Juin 1770: Autre arrêt du conseil du 23 Septembre dernier, qui ordonne l'exécution du Jugement de la commission du 19 Novembre 1768, & fixe un dernier délai pour la remise des titres, sous les peines y contenues: Procès-verbal tenu devant le sieur de Rosset, commissaire, l'un de nous, les 24, 28, 29 Décembre 1768; 7, 12, 13, 18, 25, 26, 27, 30, 31 Janvier; 1, 3, 4, 6, 7, 9, 10, 11, 14, 15, 16, 17, 18, 20, 21, 27, 28 Février; 3, 4, 7, 8, 9, 13, 16, 20, 21, 22, 25, 29, 30, 31 Mars; 1, 4, 5, 11, 12, 15, 17, 18, 19, 20, 21, 22, 24, 25, 26, 27, 28, 29 Avril; 1, 2, 3, 5, 6, 8, 9, 10, 11, 12, 13, 16, 20, 23, 29, 30, 31 Mai; 1, 2, 3, 5, 6, 7, 14, 15, 16, 20, 21, 27, 28, 30 Juin; 5, 13, 14, 15, 17, 18 Juillet; 8, 9, 11 & 12 Août 1769: Acte à produire du syndic général

XLII. ral de la province du 12 Juin 1770, avec l'exploit de signification faite le même jour aux procureurs du duc d'Uzès, des marquis de Calvisson & de Calviere, des dames de Marmier & de Plauchut, du sieur d'Azemar & de la dame son épouse, de la marquise de Rochemore, des consuls de Beaucaire, de ceux de Vauvert, de ceux de Saturargues, Verargues & Saint-Serin, du sieur Bozon, de la dame de Candillargues, des consuls dudit lieu, de ceux de Sainte-Colombe, du sieur Reboul, des sieurs Perié freres, du chapitre Saint-Gilles, du doyen dudit chapitre, des abbé & religieux de Franquevaux, de Peyrie, du sieur de Vauvert, des consuls & syndics des communautés composant la baronnie de Lunel, du comte de Bernis, du marquis d'Aubaix, des consuls du Caylar, de Rousselier, de l'évêque & du chapitre d'Alais, du président de Belleval, du sieur Leblon, de la dame de Bornier de Crouzet, du prévôt du chapitre cathédral de Nîmes, des consuls d'Aimargues, de Mourgues, de l'évêque de Montpellier, du grand-Prieur de Malte, au grand-prieuré de Saint-Gilles, des commandeurs dudit ordre pour les commanderies de Montpellier, Sylvereal, Capette, Liviers, Argence, Cavales, la Vernede, & le plan de la Peyre, des consuls de Lansargues, de ceux de Saint-Laurent d'Aigouse, de Mudazon, de l'abbé de Saint-Gilles, du syndic clavaire de la même ville, des consuls de Saint-Brés, de Fourques, Bellegarde, Mauguio, Massillargues, Aigues-mortes, Saint-Nazaire, du marquis de Calvisson, du sieur Moynier, & des Dlles. de Silles: Inventaires de production & continuation dudit syndic général, desdits grand-prieur & commandeurs de Malte, de Rousselier, du président de Belleval, du marquis d'Aubaix & des consuls du Caylar, avec les exploits de signification, & les autres pieces produites par lesdites parties. Vu aussi les Conclusions du procureur du Roi en la commission, du 19 Janvier dernier: Oui le rapport du sieur de Rosset, l'un de nous; & tout considéré. N°. XLII.

NOUS COMMISSAIRES susdits, juges en dernier ressort; faisant droit sur la requête dudit syndic général de la province du 15 Septembre dernier; & quant à ce, sur ses autres requêtes des 9 Juin, 7 Novembre & 4 Décembre 1770; tenant les déclarations des tenemens en marais & de leurs confronts, faites par les consuls de Massillargues, Perié freres, d'Azemar & de Montoulieu mariés, les dames de Marmier & de Plauchut, l'abbé & religieux de l'abbaye de Franquevaux, le syndic & doyen du chapitre abbatial de Saint-Gilles, le sieur duc d'Uzès, la dame de Bornier, épouse du sieur président Crouzet, les communautés de Vauvert, de Saint-Gilles, d'Aigues-mortes, de Beaucaire, de Mauguio, de Fourques, du Caylar, & des communautés composant la baronnie de Lunel, par l'abbé de Saint-Gilles, le sieur évêque de Montpellier, la dame veuve de Rochemore, le sieur de Pierre des Ports, comte de Bernis, le baron de Vauvert, le marquis de Calvisson, d'Aubaix, de Bon & de Calviere, le sieur Reboul, trésorier de France, le président de Belleval, Mourgues, Leblon, les sieurs & Dlle. Bouzon, représentant Jacques Chabaud, & l'évêque d'Alais; tenant aussi la déclaration faite par ledit syndic général de la province dans sa requête dudit jour 15 Septembre dernier, que les tenemens en marais & leurs confronts jouis par la communauté d'Aimargues sont indiqués dans les titres remis par ladite communauté, devant le

N°. XLII. sieur Roffet commissaire, l'un de nous, & que ceux des marais sur lesquels la communauté de Bellegarde a des facultés ont été pareillement indiqués par le sieur duc d'Uzès, seigneur dudit Bellegarde, déclarons les susdites parties avoir satisfait quant à ce, à notre jugement du 19 Novembre 1768; Sans nous arrêter à l'acte du grand-prieur de Saint-Gilles, & des commandeurs de Sylvereal, de Cavales, du Mas de Liviers, du plan de la Peyre, de la petite Argence & de Capette du 27 Septembre dernier, ordonnons que tant lesdits grand-prieur & commandeurs, que les consuls de Mudazon, ceux de Candillargues, ceux de Saint-Laurent d'Aigouse, le sieur de Portalés & Pieyre, satisferont dans le mois à notre susdit jugement du 19 Novembre 1768, & déclareront en outre pardevant ledit sieur de Roffet commissaire jà député, les justices dans l'étendue desquelles sont situés les marais par eux jouis; sans nous arrêter à la déclaration de Rouffelier, ni quant à ce à ses requêtes, ordonnons que dans le même délai d'un mois, il déclarera pardevant ledit sieur de Roffet commissaire, les tenemens en marais faisant partie de son domaine de las Tombes, & les quatre confronts de chacun desdits tenemens bornés en 1740, pardevant le sieur Baudouin commissaire; autrement & faute par ledit Rouffelier, le sieur grand-prieur & commandeurs, les consuls de Mudazon, ceux de Candillargues, ceux de Saint-Laurent d'Aigouse, le sieur de Portalés & Peyrie, de faire lesdites déclarations, dans le susdit délai, ordonnons qu'en vertu de notre présent jugement, il sera par le sieur Vassal, l'un de nous, que nous avons à cet effet commis, fait descente sur les marais jouis par les susdites parties, dont elles n'ont pas déclaré les tenemens & les confronts, à l'effet d'être en sa présence & celle du procureur du Roi en la commission, par un expert qui sera à cet effet nommé d'office par ledit sieur Vassal, commissaire, sur les réquisitions du syndic général, toutes les parties présentes ou duement appellées, reconnu par ledit expert & par lui rapporté le nom desdits tenemens en marais, les quatre confronts d'iceux, & dans quelle justice lesdits tenemens du marais sont situés. Permettons en outre audit sieur Vassal, commissaire, de prendre des consuls des lieux dans lesquels lesdits marais sont situés, leurs déclarations des justices dans lesquelles lesdits marais sont situés, le tout aux frais & dépens desdites parties, chacune pour ce qui les concernera; desquels frais & dépens il sera délivré exécutoire par ledit commissaire, si mieux ledit Rouffelier n'aime déclarer que l'entier domaine de las Tombes est en marais; tenant la communication de la procuration fournie par ledit sieur de Rochemore, & sa requête du 17 Octobre dernier; tenant aussi la communication pareillement faite par le sieur président de Belleval, du testament du sieur de Fressieux, son ayeul maternel, & la déclaration dudit syndic général de la province, contenant qu'il reconnoît que lesdits sieurs de Rochemore & de Belleval sont aux droits de ceux en faveur desquels les titres par eux représentés ont été passés, déclarons n'y avoir lieu de prononcer à cet égard sur la requête dudit syndic général du 9 Juin dernier, déclarons le défaut pris le 31 Octobre dernier, contre Laugier de Saint-Germain, bien & duement obtenu; pour le profit duquel, sans nous arrêter à son acte du 17 Août précédent; faisant quant à ce droit à la requête dudit syndic général du 9 Juin dernier, avons déclaré commun, tant audit Laugier de St.-Germain, qu'auxdits héritiers de la dame de Beaure- N°. XLII.

N°. XLII.

paire, représentés par le sieur d'Aléon, ceux dudit Peyrie, le sieur Moynier & les Dlles. de Silles; notre jugement dudit jour 19 Novembre 1768, qui sera exécuté suivant sa forme & teneur; en conséquence, ordonnons que conformément audit jugement & à l'arrêt du conseil du 23 Septembre dernier, ledit Laugier de Saint-Germain, les héritiers de la dame de Beaurepaire, ceux de Peyrie, ledit Moynier & lesdites de Silles, représenteront dans deux mois de la signification de notre présent jugement, & de l'arrêt du conseil du 23 Septembre 1770, pardevant ledit sieur de Rosset, commissaire, le procureur du Roi présent ou duement appellé, leurs titres de propriété, d'usages ou facultés sur les marais dont ils prétendent la propriété, en remettront des copies collationnées par ledit sieur de Rosset, au syndic général; autrement, & faute de ce faire dans ledit délai, & icelui passé, les avons déclarés déchus définitivement de leurs droits de propriété, usages & facultés, & de tous droits & prétentions, sans qu'ils puissent les réclamer en aucun tems; leur imposons après ledit délai échu silence perpétuel, & leur interdisons toute action à ce sujet: Condamnons ledit Laugier de Saint-Germain aux dépens du défaut, modérés à huit livres; tenant la déclaration faite par ledit Demerés, prévôt de l'église cathédrale de Nîmes, & en cette qualité, prieur de Vauvert, dans son comparant devant ledit sieur de Rosset, commissaire, du 14 Juin 1769, comme il n'a point de marais en propriété dans l'étendue de ceux concédés aux Etats du Languedoc, & que ses droits se réduisent à la dîme des fruits des marais qui sont dans l'étendue de son prieuré: sans nous arrêter au consentement donné par le sieur de Cohon, ci-devant prieur dudit Vauvert, devant le sieur de Basville, le 3 Août 1701; rejettant ledit consentement comme inutile, ainsi que la réservation faite par ledit de Cohon, de la dîme au quarantieme, ordonnons que ledit Demerés sera tiré d'instance sans dépens; & néanmoins ordonnons que conformément aux lettres-patentes du Roi du mois de Janvier 1702, dont l'exécution a été ordonnée par notre jugement du 16 Novembre 1768, le prieur de Vauvert & ses successeurs ne pourront exiger la dîme sur les fruits des marais desséchés dans leur prieuré, que sur le pied du cinquantieme des fruits, lesquels fonds demeureront exempts de ladite dîme pendant dix années, à compter du jour que lesdits marais desséchés produiront des fruits: Ordonnons que dans le mois, pour toute préfixion de délai, les dames de Marmier & de Plauchut, lesdits d'Azemar & Montoulieu mariés, le marquis de Calvisson, & la dame de Candillargues, justifieront qu'ils sont aux droits; savoir, lesdites de Marmier & de Plauchut, des sieurs de Launay & de la Roche, à raison de la propriété des 1150 salmées de marais situés dans le terroir de Beaucaire; lesdits d'Azemar & de Montoulieu, de Siméon de Bornier, à raison de vingt-cinq carterées de la palus appellée de l'Estelle, située dans la terre des Ports; ledit marquis de Calviere, de Gautier & Jean de Calviere, à raison de quatre cent cinquante carterées de marais dans le terroir de Psalmodi ou de Saint-Laurent d'Aigouse, & d'un autre tenement en marais appellé le Coussou de Bermond; & ladite dame de Candillargues, de Bertrand Monachi & Béranger Dalmacy, à raison des marais situés dans la terre de Candillargues, le tout sans préjudice de leurs droits. Ordonnons que dans le même délai de deux mois, ledit sieur de Vauvert justifiera de sa propriété de cinq huitiemes de l'étang

N°. XLII. de Scamandre, si mieux il n'aime faire juger l'interlocutoire porté par le jugement rendu le 3 Mai 1754, par les commissaires généraux députés par Sa Majesté pour l'examen & vérification des titres des droits maritimes dans le même délai; & faute par lui de ce faire, il sera & demeurera définitivement déchu de tout droit de propriété sur ledit étang, conformément à l'arrêt du conseil du 23 Septembre 1770: Avons donné acte aux consuls de Beaucaire, de la déclaration & indication par eux faite des possesseurs actuels des 800 salmées de marais que le Roi Louis XIII avoit concédées à la communauté dudit Beaucaire en 1632, & par elle aliénées en 1671, en faveur de divers particuliers, & moyennant ladite déclaration & indication, déclarons n'y avoir lieu de prononcer à cet égard sur la requête dudit syndic général du 9 Juin dernier. Ordonnons que tant lesdits consuls de Beaucaire, que ceux de Bellegarde, représenteront dans deux mois devant ledit sieur de Rosset, commissaire, leurs titres de propriété, d'usages ou facultés sur le marais appellé le Contrat, & en remettront des copies qui seront collationnées par ledit sieur de Rosset audit syndic général; & faute par lesdits consuls de ce faire dans ledit délai, & icelui passé, ils seront & demeureront définitivement déchus de tout droit de propriété, usages ou facultés, conformément audit arrêt du conseil du 23 Septembre 1770; tenant la déclaration faite par ledit syndic général devant ledit sieur Vassal l'un de nous, commissaire, dans son procès-verbal du 9 Septembre 1767, avons reçu le sieur marquis de Calvisson à la correction par lui demandée par sa requête du 18 Juin dernier; en conséquence, sans nous arrêter au déclinatoire par lui proposé dans sa requête du 6 Décembre 1768, dont nous l'avons débouté, ordonnons que les consuls de Lunel déclareront dans les mois, 1°. S'ils entendent se servir du bornage fait le 4 Septembre 1767, par Parlier & Baude, experts, devant ledit sieur Vassal, commissaire. 2°. S'ils entendent que ledit terroir borné fait partie de la terre & jurisdiction de Lunel. 3°. S'ils ne reconnoissent que ledit terrein borné est de la terre & jurisdiction des Ports, s'ils en prétendent le domaine utile, ou quelque droit d'usage; auquel cas ils seront tenus d'en justifier; & faute par lesdits consuls de Lunel de faire ladite déclaration, il sera fait droit aux parties ainsi qu'il appartiendra. Ayant égard aux fins de non-recevoir du syndic général de la province, sans avoir quant à ce, égard à la requête des consuls du Caylar du 24 Novembre dernier, ni à leur opposition envers notre jugement du 19 Novembre 1768, dont nous les avons déboutés, Ordonnons que ledit jugement sera exécuté suivant sa forme & teneur; & sur toutes les autres demandes, fins & conclusions des parties, ordonnons qu'elles seront plus amplement ouies dans le mois, diront, produiront & défendront, tous dépens réservés. FAIT à Montpellier le vingt Avril mil sept cent soixante-onze. *Signés*, DE SAINT-PRIEST. JOUBERT. ROSSET, rapporteur. VASSAL. NADAL. Collationné. SOEFVE, greffier, *signé*.

N°. XLIII.

XLIII.

REQUÊTE

A NOSSEIGNEURS LES COMMISSAIRES nommés par arrêt du Conseil pour juger souverainement & en dernier ressort, les contestations à raison du desséchement des marais du bas Languedoc, & de la construction du canal de navigation.

SUPPLIE humblement le syndic général de la province de Languedoc, vous remontre, NOSSEIGNEURS, que par jugement du 20 Avril dernier, vous avez entre autres choses ordonné, 1°. Que le sieur de Laugier de Saint-Germain, représentant le sieur Joly son ayeul maternel, le sieur d'Aléon, représentant la dame de Beaurepaire, & les héritiers d'Elie Peyrie, le sieur de Moynier, & les Dlles. de Silles, les consuls de Beaucaire & ceux de Bellegarde, représenteroient dans deux mois de la signification dudit jugement & de l'arrêt du conseil du 23 Septembre 1770, pardevant M. de Rosset, l'un de vous, commissaire à ce député, leurs titres de propriété, d'usages ou facultés sur les marais dont ils prétendent la propriété; desquels titres ils remettroient au suppliant des copies collationnées par ledit sieur commissaire, sinon, & faute de ce faire, lesdites parties sont déclarées déchues de tous droits de propriété, d'usages ou facultés sur lesdits marais, de toutes prétentions, & silence perpétuel leur est imposé après ledit délai.

2°. Que les sieurs grand-prieur de Saint-Gilles, les commandeurs de Sylveréal, de Capette, d'Argence, du Mas de Liviers, de Cavales, & du plan de la Peyre, les consuls de Mudazon, ceux de Candillargues, ceux de Saint-Laurent d'Aigouse, les sieurs de Portalés, Pieyre, & Rousselier, déclareroient dans le mois pour toute préfixion de délai, les tenemens en marais dont ils prétendent avoir la propriété, ou sur lesquels ils réclament des usages ou autres facultés; les confronts de chacun desdits tenemens, & les justices dans lesquelles ils sont situés.

3°. Que les dames de Marmier & de Plauchut, M. le marquis de Calviere, le sieur d'Azemar, & la dame de Montoulieu son épouse, Mme. de Candillargues & M. le baron de Vauvert, justifieroient dans le mois pour toute préfixion de délai; savoir, lesdites dames de Marmier & de Plauchut, qu'elles sont aux droits des sieurs de Launay & de la Roche, à raison de la propriété de 1150 salmées de marais dans le terroir de Beaucaire.

M. le marquis de Calviere, qu'il est aux droits de Jean Gautier & de Jean de Calviere, à raison de 450 carterées de marais, dans le terroir de Psalmodi ou de Saint-Laurent d'Aigouse, & d'un autre tenement en marais appellé le Coussou de Bermond.

Lesdits d'Azemar & de Montoulieu mariés, qu'ils sont également aux droits de Siméon de Bornier, à raison de 25 carterées de marais dans la palus de l'Estelle, située dans la terre des Ports.

Mme. de Candillargues, qu'elle est à ceux de Bertrand Monachi & de Béranger Dalmacy, à raison des marais situés dans la terre de Candillargues, en faveur desquels étoient les titres représentés par chacune de ces parties.

Et M. de Vauvert, qu'il établiroit dans deux mois sa propriété des cinq huitiemes de l'étang de Scamandre, si mieux il n'aimoit faire juger l'interlocutoire porté par le jugement rendu le 3 Mai 1754, par les commissaires gé-

N°. XLIII. néraux députés par Sa Majesté pour l'examen & vérification des titres des droits maritimes dans le même délai; sinon, faute de ce faire, ledit délai échu, qu'il seroit déchu de tout droit de propriété sur ledit étang.

Ce jugement a été signifié à ces différentes parties, par des exploits des 26 Juin, 9, 10 & 11 Juillet derniers. Il y en a qui y ont satisfait; d'autres qui sont en demeure.

Le sieur d'Aléon & le sieur de Moynier se disant héritiers des Dlles. de Silles, ont chacun représenté des titres devant M. de Rosset, commissaire; il en a été remis des copies collationnées au suppliant; mais le sieur de Laugier de Saint-Germain, non plus que les consuls de Beaucaire & ceux de Bellegarde, n'ont encore rien remis. Ces trois parties sont dans le délai à eux accordé, pour satisfaire à la représentation ordonnée; s'ils ne se mettent pas en regle, ils perdront toute action sur les marais, ainsi que l'ordonne ledit jugement & l'arrêt du conseil du 23 Septembre 1770.

A l'égard de ceux qui ont remis, il importe d'examiner si les titres par eux représentés suffisent pour établir leur propriété, & la faire reconnoître par le suppliant.

Le sieur d'Aléon a produit différens titres; le premier est un acte d'accord passé le 18 Janvier 1662, entre feu Charles de Baschi, seigneur & baron d'Aubaix, le Caylar & autres places, & Jean Guy d'Airebaudouse, seigneur & baron de Clairan, par lequel ledit sieur du Caylar, cede & remet à titre de propriété incommutable au sieur de Clairan, 72 carterées de marais, désignées & confrontées dans ledit acte; lesdites 72 salmées faisant partie de la de la palus dite de la Clapiere, située dans le terroir du Caylar.

La deuxieme consiste en un acte de vente de la terre, seigneurie & domaine d'Anglas, consistant en une métairie, vignes, terres, prés & palus, situés dans les terroirs de Vauvert & du Caylar; cette vente faite par le sieur de Clairan, commissaire provincial des guerres en Franche-Comté, audit sieur d'Aléon, ledit acte reçu Boissier, notaire à Vauvert, le 15 Juillet 1743. N°. XLIII.

Et le troisieme acte, en date du 22 Septembre 1750, reçu Mazauric, notaire au Caylar, contient une vente faite audit Aléon, par Pierre Peyrie, de 23 carterées de terre en marais, dans les palus de Vauvert, au quartier dit les Iscles.

Les deux premiers de ces titres paroissent suffire pour établir en faveur dudit sieur d'Aléon, la propriété des 72 carterées en marais, cédés au sieur de Clairan en 1662, par M. le marquis d'Aubaix & du Caylar; & à cet égard, le suppliant convient de la légitimité de cette propriété.

Mais il n'en est pas de même pour les 23 carterées de marais que le suppliant tient de Pierre Peyrie, situés dans le terroir de Vauvert.

Elie Peyrie, que Pierre représente sans doute, étoit partie dans l'instance, à raison du desséchement des marais dès l'année 1739. Il étoit tenu de justifier de qui il tenoit ces 23 carterées de marais; celui qui le représente seroit dans le même cas. La vente qu'il a fait en 1750, a fait passer à son acquéreur le droit qu'il avoit; mais Elie ne l'établit pas; or, dès que le sieur d'Aléon se prétend aux droits desdits Peyrie, il doit prouver de qui ceux-ci tenoient ladite contenance en marais dans le terroir de Vauvert; & jusqu'alors il doit être sursis à toute demande en maintenue à cet égard.

Quant au sieur de Moynier, il rapporte, 1°. Un jugement rendu par le

N°. XLIII. présidial de Nîmes, le 7 Décembre 1585, qui maintient Antoine de Raymond, écuyer, en la propriété, possession & jouissance des levades & pêcheries assises au terroir de Vauvert, lieu appellé d'Iscles, désignées & confrontées dans ledit jugement.

2°. Un procès-verbal tenu par Me. Jean Dumas, juge pour le Roi en la Viguerie de Gallargues-le-Montueux, par lequel, en exécution d'un arrêt rendu le 14 Août 1618 par le parlement & chambre de l'édit séant à Castres, qui maintenoit Nicolas de Raymond ou ses successeurs & ayans droits, en la possession & jouissance du terroir & tenement appellé l'Iscle & Souteyrane, assis dans la jurisdiction de Vauvert, ce commissaire met en possession Pierre d'Arles, sieur de Montaud, tant pour lui, que comme donataire & ayant droit dudit Nicolas Raymond, que pour noble Louis de Raymond, dudit terrein & iscle; ce procès-verbal commencé le 9 Août 1619, & fini le 2 Octobre suivant.

3°. Une transaction passée le 21 Août 1620, entre M. le duc de Ventadour, seigneur & baron de Vauvert, les consuls & habitans dudit lieu, noble Pierre d'Arles de Montaud, portionnaire pour les deux cinquiemes dudit terrein ou iscles, & Louis de Raymond, successeur à feu Nicolas son pere, propriétaire du surplus dudit terrein, par laquelle il est convenu que ces derniers resteront propriétaires de l'iscle ou terrein dont il s'agit, qui demeurent limités & confrontés dans ledit acte.

4°. Un acte contenant bornage dudit terrein, passé le 31 Août 1620, en exécution de la susdite transaction.

Autre acte du 2 Avril 1623, contenant division & partage des portions dudit iscle, entre lesdits de Montaud & de Raymond, & qu'il seroit planté des bornes de séparation. N°. XLIII.

Acte d'arrentement de ladite iscle, passé par le sieur de Robin le 28 Janvier 1683.

Enfin, en un acte passé devant Deleuse, notaire à Lunel, le 1 Mars 1703, entre la dame Françoise du Robin, veuve & héritiere du sieur Jean Mazade, lieutenant du capitaine-viguier en la baronnie de Lunel, & Etienne de Mazade son fils, par lequel ladite dame cede à sondit fils, en payement de ce que son pere lui avoit donné, ledit terroir des iscles, pour en jouir de la même maniere que ledit sieur Mazade l'avoit dudit sieur du Robin; tels sont les différens actes représentés par le sieur du Moynier; & il s'agit de savoir s'ils suffisent pour établir sa propriété du tenement en marais appellé les Iscles Souteyrane.

Il paroît, au moyen des actes qui ont été représentés, que la propriété de l'iscle dont il y est question, a été transmise & assurée par le sieur baron de Vauvert, du consentement des habitans dudit lieu, aux sieurs de Montaud & de Raymond; mais rien n'établit la transmission de cette propriété, de la part de ces deux parties, en faveur du sieur du Robin, qui a paru en être le propriétaire ou le tenancier, par le bail à ferme qu'il en passa en 1583.

Il est encore moins prouvé de quelle maniere cette propriété a pu passer des mains du sieur du Robin, au cas qu'elle lui ait été jamais acquise, au sieur Mazade, & comment elle est enfin parvenue au sieur de Moynier & aux Dlles. de Silles.

L'acte de transaction passé en 1709, entre la dame de Mazade & son fils, indique que ledit sieur de Mazade tenoit ladite iscle du sieur du Robin, non à titre de propriété incommutable, mais à simple faculté de rachat; & la

N°. XLIII. dame de Mazade ne la bailla à son fils, que pour en jouir de la même maniere que le sieur Mazade son mari la tenoit dudit sieur du Robin.

Il est vrai, que le tems qui s'est passé depuis cet acte, peut avoir fait prescrire la propriété sur la tête dudit sieur Mazade fils; mais il faut que le sieur de Moynier établisse que ledit Mazade a possédé l'iscle à lui baillée, pendant 30 années consécutives, depuis l'acte dudit jour 1 Mars 1703.

Il doit de plus justifier de quelle maniere ce fonds est parvenu, tant à lui, qu'aux Dlles. de Silles; puisque c'est au nom de ces parties qu'il est intervenu dans l'instance du desséchement, pour demander d'être maintenu dans la propriété de cette portion de marais; le jugement du 20 Avril dernier ordonne, que tant ledit sieur de Moynier, que lesdites Dlles. de Silles, représenteront leurs titres, parce qu'ils se sont dits co-propriétaires; il n'a pourtant pas été question desdites Dlles. de Silles lors de ladite représentation; le sieur de Moynier l'a faite en seul, en prenant à la vérité la qualité d'héritier de dame Anne Mazade de Silles, & des Dlles. Suzanne & Marguerite de Silles, sans remettre aucun titre pour justifier qu'il succede aux biens desdites Dlles. de Silles.

En un mot, le terrein prétendu possédé à Vauvert, par le sieur de Moynier, l'a été en toute propriété par les sieurs de Montaud & de Raymond. Il paroît aussi que le sieur du Robin l'a possédé; mais on ne voit pas à quel titre; rien ne prouve aussi de quelle maniere ce terrein est parvenu au sieur Mazade, ni en vertu de quel titre les Dlles. de Silles & le sieur de Moynier le possedent; il faut donc que le sieur de Moynier se mette en regle, en établissant comment l'iscle en question a passé sur la tête du sieur du Robin, de quelle maniere il a été transmis au sieur Mazade pere, par ledit sieur du Robin; comment, ou sous quel titre, les Dlles. de Silles & le sieur de Moynier le possedent; sans le rapport des pieces qui justifient les transmissions successives de ce même terrein, il n'est pas possible de reconnoître le sieur de Moynier, pour en être le véritable & légitime propriétaire. N°. XLIII.

Le suppliant n'avoit pu reconnoître dans sa requête du 22 Septembre dernier, le sieur Pieyre, propriétaire du terroir de Saint-André de Camarignan, soit parce qu'il n'établissoit pas au moyen des titres représentés devant M. le commissaire député par la commission, qu'il eût la justice sur ce terroir, & qu'il y eût des marais, cette partie ayant négligé d'en déclarer les tenemens & les confronts; aussi le suppliant avoit-il conclu qu'avant faire droit sur la propriété prétendue par ledit sieur Pieyre, des marais situés dans ledit terroir de Saint-André de Camarignan, il fût tenu de satisfaire aux conclusions contre lui prises dans la requête du suppliant du 9 Juin 1770; & en conséquence, de déclarer les tenemens en marais qu'il possede dans l'étendue du susdit terroir, les quatre confronts de chacun de ses tenemens; & s'ils faisoient partie des fonds inféodés à ses auteurs par le prieur dudit Saint-André, par l'acte du 10 Mars 1558.

Le sieur Pieyre a satisfait à ce que le suppliant avoit demandé; il a par sa requête signifiée le 18 Mai dernier, déclaré le nom des tenemens en marais avec leurs confronts. Il a encore prouvé par une reconnoissance féodale du 17 Février 1687, qu'il a nouvellement représentée, & qui a été faite par le sieur de Calviere de Boissieres, l'un de ses auteurs, à François de Nogaret de Calvisson, abbé & Seigneur spirituel

&

& temporel de Saint-Gilles, qu'il avoit la haute-justice, dans ledit terroir de Saint-André, faisant partie de la terre Saint-Gilles; qu'il tenoit cette justice des abbés de ladite ville de Saint-Gilles, pour laquelle il lui servoit une albergue annuelle d'une maille d'or.

Moyennant cette déclaration, & la remise de cet acte, il paroît suffisamment établi que le sieur Pieyre a la haute-justice dudit terroir de Saint-André de Camarignan; que les marais dont il y jouit, sont partie dudit terroir; & dès-lors le suppliant ne fait plus difficulté de reconnoître sa propriété; les actes qu'il avoit ci-devant remis, servant encore à la prouver.

A l'égard des parties qui, suivant les dispositions des jugemens de la commission des 19 Novembre 1768 & 20 Avril dernier, devoient déclarer les tenemens de leurs marais & les quatre confronts de chacun de ces tenemens, le suppliant observe que les consuls de Candillargues, ceux de Mudazon, ceux de Saint-Laurent d'Aigouse & le sieur Pieyre, ont chacun déclaré le nom des tenemens en marais dont ils réclament la propriété, ou des droits de facultés ou d'usages, les confronts de chacun desdits tenemens, & les justices dans lesquelles ils sont situés; moyennant lesquelles déclarations, ces parties ont satisfait tant au susdit jugement, qu'à celui du 9 Novembre 1768.

Les sieurs grand-prieur de Saint-Gilles & les commandeurs de l'ordre de Malte, dénommés dans lesdits jugemens, non plus que le sieur de Portalés, n'ont pas encore satisfait, quoique le délai accordé par le dernier desdits jugemens soit échu; aussi le suppliant se réserve-t-il de faire exécuter à leur égard ledit jugement, en requérant la descente ordonnée, pour faire prendre les noms des tenemens en marais possédés par les parties, leurs confronts, & les justices dans l'étendue desquelles ils sont situés.

Il est vrai que lesdits grand-prieur & commandeurs de l'ordre de Malte, demandent par une requête qu'ils ont présenté le 7 Août 1771, que le délai accordé pour les déclarations d'eux exigées, soit prorogé de trois mois, attendu le nombre des tenemens en marais dont ils jouissent, & la difficulté d'en prendre les noms & les confronts.

Si le suppliant ne s'oppose point que la commission leur accorde un nouveau délai, il observe qu'il ne doit pas au moins être de trois mois, & qu'un seul paroît bien suffisant, après tous ceux qui se sont déjà passés, pour remplir ce que ledit jugement exige desdites parties.

Il reste à dire un mot à l'égard des parties qui, suivant les dispositions du même jugement, doivent justifier qu'elles sont aux droits de ceux en faveur desquels s'expliquent les titres qu'elles ont représentés.

Les parties qui sont dans ce cas, sont les dames de Marmier & de Plauchut, M. le marquis de Calviere & Mme. de Candillargues.

Chacune de ces parties a représenté de nouveaux titres; il résulte de ceux nouvellement produits par lesdites dames de Marmier & de Plauchut, que peu de tems après la concession faite par le feu Roi, aux sieurs de Launay & de la Roche, des 1750 salmées de marais dans le terroir de Beaucaire; laquelle fut réduite à 1150 salmées, par l'arrêt de la cour des comptes de Montpellier du 16 Mai 1682, le sieur de Launay, l'un des donataires, céda par acte du 23 Juillet de ladite année 1678, au sieur Montréal, ci devant brigadier des mousquetaires de M. le cardinal Mazarin, les 575 salmées

N°. XLIII. formant la moitié le concernant du susdit don, moyennant une somme de 1500 livres, & à la charge par ledit sieur Montréal, de remplir les charges & conditions insérées dans les lettres patentes contenant le don.

Que par des conventions passées entre ledit Montréal, cessionnaire dudit sieur de Launay, & le sieur Cournon, aïeul desdites dames, le 30 Novembre 1683, rédigées en acte public le même jour, acte reçu Roque, notaire à Nîmes; ledit sieur Montréal céda audit sieur Cournon la moitié de la portion qu'il avoit acquis dudit sieur de Launay, faisant le quart de la totalité du don moyennant une somme de 12,000 livres.

Que par autre acte du 24 Novembre 1701, reçu Guyot & Bellot, notaires à Paris, le sieur de la Roche vendit audit sieur Montréal, les 575 salmées qui le concernoient dudit don, à la charge d'en remplir les conditions, au prix de 5000 livres, dont 1000 livres en deniers, & d'une pension ou rente annuelle de 200 livres pour les 4000 livres restans. Que sur la rente de 200 livres que ledit de la Roche s'étoit réservé par le susdit acte, il en donna 162 livres 10 sols aux pauvres de l'hôpital-général de Montpellier, par acte du 28 Janvier 1702, & céda les 37 livres 10 sols restans, à dame Antoinette de la Croix, veuve de M. François de la Roche, conseiller en la cour des comptes, aides & finances de Montpellier, sa belle-sœur, au moyen desquelles donation & cession, lesdits pauvres & la dame de la Croix, étoient devenus propriétaires des 575 salmées de marais, faisant la portion dudit sieur de la Roche, propriété reconnue en eux par ledit sieur Montréal, puisque par un acte qu'il fit signifier le 12 Janvier 1711, tant auxdits pauvres de l'hôpital-général de Montpellier, donataires dudit sieur de la Roche, qu'à ladite dame de la Croix sa belle-sœur. Il abandonna auxdites parties les 575 salmées de marais qu'il avoit acquis dudit sieur de la Roche, pour se décharger de la rente de 200 livres qu'il s'étoit obligé de payer par l'acte du 24 Novembre 1701; lequel abandon ayant été accepté, lesdits pauvres & ladite dame de la Roche, devenus propriétaires incommutables desdites 575 salmées de marais, ils les vendirent au sieur Cournon, pere desdites dames de Marmiet & de Plauchut, par acte du 18 Juin 1714, reçu Margouet, notaire à Montpellier, à condition par ledit sieur Cournon, de payer les 162 liv. 10 sols de rente auxdits pauvres, & les 37 livres 10 sols à ladite dame veuve la Roche; lesquelles rentes furent éteintes par autre acte du 15 Janvier 1721, reçu la Boissiere, notaire à Montpellier, moyennant le payement des sommes stipulées dans ledit acte.

Malgré l'abandon des cinq cent soixante-quinze salmées de marais dont il vient d'être parlé, il restoit encore audit Montréal une pareille contenance qu'il en avoit acquise du sieur de Launay; mais par des conventions passées le 28 Avril 1722, entre les sieurs Pierre, Marguerite & Jeanne Montréal, enfans succédans audit Jean, ils céderent audit sieur Cournon, pere des susdites dames, lesdites 575 salmées de marais que leur pere avoit acquis dudit sieur de Launay, par l'acte du 23 Juillet 1678; cette vente ne fut pourtant pas pour la totalité, puisque lesdits Pierre, Marguerite & Jeanne Montréal s'en réserverent 25 salmées pour en disposer comme ils aviseroient; de sorte qu'ils n'en aliénerent réellement audit sieur Cournon, que 550 salmées, vente qui fut faite moyennant une somme de 3000 livres.

N°. XLIII. Ensuite, & par acte du premier Janvier 1723, lesdites 25 salmées de marais que lesdits Montréal s'étoient réservés, furent vendues au sieur Hector Vianés de Beaucaire, qui les aliéna au sieur Fourmaud de Nîmes, par acte du 6 Mai 1760, reçu Gas, notaire de ladite ville de Beaucaire; ces derniers faits ayant été établis par les héritiers dudit sieur Fourmaud, parties dans l'instance.

Enfin, les dames de Marmier & de Plauchut rapportent la quittance des lods payés au Roi pour l'acquisition des 1150 salmées de marais dont il s'agit; celles du droit de confirmation par elles payé en 1742; celles de l'albergue de 300 livres qu'elles payent à Sa Majesté à raison du susdit don; & une sommaire à prise qui prouve qu'elles ont succédé à François Cournon leur pere.

Tous ces actes établissant que lesdites dames sont aux droits des sieurs de Launay & de la Roche, non pour la totalité des 1150 salmées concédées à ces derniers par les lettres-patentes de 1678, mais pour 1125, que les héritiers dudit Fourmaud ont la propriété des 25 salmées restantes; ainsi, lesdites dames ayant à cet égard rempli l'interlocutoire porté par le jugement du 20 Avril dernier, il ne leur reste qu'à s'arranger & à traiter avec les Etats pour lesdites 1125 salmées de marais, ainsi que le suppliant l'a demandé par sa requête du 23 Septembre 1770.

M. le marquis de Calviere a prouvé, en représentant le codicille fait par Jean de Calviere le 21 Juillet 1660, qu'Antoine de Calviere étoit l'héritier dudit Jean; que ledit Antoine donna tous ses biens à Charles-Claude de Calviere son fils, par son testament du 9 Août 1668; que ledit Charles-Claude de Calviere son pere lui a donné tous ses biens dans son contrat de mariage du 19 Novembre 1733, reçu Robert, notaire à Boucoiran; moyennant la remise desquels actes il établit qu'il est aux droits de Jean de Calviere, & par conséquent propriétaire légitime des 450 carterées de marais, ou du tenement dénommé la Muzette, dans le terroir de Saint-Laurent ou de Psalmodi. N°. XLIII.

Mais il n'a remis aucun titre pour justifier qu'il est aux droits de Jean Gautier pour les 100 salmées de marais près Peccais, dénommées le Coussou de Bermond. Il lui reste donc à se mettre en regle à cet égard; & pour lors ses droits de propriété seront reconnus.

Mme. de Candillargues devoit prouver qu'elle étoit aux droits de Bertrand Monachi, & de Béranger Dalmacy; mais il paroît qu'elle a suffisamment établi ces faits en rapportant une transaction passée le 2 Mars 1701, entre Joseph de Lacroix de Candillargues, & René-Gaspard de Lacroix de Candillargues, par laquelle ledit sieur René-Gaspard de Lacroix est maintenu dans la propriété de la terre de Candillargues; & par laquelle il paroît aussi, que cette terre étoit déjà dans sa famille depuis long-tems. 2°. Le testament dudit René-Gaspard du 18 Février 1719, par lequel il institue Antoine-René de Lacroix, pere de ladite dame de Candillargues, pour son héritier; & celui dudit sieur Antoine-René son pere, qui l'institue son héritiere; ces actes établissant que la terre de Candillargues est dans la maison de Lacroix depuis plus de 70 années; que la suppliante, comme héritiere de son pere, en a la propriété, elle a dès-lors rempli l'interlocutoire qui avoit été ordonné, & le suppliant reconnoît sa propriété des marais de ladite terre, sauf néanmoins à ladite dame à se régler avec M. l'évêque de Montpellier, qui, en sa qualité de comte de Mauguio, prétend avoir la propriété de tous les marais situés dans l'étendue de sa comté, dont le lieu de Candillargues fait partie; sauf aussi à ladite dame, à s'arranger avec les communautés de Mauguio, Mudazon & Candillargues, qui forment ledit comté, lesquelles prétendent avoir des usages & facultés sur les marais situés dans toute son étendue.

M. de Vauvert est encore dans le délai qui lui a été accordé pour justifier de sa propriété des 5 huitiemes de l'étang de Scamandre; & jusques à l'échéance de ce délai, le suppliant ne prendra point de conclusions à son égard.

Le sieur d'Azemar & la dame de Montoulieu n'ont pas établi qu'ils étoient aux droits de Siméon de Bornier pour la propriété des 25 salmées de marais dans la terre des Ports, faisant partie de la palus dite de l'Estelle; le délai que le jugement du 20 Avril dernier leur accorde à cet effet, étant échu, à moins que la commission ne trouve à propos de leur accorder un dernier délai qui ne sera point comminatoire, & qui ne pourra passer un mois, ils doivent être déchus de leurs droits & prétentions sur lesdites 25 carterées de marais.

A CES CAUSES, il vous plaira, NOSSEIGNEURS, tenant les déclarations faites par le sieur Pieyre, par les consuls de Mudazon, par ceux de Candillargues, & par ceux de Saint-Laurent d'Aigouse, & par le sieur Roussélier des tenemens en marais dont chacune de ces parties jouit, des confronts de chacun desdits tenemens, & des justices dans lesquelles ils sont situés, déclarer que lesdites parties ont satisfait, quant à ce, aux jugemens de la commission du 19 Novembre 1768, & 20 Avril dernier.

Ordonner que dans le mois, pour toute préfixion de délai, les sieurs grand-prieur de Saint-Gilles, les commandeurs de Cavales, de Sylveréal, de la Peyre, d'Argence, de Capette & du Mas de Liviers, satisferont aux susdits jugemens, sous les peines portées par celui dudit jour 20 Avril dernier; se réservant le suppliant de faire exécuter ledit jugement contre le sieur de Portalés, faute par lui d'avoir fait les déclarations y mentionnées.

Donner acte au suppliant de sa déclaration comme au moyen de la reconnoissance féodale du 17 Février 1687, représentée par le sieur Pieyre de Saint-André de Camarignan, de la déclaration de ses tenemens en marais, & de leurs confronts, faite dans la requête de cette partie, signifiée le 10 Mai dernier, il reconnoît la légitimité, tant de ce titre, que de ceux ci-devant représentés par ledit sieur Pieyre, pour prouver sa propriété des marais dont il jouit dans ledit terroir de Saint-André de Camarignan, terroir de Saint-Gilles, tels qu'ils sont désignés & confrontés dans la susdite requête; en laquelle propriété le suppliant consent que ledit Pieyre soit maintenu; sauf à être pourvu à son dédommagement en cas de dépossession, conformément aux lettres-patentes contenant concession des marais du bas Languedoc, en faveur des Etats de ladite province.

Déclarer que M. le marquis de Calviere a justifié qu'il est aux droits du sieur Jean de Calviere pour la propriété du tenement en marais dénommé la Muzette, en laquelle propriété le suppliant consent qu'il soit maintenu définitivement & sans réservation; & ordonner au surplus, qu'il établira être aux droits de Jean Gautier pour les 100 carterées ou environ de marais, dénommé le Coussou de Bermond,

N°. XLIII. dans le délai d'un mois, sinon, déchu de toute propriété sur lesdites 100 carterées.

Déclarer pareillement que Mme. de Candillargues, veuve de M. de Montpeyroux a justifié être aux droits desdits Monachi & Dalmacy, pour la propriété de la terre de Candillargues, & des marais qui peuvent en faire partie, sauf à ladite dame, en cas de contestation avec M. l'évêque de Montpellier, à se régler avec ce prélat, ainsi & comme bon lui semblera; & sauf aussi à se régler avec les communautés qui réclament des usages & facultés sur les marais du comté de Mauguio, dont Candillargues fait partie.

Comme aussi déclarer que les dames de Marmier & de Plauchut sont aux droits des sieurs de Launay & de la Roche, pour 1125 salmées de marais dans le terroir de Beaucaire, faisant partie des 1150 concédées à ces derniers par les lettres-patentes de 1678; & demeurant les titres par elles représentés, soit avant, soit depuis la requête du suppliant, du 22 Septembre 1770, ordonner, conformément aux conclusions prises dans ladite requête, que lesdites dames se retireront devers les Etats, pour traiter avec eux, soit à raison de la propriété desdites 1125 salmées de marais dont elles jouissent, comme ayant droit desdits de Launay & de la Roche, soit à raison de l'acceptation ou rejection des offres par elles faites, de contribuer aux frais de la construction du canal de navigation, & à ceux du desséchement des marais, pour après ledit traité être pourvu par la commission ainsi qu'il appartiendra. Adjuger au suppliant les fins de ladite requête, en ce qui concerne M. le baron de Vauvert, en ordonnant qu'il satisfera au jugement de la commission du 20 Avril dernier.

Avant faire droit sur la propriété prétendue par le sieur d'Aléon, des 23 carterées de marais dans le terroir de Vauvert, par lui acquises en 1750 de Pierre Peyrie, ordonner qu'il représentera devant M. de Rosset, commissaire jà député, des titres pour établir de qui ledit Peyrie tenoit lesdites 23 carterées, & s'il en avoit prescrit la propriété par une jouissance de 30 années; le suppliant consentant que ledit d'Aléon soit maintenu en la propriété des 72 carterées de marais dans le terroir du Caylar, cédées au sieur de Clairan son auteur, par M. le marquis d'Aubaix & du Caylar, par l'acte du 18 Janvier 1662; sauf à être pourvu à son dédommagement en cas de dépossession de ladite partie de marais, conformément aux susdites lettres-patentes. N°. XLII

Avant faire droit sur la propriété prétendue par le sieur de Moynier, du terroir dénommé l'Iscle & Souteyrane, dans le taillable de Vauvert, ordonner que dans le mois pour toute préfixion de délai, il représentera devant ledit sieur commissaire, les titres & actes établissant qu'il est aux droits des sieurs de Montaud & de Raymond, des sieurs du Robin & Mazade, & à celui des Dlles. de Silles; qu'il remettra au suppliant des copies collationnées desdits titres & actes; sinon, faute de ce faire, ledit délai passé, le déclarer déchu de toute prétention sur lesdits iscle & terroir, se réservant le suppliant, quant au sieur de Laugier de Saint-Germain, l'exécution du susdit jugement du 20 Avril dernier.

Adjuger pour le surplus au suppliant, les conclusions qu'il a prises dans sa requête dudit jour vingt-trois Septembre mil sept cent soixante-dix, avec dépens; & ferez justice.

PALAT, *signé*.

N°. XLIV.

XLIV.

REQUÊTE

A Nosseigneurs les Commissaires nommés par arrêt du conseil, pour juger souverainement & en dernier ressort, les contestations à raison du desséchement des marais du bas Languedoc, & de la construction du canal de navigation.

Supplie humblement le syndic général de la province de Languedoc; Vous remontre, que les consuls de Beaucaire ayant indiqué, sur la demande du suppliant, les possesseurs des 800 salmées de marais, situées dans le terroir de ladite ville, & concédées à cette communauté par le Roi Louis XIII en 1632; par votre jugement du 20 Avril 1771, il fut donné acte auxdits consuls de cette indication, moyennant laquelle, avant même que ce jugement eût été rendu, le suppliant avoit, dès le mois de Janvier de ladite année, appellé dans l'instance les possesseurs desdites 800 salmées de marais, pour voir déclarer commun avec eux le jugement du 19 Novembre 1768; & en conséquence, voir ordonner que dans deux mois, pour toute préfixion de délai, ils remettroient devant M. de Rosset, l'un de vous, les titres établissant leur propriété, sous les peines portées par les arrêts du conseil, & par le susdit jugement.

Toutes ces nouvelles parties ont comparu sur les assignations à elles données, à l'exception de Marguerite Huguet, veuve de Claude Gouizan, laquelle ne jouissant que de deux salmées six émines quatre picotins desdits marais, a trouvé à propos de faire défaut: ce qui a mis le suppliant dans la nécessité de faire expédier ce défaut devers le greffe de la commission, pour en faire prononcer l'utilité.

Chacun des défendeurs s'est occupé à se mettre en regle, pour établir sa propriété: ils ont en conséquence représenté leurs titres devant M. de Rosset, commissaire; & après que les copies desdits titres ont été collationnées, elles ont été remises au suppliant. Il est donc question d'examiner si les titres produits sont suffisans pour établir cette propriété.

Le suppliant a dit dans sa requête du 22 Septembre 1770, qu'il suffiroit aux possesseurs actuels desdites 800 salmées de marais, concédées par le Roi Louis XIII à la ville de Beaucaire, de rapporter les actes d'aliénation consentis en leur faveur par ladite communauté, pour faire connoître leurs propriétés.

M. le président de Belleval, qui en possede 93 salmées, a ci-devant établi sa propriété sur cette contenance: le suppliant l'a reconnue, & elle a été autorisée par le jugement dudit jour 20 Avril 1771.

Sur l'indication que les consuls de Beaucaire avoient donné au syndic général, il avoit appellé dans l'instance Etienne Vianés: celui-ci, qui auroit pu se dispenser d'entrer en litige, en dénonçant qu'il n'avoit plus de propriété en marais, & en indiquant, par un simple acte, celui à qui il l'avoit transmise, en écrivant au suppliant, pour lui faire connoître quel étoit l'acquéreur de cette partie de marais, a trouvé à propos de se présenter sur l'assignation, pour dire dans ses défenses qu'il devoit en être relaxé; parce que, depuis l'année 1760, il ne possédoit plus de marais, ayant vendu la partie qu'il en possédoit jusqu'alors, au sieur Fourmaud de Nîmes. Il a fait suivre ces défenses d'un inventaire de production, comme si la cause eût été réglée à écrire avec lui, & d'une requête qu'il a fait joindre au procès, par ordonnance du 11 Septembre 1771, pour

N°. XLIV. conclure à son relaxe, avec dépens.

Mais cette partie auroit pu & dû s'éviter le soin d'avoir un procès, pour dire qu'il n'avoit plus de propriété de marais : le suppliant ne l'a présumé propriétaire, que parce que les consuls de Beaucaire le lui ont assuré, par leur requête du 2 Octobre 1770. C'est à ces consuls à s'imputer la faute d'avoir fait une fausse indication : le suppliant n'en est point responsable. Qu'Etienne Vianés s'en prenne à eux. Mais, s'il s'en avisoit, les consuls ne seront point en peine de se défendre ; car, s'ils l'ont indiqué pour possesseur, c'est sans doute parce que les fonds en marais, qu'il avoit vendu au sieur Fourmaud en 1760, avoient toujours resté compésiés sur sa tête. Il a donc à se reprocher de ne les avoir pas fait changer sur le compoix de son acquéreur : s'il eût eu ce soin, comme il le devoit, les consuls ne l'auroient pas indiqué, & le suppliant ne l'eût point appellé dans l'instance. En l'état, son acquéreur ou ses héritiers ayant été mis en cause, le suppliant consent que ledit Etienne Vianés soit tiré d'instance ; mais il ne doit point obtenir des dépens, parce qu'il ne les a fait que très-inutilement ; qu'il n'eût tenu qu'à lui de s'en dispenser, & qu'il a été légitimement indiqué possesseur par les consuls de Beaucaire.

Jean Vianés, habitant de ladite ville, a représenté, pour établir sa propriété sur six salmées quatre émines deux picotins, faisant partie des susdites 800 salmées, le procès-verbal du sieur Duret du 5 Juin 1671, contenant collocation en faveur de Raymond Brunet, de la contenance de dix salmées six émines huit picotins de terre en marais, & d'un autre corps de quatorze salmées sept émines deux picotins de terre, au quartier de Maubuisson, aussi en marais, en payement d'une créance de 4812 livres 4 sols. 2°. Une transaction passée le 10 Août 1679, devant Galeron, notaire à Beaucaire, dans le registre de Me. Fabre, notaire de ladite ville, par laquelle dame Catherine Brunet, veuve du sieur de Sabran, fille & héritiere dudit Brunet, créancier colloqué, consent que le sieur Honoré de Roys, de Ledignan, reprenne les collocations faites en faveur dudit Brunet son pere, par le susdit procès-verbal; en vertu de laquelle transaction, ledit sieur de Roys en prit la possession réelle. 3°. Un acte du 24 Mai 1756, reçu Gas, notaire de ladite ville, par lequel le sieur de Roys, de Ledignan, cede à Antoine Grégoire, menuisier de la même ville, une somme de 650 livres à lui due par l'hoirie d'Hector Vianés, pour causes énoncées en un acte, reçu Pagés, notaire, le 20 Décembre 1750; & enfin, l'extrait du compoix des hoirs dudit Hector Vianés, établissant qu'il fut compésié sur leur tête, six salmées quatre émines de terre en marais.

On voit par ces différens actes, que la ville de Beaucaire aliéna en 1671, en faveur du sieur Brunet, la susdite contenance de dix salmées six émines de marais, sur les 800 que le Roi Louis XIII avoit concédé à ladite ville; que le sieur Brunet ou la dame de Sabran, sa fille & héritiere, rétrocéda cette aliénation en faveur du sieur de Roys, de Ledignan : mais il ne paroît pas de quelle maniere la propriété de cette contenance de fonds a passé sur la tête des hoirs d'Hector Vianés, que Jean Vianés, partie au procès, prétend représenter, comme succédant à Hector Vianés son pere.

Sans s'occuper à lui contester la qualité de fils & succédant à Hector Vianés (qualité dont il ne justifie pas,) en supposant pourtant qu'il l'ait, il n'est d'autres preuves de la propriété dudit

N°. XLIV.

Hector Vianés que le compoix. Or, ces sortes d'actes ne forment pas des titres de propriété. Peut-être que l'acte du 20 Décembre 1750, énoncé dans celui de cession du capital de 650 livres fait par ledit sieur de Roys, de Ledignan, en faveur de Grégoire, a transmis la propriété des 6 salmées 4 émines 2 picotins de terre dont il s'agit, réclamées par Jean Vianés, à Hector son pere : mais cet acte n'étant point rapporté, le suppliant ne peut en l'état reconnoître sur la tête dudit Jean Vianés ladite propriété. Cette partie doit donc établir deux choses : la premiere, qu'il a succédé à Hector Vianés ; & la seconde, que celui-ci avoit acquis la propriété desdites 6 salmées 4 émines 2 picotins de fonds en marais, dudit sieur de Roys, de Ledignan : & jusques à ce qu'il ait établi ces deux faits, sa propriété doit demeurer en suspens.

Noble Pierre de Tieuloy établit par les actes qu'il a représentés, que la communauté de Beaucaire vendit au sieur Jacques de Tieuloy son bisaïeul, suivant le procès-verbal dudit sieur Duret dudit jour 5 Juin 1671, 10 salmées 4 émines 5 picotins de terre en marais, sur lesdites 800 salmées ; que ledit Jacques de Tieuloy institua Pierre son fils pour son héritier, par son testament du 18 Août 1682 ; que Claude, fils dudit Pierre de Tieuloy, fut son héritier, suivant le testament dudit Pierre du 25 Mai 1709 ; que ledit Claude de Tieuloy institua Pierre son fils aîné pour son héritier, suivant son testament du 30 Juin 1718. La propriété du sieur Pierre de Tieuloy, sur lesdites dix salmées 4 émines 5 picotins de terre en marais, ne peut d'après ces différens titres être méconnue; le suppliant la reconnoît, il consent que la commission l'y maintienne définitivement.

Le sieur François Boschet a également établi qu'il tenoit de M. Jean-François de Tremolet de Bucelly, marquis de Montpesat, & du sieur de Porcellets de Maillane ; savoir, du premier, neuf salmées trois émines de terre en marais, vendues par ladite ville de Beaucaire, au sieur de Montpesat, par le procès-verbal du sieur Duret, commissaire, du 3 Juin 1671 ; & du sieur de Porcellets, cinq émines huit picotins, faisant partie d'une contenance de quatre cent salmées sur les susdites huit cent, concédées par le Roi Louis XIII, à lui vendues par la même communauté, suivant autre procès-verbal du même sieur Duret, commissaire, du 25 Juin de la même année 1671, représenté par Troupenas, autre partie dans l'instance. Cette partie a rapporté les actes de vente à lui faite des susdits fonds en marais, par lesdits sieurs de Montpesat & de Porcellets, les 17 Mars 1696, & 26 Novembre 1752. Les actes représentés par ledit Boschet, prouvent donc qu'il est réellement propriétaire de dix salmées de fonds en marais, dans le terroir de Beaucaire ; le suppliant reconnoît cette propriété, il consent que le sieur Boschet y soit maintenu.

Pierre Troupenas, habitant à la ville de Nîmes, a aussi prouvé, par la représentation de ses titres, que le 25 Juin 1671, la ville de Beaucaire vendit & adjugea devant le sieur Duret, commissaire, au sieur Antoine de Porcellets de Maillane, la quantité de quatre cent salmées de marais, sur les huit cent salmées que le Roi Louis XIII avoit donné à la ville en 1632 ; que par acte du 26 Juin 1764, reçu Avon, notaire à Beaucaire, M. Joseph-Armand-René de Porcellets, arriere-petit-fils du sieur Antoine de Porcellets de Maillane, vendit audit Troupenas deux cent vingt-deux salmées une émine quatorze picotins de fonds, faisant partie

partie des quatre cent salmées que la
N°. XLIV. ville de Beaucaire avoit adjugées au sieur Antoine de Porcellets son bisaïeul en 1671 ; de laquelle contenance ledit Troupenas se chargea sur son compoix, après cette vente ; ces titres établissent la propriété dudit Troupenas. Le suppliant la reconnoît, il est juste que la commission maintienne cette partie dans cette propriété.

Il résulte des actes représentés par Claude Noailles, que le 12 Juin 1671, la communauté de Beaucaire vendit & adjugea devant le sieur Duret, commissaire, au sieur Laurent Bérard, en payement de trois mille trois cent soixante-treize livres qu'elle lui devoit, 33 salmées 2 émines un picotin de terre en marais, sur les susdites 800 salmées ; que sur lesdites 33 salmées vendues audit Bérard, le fils de celui-ci en aliéna deux salmées une émine en faveur de Jacques Giraud, par acte du 26 Décembre 1708, reçu Leautard, notaire ; qu'en 1659 Louis Giraud, fils & héritier dudit Jacques Giraud, vendit la même contenance audit Claude Noailles ; ces actes établissant, sans le moindre doute, la propriété de ce dernier pour les deux salmées une émine, le suppliant consent encore qu'il y soit maintenu.

Me. Jacques-Philippe Bérard, avocat, a prouvé, au moyen des titres qu'il a produits, qu'il est fils & héritier de Joseph Bérard ; que celui-ci l'étoit de Laurent Bérard, & que ledit Laurent Bérard acquit de la ville de Beaucaire, suivant le procès-verbal du sieur Duret, commissaire, dont il vient d'être parlé au précédent article du sieur Noailles, 33 salmées 2 émines un picotin de fonds de terre en marais.

Que le 27 du même mois de Juin, le même commissaire vendit & adjugea au sieur Michel d'Aurevillier de Bourdic de Saint-Montant, en payement de ses créances sur la ville de Beaucaire,
la quantité de 42 salmées 3 picotins & N°. XLIV
demi de fonds en marais, sur les 800 salmées que le Roi Louis XIII en avoit concédé à ladite ville en 1632.

Que le dernier Février 1684, Armand-René d'Aurevillier de Saint-Montant fils, & l'un des succédans audit Michel de Saint-Montant, vendit au susdit Laurent Bérard 14 salmées desdits fonds, sur les 42 vendues à son feu pere, par le susdit procès-verbal du 27 Juin 1671.

Que ledit Laurent Bérard donna à Joseph son fils, tous ses biens, par acte du 16 Décembre 1684 ; que ledit Joseph Bérard a institué Jacques-Philippe son fils, partie au procès, pour son héritier, par son testament du 23 Août 1743, reçu Chamboredon, notaire ; qu'enfin, sur les 47 salmées 2 émines de fonds en marais, que la ville de Beaucaire avoit vendu audit Laurent Bérard, ou que celui-ci avoit acquis dudit sieur de Saint-Montant, ledit Jacques Bérard en avoit reconnu au Roi, le 19 Avril 1757, 34 salmées 15 picotins qui lui restoient pour lors.

Tous ces différens actes établissent la propriété dudit Jacques Bérard sur lesdites 34 salmées 15 picotins de marais ; & rien de plus juste que de le maintenir dans cette propriété.

Cécile Mailhan, veuve du sieur Tournaire, prétend posséder 32 salmées une émine 2 picotins en marais, sur la contenance de 42 salmées que la Ville de Beaucaire en vendit au sieur de Saint-Montant, lors du procès-verbal du 27 Juin 1671. Elle rapporte, pour établir sa propriété sur cette contenance, 1°. Une expédition dudit procès-verbal. 2°. Un acte passé par ledit sieur de Saint-Montant, en faveur d'Antoine Cammartin, maçon & architecte de Beaucaire, le 19 Avril 1690, contenant vente en faveur du-

N°. XLIV. dit Cammartin : d'environ 30 salmées de marais sur les 42 que ladite communauté de Beaucaire lui avoit adjugé en 1671. 3°. La bénédiction nuptiale de Barthelemi Mailhan avec Suzanne Cammartin, fille dudit Antoine, acquéreur dudit sieur de Saint-Montant ; autre extrait de la bénédiction nuptiale de Louis Tournaire, avec Marthe Mailhan, fille de Barthelemi & de ladite Suzanne Cammartin ; & enfin, un extrait du compoix dudit Louis Tournaire sur la tête duquel sont compésiées les 32 salmées une émine 2 picotins de fonds en marais.

Ce qui résulte de ces actes se réduit à prouver que le sieur de Saint-Montant avoit acquis de ladite ville de Beaucaire 42 salmées de marais ; que sur cette contenance il en a vendu environ 30 salmées à Antoine Cammartin ; que la fille de ce dernier se maria avec Barthelemi Mailhan, & que de ce mariage, naquit Marthe Mailhan ; mais ces actes ne prouvant pas si Suzanne Cammartin fut l'héritiere, ou si elle succéda à Antoine son pere ; si Marthe Mailhan, fille de ladite Suzanne lui succéda aussi, & comment la propriété des 30 salmées marais a passé sur la tête de Cécile Mailhan, veuve de Louis Tournaire, partie dans l'instance, on ne peut maintenir celle-ci dans la propriété qu'elle réclame, qu'autant qu'elle établira ces faits.

Le sieur Jerôme Dulong, possede 2 salmées de marais, sur les 32 salmées 2 émines que la ville de Beaucaire adjugea au sieur Laurent Bérard, le 12 Juin 1671 ; il prouve que la contenance qu'il en jouit fut vendue par ledit Bérard à Benoît Durant ; que celui-ci la céda à Jean Roustang, & que ledit Roustang, ou Philippe, son fils & succédant, lui en transmit la propriété par acte du 2 Janvier 1755 ; le suppliant reconnoît donc la propriété dudit sieur Dulong, pour lesdites 2 salmées de marais. N°. XLIV.

Le suppliant convient encore, que le sieur Pierre Tavernier a justifié de sa propriété sur 24 salmées 6 émines de fonds en marais, adjugées par ladite ville de Beaucaire, le 10 Juin 1671, au sieur Faby du Bouschet, acquises par ledit Tavernier, du sieur Antoine du Bouschet, petit-fils dudit Faby, par acte du 14 Septembre 1743. Il consent donc que ledit Tavernier soit maintenu en cette propriété.

Il reconnoît aussi que les héritiers de Guillaume Metge, & Benoît Mathieu ont justifié de leur propriété sur une salmée 7 émines 7 picotins de marais, vendus le 12 Juin 1671, par ladite ville à Gabriel Blanc, aliénés par les petits enfans dudit Blanc : savoir, audit Guillaume Metge, par deux actes des 16 Août & 23 Septembre 1759, 8 émines, & à Benoît Mathieu, par autre acte du 20 Août 1738, une salmée. Il est juste qu'ils soient également maintenus dans ces propriétés.

Il en est de même de Louis Margal. Celui-ci a prouvé sa propriété sur une salmée une émine 2 picotins de terre en marais, vendus par ladite ville à François Gilles, le 4 Juin 1671, & aliénés par les succédans dudit Gilles audit Margal, par deux actes des 5 Mai 1755 & 10 Octobre 1763.

Louis Comte a justifié aussi qu'il tient de Thomas Laurent, 2 salmées 2 émines de marais, acquises par ledit Laurent de Me. Bérard, par acte du 26 Décembre 1708, ledit Bérard les tenant de la ville de Beaucaire, suivant le procès-verbal dudit sieur Duret, du 12 Juin 1671, & Comte les ayant acquises des enfans dudit Laurent, par acte du 19 Octobre 1769.

Il résulte des actes représentés par dame Gabrielle-Marie de Virgile, veuve de Jacques Bertrand de Courtois,

N°. XLIV. qu'elle possede en qualité de fille & héritiere de Charles de Virgile, 33 salmées de marais, sur les susdites 806 salmées concédées par le Roi Louis XIII à la ville de Beaucaire, vendues par cette communauté au sieur de Porcellets de Maillane fils, sur l'abandon que le sieur de Maillane son pere en avoit fait, & cédées par ledit sieur de Porcellets fils, par acte du 4 Septembre 1719, audit Charles de Virgile; moyennant lesquels titres, la propriété de ladite dame Virgile, veuve du sieur de Courtois, ne peut lui être contestée.

Le sieur Jean-Pierre de Lenoir, habitant à la ville de Nîmes, que les consuls de Beaucaire ont indiqué comme acquéreur par décret, de 18 salmées 4 émines 2 picotins de terre en marais sur les susdites 800 salmées, a représenté, 1°. une reconnoissance faite au Roi par le curateur à l'hoirie abandonnée de Jean-Louis de Pilet de Fressieux, le 10 Décembre 1757, de deux corps de terre en marais, l'un contenant 12 salmées 4 émines 5 picotins, l'autre 18 salmées 4 émines 2 picotins. 2°. Une expédition du décret des biens dudit de Pilet, adjugé audit sieur de Lenoir par le sénéchal de Nîmes, en 1770, dans lequel décret sont spécialement compris les deux corps de marais qui étoient saisis sur ledit de Pilet, contenant ensemble 31 salmées 5 picotins. Ces actes paroissent suffire pour établir sa propriété; la reconnoissance faite au Roi en 1757, établissant que la communauté de Beaucaire avoit aliéné audit de Pilet lesdites 31 salmées, 5 picotins de marais. Ce qui peut dispenser d'obliger ledit sieur de Lenoir à rapporter le procès-verbal de vente fait par ladite communauté audit sieur Pilet.

Me. Pierre Privat, avocat, a justifié, au moyen des titres qu'il a représentés, que sur les 33 salmées 2 émines un picotin de marais vendues & adjugées par la ville de Beaucaire le 12 Juin 1671, en faveur de Laurent Bérard, celui-ci avoit déclaré par acte du 22 du même mois de Juin, qu'il en appartenoit à Antoine Privat, bisayeul dudit Pierre, partie dans l'instance, 4 salmées 4 émines. Moyennant lesquelles pieces, la propriété dudit Me. Privat ne peut point être méconnue. N°. XLIV.

Celle de M. de Quinson, sur les 59 salmées de marais, prises sur les 400 salmées vendues par la ville de Beaucaire à M. de Porcellets de Maillane, par le procès-verbal du 25 Juin 1671, dont le suppliant a ci-devant parlé, est aussi bien établie; ledit sieur de Quinson rapporte l'acte qui transmit à son feu pere la propriété desdites 59 salmées; cet acte passé par le fils dudit sieur de Porcellets le 4 Juillet 1713. Le suppliant consent, d'après ces titres, que ledit sieur de Quinson soit maintenu en cette propriété.

Dame Marie de Virgile, veuve du sieur Jean-Louis de Forton, héritiere fiduciaire de son mari, & tutrice de Jean-Antoine de Forton son fils, possede sur les susdites 800 salmées, une contenance en différens corps, de 69 salmées 7 émines 17 picotins; elle établit que le 10 Juin 1671 la ville de Beaucaire vendit à l'ayeul de son feu mari, lesdits marais; que celui-ci, qui les tenoit, par succession, de son ayeul, a institué Jean-Antoine de Forton son fils, pour son héritier, dans son testament du 9 Mai 1767; que le même testament contient légat des fruits desdits biens en faveur de ladite dame; que son feu mari avoit reconnu au Roi les susdits fonds en marais le 2 Septembre 1757. Elle est donc en regle, sa propriété est suffisamment constatée.

Le sieur Etienne de Roquesi de Clausonettes, & M. Joseph-Alexis de Donoday, marquis de Campredon,

N°. XLIV. ont prouvé, qu'en qualité de maris & maîtres des biens dotaux des dames Marie-Elisabeth & Marie-Therese d'Icard, sœurs, ils possedent 13 salmées une émine 2 picotins de fonds en marais, sur la contenance de 42 salmées qui furent vendues au sieur de Bourdic de Saint-Montant, par le procès-verbal dudit sieur Duret, commissaire, du 26 Juin 1671, compésiées sur la tête dudit sieur d'Icard depuis 1728, reconnues au Roi par lesdites dames de Campredon & de Clausonettes, le 14 Juin 1755, lesquels font partie de leurs constitutions dotales, suivant leurs contrats de mariage qu'elles ont représenté. Ces différens titres, joints à une possession de plus de 40 ans, suffisent pour faire obtenir auxdits sieurs de Clausonettes & de Donoday, ès qualités qu'ils agissent, la maintenue en la propriété desdites 13 salmées une émine de marais.

Ledit sieur de Clausonettes a encore prouvé posséder de son chef, comme petit-fils, & succédant à Jean de Roquesi de Clausonettes son ayeul, 9 salmées 3 émines de marais, vendues à sondit ayeul par la ville de Beaucaire, devant ledit Me. Duret, commissaire, suivant son procès-verbal du 5 Juin 1671, qui a été rapporté, ainsi que la reconnoissance faite au Roi le 7 Décembre 1757, par le sieur de Clausonettes, pere du possesseur actuel desdits fonds en marais. La propriété de cette partie ne peut à cet égard être méconnue.

Le suppliant ne conteste pas non plus celle du sieur Henri de Latis d'Entraigues, qui, en sa qualité de mari & maître des biens dotaux de dame Magdelaine de Brocardy, fille & succédant à Me. Hiacinthe de Brocardy, jouit de 14 salmées de marais, sur plus grande contenance vendue par la ville de Beaucaire audit sieur de Bourdic de Saint-Montant, le 27 Juin 1671, lesdites N°. XLI 14 salmées compésiées sur ledit sieur de Brocardy, depuis plus de 40 ans, & reconnues au Roi par ledit sieur d'Entraigues, en la susdite qualité, le 7 Juillet 1758.

Sieur Claude Dassac, bourgeois de Beaucaire, avoit été appellé dans l'instance, comme possédant partie des huit cent salmées de marais aliénées en 1671 par la ville de Beaucaire, cette partie est décédée dans le cours de l'instance; Marthe, Cécile, & Marie-Marthe Dassac, ses trois filles, qui lui ont succédé, ont repris l'instance, & se sont mises en regle en justifiant de leur propriété sur huit salmées six émines neuf picotins de fonds en marais, dont deux salmées cinq picotins acquises par Benoît Dassac leur ayeul, de Laurent Bérard, qui les avoit acquises de la ville de Beaucaire, suivant le procès-verbal dudit sieur Duret, du 12 Juin 1671; cinq salmées décretées sur le sieur de Porcellets de Maillane, sur les quatre cent salmées que ladite ville lui en avoit vendu ladite année 1671. Ce décret, poursuivi à la requête des sieurs Galdy, Bonafoux & Siccard collecteurs, le 4 Octobre 1710, d'autorité du juge ordinaire de Beaucaire, cédé par lesdits collecteurs à Me. Bérard, prêtre, à Arles, par acte du 30 Avril 1711, lesquelles cinq salmées furent ensuite vendues par le sieur Pierre Pilet, héritier dudit Me. Bérard, prêtre, audit Claude Dassac, pere des susdites Dlles. Dassac, sœurs, & une salmée six émines, que ledit Dassac, pere, tenoit du sieur baron de Beaujeu, suivant l'acte du 4 Septembre 1743, ledit de Beaujeu en ayant obtenu l'adjudication par décret, d'autorité du parlement de Toulouse, par arrêt du 22 Septembre 1743, sur Etienne Mendre de Garrigue, à qui la ville de Beaucaire en avoit fait vente lors du procès-verbal du sieur Duret,

N°. XLIV. du 4 Juin 1671. Ces parties ayant, au moyen de ces différens actes qu'elles ont représenté, établi leur propriété sur lesdites huit salmées six émines neuf picotins marais, il est juste de les y maintenir.

M. le marquis de Coetlogon a acquis, par acte du 12 Août 1771, de Marie Vabre, veuve de Louis Salles, la terre & domaine de Saint-Paul, dans le terroir de Beaucaire. Dans cette vente sont comprises dix-neuf salmées une émine quatre picotins de fonds en marais, que feu Louis Salles, mari de la venderesse, qui, par son testament du 14 Avril 1760, l'a instituée son héritiere, tenoit du sieur de Porcellets, arriere-petit-fils du sieur Antoine de Porcellets, suivant l'acte de vente que ledit de Porcellets en avoit fait audit Salles, devant Avon, notaire à Beaucaire, le 26 Novembre 1757. Le bisayeul dudit de Porcellets, vendeur audit Salles, avoit acquis quatre cent salmées de marais de la ville de Beaucaire, suivant le procès-verbal dudit sieur Duret, du 25 Juin 1671, sur laquelle contenance les dix-neuf salmées, une émine quatre picotins, furent vendues audit Salles. Les actes qui établissent ces faits, ont été représentés par ledit sieur de Coetlogon, qui en prenant le fait & cause de ladite veuve Salles que le suppliant avoit appellé en cause, au mois de Janvier 1770, a demandé d'être maintenu dans la propriété de la susdite contenance en marais. Le suppliant reconnoît la légitimité de cette propriété; il consent que M. de Coetlogon y soit maintenu.

Il donne le même consentement en faveur de dame Marie-Virginie de Berton de Crillon, veuve & héritiere de Messire Henri-Raimond-César-Hiacinthe de Brancas, comte de Laudun, pour dix salmées de marais qu'elle possede à Beaucaire, en qualité d'héritiere dudit sieur de Brancas, son mari, suivant son testament du premier Septembre 1765, reçu Astier, notaire de Laudun, ledit sieur de Brancas le tenant d'André-Louis de Brancas, fils & héritier de dame Magdelaine-Ursule de Porcellets du Baye, sa mère, à laquelle il avoit succédé, suivant le testament dudit André-Louis du 7 Mai 1746, ladite dame Magdelaine-Ursule de Porcellets, les ayant jouis comme fille & héritiere de messire Henri de Porcellets, marquis du Baye, suivant le testament dudit sieur Henri de Porcellets, du 9 Avril 1681, & ce dernier les ayant acquises de la ville de Beaucaire, lors du procès-verbal dudit sieur Duret, commissaire, du 27 Juin 1671, suivant les différens actes dont on vient de parler, représentés par ladite dame qui ne laissent aucun doute sur sadite propriété. N°. XLI

La dame Jeanne Larnac, veuve du sieur Pierre Fourmaud, a représenté pour justifier de sa propriété sur deux corps de marais qu'elle possede à Beaucaire, l'un de contenance de 31 salmées, faisant partie des 800 concédées à la ville de Beaucaire, & l'autre de 25 salmées prises du corps des 1150 que le feu Roi avoit concédé aux sieurs de Launay & de la Roche en 1678. 1°. en ce qui concerne l'article de 31 salmées, le procès-verbal du sieur Duret, du 25 Juin 1671, contenant vente en faveur d'Antoine de Porcellets de Maillane de 400 salmées sur les susdites 800. 2°. la vente faite par Armand-René de Porcellets, fils & succédant audit Antoine, à Gabriel & Hector Vianés, le 19 Novembre 1712 des susdites 31 salmées de marais; celle faite par Etienne & Jean Vianés freres, héritiers desdits Gabriel & Hector Vianés audit Fourmaud, le 9 Mai 1760 tant desdites 31 salmées d'un côté, que des 25 d'autre, prises sur ledit corps de 1150.

Les dames de Marmier & de Plauchut, ont établi leur propriété desdites 1150 salmées, comme étant aux droits des sieurs de Launay & de la Roche. Elles ont convenu que sur cette contenance, le sieur Fourmaud avoit droit du sieur Montréal, l'un de leurs vendeurs, pour lesdites 25 salmées. Le suppliant a consenti en la maintenue desdites 1150 salmées, dont 1125 en faveur desdites dames de Marmier & de Plauchut, & 25 en celle de ladite dame veuve Fourmaud, comme héritiére de son mari. cette partie est encore en regle, & sa propriété sur les 56 salmées ne peut lui être contestée; mais il faut que pour l'article des 25 salmées, elle suive le traité qui sera fait par lesdites dames de Marmier & de Plauchut, avec les Etats, auxquels le suppliant a dit dans ses précédentes requêtes, qu'elles devoient être renvoyées pour s'arranger avec cette assemblée, sur les conditions auxquelles elle voudra consentir qu'elles gardent lesdites 1150 salmées de marais.

Au surplus, depuis les requêtes du suppliant, des 22 Septembre 1770, & 10 Septembre 1771, la commission a rendu un jugement le 3 Octobre 1771, sur l'intervention dans l'instance, requise par les sieurs Brun, Mathieu, Soulages, & Roux, qui se prétendent, en qualité d'inféodataires des dames religieuses du monastere de la Visitation Sainte-Marie de Montpellier, subrogés aux droits de celui de l'Arboras, près Lunel, propriétaires des marais dans l'étendue de la baronnie de Lunel, situés depuis le Port Dur à la riviere du Bérange, par lequel jugement, entre plusieurs dispositions qu'il renferme, l'une reçoit lesdits Brun, Mathieu & autres, parties intervenantes dans l'instance générale, concernant les prétendans droits aux marais, dont le desséchement a été ordonné, octroye acte au suppliant de la réservation contenue dans sa requête du 23 Juin 1770, comme il n'entend point reconnoître de propriété sur les marais situés dans l'étendue de la Baronnie de Lunel, soit en faveur desdits inféodataires, ni en celle des communautés composant ladite Baronnie; ordonne que lesdits inféodataires remettront pardevant M. de Rosset, rapporteur du procès, en la forme prescrite par le jugement du 19 Novembre 1768, leurs titres; & ce fait, qu'il sera fait droit dans ladite instance, tant sur le surplus de leurs requêtes & demandes, que sur celles des autres parties.

En exécution de ce jugement, lesdits inféodataires ont représenté leurs titres, qui consistent, 1°. à la donation de Raymond Gausselin, baron de Lunel, du 6 des nones de Mars 1214, en faveur du monastere de l'Arboras, 2°. au testament dudit Gausselin des nones d'Avril 1215, en la sentence du sénéchal de Montpellier du 3 Novembre 1648, au jugement du dénombrement rendu devant les sieurs commissaires du papier terrier en Languedoc, le 23 Août 1688, par lesdites religieuses de la Visitation, en un acte fait aux consuls de Lansargues, par les mêmes religieuses, le 4 Août 1704, en leur bail d'inféodation du 23 Avril 1762, en plusieurs reconnoissances consenties en faveur desdites religieuses desdits monasteres de l'Arboras & de la Visitation, & en plusieurs autres actes.

Après cette remise, ces inféodataires ont donné une requête le 2 Mai 1772, pour conclure à être maintenus définitivement dans la propriété & jouissance des palus & marais donnés au monastere de l'Arboras, qu'ils représentent, appellés de Mourrelong,

No. XLIV.

composés de divers tenemens, nommés Cros de l'Esperou, de Sendriés, de la Mejanelle, palus du Patus, l'Estagnol des Englous, palus Croze, lou Cairel, le Toc, palus de la Prieuresse d'Arboras, palus de Port-Noou, le plan de Saint-Denis, la Fenolhete & Peirefiche, avec défenses à toutes personnes de, en la possession & jouissance desdits palus & marais, leur donner aucun trouble ni empêchement.

Le suppliant a établi dans un mémoire qu'il a fait signifier, tant à ces inféodataires qu'aux syndics de la baronnie de Lunel, & aux dames de la Visitation de Montpellier, qu'aucune de ces parties n'avoient nulle propriété sur les palus & marais dans l'étendue de la baronnie de Lunel, qu'elles appartenoient aux Etats, comme étant aux droits de S. M. C'est d'après les observations que ce mémoire contient, qu'il conclura dans cette requête au démis de celles desdits inféodataires & des syndics de ladite baronnie, & à la maintenue en faveur des Etats, en la propriété des entiers marais situés dans l'étendue de la baronnie de Lunel, sauf à indemniser les habitans de ladite baronnie, des usages qu'ils peuvent avoir sur lesdits marais, en vertu du traité passé par lesdits Etats avec le Roi Henri II en 1555.

Le suppliant a convenu dans sa requête du 10 Septembre 1771, que le sieur Pieyre, les consuls de Mudazon, ceux de Candillargues, ceux de Saint-Laurent d'Aigouse, & le sieur Rousselier avoient satisfait aux jugemens de la commission des 19 Novembre 1768, & 20 Avril 1771, quant à la déclaration de leurs tenemens en marais, des confronts desdits tenemens, & des justices dans l'étendue desquelles ils sont situés.

Il a encore reconnu dans cette requête, que le sieur Pieyre étoit propriétaire légitime des marais dans l'étendue de la terre de Saint-André de Camarignan; que M. le marquis de Calviere avoit également établi sa propriété sur le tenement en marais, appellé la Muzette, mais non sur les 100 carterées qu'il prétend tenir de Jean Gautier.

Il y a conclu à ce que M. de Vauvert fût tenu de satisfaire au jugement dudit jour 20 Avril 1771, en établissant sa propriété sur les cinq huitiemes de l'étang de Scamandre.

Que le sieur d'Aléon prouvât aussi que Peyrie, de qui il prétend tenir 23 carterées de marais dans le terroir de Vauvert, en avoit la propriété.

Qu'enfin, le sieur de Moynier établiroit qu'il est aux droits des sieurs de Montaud & de Raymond, des sieurs Durobin & Mazade, & des Dlles. de Silles pour le terrein en marais, dénommé l'Iscle & Souteyrane, même terroir de Vauvert; & il s'est réservé dans ladite requête, contre le sieur Laugier de Saint-Germain, l'exécution du jugement dudit jour 20 Avril 1771.

Depuis cette requête le sieur d'Aléon est décédé, dame Marie-Anne Prignol, veuve du sieur Boissy, habitante à Annonay, qui lui a succédé, a demandé la reprise des poursuites, & l'adjudication des conclusions prises par ledit feu sieur d'Aléon; ce faisant, la maintenue en la propriété des marais énoncés aux actes qu'il avoit représentés. Et cette partie a représenté pour établir sa propriété des 23 carterées de fonds en marais dans le terroir de Vauvert, des actes de possession plus que trentenaire, dont on parlera ci-après.

M. le marquis de Calviere n'a pas prouvé non plus qu'il fût aux droits dudit Jean Gautier, pour les 100 carterées de marais dont il a établi que celui-ci avoit la propriété; ainsi les choses en sont vis-à-vis de cette partie, en l'état où elles étoient lors de la requête présentée par le suppliant le 10 Septembre 1771, dont les conclusions doivent à cet égard, lui être adjugées.

M. de Genas, baron de Vauvert, a depuis cette requête, représenté plusieurs nouveaux titres pour justifier de sa propriété sur les cinq huitiemes de l'étang de Scamandre.

Le suppliant n'a élevé de doute sur cette propriété, que parce que M. de Genas de Vauvert y a donné lieu, en représentant en 1769, devant M. de Rosset, commissaire, un jugement rendu le 3 Mai 1754, par les commissaires députés par le Roi à Paris, pour l'examen & vérification des titres des droits maritimes.

Ce jugement maintenoit seulement ledit sieur de Vauvert dans la possession & jouissance d'un droit de levade sur le poisson qui se pêche audit étang, & sur la chasse des oiseaux qui se fait sur le même étang; & quant à la propriété d'icelui, les commissaires ordonnoient que dans trois mois ledit sieur de Vauvert en justifieroit plus amplement.

Après un tel interlocutoire, il étoit difficile de reconnoître la propriété dudit sieur de Vauvert sur aucune des portions dudit étang. Le suppliant fut donc nécessité de la contester, & la commission ordonna, par son jugement du 20 Avril 1771, que M. de Vauvert en justifieroit devant elle, si mieux il n'aimoit faire juger l'interlocutoire porté par le susdit jugement du 3 Mai 1754.

Si M. de Vauvert eût représenté, lors de ces deux jugemens, les titres qu'il a mis depuis sous les yeux de la commission, il est certain qu'il n'auroit pas été interloqué sur sa propriété des cinq huitiemes dudit étang de Scamandre, il suffit de rappeller la teneur de ces titres, pour se convaincre que cette propriété ne peut plus lui être contestée.

Parmi le nombre de ceux qu'il a remis, il en est quatre qui prouvent essentiellement ladite propriété. Ils consistent, 1°. En un dénombrement rendu au Roi, sans date, mais que l'on peut présumer être rendu sous le regne de Saint-Louis. Ce dénombrement, tiré des archives du domaine de Sa Majesté près la chambre des comptes de Montpellier, dans lequel Jean le Forestier, en dénombrant la terre de Posquieres ou de Vauvert, y comprend l'étang & eaux de Scamandre, qu'il dit tenir par indivis avec Béranger Raymond.

2°. Des lettres-patentes du 25 Mars 1394 du Roi Charles, adressantes aux gens des comptes de Paris, & aux sénéchaux de Toulouse, Carcassonne, & Beaucaire, desquelles il résulte que Philippe de Levis, seigneur de Vauvert, lui a, le même jour, fait foi & hommage-lige de tout ce qu'il tenoit de lui dans lesdites sénéchaussées, à suite desquelles lettres-patentes, est un dénombrement rendu au Roi par ledit Philippe de Levis, le 20 Février 1395 de la terre de Vauvert & de l'étang de Scamandre, qu'il jouit par indivis avec ledit Béranger.

Enfin, un dénombrement rendu devant les commissaires du domaine du Roi en Languedoc, le 4 Novembre 1672, par la dame veuve du sieur d'Hauteville, qui avoit acquis la terre de Vauvert de M. de Levis de Ventadour, par acte du 22 Août 1642, ledit dénombrement comprenant l'étang de Scamandre, blâmé par le procureur du Roi, & par le jugement duquel dénombrement, ladite dame est maintenue en tous les droits y énoncés; ce jugement est du 12 Mai 1679.

Tous ces actes prouvent une jouissance de plusieurs siecles, de l'étang de Scamandre,

Scamandre, en faveur des différens ſeigneurs qui ont poſſédé la terre de Vauvert, poſſeſſion reconnue par nos Rois, par les hommages & les dénombremens à eux rendus, qui remontent juſques au XIII ſiecle, d'après laquelle l'interlocutoire porté par le jugement de la commiſſion du 20 Avril 1771, paroît avoir été rempli. Il ne reſte donc qu'à maintenir le ſieur de Vauvert dans la propriété des 5 huitiemes qui lui reſtent dudit étang de Scamandre, les 3 huitiemes reſtans, ayant été aliénés par ſes auteurs dans ladite ſeigneurie de Vauvert ; ſavoir, cent cannes de la partie atterrie dudit étang, en faveur de l'abbaye de Franquevaux, & le ſurplus deſdits trois huitiemes, en celle du chapitre abbatial de Saint-Gilles, en la propriété deſquels trois huitiemes le ſuppliant a déjà conſenti que ladite abbaye de Franquevaux, & chapitre de Saint-Gilles fuſſent maintenus.

Le ſuppliant a demandé dans ſa requête du 10 Septembre 1771, que le ſieur de Moynier fût tenu de juſtifier, qu'il eſt aux droits des ſieurs de Montaud & de Raymond, des ſieurs de Robin & Mazade, & à celui des Dlles. de Silles, en faveur deſquels étoient les titres qu'il avoit déjà repréſenté pour établir la propriété d'un tenement en marais dans la communauté de Vauvert, appellé l'Iſcle ou Souteyrane ; ſinon qu'il fût déchu de toute propriété dudit tenement.

Pour ſatisfaire à cette demande, ledit ſieur de Moynier, tant à ſon nom qu'à celui des Dlles. Suzanne & Marguerite de Silles, a repréſenté pluſieurs autres titres qui conſiſtent, 1°. En un acte de vente à pacte de rachat, de la portion de ladite Iſcle appartenant audit ſieur de Montaud, du 21 Octobre 1656, faite par la dame de Montaud, fille & héritiere du ſieur Pierre de Montaud, avec lequel fut paſſée la tranſaction du 29 Août 1620, dont il a été parlé dans la ſuſdite requête, laquelle aſſure audit de Montaud la propriété des deux cinquiemes de ladite Iſcle. 2°. En un acte du 23 Février 1679, contenant rachat de ladite Iſcle fait par Etienne de Robin, héritier de la veuve de Montaud ſon épouſe. 3°. En une ſentence du ſénéchal de Montpellier du 7 Juillet 1706, qui établit qu'Etienne de Mazade avoit arrenté ſa portion dudit Iſcle ; & enfin au mariage de noble Touſſaint de Moynier, pere dudit Henri Hiacinthe, partie en l'inſtance, avec dame Anne Mazade de Silles, lors duquel ladite Mazade ſe conſtitua tous ſes biens.

Les actes nouvellement remis par ledit ſieur de Moynier donnent de plus grands éclairciſſemens ſur la tranſmiſſion de propriété de ladite Iſcle ; ils prouvent que Pierre Darles de Montaud qui fut maintenu dans la propriété des deux cinquiemes dudit tenement en marais, par la tranſaction du 29 Août 1620, paſſée d'entre ledit de Montaud, M. le duc de Ventadour, pour lors baron de Vauvert, & le ſieur de Raymond, eut pour ſuccédante Marie-Grégoire Darles de Montaud, qui ſe maria avec noble Etienne de Robin.

Que de ce mariage naquit Françoiſe de Robin, qui ſuccéda à ſon pere, & qui par cette ſucceſſion devint propriétaire des deux cinquiemes de la ſuſdite Iſcle.

Que ladite de Robin épouſa le ſieur Jean Mazade, capitaine de viguier à Lunel, qui céda à Etienne de Mazade ſon fils, ledit terrein en marais, par l'acte du premier Mars 1703.

Qu'Etienne Mazade eut trois filles ; ſavoir, Anne, Marguerite & Suzanne ; que la premiere de ces trois filles ſe maria avec le pere dudit ſieur de Moynier, partie dans l'inſtance en 1725, à la-

N°. XLIV. quelle Anne de Mazade, ledit sieur de Moynier son fils a succédé ; ainsi, il est prouvé que les deux cinquiemes de ladite Iscle appartiennent audit sieur de Moynier, comme succédant à sa mere & aux Dlles. Suzanne & Marguerite de Mazade ses tantes, & les trois cinquiemes restant aux succédans ou ayant droit du sieur Nicolas de Raymond, que ledit sieur de Moynier, non plus que les Dlles. de Mazade ses tantes, n'ont pas établi représenter. Il est donc juste de maintenir ces parties dans la propriété de ladite Iscle ; savoir, ledit sieur de Moynier & ses tantes, pour les deux cinquiemes, & les héritiers, succédans ou ayans droit du sieur Nicolas de Raymond, pour les trois cinquiemes restans, si mieux ledit sieur de Moynier & lesdites Dlles. de Silles, n'aiment établir qu'ils ont droit dudit Nicolas de Raymond, pour lesdits trois cinquiemes.

L'acte d'inféodation que le sieur de Laugier de Saint-Germain a rapporté, prouve aussi qu'il a la propriété d'un tenement en marais dans le terroir de Vauvert, dit de Saint-Sebastien : cette inféodation lui a été faite par le chapitre d'Alais qui en avoit la propriété ; il a baillé ce marais à locatairie perpétuelle à la communauté de Vauvert, par une transaction du 9 Mars 1735, en se réservant la propriété, le droit de chasse & de pêche, & de rendre les devoirs féodaux ; rien de plus juste que de le maintenir dans ces réservations.

M. de Portalés, marquis de Vignolles, n'a représenté d'autres titres que ceux dont le suppliant a parlé dans sa requête du 22 Septembre 1770 ; ces titres prouvent qu'il a la propriété d'un terrein en marais dans l'étendue du comté de Mauguio, inféodé au sieur Baude son vendeur en 1727, par feu M. de Colbert, évêque de Montpellier & comte de Mauguio, & la possession depuis 1644, du domaine & château de la Mothe, situé dans le même comté. N°. XLIV

Le suppliant a consenti par ladite requête, à ce que ledit sieur de Portalés fût maintenu dans la propriété de ces deux effets ; le jugement rendu par la commission le 20 Avril 1771, a ordonné qu'il fourniroit la déclaration des tenemens en marais du château de la Mothe, qu'il n'a pas encore fourni.

Cette partie a, par sa requête du 12 Novembre suivant, conclu à ce qu'il fût déclaré qu'il a satisfait au susdit jugement, & qu'il n'y eût lieu de l'exécuter à son égard ; ce faisant, qu'il fût maintenu en la propriété tant des marais, palus, rivages & eaux inféodés en 1727, que du château & domaine de la Mothe ; subsidiairement, au cas il fût dans le cas de faire une plus ample déclaration sur la situation & confrontations de ses propriétés, qu'il lui fût renouvellé un délai pour la faire.

D'autre part, les consuls d'Aigues-mortes avoient par une requête présentée à la commission le 31 Mai 1771, demandé d'être reçus opposans à ce que ledit sieur de Portalés fût déclaré propriétaire du terrein mentionné en l'inféodation faite par feu M. de Colbert, évêque de Montpellier, attendu que ce terrein fait partie de celui d'Aigues mortes, & non du comté de Mauguio ; & que ladite communauté d'Aigues-mortes fût maintenue dans la propriété de tout le terrein non-inféodé par le Roi, depuis la Mothe jusques au canal de Candillargues, en exécution des titres par elle représentés ; & quoique cette requête ait été signifiée audit sieur de Portalés, il n'a pas trouvé à propos de la contredire, dans sa continuation de production signifiée le 13

N°. XLIV. dudit mois de Novembre 1771, ni de prendre aucunes conclusions à cet égard contre lesdits consuls d'Aigues-mortes, dans sa requête du 12 du même mois de Novembre. Sur quoi le suppliant observe, que le jugement du 20 Avril 1771, doit être exécuté contre ledit sieur de Portalés, non pour la déclaration des tenemens en marais, compris dans l'inféodation faite en 1727, parce que cette inféodation indique lesdits tenemens, ainsi que leurs confronts, mais pour les marais que ledit sieur de Portalés peut avoir dans son domaine de la Mothe, autres que ceux énoncés en ladite inféodation.

Le suppliant ignore si l'entier domaine de la Mothe est en fonds cultivé, ou s'il y en a partie qui soit en marais; si tout est en culture & à l'abri des inondations, il n'a pas été compris dans la procédure du bornage des marais faite en 1740, & dès-lors il ne fait point partie de la concession faite aux Etats; mais si partie de ce domaine est en marais, il importe que le suppliant en ait connoissance, & il ne peut l'avoir qu'autant que M. de Portalés en fera la déclaration.

Elle paroît d'autant plus nécessaire, qu'il résulte de la procédure de bornage faite devant feu Me. Baudouin, commissaire en 1740, que le 12 Août de ladite année, il fut borné une partie de marais attenans au château de la Mothe; cette partie peut être celle inféodée en 1727, ou toute autre. M. de Portalés doit donc expliquer si dans son domaine de la Mothe, il y a d'autres marais que ceux compris dans le susdit acte d'inféodation; & s'il y en a, en donner les tenemens & les confronts, ainsi que le jugement du 20 Avril 1771 l'a ordonné.

Quant à la communauté d'Aigues-mortes, soit que les marais inféodés par feu M. de Colbert, soient du domaine du Roi, ou qu'ils fassent partie du comté de Mauguio, cette communauté n'a aucun droit d'en réclamer la propriété, puisqu'en supposant avec elle que le terrein inféodé fit partie du terroir d'Aigues-mortes, & qu'il appartînt à Sa Majesté, les Etats en ont incontestablement la propriété, comme faisant partie de la concession que le Roi leur en fit en 1746, comme le suppliant l'a établi dans sa requête du 22 Septembre 1770, à laquelle il se réfere. N°. XLI

Ainsi, la ville d'Aigues-mortes n'ayant nul titre pour réclamer cette propriété, elle doit être déboutée de sa requête, sauf aux Etats à s'arranger avec ledit sieur de Portalés, sur la question de savoir dans quel des deux terroirs ce terrein est situé. Ce qui doit être éclairci par une vérification d'experts, à laquelle le suppliant conclura dans cette requête.

La communauté de Beaucaire étoit en demeure de justifier qu'elle avoit des usages & facultés sur un tenement en marais dans le terroir de Bellegarde, dénommé le Contrat, ce qui avoit porté le suppliant à demander qu'elle fût déchue de toute prétention sur ce tenement en marais.

Pour faire cesser cette demande, les consuls de Beaucaire ont représenté deux nouveaux titres, desquels il résulte que par arrêt du parlement de Toulouse du premier Février 1525, rendu en contradictoire défense, entre cette communauté & M. le duc d'Uzès, seigneur de Bellegarde, elle avoit été maintenue à faire dépaître le bétail dans ledit tenement, à y pêcher, chasser & faire du bois; qu'elle avoit été aussi maintenue dans ce droit par le jugement intervenu sur son dénombrement, par les commissaires du domaine du Roi, le 22 Mars 1689.

N°. XLIV. D'après ces titres, il est clair que la communauté de Beaucaire a les facultés y exprimées sur ledit terroir du Contrat; il est donc de l'équité de la maintenir dans ces facultés, sauf à elle à s'arranger avec M. le duc d'Uzès, propriétaire du fonds, au cas elle soit privée de ces facultés par l'effet du dessèchement, ou par celui de la construction du canal de navigation.

Enfin, la Dlle. Prignol, veuve de Me. Boissy, médecin, habitante à Annonay, qui représente le sieur Barthelemi Aléon, avocat, auquel elle a succédé, a établi depuis la requête du suppliant, du 10 Septembre 1771, que le sieur Elie Peyrie, représenté par Pierre Peyrie son fils qui lui avoit succédé, & duquel le sieur d'Aléon avoit acquis en 1750, les vingt-trois carterées de fonds en marais dans le terroir de Vauvert, jouissoit desdites vingt-trois carterées de marais, depuis au moins l'année 1723, époque à laquelle il paya le franc-fief pour les 20 années de sa jouissance dudit terrein. Elle a encore prouvé que ce droit avoit été payé par ledit Pierre Peyrie & par ledit sieur d'Aléon; savoir, par le premier, le 23 Octobre 1756; & par le second, le 10 Décembre de la même année.

Ces payemens prouvent une jouissance non-interrompue sur la tête desdits Peyrie pere & fils, ou sur celle dudit d'Aléon, d'environ 49 années, ce qui est plus que suffisant pour prescrire la propriété, sur-tout lesdites vingt-trois carterées de fonds n'étant point situées dans le domaine du Roi, mais bien dans l'étendue de la baronnie de Vauvert, possédée par M. de Genas, qui pourroit seul contester cette propriété.

A ces causes, il vous plaira, NOSSEIGNEURS, déclarer le défaut pris devers le greffe de la commission, contre Marguerite Hugues, habitante à Beaucaire, bien & duement obtenu; N°. XLIV. & disant droit à l'utilité d'icelui, faute par cette partie d'avoir, en exécution de l'arrêt du conseil du 23 Septembre 1770, à elle signifié le 26 Janvier 1771, représenté ses titres de propriété sur deux salmées six émines quatre picotins de marais, que les consuls de Beaucaire ont indiqué être jouis par ladite Hugues, dans le délai porté par ledit arrêt, la déclarer déchue de toute prétention de propriété sur ladite contenance en marais, & lui imposer silence perpétuel.

Tenant la déclaration d'Etienne Vianés, comme depuis l'année 1760, il ne possede plus de marais, ayant vendu ceux dont il jouissoit précédemment, au sieur Fourmaud de Nimes & les héritiers dudit Fourmaud étant en cause, ordonner que ledit Etienne Vianés sera tiré d'instance, sans dépens.

Avant faire droit sur la propriété prétendue par Jean Vianés sur six salmées quatre émines, deux picotins de terre en marais, prise des 800 concédées à la ville de Beaucaire par le Roi Louis XIII, & aliénées par ladite ville en faveur du sieur Brunet en 1671, cédées par celui-ci au sieur de Roys, de Ledignan, par transaction du 10 Août 1679, ordonner que dans le mois pour tout délai, ledit Jean Vianés établira qu'il a succédé à Hector Vianés, & que celui-ci avoit acquis lesdites six salmées quatre émines de fonds dont il s'agit, dudit sieur de Roys, de Ledignan.

Avant faire droit aussi sur la propriété prétendue par Cécile Mailhan, veuve de Louis Tournaire, ordonner qu'elle établira dans le même délai d'un mois, qu'elle est aux droits d'Antoine Cammartin, auquel le sieur de Bourdic céda par acte du 19 Avril 1690, trente salmées de marais sur un plus grand corps à lui vendu par ladite commu-

N°. XLIV. nauté de Beaucaire, en ladite année 1671.

Demeurant la repréſentation des titres & la remiſe des copies collationnées, faite par les autres propriétaires des ſuſdites huit cent ſalmées de marais dans le terroir de Beaucaire, autoriſant la procédure faite à cet égard, devant M. de Roſſet, commiſſaire, donner acte au ſuppliant de ſa déclaration, comme il reconnoît la légitimité des titres remis, & la propriété; ſavoir, en faveur de noble Pierre de Tieuloy, ſur dix ſalmées quatre émines cinq picotins de marais priſes ſur ledit corps de huit cent, dans ledit terroir de Beaucaire.

En faveur du ſieur François Boſchet, de dix ſalmées du ſuſdit fonds.

De Pierre Troupenas, de deux cent vingt-deux ſalmées une émine quatorze picotins, priſes ſur la ſuſdite contenance.

De Claude Noailles, pour deux ſalmées une émine.

De Me. Jacques-Philippe Bérard, pour trente-quatre ſalmées quinze picotins reconnues au Roi le 19 Avril 1757.

Du ſieur Jerôme Dulong, ſur deux ſalmées, faiſant partie d'un plus grand corps, adjugé le 12 Juin 1671 à Laurent Bérard.

De Pierre Tavernier, pour vingt-quatre ſalmées ſix émines, qu'il tient du ſieur Antoine de Boſchet.

Des héritiers de Guillaume Metge, conjointement avec Benoît Mathieu pour une ſalmée ſept émines ſept picotins, adjugés à Gabriel Blanc le 12 Juin 1671.

De Louis Margal, pour une ſalmée une émine deux picotins vendus à François Gilles, par ladite ville de Beaucaire, le 4 Juin 1671.

De Louis Comte, pour une ſalmée deux émines, acquiſes de Me. Bérard, qui les tenoit de ladite ville de Beaucaire, ſuivant l'acte du 12 Juin de ladite année 1671. N°. XLI

De dame Gabrielle-Marie de Virgile, veuve du ſieur Jacques Bertrand de Courtois, pour trente-trois ſalmées acquiſes du ſieur de Porcellets, qui les tenoit de ladite ville.

Du ſieur Jean-Pierre de Lenoir, pour trente-une ſalmées cinq picotins, adjugées au ſieur de Pillet, & dont il a l'adjudication par décret.

De Me. Pierre Privat, avocat, pour quatre ſalmées quatre émines, adjugées par ladite ville de Beaucaire au biſayeul dudit Privat, le 22 Juin 1671.

De M. de Quinſon, pour cinquante-neuf ſalmées qu'il tient du ſieur de Porcellets de Maillane.

De dame Marie de Virgile, veuve & héritiere du ſieur Louis de Forton, pour ſoixante-neuf ſalmées ſept émines dix-ſept picotins vendues à l'aïeul dudit Louis de Forton, le 10 du même mois de Juin par la même communauté.

Du ſieur Etienne de Roqueſi de Clauſonettes, pour neuf ſalmées trois émines qu'il tient de ſon aïeul, auquel ladite ville les adjugea en la même année 1671.

Dudit ſieur de Clauſonettes, & de M. Joſeph-Alexis de Donadai, marquis de Campredon, comme maris & maîtres des biens dotaux des dames Marie-Elizabeth & Marie-Thérèſe d'Icard ſœurs, pour treize ſalmées une émine deux picotins, ſur un plus grand corps adjugé audit ſieur de Bourdic de Saint-Montant, & paſſé ſur la tête du ſieur d'Icard, pere deſdites dames.

Du ſieur Henri de Latis d'Entraigues, comme mari & maître des biens dotaux de dame Magdelaine de Brocardy, pour quatorze ſalmées ſur la contenance vendue par ladite ville audit de Bourdic de Saint-Montant.

Des Dlles. Marthe, Cécile & Marie-Marthe Daſſac, ſœurs, filles & ſuc-

N°. XLIV.

cédantes à Claude Dassac, pour huit salmées six émines huit picotins.

De M. le marquis de Coetlogon pour dix-neuf salmées une émine quatre picotins qu'il tient de la veuve de Salles, & celle-ci du sieur de Porcellets.

De dame Marie-Virginie de Berton de Crillon, veuve héritiere de M. Raimond-César-Hiacinthe de Brancas, pour dix salmées qu'elle tient du corps adjugé audit sieur de Porcellets.

De dame Jeanne Larnac, veuve du sieur Pierre Fourmaud, pour cinquante-six salmées, dont trente-une prises sur les susdites quatre cent vendues audit de Porcellets & les vingt-cinq restantes, faisant partie des onze cent cinquante concédées aux sieurs de Launay & de la Roche, par le feu Roi en 1678, à la charge par ladite dame d'entrer dans l'arrangement qui sera fait avec les Etats, par les dames de Cournon, l'une épouse de M. de Plauchut, procureur général au conseil supérieur de Nîmes, & l'autre veuve de M. de Marmier, représentans lesdits de Launay & de la Roche, pour le surplus desdites onze cent cinquante salmées, esquelles susdites propriétés le suppliant consent que chacune desdites parties soient maintenues, sauf à être pourvu à leur dédommagement en cas de dépossession, conformément aux lettres-patentes qui contiennent la concession des marais en faveur des Etats.

Tenant aussi les nouveaux titres représentés par M. de Genas, baron de Vauvert, par le sieur de Moynier, & les Dlles. de Silles, par le sieur de Laugier de Saint-Germain, par la Dlle. Prignol, veuve Boissy, & par les consuls de Beaucaire, donner également acte au suppliant de sa déclaration, comme il reconnoît la légitimité desdits titres, & de son consentement à ce que lesdites parties soient maintenues; savoir,

M. de Vauvert, en la propriété des cinq huitiemes de l'étang de Scamandre, le chapitre de Saint-Gilles, des trois huitiemes restans, & l'abbaye de Franquevaux sur cent cannes dudit étang, dans les parties atterries, du côté du monastere dudit Franquevaux.

Le sieur de Moynier & les Dlles. de Silles, des deux cinquiemes de l'iscle ou marais, dans le terroir de Vauvert, désigné & confronté dans la transaction du 29 Août 1620, les trois cinquiemes restans, en faveur des héritiers ou ayant droit de Nicolas de Raymond, avec lequel fut passée ladite transaction, sauf audit sieur de Moynier, & auxdites Dlles. de Silles, à établir qu'ils sont aux droits dudit de Raymond, auquel cas la propriété desdits trois cinquiemes d'iscle cédera en leur faveur.

Le sieur Laugier de Saint-Germain, pour le marais de Saint-Sebastien, situé dans ledit terroir de Vauvert, baillé à rente à locatairie perpétuelle aux consuls & communauté de Vauvert, sauf à lui à se régler avec ladite communauté en cas de dépossession dudit marais de la part des Etats, sur l'indemnité qu'ils lui accorderont, & de rendre ladite communauté taisante, si ledit bail à locatairie étoit rendu inutile par l'effet du desséchement & de la construction du canal de navigation.

Ladite dame Prignol, veuve Boissy, pour les vingt-trois carterées qu'elle tient du sieur d'Aléon, que celui-ci avoit acquises de Pierre Peyrie, indépendamment des soixante-douze carterées en la propriété desquelles le suppliant avoit déjà consenti que ledit d'Aléon fût maintenu, par sa requête du 10 Septembre 1771.

Et les consuls de Beaucaire pour les usages & facultés sur le marais appellé le Contrat situé dans le terroir de Bel-

N°. XLIV. legarde, appartenant à M. le duc d'Uzès, seigneur dudit lieu, ainsi qu'ils y ont été maintenus par l'arrêt du parlement de Toulouse du premier Février 1525, sauf encore à cette communauté à se faire maintenir auxdits usages & facultés vis-à-vis dudit seigneur duc d'Uzès, pour être pourvu à son dédommagement dans le cas de cessation desdits usages, par le dessèchement ou la construction dudit canal de navigation.

Sans avoir égard aux requêtes des consuls d'Aigues-mortes, & singulierement à celle du 31 Mai 1771, & les en déboutant, les déclare non-recevables à réclamer la propriété de la partie de marais, inféodée par feu M. de Colbert en 1727, ordonner que M. de Portalés, possesseur de ladite partie de marais, établira si le terrein & marais compris dans ladite inféodation, font partie du terroir de Mauguio, ou de celui d'Aigues-mortes; auquel effet, que par experts, dont les parties conviendront, ou qui en défaut seront pris & nommés d'office pardevant M. le rapporteur du procès, même un tiers, si besoin est, il sera, aux frais avancés par lesdites deux parties *æqualiter*, sauf à répéter s'il y a lieu, procédé à la vérification des fonds contenus audit acte d'inféodation, à l'effet de rapporter s'ils font partie du terroir d'Aigues-mortes, ou de celui de Mauguio; pour ladite vérification faite & rapportée être pris par le suppliant, telles conclusions que de droit sur la propriété dudit terrein, palus & eaux, soit en faveur du Roi, que les Etats représentent, ou en faveur du sieur de Portalés, & sur le droit de dépaissance qui peut être acquis à ladite communauté d'Aigues-mortes, dans le cas que ledit fonds soit déclaré faire partie du terroir de ladite ville, en vertu du traité passé par les commissaires du Roi & lesdits Etats en 1555, sans néanmoins que par ses conclusions, le suppliant entende priver ledit sieur de Portalés de la faculté que les Etats lui ont accordé par leur délibération du 2 Janvier 1768, de dessécher les marais compris audit acte d'inféodation, aux conditions portées par ladite délibération. Ordonner aussi que ledit sieur de Portalés déclarera dans le mois, s'il a dans le domaine de la Mothe d'autres palus & marais que ceux compris dans ladite inféodation: & dans le cas qu'il y en ait, qu'il donnera dans le même délai, les tenemens desdits marais & leurs quatre confronts, autrement pourvu. N°. XLIV.

Sans avoir égard aux requêtes des sieurs Brun, Mathieu, Soulages, & Roux, ni à celle des consuls ou syndics des communautés composant la baronnie de Lunel, vu ce qui résulte du mémoire signifié à la requête du suppliant, déclarer les marais situés dans l'étendue de ladite baronnie, faire partie du domaine de Sa Majesté, & appartenir aux Etats de Languedoc, en vertu de la concession qui leur en a été faite par les lettres-patentes du 8 Novembre 1746; en conséquence, maintenir lesdits Etats dans ladite propriété, avec défenses, tant auxdits Mathieu, Brun, Roux, Soulages, aux dames religieuses du monastere de la Visitation de Montpellier, auxdits syndics de la baronnie de Lunel, & à tous autres, de en icelle donner aucun trouble ni empêchement auxdits Etats, sous les peines de droit; consentant néanmoins le suppliant que ledit monastere ou les susdits Brun, Mathieu, Soulages & Roux ses inféodataires, soient maintenus en la propriété des fossés & reclauses qu'il peut y avoir dans l'étendue desdits marais de Lunel, depuis le Port Dur jusques au Bérange, sauf à les indemniser, au cas que par le dessèchement ils soient privés desdits

N°. XLIV. fossés & reclauses, & sauf aussi aux habitans de ladite baronnie, à exercer sur lesdits marais les droits de dépaissance qui leur sont acquis en vertu du traité passé entre les commissaires de Sa Majesté & ceux des Etats en 1555, & à être pourvu à leur dédommagement à raison de ladite dépaissance, dans le cas où ils seroient desséchés; & pour le surplus, adjuger au suppliant les fins de ses précédentes requêtes en ce quelles ne sont pas contraires aux conclusions prises dans la présente, avec dépens.

Auquel effet, & pour être dit droit aux conclusions ci-dessus prises, ordonner que la présente requête sera jointe au procès principal, & au réglement déjà fait par l'ordonnance de la commission du 9 Février 1768, & signifiée à toutes les parties intéressées, ou à leurs procureurs. Ordonner aussi que sur la requête du suppliant du 21 Janvier 1771, contre les parties possédant les 800 salmées de marais dans le terroir de Beaucaire, sur celle des consuls d'Aigues-mortes, contre le sieur de Portalés, & sur toutes autres requêtes qui peuvent avoir été présentées par d'autres parties de l'instance, lesdites parties produiront & défendront dans huitaine, & joint au susdit réglement à écrire, pour, sur les conclusions de M. Coulomb, procureur du Roi, & sur le rapport de M. de Rosset, être ordonné ce qu'il appartiendra, & ferez bien. PALAT, *signé.*

Ait acte & soit signifié; & sur les demandes formées par le suppliant dans sa requête du 21 Janvier 1771, par les consuls d'Aigues-mortes, dans celle du 31 Mai suivant, & autres demandes, les parties diront, produiront, & défendront dans huitaine, & joint au réglement général porté par l'ordonnance du 9 Février 1768, pour, sur les conclusions du sieur Coulomb, procureur du Roi, & sur le rapport du sieur de Rosset, être ordonné ce qu'il appartiendra. FAIT à Montpellier le 10 Juillet 1772. DE SAINT-PRIEST, *signé.* N°. XLIV.

XLV.

JUGEMENT

Qui maintient les parties de l'instance dans la propriété des marais qu'elles ont établi posséder; maintient aussi les communautés y dénommées dans les usages & facultés sur lesdits marais, & autorise la procédure faite devant M. de Rosset sur la représentation des titres établissant lesdites propriétés, usages & facultés.

Du 15 Avril 1773.

LES COMMISSAIRES NOMMÉS par arrêts du conseil des 15 Novembre 1746, 11 Avril 1761, 19 Novembre 1767, & 4 Juillet 1771, pour juger souverainement & en dernier ressort, les contestations nées & à naître à raison de la concession des marais du bas Languedoc, depuis Beaucaire jusqu'à Aigues-mortes & à Pérols, desséchement desdits marais, construction du canal de navigation, leurs circonstances & dépendances : Au premier huissier ou sergent requis.

VU notre jugement du 19 Novembre 1768, avec les requêtes, productions & pieces, sur lesquelles il a été rendu, Treize exploits de signification du susdit jugement, des 2, 3, 6, 7, 8, 9, 10, 12, 13 & 15 du susdit mois de Décembre; lesdites significations faites aux différentes parties de l'instance, & à leurs procureurs : Notre jugement du 20 Avril 1771, avec les requêtes, productions

&

N°. XLV. & pieces sur lesquelles il a été rendu ; L'exploit de signification dudit jugement faite aux procureurs des parties du 21 Juin suivant ; Six autres exploits de signification du même jugement faite au sieur Laugier de Saint-Germain, aux consuls de Mudazon, de Candillargues, de Saint-Laurent d'Aigouse, de Beaucaire & de Bellegarde, au sieur baron de Vauvert, aux sieurs Pieyre, d'Azemar, & de Montoulieu & Roussellier ; aux sieurs grand-prieur de Saint-Gilles, commandeurs de Sylveréal, de Capette, du Mas de Liviers, du plan de la Peyre, de la Vernede, de la Petite-Argence & de Cavales : Le procès-verbal tenu devant le sieur de Rosset, commissaire, en exécution de notre jugement dudit jour 19 Novembre 1768, sur la représentation des titres de propriété, droits d'usages ou facultés sur les palus, marais, étangs & terres inondées, compris dans la concession faite aux Etats de Languedoc ; ledit procès-verbal commencé le 24 Décembre 1768, & fini le 4 Mars 1773. Requête du syndic général du 21 Janvier 1771, à ce que le sieur Troupenas, la veuve Salles, la dame de Virgile, veuve du sieur de Forton, tutrice de ses enfans, Pierre Tavernier, le sieur de Clausonettes & la dame d'Icard son épouse, la dame de Virgile, veuve du sieur de Courtois, les sieurs de Bérard, de Latis d'Entraigues, le Noir, le marquis de Quinson, les héritiers du sieur Fourmaud, Claude d'Assac, la dame veuve de Brancas, comtesse de Laudun, Etienne & Jean Vianés, Pierre de Tieuloy, Pierre Privat, François Boschet, Cécile Mallian, veuve de Louis Tournaire, Jérôme du Long, Louis Comte, Claude Noailles, Guillaume Merge, Benoît Mathieu, Louis Margal & Marguerite Hugues, indiqués par la communauté de Beaucaire, comme propriétaires de huit cent salmées de marais concédés à ladite communauté par le Roi Louis XIII en 1632, soient assignés devant nous pour assister à l'instance qui y est pendante entre ledit syndic général, les consuls de Beaucaire & les autres propriétaires ou prétendans-droits aux marais concédés aux Etats, & en icelle, y déduire leurs moyens d'intérêt, voir déclarer communs & exécutoires avec eux les différens arrêts du conseil, les jugemens rendus dans ladite instance, notamment notre jugement dudit jour 19 Novembre 1768; & en conséquence, ordonner que dans deux mois pour tout délai, ils représenteront devant le sieur de Rosset, l'un de nous, commissaire à ce député, les titres & pieces justificatives de leurs droits de propriété, usages ou facultés sur lesdites huit cent salmées de marais, pour en être délivré audit syndic général des copies collationnées, conformément à notredit jugement & à l'arrêt du conseil du 23 Septembre 1770 ; l'ordonnance rendue sur ladite requête le même jour de soient les parties assignées devant nous; Les exploits de signification faite auxdites parties les 25, 26, 27 & 28 du même mois de Janvier de notre jugement du 19 Novembre 1768, & de l'arrêt du conseil du 23 Septembre 1770, avec assignation aux susdites parties. Autre requête du syndic général, à ce que le sieur marquis de Bon, seigneur de Fourques, premier président & intendant en Roussillon, soit assigné en reprise d'instance, & en constitution de nouveau procureur au lieu & place de feu Granier ; l'ordonnance rendue sur ladite requête le 9 Juin 1770, de soient les parties assignées, & l'exploit de signification donné en conséquence le 19 du même mois. Vu aussi le défaut pris devers N°. XLV.

N°. XLV. notre greffe sur ladite assignation le 27 Février dernier. Requête du syndic général de la province, à ce que tenant les déclarations faites par Pieyre, les consuls de Mudazon, ceux de Candillargues, ceux de Saint-Laurent d'Aigouse & Roussellier, des tenemens en marais dont chacune des parties jouit, des confronts de chacun desdits tenemens, & des justices dans lesquelles ils sont situés, ils soit déclaré que lesdites parties ont satisfait, quant à ce, à nos jugemens des 19 Novembre 1768 & 20 Avril 1771, il soit ordonné que dans le mois pour toute préfixion de délai, le grand-prieur de St. Gilles, les commandeurs de Cavales, Sylveréal, du plan de la Peyre, d'Argence, & Capette & du Mas de Liviers, satisferont à nos susdits jugemens, sous les peines portées par celui du 20 Avril 1771, se réservant ledit syndic général de faire exécuter ledit jugement contre le sieur de Portalés, faute par lui d'avoir fait les déclarations y mentionnées, il soit donné acte audit syndic général de sa déclaration, comme au moyen de la reconnoissance féodale du 17 Février 1687, représentée par ledit Pieyre de Saint-André de Camarignan, de la déclaration de ses tenemens en marais & de leurs confronts, faite dans sa requête signifiée le 10 Mai 1771, il reconnoît la légitimité tant de ce titre, que de ceux ci-devant représentés par ledit Pieyre pour prouver sa propriété des marais dont il jouit dans ledit terroir de Saint-André de Camarignan, terroir de Saint-Gilles, tels qu'ils sont désignés & confrontés dans la susdite requête, en laquelle propriété ledit syndic général consent que ledit Pieyre soit maintenu, sauf à être pourvu à son dédommagement, en cas de dépossession, conformément aux lettres-patentes contenant concession des marais du bas Languedoc en faveur des Etats de ladite province; qu'il soit déclaré que le sieur marquis de Calviere a justifié qu'il est aux droits de Jean de Calviere pour la propriété du tenement en marais, dénommé la Muzette, en laquelle propriété ledit syndic général consent qu'il soit maintenu en la possession définitivement & sans réservation; il soit ordonné au surplus, qu'il établira être aux droits de Jean Gautier pour les cent carterées ou environ des marais, dénommés le Coussou de Bermond dans le délai d'un mois; sinon déchu de toute propriété sur lesdites cent carterées; qu'il soit déclaré pareillement que la dame de Candillargues, veuve du sieur de Montpeyroux, a justifié être aux droits de Monachi & d'Almacy pour la propriété de la terre de Candillargues, & des marais qui peuvent en faire partie, sauf à ladite dame, en cas de contestation avec le sieur évêque de Montpellier, à se régler avec ce prélat ainsi & comme bon lui semblera, & sauf aussi à se régler avec les communautés qui réclameront des usages & facultés sur les marais du comté de Mauguio, dont Candillargues fait partie; comme aussi, qu'il soit déclaré que les dames de Marmier & de Plauchut sont aux droits des sieurs de Launay & de la Roche pour onze cent vingt-cinq salmées de marais dans le terroir de Beaucaire, faisant partie des onze cent cinquante concédées à ces derniers par lettres-patentes de 1678, & demeurant les titres par elles représentés, soit avant, soit depuis la requête dudit syndic général du 22 Septembre 1770, il soit ordonné, conformément aux conclusions prises dans ladite requête, que lesdites dames se retireront devers les Etats pour traiter avec eux, soit à raison de la propriété desdites onze cent vingt-cinq salmées de marais dont N°. XLVI.

elles jouissoient comme ayant droit desdits de Launay & de la Roche, soit à raison de l'acceptation ou rejection des offres par elles faites de contribuer aux frais de la construction du canal de navigation, & à ceux du desséchement des marais, pour, après ledit traité, être par nous pourvu ainsi qu'il appartiendra; qu'il soit adjugé audit syndic général les fins de ladite requête, en ce qui concerne le sieur baron de Vauvert, en ordonnant qu'il satisfera à notre jugement du 20 Avril 1771; qu'avant faire droit sur la propriété prétendue par le sieur d'Aléon des vingt-trois carterées de marais dans le terroir de Vauvert par lui acquises en 1750 de Pierre Peyrie, il soit ordonné qu'il représentera devant le sieur de Rosset, commissaire jà député, des titres pour établir de qui ledit Peyrie tenoit lesdites vingt-trois carterées, & s'il en avoit prescrit la propriété par une jouissance de trente années, ledit syndic général consentant que ledit sieur d'Aléon soit maintenu en la propriété des soixante-douze carterées des marais dans le terroir du Caylar, cédée au sieur de Clairan son auteur par le sieur marquis d'Aubaix & du Caylar par l'acte du 18 Janvier 1662, sauf à être pourvu à son dédommagement en cas de dépossession de ladite partie des marais, conformément auxdites lettres-patentes, qu'avant faire droit sur la propriété prétendue par le sieur de Moynier du terroir dénommé l'Iscle & Souteyrane dans le taillable de Vauvert, il soit ordonné que dans le mois pour toute préfixion de délai, il représentera devant ledit sieur commissaire, les titres & actes établissant qu'il est aux droits des sieurs de Montaud & de Raymond, des sieurs du Robin & Mazade, & à celui des Dlles. de Silles; qu'il remettra audit syndic général des copies collationnées desdits titres & actes; sinon faute de ce faire ledit délai passé, il soit déclaré déchu de toute prétention sur lesdits Iscle & terroir, se réservant ledit syndic général, quant au sieur de Laugier de Saint Germain, l'exécution de notre jugement du 20 Avril 1771, & qu'il soit adjugé pour le surplus audit syndic général les conclusions qu'il a prises dans sa requête du 23 Septembre 1770, avec dépens; L'ordonnance rendue sur ladite requête le 7 Septembre 1771 de joint & signifié, & l'exploit de signification faite le 11 du même mois à Bousquet, procureur dudit Pieyre; à Fierard, procureur des consuls de Saint-Laurent d'Aigouse & de ceux de Mudazon; Bourgoing, procureur de la dame de Candillargues & des consuls dudit lieu; Chamand, procureur des dames de Marmier & de Plauchut, & du sieur d'Azemar & de Montoulieu; Chivaud, procureur de Roussetier; Ricard, procureur du grand-prieur de Saint-Gilles & des commandeurs de Sylveréal, de Capette, d'Argence, du Mas de Liviers, de Cavales & du plan de la Peyre; Leotard, procureur du sieur de Portalés; Fages, procureur du sieur d'Aléon; Benoit, du sieur de Moynier, & Imbert, du sieur de Laugier de Saint-Germain. Autre requête dudit syndic général de la province, à ce que le défaut pris devers notre greffe contre Marguerite Hugues, habitante de Beaucaire, soit déclaré bien & duement obtenu; & disant droit à l'utilité d'icelui, faute par elle d'avoir en exécution de l'arrêt du conseil du 23 Septembre 1770 à elle signifié le 26 Janvier 1771, représenté ses titres de propriété sur deux salmées six émines quatre picotins de marais, que les consuls de Beaucaire ont indiqué être jouis par ladite Hugues, dans le délai porté par ledit arrêt, elle soit déclarée déchue de toute prétention de propriété

N°. XLV.

sur ladite contenance en marais, il lui soit imposé silence perpétuel; que tenant la déclaration d'Étienne Vianés, comme depuis l'année 1760, il ne possede plus des marais, ayant vendu ceux dont il jouissoit précédemment, à Fourmaud, de Nîmes, & les héritiers dudit Fourmaud étant en cause, il soit ordonné que ledit Etienne Vianés sera tiré d'instance sans dépens; qu'avant faire droit sur la propriété prétendue par Jean Vianés sur six salmées quatre émines deux picotins de terre en marais prises de huit cent concédées à la ville de Beaucaire par le Roi Louis XIII, & aliénées par ladite ville en faveur de Brunet en 1671, cédées par celui-ci au sieur de Roys de Lesignan par transaction du 10 Août 1679, il soit ordonné que dans le mois pour tout délai, ledit Jean Vianés établira qu'il a succédé à Hector Vianés, & que celui-ci avoit acquis lesdites six salmées quatre émines des fonds dont il s'agit, dudit sieur de Roys de Lesignan; qu'avant faire droit aussi sur la propriété prétendue par Cecile Mallian, veuve de Louis Tournaire, il soit ordonné qu'elle établira dans le même délai d'un mois, qu'elle est aux droits d'Antoine Caumartin, auquel le sieur de Bourdic céda, par acte du 19 Avril 1690, trente salmées de marais sur un plus grand corps à lui vendu par ladite communauté de Beaucaire en ladite année 1671; que demeurant la représentation des titres & la remise des copies collationnées faites par les autres propriétaires sur lesdites huit cent salmées de marais dans le terroir de Beaucaire, autorisant la procédure faite à cet égard devant le sieur de Rosset, commissaire, il soit donné acte audit syndic général de sa déclaration, comme il reconnoît la légitimité des titres remis & la propriété; savoir, en faveur de noble Pierre de Tieuloy, pour dix salmées quatre émines cinq picotins de marais prises sur ledit corps de huit cent dans le terroir de Beaucaire; en faveur de François Boschet, de dix salmées des susdits fonds; de Pierre Troupenas de deux cent vingt-deux salmées une émine quatorze picotins prises sur la susdite contenance; de Claude Noailles, pour deux salmées une émine; de Jacques-Philippe Bérard, pour trente-quatre salmées quinze picotins reconnues au Roi le 19 Avril 1757; du sieur Jerôme du Long, sur deux salmées faisant partie d'un plus grand corps adjugé le 12 Juin 1671 à Laurent Bérard; de Pierre Tavernier pour vingt-quatre salmées six émines qu'il tient d'Antoine Boschet; des héritiers de Guillaume Merge & de Benoît Mathieu, pour une salmée sept émines sept picotins adjugés à Gabriel Blanc le 12 Juin 1671; de Louis Margal, pour une salmée une émine deux picotins vendus à François Gilles par ladite ville de Beaucaire le 4 Juin 1671; de Louis Comte, pour deux salmées deux émines acquises de Bérard, qui les tenoit de ladite ville de Beaucaire, suivant l'acte du 12 dudit mois de Juin; de la dame Gabrielle-Marie de Virgile, veuve du sieur Jacques Bertrand de Courtois, pour trente-trois salmées acquises du sieur de Porcellets, qui les tenoit de ladite ville; du sieur Jean-Pierre de le Noir, pour trente-une salmées cinq picotins, vendues au sieur de Pillet, & dont il a l'adjudication par décret; de Pierre Privat, avocat, pour quatre salmées quatre émines adjugées par ladite ville à son bisaïeul le 22 Juin 1671; du sieur de Quinson, pour cinquante-neuf salmées, qu'il tient du sieur de Porcellets de Maillane; de la dame Marie de Virgile, veuve & héritiere de Louis de Forton, pour soixante-neuf salmées sept émines dix-sept picotins vendues à l'aïeul dudit

N°. XLV. Louis de Forton le 10 du même mois de Juin, par la même communauté; du sieur Etienne de Rocquesi de Clausonettes, pour neuf salmées trois émines, qu'il tient de son aïeul, auquel ladite ville les adjugea en la même année 1671; dudit sieur de Clausonettes & du sieur Alexis de Donodai, marquis de Campredon, comme maris & maîtres des biens dotaux des dames Marie-Elisabeth & Marie Therese d'Icard sœurs, pour treize salmées une émine deux picotins sur un plus grand corps adjugé au sieur de Bourdic de Saint-Montant, & passé sur la tête du sieur d'Icard, pere desdites dames; du sieur Henri de Lattis d'Entraigues, comme mari & maître des biens dotaux de dame Magdelaine de Brocardi, pour quatorze salmées sur la contenance vendue par ladite ville audit de Bourdic de Saint-Montant; des Dlles. Marthe-Cecile & Marie-Marthe d'Assac sœurs, filles & co-succédantes à Claude d'Assac, pour huit salmées six émines huit picotins; du sieur marquis de Coetlogon, pour dix-neuf salmées une émine quatre picotins, qu'il tient de la veuve Salles, & celle-ci du sieur de Porcellets; de dame Marie-Virginie de Berton de Crillon, veuve & héritiere du sieur Raymond-César-Hiacinthe de Brancas, pour dix salmées qu'elle tient du corps adjugé audit sieur de Porcellets; de dame Jeanne Larnac, veuve de Pierre Fourmaud, pour cinquante-six salmées, dont trente-une prises sur lesdites quatre cent vendues audit de Porcellets, & les vingt-cinq restantes faisant partie des onze cent cinquante concédées auxdits de Launay & de la Roche par le feu Roi en 1678, à la charge par ladite Larnac d'entrer dans l'arrangement qui sera fait avec les Etats par les dames de Marmier & de Plauchut, représentant lesdits de Launay & de la Roche, pour le surplus des onze cent cinquante salmées, esquelles susdites propriétés ledit syndic général consent que chacune desdites parties soient maintenues, sauf à être pourvu à leur dédommagement en cas de dépossession, conformément aux lettres-patentes qui contiennent la concession des marais en faveur des Etats: que tenant aussi les nouveaux titres représentés par le sieur de Genas, baron de Vauvert, le sieur de Marmier, les Dlles. de Silles, Laugier de Saint-Germain, la dame Riniol, veuve Boissy, & les consuls de Beaucaire, il soit donné acte également audit syndic général de sa déclaration comme il reconnoît la légitimité desdits titres & de son consentement à ce que lesdites parties soient maintenues; savoir, le sieur de Vauvert, en la propriété de cinq huitiemes de l'étang de Scamandre; le chapitre de Saint Gilles, des trois huitiemes restans, & l'abbaye de Franquevaux, sur cent cannes dudit étang dans les parties atterries du côté du monastere dudit Franquevaux; les sieurs de Moynier & les Dlles. de Silles, des deux cinquiemes de l'isle ou marais dans le terroir de Vauvert, désigné & confronté dans la transaction du 29 Août 1620, & trois cinquiemes restans en faveur des héritiers ou ayant-droit de Nicolas de Raymond, avec lequel fut passé ladite transaction, sauf auxdits sieurs de Moynier & auxdites Dlles. de Silles à établir qu'ils sont aux droits dudit de Raymond, auquel cas la propriété desdits trois cinquiemes d'isle cédera en leur faveur; le sieur de Laugier de Saint-Germain, pour le marais de Saint-Sebastien, situé dans le terroir de Vauvert, baillé à rente à locatairie perpétuelle aux consuls & communauté de Vauvert, sauf à lui à se régler avec ladite communauté, en cas de dépossession dudit marais de la N°. XLV.

N°.XLV. part des Etats sur l'indemnité qu'ils lui accorderont, & de rendre ladite communauté taisante, si ledit bail à locatairie étoit rendu inutile par l'effet du desséchement & de la construction du canal de navigation ; ladite dame Riniol, veuve Boissy, pour les vingt-trois carterées qu'elle tient du sieur d'Aléon, que celui-ci avoit acquises de Pierre Peyrie, indépendamment des septante-deux carterées, en la propriété desquelles le syndic général avoit déjà consenti que ledit d'Aléon fût maintenu par sa requête du 10 Septembre 1771, & les consuls de Beaucaire pour les usages & facultés sur le marais appellé le Contrat, situé dans le terroir de Bellegarde, appartenant au sieur duc d'Uzès, seigneur dudit lieu, ainsi qu'ils y ont été maintenus par l'arrêt du parlement de Toulouse du premier Février 1525, sauf encore à cette communauté à se faire maintenir auxdits usages & facultés vis-à-vis dudit sieur duc d'Uzès, pour être pourvu à son dédommagement dans le cas de cessation desdits usages par le desséchement ou la construction du canal de navigation ; que, sans avoir égard aux requêtes des consuls d'Aigues-mortes, & singulierement à celle du 31 Mai 1771, & les en déboutant, les déclarer non-recevables à réclamer la propriété de la partie des marais inféodée par feu le sieur de Colbert en 1727, il soit ordonné que le sieur de Portalés, possesseur de ladite partie des marais, établira si le terrein en marais compris dans l'inféodation, fait partie du terroir de Mauguio ou de celui d'Aigues-mortes ; auquel effet, que par experts, dont les parties conviendront, ou qui, en défaut, seront pris & nommés d'office pardevant le rapporteur du procès, même un tiers, si besoin est, il sera, aux frais avancés par lesdites deux parties *æqualiter*, sauf à répéter s'il y a lieu, procédé à la vérification des fonds contenus audit acte d'inféodation, à l'effet de rapporter s'ils sont partie du terroir d'Aigues-mortes ou de celui de Mauguio, pour ladite vérification faite & rapportée, être pris par ledit syndic général telles conclusions que de droit sur la propriété dudit terrein, palus & eaux, soit en faveur du Roi, que les Etats représentent, ou en faveur du sieur de Portalés, & sur le droit de dépaissance, qui peut être acquis à ladite communauté d'Aigues-mortes, dans le cas que ledit fonds soit déclaré faire partie du terroir de ladite ville, en vertu du traité passé par les commissaires du Roi & lesdits Etats en 1555, sans néanmoins que par ses conclusions le syndic général entende priver ledit sieur de Portalés de la faculté que les Etats lui ont accordée par leur délibération du 2 Janvier 1768 de dessécher les marais compris audit acte d'inféodation, aux conditions portées par ladite délibération ; qu'il soit aussi ordonné que le sieur de Portalés déclarera dans le mois, s'il a dans le domaine de la Mothe, d'autres palus & marais que ceux compris dans ladite inféodation ; & dans le cas qu'il y en ait, qu'il donnera dans le même délai, les tenemens desdits marais & leurs quatre confronts, autrement pourvu ; que sans avoir égard aux requêtes de Brun, Mathieu, Soulages & Roux, ni à celles des consuls ou syndics des communautés composant la baronnie de Lunel, vu ce qui résulte du mémoire signifié à la requête dudit syndic général, il soit déclaré que les marais situés dans l'étendue de ladite baronnie sont partie du domaine de Sa Majesté, & appartiennent aux Etats du Languedoc, en vertu de la concession qui leur en a été faite par lettres-patentes du 8 Novembre 1746 ; en conséquence, que les Etats soient maintenus dans ladite N°.LXV.

propriété, avec défenses, tant auxdits Mathieu, Brun, Roux, Soulages, aux religieuses du monastere de la Visitation de Montpellier, auxdits syndics de la baronnie de Lunel, & à tous autres, de en icelle donner aucun trouble ni empêchement auxdits Etats, sous les peines de droit, consentant néanmoins ledit syndic général que ledit monastere, ou lesdits Brun, Soulages, Mathieu & Roux ses inféodataires, soient maintenus en la propriété des fossés & reclauses qu'il peut y avoir dans l'étendue desdits marais de Lunel, depuis le Port-Dur jusqu'au Bérange, sauf à les indemniser, au cas que par le desséchement ils soient privés desdits fossés & reclauses, & sauf aussi aux habitans de ladite baronnie à exercer sur lesdits marais les droits de dépaissance qui leur sont acquis en vertu du traité passé entre les commissaires de Sa Majesté & ceux des Etats en 1555, à être pourvu à leur dédommagement à raison de ladite dépaissance, dans le cas qu'ils seroient desséchés, & que pour le surplus il soit adjugé audit syndic général les fins de ses précédentes requêtes, en ce qu'elles ne sont pas contraires aux conclusions prises dans la présente, avec dépens; l'ordonnance rendue sur ladite requête le 10 Juillet 1772, portant ait acte & soit signifié; & sur les demandes formées par ledit syndic général dans sa requête, du 28 Janvier 1771, par les consuls d'Aigues-mortes dans celle du 31 Mai suivant, & autres demandes, les parties diront, produiront & défendront dans huitaine, & joint au réglement général porté par l'ordonnance du 9 Février 1768, pour, sur les conclusions du sieur Coulomb, procureur du Roi, & sur le rapport du sieur de Rosset, être ordonné ce qu'il appartiendra; l'exploit de signification faite le 10 Août suivant aux procureurs des parties. Autre requête dudit syndic général, à ce qu'il lui soit octroyé acte du consentement qu'il donne, à ce que les héritiers de Chabaud ou les Dlles. Bozon, qui les représentent, soient maintenus purement & simplement dans la propriété de dix séterées de marais dans le terroir de Vauvert, sauf à être pourvu à leur dédommagement, ainsi que de droit, dans le cas de dépossession; l'ordonnance rendue sur ladite requête le 15 Septembre 1772, & l'exploit de signification du même jour. Autre requête dudit syndic général, tendante à ce que les défauts pris devers notre greffe les 3 Juillet 1772 & 27 Février dernier, contre ladite Hugues & le sieur marquis de Bon, seigneur de Fourques, soient déclarés bien & duement obtenus; & disant droit à l'utilité, ordonner que ladite Hugues satisfera dans deux mois pour tout délai aux arrêts du conseil & aux jugemens de la commission pour la représentation de ses titres, sous les peines portées par l'arrêt du conseil du 23 Septembre 1770; & quant audit sieur de Bon, adjuger audit syndic général les fins qu'il a prises vis-à-vis de cette partie dans sa requête du 22 Septembre de ladite année 1770; tenant les déclarations faites par les parties de l'instance des tenemens en marais par elles possédés, des confronts desdits tenemens, des justices dans l'étendue desquelles ils sont situés, & par aucunes desdites parties des contenances desdits tenemens, déclarer qu'à cet égard elles ont satisfait à nos jugemens des 19 Novembre 1768 & 20 Avril 1771, sans préjudice néanmoins audit syndic général de faire constater juridiquement la sincérité & exactitude desdites déclarations, tant pour le nombre des tenemens en marais possédés par lesdites parties, que pour les confronts

No. XLV.

& les contenances d'iceux, ce qu'il se réserve par exprès; tenant la déclaration des consuls de Lunel consignée dans leur requête du 3 Février dernier, donner acte audit syndic général de son consentement à ce que le sieur marquis de Calvisson soit déclaré seul propriétaire de la partie des marais bornée par les sieurs Baude & Parlier, experts, avec lesdits consuls de Lunel, devant le sieur Vassal, l'un de nous, le 4 Septembre 1767; & sur les demandes en maintenue des facultés formées par lesdits consuls de Lunel dans ladite requête, fins de non-recevoir contre ladite demande, & autres fins subsidiaires prises à cet égard par ledit sieur de Calvisson, ordonner que ces deux parties se régleront à ce sujet, qu'elles instruiront plus amplement sur ces demandes pour y être statué par la commission ainsi qu'il appartiendra; réserver aussi audit syndic général de faire vérifier & borner, en exécution des jugemens de la commission, les marais faisant partie de ceux concédés aux Etats, qui peuvent n'avoir pas été déclarés, & qu'on peut avoir omis de faire borner dans les procédures déjà faites, même les palus, étangs, lais & relais de la mer, & terres inondées; & pour le surplus, adjuger audit syndic général les fins de ses précédentes requêtes, avec dépens; l'ordonnance du 24 Mars dernier, qui joint au procès ladite requête, avec l'exploit de signification faite aux procureurs des parties. Vu aussi le défaut pris devers notre greffe le 3 Juillet dernier sur l'assignation donnée à Marguerite Hugues le 26 Janvier 1771. Vu encore l'arrêt du conseil du 4 Juillet 1771, contenant nomination des sieurs Gros, président en la cour des comptes, aides & finances de Montpellier; Adam de Montclar; de Perdrix, conseillers en ladite cour; & de Grasset, conseiller en la sénéchaussée & siége présidial de ladite ville; pour, conjointement avec les commissaires ci-devant nommés, procéder au jugement des contestations concernant le dessèchement des marais & construction du canal de navigation; notre jugement du premier Août 1771, portant que ledit arrêt du conseil sera exécuté suivant sa forme & teneur. Vu aussi la requête des sieurs grand-prieur de Saint-Gilles, & des commandeurs de l'ordre de Malte, à ce qu'il soit prorogé à leur égard, de trois mois le délai porté par notre jugement du 20 Avril 1771; l'ordonnance rendue sur ladite requête le 7 Août 1771 de soit communiqué au syndic de la province & au procureur du Roi, & la communication faite le même jour à Palat, procureur dudit syndic général. Autre requête des sieurs chevaliers de l'ordre de St. Jean de Jérusalem, grand-prieur de Saint-Gilles, & commandeurs des commanderies de Canaveres, Clarefarine, la Fosse, Capette, Silve-Godesque & Daladel, la Vernede, Montpellier, Plan de la Peyre & Sylveréal, Liviers, Argence & Cavales, à ce que tenant la représentation & remise par eux faite des copies collationnées des baux à ferme & procès-verbaux d'arpentement & bornage qui prouvent leur possession plus que centenaire, & leur déclaration des tenemens en marais: vu d'ailleurs l'impossibilité dans laquelle ils se trouvent de rapporter leurs titres de propriété, qui se sont égarés par la succession des tems, les révolutions des guerres civiles & autres événemens, il soit déclaré qu'ils ont suffisamment satisfait à nos jugemens des 19 Novembre 1768 & 20 Avril 1771; l'ordonnance rendue sur ladite requête le 15 Février dernier de joint & signifié, & l'exploit de signification du 4 Mars suivant; l'expédition de l'ordonnance du sieur de Rosset du 3 Février

N°. XLV. Février 1769, qui renvoie au 26 Mai lors prochain, pour la représentation des titres du sieur Daurel, commandeur de Montpellier : Autre expédition d'ordonnance rendue par ledit sieur de Rosset le 21 dudit mois de Février, qui renvoie audit jour 26 Mai pour la représentation des titres des sieurs grand-prieur de Saint-Gilles & des commandeurs de l'ordre de Malte, parties dans l'instance ; L'acte de sommation faite à la requête du syndic général le 29 Avril 1769, à Ricard, procureur desdits sieurs grand-prieur & commandeurs, d'en venir devant ledit sieur de Rosset le Vendredi 26 dudit mois de Mai, jour indiqué par les susdites ordonnances, pour la représentation desdits titres; L'exploit de signification dudit acte dudit jour 29 Avril 1769, lors duquel il fut donné copie desdites ordonnances. Vu aussi les actes représentés pardevant ledit sieur de Rosset, commissaire, l'un de nous, par lesdits sieurs grand-prieur de Saint-Gilles & commandeurs, ceux concernant led. Sr. grand-prieur consistant, 1°. En dix sept baux à ferme des 13 Juillet 1644, 10 Juin 1648, 11 Juillet 1663, 7 Novembre 1664, 21 Février 1667, 25 Avril suivant, 7 Septembre 1676, 12 Mai 1679, 16 Avril 1685, 19 Mai 1690, 3 Mai 1694, 13 Novembre 1699, 12 Mai 1742, 30 Mars 1747, 12 Juin 1758, 8 Juin 1761 & 9 Juillet 1764; 2°. en un procès-verbal du 22 Mai 1755, contenant transcription d'un rapport d'experts sur l'arpentement & bornage de la commanderie dite le grand Mas d'Argence ; 3°. en un autre procès-verbal du 18 Juin 1755, contenant transcription d'un rapport d'experts sur l'arpentement & bornage des propriétés du sieur grand-prieur de Saint-Gilles au terroir de ladite ville, joignant celles de divers particuliers y nommés ; 4°. en un rapport de Seguin, expert, du 4 Juillet 1755, sur l'arpentement de diverses possessions situées au terroir de Saint-Gilles, appartenant au grand-prieuré de Saint-Gilles ; 5°. en un autre procès-verbal du 3 Octobre 1764, contenant transcription d'un rapport d'experts sur l'arpentement & bornage de la commanderie des Salins & de Listel, dépendant du grand-prieuré de Saint-Gilles ; 6°. en un autre procès-verbal du 24 Janvier 1765, contenant transcription d'un rapport d'experts sur l'arpentement & bornage de la partie dite de Claresurine, dépendant du grand-prieuré de Saint-Gilles ; 7°. en un autre procès-verbal du 7 Février 1765, contenant transcription d'un rapport d'experts sur l'arpentement & bornage des domaines du grand Courtet, de Daladel & Lapinede de Saint-Jean, dépendant du grand-prieuré de Saint-Gilles ; 8°. en un autre procès-verbal du 20 Avril 1765, contenant transcription d'un rapport d'experts sur l'arpentement & bornage du domaine de la Fosse, appartenant au grand-prieur de Saint-Gilles ; 9°. en un autre procès-verbal du 4 Septembre de ladite année 1765, contenant transcription d'un rapport d'experts sur l'arpentement, bornage & division des domaines de Canaveres, & partie du terroir de Tête-de-Loup, dépendant du grand-prieuré de Saint-Gilles ; 10°. en un autre procès-verbal du 16 Janvier 1766, contenant transcription d'un rapport d'experts sur l'arpentement, bornage & division du terroir de la Silve-Godesque, possédé par le grand-prieuré de Saint-Gilles ; Ceux concernant le sieur commandeur du petit Mas d'Argence, consistant, 1°. En huit baux à ferme des 3 Avril 1670, 27 Août 1672, 14 Mai 1677, 7 Août 1684, 4 Mai 1688, 26 Octobre 1712, 18 Mai 1715 & 24 Septembre 1756 ; 2°. en un procès-verbal du 20 Août 1765, contenant N°. XLV.

N°. XLV. transcription d'un rapport d'experts sur l'arpentement & bornage des terres dépendant de la commanderie d'Argence; Ceux concernant la commanderie du plan de la Peyre, consistant, 1°. en six baux à ferme des 6 Août 1669, 16 Septembre 1673, 6 Juin 1678, 4 Novembre 1686, 26 Juin 1692 & 29 Avril 1693; 2°. en un procès-verbal du 14 Décembre 1740, contenant transcription d'un rapport d'experts sur l'arpentement & bornage des possessions de la commanderie du plan de la Peyre; Ceux concernant la commanderie du Mas de Liviers, consistant 1°. en deux baux à ferme des 11 Septembre 1688 & 11 Juin 1694; 2°. en un procès-verbal du 24 Janvier 1766, contenant l'arpentement & bornage des possessions du Mas de Liviers, dépendant de la commanderie de Barbantane; Ceux concernant la commanderie de Capette consistant, 1°. en sept baux à ferme des 12 Novembre 1668, 6 Juillet 1669, 2 Août 1677, 2 Mai 1687, 29 Mai 1693, 29 Décembre 1707 & 10 Juin 1760; 2°. en un rapport de Seguin, expert, du 18 Mars 1766, contenant arpentement & reconnoissance des bornes de la commanderie de Capette; Ceux concernant la commanderie de la Vernede consistant, 1°. en six baux à ferme des 28 Octobre 1670, 15 Juillet 1676, 31 Mai 1677, 6 Novembre 1685, 8 Novembre 1696 & 16 Mai 1705; 2°. en un rapport d'experts du 7 Novembre 1744, contenant l'arpentement & bornage des terres dépendant de la commanderie de la Vernede; Ceux concernant la commanderie de Cavales consistant, 1°. en huit baux à ferme des 19 Mai 1668, 17 Janvier 1673, 8 Mai 1681, 22 Juin 1695, 10 Mai 1697, 13 Septembre 1701, 7 Septembre 1711 & 12 Août 1712; 2°. en un procès-verbal du 8 Juillet 1766, contenant transcription d'un rapport d'experts sur l'arpentement & bornage des terres de la commanderie de Cavales; Ceux concernant les commandeurs de Montpellier consistant, 1°. en huit extraits de baux à ferme des 3 Novembre 1733, 15 Octobre 1741, 20 Octobre 1743, 10 & 27 Août 1745, 9 Avril 1749, 23 Novembre 1760 & 22 Avril 1765; 2°. en un procès-verbal du 2 Mars 1750, contenant transcription d'un rapport d'experts sur l'arpentement & bornage du membre de Massillargues, dépendant de la commanderie de Montpellier; 3°. en un autre procès-verbal du 5 du même mois, contenant transcription d'un rapport d'experts sur l'arpentement & bornage du membre de Lunel, dépendant de la commanderie de Montpellier; 4°. en un rapport d'experts du 13 Juin de ladite année sur l'arpentement & bornage du Mas d'Andos, membre de la commanderie de Montpellier; 5°. en un autre procès-verbal du 22 du même mois, contenant transcription d'un rapport d'experts sur l'arpentement & bornage du membre de Vauguiere, dépendant de la commanderie de Montpellier; 6°. en une copie collationnée par Reybaud, archivaire, d'un arrêt du conseil du 22 Décembre 1763, concernant les droits du commandeur de Montpellier sur l'étang du Carnon; Ceux concernant la commanderie de Sainte-Anne consistant, 1°. en cinq baux à ferme des 30 Mai 1685, 5 Juin 1690, 7 Mai 1694, 19 Mai 1699 & 11 Mai 1714; 2°. en un procès-verbal du 10 Février 1757, contenant transcription d'un rapport d'experts sur l'arpentement & bornage du terroir de la commanderie de Sainte-Anne. Vu encore les autres actes représentés pardevant ledit sieur de Rosset, commissaire, lors de la séance du 4 Mars dernier par lesdits sieurs grand-

N°. XLV. prieur & commandeurs, lesdits actes consistant, 1°. en la licence de drayer en allant en Scamandre par le terroir de Canaveres du dernier Avril 1553; 2°. en l'arrentement du Listel passé à François Garrigues de Florensac du 7 Mai 1557, & celui fait au même le 15 Juillet suivant; 3°. en l'arrentement de Tamarisses fait à Pierre, patron d'Aigues-mortes du 19 Janvier 1555, terroir du Daladel; 4°. en celui de Tamarisses de Ribeyrés du 13 Août 1553 & 19 Juin 1561; 5°. en celui de Cavales du 23 Décembre 1555 & 14 Mars 1601; 6°. en celui du labourage de Neigue-Roumieu du 30 Janvier 1560; 7°. en celui de Clarefarine du 6 Janvier 1601; 8°. en celui de la petite cabane d'Argence du 30 Avril 1627; 9°. en celui de la grande cabane d'Argence du 8 Juin 1628; 10°. en un extrait collationné par Reybaud, archivaire, de lettres-patentes de Louis XIII du mois de Février 1613; 11°. en un exemplaire imprimé de l'arrêt du conseil du 28 Mai 1772. Vu aussi la requête du sieur Jean-Baptiste-Gaspard-Hubert de Coriolis d'Espinouse, abbé & seigneur de Saint-Gilles, tendante à ce qu'il soit reçu bien opposant envers le desséchement des marais; & tenant la représentation par lui faite des titres de propriété & la remise des copies collationnées faite devant M. de Rosset commissaire, il soit maintenu dans la propriété & jouissance desdits biens; l'ordonnance rendue sur ladite requête le 9 Février 1773 de joint & signifié; l'exploit de signification du 13 Mars suivant. Vu encore les titres remis par ledit sieur abbé, seigneur de Saint-Gilles, consistant, 1°. en une copie des lettres-patentes de Louis le Jeune de 1163; 2°. en une copie d'autres lettres-patentes de Philippe le Bel de 1210; 3°. en une copie d'autres lettres-patentes de Saint-Louis du mois de Juin 1270; 4°. en un acte contenant ratification de sentence arbitrale passée entre l'abbé de Saint-Gilles & le syndic clavaire, habitant de ladite ville, le 27 Juillet 1640. Vu aussi la requête du syndic du chapitre de Saint-Gilles, tendante à ce qu'il lui soit donné acte de la représentation & remise des titres justificatifs de la propriété qu'il a sur les marais & droits sur l'étang de Scamandre & autres, de la remise des extraits desdits titres faite au syndic général de la province; & tenant son consentement au desséchement projetté par la province & à la construction du canal de navigation, sans avoir égard aux conventions faites en 1701 avec le sieur maréchal de Noailles, & tout ce qu'on pourroit induire de sa requête de 1716 & de son comparant de 1720, déclarant le tout comme non-avenu, il nous plaise ordonner, 1°. que le desséchement une fois fait, le chapitre percevra dès-lors en seul & à l'exclusion de tous autres dans l'étendue de cette dixmerie, la dixme grosse & menue, quelle qu'elle soit, au treizieme, les douze restans aux propriétaires, généralement de tous les fruits quelconques excroissant ou qui excroîtront dans les terres desséchées, soit en grains, vins, fourrages sparsets, de quelque nature qu'ils soient ou puissent être à l'avenir, connue ou inconnue, de toute sorte de légumage & jardinage, des salicorts, millets gros & petits, de quelque nature qu'ils soient, graines de chanvre, linet, ris, s'il se fait de risieres, de même que des bêtes à laine nées ou nourries dans les terres desséchées, en se conformant à l'usage du pays pour la maniere de dixmer, conformément à la sentence arbitrale de 1697, pour ce qui regarde seulement l'obligation où sont les propriétaires d'avertir le chapitre ou ses fermiers du jour auquel ils enleveront N°. XLV.

leurs gerbes, foin & autres fruits; 2°. que jusques au dessèchement fait, le chapitre jouira de ses rentes ordinaires; & que comme les opérations une fois commencées, les priveront du revenu des roseaux de la Mourade-verte, la province lui payera la rente de treize cent soixante livres jusques à la première perception des dixmes, & lui sera garante de tous les dommages qu'il pourra souffrir, soit par le défaut de pacage, soit pour toutes les demandes que ses fermiers pourroient former en dédommagement pendant le cours des travaux; 3°. qu'attendu que la dixme des terres desséchées lorsque le chapitre la percevra, ne sauroit le refaire de la rente effective que lui produisent les roseaux; indépendamment de la diminution de la dixme générale, par la cessation des engrais des terres, par celles des bores, joncs & moulouses qui seront détruits, la province sera tenue de l'indemniser à cet égard; 4°. que si la province prend des marais du chapitre pour la construction du canal, elle sera tenue de l'indemniser à concurrence du terrein qui sera pris, puisqu'il ne produira plus rien; 5°. qu'attendu le préjudice notable que le chapitre souffrira sur la pêche de son étang & sur le droit de levade des poissons & des oiseaux, la province sera tenue à cet égard de l'indemniser; 6°. que le chapitre jouira d'une partie du terroir appellé Barcellin, qui est une dépendance & un délaissement de l'étang enclavés dans les confronts généraux dudit étang, lequel tenement n'a pas besoin d'être desséché, & confronte en particulier du levant au midi les terres du sieur grand-prieur de Saint-Gilles, du couchant & du nord le clair de l'étang; 7°. qu'il sera fait aux dépens de la province un pont pour aboutir à l'étang, & deux pour exploiter la Mourade-verte, comme aussi qu'il en sera fait autant qu'il sera nécessaire de distance en distance pour traverser les canaux, ensemble des chemins convenables pour la culture des terres; 8°. que dans le cas que la province abandonnât le projet du dessèchement, il sera construit aux dépens de ladite province des prises d'eau aux martelières, de telle grandeur que les experts trouveront convenable pour arroser la Mourade-verte, & renouveller les eaux de l'étang, afin que les roseaux soient conservés, & que le poisson ne périsse pas, lesquels canaux la province sera tenue d'entretenir, & sur lesquels le chapitre jouira en seul du droit de pêche, de même que des roseaux y excroissant, avec toute l'utilité des francs-bords, comme aussi qu'elle sera tenue de fournir au chapitre une quantité d'eau suffisante du Rhône pour arroser les marais desséchés; 9°. que les ravines, canaux ou fossés qui se trouveront enclavés ou contigus à la portion du chapitre, lui appartiendront avec leurs eaux, pour en user à sa volonté, & que dans tous les autres canaux enclavés dans la partie appartenant à la province, outre le droit de pêche, le chapitre y aura le droit de levade des poissons & oiseaux une fois la semaine; 10°. que le chapitre, en qualité de seigneur direct de l'étang, mourade & marais en dépendans, jouira du droit de lods, censives & autres droits seigneuriaux sur ledit fonds desséché, & notamment des pêcheries possédées par le sieur chevalier de Langlade, dont le chapitre est seigneur direct, qui sont de contenance de cent dix-neuf séterées quatre-vingt quinze dextres, mesure de Saint-Gilles, lesquelles pêcheries confrontent du levant la palus dite de Port, du marin la terre & prés des Obres, du couchant la robine, du nord la robine & la palus dite de Haut, comme aussi sur les au-

N°. XLV. tres possédées par les hoirs de François Cazolles ; de Jean Aubert ; de Guillaume Fournier, de Pierre Picard & autres ; 11°. en cas que le canal de navigation passe dans les susdites pêcheries & autres fiefs dépendans de la directe du chapitre, la province sera tenue de le dédommager au dire d'experts ; 12°. que le chapitre sera pour toujours exempt de tous droits, quels qu'ils puissent être, sur le canal de navigation & dans toute son étendue, pour les denrées & autres choses qu'il fera passer pour son usage ; 13°. qu'en cas que le desséchement ait lieu, il appartiendra au chapitre une portion à sa bienséance du terroir desséché ; 14°. qu'il aura droit de faire dépaître ses bestiaux dans les portions desséchées que la province aura inféodé, après les fruits levés, en concurrence avec ceux des propriétaires, sans que ceux-ci puissent faire dépaître leurs bestiaux dans la portion du chapitre, qui sera jouie de tout tems en devois & défenses ; 15°. que si le desséchement des marais & canal de navigation n'avoit pas lieu, le chapitre rentrera dans toute sa propriété & autres droits primitifs, après avoir été refait par la province, des dommages qu'il pourra avoir souffert ; comme aussi qu'il rentrera dans les mêmes droits, au cas les particuliers qui auront acquis de la province viennent à déguerpir ; 16°. qu'il sera loisible aux pêcheurs du chapitre de bâtir des cabanes sur le bord dudit étang, d'y étendre leurs filets, & faire généralement tout ce qui sera nécessaire pour leur pêche, à raison de quoi il leur sera laissé une quantité suffisante de terrein ; 17°. que la province sera tenue d'entretenir en bon état à l'avenir tous les canaux, fossés & ravines qu'elle aura fait, de même que les autres ouvrages servant au desséchement ou à l'arrosage, & ce, à ses frais & dépens, soit que les canaux & autres ouvrages soient dans les marais qui lui appartiendront, ou dans la partie qui sera cédée au chapitre ; 18°. que si le desséchement n'est pas fait dans un tems limité, toutes conventions seront nulles, & que le terrein qui n'aura pas été desséché après ledit tems faute du travail ou par sa situation, appartiendra au chapitre en seul ; 19°. que les travaux & ouvrages seront solides & de durée pour le fait proposé, & qu'ils ne seront réputés tels si le desséchement n'est réel & effectif pendant cinq années, de maniere que les terres portent leurs fruits pendant lesdits tems, autrement la convention sera comme non-avenue, & le chapitre rentrera dans ses biens en l'état qu'ils se trouveront ; 20°. enfin, que pendant le tems qui sera fixé pour parfaire le desséchement, les fruits des terres non desséchées appartiendront au chapitre en seul, & que si pendant ledit tems, & avant qu'il ait été procédé au partage entre la province & le chapitre, partie du terrein venoit à être desséché & à produire des fruits nouveaux, il en appartiendra le tiers au chapitre, & les autres deux tiers à la province, & les contrats d'affermes desdites parties desséchées & ventes des fruits, seront faites conjointement par la province & le chapitre, comme aussi que la province fournira généralement à tous les frais des procédures quelconques, soit pour le bornage, division & partage des portions laissées au chapitre, prisée & estimation du terrein, soit pour la confection du canal de navigation, canaux de vuidange, de traverse, digues & francs-bords, ponts & chemins & autres, même aux frais des experts, arpenteurs & autres pris par le chapitre pour la conservation de ses droits, & cela sans aucun espoir de répétition, avec dépens ; l'ordonnance rendue sur ladite requête de joint & signifié le 22 Septembre 1770, & l'exploit de signification du 19 Août 1771. Autre requête dudit syndic & doyen du chapitre, tendante en maintenue de propriété par lui justifiée, tenant le consentement du syndic général de la province, sans préjudice, en cas de dépossession en tout ou en partie, de leur dédommagement, ainsi qu'ils l'ont précédemment demandé; l'ordonnance rendue sur ladite requête de joint & signifié le 20 Mars 1772, & l'exploit de signification du même jour. Vu encore les titres représentés par ledit syndic devant le sieur de Rosset, commissaire, lesdits titres, consistant, 1°. en une donation du 4 des ides de Juillet 1096, faite en faveur d'Odillon, abbé de Saint-Gilles, dans le concile de Nîmes, par Raymond, comte de Toulouse, de la seigneurie de Saint-Gilles & toutes les dépendances; 2°. en un extrait de la déposition de l'archevêque de Narbonne & de l'évêque d'Agde, qui certifie ladite donation faite le 11 des kalendes de Novembre 1151; 3°. en un *sumptum* de la sentence arbitrale & de la question dixhuitieme, où les arbitres décident que le Coranier, prieur de Stagel, représenté par le chapitre, prendroit le droit de levade du poisson un jour de la semaine, ladite sentence en date du 18 des kalendes de Juillet 1257; 4°. en des lettres-patentes de Philippe, Roi de France, qui maintient le chapitre de Saint-Gilles dans la propriété de tout ce dont il jouissoit, soit en terres, prés, palus, &c. en date du mois de Février 1303; 5°. en autres lettres-patentes du mois de Janvier 1358 données par Charles, dauphin de Viennois, régent de France, par lesquelles il confirme l'abbé & les religieux de Saint-Gilles dans toutes les possessions à eux données par Louis le Jeune en 1163; 6°. en un hommage & reconnoissance du sieur abbé de Saint-Gilles au Roi pour tout ce qu'il possédoit avec son chapitre, en date du 8 Janvier 1392; 7°. en un extrait d'ordonnance du grand-maître & réformateur général des eaux & forêts de France, en date du 4 Avril 1474, qui confirme l'abbé & le monastere de Saint-Gilles dans la possession des pâturages, palus, bois, eaux & pêcheries qu'ils possedent dans la jurisdiction de Saint-Gilles; 8°. en une ordonnance du 27 Mars 1489, rendue par deux commissaires du parlement de Toulouse, qui permet aux religieux de Saint-Gilles & à leurs rentiers, d'étendre & faire sécher leurs filets sur le terroir de Canaveres, joignant & entourant l'étang de Scamandre; 9°. en un *vidimus*, en date du 4 Avril 1541, de quatre lettres-patentes; la premiere de Raymond, comte & marquis de Provence; la seconde de Raymond, duc de Narbonne, comte de Toulouse, marquis de Provence, du mois de Mai 1160; la troisieme de Philippe, Roi de France, année 1210; & la quatrieme de Louis, Roi de France, année 1163, par lesquelles le chapitre de Saint-Gilles est maintenu en la propriété de tout ce qu'il possédoit; 10°. en un extrait d'ordonnance du sieur d'Agullion, commissaire du sénéchal de Nîmes, en date du 19 Octobre 1612, qui déclare les bornes & limites qui séparent ledit étang de Scamandre & les portions d'icelui; 11°. en un extrait du procès-verbal tenu le 5 Mai 1670, par les sieurs commissaires des eaux & forêts sur les eaux de Saint-Gilles; 12°. en un extrait d'arrêt du parlement de Grenoble, en date du 5 Septembre 1680, qui maintient le chapitre de Saint-Gilles en la propriété de certain terrein & palus, dont il fixe les limites comme faisant partie de l'étang de Scamandre; 13°. en un arrêt de la cour des aides de Montpellier, en date du

26 Janvier 1684, qui déclare n'y avoir lieu à l'exécution du don fait au sieur marquis de Brisac par lettres-patentes du mois de Juillet 1680, d'une certaine quantité de marais dans le terroir de Saint-Gilles. Vu aussi la requête du syndic clavaire de la ville de Saint-Gilles, tendante à ce qu'il lui soit donné acte de la nouvelle constitution qu'il fait de Gouze, procureur, & en adjudication de ses précédentes fins & conclusions; l'ordonnance rendue sur ladite requête le 23 Mars 1771; l'exploit de signification du même jour. Autre requête dudit syndic clavaire, à ce que tenant la représentation des titres de propriété des marais dont la communauté jouit, la remise des copies collationnées faite devant le sieur de Rosset, commissaire, & la déclaration des tenemens & de leurs confronts, maintenir & garder la communauté dans la propriété & jouissance des usages des marais, confrontés & désignés dans lesdits titres, offrant néanmoins de céder aux Etats de la province la partie desdits marais qui peut leur être nécessaire pour la construction du canal de navigation & autres ouvrages, relativement au consentement donné par ladite communauté en 1701, & au traité fait avec le feu maréchal de Noailles, offrant encore de convenir de gré à gré avec les Etats, de l'indemnité qui doit lui être accordée; & en cas de discord, qu'il soit ordonné que par experts qui feront convenus, autrement pris & nommés d'office, il soit procédé à l'estimation de la partie des marais qui sera prise; l'ordonnance rendue sur ladite requête le 3 Septembre 1771, & la communication dudit jour. Vu encore les lettres-patentes du mois de Septembre 1688, représentées par ledit syndic clavaire, contenant amortissement de tous les biens y énoncés, possédés par la communauté de Saint-Gilles. Vu aussi la requête du sieur Jacques-François Pieyre, seigneur de Saint-André de Camarignan, à ce qu'il nous plaise, tenant la déclaration qu'il fait comme les marais qu'il possede dans l'étendue de ladite terre, confrontent du levant & midi les marais de la communauté de Saint-Gilles, du couchant les marais de l'abbaye de Franquevaux, & du vent droit le restant de ladite terre de Saint-André, lui en doner acte, & lui adjuger les fins de sa précédente requête; l'ordonnance rendue sur ladite requête le 22 Septembre 1770, & l'exploit de signification du 10 Mai 1771. Autre requête dudit sieur Pieyre, à ce qu'il nous plaise déclarer les titres par lui remis suffisans pour justifier son droit de propriété sur les marais du terroir de Saint-André de Camarignan; & en conséquence, le maintenir en la propriété de ses marais, & lui adjuger les fins de ses précédentes requêtes; l'ordonnance rendue sur ladite requête le 10 Mai 1771, & l'exploit de signification dudit jour. Vu encore les titres représentés par le sieur Pieyre devant le sieur de Rosset, commissaire, consistant, 1°. en un extrait d'acte d'association faite par Maurice Favier en faveur du sieur Nicolas de Calviere, d'une portion de la terre de Saint-André, appellée Sainte-Colombe, le 2 Février 1559; 2°. en une cession du 22 Juin 1563 faite par le sieur Maurice Favier au sieur de Calviere, de l'entiere inféodation qui lui avoit été faite du terroir de St. André par le sieur Antoine Petit, prieur; 3°. en une ratification de l'inféodation de Saint-André faite à Maurice Favier par l'abbé de Saint-Gilles du 13 Mars 1559; 4°. en une copie sommaire du rapport dressé le 30 Août 1612 par les experts nommés lors de la procédure faite par le sieur de Haupoul, pour la vérification des limites du terroir de St. Gilles; 5°.

N°. XLV. en une expédition collationnée d'une reconnoissance féodale faite le 17 Janvier 1687 par le sieur de Calviere de la Boissiere, en faveur du sieur abbé de Saint-Gilles, de la haute justice du terroir de Saint-André de Camarignan; 6°. en une transaction du 22 Mars 1687, entre le prieur de Saint-André de Camarignan & le sieur Saint-Cosme, qui maintient ce dernier dans la propriété de la terre de Saint-André, à la charge d'une albergue de trois marcs d'argent; 7°. en une relation du 27 Décembre 1696 par le sieur Peyrauve, expert nommé par le sieur Saint-Cosme & la communauté de Saint-Gilles, pour faire la séparation des palus de la communauté, avec celles de Saint-André, & sur le plantement des bornes du côté des palus; 8°. en une délibération de la communauté de Saint-Gilles du 10 Mars 1697, confirmative de la relation dudit Peyrauve; 9°. en un traité fait le 11 Septembre 1753, entre le chapitre de Saint-Gilles & le propriétaire des marais de Saint-André de Camarignan, par lequel on cede au chapitre un chemin pour l'exploitation du tenement de la Mourade-verte; 10°. en une relation du 23 Mai 1754 par Guilhon, expert, neutralement nommé par la communauté de Saint-Gilles & le sieur de Boissiere, au sujet du bornage des marais de Saint-André; 11°. en l'acte de vente de la terre de Saint-André de Camarignan, audit Jacques-François Pieyre. Vu aussi les titres représentés par M. de Bon, baron de Fourques, premier président, intendant en Roussillon, lesdits titres consistant, 1°. en l'arrêt du conseil du 9 Juillet 1686 & l'acte du 17 Septembre dudit an, contenant contrat d'inféodation de la terre de Fourques au sieur Moynier Celleneuve, & les lettres-patentes du 26 Novembre 1687, portant confirmation dudit contrat; 2°. en un arrêt de la cour des comptes, aides & finances de Montpellier du 9 Août 1735, sur le dénombrement rendu par ledit sieur de Bon de la baronnie de Fourques. Vu aussi la requête présentée par la communauté de Fourques, à ce que tenant la remise par elle faite des lettres-patentes d'amortissement du mois de Septembre 1688, il nous plaise la maintenir dans les usages ou facultés sur les marais du terroir de Fourques; & au cas elle en soit privée par le desséchement ou construction du canal, ordonner qu'elle sera indemnisée à dire d'experts, ou relativement au traité qu'elle offre de faire avec lesdits Etats; l'ordonnance rendue sur ladite requête le 15 Octobre dernier, & la communication faite ledit jour. Vu encore les susdites lettres d'amortissement, par lesquelles cette communauté est maintenue en la faculté de faire dépaître les bestiaux, chasser, lignerer & pêcher dans tous les marais & palus de son terroir. Vu aussi les titres représentés par le sieur évêque d'Alais pardevant le sieur de Rosset, commissaire, consistant, 1°. en une procuration faite le 13 Mars 1438 par l'abbé de Psalmodi, pour hommager & dénombrer au Roi le lieu, terroir & jurisdiction de Saint-Laurent de Psalmodi, avec l'hommage, & le dénombrement rendu en conséquence par Bosqueti, procureur fondé; 2°. en un jugement rendu par les requêtes du palais à Toulouse le 12 Août 1645, qui condamne plusieurs tenanciers de Saint-Laurent à passer nouvelle reconnoissance à l'abbé de Psalmodi; 3°. en un arrêt du conseil du 21 Mai 1691, contenant attribution à des commissaires pour juger les procès entre l'abbaye de Psalmodi, l'abbé & les habitans; 4°. en un jugement desdits commissaires du 27 Octobre 1692, qui maintient l'abbé & l'économe l'économe en la foncialité & directe universelle du terroir. Vu aussi la requête du syndic du chapitre d'Alais, à ce qu'il nous plaise déclarer ledit chapitre avoir satisfait à notre jugement du 19 Novembre 1768, & en adjudication de ses précédentes fins ; l'ordonnance rendue sur ladite requête le 24 Juillet 1771, & l'exploit de signification du 25 dudit mois. Vu encore les titres remis par ledit chapitre d'Alais, consistant, 1°. en une requête en plainte présentée au mois de Septembre 1203 au Roi Philippe par les évêques de Sisteron, Nîmes & Uzès, pour la confirmation des donations de l'étendue du terroir, droits & priviléges du monastere de Psalmodi, & lettres de confirmation accordées par le comte de Toulouse ; 2°. en l'échange du mois d'Août 1248 du terroir où est bâtie la ville d'Aigues-mortes ; 3°. les lettres-patentes du Roi Saint Louis du mois d'Août 1248, contenant échange avec l'abbaye de Psalmodi ; autres lettres-patentes du 6 Décembre 1260, qui commet l'archevêque de Narbonne pour juger les contestations avec ladite abbaye sur le droit de pêche, & la sentence rendue par ledit archevêque la veille des nones de Septembre 1262 ; 4°. en une sentence des kalendes du mois de Juin 1290, qui maintient l'abbé de Psalmodi dans le droit de pêche de la mer dans toute la frontiere du fort d'Aigues-mortes ; 5°. en un arrentement fait en 1301 des pêcheries de l'étang de l'Abbé, selon les anciennes limites faites par l'abbé de Psalmodi ; 6°. en l'arrentement fait le premier Décembre 1314 par l'abbé & monastere de Psalmodi, des revenus des eaux de la mer, des palus, &c. qui appartiennent audit monastere ; 7°. en la transaction du 24 Août 1384, entre l'abbé de Psalmodi & les habitans de Saint-Laurent d'Aigouse ; 8°, en la transaction du 24 Juillet 1388, entre le cellerier de Psalmodi & les habitans de Saint-Laurent, touchant la pêche & chasse aux eaux & palus de Leyrand, Boccan & Bannouse ; 9°. en la confirmation donnée par Charles VI au mois d'Octobre 1403, des donations faites par ses prédécesseurs au monastere de Psalmodi touchant l'étendue du terroir, droits & priviléges d'icelui ; 10°. en la transaction du 21 Décembre 1540, entre le syndic du monastere de Psalmodi & quelques habitans d'Aigues-mortes touchant la pêcherie de l'étang de l'Abbat ; 11°. en la transaction du 17 Juin 1610, entre le grand-prieur de Saint-Gilles & le chapitre d'Aigues-mortes, pour raison du grand & petit Courtet ; 12°. en un jugement des requêtes à Toulouse du 20 Juillet 1646, qui maintient le chapitre d'Aigues-mortes dans le droit des herbages & pêche des terroirs de Leyrand, de Bouccan & Bannouse ; 13°. en un jugement des commissaires nommés par le Roi du 8 Mai 1670, qui maintient le chapitre d'Aigues-mortes dans le droit des pêcheries de la Reclause de la Gaze du Vert, de l'étang de l'Abbat & autres ; 14°. en un procès-verbal du premier Avril de 1683, tenu par M. de Loys, commissaire du parlement, pour procéder au compulsoire & extraction des titres du chapitre d'Alais, ci-devant abbaye de Psalmodi ; 15°. en la reconnoissance féodale faite le 6 Octobre 1699 en faveur du chapitre d'Alais, de trois pêcheries situées dans le terroir de Psalmodi, tenement appellé la Gaze du Vert ; 16°. en un bail à ferme du petit Courtet, passé par le chapitre d'Alais le 19 Mai 1760 ; 17°. en un bail à ferme du sixain, passé par le syndic du chapitre d'Alais le 10 Mars 1765 ; 18°. en un bail à ferme du domaine de Psalmodi, passé par le chapitre d'Alais le 10 Février 1766 ; 19°. en

N°. XLV. un bail à ferme passé par le chapitre d'Alais le 4 Mai 1766, pour ses pêcheries & autres revenus ; 20°. en la vente des pins faite par le syndic du chapitre d'Alais le 2 Février 1767 ; 21°. en six autres baux à ferme du droit de sixain, fait par le chapitre d'Alais les 11 Octobre 1734, 6 Octobre 1737, 8 Juillet 1742, 15 Octobre 1747, 27 Juin 1751, & 6 Juin 1757. Vu aussi la requête des consuls de Saint-Laurent d'Aigouse, tendante en maintenue des propriétés ou usages des marais par eux désignés ; l'ordonnance rendue sur ladite requête du 20 Juillet 1771, & l'exploit de signification du 22 dudit fait à Mes. Palat, Ricard & Chivaud, procureurs des parties. Autre requête desdits consuls & communauté, à ce que le sieur évêque d'Alais & le chapitre soient déboutés de leurs requêtes pour tout ce qui peut concerner les droits de la communauté ; ce faisant, vuidant l'interlocutoire porté par notre jugement du 19 Novembre 1768, leur adjuger les fins prises dans leur requête du 4 Novembre de ladite année, avec dépens ; l'ordonnance rendue sur ladite requête le 16 Décembre 1772, & l'exploit de signification du même jour fait auxdits Palat, Ricard & Chivaud. Vu encore les titres remis par ladite communauté, consistant, 1°. en un extrait d'acte contenant concession faite par le seigneur de Posquieres ou de Vauvert à l'abbé de Franquevaux & aux habitans de Saint-Laurent, de faire dépaître dans le tenement de Silve-Godesque, ledit acte sous la date du 12 Juin 1258 ; 2°. en un acte du 18 Septembre 1316, contenant concession faite par l'abbé de Psalmodi aux habitans de St. Laurent d'Aigouse de faire du bois dans les palus dudit Saint-Laurent ; 3°. en un extrait de transaction du 25 Juillet 1488, qui leur donne le droit de chasser ; 4°. en une expédition de l'ordonnance du sénéchal de Montpellier du 13 Avril 1585, qui maintient lesdits habitans en la possession de tenir & faire dépaître leurs bestiaux gros & menus, dans toute la terre & jurisdiction de Saint-Pierre de Psalmodi ; 5°. en un extrait d'arrêt rendu par la cour des aides le 13 Septembre 1585, entre François de Fajolles, abbé de Psalmodi, Notre-Dame de Sablon de la ville d'Aigues-mortes, seigneur de Saint-Laurent d'Aigouse, & le syndic & consuls de Saint-Laurent d'Aigouse ; 6°. en un extrait d'arrêt de la cour des aides du 5 Mars 1610, qui ordonne que les habitans de Saint-Laurent payeront la taille des palus & marais du terroir de Saint-Laurent ; 7°. en une transaction passée entre l'abbé de Psalmodi & les habitans de Saint-Laurent, qui leur accorde certaine portion de terroir, en considération du droit de dépaissance qu'ils avoient, ladite transaction en date du 12 Octobre 1619 ; 8°. en un extrait de la procédure faite devant le sieur Trinquieres, juge-mage de Montpellier, en date du 14 Janvier 1634 ; 9°. en un extrait d'arrêt du conseil & lettres-patentes du 22 Août 1636 ; 10°. en un autre extrait d'arrêt du conseil du 16 Juin 1645 ; 11°. en un extrait d'arrêt de la cour des aides de Montpellier du 8 Janvier 1767. Vu aussi la requête du sieur marquis de Calviere, lieutenant général des armées du Roi, tendante à ce que tenant la remise par lui faite de ses titres de propriété, il soit maintenu dans la propriété & jouissance sur le domaine & tenement de la Muzette, offrant de céder à la province les portions dudit tenement nécessaire pour la construction du canal de navigation, sous les réservations par lui faites dans son comparant devant le sieur Vassal, commissaire ; l'ordonnance rendue sur ladite requête le 26 Janvier 1773, & l'exploit de signification du N°. XLV.

28 dudit mois. Vu encore les titres par
N°. XLV. lui remis, consistant, 1°. en un verbal de vente du tenement en marais dénommé le Coussou de Bermond, terroir d'Aigues-mortes ou de Saint-Laurent, du 17 Janvier 1601; 2°. en une transaction entre l'abbé de Psalmodi & les habitans de Saint-Laurent d'Aigouse du 13 Novembre 1648; 3°. en une autre transaction passée le 3 Juillet 1654 entre les sieurs Jean & Antoine de Calviere, & les consuls & communauté de Saint-Laurent d'Aigouse; 4°. en un extrait du testament du sieur Jean de Calviere du 21 Juillet 1660; 5°. en un extrait du contrat de mariage du 19 Novembre 1733, entre Charles-François de Calviere & dame Antoinette d'Albon; 6°. en un extrait de convention de la remise d'hérédité faite par dame la Roche, veuve du sieur de Calviere, au sieur Charles de Calviere son fils du 29 Juillet 1693; 7°. en un extrait de testament de noble Antoine de Calviere du 12 Août 1668, en faveur de dame de la Roche de Calviere. Vu aussi la requête du sieur Jacques-Maurice-Raymond de Genas, seigneur & baron de Vauvert, dont il a la haute justice, gouverneur & lieutenant du Roi dudit lieu, conseiller au conseil supérieur de Nimes, à ce qu'il soit maintenu en la propriété & jouissance de la seigneurie & haute-justice de la terre de Vauvert, ensemble des palus & marais qui sont dans l'étendue de ladite terre; 2°. en la propriété & jouissance des portions de l'étang de Scamandre, auxquelles le syndic général de la province a consenti à la maintenue, sauf de cent cannes concédées à l'abbaye de Franquevaux; 3°. en la suzeraineté & la directe sur les terroir, palus & pêcheries de Silve-Godesque, dont la propriété & seigneurie ont été inféodées par ses prédécesseurs; 4°. en la suzeraineté & directe du terroir de Tosque ou Pinede,
Tête de Loup, Negue, Roumieu, N°. XLV.
Ribeyre & Courtes, sous l'albergue d'un épervier, hommage & serment de fidélité; 5°. en la justice & autres droits sur l'iscle dite de Franquevaux, & sur une partie des marais de ladite abbaye, suivant & conformément aux actes du 3 des ides de Mars 1256, 12 des kalendes de Janvier 1301, 3 Mai 1318 & autres; 6°. en la justice & propriété sur une partie des marais inféodés par le chapitre d'Alais au sieur Joly, en 1690, comme ledit marais étant dans la seigneurie & terre de Vauvert, en ayant la directe, avec une albergue de cinquante livres de poisson évaluée trois livres, comme étant au droit du chapitre d'Alais, & en la pension fonciere de 65 livres due par la communauté de Vauvert & autres droits sur lesdits marais, comme étant aux droits dudit sieur Joly & du sieur Laugier son représentant, avec défenses au syndic général & à tous autres, de lui donner aucun trouble ni empêchement en la possession & jouissance des susdites propriétés, droits & facultés, à peine d'enquis & de tous dépens, dommages & intérêts; l'ordonnance rendue sur ladite requête le 12 Décembre dernier, & l'exploit de signification du même jour. Vu encore les titres remis par ledit sieur de Genas, consistant, 1°. en un dénombrement sans date rendu au Roi par Jean Leforestier, de la seigneurie de Posquieres & de l'étang de Scamandre; 2°. en un acte de confirmation & ratification de Lauzime de la vente de la Pinede faite par Pons de Montlaur, & quittance de lods payés par le grand-prieur de Saint-Gilles du 3 des nones de Mai 1252; 3°. en une transaction passée le 3 des ides de Mars 1256, entre Pons de Montlaur, seigneur de Posquieres, & l'abbé & monastere de

N°. XLV.

Franquevaux ; 4°. en une sentence arbitrale du 4 des nones de Juin 1294 & 5 des kalendes d'Octobre suivant, entre l'abbé & chapitre de Saint-Gilles & le seigneur de Posquieres ; 5°. en une transaction passée le 4 Février 1301, entre les co-propriétaires de l'étang de Scamandre & les habitans de Vauvert ; 6°. en un acte de vente de différentes bordigues & pêcheries à l'étang de Scamandre en faveur du seigneur de Posquieres du 2 Août 1302 ; 7°. en un acte contenant arrentement du droit de levade du poisson sur l'étang de Scamandre du 31 Mai 1310 ; 8°. en une transaction passée le 3 Mai 1315, entre le seigneur de Posquieres & l'abbé de Franquevaux ; 9°. en un dénombrement rendu au Roi par Philippe de Levis de la terre de Vauvert le 22 Décembre 1390 ; 10°. en autre dénombrement du 20 Février 1395, rendu au Roi par le même Philippe de Levis pour la même terre ; 11°. en deux baux à ferme des 24 Septembre 1340 & 29 Septembre 1344 ; 12°. en un acte du 1 Octobre 1408, contenant vente faite par la veuve de Philippe de Marguerith & sa fille, de leur portion de l'étang de Scamandre en faveur dudit Philippe de Levis ; 13°. inféodation de la Silve-Godesque & des marais en dépendans faite par le seigneur de Vauvert au grand-prieur de Saint-Gilles le 4 Juin 1505 ; 14°. Transaction passée le 8 Octobre 1515, entre le seigneur de Vauvert & Gaillardet de Montcalm, à raison de la terre de Vauvert & de l'étang de Scamandre ; 15°. Lettres de mise de possession du sieur de Levis de la terre de Vauvert & de l'étang de Scamandre du 15 Octobre 1515 ; 16°. Résolution de vente faite par ledit de Montcalm le 23 Juin 1517 aux religieux de Saint-Gilles ; 17°. en un acte du 11 Juillet 1517, contenant ratification du susdit acte de résolution ; 18°. en un acte du 13 Juillet 1520, contenant acquisition faite par le seigneur de Vauvert de la portion de l'étang de Scamandre, des levades du poisson des palus & autres droits qu'il avoit dans ladite terre de Vauvert ; 19°. en un arrentement de la pêche de l'étang de Scamandre du 10 Novembre 1549 ; 20°. Lettres de maintenue des garrigues, étangs & pêcheries de Vauvert, en faveur du duc de Ventadour, seigneur dudit lieu du 5 Janvier 1553 ; 21°. Transaction passée entre le seigneur de Vauvert & les habitans dudit lieu le 9 Janvier 1553 ; 22°. *Pateat* des baux à ferme de la terre de Vauvert depuis 1554 jusques en 1557 ; 23°. sous-arrentement du Bouilliech de Scamandre du 5 Octobre 1565 ; 24°. prorogation de compromis d'entre le seigneur de Vauvert & le grand-prieur de Saint-Gilles du 18 Décembre 1602 ; 25°. Ratification de la transaction passée entre le seigneur de Vauvert & les habitans dudit lieu du 29 Avril 1607 ; 26°. Acte d'inféodation des palus & marais de la terre de Vauvert faite par le seigneur dudit lieu au sieur Jacques d'Auteville ; 27°. vente faite par Nicolas de Raymond au seigneur de Vauvert de ses palus & isles dans le terroir dudit lieu du 16 Mars 1611 ; 28°. Dénombrement rendu au Roi pour sa terre de Vauvert le 12 Mai 1629 ; 29°. Transaction passée le 23 Décembre 1634 entre le seigneur de Vauvert & les habitans dudit lieu ; 30°. Acte de vente de la terre & baronnie de Vauvert faite par le sieur duc de Ventadour en faveur du sieur d'Auteville, du 22 Août 1642 ; 31°. Procès-verbal contenant montrées & sentence arbitrale des 28 Décembre & 31 Mars 1675 ; 32°. Arrentement de la pêche du bouilliech dans l'étang de Scamandre du 3 Janvier 1683 ; 33°. Transaction passée le 9 Mai 1735, entre les héritiers de Joly & la communauté de Vauvert; 34°. Relation du 28 Avril 1742, contenant division & bornage des portions de l'étang de Scamandre; 35°. Certificat des consuls de Vauvert du 4 Novembre 1746; 36°. Transaction passée le 9 Avril 1747, entre le seigneur de Vauvert & les consuls & habitans dudit lieu; 37°. Sommaire à prise du 23 Juin 1748; 38°. Jugement rendu le 3 Mai 1754 par les commissaires du conseil maritime; 39°. Acte du 25 Mai 1765, contenant cession faite par Rédarés au sieur de Genas, de la rente à locatairie dont il jouissoit sur la communauté de Vauvert; 40°. Acte de cession faite par les héritiers de Joly audit Rédarés, du 24 Octobre 1761; 41°. Vente faite le 27 Octobre 1763 par le chapitre d'Alais audit sieur de Genas de l'albergue & directe sur les marais dudit Joly. Vu aussi la requête des consuls de Vauvert, tendante à ce que tenant la représentation de leurs titres & la remise des copies collationnées par le sieur de Rosset, l'un de nous, la communauté soit maintenue dans la propriété & domaine utile des marais de Joly, autrement de Saint-Sebastien, qu'elle soit aussi maintenue en la propriété, facultés & autres droits contenus dans ses titres; & au cas que le desséchemeet ait lieu, qu'il soit ordonné que les conditions faites par ladite communauté avec le sieur maréchal duc de Noailles, seront exécutées, de même que pour la partie des marais acquise par ladite communauté, du sieur Joly, depuis lesdites conventions; qu'il soit accordé à ladite communauté à titre d'indemnité, le tiers dudit marais à son choix, pour lui être délivré après le desséchement, sans qu'elle soit obligée de contribuer audit desséchement; qu'il lui soit accordé aussi la faculté de prendre de l'eau pour l'arrosage desdits marais desséchés & pour l'abreuvage des bestiaux des habitans dans les canaux qui seront faits pour le desséchement; qu'enfin, sur les marais dudit Joly elle jouira des mêmes droits que sur les autres marais de Vauvert, conformément auxdites conditions acceptées, avec dépens; l'ordonnance rendue sur ladite requête le 30 Août 1771, & l'exploit de signification du lendemain. Vu encore les titres remis par lesdits consuls, consistant, 1°. en un extrait des actes de confirmation des priviléges des habitans de Vauvert par les seigneurs dudit lieu des années 1235, 1259 & 1279; 2°. en une transaction passée entre le seigneur de Posquieres ou de Vauvert, & les habitans dudit lieu le jour avant les ides d'Avril 1295; 3°. Sentence arbitrale du 12 des calendes de Janvier 1301, entre l'abbé de Franquevaux & la communauté de Vauvert; 4°. en une transaction du jour avant les nones de Février 1301 passée entre Guigon, seigneur de Roche & de Vauvert, & les autres seigneurs touchant les facultés que les habitans dudit Vauvert ont dans l'étang de Scamandre pour raison de la pêche; 5°. en une sentence du sénéchal de Nimes du 31 Juillet 1590, qui maintient les habitans de Vauvert dans le droit & faculté de pêcher dans l'étang de Scamandre; 6°. en un arrêt du parlement de Toulouse rendu le 17 Août, 1609, contre le grand-prieur de Saint-Gilles, & en faveur des habitans dudit Vauvert; 7°. en une allocation du bétail dans les palus Souteyranes de Vauvert du 6 Avril 1642; 8°. en un extrait & signification du 2 Juillet 1645, de la taxe faite sur la communauté de Vauvert pour la décharge du ban & arriere-ban; 9°. en une autre allocation & licence de faire dépaître des bestiaux dans les marais de Vauvert du 3 Avril 1684; 10°. en

N°. XLV. une sentence du sénéchal de Nîmes du 6 Juin 1715 pour le sieur Pierre Joly, contre la communauté de Vauvert; 11°. en une transaction du 9 Mai 1735 passée entre le sieur Laugier de Saint-Germain & la communauté de Vauvert; 12°. autre transaction du 9 Avril 1747 passée entre le seigneur & les habitans de Vauvert; 13°. en une délibération de ladite communauté du 9 Mai 1756; 14°. autre délibération de ladite communauté du 18 Mai de la même année; 15°. en un bail à ferme du marais appellé le Bordel du 3 Juin 1768. Vu aussi la requête du sieur Etienne Laugier de Saint-Germain, à ce que demeurant la remise d'un bail à fief passé le 10 Mars 1690 par le chapitre collégial d'Aigues-mortes au sieur François Joly, avocat, d'un tenement en marais appellé Saint-Sebastien, confrontant du levant l'abbaye de Franquevaux, du couchant le Careyrou du port de Michel d'Aurefort, du midi le clair de l'étang de Scamandre, & du vent droit le chemin dudit Vauvert à ladite abbaye, le recevant en tant que de besoin, à s'aider & servir de la sentence rendue par le sénéchal de Nîmes le 6 Juin 1715, qui maintient ledit Joly en la possession & jouissance dudit tenement de Saint-Sebastien, de même que de la transaction passée le 9 Mars 1735 entre lui & les consuls de Vauvert, le tout produit & rapporté par lesdits consuls ses locataires perpétuels, tenant la communication qui a été faite de l'extrait mortuaire de sieur Pierre Laugier son fils, & de feue dame de Joly, il soit maintenu, ou lesdits consuls de Vauvert, dans la propriété dudit tenement appellé de Saint-Sebastien; & tenant son consentement au desséchement dudit tenement en marais & à la construction du canal de navigation, il soit ordonné, 1°. que le desséchement sera parachevé dans l'espace de six années, sinon la convention nulle; 2°. qu'après ledit délai tout le terrein qui n'aura pas été desséché, soit faute de travail, soit par sa situation, appartiendra à la communauté de Vauvert pour raison des fruits, à la charge de lui payer la proportion de la rente fonciere de 65 livres, comme aussi celle de l'albergue au chapitre d'Aigues-mortes ou d'Alais, suivant le réglement & la répartition qui en sera faite par experts aux dépens de la province; 3°. que de tout le terrein desséché & propre à être mis en culture, il en appartiendra la quatrieme partie à la communauté de Vauvert, avec les charges & obligations réglées par le même rapport d'experts, aux dépens de la province: 4°. qu'il aura le droit de chasse & pêche sur les terres non-desséchées; 5°. que les ouvrages seront solides & de durée pour le fait proposé, & qu'ils ne seront réputés tels, & le desséchement effectif, qu'après cinq années de rapport des fruits faits par les terres, autrement la convention réputée comme non-avenue, & la communauté de Vauvert, ainsi que lui, remis dans tous leurs droits, & réintégrés dans tous leurs biens en l'état qu'ils se trouveront; 6°. que la province le fera tenir quitte de toute indemnité, rabais, dommages & intérêts qui pourroient lui être demandés par la communauté de Vauvert durant & après le tems du desséchement; 7°. que pendant les six années dudit desséchement, les fruits des terres non-desséchées appartiendront à la communauté de Vauvert, avec l'obligation de lui payer la proportion de la rente de 65 livres; comme aussi la proportion de l'albergue au chapitre d'Aigues-mortes ou d'Alais; 8°. que pendant les mêmes six années du desséchement, la province lui payera l'autre portion des 65 livres, la valeur du droit de N°. XLV.

chasse & celle du droit de pêche sur le terrein pris pour le desséchement, & le fera tenir quitte de l'autre portion de l'albergue & des droits & devoirs seigneuriaux envers ledit chapitre d'Alais; 9°. que la province sera tenue de lui payer la valeur de sa rente inextinguible de 65 livres sur les terres desséchées, & de son droit de chasse & de pêche sur les mêmes terres, suivant le rapport d'experts; 10°. que la province sera encore tenue de fournir généralement aux frais de toutes les procédures & opérations qu'il conviendra de faire, soit pour le bornage, division & partage, prisée & estimation du terrein, répartition, même aux frais des experts, arpenteurs & autres personnes par lui prises pour la conservation de ses droits, & ce, sans espoir de répétition; l'ordonnance de joint & signifié rendue sur ladite requête le 27 Mai 1772, & l'exploit de signification du lendemain. Vu encore l'expédition d'un acte d'inféodation fait par le chapitre de Psalmodi au sieur Joly du marais dit Saint-Sebastien, en date du 10 Mars 1690. Vu aussi la requête des héritiers & successeurs du sieur Chabaud de Vauvert, tendante à ce que tenant la représentation de leurs titres de propriété, du collationné desdits titres remis au syndic de la province, ensemble de la déclaration par eux faite que les titres remis sont suffisans pour justifier leur propriété, ils soient maintenus en la propriété & jouissance de la terre par eux possédée aux Iscles, de contenance de dix carterades, avec dépens; l'ordonnance de joint & signifié rendue sur ladite requête le 11 Septembre 1771, & l'exploit de signification du 14 du même mois. Vu encore les titres remis par lesdits héritiers, consistant, 1°. en un extrait du compoix desdits héritiers de la communauté de Vauvert; 2°. en une quittance de la taille & vingtieme du 8 Septembre 1763; 3°. la quittance des réparations des chaussées du Rhône du 22 Juillet 1764. Vu aussi la requête de noble Henri-Hiacinthe de Moynier, héritier de dame Anne Mazade de Silles, & de Dlles. Suzanne & Marguerite de Silles, tendante à ce que tenant leur déclaration comme ils n'entendent point s'opposer au desséchement des marais, demeurant la remise de leurs titres de propriété du tenement appellé Iscle, isle de Souteyrane, situé dans la jurisdiction de Vauvert, il soit ordonné que les Etats les indemniseront pour la partie des marais & autres terres qu'ils pourront prendre pour le desséchement & pour la construction du canal de navigation, à raison de la valeur actuelle desdits fonds, offrant de convenir de gré à gré avec lesdits Etats, si mieux ils n'aiment, suivant l'estimation qui en sera faite par experts convenus ou pris d'office; l'ordonnance de joint & signifié rendue sur ladite requête le 31 Août 1771, & l'exploit de signification du même jour. Vu encore, 1°. l'extrait du jugement présidial de Nimes du 7 Décembre 1685; 2°. l'extrait du verbal de mise de possession de l'isle Souteyrane à Vauvert du 9 Août 1619; 3°. l'extrait de transaction qui maintient le sieur Montaud & Raymond en la propriété de l'Iscle du 29 Août 1620; 4°. l'extrait d'acte de bornage de l'iscle dite de Montaud du 31 Août 1620; 5°. l'extrait d'accord entre les sieurs de Montaud & de Raymond du 2 Avril 1623; 6°. l'extrait de vente d'un marais dénommé les Iscles à Vauvert par la dame d'Arles de Montaud en faveur du sieur Malinas du 8 Octobre 1656; 7°. l'extrait de l'acte contenant quittance des 400 livres, pour lesquelles la vente dudit Iscle à Vauvert avoit été faite par la dame d'Arles de Montaud au sieur Malinas du 23 Fé-

N°. XLV. vrier 1679; 8°. l'extrait d'un contrat d'arrentement passé par le sieur de Robin le 28 Janvier 1683; 9°. l'extrait d'un acte contenant cession faite au sieur Etienne Mazade du terroir appellé les Isles de Vauvert du premier Mars 1703; 10°. l'extrait collationné d'une Sentence du sénéchal de Montpellier du 7 Juillet 1706; 11°. l'extrait du contrat de mariage de noble Toussaint de Moynier, avec Dlle. Anne Mazade de Silles du 29 Mai 1725. Vu aussi la requête de dame Marie-Anne Riniol, succédante au sieur d'Aléon, tendante à ce qu'il nous plaise la recevoir en ladite qualité, à reprendre & continuer en son nom l'instance, à s'aider des raisons & conclusions fournies au nom du sieur d'Aléon, & des actes qu'il a énoncés & produits; ce faisant, la maintenir en la propriété des fonds & droits énoncés auxdits actes, & conformément en sa possession & celle de ses auteurs; l'ordonnance rendue sur ladite requête le 5 Mars 1772, & l'exploit de signification du 7 du même mois. Vu en outre, 1°. l'extrait d'accord, contenant cession de soixante-douze carterées de marais dans le terroir du Caylar du 18 Janvier 1662; 2°. l'extrait de vente de la terre & seigneurie d'Anglas & des palus qui en font partie du 15 Juillet 1743; 3°. l'extrait de vente de vingt-trois carterades un quarton & demi de terre en marais à Vauvert du 22 Septembre 1750. Vu aussi la requête du sieur Louis-Henri de Rochemore d'Aigremont, abbé commendataire de Franquevaux, & du syndic des religieux de ladite abbaye, à ce que tenant la déclaration faite par le syndic de la province, comme il reconnoit la légitimité de leurs titres, & son consentement à ce qu'ils soient maintenus en la propriété des marais, palus, & autres possessions & droits, conformément à leurs titres, sauf en cas de dépossession, en tout ou en partie, à être pourvu à leur dédommagement, ainsi qu'ils l'ont demandé; N°. XLV. l'ordonnance de joint & signifié rendue sur ladite requête le 20 Mars 1772, & l'exploit de signification du même jour. Vu en outre, 1°. l'extrait de l'arrêt du parlement de Toulouse du 26 Mars 1643; 2°. la vente faite par Agnès de Beauvoisin, aux abbés & religieux de Franquevaux du mois de Février 1197; 3°. la donation de Bertrand de Beauvoisin du 12 Mai 1218; 4°. la vente faite par Guillaume de Marguerith & Pierre de Beauvoisin son fils de la moitié du Mas vieux de Bertrand de Beauvoisin du 11 des calendes de Mars 1227; 5°. l'extrait de la donation faite par Pons de Montlaur, seigneur de Posquieres, à l'abbé & religieux de Franquevaux le 3 Mars 1256; 6°. l'extrait des lettres-patentes du mois de Juillet 1272 & de celles de 1295; 7°. la sentence rendue par le sénéchal de Beaucaire & Nimes le 11 Avril 1519; 8°. la relation d'experts fixant les limites des fonds & marais de l'abbaye de Franquevaux du 16 Mai 1637; 9°. l'extrait de l'arrêt du parlement autorisant ladite relation du 30 Août 1639; 10°. la relation d'experts pour planter des bornes de séparation du domaine de l'abbaye de Franquevaux, des terres de Vauvert & de Saint-Gilles du 10 Avril 1641; 11°. l'ordonnance du sieur de Baudan autorisant la susdite relation & le plantement des bornes du 4 Mai suivant. Vu aussi la requête du sieur duc d'Uzès, à ce qu'il nous plaise, tenant la représentation par lui faite des titres de propriété des marais lui appartenant, la remise des copies desdits titres duement collationnées, & sa déclaration des confronts des terreins compris dans les procédures de bornage, le tout contenu au verbal du sieur de Rosset, lui adjuger les conclusions par lui prises; & en conséquence, ordonner que le le traité du 23 Octobre 1701 passé entre le sieur duc d'Uzès son ayeul & le sieur maréchal duc de Noailles, homologué par l'arrêt du conseil du 20 Décembre de la même année, & autres arrêts & lettres-patentes, soient de plus fort exécutés selon leur forme & teneur, avec les Etats de la province, qui sont au droit & place du sieur duc de Noailles, sans qu'il y soit rien innové ni contrevenu; l'ordonnance rendue sur ladite requête le 16 Septembre 1769, & la communication dudit jour. Vu encore les titres remis par le sieur duc d'Uzès, consistant, 1°. en une inféodation faite au mois d'Avril 1185 par le comte de Toulouse en faveur de Raymond d'Uzès, de la terre & seigneurie d'Aimargues & ses dépendances; 2°. en un échange passé aux nones de Juin 1298 entre le Roi & Cani, de la terre de Broussan, pour la terre de Bellegarde; 3°. en une transaction du 2 Octobre 1365 passée entre l'abbé de Saint-Gilles & Raymond d'Uzès, seigneur de Broussan, pour raison des limites des terroir, jurisdiction, marais, cours d'eau & pêche des lieux de Saint-Gilles & Broussan; 4°. en un dénombrement rendu au Roi le 29 Décembre 1488 par Anne de Brancas & Simone d'Uzès mere & fille, vicomtesse d'Uzès, des terres d'Aimargues, Broussan & Bellegarde. Vu aussi la requête des consuls de Bellegarde, à ce qu'il nous plaise, tenant la remise par eux faite des deux transactions des 15 Janvier 1544 & 5 Juin 1673, établissant la propriété & l'usage qu'ils ont sur les parties des marais, & leur déclaration des confronts desdits terreins, les maintenir & garder dans la propriété, faculté & jouissance des marais leur appartenant, offrant néanmoins de céder aux Etats de la province la partie des marais qui peuvent leur être nécessaires, relativement au consentement donné par ladite communauté en 1701, & aux réserves faites alors des parties des marais appartenant en toute propriété à la communauté, de même que des palus & lisieres d'iceux, suivant la transaction du 5 Juin 1673, pour servir de pâturage au bétail nécessaire pour la culture & bonification des terres; l'ordonnance rendue sur ladite requête le 6 Octobre 1769, & la communication faite ledit jour. Vu encore les titres remis par ladite communauté de Bellegarde; consistant en une transaction du 15 Janvier 1544 passée entre le sieur duc d'Uzès & les habitans de Bellegarde, & en une autre transaction entre les mêmes parties, en date du 5 Juin 1673. Vu aussi l'extrait d'acte d'échange du mois d'Août 1248, passé par le Roi St. Louis de la ville de Sommieres avec la baronnie du Caylar, remis par le sieur marquis d'Aubaix pardevant le sieur de Rosset. Vu aussi les titres remis par la communauté du Caylar, pardevant le sieur de Rosset, consistant en une transaction du 2 Décembre 1624, entre le sieur Louis de Bachi, seigneur & baron d'Aubaix, du Caylar & autres places, & les consuls du Caylar, & en une transaction passée le 15 Janvier 1669, entre ledit marquis d'Aubaix, seigneur du Caylar, & les consuls dudit lieu & ceux d'Aimargues. Vu aussi la requête des consuls & communauté de la ville d'Aimargues, tendante à s'aider des conclusions prises par les consuls du Caylar dans leur requête du 24 Novembre 1770; l'ordonnance sur ladite requête du 16 Décembre 1772, & la communication dudit jour. Vu encore les titres remis par ladite communauté d'Aimargues, consistant en une transaction du 15 Janvier 1669, entre le sieur marquis d'Aubaix, seigneur du Caylar, les consuls dudit lieu

& ceux d'Aimargues, & en l'extrait des lettres d'amortiſſement du mois de Septembre 1688, en faveur de la communauté d'Aimargues. Vu auſſi la requête préſentée par le ſieur Leblon, conſul de France à Veniſe, à ce qu'il nous plaiſe, tenant la remiſe de ſes titres de propriété de la ſeigneurie & terre de la Mothe, le maintenir en la propriété des marais renfermés dans les confronts de ladite terre, déclarer leſdits marais comme faiſant partie de l'inféodation faite de ladite terre dès l'année 1691, non compris dans le don & conceſſion faits en faveur du ſieur duc de Noailles, ſucceſſivement aux Etats de Languedoc; & en conſéquence, le maintenir purement & ſimplement en la propriété deſdits marais de la Mothe, conformément à l'aliénation de 1691, & à la nouvelle adjudication du premier Février 1735, ſans préjudice de ſa faculté de faire dépaître les troupeaux de ladite terre dans environ cinquante ſalmées appartenant au grand-prieur de Saint-Gilles, terroir de Clarefarine, & de ſa juriſdiction de la terre de la Mothe dans les terroirs & poſſeſſions du ſieur grand-prieur, mentionnés dans la tranſaction de 1270, & dans l'arrêt du parlement de Toulouſe du 6 Juin 1610, & ſans préjudice des droits de pâturage des beſtiaux néceſſaires pour l'entretenement & amélioration des terres dudit Leblon dans le terroir de la Silve-Godeſque, ainſi qu'il eſt énoncé dans ſon dénombrement; l'ordonnance rendue ſur ladite requête le 15 Novembre 1770, & l'exploit de ſignification du 9 Juillet 1771. Vu auſſi les titres remis par ledit ſieur Leblon, conſiſtant, 1°. en un arrêt de la cour des aides de Montpellier du 17 Décembre 1711; 2°. en un arrêt du conſeil du 16 Mars 1734; 3°. en un extrait du procès-verbal tenu par le ſieur de Bernage de Saint-Maurice, intendant de Languedoc, contenant adjudication de la terre de la Mothe du premier Février 1735, en faveur du ſieur Leblon; 4°. en un extrait du dénombrement donné par le ſieur Leblon le 10 Novembre 1750. Vu auſſi la requête du ſieur marquis de Calviſſon, tendante à la maintenue des marais ſitués dans l'étendue de la terre de Maſſillargues & des Ports, à ce qu'il ſoit reçu à corriger les concluſions priſes dans ſa requête du 16 Décembre 1768; ce faiſant, que les conſuls de Lunel ſoient tenus de faire certaines déclarations & de juſtifier de certains droits, & qu'à faute de ce, il nous plaiſe déclarer le terrein borné comme marais de Lunel, le 4 Septembre 1767, être de la terre & juriſdiction des Ports; auquel effet, il ſera procédé au nouveau bornage, parties préſentes ou duement appellées lors de la continuation du bornage général, & aux dépens des Etats, ſinon permis audit ſieur de Calviſſon de faire enlever ſans formalité les bornes miſes dans l'intérieur des marais de la terre des Ports, ſur la ſimple indication des Etats ou le certificat de leur arpenteur, pour ledit canal ou ſon franc-bord occidental, ſervir à perpétuité de bornes & confronts immuables, lui permettre & à ſes ſucceſſeurs de faire poſer des bornes à l'avenir à leurs propres frais & dépens, ſi le cours dudit canal étoit interverti, ſans préjudice d'une plus grande étendue de ladite terre, ſi elle nous apparoiſſoit par les titres remis, tant par lui que par les autres parties; déclarer en outre que la terre des Ports s'étend du côté du midi juſques à la plage de la mer & terroir de Mauguio, & comprend les tenemens appellés claux de la Verne, & tous autres qui ne ſeront point du terroir de Mauguio; ce faiſant, ordonner que les poſſeſſeurs deſdits tenemens lui en délaiſſeront la

N°. XLV. libre possession & jouissance, avec restitution des fruits; ordonner en outre, que les Etats l'indemniseront pour la partie des marais & autres terres qu'ils prendront, tant pour le dessèchement, que pour la construction du canal de navigation, à raison de la valeur actuelle des fonds, offrant de convenir de gré à gré avec les Etats, si mieux ils n'aiment, suivant l'estimation qui en sera faite par experts convenus ou pris d'office; l'ordonnance rendue sur icelle le 16 Décembre 1772, & l'exploit de signification du 17 Décembre de ladite année, à Palat & Montels, procureurs. Autre requête dudit sieur marquis de Calvisson, à ce que tenant les aveux consignés dans la requête des consuls de Lunel, signifiée le 4 Février 1773, il nous plaise le déclarer seul proprietaire de la terre des Ports, sauf les droits du sieur comte de Bernis son féudataire; déclarer en outre que ladite terre & sa jurisdiction s'étendent au couchant jusqu'au-delà du canal appellé de Lunel, sauf les droits de propriétaires de la navigation de ce canal, & au midi jusques à la Mothe & plage de Mauguio; débouter lesdits consuls de leur demande en maintenue des facultés énoncées en la transaction du 15 Mai 1373, par fins de non-recevoir; subsidiairement, & au cas il nous plaise les maintenir dans lesdites facultés, le maintenir aussi au droit de percevoir toutes les redevances portées par ladite transaction & la sentence arbitrale de l'année 1228, sans préjudice des fins & conclusions par lui prises dans ses précédentes requêtes; l'ordonnance rendue sur icelle le 6 Mars 1773, & l'exploit de signification du même jour à Palat & Montels, procureurs. Vu aussi les titres remis par ledit sieur de Calvisson, consistant, 1°. aux lettres-patentes en date du mois de Juillet 1304 & du mois de Février 1309, contenant don de différentes terres au sieur Nogaret de Calvisson; 2°. en l'acte d'inféodation du 11 des kalendes de Novembre 1291 fait par Rossolin, baron de Lunel, de la métairie & domaine de Tamerlet, en faveur de Guillaume de Nogaret, sous la redevance & pension annuelle de 250 livres tournois; 3°. en une transaction du 10 Septembre 1302, entre le sieur de Calvisson & les habitans de Massillargues; 4°. en la concession faite le 10 des kalendes de Décembre 1304 par le sieur de Calvisson aux habitans de Massillargues, de certains droits & pâturages pour leurs bestiaux à Tamerlet; 5°. en une transaction du 14 Mars 1314, entre le sieur de Calvisson & les habitans de la ville de Lunel pour le tenement de Tamerlet; 6°. au dénombrement du sieur de Calvisson du 19 Juillet 1322, 7°. en l'acte passé le 18 Juillet 1323, entre les co-seigneurs de la terre des Ports sur la dépaissance de leurs bestiaux dans ladite terre; 8°. en la transaction du 15 Mai 1373, entre les co-seigneurs de la terre des Ports & les habitans de Lunel; 9°. en l'extrait des lettres-patentes du 8 Janvier 1448 données par le Roi Charles VI, contenant confirmation des donations faites à Raymond de Nogaret par Philippe le Bel & Charles V; 10°. en une transaction du 27 Juillet 1678, entre le sieur marquis de Calvisson & les habitans de Lunel; 11°. en la ratification du 22 Août 1678 de la susdite transaction; 12°. en une transaction du 16 Octobre 1679, entre le marquis de Calvisson & les consuls de Saint-Just; 13°. en l'extrait d'une transaction du 23 Décembre 1683, entre le marquis de Calvisson & la communauté de Massillargues; 14°. en une transaction du 17 Août 1692, entre le sieur de Calvisson & le sieur de Pierre pour raison

N°. XLV.

de la terre des Ports ; 15°. en l'hommage rendu le 18 Juillet 1698 au sieur de Calvisson des trois vingtiemes de la terre des Ports, jouis par le sieur de Pierre avec la basse justice. Vu aussi la requête présentée par le sieur Mourgues, bourgeois de Montpellier, à ce que tenant la remise & communication de son titre de propriété, il nous plaise le maintenir en la propriété du fonds acquis par acte du 7 Septembre 1717, pour qu'il puisse en jouir, ainsi que ses auteurs, noblement & sans en payer albergue, pension, censive ni redevance ; & en cas de dépossession, lui accorder telle indemnité que de droit ; l'ordonnance rendue sur ladite requête le 21 Décembre 1772, & la communication en date dudit jour. Vu encore l'acte de vente du 7 Septembre 1717 par le seigneur de Massillargues d'un pré de dix carterades, près la palus de l'Estelle. Vu aussi les actes remis par le sieur d'Azemar & la dame de Montoulieu mariés, consistant en l'acte du 27 Juillet 1644, portant inféodation de vingt-cinq carterées de marais dans la terre des Ports près Lunel, fait par le sieur de Calvisson en faveur du sieur de Bornier, seigneur de Teillan, & en l'extrait du compoix de la communauté de Massillargues. Vu aussi la requête présentée par le sieur de Pierre, seigneur des Ports, comte de Bernis, à ce qu'il nous plaise le maintenir en la propriété d'un enclos palus qu'il jouit en la terre des Ports au tenement de l'Estelle, de contenance de trois cent vingt-cinq carterées, compris les fossés, & qui font partie de quatre cent cinquante carterées qu'il a droit de prendre, suivant la transaction du 17 Août 1692 ; 2°. d'un pré au tenement de l'Estelle, appellé des Anes, situé dans la terre des Ports, de contenance de dix-sept carterées ; 3°. d'un autre pré appellé Pré-Neuf de vingt-deux carterées ; 4°. d'un autre pré appellé de la Dispute, de contenance de dix carterées ; 5°. en la faculté de faire dépaître les bestiaux dans les pâturages de la terre des Ports, donnés à la communauté par la transaction de 1701 ; 6°. en la propriété des trois vingtiemes de la moyenne & basse-justice ; 7°. en la propriété, possession & jouissance de plusieurs autres possessions, fiefs, censives, directes, albergues, soit en particulier ou par indivis, avec pouvoir de se faire reconnoître & de retirer les droits seigneuriaux ; 8°. au droit de faire pêcher pour son usage & de ses fermiers domestiques dans la riviere du Vidourle dans l'étendue de la terre des Ports ; 9°. dans toutes les autres propriétés, droits & facultés expliqués dans les transactions & hommages par lui remis ; l'ordonnance rendue sur ladite requête le 7 Décembre 1772, & la communication du 10 du même mois. Vu aussi les actes remis par ledit sieur de Pierre, seigneur des Ports, comte de Bernis, consistant, 1°. en une transaction du 17 Août 1692, entre le sieur marquis de Calvisson & le sieur de Pierre, seigneur des Ports ; 2°. dans l'hommage fait le 18 Juillet 1698 par le sieur de Pierre des portions qu'il a de la terre des Ports ; 3°. dans la transaction du 26 Février 1702, entre le sieur de Pierre des Ports, le sieur de Calvisson & les habitans de Massillargues. Vu aussi la requête des consuls & communauté de Massillargues, à ce qu'il nous plaise les maintenir en la propriété, usages ou facultés des tenemens en marais dont ils jouissent, tant en vertu des titres par eux remis, que de ceux produits par le sieur de Calvisson, auxquels ils se réferent pour ce qui les concerne ; l'ordonnance rendue sur ladite requête le 4 Septembre 1771, & la communication dudit jour. Vu encore les actes remis par lesdits consuls de Massillargues, consistant, 1°. en une transaction du 23 Décembre 1683, entre le sieur marquis de Calvisson & les habitans de Massillargues; 2°. en une autre transaction passée entre lesdites parties le 10 Décembre 1701; 3°. en une autre transaction passée entre lesdites parties le 6 Avril 1717. Vu aussi les titres remis par le sieur évêque de Montpellier, consistant, 1°. en un extrait de compromis & sentence arbitrale du 2 des kalendes de Juillet 1278; 2°. en un extrait d'ordonnance rendue par le sénéchal de Nîmes du 14 des kalendes de Juillet 1280; 3°. en un hommage prêté au Roi par l'évêque de Maguelonne du 29 Mai 1320; 4°. en un acte contenant prise de possession corporelle du comté & ville de Mauguio par Antoine de Laugier, évêque de Maguelonne, du 31 Mars 1395; 5°. en un acte de serment de fidélité prêté par l'évêque de Maguelonne ès mains d'un commissaire nommé par le Roi du 8 Juin & 21 Octobre 1490; 6°. en un extrait de transaction passée entre l'évêque de Maguelonne, comte de Mauguio, & les habitans dudit Mauguio du 26 Juillet 1537; 7°. en un extrait de lettres-patentes contenant confirmation des biens dépendans dudit évêché de Montpellier du mois de Juillet 1613, en faveur du sieur de Fenouilhet, évêque de Montpellier. Vu aussi la requête de dame Honorée-Louise-Elisabeth de Lacroix, dame de Candillargues, veuve du sieur Emmanuel de Gregoire de Gardies, comte de Montpeyroux, tendante à ce que tenant la remise de ses titres & la dénomination des marais lui appartenans, faite lors des verbaux tenus pardevant le sieur de Rosset, commissaire, les 4 Mars & 13 Mai 1769, 21 Mai 1771; tenant encore son offre de consentir au desséchement des marais & construction du canal de navigation; tenant encore le consentement du syndic général de la province, qu'il nous plaise la maintenir en la propriété, possession & jouissance des marais lui appartenant, situés dans le terroir de Candillargues, limités & confrontés dans les hommages & dénombremens des 8 Mai 1340, 13 Janvier 1397, & notamment dans le verbal tenu par le sieur de Rosset, commissaire, le 20 Mai 1771, tenant son offre encore de contribuer audit desséchement, eu égard à la contenance & l'objet de ses marais; l'ordonnance rendue sur ladite requête du 11 Avril 1772, & l'exploit de signification du 15 dudit mois & an. Vu encore les titres par elle remis, consistant, 1°. en un hommage de la terre de Candillargues de 1340, rendu à l'évêque de Maguelonne par Bertrand Monachi; 2°. en un hommage de la terre de Candillargues du 13 Janvier 1397 fait à l'évêque de Maguelonne par Béranger d'Almacy; 3°. en un extrait d'accord du 12 Mars 1701, entre le sieur Joseph de Lacroix de Candillargues, capitaine au régiment de Morangés, fils & héritier par bénéfice d'inventaire de feu sieur Jean de Lacroix, seigneur dudit lieu, d'une part, & le sieur Réné-Gaspard de Lacroix de Candillargues d'autre; 4°. en un extrait de testament de Réné Gaspard de Lacroix de Candillargues du 18 Février 1619; 5°. en un extrait de conventions & pactes de mariage du 25 Janvier 1749. Vu aussi la requête des consuls de Mauguio, tendante à ce qu'il nous plaise les recevoir à s'aider des titres remis par les communautés de Mudazon & de Candillargues composant le comté de Mauguio, les maintenir dans les usages & facultés de dépaissance, pêche, chasse, lignerage, & autres droits énoncés aux transactions passées entre le seigneur & lesdi-

N°. XLV.

N°. XLV. tes communautés sur généralement tous les marais, palus & étangs situés dans ledit comté; l'ordonnance rendue sur icelle le 16 Février 1773, & l'exploit de signification du même jour. Vu aussi la requête présentée par les consuls de Mudazon, tendante à ce qu'il nous plaise les recevoir à exercer les droits & actions des communautés de Mauguio, Mudazon & Candillargues, tenant leur consentement à la construction du canal de navigation, les maintenir dans tous les droits du domaine utile des palus, marais, plages & communaux du comté de Mauguio, avec défenses au sieur évêque de Montpellier & à tous autres, de leur donner aucun trouble; ordonner que lesdites communautés seront indemnisées de la valeur du terrein qui sera employé pour ledit canal sur les offres qui seront faites & acquiescées, & en défaut sur l'estimation d'experts, faire défenses à la province & à tous autres de donner aucun trouble ni empêchement à aucune des communautés en la possession & jouissance du domaine utile des rivages, coustieres, prairies, & autres patus communs qui seront fixés & déterminés pour la dépaissance des bestiaux; & quant au surplus des palus desdites communautés, ordonner que la province s'expliquera précisément dans le délai qui sera déterminé, sur les offres qu'elle entend faire, sur lesquelles les communautés s'assembleront pour délibérer sur l'acceptation ou sur la permission de faire elle-même le desséchement; condamner le syndic général de la province aux dépens, & subsidiairement ordonner que lesdits dépens seront supportés par les trois communautés du comté de Mauguio, conformément à la répartition réglée par la transaction du 3 Avril 1353; l'ordonnance rendue sur icelle le 17 Novembre 1768, & l'exploit de signification du même jour & an. Vu aussi la requête des consuls & communauté de Candillargues, tendante aux mêmes fins; l'ordonnance rendue sur icelle le 11 Avril 1772, & l'exploit de signification du 15 dudit mois & an. N°. XLV. Vu encore les titres remis & communs auxdites trois communautés, consistant, 1°. en une transaction du 3 Avril 1353, passée entre les trois communautés composant le comté de Mauguio, qui détermine les pâturages dudit comté communs à tous les habitans; 2°. en une transaction passée entre l'évêque de Maguelonne & les habitans de Mauguio, contenant limitation dudit terroir de Mauguio du 17 Avril 1531; 3°. en une transaction du 13 Novembre 1604 passée entre le sieur de Garnier, évêque de Montpellier, & les consuls de Mauguio, qui accorde aux habitans du comté de Mauguio la faculté de faire dépaître leur bétail dans les palus & garrigues dudit comté. Vu aussi la requête présentée par dame Françoise de Bornier, veuve du sieur président de Crouzet, tendante à ce qu'il nous plaise, demeurant la déclaration par elle faite devant le sieur de Rosset lors de son verbal aux séances des 3 & 4 Février 1769, des divers tenemens, palus & marais, eaux & pêcheries dont elle jouit dans les terroirs d'Aigues-mortes, Lunel & Mauguio, tenant la représentation par elle faite des titres justifiant sa propriété desdits tenemens, palus, marais, eaux & pêcheries, tenant le consentement du syndic général de la province, la maintenir en la propriété desdits marais, palus, eaux & pêcheries, sauf son indemnité à raison des parties qui seront prises, tant pour le desséchement que pour la construction du canal de navigation, & condamner le syndic général de la province aux dépens; l'ordonnance rendue sur icelle le 30 Septembre 1771, & l'exploit de signi-

N°. XLV. fication dudit jour & an. Vu encore les titres remis par ladite dame, consistant, 1°. en un bail à fief passé par le sieur de Gadaigne, seigneur & baron de Lunel, d'un tenement en marais dans le terroir dudit Lunel, appellé le Clos de la Vergne du 7 Août 1559; 2°. en un contrat d'achat dudit marais du 10 Novembre 1624; 3°. en une reconnoissance faite au Roi, des palus & marais dont jouissoit le sieur Bornier dans la terre d'Aigues-mortes & de Lunel du 10 Septembre 1633; 4°. en un dénombrement rendu au Roi par le sieur de Bornier de ses possessions en marais à Aigues-mortes & à Lunel; 5°. en une inféodation du 7 Septembre 1711 de vingt-cinq séterées de marais au tenement appellé de Ventenac, terroir de Mauguio; 6°. en une délibération du 13 Septembre 1711, prise par la communauté de Mauguio pour approuver ladite inféodation; 7°. en un bail à ferme du 23 Octobre 1757 des palus & marais jouis par ladite dame de Crouzet dans les terroirs d'Aigues-mortes & de Lunel; 8°. en un arrêt du conseil du 20 Mars 1759, qui maintient ladite dame dans les facultés y énoncées sur les eaux de l'étang de Mauguio & de Lunel. Vu aussi la requête présentée par les consuls & communauté de la ville d'Aigues-mortes, tendante à ce qu'elle soit reçue opposante, à ce que le sieur de Portalés soit déclaré propriétaire du terrein mentionné en l'inféodation prise du sieur évêque de Montpellier, & située entre la Mothe de Cottyeux & le canal de Candillargues; ce faisant, maintenir ladite communauté dans la propriété de tout le terrein non inféodé par le Roi depuis ladite Mothe jusques audit canal, suivant les titres par elle produits contre le syndic général de la province; l'ordonnance rendue sur icelle le 31 Mai 1771, & l'exploit de signification du premier Juin 1771, contenant assignation au sieur de Portalés devant nous. Autre requête des consuls de ladite ville d'Aigues-mortes, tendante à être maintenue provisoirement au possessoire de la jouissance dudit terrein appellé de Boucanet, & dans la faculté des herbages dudit terrein situé entre la Mothe de Cottyeux & le canal de Candillargues, avec défenses audit sieur de Portalés de continuer les ouvrages par lui commencés sur ledit terrein, à peine de tous dépens, dommages & intérêts & d'enquis; ce faisant, le condamner à remettre les choses en l'état qu'elles étoient auparavant son entreprise, sinon & à faute de ce faire, permettre à la communauté de le faire faire aux frais & dépens dudit sieur de Portalés, dont il sera délivré exécutoire par notre greffier, sur les quittances des ouvriers, & le condamner enfin aux dommages soufferts & à souffrir à raison de ladite entreprise, suivant l'estimation qui en sera faite par experts pris d'office ou convenus; l'ordonnance rendue sur icelle du 23 Septembre 1772, & l'exploit de signification du 24 dudit mois & an. Vu aussi la requête présentée par le sieur de Portalés, marquis de Vignolles, tendante en renouvellement de délai pour faire la déclaration des marais par lui possédés, conformément à notre jugement du 20 Avril dernier; l'ordonnance rendue sur icelle le 9 Novembre 1771, & l'exploit de signification du 13 dudit mois & an. Vu aussi la requête des consuls & communauté d'Aigues-mortes, à ce que disant droit à leur précédente requête, il nous plaise maintenir ladite communauté en la possession & jouissance du susdit terrein de Boucanet avec défenses au sieur Portalés de continuer ses entreprises, à peine d'enquis, & à remettre les choses au même état où elles étoient auparavant, avec dépens; N°. XLV.

l'ordonnance rendue sur icelle le 8 Août 1772, & l'exploit de signification dudit jour & an. Vu aussi la requête présentée par le sieur de Portalés, marquis de Vignolles, tendante à ce que demeurant les aveux faits par le syndic général de la province dans ses requêtes, & son consentement à ce que ledit sieur de Portalés soit maintenu dans la propriété du château & domaine de la Mothe, & dans le terrein inféodé par le sieur de Colbert au sieur Baude en 1727, il lui soit adjugé les fins & conclusions par lui prises dans ses requêtes, & notamment dans celle du 9 Novembre 1770; & en outre, demeurant la délibération des Etats du 2 Janvier 1768, & la déclaration consignée dans la requête du syndic général de la province, comme il n'entend pas priver ledit sieur de Portalés des facultés à lui accordées par délibération des Etats, le recevoir en tant que de besoin seroit, à exciper & s'aider du droit desdits Etats, relativement à la faculté qui lui a été accordée par ladite délibération; sans s'arrêter à l'opposition formée par lesdits consuls d'Aigues-mortes envers ladite délibération, la rejettant & les en déboutant par toutes les voies & moyens de droit, rejettant du procès tous les autres titres produits par lesdits consuls non signifiés, casser & rejetter par incompétence & autres moyens de droit, le procès-verbal de descente fait par Me. Sparron, juge d'Aigues-mortes, le dernier Juillet 1770; ce faisant, les débouter de toutes les demandes, fins & conclusions par eux prises, & en maintenue du terrein qu'ils appellent Boucanet, par leurs requêtes des premier Juin 1771, 9 Août & 24 Septembre derniers, par fins de non-valoir & de non-recevoir; & subsidiairement, sur les demandes des consuls d'Aigues-mortes, ordonner que l'inféodation dudit jour 5 Avril 1727 & la délibération des Etats du 2 Janvier 1768, seront provisoirement exécutées, avec défenses à ladite communauté & habitans de lui donner aucun trouble ni empêchement dans la jouissance du desséchement du terrein compris dans l'inféodation; & en ce qui concerne la vérification demandée par le syndic de la province dans sa requête du 10 Juillet dernier, pour constater si le terrein compris dans l'inféodation est dans le terroir de Mauguio ou dans celui d'Aigues-mortes, déclarer n'y avoir lieu d'ordonner ladite vérification; subsidiairement, ordonner que par un préalable, ladite demande sera communiquée aux consuls de Mauguio, au sieur évêque de Montpellier, pour être traitée avec eux; l'ordonnance rendue sur ladite requête le 21 Octobre 1772, & l'exploit de signification du même jour & an. Vu aussi la requête présentée par les consuls d'Aigues-mortes, à ce qu'il soit fait défenses audit sieur de Portalés de continuer ses ouvrages sur le terrein appellé Boucanet, à peine de 3000 livres d'amende, de tous dépens, dommages & intérêts; l'ordonnance rendue sur icelle le 22 Octobre 1772, & l'exploit de signification du 24 dudit mois & an. Vu aussi la requête des consuls d'Aigues-mortes, à ce que sans nous arrêter à celle dudit sieur de Portalés, disant droit à leur opposition, rejetter les requêtes données par le sieur de Portalés avec le syndic général, comme non communiquées auxdits consuls, débouter ledit de Portalés de sa requête du 21 du même mois, rejetter le prétendu acte d'inféodation du 5 Avril 1727 & la prétendue délibération des Etats du 2 Janvier 1768, comme des actes non passés avec ladite communauté, & à elle non communiqués; ce faisant, leur adjuger les conclusions de leur derniere requête; subsidiairement les

les admettre à prouver, tant par acte que par témoins, que ladite communauté a été toujours de tout tems immémorial en possession & jouissance par ses habitans, tant manans que forains, du terrein dont il s'agit appellé Boucanet, depuis la métairie de Candillargues & le canal jusques à la métairie de la Mothe, appartenant audit de Portalés, & qu'elle en jouit encore; comme aussi, que ledit terrein étoit autrefois un bois, & qu'il n'a jamais été ni palus ni marais; l'ordonnance rendue sur ladite requête ledit jour 22 Octobre 1772. Autre requête dudit sieur de Portalés, à ce qu'en dénaturant le soit-montré, joindre la nouvelle demande des consuls au procès, les déclarer irrecevables & mal fondés dans leur demande en défenses de faire faire les fossés dans le terrein dont s'agit, à l'effet d'en faire le desséchement, avec dépens; l'ordonnance rendue sur ladite requête le 10 Novembre 1772, & la communication faite le 20 du même mois. Autre requête dudit sieur de Portalés, à ce que sans nous arrêter à celle desdits consuls, ni aux actes par eux signifiés le 5 Novembre dernier, non plus qu'à leurs demandes en rejection & en preuve, & les en déboutant par fins de non-valoir & de non-recevoir, & par toutes autres voies & moyens de droit, lui adjuger ses précédentes conclusions; subsidiairement en cas de difficulté en l'état, par rapport au provisoire, admettre ledit de Portalés à prouver, tant par actes, témoins, que par experts, que le terrein sur lequel il a commencé à faire creuser les fossés, se trouve borné & compris dans le bornage fait en 1740; l'ordonnance rendue sur ladite requête le 20 Novembre dernier, communiquée le même jour. Autre requête dudit sieur de Portalés en rejection du procès, de l'extrait de procédure, en onze pieces, ensemble du plan remis par les consuls d'Aigues-mortes dans leur continuation signifiée le 27 Novembre dernier, comme pieces extrajudiciaires & indignes de foi, & non signifiées; ce faisant, vu les actes possessoires qui seront signifiés avec ladite requête, lui adjuger ses précédentes conclusions, avec dépens; l'ordonnance rendue sur ladite requête le 11 Décembre suivant, avec l'exploit de signification du lendemain. Autre requête dudit sieur de Portalés, à ce que demeurant l'aveu des consuls d'Aigues-mortes, que le terrein inféodé en 1727 doit s'étendre jusques aux possessions de la jasse de Candillargues, vu que le terroir d'Aigues-mortes ne prend son commencement en venant de Mauguio qu'à la jasse de Candillargues, d'abord après ladite jasse en allant du côté d'Aigues-mortes, demeurant l'ordonnance du sieur intendant du 2 Février 1760, qui a décidé que les employés du poste des fermes de ladite jasse, payeront la capitation à Mauguio, lui adjuger ses précédentes conclusions, tant au fonds que sur le provisoire, avec dépens; l'ordonnance rendue sur ladite requête le 22 dudit mois de Décembre, & l'exploit de signification du même jour. Autre requête des consuls d'Aigues-mortes, en défenses audit de Portalés de continuer ses ouvrages sur le terrein en question, à peine de tous dépens, dommages & intérêts & d'enquis, & vu les actes par eux produits, notamment l'ordonnance du Roi, établissant que ledit terrein fait partie du terroir d'Aigues-mortes, leur adjuger leurs précédentes conclusions; l'ordonnance rendue sur icelle le 8 Février dernier, & l'exploit de signification du 10 du même mois. Vu aussi les titres & actes produits, tant par lesdits consuls & communauté d'Aigues-mortes, que par le sieur de Portalés,

N°. XLV.

consistant ; savoir, ceux desdits consuls d'Aigues-mortes, 1°. en une expédition des lettres-patentes du Roi Charles VII du 6 Avril 1434 ; 2°. autre expédition d'autres lettres-patentes du même Roi du 3 Juillet 1440, au bas desquelles sont deux ordonnances des sieurs de Villario & de Gareti des premier & 7 Octobre de la même année ; 3°. autres lettres-patentes du Roi Louis du premier Novembre 1463 ; 4°. trois extraits des comptes rendus par les consuls d'Aigues-mortes les années 1475, 1477 & 1483 des revenus communs de ladite communauté ; 5°. *Sumptum* des priviléges accordés par nos Rois aux habitans d'Aigues-mortes ; 6°. Jugement rendu par les commissaires du domaine du Roi du 31 Octobre 1670 ; 7°. délibération de la communauté d'Aigues-mortes du 6 Février 1678, au bas de laquelle est transcrite une ordonnance du Roi du 18 Janvier précédent ; 8°. trois requêtes présentées par lesdits consuls d'Aigues-mortes devant la cour des aides de Montpellier, bureau du domaine, contre les consuls de Mauguio, en date des 7 Juillet 1757 & 7 Décembre 1747 ; 9°. la production & pieces fournies devant ladite cour par lesdits consuls ; 10°. extrait de procédure faite à la requête des consuls d'Aigues-mortes, contre Perier, fermier du domaine de la Mothe du Cotyeux, ladite procédure faite d'autorité du juge royal d'Aigues-mortes, en onze pieces produites par lesdits consuls, sous cotte n°. 3, Roubieu ; 11°. lettre missive du sieur de Portalés, écrite à Malbois greffier de ladite communauté, le 25 Avril 1755 ; 12°. délibérations prises par la communauté d'Aigues-mortes les 26 Mai 1771 & 31 Juillet 1772 ; 13°. verbal tenu par le juge royal d'Aigues-mortes le même jour 31 Juillet 1772 ; 14°. ordonnance du sieur intendant de Languedoc du 9 Août suivant ; 15°. plan figuratif produit par lesdits consuls d'Aigues-mortes, sous le n°. 24, Roubieu, & ceux dudit sieur de Portalés, consistant, 1°. en un bail à ferme du domaine de la Mothe du 14 Novembre 1644 ; 2°. délibération prise par la communauté de Mauguio le 10 Mai 1725 ; 3°. inféodation faite par le sieur de Colbert, évêque de Montpellier, le 5 Avril 1627, en faveur du sieur Leonard-Honoré Baude ; 4°. requête présentée par ledit Baude au juge de Mauguio, avec l'ordonnance mise sur icelle le 30 Mai 1729, & l'exploit de signification fait le 11 Juin suivant au nommé Vical ; 5°. délibération prise par la communauté de Mauguio du 4 Octobre 1734, 6°. Hommage prêté par Mathieu Baude le 19 Mars 1755 au sieur évêque de Montpellier ; 7°. Requête présentée par ledit Baude au sénéchal de Montpellier, & l'ordonnance rendue sur icelle le 8 Avril 1755 ; 8°. Exploit de saisie fait en vertu de ladite ordonnance le lendemain 9 Avril ; 9°. Expédition informe d'une ordonnance de décret rendue par le Sénéchal criminel de Montpellier le 11 dudit mois d'Avril ; 10°. Extrait d'ordonnance rendue par le sieur intendant de Languedoc, le 29 Juillet 1760 ; 11°. Quittance de la taille du domaine de la Mothe du 10 Août 1764 ; 12°. Acte du 19 Janvier 1769, contenant rédaction en acte public de l'acte privé de vente du premier Février 1762, faite par Baude audit sieur de Portalés ; 13°. Expédition de la délibération des Etats généraux de Languedoc du 2 Janvier 1768 ; 14°. Bail à ferme passé par la communauté d'Aigues-mortes à Chapel le 6 Mai 1771 ; 15°. Plan produit par le sieur de Portalés, sous n°. 20 Léotard. Vu aussi la requête du sieur Jean de Reboul, trésorier de

N°. XLV. France en la généralité de Montpellier, à ce qu'il nous plaise, demeurant la remise de ses titres & la dénomination des palus & marais lui appartenant, faite lors du verbal tenu devant le sieur de Rosset, commissaire à ce député, les 11 & 12 Mai 1769, ledit verbal duement signifié, demeurant aussi le jugement rendu le 20 Avril 1771, qui déclare que ledit sieur de Reboul a satisfait à celui du 18 Novembre 1768, & enfin, la déclaration qu'il a toujours fait, comme il ne s'oppose point au desséchement des marais & construction du canal de navigation dont est question; tenant le consentement du syndic général de la province, consigné dans sa requête signifiée le 22 Septembre 1770, déclarer qu'il a entierement satisfait à nos jugemens des 19 Novembre 1768 & 20 Avril 1771; & en conséquence, le maintenir en la propriété, possession & jouissance des palus & marais appellés de la Fangassiere lui appartenant, comme étant une dépendance de sa métairie appellée de Vire-ventres, & qui se trouvant limités, désignés & confrontés dans lesdits actes, titres & plans remis, & notamment dans la sentence arbitrale du 12 Août 1763, lesdits palus & marais sur la contenance de quarante-quatre séterées cent vingt-neuf dextres, tenant son offre de contribuer aux frais du desséchement, eu égard à la contenance & à l'objet de ses marais; l'ordonnance du 11 Avril 1772, & la communication du 15 du même mois. Vu encore les actes remis par ledit sieur Reboul, consistant, 1°. en un extrait de reconnoissance du 9 Février 1670, qui établit que le marais appellé le Fangassier dans le terroir d'Aigues-mortes, quartier des Boudres, fait partie de la métairie dite de Vire-ventres; 2°. en une expédition du contrat de vente de la métairie de Vire-ventres, faite au sieur Massia le 23 Décembre 1682; 3°. en une sentence arbitrale rendue le 12 Août 1763 contre les consuls d'Aigues-mortes; N°. XLV. 4°. en un arrêt du parlement de Toulouse du 3 Mars 1768, autorisant ladite sentence; 5°. en un extrait ou *sumptum* des articles reconnus au Roi par le sieur Massia dans la terre d'Aigues-mortes, avec les quittances des censives sur différentes dates. Vu aussi la requête présentée par les sieurs Perié freres, à ce qu'il nous plaise, tenant la remise par eux faite des titres de propriété de l'isle du Mol Sainte-Marguerite, & leur déclaration de la contenance & confronts de ladite isle, les recevoir à corriger, réunir & étendre leurs conclusions à celles qui suivent; ce faisant, demeurant leur déclaration qu'ils ne s'opposent point au desséchement des marais, ni à la construction du canal de navigation, & leur déclaration qu'ils n'entendent point réclamer de la procédure de bornage de partie de l'isle du Mol Sainte-Marguerite faite en 1740, déclarer l'entiere isle du Mol Sainte-Marguerite, marais & terres inondées; ce faisant, les maintenir dans la propriété, possession & jouissance de l'entiere isle du Mol Sainte-Marguerite, demeurant leur offre de contribuer aux frais du desséchement général, eu égard à la contenance & à l'objet desdites terres inondées reconnues marais, & bornées comme telles en 1740, si mieux il nous plaisoit les renvoyer à se pourvoir à l'assemblée des Etats, à l'effet de se faire concéder la faculté de faire eux-mêmes dessécher ladite isle, avec les mêmes facultés & exceptions accordées auxdits Etats; l'ordonnance rendue sur ladite requête le 11 Avril dernier, & la communication en date du 15 du même mois. Vu encore les actes remis par lesdits sieurs Perié, consistant, 1°. en l'inféodation du 31 Août 1626, de l'isle Marguerite ou le Mol

N°. XLV. dans le terroir d'Aigues-mortes, en faveur du sieur de Nagu, baron de Marée, marquis de Varennes; 2°. en une copie collationnée de l'arrêt du parlement de Toulouse du 9 Janvier 1758, qui adjuge aux sieurs Periè freres le décret des biens de Me. Louis Fontanés, avocat, parmi lesquels se trouve compris l'isle du Mol Sainte-Marguerite; 3°. en un arrêt du conseil du 3 Mars 1761, qui érige en fief l'isle Sainte-Marguerite du Mol; 4°. en des lettres-patentes du 17 Avril suivant, rendues sur le susdit arrêt du conseil; 6°. en un arrêt du parlement de Toulouse du 23 Novembre de la même année, portant que l'arrêt du conseil & lettres-patentes des 3 Mars & 17 Avril seront registrés & exécutés. Vu aussi copie de la requête présentée par le sieur Roussèlier, bailli de la ville d'Aimargues, à ce qu'il nous plaise lui donner acte de sa déclaration comme il n'existe aucune des bornes plantées en 1740; lors de la descente faite par feu Me. Baudouin sur le domaine de las Tombes, & qu'en suivant les raisonnemens & inductions du procès-verbal tenu par ledit Baudouin, on n'a pu ni entendu borner que l'ancienne pêcherie ou canal qui est détruit, appellé l'Esperou, se référant au susdit verbal, & se réservant seulement indemnité, ainsi qu'il appartiendra; Copie de l'ordonnance sur ladite requête, & communication d'icelle, en date du 30 Août 1771. Vu encore les titres remis par ledit sieur Roussèlier, consistant, 1°. aux lettres-patentes du Roi Charles, en date du 6 Avril 1434, contenant les priviléges & facultés de la ville d'Aigues-mortes; 2°. au jugement du 31 Octobre 1670, sur le dénombrement rendu au Roi par la ville d'Aigues-mortes; 3°. en l'acte de vente du 13 Octobre 1727 du domaine de las Tombes, près d'Aigues-mortes; 4°. en un état en date du 6 Décembre 1743, des reconnoissances fournies au Roi par les habitans d'Aigues-mortes; 5°. en l'acte de vente du 7 Mars 1764, en faveur du sieur Roussèlier du domaine de las Tombes, près Aigues-mortes. Vu aussi la requête présentée par le sieur marquis de Rochemore, baron des Etats de la province, à ce que tenant la remise des titres justificatifs de sa propriété & la déclaration des tenemens & confronts desdits marais, lui donner acte de la déclaration du syndic général du 22 Septembre 1770, comme il reconnoît les titres suffisans pour justifier ladite propriété, & que ledit de Rochemore est aux droits d'Ermengaud & François de Rochemore, & en conséquence, le maintenir dans lesdits marais, palus & terres inondées énoncées dans ses titres; l'ordonnance sur ladite requête rendue le 26 Août 1771, & la communication du 28 du même mois. Vu encore les titres remis par ledit sieur de Rochemore, consistant, 1°. en un dénombrement fait au Roi le 14 Mars 1435 par Ermengaud de Rochemore & la dame Mandosie de Bordes de Lunel sa femme de plusieurs possessions, & entr'autres du terroir de Tartuguieres, des palus & pêcheries dudit terroir, & encore d'un grand terroir appellé lou Grès, entouré de palus, & situé dans le terroir de Saint-Nazaire; 2°. en un dénombrement & hommage du 27 Novembre 1552 fait au baron de Lunel par François de Rochemore du tenement de Tartuguieres & du domaine du Grès. Vu aussi la requête présentée par les consuls de Beaucaire, à ce que tenant la remise des titres duement collationnés, & leur déclaration de la contenance & confronts, il nous plaise déclarer la propriété sur les huit cent salmées de terre concédées à la communauté par le Roi Louis XIII par ses N°. XLV.

No. XLV. lettres du 13 Septembre 1632, baillées par la communauté à ses créanciers en 1671 en payement de ce qu'elle devoit, déclarer aussi ladite communauté propriétaire de deux cent dix-sept salmées une émine cinq picotins, mesure de Beaucaire, à quoi reviennent les vingt muids des marais acquis du chapitre d'Uzès, par acte du 14 Juin 1739; de plus, que les cinq cent cinquante salmées distraites en faveur de la communauté sur les dix-sept cent accordées en 1678 aux sieurs de Launay & de la Roche, soient déclarés propres à ladite communauté; & en tout événement, ordonner l'exécution des conventions passées entre le feu sieur maréchal de Noailles & la communauté en 1701; & en conséquence, qu'il sera délaissé cinq cent cinquante salmées après le desséchement fait, pour que la communauté puisse jouir des pâturages, droits, facultés & avantages dont elle jouissoit sur les cinq cent cinquante salmées, & aux droits de pêche, chasse & autres, sur la partie du canal qui traverseroit les marais, tout de même que la faculté de dépaître & lignérer dans l'entre-deux de tous les canaux & contre-canaux, & autres droits contenus dans lesdites conventions; ordonner en outre, que ladite communauté soit indemnisée à raison des droits & facultés sur les onze cent cinquante salmées de marais, restant des dix-sept cent salmées données auxdits sieurs de Launay & de la Roche en 1678; ordonner enfin, que ladite communauté soit indemnisée à raison des marais du tenement appellé le Contrat, à raison des facultés, droits, avantages & priviléges que ladite communauté a sur ledit terrein; l'ordonnance de joint & signifié rendue sur ladite requête le 26 Août 1771, & l'exploit de signification du 28 du même mois. Vu en outre, l'extrait du procès-verbal d'exécution de l'arrêt du parlement de Toulouse du 22 Octobre 1551; 2°. les lettres-patentes qui permettent à la ville de Beaucaire d'ouvrir & mettre en culture huit cent salmées de marais du mois de Septembre 1632; 3°. Arrêt de la cour des comptes de Montpellier, portant distraction de cinq cent cinquante salmées sur dix-sept cent concédées aux sieurs de Launay & de la Roche du 16 Mai 1682; 4°. un jugement des commissaires, qui admet le dénombrement de la communauté de Beaucaire du 22 Mars 1689; 5°. l'expédition des lettres-patentes, qui maintiennent les habitans de Beaucaire dans les droits y énoncés du mois de Novembre 1691; 6°. l'arrêt du conseil & lettres-patentes, qui autorisent la transaction passée entre le chapitre d'Uzès & la communauté de Beaucaire du 9 Mai 1741. Vu encore la requête du sieur président de Belleval, à ce que tenant la remise de ses titres, il soit maintenu dans la propriété des palus & marais qu'il jouit dans le terroir de Beaucaire; ce faisant, excepter lesdits marais du desséchement, conformément aux conventions faites par ladite communauté avec le feu sieur maréchal de Noailles, autorisées par lettres-patentes de 1702; l'ordonnance de joint & signifié du 12 Février 1773, & l'exploit de signification du 17 du même mois. Vu aussi l'extrait du procès-verbal contenant vente au sieur de Freslieux de quatre vingt-treize salmées cinq émines cinq picotins des terres & herbages du 27 Juin 1671. Vu aussi la requête du sieur Pierre Privat, avocat, tendante à ce que tenant la représentation de ses titres, il soit déclaré n'y avoir lieu au desséchement des quatre salmées quatre émines pré compésiées sous son nom dans le compoix terrier de la ville de Beaucaire; en conséquence, le maintenir dans cette pro-

N°. XLV. priété, possession & jouissance, avec défenses à toutes personnes de lui donner aucun trouble ni empêchement; l'ordonnance de joint & signifié du 6 Juin 1772, & la communication faite du même jour. Vu aussi, 1°. la copie du procès-verbal de vente de trente-trois salmées deux émines de marais du 12 Juin 1671; 2°. l'expédition d'un acte établissant la propriété de quatre salmées quatre émines de marais du 22 Juin 1671; 3°. l'extrait du compoix dudit sieur Privat. Vu encore la requête de Pierre Troupenas, à ce que tenant la remise de ses titres, il soit maintenu dans la propriété, facultés & jouissance des fonds à lui vendus; l'ordonnance du 24 Juillet 1771, & l'exploit de signification du lendemain. Vu aussi, 1°. l'expédition du contrat de vente à lui faite le 26 Juin 1764; 2°. l'expédition du procès-verbal du sieur Duret du 25 Juin 1671; 3°. l'expédition du compoix dudit Troupenas. Vu aussi la requête de Claude Noailles, à ce que tenant la remise de ses titres, il soit maintenu dans la propriété de la partie des marais y contenus; l'ordonnance du 11 Septembre 1771, & l'exploit du 14 du même mois. Vu encore, 1°. l'extrait du verbal du sieur Duret du 12 Juin 1671; 2°. deux extraits du compoix dudit Noailles. Vu aussi la requête du sieur Bérard, à ce que tenant la remise de ses titres, il soit maintenu dans sa propriété; l'ordonnance de joint & signifié du 26 Août 1771, & l'exploit de signification du même jour. Vu aussi, 1°. l'extrait du testament de Joseph Bérard du 23 Août 1743; 2°. l'extrait de déclaration d'Honoré d'Arnaud, seigneur de Prémond, du 23 Octobre 1670; 3°. l'extrait du verbal du sieur Duret du 12 Juin 1671; 4°. l'extrait de verbal de vente de quarante-deux salmées trois picotins & demi de marais du 27 Juin 1671; 5°. autre extrait de contrat de vente du dernier Février N°. XLV. 1684; 6°. l'extrait de la donation faite par Laurent Bérard à Joseph son fils le 16 Décembre 1684; 7°. l'extrait de reconnoissance de trente-quatre salmées quinze picotins en marais du 19 Avril 1557. Vu aussi l'extrait de reconnoissance & de décret d'adjudication des biens du sieur Pillet de Fressieux, représenté par le sieur le Noir, adjudicataire desdits biens, du 10 Décembre 1757. Vu aussi la requête du sieur Pierre de Tieuloy en maintenue de dix salmées quatre émines cinq picotins de marais; l'ordonnance de joint & signifié du 30 Août 1771, & exploit du lendemain. Vu aussi, 1°. l'extrait de testament de Jacques de Tieuloy du 18 Août 1682; 2°. l'extrait du mariage de noble Pierre de Tieuloy du 2 Avril 1661; 3°. l'extrait de verbal de vente de dix salmées quatre émines cinq picotins, en faveur de noble Jacques de Tieuloy du 5 Juin 1671; 4°. l'extrait du mariage de Claude de Tieuloy du 27 Juin 1701; 5°. l'extrait du testament de Pierre de Tieuloy du 25 Mai 1709; 6°. l'extrait du contrat de mariage de Pierre de Tieuloy du 27 Février 1724; 7°. l'extrait du testament de noble Claude de Tieuloy du 30 Juin 1718; 8°. l'extrait du compoix de noble Pierre de Tieuloy. Vu aussi la requête de Cecile Mallian, veuve Tournaire, en maintenue d'une terre située au quartier de Costieres; l'ordonnance de joint & signifié du 30 Août 1771, & l'exploit de signification du lendemain. Vu aussi, 1°. l'extrait du procès-verbal du sieur Duret du 27 Juin 1671; 2°. l'extrait du mariage de Barthelemi Molhanes avec Suzanne Caumartin; 3°. l'extrait de vente de trente salmées ou environ de marais; 4°. le compoix de Louis Tournaire. Vu aussi la requête présentée par

N°. XLV. sieur François Boschet, en maintenue de dix salmées cinq émines ou environ de marais; l'ordonnance de joint & signifié du 26 Août 1771, & l'exploit de signification du 28. Vu encore, 1°. l'extrait du verbal de vente de neuf salmées trois émines marais faite devant le sieur Duret du 3 Juin 1671; 2°. autre extrait contenant vente de quatre émines huit picotins par le sieur de Porcellets à Mathieu Artaud du 17 Mars 1696; 3°. autre extrait de vente du 4 Septembre 1768; 4°. autre extrait de contrat de vente du 18 Octobre 1730; 5°. autre extrait de vente du 26 Novembre 1752; 6°. l'extrait du compoix de Mathieu Artaud; 7°. l'extrait du compoix dudit sieur Boschet. Vu aussi la requête de Jean Vianés, en maintenue de six salmées quatre émines ou environ de marais; l'ordonnance de joint & signifié du 11 Septembre 1771, & l'exploit de signification du 14 du même mois. Vu aussi, 1°. l'extrait de vente du 24 Mai 1756; 2°. l'extrait de transaction du 10 Août 1679; 3°. l'extrait du verbal du sieur Duret du 5 Juin 1671; 4°. extrait du compoix dudit Jean Vianés. Vu aussi la requête du sieur Dulong, en maintenue de propriété d'une terre située au quartier de Costieres; l'ordonnance de joint & signifié du 26 Août 1771, & l'exploit de signification du 28. Vu aussi, 1°. l'extrait de verbal du sieur Duret du 12 Juin 1671; 2°. l'extrait d'acte de cession du 10 Mars 1729; 3°. l'extrait-baptistaire de Philippe Roustan, & extrait-mortuaire de Jean; 4°. l'extrait du contrat de vente du 26 Décembre 1708; 5°. autre extrait de vente du 2 Janvier 1755. Vu aussi la requête de Pierre Tavernier, en maintenue de vingt-quatre salmées six émines ou environ de marais; l'ordonnance du 11 Septembre 1771, & l'exploit de signification du 14. Vu encore, 1°. l'extrait du verbal du sieur Duret du 12 Juin 1671; 2°. l'extrait de vente de vingt-quatre salmées de marais du 14 Septembre 1743; 3°. l'extrait-baptistaire d'Antoine Boschet du 7 Juin 1673; 4°. le certificat de mariage du sieur Antoine-Joseph Boschet du 24 Août 1670; 5°. l'extrait du compoix dudit Tavernier. Vu aussi la requête présentée par les héritiers de Guillaume Metge, en maintenue de propriété de la terre située au quartier de Costieres; l'ordonnance sur ladite requête du 26 Août 1771, & la communication du 28. Vu encore, 1°. l'extrait du procès-verbal tenu par le sieur Duret le 3 Juin 1771, portant vente à Gabriel Blanc d'une salmée sept émines sept picotins de la terre longue, faisant partie des huit cent salmeés; 2°. l'acte de vente du 16 Août 1759, en faveur de Guillaume Metge, d'une partie de ladite piece au quartier de Costieres, de contenance d'environ demi-salmée; 3°. autre contrat de vente du 23 Septembre 1759, d'autre partie de ladite piece, de contenance de trois émines huit picotins; 4°. Extrait du compoix dudit Metge. Vu aussi la requête de Benoît Mathieu, habitant de Beaucaire, en maintenue de la propriété d'une piece terre audit tenement de Costieres; l'ordonnance sur ladite requête du 30 Août 1771, & la communication faite le lendemain. Vu encore les titres remis par ledit Benoît Mathieu, consistant, 1°. dans le procès-verbal dudit sieur Duret, en date du 12 Juin 1671, portant vente en faveur de Blanc d'une salmée sept émines huit picotins, faisant partie des huit cent concédées à la communauté; 2°. l'acte de vente du 20 Août 1738, en faveur de Benoît Mathieu, d'une salmée marais, faisant partie de ladite terre; 3°. en deux extraits du compoix de la communauté de Beaucaire. Vu N°. XLV.

N°. XLV.

aussi la requête présentée par Louis Comte habitant de Beaucaire, en maintenue de propriété de marais audit quartier de Costieres, de contenance d'environ dix-sept émines; l'ordonnance sur ladite requête du 11 Septembre 1771, & la communication du 14. Vu encore les titres remis par ledit Louis Comte, consistant, 1°. dans l'extrait du procès-verbal dudit sieur Duret du 12 Juin 1671, portant vente en faveur de Bérard, bourgeois, de vingt-trois salmées quatre émines quatre picotins, faisant partie des huit cent concédées à la communauté; 2°. en l'acte de vente du 26 Décembre 1708, par Bérard, en faveur de Claude Fourets, Benoît Durand, Thomas Laurent & Jean Vianés de huit salmées deux émines, faisant partie des vingt-trois ci-dessus désignées; 3°. en l'acte de vente du 19 Octobre 1769, par les héritiers de François-Laurent, en faveur du sieur Louis Comte d'un pré de dix-sept émines, faisant partie des huit salmées ci-dessus désignées; 4°. l'extrait du compoix dudit Louis Comte. Vu aussi la requête présentée par la dame de Virgile, veuve du sieur de Courtois, en maintenue de la propriété de la terre située au quartier de la Palus; l'ordonnance sur ladite requête du 30 Août 1771, & la communication du 31. Vu encore les titres remis par ladite dame de Courtois, consistant, 1°. au contrat de vente du 22 Août 1719, faite par la communauté de Beaucaire au sieur de Porcellets de cinquante-cinq salmées une émine marais; 2°. au contrat de vente du 18 Mars 1771, confirmatif de la vente privée du 4 Septembre 1719 de trente-trois salmées marais, en faveur du sieur de Virgile; 3°. en l'extrait-baptistaire de ladite dame de Courtois du 9 Juin 1740; 4°. en l'extrait du compoix du sieur Virgile, pere de ladite dame de Courtois. Vu aussi la requête présentée par le sieur Margal, habitant de Beaucaire, en maintenue de propriété sur la terre dont il jouit; l'ordonnance rendue sur ladite requête du 30 Août 1771, & la communication du lendemain. Vu aussi les titres remis par ledit Margal, consistant, 1°. en l'extrait du verbal du sieur Duret du 4 Juin 1671, contenant venté à François Gilles d'une salmée une émine deux picotins de marais; 2°. en l'extrait-baptistaire du 27 Octobre 1669 de la nommée Jeanne, fille de François Gilles; 3°. en l'extrait-baptistaire de Robert Brun, fils de Balthazar & de Jeanne Tressaude du premier Février 1670; 4°. en l'extrait de célébration de mariage de Pierre Bonhomme avec Dauphine Brun, fille de Robert Brun & de Jeanne Gilles; 5°. au contrat de vente du 5 Mai 1755 par Pierre Bonhomme à Louis Margal, d'une piece terre de contenance d'une salmée ou environ; 6°. au contrat de vente du 10 Octobre 1763 par Honoré Guillet & Jeanne Vialles, en faveur du sieur Louis Margal d'une piece terre située aux Pebrieres; 7°. en l'extrait du compoix dudit Louis Margal. Vu aussi la requête présentée par le sieur comte de Quinson, en maintenue de la propriété d'une piece terre de cinquante-neuf salmées deux émines deux picotins en pré appellé de Ficcot; l'ordonnance sur icelle du 13 Mai 1772, communiquée le même jour. Vu encore les titres remis par le sieur de Quinson, consistant, 1°. en l'extrait du procès-verbal dudit sieur Duret du 25 Juin 1671; 2°. en la transaction du 4 Juillet 1713, entre le procureur fondé du sieur Porcellets & le sieur comte de Quinson; 3°. en la quittance du 16 Avril 1716 du sous-fermier du domaine de Beaucaire, en faveur

N°. XLV. veur du sieur comte de Quinson; 4°. en l'extrait d'ensaisinement & contrôle du 6 Novembre 1743, en faveur dudit sieur comte de Quinson. Vu aussi la requête du sieur de Latis d'Entraigues, mari & maître des biens dotaux de dame Magdelaine Brocardi, pour demander en ladite qualité, la maintenue dans la propriété de quatorze salmées sept émines huit picotins trois quarts de picotins de fonds de terre en marais & herbages dans le terroir de Beaucaire, faisant partie des susdites huit cent salmées; & en cas de dépossession, qu'il lui soit accordé une indemnité telle que de droit; l'ordonnance de joint sur ladite requête du 24 Octobre 1772, communiquée le même jour. Vu encore les titres remis par ledit sieur de Latis d'Entraigues, consistant, 1°. en une expédition du procès-verbal du sieur Duret du 27 Juin 1671, contenant adjudication de quarante-deux salmées trois picotins terres en marais, en faveur du sieur de Bourdic de Saint-Montant; 2°. en une reconnoissance faite au Roi le 7 Juillet 1758 par ledit sieur d'Entraigues; 3°. au mariage dudit sieur d'Entraigues avec ladite de Bourdic de Saint-Montant du 27 Octobre 1742; 4°. en l'extrait du compoix dudit de Brocardi. Vu aussi la requête de la dame de Virgile, veuve & héritiere fiduciaire de noble Jean-Louis de Forton, tutrice & légitime administreresse de la personne & biens de Jean-Antoine de Forton son fils, en maintenue dans la propriété de soixante-treize salmées huit émines dix picotins des palus & marais faisant partie desdites huit cent salmées; & qu'en cas de dépossession, il lui soit accordé une indemnité telle que de droit; l'ordonnance rendue sur icelle du 24 dudit mois d'Octobre 1772, communiquée le même jour. Vu encore les titres remis par ladite dame, consistant, 1°. en une expédition du procès-verbal dudit sieur Duret du 10 Juin 1671, contenant adjudication des fonds en marais y énoncés, en faveur du feu sieur de Forton; 2°. en un extrait de reconnoissance faite au Roi le 2 Septembre 1757 par Jean-Louis de Forton; 3°. en une expédition du testament dudit Jean-Louis de Forton du 9 Mai 1767, ouvert le 13 Juin 1768; 4°. en l'extrait du compoix des biens dudit de Forton. Vu aussi la requête de noble Henri de Roquesi de Clausonettes & de noble Guillaume-Joseph-Alexis de Donoday, marquis de Campredon, maris & maîtres des biens dotaux des dames Marie-Elisabeth & Marie-Thérese d'Icard, sœurs, succédantes à noble Aymé d'Icard leur pere, tendante à être maintenus; savoir, ledit de Clausonettes, de son chef & en son propre, en la propriété de neuf salmées trois émines de marais dans le terroir de Beaucaire; & tant ce dernier que ledit sieur Donoday aux susdites qualités, en la propriété de treize salmées une émine deux picotins de fonds en marais, faisant partie desdites huit cent salmées, & en indemnité, en cas de dépossession; l'ordonnance de joint du 24 Octobre 1772, communiquée le même jour. Vu encore les titres remis par les sieurs de Clausonettes & de Donoday, consistant; savoir, pour ledit de Clausonettes en son propre; 1°. en l'expédition du procès-verbal dudit sieur Duret du 5 Juin 1671, contenant adjudication en faveur de l'aïeul dudit Clausonettes, de neuf salmées trois émines de marais; 2°. en une expédition de la reconnoissance faite au Roi par ledit de Clausonettes le 7 Septembre 1757; 3°. en l'extrait du compoix des biens dudit de Clausonettes, ceux concernant lesdits sieurs de Clausonettes & Donoday en commun, consistant; 1°. en une reconnoissance consentie au Roi le 14 Juin 1755, par ledit de Clausonettes & les Dlles. d'Icard; 2°. en une expédition du contrat de mariage dudit de Clausonettes, avec la dame Marie-Elisabeth d'Icard du 9 Décembre 1765; 3°. en autre expédition du contrat de mariage dudit sieur Donoday avec ladite dame Thérese d'Icard du 3 Septembre 1765; 4°. en l'extrait du compoix dudit d'Icard. Vu aussi la requête présentée par dame Marthe d'Assac, épouse de Me. Vinari, par Dlles. Cecile & Marie-Marthe d'Assac, sœurs, filles & cosuccédantes au sieur Claude d'Assac, en maintenue dans la propriété de huit salmées six émines neuf picotins de fonds en marais, faisant partie desdites huit cent salmées, & en indemnité, en cas de dépossession; l'ordonnance du 24 dudit mois d'Octobre 1772, communiquée le même jour. Vu encore les titres représentés par lesdites Dlles. d'Assac, consistant; 1°. en une expédition du procès-verbal du sieur Duret du 4 Juin 1671, contenant adjudication en faveur du sieur Mendre d'une salmée six émines quatre picotins de marais; 2°. autre extrait du procès-verbal dudit sieur Duret du 12 dudit mois de Juin, contenant adjudication de trente-deux salmées cinq émines cinq picotins de fonds en marais, en faveur du sieur Bérard; 3°. extrait d'acte de cession du 30 Avril 1711; 4°. Acte de vente, en faveur du sieur Benoît d'Assac du 18 Août 1727; 5°. autre acte de vente en faveur dudit Claude d'Assac du 14 Avril 1742; 6°. en un acte de mise de possession du 31 Octobre 1742; 7°. acte d'élection d'ami du 4 Septembre 1743; 8°. l'extrait du compoix dudit feu Claude d'Assac. Vu aussi la requête du sieur marquis de Coetlogon, habitant de la ville d'Arles, en maintenue de la propriété d'un pré, terroir de Beaucaire, de contenance de dix-neuf salmées une émine quatre picotins; ce faisant, qu'il soit déclaré n'y avoir lieu de les comprendre dans le dessèchement, avec défenses à toutes personnes de lui donner aucun trouble, à peine de 500 livres d'amende; l'ordonnance de joint & signifié du 16 Juin 1772, communiquée le même jour. Vu aussi, 1°. l'expédition du procès-verbal du sieur Duret du 25 Juin 1671; 2°. l'acte de vente de la terre & domaine de Saint-Paul du 26 Novembre 1757; 3°. l'expédition du testament de Louis Salles, seigneur de St. Paul du 14 Avril 1760; 4°. Autre extrait de vente de la terre & domaine de Saint-Paul du 20 Août 1771. Vu aussi la requête de dame Virginie de Berton de Crillon, veuve du sieur de Brancas, en maintenue de dix salmées terre, terroir de Beaucaire; ce faisant, qu'il soit ordonné, au cas par le dessèchement elle ne soit dépossédée en tout ou en partie, que les Etats lui payeront une indemnité qu'elle offre de régler à dire d'experts ou de gré à gré; l'ordonnance de joint & signifié du 24 Octobre 1772, & la communication du même jour. Vu encore, 1°. l'extrait du testament du sieur Henri-Raymond, comte de Brancas, du 1 Septembre 1765; 2°. l'extrait du procès-verbal du sieur Duret du 27 Juin 1671; 3°. l'extrait du testament du sieur Henri de Porcellets du 9 Avril 1641; 4°. l'extrait du mariage du sieur André-Joseph de Brancas du 5 Août 1683; 5°. *Pateat* du testament du sieur André-Louis de Brancas du 7 Mai 1746; 6°. l'extrait du compoix du sieur Louis-André de Brancas. Vu encore la requête de la dame Larnac, veuve du sieur Fourmaud, en maintenue de deux corps de marais, faisant cinquante-six salmées dans le terroir de Beaucaire; ce fai-

N°. XLV.

sant, au cas les Etats trouvassent à propos d'en employer une partie à la construction du canal de navigation ou aux ouvrages du desséchement, qu'il soit ordonné qu'elle sera indemnisée de gré à gré ou à dire d'experts; l'ordonnance de joint sur ladite requête du 24 Octobre 1772, communiquée le même jour. Vu aussi, 1°. l'extrait du procès-verbal du sieur Duret du 25 Juin 1671; 2°. l'extrait de vente d'une métairie & domaine du 6 Mai 1760; 3°. Quittance du prix de vingt-cinq salmées du 26 Juin 1762; 4°. autre quittance consentie par les héritiers de Montréal du 24 Mars 1763; 5°. *Pateat* du testament du sieur Pierre Fourmaud du 12 Mars 1769; 6°. l'extrait de vente faite par le sieur de Porcellets aux sieurs Vianés le 19 Novembre 1712. Vu encore les titres remis par les dames de Cournon, l'une veuve du sieur Marmier, & l'autre du sieur Plauchut, consistant, 1°. en un extrait du don fait par le Roi de dix-sept cent salmées de marais, terroir de Beaucaire, aux sieurs de Launay & de la Roche au mois de Juin 1678; 2°. l'extrait du traité contenant cession de cinq cent soixante-quinze salmées de marais du 23 Juillet 1678; 3°. Arrêt de la cour des comptes de Montpellier du 14 Juin 1680; 4°. autre arrêt de la même cour du 16 Mai 1682; 5°. l'arrêt du conseil du 24 Juillet 1685; 6°. l'extrait de convention contenant vente en faveur du sieur Cournon du 30 Novembre 1683; 7°. l'arrêt de ladite cour de comptes du 30 Mars 1688; 8°. l'extrait de la vente faite par la Roche à Montréal du 24 Novembre 1701; 9°. Extrait d'acte & déclaration contenant abandon de cinq cent soixante-quinze salmées du 12 Janvier 1711; 10°. l'extrait de cession des mêmes cinq cent soixante-quinze salmées du 18 Juin 1714; 11°. Extrait d'acte de vente du 15 Janvier 1721; 12°. l'extrait de convention entre Montréal frere & sœur, & le sieur Cournon du 28 Avril 1722; 13°. la quittance des lods de l'acquisition de onze cent cinquante salmées de marais du 1 Juin 1728; 14°. la quittance du droit de confirmation en la possession de onze cent cinquante salmées du 24 Avril 1742; 15°. l'extrait de quittance de l'albergue de 300 livres payées au Roi pour les années 1768, 1769, 1770; 16°. l'extrait du verbal de sommaire à prise du 6 Décembre 1770. Vu aussi notre jugement du 3 Octobre 1771, avec les requêtes, libelles, productions & pieces sur lesquelles il a été rendu; l'exploit de signification dudit jugement, faite aux syndics des Villettes composant la baronnie de Lunel, & aux consuls dudit Lunel, le 14 Novembre suivant, à la requête de Brun, Soulages, Roux & Mathieu; le procès-verbal du sieur de Rosset, commissaire, tenu en exécution du susdit jugement, commençant le 21 Janvier 1772, & finissant le 18 Mai de la même année; la requête des consuls de Lunel, & l'ordonnance du 13 Janvier 1772, qui permet d'exécuter ledit jugement sur la copie, avec l'exploit de signification du 17 du même mois; le rapport de Viella & Barnier de Valcaude du 22 Avril 1772. Requête desdits Brun, Soulages, Roux & Mathieu, à ce qu'il nous plaise les recevoir à la correction des conclusions par eux précédemment prises, en ce qu'elles pourroient être contraires aux suivantes; ce faisant, tenant la représentation de leurs titres & la remise des copies faite en exécution du jugement du 3 Octobre 1771, les maintenir définitivement dans la possession & jouissance des palus & marais donnés au monastere de l'Arboras par les actes de 1214 & 1215,

N°. XLV.

& à eux inféodés par celui du 23 Avril 1162, dont l'exécution a été ordonnée pour le bois de Roccan par notre jugement dudit jour 3 Octobre 1771; lesdites palus appellées de Mourre-Long, composées de divers tenemens nommés Cros de l'Espérou, de Cendriés, de la Mejannelle, palus du Patus, l'Estagniol des Anglous, palus Croze, lou Cayrel, le Toc, palus de la Prieuresse d'Arboras, palus de Port-Noou, le plan de Saint-Denis, la Fenouillette & Peyre-Fiche, le tout confrontant du levant la robine de Lunel depuis l'Ornede jusques à l'étang du Roi, dit de l'Or; du couchant la riviere du Bérange, la pointe du Cayrel, les terres de Tartuguieres, appartenant au sieur de Rochemore; du vent droit les terres de Lansargues, ladite pointe du Cayrel, lesdites terres de M. de Rochemore, la carriere de la Calade, les terres de Saint-Nazaire & les patus de l'Ornede; & du midi l'étang du Roi, dit l'étang de l'Or, avec défenses à toutes personnes de, en la possession & jouissance desdits palus & marais, leur donner aucun trouble ni empêchement, à peine d'enquis; condamner les consuls & syndics de la baronnie de Lunel aux dommages soufferts par lesdits Brun, Mathieu & consorts, à raison du trouble qu'ils leur ont donné dans leur jouissance, ainsi qu'ils l'ont demandé par leurs précédentes, avec dépens, même en ceux réservés par notre jugement dudit jour 3 Octobre 1771, sans préjudice de former telles demandes qu'ils aviseront contre lesdits consuls & syndics de la baronnie, pour raison de l'inexécution dudit jugement, en ce qui concerne le bois de Roccan, ce qu'ils se réservent par exprès; l'ordonnance de joint sur ladite requête du 2 Mai 1772, & l'exploit de signification du même jour. Autre requête desdits Brun, Mathieu & consorts, tendante à ce que sans avoir égard à celle du syndic général du 10 Juillet 1772, non plus qu'à son mémoire imprimé; vu ce qui résulte de la réfutation qu'ils y ont fourni, & des titres & actes par eux remis, les maintenir dans la propriété définitive desdits palus & marais énoncées dans leurs précédentes requêtes, avec dépens; l'ordonnance de joint sur ladite requête du 22 Août 1772, avec l'exploit de signification du même jour. Vu aussi les autres titres produits & représentés depuis notre jugement dudit jour 3 Octobre 1771 par lesdits Brun & consorts, consistant, 1°. en un acte du 6 des ides de Juin 1248; 2°. autre acte du 4 des kalendes de Juin 1267; 3°. autre acte du 15 des kalendes de Juillet 1285; 4°. en un extrait tiré de l'inventaire des archives de l'hôtel-de-ville de Lunel, contenant en sommaire le testament de Raymond Gausselin, baron de Lunel, des nones d'Avril 1215, & des lettres-patentes de sauve-garde du Roi Charles de l'année 1307; 5°. Transaction passée entre le sieur marquis de Calvisson & les consuls de Lunel du 27 Juillet 1678; 6°. Dénombrement rendu par la communauté de Lunel le 6 Décembre 1686, & le jugement rendu sur ledit dénombrement le 6 Mai 1687; 7°. autre jugement rendu par les commissaires du domaine le 21 Septembre de ladite année 1687; 8°. Extrait des lettres d'amortissement en faveur de la communauté de Lansargues du mois d'Août 1687; 9°. Dénombrement rendu au Roi par les religieuses du monastere de la Visitation Sainte-Marie de Montpellier, & le jugement rendu sur ledit dénombrement le 23 Août 1688; 10°. Acte fait aux consuls de Lansargues, à la requête desdites dames de la Visitation, le 4 Août 1704. Vu encore le procès-

N°. XLV. verbal tenu pardevant ledit sieur de Rosset, commissaire, sur les réquisitions de Ricard, procureur desdits Brun & consorts, commençant le 18 Novembre 1771, & finissant le 27 du même mois, & l'exploit de signification du 2 Mai 1772; les reconnoissances, baux à cens & autres actes, mentionnés dans ledit procès verbal, duement collationnés par ledit sieur de Rosset, commissaire; lesdites reconnoissances au nombre de cinquante-deux, dont trois en date du 15 des kalendes de Novembre 1306, une du 15 Mars 1324, une autre du 2 Juillet de la même année, une autre du 13 Juillet 1328, trois du 15 des kalendes de Novembre 1322, une du 9 Août 1371, une autre du 24 Février 1430, une du 25 Juillet 1471, une du 24 Février 1472, une du 13 Décembre 1458, deux du 20 Février 1480, une du 20 Mai de la même année, une autre du 25 du même mois, une du 12 Octobre de ladite année, deux autres du 20 Février, deux du 22 du même mois, une du 14 Octobre 1484, deux du 12 Février 1515, quatre du 13 du même mois, une du 19 dudit mois, une du 25 Août 1519, une du 15 Janvier 1516, une du 2 Février 1524, une du 3 Février 1534, une du 14 Juin 1516, une du 12 Janvier 1544, deux du dernier Décembre de la même année, quatre du 4 Octobre de ladite année, deux du 5 du même mois, deux du 6 dudit mois, six du 11 Novembre 1557; huit baux à nouvel achat des 15 Décembre 1421, 3 Octobre 1432, 27 Octobre 1467, 4 Novembre 1545, 3 Janvier 1556, deux du 8 Mai 1557 & 14 du même mois; deux baux à fief du 24 Novembre 1421; deux lauzimes, l'une du 4 Janvier 1470, & l'autre du premier Février 1471; les susdites reconnoissances, baux à nouvel achat, baux à fief & lauzimes duement signifiés le 9 Avril 1772 à Palat, procureur dudit syndic général de la province. Vu aussi la requête des consuls de la ville de Lunel & des syndics de la baronnie dudit Lunel, à ce que sans s'arrêter à celles desdits Brun & consorts, non plus qu'à celles du syndic général de la province, & les en déboutant, maintenir lesdits consuls & syndics de ladite baronnie en la propriété, possession & jouissance des palus & marais qui sont du côté du couchant du canal de Lunel, consistant, 1°. en celui de Port-Noou, confrontant du levant ledit canal, du couchant les terres cultes de Saint-Nazaire, du midi le Port-Dur, du vent droit l'embouchure de la riviere du Vidourle; 2°. aux palus & marais situés depuis le Port-Dur jusques au Bérange, appellés la Fenouillette, le plan de Saint-Denis, le Clairel, Mourre-Long, le Toc, Mantergues, Port-Viel, port de Bruguieres, grand & petit Bastit, les Cendriés, & autres palus de divers noms contigus, confrontant en totalité du levant le canal de Lunel, du couchant les terres cultes & prairies de Saint-Nazaire & de Lansargues, & la riviere du Bérange, du midi ledit canal de Lunel, l'étang du Roi, & lesdites terres cultes de Saint-Nazaire & de Lansargues, du vent droit les mêmes terres & la palus de Port-Noou; 3°. aux palus & marais situés au delà de l'étang du Roi, confrontant du levant les terres ou palus d'Aigues-mortes, du couchant celles du sieur évêque de Montpellier, du midi Tamarlet, du vent droit ledit étang & le Vidourle; subsidiairement, maintenir lesdits consuls & syndics en la faculté de faire paître les bestiaux des habitans de la baronnie dans lesdits palus & marais, d'y faire des herbes, d'y chasser & pêcher sans payer aucuns droits, & en tous les au- N°. XLV.

N°. XLV. tres droits dont ils ont joui jusques à présent; comme aussi, les maintenir en la possession & jouissance de faire dépaître leurs bestiaux, couper de l'herbe de toutes les especes, pêcher & chasser sans payer aucun droit dans les palus & marais qui sont du côté du levant du canal dudit Lunel, ensemble dans tous les autres droits dont ils ont toujours joui, lesquels palus & marais du côté du levant dudit canal, sont appellés les palus de l'Estelle ou des Ports, de l'Egoutal & autres, situés dans les terroirs & jurisdictions de Tamarlet & des Ports, confrontant en totalité du levant l'Alberguiere, l'Arco, l'Arcoa, le Vidourle & les terres cultes compésiées à Massillargues; du couchant ledit canal de Lunel & l'étang du Roi; du midi le Vidourle & l'Alberguiere; du vent droit la Cadaule & les terres cultes de Lunel, des Ports, Massillargues, avec défenses auxdits Brun & consorts & à tous autres, de donner aucun trouble aux habitans de Lunel & de la baronnie, en la propriété, possession & jouissance, à peine de tous dépens, dommages & intérêts; & au cas lesdits marais seroient desséchés, il leur soit accordé une indemnité telle que de droit; 4°. vu ce qui résulte du rapport des experts nommés en exécution de notre jugement du 3 Octobre 1771, ordonner que l'emplacement, distraction & bornage des quatre cent séterées dudit bois accordé auxdits syndics & consuls de Lunel, sera fait du côté du levant, à suite & attenant les anciennes garrigues de la baronnie dans la dîmerie de Vallergues, à la ligne de séparation des dîmeries dudit Vallergues & de Montels, en tirant vers le couchant; subsidiairement, ordonner qu'elles le seront dans la dîmerie de Vallergues à l'endroit qui sera indiqué par la commission ou par les experts qui ont déjà procédé, ou autres, sans pouvoir les emplacer dans la dîmerie de Montels; N°. XLV. condamner lesdits Brun & consorts aux dommages & intérêts soufferts & à souffrir par lesdits consuls & syndics, suivant l'estimation qui en sera faite par experts, ensemble aux frais de la procédure faite, ou de celle à faire pour ledit emplacement, & aux dépens faits devant le sénéchal & en la commission, même à la restitution de ceux auxquels ils ont été condamnés, & en ceux réservés par le susdit jugement du 3 Octobre 1771; l'ordonnance de joint sur ladite requête du 20 Novembre 1772, avec l'exploit de signification du même jour. Autre requête desdits consuls de Lunel, à ce qu'il nous plaise les maintenir en la possession & jouissance des droits & facultés énoncés en la transaction du 15 Mai 1373, & en la sentence du sénéchal de Montpellier du 14 Mars 1639, sur les marais qui sont dans l'étendue de la terre & jurisdiction des Ports, y faire dépaître leur bétail gros & menu, y pêcher, chasser, couper de la sanhe & rauzet, & de tous autres droits & facultés portés par ladite transaction & sentence; & en cas de desséchement desdits marais, leur accorder une indemnité proportionnée à la valeur desdits droits & facultés, suivant l'estimation qui en sera faite par experts; l'ordonnance rendue sur ladite requête le 3 Février 1773 de joint & signifié, & l'exploit de signification du lendemain. Vu aussi les autres titres représentés & produits par les consuls de Lunel & les syndics de la baronnie, depuis notre Jugement du 3 Octobre 1771, consistant, 1°. en un acte du 12 des kalendes d'Août 1252, contenant concession des facultés en faveur des habitans de Lunel; 2°. autre acte du 4 des kalendes de Juin 1267, contenant confirmation des priviléges & facultés accordés par le baron de Lunel

N°. XLV. aux communautés de sa baronnie ; 3°. autre acte du 18 Septembre 1283, contenant concession de plusieurs facultés accordées par le seigneur baron de Lunel aux habitans de sa baronnie ; 4°. Extrait des lettres-patentes du 19 Janvier 1475, portant établissement d'une commission pour le renouvellement du papier terrier du Roi, & la déclaration faite en conséquence par les syndics de la baronnie de Lunel & son mandement ; 5°. Extrait des reconnoissances des habitans des Villettes de Lunel, pour les garrigues & terres vacantes du 28 Avril 1512 ; 6°. Lettres de sauve-garde du 3 Juillet 1323, avec la procédure de plantement de panonceaux aux armes du Roi sur les terres de la baronnie de Lunel où les habitans ont des facultés ; 7°. Extrait de la sentence rendue le 14 Mars 1739, qui, entr'autres choses, maintient les habitans de Lunel dans les facultés y mentionnées ; 8°. Acte du 5 Avril 1644, contenant bail pour la garde des bestiaux des habitans de Lansargues ; 9°. autre acte du 3 Avril 1646, contenant bail pour la garde des bestiaux des habitans de Lansargues sur les communaux de la baronnie de Lunel ; 10°. Copie d'un édit du Roi ou lettres-patentes du mois de Décembre 1659, portant confirmation du contrat passé entre les commissaires de Sa Majesté & les Etats de la province de Languedoc le 29 Septembre 1555 ; 11°. acte du 12 Septembre 1723, contenant bail pour la garde des bestiaux des habitans de Lansargues ; 12°. autre acte du 20 Avril 1759, contenant bail pour le même objet ; 13°. extrait de plusieurs offres faites en 1760, 1761 & 1762 pour la garde du bétail des habitans de Lansargues ; 14°. extrait sommaire collationné par Baumés, greffier, d'un ancien inventaire des actes de la communauté de Lunel. Vu aussi deux autres actes produits par le syndic général de la province, l'un en date du 30 Octobre 1366, contenant les proclamations faites dans la baronnie de Lunel pour la conservation du droit du seigneur dudit Lunel sur tous les marais & palus y désignés, qui sont ceux d'entre le Port-Dur & le Bérange, & d'autres proclamations pour le même objet du dernier du mois d'Octobre de la même année ; le second est une reconnoissance faite au Roi le 27 Avril 1511 d'une cabane dans l'étendue des palus & marais de Lunel, situés entre le Port-Dur & le Bérange ; Actes à produire dudit syndic général de la province des 12 Juin 1770, 13 Août 1771, & 10 Août 1772, & autres actes à produire des parties, & les exploits de signification, productions, continuations, mémoires imprimés, réponses, observations, & autres écrits respectivement fournis par les parties, avec les exploits de signification. Vu aussi les conclusions du sieur Coulomb, procureur du Roi en la commission, des premier Septembre 1772 & Mars 1773. Oui ledit procureur du Roi sur le bureau, & Oui aussi le rapport du sieur de Rosset, l'un de nous ; le tout considéré. N°. XLV.

NOUS COMMISSAIRES susdits, juges en dernier ressort ; faisant droit aux parties sur le tout, les avons reçues aux corrections par elles demandées : Déclarons le défaut pris devers notre greffe le 3 Juillet dernier contre Marguerite Hugues, bien & duement obtenu ; & avant faire droit sur l'utilité d'icelui, ordonnons que, dans deux mois pour tout délai, elle représentera devant le sieur de Rosset, l'un de nous, commissaire ja député, les titres établissant la propriété des fonds, usages ou facultés qu'elle peut avoir sur les marais dont le dessèchement a été ordonné, & qu'elle en remettra des copies, pour être collationnées par ledit sieur de Rosset, & ensuite remises au syndic général de la province de Languedoc, conformément au jugement de la commission du 19 Novembre 1768, sous les peines portées par icelui, & par l'arrêt du conseil du 23 Septembre 1770; condamnons ladite Marguerite Hugues aux dépens du défaut, modérés à douze livres; Tenant la déclaration d'Etienne Vianés, contenue dans sa requête du 11 Septembre 1771, comme il ne possede plus de fonds en marais, les ayant aliénés à Fourmaud, ordonnons que ledit Vianés sera tiré d'instance, sans dépens; Tenant les déclarations faites en exécution de notre jugement du 20 Avril 1771 par les consuls de Mudazon, ceux de Saint-Laurent d'Aigouse, par Roussélier & Pieyre, des tenemens en marais par eux possédés, des confronts desdits tenemens, & des justices dans l'étendue desquelles lesdits marais sont situés, déclarons qu'ils ont satisfait à cet égard à nos jugemens des 19 Novembre 1768 & 20 Avril 1771; Tenant aussi les déclarations faites par le grand-prieur de Saint-Gilles, ordre de Malte, & les commandeurs des commanderies de Canaveres, Clarefarine, la Fosse, Capette, Silve-Godesque, ou Daladel, la Vernede, Montpellier, plan de la Peyre & Sylveréal, Barbantane ou Liviers, Argence & Cavales, lors du procès-verbal tenu pardevant ledit sieur de Rosset, l'un de nous, commissaire à ce député, à la séance du 9 Janvier dernier, du nom des tenemens en marais, de leurs confronts, autres que ceux du grand Courtet, & des justices dans l'étendue desquelles lesdits tenemens en marais sont situés, desquelles déclarations nous leur avons donné acte, déclarons qu'ils ont satisfait à cet égard à nos jugemens des 19 Novembre 1768 & 20 Avril 1771; jugeant les référés faits par ledit sieur de Rosset par ses ordonnances des 9 Janvier & 4 Mars derniers, avant faire droit aux causes renvoyées, & aux requêtes desd. grand-prieur de Saint-Gilles & commandeurs, des 7 Août 1771 & 15 Février dernier, ordonnons qu'ils satisferont au surplus de nos susdits jugemens pour ce qui les concerne; en conséquence, que ledit grand-prieur de Saint-Gilles déclarera dans le mois pour toute préfixion de délai, pardevant le sieur de Rosset, commissaire ja député, conformément à nos jugemens des 19 Novembre 1768 & 20 Avril 1771, & sous les peines portées par iceux, le tenement en marais appellé le grand Courtet, situé dans le terroir de Saint-Laurent d'Aigouse, dont il a la propriété & la justice, suivant la transaction passée le 17 Juin 1610, entre frere Desparbés Lussan, grand-prieur de Saint-Gilles & le chapitre de Psalmodi, uni à celui d'Alais, laquelle transaction fut représentée par le syndic dudit chapitre devant ledit sieur de Rosset, commissaire, lors de son procès-verbal du 12 Août 1769; que ledit sieur grand-prieur déclarera aussi les quatre confronts dudit tenement, borné comme marais lors de la procédure faite devant le feu sieur de Baudouin, commissaire, aux séances des 12 & 13 Septembre 1741, autorisée par notre jugement du 8 Août 1741, signifié audit grand-prieur le 30 Juillet 1766; & attendu que ledit grand-prieur de Saint-Gilles a déclaré lors du procès-verbal tenu par le sieur de Rosset, commissaire, le 9 Janvier dernier, que les marais dépendans des tenemens appellés de Clarefarine, Vanderelle & la Fosse, faisant partie dudit grand-prieuré, sont situés dans la terre & jurisdiction de la Mothe, engagée par Sa Majesté

N.° XLV. jesté au sieur Leblon, ordonnons que dans le même délai d'un mois pour toute préfixion de délai, ledit sieur grand-prieur représentera devant ledit sieur de Rosset, commissaire, conformément à notre jugement du 19 Novembre 1768, les titres établissant la propriété des susdits tenemens en marais, & en remettra des copies pour être collationnées par ledit sieur de Rosset, commissaire, & ensuite délivrées au syndic général de la province : ordonnons aussi, que ledit grand-prieur de Saint-Gilles représentera dans ledit délai pardevant le même commissaire, les titres établissant qu'il a la haute-justice sur les neuf cent cinquante-cinq salmées deux cent dextres de marais, faisant partie du tenement de Canaveres, sur les onze cent quatre-vingt-quatre salmées faisant partie de la Silve-Godesque & Daladel, & sur les cinq cent salmées en herbages faisant partie du même tenement, le tout sous les peines portées par l'arrêt du conseil du 23 Septembre 1770; & en ce qui concerne les droits de communion que ledit sieur grand-prieur prétend avoir sur une partie des palus de Vauvert, & les autres droits qu'il prétend aussi avoir sur l'étang de Scamandre, déclarons qu'après qu'il aura formé ses demandes à cet égard, & justifié de ses droits, il y sera par nous statué, les parties intéressées ouies ou duement appellées, ainsi qu'il appartiendra : Ordonnons encore, que les commandeurs de Capette, de la Vernede, du plan de la Peyre ou Sylveréal, de Barbantane ou le Mas de Liviers, représenteront dans le même délai d'un mois pardevant le même commissaire, les titres établissant qu'ils ont la haute-justice sur les tenemens en marais contenus dans la déclaration par eux faite devant ledit sieur de Rosset, commissaire, suivant son procès verbal & dans la séance du 9 Janvier dernier; qu'ils remettront des copies desdits titres, pour être collationnées par ledit sieur de Rosset, commissaire, & ensuite délivrées au syndic général de la province, le tout aussi sous les peines portées par l'arrêt du conseil du 23 Septembre 1770; & tenant la déclaration faite par les commandeurs d'Argence & de Cavales, lors du procès-verbal dudit sieur de Rosset, commissaire, dudit jour 9 Janvier dernier, qu'il ne se trouve aucun marais dans lesdites commanderies d'Argence & de Cavales, déclarons n'y avoir lieu, quant à présent, de rien prononcer à cet égard, sauf au syndic général de la province à former telles demandes qu'il avisera, pour y être ensuite par nous statué ainsi qu'il appartiendra, sans préjudice des réservations faites par lesdits commandeurs d'Argence & de Cavales. N.° LXV.

Tenant la déclaration faite par le commandeur de Montpellier dans le procès-verbal dudit sieur de Rosset, commissaire, du 9 Janvier dernier, des tenemens en marais par lui possédés dépendans du domaine de Vauguiere, situé dans le comté de Mauguio, dont l'évêque de Montpellier est seigneur en toute justice, & des confronts desdits tenemens; tenant aussi la représentation & remise des actes mentionnés dans son comparant du 4 du présent mois de Mars, l'avons maintenu dans la propriété des palus & marais dépendans dudit domaine de Vauguiere, désignés & confrontés dans le procès-verbal du sieur Vassal, commissaire, aux séances des 5, 6 & 7 Septembre 1768, & dans le rapport de Baude & Viala, experts, du 12 du même mois de Septembre, autorisé par notre jugement du 15 Novembre suivant, sauf à être pourvu, en cas de dépossession à son dédommagement, conformément à l'arrêt du conseil & lettres-patentes

N°. XLV. du 8 Novembre 1746, avons autorisé le procès-verbal tenu par ledit sieur de Rosset, l'un de nous, sur la représentation des titres & la remise des copies d'iceux, ledit procès-verbal commençant le 24 Décembre 1768, & finissant le 4 Mars de la présente année 1773; en conséquence, déclarons que le sieur de Coriolis, abbé de Saint-Gilles, les Doyen & syndic du chapitre dudit Saint-Gilles, le sieur Pleyre de Saint-André de Camarignan, le syndic clavaire de ladite communauté de Saint-Gilles, le sieur de Bon, la communauté de Fourques, le sieur évêque & le chapitre d'Alais, la communauté de Saint-Laurent d'Aigouse, le sieur de Calviere, le sieur de Genas, baron de Vauvert, la communauté dudit lieu de Vauvert, le sieur de Laugier de Saint-Germain, les héritiers de Chabaud, le sieur de Moynier & les Dlles. de Silles, la dame Riniol, veuve du sieur Boissy, représentant le sieur d'Aléon, l'abbé & les religieux de Franquevaux, le sieur duc d'Uzès, la communauté de Bellegarde, le sieur d'Aubaix, les communautés du Caylar & d'Aimargues, les sieurs Leblon, de Calvisson, Mourgues, d'Azemar & la dame son épouse, le sieur de Pierre de Bernis, la communauté de Massillargues, le sieur évêque de Montpellier, les consuls de Mauguio, Mudazon & Candillargues, la dame de Bornier, veuve du sieur de Crouzet, le sieur de Portalés, la communauté d'Aigues-mortes, le sieur Reboul, trésorier de France, Perié freres, Roussélier, le sieur de Rochemore, les sieurs Brun, Mathieu, Roux, Soulages, les communautés composant la baronnie de Lunel, ou les syndics de ladite baronnie pour elles, la communauté de Beaucaire & les propriétaires des huit cent salmées de marais qui seront ci-après dénommés, ont aussi satisfait à nos susdits jugemens & arrêts du conseil pour la représentation de leurs titres de propriété, droits d'usage ou facultés sur lesdits marais, palus, étangs & terres inondées; faisant, quant à ce, droit aux requêtes des susdites parties, tendant le consentement dudit syndic général de la province, dont nous lui avons donné acte, ayant, quant à ce, égard à ses requêtes des 22 Septembre 1770 & 10 Juillet dernier, avons maintenu & maintenons les parties de l'instance ci-après nommées, dans les propriété, usages & facultés des marais, palus, étangs & terres inondées; savoir: le sieur de Coriolis, en sa qualité d'abbé commendataire de l'abbaye de Saint-Gilles, 1°. du marais appellé la Correge supérieure, de contenance de douze cent séterées ou environ, confrontant du levant, midi & couchant, les terres des habitans de Saint-Gilles, du nord les palus & marais de Broussan; 2°. d'un autre marais dénommé la Courrege inférieure, de contenance de cinq cent séterées ou environ, confrontant du levant les terres des habitans de Saint-Gilles, du midi le Gabin, du couchant les palus & le bois d'Espeiran, & du nord l'herbage appellé les Ponches, joui par la communauté de Saint-Gilles, Jean Froment pour le pré de Lance & les terres des habitans de Saint-Gilles; 3°. d'un autre marais appellé les palus d'Espeiran, Blanquet & Cros du Paty, confrontant du levant la Courrege inférieure, du midi l'étang de Scamandre, du couchant la levade de Repiquet, & du nord le terroir & bois d'Espeiran; 4°. d'un autre marais & palus dit d'Entre ou de Cambon, confrontant du levant le bois & coustieres d'Espeiran & la levade de Repiquet, du midi l'étang de Scamandre, du couchant la Mourade-Verte & une terre de l'infirmier du chapitre de Saint-Gilles, du nord les terres du sieur

N°. XLV. Senilhac du Cambon & la draye appellée Carrieyrasse ; 5°. en la pêche dans la robine de Saint-Gilles, depuis le commencement de ladite robine jusqu'au marais de Broussan & au terroir d'Espeiran par indivis avec la communauté de Saint-Gilles, & en la propriété en seul de ladite robine, depuis le terroir d'Espeiran jusqu'à l'étang de Scamandre ; & sans avoir égard à sa requête du 9 Février dernier, signifiée le 13 Mars, en ce qu'elle tend à s'opposer au desséchement des marais, ordonnons que notre jugement du 19 Novembre 1768 sera exécuté suivant sa forme & teneur; en conséquence, avons débouté ledit abbé de Coriolis de son opposition audit desséchement.

Ayant aucunement égard aux requêtes du syndic & doyen du chapitre abbatial de Saint-Gilles des 22 Septembre 1770 & 20 Mars 1772, maintenons lesdits syndic & chapitre dans la propriété ; 1°. du tenement en marais appellé la Mourade-Verte confrontant du levant le marais de Blanquet & d'Espeiran, du couchant le marais de Vauvert, du midi le terroir de Canaveres, & du nord les marais de Franquevaux & ceux de Saint André de Camarlgnan ; 2°. des trois huitiemes de l'étang de Scamandre, y compris la partie dudit étang qui s'est atterrie & desséchée, appellée Barcolin, confrontant du levant & midi les terres du grand-prieur de Saint-Gilles, du couchant & du nord le clair dudit étang de Scamandre ; 3°. au droit de directe sur lesdits marais & fonds desséchés, & sur les pêcheries possédées par le chevalier de Langlade, contenant cent dix-neuf sétérées quatre-vingt quinze dextres mesure de Saint-Gilles ; lesdites pêcheries confrontant du levant la palus dite des Ports, du marin la terre & pré des obres, du couchant & du nord la robine & la palus dite d'Haut, & sur les autres pêcheries possédées par les hoirs de François Cassolles, de Jean Aubert, de Guillaume Fournier & de Pierre Picard ; & en ce qui concerne la quotité de la perception de la dîme sur les marais qui seront desséchés, tenant la déclaration des doyen, capiscol, & ouvrier dudit chapitre de Saint-Gilles, contenue dans leur comparant fait devant ledit feu sieur de Basville le 6 Juillet 1701, comme ils n'ont aucune propriété des marais, que leurs droits se réduisent à la perception de la dîme du foin sur ceux du terroir de Saint-Gilles ; ordonnons que ledit doyen sera & demeurera tiré d'instance, sans dépens ; & néanmoins ordonnons, que conformément aux lettres-patentes de Sa Majesté du mois de Janvier 1702, dont l'exécution a été ordonnée par notre jugement du 19 Novembre 1768, les syndics, doyen, capiscol & ouvrier dudit chapitre, ne pourront exiger la dîme sur les fruits des marais qui ont été ou seront desséchés dans l'étendue de leurs bénéfices que sur le pied du cinquantieme, & ce seulement sur les fruits sujets à la dîme, lesquels fonds demeureront néanmoins exempts de ladite dîme pendant dix années, à compter du jour que lesdits marais desséchés produiront des fruits. N°. XLV.

Avons donné acte au syndic clavaire de la ville de Saint-Gilles, de la constitution du procureur Gouze au lieu & place de Pralon, par sa requête du 23 Mars 1771 ; ayant, quant à ce, égard à la requête dudit clavaire du 3 Septembre 1771, & à sa demande en maintenue dans la propriété des marais, avons maintenu ledit syndic clavaire, en sa qualité de syndic de la communauté dudit Saint-Gilles, dans les facultés de faire dépaître le bétail, gros & menu des habitans dudit Saint-Gilles, concurremment

N°. XLV. avec les rentiers dudit abbé de Saint-Gilles, même celui d'Espeiran dans les marais dénommés Courrège supérieure & inférieure, & dans ceux appellés du Cambon, ci-dessus désignés & confrontés, dans la propriété desquels nous avons maintenu ledit abbé de Saint-Gilles; maintenons aussi ledit syndic clavaire dans la faculté de lignérer, faire roseaux & pêcher dans les susdits trois tenemens en marais, de pêcher aussi dans la partie de la robine depuis le terroir de Broussan jusqu'à celui de Blanquet, par indivis avec ledit abbé de Saint-Gilles, le tout conformément à la sentence arbitrale rendue entre ledit sieur abbé de Saint-Gilles & le syndic clavaire dudit lieu le 17 Février 1637; maintenons ladite communauté de Saint-Gilles dans la propriété de trois tenemens en marais dits les Palus; l'un appellé les grands Faisses de contenance de douze séterées, confrontant du levant, couchant & du nord Antoine Baulez, du midi la drayo allant auxdits Faisses, l'autre appellé les petits Faisses, contenant dix séterées, confrontant du levant Louis Conil, du midi les hoirs d'Henri Marcot, du couchant Henri d'Antronelles, du nord Jean Martin & Paul Dumas, le troisième appellé les grandes & petites Ponches de contenance de trente-six séterées, confrontant du levant les hoirs de Gaspard Vidalon, le pré du prieur de Trinquetaille, & la draye de Negresaume, du midi la chaussée de la Robine, & les hoirs de Plance, du couchant le fossé de Corbieres, & du nord le pré de la Magdelaine & les fonds de l'aumônier du chapitre de Saint-Gilles, conformément aux lettres d'amortissement du mois de Septembre 1688.

Faisant, quant à ce, droit sur la requête du sieur Pieyre du 21 Octobre 1769, maintenons ledit sieur Pieyre, seigneur de Saint-André de Camarignan, situé dans le terroir de Saint-Gilles, en la propriété des marais situés dans l'étendue de ladite seigneurie de Saint-André de Camarignan, lesdits marais confrontant du levant & midi les marais de Saint-Gilles, du couchant ceux du monastere de Franquevaux, & du nord le restant de ladite terre de Saint-André. N°. XLV.

Déclarons le défaut pris devers notre greffe le 27 Février dernier contre le sieur de Bon, seigneur & baron de Fourques, premier président & intendant du Roussillon, assigné en constitution de nouveau procureur, bien & duement obtenu; & néanmoins, tenant la représentation qu'il avoit déjà faite de ses titres pardevant ledit sieur de Rosset, commissaire, le 3 Mai 1769, & la remise des copies d'iceux duement collationnées; tenant aussi le consentement dudit syndic général de la province, contenu dans sa requête du 22 Septembre 1770, avons maintenu & maintenons ledit sieur de Bon dans la propriété des palus, marais & terres inondées situés dans l'étendue de la terre & jurisdiction de Fourques, lesdits palus, marais & terres inondées consistant en deux tenemens appellés l'un la palus de Coustieres, confrontant du levant les terres du petit Mas de Fressieux, appellées las Pebrieres, du nord les marais du terroir de Beaucaire & ceux jouis par les dames de Marmier & de Plauchut, du couchant les palus & marais du terroir de Bellegarde, du midi les terres cultes du taillable de Fourques; & l'autre tenement appellé la Palus basse, confrontant du levant les marais du sieur duc d'Uzès dans ses terres de Bellegarde & de Broussan, ceux du grand-prieur de Saint-Gilles, ordre de Malte, les terres de la Garde & de la Reyranglade, du couchant la robine royale qui sépare la terre de Fourques de celle de Bellegarde, du midi les terres de Saint-Gilles & celles du sieur de la Reyranglade, & du nord les terres de Bellegarde; condamnons ledit sieur de Bon aux dépens du défaut, modérés à douze livres.

Et faisant, quant à ce, droit aux requêtes des consuls & communauté de Fourques des 28 Octobre 1768 & 15 Octobre dernier, les avons maintenus dans la faculté de faire dépaître leurs bestiaux, lignérer & chasser dans tout le terroir dudit lieu, & particulierement dans les palus & marais, terres vaines & vagues dudit terroir, dont la propriété a été accordée au sieur de Bon, seigneur dudit Fourques, conformément aux lettres d'amortissement en faveur de ladite communauté du mois de Septembre 1688.

Avons aussi maintenu le sieur évêque d'Alais dans la propriété des palus & marais situés dans l'étendue de la jurisdiction de Saint-Laurent d'Aigouse & Saint-Pierre de Psalmodi, autres que ceux appartenant au chapitre cathédral de ladite ville d'Alais, mense d'Aigues-mortes, lesdits marais dépendans de la mense épiscopale, consistant, 1°. en la palus de Port-Viel & Cogulon, confrontant du levant les terres cultes du grès de Psalmodi appartenantes audit chapitre, & en deux parts le chemin qui va de Saint-Laurent à Aigues-mortes, du midi les terres de Saint-Clement jouies par le sieur de Conseil & la riviere du Vistre, qui passe en partie dans lesdites palus, du couchant la terre des Ports, appartenant au sieur marquis de Calvisson, & du nord autre partie de palus qui est séparée par des bornes, dans lesquels confronts est enclavé un terrein culte joui par les sieurs Perié freres, appellé Port-Viel; 2°. en un autre tenement en marais appellé la Paluzette ou Chantegril, confrontant du levant les terres du Mas de Chabreton, jouies par lesdits sieurs Perié, du midi la palus appellée la Plaine de Psalmodi, la robine de Varenne entre-deux, du couchant & du nord les terres cultes de Saint-Laurent; 3°. dans une partie de la plaine de Psalmodi, aussi en marais, confrontant du levant les terres de la Muzette, jouies par le sieur marquis de Calviere, du midi la riviere du Vistre, du couchant en fourrage le chemin de Saint-Laurent à Aigues-mortes, & dans ledit fourrage la métairie du grès de Psalmodi, appartenant audit chapitre d'Alais; du nord le Paluzette, la robine de Varennes & les terres cultes de Saint-Laurent entre-deux, laquelle robine passe en partie dans ladite palus; 4°. en une autre partie de marais de la plaine de Psalmodi, confrontant du levant les palus & marais du Caylar, du midi la Pinede & une autre partie de palus appellée le petit Courtet, du couchant la tour Carbonniere & le chemin de Saint-Laurent à Aigues-mortes, & du nord la riviere du Vistre; 5°. en autre tenement en marais dénommé la grande Palus, confrontant du levant les palus du grand-prieur de Saint-Gilles, appellées le grand Courtet, du midi la palus ou marais dudit chapitre appellé le petit Courtet, les terres & palus du sieur de Calviere, appellées le Coussou de Bermond, l'étang de la Caitive & le terroir d'Aigues-mortes, du couchant le même terroir, du nord la Pinede dite de l'Abbé, jouie par ledit sieur évêque d'Alais, dans lesquels confronts sont enclavés les tenemens dits du Canet & le Primage, appartenans audit sieur évêque; sur la demande de ce dernier en maintenue dans la possession & jouissance des droits de champart, lods, censives & autres droits sur les fonds en marais qui seront

N°. XLV. desséchés, ordonnons, qu'en jugeant l'instance particuliere d'entre ledit sieur évêque d'Alais & les consuls de Saint-Laurent d'Aigouse, il y sera fait droit ainsi qu'il appartiendra.

Ayant aucunement égard aux requêtes dudit syndic du chapitre d'Alais, l'avons maintenu & maintenons dans la propriété de la métairie & domaine de Psalmodi, avec la faculté de l'isle & des marais situés autour dudit domaine, composé d'environ quatre cent carterades terres labourables, dont cent ou environ dans l'enceinte de l'isle, & environ trois cent dans les terres cultes de Saint-Laurent; 2°. en une partie des marais situés aux environs de l'église & domaine de Psalmodi, traversés du levant au couchant par la riviere du Vistre; 3°. en une autre partie de marais située au-dessus de l'ancien canal de Varennes, joignant les herbages du marais appellé la Paluzette, appartenant audit sieur évêque d'Alais, lesdites parties de marais confrontant du levant la riviere du Vistre, & le valat méger dit de Blanquiere, le tenement de la Muzette, les terres de Chabreton & les herbages de la Paluzette, du couchant le chemin de Saint-Laurent d'Aigouse à Aigues mortes, partie de l'isle de Psalmodi entre-deux, du nord les terres cultes de Saint-Laurent, la petite plaine de Chantegril & le petit chemin dit des Poissonniers entre-deux, & du midi les Pinettes, les herbages dits de la Tourrette du Masson & des baisses entre-deux; 4°. en la propriété de la pêcherie dite de la Reclause, & des eaux & marais qui l'avoisinent jusques à la terre des Ports, confrontant du levant le chemin de Saint-Laurent à Aigues-mortes, l'autre partie de l'isle de Psalmodi entre-deux, du couchant la terre des Ports, jouie par le sieur marquis de Calvisson, carriere megere entre-deux, la grande robine d'Aigues-mortes, la pêcherie du domaine du Roi, partie des palus d'Aigues-mortes & de Saint-Clement entre-deux, du nord les terres cultes de Saint-Laurent & les palus rehaussés, avec la carriere de Port-Viel, les coustieres & herbages de Saint-Laurent & de Psalmodi entre-deux, & du midi le terroir d'Aigues-mortes à Saint-Clement, à travers de laquelle pêcherie, eaux & marais, passe la riviere du Vistre & l'ancien canal de Varenne; 5°. en la propriété de la pêcherie de la Gaze du Vert, avec les eaux & marais qui la composent, appellés les grands marais de Saint-Laurent & l'abbaye de Psalmodi, confrontant du levant les Pinedes du grand prieur de Saint-Gilles & de ladite abbaye, grande coustiere entre-deux, du couchant le canal du Bourgidou, le tenement du Canet, appartenant au sieur évêque d'Alais entre-deux, du nord le terroir d'Aigues-mortes & la Pinede dudit sieur évêque, la grande coustiere & les herbages de la communauté de Saint-Laurent d'Aigouse nommés Courrege entre-deux, & du midi le marais appellé le grand Courtet, joui par ledit sieur grand-prieur, & le petit Courtet, joui par ledit chapitre d'Alais; 6°. en la propriété d'un autre tenement en marais dénommé le petit Courtet, représentant la huitieme partie du tenement de Ribeyres, présentement appellé le grand & petit Courtet, parvenu audit chapitre par la transaction du 17 Juin 1610, de contenance de neuf cent douze carterées, confrontant du levant le tenement en marais appellé le grand Courtet, joui par ledit sieur grand-prieur, du couchant & du nord le grand marais de Saint-Laurent & abbaye de Psalmodi & le canal du Bourgidou, & du midi la brassiere du Rhône; 7°. au droit de censives, N°. XLVI.

N°. XLV. trois livres d'épiceries, au droit de levade du poisson un jour de chaque semaine, excepté le Lundi, sur la pêcherie des Rampes, jouie par le sieur de Fauville, située dans le grand marais de Saint-Laurent de Psalmodi; 8°. au droit du sixain des oiseaux & poissons qui se prennent sur l'étang dit de la Ville à Aigues-mortes, ledit étang confrontant du levant les chaussées du pont de l'abbé de Boquemore, du couchant la Peyrade & la grande robine d'Aigues-mortes, du nord la ville & terroir d'Aigues-mortes, & du midi la Peyrade, & la Mourette, sans que la maintenue ci-dessus ordonnée, soit en faveur dudit sieur évêque d'Alais, soit en faveur du chapitre d'Alais, puisse nuire aux droits que ledit sieur évêque & ledit chapitre pourroient prétendre chacun en droit soi sur les propriétés à eux accordées; lesquels droits demeureront réservés, pour y être fait droit ainsi qu'il appartiendra, sur le surplus des requêtes dudit syndic, en ce qu'elles tendent, 1°. en opposition envers le jugement par nous rendu le 25 Avril 1767; 2°. qu'il lui sera fait part de la portion des marais qui pourra être distribuée à la communauté de Saint-Laurent d'Aigouse; 3°. qu'il lui sera cédé partie des fonds que la province fera dessécher & défricher dans les palus & marais d'Aigues-mortes; 4°. en la maintenue au droit de dîme sur tous les fonds qui seront desséchés & mis en culture dans ledit terroir d'Aigues-mortes; 5°. en la demande en dédommagement & en maintenue aux droits de lods & censives, sur celle en permission de faire défricher le tenement appellé le petit Courtet, sans avoir égard à l'opposition dudit syndic, ordonnons que notre jugement dudit jour 25 Avril 1767 sera exécuté; & néanmoins demeurant l'offre dudit syndic de faire veiller à ce que les fermiers des pêcheries dudit chapitre, laissent le libre cours aux eaux des palus & marais, pour en éviter le reflucment, de détruire même lesdites pêcheries, si elles portent obstacle au desséchement des marais, permettons audit syndic de faire exploiter ses fermes desdites pêcheries, ainsi qu'il avisera, jusques à ce qu'il en ait été par nous autrement dit & ordonné; déclarons n'y avoir lieu, quant à présent, de statuer sur les demandes en distribution de partie des marais qui pourront être cédés aux communautés de Saint-Laurent d'Aigouse & d'Aigues-mortes, ni sur celle en dédommagement en cas de dépossession des marais, sauf à y être pourvu le cas y échéant; maintenons ledit chapitre, en qualité de prieur d'Aigues-mortes, au droit de dîme sur les fruits qui y sont sujets, & qui seront perçus dans les palus & marais dudit terroir d'Aigues-mortes, après qu'ils auront été desséchés, à la charge de ne les exiger que sur le pied du cinquantieme, & que lesdits fruits en seront exempts pendant les dix premieres années que les fonds auront été mis en culture, conformément aux lettres-patentes du mois de Janvier 1702; ordonnons que la demande en maintenue aux droits de lods & censives demeurera jointe à l'instance particuliere pendante devant nous, entre le sieur évêque d'Alais & les consuls de Saint-Laurent d'Aigouse, en exécution de l'arrêt du conseil du 13 Juillet 1769, pour en jugeant, y être fait droit, s'il y a lieu, ainsi qu'il appartiendra; sans avoir égard à la demande du syndic dudit chapitre, en permission de dessécher & faire défricher le tenement dit le petit Courtet; ordonnons que notre jugement du 19 Novembre 1768 sortira à effet & sera exécuté suivant sa forme & teneur, sauf audit syndic à N°. XLV.

se retirer devers les Etats de Languedoc, à l'effet d'obtenir cette faculté. N°. XLV.

Sans avoir égard aux requêtes des consuls de Saint-Laurent d'Aigouse des 4 Novembre 1768 & 16 Décembre 1772, en ce qu'elles tendent à offrir de faire eux-mêmes les ouvrages nécessaires pour le desséchement des marais; & en démis des conclusions prises par le syndic général de la province, le sieur évêque & le chapitre d'Alais, à raison des palus & marais du terroir de ladite communauté de Saint-Laurent, dont nous les avons à cet égard déboutés, ordonnons que notre jugement du 19 Novembre 1768 sera exécuté; néanmoins maintenons lesdits consuls & communauté de Saint-Laurent d'Aigouse, dans les droits de pâturage, lignérage, pêche & chasse dans les marais, palus & vacans du terroir dudit Saint-Laurent & de Psalmodi, conformément aux transactions passées entre ladite communauté de Saint-Laurent d'Aigouse, les abbé & cellerier du chapitre de Psalmodi les 24 Août 1384 & 25 Juillet 1488; maintenons aussi lesdits habitans de Saint-Laurent d'Aigouse dans la faculté de faire dépaître leurs bestiaux dans le tenement en marais appellé la Silve-Godesque, joui par le grand-prieur de Saint-Gilles, conformément à l'acte de concession à eux faite par le seigneur de Posquieres ou Vauvert le 12 Juin 1258; & sur les demandes desdits consuls en décharge des droits seigneuriaux auxquels les habitans peuvent être soumis envers le sieur évêque d'Alais; & celle en décharge de l'allivrement supporté par ladite communauté à raison des susdites facultés, ordonnons qu'il y sera pourvu, le cas y échéant, ainsi qu'il appartiendra.

Disant droit à la requête du sieur de Calviere du 26 Janvier 1773, l'avons maintenu dans la propriété des marais par lui jouis, consistant en deux tenemens, l'un appellé le Coussou de Bermond, confrontant du levant le canal du Bourgidou, du couchant la chaussée des salins de Peccais, du nord un grand fossé & les patus & herbages de Saint-Laurent d'Aigouse, & du midi le fort & le jardin de Peccais; l'autre tenement consistant en la propriété inférieure du tenement appellé la Muzette, situé dans le terroir dudit lieu de Saint-Laurent, déclaré marais par le rapport de Baude, tiers-expert autorisé par notre jugement du 22 Décembre 1767, ladite partie inférieure confrontant du midi un fossé principal appellé le valat Carbonnier, qui sépare dudit tenement de la Muzette la partie non-déclarée marais par le susdit rapport, aux extrémités duquel fossé y ayant deux martellieres, l'une au levant pour recevoir les eaux de la riviere du Vistre, & l'autre au couchant pour les dégorger dans un autre fossé appellé des Parties, depuis le coin extérieur des susdites deux Martellieres, renfermant les claux appellés de Candenieres Fourniguier, le grand Claux, celui appellé de Trois cent pas, & celui dénommé la Culasse.

Faisant, quant à ce, droit à la requête dudit sieur de Genas, seigneur de Vauvert, du 12 Décembre 1772, tenant le consentement dudit syndic général contenu dans ses requêtes des 22 Septembre 1770 & 10 Juillet 1772, avons maintenu ledit sieur de Genas, en sa qualité de Seigneur haut, moyen & bas-justicier du lieu & terroir de Vauvert, en la propriété, 1°. des cinq huitiemes de l'étang de Scamandre; 2°. des marais situés dans la jurisdiction de Vauvert, connus sous la dénomination des marais de la Souteyrane & du Crey, sauf les parties desdits marais aliénées appartenant à divers autres

No. XLV. autres particuliers, celui appellé la Souteyrane confrontant du levant les palus & marais du grand-prieuré de Saint Gilles, dénommés Barbantane, Tête-de-Loup & Canaveres, la riviere du Rhône, le Veilha dit la Gargatte & l'étang de Conte, du couchant les marais du Caylar, du nord la terre ferme des Iscles de l'abbaye de Franquevaux, les Iscles du sieur de Moynier & des héritiers de Chabaud, & du midi la Silve-Godesque, dépendante du grand-prieuré de Saint-Gilles, & la Pinette de Saint-Jean; l'autre marais appellé du Crey, confrontant du levant la portion de l'étang de Scamandre, joui par le chapitre de Saint-Gilles, partie du marais tenu à locatairie perpétuelle par la communauté de Vauvert, du sieur Laugier de Saint-Germain du côté de la terre ferme, du couchant les marais de la jurisdiction du Caylar, du nord les coustieres ou terres fermes des Iscles de l'abbaye de Franquevaux, & les Iscles des sieurs de Moynier & d'Aléon; 3°. en la suzeraineté & droits de directe sur les marais appellés la Silve-Godesque, & sur les terroirs dits de Tosque, Pinede, Tête-de Loup, Negue-Roumieu & Coutes sous la cense annuelle d'un épervier, conformément à l'acte d'inféodation du 4 Juin 1505; 4°. en la justice & autres droits sur l'Iscle de Franquevaux, énoncés aux actes du 3 des ides de Mars 1256, 12 des kalendes de Janvier 1301 & 3 Mai 1315; 5°. en la justice & directe sur la partie des marais inféodés par le chapitre d'Alais au sieur Joly en 1690, sous l'albergue de cinquante livres de poisson, évaluées à 3 livres; 6°. en la jouissance de 65 livres de rente à locatairie perpétuelle établie sur ledit marais, en faveur du sieur Laugier de Saint-Germain, représentant ledit Joly, cédée par ledit sieur de Laugier à Pierre Redarés, par acte du 24 Octobre 1761, & par ledit Redarés audit sieur de Genas, seigneur de Vauvert, par autre acte du 25 Mai 1765.

Sans avoir égard aux requêtes desdits consuls de Vauvert des 26 Octobre 1768 & 30 Août 1771, en ce qu'elles tendent en maintenue dans la propriété d'aucune des parties de marais dans l'étendue des marais dudit lieu, dont nous les avons déboutés; faisant, quant à ce, droit au surplus desdites requêtes, avons maintenu & maintenons, lesdits consuls & habitans de Vauvert, 1°. dans tous les droits qui leur ont été accordés par les transactions passées entre lesdits habitans de Vauvert & le seigneur dudit lieu, le jour avant les ides d'Avril 1295, le jour avant les nones de Février 1301 & 9 Avril 1747; 2°. dans la possession & jouissance dudit tenement en marais appellé de Saint-Sebastien, ci-devant désigné & confronté, conformément à la transaction contenant bail à locatairie perpétuelle dudit tenement du 9 Mai 1735; 3°. au droit de pêche dans l'étang de Scamandre, conformément à la sentence du sénéchal de Nîmes du 31 Juillet 1590; 4°. au droit d'expièche & autres facultés dans les marais de l'abbaye de Franquevaux, conformément à la sentence arbitrale rendue entre les habitans de Vauvert & l'abbé & monastere de Franquevaux le 12 des kalendes de Janvier 1301; 5°. en la faculté du droit d'explèche, & de faire dépaître leur bétail gros & menu dans le terroir de Silve-Godesque situé dans le terroir de Vauvert, dépendant du grand-prieuré de Saint-Gilles, & aux autres facultés sur ledit terroir énoncées dans l'arrêt du parlement de Toulouse du 17 Août 1609, & conformément à icelui; & sur le surplus des demandes desdits consuls, ordon- No. XLV

N°. XLV. nons qu'il y sera fait droit ainsi qu'il appartiendra le cas y écheant.

Faisant, quant à ce, droit à la requête du sieur de Laugier de Saint-Germain du 27 Mai 1772, le maintenons dans la propriété du tenement en marais appellé de Saint-Sebastien, faisant partie du tenement dénommé le Crey, situé dans la jurisdiction de Vauvert, ledit tenement en marais appellé de Saint-Sebastien, confrontant du levant les palus & marais de l'abbaye de Franquevaux, du couchant ledit marais du Crey, le port de Michel Daurefort & son ancien canal entre-deux, du midi le clair de l'étang de Scamandre, & du nord le chemin de Vauvert à l'abbaye de Franquevaux, le maintenons encore au droit de chasse & de pêche dans le susdit marais appellé de Saint-Sebastien, sans que sous aucun prétexte il puisse affermer ni céder ledit droit à un autre qui ne seroit pas, comme lui, propriétaire dudit tenement; maintenons encore ledit Laugier de Saint-Germain au droit de rendre les devoirs féodaux aux seigneurs du susdit marais de Saint-Sebastien, le tout conformément à la transaction passée entre ledit sieur Laugier de Saint-Germain & les consuls de Vauvert le 9 Mai 1735.

Maintenons les héritiers & successeurs de Jacques Chabaud, en la propriété de dix carterées de marais dans le terroir de Vauvert, confrontant du levant le marais appellé les Iscles de Vauvert, du couchant les heritiers de Jean de Milen, fossé au milieu, du nord la palus dite du Crey, & du marin celle appellée Souteyrane.

Ayant aucunement égard à la requête du sieur de Moynier & des Dlles. de Silles du 31 Août 1771, les maintenons aussi dans la propriété d'un tenement en marais appellé l'Iscle ou Souteyrane situé dans le terroir de Vauvert, confrontant du levant l'iscle de Franquevaux, du couchant l'iscle de Philippe de Marguerite, fossé dit Chasse-Roumieu au milieu, du nord les palus & eaux du Crey, & du marin le marais dénommé la Souteyrane, conformément à la transaction passée entre le seigneur de Vauvert & les sieurs de Montaud & de Raymond le 29 Août 1620, à la charge néanmoins par ledit sieur de Moynier & les Dlles. de Silles de justifier qu'ils sont aux droits dudit de Raymond pour les trois cinquiemes du susdit tenement en marais appellé l'Iscle. N°. XLV.

Faisant droit à la requête de ladite dame Riniol, veuve Boissy, représentant ledit sieur Aléon, celui-ci la dame de Beaurepaire, recevant ladite Boissy à reprendre & continuer à son nom les poursuites commencées avec ledit Aléon; & en conséquence, maintenons ladite Riniol de Boissy dans la propriété, 1°. de vingt-trois carterées un carton & demi de marais situés dans le terroir de Vauvert au quartier dit des Iscles, acquis par ledit Aléon de Pierre Peyrie par acte du 22 Septembre 1770, confrontant du levant les hoirs de Chabaud, fossé au milieu, du couchant les tenemens dénommés les Courses de l'Espere, fossé entre-deux, du nord la palus ou marais du Crey, & du midi le marais dit la Souteyrane; 2°. de soixante-douze carterées de marais situés dans le terroir du Caylar au tenement dit la Clapiere, acquises du seigneur d'Aubaix par acte du 18 Janvier 1662, confrontant du levant les terres cultes du sieur de Clairan, du couchant le Vistre-Viel & la riviere du Vistre, du nord ladite palus de la Clapiere, & du midi ladite riviere du Vistre à l'endroit appellé la Gaze; 3°. en la faculté de faire dépaître son bétail aux autres palus & marais du Caylar qui environnent lesdites soixante-douze carterées, après

N°. XLV. que les premiers fruits en auront été levés, avec l'usage des drayes pour aller dans lesdites palus, conformément au susdit acte du 18 Janvier 1662.

Faisant, quant à ce, droit aux requêtes des abbé & religieux de l'abbaye de Franquevaux, maintenons ledit abbé & le syndic des religieux de Franquevaux dans la propriété, 1°. des tenemens en marais dépendans de ladite abbaye, désignés, limités & confrontés dans le rapport de Firmin Bonfa, Barthelemi Jouin & Mathieu le Boud du 16 Mai 1637, autorisé par arrêt du parlement de Toulouse du 30 Août 1639; 2°. de cent cannes de terrein desséché de l'étang de Scamandre, situées au commencement dudit étang du côté de Saint-Gilles jusqu'aux deux bornes visant à la mothe du moulin ruiné de ladite abbaye, & au valat ci-devant appellé des Batelles, & à présent de Saint-Jean, conformément à la donation faite par le seigneur de Vauvert le 3 Mars 1256; 3°. tenant le consentement du syndic général de la province énoncé en sa requête du 22 Septembre 1770, maintenons lesdits abbé & religieux en la faculté de faire dépaître les bestiaux de ladite abbaye dans le tenement de la Silve-Godesque joui par le grand-prieur de Saint-Gilles, conformément à la transaction du 3 Mai 1315, sur les réservations contenues à l'article XVI de la requête desdits abbé & religieux, à raison des contestations d'entre les derniers seigneurs & la communauté de Vauvert, ordonnons que les parties se pourvoiront à cet égard devant la commission, pour y être par elle pourvu ainsi que de droit, avec défenses auxdites parties de se pourvoir ailleurs pour raison de ce, à peine de nullité & cassation, conformément aux arrêts du conseil, & notamment à celui du 13 Juillet 1769.

Ayant égard à la requête du sieur duc d'Uzès du 16 Septembre 1769, en ce qu'elle tend en maintenue dans la propriété des palus & marais, avons maintenu & maintenons ledit sieur duc d'Uzès, en sa qualité de seigneur d'Aimargues, dans la propriété, 1°. d'un tenement en marais situé dans la jurisdiction dudit lieu d'Aimargues, confrontant du levant la Robine, du midi le Vistre ou Rhôni viel, du couchant la carriere de Fenassieux, & du nord la levade des possessions cultivées dudit sieur duc d'Uzès & autres; 2°. en sa qualité de seigneur de Bellegarde, de deux autres tenemens en marais contigus appellés les Franchises & le Contrat, confrontant du levant les marais de Beaucaire à l'endroit appellé la Carriere des Arcs, qui divise le terroir de Beaucaire de celui de Bellegarde, du midi les terres cultes de Fourques, & en partie le domaine cultivé de la cabane de Barrau, appartenant audit sieur duc d'Uzès, & du nord les terres, prés & autres possessions des habitans de Bellegarde; 3°. en sa qualité de seigneur de Broussan, du tenement en marais dit de Broussan, confrontant du levant les marais de Bellegarde, du midi les terres cultes dudit domaine de la cabane de Barrau & les terres de Fourques, du couchant le terroir de Saint-Gilles, & du nord les terres & prés dudit domaine de Broussan. N°. XLV

Sans avoir égard à la requête des consuls & habitans de Bellegarde du 6 Octobre 1769, en ce qu'elle tend en maintenue dans la propriété des marais situés dans le terroir dudit lieu, dont nous les avons déboutés, faisant droit au surplus de ladite requête, les avons maintenus dans le droit de dépaissance & autres facultés à eux accordées sur lesdits marais de Bellegarde par les transactions des 15 Janvier 1544, & 5 Juin 1673, & par l'arrêt du parlement de Toulouse du premier Février 1525.

N°. XLV. Tenant la représentation faite par le sieur marquis d'Aubaix de l'acte d'échange du mois d'Août 1248, mentionné dans son comparant devant ledit sieur de Rosset, commissaire, l'un de nous, du 28 Septembre 1769, & le consentement du syndic général de la province, ayant égard à la requête dudit sieur d'Aubaix du 11 Janvier 1771, l'avons maintenu, en sa qualité de seigneur haut-justicier, dans la propriété de tous les marais situés dans la jurisdiction du Caylar, autres que ceux aliénés en faveur du sieur Aléon, & en faveur des communautés du Caylar & d'Aimargues, notamment dans la propriété de l'entier tenement appellé Grand-Enclos, & la propriété de la moitié d'un autre tenement appellé d'Ivernon, ladite moitié à prendre du côté du couchant, conformément à la transaction du 15 Janvier 1669, & aux clauses & conditions y contenues.

Tenant notre jugement du 20 Avril 1771, qui sera exécuté suivant sa forme & teneur, sans avoir égard à la requête des consuls d'Aimargues du 16 Décembre 1772, en ce qu'elle a pour objet leur adhésion à l'opposition formée par les consuls & habitans du Caylar envers le dessêchement des marais, dont nous avons aussi débouté lesdits consuls d'Aimargues, ordonnons que nos jugemens des 19 Novembre 1768, & 20 Avril 1771, seront exécutés, tant contre lesdits consuls d'Aimargues que contre ceux du Caylar; faisant, quant à ce, droit au surplus des requêtes desdits consuls du Caylar & ceux d'Aimargues, les avons maintenus; savoir, lesdits consuls & habitans du Caylar, ou ceux qui peuvent les représenter, dans la propriété, 1°. de la portion de marais du tenement de la Clapiere du côté du nord, depuis le fossé & le terme de Fouquet en tirant vers le nord, jusques aux saules de Bedos, ladite portion de tenement N°. XLV. confrontant du levant les terres de la métairie d'Anglas, le nommé Maizonnet & autres; du couchant la riviere du Vistre, du nord les explêches de Vauvert, & du midi la portion dudit tenement de la Clapiere, appartenant audit seigneur du Caylar; 2°. d'un autre tenement appellé sous les Patus, du côté du couchant de la riviere du Vistre, confrontant du levant ladite riviere, du couchant le canal ou Rhôni, du nord le pré baillé par ledit sieur d'Aubaix aux habitans, & du midi le canal du Vistre; 3°. d'un autre tenement en marais appellé la Palus, dans le même terroir du Caylar, confrontant du levant ladite riviere du Vistre, du couchant le pré de Canelle, Rhôni-vieux au milieu, Barthelemi de Barnier, hoirs d'Abraham Carles & autres, du nord ledit sieur de Barnier, Jacques Carles & autres, & la carriere des Bonshommes; 4°. en un autre tenement en marais, dit le Pré, confrontant du levant ladite riviere du Vistre, du couchant le pré du Seigneur, appellé les Canelles, & Bartas de Poulaud, le Rhôni-vieux au milieu; du nord autre pré du Seigneur, & du midi le marais des habitans du Caylar; 5°. dans la faculté de pêcher & lignérer dans les marais appartenant audit sieur d'Aubaix, mentionnés dans la transaction du 2 Décembre 1624, aux conditions portées par ladite transaction; 6°. dans une autre faculté de faire dépaître leur bétail dans tous les tenemens en marais réservés audit seigneur du Caylar par ladite transaction, depuis le premier Août jusques au dernier jour de Février, d'y faire cueillir toutes herbes & fourrages pendant ledit tems, conformément à la susdite transaction; 7°. dans autre faculté de faire dépaître leurs bestiaux, pêcher & lignérer dans les parties de palus & va-

N°. XLV.

cans, depuis la terre de Jouin tirant vers le couchant de long en long & au-dessus du Vistre vieux, & après vers le midi le long du Vistre d'Anglas, & vers le couchant jusqu'à la tour d'Anglas; 8°. aux mêmes facultés dans une autre partie de marais appartenant audit seigneur du Caylar, confrontant du levant le nouveau Vistre & les palus du domaine d'Anglas, du couchant les terroirs de Bagarel, Bordes & le Bousquet, le canal appellé la Cubelle au milieu, du nord le grand Quarré appartenant audit seigneur d'Aubaix, le terroir du Bousquet & les prés du sieur duc d'Uzès, & du midi le Vistre vieux. 9°. Aux mêmes facultés sur un autre tenement en marais situé entre les deux Vistres, confrontant du levant les palus de la Clapiere, canal ou branche du Vistre au milieu, du couchant le Vistre vieux & le nouveau Vistre, & du nord ledit Vistre vieux; 10°. aux facultés de pêcher & de lignérer dans partie du tenement en marais, dit de la Clapiere, du Mas d'Anglas, tirant vers le nord jusques à la borne faisant séparation de la portion des marais dudit seigneur, d'avec celle desdits habitans du Caylar.

Maintenons aussi, tant ladite communauté du Caylar que celle d'Aimargues conjointement & par indivis, 1°. En la propriété du tenement en marais appellé la Souteyrane, dans lequel est compris la petite palus qui est entre le grand enclos & la terre de Vauvert. 2°. En la propriété de la moitié du tenement en marais appellé d'Ivernon, le tout conformément à la transaction du 15 Janvier 1669, & aux charges & conditions y contenues; & sur le surplus desdites requêtes, il y sera pourvu, le cas y échéant, ainsi qu'il appartiendra.

Sans nous arrêter à la requête dudit sieur Leblon du 15 Novembre 1770, en ce qu'elle tend à ce que les marais de la terre de la Mothe soient déclarés ne faire point partie de ceux concédés aux Etats de Languedoc; ordonnons que l'arrêt du conseil & les lettres-patentes de Sa Majesté des 7 & 8 Novembre 1746, & notre jugement du 19 Novembre 1768, seront exécutés suivant leur forme & teneur; en conséquence, déclarons lesdits marais de la terre de la Mothe faire partie de ladite concession faite auxdits Etats, aux charges & conditions y contenues, & néanmoins maintenons ledit sieur Leblon dans la propriété de 200 salmées de terre en palus & marais faisant partie de ladite terre de la Mothe, laquelle terre confronte du levant au couchant le Rhône & les fonds de la commanderie de Capette, du midi ledit fleuve du Rhône, & du nord les terres de la Fosse, dans lesquels confronts sont enclavées lesdites deux cent salmées de marais; & en ce qui concerne les réservations contenues dans ladite requête, ordonnons qu'elle sera communiquée au grand-prieur de Saint-Gilles, ordre de Malte.

Faisant, quant à ce, droit aux requêtes du sieur marquis de Calvisson des 5 Mai & 16 Décembre 1768, 18 Juin 1770, 16 Décembre 1772, & 6 Mars 1773, l'avons maintenu, en sa qualité de seigneur de Massillargues, Saint-Julien de Corneilhan, terre des Ports & Tamerlet, en la propriété des tenemens en marais situés dans l'étendue des jurisdictions desdites terres, autres que ceux possédés dans ladite terre des Ports par le sieur de Pierre, comte de Bernis, par le sieur d'Azemar & son épouse, par le sieur Mourgues, & par la communauté de Massillargues; ceux dont la propriété est accordée audit sieur de Calvisson, consistant, 1°. au tenement en marais dénommé la plaine de Massillargues, confrontant du levant les terres cultes de la

N°. XLV.

métairie de Tournefort, jouies par le sieur vicomte d'Aumelas, celle de la métairie de Ducros, jouie par le sieur Baguet, & plusieurs autres pièces de terre appartenant à différens particuliers, du couchant la ligne divisoire où il a été posé des bornes le 9 Septembre 1767, la chaussée ou levadon du devois & marais appellé du Marquis, ou de Tamaniguieres, du nord le marais appellé le Claux des Ports appartenant au sieur de Pierre des Ports, le pré appellé de l'Estelle, joui par la communauté de Massillargues, & les terres cultes de la métairie du sieur Martin, le pont de la Cadole entre-deux, & du midi les terres cultes & le devois en marais dudit sieur marquis de Calvisson; Tenant la déclaration faite par les consuls de Lunel dans leur requête du 3 Février dernier, déclarons aussi ledit sieur de Calvisson propriétaire de la partie des marais bornée avec lesdits consuls par Parlier & Baude experts, devant le sieur Vassal l'un de nous, le 9 Septembre 1767, ladite partie enclavée dans ledit tenement de la plaine de Massillargues; 2°. dans la propriété de la palus dénommée de Massillargues, confrontant du levant ledit devois dit du Marquis, du couchant le canal de Lunel & les étangs, du nord les marais bornés ledit jour 9 Septembre 1767, & du midi le marais du tenement des Rajols, appartenant audit sieur marquis de Calvisson; 3°. d'un autre marais appellé le pré du Marquis, & le grand devois, confrontant du levant les terres cultes de Tamaniguieres & le marais appellé la plaine de Massillargues, du couchant la susdite palus de Massillargues, & du midi le marais dénommé les Rajols & partie des palus dites de Massillargues; 4°. d'un autre tenement en marais dénommé les Rajols & le Destrech, confrontant du levant & du nord le marais appellé le grand Devois & la riviere du Vidourle, du couchant les palus de Massillargues, & du nord le claux dénommé de Lavergne, joui par la dame de Bornier de Crouzet; 5°. d'un autre tenement en marais appellé la palus du Cougul, confrontant du levant & du couchant les terres nouvellement défrichées dans ledit tenement, dont partie aboutissent au Vidourle, du midi le canal de la Radelle, & du nord les terres du même tenement nouvellement défrichées. 6°. D'un autre tenement en marais, appellé la palus de Briande; confrontant du levant les marais du terroir de Saint-Laurent d'Aigouse, du couchant le tenement appellé du Cotton, du midi le canal de la Radelle, à commencer de l'angle formé par la riviere du Vistre, & la grande robine d'Aigues-mortes, & du nord le tenement appellé de la Brêche, qui aboutit aux terres cultes; 7°. d'un autre tenement en marais appellé le pré des Demoiselles, au quartier de l'Estelle, confrontant du levant un pré du sieur Bousanquet, & plusieurs autres jouis par différens particuliers, fossé de séparation entre-deux, du nord le marais dit le pré de la Dispute, joui par ledit sieur de Pierre des Ports, fossé ou Capouliere entre-deux, du couchant autre marais dit le claux des Ports, fossé & chemin entre-deux, & du midi le pré en marais du sieur Mourgues, fossé entre-deux; sur le surplus de la requête dudit sieur marquis de Calvisson du 16 Décembre dernier, ordonnons que ladite requête sera communiquée à la dame de Bornier de Crouzet, & aux autres parties intéressées, pour y être pourvu ainsi qu'il appartiendra; & sur le surplus des requêtes dudit sieur de Calvisson, en ce qu'elles tendent en fixation des limites de la terre des Ports, sur la demande des confuls de Lunel en maintenue aux facultés par eux prétendues sur partie des marais de ladite terre des Ports, relativement à la transaction du 15 Mai 1373, fins de non-recevoir & autres fins & demandes des parties à cet égard ordonnons qu'elles seront plus amplement ouies dans le mois, produiront & défendront tout ce que bon leur semblera.

Faisant, quant à ce, droit à la requête de Mourgues du 21 Décembre dernier, l'avons maintenu dans la propriété de dix carterées de marais dénommé le pré d'Aujargues, situé dans ledit terroir de Massillargues, tenement de l'Estelle, confrontant du levant les terres de différens particuliers, grand fossé entre-deux, du nord le marais appellé pré des Demoiselles, appartenant au sieur marquis de Calvisson, grand fossé entre-deux, du couchant l'enclos du sieur de Pierre des Ports, le chemin de l'Estelle & ses fossés entre-deux, & du midi un pré de la dame Sibille, veuve du sieur de Fourques, fossé entre-deux.

Tenant la représentation faite par le sieur d'Azemar & la dame de Montoulieu, mariés, des titres établissant leur propriété sur vingt-cinq carterées de marais situés dans le terroir de Massillargues, quartier dit de l'Estelle, & la remise des copies desdits titres audit sieur du sieur de Pierre des Ports du 7 Décembre 1772, l'avons maintenu, 1°. dans la propriété de trois cent vingt-cinq carterées de fonds en marais dénommé le claux des Ports, confrontant du levant le Pre-neuf & le pré de la Dispute, chemin de l'Estelle & fossés entre-deux, le marais dit le pré des Demoiselles, celui dit de Teillan, celui dit le pré de l'Estelle, joui par la communauté de Massillargues, les mêmes chemin & fossé entre-deux, du couchant, du nord & du midi le marais de la plaine de Massillargues; 2°. d'un autre marais appellé le pré des Anes, audit quartier de l'Estelle, de contenance de dix-sept carterées, confrontan du levant le pré de la dame veuve Soulier, du couchant ledit chemin de l'Estelle, du nord ledit sieur de Pierre, pour les susdites trois cent vingt-cinq carterées, susdit chemin & fossé entre-deux, & du midi le Pré-neuf; d'un autre tenement en marais appellé le Pré-neuf, situé au susdit quartier de l'Estelle, de contenance de vingt-deux carterées, confrontant du levant le sieur de Cadolle & la Dlle. Créancier, du couchant l'enclos dudit sieur des Ports, chemin & fossés entre-deux, du nord le marais dit le pré des Anes, & ladite dame Soulier, & du midi le pré de la Dispute; 4°. d'un autre marais appellé le pré de la Dispute, de contenance de

N°. XLV.

rais, délaissés par ses auteurs par acte du 26 Février 1702, & dans les autres palus en marais où les habitans de Massillargues ont droit de faire dépaître leurs bestiaux, le tout conformément aux susdites transactions & à celles des 17 Août 1692, 18 Juillet 1698 & 18 Février 1702.

Ayant aucunement égard à la requête des consuls & communauté de Massillargues du 4 Septembre 1771, avons maintenu ladite communauté dans la propriété, 1°. du tenement en marais appellé le pré de l'Estelle, de contenance de cent carterées cédé par ledit sieur marquis de Calvisson à ladite communauté par transaction du 10 Décembre 1701, ledit marais confrontant du levant les prairies de différens particuliers, & entre autres celles des sieurs Mourgues, Bouquet, Martin & Sibille, du couchant l'enclos du sieur de Pierre des Ports, fossés & chemins entre-deux, du nord le marais dit de Teillan, fossé entre-deux, & du midi les marais dénommés la plaine & la palus de Massillargues; 2°. de deux cent vingt-cinq carterées ci-devant marais, mises en culture depuis 1702, cédées à ladite communauté par ledit sieur marquis de Calvisson, par les transactions desdits jours 10 Décembre 1701, 6 Avril 1717, & 24 Octobre 1746, désignés & confrontés dans lesdites transactions; 3°. avons aussi maintenu ladite communauté de Massillargues dans le droit de chasser, pêcher, lignérer & faire dépaître leur bétail sur quatre cent soixante-cinq carterées de marais dans l'étendue de ceux appellés la plaine de Massillargues, lesdites quatre cent soixante-cinq carterées désignées & confrontées dans les transactions des 23 Décembre 1683, 10 Décembre 1701 & 6 Avril 1717; 4°. dans la faculté de faire du bois tamarisse sur le tenement en marais appellé des Rajols, avec faculté de faire dépaître le bétail employé au charroi dudit bois dans ledit tenement des Rajols, le tout conformément auxdites transactions.

Tenant la représentation faite par le sieur de Durfort, évêque de Montpellier, des actes établissant sa qualité de seigneur-comte de Mauguio lors de ses comparans faits devant ledit sieur de Rosset, l'un de nous, les 13 Mars & 19 Septembre 1769; tenant aussi le consentement dudit syndic général de la province, contenu dans sa requête du 22 Septembre 1770, avons maintenu ledit sieur évêque de Montpellier, en sadite qualité de seigneur & comte de Mauguio, dans la propriété des palus, marais, étangs & terres inondées situées dans l'étendue dudit comté de Mauguio, autres que ceux concédés, inféodés ou aliénés en faveur des seigneurs de Candillargues, de la dame de Bornier de Crouzet, & du sieur de Portalés.

Ayant, quant à ce, égard aux requêtes de ladite dame de Lacroix, seigneuresse de Candillargues, des 15 Novembre 1768 & 11 Avril 1772, l'avons maintenue, en la susdite qualité, dans la propriété des palus & marais situés dans l'étendue de la jurisdiction de Candillargues; lesdits marais consistant, suivant la déclaration faite par ladite dame dans son comparant devant ledit sieur de Rosset, l'un de nous, commissaire, le 21 Mai 1771, 1°. en un tenement en marais dénommé la petite Palus, de contenance de six cent sèterées ou environ, confrontant du levant la riviere du Bérange, qui sépare la terre de Lansargues de celle de Candillargues, Pierre Astier, Pierre Troussellier & autres, du nord les terres du nommé Durand, d'Etienne Poussigues, de Claude Bailés, du sieur Ménard, & celles de ladite dame de Candillargues, du couchant la grande palus & marais de ladite dame, le canal

N°. XLV. canal de Candillargues entre-deux, & du marin l'étang; 2°. en un autre tenement & marais appellé la grande Palus, contenant environ deux mille séterées, confrontant du levant le susdit tenement dit la petite Palus, le canal de Candillargues entre-deux, du nord les terres des nommés Serres, Trousselier, Delon & autres, & un marais de ladite dame, appellé la Paluzette, du couchant le fossé appellé la Cadole, ci-devant Aigues-vives, & du midi l'étang; 3°. en un autre marais appellé la Paluzette, contenant soixante séterées, confrontant du levant les terres du sieur Ménard, de Jacques Bouet, de Trousselier & de la veuve Poussigues, du couchant le fossé d'Aigues-vives, autrefois appellé de la Garrigue, en-delà duquel sont les terres & prés de plusieurs particuliers dans le terroir de Mauguio, & du marin le susdit marais appellé la grande Palus.

Faisant, quant à ce, droit aux requêtes des consuls & communautés de Mudazon & Candillargues, agissant tant pour elles que pour la communauté de Mauguio, les recevons à s'aider respectivement de leurs titres pour leurs droits communs sur les palus & marais situés dans ledit comté de Mauguio; en conséquence, maintenons lesdites trois communautés de Mauguio, Mudazon & Candillargues dans les facultés à elles accordées par les transactions passées entre les évêques de Montpellier, en leur qualité de seigneurs & comtes de Mauguio, & les habitans des communautés composant ledit comté, les 17 Avril 1531 & 13 Novembre 1604; ordonnons au surplus, que les frais exposés & à exposer à raison du fait dont il s'agit par lesdites trois communautés, seront répartis entre elles & supportés, conformément aux transactions passées entre lesdites communautés.

Sans avoir égard aux demandes principales de la dame de Bornier de Crouzet, contenues dans sa requête du 18 Juin 1768, ordonnons que notre jugement du 19 Novembre 1768 sera exécuté suivant sa forme & teneur; & faisant droit aux demandes subsidiaires de ladite requête, & à celles de la requête de ladite dame du 30 Septembre 1771, l'avons maintenue dans la propriété, 1°. de deux agaux & de vingt-cinq séterées de marais y attenantes, situées dans la jurisdiction de Mauguio, confrontant du nord, du levant & du couchant la palus de Mauguio, dite de Ventenac, & du midi l'étang de Mauguio, attenant à ladite palus, inféodés au feu sieur de Bornier, pere de ladite dame, par le feu sieur de Colbert, évêque de Montpellier, le 7 Septembre 1711, ladite inféodation approuvée par délibération de la communauté de Mauguio du 13 dudit mois de Septembre; 2°. de deux tenemens en marais contigus situés dans le terroir d'Aigues-mortes, l'un appellé l'enclos de Bornier, & l'autre appellé l'enclos de l'Inféodation; le premier confrontant du levant le tenement en marais appellé le Boudres ou l'Aloua, du couchant l'étang de Mauguio, où ledit enclos de Bornier se termine en pointe, du midi le marais appellé l'Inféodation, appartenant à ladite dame, ceux appellés Patus & la Cantonnade des patus des cabanes d'Aigues-mortes, & du nord le canal de la Radelle; le second, dit l'enclos de l'Inféodation, confrontant du levant le susdit patus d'Aigues-mortes, du couchant la susdite Cantonnade des patus des cabanes, du midi le marais des Boudres ou l'Aloua, & du nord le susdit enclos de Bornier; 3°. d'un autre tenement en marais appellé l'enclos de Lavernhe baillé à fief par le sieur de Gadaigne, seigneur & baron de Lunel, à Jean Tules, de qui ladite dame a

N°. XLV. droit, suivant l'arrêt du conseil du 20 Mars 1759, ledit tenement en marais désigné & limité dans le susdit bail à fief, confrontant, suivant la relation de Parlier, Abauzit & Auziere, experts, & le procès-verbal tenu par le sieur Vassal, l'un de nous, commissaire à ce député, des mois d'Août & Octobre 1767, du levant le marais dit des Rajols, appartenant au sieur marquis de Calvisson, du couchant & du nord l'étang de Lunel ou de Mauguio, & du midi le canal de la Radelle.

Sans avoir égard à la requête des consuls & communauté d'Aigues-mortes, en ce qu'ils demandent la maintenue en la propriété des marais, palus, étangs & terres inondées, ni aux réservations contenues dans la délibération du premier Mars 1739, dont nous les avons déboutés, déclarons lesdits marais, palus, étangs & terres inondées situés dans le terroir d'Aigues-mortes, appartenir aux Etats de la province de Languedoc, conformément à la concession à eux faite par Sa Majesté par arrêt du conseil & lettres-patentes du 8 Novembre 1746, sauf pour les portions dont le chapitre d'Alais, le sieur marquis de Calviere, la dame de Bornier de Crouzet, le sieur Reboul, trésorier de France, les sieurs Perié freres & le sieur Roussèlier ont justifié chacun en droit soi, avoir la propriété, & néanmoins maintenons lesdits consuls & habitans d'Aigues-mortes dans les facultés de pêcher & chasser dans l'étang appellé la Marette, dans la jouissance des pâturages dans les tenemens en marais appellés Boudres, Mol, Merle, Malemousque, conformément aux titres par eux représentés, & au traité passé entre les commissaires du Roi Henri II & ceux des Etats de Languedoc en 1555; & en ce qui concerne les contestations d'entre lesdits consuls d'Aigues-mortes & ledit sieur de Portalés, jugeant le soit-communiqué du 22 Octobre dernier, conjointement avec les autres demandes, avons rejetté du procès les deux plans produits, l'un par lesdits consuls & communauté d'Aigues-mortes, sous cotte n°. 24 Roubieu, & l'autre par ledit sieur de Portalés, sous cotte n°. 20 Léotard; sans avoir égard à la demande desdits consuls & communauté d'Aigues-mortes en rejection de l'acte d'inféodation faite par le feu sieur de Colbert, évêque de Montpellier, le 5 Avril 1727, en faveur du sieur Baude, de qui ledit sieur de Portalés a le droit, ni à celle en rejection de la délibération des Etats de la province de Languedoc du 12 Janvier 1768, non plus qu'à leur opposition envers ladite inféodation & délibération, ni à leur demande en preuve, dont nous les avons déboutés, ordonnons que ledit acte d'inféodation & ladite délibération, demeureront au procès; déclarons n'y avoir lieu de prononcer, quant à présent, sur la demande en rejection formée par ledit sieur de Portalés, de la procédure faite d'autorité du juge d'Aigues-mortes en 1755, à la requête des consuls & communauté d'Aigues-mortes, par eux produite sous cotte n°. 3 de la troisieme continuation, signée Roubieu, ni sur sa demande en cassation par incompétence, non plus que sur ses fins de non-valoir & de non-recevoir, avant faire droit au fonds sur les demandes desdits consuls d'Aigues-mortes & dudit sieur de Portalés, ordonnons que par experts, dont lesdits consuls d'Aigues-mortes & ledit sieur de Portalés conviendront pardevant le sieur Vassal, l'un de nous, que nous avons à cet effet commis, ou qui seront par lui pris & nommés d'office, même un tiers, si besoin est, il sera procédé dans deux mois, à la diligence & aux frais avancés dudit sieur de Portalés, sauf à ré- N°. XLV.

N°. XLV. péter, s'il y a lieu, en présence dudit sieur commissaire & du procureur du Roi en la commission, le syndic général de Languedoc, ledit sieur évêque de Montpellier, & les consuls de Mauguio présens ou duement appellés, à la vérification des lieux contentieux, lesquels experts rapporteront si le terrein contentieux sur lequel ledit sieur de Portalés a fait faire des ouvrages, en conséquence de la susdite délibération des Etats, est situé dans le terroir d'Aigues-mortes ou dans celui de Mauguio, & s'il est compris en tout ou en partie dans l'acte d'inféodation dudit jour 5 Avril 1727; permettons à cet effet aux parties de remettre devers ledit commissaire & aux experts, tous les actes qu'elles jugeront nécessaires pour l'éclaircissement du fait, préalablement avoir été signifiés; & cependant tenant le consentement du syndic général de la province & la délibération des Etats dudit jour 2 Janvier 1768, ordonnons que ledit sieur de Portalés jouira provisoirement du terrein, eaux, marais & rivages de l'étang compris dans le susdit acte d'inféodation; en conséquence, lui permettons de continuer les ouvrages par lui commencés, relativement & conformément à la susdite délibération des Etats, avec défenses auxdits consuls d'Aigues-mortes & à tous autres de lui donner, à raison de ce, aucun trouble ni empêchement, à peine de tous dépens, dommages, intérêts, & d'enquis; & faisant, quant à ce, droit à la requête du syndic général de la province du 10 Juillet dernier, ordonnons que ledit sieur de Portalés satisfera à notre jugement du 20 Avril 1771; en conséquence, qu'il déclarera dans le mois pour tout délai, s'il possede dans le domaine de la Mothe, d'autres palus & marais que ceux compris dans le susdit acte d'inféodation, ou si ledit domaine est entierement composé de terres cultes; & dans le cas que partie dudit domaine soit en marais, il en déclarera dans le même délai les tenemens & les confronts, les dépens entre le syndic général de la province, les consuls d'Aigues-mortes & le sieur de Portalés demeurant compensés, ceux entre lesdits consuls d'Aigues-mortes & ledit sieur de Portalés demeurant réservés. N°. XLV.

Faisant, quant à ce, droit aux requêtes du sieur Reboul, trésorier de France, du 12 Novembre 1768 & 11 Avril 1772, l'avons maintenu dans la propriété d'un tenement en marais appellé le Fangassier, situé dans le terroir d'Aigues-mortes, faisant partie de son domaine appellé Vire-ventres, de contenance de quarante-quatre carterées cent vingt-neuf dextres, ledit domaine confrontant du levant la grande robine, chemin entre-deux, du midi la carriere Vaquaresse, du couchant les terres qui ont été de Charron, Ducros & Bonnemaire, & du nord le canal de la Radelle.

Faisant, quant à ce, droit aux requêtes des sieurs Perié freres, des 18 Avril, 16 Mai 1768 & 15 Avril 1772, les avons maintenus dans la propriété de l'isle & marais appellé Sainte-Marguerite du Mol, situés dans le terroir d'Aigues-mortes, ladite isle & marais de contenance de onze cent quatre-vingt-douze séterées, confrontant du levant l'étang de la Muzette, du nord le canal Vielhe, du couchant l'étang de Repauzet, & du midi la grande robine.

Tenant la déclaration faite par le sieur Roussel ier le 30 Août 1771, en exécution de notre jugement du 20 Avril précédent; tenant aussi la représentation faite de ses titres pardevant ledit sieur de Rosset, l'un de nous, commissaire à ce député, & la remise des copies d'iceux audit syndic général

N°. XLV.

de la province, duement collationnées; tenant encore le consentement dudit syndic général, avons maintenu ledit Rousselier dans la propriété de la partie en marais de la métairie de las Tombes, située dans le terroir d'Aigues-mortes, bornée pardevant ledit feu sieur Baudouin, commissaire en 1740, confrontant, suivant ladite requête, du midi le Grand Louis & l'étang de Repauzet, du nord & du couchant le restant du domaine de las Tombes, & du levant la plaine dite des Boudres.

Faisant droit à la requête du sieur marquis de Rochemore du 26 Août 1771, &, quant à ce, à son autre requête du 17 Octobre 1770, & à celle de la dame sa mere du 26 Octobre 1768; tenant le consentement du syndic général de la province, & notre jugement du 20 Avril 1771, avons maintenu ledit sieur de Rochemore dans la propriété de deux tenemens en marais, situés dans l'étendue de la baronnie de Lunel, l'un appellé de Tartuguiere, confrontant du levant la grande robine de Lunel, du couchant la carriere de la Cairelle, du nord la carriere & fossé de la Calade, & du midi l'étang de Lunel; le deuxieme apellé le Grès, confrontant du levant, couchant & midi les palus de ladite baronnie de Lunel, & du nord la Grand'Rue.

Ayant aucunement égard aux requêtes des consuls & communautés de Beaucaire, sans avoir égard à leur demande en maintenue dans la propriété; 1°. de onze cent cinquante salmées de marais faisant partie des dix-sept cent salmées concédées par le feu Roi au mois de Juin 1678, en faveur des sieurs de Launay & de la Roche; 2°. de cinq cent cinquante salmées distraites de ladite concession par l'arrêt de la chambre des comptes de Montpellier du 16 Mai 1682, dont nous les avons déboutés, maintenons les Etats de la province de Languedoc dans la propriété desdites cinq cent cinquante salmées de marais, conformément aux arrêts du conseil & lettres-patentes des 7 & 8 Novembre 1746, & néanmoins avons maintenu ladite communauté de Beaucaire, 1°. Dans la faculté du pâturage & lignérage sur les susdites 550 salmées, conformément au susdit arrêt, lesdites 550 salmées situées au quartier de la Paluzette, confrontant du levant les huit cent salmées de marais concédées par le Roi Louis XIII à ladite communauté, le 13 Septembre 1632, du couchant les onze cent cinquante salmées qui resterent de ladite concession auxdits de Launay & de la Roche, du nord la robine de Beaucaire, & du midi le terroir de Fourques, chemin entre-deux; 2°. dans la faculté du pâturage & lignérage sur le marais appellé le Contrat, conjointement avec la communauté de Bellegarde, ledit marais situé dans le terroir dudit Bellegarde, & confrontant du levant le terroir de Beaucaire, le chemin appellé des Arcs entre-deux, du couchant & du nord les terres & prés du terroir de Bellegarde, & du midi la robine de Beaucaire avec une terre du Mas Rond; 3°. dans la propriété de cent soixante-dix salmées de marais, mesure de Saint-Gilles, acquises par ladite communauté de Beaucaire du prévôt du chapitre d'Uzès, & dudit chapitre, par acte du 14 Juillet 1739, lesdites cent soixante & dix salmées, situées au quartier de la Paluzette, & confrontant du levant l'ancien terroir de Beaucaire, chemin appellé de la Courrege entre-deux, du couchant, partie des cinq cent cinquante salmées, ci-devant limitées & confrontées, du nord le pré appellé des Hermitans, pour une partie ; & pour l'autre, les sufdites huit cent salmées, & du midi, le terroir de Fourques, chemin entre-deux. Et tenant les déclarations & indications faites par ladite communauté, dans sa requête du 28 Octobre 1770, & notre jugement du 20 Avril 1771 ; tenant aussi la représentation faite par les divers particuliers indiqués par ladite communauté, auxquels elle a transmis la propriété des huit cent salmées que le Roi Louis XIII lui avoit concédées en l'année 1632, chacun en droit soi, établissant par titres, leur propriété ; tenant encore la remise des copies de leurs titres collationnées, faite audit sindic général : tenant aussi le consentement dudit syndic général, contenu dans sa requête du 10 Juillet 1772, faisant, quant à ce, droit aux requêtes desdits propriétaires desdites huit cent salmées de marais, les avons maintenus & maintenons, chacun en droit soi, dans la propriété de ce qu'ils ont justifié posséder sur lesdites huit cent salmées de marais ; savoir, ledit sieur président de Belleval, dans la propriété de quatre-vingt-treize salmées, cinq émines, cinq picotins, désignées & confrontées dans le procès-verbal du sieur Duret, commissaire, du 27 Juin 1671.

Ledit sieur Privat, pour quatre salmées quatre émines, faisant partie des trente-trois salmées deux émines un picotin, adjugées à Laurent Bérard, dont il a le droit, par le procès-verbal dudit sieur Duret, commissaire, du 12 du susdit mois de Juin 1671, lesdites quatre salmées quatre émines confrontant du levant, Jacques Gérond ; du couchant & du midi, le sieur de Quinson & le sieur de Forton ; du nord, le chemin.

Ledit Troupenas, pour deux cent vingt-deux salmées une émine quatorze picotins, faisant partie des quatre cent salmées, adjugées au sieur de Porcellets de Maillane, par le procès-verbal dudit sieur Duret, commissaire, du 25 du susdit mois de Juin, lesdites deux cent vingt-deux salmées une émine quatorze picotins, en plusieurs corps désignés & confrontés par le compoix de la communauté de Beaucaire.

Ledit Claude Noailles, pour deux salmées une émine, faisant partie des trente-trois salmées deux émines un picotin, adjugées audit Laurent Bérard, par le procès-verbal dudit sieur Duret, commissaire, dudit jour 12 Juin 1671 ; lesdites deux salmées cinq picotins, confrontant du levant, Benoît d'Assac ; du couchant, le susdit Pierre Privat ; du nord, le chemin ; & du midi, le sieur de Forton.

Ledit Jacques Bérard, avocat, dans la propriété de trente-quatre salmées quinze picotins, dont quatorze salmées font partie de quarante-deux salmées trois picotins, adjugées au sieur d'Aureville de Bourdic de Saint-Montant, dont il a le droit, suivant le procès-verbal dudit sieur Duret, commissaire, du 25 Juin 1671, & les vingt salmées quinze picotins restans font partie des trente-trois salmées deux émines un picotin, adjugées audit sieur Laurent Bérard, suivant le procès-verbal dudit sieur Duret, commissaire, du 12 Juin 1671 ; lesdites trente-quatre salmées quinze picotins, en trois corps désignés & confrontés dans la reconnoissance consentie par ledit Jacques Bérard, en faveur de Sa Majesté, le 19 Avril 1757.

Ledit Jean-Pierre de Lenoir, dans la propriété de trente-une salmées sept picotins, adjugées au sieur Pillet de Fressieux, par le procès-verbal dudit sieur Duret, commissaire, de l'année 1671 ; lesdites trente-une salmées sept picotins, formant un enclos qui

N°. XLV. confronte du levant, le chemin allant à la robine de Beaucaire; du couchant, les palus & vacans de ladite communauté; du nord, la draye; & du midi, Louis Tournaire.

Ledit Pierre de Tieuloy, dans la propriété de dix salmées quatre émines cinq picotins, adjugées à Jacques de Tieuloy, suivant le procès-verbal dudit sieur Duret, commissaire, du 5 Juin 1671, confrontant du levant, le chemin; du couchant, Thomas-Laurent; du nord, le chemin allant à la robine de Beaucaire; du midi, les héritiers d'Hector Vianés.

Ladite Cecile Mailhan, veuve de Louis Tournaire, dans la propriété de trente-deux salmées une émine deux picotins, acquises par Antoine Campmartin, qui font partie des quarante-deux salmées trois picotins, adjugées audit d'Aureville de Bourdic de Saint-Montant, suivant le procès-verbal dudit sieur Duret, commissaire, du 27 Juin 1671, lesdites trente-deux salmées une émine deux picotins, confrontant du levant, le chemin; du couchant, les palus & vacans de Beaucaire; du nord, Jean-Baptiste Pellet; & du midi, Paul-Joseph de Porcellets.

Le sieur François Boschet, dans la propriété de dix salmées huit picotins, dont neuf salmées trois émines ont été acquises du sieur Trémolet de Bucelly de Montpezat, à qui elles avoient été adjugées, suivant le procès-verbal dudit sieur Duret, commissaire du 3 Juin 1671, & cinq émines huit picotins, faisant partie d'un plus grand corps, acquises dudit sieur de Porcellets de Maillane, à qui elles avoient été adjugées, suivant le procès-verbal dudit sieur Duret, commissaire, du 25 dudit mois de Juin; lesdites neuf salmées trois émines, confrontant du levant & du nord, le chemin; du couchant, le sieur de Brancas & Louis Merle; & du midi, ledit Merle; & les cinq émines huit picotins, confrontant du levant, ledit sieur Boschet; du couchant, les rencontres du chemin, & les héritiers dudit sieur de Brancas; du midi le chemin. N°. XLV.

Ledit Jean Vianés, pour six salmées quatre émines, faisant partie d'un plus grands corps adjugé à Raymond Brunet, par le procès-verbal dudit sieur Duret, commissaire, du 5 Juin 1671; lesdites six salmées quatre émines, confrontant du levant, le chemin; du couchant, les sieurs de Forton & de Brocardy; du nord, le sieur Pierre de Tieuloy & Jean Rousstang; du midi, ledit Brocardy.

Ledit Jérôme Dulong, dans la propriété de deux salmées neuf picotins, faisant partie des trente-trois salmées deux émines un picotin, adjugées audit Laurent Bérard, par le procès-verbal dudit sieur Duret, commissaire, du 12 Juin 1671; lesdites deux salmées neuf picotins, confrontant du levant, les héritiers de Benoît-Laurent; du couchant, Claude d'Assac; du nord, le chemin; du midi, les héritiers d'Hector Vianés.

Ledit Pierre Tavernier, dans la propriété de vingt-quatre salmées une émine neuf picotins, contenues en l'adjudication faite en faveur du sieur Fabri de Bouschet, par le procès-verbal dudit sieur Duret, commissaire, du 10 dudit mois de Juin 1671, duqueldit Bouschet, ledit Tavernier a le droit; lesdites vingt-quatre salmées une émine neuf picotins, confrontant du levant, les sieurs de Forton & de Clausonettes; du couchant, le chemin, les hoirs de Durand Martin & ledit de Forton; du nord, les sieurs de Clausonettes & de Forton; & du midi, le chemin.

N°. XLV. Lesdits héritiers de Guillaume Metge & Benoît Mathieu, dans la propriété d'une salmée sept émines sept picotins, adjugées à Gabriel Blanc, dont ils ont le droit, par le procès-verbal dudit sieur Duret, commissaire, du 12 Juin 1671, dont une salmée en faveur dudit Benoît Mathieu, & les sept émines sept picotins restans, en faveur desdits héritiers de Metge; le tout, confrontant du levant, Benoît Mathieu; du nord & du couchant, le chemin; du midi, Louis Margail.

Ledit Louis Comte, dans la propriété d'une salmée une émine deux picotins, faisant partie d'un plus grand corps adjugé audit Laurent Bérard, par le procès-verbal dudit sieur Duret, du 12 Juin 1671; ladite salmée une émine deux picotins, confrontant du levant, le sieur Pierre de Tieuloy; du couchant, Jean Roustang; du nord, le chemin; & du midi, le sieur Vianés.

Ladite dame de Virgile, veuve dudit sieur de Courtois, représentant le sieur de Virgile son pere, dans la propriété de trente-trois salmées acquises du sieur Paul-Joseph de Porcellets, auquel la communauté les avoit aliénées par acte du 22 Août 1719, confrontant du levant, le chemin; du couchant, les palus & vacans de Beaucaire; du nord & midi, les drayes.

Ledit sieur Margail, en la propriété d'une salmée une émine deux picotins, adjugées à François Gilles, dont il a le droit, par le procès-verbal dudit sieur Duret, commissaire, du 4 Juin 1671, confrontant du levant & couchant, le chemin; du nord, Benoît Mathieu; & du midi, le marais & terres du sieur de Porcellets.

Ledit sieur comte de Quinson, en la propriété de cinquante-neuf salmées deux émines deux picotins, faisant partie de quatre cent salmées adjugées audit sieur de Porcellets de Maillane, dont il a le droit à cet égard, ladite adjudication faite par le procès-verbal dudit sieur Duret, commissaire, du 25 Juin 1671; lesdites cinquante-neuf salmées deux émines deux picotins, confrontant du levant, les sieurs Privat & Bérard; du midi & couchant, ledit sieur de Porcellets; & du nord, le chemin qui va le long de la Robine. N°. XLV.

Ledit sieur de Latis d'Entraigues, en la qualité qu'il procede, en la propriété de quatorze salmées sept émines huit picotins, faisant partie de quarante-deux salmées trois picotins, adjugées audit sieur d'Aurevillier de Bourdic de Saint-Montant, par le procès-verbal dudit sieur Duret, commissaire, du 27 Juin 1671; lesdites quatorze salmées sept émines huit picotins en deux corps désignés, limités & confrontés dans la reconnoissance consentie en faveur de Sa Majesté, par ledit sieur d'Entraigues, le 7 Juillet 1758.

Ladite dame de Virgile, veuve du sieur de Forton, en la qualité qu'elle procede, dans la propriété de soixante-neuf salmées sept émines dix-sept picotins, contenues dans l'adjudication faite en faveur de Pierre de Forton, par le procès-verbal dudit sieur Duret, commissaire, du 10 Juin 1671, en plusieurs corps désignés & confrontés dans la reconnoissance consentie, en faveur de Sa Majesté, par Jean-Louis de Forton, le 2 Septembre 1757.

Ledit sieur de Roquesi de Clausonettes, en qualité de succédant au sieur de Roquesi son ayeul, en la propriété de neuf salmées trois émines, adjugées à ce dernier, par le procès-verbal dudit sieur Duret, commissaire, du 5 Juin 1671, confrontant du levant & couchant, le chemin; du nord, la draye; & du midi, le sieur de Boschet.

Lesdits sieurs de Roquesi de Clausonettes & de Campredon, aux qualités qu'ils procedent, en la propriété

N°. XLV. de treize salmées six émines cinq picotins, faisant partie de quarante-deux salmées adjugées audit sieur d'Aurevillier de Bourdic de Saint-Montant, par le procès-verbal du sieur Duret, commissaire, du 27 Juin 1671, lesdites treize salmées six émines cinq picotins, confrontant du levant & couchant, les chemins; du nord, le sieur Charles de Virgile; & du midi, le sieur Paul-Joseph de Porcellets.

Lesdites d'Assac sœurs, représentant leur pere, en la propriété de huit salmées six émines neuf picotins en trois corps, l'un de contenance de deux salmées cinq picotins, confrontant du levant, Henri Dulong; du couchant, Claude Noailles; du nord, la draye; & du midi, le sieur de Forton; l'autre, de contenance de cinq salmées, confrontant du levant, couchant & midi, les drayes ou chemin allant au pont de Nourrigaud; du nord, la robine Royale, chemin entre-deux; & le troisieme, de contenance d'une salmée six émines quatre picotins, confrontant du levant le sieur de Brancas; du midi & du couchant, les chemins; & du nord, la robine, grande draye, appellée Courregeon entre-deux.

Avons reçu ledit sieur marquis de Coetlogon à prendre le fait & cause de Marie Vabre, veuve & héritiere de Louis Salle; & sans avoir égard à sa requête du 16 Juin 1772, en ce qu'elle tend à déclarer n'y avoir lieu de comprendre dans le desséchement des marais du bas Languedoc, les dix-neuf salmées une émine quatre picotins, acquises de ladite veuve Salle, par acte du 12 Août 1771; faisant droit au surplus de ses demandes, l'avons maintenu dans la propriété desdites dix-neuf salmées une émine quatre picotins, faisant partie des quatre cent salmées adjugées au sieur de Porcellets de Maillane, par le procès-verbal du sieur Duret, commissaire, du 25 Juin 1671; lesdites dix-neuf salmées une émine quatre picotins, confrontant du levant & midi, les chemins; du couchant, la palus de Beaucaire; & du nord, le sieur de Saint-Montant. N°. XLV.

Avons maintenu ladite dame de Crillon, veuve dudit sieur de Brancas, dans la propriété de dix salmées adjugées au sieur de Porcellets du Baye, dont elle a le droit en la qualité qu'elle procede, ladite adjudication faite par le procès-verbal dudit sieur Duret, commissaire, du 27 Juin 1671, confrontant du levant, le sieur de Montpezat; du couchant, le sieur de Garrigues; du midi & du nord, les chemins.

Maintenons ladite dame Larnac, veuve du sieur Fourmaud, & son héritiere, dans la propriété de trente-une salmées une émine de marais, faisant partie des quatre cent salmées adjugées au sieur de Porcellets de Maillane, sur le susdit corps de huit cent salmées, par le procès-verbal dudit sieur Duret, commissaire, du 25 Juin 1671; lesdites trente-une salmées une émine, confrontant du levant & midi, le chemin; du couchant, la palus de Beaucaire; & du nord, la robine Correjau entre-deux: La maintenons aussi dans la propriété de vingt-cinq salmées de marais, faisant partie des onze cent cinquante restantes, de la concession faite par Sa Majesté en 1678, en faveur des sieurs de Launay & de la Roche, lesdites deux parties de marais vendues audit sieur Fourmaud, par Etienne & Jean Vianés freres, le 9 Mai 1760; à la charge néanmoins par ladite veuve Fourmaud, d'exécuter les clauses & conditions portées par les lettres-patentes du mois de Juin 1678, & l'arrêt du conseil du mois de Juillet 1685, à raison desdites vingt-cinq salmées.

Tenant la représentation faite par lesdites dames de Cournon sœurs, l'une veuve

N°. XLV. veuve du sieur de Marmier ; & l'autre, épouse dudit sieur Plauchut, des actes mentionnés dans le procès-verbal, tenu devant le sieur de Rosset, commissaire, le 4 Juillet 1771, & la remise des copies collationnées desdits titres, faite au syndic général de la province ; tenant aussi le consentement de ce dernier, contenu dans sa requête du 7 Septembre 1771, déclarons qu'elles ont satisfait, à cet égard, à notre jugement du 20 Avril 1771 ; en conséquence, qu'elles sont aux droits desdites de Launay & de la Roche, pour les onze cent vingt-cinq salmées de marais, faisant partie des onze cent cinquante concédées auxdits sieurs de Launay & de la Roche, par les lettres-patentes de Sa Majesté du mois de Juin 1678 ; ce faisant, les avons maintenues & maintenons dans la propriété desdites onze cent vingt-cinq salmées de marais dont s'agit, à la charge par elles d'exécuter les clauses & conditions desdites lettres-patentes, & de l'arrêt du conseil du mois de Juillet 1682.

Sans avoir égard aux fins de non-recevoir desdits Brun, Soulages, Roux & Mathieu, dont nous les avons démis & déboutés, de même que de leurs requêtes & demandes en maintenue définitive en la propriété, possession & jouissance des palus & marais appellés de Mourrelong, composés de divers tenemens, nommés Cros de l'Esperou, des Cendriés, de la Mejanelle, palus du Patus, l'estagniol des Englous, palus Crose, lou Cairel, le Toc, palus de la Prieuresse d'Arboras, palus de Port-Noou, le plan de Saint-Denis, la Fenouillette, Peyrefiche, & autres palus & marais situés entre le Port-Dur & le Bérange ; sans avoir égard aux requêtes & demandes des consuls de Lunel, des syndics de la baronnie de Lunel, & des consuls des villettes composant ladite baronnie, en maintenue dans la propriété des palus & marais qui sont du côté du couchant du canal de Lunel, consistant en celui de Port-Noou, aux palus & marais situés depuis le Port-Dur jusqu'à la riviere de Bérange, appellés la Fenouillette, le plan de Saint-Denis, le Cayrel, Mourrelong, le Toc-Mansergues, Port-Vieil, port de Brunier, Grandel, Petit-Bastit, les Cendriés & autres. Disant droit à la requête du syndic-général de la province, du 10 Juillet 1772, avons déclaré & déclarons tous les marais situés dans la baronnie de Lunel, autres néanmoins que ceux dont la propriété a été ci-devant déclarée en faveur du sieur de Rochemore & de la dame de Crouzet, faire partie du domaine de Sa Majesté, & appartenir aux Etats de Languedoc, en vertu de la concession qui leur en a été faite par les lettres-patentes du 8 Novembre 1746 : En conséquence, avons maintenu & maintenons lesdits Etats dans la propriété desdits marais. Faisons défenses, tant auxdits Brun, Soulages, Roux & Mathieu, qu'aux consuls de Lunel, aux syndics de la baronnie, aux consuls des villettes composant ladite baronnie, & à tous autres, de donner aucun trouble ni empêchement auxdits Etats, en la susdite propriété, sous les peines de droit. Et cependant, tenant le consentement du syndic général de la province, avons maintenu & maintenons les habitans de la baronnie de Lunel, dans le droit de dépaissance & autres facultés portées par le traité passé entre les commissaires du Roi Henri II & ceux des Etats de Languedoc, le 29 Septembre 1555, pour en jouir conformément à leurs titres, sur les marais situés dans ladite baronnie de Lunel, autres que ceux appartenant au sieur de Rochemore & à la dame de Crouzet, sauf à être pourvu, s'il y a lieu, à leur N°. XLV dédommagement, en cas de privation desdites facultés, ainsi qu'il appartiendra. Comme aussi, avons maintenu & maintenons lesdits Brun, Soulages, Roux & Mathieu, dans la propriété des fossés & reclauses qu'il peut y avoir dans l'étendue des marais, depuis le Port-Dur jusqu'au Bérange, dans le droit d'y en faire par-tout où le terrein en sera susceptible, & dans les autres facultés comprises dans la donation de Raymond Gaussclin, du 6 des nones de Mars 1214, confirmée par son testament des nones du mois d'Avril 1215, sauf à être pourvu à leur dédommagement, en cas de privation desdits droits & facultés, ainsi qu'il appartiendra. Sur la demande des consuls de Lunel & des syndics de la baronnie, en maintenue dans la propriété des marais situés au-delà de l'étang du Roi, ensemble, sur celle en maintenue des droits & facultés énoncés en la transaction du 15 Mai 1373, & en la sentence du sénéchal de Montpellier, du 18 Mars 1639, sur les marais dans l'étendue de la terre des Ports, ordonné & ordonnons, que les parties seront plus amplement ouies dans le mois, pendant lequel délai, elles diront & produiront tout ce que bon leur semblera. Et en ce qui concerne les contestations d'entre lesdits consuls de Lunel, les syndics de la baronnie, & lesdits Brun, Soulages, Roux & Mathieu, à raison des quatre cent séterées du bois de Rocan, dont la distraction a été ordonnée en faveur desdits consuls & syndics par notre jugement du 3 Octobre 1771, ordonnons que ledit jugement sera executé suivant sa forme & teneur; & en conséquence, qu'il sera par nous prononcé sur lesdites contestations, par un jugement séparé. Déclarons le présent jugement commun avec les religieuses du monastere de la Visitation Sainte-Marie de Montpellier, & n'y avoir lieu de prononcer sur leur demande en garantie: Et sur la demande des consuls de Lunel, en dommages & intérêts, & restitution du quart des dépens, dont la condamnation a été contre eux prononcée, par notre jugement dudit jour 3 Octobre 1771; ensemble, sur toutes les autres demandes, fins & conclusions desdites parties, les avons mises & mettons hors de cour & de procès. Avons donné acte audit syndic général, des réservations contenues dans sa requête du 24 Mars dernier, à l'effet de faire vérifier & constater, si bon lui semble, la sincérité & l'exactitude des déclarations faites par les parties de l'instance, de leurs tenemens en marais, de la contenance d'iceux, & de leurs confronts. Permettons aussi audit syndic général, de faire vérifier & borner, pardevant le commissaire jà député, & en présence du procureur du Roi, les palus, marais, étangs, lais & relais de la mer, & terres inondées dans l'étendue de ceux concédés aux Etats, qui n'auront pas été déclarés, & dont le bornage n'aura pas été fait. En ce qui concerne aussi les demandes en exécution, inexécution ou résolution des traités faits par les parties avec le sieur maréchal duc de Noailles, les conditions contenues dans aucunes des requêtes des parties, demandes en indemnité ou dédommagement, celles en partage, expédition de partie des marais, après qu'ils auront été desséchés, celles en permission de dessécher, défricher & mettre en culture des palus & marais, & autres demandes relatives à ces différens objets, déclarons n'y avoir lieu d'y prononcer quant à présent, sauf à être fait droit auxdites parties, à cet égard, le cas y échéant, ainsi qu'il appartiendra. Sur toutes les autres demandes, fins & conclusions des parties, les avons mises hors de cour &

N°. XLV. de procès. Condamnons lesdits Brun, Soulages, Roux & Mathieu, aux dépens les concernant, envers le syndic général de la province, même en ceux réservés par nos jugemens des 19 Novembre 1768, & 3 Octobre 1771. Condamnons aussi les consuls de Lunel, & les syndics de ladite baronnie, aux dépens les concernant envers ledit syndic général, même en ceux réservés par nos susdits jugemens. Condamnons lesdits Brun, Soulages, Roux & Mathieu, aux deux tiers des dépens envers lesdits consuls de Lunel & les syndics de la baronnie, tant de ceux exposés devant le sénéchal de Montpellier, que de ceux exposés en la commission, même de ceux réservés par nos susdits jugemens, autres néanmoins que ceux faits à raison du bois de Rocan, qui demeurent réservés. Le condamnons en outre, aux dépens envers le syndic des religieuses de la Visitation Sainte-Marie de Montpellier, exposés tant devant nous, que devant ledit sénéchal, même en ceux réservés par nos susdits jugemens, l'autre tiers des dépens exposés par lesdits consuls & syndics de la baronnie de Lunel, ensemble les dépens entre le syndic général de la province, & les autres parties de l'instance générale demeurant compensés, & ceux des interlocutoires réservés, les épices, conclusions, frais & expédition du présent jugement, payables; savoir, les sept huitiemes par le syndic général de la province; & du huitieme restant, les deux tiers par lesdits Brun, Soulages, Roux & Mathieu; & l'autre tiers, par les consuls de Lunel & les syndics de ladite baronnie. FAIT à Montpellier le 15 Avril 1773. *Signés*, DE SAINT-PRIEST. JOUBERT. GROS. ROSSET, *Rapporteur*. VASSAL. ADAM DE MONTCLAR. PERDRIX. NADAL. DE GRASSET. *Collationné*, SOEFVE, *Greffier*.

XLVI.

N°. LXVI.

EXTRAIT du registre des délibérations des Etats généraux de Languedoc, assemblés par mandement du Roi en la ville de Montpellier au mois de Novembre 1773.

Du Samedi 11 Décembre suivant, président Mgr. l'archevêque & primat de Narbonne.

MONSEIGNEUR l'évêque de Nîmes a dit, que par la délibération qui fut prise le 12 Décembre 1772 au sujet du desséchement des marais, il fut déterminé, 1°. en approuvant tout ce qui avoit été fait dans le cours de l'année dans l'instance pendante devant MM. les commissaires juges d'attribution, au sujet de la validité des titres des propriétaires & usagers des marais singulierement, les conclusions prises à l'égard de l'ordre de Malte, tant pour la représentation de ses titres de propriété, que sur le conflit formé par M. le grand-prieur de Saint-Gilles, de poursuivre un jugement définitif sur la validité des titres de propriété & d'usage remis ou à remettre, de le faire signifier à toutes les parties intéressées, & de faire toutes les diligences nécessaires pour son exécution, comme aussi pour celle de l'arrêt du conseil du 13 Novembre 1772 concernant l'estimation qui doit être faite en la forme prescrite par cet arrêt, des terreins en marais compris dans le bornage qui en a été fait, de maniere que ladite estimation & procédure qui y aura donné lieu, puissent être rapportés aux présens Etats, à l'effet d'y être par eux délibéré, & que Sa Majesté soit ensuite suppliée de vouloir bien statuer sur la proportion qui devra servir de regle pour les indemnités qui se trouveront légitimement dues.

2°. Qu'attendu l'arrêt du conseil du 7 Août 1772, qui assure la remise de cent cinquante mille livres sur le produit de la crue du sel à commencer de ladite année, pour être employée aux ouvrages du canal de navigation de Beaucaire à Aigues-mortes & au desséchement des marais dans la même étendue, il seroit procédé par MM. les commissaires des travaux publics à la division des différentes parties des ouvrages de ce canal, à l'effet d'être passé des baux & adjudications séparées de celles dont l'exécution paroîtra plus pressée; auquel effet le devis dressé pour leur totalité seroit divisé en autant de parties, qu'on aura cru devoir diviser les ouvrages.

3°. Enfin qu'il seroit pourvu sur les ordres de Mgr. l'archevêque de Narbonne au payement des frais du jugement qui devoit être rendu sur la validité des titres, & des autres jugemens qui pourroient l'être dans le cours de l'année, ainsi que de ceux à faire pour la procédure d'estimation ordonnée par l'arrêt du conseil du 13 Novembre 1772 & aux frais relatifs au desséchement & au canal de navigation.

Qu'en exécution de cette délibération, le syndic général est parvenu à obtenir un arrêt du conseil le 29 Mars dernier qui déclare nulles les lettres en réglement de juges obtenues par le grand-prieur de Saint-Gilles le 29 Août 1771 pour former un conflit entre le parlement de Paris & MM. les commissaires juges d'attribution, à raison des contestations ayant rapport au desséchement, ensemble tout ce qui peut avoir été fait en conséquence, sauf à M. le grand-prieur à se pourvoir par les voies de droit contre les arrêts du conseil contenant attribution de jurisdiction & ampliation de pouvoir à MM. les commissaires pour juger les contestations nées & à naître à raison du desséchement; & que quoique cet arrêt ait été signifié depuis le 20 Août de cette année, tant à M. le grand-prieur, qu'aux consuls de Vauvert, ces parties n'ont formé aucune demande sur son exécution.

Que le syndic général a ensuite obtenu le 15 Avril dernier un jugement de MM. les commissaires juges d'attribution sur la validité des titres qui avoient été représentés par les propriétaires & usagers des marais, & que sans entrer dans le détail des dispositions de ce jugement, il est nécessaire de rappeller que, suivant les principes établis & convenus sur cette matiere, 1°. les possesseurs des marais qui ont justifié avoir la haute justice dans leurs terres ont été maintenus, par une suite de la justice, dans la propriété des marais dans leur étendue. 2°. Que ceux qui, sans avoir part à la justice, ont justifié d'une possession assez ancienne pour acquérir la prescription l'ont été pareillement, à l'exception néanmoins des fonds situés dans l'étendue de la justice du Roi, la prescription ne pouvant pas avoir lieu à l'égard du domaine. Et 3°. qu'à l'égard des facultés & usages dans les marais, ceux qui les ont réclamés y ont été maintenus, en rapportant les titres qui leur en donnent le droit, ou, pour ce qui concerne les communautés, au défaut de titres, au moyen du contrat passé entre les commissaires du Roi Henri II & ceux des Etats en 1555, pour les marais, palus, étangs, &c. appartenant à Sa Majesté.

Qu'en conséquence de ces principes, les Etats étant aux droits du Roi, qui a la haute justice à Beaucaire, dans la baronnie de Lunel, & à Aigues-mortes, ont été maintenus dans la propriété des marais & palus situés dans l'étendue de ces communautés, lesquelles ont été aussi maintenues dans les facultés & usages de ces mêmes marais.

Qu'après avoir donné cette idée gé-

N°. XLVI. nérale des dispositions du susdit jugement, on se contentera de mettre sous les yeux des Etats quelques dispositions particulieres qu'il renferme, & qui peuvent les intéresser.

Savoir, que les dames de Marmier & Plauchut étant maintenues dans la propriété des parties des palus & marais situés dans la communauté de Beaucaire & confrontés dans le même jugement, elles l'ont été à la charge, conformément aux lettres-patentes de 1678 & à l'arrêt du conseil de 1682 donnés en faveur des sieurs de Launay & de la Roche qu'elles représentent, de dessécher les onze cent cinquante salmées de marais en la propriété desquelles elles sont maintenues, & à faire au milieu un canal de navigation pour joindre celui que Sa Majesté se proposoit de faire construire, sur laquelle condition lesdites dames ont déjà offert de s'en rapporter à ce qui sera réglé par les Etats : Que les sieurs Brun, Mathieu & Soulages qui réclamoient, en qualité d'inféodataires des religieuses de la Visitation Sainte-Marie de Montpellier, la propriété d'une grande partie de marais située dans l'étendue de la baronnie de Lunel entre le Port-Dur & le Bérange, ont été déboutés de toute propriété sur cette portion de marais, dans laquelle les Etats ont été maintenus comme étant aux droits de Sa Majesté sur tous les marais de cette baronnie, & que ces inféodataires ont été réduits, relativement à leurs titres, à la faculté des fossés & pêcheries qu'il peut y avoir dans la même étendue.

Que d'un autre côté les consuls d'Aigues-mortes ayant prétendu que la partie des marais inféodée par feu M. de Colbert évêque de Montpellier au sieur Baude en 1727, comme dépendante du terroir de Mauguio, est située dans le terroir d'Aigues-mortes, il a été ordonné qu'il sera vérifié par experts, en présence d'un commissaire & du procureur du Roi, à la diligence de M. de Portalés qui représente le sieur Baude, & à ses frais, sauf à répéter, dans lequel des deux terroirs cette partie de marais est située, le même jugement portant aussi que le syndic général sera présent ou duement appellé à cette vérification, à laquelle les Etats sont réellement intéressés, puisque si cette portion de marais est déclarée faire partie du terroir d'Aigues-mortes, la propriété en est acquise aux Etats, ainsi que celle des autres marais situés dans son terroir, sauf à eux à en accorder le titre à M. de Portalés. N°. XLVI.

Que ce jugement réserve au surplus à ceux qui sont maintenus dans la propriété, & aux communautés qui le sont dans des facultés ou usages, d'être pourvu à leur indemnité, en cas de dépossession & de privation de ces facultés.

Qu'il réserve aussi au syndic général de faire vérifier & constater la sincérité & l'exactitude des déclarations faites par les parties de l'instance de leurs ténemens en marais, de leur contenance, & de leurs confronts, comme aussi de faire vérifier & borner les palus & marais non déclarés & dont le bornage n'auroit pas été fait.

Qu'enfin, en prononçant sur la validité des titres qui ont été remis pour justifier de la propriété & des facultés ou usages, ce jugement a laissé à l'écart tout ce qui a rapport aux demandes en indemnité, qu'il a regardé avec raison comme prématurées, comme aussi celles qui avoient été formées par quelques parties en exécution ou résolution des traités faits avec M. le maréchal duc de Noailles, & autres semblables ayant rapport à l'exécution du desséchement, sauf à y être fait droit le cas y échéant.

N°. XLVI.

Que ce jugement dont les dispositions beaucoup plus étendues peuvent se réduire à l'exposé sommaire qu'on vient d'en faire, a été signifié depuis le mois d'Août dernier à toutes les parties de l'instance, & que quoique le délai accordé à l'ordre de Malte pour rapporter les titres soit échu depuis deux mois, cet ordre n'a encore rien fait pour en remplir les dispositions, ce qui a mis le syndic général dans la nécessité de demander par une nouvelle requête, que faute par M. le grand-prieur de Saint-Gilles & les commandeurs d'y avoir satisfait, ils fussent, conformément à l'arrêt du conseil du 23 Septembre 1770, déchus définitivement de tous droits & prétentions sur les marais situés dans l'étendue de leurs commanderies; & silence perpétuel à eux imposé.

Qu'on a sans doute remarqué qu'au moyen de ce jugement on est parvenu à faire prononcer sur toutes les propriétés des marais; ce qui avoit paru pendant long-tems comme impossible, & n'a pu être exécuté que par une suite de la confiance que les Etats ont inspiré par les vues désintéressées de bien public qui dirigent leurs démarches vers le grand objet du desséchement, & que s'il a été réservé au syndic général de faire vérifier la sincérité des déclarations sur les contenances des marais dont la propriété a été reconnue, & de faire borner ceux qui peuvent ne l'avoir pas encore été, c'est par rapport aux erreurs qui pourroient y être intervenues, surtout dans le cas où ces déclarations seroient l'ouvrage des agens des propriétaires, ce qui sera vérifié lors de la procédure d'estimation que les Etats se proposent de faire en exécution de l'arrêt du conseil du 13 Novembre 1772.

Que si cet arrêt n'a pas été exécuté pendant cette année, comme les Etats s'en étoient flattés dans leur derniere assemblée, c'est par rapport aux observations que MM. les commissaires juges d'attribution ont faites sur quelques-unes des dispositions qui leur ont paru déroger à l'ordonnance de 1667 & qui leur ont paru exiger qu'il fût revêtu de lettres-patentes, lesquelles leur ont aussi paru nécessaires, nommément, parce que la forme ordonnée par cet arrêt pour procéder à cette estimation qui doit servir de base à l'indemnité, dérogeoit aux lettres-patentes de 1701 accordées à M. le maréchal de Noailles, & qui avoient été enregistrées au parlement de Toulouse, suivant lesquelles ces indemnités doivent être réglées de gré à gré, ou, à défaut d'en convenir, à dire d'experts.

Qu'on ne rappellera point ici les motifs que les Etats ont exposés à Sa Majesté, & sur lesquels elle s'est déterminée à ordonner de son mouvement la forme de l'estimation indiquée par l'arrêt du 13 Novembre 1772 & qu'on ajoutera seulement que M. le contrôleur général ayant été informé des observations de MM. les commissaires, il n'a été encore rien statué à cet égard.

Que les Etats étant maintenant assurés par le susdit jugement de la propriété dans laquelle ils ont été maintenus des marais situés dans le terroir de Beaucaire à raison de cinq cent cinquante salmées, & des palus, marais, & terres inondées tant dans la baronnie de Lunel que dans le terroir d'Aigues-mortes; & ces trois communautés étant aussi maintenues dans l'usage & faculté des pâturages comme il a été exposé ci-dessus, les Etats doivent se régler avec les trois communautés à raison de ces facultés.

Qu'il peut arriver qu'elles n'auront pas besoin de l'entiere étendue des marais situés dans leurs taillables pour la nourriture de leurs bestiaux, & qu'elles pourront se contenter d'une partie; qu'il est du moins à présumer que la communauté d'Aigues-mortes a plus de pâturages qu'il ne lui en faut, puisqu'elle afferme une partie des marais de son terroir à raison de treize cent trente livres.

N°. XLVI.

Qu'il n'est pas indifférent d'observer que sur les différentes étendues de marais dont la propriété a été reconnue en faveur des Etats, il n'y a que ceux de Beaucaire dont on connoisse la contenance & les confronts en conséquence de l'arrêt de la cour des aides de Montpellier du 16 Mai 1682, qui sur le don de dix sept cent salmées que le feu Roi avoit fait aux sieurs de Launay & de la Roche, ordonna la distraction de cinq cent cinquante salmées sur la demande de la communauté, à laquelle le syndic général s'étoit joint, laquelle distraction eut pour motif le rapport des experts, que les vacans sur lesquels cette communauté avoit droit de faire dépaître ses bestiaux, n'étoient pas suffisans pour leur nourriture, & qu'elle avoit besoin des cinq cent cinquante salmées, que cet arrêt accorda; de sorte que c'est sur la requête même des Etats qu'elles ont été jugées nécessaires pour cette dépaissance; sur quoi cependant on peut remarquer qu'on doit présumer que le nombre des bestiaux a diminué depuis l'arrêt de 1682, puisque dans le fait il est rare que les habitans de Beaucaire y envoyent leurs bêtes de labourage, attendu leur éloignement de près de deux lieues; qu'il seroit inutile au surplus de faire arpenter & borner cette contenance, attendu qu'elle l'a été devant M. Vassal, un des commissaires juges d'attribution, par les bornes qui les séparent des onze cent cinquante qui avoient été délaissées aux sieurs de Launay & de la Roche par l'arrêt de la cour des aides, ou par les confronts qui furent convenus par les députés de la communauté, lors du procès-verbal de ce commissaire.

N°. XLV

Mais qu'il n'en est pas de même à l'égard des autres marais de Lunel & d'Aigues-mortes dont la propriété a été reconnue en faveur des Etats, puisqu'on ne connoît ni leur contenance ni leurs confronts, qu'on négligea d'indiquer lors du bornage que les subrogés à M. le maréchal de Noailles en firent faire en 1740.

Que pour connoître cette contenance & séparer ces marais de ceux qui les confrontent, dans la propriété desquels d'autres parties de l'instance ont été maintenues, il paroît indispensable aujourd'hui de les faire arpenter & borner, mais qu'on ne peut procéder à ces opérations qu'en appellant les voisins, & après avoir obtenu un jugement de MM. les commissaires juges d'attribution qui y autorise le syndic général, & par une procédure d'experts nommés d'office faite en présence des parties intéressées, ou elles duement appellées.

Que cet arpentement & ce bornage paroissent d'autant plus essentiels qu'on ne connoît en aucune maniere l'étendue des marais dans la propriété desquels les Etats ont été maintenus, & qu'ils peuvent être journellement usurpés par les possesseurs voisins, ce qu'on ne sauroit prévenir que par cette procédure, qui assurera pour toujours aux Etats la contenance qui résultera de l'arpentement qui aura été fait, & qu'on aura attention de renfermer dans des bornes & des confrontations aussi immuables qu'il sera possible.

Que MM. les commissaires ayant ainsi pris connoissance de ce qui a été fait dans le cours de l'année pour obtenir le jugement définitif de MM. les

N°. XLVI. commiſſaires juges d'attribution ſur la validité des titres des propriétaires ou uſagers des marais, & des diſpoſitions de ce jugement, ont remarqué 1°. que pour en faire uſage à l'effet de parvenir à déterminer les indemnités qui peuvent être dues, il eût été néceſſaire de faire procéder aux eſtimations qui avoient été ordonnées par l'arrêt du conſeil du 13 Novembre 1772, mais que le défaut de lettres-patentes ſur ce même arrêt qui ont été jugées néceſſaires pour ſon exécution, l'a ſuſpendue, & retarde conſéquemment l'opération la plus indiſpenſable pour déterminer & commencer les différentes opérations du deſſéchement, de ſorte que MM. les députés & Mgr. l'archevêque de Narbonne doivent être priés de ſolliciter auprès de M. le contrôleur général l'expédition des lettres-patentes ſur ce même arrêt.

2°. Que comme la procédure qu'il ordonne ſur l'eſtimation des fonds à deſſécher pour parvenir à régler l'indemnité qui peut être due aux parties dont la propriété ou les facultés ont été reconnues, ne ſauroit s'appliquer aux portions de marais dont les Etats ont été déclarés propriétaires, en en réſervant l'uſage aux communautés, ils ont intérêt de ne pas différer de déterminer d'une part l'étendue de leur propriété, & de l'autre de ſe régler avec les communautés par rapport à cet uſage.

3°. Que conſéquemment ils doivent pourſuivre un jugement de MM. les commiſſaires juges d'attribution qui les autoriſe à faire procéder par des experts nommés d'office à l'arpentement & confrontation deſdites portions de marais, les parties intéreſſées préſentes ou duement appellées.

4°. Qu'il doit être procédé à cet arpentement & confrontation par rapport aux portions des marais ſituées dans les communautés de Lunel & d'Aigues-mortes dont les Etats ont été reconnus avoir la propriété, & non dans la portion de cinq cent cinquante ſalmées de marais à eux adjugée dans le terroir de Beaucaire, en obſervant, par rapport à la communauté d'Aigues-mortes, que cet arpentement & cette confrontation doivent être faits ſans y comprendre la portion de terrein qui eſt en conteſtation entre M. de Portalés & la communauté d'Aigues-mortes, ſauf à ajouter à la contenance & aux confronts qui auront été déterminés l'étendue de terrein qui fait le ſujet de la conteſtation entre ces parties, dans le cas où elle ſeroit déclarée faire partie du terroir d'Aigues-mortes. N°. XLVI.

Sur quoi il a été délibéré 1°. que Mgr. l'archevêque de Narbonne & MM. les députés à la cour ſont priés de ſolliciter auprès de M. le contrôleur général la prompte expédition des lettres-patentes ſur l'arrêt du conſeil du 13 Novembre 1772, attendu le préjudice qui réſulte, par rapport à l'opération du deſſéchement des marais, du retardement de l'exécution dudit arrêt pour les eſtimations ordonnées par Sa Majeſté, & qui doivent ſervir de baſe au réglement des indemnités à accorder aux propriétaires & uſagers des marais, dont les titres ont été reconnus valables par le jugement des commiſſaires juges d'attribution du 15 Avril 1773.

2°. Que la procédure ordonnée par ledit arrêt ſur l'eſtimation des fonds à deſſécher, ne pouvant s'appliquer aux opérations des marais dont les Etats ont été déclarés propriétaires, en en réſervant les uſages aux communautés dans les terroirs deſquelles leſdites portions des marais ſont ſituées, il ne peut y avoir aucune raiſon de différer de borner l'étendue de ces propriétés & de ſe régler avec leſdites communautés par rapport

N°. XLVI. rapport aux usages, à l'effet que les Etats puissent disposer desdites portions de marais, soit en recevant les propositions qui pourront leur être faites pour les concéder à la charge du desséchement, soit pour les faire dessécher eux-mêmes.

3°. Qu'il sera poursuivi en conséquence, à la diligence du syndic général, un jugement de MM. les commissaires juges d'attribution qui autorise les Etats à faire procéder par des experts nommés d'office, à l'arpentement & confrontation des susdites portions de marais, les parties intéressées présentes ou duement appellées.

4°. Que ces arpentement & confrontations, ne doivent pas être faits à l'égard des cinq cent cinquante salmées de marais dont les Etats ont été reconnus avoir la propriété dans la communauté de Beaucaire, lesquelles ont été déjà confrontées & bornées, & qu'à l'égard des marais situés dans la communauté d'Aigues-mortes, cet arpentement & cette confrontation doivent être faits sans y comprendre la portion de terrein qui est en contestation entre cette communauté & M. de Portalés, sauf à l'ajouter à la contenance & aux confronts qui auront été déterminés dans le cas où elle seroit déclarée faire partie du terroir d'Aigues-mortes.

5°. Enfin, qu'il sera pourvu sur les ordres de Mgr. l'archevêque de Narbonne au payement des frais à faire, nommément pour la procédure de bornage & confrontation des portions des marais, dont la propriété a été adjugée aux Etats, comme il a été dit ci-dessus, & pour la procédure d'estimation ordonnée par l'arrêt du conseil du 13 Novembre 1772 & autres frais relatifs au desséchement des marais, & au canal de navigation.

XLVII. N°. XLVII.

JUGEMENT

Qui ordonne le bornage, arpentement & levée des plans des marais d'Aigues-mortes & de ceux de la baronnie de Lunel, dont la propriété a été accordée aux Etats de Languedoc par Sa Majesté.

Du 17 Mars 1774.

LES COMMISSAIRES NOMMÉS par arrêts du conseil des 15 Novembre 1746, 11 Avril 1761, 19 Novembre 1767, & 4 Juillet 1771, pour juger souverainement & en dernier ressort, les contestations nées & à naître à raison de la concession des marais du bas Languedoc, depuis Beaucaire jusqu'à Aigues-mortes & à Pérols, desséchement desdits marais, construction du canal de navigation, leurs circonstances & dépendances : Au premier huissier ou sergent requis.

VU notre jugement du 15 Avril 1773 : Requête du syndic général de ladite province de Languedoc, à ce que par trois experts arpenteurs qu'il nous plaira de nommer d'office, préalablement assermentés pardevant tel de nous qui sera nommé par le présent jugement, il sera procédé, les consuls d'Aigues-mortes, ceux de Lunel, & les syndics de la baronnie de Lunel présens ou duement appellés, à l'arpentement, bornage & séparation des palus & marais situés dans l'étendue du terroir d'Aigues-mortes, & dans celui de la baronnie de Lunel, dont la propriété a été adjugée aux Etats de Languedoc par le susdit jugement du 15 Avril 1773, d'après la concession qui leur en avoit été faite par Sa Majesté par ses lettres-patentes du 8 Novembre

N°. XLVII.

1746 ; auquel arpentement, bornage & séparation, les propriétaires des fonds attenans auxdits palus & marais, seront appellés pour y être présens, si bon leur semble ; sinon & en défaut, que lesdits arpentemens, bornage & séparation, vaudront comme s'ils avoient été faits en leur présence, & seront exécutés suivant leur forme & teneur ; lesquels experts leveront un plan géométrique des différens tenemens en palus & marais dont ils feront l'arpentement & le bornage ; lequel plan comprendra & indiquera les bornes par eux placées, tenement par tenement, fixera, ainsi que leur rapport, la contenance de chacun desdits tenemens & leurs confronts, avec injonction aux experts de recevoir les dires qui leur seront remis par les différentes parties qui auront été appellées, & les inséreront dans leur rapport, dans lequel ils indiqueront aussi les différentes possessions qui peuvent confronter lesdites palus & marais, dans tous leurs aspects, pour leur relation & ledit plan géométrique faits & rapportés, être par nous autorisés ; l'ordonnance rendue sur ladite requête par le sieur de Saint-Priest pere, l'un de nous, le 26 Janvier dernier, de soit communiqué aux parties intéressées pour y répondre dans trois jours, pour, sur les conclusions du sieur Coulomb, procureur du Roi en la commission, & sur le rapport du sieur de Perdrix, l'un de nous, être par la commission ordonné ce qu'il appartiendra : l'exploit de signification de ladite requête & ordonnance faite aux procureurs desdits consuls d'Aigues-mortes, de Lunel, & à celui du syndic de ladite baronnie de Lunel, le troisieme Février suivant : Requête des maire, lieutenant de viguier, consuls & communauté d'Aigues-mortes, pour s'en remettre sur les demandes formées par le syndic général ; & dans le cas qu'elles seroient accueillies, ordonner qu'ils seront appellés pour être présens à la vérification, arpentement & levée de plan requis ; qu'il leur soit permis de nommer une personne entendue pour être présente à ladite procédure, & veiller à ce que tout ce qui appartient à ladite communauté soit conservé en entier, & que les usurpations que certains particuliers peuvent avoir faites, soient réintégrées : l'ordonnance de joint rendue sur ladite requête le 18 dudit mois de Février, & l'exploit de signification : Autre requête présentée par le syndic général, en adjudication des conclusions qu'il a prises dans celle du 26 Janvier dernier ; & en outre, qu'il soit enjoint aux propriétaires des possessions attenantes aux palus & marais d'Aigues-mortes & de Lunel, qui éleveront des contestations lors de l'arpentement & bornage dont il est question, de remettre, si bon leur semble, ou s'ils le jugent nécessaire, auxdits experts-arpenteurs, les pieces, titres & mémoires établissant l'étendue de leurs possessions, singulierement les reconnoissances qu'ils ont dû consentir au Roi de leurs fonds, à l'effet d'être joints au rapport desdits experts, sur lesquels actes ceux-ci fixeront l'étendue des marais, du côté attenant auxdites possessions ; leur permettre aussi de passer outre, de parachever ladite procédure, nonobstant toutes protestations & sans préjudice d'icelles, sauf à y être ensuite par nous statué, & que le jugement qui interviendra sera exécuté nonobstant oppositions quelconques, avec dépens : l'ordonnance de joint du 11 du présent mois, avec l'exploit de signification du 12 du même mois aux consuls de Lunel, aux syndics de ladite baronnie de Lunel, & aux consuls d'Aigues-mortes, ès personnes de leurs procureurs en l'instance : L'acte à produire & remettre fait à la requête du

N°. XLVII. ſyndic général le 9 dudit mois de Février : Délibération priſe par ladite communauté d'Aigues-mortes le 13 du même mois de Février : Concluſions du procureur du Roi en la commiſſion, des 22 dudit mois de Février, & 15 du préſent mois ; & Oui le rapport du ſieur de Perdrix, l'un de nous : tout conſidéré.

NOUS COMMISSAIRES ſuſdits, juges en dernier reſſort, faiſant quant à ce, droit aux requêtes du ſyndic général de Languedoc, avons ordonné & ordonnons, que par les ſieurs Fabre, Vignat & Verdier, experts-arpenteurs, que nous avons commis d'office, préalablement aſſermentés devant le ſieur de Perdrix, l'un de nous, il ſera procédé, les conſuls d'Aigues-mortes, ceux de Lunel, le ſyndic de la baronnie dudit Lunel, préſens ou duement appellés, à l'arpentement, bornage & ſéparation des palus, étangs, marais & terres inondées dans les terroirs d'Aigues-mortes, & dans l'étendue de la baronnie de Lunel, dont la propriété a été concédée aux Etats de Languedoc, par les lettres-patentes du 8 Novembre 1746, & par notre jugement du 15 Avril 1773, auxquelles opérations, les propriétaires des poſſeſſions attenantes auxdits marais, palus, étangs & terres inondées, ſeront auſſi appellés pour y être préſens & y aſſiſter ſi bon leur ſemble. Ordonnons que leſdits arpentement, bornage & ſéparation, ſeront faits par leſdits experts-arpenteurs, ſur les montrées dudit ſyndic général, ſans préjudice des oppoſitions qui pourront y être formées, dont les experts feront mention dans leur rapport, ſauf à être par nous ſtatué ſur leſdites oppoſitions, ainſi qu'il appartiendra. Autoriſons tant les conſuls deſdites villes d'Aigues-mortes & de Lunel, le ſyndic de ladite Baronnie de Lunel, que les propriétaires des poſſeſſions attenantes auxdites palus, marais & terres inondées, à remettre entre les mains deſdits experts, les pieces, titres & mémoires ſur leſquelles ils prétendront fonder leurs oppoſitions, pour être annexés à leur rapport. Ordonnons que par les mêmes experts-arpenteurs, il ſera levé un plan géométrique de tous les tenemens en palus & marais, ou terres inondées, dont la montrée leur aura été faite, & qui auront été par eux arpentés & bornés ; dans lequel plan ils indiqueront les bornes qui auront été placées : leur enjoignons de rapporter la contenance & les confronts de chacun deſdits tenemens, pour la procédure faite & rapportée, y être pourvu ainſi qu'il appartiendra, dépens réſervés. Fait à Montpellier le dix-ſept Mars mil ſept cent ſoixante-quatorze. *Signés*, DE SAINT-PRIEST. JOUBERT. GROS. VASSAL. ADAM DE MONTCLAR. PERDRIX. DE GRASSET. Collationné. SOEFVE, greffier, *ſigné*.

XLVIII.

EXTRAIT du regiſtre des délibérations des Etats généraux de Languedoc aſſemblés par mandement du Roi en la ville de Montpellier au mois de Décembre 1774.

Du Lundi 9 Janvier 1775, préſident Mgr. l'archevêque & primat de Narbonne.

MONSEIGNEUR l'évêque de Nîmes a dit, que par la délibération des Etats du 11 Décembre 1773 au ſujet du deſſéchement des marais, il fut déterminé 1°. de prier Mgr. l'archevêque de Narbonne & MM. les députés de ſolliciter auprès du miniſtre des finances, la prompte expédition des lettres-patentes ſur l'arrêt du conſeil du 13 Novembre 1772, attendu le préjudice qui réſulte du retardement de l'exécution dudit arrêt, pour les eſtimations

N°. XLVIII. qu'il ordonne & qui doivent servir de base au réglement des indemnités à accorder aux propriétaires & usagers des marais, dont les titres ont été reconnus valables par le jugement des commissaires juges d'attribution, du 15 Avril 1773.

2°. Que ladite procédure d'estimation ne pouvant s'appliquer aux portions des marais, dont les Etats ont été déclarés propriétaires dans les communautés d'Aigues-mortes, de Lunel & de Beaucaire, sous la réserve des usages auxdites communautés, il seroit poursuivi à la requête du syndic général un jugement des mêmes commissaires, pour autoriser les Etats à faire procéder par des experts nommés d'office, les parties présentes, ou duement appellées, à l'arpentement & confrontation des susdites portions de marais, dans les communautés d'Aigues-mortes & de Lunel, la portion qui est située dans le terroir de Beaucaire ayant été déjà bornée en 1758, à l'effet de pouvoir en disposer, après toutefois être convenus avec lesdites communautés d'une indemnité par rapport aux usages qui leur avoient été réservés.

3°. Que dans l'arpentement & confrontation des marais situés dans la communauté d'Aigues-mortes, la portion du terrein qui est en contestation entre cette communauté & le sieur de Portalés ne sera point comprise dans ledit arpentement & confrontation, sauf à l'y ajouter, dans le cas où elle sera déclarée faire partie du terroir de cette communauté.

Enfin qu'il sera pourvu sur les ordres de Mgr. l'archevêque de Narbonne au payement des frais à faire, nommément pour ledit arpentement & bornage, & autres frais relatifs au dessêchement des marais.

Qu'en exécution de cette délibération, Mgr. l'archevêque de Narbonne, & MM. les députés ont bien voulu agir auprès de M. le contrôleur général pour l'expédition des lettres-patentes nécessaires sur l'arrêt du conseil du 13 Novembre 1772, mais que les événemens survenus pendant le cours de l'année derniere ont rendu leurs soins inutiles. N°. XLVIII.

Que d'un autre côté, le syndic général a obtenu le 17 Mars dernier un jugement de MM. les commissaires qui l'a autorisé à faire arpenter, borner & confronter par trois experts nommés d'office, les différens tenemens en marais situés dans les terroirs d'Aigues-mortes & de la baronnie de Lunel, les consuls desdites villes & le syndic de la baronnie présens ou duement appellés; le même jugement ayant encore ordonné que, par les mêmes experts, il seroit levé des plans géométriques des différens tenemens en marais, dont ils feroient l'arpentement & confrontation, & que les propriétaires des possessions attenantes auxdites portions de marais seroient présens ou duement appellés.

Que lesdits experts ayant prêté serment devant un des commissaires juges d'attribution, nommé à cet effet, ils se sont rendus avec le procureur du syndic général à Aigues-mortes dans le mois de Mai dernier, où il a été procédé en présence d'un député de ladite ville, sur les montrées faites au nom du syndic général, après avoir appellé les possesseurs des fonds attenans auxdites portions de marais, au bornage, arpentement, levée des plans & confrontations des marais dans l'étendue dudit territoire, lors de laquelle opération il ne s'est élevé aucune contestation de la part des propriétaires des fonds attenans aux marais, lesdites montrées ayant été faites de maniere à les applanir, & à les faire cesser, de sorte que les Etats ne seront exposés à aucun

No. XLVIII. litige vis-à-vis de ces propriétaires.

Qu'il résulte du rapport des experts & des plans qu'ils ont levés, qu'il y a dans le terroir d'Aigues-mortes plusieurs tenemens au nombre de dix, en palus, marais, lais & relais de la mer, dont les contenances réunies forment en total celle de huit mille trois cent vingt-six carterées, cent trente-quatre dextres, faisant 7109 arpens, mesure de Paris.

Que de cette étendue de palus & marais, il n'y a que le tenement de l'Aloua & quelques autres moins étendus, qui soient en état d'être mis en culture, formant ensemble la contenance de mille huit cent soixante-seize carterées, vingt-deux dextres, le surplus qui consiste en dunes ou sables du rivage de la mer, n'étant point propres à être cultivés, produisant néanmoins des herbages qui servent à la dépaissance des bestiaux, & surtout le tenement du Listel, que la ville d'Aigues-mortes afferme environ 1100 livres.

Que les habitans d'Aigues-mortes parurent d'abord contester la qualité en palus & marais des tenemens des Boudres & du Listel, mais qu'ils passèrent ensuite condamnation & consentirent par une délibération au bornage de ces tenemens.

Qu'après avoir achevé ladite procédure à Aigues-mortes, les experts se rendirent sur les marais de la baronnie de Lunel & que, quoique les syndics de cette baronnie, & les consuls de la ville de Lunel eussent été appellés pour être présens à leurs opérations, personne ne s'est présenté de leur part.

Que lorsqu'il a été question de borner les portions de marais de Tartuguieres & du Grès, dans lesquelles M. le marquis de Rochemore avoit été maintenu par le jugement du 15 Avril 1773, il s'est élevé des contestations de la part de la dame de Vogué, veuve de M. le marquis de Rochemore, laquelle, depuis 1765, a acquis la propriété des susdits tenemens, ayant prétendu que, suivant les confrontations qui leur avoient été données par ledit jugement, ils devoient contenir environ treize cent soixante-sept séterées, tandis que les experts n'ont fixé la contenance desdites parties de marais, qu'à neuf cent soixante-seize séterées, sans préjudice néanmoins des droits de ladite dame, de ceux du Roi, & des Etats, sauf à faire un autre bornage après de nouveaux renseignemeus, & sur la remise de titres plus clairs & plus précis. No. XLVIII.

Que ladite dame a réclamé de ce rapport, ayant prétendu qu'on devoit lui accorder la propriété des treize cent soixante-sept séterées, suivant les confrontations indiquées par elle, lors du bornage; qu'elle a présenté en conséquence un mémoire aux Etats, dans lequel elle expose, que l'opération des experts a été faite contre la teneur de ses titres, ce qui les a obligés de réserver les droits de toutes les parties; que pour les discuter il faudroit entrer dans des contestations également longues & dispendieuses sur l'application des titres par elle rapportés, & s'exposer à de nouvelles vérifications; que pour les prévenir, elle préfere de s'en remettre à la justice des Etats, en observant que, quoique sa contenance en marais puisse être réellement fixée à treize cent soixante-sept séterées, elle se réduira à n'en prendre que onze cent trente-deux, au bornage desquelles il sera procédé, & qu'elle espere que les Etats voudront bien consentir que les marais dont la propriété lui a été accordée par ledit jugement du 15 Avril 1773, soient fixés auxdites onze cent trente-deux séterées, & lui accorder encore la faculté de les défricher, dessécher, & mettre en culture, en jouissant des

No. LVIII. avantages accordés par les lettres-patentes de 1701.

Que par l'examen qui a été fait du rapport des experts & des titres de ladite dame, on a reconnu que les contestations qui peuvent s'élever sur la fixation de la contenance de sa portion des marais, ne pouvoit être réglée par la voie de la justice, qu'en faisant des frais très-considérables; que les Etats qui, dans l'opération du desséchement ont principalement en vue de parvenir à faire mettre en produit des fonds qui sont couverts par les eaux la plus grande partie de l'année, doivent plutôt se prêter à un arrangement qui prévient des contestations dont la discussion seroit difficile & dispendieuse, par les frais des vérifications qui absorberoient la valeur d'environ trois cent séterées de marais dans l'état où elles sont aujourd'hui.

Mais qu'en acceptant la proposition de ladite dame, elle doit être chargée de faire procéder à ses frais au bornage desdites onze cent trente-deux séterées de marais, en y appellant le syndic général, laquelle procédure pourra être faite, pour en diminuer les frais par un seul expert.

Que ce consentement ne doit être aussi donné qu'à la charge par ladite dame de convenir avec les habitans de la baronnie de Lunel sur les facultés qu'ils peuvent prétendre sur ladite contenance, & de les rendre taisans, sans que les Etats puissent être recherchés, à raison de l'indemnité qu'ils pourront prétendre sur lesdites onze cent trente-deux séterées.

Qu'enfin les Etats doivent consentir à ce que ladite contenance soit défrichée & mise en culture, pour en jouir avec les avantages énoncés dans les lettres-patentes de 1701, à condition que les ouvrages qu'elle pourra faire à cette occasion ne pourront porter aucun préjudice à ceux que les Etats se proposent de faire pour le desséchement général, sans que ladite portion de marais puisse être dégradée, en en faisant enlever les terres pour les porter sur les autres fonds, comme les fermiers l'ont ci-devant pratiqué. No. XLVIII.

Que cette derniere condition est d'autant plus nécessaire, que nonobstant le jugement de MM. les commissaires juges d'attribution du 22 Décembre 1767 qui fait défenses à toutes personnes d'enlever les terres des marais & palus, pour les transporter dans leurs possessions, lequel jugement a été publié & signifié dans toutes les communautés où il y a des marais, presque tous les habitans de Lansargues, de Saint-Just & de Saint-Nazaire entreprennent d'enlever lesdites terres & de les transporter sur leurs fonds, pour servir d'engrais, comme on l'a remarqué à l'égard de plusieurs d'entre eux, dans le tems même de la procédure des experts; nommément les fermiers des domaines de Tartuguieres & du Grès, appartenans à Mme. de Rochemore, qui y employoient plus de cinquante personnes: Que cette entreprise ne peut que porter préjudice aux fonds en marais, puisqu'indépendamment des terres qu'on enleve, qui serviroient à en bonifier la culture, on y forme des creux où les eaux séjournent presque toute l'année.

Que la procédure de l'arpentement & bornage des portions des marais appartenant aux Etats dans les terroirs des communautés d'Aigues-mortes & de la baronnie de Lunel, étant achevée, & les plans géométriques levés en conséquence, les rapports des experts seront incessamment signifiés auxdites communautés, à l'effet d'en poursuivre ensuite l'autorisation au nom du syndic général, par un jugement de MM. les commissaires.

N°. XLVIII.

Mais qu'il est à remarquer à l'égard des marais de la baronnie de Lunel, qu'on a reconnu qu'il en avoit été usurpé plusieurs parties par des particuliers qui les ont mis en culture, sans avoir aucun titre de propriété, & que pour être en état de déterminer de quelle maniere il doit en être usé à leur égard, il convient de connoître en détail l'étendue dudit terrein usurpé, le nom des particuliers qui ont fait lesdites usurpations, & les offres qu'ils sont en état de faire pour y être maintenus.

Mgr. l'évêque de Nîmes a ajouté, que la ville d'Aigues-mortes a présenté un mémoire dans lequel elle expose, que ses dépenses sont si multipliées, qu'avec plus de 12,000 livres de revenus patrimoniaux, elle a de la peine de fournir au payement de ses charges.

Que dans la recette de ses comptes se trouve comprise une somme de 4700 livres du produit de la claverie à raison d'un droit perçu à son profit sur le canal de la Radelle dont elle sera privée par la construction du canal de navigation, & qu'elle sera encore moins en état d'acquitter ses charges, si on la prive du revenu annuel de 1100 livres que lui fournit la ferme des herbages du tenement du Listel, au bornage duquel elle n'a consenti que par soumission pour les Etats, & par la confiance qu'elle a en leurs bontés.

Qu'elle fait aussi valoir dans ce mémoire d'autres considérations, par rapport à la faculté d'user des herbages dans tout le terroir, qui peut seule y attirer & y retenir des habitans, nonobstant les inconvéniens de sa situation qui ne peuvent que les en dégoûter; & que dans la disposition où elle est de se soumettre entierement aux volontés des Etats, elle espere qu'ils ne voudront pas la priver, ni du produit de la ferme du Listel, ni des avantages qu'elle retire des autres herbages.

Que MM. les commissaires n'ont pas cru qu'il convînt d'entrer aujourd'hui dans la discussion des représentations faites dans ce mémoire, sauf à y avoir tel égard que les Etats jugeront à propos pour régler l'indemnité qui lui sera due à raison des facultés & usages qui lui avoient été réservés dans l'étendue des marais dont les Etats ont la propriété; & qu'il a paru que les habitans de cette ville, ainsi que ceux de la baronnie de Lunel, devoient remettre dans le cours de l'année des mémoires contenant les demandes qu'ils pourront faire, à l'effet d'en être rendu compté aux Etats dans leur prochaine assemblée.

De sorte qu'en résumant tout ce qu'on vient de dire, MM. les commissaires ont été d'avis de proposer à l'assemblée de délibérer.

1°. De poursuivre un jugement de MM. les commissaires juges d'attribution, à l'effet d'autoriser la procédure de bornage, arpentement & confrontations faite dans le cours de l'année derniere, en vertu de leur jugement du 17 Mars de ladite année, laquelle autorisation sera poursuivie avec les communautés d'Aigues-mortes, de la baronnie de Lunel, & autres parties intéressées.

2°. De consentir lors dudit jugement à ce que la propriété de la dame de Rochemore dans les marais de ladite baronnie, soit fixée aux onze cent trente-deux séterées par elle réclamées, en les plaçant conformément au plan qu'elle a joint à son mémoire; à la charge par ladite dame de faire procéder à ses frais sans espoir de répétition, à la séparation & bornage de ladite contenance de onze cent trente-deux séterées, le syndic général présent ou duement appellé, & de payer tous les frais de ladite procédure, laquelle pourra être faite par un seul ex-

N°. XLVIII.

pert, comme aussi à la charge par ladite dame de convenir avec les habitans de la baronnie de Lunel, à raison des facultés qu'ils peuvent prétendre sur ladite contenance de onze cent trente-deux sétérées en marais ; & de les rendre taisans, sans que les Etats puissent être recherchés sous prétexte de l'indemnité que lesdits habitans pourroient prétendre à raison desdites onze cent trente-deux sétérees, & finalement de consentir à ce que ladite dame fasse dessécher, défricher, & mettre en culture lesdites onze cent trente-deux sétérées pour en jouir avec les avantages accordés par les lettres-patentes de 1701, sans qu'elle puisse rien prétendre au-delà sur les marais de ladite baronnie dont la propriété a été conservée auxdits Etats, & sans qu'elle puisse aussi dégrader lesdits marais en en faisant enlever les terres pour les porter sur ses fonds au préjudice des défenses portées par le jugement de MM. les commissaires juges d'attribution du 22 Décembre 1767.

3°. Qu'attendu le préjudice qui résulte dudit enlevement des terres, par rapport au desséchement que les Etats se proposent d'exécuter, ledit jugement portant défenses à toutes personnes d'enlever les terres des marais & palus pour les transporter dans leurs possessions, sera de nouveau publié & affiché dans toutes les communautés où il y a des marais, & nommément dans celles de Lansargues, Saint-Just & Saint-Nazaire, à l'effet de s'y conformer sous les peines de droit.

4°. Que MM. les commissaires qui seront nommés pour la direction des travaux publics, se feront remettre un état des particuliers qui ont usurpé différentes portions des marais situés dans l'étendue de la baronnie de Lunel dont la propriété a été adjugée aux Etats par le jugement du 15 Avril 1773, contenant leurs noms & l'étendue des portions par eux usurpées, comme aussi qu'ils recevront les offres qu'ils pourront faire pour obtenir d'y être maintenus, pour le tout rapporté aux Etats prochains, être par eux déterminé ce qu'il appartiendra sur lesdites usurpations & sur lesdites offres.

5°. Qu'il sera pareillement donné pouvoir auxdits commissaires d'écouter les propositions & demandes de la communauté d'Aigues-mortes, de celles de la baronnie de Lunel & de la ville de Beaucaire, sur les demandes à former par elles en indemnité à raison des usages & facultés dans lesquelles elles ont été maintenues, & de discuter avec elles lesdites propositions, en observant que, dans la vue que les Etats se proposent de parvenir au desséchement des marais, & de recevoir les offres qui pourront leur être faites pour dessécher les portions desdits marais dont la propriété leur a été adjugée, l'indemnité à accorder auxdites communautés doit consister dans une certaine portion de propriété, de laquelle elles pourront jouir à titre de bien patrimonial.

6°. De prier de nouveau Mgr. l'archevêque de Narbonne & MM. les députés à la cour de renouveller leurs instances auprès de M. le contrôleur général pour l'expédition des lettres-patentes sur l'arrêt du conseil du 13 Novembre 1772, à l'effet de ne pas retarder plus long-tems les estimations qui doivent être faites en la maniere qui y est énoncée pour servir de base au réglement des indemnités dues aux propriétaires & usagers des marais qui ont été maintenus dans lesdites facultés & usages par le jugement du 15 Avril 1773.

Ce qui a été ainsi délibéré, conformément à l'avis de MM. les commissaires.

XLIX.

XLIX.

JUGEMENT

Qui autorise la procédure d'arpentement, de bornage, & la levée des plans des palus & marais dans les terroirs d'Aigues-mortes & de la baronnie de Lunel; déboute les syndics de ladite baronnie de leur opposition au bornage du tenement de Lornede, & fixe la propriété de la dame de Rochemore à onze cent trente-deux séterées de marais, dont l'arpentement & emplacement est ordonné.

Du 28 Décembre 1775.

LES COMMISSAIRES NOMMÉS *par arrêts du conseil des 15 Novembre 1746, 11 Avril 1761, 19 Novembre 1767, & 4 Juillet 1771, pour juger souverainement & en dernier ressort, les contestations nées & à naître à raison de la concession des palus, étangs, marais, lais & relais de la mer & terres inondées, faite aux Etats de Languedoc, depuis Beaucaire jusqu'à Aigues-mortes & à Pérols, desséchement desdits palus, étangs, marais, construction du canal de navigation, leurs circonstances & dépendances : Au premier huissier ou sergent requis.*

VU le jugement par nous rendu le 15 Avril 1773, par lequel, entr'autres dispositions, les Etats de la province de Languedoc sont maintenus dans la propriété des palus & marais, étangs, lais & relais de la mer & terres inondées dans l'étendue des terroirs d'Aigues-mortes & de la baronnie de Lunel; Les pieces sur lesquelles ledit jugement fut rendu, & les exploits de signification dudit jugement faites aux parties intéressées, après l'avoir été à leurs procureurs; Lesdits exploits en date des 23, 25 & 28 Juin, 9, 13, 14, 20, 21, 22, 23, 24, 25 & 26 Août de ladite année 1773. Vu aussi notre jugement du 17 Mars 1774, portant que par les sieurs Fabre, Vignat & Verdier, experts-arpenteurs, par nous commis, préalablement assermentés pardevant le sieur de Perdrix, l'un de nous, il sera procédé, les consuls d'Aigues-mortes, ceux de Lunel présens ou duement appellés à l'arpentement, bornage & séparation des palus, étangs, marais & terres inondées dans les terroirs d'Aigues-mortes, & dans l'étendue de la baronnie de Lunel, auxquelles opérations les propriétaires des possessions attenantes auxdits marais, palus, étangs & terres inondées, seront aussi appellés, pour y être présens & y assister, si bon leur semble; lesquels arpentemens, bornage & séparation seront faits par lesdits experts, sur les montrées du syndic général de la province, sans préjudice des oppositions qui pourront y être formées, dont les experts feront mention dans leur rapport, sauf à être par nous statué sur lesdites oppositions, ainsi qu'il appartiendra; autorise, tant les consuls desdites villes d'Aigues-mortes & Lunel, les syndics de ladite baronnie de Lunel, que les propriétaires des possessions attenantes auxdits palus & marais, à remettre entre les mains desdits experts, les pieces, titres & mémoires sur lesquels ils prétendront fonder leurs oppositions, pour être annexées à leur rapport; ordonne que par les mêmes experts il sera levé un plan géométrique de tous les tenemens en palus, marais & terres inondées, dont la montrée leur aura été faite, & qui auront été par eux arpentés & bornés, dans lequel plan les bornes par eux placées seront indiquées; leur enjoint de rapporter la contenance & les confronts de chacun desdits tene-

N°. XLIX. mens ; l'exploit de signification dudit jugement, fait aux procureurs desdites villes d'Aigues-mortes & de Lunel, & des syndics de ladite baronnie, le 29 Avril 1774 : Autre exploit de signification du même jugement, fait aux susdites parties, en leurs domiciles, le lendemain 30 Avril, avec assignation devant ledit sieur de Perdrix, l'un de nous, commissaire à ce député, au Mercredi 4 Mai suivant, pour voir prêter serment auxdits Fabre, Verdier & Vignat, experts ; L'assignation donnée à ces derniers le 3 dudit mois de Mai, au lendemain 4, pour prêter serment ; L'acte de sommation fait aux procureurs desdits consuls, ledit jour 3 Mai 1774, d'en venir le lendemain 4, pardevant ledit sieur de Perdrix, pour voir prêter ledit serment ; Le procès-verbal tenu par ledit sieur de Perdrix ledit jour 4 Mai, contenant réception dudit serment ; L'assignation donnée aux consuls d'Aigues-mortes le 23 du même mois, à comparoir devant lesdits experts le lendemain 24 & les jours suivans, sur les tenemens en palus, marais & terres inondées dans ledit terroir d'Aigues-mortes, à commencer par celui dénommé les Boudres, pour voir procéder lesdits experts à l'arpentement, bornage & séparation desdits palus, marais & terres inondées, ordonnés par notre jugement du 17 Mars précédent ; L'expédition de la délibération prise par la ville d'Aigues-mortes, le 30 Avril 1774, par laquelle elle nomme Me. Guillaume Theulon, avocat, habitant de ladite ville, pour assister les experts dans leurs opérations, & faire pour ladite communauté les réquisitions nécessaires ; Les assignations données les 24 Mai & 8 Juin 1774, aux sieurs de Pierre des Ports, Rousselier, Chaumont, Pousset, Faure, Daumas & Mourgues, à la dame de Crouzet & au sieur Reboul, trésorier de France de Montpellier, propriétaires des fonds attenans au tenement en marais dénommé les Boudres ou l'Aloua, pour être présens, si bon leur sembloit, au bornage & arpentement dudit tenement, pour le séparer de leursdites possessions ; Le comparant fourni par les consuls d'Aigues-mortes, & par eux remis auxdits experts, après avoir été signifié au syndic général de la province, le 26 dudit mois de Mai ; La réponse fournie audit comparant par ledit syndic général, signifiée auxdits consuls d'Aigues-mortes, le même jour 26 Mai ; Le comparant fait par le sieur Fourmaud, faisant pour M. de Pierre des Ports, remis auxdits experts le 27 du même mois : Autre comparant fourni par ledit sieur de Pierre des Ports, remis aux mêmes experts le 28 dudit mois de Mai ; La réponse fournie auxdits comparans par lesdits consuls d'Aigues-mortes, remise auxdits experts le 28 du même mois : Autre comparant fourni par lesdits consuls, signifié audit syndic général le 30 du même mois ; La reponse dudit syndic général audit comparant, signifiée & remise aux experts le même jour 30 Mai ; Autre comparant desdits consuls, signifié au syndic général le 18 Juin 1774, avec la réponse audit comparant du même jour ; L'acte fait aux consuls d'Aigues-mortes, à la requête dudit syndic général le 26 dudit mois, pour les sommer de faire assembler leur communauté par le jour, à l'effet de délibérer si elle ne convient que le tenement ou terroir appellé le Listel, n'est réellement palus, marais, lais & relais de la mer, & de consentir que par les experts ledit tenement soit arpenté & borné ; La délibération prise par ladite communauté d'Aigues-mortes, le même jour 26 Juin, par laquelle elle consent à l'arpentement & N°. XLIX.

N°. XLIX. bornage dudit terroir de Listel ; Le comparant fourni en exécution de ladite délibération par le sieur Theaulon, député de ladite communauté, le 5 Juillet suivant, pour consentir audit bornage & arpentement. Vu encore trois exploits de signification de notre susdit jugement du 17 Mars 1774, faits les 20, 21 & 29 dudit mois de Juin, aux sieurs Comte, Jarras, Gilly, Bourelly, Fontanés, Malbois, Bonnese, Vical, Bronchet, Margaillan, les dames de Gautier de Terreneuve, la Dlle. Bosse, épouse de Me. Crozet, notaire, les propriétaires des salins de Peccais, & le sieur marquis de Montferrier ; Copie d'acte signifié le 5 Juillet suivant, à la requête de Jean & Jacques Bourelly freres ; La réponse audit acte, faite par le syndic général le 14 dudit mois de Juillet ; Les assignations données aux susdits particuliers, possesseurs des fonds attenans auxdits marais & palus, à comparoir devant lesdits experts, pour être présens au bornage & arpentement desdits palus & marais, & les voir séparer de leurs possessions, remettre auxdits experts les mémoires & titres qu'ils aviseront, en cas de litige, afin qu'ils les annexent à leur rapport ; Les assignations des susdits jours 20, 21 & 29 Juin 1774 ; Le comparant fourni par ledit Bourelly le 30 Juillet suivant, avec les pieces y annexées depuis n°. 1, à n°. 5 : Autre comparant fourni par le sieur Trousse, faisant pour ledit sieur de Montferrier, & la réponse audit comparant, fournie par les consuls d'Aigues-mortes ; Le dire remis aux experts le 12 Juillet 1774 par le sieur Crouzet, agent desdits sieurs propriétaires des salins de Peccais : Autre comparant fourni par lesdits consuls d'Aigues-mortes le 13 dudit mois de Juillet, sur l'emplacement d'une draye ou chemin contesté par Jacques Fontanés, propriétaire des fonds attenans aux palus & marais ; La réponse audit comparant, fournie par le sieur Fontanés le lendemain 14 dudit mois de Juillet, avec les pieces y jointes, depuis n°. 1, à n°. 3 ; Replique de ladite communauté d'Aigues-mortes à ladite réponse, du 5 du même mois : Deux comparans faits par lesdits consuls, les 22 & 28 dudit mois de Juillet, à raison de la contenance d'un tenement en marais appellé l'Islon de Poncet ; Les assignations données les 18, 25 & 27 Juillet aux sieurs Rey, Lassere, Chauleti, Bourelly, Milhau, Chaumont, les veuves de Laurent & de Roger, le sieur Borel aîné ; les dames de Marais & de Rocalte, au sieur évêque d'Alais, seigneur de Saint-Laurent d'Aigouse, aux héritiers de Joujon, à ceux de Bertrand Rey, aux sieurs Gilly, Ferrand & Chapellier, propriétaires des fonds attenans auxdits palus & marais d'Aigues-mortes, à l'effet de comparoir devant lesdits experts, sur les tenemens en marais attenans à leursdites possessions, pour en voir faire la séparation desdites possessions, & procéder à l'arpentement & bornage ordonnés, remettre auxdits experts leurs mémoires & titres en cas de contestation sur l'étendue de leurs possessions ; Le rapport dressé par les experts, contenant l'arpentement & bornage de tous les tenemens en marais, palus, lais & relais de la mer, dans l'étendue du ressort d'Aigues-mortes ; ledit rapport en date du 22 Décembre 1775, coté & paraphé à chaque page par le sieur de Perdrix, l'un de nous, avec l'exploit de signification dudit rapport aux consuls d'Aigues-mortes, du 21 Mars 1775 ; Les quatre plans géométriques levés par lesdits Vignat, Verdier & Fabre, experts, desdits marais, palus, lais & relais de la mer ; l'un desdits plans, pour le tenement appellé les Boudres, N°. XLIX

Boucanet & l'Aloua ; le second, pour
XLIX. celui appellé la Peyrade, qui comprend ceux du Listel & des Gazettes ; le troisieme, pour celui appellé le grand Pas ou l'Islon ; & le quatrieme, la Merle ou Peccais, chacun desdits plans paraphé par ledit sieur de Perdrix, l'un de nous ; la délibération prise par la communauté d'Aigues-mortes, le 18 Juillet 1775, avec l'exploit de signification faite au syndic général le 24 du même mois. Vu aussi les quatre exploits de signification de notre susdit jugement du 17 Mars 1774 ; le premier du 30 Août suivant, contenant sommation auxdits Fabre, Vignat & Verdier, experts, de se rendre sur les palus & marais de la baronnie de Lunel le 5 Septembre suivant, à l'effet de procéder en exécution dudit jugement ; les 2, 3 & 4 desdits exploits, contenant assignation aux consuls de Lunel, au syndic de la baronnie dudit Lunel, aux sieurs Bonhomme, Pouget, Serviere, Savy, la Dlle. Granier & son fils, Jean-Pierre Serviere, le sieur Saint-Aubin, maire, Coulondre, lieutenant de maire de Lansargues, le sieur Saint-Aubin, apothicaire, Esteve, le sieur de Tremoleti, président, Magueli, Pouget, le curé de Saint-Nazaire, la Dlle. Itier, Viala, Martin, Rafin dit le gros, l'Avesque, Rafin dit le petit, Me. Bérard, le nommé Viala, François Baumes, Langlade, Héraud, Viton, Sabatier & le sieur marquis de Rochemore, propriétaires des fonds attenans auxdits marais de Lunel, de se trouver sur iceux les jours & heures indiqués par lesdits exploits, pour voir procéder lesdits experts, leur remettre, si bon leur semble, leurs mémoires & titres en cas de contestation sur l'étendue de leurs possessions ; Le comparant fourni par la dame de Vogué, veuve & héritiere du sieur marquis de Rochemore, seigneur de Tartuguieres & le Grès, remis aux experts le 6 dudit
mois de Septembre ; La réponse four- N°. LXIX.
nie audit comparant par le syndic général le même jour : Extrait du compoix de la communauté de Lansargues, pour les articles du sieur président de Rochemore, de Jean Issert, de Pierre Sausson & de Pierre Favas ; ledit extrait collationné par Maurel, greffier-consulaire de ladite communauté : Autre comparant fourni par ladite dame de Rochemore le 7 dudit mois de Septembre 1774, avec la réponse qui y fut fournie le même jour par le syndic général de la province : Deux autres comparans fournis & remis auxdits experts par ladite de Vogué de Rochemore les 16 & 17 dudit mois de Septembre ; Le rapport dressé par lesdits Fabre, Verdier & Vignat, experts, contenant arpentement & bornage des marais dans l'étendue de la baronnie de Lunel, avec l'exploit de signification dudit rapport aux procureurs de ladite baronnie de Lunel, & des consuls de ladite ville, du 21 Mars 1775 ; Le plan géométrique desdits marais, levé par lesdits experts : Expédition de la délibération prise par les Etats généraux de ladite province de Languedoc, le 9 Janvier 1775, par laquelle lesdits Etats consentent que la propriété de ladite dame de Rochemore dans les marais de la baronnie de Lunel, soit fixée aux onze cent trente-deux sêterées, par elle réclamées, en les plaçant conformément au plan qu'elle a remis, à la charge par ladite dame, de faire procéder à ses frais & dépens, sans espoir de répétition, à la séparation & bornage de ladite contenance, le syndic général de ladite province présent ou duement appellé, de payer tous les frais de ladite procédure qui pourra être faite par un seul expert nommé d'office ; à la charge encore par ladite dame, de

N°. XLIX. convenir avec les habitans de la baronnie de Lunel, à raison des facultés qu'ils peuvent prétendre sur ladite contenance de onze cent trente-deux feterées en marais, & de les rendre taisans à raison de l'indemnité qu'ils pourroient prétendre à ce sujet, lesdits Etats consentant qu'elle fasse dessécher, défricher & mettre en culture lesdites onze cent trente-deux feterées de marais, pour en jouir avec les avantages accordés par les lettres-patentes de 1701, sans qu'elle puisse plus rien prétendre sur les marais de ladite baronnie, dont la propriété a été accordée auxdits Etats, ni les dégrader en en faisant enlever les terres pour les porter sur ses fonds, au préjudice des défenses portées par le jugement par nous rendu le 22 Décembre 1767. Vu encore un acte passé le 13 Décembre 1765 entre la dame marquise de Rochemore-Gallargues, & le sieur marquis de Rochemore, par lequel ladite dame de Rochemore-Gallargues, vend au sieur marquis de Rochemore la terre de Tartuguieres, avec justice haute, moyenne & basse, les domaines en dépendant, tous autres droits, ainsi que le domaine du Grès avec ses dépendances, au prix, pactes, clauses & conditions réglées par ledit acte, contrôlé & insinué à Nîmes & à Lunel les 17 Octobre & 2 Novembre 1770: Requête de ladite dame de Vogué, veuve & héritiere du sieur marquis de Rochemore, tendante à ce que vu l'acte de vente passé à son feu mari de la terre de Tartuguieres, & du domaine du Grès, avec leurs dépendances, le plan sur lequel la délibération des Etats du 9 Janvier 1775, fut prise, & ladite délibération, tenant le consentement desdits Etats renfermé dans ladite délibération, l'offre qu'elle fait de l'exécuter aux conditions y contenues, la déclarer aux droits du sieur marquis de Rochemore, baron des Etats, pour raison des marais dans l'étendue de la baronnie de Lunel, en la propriété où ledit sieur de Rochemore avoit été maintenu par notre jugement du 15 Avril 1773; en conséquence, fixer la contenance desdits marais lui appartenant, relativement à ses titres & à ladite délibération des Etats, à onze cent trente-deux feterées; faire défenses de, en ladite propriété, lui donner aucun trouble ni empêchement, lui permettre de faire procéder par le sieur Vignat, expert déjà nommé, sur le serment qu'il a prêté, en présence du syndic général de la province, au bornage desdites onze cent trente-deux feterées des portions des marais de Tartuguieres & du Grès, pour les séparer du restant de ceux de ladite baronnie de Lunel, dont la propriété a été concédée auxdits Etats; ordonner que par ledit expert, il sera levé un plan géométrique des lieux, qui contiendra le bornage & emplacement desdites onze cent trente-deux feterées de marais appartenant à ladite dame; lequel plan rapporté, il sera paraphé par le sieur rapporteur du procès, préalablement, la procédure du bornage autorisée par la commission, pour le tout lui servir & valoir ainsi qu'il appartiendra; & ce fait, lui permettre de faire défricher, dessécher & mettre en culture ladite contenance de onze cent trente-deux feterées en marais, pour en jouir avec les avantages accordés par les lettres-patentes de 1701, & dans celles du 8 Novembre 1746, offrant de fournir aux frais de l'entiere procédure d'arpentement & bornage qui sera faite par ledit Vignat; L'ordonnance rendue sur ladite requête par le sieur de Perdrix, l'un de nous, le 13 Mars 1775, portant qu'elle sera communiquée aux parties intéressées, pour y répondre dans trois jours; La communication N°. LXIX.

faite de ladite requête le même jour, aux procureurs du syndic général de la province, & à celui des consuls de Lunel, & du syndic de la baronnie dudit Lunel : Autre requête de ladite dame de Rochemore, à ce que tenant le consentement du syndic général de la province, les consuls de Lunel & les syndics de ladite baronnie soient déboutés, en ce qui la concerne, de leur requête, en lui adjugeant les fins & conclusions de sa précédente, avec dépens, d'une part ; L'ordonnance rendue sur ladite requête le 8 Juillet dernier, qui la joint au procès, avec la communication qui en a été faite aux procureurs en la cause le même jour : Autre requête de ladite dame de Rochemore, jointe au procès par ordonnance du 14 Novembre dernier, en démis de l'opposition formée par lesdits consuls de Lunel, & par les syndics de ladite baronnie, envers le jugement de la commission du 15 Avril 1773, & de leurs demandes, par fins de non-recevoir, & autres voies & moyens de droit ; lui adjuger les conclusions qu'elle a prises dans ses précédentes requêtes, avec dépens ; L'exploit de signification de ladite requête, fait à Palat, procureur dudit syndic général, & à Montels, procureur desdits consuls & syndic de ladite baronnie de Lunel. Vu aussi les titres remis par ladite dame de Rochemore, à l'appui de ses demandes ; lesdits titres consistant, 1°. En deux hommages & dénombremens rendus au Roi par les sieurs de Rochemore de ladite terre de Tartuguieres & du Grès les 14 Mars 1535, & 27 Novembre 1552 ; 2°. En l'acte de vente de ladite terre de Tartuguieres & domaine du Grès du 13 Décembre 1765, ci-dessus visé ; & 3°. En l'expédition de la susdite délibération des Etats. Vu encore la requête présentée par le syndic général de ladite province, tendante à ce que vu ce qui résulte de la délibération prise par les Etats de ladite province, le 9 Janvier 1775, il plaise à la commission autoriser les rapports dressés par les sieurs Verdier, Fabre & Vignat, experts, ensemble les plans géométriques par eux levés, l'entiere procédure faite par lesdits experts, & les procès-verbaux dudit sieur de Perdrix, commissaire, l'un de nous ; en conséquence, que lesdits Etats soient maintenus en la propriété des palus & marais, lais & relais de la mer & terres inondées dans le terroir de la ville d'Aigues-mortes, & dans l'étendue de la baronnie de Lunel, arpentés, bornés & indiqués par lesdits rapports, & par lesdits plans géométriques paraphés par ledit sieur de Perdrix ; avec défenses de, en ladite propriété, possession & jouissance desdits palus & marais, lais & relais de la mer dans les susdits terroirs, leur donner aucun trouble ni empêchement, conformément aux lettres-patentes du 8 Novembre 1746, & au jugement par nous rendu le 15 Avril 1773, sous les peines de droit ; faire aussi défenses à toutes personnes d'enlever les terres desdits palus & marais pour les transporter sur leurs possessions, sous les peines portées par le jugement du 22 Décembre 1767, qui sera exécuté suivant sa forme & teneur, lu, publié & affiché de nouveau, ensemble celui qui interviendra dans les différentes communautés où il y a des marais, singulierement dans celles de Lansargues, Saint-Just, Saint-Nazaire, Lunel-ville & Lunel-viel, situés dans l'étendue de ladite baronnie de Lunel ; ordonner que dans quinzaine de la sommation qui sera faite en vertu du jugement qui interviendra, aux possesseurs des fonds attenans aux marais de la baronnie de Lunel, dans l'éten-

No. XLIX. due des communautés de Lansargues & Saint-Nazaire, ils remettront audit syndic général des copies en forme de leurs titres de propriété desdits fonds & des compoix d'iceux, pour en établir la contenance; que dans le même délai, ceux qui ont usurpé des pieces de terre qu'ils ont desséché, défriché & mis en culture dans l'étendue desdits marais, seront tenus de faire des offres aux sieurs commissaires nommés par les Etats, ou audit syndic général, pour l'acquisition desdits fonds, & qu'ils traiteront de gré à gré avec lesdits sieurs commissaires pour la maintenue desdites pieces de terre, s'il y a lieu; sinon faute de ce faire, ledit délai passé, qu'ils seront assignés en désistat desdits fonds usurpés sur les marais, avec restitution des fruits; donner acte audit syndic général, du consentement qu'il donne à ce que la dame de Rochemore soit déclarée être aux droits du sieur de Rochemore, baron des Etats, pour la propriété des marais accordée à ce dernier par le jugement de la commission du 15 Avril 1773; & en conséquence, que l'étendue de cette propriété soit fixée à onze cent trente-deux séterées qui seront emplacées relativement au plan sur lequel fut prise la délibération des Etats du 9 Janvier 1775; à la charge néanmoins par ladite dame, 1°. De faire procéder à ses frais & dépens, sans espoir de répétition, ledit syndic général présent ou duement appellé, par le sieur Vignat, l'un des experts nommés par le jugement du 17 Mars 1774, & sur le serment qu'il a déjà prêté, à l'arpentement desdites onze cent trente-deux séterées formant sa propriété, à leur emplacement, relativement au plan par elle remis, & au plântement des bornes pour séparer cette portion des marais, du surplus de ceux de ladite baronnie réservés aux Etats; duquel arpentement, bornage & séparation, il sera levé un plan géométrique par le même expert, dont il sera délivré un double audit syndic général, après qu'il aura été paraphé par le sieur rapporteur du procès, afin qu'il puisse l'annexer aux autres plans des marais de ladite baronnie, & éviter des contestations dans les suites, de supporter encore les entiers frais de la procédure qu'elle fera à ce sujet; 2°. A la charge encore par ladite dame de Rochemore, de convenir avec les habitans de ladite baronnie de Lunel, à raison des facultés qu'ils peuvent prétendre sur lesdites onze cent trente-deux séterées de marais formant la propriété de ladite dame, & de les rendre taisans, sans que les Etats puissent être recherchés, sous prétexte de l'indemnité que lesdits habitans pourroient prétendre à raison des facultés sur lesdites onze cent trente-deux séterées; comme aussi, à la charge par ladite dame de ne pouvoir plus rien prétendre ni exiger sur le restant des marais de ladite baronnie, dont la propriété sera réservée aux Etats; avec défenses à ladite dame de dégrader ou faire dégrader lesdits marais des Etats, en en faisant enlever les terres pour porter sur ses fonds, au préjudice des dispositions de notre jugement du 22 Décembre 1767, qu'elle sera tenue d'exécuter; ledit syndic général consentant, au moyen de ce, que ladite dame fasse dessécher, défricher & mettre en culture lesdites onze cent trente-deux séterées de marais à elle appartenant, pour en jouir avec les avantages portés par les lettres-patentes de 1701 & 1746; L'ordonnance rendue sur ladite requête le 20 Mars 1774, portant qu'elle sera communiquée aux parties intéressées, & au procureur du Roi en la commission, pour y répondre dans huitaine, avec l'exploit de signification fait à Montels,

N°. XLIX. procureur des syndics de ladite baronnie des consuls de Lunel, à Roubieu, procureur des consuls de la ville d'Aigues-mortes, & à Moureau, procureur de ladite dame de Rochemore, le 21 dudit mois de Mars : Autre requête dudit syndic général de Languedoc, à ce que, sans avoir égard à l'opposition des consuls de Lunel, & des syndics de la baronnie dudit Lunel, au bornage du tenement de Lornede, & les en déboutant, ordonner que ladite procédure sortira à effet, & sera exécutée; en conséquence, déclarer que ledit tenement de Lornede fait partie des palus & marais des Etats de Languedoc, par les lettres-patentes du 8 Novembre 1746, en la propriété desquels ils ont été maintenus par le jugement du 15 Avril 1773; faire défenses auxdits consuls & syndics & à tous autres, de, en ladite propriété & jouissance dudit tenement, donner aucun trouble ni empêchement auxdits Etats, à peine de trois mille livres d'amende, & l'adjudication pour le surplus des conclusions de sa requête du 20 Mars dernier, avec dépens contre lesdits consuls de Lunel & syndics de ladite baronnie; L'ordonnance rendue sur ladite requête qui la joint au procès, & exploit de signification, le tout en date du 29 Mai 1775 : Extrait de l'acte du pénultieme de Mars 1366, remis par le syndic général, tiré des titres remis par la baronnie de Lunel, établissant que le tenement de Lornede est en palus & marais; L'acte à produire, signifié à la requête dudit syndic général le 1 Avril 1775, aux procureurs desdits consuls & syndics de Lunel, des consuls d'Aigues-mortes, & de ladite dame de Rochemore. Vu aussi la requête présentée par les consuls de la ville de Lunel, & par les syndics de la baronnie dudit Lunel, tendante à ce que tenant leur consentement comme ils ne s'opposent pas que la dame de Vogué fasse N°. XLIX. procéder au Bornage des onze cent trente-deux séterées des portions des marais de Tartuguieres & du Grès, maintenir les habitans de ladite baronnie dans les mêmes droits de dépaissances & facultés sur lesdites onze cent trente-deux séterées qui leur ont été réservées sur les palus & marais de ladite baronnie, par le jugement du 15 Avril 1773; ce faisant, dans le cas que ladite dame de Vogué feroit défricher & mettre en culture lesdites onze cent trente-deux séterées de palus & marais, en tout ou en partie, accorder à ladite baronnie une indemnité & des dédommagemens proportionnés à la privation de la dépaissance & autres droits & facultés qu'ils ont sur les marais; & en ce qui concerne le syndic général de la province, recevoir lesdits consuls & syndics bien opposans envers la procédure de bornage qu'il a fait faire, en ce qu'il y est compris le tenement de Lornede comme palus & marais, tandis qu'il est garrigue, patus ou vacant; ce faisant, que ledit tenement demeurera distrait de ladite procédure de bornage & arpentement, comme ne faisant point partie des palus & marais concédés à la province, avec dépens; l'ordonnance qui joint ladite requête au procès du 23 Mai 1773, avec l'exploit de signification aux parties intéressées du 25 du même mois : Autre requête desdits consuls & syndics de la baronnie de Lunel, à ce qu'ils soient reçus à employer pour toute défense le contenu en l'exposé & délibéré de la délibération prise par ladite baronnie le 25 Septembre dernier; & en conséquence, leur donner acte de leur déclaration comme ils s'en remettent sur le tout, à ce qu'il nous plaira d'ordonner sur l'opposition de la baronnie touchant le

tenement

N°. XLIX. tenement de Lornede, sous la réserve, au cas ledit tenement soit déclaré palus, d'être indemnisé, conformément au jugement du 15 Avril 1773, sur la supplique qui sera présentée aux Etats, pour la fixation de ladite indemnité, en ce qui concerne la dame de Rochemore, sans s'arrêter à ses requêtes & l'en déboutant, leur adjuger les autres fins & conclusions de leur précédente requête; ce faisant, les recevoir, en tant que de besoin, & que la forme pourroit le requérir, bien opposans envers le jugement de la commission du 15 Avril 1773, tenant leur consentement, comme ils ne s'opposent pas que ladite dame ne fasse procéder au bornage des onze cent trente-deux sêterées, des portions des marais de Tartuguieres & du Grès, maintenir lesdits consuls & syndics, & tous les habitans de ladite baronnie, sur lesdits onze cent trente-deux sêterées, dans les mêmes droits de dépaissance & facultés qui leur ont été accordés sur les palus & marais que ledit jugement du 15 Avril 1773 a déclaré appartenir à la province; & au cas, ladite dame de Vogué feroit défricher & mettre en culture lesdites onze cent trente-deux sêterées de palus & marais, en tout ou en partie, accorder à ladite baronnie de Lunel, une indemnité & des dédommagemens proportionnés à ladite dépaissance, & autres droits & facultés qu'ils ont sur lesdits marais, avec dépens; L'ordonnance rendue sur ladite requête le 10 Octobre dernier, qui la joint au procès avec l'exploit de signification: Autre requête desdits consuls de Lunel & des syndics de ladite baronnie, jointe au procès par ordonnance du 12 dudit mois d'Octobre, & signifiée le 14 dudit mois, tendante à l'adjudication des fins & conclusions par eux prises dans leurs précédentes requêtes, avec dépens. Vu encore les actes & pieces remis par lesdits consuls & syndics consistant en une expédition des lettres du Roi Philippe, du 3 Juillet 1332, signifiées à la dame veuve du sieur de Rochemore le 14 dudit mois d'Octobre dernier: Autre expédition d'un acte du 5 des ides d'Avril 1238, signifiée à ladite dame le même jour 14 Octobre 1775: Bail de la garde du bétail dans les pâturages & communaux, passé par les consuls de Lansargues le 5 Avril 1644, avec l'exploit de signification à ladite dame, du même jour 14 Octobre dernier; Les lettres d'amortissement accordées par le Roi Louis XIV, à ladite communauté de Lansargues au mois d'Août 1688, signifiées à ladite dame ledit jour, 14 Octobre dernier: Autre bail de la garde des bestiaux, passé par lesdits consuls de Lansargues le 12 Septembre 1723, signifié à ladite dame le 14 Octobre 1775: Copie informe de la délibération prise par les habitans de la baronnie de Lunel le 26 Mars dernier: Expédition de la délibération prise par ladite baronnie le 25 Septembre suivant, avec l'exploit de signification faite le 9 Octobre dernier, tant au syndic général de la province, qu'à ladite dame de Rochemore. Vu enfin les inventaires de production & continuations, fournies respectivement par les parties: Instructions, observations, avec les exploits de signification: Conclusions du sieur Coulomb, procureur du Roi en la commission, des 15 Septembre dernier & 20 du présent mois, Oui le rapport du sieur de Perdrix, l'un de nous, & tout consideré.

NOUS COMMISSAIRES susdits, juges en dernier ressort, faisant, quant à ce, droit aux requêtes du syndic général de Languedoc, avons autorisé & autorisons la procédure d'arpente-

N°. XLIX. ment, de bornage & séparation des palus, marais, lais & relais de la mer & terres inondées dans le terroir d'Aigues-mortes; ensemble, les six plans géométriques desdits palus, lais & relais de la mer & terres inondées, dont trois réunis sous une même vue-figure, & les trois autres séparées, levés par les sieurs Fabre, Verdier & Vignat, experts, en exécution de notre jugement du 17 Mars 1774: Autorisons en outre le rapport desdits experts, à raison dudit arpentement & bornage, & le procès-verbal du sieur de Perdrix, l'un de nous, tenu à raison de ladite procédure, ordonnons que le tout sera exécuté suivant sa forme & teneur; & en conséquence, maintenons les Etats du Languedoc, en conformité de notre jugement du 15 Avril 1773, dans la propriété des palus, marais, lais & relais de la mer & terres inondées dans ledit terroir d'Aigues-mortes, indiqués, désignés, limités & confrontés dans les susdits rapports & plans géométriques, avec défenses de, en ladite propriété, donner auxdits Etats aucun trouble ni empêchement, sous les peines de droit: Réservons néanmoins aux habitans de ladite ville d'Aigues-mortes, les usages & facultés sur lesdits fonds à eux accordés par notre susdit jugement du 15 Avril 1773: Sans nous arrêter à l'oposition formée par les consuls de la ville de Lunel, dont nous les avons démis & déboutés, disant aussi, quant à ce, droit aux requêtes dudit syndic général, déclarons, relativement à l'acte contenant proclamations faites dans ladite baronnie de Lunel les 30 Mars & 30 Octobre 1366, le tenement de Lornede situé dans l'étendue de ladite baronnie de Lunel, palus, marais ou terres inondées, & en cette qualité, faire partie de la concession faite aux Etats par les lettres-patentes du feu Roi, du 8 Novembre 1746, si mieux lesdits consuls & syndics de ladite baronnie n'aiment faire procéder dans trois mois de la signification qui leur sera faite de notre présent jugement, pour toute préfixion de délai, sans espoir d'autre, & sans qu'il puisse être réputé comminatoire, à leurs frais avancés, sauf à répéter, s'il y a lieu, par experts convenus entr'eux & ledit syndic général, pardevant le sieur de Perdrix, rapporteur du procès, ou qui en défaut, seront par ledit sieur commissaire pris & nommés d'office, même un tiers si besoin est, à la vérification dudit tenement de Lornede, tel qu'il est indiqué dans le plan levé par lesdits Fabre, Verdier & Vignat, experts, en exécution de notredit jugement du 17 Mars 1774, lesquels experts rapporteront si ledit tenement de Lornede n'est le même que celui indiqué palus dans les susdites proclamations faites en 1366, sous la dénomination qui y est faite des palus de la Arneda, si ce n'est aussi le même tenement de Lornede, que celui arpenté & borné par lesdits Fabre, Verdier & Vignat, experts, & compris dans le susdit plan géométrique par eux levé; & dans le cas que lesdits consuls & syndics de ladite baronnie persisteroient à soutenir lors de ladite vérification, que ledit tenement de Lornede borné par lesdits experts, est tout autre que celui dont il fut question dans les susdites proclamations, ils seront tenus de montrer & indiquer auxdits experts, le syndic général présent ou duement appellé, quel est le tenement de la Arneda, dont il est parlé dans lesdites proclamations, & d'en faire faire l'emplacement par lesdits experts, lesquels rapporteront en outre, si ledit tenement de Lornede, tel qu'il a été borné par lesdits Fabre, Verdier & Vignat, experts, n'est réellement

N°. XLIX.

palus & marais ; s'il n'est sujet aux inondations de la riviere du Dardaillon, des eaux du canal de Lunel, lorsque le vent de la mer les fait regonfler, même à celle des eaux de l'étang ; si ledit tenement n'a toujours été, & s'il n'est encore en palus & marais, sans avoir jamais été desséché, défriché & mis en culture ; s'il n'y croît des herbes palustres, comme aux marais qui y sont contigus, & s'il n'est de la même qualité de terrein que le sont lesdits marais y attenans, pour ladite vérification faite & rapportée, être ordonné, ce qu'il appartiendra ; & faute par lesdits consuls & syndic d'y avoir fait procéder dans le susdit délai de trois mois, icelui passé, les déclarons d'hors & dejà définitivement déchus de leur opposition envers le bornage dudit tenement de Lornède ; ordonnons qu'il sortira son plein & entier effet, ainsi que les dispositions de notre présent jugement à l'égard dudit tenement, sans qu'il en soit besoin d'autre : Avons aussi autorisé le rapport desdits Fabre, Verdier & Vignat, experts, du 20 Décembre 1774, le plan géométrique par eux levé, l'entiere procédure faite devant eux, & le procès-verbal dudit sieur de Perdrix, à raison de l'arpentement & bornage du surplus des palus, marais & terres inondées situés dans l'étendue de ladite baronnie, désignés, limités & confrontés dans lesdits rapport & plan, qui seront exécutés suivant leur forme & teneur : Maintenons en conséquence lesdits Etats de Languedoc, en la propriété desdits palus & marais dans l'étendue de ladite baronnie, tels qu'ils ont été arpentés, bornés & limités par lesdits rapport & plan, sauf les facultés réservées aux habitans de ladite baronnie, par notre jugement dudit jour 15 Avril 1773, pour en jouir conformément audit jugement : Faisons défenses de, en ladite propriété, donner auxdits Etats aucun trouble ni empêchement, sous les peines de droit : Faisons défenses à toutes personnes d'enlever les terres desdits palus & marais, tant dans ledit terroir d'Aigues-mortes, que dans l'étendue de ladite baronnie de Lunel, pour les transporter dans leurs possessions, sous les peines portées par notre jugement du 22 Décembre 1767, qui sera exécuté suivant sa forme & teneur, lu, publié & affiché de nouveau, ainsi que le présent jugement, dans les différentes communautés où il y a des marais, & principalement dans celles de Lansargues, Saint-Just, Saint-Nazaire, Lunel-Ville & Lunel-Viel, faisant partie de celles composant ladite baronnie, afin que les habitans ayent à s'y conformer : Ordonnons que dans le mois de la signification qui sera faite en vertu du présent jugement, aux possesseurs des fonds attenans aux palus & marais de ladite baronnie de Lunel, dans l'étendue des taillables de Lansargues & de Saint-Nazaire, ils remettront au syndic général de la province, des copies en forme de leurs titres de propriété desdits fonds & des compoix d'iceux, pour en établir la contenance ; que dans le même délai, ceux qui ont usurpé des pieces de terre qu'ils ont desséché, défriché & mis en culture dans l'étendue desdits marais, seront tenus de faire des offres aux sieurs commissaires nommés par les Etats, ou audit syndic général, pour l'acquisition desdits fonds, & qu'ils traiteront de gré à gré avec lesdits sieurs commissaires des Etats, pour la maintenue desdites pieces de terre, s'il y a lieu ; sinon, faute de ce faire, ledit délai passé, permettons au syndic général de les assigner devant nous en désistat desdits fonds usurpés sur les marais, avec restitution

N°. XLIX. des fruits. Vu ce qui résulte de la délibération prise par lesdits Etats le 9 Janvier 1775, & de l'acte de vente rapporté par la dame de Vogué, veuve du sieur marquis de Rochemore ; tenant le consentement donné par ledit syndic général de la province, déclarons ladite dame de Vogué, en sa qualité de veuve & héritiere dudit feu marquis de Rochemore, aux droits dudit sieur de Rochemore, baron des Etats de cette province, pour la propriété des palus & marais accordée en faveur de ce dernier par notre jugement dudit jour 15 Avril 1773 ; & en conséquence, demeurant le consentement des Etats renfermé dans la susdite délibération, & celui des habitans de ladite baronnie, avons fixé la propriété des marais de Tartuguieres & du Grès, accordée par le susdit jugement en faveur dudit sieur de Rochemore, baron des Etats, pour céder & appartenir à ladite dame de Vogué, à la contenance de onze cent trente-deux séterées, qui seront emplacées conformément au plan provisoire joint à ladite délibération des Etats ; auquel effet, ordonnons que par le sieur Vignat que nous avons commis & nommé d'office, l'un des experts qui ont déjà procédé ; & sur le serment par lui prêté, il sera procédé aux frais de ladite dame de Vogué pour l'entiere procédure, sans espoir de répétition, le syndic général de la province, les consuls de Lunel, & les syndics de la baronnie dudit Lunel, présens ou duement appellés, à l'arpentement, bornage, emplacement & limitation desdites onze cent trente-deux séterées de marais, relativement au susdit plan ; & que par le même expert, il sera levé un plan géométrique desdites onze cent trente-deux séterées de marais & de leur emplacement, dans lequel les bornes qui seront plantées pour les séparer du restant des marais de ladite baronnie seront indiqués : Ordonnons que le rapport dudit expert, & le plan qu'il aura levé, seront remis pardevant ledit sieur de Perdrix, pour être par lui paraphés, parties présentes ou duement appellées, qu'il sera fait par ledit expert un double dudit plan géométrique, lequel, après avoir été paraphé par ledit sieur commissaire, sera remis audit syndic général, pour le tout rapporté devant nous, être pourvu à l'autorisation, s'il y a lieu, ainsi que sur la demande de ladite dame de Rochemore, en permission de dessécher, défricher & mettre en culture lesdites onze cent trente-deux séterées de terre, pour, par elle en jouir aux avantages portés par les lettres-patentes de 1701, moyennant la propriété ci-dessus déclarée en faveur de ladite dame, conformément à la susdite délibération ; tenant l'adhésion par elle faite à ladite délibération, & le consentement renfermé dans ses requêtes, lui faisons défenses de plus rien prétendre ni exiger sur le restant des palus & marais de ladite baronnie, dont la propriété a été réservée auxdits Etats : Faisons encore défenses à ladite dame de dégrader ou faire dégrader lesdits palus & marais appartenans aux Etats, ni d'en faire enlever les terres pour les transporter sur ses fonds, au préjudice des dispositions du susdit jugement du 22 Décembre 1767, qui sera exécuté contre elle suivant sa forme & teneur. Sur la demande en indemnité formée par les habitans de la baronnie de Lunel, contre ladite dame de Vogué, en cas de privation des facultés de dépaissance, & autres qu'ils réclament sur lesdites onze cent trente-deux séterées dont la propriété lui a été adjugée, sans avoir égard aux fins de non-recevoir de ladite dame, avant faire droit sur l'opposition de la baronnie de Lunel, envers le jugement par nous rendu le 15 Avril 1773, Ordonnons que la N°. XLIX.

N°. XLIX. procédure d'emplacement & de bornage desdites onze cent trente-deux séterées rapportée, il sera fait droit aux parties, ainsi qu'il appartiendra, & que dans le mois, elles seront plus amplement ouies, diront & produiront tout ce que bon leur semblera; lequel délai ne commencera à courir que du jour de la signification de ladite procédure d'emplacement & de bornage, qui sera faite tant au syndic général qu'aux consuls & syndics de ladite baronnie de Lunel: Condamnons provisoirement lesdits consuls & syndics de ladite baronnie de Lunel, aux dépens de l'opposition envers ledit syndic général, les autres dépens, tant contre les consuls d'Aigues-mortes que ceux dudit Lunel, & lesdits syndics de la baronnie demeurant compensés, ceux d'entre ces derniers & la dame de Rochemore, & ceux des interlocutoires entre toutes les parties réservés. FAIT à Montpellier le vingt-huit Décembre mil sept cent soixante-quinze. *Signés*, DE SAINT-PRIEST. GROS. VASSAL. ADAM DE MONTCLAR. PERDRIX. NADAL. DE GRASSET. Collationné. SOEFVE, greffier, *signé*.

L.

EXTRAIT du registre des délibérations des Etats généraux de Languedoc, assemblés par mandement du Roi en la ville de Montpellier au mois de Janvier 1776.

Du Samedi 2 Mars suivant, président Mgr. l'archevêque & primat de Narbonne, commandeur de l'ordre du Saint-Esprit.

MONSEIGNEUR l'évêque de Nîmes a dit, que par la délibération des Etats du 9 Janvier 1775, au sujet du desséchement des marais, il fut déterminé 1°. de poursuivre un jugement de MM. les commissaires juges d'attribution qui autorisât la procédure de bornage, arpentement & confrontations faite dans le cours de l'année 1774, des portions des marais appartenans à la province dans les communautés d'Aigues-mortes & de la baronnie de Lunel; & que cette autorisation seroit poursuivie avec ces mêmes communautés. N°. L.

2°. De consentir lors dudit jugement que la propriété de la dame de Rochemore dans les marais de la baronnie de Lunel, fût fixée aux onze cent trente-deux séterées par elle réclamées, en les plaçant, conformément au plan qu'elle avoit joint à son mémoire, & aux conditions énoncées dans cette délibération.

3°. Qu'attendu le préjudice qui résultoit des enlevemens des terres des marais par rapport au desséchement, le jugement du 22 Décembre 1767 seroit de nouveau publié & affiché dans toutes les communautés où il y en a, nommément dans celles de Lansargues, Saint-Just & Saint-Nazaire, afin que leurs habitans fussent tenus de s'y conformer sous les peines de droit.

4°. Que MM. les commissaires des travaux publics se feroient remettre un état des particuliers qui ont usurpé différentes portions des marais, dans l'étendue de la baronnie de Lunel, dont les Etats ont la propriété, contenant leurs noms & l'étendue des portions par eux usurpées, & qu'ils recevroient les offres qu'ils pourroient faire pour obtenir d'y être maintenus, afin que le tout rapporté à la présente assemblée des Etats, il fût par eux délibéré ce qu'il appartiendroit sur lesdites usurpations & sur lesdites offres.

5°. Que les mêmes commissaires seroient autorisés à écouter les propositions & demandes des communautés d'Aigues-mortes, de celles qui compo-

sent la baronnie de Lunel & de celle
N°. L. de Beaucaire, sur les demandes qu'elles pourroient former en indemnité des usages & facultés dans lesquelles elles ont été maintenues par le jugement du 15 Avril 1773, & de discuter avec elles lesdites propositions, en observant que dans la vue que les Etats se proposent de parvenir au desséchement desdits marais, l'indemnité à accorder auxdites communautés, doit consister dans une certaine portion de propriété, de laquelle elles pourroient jouir à titre de bien patrimonial.

Enfin, de prier Mgr. l'archevêque de Narbonne & MM. les députés à la cour de renouveller leurs instances auprès de M. le contrôleur général pour l'expédition des lettres-patentes sur l'arrêt du conseil du 13 Novembre 1772, à l'effet de ne pas retarder plus long-tems les estimations qui doivent être faites en la maniere qui y est énoncée pour servir de base au réglement qui doit être fait par Sa Majesté des indemnités dues aux propriétaires & usagers des marais, qui ont été maintenus dans leurs propriétés, facultés & usages par le susdit jugement du 15 Avril 1773.

Qu'en exécution de cette délibération le syndic général a poursuivi un jugement de MM. les commissaires juges d'attribution, qui malgré ses diligences & à cause des contestations que la baronnie de Lunel a élevées, soit vis-à-vis des Etats, soit vis-à-vis de ladite dame de Rochemore, n'a pu être rendu que le 28 Décembre dernier, par lequel l'entiere procédure faite à Aigues-mortes en 1774 pour raison du bornage, arpentement & confrontation des palus, marais, lais & relais de la mer & terres inondées dans le terroir de cette communauté a été autorisée, & les Etats maintenus de nouveau dans la propriété desdits palus & marais dans l'étendue de cette communauté, avec défenses de lui donner aucun trouble, sous la réserve néanmoins des usages & facultés accordées auxdits habitans d'Aigues-mortes. N°. L.

Que ce même jugement déboute les consuls de Lunel & les syndics de la baronnie, de l'opposition par eux formée envers le bornage d'un tenement en marais dénommé Lornede, comme faisant partie des marais dont les Etats ont eu la concession, si mieux lesdits consuls n'aiment faire procéder dans trois mois à compter du jour de la signification dudit jugement pour tout délai, à leurs frais, sauf à répéter s'il y a lieu, par experts convenus entre eux & le syndic général, pardevant le rapporteur du procès, à la vérification dudit tenement, tel qu'il est indiqué dans le plan levé par les experts qui l'avoient arpenté & borné, le tout conformément à ce qui est porté par ledit jugement, lequel porte aussi que faute d'avoir fait procéder à ladite vérification dans le susdit délai, ils seront déclarés définitivement déchus de leur opposition.

Que le rapport des experts pour l'arpentement & bornage des autres palus & marais de ladite baronnie est aussi autorisé, & les Etats confirmés dans la propriété desdits palus & marais, suivant les plans qui en ont été levés, dont l'exécution est ordonnée, pour en jouir conformément au jugement du 15 Avril 1773, sauf les facultés réservées auxdits habitans; qu'il est fait défenses d'enlever les terres des palus & marais dans l'étendue des communautés d'Aigues-mortes & de ladite baronnie, pour les transporter dans les possessions des particuliers, sous les peines portées par le jugement du 22 Décembre 1767, dont la publication & l'affiche sont de nouveau ordonnés, singulierement dans les communautés

N°. L. de ladite baronnie, ainsi que les Etats l'avoient demandé.

Que ce jugement ordonne encore que dans le mois, à compter de la sommation qui sera faite aux possesseurs des fonds attenans aux palus & marais de la baronnie de Lunel, ils remettront au syndic général des copies en forme de leurs titres de propriété desdits fonds & des compoix d'iceux, pour en établir la contenance, attendu qu'aucun de ceux qui ont usurpé des possessions entieres sur lesdits marais, ne s'étoit présenté, en conséquence de la délibération des Etats, devant MM. les commissaires des travaux publics, pour faire des offres & traiter avec eux sur la maintenue en leur usurpation; le même jugement portant aussi que dans le même délai d'un mois ceux qui ont usurpé des pieces de terre qu'ils ont défriché, desséché & mis en culture dans l'étendue desdits marais, seront tenus de faire des offres à MM. les commissaires des travaux publics & au syndic général pour l'acquisition desdits fonds, qu'ils traiteront de gré à gré avec eux pour y être maintenus, s'il y a lieu, sinon que ledit délai passé, ils seront assignés en désistat & restitution des fruits.

Que par une autre disposition le même jugement prononce sur la maintenue de la dame de Rochemore dans la propriété des onze cent trente-deux séterées de terre, dont l'emplacement sera fait conformément à ce qui est énoncé dans ledit jugement, & ordonne qu'il sera prononcé sur la demande en indemnité (formée par les habitans de la baronnie de Lunel) à raison de la privation des facultés & usages sur ladite contenance, ainsi qu'il appartiendra, dans les délais marqués à cet effet.

Que les syndics de ladite baronnie sont condamnés provisoirement aux dépens de leur opposition envers le syndic général, les autres, tant contre lesdits syndics, les consuls de Lunel, & ceux d'Aigues-mortes compensés; ceux des interlocutoires réservés. N°. L.

Que ledit syndic général ayant fait expédier ce jugement, il l'a fait signifier, tant aux consuls d'Aigues-mortes, qu'à ceux de Lunel, aux syndics de ladite baronnie & à la dame de Rochemore, afin que le délai qu'il accorde pût courir utilement; que ledit syndic général a cru devoir suspendre cette signification vis-à-vis des possesseurs des fonds attenans aux marais, & de ceux qui en ont usurpé partie, jusqu'à ce que les Etats eussent délibéré à raison de ces dispositions.

Qu'il paroît indispensable de la faire, moins pour obliger les possesseurs des fonds attenans auxdits marais à abandonner les usurpations qu'ils y ont faites, que pour les mettre dans la nécessité de se présenter à l'effet de prendre titre de ces usurpations aux conditions qu'on croira les plus avantageuses aux Etats.

Qu'après avoir fait connoître ce qui a été fait pendant l'année 1775 pour l'ordre de la procédure, il reste à rendre compte de ce qui l'a été pour remplir les vues des Etats, à raison des propositions qu'ils avoient déterminé devoir être reçues par MM. les commissaires des travaux publics de la part des communautés d'Aigues-mortes, de Beaucaire, & de celles composant la baronnie de Lunel sur les demandes en indemnité, à raison des usages & facultés dans l'étendue des marais, dont la propriété a été adjugée aux Etats.

Qu'elles ont chacune envoyé un mémoire contenant leurs demandes, sur lesquelles MM. les commissaires des travaux publics, ont pensé qu'il n'y avoit que les Etats qui pussent se dé-

No. L. terminer, parce qu'ils tendent tous à conserver leurs usages sur leur entiere étendue, ce qui rendroit inutile à l'égard des Etats la propriété dans laquelle ils ont été maintenus par deux jugemens rendus contradictoirement avec elles.

Qu'il résulte du mémoire envoyé par les consuls de Beaucaire, que cette communauté jouissoit en vertu de ses priviléges de 1700 salmées de marais, en conséquence du traité passé entre les Etats & le Roi Henri II en 1555.

Que cette contenance ayant été concédée en 1678 par Louis XIV aux sieurs de Launay & de la Roche, la ville de Beaucaire forma opposition à l'enregistrement des lettres-patentes contenant cette concession, attendu qu'on ne pouvoit priver ses habitans de la faculté de dépaissance sur ces mêmes fonds, & qu'après une vérification légalement faite, le don fut réduit à onze cent cinquante salmées, les cinq cent cinquante restantes ayant été laissées à la communauté, pour jouir des facultés de dépaissance qu'elle avoit réclamées.

Que M. de Noailles ayant obtenu le don des marais en 1701, la ville de Beaucaire ne consentit à l'exécution de ce don qu'à condition que lesdites cinq cent cinquante salmées lui resteroient en propriété, ce qui fut accepté par M. le maréchal de Noailles, suivant ce qui résulte du procès-verbal de M. de Basville du 21 Juillet 1701, autorisé par lettres-patentes du mois de Janvier 1702.

Que les Etats étant aux droits de M. le maréchal de Noailles, & l'exécution des traités & des susdites lettres-patentes en 1702 ayant été ordonnée en leur faveur, les habitans de Beaucaire n'ont pas à craindre que les peres des communautés veuillent aller contre des conventions acceptées & autorisées par une loi qui a reçu son entiere exécution. No. L.

Que la privation des facultés sur lesdites cent cinquante salmées seroit inappréciable, puisqu'elle entraîneroit la perte de tous les bestiaux nécessaires à la culture des fonds, & que ne pouvant s'en passer, la ville de Beaucaire n'a aucune demande en indemnité à former, espérant que les Etats lui en laisseront la jouissance d'après un traité qui les leur assure.

Que suivant le mémoire des habitans d'Aigues-mortes il semble que les Etats n'aient pas été en droit de faire arpenter les palus & marais de son terroir, parce que la plupart n'étant que de simples pâturages non sujets à la submersion ni au desséchement, ils ne paroissent pas devoir faire partie de la concession à eux faite; que si lesdits habitans ont assisté & consenti à ce bornage général, beaucoup plus étendu que ceux qu'avoient fait faire en 1740 les subrogés à M. de Noailles, c'est uniquement dans la crainte de déplaire aux Etats & d'être privés de leur protection.

Qu'à supposer que la concession à eux faite s'étende sur tous les terreins bornés, on devroit considérer que ce ne pourroit être que par un défrichement effectif & durable, que la province pourroit avoir le droit de déposséder cette communauté de ses pâturages, que ce qui resteroit en friche, & dont la culture ne pourroit pas être continuée, devroit au moins rester en la possession de ladite communauté, puisque la concession n'a pas été faite dans la vue de la déposséder, mais plutôt pour mettre en valeur des fonds qu'on regarde comme inutiles; que du moment que le changement de possession ne devra en opérer aucun dans l'état de ces fonds, il seroit juste de les laisser jouir de ceux qui ne pourront être mis en culture, tels que les lais &

relais

N°. L. relais de la mer, qui par leur état ne peuvent être changés ni cultivés.

Qu'à l'égard de ceux dont le desséchement & défrichement peut être exécuté, les habitans d'Aigues-mortes assurent qu'il résultera d'une vérification, si les Etats trouvent à propos d'y faire procéder, qu'ils se réduisent au tenement appellé l'Aloua, les autres n'étant propres qu'à rester en pâturages sans être susceptibles d'aucune culture.

Que ces réflexions ont moins pour objet de contester à la province l'extension que ceux qui ont dirigé le bornage ont donnée à ses droits, que pour trouver dans la justice des Etats la grace que cette ville leur a demandée par sa délibération du 6 Novembre 1773, d'être préférée à tous prétendans à la propriété des anciens pâturages dont elle jouit depuis le regne de St. Louis, offrant de remplir les vues des Etats à l'égard du défrichement de ceux de ces terreins qui seront au cas de l'être utilement, & se soumettant à payer telle redevance qui sera trouvée juste, compensation faite de ce à quoi doivent être appréciées les facultés sur les fonds bornés, pour lesquelles il leur est dû une indemnité, ajoutant qu'ils méritent cette préférence par la misérable situation où ils se trouvent, les revenus patrimoniaux ayant diminué de la moitié par l'affranchissement des droits sur les grains & farines, diminution qui augmentera encore, lorsque le canal de navigation projetté par les Etats sera exécuté, puisqu'alors ils perdront un revenu de 5000 livres, ce qui joint au mauvais air qu'ils respirent, fait que cette ville devient journellement déserte.

Qu'à l'égard de la baronnie de Lunel, elle observe que les avantages que les habitans retirent des marais dans leur état actuel, sont si considérables, que les dommages auxquels ils seront exposés par le desséchement causeront la ruine de la plupart desdits habitans, notamment des cultivateurs. N°. L.

Qu'il y a dans ladite baronnie quantité de bétail de toute espece, dont le nombre est immense dans les communautés de Saint-Just, Saint-Nazaire, Lansargues, Lunel-Viel, Valergues & autres formant la baronnie, & que ce bétail dépaît presque toute l'année dans les marais.

Que pendant l'été on y fauche des herbes pour le nourrir pendant l'hiver; qu'on nourrit encore les bêtes à laine sur les palus depuis la fin du mois d'Avril jusques au mois de Septembre, qu'il s'y recueille des joncs pour la fabrique des cabas servant aux moulins à huile & à la vendange; qu'on y coupe encore d'autres joncs pour les fours à cuire le pain, ce qui mérite d'autant plus d'attention que le bois est extrêmement rare.

Que ces différentes productions sont absolument nécessaires aux habitans, & qu'après le desséchement, les sels seront un obstacle à leur production, en même-tems qu'il n'y aura plus de pâturages.

Qu'à supposer qu'une fois les marais desséchés, on en mette en prairies, ces fonds seront mis en défense & que les habitans n'auront plus la faculté d'y envoyer leurs bestiaux, d'où ils concluent que la totalité des marais de la baronnie est nécessaire aux habitans pour l'entretien de leurs bestiaux, que quelle que soit la portion des marais desséchés qui leur seroit cédée, on n'y trouveroit jamais un dédommagement proportionné à la perte que la privation desdits marais occasionneroit; & qu'on termine ce mémoire en s'en remettant à la justice des Etats.

Que s'il falloit s'arrêter à l'exposé de ces différens mémoires, on devroit renoncer à faire dessécher & mettre en

N°. I.

culture les marais qui en sont susceptibles dans l'étendue de ces communautés, sans tirer aucun avantage de la propriété qui en a été adjugée aux Etats, sous la réserve des facultés & usages.

Mais que les Etats ne peuvent pas perdre de vue celui de mettre en état de production des terreins qui n'en donnent aucune; & que si ces pâturages sont nécessaires à la communauté de Beaucaire & à celles de la baronnie de Lunel à cause du nombre des bestiaux qui servent à la culture de leurs fonds, les prairies qui pourront être formées dans les terreins desséchés rempliront cet objet avec le même avantage; sans compter, à l'égard des communautés de la baronnie, que les facultés qu'elle réclame sont tous les jours diminuées par les usurpations des particuliers, & que suivant ses titres, ces facultés doivent cesser dans le cas où les marais auront été desséchés & mis en culture.

Qu'enfin la communauté d'Aigues-mortes convient qu'elle a plus de pâturages qu'il ne lui en faut pour la nourriture de ses bestiaux, & que comme il est juste de l'indemniser à raison de ses facultés, il est aussi plus aisé de le faire par rapport à l'étendue immense de ses palus & pâturages, en lui cédant en toute propriété ce qui peut n'être pas susceptible de desséchement.

Mais que sans entrer dans aucun détail sur cette indemnité, ainsi que sur celle qui peut être due aux communautés qui composent la baronnie de Lunel & celle de Beaucaire, les Etats peuvent renvoyer cette discussion à MM. les commissaires qui seront nommés pour les travaux publics pendant l'année, sauf dans le cas où ils ne pourroient convenir avec elles, à avoir recours à Sa Majesté pour régler elle-même cette indemnité, à l'effet d'adjuger ensuite ce qui pourra être défriché à ceux qui offriront des conditions les plus avantageuses.

De sorte qu'en résumant tout ce qui vient d'être dit, il a paru qu'on pouvoit proposer aux Etats de délibérer :

1°. D'approuver tout ce qui a été fait par le syndic général pour l'ordre de la procédure dans le cours de l'année 1775, & en conséquence de le charger de faire exécuter le jugement rendu le 28 Décembre dernier, auquel effet il fera les diligences qu'il indique contre les possesseurs des fonds attenans auxdits marais pour qu'ils fassent connoître l'étendue de leurs possessions, comme aussi contre les usurpateurs des marais dans l'étendue de la baronnie de Lunel, à l'effet de les obliger à prendre, s'il y a lieu, un titre, à raison des fonds par eux usurpés; en autorisant MM. les commissaires qui seront nommés pour la direction des travaux publics à recevoir leurs offres & à traiter avec eux, pour le tout rapporté aux Etats prochains être par eux déterminé ce qu'il appartiendra sur lesdites usurpations & sur lesdites offres; & au cas que malgré la signification qui leur sera faite dudit jugement, ils continuent à rester dans l'inaction, que le syndic général les fera assigner devant MM. les commissaires juges d'attribution, en désistat desdits fonds & en restitution des fruits, conformément audit jugement; que les dispositions y énoncées concernant la vérification du tenement de Lornede, seront aussi exécutées, si la baronnie de Lunel se détermine à demander cette vérification.

2°. De faire connoître aux communautés de Beaucaire, d'Aigues-mortes, de Lunel & aux syndics de ladite baronnie, qu'attendu que l'intention du feu Roi, en concédant les palus & marais aux Etats, n'a pas été de laisser ces

N°. L. fonds en l'état où ils sont, mais plutôt de les faire dessécher & de les mettre en état de production, celle des Etats a été aussi de se conformer à des vues aussi dignes d'une sage administration, en mettant en culture les possessions des marais dont la propriété leur a été adjugée dans le territoire de ces communautés, & convenant avec elles de l'indemnité qui leur sera due à raison de la privation de leurs usages, auquel effet MM. les commissaires qui seront nommés pour la direction des travaux publics pendant l'année seront autorisés à traiter avec elles, sauf dans le cas où ils ne pourroient convenir à raison de cette indemnité, à avoir recours à Sa Majesté pour la supplier de vouloir bien la régler elle-même, & que lorsqu'elle aura été réglée, il sera reçu des offres par les mêmes commissaires, pour adjuger, sous le bon plaisir des Etats, les portions desdits marais appartenant à la province, à ceux qui dans le concours feront les conditions meilleures ; pour être du tout rendu compte aux Etats dans leur prochaine assemblée.

3°. Que Mgr. l'archevêque de Narbonne & MM. les députés à la cour seront de nouveau priés de renouveller leurs instances auprès de M. le contrôleur général pour l'expédition des lettres-patentes sur l'arrêt du 13 Novembre 1772, conformément à la délibération déjà prise à ce sujet le 9 Janvier 1775.

Enfin qu'il sera pourvu sur les ordres de mondit seigneur l'archevêque de Narbonne au payement des frais faits pendant l'année 1775, & de ceux à faire en 1776, relativement à la procédure pour ledit desséchement des marais.

Ce qui a été ainsi délibéré, conformément à l'avis de MM. les commissaires.

L I. N°. LI.

EXTRAIT du registre des délibérations des Etats généraux de Languedoc, assemblés par mandement du Roi en la ville de Montpellier le 28 Novembre 1776.

Du Jeudi 2 Janvier 1777, président Mgr. l'archevêque & primat de Narbonne, commandeur de l'ordre du Saint-Esprit.

MONSEIGNEUR l'évêque de Montpellier a dit, que MM. les commissaires des travaux publics s'étant assemblés chez lui, le sieur de Joubert, syndic général, leur a rendu compte de ce qui a été fait dans le cours de l'année par rapport à la portion des marais situés dans les communautés de Beaucaire, de la baronnie de Lunel & d'Aigues-mortes, dont la propriété a été reconnue appartenir à la province, par jugement du 15 Avril 1773, sous la réserve qui leur a été faite de certaines facultés, & dont le bornage fait en 1774, d'autorité de MM. les commissaires juges d'attribution, a été autorisé par leur jugement du 28 Décembre 1775.

Que suivant la délibération qui fut prise aux Etats le 2 Mars de l'année derniere, il fut arrêté de faire connoître à ces mêmes communautés, que l'intention du feu Roi dans la concession des marais qu'il avoit faite aux Etats, ayant été de les faire dessécher & mettre en état de production, celle des Etats étoit aussi de parvenir à mettre en culture les marais dont la propriété leur avoit été adjugée dans ces communautés, en convenant avec elles de l'indemnité qui leur seroit due à raison de ses usages ; auquel effet, MM. les commissaires nommés pour la direction des travaux publics, fussent autorisés à traiter avec elles, sauf

N°. LI. dans le cas où ils ne pourroient convenir à raison de cette indemnité, à avoir recours à Sa Majesté, pour qu'elle voulût bien la régler elle-même ; & qu'étant une fois réglée, il seroit reçu des offres par les mêmes commissaires, pour adjuger, sous le bon plaisir des Etats, les portions desdits marais à eux appartenans, à ceux qui feroient la condition meilleure, pour être du tout rendu compte aux Etats.

Qu'en conséquence, les consuls de Beaucaire, les syndics de la baronnie de Lunel, & les consuls d'Aigues-mortes, ayant été avertis par le syndic général d'envoyer leurs députés à Montpellier le 20 Août dernier, jour indiqué par MM. les commissaires, pour convenir avec eux de l'indemnité qui pourroit leur être due, elles envoyerent en effet des députés munis des pouvoirs à eux donnés par délibération, & que MM. les commissaires ont fait avec eux les conventions dont il va être parlé séparément, en commençant par la communauté de Beaucaire.

Qu'après avoir écouté & examiné les propositions & offres faites par ses députés, il fut passé avec eux un traité contenant cession en faveur de la communauté de Beaucaire, de deux cent cinquante salmées de marais, la salmée faisant quatre séterées, sur les cinq cent cinquante dont la propriété appartenoit aux Etats, sous la réserve des facultés de dépaissance & de lignérage ; au moyen de quoi, cette communauté pouvoit disposer en toute propriété des deux cent cinquante salmées à elle cédées, à la charge par elle de les faire défricher & mettre en état de production, renonçant par exprès à toute autre indemnité à raison des facultés qui lui avoient été réservées sur l'entiere contenance de cinq cent cinquante salmées ; qu'il fut encore convenu, que les deux cent cinquante salmées à elle cédées, seroient arpentées, bornées & séparées des trois cent qui restent aux Etats, libres & exemptes de toute espèce de facultés & usages ; que ce traité, après avoir été signé en double original par MM. les commissaires des travaux publics, & par les députés de la communauté, a été approuvé & ratifié par une délibération de la ville de Beaucaire du 25 du même mois d'Août, par laquelle elle s'est réservée de ne faire dessécher les deux cent cinquante salmées dont elle acquiert la propriété, qu'après que les Etats auront pris & employé les moyens de défricher & dessécher le restant des marais situés dans l'étendue de leur terroir ; & que cette réserve ayant paru juste à MM. les commissaires, ils ont pensé qu'elle devoit être approuvée par les Etats, ainsi que le traité dont il a été rendu compte. N°. LI.

Mgr. l'évêque de Montpellier a ajouté : Que le jugement du 15 Avril 1773, maintint les dames de Marmier & de Plauchut dans la propriété de onze cent vingt-cinq salmées de marais, faisant partie de ceux du terroir de Beaucaire, sur les onze cent cinquante qui avoient été concédées par des lettres-patentes du mois de Juin 1678, aux sieurs de Launay & de la Roche, aux droits desquels elles étoient subrogées ; que comme cette concession n'avoit été faite qu'à la charge par lesdits de Launay & de la Roche, de faire exécuter le desséchement en entier de ladite partie de marais, & d'y faire construire au milieu, un canal navigable pour la commodité publique, le tout à leurs frais & dépens, dans l'espace de six années ; faute de quoi, le don à eux fait seroit nul & non-avenu, ledit sieur de Launay avoit obtenu le 24 Juillet 1685, un arrêt du conseil portant que par le P. Mourgues, jésuite, ayant

N°. LI. l'inspection des ouvrages du canal de communication des mers, il seroit fait un plan & devis des ouvrages qu'il convenoit de faire pour le canal qui devoit être construit dans les marais aux frais des sieurs de Launay & de la Roche, lesquels plan & devis leur seroient remis, à la charge de commencer le travail dans la même année, pour être fini le 20 Juin 1688.

Que ce travail n'ayant pas été fait, parce que suivant l'exposé des dames de Marmier & de Plauchut, les plans & devis que le P. Mourgues devoit dresser, ne l'avoient jamais été, ce qui avoit empêché de commencer les ouvrages du canal & ceux du desséchement des marais, le jugement du 15 Avril 1773, dont on a parlé, n'accorda la propriété des onze cent vingt-cinq salmées auxdites dames, qu'à la charge par elles de remplir les clauses & conditions des lettres-patentes & arrêts du conseil énoncés ci-dessus; ce qui les obligea de présenter un mémoire aux Etats, pour s'en remettre à ce qu'il leur plairoit de déterminer pour exécuter les conditions du don des onze cent vingt-cinq salmées de marais; que les Etats étant occupés des moyens de parvenir aux opérations générales du desséchement, & des ouvrages qu'ils ont commencés concernant le canal de navigation, ils ne feront pas sans doute dans le dessein d'obliger ces parties à exécuter les conditions de ce don; mais que s'ils prennent le parti de les en dispenser, ce ne peut être qu'à condition d'en abandonner une grande partie à la province, pour être ajoutée à l'étendue des marais dont elle s'est réservée la propriété, exempte de tous usages, suivant la convention dont il a été parlé; & que personne ne s'étant présenté de la part desdites dames pour traiter avec les Etats à ce sujet, ils pourroient, s'ils le jugent ainsi à propos, renvoyer à MM. les commissaires qui seront nommés pour la direction des travaux publics pendant l'année, à faire avec lesdites dames, tel traité & convention qu'ils trouveront convenable aux intérêts de la province, pour le tout rapporté aux Etats dans leur prochaine assemblée, être approuvé & autorisé, s'il y a lieu. N°. LI.

Sur quoi il a été délibéré d'autoriser & approuver le traité ou convention passée le 20 Août dernier par MM. les commissaires des travaux publics, avec les sieurs députés de la ville de Beaucaire, duement autorisée par délibération de ladite ville du 25 du même mois, à l'effet d'être exécutée dans tout son contenu, en approuvant la réserve faite par ladite ville, de ne faire dessécher & défricher les deux cent cinquante salmées à elle cédées, que lorsque les Etats auront eux-mêmes pris les moyens de faire dessécher & défricher les marais situés dans l'étendue de son terroir; comme aussi, d'autoriser MM. les commissaires qui seront nommés pour la direction des travaux publics pendant l'année, à traiter avec lesdites dames de Marmier & Plauchut, sur la portion qu'elles doivent céder aux Etats, des onze cent vingt-cinq salmées, faisant partie du don fait aux sieurs de Launay & de la Roche, sous les conditions énoncées ci-dessus, en les déchargeant de l'exécution desdites conditions; laquelle portion sera arpentée, bornée & séparée de celles qui resteront auxdites dames, de maniere qu'elles soient, autant qu'il sera possible, contiguës aux trois cent salmées qui ont fait l'objet de la convention des mêmes commissaires avec ladite ville, les Etats se réservant de pourvoir par une délibération particuliere, à la maniere de faire usage desdites quantités & portions de marais, ainsi que de celles dont il va être

N°. LI. parlé par rapport aux conventions passées avec les communautés de la baronnie de Lunel & d'Aigues-mortes.

Mgr. l'évêque de Montpellier a dit ensuite, par rapport aux marais situés dans la baronnie de Lunel : Qu'avant de rendre compte du traité fait avec cette baronnie, il est nécessaire d'observer que le syndic général fut chargé par la même délibération du 2 Mars dernier, de faire les diligences indiquées par le jugement du 28 Décembre 1775, qui a autorisé le bornage desdits marais, tant contre les possesseurs des fonds attenans à ceux de la baronnie, pour qu'ils fassent connoître l'étendue de leurs possessions, que contre les usurpateurs de partie desdits marais, à l'effet de les obliger à prendre, s'il y avoit lieu, un titre de la province à raison des fonds par eux usurpés; que MM. les commissaires furent autorisés par la même délibération à recevoir leurs offres & à traiter avec eux, pour le tout rapporté aux Etats, être par eux déterminé ce qu'il appartiendroit sur lesdites usurpations & sur les offres qui seroient faites; avec pouvoir, dans le cas où malgré la signification dudit jugement, ils continueroient à rester dans l'inaction, de les faire assigner devant MM. les commissaires, juges d'attribution, en désistat des fonds par eux usurpés, avec restitution des fruits.

Qu'en exécution de cette délibération, le jugement du 28 Décembre 1775 ayant été signifié à tous les propriétaires des fonds attenans aux marais de la baronnie, & à ceux qui en avoient usurpé des portions, avec sommation de rapporter dans un mois leurs titres de propriété, & des extraits de leurs compoix pour établir la contenance des mêmes fonds; & ceux qui avoient usurpé ayant été sommés de faire des offres devant MM. les commissaires, pour l'acquisition des portions par eux usurpées sur les marais, quarante de ces particuliers, sur le nombre de quarante-sept, auxquels ledit jugement avoit été notifié, remirent des mémoires, le plus grand nombre pour justifier leurs propriétés, soit par les actes d'acquisition qu'ils rapportoient, soit par les extraits de leurs compoix rapportés pareillement; & que les autres, en convenant d'avoir usurpé quelques portions desdits marais, supplioient les Etats de leur faire titre des contenances qu'ils possédoient, attendu les frais considérables qu'ils avoient faits pour parvenir à dessécher & mettre en culture ces mêmes fonds. N°. LI.

Que MM. les commissaires observerent, d'après l'examen de ces mémoires, que quoique les compoix ne formassent pas un titre de propriété, ils étoient du moins des titres possessoires; que cette possession étant ancienne, suivant les prétentions de ces particuliers, qui la faisoient remonter jusqu'à cent cinquante ans, on devoit douter légitimement, si elle ne tenoit pas lieu de titres, ou si elle ne les faisoit pas au moins présumer; ce qui obligeroit d'entrer dans des discussions longues & difficiles pour s'assurer des caracteres de la durée de cette possession.

Qu'à l'égard de ceux qui convenoient d'avoir usurpé, comme ces usurpations se réduisoient pour chacun, à de petites contenances de deux ou trois séterées, revenant en total à quarante-quatre ou environ, & qu'enfin, ceux qui n'avoient rien produit, étoient seulement au nombre de sept; ces différens objets ont paru trop peu considérables, & trop susceptibles de discussions, pour continuer les poursuites qui avoient été commencées contre les différens possesseurs, & que MM. les commissaires ont cru devoir

N°. LI. laisser aux Etats à déterminer eux-mêmes le parti qu'ils jugeroient le plus à propos de prendre ; soit pour parvenir à constater l'effet & la durée de la possession alléguée par le plus grand nombre, relativement aux extraits de leurs compoix, soit pour obliger ceux qui conviennent d'avoir usurpé, & dont les contenances sont aussi modiques, à se désister de leurs possessions, soit enfin pour prendre défaut contre les sept qui n'ont rien produit, & en faire juger l'utilité.

Que le même jugement du 28 Décembre 1775, ayant déclaré le tenement de Lornede faire partie des marais de la baronnie, & néanmoins lui ayant réservé de faire procéder à la vérification de ce même tenement, les Etats par leur délibération du 2 Mars dernier, chargerent le syndic général de l'exécution de ce jugement dans le cas où la baronnie persisteroit à demander la vérification y énoncée.

Mais qu'au lieu de demander cette vérification, les communautés qui composent la baronnie prirent, en conséquence de l'avertissement qui leur avoit été donné, une délibération pour demander à titre d'indemnité, à raison de la privation des facultés dans lesquelles elles avoient été maintenues sur lesdits marais, le tiers de leur entiere contenance, pour en jouir en toute propriété, en prenant ledit tiers du côté de Lunel, y compris le tenement de Lornede.

Que Me. Bérard, l'un des députés nommés par la baronnie pour traiter avec MM. les commissaires, s'étant rendu auprès d'eux le 20 Août dernier, il fut passé un traité ou convention signée en double original, sous le bon plaisir des Etats, par lequel MM. les commissaires céderent aux communautés composant ladite baronnie, à titre de dédommagement de leurs facultés, la propriété de quatre cent séterées de marais à prendre depuis le tenement de Lornede en-sus, suivant l'arpentement qui en seroit fait en présence du député de la baronnie, le surplus desdits marais dont les Etats avoient la propriété, devant leur rester libre de toute espece de facultés & usages, auxquelles lesdites communautés renoncerent ; que ledit député s'étant obligé de rapporter une délibération approbative de ce traité, elle a été rapportée le 8 Septembre dernier ; de sorte qu'il ne manque que la ratification des Etats pour qu'il reçoive son entiere perfection. N°. LI.

Que MM. les commissaires s'occuperent en même-tems, de quelques mémoires qui leur furent présentés concernant ce qui restoit des marais de la baronnie : Que par le premier de ces mémoires, les sieurs Brun, Mathieu & Soulages, demandoient une indemnité à raison de la propriété des fossés & recluses ou pêcheries dans l'étendue des marais de Lunel, depuis le Port-Dur jusques au Bérange ; comme aussi, à raison du droit d'y en faire partout où le terrein en seroit susceptible, & du droit de tenir une barque sur les eaux du baron de Lunel ; dans lesquels droits & facultés ils avoient été maintenus par le jugement de MM. les commissaires juges d'attribution, du 15 Avril 1773, & que le desséchement devant les priver de ces droits, ils demandoient l'inféodation du restant des marais de la baronnie.

Mais, qu'attendu que les pêcheries qui ont été construites à grands frais par ces particuliers, depuis le jugement du 15 Avril 1773, ne sont aujourd'hui d'aucun rapport, ayant été comblées par les terres des fossés qui les formoient, & que les eaux y ont fait tomber, ce qui prouve l'inutilité de pareils travaux, sans compter que les-

N°. LI. dits fossés sont trop éloignés de l'étang pour y attirer du poisson, & que ces pêcheries ne peuvent être construites avec quelque succès, que près de l'étang, MM. les commissaires crurent qu'il n'étoit dû aucune indemnité à ces particuliers, à raison de la privation des facultés dans lesquelles ils ont été maintenus, sauf en adjugeant les portions des marais de la baronnie, à charger les adjudicataires de laisser jouir ces particuliers, du droit & faculté de faire construire des fossés & pêcheries, conformément audit jugement; auquel cas, ils n'auroient aucun dédommagement à prétendre.

Que ces mêmes particuliers ayant renouvellé leurs représentations depuis l'ouverture des Etats, sur ce qui leur a été opposé de l'inutilité de l'usage qu'ils avoient fait de la faculté d'établir lesdits fossés ou pêcheries, ils ont insisté à demander une indemnité à raison de la privation de cette faculté qui résulteroit du desséchement, ce qui les a sans doute déterminés à proposer en dernier lieu, de renoncer aux facultés dans lesquelles ils avoient été maintenus par ledit jugement, en suppliant les Etats de vouloir bien leur accorder quatre cent séterées de marais situées dans la baronnie de Lunel, s'en remettant néanmoins à ce qu'il leur plaira de statuer sur cette demande.

Que ce mémoire signé par les sieurs Brun & Roux, tant pour eux, que comme procureurs fondés de leurs associés, est accompagné de leur procuration; & qu'ils supplient aussi les Etats de les laisser jouir de deux fossés ou pêcheries qu'ils ont fait construire dans la partie desdits marais qui est à la sortie du canal de Lunel, & à l'entrée des étangs; consentant néanmoins de les détruire, si elles pouvoient porter quelqu'obstacle au desséchement.

Que nonobstant les considérations énoncées ci-dessus, MM. les commissaires ont cru, que pour applanir toute espece de difficulté dans les adjudications qui pourront être faites de ce qui reste aux Etats dans les marais de la baronnie, il convenoit d'accepter la renonciation faite par lesdits inféodataires, aux facultés dans lesquelles ils avoient été maintenus, & de leur céder en conséquence deux cent séterées de marais qui seront placées à la suite de ceux qui l'ont été à la baronnie, tant par les Etats, que par Mme. de Rochemore, en donnant pouvoir à MM. les commissaires qui seront nommés pour la direction des travaux publics, de rédiger la convention ou traité qui sera passé avec lesdits inféodataires, dans la meilleure forme qu'il sera possible, pour éviter toute espece de recherche de leur part, & toute demande en indemnité à raison de la destruction des deux fossés par eux construits à l'endroit ci-dessus désigné, dans le cas où cette destruction seroit jugée nécessaire pour l'exécution des ouvrages du desséchement. N°. LI.

Que le second mémoire fut présenté par les habitans de Lansargues, en vertu d'une délibération de cette communauté, qui est un des membres de la baronnie de Lunel; qu'ils y exposoient que la portion des marais qui avoit été cédée à la baronnie, ne leur seroit d'aucune utilité pour les pâturages dont ils avoient un besoin indispensable pour leurs bestiaux, par rapport à son éloignement & à la difficulté des chemins; que cette considération avoit empêché leurs députés, lors de l'assemblée de la baronnie, de signer la délibération qui y avoit été prise: que la perte des pâturages étoit si considérable pour cette communauté, que ses habitans se voyoient forcés de demander à titre d'indemnité, les palus & marais qui doivent rester aux Etats, distraction faite de

N°. LI. de Lornede ; qu'en tout événement, & dans le cas où il ne seroit pas possible de leur accorder ces fonds, ils demandoient la préférence sur cette même portion de marais, offrant d'en faire le desséchement, & de leur payer telle redevance qu'ils jugeroient à propos de leur imposer.

Mais, qu'il parut à MM. les commissaires, que les quatre cent séterées cédées à la baronnie de Lunel, dans lesquelles le tenement de Lornede est compris, devant être mises en culture, & former un objet de revenu considérable, dont chacune des communautés de la baronnie profiteroit pour son contingent, chacune pourvoiroit à la dépaissance de ses bestiaux, en la forme qui lui paroîtroit la plus convenable ; & qu'à l'égard de la demande en inféodation par préférence, formée par la communauté de Lansargues, il avoit paru qu'il n'étoit pas possible d'y avoir égard en l'état, puisque cette préférence éloigneroit toute autre espece d'offres, tandis que cette communauté pouvoit se l'assurer en faisant des offres & encheres plus avantageuses, conformément à ce qui aura été déterminé par les Etats.

Que les propriétaires du canal de Lunel, ont présenté depuis aux Etats, un mémoire dans lequel ils exposent, que s'ils eussent été appellés lors du bornage des marais de la baronnie, ils auroient demandé qu'il leur fût laissé un terrein suffisant le long du canal, sur l'étendue des marais pour en former des francs-bords, de la même maniere qu'on en a formé depuis le port de Lunel, jusqu'au tenement de Lornede où commencent les marais ; que ce canal, si utile au commerce de cette ville & des lieux circonvoisins, ne pouvant subsister sans des francs-bords, ils esperent de la justice des Etats, qu'ils leur accorderont vingt toises de terrein dans toutes les parties des marais appartenans à la province, qui sont le long du canal, & principalement dans celui de Lornede, dont le desséchement est le plus facile ; & qu'à l'appui de cette demande, ils rapportent une copie de l'adjudication à eux faite des ouvrages de ce canal le 25 Janvier 1718, autorisée par arrêt du conseil du 5 Mars suivant, de laquelle il résulte que les francs-bords dudit canal qui appartiennent à la communauté ou aux habitans de Lunel, depuis le port de Peyrille jusques à ladite ville, n'étant point suffisans pour l'emplacement des terres du creusement de ce canal, l'adjudicataire se chargera de payer en son propre, le terrein nécessaire pour l'emplacement des terres du curage, suivant l'estimation qui en sera faite par experts. N°. LI.

Que MM. les commissaires ont cru devoir observer sur cette demande, que l'arpentement & bornage qui a été fait des marais de la baronnie de Lunel, n'ayant pour objet que d'en fixer la contenance, on n'a dû y appeller que les propriétaires des fonds y attenans : que d'ailleurs, la fixation de vingt toises de terrein dans toute l'étendue des marais où le canal passe, seroit évidemment exorbitante, surtout, si on en fait la comparaison avec la largeur des francs-bords du canal de communication des mers, qui est de six toises ; qu'au surplus, il ne s'agit point de priver lesdits propriétaires du droit d'avoir des francs-bords en vertu de leurs titres dans la partie du canal qui fut creusé en 1718, depuis la Peyrille jusqu'au port de Lunel, conformément à l'arrêt du conseil cité par eux, & qui s'applique à la construction de cette partie du canal : qu'il ne s'agit pas aussi de les priver du droit qu'ils peuvent avoir à l'égard de l'autre partie qui est depuis la Peyrille jusqu'à

N°. LI.

l'étang, à l'égard de laquelle ils sont subrogés aux droits de la ville, l'intention des Etats étant de laisser jouir les particuliers du droit qu'ils peuvent avoir à l'égard de l'une & de l'autre partie de ce canal, par rapport aux francs-bords, sans entrer dans aucune discussion avec eux à ce sujet, & sans que les particuliers qui se rendront adjudicataires, depuis le tenement de Lornede jusqu'aux étangs, puissent exercer à ce sujet aucun recours contre les Etats.

Que par toutes ces considérations, MM. les commissaires ont estimé, qu'il convenoit de proposer aux Etats; 1°. D'approuver le traité fait le 20 Août dernier par MM. les commissaires des travaux publics, avec le député de la baronnie de Lunel, & d'arrêter qu'il sera exécuté en son entier, à la diligence du syndic général.

2°. De n'avoir pas égard à la demande de la communauté de Lansargues, en inféodation à titre d'indemnité, des portions des marais qui resteront aux Etats, sauf à elle à faire valoir ses droits sur celle qui a été cédée à ladite baronnie, comme étant un de ses membres, & sans préjudice aussi à cette communauté, lorsque ladite portion aura été limitée & bornée, à être reçue à faire des offres & encheres sur la portion qui restera aux Etats lors des adjudications qui en seront faites.

3°. Qu'attendu la modicité des objets des portions des marais qui peuvent avoir été usurpés par les propriétaires des fonds y attenans, vu les contestations & discussions de toute espece qu'il faudroit essuyer pour s'assurer de la réalité de ces usurpations, des caracteres, de la durée & des effets de la longue possession alléguée & justifiée par le plus grand nombre des possesseurs, de ne faire aucunes poursuites contr'eux, & de les laisser jouir de leurs fonds.

4°. Qu'à l'égard de ceux desdits particuliers qui conviennent de pareilles usurpations faites sur les marais depuis peu d'années, revenant environ en total à quarante-quatre séterées, attendu qu'ils ont fait des frais considérables pour les dessécher, défricher & mettre en culture, on doit les laisser jouir de ces fonds, à la charge de prendre chacun un titre des états, que MM. les commissaires seront autorisés à leur donner, en payant par chacun d'eux une rente annuelle, telle qu'elle sera déterminée par les Etats.

5°. En acceptant la renonciation faite par les sieurs Brun & Roux, tant pour eux que pour leurs associés, en vertu de la procuration par eux rapportée, aux facultés dans lesquelles ils avoient été maintenus d'avoir des fossés ou pêcheries dans les parties des marais de Lunel qui en étoient susceptibles, de leur accorder la quantité de deux cent séterées de marais à la suite de ceux qui ont été cédés à la baronnie de Lunel, tant par la province que par Mme. de Rochemore, & de les laisser jouir de deux fossés ou pêcheries qu'ils ont ouvert aux endroits ci-dessus désignés, tant qu'elles ne nuiront pas au dessèchement, sans qu'audit cas ils puissent demander aucune indemnité, & de donner pouvoir à MM. les commissaires qui seront nommés pour la direction des travaux publics pendant l'année, de rédiger dans la meilleure forme ladite convention ou traité, de maniere que les états, ni ceux qui seront adjudicataires des marais qui leur appartiennent, puissent être exposés à aucune recherche de la part desdits particuliers.

6°. De délaisser les propriétaires du canal de Lunel à user ainsi qu'ils le jugeront à propos, tant à l'égard de la

N°. LI. baronnie, qu'à l'égard de ceux qui seront adjudicataires desdits marais; du droit qu'ils peuvent avoir concernant les francs-bords, soit depuis la Peyrille jusqu'au port de Lunel, soit dans la partie qui s'étend depuis la Peyrille jusqu'à l'étang, sans que ladite baronnie, ni lesdits adjudicataires puissent former aucune demande aux Etats à raison desdits francs-bords.

Monseigneur l'évêque de Montpellier a ajouté: Que les Etats, par leur délibération du 9 Janvier 1775, avoient consenti à ce que la contenance des marais dont la dame de Vogué, veuve de M. le marquis de Rochemore, avoit été déclarée propriétaire dans l'étendue de ceux de la baronnie de Lunel, fût réglée & convenue avec ladite dame, à onze cent trente-deux séterées, qui seroient emplacées conformément au plan qu'elle avoit joint à son mémoire; & que cette délibération détermina de faire poser des bornes pour séparer cette contenance de onze cent trente-deux séterées de marais, du surplus de ceux de la baronnie; lequel bornement & séparation ne seroient faits qu'en présence du syndic général, ou après l'avoir duement appellé, & aux frais & dépens de cette dame, sans espoir de répétition.

Que postérieurement à ce traité, qui fut autorisé par un jugement de MM. les commissaires juges d'attribution, du 28 Décembre 1775, Mme. de Rochemore s'est réglée avec les communautés qui composent la baronnie de Lunel, à raison des facultés qu'elles prétendoient avoir sur lesdites onze cent trente-deux séterées; auxquelles facultés elles ont renoncé, au moyen de la cession que ladite dame leur a fait en toute propriété, de deux cent trente-deux séterées sur cette même contenance, à prendre de suite & attenant celles que les Etats ont cédé à la baronnie, pour l'indemniser de ses facultés sur les marais qui restoient aux Etats. N°. LI.

Qu'en conséquence de cet arrangement, ladite dame a fait lever un nouveau plan, qui indique la maniere dont les trois contenances des marais de la baronnie, l'une appartenant aux Etats, l'autre à ladite dame, & la troisieme à la baronnie, doivent être divisées; cette division étant marquée au moyen des lignes tracées sur le plan.

Qu'avant de faire procéder à cette division, ladite dame de Rochemore a présenté un mémoire aux Etats, dans lequel elle expose, que si ces trois portions de marais n'étoient séparées que par des bornes, cette séparation ne seroit point durable, & que chacun des possesseurs n'auroit pas d'ailleurs la faculté d'aller sur la portion qui le concerneroit; de sorte qu'il seroit plus avantageux que chacune des trois portions ou contenances dont il a été parlé, fût séparée par des chemins qui, en procurant aux propriétaires la faculté d'aboutir avec facilité à leurs possessions, rendroient la séparation invariable, & leur donneroient encore la liberté d'en exporter les denrées, & d'y conduire les bestiaux pour les cultiver.

Que ces chemins doivent être de trois toises de large, formés avec les terres des deux fossés qui seront faits aux côtés de ces chemins, & à frais communs entre les trois propriétaires; que le fonds sur lequel ces chemins seront construits, doit être pris sur la portion des marais appartenant aux Etats, afin que ni ladite dame ni la baronnie, ne perdent rien de la contenance qu'ils ont bienvoulu leur accorder.

Que MM. les commissaires s'étant occupés des demandes de ladite dame de Rochemore, elles leur ont paru justes & favorables, puisqu'il doit ré-

N°. LI. sulter un avantage réel pour chacun des propriétaires des marais de la baronnie, de substituer des chemins aux bornes qui devoient les séparer; & qu'en conséquenee, ils ont estimé devoir proposer aux Etats, 1°. D'approuver le plan de séparation présenté par ladite dame, des trois portions de marais de la baronnie, lequel sera paraphé par MM. les commissaires des travaux publics, & par Mgr. l'archevêque de Narbonne, afin qu'il ne souffre aucun changement.

2°. De substituer, comme il a été dit, des chemins aux bornes qui devoient servir à séparer les portions des propriétaires des marais de la baronnie, en laissant auxdites parties à convenir entr'elles de ce qu'elles jugeront leur être plus utile & plus avantageux, tant par rapport auxdits chemins, que par rapport à la formation des fossés, à la construction des ponts, & à la dérivation des eaux douces supérieures, ainsi qu'il appartiendra.

Ce qui a été délibéré, conformément à l'avis de MM. les commissaires.

Mgr. l'évêque de Montpellier, continuant son rapport, a dit : Que la ville d'Aigues-mortes se trouvant dans le même cas que celle de Beaucaire & la baronnie de Lunel, par rapport à l'indemnité qui doit lui être accordée, à raison des facultés qui lui ont été réservées par le jugement du 15 Avril 1773, sur les palus, marais, lais & relais de la mer, situés dans son territoire, & dont la propriété a été reconnue appartenir aux Etats par le même jugement, cette ville nomma par délibération du 4 Août dernier, deux députés; lesquels s'étant rendus auprès de MM. les commissaires des travaux publics le 20 du même mois, leur firent des représentations qui ne tendoient à rien moins qu'à lui faire céder les entiers palus, marais, lais & relais de la mer : Que sur la discussion qui en fut faite avec eux, ayant été convaincus que leurs demandes étoient exorbitantes, ils signerent le même jour un traité, par lequel MM. les commissaires céderent aux habitans de cette ville, sous le bon plaisir des Etats, pour les indemniser de la privation des facultés qui leur avoient été réservées dans l'étendue de leur terroir, les tenemens de la Peyrade, du Listel, des Gazettes, du Grand-Pas, de l'Islon, de la Merle & de Quarante-Sols, tels qu'ils étoient limités & confrontés dans le rapport des experts qui avoit procédé au bornage, & dans les plans par eux levés, qui furent mis sous les yeux de MM. les commissaires; qu'il leur fut cédé encore au même titre de dédommagement, mille carterées, la carterée valant deux féterées, du tenement appellé Boucanet, à prendre depuis le grau du Roi, pour en jouir & disposer incommutablement en toute propriété, ainsi que des autres tenemens énoncés ci-dessus, aux avantages & conditions portées par les lettres-patentes du mois de Janvier 1702 & du 8 Octobre 1746. N°. LI.

Que moyennant cette cession, le restant dudit tenement de Boucanet, tirant vers les Boudres & l'Aloua jusqu'à l'étang de Mauguio, ainsi que l'entier tenement des Boudres & de l'Aloua, doivent appartenir aux Etats dans toute leur étendue, pour en disposer suivant ce qui sera déterminé par eux, la communauté d'Aigues-mortes renonçant à toute espece d'usages & de facultés sur les mêmes tenemens, comme étant pleinement dédommagée.

Qu'il fut encore convenu que le chemin formé sur le tenement des Boudres & de Boucanet, appellé Pataguere, ou chemin d'Aigues-mortes à Montpellier, sera conservé, sans pouvoir être dénaturé, ainsi que la

N°. LI. draye ou chemin, pour les troupeaux formée entre les possessions du sieur Chaumond & celles de la dame des Ports, afin que les habitans de cette ville ayent la faculté d'abreuver leurs bestiaux à la riviere du Vidourle; qu'enfin les cabanes des pêcheurs, construites à l'extrémité du canal, seroient également conservées.

Que ce traité a été approuvé par une délibération de cette communauté du 18 Septembre dernier, par laquelle, en renouvellant les instances que ces députés avoient faites à MM. les commissaires de lui céder l'entier tenement de Boucanet, elle représente aux Etats, que la quantité des terreins cédés par la province ne peuvent être employés qu'au pâturage des bestiaux : qu'à la réserve du tenement du Listel; tous les autres étant peu propres à recevoir le gros bétail, à cause du peu d'étendue de chacun de ces tenemens, cette communauté ne pouvant plus aujourd'hui disposer du terroir de l'Aloua, elle n'a d'autre ressource pour réparer l'insuffisance de ses revenus patrimoniaux, que dans le bail à ferme de l'entier terrein de Boucanet; de sorte que le partage de ce tenement, réduit cette ressource à peu de chose, puisque la partie cédée à la communauté, n'est remplie que de dunes infertiles, produisant très-peu d'herbages; que les propriétaires des deux parties de ce terrein divisé, seroient journellement exposés à des contestations, par la facilité que leurs troupeaux respectifs auroient de passer les bornes qui les sépareront; qu'on ne peut pratiquer des abreuvoirs que dans la partie qui avoisine l'étang de Mauguio que les Etats se sont réservée; que le bétail qui dépaîtra dans la partie cédée à la communauté, souffrira par le manque d'eau douce; qu'il ne peut pas même rester dans cette partie, lorsque le vent de la mer y fait refluer les eaux, ce qui arrive fréquemment en hiver, où elles se joignent avec celles de l'étang du Repauset, & obligera les bestiaux de se retirer sur la partie du tenement que la ville réclame. N°. LI.

Que cette partie n'est pas d'ailleurs nécessaire à la culture du tenement de l'Aloua, parce que la province aura à sa disposition le terrein de la plaine des Boudres, très-abondante en pâturages, qui suffisent & au-delà, pour l'exploitation de cette culture; ce qui oblige les habitans d'Aigues-mortes à supplier les Etats de vouloir bien leur accorder à titre de grace, la propriété de l'entier terroir de Boucanet, qui selon eux, comprend la partie de l'Aloua, depuis le canalet jusques au fossé qui sépare les terres cultes du sieur de Portalés, & à l'étang de Mauguio, laquelle partie contient quatre cent dix-sept carterées.

Que MM. les commissaires ayant pris connoissance de ces représentations, ils ont observé qu'elles n'ont pour objet que d'augmenter une propriété qui est déjà assez étendue, & qu'ils ont cru en conséquence ne devoir pas y avoir égard.

Que d'un autre côté, M. de Pierre, seigneur des Ports, prétendant que lors du bornage & arpentement des marais d'Aigues-mortes, les députés de cette communauté ont fait restreindre ses possessions du domaine de la Jasse de Candillargues, de maniere qu'il se trouve privé d'une partie de la contenance de cent soixante carterées, ce qui lui a donné lieu de se pourvoir devant MM. les commissaires juges d'attribution, auxquels il a demandé par une requête du 14 Septembre dernier, d'être opposant à ce bornage, que les bornes placées pour séparer son domaine d'avec les marais appartenant aux Etats, soient enlevées, &

N°. LI.

qu'il en soit placé d'autres, de maniere que ces possessions ayent ladite contenance de cent soixante carterées, suivant les confronts par lui énoncés dans la reconnoissance faite au Roi par ses auteurs le 9 Avril 1670.

Que cette requête ayant été répondue d'un soit-communiqué au syndic général, elle lui a été signifiée, & qu'il a été observé à cette occasion, que le député de la communauté d'Aigues-mortes, qui assistoit au bornage, soutint qu'on laissoit à ce propriétaire toute la contenance qu'il pouvoit prétendre dans son domaine de la Jasse de Candillargues; que cette contenance ne fut pas cependant arpentée pour ne pas retenir les experts par des objets litigieux, étrangers à leur commission; que s'il est prouvé par les titres de M. des Ports, que ce domaine doit avoir cent soixante carterées d'étendue, il sera juste de les lui laisser; qu'il ne suffiroit pas à cet effet, de remettre les reconnoissances consenties en faveur du Roi pour l'établir, qu'il faudroit, comme l'a pratiqué la dame de Crouzet, propriétaire d'une partie des marais d'Aigues-mortes, rapporter les actes d'inféodation; qu'il pourroit y avoir peu d'inconvénient de laisser jouir ledit sieur de Pierre des Ports, de la contenance par lui réclamée, en la fixant par un arpentement & un plan qu'il seroit chargé de faire faire lui-même; mais qu'il pourroit s'élever des doutes sur l'emplacement des cent soixante carterées, par celui qu'il en a fait, suivant lequel elles sembleroient s'adapter en partie sur la partie inférieure du tenement de l'Aloua; de sorte qu'avant de rien déterminer sur cette contestation, il a paru préalable, que le sieur de Pierre des Ports communiquât ses titres, & les fît emplacer par un expert pris à l'amiable, qui en fixeroit l'étendue.

Que sur ces différens objets, MM. les commissaires ont cru devoir proposer aux Etats de délibérer, 1°. D'approuver le traité passé par MM. leurs commissaires avec les habitans d'Aigues-mortes le 20 Août dernier, & qu'il n'y a pas lieu d'avoir égard aux nouvelles représentations par eux faites.

2°. Qu'avant de rien déterminer sur la demande formée par le sieur de Pierre des Ports, il sera invité de remettre au syndic général, les titres d'inféodation & autres actes établissant sa propriété du domaine de la Jasse de Candillargues, la situation & emplacement de cette propriété & sa contenance, & de convenir, après la remise & l'examen desdits titres, de nommer un expert à frais communs, pour en faire l'application, & fixer la contenance que ledit domaine doit avoir, avec pouvoir au même expert, de changer, s'il le juge nécessaire, après son rapport qui sera communiqué aux parties, les bornes qui ont été placées, & d'en poser d'autres relatives à la contenance dudit domaine, & à l'emplacement qui en aura été fait, comme aussi de lever un plan qui fasse connoître ses opérations, pour le tout rapporté aux Etats dans leur prochaine assemblée, être pris par eux une détermination définitive.

Mgr. l'évêque de Montpellier continuant son rapport, a dit: Que MM. les commissaires, après s'être occupés des traités ou conventions passés avec la communauté de Beaucaire, avec celles qui composent la baronnie de Lunel, & avec la ville d'Aigues-mortes, sur les portions des marais situés dans leurs terroirs, dont les Etats leur abandonnent la propriété, en renonçant par elles aux facultés & usages dans lesquelles elles avoient été maintenues sur l'entiere étendue de ces ma-

N°. LI.

N°. LI. rais, ont cru devoir donner ensuite la plus grande attention, tant à ce que les conventions dont on a parlé, ayent leur entiere exécution, qu'à la maniere de procurer aux Etats l'usage le plus utile des portions des marais qui leur restent, exempts des facultés & usages auxquels ils étoient assujettis.

Que par rapport au premier objet, il a paru indispensable de faire arpenter, borner & séparer l'étendue des marais qui restent à la province, d'avec ceux qu'ils ont cédés à ces communautés; auquel arpentement ils proposent de faire procéder par le sieur Vignat, qui a été chargé de l'arpentement des marais situés dans l'étendue des communautés qui composent la baronnie de Lunel, & de celle d'Aigues-mortes, & qui en a levé le plan, pour les séparer d'avec les possessions des particuliers; qu'il procédera à ce nouvel arpentement, en vertu du serment par lui prêté lors de celui qu'il en a déjà fait; & qu'au moyen de ce nouvel arpentement, les portions desdits marais qui ont été cédées à ces communautés, seront séparées de celles qui restent à la province.

Qu'il a paru aussi à MM. les commissaires, que pour donner une entiere exécution à ces traités ou conventions, & assurer à ceux qui se présenteront pour acquérir, comme il sera dit ci-après, l'entiere propriété des portions des marais dont l'adjudication leur sera faite, il étoit nécessaire de faire autoriser par MM. les commissaires juges d'attribution, lesdites conventions ou traités, & les délibérations des communautés & des Etats qui les approuvent, ensemble l'arpentement qui aura été fait pour séparer les portions cédées aux communautés par lesdites conventions, d'avec celles dont les Etats conservent la propriété.

Qu'après avoir ainsi donné aux susdites conventions, l'autorisation nécessaire pour leur entiere exécution, MM. N°. LI. les commissaires se sont occupés des moyens de faire usage pour le bien public & l'avantage de la province, des terreins ou portions des marais dont ils se sont réservés la pleine & entiere propriété, exempts des facultés & usages auxquels ces communautés ont renoncé; & qu'il leur a paru qu'ils ne pouvoient mieux remplir ces vues, qu'en adjugeant ces mêmes terreins à ceux qui feroient les offres les plus avantageuses, en se chargeant de les mettre en culture.

Mais que comme il convient de fixer l'objet de ces adjudications, il a paru nécessaire de déterminer l'étendue de terrein qui sera l'objet de chacune, en formant comme des lots, relativement à la qualité de ces terreins, & à l'espece de culture à laquelle ils pourroient être destinés.

Qu'il a paru aussi à MM. les commissaires, que ces adjudications doivent être faites sur le pied d'un droit d'entrée payé en argent, & d'une redevance en grains, sur la contenance qui sera déterminée d'une maniere uniforme pour faire valoir deux paires de labourage, de maniere que les encheres ne seront ouvertes que par rapport au droit d'entrée.

Qu'il a paru aussi, que ces adjudications doivent être faites aux conditions & avantages portés par les lettres-patentes de 1702, accordées à M. le maréchal de Noailles, & de celles du mois de Novembre 1746, contenant la concession qui a été faite aux Etats des mêmes marais, sans néanmoins que les terreins dont il s'agit, puissent être possédés noblement à titre de fief; ce qui ne peut s'accorder avec la redevance en grains à laquelle ils seront sujets, l'exemption de la taille qui leur sera accordée, ne pouvant avoir lieu que pour un tems limité, tel que celui de quinze années, accordé par Sa Majesté pour les défrichemens, ou même d'un plus long terme, attendu la nature des terreins à dessécher, & les dépenses inévitables à faire pour les défricher & mettre en culture.

Mais qu'attendu qu'il seroit impossible de fixer dès aujourd'hui la redevance qui sera établie en grains sur la mesure qui aura été déterminée, les Etats peuvent se réserver de la fixer sur les connoissances détaillées qui auront été prises pendant l'année par MM. les commissaires nommés pour la direction des travaux publics, sur la différente nature des terreins qui doivent faire l'objet des adjudications, & sur l'avis des mêmes commissaires.

Sur quoi il a été délibéré, 1°. Qu'il sera procédé par le sieur Vignat, à l'arpentement, limitation & bornage des portions des marais cédées par les Etats à la communauté de Beaucaire, à celles qui composent la baronnie de Lunel, & à la ville d'Aigues-mortes, dans les marais situés dans les terroirs de ces communautés, & de les séparer du restant desdits marais qui appartiennent à la province, exempts de toutes facultés & usages; auquel arpentement il procédera en vertu du serment par lui prêté lors de celui qu'il en a déjà fait d'autorité de MM. les commissaires juges d'attribution.

2°. Qu'à l'effet de donner une entiere exécution aux traités ou conventions passés entre lesdites communautés, & assurer à ceux qui se présenteront pour acquérir les portions des marais dont l'adjudication leur aura été faite, l'entiere propriété desdites portions, lesdites conventions ou traités, les délibérations des communautés, & celles des Etats qui les approuvent, ensemble l'arpentement qui aura été fait pour séparer les portions cédées auxdites communautés, d'avec celles dont les Etats conservent la propriété, seront autorisées, à la diligence du syndic général, par MM. les commissaires juges d'attribution.

3°. Que lesdites portions seront adjugées à ceux qui feront les offres les plus avantageuses, en se chargeant de les mettre en culture; & qu'à l'effet de fixer l'objet de ces adjudications, les Etats détermineront l'étendue de terrein qui sera l'objet de chaque adjudication, en formant comme des lots relativement à la qualité de ces terreins & à l'espece de culture à laquelle ils pourront être destinés.

4°. Que ces adjudications seront faites sur le pied d'un droit d'entrée payé en argent, & d'une redevance en grains, telle qu'elle sera réglée sur la contenance qui sera déterminée d'une maniere uniforme pour faire valoir deux paires de labourage, de maniere que les encheres ne soient ouvertes que par rapport au droit d'entrée.

5°. Que ces adjudications seront faites sous la condition de l'exemption de la dîme pendant les quinze premieres années qu'elles auront été mises en culture; après lequel tems, elles demeureront réduites au cinquantieme des fruits sujets à la dîme, & de l'exemption de la taille pendant le nombre d'années porté par les édits de Sa Majesté pour les défrichemens, ou même d'un plus long terme, eu égard à la nature des terreins à dessécher, & aux dépenses à faire pour les défricher & mettre en culture, & autres conditions qui seront énoncées dans lesdites adjudications.

6°. Que ceux à qui ces adjudications seront faites, & qui se mettront en état de dessécher & de défricher les terreins à eux adjugés, ne pourront, par les ouvrages qu'ils feront à cet effet, porter aucun obstacle ni préjudice à ceux que

N°. LI. que la province pourra entreprendre par rapport au desséchement général.

7°. Enfin, que pour fixer l'étendue des terreins qui doivent former les lots dont l'adjudication doit être faite, comme aussi pour être en état de déterminer la redevance qui sera établie en grains sur la mesure du terrein qui aura été réglée, MM. les commissaires qui seront nommés pour la direction des travaux publics pendant l'année, seront autorisés à prendre les connoissances nécessaires sur les différentes qualités des terreins qui doivent faire l'objet des adjudications, pour, sur le rapport qui en sera fait aux Etats dans leur prochaine assemblée, ainsi que de l'avis des mêmes commissaires, être pris telle détermination qu'il appartiendra.

L I I.

EXTRAIT du registre des délibérations des Etats généraux de Languedoc, assemblés à Montpellier, par mandement du Roi, le 28 Novembre 1776.

Du Jeudi 2 Janvier 1777, président Mgr. l'archevêque & primat de Narbonne, commandeur de l'ordre du Saint-Esprit.

MONSEIGNEUR l'évêque de Montpellier a dit, &c.

Que d'après cet exposé, MM. les commissaires ont observé, en premier lieu, &c.

En troisieme lieu, qu'après avoir pourvu, au moyen des ouvrages dont il a été rendu compte, à tout ce que les communautés intéressées pouvoient desirer, il paroissoit convenable de s'occuper de ceux du canal de navigation de Beaucaire à Aigues-mortes, auxquels on ne peut plus différer de faire travailler; que ces ouvrages pouvant être divisés en plusieurs parties, le creusement de la partie inférieure de ce canal, depuis Aigues-mortes jusqu'à la rencontre de l'ancien lit du Vistre, doit obtenir la préférence. N°. LII.

De sorte qu'en résumant tout ce qui vient d'être dit, MM. les commissaires ont été d'avis de proposer aux Etats de délibérer.

1°. &c.

10°. Que la partie inférieure du canal de navigation depuis Aigues-mortes jusques à Vireventres, sera ouverte dans le cours de l'année prochaine, sur le devis qui en sera dressé par le sieur Grangent, & que l'adjudication en sera faite le plus promptement qu'il sera possible par MM. les commissaires des travaux publics, en observant de laisser à chacune des extrémités de cette partie du canal, cinquante toises de terrein pour la garantir des eaux; & attendu que l'extrémité inférieure de cette partie du canal avoisine les fortifications de la ville d'Aigues-mortes, que le devis en sera communiqué au directeur des fortifications de la province.

Ce qui a été délibéré sur tous les chefs, conformément à l'avis de MM. les commissaires.

L I I I.

EXTRAIT du registre des délibérations des Etats généraux de Languedoc, assemblés en la ville de Montpellier par mandement du Roi le 27 Novembre 1777.

Du Mercredi 24 Décembre, président Mgr. l'archevêque & primat de Narbonne, commandeur de l'Ordre du St. Esprit.

MONSEIGNEUR l'évêque de Montpellier a dit, que par l'article X de la délibération du 2 Janvier dernier les Etats ont ordonné d'ouvrir la partie inférieure du canal de navigation depuis Aigues-mortes jusques à la ren-

N°. LIII. contre du Vistre, en laissant à chacune des extrémités de ce canal cinquante toises de terrein, pour le garantir des eaux, & en observant de communiquer au directeur des fortifications de la province, le devis des ouvrages qui avoisinent les fortifications de ladite ville; que cette formalité ayant été remplie auprès du sieur Maréchal, ancien directeur, & ensuite auprès du sieur de la Chiche, faisant les fonctions du nouveau directeur qui a remplacé ledit sieur Maréchal, lesquels ont approuvé le projet des ouvrages dressé par le sieur Grangent, l'adjudition en a été faite le 18 Août dernier par MM. les commissaires des travaux publics, sur le devis de ce dernier, à la toise cube, & au prix porté par le bail qui en a été passé au sieur Mignot; savoir, à 58 livres pour la toise cube des déblais faits hors de l'eau, & à 6 livres 9 sols pour celles excavées dans l'eau, sur la longueur de ce canal de deux mille cent cinquante toises, qui embrasse toute la partie déterminée par la même délibération; que ledit Mignot a commencé les travaux dans une très-grande étendue, en déblayant seulement les terres hors de l'eau, & sans s'attacher en aucune maniere à la perfection dudit canal, & qu'il lui a été payé à compte des ouvrages faits la somme de douze mille livres...

Qu'on doit observer, 1°. A l'égard d'une partie de ce canal qui traverse dans l'étendue de seize cent toises un terrein sablonneux & des dunes de sable, que le prix de l'entretien de cette partie sera plus considérable. 2°. Que cette ligne coupe le nouveau chemin d'Aigues-mortes à la Tour Carbonniere sur une longueur de quatre cent toises, & laisse à côté du levant une partie de ce même chemin d'environ six cent toises; ce qui met dans la nécessité de transporter ledit chemin du côté du couchant, sur une étendue de mille toises dans l'emplacement de l'ancien, & a été prévu par les devis & par le bail qui fixe le prix de la toise des engravemens à y faire; qu'il a paru à MM. les commissaires, que cette partie de chemin doit être entretenue après sa perfection, comme elle l'étoit auparavant par la communauté d'Aigues-mortes; &, 3°. que suivant les sondes que le sieur Grangent a fait faire dans l'étendue dudit canal de vingt-cinq en vingt-cinq toises, on a rencontré à certains endroits, de coquillage & de gravier pétrifié que l'entrepreneur est tenu d'enlever, & dont le prix de la toise est pareillement fixé par le bail. N°. LIII.

Que d'après tout ce qui vient d'être dit, MM. les commissaires ont cru devoir proposer à l'assemblée de délibérer.

1°. &c.

7°. D'approuver également l'adjudication qui a été faite des ouvrages du canal de navigation auprès d'Aigues-mortes, sur l'étendue de deux mille cent cinquante toises, & l'emploi des sommes payées à l'entrepreneur, comme il a été ci-dessus.

8°. Que la communication dudit canal de navigation sera ouverte jusques dans le port de cette ville, en attendant qu'on puisse exécuter les ouvrages projettés aux approches de la Tour de Constance.

9°. Que l'entrepreneur de la partie dudit canal qui est adjugée, la perfectionnera avec toute la diligence possible, en se conformant au devis sur lequel le bail lui a été passé.

10°. Que la partie du chemin d'Aigues-mortes coupée par la ligne dudit canal, & qui suivant le devis, doit être transportée du côté du couchant, sera entretenue après sa perfection, par la communauté d'Aigues-mortes.

11°. Qu'il sera dressé un devis de la

N°. LIII. continuation de ce canal, sur une longueur d'environ trois mille cinq cent toises; ce qui comprend le reste de l'alignement commencé, dont l'adjudication sera faite dans le courant de l'année par MM. les commissaires qui seront nommés pour la direction des travaux publics, pour en accélérer les travaux.

12°. Qu'il sera fait trois ponts de bois, dont le premier sur ledit canal, pour rétablir la communication qui sera coupée auprès d'Aigues-mortes par son prolongement dans le port de cette ville; le second, sur le même canal pour établir celle du chemin de Saint-Laurent à Sylveréal, & le troisieme, sur le canal de fuite de la marteliere de Barbut, au point demandé par cette communauté; & que MM. les commissaires des travaux publics seront autorisés à recevoir les soumissions qui leur seront faites par la construction de ces ponts.

L I V.

EXTRAIT du registre des délibérations des Etats généraux de Languedoc, assemblés par mandement du Roi en la ville de Montpellier le 27 Novembre 1777.

Du Mercredi 24 Décembre, président Mgr. l'archevêque & primat de Narbonne, commandeur de l'ordre du Saint-Esprit.

MONSEIGNEUR l'évêque de Montpellier a dit, que les traités ou conventions passés entre MM. les commissaires des travaux publics & les députés des communautés, composant la baronnie de Lunel, celles de Beaucaire & d'Aigues-mortes, ayant été approuvés par la délibération des Etats du 2 Janvier 1777, il fut déterminé par une autre délibération du même jour, que par le sieur Vignat, géometre, & sur le serment par lui ci-devant prêté, il seroit procédé à l'arpentement, limitation & bornage des portions des marais cédés par les Etats à ces communautés, & aux inféodataires des dames de Ste. Marie, pour les séparer de ceux qui restoient aux Etats, libres & exempts de toutes facultés & usages. N°. LIV.

Qu'à l'effet de donner une entiere exécution auxdits traités ou conventions, & assurer à ceux qui se présenteroient pour acquérir les portions des marais dont l'adjudication leur aura été faite, l'entiere propriété desdites portions, les conventions ou traités dont il a été parlé, les délibérations des communautés, & celles des Etats qui les approuvent, ensemble l'arpentement & séparation qui seroient faits par ledit Vignat, seroient autorisés, à la diligence du syndic général, par MM. les commissaires, juges d'attribution.

Qu'il fut encore délibéré le même jour 2 Janvier 1777, d'approuver la renonciation faite par les sieurs Roux, Mathieu, Brun & Soulages, inféodataires des droits des dames de la Visitation de Montpellier, des facultés d'avoir des fossés & pêcheries dans les parties des marais de Lunel qui en étoient susceptibles, & de leur céder à titre d'indemnité desdites facultés, deux cent séterées desdits marais en toute propriété, à prendre à la suite des quatre cent abandonnés au même titre d'indemnité & dédommagement aux communautés composant la baronnie de Lunel, & les laisser jouir encore des deux fossés & pêcheries qu'ils avoient, tant qu'elles ne nuiroient point au desséchement; auquel cas, ils seroient tenus d'en désister sans pouvoir prétendre aucune indemnité: qu'en conséquence du pouvoir donné à MM. les commissaires des travaux publics, ils ont signé, conjointement avec les inféodataires le 18 Février dernier, une convention ou traité contenant lesdites conditions, de maniere que les Etats ni ceux qui seront adjudicataires des marais qui leur appartiennent, ne puissent être exposés à aucune recherche de la part desdits inféodataires.

Qu'en exécution de cette délibération, MM. les commissaires nommés par les Etats pour la direction des travaux publics, passerent le 18 Février dernier des conventions avec lesdits Brun, Roux, Mathieu & Soulages, inféodataires, relatives à ce qui avoit été approuvé par les Etats, par lesquelles ils leur céderent la propriété de deux cent séterées de marais à l'endroit indiqué, aux charges & conditions insérées dans ces conventions....

Mgr. l'évêque de Montpellier a ajouté : qu'après qu'il a été procédé aux différentes opérations dont il a été parlé, le syndic général s'est pourvu devant MM. les commissaires, juges d'attribution, en conséquence de la délibération des Etats du 2 Janvier dernier, & y a fait assigner les communautés composant la baronnie de Lunel, celles d'Aigues-mortes & de Beaucaire, Mme. de Rochemore, lesdits Brun, Roux, Mathieu & Soulages, inféodataires, en autorisation, des traités passés avec ces différentes parties; comme aussi, des rapports de bornage & séparation des différentes portions des marais, & en maintenue dans la propriété libre & exempte de toutes facultés de celles appartenant aux Etats, pour en jouir, ou ceux qui seront à leurs droits, aux avantages portés par les lettres-patentes du mois de Janvier 1702 & 8 Novembre 1746; qu'il a également demandé que le nommé Aubenque fût tenu de se désister du fossé ou pécherie qui inonde la partie des marais de la baronnie de Lunel indiquée par les experts, & de faire combler ce fossé.

Que toutes ces parties s'étant présentées elles ont chacune consenti aux demandes du syndic général, & demandé de leurs chefs, de jouir des mêmes avantages sur les portions des marais leur appartenant.

Que Mme. de Rochemore a de plus demandé, en conséquence de la délibération des Etats du 2 Janvier dernier, qu'il fût fait des fossés pour former le chemin qui devoit séparer les propriétés, aux frais des parties intéressées; sur quoi le syndic général a observé & conclu qu'à raison de la construction des chemins demandée par ladite dame, les Etats ne devoient quant à présent faire aucune dépense à ce sujet, sauf à ceux qui seront à leurs droits, de convenir avec elle, avec la baronnie de Lunel, & avec les inféodataires, de la maniere en laquelle ces chemins, les fossés, & les ponts pour la dérivation des eaux douces doivent être construits, & à fournir eux-mêmes à cette dépense.

Qu'à l'égard du nommé Aubenque, dont il a été parlé, attendu qu'il a délaissé aux inféodataires des dames religieuses de Ste. Marie, une pêcherie qui étoit construite dans l'étendue de leur inféodation, & qui empêchoit de mettre en culture cinquante séterées de marais, il a observé dans une requête par lui donnée sur l'assignation du syndic général, pour combler ladite pêcherie, qu'au moyen du délaissement & abandon par lui faits auxdits inféodataires, il doit être déchargé de toute demande; & que, vu les circonstances par lui exposées dans ladite requête, il a paru juste à MM. les commissaires de lui accorder cette décharge.

Que toutes les parties reconnoissant la légitimité des demandes du syndic général, on doit espérer que MM. les

N°. LIV. commissaires, juges d'attribution, ne tarderont pas à rendre un jugement qui y soit conforme.

De sorte que MM. les commissaires ont été d'avis de proposer à l'assemblée de délibérer d'approuver tout ce qui a été fait par MM. les commissaires des travaux publics pendant l'année, en vertu de la délibération du 2 Janvier 1777, tant par rapport aux conventions par eux passées avec les inféodataires des dames religieuses de Ste. Marie le 18 Février suivant, que par rapport aux arpentemens faits la présente année par le sieur Vignat, des portions des marais appartenant en pleine propriété aux Etats, dans les communautés de la baronnie de Lunel, d'Aigues-mortes, & de Beaucaire, & de celles qui ont été cédées auxdites communautés, auxdits inféodataires, & à la dame de Rochemore; comme aussi d'approuver les conclusions prises par le syndic général, dans les requêtes par lui présentées à MM. les commissaires juges d'attribution pour l'autorisation desdites conventions & arpentemens énoncés ci-dessus, & de poursuivre un jugement des mêmes commissaires, pour adjuger lesdites conclusions & demandes.

Ce qui a été ainsi délibéré, conformément à l'avis de MM. les commissaires.

L V.

EXTRAIT du registre des délibérations des Etats généraux de Languedoc, assemblés par mandement du Roi en la ville de Montpellier le 27 Novembre 1777.

Du Samedi 29 Décembre, président Mgr. l'archevèque & primat de Narbonne, commandeur de l'ordre du St. Esprit.

MONSEIGNEUR l'évêque de Montpellier a dit, que par la délibération du 2 Janvier 1777, MM. les commissaires nommés pour la direction des travaux publics, furent autorisés à traiter avec les dames Marmier & de Plauchut, sur la cession qu'elles devoient faire aux Etats de la portion de onze cent vingt-cinq salmées de marais dans le terroir de Beaucaire, faisant partie du don fait en 1678 aux sieurs de Launay & de la Roche qu'elles représentent, en les déchargeant de l'exécution des conditions auxquelles ce don avoit été fait, qui consistoient à dessécher cette étendue de marais, à la défricher & mettre en culture, & à y construire au milieu un canal de navigation pour joindre celui qui devoit être fait; que la portion par elles cédée seroit arpentée, bornée & séparée de celle qui resteroit auxdites dames, & qu'elle seroit contiguë, autant qu'il seroit possible, aux trois cent salmées qui ont fait l'objet de la convention passée avec la communauté de Beaucaire. N°. LV.

Que pour exécuter ce qui avoit été déterminé, MM. les commissaires des travaux publics inviterent lesdites dames de se rendre à leur assemblée tenue le 20 Février dernier; que M. Plauchut, mari de l'une desdites dames, s'y rendit effectivement, mais sans pouvoir, soit de la part de la dame son épouse ou de celle de la dame de Marmier, dont il dit n'être point porteur, parce que le sieur de Marmier, commissaire des guerres à Orléans, n'avoit pu se rendre à Nîmes pour conférer avec la dame sa mere & la dame sa tante, & prendre d'elles leur pouvoir pour traiter; qu'il demanda un délai pour faire venir ledit sieur de Marmier; qu'il informeroit le syndic général de son arrivée, & qu'ils se rendroient ensuite, au jour qui leur seroit indiqué, devant MM. les commissaires des travaux publics.

Que le 22 du présent mois de Novembre, ledit sieur Plauchut & M. de Marmier, prêtre, s'étant rendus à l'assemblée indiquée par MM. les commissaires des travaux publics, munis de la procuration desdites dames Cournon, l'une veuve dudit sieur de Marmier, & l'autre épouse dudit sieur Plauchut, ces procureurs fondés ont traité avec MM. les commissaires des travaux publics; qu'ils ont cédé aux Etats la propriété, libre & exempte de tous droits & facultés, de trois cent vingt-cinq salmées sur les onze cent vingt-cinq qui formoient l'objet du don fait auxdits sieurs de Launay & de la Roche que lesdites dames représentent; que moyennant cette cession, & l'obligation que lesdites dames se sont imposées de payer en entier à qui il appartiendroit l'albergue annuelle de 300 livres, sous laquelle ledit don avoit été fait, MM. les commissaires ont, sous le bon plaisir des Etats, déchargé lesdites dames de l'obligation imposée par les lettres-patentes contenant le don desdits marais, de les faire dessécher, défricher, mettre en culture, & de construire au milieu un canal de navigation; qu'ils ont pourtant imposé auxdites dames l'obligation de faire les ouvrages nécessaires pour dessécher, défricher, & mettre en culture les huit cent salmées de marais qui leur restent en toute propriété, après que les Etats auront fait faire eux-mêmes les ouvrages généraux pour le desséchement des marais de Beaucaire, & ceux du canal de navigation.

Que lesdits sieurs de Marmier & Plauchut ayant observé, que dans le cas où les onze cent vingt-cinq salmées ne seroient que de la mesure de Fourques, moins considérable de cent quarante-quatre toises que celle de Beaucaire, il pouvoit se faire qu'on ne trouveroit pas les onze cent vingt-cinq salmées mesure de Beaucaire; & que cette observation a donné lieu d'insérer dans le traité, que si la contenance étoit moindre desdites onze cent vingt-cinq salmées, elle seroit diminuée sur la portion d'un chacun, relativement à sa contenance, par le sieur Vignat, arpenteur déjà nommé, qui procéderoit à l'arpentement, bornage, & séparation desdites onze cent vingt-cinq salmées, conformément à la mesure de Beaucaire, parce que le don fait par Sa Majesté les a indiqués dans le terroir de cette ville; que ce traité ayant été ratifié & approuvé par lesdites dames de Marmier & Plauchut, il reste à faire procéder à son exécution, si les Etats trouvent à propos de l'approuver.

Sur quoi il a été délibéré d'autoriser & approuver le traité ou convention passée le 22 Novembre dernier, par MM. les commissaires des travaux publics, avec lesdits sieurs de Marmier & Plauchut, procureurs fondés desdites dames Cournon, l'une veuve de M. Marmier, & l'autre épouse de M. Plauchut, ancien procureur général au conseil supérieur de Nîmes, & par elles ratifié le 8 du présent mois, à l'effet d'être exécuté en tout son contenu; auquel effet, que par le sieur Vignat, & sur le serment par lui ci-devant prêté devant MM. les commissaires juges d'attribution, il sera procédé à l'arpentement de l'entier corps de onze cent vingt-cinq salmées de marais dont il s'agit, & à sa division, pour en laisser huit cent salmées auxdites dames, & trois cent vingt-cinq aux Etats; de maniere que si l'entiere contenance est moindre de onze cent vingt-cinq salmées, ce qui manquera pour la parfaire, sera déduit sur les portions desdites dames & des Etats, relativement à leur contenance, après lequel arpentement, on séparera par des piquets en bois, la portion qui

No. LV. devra appartenir auxdites dames, de celle qui restera aux Etats, en observant que cette derniere portion soit contiguë aux trois cent salmées prises sur les cinq cent cinquante qui ont fait l'objet de la convention entre les Etats & la communauté de Beaucaire, & de ne planter les piquets qu'en laissant une distance de trois toises de largeur sur toute la longueur, prise par moitié sur la propriété des Etats & sur celle desdites dames, pour y former le chemin, si les Etats trouvent à propos d'en faire construire à frais communs avec elles; desquelles opérations ledit Vignat dressera son rapport; enfin, qu'il levera le plan des onze cent vingt-cinq salmées, dans lequel seront indiquées les portions qui resteront auxdites dames, & celles qui doivent appartenir aux Etats, pour être le tout autorisé par MM. les commissaires juges d'attribution, à la diligence du syndic général, & être ensuite procédé à l'adjudication desdites trois cent vingt-cinq salmées, dans le même tems qu'il sera procédé à celle de trois cent salmées, dont les Etats ont acquis la pleine propriété dans le terroir de Beaucaire, en vertu de la convention par eux passée avec ladite communauté, & dans la même forme qui a été déterminée par leur délibération de ce jourd'hui, à l'égard desdites adjudications.

LVI.

JUGEMENT

Qui autorise les traités & conventions passés par les Etats avec les communautés composant la baronnie de Lunel, celles d'Aigues-mortes & de Beaucaire, à raison des indemnités & dédommagemens qu'elles pourroient prétendre par la privation des facultés sur les marais de leurs terroirs.

Du 5 Mars 1778. No. LVI.

LES COMMISSAIRES NOMMÉS *par arrêts du conseil des 15 Novembre 1746, 11 Avril 1761, 19 Novembre 1767, & 4 Juillet 1771, pour juger souverainement & en dernier ressort, les contestations nées & à naître à raison de la concession des palus, étangs, marais, lais & relais de la mer & terres inondées, faite aux Etats de Languedoc depuis Beaucaire jusqu'à Aigues-mortes & à Pérols, desséchement desdits marais, construction du canal de navigation, leurs circonstances & dépendances: Au premier huissier ou sergent requis.*

VU les jugemens par nous rendus les 15 Avril 1773, & 28 Décembre 1775, le premier desquels maintient, entr'autres dispositions, les communautés composant la baronnie de Lunel, celles d'Aigues-mortes & de Beaucaire, en la jouissance des facultés qu'elles avoient sur les palus & marais dans l'étendue de leurs terroirs, sauf à être pourvu à leur indemnité & dédommagement en cas de privation desdites facultés, & maintient les Etats en la propriété des mêmes marais; celui du 28 Décembre 1775, contenant autorisation de la procédure d'arpentement, bornage, séparation & des plans des palus, marais, lais & relais de la mer & terres inondées dans les terroirs de ladite baronnie de Lunel & d'Aigues-mortes: Requête du syndic général de la province de Languedoc, tendante, en premier lieu, en autorisation des conventions ou traités faits & passés entre les Etats, les communautés composant la baronnie de Lunel, celles de Beaucaire & d'Aigues-mortes, à raison des facultés que les différentes communautés avoient sur lesdits palus & marais, & celles passées avec lesdits Brun, Roux, Mathieu & Soulages, inféodataires des droits qu'avoit le monastere des dames religieuses de la Visitation Sainte-Marie de Montpellier, ainsi que les délibérations desdites communautés, contenant approbation desdits traités ou conventions, de même que les rapports contenant bornage & séparation des portions des marais appartenans auxdits Etats, d'avec ceux cédés auxdites communautés, lesdits rapports en date des 28 Août & 23 Septembre 1777, ordonner que le tout sera exécuté suivant sa forme & teneur; en conséquence, demeurant les indemnités & dédommagemens convenus & accordés tant avec les susdites communautés qu'avec lesdits Brun, Roux, Mathieu & Soulages, inféodataires, déclarer que moyennant les cessions faites par lesdits Etats auxdites parties dans lesdites conventions ou traités, elles n'ont plus ni usages, ni facultés, ni aucune espece de droit sur les portions des marais reservés aux Etats par lesdits traités: ordonner qu'ils en jouiront librement exempts desdites facultés & usages, avec liberté d'en disposer à leur gré, ainsi & comme bon leur semblera, lesdites portions de marais appartenant aux Etats, consistant; savoir, celles dans l'étendue de la baronnie de Lunel, en la contenance de onze cent quarante-sept sèterées, indépendamment des atterrissemens qui se sont formés sur les bords de l'étang, pouvant contenir six à sept cent sèterées, lesdites onze cent quarante-sept sèterées confrontant du levant les deux cent sèterées cédées à titre d'indemnité auxdit Brun, Roux, Mathieu & Soulages, le canal de Lansargues, le chemin neuf, la veuve Saint-Aubin, Jean Bonhomme & Louis Pouchet; du couchant, la riviere du Bérange & les terres de plusieurs particuliers de Lansargues; du midi, le canal de Lunel & les étangs; du nord, le champ ou terre labourable, dite de l'Œuvre, les terres de la Dlle. Trorignon & de plusieurs autres habitans de Lansargues: ordonner que le nommé Aubenque, qui a entrepris de faire un fossé ou pêcherie dans la susdite contenance appartenant aux Etats, sera tenu de combler ledit fossé, & de remettre les choses en l'état où elles étoient avant son entreprise, dans quinzaine pour tout délai, sinon, faute de ce faire, ledit délai passé, permettre au suppliant d'y faire procéder aux frais & dépens dudit Aubenque, qu'il sera tenu de lui rembourser sur l'état qui en sera tenu par celui qui dirigera l'ouvrage & par lui affirmé; faire défenses, tant audit Aubenque qu'à tous autres, à l'avenir, d'entreprendre de faire aucuns ouvrages sur ladite partie de marais, sans la permission des Etats, ou autre pouvoir émané d'eux par écrit, à peine de trois mille livres d'amende, au payement de laquelle ils seront contraints par corps; leur faire aussi défenses de troubler les Etats, ou ceux qui seront à leurs droits, en la libre possession & jouissance desdites onze cent quarante-sept sèterées de palus ou marais, & des six cent ou environ en atterrissement attenant à l'étang, sous les susdites peines & autres que ledit syndic général requerra ci-après: 2°. Donner acte audit syndic général, du consentement qu'il donne, à ce que la dame de Vogué, veuve du sieur marquis de Rochemore, soit définitivement maintenue dans la propriété des neuf cent sèterées de marais qui lui restent sur les onze cent trente-deux sèterées, à quoi sa propriété avoit été fixée par notre jugement dudit jour 28 Décembre 1775, déduction

Nº. LVI. déduction faite des deux cent trente-deux séterées cédées par ladite dame aux communautés composant ladite baronnie de Lunel; lesdites neuf cent séterées confrontant du levant partie des six cent trente-deux séterées cédées à la baronnie de Lunel par lesdits Etats ou par ladite dame de Rochemore; du même aspect la portion des deux cent séterées desdits marais cédées par les Etats à titre d'indemnité auxdits Brun, Roux, Mathieu & Soulages, & celle appartenant aux Etats; du couchant, le chemin neuf desdits marais à Lansargues, & le canal dudit lieu de Lansargues; du nord, le domaine de Tartuguiere, le pré du sieur de Rochemore & la métairie du Grès, lesquelles neuf cent séterées ladite dame pourra faire dessécher, défricher & mettre en culture, d'après les délibérations prises par les Etats à ce sujet, ainsi qu'elle avisera : 3°. Donner aussi acte audit syndic général, de son consentement à ce que lesdites communautés composant la baronnie de Lunel, soient maintenues en la propriété & jouissance pure & simple des six cent trente-deux séterées desdits marais, dont quatre cent à elles cédées par les Etats, & les deux cent trente-deux restantes par ladite dame de Rochemore, en indemnité & dédommagement de leurs facultés sur les entiers marais de ladite baronnie, à la charge par lesdites communautés, conformément à ce qui est porté par lesdites conventions, de faire dessécher, défricher & mettre en culture la susdite contenance à elle cédée, laquelle confronte du levant & du midi le canal ou grande robine de Lunel; du nord, les neuf cent séterées de ladite dame de Rochemore & le sieur de Tremolet-Montpezat, & du couchant, partie des deux cent séterées cédées par les Etats auxdits Brun, Roux, Mathieu & Soulages, & les terres de différens particuliers : 4°. Donner également acte audit syndic général, de son consentement à ce que lesdits Brun, Roux, Mathieu & Soulages soient maintenus en la propriété des deux cent séterées de marais à eux cédées par lesdits Etats, en indemnité & dédommagement des facultés auxquelles ils avoient été maintenus par notre jugement dudit jour 15 Avril 1773, desquelles facultés ils ne pourront plus jouir, conformément au traité passé avec eux, à la charge par lesdits particuliers de dessécher, défricher lesdites deux cent séterées de marais, & de les mettre en culture conformément auxdites conventions, lesdites deux cent séterées confrontant du levant les six cent trente-deux séterées appartenant à ladite baronnie de Lunel; du couchant, la portion desdits marais appartenant aux Etats; du nord, celle appartenant à la dame de Rochemore; & du midi, le canal de Lunel : 5°. Donner encore acte au syndic général, de son consentement, à ce que la ville de Beaucaire soit maintenue en la propriété des deux cent cinquante salmées de marais à elle cédées par ledit traité, aux charges & conditions y contenues, pour ne les dessécher, défricher & mettre en culture, qu'après que les Etats auront fait faire les ouvrages nécessaires au dessèchement des trois cent salmées qui leur restent en propriété, libres & exemptes de tous usages & facultés, lesquelles contenances de deux cent cinquante & de trois cent salmées confrontent, savoir, les trois cent dont la propriété appartient aux Etats, réduites à deux cent soixante-seize & demie, suivant le rapport du sieur Vignat, par l'usurpation que les voisins doivent avoir faite des vingt-trois salmées & demie Nº. LVI.

N°. LVI.

qui manquent, & que ledit syndic général se réserve de réclamer; du levant, les fonds du sieur président de Belleval, ceux des sieurs Privat, de Courtois, de Salles, de Tavernel, de Lenoir & de la dame veuve Fourmaud; du couchant, ladite veuve Fourmaud, & les onze cent cinquante salmées en marais des dames de Marmier & de Plauchut; du midi, les palus & marais du terroir de Fourques, les terres dudit sieur de Belleval, celles de Troupenas, du sieur de Forton; & du nord, les fonds dudit sieur de Belleval, ceux dudit Troupenas & la robine de Beaucaire; & les deux cent cinquante salmées cédées à la communauté de Beaucaire, confrontant du levant, lesdites terres dudit sieur de Belleval, & celles du nommé Jean-Pierre; du couchant, les susdites onze cent cinquante salmées desdites dames de Marmier & de Plauchut; du midi, les susdits marais de Fourques; & du nord, les deux cent soixante-seize salmées & demie, réservées aux Etats: 6°. Déclarer les tenemens en palus, marais, lais & relais de la mer, dénommés l'Aloua, les Boudres & Boucanet, dans le terroir d'Aigues-mortes, tels qu'ils sont désignés & confrontés dans le plan levé par lesdits Vignat, Verdier & Fabre experts, autorisé par notre jugement du 28 Décembre 1775, libres & exempts de tous usages & facultés, conformément aux conventions passées avec la communauté d'Aigues-mortes le 20 Août 1776, ledit syndic général consentant, d'après lesdites conventions, que ladite ville soit aussi maintenue en la propriété des tenemens à elle abandonnés à titre d'indemnité & dédommagement par les mêmes conventions: 7°. ordonner que chacun des propriétaires des marais sus-désignés, & ceux à qui ils céderont leurs droits, en jouiront aux avantages portés par les lettres-patentes du mois de Janvier 1702, & par celles du 8 Novembre 1746, & notamment de l'exemption de la dîme pendant quinze années, conformément à la déclaration du Roi du 5 Juillet 1770, concernant les défrichemens; & qu'après ce délai, lesdits fonds n'y seront assujettis que sur le pied de la cinquantieme portion des fruits sur lesquels il est d'usage de la percevoir, suivant la coutume des lieux: 8°. Faire défenses aux habitans des susdites communautés, auxdits Brun, Roux, Mathieu, Soulages, & à tous autres, de troubler les Etats, ou ceux qui seront à leurs droits, en la propriété, possession & jouissance libre & exempte de tous usages & facultés sur les tenemens en marais sus-énoncés, & autres leur appartenant, d'y envoyer dépaître leurs bestiaux de quelque espece que ce soit, d'y couper & faire l'herbe, d'en enlever les terres pour l'engrais de leurs fonds, non plus que les bornes & piquets qui y ont été plantés, & d'user d'aucune sorte de facultés sur lesdits tenemens des Etats en palus & marais, à peine de saisie, pignoration & confiscation des bestiaux qui y seront trouvés, & de cinq cent livres d'amende, payable solidairement, tant par les propriétaires desdits bestiaux, que par les gardiens d'iceux, qui ne pourra être remise ni modérée; au payement de laquelle les contrevenans seront contraints par les voies de droit & par corps; & afin que personne n'en prétende cause d'ignorance, ordonner que le jugement qui interviendra sera imprimé, lu, publié & affiché par-tout où besoin sera: ordonner aussi que celui par nous rendu le 28 Décembre 1775, sera exécuté suivant sa forme & teneur, tant pour les dispositions concernant

N°. LVI.

ladite dame de Rochemore, que pour
N°. LVI. les autres dispositions qu'il renferme : L'ordonnance rendue sur ladite requête le 25 Septembre 1777, par le sieur de Saint-Priest, l'un de nous, portant que ladite requête sera communiquée aux parties intéressées, pour y répondre dans quinzaine ; qui commet le sieur de Montclar, l'un de nous, pour rapporteur au lieu & place du sieur de Rosset absent, & le sieur Favier, avocat, pour procureur du Roi en la commission, attendu le décès du sieur Coulomb : L'exploit de signification de ladite requête & ordonnance, faite à la requête dudit syndic général les 5 & 6 Octobre dernier par Bonjean, huissier à la cour des aides, tant aux consuls de Lunel, aux syndics de la baronnie de Lunel, aux consuls d'Aigues-mortes, à ceux de Beaucaire, à ladite dame de Rochemore, auxdits Brun, Roux, Mathieu & Soulages, & audit Aubenque, avec assignation devant nous, aux fins de ladite requête : Autre requête dudit syndic général de Languedoc, à ce que tenant le désistement fait par ledit Aubenque de la pêcherie dont il jouissoit ci-devant dans les marais de Lunel, l'abandon qu'il en avoit fait auxdits Brun, Roux, Mathieu & Soulages, & le consentement donné par ledit Aubenque, que les Etats disposent de ladite pêcherie. Vu ce qui résulte du traité passé entre les Etats & lesdits Roux, Brun, Mathieu & Soulages, attendu que ladite pêcherie introduit les eaux dans lesdits marais de Lunel, & les submerge, ordonner qu'elle sera comblée par celui auquel lesdits Etats vendront le terrein où est située ladite pêcherie, ou par celui à qui ils l'affermeront, avec défenses d'en construire aucune à l'avenir sur lesdits marais, sous les peines de droit ; & moyennant ce, tirer ledit Aubenque d'instance, demeurant les conventions passées le 18 Février 1777,
entre les commissaires des Etats, les sieurs Balestrier freres, Pouchet, Serviere, Esteve, Masse & autres, à raison des usurpations faites par lesdits particuliers sur les marais de la baronnie de Lunel, & le consentement des Etats renfermé dans leur délibération du 2 Janvier précédent, à ce que lesdits particuliers jouissent en toute propriété ; savoir, lesdits sieurs Balestrier, de la contenance de seize séterées de marais dans l'étendue de ceux de ladite baronnie de Lunel qu'ils avoient usurpées, lesdites seize séterées confrontant du levant & du midi lesdits palus & marais, du couchant Paul Bouquet, & du vent-droit Marguerite Serviere ; Ledit Jean Serviere aîné, de six séterées un carton dix dextres ou environ, confrontant du levant, couchant & midi, le surplus desdits marais, & du vent-droit Michel Pouchet, pour une terre lui appartenant, autre que celle qu'il a usurpée, fossé entre-deux ; Ledit Honoré Esteve, de trois séterées, ayant pour confronts du levant, couchant & midi, les seize séterées desdits sieurs Balestrier freres, & du nord une terre de Pierre Serviere ; Ledit Louis Masse, de deux séterées, confrontant du levant, couchant & midi, lesdits marais, & du nord une terre du nommé Pouchet ; Ledit Pons, dit Deschene, de deux séterées, confrontant de toutes parts lesdits marais & les seize séterées desdits sieurs Balestrier ; Ledit Me. Bérard, procureur du Roi à Lunel, de deux séterées vingt-sept dextres ; Ledit Raffin, notaire, de cinq séterées un carton neuf dextres ; Le sieur François Baumes, marchand à Lunel, de quatre séterées trois cartons dix dextres ; Pierre Granier, de deux séterées dix-huit dextres ; Jean Viton, de deux séterées trois cartons onze dextres ; Marie Langlade, d'une séterée deux cartons douze dex-

N°. LVI.

tres ; Françoise Daudé, épouse de Jean Martin, de deux cartons un dextre ; Guillaume-François Raffin, de deux sèterées deux cartons vingt-deux dextres ; & le sieur Héraud, de deux cartons quatre dextres ; chacun desdits fonds désignés, limités & confrontés dans le compoix moderne dudit lieu de Saint-Nazaire, ordonner que les susdits particuliers jouiront chacun desdits fonds & contenances aux avantages que les Etats accorderont à ceux auxquels les portions des marais dont ils ont la propriété dans l'étendue de ladite baronnie de Lunel seront adjugés, sans néanmoins que les Etats leur soient d'aucune garantie à cet égard, ni qu'ils puissent être recherchés à raison des contestations qui pourront s'elever sur la jouissance desdits privilèges & avantages ; à la charge néanmoins par lesdits particuliers dont les fonds par eux usurpés avoient été compésiés, de continuer à en payer la taille, & de payer annuellement aux Etats la redevance en grains qu'ils trouveront à propos d'établir par sèterée, à peine d'être déchus desdites propriétés, conformément auxdites conventions : En ce qui concerne la demande formée par la dame de Vogué, veuve du sieur de Rochemore, à raison de la construction des chemins, pour séparer les différentes possessions en marais, soit celle des Etats, celles des communautés composant la baronnie de Lunel, celle de ladite dame de Rochemore, & celle desdits Brun, Roux, Mathieu & Soulages ; tenant la délibération des Etats du 2 Janvier 1777, déclarer n'y avoir lieu de statuer sur la demande de ladite dame de Rochemore, sauf aux parties intéressées à la construction desdits chemins, à convenir entr'elles de ce qu'elles jugeront à propos leur être plus utile & plus avantageux, tant par rapport auxdits chemins, que par rapport à la formation des fossés, à la construction des ponts, & à la dérivation des eaux douces supérieures, ainsi qu'il appartiendra, conformément à ladite délibération : Vu ce qui résulte de la délibération des Etats du 29 Décembre 1777, autoriser le traité ou conventions passés entre les Etats & les dames de Cournon, l'une épouse de M. Plauchut, & l'autre veuve du sieur de Marmier, le 22 Novembre dernier ; en conséquence, ordonner que les Etats jouiront en toute propriété de trois cent vingt-cinq salmées de marais, libres & exemptes de tous droits, sur les onze cent vingt-cinq salmées, en la propriété desquelles lesdites dames avoient été maintenues par notre jugement du 15 Avril 1773, & qu'elles payeront en entier à qui il appartiendra, l'albergue annuelle de trois cent livres, sous laquelle la concession desdites onze cent vingt-cinq salmées de marais avoit été faite aux sieurs de Launay & de la Roche qu'elles représentent ; moyennant ce, décharger lesdites dames de l'obligation imposée par les lettres-patentes de 1678, de faire dessécher, défricher & mettre en culture lesdites onze cent vingt-cinq salmées, & d'y construire au milieu un canal de navigation ; ordonner aussi que par ledit Vignat, expert déjà nommé, & sur le serment par lui prêté, il sera procédé à l'arpentement desdites onze cent vingt-cinq salmées de marais, à la levée d'un plan géométrique, au bornage & séparation des trois cent vingt-cinq salmées cédées aux Etats, lesquelles seront emplacées à la suite de celles cédées aux habitans de Beaucaire, & attenantes aux trois cent salmées appartenantes aux Etats, sur les cinq cent cinquante où la ville de Beaucaire avoit des facultés, conformément auxdites conventions, pour le tout rapporté, être autorisé, s'il y a lieu : L'or-

N°. LVI. donnance qui joint ladite requête au procès, du 29 Janvier dernier, & l'exploit de signification qui en a été faite aux procureurs des consuls de Lunel, des syndics de la baronnie dudit Lunel, des communautés de Beaucaire & d'Aigues-mortes, de la dame de Rochemore, desdits Roux & autres inféodataires, & dudit Aubenque : Vu aussi les pieces & actes remis par le syndic général à l'appui de ses requêtes, lesdits actes & pieces, consistant, 1°. En la délibération prise par les gens des Trois-états de la province de Languedoc, assemblés à Montpellier le 2 Mars 1776, par laquelle ils donnent pouvoir aux commissaires par eux nommés pour la direction des travaux publics, de traiter avec les susdites communautés de Lunel, les syndics de la baronnie dudit Lunel, les communautés de Beaucaire & d'Aigues-mortes, à raison des indemnités qu'elles étoient en droit de prétendre en cas de privation des facultés à elles accordées par notre susdit jugement du 15 Avril 1773 : 2°. En la délibération prise par les communautés composant la baronnie de Lunel en corps de baronnie, le 28 Juillet 1776, qui députe Mes. Menard pere, & Bérard, avocats à Lunel, & l'un à défaut de l'autre, pour traiter avec les Etats ou avec lesdits sieurs commissaires des travaux publics, à raison de ladite indemnité, & avec la dame de Rochemore, pour les facultés que ladite baronnie prétendoit être en droit de réclamer sur les onze cent trente-deux séterées de marais auxquelles sa propriété avoit été fixée : 3°. Aux conventions passées entre lesdits sieurs commissaires des travaux publics, représentant les Etats, & ledit Me. Bérard, avocat, l'un des députés de ladite baronnie, le 20 Août 1776, par lesquelles, sous le bon plaisir desdits Etats, lesdits sieurs commissaires cedent aux communautés composant ladite baronnie, en toute propriété & à titre d'indemnité & dédommagement de leurs facultés sur lesdits marais, la quantité de quatre cent séterées desdits marais, désignées & confrontées dans ledit traité, aux conditions y énoncées : 4°. Aux conventions passées entre ledit Me. Bérard, député de ladite baronnie, & le sieur abbé de Rochemore, procureur-fondé de ladite dame de Vogué de Rochemore, le 7 Décembre 1776, approuvées & ratifiées par ladite dame le 17 Janvier suivant, suivant lesquelles ladite dame cede en toute propriété aux habitans & syndics de ladite baronnie de Lunel, deux cent trente deux séterées de marais à prendre sur les onze cent trente-deux dont elle avoit été déclarée propriétaire, aux charges & conditions contenues auxdites conventions : 5°. En une autre délibération prise par lesdites communautés composant ladite baronnie de Lunel en corps de baronnie, le 8 Septembre 1776, par laquelle elle approuve & ratifie le traité passé par ledit Me. Bérard son député, avec lesdits sieurs commissaires des Etats, avec promesse d'en remplir toutes les clauses & conditions : 6°. En une autre délibération prise par les mêmes communautés aussi en corps de baronnie, le 27 Décembre suivant, contenant approbation & ratification des conventions passées pour elle par ledit Me. Bérard, avec ladite dame de Rochemore : 7°. En la délibération prise par la communauté d'Aigues-mortes le 4 Août 1776, qui députe Me. Esparron, juge royal de ladite ville, & Guillaume Theulon, avocat, maire & premier consul, pour traiter avec les sieurs commissaires des Etats sur ladite indemnité : 8°. Aux conventions passées entre lesdits sieurs commissaires des Etats & lesdits Mes. Esparron & Theulon le N°. LVI.

N°. LVI. 20 du même mois d'Août, par lesquelles les Etats, pour indemniser ladite communauté des facultés à elle réservées par le jugement du 15 Avril 1773, ils leur cedent à titre de dédommagement & en toute propriété, les tenemens de la Peyrade, du Listel, des Gazettes, du grand Pas, de l'Islon, de la Merle, & de Quarante-Sols, tels qu'ils sont limités, désignés & confrontés dans le rapport desdits Verdier, Fabre & Vignat, experts; comme aussi mille carterées, aussi en toute propriété, sur le tenement appellé Boucanet, à prendre depuis le grau du Roi; & moyennant ces cessions, le restant dudit tenement de Boucanet, tirant vers les Boudres & l'Aloua jusqu'à l'étang de Mauguio, l'entier tenement des Boudres & de l'Aloua doivent appartenir aux Etats dans toute leur étendue, pour en disposer comme ils aviseront; ladite communauté renonçant à toute espece d'usage & facultés sur lesdits tenemens des Boudres, l'Aloua, & sur le restant de celui de Boucanet, & aux autres conditions énoncées audit traité : 9°. En une autre délibération prise par ladite communauté d'Aigues-mortes le 18 Septembre 1776, contenant approbation & ratification du susdit traité, en suppliant les Etats de lui accorder à titre de grace l'entier tenement de Boucanet : 10°. En la délibération prise par la communauté de Beaucaire le 17 dudit mois d'Août 1776, par laquelle cette communauté députe le sieur de Poltret & le greffier consulaire pour traiter avec lesdits sieurs commissaires des Etats, à raison de l'indemnité due à cette communauté à cause de la privation de ses facultés sur les cinq cent cinquante salmées de marais dans son terroir, & passer à ce sujet tous les actes nécessaires : 11°. Aux conventions passées avec lesdits députés le 20 dudit mois d'Août, suivant lesquelles les Etats cedent à ladite communauté de Beaucaire deux cent cinquante salmées de marais sur les cinq cent cinquante, pour en jouir en toute propriété, moyennant laquelle cession cette communauté renonce à tout usage & facultés sur les trois cent salmées restantes, dont les Etats peuvent disposer, libres & exemptes de toutes facultés, & aux autres conditions énoncées audit traité : 12°. En la délibération prise par ladite communauté de Beaucaire le 25 dudit mois d'Août, contenant approbation & ratification dudit traité, en suppliant les Etats de surseoir à ce que ladite communauté fasse dessécher & mettre en culture les deux cent cinquante salmées à elle cédées, jusqu'à ce que la province aura pris les moyens nécessaires pour défricher les trois cent salmées à elle réservées : 13°. En la délibération prise par les gens des Trois-états de ladite province de Languedoc, assemblés à Montpellier le 2 Janvier 1777, contenant approbation & ratification des conventions ou traités passés par lesdits sieurs commissaires des travaux publics ledit jour 20 Août 1776, avec les susdites communautés composant la baronnie de Lunel, celles de Beaucaire & d'Aigues-mortes, dans laquelle il est déterminé qu'il n'y a pas lieu d'adjuger à la ville d'Aigues-mortes l'entier tenement de Boucanet, & que le traité passé avec cette communauté doit sortir à effet; & qu'à l'égard de la demande de la ville de Beaucaire, cette communauté ne sera tenue de dessécher & mettre en culture les deux cent cinquante salmées à elle cédées, qu'après que lesdits Etats auront fait les ouvrages nécessaires au desséchement de tous les marais du terroir de ladite ville, & qui autorise lesdits sieurs commissaires des travaux publics, à traiter avec les dames de Marmier & de Plauchut sur N°. LVI.

N°. LVI. la portion des onze cent vingt-cinq salmées de marais dont elles ont été déclarées propriétaires ; la même délibération contenant pouvoir auxdits sieurs commissaires des travaux publics, de traiter avec les sieurs Brun, Roux, Mathieu & Soulages, à raison de l'indemnité par eux demandée, & de leur céder deux cent séterées des marais de la baronnie en toute propriété, à titre de dédommagement, & détermine que par lesdits sieurs commissaires, il sera fait titre aux particuliers qui avoient usurpé environ quarante-quatre séterées des marais de la baronnie de Lunel, des fonds par eux usurpés ; en payant la redevance qui sera réglée par les Etats, & qu'il ne sera plus fait des poursuites contre ceux qui jouissoient de partie desdits marais depuis plusieurs années, attendu leur possession. 14°. Vu aussi les conventions passées entre lesdits sieurs commissaires des Etats, & lesdits Brun, Roux, Mathieu & Soulages le 18 Février suivant, par lesquelles, en exécution de la délibération du 2 Janvier précédent, les Etats cedent auxdits inféodataires en toute propriété deux cent séterées de marais, dont l'emplacement est indiqué dans lesdites conventions ; moyennant laquelle cession lesdits Brun, Roux, Mathieu & Soulages renoncent aux facultés à eux accordées par le jugement dudit jour 15 Avril 1773 ; Le traité fait par lesdits sieurs commissaires des Etats avec lesdits Balestrier, Masse ou ses enfans, Pouchet, Esteve, Serviere & Pons, le 18 Février 1777, par lequel, en acceptant les désistemens faits par lesdits particuliers des fonds par eux usurpés sur lesdits marais de Lunel, les mêmes fonds leur sont accordés à titre de don, en considération des travaux qu'ils avoient fait pour les défricher, à la charge de payer la redevance en grains que les Etats trouveront à propos de leur imposer, & aux autres conditions énoncées audit traité. Autre traité passé par lesdits sieurs commissaires des Etats avec lesdits Bérard, avocat, Raffin, notaire, François Baumes, Pierre Granier, Jean Vitou, Marie Langlade, Françoise Daudé, épouse de Jean Martin, Guillaume-François Raffin, & Héraud, le même jour 18 Février 1777, par lequel les Etats acceptent le désistement à eux fait par lesdits particuliers des fonds des marais par eux usurpés ; & pour les dédommager des travaux qu'ils y avoient fait, les mêmes fonds leur sont accordés à titre de don, en payant par chacun d'eux la redevance en grains qui sera réglée par les Etats, & aux autres conditions énoncées audit traité. La procuration fournie par les dames de Marmier & de Plauchut, par acte reçu Nicolas, notaire à Nîmes, le 10 Février 1777, au sieur David Plauchut, ci-devant procureur général au conseil supérieur de Nîmes, & à Me. Jacques de Marmier, prêtre, pour traiter avec lesdits sieurs commissaires des Etats, sur les charges & conditions imposées lors de la concession des onze cent vingt-cinq salmées de marais dans le terroir de Beaucaire. Les conventions passées entre lesdits sieurs commissaires des Etats, & lesdits sieurs Plauchut & Marmier, procureurs-fondés, le 22 Novembre 1777, suivant lesquelles lesdites dames de Marmier & de Plauchut sont déchargées de l'exécution des conditions du don fait aux sieurs de Launay & de la Roche desdites onze cent cinquante salmées de marais, c'est-à-dire, de faire les ouvrages nécessaires, tant pour le dessèchement des marais, que pour la construction du canal de navigation, lesquels ouvrages les Etats s'obligent de faire faire eux-mêmes, sous la cession que lesdites dames leur font en toute N°. LVI propriété, de trois cent vingt-cinq salmées de marais sur lesdites onze cent vingt-cinq salmées indiquées dans lesdites conventions, lesquelles seront arpentées & séparées des huit cent salmées qui resteront auxdites dames, aux autres conditions renfermées dans lesdites conventions, lesquelles ont été approuvées & ratifiées par lesdites dames de Marmier & de Plauchut, par l'acte du 8 Décembre 1777, couché à la suite d'icelles; La délibération prise par les gens des Trois-états de ladite province de Languedoc le 29 dudit mois de Décembre 1777, contenant approbation & autorisation desdites conventions, pour être exécutées en leur entier, & qui détermine que par ledit Vignat, sur le serment par lui déjà prêté devant nous, il sera procédé à l'arpentement des onze cent vingt-cinq salmées de marais dont il s'agit, à sa division, pour en laisser huit cent salmées auxdites dames, & trois cent vingt-cinq aux Etats, dont du tout ledit Vignat dressera son procès-verbal, & levera le plan desdites onze cent vingt-cinq salmées, dans lequel plan seront indiquées les portions qui resteront auxdites dames, & celles qui doivent appartenir aux Etats, pour être le tout par nous autorisé. Vu aussi les rapports dressés par ledit Vignat les 28 Août & 23 Décembre derniers, le premier contenant bornage, séparation & division des marais de la baronnie de Lunel appartenant auxdits Etats, à la dame de Rochemore, aux communautés composant la baronnie de Lunel, & auxdits Brun, Roux, Mathieu & Soulages, suivant les traités faits entre lesdites parties; & le second, contenant arpentement, bornage & séparation des cinq cent cinquante salmées de marais dans le terroir de Beaucaire, pour diviser les trois cent qui doivent rester aux Etats, des deux cent cinquante cédées à la communauté dudit Beaucaire; duquel rapport il résulte que ledit expert n'a trouvé que la quantité de cinq cent vingt-six salmées & demie, au lieu de cinq cent cinquante, & qu'il en a marqué & séparé deux cent cinquante cédées à ladite communauté. La délibération prise par les Etats de Languedoc le 24 Décembre dernier, qui autorise & approuve les conventions passées avec lesdits Brun, Roux, Mathieu & Soulages, & les conclusions prises par le syndic général dans sa requête. Vu encore la requête à nous présentée par les consuls de la baronnie de Lunel, & par les syndics de la baronnie dudit Lunel, à ce que tenant leur déclaration comme ils ne s'opposent point pour ce qui les concerne, aux demandes du syndic général, les maintenir en corps de baronnie en la propriété pure & simple de six cent trente-deux séterées de marais qui leur ont été cédées en indemnité & dédommagement des facultés auxquelles ladite baronnie avoit été maintenue sur la totalité desdits marais par notre jugement du 15 Avril 1773; en conséquence, ordonner que les traités faits avec la province & la dame de Rochemore, seront exécutés selon leur forme & teneur, avec défenses à toutes personnes de donner aucun trouble ni empêchement à ladite baronnie en la propriété & jouissance desdites six cent trente-deux séterées, d'y faire de l'herbe, enlever des terres, pêcher, chasser, faire des fossés & faire dépaître les bestiaux dans aucun tems, à peine de confiscation, saisie & pignoration d'iceux, & de cinq cent livres d'amende payables au profit de ladite baronnie, tant par les propriétaires que les gardiens desdits bestiaux, dépens, dommages & intérêts, & d'enquis, & leur adjuger les mêmes conclusions pour lesdites six

cent

N°. LVI. cent trente-deux séterées, que celles qui seront adjugées au syndic général, sous les mêmes peines, qu'il obtiendra à raison des marais appartenant aux États : ordonner que pour servir de titre à la baronnie, il lui sera délivré sans frais une expédition du jugement qui interviendra: L'ordonnance du 7 Novembre dernier, qui joint ladite requête au procès, avec l'exploit de signification faite au syndic général; Copie de la délibération prise par les communautés composant ladite baronnie de Lunel le 26 Octobre aussi dernier : Requête de la dame Magdelaine-Barbe de Vogué, marquise de Rochemore, habitante à Nîmes, à ce qu'il nous plaise autoriser lesdites conventions & traités entre ladite dame & les États, & avec la baronnie de Lunel, ainsi que le rapport, division & bornage fait par ledit Vignat, de même que le bornage en pierres par elle substituées aux piquets, ordonner que le tout sera exécuté; en conséquence, vuidant les interlocutoires portés par le jugement du 28 Décembre 1775, demeurant les indemnités & dédommagemens convenus avec les habitans de ladite baronnie de Lunel, ordonner que ladite dame jouira des neuf cent séterées à elle appartenant en toute propriété, & aux avantages portés par les lettres-patentes du mois de Janvier 1702, & du 8 Novembre 1746, notamment de l'exemption de la dîme pendant quinze années, conformément à la déclaration du Roi du 5 Juillet 1770, & qu'après ce délai, elles n'y seront assujetties que sur le pied de la cinquantieme portion des fruits sur lesquels il est d'usage de la percevoir selon la coutume des lieux; permettre à ladite dame de faire défricher, dessécher & mettre en culture lesdites neuf cent séterées, & d'en disposer comme elle avisera; faire défenses aux communautés & habitans de la baronnie de Lunel, & à tous autres, de la troubler en la propriété, possession & jouissance libre & exempte de tout usage & faculté desdites neuf cent séterées, d'y envoyer dépaître leurs bestiaux, de quelque espece qu'ils soient, d'y couper, faire des herbes, d'en enlever les terres pour l'engrais de leurs fonds; d'y chasser ou pêcher en maniere quelconque, d'en enlever les bornes & piquets qui y ont été plantés, à peine de saisie, pignoration & confiscation des bestiaux, & de cinq cent livres d'amende, payable solidairement tant par les propriétaires & maîtres desdits bestiaux, que par les gardiens, pêcheurs, chasseurs & autres délinquans, au payement de laquelle les uns & les autres seront contraints par toutes voies & par corps; ordonner que le long des trois toises laissées pour former un chemin, il sera fait un fossé de chaque côté, d'une toise de largeur & d'une demi-toise de profondeur, & le déblai jetté sur lesdites trois toises, qui seront laissées en entier pour former ledit chemin, régaler les terres & transporter de maniere que le dessus & surface du chemin soit égal dans toute sa longueur, & relevé de deux pieds & demi des francs-bords des canaux de Lunel & de Lansargues, & ce, aux dépens des États, de la baronnie de Lunel, de ladite dame, & de Roux & consorts, chacun comme les concerne, & proportionnément à leur contenance, ladite requête jointe au procès par ordonnance du 15 Novembre dernier, & signifiée aux procureurs du syndic général, & de ladite baronnie. Vu aussi les pieces produites par ladite dame de Rochemore, consistant en une expédition de la délibération prise par les gens des Trois-états de la province de Languedoc le 9 Janvier 1775, par la- N°. LVI.

N°. LVII. quelle ils consentent que la propriété de ladite dame dans les marais de la baronnie de Lunel, soit fixée aux onze cent trente-deux séterées par elle réclamées, en les plaçant conformément au plan joint à son mémoire ; à la charge par elle de faire procéder à ses dépens à la séparation & bornage desdites onze cent trente-deux séterées, de convenir avec les habitans de ladite baronnie, à raison des facultés qu'ils peuvent prétendre sur cette contenance de marais ; & de les rendre taisans, sans que les Etats puissent être recherchés sous pretexte de l'indemnité que lesdits habitans pourront prétendre sur lesdites onze cent trente-deux séterées ; ladite délibération contenant consentement à ce que ladite dame de Rochemore fasse dessécher, défricher & mettre en culture lesdites onze cent trente-deux séterées, pour en jouir aux avantages portés par les lettres-patentes de 1702, aux conventions p[illegible]ées d'entre ladite dame de Rochemore & ledit M. Bérard, député des communautés composant la baronnie de Lunel, le 7 Décembre 1776, par lesquelles ladite dame cede auxdites communautés en toute propriété deux cent trente-deux séterées de marais sur les onze cent trente-deux auxquelles sa propriété fut fixée par la susdite délibération des Etats, & par notre jugement du 28 Décembre 1775 ; moyennant laquelle cession lesdites communautés renoncent à tout usage & facultés sur les neuf cent séterées qui restent à ladite dame, & à toute contestation élevée à ce sujet ; En la délibération prise par lesdits Etats le 2 Janvier 1777, contenant approbation du plan de séparation des trois portions des marais de ladite baronnie, détermination de substituer des chemins aux bornes qui devoient servir à séparer lesdites portions de marais, en laissant aux parties à convenir entr'elles de ce qu'elles jugeront leur être plus utile & plus avantageux, tant par rapport auxdits chemins que par rapport à la formation des fossés, à la construction des ponts, & à la dérivation des eaux douces supérieures. Requête des consuls de Beaucaire, tendante en autorisation du traité par elle passé avec les Etats ; en conséquence, la maintenir en la propriété des deux cent cinquante salmées de marais libres & exempts de toutes facultés & servitudes, avec pouvoir d'en disposer, ainsi que cette communauté avisera ; ordonner que tant ladite communauté que ceux à qui elle pourra céder ou aliéner lesdites deux cent cinquante salmées marais, en jouiront aux avantages portés par les lettres-patentes de Janvier 1702, & de Novembre 1746, singulierement de l'exemption de la dîme pendant quinze années, conformément à la déclaration du Roi du 5 Juillet 1770 ; & qu'après ce délai, elles n'y seront assujetties que sur le pied de la cinquantieme portion des fruits sur lesquels il est d'usage de la percevoir selon la coutume des lieux ; avec défenses aux Etats & à toutes personnes, de troubler ladite ville en la propriété, possession & jouissance libre & exempte de tous usages & facultés sur lesdites deux cent cinquante salmées, d'y envoyer dépaître leurs bestiarx, de quelque espece qu'ils soient, d'y couper & faire des herbes, d'en enlever les terres pour l'engrais de leurs fonds, d'y chasser ou pêcher en maniere quelconque, d'en enlever les bornes & piquets qui y ont été plantés, à peine de saisie, pignoration, confiscation desdits bestiaux, & de cinq cent livres d'amende payable solidairement tant par les propriétaires & maîtres desdits bestiaux, que par les gardiens, pêcheurs, chasseurs ou autres délinquans ; au payement de laquelle N°. LVI.

No. LVI. les uns & les autres seront contraints par toutes voies & par corps ; ladite requête jointe au procès par ordonnance du 15 dudit mois de Novembre, & signifiée au procureur du syndic général. La requête à nous présentée par les consuls & communauté d'Aigues-mortes ; pour demander que tenant leur consentement à l'autorisation du traité fait avec les Etats le 20 Août 1776, ordonner qu'il sera exécuté selon sa forme & teneur pour ce qui les concerne ; ce faisant, maintenir ladite communauté dans la propriété & jouissance des terreins qui lui ont été assignés, conformément aux limites, désignations & confrontations énoncées dans ledit traité & relations des experts ; faire défenses à toutes personnes de, en ladite propriété, possession & jouissance, lui donner aucun trouble ni empêchement, à peine de mille livres d'amende & d'enquis ; ordonner qu'elle jouira de tous les avantages & exemptions, relativement aux conclusions prises par les Etats, auxquelles ils adherent ; déclarer que les habitans forains ne pourront en aucune façon jouir d'aucun desdits avantages & priviléges qui seront uniquement destinés & réservés pour les habitans domiciliés dans ladite ville d'Aigues-mortes : L'ordonnance du 22 Novembre dernier, qui joint cette requête au procès, avec l'exploit de signification du 24 du même mois : Autre requête desdits consuls d'Aigues-mortes, en adjudication des fins de leur précédente, jointe au procès, par ordonnance du 15 Décembre suivant, & signifiée au syndic général le même jour. Vu aussi les pieces remises par lesdits consuls d'Aigues-mortes, consistant en une expédition collationnée par le greffier de ladite communauté, des lettres-patentes de Charles VIII du mois de Mars 1492, principalement de l'article à raison du droit d'habitanage, & des priviléges accordés en faveur de ceux qui y seront reçus ; en une expédition collationnée par le même greffier, du jugement rendu par le conseil supérieur de Nîmes en faveur des habitans domiciliés dudit Aigues-mortes, le 24 Décembre 1773, à raison des droits de dépaissance ; & en un extrait de délibération prise par ladite communauté le 22 Novembre dernier. Requête des sieurs Roux, Brun, Mathieu & Soulages, inféodataires des dames religieuses de la Visitation de Sainte-Marie de Montpellier, tendante à ce que tenant le consentement du syndic général de la province, les maintenir en la propriété pure & simple de deux cent séterées de marais à eux accordées par les Etats en indemnité & dédommagement des facultés à eux accordées par notre jugement du 15 Avril 1773, desquelles ils se sont désistés dans ledit traité, sous l'offre qu'ils font de les dessécher, défricher & mettre en culture, conformément audit traité ; lesdites deux cent séterées confrontant du levant les six cent trente-deux séterées appartenant à la baronnie de Lunel ; du couchant, la portion desdits marais appartenant aux Etats ; du nord, les marais appartenant à la dame de Rochemore ; & du midi, le canal de Lunel, le tout, suivant le bornage, plantement de piquets & confrontations énoncées au rapport de Vignat, à l'effet par lesdits Brun & consorts de jouir desdites deux cent séterées à titre incommutable & à perpétuité, comme étant subrogés pour cet objet aux droits des Etats, avec tous les priviléges & avantages portés par les lettres patentes du mois de Janvier 1702, par celles du mois de Novembre 1746, & notamment de l'exemption de la dîme pendant quinze années, conformément à la déclara- No. LVI.

N°. LVI. tion du Roi du 5 Juillet 1770 ; & qu'après ledit délai, elles n'y seront assujetties que sur le pied de la cinquantieme portion des fruits sur lesquels on est d'usage de les percevoir, suivant la coutume des lieux ; faire en conséquence inhibitions & défenses, tant aux habitans de ladite baronnie qu'à tous autres, de faire dépaître leurs bestiaux quels qu'ils soient, de couper & faire de l'herbe, ni d'enlever des terres pour l'engrais de leurs fonds dans l'étendue desdites deux cent séterées, à peine de confiscation & pignoration des bestiaux qui y seront trouvés, & de cinq cent livres d'amende payable au profit desdits Brun & autres, tant par les propriétaires que les gardiens desdits bestiaux, laquelle amende ne pourra être réduite ni modérée ; au payement de laquelle ils seront solidairement contraints par toutes voies de droit & par corps ; & que pour servir de titre aux supplians de la propriété desdites deux cent séterées de marais, il leur sera délivré une expédition en bonne & due forme du jugement qui interviendra, avec défenses à qui que ce soit de leur donner aucun trouble ni empêchement dans ladite propriété, sous les mêmes peines : L'ordonnance qui joint ladite requête au procès, du 26 Octobre dernier, avec l'exploit de signification au procureur du syndic général. Requête du nommé Aubenque, patron à Lunel, à ce que tenant sa déclaration comme il ne jouit plus de la pêcherie à raison de laquelle il a été assigné, & ce depuis le jugement du 15 Avril 1773, après lequel lesdits Brun, Roux, Mathieu & Soulages s'en mirent en possession ; tenant encore l'abandon par lui fait auxdits inféodataires de ladite pêcherie, & le consentement qu'il donne que les Etats en disposent comme bon leur semblera, le décharger de toutes demandes, fins & conclusions contre lui prises, avec dépens : L'ordonnance du 29 Janvier dernier, qui joint cette requête au procès, & l'exploit de signification du même jour, faite au procureur du syndic général. Vû encore l'acte à produire fait à la requête du syndic général aux procureurs desdits consuls de Lunel, des syndics de la baronnie, à ceux des consuls de Beaucaire & d'Aigues-mortes, à ceux de la dame de Rochemore, desdits Brun & consorts, & dudit Aubenque, avec l'exploit de signification du 28 Janvier dernier ; ensemble les Conclusions du sieur Favier, procureur du Roi en la commission, & tout considéré : N°. LVI.

NOUS COMMISSAIRES susdits, juges en dernier ressort, faisant droit aux parties sur le tout, avons, tenant l'abandon fait par Aubenque de la pêcherie qu'il avoit fait construire sur les marais de Lunel, ordonné que ladite pêcherie sera comblée à la diligence du syndic général, ou de ceux qui auront droit des Etats, soit par la vente ou par la ferme qu'ils feront des marais leur appartenant dans l'étendue de la baronnie de Lunel : Faisons défenses, tant audit Aubenque qu'à tous autres, d'en faire ni construire à l'avenir aucune, tant sur les marais de ladite baronnie, que sur les autres palus & marais appartenant auxdits Etats, sous les peines de droit ; moyennant ce, tenant le consentement dudit syndic général, avons mis & mettons ledit Aubenque hors de cour & de procès, sans dépens.

Disant, quant à ce, droit aux requêtes desdites parties, avons autorisé & autorisons les conventions passées entre les Etats de Languedoc, les communautés composant la baronnie de Lunel, celles d'Aigues-mortes & de Beaucaire, le 20 Août 1776 ; celles

No. LVI. passées entre ladite dame de Vogué de Rochemore, & lesdites communautés formant la baronnie de Lunel, le 7 Décembre suivant, & celles passées entre lesdits Etats & lesdits Brun, Roux, Mathieu & Soulages, le 18 Février 1777, comme aussi les rapports de Vignat, expert, contenant bornage & séparation des marais de la susdite baronnie, & de ceux de Beaucaire, des 28 Août & 23 Septembre suivant, Ordonnons que lesdits traités & conventions sortiront à effet, & seront exécutés suivant leur forme & teneur; ce faisant, demeurant les indemnités & dédommagemens convenus, déclarons lesdites communautés composant la baronnie de Lunel, celles de Beaucaire, d'Aigues-mortes, & lesdits Brun, Roux, Mathieu & Soulages, n'avoir ni usages, facultés, ni aucune espece de droit sur les portions des marais réservées auxdits Etats par lesdits traités; lesdites portions désignées & confrontées dans les plans & rapports dudit Vignat & de Verdier, experts, autorisés par notre jugement du 28 Décembre 1775; Ordonnons qu'ils en jouiront librement, avec exemption des facultés qui avoient été accordées auxdites communautés, & auxdits Brun, Roux, Mathieu & Soulages, par notre jugement dudit jour 15 Avril 1773, avec pouvoir auxdits Etats d'en disposer à leur gré, ainsi & comme bon leur semblera; lesdites portions de marais appartenant aux Etats, consistant; savoir, celles dans l'étendue de ladite baronnie de Lunel, en la contenance de onze cent quarante-sept séterées, indépendamment des atterrissemens qui se sont formés sur le bord de l'étang, pouvant contenir environ six cent séterées, les onze cent quarante-sept, confrontant du levant les deux cent séterées cédées en indemnité & dédommagement auxdits Brun, Roux, Mathieu & Soulages, le canal de Lansargues, le chemin neuf, la veuve Saint-Aubin, Jean Bonhomme & Louis Pouchet; du couchant, la riviere du Bérange, & les terres de plusieurs particuliers de Lansargues; du midi, le canal de Lunel & les étangs; du nord, le champ ou terre labourable dite de l'Œuvre, les terres de la Dlle. Trotignon, & de plusieurs autres habitans de Lansargues, celles dans le terroir de Beaucaire en la quantité de trois cent salmées réduites à deux cent soixante-seize & demie, suivant le rapport dudit Vignat, sauf au syndic général à réclamer contre qui il avisera les vingt-trois salmées & demie qui manquent; lesquelles deux cent soixante-seize salmées & demie confrontent du levant les fonds & possessions du sieur président de Belleval, ceux des sieurs Privat, de Courtois, de Salles, de Tavernel, de Lenoir & de la veuve Fourmaud; du couchant, ladite veuve Fourmaud pour les vingt-cinq salmées en la propriété desquelles elle fut maintenue par notre susdit jugement du 15 Avril 1773, & les onze cent vingt-cinq salmées déclarées appartenir auxdites dames de Marmier & de Plauchut; du midi, les palus & marais du terroir de Fourques, les terres dudit sieur de Belleval, celles de Troupenas & du sieur de Forton; du nord, les fonds dudit sieur de Belleval, ceux dudit Troupenas & la robine de Beaucaire, celles dans le terroir d'Aigues-mortes aux tenemens en palus, marais, lais & relais de la mer, dénommés l'Aloua, les Boudres & Boucanet, à prendre du côté du grau du Roi de ladite ville d'Aigues-mortes, cédées à ladite ville; les susdits tenemens désignés, limités & confrontés dans le plan levé par lesdits Verdier, Fabre & Vignat, experts, paraphé par le sieur de Perdrix, l'un de nous, & dans le rapport desdits experts, le tout

N°. LVI. autorisé par notre jugement du 28 Décembre 1775, Ordonnons que les Etats de Languedoc jouiront des susdites portions de marais en propriété, avec défenses à toutes personnes de leur donner en ladite propriété aucun trouble ni empêchement, sous les peines de droit. Faisons défenses aux habitans des susdites communautés, à la dame de Rochemore, & à tous autres, d'envoyer dépaître leurs bestiaux, de quelque espece qu'ils soient, dans lesdites portions de marais appartenant auxdits Etats, d'y couper & faire de l'herbe, d'en enlever les terres pour l'engrais de leurs fonds, non plus que les bornes & piquets qui y ont été plantés, & d'y user d'aucune espece de facultés, à peine de saisie & pignoration des bestiaux qui y seront trouvés, & de cinq cent livres d'amende payable solidairement tant par les propriétaires desdits bestiaux, que par les gardiens d'iceux; comme aussi par ceux qui y iroient pêcher ou chasser; laquelle amende ne pourra être remise ni modérée, au payement de laquelle tous contrevenans seront contraints par toutes voies & par corps.

Maintenons aussi lesdites communautés composant la baronnie de Lunel, celles de Beaucaire & d'Aigues-mortes, & lesdits Brun, Roux, Mathieu & Soulages, en la propriété des portions des palus, marais, lais & relais de la mer, cédées auxdites parties par les susdits traités; celles cédées auxdites communautés composant la baronnie de Lunel, consistant en six cent trente-deux séterées contiguës, dont quatre cent à elles abandonnées par lesdits Etats, & les deux cent trente-deux restantes par ladite dame de Vogué de Rochemore, lesquelles six cent trente-deux séterées confrontent du levant & du midi le canal ou grande robine de Lunel; du nord, les neuf cent séterées de marais appartenant à ladite dame de Rochemore, le sieur de Tremolet de Montpezat; & du couchant, partie des deux cent séterées cédées par les Etats auxdits Brun, Roux, Mathieu & Soulages, & les terres de différens particuliers: Celles cédées à la communauté de Beaucaire, consistant en deux cent cinquante salmées de marais dans le terroir de ladite ville; confrontant du levant les terres dudit sieur de Belleval, & celles du nommé Jeanpierre; du couchant, les onze cent cinquante salmées de marais desdites dames de Marmier & de Plauchut; du midi, les palus & marais de Fourques; & du nord, les deux cent soixante-seize salmées & demie réservées aux Etats: Celles cédées à la ville d'Aigues-mortes, consistant aux tenemens en palus & marais, lais & relais de la mer, dénommés le Grand-Pas, l'Islon près de celui du sieur Poncet, Merle, le Listel, Quarante-sols, & les mille séterées du tenement de Boucanet; le tout désigné, limité & confronté dans les plans levés par lesdits Verdier, Vignat & Fabre, experts, & dans leur rapport, autorisés par notre susdit jugement du 28 Décembre 1775: Et sur ce qui concerne la demande formée par lesdits consuls d'Aigues-mortes, à ce que les habitans domiciliés soient maintenus au droit de jouir seuls & à l'exclusion des habitans forains, des priviléges & avantages, conformément aux lettres-patentes de Charles VIII de 1492, & à la délibération du 20 Mai 1771, sur les palus, marais, lais & relais cédés à ladite communauté, ordonnons que ladite requête sera communiquée à la diligence desdits consuls d'Aigues-mortes, au syndic des habitans forains, au cas où il y en ait un, & à défaut, à trois d'entr'eux, pour y répondre dans huitaine, & ce, sur une délibération prise N°. LVII par lesdits habitans forains, lesquels seront tenus de nommer un d'entr'eux en qualité de leur syndic, pour défendre à ladite demande ou y consentir, ainsi qu'ils trouveront bon être, pour, sur leurdite réponse, être ordonné ce qu'il appartiendra; déclarons que les deux cent séterées de marais faisant partie de ceux appartenant aux susdits Etats dans l'étendue de ladite baronnie de Lunel, cédées auxdits Brun, Roux, Mathieu & Soulages, confrontent du levant les six cent trente-deux séterées appartenant à ladite baronnie de Lunel; du couchant, la portion desdits marais appartenant aux Etats; du nord, celle appartenant à la dame de Rochemore; & du midi, le canal de Lunel: Faisons défenses à toutes personnes de donner aux susdites communautés, & auxdits Brun, Roux, Mathieu & Soulages, aucun trouble ni empêchement, en la propriété & jouissance des susdits palus, marais, lais & relais de la mer, d'envoyer dépaître aucune espece de bestiaux dans lesdites portions de marais, d'y couper & faire de l'herbe, d'en enlever les terres, les bornes & piquets qui y ont été plantés, ni d'y user d'aucune espece de facultés au détriment desdites communautés & desdits Brun, Roux & autres, sous les peines ci-dessus prononcées en faveur du syndic général; à la charge néanmoins par lesdites parties, d'exécuter les conventions par elles passées, de faire dessécher, défricher & mettre en culture lesdits palus & marais, conformément à ce qui a été réglé par lesdites conventions.

Demeurant le traité passé par la dame de Rochemore avec les communautés composant la baronnie de Lunel, le 7 Décembre 1776, & l'abandon fait par lesdites parties dans ledit traité de leurs contestations, déclarons n'y avoir lieu d'y prononcer; autorisant ledit traité, maintenons ladite dame en la propriété, possession & jouissance des neuf cent séterées de marais qui lui restent sur les onze cent trente-deux, auxquelles sadite propriété avoit été fixée par notre jugement du 28 Décembre 1775, pour jouir par ladite dame desdites neuf cent séterées de marais, avec exemption de toute espece d'usages & de facultés; laquelle contenance confronte du levant, partie des six cent trente-deux séterées cédées à la baronnie de Lunel par les Etats ou par ladite dame, les deux cent séterées cédées auxdits Brun, Roux, Mathieu & Soulages, & celles appartenant aux Etats; du couchant, le chemin neuf allant desdits marais à Lansargues, & le canal dudit Lansargues; du nord, le domaine de Tartuguiere, le pré du sieur de Rochemore & la métairie du Grès, avec pouvoir à ladite dame, conformément à la délibération des Etats du 9 Janvier 1775, de faire dessécher, défricher & mettre en culture lesdites neuf cent séterées de marais, & d'en disposer librement ainsi qu'elle avisera: Faisons défenses tant aux habitans des communautés composant ladite baronnie de Lunel, qu'à tous autres, de lui donner en ce aucun trouble ni empêchement, d'user d'aucun usage ni facultés sur lesdites neuf cent séterées, d'y envoyer dépaître leurs bestiaux, d'y pêcher, ni chasser, d'y faire couper de l'herbe, d'en enlever les terres pour servir à l'engrais de leurs fonds, ni les bornes & piquets qui y ont été plantés, sous les peines ci-dessus prononcées en faveur du syndic général. Sur la demande de ladite dame de Rochemore, à raison de la construction des fossés & chemins, tenant la délibération des Etats du 2 Janvier 1777, déclarons n'y avoir lieu d'y statuer, sauf aux parties à s'arranger entr'elles à ce sujet, ainsi qu'el-

N°. LVI.

les aviseront, conformément à ladite délibération.

Autorisant aussi les dons faits par lesdits Etats le 18 Février 1777 aux sieurs Balestrier freres, Pouchet, Serviere aîné, Esteve, Masse & Pons, dit Décheſne, Bérard, procureur du Roi à Lunel, Raffin, notaire de ladite ville, François Baume, Pierre Granier, Jean Viton, Marie Langlade, Françoise Daudé, épouse de Jean Martin, Guillaume-François Raffin & Héraud, avons maintenu chacun desdits particuliers en la pleine propriété, possession & jouissance des fonds en marais mentionnés auxdits dons, tels qu'ils sont désignés, limités & confrontés dans les actes de concession à eux faite ledit jour 18 Février 1777, pour en jouir aux clauses & conditions qu'elles renferment.

Avons de même autorisé les conventions passées entre les commissaires des Etats & les dames de Marmier & de Plauchut, ou par leurs procureurs fondés le 22 Novembre dernier, approuvées par lesdites dames le 8 Décembre suivant, ordonnons qu'elles sortiront à effet, & seront exécutées suivant leur forme & teneur; en conséquence, maintenons lesdits Etats en la propriété & jouissance des trois cent vingt-cinq salmées de marais dans le terroir de Beaucaire à eux abandonnées par lesdites conventions sur les onze cent vingt-cinq, dont lesdites dames avoient été déclarées propriétaires par notre susdit jugement du 15 Avril 1773, aux charges y contenues: Ordonnons que les Etats en jouiront avec exemption de toute espece de faculté, librement, & qu'ils en disposeront ainsi que bon leur semblera; & moyennant ce, déchargeons lesdites dames des obligations imposées aux sieurs de Launay & de la Roche, qu'elles représentent, par les lettres-patentes du 14 Juin 1678, de faire dessécher, défricher & mettre en culture lesdites onze cent vingt-cinq salmées de marais, & d'y construire un canal de navigation; à la charge néanmoins par lesdites dames de Marmier & de Plauchut, de continuer à payer, à qui de droit, l'albergue de trois cent livres, sous laquelle la concession fut faite auxdits de Launay & de la Roche, sans que les Etats puissent être en aucun cas tenus de contribuer à cette albergue: Ordonnons que par ledit Vignat, expert déjà nommé, & sur le serment par lui ci-devant prêté, il sera, conformément auxdites conventions & à la délibération des Etats qui les autorise, du 29 Décembre dernier, procédé, lesdites dames de Marmier & de Plauchut présentes ou duement appellées, à l'arpentement desdites onze cent vingt-cinq salmées de marais, à la levée d'un plan géométrique, au bornage & séparation des trois cent vingt-cinq salmées cédées aux Etats, lesquelles seront emplacées à la suite des trois cent appartenant auxdits Etats, séparées ensuite des huit cent qui resteront auxdites dames, & des deux cent cinquante appartenant à la communauté de Beaucaire, en observant par ledit Vignat de rapporter ce qui est porté par ledit traité sur la contenance desdites onze cent vingt-cinq salmées, dont du tout, ledit expert dressera son rapport, pour icelui rapporté avec le plan géométrique qu'il aura levé, être autorisé, s'il y a lieu, & pourvu sur le surplus de l'exécution desdites conventions.

Ordonnons que les Etats de Languedoc, les communautés composant la baronnie de Lunel, celles de Beaucaire & d'Aigues-mortes, lesdits Brun, Roux, Mathieu & Soulages, ladite dame de Rochemore, ainsi que lesdits Balestrier & autres, compris & nommés

N°. LVI. nommés dans les concessions à eux faites le susdit jour 18 Février 1777, & ceux qui seront subrogés à leurs droits, pour raison des marais dont ils sont déclarés propriétaires par notre présent jugement, jouiront chacun en droit soi, sur les portions des marais, palus, lais & relais de la mer, ci-devant désignés & déclarés leur appartenir, des priviléges, immunités & exemptions accordés par les lettres-patentes du Roi Louis XIV du mois de Janvier 1702, par celles du feu Roi du 8 Novembre 1746, & par la déclaration du Roi du 5 Juillet 1770, concernant les défrichemens, & notamment de l'exemption de la dîme pendant quinze années ou quinze récoltes sur tous les fruits qui seront recueillis aux susdits fonds ou marais défrichés; & qu'après lesdites quinze années ou quinze récoltes, les fruits desdits fonds n'y seront assujettis que sur le pied de la cinquantieme portion des fruits sur lesquels il est d'usage de percevoir ladite dîme, selon la coutume des lieux; quant auxdits Balestrier, Pouchet, Serviere & autres, aux charges & conditions des dons à eux faits le susdit jour 18 Février 1777, sur les demandes à ce qu'il soit délivré aux parties une expédition de notre présent jugement, ordonnons qu'elles s'en procureront à leurs frais & dépens, ainsi qu'elles aviseront, sans dépens, les épices, frais de l'expédition du présent, payables par le syndic général: Et sera ledit présent jugement imprimé, lu, publié & affiché par-tout où besoin sera, à la diligence dudit syndic général, afin que personne n'en prétende cause d'ignorance, & qu'on ait à s'y conformer. FAIT à Montpellier le cinquieme Mars mil sept cent soixante-dix-huit. *Signés*, DE SAINT-PRIEST. GROS. VASSAL. DE MONCLAR, Rapporteur. NADAL. GRASSET. Collationné. *Signé*, SOBFVE, Greffier. N°. LVI.

LVII.

ORDONNANCE

Qui fait défenses à toutes personnes, de quelque qualité qu'elles soient, d'envoyer dépaître leurs bestiaux sur les palus & marais de la baronnie de Lunel, d'en enlever les terres, & d'y faire aucune sorte d'ouvrages, d'empêcher les États, la dame de Rochemore, le sieur Balestrier, & autres qui ont des concessions desdits États, de faire les ouvrages nécessaires pour le desséchement desdits marais, & de les troubler en la propriété, possession & jouissance desdits marais; le tout à peine de trois mille livres d'amende, & autres peines, s'il y échet.

Du 20 Août 1778.

A NOSSEIGNEURS LES COMMISSAIRES *nommés par arrêt du conseil, pour juger souverainement & en dernier ressort, les contestations à raison du desséchement des marais du bas Languedoc.*

SUPPLIE humblement le syndic général de la province de Languedoc: Disant, que quoique, par les jugemens rendus par la commission les 19 Novembre 1768, 15 Avril 1773, 28 Décembre 1775, & 5 Mars dernier, les États ayent été maintenus en la propriété, possession & jouissance des palus & marais désignés, limités & confrontés dans les susdits jugemens, singulierement de ceux dans l'étendue de la baronnie de Lunel; que le dernier de ces jugemens ait aussi maintenu madame de Vogué de Rochemore, dans la portion des marais de ladite baronnie lui appartenant, & les sieurs

N°. LVI. Baleſtrier freres, Pouchet, Serviere, Esteve, Maſſe, Pons, Bérard, Raffin, Baume, Granier Viton, Marie Langlade, Françoiſe Daudé, François Raffin, & Héraud, dans la propriété des portions des marais de ladite baronnie, à eux concédés par le traité fait avec les Etats le 18 Février 1777; que ces jugemens ayent fait défenſes de troubler tant leſdits Etats, ladite dame de Rochemore, que les ſuſdits particuliers, en la poſſeſſion, propriété & jouiſſance deſdits palus & marais, d'y envoyer dépaître leurs beſtiaux, & d'en enlever les terres. Malgré ces diſpoſitions, il eſt venu à la connoiſſance du ſuppliant, que certains particuliers continuent toujours d'envoyer dépaître leurs beſtiaux dans les palus & marais de ladite baronnie, qu'ils commettent des entrepriſes, ou menacent d'en commettre, tant ſur les marais des Etats, ſur ceux de madame de Rochemore, & ſur ceux concédés auxdits ſieurs Baleſtrier & autres. Et comme il importe aux Etats d'arrêter ou de prévenir ces entrepriſes, le ſuppliant a recours à la commiſſion.

A ce qu'il vous plaiſe, NOSSEIGNEURS, ordonner que les jugemens de la commiſſion, des 19 Novembre 1768, 15 Avril 1773, 28 Décembre 1775, & 5 Mars dernier, ſortiront à effet, & ſeront exécutés ſuivant leur forme & teneur; en conſéquence, faire défenſes à toutes perſonnes, de quelque qualité qu'elles ſoient, d'entreprendre d'envoyer leurs beſtiaux dépaître ſur les palus & marais de la baronnie de Lunel, d'en enlever les terres, d'y faire aucuns ouvrages, d'empêcher que les Etats, ladite dame de Rochemore, leſdits ſieurs Baleſtrier, & autres qui ont des conceſſions des Etats, faſſent exécuter ceux qu'ils jugeront néceſſaires pour le deſſéchement deſdits marais, & pour les mettre en culture, & de les troubler en la paiſible poſſeſſion & jouiſſance deſdites portions de marais, à peine de trois mille livres d'amende, & autres peines: Ordonner que l'ordonnance qui interviendra, ſera imprimée, lue, publiée & affichée par-tout où beſoin ſera, principalement aux lieux de Lanſargues, Saint-Juſt & Saint-Nazaire, afin que perſonne n'en prétende cauſe d'ignorance: Et ferez juſtice.

PALAT, *ſigné.*

LES jugemens de la commiſſion, des 19 Novembre 1768, 15 Avril 1773, 28 Décembre 1775, & 5 Mars dernier, ſortiront à effet, & ſeront exécutés ſuivant leur forme & teneur; & en conſéquence, fait défenſes à toutes perſonnes, de quelque qualité qu'elles ſoient, d'envoyer dépaître leurs beſtiaux ſur les palus & marais de la baronnie de Lunel, d'en enlever les terres, d'y faire aucunes ſortes d'ouvrages, d'empêcher que les Etats de la province, la dame de Rochemore, & les ſieurs Baleſtrier, Pouchet, Serviere & autres, qui ont des conceſſions des Etats, ne faſſent exécuter ceux qu'ils jugeront néceſſaires pour le deſſéchement deſdits marais, & pour les mettre en culture; de les troubler en la propriété, poſſeſſion & jouiſſance deſdites portions de marais, à peine de trois mille livres d'amende, & autres peines: Ordonne que la préſente ordonnance ſera imprimée, lue, publiée & affichée par-tout où beſoin ſera, & notamment aux lieux de Lanſargues, Saint-Juſt & Saint-Nazaire, afin que perſonne n'en prétende cauſe d'ignorance. A Montpellier le vingtieme Août mil ſept cent ſoixante-dix-huit.

ADAM DE MONCLAR, *ſigné.*

N°. LVI. **L V I I I.**

EXTRAIT du registre des délibérations des États généraux de Languedoc, assemblés par mandement du Roi en la ville de Montpellier au mois d'Octobre 1778.

Du Samedi 28 Novembre suivant, président Mgr. l'archevêque & primat de Narbonne, commandeur de l'ordre du Saint-Esprit.

MONSEIGNEUR l'évêque de Montpellier a dit, qu'après avoir rendu compte des ouvrages qui ont rapport au dessèchement, il ne reste qu'à parler de ceux du canal de navigation commencés dans une étendue d'environ deux mille toises; que la dépense de ces ouvrages qui ont été continués pendant l'année, se porte à cinquante-un mille neuf cent soixante-deux livres, y compris deux mille neuf cent cinquante-huit livres qui ont été payées pour l'indemnité des terres.

Qu'on a fini le chemin d'Aigues-mortes, en transportant la partie qui a été coupée par ledit canal, & en faisant un engravement général sur le chemin vieux pour le réunir avec ladite partie transportée, & qu'il ne reste qu'à charger la communauté d'Aigues-mortes de son entretien, ainsi qu'il est porté par ladite délibération.

Que la dépense faite à l'occasion dudit chemin se porte à dix-neuf mille quatre cent cinquante-quatre livres, d'après le toisé que l'on rapporte; en sorte que cette somme, jointe avec celle de cinquante-un mille neuf cent soixante-deux livres ci-dessus, fait celle de soixante-onze mille quatre cent seize livres, & celle de cent trente-six mille neuf cent vingt-cinq livres, en y comprenant celle de soixante-cinq mille cinq cent neuf livres dont on a déjà parlé, faite à l'occasion des ouvrages du dessèchement pendant l'année.

Que l'entrepreneur ayant représenté les difficultés qu'il y avoit de faire travailler dans l'eau audit canal pendant l'hiver en s'assujettissant au devis qui ordonne que lesdits ouvrages seront perfectionnés de cent en cent toises, MM. les commissaires, pour accélérer les travaux, lui permirent de travailler hors de l'eau, & de perfectionner toujours ledit canal de cent en cent toises, en établissant deux ateliers également fournis d'hommes, l'un du côté des marais, & l'autre du côté d'Aigues-mortes; que ledit entrepreneur n'a point néanmoins travaillé du côté d'Aigues-mortes, ayant ouvert ledit canal dans presque toute son étendue, il a déblayé les terres hors de l'eau, & qu'il n'a encore creusé le canal jusqu'à la profondeur prescrite de six pieds, que sur une longueur d'environ trois cent toises divisée en plusieurs parties. N°. LVII.

Que malgré l'activité qu'il a paru vouloir donner auxdits ouvrages, il auroit été possible d'y travailler avec plus de célérité, ce qui a fait qu'on n'a pas jugé à propos d'entreprendre la partie du canal à la suite de celle dont il s'agit sur une longueur d'environ trois mille cinq cent toises, & l'ouverture de cinquante toises dans le port d'Aigues-mortes, dont les devis ont été remis.

Qu'on a observé qu'à mesure qu'on creuse ledit canal du côté d'Aigues-mortes, on trouve un fonds qui est sablonneux, & que ce terrein n'a été formé que par les sables de la mer, ce qui rendra la partie du canal aux approches de la ville, d'un entretien dispendieux; que le sieur Grangent propose à cet égard de faire semer les levées & les banquettes, à mesure qu'on les perfectionne, avec du chiendent ou du sainfoin, & autres graines propres à la nature du terrein; mais qu'il ajoute qu'il est très-douteux qu'on puisse par ce moyen remédier à tout le mal, attendu que lesdites chaussées & bermes ne sont formées que d'un sable sec & aride, & qu'il estime qu'après avoir tenté ce moyen qui est d'une très-petite dépense, il sera peut-être nécessaire d'y transporter des terres fortes & argileuses, prises dans les marais, & qui seroient transportées par barque, pour y former une enveloppe d'un pied d'épaisseur.

Qu'on travaille à perfectionner le pont de bois sur ce canal pour le chemin de Sylveréal, & qu'on entreprendra de suite celui qui doit être fait auprès d'Aigues-mortes.

Qu'enfin, cette ville a pris une délibération le 12 Août dernier, pour demander que les déblais que l'on doit faire à l'extrémité du canal, soient transportés hors de la porte du moulin, d'où elle se chargera ensuite de les répandre & régaler dans l'étang de la ville, le long des remparts, ce qui les comblera en partie, & contribuera beaucoup à la salubrité de l'air.

Que le sieur Grangent observe, sur l'exposé de cette délibération, qu'en transportant les déblais de l'extrémité du canal de cinquante toises aux endroits demandés par la communauté d'Aigues-mortes, on sera obligé de les porter à trois cent toises de plus que ce qui est porté par le devis, ce qui sera plus coûteux à la province; mais qu'il en résultera un avantage pour elle, en ce que cette partie de canal de cinquante toises sera moins sujette aux ensablemens, sans parler de celui que la ville d'Aigues-mortes en retireroit par rapport à la salubrité de l'air.

Que d'après cet exposé, MM. les commissaires croient devoir proposer à l'assemblée de délibérer,

1°. D'approuver l'emploi des sommes qui ont été dépensées pendant l'année à l'occasion des ouvrages qui ont été faits à la partie du premier alignement du canal de navigation, depuis la ville d'Aigues-mortes jusqu'à la rencontre de la riviere du Vistre, & que l'entrepreneur de cette partie du canal, à laquelle on travaille, les fera perfectionner avec toute la diligence possible, suivant le bail qui lui en a été passé, & l'arrêté de MM. les commissaires du 20 Mai dernier.

2°. Que ladite ville sera chargée de l'entretien de la partie de chemin qui a été transportée à l'occasion du canal, ce qui comprend également la portion du vieux chemin qui a été nouvellement engravée.

3°. Que la seconde partie dudit canal, depuis la riviere du Vistre jusques auprès du mas de Villard, ce qui comprend le reste de l'alignement sur une longueur d'environ trois mille cinq cent toises, sera adjugée par MM. les commissaires des travaux publics, sur le devis qui en a été dressé par le sieur Grangent; que la communication dudit canal sera pareillement ouverte jusques dans le port d'Aigues-mortes.

4°. Qu'attendu l'avantage qui doit résulter par rapport à la province, & à la ville d'Aigues-mortes, comme il a été dit ci-dessus, le transport des déblais de l'excavation de l'extrémité du canal sera fait, suivant la demande de la communauté, hors la porte du moulin, à la charge par elle d'employer ces mêmes déblais, aux terrassemens de l'étang de la ville le long des remparts.

5°. Que le second pont de bois commencé sur ledit canal pour le chemin de Sylveréal, sera continué jusques à sa perfection, à la suite duquel on entreprendra le troisieme auprès de ladite ville d'Aigues-mortes conformément à ce qui est porté par la délibération du 27 Décembre de l'année derniere.

6°. Enfin, qu'il sera dressé dans le cours de l'année une carte géométri-

N°. LVII. que & topographique de toute l'étendue des marais, depuis Aigues-mortes jusqu'à Beaucaire ; laquelle carte marquera dans le plus grand détail, l'état & situation du terrein desdits marais.

Ce qui a été délibéré, sur tous les chefs, conformément à l'avis de MM. les commissaires.

L I X.

EXTRAIT du registre des délibérations des Etats généraux de Languedoc, assemblés par mandement du Roi en la ville de Montpellier au mois d'Octobre 1778.

Du Samedi 28 Novembre suivant, président Mgr. l'archevêque & primat de Narbonne, commandeur de l'ordre du St. Esprit.

MONSEIGNEUR l'évêque de Montpellier a dit, qu'il a été sursis à l'apposition des affiches pour le bail à ferme de trois cent salmées des marais appartenant à la province dans la communauté de Beaucaire, suivant les conventions passées avec cette communauté ; jusqu'à ce qu'on pût en même tems affermer les trois cent vingt-cinq dont la province avoit acquis la propriété sur les onze cent vingt-cinq salmées appartenant aux dames Marmier & Plauchut, lesquelles trois cent vingt-cinq salmées doivent être placées, suivant les mêmes conventions, à la suite des trois cent dont il vient d'être parlé ci-dessus ; que cette ferme ne pouvant être faite qu'après le bornement & séparation de trois cent vingt-cinq salmées appartenant à la province, d'avec les huit cent qui devoient rester auxdites dames, il a fallu nécessairement attendre le tems favorable pour ces deux opérations, qui ont été suspendues pendant un très-long-tems, à cause de la quantité d'eau qui les couvroit.

Que le sieur Vignat, nommé à cet effet par les conventions & par le jugement de MM. les commissaires qui les a autorisées, s'étant transporté sur lesdits marais pour en faire l'arpentement & en connoître la véritable contenance, à l'effet de séparer & borner la portion qui devoit rester aux Etats, & pour lever le plan géométrique de sa totalité, ainsi que des cinq cent cinquante salmées réservées pour le pâturage des bestiaux de la communauté de Beaucaire, & dont la propriété avoit été adjugée aux Etats, sur lesquelles ils en avoient cédé à ladite communauté deux cent cinquante salmées, il résulta des opérations faites par ledit Vignat, qu'au lieu que les marais appartenant auxdites dames eût la contenance de onze cent vingt-cinq salmées qu'il auroit dû avoir d'après la concession que Louis XIV en avoit fait en 1678 aux sieurs de Launay & de la Roche dont elles ont le droit, il n'en avoit que sept cent quatre-vingt-quinze salmées quatre-vingt-quinze dextres. N°. LIX.

Que comme lesdites conventions portoient que dans le cas où ledit marais ne contiendroit pas les onze cent vingt-cinq salmées, au lieu d'en être laissé aux Etats trois cent vingt-cinq & auxdites dames de Marmier & de Plauchut les huit cent restantes, il en seroit laissé à chacun en proportion de la contenance effective que ledit marais auroit réellement, ledit Vignat, suivant la regle de proportion, auroit estimé que des sept cent quatre-vingt-quinze salmées quatre-vingt-quinze dextres que ce marais contenoit, il devoit en appartenir aux Etats deux cent vingt-neuf salmées quatre cent quarante-cinq dextres, & cinq cent soixante-cinq salmées deux cent soixante-quinze dextres auxdites dames.

Que le sieur Pierre David Marmier, l'un des enfans de ladite dame Marmier, qui avoit été député par la dame sa mere pour assister ledit Vignat dans ses opérations, voyant que la contenance n'étoit pas de onze cent vingt-cinq salmées, il avoit remis audit Vignat un comparant pour le transcrire dans son rapport, dans lequel il soutenoit que d'après celui des sieurs Viela & Verdier, qui avoient borné ce marais en 1768, il contenoit onze cent vingt-cinq salmées; & que ce rapport avoit servi de regle & de base au traité fait par lesdites dames avec les Etats; qu'il représenta en conséquence audit Vignat, qu'inutilement il s'occuperoit à diviser ce marais, pour déterminer ce que les Etats & lesdites dames devoient en avoir, & il requit qu'il ne fût procédé à cette division qu'après que l'emplacement des onze cent vingt-cinq salmées auroit été fait.

Que ce comparant ayant été connu du syndic général, il y fit faire une réponse pour prouver que si les sieurs Viela & Verdier avoient dit dans leur rapport qu'ils avoient borné ledit marais à onze cent vingt-cinq salmées, c'étoit parce que les dames de Marmier & de Plauchut avoient elles-mêmes soutenu dans un comparant par elles fait devant M. Vassal, commissaire, en présence duquel le bornage des marais devoit être fait, qu'il avoit cette contenance; que ces experts ne l'avoient ni mesuré ni arpenté, n'ayant été chargés que de vérifier s'ils étoient marais, & de le borner comme tel.

Que ce rapport, & le jugement qui l'avoit autorisé, avoient été si peu la base & le fondement des conventions passées avec lesdites dames, que les sieurs Plauchut & Marmier, leurs procureurs fondés pour passer ces conventions, avoient observé, lorsqu'elles furent rédigées, que si les onze cent vingt-cinq salmées ne se trouvoient pas, à cause de la différence des mesures de Beaucaire avec celle de Fourques, celle de cette derniere communauté étant moins considérable de cent quarante-quatre toises que celle de Beaucaire, cette observation avoit donné lieu d'insérer dans lesdites conventions, que, dans le cas où la contenance seroit moindre de onze cent vingt-cinq salmées, elle seroit diminuée sur la portion d'un chacun en proportion de leur contenance; que résultant de l'arpentement du sieur Vignat, qu'il n'y avoit que sept cent quatre-vingt-quinze salmées quatre-vingt-quinze dextres, au lieu de onze cent vingt-cinq, il devoit en revenir aux Etats, en suivant la regle de proportion, deux cent vingt-neuf salmées quatre cent quarante-cinq dextres; qu'il ne pouvoit être sursis à la division, bornage & séparation desdites deux cent vingt-neuf salmées quatre cent quarante-cinq dextres, sous le prétexte d'un emplacement qu'il étoit impossible de faire, puisqu'on ne pouvoit trouver onze cent vingt-cinq salmées dans un tenement ou il n'y en avoit, suivant l'arpentement, que sept cent quatre-vingt-quinze salmées quatre-vingt-quinze dextres, & que par ces raisons, ledit Vignat fut requis de procéder à la division, séparation & bornage de deux cent vingt-neuf salmées quatre cent quarante-cinq dextres qui devoient appartenir aux Etats, en les joignant aux deux cent soixante-seize salmées & demie, prises sur les cinq cent cinquante comprises dans le traité fait avec la communauté de Beaucaire.

Qu'en déférant à cette réquisition, ledit sieur Vignat a fait le bornage & séparation de deux cent vingt-neuf salmées quatre cent quarante-cinq dextres, qu'il emplaça conformément aux conventions, attenant les susdites deux cent soixante-seize salmées & demie;

N°. LIX. & que ce rapport ayant été notifié légalement auxdites dames, il reste à délibérer d'en poursuivre l'autorisation, en employant, dans le cas où elles refuseroient d'y acquiescer, les moyens légitimes de défense que les Etats pourroient opposer à ce refus.

Que MM. les commissaires ont cependant remarqué qu'elles ne seroient pas fondées à attaquer ce rapport, parce qu'il est relatif aux conventions lors desquelles, & sur les observations de leurs procureurs fondés, le cas de la moindre contenance avoit été prévu; & que le sieur Vignat ayant exactement exécuté ces conventions, en expédiant à chacun ce qui devoit lui revenir, eu égard à la contenance effective, & en suivant la regle de proportion que les parties avoient voulu être observée, il n'étoit pas possible que les opérations de cet expert ne fussent autorisées; que c'est ce qui avoit déterminé MM. les commissaires à penser que les Etats devoient poursuivre cette autorisation devant MM. les commissaires juges d'attribution.

De sorte que par ces différentes considérations MM. les commissaires ont été d'avis de proposer à l'assemblée de délibérer, 1°. d'autoriser le syndic général à poursuivre devant MM. les commissaires juges d'attribution, un jugement qui autorise le rapport du sieur Vignat, sur le bornement & séparation des portions qui appartiennent aux Etats, & auxdites dames, dans le marais dit du Partisan, relativement à la contenance de sept cent quatre-vingt-quinze salmées quatre-vingt-quinze dextres qu'il a trouvées, desquelles portions ainsi bornées lesdites parties jouiront chacune comme les concerne.

2°. &c.

Ce qui a été ainsi délibéré, conformément à l'avis de MM. les commissaires.

N°. LX.

L X.

JUGEMENT

Qui autorise la procédure de bornage & séparation du marais dit le Partisan, situé dans le terroir de Beaucaire, & maintient les Etats de Languedoc en la propriété de 229 salmées 445 dextres, faisant partie desdits marais, & les dames Marmier & de Plauchut, en la propriété des 565 salmées 275 dextres du surplus des marais, suivant le plan levé par le sieur Vignat, géometre.

Du 15 Juin 1779.

LES COMMISSAIRES NOMMÉS par arrêts du conseil des 15 Novembre 1746, 11 Avril 1761, 19 Novembre 1767, & 4 Juillet 1771, pour juger souverainement & en dernier ressort, les contestations nées & à naître à raison de la concession des palus, étangs, marais, lais & relais de la mer & terres inondées, faites aux Etats de Languedoc, depuis Beaucaire jusqu'à Aigues-mortes & à Pérols, desséchement desdits marais, palus, étangs, construction du canal de navigation, leurs circonstances & dépendances: Au premier huissier ou sergent requis.

VU les conventions passées par les dames Magdelaine de Cournon, veuve de noble Jean Longui de Marmier, & de Gabrielle Cournon, épouse du sieur David Plauchut, ancien procureur du Roi au présidial de Nîmes, & les Etats de la province de Languedoc, du 22 Novembre 1777; la délibération des Etats du 29 Décembre 1767, qui approuve ledit traité; le jugement du 5 Mars 1778,

N°. LX. qui autorise ledit traité & qui ordonne que par Vignat, expert dejà nommé, & sur le serment par lui dejà prêté, il sera procédé à l'arpentement de onze cent vingt-cinq salmées des marais appartenant auxdites dames, à la levée d'un plan géométrique, au bornage & séparation de trois cent vingt-cinq salmées cédées aux Etats par lesdites dames sur les onze cent vingt-cinq salmées; l'assignation donnée auxdites dames de Marmier & de Plauchut le 20 Septembre 1778, pour voir procéder ledit Vignat en exécution du jugement du 5 Mars; le rapport dudit Vignat du 31 Décembre 1778, duquel il résulte qu'il ne s'est trouvé de contenance au marais dit le Partisan, que sept cent quatre-vingt-quinze salmées quatre-vingt-quinze dextres, au lieu de onze cent vingt-cinq salmées, sur laquelle contenance il revient aux Etats celle de deux cent vingt-neuf salmées quatre cent quarante-cinq dextres, en suivant la même proportion, sur sept cent quatre-vingt-quinze salmées quatre-vingt-quinze dextres, que trois cent vingt-cinq salmées sur onze cent vingt-cinq salmées, & aux dames de Marmier & de Plauchut, celle de cinq cent soixante cinq salmées deux cent soixante-quinze dextres, faisant en tout lesdites deux contenances, celle de sept cent quatre-vingt-quinze salmées quatre-vingt-quinze dextres: Exploit de signification du rapport dudit Vignat, en date du 2 Novembre 1778, auxdites dames de Marmier & de Plauchut; les deux plans géométriques levés par le sieur Vignat; la requête du syndic général de la province, tendant en autorisation du rapport dudit Vignat, du plan par lui levé, au paraphe duquel il sera procédé par M. Adam de Monclar rapporteur du procès, & en maintenue de deux cent vingt-neuf salmées quatre cent quarante-cinq dextres des marais dans le terroir de Beaucaire, faisant partie d'une plus grande contenance concédée par Louis XIV aux sieurs de Launay & de la Roche, aux droits desquels sont lesdites dames de Marmier & de Plauchut, avec défenses à toutes personnes de leur donner aucun trouble ni empêchement, & à la charge de jouir, tant par lesdits Etats, que par ceux qui les représenteront, desdites deux cent vingt-neuf salmées quatre cent quarante-cinq dextres, aux priviléges & avantages accordés par lettres-patentes de 1702, 8 Novembre 1746, 14 Juillet 1764, 5 Juillet 1770; avec exemption de dîme pendant vingt années ou vingt récoltes, sur le pied du cinquantieme des fruits après lesdites vingt années, avec défenses aux décimateurs de les percevoir sur un plus haut pied, à peine de concussion, consentant ledit syndic géneral, que lesdites dames jouissent des cinq cent soixante-cinq salmées deux cent soixante-quinze dextres desdits marais leur appartenant, avec la faculté & priviléges énoncés ès conventions du 22 Novembre 1777; ladite requête répondue d'une ordonnance de soit-communiqué, en date du 4 Janvier 1779, aux parties intéressées: Exploit de signification de ladite requête & ordonnance auxdites dames de Plauchut & Marmier du 11 Janvier 1779: Défenses fournies par lesdites dames de Marmier & Plauchut, du 9 Mars 1779: Requête desdites dames de Marmier & de Plauchut, en autorisation du rapport de division & bornage des marais fait par ledit Vignat, des plans géométriques par lui levés; & à ce que vuidant l'interlocutoire porté par le jugement du 15 Avril 1773, & autres subséquens, ordonner qu'elles jouiront de cinq cent soixante-cinq salmées deux cent soixante-quinze dextres à elles appartenant en toute propriété, N°. LX.

N°. LXI. priété, & aux avantages portés par les lettres-patentes du mois de Janvier 1702, 8 Novembre 1746, 14 Juillet 1764, par la déclaration du Roi du 5 Juillet 1770, & autres données sur les défrichement & desséchement des marais, avec exemption du droit de dîme pendant vingt années ou vingt récoltes completes & révolues, pour après lesdites vingt années, le droit de dîme n'être perçu sur les fruits qui y sont assujettis par l'usage des lieux, que sur le pied de la cinquantieme portion, avec défenses aux décimateurs de les exiger sur un plus haut pied, à peine de concussion; permettre auxdites dames de faire défricher, dessécher, mettre en culture lesdites cinq cent soixante-cinq salmées deux cent soixante-quinze dextres, d'en disposer en toute propriété comme choses à elles appartenant, avec défenses à toutes personnes de leur donner aucun trouble ni empêchement à raison de ce; & moyennant la cession & abandon fait par elles de deux cent vingt-neuf salmées quatre cent quarante-cinq dextres aux États de cette province, les décharger des obligations imposées aux sieurs de Launay & de la Roche par les lettres-patentes du 14 Juin 1678; ordonner en outre, qu'il sera délivré auxdites dames un double des plans géométriques contenant division, séparation & bornage des portions appartenant auxdites dames, d'avec celle cédée aux Etats; l'ordonnance du 10 Mars dernier qui joint ladite requête au réglement: Inventaire de production desdites dames Marmier & Plauchut: Autre inventaire du syndic général de la province, avec l'exploit de signification à Claris, procureur desdites dames de Plauchut & Marmier, & autres pieces; ensemble les conclusions du sieur Favier, procureur du Roi en la commission: Oui le rapport du sieur Adam de Monclar, l'un de nous; tout considéré: N°. LX.

NOUS COMMISSAIRES susdits, juges en dernier ressort, vuidant l'interlocutoire porté par notre jugement du 5 Mars 1778, disant droit aux requêtes du syndic général de la province, & à celles des dames Plauchut & Marmier, avons autorisé & autorisons le rapport du sieur Vignat, contenant arpentement, bornage & séparation du marais dit le Partisan, ensemble le plan par lui levé dudit marais; ordonnons que lesdits deux plans remis au procès seront paraphés par M. Adam de Monclar, l'un de nous, & rapporteur du procès; & en conséquence, avons maintenu & maintenons les Etats en la propriété, possession & jouissance de deux cent vingt-neuf salmées quatre cent quarante-cinq dextres, faisant partie des sept cent quatre-vingt-quinze salmées quatre-vingt-quinze dextres, qui est la contenance vraie du marais appellé le Partisan, confrontant lesdites deux cent vingt-neuf salmées quatre cent quarante-cinq dextres; du levant partie des deux cent soixante-seize salmées & demie appartenant aux Etats, appellé la Courege, du couchant & du midi les cinq cent soixante-cinq salmées deux cent soixante-quinze dextres appartenant auxdites dames de Plauchut & de Marmier, du nord les marais de la communauté de Bellegarde. Avons pareillement maintenu & maintenons lesdites dames de Plauchut & de Marmier, en la propriété & jouissance de cinq cent soixante-cinq salmées deux cent soixante quinze dextres qui restent de la contenance de sept cent quatre-vingt-quinze salmées quatre-vingt-quinze dextres, distraction faite de deux cent vingt-neuf salmées quatre cent quarante-cinq dextres ap-

No. LX. partenant aux Etats, le tout comme est désigné & confronté dans le rapport & plan dudit Vignat, & conformément aux conventions du vingt-deux Novembre 1777. Faisons défenses à toutes personnes de donner, tant auxdits Etats qu'à ceux qui les représenteront, & qu'aux dames de Plauchut & de Marmier, aucun trouble ni empêchement, d'envoyer dépaître leurs bestiaux, tant dans les fonds appartenant aux Etats, qu'à ceux appartenant auxdites dames de Plauchut & de Marmier, faire de l'herbe ni y user d'aucune espece de faculté, à peine d'enquis, de saisie & de pignoration desdits bestiaux, & de l'amende de cinq cent livres. Ordonnons que lesdits Etats & lesdites dames de Marmier & de Plauchut jouiront des fonds à eux appartenant, suivant les priviléges & avantages accordés par les lettres-patentes du mois de Janvier 1702, 8 Novembre 1746, 14 Juillet 1764, & 7 Juillet 1770, avec exemption du droit de dîme pendant vingt années & vingt récoltes; & après l'expiration dudit terme, le droit de dîme ne pourra être perçu sur les fruits qui y sont sujets, suivant l'usage des lieux, que sur le pied de la cinquantieme portion des fruits. Faisons défenses à tous décimateurs de les exiger sur un plus haut pied, à peine de concussion. Ordonnons qu'il sera délivré auxdites dames de Marmier & de Plauchut, un double des plans levés par ledit Vignat, & paraphé par le sieur Adam de Monclar, rapporteur du procès, à la charge par lesdites dames de payer ledit plan & la moitié des frais exposés pour la relation dudit Vignat; les dépens de l'instance demeurant compensés entre les parties.

Fait à Montpellier le quinzieme Juin mil sept cent soixante-dix-neuf. *Signés*, De Saint Priest. Gros. Vassal. Adam de Monclar, rapporteur. Perdrix. Nadal. De Grasset. Collationné. Soefve, greffier, *signé*. No. LX.

LXI.

JUGEMENT

Qui autorise le rapport des sieurs Duffours, Coissard & Colombiers, experts & tiers, nommés par les Etats & par MM. de Bernis & de Pierre-Bourg; maintient en conséquence ces derniers en la propriété & jouissance de deux cent cinquante carterées d'un côté, & cinquante sétérées d'autre, sur le tenement en marais appellé l'Aloua, sis dans le terroir d'Aigues-mortes; ordonne la division & séparation desdites contenances, du restant dudit tenement appartenant aux Etats, à la charge par lesdits sieurs de Bernis & de Pierre-Bourg, de payer lesdites portions dudit marais, conformément aux délibérations des Etats des 29 Décembre 1777, & 28 Novembre 1778.

Du 15 Juin 1779.

Les Commissaires nommés par arrêts du conseil des 15 Novembre 1746, 11 Avril 1761, 19 Novembre 1767, & 4 Juillet 1771, pour juger souverainement & en dernier ressort, les contestations nées & à naître à raison de la concession des palus, étangs, marais, lais & relais de la mer & terres inondées, faite aux Etats de Languedoc, depuis Beaucaire jusqu'à Aigues-mortes & à Pérols, desséchement desdits marais, palus, étangs, construction du canal de navigation, leurs circonstances & dépendances: Au premier huissier ou sergent requis.

Vu les délibérations des Etats des 29 Décembre 1777 & 28 Novembre 1778; Le jugement de la com-

N°. LXI. mission du 12 Mars dernier ; Procès-verbal de prestation du serment des sieurs Duffours, Coissard & Colombiers, experts & tiers, pardevant le sieur Adam de Monclar, l'un de nous, & rapporteur du procès ; ensemble les assignations données aux sieurs comte de Bernis & de Pierre-Bourg, pour voir procéder lesdits experts & tiers ; Le rapport desdits Duffours, Coissard & Colombiers du 2 Mai 1779 ; La requête du syndic général de la province, à ce que la relation & rapport desdits experts & entiere procédure soient autorisés ; & en conséquence, ordonner que lesdits sieurs de Bernis & de Pierre-Bourg jouiront de deux cent cinquante carterées estimées par lesdits experts & tiers, nécessaires pour la nourriture des bestiaux servant à faire valoir le domaine de la Jasse de Candillargues, à ce que lesdites deux cent cinquante carterées soient arpentées, bornées & séparées du surplus du tenement de l'Aloua par ledit Vignat, géometre nommé par la commission, & ce sur le serment par lui déjà prêté, lequel géometre sera tenu d'emplacer sur le plan dudit tenement par lui ci-devant levé, & autorisé par le jugement du 20 Décembre 1775, aux endroits désignés par lesdits experts & tiers, en les indiquant sur ledit plan, y marquant leurs bornes ou piquets qu'il y placera pour servir à leur séparation ; ordonner que par le même géometre il sera procédé à l'emplacement du terrein nécessaire pour former un chemin de communication des portions dudit tenement de l'Aloua, qui resteront aux Etats, lesdites deux cent cinquante carterées déduites, & de celui aussi nécessaire pour faire un canal de dérivation des eaux douces du Vidourle, lequel canal aura deux toises de largeur, & le chemin de communication trois toises ; enjoindre audit géometre de piqueter ledit chemin & canal, & d'indiquer dans le susdit plan le terrein sur lequel ils seront emplacés, dont il distraira la contenance, afin de leur expédier celle de deux cent cinquante carterées indépendantes du terrein sur lequel il estimera que ledit chemin & canal doivent être emplacés, dont du tout il dressera son rapport, pour icelui rapporté, ainsi que le plan, avec les indications ci-dessus énoncées, être autorisé par la commission s'il y a lieu : ordonner encore que lesdits sieurs de Bernis & de Pierre-Bourg ne jouiront desdites deux cent cinquante carterées de fonds, qu'aux conditions portées par la délibération des Etats du 28 Novembre dernier, & en leur payant lesdites deux cent cinquante carterées au prix sur lequel seront adjugés les terreins de même nature, conformément à ladite délibération des Etats ; ladite requête répondue d'une ordonnance de soit-communiqué aux parties intéressées, pour y répondre dans trois jours, du 12 Mai 1779 : Exploit de signification dudit jour à Me. Daumas, procureur des sieurs de Bernis & de Pierre-Bourg, avec sommation d'y répondre dans le délai : Requête des sieurs de Bernis & de Pierre-Bourg, tendante à ce qu'il leur soit donné acte de leur déclaration comme ils s'en remettent à ce qu'il nous plaira ordonner sur la demande en autorisation de la relation desdits sieurs Duffours, Coissard & Colombiers, experts & tiers, & sous l'observation qu'ils font de l'omission faite par lesdits experts dans leursdites relations, des cent vingt séterées de terrein de plus que la quantité qu'ils ont déterminée, & ce, pour la nourriture de douze chevaux servant au charroi des gerbes, fourrage & autres productions du domaine de la Jasse de Candillargues, & pour la dépiquaison des grains de toute espece qui y sont

N°. LXI. recueillis, ce qui fait la véritable exploitation, suivant l'usage ancien & constant du pays, dudit domaine, de même que leur emplacement à la suite de celui de deux cent cinquante carterées déterminées par ladite relation, & de la réserve qu'ils font aussi de tous les droits qu'ils ont par possession ou autrement, auxquels ils n'entendent donner aucune atteinte, en s'en remettant à l'autorisation demandée; ladite requête répondue d'une ordonnance du 18 Mai 1779 d'un joint & signifié : Exploit de signification fait à Palat, procureur du syndic général de la province : Requête du syndic général de la province, tendante à ce qu'il nous plaise, prenant droit de la déclaration faite par les sieurs de Bernis & de Pierre-bourg, comme ils s'en remettent à ce qu'il sera par nous ordonné sur l'autorisation du rapport des sieurs Duffours, Coissard & Colombiers, experts & tiers, sans avoir égard aux observations faites par lesdits sieurs de Bernis & de Pierre Bourg sur l'omission qu'ils prétendent être intervenue dans le rapport desdits experts, autoriser purement & simplement ledit rapport, en adjudication des conclusions prises dans sa précédente requête; & quant aux réserves faites par lesdits sieurs de Bernis & de Pierre-Bourg des droits par eux prétendus, lui donner acte au nom des Etats, qu'ils se réservent, toutes leurs exceptions contraires de fait & de droit, pour leur servir & valoir ainsi qu'il appartiendra; ladite requête répondue d'une ordonnance du 22 Mai 1779, de joint & signifié, avec l'exploit de signification dudit jour à Daumas, procureur : Requête des sieurs chevalier de Bernis & du marquis de Pierre-Bourg son donataire, baron des Etats de la province de Languedoc, tendante à être reçu à corriger, expliquer, modifier celle du 17 de ce mois; ce faisant, leur donner acte de la déclaration qu'ils réitérent en tant que de besoin, comme ils s'en remettent à ce qu'il nous plaira statuer sur la requête de M. le syndic général, en autorisation de la susdite relation, & de ce que dans le cas que pour éviter de demander aux experts d'additionner à leur rapport les cent vingt séterées omises, le syndic général consent qu'au nombre de terrein déterminé, l'on y ajoute cinquante séterées de plus, en les y emplaçant à suite, pour la dépaissance des chevaux nécessaires pour le charroi & dépiquaison des grains de la Jasse de Candillargues, ils se réduisent à ladite quantité pour l'objet de ladite omission; qu'enfin, ils consentent que la réservation de leurs droits, mise dans ladite requête du 17 de ce mois, reste comme non-avenue, & ne puisse porter aucun préjudice, aucun obstacle à la vente que les Etats entendent faire du surplus dudit terrein de l'Aloua; ladite requête répondue d'une ordonnance de joint & signifié du 22 Mai dernier; l'exploit de signification du même jour fait à Me. Palat, procureur du syndic général : Requête du syndic général, à ce qu'il nous plaise lui donner acte du contenu en sa présente requête; comme aussi de la déclaration des sieurs de Bernis & de Pierre-Bourg, comme ils renoncent aux réserves énoncées dans leurs précédentes requêtes, & lui adjuger ses précédentes conclusions; l'ordonnance de joint & signifié du 26 Mai dernier, avec l'exploit de signification du même jour, à Daumas, procureur des sieurs de Bernis & de Pierre-Bourg, & autres pieces; ensemble les conclusions du sieur Favier, procureur du Roi en la commission : Oui le rapport du sieur Adam de Monclar, l'un de nous; tout considéré, N°. LXI.

N°. LXI.

NOUS COMMISSAIRES susdits, juges en dernier ressort, avons reçu & recevons lesdits sieurs de Bernis & de Pierre-Bourg, à la correction par eux demandée ; avons donné acte au syndic général de la province de la renonciation faite par lesdits sieurs de Bernis & de Pierre-Bourg, aux réserves énoncées dans leur requête du 18 Mai 1779 ; & tenant le consentement, tant du syndic général de la province, que des sieurs de Bernis & de Pierre-Bourg : disant droit à leurs requêtes, avons autorisé & autorisons le rapport de Duffours, Coissard & Colombiers, experts & tiers, ensemble l'entiere procédure faite en exécution des délibérations des Etats des 29 Décembre 1777, 28 Novembre 1778, & du jugement de la commission du 12 Mars 1779. En conséquence, ordonnons que lesdits sieurs de Bernis & de Pierre-Bourg jouiront au tenement de l'Aloua, sis au terroir d'Aigues-mortes, aux endroits indiqués par ledit rapport, de deux cent cinquante carterées jugées par lesdits experts être nécessaires pour la dépaissance de bestiaux servant à faire valoir le domaine de la Jasse de Candillargues ; ensemble & en sus de cinquante séterées de terre audit tenement, qui seront prises à la suite des deux cent cinquante carterées de terre emplacées par lesdits experts & dans la même proportion du bon, moyen & foible. Ordonnons que les susdites deux cent cinquante carterées & les cinquante séterées seront arpentées, bornées & séparées du surplus du tenement de l'Aloua par Vignat, géometre, jà nommé par la commission, & sur le serment par lui déjà prêté ; ledit sieur de Bernis, ainsi que lesdits Duffours, Coissard & Colombiers, experts, présens ou duement appellés pour, par lesdits experts, faire ledit emplacement conjointement avec ledit Vignat, sur les indications faites dans leur rapport ; lequel géometre sera aussi tenu de les emplacer sur le plan dudit tenement par lui ci-devant levé & autorisé par jugement de la commission du 28 Décembre 1775, aux endroits désignés par les experts & tiers, en les indiquant sur ledit plan, y marquant les bornes ou piquets qu'il y aura placés pour servir à leur séparation : Ordonnons que par le même arpenteur-géometre il sera procédé à l'emplacement du terrein nécessaire pour faire un chemin de communication des portions dudit tenement de l'Aloua appartenant aux Etats, avec les deux cent cinquante carterées, & les cinquante séterées accordées auxdits sieurs de Bernis & de Pierre-Bourg, lequel chemin de communication aura trois toises de largeur ; comme aussi du terrein nécessaire pour faire un canal de dérivation des eaux douces du Vidourle, pour les introduire dans la portion des marais appartenant aux Etats, en-dessous desdites deux cent cinquante carterées & cinquante séterées cédées auxdits sieurs de Bernis & de Pierre-Bourg, lequel canal aura deux toises de largeur : Enjoint audit Vignat de piqueter ledit chemin & canal, d'indiquer dans le susdit plan le terrein sur lequel ils seront emplacés, & de prendre sur la contenance appartenant aux Etats, le terrein nécessaire, soit pour le chemin de communication, soit pour la construction du canal de dérivation des eaux douces du Vidourle, afin que la contenance de deux cent cinquante carterées & cinquante séterées cédées auxdits sieurs de Bernis & de Pierre-Bourg, soient entieres, & ne puissent être diminuées par le chemin & canal, dont les contenances seront remplacées sur la portion dudit marais appartenant aux Etats, pour le rapport dudit Vignat

No. LXI. fait, ainsi que le plan, avec les indications énoncées par le présent jugement rapportés, être autorisés par la commission, s'il y a lieu : Ordonnons en outre que lesdits sieurs de Bernis & de Pierre-Bourg ne jouiront desdites deux cent cinquante carterées & cinquante séterées, qu'aux conditions portées par la délibération des Etats du 28 Novembre 1778, & en les payant aux Etats, suivant le prix auquel sera adjugé le restant dudit tenement de l'Aloua, le tout conformément à ladite délibération ; sans que lesdits sieurs de Bernis & de Pierre-Bourg puissent intercepter les eaux dudit canal, ni en détourner le libre cours, sauf à en user pour l'engrais desd. deux cent cinquante carterées & des cinquante séterées en sus, si elles en sont susceptibles, pour le pâturage auquel elles sont destinées, sans qu'il en résulte aucun préjudice pour les portions dudit tenement appartenant aux Etats ; les dépens exposés dans l'instance par les parties, demeurant entre elles compensés. FAIT à Montpellier le quinze Juin mil sept cent soixante-dix-neuf. *Signés*, DE SAINT-PRIEST. GROS. VASSAL. ADAM DE MONCLAR, rapporteur. PERDRIX. NADAL. DE GRASSET. Collationné. SOEFVE, greffier, *signé.*

LXII.

JUGEMENT

Qui autorise l'emplacement, bornage & séparation de la partie du marais de l'Aloua dans le terroir d'Aigues-mortes, cédée à MM. de Bernis & de Pierre-Bourg son donataire.

Du 13 Août 1779.

LES COMMISSAIRES NOMMÉS par divers arrêts du conseil des 15 Novembre 1746, 11 Avril 1761, 19 Novembre 1767, & 4 Juillet 1771, pour juger souverainement & en dernier ressort les contestations nées & à naître à raison de la concession des palus, étangs, marais, lais & relais de la mer & terres inondées, faite aux Etats de Languedoc, depuis Beaucaire jusqu'à Aigues-mortes & à Pérols, desséchement desdits marais, palus, étangs, construction du canal de navigation, leurs circonstances & dépendances : Au premier huissier ou sergent requis. No. LXI.

VU le jugement de la commission du 15 Juin 1779, avec les pieces sur lesquelles il a été rendu ; L'exploit de signification contenant assignation du 9 Juillet suivant, fait à la requête du syndic général de la province, aux sieurs de Bernis & de Pierre-Bourg, à Dussours, Coissard & Colombiers, experts & tiers, qui avoient déjà remis leur rapport, & à Vignat, géometre, expert nommé par le susdit jugement, pour procéder à l'emplacement, bornage, séparation de deux cent cinquante carterées, & cinquante séterées à prendre sur le tenement en marais appellé Aloua, & pour emplacer le terrein où sera construit le chemin & le canal de dérivation des eaux douces du Vidourle, & emplacer le tout sur le plan par lui déjà levé, & autorisé par le jugement de la commission du 28 Décembre 1775 ; Le rapport dudit Vignat contenant ledit emplacement, en date du 21 Juillet 1779 ; Requête du syndic général de la province, tendante à ce qu'il plaise à la commission autoriser le rapport dudit Vignat, ordonner qu'il sera exécuté, ainsi que le jugement dudit jour 15 Juin dernier, avec dépens ; L'ordonnance de joint & signifié mise au bas de ladite requête le 29 Juillet suivant, avec l'exploit de signification à Daumas, procureur des

N°. LXII. sieurs de Bernis & de Pierre-Bourg, dudit jour : Requête des sieurs chevalier de Bernis & marquis de Pierre-Bourg, baron des Etats de la province, à ce que ledit rapport de Vignat soit autorisé, & qu'il soit ordonné qu'ils jouiront du terrein y mentionné, sur le pied qui a été déjà déterminé, avec défenses à toutes personnes de les troubler dans ladite jouissance, d'y faire dépaître leurs bestiaux, ni de couper l'herbe, enlever la terre ni la dégrader, à peine d'enquis, avec dépens; L'ordonnance de soit-montré du 30 Juillet dernier : Exploit de signification du 2 Août suivant, à Palat, procureur du syndic général, & autres pieces; ensemble les conclusions du sieur Favier, procureur du Roi en la commission : Oui le rapport du sieur Adam de Monclar, l'un de nous, tout considéré :

NOUS COMMISSAIRES susdits, juges en dernier ressort, disant droit aux requêtes du syndic général de la province, des sieurs chevalier de Bernis & marquis de Pierre-Bourg, avons autorisé & autorisons le rapport de Vignat, contenant emplacement, bornage & séparation des deux cent cinquante carterées, & des cinquante sêterées en sus, faisant en tout deux cent quatre-vingt-trois carterées cinquante dextres; autorisons aussi l'emplacement fait par le sieur Vignat, du canal de dérivation des eaux & du chemin, le tout indiqué dans ledit rapport & plan levé par ledit Vignat, lesdits fonds, chemin & canal situés sur le tenement de l'Aloua, cédés par les Etats aux sieurs de Bernis & de Pierre-Bourg, ensemble le piquettement & désignement que ledit expert en a fait sur le plan par lui jà levé dudit tenement, & autorisé par la commission : Ordonnons en conséquence, que le jugement par nous rendu ledit jour 15 Juin dernier, sera exécuté selon sa forme & teneur; ce faisant, ordonnons que lesdits sieurs de Bernis & de Pierre-Bourg, jouiront dudit terrein à eux concédé par les Etats, & borné par le rapport dudit Vignat, aux conditions portées par la délibération des Etats du 28 Novembre 1778, à la charge par eux de payer ledit terrein auxdits Etats, sur le prix auquel sera adjugé le restant dudit tenement de l'Aloua, le tout conformément aux clauses & conditions portées par le susdit jugement du 15 Juin dernier : Faisons défenses à toutes personnes de les troubler dans la jouissance dudit terrein, d'y faire dépaître leurs bestiaux, couper de l'herbe, enlever la terre ni la dégrader, à peine d'enquis, sans dépens; les frais & expédition du présent jugement, & de celui du 15 Juin dernier, payables *æqualiter*. FAIT à Montpellier le treize Août mil sept cent soixante-dix-neuf. *Signés*, GROS. VASSAL. ADAM DE MONCLAR. PERDRIX. NADAL. DE GRASSET. *Collationné*, SOEFVE. N°. LXII.

LXIII.

JUGEMENT

Qui déboute les communautés de St. Just, de Valergues, de Saint-Brés, de Sainte-Colombe, de Villetelle & de Saturargues, de leur demande en cassation des traités passés entre les Etats de Languedoc, & les communautés composant la baronnie de Lunel, de celle en cassation des délibérations prises à ce sujet par ladite baronnie; démet aussi de l'opposition envers le jugement du 5 Mars 1778. Ordonne que lesdites délibérations, traités & jugemens sortiront à effet.

Du 13 Août 1779.

N°. LXIII.

LES COMMISSAIRES NOMMÉS PAR arrêt du conseil du 15 Novembre 1746, revêtu de lettres-patentes, portant attribution & pouvoir de juger au nombre de cinq au moins, souverainement & en dernier ressort, les contestations nées & à naître à raison de la concession des palus, étangs, marais, lais & relais de la mer & terres inondées, faite aux Etats de Languedoc, depuis Beaucaire jusques à Aigues-mortes & Pérols, desséchement desdits marais, palus, étangs, construction du canal de navigation, leurs circonstances & dépendances: Au premier huissier ou sergent requis.

VU le jugement de la commission du 19 Novembre 1768, qui, entr'autres dispositions, déboute les communautés de Sainte-Colombe, la ville de Lunel, & tous les autres lieux & villettes composant la baronnie de Lunel, de leur opposition au desséchement; ordonne que les marais, palus, étangs, lais & relais de la mer, & terres inondées concédées par Sa Majesté aux Etats de la province de Languedoc, par l'arrêt du conseil & lettres-patentes du 8 Novembre 1746, seront desséchées, & qu'il sera construit un canal de navigation, conformément auxdits arrêts du conseil & lettres-patentes; fait défenses à toutes personnes de quelque qualité & condition qu'elles soient, pour quelque cause & prétexte que ce puisse être, d'entreprendre de faire aucun desséchement desdits étangs, palus, marais, lais, relais, & terres inondées, sans la permission ou subrogation des Etats; comme aussi, de leur donner aucun trouble ni empêchement dans ledit desséchement & dans la construction dudit canal de navigation, à peine de trois mille livres d'amende, & de tous dépens, dommages & intérêts: Ordonne en outre, que conformément à l'arrêt du conseil du 12 Mai 1716, & aux jugemens de la commission des 29 Août 1739, & 8 Août 1741, que toutes les parties qui prétendent avoir droit de propriété sur lesdits marais, seront tenues de représenter leurs titres pardevant le rapporteur du procès, & les communiqueront au syndic général de la province; Les exploits de signification dudit jugement, des 6 & 10 Décembre 1768, aux consuls de Saint-Brés, Lunel-Viel, Saint-Nazaire, de Saint-Just, de Valergues, de Lansargues, de Montels, de Saint-Seriés, Saturargues, Verargues, Sainte-Colombe, Villetelle, en la personne de leurs consuls, lesdites Villettes composant la baronnie de Lunel: Autre jugement de la commission du 15 Avril 1773, qui, entr'autres dispositions, faisant droit à la requête du sieur marquis de Rochemore du 26 Août 1771, le maintient dans la propriété de deux tenemens en marais situés dans l'étendue de la baronnie de Lunel, l'un appellé de Tartuguieres, & l'autre du Grès; déclare tous les marais situés dans la baronnie de Lunel, autres néanmoins que ceux dont la propriété a été adjugée à autres par ledit jugement, appartenir aux Etats de Languedoc, avec défenses au syndic de la baronnie & consuls des Villettes composant ladite baronnie, & à tous autres, de leur donner aucun trouble ni empêchement en la susdite propriété; & cependant, tenant le consentement du syndic général de la province, maintient les habitans de la baronnie dans le droit de dépaissance, & autres facultés portées par le traité passé entre les commissaires du Roi Henri II & ceux des Etats de Languedoc, le 29 Septembre 1555, pour en jouir conformément

N°. LXIII. formément à leurs titres sur les marais situés dans ladite baronnie de Lunel, autres que ceux appartenant au sieur de Rochemore : Exploit de signification dudit jugement du 28 Juin 1773, fait à la requête du syndic général de la province, aux consuls de Lunel, aux syndics de la baronnie de Lunel, & autres parties : Délibération des Etats du 9 Janvier 1775, qui détermine de consentir à ce que la propriété de la dame de Rochemore dans les marais de la baronnie de Lunel, soit fixée à onze cent trente-deux séterées par elle réclamées : Délibération de la baronnie de Lunel, en date du 4 Février 1776, qui député Me. Ménard pere, avocat, syndic de la baronnie, & Bérard, avocat, à la ville de Montpellier, à l'effet de proposer au syndic général des moyens de conciliation ; L'ordonnance de M. l'intendant du 19 Mars suivant, qui permet aux consuls & syndic de la baronnie de Lunel, d'envoyer un seul député pour agir conformément à la délibération de ladite baronnie, du 4 Février dernier : Délibération de la communauté de Lansargues, du 28 Juillet 1776, qui député le sieur Jacques Coulondres, premier consul, à l'effet de se transporter à la ville de Lunel pour délibérer sur les affaires de la baronnie : Liste contenant envoi d'une circulaire envoyée dans les différentes communautés composant ladite baronnie de Lunel, signée des consuls & greffier desdites communautés ; L'exploit de signification de ladite délibération & dudit envoi fait à Daumas, procureur de partie des communautés composant la baronnie de Lunel : Délibération du 28 Juillet 1776, prise en corps de baronnie assemblés à la ville de Lunel, qui député auprès de MM. les commissaires des Etats pour traiter à raison de l'indemnité des facultés sur les marais de ladite baronnie, & donne pouvoir audit député de traiter avec la dame de Rochemore à raison des facultés que ladite baronnie est en droit de réclamer sur la partie des marais qui lui a été concédée par la province : Conventions passées entre les commissaires des travaux publics, nommés par délibération des Etats, du 2 Mars 1776, pour traiter avec les communautés qui composent la baronnie de Lunel, & lesdites communautés, desquelles il résulte que les Etats leur accordent à titre de dédommagement & en toute propriété, la quantité de quatre cent séterées de marais ; & moyennant ce, ladite baronnie renonce expressément, comme se trouvant pleinement indemnisée, à toute espece d'usages & de facultés quelconques sur le restant desdits marais, en quoi qu'ils consistent & puissent consister ; consentant ladite baronnie que les Etats en disposent ainsi qu'ils le jugeront à propos ; lesdites conventions en date du 20 Août 1776 : Délibération prise en conseil de baronnie de Lunel, qui approuve le traité fait avec les Etats de la province de Languedoc, en date du 8 Septembre 1776, avec l'exploit de signification de ladite délibération, du 9 Novembre 1778 : Liste contenant envoi de convocation de la baronnie, signée par les consuls & greffier desdites communautés composant la baronnie de Lunel, annexée à ladite délibération : Conventions passées le 7 Décembre 1776, entre M. Bérard, député de ladite baronnie de Lunel, & Mme. de Rochemore, veuve & héritiere de M. de Rochemore, par lesquelles ladite dame cede & remet en pleine propriété aux habitans & syndics de ladite baronnie, la quantité de deux cent trente-deux séterées de marais à prendre sur celle de onze cent trente-deux

N°. LXIII. N°. LXIII.

séterées portée par la délibération des Etats du 9 Janvier 1775 ; au moyen de quoi, ladite baronnie renonce à toutes facultés & droits sur le restant desdits marais appartenant à ladite dame : Délibération de la baronnie de Lunel, du 27 Décembre 1776, qui ratifie & confirme dans tout son contenu lesdits traités, suivant la lettre circulaire y annexée ; L'exploit de signification de ladite délibération & dudit envoi de convocation fait à Daumas, procureur de partie des Villettes composant ladite baronnie, en date du 30 Novembre 1778 : Délibération des Etats du 2 Janvier 1777, qui approuve le traité fait entre le syndic de la baronnie de Lunel, & les commissaires des travaux publics ; Le jugement de la commission du 5 Mars 1778, qui autorise les traités & conventions passées, tant avec les Etats de Languedoc, le syndic de la baronnie de Lunel, qu'avec la dame de Rochemore ; L'exploit de signification dudit jugement fait le 25 Avril 1778 à la requête du syndic général de la province, au syndic de la baronnie de Lunel, aux consuls de Lunel, & à la dame marquise de Rochemore : Ordonnance de M. l'intendant, du 15 Mars suivant, qui autorise toutes les délibérations prises par la baronnie de Lunel : Délibération de partie des Villettes composant la baronnie de Lunel, du 13 Septembre 1778, qui détermine de faire dresser un mémoire à l'effet d'emporter le jugement de la commission du 5 Mars dernier, & les traités qui y ont donné lieu : Autre délibération desdites Villettes, du 4 Octobre suivant, qui détermine de faire assigner devant la commission la ville de Lunel, Lunel-Viel, Lansargues, Saint-Nazaire & Montels, le syndic-général de la province & la dame de Rochemore, à l'effet de former opposition envers le jugement du 5 Mars dernier, & demander la cassation desdits traités & des délibérations des 28 Juillet & 27 Décembre 1776, sous prétexte qu'elles ont été prises sans les avoir appellés : Requête des consuls de Saint-Just, de Valergues, de Saint-Brés, de Sainte-Colombe, de Villetelle, de Saint-Seriés, de Saturargues & de Verargues, dépendans de la baronnie de Lunel, tendante à ce qu'il plaise à la commission ordonner que le syndic général de la province, la dame de Rochemore, les consuls de la ville de Lunel, de Lunel-Viel, de Lansargues, de Saint-Nazaire & de Montels, soient assignés devant la commission pour voir recevoir lesdites Villettes bien opposantes envers les jugemens du 5 Mars 1778, & envers tout ce qui s'en est ensuivi, concernant la baronnie de Lunel, dont lesdites Villettes font partie ; ce faisant, & en los rétractant quant à ce, casser les délibérations des 28 Juillet & 20 Septembre 1776, prises sans avoir appellé légalement lesdites Villettes, ensemble les accords & transactions passés, tant avec la province, que la dame de Rochemore, par le sieur Bérard, prétendu député de la baronnie de Lunel, & ce, nonobstant leur autorisation portée par le susdit jugement, dont la rétractation sera prononcée, ainsi qu'il est demandé ci-dessus ; ordonner en conséquence, que tous les habitans des Villettes composant ladite baronnie de Lunel, seront maintenues dans les droits, facultés & usages de dépaissance, pêche, chasse, coupe de rauzet, des joncs, prises de terre des palus, dans lesquels ils ont été aussi maintenus par le jugement du 15 Avril 1773 ; savoir, définitivement quant aux palus & marais qui ne sont pas susceptibles d'être desséchés ; & à l'égard de ceux qui en sont susceptibles, jusques à ce que le dessechement en ait été réellement fait, sauf alors à être pourvu à leur indemnité ainsi qu'il appartiendra ; & néanmoins surseoir à toutes poursuites & adjudication des six cent trente-deux sétorées de terres mises en vente par les consuls de Lunel, jusques à ce qu'il ait été définitivement dit droit sur la présente opposition, le tout à peine de nullité, cassation, dépens, dommages & intérêts, avec dépens de l'instance ; L'ordonnance mise au bas de ladite requête, de soient les parties assignées, du 6 Octobre 1778 ; Les exploits d'assignation donnés aux consuls de Saint-Nazaire, Lansargues, Montels, Lunel-Viel, la ville de Lunel, à Mme. de Rochemore, & au syndic général de la province, en date des 8, 9 & 10 Octobre 1778, par Chabrier, huissier : Lettre missive du 13 Octobre 1778 des consuls de la ville de Lunel, envoyée à ceux de Montels, à l'effet de faire envoyer un député à la ville de Lunel, pour assister à la délibération qui sera prise conjointement avec les autres communautés assignées, pour délibérer sur les moyens de défenses qu'il convient de prendre : Extrait de délibération de ladite communauté de Montels, du 18 Octobre 1778 : Autre extrait de délibération des consuls de Lansargues, du 18 Octobre de ladite année, à l'effet de s'en remettre à ce qu'il plaira à la commission d'ordonner : Extrait d'une autre délibération de la communauté de Saint-Nazaire, pour s'en remettre à ce qu'il plaira à la commission d'ordonner : Autre extrait de délibération de la communauté de Lunel-Viel dudit jour, pour s'en remettre à ce qu'il plaira à la commission d'ordonner : Autre extrait de délibération de la communauté de la ville de Lunel, à l'effet de défendre à l'opposition formée par partie des Villettes composant la baronnie de Lunel, envers le jugement de la commission du 5 Mars 1778 : Défenses fournies par la dame de Rochemore le 28 Octobre 1778 : Autre des consuls de Lunel du 17 Novembre 1778 : Autre par les consuls de Lansargues, par ceux de Lunel-Viel, de Montels, de Saint-Nazaire, en date des 3 & 10 Novembre 1778 : Extrait de délibération de la communauté de Verargues du 19 Novembre 1778, qui détermine de désavouer les poursuites faites à son nom : Requête desdits consuls & communauté de Verargues, tendante à ce qu'il plaise à la commission les recevoir parties intervenantes dans l'instance pendante devant la commission entre les Villettes de la baronnie de Lunel, le syndic général de la province, la dame marquise de Rochemore & autres ; ce faisant, tenant le désaveu des poursuites faites à son nom, & leur déclaration comme ils n'ont donné aucun ordre ni consentement pour plaider, les décharger de la contribution aux frais exposés & à exposer à raison de ce, par les Villettes, & des condamnations qui pourroient être prononcées en tout ou en partie en faveur d'aucune des parties ; subsidiairement, & dans le cas qu'il fût justifié de leur consentement, les recevoir à le rétracter ; & tenant leur déclaration comme ils ne s'opposent point à l'exécution des traités passés entre la dame de Rochemore, la baronnie & la province, au sujet des facultés prétendues par la baronnie sur les marais appartenant à la province & à ladite dame de Rochemore, mais qu'ils adherent auxdits traités, & en demandent, en tant que de besoin, l'exécution de leur chef, les décharger dans ce cas comme dans l'autre, de la contribution aux frais faits & à faire par lesdites Villettes, comme des condam-

N°. LXIII.

nations qui pourroient être obtenues contr'elles par aucune des parties au procès, avec dépens; L'ordonnance mise au bas de ladite requête le 26 Novembre 1778, de soit-communiqué aux parties & procureur du Roi en la commission : Exploit de signification de ladite requête fait à Palat, Daumas, Moureau, Montels, Procureurs des parties, dudit jour : Extrait de délibération de la communauté de Saint-Seriés, du 18 Novembre 1778, qui détermine de se désister des poursuites faites à son nom : Requête desdits consuls & communauté de Saint-Seriés, tendante à ce qu'il plaise à la commission les recevoir parties intervenantes dans le procès pendant devant la commission entre les Villettes de la baronnie de Lunel, le syndic général de la province, la dame marquise de Rochemore & autres; ce faisant, les recevoir à rétracter le consentement par eux donné aux poursuites faites au nom des Villettes, pour réclamer des traités passés entre la province, la baronnie & Mme. de Rochemore; & tenant leur déclaration commme ils ne s'opposent point à l'entiere exécution desdits traités qu'ils demandent en tant que de besoin de leur chef, les décharger de la contribution aux frais faits & à faire au nom desdites Villettes dans ledit procès, & des condamnations qui pourroient être prononcées en tout ou en partie en faveur d'aucune des parties contre lesdites Villettes, avec dépens; L'ordonnance mise au bas de ladite requête le 26 Novembre 1778, de soit-communiqué aux parties & au procureur du Roi en la commission : Exploit de signification de ladite requête & ordonnance à Palat, Moureau, Daumas & Montels, procureurs des parties, dudit jour : Autre requête des consuls de la ville de Lunel, tendante à ce qu'il plaise à la commission, sans s'arrêter à l'opposition des Villettes, & les en déboutant, les relaxer de l'assignation & demandes contr'eux formées de la part des Villettes, tant par fins de non-valoir que de non-recevoir, & les condamner en la somme de six mille livres pour leur tenir lieu de dommages à raison de leur non-jouissance, avec dépens; L'ordonnance de joint mise au bas de ladite requête le 30 Novembre 1778, avec l'exploit de signification à Daumas, procureur de partie des Villettes composant la baronnie de Lunel, dudit jour : Requête remonstrative du syndic général de la province de Languedoc, tendante à ce qu'il plaise à la commission, sans avoir égard à la requête présentée par les consuls de Saint-Just, de Valergues, de Saint-Brés, de Sainte-Colombe, de Villetelle, de St-Seriés, de Saturargues & de Verargues, & les en déboutant, tenant le désaveu formé par la Communauté de Saint-Seriés & de Verargues, déclarer celles de Saint-Just, de Valergues, de Saint-Brés, de Sainte-Colombe, de Villetelle, & de Saturargues, non-recevables dans leur opposition envers le Jugement du 5 Mars 1778, ordonner qu'il sortira à effet, & sera exécuté suivant sa forme & teneur, ainsi que les délibérations & les conventions dont la cassation est demandée; ordonner aussi que les jugemens de la commission des 22 Décembre 1767, & 28 Décembre 1775, seront exécutés suivant leur forme & teneur; en conséquence faire de plus fort défenses aux habitans de la baronnie de Lunel, & à tous autres, d'enlever les terres des marais pour les transporter sur leurs fonds, à peine de trois mille livres d'amende, de saisie & arrestation au corps de ceux qui feront cet enlevement, & des mules, charrettes & autres bestiaux ou voitures employés audit enlevement, dont la confiscation sera poursuivie, desquelles

N°. LXIII.

peines les propriétaires des mules, chevaux & charrettes, ou autres usines, seront responsables solidairement avec ceux qu'ils employeront, avec dépens; L'Ordonnance mise au bas de ladite requête le 24 Décembre 1778, qui donne acte & ordonne qu'elle sera communiquée aux parties intéressées pour y répondre dans huitaine, dans lequel délai elles diront, produiront & défendront tout ce que bon leur semblera, pour, sur leurs réponses, sur les conclusions du sieur Favier, procureur du Roi en la commission, & sur le rapport du sieur Adam de Monclar, nommé par ordonnance du 25 Septembre 1777, être pourvu par la commission ainsi qu'il appartiendra; Les exploits de signification faits à Lassaigne, Moureau, Benezech, Bonneville & Daumas, procureurs des parties, en date des 31 Décembre 1778, 16 Janvier & 17 Mars 1779: Autre requête de la dame de Rochemore, tendante à ce qu'il plaise à la commission, sans avoir égard à l'opposition des Villettes, ni au surplus de leur requête, & les en déboutant, tant par fins de non-valoir & de non-recevoir & autres voies & moyens de droit, ordonner que le jugement du 5. Mars 1778, sortira à effet, & sera exécuté suivant sa forme & teneur, avec dépens; L'Ordonnance de joint rendue sur ladite requête le 13 Février 1779; L'exploit de signification fait à Daumas, Palat, Montels, Benezech & Bonneville, procureurs des parties, du 19 Février suivant: Requête des consuls & communauté de Saint-Just, de Saint-Brés, de Valergues, de Sainte-Colombe, de Villetelle & de Saturargues, tendante à ce qu'il plaise à la commission, sans avoir égard aux requêtes du syndic général, de Mme. de Rochemore, des consuls de Lunel, Saint-Seriés & Verargues, & les en déboutant: Vu ce qui résulte des moyens d'opposition & demande en cassation des traités passés sans le consentement de la part desdites Villettes, avec la province & la dame de Rochemore, détaillé dans leur inventaire de production & d'instruction communiqué aux procureurs des parties, leur adjuger les fins & conclusions prises dans leur requête introductive d'instance sur ladite opposition, sous la réserve expresse qu'ils font, au cas il y eût de la difficulté à prononcer la cassation desdits traités, & le rétractement, quant à ce qui les concerne, du jugement de la commission du 5 Mars 1778, de se pourvoir, tant contre lesdits traités que ledit jugement, par telles autres voies qu'il appartiendra, le tout avec dépens: L'ordonnance de joint du 20 Mars 1779, mise au bas de ladite requête, avec l'exploit de signification dudit jour à Palat, Moureau, Benezech, Montels, Lassaigne & Bonneville, procureurs contraires: Acte du syndic général de la province du 24 Mars 1779, fait à Daumas, procureur des Villettes, pour le sommer de déclarer quelles sont les parties qui se sont présentées: Requête du sieur Héraud, bourgeois, habitant de Lunel, habitant forain de Saint-Just, tendante à ce qu'il plaise à la commission le recevoir à prendre droit de l'opposition formée par la majeure partie des Villettes composant la baronnie de Lunel, contre les prétentions & certains titres que la dame de Rochemore appelle à son secours, à s'aider des moyens relevés par les Villettes, traitant les instances conjointement, y statuant par un seul & même jugement, disant droit à l'opposition des Villettes & à ses fins de non-valoir & de non-recevoir contre les prétentions de la dame de Rochemore, sans s'arrêter aux rapports des Experts & enquêtes faites à sa requête comme inutiles, frustratoires & autres moyens de droit, N°. LXIII.

N°. LXIII. rétractant les jugemens sur lesquels ladite dame de Rochemore se fonde, le relaxer de toutes les demandes, fins & conclusions contre lui prises, & débouter également par fins de non-valoir, autres voies & moyens de droit le nommé Sabatier de ses demandes contre lui formées; L'ordonnance de joint rendue sur ladite requête le 8 Juillet 1779, avec l'exploit de signification à Moureau, Daumas, Palat & Chivaud, procureurs des parties: Requête des consuls de Lunel-viel, tendante à ce qu'il plaise à la commission, tenant les délibérations prises par ladite communauté & par l'assemblée générale des Villettes tenue à Lansargues, tenant encore la déclaration qu'ils font, comme quoi ils s'en remettent à ce qu'il plaira à la commission d'ordonner au sujet des contestations mues entre les Villettes, les consuls de Lunel, ladite dame de Rochemore & le syndic général de la province, les relaxer de l'assignation à eux donnée, avec dépens contre celle des parties qui succombera; L'ordonnance de joint mise au bas de ladite requête le 14 Juillet 1779, avec l'exploit de signification à Daumas, Moureau, Montels & Palat, procureurs des parties: Requête des consuls & communauté du lieu de Saint-Nazaire, tendante à ce qu'il plaise à la commission, tenant les délibérations prises par ladite communauté, & par l'assemblée générale des Villettes tenue à Lansargues, tenant encore la déclaration qu'ils font comme quoi ils s'en remettent à ce qu'il plaira à la commission d'ordonner au sujet des contestations mues entre les Villettes, les consuls de Lunel, la dame de Rochemore, & le syndic général de la province, les relaxer de l'assignation à eux donnée, avec dépens contre celle des parties qui succombera; L'ordonnance de joint du 15 Juillet 1779, avec l'exploit de signification dudit jour fait à Daumas, Palat, Moureau & Montels, procureurs des parties: Requête des consuls & communauté du lieu de Montels, tendante à ce qu'il plaise à la commission, tenant les délibérations prises par ladite communauté & par l'assemblée générale des Villettes tenue à Lansargues, tenant encore la déclaration qu'ils font comme quoi ils s'en remettent à ce qu'il plaira à la commission d'ordonner au sujet des contestations mues entre les Villettes, les consuls de Lunel, la dame de Rochemore & le syndic général de la province, les relaxer de l'assignation à eux donnée, avec dépens contre celle des parties qui succombera; L'ordonnance de joint du 15 Juillet 1779, avec l'exploit de signification dudit jour fait à Daumas, Palat, Moureau & Montels, procureurs des parties: Requête des consuls & communauté de Lansargues, tendante à ce qu'il plaise à la commission, tenant les délibérations prises par ladite communauté & par l'assemblée générale des Villettes tenue audit lieu, tenant encore la déclaration qu'ils font comme quoi ils s'en remettent à ce qu'il plaira à la commission d'ordonner au sujet des contestations mues entre les Villettes, les consuls de Lunel, la dame de Rochemore & le syndic général de la province, les relaxer de l'assignation à eux donnée, avec dépens contre celle des parties qui succombera; L'ordonnance de joint du 15 Juillet 1779, avec l'exploit de signification à Daumas, Moureau, Palat & Montels, procureurs des parties dudit jour: Requête du syndic général de la province de Languedoc, tendante à ce qu'il plaise à la commission le recevoir bien opposant en tant que de besoin, & que la forme pourroit le requérir envers l'ordonnance N°. LXIII.

N°. LXIII. obtenue par le sieur Héraud le 8 du présent mois de Juillet, en tant que ladite ordonnance auroit joint ladite requête & les demandes qu'elle renferme à la clausion faite entre le syndic général de la province, les communautés de Saint-Just, de Valergues, de Saint-Brés, & autres composant la baronnie de Lunel; ce faisant, disant droit à cette opposition, ordonner que cette instance particuliére sera traitée séparément de celle introduite par Mme. de Rochemore contre ledit Héraud, avec dépens; L'ordonnance de joint du 20 Juillet 1779, avec l'exploit de signification fait à Lassaigne, Daumas, Moureau & Montels, procureurs des parties, dudit jour: Requête de Mme. de Rochemore, tendante à ce qu'il plaise à la commission lui donner acte de ce qu'elle adhere aux fins & conclusions prises par le syndic général de la province, dans sa requête du 20 Juillet courant, avec dépens; L'ordonnance de joint du 23 dudit mois, avec l'exploit de signification à Daumas, Lassaigne, Mauras, Montels, Palat, Bonneville & P. Devés, procureurs des parties: Requête des consuls de Saint-Seriés, tendante à ce qu'il plaise à la commission leur donner acte de la nouvelle constitution qu'ils font de P. Devés, au lieu & place de Benezech, & en adjudication des fins & conclusions qu'ils ont prises dans leur précédente requête: Ordonnance du 23 Juillet 1779, qui donne acte de la constitution de P. Devés, procureur, au lieu & place de Benezech & joint; l'exploit de signification de ladite requête & ordonnance à Daumas, Palat, Moureau, Montels, Lassaigne, Mauras & Bonneville, procureurs des parties: Acte à produire fait à la requête du Syndic général de la province du 6 Février 1779, à Daumas, Montels, Moureau, Bonneville & Benezech, procureurs des parties: Acte à produire, fait à la requête dudit syndic général, à Lassaigne, procureur des consuls de Lunel-Viel & autres, le 17 Mars suivant: Inventaires & continuation de productions: Mémoire imprimé, fourni par les parties, avec les exploits de signification & autres pieces, ensemble les conclusions du sieur Favier, procureur du Roi en la commission: Oui le rapport du sieur Adam de Monclar, l'un de nous; tout considéré: N°. LXIII

NOUS COMMISSAIRES susdits, juges en dernier ressort, avons donné acte aux consuls de Saint-Seriés & de Verargues, de leurs déclarations consignée dans leurs requêtes du 26 Novembre 1778; comme aussi, aux communautés de Saint-Nazaire, de Montels, de Lansargues & de Lunel-Viel, de celles par eux faites comme il s'en remettent à ce qu'il plaira à la commission d'ordonner; ayant aucunement égard aux requêtes de la communauté de la ville de Lunel; & disant droit à celle du syndic général de la province, & de la dame marquise de Rochemore; sans avoir égard à la requête d'Héraud, déclaré & déclarons n'y avoir lieu à la jonction de l'instance par lui demandée: Ordonnons que le procès d'entre ledit Héraud, la dame de Rochemore & autres, sera jugé séparément de l'instance d'entre les susdites Villettes, le syndic général, ladite dame de Rochemore & autres; condamnons ledit Héraud aux dépens le concernant, & ayant trait à sa demande en jonction; disant droit au surplus des requêtes des consuls de la ville de Lunel, à celle du syndic général de la province, & de la dame de Rochemore, ayant égard aux fins de non-recevoir par eux opposées:

No. LXIII. Avons démis & démettons les consuls de Saint-Brés, de Saint-Just, de Valergues, de Sainte-Colombe, de Villetelle & de Saturargues, de leur opposition envers le jugement du 5 Mars 1778, & de leur demande en cassation des délibérations prises par la baronnie de Lunel les 28 Juillet & 27 Septembre 1776, ainsi que de celle en cassation des traités faits en exécution des délibérations prises par ladite baronnie, tant avec la province qu'avec la dame de Rochemore: Ordonnons que lesdits traités, délibérations, & le jugement du 5 Mars 1778 qui les autorise, sortiront à effet & seront exécutés selon leur forme & teneur; & disant quant à ce, droit au surplus de la requête du syndic général de la province, avons fait & faisons inhibitions & défenses aux habitans de la baronnie de Lunel, & à tous autres, d'enlever les terres des marais pour les transporter sur leurs fonds, à peine de trois mille livres d'amende & d'enquis, de saisie & arrestation au corps de ceux qui feront ledit enlevement, & des mules, charrettes & autres bestiaux ou voitures employées audit enlevement, & de confiscation: déclaré & déclarons les propriétaires des mules, chevaux & charrettes ou autres usines, responsables solidairement avec ceux qu'ils employeront pour faire ledit enlevement; sur la demande en dommages & intérêts formée par les consuls de Lunel contre lesdites communautés de Saint-Just, de Valergues, de Saint-Brés, de Sainte-Colombe, de Villetelle & de Saturargues, & sur les autres demandes, fins & conclusions des parties, les avons mises & mettons hors de cour & de procès: Condamnons lesdites communautés de Saint-Just, de Valergues, de Saint-Brés, de Sainte Colombe, de Villetelle & de Saturargues, aux dépens envers le syndic général de la province, la dame de Rochemore, les consuls de la ville de Lunel, ceux de Lansargues, de Lunel-Viel, de Montels & de Saint-Nazaire: Condamnons aussi lesdites communautés de Saint-Just, de Valergues, de Saint-Brés, de Sainte-Colombe, de Villetelle & de Saturargues, aux dépens envers les consuls & communautés de Verargues & de Saint-Seriés, exposés depuis le 26 Novembre 1778, à taxer sur les rôles qui en seront baillés: Ordonnons que lesdits consuls de Verargues & de Saint-Seriés, contribueront néanmoins aux frais exposés par les susdites communautés, jusques audit jour 26 Novembre 1778: Les déchargeons de contribuer à tous autres frais faits postérieurement. FAIT à Montpellier le treizieme jour d'Août mil sept cent soixante-dix-neuf. *Signés*, GROS. VASSAL. ADAM DE MONCLAR. PERDRIX. NADAL. DE GRASSET. *Collationné*, SOEFVE, *signé*. No. LXIII.

LXIV.

EXTRAIT du registre des délibérations des Etats généraux de Languedoc, assemblés par mandement du Roi en la ville de Montpellier, au mois de Novembre 1779.

Du Mardi 21 Décembre suivant, président Mgr. l'archevêque & primat de Narbonne, commandeur de l'ordre du St. Esprit.

MONSEIGNEUR l'évêque de Montpellier a dit: qu'avant de rendre compte de ce qui a été fait dans les deux parties du canal de navigation qui ont été adjugées, il est nécessaire de faire connoître ce qui a rapport à la partie qui a été adjugée séparément du canal de cinquante toises, qui forme son embouchure dans le port d'Aigues-mortes; que les déblais

N°. LXIV.

blais ont été transportés dans l'étang de la ville du côté du midi; que s'étant élevé une contestation entre le sieur Rey, entrepreneur de cette partie, & le sieur Mignot, entrepreneur de la premiere partie du canal de navigation, elle a été terminée au moyen d'un arrangement qui fut proposé par le sieur Grangent, & approuvé par MM. les commissaires des travaux publics: Qu'en conséquence le sieur Rey, entrepreneur, à continué de perfectionner son ouvrage dans l'étendue de soixante-quinze toises, au lieu de cinquante dont il étoit chargé; qu'il a fait aussi tous les batardeaux & épuisemens, nécessaires pour démolir les maçonneries du quai d'Aigues-mortes qui a été ouvert sur douze toises de largeur; que la démolition des maisons qu'il a été nécessaire d'abattre pour former l'embouchure de ce canal dans le port d'Aigues-mortes, a fourni des matériaux, au moyen desquels l'entrepreneur a fait des revêtemens de pavé de part & d'autre de cette partie de canal; tous lesquels ouvrages ont été approuvés par MM. les commissaires des travaux publics; & qu'il a été employé une somme de vingt-six mille quatre livres, suivant le toisé que l'on rapporte, indépendamment de celle de trente-deux mille cent quatre-vingt-dix-huit livres pour le montant des indemnités des maisons démolies, ce qui fait un total de cinquante-huit mille deux cent trois livres, qui a été payé pendant l'année pour cette partie de canal.

Que le sieur Mignot, entrepreneur de la premiere partie du canal depuis Aigues-mortes jusqu'à la rencontre de la riviere du Vistre sur une longueur de deux mille cent trente toises, a continué pendant l'année les travaux qu'il avoit entrepris l'année derniere: qu'il travaille actuellement à enlever avec le ponton les différens batardeaux qui y étoient répandus, & à perfectionner les parties qui ne l'étoient pas encore: que les travaux qui ont été faits pendant l'année, ne consistent que dans des recreusemens qui ont été faits pour porter la partie du canal jusqu'à six pieds de profondeur au dessous des basses eaux de la mer; au moyen desquels recreusemens, & des déblais qui en sont provenus, on a formé les banquettes & les levées qui bordent le canal de chaque côté; qu'on ne rapportera le toisé de cette partie que l'année prochaine, après la perfection des ouvrages pour lesquels il a été payé pendant l'année la somme de soixante-huit mille huit cent vingt-cinq livres.

Qu'on perfectionne le pont de bois sur le canal, pour le chemin de Sylveréal, qui avoit été entrepris l'année derniere, à la suite duquel on en a fait un autre auprès d'Aigues-mortes; la dépense de l'un & de l'autre revenant à treize mille quatre livres.

Qu'on doit observer que cette partie du canal étant creusée dans un terrein qui a été formé par les sables de la mer, les déblais qui ont servi à former les banquettes & les levées, sont sujets à être emportés par les vents, qui les déposent ensuite dans le canal: qu'il paroît que les épreuves de planter des tamarins sur ces levées pour y retenir les sables, ont peu réussi: qu'on en a fait une derniere vis-à-vis la terre du sieur Marazel, où l'on a aussi semé du chiendent, en prenant la précaution de les couvrir de joncs; qu'il convient de continuer encore ces mêmes épreuves pendant le cours de l'année prochaine; mais que le sieur Grangent estime que si elles n'ont pas un plus heureux succès, il faudra se déterminer à faire une enveloppe à ces levées avec des terres fortes ou du gravier.

Que comme il n'étoit pas possible

N°. LXIV. de savoir la quantité de terrein que pourroient occuper les déblais du canal, à cause de l'inégalité du sol qu'il traverse, il en fut fait un premier arpentement sur une largeur de quinze toises deux pieds, qui parut être la moindre largeur du terrein à payer ; & ensuite un second, des parties qui ont excédé cette largeur, dont le montant se porte à treize cent quarante-six livres ; de sorte qu'en ablotant toutes les sommes dépensées pendant l'année à cette premiere partie de canal, elles reviennent à la somme de quatre-vingt-trois mille cent soixante-quinze livres.

Que la deuxieme partie, commençant à la riviere du Vistre, jusqu'à la métairie d'Abosc, sur une longueur de deux mille quatre cent soixante-dix toises, a été adjugée le 5 Juin dernier au sieur Boulabert par MM. les commissaires des travaux publics, conformément à la délibération du 28 Novembre dernier ; que cet entrepreneur a commencé les travaux dans le mois de Juillet, & y a travaillé jusqu'au mois d'Octobre, où la riviere du Vistre & celle du Vidourle ont inondé les marais : que néanmoins cette partie de canal a été recreusée sur une longueur de deux mille toises, & que la dépense se porte à soixante-huit mille trois cent soixante-douze livres : qu'il reste encore à continuer cette partie du canal sur quatre cent soixante-dix toises, auxquelles il n'a été rien fait, & à ouvrir les contre-canaux de part & d'autre, sur la longueur de deux mille quatre cent soixante-dix toises.

Qu'il a été payé à divers particuliers, dont les fonds ont été pris pour l'emplacement de cette deuxieme partie de canal, dont les principaux sont M. le marquis de Calviere & M. le marquis de Baschi, la somme de trente-un mille trois cent quarante huit livres, suivant l'arpentement fait par le sieur Vignat, y compris celles qui ont été aussi payées à l'occasion de l'emplacement des nouveaux lits du Rhony & de la Cubelle, & qui ont été réunis l'année derniere au nouveau lit du Vistre ; de sorte qu'il a été dépensé pendant l'année sur cette seconde partie de canal, tant en ouvrages qu'en indemnités, la somme de quatre-vingt-dix-neuf mille sept cent vingt livres. N°. LXIV.

Qu'il paroît que les deux parties du canal dont on vient de parler, sont assez avancées pour espérer qu'elles seront perfectionnées pendant le cours de l'année prochaine ; & que pour ne pas interrompre les travaux, il seroit à propos de charger le sieur Grangent de dresser le devis d'une troisieme partie de ce même canal, depuis la métairie d'Abosc, où doivent aboutir les travaux entrepris, jusqu'à Franquevaux, sur une longueur d'environ une lieue, pour l'adjudication en être faite par MM. les commissaires des travaux publics.

Que M. le marquis de Calviere, dont les possessions de la Muzette ont été divisées en deux parties, a présenté un mémoire dans lequel il demande qu'on ait égard à la valeur de ces terres qui lui rapportent vingt-une livres par carterée, & que le sieur Grangent a assuré qu'on avoit eu égard à cette demande dans l'estimation qui en a été faite : qu'il demande aussi de faire clorre ses possessions, de la même maniere qu'elles l'étoient ci-devant, pour les mettre à l'abri des eaux salées de la mer, qui y reflueront par les contre-canaux, lorsque leurs eaux se communiqueront ; auquel effet, le sieur Grangent estime qu'il doit être construit un levadon le long des contre-canaux, à l'effet de garantir les possessions de la Muzette des eaux salées de la mer, & des inondations du Vistre : que la derniere demande est de faire construire un pont sur le canal pour communiquer

N°. LXIV. à ses possessions, ce qui met dans la nécessité d'en construire deux autres petits sur les contre-canaux qui bordent le canal ; & qu'il demande en outre un petit pont sur l'ancien lit du Vistre : que les communautés d'Aimargues & du Caylar, ont pris une délibération pour demander la construction de ce même pont, afin de rétablir la communication que ce canal avoit interrompue, avec les marais de la Souteyrane qui sont affermés trois mille cinq cent livres : que M. le marquis de Baschi se réunit à ces deux communautés pour former la même demande ; & que le sieur Grangent, d'après les observations qu'il a faites sur les lieux, estime qu'il y a lieu d'y avoir égard.

Qu'il résulte de tout ce détail, concernant le canal de navigation, qu'on a travaillé pendant l'année à l'embouchure du canal dans le port d'Aigues-mortes, dont les ouvrages sont finis à la premiere partie du canal à la suite de cette embouchure, jusqu'à la rencontre du Vistre, dont les ouvrages touchent au moment de leur perfection ; & à la seconde partie du même canal, depuis la rencontre du Vistre, jusqu'à la métairie d'Abosc ; ce qui fait une longueur de canal de quatre mille six cent soixante-seize toises, qui vraisemblablement sera perfectionnée pendant l'année prochaine, & pour laquelle on a dépensé la somme de deux cent quarante-un mille quatre-vingt dix-huit livres, à laquelle ajoutant celle de dix-sept mille deux cent quarante livres qui a été employée, comme on l'a dit, aux ouvrages du desséchement des marais de Saint-Laurent, fait la somme totale de deux cent cinquante-huit mille trois cent trente-huit livres, indépendamment de celle de deux mille six cent vingt-neuf livres, qui a été employée pour la levée de la carte des marais dont il sera parlé ci-après.

Que le sieur Audibert, charpentier, qui avoit fait sa soumission pour un des ponts de bois dont il a été déja parlé, a présenté un mémoire, dans lequel il expose les pertes qu'il a faites, & qu'il attribue au manque des matériaux qu'on ne lui a pas fourni à propos ; ce qui lui a fait perdre & à ses ouvriers beaucoup de tems & lui donne lieu de demander un dédommagement de huit cent livres ; mais que suivant l'avis du sieur Grangent, auquel ce mémoire a été communiqué, il ne lui en est dû aucune, cet entrepreneur ayant au contraire négligé & retardé cet ouvrage, par le manque de fonds de sa part, nonobstant les facilités qu'on lui avoit données par les payemens. N°. LXIV

Qu'on a travaillé pendant l'année à la levée de la carte des marais, dont la conduite a été confiée au sieur Langelée, ingénieur géographe, aux appointemens de trois cent livres par mois ; que la maladie de cet ingénieur pendant une partie de l'été, a retardé ses opérations qui ne sont pas aussi avancées qu'elles l'auroient été sans cet événement ; qu'il y a lieu d'espérer que cette carte sera mise dans sa perfection pendant le cours de l'année prochaine, les frais qui ont été faits à cette occasion pendant l'année revenant à deux mille six cent vingt-neuf livres, comme on l'a dit.

Que d'après le détail qui vient d'être fait au sujet du canal de navigation, MM. les commissaires ont été d'avis de proposer à l'assemblée de délibérer, 1°. d'approuver l'emploi des sommes qui ont été dépensées pendant l'année à l'embouchure du canal dans le port d'Aigues-mortes, & aux deux parties de ce canal, suivant le détail qui en a été fait ci-dessus.

2°. Qu'il sera incessamment dressé par le sieur Grangent un devis d'une troisieme partie de ce même canal,

depuis le point auquel doivent aboutir
N°. LXIV. les ouvrages entrepris auprès de la métairie d'Abosc jusqu'à Franquevaux, sur une longueur d'environ une lieue, & que l'adjudication en sera faite par MM. les commissaires des travaux publics pendant l'année.

3°. Qu'il sera fait un levadon de part & d'autre des contre-canaux, à l'effet de clorre les possessions de la Muzette, appartenant à M. de Calviere, pour les garantir des eaux salées de la mer, & des inondations du Vistre.

4°. Qu'il sera construit un pont de bois sur le canal, & deux autres petits sur les contre-canaux, pour rétablir la communication interrompue avec les marais de la Souteyrane, & avec les possessions voisines qui ont été coupées par le nouveau canal; & en outre un petit pont sur l'ancien Vistre pour communiquer à la Muzette.

5°. Que le sieur Langelée continuera ses opérations jusqu'à la perfection de la carte des marais, dont la levée lui a été confiée.

6°. Enfin, que le sieur Audibert sera débouté de sa demande.

Ce qui a été délibéré, conformément à l'avis de MM. les commissaires.

L X V.

EXTRAIT du registre des délibérations des Etats généraux de Languedoc, assemblés par mandement du Roi, en la ville de Montpellier au mois de Novembre 1780.

Du Mardi 2 Janvier 1781, président Mgr. l'archevêque & primat de Narbonne, commandeur de l'ordre du Saint-Esprit.

MONSEIGNEUR l'évêque de Montpellier a dit, qu'il a été rendu compte à MM. les commissaires, de l'état des ouvrages du canal de navigation de Beaucaire à Aigues-mortes, & des demandes auxquelles ils donnent lieu. N°. LXV.

La premiere partie de ce canal, qui s'étend depuis Aigues-mortes jusqu'à la riviere du Vistre, sur une longueur de deux mille cent trente toises, est perfectionnée, & il résulte du toisé qui est rapporté, que la dépense totale des ouvrages de cette partie monte à la somme de 170,583 liv. 17 s. 4 d., sur laquelle l'entrepreneur ayant reçu les années précédentes celle de 152,230 liv. 9 s. 4 d. il ne lui restoit dû que 18,353 liv. 8 s. dont il a été payé cette année.

La seconde partie du canal depuis la riviere du Vistre jusques vis-à-vis la métairie d'Abosc, sur une longueur de deux mille quatre cent septante toises est entierement recreusée; mais l'entrepreneur n'ayant point perfectionné les contre-canaux, qui ne sont recreusés que sur la moitié de leur longueur, le toisé de cette seconde partie ne sera rapporté qu'après la perfection des travaux, à compte desquels l'entrepreneur a reçu cette année la somme de 80,461 liv. 6 sols.

En exécution de la délibération des Etats du 21 Décembre 1779 MM. les commissaires des travaux publics ont adjugé le 3 Juillet dernier la troisieme partie de ce canal, depuis la métairie d'Abosc jusqu'à Franquevaux, sur une longueur d'environ une lieue; l'entrepreneur, après avoir fait quatre cent cinquante toises de recreusement dans cette partie, a été obligé d'en suspendre les travaux, parce que les eaux des inondations survenues dans le mois de Septembre, ont couvert les marais & les ateliers; il a cependant reçu à compte une somme de 17,570 livres.

Il a par conséquent été payé cette année pour les ouvrages du canal de navigation, une somme de 116,384 liv. 14 s. 2 d.; savoir, pour l'entier

N°. LXV. payement de ceux de la premiere partie 18,353 liv. 8 s. 2 d., à compte de ceux de la seconde 80,461 liv. 6 s., & à compte de ceux de la troisieme 17,570 liv.; & en ajoutant à cette premiere somme de 116,384 liv. 14 s. 2 d. celle de 13,447 liv. 7 s. 10 d. qui a été payée pour les ouvrages du desséchement des marais, suivant le compte qui en a été déjà rendu; il en résulte que la totalité de la dépense faite cette année pour tous ces ouvrages, est de 129,832 liv. 2 sols.

Les Etats ont été déjà informés que les sables qui sont emportés par les vents forment des dépôts dans la premiere partie du canal dans le terroir d'Aigues-mortes, & que les plantations de tamarins qui ont été faites sur les levées pour retenir ces sables, ont peu réussi. Le sieur Grangent auroit proposé, comme le meilleur moyen de remédier à cet inconvénient, de semer du chiendent sur les levées; mais s'étant apperçu qu'à mesure que ces sables ont été épurés par le soleil & par les eaux, il y croît naturellement des herbes rampantes, même du chiendent, il estime que l'on doit laisser agir la nature, qui, insensiblement & peu-à-peu, produira l'effet qu'on se propose, ainsi que l'expérience l'a démontré sur les bords de la grande robine d'Aigues-mortes.

Les Etats avoient déterminé par la même délibération du 21 Décembre 1779 qu'il seroit fait un levadon de part & d'autre des contre-canaux, à l'effet de clorre les possessions de la Muzette, pour les garantir des eaux salées de la mer & des inondations du Vistre. Et qu'il seroit construit un pont de bois sur le canal, & deux autres petits sur les contre-canaux, pour rétablir la communication interrompue avec les marais de la Souteyrane, & avec les possessions voisines qui ont été coupées par le nouveau canal, & en outre un petit pont sur l'ancien Vistre pour communiquer à la Muzette. N°. LXV.

MM. les commissaires des travaux publics ont adjugé le 3 Juillet dernier, ces quatre ponts; mais l'entrepreneur n'ayant encore fait que des approvisionnemens des matériaux, il ne lui a été rien payé.

On a formé une partie du levadon qui doit clorre le domaine de la Muzette du côté du nord; les déblais ont été pris dans les contre-canaux de ce même côté, & l'autre partie de ce levadon du côté du midi n'est point encore finie, parce que le contre-canal dans lequel on doit prendre les déblais pour le former, n'est point ouvert.

Le prieur de l'abbaye de Franquevaux a présenté un mémoire pour demander qu'il soit construit trois ponts auprès de cette maison, l'un sur le canal, & les deux autres sur les contre-canaux, pour aboutir à la partie des marais dépendans de cette abbaye qui se trouve de l'autre côté du canal.

Les communautés de Vauvert, Beauvoisin & Générac, sont dans le cas & dans le dessein de former une pareille demande pour trois ponts à construire auprès de la métairie d'Abosc.

Le sieur Grangent estime que ces ponts peuvent être nécessaires pour rétablir les communications interceptées; il observe en même-tems, que la multiplicité de ces ponts pourroit retarder la navigation, les patrons étant obligés d'abattre les mâts de leurs barques pour pouvoir passer, & il représente que les culées doivent être faites en maçonnerie, ainsi qu'on l'a pratiqué pour celui de la Muzette sur le Vistre, dont les culées n'ont fait aucun mouvement depuis qu'elles sont construites.

M. le marquis de Calviere a fait

N°. LXV.

dans le cours de l'année deux autres demandes, dont la premiere a pour objet d'être indemnisé de la perte des fourrages du domaine de la Muzette, par le défaut d'arrosage, l'entrepreneur ayant détourné les eaux de l'ancien lit du Vistre; & la seconde, d'être payé des fonds qui lui ont été & qui lui seront pris pour l'élargissement des contre-canaux dont les déblais doivent servir à former le levadon qu'il a demandé, & dont il vient d'être parlé.

MM. les commissaires des travaux publics, à qui il fut rendu compte de ces demandes, déterminerent par leur arrêté du 3 Juillet dernier, qu'il étoit juste d'avoir égard à la seconde; ils chargerent en même-tems le sieur Grangent de vérifier si la premiere étoit fondée, & ce directeur estime que la perte des fourrages dont M. de Calviere se plaint, ne doit être attribuée qu'à la sécheresse de l'été dernier, qui a produit une grande quantité de sauterelles, l'entrepreneur n'ayant d'ailleurs détourné les eaux de l'ancien lit du Vistre, que pour accélérer les ouvrages du canal, qu'on auroit été obligé de suspendre sans cette précaution.

Plusieurs habitans d'Aigues-mortes ayant fait des représentations au sujet des dommages qu'ils souffrent, soit par la perte de leurs récoltes à cause des sables des levées du canal, que les vents portent sur leurs possessions, soit parce que ces sables portés aussi par les vents sur leurs cabanes, pourrissent les roseaux qui les couvrent, le sieur Grangent qui fut chargé d'examiner si ces plaintes étoient fondées, pour en être rendu compte aux Etats, pense qu'il pourroit y avoir lieu d'indemniser ces particuliers à raison des dommages causés par les sables à leurs fonds & à leurs récoltes; mais qu'on ne peut point attribuer aux travaux de la province ceux qu'ils éprouvent par rapport à leurs cabanes, puisqu'il n'a été fait aucune levée dans cette partie, & que les déblais du recreusement du canal ont été portés dans l'étang de la ville.

On a continué pendant l'année la levée de la carte des marais; elle est finie, & la dépense totale se porte à la somme de 9692 livres 2 sols 6 deniers, sur laquelle il a été payé cette année 7062 livres 12 sols, le surplus ayant été payé l'année derniere.

MM. les commissaires, après avoir entendu tout le détail ci-dessus, ont cru devoir proposer à l'assemblée de délibérer.

1°. D'approuver l'emploi des sommes qui ont été dépensées pendant l'année aux ouvrages du canal de navigation depuis Beaucaire jusqu'à Aigues-mortes, & à ceux qui en dépendent.

2°. Qu'on continuera avec la plus grande diligence ceux de la seconde partie depuis la riviere du Vistre jusqu'au mas d'Abosc, pour les porter à leur perfection, ainsi que ceux de la troisieme partie depuis ledit mas d'Abosc jusqu'à Franquevaux, dont l'adjudication a été faite pendant l'année; qu'on continuera également les ponts auprès de la tour d'Anglas qui ont été pareillement adjugés pendant l'année, ainsi que le levadon qui doit clorre le domaine de la Muzette.

3°. Qu'il n'y a lieu d'adjuger la quatrieme partie du canal de navigation depuis Franquevaux jusqu'à Espeiran, jusqu'à ce que les ouvrages de la seconde & de la troisieme partie de ce canal soient finis, pour, audit cas, y être pourvu ainsi qu'il appartiendra.

4°. Qu'avant de rien déterminer, quant aux ponts sur le canal, & sur les contre-canaux demandés par les communautés de Vauvert, Beauvoisin & Générac, & par l'abbaye de Franquevaux, le syndic général sera chargé de

prendre des informations avec les dif-
°.LXV. férentes communautés riveraines dudit canal, pour savoir d'elles quels seroient les ponts qu'il seroit nécessaire d'y faire construire, & sur quoi la demande qu'on feroit desdits ponts seroit fondée, pour être dressé procès-verbal de toutes lesdites demandes, & en être rendu compte aux Etats dans leur prochaine assemblée, afin qu'ils puissent prendre à cet égard telle détermination qu'ils jugeront convenable.

5°. Qu'il n'y a pas lieu d'avoir égard à la demande en indemnité de M. de Calviere à raison de la perte des fourrages du tenement de la Muzette, & qu'il sera procédé en la forme ordinaire à l'estimation des terres qui ont été & qui seront prises pour l'élargissement des contre-canaux pour former les levadons, dont le montant sera payé sur ladite estimation.

6°. Qu'il n'y a pas lieu d'avoir égard aux demandes en indemnité formées par quelques habitans d'Aigues-mortes, à raison des sables que les vents ont porté dans leurs possessions ou sur leurs cabanes.

7°. Et que M. le trésorier de la bourse sera autorisé à faire l'avance des fonds nécessaires pour l'exécution des ouvrages adjugés.

Ce qui a été délibéré, conformément à l'avis de MM. les commissaires.

XLVI.

EXTRAIT du registre des délibérations des Etats généraux de Languedoc, assemblés par mandement du Roi en la ville de Montpellier au mois de Novembre 1781.

Du Lundi 24 Décembre suivant, président Mgr. l'archevêque & primat de Narbonne, commandeur de l'ordre du St. Esprit.

MONSEIGNEUR l'évêque de Montpellier a dit, que le sieur Rome fils, syndic général en survivance, a rendu compte à MM. les commissaires,
des ouvrages du canal de navigation de No. LXVI.
Beaucaire à Aigues-mortes, & de tout ce qui y a rapport.

Les Etats déterminerent entre autres choses, par la délibération qu'ils prirent le 2 Janvier 1781, au sujet des travaux de ce canal, dont la premiere partie, depuis Aigues-mortes jusqu'au Vistre, sur une étendue de 2130 toises étoit dès-lors perfectionnée.

1°. Qu'on continueroit avec la plus grande diligence les ouvrages de la seconde partie depuis la riviere du Vistre jusqu'au mas d'Abosc, pour les porter à leur perfection, ainsi que ceux de la troisieme partie depuis ledit mas d'Abosc jusqu'à Franquevaux, dont l'adjudication avoit été faite pendant l'année 1780; qu'on continueroit également les ponts auprès de la tour d'Anglas, qui avoient été pareillement adjugés pendant ladite année, ainsi que le levadon destiné à clorre le domaine de la Muzette; & que ce ne seroit qu'après la perfection de ces deux parties dudit canal, que l'on entreprendroit la quatrieme partie depuis Franquevaux jusqu'à Espeiran.

2°. Qu'il seroit procédé, en vertu de la demande de M. le marquis de Calviere, à l'estimation des terres qui avoient été, ou qui seroient prises pour l'élargissement des contre-canaux, dont les déblais devoient servir à former les levadons destinés à clorre le domaine de la Muzette.

3°. Que M. le trésorier de la bourse seroit autorisé à faire l'avance des fonds nécessaires pour l'exécution des ouvrages adjugés.

En conséquence de cette délibération, l'adjudicataire de la seconde partie dudit canal, depuis le Vistre jusqu'à la métairie d'Abosc, sur une longueur de 2470 toises, en a continué les travaux, auxquels il travailloit encore le

N°. LXVI. 15 Septembre, lorsque le sieur Grangent fit sa derniere tournée, en sorte qu'il ne fut pas possible à ce directeur d'en presser le toisé; ce qui ne peut avoir lieu qu'après la réception des ouvrages. Ledit entrepreneur a assuré avoir fini depuis cette partie du canal, à l'exception de quelques légeres imperfections dans les levées que ledit sieur Grangent lui avoit fait remarquer; & il a reçu pendant l'année des à-comptes à concurrence de 20,042 livres 7 sols.

L'entrepreneur de la troisieme partie depuis le mas d'Abosc jusqu'à Franquevaux, sur une longueur d'environ une lieue, y a travaillé sans interruption, & il est parvenu à recreuser en entier cette partie, dans laquelle il ne reste que quelques portions de batardeaux à enlever; il a pareillement entrepris le recreusement des contre-canaux qu'il a déjà perfectionnés sur environ 1200 toises, & dont il continue à s'occuper. Les à-comptes qui lui ont été donnés pendant l'année, se portent à 156,205 livres 2 sols 4 deniers, & il lui est encore dû 3809 livres un sol, pour les avances qu'il a faites à raison de l'enlevement de quelques éboulis qui sont survenus dans ses ateliers, & qui ont été occasionnés par la mauvaise nature du terrein. MM. les commissaires des travaux publics pendant l'année, auxquels il en fut rendu compte, ordonnerent par leur arrêté du 2 Mai dernier, que ces éboulis seroient enlevés par économie, & il résulte des contrôles qui ont été tenus à cette occasion, certifiés par l'inspecteur, & visés par le sieur Grangent, lesquels sont rapportés, que cet enlevement a donné lieu à une dépense de la susdite somme de 3809 livres 1 sol, qui doit être payée audit entrepreneur.

A l'égard des ponts sur le canal & sur les contre-canaux auprès de la tour d'Anglas & de celui de l'ancien Vistre, qui avoient été adjugés en 1780, l'entrepreneur chargé de leur construction les a perfectionnés, à l'exception de l'engravement des rampes auxquelles il travaille, & on rapporte le toisé des ouvrages qu'il a fait montant à la somme de 10,031 livres 2 sols 5 deniers, qui lui a été payée pendant l'année. Ce même entrepreneur a aussi fait la doublure des ponts d'Aigues-mortes, & de la Pinede sur le canal de navigation, ainsi que de ceux de Psalmody & de la Muzette sur le Vistre, & de celui sur le canal de fuite de la martelliere de Barbut; cette réparation jugée nécessaire & ordonnée par MM. les commissaires des travaux publics par leur arrêté du premier Mai dernier, sur la demande qui en fut faite par la communauté de Saint-Laurent, s'est portée, suivant les toisés qui en sont remis, à la somme de 947 livres 4 sols 10 deniers, qui a été payée.

Ainsi, en ablotant toutes les sommes dépensées pendant l'année pour le canal de navigation, elles forment un total de 187,225 livres 16 sols 7 den.

Le sieur Grangent a examiné, en exécution de la susdite délibération des Etats du 2 Janvier dernier, l'état des indemnités des terres qui ont été prises pour l'emplacement de la seconde partie du canal, & il assure qu'ayant vérifié ce qui a été payé à M. de Calviere pour la portion de ces terres qui a été occupée par ledit canal, il a reconnu que la demande formée par ledit sieur de Calviere en payement du terrein pris pour élargir les contre-canaux, & pour établir le levadon de la Muzette, se trouve comprise dans ledit état d'indemnité.

Le syndic général a cru aussi devoir informer la commission des dégradations occasionnées aux ouvrages du canal, par les pêcheurs, charretiers, & conducteurs

N°. LXVI.

conducteurs de gros & menu bétail qu'on mene dépaître sur les bermes & sur les levées. D'après le compte qui en fut rendu à MM. les commissaires des travaux publics pendant l'année, ledit sieur syndic général fut chargé de poursuivre devant M. l'intendant, les ordonnances nécessaires pour arrêter ces abus. Il a été en conséquence rendu diverses ordonnances qui condamnerent les délinquans à 100 livres d'amende, & ces ordonnances ont été envoyées à l'inspecteur pour les faire signifier & en poursuivre l'exécution; mais malgré toutes ces précautions, on n'a pu venir à bout de faire cesser ce désordre; il a même été porté au point que le nommé Bunier, du lieu du Caylar, a établi dans les contre-canaux trois pêcheries, qu'on appelle Château, construites avec des piquets & des roseaux, & que des particuliers d'Aigues-mortes, dont les possessions avoisinent le canal, anticipent sur les francs-bords, & entraînent dans leurs champs la terre des levées qu'ils démolissent; ce qui a engagé la commission à penser qu'il est indispensable d'établir un garde pour veiller sur les ouvrages dudit canal, afin qu'on puisse, par sa dénonce, connoître les contrevenans & les poursuivre.

MM. les commissaires se sont ensuite occupés de la détermination des ouvrages qui pourroient être exécutés dans le cours de l'année prochaine, & il leur a paru convenable d'ouvrir la quatrieme partie dudit canal depuis Franquevaux jusqu'à Espeiran, dans l'étendue d'environ une lieue, & d'aviser à l'exécution prochaine des travaux à faire à Beaucaire pour la prise d'eau, parce que ces derniers ouvrages devant exiger pour leur perfection le travail de quelques années, il seroit utile de les entreprendre incessamment, afin qu'ils pussent être achevés à l'époque où le recreusement total sera parfait, & que le commerce pût jouir dès-lors des avantages que doit lui procurer l'ouverture de cette branche de navigation.

Mais comme il est également nécessaire de pourvoir aux fonds à faire en 1782, pour la suite desdits ouvrages, & pour le remboursement des sommes dont M. le trésorier de la bourse est en avance, tant pour les travaux dudit canal, que pour ceux du canal de Narbonne, dont la dépense est prise concurremment sur la remise de 150,000 livres, accordée par le Roi sur le produit de la crue du sel établie en 1771, MM. les commissaires se sont fait représenter l'état de situation de la caisse de la province à cet égard, & ils ont reconnu,

1°. Que par le compte arrêté au mois de Décembre 1780, il étoit dû au sieur trésorier, à raison des ouvrages de ces deux canaux, 19,582 livres 17 sols; que les payemens survenus depuis cette époque jusques au 31 Mai 1781, avoient porté ses avances à 161,528 livres 14 sols 7 deniers, à quoi ajoutant la liquidation des intérêts exigibles pour lesdites avances, il lui étoit dû le premier Juin 1781, une somme de 163,694 livres 9 sols 3 den.

2°. Qu'audit jour premier Juin, ledit sieur trésorier ayant reçu du Roi les 150,000 livres de la remise accordée, ses avances avoient été pour lors réduites à 13,694 livres 9 sols 3 den.

3°. Que depuis ledit jour premier Juin dernier jusques à aujourd'hui, le total des ordonnances expédiées, tant pour le canal de Beaucaire que pour celui de Narbonne, s'éleve à la somme de 218,206 livres 10 sols 6 deniers, qui étant jointe à celle de 13,694 livres 9 sols 3 deniers, due de reste, comme il est expliqué ci-dessus, à celle de 15,000 livres pour les intérêts

N°. LXVI.

de l'emprunt de 300,000 livres payables à l'échéance du premier Janvier 1782, & à celle de 90,000 livres pour la dépense à faire par évaluation sur ces deux canaux, jusques au premier Juin prochain, terme de la rentrée de la remise, il en résulte un total de 336,900 livres 19 sols 11 deniers, à quoi se porteront les avances de M. le trésorier à ladite époque du premier Juin prochain, sans à ce comprendre les intérêts qui lui seront également dus tems pour tems.

Il est donc juste de pourvoir aux moyens d'acquitter cette dette, & la voie la plus naturelle est celle d'un second emprunt qu'on pourroit ouvrir le premier Juin 1782, sur les trois millions de livres que les Etats sont autorisés à emprunter pour lesdits ouvrages, par l'arrêt du conseil du 28 Novembre 1772, en affectant au payement des intérêts & des capitaux, la susdite remise de 150,000 livres, & il paroît que cet emprunt pourroit être ouvert à concurrence de 350,000 livres; au moyen de laquelle somme toutes les avances faites & à faire par M. le trésorier pour les deux canaux jusques au premier Juin 1782, seront acquittées; en sorte que les 150,000 livres de la remise qui seront versées à cette époque dans la caisse de la province, feront face aux dépenses subséquentes que les ouvrages desdits deux canaux pourront exiger jusques à la tenue des Etats prochains, sauf dans le cas où ledit sieur trésorier auroit fait encore de nouvelles avances, à y être alors pourvu par les Etats, ainsi qu'ils aviseront.

D'après tout ce qui vient d'être exposé, MM. les commissaires ont été d'avis de proposer aux Etats de délibérer.

1°. D'approuver l'emploi des sommes qui ont été dépensées pendant l'année aux ouvrages du canal, & à ceux qui en dépendent.

2°. Que l'entrepreneur de la troisieme partie dudit canal sera payé de la somme de 3908 livres 1 sol qu'il a avancée pour l'enlevement des éboulis qui sont survenus dans ladite partie du canal.

3°. Que les entrepreneurs de la seconde & troisieme partie dudit canal, acheveront de les perfectionner, de maniere que la réception & les toisés puissent en être rapportés l'année prochaine.

4°. Qu'il n'y a pas lieu d'avoir égard à la demande de M. de Calviere.

5°. Qu'il sera dressé par le sieur Grangent un devis de la quatrieme partie dudit canal, depuis Franquevaux jusques à Espeiran, dans l'étendue d'environ une lieue, pour l'adjudication en être faite par MM. les commissaires des travaux publics pendant l'année, & que ce directeur s'occupera aussi pendant l'année du devis de la cinquieme partie, à l'effet d'être présenté aux Etats prochains.

6°. Que les trois directeurs des travaux publics se feront représenter incessamment les plans & projets qui furent dressés lors du devis primitif pour la construction des ouvrages de la prise d'eau du Rhône à Beaucaire, & du port du commerce qui doit être à la suite, & qu'ils se transporteront sur les lieux à l'effet d'examiner lesdits projets & d'en dresser les devis & détails estimatifs, en observant d'en écarter tout faste, & concilier, autant qu'il sera possible, la solidité & l'économie dans les travaux projettés, pour lesdits plans; projets, & détails estimatifs rapportés aux Etats dans leur prochaine assemblée, être par eux délibéré ce qu'il appartiendra sur leur exécution.

7°. Qu'en vertu de l'arrêt du conseil

N°. LXVI.

N°. LXVI. du 28 Novembre 1772, qui a permis aux Etats d'emprunter trois millions de livres pour les susdits ouvrages, il sera ouvert le premier Juin 1782, un emprunt de 350,000 livres au denier vingt, exempt de toute retenue, pour servir au remboursement des avances faites par le sieur trésorier de la bourse, & de celles qu'il sera obligé de faire jusqu'à l'ouverture dudit emprunt, pour les ouvrages dudit canal de Beaucaire & de celui de Narbonne; à la continuation desquels on employera la susdite remise de 150,000 livres sur la crue du sel de 1771, dont le payement doit écheoir ledit jour premier Juin, & que, dans le cas où ledit sieur trésorier se trouveroit, lors de la tenue prochaine des Etats, avoir fait de nouvelles avances, il y sera pourvu. N°. LXVI.

8°. De charger MM. les commissaires des travaux publics pendant l'année de s'occuper de l'établissement d'un ou de deux gardes sur les ouvrages dudit canal, lesquels veilleront à ce qu'il n'y soit fait aucune dégradation, & seront tenus d'avertir l'inspecteur des contraventions; auquel cas ledit inspecteur en informera sur le champ le syndic général, afin qu'il y soit pourvu; & que lesdits gardes seront aussi tenus de réparer les dégradations occasionnées par les eaux pluviales aux ouvrages du canal.

Ce qui a été ainsi délibéré, conformément à l'avis de MM. les commissaires.

ARTICLE QUATRIEME.

Du projet d'un Canal de navigation depuis la ville de Nîmes jusqu'au Vistre, au dessous du Caylar.

I.

EXTRAIT du registre des délibérations des Etats généraux de Languedoc, assemblés par mandement du Roi en la ville de Montpellier au mois de Novembre 1779.

Du Mardi 28 Décembre suivant, président Mgr. l'archevêque & primat de Narbonne, commandeur de l'ordre du St. Esprit.

MONSEIGNEUR l'archevêque de Toulouse a dit: qu'il a été rendu compte par le sieur de Joubert, syndic général, d'un mémoire présenté à M. le directeur général des finances par le sieur Blachier habitant de Nîmes, au nom d'une compagnie, pour être autorisés à construire un canal de navigation depuis ladite ville jusqu'à Aigues-mortes; que ce mémoire a été renvoyé à M. l'intendant, qui a cru devoir le communiquer aux Etats pour avoir leur avis au sujet de l'exécution de ce canal; que ce mémoire est accompagné des délibérations de la ville de Nîmes, & d'un grand nombre de communautés du même diocese, qui en desirent l'exécution avec empressement, par rapport aux avantages qu'elles supposent devoir en retirer pour le débit de leurs denrées & l'augmentation de leur commerce.

Que cette utilité est sensible pour toutes les denrées & marchandises venant de Bordeaux, & du haut Languedoc par le canal de jonction des mers, dont le canal des étangs est la suite, & dont celui qui est entrepris par les Etats depuis Aigues-mortes jusqu'à Beaucaire, est la perfection, puisqu'au moyen de la branche du canal de Nî-

N°. I. mes jusqu'à ce dernier, ces denrées & ces marchandises seront portées jusqu'à cette ville. Que les denrées & marchandises à exporter dans le haut Languedoc, & même au delà, jouiront des mêmes avantages; & que s'ils sont moins sensibles par rapport à l'importation & exportation qui se fait par le Rhône, ils sont toujours réels par la comparaison du prix du transport par terre, avec celui des voitures d'eau, nonobstant la prolongation de près de douze lieues.

Qu'au surplus, la ville de Nîmes & les communautés voisines ne profiteront pas seules des avantages de ce canal, qu'elles les partageront avec les dioceses d'Alais & Uzès, par la facilité de se pourvoir à Nîmes des denrées & marchandises qui sont le plus à leur usage.

Qu'à l'égard de la possibilité, la même compagnie ajoute qu'elle a été reconnue, non seulement dès l'année 1697, où ce canal fut proposé; mais encore depuis que les Etats se sont occupés du canal de navigation d'Aigues-mortes à Beaucaire, & du desséchement des marais; qu'elle a même été reconnue par M. de la Blotiere & M. Maréchal, qui ont été successivement directeurs des fortifications de cette province.

Que la longueur de cette branche de canal, suivant le mémoire, sera de 15,500 toises, son ouverture de huit, ses franc-bords de trois de chaque côté. Il aura par-tout six pieds d'eau, & que les talus naturels n'en auront que quatre, la qualité des terres n'en exigeant pas davantage. Que l'excavation en sera faite partout dans un lit de terre glaise; & que, comme les eaux du canal seront toujours au dessous du niveau des terres, les propriétaires riverains n'auront pas à craindre la moindre filtration.

Qu'il résulte des nivellemens qui ont été réitérés, que de l'Esplanade de Nîmes au canal de navigation sous le Caylar, il y a cent onze pieds de pente, que la compagnie se propose de racheter par onze écluses, quoique le plan en ait indiqué treize, de nouvelles réflexions ayant fait juger que ce nombre pouvoit être réduit sans inconvénient. N°. I.

Que ce canal suivra dans sa direction le territoire de la ville de Nîmes, en partant de dessous l'Esplanade jusqu'au chemin creux qui commencera au moulin des Capellans; que dans cette partie il sera formé par les eaux de la fontaine qui serviront également à nourrir ce canal dans la partie de ce chemin qu'il parcourra jusqu'au ruisseau Loubeau, & continuera jusqu'à sa rencontre avec le Vistre, dont les eaux serviront à l'alimenter jusques au dessous du Caylar, à l'endroit où il joindra celui de la province; & que le plus léger coup-d'œil sur la carte du pays fait appercevoir, indépendamment des avantages de la navigation, celui de garantir des inondations annuelles du Vistre, une des plus belles & des plus riches plaines de la province, en contenant les eaux de cette riviere dans un canal régulier.

Que la circonstance des ouvrages déjà faits par la province pour la navigation du Vistre, & sa jonction au canal de navigation, ainsi que l'assurance de la continuation de ce dernier jusqu'à Beaucaire, ont réveillé l'idée du projet de la branche du canal de Nîmes à Aigues-mortes, qui se trouve déjà exécutée jusques près du Caylar, & que la réunion de tous les avantages dont on a parlé qui paroissent se réaliser au moyen des ouvrages faits par la province, & de ceux qu'elle se propose de faire, a déterminé la compagnie qui se présente à reprendre la suite

N°. I. d'un projet utile en lui-même, & dont l'exécution est aujourd'hui plus facile & plus assurée.

Qu'elle ne craint pas même qu'on lui objecte la concurrence du canal de Lunel, puisque les avantages qu'il procure ne peuvent jamais avoir l'effet d'un privilége exclusif à l'égard d'une ville qui trouve dans sa position, & dans les moyens qu'elle lui procure pour l'exécution de la branche du nouveau canal, des motifs assez pressans pour demander d'y être autorisée.

Que quoique cette compagnie ne rapporte pas l'évaluation de la dépense de ces ouvrages, ni même un devis qui en fasse connoître le détail, cependant, comme elle se charge de les faire exécuter à ses frais, même de payer toutes les indemnités qui pourront être dues à raison de son emplacemeut, sans demander aucun secours à la province, il paroît que les Etats doivent être uniquement occupés dans l'avis qu'ils ont à donner par rapport au canal dont il s'agit, & au privilége demandé pour son exécution, de l'utilité de cette entreprise, qui paroît assez évidemment établie pour ne devoir pas être révoquée en doute; que d'ailleurs cette compagnie fait remarquer à l'égard de la dépense d'un pareil ouvrage, que les eaux du Vistre étant des eaux claires, & qui ne sont chargées d'aucun limon, il n'est pas à craindre qu'elles fassent des dépôts assez sensibles, pour donner lieu à une dépense considérable pour son entretien; & que pour être en état de fournir aux frais de la construction & autres qui en sont la suite, elle se réduit à demander qu'il lui soit permis de lever sur les marchandises qui seront voiturées par ce canal six deniers par quintal & par lieue, qui est le même droit attribué aux propriétaires du canal de la jonction des mers.

Qu'elle espere retirer au moyen du produit de ce droit de sept à huit pour cent de la dépense qu'elle aura faite pour sa construction; l'augmentation de ce produit, s'il y en a, servant à justifier l'importance de l'entreprise; qu'enfin pour répondre à toutes les objections qu'on pourroit lui faire, elle offre dès à présent à la province, la faculté d'acquérir pour tous les tems à venir, la propriété du canal, moyennant la somme de deux millions cent mille livres, qu'elle croit, par un premier apperçu, devoir être employée à sa construction, après toutefois qu'elle aura joui pendant trente années des fruits de ses soins & de ses dépenses. N°. I.

Que MM. les commissaires, après s'être ainsi instruits de l'utilité qu'on doit retirer de la construction de la branche du canal dont il s'agit depuis la ville de Nîmes jusqu'au Caylar, par l'augmentation du commerce des marchandises & denrées d'importation & d'exportation par ce canal, de la possibilité de son exécution, & des conditions auxquelles la compagnie qui se présente pour en obtenir le privilége, offre de s'en charger à ses frais, en payant toutes les indemnités qui seront dues pour son emplacement, sans aucune contribution ni secours de la part de la province, il leur a paru que les Etats pouvoient donner à ladite compagnie le consentement qu'elle demande pour l'exécution d'un canal qui rapproche de la ville de Nîmes & de ses environs, la navigation déjà établie par le canal des étangs, & celle qui le sera encore par la continuation du nouveau canal depuis Aigues-mortes jusqu'à Beaucaire; que l'offre faite par cette compagnie, de céder à la province la faculté de se charger de ce canal après qu'elle en aura eu la jouissance pendant trente années, en lui remboursant la somme de deux millions cent mille livres, à laquelle elle en a estimé la dépense par un premier apperçu, a paru mériter d'autant plus d'attention de la part des Etats, qu'on ne sauroit disconvenir d'après les vues même du gouvernement, que la construction des canaux & leur manutention, doivent être par préférence confiés à une administration publique qui soit en état de connoître tous les avantages & les rapports dont leur situation les rend susceptibles à l'égard des différens objets de commerce, & que l'intérêt public, auquel elle est obligée de veiller, la met en état d'assurer & de perpétuer ces avantages, en comparant le produit des droits, avec les charges pour les établir dans une juste proportion.

Mais que dans la vue de profiter après le terme de trente années, si les Etats le jugent ainsi à propos, de la faculté d'acquérir la branche du canal dont il s'agit, au moyen du remboursement de la somme à laquelle la dépense de sa construction a été évaluée, il est juste que les Etats veillent par eux-mêmes à la manutention de ce canal & à son entretien; de maniere que cette surveillance, ajoutée à l'intérêt personnel de la compagnie, soit encore un nouveau garant de son utilité pour le commerce, & du bon état où il sera lorsqu'ils jugeront à propos d'user de la faculté qui leur est offerte.

De sorte que par ces différentes considérations, MM. les commissaires ont été d'avis de proposer aux Etats de donner leur consentement à ce que la compagnie, qui se présente, obtienne de Sa Majesté la permission d'exécuter la branche du canal qu'elle se propose de former depuis la ville de Nîmes jusqu'au dessous du Caylar, à la charge, 1°. de supporter tous les frais de sa construction, tels qu'ils peuvent être, même les indemnités à payer aux seigneurs & aux propriétaires des fonds qu'ils seront obligés d'acquérir pour son emplacement, & généralement tous frais quelconques, sans aucune contribution ni secours de la part des Etats.

2°. Que le droit que ladite compagnie sera autorisée à percevoir sur ledit canal, ne pourra être plus fort que de six deniers par quintal poids de marc, & par lieue, sans que ledit droit puisse être augmenté sous quelque prétexte que ce soit.

3°. D'accepter l'offre qui leur est faite par ladite compagnie, de la faculté d'acquérir cette branche de canal, les moulins, terres, bâtimens, & tous objets acquis à son occasion ou en dépendans, s'ils le jugent ainsi à propos, en lui remboursant la somme de deux millions cent mille livres, de laquelle il a été convenu pour ledit rachat, dont la faculté est une condition expresse du présent consentement des Etats, & ne pourra cependant avoir lieu, qu'après trente années de jouissance de ladite compagnie, pendant lesquels elle en percevra les droits, & sera chargée d'en entretenir la navigation.

4°. Que pendant ce terme, & même au-delà, si la compagnie jouit plus long-tems de ladite branche du canal, les Etats seront autorisés à veiller au bon entretien de ses ouvrages, de maniere que la navigation ne puisse en recevoir aucun retardement, ni éprouver aucun obstacle; auquel effet le directeur des travaux publics de la province de ce département, fera toutes les années la visite de cette branche de canal, & des ouvrages qui en dépendent, en présence de celui qui sera député à cet effet par la compagnie, de laquelle visite ledit directeur dressera son procès-verbal, dont il sera rendu compte chaque année aux Etats.

5°. Qu'après l'entiere confection des ouvrages dudit canal, ladite compa-

No. I. gnie sera tenue de remettre au greffe des Etats ses titres de propriété, & les devis & plans desdits ouvrages.

Ce qui a été délibéré, conformément à l'avis de MM. les commissaires.

II.

EXTRAIT du registre des délibérations des Etats généraux de Languedoc, assemblés par mandement du Roi en la ville de Montpellier au mois de Novembre 1781.

Du Vendredi 28 Décembre suivant, président Mgr. l'archevêque & primat de Narbonne, commandeur de l'ordre du Saint-Esprit.

MONSEIGNEUR l'archevêque de Toulouse a dit, que MM. les commissaires se sont occupés de l'examen des mémoires présentés aux Etats, tant par le sieur Blachier, habitant de Nîmes, au nom de la compagnie qui a formé l'entreprise d'un canal de navigation à construire depuis la ville de Nîmes jusqu'au Vistre, que par MM. les propriétaires du canal de Lunel, opposans audit projet; ledit sieur Blachier, concluant à ce qu'il plaise aux Etats, sur le vu desdits mémoires respectifs, & des pieces y jointes, confirmer leur délibération du 28 Décembre 1779.

Le sieur Rome fils, syndic général en survivance, qui a fait à MM. les commissaires le rapport de cette affaire, a cru devoir mettre sous leurs yeux la susdite délibération des Etats, par laquelle, après avoir reconnu la possibilité & l'utilité dudit canal de Nîmes au Vistre, ils donnerent leur consentement à ce que ladite compagnie obtînt du Roi la permission de l'exécuter, aux clauses & conditions y mentionnées; à quoi il a ajouté que, munis de cette délibération, le sieur Blachier & sa compagnie se sont présentés au conseil, à l'effet d'obtenir les lettres-patentes qui leur sont nécessaires; mais que leurs démarches ont été arrêtées par l'opposition de MM. les propriétaires du canal de Lunel, qui ont produit des mémoires dans lesquels ils contestent même l'utilité de l'établissement projeté, & prétendent qu'il ne sauroit avoir lieu, sans déroger à leurs titres, sans les dépouiller de leur propriété, sans violer l'engagement le plus solemnel & le plus sacré. No. II.

Quant à l'utilité du projet, elle a été si solemnellement reconnue par les Etats, lors de leur délibération du 28 Décembre 1779, dont sa commission a entendu la lecture, qu'elle ne sauroit être affoiblie par les raisons qu'avancent lesdits propriétaires pour donner quelque poids à leur opinion contraire.

Mais si l'avantage du canal proposé ne peut être révoqué en doute; d'un autre côté, il importe aux Etats, dont l'administration est la sauve-garde de la propriété privée, & dont toutes les maximes tendent à la respecter, d'écouter les plaintes de cette propriété lorsqu'elle se croit lésée, & de s'éclairer sur cet objet.

Ce motif, joint à celui de l'importance majeure de l'entreprise dont il s'agit, a engagé MM. les commissaires à examiner avec la plus scrupuleuse attention les titres produits par les propriétaires du canal de Lunel, & qui consistent en plusieurs arrêts du conseil & lettres-patentes des 11 Juin & 20 Août 1715, 5 Mars, 28 Mai & 7 Juin 1718.

Par celui du 11 Juin 1715, rendu à la requête des habitans de Lunel, & revêtu de lettres-patentes le 20 Août suivant, il fut ordonné que pardevant le sieur de Basville il seroit procédé à l'adjudication des ouvrages à faire pour la continuation du canal de la robine de Lunel, depuis l'endroit où il finissoit alors, jusqu'aux fossés de ladite

N°. II. ville, & de l'entretien dudit canal à celui ou à ceux qui feroient la condition meilleure; que pour le payement du prix de l'adjudication, les droits y spécifiés leur seroient aussi adjugés à perpétuité, ou pour un certain nombre d'années; & que l'adjudicataire ne pourroit en être dépossédé en aucun tems, à moins qu'il ne fût préalablement remboursé, en un seul & actuel payement, du prix de ladite adjudication.

Les principaux droits établis par ledit arrêt & lettres-patentes, sont ceux d'un sol par minot de sel, de vingt sols par muid de vin, d'un sol par quintal de fer, de trois sols par salmée de blé, deux sols par salmée de seigle, & deux sols six deniers par salmée de gros ou petit millet; comme aussi un sol pour chaque quintal de légumes, de savon, de sucre, d'épiceries, de draperies, d'huile, de charbon de bois & de pierre, de cuir, & de beaucoup d'autres marchandises.

En vertu de cet arrêt du conseil & lettres-patentes y jointes, M. de Basville adjugea à Henri Coulomb la construction dudit canal & de son entretien, ensemble la propriété d'icelui, & des droits dont la perception avoit été ordonnée, le tout aux clauses & conditions de ses deux offres des 15 Novembre 1717 & 18 Janvier 1718; adjudication qui fut homologuée par l'arrêt du conseil du 5 Mars 1718, lequel est rapporté.

Et enfin, par arrêt du conseil du 28 Mai de la même année, revêtu de lettres-patentes du 7 Juin suivant, & rendu sur la requête des consuls & habitans de Lunel, le Roi déclara obliques tous les ports & canaux qui pourroient être faits le long de la riviere du Vidourle, ou qui seroient tirés de l'étang de Mauguio, & que toutes les marchandises qui entreroient dans ledit étang, ou qui en sortiroient par d'autre canal que celui de Lunel, ensemble les barques portant lesdites marchandises, seroient confisquées, & les patrons condamnés en cinq cent livres d'amende; disposition qui avoit été l'une des conditions apposées par Coulomb à ses offres. N°. II.

Telle est la clause dont prennent avantage MM. les propriétaires du canal de Lunel, & en vertu de laquelle ils prétendent avoir un privilége exclusif de navigation sur l'étang de Mauguio, & le droit de s'opposer à la confection du canal de Nîmes, parce que celui-ci, en débouchant dans le Vistre, communiqueroit par-là audit étang de Mauguio, recevroit des barques venant dudit étang, & lui en fourniroit.

Le sieur Blachier de son côté, tâche de détruire l'application qu'on entend faire de cette clause au canal de Nîmes; & il répond, que ce canal ne doit pas être construit le long de la riviere du Vidourle, ni alimenté par ses eaux, ni tiré de l'étang de Mauguio; qu'il sera ouvert à plus de quatre lieues de distance de celui de Lunel, & ira se réunir aux eaux de la riviere du Vistre, dans la partie où cette riviere a été rendue navigable par les Etats; & que s'il étoit possible de prendre cette clause dans le sens qu'on lui donne, il faudroit dire que les Etats n'ont pas pu recreuser le canal du Vistre, ni ouvrir celui de Beaucaire, à Aigues-mortes; qu'il faudroit enfin supposer que le Roi a entendu concentrer tout le commerce d'une grande partie de Languedoc dans le seul canal de Lunel; que non-seulement un tel privilége ne sauroit jamais se présumer, mais qu'il n'a même jamais existé; qu'ainsi, l'exécution même du titre invoqué par MM. les propriétaires du canal de Lunel résiste à leurs idées, & que l'immensité de leur prétention, est

N°. II. est la preuve la plus forte qu'elle est sans fondement.

MM. les commissaires, après avoir pesé les raisons des deux parties, ont observé que la décision de la question qui les divise, dépend de l'interprétation de la clause insérée dans l'arrêt du conseil du 28 Mai 1718, qui est l'un des titres de MM. les propriétaires du canal de Lunel, & qu'il n'appartient par conséquent qu'au conseil de Sa Majesté d'expliquer le sens vague de cette clause, qui ne paroît pas pouvoir être prise raisonnablement dans toute l'étendue qu'on prétend lui donner, ni devoir être appliquée au canal de Nîmes; mais que s'il étoit possible que ce prétendu privilége existât tel que MM. les propriétaires du canal de Lunel le réclament, les Etats devroient, par une suite de leurs principes, attaquer de tout leur pouvoir un droit aussi contraire au bon ordre & au bien du commerce, & en poursuivre la révocation; qu'on seroit d'autant plus fondé dans cette demande, qu'aux termes même des titres rapportés, les propriétaires du canal de Lunel peuvent être dépossédés au moyen du remboursement du prix de l'adjudication passée à Henri Coulomb, dont ils sont les représentans. N°. II.

Ainsi, la commission a été d'avis de proposer aux Etats de délibérer de confirmer leur délibération du 28 Décembre 1779, concernant l'entreprise du canal de Nîmes, & dans le cas où les propriétaires de celui de Lunel persisteroient à soutenir leur prétendu privilége exclusif, de charger MM. les députés à la cour, & le syndic général, de se retirer devers le Roi, à l'effet de supplier Sa Majesté de déclarer que les titres de ces propriétaires ne leur attribuent point le droit qu'ils réclament; & dans le cas où le conseil de Sa Majesté prononceroit l'existence de ce droit, d'en demander l'anéantissement, puisqu'un privilége de cette nature seroit contraire au bon ordre, & ne pourroit que porter le plus grand préjudice au commerce de cette province.

Ce qui a été délibéré, conformément à l'avis de MM. les commissaires.

TITRE QUINZIEME.

Des Ouvrages entrepris pour redresser & contenir la riviere d'Aude, & disposer de ses crues pour la bonification des terres voisines & l'atterrissement de l'Etang de Capestan.

N°. I. **I.**

EXTRAIT du registre des délibérations des Etats généraux de Languedoc, assemblés par mandement du Roi en la ville de Montpellier, au mois de Novembre 1765.

Du Samedi 25 Janvier 1766, président Mgr. l'archevêque & primat de Narbonne.

MONSEIGNEUR l'évêque de Saint-Papoul a dit, que la derniere crue de la riviere d'Aude arrivée depuis que les Etats sont assemblés, ayant causé aux habitans de Coursan de grandes alarmes, par le danger où ils crurent être de voir renverser leurs maisons par la violence de l'inondation; & les habitans de la communauté de Salles s'étant plaints en même-tems que les épanchoirs de Salles, de la Carbonne, & de Dauria versoient en trop grande abondance les eaux de la même riviere sur leur terroir, ce qui leur causoit des dommages considérables, auxquels il étoit important de remédier, Mgr. l'archevêque de Narbonne jugea à propos d'ordonner aux sieurs Garipuy & Saget de se transporter sur les lieux, non-seulement pour vérifier le fondement des plaintes de ces deux communautés, mais encore pour aviser aux moyens de prévenir en général tous les inconvéniens, qui résultent des fréquentes inondations de la riviere d'Aude, en conservant néanmoins les avantages, qu'on peut tirer du versement modéré des eaux, & des dépôts sagement ménagés du limon qu'elles laissent.

Que lesdits sieurs directeurs ont exposé dans un mémoire, dont le sieur de Montferrier a fait le rapport à la commission, qu'il n'étoit que trop vrai que les inondations de la riviere d'Aude causoient aux terres riveraines, depuis Salleles jusques à la mer, des dommages inestimables; que les justes plaintes qu'en ont porté chaque année depuis long-tems les communautés dans lesquelles ces terres sont situées, ont fait l'objet des recherches de plusieurs ingénieurs, qui ont proposé des moyens pour prévenir ces malheurs, ou du moins les diminuer, mais que les sommes considérables, auxquelles les ouvrages ont été appréciés, le peu d'accord des intéressés, & la crainte de perdre pendant quelque-tems les récoltes d'une partie de leurs bonnes terres en ont jusques à présent suspendu l'exécution; que cependant la quantité des terres submergées s'accroît toujours tandis que leur vaste étendue, leur bonté, & leur position dans une partie de la province où les grains sont le plus en valeur, exigent que les Etats s'occupent efficacement de l'examen, non-seulement des projets déjà proposés, tant pour éviter les inondations sur les terres cultivées, ou pour rehausser & dessécher celles qui sont submergées depuis long-tems; mais aussi des autres moyens que pourroient suggérer des connoissances plus particulieres de la situation des lieux.

N°. I. Que pour acquérir cette connoissance, & faire une juste appréciation des ouvrages contenus dans les anciens ou nouveaux projets, on doit commencer par dresser une carte exacte de tout l'espace du terrein qui s'étend, dans un sens, depuis Salleles jusques à l'étang de Vendres, & dans l'autre, depuis l'étang Salin jusques à celui de Capestan, à quoi pourra servir la carte déjà faite des terres situées sur la rive gauche de la riviere d'Aude depuis Salleles jusques à Notre-Dame de Liesse.

Que quoiqu'il ait déjà été fait trois nivellemens des lieux, comme ils ne sont pas entierement d'accord, & qu'ils ne comprennent pas même toute l'étendue de la nouvelle carte proposée, il convient d'ordonner un quatrieme nivellement, & qu'après ces opérations préalables, qui doivent être faites aussitôt, pour qu'elles puissent être achevées avant la belle saison; il pourra être procédé par les trois directeurs des travaux publics de la province à une vérification, à laquelle les députés des communautés intéressées seront appellés, pour écouter leurs dires & recevoir leurs mémoires & délibérations, le procès-verbal de laquelle vérification étant rapporté aux Etats, avec les observations des directeurs, sur les divers projets dont ils auront fait l'application sur les lieux, & discuté les avantages, & inconvéniens, en y joignant leur avis sur le choix des ouvrages, auxquels ils croiront devoir donner la préférence, & l'estimation de la dépense nécessaire pour leur exécution, mettra l'assemblée à même de se déterminer avec une entiere connoissance de cause sur une affaire aussi importante.

Mais qu'en attendant le parti définitif, qui pourra être pris à ce sujet, il pourroit être pourvu dès à présent d'une maniere provisoire aux demandes des communautés de Coursan, de Salles, & de Fleury, en se contentant de rehausser de trois pieds les murs du quai, qui défend le village de Coursan au dessous du pont, afin que les plus hautes inondations ne puissent pas le surmonter, ce qui ne coûtera qu'environ deux mille livres. N°. I.

Et à l'égard de la communauté de Salles, en lui permettant de masquer l'ouverture des épanchoirs, non en maçonnerie, pour ne rien faire de stable, qui puisse nuire au projet général, mais seulement par des levées de terre, qui n'étant que des ouvrages aisés à détruire, suffiront pour garantir les récoltes pendantes jusques au niveau des autres épanchoirs.

Que la commission n'a pu qu'applaudir à des vues aussi raisonnables, & a été conséquemment d'avis de proposer aux Etats d'ordonner la levée de la carte, les nivellemens, & autres opérations, ainsi que la vérification proposée par les sieurs directeurs, de permettre à la communauté de Coursan de faire élever le mur du quai qui défend le village au dessous du pont, en lui accordant pour cette dépense une somme de 2000 livres, & en permettant à la communauté de Salles de masquer par de simples levées de terre les épanchoirs de Salles, de la Carbonne, & de Dauria à niveau des autres épanchoirs.

Sur quoi il a été délibéré, conformément à l'avis de MM. les commissaires, 1°. qu'il sera incessamment procédé par le sieur Garipuy à la levée de la carte de tout l'espace, qui s'étend dans un sens depuis Salleles jusqu'à l'étang de Vendres, & dans l'autre depuis l'étang Salin, jusqu'à celui de Capestan, comme aussi aux nivellemens nécessaires pour bien connoître les hauteurs respectives des eaux de la riviere jusques à la mer, après lesquelles opérations préliminaires il sera fait par ledit sieur di-

N°. I. recteur, conjointement avec les sieurs de Saget & Grangent, en présence de MM. les commissaires du diocese de Narbonne, une nouvelle vérification à laquelle seront appellés les députés des communautés intéressées, dont les délibérations & dires par écrit seront joints au procès-verbal de la vérification, lequel procès-verbal sera rapporté aux Etats prochains, avec celui des opérations desdits sieurs directeurs, & leurs observations & avis sur les divers projets déjà faits, ou qu'ils pourront faire eux-mêmes, pour remplir les vues des Etats, en y joignant l'estimation des ouvrages, pour sur le tout être délibéré ce qu'il appartiendra.

2°. De permettre à la communauté de Coursan de faire rehausser de trois pieds les murs du quai au dessous du pont, & de lui accorder pour cet ouvrage la somme de 2000 livres qui sera imposée à cet effet la présente année, comme aussi de permettre à la communauté de Salles de masquer provisoirement avec de simples levées de terre les épanchoirs, qui nuisent à leurs terres, pour garantir des grandes crues d'eau les récoltes pendantes, au niveau des autres épanchoirs.

I I.

EXTRAIT du registre des délibérations des Etats généraux de Languedoc, assemblés par mandement du Roi en la ville de Montpellier au mois de Novembre 1766.

Du Jeudi 18 Décembre suivant, président Mgr. l'archevêque & primat de Narbonne.

MONSEIGNEUR l'évêque de Nîmes a dit, que les Etats chargerent par leur délibération du 25 Janvier dernier le sieur Garipuy de lever la carte de tout l'espace qui s'étend depuis le lieu de Salleles, jusques à l'étang de Vendres, & depuis l'étang Salin jusques à celui de Capestan, comme aussi de faire les nivellemens nécessaires pour constater les hauteurs respectives des eaux de la riviere d'Aude jusques à la mer, & déterminerent en même-tems qu'après ces opérations préliminaires il seroit fait par ce directeur, conjointement avec les sieurs de Saget & Grangent, en présence de MM. les commissaires du diocese de Narbonne, une nouvelle vérification à laquelle seroient appellés les députés des communautés qui souffrent le plus par les fréquentes inondations de la riviere d'Aude, le procès-verbal de laquelle vérification seroit rapporté à la présente assemblée avec celui des opérations desdits sieurs directeurs & leurs observations & avis sur les divers projets déjà faits pour remédier à un mal qui ne fait qu'augmenter chaque année, ensemble les nouveaux projets qu'ils pourroient faire eux-mêmes pour remplir les vues des Etats sur un objet aussi intéressant, en y joignant l'estimation des ouvrages qu'ils croiroient propres à y parvenir. N°. II.

Que le sieur de Montferrier, pour rendre compte à la commission de l'exécution de cette délibération, a rapporté le procès-verbal des opérations faites en conséquence, les délibérations des communautés intéressées à la vérification, & un mémoire contenant les réflexions & avis des trois directeurs, dont il a été fait lecture à la commission.

Qu'il en résulte que les terroirs exposés aux inondations de la riviere d'Aude, forment une étendue d'environ douze lieues quarrées; qu'on a eu depuis très-long-tems en vue les moyens de les en garantir; que c'est à quoi ont travaillé MM. Boué en 1710, de Niquet en 1712, de Beauregard en 1714, de Clapiers en 1717, & de la Blotiere en 1728, qui ont tous donné des mé-

N°. II. moires tendant à-peu-près aux mêmes fins, soit en saignant la riviere d'Aude, soit en alignant son lit & coupant ses principaux contours, soit en dérivant ses eaux dans quelque étang.

Que la difficulté de se déterminer sur le choix de ces différens projets, & les dépenses considérables de leur exécution, les ont faits suspendre jusques à présent.

Qu'une inondation extraordinaire survenue en 1755, donna lieu à une nouvelle vérification qui fut faite par le sieur Garipuy, qui, voulant se borner à des ouvrages dont la dépense ne fût pas trop considérable, en procurant, comme ce qui étoit le plus pressant, la diminution de la trop grande hauteur des inondations, proposa d'aligner la riviere d'Aude sur environ 2000 toises de longueur, par un canal depuis Coursan jusques à la métairie de Lavernette, sur lequel il seroit formé des épanchoirs servant à bonifier les fonds riverains par le dépôt du limon des eaux qu'ils y verseroient; qu'il ne fut rien statué alors sur le projet; mais que les Etats assemblés à la fin de l'année 1756, déterminerent d'imposer 20,000 livres pour commencer ce canal; qu'alors les communautés de Salles & de Fleury, craignant que le changement du lit de la riviere ne leur fût préjudiciable, firent les plus vives instances pour qu'on ne donnât au nouveau canal qu'une profondeur médiocre, & qu'il fût construit, à la tête, un épanchoir de maçonnerie qui ne laissât passer que les eaux superflues, auxquelles représentations les Etats ayant eu égard, ils délibérerent le 30 Décembre 1757, de faire un nouveau fonds de 15,000 livres, tant pour achever le recreusement du canal commencé, que pour la construction de l'épanchoir, laquelle fut adjugée en 1758 au prix de 10,000 livres, & le tout ayant été achevé, la dépense se porta en entier à 34,428 livres. N°. II.

Qu'en 1760, cet épanchoir ayant été dégradé, & la communauté de Salles craignant pour la solidité de cet ouvrage, offrit d'en construire elle-même un autre sur le même canal à 150 toises plus bas, au moyen des matériaux du premier, & d'une somme de 12,000 livres qui lui fut accordée, lequel ouvrage fut achevé en 1761.

Que les choses en avoient resté là jusques à ce qu'une forte inondation survenue au mois de Janvier dernier donna lieu à de nouvelles plaintes, & à la résolution que prirent les Etats de faire faire l'examen qu'on met aujourd'hui sous leurs yeux.

Que cet examen fait connoître que la riviere d'Aude n'a pas une pente uniforme, qu'elle coule plus vîte dans ses parties supérieures, ainsi que dans celles qui sont alignées, & dirigées vers son embouchure, & que son mouvement est presque insensible dans les contours, & dans les parties basses; que son lit s'est rehaussé, & se rehaussera toujours, jusques à ce que son embouchure, après avoir dépassé tous les étangs où se répandent ses eaux, sera parvenue à la mer dont elle n'est pas bien éloignée; que le rehaussement des eaux de l'étang de Capestan est proportionné à celui de la riviere dans laquelle elles se versent, & que si on n'y remédie, elles couvriront chaque jour de nouvelles terres; qu'on ne peut atterrir cet étang, ni rehausser les terres qui le bordent, qu'en y conduisant par une rigole les eaux troubles de la riviere; que les communautés, & les propriétaires des fonds riverains, surtout ceux de Narbonne & de Coursan, mieux instruits aujourd'hui de leurs véritables intérêts, se réunissent à demander qu'on rehausse leurs terres par les

N°. II. eaux troubles de la riviere, que la position des lieux fixe l'écoulement desdites eaux du côté de Gruissan pour toutes les terres situées à la rive droite de la riviere, & du côté de Vendres pour tout ce qui est sur la rive gauche; Que l'étang Salin est comblé, & que ceux qui sont près de Gruissan ne sauroient suffire pour procurer un débouché assez prompt aux eaux de cette riviere; qu'il seroit inutile & même très-dangereux de changer son cours vers Gruissan, & qu'on peut aisément augmenter sa pente dans la position actuelle où elle est, en retraçant son lit, & diminuant le volume de ses eaux par des saignées qui ne serviront qu'à améliorer les terres sur lesquelles elles passeront.

Que venant ensuite au détail des ouvrages que lesdits sieurs directeurs ont cru les plus propres à remplir l'objet qu'on a en vue & à l'estimation de leur dépense, il paroît que ces ouvrages consistent, 1°. à aligner le lit de la riviere depuis le pont de Coursan, en perfectionnant le canal qui fut creusé en 1757, ce qui doit coûter 30,000 livres.

2°. A construire deux épanchoirs en maçonnerie, l'un au pas de Lastours, & l'autre au terroir de Blanque-Fougasse, avec les rigoles propres à recevoir les eaux & à les conduire dans les terres qui ont besoin d'être rehaussées, ce qui est estimé 65,000 livres.

3°. A rehausser l'épanchoir de Coursan, ce qui coûtera 6000 livres.

4°. A démasquer l'épanchoir de Ste. Marie en ouvrant une large rigole jusques au pont qui est sur le chemin de Celeiran, en faisant sur ses bords des ouvertures & autres rigoles pour porter les eaux limoneuses sur les terres voisines, ce qu'on estime 30,000 livres.

5°. A faire deux nouveaux épanchoirs auprès du lieu de Coursan estimés 40,000 livres. N°. II.

6°. A faire plusieurs autres menus ouvrages dans les terroirs de différentes communautés, estimés, pour ceux qui peuvent être faits d'abord, à 12,000 livres.

Tous lesquels ouvrages dont la dépense va en total à 183,000 livres tendent également à garantir les terres des inondations, & à leur procurer leur amélioration.

Que ceux qui doivent procurer l'atterrissement de l'étang de Capestan, consistent à faire un épanchoir sur la rive gauche de la riviere d'Aude audessus de la chaussée de Salleles, & à ouvrir un canal de 4000 toises de longueur, depuis cet épanchoir jusques à l'étang, dont la dépense est estimée 150,000 livres; à élargir la rigole du Perier destinée à vuider les eaux de cet étang dans une autre partie de la riviere, ce qu'on estime 15,000 livres; à faire un canal d'environ 500 toises pour porter les eaux venues par la rigole du Perier, dans le canal de Carbonne destiné à recevoir toutes celles de la riviere, ce qu'on croit coûter 6000 livres; enfin à redresser la partie inférieure de son lit sur environ 600 toises de longueur, pour les porter à la mer par un ancien grau, ce qui pourra coûter 8000 livres.

Toutes lesquelles dépenses, qui font la seconde partie du projet, montent à 179,000 livres.

Que la derniere observation des directeurs roule sur la nécessité de rehausser le grand chemin depuis Narbonne jusques à la montagne de Nisse, & de percer l'ancienne chaussée de Coursan de plusieurs arceaux.

Que la commission, après avoir donné à ce rapport & à toutes les parties qu'il embrasse, toute l'attention que mérite leur importance, a regardé

N°. II. l'exécution du projet comme indispensable ; mais que la dépense a paru si considérable que la province ne sauroit l'entreprendre, surtout dans les circonstances présentes, sans avoir recours aux bontés de Sa Majesté, desquelles elle a lieu d'attendre les mêmes secours qu'elle a bien voulu lui accorder dans des occasions également intéressantes, notamment lors de la construction des rigoles & contre-canaux à faire sur les bords du canal de communication des mers.

Qu'ainsi, MM. les commissaires ont été d'avis de proposer aux Etats, en approuvant les projets contenus dans le procès-verbal & avis des directeurs des travaux publics, de charger MM. les députés à la cour de solliciter un secours pendant quelques années, lequel joint à la somme que la province pourra fournir par imposition, puisse procurer le plutôt possible l'exécution desdits ouvrages, en commençant par la premiere partie estimée 183,000 livres, & remédier par-là aux dommages qu'éprouvent depuis trop long-tems des communautés qui sont prêtes à déguerpir, si on ne les met au plutôt à l'abri de pareils malheurs.

Ce qui a été délibéré, conformément nt à l'avis de MM. les commissaires.

III.

EXTRAIT du registre des délibérations des Etats généraux de Languedoc, assemblés par mandement du Roi en la ville de Montpellier au mois de Novembre 1767.

Du Samedi 2 Janvier 1768, président Mgr. l'archevêque & primat de Narbonne.

MONSEIGNEUR l'évêque de Nîmes a dit, que les Etats ayant par leur délibération du 18 Décembre 1766, approuvé le projet qui leur fut présenté par les directeurs des travaux publics des ouvrages, par lequel ils estimoient qu'on pourroit parvenir à prévenir les dommages que causent les inondations de la riviere d'Aude dans la plaine aux environs de la ville de Narbonne, & même à dessécher l'étang de Capestan dont la dépense, distinguée en deux parties, monteroit à près de 400,000 livres, ils déterminerent de charger MM. les députés à la cour, de solliciter auprès du Roi des secours, qui étant continués pendant plusieurs années, & joints aux sommes que la province fourniroit par imposition, pussent suffire pour entreprendre & conduire, le plutôt qu'il seroit possible, à leur perfection lesdits ouvrages, en commençant par la premiere partie estimée 183,000 livres. N°. III.

Que Sa Majesté a bien voulu accueillir favorablement cette demande, en accordant sur le fonds de l'indemnité de la présente année une somme de 25,000 livres, & qu'ayant lieu d'espérer que cette grace sera continuée, puisque Sa Majesté s'est réservée d'accorder de nouveaux secours pour cet objet, après que les Etats auroient justifié de la totalité de la dépense, MM. les commissaires ont cru devoir proposer à l'assemblée de charger MM. les députés à la cour de les solliciter de plus fort, en mettant sous les yeux de Sa Majesté les plans & devis estimatifs sur lesquels les Etats se sont déterminés à entreprendre lesdits ouvrages ; mais qu'il leur a paru également indispensable, pour faire connoître à Sa Majesté que si les Etats n'ont pas déjà pris de leur côté les mesures nécessaires pour concourir, ainsi qu'ils l'ont résolu, à cette dépense, ce n'est que pour ne pas porter trop loin les impositions qui augmenteront cette année, en déterminant toutefois dès à présent d'annoncer qu'il sera fait en 1769 un premier fonds de 25,000 li-

N°. III. vres, lequel étant joint aux remises, qu'il aura plu alors à Sa Majesté d'accorder, formera une avance assez considérable pour commencer à mettre la main à l'œuvre, & pousser les travaux de maniere à pouvoir bientôt jouir du fruit qu'on a lieu d'en attendre.

Sur quoi il a été délibéré de charger MM. les députés de faire connoître au Roi l'utilité des travaux dont il s'agit, & l'objet de la totalité de leur dépense, en suppliant Sa Majesté de vouloir bien continuer à la province des secours qui puissent la rendre moins onéreuse aux redevables; & cependant qu'il sera imposé en 1769 une somme de 25,000 livres pour commencer les travaux avec les remises, qu'il aura plu alors à Sa Majesté d'accorder.

IV.

Extrait du registre des délibérations des Etats généraux de Languedoc, assemblés par mandement du Roi en la ville de Montpellier au mois de Novembre 1768.

Du Samedi 24 Décembre suivant, président Mgr. l'archevêque & primat de Narbonne.

Monseigneur l'évêque de Nîmes a dit, que les Etats ayant approuvé par leur délibération du 18 Décembre 1766, les projets contenus dans le procès-verbal des directeurs des travaux publics pour prévenir les dommages que les inondations de la riviere d'Aude causent aux terres riveraines, depuis Sallcles jusqu'à la mer, ils chargerent MM. les députés à la cour de solliciter un secours pendant quelques années, lequel joint à la somme que la province fourniroit par imposition, pût procurer le plutôt possible l'exécution des ouvrages proposés, en commençant par ceux de la partie basse, évalués à 183,000 livres; que Sa Majesté n'ayant accordé en 1767 que 25,000 livres, les Etats chargerent par leur délibération du 2 Janvier 1768, leurs députés à la cour de solliciter de nouveaux secours, & cependant déterminerent qu'il seroit imposé en 1769 une somme de 25,000 livres pour commencer les travaux, avec les remises qu'il auroit plu alors à Sa Majesté d'accorder. N°. IV.

Que le Roi, touché des pertes des riverains de l'Aude, a accordé cette année une somme de 30,000 livres pour rendre moins onéreux à la province les travaux à faire pour prévenir ces malheurs.

Que la commission n'a conséquemment à proposer à l'assemblée, 1°. que d'ordonner de plus fort l'imposition à faire en 1769 de la somme de 25,000 livres, qui jointe aux remises accordées par Sa Majesté en 1767 & 1768, sera employée aux ouvrages ordonnés en commençant par la partie basse. 2°. de charger MM. les députés à la cour de supplier Sa Majesté d'accorder à la province de nouveaux secours pour la mettre en état de continuer des travaux aussi utiles; mais que la commission ayant considéré que les principaux ouvrages à faire maintenant consistent en des recreusemens de terre qui doivent être faits par des paysans, & qu'on a lieu d'espérer que les frais en seront moins grands, si, au lieu d'en faire l'adjudication générale, on la divisoit en plusieurs adjudications particulieres faites aux mêmes paysans que l'entrepreneur général seroit obligé d'employer par des marchés ou de sous-entreprises partielles, MM. les commissaires ont cru devoir proposer à l'assemblée d'autoriser le sieur Garipuy, directeur des travaux publics dans ce département, à chercher sur les lieux des paysans en état de se charger des diverses parties dudit ouvrage, de recevoir leurs soumissions & de les envoyer

N°. IV. voyer au sieur de Montferrier, syndic général, pour en être fait rapport à MM. les commissaires des travaux publics pendant l'année, & être par eux autorisés, si les marchés & les conditions qu'elles contiendront sont plus avantageux que ceux qu'on pourroit faire d'ailleurs.

Ce qui a été délibéré, conformément à l'avis de MM. les commissaires.

V.

EXTRAIT du registre des délibérations des Etats généraux de Languedoc, assemblés par mandement du Roi en la ville de Montpellier au mois de Novembre 1769.

Du Samedi 23 Décembre suivant, président Mgr. l'archevêque de Toulouse.

MONSEIGNEUR l'évêque de Nîmes a dit, que le Roi, à la sollicitation des Etats, ayant accordé par les arrêts des 11 Novembre 1767 & 22 Novembre 1768, une somme de 30,000 livres chacune de ces deux années pour être lesdites sommes employées aux ouvrages destinés à prévenir les inondations de la riviere d'Aude depuis Salleles jusques à la mer, les Etats confirmerent l'année derniere la délibération qu'ils avoient prise précédemment, d'imposer en 1769, une somme de 25,000 livres, qui jointe aux remises deja accordées par Sa Majesté, seroit employée de même aux canaux ordonnés, en commençant par la partie basse; & attendu que les ouvrages à faire cette année, consistoient en des recreusemens de terre qui devoient être faits par les paysans, ils chargerent le sieur Garipuy directeur des travaux publics de chercher sur les lieux des paysans en état d'en entreprendre les diverses parties, afin qu'évitant les profits qu'un entrepreneur général auroit faits sur les mêmes ouvriers, les frais fussent moins considérables, & ils autoriserent MM. les commissaires des travaux publics pendant l'année, à recevoir les soumissions qui leur seroient présentées par le syndic général, au cas elles fussent plus avantageuses que les offres qu'on pourroit se procurer d'ailleurs : Qu'en exécution de cette délibération, le sieur Garipuy presenta à la commission assemblée le 29 Mars dernier, les soumissions faites par les nommés Bruyere, Roucairol, Dourche & Izard, pour les recreusemens des divers ateliers du canal, à ouvrir depuis Coursan jusques à la nouvelle embouchure de la riviere d'Aude dans la mer, & personne n'ayant moins dit, lesdites soumissions furent acceptées. N°. V.

Que depuis ce tems-là, on n'a pas cessé de travailler aux ouvrages qui avoient été adjugés; que la nouvelle embouchure de la riviere d'Aude a été ouverte; & qu'elle s'est déjà élargie & approfondie, quoique les eaux ne soient pas venues bien grosses; qu'on a rouvert l'ancien canal de la Carbonne dans toute sa longueur, & qu'on a démoli l'ouvrage en maçonnerie qui en défendoit l'entrée; que cette partie des ouvrages projettés, qui étoit la plus pressante, étant presque achevée, on va s'occuper maintenant à ouvrir les divers canaux, qui, après avoir traversé la plaine de Narbonne, doivent se rendre dans l'étang Salin.

Que les ouvrages faits jusques à présent montent, suivant les toisés provisionnels qui en ont été faits, à la somme de 31,000 livres, & que les ouvrages qu'on se propose de faire l'année prochaine devant être d'une plus grande dépense par leur étendue & leur durée, parce qu'ils vont être continués sans interruption, il convient d'imposer l'année prochaine une somme de

N°. V. 30,000 livres, pour y pourvoir avec les sommes qui sont déjà en caisse, & celles qu'il a plu à S. M. d'accorder la présente année, & d'autoriser MM. les commissaires des travaux publics d'accepter les nouvelles soumissions qui pourront être faites pendant l'année pour l'exécution des ouvrages qui doivent être faits.

Que la communauté de Salles à pris une délibération le 23 du mois de Novembre dernier, par laquelle, après avoir exposé les dommages qu'elle prétend avoir soufferts du canal de la Carbonne, & ceux que la nouvelle ouverture de ce canal lui fait craindre, soit par l'inondation de ses récoltes, soit par la difficulé de cultiver les terres situées par de-là le canal, elle conclut à supplier les Etats de la décharger des impositions annuelles qu'elle sera hors d'état de payer, & de lui fournir une barque pour le passage du nouveau canal, en attendant qu'on construise les ponts qui seront jugés necessaires, comme aussi de prescrire la maniere dont il en sera usé pour la cotisation des terres prises pour l'emplacement du canal & dont la valeur sera payée aux propriétaires, afin que la communauté ne soit pas surchargée.

Que la commission, après avoir examiné ces demandes, n'a pas cru que ce fût le cas de décharger la communauté de Salles de ses impositions annuelles, mais seulement de lui procurer dans la suite, s'il y a lieu, des indemnités proportionnées aux dommages, qu'elle justifiera avoir soufferts par l'ouverture du nouveau canal, au delà de ceux que les inondations de la riviere d'Aude lui auroient causés, si ce canal n'eût pas été ouvert, & compensation faite de l'amélioration qu'il procurera à leurs terres.

Que MM. les commissaires ont jugé convenable d'accorder, tant pour le service de la communauté de Salles que de tous ceux qui sont intéressés au passage du canal de la Carbonne depuis Coursan jusqu'à son embouchure dans la riviere d'Aude, une somme de 1200 livres, une fois payée, laquelle sera remise entre les mains du receveur du diocese de Narbonne pour être employée, sur les mandemens de MM. les commissaires du diocese, à procurer le passage du canal de la Carbonne en la maniere qui sera jugée la plus convenable, & sans qu'à raison de ce on puisse de nouveau avoir recours à la province sous quelque prétexte que ce soit. N°. V.

2°. Qu'il en sera usé pour les nouvelles terres qui seront prises pour le canal de la Carbonne, ainsi que pour tous les autres fonds destinés à l'emplacement des travaux publics à raison desquels on paye au propriétaire le capital de la taille dont il demeure chargé jusqu'au renouvellement du compoix, tems auquel le lit actuel de la riviere d'Aude sera comblé & pourra être mis à la taille, en sorte qu'il n'y aura aucune surcharge sur le général des communautés intéressées.

Sur quoi il a été délibéré, 1°. qu'il sera imposé dans le département des dettes & affaires une somme de 35,000 livres, pour, avec le reste des fonds faits par la province & accordés par le Roi, continuer les travaux des coupures de la riviere d'Aude, en donnant pouvoir à MM. les commissaires des travaux publics d'accepter les soumissions qui pourront être faites par les paysans des communautés voisines desdits travaux, ainsi qu'il en a été usé pour ceux qui ont été faits pendant le courant de la presente année.

2°. Qu'il n'y a lieu de décharger la communauté de Salles de ses impositions annuelles, sauf à lui procurer

N°. V. dans la suite, s'il y a lieu, des indemnités proportionnées aux dommages qu'elle justifiera avoir souffert par l'ouverture du nouveau canal de la Carbonne au delà de ceux que les inondations de la riviere d'Aude lui auroient causés, si ce canal n'eût pas été ouvert, & compensation faite de l'amélioration qu'il procurera à leurs terres.

3°. D'accorder tant pour le service de la communauté de Salles que de tous ceux qui sont intéressés au passage du canal de la Carbonne depuis Coursan jusqu'à son embouchure dans la riviere d'Aude, une somme de 1200 livres une fois payée, laquelle sera remise entre les mains du receveur du diocese de Narbonne, pour être employée, sur les mandemens de MM. les commissaires de ce diocese, à procurer le passage de ce canal en la maniere qui sera jugée la plus convenable, & sans qu'à raison de ce on puisse de nouveau avoir recours à la province sous quel prétexte que ce soit.

Enfin qu'il en sera usé pour les nouvelles terres qui seront prises pour le canal de la Carbonne, ainsi que pour tous les autres fonds destinés à l'emplacement des travaux publics à raison desquels on paye au proprietaire le capital de la taille, dont il demeure chargé jusques au renouvellement du compoix, tems auquel le lit actuel de la riviere d'Aude sera comblé, & pourra être mis à la taille.

V I.

EXTRAIT du registre des délibérations des Etats généraux de Languedoc, assemblés par mandement du Roi en la ville de Montpellier au mois de Novembre 1770.

Du Vendredi 28 Décembre suivant, président Mgr. l'archevêque & primat de Narbonne. N°. VI

MONSEIGNEUR l'évêque de Nîmes a dit, que le sieur de Montferrier a rendu compte à la commission de la suite des travaux de la riviere d'Aude, qui ont été commencés en 1769, en conséquence des soumissions faites par divers paysans & acceptées par MM. les commissaires, pour le recreusement des canaux à ouvrir.

Que pendant ladite année, on rouvrit l'ancien canal de la Carbonne sur sa premiere largeur, on forma sur les mêmes dimensions une nouvelle embouchure à la riviere d'Aude, dans la direction de la partie supérieure de son lit, & on y dirigea les eaux au moyen d'une digue en terre placée sur le canal de l'ancienne embouchure.

Que pour perfectionner ces travaux, on s'est occupé pendant le cours de cette année 1°. à donner aux grandes eaux un débouché, en démasquant l'épanchoir de Sainte-Marie, & en recreusant la rigole de fuite jusqu'à l'étang Salin; 2°. à ouvrir divers canaux pour écouler les eaux des terres basses de la communauté de Coursan au couchant du grand chemin, appellées l'Etang; 3°. A prolonger le canal de la Carbonne en ligne droite en remontant vers le pont de Coursan, sur la rive gauche de la riviere. 4°. A élargir & à approfondir le canal de la Carbonne, & la nouvelle embouchure de la riviere à la mer, surtout dans les endroits où le terrein a le plus de consistance; en sorte que la largeur actuelle de ces canaux est d'environ dix toises, au lieu qu'elle n'étoit auparavant que de cinq à six toises.

Que les recreusemens du canal de la Carbonne & une partie de ceux du canal de l'embouchure ont été faits à la main, mais que n'ayant pu par ce mo-

N°. VI.

yen seul donner à ce dernier canal toute la profondeur nécessaire, à cause d'une barre d'un terrein ferme & graveleux qu'on n'a découvert que lorsque les recreusemens ont été portés à quatre pieds de profondeur, on a fait venir un des pontons du port de Cette, au moyen duquel on a enlevé la plus grande partie de cette barre, & on travaille actuellement à percer le reste.

Que tous les travaux dont on vient de faire mention, & qui ont été exécutés dans les années 1769 & 1770, se portent, suivant les toisés que le sieur Garipuy en a dressés, à la somme de quatre-vingt-cinq mille trois cent trente-quatre livres treize sols sept deniers, laquelle a été payée aux entrepreneurs, tant sur les dons qui ont été faits par le Roi, que sur les fonds qui ont été imposés par la province, sur lesquels on a aussi payé la somme de vingt-quatre mille trois cent trente-six livres neuf sols huit deniers à laquelle ont été estimées les indemnités dues à raison de l'élargissement du canal de la Carbonne, ces deux sommes revenant ensemble à celle de cent neuf mille six cent soixante-onze livres trois sols trois deniers, étant ôtées de celle de cent cinquante mille livres à laquelle ont monté les dons accordés par le Roi en 1767, 1768 & 1769, & les fonds imposés par la province en 1769 & 1770, il ne reste en caisse que quarante mille trois cent vingt-huit livres seize sols neuf deniers, & vingt mille livres que Sa Majesté a accordé cette année.

Qu'après ce détail de ce qui a été fait jusques à présent, suivant les intentions de l'assemblée, ledit sieur de Montferrier a informé la commission des différends que M. le duc de Fleury & ses fermiers ont élevés à raison de ces travaux; que les fermiers de plusieurs portions de la terre de Fleury & notamment de l'isle ou domaine d'Illec, firent signifier des actes à M. le duc de Fleury au mois de Novembre 1769 pour protester des dommages auxquels ils étoient exposés à l'occasion des ouvrages que les Etats faisoient exécuter sur la riviere d'Aude, notamment par rapport à la digue qui en a bouché le lit pour déterminer les eaux dans la nouvelle embouchure de la riviere.

Que M. le duc de Fleury notifia ces actes au syndic général par exploit du 9 Mai 1770, & le somma de convenir d'experts à l'effet de vérifier & estimer les indemnités que lui & ses fermiers avoient à prétendre; que le syndic général n'ayant point déféré à cette sommation, M. le duc de Fleury poursuivit deux arrêts sur requête au parlement de Paris des 4 & 14 Août 1770, portant que, sur le fait dont il s'agit, les parties procéderont en la grand-chambre de ladite cour, & ordonne que par experts convenus ou pris d'office par devant le plus prochain juge royal, il sera procédé à la vérification & estimation desdits dommages, s'il en a été causé dans ladite terre & duché de Fleury & isle d'Illec par la digue ou chaussée nouvellement construite, ensemble du préjudice que ladite digue peut causer au lit de la riviere.

Que le syndic général, à qui ces arrêts furent signifiés avec assignation devant le lieutenant principal du sénéchal de Beziers, à l'effet de convenir d'experts, fit signifier de sa part un acte à M. le duc de Fleury contenant qu'il s'opposoit à l'exécution de ces arrêts & à toute procédure de vérification & estimation qu'il entendroit faire faire en conséquence, & ce attendu, d'une part, qu'aucune demande judiciaire ne peut être formée contre les Etats que préalablement ils n'en aient délibéré dans leur assemblée, & que, de l'autre, les Etats ne sont tenus suivant leur

N°. VI. privilége de répondre qu'au conseil de Sa Majesté de laquelle ils dépendent sans aucun milieu, & qui est conséquemment seule en droit de connoître du fait de leurs délibérations, déclarant ledit syndic général qu'il leur donneroit connoissance en leur assemblée lors prochaine des demandes dudit seigneur duc de Fleury, auquel il feroit part ensuite de la délibération qu'ils prendroient à ce sujet, protestant de la nullité, & inutilité de ladite procédure, & qu'il ne se présenteroit sur l'assignation à lui donnée à l'effet de la nomination d'experts que pour protester de nouveau contre ce qui pourroit être fait au préjudice de son opposition.

Que le commissaire après l'expiration du délai porté par cet arrêt, a nommé un expert d'office pour les Etats, à l'effet de procéder conjointement avec celui nommé par M. le duc de Fleury & ses fermiers à la vérification ordonnée, & que le syndic général ayant été assigné le 19 Novembre pour les voir procéder, il a pris le parti pour arrêter le cours d'une procédure si déplacée, singulierement dans la circonstance où les Etats étoient à la veille de l'ouverture de leurs séances, de faire signifier à M. le duc de Fleury, l'arrêt du conseil qui surseoit aux poursuites & jugemens des procès que la province, & ceux qui composent les Etats, ont ou pourront avoir tant au conseil, que dans les compagnies supérieures & en toutes autres jurisdictions du royaume, & ce tant pour le tems de la tenue des Etats, que pour les quinze jours qui en précedent l'ouverture, & les quinze jours qui en suivent la séparation.

Que cette signification ayant été faite le 22 Novembre, le commissaire ne laissa pas le lendemain 23 de recevoir le serment des experts, & que son procès-verbal fut signifié le même jour au syndic général avec déclaration que ces mêmes experts procéderoient au fait de leur commission tant en sa présence qu'en son absence. N°. VI.

Qu'il est essentiel d'observer que M. le duc de Fleury n'étant pas le seul qui prétende des indemnités à cause des inondations occasionnées par la digue ou chaussée dont il s'agit, le syndic général avoit, dès le mois de Mai 1770, de concert avec MM. les commissaires ordinaires du diocese de Narbonne, nommé trois experts pour procéder sur les réquisitions du syndic de ce diocese à la vérification, & estimation des dommages réclamés par les propriétaires des fonds, & que ces experts s'étant rendus sur les lieux, dès que les eaux qui les avoient submergés se furent retirées, ils procéderent de suite au fait de leur commission dans les terroirs de Coursan, Salles & Fleury, dont ils ont dressé leur procès-verbal qui n'a pu être cloturé, attendu l'étendue du travail, que le 8 du présent mois de Décembre, & suivant lequel ils ont évalué lesdits dommages à la somme de cent quatre mille quatre cent quatre-vingt-quatre livres neuf sols cinq deniers, ne pouvant pas déterminer à quoi ces dommages se seroient portés si les ouvrages n'eussent pas été faits, attendu que dans les communautés endommagées on perdoit souvent les récoltes dans les années qui ont précédé le commencement des travaux.

Qu'ils rapportent dans le même procès-verbal, pour ce qui regarde M. le duc de Fleury & ses fermiers du domaine d'Illec, que ceux-ci leur remirent un mémoire dans lequel les faits sont multipliés à un tel point qu'une somme de cinquante-cinq mille livres suffiroit à peine pour les dédommager des dégradations causées par les inondations sur une terre dont ils ne payent que six mille livres de rente.

N°. VI. Que les experts estiment en même tems ces dommages à la somme de dix-huit mille livres, indépendamment d'un autre somme de trois mille cent trente-neuf livres qu'ils adjugent à des fermiers d'une autre partie des terres de M. le duc de Fleury; & qu'après avoir rendu raison de leur avis en particulier par rapport au domaine d'Illec, ils observent que cette terre a reçu par les inondations plus que toute autre des bonifications considérables, ce qu'il est facile de reconnoître à ce qu'ils rapportent, tant par la position des terres dont la plus grande partie sont couvertes de tamarins qui arrêtent les dépôts, que parce que les fonds en sont salubres au point que, de l'aveu même des fermiers, elles n'auroient pû seulement, sans les inondations, produire du salicor dans deux ou trois années de plus qu'elles eussent donné du bled.

Qu'il est vrai, ajoutent-ils, qu'il y a deux champs ensablés & dégradés sur environ vingt-quatre séterées, & que cette terre est coupée par différens ravins qui donneront lieu à quelque dépense, mais qu'il est aussi vrai qu'environ deux mille séterées de terre ont été couvertes d'un excellent dépôt qui les rend susceptibles d'une plus grande production à l'avenir, puisque les terres qu'on semoit en bled alternativement d'année en année pourront l'être sans aucun inconvénient plusieurs années de suite, & que partie de celles qui étoient destinées pour le salicor, pourront produire du bled, outre qu'au moyen des défrichemens qu'on peut faire, & qu'on a déjà commencés sur la rive gauche de la coupure de la mer, on pourra, si on veut, semer mille sacs & plus de graine de salicor, ce qui sans difficulté compensera abondamment, & en peu de tems les récoltes perdues la présente année 1770; & cela est si vrai, ajoutent-ils encore, qu'en estimant chaque séterée de terre bonifiée à dix livres seulement, les dix-huit mille livres que les fermiers ont perdues, se trouvent par-là plus que compensées. N°. VI.

Que le sieur de Montferrier a fait ensuite observer à la commission, qu'on a suivi dans l'affaire présente la même route que les Etats ont toujours tenue lorsque les travaux publics dont ils ordonnent l'exécution ont causé quelque préjudice aux possessions riveraines; que dans ce cas, comme dans tous les autres, ils ont prévenu les demandes qui pouvoient leur être faites, puisqu'on vient de voir que le procès-verbal des trois experts nommés par le syndic général sur l'indication de MM. les commissaires du diocese de Narbonne, contient l'estimation des dommages causés à un très-grand nombre de propriétaires dont aucun, si on en excepte les fermiers de M. le duc de Fleury, ne l'avoit réclamée par aucun acte d'hostilité, & dont aucun n'a encore prétendu avoir été lésé par l'avis des experts.

Que le Roi a reconnu les inconvéniens qui résulteroient si les Etats étoient exposés à des procédures judiciaires & contradictoires vis-à-vis de chaque particulier qui auroit des demandes de cette nature à leur faire; que même les entrepreneurs des ouvrages de la province ont été mis à couvert des procédures de cette nature à raison des dommages dont ils sont tenus, à cause de la prise & du charroi des matériaux, puisque Sa Majesté a voulu par plusieurs arrêts du conseil & par des lettres-patentes registrées au parlement de Toulouse, que M. l'intendant connût sommairement de ces demandes qui se terminent sans frais; ce qui est également avantageux à toutes les parties.

Que quelques égards qu'aient les Etats pour M. le duc de Fleury, ils ne

N°. VI. sauroient se départir du privilége dont ils jouissent par leur constitution, de dépendre immédiatement de Sa Majesté sans aucun milieu, & de ne répondre qu'à son conseil. Que si les fermiers de M. le duc de Fleury se sont écartés de la route qui a toujours été suivie, il y a lieu de penser que lorsque M. le duc de Fleury sera mieux instruit, il ne voudra plus prêter son nom aux vues intéressées de ses fermiers; & que, dans le cas contraire, il est d'une nécessité indispensable de se retirer devers le Roi pour faire annuller les arrêts du parlement de Paris, & arrêter le cours d'une procédure également contraire à la cause publique & aux prérogatives des Etats.

A quoi Mgr. l'évêque de Nîmes a ajouté, que le sieur Barbasan, du lieu de Salles, ayant requis qu'il fût fait une vérification particuliere des dommages qu'il prétendoit avoir soufferts, les mêmes experts y ont procédé, & qu'il résulte de leur procès-verbal & avis que les demandes de ce particulier sont dénuées de tout fondement, ou remplies par les sommes qui lui ont été déjà accordées & qu'il n'a conséquemment plus rien à prétendre ni à revendiquer de la province.

Que la commission, après avoir donné à cette affaire toute l'attention qu'exige l'importance des ouvrages, leur dépense, & leurs conséquences, n'a pu qu'être affligée des plaintes auxquelles donne lieu une entreprise qui n'a pour objet que le bien public, & de ce qui résulte du rapport des experts; mais que considérant l'incertitude que laisse leur avis sur le fait de savoir si les ouvrages commencés ont été ou non la cause des dommages, s'ils n'auroient pas également existé par l'effet des inondations indépendamment desdits travaux, & quelle auroit pu être leur différence; que d'ailleurs les experts ont pu en grossir l'objet, & qu'ils conviennent eux-mêmes que les pertes actuelles pourront être avantageusement réparées dans les suites par la bonification des dépôts que laissent les inondations, MM. les commissaires, dans l'embarras où ils se sont trouvés de déterminer les secours qui pourroient être accordés sans conséquence aux communautés plaignantes, & aux fermiers de M. le duc de Fleury, ont cru qu'il convenoit de s'en rapporter aux connoissances plus particulieres que peut avoir & prendre sur les lieux Mgr. l'archevêque de Narbonne, en priant ce prélat de vouloir bien régler lui-même ce qu'il jugera devoir être équitablement payé auxdites communautés & aux fermiers de M. le duc de Fleury, en une ou deux années sur les fonds destinés aux travaux. N°. VI.

2°. Pour ce qui concerne leur continuation, qu'attendu les raisons que font valoir les communautés qui en réclament, par rapport à l'inutilité & au danger de certains changemens & modifications dont ils pourroient être susceptibles, pour concilier les vues, & les motifs du bien général qui ont déterminé les Etats à les entreprendre avec les intérêts des particuliers dont ils ont excité les plaintes, comme on ne sauroit mieux faire que de s'en rapporter aux lumieres supérieures de Mgr. l'archevêque de Narbonne, & à sa sollicitude pastorale pour les intérêts des habitans de cette portion de son diocese, rien n'avoit paru à MM. les commissaires plus convenable que de proposer aux Etats de prier aussi Mgr. le président de s'occuper de l'examen des réclamations des communautés intéressées aux travaux dont il s'agit, de faire procéder en sa présence à telles vérifications & opérations qu'il jugera nécessaires pour éclaircir la vérité, & de s'en rapporter à sa prudence, d'a-

N°. VI.

près les connoissances qu'il aura acquises & que les Etats ne sauroient avoir dans ce moment, sur ce qu'il jugera à propos de déterminer pour la suite & la nature des travaux propres à remplir sans inconvénient les vues des Etats.

3°. De délibérer l'imposition de trente mille livres pour fournir à leur dépense, avec le nouveau secours qu'il plaira à Sa Majesté d'accorder, & que MM. les députés seront chargés de solliciter.

4°. Que si, après l'examen qui sera fait par Mgr. l'archevêque de Narbonne, les fermiers de M. le duc de Fleury, ou les autres particuliers compris dans le rapport des experts refusent de souscrire à ce qui aura été déterminé par mondit seigneur l'archevêque, le syndic général se pourvoira au conseil pour les y obliger, & faire valoir les droits, & prérogatives des Etats sur leur dépendance immédiate de Sa Majesté sans aucun milieu, & conséquemment l'irrégularité des poursuites déjà faites ou qui pourroient l'être au parlement de Paris & devant tout autre tribunal également incompétent pour connoître du fait & de la suite de leurs délibérations.

Ce qui a été délibéré sur tous les chefs, conformément à l'avis de MM. les commissaires.

VII.

EXTRAIT du registre des délibérations des Etats généraux de Languedoc, assemblés par mandement du Roi en la ville de Montpellier au mois d'Octobre 1771.

Du Jeudi 21 Novembre suivant, président Mgr. l'archevêque & primat de Narbonne.

MONSEIGNEUR l'évêque de Nîmes a dit, que la commission s'étant occupée de la suite des travaux de la riviere d'Aude, le sieur de Montferrier a mis sous les yeux de MM. les commissaires, la délibération qui fut prise l'année derniere par l'assemblée à ce sujet, de laquelle il résulte, que dans l'impossibilité où étoient les Etats de juger par eux-mêmes, de la solidité des plaintes & des demandes formées par les fermiers de M. le duc de Fleury, & par quelques-unes des communautés riveraines, d'apprécier les secours qui pourroient leur être accordés, de connoître l'utilité des ouvrages faits ou projettés, & de déterminer les changemens, ou les modifications dont ils pourroient être susceptibles; ils avoient cru ne pouvoir mieux faire, que de s'en rapporter sur tous ces objets aux lumieres supérieures de Mgr. l'archevêque de Narbonne, à l'intérêt particulier qu'il avoit la bonté de prendre, pour cette partie des habitans de son diocese, & aux connoissances qu'il prendroit par lui-même sur les lieux, dans le séjour qu'il devoit y faire, pour les concilier avec l'intérêt général, & le bien public, qu'on avoit eu en vue en entreprenant un aussi important ouvrage.

N°. VII.

Qu'en conséquence, Mgr. le président, d'abord après son arrivée dans son diocese, parcourut toute l'étendue de la plaine qui borde la riviere d'Aude, depuis Salleles jusqu'à la mer; écouta plusieurs fois sur les lieux les représentations des agens de M. le duc de Fleury, & des habitans des communautés riveraines, examina dans le plus grand détail les ouvrages faits jusqu'alors & les projets de ceux qui restent à faire.

Qu'après avoir donné à tous ces objets, l'attention qu'ils méritoient, tant par les grands avantages, que le public doit retirer des ouvrages projettés, que par les réclamations réitérées qu'ils ont occasionné, & la dépense que leur exécution exige, Mgr. l'archevêque de Narbonne avoit reconnu, que les plaintes

N°. VII. tes avoient été exagérées, du moins en ce qu'on attribuoit aux ouvrages faits les dommages que les inondations avoient causé à la récolte, & qu'on ne convenoit point des bonifications que les eaux troubles avoient fait aux terres submergées; & que par ces considérations il auroit fixé à 10,881 livres 17 sols 9 deniers, les soulagemens qu'il avoit cru pouvoir légitimement accorder à ceux qui en avoient réellement besoin.

Que Mgr. l'archevêque de Narbonne avoit été aussi convaincu par cet examen, que si les ouvrages projettés ne pouvoient point empêcher tous les débordemens de la riviere d'Aude, à cause de la grande hauteur à laquelle ils s'élevent, ces travaux doivent du moins garantir les terres cultivées des inondations médiocres, qui sont les plus fréquentes, diminuer les dommages que les grands débordemens leur causent, & procurer, de la maniere la plus prompte, à une grande étendue de terres basses, ou de marais, le rehaussement nécessaire pour les mettre en culture.

Que cependant, il avoit pris de nouvelles précautions, pour remplir ces objets d'une maniere plus certaine, & surtout pour assurer davantage la conservation des terres cultivées; que les changemens & les augmentations qu'il ordonna à cet effet, consistent à la destruction de la digue qui barroit l'ancien lit de la riviere au-dessus de son embouchure à la mer; à donner plus de profondeur au canal qui forme la nouvelle embouchure, surtout à l'endroit où il est traversé par un banc de gravier, & de caillou; à élargit le canal de Carbonne, & à lui donner une pente uniforme; à rehausser les bords des canaux de la Carbonne, de la Pege, & de la Vernede, par des levées plus hautes que les bords correspondans de l'ancien lit de la riviere; N°. VII. & assez larges pour résister aux plus fortes inondations; à ouvrir plusieurs fossés maires dans les communautés de Salles & de Coursan, pour accélérer l'écoulement des eaux de dessus les terres basses, & d'abord après leurs crues; à abattre, sur la demande des habitans de la communauté de Cuxac, une partie des levées qui bordent l'Aude vers le nord, afin de rehausser leurs terres basses; enfin à continuer les autres travaux qui avoient été déjà ordonnés.

Que le sieur Garipuy fit travailler tout de suite à l'exécution de ces ouvrages dans l'ordre qui avoit été réglé; que tous ceux qui avoient été prescrits par Mgr. l'archevêque de Narbonne, dont il a été fait mention ci-dessus, sont aujourd'hui achevés, à la réserve d'un petit nombre de fossés maires, auxquels on travaille actuellement; qu'on a aussi ouvert la partie basse du canal, destiné à porter dans l'étang Salin, les eaux épanchées par le pas de Saint-Paul, par celui de Lastours à Blanque-Fougasse, & par l'épanchoir de Coursan.

Que tous les ouvrages faits cette année se portent, suivant les toisés qui en ont été dressés par le sieur Garipuy, à la somme de 46,022 livres 14 sols 9 deniers, laquelle a été payée aux entrepreneurs, tant sur les dons faits par le Roi, que sur les fonds qui ont été imposés par la province, sur lesquels on a aussi payé la somme de 17,641 livres 14 sols 4 deniers à laquelle ont été estimées les indemnités dues, soit à raison de l'emplacement des canaux de la Pege, & de la Vernede, soit pour l'élargissement du canal de Sainte-Marie, depuis l'épanchoir jusqu'à l'étang Salin.

Qu'au moyen de ces ouvrages, les débouchés des eaux à la mer ont été rendus entierement libres, tant par le redressement, que par la largeur & la profondeur des canaux qui les y portent; l'entrée des eaux dans les terres basses de Salles & Fleury a été arrêtée, autant qu'il se peut, par les levées qui bordent les canaux, tandis qu'on a facilité en même-tems par des canaux, la plus prompte évacuation des eaux, lorsqu'elles se sont répandues sur les terres, & au contraire on a rendu plus aisée l'entrée des eaux, dans les terres basses de Cuxac, & de Coursan, ce qui est également conforme aux demandes de ces quatre communautés, & au projet général, qui est de rehausser davantage les parties éloignées de la mer, afin de donner à toutes les terres riveraines de l'Aude, une pente uniforme à-peu-près semblable à celle du lit de la riviere.

Que par cet ordre, après avoir pourvu à l'entretien des baux déja faits, le plus important, & presque l'unique ouvrage qui reste à faire, pour remplir le projet général est l'atterrissement de l'étang de Capestan; que l'exécution de cet article essentiel, demande l'ouverture d'un canal de 4000 toises de longueur, qui prendra les eaux limoneuses de l'Aude au-dessus de la chaussée de Salleles, pour les porter à l'étang; que le sieur Garipuy a fait cette année, un nouveau nivellement du terrein que ce canal doit traverser, suivant lequel la hauteur des basses eaux de l'Aude à Salleles sur celles de l'étang, est de seize pieds, ce qui est conforme à la pente qui avoit été trouvée par les nivellemens antérieurs.

Que cette pente, qui est de plus de demi-ligne par toise dans le tems des basses eaux, est presque double dans les grandes crues, ce que le sieur Garipuy estime plus que suffisant pour porter les eaux bourbeuses jusques dans l'étang; que toute la difficulté se réduit donc à ce sujet, à prendre les précautions nécessaires pour régler, ainsi qu'on le jugera convenable, la hauteur des eaux qu'on introduira dans l'étang, afin de ne pas submerger les possessions riveraines, lorsque les eaux pourroient nuire à la moisson.

Que pour remplir cet objet, le sieur Garipuy a présenté à la commission, le dessein d'un épanchoir percé de plusieurs ouvertures à diverses hauteurs, au moyen desquelles, & des pelles destinées à les fermer, on pourra graduer le volume des eaux suivant l'exigence des cas, & les prendre à volonté, ou à la surface de la riviere, ou plus bas, suivant qu'on voudra augmenter la quantité du dépôt, ou en choisir la qualité.

Qu'après ce détail, ledit sieur de Montferrier a rendu compte à la commission, de ce qui s'est passé lors des deux différentes inondations de la riviere d'Aude, arrivées les 10, 19 & 20 Mai dernier dans les plaines de Narbonne, Salles, Coursan & Fleury.

Qu'il résulte du procès-verbal du sieur Peletan, inspecteur des ouvrages de la riviere d'Aude, que quelques habitans mal-intentionnés de la communauté de Coursan, allerent durant l'inondation, & dans la nuit du 21 Mai faire une premiere breche au bord de la riviere, pour en introduire les eaux dans un canal, que la province avoit fait ouvrir dans cette communauté, & qu'ils firent une autre breche à la digue qui porte ce canal vers le nord, afin de submerger les terres riveraines de la Pege, quoique Mgr. l'archevêque de Narbonne eût été supplié par ces communautés de ne faire ouvrir ce canal qu'après la récolte.

Que ledit procès-verbal ayant été envoyé au sieur syndic général, il crut devoir se pourvoir devers M. l'intendant, pour se faire autoriser à faire informer pardevant le sieur Angles, subdélégué à Narbonne, contre les coupables.

Qu'il obtint en conséquence sur pied de requête une ordonnance qui commettoit ledit sieur Angles, pour faire ladite information, & qu'il l'adressa au sieur de Lasserre, pour en suivre l'exécution, mais que cette procédure commencée, il a fallu l'abandonner faute de preuves.

Que le 28 dudit mois, il lui fut signifié un acte, à la requête de M. le duc de Fleury, qui tendoit à demander que ledit sieur syndic général, fit constater par une vérification faite par experts nommés juridiquement, ou pris d'office, en présence du nommé Rouviere son agent, résident à son château de Fleury, la hauteur où les eaux de la riviere étoient montées lors de l'inondation du 10 Mai, qu'il prétendoit avoir été plus forte que celles de l'année précédente, & le peu de dommages qu'elle avoit causé proportionnellement à la plus grande abondance des eaux, parce qu'on avoit détruit, disoit-il, certaines digues, ce qui avoit laissé un libre cours aux eaux, qui leur avoit permis de se retirer avec plus de vitesse.

Que Mgr. l'archevêque de Narbonne fut instruit à Paris, de cet acte, dont il fut aussi donné connoissance à MM. les commissaires des travaux publics, qui se trouverent pour lors assemblés à Montpellier, de même que de trois délibérations prises par les communautés de Coursan, Salles, & Fleury, qui avoient été signifiées par huissier, à-peu-près dans le même tems, au sieur syndic général, pour sommer la province, de faire fermer ledit canal de la Pege, & celui de la Carbonne, avec déclaration que si ledit sieur syndic général ne lui faisoit notifier légalement ses intentions, ou plutôt celles de la province, dans le délai de quinzaine sur la fermeture desdits canaux, son silence seroit pris pour un acquiescement, & qu'elles les feroient fermer à leurs frais, sauf à répéter contre la province.

Qu'il fut arrêté en conséquence, le 19 du mois de Juin dernier, par MM. les commissaires des travaux publics, d'après l'avis de Mgr. l'archevêque de Narbonne, & sous le bon plaisir des Etats, de poursuivre au nom dudit sieur syndic général une ordonnance d'autorité de M. l'intendant, pour défendre aux habitans des communautés de Coursan, Salles, & Fleury, ainsi qu'aux autres riveraines de la riviere d'Aude, de rien entreprendre contre les ouvrages que la province a fait, & fait encore construire, pour la dérivation des eaux de la riviere d'Aude, & de fermer aucuns des canaux qui avoient été ouverts à cet effet, comme aussi, de demander qu'il fût procédé de la même autorité, & en présence du subdélégué de M. l'intendant, l'agent de M. le duc de Fleury, duement appellé, à la vérification requise par son acte du 28 Mai dernier, à laquelle assisteroit pareillement le sieur de Lasserre, syndic du diocese de Narbonne, comme représentant le sieur syndic général, & que l'ordonnance qui interviendroit, seroit signifiée aux consuls desdites communautés, lue, publiée, & affichée dans lesdits lieux, afin qu'on n'en pût prétendre cause d'ignorance.

Que M. l'intendant ayant rendu le 20 Juin une ordonnance conforme en tous chefs à l'arrêté de MM. les commissaires, elle fut envoyée par le sieur syndic général au sieur de Lasserre pour la mettre à exécution, lequel la fit signifier, d'abord au sieur Rouviere procureur fondé de M. le duc de Fleury, avec assignation à comparoir devant le sieur Angles, subdélégué à Narbonne, pour voir nommer des experts d'office, à l'effet de procéder à la vérification par lui requise, & ensuite aux consuls des communautés de Coursan, Salles, & Fleury, pour qu'ils eussent à se conformer aux dispositions de ladite ordonnance.

Que le sieur Lasserre, faisant pour le sieur syndic général, s'étoit rendu au jour indiqué devant ledit sieur Angles, assisté du sieur Biras, procureur, de même que le sieur Rouviere, & qu'ayant requis la nomination desdits experts, à l'effet de procéder incessamment à la vérification demandée par M. le duc de Fleury suivant son acte du 28 Mai dernier, qui tendoit, comme on l'a déjà observé, à prouver que la digue que la province avoit fait faire dans le lit de la riviere d'Aude, avoit occasionné l'année derniere la perte de la récolte; mais que cette digue ayant été emportée, & détruite, l'inondation arrivée le 10 Mai dernier, quoique plus forte, que celles de l'année précédente, n'a porté aucun dommage, les eaux s'étant retirées dans trois jours.

Que c'étoient les objets sur lesquels devoit porter la vérification, ainsi qu'il étoit porté par l'ordonnance de M. l'intendant; mais que le sieur Rouviere par son comparant, & par son dire, consignés dans le procès-verbal du sieur Angles, soutint tout le contraire, en déclarant que la vérification telle qu'il l'avoit requise, & avoit été ordonnée par M. l'intendant, devenoit inutile, les choses ayant changé de face, par rapport à la seconde inondation survenue les 19 & 20 Mai, lors de laquelle les eaux avoient séjourné, à ce qu'il disoit, douze ou quinze jours dans les terres de M. le duc de Fleury, avoient causé beaucoup de dommage à la récolte, & que c'étoient les ouvrages de la province qui en étoient la cause, qu'il demandoit en conséquence, que les experts qui seroient nommés fussent tenus de constater, & d'estimer les dommages causés à la récolte par cette derniere inondation.

Que comme la nouvelle vérification, à laquelle le sieur Rouviere auroit voulu qu'on procédât, d'après son réquisitoire, n'étoit point ordonnée par M. l'intendant, & que d'ailleurs elle ne tendoit à rien moins qu'à rendre la province responsable des dommages qu'il attribuoit aux ouvrages qu'elle faisoit construire, ledit sieur Lasserre ne crut point devoir adhérer à ladite vérification, & que les choses ont resté en cet état.

Que la communauté de Coursan, dans le même tems qu'elle avoit fait signifier au syndic général la délibération pour la destruction des ouvrages de la province, s'étoit pourvue de son chef devant M. l'intendant pour demander d'être autorisée à faire réparer une chaussée, qu'elle appelloit de l'Isle, & qui étoit précisément celle qui fermoit l'ouverture du canal de la Pege, & qu'elle avoit obtenu une ordonnance, qui lui permettoit de recevoir les offres & de passer bail desdites réparations, mais que le syndic général ayant eu connoissance de cette ordonnance, l'avoit faite rétracter par celle qu'il poursuivit le 2 Juillet dernier, qui fait itératives défenses aux consuls & habitans de cette communauté, & à tous autres, de rien entreprendre sur les ouvrages de la province, sous les peines portées par la premiere du 20 Juin dont il ordonne de plus fort l'exécution, laquelle ordonnance leur ayant été signifiée, cette communauté, comme celles de Salles, & de Fleury, n'ont osé rien entreprendre.

Que d'un autre côté, celles de Nissan, & de l'Espignan, ont pris les 9 Juin & 18 Juillet dernier, une délibération qu'elles ont fait signifier au sieur syndic général, par exploit du 24 Septembre de cette année, par lesquelles, après avoir exposé les dommages considérables qu'elles ont souffert, & qu'elles souffriront encore, par la privation des eaux de la riviere d'Aude, à cause du nouveau lit qui a été ouvert au pas de la Carbonne, au point que leurs terres privées de limon vont devenir stériles, & incapables de la moindre production, elles supplient les Etats de vouloir bien, en ordonnant l'exécution du projet des ouvrages, qu'ils ont entrepris, faire construire dans l'étendue de leurs terroirs des réservoirs pour obvier à ces inconvéniens, & ce, dans l'emplacement qui en sera fixé, de même que leur hauteur & largeur, par tel des sieurs directeurs des travaux publics de la province, qu'ils jugeront à propos de commettre à cet effet, s'en remettant à ce qu'il plaira aux Etats de statuer sur leurs réquisitions.

Qu'il lui a encore été dénoncé, par acte signifié le 5 du mois d'Octobre dernier, à la requête de M. le duc de Fleury, des protestations contre les ouvrages que fait construire la province, par rapport aux indemnités que prétendent certains de ses fermiers, eu égard aux pertes des récoltes qu'ils attribuent auxdits ouvrages, & notamment à l'ouverture du grau vieux, & certains autres qu'on a pratiqué dans ses terres.

Que la commission, instruite par ce détail, d'une part, combien les fermiers de M. le duc de Fleury & les communautés voisines avoient exagéré les dommages que les inondations de l'année derniere causerent à leurs récoltes, ainsi que de leur silence sur les bonifications que leurs terres en avoient reçues; & d'autre part, du succès des ouvrages qui ont été exécutés cette année par les ordres de Mgr. l'archevêque de Narbonne, & de ce qui reste à faire pour remplir les vues des Etats, elle a cru devoir proposer à l'assemblée de délibérer, 1°. de remercier Mgr. l'archevêque de Narbonne, des soins qu'il a bien voulu se donner, soit pour régler les soulagemens réclamés par les communautés, & par les fermiers de M. le duc de Fleury, soit pour ordonner les ouvrages les plus propres à bonifier leurs terres, & dissiper leurs alarmes sur les récoltes présentes.

2°. D'ordonner l'exécution des ouvrages tels qu'ils ont été proposés ci-dessus.

3°. D'imposer trente mille livres, pour fournir à leur dépense, avec le nouveau secours, qu'il plaira à Sa Majesté d'accorder, & que MM. les députés seront chargés de solliciter.

4°. Enfin, que si quelque communauté, les fermiers de M. le duc de Fleury, ou autres refusent de souscrire à ce qui a été statué, le syndic général se pourvoira au conseil pour les y contraindre.

Ce qui a été délibéré, conformément à l'avis de MM. les commissaires.

VIII.

EXTRAIT du registre des délibérations des Etats généraux de Languedoc, assemblés par mandement du Roi en la ville de Montpellier au mois de Novembre 1772.

Du Lundi 7 Décembre suivant, président Mgr. l'archevêque & primat de Narbonne.

MONSEIGNEUR l'évêque de Nîmes a dit, que le sieur de Montferrier, syndic général, a rendu compte à la commission de la suite des travaux qui ont été faits cette année à la riviere d'Aude; que pour se conformer à ce qui est porté par la délibération que

N°. VIII. les Etats prirent l'année derniere à ce sujet, on s'est principalement occupé du recreusement de la rigole destinée à porter dans l'étang de Capestan les eaux troubles de la riviere d'Aude prises au-dessus de la chaussée de Salleles; que ce canal a été ouvert dans la partie où le terrein est le plus haut, & où l'excavation par conséquent doit être la plus considérable depuis la chaussée de Cuxac à Ouveillan jusqu'à la Nazoure, sur environ onze cent toises de longueur; qu'on a fait aussi quelque approvisionnement de moilon & de chaux pour la construction de l'épanchoir qui doit être construit à la tête de cette rigole sur le bord de l'Aude, suivant le projet qui en fut fait l'année derniere par le sieur Garipuy & qui fut approuvé par les Etats.

Qu'on s'est aussi occupé pendant le cours de l'année, non-seulement à maintenir en bon état, mais encore à perfectionner les canaux déjà faits pour procurer aux eaux un prompt écoulement jusqu'à la mer, & pour fortifier les digues qui les empêchent de se répandre dans les terres riveraines; que pour cela on a achevé d'ouvrir le canal de la Vernede, on a creusé une cuvette dans son milieu, & on a employé les terres de ces déblais à réparer & à fortifier la digue qui borde ce canal du côté du levant; que dans le canal de la Carbonne on a aussi ouvert une cuvette dans tous les endroits où les sables s'étoient déposés; on a achevé d'enlever avec le ponton les fondemens de l'ancien épanchoir de Salles qui empêchoient le recreusement de ce canal près de son origine, & on a surchargé toutes les chaussées qui le bordent du côté gauche, surtout dans les endroits où s'étoient faits de plus grands affaissemens, afin de leur donner partout une hauteur uniforme supérieure à celle des bords les plus élevés de la riviere; que dans le canal de la Pege on a ouvert une cuvette dans presque toute sa longueur, & on a élargi l'ouverture du côté gauche, afin d'y introduire les eaux avec plus de facilité, qu'on a prolongé jusqu'au chemin de Vinassan le canal qui vient de l'étang Salin, & qui avoit été arrêté au chemin d'Armissan. N°. VIII.

Qu'on a aussi pourvu à l'entretien du canal de Sainte-Marie, en enlevant les dépôts qui s'y étoient formés; enfin qu'on a construit deux ponts de bois, l'un sur le nouveau débouché d'Aude à la mer, & l'autre à l'endroit où le nouveau canal qui est entre celui de Ste. Marie & Narbonne, coupe le chemin de Gruissan.

Que tous ces ouvrages, suivant les toisés qui en ont été dressés par le sieur Garipuy, montent à la somme de quarante-trois mille trois cent soixante-douze livres seize sols, laquelle a été payée aux entrepreneurs, tant sur les fonds qui ont été accordés par le Roi, que sur ceux imposés par la province.

Que tous les débouchés des eaux à la mer étant maintenant bien libres, il ne reste à cet égard qu'à les entretenir dans l'état où ils sont, en réparant les dégradations qui pourront survenir tant aux canaux qu'aux chaussées qui les bordent; qu'ainsi l'objet le plus essentiel pour remplir le projet général est d'accélérer l'ouverture du canal qui a été commencé pour porter dans l'étang de Capestan les eaux limoneuses de l'Aude, & à construire l'épanchoir qui doit être placé à l'entrée de ce canal près de Salleles, pour y introduire les eaux dans la quantité, & à telle hauteur qu'on jugera convenable, suivant le projet adopté par les Etats; que les diverses discussions qui s'étoient élevées précédemment au sujet de ces ouvrages n'ayant plus eu de suites, il n'a été rien fait à cet égard.

Que la commission a vu avec plaisir

N°. VIII. les progrès d'un ouvrage aussi important, & que pour le continuer elle a cru devoir proposer à l'assemblée d'imposer une somme de trente mille livres pour fournir à sa dépense, avec le nouveau secours qu'il plaira à Sa Majesté d'accorder, & que MM. les députés à la cour seront chargés de solliciter.

Ce qui a été délibéré, conformément à l'avis de MM. les commissaires.

IX.

EXTRAIT du registre des délibérations des Etats généraux de Languedoc, assemblés par mandement du Roi en la ville de Montpellier, au mois de Novembre 1773.

Du Samedi 27 dudit mois de Novembre, président Mgr. l'archevêque & primat de Narbonne.

MONSEIGNEUR l'évêque de Nîmes a dit, que le sieur de Montferrier, en rendant compte à la commission de la suite des travaux de la riviere d'Aude, a rapporté que, pour se conformer à ce qui fut délibéré l'année derniere par les Etats, on a travaillé pendant tout l'hiver à former les recreusemens de la rigole destinée à porter les eaux troubles de cette riviere, dans l'étang de Capestan; que cette rigole a été ouverte depuis la Nazoure jusqu'auprès du Rec de Caudiés, sur la longueur de 1600 toises; que cette partie a été creusée aux trois quarts de la profondeur, & que le surplus sera fait pendant cet hiver; qu'on a continué de faire les approvisionnemens de pierre & de chaux pour la construction de l'épanchoir à faire à la tête de ce canal, sur le bord de l'Aude, tout près de Salleles, afin d'en accélérer l'éxécution, dès que les autres ouvrages qui doivent précéder celui-là auront été faits.

N°. IX. Que les inondations du mois de Décembre 1772, ayant renversé la plus grande partie des anciennes levées, entre Salleles & Cuxac, les eaux de l'Aude se précipiterent dans le bas-fonds qui est au couchant de la chaussée du pas du Loup appellée l'étang de Coursan; que le canal royal n'ayant pas contenu toutes les eaux sauvages qui y entrerent en même tems, elles ouvrirent plusieurs breches à ses franc-bords par lesquelles elles se verserent dans l'étang de Capestan; que le poids de ces eaux réunies à une grande hauteur rompit les murs de soutenement de la chaussée du grand chemin, & fit une breche d'environ quarante toises de longueur aux deux bords de l'ancien lit de l'Aude, au dessus de la métairie d'Ombret; que les eaux répandues avec rapidité par cette large ouverture dans l'espace terminé par l'ancien, & par le nouveau lit de l'Aude, se porterent avec violence sur les chaussées qui bordent le canal de la Carbonne, celui de la Vernede, & celui du Brasset, les couvrirent de leurs vagues, & y firent plusieurs breches; que dès que la saison l'a permis, on a travaillé non seulement à fermer toutes ces breches, mais encore à donner aux levées du Brasset, de la Carbonne, & de la Vernede une plus grande hauteur, & une plus grande largeur, comme aussi à les fortifier par des tamarins, & à couvrir d'un calada celle du Brasset qui sert de chemin; qu'on a en même-tems recreusé avec le ponton toutes les parties du canal de la Carbonne, dont le fonds n'avoit pas encore été entraîné par les eaux.

Qu'au moyen de ces nouveaux ouvrages ajoutés à ceux des années précédentes, toutes les chaussées ont été mises en état de résister aux plus fortes inondations, le nouveau lit de l'Aude ayant acquis plus de profondeur que l'ancien, en sorte que lorsque la riviere est basse toutes les eaux y coulent, tandis que l'ancien lit demeure à sec, & que dans tous ces tems, la plus grande partie des eaux de la riviere se vuident à la mer par le vieux grau qui a été rouvert, dont la profondeur est de quatorze à quinze pieds; que les divers canaux faits dans la plaine ont continué de produire les effets pour lesquels ils avoient été ouverts, en portant les dépôts dans les parties éloignées du cours de la riviere, & en procurant ensuite leur prompt écoulement dès qu'elles baissent, ce qui est surtout remarquable dans l'étang de Coursan, où les dépôts ont été abondans, puisqu'on a recueilli cette année une bonne récolte de millet dans ces bas fonds, qui étoient auparavant pleins de joncs & de marais.

Que malgré les grands avantages que les communautés riveraines de l'Aude retirent des travaux qui ont été faits, néanmoins celles de Coursan, de Nisse, de l'Espignan, de Salles, & de Fleury, ont eu la témérité de faire assigner le syndic général de la province, au conseil, pour y voir ordonner la destruction de tout ce qui a été fait, en sorte que les choses soient remises dans leur premier état, comme aussi pour être condamné au payement des prétendus dommages qu'elles disent avoir souffert, & qu'elles font monter à des sommes excessives; qu'elles ont même engagé l'agent de M. le duc de Fleury, de faire signifier un acte par lequel il forme des demandes à peu près pareilles.

Que le syndic général à répondu victorieusement à toutes ces allégations, en rappellant la maniere dont les plaines que parcourt l'Aude ont été formées par les dépôts de ces eaux; les plaintes que les communautés à qui elles appartenoient n'ont cessé de porter de tous les tems, au sujet des dommages que les inondations leur causoient; l'accord des moyens qui ont été proposés par tous les ingénieurs, pour y remédier; toutes les précautions que les Etats ont prises dans le choix du cas moyen, & pour en assurer le succès; enfin les bons effets qu'ils ont déjà produits, & qu'ils continuent de produire, de l'aveu même de la communauté de Salles, lorsque dans une instance pendante au sénéchal de Toulouse contre les fruitsprenans, elle a dit que les saignées pratiquées à la riviere d'Aude ont fertilisé la plaine au point qu'elle produit aujourd'hui plus de monceaux de gerbes qu'elle ne produisoit de gerbes ci-devant.

A quoi le sieur de Montferrier à ajouté, que les travaux faits l'année derniere n'ayant pu être toisés lors de l'assemblée des Etats, le sieur Garipuy rapporte aujourd'hui le toisé de tous ceux qui ont été faits depuis l'arrêté de 1771, lesquels montent à la somme de soixante-seize mille huit cent soixante dix-huit livres sept sols quatre deniers, & que les fonds qui restent en caisse, après le payement d'icelle, sont de quarante-quatre mille sept cent soixante-onze livres treize sols neuf deniers.

Que d'après cet exposé, la commission à cru devoir proposer aux Etats, d'approuver les ouvrages qui ont été faits, de continuer l'imposition ordinaire de trente mille livres pour les pousser avec vigueur pendant le cours de l'année prochaine, de charger MM. les députés à la cour de solliciter la continuation du secours accordé par Sa Majesté, & déterminé à la moitié de la dépense d'un ouvrage aussi utile; comme aussi d'autoriser le syndic général à agir au conseil, & ailleurs

N°. IX. ailleurs pour repousser les demandes formées tant par les communautés riveraines que par l'agent de M. le duc de Fleury, & pour empêcher toutes les entreprises, & voies de fait contraires au projet adopté par les Etats, par qui qu'elles soient faites.

Ce qui a été délibéré, conformément à l'avis de MM. les commissaires.

X.

EXTRAIT du registre des délibérations des Etats généraux de Languedoc, assemblés par mandement du Roi en la ville de Montpellier au mois de Décembre 1774.

Du Jeudi 29 dudit mois de Décembre, président Mgr. l'archevêque & primat de Narbonne.

MONSEIGNEUR l'évêque de Nîmes a dit, que la commission s'étant occupée de la suite des travaux de la riviere d'Aude, le sieur de Montferrier a rapporté, qu'en continuant les ouvrages ordonnés par les Etats sur le devis du sieur Garipuy, dont le double objet est de garantir des eaux les possessions riveraines, & de former des nouvelles terres par l'atterrissement de l'étang de Capestan, les ouvrages qui y ont été faits cette année, consistent à avoir perfectionné le nouveau lit de l'Aude qui comprend les canaux de la Pege & de la Carbonne, & ce au moyen des nouveaux recreusemens qui y ont été faits, soit à la main, soit avec le ponton, dans tous les endroits où le terrein opposoit une trop forte résistance à l'action des eaux; qu'il a été ouvert pour cela une cuvette d'environ cent cinquante toises de longueur sur six toises de largeur, & neuf pieds de profondeur; au milieu du lit de la riviere, vis-à-vis la métairie de Rouch; qu'on a achevé d'enlever tout ce qui restoit des fondemens construits à la tête du canal de la Carbonne, & qu'on a élargi l'entrée du nouvel Aude, en adoucissant l'angle qu'il fait du côté de la Pege; que ces recreusemens ont produit tous les effets qu'on avoit lieu d'en attendre, puisque toutes les basses eaux passent dans le nouveau lit dont la profondeur augmente sensiblement à chaque crue, tandis que le vieux lit se comble tous les jours. N°. X.

Qu'on ne s'est pas contenté de pourvoir au recreusement du nouveau lit de la riviere, qu'on a travaillé en même-tems à faire aux levées construites sur ses bords, & sur ceux du canal de la Vernede, tous les surchargemens que l'affaissement des terres avoit rendus nécessaires, & que pour en affermir davantage le terrein, elles ont été complantées d'un bout à l'autre, de plusieurs lignes de tamarins.

Qu'on s'est occupé aussi à recreuser le canal du grand Vignes, pour porter dans l'étang Salin les caux qui sortent par le pas de Lastours, & qu'on fait les mêmes réparations aux canaux que la province a fait ouvrir dans l'étang de Coursan.

Que sur le second objet relatif à l'atterrissement de l'étang de Capestan, on a continué l'excavation du canal de Salleles, qui avoit été commencée les années précédentes; qu'on a achevé de donner toute la profondeur portée par les nivellemens à la partie de ce canal qui traverse la garrigue de Fontcalvi jusqu'à la Nazoure, sur onze cent trente-neuf toises de longueur, laquelle a été creusée dans le roc vif, ou dans le roc, & qu'on a commencé d'ouvrir la partie inférieure à la Nazoure jusqu'à l'étang de Capestan, dont la longueur est de six cent toises; que les déblais de ce canal ont été portés à six toises de distance, de part & d'autre, pour former des chaussées qu'on aura soin d'élever dans les parties basses jusqu'à ce qu'elles soient au dessus des plus hautes inondations; qu'on a continué aussi de faire les approvisionnemens de pierres de taille, de moilons, & de chaux, nécessaires pour la construction de l'épanchoir qui doit être fait à la tête de ce canal près de Salleles, suivant le plan du sieur Garipuy qui a été approuvé par les Etats, & dont il a présenté cette année à la commission le modele en relief, pour rendre plus sensible comment au moyen de cet épanchoir on peut graduer le volume des eaux qu'on voudra introduire dans l'étang, & choisir la profondeur à laquelle il faudra les tirer de la riviere d'Aude, relativement à l'abondance & à la qualité du limon qu'elle charriera.

Que, suivant les toisés que le sieur Garipuy a dressés & rapportés à la commission des travaux faits pendant le cours de cette année, ils se portent à la somme de trente mille six cent soixante livres quatorze sols huit deniers.

Que le sieur Garipuy a fait procéder aussi à l'estimation des terres prises dans les communautés de Cuxac & d'Ouveillan, pour l'emplacement du canal de Salleles, depuis le Rec de Caudiés jusqu'à la Nazoure, laquelle se monte à deux mille huit cent vingt livres seize sols dix deniers, & que cette somme ajoutée au montant des ouvrages faits pendant l'année, le tout se porte à celle de trente-trois mille quatre cent quatre-vingt une livre onze sols deux deniers; en sorte qu'il reste entre les mains de M. le trésorier de la bourse la somme de trente-six mille livres, tant sur les fonds accordés par le Roi, que sur les impositions faites par la province.

Que le sieur de Monferrier a ajouté que le fermier du sieur de Chef-de-Bien, ayant entrepris de fermer un bas-fonds sur la rive droite de l'Aude, appellé le pas de Lastours, qui sert de tems immémorial à l'écoulement des grandes eaux de cette riviere, & qui a été jugé nécessaire dans le projet général des ouvrages destinés à la conservation des terres riveraines, & que s'étant formé sur le bord opposé des atterrissemens considérables occasionnés par des plantations faites par la communauté de Cuxac, qui dirigeoient les eaux vers un autre bas-fonds moins ancien, appellé le pas de Lasvaines, par où elles menacent de faire une irruption qui auroit porté un très-grand préjudice à la robine de Narbonne & aux terres inférieures jusqu'au grand chemin, ces deux entreprises qui furent dénoncées audit sieur de Montferrier par les consuls de Narbonne, & constatées par un verbal du sieur Garipuy, porterent ce syndic général à avoir recours à l'autorité de M. l'intendant pour contraindre le fermier du sieur de Chef-de-Bien à remettre les choses dans leur premier état, & pour obliger la communauté de Cuxac d'arracher les plantations faites sur son bord, ce à quoi ils ont été condamnés par une ordonnance définitive du mois de Mai dernier qui charge l'inspecteur des travaux de la riviere d'Aude de veiller à l'exécution de l'un & de l'autre nonobstant l'appel.

Qu'en vertu de cette ordonnance, le pas de Lastours fut démasqué, & remis dans son premier état dès le mois de Juin dernier, nonobstant l'appel au conseil fait par le sieur de Chef-de-Bien; qu'on travaille actuellement à détruire les plantations & les atterrissemens de la communauté de Cuxac, & que les saussayes qu'on en tire servent à faire des plantations sur le nou-

N°. X. veau bas-fonds de Lasvaines, afin que cette partie du bord puisse reprendre la premiere hauteur.

Que selon les apparences M. de Chef-de-Bien n'a pas suivi, ou ne suivra pas l'appel qu'il a dénoncé devoir former de cette ordonnance au conseil; mais qu'au cas qu'il voulût le faire, il ne sera pas difficile d'y défendre, auquel effet il convient que les Etats veuillent bien donner aux syndics généraux tous les pouvoirs nécessaires, de même que pour continuer à repousser les attaques réitérées que ne cessent de faire les agens de M. le duc de Fleury pour soutenir les prétentions les plus déplacées dont les Etats ont déjà été informés plus d'une fois, au sujet des indemnités qu'ils ont imaginé leur être dues à raison des dommages qu'ils ont prétendu être causés aux possessions de M. le duc, par les ouvrages qu'a fait faire la province, & qu'on continue, suivant le détail qui en a été fait ci-dessus; ayant été démontré que bien loin d'avoir occasionné des prétendus dommages, leur utilité est reconnue en général, & en particulier pour les biens dont le fermier ne cesse d'actionner la province sans aucun fondement, comme il paroît par le dernier acte qu'il a fait signifier au sieur de Montferrier le 22 Octobre de cette année, que ce syndic général envoya dans le tems au sieur de la Fage à Paris pour y défendre, s'il y avoit lieu.

Sur quoi il a été délibéré d'approuver tous les travaux qui ont été faits pendant le cours de l'année à la riviere d'Aude, suivant le détail exposé dans le rapport ci-dessus; d'imposer, comme les années précédentes, la somme de trente mille livres pour les continuer pendant la prochaine; de charger MM. les députés à la cour de solliciter la continuation du secours accordé par Sa Majesté, & déterminé à la moitié de la dépense desdits ouvrages, comme aussi d'autoriser le syndic général à agir au conseil, & par-tout où besoin sera, pour défendre contre les prétentions tant de M. de Chef-de-Bien, s'il persiste dans son appel de l'ordonnance de M. l'intendant, que des agens de M. le duc de Fleury, ainsi que pour empêcher toutes les entreprises & voies de fait contraires au projet adopté par les Etats, par qui qu'elles soient faites.

X I.

EXTRAIT du registre des délibérations des Etats généraux de Languedoc, assemblés par mandement du Roi, en la ville de Montpellier au mois de Janvier 1776.

Du Jeudi 22 Février suivant, président Mgr. l'archevêque & primat de Narbonne, commandeur de l'ordre du Saint-Esprit.

MONSEIGNEUR l'évêque de Nîmes a dit, que le sieur de Montferrier a rappellé à la commission, à la suite des travaux ordonnés par les Etats sur le devis du sieur Garipuy pour garantir des eaux sauvages les possessions riveraines de l'Aude & pour former de nouvelles terres pour l'atterrissement de l'étang de Capestan, que suivant son rapport, on a encore travaillé cette année à enlever avec le ponton dans le nouveau lit de la Carbonne quelques petites barres d'une terre ferme, & argileuse qui avoit résisté à l'action des eaux; qu'il ne reste plus aucun obstacle à leur libre cours dans toute l'étendue de ce nouveau canal, qui contient aujourd'hui toutes les eaux de l'Aude; en sorte qu'elles ne passent plus dans le vieux lit, lorsqu'elles sont enflées.

Que depuis l'éxécution des travaux

N°. XI. faits au-dessous de Coursan, les plaines de Salles & de Fleury ont été extrêmement bonifiées par les dépôts que les inondations y ont rapporté, & que dès que les eaux de la riviere ont baissé, celles qui étoient répandues sur leurs surfaces, se sont constamment retirées avec toute la promptitude possible, & ce au moyen de divers fossés qui ont été ouverts pour faciliter leur retour, notamment dans la plaine de Salles, ces derniers servant en même-tems à porter les eaux de la fontaine dudit lieu dans le canal de la Carbonne; que cette partie de la plaine qui avoit d'abord été couverte de sable est actuellement la meilleure portion des terres de la communauté, en sorte que les habitans désabusés aujourd'hui de leurs anciennes erreurs, ont démasqué leur épanchoir qui avoit demeuré fermé depuis plus de vingt années, dans le dessein d'atterrir par les eaux troubles qui y couleront ce qu'ils appellent proprement la plaine de Salles, & qui est enfermée par le canal de la Carbonne, par la coupure de la Vernede, par le vieux Aude, & par le fossé de Langlade.

Que les réparations dont on vient de parler pour perfectionner les anciens ouvrages, n'ayant occupé que fort peu de tems, on a travaillé principalement à continuer les déblais du canal de Salleles destiné à porter les eaux troubles de l'Aude dans l'étang de Capestan, & à former de fortes levées sur huit cent toises de longueur des deux côtés de la rigole dans le bas-fonds compris entre la Nazoure & l'étang; que la partie inférieure du Rec de Caudiés étant achevée, on travaille actuellement dans la partie supérieure située dans la communauté de Cuxac, entre ledit Rec de Caudiés & la riviere d'Aude; que ce canal est déjà ouvert & à-peu-près à demi fait sur environ mille toises de longueur au-delà desquelles il ne reste que sept cent toises jusqu'à l'Aude, & ce sans compter la largeur du bas-fonds du Rec de Caudiés, où il n'a été encore rien fait, parce qu'on a cru devoir laisser cette ouverture pour l'écoulement des grandes eaux, jusqu'à ce qu'on ait fait les chaussées qui doivent mettre à l'abri des inondations la partie supérieure de la rigole d'atterrissement voisine de l'épanchoir. N°. XI.

Que le sieur de Montferrier, après avoir rappellé ensuite l'entreprise faite l'année derniere par le fermier du sieur de Chef-de-Bien, ainsi que le danger qui résultoit de l'ouverture d'un bas-fonds appellé le pas de Lasvaines, tant pour la robine de Narbonne, que pour les inférieures jusqu'au grand chemin, & l'ordonnance rendue par M. l'intendant pour mettre les choses dans leur premier état, a ajouté qu'on avoit travaillé avant le printems à fermer la susdite ouverture de Lasvaines, située à environ deux cent toises au dessus du pas de Lastours, & à déblayer l'atterrissement formé sur le bord opposé.

Que malgré les précautions qu'on avoit prises pour donner à la chaussée en terre qui masquoit cette ouverture, une solidité & une hauteur qui l'avoit mise en état de résister à plusieurs inondations sans avoir éprouvé aucun dommage, elle fut néanmoins emportée par une crue survenue le premier Octobre dernier, quoique les eaux n'eussent point surmonté cet ouvrage, & sans qu'il ait paru aucun défaut dans sa construction, ce qui donne lieu de soupçonner que cet accident à été causé par une entreprise de main d'hommes; que depuis ce tems-là, la chaussée a été rétablie dans toute sa longueur & même épaissie & rehaussée, en sorte que sa hauteur actuelle est de cinq pieds au-dessus des plus hautes inonda-

N°. XI. tions, & qu'on a encore fortifié le pied par des plantations de tamarins & de saules, si bien qu'il n'y a pas à craindre qu'elle soit renversée, à moins qu'elle ne soit détruite de dessein prémédité.

Que suivant les toisés que le sieur Garipuy a dressés & rapportés à la commission, les travaux faits depuis les derniers Etats jusqu'au premier Septembre, & qui se terminent jusques au dessous du Rec de Caudiés, se portent à la somme de quarante mille deux cent dix livres quatorze sols, laquelle a été payée à l'entrepreneur, & qu'il a été payé cinq mille cent soixante livres 13 sols 7 deniers à compte de ceux qui ont été faits au-dessus de ce ruisseau, quoiqu'ils ne soient pas encore en état d'être toisés & reçus.

Que le sieur Garipuy a aussi fait procéder à l'estimation des terres qui restoient à payer pour la partie du canal de Salleles comprise entre l'étang de Capestan & le Rec de Caudiés, laquelle se porte à la somme de huit mille cent quatre-vingt trois livres quatre sols un denier, ces trois sommes réunies montent à celle de cinquante-trois mille cinq cent cinquante-quatre livres, 11 sols 8 deniers, laquelle distraite des fonds qui étoient en caisse l'année derniere du don fait par le Roi en 1774, & de la somme qui fut imposée l'année derniere par la province, il reste de libre pour la continuation des ouvrages celle de neuf mille huit cent seize livres quinze sols onze deniers.

Que le sieur de Montferrier a ajouté, que le sieur de Chef-de-Bien a pris occasion de l'accident arrivé le premier Octobre dernier, pour lui faire signifier un acte dans lequel il expose que malgré l'ouverture du pas de Lastours, les eaux ont continué de passer par celui de Lasvaines, qu'elles ont fait les mêmes dégâts qu'auparavant, & qu'il requiert de faire constater ce fait : que le sieur Garipuy se transporta ensuite le 27 Octobre, sur les lieux contentieux avec les sieurs Lasserre, syndic du diocese, Girard premier consul de Narbonne, Espérannier, Canil, Dautemar, & Pelletan freres, inspecteurs des travaux de la riviere d'Aude, & divers autres propriétaires des fonds riverains, & qu'il fut vérifié en leur présence, 1°. que les eaux ne s'étoient élevées qu'à trois pieds au-dessous du couronnement de la levée qui fermoit le pas de Lasvaines. 2°. Qu'après s'être introduites par cette ouverture, elles s'étoient répandues dans la plaine, & s'étoient jointes à celles qui couloient par le pas de Saint-Paul. 3°. Que celles du pas de Saint-Paul, avant leur réunion à celles du pas de Lasvaines, s'étoient jettées dans la robine par des breches faites à ses francs-bords, quoiqu'il s'en fallût de trois pieds qu'elles ne les eussent surmontées. 4°. Que les parties présentes à la vérification ont observé que le pas de Lastours étoit presque masqué par les dépôts qui s'y étoient accumulés durant la fermeture de cette ancienne ouverture qui fut faite l'année derniere par M. de Chef-de-Bien, & par des tamarins qui se sont accrus entre la fermeture & le bord de l'Aude, & ils ont ajouté que ce rehaussement a été la cause qu'il est passé beaucoup moins d'eau par celui de Lastours, que par celui de Saint-Paul & de Lasvaines. 5°. Il a été vérifié aussi que les canaux ou bas-fonds qui sont au dessous du pas de Lastours, & qui avoient autrefois une capacité suffisante pour donner un libre écoulement à ses eaux, sont aujourd'hui si retrécies par les plantations & les comblemens qui y ont été faits, qu'ils ne peuvent vuider qu'une très-petite quantité d'eau, ce qui fortifie l'observation faite dans l'article N°. XI.

N°. XI. précédent, & la nécessité qu'il y auroit de remettre les choses dans leur ancien état. 6°. Enfin que la levée du pas de Lasvaines étoit presque entierement rétablie; qu'on faisoit cette réparation avec beaucoup de soin, & qu'on lui donnoit cinq pieds de hauteur au dessus des plus grandes inondations.

Qu'il résulte de ce rapport que les plaintes du sieur de Chef-de-Bien étoient sans fondement, & qu'il convient de remettre le pas de Lastours, & les canaux qui en reçoivent les eaux, dans leur premier état.

Sur quoi la commission a cru devoir proposer à l'assemblée de délibérer, 1°. d'approuver tous les travaux qui ont été faits à la riviere d'Aude depuis les Etats derniers, jusqu'à ce jour, suivant le détail rapporté ci-dessus.

2°. D'imposer comme les années précédentes la somme de trente mille livres pour leur continuation, & de charger MM. les députés à la cour de solliciter de nouveaux secours de Sa Majesté, lesquels doivent être portés à la moitié de la dépense desdits ouvrages.

3°. Enfin d'autoriser le syndic général à agir au conseil, & par-tout où besoin sera pour défendre, s'il y a lieu, aux prétentions du sieur de Chef-de-Bien, & des agens de M. le duc de Fleury, ainsi que pour remédier aux entreprises déjà faites, & prévenir les voies de fait que les riverains pourroient faire au préjudice du projet adopté par les Etats.

Ce qui a été délibéré, conformément à l'avis de MM. les commissaires.

XII.

EXTRAIT du registre des délibérations des Etats généraux de Languedoc, assemblés par mandement du Roi en la ville de Montpellier au mois de Novembre 1776.

Du Samedi 28 Décembre suivant, président Mgr. l'archevèque & primat de Narbonne, commandeur de l'ordre du St. Esprit. N°. XII.

MONSEIGNEUR l'évêque de Montpellier a dit, que le sieur de Montferrier a fait le rapport à la commission, de la suite des travaux ordonnés par les Etats pour garantir des eaux de l'Aude les possessions riveraines, & pour l'atterrissement de l'étang de Capestan.

Que suivant les mémoires qui lui ont été remis par le sieur Garipuy, les eaux de cette riviere sont entierement changées dans leur nouveau lit, & que les crues survenues dans le cours de cette année, bien-loin d'y avoir causé des dégradations, n'ont fait qu'en augmenter la profondeur.

Que les communautés riveraines, dont les demandes n'ont eu pendant long-tems pour objet que la construction de digues capables d'empêcher les eaux de se répandre sur leurs terres, reconnoissent aujourd'hui combien les eaux leur sont nécessaires, & ont proposé divers moyens pour se les procurer; que dans cette vue, la communauté de Salles démasqua l'année derniere l'ancien épanchoir placé sur la rive droite du vieux lit de l'Aude, au dessous de la coupure de la Vernede; que le vieux lit à sec pendant presque toute l'année, ne portant que très-peu d'eau, même lorsqu'elles sont enflées, l'expérience a fait connoître l'insuffisance de cette ouverture, & que, pour y suppléer, on avoit demandé d'abord l'ouverture de trois fossés entre celui de Langlade & celui de la Vernede, dont chacun devoit traverser toute la plaine comprise entre l'ancien & le nouveau lit de l'Aude; mais que l'examen des lieux ayant fait reconnoître qu'un seul fossé d'environ six cent toises de longueur, creusé dans le bas-fonds de la plaine, à-peu-près parallele au nouvel Aude, & qui verseroit ses eaux dans le canal de Langlade, seroit moins dispendieux & plus utile, ce dernier fossé a été exécuté, & qu'il a produit les effets qu'on en attendoit, puisque durant les dernieres crues, il a répandu dans les bas-fonds les eaux qui y sont entrées par regonfle, & il en a procuré ensuite l'écoulement le plus prompt.

Que la communauté de Salles, assurée par cette épreuve, que les eaux de cette partie de la plaine ne trouveront aucun obstacle à leur écoulement dès que la riviere baissera, desire d'y en introduire davantage, & demande pour cela, qu'il lui soit permis de faire à la digue du nouvel Aude, au-dessous du canal de la Vernede, deux ouvertures, chacune de douze toises de longueur.

Que pour porter aussi les eaux dans la partie de la plaine supérieure à ce canal, la communauté de Salles a encore demandé de faire deux semblables ouvertures aux digues correspondantes qui bordent le nouvel Aude sur le même bord de la gauche, le tout à leurs périls & risques : & que, dans la vue d'arroser la partie supérieure de cette plaine, la communauté de Coursan s'est jointe à celle de Salles, pour demander l'entiere destruction de l'épanchoir d'Auriac, placé sur la rive droite du vieux Aude, & le recreusement d'un fossé de fuite jusqu'à la coupure de la Vernede, pour vuider toutes les eaux que les deux ouvertures précédentes & celles d'Auriac auront versé sur les terres.

Que les propriétaires des terres riveraines de la rigole de fuite de l'épanchoir de Sainte-Marie, situées dans les communautés de Coursan, Vinassan, Armissan & Narbonne, qui, dans la crainte qu'elles ne fussent submergées, avoient sollicité & obtenu le rehaussement de cet épanchoir, ont demandé avec instance qu'il fût rabaissé, ce qui est déjà exécuté ; en sorte que les demandes de toutes les communautés riveraines étant aujourd'hui conformes aux principes sur lesquels les travaux ont été faits, & d'une utilité reconnue, elles paroissent ne devoir souffrir aucune difficulté, & elles font espérer qu'il n'y aura plus de différend à ce sujet.

Que suivant le compte qui vient d'être rendu les travaux particuliers à la riviere d'Aude, ayant été peu considérables cette année, on a poussé ceux du canal destiné à atterrir l'étang de Capestan jusqu'aux anciennes digues qui bordent la riviere d'Aude dans la communauté de Salleles, tout près de l'endroit où doit être construit l'épanchoir de la prise d'eau ; qu'ainsi, ce canal est ouvert sur toute sa longueur, qui est d'environ cinq mille toises, à la réserve de la traversée du bas fonds du Rec de Caudiés, qui est d'environ cinq cent toises, & dont le recreusement n'étant pas nécessaire pour l'écoulement des eaux, a été différé pour accélérer celui de la partie supérieure du canal, qui diminuera les épuisemens à faire pour fonder l'épanchoir, & facilitera ceux qui seront inévitables ; & qu'en creusant cette rigole, on a fait en même-tems de part & d'autre sur toute sa longueur, de fortes levées auxquelles on a donné une hauteur uniforme, malgré les inégalités du terrein, en transportant dans les bas-fonds les déblais superflus des parties élevées.

Et qu'enfin, on a construit trois martellieres à la gauche de ce canal, entre la Nazoure & l'étang de Capestan, qui étant fermées lorsque les eaux du canal seront grosses, les empêcheront de se répandre dans les possessions voisines, & qu'on ouvrira ensuite pour évacuer les eaux pluviales qui s'y seront ramassées.

Qu'il résulte du toisé des ouvrages faits cette année, dressé par le sieur Garipuy, qu'ils montent à la somme de trente-cinq mille huit cent quatre-vingt-trois livres quatorze sols neuf deniers, laquelle a été payée à l'entrepreneur.

A quoi le sieur de Montferrier a ajouté, que le sieur Garipuy a fait procéder à l'arpentement & à l'estimation des terres prises pour l'emplacement du canal, depuis le vieux chemin d'Ouveillan, jusqu'à son extrémité supérieure, laquelle se porte à treize mille cent cinquante-cinq livres dix sols onze deniers, & que cette somme jointe à celle du montant des travaux, la totalité se porte à quarante-neuf mille trente-neuf livres cinq sols huit deniers.

Que le canal d'atterrissement étant fort avancé, suivant le rapport qui vient d'être fait, & les recreusemens étant portés jusqu'à l'endroit où l'épanchoir de la prise d'eau doit être construit, le sieur Garipuy propose de s'occuper l'année prochaine à la construction de cet ouvrage important, sans lequel le reste du canal deviendroit inutile; & qu'il est d'autant plus essentiel d'y travailler, qu'on doit commencer aussi la derniere écluse du canal de navigation qui doit joindre celui des deux mers à la robine de Narbonne, & que ces deux ouvrages contigus devant être liés entre eux, & ne faire qu'un même corps, on augmentera leur solidité, & on diminuera les frais des batardeaux & des épuisemens, si on les construit en même-tems, ainsi que les levées qui doivent être communes à la derniere retenue du canal de navigation, & à la partie supérieure de la rigole d'atterrissement pour les défendre contre les inondations.

Qu'ainsi, la commission a cru devoir proposer à l'assemblée de délibérer, 1°. d'approuver tous les travaux qui ont été faits cette année à la riviere d'Aude, suivant le détail rapporté ci-dessus.

2°. D'ordonner qu'ils seront continués suivant l'ordre de travail proposé par le sieur Garipuy.

3°. D'imposer, comme les années précédentes, la somme de trente mille livres pour leur construction.

Et de charger MM. les députés à la cour de solliciter la continuation des dons de Sa Majesté, lesquels doivent être portés à la moitié de la dépense des susdits ouvrages.

Ce qui a été délibéré, conformément à l'avis de MM. les commissaires.

XIII.

EXTRAIT du régistre des délibérations des Etats généraux de Languedoc, assemblés par mandement du Roi en la ville de Montpellier au mois de Novembre 1777.

Du Lundi 29 Décembre suivant, président Mgr. l'archevêque & primat de Narbonne, commandeur de l'ordre du St. Esprit.

MONSEIGNEUR l'évêque de Montpellier a dit: que le sieur de Montferrier a rendu compte à la commission, de la suite des travaux faits à la riviere d'Aude, pour la conservation & l'amélioration des terres riveraines, lesquels consistent au redressement du lit de cette riviere, pour en abréger le cours & en augmenter la pente; à divers élargissemens, pour lui donner depuis Moussoulens jusqu'à la mer, une capacité uniforme & réguliere; à faire porter ses eaux limoneuses dans les endroits bas & marécageux pour les atterrir & les rechausser; & enfin, à ouvrir divers canaux pour ramener dans

N°. XIII. dans l'Aude, le plutôt possible, les eaux épanchées sur ses bords.

Que les communautés reconnoissent depuis long-tems, combien ses eaux sont utiles à la production de leurs terres; & que dans la vue de se les procurer, elles proposerent l'année derniere, l'ouverture de plusieurs breches aux chaussées qui bordent le nouveau cours de la riviere vers le nord, la destruction de l'épanchoir d'Auriac, & qu'on enlevât le rehaussement de celui de Sainte-Marie, qui avoit été fait à leur sollicitation.

Que ces ouvrages ayant été ordonnés par les Etats, le sieur Garipuy a rapporté qu'ils ont été exécutés, & qu'ils ont produit les bonifications qu'on s'en étoit promis.

Que ce directeur a ajouté, que l'inondation survenue dans le mois de Juin dernier, a donné lieu de remarquer que, dès que les eaux de la riviere baisserent, celles qui s'étoient répandues sur les terres de la communauté de Coursan, & dans la partie supérieure de la plaine de Salles, se retirerent aussitôt, tandis qu'elles demeurerent assez long-tems dans la partie inférieure; qu'on a attribué ce long séjour dans ces terres voisines de l'embouchure du nouveau lit, au retrécissement causé au-dessous par des arbres & des plantations qui réduisoient la largeur de l'ancien à quinze toises, au lieu de quarante-cinq qui sont entre les digues du nouveau; que sur les vives instances des communautés intéressées, cet étranglement a été réparé au moyen d'un déblai de sept toises de largeur de chaque côté, sur environ deux cent toises de longueur, les déblais de cet élargissement ayant servi à former des digues latérales pareilles aux digues supérieures; & qu'on a reconnu, durant les inondations de l'automne, que ces ouvrages ont produit un très-bon effet; en sorte que les communautés voisines demandent qu'on en fasse de semblables au-dessous, pour élargir quelques parties qui sont encore trop étroites. N°. XIII.

Que le succès des breches faites aux digues sur la rive gauche du nouvel Aude, & à droite dans la partie supérieure, a déterminé la communauté de Salles à demander l'agrément d'en faire de semblables dans la partie inférieure de la droite, pour bonifier les terres correspondantes; mais que la communauté de Fleury, qui est au-dessous, a observé en même-tems, qu'il n'étoit pas juste que les eaux versées par ces breches, après avoir déposé leur limon dans les terres de Salles, traversassent ensuite celles de Fleury, où elles ne pourroient que nuire; & elle a demandé que pour l'empêcher, il fût construit une digue oblique depuis le pont de Liesse jusqu'à l'Aude, pareille à celle qui a été faite à la tête du Brasset, qui rameneroit les eaux claires dans la riviere, & serviroit aussi de chemin; que cette digue a été commencée dans la belle saison; mais que n'ayant pas été achevée avant les pluies, elle ne pourra être reprise que dans le tems sec.

Que suivant le rapport du sieur Garipuy, outre les ouvrages faits à la riviere d'Aude & sur ses bords, au-dessous de la digue de Moussoulens, on a travaillé aussi à perfectionner le canal ouvert depuis cette digue jusqu'à l'étang de Capestan.

Que lorsque cette rigole fut commencée, on avoit seulement en vue de la faire servir à l'atterrissement de l'étang de Capestan, & qu'on ne lui avoit donné que la profondeur nécessaire pour produire cet effet; que lorsque le projet du canal de navigation fut arrêté, on reconnut l'avantage qu'il y auroit d'en construire la derniere écluse, joignant l'épanchoir à faire à la tête de la rigole d'atterrissement, & d'augmenter

N°. XIII. la profondeur de l'épanchoir & de la rigole, suffisamment pour mettre à sec le bassin de l'écluse, toutes les fois qu'il y auroit quelques réparations à faire; qu'en conséquence de cette détermination, il a été creusé dans le milieu de la rigole une cuvette de dix pieds de largeur, sur quatre pieds de profondeur, & de deux mille cent cinq toises de longueur, qui se terminent au chemin de Cuxac à Salleles; qu'il reste encore au-dessus jusqu'à l'épanchoir cinq cent quatre-vingt toises qu'il n'a pas été possible de faire tandis qu'on fondoit le pont de la Broute sur ledit chemin, mais auxquelles on travaille actuellement; qu'une partie de cette cuvette se trouve dans le roc & dans un gravier vif, ce qui a rendu le recreusement plus long & plus dispendieux.

Qu'avant de faire cette cuvette, on avoit achevé de former la rigole dans toute son étendue, en creusant deux parties qui restoient à faire, l'une de cinq cent toises de longueur dans le bas-fonds du Rec de Caudiés, & la seconde de cent soixante toises voisine de l'épanchoir.

Que les déblais de la premiere partie ont servi à former des chaussées pour contenir les eaux dans la rigole, & que ces levées doivent encore être un peu rehaussées par les terres excédentes des parties voisines.

Que pour ce qui est des déblais de la partie supérieure, & de ceux de l'emplacement de l'épanchoir, ils ont non-seulement suffi à former les chaussées latérales de la rigole, mais encore celles du canal de navigation, ainsi qu'il a été dit dans le rapport de cet ouvrage.

Qu'indépendamment de ces travaux de terre, on s'est occupé aussi de ceux de maçonnerie, d'abord, par la construction d'un pont de huit toises d'ouverture, appellé de la Broute, sur le chemin de Cuxac à Salleles, & ensuite par l'approvisionnement de beaucoup de pierres & de moilons pour la construction de l'épanchoir, dont on se propose de jetter ses fondemens dans le mois d'Avril, lorsque la cuvette destinée à l'écoulement des eaux, sera achevée sur toute sa longueur. N°. XIII.

Que le sieur Garipuy a aussi observé, qu'il doit être construit un second pont pareil à celui de la Broute, à l'endroit où la rigole coupe le chemin de Cuxac à Ouveillan & à Saint-Chinian.

Enfin, que d'après les toisés dressés & remis par ce directeur, les ouvrages faits cette année se portent à 49,740 livres 5 sols 9 deniers.

Que le sieur Garipuy a fait procéder pendant l'année à l'estimation des indemnités dues à raison de l'emplacement du canal d'atterrissement aux environs du Rec de Caudiés, lesquelles, suivant le rapport des sieurs Sigeac & Vié, experts, visé par le directeur, montent à la somme de 3843 livres 6 sols 3 deniers, qui doit être prise sur les fonds destinés auxdits travaux; & qu'au moyen du payement qui en sera fait, la province ne sera plus tenue à aucune autre dépense de cette espece.

Sur quoi la commission a cru devoir proposer à l'assemblée de délibérer;

1°. D'approuver tous les travaux qui ont été faits cette année à la riviere d'Aude, & à la rigole d'atterrissement de l'étang de Capestan, suivant le détail rapporté ci-dessus.

2°. D'ordonner qu'ils seront continués en la maniere proposée par le sieur Garipuy.

3°. D'imposer, comme les années précédentes, la somme de 30,000 livres pour leur continuation, sur laquelle somme sera prise celle de 3843 livres 6 sols 3 deniers, pour le montant des dernieres indemnités dues à raison des travaux déjà faits, ou qui restent à faire.

N°. XIII. Et de charger MM. les députés à la cour, de solliciter la continuation des dons de Sa Majesté, lesquels doivent être portés à la moitié de la dépense des susdits ouvrages.

Ce qui a été délibéré, conformément à l'avis de MM. les commissaires.

XIV.

EXTRAIT du registre des délibérations des Etats généraux de Languedoc assemblés par mandement du Roi en la ville de Montpellier au mois d'Octobre 1778.

Du Mardi 17 Novembre suivant, président Mgr. l'archevêque & primat de Narbonne, commandeur de l'ordre du St. Esprit.

MONSEIGNEUR l'évêque de Montpellier a dit, que le sieur de Montferrier, en rendant compte à la commission de la suite des travaux faits à la riviere d'Aude pendant l'année, a rapporté qu'en conséquence de la délibération des Etats de l'année derniere, on a continué de travailler à l'élargissement du lit de cette riviere depuis l'embouchure du nouvel Aude jusqu'à la mer; qu'on a coupé tous les avancemens de la rive droite, qui formoient ensemble une longueur d'environ mille toises; qu'on en a coupé plus de la moitié sur la rive gauche, & qu'on achevera de détruire ceux qui restent, d'abord après l'hiver.

Qu'on a achevé de rehausser & d'élargir la digue qui sert d'avenue au pont de Liesse; que la communauté de Fleury ayant demandé qu'il fût fait deux breches aux chaussées qui bordent le nouvel Aude sur la droite au-dessous du Brasset, pour répandre les eaux troubles sur les terres, elle demande en même-tems le rehaussement de l'avenue du pont de Liesse, qui est au-dessous, afin d'arrêter le cours de ces eaux épanchées, & les obliger de déposer leur limon, & de procurer des bonifications semblables à celles dont la communauté de Salles jouit depuis quelque tems. N°. XIV.

Que la communauté de l'Espignan, dont les terres sont situées sur la rive opposée de l'Aude sollicite au contraire la fermeture d'un bas-fonds qui s'est formé l'année derniere à environ deux cent toises au-dessous de l'embouchure du nouvel Aude, quoique les eaux épanchées l'hiver dernier par cette ouverture, ayent apporté beaucoup de limon dans leur plaine, parce que malgré ces bonifications il ne leur fut pas possible d'ensemencer dans le tems convenable.

Qu'il paroît cependant que les habitans de l'Espignan ne sont pas unanimes sur cette fermeture, parce que les uns n'ont pour objet que les jouissances présentes, tandis que les autres préferent l'amélioration des fonds.

Que vu cette indécision, il paroît convenable d'attendre que cette communauté forme une demande précise, d'après une délibération prise à ce sujet, & cependant d'ordonner, ainsi que le sieur Garipuy le propose, de faire une plantation de tamarins dans le bas-fonds dont il s'agit pour empêcher qu'il ne se recreuse davantage, & pour en occasionner au contraire le rehaussement par le dépôt des eaux troubles.

Que la province ayant fait creuser il y a quelques années le canal de fuite de l'épanchoir de Sainte-Marie & la rigole appellée de Grand-Vigne, qui reçoit les eaux du pas de Lastours & de la robine, & ces deux canaux, qui portent l'un & l'autre dans l'étang Salin les eaux épanchées de l'Aude, n'ayant pu être entretenues l'année derniere, ils ont été remis celle-ci en bon état.

Que les inondations de l'hiver der-

No. XIV. nier ayant continué de saper la rive droite de l'Aude, opposée à Cuxac, entre le pas de Lasvaines & celui de Lastours, les anciennes digues ont été ébréchées, & la partie du chemin de l'Etape, située entre ces digues & la riviere, a été totalement emportée.

Que la nécessité de rétablir ce chemin, & le péril imminent qu'il y avoit pour la récolte pendante, ont obligé de prolonger de cent soixante-dix toises dans le champ, la chaussée du pas de Lasvaines, construite depuis quelques années par la province, & qu'on a établi en même-tems la partie de chemin qui avoit été emportée; mais que ces ouvrages, placés sur le terrein élevé, ne pouvant contribuer en rien à empêcher les eaux d'en saper le pied, ils ne peuvent être regardés que comme provisoires, & qu'il est à craindre qu'on ne soit obligé de changer la direction de la riviere, en y creusant sur la rive gauche un nouveau lit d'environ huit cent toises de longueur.

Qu'indépendamment des ouvrages précédens faits sur les bords de la riviere d'Aude, on a travaillé aussi à ceux qui ont pour objet l'atterrissement de l'étang de Capestan, qu'on a recreusé une cuvette de deux toises de largeur dans la rigole d'atterrissement, sur environ six cent toises de longueur depuis le pont de la Broute jusqu'à l'épanchoir, afin de baisser, autant qu'il est possible, les eaux dans les fondations communes à cet épanchoir, & à l'écluse contiguë du canal de navigation.

Qu'on a aussi perfectionné les digues de cette rigole à travers le bas-fonds du Rec de Caudiés, sur environ trois cent toises de longueur, & qu'on a élargi l'embouchure de ce ruisseau dans le canal d'atterrissement qui en reçoit aujourd'hui toutes les eaux.

Enfin, qu'on a achevé le pont de la Broute, près le village de Salleles, & qu'on a passé l'arche d'un second pont sur cette rigole au chemin d'Oueillan; en sorte qu'il ne reste qu'à achever ce second pont, & à en construire un troisieme sur la même rigole, à la rencontre du chemin de Narbonne à Capestan, qu'on se propose de faire dans le cours de l'année prochaine. No. XIV.

Que la rigole d'atterrissement étant achevée, & tout étant disposé pour la construction de l'épanchoir qui doit y verser les eaux, il étoit nécessaire avant que cet ouvrage fût achevé, de s'occuper du recreusement de la rigole de fuite qui doit verser dans le vieux Aude les eaux répandues dans l'étang de Capestan, lorsqu'elles y auront déposé leur limon.

Que cette rigole de fuite nommée de Periés, traverse le grand chemin sous une arche de la chaussée du pas du Loup, au-dessous de laquelle avoit été faite une voûte renversée pour empêcher les affouillemens des eaux mais que cette voûte construite dans le tems que la riviere d'Aude n'avoit pas un débouché suffisant, avoit été portée à une hauteur qui ne permettoit pas de donner à la rigole toute la profondeur nécessaire; qu'on a profité de la sécheresse de l'été dernier pour enlever cet obstacle, pour construire une autre voûte plus basse de huit pieds que la premiere, & pour porter jusqu'à cette profondeur les fondemens de deux culées de l'arche.

Qu'on a commencé depuis à ouvrir une cuvette dans le milieu de la partie inférieure de cette rigole, comprise entre le vieux Aude & le grand chemin, & qu'on va travailler de suite au recreusement du reste de la rigole.

Enfin, que tous les ouvrages dont il vient d'être rendu compte, qui ont été faits dans le cours de cette année,

N°. XIV. se portent, suivant les toisés qui en ont été dressés par le sieur Garipuy, à la somme de trente-trois mille quatre cent soixante-une livres dix-huit sols neuf deniers.

Que le sieur de Montferrier a dit ensuite, que les eaux ne coulant plus dans la partie de l'Aude au-dessous de Coursan, entre le pas de la Nove & l'entrée du canal de la Carbonne, ce vieux lit s'est considérablement rehaussé, ce qui a engagé les propriétaires à y faire des plantations & même à y semer du petit millet.

Que le sieur Garipuy a observé à ce sujet, que la province ayant acheté l'emplacement du nouveau lit, l'ancien lui appartient, & qu'elle peut le vendre, ce qui, indépendamment du petit avantage qu'elle en retirera, préviendra une foule de discussions qui s'élevent déjà entre les riverains.

Qu'en conséquence il a fait faire l'arpentement de ce vieux lit par le sieur la Forgue, greffier de la communauté de Coursan, duquel il résulte qu'il contient cinquante séterées & cinq punieres.

Que le sieur Garipuy a observé en second lieu, qu'il n'y a aucune difficulté à aliéner toute la partie de ce vieux lit, inférieure à l'épanchoir de Sainte-Marie; mais qu'il convient de conserver dans la partie supérieure, une rigole d'environ six toises de largeur pour y porter les eaux troubles de l'Aude, d'où elles doivent se répandre dans les terres voisines de la rigole de fuite jusqu'à l'étang Salin; que cette rigole prise dans le vieux lit, doit être ménagée dans la direction la plus droite qu'il sera possible de lui donner; mais qu'il paroît convenable de vendre tout ce qui restera de vieux lit de l'Aude, de part & d'autre de la rigole.

Que sur tous ces objets, la commission a cru devoir proposer aux Etats,

1°. D'approuver les travaux dont il vient d'être parlé, suivant le détail rapporté ci-dessus. N°. XIV.

2°. D'ordonner qu'ils seront continués en la maniere proposée par le sieur Garipuy.

3°. D'imposer pour cet objet, comme les années précédentes, la somme de trente mille livres.

4°. De charger MM. les députés à la cour de solliciter la continuation des dons de Sa Majesté, lesquels doivent être portés à la moitié de la dépense des susdits ouvrages.

5°. Enfin, que la partie du vieux lit de l'Aude comprise entre le pas de la Nove & l'entrée du canal de la Carbonne, sera vendu aux encheres au profit de la province, sauf l'emplacement de la rigole dont il a été parlé; qu'il sera fait des affiches à cet effet, & que MM. les commissaires du diocese de Narbonne seront autorisés à faire cette vente.

Ce qui a été ainsi délibéré, conformément à l'avis de la commission.

X V.

EXTRAIT du registre des délibérations des Etats généraux de Languedoc, assemblés par mandement du Roi, en la ville de Montpellier au mois de Novembre 1779.

Du Mardi 14 Décembre suivant, président Mgr. l'archevêque & primat de Narbonne, commandeur de l'ordre du St. Esprit.

MONSEIGNEUR l'évêque de Montpellier a dit, que le sieur de Montferrier a rapporté à la commission le mémoire & les toisés du sieur Garipuy, concernant les ouvrages de la riviere d'Aude.

Qu'ils sont de deux especes, les premiers ayant pour objet de redresser le cours de cette riviere pour donner aux eaux l'écoulement le plus prompt, afin qu'elles s'élevent à une moindre hauteur ; & les seconds étant au contraire destinés à verser ses eaux troubles dans les endroits bas de la plaine, & que ceux-ci sont toujours accompagnés des rigoles ou canaux nécessaires pour en écouler les eaux claires, dès qu'elles ont fait leur dépôt.

Que les ouvrages de la premiere espece qui étoient les plus dispendieux, ont été achevés les années précédentes; à la réserve de quelques petits élargissemens qui restent à faire sur la rive gauche du vieux lit de l'Aude au-dessous de la métairie de M. le duc de Fleury.

Qu'on ne s'est occupé cette année qu'à ceux de la seconde espece qui avoient été ordonnés par la délibération des Etats du 17 Novembre 1778, & qu'on a travaillé en conséquence, 1°. à l'abaissement du franc-bord de la gauche au-dessus de la métairie de M. le duc de Fleury, sur environ cent cinquante toises, & à une ouverture profonde de cinq toises de largeur faite à ce même franc-bord, & accompagnée d'une rigole de cent sept toises de longueur qui verse les eaux dans la plaine contiguë appartenant à la communauté de Fleury ; comme aussi à avoir creusé un canal de vuidange de deux cent quarante toises de longueur, qui se perd dans un des vieux lits de l'Aude, & delà dans l'étang de Vendres ; que ces ouvrages ont été faits si à propos, que les crues survenues dans le mois de Février, s'étant répandues sur cette plaine, le salicor qui y avoit été semé auparavant, a donné une récolte très-abondante, tandis qu'il a péri partout ailleurs.

2°. Que les demandes des habitans de l'Espignan, au sujet d'une breche faite au bord de l'Aude n'étant pas uniformes, on s'est borné à fortifier le terrein par une plantation de tamarins qui en a déjà rehaussé le fonds ; & comme tous les habitans de cette communauté se sont ensuite réunis à demander des eaux à l'exemple de ceux de Fleury, il a été ouvert quatre breches à la rive gauche du vieux Aude, au-dessus de son embouchure, joignant l'extrémité inférieure du nouveau lit de cette riviere ; & après l'ouverture de ces breches, il a été creusé un fossé de vuidange de douze cent quatre-vingt-quatre toises de longueur qui vuide les eaux claires dans la partie de l'étang de Vendres la plus voisine de l'Espignan.

3°. Il a été ouvert sur le même bord du vieux Aude, près la métairie de la Vernede, une rigole de 300 toises de longueur pour rehausser les terres dépendantes de cette métairie ; & les bons effets de ces ouvrages ont déterminé quelques particuliers de Nissan & de Salles, à faire quelques pareilles ouvertures qui n'exigeoient pas une grande dépense.

4°. On a creusé dans la partie abandonnée du vieux lit de l'Aude, entre le pas de Nove, près de Coursan, & l'épanchoir de Sainte-Marie, un canal de 375 toises, pour amener les grandes eaux dans le canal de Sainte-Marie, qui les porte à l'étang Salin à travers les terres de Seleiran, Vinassan, Armissan, & Narbonne.

5°. Enfin, on a fortifié le pied de la rive droite de l'Aude au contour de Blanque-Fougasse, pour empêcher que la chaussée établie sur ce bord ne fût emportée par les eaux.

Qu'outre ces ouvrages, il en a été fait d'autres relatifs au desséchement de l'étang de Capestan, dont le plus considérable est la fondation de l'épanchoir placé à la tête de la rigole d'atterrissement, contigu à la derniere écluse du nouveau canal de Narbonne, dont il sera parlé plus en détail, lors-

N°. XV. qu'on rendra compte des travaux qui ont été faits cette année à ce canal.

Que le second ouvrage consiste à la construction d'un pont à trois arches sur la rigole d'atterrissement au chemin de Narbonne à Capestan près la métairie de Rabes, & à avoir achevé ce qui avoit été commencé l'année derniere sur la même rigole près la métairie de Fontcalvy, au chemin de Narbonne à Saint-Chinian.

Qu'on a aussi recreusé une large cuvette dans la rigole de Periés, sur mille soixante-trois toises de longueur, depuis le vieux lit de l'Aude, en remontant jusqu'à l'étang de Capestan.

Que suivant le toisé des ouvrages faits à la rigole de Periés, & aux ponts de Rabes & de Fontcalvy, leur dépense se porte à la somme de 37,864 livres 2 sols 9 deniers, & que ceux faits pour la fondation de l'épanchoir, n'ont pu encore être toisés exactement, à cause de l'inégalité actuelle de diverses parties de cette fondation.

Que les inondations survenues dans le mois de Septembre ont répandu une grande quantité de limon sur toutes les terres vis-à-vis desquelles le bord de la riviere d'Aude avoit été ouvert; ce qui a déterminé les communautés riveraines à reconnoître les bons effets de ces ouvertures, & même d'en demander de nouvelles.

Que la communauté de Fleury qui, comme on l'a dit, a déjà tiré de grands avantages des ouvrages faits l'année derniere, demande, par sa délibération du 28 Novembre 1779.

1°. Qu'on laisse ouverte à perpétuité la prise d'eau faite auprès de la métairie de M. le duc de Fleury.

2°. Que vu le dommage causé par les eaux au champ dans lequel cette breche a été faite, malgré les bonifications qu'elles procurent ensuite au reste de la plaine sur laquelle elles se répandent avec moins de rapidité, le champ dont il s'agit, qui est de la contenance d'une seterée six punieres, soit payé au propriétaire nommé Chavardés.

3°. Enfin que les ouvrages commencés soient continués en faisant de nouvelles ouvertures à la rive gauche de l'Aude, pour introduire un plus grand volume d'eau dans leurs possessions supérieures à celles de M. le duc de Fleury.

Que la communauté de l'Espignan, par sa délibération du même jour 28 Novembre a demandé, 1°. Qu'on élargisse de quatre pieds le canal de vuidange qui porte dans l'étang de Vendres les eaux épanchées sur leurs terres.

2°. Qu'on prolonge en remontant l'ouverture de ce canal pour recevoir les eaux qui descendent des hauteurs voisines.

3°. Qu'on construise trois ponts sur le canal déjà fait, sans quoi on ne peut le traverser qu'en y faisant des batardeaux qui interceptent le cours des eaux.

4°. Qu'on fasse de nouvelles ouvertures au bord du vieux Aude pour fertiliser leurs terres.

Que la communauté de Coursan, par sa délibération du 5 Décembre courant, a demandé, en premier lieu, qu'on baisse le couronnement de l'épanchoir qui est au-dessus du village; en second lieu, qu'on facilite le cours des eaux par le pas de Lastours, en détruisant toutes les plantations faites pour l'intercepter; en troisieme lieu, que d'abord après la moisson, on fasse au franc-bord de l'Aude, entre Prat-du-Rays & l'extrémité de la Pege, toutes les ouvertures qui seront jugées nécessaires pour rehausser & pour fertiliser les terres riveraines.

Qu'enfin, la ville de Narbonne, par sa délibération du 6 de ce mois, a N°. XV.

formé les mêmes demandes que celle de Courſan, au ſujet du pas de Laſtours, & des ouvertures à faire au bord de l'Aude, vis-à-vis du Prat-du Rays; & elle a demandé en outre que le couronnement de l'épanchoir de Sainte-Marie fût abaiſſé de nouveau pour introduire un plus grand volume d'eau dans le canal inférieur qui ſe vuide dans l'étang Salin.

Que le ſieur Garipuy, qui a eu connoiſſance de ces diverſes délibérations, eſtime que les communautés qui les ont priſes, mieux éclairées aujourd'hui ſur leurs vrais intérêts, n'ont formé que des demandes conformes au projet général formé par les Etats pour la bonification des terres riveraines de l'Aude, & qu'ainſi il y a lieu de les accueillir; il obſerve néanmoins qu'il y en a deux, l'une formée par la communauté de Fleury, & l'autre par celle de l'Eſpignan, qui ne ſauroient être à la charge de la province, qu'elle n'a jamais payé les terreins ſur leſquels il a été fait autrefois des ouvertures qu'on nomme des Pas; que celui qui a été fait ſur le champ du nommé Chavardés, eſt de même eſpece; & qu'ainſi il paroît que l'indemnité qui lui eſt due doit être payée par la communauté de Fleury, & non par la province.

Que le ſieur Garipuy eſtime de même, que les ponts à conſtruire ſur le canal de vuidange de la communauté de l'Eſpignan, doivent être payés ſuivant les regles générales établies pour la conſtruction des ponts, relativement à l'objet de leur dépenſe, & non ſur les fonds uniquement deſtinés aux travaux de la riviere d'Aude.

Que ce directeur eſtime en outre, qu'il convient d'ordonner que l'élargiſſement & le redreſſement de l'ancien lit de l'Aude qui reſte à faire au-deſſous de la métairie de M. le duc de Fleury, ſeront achevés cette année; comme auſſi qu'on preſſera la conſtruction de l'épanchoir d'atterriſſement, afin qu'on puiſſe éprouver le plutôt poſſible les bons effets auxquels il eſt deſtiné.

Que c'eſt ce que MM. les commiſſaires ont cru devoir propoſer à l'aſſemblée, & en conſéquence de délibérer la même impoſition de 30,000 livres faite les années précédentes pour les travaux, & ſolliciter la continuation du ſecours de pareille ſomme qu'il a plu au Roi d'accorder à la province, à concurrence de la moitié de la totalité de leur dépenſe.

Sur quoi il a été délibéré, conformément à l'avis de MM. les commiſſaires, 1°. D'ordonner que l'élargiſſement & le redreſſement de l'ancien lit de l'Aude, qui reſte à faire au-deſſous de la métairie de M. le duc de Fleury ſeront achevés cette année, & qu'on paſſera la conſtruction de l'épanchoir d'atterriſſement.

2°. D'accueillir les demandes des communautés riveraines, conformément aux obſervations du ſieur Garipuy.

3°. De faire la même impoſition de trente mille livres pour les travaux de l'année prochaine, & de charger MM. les députés à la cour de ſolliciter la continuation des dons de Sa Majeſté pour la moitié de la dépenſe des ſuſdits ouvrages.

N°. XVI.

XVI.

EXTRAIT du registre des délibérations des Etats généraux de Languedoc, assemblés par mandement du Roi en la ville de Montpellier au mois de Novembre 1780.

Du Vendredi 29 Décembre suivant, président Mgr. l'archevêque & primat de Narbonne, commandeur de l'ordre du Saint-Esprit.

MONSEIGNEUR l'évêque de Montpellier a dit, que les fréquentes inondations de la riviere d'Aude causant des dommages inappréciables aux terres riveraines, depuis Salleles jusqu'à la mer, sur une étendue de douze lieues quarrées, les Etats déterminerent de faire travailler, non-seulement à faire cesser ces dommages, mais encore à bonifier ces vastes possessions.

Que le redressement de cette riviere fut jugé un des meilleurs moyens à employer pour remplir ces vues, puisque, en augmentant sa pente, il devoit diminuer la hauteur de ses inondations; qu'on a cru devoir y ajouter de nouveaux canaux, pour porter dans les endroits bas de la plaine les eaux troubles, dont les dépôts les rehaussent & en temperent la salure; comme aussi de nouvelles rigoles qui évacuent les mêmes eaux, dès qu'elles ont fait leur dépôt.

Qu'on a rendu compte chaque année aux Etats du progrès des ouvrages & des demandes des riverains.

Que les travaux faits cette année, en exécution de leur délibération du 14 Décembre 1779, & dont la plupart avoient été demandés par les communautés intéressées, consistent, suivant le rapport qu'en a fait à la commission le sieur de Montferrier, d'après les mémoires du sieur Garipuy, pour ce qui concerne la riviere d'Aude, 1°. A une jettée en pierre, & en quelques clayonnages faits à sa rive gauche, pour défendre le terrein sapé par les eaux dans le fonds d'une anse au-dessous du village de Cuxac, afin de prévenir la breche qui se seroit formée à la levée qui défend ce village.

N°. XVI.

2°. A l'ouverture du pas de Lastours, au recreusement de la partie supérieure du canal qui en reçoit les eaux, & à quatre coupures faites aussi sur la rive droite, vis-à-vis Prat-du-Rays, dans la communauté de Narbonne.

3°. A avoir baissé de dix-huit pouces le reversoir de Coursan, & de deux pieds celui de Sainte-Marie, & à avoir employé les démolitions de ces épanchoirs avec celles qui restoient de celui de la Carbonne, à fortifier par une jettée la culée du pont de Coursan du côté du village, & les deux piles voisines autour desquelles il s'étoit fait des affouillemens.

4°. A avoir arraché les saussayes qui s'étoient formées dans le vieux lit de cette riviere, d'abord, depuis le pas de la Nove jusqu'au reversoir de Sainte-Marie, & ensuite depuis les rigoles de la Tour & de Periés jusqu'au canal de la Vernede.

5°. En sept coupures faites à sa rive gauche dans la communauté de l'Espignan, trois dans la partie de son ancien lit qui a été abandonnée, & quatre en dessous jusqu'à la bastide appartenant à M. le duc de Fleury.

6°. A avoir commencé au-dessous de cette métairie un élargissement qui sera fini incessamment.

Que les ouvrages des rigoles destinées à verser les eaux troubles dans les bas-fonds, & à les évacuer lorsqu'elles ont fait leur dépôt, ont consisté à creuser sur deux cent quatre-vingt toises, celle de Sainte-Marie, qui porte dans l'étang Salin, les eaux de l'épanchoir, & à couper sur tout le reste de sa lon-

N°. XVI.

gueur, les saussayes & les tamarins qui pouvoient gêner le cours des eaux; qu'on a fait aussi une réparation semblable au canal destiné à l'atterrissement de l'étang de Capestan; qu'on a recreusé sur deux cent quarante toises de longueur la partie déjà faite de la rigole de vuidange de cet étang, nommée rigole de Periés, & qu'on l'a prolongée vers l'étang de deux cent quatre-vingt-dix toises; enfin, qu'on a élargi le canal de l'Espignan, & qu'on l'a prolongé pour porter ses eaux dans l'étang de Vendres.

Que le toisé fait par le sieur de Garipuy de ceux de ces ouvrages qui ont pu être mesurés, a été mis sous les yeux de la commission, & qu'il se porte à 10,941 livres 13 sols 9 deniers; & que le sieur Bruguiere, entrepreneur, ayant reçu 15,000 livres, il est non-seulement payé des ouvrages compris dans ledit toisé, mais qu'il tient encore 4058 livres 6 sols 3 deniers à compte sur les ouvrages courans qui montent à une plus forte somme.

Que ces ouvrages, joints à ceux qui avoient été faits les années précédentes, ont produit des bonifications si sensibles aux terres riveraines des communautés de Coursan, Salles, Fleury & l'Espignan, que la récolte y a été cette année des plus abondantes; & qu'aussi, ces communautés, qui avoient été si opposées aux premiers travaux, éclairées aujourd'hui par l'expérience, en reconnoissent-elles toute l'utilité, & en sollicitent l'entiere exécution, avec la destruction de quelques ouvrages qu'elles conviennent avoir demandé mal-à-propos, & qui n'avoient été accordés à leur importunité que pour tempérer leurs craintes & les amener plus surement à la vérité.

Que la communauté de Salles, par deux de ses délibérations des 28 Septembre & 10 de ce mois, demande qu'il soit fait diverses coupures à la rive droite du vieux lit de la riviere au-dessous de la métairie de la Carbonne, dans le tenement du Bosc de Boni, pour la maintenir dans l'état de bonification où elle se trouve; qu'il en soit fait quatre autres en dessous dans le terroir de Salles jusqu'à celui de Fleury; qu'on enleve les dépôts, & qu'on arrache les plantations faites dans ce vieux lit depuis la Carbonne jusqu'au pas du Loup, avec défenses aux riverains d'en faire de nouvelles; qu'on recreuse deux fossés que la province a fait faire pour écouler les eaux de Boni & de la Carbonne; enfin, que la province fasse construire un pont sur le chemin de Salles à la barque.

Que la communauté de Fleury a délibéré le 4 de ce mois, en premier lieu, de demander la continuation de l'élargissement de la partie inférieure du lit de la même riviere auquel on travaille; qu'en deuxieme lieu, après avoir convenu que les ouvertures faites à ses bords commencent à opérer des améliorations utiles, elle demande que pour achever de la tirer de la misere où elle a croupi si long-tems, les Etats veuillent bien ordonner de nouvelles ouvertures aux endroits dudit bord qui paroîtront les plus propres à bonifier les terres; que pour y répandre ces bonifications on ouvre quatre fossés, dont le premier doit être limitrophe avec la communauté de Salles; & enfin que le vieux lit soit débouché, pour que ses eaux ne refluent point dans l'étang de Vendres.

Que la communauté de l'Espignan avoit déjà délibéré, le 22 Octobre dernier, de demander l'élargissement & le prolongement de son canal auxquels on travaille; comme aussi que le bord de la riviere, depuis la piece d'Etienne Bringuier jusqu'à la rigole divisoire avec le terroir de Nissan, soit abattu & mis

N°. XVI. à niveau du terrein, de même que la chaussée de l'Isle qui a été construite sur la demande de la communauté, mais qu'elle dit aujourd'hui lui porter des dommages considérables.

Que la communauté de Coursan, outre les ouvrages qui ont été faits cette année à sa requête, avoit encore demandé, par sa délibération du 5 Décembre 1779, qu'immédiatement après la moisson, il fût fait sur la rive gauche de la riviere au tenement du Prat-du-Rays, diverses coupures pour verser des eaux troubles dans sa plaine, afin de la rehausser dans la proportion du rehaussement des terres plus voisines de la mer, sans quoi elles perdroient le peu de pente qu'elles ont, & il seroit impossible d'en écouler les eaux.

Que le sieur Garipuy s'étant transporté sur les lieux au commencement de Juillet, il fut pris deux nouvelles délibérations le 9 de ce mois, la premiere qui fixa à quatre le nombre des coupures, mais sous la condition expresse qu'il seroit fait au vis-à-vis de chaque coupure un canal qui portât les eaux troubles dans le bas-fonds, & les empêchât de se répandre sur les terres cultivées voisines de la riviere; qu'on y a ajouté toutefois que si la province n'a point fait des fonds pour ces canaux, la communauté offre d'y contribuer pour la part que les Etats jugeront à propos; & que la seconde délibération porte, qu'il ne sera rien fait que sur les ordres de Mgr. l'archevêque de Narbonne.

Que sur toutes ces demandes, le sieur Garipuy observe, que celles qui ont pour but la continuation des ouvrages auxquels on travaille en exécution de la délibération de l'année derniere, ne peuvent souffrir aucune difficulté; que les autres qui ont pour objet des nouveaux travaux sont toutes relatives aux moyens que les Etats s'étoient proposés, & qu'ils ont employé avec succès pour l'amélioration des terres riveraines de l'Aude; & qu'ainsi il n'y a aucun motif qui doive empêcher de les accueillir; que cependant la demande de la communauté de Salles qui porte sur des travaux à faire dans celle de Coursan, doit être communiquée à cette derniere, pour être exécutée si elle y acquiesce; ou dans le cas contraire, pour être statué sur son opposition. N°. XVI.

Que ce directeur observe de plus, que les principaux travaux délibérés par les Etats pour l'amélioration des terres riveraines de l'Aude, étant aujourd'hui bien avancés, & ceux-ci ayant donné lieu à plusieurs autres moins considérables pour les bonifications dans toutes les parties de cette plaine, il paroît convenable que les Etats déterminent quels de ces travaux doivent être faits par la province en tout ou en partie, & à la charge de qui doivent être ceux dont elle ne fera pas les frais.

A quoi le sieur Garipuy a ajouté, qu'il a fait procéder à l'estimation des terres prises pour l'élargissement du canal d'atterrissement entre le Gaillousty & le pont de la Broute, laquelle se porte à 1462 livres 12 sols 4 deniers.

Que MM. les commissaires, après avoir mûrement examiné tous les articles dont l'assemblée vient d'entendre le détail, ont cru devoir lui proposer, 1°. D'approuver tous les travaux faits & d'ordonner la prompte exécution de ceux qui sont déjà commencés, tels que l'élargissement de la partie inférieure de la riviere d'Aude.

2°. De pourvoir au payement de la somme de 1462 livres 12 sols 4 deniers pour le montant de l'indemnité mentionnée ci-dessus.

3°. Sur les demandes formées par les communautés riveraines & les mo-

N°. XVI. yens de pourvoir à la dépense des travaux qu'elles sollicitent, de délibérer que la province achevera de faire exécuter, à ses frais tous les principaux ouvrages énoncés dans le projet général, qui consistent au redressement & élargissement du lit de la riviere, au recreusement des grands canaux, tels que celui de Lastours, de Sainte-Marie, de l'Espignan, de la rigole d'atterrissement, de celle de Periés & autres semblables; & que lorsque ces canaux auront été mis en bon état, ils continueront à être entretenus par la province, comme faisant une partie essentielle du projet général des ouvrages à faire sur la riviere d'Aude; que toutes les autres rigoles ou canaux moins considérables seront faits ou entretenus par les communautés ou par les particuliers intéressés; & que tous les ponts à faire sur toutes lesdites rigoles ou canaux, seront payés suivant le réglement général fait à ce sujet.

4°. D'imposer en 1781 comme les années précédentes, une somme de 30,000 livres pour la continuation de ces travaux, en chargeant MM. les députés à la cour de solliciter les dons de Sa Majesté pour la moitié de la dépense des susdits ouvrages.

Ce qui a été délibéré, conformément à l'avis de MM. les commissaires.

XVII.

EXTRAIT du registre des délibérations des Etats généraux de Languedoc, assemblés par mandement du Roi en la ville de Montpellier au mois de Novembre 1781.

Du Mardi 18 Décembre suivant, président Mgr. l'archevêque & primat de Narbonne, commandeur de l'ordre du St. Esprit.

MONSEIGNEUR l'évêque de Montpellier a dit, que d'après le mémoire du sieur Garipuy, dont le sieur de Montferrier fils a fait le rapport à la commission, les travaux faits cette année à la riviere d'Aude, consistent principalement en déblais de terre. N°. XVII.

Qu'on a prolongé le canal de l'Espignan, en remontant vers la plaine, sur une longueur de 224 toises, achevé dans une petite partie les élargissemens de la riviere d'Aude, commencés l'année derniere près la métairie de M. le duc de Fleury, & perfectionné presque toutes les chaussées du grand canal d'atterrissement près de son embouchure dans l'étang de Capestan, afin que les eaux de l'Aude qui pourront y être introduites incessamment, ne se répandent point sur les terres cultes que ce canal traverse, & qui sont basses dans cette partie; enfin, qu'on travaille à fortifier le bord de l'Aude sous le village de Cuxac, où les chaussées qui garantissent la plaine & le canal d'atterrissement étoient en danger d'être emportées.

Qu'on a déblayé aussi dans le lit de ce canal, des tocs qui s'y étoient formés; que les plantations de saules qui avoient été faites contre l'intention des Etats par les riverains dans le canal de vuidange du pas de Lastours & de Grandvignes ont été arrachées, & qu'on s'occupe maintenant du prolongement & de l'élargissement du canal de l'Espignan.

Que d'après la délibération des Etats du 29 Décembre 1780, l'entrepreneur avoit reçu 4058 livres 6 sols 3 deniers, à compte des ouvrages qui n'avoient pu être toisés, & qui reviennent, suivant le toisé du sieur Garipuy du 6 Juin dernier, à 4808 livres 6 sols 1 denier, qui ont été entierement payés à l'entrepreneur; que les autres ouvrages dont il a été fait mention ci-dessus, & qui ne sont pas encore achevés, pourront être payés à l'entrepreneur lorsque les toisés en auront été arrêtés.

N°. XVII. Que quoique MM. les députés à la cour eussent sollicité la continuation des dons de Sa Majesté pour la moitié de la dépense des susdits ouvrages, il n'a été cependant rien accordé par l'arrêt du conseil du 31 Janvier 1781.

Que le sieur Garipuy ajoute dans son mémoire que l'exécution du chemin de Narbonne à Coursan, délibérée par les Etats, est liée à celle de divers canaux qui font partie des travaux de l'Aude, & qui sont destinés à recevoir les eaux limoneuses qui se versent par le pas de Saint-Paul de Lastours, & de l'épanchoir de Coursan, afin de les porter dans la plaine basse de Narbonne; & qu'ainsi on ne sauroit retarder de travailler l'année prochaine à ces canaux, en même tems qu'au chemin.

Que la province a acquis des terres pour le canal d'atterrissement de l'étang de Capestan, ainsi que pour ses francs-bords, & que les chaussées formées avec les déblais du canal ont été semées de luzerne dans quelques parties pour en affermir les talus, sur lesquelles les propriétaires des métairies voisines ayant entrepris non-seulement de mener paître leurs troupeaux, mais encore de faucher les luzernes, le sieur Ducros, inspecteur, dressa un procès-verbal contre plusieurs habitans de Cuxac & de Salleles, & notamment contre les propriétaires ou fermiers des métairies de la Broute & de la Bourgade; ce qui obligea le syndic général à se pourvoir devers M. l'intendant qui, par son ordonnance du 30 Juillet dernier, a fait défenses aux habitans des communautés de Cuxac & de Salleles, & à tous autres, de faire dépaître leurs bestiaux sur les chaussées & talus relatifs à l'atterrissement de l'étang de Capestan, à peine de saisie desdits bestiaux, & de 50 livres d'amende pour chaque contravention; & attendu les voies de fait commises par les sieurs Serries, Latour & Despeiroux, les a condamnés en 50 livres d'amende chacun, & à faire réparer les dommages occasionnés par leurs bestiaux. N°. XVII.

Que cette ordonnance ayant été exécutée & affichée dans tous les lieux voisins des ouvrages, il y a lieu de croire que les chaussées ne seront plus dégradées par les bestiaux.

Que la communauté de Coursan a pris une délibération le 18 Novembre dernier, dans laquelle elle observe, que le sieur du Rivage a fait construire une chaussée ou levée de quatre à cinq cent toises de longueur, qui arrête les eaux de l'Aude épanchées par le pas de Lastours, les empêche de se répandre dans la partie inférieure de la plaine, & de suivre le ruisseau nommé la Grande-Maire, qui leur a servi de lit de tous les tems, ce qui cause un double préjudice; d'abord en submergeant le chemin de l'étape qui est au-dessus de la levée, & bien plus encore, en privant la plus grande partie de la plaine des bonifications que les eaux troubles de l'Aude y apportoient. Que cette communauté demande que les Etats veuillent bien faire abattre la chaussée que le sieur du Rivage a fait construire, & qu'il lui soit fait défenses, ainsi qu'à tous autres, d'en faire de semblables qui arrêtent le cours des eaux salutaires qu'on a voulu leur ménager.

Que cette délibération n'ayant été remise que depuis l'ouverture des Etats, il a été impossible d'en faire vérifier & constater les faits.

Qu'enfin, le sieur Rouviere, agent de M. le duc de Fleury, demande qu'il soit fait des réparations nécessaires à un pont de bois construit aux frais de la province sur le nouveau lit de l'Aude, qui forme sa principale embouchure à la mer.

Que sur cet exposé la commission a

été d'avis de proposer à l'assemblée,

N°. XVII. 1°. D'approuver les travaux exécutés la présente année à la riviere d'Aude, & de faire l'année prochaine une nouvelle imposition de 30,000 livres, qui, jointe à la somme de 31,387 livres 7 sols 10 deniers qui reste en caisse de l'imposition de la présente année, ou du don accordé par l'arrêt du conseil du 18 Janvier 1780, sera employé à la continuation des ouvrages commencés & à la construction de divers canaux qui doivent porter les eaux limoneuses de l'Aude, dans la plaine basse de Narbonne.

2°. De charger MM. les députés à la cour, de solliciter des dons de Sa Majesté à concurrence de la moitié du montant desdits ouvrages.

3°. De charger l'inspecteur de tenir la main à l'exécution de l'ordonnance de M. l'intendant pour éviter les dégradations des chaussées & talus relatifs à l'atterrissement de l'étang de Capestan.

4°. De charger le sieur Garipuy de faire pendant l'année les vérifications relatives à la demande de la communauté de Coursan, & d'autoriser MM. les commissaires des travaux publics, à faire ce qu'ils jugeront convenable pour procurer la destruction de la chaussée qu'a fait construire le sieur du Rivage, s'ils le croient nécessaire, d'après le rapport de ce directeur. N°. XVII.

Enfin d'ordonner qu'il sera pourvu l'année prochaine aux réparations nécessaires du pont construit sur le nouveau lit de cette riviere, & dont l'agent de M. le duc de Fleury sollicite la réparation.

Que le syndic du diocese de Narbonne fera délibérer à l'Assiette prochaine du diocese sur un projet de réglement, tant pour l'entretien à l'avenir de ce pont, que pour tous autres qui seront construits sur les canaux & rigoles faisant partie des ouvrages de la riviere d'Aude; que les syndics généraux rassembleront pendant le cours de l'année toutes les pieces, & prendront tous les renseignemens relatifs aux préciputs, pour l'entretien & réparations des ponts, pour sur le compte qu'ils rendront aux Etats prochains, être par cette assemblée statué ce qu'il appartiendra.

Ce qui a été délibéré, conformément à l'avis de MM. les commissaires.

TITRE SEIZIEME.

Du Pont du St. Esprit, & des Chaussées & autres Ouvrages tendans à contenir les eaux du Rhône sous ses arches, & à les empêcher de se répandre au-delà.

LE pont du St. Esprit, qui est encore aujourd'hui un très-bel ouvrage, peut être regardé comme une des merveilles du treizieme siecle. Il a été entierement bâti d'aumônes : sa construction n'a été achevée qu'au bout de quarante-cinq ans de constance & de travaux ; & une bulle de Nicolas V le présente comme une entreprise inspirée du Ciel. On y lit que Dieu touché des malheurs des fidelles qui faisoient naufrage en passant le Rhône, avoit envoyé un Ange pour marquer l'endroit où le pont devoit être construit.

Les Historiens de Languedoc attribuent à Philippe-le-Bel l'établissement du droit de *petit-blanc*, qui étoit originairement de cinq deniers tournois sur chaque minot de sel voituré par le Rhône en passant sous le pont, & dont le fonds étoit destiné à son entretien.

Mais le droit de *petit-blanc* est beaucoup moins ancien. Il paroît que la monnoie appellée *petit-blanc*, de valeur de cinq deniers tournois, ne commença à avoir cours que sous le regne de Charles VI qui en ordonna la fabrication par deux ordonnances des 20 Janvier 1416 & 4 Juin 1417, rapportées dans le Tome VII des ordonnances du Louvre : & il est certain d'ailleurs qu'à cette derniere époque le droit de *petit-blanc* n'existoit pas ; puisque Charles VI ordonna par des lettres du 22 Octobre 1416, qu'il seroit levé un droit de douze deniers sur chaque quintal de sel qui seroit vendu & distribué dans les greniers & chambres du pays de Languedoc, pour le produit être employé aux réparations du pont d'Aigues-mortes, *du pont du St. Esprit*, & pour faire passer la riviere d'Aude par la ville de Narbonne, suivant la répartition qui en seroit faite par des commissaires ; & que par d'autres lettres du 24 Mars suivant, ce même Prince ordonna que, par provision, & en attendant que cette répartition fût faite sur les douze deniers qui se leveroient dans le grenier du St. Esprit, il en seroit délivré onze aux Recteurs & Gouverneurs du pont, & à Me. *Godefroi de Scausignes*, pour être par eux employés *aux réparations dudit pont, & à tenir & remettre la riviere du Rhône en son droit cours.* Ces lettres sont rapportées dans le Tome X des ordonnances du Louvre, pages 378 & 395.

Aujourd'hui le droit de *petit-blanc* est de deux sols sur chaque quintal de sel qui se tire des salins de Peccais, pour le fournissement des fermes des gabelles du Lyonnois, Dauphiné, Comtat Venaissin, traites étrangeres, & autres provinces hors du royaume; & de dix-huit deniers sur chaque quintal de sel tiré des salins de Peccais, Narbonne, Sijean, Peiriac, & autres, pour le fournissement des dix-sept greniers de la province de Languedoc.

Le produit de ce droit est employé aux réparations & entretien du pont du St. Esprit & des chaussées qui en dépendent, & à l'entretien du service divin, nourriture des Prêtres & des pauvres des hôpitaux de la ville du St. Esprit.

Ces deniers sont perçus par des receveurs particuliers qui en comptent à la chambre des comptes de Montpellier, &, par état au vrai, devant les Trésoriers de France de la généralité de Montpellier, lesquels en ont la direction, & font les baux & adjudications des réparations ordonnées sur leur produit, le syndic général de la province présent ou duement appellé.

Dans le siecle dernier, les réparations nécessaires s'étant trouvées si considérables qu'il n'eût pas été possible d'y pourvoir avec le fonds du *petit-blanc*, le Roi ordonna par deux arrêts du conseil du 14 Juillet 1663 & 31 Octobre 1664, que les provinces de Languedoc, Provence, & Dauphiné, contribueroient, chacune à proportion de leurs tarifs, à la dépense excédant le produit du *petit-blanc*; & l'adjudication des ouvrages jugés nécessaires fut faite par des Commissaires de Sa Majesté & des Etats.

En 1712, la riviere du Rhône rompit en différens endroits les chaussées destinées à la contenir sous le pont, & le produit du *petit-blanc* ne pouvant pas suffire pour les réparer, les Etats délibérerent d'avancer les fonds nécessaires pour cette dépense, & obtinrent de Sa Majesté que les droits du *petit-blanc* seroient levés par doublement, pour les deniers en provenant être versés par les Receveurs du *petit-blanc*, distraction faite des charges ordinaires & des taxations de l'ancien droit seulement, dans la caisse du Trésorier

Trésorier de la bourse, jusqu'au parfait remboursement des avances faites par la province.

L'arrêt du conseil & les lettres-patentes rendues en conséquence, portoient que l'adjudication des ouvrages seroit faite par M. l'Intendant, par celui de MM. les Trésoriers de France qui seroit nommé par le bureau des finances de la généralité de Montpellier, & par les Commissaires nommés à cet effet par les Etats.

La concession du doublement du droit de *petit-blanc* a été depuis renouvellée par divers arrêts du conseil & lettres-patentes portant les mêmes dispositions; & les ouvrages dont la dépense est prise sur les fonds de ce doublement sont adjugés par les mêmes Commissaires du Roi & des Etats; les adjudicataires sont payés sur leurs ordonnances; ce sont enfin ces Commissaires qui statuent sur les demandes en indemnité & autres objets relatifs à ces ouvrages, dont la conduite est confiée aux Directeurs des travaux publics de la province.

I. I.

ARRÊT DU CONSEIL,

Qui autorise une adjudication faite par les commissaires du Roi & des Etats de plusieurs ouvrages pour réparer le pont du Saint-Esprit.

Ordonne que les provinces de Languedoc, Provence, & Dauphiné contribueront, chacune à proportion de leurs tarifs, à la dépense excédant les fonds du petit blanc.

Et que les trésoriers de France de la généralité de Montpellier feront à l'avenir les baux & adjudications des réparations du pont du Saint-Esprit, le syndic général de la province présent, ou duement appellé; qu'ils auront la direction des deniers du petit-blanc, dont il sera fait état pardevant eux, & compté en la chambre des comptes de Montpellier, &c.

Du 31 Octobre 1764. N°. I.

EXTRAIT des Registres du Conseil d'Etat.

SUR les requêtes respectivement présentées au Roi, étant en son conseil, par les députés des Etats de la province de Languedoc, les officiers de la cour des comptes, aides & finances de Montpellier, & les trésoriers de France de la généralité dudit Montpellier, tendantes; savoir, celle desdits députés, à ce qu'il plût à Sa Majesté homologuer, autoriser & confirmer le bail & adjudication faite à Jean Nauton le 30 Mars dernier, pour les réparations & ouvrages du pont Saint-Esprit, l'ordonnance & entiere procédure des sieurs commissaires députés par Sa Majesté & ceux desdits Etats, tant à raison de ladite adjudication, examen des comptes des receveurs des deniers du petit-blanc & destination d'iceux pour l'avenir, avec défenses à la cour des comptes, aides & finances de Montpellier, & trésoriers de France dudit lieu, d'en prendre aucune connoissance, laquelle sera réser-

N°. I. vée auxdits sieurs commissaires de Sa Majesté & à ceux desdits Etats. Et attendu que, conformément à l'arrêt du conseil du 14 Juillet 1663, les trois provinces de Languedoc, Dauphiné, & Provence doivent contribuer à la dépense à faire pour lesdits ouvrages & réparations, & que les deniers dudit petit-blanc doivent être employés pour payer partie du prix de ladite adjudication desdites réparations, ordonner que les deniers seront déduits entierement de la portion que la province de Languedoc devra supporter, d'autant que ledit droit du petit-blanc se prend sur les sels qui s'enlevent des salins de Peccais & greniers du Languedoc, & que les provinces de Dauphiné & Provence n'y contribuent en aucune maniere : Celle desdits officiers de la cour des comptes, aides & finances tendante en cassation de l'ordonnance desdits commissaires comme contraire aux édits & arrêts du conseil rendus pour l'établissement de ladite chambre des comptes, faire défenses auxdits Etats & à tous autres de donner de semblables ordonnances ni d'entreprendre sur la jurisdiction de ladite chambre directement ni indirectement, & ordonner que les receveurs du petit-blanc & autres deniers de quelle nature que ce soit, levés & exigés dans ladite province, compteront de leurs administrations à ladite chambre, selon les ordonnances, à quoi faire ils seront contraints en la forme & maniere accoutumée : Et celle desdits trésoriers à ce que, sans s'arrêter aussi à l'ordonnance desdits sieurs commissaires, il plût à Sa Majesté ordonner qu'ils auront la direction des deniers du petit-blanc, & qu'il en sera fait état pardevant eux ainsi qu'il a été fait de toute ancienneté, comme aussi que les baux & adjudications des réparations & ouvrages à faire tant audit pont Saint-Esprit qu'aux autres ponts, chaussées, & chemins de ladite généralité de Montpellier seront par eux faits en la forme & maniere accoutumée, comme étant de leur connoissance & seule jurisdiction & non desdits commissaires, auxquels & à tous autres seront faites défenses de leur apporter pour raison de ce aucun empêchement. Vu lesdites requêtes & pieces attachées à icelles, le bail & adjudication faite par lesdits commissaires le 30 Mars dernier, & l'entiere procédure faite par iceux pour les deniers dudit petit-blanc : Oui le rapport du sieur Colbert, conseiller ordinaire au conseil royal & intendant des finances ; LE ROI ÉTANT EN SON CONSEIL, faisant droit sur lesdites requêtes, a homologué, autorisé, & confirmé l'adjudication faite par lesdits commissaires ledit jour 30 Mars dernier, & en conséquence, a ordonné & ordonne qu'il sera incessamment procédé auxdites réparations à faire audit pont Saint-Esprit, & autres ouvrages en dépendans contenus au devis sur ce dressé ; & pour le payement de la somme de 125,000 livres du prix de l'adjudication desdites réparations & ouvrages qui a été faite audit Jean Nauton, qu'il sera pris sur les deniers dudit petit-blanc, les charges ordinaires d'icelui contenues en l'état arrêté ce jourd'hui audit conseil déduites, la somme de 22,500 livres, & les 102,500 livres restantes, Sa Majesté veut & entend que, conformément à l'arrêt du conseil du 14 Juillet 1663, les provinces de Languedoc, Dauphiné & Provence y contribuent chacune à proportion de leurs tarifs : Et à ces fins que les sommes soient imposées & levées, & les portions desdites provinces de Dauphiné & Provence payées, à l'effet desdites réparations & ouvrages, à ceux qui en auront fait les avances : Ordonne Sa Majesté que lesdits trésoriers de

N°. I. France feront à l'avenir les baux & adjudications desdites réparations, le syndic général de ladite province présent ou duement appellé, & qu'ils auront la direction desdits deniers dont en sera fait état pardevant eux & compté en ladite chambre des comptes de Montpellier, comme il a été fait de toute ancienneté; leur enjoignant Sa Majesté de ne passer aucune dépense audit état & compte que celles qui sont contenues audit état arrêté au conseil ce jourd'hui, ou qui auront été faites en conséquence des baux desdits trésoriers de France, ni retenir plus grandes épices que celles qui sont contenues dans ledit état: Fait Sa Majesté défenses aux recteurs dudit petit-blanc de faire à l'avenir aucune députation pour le renouvellement de l'octroi dudit petit-blanc, ni pour le registre d'icelui, lequel registre & octroi seront poursuivis par le syndic général, sans autres frais que ceux des expéditions. FAIT au conseil d'état du Roi, Sa Majesté y étant, tenu à Paris le dernier jour d'Octobre mil six cent soixante-quatre.

PHELYPEAUX, *signé*.

LOUIS, PAR LA GRACE DE DIEU, ROI DE FRANCE ET DE NAVARRE: Dauphin de Viennois, comte de Valentinois & Diois, Provence, Forcalquier & terres adjacentes, au premier des huissiers de notre conseil ou autre huissier ou sergent sur ce requis. Nous te mandons & commandons par ces présentes signées de notre main que l'arrêt dont l'extrait est ci-attaché sous le contre-scel de notre chancellerie ce jourd'hui donné en notre conseil d'état, nous y étant, sur les requêtes à nous respectivement présentées par les députés des Etats de notre province de Languedoc, les officiers de notre cour des comptes, aides & finances de Montpellier & les trésoriers de France de ladite généralité, tu signifies à tous qu'il appartiendra, à ce qu'ils n'en prétendent cause d'ignorance, & fais pour l'entiere exécution dudit arrêt, à la requête desdits députés, tous commandemens, sommations, défenses & injonctions & autres actes & exploits nécessaires sans autre permission. Et sera ajouté foi comme aux originaux, aux copies dudit arrêt & des présentes collationnées par l'un de nos amés & féaux conseillers & secrétaires: CAR tel est notre plaisir. DONNÉ à Paris le dernier jour d'Octobre, l'an de grace mil six cent soixante-quatre, & de notre regne le vingt-deuxieme. *Signé*, LOUIS: *Et plus bas*; Par le Roi Dauphin Comte de Provence, PHELYPEAUX. N°. I.

II.

ORDONNANCE

Du bureau des finances de la généralité de Montpellier, pour l'entretien des chaussées du pont Saint-Esprit.

Du 19 Février 1716.

EXTRAIT des Registres du Bureau des Finances de Montpellier.

LES présidens trésoriers, grands-voyers de France, généraux des finances en la généralité de Montpellier, intendans des gabelles de Languedoc, chevaliers, conseillers du Roi. Sur la requête qui nous a été présentée par le syndic général de ladite province de Languedoc; CONTENANT, que la province ayant fait faire à grands frais une chaussée, depuis le pont St. Esprit jusqu'au pont de la Pierre, & plusieurs autres ouvrages pour contenir la riviere du Rhône sous le pont, & assurer le passage du grand chemin en tout tems, il a été délibéré par l'assemblée des Etats le 11 Janvier dernier, qu'attendu que l'entretien des chaussées & la fermeture de la Brassiere de Malatras ne

N°. II. sont pas des dépenses considérables, & qu'elles peuvent être prises sur le fonds ordinaire du petit-blanc, nous serions priés de pourvoir à toutes les réparations qu'il conviendra faire à l'avenir, tant au pont qu'auxdites chaussées, ainsi qu'il en a été usé par le passé : C'est pourquoi, il requéroit qu'il nous plût pourvoir à l'entretien desdites chaussées, jusqu'à ce qu'il ait été adjugé à celui qui fera la condition meilleure. Vu ladite requête & la délibération des Etats du 11 Janvier dernier, nous ordonnons que l'entretien des chaussées du Rhône sera publié, pour être adjugé à celui qui fera la condition meilleure ; Et cependant, attendu que les recteurs de l'hôpital de la ville du Saint-Esprit, ont joui & jouissent encore à présent du revenu du sainfoin, qui a été semé sur le talus extérieur de ladite chaussée, nous ordonnons qu'ils pourvoiront à toutes les réparations d'entretien qu'il y aura à faire auxdites chaussées ; sans néanmoins qu'ils puissent labourer ni semer à l'avenir quoi que ce soit sur lesdites chaussées, ni y laisser dépaître aucuns bestiaux ; mais seulement faire couper les herbes qui y croîtront ; Enjoignons à l'inspecteur par nous commis de veiller aux dégradations qui arriveront aux chaussées, & de les faire réparer aux frais & dépens des recteurs de l'hôpital vingt-quatre heures après qu'ils en auront été requis ; comme aussi de tenir la main à l'exécution de la présente ordonnance. DONNÉ au bureau des finances à Montpellier le 19 Février 1716. Collationné. *Signé*, PAUL.

III.

ARRÊT

DU CONSEIL D'ETAT DU ROI,

N°. III. *Qui proroge pour neuf années, à commencer du premier Mai dernier, la levée & perception du droit du petit-blanc, sur les sels de Peccais, Narbonne, Sijean & Peiriac, pour le produit en être employé aux réparations du pont Saint-Esprit, & chaussées d'icelui.*

Du 12 Juillet 1746.

EXTRAIT des Registres du Conseil d'Etat.

SUR la requête présentée au Roi en son conseil, par les recteurs & prêtres de l'église & maison, pont & hôpital de la ville du pont Saint-Esprit ; CONTENANT, que de tems immémorial, ils jouissent du droit d'octroi, nommé le petit-blanc, qui est de deux sols sur chacun quintal de tous les sels qui se tirent des salins de Peccais, pour le fournissement des fermes des gabelles du Lyonnois, Dauphiné, Comtat-Venaissin, traites étrangeres ; & autres provinces hors du Royaume, & de dix-huit deniers sur chacun quintal de sel tiré des salins de Peccais, de Narbonne, Sijean, Peiriac, & autres, pour le fournissement des dix-sept greniers de la province de Languedoc ; les deniers duquel octroi sont employés, tant aux réparations & entretien dudit pont Saint-Esprit, & chaussées d'icelui sur la riviere du Rhône, qu'à l'entretien du service divin, nourriture des prêtres & des pauvres des hôpitaux de ladite ville : Et comme les neuf années portées par le dernier arrêt & lettres-patentes que les supplians en ont obtenues les 21 Mai & 22 Juin 1737, sont expirées le 14 Mai de la présente année, & que les motifs de cette commission, bien loin de cesser, augmentent tous les jours : A CES CAUSES, Requéroient les supplians, qu'il plût à Sa Majesté leur en accorder la continuation pour neuf autres années. Vu ladite requête ; le mémoire des fer-

N°. III. miers généraux servant de réponse à icelle, du 22 Juin 1746, par lequel ils observent, que si Sa Majesté juge à propos d'accorder aux supplians la grace qu'ils demandent, il seroit nécessaire de fixer le droit dont il s'agit, relativement à la déclaration du 9 Juin 1711, & conformément à l'article CXXVI du bail de Forceville, & ce, pour éviter des discussions auxquelles d'anciens usages de compter & de mesurer pourroient donner lieu; ladite déclaration du 9 Juin 1711, ledit article CXXVI du bail de Forceville, portant que le droit de petit-blanc, destiné aux réparations du pont Saint-Esprit, établi par d'anciens réglemens, & continué pour neuf années, par arrêt du conseil du 21 Mai 1737, à raison de deux sols par quintal, sur tous les sels qui seroient tirés & enlevés des salins de Peccais, pour le fournissement des gabelles du Lyonnois, traite étrangere, & autres provinces hors du royaume, & d'un sol six deniers aussi par quintal, sur tous les sels qui seroient tirés desdits salins de Peccais, & de ceux de Peiriac & de Sijean, pour le fournissement des greniers des gabelles de Languedoc, Roussillon, Auvergne & Rouergue, seroit payé par ledit Forceville, à raison de sept livres quatre sols par gros muid de cent soixante-onze minots, sur les sels destinés pour le Lyonnois & traite étrangere, & à raison de cinq livres huit sols sur les sels destinés pour les gabelles du Languedoc, Roussillon, Auvergne & Rouergue, ledit arrêt du conseil du 21 Mai 1737, & les lettres-patentes expédiées sur icelui le 22 Juin suivant: Oui le rapport du sieur de Machault, conseiller ordinaire au conseil royal, contrôleur général de finances; LE ROI EN SON CONSEIL, a prorogé & proroge, pour le tems de neuf années, à commencer du premier Mai dernier, la levée & perception du droit de petit-blanc de sept livres quatre sols par gros muid de sel de cent soixante-onze minots suivant la déclaration du 9 Juin 1711; de tous les sels qui sont tirés & enlevés des salins de Peccais, pour le fournissement des fermes des gabelles du Dauphiné, Lyonnois, Avignon, Comtat-Venaissin, traites étrangeres & autres provinces hors du royaume, & de cinq livres huit sols sur chacun pareil gros muid de sel, qui sera tiré desdits salins de Peccais, & de ceux de Narbonne, Sijean, Peiriac & autres, pour le fournissement des greniers de la province de Languedoc, pour être les deniers en provenans, employés aux réparations & entretenemens dudit pont Saint-Esprit & des chaussées qui en dépendent sur le Rhône, entretien du service divin, nourriture des prêtres & pauvres des hôpitaux de ladite ville, & autres auxquels ledit octroi est destiné, à la charge par ceux qui auront la direction desdits deniers d'octroi, d'en compter à la chambre des comptes de Montpellier, en la maniere accoutumée, & que les baux & adjudications seront faits sur les lieux, par les trésoriers de France du bureau des finances, sans frais, lors de leurs tournées; & ce, en présence des directeurs & officiers, ainsi qu'il est accoutumé, suivant & conformément à l'arrêt du conseil du 30 Octobre 1664: Et pour l'exécution du présent arrêt, seront toutes lettres nécessaires expédiées. FAIT au conseil d'état du Roi, tenu à Versailles le douze Juillet mil sept cent quarante-six. Collationné. N°. III.

Signé, DE VOUGNY.

N°. IV.

IV.

ARRÊT DU CONSEIL ET LETTRES-PATENTES,

Qui ordonnent que le droit de petit-blanc établi sur les sels pour les réparations du pont Saint-Esprit, sera levé par doublement.

Des 26 Juillet & Ier. Septembre 1712.

EXTRAIT des Regiſtres du Conſeil d'Etat.

SUR la requête préſentée au Roi en ſon conſeil par le Syndic général de la province de Languedoc, contenant que la riviere du Rhône ayant rompu en différens endroits les chauſſées qui la doivent contenir ſous le pont Saint-Eſprit; & les droits établis pour fournir à cette dépenſe, qui ſe levent ſur le ſel de Peccais & de Peiriac appellés Petit-Blanc n'étant pas ſuffiſans à beaucoup près pour faire les travaux néceſſaires, les Etats généraux de Languedoc ont délibéré le 18 Janvier dernier de ſupplier très-humblement Sa Majeſté d'ordonner que les droits de petit-blanc ſoient levés par doublement, pour être les deniers en provenant employés à cette réparation. Et comme il eſt néceſſaire d'avoir un fonds préſent pour la faire avec diligence, ils auroient offert de faire l'avance des ſommes néceſſaires juſqu'à concurrence de celle de 30,000 livres qu'ils ont délibéré d'emprunter au denier douze, s'il plaît à Sa Majeſté leur permettre ledit emprunt & de jouir dudit droit de petit-blanc juſqu'à ce que ladite province ſoit remnbourſée de ſes avances en capital & intérêts; & pour cet effet ordonner que juſqu'à ce que le fonds ordinaire du petit-blanc ſoit ſuffiſant pour faire ladite réparation, les baux en ſeront faits par des commiſſaires du Roi & des Etats, que les deniers du petit-blanc ſeront remis par les receveurs deſdits droits au tréſorier de la bourſe juſqu'au parfait rembourſement de la province, & que toutes lettres néceſſaires ſeront expédiées. Vu ladite requête; la délibération des Etats généraux de la province de Languedoc du 18 Janvier dernier; l'état du produit du petit-blanc de l'année 1711, revenant à la ſomme de 8300 livres 8 ſols 10 deniers; l'état arrêté au conſeil le dernier Octobre 1664 des charges ordinaires aſſignées ſur leſdits droits revenant à la ſomme de 4700 livres 13 ſols 8 deniers; l'état des repréſentations qui ont été faites en ladite année revenant à 7840 livres, au moyen de quoi la dépenſe a excédé le fonds du petit-blanc de la ſomme de 4159 livres; l'arrêt du conſeil & lettres-patentes du 8 Juillet 1710 pour la levée des droits du petit-blanc pendant neuf années: Oui le rapport du ſieur Deſmaretz, conſeiller ordinaire au conſeil royal, contrôleur général des finances, LE ROI EN SON CONSEIL a permis & permet aux gens des Trois-états de la province de Languedoc d'emprunter juſqu'à la ſomme de 30,000 livres au denier douze, pour être employée aux réparations du pont & chauſſées du Saint-Eſprit, ſuivant les adjudications qui en ſeront faites par le ſieur de Baſville, conſeiller d'état ordinaire, intendant du Languedoc, par celui des tréſoriers de France qui ſera nommé par le bureau des finances de la généralité de Montpellier, & par les commiſſaires qui ſeront nommés par les Etats de la province, pour le rembourſement de laquelle ſomme en capital & intérêts, Sa Majeſté a ordonné & ordonne que les droits de petit-blanc qui conſiſtent en deux ſols qui ſe levent ſur chaque

N°. IV. quintal de tous les sels qui sont tirés des salins de Peccais pour le fournissement des fermes des gabelles de Dauphiné, Lyonnois, Avignon, Comtat, traites étrangeres & autres provinces hors du royaume, & d'un sol six deniers sur chaque quintal de sel qui sera tiré des salins de Peccais & de ceux de Narbonne, Sijean, Peiriac & autres, pour le fournissement des dix-sept greniers & chambres de la province de Languedoc seront levés par doublement, & reçus par les receveurs du petit-blanc, pour les deniers en provenant distraction faite des charges ordinaires & des taxations des anciens droits du petit-blanc seulement, être remis au trésorier de la bourse jusqu'au parfait remboursement des sommes qui auront été avancées par ladite province de Languedoc, suivant la liquidation qui en sera faite tous les ans par les commissaires du Roi & des Etats, sans que pour raison dudit droit de petit-blanc & de doublement d'icelui, il soit nécessaire d'obtenir aucunes lettres-patentes pour en proroger la levée jusqu'à ce que ladite province ait été remboursée; après quoi le doublement du droit de petit-blanc demeurera éteint & supprimé en vertu du présent arrêt, & les anciens droits du petit-blanc seront employés en la forme ordinaire. Et pour l'exécution du présent arrêt seront toutes lettres nécessaires expédiées. FAIT au conseil d'état du Roi tenu à Fontainebleau le 26 jour de Juillet 1712. Collationné. RANCHIN, *signé*.

LOUIS, PAR LA GRACE DE DIEU, ROI DE FRANCE ET DE NAVARRE: A tous ceux qui ces présentes verront, SALUT. Le syndic général de notre province de Languedoc nous a très-humblement fait remontrer que la riviere du Rhône ayant rompu en différens endroits les chaussées qui la doivent contenir sous le pont Saint-Esprit & les droits établis pour fournir à cette dépense qui se levent sur les sels de Peccais & de Peirlac appellés Petit-Blanc, n'étant pas suffisans à beaucoup près pour faire les travaux nécessaires, les Etats généraux de la province de Languedoc ont délibéré le 18 Janvier dernier de nous supplier très-humblement d'ordonner que les droits de petit-blanc soient levés par doublement, pour être les deniers en provenant employés auxdites réparations: Et comme il est nécessaire d'avoir un fonds présent pour les faire avec diligence, ils auroient offert de faire l'avance des sommes nécessaires jusqu'à concurrence de celle de 30,000 livres qu'ils ont délibéré d'emprunter au denier douze, s'il nous plaît leur permettre ledit emprunt, & de jouir dudit droit de petit-blanc jusqu'à ce que ladite province soit remboursée de ses avances en capital & intérêts, & pour cet effet, ordonner que jusqu'à ce que le fonds ordinaire du petit-blanc soit suffisant pour faire ladite réparation, les baux en seront faits par nos commissaires & ceux des Etats; que les deniers du petit-blanc seront remis par le receveur desdits droits au trésorier de la bourse, jusqu'au parfait remboursement de la province, ce que nous avons ordonné par arrêt de notre conseil du 26 Juillet dernier, pour l'exécution duquel nous avons ordonné que toutes lettres nécessaires seront expédiées. A CES CAUSES & autres à ce nous mouvans, de l'avis de notre conseil qui a vu l'expédition de ladite délibération du 18 Janvier & l'arrêt de notredit conseil dudit jour 26 Juillet dernier, ci-attaché sous le contre-scel de notre chancellerie, de notre certaine science, pleine puissance & autorité royale, nous avons par ces pré-

N°. IV. sentes signées de notre main, permis & permettons aux gens des Trois-états de notre province de Languedoc, d'emprunter jusqu'à la somme de 30,060 livres au denier douze, pour être employée aux réparations du pont & chaussées du Saint-Esprit, suivant les adjudications qui en seront faites par notre amé & féal conseiller ordinaire en notre conseil d'état le sieur de Lamoignon de Basville, intendant en notre province de Languedoc, par celui des trésoriers de France qui sera nommé par le bureau des finances de la généralité de Montpellier, & par les commissaires qui seront nommés par les Etats de la province, pour le remboursement de laquelle somme en capital & intérêts, nous ordonnons que les droits du petit-blanc qui consistent en deux sols qui se levent sur chaque quintal de tous les sels qui sont tirés des salins de Peccais pour le fournissement des gabelles du Dauphiné, Lyonnois, Avignon, Comtat, traites étrangeres & autres provinces hors du royaume, & d'un sol six deniers sur chaque quintal de sel qui sera tiré des salins de Peccais, & de ceux de Narbonne, Sijean, Peiriac & autres, pour le fournissement des dix-sept greniers & chambres de la province de Languedoc, seront levés par doublement & reçus par les receveurs du petit-blanc, pour les deniers en provenant, distraction faite des charges ordinaires & des taxations des anciens droits du petit-blanc seulement, être remis au trésorier de la bourse jusqu'au parfait remboursement des sommes qui auront été avancées par ladite province, suivant la liquidation qui en sera faite tous les ans par nos commissaires & ceux des Etats, sans que pour raison dudit droit de petit-blanc & doublement d'icelui, il soit nécessaire d'obtenir aucunes lettres-patentes pour en proroger la levée jusqu'à ce que la province ait été remboursée; après quoi le doublement dudit droit de petit-blanc demeurera éteint & supprimé en vertu dudit arrêt & des présentes, & les anciens droits du petit-blanc seront employés en la forme ordinaire. SI DONNONS en mandement à nos amés & féaux les gens tenans notre cour des comptes, aides & finances de Montpellier, & les présidens trésoriers de France, généraux de nos finances au bureau de Montpellier, que ces présentes avec ledit arrêt de notre conseil du 26 Juillet 1712 ils ayent à faire lire, publier & enregistrer, & du contenu faire jouir & user l'exposant pleinement, paisiblement & perpétuellement, cessant faisant cesser tous troubles & empêchemens à ce contraires: CAR tel est notre plaisir. En témoin de quoi nous avons fait mettre notre scel à ces présentes. DONNÉ à Fontainebleau le premier jour du mois de Septembre 1712 & de notre regne le 70. Par le Roi en son conseil, *signé*, RANCHIN. Duement scellées. N°. IV.

LES PRÉSIDENS TRÉSORIERS de France, généraux des finances & grands-voyers en la généralité de Montpellier, intendans des gabelles de Languedoc, chevaliers, conseillers du Roi; Vu l'arrêt du conseil du 26 Juillet 1712, signé RANCHIN, rendu sur la requête présentée par le syndic général de la province de Languedoc, par lequel Sa Majesté permet aux gens des Trois-états de ladite province d'emprunter jusqu'à la somme de 30,000 livres au denier douze pour être employée aux réparations du pont & chaussées du Saint-Esprit, suivant les adjudications qui en seront faites par le sieur de Basville, intendant de ladite province, par celui de nous qui sera par nous nommé, & par les commissaires

N°. IV. missaires qui seront nommés par lesdits Etats, pour le remboursement de laquelle somme en capital & intérêts, les droits de petit-blanc qui consistent en deux sols qui se levent sur chaque quintal de tous les sels qui sont tirés des salins de Peccais pour le fournissement des fermes de Dauphiné, Lyonnois, Avignon, Comtat, & traites étrangéres, & autres provinces hors du royaume & d'un sol six deniers sur chaque quintal de sel qui sera tiré des salins de Peccais & de ceux de Narbonne, Sijean, Peiriac & autres, pour le fournissement des dix-sept greniers & chambres de ladite province de Languedoc seront levés par doublement & reçus par les receveurs du petit-blanc, pour les deniers en provenant, distraction faite des charges ordinaires & des taxations des anciens droits du petit-blanc seulement, être remis au trésorier de la bourse, jusqu'au parfait remboursement des sommes qui auront été avancées par ladite province, suivant la liquidation qui en sera faite tous les ans par le sieur de Basville, par l'un de nous & par les commissaires nommés par les Etats; sans que pour raison dudit droit de petit-blanc & du doublement d'icelui il soit nécessaire d'obtenir aucunes lettres-patentes pour en proroger la levée, jusqu'à ce que ladite province ait été remboursée; après quoi le doublement dudit droit de petit-blanc demeurera éteint & supprimé en vertu du présent arrêt & les anciens droits de petit-blanc employés en la forme ordinaire. Vu aussi les lettres-patentes données en conséquence le premier Septembre dernier, & la requête présentée par le procureur du Roi au bureau, tendante au registre dudit arrêt & des lettres-patentes & à ce qu'il nous plût faire exécuter le tout selon sa forme & teneur: Ouï le rapport du sieur de Massilian; Nous, ayant égard à ladite requête, avons ordonné & ordonnons que lesdits arrêts & lettres-patentes seront registrés ès registres de notre charge, pour être le contenu en iceux exécuté selon sa forme & teneur; & à ces fins, que les droits du petit-blanc qui consistent à deux sols qui se levent sur tous les sels tirés des salins de Peccais, pour le fournissement des fermes des gabelles de Dauphiné, Lyonnois, Avignon, Comtat & traites étrangeres, & en un sol six deniers sur chaque quintal de sel qui sera tiré desdits salins de Peccais, & de ceux de Narbonne, Peiriac, Sijean, & autres, pour le fournissement des dix-sept greniers & chambres de la province de Languedoc, seront levés & perçus par doublement, à commencer du jour de la signification de notre présente ordonnance, & reçus par les receveurs du petit-blanc, pour être employés conformément audit arrêt & lettres-patentes, jusqu'au parfait remboursement de la somme de 30,000 livres & intérêts d'icelle, empruntée par ladite province; après quoi le doublement dudit droit demeurera éteint & supprimé. Ordonnons en outre que tous ceux qui sont tenus de payer ledit droit de doublement, le payeront en la même forme & maniere que l'ancien droit, à quoi ils seront contraints, comme pour les propres affaires du Roi, à la charge par lesdits receveurs de faire état devant nous du doublement dudit droit, conjointement avec l'ancien droit du petit-blanc. Mandons au premier huissier ou sergent requis, faire sur ce tous exploits nécessaires. DONNÉ au bureau des finances à Montpellier le 21 Octobre 1712. Collationné. UNAL, *signé*. N°. IV.

N°. V.

V.

ARRÊT

DU CONSEIL D'ETAT DU ROI, & Lettres-patentes,

Qui ordonnent que les droits du petit-blanc, établis sur les sels pour les réparations du pont Saint-Esprit, seront levés par doublement.

Des 3 & 24 Septembre 1737.

EXTRAIT des Registres du Conseil d'Etat.

SUR la requête présentée au Roi, en son conseil, par le syndic général de la province de Languedoc; CONTENANT, que le Rhône ayant fait différentes irruptions dans les terres au-dessus des chaussées qui ont été construites pour le contenir dans son lit jusqu'au pont Saint-Esprit, & ayant même rompu une partie desdites chaussées sur la longueur de soixante toises, les Etats généraux de Languedoc ont délibéré le 8 Janvier 1735, de supplier très-humblement Sa Majesté d'ordonner, que les droits établis pour fournir à cette dépense sur les sels de Peiriac & Peccais, appellés Petit-Blanc, seront levés par doublement, attendu qu'ils ne sont pas suffisans à beaucoup près pour faire les réparations nécessaires; & que les deniers en provenant seront remis par les receveurs desdits droits au trésorier de la bourse, pour être employés auxdites réparations, suivant les baux qui en seront passés par les commissaires de Sa Majesté, & ceux des Etats; & moyennant ce, la province fera l'avance du montant desdites réparations, dont elle sera remboursée en capital & intérêts sur les deniers provenans dudit droit, le tout conformément à l'arrêt du conseil du 26 Juillet 1712. Que depuis la susdite délibération du 8 Janvier 1735, le Rhône ayant fait de nouveaux dommages aux chaussées, cette dépense qui n'avoit été estimée que la somme de trente mille livres, est devenue beaucoup plus considérable, tant par rapport à ces nouveaux dommages, qu'en ce que, pour les prévenir dans la suite & garantir les chaussées, il est indispensable de détourner par des épis l'effort des eaux de ce fleuve, comme il est justifié par le mémoire & le plan attachés à la susdite requête; & comme cette dépense paroît non-seulement utile, mais nécessaire pour la conservation des chaussées & du pont Saint-Esprit. Requéroit, A CES CAUSES, le suppliant, qu'il plût à Sa Majesté, ordonner que les droits du petit-blanc seront levés par doublement, & les deniers provenans dudit droit, remis par ceux qui en font la recette au trésorier des Etats, pour être employés au remboursement des sommes dont la province aura fait les avances pour lesdites réparations, suivant les baux qui en seront passés par les commissaires de Sa Majesté & des Etats. Vu ladite requête, la delibération des Etats généraux de la province de Languedoc, du 8 Janvier 1735, l'arrêt du conseil & lettres-patentes des 26 Juillet & premier Septembre 1712, qui ordonnent que les droits du petit-blanc, établis sur les sels de Peccais & de Peiriac pour les réparations du pont Saint-Esprit, seront levés par doublement & employés au remboursement des sommes qui seront avancées par les Etats pour lesdites réparations, après quoi le doublement dudit droit demeurera éteint & supprimé : Le mémoire concernant les dégradations des chaussées du Rhône, depuis le pont Saint-Esprit jusqu'à Fremigeres, dressé le 4 Août 1730

N°. V.

par le sieur de Clapiés, directeur des ouvrages de la province de Languedoc: Autre mémoire dudit sieur de Clapiés du 3 Novembre suivant, sur les réparations à faire pour prévenir les inondations du Rhône; ensemble l'avis du sieur de Bernage de Saint-Maurice, conseiller d'état, intendant & commissaire départi en la province de Languedoc. Ouï le rapport du sieur Orry, conseiller d'état & ordinaire au conseil royal, contrôleur général des finances, LE ROI EN SON CONSEIL, ayant aucunement égard à ladite requête, a permis & permet aux gens des Trois-états de la province de Languedoc, de faire les avances des sommes nécessaires, pour être employées aux réparations du pont & chaussées Saint-Esprit, suivant les adjudications qui en seront faites par les commissaires de Sa Majesté & des Etats de ladite province, pour le remboursement desquelles avances que Sa Majesté a fixées à la somme de cinquante mille livres en principaux & intérêts, Sa Majesté a ordonné & ordonne que les droits de petit-blanc, établis sur les sels de Peccais & de Peiriac pour les réparations du pont Saint-Esprit, seront levés par doublement, à compter du premier Octobre 1738, & ce pour le tems nécessaire pour rembourser les gens des Trois-états de ladite province de Languedoc de ladite somme de 50,000 livres; lesquels droits par doublement seront levés & reçus par les receveurs du droit du petit-blanc, & remis au trésorier des Etats jusqu'à concurrence de ladite somme de 50,000 livres, suivant la liquidation qui en sera faite tous les ans par les commissaires de Sa Majesté & des Etats, après quoi le doublement dudit droit de petit-blanc demeurera éteint & supprimé en vertu du présent arrêt, & les anciens droits du petit-blanc seront employés en la forme ordinaire, & pour l'exécution du présent arrêt seront toutes lettres nécessaires expédiées. FAIT au conseil d'état du Roi, tenu à Versailles le troisieme jour de Septembre mil sept cent trente-sept. Collationné. *Signé*, GUYOT.

LETTRES-PATENTES.

LOUIS, PAR LA GRACE DE DIEU, ROI DE FRANCE ET DE NAVARRE: à nos amés & féaux conseillers, les gens tenans notre cour des comptes, aides & finances à Montpellier, présidens-trésoriers de France, généraux de nos finances audit lieu, intendans des gabelles de Languedoc: SALUT. Notre cher & bien-amé le syndic général de notre province de Languedoc, nous a fait remontrer que le Rhône ayant fait différentes irruptions dans les terres au-dessus des chaussées qui ont été construites pour le contenir dans son lit jusqu'au pont Saint-Esprit, & ayant même rompu une partie desdites chaussées sur la longueur de soixante toises, les Etats généraux de Languedoc ont délibéré le 8 Janvier 1735, de nous supplier d'ordonner que les droits établis pour fournir à cette dépense sur les sels de Peccais & de Peiriac, appellés Petit-Blanc, seront levés par doublement, attendu qu'ils ne sont pas suffisans à beaucoup près pour faire les réparations nécessaires, & que les deniers en provenans seront remis par les receveurs desdits droits au trésorier de la bourse, pour être employés auxdites réparations, suivant les baux qui en seront passés par nos commissaires & ceux des Etats, & moyennant ce, la province fera l'avance du montant desdites réparations dont elle sera remboursée en capital & intérêts sur les deniers provenans dudit droit, le tout conformément à l'arrêt

No. V. de notre conseil du 26 Juillet 1712. Que depuis la susdite délibération du 8 Janvier 1735, le Rhône ayant fait de nouveaux dommages aux chaussées, cette dépense qui n'avoit été estimée que la somme de trente mille livres, est devenue beaucoup plus considérable, tant par rapport à ces nouveaux dommages, qu'en ce que pour les prévenir dans la suite & garantir les chaussées, il est indispensable de détourner par des épis l'effort des eaux de ce fleuve, comme il est justifié par le mémoire & le plan qu'il a rapporté; & comme cette dépense paroît non-seulement utile, mais nécessaire pour la conservation des chaussées & du pont Saint-Esprit, il nous auroit supplié d'ordonner que les droits du petit-blanc seront levés par doublement, & les deniers provenans dudit droit, remis par ceux qui en font la recette au trésorier des Etats, pour être employés au remboursement des sommes dont la province aura fait les avances pour lesdites réparations, suivant les baux qui en seront passés par nos commissaires & ceux des Etats, à quoi nous avons pourvu par arrêt de notre conseil du 3 du présent mois de Septembre, pour l'exécution duquel nous avons ordonné que toutes lettres nécessaires seront expédiées : A CES CAUSES, de l'avis de notre conseil qui a vu ledit arrêt dudit jour 3 du présent mois de Septembre, ci-attaché sous le contre-scel de notre chancellerie, nous avons, conformément à icelui, de notre grace spéciale, pleine puissance & autorité royale, permis, & par ces présentes signées de notre main, permettons aux gens des Trois-états de notre province de Languedoc, de faire les avances des sommes nécessaires, pour être employées aux réparations du pont & chaussées Saint-Esprit, suivant les adjudications qui en seront faites par nos commissaires & ceux des Etats de ladite province, pour le remboursement desquelles avances que nous avons fixées à la somme de cinquante mille livres en principaux & intérêts, ordonnons que les droits de petit-blanc, établis sur les sels de Peccais & de Peiriac pour les réparations du pont Saint-Esprit, seront levés par doublement, à compter du premier Octobre 1738, & ce pour le tems nécessaire pour rembourser les gens des Trois-états de ladite province de Languedoc, de ladite somme de cinquante mille livres; lesquels droits par doublement seront levés & reçus par les receveurs du droit du petit-blanc, & remis au trésorier des Etats jusqu'à concurrence de ladite somme de cinquante mille livres, suivant la liquidation qui en sera faite tous les ans par nos commissaires & ceux des Etats, après quoi le doublement dudit droit de petit-blanc demeurera éteint & supprimé, en vertu dudit arrêt & des présentes, & les anciens droits du petit-blanc seront employés en la forme ordinaire. SI VOUS MANDONS ET ENJOIGNONS, que ces présentes, ensemble ledit arrêt de notre conseil, vous ayez à faire enregistrer, pour être exécutés selon leur forme & teneur: CAR tel est notre plaisir. DONNÉ à Fontainebleau le vingt-quatrieme jour du mois de Septembre, l'an de grace mil sept cent trente-sept; & de notre regne le vingt-troisieme, par le Roi. PHELYPEAUX, *signé*. No. V.

EXTRAIT des Registres de la Cour des Comptes, Aides & Finances de Montpellier.

VU l'arrêt du conseil d'état du Roi, tenu à Versailles le troisieme Septembre dernier, collationné signé, GUYOT; rendu sur la requête du syndic général de la province de Languedoc, par lequel Sa Majesté permet aux gens des Trois-états de la province de Languedoc, de faire les avances des sommes nécessaires pour être employées aux réparatious du pont & chaussées du Saint-Esprit, pour le remboursement desquelles avances que Sa Majesté a fixées à la somme de cinquante mille livres, en principaux & intérêts, Sa Majesté ordonne que les droits de petit-blanc, établis sur les sels de Peccais & de Peiriac, pour les réparations du pont Saint-Esprit, seront levés par doublement à compter du premier Octobre 1738, & ce pour le tems nécessaire pour rembourser les gens des Trois-états de ladite province de Languedoc, de ladite somme de cinquante mille livres, lesquels droits par doublement seront levés & reçus par les receveurs du droit du petit-blanc, & remis au trésorier des Etats, jusqu'à concurrence de ladite somme de cinquante mille livres, après quoi le doublement dudit droit de petit-blanc demeurera éteint & supprimé, & les anciens droits du petit-blanc seront employés en la forme ordinaire : Lettres-patentes du Roi, données à Fontainebleau le vingt-quatrieme dudit mois de Septembre, *signées*, LOUIS, *Et plus bas*, par le Roi, PHELYPEAUX, pour l'exécution dudit arrêt, les lettres de cachet expédiées sur ledit arrêt du conseil & lettres-patentes, lettres contenant remontrances & les conclusions du procureur-général du Roi.

LA COUR, les chambres & semestres assemblés, du très-exprès commandement de Sa Majesté, a ordonné & ordonne, que ledit arrêt du conseil & lettres-patentes, seront registrés ès registres de la cour, pour être exécutés conformément à la volonté de Sa Majesté, sans préjudice des droits de ladite cour & de ceux du public. FAIT à Montpellier le vingt-cinquieme Février mil sept cent trente-huit. Collationné. *Signé*, ALBISSON.

EXTRAIT des Registres du bureau des finances de la généralité de Montpellier.

LES présidens-trésoriers, grands-voyers de France, généraux des finances de la généralité de Montpellier, intendans des gabelles de Languedoc, chevaliers, conseillers du Roi. Vu l'arrêt du conseil du troisieme Septembre mil sept cent trente-sept, *signé*, GUYOT, rendu sur la requête présentée par le syndic général de la province de Languedoc, par lequel Sa Majesté permet aux gens des Trois-états de ladite province, de faire les avances des sommes nécessaires pour être employées aux réparations du pont & chaussées Saint-Esprit, suivant les adjudications qui en seront faites par les commissaires de Sa Majesté, & des Etats de la province, pour le remboursement desquelles avances que Sa Majesté a fixé à la somme de cinquante mille livres, en principaux & intérêts, les droits du petit-blanc établis sur les sels de Peccais & de Peiriac, pour les réparations du pont St. Esprit, seront levés par doublement, à compter du premier Octobre 1738, & pour le tems nécessaire pour rembourser les gens des Trois-états de ladite province de Languedoc, de ladite somme de cinquante mille livres, lesquels droits seront levés par doublement, & reçus par les receveurs du petit-blanc, & remis aux trésoriers des Etats, jusqu'à concurrence de ladite somme de cinquante mille livres, suivant la liquidation qui en sera faite tous les ans par les commissaires de Sa Majesté & des Etats, après quoi le

N°. V. doublement dudit droit du petit-blanc, demeurera éteint & supprimé en vertu dudit arrêt, & les anciens droits du petit-blanc, seront employés en la forme ordinaire : Vu aussi les lettres-patentes données en conséquence le 24 Septembre dernier, & la requête présentée par le procureur du Roi au bureau, tendante au registre dudit arrêt & des lettres-patentes, à ce qu'il nous plaise faire exécuter le tout selon sa forme & teneur : Oui le rapport du sieur Bardy l'un de nous, Nous ayant égard à ladite requête, avons ordonné & ordonnons, que ledit arrêt & lettres-patentes seront enregistrés ès registres de notre charge, pour être le contenu en iceux exécuté selon leur forme & teneur, & à ces fins que les droits du petit-blanc seront levés & perçus par doublement à commencer du premier Octobre prochain, & reçus par les receveurs du petit-blanc, pour être employés conformément audit arret & lettres-patentes jusqu'au parfait remboursement de la somme de cinquante mille livres en principaux & intérêts, après quoi le doublement du droit demeurera éteint & supprimé : Ordonnons en outre que tous ceux qui seront tenus de payer ledit droit de doublement, le payeront en la même forme & maniere que l'ancien droit, pour lequel ils y seront contraints comme pour les propres affaires du Roi, à la charge par lesdits receveurs de faire état devant nous du doublement dudit droit, conjointement à l'ancien droit du petit blanc, & sera Sa Majesté très-humblement suppliée de vouloir bien ordonner, que les adjudications des réparations auxquelles le doublement du droit du petit-blanc est destiné, seront faites par M. l'intendant de la province de Languedoc, par le trésorier de France qui sera par nous député, & par les commissaires des Etats, conformément à ce qui est porté par l'arrêt du conseil d'état du 26 Juillet 1712 & lettres-patentes du premier Septembre audit an, portant établissement d'un semblable doublement du droit du petit-blanc : Mandons au premier huissier ou sergent requis, faire sur ce tous exploits nécessaires. DONNÉ au bureau des finances à Montpellier le douzieme Mai mille sept cent trente-huit. N°. V.

VI.

ARRÊT

DU CONSEIL D'ETAT DU ROI,

Au sujet de l'assistance d'un des Mrs. les trésoriers de France de Montpellier, à l'adjudication des ouvrages à faire sur les bords du Rhône.

Du 31 Mai 1738.

EXTRAIT des Registres du Conseil d'Etat.

SUR la requête présentée au Roi étant en son conseil, par les présidens trésoriers-généraux de France de Montpellier, intendans des gabelles de Languedoc ; CONTENANT, qu'ils ont été maintenus par des arrêts contradictoires du conseil dans le droit de passer les baux des réparations à faire au pont Saint-Esprit, & aux chaussées du Rhône, construites pour la conservation du pont, & en l'entiere direction des fonds du petit-blanc destinés à ces réparations ; que Sa Majesté ayant jugé à propos en 1712 d'ordonner que les droits du petit-blanc seroient levés par doublement, pour les deniers en provenans, distraction faite des charges, être employés au remboursement d'une somme de trente mille livres, dont il fût permis à la province de Languedoc, de faire l'avance pour les réparations urgentes

N°. VI. des chaussées du Rhône, à quoi les fonds ordinaires du petit-blanc ne pouvoient suffire ; il fût en même-tems ordonné que les adjudications des réparations du pont & chaussées du St. Esprit, seroient faites par le sieur de Basville, conseiller d'état ordinaire, intendant en Languedoc, celui des trésoriers de France qui seroit nommé par le bureau des finances de la généralité de Montpellier, & par les commissaires nommés par les Etats, & cela jusqu'au parfait remboursement des sommes avancées par la province, après quoi le doublement du petit-blanc demeureroit éteint, & les anciens droits employés en la forme ordinaire, ce qui a été exécuté ; mais le syndic général de la province de Languedoc, s'étant pourvu depuis au conseil, il a demandé que le doublement dn petit-blanc fût rétabli conformément à l'arrêt du conseil du 26 Juillet 1712, & a obtenu le 3 Septembre 1737 un arrêt du conseil, le 24 du même mois, des lettres-patentes adressées aux trésoriers de France, par lesquelles il est permis aux gens des Trois-états de la province de Languedoc, de faire les avances des sommes nécessaires pour les réparations du pont & chaussées du pont Saint-Esprit, suivant les adjudications qui en seront faites par les commissaires du Roi, & ceux des Etats de ladite province, pour le remboursement desquelles avances fixées à la somme de cinquante mille livres en principal & intérêts, il est ordonné que les droits de petit-blanc seront levés par doublement à compter du premier Octobre 1738, & pour le tems nécessaire pour rembourser la province de la somme de cinquante mille livres, après quoi le doublement demeurera supprimé, & les anciens droits de petit-blanc seront employés en la forme ordinaire, il paroît que l'intention de Sa Majesté a été de désigner sous le nom de ses commissaires, le sieur intendant de Languedoc, N°. VI. & celui des trésoriers de France qui seroit nommé par le bureau des finances de Montpellier, qui sont les seuls commissaires de Sa Majesté nommés dans l'arrêt de 1712. Cependant les trésoriers de France, n'étant pas expressément nommés dans l'arrêt du 3 Septembre 1737, il pourroit survenir des difficultés dans l'exécution. Pour les prévenir, ils supplient très-humblement Sa Majesté de déclarer, en interprétant ledit arrêt, que sous le nom de ses commissaires, elle a entendu désigner le sieur de Bernage de Saint-Maurice, conseiller d'état, intendant en Languedoc, & celui des trésoriers de France qui sera nommé par le bureau des finances de Montpellier, pour faire avec les commissaires des Etats les adjudications des réparations du pont & chaussées du Saint-Esprit sur le Rhône, & la liquidation du produit annuel des droits de petit-blanc, jusqu'à l'entier remboursement de la somme de cinquante mille livres, dont il a été permis à la province de faire l'avance. Vu ladite requête, l'arrêt du conseil du 26 Juillet 1712, & celui du 3 Septembre 1737, qui a permis la levée par doublement des droits de petit-blanc ; Oui le rapport & tout considéré ; LE ROI ETANT EN SON CONSEIL, en interprétant en tant que besoin ledit arrêt du conseil du 3 Septembre 1737, a déclaré & déclare, que sous le nom de ses commissaires, elle a entendu désigner le sieur de Bernage, conseiller d'état, intendant en Languedoc, & celui des trésoriers de France qui sera nommé par le bureau des finannances à Montpellier, pour faire avec les commissaires des Etats les adjudications des réparations du pont &

N°. VI. chaussées du pont Saint-Esprit sur le Rhône, & la liquidation du produit annuel des droits de petit-blanc, jusqu'à l'entier remboursement de la somme de cinquante mille livres, dont il a été permis à la province de faire l'avance. FAIT au conseil d'état du Roi, Sa Majesté y étant, tenu à Versailles le trente-unieme jour de Mai mil sept cent trente-huit.

Signé, PHELYPEAUX.

LEs présidens-trésoriers, grands-voyers de France, généraux des finances de la généralité de Montpellier, intendans des gabelles de Languedoc, chevaliers, conseillers du Roi: Vu l'arrêt du conseil d'état, ci-dessus, en date du 31 du mois de Mai dernier, *signé* PHELYPEAUX. Nous avons ordonné & ordonnons, qu'il sera registré ès registres de notre charge pour être exécuté selon sa forme & teneur. DONNÉ au bureau des finances, à Montpellier le vingt-troisieme Juin mil sept cent trente-huit.

VII.

ARRÊT

DU CONSEIL D'ETAT DU ROI,

Et Lettres-patentes,

Qui ordonnent la continuation de la levée des droits de petit-blanc, jusques & à concurrence de la somme de 50,000 livres, avancée par la province de Languedoc, pour les réparations du pont & chaussées du Saint-Esprit.

Des 8 Novembre & 31 Décembre 1740.

EXTRAIT des Registres du Conseil d'Etat.

SUR la réquête présentée au Roi, en son conseil, par les députés & le syndic général de la province de Languedoc; CONTENANT, Qu'il fut rendu un arrêt du conseil le 3 Septembre 1737, & expédié des lettres-patentes le 24 du même mois, pour ordonner la levée du doublement du droit de petit-blanc, à concurrence de cinquante mille livres, pour servir au remboursement en principal & intérêts, des avances que lesdits Etats devoient faire à raison des réparations projettées, pour empêcher que le Rhône se formât un nouveau lit du côté de Pierrelatte & de la Palu, en abandonnant le pont Saint-Esprit. Qu'en conséquence de cet arrêt, qui fut donné sur l'avis du sieur intendant de la province, & après l'examen le plus sérieux des mémoires du feu sieur de Clapiés, qui étoit chargé de la conduite des ouvrages de la province, il fut dressé par lui un devis, relativement auxdits mémoires, & que l'adjudication des ouvrages fut faite au mois de Juin 1738, par les commissaires de Sa Majesté & ceux des Etats, en la maniere portée par ledit arrêt & lesdites lettres-patentes: Que les Etats ont fait en 1739 & 1740, les fonds nécessaires pour les avances, à concurrence de quarante mille livres; mais qu'il a déjà été employé sur ces fonds, trente-quatre mille livres neuf cent cinquante-une livres quatorze sols quatre deniers, comme il résulte du rapport du sieur de Carney, chargé de la direction desdits ouvrages, depuis le décès du sieur de Clapiés; & que suivant le même rapport qui contient le toisé des ouvrages déjà faits, & l'estimation de ceux qui restent à faire, conformément au devis sur lequel l'adjudication a été faite, ladite estimation revient à quarante-cinq mille cinq cent soixante-une livres quatre sols quatre deniers; de sorte que pour achever lesdits ouvrages, & les rendre utiles, par rapport à l'objet qu'on N°. VII.

a

N°. VII. a eu en les entreprenant, il faudra faire de nouveaux fonds, à concurrence de quarante mille livres. Que cette augmentation de dépense provient de ce que les fonds d'eau changent, surtout dans le cours d'un fleuve aussi rapide, & de ce qu'il se perd beaucoup de pierres, ou dans le déchargement de bateaux, ou par les dégradations qui arrivent aux digues ou épis pendant le tems de leur construction; de sorte qu'il a été impossible au feu sieur de Clapiés, de prévoir au juste, ni même à beaucoup près, à quoi pouvoit monter cette dépense; mais, que comme les mêmes motifs qui ont determiné à rendre le premier arrêt, doivent engager à en rendre un semblable, lesdits députés & syndic général de la province de Languedoc, supplient Sa Majesté de vouloir bien y pourvoir. Requéroient, A CES CAUSES, les supplians, qu'il plût à Sa Majesté, ordonner que la levée du doublement du droit de petit-blanc, sera continuée jusqu'à concurrence de pareille somme de cinquante mille livres, au-delà de celle portée par l'arrêt & les lettres-patentes des 3 & 24 Septembre 1737, & que ladite somme sera employée, comme la précédente, à rembourser en principal & interêts, les avances qui auront été faites par les Etats, pour lesdites réparations, suivant le bail qui en a été passé. Vu ladite requête; l'arrêt du conseil du 3 Septembre 1737; les lettres-patentes du 24 du même mois; le mémoire sur les digues faites & à faire le long du Rhône, depuis le bourg Saint-Andeol jusqu'au Saint-Esprit, dressé le 3 Juillet 1740, par le sieur de Carney, chargé de la conduite desdits ouvrages, au lieu du feu sieur de Clapiés; ensemble l'avis du sieur de Bernage, conseiller d'état, intendant & commissaire départi en la province de Languedoc: Oui le rapport du sieur Orry, conseiller d'état, & ordinaire au conseil Royal, contrôleur général des finances; LE ROI EN SON CONSEIL, ayant égard à ladite requête, a ordonné & ordonne, que la levée par doublement, jusqu'à concurrence de la somme de cinquante mille livres, des droits de petit-blanc, établis sur les sels de Peccais & de Peiriac, ordonnée par l'arrêt du conseil du 3 Septembre 1737, & les lettres-patentes du 24 du même mois, pour rembourser les gens des Trois-états de la province de Languedoc, des sommes que Sa Majesté leur a permis par ledit arrêt d'avancer, pour être employées aux réparations du pont & chaussées Saint-Esprit, sera continuée jusqu'à concurrence de pareille somme de cinquante mille livres, pour être ladite somme employée comme la premiere, à rembourser en principal & interêts, les avances faites & à faire par lesdits Etats, pour lesdites réparations du pont & chaussées Saint-Esprit, suivant les devis & adjudications qui en ont été faites en exécution dudit arrêt du 3 Septembre 1737; lesquels droits, par continuation dudit doublement, seront levés & perçus par les receveurs du droit de petit-blanc, & remis au trésorier des Etats, jusqu'à concurrence de ladite somme de 50,000 livres, suivant la liquidation qui en sera faite tous les ans par les commissaires de Sa Majesté & desdits Etats; après quoi ledit doublement demeurera éteint & supprimé, en vertu dudit arrêt du 3 Septembre 1737, & du présent: Et seront ensuite les anciens droits de petit-blanc, employés en la forme ordinaire. Ordonne néanmoins Sa Majesté, que par le sieur Maréchal, directeur des fortifications en Languedoc, qu'elle commet à cet effet, il sera incessamment fait une nouvelle visi- N°. VII.

te, & dressé procès-verbal de la nécessité ou utilité des travaux restans à faire ausdits pont & chaussées Saint-Esprit, & du montant de la dépense desdits travaux, pour, ledit procès-verbal vu & rapporté, être par Sa Majesté ordonné ce qu'il appartiendra. Et seront au surplus, pour l'exécution du présent arrêt, toutes lettres nécessaires expédiées. FAIT au conseil d'état du Roi, tenu à Fontainebleau le huitieme jour du mois de Novembre mil sept cent quarante. Collationné. *Signé*, EYNARD.

LETTRES-PATENTES.

LOUIS, PAR LA GRACE DE DIEU, ROI DE FRANCE ET DE NAVARRE: A nos amés & feaux conseillers les gens tenant notre cour des comptes, aides & finances à Montpellier, présidens trésoriers de France généraux de nos finances audit lieu, intendans des gabelles de Languedoc, SALUT. Nos très-chers & bien-amés les gens des Trois-états de notre province de Languedoc, nous ont fait représenter par leurs députés, qu'il fut rendu un arrêt du conseil le 3 Septembre 1737, & expédié des lettres-patentes le 24 du même mois, pour ordonner la levée par doublement du droit de petit-blanc, à concurrence de 50,000 livres, pour servir au remboursement en principal & intérêts, des avances que lesdits Etats devoient faire, à raison des réparations projettées pour empêcher que le Rhône se formât un nouveau lit du côté de Pierrelatte & de la Palu, en abandonnant le pont Saint-Esprit: Qu'en conséquence de cet arrêt, qui fut donné sur l'avis du sieur intendant de la province, & après l'examen le plus sérieux des mémoires du feu sieur de Clapiés, qui étoit chargé de la conduite des ouvrages de la province, il fut dressé par lui un devis, relativement auxdits mémoires; & que l'adjudication des ouvrages fut faite au mois de Juin 1738, par nos commissaires & ceux des Etats, en la maniere portée par ledit arrêt & lesdites lettres-patentes: Que les Etats ont fait en 1739 & 1740, les fonds nécessaires pour les avances, à concurrence de 40,000 livres; mais, qu'il a été déjà employé sur ces fonds, 34,951 livres, 14 sols 4 deniers, comme il résulte du rapport du sieur de Carney, chargé de la direction desdits ouvrages, depuis le décès du sieur de Clapiés; & que suivant le même rapport, qui contient le toisé des ouvrages déjà faits, & l'estimation de ceux qui restent à faire, conformément au devis sur lequel l'adjudication a été faite, ladite estimation revient à 45,561 livres 4 sols 4 deniers; de sorte que pour achever lesdits ouvrages, & les rendre utiles, par rapport à l'objet qu'on a eu en les entreprenant, il faudra faire de nouveaux fonds, à concurrenée de 40,000 livres, que cette augmentation de dépense provient de ce que les fonds d'eau changent, surtout dans le cours d'un fleuve aussi rapide, & de ce qu'il se perd beaucoup de pierres, ou dans le déchargement des bateaux, ou par les dégradations qui arrivent aux digues ou épis, pendant le tems de leur construction; de sorte qu'il a été impossible au feu sieur de Clapiés, de prévoir au juste, ni même à beaucoup près, à quoi pouvoit monter cette dépense: Mais, que comme les mêmes motifs qui ont déterminé à rendre le premier arrêt, doivent engager à en rendre un semblable, lesdits députés nous ont supplié de vouloir bien y pourvoir, en ordonnant que la levée du doublement du droit de petit-blanc sera continuée jusqu'à concurrence de pareille somme de 50,000 livres, au delà de celle portée par l'arrêt & les lettres-paten-

N°. VII. tes des 3 & 24 Septembre 1737; & que ladite somme sera employée, comme la précédente, à rembourser en principal & intérêts, les avances qui auront été faites par les Etats pour lesdites réparations, suivant le bail qui en a été passé; à quoi nous avons pourvu par un arrêt de notre conseil du 8 Novembre dernier, pour l'exécution duquel nous avons ordonné que toutes lettres nécessaires seront expédiées. A CES CAUSES, de l'avis de notre conseil, qui a vu ledit arrêt dudit jour 8 Novembre dernier, ci-attaché sous le contre-scel de notre chancellerie, nous avons, conformément à icelui, de notre grace spéciale, pleine puissance, & autorité royale, ordonné & ordonnons par ces présentes, signées de notre main, que la levée par doublement, jusqu'à concurrence de la somme de 50,000 livres, des droits de petit-blanc établis sur les sels de Peccais & de Peiriac, ordonnée par l'arrêt de notre conseil du 3 Septembre 1737, & les lettres-patentes du 24 du même mois, pour rembourser les gens des Trois-états de la province de Languedoc, des sommes que nous leur avons permis par ledit arrêt d'avancer pour être employées aux réparations du pont & chaussées Saint-Esprit, sera continuée, jusqu'à concurrence de pareille somme de 50,000 livres, pour être ladite somme employée comme la premiere, à rembourser en principal & intérêts, les avances faites & à faire par lesdits Etats, pour les réparations du pont & chaussées Saint-Esprit, suivant les devis & adjudications qui ont été faites en exécution dudit arrêt du 3 Septembre 1737; lesquels droits, par continuation dudit doublement, seront levés & perçus par les receveurs du droit de petit-blanc, & remis au trésorier des Etats, jusqu'à concurrence de ladite somme de 50,000 livres, suivant la liquidation qui en sera faite tous les ans par nos commissaires & ceux desdits Etats; après quoi ledit doublement demeurera éteint & supprimé en vertu dudit arrêt du 3 Septembre 1737, & de celui du 8 Novembre dernier: Et seront les anciens droits de petit-blanc, employés en la forme ordinaire. Ordonnons néanmoins, que par le sieur Maréchal, directeur des fortifications en Languedoc, que nous commettons à cet effet, il sera incessamment fait une nouvelle visite, & dressé procès-verbal de la nécessité ou utilité des travaux restans à faire audit pont & chaussées Saint-Esprit, & du montant de la dépense desdits travaux, pour, ledit procès-verbal vu & rapporté, être par nous ordonné ce qu'il appartiendra. SI VOUS MANDONS & enjoignons, que ces présentes vous ayez à registrer, pour être exécutées selon leur forme & teneur; CAR tel est notre plaisir. DONNÉ à Versailles, le trente-unieme jour du mois de Décembre, l'an de grace mil sept cent quarante, & de notre regne le vingt-sixieme. *Signé*, LOUIS: *Et plus bas*; Par le Roi, PHELYPEAUX. Et scellé.

VIII.

ARRÊT

DU CONSEIL D'ETAT DU ROI, Et Lettres-patentes,

Qui ordonnent la continuation de la levée des droits de Petit-Blanc, jusques & à concurrence de la somme de vingt-huit mille livres, avancée par la province de Languedoc, au delà de celle de cent mille livres, pour les réparations du pont & chaussées du Saint-Esprit.

N°. VIII.

Du 29 Novembre 1746.

Extrait des Registres du Conseil d'Etat.

SUR la requête présentée au Roi en son conseil, par le syndic général de la province de Languedoc; CONTENANT, que par arrêt du 3 Septembre 1737, sur lequel il fut expédié des lettres-patentes le 24 du même mois, Sa Majesté a permis aux Etats de ladite province, de faire les avances des sommes nécessaires pour être employées aux réparations du pont & chaussées du Saint-Esprit, suivant les adjudications qui en seroient faites par des commissaires, & ceux des Etats de ladite province, pour le remboursement desquelles avances, que Sa Majesté a fixées à la somme de 50,000 livres en principaux & intérêts, Elle ordonna que les droits de petit-blanc, établis sur les sels de Peccais, & de Peiriac, pour les réparations du pont Saint-Esprit, seroient levés par doublement, à compter du premier Octobre 1738, & ce, pour le tems nécessaire pour rembourser les Etats de ladite province, lesquels droits par doublement seroient levés & reçus par les receveurs du droit de petit-blanc, & remis au trésorier des Etats, jusqu'à concurrence de ladite somme de 50,000 livres, suivant la liquidation qui en sera faite tous les ans par les commissaires de Sa Majesté, & des Etats; après quoi, le doublement dudit droit de petit-blanc, demeurera éteint & supprimé en vertu dudit arrêt: Que ladite somme de 50,000 livres ayant été insuffisante pour fournir à la dépense desdits ouvrages, il fut donné un autre arrêt du conseil le 8 Octobre 1740, sur lequel il fut expédié des lettres-patentes le 31 Décembre suivant, portant que la levée par doublement des droits de petit-blanc, ordonnée par l'arrêt du 3 Septembre 1737, & par les lettres-patentes du même mois, seroit continuée jusques & à concurrence de pareille somme de 50,000 livres pour être ladite somme employée, comme la premiere, à rembourser en principal & intérêts les avances faites & à faire par lesdits Etats pour lesdites réparations, suivant les devis & adjudications qui en ont été faits en exécution dudit arrêt du 3 Septembre 1737, lesquels droits seroient pareillement levés & reçus par les receveurs du droit de petit-blanc, & remis par eux au trésorier de la bourse, à concurrence de ladite somme de 50,000 livres, suivant la liquidation qui en seroit faite tous les ans par les commissaires de Sa Majesté, & ceux des Etats; après quoi ledit doublement demeureroit éteint & supprimé en vertu dudit arrêt, lequel ordonne en même-tems, que par le sieur Maréchal, directeur des fortifications de Languedoc, il sera incessamment fait une nouvelle visite, & dressé procès-verbal de la nécessité ou utilité des travaux restans à faire, & du montant de la dépense desdits travaux, pour lesdits procès-verbaux vus & rapportés, être par Sa Majesté ordonné ce qu'il appartiendra: Que les Etats ont en conséquence fait toutes les avances nécessaires pour les ouvrages projettés & approuvés par lesdits arrêts des 3 Septembre 1737, & 8 Octobre 1740, & dont les baux avoient été passés dans le mois de Juin 1738, par les commissaires de Sa Majesté, & ceux des Etats; de sorte que n'y ayant point eu de nouveaux ouvrages à faire, & de nouvelles adjudications à passer, il n'y a pas eu lieu de faire procéder à la visite desdits ouvrages par ledit sieur Maréchal, lequel n'auroit pu même procéder à l'estimation de ce qui restoit à faire, attendu la nature desdits ouvrages, qui consistoient en des jettées

N°. VIII. & des épis à construire sur les bords du Rhône, & en partie dans le lit de ce fleuve : Que l'exécution desdits ouvrages fut confiée au sieur Pitot, de l'académie royale des sciences de Paris, qui succéda au feu sieur Clapiés, pour la direction des travaux publics dans la sénéchaussée de Nîmes, que la réception en a été faite par lui, & que le succès a parfaitement répondu à ce qu'on pouvoit en attendre : Qu'il a été ensuite procédé le 26 Février dernier, par les sieurs commissaires de Sa Majesté, & par ceux des Etats, à une liquidation des avances faites par lesdits Etats, & des intérêts desdites avances année par année, & qu'il en résulte, 1°. Que les sommes payées & avancées par ladite province, distraction faite de celle de 78,580 livres 9 sols 5 deniers provenant de la recette du doublement du droit de petit-blanc, jusqu'au 4 Septembre 1745, reviennent en capital, à 34,328 livres 13 sols 2 deniers y compris 654 livres 16 sols 9 deniers de taxations du trésorier de la bourse sur ladite premiere somme, à raison de deux deniers pour livre. 2°. Que les intérêts des avances, suivant la liquidation qui en a été faite année par année, reviennent à 12,947 livres 1 denier, d'où il suit qu'il est dû auxdits Etats en capital & intérêts, 47,275 livres 13 sols 3 deniers; mais que comme sur la somme de 100,000 livres ordonnée par le susdit arrêt, il ne leur reste à recevoir que celle de 21,419 livres 10 sols 7 deniers, il leur sera dû encore 25,856 livres 2 sols 8 deniers & les intérêts de cette somme, jusqu'au parfait remboursement d'icelle. Requéroit A CES CAUSES le suppliant, qu'il plût à Sa Majesté ordonner, que la levée du doublement du droit de petit-blanc sera continuée jusqu'à concurrence de la somme de 28,000 livres à l'effet de rembourser auxdits Etats la susdite somme de 25,856 livres 2 sols 8 deniers, ensemble les intérêts jusqu'au jour dudit remboursement, suivant la liquidation qui en sera faite par lesdits sieurs commissaires de Sa Majesté, & ceux des Etats. Vu ladite requête ; les arrêts du conseil, & lettres-patentes des 3 & 24 Septembre 1737, 8 Octobre & 31 Décembre 1740, la liquidation faite par lesdits sieurs commissaires de Sa Majesté, & ceux des Etats le 26 Février de la présente année, des intérêts dus pour les avances faites par lesdits Etats, année par année ; ensemble l'avis du sieur le Nain, intendant de la province de Languedoc : Ouï le rapport du sieur de Machault, conseiller ordinaire au conseil royal, contrôleur général des finances ; LE ROI EN SON CONSEIL, a ordonné & ordonne que la levée par doublement, jusqu'à concurrence de la somme de 100,000 livres des droits de petit-blanc établis sur lesdits sels de Peccais, & de Peiriac, ordonnée par arrêt du conseil du 3 Septembre 1737, & lettres-patentes du 24 du même mois, & par l'arrêt du conseil du 8 Novembre 1740, & lettres - patentes du 31 Décembre suivant, pour rembourser les gens des Trois-états de la province de Languedoc, des sommes que Sa Majesté leur a permis par lesdits arrêts d'avancer, pour être employées aux réparations des chaussées & ouvrages servant à contenir le Rhône dans son lit, & empêcher qu'il ne s'en formât un nouveau au-delà du pont Saint-Esprit, sera continuée jusqu'à concurrence de la somme de 28,000 livres pour être ladite somme employée, comme celle de 100,000 livres à rembourser en principal & intérêts les avances faites par lesdits Etats pour lesdites réparations & chaussées, suivant la liquidation qui en a été faite par les sieurs commissaires de Sa Majesté & desdits Etats, le 26 Février N°. VIII.

N°. VIII. dernier, lesquels droits par continuation dudit doublement, seront levés & perçus par les receveurs du droit de petit-blanc, & remis au trésorier desdits Etats, jusqu'à concurrence de ladite somme de 28,000 livres, suivant la liquidation qui en sera faite année par année par lesdits sieurs commissaires de Sa Majesté & desdits Etats; après quoi ledit doublement demeurera éteint & supprimé en vertu desdits arrêts des 3 Septembre 1737, 8 Novembre 1740, & du présent, pour l'exécution duquel toutes lettres nécessaires seront expédiées. FAIT au conseil d'état du Roi, tenu à Versailles le vingt neuf Novembre mil sept cent quarante-six. Collationné. *Signé*, DE VOUGNY, pour M. EYNARD.

LETTRES-PATENTES.

LOUIS, PAR LA GRACE DE DIEU, ROI DE FRANCE ET DE NAVARRE: A nos amés & féaux conseillers, les gens tenant notre cour des comptes, aides & finances de Montpellier, présidens-trésoriers de France, généraux de nos finances audit lieu, intendans des gabelles de Languedoc; SALUT. Nos très-chers & bien-amés les gens des Trois-états de notre province de Languedoc, nous ont fait représenter, que par arrêt du 3 Septembre 1739, sur lequel il fut expédié des lettres-patentes le 24 du même mois, nous leur avons permis de faire les avances des sommes nécessaires pour être employées aux réparations du pont & chaussées du Saint-Esprit, suivant les adjudications qui en seroient faites par nos commissaires, & ceux desdits Etats, pour le remboursement desquelles avances, que nous avons fixées à la somme de 50,000 livres, en principal & intérêts, nous ordonnons que les droits de petit-blanc, établis sur les sels de Peccais & de Peiriac, pour les réparations du pont Saint-Esprit, seroient levés par doublement, à compter du premier Octobre 1738, & ce, pour le tems nécessaire pour rembourser les Etats de ladite province, lesquels droits par doublement, seroient levés & reçus par les receveurs du droit de petit-blanc, & remis au trésorier des Etats, jusqu'à concurrence de ladite somme de 50,000 livres, suivant la liquidation qui en seroit faite tous les ans par nos commissaires, & ceux des Etats; après quoi, le doublement dudit droit de petit-blanc, demeureroit éteint & supprimé en vertu dudit arrêt: Que ladite somme de 50,000 livres ayant été insuffisante pour fournir à la dépense desdits ouvrages, il fut donné un autre arrêt du conseil le 8 Novembre 1740, sur lequel il fut expédié des lettres-patentes le 31 Décembre suivant, portant que la levée par doublement des droits de petit-blanc, ordonnée par l'arrêt du 3 Septembre 1737, & par les lettres-patentes du 24 du même mois, seroit continuée jusques & à concurrence de pareille somme de 50,000 livres, pour être ladite somme employée comme la premiere, à rembourser en principal & intérêts, les avances faites & à faire par lesdits Etats pour lesdites réparations, suivant les devis & adjudications qui en ont été faites, en exécution dudit arrêt du 3 Septembre 1737, lesquels droits seroient pareillement levés & reçus par les receveurs du droit de petit-blanc, & remis par eux au trésorier de la bourse, à concurrence de ladite somme de 50,000 livres, suivant la liquidation qui en seroit faite tous les ans par nos commissaires, & ceux des Etats; après quoi ledit doublement demeureroit éteint & supprimé en vertu dudit arrêt, lequel ordonne en même-tems, que par le sieur Maréchal, directeur des fortifications en Languedoc, il seroit incessamment fait une nouvelle vi- N°. VIII.

N°. VIII. ſite, & dreſſé procès-verbal de la néceſſité ou utilité des travaux reſtans à faire, & du montant de la dépenſe deſdits travaux, pour leſdits procès-verbaux vus & rapportés, être par nous ordonné ce qu'il appartiendroit : Que les Etats ont en conſéquence, fait toutes les avances néceſſaires pour les ouvrages qui avoient été projettés & approuvés par leſdits arrêts des 3 Septembre 1737, & 8 Novembre 1740, & dont les baux avoient été paſſés dans le mois de Juin 1738, par nos commiſſaires & ceux des Etats, de ſorte que n'y ayant point eu de nouveaux ouvrages à faire & de nouvelle adjudication à paſſer, il n'y a pas eu lieu de faire procéder à la viſite deſdits ouvrages par ledit ſieur Maréchal, lequel n'auroit pu même procéder à l'eſtimation de ce qui reſtoit à faire, attendu la nature deſdits ouvrages, qui conſiſtoient en des jettées & des épis à conſtruire ſur les bords du Rhône, & en partie dans le lit de ce fleuve : Que l'exécution deſdits ouvrages fut confiée au ſieur Pitot, de l'académie royale des ſciences de Paris, qui ſuccéda au feu ſieur Clapiés, pour la direction des travaux publics dans la ſénéchauſſée de Nîmes, & que la réception en a été faite par lui, & que le ſuccès a parfaitement répondu à ce qu'on pouvoit en attendre : Qu'il a été enſuite procédé le 26 Février dernier, par nos commiſſaires, & ceux des Etats, à une liquidation des avances faites par leſdits Etats, & des intérêts deſdites avances, année par année, & qu'il en réſulte, 1°. Que les ſommes payées, & avancées par ladite province, diſtraction faite de celle de 78,580 livres 9 ſols 5 deniers, provenant de la recette du doublement du droit de petit-blanc, juſqu'au 4 Septembre 1745, reviennent en capital à 34,328 livres 13 ſols 2 deniers, y compris 654 livres 16 ſols 9 deniers des taxations du tréſorier de la bourſe, ſur ladite premiere ſomme, à raiſon de deux deniers pour livre. 2°. Que les intérêts des avances, ſuivant la liquidation qui en a été faite année par année, reviennent à 12,947 livres 1 denier, d'où il ſuit, qu'il eſt dû auxdits Etats, en capital & intérêts, 47,275 livres 13 ſols 3 deniers ; mais que comme ſur la ſomme de 100,000 livres ordonnée par les ſuſdits arrêts, il ne leur reſte à recevoir que celle de 21,419 livres 10 ſols 7 deniers, il leur ſera dû encore 25,856 livres 2 ſols 8 deniers & les intérêts de cette ſomme juſqu'au parfait rembourſement d'icelle : Pour quoi ils ſe ſeroient pourvus pardevant nous, pour nous ſupplier d'ordonner que la levée du doublement du droit de petit-blanc, ſera continuée juſqu'à concurrence de la ſomme de 28,000 livres à l'effet de rembourſer auxdits Etats, la ſuſdite ſomme de 25,856 livres 2 ſols 8 deniers, enſemble les intérêts juſqu'au jour dudit rembourſement, ſuivant la liquidation qui en ſera faite par noſdits commiſſaires, & ceux des Etats, à quoi nous avons pourvu par arrêt de notre conſeil de ce jour, pour l'exécution duquel, nous avons ordonné que toutes lettres néceſſaires ſeront expédiées. A CES CAUSES, nous avons, conformément audit arrêt de notre conſeil, ci-attaché ſous le contre-ſcel de notre chancellerie, de notre grace ſpéciale, pleine puiſſance, & autorité royale ordonné, & par ces préſentes ſignées de notre main, ordonnons que la levée par doublement, juſqu'à concurrence de la ſomme de 100,000 livres des droits de petit-blanc établis ſur les ſels de Peccais, & de Peiriac, ordonnée par l'arrêt de notre conſeil du 3 Septembre 1737, & lettres-patentes du 24 du même mois ; & par celui du 8 Novembre 1740, & lettres-patentes du 31 Décembre ſui- N°. VIII.

No. VIII. vant, pour rembourser les gens des Trois-états de notre province de Languedoc, des sommes que nous leur avons permis par lesdits arrêts d'avancer, pour être employées aux réparations des chaussées & ouvrages servant à contenir le Rhône dans son lit, & empêcher qu'il ne s'en formât un nouveau au-delà du pont Saint-Esprit, sera continuée jusqu'à concurrence de la somme de 28,000 livres, pour être ladite somme employée, comme celle de 100,000 livres, à rembourser en principal & intérêts, les avances faites par lesdits Etats pour lesdites réparations & chaussées, suivant la liquidation qui en a été faite par nos commissaires, & ceux desdits Etats le 26 Février dernier, lesquels droits, par continuation dudit doublement, seront levés & perçus par les receveurs du droit de petit-blanc, & remis au trésorier desdits Etats, jusqu'à concurrence de ladite somme de 28,000 livres, suivant la liquidation qui en sera faite année par année, par nosdits commissaires, & ceux des Etats; après quoi, ledit doublement demeurera éteint & supprimé en vertu desdits arrêts des 3 Septembre 1737, 8 Novembre 1740, & celui de ce jour. Si vous mandons & enjoignons, que ces présentes vous ayez à faire registrer, pour être exécutées selon leur forme & teneur; Car tel est notre plaisir. Donné à Versailles le vingt-neuvieme jour du mois de Novembre, l'an de grace mil sept cent quarante-six, & de notre regne le trente-deuxieme. *Signé*, LOUIS : *Et plus bas*; Par le Roi, Phelypeaux. Et scellé.

IX.

ARRÊT

Du Conseil d'Etat du Roi,

Et Lettres-patentes,

Qui ordonnent la continuation de la levée des droits de petit-blanc par doublement, pour servir au remboursement des avances que la province de Languedoc a faites, ou fera, pour les réparations des chaussées du Rhône, jusques & à concurrence de la somme de quarante mille livres. No. IX.

Du 10 Septembre 1748.

Extrait des Registres du Conseil d'Etat.

Sur la requête présentée au Roi en son conseil par le syndic général de la province de Languedoc; Contenant, que les dépenses faites à l'occasion des réparations des chaussées & autres ouvrages, servant à contenir le fleuve du Rhône dans son lit, ayant été liquidées par les sieurs commissaires de Sa Majesté & des Etats le 26 Février 1746, & trouvées monter jusqu'audit jour, à la somme de 128,000 livres, il auroit été ordonné, par l'arrêt du conseil du 29 Novembre de la même année, que la perception du doublement des droits de petit-blanc, permise par les arrêts des 3 Septembre 1737 & 8 Novembre 1740, seroit continuée jusqu'à ce que par le produit dudit droit, les Etats fussent remboursés de ladite somme de 128,000 livres, lequel remboursement a commencé d'avoir lieu depuis, suivant la liquidation qui a été faite conformément auxdits arrêts; mais, une inondation arrivée le 29 Septembre 1747, ayant surmonté dans la plus grande partie toutes les chaussées, & les ayant ouvertes sur une longueur de 40 toises, par où les eaux sortant avec impétuosité, emporterent totalement le chemin à quelque distance au-delà du pont du Saint-Esprit, de maniere que toute communication par cette grande route fut interrompue, ce qui étant venu à la connoissance des sieurs commissaires des Etats qui dirigent

N°. IX. gent les travaux publics pendant l'année, ils chargerent le sieur Pitot, directeur des ouvrages de la province, dans la sénéchaussée de Beaucaire & Nîmes, de remédier promptement à ce désordre, à quoi ledit Pitot ayant travaillé avec toute la diligence possible, le passage se trouva rétabli dans peu de jours sur un nouveau chemin, qui fut construit sur un terrein plus élevé, & la breche des chaussées fut entierement réparée au commencement du mois de Novembre, lesquels ouvrages coûterent environ 5000 livres dont les Etats firent l'avance par leur trésorier: Qu'indépendamment de cette dépense dont ils doivent être remboursés, la même inondation a fait connoître la nécessité de relever & de fortifier les chaussées en certains endroits, par des caladas & autres ouvrages : Que ledit sieur Pitot a trouvé également indispensable de réparer les dégradations causées aux ouvrages ci-devant faits, & de prévenir la suite des irruptions du Rhône du côté de Fremigeres, en faisant un caladas sur la longueur de 590 toises, la dépense de tous lesquels ouvrages, suivant les devis & estimations que ledit sieur Pitot en a fait en conséquence des ordres de la derniere assemblée des Etats, devant monter à environ 40,000 livres & être prises, ainsi qu'il en a été usé précédemment, sur le produit du doublement du droit de petit-blanc; lesdits Etats auroient par leur délibération du 28 Décembre de ladite année 1747, autorisé le suppliant à demander à Sa Majesté la continuation de la levée du doublement desdits droits, au-delà du terme porté par l'arrêt du 29 Novembre 1746, & jusqu'à ce qu'ils soient remboursés en capital & intérêts, non-seulement de la somme de 128,000 livres portée par ledit arrêt, mais encore de celles dont ils feront l'avance pour les nouvelles réparations dont il s'agit, jusques & à concurrence de la somme de 40,000 livres, à quoi la dépense en a été estimée par ledit sieur Pitot. A CES CAUSES, Requéroit le suppliant, qu'il plût à Sa Majesté d'y pourvoir. Vû ladite requête; l'arrêt du conseil du 29 Novembre 1746; la délibération des Etats de Languedoc du 28 Décembre 1747; les devis dressés par le sieur Pitot, l'un des directeurs des travaux publics de ladite province, en date des premier & 3 Mars 1748; l'estimation par lui faite à la somme de 40,000 livres ou environ, des ouvrages mentionnés auxdits devis, ensemble l'avis du sieur le Nain, conseiller d'état, intendant & commissaire départi en ladite province de Languedoc : Oui le rapport du sieur de Machault, conseiller ordinaire au conseil royal, contrôleur général des finances; LE ROI EN SON CONSEIL, ayant égard à ladite requête, a permis & permet aux gens des Trois-états de la province de Languedoc, de faire les avances des sommes nécessaires, pour être employées aux réparations des chaussées du Rhône, au-dessus du pont Saint-Esprit, & autres ouvrages à faire sur les bords dudit fleuve, suivant les adjudications qui en seront faites sur les devis du sieur Pitot, par le sieur le Nain, conseiller d'état, intendant en Languedoc, par celui des trésoriers de France qui sera nommé par le bureau des finances à Montpellier, en qualité de commissaire de Sa Majesté, & par les commissaires des Etats de ladite province; pour le remboursement desquelles avances, que Sa Majesté a fixées à la somme de 40,000 livres en principaux & intérêts, Sa Majesté a ordonné & ordonne, que les droits de petit-blanc établis sur les sels de Peccais & de Peiriac, pour les réparations du pont Saint-Esprit, continueront d'ê-

N°. IX. tre levés par doublement, jusqu'au parfait remboursement de la somme de 128,000 livres, conformément aux arrêts des 3 Septembre 1737, 8 Octobre 1740, & 29 Novembre 1746, & de celle de 40,000 livres portée par le présent arrêt, lesquels droits par doublement, seront levés & perçus par les receveurs du droit de petit-blanc, & remis au trésorier des Etats jusqu'à concurrence desdites sommes, suivant la liquidation qui en sera faite par les commissaires de Sa Majesté & des Etats; après quoi ledit doublement demeurera éteint & supprimé en vertu du présent arrêt, pour l'exécution duquel seront toutes lettres nécessaires expédiées. FAIT au conseil d'état du Roi, tenu à Versailles le dix Septembre mil sept cent quarante-huit. Collationné. *Signé*, BERGERET.

LETTRES-PATENTES.

LOUIS, PAR LA GRACE DE DIEU, ROI DE FRANCE ET DE NAVARRE: A nos amés & féaux conseillers les gens tenant notre cour des comptes, aides & finances de Montpellier, présidens-trésoriers de France, généraux de nos finances audit lieu, intendans des gabelles de Languedoc, SALUT. Nos chers & bien-amés les gens des Trois-états de notre province de Languedoc, nous ont fait représenter, que les dépenses faites à l'occasion des réparations des chaussées, & autres ouvrages servant à contenir le fleuve du Rhône dans son lit, ayant été liquidées par nos commissaires & ceux des Etats le 26 Février 1746, & trouvées monter jusqu'audit jour, à la somme de 128,000 livres, il auroit été ordonné par l'arrêt du conseil du 29 Novembre de la même année, que la perception du doublement des droits du petit-blanc, permise par les arrêts des 3 Septembre 1737, & 8 Novembre 1740, seroit continuée jusqu'à ce que, par le produit dudit droit, les Etats fussent remboursés de ladite somme de 128,000 livres, lequel remboursement a commencé d'avoir lieu depuis, suivant la liquidation qui en a été faite, conformément auxdits arrêts; mais, une inondation arrivée le 29 Septembre 1747, ayant surmonté dans la plus grande partie toutes les chaussées, & les ayant ouvertes sur une longueur de 40 toises, par où les eaux sortant avec impétuosité, emporterent totalement le chemin à quelque distance au-delà du pont du Saint-Esprit, de maniere que toute communication par cette grande route fut interrompue, ce qui étant venu à la connoissance des sieurs commissaires des Etats qui dirigent les travaux publics pendant l'année, ils chargerent le sieur Pitot, directeur des ouvrages de la province, dans la sénéchaussée de Beaucaire & Nîmes, de remédier promptement à ce désordre, à quoi ledit Pitot ayant travaillé avec toute la diligence possible, le passage se trouva rétabli en peu de jours sur un nouveau chemin qui fut construit sur un terrein plus élevé, & la breche des chaussées fut entierement réparée au commencement du mois de Novembre, lesquels ouvrages coûterent environ 5000 livres dont les Etats firent faire l'avance par leur trésorier: Qu'indépendamment de cette dépense, dont ils doivent être remboursés, la même inondation a fait connoître la nécessité de relever & de fortifier les chaussées en certains endroits, par des caladas & autres ouvrages: Que ledit sieur Pitot a trouvé également indispensable de réparer les dégradations causées aux ouvrages ci-devant faits, & de prévenir la suite des irruptions du Rhône du côté de Fremigeres, en faisant un caladas sur la longueur de 590 toises, la dépense de tous lesquels ouvrages, N°. IX.

N°. IX. suivant les devis & estimations que ledit sieur Pitot en a fait en conséquence des ordres de la derniere assemblée des Etats, devant monter à environ 40,000 livres & être prise, ainsi qu'il en a été usé précédemment, sur le produit du doublement du droit du petit-blanc, lesdits Etats auroient, par leur délibération du 28 Décembre de ladite année 1747, chargé le syndic général de ladite province, de nous demander la continuation de la levée du doublement desdits droits, au-delà du terme porté par l'arrêt du 29 Novembre 1746, & jusqu'à ce qu'ils soient remboursés en capital & intérêts, non-seulement de la somme de 128,000 livres portée par ledit arrêt, mais encore de celles dont ils feront l'avance pour les nouvelles réparations dont il s'agit, jusques & à concurrence de la somme de 40,000 livres à quoi la dépense en a été estimée par ledit sieur Pitot, à quoi nous avons pourvu par arrêt de ce jour, rendu en notre conseil d'état, pour l'exécution duquel nous avons ordonné que toutes lettres nécessaires seront expédiées. A CES CAUSES, nous avons, conformément audit arrêt ci-attaché sous le contre-scel de notre chancellerie, de notre grace spéciale, pleine puissance, & autorité royale, permis, & par ces présentes signées de notre main, permettons aux gens des Trois-états de notre province de Languedoc, de faire les avances des sommes nécessaires, pour être employées aux réparations des chaussées du Rhône, au-dessus du pont Saint-Esprit, & autres ouvrages à faire sur les bords dudit fleuve, suivant les adjudications qui en seront faites sur les devis dudit sieur Pitot, par le sieur le Nain, conseiller d'état, intendant en Languedoc, par celui des trésoriers de France qui sera nommé par le bureau des finances de Montpellier, en qualité de commissaire pour nous, & par les commissaires des Etats de ladite province; pour le remboursement desquelles avances, que nous avons fixées à la somme de 40,000 livres en principaux & intérêts, Nous avons ordonné & ordonnons, que les droits du petit-blanc établis sur les sels de Peccais & de Peiriac, pour les réparations du pont Saint-Esprit, continueront d'être levés par doublement, jusqu'au parfait remboursement de la somme de 128,000 livres, conformément aux arrêts des 3 Septembre 1737, 8 Octobre 1740, & 29 Novembre 1746, & de celle de 40,000 livres portée par ces présentes, lesquels droits par doublement seront levés & perçus par les receveurs du droit de petit-blanc, & remis au trésorier des Etats de la province; jusqu'à concurrence desdites sommes, suivant la liquidation qui en sera faite par nos commissaires & ceux desdits Etats, après quoi ledit doublement demeurera éteint & supprimé en vertu des présentes. SI VOUS MANDONS & enjoignons, que ces présentes vous ayez à faire registrer, pour être exécutées selon leur forme & teneur; CAR tel est notre plaisir. DONNÉ à Versailles le dixieme jour de Septembre, l'an de grace mil sept cent quarante-huit, & de notre regne le trente-quatrieme. *Signé*, LOUIS: *Et plus bas*; Par le Roi, PHELYPEAUX. Et scellé. N°. IX.

X.

ARRÊT

DU CONSEIL D'ETAT DU ROI,

Et Lettres-patentes sur icelui,

Qui ordonnent la continuation de la levée du doublement du droit de petit-blanc, jusques & à concurrence de la somme de 49,489 livres 10 sols 6 deniers dont les Etats sont en avance pour les réparations des chaussées du

N°. X.

Rhône, ensemble des intérêts de ladite somme, suivant la liquidation qui en sera faite; comme aussi, que les Etats seront pareillement remboursés sur le produit desdits droits, des avances qu'ils feront pour la construction du chemin de communication de la route de Lyon à Marseille, au-dessous du pont de la Pierre jusqu'au pont Saint-Esprit, & des indemnités des terres qui auront été prises pour l'emplacement dudit chemin.

Du 5 Décembre 1758.

Extrait des Registres du Conseil d'Etat.

SUR la requête présentée au Roi, étant en son conseil, par le syndic général de la province de Languedoc; CONTENANT, que les dépenses faites pour réparer les chaussées construites sur les bords du Rhône jusqu'au pont Saint-Esprit, dont les Etats de Languedoc avoient fait l'avance, pour être remboursés sur le produit du doublement du droit de petit-blanc, suivant les arrêts du conseil des 29 Novembre 1746 & 10 Septembre 1748, ayant été liquidées dans le compte qui en a été duement arrêté le 31 Décembre 1753, par les sieurs commissaires du Roi & des Etats, de même que le produit du doublement de ce droit, il fut reconnu que quoique la perception de ce doublement eût été portée à 21,402 livres 5 sols 11 deniers au-dessus de la somme énoncée dans lesdits arrêts, les Etats étoient encore néanmoins en avance sur le montant de toutes les dépenses faites jusqu'alors, de 788 livres 5 sols 11 deniers. Que le sieur Pitot, l'un des directeurs des travaux publics de la province, ayant fait connoître en même tems la nécessité de perfectionner certains ouvrages qu'il avoit précédemment indiqués, & pour lesquels les Etats avoient délibéré en 1752, de demander la prolongation de la levée du doublement du droit de petit-blanc, jusqu'a concurrence de la somme de 15,000 livres, & d'y en ajouter même de nouveaux absolument indispensables, pour assurer la navigation du Rhône, & pour empêcher ce fleuve de se jetter du côté du Comtat d'Avignon, les Etats délibérerent le 16 Février 1754, de charger leurs commissaires des travaux publics, de prendre les mesures convenables pour remplir des objets aussi importans, & d'ajouter ces nouveaux motifs à ceux qui avoient déjà déterminé leur premiere demande au sujet du doublement dudit droit : Que le sieur Pitot procéda en conséquence à de nouvelles vérifications & devis, dont le résultat fut que tous les ouvrages à faire monteroient à une somme d'environ 50,000 livres; sur quoi le suppliant se pourvut au conseil en l'année 1754, pour demander, 1°. L'autorisation de la clôture du compte & liquidation faites le 31 Décembre 1753, par les sieurs commissaires du Roi & des Etats, du montant du doublement du droit de petit-blanc, & des avances faites par les Etats; 2°. La validation de la perception de ce droit, faite au-dessus de la somme fixée par l'arrêt du 10 Septembre 1748 jusqu'à celle de 21,402 livres 5 sols 11 deniers, & son emploi au remboursement des avances faites par la province; 3°. La permission de continuer la perception de ce doublement, jusqu'à la somme de 50,788 livres 5 sols 11 deniers à laquelle on estimoit que devoient monter les nouvelles dépenses, & ce qui restoit dû des anciennes : Que dans le tems que le suppliant sollicitoit l'expédition d'un arrêt conforme aux conclusions de sa requête, une inondation du Rhône, plus forte qu'aucune des précédentes, survenue

N°. X. le 29 Novembre 1755, ayant causé de plus grandes dégradations aux chaussées, qui furent percées & renversées jusqu'au fond en trois endroits, & sur la longueur de plus de 180 toises, les Etats se trouverent forcés de rétablir la communication de la grande route entierement interrompue, de faire réparer les chaussées; ce qui ne put être fait, attendu la nécessité & la nature des ouvrages, que par économie; & que la dépense revient, suivant le compte qui en fut arrêté aux Etats pendant leurs dernieres assemblées, à la somme de 49,489 livres 10 sols 6 deniers, sans y comprendre les indemnités qui sont dues à raison des terres qui ont été prises pour fermer les trois breches des chaussées dont il a été parlé, suivant l'estimation qui en sera faite, & sans parler des autres ouvrages à faire, & qui sont demeurés en suspens, pour arrêter & prévenir les suites des irruptions que le Rhône a déjà faites: Que ces différens ouvrages, dont la dépense avoit été évaluée, comme on l'a dit ci-dessus, au moins à 50,000 livres, forment aujourd'hui un objet beaucoup plus considérable, & qu'il seroit difficile de déterminer, à cause des nouvelles dégradations causées par le Rhône; mais qu'indépendamment de tous les ouvrages dont il a été parlé ci-dessus, les Etats ont encore délibéré le premier Février dernier, sur la proposition qui leur en a été faite de la part de Sa Majesté, de se charger de faire construire un chemin pour communiquer en droite ligne du pont Saint-Esprit à la grande route de Provence, qu'on se propose de faire dans le Comtat, de maniere que ledit chemin soit achevé dans le même tems que la grande route le sera, sauf à être remboursés de leurs avances en capital & intérêts, sur le produit du même doublement: Que dans ces circonstances, il paroît de la justice de S. M. de pourvoir, d'une part, au remboursement des sommes pour lesquelles les Etats sont déjà en avance; ce qui pourra être fait au moyen de la perception dudit doublement, qui a été continué depuis & compris l'année 1754, jusques & compris l'année 1757, & les autoriser de l'autre, à faire faire les avances nécessaires par leur trésorier, ou d'y pourvoir par emprunt; à la charge, dans l'un & dans l'autre cas, d'être remboursés desdites avances ou emprunts, en capital & intérêts, sur le produit dudit doublement. Requéroit, A CES CAUSES, le suppliant, qu'il plût à Sa Majesté, en autorisant les clôtures & liquidations faites le 31 Décembre 1753 par ses commissaires & ceux des Etats, valider la perception dudit droit, qui a été continuée, tant jusqu'audit jour, que depuis; ce faisant, ordonner que les sommes qui sont entre les mains des receveurs dudit droit, & celles qui y seront à l'avenir, seront remises par eux au trésorier desdits Etats, à l'effet de servir d'abord au remboursement de la somme de 49,489 livres 10 sols 6 deniers, de laquelle ils sont en avance, & des intérêts d'icelle, suivant la liquidation qui en sera faite par les mêmes commissaires, & ensuite des autres sommes dont les avances seront faites à raison des susdits ouvrages, par le trésorier desdits Etats, ou au moyen des emprunts qu'il leur sera permis d'en faire, avec exemption de retenue des vingtiemes, & deux sols pour livre du dixieme; de maniere que les ouvrages dudit chemin de communication, soient achevés lorsque la grande route le sera: auquel effet, il plaira à Sa Majesté d'ordonner, que la perception du susdit doublement sera continuée jusques à l'entier remboursement desdites avances ou emprunts, en capital & intérêts; & finalement, qu'il en sera usé

N°. X.

à l'égard des baux d'adjudication, & de tout ce qui a rapport à la conduite & exécution desdits ouvrages, comme il en a été usé ci-devant à l'égard de ceux qui ont été faits sur le produit du doublement dudit droit ; ce qui sera pareillement observé par rapport aux comptes & liquidations susdites, lesquelles seront faites en la même forme qui a été ci-devant pratiquée. Vu la présente requête ; les délibérations des Etats des 26 Février & 20 Novembre 1756, & celle du premier Février 1758 ; les arrêts du conseil des 29 Novembre 1746 & 10 Septembre 1748 ; le compte arrêté par les sieurs commissaires de Sa Majesté & ceux des Etats, le 31 Décembre 1753, des sommes reçues par le trésorier des Etats, sur le produit du doublement ; la liquidation faite par les mêmes commissaires, des intérêts des sommes payées par ladite province, & de celles qui ont été reçues par ledit trésorier ; les comptes arrêtés par les commissaires des Etats, des sommes dont ils ont fait l'avance pour fermer les breches faites aux chaussées le 29 Novembre 1755, & réparer lesdites chaussées : Oui le rapport du sieur de Boullongne, conseiller ordinaire au conseil royal, contrôleur général des finances ; LE ROI ÉTANT EN SON CONSEIL, a autorisé la clôture faite le 31 Décembre 1753, par ses commissaires & ceux des Etats, du compte du produit du doublement du droit de petit-blanc, & la liquidation faite le même jour par lesdits sieurs commissaires ; ce faisant, Sa Majesté a validé la perception qui avoit été faite dudit droit, au-delà de ce qui est porté par les arrêts du conseil des 29 Novembre 1746 & 10 Septembre 1748, & l'emploi qui en a été fait, jusqu'à concurrence de la somme de 21,402 livres 5 sols 11 deniers. Sa Majesté a aussi validé la perception qui a été faite dudit doublement, depuis la clôture dudit compte & ladite liquidation ; & en conséquence, ordonne que le produit dudit doublement, qui est entre les mains du receveur dudit droit, servira à payer aux Etats de ladite province, la somme de 49,489 livres 10 sols 6 deniers, ensemble les intérêts de ladite somme, suivant la liquidation qui en sera faite par les mêmes commissaires ; auquel effet, les sommes provenant du produit dudit doublement, pendant les années 1754, 1755, 1756, 1757 & 1758, seront remises par les receveurs desdits droits, dans la caisse du trésorier desdits Etats : Ordonne Sa Majesté, que sur la perception du doublement du droit de petit-blanc (laquelle sera continuée comme il sera dit ci-après) lesdits Etats seront remboursés, tant de ce qui pourra leur être dû de net, suivant ladite liquidation, que du montant de l'estimation des terres qui ont été prises pour la fermeture des breches des chaussées du Rhône, & des avances qu'ils ont offert de faire à raison des ouvrages énoncés au devis général du sieur Pitot du 3 Février 1756, sauf les changemens & additions que les nouvelles dégradations du Rhône sur les bords opposés au Vivarais, auront pu y rendre nécessaires : Veut Sa Majesté, que lesdits Etats soient pareillement remboursés sur le produit dudit doublement, des avances qu'ils auront faites pour la construction du chemin dont ils se sont chargés par leur délibération du premier Février 1758, pour communiquer en droite ligne de la route de Lyon à Marseille au-dessous du pont de la Pierre, jusqu'au pont Saint-Esprit, même des indemnités, s'il en est dû à raison des terres qui auront été prises pour l'emplacement dudit chemin ; le tout conformément au devis qui en a été fait de l'or-

N°. X. dre de Sa Majesté, par le sieur Rolland, ingénieur des ponts & chaussées du Dauphiné; à l'entretien duquel chemin il sera pourvu sur les mêmes fonds, laissant Sa Majesté au choix desdits Etats, de pourvoir aux susdites avances, soit au moyen de celles qui seront faites par le trésorier desdits Etats, soit au moyen d'un emprunt auquel Sa Majesté les autorise par le présent arrêt, sans qu'il soit besoin d'autre; leur permettant même de stipuler dans les contrats, l'exemption des deux vingtiemes & deux sols pour livre du dixieme, au moyen desquelles avances ou emprunts, les Etats feront travailler auxdits ouvrages; de maniere que ledit chemin de communication soit achevé lorsque la grande route de Provence le sera: Ordonne Sa Majesté, qu'à l'effet des remboursemens énoncés ci-dessus, la perception du doublement du droit de petit-blanc sera continuée, jusqu'à concurrence des sommes qui se trouveront être dues auxdits Etats; & que le produit dudit doublement sera remis annuellement par les receveurs d'icelui au trésorier desdits Etats, pour être ensuite procédé par les mêmes commissaires, à la liquidation des produits dudit doublement, & des sommes qui se trouveront dues auxdits Etats en capital & intérêts; après lesquelles liquidation & remboursement, le doublement dudit droit de petit-blanc cessera, en vertu du présent arrêt. Veut Sa Majesté, qu'il en soit usé à l'égard des baux d'adjudication, & de tout ce qui a rapport à la conduite & exécution desdits ouvrages, comme il en a été usé ci-devant à l'égard de ceux qui ont été faits sur le produit du doublement dudit droit; ce qui sera pareillement observé par rapport aux comptes & liquidations susdites lesquelles seront faites en la même forme qui a été ci-devant pratiquée. Et seront sur le présent arrêt toutes lettres nécessaires expédiées. FAIT au conseil d'état du Roi, Sa Majesté y étant, tenu à Versailles le cinquieme Décembre mil sept cent cinquante-huit. N°. X.

Signé, PHELYPEAUX.

LETTRES-PATENTES.

LOUIS, PAR LA GRACE DE DIEU, ROI DE FRANCE ET DE NAVARRE: A nos amés & féaux conseillers, les présidens-trésoriers de France, généraux de nos finances à Montpellier, intendans des gabelles de Languedoc, SALUT. Notre cher & bien-amé le syndic général de notre province de Languedoc, nous a fait représenter que les dépenses faites pour réparer les chaussées construites sur les bords du Rhône jusqu'au pont Saint-Esprit, dont les Etats de ladite province avoient fait l'avance, pour en être remboursés sur le produit du doublement du droit de petit-blanc, suivant les arrêts de notre conseil des 29 Novembre 1746, & 10 Septembre 1748, ayant été liquidées dans le compte qui en a été duement arrêté le 31 Décembre 1753, par nos commissaires & ceux desdits Etats, de même que le produit du doublement de ce droit, il fut reconnu que, quoique la perception de ce doublement eût été portée à 21,402 livres 5 sols 11 deniers au-dessus de la somme énoncée dans lesdits arrêts, les Etats étoient encore néanmoins en avance sur le montant de toutes les dépenses faites jusqu'alors, de 788 livres 5 sols 11 deniers. Que le sieur Pitot, l'un des directeurs des travaux publics de la province, ayant fait connoître en même-tems la nécessité de perfectionner certains ouvrages qu'il avoit précédemment indiqués, & pour lesquels les Etats avoient délibéré en 1752, de demander la prolongation de la levée du doublement du droit de petit-blanc, jusqu'à

N°. X. concurrence de la somme de 15,000 livres, & d'y en ajouter même de nouveaux absolument indispensables, pour assurer la navigation du Rhône, & pour empêcher ce fleuve de se jetter du côté du Comtat d'Avignon, les Etats délibérerent le 16 Février 1754, de charger leurs commissaires des travaux publics, de prendre les mesures convenables pour remplir des objets aussi importans, & d'ajouter ces nouveaux motifs à ceux qui avoient déjà déterminé leur premiere demande au sujet du doublement dudit droit: Que le sieur Pitot procéda en conséquence à de nouvelles vérifications & devis, dont le résultat fut que tous les ouvrages à faire monteroient à une somme d'environ 50,000 livres; sur quoi le suppliant se pourvut au conseil en l'année 1754, pour demander, 1°. L'autorisation de la clôture du compte & liquidations faites le 31 Décembre 1753, par nos commissaires & ceux des Etats, du montant du doublement du droit de petit-blanc, & des avances faites par les Etats; 2°. La validation de la perception de ce droit, faite au-dessus de la somme fixée par l'arrêt du 10 Septembre 1748, jusqu'à celle de 21,402 livres 5 sols 11 deniers, & son emploi au remboursement des avances faites par ladite province; 3°. La permission de continuer la perception de ce doublement, jusqu'à la somme de 50,788 livres 5 sols 11 deniers, à laquelle on estimoit que devoient monter les nouvelles dépenses, & ce qui restoit dû des anciennes: Que dans le tems que l'exposant sollicitoit l'expédition d'un arrêt conforme aux conclusions de sa requête, une inondation du Rhône, plus forte qu'aucune des précédentes, étant survenue le 29 Novembre 1755, & ayant causé de plus grandes dégradations aux chaussées, qui furent percées & renversées jusqu'au fond en trois endroits, & sur la longueur de plus de cent quatre-vingt toises, les Etats se trouverent forcés, pour rétablir la communication de la grande route entierement interrompue, de faire réparer ces chaussées; ce qui ne put être fait, attendu la nécessité urgente & la nature des ouvrages, que par économie; & que la dépense revint, suivant le compte qui en fut arrêté aux Etats pendant leurs dernieres assemblées, à la somme de 49,489 livres 10 sols 6 deniers, sans y comprendre les indemnités qui sont dues à raison des terres qui ont été prises pour fermer les trois breches des chaussées dont il a été parlé, suivant l'estimation qui en sera faite, & sans parler des autres ouvrages à faire, & qui sont demeurés aussi en suspens, pour arrêter & prévenir les suites des irruptions que le Rhône a déjà faites: Que ces différens ouvrages, dont la dépense avoit été évaluée, comme on l'a dit ci-dessus, au moins à 50,000 livres, forment aujourd'hui un objet beaucoup plus considérable, & qu'il seroit difficile de déterminer, à cause des nouvelles dégradations causées par le Rhône; mais qu'indépendamment de tous les ouvrages dont il a été parlé ci-dessus, les Etats ont encore délibéré le premier Février dernier, sur la proposition qui leur en a été faite de notre part, de se charger de faire construire un chemin pour communiquer en droite ligne du pont Saint-Esprit à la grande route de Provence qu'on se propose de faire dans le Comtat, de maniere que ledit chemin soit achevé dans le même tems que ladite grande route le sera, sauf à être remboursés de leurs avances en capital & intérêts, sur le produit du même doublement: Que dans ces circonstances, il paroît de notre justice de pourvoir, d'une part, au remboursement des sommes pour lesquelles N°. XI.

N°. X. quelles les Etats sont déjà en avance ; ce qui pourra être fait au moyen de la perception dudit doublement, qui a été continué depuis & compris l'année 1754, jusques & compris l'année 1757, & de les autoriser de l'autre, à faire faire les avances nécessaires par leur trésorier, ou d'y pourvoir par emprunt ; à la charge, dans l'un & dans l'autre cas, d'être remboursés desdites avances ou emprunts, en capital & intérêts, sur le produit dudit doublement. POUR QUOI l'exposant nous auroit très-humblement supplié qu'il nous plût, en autorisant les clôtures & liquidations faites le 31 Décembre 1753 par nos commissaires & ceux des Etats, valider la perception dudit droit, qui a été continuée, tant jusqu'audit jour, que depuis ; ce faisant, ordonner que les sommes qui sont entre les mains des receveurs dudit droit, & celles qui y seront à l'avenir, seront remises par eux au trésorier desdits Etats, à l'effet de servir d'abord au remboursement de la somme de 49,489 livres 10 sols 6 deniers, de laquelle ils sont en avance, & des intérêts d'icelle, suivant la liquidation qui en sera faite par les mêmes commissaires, & ensuite des autres sommes dont les avances seront faites à raison des susdits ouvrages, par le trésorier desdits Etats, ou au moyen des emprunts qu'il leur sera permis d'en faire, avec exemption de retenue des vingtiemes, & deux sols pour livre du dixieme, de maniere que les ouvrages dudit chemin de communication, soient achevés lorsque la grande route le sera : Ordonner à cet effet, que la perception du susdit doublement sera continuée jusques à l'entier remboursement desdites avances ou emprunts, en capital & intérêts ; & finalement, qu'il en sera usé à l'égard des baux d'adjudication, & de tout ce qui a rapport à la conduite & exécution desdits ouvrages, comme il en a été usé ci-devant à l'égard de ceux qui ont été faits sur le produit du doublement dudit droit ; ce qui sera pareillement observé par rapport aux comptes & liquidations susdites, lesquelles seront faites en la même forme qui a été ci-devant pratiquée ; à quoi nous avons pourvu par arrêt de ce jour, rendu en notre conseil d'état, pour l'exécution duquel nous avons ordonné que toutes lettres nécessaires seront expédiées. A CES CAUSES, nous avons, conformément audit arrêt, ci-attaché sous le contre-scel de notre chancellerie, de notre grace spéciale, pleine puissance & autorité royale, autorisé, & par ces présentes signées de notre main, autorisons la clôture faite le 31 Décembre 1753, par nos commissaires & ceux des Etats, du compte du produit du doublement du droit de petit-blanc, & la liquidation faite le même jour par lesdits sieurs commissaires ; ce faisant, nous avons validé la perception qui avoit été faite dudit droit, au-delà de ce qui est porté par les arrêts de notre conseil des 29 Novembre 1746 & 10 Septembre 1748, & l'emploi qui en a été fait, jusqu'à concurrence de la somme de 21,402 livres 5 sols 11 deniers. Nous avons aussi validé la perception qui a été faite dudit doublement, depuis la clôture dudit compte & ladite liquidation ; & en conséquence, nous ordonnons que le produit dudit doublement, qui est entre les mains des receveurs dudit droit, servira à payer aux Etats de ladite province, la somme de 49,489 livres 10 sols 6 deniers, ensemble les intérêts de ladite somme, suivant la liquidation qui en sera faite par les mêmes commissaires ; auquel effet, les sommes provenant du produit dudit doublement, pendant les années 1754, 1755, 1756, 1757 & 1758, seront N°. X.

N°. X.

remisés par les receveurs dudit droit, dans la caisse du trésorier desdits Etats: Ordonnons que sur la perception du doublement du droit de petit-blanc (laquelle sera continuée, comme il sera dit ci-après) lesdits Etats seront remboursés, tant de ce qui pourra leur être dû de net, suivant ladite liquidation, que du montant de l'estimation des terres qui ont été prises pour la fermeture des breches des chaussées du Rhône, & des avances qu'ils ont offert de faire à raison des ouvrages énoncés au devis général du sieur Pitot du 3 Février 1756, sauf les changemens & additions que les nouvelles dégradations du Rhône sur les bords opposés au Vivarais, auront pu y rendre nécessaires: Voulons que lesdits Etats soient pareillement remboursés sur le produit dudit doublement, des avances qu'ils auront faites pour la construction du chemin dont ils se sont chargés par leur délibération du premier Février 1758, pour communiquer en droite ligne de la route de Lyon à Marseille au-dessous du pont de la Pierre, jusqu'au pont Saint-Esprit, même des indemnités, s'il en est dû à raison des terres qui auront été prises pour l'emplacement dudit chemin; le tout conformément au devis qui en a été fait de notre ordre, par le sieur Rolland, ingénieur des ponts & chaussées du Dauphiné; à l'entretien duquel chemin il sera pourvu sur les mêmes fonds, laissant au choix desdits Etats de pourvoir aux susdites avances, soit au moyen de celles qui seront faites par le trésorier desdits Etats, soit au moyen d'un emprunt auquel nous les autorisons par ces présentes, sans qu'il en soit besoin d'autre; leur permettant même de stipuler dans les contrats, l'exemption des deux vingtiemes & deux sols pour livre du dixieme; au moyen desquelles avances ou emprunts, les Etats feront travailler auxdits ouvrages, de maniere que ledit chemin de communication soit achevé lorsque la grande route de Provence le sera: Ordonnons qu'à l'effet des remboursemens énoncés ci-dessus, la perception du doublement du droit de petit-blanc sera continuée, jusqu'à concurrence des sommes qui se trouveront être dues auxdits Etats, & que le produit dudit doublement sera remis annuellement par les receveurs d'icelui au trésorier desdits Etats, pour être ensuite procédé par les mêmes commissaires, à la liquidation des produits dudit doublement, & des sommes qui se trouveront dues auxdits Etats en capital & intérêts; après lesquelles liquidations & remboursement, le doublement dudit droit de petit-blanc cessera, en vertu des présentes. Voulons qu'il en soit usé à l'égard des baux d'adjudication, & de tout ce qui a rapport à la conduite & exécution desdits ouvrages, comme il en a été usé ci-devant à l'égard de ceux qui ont été faits sur le produit du doublement dudit droit; ce qui sera pareillement observé par rapport aux comptes & liquidations susdites, lesquelles seront faites en la même forme qui a été ci-devant pratiquée. SI VOUS MANDONS & enjoignons, que ces présentes vous ayez à faire registrer pour être exécutées selon leur forme & teneur; CAR tel est notre plaisir. DONNÉ à Versailles le cinquieme jour du mois de Décembre, l'an de grace mil sept cent cinquante-huit, & de notre regne le quarante-quatrieme. *Signé*, LOUIS: *Et plus bas*, par le Roi, PHELYPEAUX.

N°. X.

EXTRAIT DES REGISTRES du bureau des finances & domaine de la généralité de Montpellier.

LES PRÉSIDENS - TRÉSORIERS, grands voyers de France, généraux

No. X. *des Finances, intendans du domaine de la généralité de Montpellier, & des gabelles de Languedoc, chevaliers, conseillers du Roi.*

VU l'arrêt du conseil du 5 Décembre 1758, & les lettres-patentes expédiées sur icelui, à nous adressées, par lesquelles Sa Majesté, entr'autres choses, valide la perception qui a été faite du doublement du droit de petit-blanc, au-delà de ce qui est porté par les arrêts du conseil des 29 Septembre 1746 & 10 Septembre 1748, dont le fonds doit servir à rembourser la province, en capital & intérêts, des avances par elle faites pour les ouvrages & réparations qu'elle a fait faire aux chaussées du Rhône; & en outre, la continuation de la levée & perception dudit droit du doublement de petit-blanc, pour rembourser ladite province en capital & intérêts, des avances qu'elle est autorisée à faire par emprunt ou autrement, pour la construction du chemin que les Etats se sont chargés de faire par leur délibération du premier Février 1758, pour communiquer en droite ligne de la route de Lyon à Marseille, au-dessous du pont de la Pierre jusqu'au pont Saint-Esprit, & pourvoir à l'indemnité des particuliers à qui on aura pris des terres; la requête à nous présentée par le syndic général de la province, tendante au registre desdits arrêts & lettres-patentes; l'ordonnance de communiqué au procureur du Roi, & ses conclusions:

NOus avons ordonné & ordonnons, que les susdits arrêt & lettres-patentes seront enregistrés ès registres de notre charge, pour être exécutés selon leur forme & teneur; auquel effet, ordonnons que le doublement du petit-blanc sera levé en même-tems que l'ancien droit, par les receveurs du petit-blanc, chacun dans l'année de son exercice, lesquels en remettront le produit annuellement entre les mains du trésorier de la bourse, en la forme ordinaire: & après que par les liquidations qui en seront faites, ainsi qu'il est porté par lesdits arrêt & lettres-patentes, la province se trouvera remboursée en capital & intérêts, ledit doublement cessera, suivant l'intention de Sa Majesté; à la charge par le receveur du petit-blanc, de compter devant nous, par état au vrai, dudit doublement, tant qu'il aura lieu, de même que de l'ancien droit, ainsi qu'il a été ci-devant pratiqué. DONNÉ au bureau des finances, à Montpellier le premier Mars mil sept cent cinquante-neuf. Collationné. *Signé*, GAUTIER.

XI.

ARRÊT

DU CONSEIL D'ÉTAT DU ROI, Et Lettres-patentes sur icelui,

Qui ordonnent qu'il sera pourvu à la dépense des ouvrages jugés nécessaires, tant au-dessus qu'au-dessous du pont Saint-Esprit en Languedoc, par rapport aux réparations à faire au nouveau chemin, depuis ledit pont, jusqu'à la grande route de Provence, sur le produit du doublement du droit de petit-blanc, dont la perception sera continuée jusqu'à concurrence de ce qui manquera pour parfaire la somme de 52,000 livres, à laquelle ils ont été estimés, sauf les changemens & additions que les dégradations du Rhône pourront y avoir causés.

N°. XI.

Du 8 Novembre 1769.

Extrait des Registres du Conseil d'Etat.

SUR la requête présentée au Roi, étant en son conseil, par le syndic général de la province de Languedoc; CONTENANT, que par l'arrêt rendu en icelui le 5 Décembre 1758, & lettres-patentes du même jour, qui permettent la continuation de la levée du doublement du droit de petit-blanc, il est porté entre autres choses, que les Etats de ladite province seront remboursés sur le produit dudit doublement, des avances qu'ils avoient offert de faire, nommément, à raison des ouvrages énoncés au devis général du sieur Pitot du 3 Février 1756, sauf les changemens & additions que les nouvelles dégradations causées par le Rhône, sur le bord opposé au Vivarais, auront pu y rendre nécessaires; que les ouvrages portés par ce devis ayant été exécutés, il a paru indispensable d'y en ajouter quelques autres, tant pour la conservation des premiers, que pour assurer les bords du Rhône au-dessus du pont Saint-Esprit dans plusieurs parties où ils éprouvoient des dégradations dont on devoit appréhender les suites; que les Etats chargerent par leur délibération du 3 Mars 1764, le sieur Grangent, directeur des travaux publics de la province, de procéder à la vérification & au devis des ouvrages nécessaires pour s'opposer aux nouvelles irruptions du Rhône, notamment au terrein de Fremigeres; laquelle vérification ayant été faite en conséquence, la nécessité desdits ouvrages fut justifiée par le procès-verbal du sieur Grangent du 8 Juin de la même année, qui en contient le devis, mais que le retardement de l'arrêt du conseil qui devoit pourvoir sur les fonds du doublement du droit de petit-blanc à l'exécution desdits ouvrages, a mis les Etats dans la nécessité de représenter que les inondations & les variations du Rhône, ont fait de plus grands ravages dans les endroits où les ouvrages avoient été jugés nécessaires, & même ailleurs, & qu'ils avoient chargé leurs députés, par leur délibération du 2 Janvier 1767, de solliciter de nouveaux fonds, suivant la demande qui en avoit déjà été formée; que la même délibération fut renouvellée aux Etats suivans le 28 Décembre 1767, & que ces délibérations étoient la suite de la disposition de l'arrêt du conseil du 5 Décembre 1758, qui, en autorisant la levée du doublement du droit de petit-blanc pour les ouvrages énoncés au devis dressé par le sieur Pitot en 1756, & qui ont été depuis exécutés, autorisoit aussi les changemens & additions que les nouvelles dégradations du Rhône auroient rendues nécessaires; que faute d'avoir pourvu dans le tems auxdites réparations & ouvrages, la navigation du Rhône étant devenue périlleuse au passage du pont Saint-Esprit, la nécessité de ne plus différer l'exécution des ouvrages qui avoient été projettés, & ceux qui étoient devenus depuis nécessaires, a paru plus pressante & plus indispensable; qu'il a été dressé à cette occasion par le sieur Grangent en 1768, en conséquence des éclaircissemens demandés par M. le contrôleur-général, un mémoire détaillé sur la situation du Rhône, entre le bourg Saint-Andeol & la ville du Saint-Esprit, dans lequel, en rappellant les ouvrages indiqués par le devis dressé en 1764, ledit sieur Grangent a ajouté ceux qui sont devenus depuis nécessaires, tant au-dessus qu'au-dessous du pont Saint-Esprit, revenant tous ces ouvrages, y compris ceux à faire à la grande route de com-

N°. XI.

N°. XI. munication, depuis le pont St. Esprit, jusqu'à celle de provence, à 52,000 livres, suivant l'estimation qui en a été faite le 29 Juin de ladite année, & le plan qui y est annexé; que sur la connoissance qui en a été donnée aux Etats dans leur derniere assemblée, il fut délibéré par eux le 24 Décembre 1768, de renouveller les instances déjà faites pour obtenir la continuation du doublement du droit de petit-blanc; que cependant les fonds en provenant ayant continué d'être versés par les receveurs dudit droit, dans la caisse du sieur trésorier de la bourse, il peut être procédé à l'exécution des ouvrages énoncés dans lesdits mémoire & devis du sieur Grangent, & qu'en autorisant la perception qui en a été faite, Sa Majesté doit en même-tems ordonner qu'elle sera continuée jusqu'à concurrence de celle de 52,000 livres, sauf les changemens & additions qui pourront être devenus nécessaires depuis la date des susdits mémoire & devis. Requéroit, A CES CAUSES, le syndic général, qu'il plût à Sa Majesté, en autorisant lesdits mémoire & devis du sieur Grangent du 29 Juin 1768, ordonner que les ouvrages y énoncés seront exécutés, & qu'il sera pourvu à la dépense d'iceux, sur les fonds provenant du doublement du droit de petit-blanc qui ont été versés dans la caisse du trésorier de ladite province, jusqu'à concurrence de ladite somme, suivant le compte qui en sera arrêté par les sieurs commissaires de Sa Majesté & des Etats, & qu'il sera pourvu au surplus de la dépense desdits ouvrages, sur le produit dudit doublement, dont la continuation sera ordonnée jusqu'à concurrence de la somme de 52,000 livres, sans préjudice des changemens & additions que les nouvelles dégradations du Rhône auront pu rendre nécessaires; comme aussi, qu'il plaira à Sa Majesté, d'ordonner qu'il en sera usé à l'égard des baux d'adjudication, & de tout ce qui a rapport à la conduite & exécution desdits ouvrages, comme il en a été usé ci-devant à l'égard de ceux qui ont été faits sur le produit du doublement dudit droit; ce qui sera pareillement observé par rapport au compte énoncé ci-dessus, & aux liquidations qui pourront être faites. VU la présente requête, l'arrêt du conseil du 5 Décembre 1758, la délibération des Etats du 3 Mars 1764, le devis dressé en conséquence par ledit sieur Grangent le 8 Juin de ladite année, les délibérations prises par les susdits Etats les 2 Janvier 1767 & 28 Décembre de la même année, le mémoire dressé par ledit sieur Grangent le 29 Juin 1768, contenant le détail des ouvrages jugés nécessaires, tant au-dessus qu'au-dessous du pont Saint-Esprit, par rapport aux réparations à faire au nouveau chemin de communication, depuis ledit pont jusqu'à la grande route de Provence, & à l'entretien dudit chemin, conformément audit devis. Vu aussi le plan annexé auxdits mémoire & devis, la délibération prise en conséquence par lesdits Etats le 24 Décembre 1768, & l'avis du sieur intendant de ladite province. OUI le rapport du sieur Maynon d'Invau, conseiller ordinaire & au conseil Royal, contrôleur général des finances; LE ROI ÉTANT EN SON CONSEIL, a ordonné & ordonne, qu'il sera pourvu à la dépense des ouvrages mentionnés au dernier mémoire & devis dressé par le sieur Grangent le 29 Juin 1768, que Sa Majesté a autorisé & autorise par le présent arrêt, sur le produit du doublement dudit droit de petit-blanc, dont Sa Majesté a validé la perception, & qui a été versé par les receveurs dudit droit dans la caisse du trésorier de la province, jusqu'à concurrence de la somme à laquelle se N°. XI.

N°. XI. trouvera monter ledit produit, suivant le compte qui en sera arrêté par les commissaires de Sa Majesté & des Etats. Ordonne pareillement Sa Majesté, que la perception dudit doublement sera continuée pour l'entiere exécution desdits ouvrages., jusqu'à concurrence de ce qui manquera pour parfaire ladite somme de 52,000 livres, sauf les changemens & additions que les dégradations du Rhône sur les bords opposés au Vivarais, & aux ouvrages du nouveau chemin de communication du pont Saint-Esprit à la grande route de Provence, auront pu y rendre nécessaires, desquels changemens & additions il sera rendu compte à Sa Majesté à l'effet d'y être pourvu. Veut Sa Majesté que le produit dudit doublement soit remis annuellement au trésorier desdits Etats par le receveur d'icelui, pour être ensuite procédé par les mêmes commissaires à la liquidation des produits dudit doublement, & des sommes qui se trouveront dues auxdits Etats en capital & intérêts: après lesquelles liquidations & remboursemens, le doublement du droit de petit-blanc cessera en vertu du présent arrêt. Veut Sa Majesté qu'il en soit usé à l'égard des baux d'adjudication, & de tout ce qui a rapport à la conduite & exécution desdits ouvrages, comme il en a été usé ci-devant à l'égard de ceux qui ont été faits sur le produit du doublement dudit droit; ce qui sera pareillement observé par rapport aux comptes & liquidations susdits, lesquels seront faits en la même forme qui a été ci-devant pratiquée: & seront sur le présent arrêt toutes lettres nécessaires expédiées. FAIT au conseil d'état du Roi, Sa Majesté y étant, tenu à Fontainebleau le huit Novembre mil sept cent soixante-neuf.

Signé, PHELYPEAUX.

LETTRES-PATENTES. N°. XI.

LOUIS, PAR LA GRACE DE DIEU, ROI DE FRANCE ET DE NAVARRE: A nos amés & féaux conseillers, les gens tenans notre cour des comptes, aides & finances à Montpellier, & à tous autres nos officiers & justiciers qu'il appartiendra, SALUT. Le syndic général de la province de Languedoc nous a fait exposer que sur sa requête contenant que par l'arrêt rendu en notre conseil le 5 Décembre 1758, & nos lettres-patentes qui permettent la continuation de la levée du doublement du droit de petit-blanc, il est porté entre autres choses, que les Etats de ladite province seront remboursés sur le produit dudit doublement, des avances qu'ils avoient offert de faire, nommément à raison des ouvrages énoncés au devis général du sieur Pitot du 3 Février 1756, sauf les changemens & additions que les nouvelles dégradations causées par le Rhône sur le bord opposé au Vivarais, auront pu y rendre nécessaires; que les ouvrages portés par ce devis ayant été exécutés, il a paru indispensable d'y en ajouter quelques autres, tant pour la conservation des premiers, que pour assurer les bords du Rhône au-dessus du pont Saint-Esprit dans plusieurs parties où ils éprouvoient des dégradations dont on devoit appréhender les suites; que les Etats chargerent par leur délibération du 3 Mars 1764, le sieur Grangent directeur des travaux publics de la province, de procéder à la vérification & au devis des ouvrages nécessaires pour s'opposer aux nouvelles irruptions du Rhône, notamment au terrein de Fremigeres; laquelle vérification ayant été faite en conséqnence, la nécessité desdits ouvrages fut justifiée par le procès-verbal du sieur Grangent du 8

N°. XI. Juin de la même année, qui en contient le devis; mais que le retardement de l'arrêt de notre conseil qui devoit pourvoir sur les fonds du doublement du droit de petit-blanc à l'exécution desdits ouvrages, a mis les Etats dans la nécessité de représenter que les inondations & les variations du Rhône, ont fait de plus grands ravages dans les endroits où les ouvrages avoient été jugés nécessaires, & même ailleurs, & qu'ils avoient chargé leurs députés, par leur délibération du 2 Janvier 1767, de solliciter de nouveaux fonds, suivant la demande qui en avoit déjà été formée; que la même délibération fut renouvellée aux Etats suivans le 28 Décembre 1767, & que ces délibérations étoient la suite de la disposition de l'arrêt du conseil du 5 Décembre 1758, qui, en autorisant la levée du doublement du droit de petit-blanc pour les ouvrages énoncés au devis dressé par le sieur Pitot en 1756, & qui ont été depuis exécutés, autorisoit aussi les changemens & additions que les nouvelles dégradations du Rhône auroient rendues nécessaires; que faute d'avoir pourvu dans le tems auxdites réparations & ouvrages, la navigation du Rhône étant devenue périlleuse au passage du pont Saint-Esprit, la nécessité de ne plus différer l'exécution des ouvrages qui avoient été projettés, & ceux qui étoient devenus depuis nécessaires, a paru plus pressante & plus indispensable; qu'il a été dressé à cette occasion par le sieur Grangent en 1768, en conséquence des éclaircissemens demandés par M. le contrôleur général, un mémoire détaillé sur la situation du Rhône, entre le bourg Saint-Andeol & la ville du Saint-Esprit, dans lequel, en rappellant les ouvrages indiqués par le devis dressé en 1764, ledit sieur Grangent a ajouté ceux qui sont devenus depuis nécessaires, tant au-dessus qu'au-dessous du pont Saint-Esprit, revenant tous ces ouvrages, y compris ceux à faire à la grande route de communication, depuis le pont Saint-Esprit, jusqu'à celle de Provence, à 52,000 livres, suivant l'estimation qui en a été faite le 29 Juin de ladite année, & le plan qui y est annexé; que sur la connoissance qui en a été donnée aux Etats dans leur derniere assemblée, il fut délibéré par eux le 24 Décembre 1768, de renouveller les instances déjà faites pour obtenir la continuation du doublement du droit de petit-blanc; que cependant les fonds en provenant ayant continué d'être versés par les receveurs dudit droit, dans la caisse du sieur trésorier de la bourse, il peut être procédé à l'exécution des ouvrages énoncés dans ledit mémoire & devis du sieur Grangent, & qu'en autorisant la perception qui en a été faite, nous devons en même tems ordonner qu'elle sera continuée jusqu'à concurrence de celle de 52,000 livres, sauf les changemens & additions qui pourront être devenus nécessaires depuis la date du susdit mémoire & devis. Sur quoi, requéroit le Syndic général, qu'il nous plût, en autorisant ledit mémoire & devis du sieur Grangent du 29 Juin 1768, ordonner que les ouvrages y énoncés seront exécutés, & qu'il sera pourvu à la dépense d'iceux, sur les fonds provenans du doublement du droit de petit-blanc qui ont été versés dans la caisse du trésorier de ladite province, jusqu'à concurrence de ladite somme, suivant le compte qui en sera arrêté par nos commissaires & des Etats, & qu'il sera pourvu au surplus de la dépense desdits ouvrages, sur le produit dudit doublement, dont la continuation sera ordonnée jusqu'à concurrence de la somme de 52,000 livres, sans préjudice des changemens & additions que les nouvelles dégradations du Rhône N°. XI.

No. XI. auront pu rendre nécessaires ; comme aussi, qu'il nous plaira d'ordonner qu'il en sera usé, à l'égard des baux d'adjudication ; & de tout ce qui a rapport à la conduite & exécution desdits ouvrages, comme il en a été usé ci-devant à l'égard de ceux qui ont été faits sur le produit du doublement dudit droit ; ce qui sera pareillement observé par rapport au compte énoncé ci-dessus, & aux liquidations qui pourront être faites. A quoi ayant égard, vu ladite requête, l'arrêt de notre conseil du 5 Décembre 1758, la délibération des Etats du 3 Mars 1764, le devis dressé en conséquence par ledit sieur Grangent le 8 Juin de ladite année, les délibérations prises par les susdits Etats les 2 Janvier 1767 & 28 Décembre de la même année, les mémoires dressés par ledit sieur Grangent le 29 Juin 1768, contenant le détail des ouvrages jugés nécessaires, tant au-dessus qu'au-dessous du pont Saint-Esprit, par rapport aux réparations à faire au nouveau chemin de communication, depuis ledit pont jusqu'à la grande route de Provence, & à l'entretien dudit chemin, conformément audit devis. Vu aussi le plan annexé audit mémoire & devis, la délibération prise en conséquence par lesdits Etats le 24 Décembre 1768, & l'avis du sieur intendant de ladite province. Oui le rapport, Nous avons par arrêt rendu en notre conseil le 8 Novembre dernier, ordonné qu'il sera pourvu à la dépense des ouvrages mentionnés au dernier mémoire & devis dressé par le sieur Grangent le 29 Juin 1768, que nous avons autorisé par ledit arrêt, sur le produit du doublement dudit droit de petit-blanc, dont nous avons validé la perception, & qui a été versé par les receveurs dudit droit dans la caisse du trésorier de ladite province, jusqu'à concurrence de la somme à laquelle se trouvera monter ledit produit, suivant le compte qui en sera arrêté par nos commissaires & des Etats. No. XI. Avons ordonné pareillement que la perception dudit doublement sera continuée pour l'entière exécution desdits ouvrages, jusqu'à concurrence de ce qui manquera pour parfaire ladite somme de 52,000 livres, sauf les changemens & additions que les dégradations du Rhône sur les bords opposés au Vivarais, & aux ouvrages du nouveau chemin de communication du Pont Saint-Esprit à la grande route de Provence, auront pu y rendre nécessaires, desquels changemens & additions il nous sera rendu compte à l'effet d'y être pourvu. Voulons que le produit dudit doublement soit remis annuellement au trésorier desdits Etats par le receveur d'icelui, pour être ensuite procédé par les mêmes commissaires à la liquidation des produits dudit doublement, & des sommes qui se trouveront dues auxdits Etats en capital & intérêts : après lesquelles liquidations & remboursemens, le doublement du droit du petit-blanc cessera en vertu dudit arrêt & des présentes. Voulons qu'il en soit usé à l'égard des baux d'adjudication, & de tout ce qui a rapport à la conduite & exécution desdits ouvrages, comme il en a été usé ci-devant à l'égard de ceux qui ont été faits sur le produit du doublement dudit droit ; ce qui sera pareillement observé par rapport aux comptes & liquidations susdits, lesquels seront faits en la même forme qui a été ci-devant pratiquée : & comme sur ledit arrêt de notre conseil du 8 Novembre dernier, nous avons ordonné que toutes lettres-patentes nécessaires seroient expédiées, le syndic général de la province de Languedoc nous a très-humblement fait supplier de vouloir bien les lui accorder. A CES CAUSES, de l'avis de notre conseil qui a vu ledit arrêt rendu

en

en icelui le 8 Novembre dernier, ci-attaché sous le contre-scel de notre chancellerie, nous avons, conformément à icelui, ordonné, & par ces présentes signées de notre main, ordonnons qu'il sera pourvu à la dépense des ouvrages mentionnés au dernier mémoire & devis dressé par le sieur Grangent le 29 Juin 1768, que nous avons autorisé & autorisons par ces présentes, sur le produit du doublement dudit droit de petit-blanc dont nous avons validé la perception, & qui a été versé par les receveurs dudit droit dans la caisse du trésorier de la province, jusqu'à concurrence de la somme à laquelle se trouvera monter ledit produit, suivant le compte qui en sera arrêté par nos commissaires & des Etats. Ordonnons pareillement que la perception dudit doublement sera continuée pour l'entiere exécution desdits ouvrages, jusqu'à concurrence de ce qui manquera pour parfaire ladite somme de 52,000 livres, sauf les changemens & additions que les dégradations du Rhône sur les bords opposés au Vivarais, & aux ouvrages du nouveau chemin de communication du pont Saint-Esprit, & à la grande route de Provence, auront pu y rendre nécessaires, desquels changemens & additions il nous sera rendu compte à l'effet d'y être pourvu. Voulons que le produit dudit doublement soit remis annuellement au trésorier desdits Etats par le receveur d'icelui, pour être ensuite procédé par les mêmes commissaires, à la liquidation des produits dudit doublement & des sommes qui se trouveront dues auxdits Etats en capital & intérêts, après lesquels liquidations & remboursement le doublement dudit droit de petit-blanc cessera en vertu des présentes. Voulons qu'il en soit usé à l'égard des baux d'adjudication, & de tout ce qui a rapport à la conduite & exécution desdits ouvrages, comme il en a été usé ci-devant à l'égard de ceux qui ont été faits sur le produit du doublement dudit droit; ce qui sera pareillement observé par rapport aux comptes & liquidations susdits, lesquels seront faits en la même forme qui a été ci-devant pratiquée. SI VOUS MANDONS, que ces présentes vous ayez à faire registrer, & le contenu en icelles, ensemble audit arrêt, exécuter selon sa forme & teneur, cessant & faisant cesser tous troubles & empêchemens contraires; CAR tel est notre plaisir. DONNÉ à Versailles le treizieme jour de Décembre, l'an de grace mil sept cent soixante-neuf, & de notre regne le cinquante-cinquieme. *Signé*, LOUIS : *Et plus bas*; Par le Roi, PHELYPEAUX.

Les présentes, avec l'arrêt du conseil y attaché, ont été registrés ès registres de la cour des comptes, aides & finances de Montpellier, pour jouir par la province de Languedoc de l'effet y contenu, & être exécutés selon leur forme & teneur, & volonté de Sa Majesté. Ordonne ladite cour, que les receveurs du droit du petit-blanc seront tenus de compter en la chambre dans le délai d'un mois, tant desdits droits du petit-blanc, que de la levée du doublement, depuis que les comptes n'ont pas été rendus, sous les peines portées par les ordonnances & arrêts de réglement de la cour du 8 Mai 1759; & qu'à l'avenir, lesdits comptes seront rendus aux termes portés par ledit arrêt de réglement, suivant l'arrêt de ce jourd'hui trente-un Mars mil sept cent soixante-dix. Signé, *PRALON, greffier.*

Les susdites lettres-patentes, ensemble l'arrêt du conseil y attaché, ont été registrés ès registres du bureau des finances de la généralité de Montpellier, pour jouir par le syndic général de la

N°. XI. *province de Languedoc de l'effet y contenu, & être lesdits arrêts & lettres-patentes exécutés selon leur forme & teneur, à la charge par les receveurs du petit-blanc, de compter devant le bureau, par état au vrai, dudit doublement, tant qu'il aura lieu, de même que de l'ancien droit, ainsi qu'il a été ci-devant pratiqué: Oui & ce requérant le procureur du Roi suivant l'ordonnance de ce jourd'hui douzieme Mars mil sept cent soixante-dix.* Signé, GUILLEMINET, *greffier.*

XII.

ARRÊT

DU CONSEIL D'ÉTAT DU ROI,

Et Lettres patentes sur icelui,

Qui permettent la continuation du doublement du droit de petit-blanc jusqu'à concurrence de la somme de 20,000 livres, à laquelle doit revenir la dépense des ouvrages d'augmentation à faire sur les bords du Rhône.

Des 10 Mai & 5 Août 1772.

EXTRAIT des Registres du Conseil d'Etat.

SUR la requête présentée au Roi, étant en son conseil, par le syndic général de la province de Languedoc; contenant que par l'arrêt rendu en icelui le 8 Novembre 1769, & les lettres-patentes expédiées en conséquence le 13 Décembre suivant, il fut ordonné qu'il seroit pourvu à la dépense des ouvrages mentionnés au mémoire & devis dressés par le sieur Grangent le 29 Juin 1768, que Sa Majesté autorisa par ledit arrêt, sur le produit du doublement du droit de petit-blanc, dont Elle valida la perception qui en avoit été faite, ayant en même-tems ordonné qu'elle seroit continuée pour l'entiere exécution desdits ouvrages, jusqu'à concurrence de ce qui manqueroit pour parfaire la somme de 52,000 livres, à laquelle ils avoient été évalués par le susdit devis, sauf les changemens & additions que les dégradations causées par le Rhône sur les bords opposés au Vivarais & aux ouvrages du nouveau chemin de communication du pont Saint-Esprit à la grande route de Provence, auroient pu y rendre nécessaires, desquels changemens & additions il seroit rendu compte à Sa Majesté, pour y être par Elle pourvu: que l'adjudication desdits ouvrages fut faite par les sieurs commissaires de Sa Majesté & ceux des Etats le 2 du mois d'Août 1770; mais que les changemens survenus sur les bords du Rhône, depuis le dernier devis dudit sieur Grangent, l'ayant obligé d'en dresser un nouveau avant ladite adjudication, il en auroit résulté une augmentation de 16,000 livres, dont le sieur intendant, l'un desdits commissaires, fit part au ministre des finances, en lui faisant connoître la nécessité de continuer la perception dudit droit jusqu'à concurrence de cette augmentation: que de nouveaux changemens survenus au cours de ce fleuve pendant l'année 1771, ayant occasionné des dégradations au calada de Pontiers, elles firent craindre que cet ouvrage ne fût totalement emporté, si on n'y apportoit un prompt remede; que le sieur Grangent, après avoir pourvu provisoirement à sa conservation, remit auxdits sieurs commissaires, avec un plan de ladite partie du cours du Rhône, un mémoire en date du 28 Août 1771, suivant lequel les ouvrages à faire pour remettre ledit calada dans son premier état, sont évalués environ à quatre mille livres, non compris la dépense provisoire, qui N°. XII.

revenoit environ à neuf cent livres ; ce qui forme une augmentation indiſpenſable d'ouvrages & de dépenſe, ſur laquelle on n'avoit pu compter lors de la dreſſe du devis dont il a été parlé ci-deſſus : qu'il a été pareillement donné connoiſſance au miniſtre des finances par ledit ſieur intendant de cette nouvelle augmentation, & que les Etats, ſur le compte qui leur en fut rendu, n'ont pu éviter de délibérer de charger les ſyndics généraux de pourſuivre un arrêt du conſeil, à l'effet d'autoriſer la continuation de la perception du doublement du droit de petit-blanc juſqu'à concurrence de la ſomme de vingt mille livres, au-delà de celle pour laquelle ladite perception a été déjà permiſe. Requéroit, A CES CAUSES, le ſyndic général, qu'il plût à Sa Majeſté, en autoriſant le devis dudit ſieur Grangent du premier Mars 1770, ſur lequel l'adjudication deſdits ouvrages a été faite, & le mémoire par lui dreſſé le 28 Août 1771, avec les plans y annexés, à raiſon des changemens & augmentations d'ouvrages énoncés dans le ſuſdit devis & mémoire, il plût à Sa Majeſté ordonner que la perception du droit de petit-blanc ſera continuée juſqu'à concurrence de la ſomme de vingt mille livres, à laquelle reviennent leſdites augmentations ; auquel effet le produit dudit droit ſera remis dans la caiſſe du tréſorier de ladite province juſqu'à concurrence de ladite ſomme, outre & par-deſſus celle mentionnée en l'arrêt du 8 Novembre 1769, pour être enſuite procédé par leſdits ſieurs commiſſaires à la liquidation du produit dudit doublement & des ſommes qui ſe trouveroient dues auxdits Etats en capital & intérêts ; comme auſſi, qu'il plaira à Sa Majeſté ordonner qu'il en ſera uſé à l'égard de tout ce qui a rapport à la conduite & exécution deſdits ouvrages, comme il en a été uſé ci-devant à l'égard de ceux qui ont été exécutés ſur le produit du doublement dudit droit. Vu la préſente requête ; l'arrêt du conſeil du 8 Novembre 1769, & les lettres-patentes du 13 Décembre ſuivant, qui, en validant la perception qui avoit été déjà faite du doublement du droit de petit-blanc, a autoriſé la continuation de la perception dudit doublement, pour parfaire ce qui manquera de la ſomme de cinquante-deux mille livres, laquelle ſera employée aux ouvrages y mentionnés ; le devis dreſſé par ledit ſieur Grangent le premier Mars 1770, contenant les changemens & augmentations devenus néceſſaires depuis le devis précédent, revenant à ſeize mille livres, & l'adjudication faite en conſéquence le 2 Avril ſuivant par les ſieurs commiſſaires de Sa Majeſté & des Etats des ſuſdits ouvrages, conformément au ſuſdit devis ; le mémoire dudit ſieur Grangent du 28 Août 1771, au ſujet des nouveaux ouvrages jugés indiſpenſables pour la conſervation du calada de Pontiers, leſdits ouvrages évalués à quatre mille livres. Vu auſſi les plans annexés audit devis & mémoire, les délibérations des Etats des 14 Décembre 1770 & 16 Novembre 1771, à l'effet d'obtenir la continuation du doublement du droit de petit-blanc, & l'avis du ſieur intendant de la province, l'un deſdits commiſſaires. Oui le rapport du ſieur abbé Terray, conſeiller ordinaire, & au conſeil royal, contrôleur général des finances, LE ROI ÉTANT EN SON CONSEIL, a ordonné & ordonne, qu'il ſera pourvu à la dépenſe des ouvrages mentionnés aux devis & memoire dreſſés par le ſieur Grangent le premier Mars 1770 & 28 Août 1771, que Sa Majeſté a autoriſé & autoriſe par le préſent arrêt, ſur le produit du doublement dudit droit de

N°. XII.

petit-blanc, dont la perception sera continuée pour l'entiere exécution desdits ouvrages, jusqu'à concurrence de la somme de vingt mille livres, outre & par-dessus celle de cinquante-deux mille livres énoncée audit arrêt du 9 Novembre 1769, & lettres-patentes expédiées sur icelui. Veut Sa Majesté, que le produit dudit doublement soit remis annuellement au trésorier desdits Etats par le receveur d'icelui, pour être ensuite procédé par les sieurs commissaires de Sa Majesté & des Etats, à la liquidation du produit dudit doublement & des sommes qui se trouvent dues auxdits Etats en capital & intérêts, après lesquelles liquidations & remboursement le doublement des droits du petit-blanc cessera en vertu du présent arrêt. Veut Sa Majesté, qu'il en soit usé à l'égard de tout ce qui a rapport à la conduite & exécution desdits ouvrages, comme il en a été usé ci-devant à l'égard de ceux qui ont été faits sur le produit du doublement dudit droit; ce qui sera pareillement observé, par rapport aux comptes & liquidations susdites, lesquelles seront faites en la même forme qui a été ci-devant pratiquée; & seront sur le présent arrêt, toutes lettres nécessaires expédiées. FAIT au conseil d'état du Roi, Sa Majesté y étant, tenu à Versailles le dix Mai mil sept cent soixante-douze.

Signé, PHELYPEAUX.

LETTRES-PATENTES.

LOUIS PAR LA GRACE DE DIEU, ROI DE FRANCE ET DE NAVARRE: A nos amés & féaux conseillers les gens tenant notre cour des comptes, aides & finances à Montpellier, & autres nos officiers & justiciers qu'il appartiendra, SALUT. Notre cher & bien-amé le Syndic général de la province de Languedoc, nous a fait exposer que par l'arrêt rendu en notre conseil le 8 Novembre 1769 & lettres-patentes expédiées en conséquence le 13 Décembre suivant, il fut ordonné qu'il seroit pourvu à la dépense des ouvrages mentionnés aux mémoire & devis dressés par le sieur Grangent le 29 Juin 1768, que nous autorisames par ledit arrêt, sur le produit du doublement du droit de petit-blanc, dont nous validions la perception qui en avoit été faite, ayant en même-tems ordonné qu'elle seroit continuée pour l'entiere exécution desdits ouvrages, jusqu'à concurrence de ce qui manquera pour parfaire la somme de cinquante-deux mille livres, à laquelle ils avoient été évaluées par le susdit devis, sauf les changemens & additions que les dégradations causées par le Rhône sur les bords opposés au Vivarais, & aux ouvrages du nouveau chemin de communication du pont Saint-Esprit à la grande route de Provence, auroient pu y rendre nécessaires; desquels changemens & additions il nous seroit rendu compte pour y être par nous pourvu: que l'adjudication desdits ouvrages fut faite par nos commissaires & ceux des Etats le 2 Août 1770; mais que les changemens survenus sur les bords du Rhône depuis le dernier devis dudit sieur Grangent l'ayant obligé d'en dresser un nouveau avant ladite adjudication, il en auroit résulté une augmentation de seize mille livres, dont le sieur intendant, l'un desdits commissaires, fit part au ministre des finances, en lui faisant connoitre la nécessité de continuer la perception dudit droit jusqu'à concurrence de cette augmentation: que de nouveaux changemens survenus au cours de ce fleuve pendant l'année 1771 ayant occasionné des dégradations au calada de Pontiers, elles firent craindre que cet ouvrage

N°. XII.

ne fût totalement emporté, si l'on n'y apportoit un prompt remede; & que le sieur Grangent, après avoir pourvu provisoirement à sa conservation, remit auxdits sieurs commissaires, avec un plan de ladite partie du cours du Rhône, un mémoire en date du 28 Août 1771, suivant lequel les ouvrages à faire pour remettre ledit calada dans son premier état, sont évalués environ quatre mille livres, non compris la dépense provisoire, qui revenoit à neuf cent livres; ce qui forme une augmentation indispensable d'ouvrages & de depense sur laquelle on n'avoit pu compter, lorsqu'on a dressé le devis ci-dessus: qu'il a pareillement été donné connoissance au ministre de nos finances par ledit sieur intendant, de cette nouvelle augmentation, & que les Etats, sur le compte qui leur en fut rendu, n'ont pu éviter de délibérer de charger les syndics généraux de poursuivre un arrêt de notre conseil, à l'effet d'autoriser la continuation de la perception du doublement du droit de petit-blanc, jusqu'à concurrence de la somme de vingt mille livres, au-delà de celle pour laquelle ladite perception a déjà été permise: sur quoi ledit syndic général nous auroit requis qu'il nous plût, en autorisant le devis dudit sieur Grangent du premier Mars 1770, sur lequel l'adjudication desdits ouvrages a été faite, & le mémoire par lui dressé le 28 Août 1771 avec les plans y annexés, à raison des changemens & augmentations d'ouvrages énoncés dans le susdit devis & mémoire, ordonner que la perception du droit de petit-blanc sera continuée jusqu'à concurrence de la somme de vingt mille livres, à laquelle reviennent lesdites augmentations; auquel effet, le produit dudit droit sera remis dans la caisse du trésorier de ladite province jusqu'à concurrence de ladite somme, outre & par-dessus celle mentionnée en l'arrêt du 8 Novembre 1769, pour être ensuite procédé par lesdits commissaires à la liquidation du produit dudit doublement, & des sommes qui se trouveront dues auxdits Etats en capital & intérêts; comme aussi, qu'il nous plaise ordonner qu'il en sera usé à l'égard de tout ce qui a rapport à la conduite & exécution desdits ouvrages, comme il a été usé ci-devant à l'égard de ceux qui ont été exécutés sur le produit du doublement dudit droit; à quoi ayant égard, & ouï le rapport, nous aurions, par arrêt de notre conseil du 10 Mai dernier, statué sur le contenu en l'exposé ci-dessus, pour l'exécution duquel nous avons ordonné que toutes lettres-patentes nécessaires seroient expédiées, lesquelles lettres ledit syndic général nous a très-humblement fait supplier de lui accorder. A CES CAUSES, de l'avis de notre conseil, qui a vu ledit arrêt du 10 Mai dernier, ci-attaché sous le contre-scel de notre chancellerie, Nous avons, conformément à icelui, ordonné, & par ces présentes signées de notre main ordonnons, qu'il sera pourvu à la dépense des ouvrages mentionnés aux devis & mémoire dressés par le sieur Grangent les Ier. Mars 1770 & 28 Août 1771, que nous avons autorisés & autorisons par ces présentes, sur le produit du doublement dudit droit de petit-blanc, dont la perception sera continuée pour l'entiere exécution desdits ouvrages jusqu'à concurrence de la somme de vingt mille livres, outre & par-dessus celle de cinquante-deux mille livres énoncée en l'arrêt du 9 Novembre 1769, & lettres-patentes expédiées sur icelui: voulons que le produit dudit doublement soit remis annuellement au trésorier desdits Etats par le receveur d'icelui, pour être ensuite procédé par nosdits commissaires & des Etats, à la

No. XII. liquidation du produit dudit doublement & des sommes qui se trouveront dues auxdits Etats en capital & intérêts, après lesquelles liquidation & remboursement le doublement du droit de petit-blanc cessera, en vertu dudit arrêt & des présentes : voulons qu'il en soit usé à l'égard de tout ce qui a rapport à la conduite & exécution desdits ouvrages, comme il en a été usé ci-devant à l'égard de ceux qui ont été faits sur le produit du doublement dudit droit; ce qui sera pareillement observé, par rapport aux comptes & liquidations susdites, lesquelles seront faites en la même forme qui a été ci-dessus pratiquée. SI VOUS MANDONS que ces présentes vous ayez à faire registrer, & le contenu en icelles exécuter selon leur forme & teneur, cessant & faisant cesser tous troubles & empêchemens contraires : CAR tel est notre plaisir. DONNÉ à Compiegne le cinquieme jour d'Août, l'an de grace mil sept cent soixante-douze, & de notre regne le cinquante-septieme. *Signé*, LOUIS. Par le Roi, PHELYPEAUX.

Les présentes, avec l'arrêt du conseil y attaché, ont été registrés ès registres de la cour des comptes, aides & finances de Montpellier, pour être exécutés selon leur forme & teneur & volonté de Sa Majesté, & jouir par la province de Languedoc, de l'effet y contenu; ordonne ladite cour, que les receveurs du droit de petit-blanc seront tenus de compter en la chambre, du produit dudit droit, depuis que les comptes n'ont point été rendus; & ce, sous les peines portées par l'arrêt de réglement de la cour du 8 Mai 1759, suivant l'arrêt de ce jourd'hui vingt-deux Août mil sept cent soixante-douze. PRALON, greffier, *signé.*

Registré ès registres du bureau des finances de la généralité de Montpellier, pour être exécuté selon sa forme & teneur & volonté de Sa Majesté, & jouir par la province de Languedoc de l'effet y contenu, à la charge que les receveurs du droit de petit-blanc seront tenus de compter au bureau par état au vrai du produit dudit droit, depuis que les états au vrai n'ont pas été rendus; & ce, sous les peines portées par les réglemens, suivant l'ordonnance de ce jourd'hui dix-sept Février mil sept cent soixante-treize. IMBERT-SAINT-ETIENNE, greffier en chef, *signé.* No. XII.

XIII.

ARRÊT

DU CONSEIL D'ETAT DU ROI,

Et Lettres-patentes sur icelui,

Qui permettent la continuation du doublement du droit de petit-blanc, jusqu'à concurrence de la somme de 57,500 livres, à laquelle doit revenir la dépense des ouvrages d'augmentation à faire sur les bords du Rhône.

Des 6 Juin & 9 Juillet 1777.

EXTRAIT *des Registres du Conseil d'Etat.*

SUR la requête présentée au Roi, étant en son conseil, par le syndic général de la province de Languedoc; CONTENANT, que les variations du Rhône dans son cours, & les changemens fréquens qui arrivent sur les bords de ce fleuve, & dans les isles qui se forment dans son lit, entre le bourg Saint-Andeol & le pont du St. Esprit, ont obligé dans tous les tems de fortifier ses bords sur la rive gauche, pour prévenir les irruptions de ses eaux dans la plaine, où elles ont toujours menacé de s'ouvrir un passage

N°. XIII. qui, en interrompant celui de la grande route, auroit en même-tems rendu ledit pont inutile, au moins dans cette partie ; ce qui paroît d'autant plus à craindre, que les eaux sont soutenues du côté de la rive droite, par des montagnes qui les poussent & les dirigent du côté opposé : Que sans parler des ouvrages qui ont été faits anciennement, on observera qu'ils ont été exécutés sur le produit du doublement du droit de petit-blanc, en conséquence des arrêts du conseil qui en ont autorisé la perception : Que dans les intervalles des retardemens qu'il y a eu quelquefois dans l'expédition de ces arrêts, il est arrivé sur les bords de ce fleuve, des dégradations & des changemens qui rendoient les premiers devis inutiles, en donnant lieu à des ouvrages qui n'y étoient pas compris : Que c'est ce qu'on a éprouvé à l'occasion du devis dressé en 1767, dont la dépense étoit évaluée à 52,000 livres, & dont l'exécution n'ayant été ordonnée que par l'arrêt du 8 Novembre 1769, il devint inutile par les changemens qui obligerent d'en dresser un autre qui, comprenant une plus grande étendue, porta aussi la dépense à 16,000 livres au-delà du premier : Que le bail de ces ouvrages fut passé au sieur Darasse le 2 Avril 1770 : Que pendant qu'on travailloit à exécuter ces ouvrages, les changemens subits qui survinrent dans les isles par une grande inondation, ayant achevé de fermer une branche du fleuve, & porté la plus grande partie de ses eaux sur la rive gauche, les ouvrages précédemment faits furent considérablement dégradés ; & qu'après s'être flattés de les réparer au moyen d'une modique somme de 4000 livres, on s'apperçut que cette somme étoit de beaucoup insuffisante ; ce qui détermina les Etats à délibérer le 16 Novembre 1771, de poursuivre un arrêt du conseil, à l'effet de continuer la perception du doublement du droit de petit-blanc, pour la somme de 20,000 livres, y compris celle de 16,000 livres ci-dessus, lequel arrêt fut expédié le 10 Mai 1772 : Que cependant le sieur Darasse ayant négligé l'exécution des ouvrages dont il étoit chargé, il fut délibéré le 30 Novembre 1773, qu'il y seroit pourvu à sa folle-enchere ; mais que dans le courant de l'année suivante, les sieurs commissaires du Roi & des Etats, sur le compte qui leur fut rendu de l'état des ouvrages, crurent qu'il étoit plus convenable de résilier son bail, attendu les nouvelles dégradations qui étoient survenues, & qui, en exigeant de nouveaux ouvrages, faisoient un changement assez considérable au devis sur lequel l'adjudication avoit été faite au sieur Darasse, pour qu'il ne fût pas possible de poursuivre la folle-enchere, de sorte que lesdits sieurs commissaires furent forcés de régler la dépense que ledit entrepreneur avoit fait, laquelle se porta, sur le toisé qui en fut fait par le sieur Grangent, directeur des ouvrages, à la somme de 30,507 livres. Qu'il fut dressé en conséquence, le 11 Février 1774, un nouveau devis qui renferme tous les ouvrages qui étoient alors nécessaires, dont le montant se porte à la somme de 68,000 livres, y compris ceux du premier devis qui étoient restés sans exécution, & que l'adjudication en fut faite au nommé Ribet, nouvel entrepreneur, qui mit sur le champ la main à l'œuvre : Qu'il fut ensuite proposé auxdits sieurs commissaires du Roi & des Etats, divers projets pour diriger le cours du Rhône dans la partie du bourg Saint-Andeol au pont Saint-Esprit ; & que sur ce qui résulta des vérifications qui en furent faites, lesdits sieurs commissaires renvoyerent à l'as-

N°. XIII. N°. XIII.

semblée des Etats à délibérer sur leur exécution, laquelle fut suspendue par la délibération du 3 Janvier 1775, les Etats ayant cru devoir se borner à exécuter les ouvrages contenus au devis sur lequel l'adjudication avoit été faite audit Ribet, ensemble ceux qui pouvoient y être ajoutés ; & qu'en conséquence, il fut délibéré de poursuivre un arrêt du conseil pour obtenir la continuation de la perception du doublement du droit de petit-blanc, jusques à concurrence de la somme qui aura été déterminée : Que suivant la vérification qui a été faite le 17 Septembre dernier des mêmes ouvrages, les progrès du Rhône se sont étendus au-dessous du calada de Pontiers, jusqu'à l'embouchure du Lauzon, c'est-à-dire, à 250 toises au-dessous du terroir de Lafoue, où se terminoient les ouvrages énoncés au devis sur lequel avoit été faite l'adjudication dudit Ribet, & que l'avancement qui couvroit la grande chaussée, avoit été emporté en très-grande partie, ce qui a mis dans la nécessité de dresser un supplément de devis qui énonce les ouvrages à faire en cette partie, & dont la dépense se porte à 30,000 livres, y compris 10,000 livres d'augmentation pour les ouvrages supérieurs. Qu'il a été fait en même-tems un toisé des ouvrages faits par ledit Ribet, à la même époque du 17 Septembre, lequel s'est porté à la somme de 33,000 livres ; d'où il résulte que les ouvrages faits par le sieur Darasse, premier entrepreneur, se portent à la somme de 31,500 livres, ceux qui ont été adjugés à Ribet qui lui a succédé, à celle de 68,000 livres, & ceux du supplément du nouveau devis, à 30,000 livres, lesdites sommes jointes ensemble forment un total de 129,500 livres, de sorte que l'arrêt du conseil du 8 Novembre 1769, n'ayant ordonné la perception du droit du doublement de petit-blanc, que pour la somme de 52,000 livres, & celui du 10 Mai 1772 n'en ayant ordonné la continuation que pour celle de 20,000 livres, ce qui revient à 72,000 livres, le nouvel arrêt que le suppliant est obligé de poursuivre, doit autoriser la continuation de la perception dudit droit, jusqu'à concurrence de la somme de 57,500 livres. Requéroit, A CES CAUSES, le syndic général, qu'il plût à Sa Majesté, en autorisant la délibération des Etats du 3 Janvier 1775, qui a été énoncée ci-dessus, ensemble le mémoire du sieur Grangent, sur la situation actuelle des ouvrages du Rhône au-dessus du pont Saint-Esprit, & l'état dressé en conséquence des ouvrages à faire sur les bords de ce fleuve, ledit état servant de supplément au devis du 11 Février 1774, ordonner que les ouvrages énoncés audit mémoire, ensemble audit supplément de devis, seront exécutés, & qu'il sera pourvu à la dépense d'iceux, sur les fonds provenant du doublement du droit de petit-blanc, dont la continuation sera ordonnée jusques à concurrence de la somme de 57,500 livres, sans préjudice des changemens que les nouvelles dégradations du Rhône auront pu ou pourront rendre nécessaires ; comme aussi, qu'il plaira à Sa Majesté d'ordonner qu'il en sera usé à l'égard des baux d'adjudication, & de tout ce qui a rapport à la conduite & exécution desdits ouvrages, comme il en a été usé ci-devant à l'égard de ceux qui ont été faits sur le produit du doublement dudit droit. Vu la présente requête ; l'arrêt du conseil du 8 Novembre 1769, & celui du 10 Mai 1772 ; la délibération des Etats du 3 Janvier 1775 ; le mémoire dressé en conséquence par le sieur Grangent, directeur des ouvrages, le 17 Septembre de ladite année, qui rappelle la suite de ceux qui ont été jugés nécessaires depuis

N°. XIII. puis le bourg Saint-Andeol jusqu'au pont Saint-Esprit, & le supplément de devis dressé par le même directeur, des ouvrages à faire par addition au devis du 11 Février 1774, ledit supplément en date dudit jour 17 Septembre dernier : Oui le rapport du sieur Taboureau, conseiller d'état & ordinaire au conseil royal, contrôleur général des finances ; LE ROI ÉTANT EN SON CONSEIL, a autorisé & autorise la délibération prise par lesdits Etats le 3 Janvier 1775 ; en conséquence, Sa Majesté leur a permis & permet de de faire exécuter les ouvrages énoncés dans le mémoire & l'état dressés par le sieur Grangent les 17 Septembre & 17 Novembre 1775, lesdits état & mémoire servant de supplément au devis du 11 Février 1774 : Ordonne Sa Majesté, que la dépense desdits ouvrages sera prise sur le produit du doublement du droit de petit-blanc, dont Sa Majesté veut & entend que la perception soit continuée jusques à concurrence de la somme de 57,500 livres, que Sa Majesté a affecté & affecte à la dépense desdits ouvrages : Veut Sa Majesté, que le produit dudit doublement, soit remis annuellement au trésorier desdits Etats, par le receveur d'icelui, pour être ensuite procédé par les sieurs commissaires de Sa Majesté & des Etats, à la liquidation du produit dudit doublement, & des sommes qui se trouvent dues auxdits Etats en capital & intérêts ; après lesquelles liquidations & remboursemens le doublement des droits de petit-blanc cessera en vertu du présent arrêt : Veut Sa Majesté, qu'il en soit usé à l'égard de tout ce qui a rapport à la conduite & exécution desdits ouvrages, comme il en a été usé ci-devant à l'égard de ceux qui ont été faits sur le produit du doublement dudit droit, ce qui sera pareillement observé par rapport aux comptes & liquidations susdits, lesquels seront faits en la même forme qui a été ci-devant pratiquée. Et seront sur le présent arrêt, toutes lettres nécessaires expédiées. FAIT au conseil d'état du Roi, Sa Majesté y étant, tenu à Versailles le sixieme jour de Juin mil sept cent soixante-dix-sept. N°. XIII.

Signé, AMELOT.

LETTRES-PATENTES.

LOUIS, PAR LA GRACE DE DIEU, ROI DE FRANCE ET DE NAVARRE : A nos amés & féaux conseillers les gens tenant notre cour des comptes, aides & finances à Montpellier, SALUT. Notre très-cher & bien-amé le syndic général de notre province de Languedoc, nous a très-humblement fait exposer, que les variations du Rhône dans son cours, & les changemens fréquens qui arrivent sur les bords de ce fleuve, & dans les isles qui se forment dans son lit entre le bourg Saint-Andeol & le pont du Saint-Esprit, ont obligé dans tous les tems de fortifier ses bords sur la rive gauche, pour prévenir les irruptions de ses eaux dans la plaine, où elles ont toujours menacé de s'ouvrir un passage qui, en interrompant celui de la grande route, auroit en même tems rendu ledit pont inutile, au moins dans cette partie ; ce qui paroît d'autant plus à craindre, que les eaux sont soutenues du côté de la rive droite, par des montagnes qui les poussent & les dirigent du côté opposé : Que sans parler des ouvrages qui ont été faits anciennement, il suffira d'observer qu'ils ont été exécutés sur le produit du doublement du droit de petit-blanc, en conséquence des arrêts de notre conseil qui en ont autorisé la perception : Que dans l'intervalle des retardemens qu'il y a eu quelquefois dans l'expédition de ces arrêts, il est arrivé sur les bords de ce fleuve, des dégradations & des changemens qui rendoient les premiers devis inutiles, en donnant lieu à des ouvrages qui n'y étoient pas compris : Que c'est ce qu'on a éprouvé à l'occasion du devis dressé en 1767 ; que la dépense y étoit évaluée à 52,000 livres, mais que l'exécution n'en ayant été ordonnée que par l'arrêt du 8 Novembre 1769, il devint inutile par les changemens qui obligérent d'en dresser un autre, où la dépense fut portée à 16,000 livres au-delà du premier, à cause de la plus grande étendue qu'il comprenoit : Que le bail de ces ouvrages fut passé au sieur Darasse le 2 Avril 1770 : Que pendant qu'on travailloit à les exécuter, les changemens subits qui survinrent dans les isles, par une grande inondation, ayant achevé de fermer une branche du fleuve, & porté la plus grande partie de ses eaux sur la rive gauche, les ouvrages précédemment faits furent considérablement dégradés ; & qu'après s'être flatté de les réparer au moyen d'une modique somme de 4000 livres, on s'apperçut que cette somme étoit de beaucoup insuffisante ; ce qui détermina les Etats à délibérer le 16 Novembre 1771, de poursuivre un arrêt de notre conseil, à l'effet de continuer la perception du doublement du droit de petit-blanc, pour la somme de 20,000 livres, y compris celle de 16,000 livres ci-dessus, lequel arrêt fut expédié le 10 Mai 1772 : Que cependant le sieur Darasse ayant négligé l'exécution des ouvrages dont il étoit chargé, il fut délibéré le 30 Novembre 1773, qu'il y seroit pourvu à sa folle-enchere ; mais que dans le courant de l'année suivante, nos commissaires & ceux des Etats, sur le compte qui leur fut rendu de la situation des ouvrages, crurent qu'il étoit plus convenable de résilier son bail, attendu les nouvelles dégradations qui étoient survenues, & qui en exigeant de nouveaux ouvrages, faisoient un changement assez considérable au devis sur lequel l'adjudication avoit été faite au sieur Darasse, pour qu'il ne fût pas possible d'en poursuivre la folle-enchere ; de sorte que lesdits sieurs commissaires furent forcés de régler la dépense que ledit entrepreneur avoit faite, laquelle se porta, sur le toisé qui en fut fait par le sieur Grangent, directeur des ouvrages, à la somme de 30,507 livres : Qu'il fut dressé en conséquence le 11 Février 1774, un nouveau devis contenant tous les ouvrages qui étoient alors nécessaires, dont le montant se porta à la somme de 68,000 livres, y compris ceux du premier devis qui étoient restés sans exécution, & que l'adjudication en fut faite au nommé Ribet, nouvel entrepreneur, qui mit aussitôt la main à l'œuvre : Qu'il fut ensuite proposé aux susdits sieurs commissaires, divers projets pour diriger le cours du Rhône, dans la partie du bourg Saint-Andeol au pont Saint-Esprit ; & que sur ce qui résulta des vérifications auxquelles il fut procédé, lesdits sieurs commissaires renvoyerent à l'assemblée des Etats à délibérer sur leur exécution, laquelle fut suspendue par la délibération du 3 Janvier 1775, les Etats ayant cru devoir se borner à exécuter les ouvrages contenus au devis sur lequel l'adjudication avoit été faite audit Ribet, ensemble ceux qui pouvoient y être ajoutés ; qu'en conséquence, il fut arrêté de poursuivre un arrêt de notre conseil pour obtenir la continuation de la perception du doublement du droit de petit-blanc, jusqu'à concurrence de la somme qui auroit été déterminée : Que suivant la vérification faite le 17 Septembre dernier des mêmes ouvrages, il a été reconnu que les progrès du Rhône

N°. XIII. s'étoient étendus au-dessous du calada de Pontiers, jusqu'à l'embouchure du Lauzon, c'est-à-dire, à 250 toises au-dessous du terroir de Lafoue, où se terminoient les ouvrages énoncés au devis sur lequel avoit été faite l'adjudication dudit Ribet, & que l'avancement qui couvroit la grande chaussée avoit été emporté en très-grande partie, ce qui a mis dans la nécessité de dresser un supplément de devis qui énonce les ouvrages à faire en cette partie, & dont la dépense se porte à 30,000 livres, y compris 10,000 livres d'augmentation pour les ouvrages supérieurs : Qu'il a été fait en même-tems un toisé des ouvrages faits par ledit Ribet, à la même époque du 17 Septembre, lequel s'est porté à la somme de 33,000 livres; qu'ainsi les ouvrages faits par le sieur Darasse, premier entrepreneur, se montant à la somme de 31,500 livres, ceux adjugés à Ribet qui lui a succédé, à celle de 68,000 livres, & ceux du supplément du nouveau devis à 30,000 livres, il s'ensuivoit que lesdites sommes jointes ensemble, formoient un total de 129,500 livres : Que l'arrêt de notre conseil du 8 Novembre 1769, n'ayant ordonné la perception du droit du doublement de petit-blanc, que pour la somme de 52,000 livres, & celui du 10 Mai 1772, n'en ayant ordonné la continuation que pour celle de 20,000 livres, ce qui revenoit en tout à 72,000 livres, l'exposant n'auroit pu se dispenser de se pourvoir de nouveau pardevers nous, & de nous demander qu'en autorisant la délibération des Etats du 3 Janvier 1775, ensemble le mémoire du sieur Grangent, sur la situation actuelle des ouvrages du Rhône au-dessus du pont Saint-Esprit, & l'état dressé en conséquence, des ouvrages à faire sur le bord de ce fleuve, ledit état servant de supplément au devis du 11 Février 1774, il nous plût ordonner que les ouvrages énoncés audit mémoire, ensemble audit supplément de devis, seroient exécutés, & qu'il seroit pourvu à la dépense d'iceux sur les fonds provenans du doublement du droit de petit-blanc, dont la continuation seroit ordonnée jusqu'à concurrence de la somme de 57,500 livres, sans préjudice des changemens que les nouvelles dégradations du Rhône auroient pu ou pourroient rendre nécessaires; comme aussi, qu'il nous plût ordonner qu'il en seroit usé à l'égard des baux d'adjudication, & de tout ce qui pouvoit concerner la conduite & l'exécution desdits ouvrages, comme il en avoit été usé ci-devant à l'égard de ceux qui avoient été faits sur le produit du doublement dudit droit : Que par arrêt rendu en notre conseil, nous y étant, le 6 Juin dernier, nous aurions favorablement accueilli lesdites demandes, & nous aurions ordonné que toutes lettres nécessaires seroient expédiées sur ledit arrêt, lesquelles lettres l'exposant nous a très-humblement fait supplier de vouloir bien lui accorder. A CES CAUSES, de l'avis de notre conseil, qui a vu ledit arrêt du 6 Juin dernier, ci-attaché sous le contre-scel de notre chancellerie, nous avons, conformément à icelui, autorisé, & par ces présentes signées de notre main, autorisons la délibération prise par les Etats de notredite province de Languedoc le 3 Janvier 1775; en conséquence, leur avons permis & permettons de faire exécuter les ouvrages énoncés dans le mémoire & l'état dressés par le sieur Grangent les 11 Septembre & 17 Novembre 1775, lesdits état & mémoire servant de supplément au devis du 11 Février 1774: Ordonnons que la dépense desdits ouvrages sera prise sur le produit du doublement du droit de petit-blanc, dont N°. XIII.

N°. XIII.

nous entendons que la perception soit continuée jusqu'à concurrence de la somme de 57,500 livres, que nous affectons à la dépense desdits ouvrages: Voulons que le produit dudit doublement soit remis annuellement au trésorier de nos Etats par le receveur d'icelui, pour être ensuite procédé par nos commissaires & ceux des Etats, à la liquidation du produit dudit doublement, & des sommes qui se trouvent dues auxdits Etats en capital & intérêts, après lesquels liquidation & remboursement, le doublement du droit petit-blanc cessera. Voulons & entendons qu'il en soit usé à l'égard de tout ce qui a rapport à la conduite & exécution desdits ouvrages, comme il en a été usé à l'égard de ceux qui ont été faits sur le produit du doublement dudit droit; ce qui sera pareillement observé par rapport aux comptes & liquidations susdits, lesquels seront faits en la même forme qui a été ci-devant pratiquée. SI VOUS MANDONS que ces présentes vous ayez à registrer, & du contenu en icelles faire jouir & user notre province de Languedoc pleinement & paisiblement, cessant & faisant cesser tous troubles & empêchemens à ce contraires; CAR tel est notre plaisir. DONNÉ à Versailles le neuvieme jour de Juillet, l'an de grace mil sept cent soixante-dix-sept, & de notre regne le quatrieme. *Signé*, LOUIS. *Et plus bas*; Par le Roi, AMELOT.

Les présentes, ensemble l'arrêt du conseil ci-attaché, ont été registrés ès registres de la cour des comptes, aides & finances de Montpellier, pour être exécutés selon leur forme & teneur & volonté de Sa Majesté, & jouir par les Etats généraux de la province de Languedoc, de l'effet y contenu; ordonne que les receveurs du petit-blanc seront tenus de compter en la chambre du produit dudit droit, depuis que les comptes n'ont point été rendus, & ce sous les peines portées par l'arrêt de réglement de la cour du 8 Mai 1759: Oui & ce requérant le procureur général du Roi suivant l'arrêt de ce jourd'hui vingt-neuvieme Juillet mil sept cent septante-sept. Collationné. Signé, *PRALON*, greffier.

Registrés ès registres du bureau des finances de la généralité de Montpellier, pour jouir par la province de Languedoc, de l'effet y contenu, suivant l'ordonnance de ce jourd'hui trente Juillet mil sept cent septante-sept. Collationné. Signé, ROUAUD, greffier en chef.

Fin du Tome troisieme.

TABLE DES MATIERES DE CE TROISIEME VOLUME.

LIVRE QUATRIEME.

TITRE XIV.

SECTION I.

ARTICLE I.

ARTICLE II.

De la jonction du canal & robine de Narbonne au canal de communication des mers. pag. 192

Autre,

ARTICLE III.

Pieces relatives au projet de rapprocher le canal royal de la ville de Carcassonne. pag. 273

ARTICLE IV.

Du canal de St. Pierre à Toulouse. pag. 300

ARTICLE V.

Des Ouvrages faits pour faciliter la navigation de la Garonne, & sa communication avec le canal royal. pag. 331

SECTION II.

ARTICLE I.

ARTICLE II.

ARTICLE III.

Du canal de navigation de Beaucaire à Aigues-mortes, & du desséchement des marais dans cette partie. pag. 396

ARTICLE IV.

Du projet d'un canal de navigation depuis la ville de Nîmes jusqu'au Vistre, au-dessous du Caylar. pag. 883

TITRE XV.

Des ouvrages entrepris pour redresser & contenir la riviere d'Aude, & disposer de ses crues pour la bonification des terres voisines & l'atterrissement de l'étang de Capestan. pag. 890

TITRE XVI.

Du pont du Saint-Esprit & des chaussées & autres ouvrages tendans à contenir les eaux du Rhône sous ses arches, & à les empêcher de se répandre au-delà. pag. 935

Fin de la Table du troisieme Volume.

FAUTES A CORRIGER DANS CE TROISIEME VOLUME.

PAGE 8. *col.* 1. *lig.* 14. à la maniere *lisez* en la maniere.

Pag. 9. *col.* 1. *lig.* 9 *& derniers*, *& col.* 2. *lig.* 14. Sardaigne *lisez* Cerdagne.

Pag. 11. *col.* 2. *lig.* 33. *effacez* que

Pag. 52. *col.* 2. *lig. derniere* du Roi *lisez* du conseil d'état du Roi

Pag. 59. *col.* 2. *lig.* 15. DE MAUSE *lisez* DE MANSE.

Pag. 63. *col.* 1. *lig.* 11. villes & chefs des dioceses *lisez* villes chefs des dioceses

Ibidem lig. 13. Montaubun *lisez* Montauban.

Pag. 64. *col.* 2. *lig.* 29. mois *lisez* moins

Pag. 79. *col.* 2, *lig. avant-derniere & derniere*, devoir, auparavant déterminer *lisez* devoir auparavant déterminer

Pag. 165. *col.* 2. *lig.* 36. *Novembre* lisez *Décembre.*

Pag. 320. *col.* 2. *lig.* 2. *& pag.* 321. *col.* 1. *lig.* 39. 4 Mai *lisez* 4 Septembre.

Pag. 585. *col.* 1. *lig.* 24, *& pag.* 699. *lig.* 3. dus *lisez* acquis

Pag. 891, 893, 895, &c. *jusques à* 933. *à la ligne de titre*: TIT. XIV. SECT. III. *lisez* TITRE XV. *& depuis pag.* 937, 939, 941, &c. *jusques à* 959. TITRE XV. *lisez* TITRE XVI.

Pag. 937, *col.* 2. *lig.* 1. Du 31 Octobre 1764 *lisez* Du 31 Octobre 1664.

FIN.

www.ingramcontent.com/pod-product-compliance
Lightning Source LLC
Chambersburg PA
CBHW070535250926
51846CB00015B/2
9782012747487